国家社会科学基金重大项目
建立和完善哲学社会科学评价体系研究
项目批准号：04&ZD031

教育部人文社会科学研究重大课题攻关项目
中文社会科学引文索引研制及社会科学评价体系研究
项目批准号：教社政司函[2003]238号

"985工程"中国哲学社会科学评价创新基地建设项目

中国
人文社会科学
期刊学术影响力报告

(2009版)

A REPORT ON THE ACADEMIC IMPACT
OF CHINESE JOURNALS IN
THE HUMANITIES AND SOCIAL
SCIENCES

主编◎苏新宁
副主编◎邓三鸿 韩新民
顾问◎邹志仁

★

中国社会科学出版社

图书在版编目(CIP)数据

中国人文社会科学期刊学术影响力报告(2009版)/苏新宁主编. —北京：中国社会科学出版社，2009.4
ISBN 978-7-5004-7697-9

Ⅰ.中… Ⅱ.苏… Ⅲ.①人文科学—期刊—研究报告—中国—2009②社会科学—期刊—研究报告—中国—2009 Ⅳ.C55

中国版本图书馆 CIP 数据核字(2009)第 045537 号

责任编辑 刘文泓 周琨鹏
责任校对 韩天炜
封面设计 毛国宣
技术编辑 李 建

出版发行	中国社会科学出版社		
社　　址	北京鼓楼西大街甲 158 号	邮　编	100720
电　　话	010—84029450(邮购)		
网　　址	http://www.csspw.cn		
经　　销	新华书店		
印　　刷	北京新魏印刷厂	装　订	北京华宝装订有限公司
版　　次	2009 年 4 月第 1 版	印　次	2009 年 4 月第 1 次印刷
开　　本	787×1092 1/16		
印　　张	90.5	插　页	4
字　　数	1922 千字		
定　　价	248.00 元		

凡购买中国社会科学出版社图书，如有质量问题请与本社发行部联系调换
版权所有　侵权必究

目 录

序 ………………………………………………………………………………… (1)
前言 ……………………………………………………………………………… (1)

第1章 引论 ………………………………………………………………… (1)
  1.1 我国期刊评价研究状况 …………………………………………………… (1)
  1.2 期刊评价指标 ……………………………………………………………… (3)
  1.3 人文社会科学期刊评价指标修正 ………………………………………… (9)
  1.4 人文社会科学期刊评价体系 ……………………………………………… (15)
  1.5 评价指标体系确立和实施中的一些说明 ………………………………… (33)

第2章 马克思主义 ………………………………………………………… (35)
  2.1 马克思主义期刊学术规范量化指标分析 ………………………………… (35)
  2.2 马克思主义期刊被引次数分析 …………………………………………… (43)
  2.3 马克思主义期刊被引速率分析 …………………………………………… (48)
  2.4 马克思主义期刊影响因子分析 …………………………………………… (53)
  2.5 马克思主义期刊被引广度分析 …………………………………………… (57)
  2.6 马克思主义期刊二次文献转载分析 ……………………………………… (59)
  2.7 马克思主义期刊 Web 即年下载率分析 …………………………………… (64)
  2.8 马克思主义期刊评价指标综合分析 ……………………………………… (65)

第3章 哲学 ………………………………………………………………… (68)
  3.1 哲学期刊学术规范量化指标分析 ………………………………………… (68)
  3.2 哲学期刊被引次数分析 …………………………………………………… (76)
  3.3 哲学期刊被引速率分析 …………………………………………………… (81)
  3.4 哲学期刊影响因子分析 …………………………………………………… (86)
  3.5 哲学期刊被引广度分析 …………………………………………………… (91)
  3.6 哲学期刊二次文献转载分析 ……………………………………………… (92)

3.7 哲学期刊 Web 即年下载率分析 …………………………………………………（97）
3.8 哲学期刊评价指标综合分析 …………………………………………………（98）

第4章 宗教学 ……………………………………………………………………（101）
4.1 宗教学期刊学术规范量化指标分析 …………………………………………（101）
4.2 宗教学期刊被引次数分析 ……………………………………………………（109）
4.3 宗教学期刊被引速率分析 ……………………………………………………（114）
4.4 宗教学期刊影响因子分析 ……………………………………………………（118）
4.5 宗教学期刊被引广度分析 ……………………………………………………（123）
4.6 宗教学期刊二次文献转载分析 ………………………………………………（124）
4.7 宗教学期刊 Web 即年下载率分析 …………………………………………（126）
4.8 宗教学期刊评价指标综合分析 ………………………………………………（127）

第5章 历史学 ……………………………………………………………………（130）
5.1 历史学期刊学术规范量化指标分析 …………………………………………（130）
5.2 历史学期刊被引次数分析 ……………………………………………………（142）
5.3 历史学期刊被引速率分析 ……………………………………………………（150）
5.4 历史学期刊影响因子分析 ……………………………………………………（158）
5.5 历史学期刊被引广度分析 ……………………………………………………（167）
5.6 历史学期刊二次文献转载分析 ………………………………………………（169）
5.7 历史学期刊 Web 即年下载率分析 …………………………………………（176）
5.8 历史学期刊评价指标综合分析 ………………………………………………（178）

第6章 考古学 ……………………………………………………………………（181）
6.1 考古学期刊学术规范量化指标分析 …………………………………………（181）
6.2 考古学期刊被引次数分析 ……………………………………………………（188）
6.3 考古学期刊被引速率分析 ……………………………………………………（194）
6.4 考古学期刊影响因子分析 ……………………………………………………（199）
6.5 考古学期刊被引广度分析 ……………………………………………………（205）
6.6 考古学期刊二次文献转载分析 ………………………………………………（206）
6.7 考古学期刊 Web 即年下载率分析 …………………………………………（207）
6.8 考古学期刊评价指标综合分析 ………………………………………………（209）

第7章 民族学 ……………………………………………………………………（211）
7.1 民族学期刊学术规范量化指标分析 …………………………………………（211）

7.2　民族学期刊被引次数分析 …………………………………………（221）
7.3　民族学期刊被引速率分析 …………………………………………（227）
7.4　民族学期刊影响因子分析 …………………………………………（234）
7.5　民族学期刊被引广度分析 …………………………………………（240）
7.6　民族学期刊二次文献转载分析 ……………………………………（242）
7.7　民族学期刊Web即年下载率分析 …………………………………（244）
7.8　民族学期刊评价指标综合分析 ……………………………………（245）

第8章　中国文学 …………………………………………………………（249）
8.1　中国文学期刊学术规范量化指标分析 ……………………………（249）
8.2　中国文学期刊被引次数分析 ………………………………………（259）
8.3　中国文学期刊被引速率分析 ………………………………………（266）
8.4　中国文学期刊影响因子分析 ………………………………………（272）
8.5　中国文学期刊被引广度分析 ………………………………………（280）
8.6　中国文学期刊二次文献转载分析 …………………………………（282）
8.7　中国文学期刊Web即年下载率分析 ………………………………（289）
8.8　中国文学期刊评价指标综合分析 …………………………………（291）

第9章　外国文学 …………………………………………………………（294）
9.1　外国文学期刊学术规范量化指标分析 ……………………………（294）
9.2　外国文学期刊被引次数分析 ………………………………………（302）
9.3　外国文学期刊被引速率分析 ………………………………………（307）
9.4　外国文学期刊影响因子分析 ………………………………………（312）
9.5　外国文学期刊被引广度分析 ………………………………………（317）
9.6　外国文学期刊二次文献转载分析 …………………………………（319）
9.7　外国文学期刊Web即年下载率分析 ………………………………（320）
9.8　外国文学期刊评价指标综合分析 …………………………………（321）

第10章　语言学 ……………………………………………………………（323）
10.1　语言学期刊学术规范量化指标分析 ………………………………（323）
10.2　语言学期刊被引次数分析 …………………………………………（336）
10.3　语言学期刊被引速率分析 …………………………………………（345）
10.4　语言学期刊影响因子分析 …………………………………………（354）
10.5　语言学期刊被引广度分析 …………………………………………（362）
10.6　语言学期刊二次文献转载分析 ……………………………………（365）

10.7 语言学期刊 Web 即年下载率分析 ……………………………………… (367)
10.8 语言学期刊评价指标综合分析 …………………………………………… (370)

第 11 章　艺术学 ……………………………………………………………… (374)
11.1 艺术学期刊学术规范量化指标分析 ……………………………………… (374)
11.2 艺术学期刊被引次数分析 ………………………………………………… (390)
11.3 艺术学期刊被引速率分析 ………………………………………………… (405)
11.4 艺术学期刊影响因子分析 ………………………………………………… (415)
11.5 艺术学期刊被引广度分析 ………………………………………………… (429)
11.6 艺术学期刊二次文献转载分析 …………………………………………… (432)
11.7 艺术学期刊 Web 即年下载率分析 ……………………………………… (435)
11.8 艺术学期刊评价指标综合分析 …………………………………………… (439)

第 12 章　管理学 ……………………………………………………………… (443)
12.1 管理学期刊学术规范量化指标分析 ……………………………………… (443)
12.2 管理学期刊被引次数分析 ………………………………………………… (461)
12.3 管理学期刊被引速率分析 ………………………………………………… (473)
12.4 管理学期刊影响因子分析 ………………………………………………… (485)
12.5 管理学期刊被引广度分析 ………………………………………………… (498)
12.6 管理学期刊二次文献转载分析 …………………………………………… (501)
12.7 管理学期刊 Web 即年下载率分析 ……………………………………… (505)
12.8 管理学期刊评价指标综合分析 …………………………………………… (508)

第 13 章　经济学 ……………………………………………………………… (513)
13.1 经济学期刊学术规范量化指标分析 ……………………………………… (513)
13.2 经济学期刊被引次数分析 ………………………………………………… (537)
13.3 经济学期刊被引速率分析 ………………………………………………… (565)
13.4 经济学期刊影响因子分析 ………………………………………………… (586)
13.5 经济学期刊被引广度分析 ………………………………………………… (609)
13.6 经济学期刊二次文献转载分析 …………………………………………… (617)
13.7 经济学期刊 Web 即年下载率分析 ……………………………………… (631)
13.8 经济学期刊评价指标综合分析 …………………………………………… (635)

第 14 章　政治学 ……………………………………………………………… (642)
14.1 政治学期刊学术规范量化指标分析 ……………………………………… (642)

  14.2 政治学期刊被引次数分析 ………………………………………………………… (668)
  14.3 政治学期刊被引速率分析 ………………………………………………………… (688)
  14.4 政治学期刊影响因子分析 ………………………………………………………… (707)
  14.5 政治学期刊被引广度分析 ………………………………………………………… (725)
  14.6 政治学期刊二次文献转载分析 …………………………………………………… (730)
  14.7 政治学期刊 Web 即年下载率分析 ……………………………………………… (752)
  14.8 政治学期刊评价指标综合分析 …………………………………………………… (757)

第 15 章 法学 ……………………………………………………………………………… (763)
  15.1 法学期刊学术规范量化指标分析 ………………………………………………… (763)
  15.2 法学期刊被引次数分析 …………………………………………………………… (775)
  15.3 法学期刊被引速率分析 …………………………………………………………… (784)
  15.4 法学期刊影响因子分析 …………………………………………………………… (792)
  15.5 法学期刊被引广度分析 …………………………………………………………… (800)
  15.6 法学期刊二次文献转载分析 ……………………………………………………… (803)
  15.7 法学期刊 Web 即年下载率分析 ………………………………………………… (810)
  15.8 法学期刊评价指标综合分析 ……………………………………………………… (812)

第 16 章 社会学 …………………………………………………………………………… (817)
  16.1 社会学期刊学术规范量化指标分析 ……………………………………………… (817)
  16.2 社会学期刊被引次数分析 ………………………………………………………… (826)
  16.3 社会学期刊被引速率分析 ………………………………………………………… (833)
  16.4 社会学期刊影响因子分析 ………………………………………………………… (839)
  16.5 社会学期刊被引广度分析 ………………………………………………………… (845)
  16.6 社会学期刊二次文献转载分析 …………………………………………………… (847)
  16.7 社会学期刊 Web 即年下载率分析 ……………………………………………… (852)
  16.8 社会学期刊评价指标综合分析 …………………………………………………… (854)

第 17 章 教育学 …………………………………………………………………………… (857)
  17.1 教育学期刊学术规范量化指标分析 ……………………………………………… (857)
  17.2 教育学期刊被引次数分析 ………………………………………………………… (875)
  17.3 教育学期刊被引速率分析 ………………………………………………………… (889)
  17.4 教育学期刊影响因子分析 ………………………………………………………… (902)
  17.5 教育学期刊被引广度分析 ………………………………………………………… (915)
  17.6 教育学期刊二次文献转载分析 …………………………………………………… (919)

17.7　教育学期刊 Web 即年下载率分析 ……………………………………（929）
17.8　教育学期刊评价指标综合分析 …………………………………………（932）

第 18 章　心理学 …………………………………………………………………（938）
18.1　心理学期刊学术规范量化指标分析 ………………………………………（938）
18.2　心理学期刊被引次数分析 …………………………………………………（945）
18.3　心理学期刊被引速率分析 …………………………………………………（950）
18.4　心理学期刊影响因子分析 …………………………………………………（954）
18.5　心理学期刊被引广度分析 …………………………………………………（959）
18.6　心理学期刊二次文献转载分析 ……………………………………………（960）
18.7　心理学期刊 Web 即年下载率分析 ………………………………………（961）
18.8　心理学期刊评价指标综合分析 ……………………………………………（963）

第 19 章　新闻学与传播学 ……………………………………………………（965）
19.1　新闻学与传播学期刊学术规范量化指标分析 ……………………………（965）
19.2　新闻学与传播学期刊被引次数分析 ………………………………………（977）
19.3　新闻学与传播学期刊被引速率分析 ………………………………………（987）
19.4　新闻学与传播学期刊影响因子分析 ………………………………………（997）
19.5　新闻学与传播学期刊被引广度分析 ………………………………………（1007）
19.6　新闻学与传播学期刊二次文献转载分析 …………………………………（1010）
19.7　新闻学与传播学期刊 Web 即年下载率分析 ……………………………（1016）
19.8　新闻学与传播学期刊评价指标综合分析 …………………………………（1018）

第 20 章　图书馆、情报与文献学 ……………………………………………（1022）
20.1　图书馆、情报与文献学期刊学术规范量化指标分析 ……………………（1022）
20.2　图书馆、情报与文献学期刊被引次数分析 ………………………………（1037）
20.3　图书馆、情报与文献学期刊被引速率分析 ………………………………（1047）
20.4　图书馆、情报与文献学期刊影响因子分析 ………………………………（1058）
20.5　图书馆、情报与文献学期刊被引广度分析 ………………………………（1069）
20.6　图书馆、情报与文献学期刊二次文献转载分析 …………………………（1071）
20.7　图书馆、情报与文献学期刊 Web 即年下载率分析 ……………………（1074）
20.8　图书馆、情报与文献学期刊评价指标综合分析 …………………………（1077）

第 21 章　体育学 …………………………………………………………………（1081）
21.1　体育学期刊学术规范量化指标分析 ………………………………………（1081）

21.2　体育学期刊被引次数分析 (1089)
21.3　体育学期刊被引速率分析 (1095)
21.4　体育学期刊影响因子分析 (1101)
21.5　体育学期刊被引广度分析 (1108)
21.6　体育学期刊二次文献转载分析 (1109)
21.7　体育学期刊Web即年下载率分析 (1114)
21.8　体育学期刊评价指标综合分析 (1115)

第22章　统计学 (1118)
22.1　统计学期刊学术规范量化指标分析 (1118)
22.2　统计学期刊被引次数分析 (1125)
22.3　统计学期刊被引速率分析 (1129)
22.4　统计学期刊影响因子分析 (1133)
22.5　统计学期刊被引广度分析 (1138)
22.6　统计学期刊二次文献转载分析 (1139)
22.7　统计学期刊Web即年下载率分析 (1141)
22.8　统计学期刊评价指标综合分析 (1142)

第23章　人文社会科学综合期刊 (1145)
23.1　人文社会科学综合类期刊学术规范量化指标分析 (1145)
23.2　人文社会科学综合类期刊被引次数分析 (1165)
23.3　人文社会科学综合类期刊被引速率分析 (1178)
23.4　人文社会科学综合类期刊影响因子分析 (1189)
23.5　人文社会科学综合类期刊被引广度分析 (1200)
23.6　人文社会科学综合类期刊二次文献转载分析 (1204)
23.7　人文社会科学综合类期刊Web即年下载率分析 (1218)
23.8　人文社会科学综合类期刊评价指标综合分析 (1222)

第24章　高校人文社会科学综合性学报 (1228)
24.1　高校人文社科综合性学报学术规范量化指标分析 (1228)
24.2　高校人文社科综合性学报被引次数分析 (1278)
24.3　高校人文社科综合性学报被引速率分析 (1304)
24.4　高校人文社科综合性学报影响因子分析 (1327)
24.5　高校人文社科综合性学报被引广度分析 (1352)
24.6　高校人文社科综合性学报二次文献转载分析 (1359)

24.7 高校人文社科综合性学报 Web 即年下载率分析 …………………………（1388）
24.8 高校人文社科综合性学报评价指标综合分析 …………………………（1396）

附录 …………………………………………………………………………………（1417）
 附录1 权威期刊 ……………………………………………………………（1417）
 附录2 核心期刊 ……………………………………………………………（1419）
 附录3 扩展核心期刊 ………………………………………………………（1426）

序

党的十七大报告提出了学术文化大发展、大繁荣的战略目标。这是摆在我国广大哲学社会科学工作者面前光荣而又艰巨的任务。哲学社会科学担负着"认识世界、传承文明、创新理论、资政育人、服务社会"的功能,在社会主义的物质文明、精神文明、政治文明和生态文明的建设中发挥着不可替代的作用。历史的经验一再证明,要实现四个现代化、建设社会主义和谐社会、实现中华民族的伟大复兴,不仅需要发达的自然科学,也需要繁荣的哲学社会科学,其作用如同车之两轮,鸟之两翼。而社会科学学术期刊,由于它是快捷地反映社会科学研究前沿的学术成果,它的状况直接关系到哲学社会科学的发展与繁荣。在学风普遍浮躁、学术腐败滋生的今天,社会热切呼唤具有学术良知和伯乐精神的学术期刊的编辑,热切呼唤具有学术公信力和良好声誉的学术期刊。

促使学术期刊的健康成长,需要做多方面的工作。众多的有识之士越来越强烈地呼吁尽快推出学术期刊的科学的评价标准,进而建立符合哲学社会科学发展规律和要求的评价体系。评价标准,是引导编辑办刊的风向标,也是引导学者做学问的指南针。当前由社会科学学术期刊评价引发的争议和非议可谓日胜一日,关注这一问题的人越来越多,大有由学术圈向整个社会扩展之势。这种状况应该说是好事情,说明学术实践走到前面去了,呼唤科学的评价标准和评价体系应运而生,作为一种助推力,引导学术实践向正确的方向发展。有争议和非议并不可怕,它是事物发展的一种状态,经过必要的争议和非议阶段后,人们对事物的看法才能逐渐达到共识。

英国哲学家、科学家弗兰西斯·培根(Francis Bacon,1561—1626)指出:"一次不公的判断比多次不平的举动为祸犹烈。因为这些不平的举动不过弄脏了水流,而不公的判断则把水源败坏了。"(培根:《论司法》,《培根论说文集》,商务印书馆1984年版,第193页)这句名言通常被人们用来对某些司法腐败的严重性和危害性进行形象而严厉的抨击。由此我推想到学术成果与学术评价标准的关系。如某学者为"学"不行然而玩"术"有道,他的一项原来低水平的东西被捧成了高水平的成果,或者他弄虚作假、欺骗世人,像韩国的黄禹锡那样干出了斯文扫地的事。这些不光彩的人和这些不光彩的事毕竟就是这些不光彩的人和这些不光彩的事,这些负面的东西是属于"弄脏了水流"。如果学术评价标准出了问题,制订得不科学,那么发挥错误的导向作用，受影响的肯定不仅是少数个案，而是一大片，甚至是一代学人；不科学的评价标准肯定会助长不良的学风和有害的学术思潮，其危害是"把水源败坏了"。我想这样看问题才能看到问题的严重性和紧迫性。所以，有良知的学者痛心疾首，呼吁从源头抓起，积极探索科学的评价标准和评价体系。科学的评价标准和评价体系建立不起来，形成不了学界和社会界的共识，恐怕真正的学术发展和繁荣是无从谈起的。

关于对学术期刊进行量化指标考查，目前诟病者最多。但我以为应采取三种态度：第一是不迷信数据，因为这些从评价自然科学成果借用过来的方法，应用到评价社会科学成果上肯定不能机械照搬，应有所取舍和改进；第二，当前的期刊管理部门和期刊评价机构存在过于重量化的倾向，着眼于普遍性，对个性和差异性考虑不够，这不利于不同类型、不同学科的学术期刊的发展，对此不应回避；第三，不能从一个极端走到另一个极端，认为量化的东西一点用处也没有。在当前学风不正、学术不端行为屡有发生的情况下，有一些事实确凿的客观数据放在那里，作为讨论研究问题的基础或初始依据，在一定程度上可以制约人为的主观性和随意性，可以有效制约某些学术投机者的信口雌黄乃至指鹿为马，所以数据分析也是功不可没的。

积极探索社会科学学术期刊的评价问题，目前有三方面的力量在朝着同一个方向努力。一是期刊主管部门，掌握着宏观信息和政府政策的走向，往往会提出指导性的意见；二是目前国内五六家学术文献信息研究和评价机构，有的建立了自己的数据库，专业知识是它们的优点，基础性工作也做得比较扎实；三是国内一些专家学者，他们以承担国家社科基金重点课题为平台，依靠一个优秀的团队。

南京大学信息管理系博士生导师、国家重点学科情报学学科首席学术带头人苏新宁教授主编的《中国人文社会科学期刊学术影响力报告》一书就属于第三方面力量努力的一项重大成果。作者能充分了解我国学术期刊的状况和实践，综合吸收国内学术文献研究和评价机构的成果，又能借鉴国外期刊发展和评价的经验，从宏观角度审视期刊评价的诸多要素，全方位构建一套完整的我国人文社会科学期刊评价体系。

苏新宁教授凭借其对 CSSCI 十年来的研究与制作所积累的丰硕成果，反复分析了影响社会科学期刊学术质量和学术影响的诸多因素，尤其是目前存在的一些弊端及不合理性，在坚持科学性、合理性和可获得性等原则基础上构建了一整套符合我国社会科学学术期刊特点的评价体系。该体系的创新性在于其评价指标体系是基于整体性思维和系统性思维。该体系一反之前的期刊评价采用单一或多个指标进行孤立评价方法，从期刊办刊的形式和内容两个方面、社会效应和学术影响两个层面进行全面综合的考察评估。除传统的影响因子、被引数量、被引速率（即年指数）、Web 即年下载率指标外，还增加了学科影响因子、期刊学术规范指标、他刊引用速率、学科引用速率、被引广度、二次文献转载等指标。通过此种方法求得期刊评价的综合值，把相对独立的指标参数集结为评价期刊的有机整体。这样，苏新宁教授就把科学评价体系的建立当成了一个系统工程，既设计了一个有科学依据的大系统，又充分考虑了其中各个子系统的特征和所占的分量，摒弃了单一化，采取了多元化，兼顾了普遍性和个别性，从而使他的研究成果获得了哲学的高度和科学的依据。

苏新宁教授主编的《中国人文社会科学期刊学术影响力报告》，是继他在中国社会科学出版社出版的煌煌大作《中国人文社会科学学术影响力报告》之后的又一成果。该项研究是国家哲学社会科学基金重大项目、教育部人文社会科学研究重大课题攻关项目、南京大学"985工程"创新基地建设项目的重要成果。苏新宁教授按照他的学术规划还要推出第三项成果《中国人文社会科学图书学术影响力报告》。可以看出，苏新宁教授真是雄心勃勃，以一种学术气魄，矢志不渝地要在中国社会科学评价中干出一番事业。他的这三项重大课题，他的这三部重要著作，可以称之为中国社会科学学术评价的三部曲，组成了气势宏大、可以在中国学术舞台上长久回响的学术交响乐。因为一次意外的医疗失误，苏新宁教授的听力损伤几乎到了零，他可能听不太清楚他自己创作的这部学术交响乐以及观众的喝彩声，如同失聪后的贝多芬听不到他自己创作的《欢乐颂》一样，但创造者的内心是无比充实和欣慰的。

龙协涛

2008年9月15日

前　　言

　　作为人文社会科学重要的学术阵地——学术期刊，一直是学术界十分重视的学术资源。然而，如何评价这些学术资源、如何考察期刊的学术影响，这是学术界十分关注的问题。长期以来，我国的一些期刊评价机构对期刊的评价也多来于期刊的被引指标数据。这种以较少指标来考察期刊学术质量和学术影响力会出现对期刊评价的偏差和一些难以估计的新的问题。特别是经历了 10 年 CSSCI 的实践和对引用数据的分析，我们发现，借助较少指标来考察期刊学术水平和影响力有一定的局限性，尤其是少数期刊针对这些较少指标人为地制作数据，使人们对期刊的评价造成一定失真。

　　经过长期的考察分析，我们认为，从量化角度反映期刊的学术质量和学术影响力应该是多方面的：不仅要考察期刊在整个人文社会科学领域的学术影响力，还应考察期刊在个别学科领域的学术影响力；它不仅仅来自于被引用数据，还应包括期刊本身发文规范中的学术含量数据、被重要二次文献期刊全文转载数据、在网络期刊数据库中的被全文下载数据，这些数据均从不同的角度体现了期刊的学术质量和学术影响力。为此，我们构建了包括学术规范量化数据、被引数据、二次文献转载数量和 Web 即年下载率等四大类一级指标、20 项二级指标的期刊综合评价体系。本体系根据不同指标的重要作用，并在我们反复测试检验的基础上分别给予各项指标一定权重，最后综合计算期刊指标得到反映每一期刊学术影响力的综合值。

　　学术规范量化指标包括：期刊篇均引用文献数量、基金论文比例、作者地区广度、标注作者机构论文比例以及本机构论文比例（该指标只针对高校学报）。这些指标主要用来反映期刊中论文平均研究深度（篇均引用文献数、基金论文比），期刊的学术规范（篇均引用文献数、基金论文标注、作者机构标注），期刊作者影响面（作者地区广度、本机构论文比），等等。这些指标反映了期刊主观方面的学术水平和学术规范，体现了期刊的办刊质量，是衡量期刊学术规范与学术含量的几个重要方面。

　　被引指标主要包括：被引次数、被引速率、影响因子、被引广度，前三项指标均被细分为总体、学科和他引三个方面，如总被引次数、他刊引用次数和本学科论文引用次数。这三类下级指标分别反映了期刊总的学术影响，对其他期刊的学术影响和在本学科内的学术影响。因此，可以说这些二级指标分别从不同角度考察了期刊的学术影响，更加合理的、全面的考察了期刊的学术影响，避免了只用某一个方面指标带来的反映期刊学术影响的偏差。另外，被引广度和其他三项指标不同的是，它反映了期刊的学术扩散度。

二次文献全文转载指标主要采用了目前国内4种重要的人文社会科学二次文献期刊：《新华文摘》、《中国社会科学文摘》、《复印报刊资料》和《高等学校文科学术文摘》（仅用于普通高校综合性学报）。应该说，这些二次文献期刊所转载的论文反映了各学科领域的学术动态和学术走向，所转载论文具有较高学术水平与学术质量，期刊被这些二次文献转载越多说明所具有高水平的论文也就越多。另一个方面也可以说明设立这一指标的必要性，因为有许多作者在引用文献中并未标注原刊发期刊，而是标注了二次文献，这对普遍采用被引来评价期刊的评价体系来说，对原刊发期刊是一个很大的损失，采用本指标弥补了这些期刊由于作者引用二次文献带来的被引数据损失。

Web 即年下载率指标是指期刊在某一期刊全文数据库中当年出版并上网的论文在当年被全文下载的次数与该期刊当年出版并上网论文总数之比。它反映了期刊被人们阅读的频率，较好地反映了期刊在读者中的扩散程度。这对过去靠发行量来考察期刊的扩散度是一大改进，而且可以说这种扩散更加真实地反映了期刊中论文流通和被读者阅读的情况。应该说，这一指标使每一期刊处在同一平台上竞争，因为读者不是根据自己掌握和了解的有限期刊去找文章，而是从主题去查文章，避免读者对期刊的可获取性和主观认识存在的偏差，保证了每一本期刊相对读者而言，获取机会都是相等的。

本书阐述的期刊评价体系具有四个创新点：其一，将4个方面20个左右指标综合考虑期刊学术影响力在国内外尚属首次，并给出了各个期刊的综合学术影响值，为各期刊了解本刊学术地位提供了科学依据；其二，将期刊学术规范量化数据引入期刊评价体系中，国内外尚不多见；其三，将被引数据同时从三个方面来综合考察期刊学术影响具有很高的科学性；其四，根据我国人文社会科学研究和期刊的现状与特点，对国际上惯用于自然科学并且产生于20世纪70年代的即年指数、影响因子进行了改进，使之更加符合我国国情、更加科学和合理。如由于发文时滞（通常从论文撰写到发文需要1年左右的时间），人文社会科学期刊即年指数已经不能反映期刊对学术热点的快速反映情况，本体系将其改进为被引速率，将计算时间扩大到前一年。再如，根据我们对期刊被引用峰值计算，人文社会科学引用期刊论文的高峰年份较自然科学而言，向前推进了一年，如果依然按国际通行的影响因子算法，将使得大量的被引用论文次数不能计算在影响因子之内，使评价出现偏差。因此本体系对期刊影响因子的计算年限前移一年。这可以说是对我国人文社会科学期刊评价的一大创新。

　　本项目从正式启动到完稿整整历经了4年时间。2003年当我们启动《中国人文社会科学学术影响力报告》时，其中期刊的评价部分就引起了我们的关注，并于2004年正式启动了期刊评价体系构建的研究项目。通过两年多的调研、分析，2006年确立了评价体系的指标，又经过一年时间的指标权重分析和反复测试，于2007年正式确立了指标体系。几乎经历了一年时间用于数据采集、处理和校对，2008年开始撰写《中国人文社会科学期刊学术影响力报告》，并于2008年8月完稿。2008年8月20日在南京召开了该选题的专家评审会，来自全国各地的期刊主编、社科专家对本选题给予了充分的肯定和高度评价。

　　直接参与本项目的人员有30多人，不仅报告撰写的工作量很大，更繁重和枯燥的是数据的采集、整理和校对工作，几乎所有的参与人员都在夜以继日的奋战，终于完成了这本190多万字的《中国人文社会科学期刊学术影响力报告》。本评价体系的构建和本书框架由苏新宁完成。具体撰写人员及章节如下：苏新宁（第1章，引论）；韩新民（第2章，马克思主义）；胡玥（第3章，哲学；第14章，政治学）；胡媛帅（第4章，宗教学）；白云（第5章，历史学；第16章，社会学）；顾婷婷（第6章，考古学）；鞠秀芳（第7章，民族学；第24章，高校人文社会科学综合性学报）；袁翀（第8章，中国文学；第9章，外国文学）；邓三鸿（第10章，语言学；第12章，管理学）；刘芳（第11章，艺术学）；王汉桥（第13章，经济学）；杨明（第15章，法学）；朱玲和杨薇（第17章，教育学）；纪雪舟、胡伟广、宋伟萍（第18章，心理学）；蒋伟伟、周冬敏（第19章，新闻学与传播学）；王昊、岑咏华、白云、刘慧（第20章，图书馆、情报与文献学）；许鑫（第21章，体育学）；马敬（第22章，统计学）；何晓曦、丁翼、谢靖、马宏忠（第23章，人文社会科学综合期刊）。其他参加部分章节撰写的人员有：金莹、寇晓燕、严明、秦嘉航、罗立群、韩子睿、韩新宁、戴咏梅等。本报告的主编：苏新宁，副主编：邓三鸿、韩新民；学术顾问：邹志仁。苏新宁对全书进行了统稿和修改，邓三鸿负责了最后的数据核对，邹志仁教授不仅在本项目的全过程中给予指导，提出了许多宝贵意见，还亲自审核数据和逐字逐句的文字修改。

　　历经4年的《中国人文社会科学期刊学术影响力报告》终于完成了，可以说没有所有参与者的齐心协力，这项工程不可能如此令人满意的。看着这厚厚的打印稿，感激之情油然而生。首先感谢所有参加本书的撰写者和数据的采集、整理和校对者们，感谢他们在本项目中自始至终的投入和辛勤劳作，有的同志甚至在即将临产还在专心于报告的撰写；特别要感谢本书顾问邹志仁教授，他的工作已完全超出了顾问的范围，除了在学术上给予指导外，还逐字逐数据通篇为本书作校对，令人感动。特别是邹教授已70高龄，却仍然为本书做出如此大量的工作，这种高风亮节、不计名利的品质，永远值得我们学习。最后我还要感谢参加本选题评审会的专家们，他们的意见和鼓励不仅仅对本书的完善起着很重要的作用，甚至对我们未来的研究都受益匪浅。

最后，我还想说一下，由于本书涉及的数据繁多、数据的采集、整理和统计工作量巨大，虽然我们反复、细致地校对，数据差错难免，恳望广大读者给予谅解和指正。

苏新宁
2008年10月4日夜
于南京

第 1 章　引论

期刊是科学研究中的一种重要学术资源。它以其连续性和及时性、反映学术前沿和研究热点为特征，在科学研究中发挥着非常重要的作用。然而，面对数量众多、内容繁杂、良莠不齐的期刊，人们往往感到迷茫和困惑，在选择期刊（选购、阅读、发文）方面难以达到最省力法则（80/20 效率法则）。因此，本书的目的不只是在于帮助机构选购期刊、引导读者阅读期刊、指导作者针对自己的研究成果投稿于相关期刊，更重要的是为了促进我国人文社会科学期刊质量的提高，推动我国社会科学研究，繁荣和发展我国社会科学事业而力尽我们绵薄之力。达到这样的目标就必须对期刊进行全面的评价，必须用科学的方法对各类期刊进行恰当的定位。

1.1　我国期刊评价研究状况

自加菲尔德创建《科学引文索引》（Science Citation Index，简称 SCI）以来，引文索引逐渐成为评价核心期刊的重要工具，引文索引产生的各类数据已成为人们遴选核心期刊的重要量化指标。我国自 20 世纪 90 年代初就有了对期刊评估的研究，并于 1992 年由北京大学出版了我国第一部核心期刊目录《中文核心期刊要目总览》，以后每隔 4 年出一新版，到目前为止已出版了 4 版。通过引文索引或类似工具进行期刊引证分析的有中国科学技术信息所、中国科学院文献情报中心、中国社会科学院文献信息中心、中国学术期刊（光盘版）电子杂志社、南京大学中国社会科学研究评价中心等。

《中文核心期刊要目总览》创建的初衷是为了指导图书馆选购期刊，确定图书馆的馆藏重要期刊或馆藏核心期刊提供便利，[①] 而今《总览》的宗旨已不仅仅限于指导图书馆选刊和馆藏，更多的是希望通过核心期刊的评价来促进期刊提高质量和繁荣科学研究。因此，《总览》的编制依据由早期的期刊载文量、文摘量（被重要二次文献刊物收录）、引文分析（只对各学科 5—10 种名列前茅的期刊进行统计）三个方面的指标，扩展到 2004 年版的被索量、被摘量、被引量、他引量、影响因子、被摘率、

---

① 庄守经主编：《中文核心期刊要目总览》，北京大学出版社 1992 年版，前言。

获奖或被重要工具收录等7项指标。① 《总览》的出版对我国期刊界产生了巨大反响，本来是为了帮助图书馆优选馆藏期刊之用的工作，却得到了期刊界的高度重视，客观上对提高期刊质量、规范科学研究产生了很大影响。

中国科学技术信息所自1987年开始研制中国科技论文与引文数据库，同年开始进行中国科技论文统计与分析工作，主要是借助国际论文三大检索系统（SCI、EI、ISTP）统计中国学者与机构发表论文的情况。1994年开始了对国内期刊论文的引文统计工作，1997年出版了第一本《中国科技期刊引证报告》，截至2007年已连续11年出版了《中国科技期刊引证报告》。② 以2005年版为例，该期刊引证报告主要利用《中国科技论文与引文数据库》（Chinese Science and Technical Papers and Citations Database，简称CSTPCD）对中国期刊的如下指标进行了统计与分析：参考文献量、平均引用文献量、平均作者数、基金论文比、海外文献比、总被引次数、影响因子、即年指数、他引率、引用刊数、被引半衰期、引用半衰期等。③

中国科学院文献情报中心自1989年就开始研制中国科学引文数据库，1996年出版了我国第一本印刷版《中国科学引文索引》（Chinese Science Citation Index，简称CSCI），1998年出版了光盘版（CSCD），2003年发布了网络版。现已积累从1989年到目前为止的近100万条论文和近400万条引文。④ 1998年以该数据库和SCI-CD为基础，出版了《中国科学计量指标：论文与引文统计》。以后每年出版一卷，截至2005年底已出版了8卷，2004年以后，每年还出版《中国科学计量指标：期刊引证报告》。此引证报告的期刊统计指标主要有：发文量、基金论文数、发文机构数、篇均参考文献数、自引率、期刊引用半衰期、期刊被引半衰期、影响因子、即年指数、总被引频次、他引频次、自引率、本学科论文引用次数等。⑤

中国社会科学院文献信息中心自1996年开始进行人文社会科学文献计量研究工作，2001年与中国学术期刊光盘版电子杂志社合作，研制成功了《中国人文社会科学引文数据库》。以该数据库为统计分析源，中国社会科学院文献信息中心于2004年出版了《中国人文社会科学核心期刊要览》，《要览》的评价指标主要有：期刊总被引、学科总被引、期刊影响因子、学科影响因子、期刊即年指数、学科即年指数等。⑥

---

① 戴龙基、蔡蓉华主编：《中文核心期刊要目总览（2004年版）》，北京大学出版社2004年版，第1—15页。
② 潘云涛、马峥主编：《中国科技期刊引证报告（核心版）》，科学技术文献出版社2007年版，前言。
③ 同上书，编制说明。
④ http://sdb.csdl.ac.cn/cscd.jsp（2006.6.18访问）。
⑤ 张建勇主编：《中国科学计量指标：期刊引证报告》，中国科学院文献情报中心，2005年。
⑥ 姜晓辉主编：《中国人文社会科学核心期刊要览（2004年版）》，社会科学文献出版社2004年版。

中国学术期刊（光盘版）电子杂志社以 CNKI 中国知识资源总库 6000 余种各类期刊的论文和引文为基础，对中国学术期刊进行了综合引证分析，自 2002 年起，开始出版《中国学术期刊综合引证报告》（CAJCCR），截至 2005 年已出版 4 卷。该引证报告主要采用的指标有：期刊总被引、影响因子、即年指数、他引总引比、载文量、基金论文比、Web 即年下载率等。①

南京大学中国社会科学研究评价中心于 1998 年开始启动《中文社会科学引文索引》项目，2000 年研制成功了我国第一部社会科学引文索引，到目前为止已积累了 9 年的引文数据，并提供网络服务。从 2000 年开始，该中心利用该引文索引出版了《中国社会科学研究计量指标——论文、引文与期刊引用统计》，截至 2005 年，已出版 4 个年度的中国人文社会科学研究计量指标。该书主要包括的评价指标有：期刊载文与录用数、来源文献类型与引用文献类型统计、机构的发文与被引统计、期刊总被引次数、期刊影响因子等。2006 年，南京大学还利用该引文索引数据对中国人文社会科学的学术影响力进行了较为全面分析，并于 2007 年 7 月出版了《中国人文社会科学学术影响力报告》，该书在期刊评价方面给出了期刊学科总被引次数、期刊影响因子、期刊被引广度、期刊被引半衰期等 4 个指标。②

由上可以看出，期刊评价的研究与实践在我国已经有了较大进展，各评价体系都具有自己的特色，随着各体系自身的不断完善和相互借鉴，一定会促使我国的期刊评价事业健康、快速发展。

1.2　期刊评价指标

期刊评价指标是针对期刊内在质量和社会影响所进行的各种评判标准，不同指标从不同的角度反映了期刊的质量和学术影响，综合各类期刊评价指标就构成了期刊评价指标体系。全面反映期刊的学术影响、社会影响以及期刊的学术规范和质量可以通过如下几个方面来实现：期刊载文中的学术规范量化指标（例如，篇均引文数量、基金论文比、作者广度等）；学术成果的引用指标（期刊所刊载论文被其他学术成果引用情况）；重要的二次文献全文转载的数量（如我国的《新华文摘》、《中国社会科学文摘》、《复印报刊资料》等）；网络期刊文献的即年下载率。

1.2.1　期刊学术规范量化指标

期刊学术规范的量化指标可以通过期刊所载论文质量、学术规范和作者的涉及地区等反映出来，如何从量的角度出发分析这些指标，这是一个新课题。通过对引文索

---

① 万锦堃主编：《中国学术期刊综合引证报告（2005 版）》，科学出版社 2005 年版。
② 苏新宁主编：《中国人文社会科学学术影响力报告》，中国社会科学出版社 2007 年版。

引细致地分析考察，我们发现，可以用来评价期刊学术规范的量化指标有：期刊论文的篇均引用文献数、与期刊学科相关的本学科论文占有比例、期刊主办机构发表本机构作者论文的比例、期刊作者地区分布、基金论文占有比例以及论文的机构标注比率等。

期刊篇均引用文献数 指期刊的论文平均引用文献数量，即期刊所有论文的引用文献数量之和除以该刊所刊载的论文数量。一般说来，任何一项研究成果都不是空中楼阁，需要建筑在前人或他人研究基础之上的，对其他成果的借鉴需要在文中体现出来，这主要反映在引用文献或参考文献上。可以说参考文献和引用文献是科学论文的一个重要组成部分，它体现出对他人成果的借鉴、尊重，也反映了学者的学术规范和论文的学术深度。因此，对整个期刊考察论文的篇均引用文献数，可以分析一本期刊的学术规范和学术深度。如果我们再将其扩展到一个学科的期刊论文平均引用文献量可以得知整个学科的学术深度和学者研究习惯以及学科之间的差异。

本学科论文比例 指某期刊在一个时间范围内（通常为一年）发表某一学科论文数占所有论文数的比例。期刊刊载的内容通常是围绕着某个学科（除综合类期刊外），不同学科的期刊很难比较它们之间学术影响力的大小，因此期刊的评价一般是分学科进行。既然期刊的评价是分学科的，那么每一种期刊的论文也应该是与本学科相关的。因此，我们希望通过这一指标了解期刊对本学科的贡献。一般来说，期刊本学科论文比例越高，说明该刊针对这一学科专业化程度也就越高，与该学科研究愈加紧密。对于综合性和跨学科期刊，可以分析它们中的论文在各学科论文的占有比例，以此可以了解这些期刊的侧重点和涵盖的主要学科范围。[①]

本机构论文比例 指期刊主办机构内部人员所发表的文章占全部文章之比。一般说来，学术期刊是面向全社会的，它的读者和作者群也应该是全社会这个大范围。因此，这个比例越大，说明该刊对作者的发散程度不够，对作者产生的影响范围较小，同时也可能该刊在选稿方面受本位思想影响较大。总之，期刊主办机构内部作者在发文上占有一定的先机，其发文量占有适当的比例是可以理解和接受的，但比例过高将会影响期刊的发展和全面性。这一指标我们主要用来评估高等学校学报论文的本机构作者比例之用。

期刊作者地区分布 指期刊所载论文作者的地区分布。一般来说，期刊论文作者地区分布越广，该刊越能较全面地反映该学科领域研究状况。虽然一些期刊带有明显的地方色彩，但也应考虑其研究的地域广泛性，只有这样才能扩大期刊的影响和全面反映研究概貌。所以我们将期刊作者的地区分布数量也作为我们评价期刊的指标之一，以此来判断期刊作者的区域覆盖面。

基金论文比例 指期刊所刊载的论文中，含有基金资助论文的比例。一般情况

---

① 对于跨学科论文，我们将其分属在不同学科重复计算。

下，基金资助项目多为学术界所关注的学科热点和前沿研究课题，或者是与国家、地区迫切需要解决的一些相关重要问题。因此，得到基金资助的论文应该较非基金资助论文从整体上来说具有更高的学术价值和应用价值，前者不论是在质量上还是学术影响方面都可能高于后者。所以，期刊刊载基金论文的比例越高，应该说该期刊的整体质量也相对较高和影响相对较大。

有机构论文比例　指期刊中标注有作者机构的论文占该刊全部论文的比例。学术期刊，具有学术交流的性质，学者需要通过作者的个人信息（包括机构信息）开展学术交流活动。另外通过对作者机构的统计分析，也能够了解各机构的学术状况。因此，与文学作品和艺术作品等原创作品不同，作者机构是学术论文中不可缺少的部分，这一指标可以从一个方面反映出学术期刊的规范程度。

1.2.2　期刊被引次数

所谓期刊被引次数，是指一种期刊所刊载的论文被引文索引中来源期刊论文引用的次数。期刊被引次数涉及"总被引次数"、"他刊引用次数"、"学科引用次数"。"总被引次数"是指一种期刊所刊载的论文被引文索引中所有来源期刊论文引用的总次数；"他刊引用次数"是指该刊被其他期刊引用的总次数；"学科引用次数"是指该期刊在引文索引中被某个学科论文所引用的总次数。

期刊总被引次数不受其被引用论文的年代的限制，反映的是某期刊自创刊以来长期的学术影响。因此，相对自然科学而言，总被引次数这一指标对于其研究对象较少受时间跨度影响的文史哲学科（文学、语言学、历史、考古、哲学等）以及其研究成果对社会发展产生着长期影响的社会科学来说，显得更加有效和重要。

为了平衡统计源期刊（来源期刊）和非统计源期刊（非来源期刊）之间在总被引次数指标中存在的不平等性，期刊他引数量统计可视为很好的调节与平衡。因此，在进行期刊被引次数统计时，应当综合考虑期刊总被引次数和他刊引用次数，使该指标更加公正和科学。

当然，期刊总被引次数反映的是一种期刊绝对的学术影响，期刊被引次数越多说明其产生的学术影响也越大。但由于该指标不受时间跨度、期刊规模（篇幅）的影响，因此，对于创刊年代不长的期刊、规模（发文数）较小的期刊存在着明显劣势。可以想像一种全年只刊载十数篇论文的期刊，在被引次数上无论如何也很难与一年发表数百篇论文的同类期刊相比。所以，从被引角度出发，期刊被引次数还需要有其他相对被引指数进行补充。

1.2.3　期刊即年指数

即年指数是指期刊论文发表的当年，其被引次数与发文数量之比，即指定期刊所发表的论文在当年的篇均被引率。即年指数体现了一种期刊被引用的速度，可以衡量该期刊对本学科热点问题的关注程度，是否处于学术前沿，是否被学界和读者及时关注。它的计算公式如下：

$$即年指数 = \frac{该刊当年发表的论文在当年被引用的总次数}{该刊统计当年发表的论文总数} \quad (1)$$

他引即年指数反映了该刊当年论文被其他期刊当年引用的情况。其计算公式如下：

$$他引即年指数 = \frac{该刊当年发表论文在当年被其他期刊的论文引用的总次数}{该刊统计当年发表的论文总数} \quad (2)$$

学科即年指数反映了一种期刊在其学科内当年被引用情况。其计算公式如下：

$$学科即年指数 = \frac{该刊当年发表论文在当年被某学科论文引用的总次数}{该刊统计当年发表的论文总数} \quad (3)$$

根据期刊即年指数的定义和公式表达可以看出，如果一个学科大多数期刊都具有较高即年指数的话，那么这个学科一定是一个发展迅速且学术活跃的学科，该学科的学者对热点问题具有较高的关注度。

1.2.4 期刊影响因子

期刊影响因子是指一种期刊在一定的统计源期刊范围内、在指定年份中，该期刊前两年论文在这一范围内被引用的数量与该期刊前两年刊载论文数量之比。期刊影响因子也可以理解为指定期刊前两年所发表论文在统计年的篇均被引率。

期刊影响因子最早是由 E. 加菲尔德在 1955 年提出的，[1]它是指期刊论文获得的客观响应，它是反映期刊重要性的宏观测度，它可以被用来计算期刊在一个学科领域的学术影响。期刊影响因子的计算公式如下：

$$影响因子 = \frac{该刊前两年发表的论文在统计年被引用的总次数}{该刊在统计年的前两年发表的论文总数} \quad (4)$$

根据影响因子的定义和公式可以看出，影响因子对于统计源期刊而言占有明显的优势，其大量自引将会提高本刊的影响因子，这对非统计源期刊存在着不公。因此，需要另一种影响因子进行平衡，即他引影响因子，其公式如下：

$$他引影响因子 = \frac{该刊前两年发表的论文在统计年被其他期刊论文引用的总次数}{该刊在统计年的前两年发表的论文总数} \quad (5)$$

另一个相关的期刊影响因子是期刊学科影响因子，它主要指被一个学科范围内论文引用的相对值。其公式如下：

$$学科影响因子 = \frac{该刊前两年发表的论文在统计年被某学科论文引用的总次数}{该刊在统计年的前两年发表的论文总数} \quad (6)$$

---

[1] Garfield, E., Citation indexes to science: a new dimension in documentation through association of ideas, *Science* 1955; 122: 108—11.

一般情况下，影响因子越大，可以认为该期刊在科学发展和交流过程中的作用和相对学术影响也越大。当然，影响因子也具有一定的片面性，例如对于小篇幅期刊而言具有明显的优势。因此，它和期刊总被引次数等指标共同来评价期刊，这是一个很好的互补。

1.2.5 期刊被引广度

期刊被引广度是指期刊在某个年度被多少种期刊中的论文引用过，其引用该刊的期刊的数量即为该刊的被引广度。被引广度说明了期刊所刊载的论文对其他期刊的影响程度。一般说来，一种期刊被不同的期刊引用的越多，其影响度就越广。

期刊被引广度反映了某期刊对其他期刊的学术影响力，特别是通过分析引用该刊的期刊类别可以得到相关学科的渗透和交融，可以发现其他学科学者对该学科论文的关注程度。

作为评价期刊的一种指标，被引广度从范围角度反映了期刊的学术影响，一般来说，在一个学科内，学科综合类期刊与较专的期刊相比，前者具有更大的被引广度。因此，在对某学科内期刊被引广度比较分析时，应当更注重期刊对其他学科论文的影响。

1.2.6 期刊半衰期

期刊半衰期包括两个方面：引用半衰期和被引半衰期。

期刊被引半衰期是指一种期刊在某一年度被引用的总次数中，较新的一半文献是在多长时间内发表的，这个时间段就是这个期刊的被引半衰期。期刊被引半衰期越长说明该期刊所刊载论文的学术生命也越长，该期刊越有长期的参考价值。

例如，以《中国社会科学》为例，该刊在 2004 年度被引 1193 次，被引一半为 596.5，半衰期计算为 4.2 年，其计算方式如图 1-1：

年度	2004	2003	2002	2001	2000	……	总计
论文被引次数	40	192	187	149	171	……	1193
累计百分比	3.35%	19.45%	35.12%	47.61%	61.94%	……	100%

568　　597　4.2 年

图 1-1　《中国社会科学》2004 年半衰期计算图

由图 1-1 可以得知期刊被引半衰期的计算方法为，将该刊每一年论文被引次数除以该刊的总被引次数得到百分比，然后从最近的年代开始累计百分比，当达到被引总数的50%时，所花费的年限就是该期刊的被引半衰期。

期刊引用半衰期是指，该期刊在统计当年所引用的论文中，较新论文（以时间划分）的引用数达到总引用数的50%时的年数。其计算方法与期刊被引半衰期相同，仅仅是将被引数变换为引用数。

一般说来，学科发展越快，该学科期刊的被引半衰期就越短。对于一个学科内部而言，期刊被引半衰期越长，说明该期刊越有长期的学术价值。但是，期刊本身的性质也对期刊半衰期有很大的影响作用，例如，史料性期刊通常具有较长的半衰期，而纯学术并且对热点关注程度较高的期刊半衰期较短。因此，期刊半衰期通常不能用来单独作为评价人文社会科学期刊影响的指标，可以在两种期刊其他指标相近的情况下用该指标进行辅助评价。

1.2.7 重要二次文献收录指数

我国人文社会科学二次文献期刊有数十种，其中在人文社会科学研究中具有较大影响、并且收录较为全面的有四种：人民出版社主办的《新华文摘》、中国社会科学杂志社主办的《中国社会科学文摘》、中国人民大学主办的《复印报刊资料》，以及上海师范大学主办的《高等学校文科学术文摘》。

上述四种文摘刊物是被学界公认的综合性文摘刊物，具有一定的权威性。它们主要摘转中国人文社会科学领域的重要研究成果，反映各学科领域学术动态和学术走向。应该说这些文摘刊物中对期刊全文转载数量的统计，从一个角度反映了各期刊对学科热点的跟踪，对学术走向的关注程度。因此，这些文摘刊物转载各期刊的数量可以设立为对期刊影响度考察的指标，应该说，这一指标是对上述各指标的一个补充。

另一个方面也可以说明设立这一指标的必要性。许多作者在阅读了二次文献转载的全文后，当他们在论文写作过程中引用了这些论文时，往往标注的是二次文献的出处，而非原刊出处，所以采用这一指标也从一个方面弥补了原刊由于作者引用二次文献带来的被引数据损失。

1.2.8 Web 即年下载率

Web 即年下载率是指，期刊在某一期刊全文数据库中当年出版并上网的论文在当年被全文下载的次数与该期刊当年出版并上网论文总数之比。计算公式如下：

$$\text{Web 即年下载率} = \frac{\text{该期刊当年出版并上网的论文在当年被下载的次数}}{\text{该期刊当年出版并上网的论文总数}} \tag{7}$$

从评价期刊来说，Web 即年下载率相对其他指标更具合理性。因为读者不是根据自己掌握和了解的有限期刊去找文章，而是从主题去查文章，避免了读者对期刊的可获取性和主观认识上存在的偏差，保证了每一本期刊相对读者而言，获取机会都是相等的。所以 Web 即年下载率在期刊评价指标体系中具有很重要的意义。

1.3 人文社会科学期刊评价指标修正

目前，我国的学术期刊已发展到一定的规模（根据国家新闻出版总署以及期刊征订目录统计，我国人文社会科学学术期刊已达 2800 种左右）[①]，近 10 年来我国学界对期刊的评价分析和指标引用尚不统一，特别是利用的指标多数出自于国外 20 世纪 50—70 年代，而这些指标基本是基于评价自然科学期刊创建的。目前对人文社会科学期刊的评价分析，完全是拿来主义，并没有考虑人文社会科学的特点，有些指标在人文社会科学的评价中并不适用，需要进行一定的修正。

1.3.1 修正的依据与思路

随着科学的发展，产生于 20 世纪 70 年代前后的期刊评价指标体系已显得陈旧，不能适应当今科学研究的发展，尤其是出自于自然科学期刊的评价指标体系，更是不能满足人文社会科学期刊评价的要求。为了保障我国人文社会科学学术期刊的健康发展，实现对人文社会科学期刊更科学、合理的评判，需要对人文社会科学期刊评价的指标体系进行修正。修正依据主要来自以下几个方面：

其一，自中共中央发出了《关于进一步繁荣我国哲学社会科学的意见》以来，我国人文社会科学研究领域更加活跃，随着研究机构的增多和研究队伍的不断扩大，各学科研究领域的论文激增，期刊稿源的增加，造成期刊论文发表滞后，再加上各期刊论文审稿制度日趋规范，论文从撰写到发表多数都将经过一年左右的时间，有的甚至更长。这样当年发表的论文很难在当年被引用，这势必影响期刊即年指数这一指标。我们根据对人文社会科学近几年的期刊即年指数分析，具有即年指数的期刊不到 50%（参见表 1-1），其中大多数的数值都很小，造成即年指数这一指标在人文社会科学领域很难分辨各期刊对热点跟踪和学术反应速度上存在的差距。因此，在人文社会科学研究领域几乎很少见到用即年指数来实际评价期刊的研究成果。所以对即年指数的改造势在必行。

其二，过去对人文社会科学期刊的评价完全照搬自然科学的评价指标，而人文科学相对自然科学而言，发展相对缓慢，其引用文献（包括期刊论文）也并不像自然科学那样引用成果较集中于前两年，再加上近年来文章发表的时滞，人文社会科学论文所引用的文献时间高峰的前推，这直接影响到影响因子的计算。因此，人文社会科学期刊的影响因子计算公式必须根据被引用期刊论文的时间峰值作必要调整。

其三，人文社会科学各学科几乎多多少少都存在着联系，各学科之间论文的相互

---

① 这里的统计数据是指我国内地人文社会科学期刊数，不含我国港、澳、台地区期刊，本书所有讨论期刊也仅限于我国内地期刊。

引用十分正常，但过去的被引广度指标在期刊被引次数上并没有分别较强联系（被引次数较多）和弱联系（被引次数很少）。实际上弱联系带有许多偶然性，不应与强联系同等对待。因此，简单的被引广度的计算（即该期刊只要被某一期刊引用过都将为其在被引期刊种数上增加1）应当进行必要的修正，以确保期刊被引广度这一指标更加科学合理。

针对上述三个方面原因，我们可对三项指标进行修正，其修正思路为：（1）由于即年指数对于多数期刊难以获得，这一指数可以取消，但为了体现各期刊对作者的快速影响，可改为期刊反应速率，扩大被引的时间计算范围；（2）影响因子的修正需根据人文社会科学期刊论文的被引用（年）峰值调整计算年代，移动计算年度；（3）对于被引广度的修正主要应分别出那些引用次数很少的（带有偶然性）的期刊，对这些期刊给予一定的折算。

1.3.2 即年指数的修正

如何修正即年指数必须根据实际的数据做出决定，我们对2004年CSSCI中引用的所有我国人文社会科学学术期刊进行了当年论文被引统计调查，并设计了表1-1，表1-1给出了2004年引用的2100种期刊的当年论文被引情况。①

表1-1　　2004年CSSCI引用当年论文统计表

期刊学科	统计期刊数	当年论文被引期刊数	当年论文被引期刊比例	被引≤2次的期刊数
马克思主义	15	10	67%	5
哲学	18	11	61%	7
宗教学	10	3	30%	2
历史学	55	24	44%	17
考古学	26	7	27%	4
民族学	28	10	36%	9
中国文学	27	14	52%	7
外国文学	12	5	42%	4
语言学	61	24	39%	14
艺术学	76	22	29%	18
管理学	167	68	41%	35
经济学	378	198	52%	99
政治学	226	79	35%	49
法学	61	39	64%	22

① 表1-1中2100种期刊为我国当前出版的全部人文社会科学期刊在2004年被CSSCI收录论文引用过的期刊数量。

续表

期刊学科	统计期刊数	当年论文被引期刊数	当年论文被引期刊比例	被引≤2次的期刊数
社会学	25	12	48%	7
教育学	226	74	33%	43
心理学	14	9	64%	4
新闻学与传播学	57	38	67%	20
图书馆、情报与文献学	56	35	63%	10
体育学	41	17	41%	8
社会科学综合类期刊	93	54	58%	26
高校综合类学报	337	91	27%	66
统计学	12	8	67%	5
人文、经济地理	29	12	41%	3
环境科学	50	13	26%	10
合计	2100	877	42%	494

对表1-1分析我们得出,虽然我国的人文社会科学学术期刊约3000种左右,但在2004年大约只有2100种被引用。即使在这2100种期刊中,只有877种期刊有当年论文被引,仅占42%,如果不考虑只有1—2篇次当年论文被引的494种期刊(因为这些期刊的即年指数将是非常之小),那么在这2100种期刊中,共有1717种期刊没有当年论文被引或只有1—2次被引,占比达到81.8%。

由此可见,在人文社会科学期刊的评价中,即年指数已不能有效地反映期刊被引速率,需要进行修正。修正的方法主要为延展被引论文的时间范围,我们将其扩展到前一年,即考察当年论文和前一年论文被引之和。由于时间的拓展,即年指数这个概念与实际的数据计算不再相符,我们将其定名为"期刊被引速率"。计算期刊被引速率的公式如下:

$$被引速率 = \frac{该刊当年论文和前一年论文在当年被引用总次数}{该刊统计当年发表的和前一年发表的论文总数} \tag{8}$$

公式(8)给出的是被引速率修正的通用范式,对于学科引用速率和他刊引用速率只需相应修改该公式的分子即可。

1.3.3 影响因子的修正

如上所述,期刊影响因子是指期刊前两年论文在统计年的篇均被引率。考察影响因子的目的是为了反映期刊的学术影响,应该是把期刊最能够表达自己学术影响的"时段"体现出来。过去借用于自然科学期刊影响因子的计算方法显然不适应人文社会科学领域,但究竟如何修正,应当考察来自于实际的数据。为此,我们对各学科期刊论文被引用的时间峰值进行了统计，并产生表 1-2。表 1-2 给出了 2004 年 CSSCI 中人文社会科学各学科期刊被引用的时间峰值。

表 1-2　　2004 年 CSSCI 引用期刊的时间峰值统计　　（单位：期刊种数）

期刊学科	调查期刊数	2004年（篇数）	2003年（篇数）	2002年（篇数）	2001年（篇数）	2000年（篇数）	1999年（篇数）	1998年（篇数）	其他年份
马克思主义	15	0	9	4	0	1	0	0	1
哲学	18	0	3	9	4	1	1	0	0
宗教学	10	2	3	0	0	1	0	1	3
历史学	55	0	10	9	7	4	2	2	21
考古学	26	1	1	4	0	2	0	2	16
民族学	28	0	6	7	4	2	2	1	6
中国文学	27	0	3	7	3	4	1	1	8
外国文学	12	0	4	1	1	2	0	0	4
语言学	61	0	9	15	6	7	4	3	17
艺术学	76	0	15	14	8	1	4	2	32
管理学	167	3	40	73	18	10	7	3	13
经济学	378	10	135	127	53	24	11	7	11
政治学	226	7	62	61	39	19	12	2	24
法学	61	2	33	13	7	3	0	2	1
社会学	25	0	7	6	3	2	2	0	5
教育学	226	4	55	71	37	23	10	5	21
心理学	14	0	2	5	3	2	0	0	2
新闻学与传播学	57	5	27	9	6	2	2	1	5
图书馆、情报与文献学	56	0	20	24	7	2	1	0	2
体育学	41	0	4	11	14	8	1	1	2
社会科学综合类期刊	93	0	27	35	9	8	5	2	7
高校综合类学报	337	5	69	113	63	40	22	7	18
环境科学	50	0	7	15	8	3	2	4	11
人文、经济地理	29	1	6	12	3	0	3	0	4
统计学	12	1	2	3	1	4	1	0	0
合计	2100	41	559	648	304	175	93	46	234

从表 1-2 我们可以看出，我国人文社会科学期刊论文的引用峰值主要出现在论文发表后的三年中，并以发表后的第二年为最高，发表后的第一年次之，第三为发表后的第三年，这三年达到峰值的期刊数分别为：648 种（30.9%）、559 种（26.6%）、304 种（14.5%），这三年达到峰值的期刊总数为 1511 种，占全部被引期刊总数的 72%。

对这样一组数据分析可以认为，过去的期刊影响因子的计算方式已不适用于当今人文社会科学，必须进行修正。除了分析表 1-2 以外，我们还对具体期刊的被引用峰值进行了细致的考察，我们发现学界公认的影响大的绝大多数期刊，其被引用峰值基本都在期刊出版后的三年中，由于我们对期刊即年指数修订后已将前一年的数据用于被引速率，因此我们认为期刊影响因子的计算在时间上也作前推，从前两年推至到前第 2、3 年，确保能有 70% 以上期刊的引用峰值在被引速率和影响因子计算的年度内。修正后的影响因子的计算公式如下：

$$影响因子 = \frac{该刊前第 2、3 年发表论文在统计年被引用的总次数}{该刊统计年的前第 2、3 年发表论文总数} \quad (9)$$

公式（9）给出的是修正通用范式，对于学科影响因子和他引影响因子只需相应修改该公式的分子即可。

1.3.4 被引广度的修正

被引广度是考察一种期刊对多少种期刊产生着影响，也就是说该期刊的论文被多少种期刊中的论文引用过。过去许多评价系统的被引广度的计算并不分辨被每一种期刊引用的次数，例如，某一期刊被 A 期刊引用了 1—2 次、被 B 期刊引用了十数次，但 A、B 期刊相对该期刊的被引广度都是 1。实际上那些每年只引用某期刊 1—2 次的期刊，应该说具有许多偶然性。因此，在被引广度的计算上，某刊被他刊的引用次数应当有一定区别。为此，我们对 CSSCI 的 2004 年各学科被引期刊的数量分布进行了统计，得到表 1-3。

表 1-3　　　　　2004 年 CSSCI 中各学科期刊引用其他期刊次数的分布统计

期刊学科	引用期刊数	被引期刊的各个数量的期刊数				
		被引 5 次以上	被引 4 次	被引 3 次	被引 2 次	被引 1 次
马克思主义	15	8	3	1	2	1
哲学	18	11	1	1	1	4
宗教学	10	3	0	3	1	3
历史学	55	28	2	4	3	18
考古学	26	19	1	2	1	3
民族学	28	11	1	3	4	9

续表

期刊学科	引用期刊数	被引期刊的各个数量的期刊数				
		被引5次以上	被引4次	被引3次	被引2次	被引1次
中国文学	27	14	2	7	4	0
外国文学	12	5	2	0	2	3
语言学	61	29	1	4	10	17
艺术学	76	19	3	4	13	37
管理学	167	34	14	14	38	67
经济学	378	125	22	39	74	118
政治学	226	40	10	19	39	118
法学	61	33	4	5	10	9
社会学	25	12	3	2	3	5
教育学	226	49	9	17	33	118
心理学	14	11	0	1	0	2
新闻学与传播学	57	21	5	8	8	15
图书馆、情报与文献学	56	44	1	3	3	5
体育学	41	33	1	2	3	2
社会科学综合类期刊	93	38	9	15	13	18
高校综合类学报	337	39	10	31	68	189
统计学	12	5	1	0	2	4
人文、经济地理	29	18	1	2	3	5
环境科学	50	20	1	5	11	13
合计	2100	669	107	192	349	783

表1-3给出的2100种期刊被引用数量的分布。为了便于对表1-3理解，先对表中数据作一说明：引用期刊数是指一个学科的期刊引用了多少种目前国内发行的学术期刊。如"马克思主义"学科的期刊中的论文共引用了目前国内发行的学术期刊15种；被引期刊各个数量的期刊数是指，被指定学科引用的某一次数上有多种期刊。例如，"马克思主义"学科期刊中论文引用5次以上的期刊只有8种，被引用4次的期刊有3种……

可以看出，在2004年被CSSCI来源期刊引用1次的期刊多达783种，被引1—2次的期刊合计达1132种。应该说这些期刊在这一年中的被引具有一定的偶然性，也可以说这些期刊相对于那些被引用5次以上的669种期刊，其相关性要小的多。

一般说来，一种期刊一年被某种期刊只引用一次，那么这两种期刊的关联性是很小的,这种引用带有许多偶然性,而过去被引广度的计算则并不区分被引次数,对于被引 1 次和多次是等同看待的。为了使被引广度的计算能够分辨出影响度的大小,并更趋于合理,需要对期刊被引广度的计算方式做一定修订。本次的修订对引用 1 次到 5 次的期刊的广度作递增计算,具体计算方式如表 1-4。

表 1-4　　　　　　　　　　　某期刊被引广度计算表

引用该刊次数	1	2	3	4	5 次以上
广度值	0.2	0.4	0.6	0.8	1

1.4　人文社会科学期刊评价体系

评价期刊的学术影响来自于多方面,例如,主办期刊的机构、期刊编辑委员会的组成、期刊的审稿制度,等等。这些都属于表现期刊影响力的显著形式,通常通过专家的定性评价得出。本书上面介绍的期刊评价指标主要是从量化方面着手,实现对期刊学术质量和学术影响的评价。每一种指标都从不同的角度来评价期刊,单独使用难免存在一些片面性,只有当综合运用这些指标实现全方位的评价期刊时,才会使得评选出的核心期刊更加公正和科学,这就需要我们构造一个采用多种指标融合而成的期刊评价体系。

1.4.1　期刊评价数学模型

完备的指标体系要求数据能够规范在同一的数量级上,使之可以进行横向比较和构建理想的数学模型。不同的期刊评价指标其数据间有很大的差别(如被引次数的单位是期刊被引篇次,可达数百上千;影响因子则是篇均被引率,绝大多数不超过 1),即使是同一指标在不同的学科中也有很大差距(如,经济学中影响因子最高的期刊《经济研究》的影响因子超过 3,而宗教学中影响因子最高的期刊《世界宗教研究》也不超过 0.1)。因此,在一个指标体系中,我们必须将其统一(归一化)处理,使各指标数据统一在一个数量级上。

归一化处理的思路是,将每一指标中数值最高者设置为 1,其他数值依据相应比例获取归一化后的数值。用数学解释表达如下:

设某一期刊集合(如某类期刊集合中)中的第 i 个元素(第 i 种期刊)的某一指标(如期刊影响因子)为 N_i($i=1,2,\cdots$),若将归一化后的值设为 U_i,则

$$U_i = \frac{N_i}{\text{Max}\{N_i, |_{i=1,2\cdots}\}} \tag{10}$$

其中:U_i 为第 i 种期刊针对所计算的指标的归一化值,N_i 为第 i 种期刊针对所计

算的指标的实际数值，Max $\{N_i,|_{i=1,2,\cdots}\}$ 是指这一指标中最大的一个指标数值。

不同的期刊指标在评价中发挥的作用是不同的，对于作用的大小需要用数值来表示。因此，在整个评价体系中，我们根据指标作用的大小为它们各自分配一个权数（即权重系数），设权重系数为 $W_i|_{i=1,2,\cdots}$，则权重系数之和 W 满足

$$\sum_{i=1}^{n} W_i = 1 \tag{11}$$

其中，n 为整个指标体系中指标的个数。

经过归一化处理以后，可以给出每一种期刊的综合值，其每种期刊的综合值可以表达式如下：

$$V_j = \sum_{i=1}^{n} U_{ij} \times W_i \quad (j=1,2,\cdots) \tag{12}$$

其中，V_j 是第 j 种期刊的归一化以后的综合值，U_{ij} 是第 j 种期刊第 i 个指标的归一化数值，W_i 是本体系中第 i 个指标的权重。

因此，我们完全可以用数学表达式来表示期刊综合值的生成模型。我们用 V、W、U、N 分别表示期刊综合值向量、指标权重向量、期刊指标初始值归一化矩阵、期刊指标初始值矩阵，它们的表达式和之间的运算关系如下。

设 N 为期刊指标初始值矩阵，其公式如下。

$$N = \begin{bmatrix} n_{11} & n_{12} & \cdots & n_{1j} & \cdots & n_{1k} \\ & & \cdots & & \cdots & \\ n_{i1} & n_{i2} & \cdots & n_{ij} & \cdots & n_{ik} \\ & & \cdots & & \cdots & \\ n_{l1} & n_{l2} & \cdots & n_{lj} & \cdots & n_{lk} \end{bmatrix} \tag{13}$$

其中，i 表示某期刊集合内的期刊顺序编号，j 表示评价指标体系中指标序号，N_{ij} 表示第 i 种期刊、第 j 个指标的数值。

设 U 为期刊指标初始值归一化矩阵，其公式如下。

$$U = \begin{bmatrix} u_{11} & u_{12} & \cdots & u_{1j} & \cdots & u_{1k} \\ & & \cdots & & \cdots & \\ u_{i1} & n_{i2} & \cdots & u_{ij} & \cdots & u_{ik} \\ & & \cdots & & \cdots & \\ u_{l1} & n_{l2} & \cdots & u_{lj} & \cdots & u_{lk} \end{bmatrix} \tag{14}$$

其中，i 表示某期刊集合内的期刊顺序编号，j 表示评价体系中指标序号，U_{ij} 表示第 I 种期刊、第 j 个指标归一化后数值。

设 W 为期刊评价指标权重向量，则 W 表示如下：

$$W = (w_1\ w_2 \cdots w_k)^T \quad (k\text{ 为指标个数}) \tag{15}$$

因此，期刊综合值 V 实际上是由矩阵 U 和向量 W 的叉乘得到，见公式（16）。

$$V = \begin{bmatrix} v_1 \\ \cdots \\ v_i \\ \cdots \\ v_l \end{bmatrix} = U \times W = \begin{bmatrix} u_{11} & u_{12} & \cdots & u_{1j} & \cdots & u_{1k} \\ & & \cdots & & \cdots & \\ u_{i1} & u_{i2} & \cdots & u_{ij} & \cdots & u_{ik} \\ & & \cdots & & \cdots & \\ u_{l1} & u_{l2} & \cdots & u_{lj} & \cdots & u_{lk} \end{bmatrix} \begin{bmatrix} w_1 \\ \cdots \\ w_i \\ \cdots \\ w_k \end{bmatrix} \tag{16}$$

由公式（16）可以看出，对于评价集合中的第 i 种期刊的综合指标值 v_i 可以表示为：

$$v_i = \sum_{J=1}^{k} u_{ij} \cdot w_j \tag{17}$$

其中，k 为整个评价指标体系中的指标数量。

1.4.2 期刊评价指标项目的确定

作为一个评价指标体系，首先要考虑选择哪些评价指标，在指标的选择上必须要全面，以确保评价的科学与公正。分析期刊的评价指标，主要由四大类构成：反映期刊本身学术规范与含量的量化的指标、反映学术影响的被引用指标、重要二次文摘刊物转载指标、反映网络文献全文阅读率的指标。

反映期刊本身学术规范与含量的量化指标主要是指，根据期刊所刊载的论文，从不同的角度分析对期刊产生影响的那些因素。虽然，这些指标反映期刊的学术影响方面并不是主要角色，但他们却能够表达出期刊的学术含量。具体指标项如下：

（1）期刊的本学科论文比例（由于非统计源期刊该数据难以获得，本书暂不用此指标）。

（2）篇均引用文献数。

（3）基金论文比例。

（4）有机构论文比例。

（5）论文作者的地区分布。

（6）期刊主办机构的作者论文比例（仅用于对高等学校学报的评估）。

反映学术影响的引用状况指标主要是借助引用分析得到的、表示期刊不同影响的指标参数。这些指标反映了期刊间的相互影响、期刊对科学研究的影响、期刊对学者的影响等。具体指标项与上述指标顺延排列如下：

（7）总被引次数、学科引用次数、他刊引用次数。

（8）总被引速率、学科引用速率、他刊引用速率。

（9）一般影响因子、学科影响因子、他引影响因子。

（10）期刊被引广度。

这里要做解释的是，在人文社会科学中，期刊半衰期并不能很好地说明期刊的影响，我们曾对人文社会科学各学科期刊的半衰期进行过统计分析，其中各学科最有影响的期刊大多数都排在很后的位置，而一些资料性的期刊、影响因子很小的期刊却有很长的半衰期。因此，我们认为期刊半衰期这一指标不能作为评价体系中的指标项，只能在综合指标数相等的情况下，用半衰期作进一步甄别。

重要文摘刊物对期刊的全文转载是反映期刊对学术热点和学界所关心问题的重要程度的一个方面，本体系也将其作为评价期刊的指标之一。具体采集的文摘刊物如下：

（11）《新华文摘》、《中国社会科学文摘》、《复印报刊资料》、《高等学校文科学术文摘》（仅用于对高等学校学报的评估）的转载数量。

最后一项指标是网络期刊的全文下载率。具体指标名称如下：

（12）Web 即年下载率。

1.4.3　人文社会科学期刊评价指标体系

评价指标项确定后，最重要的就是根据各指标对评价期刊质量以及反映期刊影响的大小来赋予它们各自的权重。本书将权重分为 7 个部分：期刊学术规范量化指标、被引次数、被引速率、影响因子、被引广度、文摘刊物转载指标和 Web 即年下载率。具体权重分配如下。在此需要说明的是，下面公式中涉及的所有指标项都视为经过了归一化处理的指标值。

（1）学术规范量化指标权重

学术规范量化指标是根据期刊发文情况对期刊的规范性、研究深度等考察，也是反映期刊作者的机构和地区分布的指标。学术规范量化指标主要由五个方面构成：篇均引用文献数、本学科论文比例、基金论文比例、地区论文分布数、作者标注机构比例。由于很难考察其中各指标的重要程度，在比重方面我们将其平均分配，即该指标的每个下级指标平均分配总指标比率，即四个指标各占 25%。[①]

由于学术规范量化指标只是客观反映期刊质量和规范性，并非对期刊的影响做出判断，因此也只能给予一般的权重，本指标体系分配给学术规范量化指标的权重为 0.15。

（2）被引次数权重分配

期刊被引对人文社会科学而言是较为重要的一个指标，因为在人文社会科学中，许多成果是不受时间跨度的影响，并在人文社会科学研究中产生着长期的影响。可以说，在人文社会科学中，这一指标较在自然科学中更为重要。实际上这一指标在某种

---

① 由于对于非统计源（非 CSSCI 来源期刊）中的论文所属学科我们无法获得，所以本书在对期刊评估的过程中暂不对本学科论文比这一指标进行分析。对于高校综合性学报在该指标中增加本机构论文比，因此高校学报在这一指标中有五个下级指标，其中每个各占 20%。

程度上也弥补了期刊半衰期这一指标所具有的一些缺点。

期刊被引次数由三个部分组成：期刊总被引次数、学科论文引用次数、其他期刊引用次数。这三个方面分别体现了某种期刊在整个人文社会科学中的总影响、在学科内的影响和对其他期刊的影响，选择这三种被引次数主要考虑了它们之间可以相互补充。例如，总被引次数看似合理，但非统计源期刊在该指标上明显处于弱势，因此，借助他引可以均衡这种弱势，当然完全用他引也会使小学科处于不利的地位，反过来又需要用自引来补充；另一方面，期刊的评价和遴选核心期刊主要是针对学科而言，所以用学科论文引用次数补充，可以增加期刊对本学科影响的比重。

根据三种被引次数所占角色和作用，另外也考虑到前两种被引次数的计算含有自引的数据，这对非来源期刊来说明显存在劣势。因此，我们对他引次数赋予较高的比重，即50%，其他两个被引次数各占25%的比重。所以每一种期刊的被引次数计算公式为：

$$期刊被引次数 = 0.25 \times 期刊总被引次数 + 0.25 \times 学科引用次数 + 0.5 \times 他刊引用次数 \quad (18)$$

虽然人文社会科学期刊被引次数的重要，但由于这些数据在其他指标中也都有体现，而且对于大小期刊存在着不平衡性。因此，我们在本体系中赋予0.10的权重。

（3）被引速率权重

对于学术期刊而言，期刊被引速率这一指标较为重要，由于即年指数在人文社会科学领域不能理想地表示期刊的反应速率，在本指标体系中我们将以期刊被引速率取代之。期刊被引速率同样分为期刊总被引速率、学科引用速率、他刊引用速率。应该说这三项指标的重要程度与角色类似于被引次数，因此，我们将与上述指标一样来分配这三个指标。即，总被引速率25%、学科引用速率25%、他刊引用速率50%，其表达式如下。

$$期刊被引速率 = 0.25 \times 总被引速率 + 0.25 \times 学科引用速率 + 0.5 \times 他刊引用速率 \quad (19)$$

期刊被引速率是由指定期刊当年论文和前一年论文被引量除以该期刊这两年的载文量得到，反映了期刊对热点的跟踪程度，具有一定的重要性，但也由于该指标与被引次数指标有一些数据的重合，所以本指标体系给予其0.10的权重。

（4）影响因子权重分配

与期刊被引次数指标相同，影响因子也包括三个方面：一般影响因子、学科影响因子和他引影响因子。因此，我们在这三个分指标的权重分配上也与被引次数相同，即他引影响因子为50%，其他两个影响因子各占25%的比重。其计算公式为：

$$影响因子 = 0.25 \times 一般影响因子 + 0.25 \times 学科影响因子 + 0.5 \times 他引影响因子 \quad (20)$$

长期以来，期刊影响因子一直是评价期刊和遴选核心期刊最主要的依据，并且它较为集中地反映了每种期刊的学术影响,故应给予较高的权重。经过我们对多年来的数据分析和影响因子本身所具有的重要性,我们赋予影响因子在整个指标体系中 0.30 的权重。

(5) 被引广度权重分配

被引广度体现了期刊在学术领域的影响范围。这一指标在不同学科的期刊之间差别很大,即使在同一学科中,由于期刊的性质和办刊主导思想的不同,也会有一定差距。例如,同一学科中涉及领域比较广泛的期刊和专门领域期刊就存在不平衡性,所以,虽然这一指标从不同的角度反映了期刊的学术影响,但也只能赋予较小的权重,我们将其定为 0.10。

(6) 二次文献转载权重

虽然二次文献反映了各期刊重要或热点学术成果的数量,但各二次文献收录全文的方针和宗旨不一,不可能将所有重要学术成果都收录。而且由于二次文献的人力和其他原因也很可能忽略掉一些好文章,所以我们在分配权重时给予较小的权重,即分配 0.10 的权重。具体各二次文献的权重分配如下:

$$\text{二次文献系数之一} = 0.45 \times \text{新华文摘} + 0.35 \times \text{中国社会科学文摘} + 0.20 \times \text{复印报刊资料} \quad (21)$$

对于高等学校综合性文科学报的指标项权重的调整如下:综合性期刊的被引指标项的调整方案全部套用;将载文系数指标项中的本学科发文改为他机构学者发文比例,二次文献转载数量增加一种二次文献转载数,即全国高校文科学术文摘杂志,具体比重分配如下:

$$\text{二次文献系数之二} = 0.35 \times \text{新华文摘} + 0.20 \times \text{中国社科文摘} + 0.10 \times \text{复印报刊资料}$$
$$+ 0.35 \times \text{高校学术文摘} \quad (22)$$

(7) Web 即年下载率权重

由于该指标是从论文的角度来体现网上期刊的迅速扩散率,反映了期刊出版当年被全文阅读的情况。由于这些被阅读的论文是读者多以主题查找获得的论文,而并非以期刊选读文章,该指标从一个方面体现了期刊被选论文机会均等,是研究期刊在网络环境下传播效率和被全文阅读状况的新指标,具有很重要的意义,因此在本指标体系中赋予 0.15 的权重。

(8) 其他说明

对于综合性期刊的评估,考虑到综合性的原因,对于所有涉及学科的指数都将忽略,因此各项指标内的单项权重都要进行一定调整,我们将学科被引分配给其他两个指标项,其中他引为 65%,总被引为 35%。

以上我们为本书的期刊评价体系中各项指标分配了权重,这些权重的分配符合前面定义的指标权重系数的要求,表 1-5 为汇总的权重分配表。

表 1-5　　　　　　　　　　期刊评价指标体系权重分配

指标名称	被引次数	被引速率	影响因子	被引广度	学术规范量化指标	Web即年下载率	二次文献转载	合计
权重	0.10	0.10	0.30	0.10	0.15	0.15	0.10	1

非高校综合性文科学报和非综合性社会科学期刊的各指标权重详细分配参见表1-6。

表 1-6　　　　　　　　非综合性期刊指标体系权重分配表

指标			权重	
一级指标	二级指标	二级指标占一级指标比值	一级指标	二级指标
学术规范量化指标	篇均引用文献数	25%	0.15	0.0375
	基金论文比例	25%		0.0375
	机构标注比例	25%		0.0375
	作者地区分布	25%		0.0375
被引次数	总被引次数	25%	0.1	0.025
	本学科论文引用次数	25%		0.025
	他刊引用次数	50%		0.05
被引速率	总被引速率	25%	0.1	0.025
	学科引用速率	25%		0.05
	他刊引用速率	50%		0.025
影响因子	一般影响因子	25%	0.3	0.075
	学科影响因子	25%		0.075
	他引影响因子	50%		0.15
被引广度	引用该刊的期刊数量	100%	0.1	0.1
二次文献转载数	新华文摘	45%	0.1	0.045
	中国社会科学文摘	35%		0.035
	复印报刊资料	20%		0.02
Web即年下载率	全文下载率	100%	0.15	0.15

高校综合性文科学报和社会科学综合性期刊的权重分配参见表1-7。

表 1-7　　　　　　　　　　综合性期刊指标体系权重分配表

指标		一级指标权重	综合性期刊		高校综合性文科学报	
一级指标	二级指标		二级指标占一级指标比值	二级指标	二级指标占一级指标比值	二级指标
学术规范量化指标	篇均引用文献数	0.15	25%	0.0375	20%	0.03
	基金论文比例		25%	0.0375	20%	0.03
	机构标注比例		25%	0.0375	20%	0.03
	作者地区分布		25%	0.0375	20%	0.03
	本机构论文比		—	—	20%	0.03
被引次数	总被引次数	0.1	35%	0.035	35%	0.035
	他刊引用次数		65%	0.065	65%	0.065
被引速率	总被引速率	0.1	35%	0.035	35%	0.035
	他刊引用速率		65%	0.065	65%	0.065
影响因子	一般影响因子	0.3	35%	0.105	35%	0.105
	他引影响因子		65%	0.195	65%	0.195
被引广度	引用该刊的期刊数量	0.1	100%	0.1	0.1	0.1
二次文献转载数	新华文摘	0.1	45%	0.045	35%	0.035
	中国社会科学文摘		35%	0.035	20%	0.02
	复印报刊资料		20%	0.02	10%	0.01
	高等学校文科学术文摘		—	—	35%	0.035
Web 即年下载率	全文下载率	0.15	100%	0.15	0.15	0.15

1.4.4　期刊指标的计算方法与步骤

为了帮助读者更好地理解本指标体系的计算和实现过程，本小节将给出实例来进行说明和解释，同时为读者阅读以后的章节打下基础。图 1-2 给出了本指标体系的实现流程。

为了更清楚地说明这个实现流程，本节对我国情报学的 7 种期刊的指标产生的过程给予详细描述。要说明的是，这里产生的数据可能与实际产生的归一化数据有差别，那是因为数据源范围造成的，因为最高指标值影响着这一指标的归一化数值。因此，请读者不要与本书的第 20 章数据直接作对比，该实例主要用于说明整个评价指标体系的操作过程与方法。

（1）学术规范量化指标计算

本评价指标体系计算的期刊学术规范量化指标主要包括：期刊的篇均引用文献

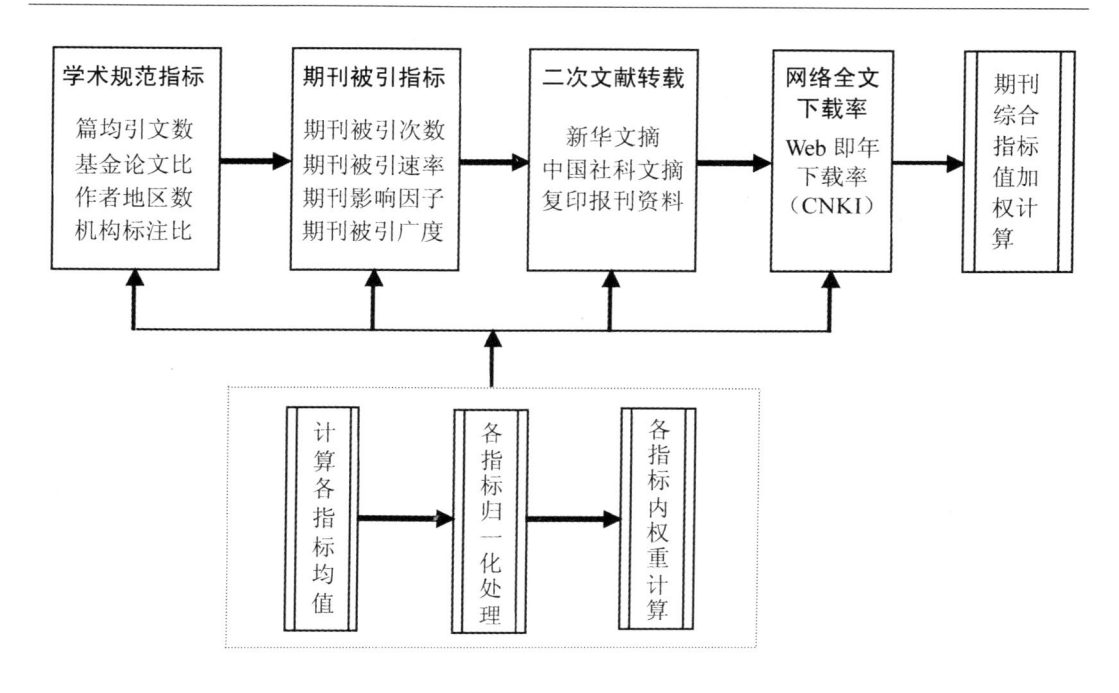

图 1-2 期刊指标体系计算实现流程图

数、期刊所刊载的基金论文所占比重、作者的机构标注比例以及作者的地区分布等。表 1-8 给出了 7 种情报学期刊 2004—2006 年篇均引文数量、通过平均值计算得到的三年平均引文数量以及经过归一化处理的各期刊归一化值。其中归一化值是以三年平均的篇均引用文献数最大值为除数产生的，本数据的最大值是《情报学报》的 12.234 篇，因此《情报学报》篇均引用文献数的归一化值为 1，其他期刊该指标的归一化值均小于 1。

表 1-8　　　　　　　　2004—2006 年情报学期刊篇均引用文献数统计

排序	期刊名称	2004 年（篇数）	2005 年（篇数）	2006 年（篇数）	三年平均（篇数）	归一化值
1	情报学报	9.71	14.08	12.92	12.234	1
2	情报科学	7.45	8.61	9.96	8.672	0.7088
3	情报理论与实践	7.52	8.19	9.05	8.254	0.6747
4	情报杂志	7.49	7.94	9.13	8.183	0.6689
5	情报资料工作	7.29	8.14	8.83	8.088	0.6611
6	现代情报	5.05	6.18	6.37	5.867	0.4795
7	情报探索	4.29	4.53	5.23	4.683	0.3828

表1-9给出的是7种情报学期刊基金论文比统计数据,这些数据同样经过了两个计算步骤,一是三年平均,二是平均值的归一化处理。各期刊的归一化值是由其各自的三年平均值除以它们的最大值(0.534)得到。

表1-9　　　　　　　　　　2004—2006年情报学期刊基金论文比例

排序	期刊名称	2004年	2005年	2006年	三年平均	归一化值
1	情报学报	0.48	0.51	0.61	0.534	1
2	情报杂志	0.20	0.32	0.59	0.369	0.6918
3	情报理论与实践	0.19	0.24	0.37	0.265	0.4967
4	情报科学	0.17	0.30	0.25	0.241	0.4511
5	情报资料工作	0.13	0.14	0.44	0.237	0.4431
6	现代情报	0.05	0.11	0.16	0.107	0.1998
7	情报探索	0.01	0.03	0.04	0.027	0.0499

表1-10给出了7种情报学期刊的作者地区分布的各年统计值以及三年的平均值,并对平均值进行了归一化计算。该表的归一化分母数是三年平均最大的一个值,即《情报杂志》的30个地区数。

表1-10　　　　　　　　　2004—2006年情报学期刊论文作者地区分布

排序	期刊名称	2004年（地区数）	2005年（地区数）	2006年（地区数）	三年平均（地区数）	归一化值
1	情报杂志	29	31	30	30.0	1
2	现代情报	29	29	28	28.7	0.9556
3	情报科学	25	26	27	26.0	0.8667
4	情报资料工作	23	24	25	24.0	0.8000
5	情报理论与实践	23	22	22	22.3	0.7444
6	情报探索	17	23	27	22.3	0.7444
7	情报学报	21	20	21	20.7	0.6889

表1-11给出了7种情报学期刊的作者机构标注的各年比例值以及三年的平均值,并对平均值进行了归一化计算。归一化的分母值是《情报科学》的三年平均值1。

表 1-11　　2004—2006 年情报学期刊标注有作者机构的论文比例

排序	期刊名称	2004 年	2005 年	2006 年	三年平均	归一化值
1	情报科学	1	1	1	1	1
2	现代情报	0.9991	1	1	0.9997	0.9997
3	情报杂志	0.9984	1	1	0.9995	0.9995
4	情报探索	1	0.9967	1	0.9989	0.9989
5	情报理论与实践	0.9948	1	1	0.9983	0.9983
6	情报学报	0.9919	1	1	0.9973	0.9973
7	情报资料工作	1	0.9948	0.9947	0.9965	0.9965

表 1-12 给出了 7 种情报学期刊的学术规范的综合指标值。计算方法为：将每一种期刊的学术规范量化指标的归一化值乘以 0.25，然后求和计算得到各期刊的学术规范综合值。该值最后将参与期刊综合指标值的计算。

表 1-12　　2004—2006 年情报学期刊学术规范量化指标综合值

排序	期刊名称	篇均引文数归一化值	基金论文比归一化值	地区分布归一化值	有机构论文比归一化值	综合值
1	情报学报	1	1	0.9973	0.6889	0.9216
2	情报杂志	0.6689	0.6918	0.9995	1	0.8401
3	情报科学	0.7088	0.4511	1	0.8667	0.7566
4	情报理论与实践	0.6747	0.4967	0.9983	0.7444	0.7285
5	情报资料工作	0.6611	0.4431	0.9965	0.8000	0.7252
6	现代情报	0.4795	0.1998	0.9997	0.9556	0.6586
7	情报探索	0.3828	0.0499	0.9989	0.7444	0.5440

（2）期刊被引次数指标计算

期刊被引次数指标包括三个方面：总被引次数、他刊引用次数、学科引用次数。这三个二级指标将分别计算，每个指标计算出三年的平均值以后再按平均值进行归一化处理。表 1-13 给出了情报学 7 种期刊的 2004—2006 年的各年度被引次数，并计算出了三年的平均值，最后进行了归一化处理。该指标的归一化值是由其最大的三年平均值（《情报杂志》的 744.67）作除数得到。

表 1-13　　　　　　　　　2004—2006 年情报学期刊总被引次数

排序	期刊名称	2004 年（篇次）	2005 年（篇次）	2006 年（篇次）	三年平均（篇次）	归一化值
1	情报杂志	629	760	845	744.67	1
2	情报学报	762	666	669	699.00	0.9387
3	情报科学	709	679	707	698.33	0.9378
4	情报理论与实践	552	552	548	550.67	0.7395
5	情报资料工作	399	388	326	371.00	0.4982
6	现代情报	252	366	409	342.33	0.4597
7	情报探索	57	61	86	68.00	0.0913

表 1-14 给出了 7 种情报学期刊的其他期刊引用次数的统计。其中包括 2004—2006 年各年的他刊引用次数，然后进行平均计算得到平均值，最后用最大的平均值（《情报学报》的 625.67）作除数得到每一种期刊该指标的归一化值。

表 1-14　　　　　　　　　2004—2006 年情报学期刊的他刊引用次数

排序	期刊名称	2004 年（篇次）	2005 年（篇次）	2006 年（篇次）	三年平均（篇次）	归一化值
1	情报学报	711	570	596	625.67	1
2	情报科学	612	559	578	583.00	0.9318
3	情报杂志	377	546	580	501.00	0.8007
4	情报理论与实践	489	497	488	491.33	0.7853
5	现代情报	252	366	409	342.33	0.5471
6	情报资料工作	330	317	287	311.33	0.4976
7	情报探索	57	61	86	68.00	0.1087

表 1-15 给出了 7 种情报学期刊的本学科论文引用的次数统计。与上表相同，也包括各期刊的年度学科引用次数、三年平均引用次数，并以最大的学科引用次数（《情报杂志》的 688.67）作分母计算出每一种期刊的学科引用次数的归一化值。

表 1-15　　　　　　　　2004—2006 年情报学期刊的学科引用次数

排序	期刊名称	2004 年（篇次）	2005 年（篇次）	2006 年（篇次）	三年平均（篇次）	归一化值
1	情报杂志	599	708	759	688.67	1
2	情报学报	713	627	588	642.67	0.9332
3	情报科学	666	622	612	633.33	0.9197
4	情报理论与实践	527	511	502	513.33	0.7454
5	情报资料工作	377	375	304	352.00	0.5111
6	现代情报	232	316	360	302.67	0.4395
7	情报探索	56	54	76	62.00	0.0900

表 1-16 给出了 7 种情报学期刊被引次数的综合指标值。计算方法为：将每一种期刊的总被引次数和学科引用次数的归一化值分别乘以 0.25，他刊引用次数乘以 0.5，然后将这三个结果相加得到各期刊的被引次数综合值。该值最后将参与期刊综合指标值的计算。

表 1-16　　　　　　　　2004—2006 年情报学期刊被引次数综合值

排序	期刊名称	总被引次数归一化值	他刊引用次数归一化值	学科引用次数归一化值	综合值
1	情报学报	0.9387	1	0.9332	0.9680
2	情报科学	0.9378	0.9318	0.9197	0.9303
3	情报杂志	1	0.8008	1	0.9004
4	情报理论与实践	0.7395	0.7853	0.7454	0.7639
5	情报资料工作	0.4982	0.4976	0.5111	0.5011
6	现代情报	0.4597	0.5472	0.4395	0.4984
7	情报探索	0.0913	0.1087	0.0900	0.0997

（3）期刊被引速率指标计算

与期刊被引次数指标相同，期刊被引速率也包括三个方面：总被引速率、他刊引用速率、学科引用速率。该指标的运算处理过程与被引次数完全相同。表 1-17 给出了情报学 7 种期刊的 2004—2006 年的各年度总被引速率和三年的平均值，然后取最大的平均值（《情报学报》的 0.5509）作除数得到各期刊的总被引速率归一化值。

表 1-17　　　　　　　　2004—2006 年情报学期刊的总被引速率

排序	期刊名称	2004 年	2005 年	2006 年	三年平均	归一化值
1	情报学报	0.6360	0.5485	0.4682	0.5509	1
2	情报理论与实践	0.2630	0.3181	0.2966	0.2926	0.5310
3	情报资料工作	0.2903	0.2604	0.2395	0.2634	0.4781
4	情报科学	0.2299	0.2017	0.1740	0.2019	0.3664
5	情报杂志	0.1758	0.1980	0.1795	0.1844	0.3347
6	现代情报	0.0398	0.0597	0.0571	0.0522	0.0947
7	情报探索	0.0692	0.0330	0.0412	0.0478	0.0868

表 1-18 给出了 7 种情报学期刊的他刊引用速率的统计。三年平均值由表中 2004—2006 年的年度数据进行平均计算得出，再用最大的平均值（《情报学报》的 0.4941）作分母求得每一种期刊该指标的归一化值。

表 1-18　　　　　　　　2004—2006 年情报学期刊的他刊引用速率

排序	期刊名称	2004 年	2005 年	2006 年	三年平均	归一化值
1	情报学报	0.5800	0.4979	0.4045	0.4941	1
2	情报理论与实践	0.2438	0.2749	0.2651	0.2613	0.5288
3	情报资料工作	0.2097	0.1923	0.1947	0.1989	0.4025
4	情报科学	0.1997	0.1658	0.1363	0.1673	0.3385
5	情报杂志	0.1019	0.1372	0.0909	0.1100	0.2226
6	现代情报	0.0398	0.0597	0.0571	0.0522	0.1056
7	情报探索	0.0692	0.0330	0.0412	0.0478	0.0968

表 1-19 为 7 种情报学期刊的本学科论文引用各期刊的速率统计。与上表相同，也包括各年度的学科引用速率、三年平均引用速率，并以最大的学科引用平均速率值（《情报学报》的 0.5182）作除数去除每一种期刊的平均速率，最后得到各期刊该指标的归一化值。

表 1-19　　　　　　　　2004—2006 年情报学期刊的学科引用速率

排序	期刊名称	2004 年	2005 年	2006 年	三年平均	归一化值
1	情报学报	0.6000	0.5274	0.4273	0.5182	1
2	情报理论与实践	0.2548	0.3073	0.2730	0.2783	0.5371
3	情报资料工作	0.2710	0.2456	0.2289	0.2485	0.4795
4	情报科学	0.2148	0.1819	0.1545	0.1838	0.3546
5	情报杂志	0.1629	0.1863	0.1622	0.1705	0.3290
6	情报探索	0.0692	0.0330	0.0368	0.0464	0.0895
7	现代情报	0.0367	0.0527	0.0493	0.0462	0.0892

表 1-20 给出了 7 种情报学期刊被引速率的综合指标值计算。其方法与期刊被引次数的计算完全相同，请参见表 1-16 的解释。

表 1-20　　　　　　　　2004—2006 年情报学期刊被引速率综合值

排序	期刊名称	被引速率归一化值	他刊引用速率归一化值	学科引用速率归一化值	综合值
1	情报学报	1	1	1	1
2	情报理论与实践	0.5310	0.5288	0.5371	0.5314
3	情报资料工作	0.4781	0.4025	0.4795	0.4407
4	情报科学	0.3664	0.3385	0.3546	0.3495
5	情报杂志	0.3347	0.2226	0.3290	0.2772
6	现代情报	0.0947	0.1056	0.0892	0.0988
7	情报探索	0.0868	0.0968	0.0895	0.0924

（4）期刊影响因子指标计算

与上两个指标相同，期刊影响因子指标也包括三个二级指标：一般影响因子、他引影响因子、学科影响因子。该指标的运算处理过程也与上两个指标完全相同。表 1-21 给出了情报学 7 种期刊的 2004—2006 年的各年度一般影响因子和三年的平均值，最后用 1.1239（即该指标最大的平均值）作分母去除每一种期刊这一指标的平均值得到各期刊的一般影响因子的归一化值。

表 1-21　　　　　　　　　　2004—2006 年情报学期刊的一般影响因子

排序	期刊名称	2004 年	2005 年	2006 年	三年平均	归一化值
1	情报学报	1.2163	1.0154	1.1400	1.1239	1
2	情报理论与实践	0.6718	0.5863	0.5507	0.6029	0.5364
3	情报科学	0.3981	0.3694	0.4133	0.3936	0.3502
4	情报资料工作	0.6955	0.5828	0.3613	0.5465	0.4863
5	情报杂志	0.2815	0.3090	0.3291	0.3065	0.2727
6	情报探索	0.1093	0.1684	0.0962	0.1246	0.1109
7	现代情报	0.1026	0.0883	0.1038	0.0982	0.0874

表 1-22 显示了 7 种情报学期刊的他引影响因子的数据。三年平均值由表中 2004—2006 年的年度数据进行平均计算得出，各期刊他引影响因子的归一化值由该指标最大的平均数（《情报学报》的 1.0027）作分母求得。

表 1-22　　　　　　　　　　2004—2006 年情报学期刊的他引影响因子

排序	期刊名称	2004 年	2005 年	2006 年	三年平均	归一化值
1	情报学报	1.1469	0.8731	0.9880	1.0027	1
2	情报理论与实践	0.5913	0.5238	0.4904	0.5352	0.5338
3	情报资料工作	0.5881	0.4939	0.3355	0.4725	0.4712
4	情报科学	0.3377	0.3129	0.3405	0.3303	0.3295
5	情报杂志	0.1697	0.2254	0.2432	0.2127	0.2122
6	情报探索	0.1093	0.1684	0.0962	0.1246	0.1243
7	现代情报	0.1026	0.0883	0.1038	0.0982	0.0979

表 1-23 给出了 7 种情报学期刊的学科影响因子。前两个指标相同，也包括各年度的学科影响因子、三年平均影响因子，并以学科影响因子最大的平均值（《情报学报》的 1.0389）作分母得到各期刊该指标的归一化值。

表 1-23　　　　　　　　　　2004—2006 年情报学期刊的学科影响因子

排序	期刊名称	2004 年	2005 年	2006 年	三年平均	归一化值
1	情报学报	1.1388	0.9538	1.0240	1.0389	1
2	情报理论与实践	0.6440	0.5446	0.5041	0.5642	0.5431
3	情报资料工作	0.6627	0.5736	0.3258	0.5207	0.5012
4	情报科学	0.3756	0.3345	0.3631	0.3577	0.3443
5	情报杂志	0.2740	0.2908	0.2978	0.2875	0.2768
6	情报探索	0.1093	0.1378	0.0808	0.1093	0.1052
7	现代情报	0.0940	0.0767	0.0923	0.0877	0.0844

表 1-24 给出了 7 种情报学期刊影响因子的综合指标值计算。其方法与期刊被引次数和被引速率相同。即他引影响因子占 50%，其他两个分指标各占 25%，计算后求和得到各期刊影响因子的综合值。

表 1-24　　　　　　　　2004—2006 年情报学期刊影响因子综合值

排序	期刊名称	一般影响因子归一化值	他引影响因子归一化值	学科影响因子归一化值	综合值
1	情报学报	1	1	1	1
2	情报理论与实践	0.5365	0.5338	0.5431	0.5368
3	情报资料工作	0.4863	0.4712	0.5012	0.4825
4	情报科学	0.3502	0.3295	0.3443	0.3384
5	情报杂志	0.2727	0.2122	0.2768	0.2435
6	情报探索	0.1109	0.1243	0.1052	0.1162
7	现代情报	0.0874	0.0979	0.0844	0.0919

（5）期刊被引广度指标计算

被引广度的计算方法参见本书表 1-4。它表明每一种期刊被多少种期刊引用的数量及程度。表 1-25 给出了情报学 7 种期刊的 2004—2006 年的各年度被引广度和三年的平均值，再以该指标最大的平均广度值（《情报科学》的 30.33）作分母得到各期刊的归一化值。

表 1-25　　　　　　　　2004—2006 年情报学期刊被引广度

排序	期刊名称	2004 年	2005 年	2006 年	三年平均	归一化值
1	情报科学	27.2	30	33.8	30.33	1
2	情报学报	28.8	26.4	33.8	29.67	0.9780
3	情报杂志	24.4	28	33	28.47	0.9385
4	情报理论与实践	23.8	23.8	25.2	24.27	0.8000
5	现代情报	19.2	26.2	25.8	23.73	0.7824
6	情报资料工作	21.8	19.8	21	20.87	0.6879
7	情报探索	8.6	9	11.4	9.67	0.3187

（5）二次文献转载指标计算

二次文献转载是指《新华文摘》、《中国社会科学文摘》和《复印报刊资料》的转载数量的统计，由于情报学在前两个文摘刊物上没有转载，故对情报学期刊在此指标的计算上只采用《复印报刊资料》的数据，也就是说二次文献转载指标的权重计算均分配给《复印报刊资料》。表1-26为7种情报学期刊被《复印报刊资料》转载的统计数据。其中年度数据平均后得到三年平均值，再经过归一化计算，即用转载最多的《情报资料工作》的25去除每一种期刊的转载数，最后得到每一种期刊这一指标的归一化值。

表1-26　　2004—2006年情报学期刊被《复印报刊资料》全文转载统计

排序	期刊名称	2004年（篇）	2005年（篇）	2006年（篇）	三年平均（篇）	归一化值
1	情报资料工作	23	24	28	25.00	1
2	情报科学	29	19	23	23.67	0.9467
3	情报理论与实践	27	23	19	23.00	0.9200
4	情报学报	25	14	15	18.00	0.7200
5	情报杂志	6	6	9	7.00	0.2800
6	现代情报	6	5	7	6.00	0.2400
7	情报探索	1	0	1	0.67	0.0267

（5）Web即年下载率指标计算

本评价体系的Web即年下载率数据来自于中国学术期刊网（CNKI），即年下载率表现出了一种期刊被读者迅速阅读全文的状况，有些期刊由于某些原因没有加入到CNKI，本体系对该期刊的这一指标权重的计算将转移到与此指标密切相关的被引速率指标，即如果某一期刊没有加入CNKI，则将这一指标的15%的权重计算到该期刊的被引速率指标上。表1-27为7种情报学期刊在中国学术期刊网的Web即年下载数据，这一指标各期刊的归一化值是其三年平均值除以最大的三年平均值（《情报学报》的61）得到的。

表1-27　　2004—2006年情报学期刊Web即年下载率

排序	期刊名称	2004年	2005年	2006年	三年平均	归一化值
1	情报学报	86.4	39.4	57.2	61.0	1
2	情报科学	40.0	33.9	88.2	54.0	0.8858
3	情报杂志	40.6	33.3	80.7	51.5	0.8448
4	情报理论与实践	46.6	34.8	70.9	50.8	0.8322
5	现代情报	26.6	20.5	44.3	30.5	0.4995
6	情报探索	11.4	16.9	39	22.4	0.3678
7	情报资料工作	—	—	—	—	—

（6）期刊综合值计算

当各指标值产生以后，需要将他们按照本书设计的期刊评价体系中的各指标权重系数计算出每种期刊的综合值，各指标的权重分配参见表 1-5。表 1-28 给出了 7 种情报学期刊的实例综合值。

表 1-28　　　　　　　　　　实例期刊综合运算值列表

排序	期刊名称	学术规范指标×0.15	被引次数×0.1	被引速率×0.1	影响因子×0.3	影响广度×0.1	文献转载×0.1	Web下载×0.15	综合值 Σ
1	情报学报	0.9216	0.9680	1	1	0.978	0.72	1	0.9548
2	情报理论与实践	0.7285	0.7639	0.5314	0.5368	0.8	0.92	0.8322	0.6967
3	情报科学	0.7566	0.9303	0.3495	0.3384	1	0.9467	0.8858	0.6705
4	情报资料工作	0.7252	0.5011	0.4407	0.4825	0.6879	1	—	0.5826
5	情报杂志	0.8401	0.9004	0.2772	0.2435	0.9385	0.28	0.8448	0.5654
6	现代情报	0.6586	0.4984	0.0988	0.0919	0.7824	0.24	0.4995	0.3632
7	情报探索	0.5440	0.0997	0.0924	0.1162	0.3187	0.0267	0.3678	0.2254

以上我们给出了情报学期刊作为样例对整个期刊评价体系的操作过程作了详细的说明，以方便读者对以后章节的数据运算过程有一个较全面地了解，使读者对各章节的表格数据能更深刻的理解。

1.5　评价指标体系确立和实施中的一些说明

本评价体系的数据来源为：南京大学中国人文社会科学研究评价中心研制的《中文社会科学引文索引》（CSSCI）统计出的期刊被引数据、中南财经政法大学图书馆建立的二次文献转载数据、中国学术期刊杂志社建立在 CNKI 的 Web 即年下载率数据。

本评价体系选择了 20 个指标。这些指标从不同的角度反映了期刊的学术质量和学术影响，它比单一指标评价学术期刊具有更强的说服力。另一方面，在我国人文社会科学期刊界有一些期刊为了进入某来源期刊，针对来源期刊遴选指标少的情况，不顾学术道德和学术规范，刻意制造数据来提高本刊的遴选指标数据，以达到进入来源期刊的目的。然而使用众多指标来评价期刊就会使一些不遵守学术规范的行为和投机取巧者"劳而无功"，使办刊者充分认识到要办好一本刊物一定要花大力气，无捷径可走。另一方面也可以让各期刊看到自己在哪些方面具有优势，哪些方面需要提高。

为了使不同指标的数据、同一指标不同学科的数据能够在一个数量级平台上计算和比较，本体系对所有指标进行了归一化处理，使不同学科的期刊可以横向比较，不同数量级的数据能够在一个平台上计算。因此，通过归一化运算，每一种期刊都有一个反映其学术质量和学术影响的综合数字，根据这个数字我们可以对每一种期刊进行学术定位，并可以此来划分期刊的学术级别。本体系将针对期刊的综合指数划分为四类（四个区域）：A类期刊（权威学术期刊区）、B类期刊（核心学术期刊区）、C类期刊（扩展核心期刊区）和D类期刊（一般学术期刊区）。各期刊根据其综合值所属区域，界定为不同级别的期刊。期刊级别区域的划分主要根据各学科的期刊数量来确定，大致划分数量如下：A类期刊，每个学科1—2种；B类期刊的数量为本学科期刊总数的15%—18%左右；C类期刊的数量为本学科期刊总数的10%左右；剩余期刊为一般性学术期刊。

客观地说，评价期刊学术质量和学术影响，不同指标其反映程度大小不同，因此需要用不同的权重来区分。考虑到长期以来评价期刊主要用期刊影响因子等被引数据来衡量，故我们在整个体系中给予期刊被引方面的指标较大的权重（60%），但期刊的质量和影响并非仅由被引反映出来。因此我们增加了篇均引用文献数量、基金论文比等反映期刊学术规范的量化指标来比较期刊的本身的学术含量与规范性等；由于期刊数字化的普及，网络期刊数据库的可获取性的提高，Web即年下载率对期刊的评估也日益重要，它使期刊都在同一个"平面上"进行竞争，比仅从来源期刊获取数据考察更加公平与合理，所以我们将这一数据作为本体系的一个指标；考虑到二次文献转载的论文通常是跟踪学术热点和社会关心的问题，重要的二次文献转载也被作为本体系的指标之一。在分析了这些指标对期刊影响力的反应的程度和对实际数据的考察分析，我们将这三个指标分别占据15%、15%和10%的权重。

最后一点，我们想指出的是，核心期刊和引文索引中的来源期刊其内涵是不完全一样的，核心期刊完全从期刊的质量和学术影响力考虑，而来源期刊在遴选期刊时还需要兼顾地区、学科等因素。因此，即使同一个学科的来源期刊也不一定都比非来源期刊有更高的质量和学术影响，但遴选核心期刊则完全从学术角度出发，并不考虑地区等因素，各期刊的学术定位完全由各种指标值来确定。

第 2 章 马克思主义

根据国家新闻出版总署公布的期刊数据和最新统计,我国公开发行的马克思主义期刊[①]近20种,约占全国社会科学类期刊的0.63%。该学科期刊主要编辑出版的地区集中在北京,共13种,其余5种分别由山东、上海、四川、湖北和云南等地的期刊社编辑出版。2004—2005年间CSSCI收录了13种马克思主义期刊,来源文献4106篇,2006年收录12种期刊,来源文献2659篇。3年共收录来源文献数6765篇。

本章拟以中文社会科学引文索引(CSSCI)数据库、万方股份公司等的相关数据为依据,对马克思主义类学术期刊办刊状况进行讨论,通过同学科刊物之间指标体系的分析与比较,探求提高该学科期刊学术质量的途径。

马克思主义17种学术期刊中原《当代思潮》现已更名为《今日中国论坛》,故讨论中仅以现名进行讨论,不再提及《当代思潮》。《理论动态》由于其相关数据难以获得,这里不作讨论。本章讨论的马克思主义期刊共17种:《当代世界社会主义问题》、《当代世界与社会主义》、《高校理论战线》、《国外理论动态》、《教学与研究》、《科学社会主义》、《马克思主义研究》、《马克思主义与现实》、《毛泽东邓小平理论研究》、《毛泽东思想研究》、《社会主义研究》、《中国特色社会主义研究》、《今日中国论坛》、《解放军理论学习》、《理论前沿》、《理论视野》、《社会主义论坛》。前13种为2004—2006年CSSCI收录的来源期刊,其他4种均为非来源期刊。

2.1 马克思主义期刊学术规范量化指标分析

期刊规范外延包括刊物编辑出版周期、刊号、装帧、开本、页码等;内涵包括引文、基金项目、作者、机构标注等。期刊规范性主要指期刊编辑出版方面标准规定的执行程度。一般来说学术期刊在外延方面规范性基本达标,本章不再赘述。我们重点分析本学科期刊规范性的内涵方面的几个问题。这些问题包括:篇均引文量、基金论文比、作者地区分布广度以及作者机构标注率等。如果说期刊发表的论文的学术质量

---

① 本章讨论的马克思主义期刊是指研究马克思主义的学术期刊,为简略起见,本章统称为"马克思主义期刊"。

从内容上体现了期刊的学术含金量,那么期刊规范性的这四个方面则从形式上体现了期刊的学术含金量。从这个意义上来说,期刊的规范性问题实质上就是学术规范化的一个重要方面。下面我们以 CSSCI 数据库、万方期刊数据库的统计数据对马克思主义期刊的篇均引文量、基金论文比、作者地区分布广度以及作者机构标注率四个方面进行实证考察分析,比较各刊物之间规范化实现的程度及其对刊物提升学术整体质量中的意义。

2.1.1 篇均引用文献数

现代的文明源自于数千年人类对自然界和社会认知的不断积累。人类知识在交融汇通的基础上分门别类,形成了各门学科,就这个意义来说,科学的发展与学术的创新绝非可以空穴来风,而是一个循序渐进,螺旋式上升的过程。超越时空的相互引证成为现代学术研究的重要手段和特征。学术论文必要的文献引用成了学术传承与发展的重要表现形式,从相当程度上反映了学术规范度和学术含量。因此,作为学术论文的载体,期刊的引用文献状况可以作为考察期刊学术规范度及其学术含量的一项指标。

基于各种期刊的出版周期、载文量的差异,我们以篇均引文量来考察期刊的引用文献状况,并通过其数量的大小从一个方面比较各种期刊之间的学术规范度和学术含量。

从学科来看,马克思主义来源期刊的篇均引文量普遍较低。2004—2006 年 CSSCI 马克思主义来源期刊的篇均引文量为 5.19 篇,相当于排序首位的历史学(18.01 篇)的 29% 以及所有学科篇均引文量的算术平均值的(8.20 篇)的 63%,在 25 个学科排序中位居 21。[①]

表 2-1 给出了 2004—2006 年马克思主义期刊篇均引用文献量统计以及三年平均引用文献篇数,并对各期刊进行了归一化处理。其中归一化值是以各期刊三年平均引用文献篇数为分子,三年平均引用文献篇数的最大值为分母计算而得。本数据中《教学与研究》的平均引用文献篇数最大(9.8667 篇),作为分母,其归一化值为 1,其余期刊的归一化值均小于 1。本表按各期刊三年平均引用文献篇数从大到小排序。

表 2-1　　　　　2004—2006 年马克思主义期刊篇均引用文献数统计

排序	期刊名称	2004 年（篇数）	2005 年（篇数）	2006 年（篇数）	三年平均（篇数）	归一化值
1	教学与研究	7.77	9.51	12.32	9.8667	1
2	当代世界社会主义问题	9.07	9.04	10.72	9.6100	0.9740

[①] 邓三鸿、金莹:"我国人文社会科学学术刊物的学科对比——基于 CSSCI 的分析",《东岳论丛》2008 年第 1 期,第 43—50 页。

续表

排序	期刊名称	2004年（篇数）	2005年（篇数）	2006年（篇数）	三年平均（篇数）	归一化值
3	马克思主义研究	7.40	6.99	7.20	7.1967	0.7294
4	毛泽东邓小平理论研究	5.72	6.74	6.42	6.2933	0.6378
5	当代世界与社会主义	5.58	6.75	6.06	6.1300	0.6213
6	社会主义研究	3.80	7.04	7.04	5.9600	0.6041
7	高校理论战线	4.44	6.47	6.02	5.6433	0.5720
8	马克思主义与现实	6.76	4.88	4.52	5.3867	0.5459
9	中国特色社会主义研究	4.31	4.46	6.25	5.0067	0.5074
10	毛泽东思想研究	4.15	3.97	4.90	4.3400	0.4399
11	科学社会主义	2.35	3.85	3.21	3.1367	0.3179
12	国外理论动态	1.39	1.15	1.54	1.3600	0.1378
13	今日中国论坛	3.14	0.01	0	1.0500	0.1064
14	理论前沿	0.65	0.29	0	0.3133	0.0318
15	理论视野	0	0	0.40	0.1333	0.0135
16	社会主义论坛	0.20	0	0	0.0667	0.0068
17	解放军理论学习	0	0	0	0	0

根据表2-1的数据显示，2004—2006年，马克思主义期刊的篇均引文数为4.24篇。CSSCI马克思主义论文的篇均引文数为5.19篇，排在所有学科来源期刊的中下游水平。马克思主义非来源期刊的篇均引文数为0.1288篇。来源期刊在这一指标上远高于非来源期刊，两者平均数相差42倍。

从年度变化上来看，马克思主义期刊的篇均引文数整体处于上升状态。位居第6名的《社会主义研究》年篇均引文量增幅最高，以43%位居榜首，其他依次为《教学与研究》（26%）、《科学社会主义》（24%）、《中国特色社会主义研究》（22%）、《高校理论战线》（19%）、《毛泽东思想研究》（10%）等。《理论前沿》、《今日中国论坛》、《马克思主义与现实》、《马克思主义研究》则出现负增长。从马克思主义期刊引用文献数量总的变化来看，马克思主义期刊越来越重视文献的引用，更加强调学术引用的规范化。

从整体上看，马克思主义期刊的篇均引文数量并不多，有些期刊的某些论文仍存在没有引文的现象。有些期刊可能由于研究领域的狭小或研究人员数量较少，而可以引用的前期成果本身就不多，因此导致篇均引文数量较少，《社会主义论坛》、《解放军理论学习》几乎无引用文献，这种状况有待进一步加强期刊规范化方面的工作。

2.1.2 基金论文比例

基金论文比例是指期刊年刊载各类基金资助项目研究论文数占年载文量的比例。基金资助项目是由学科专家经过严格评审程序遴选出来的，其成果相对一般研究成果具有更大程度的创新性和学术性。因此，基金论文比例的多少也是反映期刊学术水准的一个标志。几年来各类基金对马克思主义研究的资助在逐步增加，仅国家社科基金对马克思主义研究的资助项目由1999年的41项增长到2006年的85项，[①] 7年增幅超出了100%。基金资助的成果大多体现在期刊基金论文。期刊基金论文的比例越高，相对说明期刊所刊载论文的创新性和学术性越强。表2-2给出了2004—2006年马克思主义期刊基金论文比例及三年平均值，同时对平均值进行了归一化计算。本表的归一化分母数是三年平均的最大值，即《教学与研究》的0.2167，并按归一化值从大到小排序。

表2-2　　　　　2004—2006年马克思主义期刊基金论文比例

排序	期刊名称	2004年	2005年	2006年	三年平均	归一化值
1	教学与研究	0.07	0.16	0.42	0.2167	1
2	毛泽东邓小平理论研究	0.11	0.15	0.37	0.2100	0.9691
3	当代世界与社会主义	0.08	0.07	0.45	0.2000	0.9229
4	社会主义研究	0.11	0.22	0.26	0.1967	0.9077
5	毛泽东思想研究	0.05	0.06	0.45	0.1867	0.8616
6	马克思主义与现实	0.02	0.02	0.35	0.1300	0.5999
7	马克思主义研究	0.04	0.05	0.24	0.1100	0.5076
8	当代世界社会主义问题	0.09	0.10	0.07	0.0867	0.4001
9	国外理论动态	0	0	0.24	0.0800	0.3692
10	科学社会主义	0.03	0.07	0.04	0.0467	0.2155
11	高校理论战线	0	0.02	0.03	0.0167	0.0771
12	理论前沿	0.01	0.01	0.02	0.0133	0.0614
13	今日中国论坛	0	0.02	0	0.0067	0.0309
13	理论视野	0	0.01	0.01	0.0067	0.0309
13	中国特色社会主义研究	0	0	0.02	0.0067	0.0309
16	解放军理论学习	0	0.01	0	0.0033	0.0152
17	社会主义论坛	0	0	0	0	0

[①] http://www.npopss-cn.gov.cn/planning/yearxm.htm，2008—7—24

通过对表 2-2 计算得出，2004—2006 年，马克思主义期刊的基金论文比例平均为 0.0891。其中，CSSCI 马克思主义来源期刊的平均基金论文比为 0.1148，马克思主义非来源期刊的平均基金论文比为 0.0057，两者相差 0.1091。说明非来源期刊整体的基金论文数量与马克思主义来源期刊还有相当的差距。当然也有个别非来源期刊具有较高的基金论文比例，如非 CSSCI 来源期刊《理论前沿》为 0.0133 高出来源期刊《中国特色社会主义研究》的 0.0067 一倍。

根据三年基金论文比，马克思主义期刊可分为三个方阵。排名第 1 和第 2 的《教学与研究》和《毛泽东邓小平理论研究》以绝对优势居于第一方阵，他们三年平均基金论文比均在 0.21 以上。此后的 3 至 12 名为第二方阵，三年平均基金论文比在 0.2 到之间 0.01，排名相近的期刊间数量相差较小。最后的 5 名为第三方阵，三年平均基金论文比较小，有的甚至没有一篇标注基金论文。

从年度变化来看，马克思主义期刊的基金论文比基本处于上升的状态。其中《马克思主义与现实》的增幅最为明显，从 2004 年的 0.02 增长到 2006 年的 0.35，增长了 16.5 倍。其次为《毛泽东思想研究》，从 2004 年的 0.05 增长到 2006 年的 0.45，增长了 8 倍。《国外理论动态》、《高校理论战线》、《今日中国论坛》和《理论视野》均实现了基金论文比零的突破。

从以上分析看来，马克思主义期刊刊载的基金论文情况参差不齐。可以说，有些期刊整体学术规范和学术质量较高，基金论文比也较高，而有些期刊缺乏对基金论文的重视，刊载的文章学术性较弱。

2.1.3 论文作者地区分布

期刊论文作者地区分布的广泛程度，反映了期刊对不同地区作者的影响和期刊受到作者关注的程度，也是该期刊对某学科领域研究状况影响大小的标志。表 2-3 是 2004—2006 年马克思主义期刊论文作者地区的分布表。其中所涉及的作者地区，包括了我国现有的 31 个省市自治区、港、澳、台以及国外的国家和地区（国外的地区分布数以国家为计量单位）。本表的归一化分母数是三年平均的最大值，即《马克思主义与现实》的 30.33。本表按三年平均地区数的从大到小排序。

表 2-3　　　　　　　　2004—2006 年马克思主义期刊论文作者地区分布

排序	期刊名称	2004 年（地区数）	2005 年（地区数）	2006 年（地区数）	三年平均（地区数）	归一化值
1	马克思主义与现实	27	27	37	30.33	1
2	理论前沿	29	29	28	28.67	0.9453
3	国外理论动态	23	27	35	28.33	0.9341
4	解放军理论学习	29	21	24	24.67	0.8134

续表

排序	期刊名称	2004年（地区数）	2005年（地区数）	2006年（地区数）	三年平均（地区数）	归一化值
4	社会主义研究	25	24	25	24.67	0.8134
6	科学社会主义	22	23	28	24.33	0.8022
7	毛泽东思想研究	24	24	24	24.00	0.7913
8	当代世界与社会主义	23	27	20	23.33	0.7692
9	教学与研究	20	21	23	21.33	0.7033
10	今日中国论坛	18	19	25	20.67	0.6815
11	马克思主义研究	18	16	27	20.33	0.6703
12	高校理论战线	17	22	21	20.00	0.6594
12	中国特色社会主义研究	22	18	20	20.00	0.6594
14	理论视野	16	17	20	17.67	0.5826
15	毛泽东邓小平理论研究	15	17	14	15.33	0.5054
16	社会主义论坛	9	13	14	12.00	0.3956
17	当代世界社会主义问题	9	11	12	10.67	0.3518

由表2-3可知，从三年的平均数来看，马克思主义期刊论文作者地区的分布存在着很大的差异。例如，《当代世界社会主义问题》论文作者所覆盖的地区约为《马克思主义与现实》的三分之一。这一方面说明《马克思主义与现实》是马克思主义研究领域中的一面旗帜，对该学科的研究与探索有着普遍性的影响；另一方面，一些三年中作者的地区分布数始终增长较慢的期刊，依然受到区域性限制的严重影响。

其次，我们发现，在一些排在表末的期刊其地区分布数逐年递增的同时，另一些覆盖面较广的期刊反而出现了不稳定。例如，《理论视野》的作者地区分布不如《解放军理论学习》，但这三年的增长比较稳定；而《解放军理论学习》却在2005年的作者地区分布数中表现出了明显的下滑，同样有很多类似的期刊存在这样的问题。诚然，编辑部在审稿、选稿过程中未必考虑地区性问题，稿源质量是编辑考虑用稿的首要前提。然而实践证明兼顾稿源的地区性也是编辑应该考虑用稿的一个方面，特别是对边远地区和西部地区的稿件。

2.1.4 有作者机构论文比例

作者机构标注是期刊规范化的一个重要方面。这项工作的规范化程度直接关系到相关部门的文献统计、科研评价以及读者与作者之间的互动与交流。近年来各期刊社在此项工作中作了不少努力。据中文社会科学引文索引数据库统计，CSSCI来源期刊作者机构的标注比例由1998年的83.2%已经上升到2006年的98.69%。2004—2006

年 CSSCI 马克思主义来源期刊的机构标注比例的年算术平均值为 95.5%[①],高于人文社会科学各学科的年算术平均值(94.5%)1 个百分点。

表 2-4 给出了 2004—2006 年马克思主义期刊标注有作者机构的论文比例、三年平均值及平均值的归一化值,并按归一化值从大到小排序。

表 2-4　　2004—2006 年马克思主义期刊标注有作者机构的论文比例

排序	期刊名称	2004 年	2005 年	2006 年	三年平均	归一化值
1	理论视野	0.9907	1	1	0.9969	1
2	解放军理论学习	0.9935	0.9965	1	0.9967	0.9998
3	教学与研究	0.9953	1	0.9944	0.9966	0.9997
4	毛泽东邓小平理论研究	1	0.9844	0.9894	0.9913	0.9944
5	马克思主义研究	0.9775	1	0.9961	0.9912	0.9943
6	国外理论动态	0.9733	1	1	0.9911	0.9942
7	中国特色社会主义研究	0.9800	1	0.9918	0.9906	0.9937
8	社会主义研究	1	0.9866	0.9779	0.9882	0.9913
9	毛泽东思想研究	0.9852	0.9853	0.9923	0.9876	0.9907
10	高校理论战线	0.9655	0.9708	0.9934	0.9766	0.9796
11	理论前沿	0.9769	0.9620	0.9902	0.9764	0.9794
12	当代世界与社会主义	0.9688	0.9598	0.9775	0.9687	0.9717
13	当代世界社会主义问题	1	0.9184	0.9767	0.9650	0.9680
14	科学社会主义	0.9323	0.9205	0.9803	0.9444	0.9473
15	社会主义论坛	0.7434	0.9920	0.9743	0.9032	0.9060
16	马克思主义与现实	0.8661	0.8641	0.9714	0.9006	0.9034
17	今日中国论坛	0.6756	0.7104	0.6408	0.6345	0.6777

由表 2-4 的平均值来看,2004—2006 年的马克思主义期刊标注有作者机构的论文比例总体保持在 90% 以上,这表明马克思主义期刊的规范化程度已经达到了较高的水平。然而,不容我们忽视的是仍有部分期刊对标注作者机构没有足够的重视,如《今日中国论坛》标注有作者机构的论文比例较低,规范程度不高,这对期刊的学术影响力和学术成果的交流都有极大的限制。

三年中,马克思主义期刊标注有作者机构论文比总体上保持在一个较为稳定的基

[①] 邓三鸿、金莹:"我国人文社会科学学术刊物的学科对比——基于 CSSCI 的分析",《东岳论丛》2008 年第 1 期,第 43—50 页。

2.1.5 马克思主义期刊学术规范量化指标综合分析

期刊学术规范量化指标主要由期刊论文的篇均引用文献数、期刊基金论文比例、期刊作者地区分布以及期刊标注有作者机构的论文比例这四项分指标构成。它是学术期刊评价的重要标志，可以全面反映该期刊质量及其对所涉及学科的影响。期刊学术规范量化指标的统计方法是：按照四项指标归一化值来分配总指标比率，4项各占25%得到期刊学术规范量化指标综合值。表2-5给出了2004—2006年马克思主义期刊学术规范量化指标的归一化值和综合值。综合值是将期刊的学术规范分指标的归一化值乘以0.25并求和后得到。本表按各期刊学术规范量化指标综合值从大到小排序。

表2-5 2004—2006年马克思主义期刊学术规范量化指标综合值

排序	期刊名称	篇均引文数归一化值	基金论文比归一化值	地区分布归一化值	有机构论文比归一化值	综合值
1	教学与研究	1	1	0.7033	0.9997	0.9258
2	社会主义研究	0.6041	0.9077	0.8134	0.9913	0.8291
3	当代世界与社会主义	0.6213	0.9229	0.7692	0.9717	0.8213
4	毛泽东邓小平理论研究	0.6378	0.9969	0.5054	0.9944	0.7836
5	毛泽东思想研究	0.4399	0.8616	0.7913	0.9907	0.7709
6	马克思主义与现实	0.5459	0.5999	1	0.9034	0.7623
7	马克思主义研究	0.7294	0.5076	0.6703	0.9943	0.7254
8	当代世界社会主义问题	0.9740	0.4001	0.3518	0.9680	0.6735
9	国外理论动态	0.1378	0.3692	0.9341	0.9942	0.6088
10	高校理论战线	0.5720	0.0771	0.6594	0.9796	0.5720
11	科学社会主义	0.3179	0.2155	0.8022	0.9473	0.5707
12	中国特色社会主义研究	0.5074	0.0309	0.6594	0.9937	0.5479
13	理论前沿	0.0318	0.0614	0.9453	0.9794	0.5045
14	解放军理论学习	0	0.0152	0.8134	0.9998	0.4571
15	理论视野	0.0135	0.0309	0.5826	1	0.4068
16	今日中国论坛	0.1064	0.0309	0.6815	0.6777	0.3741
17	社会主义论坛	0.0068	0	0.3956	0.9060	0.3271

由表2-5可以看出，《教学与研究》的综合值最高为0.9258，表明该期刊有一套较完整的规范化程序和较高的办刊质量。因此该期刊在马克思主义研究领域中有较

强的垂范作用。另外,基金论文比的多寡极大地制约了马克思主义期刊的综合值的高低。例如,排在第 4 位的《毛泽东邓小平理论研究》与第 10 位的《高校理论战线》就形成了非常鲜明的对比。这 2 个期刊在其他三项指标上不分伯仲,唯独在基金论文比上,《毛泽东邓小平理论研究》明显高于《高校理论战线》,而导致在综合值上差距拉大,最终导致排名的迥异。而且我们不难发现,综合值 0.7 以上的期刊,其基金论文比也均保持在 0.5 以上。由此我们可以推论,基金论文比在很大程度上决定了马克思主义期刊综合值的大小,基金论文比总体上与综合值成正比。对于一些综合值排名较后的期刊诸如《理论视野》、《社会主义论坛》等期刊,增加基金论文比不失为提高综合值、扩大其在学科期刊内的影响的一个有效途径。

2.2 马克思主义期刊被引次数分析

期刊被引次数指期刊自创刊以来所有载文被统计年度 CSSCI 来源期刊论文引用的总次数。被引次数是衡量期刊绝对学术影响力的重要指标,直接反映了期刊在学界的地位和作用。期刊被引次数可分解为:总被引次数、他刊引用次数和学科引用次数。以下我们就这三项分指标分别进行讨论。

2.2.1 总被引次数

这里提及的期刊总被引次数是指期刊所刊载的论文被 CSSCI 引文索引中所有来源期刊论文引用的总次数。由于它体现的是期刊自创刊以来的学术影响,因此对于社会科学特别是马克思主义学科这种对社会发展有长期影响的期刊,有着更加深远的意义。

表 2-6 给出了 2004—2006 年马克思主义期刊总被引次数、三年的平均值及其归一化值。该指标的归一化值是由其最大的三年平均值(《马克思主义与现实》的 152.33)作除数得到并依次从大到小排序。

表 2-6　　　　　2004—2006 年马克思主义期刊总被引次数

排序	期刊名称	2004 年(篇次)	2005 年(篇次)	2006 年(篇次)	三年平均(篇次)	归一化值
1	马克思主义与现实	110	144	203	152.33	1
2	教学与研究	109	142	187	146.00	0.9584
3	理论前沿	86	89	112	95.67	0.6280
4	国外理论动态	62	98	113	91.00	0.5974
5	当代世界与社会主义	68	80	110	86.00	0.5646
6	毛泽东邓小平理论研究	33	59	95	62.33	0.4092

续表

排序	期刊名称	2004年（篇次）	2005年（篇次）	2006年（篇次）	三年平均（篇次）	归一化值
7	社会主义研究	37	51	97	61.67	0.4048
8	马克思主义研究	47	42	66	51.67	0.3392
9	高校理论战线	41	52	59	50.67	0.3326
10	中国特色社会主义研究	32	35	47	38.00	0.2495
11	科学社会主义	20	39	51	36.67	0.2407
12	毛泽东思想研究	33	23	42	32.67	0.2145
13	当代世界社会主义问题	16	28	44	29.33	0.1925
14	今日中国论坛	16	29	25	23.33	0.1532
15	理论视野	7	7	16	10.00	0.0656
16	社会主义论坛	1	0	3	1.33	0.0087
17	解放军理论学习	0	2	1	1.00	0.0066

由表2-6可知，这三年来的马克思主义期刊总被引次数，除个别期刊有小幅波动，其余期刊的总被引次数均有不同程度的增加。对比2006年与2004年，《马克思主义与现实》的总被引数增加了93次，而排名较后的《社会主义论坛》只增加了2次。这除了与期刊的学术影响有关以外，还与期刊的创办时间与期刊规模、论文篇数有较大关系。从总被引次数的增加幅度上看，各期刊之间存在很大差距。但考虑到总被引的绝对次数有所不同，因此，总被引次数增幅的大小对期刊评价标准的影响不大。

从三年的平均值来看，马克思主义各期刊的总被引次数就体现出了明显的差异。排在首位的《马克思主义与现实》与《教学与研究》这两种期刊的平均值之和就约占了总平均值的30%以上。这一方面体现这两种期刊在马克思主义研究领域学术影响的广泛性与权威性；另一方面，表明其他期刊在办刊质量和刊文的选稿方面仍显薄弱。因此，如何挖掘本期刊的自身优势，有效地提升期刊的总被引次数是现在很多期刊亟待解决的问题之一。

2.2.2 其他期刊引用次数

其他期刊引用次数（简称：他刊引用次数）是指该刊被其他期刊引用的总次数。我们在长期的期刊评价统计中发现，由于来源期刊的频繁自引，会致使其总被引数的增加。因此片面的统计总被引数会失去期刊评价的公平性。他刊引用次数的统计可以有效平衡统计源期刊（来源期刊）和非统计源期刊（非来源期刊）之间在期刊总被引指标中存在的不平等性。

表 2-7 给出了 2004—2006 年马克思主义期刊他刊引用次数、三年的平均值及其归一化值。该指标的归一化值是由其最大的三年平均值（《马克思主义与现实》的 144.33）作除数得到并依次从大到小排序。

表 2-7　　2004—2006 年马克思主义期刊他刊引用次数

排序	期刊名称	2004 年（篇次）	2005 年（篇次）	2006 年（篇次）	三年平均（篇次）	归一化值
1	马克思主义与现实	101	137	195	144.33	1
2	教学与研究	102	128	173	134.33	0.9307
3	理论前沿	83	89	109	93.67	0.6490
4	国外理论动态	57	98	111	88.67	0.6144
5	当代世界与社会主义	57	58	96	70.33	0.4873
6	社会主义研究	36	49	93	59.33	0.4111
7	毛泽东邓小平理论研究	27	45	92	54.67	0.3788
8	马克思主义研究	45	41	61	49.00	0.3395
9	高校理论战线	40	38	54	44.00	0.3049
10	中国特色社会主义研究	27	34	44	35.00	0.2425
11	科学社会主义	20	34	48	34.00	0.2356
12	当代世界社会主义问题	14	26	43	27.67	0.1917
13	毛泽东思想研究	22	20	34	25.33	0.1755
14	今日中国论坛	14	29	25	22.67	0.1571
15	理论视野	7	7	16	10.00	0.0693
16	社会主义论坛	1	0	3	1.33	0.0092
17	解放军理论学习	0	2	1	1.00	0.0069

表 2-7 数据提示了这三年来马克思主义期刊的他刊引用次数总体上成稳步上升的趋势。在总引用次数表中排在前位的《马克思主义与现实》与《教学与研究》，在此表中依旧位列前两名，体现了这两本期刊深厚的学术影响及较广泛的学术指导意义。《毛泽东邓小平理论研究》由于自引次数较多，自引率达到 12.29%，而《社会主义研究》仅为 3.79%。因此在此表中，《社会主义研究》超越了《毛泽东邓小平理论研究》，排在了其前列。这充分说明了他刊引用次数对期刊评价标准有着举足轻重的影响和作用。

从归一化值上来看，马克思主义期刊的他刊引用次数有三个比较明显的层次。归一化值 0.9 以上的有 2 种期刊，0.9—0.1 之间有 12 种，0.1 以下有 3 种。

经过对这三年平均值的计算统计，《马克思主义与现实》的自引率为 5.25%，

《教学与研究》为 8.2%；而排在表末的三个期刊的自引率为 0。

2.2.3 本学科论文引用次数

本学科论文引用次数（简称：学科引用次数）是指该期刊载文在 CSSCI 中被本学科论文所引用的总次数，它体现了该期刊在本学科内的学术影响程度。

表 2-8 给出了 2004—2006 年马克思主义期刊学科引用次数、三年的平均值及其归一化值。该指标的归一化值是由其最大的三年平均值（《马克思主义研究》的 12）作除数得到，并依次从大到小排序。

表 2-8   2004—2006 年马克思主义期刊学科引用次数

排序	期刊名称	2004 年（篇次）	2005 年（篇次）	2006 年（篇次）	三年平均（篇次）	归一化值
1	马克思主义研究	10	8	18	12.00	1
2	毛泽东思想研究	19	11	5	11.67	0.9725
3	教学与研究	6	4	17	9.00	0.7500
3	毛泽东邓小平理论研究	9	7	11	9.00	0.7500
5	国外理论动态	1	12	11	8.00	0.6667
5	马克思主义与现实	4	9	11	8.00	0.6667
7	当代世界与社会主义	3	3	12	6.00	0.5000
8	社会主义研究	7	2	4	4.33	0.3608
9	科学社会主义	2	4	6	4.00	0.3333
10	中国特色社会主义研究	5	1	4	3.33	0.2775
11	理论前沿	3	1	3	2.33	0.1942
12	高校理论战线	3	1	0	1.33	0.1108
13	当代世界社会主义问题	0	2	1	1.00	0.0833
14	理论视野	0	0	1	0.33	0.0275
14	今日中国论坛	0	1	0	0.33	0.0275
16	解放军理论学习	0	0	0	0	0
16	社会主义论坛	0	0	0	0	0

从表 2-8 可以看出，与总引用次数和他刊引用次数相比，2004—2006 年马克思主义期刊的学科引用次数，其变化呈现出较不稳定。除《国外理论动态》在 2005 有较大幅度的增加，其余刊物均有不同程度的增减。而排在末尾的《解放军理论学习》与《社会主义论坛》三年内无一本学科论文引用。

从三年的平均值上来看，《马克思主义研究》与《毛泽东思想研究》因为在学科引用次数有较为显著的提高,因此在此表中,一举跃升至前两位。这一方面足见《马克思主义研究》与《毛泽东思想研究》在马克思主义本学科内的影响是非常突出的;另一方面体现出《教学与研究》与《马克思主义与现实》跨学科的综合影响力较大。

2.2.4 马克思主义期刊被引次数综合分析

在期刊被引次数的三项分指标中,他刊引用次数由于其具有较强的客观性、权威性,该项指标的权重分值理应相对较高。在本统计分析过程中,这三分指标的权重分别为:他刊引用次数50%,总被引次数25%,学科引用次数25%。

表2-9给出了2004—2006年马克思主义期刊被引次数各指标的归一化值和综合值。综合值计算方法为:按照权重分配,将每一种期刊的总被引次数、他刊引用次数和学科引用次数的归一化值分别乘以相应的权重系数,并将这三项乘积求和得到各期刊的被引次数综合值。本表按被引次数综合值从大到小排序。

表2-9　　　　　　　　2004—2006年马克思主义期刊被引次数综合值

排序	期刊名称	总被引次数归一化值	他刊引用次数归一化值	学科引用次数归一化值	综合值
1	马克思主义与现实	1	1	0.6667	0.9167
2	教学与研究	0.9584	0.9307	0.7500	0.8925
3	国外理论动态	0.5974	0.6143	0.6667	0.6232
4	理论前沿	0.6280	0.6490	0.1942	0.5301
5	当代世界与社会主义	0.5646	0.4873	0.5000	0.5098
6	马克思主义研究	0.3392	0.3395	1	0.5046
7	毛泽东邓小平理论研究	0.4092	0.3788	0.7500	0.4792
8	社会主义研究	0.4048	0.4111	0.3608	0.3970
9	毛泽东思想研究	0.2145	0.1755	0.9725	0.3845
10	高校理论战线	0.3326	0.3049	0.1108	0.2633
11	科学社会主义	0.2407	0.2356	0.3333	0.2613
12	中国特色社会主义研究	0.2495	0.2425	0.2775	0.2530
13	当代世界社会主义问题	0.1925	0.1917	0.0833	0.1648
14	今日中国论坛	0.1532	0.1571	0.0275	0.1237
15	理论视野	0.0656	0.0693	0.0275	0.0579
16	社会主义论坛	0.0087	0.0092	0	0.0068
17	解放军理论学习	0.0066	0.0069	0	0.0051

由表2-9可以看出，马克思主义期刊被引次数的综合值有三个较为清晰的层次：《马克思主义与现实》和《教学与研究》的综合值在0.8以上；第3—9位的期刊综合值在0.8—0.3以上；其余期刊均在0.3以下。

从综合值上来看，《马克思主义与现实》和《教学与研究》有着非常明显的优势。说明这两本期刊确是马克思主义领域领军性的期刊，并且有着较为深厚而广泛的学术影响力。另外，有些期刊虽然综合值不高，但其有着比较显著的学科引用次数，例如《马克思主义研究》、《毛泽东思想研究》和《毛泽东邓小平理论研究》等期刊。表明这些期刊在马克思主义研究领域内有着较强劲的学术生命力；而《国外理论动态》和《理论前沿》有较为突出的他引量，表明其在不同的研究领域和多学术层面都发挥了很大的作用。

以上是我们对马克思主义期刊被引次数的统计和分析。那么，通过以上的分析，我们是不是就能很准确地对期刊进行评价呢？答案是否定的。因为期刊的引用次数只是一个绝对数值，它受到期刊的办刊时间和载文量的影响，在相对条件下可以反映期刊的质量，因此它只是期刊评价的重要标准之一。

2.3 马克思主义期刊被引速率分析

被引速率是指期刊统计当年和前一年发文在当年的被引量与当年和前一年发文总量的比值，它是期刊影响力及时效应的体现。被引速率高低反映着社会与学术界对期刊论文关注的程度。被引速率可分为总被引速率、他刊引用速率和学科引用速率三项分指标进行讨论。

2.3.1 总被引速率

期刊的总被引速率是指该刊当年论文和前一年论文在当年总被引用量与该刊当年和前一年总发文量的比值。总被引速率因为增加了一年的期刊被引次数统计，弥补了当前发文时滞而造成的即年指数[①]无法反映期刊反应速率的缺陷，因此被引速率比即年指数更科学、更全面地衡量了期刊对本学科热点问题的关注及被学界和读者的关注程度。

表2-10给出了2004—2006年马克思主义期刊总被引速率、三年的平均值及其归一化值。该指标的归一化值是由其最大的三年平均值（《马克思主义与现实》的0.1148）作除数得到，并依次从大到小排序。

---

① 中国科技信息研究所、万方数据股份有限公司：《中国科技期刊引证报告2007版（扩刊版）》，科学技术文献出版社2007年版，第7页。

表 2-10　　　　　　　　2004—2006 年马克思主义期刊总被引速率

排序	期刊名称	2004 年	2005 年	2006 年	三年平均	归一化值
1	马克思主义与现实	0.1452	0.1206	0.0785	0.1148	1
2	教学与研究	0.0543	0.0971	0.1671	0.1062	0.9251
3	国外理论动态	0.0892	0.0788	0.0729	0.0803	0.6995
4	马克思主义研究	0.0889	0.0400	0.0929	0.0739	0.6437
5	毛泽东邓小平理论研究	0.0339	0.0612	0.1207	0.0719	0.6263
6	当代世界与社会主义	0.0504	0.0849	0.0632	0.0662	0.5767
7	中国特色社会主义研究	0.0505	0.0418	0.0656	0.0526	0.4582
8	科学社会主义	0.0255	0.0563	0.0565	0.0461	0.4016
9	高校理论战线	0.0216	0.0504	0.0659	0.0460	0.4007
10	社会主义研究	0.0219	0.0261	0.0756	0.0412	0.3589
11	当代世界社会主义问题	0	0.0645	0.0543	0.0396	0.3449
12	理论前沿	0.0362	0.0267	0.0443	0.0357	0.3110
13	理论视野	0.0047	0.0131	0.0466	0.0215	0.1873
14	今日中国论坛	0.0241	0.0129	0.0101	0.0157	0.1368
15	毛泽东思想研究	0.0151	0.0055	0.0150	0.0119	0.1037
16	解放军理论学习	0	0.0034	0.0017	0.0017	0.0148
17	社会主义论坛	0	0	0.0014	0.0005	0.0044

依据表 2-10，马克思主义期刊三年平均总被引速率体现出三个层次：第一层次为《马克思主义与现实》和《教学与研究》，总被引速率归一化值在 0.8 以上；第二个层次为《国外理论动态》、《马克思主义研究》、《毛泽东邓小平理论研究》、《当代世界与社会主义》总被引速率归一化值在 0.8—0.5 之间；其余为第三层次，总被引速率归一化值在 0.5 以下。

从三年的变化趋势来看，各期刊的总被引速率增减变化不一，呈现出不规律性。但是我们也不难发现其中的某些现象。三年平均值排在前列的《马克思主义与现实》，在 2006 年的总被引速率有所下降；相比较而言，第二、三层次中的《马克思主义研究》、《毛泽东邓小平理论研究》和《社会主义研究》则有较明显的提升，提升数值分别为 0.0529、0.0595、0.0495。说明这三种期刊在 2006 年较好地把握住了学科前沿与热点问题，刊载了一些学科关注度较高、学术水平较领先的论文。

2.3.2　其他期刊引用速率

其他期刊引用速率（简称：他刊引用速率）是指期刊统计当年和前一年论文在

当年被其他期刊引用的次数与该刊当年和前一年发表的论文总数的比值。他刊引用速率与他刊引用次数的作用相同，一定程度上纠正了 CSSCI 来源期刊与非来源期刊评价过程中的失衡，为统计的客观性和公正性提供了必要条件。

表 2-11 给出了 2004—2006 年马克思主义期刊他刊引用速率、三年的平均值及其归一化值。该指标的归一化值是由其最大的三年平均值（《马克思主义研究》的 0.1044）作除数得到，并依次从大到小排序。

表 2-11　　　　　　　　　2004—2006 年马克思主义期刊他刊引用速率

排序	期刊名称	2004 年	2005 年	2006 年	三年平均	归一化值
1	马克思主义与现实	0.1369	0.1048	0.0716	0.1044	1
2	教学与研究	0.0519	0.0874	0.1485	0.0959	0.9186
3	国外理论动态	0.0732	0.0788	0.0729	0.0750	0.7184
4	马克思主义研究	0.0889	0.0400	0.0847	0.0712	0.6820
5	毛泽东邓小平理论研究	0.0254	0.0459	0.1181	0.0631	0.6044
6	当代世界与社会主义	0.0451	0.0597	0.0546	0.0531	0.5086
7	中国特色社会主义研究	0.0370	0.0418	0.0579	0.0456	0.4368
8	高校理论战线	0.0216	0.0364	0.0629	0.0403	0.3860
9	社会主义研究	0.0219	0.0241	0.0711	0.0390	0.3736
10	科学社会主义	0.0255	0.0423	0.0480	0.0386	0.3697
11	当代世界社会主义问题	0	0.0538	0.0543	0.0360	0.3448
12	理论前沿	0.0333	0.0267	0.0414	0.0338	0.3238
13	理论视野	0.0047	0.0131	0.0466	0.0215	0.2059
14	今日中国论坛	0.0241	0.0129	0.0101	0.0157	0.1504
15	毛泽东思想研究	0.0132	0.0037	0.0113	0.0094	0.0900
16	解放军理论学习	0	0.0034	0.0017	0.0017	0.0163
17	社会主义论坛	0	0	0.0014	0.0005	0.0048

由表 2-11 可知，马克思主义期刊在他刊引用速率的三年平均值上与总被引速率基本相似，同样呈现出三个层次：第一层次为《马克思主义与现实》和《教学与研究》，他刊引用速率的归一化值均在 0.8 以上；第二层次为《国外理论动态》、《马克思主义研究》、《毛泽东邓小平理论研究》和《当代世界与社会主义》，他刊引用速率归一化值均在 0.8—0.5 之间；其余为第三层次，他刊引用速率均在 0.5 以下。

2.3.3　本学科论文引用速率

本学科论文引用速率（简称：学科引用速率）是指该刊统计当年和前一年论文

在当年被本学科论文引用的次数与该刊当年和前一年发表的论文总数的比值。本学科论文引用速率反映了期刊在本学科内对学术前沿及其热点问题的反应速度。

表 2-12 是 2004—2006 年马克思主义期刊年度学科引用速率、三年的平均值及其归一化值。该指标的归一化值是由其最大的三年平均值（《马克思主义研究》的 0.0146）作除数得到，并依次从大到小排序。

表 2-12　　　　　　　2004—2006 年马克思主义期刊学科引用速率

排序	期刊名称	2004 年	2005 年	2006 年	三年平均	归一化值
1	马克思主义研究	0.0111	0	0.0328	0.0146	1
2	教学与研究	0	0	0.0318	0.0106	0.7260
3	毛泽东邓小平理论研究	0.0056	0.0128	0.0105	0.0096	0.6575
4	马克思主义与现实	0	0.0063	0.0115	0.0059	0.4041
5	科学社会主义	0	0	0.0113	0.0038	0.2603
6	当代世界与社会主义	0	0.0063	0.0029	0.0031	0.2123
7	社会主义研究	0.0040	0	0.0022	0.0021	0.1438
8	理论视野	0	0	0.0042	0.0014	0.0959
9	毛泽东思想研究	0.0038	0	0	0.0013	0.0890
10	中国特色社会主义研究	0.0034	0	0	0.0011	0.0753
11	理论前沿	0.0010	0	0.0019	0.0010	0.0685
12	高校理论战线	0	0.0028	0	0.0009	0.0616
13	今日中国论坛	0	0.0018	0	0.0006	0.0411
14	当代世界社会主义问题	0	0	0	0	0
15	解放军理论学习	0	0	0	0	0
16	国外理论动态	0	0	0	0	0
17	社会主义论坛	0	0	0	0	0

由表 2-12 看出，马克思主义期刊在本学科论文引用速率方面大体可分为三个层次：从平均值上分析，《马克思主义研究》以 0.0146 领先其他期刊，位于第一层次；《教学与研究》、《毛泽东邓小平理论研究》和《马克思主义与现实》这 3 种期刊的学科引用速率的平均值在 0.0110—0.0059 之间为第二层次；其余 13 种期刊在 0.0040 以下，为第三层次。

值得注意的是，在他刊引用速率统计表中排名中游的《马克思主义研究》，在此表中却体现出了较显著的优势。由此我们得出，一些规模较小或办刊时间不长的期刊，如果在组稿和栏目两方面注重学科特色，把握学科前沿无疑是提高本指标分值的重要手段。

2.3.4 马克思主义期刊被引速率综合分析

参照本章2.2.4的分析，在期刊被引速率的三项分指标中，鉴于他刊引用速率较强的客观性、权威性，赋予该项分指标较高的权重分值。被引速率的三项分指标的权重分值分别为：他刊引用速率50%，总被引速率25%，学科引用速率25%。

表2-13给出了2004—2006年马克思主义期刊被引速率各指标的归一化值和综合值。综合值计算方法为：按照权重分配，将每一种期刊的总被引速率、他刊引用速率和学科引用速率的归一化值分别乘以相应的权重系数，并将这三项乘积求和得到各期刊的被引速率综合值。本表按被引速率综合值从大到小排序。

表2-13　　　　　　　2004—2006年马克思主义期刊被引速率综合值

排序	期刊名称	总被引速率归一化值	他刊引用速率归一化值	学科引用速率归一化值	综合值
1	教学与研究	0.9251	0.9186	0.7260	0.8721
2	马克思主义与现实	1	1	0.4041	0.8510
3	马克思主义研究	0.6437	0.6820	1	0.7519
4	毛泽东邓小平理论研究	0.6263	0.6044	0.6575	0.6232
5	国外理论动态	0.6995	0.7184	0	0.5341
6	当代世界与社会主义	0.5767	0.5086	0.2123	0.4516
7	中国特色社会主义研究	0.4582	0.4368	0.0753	0.3518
8	科学社会主义	0.4016	0.3697	0.2603	0.3503
9	社会主义研究	0.3589	0.3736	0.1438	0.3125
10	高校理论战线	0.4007	0.3860	0.0616	0.3086
11	当代世界社会主义问题	0.3449	0.3448	0	0.2586
12	理论前沿	0.3110	0.3238	0.0685	0.2568
13	理论视野	0.1873	0.2059	0.0959	0.1738
14	今日中国论坛	0.1368	0.1504	0.0411	0.1197
15	毛泽东思想研究	0.1037	0.0900	0.0890	0.0932
16	解放军理论学习	0.0148	0.0163	0	0.0119
17	社会主义论坛	0.0044	0.0048	0	0.0035

从表2-13表明，马克思主义期刊可分为三个层次：《教学与研究》和《马克思主义与现实》位居第一层次，被引速率综合值在0.8以上；《马克思主义研究》、《毛泽东邓小平理论研究》、《国外理论动态》为第二层次，综合值在0.8—0.5之间；其余12种期刊为第三层次，综合值在0.5以下。

2.4 马克思主义期刊影响因子分析

影响因子的实质是在一定的统计时间范围内期刊发表论文的平均被引用率。[①]期刊影响因子体现的是期刊的相对影响,它与该期刊的学术影响力成正比。影响因子包括了一般影响因子、他引影响因子和学科影响因子,它们都是期刊评价的主要标准。

2.4.1 一般影响因子

本章影响因子的计算方法是该刊在统计当年的前第2、3年发表的论文在统计当年被引用的总次数与该刊在统计当年的前第2、3年发表论文总数的比值。

表2-14给出了2004—2006年马克思主义期刊一般影响因子的数据、三年的平均值及其归一化值。该指标的归一化值是由其最大的三年平均值(《马克思主义与现实》的0.2896)作除数得到并依次从大到小排序。

表2-14　　　　　　2004—2006年马克思主义期刊一般影响因子

排序	期刊名称	2004年	2005年	2006年	三年平均	归一化值
1	马克思主义与现实	0.2341	0.3192	0.3154	0.2896	1
2	当代世界与社会主义	0.1331	0.0879	0.1114	0.1108	0.3826
3	教学与研究	0.1099	0.0868	0.0938	0.0968	0.3343
4	国外理论动态	0.0395	0.1053	0.1083	0.0844	0.2914
5	马克思主义研究	0.0682	0.0743	0.0667	0.0697	0.2407
6	当代世界社会主义问题	0.0283	0.0515	0.1250	0.0683	0.2358
7	今日中国论坛	0.0614	0.0909	0.0482	0.0668	0.2307
8	毛泽东邓小平理论研究	0.0373	0.0747	0.0876	0.0665	0.2296
9	中国特色社会主义研究	0.0492	0.0584	0.0774	0.0617	0.2131
10	科学社会主义	0.0178	0.0512	0.0766	0.0485	0.1675
11	高校理论战线	0.0382	0.0391	0.0539	0.0437	0.1509
12	社会主义研究	0.0190	0.0376	0.0497	0.0354	0.1222
13	理论前沿	0.0337	0.0368	0.0294	0.0333	0.1150
14	毛泽东思想研究	0.0210	0.0141	0.0188	0.0180	0.0622
15	理论视野	0.0134	0.0179	0.0094	0.0136	0.0470
16	社会主义论坛	0	0	0.0044	0.0015	0.0052
17	解放军理论学习	0	0	0	0	0

---

① 刘勇:"论用期刊影响因子评价论文作者的逻辑前提与局限性",《编辑学报》2007年第2期,第152—153页。

从表2-14可以看出，由于马克思主义学科自身的研究特点，马克思主义期刊一般影响因子都比较低。换句话说，因为马克思主义理论已经形成了完整的体系，理论开拓与创新需要相当的时间与社会实践。学科的这一特点导致马克思主义期刊的被引数占其载文总数的比例较小。另外一方面，相对于一些新兴学科和前沿学科而言，马克思主义的经典书籍时常成为被引的主要对象；而期刊作为一个更新相对较快的平台，其论文往往不是重点引用的对象。

值得一提的是排在榜首的《马克思主义与现实》，在2004—2006中，一般影响因子高于其他期刊数倍甚至数十倍，说明该期刊在组稿和栏目设计方面具有相当的经验和成就。

2.4.2 他引影响因子

由于期刊的大量自引会提高本刊的一般影响因子，因此统计他引影响因子就显得尤为重要。表2-15给出了2004—2006年马克思主义期刊他引影响因子的数据统计。

表2-15　　　　　2004—2006年马克思主义期刊他引影响因子

排序	期刊名称	2004年	2005年	2006年	三年平均	归一化值
1	马克思主义与现实	0.2049	0.3146	0.3112	0.2769	1
2	当代世界与社会主义	0.1151	0.0576	0.0875	0.0867	0.3131
3	教学与研究	0.1044	0.0711	0.0840	0.0865	0.3124
4	国外理论动态	0.0395	0.1053	0.1019	0.0822	0.2969
5	马克思主义研究	0.0625	0.0743	0.0667	0.0678	0.2449
6	今日中国论坛	0.0614	0.0909	0.0482	0.0668	0.2412
7	当代世界社会主义问题	0.0283	0.0412	0.1250	0.0648	0.2340
8	毛泽东邓小平理论研究	0.0290	0.0676	0.0819	0.0595	0.2149
9	中国特色社会主义研究	0.0455	0.0550	0.0774	0.0593	0.2142
10	科学社会主义	0.0178	0.0512	0.0766	0.0485	0.1752
11	高校理论战线	0.0361	0.0322	0.0431	0.0371	0.1340
12	社会主义研究	0.0190	0.0376	0.0497	0.0354	0.1278
13	理论前沿	0.0337	0.0368	0.0294	0.0333	0.1203
14	理论视野	0.0134	0.0179	0.0094	0.0136	0.0491
15	毛泽东思想研究	0.0063	0.0121	0.0151	0.0112	0.0404
16	社会主义论坛	0	0	0.0044	0.0015	0.0054
17	解放军理论学习	0	0	0	0	0

从表 2-15 看出，排除了对非统计源期刊存在着的不公之后，马克思主义期刊他引影响因子总体上与一般影响因子仍然保持一致，说明马克思主义期刊中的自引率还是相对较低的。同理证明《马克思主义与现实》仍旧以绝对的优势雄居榜首。

2.4.3 学科影响因子

所谓学科影响因子，是指期刊被本学科范围内论文引用的相对值。它体现的是该期刊对本学科研究领域的影响。表 2-16 给出了 2004—2006 年马克思主义期刊学科影响因子的数据统计。

表 2-16　　　　　2004—2006 年马克思主义期刊学科影响因子

排序	期刊名称	2004 年	2005 年	2006 年	三年平均	归一化值
1	马克思主义研究	0.0227	0.0286	0.0111	0.0208	1
2	毛泽东思想研究	0.0210	0.0060	0.0019	0.0096	0.4615
3	当代世界与社会主义	0.0036	0.0030	0.0159	0.0075	0.3606
4	教学与研究	0.0055	0.0053	0.0074	0.0061	0.2933
5	马克思主义与现实	0.0049	0.0047	0.0083	0.0060	0.2885
6	科学社会主义	0	0.0039	0.0073	0.0037	0.1779
7	当代世界社会主义问题	0	0.0103	0	0.0034	0.1635
8	国外理论动态	0.0033	0.0033	0.0032	0.0033	0.1587
9	毛泽东邓小平理论研究	0	0	0.0085	0.0028	0.1346
10	中国特色社会主义研究	0.0076	0	0	0.0025	0.1202
11	高校理论战线	0.0021	0	0	0.0007	0.0337
12	理论前沿	0	0	0.0010	0.0003	0.0144
13	解放军理论学习	0	0	0	0	0
14	理论视野	0	0	0	0	0
15	社会主义论坛	0	0	0	0	0
16	社会主义研究	0	0	0	0	0
17	今日中国论坛	0	0	0	0	0

从表 2-16 可以看出，一些在马克思主义期刊一般影响因子统计表中排名较后的期刊，由于其所刊载的论文与本学科研究有着紧密的联系，在此表中一举跃升至前列。例如在此表中排在第 1 位的《马克思主义研究》，其三年的学科影响因子平均值为 0.0208，约占马克思主义期刊一般影响因子总和的 31.2%，远高于其他期刊。另外，在一般影响因子统计表中排名较后《毛泽东思想研究》，在此表中也跃升至第 2

位，凸显出了其在学科内的巨大优势。

由此可见，马克思主义期刊的学科影响因子的统计，可以更进一步反映期刊所刊载的论文与本学科研究的相关程度，是从学科的角度来评价期刊影响力的重要方法。

2.4.4 马克思主义期刊影响因子综合分析

参照本章2.2.4、2.3.4的分析，在期刊影响因子的三项分指标中，鉴于他引影响因子较强的客观性、权威性，赋予该项分指标较高的权重分值。影响因子三项分指标的权重分值分别为：他引影响因子50%，一般影响因子25%，学科影响因子25%。

表2-17给出了2004—2006年马克思主义期刊影响因子各指标的归一化值和综合值。综合值计算方法为：按照权重分配，将每一种期刊的一般影响因子、他引影响因子、学科影响因子的归一化值分别乘以相应的权重系数，并将这三项乘积求和得到各期刊的影响因子综合值。本表按影响因子综合值从大到小排序。

表2-17　　　　　　　　2004—2006年马克思主义期刊影响因子综合值

排序	期刊名称	一般影响因子归一化值	他引影响因子归一化值	学科影响因子归一化值	综合值
1	马克思主义与现实	1	1	0.2885	0.8221
2	马克思主义研究	0.2407	0.2449	1	0.4326
3	当代世界与社会主义	0.3826	0.3131	0.3606	0.3424
4	教学与研究	0.3343	0.3124	0.2933	0.3131
5	国外理论动态	0.2914	0.2969	0.1587	0.2610
6	当代世界社会主义问题	0.2358	0.2340	0.1635	0.2168
7	毛泽东邓小平理论研究	0.2296	0.2149	0.1346	0.1988
8	中国特色社会主义研究	0.2131	0.2142	0.1202	0.1904
9	今日中国论坛	0.2307	0.2412	0	0.1783
10	科学社会主义	0.1675	0.1752	0.1779	0.1740
11	毛泽东思想研究	0.0622	0.0404	0.4615	0.1511
12	高校理论战线	0.1509	0.1340	0.0337	0.1132
13	社会主义研究	0.1222	0.1278	0	0.0945
14	理论前沿	0.1150	0.1203	0.0144	0.0925
15	理论视野	0.0470	0.0491	0	0.0363
16	社会主义论坛	0.0052	0.0054	0	0.0040
17	解放军理论学习	0	0	0	0

表 2-17 表明，通过影响因子综合值的统计，马克思主义期刊可以分为四个层次。第一层次中，《马克思主义与现实》以 0.8221 这个较为明显的优势领先于其他期刊。这说明该期刊在学科的发展和社会效应方面，起着突出的作用。然而不容忽视的是，虽然《马克思主义与现实》的一般影响因子和他引影响因子都很突出，但学科影响因子较低，这说明该期刊在受到其他学科高度关注的同时，其在本学科内部的影响还有待提高。我们把综合值位于 0.8—0.2 的期刊列为第二层次，该层次中有《马克思主义研究》等 5 种期刊。第三层次由综合值位于 0.2—0.1 的 6 种期刊组成，它们是《毛泽东邓小平理论研究》、《中国特色社会主义研究》、《今日中国论坛》、《科学社会主义》、《毛泽东思想研究》、《高校理论战线》。其余 5 种刊为第四层次，其综合值都在 0.1 以下。虽然有些期刊综合值不高，但有些期刊，例如《马克思主义研究》、《毛泽东思想研究》等在学科内部也有其不可替代的地位。

2.5　马克思主义期刊被引广度分析

期刊被引广度是指某期刊论文统计年度被他刊论文引用的他刊种数。相对来说一种期刊被其他期刊论文引用的越多，其影响度就越广。当然这里存在着被引用次数与引用刊数的比例问题，被十种期刊各引用一次与被一种刊引用十次是不能同日而语的。仅仅以被他刊论文引用的他刊种数为期刊被引广度，无疑有失偏颇。合理的期刊被引广度应该是被引用次数与引用刊数的综合值：以引用期刊的年度引用量为参数，按照参数的大小分别赋不同的值，求该刊统计年度被引的所有引用期刊相对值之和（参见本书第 1 章 1.3.4）。这就是期刊被引广度修正值。本章讨论的期刊被引广度综合值均是以期刊被引广度修正值为准。

表 2-18 给出了 2004—2006 年马克思主义期刊被引广度三年的修正值，以三年平均最高值的期刊《马克思主义与现实》（29.40）为 1，归一化处理后，并依次从大到小排序。

表 2-18　　　　　　　　2004—2006 年马克思主义期刊被引广度

排序	期刊名称	2004 年	2005 年	2006 年	三年平均	归一化值
1	马克思主义与现实	21.0	28.2	39.0	29.40	1
2	教学与研究	21.2	26.0	35.8	27.67	0.9412
3	理论前沿	16.6	17.0	22.0	18.53	0.6303
4	国外理论动态	11.4	16.4	20.2	16.00	0.5442
5	当代世界与社会主义	11.8	12.4	20.0	14.73	0.5010
6	毛泽东邓小平理论研究	6.4	10.0	17.6	11.33	0.3854

续表

排序	期刊名称	2004 年	2005 年	2006 年	三年平均	归一化值
6	社会主义研究	7.4	9.4	17.2	11.33	0.3854
8	马克思主义研究	9.4	8.4	12.2	10.00	0.3401
9	高校理论战线	8.2	8.6	11.8	9.53	0.3241
10	中国特色社会主义研究	6.4	6.8	9.4	7.53	0.2561
11	科学社会主义	4.0	7.6	10.2	7.27	0.2473
12	当代世界社会主义问题	3.2	5.6	8.8	5.87	0.1997
13	毛泽东思想研究	5.4	4.0	7.8	5.73	0.1949
14	今日中国论坛	3.2	5.8	5.0	4.67	0.1588
15	理论视野	1.4	1.4	3.2	2.00	0.0680
16	社会主义论坛	0.2	—	0.6	0.40	0.0136
17	解放军理论学习	—	0.4	0.2	0.30	0.0102

从表 2-18 可以看到，《马克思主义与现实》和《教学与研究》被引广度遥遥领先于其他期刊，其平均被引广度已接近 30。[①] 说明这两种期刊不仅影响着本学科期刊，还影响着大量的综合性期刊和非本学科期刊。位居第 3 位的《理论前沿》为 CSSCI 非来源期刊，其被引广度大大高于其他 11 种马克思主义来源期刊。从 CSSCI 数据库观察，该刊被单刊引用的数量并不高，多数在 1—2 次，当是引用期刊的种数多形成了该刊排序较前的局面。《国外理论动态》和《当代世界与社会主义》的平均被引广度也在 14—16 之间，表明它们的学术影响超越了本学科。CSSCI 非来源期刊《理论视野》、《社会主义论坛》和《解放军理论学习》的被引广度均不超过 10，说明这些期刊的影响面窄，多数还局限在马克思主义期刊中。

2004—2006 年间，马克思主义期刊的被引广度均有不同程度的提高。2006 年与 2004 年比较，《毛泽东邓小平理论研究》、《当代世界社会主义问题》两刊增长了 175%，《科学社会主义》、《社会主义研究》分别增长了 155%、132%。而排名靠前的《马克思主义与现实》、《教学与研究》、《国外理论动态》和《当代世界与社会主义》增幅均比较平稳在 70% 左右。CSSCI 非来源期刊《理论前沿》虽然排名较前，但增幅不大，为 32.5%。由此说明马克思主义期刊影响力均在不断增强。

依据表 2-18 可以从被引广度的角度将马克思主义期刊划分成 4 个层次：《马克思主义与现实》和《教学与研究》可以列为马克思主义期刊第一层次；《理论前沿》、《国外理论动态》、《当代世界与社会主义》归入第二层次；平均被引广度在 9—12 之

[①] 因为统计源期刊为 CSSCI 来源期刊，也就是说只有 13 种马克思主义期刊参与统计。

间的《毛泽东邓小平理论研究》、《社会主义研究》、《马克思主义研究》和《高校理论战线》等 4 种期刊列入第三层次；余下的 8 种马克思主义期刊均归入第四层次。

2.6 马克思主义期刊二次文献转载分析

二次文献转载指标是我国几种重要的二次文献对各期刊中论文全文转载的数量统计。本章讨论的二次文献期刊为我国最重要的三大文摘：人民出版社主办的《新华文摘》、中国社会科学杂志社主办的《中国社会科学文摘》和中国人民大学主办的《复印报刊资料》。三大文摘期刊主要转载我国人文社会科学领域的重要研究成果，反映着当前各学科领域的学术动态和学术走向。期刊所刊载论文转载率的高低从一个侧面反映了被转载文献的学术性及其社会效应，是国内外检测办刊水准的一项重要指标。因此，引入二次文献转载指标为全面评估期刊提供了保障。

2.6.1 《新华文摘》全文转载

《新华文摘》是一种大型的综合性、学术性文摘，内容涉及政治、马克思主义、经济、历史、文学艺术、法学、社会学、教育学等多种人文社会科学学科，具有重要的学术性和权威性。

表 2-19 给出了 2004—2006 年马克思主义期刊被《新华文摘》全文转载的统计数据，其中年度数据平均后得到三年平均值，再进行归一化处理，用转载次数最多的《教学与研究》的三年平均值 6.00 分别去除其他期刊的三年平均值，得到各期刊该指标的归一化值及其排序。

表 2-19　　2004—2006 年马克思主义期刊被《新华文摘》全文转载统计

排序	期刊名称	2004 年（篇）	2005 年（篇）	2006 年（篇）	三年平均（篇）	归一化值
1	教学与研究	1	8	9	6.00	1
2	马克思主义与现实	5	3	5	4.33	0.7217
3	理论前沿	3	4	5	4.00	0.6667
4	马克思主义研究	2	2	6	3.33	0.5550
5	当代世界与社会主义	5	0	4	3.00	0.5000
6	毛泽东邓小平理论研究	0	0	5	1.67	0.2783
7	科学社会主义	0	0	4	1.33	0.2217
7	高校理论战线	0	1	3	1.33	0.2217
9	今日中国论坛	0	0	3	1.00	0.1667

续表

排序	期刊名称	2004年（篇）	2005年（篇）	2006年（篇）	三年平均（篇）	归一化值
10	国外理论动态	1	0	0	0.33	0.0550
10	社会主义研究	0	0	1	0.33	0.0550
10	中国特色社会主义研究	0	0	1	0.33	0.0550
13	当代世界社会主义问题	0	0	0	0	0
13	解放军理论学习	0	0	0	0	0
13	理论视野	0	0	0	0	0
13	毛泽东思想研究	0	0	0	0	0
13	社会主义论坛	0	0	0	0	0

根据表2-19的数据显示，马克思主义期刊被《新华文摘》全文转载的次数总体来看有逐年增加的趋势，但相对被转载次数来看均比较少。每年有几乎近一半的期刊转载率为0，其中CSSCI来源期刊与来源期刊的比例势均力敌。而非来源期刊《理论前沿》不仅在逐年上升，而且排序较前，这与其刊载社会时效性强、应用理论性研究文章较多的办刊宗旨不无关系。

从年度变化上来看，前4名的期刊呈现被转载次数逐年增长的势头，这其中又以《教学与研究》、《理论前沿》和《马克思主义研究》的增长最为明显。其他排名之后的期刊被转载次数的增减情况并不明显。

马克思主义期刊呈现的这种大部分期刊被转载较少而少数期刊被转载较多且年度增长较快的现象，是由于《新华文摘》每年摘收的论文数量较少，而且摘收的大多为具有鲜明观点和创新性、实践性较强的论文，而大多马克思主义期刊的文献侧重于理性思维，导致马克思主义期刊论文《新华文摘》的转载量少是一种必然的现象。

2.6.2 《中国社会科学文摘》全文转载

《中国社会科学文摘》以转载社科类的精品论文为主，相对《新华文摘》其总体转载数量更少。表2-20给出了2004—2006年马克思主义期刊被《中国社会科学文摘》全文转载的统计数据，其中年度数据平均后得到三年平均值，再进行归一化处理，用转载次数最多的《教学与研究》的2.67分别去除其他期刊的三年平均值，得到各期刊该指标的归一化值及其排序。

表 2-20 2004—2006 年马克思主义期刊被《中国社会科学文摘》全文转载统计

排序	期刊名称	2004年（篇）	2005年（篇）	2006年（篇）	三年平均	归一化值
1	教学与研究	0	4	4	2.67	1
2	马克思主义与现实	3	3	1	2.33	0.8727
3	国外理论动态	1	1	2	1.33	0.4981
3	马克思主义研究	0	1	3	1.33	0.4981
5	当代世界与社会主义	0	0	2	0.67	0.2509
6	理论前沿	0	0	1	0.33	0.1236
6	毛泽东邓小平理论研究	0	0	1	0.33	0.1236
6	今日中国论坛	0	0	1	0.33	0.1236
9	当代世界社会主义问题	0	0	0	0	0
9	解放军理论学习	0	0	0	0	0
9	科学社会主义	0	0	0	0	0
9	理论视野	0	0	0	0	0
9	毛泽东思想研究	0	0	0	0	0
9	社会主义论坛	0	0	0	0	0
9	社会主义研究	0	0	0	0	0
9	中国特色社会主义研究	0	0	0	0	0
9	高校理论战线	0	0	0	0	0

从表 2-20 可以看出，与《新华文摘》转载情况类似，马克思主义期刊除《教学与研究》、《马克思主义与现实》以外，大部分马克思主义期刊被《中国社会科学文摘》转载的次数较少，其中有 9 种刊为 0。从三年间转载数量的变化情况来看，《马克思主义研究》呈现明显的增长，而其他期刊转载次数的变化存在一定的偶然性。存在这些现象的原因也与本章 2.6.1 中的相近。另外《中国社会科学文摘》主要转载社科类论文也是造成本类期刊转载率低的主要原因。

2.6.3 《复印报刊资料》全文转载

《复印报刊资料》是人文社会科学专题文献资料库，其浩瀚的文献库使得各期刊被人大《复印报刊资料》转载的可能性较前两种文摘大，被转载的次数也更高。"马克思主义、列宁主义研究"是其 100 多个专题之一，其中大量转载的马克思主义期刊发表的论文，提高了本类期刊论文的被转载概率。

表 2-21 给出了 2004—2006 年马克思主义期刊被《复印报刊资料》全文转载的统计数据，其中年度数据平均后得到三年平均值，再进行归一化处理，用转载次数最多的《教学与研究》的 79.00 分别去除其他期刊的三年平均值，得到各期刊该指标

的归一化值及其排序。

表 2-21　2004—2006 年马克思主义期刊被《复印报刊资料》全文转载统计

排序	期刊名称	2004 年（篇）	2005 年（篇）	2006 年（篇）	三年平均	归一化值
1	教学与研究	68	87	82	79.00	1
2	当代世界与社会主义	40	35	52	42.33	0.5359
3	毛泽东邓小平理论研究	26	45	45	38.67	0.4895
4	马克思主义研究	24	29	61	38.00	0.4810
5	马克思主义与现实	30	43	31	34.67	0.4388
6	科学社会主义	25	26	41	30.67	0.3882
7	国外理论动态	30	20	30	26.67	0.3376
8	高校理论战线	21	36	22	26.33	0.3333
9	理论前沿	26	27	20	24.33	0.3080
10	社会主义研究	25	24	18	22.33	0.2827
11	中国特色社会主义研究	17	27	17	20.33	0.2574
12	毛泽东思想研究	18	17	24	19.67	0.2489
13	理论视野	12	10	19	13.67	0.1730
14	当代世界社会主义问题	13	14	8	11.67	0.1477
15	解放军理论学习	9	8	4	7.00	0.0886
16	社会主义论坛	4	5	3	4.00	0.0506
17	今日中国论坛	0	3	6	3.00	0.0380

表 2-21 统计表明，《教学与研究》以高出其他期刊近一倍的转载数量遥居榜首，而《解放军理论学习》、《社会主义论坛》和《今日中国论坛》年均转载均不足十篇。

从三年期刊被转载的数量变化观察，我们看到各刊间并没有同一联系，或增或减，起伏不定。2004、2005、2006 三年总被转载次数分别为 388、373、483，说明马克思主义期刊整体被转载情况稳中有起伏，总体在上升。

2.6.4　二次文献转载综合分析

我们根据二次文献的性质、定位和转载期刊论文的数量多少与难易程度来确定三大文摘之间的权重分配。本评价体系确定的权重比例为：《新华文摘》（45%）、《中国社会科学文摘》（35%）、《复印报刊资料》（20%）。

表 2-22 通过 2004—2006 年马克思主义期刊被三大文摘转载次数的归一化值的权重计算，给出了各个期刊的综合值。计算方法为：期刊三大文摘转载次数的归一化值分别乘以本评价系统确定的权重比例，并求出这三个乘积之和。表 2-22 按照综合值从大到小排序。

表 2-22　　　　　　2004—2006 年马克思主义期刊二次文献转载综合值

排序	期刊名称	新华文摘归一化值	中国社会科学文摘归一化值	复印报刊资料归一化值	综合值
1	教学与研究	1	1	1	1
2	马克思主义与现实	0.7217	0.8727	0.4388	0.7180
3	马克思主义研究	0.5550	0.4981	0.4810	0.5203
4	理论前沿	0.6667	0.1236	0.3080	0.4049
5	当代世界与社会主义	0.5000	0.2509	0.3882	0.3905
6	国外理论动态	0.0550	0.4981	0.3376	0.2666
7	毛泽东邓小平理论研究	0.2783	0.1236	0.4895	0.2664
8	科学社会主义	0.2217	0	0.3882	0.1774
9	高校理论战线	0.2217	0	0.3333	0.1664
10	今日中国论坛	0.1667	0.1236	0.0253	0.1233
11	社会主义研究	0.0550	0	0.2827	0.0813
12	中国特色社会主义研究	0.0550	0	0.2574	0.0762
13	毛泽东思想研究	0	0	0.2489	0.0498
14	理论视野	0	0	0.1730	0.0346
15	当代世界社会主义问题	0	0	0.1477	0.0295
16	解放军理论学习	0	0	0.0886	0.0177
17	社会主义论坛	0	0	0.0506	0.0101

依据上表二次文献转载综合值数据，《教学与研究》以满分的优势居首位，其分值高出第 2 名近 50%，高出第 4 名及其以下名次的期刊 100% 以上。

从三大文摘指标的综合值来看，《教学与研究》的三项指标排名均为第 1。位居第 2 的《马克思主义与现实》也具有相当的优势，比第 3 位的《马克思主义研究》高出 38%。值得一提的是《理论前沿》作为 CSSCI 非来源刊三项指标排名也较前，位居第 4，领先于 10 种 CSSCI 来源刊。

三大文摘转载综合值一定程度上反映了期刊论文的学术含量及其社会效应。按照三大文摘转载综合值划分：0.8 以上的《教学与研究》为第一层次；0.8—0.2 的

《马克思主义与现实》、《马克思主义研究》、《理论前沿》、《当代世界与社会主义》、《国外理论动态》和《毛泽东邓小平理论研究》为第二层次；0.2 以下的十种期刊列入第三层次。

2.7 马克思主义期刊 Web 即年下载率分析

Web 即年下载率是指期刊在某一期刊全文数据库中当年出版并上网的论文在当年被全文下载的次数与该期刊当年出版并上网论文总数之比。本章采用的 Web 即年下载率的数据来源于《中国学术期刊综合引证报告（2005—2007 版）》。

表 2-23 给出了 2004—2006 年历年马克思主义期刊 Web 即年下载统计数据，其中归一化值是用三年平均值最高的《中国特色社会主义研究》的 66.70 分别去除其他期刊的三年平均值得到。

表 2-23　　　　　2004—2006 年马克思主义期刊 Web 即年下载率

排序	期刊名称	2004 年	2005 年	2006 年	三年平均	归一化值
1	中国特色社会主义研究	34.8	61.7	103.6	66.70	1
2	教学与研究	50.8	38.9	84.1	57.93	0.8685
3	马克思主义与现实	34.8	59.3	79.4	57.83	0.8670
4	高校理论战线	47.8	32.7	73.7	51.40	0.7706
5	马克思主义研究	27.2	42.1	81.8	50.37	0.7552
6	当代世界与社会主义	32.6	44.3	62.4	46.43	0.6961
7	科学社会主义	33.1	37.2	65.0	45.10	0.6762
8	社会主义研究	23.4	31.2	79.2	44.60	0.6687
9	毛泽东邓小平理论研究	27.4	29.0	77.3	44.57	0.6682
10	今日中国论坛	54.9	—	30.3	42.60	0.6387
11	理论前沿	34.7	34.8	44.4	37.97	0.5693
12	理论视野	—	30.3	42.3	36.30	0.5442
13	当代世界社会主义问题	15.7	28.1	50.8	31.53	0.4727
14	毛泽东思想研究	24.5	22.7	45.7	30.97	0.4643
15	国外理论动态	—	27.8	32.1	29.95	0.4490
—	解放军理论学习	—	—	—	—	—
—	社会主义论坛	—	—	—	—	—

注：上表中"—"表示当年该刊的数据为空，不列入平均值的计算。

表 2-23 的数据显示：《中国特色社会主义研究》下载率最高，平均每篇文章当年被全文下载近 70 次，明显高于其他各期刊。平均每篇文章被下载 50 次以上的期刊有 5 种；40—50 次的有 5 种；其余均在 40 次以下。

从年度变化来看，所有马克思主义期刊的 Web 即年下载率都呈现上升的趋势。说明近年来随着网络技术的普及，网络资源越来越受到学界的重视。同时也说明各马克思主义期刊的学术质量和学术影响在逐年提升。2006 年与 2004 年相比较，从增长的绝对数值看，《中国特色社会主义研究》（68.80）、《社会主义研究》（55.8）、《马克思主义研究》（54.6）均超过了 50；从增长的相对数值看，《社会主义研究》（238%）、《当代世界社会主义问题》（224%）、《马克思主义研究》（201%），均增长了 2 倍以上。《解放军理论学习》、《社会主义论坛》没有 Web 即年下载率数据，与该刊没有进入 CNKI 有关，这不仅不利于现代学术传播，也可能会对该期刊在学界影响力的竞争造成被动。

2.8 马克思主义期刊评价指标综合分析

通过上述期刊七大指标的 18 个子指标的度量分析，我们对马克思主义的 17 种期刊的现状及其发展的脉搏有了较清晰的认识。不仅不同期刊在同一指标体系中呈现出不同的指标分值和序位，同一期刊在不同的指标体系中也呈现出不同指标分值和序位。换句话说，期刊指标的分值和序位是个变量，它随着测度指标的不同而变化。由此证明，以单一或几个指标考察评价期刊必然是有失偏颇的。期刊评价的指标参数越多、越科学，评价结果越接近正确。本章以期刊七大指标的 18 个子指标为参数，基本囊括了合理评价的全部指标，使本评价的结果合理、可信。

既然单一或几个指标的测评结果不能全面反映期刊的真实面貌，多指标的综合分析就成了评价期刊的必要工作。然而问题是如何合理地对这些指标进行权重的分配。纵观影响因子、被引次数、被引速率、被引广度、学术规范、Web 即年下载率、二次文献转载量七项指标，影响因子在期刊评价中作为主指标占据举足轻重的地位，应赋予最高的权重；其次期刊学术规范量化指标和 Web 即年下载率指标从学术质量控制和社会应用效应方面体现了期刊的目标追求结果与实现刊物宗旨的程度，其权重应相对较高。基于上述两个方面的考虑，本章指标进行权重的分配如下：影响因子 30%，期刊学术规范量化 15%，Web 即年下载率 15%，被引次数 10%，被引速率 10%，被引广度 10%，二次文献转载 10%。

表 2-24 列出了 2004—2006 年马克思主义期刊七大指标的综合值，并通过对这些已有数值的运算得到马克思主义 17 种期刊评价综合值。评价综合值具体的计算方法是：将各指标的综合值或归一化值分别乘以相应的权重并将所得结果相加。

表 2-24　　　　　　　　　　　马克思主义期刊综合值运算表

排序	期刊名称	期刊学术规范×0.15	被引次数×0.1	被引速率×0.1	影响因子×0.3	被引广度×0.1	二次文献转载×0.1	Web下载×0.15	综合值 Σ
1	马克思主义与现实	0.7623	0.9167	0.851	0.8221	1	0.718	0.867	0.8396
2	教学与研究	0.9258	0.8925	0.8721	0.3131	0.9412	1	0.8685	0.7337
3	马克思主义研究	0.7254	0.5046	0.7519	0.4326	0.3401	0.5203	0.7552	0.5636
4	当代世界与社会主义	0.8213	0.5098	0.4516	0.3424	0.501	0.3905	0.6961	0.5156
5	毛泽东邓小平理论研究	0.7836	0.4792	0.6232	0.1988	0.3854	0.2664	0.6682	0.4528
6	国外理论动态	0.6088	0.6232	0.5341	0.261	0.5442	0.2666	0.449	0.4338
7	中国特色社会主义研究	0.5479	0.253	0.3518	0.1904	0.2561	0.0762	1	0.3830
8	理论前沿	0.5045	0.5301	0.2568	0.0925	0.6303	0.4049	0.5693	0.3710
9	社会主义研究	0.8291	0.397	0.3125	0.0945	0.3854	0.0813	0.6687	0.3706
10	科学社会主义	0.5707	0.2613	0.3503	0.174	0.2473	0.1774	0.6762	0.3429
11	高校理论战线	0.572	0.2633	0.3086	0.1132	0.3241	0.1664	0.7706	0.3416
12	毛泽东思想研究	0.7709	0.3845	0.0932	0.1511	0.1949	0.0498	0.4643	0.3029
13	当代世界社会主义问题	0.6735	0.1648	0.2586	0.2168	0.1997	0.0295	0.4727	0.3022
14	今日中国论坛	0.3741	0.1237	0.1197	0.1783	0.1588	0.1233	0.6387	0.2580
15	理论视野	0.4068	0.0579	0.1738	0.0363	0.068	0.0346	0.5442	0.1870
16	解放军理论学习	0.4571	0.0051	0.0119	0	0.0102	0.0177	—	0.0748
17	社会主义论坛	0.3271	0.0068	0.0035	0.004	0.0136	0.0101	—	0.0542

注：《解放军理论学习》、《社会主义论坛》Web下载的权重1.5记入被引速率，即被引速率为2.5。

表 2-24 给出了本评价体系对马克思主义 17 种期刊的最终评价结果。通过其数据可以看出：《马克思主义与现实》和《教学与研究》分别以综合值 0.8396 和 0.7337 领先于马克思主义类其他期刊；综合值在 0.3—0.6 之间的期刊占多数共有 11 种；0.3 以下的期刊 4 种。此外本学科一些尚未列入表中的期刊由于各项指标数据和综合值更低，这里不做赘述。

尽管各刊在七项指标体系中都各有千秋，但我们可以通过七大评价指标的综合值来表述其整体水平。《马克思主义与现实》的学术规范量化指标并不理想，但其主指标影响因子却高于其他期刊 2 倍甚至数倍以上，且其大多指标也相对较高，因而该刊评价综合值雄居榜首。与此相反，《教学与研究》虽然主指标影响因子屈居第 4，但其他各项指标却基本满分，学术规范、被引速率、文献转载以及 Web 下载等指标甚至高于《马克思主义与现实》,从而使得该刊位居第2。评价综合值位居第三位的《马克思主义研究》主指标影响因子尽管高出《教学与研究》38%,但其他各项指标均远远低于《教学与研究》,综合结果致使该刊成为季军。类似这种主指标值较高而排序较后的期刊还有《国外理论动态》、《当代世界社会主义问题》等。但一般情况下,主指标影响因子在期刊排序中具有举足轻重的作用,同时其他6项指标也对排序具有一定程度的导向作用。

根据七大指标的评价综合值,可以比较明确地划分出马克思主义期刊的学术等级,学术等级的评价综合值区间为:权威期刊1—0.7,核心期刊0.7—0.4,核心扩展期刊0.4—0.34,小于0.34或列表中没有的马克思主义期刊为一般性学术期刊。依据这一原则得到马克思主义期刊的定量评价结果:

权威期刊:《马克思主义与现实》、《教学与研究》;

核心期刊:《马克思主义研究》、《当代世界与社会主义》、《毛泽东邓小平理论研究》、《国外理论动态》;

扩展核心期刊:《中国特色社会主义研究》、《理论前沿》、《社会主义研究》、《科学社会主义》、《高校理论战线》;

其他期刊均为一般性学术期刊。

第 3 章 哲学

根据国家新闻出版总署公布的数据和最新统计,我国哲学类学术期刊近 20 种。2004—2006 年,CSSCI 收录哲学类来源期刊 11 种(2004—2005 年)和 12 种(2006 年)。此期间,哲学类来源期刊共收录来源文献数 4937 篇,这些来源文献引用中文人文社会科学学术期刊 647 种。本章以哲学类学术期刊为研究对象,通过各项指标的比较分析,来揭示哲学期刊的学术内涵和繁荣哲学研究。本章主要讨论 17 种哲学期刊,另外一种哲学期刊(《思维与智慧》)由于缺乏学术性和规范性,且该刊的多项数据很低,所以没有将其列入讨论。

3.1 哲学期刊学术规范量化指标分析

学术期刊的规范性,从文字上体现为其所发表的论文语言简洁、可读性强、具有一定的学术价值,更重要的是要遵循国家和学界有关的学术标准和规范,提高期刊中论文的学术含量。实现期刊规范化,对提高办刊质量,进而对读者阅读利用期刊论文,对科研部门统计、分析、评价期刊都有重要的意义。通过对引文索引的分析考察,基于可以量化的角度,我们采用期刊论文的篇均引用文献数、期刊基金论文占有比例、期刊作者地区分布以及期刊标注有作者机构的论文比例这四项指标作为评价期刊学术规范量化的指标,从而研究期刊规范化和学术含量。本节的数据主要来源于 CSSCI 数据库、万方期刊数据库的统计数据,以及对印刷型期刊的查阅。

3.1.1 篇均引用文献数

引用文献是论文学术表达的重要组成部分,它不仅反映了对他人成果的借鉴与尊重,也体现了学术成果自身的规范程度和学术含量。期刊篇均引用文献就是考察期刊参考文献和引用文献数量多少的一项指标。虽然评价一篇论文的学术质量和学术含量不能绝对地用参考文献的多寡来衡量,但如果针对同一学科期刊进行篇均引文数量的比较,则在某种程度上反映了各期刊所刊载的文章的平均研究深度和是否遵守了学术规范。

从哲学学科来看,2004—2006 年 CSSCI 哲学来源期刊的篇均引文(8.19 篇)居于人文社会科学（8.20篇）的中游水平，低于历史学、中国文学、外国文学等人文学科。① 表3-1给出了2004—2006年哲学期刊篇均引用文献数统计以及三年平均引用文献篇数，并对各期刊进行了归一化处理。其中归一化值是以各期刊三年平均引用文献篇数作为分子，三年平均引用文献篇数的最大值为分母，计算而得。本数据中《现代哲学》的平均引用文献篇数最大（11.7533篇），作为分母，其归一化值为1，其余期刊的归一化值均小于1。本表按各期刊三年平均引用文献篇数从大到小排序。

表3-1　　　　　　　2004—2006年哲学期刊篇均引用文献数统计

排序	期刊名称	2004年（篇数）	2005年（篇数）	2006年（篇数）	三年平均（篇数）	归一化值
1	现代哲学	9.32	13.35	12.59	11.7533	1
2	周易研究	11.12	11.79	10.63	11.1800	0.9512
3	世界哲学	12.45	8.08	12.58	11.0367	0.9390
4	自然辩证法通讯	10.67	12.12	10.11	10.9667	0.9331
5	科学技术与辩证法	8.37	10.32	10.75	9.8133	0.8349
6	中国哲学史	7.19	9.87	10.66	9.2400	0.7862
7	孔子研究	7.01	8.70	11.00	8.9033	0.7575
8	自然辩证法研究	6.95	7.74	8.15	7.6133	0.6478
9	船山学刊	7.38	6.52	7.71	7.2033	0.6129
10	哲学研究	5.57	7.11	7.43	6.7033	0.5703
11	伦理学研究	5.68	6.19	8.10	6.6567	0.5664
12	医学与哲学	5.05	6.56	8.02	6.5433	0.5567
13	系统科学学报	6.52	6.55	6.51	6.5267	0.5553
14	管子学刊	5.14	6.68	7.54	6.4533	0.5491
15	道德与文明	5.60	7.13	6.17	6.3000	0.5360
16	哲学动态	5.59	6.23	5.84	5.8867	0.5009
17	中国医学伦理学	4.52	6.02	5.92	5.4867	0.4668

根据表3-1的数据显示，2004—2006年，哲学期刊的篇均引文数为8.1333篇。CSSCI哲学来源期刊的篇均引文数为8.8208篇，排在所有学科来源期刊的中游水平。② 哲学非来源期刊的篇均引文数为6.4833篇。来源期刊在这一指标上远高于非

---

① 邓三鸿、金莹："我国人文社会科学学术刊物的学科对比——基于CSSCI的分析"，《东岳论丛》2008年第1期，第43—50页。

② 这里提到的哲学来源期刊的篇均引文为8.8208篇，高于上一页哲学来源期刊的篇均引文8.19篇。这是因为《世界哲学》在2004年和2005年不是CSSCI来源期刊，所以上一页的数据没有将其计算在内，而本页的数据为了便于比较，将其2004年和2005年的数据计算在内。由于《世界哲学》2004年和2005年的篇均引文数均较高，所以本页哲学的篇均引文会高于上页哲学的篇均引文。

来源期刊,两者平均数相差2.3375篇。这说明哲学类来源期刊的整体引用水平在哲学期刊中居于上游。作为哲学界公认的最具学术影响的期刊《哲学研究》本指标的数据并不突出,仅居第10位,这也许与该期刊载有大量原创研究成果有关。

从年度变化上来看,哲学期刊的篇均引文数整体处于上升状态。位居前4名的哲学期刊的篇均引文数上升较缓或比较稳定,它们的篇均引文数基本稳定在11篇左右。第5名以后的哲学期刊篇均引文数基本呈现逐年显著增长的趋势,其中《孔子研究》的增长最为明显,由2004年的7.01篇增长到2006年的11篇,增长了3.99篇,但也有少数期刊略有下降。从哲学期刊引用文献数量总的变化来看,哲学期刊越来越重视文献的引用,更加强调学术引用的规范化。

从整体上看,哲学期刊的篇均引文数量并不多,有些期刊的某些论文仍存在没有引文的现象。有些期刊可能由于研究领域的狭小或研究人员数量较少,而可以引用的前期成果本身就不多,因此导致篇均引文数量较少。比如《伦理学研究》、《系统科学学报》、《管子学刊》等。但是,哲学作为一个古老的学科,其期刊的引文数量还有待进一步的提高,期刊规范还要继续加强。

3.1.2 基金论文比例

近几年,哲学研究有了较快发展,各类基金对哲学研究的资助也逐步增加。例如,国家社科基金对哲学研究的资助项目由1999年的54项增长到2006年的105项。基金资助的成果最终体现在基金论文的发表数量上。可以说,期刊刊载基金论文的比例越高,说明期刊所刊载的论文与学界所关注的研究领域、与国家所关心的现实问题越密切相关。表3-2给出了2004—2006年哲学期刊基金论文比例及三年平均值,同样的也对平均值进行了归一化计算。本表的归一化分母数是三年平均的最大值,即《自然辩证法研究》的0.2767。本表按归一化值从大到小排序。

表3-2　　　　　　　　　2004—2006年哲学期刊基金论文比例

排序	期刊名称	2004年	2005年	2006年	三年平均	归一化值
1	自然辩证法研究	0.14	0.20	0.49	0.2767	1
2	科学技术与辩证法	0.12	0.29	0.37	0.2600	0.9396
3	自然辩证法通讯	0.13	0.19	0.24	0.1867	0.6747
4	哲学研究	0.05	0.11	0.36	0.1733	0.6263
5	哲学动态	0.02	0.04	0.31	0.1233	0.4456
6	道德与文明	0.07	0.13	0.16	0.1200	0.4337
7	医学与哲学	0.07	0.08	0.18	0.1100	0.3975
8	系统科学学报	0.08	0.14	0.10	0.1067	0.3856

续表

排序	期刊名称	2004年	2005年	2006年	三年平均	归一化值
9	现代哲学	0.06	0.10	0.13	0.0967	0.3495
10	伦理学研究	0.08	0.12	0.07	0.0900	0.3253
11	周易研究	0.08	0.05	0.10	0.0767	0.2772
12	中国医学伦理学	0.03	0.09	0.10	0.0733	0.2649
13	中国哲学史	0	0.06	0.11	0.0567	0.2049
14	孔子研究	0.03	0.03	0.08	0.0467	0.1688
15	世界哲学	0.02	0.04	0.01	0.0233	0.0842
16	船山学刊	0.01	0.01	0.03	0.0167	0.0604
16	管子学刊	0	0.02	0.03	0.0167	0.0604

从表 3-2 可以看到，2004—2006 年，哲学期刊的平均基金论文比为 0.1090。其中，CSSCI 哲学来源期刊的平均基金论文比为 0.1214，哲学非来源期刊的平均基金论文比为 0.0793，两者相差 0.0421。说明非来源期刊整体的基金论文数量与哲学来源期刊还是有一定差距的。但是也有个别非来源期刊具有较高的基金论文比例，如《医学与哲学》和《系统科学学报》分别居于排名的第 7、8 位。来源期刊《世界哲学》和《管子学刊》，由于期刊本身的特殊性，前者以译文和专栏为主，后者研究对象的独特性，使这两种期刊刊载的基金论文相对较少。

根据三年基金论文比，哲学期刊可分为三个方阵。排名第 1 和第 2 的《自然辩证法研究》和《科学技术与辩证法》以绝对的优势居于第一方阵，他们三年平均基金论文比均在 0.25 以上。此后的 3 至 13 名为第二方阵，三年平均基金论文比在 0.2 到 0.05 之间，排名相近的期刊间数量相差较小。最后的 4 名为第三方阵，三年平均基金论文比较小，有的甚至在一年里没有一篇标注基金论文。

从年度变化来看，哲学期刊的基金论文比基本处于上升的状态。其中《哲学动态》的增幅最为明显，从 2004 年的 0.02 增长到 2006 年的 0.31，增长了 14.5 倍。《中国哲学史》和《管子学刊》实现了基金论文比零的突破。

从以上分析看来，哲学期刊刊载的基金论文情况参差不齐。可以说，有些期刊整体学术规范和学术质量较高，基金论文比也较高，而有些期刊缺乏对基金论文的重视，刊载的文章学术性不强。

3.1.3 论文作者地区分布

期刊论文作者地区分布的广泛程度，反映了期刊对不同地区作者的影响和期刊受到作者关注的程度。本研究中的作者地区包括我国现有的 31 个省市自治区、港、澳、台以及国外的国家和地区（国外的地区分布数以国家为计量单位）。表3-3给出了2004—2006年哲学期刊论文作者地区分布数及三年平均值，并对平均值进行了归一化计算。本表的归一化分母数是三年平均的最大值，即《医学与哲学》的29.67。本表按三年平均地区数从大到小排序。

表3-3　　　　　　　　　2004—2006年哲学期刊论文作者地区分布

排序	期刊名称	2004年（地区数）	2005年（地区数）	2006年（地区数）	三年平均（地区数）	归一化值
1	医学与哲学	32	28	29	29.67	1
2	自然辩证法研究	27	28	27	27.33	0.9211
3	中国医学伦理学	24	25	27	25.33	0.8537
4	哲学研究	22	22	29	24.33	0.8200
5	科学技术与辩证法	23	24	22	23.00	0.7752
6	自然辩证法通讯	22	21	23	22.00	0.7415
7	哲学动态	18	24	23	21.67	0.7304
8	中国哲学史	19	22	21	20.67	0.6967
9	现代哲学	19	19	23	20.33	0.6852
10	船山学刊	19	20	21	20.00	0.6741
11	道德与文明	18	23	17	19.33	0.6515
11	伦理学研究	16	20	22	19.33	0.6515
13	孔子研究	17	17	21	18.33	0.6178
14	周易研究	16	16	19	17.00	0.5730
15	系统科学学报	15	16	17	16.00	0.5393
16	世界哲学	21	19	7	15.67	0.5281
17	管子学刊	14	18	13	15.00	0.5056

从表3-3可以看到，哲学类期刊作者的地区分布差异较大。地区分布最广的期刊作者几乎遍及全国大部分地区（30个左右的地区），分布最窄的期刊其作者仅局限在10多个左右的地区，说明这些刊物对地区的影响面较小，这种影响主要来自期刊主办者在哲学界的影响力以及期刊本身的明显地方色彩。

2004—2006年，大部分哲学期刊的地区分布变化不大，像《自然辩证法研究》、《科学技术与辩证法》、《自然辩证法通讯》等刊三年的地区分布基本保持不变，持续平稳；有些期刊，比如《伦理学研究》，三年间的地区分布呈现逐渐扩大的趋势，说明其涉及的作者面越来越广。但从数据上看有一个相反的例子，即《世界哲学》的作者分布迅速下降，三年间失去了三分之二的地区作者。虽然这个数字反映的可能不是真实的情况，但无论如何这是一个实际的数字，这种数字产生的原因和该刊的规范性有着极大的关系，从表3-4该刊的数据就可以得到证实，该刊的作者机构标注比例只有20%左右，因此该刊应当引起高度重视。

总之，与其他学科比较，哲学期刊的作者影响面还不是很广，我们的期刊需要扩大作者群，真正在全国范围内繁荣我们的哲学研究。

3.1.4 有作者机构论文比例

作者机构标注比例也是衡量期刊规范程度的重要指标之一。可以认为，论文的作者机构是其重要组成部分，它不仅方便了读者与作者之间的交流，也为学界了解各机构的研究实力和进行学术交流提供了信息。自1998年来，CSSCI来源期刊作者机构的标注比例不断上升，来源期刊的机构标注比例由1998年的83.2%上升到2006年的95.6%，期刊的规范程度不断提高。CSSCI对人文社会科学学术期刊规范化起到了积极的作用。从哲学学科的角度来看，2004—2006年CSSCI哲学来源期刊的机构标注比为93.1%，低于人文社会科学的比例（94.4%）。[①] 表3-4给出了2004—2006年哲学期刊标注有作者机构的论文比例及三年平均值，并对平均值进行了归一化计算。本表按三年平均数从大到小排序。

表3-4　　　　2004—2006年哲学期刊标注有作者机构的论文比例

排序	期刊名称	2004年	2005年	2006年	三年平均	归一化值
1	船山学刊	1	1	1	1	1
1	道德与文明	1	1	1	1	1
1	伦理学研究	1	1	1	1	1
4	科学技术与辩证法	1	1	0.9936	0.9979	0.9979
5	系统科学学报	0.9892	1	1	0.9964	0.9964
6	中国医学伦理学	1	0.9874	0.9926	0.9933	0.9933
7	周易研究	1	0.9697	0.9889	0.9862	0.9862
8	现代哲学	0.9861	0.9718	0.9912	0.9830	0.9830
9	医学与哲学	0.9587	0.9735	0.9913	0.9745	0.9745
10	自然辩证法通讯	0.9478	0.9457	0.9496	0.9477	0.9477

---

① 邓三鸿、金莹："我国人文社会科学学术刊物的学科对比——基于CSSCI的分析"，《东岳论丛》2008年第1期，第43—50页。

续表

排序	期刊名称	2004年	2005年	2006年	三年平均	归一化值
11	自然辩证法研究	0.9441	0.9459	0.9399	0.9433	0.9433
12	哲学研究	0.8939	0.9570	0.9515	0.9341	0.9341
13	管子学刊	0.8824	0.9130	1	0.9318	0.9318
14	中国哲学史	0.9740	0.8571	0.9315	0.9209	0.9209
15	哲学动态	0.9847	0.9024	0.8287	0.9053	0.9053
16	孔子研究	0.6990	0.8409	0.9545	0.8315	0.8315
17	世界哲学	0.1515	0.1892	0.2353	0.1920	0.1920

从表3-4可以看出，作者机构标注比三年平均值达到100%的只有3种期刊，他们分别是《船山学刊》、《道德与文明》和《伦理学研究》，说明这几种期刊在此项指标上规范度比较高，基本上所有论文都标注了作者机构，其余各刊只有少数一两种刊的比例较低，其他均在90%以上。根据SCI期刊等国际刊物的录用规则，来源文献的信息中必须包括详细的作者机构信息，而国内的哲学期刊还有少量的期刊机构标注比在90%以下，甚至不到20%，这些期刊必须进行改进。

从2004年至2006年三年变化来看，哲学各期刊有作者机构的论文比例基本呈上升趋势，《管子学刊》、《孔子研究》等上升明显，这说明哲学各期刊规范程度不断提高。当然，另一方面也要看到《世界哲学》虽然机构标注比例不断上升，但整体比例较低，80%左右的论文作者没有标注机构，其规范性亟待加强；《哲学动态》虽然2004年机构标注比例较高，但此后逐年下降，且下降比例较高，需引起重视。

3.1.5 哲学期刊学术规范量化指标综合分析

期刊学术规范量化指标在期刊评价中占有重要的位置，其主要反映期刊的规范程度和学术质量，包括期刊论文的篇均引用文献数、期刊基金论文占有比例、期刊作者地区分布以及期刊标注有作者机构的论文比例这四项指标。按照四项指标平均分配总指标比率，各占25%，得到期刊学术规范量化指标综合值。表3-5给出了2004—2006年哲学期刊学术规范量化各指标的归一化值和综合值。综合值计算方法为：将每一种期刊的学术规范量化指标的归一化值乘以0.25，然后求和计算得到各期刊的综合值。本表按各期刊学术规范量化指标综合值从大到小排序。

表 3-5　　　　　　　　2004—2006 年哲学期刊学术规范量化指标综合值

排序	期刊名称	篇均引文数归一化值	基金论文比归一化值	地区分布归一化值	有机构论文比归一化值	综合值
1	科学技术与辩证法	0.8349	0.9396	0.7752	0.9979	0.8869
2	自然辩证法研究	0.6478	1	0.9211	0.9433	0.8781
3	自然辩证法通讯	0.9331	0.6747	0.7415	0.9477	0.8243
4	现代哲学	1	0.3495	0.6852	0.9830	0.7544
5	哲学研究	0.5703	0.6263	0.8200	0.9341	0.7377
6	医学与哲学	0.5567	0.3975	1	0.9745	0.7322
7	周易研究	0.9512	0.2772	0.5730	0.9862	0.6969
8	道德与文明	0.5360	0.4337	0.6515	1	0.6553
9	中国哲学史	0.7862	0.2049	0.6967	0.9209	0.6522
10	哲学动态	0.5009	0.4456	0.7304	0.9053	0.6456
11	中国医学伦理学	0.4668	0.2649	0.8537	0.9933	0.6447
12	伦理学研究	0.5664	0.3253	0.6515	1	0.6358
13	系统科学学报	0.5553	0.3856	0.5393	0.9964	0.6192
14	孔子研究	0.7575	0.1688	0.6178	0.8315	0.5939
15	船山学刊	0.6129	0.0604	0.6741	1	0.5869
16	管子学刊	0.5491	0.0604	0.5056	0.9318	0.5117
17	世界哲学	0.939	0.0842	0.5281	0.192	0.4358

从表 3-5 可以看出，《科学技术与辩证法》、《自然辩证法研究》和《自然辩证法通讯》等期刊学术规范量化指标的综合水平较高，分值都在 0.80 以上。这三个期刊的共同特点是，在各个指标上都位居前列，同时在某一指标或者多个指标上表现突出，《科学技术与辩证法》在基金论文比指标上排在第 2 位，其他指标也表现不俗；《自然辩证法研究》在基金论文比指标和地区分布指标上分别排在第 1 位和第 2 位；而《自然辩证法通讯》则在篇均引文数指标上有较好表现。《现代哲学》、《哲学研究》、《医学与哲学》和《周易研究》等期刊学术规范量化指标综合得分较前三名期刊略低，主要原因在于，这些期刊在某一指标上表现较弱，比如《现代哲学》、《医学与哲学》和《周易研究》在基金论文比这一指标上得分较低，而《哲学研究》在篇均引文数指标只处于中游水平。

根据表 3-5 的期刊学术规范量化指标综合数据分析，哲学期刊总体上尚需进一步提高，尤其是排在较后位置的几种期刊应当引起重视，为全面提升哲学期刊的学术规范而进一步努力。

3.2 哲学期刊被引次数分析

期刊被引次数是期刊自创刊以来所刊载的全部论文被某年来源期刊论文引用的次数。它是一个客观实用的评价指标,可用来衡量期刊自创刊以来的绝对学术影响力,也可以在总体上直接反映期刊被学者使用和重视的程度,以及其在学术交流中所起的作用和所处的地位。期刊被引次数被分为三个下级指标:总被引次数、他刊引用次数和学科被引用次数。

3.2.1 总被引次数

期刊的总被引次数体现了期刊自创刊以来的学术影响。对于哲学这样一个受时间跨度影响很小的学科来说,更具有重要的意义。表3-6给出了2004—2006年哲学期刊总被引次数,并计算出了三年的平均值,最后进行了归一化处理。该指标的归一化值是由其最大的三年平均值(《自然辩证法研究》的427.33)作除数得到。本表按三年平均次数从大到小排序。

表3-6　　　　　　　　　　2004—2006年哲学期刊总被引次数

排序	期刊名称	2004年(篇次)	2005年(篇次)	2006年(篇次)	三年平均(篇次)	归一化值
1	自然辩证法研究	369	421	492	427.33	1
2	哲学研究	341	399	540	426.67	0.9985
3	自然辩证法通讯	185	167	208	186.67	0.4368
4	哲学动态	115	137	203	151.67	0.3549
4	世界哲学	142	149	164	151.67	0.3549
6	科学技术与辩证法	100	113	110	107.67	0.2520
7	中国哲学史	52	79	84	71.67	0.1677
8	孔子研究	57	62	92	70.33	0.1646
9	道德与文明	61	59	75	65.00	0.1521
10	系统科学学报	62	41	85	62.67	0.1467
11	周易研究	38	66	55	53.00	0.1240
12	现代哲学	29	41	56	42.00	0.0983
13	管子学刊	21	56	38	38.33	0.0897
14	医学与哲学	20	31	33	28.00	0.0655
15	伦理学研究	10	27	30	22.33	0.0523
16	船山学刊	9	14	19	14.00	0.0328
17	中国医学伦理学	5	5	9	6.33	0.0148

从表 3-6 可以看出，哲学期刊在总被引次数上差异明显，三年平均总被引次数最高的达 427.33 次，最低的才 6.33 次，总被引次数分布基本符合布拉德福定律。[①] 哲学期刊中影响力较大的期刊集中在少数几个期刊，前六种期刊的被引次数之和占全部哲学期刊总被引次数的 75.4%。

《自然辩证法研究》和《哲学研究》三年平均总被引次数超过 400 次，明显高于其他期刊，这说明这两个期刊在哲学期刊中影响力较大。三年平均总被引次数超过 100 次的还有《自然辩证法通讯》、《哲学动态》、《世界哲学》及《科学技术与辩证法》。2004—2006 年，哲学期刊总被引次数总体呈逐年上升趋势，哲学期刊的影响度不断扩大，《哲学研究》总被引次数增加最多，达 199 次，《自然辩证法研究》其次，增加 123 次。

从总体上看，哲学期刊的总被引次数均有不同程度的增加，其绝对影响正逐年提高。但是，从总被引次数的增加幅度上看，各期刊之间存在很大差距，这说明哲学期刊在学术影响方面分化加剧，特别是排在后几位的期刊，要引起警觉，必须把全面提高自身的学术质量和学术影响力放在首位，以提升自身的学术生命力。

3.2.2 其他期刊引用次数

其他期刊引用次数（简称：他刊引用次数）的统计是为了平衡来源期刊与非来源期刊指标公平性，这一指标杜绝了来源期刊为了提高被引次数而虚假自引的可能。表 3-7 给出了 2004—2006 年哲学期刊他刊引用次数统计。其中包括各年度的他刊引用次数，然后进行平均计算得到平均值，最后用最大的平均值（《哲学研究》的 401.67）作除数得到每一种期刊该指标的归一化值。本表按三年平均次数从大到小排序。

表 3-7 2004—2006 年哲学期刊他刊引用次数

排序	期刊名称	2004 年（篇次）	2005 年（篇次）	2006 年（篇次）	三年平均（篇次）	归一化值
1	哲学研究	321	379	505	401.67	1
2	自然辩证法研究	293	361	415	356.33	0.8871
3	自然辩证法通讯	160	150	184	164.67	0.4100
4	世界哲学	142	149	159	150.00	0.3734
5	哲学动态	110	127	196	144.33	0.3593
6	科学技术与辩证法	74	77	86	79.00	0.1967

---

① 由英国著名文献学家 B. C. Bradford 于 20 世纪 30 年代提出，用于描述文献分散规律的经验定律。即，将期刊按刊载某学科专业论文数量的多少，以递减排序，可以把期刊分为专门面对这个学科的核心区、相关区和非相关区。

续表

排序	期刊名称	2004年（篇次）	2005年（篇次）	2006年（篇次）	三年平均（篇次）	归一化值
7	中国哲学史	46	71	79	65.33	0.1626
8	系统科学学报	62	41	85	62.67	0.1560
9	孔子研究	46	51	87	61.33	0.1527
10	道德与文明	53	49	66	56.00	0.1394
11	现代哲学	28	41	53	40.67	0.1013
12	医学与哲学	20	31	33	28.00	0.0697
13	周易研究	17	32	28	25.67	0.0639
14	伦理学研究	10	27	30	22.33	0.0556
15	管子学刊	10	15	22	15.67	0.0390
16	船山学刊	9	14	19	14.00	0.0349
17	中国医学伦理学	5	5	9	6.33	0.0158

从表3-7可以看出，排除期刊自引后，哲学期刊他刊引用次数依旧符合布拉德福定律。他刊引用次数中前六位期刊所占比重比总被引次数中前六位期刊所占比重高出了1.1个百分点，达到76.5%。说明这些期刊对学界学者和期刊的学术影响深厚，各期刊本身的自引率也不高，如《世界哲学》、《哲学动态》、《哲学研究》等被引次数超过100次的期刊，其自引率仅在5%左右。

哲学期刊三年平均他引次数上，排在前两位的依旧是《哲学研究》和《自然辩证法研究》，3至6位分别为《自然辩证法通讯》、《世界哲学》、《哲学动态》、《科学技术与辩证法》；在他引次数增加值上，2004—2006年哲学期刊他引次数增加最多的为《哲学研究》，达184次，其次是《自然辩证法研究》为122次；在三年平均值排在前六位的期刊中，2004—2006年他引次数增加幅度最大的期刊为《哲学动态》，增幅达78%，其次为《哲学研究》，其增幅为57%。

与总被引次数相比，哲学期刊他引次数排名略有变化。从三年平均值比较可以看出，《自然辩证法研究》和《科学技术与辩证法》有相对较多的被引次数是源于期刊自引，三年平均他引次数与总引次数比仅为83.5%和73.4%，远低于《哲学研究》的94.0%和《哲学动态》的95.2%。

3.2.3 本学科论文引用次数

本学科论文引用次数（简称：学科引用次数）主要用于考察期刊在本学科的学术影响。表3-8给出了2004—2006年哲学期刊学科引用次数统计。与上表相同，也包括各期刊的年度学科引用次数、三年平均引用次数，并以最大的学科三年平均引用次数（《哲学研究》的 255.00）作分母计算出每一种期刊的学科引用次数的归一化值。本表按三年平均次数从大到小排序。

表 3-8　　　　　　　　　　2004—2006 年哲学期刊学科引用次数

排序	期刊名称	2004 年（篇数）	2005 年（篇数）	2006 年（篇数）	三年平均（篇数）	归一化值
1	哲学研究	201	235	329	255.00	1
2	自然辩证法研究	174	172	203	183.00	0.7176
3	世界哲学	102	99	117	106.00	0.4157
4	哲学动态	76	78	126	93.33	0.3660
5	自然辩证法通讯	79	66	66	70.33	0.2758
6	科学技术与辩证法	57	45	47	49.67	0.1948
7	中国哲学史	32	61	47	46.67	0.1830
8	周易研究	32	60	36	42.67	0.1673
9	孔子研究	31	36	56	41.00	0.1608
10	道德与文明	31	28	31	30.00	0.1176
11	现代哲学	12	22	33	22.33	0.0876
12	管子学刊	9	16	19	14.67	0.0575
13	伦理学研究	6	21	14	13.67	0.0536
14	系统科学学报	15	14	12	13.67	0.0536
15	医学与哲学	9	9	4	7.33	0.0287
16	船山学刊	1	6	7	4.67	0.0183
17	中国医学伦理学	3	2	1	2.00	0.0078

从表 3-8 可以看出，总体上哲学期刊在哲学学科的学术影响分布也基本符合布拉德福定律。排名前六种期刊的学科被引数量为总数的 76.0%。与总被引次数相比，《哲学研究》、《自然辩证法研究》和《自然辩证法通讯》等期刊减少幅度较大，这从一个角度也说明了这些期刊的研究成果的影响不仅仅在哲学研究领域，在其他学科也产生着一定影响。

在本学科论文引用次数上，三年平均值排在前两位的依旧是《哲学研究》和《自然辩证法研究》，两期刊三年平均值均超过 180 次，3 至 6 位为《世界哲学》、《哲学动态》、《自然辩证法通讯》和《科学技术与辩证法》，与前两个指标反映结果基本相同。从 2004—2006 年的变化情况来看，本学科引用次数增加值较多的为《哲学研究》和《哲学动态》，分别增加 128 次和 50 次，增加幅度上也是这两个期刊增加较大，说明这两个期刊在哲学学科内的影响力不断加大。

3.2.4 哲学期刊被引次数综合分析

期刊被引次数是反映期刊长期学术影响的重要指标，它包括总被引次数、他刊引用次数和学科引用次数三项指标。三个指标的权重分配为25%，50%，25%。表3-9给出了2004—2006年哲学期刊被引次数各指标的归一化值和综合值。综合值计算方法为：按照权重分配，将每一种期刊的总被引次数和学科引用次数的归一化值分别乘以0.25，他刊引用次数乘以0.5，然后将这三个结果相加得到各期刊的被引次数综合值。本表按被引次数综合值从大到小排序。

表3-9　　　　　　　　　2004—2006年哲学期刊被引次数综合值

排序	期刊名称	总被引次数归一化值	他刊引用次数归一化值	学科引用次数归一化值	综合值
1	哲学研究	0.9985	1	1	0.9996
2	自然辩证法研究	1	0.8871	0.7176	0.8730
3	自然辩证法通讯	0.4368	0.4100	0.2758	0.3832
4	世界哲学	0.3549	0.3734	0.4157	0.3794
5	哲学动态	0.3549	0.3593	0.3660	0.3599
6	科学技术与辩证法	0.2520	0.1967	0.1948	0.2101
7	中国哲学史	0.1677	0.1626	0.1830	0.1690
8	孔子研究	0.1646	0.1527	0.1608	0.1577
9	道德与文明	0.1521	0.1394	0.1176	0.1371
10	系统科学学报	0.1467	0.1560	0.0536	0.1281
11	周易研究	0.1240	0.0639	0.1673	0.1048
12	现代哲学	0.0983	0.1013	0.0876	0.0971
13	医学与哲学	0.0655	0.0697	0.0287	0.0584
14	管子学刊	0.0897	0.0390	0.0575	0.0563
15	伦理学研究	0.0523	0.0556	0.0536	0.0543
16	船山学刊	0.0328	0.0349	0.0183	0.0302
17	中国医学伦理学	0.0148	0.0158	0.0078	0.0136

从表3-9可以看出，《哲学研究》和《自然辩证法研究》在被引数量这一指标上远高于其他期刊，说明这两种期刊在哲学领域的绝对权威性和学术影响力。《自然辩证法通讯》、《世界哲学》、《哲学动态》和《科学技术与辩证法》等期刊也在不同的研究领域和不同学术层面发挥了很大的作用。

三项指标的详细比较分析已经在前面三节给出，这里值得一提的是，2004至2006年《哲学研究》在期刊长期学术影响三项指标方面，每项都有较大幅度增长，说明此期刊的影响力仍在不断上升。

这里需要加以说明的是，此三项指标使用的都是绝对数值，指标数值容易受期刊创刊时间及期刊规模等因素的影响，因此，其他被引指标相对被引次数而言，将是一个很好的补充和综合。

3.3 哲学期刊被引速率分析

即年指数是表征期刊即时反应速率的指标，主要描述期刊当年发表的论文在当年被引用的情况。[①]此值越高，说明该刊的论文对本学科领域的热点关注度较高，因此论文被引用的速度较快。但是，由于文章从撰写到发表有一定的时滞，往往在半年以上甚至一年，即年指数作为评价指标已经不能体现它的原有含义。因此，本评价体系对即年指数这个指标进行了改进，引入了期刊被引速率这个指标，详细参见第1章。期刊被引速率也被分为三个下级指标来分析：总被引速率、他刊引用速率和学科引用速率。

3.3.1 总被引速率

根据第1章对总被引速率的定义，期刊总被引速率是该刊当年论文和前一年论文在当年被引用总次数与该刊当年发表的和前一年发表的论文总数的比值。被引速率在即年指数的基础上进行扩展，更科学地反映了期刊对学科热点的关注程度和反应速度。表3-10给出了2004—2006年哲学期刊总被引速率和三年的平均值，然后取最大的平均值（《哲学研究》的0.1961）作除数得到各期刊的总被引速率归一化值。本表按三年平均速率从大到小排序。

表3-10　　　　　　　　2004—2006年哲学期刊总被引速率

排序	期刊名称	2004年	2005年	2006年	三年平均	归一化值
1	哲学研究	0.1450	0.2181	0.2252	0.1961	1
2	世界哲学	0.2083	0.1929	0.1195	0.1736	0.8853
3	自然辩证法研究	0.1242	0.1205	0.1118	0.1188	0.6058
4	周易研究	0.0382	0.2059	0.0503	0.0981	0.5003

---

① 中国科技信息研究所、万方数据股份有限公司：《中国科技期刊引证报告2007版（扩刊版）》，科学技术出版社2007年版，第7页。

续表

排序	期刊名称	2004年	2005年	2006年	三年平均	归一化值
5	自然辩证法通讯	0.0647	0.1098	0.1152	0.0966	0.4926
6	哲学动态	0.0761	0.0856	0.1265	0.0961	0.4901
7	中国哲学史	0.0390	0.1840	0.0566	0.0932	0.4753
8	科学技术与辩证法	0.0463	0.0689	0.0762	0.0638	0.3253
9	现代哲学	0.0533	0.0629	0.0707	0.0623	0.3177
10	孔子研究	0.0429	0.0471	0.0739	0.0546	0.2784
11	系统科学学报	0.0529	0.0221	0.0852	0.0534	0.2723
12	道德与文明	0.0645	0.0338	0.0553	0.0512	0.2611
13	伦理学研究	0.0246	0.0456	0.0426	0.0376	0.1917
14	管子学刊	0.0060	0.0196	0.0302	0.0186	0.0948
15	船山学刊	0.0079	0.0107	0.0102	0.0096	0.0490
16	医学与哲学	0	0.0085	0.0030	0.0038	0.0194
17	中国医学伦理学	0.0025	0.0023	0.0039	0.0029	0.0148

从表3-10可以看出，哲学期刊三年平均总被引速率明显分为三个层次：第一层次为《哲学研究》和《世界哲学》，三年平均总被引速率在0.15以上；第二层次为《自然辩证法研究》、《周易研究》、《自然辩证法通讯》、《哲学动态》和《中国哲学史》等五种期刊，三年平均总被引速率在0.10左右；其余为第三层次，总被引速率在0.07以下。

从总被引速率变化可以看出，2004—2006年，《哲学研究》、《自然辩证法通讯》、《哲学动态》等期刊总被引速率呈逐年增加趋势，增幅明显，说明这些期刊在反映学科热点方面不断加强；相反，《世界哲学》等期刊总被引速率逐年下降，值得警觉。此外，《周易研究》、《中国哲学史》在2005年总被引速率呈异常增多现象，这主要受2005年个别论文引用这两种期刊2004年和2005年论文次数异常增加的影响，说明期刊某个年份的被引速率突然增高可能具有一定的偶然性。

3.3.2 其他期刊引用速率

其他期刊引用速率（简称：他刊引用速率）是表示该刊当年论文和前一年论文在当年被其他期刊引用的次数与该刊当年发表的和前一年发表的论文总数的比值。这样将自引排除在外，为来源期刊与非来源期刊统计的公平性创造了一个良好的条件。表3-11给出了2004—2006年哲学期刊他刊引用速率统计。三年平均值由表中各年度数据进行平均计算得出，再用最大的平均值（《哲学研究》的0.1802）作分母求得每一种期刊该指标的归一化值。本表按三年平均速率从大到小排序。

表 3-11　　　　　　　　　　2004—2006 年哲学期刊他刊引用速率

排序	期刊名称	2004 年	2005 年	2006 年	三年平均	归一化值
1	哲学研究	0.1275	0.2070	0.2061	0.1802	1
2	世界哲学	0.2083	0.1929	0.0943	0.1652	0.9168
3	自然辩证法研究	0.0936	0.0890	0.0849	0.0892	0.4950
4	哲学动态	0.0707	0.0660	0.1241	0.0869	0.4822
5	自然辩证法通讯	0.0504	0.1023	0.1041	0.0856	0.4750
6	中国哲学史	0.0260	0.1718	0.0566	0.0848	0.4706
7	现代哲学	0.0533	0.0629	0.0598	0.0587	0.3257
8	系统科学学报	0.0529	0.0221	0.0852	0.0534	0.2963
9	孔子研究	0.0429	0.0366	0.0739	0.0511	0.2836
10	周易研究	0.0229	0.1029	0.0189	0.0482	0.2675
11	道德与文明	0.0484	0.0295	0.0426	0.0402	0.2231
12	伦理学研究	0.0246	0.0456	0.0426	0.0376	0.2087
13	科学技术与辩证法	0.0285	0.0329	0.0457	0.0357	0.1981
14	管子学刊	0	0.0196	0.0216	0.0137	0.0760
15	船山学刊	0.0079	0.0107	0.0102	0.0096	0.0533
16	医学与哲学	0	0.0085	0.0030	0.0038	0.0211
17	中国医学伦理学	0.0025	0.0023	0.0039	0.0029	0.0161

从表 3-11 可以看出，排除了自引情况后，哲学期刊三年平均他刊引用速率依旧呈现三个层次：第一层次为《哲学研究》和《世界哲学》，他刊引用速率略低于总被引速率，依旧在 0.15 以上；第二层次他刊引用速率在 0.15—0.08 之间，包括《自然辩证法研究》、《哲学动态》、《自然辩证法通讯》和《中国哲学史》，与总被引速率相比期刊出现明显变化。《周易研究》由于自身特殊性，研究范围较小，而其研究范围内期刊很少，导致其自引情况相对较多，在他刊引用速率排名中落入了第三层次。2004—2006 年哲学期刊他刊引用速率变化情况与总被引速率变化情况相似。

3.3.3　本学科论文引用速率

本学科论文引用速率（简称：学科引用速率）是指该刊当年论文和前一年论文在当年被本学科论文引用的次数与该刊当年发表的和前一年发表的论文总数的比值。学科引用速率主要用来反映某期刊在本学科的学术反应速度。表 3-12 给出了 2004—

2006 年哲学期刊学科引用速率统计。与上表相同，也包括各年度的学科引用速率、三年平均学科引用速率，并以最大的学科引用平均速率值（《哲学研究》的 0.1506）作除数去除每一种期刊的平均速率，最后得到各期刊该指标的归一化值。本表按三年平均学科引用速率从大到小排序。

表 3 - 12   2004—2006 年哲学期刊学科引用速率

排序	期刊名称	2004 年	2005 年	2006 年	三年平均	归一化值
1	哲学研究	0.1125	0.1674	0.1718	0.1506	1
2	世界哲学	0.1875	0.1071	0.0755	0.1234	0.8194
3	周易研究	0.0382	0.2059	0.0314	0.0918	0.6096
4	中国哲学史	0.0325	0.1656	0.0252	0.0744	0.4940
5	哲学动态	0.0543	0.0709	0.0913	0.0722	0.4794
6	自然辩证法研究	0.0675	0.0717	0.0566	0.0653	0.4336
7	自然辩证法通讯	0.0432	0.0568	0.0372	0.0457	0.3035
8	现代哲学	0.0200	0.0559	0.0543	0.0434	0.2882
9	科学技术与辩证法	0.0320	0.0359	0.0518	0.0399	0.2649
10	孔子研究	0.0048	0.0419	0.0568	0.0345	0.2291
11	伦理学研究	0.0176	0.0351	0.0284	0.0270	0.1793
12	道德与文明	0.0363	0.0084	0.0298	0.0248	0.1647
13	系统科学学报	0.0106	0.0055	0.0170	0.0110	0.0730
14	管子学刊	0	0.0098	0	0.0033	0.0219
15	船山学刊	0	0.0043	0	0.0014	0.0093
16	医学与哲学	0	0.0032	0.0008	0.0013	0.0086
17	中国医学伦理学	0.0025	0	0	0.0008	0.0053

从表 3 - 12 可以看出，哲学期刊在学科引用速率方面呈现出的特点与以上两个指标相似：《哲学研究》和《世界哲学》三年平均本学科引用速率远超过其他期刊，位于第一层次；《周易研究》、《中国哲学史》、《哲学动态》以及《自然辩证法研究》的学科引用速率在 0.1—0.05 之间，为第二层次。

将学科引用速率与他刊引用速率作比较可以发现，那些学科相对较窄的期刊（如《周易研究》、《科学技术与辩证法》等），在此项指标的排位上都有了较大幅度的上升，说明了这些期刊的学科性很强，文章有较高的研究专指度。这一指标的变化，使我们对各种指标评价期刊又有了进一步认识，其他被引方面的指标对学科综合期刊有很大的优势，而学科被引指标则对小学科期刊有着更多的倾向性。因此，不同

3.3.4 哲学期刊被引速率综合分析

期刊被引速率是反映期刊学术影响速度的重要指标，它包括总被引速率、他刊引用速率和学科引用速率三项指标。与期刊被引次数类似，各指标的权重分别为25%，50%，25%。表3-13给出了2004—2006年哲学期刊被引速率综合值计算。其方法与期刊被引次数综合值的计算完全相同，可以参见表3-9前的解释。本表按被引速率综合值从大到小排序。

表3-13　　2004—2006年哲学期刊被引速率综合值

排序	期刊名称	总被引速率归一化值	他刊引用速率归一化值	学科引用速率归一化值	综合值
1	哲学研究	1	1	1	1
2	世界哲学	0.8853	0.9168	0.8194	0.8846
3	自然辩证法研究	0.6058	0.4950	0.4336	0.5074
4	哲学动态	0.4901	0.4822	0.4794	0.4835
5	中国哲学史	0.4753	0.4706	0.4940	0.4776
6	自然辩证法通讯	0.4926	0.4750	0.3035	0.4365
7	周易研究	0.5003	0.2675	0.6096	0.4112
8	现代哲学	0.3177	0.3257	0.2882	0.3143
9	孔子研究	0.2784	0.2836	0.2291	0.2687
10	科学技术与辩证法	0.3253	0.1981	0.2649	0.2466
11	系统科学学报	0.2723	0.2963	0.0730	0.2345
12	道德与文明	0.2611	0.2231	0.1647	0.2180
13	伦理学研究	0.1917	0.2087	0.1793	0.1971
14	管子学刊	0.0948	0.0760	0.0219	0.0672
15	船山学刊	0.0490	0.0533	0.0093	0.0412
16	医学与哲学	0.0194	0.0211	0.0086	0.0176
17	中国医学伦理学	0.0148	0.0161	0.0053	0.0131

从表3-13可以看出，哲学期刊分布层次明显：《哲学研究》和《世界哲学》位居第一层次，被引速率综合值在0.8以上；《自然辩证法研究》、《哲学动态》、《中国哲学史》、《自然辩证法通讯》、《周易研究》等为第二层次，综合值在0.6—0.4之间；其余为第三层次。

在期刊被引速率方面,《哲学研究》优势明显,被引速率中的三项指标均位居第1,表明《哲学研究》在学术影响速率方面是当之无愧的哲学期刊的领头羊,并显示出越来越大的强势。此外,《世界哲学》和《自然辩证法研究》在被引速率方面也有着良好的表现。

3.4 哲学期刊影响因子分析

期刊的总被引次数反映了期刊的绝对影响,而期刊的相对影响则是通过影响因子反映出来的。影响因子的实质是在一定的统计时间范围内期刊发表论文的平均被引用率。[①]一般来说,期刊影响因子越大,说明该期刊的论文平均影响力和学术作用也越大。因此,影响因子与期刊被引次数是一个很好的互补。与前两个指标一样,影响因子指标也被细分为三个下级指标:一般影响因子、他引影响因子、学科影响因子。

3.4.1 一般影响因子

本评价体系的影响因子的计算方法是该刊前第2、3年发表论文在统计当年被引用的总次数与该刊前第2、3年发表论文总数的比值。它反映了期刊的相对影响和重要程度。表3-14给出了2004—2006年哲学期刊一般影响因子和三年的平均值,最后用0.2711(即该指标最大的平均值)作分母去除每一种期刊这一指标的平均值,从而得到各期刊的一般影响因子的归一化值。本表按三年平均影响因子从大到小排序。

表3-14　　　　　　　2004—2006年哲学期刊一般影响因子

排序	期刊名称	2004年	2005年	2006年	三年平均	归一化值
1	哲学研究	0.2779	0.2253	0.3100	0.2711	1
2	世界哲学	0.2857	0.1736	0.2569	0.2387	0.8805
3	自然辩证法研究	0.2467	0.2269	0.2101	0.2279	0.8406
4	自然辩证法通讯	0.2455	0.1164	0.1583	0.1734	0.6396
5	系统科学学报	0.2216	0.0524	0.1640	0.1460	0.5385
6	中国哲学史	0.1633	0.1293	0.1364	0.1430	0.5275
7	哲学动态	0.1007	0.1265	0.1467	0.1246	0.4596
8	科学技术与辩证法	0.1577	0.1245	0.0854	0.1225	0.4519

---

① 刘勇:"论用期刊影响因子评价论文作者的逻辑前提与局限性",《编辑学报》2007年第2期,第152—153页。

续表

排序	期刊名称	2004年	2005年	2006年	三年平均	归一化值
9	道德与文明	0.1034	0.1224	0.1089	0.1116	0.4117
10	周易研究	0.0909	0.0923	0.1450	0.1094	0.4035
11	现代哲学	0.0601	0.0861	0.1000	0.0821	0.3028
12	孔子研究	0.1048	0.0476	0.0714	0.0746	0.2752
13	伦理学研究	0.0714	0.0741	0.0634	0.0696	0.2567
14	管子学刊	0.0426	0.0272	0.0357	0.0352	0.1298
15	医学与哲学	0.0191	0.0104	0.0071	0.0122	0.0450
16	船山学刊	0.0108	0.0093	0.0131	0.0111	0.0409
17	中国医学伦理学	0.0041	0.0044	0.0074	0.0053	0.0195

从表3-14可以看出，哲学期刊一般影响因子相对较低，基本在0.3以下。主要原因是：其一，哲学学者特别注重著作的引用，尤其是经典书籍，引用论文相对较少；其二，CSSCI来源期刊中的哲学期刊数量不多，所以统计源中哲学类论文也不会很多，导致期刊论文的被引数量不多；其三，哲学是一个较为成熟和古老的学科，不像发展迅速的新兴学科以引用近期成果为主，而引用文献通常和时间跨度没有紧密关系。因此，在期刊论文的引用上相对较少，导致哲学期刊影响因子普遍较低。但就哲学期刊内部相互比较影响因子还是有意义的。

在三年平均一般影响因子排序上，被引数量和被引速率较好的期刊也基本排在前列，如排在前四名的《哲学研究》、《世界哲学》、《自然辩证法研究》以及《自然辩证法通讯》等期刊前两个指标的综合值也都排在前几位。分析2004—2006年变化情况，尚没有明显规律可循，但从总的情况看，2005年大多数哲学期刊的影响因子较低，《系统科学学报》在这一点上表现尤为突出。

3.4.2 他引影响因子

他引影响因子是排除期刊自引后的影响因子，相对非来源期刊而言他引影响因子对期刊的评价更加公正合理。表3-15给出了2004—2006年哲学期刊他引影响因子统计。三年平均值由各年度数据进行平均计算得出，各期刊他引影响因子的归一化值由该指标最大的平均数（《哲学研究》的0.2567）作分母求得。本表按三年平均影响因子从大到小排序。

表 3-15　　　　　　　　　　2004—2006 年哲学期刊他引影响因子

排序	期刊名称	2004 年	2005 年	2006 年	三年平均	归一化值
1	哲学研究	0.2628	0.2198	0.2875	0.2567	1
2	世界哲学	0.2857	0.1736	0.2569	0.2387	0.9299
3	自然辩证法研究	0.2008	0.1885	0.1764	0.1886	0.7347
4	自然辩证法通讯	0.2188	0.1127	0.1439	0.1585	0.6175
5	系统科学学报	0.2216	0.0524	0.1640	0.1460	0.5688
6	中国哲学史	0.1497	0.0952	0.1234	0.1228	0.4784
7	哲学动态	0.0938	0.1265	0.1332	0.1178	0.4589
8	科学技术与辩证法	0.1328	0.0987	0.0676	0.0997	0.3884
9	道德与文明	0.0905	0.0898	0.0847	0.0883	0.3440
10	现代哲学	0.0546	0.0861	0.0933	0.0780	0.3039
11	伦理学研究	0.0714	0.0741	0.0634	0.0696	0.2711
12	孔子研究	0.0952	0.0333	0.0571	0.0619	0.2411
13	周易研究	0.0455	0.0462	0.0611	0.0509	0.1983
14	医学与哲学	0.0191	0.0104	0.0071	0.0122	0.0475
15	船山学刊	0.0108	0.0093	0.0131	0.0111	0.0432
16	管子学刊	0.0071	0.0068	0.0119	0.0086	0.0335
17	中国医学伦理学	0.0041	0.0044	0.0074	0.0053	0.0206

从表 3-15 可以看出，排除自引情况后，哲学期刊他引影响因子与一般影响因子相比变化基本不大，说明哲学期刊中普遍以他刊引用为主。总体上三年平均他引影响因子排在前三位的依旧是《哲学研究》、《世界哲学》和《自然辩证法研究》。

从他引影响因子和一般影响因子对比可以发现，《周易研究》由于期刊学科覆盖面较窄，反映出自引率较高。在他引影响因子的名次上较一般影响因子的排序有所下降。

3.4.3　学科影响因子

通过学科影响因子的研究，可以分析期刊对本学科研究的影响，能够反映期刊所刊载的论文与本学科研究的相关程度。表 3-16 给出了 2004—2006 年哲学期刊学科影响因子统计。同样的，也包括各年度的学科影响因子、三年平均影响因子，并以学科影响因子最大的平均值（《世界哲学》的 0.1755）作分母得到各期刊该指标的归一化值。本表按三年平均学科影响因子从大到小排序。

表 3-16　　　　　　　　　2004—2006 年哲学期刊学科影响因子

排序	期刊名称	2004 年	2005 年	2006 年	三年平均	归一化值
1	世界哲学	0.1933	0.1319	0.2014	0.1755	1
2	哲学研究	0.1692	0.1236	0.1775	0.1568	0.8934
3	中国哲学史	0.0816	0.1020	0.1234	0.1023	0.5829
4	自然辩证法研究	0.1147	0.0890	0.0905	0.0981	0.5590
5	周易研究	0.0727	0.0692	0.1145	0.0855	0.4872
6	哲学动态	0.0764	0.0802	0.0951	0.0839	0.4781
7	科学技术与辩证法	0.0830	0.0515	0.0427	0.0591	0.3368
8	自然辩证法通讯	0.0848	0.0364	0.0540	0.0584	0.3328
9	道德与文明	0.0647	0.0612	0.0363	0.0541	0.3083
10	现代哲学	0.0383	0.0530	0.0600	0.0504	0.2872
11	孔子研究	0.0524	0.0286	0.0333	0.0381	0.2171
12	伦理学研究	0.0238	0.0582	0.0211	0.0344	0.1960
13	系统科学学报	0.0703	0.0209	0.0106	0.0339	0.1932
14	管子学刊	0.0284	0.0136	0.0298	0.0239	0.1362
15	医学与哲学	0.0069	0.0017	0.0014	0.0033	0.0188
16	船山学刊	0	0.0031	0.0052	0.0028	0.0160
17	中国医学伦理学	0.0041	0.0022	0	0.0021	0.0120

从表 3-16 可以看出，排除被其他学科引用次数后，哲学期刊学科影响因子排名相对一般影响因子有较大变化，《自然辩证法通讯》和《系统科学学报》在学科影响因子的排序上分别退至第 8 位和第 13 位，三年平均值分别减少 0.1150 和 0.1121，说明两期刊所刊载的非哲学论文占据比重相对较大。而《中国哲学史》和《周易研究》分别由一般影响因子的第 6 和第 10 名上升到第 3 与第 5 名，说明这两种期刊与哲学研究领域相关性更为紧密。

从 2004—2006 年三年平均学科影响因子变化情况来看，2005 年虽然有少数期刊学科影响因子较上年度有所提高，但绝大多数都出现明显下降，而 2006 年这些期刊学科影响因子都有所提高。

3.4.4　哲学期刊影响因子综合分析

在本评价体系中，与期刊被引次数和被引速率相同，期刊影响因子的三个下级指标权重分配为：一般影响因子（25%）、他引影响因子（50%）、学科影响因子（25%）。表 3-17 给出了 2004—2006 年哲学期刊影响因子综合值计算，其方法与期刊被引次数和被引速率相同。计算后求和得到各期刊影响因子的综合值。本表按影响因子综合值从大到小排序。

表 3-17　　　　　　　　　2004—2006 年哲学期刊影响因子综合值

排序	期刊名称	一般影响因子归一化值	他引影响因子归一化值	学科影响因子归一化值	综合值
1	哲学研究	1	1	0.8934	0.9734
2	世界哲学	0.8805	0.9299	1	0.9351
3	自然辩证法研究	0.8406	0.7347	0.5590	0.7173
4	自然辩证法通讯	0.6396	0.6175	0.3328	0.5519
5	中国哲学史	0.5275	0.4784	0.5829	0.5168
6	系统科学学报	0.5385	0.5688	0.1932	0.4673
7	哲学动态	0.4596	0.4589	0.4781	0.4639
8	科学技术与辩证法	0.4519	0.3884	0.3368	0.3914
9	道德与文明	0.4117	0.3440	0.3083	0.3520
10	周易研究	0.4035	0.1983	0.4872	0.3218
11	现代哲学	0.3028	0.3039	0.2872	0.2995
12	伦理学研究	0.2567	0.2711	0.1960	0.2487
13	孔子研究	0.2752	0.2411	0.2171	0.2436
14	管子学刊	0.1298	0.0335	0.1362	0.0833
15	医学与哲学	0.0450	0.0475	0.0188	0.0397
16	船山学刊	0.0409	0.0432	0.0160	0.0358
17	中国医学伦理学	0.0195	0.0206	0.0120	0.0182

分析表 3-17 中哲学期刊影响因子综合值可以看出，学界公认的、学术影响较大的期刊依然排在前几位，尤其是排在第 1 位的《哲学研究》，有两项分指标独占鳌头；排在第 2 位的《世界哲学》在学科影响因子上排第 1 位，其他两项分指标均排在第 2 位。

如果我们根据影响因子来划分哲学期刊的层次的话，影响因子综合值在 0.8 以上的《哲学研究》、《世界哲学》可划入第一层次；影响因子综合值在 0.8—0.4 之间的《自然辩证法研究》等 5 种期刊可列入第二层次；其余哲学期刊可归入第三层次。影响因子综合指标反映出来的结果与前两项指标结果非常接近。

3.5 哲学期刊被引广度分析

除了期刊被引次数、影响因子、被引速率以外，衡量期刊学术影响的还有一个重要指标，即期刊被引广度。它反映的是某种期刊相对其他期刊的影响力（更确切的说是对其他期刊的文章作者的影响力）。一般说来引用一种期刊的期刊种数越多，该期刊的被引广度就越大。本评价体系对期刊被引广度的计算参见本书第1章。表3-18给出了2004—2006年哲学期刊被引广度和三年的平均值，再以该指标最大的平均广度值（《哲学研究》的64.33）作分母得到各期刊的归一化值。本表按三年平均被引广度从大到小排序。

表3-18　　　　　　　　　　　2004—2006年哲学期刊被引广度

排序	期刊名称	2004年	2005年	2006年	三年平均	归一化值
1	哲学研究	57.8	60.0	75.2	64.33	1
2	自然辩证法研究	43.8	49.8	64.8	52.80	0.8208
3	哲学动态	22.0	24.6	36.6	27.73	0.4311
4	世界哲学	25.2	25.6	27.6	26.13	0.4062
5	自然辩证法通讯	24.0	23.2	29.0	25.40	0.3948
6	科学技术与辩证法	12.8	15.0	17.4	15.07	0.2343
7	孔子研究	10.2	10.8	17.6	12.87	0.2001
8	中国哲学史	9.4	12.6	16.2	12.73	0.1979
9	道德与文明	11.6	10.8	14.2	12.20	0.1896
10	系统科学学报	11.8	7.6	14.2	11.20	0.1741
11	现代哲学	5.8	8.0	11.2	8.33	0.1295
12	周易研究	4.4	5.8	6.6	5.60	0.0871
13	医学与哲学	4.0	6.0	6.6	5.53	0.0860
14	伦理学研究	2.0	5.0	5.8	4.27	0.0664
15	管子学刊	3.0	4.0	5.4	4.13	0.0642
16	船山学刊	1.8	2.8	3.8	2.80	0.0435
17	中国医学伦理学	1.0	1.0	1.8	1.27	0.0197

从表3-18可以看到，《哲学研究》和《自然辩证法研究》以绝对的优势遥遥领先于其他期刊，他们的平均被引广度均在50以上，大大高于哲学类来源期刊数（约

12种)①，说明这两种期刊不仅影响着本学科期刊，还影响着大量的综合性期刊和非本学科期刊。《哲学动态》、《世界哲学》、《自然辩证法通讯》和《科学技术与辩证法》的平均被引广度也在15—30之间，表明它们的学术影响超越了本学科。还有4种期刊的被引广度在12左右，其他期刊的被引广度均不超过10，说明这些期刊的影响力多数还局限在哲学类期刊中。

2004—2006年间，哲学期刊的被引广度均有不同程度的提高。其中，《自然辩证法研究》的增长最为明显，《哲学研究》次之。说明哲学期刊正不断扩大其影响度，积极改变其影响面较小的现状。

如果我们从期刊的被引广度这一角度将哲学期刊划分层次，《哲学研究》和《自然辩证法研究》可以列为哲学第一层次；《哲学动态》、《世界哲学》、《自然辩证法通讯》、《科学技术与辩证法》归入第二层次；《孔子研究》、《中国哲学史》、《道德与文明》、《系统科学学报》列入第三层次；余下的哲学期刊均归入第四层次。

3.6 哲学期刊二次文献转载分析

二次文献转载指标是我国几种重要的二次文献对各期刊中论文全文转载的数量统计。二次文献的转载与否、转载率的高低也是国内外检验学术期刊质量高低的一项主要指标。② 哲学期刊的二次文献转载分析主要采用三种二次文献数据，即人民出版社主办的《新华文摘》、中国社会科学杂志社主办的《中国社会科学文摘》和中国人民大学主办的《复印报刊资料》。这三种具有一定的权威性，它们主要转载中国人文社会科学领域的重要研究成果，反映各学科领域学术动态和学术走向。因此，对二次文献转载指标的分析可以作为对其他指标的一个补充。

3.6.1 《新华文摘》全文转载

《新华文摘》是一种大型的综合性、学术性文摘，内容涉及政治、哲学、经济、历史、文学艺术、法学、社会学、教育学等多种人文社会科学学科，具有很高的学术性和权威性。③因此，《新华文摘》全文转载哲学期刊论文数量，可以作为评价期刊学术质量的指标之一。表3-19给出了2004—2006年哲学期刊被《新华文摘》全文转载的统计数据，其中年度数据平均后得到三年平均值，再经过归一化计算，即用转载最多的《哲学研究》的8.67去除每一种期刊的转载数，最后得到每一种期刊这一指标的归一化值。表3-19按三年平均转载次数从大到小排序。

---

① 因为统计源期刊为CSSCI来源期刊，也就是说只有12种哲学期刊参与统计。
② 尹玉吉、毕红卫："关于提高学术期刊二次文献转载率"，《编辑之友》2000年第4期，第23页。
③ http://www.peoplepress.net/rmweb/WebSite/Periodical/index.aspx，2008—1—16。

表 3-19　　　2004—2006 年哲学期刊被《新华文摘》全文转载统计

排序	期刊名称	2004 年（篇）	2005 年（篇）	2006 年（篇）	三年平均（篇）	归一化值
1	哲学研究	2	8	16	8.67	1
2	哲学动态	1	5	6	4.00	0.4614
3	道德与文明	0	3	5	2.67	0.3080
4	伦理学研究	0	4	1	1.67	0.1926
5	世界哲学	1	2	0	1.00	0.1153
5	自然辩证法研究	1	0	2	1.00	0.1153
7	孔子研究	0	0	2	0.67	0.0773
7	医学与哲学	2	0	0	0.67	0.0773
7	中国哲学史	0	0	2	0.67	0.0773
10	船山学刊	0	0	1	0.33	0.0381
10	现代哲学	1	0	0	0.33	0.0381
10	自然辩证法通讯	0	1	0	0.33	0.0381
13	管子学刊	0	0	0	0	0
13	科学技术与辩证法	0	0	0	0	0
13	系统科学学报	0	0	0	0	0
13	中国医学伦理学	0	0	0	0	0
13	周易研究	0	0	0	0	0

根据表 3-19 的数据显示，除了《哲学研究》，哲学期刊被《新华文摘》全文转载的次数均比较少。每年均有 10 种左右的哲学期刊没有被《新华文摘》转载过，《管子学刊》等五种期刊更是三年间均没有被转载过。

从年度变化上来看，前 4 名的期刊呈现被转载次数逐步增长的势头，这其中又以《哲学研究》和《哲学动态》的增长最为明显。排名之后的期刊由于被转载次数较少而出现某年转载次数突然增加的偶然现象。

哲学期刊呈现的这种大部分期刊被转载较少而少数期刊被转载较多且年度增长较快的现象，是由于《新华文摘》每年摘收的论文数量较少，而且只摘收反映最新学术动态、与国家政治与政策紧密相关、社会与学界关注和质量较高的精品哲学论文，而这些论文又集中在少数质量较高的哲学期刊，因此造成大量哲学期刊鲜有转载。

3.6.2 《中国社会科学文摘》全文转载

《中国社会科学文摘》是择优推介人文社会科学重要研究成果的文摘。[①]该文摘以

---

① http：//ssic.cass.cn/magazine_ 4. htm，2008—1—16.

转载社科类的精品论文为主，所以总体转载数量也比较少。表 3‑20 给出了 2004—2006 年哲学期刊被《中国社会科学文摘》全文转载的统计数据，其中年度数据平均后得到三年平均值，再经过归一化计算，即用 7.33（该指标最大的平均值）作分母去除每一种期刊这一指标的平均值得到各期刊这一指标的归一化值。表 3‑20 按三年平均转载次数从大到小排序。

表 3‑20　　2004—2006 年哲学期刊被《中国社会科学文摘》全文转载统计

排序	期刊名称	2004 年（篇）	2005 年（篇）	2006 年（篇）	三年平均（篇）	归一化值
1	哲学研究	5	7	10	7.33	1
2	哲学动态	1	4	3	2.67	0.3643
2	自然辩证法研究	1	3	4	2.67	0.3643
4	伦理学研究	0	2	2	1.33	0.1814
4	现代哲学	0	2	2	1.33	0.1814
6	中国哲学史	3	0	0	1.00	0.1364
7	道德与文明	2	0	0	0.67	0.0914
7	孔子研究	0	1	1	0.67	0.0914
9	周易研究	0	0	1	0.33	0.0450
10	船山学刊	0	0	0	0	0
10	管子学刊	0	0	0	0	0
10	科学技术与辩证法	0	0	0	0	0
10	世界哲学	0	0	0	0	0
10	系统科学学报	0	0	0	0	0
10	医学与哲学	0	0	0	0	0
10	中国医学伦理学	0	0	0	0	0
10	自然辩证法通讯	0	0	0	0	0

从表 3‑20 可以看出，与《新华文摘》转载情况类似，哲学期刊除《哲学研究》以外，大部分哲学期刊被《中国社会科学文摘》转载的次数较少，或者为 0。从三年间转载数量的变化情况来看，只有《哲学研究》呈现明显的增长，而其他期刊转载次数的变化存在一定的偶然性。存在这些现象的原因也与 3.6.1 中的相近，此外，这些现象还与《中国社会科学文摘》主要转载社科类论文有关。

3.6.3　《复印报刊资料》全文转载

《复印报刊资料》是国内较具权威性的社会科学、人文科学专题文献资料库，其转载的内容涉及100多个专题①，收集的范围和期刊论文数量较前两种文摘更为广泛。因此，各期刊被人大《复印报刊资料》转载的可能性较前两种文摘更大，被转载的次数也更多。对于哲学期刊来说，《复印报刊资料》设立的"政治、哲学门类"转载了大量哲学领域发表的优秀论文，无形中提高了哲学期刊的转载次数。表3-21给出了2004—2006年哲学期刊被人大《复印报刊资料》全文转载的统计数据。与上表相同，也包括各年度的转载次数、三年平均转载次数，并以最大的平均转载次数（《哲学研究》的91.67）作除数去除每一种期刊的平均转载次数，最后得到各期刊该指标的归一化值。本表按三年平均转载次数从大到小排序。

表3-21　　　2004—2006年哲学期刊被《复印报刊资料》全文转载统计

排序	期刊名称	2004年（篇）	2005年（篇）	2006年（篇）	三年平均（篇）	归一化值
1	哲学研究	73	102	100	91.67	1
2	哲学动态	57	50	44	50.33	0.5490
3	自然辩证法研究	44	49	32	41.67	0.4546
4	科学技术与辩证法	25	21	28	24.67	0.2691
5	现代哲学	23	28	22	24.33	0.2654
6	道德与文明	32	17	21	23.33	0.2545
7	世界哲学	19	25	25	23.00	0.2509
8	中国哲学史	27	21	19	22.33	0.2436
9	自然辩证法通讯	27	16	20	21.00	0.2291
10	伦理学研究	23	21	15	19.67	0.2146
11	孔子研究	16	17	11	14.67	0.1600
12	周易研究	12	14	14	13.33	0.1454
13	系统科学学报	12	9	1	7.33	0.0800
14	船山学刊	10	5	6	7.00	0.0764
15	管子学刊	4	5	7	5.33	0.0581
16	医学与哲学	1	0	0	0.33	0.0036
17	中国医学伦理学	0	0	0	0	0

从表3-21可以看到：在三年平均转载次数的排名上，《哲学研究》以高出第2名40次以上的优势，牢牢占据第1的位置；《哲学动态》、《自然辩证法研究》居于第二方阵，三年平均次数在40—50次之间；之后的7种期刊可列为第三方阵；其余期刊归入第四方阵。

三年间，大部分哲学期刊被《复印报刊资料》转载的次数起伏不定，《中国哲学

---

① http://www.lib.fzu.edu.cn/qkwx/zgxsqk5.asp, 2008—1—16.

史》、《伦理学研究》、《系统科学学报》还出现了转载篇数逐年减少的情况。

由此分析，《复印报刊资料》对哲学期刊论文的转载面较广，数量较多，但是其在选择转载论文时仍十分注重论文的质量。对于质量较高的期刊来说，由于其刊登优秀的论文而使转载次数处于高位，而对于质量较低的期刊来说，其缺乏优秀的论文而使转载次数排名靠后，甚至不被转载。

3.6.4 二次文献转载综合分析

二次文献转载指标是期刊评价指标的重要补充。本评价体系按照期刊论文被这三种二次文献转载的难易程度进行权重分配，其占比例分别为：《新华文摘》（45%）、《中国社会科学文摘》（35%）、《复印报刊资料》（20%）。表3-22 给出了2004—2006年哲学期刊二次文献转载各指标的归一化值和综合值。综合值计算方法为：按照权重分配，将每一种期刊被《新华文摘》转载次数的归一化值乘以0.45，被《中国社会科学文摘》转载次数的归一化值乘以0.35，被《复印报刊资料》转载次数的归一化值乘以0.2，然后将这三个结果相加得到各期刊的二次文献转载综合值。本表按二次文献转载综合值从大到小排序。

表3-22　　　　　　　　2004—2006年哲学期刊二次文献转载综合值

排序	期刊名称	新华文摘归一化值	中国社会科学文摘归一化值	复印报刊资料归一化值	综合值
1	哲学研究	1	1	1	1
2	哲学动态	0.4614	0.3643	0.5490	0.4449
3	自然辩证法研究	0.1153	0.3643	0.4546	0.2703
4	道德与文明	0.3080	0.0914	0.2545	0.2215
5	伦理学研究	0.1926	0.1814	0.2146	0.1931
6	现代哲学	0.0381	0.1814	0.2654	0.1337
7	中国哲学史	0.0773	0.1364	0.2436	0.1312
8	世界哲学	0.1153	0	0.2509	0.1021
9	孔子研究	0.0773	0.0914	0.1600	0.0988
10	自然辩证法通讯	0.0381	0	0.2291	0.0630
11	科学技术与辩证法	0	0	0.2691	0.0538
12	周易研究	0	0.0450	0.1454	0.0448
13	医学与哲学	0.0773	0	0.0036	0.0355
14	船山学刊	0.0381	0	0.0764	0.0324
15	系统科学学报	0	0	0.0800	0.0160
16	管子学刊	0	0	0.0581	0.0116
17	中国医学伦理学	0	0	0	0

从表 3-22 可以看到，从二次文献转载综合值上来看，《哲学研究》以满分的优势，占据排名的首位，其分值比第 2 名的期刊高出 0.5 分多。《哲学动态》位居第 2 位，分值达到 0.4449。此后的各期刊综合值的分值均比较低，均低于 0.3。

从三项指标来看，《哲学研究》的《新华文摘》、《中国社会科学文摘》和《复印报刊资料》三项指标排名均为第 1。《哲学动态》的三项排名也位居前列。《自然辩证法研究》、《道德与文明》、《伦理学研究》、《现代哲学》较之前的期刊排名靠后，主要原因在于这些期刊在某一指标上表现略弱。排名最后的几个期刊，基本由于一项或者多项指标的分值为 0，导致综合分值较低。

综合二次文献的转载量指标，可见《哲学研究》当之无愧地占据第一层次；排名其后的《哲学动态》等 4 种期刊应划进第二层次；排在 6—17 名的《现代哲学》等 9 种期刊可列入第三层次。

3.7 哲学期刊 Web 即年下载率分析

随着网络的普及和各类期刊全文数据库的不断完善，越来越多的作者更愿意选择通过网络来搜集所需要的期刊文献。Web 即年下载率是指期刊在某一期刊全文数据库中当年出版并上网的论文在当年被全文下载的次数与该期刊当年出版并上网论文总数之比。本章采用的 Web 即年下载率的数据来源于《中国学术期刊综合引证报告（2005—2007 版）》。表 3-23 给出了 2004—2006 年哲学期刊 Web 即年下载数据和三年平均值，这一指标各期刊的归一化值是其三年平均值除以最大的三年平均值（《哲学研究》的 79.83）得到的。本表按三年平均值从大到小排序。

表 3-23　　　　　　　　　2004—2006 年哲学期刊 Web 即年下载率

排序	期刊名称	2004 年	2005 年	2006 年	三年平均	归一化值
1	哲学研究	40.6	96.3	102.6	79.83	1
2	自然辩证法研究	46.9	38.9	86.3	57.37	0.7187
3	系统科学学报	49.9	42.1	67.2	53.07	0.6648
4	道德与文明	30.1	45.0	80.0	51.70	0.6476
5	哲学动态	23.1	71	60.5	51.53	0.6455
6	伦理学研究	—	34.9	59.6	47.25	0.5919
7	科学技术与辩证法	41.1	31.2	62.7	45.00	0.5637
8	自然辩证法通讯	19.5	46.3	62.6	42.87	0.5370
9	世界哲学	37.3	28.4	50.6	38.77	0.4857
10	孔子研究	14.0	27.4	48.4	29.93	0.3749

续表

排序	期刊名称	2004 年	2005 年	2006 年	三年平均	归一化值
11	医学与哲学	25.1	21.1	42.7	29.63	0.3712
12	中国哲学史	17.0	27.7	42.0	28.90	0.3620
13	现代哲学	11.5	19.6	52.1	27.73	0.3474
14	船山学刊	15.8	27.2	32.7	25.23	0.3160
15	周易研究	8.3	15.6	39.1	21.00	0.2631
16	管子学刊	5.8	13.7	26.1	15.20	0.1904
17	中国医学伦理学	9.7	9.0	26.5	15.07	0.1888

注：上表中"—"表示当年该刊的数据为空，不列入平均值的计算。

根据表 3－23 的数据显示：《哲学研究》得到了许多学者的青睐，下载的文献最多，平均每篇文章当年被全文下载 70 多次，明显高于其他各期刊；平均每篇文章被下载 70—50 次之间的期刊有 4 种；50—40 次之间的有 3 种；40—30 次之间的有 1 种；30—20 次之间的最多，一共 6 种；还有两种仅有 15 次左右。

从年度变化来看，所有哲学期刊的 Web 即年下载率都呈现上升的趋势。这不仅说明读者越来越重视通过网络来获取哲学论文资料，也说明各哲学期刊正不断调整，努力提升自身的学术质量和学术影响。从增长的绝对数值上来看，《哲学研究》、《道德与文明》、《自然辩证法通讯》、《现代哲学》2004—2006 年的增长均超过了 40，它们的发展速度较其他期刊更为迅速。由于学者从网络中获取论文大多借助关键词检索，那些被下载多的期刊也说明这些期刊的关键词也比较规范，论文主题更贴近当前学者关注的问题。对于下载率较少的《周易研究》、《管子学刊》等，主要由于期刊主题的狭窄性，研究人员相对较少，导致它们的被下载率明显少于其他期刊。

3.8 哲学期刊评价指标综合分析

以上利用本期刊评价体系设立的七大指标所涉及的 18 个指标对期刊进行了测定与分析，可以看出，从不同的角度分析，各期刊均显示出自己的特点。为了综合考虑每一哲学期刊的学术质量、学术规范和学术影响力，本节将根据本书第 1 章构建的评价体系计算方法对每一期刊计算其学术影响综合值，并进行综合分析。在指标权重分配方面，我们把期刊的学术影响放在最主要的地位，即期刊被引用情况，其权重总体占 60%，这其中又根据影响因子的重要性而给予最高的权重 30%，被引次数、被引速率、被引广度各占 10%；其次是期刊学术规范量化指标和 Web 即年下载率指标，考虑到这两个指标在反映期刊学术质量和利用率方面的贡献，均给予次高的权重，其权重均为 15%；对于二次文献转载指数，本评价体系给予了 10% 的权重。

表 3-24 给出了 2004—2006 年哲学期刊七大指标归一化值和综合值。综合值具体的计算方法是：将各指标的综合值分别乘以相应的权重，然后将各个结果相加得到各期刊最后的综合值。本表按指标综合值从大到小排序。

表 3-24　　　　　　　　　　　　哲学期刊综合值运算表

排序	期刊名称	期刊学术规范 ×0.15	被引次数 ×0.1	被引速率 ×0.1	影响因子 ×0.3	被引广度 ×0.1	二次文献转载 ×0.1	Web下载 ×0.15	综合值 Σ
1	哲学研究	0.7377	0.9996	1	0.9734	1	1	1	0.9526
2	自然辩证法研究	0.8781	0.8730	0.5074	0.7173	0.8208	0.2703	0.7187	0.7019
3	世界哲学	0.4358	0.3794	0.8846	0.9351	0.4062	0.1021	0.4857	0.5960
4	哲学动态	0.6456	0.3599	0.4835	0.4639	0.4311	0.4449	0.6455	0.5048
5	自然辩证法通讯	0.8243	0.3832	0.4365	0.5519	0.3948	0.0630	0.5370	0.4975
6	科学技术与辩证法	0.8869	0.2101	0.2466	0.3914	0.2343	0.0538	0.5637	0.4095
7	中国哲学史	0.6522	0.1690	0.4776	0.5168	0.1979	0.1312	0.3620	0.4047
8	系统科学学报	0.6192	0.1281	0.2345	0.4673	0.1741	0.0160	0.6648	0.3881
9	道德与文明	0.6553	0.1371	0.2180	0.3520	0.1896	0.2215	0.6476	0.3777
10	现代哲学	0.7544	0.0971	0.3143	0.2995	0.1295	0.1337	0.3474	0.3226
11	伦理学研究	0.6358	0.0543	0.1971	0.2487	0.0664	0.1931	0.5919	0.3099
12	周易研究	0.6969	0.1048	0.4112	0.3218	0.0871	0.0448	0.2631	0.3053
13	孔子研究	0.5939	0.1577	0.2687	0.2436	0.2001	0.0988	0.3749	0.2909
14	医学与哲学	0.7322	0.0584	0.0176	0.0397	0.0860	0.0355	0.3712	0.1972
15	船山学刊	0.5869	0.0302	0.0412	0.0358	0.0435	0.0324	0.3160	0.1609
16	管子学刊	0.5117	0.0563	0.0672	0.0833	0.0642	0.0116	0.1904	0.1502
17	中国医学伦理学	0.6447	0.0136	0.0131	0.0182	0.0197	0	0.1888	0.1351

表 3-24 给出了本评价体系对哲学期刊的最终排名，通过其数据可以看出：《哲学研究》和《自然辩证法研究》分别以综合值 0.9526 和 0.7019 遥遥领先于哲学其他期刊；而排在最后五名的期刊以及一些尚未列入表中的期刊（因为这些期刊的各项指标数据和综合值更低），与前面的期刊相比，其综合学术影响尚存在一定差距。

应该说，单项指标并不能反映一种期刊的全貌，那么经过加权综合计算后，我们就可以清楚地看到每一种期刊的整体水平。例如：《哲学研究》的学术规范量化指标并不理想，但由于其他指标多数名列前茅，确保了该期刊的综合学术影响力排在首位；又如，《自然辩证法研究》绝大多数指标均排在前三位，保证了该刊综合指数稳定在第 2 位；同样，《世界哲学》在各项被引指标（被引次数、被引速率、影响因子、被引广度）中基本位于第 2—4 名，使其反映综合影响力的指数位于第 3 位。当然，对于各项指标都处于中等偏下或处于最后几名的期刊，其综合值一定偏低，从而说明这些期刊的综合学术影响力的偏下。

我们将哲学期刊的学术影响综合值排序表与目前 CSSCI 的来源期刊作比较，可以发现 CSSCI 的 12 种哲学类来源期刊排在综合指标的前 13 位，《管子学刊》居于第 16 位，这说明 CSSCI 精选的哲学类来源期刊基本具有一定的合理性。但是我们也必须看到，由于多项指标的综合，有两种期刊分别排在第 8 位和第 11 位而越过许多来源期刊，这两种期刊未入选 CSSCI 的主要原因是对期刊学科的认定不同而造成的。

根据七大项指标的综合值，我们可以最终划分出哲学期刊的学术等级，根据哲学期刊的综合值状况，我们把哲学权威学术期刊取值区间设为 1—0.7，核心期刊取值区间为 0.7—0.4，核心期刊扩展区为 0.4—0.2，小于 0.2 或表中没有的哲学期刊定位为一般性学术期刊。依据这一原则得到哲学期刊的定量评价结果：

权威期刊：《哲学研究》、《自然辩证法研究》；

核心期刊：《世界哲学》、《哲学动态》、《自然辩证法通讯》、《科学技术与辩证法》、《中国哲学史》；

扩展核心期刊：《系统科学学报》、《道德与文明》、《现代哲学》、《伦理学研究》、《周易研究》；

其他期刊均为一般性学术期刊。

第 4 章　宗教学

我国现代意义上的宗教学萌芽于 20 世纪初，于改革开放后开始蓬勃发展①。经过 30 多年的发展，宗教学类学术期刊也由当初的寥寥几种壮大至现在的十数种。CSSCI 在 2004—2006 年均收录了宗教学来源期刊 4 种，这些刊物在这三年间共刊载文献 1884 篇，引用文献 10956 篇。本章主要以 11 种宗教学期刊作为研究对象，通过构建科学、全面的评价体系分析并比较期刊的内在质量和学术影响力，并在此基础上划分期刊的学术等级，以此来揭示宗教学学术研究现状并促进其繁荣发展。

需要说明的是，未列出的其他宗教学期刊，如《福建宗教》等，由于指标排名比较靠后，或者某些数据无法获得，就不在本章中进行详细讨论与评价。

4.1　宗教学期刊学术规范量化指标分析

期刊的学术规范问题，一直是中国学术界尤其是人文社会科学界一个亟待解决的问题，因为它直接影响着学术交流活动的开展，也关系到学科能否有秩序地发展。对某种期刊而言，学术规范化程度不仅反映了办刊者的学术规范意识和学术涵养，也折射出期刊在学术交流中所发挥的作用。由此，做好期刊的学术规范化工作对于提高期刊质量、扩大学术交流、促进学术期刊文献信息传播的现代化都有着重要意义②。所以本书把期刊的学术规范化程度作为衡量期刊客观状况和学术质量的一个重要指标。依据第 1 章所述，本章讨论的宗教学期刊学术规范量化指标主要为四个：篇均引用文献数、基金论文占有比例、论文作者地区分布以及标注有作者机构的论文比例。

4.1.1　篇均引用文献数

引用文献是指作者在完成自己的论述中参考和借鉴的已有研究成果，它直接反映了文章的学术规范程度和研究深度。通过引用关系，我们还可以整理出各学科领域间的交叉渗透关系。本节讨论的篇均引用文献数是指期刊所有论文的平均引用文献数。

---

① 何光沪：“中国宗教学百年”，《学术界》2003 年第 3 期，第 234—253 页。
② 赵晓兰：“学术期刊的规范化及其相关评论”，《中国出版》2006 年第 6 期，第 46—47 页。

如果一种期刊的篇均引用文献数较高，说明该刊刊载的文献总体上学术性较强，文章较有深度，期刊注重学术规范，同时还反映出期刊杂志社编辑良好、严谨的学术素质。

统计数据表明，CSSCI（2004—2006）的宗教学来源期刊的篇均引文与我国人文社会科学的平均值相比偏低，处于人文社会科学 25 个学科的中下水平[①]。而宗教学的非来源期刊篇均引用文献数与来源期刊存在着更大差距，详见表 4-1（表中带 * 的为 CSSCI 来源期刊）。表 4-1 给出了 11 种宗教学期刊 2004—2006 三年的篇均引用文献数，并对三年数据进行平均，最后对平均值做了归一化处理（归一化方法参见本书第 1 章）。本表按照各期刊三年篇均引用文献数从大到小排序。

表 4-1　　　　　　　2004—2006 年宗教学期刊篇均引用文献数统计

排序	期刊名称	2004 年（篇数）	2005 年（篇数）	2006 年（篇数）	三年平均（篇数）	归一化值
1	宗教学研究*	14.25	15.78	16.75	15.5933	1
2	世界宗教研究*	12.05	14.08	14.75	13.6267	0.8739
3	中国道教	4.12	6.76	7.37	6.0833	0.3901
4	法音	4.72	4.01	7.04	5.2567	0.3371
5	五台山研究	4.96	3.19	4.22	4.1233	0.2644
6	中国穆斯林	0.33	0.89	1.01	0.7433	0.0477
7	佛教文化	0.57	1.13	0.19	0.6300	0.0404
8	科学与无神论	0.25	0.97	0.44	0.5533	0.0355
9	世界宗教文化*	0.27	0.35	0.51	0.3767	0.0242
10	中国宗教*	0.04	0.28	0.25	0.1900	0.0122
11	中国天主教	0.14	0.08	0.23	0.1500	0.0096

从表 4-1 可以看出，在篇均引用文献数上，宗教学期刊间差别很大，三年平均值跨度从 0.15 到 15.59。其中排名第 1 位、第 2 位的《宗教学研究》和《世界宗教研究》数据突出，远高于其他各刊，而《中国宗教》和《中国天主教》等刊，篇均引文数量几近于 0，如《中国宗教》2004 年篇均引文数只有 0.04。当然，这可能与各刊的性质和办刊宗旨有密切关系。如《宗教学研究》和《世界宗教文化》都是学科综合性期刊，研究对象包括各大教派，和以某一教派为研究对象的专业性期刊（如《佛教文化》、《中国穆斯林》）相比，有更多的学术研究成果可供参考与引用。

---

① 邓三鸿、金莹："我国人文社会科学学术刊物的学科对比——基于 CSSCI 的分析"，《东岳论丛》2008 年第 1 期，第 43—50 页。

而《中国宗教》虽然也是综合性质，但该刊内容以介绍和宣传中国的宗教、宗教政策法规和宗教工作为主，所以引用文献数较少。

如果按年对11种宗教学期刊的篇均引文数求均值，得到2004年、2005年、2006年的数据分别是3.79、4.32和4.79，所以从年度变化上来看，宗教学期刊的篇均引文正以平均每年12%的幅度稳步增长，这表明宗教学期刊正逐渐走向规范，同时，学科研究深度也不断加深。虽然也有个别期刊数据波动明显（如《科学与无神论》），主要因为在引用文献总体偏少的情况下，数据受随机因素影响较大，只要出现一两篇引用文献多的文章就可能引起最终数据的明显跳动。而《佛教文化》的篇均引用文献数从2005年的1.13锐减为2006年的0.19，缩减了近83%，则是由于期刊本身改版引起的。

虽然宗教学期刊的篇均引文数在这三年间总体呈增长趋势，但和人文社会科学的其他学科相比，引用文献数还是明显偏低。这在很大程度上受宗教学的学科性质的影响。一方面宗教学发展比较缓慢，对时间不太敏感，所以能参考的文献多是各教派的经典著作；另一方面，我国的现代宗教学起步比较晚，起点比较低[1]，虽然这些年得到很大的发展，研究成果还是相对有限，这些都限制了宗教学论文的引用文献数量。为了促进宗教学的进一步繁荣发展，宗教学界应当提高学术规范意识，加强学术交流，不断地推进研究深度。

4.1.2 基金论文比例

为了繁荣学科发展或解决某些重大的实际问题，政府或组织机构往往会以提供基金资助的方式促进与支持学术研究活动。这些学术研究的成果就表现为受基金资助的论文。由于获得基金资助往往有一套严格的审核制度，同时基金资助的课题多为学科研究热点和社会所关注的问题，所以从整体上来说得到基金资助的论文应该较非基金资助论文具有更高的学术价值和应用价值[2]。所以，期刊刊载基金论文的比例，间接地反映了期刊的学术影响和学术质量。

通过比较CSSCI（2004—2006）人文社科类各学科的基金论文比数据，可以得知宗教学以3.55%处于较低水平，和最高的环境科学（61.68%）相去甚远，仅略高于新闻学与传播学、中国文学和艺术学。表4-2列出了11种宗教学期刊2004—2006年间的基金论文情况，表内数据是基金论文数和每年载文量之比值，并对三年平均值进行了归一化处理。表中期刊按基金论文比三年平均值从大到小排序。

---

[1] 张秀秀："我国宗教学研究状况及未来发展趋势——访中国社会科学院世界宗教研究所吴云贵先生"，《中国宗教》2001年第4期，第13—15页。

[2] 苏新宁："人文社会科学期刊评价指标体系研究"，《图书馆论坛》2006年第6期，第59—65、182页。

表 4-2　　　　　　　　　2004—2006 年宗教学期刊基金论文比例

排序	期刊名称	2004 年	2005 年	2006 年	三年平均	归一化值
1	宗教学研究	0.10	0.10	0.13	0.1100	1
2	世界宗教研究	0.06	0.03	0.10	0.0633	0.5755
3	五台山研究	0	0.03	0.07	0.0333	0.3027
4	法音	0.01	0	0.02	0.0100	0.0909
4	中国道教	0.01	0	0.02	0.0100	0.0909
6	科学与无神论	0	0	0.01	0.0033	0.0300
6	中国穆斯林	0.01	0	0	0.0033	0.0300
8	佛教文化	0	0	0	0	0
8	世界宗教文化	0	0	0	0	0
8	中国天主教	0	0	0	0	0
8	中国宗教	0	0	0	0	0

从表 4-2 中可以看出，宗教学期刊的基金论文比例普遍较低。基金论文比例三年平均值只有前五种期刊超过了 0.01，而后面四种期刊在三年间竟没有一篇标注为基金论文。其中作为 CSSCI 来源期刊的《宗教学研究》和《世界宗教研究》均超过了 0.05，算得上是个亮点。这一情况与宗教学本身在中国的发展水平，及社会和学界对严肃的宗教学研究的重视程度都有很大的关系。

表 4-2 列出的 2004—2006 年的宗教学期刊的基金论文总数，从 22 篇上升到了 38 篇，[①]这表明总体上宗教学期刊的基金论文比例还是呈上升趋势，政府和学界的基金资助力度也在不断加大。表中的前三种期刊基金论文比呈稳步增长趋势，可见这三个期刊具有着稳定的基金论文来源。而排名其后的四种期刊，每种期刊都至少有一年没有基金论文，说明这些期刊刊载基金论文还有很大的偶然性，期刊质量还有待进一步提高。

总的而言，宗教学期刊基金论文的情况不容乐观。11 种期刊中有 9 种期刊三年中至少有一年基金论文数为零，即使是排名第 1 位的《宗教学研究》（三年平均值为 0.11），与其他学科同样排名首位的期刊相比差距还是很大（如社会学类期刊最高的《中国人口·资源与环境》是 0.6067）。针对这一现状，学术界和各组织机构应更加重视宗教学学术研究，并加大对宗教学的资助力度；宗教学学者应注重基金项目的阶段性成果，培养基金论文标注的习惯；期刊杂志社也应提升论文基金项目的标注意识。多方共同努力，才能推动宗教学期刊不断向前发展。

[①] 由统计的过程数据汇总而得到。

4.1.3 论文作者地区分布

论文作者地区分布指期刊刊载论文的作者地区分布情况，它反映了期刊的地域影响广度。一般情况下，期刊论文作者地区分布越广，说明该刊的地域影响越大，同时由于"集思广益"，也能更全面地反映出学科研究现状。

本书中统计的作者地区单位为我国内地 31 个省市自治区和港、澳、台地区以及其他国家和地区（其他国家和地区分布数以国家为单位计量）。表 4-3 给出了讨论的 11 种宗教学期刊在 2004—2006 年的地区分布情况，还对数据进行三年平均和归一化处理，最后按地区分布的三年平均值从大到小排列。

需要说明的是：本表所列的数据一定程度上受表 4-4（期刊标注作者机构的论文比例）数据的影响。因为本表所统计的地区分布，是在论文标注了作者机构的基础上提取的地区信息，所以如果期刊的标注作者机构论文比很低，获取的地区数必定也很少。

表 4-3　　　　　　　　2004—2006 年宗教学期刊论文作者地区分布

排序	期刊名称	2004 年（地区数）	2005 年（地区数）	2006 年（地区数）	三年平均（地区数）	归一化值
1	中国宗教	27	30	24	27.00	1
2	宗教学研究	21	20	23	21.33	0.7900
3	世界宗教研究	17	20	20	19.00	0.7037
4	科学与无神论	22	17	17	18.67	0.6915
5	中国道教	19	18	16	17.67	0.6544
6	法音	7	5	21	11.00	0.4074
7	五台山研究	10	11	8	9.67	0.3581
8	佛教文化	12	14	2	9.33	0.3456
8	中国穆斯林	13	6	9	9.33	0.3456
10	中国天主教	3	3	6	4.00	0.1481
11	世界宗教文化	3	0	0	1.00	0.0370

从表 4-3 的数据来看，11 种宗教学期刊间的地区分布差异很大，多至 30 个地区，少至一个没有。结合表 4-4（期刊标注作者机构的论文比例），我们可以把表 4-3 中的数据分成两个方阵进行讨论：排名最前的 5 种期刊和《五台山研究》为一个方阵，这些期刊的作者机构标注论文比例均超过 0.7，所以地区数比较真实地反映了实

际情况。其中《中国宗教》的机构标注比虽然比不上其他几种,但地区分布却是最广的,这还是得益于该刊的办刊宗旨重在介绍和推动中国宗教工作,研究范围涉及中国各个教派,所以吸引更多地区作者的参与。而同一方阵中的《五台山研究》虽然论文作者机构标注比例接近100%,但其地区分布却相对狭窄,三年均值不到10,主要在于该刊以五台山作为主要研究对象,地方色彩明显,研究群体和读者也相对较小,限制了刊物的地区辐射;《法音》和后四种期刊组成了另一个方阵,这五种期刊作者标注机构论文比例均未超过0.3,所以地区数明显偏少,也未能准确反映其实际地区分布情况,故不多加讨论。

从年度变化上来看,宗教学各期刊的论文作者地区分布数起伏不定,但大致保持稳定。其中《法音》的地区分布数从2005年的5骤增至2006年的21,一方面直接得益于其论文作者机构标注的提高(从0.17到0.38),另外也与其刊物本身的对作者的吸引力提升有关。而《佛教文化》从2005年的14跌至2006年的2,与该刊在2006年起的改版有着直接关系。

总体而言,和人文社会科学其他学科相比,宗教学论文作者的分布地区还不够广。学科综合性期刊比专业性期刊具有更大的地区覆盖面,以各教派为研究对象的专业期刊间地区分布也不平衡。这客观上是因为宗教学的研究总是和各个教派有着紧密的联系,而各教派都有一定的地域分布和中心,所以在一定程度上限定了研究人员的地区分布。为了更好地促进宗教学期刊的发展,扩大其地区影响范围,期刊杂志社还有待吸收多方位不同地区的作者,以便更全面地反映学科研究状况。

4.1.4 有作者机构论文比例

学术期刊是学术成果的展台,也是学术交流与争鸣的首要阵地,而标注出期刊论文作者的机构,无疑方便了读者与作者进一步讨论研究,可以促进学术交流,同时也为评定机构与单位的学术研究水平提供了依据。所以规范化的期刊对每一篇文章都应该标注作者机构,有作者机构论文比例也成为能突出反映期刊学术规范化程度的一个指标。

综观我国人文社会科学25个学科,宗教学的作者标注机构情况不容乐观。以2004—2006年CSSCI收录各学科来源期刊中的作者机构标注比例数据[①]为例,宗教学以75.03%排名24位,仅高于外国文学,数值上也与平均水平94.39%差了近20个百分点,但值得欣慰的是,宗教学论文有机构标注比例一直在稳步上升。表4-4给出了11种宗教学期刊2004—2006年间的有作者机构论文比例及三年平均值,并进行归一化。表中期刊按三年平均值从大到小排序。

---

① 邓三鸿、金莹:"我国人文社会科学学术刊物的学科对比——基于CSSCI的分析",《东岳论丛》2008年第1期,第43—50页。

表 4-4 2004—2006 年宗教学期刊标注有作者机构的论文比例

排序	期刊名称	2004 年	2005 年	2006 年	三年平均	归一化值
1	世界宗教研究	1	0.9767	0.9762	0.9843	1
2	五台山研究	1	0.9762	0.9512	0.9758	0.9914
3	宗教学研究	0.9085	0.9539	0.9881	0.9502	0.9654
4	科学与无神论	0.9171	0.9390	0.9385	0.9315	0.9464
5	中国宗教	0.7778	0.8900	0.7928	0.8202	0.8333
6	中国道教	0.6538	0.8041	0.7179	0.7253	0.7369
7	中国穆斯林	0.1970	0.1739	0.3333	0.2347	0.2384
8	法音	0.0854	0.1743	0.3846	0.2148	0.2182
9	佛教文化	0.0723	0.1950	0.0177	0.0950	0.0965
10	中国天主教	0.0205	0.0260	0.0917	0.0461	0.0468
11	世界宗教文化	0.0472	0	0	0.0157	0.0160

从表 4-4 可以看出，这 11 种期刊作者机构标注情况参差不齐，按三年平均值可大致分为三个层次：作者机构标注论文比例高于 0.7 的，0.7—0.1 之间的与低于 0.1 的。第一层次（前 6 名）的期刊具有较高的学术规范意识，前四名尤其突出，均超过 0.9，可见这四种刊物已基本形成良好的作者机构标注规范。第二层次的两种期刊《中国穆斯林》和《法音》的作者机构标注论文比例均在 0.2 左右，说明还有很大的提升空间，但从三年数据上来看，这一比例一直在提高。第三层次的期刊在这一指标上普遍很低，有 90% 以上的文章没有标注机构，这些杂志社应引起警觉。《世界宗教文化》作为 CSSCI 来源期刊，作者标注机构论文比排名最后，这和该刊的办刊风格和性质都有很大的关系，但为了期刊和学科的发展，期刊杂志社应重视并加强期刊的学术规范性。

从发展势头上来说，除了个别期刊（《佛教文化》、《世界宗教文化》等），宗教学期刊作者标注机构论文比在整体上还是呈增长态势。《佛教文化》的作者标注机构论文比从 2005 到 2006 年有明显下滑（0.195 到 0.0177），主要是由改版引起的。但近年来该刊这一比例都不高，这是期刊杂志社对期刊学术规范不够重视引起的。

总的说来，和其他人文社会科学的学科相比，宗教学期刊中只有一部分期刊在作者机构标注这一项指标上达到了规范，还有很大一部分刊物还没有认识到（或者认识不够充分）标注作者机构的重要性。虽然整体呈增长态势，但增长幅度过小，同时还有个别期刊出现下滑，这些情况都亟须引起宗教学界办刊者和研究人员的重视。

4.1.5 宗教学期刊学术规范量化指标综合分析

前面四小节主要对宗教学期刊在篇均引文数、基金论文比、作者地区分布、有机构论文比这四个指标分别进行分析比较。为了综合考察宗教学期刊的学术规范程度，我们将把这四个指标结合在一起讨论期刊的学术规范化综合指标，以此来揭示和比较宗教学各期刊的学术规范化程度。学术规范量化指标综合值的具体算法为：给四个下级指标分别赋予0.25的权重，每种期刊各指标的归一化值乘以各自的权重，再相加就得到该刊的学术规范量化指标综合值（关于指标体系的具体解释参见本书第1章）。按上述算法对宗教学的11种期刊进行处理，就得到了表4-5，表中期刊按综合值从大到小排序。

表4-5　　　　　2004—2006年宗教学期刊学术规范量化指标综合值

排序	期刊名称	篇均引文数归一化值	基金论文比归一化值	地区分布归一化值	有机构论文比归一化值	综合值
1	宗教学研究	1	1	0.7900	0.9654	0.9389
2	世界宗教研究	0.8739	0.5755	0.7037	1	0.7883
3	五台山研究	0.2644	0.3027	0.3581	0.9914	0.4792
4	中国道教	0.3901	0.0909	0.6544	0.7369	0.4681
5	中国宗教	0.0122	0	1	0.8333	0.4614
6	科学与无神论	0.0355	0.0300	0.6915	0.9464	0.4259
7	法音	0.3371	0.0909	0.4074	0.2182	0.2634
8	中国穆斯林	0.0477	0.0300	0.3456	0.2384	0.1654
9	佛教文化	0.0404	0	0.3456	0.0965	0.1206
10	中国天主教	0.0096	0	0.1481	0.0468	0.0511
11	世界宗教文化	0.0242	0	0.0370	0.0160	0.0193

纵观表4-5的数据，我们大致可以按综合值把这11种期刊划分为四个方阵。排名第1和第2的两种期刊组成第一方阵。这个方阵的特点是各项指标普遍较高，包揽了四项指标中的三项第1，所以综合值均在0.7以上，这说明这两种期刊与其他期刊相比具有更强的学术规范意识和更高的学术含量。排名第3至第6的四种期刊组成第二方阵，它们的综合值都在0.5—0.4，观察可知这四种期刊都存在指标间不平衡的情况，据此我们可以大致推知期刊的特点。如《中国宗教》前两个指标低，后两个指标相对较高，说明该期刊编排格式规范程度高，但学术含量相对不高。综合值介于0.3—0.1之间的三种期刊和小于0.1的两种期刊分别组成第三和第四方阵，这两个方阵的值普遍偏低，而且第四方阵的两种期刊中都出现了某项指标为0的情况，所以

导致其综合值较第三方阵而言更低。最后两个方阵 5 种期刊的规范化程度都亟待提高。

从横向比较来看，宗教学和其他人文社会科学的学科相比，各项指标排名都比较靠后（前面各个指标分析时有数据为证），这与宗教学在人文社会科学各学科中的发展状况是相符合的。加上学科自身的一些特点，如发展相对缓慢，从事严肃宗教学研究的群体也相对较少，导致宗教学期刊的规范化程度和其他学科相比还有一定的距离。但为了学科和期刊的共同发展，在学界广泛呼吁"学术规范"的外界环境下，宗教学期刊也应该与时俱进，重视期刊规范化问题，努力提高期刊的内在与外在质量。

4.2 宗教学期刊被引次数分析

期刊的被引次数是一定时间范围内该刊刊载的论文被引文索引数据库期刊论文引用的次数，它反映的是学界对期刊的重视和利用程度，同时也体现了期刊在学术交流中所起的作用，它是评价期刊学术影响的一个重要指标。我们在这之下设置了三个下级指标：总被引次数、其他期刊引用次数和学科引用次数，通过分析讨论这三个指标来综合考察宗教学期刊的学术影响力。本节的宗教学期刊被引数据来源于 CSSCI。

4.2.1 总被引次数

期刊总被引次数是期刊自创刊以来刊载的所有论文被引用的绝对次数，反映的是期刊总的学术影响。所以这一指标对于对时间不太敏感的宗教学研究领域来说，更具有重要意义。表 4-6 就是 11 种宗教学期刊基于 CSSCI 统计得到的 2004—2006 年总被引次数，对每种期刊还分别计算了三年平均值，并进行归一化处理（处理方法参见本书第 1 章），得到表 4-6，表中期刊按归一化值从大到小排列。

表 4-6　　　　　　　　2004—2006 年宗教学期刊总被引次数

排序	期刊名称	2004 年（篇次）	2005 年（篇次）	2006 年（篇次）	三年平均（篇次）	归一化值
1	世界宗教研究	78	114	109	100.33	1
2	宗教学研究	16	44	46	35.33	0.3521
3	法音	12	10	26	16.00	0.1595
4	中国宗教	11	8	27	15.33	0.1528
5	中国穆斯林	6	17	16	13.00	0.1296
6	世界宗教文化	13	6	17	12.00	0.1196
7	中国道教	11	14	10	11.67	0.1163

续表

排序	期刊名称	2004年（篇次）	2005年（篇次）	2006年（篇次）	三年平均（篇次）	归一化值
8	佛教文化	4	4	5	4.33	0.0432
8	五台山研究	2	6	5	4.33	0.0432
10	科学与无神论	0	2	2	1.33	0.0133
11	中国天主教	0	1	0	0.33	0.0033

从表4-6可以看出，宗教学期刊的总被引次数分布极不平衡，仅《世界宗教研究》就占了所有期刊总被引次数近一半，其他期刊都普遍较低。《世界宗教研究》之所以有如此突出的总被引次数，创刊早是一个很大的优势之外（该刊创办于1979年，是新中国成立以来第一本专门研究宗教的学术期刊[①]），其本身的学术含量和学术影响也起着决定作用。表格中后四种期刊，三年平均总被引均未超过5次，说明这些期刊在宗教学领域的影响较小，期刊质量亟待提高。

从年度变化上来看，宗教学期刊波动不一，整体而言上升趋势略占上风。《世界宗教研究》和《中国道教》等略有下滑，但《法音》、《中国宗教》、《世界宗教文化》等上升势头明显，《宗教学研究》和《中国穆斯林》在2005和2006年间基本保持稳定。对以上11种宗教学期刊按年度进行总被引数汇总，可以得到2004—2006年的数值分别为：153、226和263。这说明就整体而言，宗教学期刊正处于稳步发展势头，在宗教学研究领域正发挥着越来越大的作用。

和人文社会科学的其他学科比较，宗教学期刊在总被引次数指标上还有很大差距。例如把宗教学期刊三年平均值再取平均可得到19.45，使用相同的指标和处理方法，哲学、外国文学和社会学得到的分别是113.25、35.69和93.38（这三项数据分别参见本书第3、第9和第16章），由此可知宗教学期刊的影响力远远不如这三门学科期刊。虽然宗教学期刊的学术影响在不断增大，但还须以更快的步伐前进。

4.2.2 其他期刊引用次数

其他期刊引用次数（简称：他刊引用次数）是在期刊的总被引次数中排除自身引用的次数所得到的。这一指标的设立能很好地平衡来源期刊和非来源期刊因自引而引起的在期刊总被引指标中存在的不平等性。总被引次数和其他期刊引用次数这两项指标的同时设立，将能更如实、准确地反映期刊的被引情况。表4-7列出了11种宗教学期刊2004—2006年的其他期刊引用次数并计算了三年的平均值，然后对平均值

---

① 冯今源："求真务实，继续深入开展中国当代宗教研究"，《社会科学管理与评论》2005年第4期，第53—65页。

进行了归一化处理，表中数据按归一化值从大到小排序。

表 4‑7　　　　　　　　　2004—2006 年宗教学期刊他刊引用次数

排序	期刊名称	2004 年（篇次）	2005 年（篇次）	2006 年（篇次）	三年平均（篇次）	归一化值
1	世界宗教研究	69	106	100	91.67	1
2	宗教学研究	5	24	32	20.33	0.2218
3	法音	12	10	26	16.00	0.1745
4	中国宗教	11	8	25	14.67	0.1600
5	中国穆斯林	6	17	16	13.00	0.1418
6	世界宗教文化	13	6	17	12.00	0.1309
7	中国道教	11	14	10	11.67	0.1273
8	佛教文化	4	4	5	4.33	0.0472
8	五台山研究	2	6	5	4.33	0.0472
10	科学与无神论	0	2	2	1.33	0.0145
11	中国天主教	0	1	0	0.33	0.0036

由于 CSSCI 在 2004—2006 年间收录的宗教学来源期刊是《世界宗教研究》、《宗教学研究》、《中国宗教》和《世界宗教文化》，而这四种期刊的排名也和表 4‑6 完全一样，说明宗教学期刊他刊引用情况的规律与趋势与总被引情况大致相同。所以本节的讨论主要围绕这四种来源期刊展开。

经过计算可以得到这四种期刊的自引率分别为 9%、42%、4% 和 0%（排列顺序与表中一致）。由此可知，除《宗教学研究》外，其他三种期刊的自引率都不高，均低于 10%。所以这四种期刊自引情况的存在对整体局势影响不大，11 种期刊的排名也和表 4‑6 完全一样。同时，由计算可知四种来源期刊的他刊引用次数占所有期刊他刊引用次数的 72.6%，这说明来源期刊对其他期刊的学术影响远远超过了非来源期刊，其中仅《世界宗教研究》就占了 47.99%，比它之前在总被引数据中所占的比重还涨了一个百分点，再次证明该刊在宗教学界的学术影响不容小觑。而《宗教学研究》自引率高，虽然其中可能多是合理引用，但自引率过高会局限自身的发展，希望该刊编辑部能注意到这一点，在今后努力提高期刊质量，扩大期刊在其他期刊中的影响力。

4.2.3　本学科论文引用次数

本学科论文引用次数（简称：学科引用次数）是指宗教学期刊刊载的论文被本学科论文引用的次数，它反映的是期刊在本学科的影响力。我们将通过这一指标来考察宗教学期刊对本学科的学术影响。表 4‑8 给出了 2004—2006 年 11 种宗教学期刊本学科论文引用次数及三年平均值,并对平均值进行归一化处理。表中数据按归一化值从大到小排列。

表 4-8　　　　　　　　　　2004—2006 年宗教学期刊学科引用次数

排序	期刊名称	2004 年（篇次）	2005 年（篇次）	2006 年（篇次）	三年平均（篇次）	归一化值
1	世界宗教研究	45	81	52	59.33	1
2	宗教学研究	13	33	26	24.00	0.4045
3	法音	7	8	15	10.00	0.1685
4	中国道教	8	10	6	8.00	0.1348
5	世界宗教文化	6	4	13	7.67	0.1293
6	中国宗教	2	4	15	7.00	0.1180
7	中国穆斯林	2	4	9	5.00	0.0843
8	五台山研究	1	6	4	3.67	0.0619
9	佛教文化	2	3	2	2.33	0.0393
10	科学与无神论	0	0	1	0.33	0.0056
11	中国天主教	0	0	0	0	0

根据表 4-8 的数据可以计算出 11 种宗教学期刊在 2004—2006 年共被本学科论文引用 382 篇次,与总被引次数 642 篇次相比,本学科论文引用比例为 59.5%,这说明宗教学期刊主要对本学科领域的研究发挥重大作用,同时对其他学科的学术研究也有着一定的影响。从表 4-8 的三年平均值来看,《世界宗教研究》稳居第 1,其后是《宗教学研究》和《法音》。如果把自引情况考虑进去,《宗教学研究》在本学科的实际影响力就会有所下降,因为其三年平均本学科引用次数里存在自引 15 次（结合表 4-6 和表 4-7 中的数据计算可得）,而《世界宗教研究》和《法音》因为自引情况少,所以本学科论文引用次数比较真实地反映了期刊在本学科的影响力。

和表 4-6 相比,表 4-8 中的期刊排名发生了一些变化,但变化幅度相对较小。变化集中在第 4—11 名之间:《中国宗教》、《中国穆斯林》和《佛教文化》的名次有所下降,而《中国道教》和《世界宗教文化》的排名则相应上升,说明这两种期刊较那些下降的期刊而言专业化程度更高,对本学科领域内研究也起着重要作用。

从发展趋势上来看,11 种宗教学期刊 2004—2006 年被本学科论文引用次数与总引用次数之比分别是 56.2%、67.7% 和 54.37%,所以整体趋势是先涨后落,这说明在学科互相融合、互相渗透的大背景下,大多数期刊在保持较高的专业化程度的同时,也逐渐加强与其他学科的合作与交流,这也是学科发展的必然趋势。

4.2.4 宗教学期刊被引次数综合分析

期刊被引次数综合分析就是把之前分析的三个独立指标按一定方式反映到一个综合值上，通过这一综合值来比较期刊的综合影响力。具体操作方法是给总被引次数、他刊引用次数和学科引用次数这三个指标分别赋予 0.25、0.5 和 0.25 的权重（关于权重赋予的说明参见本书第 1 章），再把每种期刊各指标的归一化值乘以对应权重然后相加就得到了该刊在被引数量这一指标上的综合值。表 4-9 给出了 11 种宗教学期刊 2004—2006 年被引次数综合值，并按综合值从大到小排列。

表 4-9　　　　　　　　2004—2006 年宗教学期刊被引次数综合值

排序	期刊名称	总被引次数归一化值	他刊引用次数归一化值	学科引用次数归一化值	综合值
1	世界宗教研究	1	1	1	1
2	宗教学研究	0.3521	0.2218	0.4045	0.3001
3	法音	0.1595	0.1745	0.1685	0.1693
4	中国宗教	0.1528	0.1600	0.1180	0.1477
5	世界宗教文化	0.1196	0.1309	0.1293	0.1277
6	中国道教	0.1163	0.1273	0.1348	0.1264
7	中国穆斯林	0.1296	0.1418	0.0843	0.1244
8	五台山研究	0.0432	0.0472	0.0619	0.0499
9	佛教文化	0.0432	0.0472	0.0393	0.0442
10	科学与无神论	0.0133	0.0145	0.0056	0.0120
11	中国天主教	0.0033	0.0036	0	0.0026

从表 4-9 可以明显看出《世界宗教研究》以领先第 2 名 0.7 的绝对优势占据第 1，说明该刊确实对宗教学乃至整个人文社会科学都有着重大的影响。排名第 2 的《宗教学研究》综合值已低于 0.5，主要是较高的自引率限制了它在其他期刊和其他学科中的影响力。第 3 名至第 7 名的五种期刊综合值在 0.2—0.1 之间，说明这些刊物在学术研究和交流中还是发挥了一定作用。后四种期刊综合值均小于 0.1，可见这些刊物在宗教学领域的学术影响十分有限，尤其是排在最后的《中国天主教》，综合值只有 0.0026，学术影响微弱，需要引起该杂志社的重视。

进一步观察表 4-9 可以发现，CSSCI 的四种来源期刊分别位居第 1、第 2 和第 4、第 5，可见来源期刊较之非来源期刊而言有更大的学术影响力。同时，通过分析前 5 名的期刊，我们可以把它们归结为以下三种类型：学科综合类期刊（如《世界宗教研究》，《中国宗教》）、道教类期刊（《宗教学研究》以道教研究为主，兼及宗教学原理及其他教派的研究）以及佛教类期刊（如《法音》）。这说明在我国现存的各个教派中，道教和佛教的研究在学界有比较大的影响力。

综合以上各种分析，可以得出宗教学期刊虽然在被引总次数上落后其他学科不少，但自引情况较少，专业化程度普遍较高，在人文社会科学界也有一定的影响力，并且随着宗教学的发展，这种影响正在不断扩大。

4.3 宗教学期刊被引速率分析

期刊被引速率是本书引入的一个新的评价指标，是期刊即年指数经过修正后得到的（具体修正方法参见本书第1章）。期刊被引速率直接反映的是期刊最近两年发表的研究成果被引用的情况，同时也间接体现了期刊对本学科热点的跟踪程度以及学界和读者对期刊的关注程度，所以是衡量期刊被引用速率的一个重要指标。和被引次数一样，为了客观全面地反映期刊的被引速率，我们也分设了总被引速率、其他期刊引用速率和本学科论文引用速率三个指标。本节将在CSSCI统计数据的基础上进行宗教学期刊的被引速率分析。

4.3.1 总被引速率

期刊总被引速率是期刊当年和前一年发表的论文在统计当年被引用总次数与该刊当年和前一年发表的论文总数之比，它反映了在整个人文社会科学领域内期刊被引用速率的概貌。表4-10给出了11种宗教学期刊2004—2006年总被引速率以及三年的平均值，并对平均值进行归一化处理，表中数据按归一化值从大到小排列。

表4-10　　　　　　　2004—2006年宗教学期刊总被引速率

排序	期刊名称	2004年	2005年	2006年	三年平均	归一化值
1	世界宗教研究	0.0400	0.1092	0.0457	0.0650	1
2	宗教学研究	0.0128	0.0331	0.0274	0.0244	0.3754
3	中国宗教	0.0108	0.0031	0.0174	0.0104	0.1600
4	中国穆斯林	0	0.0121	0.0096	0.0072	0.1108
5	法音	0	0	0.0150	0.0050	0.0769
6	五台山研究	0.0116	0	0	0.0039	0.0600
7	世界宗教文化	0.0092	0	0	0.0031	0.0477
8	佛教文化	0.0068	0	0	0.0023	0.0354
9	科学与无神论	0	0.0056	0	0.0019	0.0292
10	中国道教	0	0.0033	0	0.0011	0.0169
11	中国天主教	0	0	0	0	0

从表4-10可以看出，列出的11种宗教学期刊总被引速率普遍偏低，三年平均值均低于0.1。排在前3名的三种期刊相对较高，其中《世界宗教研究》以0.065位

居第 1，说明和其他 10 种期刊相比，该刊前沿性更强，也更易在学术研究中被引用。剩下的 8 种期刊三年平均值都不超过 0.01，《中国天主教》甚至三年数据都为零，说明该刊对学科热点关注度不高，读者群也相对狭窄，希望能引起办刊者的注意。

如果按年对表中 11 种宗教学期刊的总被引速率求平均值，可得 2004—2006 年的值分别为 0.0083、0.0151 和 0.0105，整体发展趋势是先升后降，先提高了 0.007，然后又下滑 0.005。这一趋势不利于期刊的发展，同时也会阻滞宗教学的学术繁荣，所以应引起学界的重视。但其中仍有个别期刊有增长之势，如《中国宗教》、《法音》，说明这两种期刊近年来正逐渐受到学界和读者的关注。

和社会人文科学的其他学科相比，宗教学期刊的总被引速率还是偏低的。如对期刊总被引速率的三年平均值再取平均，宗教学得到的是 0.0113，而哲学、外国文学和社会学得到的分别是 0.0724、0.03 和 0.1147（这三项数据分别参见本书第 3 章、第 9 章和第 16 章），这主要是因为宗教学和其他学科相比，研究成果更新速度相对较慢，且研究更注重于经典著作的参考，所以被引用速率不高。

4.3.2 其他期刊引用速率

其他期刊引用速率（简称：他刊引用速率）是为了平衡 CSSCI 来源期刊相对于非来源期刊所拥有的优势而设立的，它反映的是同一种计算方式下期刊近两年的论文被其他期刊引用的情况。去除了自引情况后，该指标能更真实地反映期刊被其他期刊关注的程度。表 4-11 中给出了 11 种宗教学期刊 2004—2006 年的他刊引用速率及三年平均值，并对平均值进行归一化处理。表中期刊按归一化值从大到小排列。

表 4-11　　　　　　　　2004—2006 年宗教学期刊他刊引用速率

排序	期刊名称	2004 年	2005 年	2006 年	三年平均	归一化值
1	世界宗教研究	0.0400	0.1034	0.0457	0.0630	1
2	宗教学研究	0.0128	0.0199	0.0152	0.0160	0.2540
3	中国宗教	0.0108	0.0031	0.0139	0.0093	0.1476
4	中国穆斯林	0	0.0121	0.0096	0.0072	0.1143
5	法音	0	0	0.0150	0.0050	0.0794
6	五台山研究	0.0116	0	0	0.0039	0.0619
7	世界宗教文化	0.0092	0	0	0.0031	0.0492
8	佛教文化	0.0068	0	0	0.0023	0.0365
9	科学与无神论	0	0.0056	0	0.0019	0.0302
10	中国道教	0	0.0033	0	0.0011	0.0175
11	中国天主教	0	0	0	0	0

从表 4-11 可以看出，排除了自引情况后，宗教学期刊的他刊引用速率排名和总被引速率排名完全一样。因为只有《世界宗教研究》、《宗教学研究》、《中国宗教》和《世界宗教文化》这四种期刊属于 CSSCI 来源期刊，并且它们的自引率都不是很高（分别为 3%、35%、11% 和 0），所以这四种期刊的自引情况未对按总被引速率排名形成的顺序产生太大的影响，表 4-11 所体现的规律与趋势也和表 4-10 的大致相同。但和表 4-10 相比，《世界宗教研究》作为第 1 名更突出了，它以超出第 2 名近三倍的优势遥遥领先，说明该刊在众多宗教学期刊中，其极高的学术地位和学术影响是不容置疑的。

4.3.3 本学科论文引用速率

和前面其他两个引用速率的指标相比，本学科论文引用速率（简称：学科引用速率）限定了考察的学科范围，反映的是期刊近两年研究成果被本学科论文引用的速率，所以它不仅揭示了期刊在本学科的被关注程度，也体现了学科自我更新发展的速度。本小节中我们将通过该指标考察 11 种宗教学期刊的学科论文引用速率，表 4-12 给出的就是各期刊在 2004—2006 年的学科引用速率及三年的平均值，并对平均值进行了归一化处理，最后表中数据按归一化值从大到小排列。

表 4-12　　　　　　　　2004—2006 年宗教学期刊学科引用速率

排序	期刊名称	2004 年	2005 年	2006 年	三年平均	归一化值
1	世界宗教研究	0.0286	0.0977	0	0.0421	1
2	宗教学研究	0.0043	0.0232	0.0091	0.0122	0.2898
3	中国穆斯林	0	0	0.0096	0.0032	0.0760
4	中国宗教	0.0022	0.0052	0.0025	0.0025	0.0594
5	法音	0	0	0.0050	0.0017	0.0404
6	世界宗教文化	0.0046	0	0	0.0015	0.0356
7	中国道教	0	0.0033	0	0.0011	0.0261
8	佛教文化	0	0	0	0	0
8	科学与无神论	0	0	0	0	0
8	五台山研究	0	0	0	0	0
8	中国天主教	0	0	0	0	0

从表 4-12 的数值上来看，宗教学 11 种期刊的学科引用速率普遍很低，大多未超过 0.01，其中《世界宗教研究》以突出的 0.0421 排名第 1，说明该刊在本学科内同样有着很高的关注度，也再次证明了其在宗教学期刊中的权威性。排名最后的四种

期刊，三年的本学科论文引用速率全都为0，所以都迫切需要提高专业化程度，扩大其在本学科领域内的影响力。但《科学与无神论》的情况有些特殊，其学科意识形态的特殊性导致了它不易被宗教学论文所引用。

和表4-10相比，本表在排名上有如下变化：《中国宗教》与《中国穆斯林》交换了一个名次，这说明在总被引速率相差不大的前提下，学科相对狭窄的《中国穆斯林》在这一指标中占有更大的优势。因为这类期刊与学科联系更紧密，论文的专指性也更高，更容易及时地被本学科论文引用。这也同样解释了《五台山研究》和《中国道教》名次的变化。《五台山研究》是多学科的综合性刊物，且研究内容以五台山为主，学科专指性不高，所以才会出现三年数据全为0的情况，较之前下跌4个名次；而《中国道教》的学科背景是道教，且期刊专业化程度高（该刊的本学科引用速率就等于总引用速率），所以名次也从之前的第10上升到第7。

4.3.4 宗教学期刊被引速率综合分析

期刊被引速率综合分析就是把总被引速率、其他期刊引用速率和本学科引用速率这三个指标结合起来综合考察期刊最新成果被引用的情况。具体操作方法是给总被引速率、他刊引用速率和本学科论文引用速率分别赋予0.25、0.5和0.25的权重，然后把各指标的归一化值乘以对应的权重再相加即得到一个综合值。根据这一数值可以从总体上来评价期刊被引用的及时性。表4-13给出的是11种宗教学期刊2004—2006年总被引速率、他刊引用速率和学科引用速率的归一化值（数据分别取自于前面三个表），然后按照上述操作方法求得综合值。表中期刊按综合值从大到小排列。

表4-13　　　　2004—2006年宗教学期刊被引速率综合值

排序	期刊名称	总被引速率归一化值	他刊引用速率归一化值	学科引用速率归一化值	综合值
1	世界宗教研究	1	1	1	1
2	宗教学研究	0.3754	0.2540	0.2898	0.2933
3	中国宗教	0.1600	0.1476	0.0594	0.1287
4	中国穆斯林	0.1108	0.1143	0.0760	0.1039
5	法音	0.0769	0.0794	0.0404	0.0690
6	五台山研究	0.0600	0.0619	0	0.0460
7	世界宗教文化	0.0477	0.0492	0.0356	0.0454
8	佛教文化	0.0354	0.0365	0	0.0271
9	科学与无神论	0.0292	0.0302	0	0.0224
10	中国道教	0.0169	0.0175	0.0261	0.0195
11	中国天主教	0	0	0	0

从表 4-13 可以看出，宗教学期刊分布层次明显。排名第 1 的《世界宗教研究》为第一层次，它以绝对性的优势再次证明了其在宗教学期刊中的领军地位。《宗教学研究》、《中国宗教》和《中国穆斯林》组成了前沿性和受关注程度都有所减弱的第二层次。剩下的 7 种期刊组成了第三层次，这些期刊的被引速率综合值都小于 0.1，说明它们普遍滞后于学科发展，期刊的读者覆盖面也非常有限。其中《佛教文化》、《五台山研究》和《科学与无神论》的学科引用速率都为 0，所以在今后应注重于学科专指性、学术性的提高；而排名最后的《中国天主教》，由于该刊其他两项被引速率也都为 0，所以应尽量跟进学科热点，提高期刊的学术含量，以促进该刊论文被学者们及时引用。

一个学科大多数期刊的被引速率能大致反映该学科的发展速度及学术活跃程度[1]，而我们讨论的 11 种宗教学期刊 2004—2006 年间在给出的三个指标上，没有一个数据是超过 0.1 的，所以从总体上来讲，宗教学的发展是相对缓慢的。如果进一步分析宗教学内各分支学科的期刊，就会发现除了已具备一定发展基础的道教和佛教之外，伊斯兰教的代表性期刊《中国穆斯林》也跻身前 5 名，说明这几年伊斯兰教是宗教学界关注与研究的一大热点，并且发展速度很快。

需要说明的是，总被引速率不仅与期刊载文的前沿性和实用性有关，而且与期刊出版周期有着密切的关系[2]。期刊出版周期越短，其学术成果更新就快，也更容易被借鉴及参考。由于受宗教学自身性质的影响，宗教学期刊的出版周期都较长，如列出的 11 种宗教学期刊中，只有《中国宗教》和《法音》是月刊，其他都是双月刊或季刊，所以相对较短的出版周期为《中国宗教》和《法音》这两种期刊计算被引用速率时加分不少，而《世界宗教研究》和《宗教学研究》都是季刊，越发突显出这两种期刊的学术质量和学术影响力。

4.4 宗教学期刊影响因子分析

影响因子是从引文角度评价期刊学术影响的一项重要指标，是为了消除办刊历史、期刊载文量等因素对期刊评价的影响而设立的。由于影响因子反映的是期刊在其论文的最佳引用时段表现出的学术影响，所以直接体现了期刊的主要影响力。影响因子的传统定义是期刊前两年发表的论文在统计当年被某一范围内的文献引用的数量与该期刊前两年刊载论文总数之比。但根据我国人文社会科学期刊发展的现状，本书对影响因子做了修正，把被引期刊的统计年限由前两年推至前第 2、3 年（关于修正的详细说明参见本书第 1 章）。下面我们将在 CSSCI 统计数据的基础上，对 11 种宗教

---

[1] 苏新宁："构建人文社会科学期刊评价体系"，《东岳论丛》2008 年第 1 期，第 35—42 页。
[2] 袁翀："外国文学期刊学术影响分析——基于 CSSCI（2004—2006）"，《东岳论丛》2008 年第 3 期，第 32—41 页。

期刊进行影响因子分析。和前面两个指标一样，影响因子也被细分成一般影响因子、他引影响因子和学科影响因子。

4.4.1 一般影响因子

一般影响因子的计算方法和上段中给出的修正后的影响因子是完全一样的，只是为了区别其他两个有所限定的影响因子才称为"一般影响因子"。它反映了期刊的相对影响和重要程度。表4-14给出的是11种宗教学期刊2004—2006年的一般影响因子及三年的平均值，并对三年平均值作了归一化处理。表中的数据按照三年平均值从大到小排列。

表4-14　　　　　　　　　　2004—2006年宗教学期刊一般影响因子

排序	期刊名称	2004年	2005年	2006年	三年平均	归一化值
1	宗教学研究	0.0223	0.0884	0.0511	0.0539	1
2	世界宗教研究	0.0490	0.0610	0.0343	0.0481	0.8924
3	法音	0.0150	0.0107	0.0109	0.0122	0.2263
4	中国宗教	0.0157	0	0.0151	0.0103	0.1911
5	中国道教	0.0089	0.0080	0.0099	0.0089	0.1651
6	世界宗教文化	0	0.0048	0.0183	0.0077	0.1429
7	佛教文化	0.0048	0.0044	0.0068	0.0053	0.0983
8	中国穆斯林	0.0043	0	0.0070	0.0038	0.0705
9	中国天主教	0	0.0036	0	0.0012	0.0223
10	科学与无神论	0	0	0.0027	0.0009	0.0167
11	五台山研究	0	0	0	0	0

从表4-14中可以看出，宗教学期刊的一般影响因子普遍偏低，11种期刊的三年平均值均低于0.1，和人文社会科学的其他学科相比有一定的差距。其中《宗教学研究》和《世界宗教研究》相对突出，分别位居第1和第2，说明这两种期刊刊载的论文整体质量较高，学术影响也较大，是宗教学领域内的重要期刊。位居其后的是《法音》和《中国宗教》，两种期刊的三年平均值均大于0.01，说明了这两种期刊在宗教学研究中发挥着一定的作用。排名最后的《科学与无神论》和《五台山研究》，三年的平均值都不到0.001，其中《五台山研究》三年的一般影响因子全部为0，结合这两种期刊的总被引速率，可以得知这两种期刊近几年发表的论文极少被引用，这和这两种期刊本身的性质有着密切关系（关于这点已经在被引速率分析中作了分析）。

从年度变化上来看,宗教学期刊的一般影响因子在三年间有起有落。第一层次的《宗教学研究》和《世界宗教研究》经过 2005 年短期增长后到 2006 年都有所下滑;相反的,排名第 3 到第 7 的 5 种期刊却基本呈增长态势,这说明从发展趋势上看,宗教学领域内各层次期刊间的学术影响差距正在不断缩小,一般性期刊的影响力正逐步扩大。而最后三种期刊一般影响因子都较小,且多年数据为 0,说明这三种期刊近几年尚未形成有规模的影响力。

需要说明的是,《中国穆斯林》在表中排名第 8,和其在总被引速率中的排名相比下降了 4 个名次,说明该刊刊载的论文被引用的时间峰值应为论文发表后的第二年,这也进一步证明了该分支学科近几年发展迅速,学术成果更新很快。

4.4.2 他引影响因子

他引影响因子把期刊的被引用限定为其他期刊,即排除了来源期刊的自引情况,所以能更客观、公正地反映期刊的实际影响力。表 4-15 给出了 11 种宗教学期刊 2004—2006 年的他引影响因子及三年的平均值,并对三年平均值进行归一化处理。表中数据按他引影响因子三年平均值从大到小排列。

表 4-15　　　　　　　　2004—2006 年宗教学期刊他引影响因子

排序	期刊名称	2004 年	2005 年	2006 年	三年平均	归一化值
1	世界宗教研究	0.0280	0.0549	0.0343	0.0391	1
2	宗教学研究	0.0056	0.0442	0.0255	0.0251	0.6419
3	法音	0.0150	0.0107	0.0109	0.0122	0.3120
4	中国宗教	0.0157	0	0.0151	0.0103	0.2634
5	中国道教	0.0089	0.0080	0.0099	0.0089	0.2276
6	世界宗教文化	0	0.0048	0.0183	0.0077	0.1969
7	佛教文化	0.0048	0.0044	0.0068	0.0053	0.1355
8	中国穆斯林	0.0043	0	0.0070	0.0038	0.0972
9	中国天主教	0	0.0036	0	0.0012	0.0307
10	科学与无神论	0	0	0.0027	0.0009	0.0230
11	五台山研究	0	0	0	0	0

对比表 4-14 和表 4-15 可以发现,排除了自引情况后,宗教学 11 种期刊的数值和排名都基本没变,这说明宗教学期刊中用于计算影响因子的有效引用普遍以他引为主。唯一的变化是《世界宗教研究》和《宗教学研究》交换了名次,主要原因在于《宗教学研究》的自引率(53.45%)远高于《世界宗教研究》(18.78%),这说明

在对其他期刊的影响上，《世界宗教研究》还是明显领先的。而《宗教学研究》过高的自引率也凸现了该刊比较注重于本刊文献的传承与借鉴，在其他期刊中发挥的作用则相对较弱。但从总体上来说，这两种期刊的他刊影响力还是众多宗教学期刊中最突出的。

4.4.3 学科影响因子

学科影响因子是为了充分体现期刊在学科领域内的影响力而设立的。它把期刊的被引用限定为本学科的论文，所以我们能根据该指标判断期刊在本学科领域的学术活动中所处的地位和发挥的作用，同时根据其发展趋势变化，了解学科的发展状况。表4-16给出了按照2004—2006年宗教学期刊学科影响因子平均值从大到小排序的前11名期刊。

表 4-16   2004—2006年宗教学期刊学科影响因子

排序	期刊名称	2004年	2005年	2006年	三年平均	归一化值
1	宗教学研究	0.0223	0.0829	0.0426	0.0493	1
2	世界宗教研究	0.0210	0.0488	0.0114	0.0271	0.5497
3	中国道教	0.0060	0.0054	0.0066	0.0060	0.1217
4	世界宗教文化	0	0	0.0138	0.0046	0.0933
5	法音	0	0.0107	0	0.0036	0.0730
6	佛教文化	0.0048	0.0044	0	0.0031	0.0629
7	中国宗教	0	0	0.0086	0.0029	0.0588
8	中国穆斯林	0.0043	0	0.0035	0.0026	0.0527
9	科学与无神论	0	0	0	0	0
10	五台山研究	0	0	0	0	0
11	中国天主教	0	0	0	0	0

结合表4-14和表4-16可以看出，排除被其他学科论文引用次数后，宗教学期刊的学科影响因子排名有明显变化。《宗教学研究》以高达91%的本学科引用率高居榜首，说明其学科专指性高，在本学科领域内确实有重大影响。但需要说明的是它的学科影响因子中的被引有59%来自于自引。《中国道教》和《世界宗教文化》的排名都明显上升，说明这两种期刊学科相关程度高，在本学科研究活动中发挥一定的作用。而《中国宗教》从第4名下降到第7名，由前可知该刊的总被引速率与本学科被引速率都排在前4名，这一落差主要在于该刊以宣传介绍中国宗教工作和政策方针等为主，所以这类刊物的影响一般偏重于其他学科，同时因刊载的论文具有一定的时

效性，易被及时引用，所以在统计本学科被引速率时尚占有一定优势，但在统计本学科影响因子时，其他期刊也同样处于引用峰值，这时的《中国宗教》就略显平庸了。

宗教学期刊学科影响因子年度变化的规律和趋势与一般影响因子的大致相同。按年对所有期刊的学科影响因子求平均值，分别得到 0.0053、0.0138 和 0.0079，可以看出整体趋势是先涨后落，说明宗教学在 2004—2005 年间发展迅速，涨幅达 160%，但从 2005—2006 年却有明显后退，这一情况应引起宗教学界的注意。

4.4.4 宗教学期刊影响因子综合分析

期刊影响因子的综合分析建立在一般影响因子、他引影响因子和学科影响因子这三个指标的基础之上，具体操作方法是为这三个指标各赋予 0.25、0.5 和 0.25 的权重，然后把各指标的归一化值乘以对应的权重再相加就得到综合值。我们可以根据综合值的大小来比较并评价期刊的综合影响力。表 4-17 按照归一化、加权后给出了 11 种宗教学期刊 2004—2006 年的影响因子综合值。表中数据按影响因子综合值从大到小排列。

表 4-17　　　　　2004—2006 年宗教学期刊影响因子综合值

排序	期刊名称	一般影响因子归一化值	他引影响因子归一化值	学科影响因子归一化值	综合值
1	世界宗教研究	0.8924	1	0.5497	0.8605
2	宗教学研究	1	0.6419	1	0.8210
3	法音	0.2263	0.3120	0.0730	0.2308
4	中国宗教	0.1911	0.2634	0.0588	0.1942
5	中国道教	0.1651	0.2276	0.1217	0.1855
6	世界宗教文化	0.1429	0.1969	0.0933	0.1575
7	佛教文化	0.0983	0.1355	0.0629	0.1081
8	中国穆斯林	0.0705	0.0972	0.0527	0.0794
9	中国天主教	0.0223	0.0307	0	0.0209
10	科学与无神论	0.0167	0.0230	0	0.0157
11	五台山研究	0	0	0	0

根据表 4-17 中的数据，我们大致可以把 11 种宗教学期刊划分成三个层次。学术含量高、学术影响力大的《世界宗教研究》和《宗教学研究》依然排在第一层次。但从这两种期刊各分指标的归一化值中可以看出，综合值明显突出了他引影响因子的作用，削弱了期刊自引产生的优势，所以《世界宗教研究》才能在其他两项指标都低于《宗教学研究》的情况下问鼎首位，这也更客观地反映了期刊的实际影响力。

影响因子综合值在0.3—0.15之间的《法音》等4种期刊列入第二层次,这4种刊物的影响力虽然远不如前两名,但也发挥着不可忽视的作用,其中《法音》和《中国道教》的出现也恰好符合了佛教和道教这两个分支学科在中国的发展现状。剩下的5种期刊组成了第三层次,这和它们在被引次数和被引速率中的情况大致相同,其中虽然有某些客观原因存在(期刊性质内容等,如《五台山研究》),但它们的学术影响力确实比较有限,学术质量还有很大的上升空间。

4.5 宗教学期刊被引广度分析

如果说影响因子是期刊所载论文的整体水平与质量的标志,那么被引广度则在一定程度上反映了期刊论文的知识域和影响范围。[①] 它通过某种期刊被其他期刊的引用情况来体现期刊的影响覆盖面,同时也可以反映本学科与其他学科的交叉渗透情况。被引广度的具体计算方法参见本书第1章。表4-18中列出了11种宗教学期刊2004—2006年的期刊被引广度及三年平均值和归一化值,我们将据此来分析比较各期刊的影响广度。表中数据按三年平均值从大到小排列。

表4-18　　　　　　　　　　2004—2006年宗教学期刊被引广度

排序	期刊名称	2004年	2005年	2006年	三年平均	归一化值
1	世界宗教研究	12.8	14.2	20.4	15.80	1
2	宗教学研究	2.0	5.8	7.4	5.07	0.3209
3	法音	2.4	2.0	5.2	3.20	0.2025
4	中国宗教	2.2	1.6	5.4	3.07	0.1943
5	世界宗教文化	2.6	1.2	3.4	2.40	0.1519
6	中国道教	2.2	2.8	2.0	2.33	0.1475
7	中国穆斯林	1.2	2.4	3.0	2.20	0.1392
8	佛教文化	0.8	0.8	1.0	0.87	0.0551
8	五台山研究	0.4	1.2	1.0	0.87	0.0551
10	科学与无神论	0	0.4	0.4	0.27	0.0171
11	中国天主教	0	0.2	0	0.07	0.0044

从表4-18中可以看出,宗教学期刊的被引广度普遍不高,主要原因是统计源

---

① 赵宪章、邓三鸿:"2000—2004年中国文学期刊影响力报告",《东南大学学报(哲学社会科学版)》2006年第2期,第102—108页。

CSSCI 中宗教学类来源期刊只有 4 种，且宗教学与其他学科间的交流与渗透也不突出。《世界宗教研究》以明显的优势位居榜首，说明了该刊不仅在本学科领域内发挥重大作用，也受到其他学科学者的较多关注。三年平均值在 1—10 之间的《宗教学研究》等 6 种期刊，虽然被引广度远不如《世界宗教研究》，但是从数值上可以得知它们的研究成果在学界还是有一定的影响覆盖面。剩下的 4 种期刊被引广度三年均值均小于 1，说明这 4 种期刊影响范围相对狭窄，多数还局限于宗教学类期刊中。

和表 4-17（期刊影响因子综合分析）相比，本表中的期刊排名没有发生太大的变化，说明多数期刊的影响力度和影响广度保持一致。变化稍大的是《五台山研究》，它从之前的最后 1 名提升到第 8 名，主要在于该刊是多学科综合性刊物，所以其论文更易被多种期刊引用。

观察表 4-18 可知，2004—2006 年间宗教学期刊的被引广度整体呈上升态势，所以从总体上而言，宗教学的影响范围正在不断扩大，但各刊的增长情况不一。前 5 种期刊 2004—2005 年基本保持稳定（《宗教学研究》有明显上升趋势），但 2005 年到 2006 年涨势明显，平均涨幅达 130%。居第 6 位的《中国道教》三年间被引广度渐趋平稳。而后 5 种期刊中多数期刊的主要增长发生在 2004—2005 年间，从 2005 年到 2006 年，影响范围基本保持不变。

4.6 宗教学期刊二次文献转载分析

重要的二次文献类期刊一般都摘转各学科领域的重要研究成果，能反映各学科领域学术动态和学术走向，[①] 所以期刊论文被这些文摘刊物全文转载的数量，不仅反映了期刊高质量论文的多少，也反映了期刊对学科热点和学科走向的关注程度。这一指标的设立丰富了考察期刊学术影响的角度，同时也弥补了原刊由于作者引用二次文献带来的被引数据损失。目前在我国人文社会科学界公认的有重要影响的综合性二次文献有四种：《新华文摘》、《中国社会科学文摘》、《复印报刊资料》以及《高等学校文科学术文摘》。由于宗教学期刊在 2004—2006 年被《新华文摘》和《中国社会科学文摘》收录的论文都极少，所以我们主要以《复印报刊资料》为主，比较并分析宗教学各期刊的二次文献转载情况。

中国人民大学主办的《复印报刊资料》是国内较具权威性的人文社会科学文献资料库，它的编选建立在国内外公开和内部发行的 3000 多种学术期刊的基础之上，至今为止已设立 100 多个专题系列。[②] 所以和其他二次文献期刊相比，《复印报刊资料》的收录范围更广，期刊论文被其转载的可能性也更大。表 4-19 列出了 11 种宗

[①] 苏新宁："构建人文社会科学期刊评价体系"，《东岳论丛》2008 年第 1 期，第 35—42 页。
[②] http://219.245.119.194/newindex/eresource/renda.htm，2008—5—13.

教学期刊 2004—2006 年被《复印报刊资料》全文转载的数据，同时计算了三年平均值和归一化值。表中期刊按归一化值从大到小排列。

表 4-19　　2004—2006 年宗教学期刊被《复印报刊资料》全文转载统计

排序	期刊名称	2004 年（篇）	2005 年（篇）	2006 年（篇）	三年平均（篇）	归一化值
1	世界宗教研究	9	8	11	9.33	1
2	宗教学研究	9	4	7	6.67	0.7149
3	中国宗教	3	0	4	2.33	0.2497
4	中国道教	1	2	2	1.67	0.1790
5	世界宗教文化	0	1	1	0.67	0.0718
5	法音	0	1	1	0.67	0.0718
7	五台山研究	1	0	0	0.33	0.0354
7	中国穆斯林	0	0	1	0.33	0.0354
9	佛教文化	0	0	0	0	0
9	科学与无神论	0	0	0	0	0
9	中国天主教	0	0	0	0	0

由表 4-19 可知，11 种宗教学期刊在 2004—2006 年被《复印报刊资料》全文转载共计 66 篇次，各刊每年被转载篇次基本都低于 10，其中排名最后的三种期刊三年数据全部为 0，所以整体而言宗教学期刊被人大《复印报刊资料》转载的数量较少，期刊覆盖面也较窄，这当然也和宗教学本身的发展状况密切相关。

纵观表中各期刊被转载情况，《世界宗教研究》和《宗教学研究》以突出优势位居第 1 和第 2。说明这两种期刊高质量的论文比例较大，同时也及时跟进学科热点、关注学科走向。位居其后的《中国宗教》和《中国道教》对宗教学领域内的重要研究也有一定的贡献。其中《中国宗教》2005 年被《复印报刊资料》转载量虽然为 0，但该刊同年被《新华文摘》转载 2 篇次，是三年中这 11 种期刊唯一被《新华文摘》转载的记录，由此可知《中国宗教》确实有一部分高质量的论文在宗教学研究中发挥着重要影响。其余 7 种期刊三年平均被转载次数均小于 1，尤其是最后三种期刊，三年中转载记录全部为 0，希望办刊者能努力提高期刊质量，改变这一现状。

宗教学期刊在 2004—2006 年被《复印报刊资料》转载的总篇数分别是 23、16、27，所以从年度变化来看是先降后涨。这一趋势在排名靠前的三种期刊中表现得很明显，其他期刊由于被转载量极少，三年间变化很小。所以，从总体上而言，宗教学期刊被二次文献转载量明显偏少，发展趋势也不容乐观，期刊刊载论文的整体质量还有待进一步提高。

4.7 宗教学期刊 Web 即年下载率分析

Web 即年下载率是指期刊在统计当年出版与上网并被全文下载的次数与当年出版的文献数之比[1],是网络环境下评价期刊的一个新指标。它避免了期刊的可获得性及读者主观认知等因素对期刊评价的影响,更客观、公正地反映了读者根据主题出发对期刊论文的关注程度,所以这一指标在期刊评价中有着重要的作用。本章采用的 Web 即年下载率的数据来源于《中国学术期刊综合引证报告(2005—2007 版)》。表 4-20 给出了 11 种宗教学期刊 2004—2006 年 Web 即年下载率以及三年平均值,并在此基础上对平均值进行归一化处理,表中期刊最后按照三年平均值从大到小排列。

表 4-20　　　　　　　2004—2006 年宗教学期刊 Web 即年下载率

排序	期刊名称	2004 年	2005 年	2006 年	三年平均	归一化值
1	世界宗教研究	16.6	23.7	32.7	24.33	1
2	宗教学研究	7.6	9.2	29.6	15.47	0.6358
3	中国宗教	10.8	15.7	15.4	13.97	0.5742
4	科学与无神论	—	8.4	16.3	12.35	0.5076
5	世界宗教文化	6.5	10.7	17.9	11.70	0.4809
6	中国道教	8.9	11.8	11.4	10.70	0.4398
7	五台山研究	10.5	9.1	11.8	10.47	0.4303
8	中国穆斯林	5.6	9.1	9.0	7.90	0.3247
9	法音	4.8	7.4	6.3	6.17	0.2536
10	佛教文化	5.4	5.0	—	5.20	0.2137
11	中国天主教	—	2.9	5.9	4.40	0.1808

注:上表中"—"表示当年该刊的数据为空,不列入平均值的计算。

观察表 4-20 可知,11 种宗教学期刊根据 Web 即年下载率大致可分为三个层次。《世界宗教研究》为第一层次,它以超过第 2 名 57% 的优势占据首位,再次说明该刊的学术质量高,相对其他期刊而言更突出地被学者所关注。三年平均值在 10—20 之间的《宗教学研究》等 6 种期刊组成了第二层次,其余的 4 种期刊为第三层次。有一点需要说明,《科学与无神论》在前面分析的所有指标中排名都比较靠后,但它的 Web 即年下载率却排名第 4,主要原因在于该刊注重宣传科学精神、破除迷信、维护

---

[1] http://www.chinatyxk.com/gb/qksj.asp?newsid=128.htm,2008—5—12.

公民宗教信仰自由权利，这与普通大众的精神需求更贴近，所以期刊被关注度也较高。总的而言，学科综合性期刊比专业领域相对狭窄的期刊有更高的 Web 即年下载率，CSSCI 来源期刊也比非来源期刊更多地被学者关注。

经过计算，可以得到 2004—2006 年 11 种宗教期刊的平均 Web 即年下载率分别是 8.5、10.3 和 15.6，由此可知宗教学期刊在这一指标上呈稳步上升态势，网络环境下的影响力正在不断扩大，说明大多数宗教学期刊都通过自我调整比较良好地适应了当今网络化的趋势。但与人文社会科学其他学科相比，宗教学在网络环境下的扩散力还远远不够。如对宗教学 11 种期刊三年的所有数据取平均值可得到 11.15，而相同处理下，哲学、外国文学和社会学得到的分别是 38.83、26.77 和 38.97（数据分别来自于本书的第 3 章、第 9 章和第 16 章），远超过宗教学的 100%—200%，所以宗教学各期刊在这一指标上还有很大的提升空间。

4.8　宗教学期刊评价指标综合分析

前面各节中，我们已经通过七大指标分别评价了宗教学各期刊，但每种指标单独使用都会有一定的片面性，只有将各指标结合起来综合分析，才能使评价更公正、更全面，所以我们将使用本书第 1 章中构建的评价体系来综合评价宗教学各期刊。在综合评价体系中，各指标根据其在评价中所起的作用分别被赋予了相应的权重（具体参见本书第 1 章，表 4-21 各指标后面的小数就是相应的权重）。具体操作方法是把各指标的归一化值分别乘以对应的权重，再相加后得到一个综合值，根据综合值来分析并评价各期刊。表 4-21 就是 11 种宗教学期刊依据之前分析的数据和上述计算方法得到的综合值。表中数据按综合值从大到小排列。

表 4-21　　　　　　　　　　宗教学期刊综合值运算表

排序	期刊名称	期刊学术规范 ×0.15	被引次数 ×0.1	被引速率 ×0.1	影响因子 ×0.3	被引广度 ×0.1	文献转载 ×0.1	Web 下载 ×0.15	综合值 Σ
1	世界宗教研究	0.7883	1	1	0.8605	1	1	1	0.9264
2	宗教学研究	0.9389	0.3001	0.2933	0.8210	0.3209	0.7149	0.6358	0.6454
3	中国宗教	0.4614	0.1477	0.1287	0.1942	0.1943	0.2497	0.5742	0.2856
4	中国道教	0.4681	0.1264	0.0195	0.1855	0.1475	0.1790	0.4398	0.2391
5	法音	0.2634	0.1693	0.0690	0.2308	0.2025	0.0718	0.2536	0.1981
6	世界宗教文化	0.0193	0.1277	0.0454	0.1575	0.1519	0.0718	0.4809	0.1620
7	五台山研究	0.4792	0.0499	0.0460	0	0.0551	0.0354	0.4303	0.1551

续表

排序	期刊名称	期刊学术规范×0.15	被引次数×0.1	被引速率×0.1	影响因子×0.3	被引广度×0.1	文献转载×0.1	Web下载×0.15	综合值 Σ
8	科学与无神论	0.4259	0.0120	0.0224	0.0157	0.0171	0	0.5076	0.1499
9	中国穆斯林	0.1654	0.1244	0.1039	0.0794	0.1392	0.0354	0.3247	0.1376
10	佛教文化	0.1206	0.0442	0.0271	0.1081	0.0551	0	0.2137	0.0952
11	中国天主教	0.0511	0.0026	0	0.0209	0.0044	0	0.1808	0.0418

综合各指标分析可以看出，《世界宗教研究》和《宗教学研究》的综合值仍遥遥领先于其他期刊，而其中《世界宗教研究》又以突出的优势牢牢占据首位。这与多数情况下两者表现出来的关系是相符的。其余9种期刊与前两种期刊差距明显，说明宗教学期刊存在断层现象，应尽快加强其余期刊的建设，缩小层次间的差距。

根据期刊的综合排名及各指标的数据，我们也可以从中分析得出期刊的特点。如《中国宗教》较高的影响因子和二次文献转载量说明该刊虽重在宣传介绍中国的宗教，但兼及的宗教学理论研究探讨也有一定的影响力，才能多次被权威的二次文献期刊所转载。而《五台山研究》虽然影响因子为0，但由于其较强的学术规范和较高的Web即年下载率，使得其综合排名不太靠后，这与它的刊物定位是相符的，即以五台山为主要研究对象的多学科综合型学术刊物。《中国天主教》在多数指标中排名靠后，说明该刊学术性还不够强，影响力也有待提高。

从表中可以明显看出，CSSCI的四种来源期刊分别占据了前3名和第6名，这说明来源期刊确实比非来源期刊有更强的综合实力。纵观表4-21中各期刊的排名，可以发现位居前列的多为学术质量高的学科综合性期刊，《中国道教》和《法音》这两种期刊紧随其后，其他教派研究的刊物如《中国穆斯林》、《中国天主教》等排名靠后，这与目前我国宗教的发展状况也是相符的，即在中国宗教学各分支学科中，以同中国传统文化关系更密切的佛教、道教研究力量较强，其他学科基础较弱，人才不足，成果较少，亟待加强。①

根据七大项指标的综合值，我们可以最终划分出宗教学期刊的学术等级，根据宗教学期刊的综合值状况，我们把宗教学权威学术期刊取值区间设为1—0.7，核心期刊取值区间为0.7—0.3，扩展核心期刊区为0.3—0.2，小于0.2或表中没有的宗教学期刊定位为一般性学术期刊。依据这一原则得到宗教学期刊的定量评价结果：

---

① 张秀秀："我国宗教学研究状况及未来发展趋势——访中国社会科学院世界宗教研究所吴云贵先生"，《中国宗教》2001年第4期，第13—15页。

权威期刊：《世界宗教研究》；

核心期刊：《宗教学研究》；

扩展核心期刊：《中国宗教》、《中国道教》；

其他期刊均为一般性学术期刊。

第 5 章 历史学

根据最新公开发行的中国人文与社会科学期刊目录统计,我国现有历史学类期刊80余种,其中学术期刊70余种。2004—2005年CSSCI收录历史学期刊26种、2006年25种[1],三年间这些期刊刊载论文8321篇,年均2770.67篇。这些刊载在历史学期刊上的论文的引文总数为145672篇,篇均引文量为17.5篇。本章对期刊的被引用指标的统计数据主要来源于这些数据。对于学科引用的数据还包括在其他学科期刊和综合类期刊中历史学论文的引用数据。

本章以2004—2006年间在CSSCI数据库被引达10次以上,即具有一定学术影响的历史学期刊为研究对象,以CSSCI数据库、中国期刊全文数据库、万方数据库以及印刷型期刊为数据源,统计相关指标,并通过对各项指标的研究分析,综合考察历史学期刊2004—2006年期间的学术规范、学术质量、学术影响,使历史学界对历史学期刊的学术影响力有一个全面的了解。

5.1 历史学期刊学术规范量化指标分析

随着知识经济的兴起以及国际间学术交流的进一步深化,作为知识传播和成果报道主要载体的学术期刊的作用正得到日益充分的展现。从国家到具体研究机构,其学术水平的高低均可通过期刊的状况得到体现,因而,对学术期刊的评价也受到越来越多的关注。对学术期刊进行科学合理的综合评价,其结果在微观上会影响办刊思想以及科研人员的投稿取向,在宏观上会对学术研究的发展与交流产生重大影响。毫无疑问,对学术期刊进行综合评价具有十分重要的现实意义。

我们将期刊的论文篇均引用文献数、基金论文占有比例、期刊作者地区分布及期刊标注有作者机构的论文比例这四项指标作为评价历史学期刊学术规范量化的指标,从而分析历史学期刊的规范化和学术含量。

---

[1] 中国社会科学研究评价中心,http://www.cssci.com.cn/CSSCIlyqk2004.htm;http://www.cssci.com.cn/documents/CSSCIlyqk2006.htm,2008—4—12。

5.1.1 篇均引用文献数

参考文献或引用文献表明论文引用和被引用具有相关性、连续性和继承性的作用，可以反映期刊论文对其他文献及其他语种的吸收能力，也可反映出作者的知识水平、研究条件和掌握相关资料的情况，并从一个侧面反映出论文的质量和所含的信息量。[①] 所以，对学术期刊进行篇均引文数量的比较，在某种程度上反映了各期刊所刊载论文的平均研究深度及学术规范程度。表 5-1 给出了 2004—2006 年历史学期刊篇均引用文献数以及三年平均引用篇数，并对各期刊的三年平均值进行了归一化处理，本表按各期刊归一化值的从大到小排列。

表 5-1　　　　　　　　2004—2006 年历史学期刊篇均引用文献数统计

排序	期刊名称	2004年（篇数）	2005年（篇数）	2006年（篇数）	三年平均（篇数）	归一化值
1	近代史研究	58.35	54.02	59.65	57.3400	1
2	文史	38.87	51.78	68.36	53.0033	0.9244
3	历史研究	41.18	56.68	59.34	52.4000	0.9138
4	清史研究	36.73	37.06	35.29	36.3600	0.6341
5	中国史研究	30.54	32.38	37.19	33.3700	0.5820
6	史林	27.80	34.00	37.52	33.1067	0.5774
7	中国历史地理论丛	22.73	28.06	36.86	29.2167	0.5095
8	故宫博物院院刊	23.65	23.65	35.48	27.5933	0.4812
9	中国边疆史地研究	22.13	26.77	28.22	25.7067	0.4483
10	海交史研究	30.26	15.00	26.35	23.8700	0.4163
11	中国历史文物	21.22	28.16	20.88	23.4200	0.4084
12	安徽史学	18.74	20.82	28.99	22.8500	0.3985
13	抗日战争研究	24.35	19.98	22.49	22.2733	0.3884
14	中国农史	16.54	23.95	22.79	21.0933	0.3679
15	史学月刊	20.61	19.82	20.78	20.4033	0.3558
16	自然科学史研究	16.87	18.74	24.03	19.8800	0.3467
17	史学集刊	17.86	18.13	20.93	18.9733	0.3309
18	西域研究	14.46	22.98	17.07	18.1700	0.3169

[①] 朱大明："科技期刊论文参考文献引证效度指标初探"，《科学学研究》2008 年第 1 期，第 58—60 页。

续表

排序	期刊名称	2004年（篇数）	2005年（篇数）	2006年（篇数）	三年平均（篇数）	归一化值
19	敦煌学辑刊	16.41	20.00	17.82	18.0767	0.3153
20	世界历史	14.22	17.79	18.55	16.8533	0.2939
21	史学史研究	16.31	18.23	14.58	16.3733	0.2855
22	中国文化研究	13.71	12.55	21.14	15.8000	0.2755
23	华侨华人历史研究	12.35	17.26	16.90	15.5033	0.2704
24	史学理论研究	14.20	13.99	17.09	15.0933	0.2632
25	民国档案	15.68	12.60	14.64	14.3067	0.2495
26	东南文化	12.76	15.13	13.25	13.7133	0.2392
27	历史档案	13.13	12.27	15.62	13.6733	0.2385
28	军事历史研究	12.36	11.53	14.29	12.7267	0.2220
29	贵州文史丛刊	9.68	12.05	12.27	11.3333	0.1977
30	当代中国史研究	8.15	10.29	14.13	10.8567	0.1893
31	文献	9.38	9.58	11.08	10.0133	0.1746
32	历史教学问题	7.52	8.68	11.90	9.3667	0.1634
33	岭南文史	7.02	8.80	11.36	9.0600	0.1580
34	中国史研究动态	1.11	6.05	18.83	8.6633	0.1511
35	文史知识	7.59	8.54	—	8.0650	0.1407
36	历史教学	9.37	7.50	6.98	7.9500	0.1386
37	中国地方志	2.59	4.65	4.83	4.0233	0.0702
38	广西地方志	2.28	3.40	4.29	3.3233	0.0580
39	文史杂志	2.37	2.85	2.53	2.5833	0.0451
40	档案春秋	0.03	0.02	0.07	0.0400	0.0007
41	军事历史	0	0	0	0	0
41	武汉文史资料	0	0	0	0	0
41	纵横	0	0	0	0	0

注：表中"—"表示无法查到该刊当年数据，故不列入平均值计算。

从表5-1中可以看出：表中的2004—2006年CSSCI历史学来源期刊（包括了CSSCI没有分在历史学类的，但与历史学密切相关的来源期刊，如《中国文化研究》）的篇均引文数为20.56篇。非来源刊的篇均引文数三年平均为12.05篇，两者相差8.51篇。对比2004—2006年历史学来源期刊（按CSSCI分类）与其他人文社会科学来源期刊的篇均引文数，CSSCI 历史学是人文社会科学平均水平（8.20 篇）的 2.2 倍，位居所有学科之首。[①]

从年度变化上来看，历史学期刊的篇均引文数整体处于稳中有增的趋势，2004—2006 年篇均引文数分别为 15.6 篇、17.7 篇和 19.3 篇，年平均增长约 2 篇。其中《文史》、《历史研究》、《中国史研究动态》、《中国历史地理论丛》和《安徽史学》三年的增长都超过了 10 篇，最为抢眼的是《文史》，其涨幅达到 29.49 篇。与此同时我们也发现，有些期刊的篇均引文数呈下降之势，如《历史教学》的篇均引文数在其数量不多的基础上却有 2.38 篇的下降，应该引起该刊的警觉。

从整体上看，历史学期刊的篇均引文数量很高，像《近代史研究》、《文史》和《历史研究》三年的平均篇均引文数更是超过了 50 篇。这与该学科的研究特点密不可分，传统的历史学强调对史料的分析、考辨、排比与校释，并对实证有较大偏重。但也有 9 种期刊的引文数低于同期整个人文社会科学 CSSCI 来源期刊的平均水平（8.20 篇），还有 3 种期刊存在没有引文的现象。这其中一个不容忽视的因素是：一些期刊的篇均引文数据是由万方的《中国期刊引证报告》提供，该统计报告对文内注、脚注这些史学论文中常见的标注形式没有进行完全统计，比如《文史知识》几乎每篇都有相当数量的文内注，对于这部分引文的忽略统计致使该刊的篇均引文数相对较低。这也提醒广大的史学研究者和期刊编辑者规范期刊论文的标引形式是未来的一项重要工作。

5.1.2 基金论文比例

学术研究的发展除了要有良好的政治氛围和学术环境外，在同等的条件下，资金资助力度的加大和资助项目的增加会促进学术繁荣和学术质量的提升。以历史研究为例，充足的资金可以使得学者运用更先进的手段、在更广泛的区域内获取资料和信息，从而推动历史研究的深入。再有基金项目都是各级基金组织管理部门依据学科研究的热点领域及国家发展中所亟待解决的现实问题，综合申报者的研究水平才得以立项，特别是国家级和教育部的基金项目更是体现了把脉学术研究热点及探索社会实践。因此，基金论文的所占比例从一定程度上反映了期刊的学术质量和社会影响力。CSSCI 的统计数据显示，我国历史学在 2004—2006 年间的发文有 14.79% 受基金项目赞助，与人文社会科学类期刊的平均水平 16.11% 相比，低 1.32 个百分点。表 5-2 给出了 2004—2006 年历史学期刊基金论文比例及三年平均值，同样对平均值进行了归一化计算。归一化值的分母是历史学期刊基金论文比三年平均的最大值，即《自然科学史研究》的 0.32。本表按各期刊归一化值从大到小排列。

---

① 邓三鸿、金莹："我国人文社会科学学术刊物的学科对比——基于 CSSCI 的分析"，《东岳论丛》2008 年第 1 期，第 43—50 页。

表 5-2　　2004—2006 年历史学期刊基金论文比例

排序	期刊名称	2004 年	2005 年	2006 年	三年平均	归一化值
1	自然科学史研究	0.30	0.31	0.35	0.3200	1
2	史学集刊	0.08	0.14	0.63	0.2833	0.8853
3	西域研究	0.05	0.08	0.56	0.2300	0.7188
3	文史	0.15	0.22	0.32	0.2300	0.7188
5	清史研究	0.14	0.02	0.52	0.2267	0.7084
6	近代史研究	0.05	0.13	0.44	0.2067	0.6459
7	历史研究	0.05	0.09	0.45	0.1967	0.6147
7	文献	0.05	0.04	0.50	0.1967	0.6147
7	中国历史地理论丛	0.21	0.16	0.22	0.1967	0.6147
10	中国史研究	0.06	0.03	0.49	0.1933	0.6041
11	中国农史	0.19	0.24	0.13	0.1867	0.5834
12	世界历史	0.03	0.10	0.41	0.1800	0.5625
13	史学理论研究	0.01	0	0.49	0.1667	0.5209
13	史学月刊	0.04	0.07	0.39	0.1667	0.5209
15	敦煌学辑刊	0.21	0.09	0.17	0.1567	0.4897
16	中国史研究动态	0	0.01	0.43	0.1467	0.4584
16	史林	0.06	0.05	0.33	0.1467	0.4584
18	民国档案	0.22	0.09	0.12	0.1433	0.4478
19	历史教学	0.02	0.01	0.36	0.1300	0.4063
20	华侨华人历史研究	0.06	0.13	0.10	0.0967	0.3022
21	中国地方志	0	0.01	0.26	0.0900	0.2813
22	安徽史学	0.05	0.10	0.10	0.0833	0.2603
23	抗日战争研究	0.04	0.06	0.13	0.0767	0.2397
24	中国文化研究	0.04	0.05	0.11	0.0667	0.2084
24	东南文化	0.04	0.08	0.08	0.0667	0.2084
26	海交史研究	0.04	0	0.10	0.0467	0.1459
26	当代中国史研究	0.04	0.03	0.07	0.0467	0.1459
28	故宫博物院院刊	0.07	0.01	0.02	0.0333	0.1041
28	历史教学问题	0.01	0.03	0.06	0.0333	0.1041
30	中国历史文物	0.04	0	0.04	0.0267	0.0834
31	中国边疆史地研究	0.01	0.03	0.03	0.0233	0.0728

续表

排序	期刊名称	2004 年	2005 年	2006 年	三年平均	归一化值
32	广西地方志	0	0.03	0.01	0.0133	0.0416
32	军事历史研究	0	0	0.04	0.0133	0.0416
34	贵州文史丛刊	0.02	0	0.01	0.0100	0.0313
35	历史档案	0.02	0	0	0.0067	0.0209
35	岭南文史	0	0.02	0	0.0067	0.0209
35	史学史研究	0	0	0.02	0.0067	0.0209
38	文史杂志	0	0.01	0	0.0033	0.0103
39	档案春秋	0	0	0	0	0
39	军事历史	0	0	0	0	0
39	武汉文史资料	0	0	0	0	0
39	纵横	0	0	0	0	0
39	文史知识	0	0	0	0	0

从表 5-2 可以看到，2004—2006 年，历史学期刊整体的平均基金论文比较低，为 0.11。其中，CSSCI 历史学来源期刊的平均基金论文比为 0.15，历史学中本文讨论的非来源期刊的平均基金论文比为 0.05，前者是后者的 3 倍。说明历史学中来源期刊整体的基金论文数量远高于非来源期刊。

从年度变化来看，历史学期刊的基金论文比基本处于上升的状态。从 2004 年的 0.06 上升到 2006 年的 0.20。在 43 种期刊中《史学集刊》和《西域研究》的涨幅最为明显。

以上数据表明，历史学期刊刊载的基金论文比例参差不齐。可以说，整体学术规范和学术质量较高的期刊，其基金论文比也相对较高；而有些期刊缺乏对基金论文的重视，刊载的论文学术性不强、期刊规范化程度低而导致基金论文比很低甚至为零。究其原因，可能在于许多基金项目在发文时并没有加以注明；另一方面，由于历史学项目成果绝大多数以专著形式为最终成果。在此说明，我们希望通过这一组数据引起基金管理机构以及基金项目主持人的警觉，要加强基金项目的管理，注重基金项目论文的标注。

5.1.3 论文作者地区分布

讨论历史学期刊的论文作者地区分布数，目的是为了反映该学科期刊论文作者群分布的广泛程度，以了解历史学研究的地域全貌，这也是反映期刊对学科领域研究状况影响大小的标志之一，即使是一些具有地域特色的期刊，也应该考虑其研究的全面性和广泛性，扩大作者队伍。

表 5‐3 给出了 2004—2006 年历史学期刊论文作者地区分布数，其中所涉及的作者地区，包括了我国现有的 31 个省市自治区和港、澳、台地区以及其他国家和地区（其他国家和地区分布数以国家为计量单位）。

表 5‐3　　　　　　　　2004—2006 年历史学期刊论文作者地区分布

排序	期刊名称	2004 年（地区数）	2005 年（地区数）	2006 年（地区数）	三年平均（地区数）	归一化值
1	中国地方志	28	26	27	27.00	1
2	历史教学	24	28	26	26.00	0.9630
3	史学月刊	25	26	26	25.67	0.9506
4	文史知识	22	25	24	23.67	0.8765
5	世界历史	23	22	22	22.33	0.8272
6	历史教学问题	23	21	20	21.33	0.7901
6	中国史研究	19	22	23	21.33	0.7901
6	中国文化研究	19	21	24	21.33	0.7901
9	中国历史地理论丛	23	21	19	21.00	0.7778
9	文献	20	20	23	21.00	0.7778
9	文史杂志	22	23	18	21.00	0.7778
12	中国农史	22	19	21	20.67	0.7654
13	史学集刊	18	21	22	20.33	0.7531
14	中国边疆史地研究	21	17	22	20.00	0.7407
15	史学理论研究	20	17	20	19.00	0.7037
15	中国史研究动态	17	19	21	19.00	0.7037
17	抗日战争研究	20	20	15	18.33	0.6790
17	安徽史学	18	21	16	18.33	0.6790
19	历史研究	17	19	17	17.67	0.6543
19	当代中国史研究	17	19	17	17.67	0.6543
21	民国档案	17	18	16	17.00	0.6296
21	历史档案	16	17	18	17.00	0.6296
23	史学史研究	18	15	15	16.00	0.5926
24	清史研究	15	14	18	15.67	0.5802
24	广西地方志	16	15	16	15.67	0.5802

续表

排序	期刊名称	2004年（地区数）	2005年（地区数）	2006年（地区数）	三年平均（地区数）	归一化值
26	史林	16	15	15	15.33	0.5679
26	东南文化	17	13	16	15.33	0.5679
28	近代史研究	12	16	16	14.67	0.5432
29	贵州文史丛刊	14	15	14	14.33	0.5309
30	西域研究	11	14	15	13.33	0.4938
31	华侨华人历史研究	11	13	13	12.33	0.4568
31	敦煌学辑刊	7	14	16	12.33	0.4568
33	自然科学史研究	11	12	10	11.00	0.4074
34	军事历史	19	6	7	10.67	0.3951
35	军事历史研究	0	13	17	10.00	0.3704
35	故宫博物院院刊	12	9	9	10.00	0.3704
37	海交史研究	11	9	8	9.33	0.3457
38	档案春秋	3	1	9	4.33	0.1605
38	岭南文史	2	3	8	4.33	0.1605
40	武汉文史资料	7	3	2	4.00	0.1481
41	纵横	5	2	1	2.67	0.0988
42	文史	0	0	0	0	0
42	中国历史文物	0	0	0	0	0

由表5-3可知，从三年的平均数来看，历史学期刊论文作者地区的分布存在着很大的差异。例如，《纵横》论文作者所覆盖的地区约为《中国地方志》的10%。有14个刊物的作者地区分布数大于等于20；《中国史研究动态》等22家刊物的地区分布数介于10到20之间；余下的7个刊物的地区分布数低于10，其中2个刊物没有标注作者的机构名称。对于区域影响力不足全国10个省市的刊物，在加强期刊的作者机构的标注的同时要广开稿源，吸引不同地区的史学工作者。

从年度变化来看，历史学期刊的作者地区分布基本处于稳定状态。三年的平均作者地区分布数为15。这相对于社会科学类期刊（如经济、政治、法学、社会学等），作者区域覆盖面相对较小。从各刊情况看：《军事历史研究》、《敦煌学辑刊》、《档案春秋》和《岭南文史》三年间地区分布数涨幅最大。另一个现象值得我们注意：许多在史学领域中影响力较大的期刊，如《近代史研究》和《历史研究》，它们的区域影响未超过20个省市，这一方面证明历史学专业性较强、研究底蕴深厚，因此其研究群体相对集中,另一方面也说明受中国古代史和中国近代史学科的研究条件所限,我国史学研究相对独立,未形成与国外同行交流研究成果的机制。不过,我们还是要呼吁,在全球化和国际化的背景下,史学研究者应该加强对于外国学者(尤其是欧美和日本学者)研究成果的吸纳。

5.1.4 有作者机构论文比例

作者机构标注比例是衡量期刊规范程度的重要指标之一。我们认为,作者机构是论文的重要组成部分,它不仅是学术交流的需要,也是学术界了解各机构的研究能力和影响的重要途径。自1998年CSSCI建库以来,来源期刊作者机构的标注比例不断上升,来源期刊的机构标注比例由1998年的83.2%上升到2006年的95.6%,说明期刊的规范程度不断提高。[①] 因此,CSSCI对人文社会科学学术期刊规范化起到了积极的作用。与其他学科相比,2004—2006年CSSCI历史学来源期刊的机构标注比为94.08%,低于此间人文社会科学平均比例(94.39%)0.31个百分点,[②] 也就是说与平均水平持平。表5-4给出了2004—2006年历史学期刊标注有作者机构的论文比例及三年平均值。并按各期刊归一化值从大到小排列。

表5-4　　　　2004—2006年历史学期刊标注有作者机构的论文比例

排序	期刊名称	2004年	2005年	2006年	三年平均	归一化值
1	中国史研究	1	1	1	1	1
1	敦煌学辑刊	1	1	1	1	1
1	自然科学史研究	1	1	1	1	1
1	海交史研究	1	1	1	1	1
5	史学月刊	0.9962	1	1	0.9987	0.9987
6	史学理论研究	1	0.9894	1	0.9965	0.9965
7	西域研究	0.9865	1	1	0.9955	0.9955
8	史学集刊	0.9863	1	1	0.9954	0.9954
9	清史研究	1	1	0.9808	0.9936	0.9936
10	历史教学	0.9769	1	1	0.9923	0.9923
11	中国边疆史地研究	0.9853	0.9848	0.9846	0.9849	0.9849
12	近代史研究	1	0.9524	1	0.9841	0.9841

---

① 中国社会科学研究评价中心,http://cssci.nju.edu.cn,2008—1—28。
② 邓三鸿、金莹:"我国人文社会科学学术刊物的学科对比——基于CSSCI的分析",《东岳论丛》2008年第1期,第43—50页。

续表

排序	期刊名称	2004 年	2005 年	2006 年	三年平均	归一化值
13	安徽史学	0.9845	0.9706	0.9918	0.9823	0.9823
14	世界历史	0.9913	0.9550	1	0.9821	0.9821
15	贵州文史丛刊	0.9417	1	1	0.9806	0.9806
16	东南文化	0.9916	0.9469	1	0.9795	0.9795
17	民国档案	0.9891	0.9770	0.9647	0.9769	0.9769
17	中国农史	0.9857	0.9848	0.9600	0.9769	0.9769
19	岭南文史	1	0.9636	0.9655	0.9764	0.9764
20	广西地方志	0.9843	0.9444	1	0.9762	0.9762
21	文献	1	0.9459	0.9675	0.9711	0.9711
22	历史教学问题	0.9886	0.9221	1	0.9702	0.9702
23	中国史研究动态	0.8902	1	1	0.9634	0.9634
24	历史档案	0.9762	0.9341	0.9474	0.9525	0.9526
25	中国历史地理论丛	0.9634	0.8925	0.9855	0.9471	0.9471
26	中国文化研究	0.9239	0.9462	0.9630	0.9444	0.9444
27	历史研究	0.9341	0.9500	0.9310	0.9384	0.9384
28	抗日战争研究	0.9455	0.8769	0.9811	0.9345	0.9345
29	华侨华人历史研究	0.8824	0.9130	1	0.9318	0.9318
30	史学史研究	1	0.9808	0.8065	0.9291	0.9291
31	史林	0.9111	0.9277	0.9468	0.9285	0.9285
32	当代中国史研究	0.9099	0.8932	0.9238	0.9090	0.9090
33	故宫博物院院刊	0.9286	0.8312	0.9048	0.8882	0.8882
34	中国地方志	0.7853	0.8421	0.8647	0.8307	0.8307
35	文史杂志	0.6960	0.7034	0.7276	0.7090	0.7090
36	军事历史研究	0.0097	1	1	0.6699	0.6699
37	文史知识	0.5432	0.6245	0.7710	0.6462	0.6462
38	军事历史	0.9774	0.3333	0.5185	0.6098	0.6097
39	武汉文史资料	0.1818	0.2133	0.2843	0.2265	0.2265
40	纵横	0.0812	0.0203	0	0.0338	0.0338
41	档案春秋	0.0154	0.0152	0	0.0102	0.0102
42	文史	0	0	0	0	0
42	中国历史文物	0	0	0	0	0

从表 5-4 可以看出，有作者机构论文比三年平均值达到 100% 的有 4 种期刊，它们分别是《中国史研究》、《敦煌学辑刊》、《自然科学史研究》和《海交史研究》，它们在此项指标上规范度很高，所有论文都标注了作者所属机构，能在三年内连续在历史学期刊中做到所有论文注明作者单位实属难得。另有《史学月刊》和《史学理论研究》等 28 种期刊的有机构论文比达到 90% 以上，不难看出它们的论文有机构标注比例还有待完善的空间。总的来说在这一指标上历史学学科有 74% 的期刊达到了 90% 以上，说明绝大多数期刊在机构标注这个方面做得比较好。但我们也必须看到，历史学学科有五种期刊标注作者机构的论文数不到发文量的一半。

从 2004—2006 年三年变化来看，历史学各期刊有作者机构的论文比例基本呈稳中略有上升趋势，从 2004 年的 82.3% 上升到 2006 年的 84.6%。这说明历史学各期刊规范程度在不断提高。其中《军事历史研究》上升最为明显。引起我们重视的是仍然有 14 种期刊的这一比例在下降，如《史学史研究》和《军事历史》等。

5.1.5 历史学期刊学术规范量化指标综合分析

期刊学术规范量化指标在期刊评价中占有重要的位置，其主要反映期刊的规范化程度和学术质量，包括期刊的篇均引用文献数、期刊基金论文占有比例、期刊作者地区分布及期刊标注有作者机构的论文比例这四项指标，本书规定四项指标的权重各为 25% 组成期刊学术规范量化指标综合值。表 5-5 给出了 2004—2006 年历史学 43 种期刊学术规范量化指标的归一化值和综合值，并按综合值从大到小排序。

表 5-5   2004—2006 年历史学期刊学术规范量化指标综合值

排序	期刊名称	篇均引文数归一化值	基金论文比归一化值	地区分布归一化值	有机构论文比归一化值	综合值
1	近代史研究	1	0.6459	0.5432	0.9841	0.7933
2	历史研究	0.9138	0.6147	0.6543	0.9384	0.7803
3	中国史研究	0.5820	0.6041	0.7901	1	0.7441
4	史学集刊	0.3309	0.8853	0.7531	0.9954	0.7412
5	清史研究	0.6341	0.7084	0.5802	0.9936	0.7291
6	中国历史地理论丛	0.5095	0.6147	0.7778	0.9471	0.7123
7	史学月刊	0.3558	0.5209	0.9506	0.9987	0.7065
8	自然科学史研究	0.3467	1	0.4074	1	0.6885
9	中国农史	0.3679	0.5834	0.7654	0.9769	0.6734
10	世界历史	0.2939	0.5625	0.8272	0.9821	0.6664
11	文献	0.1746	0.6147	0.7778	0.9711	0.6346
12	史林	0.5774	0.4584	0.5679	0.9285	0.6331

续表

排序	期刊名称	篇均引文数归一化值	基金论文比归一化值	地区分布归一化值	有机构论文比归一化值	综合值
13	西域研究	0.3169	0.7188	0.4938	0.9955	0.6313
14	历史教学	0.1386	0.4063	0.9630	0.9923	0.6251
15	史学理论研究	0.2632	0.5209	0.7037	0.9965	0.6211
16	安徽史学	0.3985	0.2603	0.6790	0.9823	0.5800
17	民国档案	0.2495	0.4478	0.6296	0.9769	0.5760
18	中国史研究动态	0.1511	0.4584	0.7037	0.9634	0.5692
19	敦煌学辑刊	0.3153	0.4897	0.4568	1	0.5655
20	中国边疆史地研究	0.4483	0.0728	0.7407	0.9849	0.5617
21	抗日战争研究	0.3884	0.2397	0.6790	0.9345	0.5604
22	中国文化研究	0.2755	0.2084	0.7901	0.9444	0.5546
23	中国地方志	0.0702	0.2813	1	0.8307	0.5456
24	历史教学问题	0.1634	0.1041	0.7901	0.9702	0.5070
25	东南文化	0.2392	0.2084	0.5679	0.9795	0.4988
26	华侨华人历史研究	0.2704	0.3022	0.4568	0.9318	0.4903
27	海交史研究	0.4163	0.1459	0.3457	1	0.4770
28	当代中国史研究	0.1893	0.1459	0.6543	0.9090	0.4746
29	故宫博物院院刊	0.4812	0.1041	0.3704	0.8882	0.4610
30	历史档案	0.2385	0.0209	0.6296	0.9526	0.4604
31	史学史研究	0.2855	0.0209	0.5926	0.9291	0.4570
32	贵州文史丛刊	0.1977	0.0313	0.5309	0.9806	0.4351
33	文史知识	0.1407	0	0.8765	0.6462	0.4159
34	广西地方志	0.0580	0.0416	0.5802	0.9762	0.4140
35	文史	0.9244	0.7188	0	0	0.4108
36	文史杂志	0.0451	0.0103	0.7778	0.7090	0.3856
37	岭南文史	0.1580	0.0209	0.1605	0.9764	0.3290
38	军事历史研究	0.2220	0.0416	0.3704	0.6699	0.3260
39	军事历史	0	0	0.3951	0.6097	0.2512
40	中国历史文物	0.4084	0.0834	0	0	0.1230
41	武汉文史资料	0	0	0.1481	0.2265	0.0937
42	档案春秋	0.0007	0	0.1605	0.0102	0.0429
43	纵横	0	0	0.0988	0.0338	0.0332

从表 5-5 可以看出，《近代史研究》和《历史研究》两种期刊学术规范量化指标的综合水平相对较高，综合值都在 0.75 以上。这些期刊的共同特点是：在一项或两项指标上表现突出，或有多项指标表现上乘，这两种期刊可以认为是历史学期刊在

学术规范综合水平方面处于第一层次。综合值在 0.75—0.5 的 22 种期刊为第二层次，第三层次的期刊综合值介于 0.5—0.3。这两部分期刊占历史学期刊的绝大多数，在学术规范的四个指标中表现尚可，今后，它们是我们应该加强学术规范进一步提升的主要期刊群；其余综合值低于 0.3 的为第四层次的期刊群。

从整体上看，历史学期刊的学术规范量化指标水平不高，但这并不意味着历史学研究的严谨性遭到质疑，只是历史学研究遵从自身的研究范式，而与目前提倡的规范性做法略有冲突。怎样在自身传统研究的规范和现实之间找到一个两全方法是我们应该深思的。

5.2 历史学期刊被引次数分析

期刊被引次数是指期刊自创刊以来所有载文在统计当年被 CSSCI 来源期刊论文引用的总次数。它是从期刊的学术影响角度评价期刊的基本指标之一，可用来衡量期刊自创刊以来的绝对学术影响力，进而直接反映学术期刊在学术共同体中的贡献程度。为了更为全面地考察期刊的这种绝对学术影响，在常用的总被引次数指标外，特增加了他刊引用次数和学科引用次数指标，以下我们就这三项分指标分别进行讨论。

5.2.1 总被引次数

本节统计的历史学期刊总被引次数是指期刊被 CSSCI 引文索引中所有来源期刊论文引用的次数总和。由于它体现的是期刊自创刊以来的学术影响，因此对于人文科学特别是历史学以研究史料为主，处于成熟和发展平稳状态，相对于较为注重时效的社会科学来说，这一指标对历史学显得更为重要。表 5-6 给出了 2004—2006 年历史学期刊总被引次数、三年的平均值及其归一化值。该指标的归一化值是由各刊的三年平均总被引次数除以其最大的三年平均值（《历史研究》的 671.33）得到，并按照归一化值从大到小排列。

表 5-6　　　　　　　　2004—2006 年历史学期刊总被引次数

排序	期刊名称	2004年（篇数）	2005年（篇数）	2006年（篇数）	三年平均（篇数）	归一化值
1	历史研究	643	619	752	671.33	1
2	近代史研究	299	316	354	323.00	0.4811
3	史学月刊	202	258	309	256.33	0.3818
4	中国史研究	178	222	314	238.00	0.3545
5	世界历史	137	121	232	163.33	0.2433
6	史学理论研究	103	104	201	136.00	0.2026
7	中国历史地理论丛	117	131	134	127.33	0.1897

续表

排序	期刊名称	2004年(篇数)	2005年(篇数)	2006年(篇数)	三年平均(篇数)	归一化值
8	中国农史	79	148	149	125.33	0.1867
9	历史教学	93	145	134	124.00	0.1847
10	历史档案	122	92	113	109.00	0.1624
11	抗日战争研究	75	130	114	106.33	0.1584
12	史林	54	102	151	102.33	0.1524
13	清史研究	69	92	145	102.00	0.1519
14	民国档案	70	114	115	99.67	0.1485
15	当代中国史研究	55	59	145	86.33	0.1285
16	文史知识	129	67	61	85.67	0.1276
17	东南文化	66	68	102	78.67	0.1172
18	文献	58	75	87	73.33	0.1092
19	安徽史学	72	71	75	72.67	0.1082
20	敦煌学辑刊	29	68	113	70.00	0.1043
21	史学集刊	50	65	93	69.33	0.1033
22	华侨华人历史研究	74	70	63	69.00	0.1028
23	史学史研究	57	46	87	63.33	0.0943
24	中国边疆史地研究	33	53	101	62.33	0.0928
25	西域研究	46	74	56	58.67	0.0874
26	中国文化研究	57	49	68	58.00	0.0864
27	文史	44	30	57	43.67	0.0650
28	历史教学问题	39	34	53	42.00	0.0626
29	中国地方志	34	38	48	40.00	0.0596
30	自然科学史研究	43	35	41	39.67	0.0591
30	中国历史文物	31	34	54	39.67	0.0591
32	档案春秋	25	44	39	36.00	0.0536
33	故宫博物院院刊	23	34	50	35.67	0.0531
34	中国史研究动态	33	26	46	35.00	0.0521
35	贵州文史丛刊	32	19	24	25.00	0.0372
36	文史杂志	22	13	36	23.67	0.0353
37	海交史研究	8	32	13	17.67	0.0263
38	岭南文史	14	8	15	12.33	0.0184
39	军事历史研究	6	8	22	12.00	0.0179
40	纵横	2	9	18	9.67	0.0144
41	军事历史	9	4	13	8.67	0.0129
42	武汉文史资料	4	3	14	7.00	0.0104
43	广西地方志	10	5	4	6.33	0.0094

由表5-6可知，三年来的历史学期刊总被引次数，除6种期刊有小幅下降外，其余期刊的总被引次数均有较大幅度的增加。对比2006年与2004年，涨幅在50%以上的有24种期刊，其中《敦煌学辑刊》、《中国边疆史地研究》和《史林》的总被引次数的涨幅均在200%左右。分析其中原因：一是这些期刊对出版周期做了一定程度的调整，如《敦煌学辑刊》由半年刊改为季刊，《史林》由季刊改为双月刊；二是期刊的载文量也有所增加，如《中国边疆史地研究》。这也再次印证了被引次数可以反映期刊的学术影响力，但却受期刊的创办时间、期刊规模、发文篇数这些因素的影响较大。因此，在评价期刊时该指标和其他指标可相互补充。

从三年的平均值来看，历史学各期刊的总被引次数体现出了明显的差异。特别是排在首位的《历史研究》与排在末尾《广西地方志》这两种期刊的平均值相差一百多倍，说明在史学期刊中存在较为严重的学术质量参差不齐的现象。另外，排在前13位的期刊平均被引次数之和约占了总平均值的65%。这充分说明了这些期刊在本学科研究领域学术影响的广泛性与权威性；同时也表明排位较后的期刊在办刊及组稿方面仍显薄弱。因此，如何挖掘期刊的自身优势，有效地提升期刊的总被引次数是目前很多期刊亟待解决的问题之一。

5.2.2 其他期刊引用次数

其他期刊引用次数（简称：他刊引用次数）是为了平衡引文数据库中统计源期刊（来源期刊）和非统计源期刊（非来源期刊）之间在总被引指标中存在的不平等性，为削弱来源期刊为提高被引次数而虚假自引带来的被引数据的偏差，以体现评价的公平性而设立的。表5-7统计了2004—2006年历史学期刊他刊引用次数、三年的平均值和归一化值。该指标的归一化值是由各刊的三年平均他刊引用次数除以其最大的三年平均值（《历史研究》的627.33）得到，并按照归一化值从大到小排列。

表5-7　　　　　　　　2004—2006年历史学期刊他刊引用次数

排序	期刊名称	2004年（篇数）	2005年（篇数）	2006年（篇数）	三年平均（篇数）	归一化值
1	历史研究	599	576	707	627.33	1
2	近代史研究	215	253	309	259.00	0.4129
3	史学月刊	173	235	273	227.00	0.3619
4	中国史研究	168	196	294	219.33	0.3496
5	世界历史	122	100	172	131.33	0.2093
6	史学理论研究	89	83	168	113.33	0.1807
7	中国历史地理论丛	95	95	130	106.67	0.1700
8	历史档案	119	89	110	106.00	0.1690

续表

排序	期刊名称	2004年（篇数）	2005年（篇数）	2006年（篇数）	三年平均（篇数）	归一化值
9	中国农史	59	127	127	104.33	0.1663
10	清史研究	63	82	128	91.00	0.1451
11	史林	45	90	134	89.67	0.1429
12	民国档案	58	103	84	81.67	0.1302
13	东南文化	66	68	102	78.67	0.1254
14	历史教学	58	69	107	78.00	0.1243
15	抗日战争研究	52	93	79	74.67	0.1190
16	当代中国史研究	45	55	109	69.67	0.1111
17	史学集刊	50	62	86	66.00	0.1052
18	文史知识	76	60	61	65.67	0.1047
19	文献	50	67	69	62.00	0.0988
20	中国文化研究	57	47	66	56.67	0.0903
21	史学史研究	47	39	77	54.33	0.0866
22	安徽史学	39	55	65	53.00	0.0845
23	华侨华人历史研究	48	55	53	52.00	0.0829
24	中国边疆史地研究	23	47	82	50.67	0.0808
25	文史	44	30	57	43.67	0.0696
26	敦煌学辑刊	23	31	71	41.67	0.0664
27	自然科学史研究	43	35	41	39.67	0.0632
27	中国历史文物	31	34	54	39.67	0.0632
29	西域研究	32	48	37	39.00	0.0622
30	历史教学问题	36	29	44	36.33	0.0579
31	档案春秋	25	44	39	36.00	0.0574
32	故宫博物院院刊	23	34	50	35.67	0.0569
33	中国史研究动态	31	26	44	33.67	0.0537
34	贵州文史丛刊	32	19	24	25.00	0.0399
35	文史杂志	22	13	36	23.67	0.0377
36	海交史研究	8	32	13	17.67	0.0282
37	岭南文史	14	8	15	12.33	0.0197
38	军事历史研究	6	8	22	12.00	0.0191
39	纵横	2	9	18	9.67	0.0154
40	军事历史	9	4	13	8.67	0.0138
41	中国地方志	6	6	12	8.00	0.0128
42	武汉文史资料	4	3	14	7.00	0.0112
43	广西地方志	10	5	4	6.33	0.0101

分析表 5-7 可知，历史学期刊的他刊引用表现出如下特征：位居首位的《历史研究》三年的他引平均值达到了 627.33 次，是排名第 2 位《近代史研究》他引平均值 259 的 2.4 倍。而排名最后的《广西地方志》他引平均值只有 6.33 次，仅为《历史研究》的 1%；从他引平均值整体分布上看，他引次数在 600 次之上、200—300 次、100—200 次、50—100 次、50 次以下的分别为 1 种期刊、3 种期刊、5 种期刊、15 种期刊、19 种期刊。这些数据显示：一方面，《历史研究》在历史学中一枝独秀，对本学科研究具有广泛和深远的影响；另一方面，低于 50 次的史学期刊占 42.8%，说明还有一定比例的期刊学术质量有待提高。

期刊排除自引后，历史学期刊他刊引用次数的规律和趋势基本与期刊总被引次数相同。在排位上变化激烈的有两类，一种为后退较为明显的：《中国地方志》、《敦煌学辑刊》、《历史教学》、《抗日战争研究》和《西域研究》，分别变化了 11—4 个位次；另一种前进较为明显的：《中国文化研究》、《史学集刊》和《东南文化》，分别提升了 6—4 个位次。位次的变化与期刊自引率多少有着密切关系；就是说自引率超过 30% 的期刊其位次退后较明显，自引率在 5% 以内的期刊位次提升显著。虽然在一个学科中受各专业分支领域研究面宽窄的影响，不同专业的期刊的自引率有所不同。但为了学术交流的广泛性我们提倡减少自引，或者说将自引控制在合理范围内。在史学期刊中 42% 的期刊的自引率超过了 20%，其中最高达到 80%，这些现象应该引起期刊编辑部的足够重视。

这里必须强调的是，许多期刊由于研究方向窄小，研究内容专深，其研究领域发表的论文数量较少，从事相关研究的人员亦少，其被引数量就会相对较少，但这并不能说明他们的学术水平不高。

5.2.3 本学科论文引用次数

为了对学术期刊在本学科内的影响做深入分析，我们特别设立了本学科引用的三个指标：本学科论文引用次数（简称：学科引用次数）、本学科论文引用速率及学科影响因子。目的是利用逐年变化的学科引用指标，来反映一个期刊在本学科发展中的影响作用，从而进一步得到其在学科发展进程中的评价。[①] 历史学期刊的学科引用次数主要是考察其期刊在历史学的学术影响程度。表 5-8 给出了 2004—2006 年历史学期刊本学科论文引用次数及三年平均值。我们对表中三年的平均值进行了归一化计算，并以归一化值从大到小排列。

---

① 党亚茹："学科影响因子：我国各学科发展趋势评价"，《情报理论与实践》2001 年第 4 期，第 265—268 页。

表 5-8　　2004—2006 年历史学期刊学科引用次数

排序	期刊名称	2004年（篇数）	2005年（篇数）	2006年（篇数）	三年平均（篇数）	归一化值
1	历史研究	469	405	506	460.00	1
2	近代史研究	242	242	285	256.33	0.5572
3	史学月刊	159	171	205	178.33	0.3877
4	中国史研究	110	140	195	148.33	0.3225
5	世界历史	85	78	158	107.00	0.2326
6	史学理论研究	79	66	148	97.67	0.2123
7	抗日战争研究	66	106	104	92.00	0.2000
8	历史档案	106	65	90	87.00	0.1891
9	民国档案	59	97	89	81.67	0.1775
10	清史研究	64	54	102	73.33	0.1594
11	史林	37	62	93	64.00	0.1391
12	中国农史	44	54	69	55.67	0.1210
13	中国历史地理论丛	67	41	57	55.00	0.1196
14	安徽史学	47	47	59	51.00	0.1109
15	史学史研究	46	33	69	49.33	0.1072
16	历史教学	35	38	63	45.33	0.0986
17	史学集刊	32	39	53	41.33	0.0899
18	中国边疆史地研究	18	31	58	35.67	0.0775
19	中国地方志	29	31	32	30.67	0.0667
20	文史知识	38	25	28	30.33	0.0659
21	档案春秋	19	29	26	24.67	0.0536
22	中国史研究动态	21	16	36	24.33	0.0529
23	历史教学问题	18	16	34	22.67	0.0493
23	文献	22	22	24	22.67	0.0493
25	当代中国史研究	18	6	39	21.00	0.0457
26	敦煌学辑刊	9	21	30	20.00	0.0435
26	自然科学史研究	23	14	23	20.00	0.0435
28	西域研究	9	29	16	18.00	0.0391
29	中国文化研究	19	6	22	15.67	0.0341
30	东南文化	13	13	19	15.00	0.0326
31	文史杂志	16	6	20	14.00	0.0304
32	故宫博物院院刊	11	10	19	13.33	0.0290

续表

排序	期刊名称	2004年(篇数)	2005年(篇数)	2006年(篇数)	三年平均(篇数)	归一化值
33	中国历史文物	9	10	20	13.00	0.0283
34	华侨华人历史研究	13	9	13	11.67	0.0254
35	贵州文史丛刊	12	5	14	10.33	0.0225
36	文史	3	13	10	8.67	0.0188
37	军事历史研究	4	6	12	7.33	0.0159
38	海交史研究	4	8	9	7.00	0.0152
39	军事历史	5	3	10	6.00	0.0130
40	岭南文史	7	3	5	5.00	0.0109
41	广西地方志	7	3	2	4.00	0.0087
41	纵横	1	5	6	4.00	0.0087
43	武汉文史资料	2	3	0	1.67	0.0036

从表5-8可以看出：历史学期刊本学科论文引用次数总的呈上升趋势，从2004年的2092篇次上升到2872篇次，说明历史学期刊对于本学科研究的整体影响在不断扩大。另一方面，历史学期刊三年的本学科论文引用次数占其总被引次数约为60%，这说明历史学期刊在影响着历史学的研究外，对其他学科也产生着许多影响。

从三年的平均值上来看，《中国史研究动态》与《中国地方志》、《史学史研究》、《中国边疆史地研究》因在学科引用次数的排位上与总被引次数有较为显著的提高，在此表中的排位有12—6位的提升。说明它们在历史学学科内的影响是非常突出的。相反，《历史教学》、《文史》、《当代中国史研究》、《华侨华人历史研究》和《东南文化》则因为在学科引用次数上相对总被引次数比例均不足40%，它们的排位也就有7—13位的后退，这从另一个侧面体现出这些期刊跨学科的辐射影响力较大。这些史学期刊中学科引用次数占总被引次数比例最高的是《抗日战争研究》，为87%；最低的是《华侨华人历史研究》，为17%；其中《历史研究》为69%。

5.2.4 历史学期刊被引次数综合分析

体现期刊在整个人文社会科学研究中影响的总被引次数、其他期刊引用次数及本学科论文引用次数从不同角度反映了期刊的绝对学术影响力，它们之间具有相互补充的作用。在期刊被引次数的三项分指标中，由于他刊引用次数具有较强的客观性、权威性，本体系对该项指标赋予相对较高的权重（50%），其他两个被引次数指标的权重则分别为25%。

表5-9给出了2004—2006年历史学类期刊被引次数各指标的归一化值和综合

值。综合值计算方法为：按照权重分配，将每一种期刊的总被引次数、他刊引用次数和学科引用次数的归一化值分别乘以相应的权重系数，并将这三项乘积求和得到各期刊的被引次数综合值。本表按被引次数综合值从大到小排列。

表 5-9　　　　　　　　　　2004—2006 年历史学期刊被引次数综合值

排序	期刊名称	总被引次数归一化值	他刊引用次数归一化值	学科引用次数归一化值	综合值
1	历史研究	1	1	1	1
2	近代史研究	0.4811	0.4129	0.5572	0.4660
3	史学月刊	0.3818	0.3619	0.3877	0.3733
4	中国史研究	0.3545	0.3496	0.3225	0.3441
5	世界历史	0.2433	0.2093	0.2326	0.2236
6	史学理论研究	0.2026	0.1807	0.2123	0.1941
7	历史档案	0.1624	0.1690	0.1891	0.1724
8	中国历史地理论丛	0.1897	0.1700	0.1196	0.1623
9	中国农史	0.1867	0.1663	0.1210	0.1601
10	清史研究	0.1519	0.1451	0.1594	0.1504
11	抗日战争研究	0.1584	0.1190	0.2000	0.1491
12	民国档案	0.1485	0.1302	0.1775	0.1466
13	史林	0.1524	0.1429	0.1391	0.1443
14	历史教学	0.1847	0.1243	0.0986	0.1330
15	史学集刊	0.1033	0.1052	0.0899	0.1009
16	文史知识	0.1276	0.1047	0.0659	0.1007
17	东南文化	0.1172	0.1254	0.0326	0.1002
18	当代中国史研究	0.1285	0.1111	0.0457	0.0991
19	安徽史学	0.1082	0.0845	0.1109	0.0970
20	史学史研究	0.0943	0.0866	0.1072	0.0937
21	文献	0.1092	0.0988	0.0493	0.0890
22	中国边疆史地研究	0.0928	0.0808	0.0775	0.0830
23	中国文化研究	0.0864	0.0903	0.0341	0.0753
24	华侨华人历史研究	0.1028	0.0829	0.0254	0.0735
25	敦煌学辑刊	0.1043	0.0664	0.0435	0.0702
26	西域研究	0.0874	0.0622	0.0391	0.0627
27	自然科学史研究	0.0591	0.0632	0.0435	0.0573

续表

排序	期刊名称	总被引次数归一化值	他刊引用次数归一化值	学科引用次数归一化值	综合值
28	历史教学问题	0.0626	0.0579	0.0493	0.0569
29	文史	0.0650	0.0696	0.0188	0.0558
30	档案春秋	0.0536	0.0574	0.0536	0.0555
31	中国历史文物	0.0591	0.0632	0.0283	0.0535
32	中国史研究动态	0.0521	0.0537	0.0529	0.0531
33	故宫博物院院刊	0.0531	0.0569	0.0290	0.0490
34	中国地方志	0.0596	0.0128	0.0667	0.0380
35	文史杂志	0.0353	0.0377	0.0304	0.0353
36	贵州文史丛刊	0.0372	0.0399	0.0225	0.0349
37	海交史研究	0.0263	0.0282	0.0152	0.0245
38	军事历史研究	0.0179	0.0191	0.0159	0.0180
39	岭南文史	0.0184	0.0197	0.0109	0.0173
40	纵横	0.0144	0.0154	0.0087	0.0135
41	军事历史	0.0129	0.0138	0.0130	0.0134
42	广西地方志	0.0094	0.0101	0.0087	0.0096
43	武汉文史资料	0.0104	0.0112	0.0036	0.0091

由表 5-9 可以看出，历史学期刊被引次数的综合值有四个较为清晰的层次：《历史研究》的综合值为 1 在第一层次；第 2—5 位的期刊综合值在 0.5—0.2 为第二层次；第 6—17 位的期刊综合值在 1.0—0.05 为第三层次；其余期刊均在 0.05 以下即为第四层次。

从综合值上来看，《历史研究》有着绝对优势，三个被引指标的归一化值均为 1，说明该刊确是历史学领域期刊的领头羊，在学术界有着非常深远的学术影响力。另外，《近代史研究》、《史学月刊》、《中国史研究》、《世界历史》和《史学理论研究》这五种期刊在被引的三个分指标上均有上乘表现，共同构成影响史学研究的重要阵地。有些期刊虽然在综合值上不具绝对优势，但其有着比较显著的学科引用次数，例如《抗日战争研究》、《民国档案》和《中国边疆史地研究》等期刊，表明这些期刊在史学领域内有着较强劲的学术生命力；而《历史档案》、《清史研究》和《史学集刊》有较为突出的他引量，表明它们在不同的研究领域和多个学术层面都发挥了很大的作用。

5.3 历史学期刊被引速率分析

即年指标虽然很重要，但受现实诸多因素如期刊流通速度较慢、出版时滞较长、来稿积压较多等的影响，不能完满达到评价学术期刊学术传播速度的效果和反映出期刊的现实特征。因此本评价体系结合我国人文社会科学学术期刊的具体国情，修正该指标为被引速率。被引速率则能表征期刊对学科发展中热点问题的敏感程度以及期刊论文影响的扩散速度。期刊被引速率可分为三个下级指标来分析：总被引速率、他刊引用速率和学科引用速率。

5.3.1 总被引速率

根据本书第1章对总被引速率给出的定义，期刊总被引速率是该刊当年发表论文和前一年发表论文在当年被引用总次数与该刊当年发表的和前一年发表的论文总数的比值。表5-10给出了2004—2006年历史学各期刊总被引速率和三年的平均值，对各期刊的三年平均值做归一化计算，即除以三年最大的平均值（《近代史研究》的0.4118）。本表按归一化值从大到小排列。

表5-10　　　　　　　　　　2004—2006年历史学期刊总被引速率

排序	期刊名称	2004年	2005年	2006年	三年平均	归一化值
1	近代史研究	0.2308	0.2857	0.7190	0.4118	1
2	历史研究	0.2768	0.3523	0.3663	0.3318	0.8057
3	中国农史	0.0963	0.2794	0.2270	0.2009	0.4879
4	清史研究	0.0354	0.1682	0.3010	0.1682	0.4085
4	中国史研究	0.0867	0.1678	0.2500	0.1682	0.4085
6	史林	0.0449	0.1792	0.2542	0.1595	0.3871
7	史学理论研究	0.1497	0.0615	0.1823	0.1312	0.3186
8	抗日战争研究	0.0234	0.2917	0.0775	0.1309	0.3179
9	当代中国史研究	0.0563	0.0886	0.2067	0.1172	0.2846
10	史学月刊	0.0635	0.1203	0.1415	0.1084	0.2632
11	中国历史地理论丛	0.0610	0.1073	0.1220	0.0968	0.2351
12	华侨华人历史研究	0.1735	0.0442	0.0577	0.0918	0.2229
13	历史教学	0.0632	0.1197	0.0736	0.0855	0.2076
14	世界历史	0.0897	0.0652	0.0939	0.0829	0.2013
15	中国边疆史地研究	0.0385	0.0411	0.1620	0.0805	0.1955
16	安徽史学	0.0383	0.0717	0.0969	0.0690	0.1676
17	史学集刊	0.0272	0.0483	0.1280	0.0678	0.1646
18	敦煌学辑刊	0.0132	0.0643	0.0984	0.0586	0.1423
19	民国档案	0.0469	0.0670	0.0481	0.0540	0.1311
20	故宫博物院院刊	0.0073	0.0479	0.0949	0.0500	0.1214

续表

排序	期刊名称	2004年	2005年	2006年	三年平均	归一化值
21	文史	0.0154	0.0673	0.0654	0.0494	0.1200
22	中国文化研究	0.0462	0.0486	0.0460	0.0469	0.1140
23	西域研究	0.0764	0.0294	0.0296	0.0451	0.1095
24	中国历史文物	0.0709	0.0149	0.0417	0.0425	0.1032
25	史学史研究	0.0467	0.0577	0.0175	0.0407	0.0986
26	历史教学问题	0.0330	0.0295	0.0592	0.0406	0.0986*
27	文献	0.0142	0.0450	0.0620	0.0404	0.0981
28	海交史研究	0.0182	0.0357	0.0408	0.0316	0.0767
29	自然科学史研究	0.0366	0.0123	0.0400	0.0296	0.0719
30	中国地方志	0.0114	0.0248	0.0497	0.0286	0.0695
31	历史档案	0	0.0316	0.0448	0.0255	0.0619
32	文史知识	0.0454	0.0181	0.0068	0.0234	0.0568
33	中国史研究动态	0.0380	0.0120	0.0058	0.0186	0.0452
34	贵州文史丛刊	0	0.0094	0.0255	0.0116	0.0282
35	军事历史研究	0	0.0047	0.0207	0.0085	0.0206
36	东南文化	0.0059	0.0043	0.0139	0.0080	0.0194
37	岭南文史	0	0	0.0088	0.0029	0.0070
38	文史杂志	0	0	0.0083	0.0028	0.0068
39	广西地方志	0.0036	0.0043	0	0.0026	0.0063
40	档案春秋	0.0041	0.0030	0	0.0024	0.0058
41	纵横	0	0.0051	0	0.0017	0.0041
42	武汉文史资料	0	0.0044	0	0.0015	0.0036
43	军事历史	0.0040	0	0	0.0013	0.0032

* 由于小数进位问题，部分期刊均值不同而归一化值相同，仍按均值分先后。以下类似情况同此处理。

从表5-10可以看出，表中历史学期刊的2004—2006年的总被引速率平均值为0.0739，特别是2006年相对于2004年平均总被引速率提高了106%，如此显著的增加说明从整体来说历史学期刊在追踪学术前沿、把握研究热点、提高自身成果的扩散速度上已有很大进步。其中表现突出的是《近代史研究》、《清史研究》、《史林》、《中国史研究》、《当代中国史研究》、《中国农史》和《中国边疆史地研究》，它们2006年的总被引速率相对于2004年增长的绝对值均在0.1—0.4之间。但在其中我们也发现三年平均值排在前列的《华侨华人历史研究》，在2006年的总被引速率下降了66%，这应该引起该刊编辑部的重视，以改善该刊把握学科前沿与热点问题的能力，多刊载一些学科关注度较高、学术水平较领先的论文。

5.3.2 其他期刊引用速率

其他期刊引用速率（简称：他刊引用速率）是指其他期刊对指定期刊的引用速率，也就是说将自引排除在外的被引速率。表 5-11 给出了 2004—2006 年历史学期刊他刊引用速率及三年平均值，对各期刊的三年平均值做归一化计算，即除以三年最大的平均值（《近代史研究》的 0.3151）。本表按归一化值从大到小排列。

表 5-11　　　　　　　　2004—2006 年历史学期刊他刊引用速率

排序	期刊名称	2004 年	2005 年	2006 年	三年平均	归一化值
1	近代史研究	0.1966	0.2778	0.4711	0.3151	1
2	历史研究	0.2542	0.2955	0.3314	0.2937	0.9318
3	中国农史	0.0815	0.2574	0.2128	0.1839	0.5834
4	清史研究	0.0354	0.1495	0.2913	0.1587	0.5035
5	史林	0.0337	0.1503	0.2147	0.1329	0.4216
6	中国史研究	0.0800	0.1477	0.1458	0.1245	0.3950
7	史学理论研究	0.1497	0.0559	0.1436	0.1164	0.3693
8	当代中国史研究	0.0390	0.0844	0.1875	0.1036	0.3287
9	史学月刊	0.0481	0.1147	0.1358	0.0995	0.3157
10	中国历史地理论丛	0.0427	0.0904	0.1159	0.0830	0.2633
11	中国边疆史地研究	0.0308	0.0411	0.1268	0.0662	0.2100
12	世界历史	0.0717	0.0478	0.0776	0.0657	0.2084
13	史学集刊	0.0272	0.0414	0.1098	0.0594	0.1888
14	安徽史学	0.0268	0.0604	0.0891	0.0588	0.1865
15	华侨华人历史研究	0.0714	0.0265	0.0577	0.0519	0.1647
16	故宫博物院院刊	0.0073	0.0479	0.0949	0.0500	0.1587
17	抗日战争研究	0.0156	0.0972	0.0282	0.0470	0.1491
18	文史	0.0154	0.0673	0.0561	0.0463	0.1469
19	民国档案	0.0313	0.0619	0.0428	0.0453	0.1437
20	中国文化研究	0.0462	0.0432	0.0402	0.0432	0.1371
21	中国历史文物	0.0709	0.0149	0.0417	0.0425	0.1348
22	史学史研究	0.0374	0.0481	0.0175	0.0343	0.1088
23	海交史研究	0.0182	0.0357	0.0408	0.0316	0.1003
24	敦煌学辑刊	0	0.0357	0.0546	0.0301	0.0955

续表

排序	期刊名称	2004年	2005年	2006年	三年平均	归一化值
25	文献	0.0094	0.0270	0.0537	0.0301	0.0952
26	自然科学史研究	0.0366	0.0123	0.0400	0.0296	0.0939
27	历史教学问题	0.0180	0.0206	0.0467	0.0285	0.0901
28	西域研究	0.0417	0.0147	0.0222	0.0262	0.0831
29	历史档案	0	0.0316	0.0448	0.0255	0.0809
30	历史教学	0.0158	0.0210	0.0349	0.0239	0.0758
31	中国史研究动态	0.0380	0.0120	0	0.0167	0.0530
32	文史知识	0.0238	0.0080	0.0068	0.0129	0.0409
33	贵州文史丛刊	0	0.0094	0.0255	0.0116	0.0368
34	军事历史研究	0	0.0047	0.0207	0.0085	0.0270
35	东南文化	0.0059	0.0043	0.0139	0.0080	0.0254
36	中国地方志	0	0.0055	0.0146	0.0067	0.0213
37	岭南文史	0	0	0.0088	0.0029	0.0092
38	文史杂志	0	0	0.0083	0.0028	0.0089
39	广西地方志	0.0036	0.0043	0	0.0026	0.0082
40	档案春秋	0.0041	0.0030	0	0.0024	0.0076
41	纵横	0	0.0051	0	0.0017	0.0054
42	武汉文史资料	0	0.0044	0	0.0015	0.0048
43	军事历史	0.0040	0	0	0.0013	0.0041

从表5-11可以看出，排除自引情况后，历史学期刊他刊引用速率与总被引速率具有相同的规律与趋势。与表5-10相比，历史学中CSSCI来源期刊的平均他引速率占平均总被引速率的比例为75%，其中《近代史研究》、《历史研究》、《中国农史》、《清史研究》、《史林》、《中国史研究》、《史学理论研究》、《当代中国史研究》、《史学月刊》和《中国历史地理论丛》这一比例均高于75%，有的甚至达到90%以上，且在表中位居前10位，毫无疑问这些期刊对学科热点的把脉能力很强，辐射速度也很快。

5.3.3 本学科论文引用速率

本学科论文引用速率（简称：学科引用速率）是指本学科论文引用某期刊的速率。学科引用速率主要用来反映某期刊在本学科内的学术扩散速度。表5-12给出了2004—2006年历史学期刊学科引用速率统计。与上表相同，也包括各年度的学科引用速率、三年平均学科引用速率，再用最大的平均值（《近代史研究》的0.2775）

作分母对每一种期刊的三年平均值做归一化计算。并按照归一化值从大到小排列。

表 5-12　　　　　　　　　　2004—2006 年历史学期刊学科引用速率

排序	期刊名称	2004 年	2005 年	2006 年	三年平均	归一化值
1	近代史研究	0.1453	0.1667	0.5207	0.2775	1
2	历史研究	0.1977	0.2216	0.2500	0.2231	0.8037
3	抗日战争研究	0.0234	0.2292	0.0775	0.1100	0.3963
4	中国史研究	0.0733	0.0872	0.1528	0.1045	0.3761
5	史林	0.0337	0.0809	0.1638	0.0928	0.3343
6	史学理论研究	0.1078	0.0335	0.1160	0.0858	0.3091
7	清史研究	0.0088	0.0374	0.1748	0.0737	0.2655
8	史学月刊	0.0519	0.0620	0.0860	0.0667	0.2399
9	世界历史	0.0673	0.0522	0.0612	0.0602	0.2169
10	中国边疆史地研究	0.0154	0.0274	0.1127	0.0518	0.1866
11	中国农史	0.0593	0.0515	0.0426	0.0511	0.1841
12	安徽史学	0.0345	0.0340	0.0620	0.0435	0.1567
13	史学集刊	0.0068	0.0207	0.0793	0.0356	0.1282
14	民国档案	0.0313	0.0361	0.0214	0.0296	0.1066
15	中国历史地理论丛	0.0061	0.0226	0.0488	0.0258	0.0929
16	故宫博物院院刊	0.0073	0	0.0678	0.0250	0.0901
17	文史	0.0077	0.0288	0.0374	0.0246	0.0886
18	华侨华人历史研究	0.0408	0	0.0192	0.0200	0.0720
19	史学史研究	0.0280	0.0288	0	0.0190	0.0681
20	历史档案	0	0.0105	0.0448	0.0184	0.0663
21	中国地方志	0.0114	0.0220	0.0205	0.0180	0.0648
22	文献	0.0047	0.0180	0.0289	0.0172	0.0620
23	敦煌学辑刊	0.0132	0	0.0273	0.0135	0.0486
24	中国文化研究	0.0115	0.0108	0.0172	0.0132	0.0476
25	自然科学史研究	0.0122	0	0.0267	0.0130	0.0468
26	海交史研究	0	0.0179	0.0204	0.0128	0.0461
27	历史教学问题	0.0090	0	0.0280	0.0123	0.0443
28	西域研究	0.0139	0	0.0222	0.0120	0.0432
29	当代中国史研究	0.0130	0	0.0192	0.0107	0.0385
30	历史教学	0.0045	0.0042	0.0213	0.0100	0.0360
31	中国历史文物	0.0213	0	0.0069	0.0094	0.0339

续表

排序	期刊名称	2004 年	2005 年	2006 年	三年平均	归一化值
32	中国史研究动态	0.0063	0.0060	0.0058	0.0060	0.0216
33	文史知识	0.0086	0.0020	0.0068	0.0058	0.0209
34	军事历史研究	0	0.0047	0.0124	0.0057	0.0205
35	贵州文史丛刊	0	0	0.0102	0.0034	0.0122
36	广西地方志	0.0036	0.0043	0	0.0026	0.0094
37	档案春秋	0.0041	0	0	0.0014	0.0050
38	军事历史	0.0040	0	0	0.0013	0.0047
39	纵横	0	0.0025	0	0.0008	0.0029
40	武汉文史资料	0	0	0	0	0
40	文史杂志	0	0	0	0	0
40	岭南文史	0	0	0	0	0
40	东南文化	0	0	0	0	0

从表 5-12 可以看出，在学科引用速率方面，历史学期刊三年学科引用速率的平均值占总被引速率的 50%，也就是说历史学期刊的最新论文一半是影响本学科研究的，另一半则在影响着其他学科的研究，或者说对其他学科的研究具有借鉴和渗透作用，反映了学科之间的交叉性和融合性，这将带来人文社会科学研究的新的增长点。在总被引速率中学科引用占有较高比例的期刊有：《近代史研究》、《历史研究》、《抗日战争研究》、《中国史研究》、《史林》和《史学理论研究》等；与表 5-10 相比，在排位上前进较明显的是《抗日战争研究》、《世界历史》、《中国边疆史地研究》、《民国档案》、《中国地方志》及《历史档案》，它们均前进了 5—11 位；而《敦煌学辑刊》、《华侨华人历史研究》和《中国农史》的位次均有 5—8 位的后退。

5.3.4　历史学期刊被引速率综合分析

期刊被引速率综合值包括总被引速率、他刊引用速率和学科引用速率三项指标。与期刊被引次数类似，各指标的权重分别为 25%、50%、25%。表 5-13 给出了 2004—2006 年历史学期刊被引速率综合值计算。其方法与期刊被引次数综合值的计算完全相同，可以参见表 5-9 的解释。本表按照被引速率综合值从大到小排列。

第5章 历史学

表 5-13　　2004—2006 年历史学期刊被引速率综合值

排序	期刊名称	总被引速率归一化值	他刊引用速率归一化值	学科引用速率归一化值	综合值
1	近代史研究	1	1	1	1
2	历史研究	0.8057	0.9318	0.8037	0.8683
3	中国农史	0.4879	0.5834	0.1841	0.4597
4	清史研究	0.4085	0.5035	0.2655	0.4203
5	中国史研究	0.4085	0.395	0.3761	0.3937
6	史林	0.3871	0.4216	0.3343	0.3912
7	史学理论研究	0.3186	0.3693	0.3091	0.3416
8	史学月刊	0.2632	0.3157	0.2399	0.2836
9	抗日战争研究	0.3179	0.1491	0.3963	0.2531
10	当代中国史研究	0.2846	0.3287	0.0385	0.2451
11	中国历史地理论丛	0.2351	0.2633	0.0929	0.2137
12	世界历史	0.2013	0.2084	0.2169	0.2088
13	中国边疆史地研究	0.1955	0.2100	0.1866	0.2005
14	安徽史学	0.1676	0.1865	0.1567	0.1743
15	史学集刊	0.1646	0.1888	0.1282	0.1676
16	华侨华人历史研究	0.2229	0.1647	0.0720	0.1561
17	故宫博物院院刊	0.1214	0.1578	0.0901	0.1318
18	民国档案	0.1311	0.1437	0.1066	0.1313
19	文史	0.1200	0.1469	0.0886	0.1256
20	中国文化研究	0.1140	0.1371	0.0476	0.1090
21	中国历史文物	0.1032	0.1348	0.0339	0.1017
22	历史教学	0.2076	0.0758	0.0360	0.0988
23	史学史研究	0.0986	0.1088	0.0681	0.0961
24	敦煌学辑刊	0.1423	0.0955	0.0486	0.0955
25	文献	0.0981	0.0952	0.0620	0.0876
26	海交史研究	0.0767	0.1003	0.0461	0.0809
27	历史教学问题	0.0986	0.0901	0.0443	0.0808
28	西域研究	0.1095	0.0831	0.0432	0.0797
29	自然科学史研究	0.0719	0.0939	0.0468	0.0766
30	历史档案	0.0619	0.0809	0.0663	0.0725
31	中国地方志	0.0695	0.0213	0.0648	0.0442
32	中国史研究动态	0.0452	0.0530	0.0216	0.0432

续表

排序	期刊名称	总被引速率归一化值	他刊引用速率归一化值	学科引用速率归一化值	综合值
33	文史知识	0.0568	0.0409	0.0209	0.0399
34	贵州文史丛刊	0.0282	0.0368	0.0122	0.0285
35	军事历史研究	0.0206	0.0270	0.0205	0.0238
36	东南文化	0.0194	0.0254	0	0.0176
37	广西地方志	0.0063	0.0082	0.0094	0.0080
38	档案春秋	0.0058	0.0076	0.0050	0.0065
39	岭南文史	0.0070	0.0092	0	0.0064
40	文史杂志	0.0068	0.0089	0	0.0062
41	纵横	0.0041	0.0054	0.0029	0.0045
42	军事历史	0.0032	0.0041	0.0047	0.0040
43	武汉文史资料	0.0036	0.0048	0	0.0033

从表5-13可以看出，在学术影响扩散速度方面，历史学期刊分布层次明显，如果我们把综合值在1—0.7的期刊看作是第一层次，那么《近代史研究》和《历史研究》位居其中；《中国农史》、《清史研究》和《中国史研究》等11种期刊的综合值在0.5—0.2之间可视为第二层次；综合值在0.2—0.05之间的17种期刊为第三层次；综合值在0.05以下的13种期刊为第四层次。

在期刊学术热点扩散速度方面，《近代史研究》优势突出，总被引速率、他引速率和学科引用速率三项指标均位居第1。此外，《历史研究》、《中国农史》、《清史研究》和《中国史研究》在学术影响速度方面也有着上乘表现。

5.4 历史学期刊影响因子分析

影响因子是1972年尤金·加菲尔德博士为《现刊目次》选刊过程中补充单纯以被引次数标准来评判期刊所带来的不足，为了消除期刊办刊历史长短、刊载论文数量多少对于评价期刊的偏差而设立的。[①] 它的目的是从评价期刊中论文的篇均被引率的角度来评价期刊的学术质量。显然，一个期刊的影响因子越大，说明该期刊在学科发展和交流中的作用和影响力越大，其论文的学术水准也较高。但是，在不同时期、不同学术环境条件下，不同学科文献的"最大引文年限"是不可能相同的，而引文峰

---

① Garfield, E., "The History and Meaning of the Journal Impact Factor", *JAMA*, 2006, 295: 90—93.

值出现的时间是计算影响因子统计年限选择的依据,[①] 正是基于此本书对影响因子的计算进行了修正。与前两个指标一样,影响因子指标也被细分成了三个下级指标:一般影响因子、他引影响因子、学科影响因子。

5.4.1 一般影响因子

本评价体系修正影响因子的计算方法参见本书第 1 章。一般影响因子的实质是从期刊论文的篇均被引率来反映期刊在学术界的相对影响力。一般来说,影响因子高的期刊其所载论文的整体质量也较高,该期刊在学界的影响也较大。表 5-14 给出了 2004—2006 年历史学期刊一般影响因子和三年的平均值,用平均值的最大值对所有期刊的三年平均值做归一化计算,并按归一化值从大到小排列。

表 5-14 2004—2006 年历史学期刊一般影响因子

排序	期刊名称	2004 年	2005 年	2006 年	三年平均	归一化值
1	历史研究	0.6453	0.4972	0.6102	0.5842	1
2	近代史研究	0.5950	0.4261	0.3590	0.4600	0.7874
3	中国史研究	0.2239	0.1643	0.2533	0.2138	0.3660
4	史学理论研究	0.1575	0.1623	0.2874	0.2024	0.3465
5	抗日战争研究	0.2183	0.1953	0.1250	0.1795	0.3073
6	清史研究	0.1074	0.1709	0.2301	0.1695	0.2901
7	世界历史	0.1147	0.1374	0.2466	0.1663	0.2845
8	史林	0.1151	0.1667	0.2079	0.1632	0.2794
9	华侨华人历史研究	0.1441	0.1579	0.1633	0.1551	0.2655
10	中国农史	0.0887	0.1797	0.1778	0.1487	0.2545
11	中国边疆史地研究	0.0859	0.1382	0.2000	0.1414	0.2420
12	史学月刊	0.1036	0.1395	0.1654	0.1362	0.2331
13	中国历史地理论丛	0.1477	0.0870	0.1220	0.1189	0.2035
14	西域研究	0.0791	0.1408	0.1319	0.1173	0.2008
15	史学集刊	0.0833	0.0725	0.1701	0.1086	0.1859
16	历史档案	0.2026	0.0352	0.0774	0.1051	0.1799
17	敦煌学辑刊	0.0779	0.0649	0.1711	0.1046	0.1790
18	当代中国史研究	0.1148	0.0335	0.1558	0.1014	0.1736

---

① 何荣利、司天文:"对现行中国期刊界计算影响因子年限的思考",《中国科技期刊研究》2001 年第 12 卷第 5 期,第 362—363 页。

续表

排序	期刊名称	2004年	2005年	2006年	三年平均	归一化值
19	民国档案	0.0878	0.1221	0.0885	0.0995	0.1703
20	中国文化研究	0.0791	0.0941	0.0983	0.0905	0.1549
21	中国历史文物	0.0573	0.0705	0.1348	0.0875	0.1498
22	史学史研究	0.0917	0.0818	0.0748	0.0828	0.1417
23	自然科学史研究	0.0750	0.0759	0.0732	0.0747	0.1279
24	安徽史学	0.1012	0.0550	0.0613	0.0725	0.1241
25	历史教学	0.0493	0.0705	0.0655	0.0618	0.1058
26	文史	0	0.0473	0.1308	0.0594	0.1017
27	文献	0.0297	0.0452	0.0566	0.0438	0.0750
28	海交史研究	0	0.1311	0	0.0437	0.0748
29	故宫博物院院刊	0.0139	0.0444	0.0657	0.0413	0.0707
30	档案春秋	0.0244	0.0558	0.0328	0.0377	0.0645
31	中国地方志	0.0342	0.0243	0.0426	0.0337	0.0577
32	中国史研究动态	0.0244	0.0192	0.0570	0.0335	0.0573
33	历史教学问题	0.0311	0.0173	0.0300	0.0261	0.0447
34	东南文化	0.0113	0.0119	0.0297	0.0176	0.0301
35	军事历史研究	0.0230	0.0110	0.0152	0.0164	0.0281
36	贵州文史丛刊	0.0309	0.0048	0.0048	0.0135	0.0231
37	文史知识	0.0094	0.0173	0.0086	0.0118	0.0202
38	军事历史	0.0134	0.0045	0.0161	0.0113	0.0193
39	纵横	0.0023	0.0088	0.0146	0.0085	0.0147
40	文史杂志	0.0072	0.0025	0.0102	0.0066	0.0113
41	岭南文史	0	0.0078	0.0070	0.0049	0.0084
41	广西地方志	0.0148	0	0	0.0049	0.0084
43	武汉文史资料	0.0028	0	0	0.0009	0.0015

从表5-14可以看出，历史学期刊一般影响因子相对较低，其中95%的期刊一般影响因子均在0.2以下。产生这一现象的主要原因是：其一，历史学研究者对除期刊以外其他文献，尤其是对图书、档案及史料倚重，期刊论文不是他们研究成果发布和利用的主要形式；其二，与历史学学科特点密切相关，研究热点的扩散以及时效性不强，造成引用期刊论文的引用年代具有相对分散性，前第二、三年的引用峰值年效应

不显著。

从 2004 年到 2006 年，历史学期刊一般影响因子的平均值有 0.02 的上升。其中上升较为突出的是《清史研究》、《中国农史》、《文史》、《中国边疆史地研究》和《世界历史》。另有大量的期刊三年间的一般影响因子呈不规律的波动。《历史研究》和《近代史研究》三年的平均一般影响因子最高，体现了这两种期刊在史学界不可撼动的学术影响力。

5.4.2 他引影响因子

他引影响因子是排除期刊自引后的影响因子，相对引文数据库中的非来源期刊而言他引影响因子更加公正合理。同时，它也可以防止虚假自引带来的不合理因素。表 5-15 给出了 2004—2006 年历史学期刊他引影响因子年度值和三年的平均值，用最大平均值（《历史研究》的 0.5365）进行归一化计算。并按归一化值从大到小排列。

表 5-15　　　　　　　　　　2004—2006 年历史学期刊他引影响因子

排序	期刊名称	2004 年	2005 年	2006 年	三年平均	归一化值
1	历史研究	0.5862	0.4696	0.5537	0.5365	1
2	近代史研究	0.3636	0.4000	0.3504	0.3714	0.6921
3	抗日战争研究	0.1972	0.1875	0.1094	0.1647	0.3070
4	史学理论研究	0.1370	0.1169	0.2395	0.1645	0.3066
5	中国史研究	0.2015	0.1143	0.1733	0.1630	0.3038
6	清史研究	0.1074	0.1282	0.1947	0.1434	0.2673
7	史林	0.0935	0.1282	0.1798	0.1338	0.2494
8	世界历史	0.0917	0.1232	0.1659	0.1270	0.2365
9	中国农史	0.0806	0.1641	0.1333	0.1260	0.2349
10	华侨华人历史研究	0.1261	0.1053	0.1429	0.1247	0.2326
11	史学月刊	0.0988	0.1198	0.1519	0.1235	0.2302
12	中国边疆史地研究	0.0625	0.1301	0.1615	0.1180	0.2199
13	史学集刊	0.0833	0.0652	0.1565	0.1017	0.1896
14	中国历史地理论丛	0.1141	0.0683	0.1220	0.1015	0.1892
15	历史档案	0.1961	0.0352	0.0710	0.1008	0.1879
16	中国历史文物	0.0573	0.0705	0.1348	0.0875	0.1631
16	民国档案	0.0676	0.1221	0.0729	0.0875	0.1631
18	中国文化研究	0.0791	0.0882	0.0867	0.0847	0.1578
19	西域研究	0.0504	0.0915	0.1111	0.0843	0.1571

续表

排序	期刊名称	2004年	2005年	2006年	三年平均	归一化值
20	史学史研究	0.0917	0.0727	0.0654	0.0766	0.1428
21	自然科学史研究	0.0750	0.0759	0.0732	0.0747	0.1392
22	当代中国史研究	0.1038	0.0279	0.0909	0.0742	0.1383
23	文史	0	0.0473	0.1308	0.0594	0.1107
24	敦煌学辑刊	0.0260	0.0390	0.0921	0.0523	0.0977
25	安徽史学	0.0595	0.0367	0.0575	0.0512	0.0954
26	海交史研究	0	0.1311	0	0.0437	0.0815
27	故宫博物院院刊	0.0140	0.0448	0.0657	0.0415	0.0773
28	档案春秋	0.0244	0.0558	0.0328	0.0377	0.0703
29	文献	0.0212	0.0407	0.0425	0.0348	0.0649
30	中国史研究动态	0.0244	0.0128	0.0506	0.0293	0.0546
31	历史教学	0.0202	0.0145	0.0406	0.0251	0.0468
32	东南文化	0.0113	0.0119	0.0297	0.0176	0.0328
33	军事历史研究	0.0230	0.0110	0.0152	0.0164	0.0306
34	历史教学问题	0.0089	0.0138	0.0210	0.0146	0.0272
35	贵州文史丛刊	0.0309	0.0048	0.0048	0.0135	0.0252
36	军事历史	0.0134	0.0045	0.0161	0.0113	0.0211
37	文史知识	0.0057	0.0173	0.0086	0.0105	0.0196
38	纵横	0.0023	0.0088	0.0146	0.0085	0.0160
39	中国地方志	0.0114	0.0069	0.0057	0.0080	0.0149
40	文史杂志	0.0072	0.0025	0.0102	0.0066	0.0123
41	岭南文史	0	0.0078	0.0070	0.0049	0.0091
41	广西地方志	0.0148	0	0	0.0049	0.0091
43	武汉文史资料	0.0028	0	0	0.0009	0.0017

从表5-15可以看出，排除自引情况后，在排位上发生显著变化的是《中国地方志》、《历史教学》、《敦煌学辑刊》和《西域研究》四种期刊，它们的自引率较高，在28%—76%之间，这在很大程度上是由于这些期刊的研究领域较窄较专，发表成果的期刊数量较少引起。值得一提的是《历史研究》、《抗日战争研究》、《史学月刊》、《史学集刊》、《历史档案》和《史学史研究》的自引率均在10%以内，特别是《抗日战争研究》以较低的自引率（8%）一跃本表的前三甲。

5.4.3 学科影响因子

通过学科影响因子的研究,可以分析期刊对本学科研究的贡献,能够反映期刊所刊载的论文与本学科研究的相关程度。表 5‑16 给出了 2004—2006 年历史学期刊学科影响因子统计。同样,也包括各年度的学科影响因子、三年平均值,并以学科影响因子最大的平均值(《历史研究》的 0.4227)作分母得到各期刊该指标的归一化值,并按归一化值从大到小排列。

表 5‑16　　　　　　　　2004—2006 年历史学期刊学科影响因子

排序	期刊名称	2004 年	2005 年	2006 年	三年平均	归一化值
1	历史研究	0.4680	0.3425	0.4576	0.4227	1
2	近代史研究	0.5207	0.3304	0.3248	0.3920	0.9274
3	抗日战争研究	0.1831	0.1797	0.0938	0.1522	0.3601
4	史学理论研究	0.1164	0.1169	0.2036	0.1456	0.3445
5	清史研究	0.1074	0.1282	0.1947	0.1434	0.3392
6	中国史研究	0.1194	0.1143	0.1400	0.1246	0.2948
7	史林	0.0935	0.1218	0.1348	0.1167	0.2761
8	世界历史	0.0734	0.0900	0.1794	0.1143	0.2704
9	史学月刊	0.0723	0.1120	0.1077	0.0973	0.2302
10	民国档案	0.0811	0.1105	0.0573	0.0829	0.1964
11	中国农史	0.0484	0.1016	0.0963	0.0821	0.1942
12	历史档案	0.1503	0.0211	0.0581	0.0765	0.1810
13	中国边疆史地研究	0.0547	0.0732	0.1000	0.0760	0.1798
14	史学集刊	0.0682	0.0507	0.0816	0.0668	0.1580
15	中国历史地理论丛	0.1007	0.0373	0.0610	0.0663	0.1568
16	史学史研究	0.0642	0.0727	0.0467	0.0612	0.1448
17	安徽史学	0.0714	0.0459	0.0536	0.0570	0.1348
18	自然科学史研究	0.0500	0.0506	0.0488	0.0498	0.1178
19	西域研究	0.0432	0.0704	0.0278	0.0471	0.1114
20	当代中国史研究	0.0492	0.0056	0.0736	0.0428	0.1013
21	中国历史文物	0.0127	0.0128	0.0567	0.0274	0.0648
22	中国史研究动态	0.0122	0.0192	0.0506	0.0274	0.0646
23	中国地方志	0.0304	0.0174	0.0313	0.0263	0.0625

续表

排序	期刊名称	2004年	2005年	2006年	三年平均	归一化值
24	敦煌学辑刊	0.0390	0	0.0395	0.0261	0.0620
25	华侨华人历史研究	0.0270	0.0175	0.0204	0.0217	0.0511
26	档案春秋	0.0244	0.0186	0.0164	0.0198	0.0468
27	中国文化研究	0.0279	0	0.0287	0.0189	0.0447
28	文史	0	0.0135	0.0385	0.0173	0.0409
29	历史教学	0.0157	0.0104	0.0226	0.0162	0.0383
30	文献	0.0042	0.0181	0.0189	0.0137	0.0324
31	历史教学问题	0.0089	0.0138	0.0180	0.0136	0.0322
32	军事历史研究	0.0115	0.0110	0.0152	0.0126	0.0298
33	海交史研究	0	0.0328	0	0.0109	0.0258
34	文史知识	0.0057	0.0130	0.0065	0.0084	0.0199
34	贵州文史丛刊	0.0155	0.0048	0.0048	0.0084	0.0199
36	故宫博物院院刊	0.0069	0.0074	0.0073	0.0072	0.0170
37	军事历史	0	0.0045	0.0161	0.0069	0.0163
38	广西地方志	0.0074	0	0	0.0025	0.0059
39	纵横	0	0.0044	0.0024	0.0023	0.0054
40	东南文化	0.0023	0	0.0030	0.0018	0.0043
41	文史杂志	0	0	0.0051	0.0017	0.0040
42	武汉文史资料	0	0	0	0	0
42	岭南文史	0	0	0	0	0

将表5-16与表5-14对比可以看出，期刊的本学科影响因子与一般影响因子的比值大于70%的期刊，它们的名次有较大幅度的提升，凸显出了它们在历史学内的巨大影响。如《抗日战争研究》、《清史研究》、《民国档案》、《中国史研究动态》、《安徽史学》、《中国地方志》、《史学史研究》和《历史档案》。在其中表现注目的《民国档案》和《中国史研究动态》以83%和82%的本学科引用率提前了9—10位。相反，本学科引用率低于30%的期刊的名次则不同程度地后退，如《华侨华人历史研究》以14%的本学科引用率名次下降了16位，《中国文化研究》和《敦煌学研究》分别以21%和25%的本学科引用率下降了7个位次。这也从一个侧面说明这些期刊对其他学科的影响力较强，学科之间的交叉、渗透、融合逐渐成为各学科发展的趋势。

5.4.4 历史学期刊影响因子综合分析

与期刊被引次数和被引速率相同，在本评价体系中，期刊影响因子的三个下级指标权重分配为：一般影响因子（25%）、他引影响因子（50%）、学科影响因子（25%）。表5-17给出了2004—2006年历史学期刊影响因子综合值计算，其方法与期刊被引次数和被引速率相同，计算后求和得到各期刊影响因子的综合值。本表按综合值从大到小排列。

表5-17　　　　　　　　2004—2006年历史学期刊影响因子综合值

排序	期刊名称	一般影响因子归一化值	他引影响因子归一化值	学科影响因子归一化值	综合值
1	历史研究	1	1	1	1
2	近代史研究	0.7874	0.6921	0.9274	0.7748
3	史学理论研究	0.3465	0.3066	0.3445	0.3261
4	抗日战争研究	0.3073	0.3070	0.3601	0.3204
5	中国史研究	0.3660	0.3038	0.2948	0.3171
6	清史研究	0.2901	0.2673	0.3392	0.2910
7	史林	0.2794	0.2494	0.2761	0.2636
8	世界历史	0.2845	0.2365	0.2704	0.2570
9	史学月刊	0.2331	0.2302	0.2302	0.2309
10	中国农史	0.2545	0.2349	0.1942	0.2296
11	中国边疆史地研究	0.2420	0.2199	0.1798	0.2154
12	华侨华人历史研究	0.2655	0.2326	0.0511	0.1955
13	中国历史地理论丛	0.2035	0.1892	0.1568	0.1847
14	历史档案	0.1799	0.1879	0.1810	0.1842
15	史学集刊	0.1859	0.1896	0.1580	0.1808
16	民国档案	0.1703	0.1631	0.1964	0.1732
17	西域研究	0.2008	0.1571	0.1114	0.1566
18	史学史研究	0.1417	0.1428	0.1448	0.1430
19	当代中国史研究	0.1736	0.1383	0.1013	0.1379
20	中国历史文物	0.1498	0.1631	0.0648	0.1352
21	自然科学史研究	0.1279	0.1392	0.1178	0.1310
22	中国文化研究	0.1549	0.1578	0.0447	0.1288
23	安徽史学	0.1241	0.0954	0.1348	0.1124

续表

排序	期刊名称	一般影响因子归一化值	他引影响因子归一化值	学科影响因子归一化值	综合值
24	敦煌学辑刊	0.1790	0.0977	0.0620	0.1091
25	文史	0.1017	0.1107	0.0409	0.0910
26	海交史研究	0.0748	0.0815	0.0258	0.0659
27	档案春秋	0.0645	0.0703	0.0468	0.0630
28	故宫博物院院刊	0.0707	0.0773	0.0170	0.0606
29	历史教学	0.1058	0.0468	0.0383	0.0594
30	文献	0.0750	0.0649	0.0324	0.0593
31	中国史研究动态	0.0573	0.0546	0.0646	0.0578
32	中国地方志	0.0577	0.0149	0.0625	0.0375
33	历史教学问题	0.0447	0.0272	0.0322	0.0328
34	军事历史研究	0.0281	0.0306	0.0298	0.0298
35	东南文化	0.0301	0.0328	0.0043	0.0250
36	贵州文史丛刊	0.0231	0.0252	0.0199	0.0234
37	文史知识	0.0202	0.0196	0.0199	0.0198
38	军事历史	0.0193	0.0211	0.0163	0.0195
39	纵横	0.0147	0.0160	0.0054	0.0130
40	文史杂志	0.0113	0.0123	0.0040	0.0100
41	广西地方志	0.0084	0.0091	0.0059	0.0081
42	岭南文史	0.0084	0.0091	0	0.0067
43	武汉文史资料	0.0015	0.0017	0	0.0012

分析表5-17中历史学期刊影响因子综合值就可以看出，历史学类期刊可以分为四个层次。第一层次中《历史研究》和《近代史研究》以综合值大于0.7较为明显的优势领先于其他期刊。特别是《历史研究》三个分指标的值均为1，说明该期刊在对本学科的研究中起着突出的作用；《近代史研究》的三个影响因子均在各自的指标中排名第2，综合值达到了0.7748，排在第一层次也当之无愧。我们把综合值位于0.4—0.1的期刊列为第二层次，该层次中有《史学理论研究》等22种期刊。第三层次由综合值位于0.1—0.05的7种期刊组成，它们是《文史》、《海交史研究》、《档案春秋》、《故宫博物院院刊》、《历史教学》、《文献》和《中国史研究动态》。其余12种期刊为第四层次，其综合值都在0.05以下。虽然有些期刊综合值不高，但有些期刊，例如《中国地方志》、《敦煌学辑刊》等在学科内部也有其不可忽视的优势。

5.5 历史学期刊被引广度分析

期刊被引广度是指统计当年该期刊被多少种其他刊物引用。期刊被引广度指标可以比较出期刊的辐射度。期刊的被引频次是期刊总体影响力的表现，影响因子是期刊所载论文总体质量的标志，在对学术期刊进行了这两项指标分析后，我们更加关注，在被引次数和影响因子的数值所体现出来的期刊学术性影响是否存在不全面性？或者说其学术影响是否具有一定的广泛度。引入期刊被引广度指标，是实现上述评价目标的重要途径，同时在实践中也可有效地抑制恶意自引和交易互引对期刊评价的干扰。对期刊被引广度的计算参见本书第 1 章。表 5-18 给出了 2004—2006 年历史学期刊被引广度及三年的平均值，再对平均值进行归一化计算，并按归一化值从大到小排列。

表 5-18　　　　　　　　2004—2006 年历史学期刊被引广度

排序	期刊名称	2004 年	2005 年	2006 年	三年平均	归一化值
1	历史研究	68.4	73.0	91.8	77.73	1
2	近代史研究	34.6	36.2	42.0	37.60	0.4837
3	史学月刊	28.8	34.8	44.0	35.87	0.4615
4	中国史研究	31.6	29.8	46.0	35.80	0.4606
5	世界历史	21.8	18.0	29.4	23.07	0.2968
6	史学理论研究	15.4	16.0	26.8	19.40	0.2496
7	历史档案	17.0	16.6	19.8	17.80	0.2290
8	史林	8.0	16.6	24.2	16.27	0.2093
9	中国历史地理论丛	12.0	16.2	20.2	16.13	0.2075
10	历史教学	12.4	14.4	20.4	15.73	0.2024
11	中国农史	12.0	16.8	16.8	15.20	0.1955
11	清史研究	10.0	14.2	21.4	15.20	0.1955
13	民国档案	10.4	17.4	16.4	14.73	0.1895
14	文献	10.8	14.4	15.4	13.53	0.1741
15	文史知识	15.2	12.6	12.2	13.33	0.1715
16	史学集刊	9.6	12.2	16.2	12.67	0.1630
17	东南文化	9.2	10.6	18.0	12.60	0.1621
18	当代中国史研究	9.8	9.6	15.8	11.73	0.1509
19	中国文化研究	11.2	9.4	13.2	11.27	0.1450

续表

排序	期刊名称	2004年	2005年	2006年	三年平均	归一化值
20	抗日战争研究	7.8	14.6	11.2	11.20	0.1441
21	史学史研究	10.0	8.6	13.2	10.60	0.1364
21	安徽史学	8.8	10.0	13.0	10.60	0.1364
23	中国边疆史地研究	5.6	10.2	14.4	10.07	0.1296
24	华侨华人历史研究	10.2	8.2	9.2	9.20	0.1184
25	自然科学史研究	6.8	10.6	7.0	8.13	0.1046
26	中国历史文物	5.4	6.8	10.8	7.67	0.0987
27	敦煌学辑刊	5.6	6.4	10.2	7.40	0.0952
28	历史教学问题	6.4	6.2	9.4	7.33	0.0943
29	西域研究	5.6	8.2	7.0	6.93	0.0892
30	故宫博物院院刊	4.6	6.8	8.8	6.73	0.0866
31	中国史研究动态	5.4	4.4	7.4	5.73	0.0737
32	档案春秋	3.8	6.2	6.8	5.60	0.0720
33	贵州文史丛刊	5.8	3.8	4.8	4.80	0.0618
34	文史杂志	4.0	2.6	7.0	4.53	0.0583
35	文史	1.2	5.8	6.2	4.40	0.0566
36	海交史研究	1.4	4.8	2.6	2.93	0.0377
37	中国地方志	2.2	2.2	3.4	2.60	0.0334
38	军事历史研究	1.2	1.6	4.4	2.40	0.0309
39	岭南文史	2.6	1.6	2.6	2.27	0.0292
40	武汉文史资料	0.8	2.6	2.8	2.07	0.0266
41	纵横	0.4	1.8	3.4	1.87	0.0241
42	军事历史	1.8	0.8	2.0	1.53	0.0197
43	广西地方志	2.0	0.8	0.8	1.20	0.0154

从表5-18可以看到,《历史研究》以三年平均被引广度77.73一枝独秀,大大高于历史学类的其他期刊。说明该期刊不仅影响着史学期刊,还影响着大量的其他人文社会科学期刊及综合性期刊。《近代史研究》、《史学月刊》和《中国史研究》平均被引广度均大于CSSCI历史学来源期刊数26种,说明了历史研究的触角和视野正

在向新的特定领域和地域扩展。其他 CSSCI 来源及非来源史学期刊的影响广度均未大于 26，多数低于 20 种，说明这些期刊的影响面较窄，多数还局限在本学科领域期刊中，或虽然期刊的种类超过了 26 种但可能存在多种期刊引用该刊的次数相对较少，低权重值的累加造成了被引广度计算值偏低。

2004—2006 年间，历史学期刊的年度平均被引广度从 2004 年的 10 种增加到 2006 年的 15.8 种，年度间各增长了 14% 和 30%。说明历史学期刊三年间的整体被引广度有明显增长。其中《历史研究》、《史林》、《史学月刊》、《中国史研究》、《史学理论研究》和《清史研究》的增长最为突出，年平均分别增加 5—9 种。而《文史知识》、《贵州文史丛刊》和《华侨华人历史研究》被引广度在三年间略有减少。

5.6　历史学期刊二次文献转载分析

对于期刊的评价，主要从两个方面进行，一是通过引文数据产生的各种描述期刊影响的指标，二是通过权威二次文献数据库所统计的期刊论文转摘量，这两大类指标相互补充可以实现对期刊学术质量的全面评价。再有，引文数据库中每年都有千篇左右的引用文献标注为其他二次文献期刊，这些数据掩盖并造成了被转载期刊的其他被引指标的损失，所以二次文献转载指标的引入也是对被转载期刊的一个补偿。总之，采用二次文献转载是多维评价期刊的一个很有意义的指标。现在我国比较权威的学术类转摘刊物有人民出版社主办的《新华文摘》、中国社会科学杂志社主办的《中国社会科学文摘》、中国人民大学的《复印报刊资料》。① 这些二次文献荟萃了当今我国人文社会科学的精粹，其收录转载的文章往往具有学术价值高、课题新颖、与当前热点联系紧密的特点，基本可以反映当前我国社会科学研究领域的热点和社会关注的问题。

5.6.1　《新华文摘》全文转载

《新华文摘》是一种大型的综合性、学术性文摘，内容涉及政治、哲学、经济、历史、文学艺术、法学、管理学和教育学等多种人文社会科学学科，反映重要的学术动态和学术走向。因此，本体系将历史学期刊被《新华文摘》全文转载论文数量作为评价期刊学术质量的指标之一。② 表 5-19 给出了 2004—2006 年历史学期刊被《新华文摘》全文转载的统计数据，对其三年平均值做归一化计算，并按归一化值从大到小排列。

---

① 谭浩娟："从二次文献转摘量看法学学术期刊的学术质量"，《图书馆界》2005 年第 1 期，第 36—38 页。
② 人民出版社：《新华文摘》，http://www.xinhuawz.com，2008—4—12。

表 5-19   2004—2006 年历史学期刊被《新华文摘》全文转载统计

排序	期刊名称	2004年（篇）	2005年（篇）	2006年（篇）	三年平均（篇）	归一化值
1	历史研究	6	4	4	4.67	1
2	当代中国史研究	3	5	3	3.67	0.7859
3	史学月刊	5	2	2	3.00	0.6424
4	近代史研究	0	4	3	2.33	0.4989
4	军事历史	1	2	4	2.33	0.4989
4	纵横	3	3	1	2.33	0.4989
7	史学理论研究	2	3	1	2.00	0.4283
8	世界历史	1	2	2	1.67	0.3576
8	文史知识	1	3	1	1.67	0.3576
10	史学集刊	0	3	0	1.00	0.2141
10	中国史研究动态	1	1	1	1.00	0.2141
10	中国文化研究	1	1	1	1.00	0.2141
13	史林	1	0	1	0.67	0.1435
13	历史教学问题	1	0	1	0.67	0.1435
15	历史教学	0	1	0	0.33	0.0707
15	中国史研究	0	1	0	0.33	0.0707
15	清史研究	0	0	1	0.33	0.0707
15	中国历史地理论丛	0	0	1	0.33	0.0707
15	抗日战争研究	1	0	0	0.33	0.0707

从表 5-19 可以看出，历史学期刊论文被《新华文摘》转载数量并不高，三年共转摘 88 篇，2004—2006 年转载量分别为 27 篇、34 篇、27 篇。而且，整个历史学领域三年间被《新华文摘》转载的期刊也只有 19 种，且它们的《新华文摘》转摘量都没有稳定上升的态势。相对而言，《历史研究》的转载数量最高，三年共计 14 篇。《当代中国史研究》和《史学月刊》以 11 篇和 9 篇紧随其后。

5.6.2 《中国社会科学文摘》全文转载

《中国社会科学文摘》是了解社会科学领域研究状况和趋势的重要窗口，[①] 以择

---

① 中国社会科学杂志社：《中国社会科学文摘》，http://ssic.cass.cn/magazine_4.htm，2008—4—10。

优推荐人文社会科学重要研究成果为宗旨。因其以转载社科类的精品论文为主,所以总体转载数量也比较少。表5-20给出了2004—2006年历史学期刊被《中国社会科学文摘》全文转载的统计数据,对数据的处理同表5-19。

表5-20　2004—2006年历史学期刊被《中国社会科学文摘》全文转载统计

排序	期刊名称	2004年(篇)	2005年(篇)	2006年(篇)	三年平均(篇)	归一化值
1	史学月刊	3	5	2	3.33	1
1	近代史研究	2	2	6	3.33	1
3	史林	4	2	2	2.67	0.8018
4	中国史研究	3	1	2	2.00	0.6006
5	史学理论研究	1	3	0	1.33	0.3994
5	当代中国史研究	1	0	3	1.33	0.3994
7	世界历史	0	1	2	1.00	0.3003
7	史学集刊	0	1	2	1.00	0.3003
7	清史研究	0	1	2	1.00	0.3003
10	安徽史学	0	1	1	0.67	0.2012
11	历史教学	0	0	1	0.33	0.0991
11	中国历史地理论丛	0	0	1	0.33	0.0991
11	中国文化研究	1	0	0	0.33	0.0991
11	历史档案	0	0	1	0.33	0.0991
11	军事历史研究	0	0	1	0.33	0.0991
11	文史月刊	0	1	0	0.33	0.0991
11	中国边疆史地研究	0	1	0	0.33	0.0991

从表5-20可以看出,历史学期刊论文被《中国社会科学文摘》全文转载量和被转期刊种类都少于《新华文摘》,三年共转摘60篇,2004—2006年转载量分别为15篇、19篇、26篇;三年间被《中国社会科学文摘》转摘的期刊17种,较《新华文摘》减少了2种期刊。同时被上述两种文摘都转摘的期刊共计12种,其中《史学月刊》、《近代史研究》和《当代中国史研究》被两种文摘同时转摘的量分别为19篇、17篇和15篇,相对于其他史学期刊成绩不俗。

5.6.3　《复印报刊资料》全文转载

《复印报刊资料》是国内较具权威性的社会科学、人文科学专题文献资料库,其转载的内容涉及100多个专题,收集的范围和期刊论文数量较前两种文摘更为广泛。① 因此,各期刊被《复印报刊资料》转载的可能性较前两种文摘更大。表5-21给出了2004—2006年所有历史学期刊被人大《复印报刊资料》全文转载的统计数据。为了全面了解历史学期刊被《复印报刊资料》转载的情况,本表增加了《卫拉特研究》、《文史博览》、《文史天地》、《文史月刊》、《沧桑》、《名人传记》、《军事史林》和《丝绸之路》这八种在前面的评价指标中没有讨论过的期刊。与上表相同,也包括各年度的转载次数、三年平均转载次数,并以最大的平均转载数(《史学月刊》的三年平均值88)作归一化的分母,得到各期的归一化值,并按归一化值从大到小排列。

表5-21 　　　2004—2006年历史学期刊被《复印报刊资料》全文转载统计

排序	期刊名称	2004年（篇）	2005年（篇）	2006年（篇）	三年平均（篇）	归一化值
1	史学月刊	80	82	102	88.00	1
2	历史研究	30	47	49	42.00	0.4773
3	历史教学	44	30	34	36.00	0.4091
4	史林	25	31	28	28.00	0.3182
5	安徽史学	27	26	30	27.67	0.3144
6	世界历史	28	26	26	26.67	0.3031
7	史学理论研究	20	23	33	25.33	0.2878
8	近代史研究	19	22	34	25.00	0.2841
9	史学集刊	25	20	20	21.67	0.2463
10	历史教学问题	12	33	14	19.67	0.2235
11	当代中国史研究	11	23	19	17.67	0.2008
12	清史研究	14	16	17	15.67	0.1781
13	中国史研究	9	17	20	15.33	0.1742
14	民国档案	10	11	12	11.00	0.1250
15	史学史研究	10	9	13	10.67	0.1212
16	中国文化研究	11	9	7	9.00	0.1023
17	中国历史地理论丛	4	10	12	8.67	0.0985
18	西域研究	6	7	9	7.33	0.0833

---

① 中国人民大学书报资料中心:《复印报刊资料》,http://www.lib.fzu.edu.cn/qkwx/zgsxqk5.asp,2008—4—10。

续表

排序	期刊名称	2004年（篇）	2005年（篇）	2006年（篇）	三年平均（篇）	归一化值
19	历史档案	8	7	5	6.67	0.0758
20	中国史研究动态	10	4	5	6.33	0.0719
21	中国边疆史地研究	13	3	0	5.33	0.0606
22	文史知识	3	9	3	5.00	0.0568
23	人物	11	0	2	4.33	0.0492
23	抗日战争研究	5	8	0	4.33	0.0492
25	文献	7	0	5	4.00	0.0455
26	东南文化	2	3	4	3.00	0.0341
27	文史月刊	2	5	0	2.33	0.0265
28	贵州文史丛刊	4	1	1	2.00	0.0227
28	历史学习	2	4	0	2.00	0.0227
28	文史杂志	3	2	1	2.00	0.0227
31	卫拉特研究	0	0	5	1.67	0.0190
32	文史博览	0	1	3	1.33	0.0151
32	纵横	3	1	0	1.33	0.0151
32	文史	4	0	0	1.33	0.0151
32	文史天地	2	2	0	1.33	0.0151
36	华侨华人历史研究	3	0	0	1.00	0.0114
37	沧桑	0	0	2	0.67	0.0076
37	军事历史研究	0	0	2	0.67	0.0076
37	名人传记	1	0	1	0.67	0.0076
37	文史春秋	1	0	1	0.67	0.0076
41	军事史林	1	0	0	0.33	0.0038
41	档案春秋	0	0	1	0.33	0.0038
41	丝绸之路	0	0	1	0.33	0.0038

从表5-21可以看出，历史学期刊被《复印报刊资料》全文转载量及转载期刊种类上较前两种文摘数量有了大幅度的提升，三年共转摘1483篇。2004—2006年转载量分别为470篇、492篇、521篇。整个历史学领域三年间被人大《复印报刊资料》转载的期刊共计43种。大大超过了前两种文摘转载历史学期刊的数量。《史学月刊》以三年共被转264篇排在本学科期刊的第1位，是第2名《历史研究》转载量的2

倍。年平均转载量在 20—50 篇的有 8 种期刊，另有 6 种期刊的年平均转载量在 10—20 篇之间，低于 10 篇的有 28 种。

5.6.4 二次文献转载综合分析

正如前文所述，著名二次文献转载指标是评价期刊的重要补充指标。在我们此次评价所使用的这三种二次文献期刊中，为了体现它们之间的差异，对其权重分配如下：《新华文摘》(45%)、《中国社会科学文摘》(35%)、《复印报刊资料》(20%)，并以此比例及对应的二次文献归一化值计算每种期刊的二次文献综合值。计算公式参见本书第 1 章。

表 5-22　　　　　　　　2004—2006 年历史学期刊二次文献转载综合值

排序	期刊名称	新华文摘归一化值	中国社会科学文摘归一化值	复印报刊资料归一化值	综合值
1	史学月刊	0.6424	1	1	0.8391
2	近代史研究	0.4989	1	0.2841	0.6313
3	历史研究	1	0	0.4773	0.5455
4	当代中国史研究	0.7859	0.3994	0.2008	0.5336
5	史林	0.1435	0.8018	0.3182	0.4088
6	史学理论研究	0.4283	0.3994	0.2878	0.3901
7	世界历史	0.3576	0.3003	0.3031	0.3266
8	中国史研究	0.0707	0.6006	0.1742	0.2769
9	史学集刊	0.2141	0.3003	0.2463	0.2507
10	纵横	0.4989	0	0.0151	0.2275
11	军事历史	0.4989	0	0	0.2245
12	清史研究	0.0707	0.3003	0.1781	0.1725
13	文史知识	0.3576	0	0.0568	0.1723
14	中国文化研究	0.2141	0.0991	0.1023	0.1515
15	历史教学	0.0707	0.0991	0.4091	0.1483
16	安徽史学	0	0.2012	0.3144	0.1333
17	中国史研究动态	0.2141	0	0.0719	0.1107
18	历史教学问题	0.1435	0	0.2235	0.1093
19	中国历史地理论丛	0.0707	0.0991	0.0985	0.0863
20	历史档案	0	0.0991	0.0758	0.0498
21	中国边疆史地研究	0	0.0991	0.0606	0.0468

续表

排序	期刊名称	新华文摘归一化值	中国社会科学文摘归一化值	复印报刊资料归一化值	综合值
22	抗日战争研究	0.0707	0	0.0492	0.0417
23	文史月刊	0	0.0991	0.0265	0.0400
24	军事历史研究	0	0.0991	0.0076	0.0362
25	民国档案	0	0	0.1250	0.0250
26	史学史研究	0	0	0.1212	0.0242
27	西域研究	0	0	0.0833	0.0167
28	人物	0	0	0.0492	0.0098
29	文献	0	0	0.0455	0.0091
30	东南文化	0	0	0.0341	0.0068
31	贵州文史丛刊	0	0	0.0227	0.0045
31	历史学习	0	0	0.0227	0.0045
31	文史杂志	0	0	0.0227	0.0045
34	卫拉特研究	0	0	0.0190	0.0038
35	文史博览	0	0	0.0151	0.0030
35	文史	0	0	0.0151	0.0030
35	文史天地	0	0	0.0151	0.0030
38	华侨华人历史研究	0	0	0.0114	0.0023
39	沧桑	0	0	0.0076	0.0015
39	名人传记	0	0	0.0076	0.0015
39	文史春秋	0	0	0.0076	0.0015
42	军事史林	0	0	0.0038	0.0008
42	档案春秋	0	0	0.0038	0.0008
42	丝绸之路	0	0	0.0038	0.0008

从表5-22历史学期刊二次文献转载综合值上看，《史学月刊》以0.8391的绝对优势占据排名的首位，《近代史研究》居第2位。在历史学领域里这两种期刊均在前面所述三种文摘转载中有较好的表现，可将它们列入本学科期刊被转载的第一层次，特别是《史学月刊》无论在《复印报刊资料》还是《中国社会科学文摘》中，其被转载量的表现都是可圈可点的。综合值超过0.3且小于0.6的5种期刊为第二层次；综合值大于0.05小于0.3的有12种期刊，可视为第三层次；其余综合值不到0.05的为第四层次。

5.7 历史学期刊 Web 即年下载率分析

这里我们统计的 Web 即年下载率是指期刊在中国期刊全文数据库（CNKI）中当年出版并上网的论文在当年被全文下载的次数与该期刊当年出版并上网论文总数之比。Web 即年下载率反映的是除传统的印刷版读者外，网络读者对期刊内容的兴趣或者关注程度，这是研究评价期刊在网络环境下传播效率的一个新的指标。引入该指标主要是从以下三个方面考虑：第一，该指标反映了期刊的阅读率，这是一个从完全不同于上述评价期刊的 17 个指标的角度来评价期刊；第二，该指标突破了刊物的界限，完全从论文学术质量的角度来凸显期刊的优劣；第三，该指标是对期刊及时性评价的一个很好的补充。我们采用的 Web 即年下载率的数据来源于《中国学术期刊综合引证报告（2005—2007 版）》。[①] 表 5-23 给出了 2004—2006 年 36 种进入 CNKI 的历史学期刊 Web 即年下载率数据和三年平均值，并对其三年平均值进行归一化处理。

表 5-23　　　　　　　　2004—2006 年历史学期刊 Web 即年下载率

排序	期刊名称	2004 年	2005 年	2006 年	三年平均	归一化值
1	近代史研究	66.0	60.7	99.5	75.40	1
2	历史研究	41.2	50.5	94.5	62.07	0.8232
3	世界历史	23.0	30.7	55.7	36.47	0.4837
4	史学理论研究	29.2	26.6	50.6	35.47	0.4704
5	史学月刊	20.2	21.2	55.0	32.13	0.4261
6	当代中国史研究	14.3	23.6	50.8	29.57	0.3922
7	中国文化研究	18.4	22.3	44.7	28.47	0.3776
8	清史研究	18.9	29.2	36.2	28.10	0.3727
9	史学集刊	10.7	12.7	48.4	23.93	0.3174
10	历史教学	18.5	22.1	30.1	23.57	0.3126
11	中国边疆史地研究	14.1	23.3	30.8	22.73	0.3015
12	抗日战争研究	13.2	20.3	34.2	22.57	0.2993
13	历史教学问题	18.1	19.5	30.0	22.53	0.2988
14	中国历史地理论丛	15.7	11.9	38.9	22.17	0.2940
15	史学史研究	11.3	12.8	36.3	20.13	0.2670

---

① 万锦堃主编：《中国学术期刊综合引证报告（2005—2007 版）》，科学出版社 2005—2007 年版。

续表

排序	期刊名称	2004年	2005年	2006年	三年平均	归一化值
16	中国农史	12.0	16.9	28.4	19.10	0.2533
17	安徽史学	10.2	18.5	28.3	19.00	0.2520
18	史林	10.8	13.0	31.8	18.53	0.2458
19	故宫博物院院刊	6.2	12.5	34.6	17.77	0.2357
20	华侨华人历史研究	12.8	13.6	21.7	16.03	0.2126
21	岭南文史	19.8	15.1	11.8	15.57	0.2065
22	贵州文史丛刊	7.4	9.2	29.1	15.23	0.2020
23	文史杂志	12.6	17.2	15.3	15.03	0.1993
24	西域研究	5.4	12.1	26.7	14.73	0.1954
25	军事历史研究	11.7	9.1	23.1	14.63	0.1940
26	历史档案	5.7	18.9	16.4	13.67	0.1813
27	东南文化	8.0	13.9	18.6	13.50	0.1790
28	民国档案	7.0	11.4	20.6	13.00	0.1724
29	军事历史	15.2	6.5	17.1	12.93	0.1715
30	自然科学史研究	7.2	5.7	22.8	11.90	0.1578
31	敦煌学辑刊	3.4	6.5	13.8	7.90	0.1048
32	纵横	5.5	7.9	8.5	7.30	0.0968
33	广西地方志	—	9.2	4.4	6.80	0.0902
34	中国地方志	2.1	3.8	5.9	3.93	0.0521
35	档案春秋	—	2.1	5.0	3.55	0.0471
36	武汉文史资料	2.0	1.7	5.5	3.07	0.0407

注：表中"—"表示当年该刊尚未进入CNKI，不列入平均值的计算。

从表5-23可以看出，《近代史研究》和《历史研究》以三年Web即年下载率平均值大于60，处于整个历史学期刊的排头兵。说明它们刊载的论文受到众多学者的关注。Web即年下载率平均值介于20—40的《世界历史》等13种期刊构成了第二层次；《中国农史》和《安徽史学》因其平均值大于10小于20而处于第三层次；其余三年Web即年下载率平均值低于10的期刊为第四层次。

从年度变化来看，年度平均Web即年下载率2005年相对于2004年增长了16%，2006年相对于2005年增长了84%。这种跳跃的增长足以力证随着网络全文数据库发展的日趋成熟，电子文献正愈来愈受到史学家的青睐。三年间历史学期刊该指标呈普涨格局，其中从绝对增长值来看，《历史研究》以三年间增长超过50而名列前茅；

另外,《史学集刊》、《当代中国史研究》、《史学月刊》、《近代史研究》和《世界历史》三年涨幅也在 30—40 之间;《故宫博物院院刊》、《中国文化研究》和《史学史研究》三种期刊其涨幅在 25—30 之间。

5.8 历史学期刊评价指标综合分析

为了综合考虑历史学期刊的学术规范、学术影响和学术质量,根据本书第一章构建的评价体系计算方法对每一期刊计算其学术影响综合值。在指标权重分配方面,我们把反映期刊学术影响的被引指标放在最重要的地位,其权重总体占 60%,其中考虑到影响因子的重要性而给予最高的权重 30%,被引次数、被引速率、被引广度则各占 10%;其次是期刊学术规范量化指标,其权重为 15%;反映期刊学术质量的 Web 即年下载和二次文献转载数,本评价体系分别给予了 15% 和 10% 的权重。表 5-24 列出了 2004—2006 年历史学期刊七大指标的指标值和综合值。

表 5-24　　　　　　　　历史学期刊综合值运算表

排序	期刊名称	期刊学术规范×0.15	被引次数×0.1	被引速率×0.1	影响因子×0.3	被引广度×0.1	二次文献转载×0.1	Web下载×0.15	综合值 Σ
1	历史研究	0.7803	1	0.8683	1	1	0.5455	0.8232	0.8819
2	近代史研究	0.7933	0.4660	1	0.7748	0.4837	0.6313	1	0.7595
3	史学月刊	0.7065	0.3733	0.2836	0.2309	0.4615	0.8391	0.4261	0.4349
4	中国史研究	0.7441	0.3441	0.3937	0.3171	0.4606	0.2769	—	0.4133
5	史学理论研究	0.6211	0.1941	0.3416	0.3261	0.2496	0.3901	0.4704	0.3791
6	世界历史	0.6664	0.2236	0.2088	0.2570	0.2968	0.3266	0.4837	0.3552
7	清史研究	0.7291	0.1504	0.4203	0.2910	0.1955	0.1725	0.3727	0.3464
8	史林	0.6331	0.1443	0.3912	0.2636	0.2093	0.4088	0.2458	0.3263
9	中国农史	0.6734	0.1601	0.4597	0.2296	0.1955	0	0.2533	0.2894
10	抗日战争研究	0.5604	0.1491	0.2531	0.3204	0.1441	0.0417	0.2993	0.2839
11	史学集刊	0.7412	0.1009	0.1676	0.1808	0.1630	0.2507	0.3174	0.2813
12	当代中国史研究	0.4746	0.0991	0.2451	0.1379	0.1509	0.5336	0.3922	0.2743
13	中国历史地理论丛	0.7123	0.1623	0.2137	0.1847	0.2075	0.0863	0.2940	0.2733
14	中国边疆史地研究	0.5617	0.0830	0.2005	0.2154	0.1296	0.0468	0.3015	0.2401
15	中国文化研究	0.5546	0.0753	0.1090	0.1288	0.1450	0.1515	0.3776	0.2266
16	历史教学	0.6251	0.1330	0.0988	0.0594	0.2024	0.1483	0.3126	0.2167

续表

排序	期刊名称	期刊学术规范×0.15	被引次数×0.1	被引速率×0.1	影响因子×0.3	被引广度×0.1	二次文献转载×0.1	Web下载×0.15	综合值 Σ
17	民国档案	0.5760	0.1466	0.1313	0.1732	0.1895	0.0250	0.1724	0.2135
18	安徽史学	0.5800	0.0970	0.1743	0.1124	0.1364	0.1333	0.2520	0.2126
19	历史档案	0.4604	0.1724	0.0725	0.1842	0.2290	0.0498	0.1813	0.2039
20	华侨华人历史研究	0.4903	0.0735	0.1561	0.1955	0.1184	0.0023	0.2126	0.1991
21	西域研究	0.6313	0.0627	0.0797	0.1566	0.0892	0.0167	0.1954	0.1958
22	自然科学史研究	0.6885	0.0573	0.0766	0.1310	0.1046	0	0.1578	0.1901
23	史学史研究	0.4570	0.0937	0.0961	0.1430	0.1364	0.0242	0.2670	0.1865
24	历史教学问题	0.5070	0.0569	0.0808	0.0328	0.0943	0.1093	0.2988	0.1648
25	文献	0.6346	0.0890	0.0876	0.0593	0.1741	0.0091	—	0.1621
26	敦煌学辑刊	0.5655	0.0702	0.0955	0.1091	0.0952	0	0.1048	0.1594
27	东南文化	0.4988	0.1002	0.0176	0.0250	0.1621	0.0068	0.2357	0.1463
28	故宫博物院院刊	0.4610	0.0490	0.1318	0.0606	0.0866	0	0.1790	0.1409
29	中国史研究动态	0.5692	0.0531	0.0432	0.0578	0.0737	0.1107	—	0.1373
30	文史	0.4108	0.0558	0.1256	0.0910	0.0566	0.0030	—	0.1319
31	文史知识	0.4159	0.1007	0.0399	0.0198	0.1715	0.1723	—	0.1228
32	海交史研究	0.4770	0.0245	0.0809	0.0659	0.0377	0	—	0.1178
33	贵州文史丛刊	0.4351	0.0349	0.0285	0.0234	0.0618	0.0045	0.2020	0.1156
34	中国地方志	0.5456	0.0380	0.0442	0.0375	0.0334	0	0.0521	0.1125
35	文史杂志	0.3856	0.0353	0.0062	0.0100	0.0583	0.0045	0.1993	0.1012
36	中国历史文物	0.1230	0.0535	0.1017	0.1352	0.0987	0	—	0.0997
37	军事历史研究	0.3260	0.0180	0.0238	0.0298	0.0309	0.0362	0.1940	0.0978
38	军事历史	0.2512	0.0134	0.0040	0.0195	0.0197	0.2245	0.1715	0.0954
39	岭南文史	0.3290	0.0173	0.0064	0.0067	0.0292	0	0.2065	0.0876
40	广西地方志	0.4140	0.0096	0.0080	0.0081	0.0154	0	0.0902	0.0814
41	纵横	0.0332	0.0135	0.0045	0.0130	0.0241	0.2275	0.0968	0.0504
42	档案春秋	0.0429	0.0555	0.0065	0.0630	0.0720	0.0008	0.0471	0.0459
43	武汉文史资料	0.0937	0.0091	0.0033	0.0012	0.0266	0	0.0407	0.0244

表 5-24 给出了历史学 43 种期刊的学术影响力最终评价结果。通过其数据可以看出：《历史研究》和《近代史研究》分别以综合值 0.8819 和 0.7595 领先于历史学

类其他期刊；综合值在0.5—0.2之间的期刊占多数共有17种；0.2—0.15的期刊7种，余下的低于0.15。

我们将历史学期刊的综合值排序与2008—2009年CSSCI的来源期刊比较，可以发现CSSCI的前两种历史学期刊排序与综合指标的排序基本一致，前26种期刊的重合率很高。说明CSSCI精选的历史学类来源期刊都有一定合理性。但我们也必须看到，由于多项指标的综合，《史学月刊》、《世界历史》提升了数位，《华侨华人历史研究》、《清史研究》均退后了数位，这说明期刊的学术质量应该有多方面指标评价。反之，不同的指标反映了期刊学术质量的不同侧面，较全面的指标可以全面衡量期刊的学术质量。

根据七大项指标的综合值，我们可以最终划分出历史学期刊的学术等级，根据历史学期刊的综合值状况，我们把历史学权威学术期刊取值区间设为1—0.7，核心期刊取值区间为0.7—0.2，核心期刊扩展区为0.2—0.15，小于0.15或表中没有的历史学期刊定位为一般性学术期刊。依据这一原则得到历史学期刊的定量评价结果：

权威期刊：《历史研究》和《近代史研究》；

核心期刊：《史学月刊》、《中国史研究》、《史学理论研究》、《世界历史》、《清史研究》、《史林》、《中国农史》、《抗日战争研究》、《史学集刊》、《当代中国史研究》、《中国历史地理论丛》、《中国边疆史地研究》、《历史教学》、《民国档案》、《安徽史学》、《历史档案》；

扩展核心期刊：《华侨华人历史研究》、《西域研究》、《自然科学史研究》、《史学史研究》、《历史教学问题》、《文献》；

其他期刊均为一般性学术期刊。

需要说明的是，《中国文化研究》是一个综合性期刊，我们将其归入了综合性期刊进行学术等级划分，《敦煌学辑刊》归入考古学讨论。

第 6 章　考古学

根据国家新闻出版总署公布的数据和最新统计，我国考古学类学术期刊不到 30 种。2004—2006 年，CSSCI 收录考古学类来源期刊 7 种。这些刊物三年共登载论文 1787 篇，引用文献 10808 篇次，这些数据为我们考察考古学期刊学术影响奠定了基础。本章主要根据 CSSCI 数据筛选出学术影响较大的考古学期刊，并借助万方数据、CNKI 数据和中南财经政法大学提供的二次文献全文转载数据，对考古学期刊所载论文的学术规范量化指标、被引次数、被引速率、影响因子、被引广度、二次文献全文转载的数量及网络期刊文献的即年下载率等多个角度来考察考古学期刊的学术影响、社会影响以及期刊的学术质量。本章根据各期刊被引指标的数据，主要选择了排在前 14 名的考古学期刊进行讨论。

6.1　考古学期刊学术规范量化指标分析

为提高期刊的质量，促进学科的发展，各期刊编辑机构越来越注重遵循国家和学界有关的学术标准和规范，加强期刊的学术规范化。期刊学术规范，有利于学术界进行交流与沟通，同时，也为科研部门统计评价期刊提供了有效的资料。然而，如何从量化指标考察期刊的学术规范，一直是学界所期待的。本书第 1 章引出了采用期刊论文的篇均引用文献数、期刊基金论文占有比例、期刊作者地区分布以及期刊标注有作者机构的论文比例等多项指标来考察期刊学术规范量化水平，从而研究期刊规范化和学术含量。本节将采用上述 4 个指标来分析考古学期刊的学术规范程度。各项数据来源：CSSCI 数据库、万方期刊数据库的统计数据，以及对印刷型期刊的统计查询。

6.1.1　篇均引用文献数

一般说来，论文引用的文献越多，其研究深度相对也较深，同时也体现了作者在文献的引用方面较注重学术规范。如果我们把对论文引用文献多少的考察拓展到对期刊的考察，我们就可以发现期刊中论文的整体水平和学术规范程度。因此，期刊的篇均引用文献数从一个角度反映了期刊学术质量和研究深度，同时也体现了期刊所刊载论文是否遵循了学术规范。

通过对数据的采集,我们设计了表 6-1,表 6-1 列出了考古学期刊 2004—2006 年的篇均引用文献数的统计,经过归一化处理(具体处理方法请参见本书第 1 章),得到了各期刊的篇均引用文献数的归一化值。本表按各期刊归一化值从大到小排序。

表 6-1　　　　　　　　2004—2006 年考古学期刊篇均引用文献数统计

排序	期刊名称	2004 年（篇数）	2005 年（篇数）	2006 年（篇数）	三年平均（篇数）	归一化值
1	考古学报	41.06	38.06	55.22	44.7800	1
2	故宫博物院院刊	23.65	23.65	35.48	27.5933	0.6162
3	中国历史文物	21.22	28.16	20.88	23.4200	0.5230
4	敦煌学辑刊	16.41	20.00	17.82	18.0767	0.4037
5	华夏考古	18.27	16.82	15.95	17.0133	0.3799
6	考古与文物	13.95	14.56	15.92	14.8100	0.3307
7	中原文物	11.73	11.73	16.16	13.2067	0.2949
8	江汉考古	12.33	12.84	12.74	12.6367	0.2822
9	考古	12.23	11.71	10.92	11.6200	0.2595
10	四川文物	9.75	9.75	14.87	11.4567	0.2558
11	北方文物	11.32	11.32	11.24	11.2933	0.2522
12	文物	10.15	10.96	12.56	11.2233	0.2506
13	敦煌研究	9.59	9.74	12.57	10.6333	0.2375
14	南方文物	6.92	5.97	8.78	7.2233	0.1613

表 6-1 的数据显示,考古学期刊的篇均引用文献数整体水平较高。例如,据邓三鸿等人的文章[①]显示,2004—2006 年考古学学科的 CSSCI 来源期刊的篇均引文为 13.39 篇,高于人文社会科学的平均值 8.20 篇,仅低于历史学、心理学和法学这 3 个学科,在我国人文社会科学的 25 个学科中处于上游。考察整个考古学期刊的篇均引用文献数,CSSCI 收录的考古学期刊与非来源期刊相比,没有明显优势,更说明了考古学期刊在引用文献上较其他学科更加尊重学术规范。因为其他学科在期刊篇均引用文献数方面,来源期刊较非来源期刊具有明显的优势(请参见本书其他章节)。

比较各期刊的篇均引用文献数,可以看出:《考古学报》和《故宫博物院院刊》分别以平均 44.78 篇和 27.60 篇远高于其他期刊而名列第 1、2 位,绝大多数期刊的篇均引用文献数位于 10—20 之间。

---

① 邓三鸿、金莹:"我国人文社会科学学术刊物的学科对比:基于 CSSCI 的分析",《东岳论丛》2008 年第 1 期,第 43—50 页。

从篇均引用文献数的年度变化分析，我们可以发现，这14种期刊在2004—2006年间的平均引用文献数持续增长，分别为15.61、16.09、18.65，说明考古学期刊在学术规范性和学术研究深度等方面在不断提升。但具体到每一种期刊，则各自的变化趋势并不一致。有3种期刊的篇均引用文献数在逐年增加，它们是《考古与文物》、《文物》、《敦煌研究》，而《华夏考古》和《考古》这两个期刊的篇均引用文献数在下降；同时，还有期刊的篇均引用文献数变化不稳定，先增加后减少或者先减少后增加，如《考古学报》、《中国历史文物》、《敦煌学辑刊》、《江汉考古》、《南方文物》。

6.1.2 基金论文比例

基金论文数量是考察期刊学术水平与跟踪学术热点的一项重要标准。一般说来，受各种基金项目资助的论文（简称"基金论文"）具有较高的学术水平。因为，基金项目经过了专家们对申请课题的科学性、前沿性、应用性的严格评审，并对课题申请者的学术资质、实验设备、项目管理等进行了严格论证[1]。基金论文往往代表了某研究领域的新趋势、"制高点"，基金论文作者的情报意识较强，注重同行间的交流。[2] 因此，用基金论文比来考察期刊的学术含量有一定参考价值。

据统计，我国人文社会科学各学科期刊在2004—2006年基金论文比例的平均水平为16.11%，而考古学期刊在2004—2006年的基金论文比例仅为6.96%，处于中下游水平[3]。表6-2给出了2004—2006年考古学期刊基金论文比例及三年平均值。通过对平均值的归一化处理（归一化分母数是三年平均的最大值，即《敦煌学辑刊》的0.1567）得到各期刊的归一化值，本表按归一化值从大到小排序。

表6-2　　　　　　　2004—2006年考古学期刊基金论文比例

排序	期刊名称	2004年	2005年	2006年	三年平均	归一化值
1	敦煌学辑刊	0.21	0.09	0.17	0.1567	1
2	考古学报	0.12	0.06	0.22	0.1333	0.8509
3	华夏考古	0.04	0.15	0.14	0.1100	0.7020
4	敦煌研究	0.05	0.12	0.15	0.1067	0.6807
5	中原文物	0.04	0.11	0.11	0.0867	0.5531

---

[1] 李晓红、于善清、胡春霞等："科技期刊评价中应重视'基金论文比'的作用"，《科技管理研究》2005年第10期，第134—135页。
[2] 丁福虎："科研绩效评估的理论与方法"，《科技管理研究》2000年第3期，第45—47页。
[3] 邓三鸿、金莹："我国人文社会科学学术刊物的学科对比：基于CSSCI的分析"，《东岳论丛》2008年第1期，第43—50页。

续表

排序	期刊名称	2004 年	2005 年	2006 年	三年平均	归一化值
6	文物	0.02	0.03	0.16	0.0700	0.4467
7	考古	0.05	0.06	0.09	0.0667	0.4254
8	江汉考古	0.04	0.05	0.08	0.0567	0.3616
9	考古与文物	0.05	0.03	0.07	0.0500	0.3191
10	故宫博物院院刊	0.07	0.01	0.02	0.0333	0.2127
10	四川文物	0.02	0.03	0.05	0.0333	0.2127
10	北方文物	0.03	0.04	0.03	0.0333	0.2127
13	中国历史文物	0.04	0	0.04	0.0267	0.1704
14	南方文物	0	0	0.03	0.0100	0.0638

表 6-2 的数据显示，2004—2006 年考古学期刊基金论文比为 0.07。CSSCI 考古学来源期刊的基金论文比为 0.08，考古学非来源期刊的基金论文比为 0.05，两个数据之间还是存在差距的，说明考古学来源期刊论文在获得基金资助方面比非来源期刊的情况相对较好。但是，《敦煌学辑刊》和《中原文物》这两种非来源期刊的基金论文比却比较高，分别排在第 1 位和第 5 位，值得称赞。

从增长趋势来看，2004 年平均基金论文比为 0.06，2005 年该比例仍为 0.06，而 2006 年平均基金论文比约为 0.10，提高幅度较大。从各期刊来看，将 2006 年的数据与 2004 年的相比，《文物》、《考古学报》、《华夏考古》和《敦煌研究》的基金论文比增加幅度较大，而排在首位的《敦煌学辑刊》和另外两个期刊《故宫博物院院刊》、《中国历史文物》的数值出现了减少。《南方文物》2006 年在基金论文上实现了零的突破。

实际上，考古学几乎每一项研究都需要耗费大量资金，大多数研究都得到来自不同部门的资助，但如此低的基金论文比例，应当引起考古学学者和期刊杂志社对论文中基金项目标注的重视。应该说，标注基金资助信息也是对基金资助部门的一种尊重和致谢，也属于学术规范的一个方面。

6.1.3 论文作者地区分布

一般来说，某种期刊论文作者地区分布越广，越能较全面的反映该学科领域的研究状况。我们将期刊作者的地区分布数量作为我们评价期刊的指标之一，目的是通过期刊在地理空间位置的覆盖范围，来考察期刊对作者的学术影响以及作者对期刊的关注程度。本统计的作者地区包括我国大陆 31 个省、市、自治区、直辖市和我国的港、澳、台地区以及其他国家和地区（其他国家和地区分布数以国家为单位计量）。表

6-3 给出了 2004—2006 年考古学期刊的论文作者地区分布统计的前 14 种期刊。

表 6-3　　　　　　　　2004—2006 年考古学期刊论文作者地区分布

排序	期刊名称	2004 年（地区数）	2005 年（地区数）	2006 年（地区数）	三年平均（地区数）	归一化值
1	考古	29	31	28	29.33	1
2	文物	22	23	22	22.33	0.7613
3	考古与文物	20	17	18	18.33	0.6250
4	敦煌研究	16	16	19	17.00	0.5796
5	华夏考古	17	14	19	16.67	0.5684
6	四川文物	16	16	14	15.33	0.5227
7	中原文物	14	14	16	14.67	0.5002
7	江汉考古	15	14	15	14.67	0.5002
9	南方文物	11	13	15	13.00	0.4432
10	敦煌学辑刊	7	14	16	12.33	0.4204
11	考古学报	11	10	12	11.00	0.3750
12	北方文物	10	11	11	10.67	0.3638
13	故宫博物院院刊	12	9	9	10.00	0.3409
14	中国历史文物	0	0	0	0	0

从总体上来说，考古学的期刊对作者的学术影响力不是很广，其平均作者地区分布数为 15.71，主要原因是考古学研究的地域性很强。排在前 5 位的均为 CSSCI 考古学来源期刊，与非来源期刊比，考古学来源期刊对不同地区作者的影响却相对较大，受到各地区作者的关注程度相对较高。当然，作为考古学的重要期刊《考古学报》的作者区域分布不大的原因，可能与其每年的发文只有 17 篇左右有着密切的关系。而排在前两位的《考古》与《文物》每年发表的论文均在 120 篇以上。

从 2004—2006 年各年地区分布数的平均值（2004 年为 15.21，2005 年为 15.50，2006 年为 16.43）来看，考古学期刊整体的地区分布是在逐年增加的，只是增加的幅度很小，并不明显。从期刊个体来看，大部分期刊的地区分布数很稳定，各年相差不大，只有《敦煌学辑刊》例外，其论文作者地区分布数由 2004 年的分布数为 7 增加到 2005 年的 14，这可能与该期刊在 2005 年由原来的半年刊改为季刊有关。

6.1.4　有作者机构论文比例

作者机构是学术论文不可或缺的一部分，它为学者之间的交流提供了桥梁，读者可以通过该信息与作者进行学术交流与探讨，对学科的发展有一定的推动作用。同样，这一指标可以从一个方面反映期刊的学术规范程度。本书讨论的作者机构论文比例，是期刊中标注有作者机构的论文占该刊全部论文的比例。

CSSCI 在这方面对人文社会科学学术期刊的规范化起到了推动作用，CSSCI 来源期刊作者机构的标注比例在不断地上升，由 1998 年的 83.2% 上升到 2006 年的 95.6%，说明期刊的规范程度在不断提高。与其他学科相比，2004—2006 年 CSSCI 考古学来源期刊的机构标注比为 96.8%，高于人文社会科学的平均比例（94.4%）。[①] 表 6-4 给出了 2004—2006 年考古学期刊标注有作者机构的论文比例及三年平均值，并对平均值进行了归一化计算。本表按三年平均数从大到小排序。

表 6-4　　　　2004—2006 年考古学期刊标注有作者机构的论文比例

排序	期刊名称	2004 年	2005 年	2006 年	三年平均	归一化值
1	故宫博物院院刊	1	1	1	1	1
1	敦煌学辑刊	1	1	1	1	1
1	考古学报	1	1	1	1	1
4	考古	1	0.9767	0.9928	0.9898	0.9898
5	文物	0.9677	0.9917	1	0.9865	0.9865
6	华夏考古	1	0.9818	0.9643	0.9820	0.9820
7	中原文物	0.9474	1	0.9908	0.9794	0.9794
8	敦煌研究	0.9483	0.9836	1	0.9773	0.9773
9	四川文物	0.8774	1	0.9747	0.9507	0.9507
10	北方文物	1	0.9512	0.8901	0.9471	0.9471
11	江汉考古	0.9091	0.9091	0.9400	0.9194	0.9194
12	考古与文物	0.9231	0.8969	0.9293	0.9164	0.9164
13	南方文物	0.6119	0.8936	0.8774	0.7943	0.7943
14	中国历史文物	0	0	0	0	0

表 6-4 更加清晰地反映了考古学期刊在作者机构标注上的规范程度，绝大多数期刊的机构标注比例都超过 90%，而《故宫博物院院刊》、《敦煌学辑刊》和《考古学报》这 3 种期刊更是达到了 100%，也就是说每一篇论文都标注了作者机构。除了

---

① 邓三鸿、金莹：“我国人文社会科学学术刊物的学科对比——基于 CSSCI 的分析”，《东岳论丛》2008 年第 1 期，第 43—50 页。

《南方文物》和《中国历史文物》外,其余期刊作者机构标注比例基本在90%以上,说明考古学期刊在作者机构标注比例这项指标上整体情况较好,学术规范程度较高。

从2004—2006年的情况来看,考古学各期刊的标注作者机构论文比例平均值增幅较小,整体变化不明显。《文物》和《敦煌研究》这两个期刊标注情况逐年改善,到2006年该指标数值均达到了100%。而《中国历史文物》在机构标注方面很不理想,2004—2006年每一篇论文均无作者机构,应当引起该期刊的重视。

6.1.5 考古学期刊学术规范量化指标综合分析

上文从四个方面讨论了考古学期刊的学术规范量化指标,可以说这些指标从不同角度体现了各期刊的学术规范程度和整体学术质量,如果将这些指标综合起来考察期刊,则可以反映各期刊的学术规范整体水平。表6-5给出了2004—2006年考古学各期刊学术规范量化指标的归一化值和综合值。综合值计算方法为:将每一种期刊的学术规范量化分指标的归一化值乘以0.25,然后求和计算得到各期刊的学术规范量化指标综合值。本表按各期刊综合值从大到小排序。

表6-5　　　　　　2004—2006年考古学期刊学术规范量化指标综合值

排序	期刊名称	篇均引文数归一化值	基金论文比归一化值	地区分布归一化值	有机构论文比归一化值	综合值
1	考古学报	1	0.8509	0.3750	1	0.8065
2	敦煌学辑刊	0.4037	1	0.4204	1	0.7060
3	考古	0.2595	0.4254	1	0.9898	0.6687
4	华夏考古	0.3799	0.7020	0.5684	0.9820	0.6581
5	敦煌研究	0.2375	0.6807	0.5796	0.9773	0.6188
6	文物	0.2506	0.4467	0.7613	0.9865	0.6113
7	中原文物	0.2949	0.5531	0.5002	0.9794	0.5819
8	考古与文物	0.3307	0.3191	0.6250	0.9164	0.5478
9	故宫博物院院刊	0.6162	0.2127	0.3409	1	0.5425
10	江汉考古	0.2822	0.3616	0.5002	0.9194	0.5159
11	四川文物	0.2558	0.2127	0.5227	0.9507	0.4855
12	北方文物	0.2522	0.2127	0.3638	0.9471	0.4440
13	南方文物	0.1613	0.0638	0.4432	0.7943	0.3657
14	中国历史文物	0.5230	0.1704	0	0	0.1734

从表 6-5 可以看出，考古学期刊的学术规范量化指标综合值之间存在着较大差距，这些数值基本反映了各期刊的学术规范水平。如果我们根据综合值给考古学期刊划分学术规范水平层次，则可分为三个层次。

我们把第一层次的综合值确定为 0.7 以上，则《考古学报》和《敦煌学辑刊》可分在第一层次。分析它们各指标的情况可以看出，《考古学报》虽然其作者地区分布（由于载文数量造成的排名较后）不甚理想，但在篇均引用文献数和有机构论文比例方面均名列首位，基金论文占有比例也名列前茅，确保了该刊的首席位置。《敦煌学辑刊》作为非来源期刊，综合值排在第二位，其在学术规范方面的努力应该得到肯定。

第二层次可由《考古》、《华夏考古》、《敦煌研究》和《文物》等 8 种期刊组成，它们的综合值均在 0.7—0.5 之间。在这一层次中，多数期刊的各项指标均处在中游或中上游的位置，但也有少数期刊在某个指标上处于领先位置，但由于其他指标并不理想而落到了该层次。例如，《考古》的论文作者地区分布列第 1、有机构论文比例也较靠前，但另两项指标的中游水平，使它只能遗憾地留在第二层次。

第三层次的综合值均在 0.5 以下：《四川文物》、《北方文物》、《南方文物》和《中国历史文物》，这四种期刊的各项学术规范量化指标得分都偏低，有较大的提升空间。

6.2 考古学期刊被引次数分析

所谓期刊被引次数是指一种期刊所刊载的论文被统计源期刊的论文引用的次数。它是一个客观实用的评价指标，可用来衡量期刊自创刊以来的绝对学术影响，也可以在总体上反映期刊被学者引用和重视的程度，以及期刊在学术交流中所起的作用和地位。期刊被引次数可分成期刊总被引次数、他刊引用次数和学科引用次数，本节主要从这三个角度来讨论考古学期刊的被引用情况。为了更多的了解考古学期刊的被引情况，本节将讨论的期刊增加到 20 种。

6.2.1 总被引次数

本章的期刊总被引次数来源于 CSSCI 中所有来源期刊论文引用的总次数，反映了各期刊在 CSSCI 中的被引情况。对于考古学这种研究对象较少受时间跨度影响的学科，期刊总被引次数这一指标显得更加有效和重要。表 6-6 给出了 2004—2006 年考古学期刊总被引次数，并对三年的平均值进行了归一化处理。归一化值是由最大的三年平均值（《文物》的 1366.33 篇次）作除数得到，表中数据按照归一化值从大到小排列。

表6-6　　　　　　　　　　　2004—2006年考古学期刊总被引次数

排序	期刊名称	2004年（篇次）	2005年（篇次）	2006年（篇次）	三年平均（篇次）	归一化值
1	文物	1330	1325	1444	1366.33	1
2	考古	1125	1082	1159	1122.00	0.8212
3	考古学报	426	417	477	440.00	0.3220
4	考古与文物	231	254	290	258.33	0.1891
5	敦煌研究	138	228	250	205.33	0.1503
6	江汉考古	177	138	158	157.67	0.1154
7	中原文物	101	141	104	115.33	0.0844
8	华夏考古	93	78	117	96.00	0.0703
9	农业考古	52	82	115	83.00	0.0607
10	敦煌学辑刊	29	68	113	70.00	0.0512
11	文博	44	61	85	63.33	0.0464
12	北方文物	57	49	64	56.67	0.0415
13	四川文物	69	45	44	52.67	0.0385
14	中国历史文物	31	34	54	39.67	0.0290
15	故宫博物院院刊	23	34	50	35.67	0.0261
16	内蒙古文物考古	38	24	38	33.33	0.0244
17	文物世界	33	14	29	25.33	0.0185
18	文物天地	20	33	19	24.00	0.0176
19	南方文物	20	14	36	23.33	0.0171
20	文物春秋	19	20	24	21.00	0.0154

从表6-6可以看出，考古学各期刊的总被引次数差距很大，三年平均总被引次数最高为1366篇次，最低的才21篇次。排在前两位的《文物》和《考古》，它们的三年平均总被引次数均超过了1100次，两刊合计总被引次数占考古学总被引次数的58.02%。前8种期刊以三年被引次数总和11283篇次占据了考古学20种期刊三年总次数的87.69%，在这8种期刊中，考古学CSSCI来源期刊就占了7种，说明来源期刊的学术影响力比较大；而《文物世界》、《文物天地》、《南方文物》和《文物春秋》这4种期刊的三年平均总被引次数均在30以下，它们的总被引次数所占比例仅为2.18%；另8种期刊的总被引次数居于30—90之间。

从2004—2006年度变化来看，考古学期刊总被引次数总体呈逐年上升趋势，三年的总被引次数依次为4056篇次、4140篇次和4671篇次，说明考古学期刊的影响力在不断扩大。其中绝对数量增加最多的是《文物》（114篇次）、《敦煌研究》（112

篇次)和《敦煌学辑刊》(84篇次),涨幅最大的是《敦煌学辑刊》、《农业考古》和《故宫博物院院刊》。

6.2.2 其他期刊引用次数

为了使被引次数统计更加公正和科学,综合考虑期刊的总被引次数和其他期刊引用次数(简称:他刊引用次数)是非常必要的。他刊引用次数可以很好地调节和平衡引文数据库中统计源期刊(来源期刊)和非统计源期刊(非来源期刊)之间在总被引指标中存在的不平等性,消减了来源期刊为了提高被引次数采取虚假自引而产生的负面作用。表6-7给出了2004—2006年考古学期刊他刊引用次数,并对三年的平均值进行了归一化处理。归一化值是由最大的三年平均值(《文物》的1175篇次)作除数得到,表中数据按照归一化值从大到小排列。

表6-7　　　　　　　　2004—2006年考古学期刊他刊引用次数

排序	期刊名称	2004年(篇次)	2005年(篇次)	2006年(篇次)	三年平均(篇次)	归一化值
1	文物	1125	1115	1285	1175.00	1
2	考古	657	626	724	669.00	0.5694
3	考古学报	307	304	347	319.33	0.2718
4	考古与文物	140	158	201	166.33	0.1416
5	敦煌研究	82	145	174	133.67	0.1138
6	中原文物	101	141	104	115.33	0.0982
7	江汉考古	105	95	115	105.00	0.0894
8	农业考古	52	82	114	82.67	0.0704
9	华夏考古	73	51	93	72.33	0.0616
10	文博	44	61	85	63.33	0.0539
11	北方文物	57	49	64	56.67	0.0482
12	四川文物	69	45	44	52.67	0.0448
13	敦煌学辑刊	23	31	71	41.67	0.0355
14	中国历史文物	31	34	54	39.67	0.0338
15	故宫博物院院刊	23	34	50	35.67	0.0304
16	内蒙古文物考古	38	24	38	33.33	0.0284
17	文物天地	20	33	19	24.00	0.0204
18	南方文物	20	14	36	23.33	0.0199
18	文物世界	31	14	25	23.33	0.0199
20	文物春秋	19	20	24	21.00	0.0179

结合表 6-6 和表 6-7 进行分析发现，7 种 CSSCI 考古学来源期刊在 2004—2006 年的总被引次数为 10937 篇次，他引次数为 7922 篇次，他引率为 72.43%，也即考古学来源期刊三年的平均自引率为 27.57%。在这 7 种来源期刊中，《考古学报》、《敦煌研究》、《考古和文物》和《考古》是自引率在所有 20 种期刊中最高的 4 种期刊，自引率分别为 40.37%、35.61%、34.90% 和 27.43%。《江汉考古》、《华夏考古》和《文物》这几个来源期刊的自引率较小，均在 20% 以下，特别是《江汉考古》，其自引率为 8.96%，在来源期刊中自引率最小。由于受到期刊学科特点、研究领域、研究对象、期刊主办者区域的影响，各期刊的自引率会有所不同。实际上对期刊中论文出现的期刊自引本无可厚非，但目前在我国期刊领域为了排名更靠前和保持在 CSSCI 中，期刊"自造引用"现象已严重干扰了对期刊的评价，[1]应当引起期刊社的重视，以科学的态度来办刊。

从 2004—2006 年度变化来看，考古学期刊他引次数总体呈逐年上升趋势，三年的他引次数依次为 3023 篇次、3112 篇次和 3710 篇次。其中绝对数量增加最多的是《文物》（160 篇次）、《敦煌研究》（92 篇次）和《考古》（67 篇次），涨幅最大的是《敦煌学辑刊》、《农业考古》和《故宫博物院院刊》，各期刊他刊引用次数的增长情况与总被引次数的增长情况相一致。

6.2.3 本学科论文引用次数

考古学期刊的本学科论文引用次数（简称：学科引用次数）是指该期刊在 CSSCI 中被考古学论文所引用的总次数，主要用于考察期刊在考古学学科内的学术影响。表 6-8 给出了 2004—2006 年考古学期刊学科引用次数，并对三年的平均值进行了归一化处理。归一化值是由最大的三年平均值（《文物》的 897.33 篇次）作除数得到，表中数据按照归一化值从大到小排列。

表 6-8　　　　　　　　2004—2006 年考古学期刊学科引用次数

排序	期刊名称	2004 年（篇次）	2005 年（篇次）	2006 年（篇次）	三年平均（篇次）	归一化值
1	文物	967	873	852	897.33	1
2	考古	917	838	832	862.33	0.9610
3	考古学报	316	305	309	310.00	0.3455
4	考古与文物	187	197	198	194.00	0.2162
5	江汉考古	136	108	134	126.00	0.1404

---

[1] 苏新宁、邹志仁："从 CSSCI 看我国人文社会科学研究"，《江苏社会科学》2008 年第 2 期，第 231—237 页。

续表

排序	期刊名称	2004年（篇次）	2005年（篇次）	2006年（篇次）	三年平均（篇次）	归一化值
6	敦煌研究	78	97	116	97.00	0.1081
7	华夏考古	81	64	87	77.33	0.0862
8	中原文物	60	94	65	73.00	0.0814
9	文博	32	33	44	36.33	0.0405
10	北方文物	41	26	24	30.33	0.0338
11	四川文物	51	25	14	30.00	0.0334
12	内蒙古文物考古	33	19	24	25.33	0.0282
13	文物世界	29	11	24	21.33	0.0238
14	文物天地	15	24	13	17.33	0.0193
15	中国历史文物	21	14	14	16.33	0.0182
16	南方文物	17	7	23	15.67	0.0175
17	农业考古	18	8	18	14.67	0.0163
18	文物春秋	15	12	11	12.67	0.0141
19	敦煌学辑刊	6	6	22	11.33	0.0126
20	故宫博物院院刊	7	14	12	11.00	0.0123

从表6-8看出，20种考古学期刊在2004—2006年共被考古学论文引用8638篇次，与总被引次数12867篇次相比，被本学科论文引用比例为67.13%，这说明考古学是一门自身专业特性比较明显的学科，其期刊主要对本学科领域内的学术研究贡献比较大，对其他学科的学术研究也有重要的参考价值。

从2004—2006年的三年平均值来看，考古学各期刊之间存在很大的差距，层次分明。考古学期刊本学科引用主要集中于排名前七位的CSSCI来源期刊，它们的学科引用数量占总数的89.05%，特别是《文物》和《考古》，其学科引用数量均已经超过2500篇次，远远高于其他期刊，表明它们在考古学学科内产生着重要学术影响，研究成果更受到本学科内的学者青睐。另一方面，《文物》和《考古》等期刊在总被引次数这一指标上的变化是增加的，而它们的学科引用次数减少幅度较大，这从另一方面也说明这些期刊在其他学科领域的学术影响正逐渐扩大。

6.2.4 考古学期刊被引次数综合分析

期刊被引次数是反映期刊长期学术影响的重要指标，为考察考古学期刊过去所载论文在整个人文社会科学研究中产生的影响，我们引入总被引次数、他刊引用次数和本学科引用次数组成的被引次数综合值，根据各被引次数所反映的学术影响的不同程度，我们赋予总被引次数和本学科引用次数均为25%的权重，赋予他刊引用次数50%的权重，计算出考古学期刊的被引次数综合值，并依此从大到小排列得到表6-9。

表6-9　　　　　　　　　　2004—2006年考古学期刊被引次数综合值

排序	期刊名称	总被引次数归一化值	他刊引用次数归一化值	学科引用次数归一化值	综合值
1	文物	1	1	1	1
2	考古	0.8212	0.5694	0.9610	0.7303
3	考古学报	0.3220	0.2718	0.3455	0.3028
4	考古与文物	0.1891	0.1416	0.2162	0.1721
5	敦煌研究	0.1503	0.1138	0.1081	0.1215
6	江汉考古	0.1154	0.0894	0.1404	0.1087
7	中原文物	0.0844	0.0982	0.0814	0.0906
8	华夏考古	0.0703	0.0704	0.0862	0.0743
9	农业考古	0.0607	0.0704	0.0163	0.0545
10	文博	0.0464	0.0539	0.0405	0.0487
11	北方文物	0.0415	0.0482	0.0338	0.0429
12	四川文物	0.0385	0.0448	0.0334	0.0404
13	敦煌学辑刊	0.0512	0.0355	0.0126	0.0337
14	中国历史文物	0.0290	0.0338	0.0182	0.0287
15	内蒙古文物考古	0.0244	0.0284	0.0282	0.0274
16	故宫博物院院刊	0.0261	0.0304	0.0123	0.0248
17	文物世界	0.0185	0.0199	0.0238	0.0205
18	文物天地	0.0176	0.0204	0.0193	0.0194
19	南方文物	0.0171	0.0199	0.0175	0.0186
20	文物春秋	0.0154	0.0179	0.0141	0.0163

从表6-9可以看出，《文物》、《考古》的被引次数综合值远远大于其他期刊，说明这两种期刊在考古学研究领域各自发挥着极其重要的作用。《文物》的总被引次数、他刊引用次数和学科引用次数均排在首位，特别是其他刊引用次数归一化值比排在第2的《考古》多了0.43，具有绝对优势，展现了其在文物与考古领域内的权威性和学术影响力。

《考古学报》、《考古与文物》、《敦煌研究》和《江汉考古》的被引次数综合值在 0.3—0.1，说明这些期刊在学术研究中起着不可忽视的作用。其中需要说明的是，《考古学报》这一期刊，每年仅仅刊载 17 篇左右的文章，却能与每年发表 100 多篇文章的众多期刊在被引次数上一比高下，并牢牢占据着第 3 的位置，无愧于考古学界"三大杂志"的称号（另两种杂志为《考古》和《文物》）。其余的 14 种期刊的被引次数综合值均在 0.1 以下。

需要说明的是，这里所用被引次数的三项指标，其数值会受到多方面因素的影响，如创刊时间的长短、登载论文的多少、期刊办刊方向与学科热点是否一致等。因此，这一指标体现的是期刊一个方面的学术影响力，需要结合其他被引指标进行综合评价。

6.3 考古学期刊被引速率分析

期刊被引速率主要用来测量期刊论文被利用的速度和期刊对学科发展过程中新的学术问题的快速反应程度。它是根据人文社会科学研究特点，由即年指数修订而来。它体现了期刊被引用的速度，可以衡量该期刊对本学科热点问题的关注程度，是否处于学术前沿，是否被学界和读者及时关注。与被引次数一样，我们将期刊被引速率细分为期刊总被引速率、他刊引用速率和学科引用速率这三个下级指标。

6.3.1 总被引速率

期刊总被引速率是该刊当年论文和前一年论文在当年被引用总次数与该刊当年发表的和前一年发表的论文总数的比值。表 6-10 给出了 2004—2006 年考古学期刊总被引速率，并对三年的平均值进行了归一化处理。归一化值是由最大的三年平均值（《考古学报》的 0.2460）作除数得到，表中数据按照归一化值从大到小排列。

表 6-10　　　　　　　　　2004—2006 年考古学期刊总被引速率

排序	期刊名称	2004 年	2005 年	2006 年	三年平均	归一化值
1	考古学报	0.1892	0.2059	0.3429	0.2460	1
2	文物	0.1413	0.1311	0.2152	0.1625	0.6606
3	考古	0.1538	0.1412	0.1423	0.1458	0.5927
4	考古与文物	0.1587	0.0213	0.0510	0.0770	0.3130
5	敦煌研究	0.0508	0.0705	0.0913	0.0709	0.2882
6	敦煌学辑刊	0.0133	0.0634	0.0984	0.0584	0.2374
7	故宫博物院院刊	0.0073	0.0479	0.0949	0.0500	0.2033
7	江汉考古	0.0374	0.0364	0.0762	0.0500	0.2033

续表

排序	期刊名称	2004年	2005年	2006年	三年平均	归一化值
9	中国历史文物	0.0709	0.0149	0.0417	0.0425	0.1728
10	中原文物	0.0270	0.0376	0.0316	0.0321	0.1305
11	华夏考古	0	0.0481	0.0360	0.0280	0.1138
12	四川文物	0.0180	0.0235	0.0161	0.0192	0.0780
13	文物春秋	0.0051	0.0103	0.0284	0.0146	0.0593
14	北方文物	0	0.0127	0.0231	0.0119	0.0485
15	南方文物	0	0.0145	0.0202	0.0116	0.0472
16	内蒙古文物考古	0.0167	0.0154	0	0.0107	0.0435
17	农业考古	0.0016	0.0074	0.0187	0.0092	0.0374
18	文物天地	0.0093	0.0141	0	0.0078	0.0317
19	文博	0	0.0040	0.0157	0.0066	0.0268
20	文物世界	0.0042	0.0038	0.0037	0.0039	0.0159

从表6-10可以看出，考古学期刊的总被引速率普遍较低，三年平均值都没有超过0.3。但是，比较考古学的各期刊，可以发现期刊之间的差距还是很大的。排在前3位的依次为《考古学报》、《文物》和《考古》，它们的总被引速率三年平均值依次为0.2460、0.1625和0.1458。其余的17种期刊的总被引速率均在0.08以下，其中，《农业考古》、《文物天地》、《文博》和《文物世界》这四种期刊的平均总被引速率低于0.01。

从发展趋势的角度来看，考古学期刊的总体被引速率呈增长趋势，表中所反映的数据可以看出，2004年考古学期刊的平均总被引速率为0.0452，2005年微弱提升到0.0462，然而到了2006年则上升到0.0674，几乎提高了50%。分析个体期刊，2005年总被引速率增长幅度最大的是《故宫博物院院刊》，涨幅为556.16%，《敦煌学辑刊》以涨幅376.69%居于第2名，《农业考古》涨幅也较高，以362.50%排在第3名；2006年总被引速率涨幅最大的是《文博》，涨幅为292.5%。《华夏考古》、《北方文物》、《南方文物》和《文博》在2005年在总被引速率这一指标上实现了零的突破，并且除了《华夏考古》外的另3种期刊在2006年也保持了增长趋势。《内蒙古文物考古》和《文物天地》在2006年的总被引速率却减少至零，需要引起重视。

6.3.2 其他期刊引用速率

其他期刊引用速率（简称：他刊引用速率）是该刊当年和前一年发表的论文在当年被其他期刊引用次数除以该刊当年发表的和前一年发表的论文总数得到的值。他刊引用速率与期刊总被引速率相比，排除了期刊自引的情况，能够更加科学地反映期刊对学科热点的关注程度和反应速度，保证了统计的公平性。表6-11给出了2004—2006年考古学期刊他刊引用速率，并对三年的平均值进行了归一化处理。归一化值是由最大的三年平均值（《考古学报》的0.1801）作除数得到，表中数据按照归一化值从大到小排列。

表6-11　　　　　　　　2004—2006年考古学期刊他刊引用速率

排序	期刊名称	2004年	2005年	2006年	三年平均	归一化值
1	考古学报	0.1351	0.1765	0.2286	0.1801	1
2	文物	0.0892	0.0574	0.1435	0.0967	0.5369
3	考古	0.0615	0.0802	0.0936	0.0784	0.4355
4	敦煌研究	0.0466	0.0415	0.0714	0.0532	0.2952
5	故宫博物院院刊	0.0073	0.0479	0.0949	0.0500	0.2778
6	中国历史文物	0.0709	0.0149	0.0417	0.0425	0.2360
7	考古与文物	0.0794	0.0053	0.0153	0.0333	0.1851
8	中原文物	0.0270	0.0376	0.0316	0.0321	0.1780
9	江汉考古	0.0187	0.0364	0.0381	0.0311	0.1725
10	敦煌学辑刊	0	0.0357	0.0546	0.0301	0.1671
11	华夏考古	0	0.0481	0.0360	0.0280	0.1557
12	四川文物	0.0180	0.0235	0.0161	0.0192	0.1066
13	文物春秋	0.0051	0.0103	0.0284	0.0146	0.0811
14	北方文物	0	0.0127	0.0231	0.0119	0.0663
15	南方文物	0	0.0145	0.0202	0.0116	0.0642
16	内蒙古文物考古	0.0167	0.0154	0	0.0107	0.0594
17	农业考古	0.0016	0.0074	0.0187	0.0092	0.0513
18	文物天地	0.0093	0.0141	0	0.0078	0.0433
19	文博	0	0.0040	0.0157	0.0066	0.0365
20	文物世界	0.0042	0.0038	0.0037	0.0039	0.0217

在考古学所有期刊中，《考古学报》的他刊引用速率排在第1位，它的数值与排第2位的《文物》的数值相差较大，归一化值超过《文物》0.4631，并且2004—2006年每年均排在第1名，证明了《考古学报》学术价值和学术影响力较高。与总被引速率排名顺序比较，考古学期刊在他刊引用速率这一指标上的排名顺序基本一致，但也有所变动，具体情况如下：《考古学报》、《文物》和《考古》这3种排名前3的期刊的顺序没有改变；而排名第4至第10的期刊顺序有所变动，例如《敦煌研究》的总被引速率排在第5名，而他刊引用速率排名上升至第4；排在第11名至第20名的期刊顺序没有变化。

从每年的增长趋势看，考古学期刊他刊引用速率与总被引速率基本一致。2005

年他刊引用速率增长幅度最大的是《故宫博物院院刊》，涨幅为 556.16%，《农业考古》以涨幅 362.50% 居于第 2 名；2006 年总被引速率涨幅最大的是《文博》，涨幅为 292.5%。这里值得注意的是，《敦煌学辑刊》2004 年的他刊引用速率为零，而该刊 2004 年的总被引速率为 0.0133，说明其在 2003 年和 2004 年所发表的论文在 2004 年都是自引，但是从 2005 年开始，《敦煌学辑刊》也逐渐被其他期刊引用，可见其学术影响正在逐步扩大。

6.3.3 本学科论文引用速率

本学科论文引用速率（简称：学科引用速率）是该刊当年和前一年发表的论文在当年被本学科论文引用次数除以该刊当年发表的和前一年发表的论文总数得到的值。学科引用速率主要用来反映期刊在本学科的学术反应速度。表 6-12 给出了 2004—2006 年考古学期刊学科引用速率，并对三年的平均值进行了归一化处理。归一化值是由最大的三年平均值（《考古学报》的 0.1801）作除数得到，表中数据按照归一化值从大到小排列。

表 6-12　　　　　　　　2004—2006 年考古学期刊学科引用速率

排序	期刊名称	2004 年	2005 年	2006 年	三年平均	归一化值
1	考古学报	0.1351	0.1765	0.2286	0.1801	1
2	文物	0.1078	0.0984	0.1392	0.1151	0.6391
3	考古	0.1269	0.1031	0.0974	0.1091	0.6058
4	考古与文物	0.1429	0.0213	0.0408	0.0683	0.3792
5	江汉考古	0.0374	0	0.0571	0.0315	0.1749
6	敦煌研究	0.0212	0.0415	0.0198	0.0275	0.1527
7	中国历史文物	0.0496	0.0149	0.0142	0.0262	0.1455
8	中原文物	0.0108	0.0161	0.0211	0.0160	0.0888
9	华夏考古	0	0.0288	0.0180	0.0156	0.0866
10	故宫博物院院刊	0	0.0205	0.0219	0.0141	0.0783
11	敦煌学辑刊	0.0133	0	0.0273	0.0135	0.0750
12	四川文物	0.0180	0.0094	0.0054	0.0109	0.0605
13	内蒙古文物考古	0.0167	0.0154	0	0.0107	0.0594
14	文物天地	0.0070	0.0121	0	0.0064	0.0355
15	北方文物	0	0	0.0058	0.0019	0.0105
16	文物春秋	0	0	0.0047	0.0016	0.0089
17	文博	0	0	0.0039	0.0013	0.0072
18	农业考古	0.0016	0	0	0.0005	0.0028

从表 6-12 可以看出，考古学期刊在学科引用速率方面，分布层次较为明显。与前两种被引速率的排名次序相同，《考古学报》、《文物》和《考古》仍然依次排在前 3 位，它们的学科引用速率均在 0.1 以上，说明它们在考古学学术研究中的重要地位。其他期刊的学科引用速率，除了《考古与文物》为 0.0683，其余均在 0.04 以下。

与总被引速率的排名情况相比，《敦煌研究》、《敦煌学辑刊》和《故宫博物院院刊》等期刊的排名都有一定下滑。其中，《敦煌研究》与《敦煌学辑刊》是敦煌学研究交流的学术期刊，而敦煌学内容广泛，涉及社会科学和自然科学多个学科，是一门多学科交叉的综合学科，《敦煌研究》与《敦煌学辑刊》排名的下降说明其他学科的研究越来越多地借鉴和参考它们所刊载的论文，有利于学科之间的交流，为学术研究带来新的发展。

6.3.4 考古学期刊被引速率综合分析

期刊被引速率是反映期刊学术影响的又一项重要指标。与期刊被引次数类似，我们将总被引速率、他刊引用速率和学科引用速率组合构成期刊被引速率综合值，期刊被引速率下属指标的权重分配如下：总被引速率和学科引用速率赋予 25% 的权重，他刊引用速率赋予 50% 的权重。根据权重分配，我们对考古学期刊的被引速率综合值进行了计算，并以此从大到小排列得到表 6-13。

表 6-13　　　　　　　　　2004—2006 年考古学期刊被引速率综合值

排序	期刊名称	总被引速率归一化值	他刊引用速率归一化值	学科引用速率归一化值	综合值
1	考古学报	1	1	1	1
2	文物	0.6606	0.5369	0.6391	0.5934
3	考古	0.5927	0.4355	0.6058	0.5174
4	考古与文物	0.3130	0.1851	0.3792	0.2656
5	敦煌研究	0.2882	0.2952	0.1527	0.2578
6	故宫博物院院刊	0.2033	0.2778	0.0783	0.2093
7	中国历史文物	0.1728	0.2360	0.1455	0.1976
8	江汉考古	0.2033	0.1725	0.1749	0.1808
9	敦煌学辑刊	0.2374	0.1671	0.0750	0.1617
10	中原文物	0.1305	0.1780	0.0888	0.1438
11	华夏考古	0.1138	0.1557	0.0866	0.1280
12	四川文物	0.0780	0.1066	0.0605	0.0879

续表

排序	期刊名称	总被引速率归一化值	他刊引用速率归一化值	学科引用速率归一化值	综合值
13	文物春秋	0.0593	0.0811	0.0089	0.0576
14	内蒙古文物考古	0.0435	0.0594	0.0594	0.0554
15	北方文物	0.0485	0.0663	0.0105	0.0479
16	文物天地	0.0317	0.0433	0.0355	0.0385
17	农业考古	0.0374	0.0513	0.0028	0.0357
18	文博	0.0268	0.0365	0.0072	0.0268

从表6-13可以看出，考古学期刊的被引速率综合值层次分明，现将这18种期刊分为三个层次。《考古学报》、《文物》和《考古》这3个期刊为第一层次，它们的被引速率综合值均在0.5以上。第4名至第11名为第二层次，依次为《考古与文物》、《敦煌研究》、《故宫博物院院刊》、《中国历史文物》、《江汉考古》、《敦煌学辑刊》、《中原文物》和《华夏考古》，它们的被引速率综合值在0.3—0.1之间。其余7种期刊的被引速率综合值在0.1以下，属于第三层次。

在期刊被引速率方面，《考古学报》有明显的优势，其被引速率的三项指标均位居第1，且遥遥领先于其他考古学期刊，说明《考古学报》非常关注本学科领域的热点，所载论文能够被快速引用。《文物》和《考古》在这三项指标上的排名分别保持在第2和第3名，在学术影响速率方面有着良好表现。

6.4 考古学期刊影响因子分析

期刊影响因子反映了期刊论文获得的篇均被引率，其目的是从评价期刊中论文的篇均被引率的角度来评价期刊的学术质量，可以较为科学、公正地体现和评价期刊的学术影响力，现已成为学术界用来衡量期刊学术影响的一个重要的指标。一种期刊的影响因子越大，说明该期刊在学科发展和交流中的作用和学术影响越大，其论文的学术水准也较高。与前两个指标一样，影响因子指标也被细分成了三个下级指标：一般影响因子、他引影响因子、学科影响因子。

6.4.1 一般影响因子

本评价体系根据人文社会科学期刊论文发表现状，将现行的影响因子的计算方法进行了修正，修正方法详见本书第1章，修订以后的影响因子可以更加科学地反映期刊近期的篇均学术影响。表6-14给出了2004—2006年考古学期刊一般影响因子，并对三年的平均值进行了归一化处理。归一化值是由最大的三年平均值（《考古学报》的 0.4208）作除数得到，表中数据按照归一化值从大到小排列。

表 6-14　　　　　　　　2004—2006 年考古学期刊一般影响因子

排序	期刊名称	2004 年	2005 年	2006 年	三年平均	归一化值
1	考古学报	0.6341	0.2500	0.3784	0.4208	1
2	文物	0.3077	0.2717	0.1970	0.2588	0.6150
3	考古	0.2045	0.1490	0.3269	0.2268	0.5390
4	华夏考古	0.1485	0.1091	0.1416	0.1331	0.3163
5	敦煌研究	0.0957	0.1233	0.1653	0.1281	0.3044
6	考古与文物	0.0741	0.1383	0.1270	0.1131	0.2688
7	敦煌学辑刊	0.0779	0.0649	0.1711	0.1046	0.2486
8	中国历史文物	0.0573	0.0705	0.1348	0.0875	0.2079
9	中原文物	0.0718	0.0816	0.0378	0.0637	0.1514
10	江汉考古	0.0376	0.0459	0.0561	0.0465	0.1105
11	故宫博物院院刊	0.0140	0.0448	0.0657	0.0415	0.0986
12	北方文物	0.0400	0.0278	0.0373	0.0350	0.0832
13	四川文物	0.0350	0.0271	0.0360	0.0327	0.0777
14	文博	0.0331	0.0339	0.0190	0.0287	0.0682
15	内蒙古文物考古	0	0.0159	0.0500	0.0220	0.0523
16	文物天地	0.0158	0.0285	0.0140	0.0194	0.0461
17	农业考古	0.0038	0.0152	0.0049	0.0080	0.0190
18	文物世界	0.0084	0.0083	0.0042	0.0070	0.0166
19	文物春秋	0.0047	0	0.0103	0.0050	0.0119
20	南方文物	0	0.0045	0.0040	0.0028	0.0067

从表 6-14 可以看出，考古学期刊的三年平均一般影响因子排在前 3 名的期刊，与被引速率指标的排名相同，仍然依次为《考古学报》、《文物》和《考古》，说明这 3 种期刊在考古学学术研究中的重要地位，其学术质量已经得到实际数据的证明。其中，《考古学报》在该指标上的绝对优势十分明显，其三年平均值为 0.4208，比排在第 2 的《文物》高出了 62.59%。考古学期刊的影响因子整体差别较大，而且大部分期刊的该项指标数值较低，在所列的 20 种期刊中，排在后 12 位期刊的一般影响因子的三年平均值均在 0.07 以下。

从考古学期刊影响因子的变化趋势来看，2005 年平均值比 2004 年降低了 17.69%，而 2006 年有所增长，超过了 2004 年的平均值。2005 年一般影响因子增长幅度最大的是《农业考古》,涨幅高达为300%,2006年一般影响因子增长幅度最大的是《内蒙古文物考古》,涨幅为214.47%。在2004—2006年间,只有《敦煌研究》、《中国历史文物》、《江汉考古》、《故宫博物院院刊》和《内蒙古文物考古》这几种期刊保持着一般影响因子持续增长的趋势。其他期刊的一般影响因子都有涨有落,不很稳定。

6.4.2 他引影响因子

他引影响因子反映了一种期刊对其他期刊产生的学术影响。其影响因子的计算分子取自于其他期刊引用的数量,因此可以平衡统计源期刊和非统计源期刊由于自引带来的不公平性。表6-15给出了2004—2006年考古学期刊他引影响因子,并对三年的平均值进行了归一化处理。归一化值是由最大的三年平均值(《考古学报》的0.2783)作除数得到,表中数据按照归一化值从大到小排列。

表6-15 　　　　　　　　2004—2006年考古学期刊他引影响因子

排序	期刊名称	2004年	2005年	2006年	三年平均	归一化值
1	考古学报	0.4146	0.1500	0.2703	0.2783	1
2	文物	0.2231	0.1884	0.1673	0.1929	0.6931
3	考古	0.0947	0.0902	0.1923	0.1257	0.4517
4	华夏考古	0.1188	0.0909	0.1327	0.1141	0.4100
5	敦煌研究	0.0638	0.0594	0.1144	0.0792	0.2846
6	中原文物	0.0718	0.0816	0.0378	0.0637	0.2289
7	考古与文物	0.0370	0.0798	0.0582	0.0583	0.2095
8	中国历史文物	0.0573	0.0705	0.1348	0.0875	0.2079
9	敦煌学辑刊	0.0260	0.0390	0.0921	0.0524	0.1883
10	故宫博物院院刊	0.0140	0.0448	0.0657	0.0415	0.1491
11	北方文物	0.0400	0.0278	0.0373	0.0350	0.1258
12	四川文物	0.0350	0.0271	0.0360	0.0327	0.1175
13	文博	0.0331	0.0339	0.0190	0.0287	0.1031
14	内蒙古文物考古	0	0.0159	0.0500	0.0220	0.0791
15	文物天地	0.0158	0.0285	0.0140	0.0194	0.0697
16	江汉考古	0.0075	0.0183	0.0280	0.0179	0.0643
17	农业考古	0.0038	0.0152	0.0049	0.0080	0.0287
18	文物世界	0.0084	0.0083	0.0042	0.0070	0.0252
19	文物春秋	0.0047	0	0.0103	0.0050	0.0180
20	南方文物	0	0.0045	0.0040	0.0028	0.0101

将表 6‐15 与表 6‐14 的数据进行比较，发现排在前 4 位的期刊顺序没有变化，仍然依次为《考古学报》、《文物》、《考古》和《华夏考古》。但是，《敦煌研究》、《考古与文物》、《江汉考古》这几种 CSSCI 来源期刊的排名下降，尤其是《江汉考古》，其排名下降了 6 位，应当引起这些期刊的警觉。

6.4.3 学科影响因子

通过学科影响因子的研究，可以分析期刊对本学科研究的学术影响，能够反映期刊所刊载的论文与本学科研究的相关程度。表 6‐16 给出了 2004—2006 年考古学期刊学科影响因子，并对三年的平均值进行了归一化处理。归一化值是由最大的三年平均值（《考古学报》的 0.3251）作除数得到，表中数据按照归一化值从大到小排列。

表 6‐16　　　　　　　2004—2006 年考古学期刊学科影响因子

排序	期刊名称	2004 年	2005 年	2006 年	三年平均	归一化值
1	考古学报	0.5610	0.2250	0.1892	0.3251	1
2	文物	0.2615	0.1920	0.1190	0.1908	0.5869
3	考古	0.1894	0.0980	0.2692	0.1855	0.5706
4	华夏考古	0.1287	0.0727	0.1327	0.1114	0.3427
5	考古与文物	0.0741	0.1064	0.0952	0.0919	0.2827
6	敦煌研究	0.0372	0.0685	0.0636	0.0564	0.1735
7	中原文物	0.0526	0.0561	0.0324	0.0470	0.1446
8	中国历史文物	0.0732	0.0318	0.0284	0.0445	0.1369
9	江汉考古	0.0301	0.0367	0.0561	0.0410	0.1261
10	四川文物	0.0350	0.0233	0.0225	0.0269	0.0827
11	敦煌学辑刊	0.0390	0	0.0400	0.0263	0.0809
12	文博	0.0331	0.0169	0.0190	0.0230	0.0707
13	内蒙古文物考古	0	0.0159	0.0500	0.0220	0.0677
14	故宫博物院院刊	0.0070	0.0373	0.0073	0.0172	0.0529
15	文物天地	0.0126	0.0238	0.0093	0.0152	0.0468
16	北方文物	0.0229	0.0111	0	0.0113	0.0348
17	文物世界	0.0084	0.0083	0.0042	0.0070	0.0215
18	文物春秋	0.0047	0	0.0051	0.0033	0.0102
19	南方文物	0	0	0.0040	0.0013	0.0040
19	农业考古	0.0026	0.0014	0	0.0013	0.0040

从表 6-16 可以看出，排除被其他学科论文引用次数后，考古学期刊学科影响因子排名相对一般影响因子有所变化，其中名次下降最多的是《敦煌学辑刊》、《故宫博物院院刊》、《北方文物》和《农业考古》，均下降了 3—4 名，这种情况除了说明这几种期刊对本学科的学术影响相对减弱，同时也说明了这些期刊所刊载的论文对其他学科的渗透力。值得一提的是名次上升最多的《四川文物》，其学科影响因子的排位较一般影响因子的排位上升了 3 个位次，说明该刊与考古学研究的紧密度。

考古学期刊学科影响因子在 2004—2006 年的变化情况尚没有明显的规律可循，从总体情况来看，呈下降趋势，2004—2006 年的平均学科影响因子分别为：0.0787、0.0513 和 0.0574。分析个体期刊，除了《江汉考古》和《内蒙古文物考古》这两种期刊的学科影响因子持续增加外，其他各刊均有增有减。2005 年学科影响因子增长幅度最大的是《故宫博物院院刊》，涨幅高达 432.86%，2006 年学科影响因子增幅最大的为《内蒙古文物考古》，涨幅为 214.47%。

从本学科引用比例来看，考古学各期刊整体较高，说明考古学论文主要为本学科的研究所引用，与本学科研究的相关程度较高。具体来看，《内蒙古文物考古》和《文物世界》的本学科引用比例最高，为 100%，即它们所刊载的论文完全被本学科所引用。《江汉考古》、《华夏考古》、《四川文物》、《考古》、《考古与文物》以及《文博》的本学科引用率也相对较高，在 80%—90% 之间。本学科引用率在 0.6—0.8 之间的有 5 个期刊，其余期刊均在 0.5 以下。

6.4.4 考古学期刊影响因子综合分析

期刊影响因子就是根据期刊上发表的论文，并计算这些论文的篇均被引用率，来体现期刊的学术影响和学术地位，是从学界对期刊所载论文的认可、利用程度来评估期刊的学术影响。我们引入一般影响因子、他引影响因子和学科影响因子组成的影响因子综合值，根据各影响因子与所反映的学术影响力的关系，将一般影响因子和学科影响因子的权重赋予 25%，他引影响因子赋予 50% 的权重，对考古学期刊计算出它们的影响因子综合值，并以此从大到小排列得到表 6-17。

表 6-17　　　　　　　　2004—2006 年考古学期刊影响因子综合值

排序	期刊名称	一般影响因子归一化值	他引影响因子归一化值	学科影响因子归一化值	综合值
1	考古学报	1	1	1	1
2	文物	0.6150	0.6931	0.5869	0.6470
3	考古	0.5390	0.4517	0.5706	0.5033
4	华夏考古	0.3163	0.4100	0.3427	0.3698
5	敦煌研究	0.3044	0.2846	0.1735	0.2618

续表

排序	期刊名称	一般影响因子归一化值	他引影响因子归一化值	学科影响因子归一化值	综合值
6	考古与文物	0.2688	0.2095	0.2827	0.2426
7	中国历史文物	0.2079	0.2079	0.1369	0.1902
8	中原文物	0.1514	0.2289	0.1446	0.1885
9	敦煌学辑刊	0.2486	0.1883	0.0809	0.1765
10	故宫博物院院刊	0.0986	0.1491	0.0529	0.1124
11	四川文物	0.0777	0.1175	0.0827	0.0989
12	北方文物	0.0832	0.1258	0.0348	0.0924
13	江汉考古	0.1105	0.0643	0.1261	0.0913
14	文博	0.0682	0.1031	0.0707	0.0863
15	内蒙古文物考古	0.0523	0.0791	0.0677	0.0696
16	文物天地	0.0461	0.0697	0.0468	0.0581
17	文物世界	0.0166	0.0252	0.0215	0.0221
18	农业考古	0.0190	0.0287	0.0040	0.0201
19	文物春秋	0.0119	0.0180	0.0102	0.0145
20	南方文物	0.0067	0.0101	0.0040	0.0077

从表6-17考古学期刊影响因子综合值可以看出，所列示的20种期刊在该指标上的差异很大，层次分明。为此，我们将期刊分为三个层次，影响因子综合值在0.4以上，排在前3名的分别为《考古学报》、《文物》和《考古》，将它们作为第一层次，这3种期刊在被引次数、被引速率这几个指标上的数值也遥遥领先，不愧是考古学界公认的、最有学术影响力的三大期刊。排在第1位的是《考古学报》，它的三项影响因子均排在第一，并且与排在后面的期刊拉开了距离，在学术影响力方面具有绝对的优势。

属于第二层次的期刊有《华夏考古》、《敦煌研究》、《考古与文物》、《中国历史文物》、《中原文物》、《敦煌学辑刊》和《故宫博物院院刊》，它们的影响因子综合值在0.4—0.1之间，在整个考古学期刊中处于中游水平，这些期刊在学术研究方面的作用不容忽视。其余的10种期刊可划分在第三层次，其影响因子综合值均在0.1以下。值得一提的是，《江汉考古》、《故宫博物院院刊》和《内蒙古文物考古》这三种期刊在三项影响因子指标上的数值均逐年增加，说明它们在为扩大期刊的学术影响力而不懈努力。

6.5 考古学期刊被引广度分析

期刊被引广度是指期刊在某个年度被多少种期刊中的论文引用过，用于说明期刊所刊载的论文对其他期刊的影响程度。一般说来，一种期刊被不同的期刊引用的越多，其影响度就越广。为更合理地根据该指标对期刊进行评价，本评价体系对被引广度的计算方法作了修正，具体内容参见本书第1章。表6-18显示了2004—2006年考古学期刊被引广度前20位的名单，并对三年的平均值进行了归一化处理。归一化值是由最大的三年平均值（《文物》的73.73）作除数得到，表中数据按照归一化值从大到小排列。

表6-18 　　　　　　　　2004—2006年考古学期刊被引广度

排序	期刊名称	2004年	2005年	2006年	三年平均	归一化值
1	文物	69.8	71.0	80.4	73.73	1
2	考古	44.6	46.0	64.4	51.67	0.7008
3	考古学报	33.0	31.8	45.0	36.60	0.4964
4	考古与文物	20.6	21.2	22.4	21.40	0.2902
5	敦煌研究	12.4	13.4	19.2	15.00	0.2034
6	中原文物	14.0	15.8	14.8	14.87	0.2017
7	江汉考古	13.6	14.8	13.2	13.87	0.1881
8	农业考古	7.0	11.6	16.4	11.67	0.1583
9	华夏考古	10.2	9.2	13.8	11.07	0.1501
10	文博	6.6	11.0	13.2	10.27	0.1393
11	北方文物	8.8	8.8	9.8	9.13	0.1238
12	四川文物	8.0	7.2	8.6	7.93	0.1076
13	中国历史文物	5.4	6.8	10.8	7.67	0.1040
14	敦煌学辑刊	5.6	6.4	10.2	7.40	0.1004
15	故宫博物院院刊	4.6	6.8	8.8	6.73	0.0913
16	内蒙古文物考古	5.0	4.2	5.6	4.93	0.0669
17	文物天地	3.8	5.2	3.8	4.27	0.0579
18	文物春秋	3.2	4.0	4.8	4.00	0.0543
18	文物世界	4.8	2.8	4.4	4.00	0.0543
20	南方文物	2.4	2.8	6.2	3.80	0.0515

从表 6-18 可以看出，考古学期刊被引广度排在前 20 名的期刊三年平均值差异较大，数值在 3.80—73.73 之间，分布较散。排在前 3 位的期刊依次为《文物》、《考古》和《考古学报》，它们的数值远远超过了其他考古学期刊，充分体现了其为考古学学术研究中重要学术资源。其中，《文物》在 2004—2006 年三年中均排名第 1，以绝对的优势遥遥领先于其他期刊，说明它不仅影响着本学科期刊，还影响着大量的综合性期刊和非本学科期刊。《考古与文物》、《敦煌研究》和《中原文物》等 7 种期刊的平均被引广度在 10—30 之间。其余期刊的平均被引广度均在 10 以下，说明这些期刊的影响面较窄，多数引用还局限在考古学类期刊中。

从总体上来看，考古学期刊的被引广度在逐年提高，表中 20 种期刊的平均被引广度值在逐年增加，如 2004 年的平均被引广度为 14.17，到 2005 年为 15.04，2006 年更是上升到 18.79。这说明了考古学期刊的影响在不断扩大，也说明了考古学研究在不断地与其他学科相互渗透。其中，《考古》、《考古学报》和《文物》的增长最为明显，分别增加了 19.8、12 和 10.6。

6.6 考古学期刊二次文献转载分析

期刊被二次文献全文转载数量可以设立为对期刊影响度考察的指标，这一指标是从被学界专注度的角度来评价期刊的学术水平，可以作为对其他指标的一个补充。我们原本采用 3 种二次文献数据来进行考古学期刊二次文献转载分析，即人民出版社主办的《新华文摘》、中国社会科学杂志社主办的《中国社会科学文摘》和中国人民大学主办的《复印报刊资料》。由于前两种二次文献对考古学期刊转载量极少，故本学科只采用《复印报刊资料》作为本学科期刊二次文献全文转载进行统计分析。

《复印报刊资料》是国内较具权威性的社会科学、人文科学专题文献资料库，其转载的内容涉及 100 多个专题，收集的范围和期刊论文数量较前两种文摘更为广泛。因此，各期刊被《复印报刊资料》转载的可能性较前两种文摘更大。表 6-19 显示了 2004—2006 年考古学期刊被《复印报刊资料》全文转载的统计数据，并对三年的平均值进行了归一化处理。归一化值是由最大的三年平均值（《故宫博物院院刊》的 6.67）作除数得到，表中数据按照归一化值从大到小排列。

表 6-19 2004—2006 年考古学期刊被《复印报刊资料》全文转载统计

排序	期刊名称	2004 年（篇）	2005 年（篇）	2006 年（篇）	三年平均（篇）	归一化值
1	故宫博物院院刊	5	7	8	6.67	1
2	敦煌研究	4	6	3	4.33	0.6492
2	文物	3	3	7	4.33	0.6492

续表

排序	期刊名称	2004年（篇）	2005年（篇）	2006年（篇）	三年平均（篇）	归一化值
4	敦煌学辑刊	1	8	0	3.00	0.4498
4	中原文物	6	0	3	3.00	0.4498
6	考古	2	3	3	2.67	0.4003
7	华夏考古	2	2	2	2.00	0.2999
7	考古与文物	2	2	2	2.00	0.2999
9	四川文物	3	1	1	1.67	0.2504
10	北方文物	1	1	2	1.33	0.1994
11	中国博物馆	0	0	3	1.00	0.1499
12	考古学报	1	1	0	0.67	0.1004
12	文物春秋	0	1	1	0.67	0.1004
12	文物天地	1	0	1	0.67	0.1004
15	江汉考古	1	0	0	0.33	0.0495
15	文物世界	0	0	1	0.33	0.0495

从表6-19可以看出，考古学期刊被《复印报刊资料》转载数量与其他学科相比整体较少，三年来整个考古学被转载过的期刊只有16种。《故宫博物院院刊》被《复印报刊资料》三年平均全文转载6.67篇，排在首位。《敦煌研究》和《文物》以4.33篇并列第2。《敦煌学辑刊》、《中原文物》、《考古》、《华夏考古》和《考古与文物》的被转载情况较好，平均每年被转载2—3篇。其他几种期刊的平均转载量均在2篇以下，特别是《江汉考古》、《文物世界》，它们三年仅被转载过1篇。

从时间跨度来看，《复印报刊资料》转载考古学期刊论文的数量在逐年增加，2004—2006年分别为：32、35、37篇。分析个体期刊，其各年转载数量起伏不定，没有明显规律可循。例如，《敦煌学辑刊》在2005年由2004年的1篇增加到了8篇，但是在2006年却没有被转载。

值得一提的是，作为考古学界公认三大考古学期刊中的《考古》和《考古学报》在该指标的排名并不理想，如《考古学报》二次文献转载平均值只有0.67，并列排在第12位，这可能与其本身的发文量有很大关系。另一具有影响力的考古学期刊《文物》在该指标的表现尚好，与《敦煌研究》并列排在第2位。

6.7 考古学期刊Web即年下载率分析

Web即年下载率是指，期刊在某一期刊全文数据库中当年出版并上网的论文在当年被全文下载的次数与该期刊当年出版并上网论文总数之比。随着网络技术的发展，读者可以非常方便地从网上获取学术论文，同时也在改变着学者获取学术参考资源的途径。因此，通过期刊所载论文在网上的被下载情况，可以从一个角度考察期刊被学者阅读、利用的情况。表6-20显示了2004—2006年考古学期刊Web即年下载率的具体数据，并对三年的平均值进行了归一化处理。归一化值是由最大的三年平均值（《文物》的30.70）作除数得到，表中数据按照归一化值从大到小排列。

表6-20　　　　　　　　2004—2006年考古学期刊Web即年下载率

排序	期刊名称	2004年	2005年	2006年	三年平均	归一化值
1	文物	14.6	23.0	54.5	30.70	1
2	考古与文物	15.4	24.1	35.8	25.10	0.8176
3	华夏考古	9.2	17.5	30.2	18.97	0.6179
4	中原文物	9.2	16.8	30.1	18.70	0.6091
5	故宫博物院院刊	6.2	12.5	34.6	17.77	0.5788
6	南方文物	14.3	21.2	17.7	17.73	0.5775
7	江汉考古	5.4	14.0	25.0	14.80	0.4821
8	文物世界	8.2	17.2	16.1	13.83	0.4505
9	文物保护与考古科学	8.1	10.1	23.0	13.73	0.4472
10	农业考古	9.1	9.1	18.5	12.23	0.3984
11	敦煌研究	5.3	8.3	22.0	11.87	0.3866
12	北方文物	6.0	11.0	15.3	10.77	0.3508
13	中国博物馆	6.2	6.2	19.6	10.67	0.3476
14	内蒙古文物考古	7.3	7.1	13.8	9.40	0.3062
15	文博	4.1	4.8	18.3	9.07	0.2954
16	文物春秋	3.7	8.2	15.0	8.97	0.2922
17	敦煌学辑刊	3.4	6.5	13.8	7.90	0.2573
18	化石	5.6	9.3	6.0	6.97	0.2270

从表6-20给出的2004—2006年考古学期刊Web即年下载率排序来看，考古学期刊在该指标上的数值普遍不高，但是各期刊之间的差距还是很明显的，可以将这18种期刊分为四个层次。第一层次由《文物》和《考古与文物》组成，它们的三年平均值超过20，说明这两种期刊具有很高的关注度和利用程度。《文物》在2004年和2005年Web即年下载率分别为14.6和23，均排在第2位，但是在2006年，其Web即年下载率大幅度提高至54.5，从而超过了《考古与文物》排在第1位。第二层次期刊的三年平均值在20—15之间，分别为《华夏考古》、《中原文物》、《故宫博物院院刊》和《南方文物》这4种期刊。第三个层次的期刊有7种，它们的Web即年下载率在15—10之间。其余5种期刊的Web即年下载率均在10以下。

从年度变化来看，考古学期刊2004年的平均Web即年下载率为7.9，2005年上升至12.6，2006年继续增加到22.7，说明随着网络化进程的加速及全文数据库发展的日趋成熟，学者越来越重视通过网络来获取考古学论文资料，并且各考古学期刊正不断调整，努力提升自身的学术质量和学术影响。从增长的绝对数值来看，《文物》和《故宫博物院院刊》2004—2006年的增长达到了40和28，它们的发展速度较其他期刊更为迅速。

这里要作一个说明的是，《考古学报》、《考古》等期刊由于没有加入CNKI，故这些期刊没有该项数据，但我们在进行期刊综合值评价时，将这些期刊在该指标的权重分配给与该指标相近的被引速率进行计算。

6.8 考古学期刊评价指标综合分析

通过期刊学术规范量化、被引次数、被引速率、影响因子、被引广度、二次文献转载、Web下载这7个指标对考古学各期刊进行考察后，有必要综合考虑考古学期刊的学术规范、学术影响和学术质量，根据本书第1章构建的评价体系计算方法对每一期刊计算其学术影响综合值。表6-21给出了2004—2006年考古学期刊七大指标数值和综合值，并给出了综合值排名前14种期刊。

表6-21　　　　　　　　　　考古学期刊综合值运算表

排序	期刊名称	期刊学术规范×0.15	被引次数×0.1	被引速率×0.1	影响因子×0.3	被引广度×0.1	二次文献转载×0.1	Web下载×0.15	综合值Σ
1	考古学报	0.8065	0.3028	1	1	0.4964	0.1004	—	0.7609
2	文物	0.6113	1	0.5934	0.6470	1	0.6492	1	0.7601
3	考古	0.6687	0.7303	0.5174	0.5033	0.7008	0.4003	—	0.5638
4	考古与文物	0.6581	0.1721	0.2656	0.2426	0.2902	0.2999	0.8176	0.3969
5	华夏考古	0.6188	0.0743	0.1280	0.3698	0.1501	0.2999	0.6179	0.3617
6	敦煌研究	0.6113	0.1215	0.2578	0.2618	0.2034	0.6492	0.3866	0.3514
7	故宫博物院院刊	0.5819	0.0248	0.2093	0.1124	0.0913	1	0.5788	0.3404
8	中原文物	0.5478	0.0906	0.1438	0.1885	0.2017	0.4498	0.6091	0.3187
9	敦煌学辑刊	0.5425	0.0337	0.1617	0.1765	0.1004	0.4498	0.2573	0.2475
10	江汉考古	0.5159	0.1087	0.1808	0.0913	0.1881	0.0495	0.4821	0.2298
11	北方文物	0.4440	0.0429	0.0479	0.0924	0.1238	0.1994	0.3508	0.1883
12	四川文物	0.4855	0.0404	0.0879	0.0989	0.1076	0.2504	—	0.1643
13	南方文物	0.3657	0.0186	0	0.0077	0.0515	0	0.5775	0.1508
14	中国历史文物	0.1734	0.0287	0.1976	0.1902	0.1040	0	—	0.1457

从表6-21可以看出，《考古学报》以综合值0.7609排在首位，该刊有3项指标均排名第1，分别是期刊学术规范、被引速率和影响因子。需要说明的是，对于Web下载数据空缺的期刊，我们将该项权重赋予被引速率，因此，《考古学报》相当于在4项指标上均是最高的。《文物》紧随其后，以综合值0.7601排在第2位，它在被引次数、被引广度和Web下载数据这3项指标上均排在第1位。《考古学报》和《文物》这两个期刊的综合值均在0.7以上，遥遥领先于考古学类其他期刊。

比较表中期刊，CSSCI来源期刊的综合值均较高，排在前6位的均为考古学的来源期刊，这说明CSSCI精选的考古学类来源期刊基本具有一定的合理性。但是，我们也应该看到，作为来源期刊，《江汉考古》排在第10位，原因可能与该刊的影响因子数值较低有关，其影响因子在0.1以下，仅排在第13位，而影响因子又是七个指标中计算综合值所占权重最高的一项。

根据计算出的七项指标的综合值，我们可以将考古学期刊划分学术等级。考虑考古学期刊的综合值状况，我们把考古学权威学术期刊取值区间设为1—0.7，核心期刊取值区间为0.7—0.35，核心期刊扩展区为0.35—0.25，小于0.25或表中没有列入的考古学期刊定位为一般性学术期刊。依据这一原则得到考古学期刊的定量评价结果：

权威期刊：《考古学报》、《文物》；

核心期刊：《考古》、《考古与文物》、《华夏考古》、《敦煌研究》；

扩展核心期刊：《故宫博物院院刊》、《中原文物》；

其他期刊均为一般性学术期刊。

第7章 民族学

根据国家新闻出版总署公布的期刊数据和最新统计，我国公开发行的民族学期刊40余种，约占全国人文社会科学类期刊的1.4%。该学科期刊编辑出版的地区主要集中在少数民族聚集的西部省份以及东北省份，宁夏、甘肃、青海、西藏、四川、云南、广西、贵州、黑龙江、吉林、辽宁、内蒙古等共拥有民族学期刊26种左右，另外北京主办了7种民族学期刊，其余6种期刊分别由广东、湖南、湖北、山东、河北的期刊社编辑出版。2004—2006年间CSSCI收录了12种民族学期刊，刊登论文4314篇，引用文献49609篇。民族学期刊中被CSSCI来源期刊年均引用次数超过5次的民族学期刊计28种，分别为：《广西民族大学学报（哲学社会科学版）》、《广西民族研究》、《贵州民族研究》、《黑龙江民族丛刊》、《回族研究》、《民族研究》、《世界民族》、《西北民族研究》、《云南民族大学学报（哲学社会科学版）》、《中国藏学》、《中南民族大学学报（人文社会科学版）》、《中央民族大学学报（人文社会科学版）》、《贵州民族学院学报》、《湖北民族学院学报（文科版）》、《今日民族》、《满族研究》、《民俗研究》、《民族教育研究》、《民族论坛》、《内蒙古民族大学学报（社会科学版）》、《青海民族学院学报（社会科学版）》、《青海民族研究（社会科学版）》、《西北第二民族学院学报》、《西北民族大学学报（哲学社会科学版）》、《西藏民族学院学报（哲学社会科学版）》、《西南民族大学学报（人文社科版）》、《中国民族》、《甘肃民族研究》。在这些期刊中，前12种为2004—2006年CSSCI收录的来源期刊，其余16种均为非来源期刊。

本章以中文社会科学引文索引（CSSCI）数据库、万方股份公司的万方期刊数据库以及印刷型期刊为依据，对上述28种民族学期刊在2004—2006年期间的学术影响进行讨论，进而探求提高该学科期刊学术质量的途径。

7.1 民族学期刊学术规范量化指标分析

学术期刊之所以为学术性刊物，一方面，它在刊载内容上关注学术思想的交流与传递；另一方面，它在刊载论文形式上大多遵循学术规范，具有真实性、逻辑性、公正性等特点。我们利用期刊的论文篇均引用文献数、基金论文占有比例、期刊作者地区分布及期刊标注有作者机构的论文比例这四项指标作为评价民族学期刊学术规范量化的指标。本节的数据来源主要有：CSSCI 数据库、万方期刊数据库的统计数据以及印刷型期刊数据，并以此对民族学期刊的篇均引文量、基金论文比、作者地区分布广度以及作者机构标注率四个方面进行量化分析，比较该学科各期刊之间规范化的程度和学术含量。

7.1.1 篇均引用文献数

现代学术论文多是对前人工作的继续和拓展。作为学术论文的必不可少的组成部分，引用文献一方面反映了学术研究的继承性和关联性，揭示了论文的科学依据；另一方面，在论文中标注出处，也是对他人研究成果的尊重。由于各种期刊具有出版周期、载文量的差异，我们以论文篇均引文量来考察期刊引用文献的状况，从引用文献的角度比较各期刊之间的学术规范度。

表 7-1 给出了 2004—2006 年民族学期刊篇均引用文献量统计数据并对各期刊进行了归一化处理。其中归一化值是以各期刊三年平均引用文献篇数为分子，三年平均引用文献篇数的最大值为分母（本表以《民族研究》的平均引用文献篇数 21.6933 篇作为分母）计算而得。本表按各期刊三年平均引用文献篇数从大到小排序。

表 7-1　　　　2004—2006 年民族学期刊篇均引用文献数统计

排序	期刊名称	2004年（篇数）	2005年（篇数）	2006年（篇数）	三年平均（篇数）	归一化值
1	民族研究	13.66	23.65	27.77	21.6933	1
2	世界民族	12.06	22.28	25.10	19.8133	0.9133
3	广西民族研究	1.95	16.51	22.17	13.5433	0.6243
4	中国藏学	1.90	13.48	21.43	12.2700	0.5656
5	广西民族大学学报（哲学社会科学版）	13.69	10.73	11.09	11.8367	0.5456
6	西北民族研究	2.04	11.22	17.73	10.3300	0.4762
7	青海民族研究（社会科学版）	5.99	10.05	13.82	9.9533	0.4588
8	甘肃民族研究	9.05	8.44	12.19	9.8933	0.4561
9	中央民族大学学报（人文社会科学版）	7.47	9.51	10.38	9.1200	0.4204
10	满族研究	6.89	9.83	10.61	9.1100	0.4199
11	回族研究	2.04	12.37	12.32	8.9100	0.4107
12	西藏民族学院学报（哲学社会科学版）	7.44	7.31	10.40	8.3833	0.3864
13	中南民族大学学报（人文社会科学版）	7.10	8.22	9.74	8.3533	0.3851
14	西南民族大学学报（人文社科版）	6.80	7.68	9.99	8.1567	0.3760

续表

排序	期刊名称	2004年（篇数）	2005年（篇数）	2006年（篇数）	三年平均（篇数）	归一化值
15	内蒙古民族大学学报（社会科学版）	9.21	6.66	6.97	7.6133	0.3510
16	湖北民族学院学报（哲学社会科学版）	5.97	6.63	9.85	7.4833	0.3450
17	云南民族大学学报（哲学社会科学版）	6.32	6.94	8.68	7.3133	0.3371
18	贵州民族研究	2.37	8.98	10.26	7.2033	0.3321
19	西北第二民族学院学报	7.41	7.33	6.83	7.1900	0.3314
20	西北民族大学学报（哲学社会科学版）	6.36	7.64	7.51	7.1700	0.3305
21	青海民族学院学报（社会科学版）	7.37	6.97	6.43	6.9233	0.3191
22	黑龙江民族丛刊	3.07	7.50	9.00	6.5233	0.3007
23	贵州民族学院学报	5.87	6.54	7.10	6.5033	0.2998
24	民族教育研究	3.69	3.19	3.46	3.4467	0.1589
25	民俗研究	2.83	2.10	1.39	2.1067	0.0971
26	民族论坛	0	1.09	1.34	0.8100	0.0373
27	今日民族	0	0.01	0.02	0.0100	0.0005
28	中国民族	0	0	0	0	0

根据表7-1的数据显示，2004—2006年，民族学期刊的年篇均引文数为8.2737篇。其中，CSSCI民族学来源期刊的篇均引文数为11.41篇，民族学非来源期刊的篇均引文数为5.23篇。可见，民族学来源期刊在篇均引文这一指标上远高于非来源期刊，是非来源期刊的两倍多，说明民族学来源期刊对引用文献的重视程度远高于非来源期刊。

从年度变化上来看，民族学期刊的篇均引文数整体处于上升状态。年篇均引文量增幅最多的是位居第3名的《广西民族研究》和第4名的《中国藏学》，这两种期刊三年均增长了10倍以上；增长1倍以上的期刊有《西北民族研究》等8种。而《民族教育研究》、《西北第二民族学院学报》、《青海民族学院学报（社会科学版）》、《广西民族大学学报（哲学社会科学版）》、《内蒙古民族大学学报（社会科学版）》、《民俗研究》6种期刊则出现负增长。从民族学期刊引用文献数量总体的变化来看，民族学期刊越来越重视文献的引用，注重学术论文引证的规范化。

根据2004—2006年三年篇均引用文献量，民族学类期刊可分为4个方阵。《民族研究》、《世界民族》以绝对优势居于第一方阵，其三年篇均引用文献数量均在20篇左右；位于3—10名的《广西民族研究》、《中国藏学》等8种期刊为第二方阵，这些期刊的篇均引用文献数量在10篇左右；三年篇均引用文献数量在6篇到9篇的13种期刊为第三方阵；余下的期刊归属于第4方阵，这些期刊篇均引用文献数量较少，有的甚至没有一篇文章附有引用文献。

从整体上看，民族学期刊的篇均引文总体状况良好，大多期刊对引用文献比较重视。但有些期刊可能由于研究领域狭小或研究的学者数量较少，可以引用借鉴的前期成果本身不多，导致篇均引文数量较少；《民族论坛》、《今日民族》几乎无引用文献，《中国民族》则完全没有引用文献，这些期刊有待进一步加强期刊规范化方面的工作。

7.1.2 基金论文比例

基金论文比例是指期刊每年刊载各类基金资助项目研究论文数占年载文量的比例。基金项目，一般都是经过各科学基金组织严格评审批准的科研项目，其成果相对一般研究成果具有更大程度的创新性和学术性。统计数据显示，我国民族学期刊在2004—2006年间的发文有8.94%受到各类基金项目赞助，和人文社会科学类期刊的16.11%[①]相比偏低。表7-2为2004—2006年民族学期刊基金论文所占比例情况，同时对平均值进行了归一化计算，并按归一化值从大到小排序。

表7-2　　　　　　　2004—2006年民族学期刊基金论文比例

排序	期刊名称	2004年	2005年	2006年	三年平均	归一化值
1	中央民族大学学报（人文社会科学版）	0.14	0.24	0.32	0.2333	1
2	民族教育研究	0.29	0.20	0.09	0.1933	0.8285
3	内蒙古民族大学学报（社会科学版）	0.10	0.40	0.06	0.1867	0.8003
4	中南民族大学学报（人文社会科学版）	0.14	0.15	0.20	0.1633	0.7000
5	黑龙江民族丛刊	0.10	0.17	0.19	0.1533	0.6571
6	广西民族研究	0.07	0.17	0.18	0.1400	0.6001
7	民族研究	0.09	0.11	0.19	0.1300	0.5572
8	广西民族大学学报（哲学社会科学版）	0.11	0.15	0.12	0.1267	0.5431
9	西北第二民族学院学报	0.12	0.14	0.10	0.1200	0.5144
10	西北民族研究	0.08	0.10	0.14	0.1067	0.4574
11	贵州民族研究	0.07	0.08	0.16	0.1033	0.4428
12	云南民族大学学报（哲学社会科学版）	0.05	0.09	0.16	0.1000	0.4286
13	民俗研究	0.11	0.07	0.11	0.0967	0.4145
14	世界民族	0.10	0.05	0.10	0.0833	0.3571

---

① 邓三鸿、金莹："我国人文社会科学学术刊物的学科对比——基于CSSCI的分析"，《东岳论丛》2008年第1期，第43—50页。

续表

排序	期刊名称	2004年	2005年	2006年	三年平均	归一化值
15	青海民族学院学报（社会科学版）	0.13	0.08	0.03	0.0800	0.3429
16	青海民族研究（社会科学版）	0.09	0.09	0.05	0.0767	0.3288
17	民族论坛	0.04	0.01	0.13	0.0600	0.2572
18	贵州民族学院学报	0.09	0.06	0.02	0.0567	0.2430
19	西南民族大学学报（人文社科版）	0.01	0.01	0.14	0.0533	0.2285
20	湖北民族学院学报（哲学社会科学版）	0.01	0	0.13	0.0467	0.2002
21	回族研究	0.04	0.06	0.03	0.0433	0.1856
22	中国藏学	0.04	0.04	0.04	0.0400	0.1715
22	西藏民族学院学报（哲学社会科学版）	0.08	0.01	0.03	0.0400	0.1715
24	西北民族大学学报（哲学社会科学版）	0.01	0.01	0.07	0.0300	0.1286
24	满族研究	0.04	0.03	0.02	0.0300	0.1286
26	今日民族	0.02	0.01	0	0.0100	0.0429
27	中国民族	0	0	0	0	0
27	甘肃民族研究	0	0	0	0	0

从表7-2可以看到，2004—2006年民族学期刊的基金论文比例平均为0.0894。其中，CSSCI民族学来源期刊的平均基金论文比为0.1186，民族学非来源期刊的平均基金论文比为0.0675，两者相差0.0511。说明民族学非来源期刊刊登的基金论文数量与来源期刊还有一定的差距。当然也有个别非来源期刊具有较高的基金论文比例，如《内蒙古民族大学学报（社会科学版）》为0.1867，位居所有民族学期刊的第3名。

从年度变化来看，民族学期刊与其他学科期刊相比，基金论文比例在稳步增长，年均增长幅度在10%以上。其中《西南民族大学学报（人文社科版）》的增幅最为明显，从2004年的0.01增长到2006年的0.14，增长了13倍。其次为《湖北民族学院学报（哲学社会科学版）》，从2004年的0.01增长到2006年的0.13，增长了12倍。而《满族研究》、《民族教育研究》、《青海民族学院学报（社会科学版）》、《贵州民族学院学报》和《今日民族》在2004—2006年期间刊载的基金论文比例年年下滑，呈现出明显的下降趋势。《中国民族》、《甘肃民族研究》则以连续三年刊载基金论文为0位居末位。

从以上分析看来，民族学期刊刊载基金论文的情况各不相同：有些期刊基金论文比较高，而有些期刊由于刊载的文章学术性较弱，对基金论文的吸引力较差。

7.1.3 论文作者地区分布

期刊论文作者的地区分布指标，可以从一个侧面反映期刊对不同地区的学术影响和受学者关注的程度。我们通过对 2004—2006 年间民族学期刊上刊登论文的作者地区分布进行统计，以期揭示民族学期刊在这几年的区域影响状况。

需要说明的是，我们在统计民族学期刊的地区分布时对于国内作者地区以省、自治区、直辖市和港、澳、台为基本单位，国外作者地区则以国别为基本单位，同时这些数据的获得是在论文作者标注了自身机构及地区的基础上获得的。因而，这一指标也从另一侧面反映了期刊的规范程度。表 7-3 是 2004—2006 年民族学期刊论文作者地区的分布表。本表按三年平均地区数从多到少排序。

表 7-3　　　　　　　　　2004—2006 年民族学期刊论文作者地区分布

排序	期刊名称	2004 年（地区数）	2005 年（地区数）	2006 年（地区数）	三年平均（地区数）	归一化值
1	广西民族大学学报（哲学社会科学版）	28	28	26	27.33	1
2	西南民族大学学报（人文社科版）	27	27	26	26.67	0.9759
3	中南民族大学学报（人文社会科学版）	27	26	23	25.33	0.9268
4	中央民族大学学报（人文社会科学版）	22	24	21	22.33	0.8171
5	西北民族大学学报（哲学社会科学版）	23	24	19	22.00	0.8050
6	黑龙江民族丛刊	17	23	24	21.33	0.7805
7	云南民族大学学报（哲学社会科学版）	21	20	22	21.00	0.7684
7	贵州民族研究	18	21	24	21.00	0.7684
9	湖北民族学院学报（哲学社会科学版）	21	22	15	19.33	0.7073
10	贵州民族学院学报	22	19	16	19.00	0.6952
11	世界民族	19	16	21	18.67	0.6831
12	民俗研究	15	18	22	18.33	0.6707
13	民族研究	16	19	19	18.00	0.6586
13	内蒙古民族大学学报（社会科学版）	18	17	19	18.00	0.6586
15	西北第二民族学院学报	20	17	16	17.67	0.6465
16	广西民族研究	15	13	22	16.67	0.6100
17	民族教育研究	13	18	18	16.33	0.5975
18	青海民族研究（社会科学版）	22	16	10	16.00	0.5854
19	回族研究	16	16	15	15.67	0.5734
19	西北民族研究	16	14	17	15.67	0.5734

续表

排序	期刊名称	2004年（地区数）	2005年（地区数）	2006年（地区数）	三年平均（地区数）	归一化值
19	西藏民族学院学报（哲学社会科学版）	14	17	16	15.67	0.5734
22	青海民族学院学报（社会科学版）	17	14	11	14.00	0.5123
23	满族研究	14	14	12	13.33	0.4877
24	中国民族	8	10	20	12.67	0.4636
25	甘肃民族研究	11	9	15	11.67	0.4270
26	民族论坛	19	10	4	11.00	0.4025
27	中国藏学	9	9	14	10.67	0.3904
28	今日民族	2	1	6	3.00	0.1098

由表7-3可知，从民族学期刊论文三年的平均情况来看，作者地区的分布存在着很大的差异。例如，《广西民族大学学报（哲学社会科学版）》论文作者所覆盖的地区为《今日民族》的9倍多。这一方面说明《广西民族大学学报（哲学社会科学版）》在民族学研究中受全国的民族学学者关注度高，对该学科的研究与交流有着广泛的影响；另一方面，一些民族学期刊在三年中的作者地区分布数始终偏低，这与这些期刊的研究领域有一定关联，受区域性限制的影响严重。

其次，我们发现，民族学期刊的作者地区分布数相对稳定，三年的地区分布平均数分别为17.5、17.2、17.6。在诸多期刊中，除了《今日民族》显著增长（三年增长达到200%），《民族论坛》明显下滑之外（三年期间下滑78%），其余期刊地区分布状况年均变化均不超过50%。我们在统计民族学期刊作者地区分布的过程中发现，民族学期刊的作者地区分布相对稳定和民族学的学科特性有着密切关联，众多民族学期刊不论是期刊发行地还是民族学的学者大多分布在少数民族聚集的区域附近，如西部、东北部等，因此其研究群体的地区分布表现出稳定、集中的态势。

7.1.4 有作者机构论文比例

学术论文大多要求标注作者信息，包括作者姓名及其所在机构。这项信息直接关系到相关部门的文献统计、科研评价以及读者与作者之间的互动与交流。目前少数学术期刊在作者信息的标注上还存在不规范的问题，主要表现在作者单位的标注信息不够全面。除了前面所提到的影响之外，对期刊而言，它还表现在直接影响了期刊的学术严谨性。我们对2004—2006年间民族学期刊标注有作者机构信息的文章比例进行了统计，并设计了表7-4。表7-4给出了2004—2006年民族学期刊标注有作者机构的论文比例、三年平均值及归一化值，并按归一化值从大到小排序。

表 7-4　2004—2006 年民族学期刊标注有作者机构的论文比例

排序	期刊名称	2004 年	2005 年	2006 年	三年平均	归一化值
1	民族研究	1	1	1	1	1
1	世界民族	1	1	1	1	1
1	西北第二民族学院学报	1	1	1	1	1
1	西北民族大学学报（哲学社会科学版）	1	1	1	1	1
1	中央民族大学学报（人文社会科学版）	1	1	1	1	1
6	贵州民族研究	1	1	0.9948	0.9983	0.9983
7	青海民族学院学报（社会科学版）	1	0.9873	1	0.9958	0.9958
8	贵州民族学院学报（哲学社会科学版）	0.9884	0.9958	1	0.9947	0.9947
9	湖北民族学院学报（哲学社会科学版）	0.9884	0.9955	1	0.9946	0.9946
10	西藏民族学院学报（哲学社会科学版）	0.9866	1	0.9932	0.9933	0.9933
11	内蒙古民族大学学报（社会科学版）	0.9891	0.9891	1	0.9927	0.9927
11	中南民族大学学报（人文社会科学版）	0.9818	0.9963	1	0.9927	0.9927
13	甘肃民族研究	1	0.9828	0.9833	0.9887	0.9887
14	西南民族大学学报（人文社科版）	0.9823	0.9955	0.9755	0.9844	0.9844
15	黑龙江民族丛刊	0.9771	0.9771	0.9919	0.9820	0.9820
16	民族教育研究	0.9915	0.9826	0.9652	0.9798	0.9798
17	青海民族研究（社会科学版）	0.9520	0.9704	1	0.9741	0.9741
18	广西民族研究	0.9535	0.9762	0.9915	0.9737	0.9737
19	中国藏学	0.9667	0.9831	0.9684	0.9727	0.9727
20	广西民族大学学报（哲学社会科学版）	0.9140	0.9902	0.9871	0.9638	0.9638
21	西北民族研究	0.9184	0.9783	0.9896	0.9621	0.9621
22	满族研究	0.9516	0.8947	0.9868	0.9444	0.9444
23	回族研究	0.9200	0.9200	0.9892	0.9431	0.9431
24	民俗研究	0.8659	0.9535	0.9022	0.9072	0.9072
25	云南民族大学学报（哲学社会科学版）	0.9865	0.9820	0.5273	0.8319	0.8319
26	中国民族	0.2130	0.2646	0.2753	0.2510	0.2510
27	民族论坛	0.0988	0.2553	0.3358	0.2300	0.2300
28	今日民族	0.1448	0.1683	0.1145	0.1425	0.1425

由表 7-4 的数据来看，2004—2006 年的民族学期刊标注有作者机构的论文比例总体保持在 90% 以上，民族学期刊在作者信息的标注规范化程度已经达到了较高的

水平。然而，值得注意的是仍有部分期刊对标注作者机构没有足够的重视，其标注有作者机构的论文比例不足30%，如《中国民族》、《民族论坛》、《今日民族》，这些期刊标注有作者机构的论文比例低，规范程度不高，对期刊的学术影响和学术成果的交流都存在一定的影响。

从年度变化来看，民族学期刊标注有作者机构论文比总体上保持在一个较为稳定的基础上，2004—2006年间民族学期刊的作者标注比例分别为88.47%、90.14%、89.18%。其中，《民族论坛》虽然在2004年的标注作者机构论文比位居倒数第2，但其增长趋势最为明显，3年期间计增长240%，位于所有民族学期刊增长之首。

7.1.5 民族学期刊学术规范量化指标综合分析

期刊学术规范量化指标主要由期刊论文的篇均引用文献数、期刊基金论文比例、期刊作者地区分布以及期刊标注有作者机构的论文比例这四项分指标构成。这四个指标从多方面全面反映了期刊的编辑质量及期刊的学术含量。我们参照第1章将期刊学术规范量化指标进行综合，计算方法是：分别赋予四项指标归一化值以25%的权重，加权计算后并求和得到期刊学术规范量化指标综合值。表7-5给出了2004—2006年民族学期刊学术规范量化指标的归一化值和综合值。本表按各期刊学术规范量化指标综合值从大到小排序。

表7-5   2004—2006年民族学期刊学术规范量化指标综合值

排序	期刊名称	篇均引文数归一化值	基金论文比归一化值	地区分布归一化值	有机构论文比归一化值	综合值
1	中央民族大学学报（人文社会科学版）	0.4204	1	0.8171	1	0.8094
2	民族研究	1	0.5572	0.6586	1	0.8040
3	广西民族大学学报（哲学社会科学版）	0.5456	0.5431	1	0.9638	0.7631
4	中南民族大学学报（人文社会科学版）	0.3851	0.7000	0.9268	0.9927	0.7512
5	世界民族	0.9133	0.3571	0.6831	1	0.7384
6	广西民族研究	0.6243	0.6001	0.6100	0.9737	0.7020
7	内蒙古民族大学学报（社会科学版）	0.3510	0.8003	0.6586	0.9927	0.7007
8	黑龙江民族丛刊	0.3007	0.6571	0.7805	0.9820	0.6801
9	西南民族大学学报（人文社科版）	0.3760	0.2285	0.9759	0.9844	0.6412
9	民族教育研究	0.1589	0.8285	0.5975	0.9798	0.6412
11	贵州民族研究	0.3321	0.4428	0.7684	0.9983	0.6354
12	西北第二民族学院学报	0.3314	0.5144	0.6465	1	0.6231
13	西北民族研究	0.4762	0.4574	0.5734	0.9621	0.6173

续表

排序	期刊名称	篇均引文数归一化值	基金论文比归一化值	地区分布归一化值	有机构论文比归一化值	综合值
14	云南民族大学学报（哲学社会科学版）	0.3371	0.4286	0.7684	0.8319	0.5915
15	青海民族研究（社会科学版）	0.4588	0.3288	0.5854	0.9741	0.5868
16	西北民族大学学报（哲学社会科学版）	0.3305	0.1286	0.8050	1	0.5660
17	湖北民族学院学报（哲学社会科学版）	0.3450	0.2002	0.7073	0.9946	0.5618
18	贵州民族学院学报	0.2998	0.2430	0.6952	0.9947	0.5582
19	青海民族学院学报（社会科学版）	0.3191	0.3429	0.5123	0.9958	0.5425
20	西藏民族学院学报（哲学社会科学版）	0.3864	0.1715	0.5734	0.9933	0.5312
21	回族研究	0.4107	0.1856	0.5734	0.9431	0.5282
22	中国藏学	0.5656	0.1715	0.3904	0.9727	0.5251
23	民俗研究	0.0971	0.4145	0.6707	0.9072	0.5224
24	满族研究	0.4199	0.1286	0.4877	0.9444	0.4952
25	甘肃民族研究	0.4561	0	0.4270	0.9887	0.4680
26	民族论坛	0.0373	0.2572	0.4025	0.2300	0.2318
27	中国民族	0	0	0.4636	0.2510	0.1787
28	今日民族	0.0005	0.0429	0.1098	0.1425	0.0739

由表7-5可以看出，《中央民族大学学报（人文社会科学版）》的综合值最高，达0.8094，表明该期刊规范化程度较高、有着严谨的办刊程序。因此该期刊在民族学期刊办刊规范化方面有较强的示范作用。相比之下，排名末尾的几种期刊，在学术规范化方面与排名之前的期刊存在较大差距，如《今日民族》的学术规范综合值尚不到0.1，希望引起这些期刊编辑部的重视。其次，民族学期刊在期刊学术规范量化各项指标上的表现参差不齐，如《西北民族大学学报（哲学社会科学版）》，其有机构论文比位居首位，但其基金论文比却并列倒数第4名。因此各民族学期刊应针对自身状况，努力在各个指标上齐头并进，体现出学术期刊的规范性和严谨性。

民族学期刊学术规范量化指标综合值之间的差距较大，层次分明，如果我们根据综合值来划分民族学期刊的学术规范层次，则可以将综合值位于1—0.8区间的期刊划分在第一层次，即《中央民族大学学报（人文社会科学版）》、《民族研究》2种期刊为第一层次；位于0.8—0.5之间的《广西民族大学学报（哲学社会科学版）》等21种期刊归属第二层次；余下的期刊均为第三层次。

7.2 民族学期刊被引次数分析

期刊被引次数是从期刊的学术影响角度评价期刊的基本指标之一，可用来衡量期刊自创刊以来的学术影响力，进而直接反映期刊在学术领域被使用和重视的程度。期刊被引次数可分解为：总被引次数、他刊引用次数和学科引用次数。以下我们就这三项分指标分别进行讨论。

7.2.1 总被引次数

总被引次数是指某个期刊在统计年度被 CSSCI 来源期刊论文引用的总频次。该指标体现了期刊创刊以来的整体学术影响，但也受到创刊时间长短、载文量多少的影响。表 7-6 给出了 2004—2006 年民族学期刊总被引次数、三年的平均值及归一化值。该指标的归一化值是由其最大的三年平均值（《民族研究》的 237.33）作除数得到，并依次从大到小排序。

表 7-6　　　　　2004—2006 年民族学期刊总被引次数

排序	期刊名称	2004 年（篇次）	2005 年（篇次）	2006 年（篇次）	三年平均（篇次）	归一化值
1	民族研究	197	253	262	237.33	1
2	西南民族大学学报（人文社科版）	118	164	271	184.33	0.7767
3	广西民族大学学报（哲学社会科学版）	96	141	169	135.33	0.5702
4	中南民族大学学报（人文社会科学版）	79	142	157	126.00	0.5309
5	中央民族大学学报（人文社会科学版）	87	130	153	123.33	0.5197
6	世界民族	108	101	123	110.67	0.4663
7	广西民族研究	44	82	150	92.00	0.3876
8	中国藏学	78	61	94	77.67	0.3273
9	贵州民族研究	57	64	102	74.33	0.3132
10	西北民族研究	48	82	91	73.67	0.3104
11	云南民族大学学报（哲学社会科学版）	52	62	101	71.67	0.3020
12	回族研究	49	82	78	69.67	0.2936
13	黑龙江民族丛刊	38	46	69	51.00	0.2149
14	民俗研究	29	41	66	45.33	0.1910
15	西北民族大学学报（哲学社会科学版）	34	45	52	43.67	0.1840
16	民族教育研究	32	36	39	35.67	0.1503

续表

排序	期刊名称	2004年（篇次）	2005年（篇次）	2006年（篇次）	三年平均（篇次）	归一化值
17	青海民族学院学报（社会科学版）	30	24	52	35.33	0.1489
18	中国民族	26	28	45	33.00	0.1390
19	西藏民族学院学报（哲学社会科学版）	27	26	43	32.00	0.1348
20	贵州民族学院学报	20	22	48	30.00	0.1264
21	西北第二民族学院学报	17	24	46	29.00	0.1222
22	青海民族研究（社会科学版）	18	30	34	27.33	0.1152
23	湖北民族学院学报（哲学社会科学版）	16	19	34	23.00	0.0969
24	内蒙古民族大学学报（社会科学版）	10	12	34	18.67	0.0787
25	甘肃民族研究	17	23	14	18.00	0.0758
26	满族研究	9	11	18	12.67	0.0534
27	民族论坛	1	17	16	11.33	0.0477
28	今日民族	6	7	12	8.33	0.0351

由表7-6可知，民族学期刊2004—2006年三年期间平均被引67.37次，其中CSSCI来源期刊平均被引103.56次，非来源期刊平均被引37.98次。从学术影响和被学者关注程度看，民族学来源期刊远高于非来源期刊。但也有个别非来源期刊具有较高的总被引次数，《西南民族大学学报（人文社科版）》以三年平均被引184.33位列所有民族学期刊第2名，这除了与该期刊的学术影响有关以外，更重要的是与该期刊的期刊规模、论文篇数有较大联系。

三年期间，民族学期刊总被引次数除个别年份个别期刊有小幅波动，其余期刊的总被引次数均有不同程度的增加。其中，处于增幅排名之首的是《民族论坛》，该刊三年增幅达15倍；只有一种期刊《甘肃民族研究》出现了负增长。从总体看，民族学期刊在2004—2006年三年期间的总被引次数处于整体上升阶段。

7.2.2 其他期刊引用次数

其他期刊引用次数（简称：他刊引用次数）是指期刊在统计年度被其他期刊引用的总次数。期刊的他刊引用次数可以反映出被引期刊对其他期刊的学术影响力。在总被引次数的指标之外，增加他刊引用次数，也可以削弱目前期刊界存在的个别期刊通过不恰当的自引来提高被引次数而产生的虚假学术影响。

表7-7给出了2004—2006年民族学期刊他刊引用次数、三年的平均值及其归一化值。该指标的归一化值是由其最大的三年平均值（《民族研究》的212.33）作除数得到，并依次从大到小排序。

表 7-7　2004—2006 年民族学期刊他刊引用次数

排序	期刊名称	2004 年（篇次）	2005 年（篇次）	2006 年（篇次）	三年平均（篇次）	归一化值
1	民族研究	173	233	231	212.33	1
2	西南民族大学学报（人文社科版）	118	164	271	184.33	0.8681
3	广西民族大学学报（哲学社会科学版）	78	111	173	120.67	0.5683
4	中央民族大学学报（人文社会科学版）	80	109	107	98.67	0.4647
5	世界民族	91	88	111	96.67	0.4553
6	中南民族大学学报（人文社会科学版）	63	130	83	92.00	0.4333
7	西北民族研究	37	72	79	62.67	0.2951
8	贵州民族研究	46	57	75	59.33	0.2794
9	中国藏学	56	47	73	58.67	0.2763
10	广西民族研究	24	53	86	54.33	0.2559
11	云南民族大学学报（哲学社会科学版）	41	53	64	52.67	0.2480
12	西北民族大学学报（哲学社会科学版）	34	45	52	43.67	0.2057
13	民俗研究	29	41	47	39.00	0.1837
14	回族研究	19	53	40	37.33	0.1758
15	民族教育研究	32	36	39	35.67	0.1680
16	黑龙江民族丛刊	25	29	52	35.33	0.1664
16	青海民族学院学报（社会科学版）	30	24	52	35.33	0.1664
18	中国民族	26	28	45	33.00	0.1554
19	西藏民族学院学报（哲学社会科学版）	27	26	43	32.00	0.1507
20	贵州民族学院学报	20	22	48	30.00	0.1413
21	西北第二民族学院学报	17	24	46	29.00	0.1366
22	青海民族研究（社会科学版）	18	30	34	27.33	0.1287
23	湖北民族学院学报（哲学社会科学版）	16	19	34	23.00	0.1083
24	内蒙古民族大学学报（社会科学版）	10	12	34	18.67	0.0879
25	甘肃民族研究	17	23	14	18.00	0.0848
26	满族研究	9	11	18	12.67	0.0597
27	民族论坛	1	17	16	11.33	0.0534
28	今日民族	6	7	12	8.33	0.0392

表7-7中数据显示了2004—2006年间,民族学期刊的他刊引用次数总体上呈稳步上升的趋势。在总被引次数表中排在前三位的《民族研究》、《西南民族大学学报(人文社科版)》、《广西民族大学学报(哲学社会科学版)》,在此表中依旧位列前3名,体现了这三种期刊深厚的学术影响力。一些自引率较高的期刊名次得到了下降,如《回族研究》从总被引排序的12名下降到14名;《中南民族大学学报(人文社会科学版)》排名由第4降为第6;《广西民族研究》由第7降为第10;《黑龙江民族丛刊》则由第13降为第16。其他也有几种期刊出现了名次的升降变化。

结合表7-6以及表7-7我们可以发现在2004—2006年期间民族学期刊总计被引用5491次,其中,本刊自引805次数,自引率为14.66%,反映了民族学期刊对其他期刊的学术影响和较高的办刊质量。E.加菲尔德曾指出,人文社科类期刊的正常的自引率应在20%以下[①],民族学期刊的整体自引水平处于正常值范围之内。然而,值得注意的是仍有部分期刊自引率超过了正常值范围,自引率最高的几个期刊分别为《回族研究》(46.41%)、《广西民族研究》(40.94%)、《黑龙江民族丛刊》(30.72%)。

7.2.3 本学科论文引用次数

本学科论文引用次数(简称:学科引用次数)是指期刊被本学科论文所引用的总次数。期刊的学科引用次数主要用于考察期刊在本学科的学术影响,体现了该期刊在本学科内的学术影响程度。表7-8给出了2004—2006年民族学期刊学科引用次数、三年的平均值及其归一化值。该指标的归一化值是由其最大的三年平均值(《民族研究》的117.33)作除数得到并依次从大到小排序。

表7-8　　　　　　　　2004—2006年民族学期刊学科引用次数

排序	期刊名称	2004年(篇次)	2005年(篇次)	2006年(篇次)	三年平均(篇次)	归一化值
1	民族研究	80	140	132	117.33	1
2	广西民族大学学报(哲学社会科学版)	42	83	80	68.33	0.5824
3	广西民族研究	33	60	95	62.67	0.5341
4	世界民族	60	47	54	53.67	0.4574
5	中南民族大学学报(人文社会科学版)	25	50	65	46.67	0.3978
6	中央民族大学学报(人文社会科学版)	19	52	66	45.67	0.3892
7	回族研究	41	49	46	45.33	0.3863

---

① 骆柳宁:"《广西民族学院学报(哲社版)》自引分析",《广西民族学院学报(哲学社会科学版)》2003年第9期,第149—152页。

续表

排序	期刊名称	2004年(篇次)	2005年(篇次)	2006年(篇次)	三年平均(篇次)	归一化值
8	贵州民族研究	35	31	58	41.33	0.3523
9	云南民族大学学报（哲学社会科学版）	16	33	54	34.33	0.2926
10	西北民族研究	25	37	39	33.67	0.2870
11	黑龙江民族丛刊	24	36	35	31.67	0.2699
12	西南民族大学学报（人文社科版）	12	40	30	27.33	0.2329
13	中国藏学	29	17	35	27.00	0.2301
14	民俗研究	9	13	32	18.00	0.1534
15	中国民族	11	16	23	16.67	0.1421
16	西北民族大学学报（哲学社会科学版）	8	17	14	13.00	0.1108
17	民族教育研究	11	13	12	12.00	0.1023
17	西藏民族学院学报（哲学社会科学版）	10	11	15	12.00	0.1023
19	贵州民族学院学报（哲学社会科学版）	5	8	15	9.33	0.0795
20	青海民族研究（社会科学版）	6	9	9	8.00	0.0682
21	青海民族学院学报（社会科学版）	6	3	13	7.33	0.0625
22	今日民族	4	6	8	6.00	0.0511
23	湖北民族学院学报（哲学社会科学版）	3	6	7	5.33	0.0454
24	满族研究	2	5	8	5.00	0.0426
25	西北第二民族学院学报（哲学社会科学版）	0	7	5	4.00	0.0341
26	民族论坛	0	7	3	3.33	0.0284
26	甘肃民族研究	5	2	3	3.33	0.0284
28	内蒙古民族大学学报（哲学社会科学版）	0	1	1	0.67	0.0057

从表7-8可以看出，与总被引次数和他刊引用次数相似，2004—2006年民族学期刊的学科引用次数呈现出明显的增长趋势。其中，《满族研究》、《民俗研究》、《中央民族大学学报（人文社会科学版）》、《云南民族大学学报（哲学社会科学版）》增长趋势最为显著，显示出这些期刊对民族学研究领域的学术影响在逐步加大。

结合表7-6以及表7-8，我们可以看到在2004—2006年期间民族学期刊总计被引用5491次，其中，本学科论文（民族学论文）引用2277次，约有41.47%的引用为民族学论文引用，其余为非民族学论文引用，民族学期刊表现出较强的跨学科综合影响力。民族学期刊中对本学科产生的相对影响最为集中的刊物为：《今日民族》（72%的引用为民族学论文引用）、《广西民族研究》（68%的引用为民族学论文引用)、《回族研究》(65%的引用为民族学论文引用);民族学期刊中学科影响相对广泛的期刊为:《内蒙古民族大学学报(哲学社会科学版)》(3.6%的引用为民族学论文引用)、《西北第二民族学院学报(哲学社会科学版)》(13.8%的引用为民族学论文引用)、《西南民族大学学报(人文社科版)》(14.8%的引用为民族学论文引用)。说明民族院校学报的学术影响不仅仅在民族学领域,在人文社会科学其他领域也有着一定的影响。

7.2.4 民族学期刊被引次数综合分析

总被引次数、他刊引用次数、学科引用次数从不同角度揭示了期刊的影响力及受关注程度,我们将三者综合考虑,将归一化值按25%、50%、25%权重进行加权(确定权重的详细解释见本书第1章),从而揭示出期刊被引次数的综合情况。表7-9给出了2004—2006年民族学期刊被引次数各指标的归一化值和综合值。综合值计算方法为:将期刊的总被引次数、他刊引用次数和学科引用次数的归一化值分别乘以相应的权重系数,将这三项乘积求和得到各期刊的被引次数综合值。本表按被引次数综合值排序。

表7-9　　　　　　　　2004—2006年民族学期刊被引次数综合值

排序	期刊名称	总被引次数归一化值	他刊引用次数归一化值	学科引用次数归一化值	被引次数综合值
1	民族研究	1	1	1	1
2	西南民族大学学报(人文社科版)	0.7767	0.8681	0.2329	0.6865
3	广西民族大学学报(哲学社会科学版)	0.5702	0.5683	0.5824	0.5723
4	中央民族大学学报(人文社会科学版)	0.5197	0.4647	0.3892	0.4596
5	世界民族	0.4663	0.4553	0.4574	0.4586
6	中南民族大学学报(人文社会科学版)	0.5309	0.4333	0.3978	0.4488
7	广西民族研究	0.3876	0.2559	0.5341	0.3584
8	贵州民族研究	0.3132	0.2794	0.3523	0.3061
9	西北民族研究	0.3104	0.2951	0.2870	0.2969
10	中国藏学	0.3273	0.2763	0.2301	0.2775
11	云南民族大学学报(哲学社会科学版)	0.3020	0.2480	0.2926	0.2727
12	回族研究	0.2936	0.1758	0.3863	0.2579
13	黑龙江民族丛刊	0.2149	0.1664	0.2699	0.2044
14	民俗研究	0.1910	0.1837	0.1534	0.1780
15	西北民族大学学报(哲学社会科学版)	0.1840	0.2057	0.1108	0.1766

续表

排序	期刊名称	总被引次数归一化值	他刊引用次数归一化值	学科引用次数归一化值	被引次数综合值
16	中国民族	0.1390	0.1554	0.1421	0.1480
17	民族教育研究	0.1503	0.1680	0.1023	0.1472
18	青海民族学院学报（社会科学版）	0.1489	0.1664	0.0625	0.1361
19	西藏民族学院学报（哲学社会科学版）	0.1348	0.1507	0.1023	0.1346
20	贵州民族学院学报	0.1264	0.1413	0.0795	0.1221
21	青海民族研究（社会科学版）	0.1152	0.1287	0.0682	0.1102
22	西北第二民族学院学报	0.1222	0.1366	0.0341	0.1074
23	湖北民族学院学报（哲学社会科学版）	0.0969	0.1083	0.0454	0.0897
24	甘肃民族研究	0.0758	0.0848	0.0284	0.0685
25	内蒙古民族大学学报（社会科学版）	0.0787	0.0879	0.0057	0.0651
26	满族研究	0.0534	0.0597	0.0426	0.0539
27	民族论坛	0.0477	0.0534	0.0284	0.0457
28	今日民族	0.0351	0.0392	0.0511	0.0412

由表 7-9 可以看出，民族学期刊被引次数的综合值有三个较为清晰的层次：《民族研究》综合值为 1，遥遥领先于其他期刊，显示了该期刊很强的学术影响力，位于第一层次。0.7—0.25 之间的期刊可归属于第二层次，即《西南民族大学学报（人文社科版）》、《广西民族大学学报（哲学社会科学版）》等 11 种期刊位于此层次。特别要指出的是，《西南民族大学学报（人文社科版）》以非来源期刊的身份位居第 2 名，表现尤为引人瞩目，虽然这和该刊的期刊规模大、论文篇数多，影响面宽有着较大关系，但同时也与该刊近几年的努力是分不开的，当该刊 2008 年进入了 CSSCI 来源期刊时也就不足为奇了；余下期刊均在 0.25 以下，位于第三层次。

7.3 民族学期刊被引速率分析

被引速率是指期刊统计当年和前一年发文在当年的被引量与当年和前一年发文总量的比值。它是针对人文社科的学科特点在即年指数的基础上优化而来（详见第 1 章），此项指标可测量期刊论文被利用的速度和期刊对学科发展过程中新的科学问题的快速反应程度。被引速率可分为总被引速率、他刊引用速率和学科引用速率三项分指标。

7.3.1 总被引速率

期刊的总被引速率是指该刊当年论文和前一年论文在当年总被引量与该刊当年和前一年总发文量的比值。表7-10给出了2004—2006年民族学期刊总被引速率、三年的平均值及其归一化值。表中数据按归一化值从大到小排序。

表7-10　　　　　　　　2004—2006年民族学期刊总被引速率

排序	期刊名称	2004年	2005年	2006年	三年平均	归一化值
1	民族研究	0.1954	0.2216	0.2312	0.2161	1
2	世界民族	0.1016	0.0703	0.1111	0.0943	0.4364
3	中国藏学	0.1062	0.0493	0.0791	0.0782	0.3619
4	回族研究	0.0240	0.0429	0.1281	0.0650	0.3008
5	广西民族大学学报（哲学社会科学版）	0.0437	0.0830	0.0561	0.0609	0.2818
6	广西民族研究	0.0357	0.0670	0.0705	0.0577	0.2670
7	中央民族大学学报（人文社会科学版）	0.0428	0.0515	0.0772	0.0572	0.2647
8	西北民族研究	0.0430	0.0657	0.0612	0.0566	0.2619
9	中南民族大学学报（人文社会科学版）	0.0396	0.0538	0.0595	0.0510	0.2360
10	黑龙江民族丛刊	0.0237	0.0257	0.0702	0.0399	0.1846
11	民俗研究	0.0349	0.0357	0.0337	0.0348	0.1610
12	西北第二民族学院学报	0.0316	0.0288	0.0370	0.0325	0.1504
13	贵州民族研究	0.0261	0.0224	0.0430	0.0305	0.1411
14	云南民族大学学报（哲学社会科学版）	0.0189	0.0315	0.0339	0.0281	0.1300
15	青海民族研究（社会科学版）	0.0275	0.0269	0.0289	0.0278	0.1286
16	西南民族大学学报（人文社科版）	0.0153	0.0207	0.0373	0.0244	0.1129
17	民族教育研究	0.0207	0.0300	0.0174	0.0227	0.1050
18	青海民族学院学报（社会科学版）	0.0275	0.0107	0.0252	0.0211	0.0976
19	西北民族大学学报（哲学社会科学版）	0.0028	0.0194	0.0251	0.0158	0.0731
20	内蒙古民族大学学报（社会科学版）	0.0110	0.0055	0.0301	0.0155	0.0717
21	西藏民族学院学报（哲学社会科学版）	0.0221	0.0033	0.0134	0.0129	0.0597
22	湖北民族学院学报（哲学社会科学版）	0.0117	0.0126	0.0113	0.0119	0.0551
23	今日民族	0.0065	0.0095	0.0071	0.0077	0.0356
24	中国民族	0.0078	0.0095	0.0021	0.0065	0.0301
25	贵州民族学院学报	0.0020	0.0020	0.0140	0.0060	0.0278
26	民族论坛	0	0.0018	0.0060	0.0026	0.0120
27	满族研究	0	0.0072	0	0.0024	0.0111
28	甘肃民族研究	0	0	0	0	0

由表 7-10 可知，民族学期刊的总被引速率水平偏低。2004—2006 年间的平均值仅为 0.0386，这就意味着在民族学期刊当年和前一年发表的论文中只有不到 4% 的比例为当年论文引用，说明民族学期刊在追踪学术前沿、把握学科热点上还有待加强。

从年度变化来看，虽然有部分期刊有涨有落，但从整体来看，增长趋势明显：2004 年度总被引速率平均值仅为 0.0329，到 2005 年跃升到 0.0360，2006 年度则达到 0.0468，共上涨了 42 个百分点。其中，涨势最为明显的是《西北民族大学学报（哲学社会科学版）》，该刊在三年间增长了近 8 倍；《贵州民族学院学报》、《回族研究》也分别上涨了 6 倍和 4.34 倍；增加 1 倍以上的期刊还有 3 种，即《黑龙江民族丛刊》、《内蒙古大学学报（社会科学版）》和《西南民族大学学报（人文社科版）》。相比较而言，部分期刊的总被引速率则呈现出明显的下降趋势，分别为：《中国民族》、《西藏民族学院学报（哲学社会科学版）》、《中国藏学》、《民族教育研究》等，希望能够引起这些期刊的重视。

7.3.2 其他期刊引用速率

其他期刊引用速率（简称：他刊引用速率）是指期刊统计当年和前一年论文在当年被其他期刊引用的次数与该刊当年和前一年发表的论文总数的比值。他刊引用速率与他刊引用次数的作用相同，一方面可以抵消用不恰当的人为自引提高引用速率而产生的虚假学术影响，另外一方面可以从一个侧面反映期刊对其他期刊的学术影响速度，为统计的客观性和公正性提供了条件。

表 7-11 给出了 2004—2006 年民族学期刊他刊引用速率、三年的平均值及其归一化值。该指标的归一化值是由其最大的三年平均值（《民族研究》的 0.1759）作除数得到并依次从大到小排序。

表 7-11　　2004—2006 年民族学期刊他刊引用速率

排序	期刊名称	2004 年	2005 年	2006 年	三年平均	归一化值
1	民族研究	0.1609	0.1761	0.1908	0.1759	1
2	世界民族	0.0781	0.0469	0.0815	0.0688	0.3911
3	中国藏学	0.0796	0.0211	0.0678	0.0562	0.3195
4	中央民族大学学报（人文社会科学版）	0.0306	0.0515	0.0707	0.0509	0.2894
5	西北民族研究	0.0430	0.0455	0.0510	0.0465	0.2644
6	广西民族大学学报（哲学社会科学版）	0.0322	0.0611	0.0459	0.0464	0.2638
7	回族研究	0.0144	0.0238	0.0887	0.0423	0.2405
8	广西民族研究	0.0238	0.0478	0.0456	0.0391	0.2223

续表

排序	期刊名称	2004年	2005年	2006年	三年平均	归一化值
9	中南民族大学学报（人文社会科学版）	0.0324	0.0315	0.0476	0.0372	0.2115
10	西北第二民族学院学报	0.0316	0.0288	0.0370	0.0325	0.1848
11	青海民族研究（社会科学版）	0.0275	0.0269	0.0289	0.0278	0.1580
12	民俗研究	0.0349	0.0357	0.0056	0.0254	0.1444
13	黑龙江民族丛刊	0.0148	0.0143	0.0468	0.0253	0.1438
14	西南民族大学学报（人文社科版）	0.0153	0.0207	0.0373	0.0244	0.1387
15	民族教育研究	0.0207	0.0300	0.0174	0.0227	0.1291
16	青海民族学院学报（社会科学版）	0.0275	0.0107	0.0252	0.0211	0.1200
17	贵州民族研究	0.0149	0.0160	0.0296	0.0202	0.1148
18	西北民族大学学报（哲学社会科学版）	0.0028	0.0194	0.0251	0.0158	0.0898
19	内蒙古民族大学学报（社会科学版）	0.0110	0.0055	0.0301	0.0155	0.0881
20	西藏民族学院学报（哲学社会科学版）	0.0221	0.0033	0.0134	0.0129	0.0733
21	云南民族大学学报（哲学社会科学版）	0.0024	0.0180	0.0181	0.0128	0.0728
22	湖北民族学院学报（哲学社会科学版）	0.0117	0.0126	0.0113	0.0119	0.0677
23	今日民族	0.0065	0.0095	0.0071	0.0077	0.0438
24	中国民族	0.0078	0.0095	0.0021	0.0065	0.0370
25	贵州民族学院学报	0.0020	0.0020	0.0140	0.0060	0.0341
26	民族论坛	0	0.0018	0.0060	0.0026	0.0148
27	满族研究	0	0.0072	0	0.0024	0.0136
28	甘肃民族研究	0	0	0	0	0

由表7-11可知，民族学期刊在他刊引用速率的三年平均值上与总被引速率相比略低，2004年至2006年三年间的平均值只有0.0306，这就意味着民族学期刊当年和前一年发表的论文中仅有3.06%的比例在当年为其他期刊的论文所引用。

民族学期刊他刊引用速率的三年平均值与总被引速率增长趋势基本相似，虽然有部分期刊有涨有落，但从整体来看，增长趋势明显：2004年度总体他刊引用速率平均值仅为0.0267，到2005年跃升到0.0278，2006年度则达到0.0373，共上涨了39.56个百分点。由于非来源期刊的总被引速率和他刊引用速率相同，则不再讨论其增长情况。来源期刊中增幅较大的期刊有：《云南民族大学学报（哲学社会科学版）》（增长7.54倍）、《回族研究》（增长5.16倍）、《黑龙江民族丛刊》（增长2.16倍）。三年间他引速率呈下降的来源期刊有：《民俗研究》、《中国藏学》。

7.3.3 本学科论文引用速率

本学科论文引用速率（简称：学科引用速率）是指该刊统计当年和前一年论文在当年被本学科论文引用的次数与该刊当年和前一年发表的论文总数的比值。学科引用速率反映了期刊在本学科内对学术前沿及热点问题的反应速度。表7‑12给出了2004—2006年民族学期刊年度学科引用速率、三年的平均值及其归一化值。

表7‑12　　　　　　2004—2006年民族学期刊学科引用速率

排序	期刊名称	2004年	2005年	2006年	三年平均	归一化值
1	民族研究	0.0747	0.1307	0.1098	0.1051	1
2	世界民族	0.0625	0.0313	0.0444	0.0461	0.4386
3	广西民族研究	0.0298	0.0383	0.0415	0.0365	0.3473
4	西北民族研究	0.0215	0.0505	0.0153	0.0291	0.2769
5	广西民族大学学报（哲学社会科学版）	0.0161	0.0480	0.0204	0.0282	0.2683
6	中国藏学	0.0265	0.0282	0.0282	0.0276	0.2626
7	回族研究	0.0144	0.0190	0.0394	0.0243	0.2312
8	黑龙江民族丛刊	0.0178	0.0171	0.0334	0.0228	0.2169
9	中南民族大学学报（人文社会科学版）	0.0072	0.0315	0.0198	0.0195	0.1855
10	贵州民族研究	0.0224	0.0096	0.0215	0.0178	0.1694
11	云南民族大学学报（哲学社会科学版）	0.0047	0.0247	0.0204	0.0166	0.1579
12	民族教育研究	0.0124	0.0258	0.0087	0.0156	0.1484
13	民俗研究	0.0058	0.0119	0.0281	0.0153	0.1456
14	中央民族大学学报（人文社会科学版）	0	0.0212	0.0193	0.0135	0.1284
15	西北第二民族学院学报（哲学社会科学版）	0	0.0096	0.0093	0.0063	0.0599
16	今日民族	0.0065	0.0071	0.0024	0.0053	0.0504
17	青海民族研究（社会科学版）	0.0039	0.0038	0.0072	0.0050	0.0476
18	中国民族	0.0026	0.0064	0.0021	0.0037	0.0352
19	西南民族大学学报（人文社科版）	0.0004	0.0050	0.0036	0.0030	0.0285
20	湖北民族学院学报（哲学社会科学版）	0	0.0051	0.0023	0.0025	0.0238
21	满族研究	0	0.0072	0	0.0024	0.0228
22	青海民族学院学报（社会科学版）	0	0	0.0063	0.0021	0.0200
23	西北民族大学学报（哲学社会科学版）	0	0	0.0056	0.0019	0.0181
24	贵州民族学院学报（哲学社会科学版）	0	0	0.0053	0.0018	0.0171

续表

排序	期刊名称	2004年	2005年	2006年	三年平均	归一化值
25	西藏民族学院学报（哲学社会科学版）	0	0	0.0034	0.0011	0.0105
26	民族论坛	0	0	0	0	0
26	内蒙古民族大学学报（哲学社会科学版）	0	0	0	0	0
26	甘肃民族研究	0	0	0	0	0

由表7-12可知，民族学期刊学科引用速率值处于比较低的水平。2004—2006年间的平均值只为0.0162，这就意味着民族学期刊在统计当年和前一年发表的论文中仅有1.62%的比例在统计当年被本学科的论文所引用。

从年度变化看，2004—2006年民族学期刊的学科引用速率变化较不稳定，各种刊物均有不同程度的增减。排在末尾的《民族论坛》、《内蒙古民族大学学报（哲学社会科学版）》、《甘肃民族研究》2004—2006期间在统计当年和前一年发表的论文中无一篇论文在统计当年为本学科的论文所引用。

7.3.4 民族学期刊被引速率综合分析

总被引速率、他刊引用速率、学科引用速率从不同角度揭示了期刊对学科热点的跟踪能力、对学术前沿的反应能力以及期刊的影响力与受重视程度。欲获得各期刊的被引速率综合值，需将被引速率的三项分指标进行权重分配：他刊引用速率50%，总被引速率25%，学科引用速率25%。

表7-13给出了2004—2006年民族学期刊被引速率各指标的归一化值和综合值。综合值计算方法为：按照权重分配，将每一种期刊的总被引速率、他刊引用速率和学科引用速率的归一化值分别乘以相应的权重系数，并将这三项乘积求和得到各期刊的被引速率综合值。本表按被引速率综合值从大到小排列。

表7-13 2004—2006年民族学期刊被引速率综合值

排序	期刊名称	总被引速率归一化值	他刊引用速率归一化值	学科引用速率归一化值	综合值
1	民族研究	1	1	1	1
2	世界民族	0.4364	0.3911	0.4386	0.4143
3	中国藏学	0.3619	0.3195	0.2626	0.3159
4	广西民族大学学报（哲学社会科学版）	0.2818	0.2638	0.2683	0.2694
5	西北民族研究	0.2619	0.2644	0.2769	0.2669
6	广西民族研究	0.2670	0.2223	0.3473	0.2647

续表

排序	期刊名称	总被引速率归一化值	他刊引用速率归一化值	学科引用速率归一化值	综合值
7	回族研究	0.3008	0.2405	0.2312	0.2533
8	中央民族大学学报（人文社会科学版）	0.2647	0.2894	0.1284	0.2430
9	中南民族大学学报（人文社会科学版）	0.2360	0.2115	0.1855	0.2111
10	黑龙江民族丛刊	0.1846	0.1438	0.2169	0.1723
11	民俗研究	0.161	0.1444	0.1456	0.1489
12	西北第二民族学院学报	0.1504	0.1848	0.0599	0.1450
13	贵州民族研究	0.1411	0.1148	0.1694	0.1350
14	民族教育研究	0.1050	0.1291	0.1484	0.1279
15	青海民族研究（社会科学版）	0.1286	0.158	0.0476	0.1231
16	云南民族大学学报（哲学社会科学版）	0.1300	0.0728	0.1579	0.1084
17	西南民族大学学报（人文社科版）	0.1129	0.1387	0.0285	0.1047
18	青海民族学院学报（社会科学版）	0.0976	0.1200	0.0200	0.0894
19	西北民族大学学报（哲学社会科学版）	0.0731	0.0898	0.0181	0.0677
20	内蒙古民族大学学报（社会科学版）	0.0717	0.0881	0	0.0620
21	西藏民族学院学报（哲学社会科学版）	0.0597	0.0733	0.0105	0.0542
22	湖北民族学院学报（哲学社会科学版）	0.0551	0.0677	0.0238	0.0536
23	今日民族	0.0356	0.0438	0.0504	0.0434
24	中国民族	0.0301	0.0370	0.0352	0.0348
25	贵州民族学院学报	0.0278	0.0341	0.0171	0.0283
26	满族研究	0.0111	0.0136	0.0228	0.0153
27	民族论坛	0.0120	0.0148	0	0.0104
28	甘肃民族研究	0	0	0	0

从表7-13中的被引速率综合值可以看出，期刊间的差距很大。根据各期刊的综合值可以把民族学期刊按被引速率划分为四个层次：《民族研究》以被引速率各项值均为1而傲视群刊，当之无愧位居第一层次；综合值位于0.7—0.2之间的期刊可划为第二层次，即《世界民族》、《中国藏学》等8种期刊属于这一层次；综合值位于0.2—0.1的8种期刊可归属于第三层次；其余期刊为第四层次，综合值在0.1以下。

值得一提的是，《民族研究》不论是总被引速率还是他刊引用速率、学科引用速率归一化值均为1，表明该刊在民族学研究领域内具有着重要的、不可动摇的学术地位，在对科研热点的跟踪能力以及受重视程度各方面均遥遥领先于其他期刊，不愧为民族学期刊的排头兵。而《甘肃民族研究》则不论是总被引速率还是他刊引用速率、学科引用速率归一化值均为0，急需加强对学科热点的跟踪，提升自身的被引速率。

7.4 民族学期刊影响因子分析

影响因子反映了期刊论文获得的单位被引率，体现的是期刊的相对影响，它与该期刊的学术影响力成正比。一般情况下，影响因子越大，可以认为该期刊在科学发展和交流过程中起的作用和相对学术影响也越大。本体系将影响因子细分为三个下级指标：一般影响因子、他引影响因子和学科影响因子。

7.4.1 一般影响因子

本书定义的一般影响因子指期刊在统计当年的前第2、3年发表论文在统计当年被引用的总次数与该刊前第2、3年发表论文总数之比。它体现了期刊在整个科学研究领域里的相对影响度。表7-14给出了2004—2006年民族学期刊一般影响因子的年度数据、三年的平均值及其归一化值。并按归一化值从大到小排序。

表7-14　　　　　　　　　2004—2006年民族学期刊一般影响因子

排序	期刊名称	2004年	2005年	2006年	三年平均	归一化值
1	民族研究	0.3443	0.2905	0.2644	0.2997	1
2	世界民族	0.1769	0.0859	0.2109	0.1579	0.5269
3	中国藏学	0.1382	0.0877	0.1858	0.1372	0.4578
4	广西民族研究	0.0686	0.1412	0.1726	0.1275	0.4254
5	广西民族大学学报（哲学社会科学版）	0.0865	0.1032	0.1678	0.1192	0.3977
6	回族研究	0.1029	0.1275	0.1202	0.1169	0.3901
7	中南民族大学学报（人文社会科学版）	0.0624	0.0799	0.0955	0.0793	0.2646
8	中央民族大学学报（人文社会科学版）	0.0336	0.0805	0.1162	0.0768	0.2563
9	西北民族研究	0.0390	0.0704	0.1183	0.0759	0.2533
10	西北第二民族学院学报	0.0398	0.0565	0.1053	0.0672	0.2242
11	贵州民族研究	0.0504	0.0349	0.0970	0.0608	0.2029
12	民族教育研究	0.0578	0.0718	0.0455	0.0584	0.1949
13	云南民族大学学报（哲学社会科学版）	0.0350	0.0240	0.0920	0.0503	0.1678
14	民俗研究	0.0221	0.0490	0.0640	0.0450	0.1502
15	黑龙江民族丛刊	0.0354	0.0366	0.0621	0.0447	0.1491

续表

排序	期刊名称	2004 年	2005 年	2006 年	三年平均	归一化值
16	西北民族大学学报（哲学社会科学版）	0.0253	0.0360	0.0499	0.0371	0.1238
17	西南民族大学学报（人文社科版）	0.0353	0.0294	0.0418	0.0355	0.1185
18	青海民族研究（社会科学版）	0.0199	0.0383	0.0275	0.0286	0.0954
19	青海民族学院学报（社会科学版）	0.0151	0.0261	0.0431	0.0281	0.0938
20	贵州民族学院学报	0.0223	0.0175	0.0381	0.0260	0.0868
21	满族研究	0.0201	0.0288	0.0157	0.0215	0.0717
22	湖北民族学院学报（哲学社会科学版）	0.0274	0.0118	0.0235	0.0209	0.0697
23	内蒙古民族大学学报（社会科学版）	0	0.0092	0.0302	0.0131	0.0437
24	西藏民族学院学报（哲学社会科学版）	0	0.0144	0.0185	0.0110	0.0367
25	中国民族	0.0084	0.0096	0.0104	0.0095	0.0317
25	甘肃民族研究	0.0159	0.0063	0.0062	0.0095	0.0317
27	民族论坛	0.0019	0.0074	0.0052	0.0048	0.0160
28	今日民族	0.0023	0.0040	0.0043	0.0035	0.0117

从表 7-14 可以看出民族学的一般影响因子总体水平偏低，平均影响因子为 0.0631，其中影响因子低于 0.1 的期刊达到了 22 种，占民族学期刊的 78.57%。排在榜首的《民族研究》，在 2004—2006 年中，一般影响因子高于其他期刊数倍甚至数十倍，体现了该刊在民族学研究领域里的核心地位。

比较 CSSCI 来源期刊与非来源期刊，民族学非 CSSCI 来源期刊的 15 种期刊其一般影响因子仅为 0.0273，远低于来源期刊的 0.1122，这从一个侧面反映了 CSSCI 来源刊在学术质量和学术影响力与非来源期刊相比有着明显的优势。

7.4.2 他引影响因子

他引影响因子是排除期刊自引后的影响因子，反映了一种期刊对其他期刊产生的学术影响。由于期刊的大量自引（尤其是自引中的虚假引用）会影响人们对期刊的客观评价，因此统计他引影响因子就显得尤为重要。表 7-15 给出了 2004—2006 年民族学期刊他引影响因子的年度数据、三年的平均值及其归一化值。并按归一化值从大到小排序。

表 7-15　　　　　　　2004—2006 年民族学期刊的他引影响因子

排序	期刊名称	2004 年	2005 年	2006 年	三年平均	归一化值
1	民族研究	0.2896	0.2626	0.2356	0.2626	1
2	世界民族	0.1462	0.0781	0.1875	0.1373	0.5228
3	广西民族大学学报（哲学社会科学版）	0.0703	0.0811	0.1655	0.1056	0.4021
4	中国藏学	0.1057	0.0614	0.1239	0.0970	0.3694
5	广西民族研究	0.0343	0.0824	0.1131	0.0766	0.2917
6	西北第二民族学院学报	0.0398	0.0565	0.1053	0.0672	0.2559
7	中央民族大学学报（人文社会科学版）	0.0306	0.0650	0.1040	0.0665	0.2532
8	西北民族研究	0.0244	0.0603	0.0968	0.0605	0.2304
9	民族教育研究	0.0578	0.0718	0.0455	0.0584	0.2224
10	中南民族大学学报（人文社会科学版）	0.0462	0.0533	0.0721	0.0572	0.2178
11	回族研究	0.0196	0.0686	0.0529	0.0470	0.1790
12	贵州民族研究	0.0294	0.0310	0.0784	0.0463	0.1763
13	云南民族大学学报（哲学社会科学版）	0.0309	0.0203	0.0684	0.0399	0.1519
14	西北民族大学学报（哲学社会科学版）	0.0253	0.0360	0.0499	0.0371	0.1413
15	西南民族大学学报（人文社科版）	0.0353	0.0294	0.0418	0.0355	0.1352
16	民俗研究	0.0221	0.0490	0.0233	0.0315	0.1200
17	黑龙江民族丛刊	0.0265	0.0256	0.0414	0.0312	0.1188
18	青海民族研究（社会科学版）	0.0199	0.0383	0.0275	0.0286	0.1089
19	青海民族学院学报（社会科学版）	0.0151	0.0261	0.0431	0.0281	0.1070
20	贵州民族学院学报	0.0223	0.0175	0.0381	0.0260	0.0990
21	满族研究	0.0201	0.0288	0.0157	0.0215	0.0819
22	湖北民族学院学报（哲学社会科学版）	0.0274	0.0118	0.0235	0.0209	0.0796
23	内蒙古民族大学学报（社会科学版）	0	0.0092	0.0302	0.0131	0.0499
24	西藏民族学院学报（哲学社会科学版）	0	0.0144	0.0185	0.0110	0.0419
25	中国民族	0.0084	0.0096	0.0104	0.0095	0.0362
25	甘肃民族研究	0.0159	0.0063	0.0062	0.0095	0.0362
27	民族论坛	0.0019	0.0074	0.0052	0.0048	0.0183
28	今日民族	0.0023	0.0040	0.0043	0.0035	0.0133

从表 7-15 可以看出，民族学期刊的他引影响因子总体水平较低，2004—2006 年三年的平均值仅为 0.0515；从年度变化看，民族学他引影响因子增长趋势明显，

2004年、2005年、2006年的总体平均水平分别为0.0417、0.0476、0.0653，年增长率分别为14.26%和37.07%。表明民族学对其他期刊的学术影响逐年增大。

排除了期刊自引产生的影响之后，多数CSSCI民族学来源期刊他引影响因子的排序与一般影响因子的排序发生了变化。只有排名前两位的《民族研究》、《世界民族》名次没有发生变化，《广西民族大学学报（哲学社会科学版）》、《中央民族大学学报（人文社会科学版）》和《西北民族研究》分别提高了2、1、1个名次，其他7种来源期刊分别下降了1—5个名次。其中，名次下降最多的是《回族研究》，下降了5位；《中南民族大学学报（人文社会科学版）》下降了3个名次；《黑龙江民族丛刊》下降了2个名次。说明了他引影响因子对期刊评价标准有着举足轻重的影响和作用。

7.4.3 学科影响因子

所谓学科影响因子，是指期刊被本学科论文引用产生的影响因子。它体现的是该期刊对本学科研究领域的学术影响。表7-16给出了2004—2006年民族学期刊学科影响因子的年度数据、三年的平均值及其归一化值。该指标的归一化值是由其最大的三年平均值（《民族研究》的0.1454）作除数得到并依次从大到小排序。

表7-16　　　　　　　　　2004—2006年民族学期刊学科影响因子

排序	期刊名称	2004年	2005年	2006年	三年平均	归一化值
1	民族研究	0.1475	0.1564	0.1322	0.1454	1
2	回族研究	0.1029	0.0980	0.0865	0.0958	0.6589
3	广西民族研究	0.0514	0.1235	0.1012	0.0920	0.6327
4	世界民族	0.0923	0.0234	0.1016	0.0724	0.4979
5	广西民族大学学报（哲学社会科学版）	0.0324	0.0565	0.0690	0.0526	0.3618
6	中国藏学	0.0407	0.0263	0.0796	0.0489	0.3363
7	贵州民族研究	0.0378	0.0116	0.0560	0.0351	0.2414
8	西北民族研究	0.0244	0.0352	0.0430	0.0342	0.2352
9	黑龙江民族丛刊	0.0310	0.0293	0.0385	0.0329	0.2263
10	中南民族大学学报（人文社会科学版）	0.0254	0.0266	0.0378	0.0299	0.2056
11	中央民族大学学报（人文社会科学版）	0	0.0402	0.0489	0.0297	0.2043
12	民俗研究	0.0110	0.0122	0.0465	0.0232	0.1596
13	云南民族大学学报（哲学社会科学版）	0.0123	0.0129	0.0401	0.0218	0.1499
14	民族教育研究	0	0.0239	0.0207	0.0149	0.1025
15	西北民族大学学报（哲学社会科学版）	0.0084	0.0180	0.0139	0.0134	0.0922
16	满族研究	0.0067	0.0216	0.0079	0.0121	0.0832

续表

排序	期刊名称	2004年	2005年	2006年	三年平均	归一化值
17	青海民族研究（社会科学版）	0.0120	0.0153	0.0039	0.0104	0.0715
18	西北第二民族学院学报（哲学社会科学版）	0	0.0226	0.0053	0.0093	0.0640
19	湖北民族学院学报（哲学社会科学版）	0.0068	0.0059	0.0088	0.0072	0.0495
20	中国民族	0.0036	0.0072	0.0065	0.0058	0.0399
21	青海民族学院学报（社会科学版）	0	0.0075	0.0078	0.0051	0.0351
22	贵州民族学院学报（哲学社会科学版）	0.0028	0.0022	0.0100	0.0050	0.0344
23	西南民族大学学报（人文社科版）	0.0007	0.0076	0.0017	0.0033	0.0227
24	西藏民族学院学报（哲学社会科学版）	0	0.0048	0.0037	0.0028	0.0193
24	今日民族	0.0023	0.0040	0.0022	0.0028	0.0193
26	甘肃民族研究	0.0079	0	0	0.0026	0.0179
27	民族论坛	0	0.0025	0.0013	0.0013	0.0089
28	内蒙古民族大学学报（哲学社会科学版）	0	0	0	0	0

从表7-16可以看出，民族学期刊的学科影响因子与一般影响因子相比水平更低，2004—2006年间的平均值仅为0.0289，仅占一般影响因子的45.84%。可见民族学期刊对其他学科也产生着一定学术影响。

一些在民族学期刊一般影响因子统计表中排名靠前的期刊，由于其所刊载的论文与本学科研究联系松散，在此表中排名下滑。例如在一般影响因子排名位居第3的《中国藏学》，在此表中排在第6位。另外，在一般影响因子统计表中排名较靠后的《黑龙江民族丛刊》，在此表中则跃升至第9位，表现出该期刊在学科内的潜在优势。

7.4.4 民族学期刊影响因子综合分析

一般影响因子、他引影响因子、学科影响因子的指标从不同角度揭示了期刊的相对影响，将它们综合考虑就可以得到相应的综合值。参照第1章的权重分配，对上述三个下级指标分别赋予25%、50%、25%权重进行计算，从而得到每一期刊的影响因子综合值。表7-17给出了2004—2006年民族学期刊影响因子各指标的归一化值和综合值。本表按影响因子综合值从大到小排序。

表 7-17　　2004—2006 年民族学期刊影响因子综合值

排序	期刊名称	一般影响因子归一化值	他引影响因子归一化值	学科影响因子归一化值	综合值
1	民族研究	1	1	1	1
2	世界民族	0.5269	0.5228	0.4979	0.5176
3	广西民族研究	0.4254	0.2917	0.6327	0.4104
4	广西民族大学学报（哲学社会科学版）	0.3977	0.4021	0.3618	0.3909
5	中国藏学	0.4578	0.3694	0.3363	0.3832
6	回族研究	0.3901	0.1790	0.6589	0.3518
7	中央民族大学学报（人文社会科学版）	0.2563	0.2532	0.2043	0.2418
8	西北民族研究	0.2533	0.2304	0.2352	0.2373
9	中南民族大学学报（人文社会科学版）	0.2646	0.2178	0.2056	0.2265
10	西北第二民族学院学报	0.2242	0.2559	0.0640	0.2000
11	贵州民族研究	0.2029	0.1763	0.2414	0.1992
12	民族教育研究	0.1949	0.2224	0.1025	0.1856
13	云南民族大学学报（哲学社会科学版）	0.1678	0.1519	0.1499	0.1554
14	黑龙江民族丛刊	0.1491	0.1188	0.2263	0.1533
15	民俗研究	0.1502	0.1200	0.1596	0.1375
16	西北民族大学学报（哲学社会科学版）	0.1238	0.1413	0.0922	0.1247
17	西南民族大学学报（人文社科版）	0.1185	0.1352	0.0227	0.1029
18	青海民族研究（社会科学版）	0.0954	0.1089	0.0715	0.0962
19	青海民族学院学报（社会科学版）	0.0938	0.1070	0.0351	0.0857
20	贵州民族学院学报	0.0868	0.0990	0.0344	0.0798
21	满族研究	0.0717	0.0819	0.0832	0.0797
22	湖北民族学院学报（哲学社会科学版）	0.0697	0.0796	0.0495	0.0696
23	中国民族	0.0317	0.0362	0.0399	0.0360
24	内蒙古民族大学学报（社会科学版）	0.0437	0.0499	0	0.0359
25	西藏民族学院学报（哲学社会科学版）	0.0367	0.0419	0.0193	0.0350
26	甘肃民族研究	0.0317	0.0362	0.0179	0.0305
27	民族论坛	0.0160	0.0183	0.0089	0.0154
28	今日民族	0.0117	0.0133	0.0193	0.0144

通过对表 7-17 中影响因子综合值的分析，民族学期刊可以分为四个层次：《民族研究》以各项影响因子归一化值均为 1 的明显优势遥遥领先于其他期刊，说明该

刊在民族学的学科发展和学术影响方面发挥着重要作用，作为民族学第一层次期刊名副其实；《世界民族》、《广西民族研究》、《广西民族大学学报（哲学社会科学版）》等综合值位于 0.7—0.2 的 9 种期刊为第二层次；综合值位于 0.2—0.1 区间的 7 种期刊被归入第三层次；其余 11 种期刊为第四层次，其综合值都在 0.1 以下。

7.5 民族学期刊被引广度分析

期刊被引广度是指按年度统计引用该期刊论文的期刊种数。一般说来，引用某一期刊的期刊数量越多，该期刊的影响度就越大，它反映了期刊对其他期刊的影响覆盖面。考虑到期刊被某个刊物引用次数的不同，对其产生的影响程度也不相同，本章中的被引广度在传统被引广度的基础上进行了修正，具体算法详见本书第 1 章。

表 7-18 给出了 2004—2006 年民族学期刊被引广度的年度值、三年平均值以及归一化值，并按归一化值从大到小排序。

表 7-18　　　　　　　　　　2004—2006 年民族学期刊被引广度

排序	期刊名称	2004 年	2005 年	2006 年	三年平均	归一化值
1	中南民族大学学报（人文社会科学版）	49.2	28.2	20.0	32.47	1
2	西南民族大学学报（人文社科版）	27.6	32.8	32.8	31.07	0.9569
3	民族研究	30.6	28.6	32.8	30.67	0.9446
4	广西民族大学学报（哲学社会科学版）	15.8	16.6	22.8	18.40	0.5667
5	广西民族研究	5.6	16.4	17.0	13.00	0.4004
6	西北民族研究	8.2	15.0	15.2	12.80	0.3942
7	世界民族	10.0	12.8	15.4	12.73	0.3921
8	云南民族大学学报（哲学社会科学版）	11.0	11.4	14.4	12.27	0.3779
9	贵州民族研究	10.0	10.6	15.4	12.00	0.3696
10	中央民族大学学报（人文社会科学版）	6.8	5.2	21.0	11.00	0.3388
11	中国藏学	8.2	8.6	10.8	9.20	0.2833
12	西北民族大学学报（哲学社会科学版）	6.4	7.6	10.4	8.13	0.2504
13	民俗研究	5.8	7.6	10.4	7.93	0.2442
14	黑龙江民族丛刊	6.0	6.0	10.8	7.60	0.2341
15	民族教育研究	6.2	6.4	7.4	6.67	0.2054
16	回族研究	4.8	8.4	6.2	6.47	0.1993
17	中国民族	5.2	5.6	8.6	6.47	0.1993

续表

排序	期刊名称	2004年	2005年	2006年	三年平均	归一化值
18	湖北民族学院学报（哲学社会科学版）	7.6	3.6	6.2	5.80	0.1786
19	贵州民族学院学报	4.0	4.2	9.0	5.73	0.1765
20	西北第二民族学院学报	3.4	4.8	8.0	5.40	0.1663
21	青海民族研究（社会科学版）	3.6	5.8	6.6	5.33	0.1642
22	青海民族学院学报（社会科学版）	0.4	4.6	9.8	4.93	0.1518
23	西藏民族学院学报（哲学社会科学版）	2.6	5.2	5.8	4.53	0.1395
24	内蒙古民族大学学报（社会科学版）	2.0	2.4	5.6	3.33	0.1026
25	甘肃民族研究	3.4	3.2	2.4	3.00	0.0924
26	满族研究	1.8	2.2	3.6	2.53	0.0779
27	民族论坛	0.2	3.4	3.2	2.27	0.0699
28	今日民族	1.2	1.4	2.4	1.67	0.0514

根据表7-18可以看出，民族学期刊间的被引广度差距很大，最大的广度超过了30，而最小的仅有1.7。这种差距使之呈现出清晰的层次，因此，我们可以从被引广度的角度将民族学期刊划分成三个层次：

第一层次：《中南民族大学学报（人文社会科学版）》、《西南民族大学学报（人文社科版）》、《民族研究》被引广度遥遥领先于其他期刊，其平均被引广度已超过30，说明这三种期刊被众多的期刊广泛引用，有着较强的综合学科影响力，可以列为民族学期刊第一层次；这一层次的期刊其被引广度已远远超过CSSCI所具有的12种来源期刊数，说明这一层次的期刊不仅仅对民族学期刊产生着影响，还影响着大量其他学科的期刊；同时也说明了这些期刊的跨学科性；

第二层次：《广西民族大学学报（哲学社会科学版）》、《广西民族研究》等7种期刊的平均被引广度均在30—10之间，表明它们具有较大的学术影响，但这些影响主要还是局限在民族学研究领域，因此被列入第二层次；

第三层次：《中国藏学》、《西北民族大学学报（哲学社会科学版）》在内的18种期刊平均被引广度在10以下，说明这些期刊的学术影响面窄，被列入第三层次。

分析表7-18中的年度平均被引广度值的变化情况可以得出，2004—2006年间，民族学期刊的被引广度均有不同程度的提高。2004—2006年的平均被引广度分别为8.84、9.59、11.93，2005年和2006年的增长幅度分别为8.5%和24.3%。对于个体期刊而言，其中，增长幅度最大的为《青海民族学院学报（社会科学版）》、《民族论坛》，分别增长23.5倍、15倍；有10种期刊的增长幅度在1倍以上。当然，也有3种期刊呈下降趋势，需引起这些期刊编辑部的重视。

7.6 民族学期刊二次文献转载分析

我国目前有几种重要二次文献主要转载我国人文社会科学领域的重要科研成果,反映当前各学科领域的学术热点和学术动向。应该说,期刊被这些二次文献转载的论文越多,说明该期刊所刊载的高质量文章也越多。因此采用二次文献转载数量作为评价期刊学术影响的指标具有重要意义。

本书讨论的二次文献期刊主要为我国影响比较大的三大文摘:人民出版社主办的《新华文摘》、中国社会科学杂志社主办的《中国社会科学文摘》和中国人民大学主办的《复印报刊资料》。遗憾的是,民族学28种期刊中,只有7种期刊被《新华文摘》全文转载过,6种期刊被《中国社会科学文摘》转载过,且被转载次数低,年度变化偶然性强,无明显规律,不能代表民族学期刊被转载的普遍情况。本章只针对由中国人民大学书报资料中心出版的《复印报刊资料》对民族学期刊的转载状况展开分析。

《复印报刊资料》是国内社会科学、人文科学方面较有权威的专题文献数据库[①],文献收录范围涉及教育类、文史类、经济类、政治类、哲学类,转载论文数量与《新华文摘》、《中国社会科学文摘》两种刊物相比要多很多。表7-21给出了2004—2006年民族学期刊被《复印报刊资料》全文转载的统计数据,其中年度数据平均后得到三年平均值,再进行归一化处理得到各期刊该指标的归一化值。

表7-19　　2004—2006年民族学期刊被《复印报刊资料》全文转载统计

排序	期刊名称	2004年(篇)	2005年(篇)	2006年(篇)	三年平均(篇)	归一化值
1	西南民族大学学报(人文社科版)	36	53	46	45.00	1
2	民族研究	22	17	16	18.33	0.4073
2	中南民族大学学报(人文社会科学版)	23	19	13	18.33	0.4073
4	广西民族大学学报(哲学社会科学版)	17	24	11	17.33	0.3851
5	中央民族大学学报(人文社会科学版)	18	16	9	14.33	0.3184
6	黑龙江民族丛刊	15	15	12	14.00	0.3111
7	云南民族大学学报(哲学社会科学版)	9	18	7	11.33	0.2518
8	广西民族研究	12	9	10	10.33	0.2296
9	中国藏学	6	13	10	9.67	0.2149

---

① 参见网站 http://www.lib.fzu.edu.cn/qkwx/zgxsqk5.asp,2008-1-16。

续表

排序	期刊名称	2004年（篇）	2005年（篇）	2006年（篇）	三年平均（篇）	归一化值
10	西北民族大学学报（哲学社会科学版）	11	8	9	9.33	0.2073
11	湖北民族学院学报（哲学社会科学版）	6	8	12	8.67	0.1927
11	西北民族研究	7	8	11	8.67	0.1927
13	贵州民族研究	11	3	10	8.00	0.1778
14	世界民族	10	11	2	7.67	0.1704
15	回族研究	7	7	8	7.33	0.1629
16	内蒙古民族大学学报（社会科学版）	9	7	5	7.00	0.1556
17	青海民族研究（社会科学版）	8	8	4	6.67	0.1482
18	贵州民族学院学报	10	2	7	6.33	0.1407
19	民俗研究	4	5	7	5.33	0.1184
20	西北第二民族学院学报	10	1	4	5.00	0.1111
20	中国民族	11	1	3	5.00	0.1111
20	青海民族学院学报（社会科学版）	8	4	3	5.00	0.1111
23	民族教育研究	4	5	4	4.33	0.0962
24	西藏民族学院学报（哲学社会科学版）	7	2	3	4.00	0.0889
25	满族研究	2	1	5	2.67	0.0593
26	民族论坛	0	1	3	1.33	0.0296
27	今日民族	0	0	0	0	0
27	甘肃民族研究	0	0	0	0	0

表7-19统计表明，《西南民族大学学报（人文社科版）》以年平均转载45篇，高出第2名期刊145%的转载篇数高居榜首，其余期刊年平均转载篇数均不足二十篇。

从年度变化上看，民族学期刊各年度为《复印报刊资料》的转载次数或增或减，起伏不定，无明显趋势。2004—2006年民族学期刊各年度被转载次数分别为10.11次、9.5次、8.36次，而呈下降趋势。三年中，只有8种期刊被转载次数得到了增加，增加幅度最大的是《满族研究》和《湖北民族学院学报（哲学社会科学版）》，分别增加了1.5倍和1倍。

从被《复印报刊资料》转载的综合值来看，民族学期刊可分为三大层次，《西南民族大学学报（人文社科版）》的综合值为1，为第一层次；《民族研究》、《中南民族大学学报（人文社会科学版）》、《广西民族大学学报（哲学社会科学版）》等综合值在 0.5—0.2 之间的 9 种期刊为第二层次；0.2 以下的 18 种期刊被列入第三层次。

7.7 民族学期刊 Web 即年下载率分析

Web 即年下载率是指期刊在某一期刊全文数据库中当年出版并上网的论文在当年被全文下载的次数与该期刊当年出版并上网论文总数之比，该指标可以用来测度上网期刊的即年扩散速率。表 7-20 给出了 2004—2006 年民族学期刊 Web 即年下载率的年度数据、三年平均值和该指标的归一化值。

表 7-20　　　　　　　　2004—2006 年民族学期刊 Web 即年下载率

排序	期刊名称	2004 年	2005 年	2006 年	三年平均	归一化值
1	中南民族大学学报（人文社会科学版）	20.7	28.5	66.1	38.43	1
2	西南民族大学学报（人文社科版）	18.8	26.8	68.2	37.93	0.9870
3	广西民族大学学报（哲学社会科学版）	19.7	24.9	55.3	33.30	0.8665
4	民族研究	16.1	24.7	46.4	29.07	0.7564
5	世界民族	17.5	30.6	34.3	27.47	0.7148
6	云南民族大学学报（哲学社会科学版）	18.8	20.5	39.9	26.40	0.6870
7	西北第二民族学院学报（哲学社会科学版）	24.2	19.0	33.7	25.63	0.6669
8	中央民族大学学报（人文社会科学版）	17.2	22.0	37.0	25.40	0.6609
9	广西民族研究	16.7	22.7	35.4	24.93	0.6487
10	西北民族研究	11.2	22.1	38.5	23.93	0.6227
11	贵州民族学院学报（哲学社会科学版）	13.3	24.9	32.0	23.40	0.6089
12	西藏民族学院学报（哲学社会科学版）	16.1	17.9	36.0	23.33	0.6071
13	内蒙古民族大学学报（社会科学版）	17.1	19.4	32.5	23.00	0.5985
14	青海民族学院学报（社会科学版）	15.2	17.6	29.4	20.73	0.5394
15	西北民族大学学报（哲学社会科学版）	14.5	17.5	29.9	20.63	0.5368
16	民俗研究	4.0	9.3	46.4	19.90	0.5178
17	民族教育研究	11.9	13.4	32.1	19.13	0.4978
18	湖北民族学院学报（哲学社会科学版）	8.4	17.8	29.9	18.70	0.4866
19	贵州民族研究	6.0	16.0	32.4	18.17	0.4728
20	青海民族研究	9.0	12.7	29.9	17.20	0.4476
21	黑龙江民族丛刊	6.0	12.0	29.5	15.83	0.4119
22	回族研究	11.0	13.5	20.4	14.97	0.3895

续表

排序	期刊名称	2004年	2005年	2006年	三年平均	归一化值
23	满族研究	5.3	10.4	20.3	12.00	0.3123
24	民族论坛	8.3	11.1	14.0	11.13	0.2896
25	中国藏学	5.9	10.4	14.9	10.40	0.2706
26	中国民族	6.0	8.0	9.0	7.67	0.1996
27	今日民族	4.9	5.2	7.8	5.97	0.1553
28	甘肃民族研究	—	—	—	—	—

注：上表中"—"表示当年该刊的数据无法获得，不列入平均值的计算。

表7-20的数据显示：《中南民族大学学报（人文社会科学版）》下载率最高，平均每篇文章当年被全文下载38次以上，和《中南民族大学学报（人文社会科学版）》同样年下载次数超过30的民族学期刊还有《西南民族大学学报（人文社科版）》、《广西民族大学学报（哲学社会科学版）》，分别为37.93、33.33次。余下期刊，平均每年每篇文章被下载20—30次的期刊计12种；10—20次的计10种；2种期刊年均被下载次数均在10次以下。

2004—2006年民族学期刊的Web年平均下载率为21.2832。从年度变化来看，几乎所有民族学期刊的Web即年下载率都呈现稳步上升的趋势，其中上升趋势最为明显的是《民俗研究》，2006年比2004年平均每篇文章被下载增加了40次以上；增长趋势最为缓慢的期刊是《西北第二民族学院学报（哲学社会科学版）》，但涨幅也达40%。说明一方面网络资源越来越受到学界的重视，另一方面各民族学期刊在网络上的学术影响在逐年提升。

7.8 民族学期刊评价指标综合分析

通过上述七大指标分析，我们对民族学28种期刊的现状及其发展有了较清晰的认识。为了综合考虑民族学期刊的学术规范、学术影响和学术质量，参照本书第1章构建的评价体系计算方法对每一期刊计算其评价综合值。各指标权重分配如下：期刊学术规范量化15%，被引次数10%，被引速率10%，影响因子30%，被引广度10%，二次文献转载10%，Web即年下载率15%。

表7-21列出了2004—2006年民族学期刊七大指标归一化值和综合值，并通过对这些已有数值的运算得到民族学28种期刊评价综合值。评价综合值具体的计算方法是：将各指标的综合值或归一化值分别乘以相应的权重并将所得结果相加。

表 7-21　　　　　　　　　　　民族学期刊综合值运算表

排序	期刊名称	期刊学术规范×0.15	被引次数×0.1	被引速率×0.1	影响因子×0.3	被引广度×0.1	二次文献转载×0.1	Web下载×0.15	综合值 Σ
1	民族研究	0.8040	1	1	1	0.9446	0.4073	0.7564	0.8693
2	西南民族大学学报（人文社科版）	0.6412	0.6865	0.1047	0.1029	0.9569	1	0.9870	0.5499
3	广西民族大学学报（哲学社会科学版）	0.7631	0.5723	0.2694	0.3909	0.5667	0.3851	0.8665	0.5411
4	中南民族大学学报（人文社会科学版）	0.7512	0.4488	0.2111	0.2265	1	0.4073	1	0.5374
5	世界民族	0.7384	0.4586	0.4143	0.5176	0.3921	0.1704	0.7148	0.5168
6	广西民族研究	0.7020	0.3584	0.2647	0.4104	0.4004	0.2296	0.6487	0.4510
7	中央民族大学学报（人文社会科学版）	0.8094	0.4596	0.2430	0.2418	0.3388	0.3184	0.6609	0.4291
8	西北民族研究	0.6173	0.2969	0.2669	0.2373	0.3942	0.1927	0.6227	0.3723
9	中国藏学	0.5251	0.2775	0.3159	0.3822	0.2833	0.2149	0.2706	0.3432
10	云南民族大学学报（哲学社会科学版）	0.5915	0.2727	0.1084	0.1554	0.3779	0.2518	0.6870	0.3395
11	回族研究	0.5282	0.2579	0.2533	0.3518	0.1993	0.1629	0.3895	0.3305
12	贵州民族研究	0.6354	0.3061	0.1350	0.1992	0.3696	0.1778	0.4728	0.3248
13	西北第二民族学院学报	0.6231	0.1074	0.1450	0.2000	0.1663	0.1111	0.6669	0.3065
14	黑龙江民族丛刊	0.6801	0.2044	0.1723	0.1533	0.2341	0.3111	0.4119	0.3020
15	民族教育研究	0.6412	0.1472	0.1279	0.1856	0.2054	0.0962	0.4978	0.2842
16	西北民族大学学报（哲学社会科学版）	0.5660	0.1766	0.0677	0.1247	0.2504	0.2073	0.5368	0.2730
17	民俗研究	0.5224	0.1780	0.1489	0.1375	0.2442	0.1184	0.5178	0.2662
18	贵州民族学院学报	0.5582	0.1221	0.0283	0.0798	0.1765	0.1407	0.6089	0.2458
19	内蒙古民族大学学报（社会科学版）	0.7007	0.0651	0.0620	0.0359	0.1026	0.1556	0.5985	0.2442
20	青海民族研究（社会科学版）	0.5868	0.1102	0.1231	0.0962	0.1642	0.1482	0.4476	0.2386
21	青海民族学院学报（社会科学版）	0.5425	0.1361	0.0894	0.0857	0.1518	0.1111	0.5394	0.2368
22	湖北民族学院学报（哲学社会科学版）	0.5618	0.0897	0.0536	0.0696	0.1786	0.1927	0.4866	0.2296

续表

排序	期刊名称	期刊学术规范×0.15	被引次数×0.1	被引速率×0.1	影响因子×0.3	被引广度×0.1	二次文献转载×0.1	Web下载×0.15	综合值 Σ
23	西藏民族学院学报（哲学社会科学版）	0.5312	0.1346	0.0542	0.0350	0.1395	0.0889	0.6071	0.2230
24	满族研究	0.4952	0.0539	0.0153	0.0797	0.0779	0.0593	0.3123	0.1657
25	中国民族	0.1787	0.148	0.0348	0.0360	0.1993	0.1111	0.1996	0.1169
26	民族论坛	0.2318	0.0457	0.0104	0.0154	0.0699	0.0296	0.2896	0.0984
27	甘肃民族研究	0.4680	0.0685	0	0.0305	0.0924	0	—	0.0954
28	今日民族	0.0739	0.0412	0.0434	0.0144	0.0514	0	0.1553	0.0523

注：《甘肃民族研究》Web下载的权重0.15记入被引速率，即被引速率权重为0.25。

表7-21给出了本评价体系对民族学28种期刊的期刊评价综合值。通过其数据可以看出：《民族研究》以综合值0.8693领先于民族学其他期刊而位居第1；综合值在0.6—0.2之间的期刊占多数共有22种；0.2以下的期刊5种。

从表7-21我们看出，民族学各期刊在七项指标中互有长短，但排在前几名的期刊均有多项指标位于前茅。如，《民族研究》有三项指标处于第1位，两项指标第2，一项指标第3，一项第4，而评价综合值雄居榜首；《西南民族大学学报（人文社科版）》有一项第1，三项第2，虽然有两项指标排在17位，但还是以四项出色的数据跻身综合排名第2；《广西民族大学学报（哲学社会科学版）》没有一项指标排在前两位，所有的指标都排在3—4名，其综合排名处在综合排名第3的位置上；同样，《中南民族大学学报（人文社会科学版）》尽管被引次数、被引速率、影响因子等指标排名较后，但Web下载率和被引广度排名1，二次文献转载第3，使其综合值达到了第4位。

根据七大指标的评价综合值，可以比较明确地划分出民族学期刊的学术等级：权威期刊1—0.7，核心期刊0.7—0.33，核心扩展区期刊0.33—0.25，小于0.25或列表中没有的民族学期刊为一般性学术期刊。依据这一原则得到本章民族学期刊的定量评价结果：

权威期刊：《民族研究》；

核心期刊：《西南民族大学学报（人文社科版）》、《广西民族大学学报（哲学社会科学版）》、《中南民族大学学报（人文社会科学版）》、《世界民族》、《广西民族研究》、《中央民族大学学报（人文社会科学版）》、《西北民族研究》、《中国藏学》、《云南民族大学学报（哲学社会科学版）》、《回族研究》；

扩展核心期刊：《贵州民族研究》、《西北第二民族学院学报》、《黑龙江民族丛刊》、《民族教育研究》、《西北民族大学学报（哲学社会科学版)》、《民俗研究》；

其他期刊均为一般性学术期刊。

第 8 章 中国文学

"中国文学"是指以汉语文学为主体，包括非汉语文学在内的整个中华民族的文学。就"中国文学"这一概念本身来说，包括"创作"和"研究"两个方面；但它作为一个学科的名称，习惯上仅指后者，即"中国文学研究"。[①] 中国文学期刊是传播中国文学知识，展现中国文学研究成果的重要载体。

根据国家新闻出版总署 2005 年发布的我国期刊目录，我国的中国文学类期刊总计 380 多种。其中，以刊载文学作品为主的期刊 250 余种，约占三分之二；学术期刊 70 余种，约占五分之一；非汉语期刊 29 种，约占 7.7%；二次文献期刊 22 种，约占 5.8%；其他非学术期刊 3 种，约占 0.8%。[②] CSSCI（2004—2006 年）每年均收录中国文学期刊 15 种，这些期刊均为学术期刊。因此，本章是基于 CSSCI 所收录的这些刊物三年积累的数据，对 2004—2006 年间中国文学期刊的学术影响力以及发展趋势进行数据化描述，是借助现代文献计量学手段从一个侧面对中国文学研究进行学术评价。

需要说明的是，以刊载文学作品为主的创作型期刊并未收录，本研究只能从形式的角度对中国文学部分期刊在 2004—2006 年间的状况进行客观、真实的描述，但并不能展示中国文学研究的全部，特别是不能就其内容、价值和意义做出质量评估。此外，在对中国文学期刊数据、清华同方数据、万方数据及印刷型期刊的统计分析过程中，针对各指标，我们尽可能地给出较多的期刊排名，对于具体指标上数据很低的期刊并没有列入其中。

8.1 中国文学期刊学术规范量化指标分析

中国文学期刊学术规范量化指标由篇均引用文献数、基金论文比例、论文作者地区分布、标注作者机构论文比例四项二级指标构成。分别从引文规范性、高质量基金论文数量、期刊论文的稿源分布情况以及期刊编辑规范四个角度定量地反映了学术规

[①] 赵宪章、邓三鸿："2000—2004 年中国文学期刊影响力报告"，《东南大学学报（哲学社会科学版）》2006 年第 2 期，第 102—108 页。

[②] 苏新宁主编：《中国人文社会科学学术影响力报告》，中国社会科学出版社 2007 年版。

范这一较为概括的定性指标。这一量化指标较为全面地反映了中国文学期刊的学术水平、编辑状况,对期刊主办单位提高期刊规范化,方便读者阅读、利用期刊论文,为科研部门宏观管理期刊提供重要的参考依据。以下各项数据来源于 CSSCI 数据库、万方期刊数据库的统计数据、CNKI Web 下载数据,以及对印刷型期刊的考察等。

8.1.1 篇均引用文献数

教育部社会科学委员会 2004 年 6 月 22 日第一次全体会议讨论通过的《高等学校哲学社会科学研究学术规范》中明确指出:"引文应以原始文献和第一手资料为原则。凡引用他人观点、方案、资料、数据等,无论曾否发表,无论是纸质或电子版,均应详加注释。凡转引文献资料,应如实说明。"[①] 这一规定充分说明了,引用文献在学术研究及学术规范中有着非常重要的作用。对学术论文来说,全面标注引用文献反映了作者的学术道德和科研水平;对学术期刊而言,篇均引用文献数反映了该刊对标注引用文献的重视程度以及期刊的学术规范性。当然,我们也不能片面地以引用文献数来衡量中国文学期刊论文的学术质量。譬如,原创性较强、文学性较强的研究论文基本没有引文。但是,从宏观角度来考察期刊的学术规范和学术深度,其篇均引用文献数不失为一个很好的途径。

表 8-1 给出了按照 2004—2006 年中国文学期刊篇均引用文献数平均值排序前 22 名,并进行了归一化处理,即以各期刊篇均引用文献数三年平均值作为分子,平均值的最大值(《文艺理论研究》15.4307 篇)为分母,计算而得。

表 8-1　　　　　　2004—2006 年中国文学期刊篇均引用文献数统计

排序	期刊名称	2004 年（篇数）	2005 年（篇数）	2006 年（篇数）	三年平均（篇数）	归一化值
1	文艺理论研究	13.00	16.43	16.87	15.4307	1
2	文学评论	11.81	15.14	15.64	14.1952	0.9199
3	中国现代文学研究丛刊	11.72	13.21	16.36	13.7630	0.8919
4	文学遗产	12.94	12.74	12.56	12.7456	0.8260
5	民族文学研究	9.60	8.80	10.28	9.5579	0.6194
6	明清小说研究	8.34	9.88	9.41	9.2070	0.5967
7	红楼梦学刊	9.08	8.77	9.09	8.9794	0.5819
8	中国文学研究	7.72	8.63	10.49	8.9479	0.5799
9	南京师范大学文学院学报	8.27	8.62	7.90	8.2647	0.5356

---

① "高等学校哲学社会科学研究学术规范(试行)",《经济经纬》2005 年第 1 期。

续表

排序	期刊名称	2004年(篇数)	2005年(篇数)	2006年(篇数)	三年平均(篇数)	归一化值
10	鲁迅研究月刊	9.27	7.12	8.24	8.2106	0.5321
11	中国比较文学	8.53	6.76	9.00	8.0812	0.5237
12	文艺理论与批评	7.34	6.28	6.76	6.7952	0.4404
13	理论与创作	4.60	5.05	6.28	5.3073	0.3439
14	当代作家评论	5.72	5.26	4.70	5.2250	0.3386
15	文艺争鸣	3.88	5.06	6.29	5.0776	0.3291
16	当代文坛	3.72	4.08	4.75	4.1855	0.2712
17	新文学史料	4.25	4.49	3.08	3.9410	0.2554
18	文艺评论	4.16	3.53	3.62	3.7709	0.2444
19	南方文坛	2.89	3.52	4.17	3.5272	0.2286
20	书屋	3.86	2.85	2.07	2.9284	0.1898
21	小说评论	2.31	2.11	3.49	2.6353	0.1708
22	名作欣赏	1.05	0.86	3.53	1.8130	0.1175

依据CSSCI（2004—2006年）的数据，我国人文社会科学期刊的篇均引用文献数量平均值为8.20篇，中国文学来源期刊的篇均引用文献数量为8.44篇，在人文社会科学25个学科中居于中游。略低于同类的外国文学来源期刊的篇均引用文献数量（8.87篇），与人文社会科学期刊中篇均引用文献数量高居榜首的历史学（18.01篇）相去甚远，与语言学（11.21篇）也有一定的差距。[1]

从表8-1中篇均引用文献的整体情况来看，22种中国文学期刊篇均引用文献数量差异较大，篇均引用文献数最多的为《文艺理论研究》高达15.4307篇，而位居末位的《名作欣赏》篇均引用文献数仅为1.813篇，说明中国文学研究是一个严谨与自由相依共存的多元学科，既秉承严肃的治学态度和严密的治学方法，也有着自由、随意的创作型期刊。

从中国文学期刊篇均引用文献数量的三年变化趋势来看，表中所列的22种期刊在2004—2006年整体呈现上升态势，从2004年的7.00篇增长至2005年的7.36篇，2006年上升至7.93篇。这说明中国文学期刊这一成熟的学科仍在不断地提高自身的学术规范程度，这反映了中国文学研究呈现出一种良好的发展态势。

比较表8-1中的CSSCI（2004—2006年）的来源期刊与非来源期刊的篇均引用

---

[1] 邓三鸿、金莹："我国人文社会科学学术刊物的学科对比——基于CSSCI的分析"，《东岳论丛》2008年第1期，第43—50页。

文献数，我们不难发现：中国文学来源期刊的篇均引用文献数量三年平均值是非来源期刊该项指标的 1.72 倍。由此可见，CSSCI 来源期刊整体上对论文引用文献的重视程度，以及期刊自身的学术规范程度较非来源期刊都表现得更为突出。但是，非来源期刊中的《南京师范大学文学院学报》三年引用文献数量平均值 8.26 篇，高于六种来源期刊，令人瞩目。另外两种非来源期刊《文艺理论与批评》、《理论与创作》在该项指标上也有较好的数据。

8.1.2 基金论文比例

基金论文比例是指国家各级政府部门、各类基金组织和企事业单位向作者提供科研经费而撰写的论文占某刊刊登论文总数的比例。它代表着期刊追踪某研究领域内新动向、新趋势的能力，反映期刊受到研究人员的普遍关注与重视的可能性的大小[①]。基金论文的比例是衡量一个期刊的论文水平、编辑部门择稿能力高低的重要标志。

表 8-2 给出了按照 2004—2006 年中国文学期刊基金论文比例平均值排序前 22 名的期刊，并进行了归一化处理，即以各期刊基金论文比例三年平均值作为分子，平均值的最大值（《文学遗产》0.1730）为分母，计算而得。

表 8-2　　　　　　　　2004—2006 年中国文学期刊基金论文比例

排序	期刊名称	2004 年	2005 年	2006 年	三年平均	归一化值
1	文学遗产	0.02	0.06	0.44	0.1730	1
2	文艺争鸣	0	0	0.50	0.1667	0.9636
3	文学评论	0.01	0	0.34	0.1178	0.6809
4	文艺理论研究	0.04	0.03	0.17	0.0807	0.4665
5	南京师范大学文学院学报	0.04	0.09	0.11	0.0801	0.4630
6	中国文学研究	0.03	0	0.14	0.0573	0.3312
7	民族文学研究	0.04	0.03	0.04	0.0375	0.2168
8	明清小说研究	0.02	0.03	0.06	0.0356	0.2058
9	当代文坛	0.02	0	0.05	0.0245	0.1416
10	中国比较文学	0.02	0	0.04	0.0203	0.1173
11	理论与创作	0.01	0.01	0.04	0.0199	0.1150
12	文艺理论与批评	0.01	0.01	0.03	0.0181	0.1046
13	红楼梦学刊	0	0	0.04	0.0124	0.0717

---

① 潘宁："情报学核心期刊基金资助论文定量分析"，《情报杂志》2008 年第 2 期，第 147—150 页。

续表

排序	期刊名称	2004年	2005年	2006年	三年平均	归一化值
14	名作欣赏	0	0.01	0.02	0.0086	0.0497
15	南方文坛	0.02	0.00	0.01	0.0083	0.0480
16	中国现代文学研究丛刊	0	0.01	0.01	0.0072	0.0416
17	鲁迅研究月刊	0	0	0.01	0.0062	0.0358
18	小说评论	0	0	0.02	0.0051	0.0295
19	当代作家评论	0	0	0.01	0.0045	0.0260
20	文艺评论	0	0	0.01	0.0018	0.0104
21	新文学史料	0	0	0	0	0
21	书屋	0	0	0	0	0

依据 CSSCI (2004—2006 年) 的统计数据，我国人文社会科学期刊的基金论文比平均值为 0.16，中国文学来源期刊的基金论文比平均值为 0.023，在整个人文社会科学中排位靠后，仅高于艺术学 (0.022)，而且只有同类的外国文学基金论文比例 (0.06) 的三分之一左右，无论在人文学科中或是社会学科中都偏低，与排名靠前的心理学 (0.50)、管理学 (0.37)[①] 几乎无法相提并论。但是，结合 2004—2006 年国家社科基金项目数来看，中国文学在三年间共获得 263 项资助，位于第 4 位，仅以微小差距低于经济学、哲学和法学，而这三个学科的基金论文比三年平均值分别为：0.18、0.12 和 0.10，远远高于中国文学的基金论文比例。这一状况不能不引起我们的反思。当然，由于很多基金项目在发文时并未注明，所以上述数字并不十分全面，这需要引起中国文学期刊的重视。

研究表 8-2 中所列的 22 种期刊的基金论文比情况，我们发现：中国文学期刊的基金论文比良莠不齐，差异悬殊。从 2004—2006 年各个期刊的基金论文变化趋势来看：共有 19 种期刊的基金论文比在 2006 年有不同程度的增长，在 2005 年仅有 5 种期刊的基金论文比略有增长。观察 2006 年的数据，不难发现：最为突出的是《文艺争鸣》、《文学遗产》和《文学评论》，基金论文比例在 2006 年发生了激增。由此可见，中国文学期刊的基金论文数量在显著增长，各期刊努力提高自身的学术质量，对基金论文的吸引力有所提高。中国文学期刊近年开始注重在论文中标注基金资助状况，这也说明学术规范性有所加强。

比较表 8-2 中的 CSSCI (2004—2006 年) 的来源期刊与非来源期刊的基金论文

---

① 邓三鸿、金莹："我国人文社会科学学术刊物的学科对比——基于 CSSCI 的分析"，《东岳论丛》2008 年第 1 期，第 43—50 页。

比例，可以看出：中国文学来源期刊的基金论文比例三年平均值是非来源期刊该项指标的 2.5 倍。从各年情况来看，来源期刊与非来源期刊在 2004、2005 年的情况没有较大区别，在 2006 年来源期刊的基金论文比增长迅猛，是非来源期刊的 4 倍左右。非来源期刊中的《南京师范大学文学院学报》三年基金论文比平均值为 0.08 居于第 4，表现突出。

8.1.3 论文作者地区分布

讨论中国人文社会科学期刊的论文作者所属地区分布可以发现期刊对地区的影响面。由于该指标能客观地反映我国社会科学研究队伍和社会科学研究力量的地区分布情况，展现社会科学研究发展的地区差异；为各级管理部门制定社科规划提供依据，为期刊社分析自身影响范围提供参考。

表 8-3 给出了按照 2004—2006 年中国文学期刊论文作者地区分布三年平均值排序前 22 名的期刊，并进行了归一化处理，即以各期刊论文作者地区分布数三年平均值作为分子，平均值的最大值（《名作欣赏》31.33）为分母，计算而得。

表 8-3　　　　　　　　2004—2006 年中国文学期刊论文作者地区分布

排序	期刊名称	2004 年（地区数）	2005 年（地区数）	2006 年（地区数）	三年平均（地区数）	归一化值
1	名作欣赏	29	37	28	31.33	1
2	红楼梦学刊	25	28	26	26.33	0.8404
2	民族文学研究	28	26	25	26.33	0.8404
4	文学评论	23	26	24	24.33	0.7766
5	明清小说研究	23	25	23	23.67	0.7555
6	文艺理论与批评	21	24	24	23.00	0.7341
7	文艺争鸣	23	20	25	22.67	0.7236
8	文学遗产	21	23	22	22.00	0.7022
9	理论与创作	21	21	23	21.67	0.6917
9	中国现代文学研究丛刊	16	23	26	21.67	0.6917
11	鲁迅研究月刊	23	19	20	20.67	0.6598
12	南京师范大学文学院学报	19	20	22	20.33	0.6489
13	文艺理论研究	20	19	20	19.67	0.6278
14	中国文学研究	16	16	20	17.33	0.5531
15	南方文坛	17	19	14	16.67	0.5321
16	文艺评论	10	18	20	16.00	0.5107

续表

排序	期刊名称	2004年（地区数）	2005年（地区数）	2006年（地区数）	三年平均（地区数）	归一化值
17	当代作家评论	15	15	17	15.67	0.5002
18	中国比较文学	14	14	16	14.67	0.4682
19	小说评论	1	23	18	14.00	0.4469
20	当代文坛	10	3	19	10.67	0.3406
21	新文学史料	0	0	1	0.33	0.0105
22	书屋	0	0	0	0	0

从表8-3我们可以发现，中国文学期刊的稿源分布整体情况较好，地区分布占据全国大部分地区（30个左右的地区）。仅有2种期刊《新文学史料》和《书屋》由于刊物原有风格及编辑特点，未注明作者机构，地区几乎为零。这说明从整体上看，中国文学期刊的地区影响面较广，各个期刊稿源分布广泛。这种影响得益于中国文学学科成熟、研究者分布广泛、研究历史悠久、底蕴深厚。这一现象令人欣喜。

观察表8-3中2004—2006年各个期刊地区分布情况，可以看出：各个期刊各年的地区分布变化幅度较小，基本保持稳定。个别期刊开始注重标注作者机构等反映学术规范的信息，使得期刊的地区分布数开始从无到有，例如《小说评论》。

这一指标中，来源期刊与非来源期刊没有较大区别。与其他指标中来源期刊领先于非来源期刊的状况不同，《名作欣赏》这一非来源期刊高居榜首。这也与该刊主要登载来自不同地区的作者文章以供赏析有重要关系。《新文学史料》为CSSCI（2004—2006年）来源期刊，但是由于该刊基本不标注作者机构，所以地区分布数几乎垫底，这需要引起该刊主办者的重视。

8.1.4 有作者机构论文比例

标注论文作者信息和所在机构信息是体现学术规范的重要组成部分，因为这直接关系到学术沟通的顺畅、学术成果的借鉴和整体学术实力的统计等。目前很多学术期刊，包括部分来源期刊，在作者信息和机构信息的著录问题上还存在不规范的情况，为了使各个期刊重视著录作者及机构信息，我们设立了该考察指标。

表8-4给出了按照2004—2006年中国文学期刊标注有作者机构的论文比例平均值排序前22名的期刊，并进行了归一化处理，即以各期刊标注有作者机构的论文比例三年平均值作为分子，平均值的最大值（《明清小说研究》0.9905）为分母，计算而得。

表 8-4　　2004—2006 年中国文学期刊标注有作者机构的论文比例

排序	期刊名称	2004 年	2005 年	2006 年	三年平均	归一化值
1	明清小说研究	1	0.98	0.99	0.9905	1
2	文艺理论研究	0.99	0.99	0.99	0.9881	0.9976
3	南京师范大学文学院学报	0.99	0.89	1	0.9803	0.9897
4	中国文学研究	0.92	0.98	0.98	0.9597	0.9689
5	文艺争鸣	0.93	0.95	0.98	0.9548	0.9640
6	中国比较文学	0.92	0.92	1	0.9460	0.9551
7	中国现代文学研究丛刊	1	0.84	0.98	0.9389	0.9479
8	民族文学研究	0.90	0.87	0.99	0.9211	0.9299
9	文学评论	0.89	0.90	0.93	0.9070	0.9157
10	理论与创作	0.82	0.88	0.99	0.8964	0.9050
11	红楼梦学刊	0.82	0.90	0.89	0.8718	0.8802
12	文学遗产	0.77	0.77	0.81	0.7844	0.7919
13	南方文坛	0.77	0.75	0.83	0.7827	0.7902
14	名作欣赏	0.98	0.38	0.90	0.7546	0.7618
15	文艺评论	0.28	0.96	0.79	0.6746	0.6811
16	文艺理论与批评	0.06	0.65	1	0.5838	0.5894
17	当代作家评论	0.43	0.54	0.71	0.5608	0.5662
18	小说评论	0.01	0.83	0.79	0.5438	0.5490
19	鲁迅研究月刊	0.46	0.39	0.44	0.4296	0.4337
20	当代文坛	0.21	0.02	0.54	0.2563	0.2588
21	新文学史料	0	0	0	0	0
21	书屋	0	0	0	0	0

纵观表 8-4，我们看到，中国文学期刊在这一指标上表现一般。半数以上的期刊三年间标注机构的论文比例低于 90%，4 种期刊三年标注机构的论文比例低于 50%。根据 SCI 期刊等国际刊物的录用规则，来源文献的信息中必须包括详细的作者机构信息，而我国中国文学期刊如此之低的机构标注比例应当引起期刊主办者的重视。

由于文学创作中推崇自由、随意的创作风格，这类文章及部分期刊比较侧重主观感悟和自由表达，当然，这些论文侧重文学鉴赏，因而并未遵循学术论文的著录标准，这也是中国文学期刊在该项指标中并不突出的主要原因。

比较中国文学来源期刊与非来源期刊，不难发现：来源期刊与非来源期刊差距并不明显，来源期刊标注机构论文比例三年的平均值为 75%，非来源期刊的该项指标三年平均值为62%，非来源期刊《南京师范大学文学院学报》在该项指标表现突出，继《明清小说研究》和《文艺理论研究》之后排名第3。

通过该项指标的比较，提醒中国文学期刊，随着社会科学研究发展和整个学术氛围对学术规范的呼吁，各个期刊在保持办刊风格，遵循办刊习惯的同时，也要与时俱进，保证刊物在各方面都遵循学术规范。

8.1.5 中国文学期刊学术规范量化指标综合分析

综合以上各表的中国文学期刊的学术规范指标，按照第1章的计算比例和公式，对篇均引用文献数、基金论文比例、论文作者地区分布及有作者机构论文比例四项指标分别赋予25%的权重，进行统计分析，计算出中国文学期刊学术规范量化指标的综合值。表8-5按照归一化处理后的排序值给出了2004—2006年中国文学期刊学术规范量化指标综合值前22名的期刊。

表8-5　　　　2004—2006年中国文学期刊学术规范量化指标综合值

排序	期刊名称	篇均引文数归一化值	基金论文比归一化值	地区分布归一化值	有机构论文比归一化值	综合值
1	文学遗产	0.8260	1	0.7022	0.7919	0.8300
2	文学评论	0.9199	0.6809	0.7766	0.9157	0.8233
3	文艺理论研究	1	0.4665	0.6278	0.9976	0.7730
4	文艺争鸣	0.3291	0.9636	0.7236	0.9640	0.7451
5	南京师范大学文学院学报	0.5356	0.4630	0.6489	0.9897	0.6593
6	民族文学研究	0.6194	0.2168	0.8404	0.9299	0.6516
7	中国现代文学研究丛刊	0.8919	0.0416	0.6917	0.9479	0.6433
8	明清小说研究	0.5967	0.2058	0.7555	1	0.6395
9	中国文学研究	0.5799	0.3312	0.5531	0.9689	0.6083
10	红楼梦学刊	0.5819	0.0717	0.8404	0.8802	0.5936
11	中国比较文学	0.5237	0.1173	0.4682	0.9551	0.5161
12	理论与创作	0.3439	0.1150	0.6917	0.9050	0.5139
13	名作欣赏	0.1175	0.0497	1	0.7618	0.4823
14	文艺理论与批评	0.4404	0.1046	0.7341	0.5894	0.4671
15	鲁迅研究月刊	0.5321	0.0358	0.6598	0.4337	0.4154
16	南方文坛	0.2286	0.0480	0.5321	0.7902	0.3997
17	文艺评论	0.2444	0.0104	0.5107	0.6811	0.3617

续表

排序	期刊名称	篇均引文数归一化值	基金论文比归一化值	地区分布归一化值	有机构论文比归一化值	综合值
18	当代作家评论	0.3386	0.0260	0.5002	0.5662	0.3578
19	小说评论	0.1708	0.0295	0.4469	0.5490	0.2991
20	当代文坛	0.2712	0.1416	0.3406	0.2588	0.2531
21	新文学史料	0.2554	0	0.0105	0	0.0665
22	书屋	0.1898	0	0	0	0.0475

从表8-5不难看出，中国文学期刊的学术规范量化指标综合值差距较大，这些数据确实体现了各期刊的学术规范水平，也反映了中国文学期刊各有所长。例如，《文艺理论研究》在篇均引用文献数量的指标上高居榜首，《文学遗产》和《文艺争鸣》在基金论文比例指标上表现突出。这也从一个侧面反映了中国文学期刊的整体学术规范程度有待提高。因此，希望中国文学刊物能够在各方面不断努力，使得各项指标都能表现较高的水准。

按照学术规范量化指标综合值，我们将中国文学期刊划分为以下几个层次：首先，学术规范量化值位于0.7以上的四种期刊：《文学遗产》、《文学评论》、《文艺理论研究》和《文艺争鸣》位于第一层次。这四种期刊在地区分布数和标注机构论文两项指标上还有较大的努力空间。

第二层次由学术规范量化值在0.7—0.5之间的8种期刊组成，它们是《南京师范大学文学院学报》、《民族文学研究》、《中国现代文学研究丛刊》、《明清小说研究》、《中国文学研究》、《红楼梦学刊》、《中国比较文学》和《理论与创作》。

这一层次的期刊都有较为领先的二级指标，也有表现一般甚至较为靠后的二级指标。这些期刊在巩固提高自己的优势的同时也要注重加强弥补自身的不足，全面提高自身的学术规范性。

第三层次由学术规范量化值在0.5—0.2的范围内的8种期刊组成，这些期刊的各项学术规范量化指标的排名都略微靠后，有很大的努力空间。

排名较后的《新文学史料》、《书屋》以及未列入表中的中国文学期刊构成第四个层次，这两种期刊由于特定的编辑风格，并未注重学术规范的各项著录要求，希望引起杂志社的重视。

根据表8-5的期刊学术量化指标，中国文学期刊的各方面与其他学科相比，还有一定差距，因此，中国文学期刊要想全面地提高学术规范性还需要各个期刊的不懈努力。

8.2 中国文学期刊被引次数分析

从被引次数来评价分析学术期刊的影响,是评价期刊的基本方法之一。被引次数分析法可以解释期刊从创刊以来登载的论文被学术界研究人员的利用程度,从而反映出该刊在学术研究领域内的影响力。本书对单纯的被引次数进行了修正,添加了他刊引用次数和学科引用次数,并按照各个二级指标的权重,计算出期刊的被引次数综合值。

8.2.1 总被引次数

本章所指的总被引次数是指某个期刊被 CSSCI 来源期刊论文引用的总次数。该指标体现了该期刊创刊以来总的学术影响,但也受到创刊时间长短、载文量多少的影响。表 8-6 给出了按照 2004—2006 年中国文学期刊总被引次数三年平均值排序前 29 名的期刊,并进行了归一化处理,即以各期刊总被引次数三年平均值作为分子,平均值的最大值(《文学评论》422.33 篇次)为分母,计算而得。

表 8-6 2004—2006 年中国文学期刊总被引次数

排序	期刊名称	2004 年(篇次)	2005 年(篇次)	2006 年(篇次)	三年平均(篇次)	归一化值
1	文学评论	332	451	484	422.33	1
2	文学遗产	198	189	189	192.00	0.4546
3	中国现代文学研究丛刊	232	98	151	160.33	0.3796
4	文艺争鸣	98	136	190	141.33	0.3346
5	当代作家评论	113	108	181	134.00	0.3173
6	红楼梦学刊	144	100	145	129.67	0.3070
7	新文学史料	89	113	127	109.67	0.2597
8	鲁迅研究月刊	72	115	133	106.67	0.2526
9	文艺理论研究	50	79	96	75.00	0.1776
10	中国比较文学	29	82	104	71.67	0.1697
11	南方文坛	38	61	64	54.33	0.1286
12	明清小说研究	50	40	66	52.00	0.1231
13	民族文学研究	35	46	47	42.67	0.1010
14	小说评论	30	40	53	41.00	0.0971
15	文艺理论与批评	29	39	52	40.00	0.0947
16	书屋	20	40	48	36.00	0.0852

续表

排序	期刊名称	2004年（篇次）	2005年（篇次）	2006年（篇次）	三年平均（篇次）	归一化值
17	当代文坛	26	39	37	34.00	0.0805
18	文艺评论	22	35	32	29.67	0.0703
19	中国文学研究	23	20	28	23.67	0.0560
20	文学自由谈	18	27	21	22.00	0.0521
21	名作欣赏	12	20	16	16.00	0.0379
22	创造	14	17	16	15.67	0.0371
23	新世纪	4	34	8	15.33	0.0363
24	理论与创作	11	13	21	15.00	0.0355
25	南京师范大学文学院学报	10	8	18	12.00	0.0284
26	古典文学知识	10	9	8	9.00	0.0213
27	杜甫研究学刊	8	2	16	8.67	0.0205
27	中国韵文学刊	6	6	14	8.67	0.0205
29	上海文化	10	3	9	7.33	0.0174

表8-6显示，中国文学期刊在总被引次数上差异明显，三年平均总被引次数最高的《文学评论》高达422.33篇次，影响力遥遥领先，相当于位居其次的《文学遗产》（192篇次）的两倍多，作为中国文学研究最权威的期刊应当毋庸置疑。三年平均总被引次数超过100次的8种期刊占中国文学期刊总被引次数的68.7%；而《古典文学知识》等4种期刊的三年平均被引次数在10篇次以下，4种期刊的被引次数所占比例还不到1.98%。

从中国文学期刊的总被引次数的增长趋势角度来看，共有13种期刊连续两年保持不同程度的增长。在这13种期刊中，2005年增长幅度最大的是《中国比较文学》，被引次数比2004年增长了53篇次，涨幅为182.76%。在所有中国文学期刊中，2005年增长幅度最大的是《新世纪》，涨幅高达750%，但是2006年的被引次数立刻回落，仅有8篇次，这种被引的激增比较随机。从2004—2006年的总被引次数的绝对值来看，中国文学期刊的总被引次数均有不同程度的增加，其影响力不断提高。但是，从总被引次数的增加幅度上看，各个期刊不尽相同。这说明中国文学期刊的影响力出现两极分化，需要各个中国文学期刊不断努力。

比较中国文学来源期刊和非来源期刊三年的被引总量，来源期刊三年的被引总量平均值为116.62篇次，非来源期刊三年的被引总量平均值为18.67篇次，非来源期刊的被引总量仅为来源期刊该项指标的六分之一。这也要引起各期刊的重视，文学期刊阵地百花齐放才能促进中国文学的健康发展。

8.2.2 其他期刊引用次数

其他期刊引用次数（简称：他刊引用次数）是指某个期刊被 CSSCI 来源期刊论文引用的总频次排除期刊自引次数的结果，对于未进入 CSSCI 的期刊来说，他刊引用次数等于该刊总被引次数。该指标体现了该期刊创刊以来对其他期刊的整体影响，也仍然受到创刊时间长短和载文量多少的影响。表 8-7 给出了按照 2004—2006 年中国文学期刊的他刊引用次数三年平均值排序前 29 名的期刊，并进行了归一化处理，即以各期刊的他刊引用次数三年平均值作为分子，平均值的最大值（《文学评论》392 篇次）为分母，计算而得。

表 8-7　　2004—2006 年中国文学期刊他刊引用次数

排序	期刊名称	2004 年（篇次）	2005 年（篇次）	2006 年（篇次）	三年平均（篇次）	归一化值
1	文学评论	303	414	459	392.00	1
2	文学遗产	156	172	154	160.67	0.4099
3	文艺争鸣	80	122	149	117.00	0.2985
4	当代作家评论	96	96	153	115.00	0.2934
5	新文学史料	79	103	114	98.67	0.2517
6	中国现代文学研究丛刊	85	84	90	86.33	0.2202
7	文艺理论研究	43	73	87	67.67	0.1726
8	鲁迅研究月刊	34	50	84	56.00	0.1429
9	中国比较文学	25	51	76	50.67	0.1293
10	南方文坛	28	50	61	46.33	0.1182
11	小说评论	30	40	53	41.00	0.1046
12	文艺理论与批评	29	39	52	40.00	0.1020
13	明清小说研究	36	29	48	37.67	0.0961
14	书屋	20	40	48	36.00	0.0918
15	文艺评论	22	35	32	29.67	0.0757
16	当代文坛	20	32	27	26.33	0.0672
17	民族文学研究	18	34	26	26.00	0.0663
18	红楼梦学刊	21	14	36	23.67	0.0604
18	中国文学研究	23	20	28	23.67	0.0604
20	文学自由谈	18	27	21	22.00	0.0561
21	名作欣赏	12	20	16	16.00	0.0408

续表

排序	期刊名称	2004年（篇次）	2005年（篇次）	2006年（篇次）	三年平均（篇次）	归一化值
22	创造	14	17	16	15.67	0.0400
23	新世纪	4	34	8	15.33	0.0391
24	理论与创作	11	13	21	15.00	0.0383
25	南京师范大学文学院学报	10	8	18	12.00	0.0306
26	古典文学知识	10	9	8	9.00	0.0230
27	杜甫研究学刊	8	2	16	8.67	0.0221
27	中国韵文学刊	6	6	14	8.67	0.0221
29	上海文化	10	3	9	7.33	0.0187

从表8-7我们可以看出，从整体上看中国文学期刊的他刊引用情况，基本上与总被引次数呈现相同的状态，各期刊之间差距较大，他刊引用次数跨度巨大，排名第1的《文学评论》他刊引用量惊人，具有其他期刊无法比拟的影响力，该刊三年他刊引用情况平均值占所有期刊三年平均值总和的24.33%，排在末位的《上海文化》三年他刊引用次数平均值仅有7.33。

从2004—2006年各个刊物他刊引用的变化趋势来看，三年中共有12种期刊一直保持不同幅度的增长。值得一提的是：2005年较2004年他刊引用次数绝对值增长最大的是《文学评论》，2005年增长111篇次，2006年保持继续攀升的态势。《文学评论》在影响力已经非常突出的情况下，还能有如此惊人的增长，值得其他期刊学习借鉴。

结合表8-6和表8-7，我们比较中国文学期刊的他刊引用率，可以发现：2004—2006年未曾进入CSSCI的刊物的总被引次数即是他刊引用次数，这些期刊的他刊引用率为100%。分析来源期刊的他引率，《文学评论》以92.82%展现了该刊对其他期刊的影响力，紧随其后的是《文艺理论研究》（90.23%）。在来源期刊中需要注意的是《红楼梦学刊》，该刊的他引率仅有18.25%，与其他期刊相距甚远。这主要与《红楼梦学刊》的研究领域较窄，与中国文学其他领域的交叉渗透较少，对中国文学其他研究领域的影响有限有关。

8.2.3 本学科论文引用次数

本学科论文引用次数（简称：学科引用次数）是指期刊被CSSCI来源期刊中收录的中国文学论文引用的总频次，该指标体现了该期刊创刊以来对于本学科学术研究的整体影响，影响该指标的因素有：创刊时间长短、载文量多少以及CSSCI收录的该学科论文的多寡。表8-8给出了按照2004—2006年中国文学期刊被中国文学论文引用次数三年平均值排序前 29 名的期刊，并进行了归一化处理，即以各期刊被中国文学论文引用次数三年平均值作为分子，平均值的最大值（《文学评论》357.67 篇次）为分母，计算而得。

表 8-8　　2004—2006 年中国文学期刊学科引用次数

排序	期刊名称	2004 年（篇次）	2005 年（篇次）	2006 年（篇次）	三年平均（篇次）	归一化值
1	文学评论	270	394	409	357.67	1
2	文学遗产	163	162	158	161.00	0.4501
3	中国现代文学研究丛刊	226	88	138	150.67	0.4213
4	当代作家评论	106	101	176	127.67	0.3569
5	红楼梦学刊	140	97	133	123.33	0.3448
6	文艺争鸣	82	116	169	122.33	0.3420
7	鲁迅研究月刊	59	104	126	96.33	0.2693
8	新文学史料	74	97	102	91.00	0.2544
9	文艺理论研究	29	61	67	52.33	0.1463
10	中国比较文学	5	58	83	48.67	0.1361
11	明清小说研究	41	40	61	47.33	0.1323
12	南方文坛	32	51	57	46.67	0.1305
13	民族文学研究	30	44	44	39.33	0.1100
14	小说评论	29	36	49	38.00	0.1062
15	当代文坛	25	35	33	31.00	0.0867
16	文艺理论与批评	15	33	35	27.67	0.0774
17	文艺评论	19	32	26	25.67	0.0718
18	文学自由谈	14	26	20	20.00	0.0559
19	中国文学研究	19	16	24	19.67	0.0550
20	书屋	6	17	15	12.67	0.0354
21	理论与创作	9	10	15	11.33	0.0317
22	名作欣赏	6	12	10	9.33	0.0261
23	杜甫研究学刊	8	1	16	8.33	0.0233
24	新世纪	2	17	4	7.67	0.0214
25	古典文学知识	9	6	7	7.33	0.0205
26	创造	6	10	4	6.67	0.0186
27	南京师范大学文学院学报	7	4	6	5.67	0.0159
28	上海文化	8	2	5	5.00	0.0140
29	作品与争鸣	7	5	2	4.67	0.0131

分析表 8-8 可以看出，中国文学期刊的学科影响力层次分明，差异巨大。从被中国文学论文的引用情况来看，表中所列的 29 种中国文学期刊可以被划分为三个层次：首先，《文学评论》三年学科引用次数的平均值为 357.67 篇次，结合表 8-6，不难看出，该刊被引总次数中 84.69% 的引用来自中国文学论文，在中国文学领域内的影响力高居榜首。第二层次由学科被引次数在 90 篇次以上的 7 种期刊组成，在这一层次中的期刊的学科引用次数占总被引次数的比例集中在 80% 以上，表明这一层次中的中国文学期刊是中国文学学科研究的中流砥柱。其余学科引用次数在 90 篇次以下的期刊组成第三层次，在这一层次中期刊的学科由于论文类型、内容多元化，学科影响力并不仅仅集中在中国文学的研究领域，故学科引用次数普遍不高。

从各个期刊 2004—2006 年的变化趋势来看，表中所列的期刊共有 12 种期刊在三年中一直保持增长的态势，三年中呈下降态势的期刊基本没有，说明中国文学期刊的学科影响力在不断增强。2005 年中国文学期刊中《中国比较文学》、《文艺理论与批评》和《文艺理论研究》等都有不俗的增长，2006 年表中所列的期刊中共有 21 种期刊都呈现不同程度的增长。如果考察 CSSCI 来源期刊和非来源期刊的差别，则非来源期刊由于引用情况发生的相对随机，学科引用次数整体偏低，来源期刊基本都保持稳定的增长趋势。

8.2.4 中国文学期刊被引次数综合分析

总被引次数、他刊引用次数和本学科论文引用次数分别从不同角度揭示了期刊的整体影响力，我们分别对这三项二级指标赋予 25%、50% 和 25% 的权重（确定权重的详细解释见第 1 章）。表 8-9 按照经过归一化、加权合成后的综合值排序，给出了 2004—2006 年中国文学期刊被引次数综合值前 27 名的期刊。

表 8-9   2004—2006 年中国文学期刊被引次数综合值

排序	期刊名称	总被引次数归一化值	他刊引用次数归一化值	学科引用次数归一化值	综合值
1	文学评论	1	1	1	1
2	文学遗产	0.4546	0.4099	0.4501	0.4311
3	文艺争鸣	0.3346	0.2985	0.3420	0.3184
4	当代作家评论	0.3173	0.2934	0.3569	0.3153
5	中国现代文学研究丛刊	0.3796	0.2202	0.4213	0.3103
6	新文学史料	0.2597	0.2517	0.2544	0.2544
7	鲁迅研究月刊	0.2526	0.1429	0.2693	0.2019
8	红楼梦学刊	0.3070	0.0604	0.3448	0.1932

续表

排序	期刊名称	总被引次数归一化值	他刊引用次数归一化值	学科引用次数归一化值	综合值
9	文艺理论研究	0.1776	0.1726	0.1463	0.1673
10	中国比较文学	0.1697	0.1293	0.1361	0.1411
11	南方文坛	0.1286	0.1182	0.1305	0.1239
12	明清小说研究	0.1231	0.0961	0.1323	0.1119
13	小说评论	0.0971	0.1046	0.1062	0.1031
14	文艺理论与批评	0.0947	0.1020	0.0774	0.0940
15	民族文学研究	0.1010	0.0663	0.1100	0.0859
16	书屋	0.0852	0.0918	0.0354	0.0761
17	当代文坛	0.0805	0.0672	0.0867	0.0754
18	文艺评论	0.0703	0.0757	0.0718	0.0734
19	中国文学研究	0.0560	0.0604	0.0550	0.0580
20	文学自由谈	0.0521	0.0561	0.0559	0.0551
21	名作欣赏	0.0379	0.0408	0.0261	0.0364
22	理论与创作	0.0355	0.0383	0.0317	0.0360
23	新世纪	0.0363	0.0391	0.0214	0.0340
24	创造	0.0371	0.0400	0.0186	0.0339
25	南京师范大学文学院学报	0.0284	0.0306	0.0159	0.0264
26	杜甫研究学刊	0.0205	0.0221	0.0233	0.0220
26	古典文学知识	0.0213	0.0230	0.0205	0.0220

从表8-9中所列的2004—2006年中国文学期刊被引次数综合值可以看出：这27种期刊按照被引次数综合值清晰地分为三个层次：

第一层次为被引次数综合值为1的《文学评论》，位居魁首，该刊各项指标都遥遥领先，综合值为排名第2的《文学遗产》的两倍多。

被引次数综合值位于0.45—0.3的《文学遗产》、《文艺争鸣》、《当代作家评论》和《中国现代文学研究丛刊》四种期刊组成第二层次。

被引次数综合值低于0.3以及未列入表中的期刊组成第三层次。

被引次数的多寡受到创刊时间长短、载文量多寡以及期刊涉及的研究领域的影响，是反映期刊绝对学术影响的一个指标，针对中国文学这一与时间关联不是很紧密的学科而言，被引次数对期刊的学术影响更为重要。

8.3 中国文学期刊被引速率分析

被引速率是反映期刊新近发表的论文被读者及时利用情况,从速度的角度量化描述期刊影响力的指标。本书对单纯的被引速率进行了补充,用他刊引用速率和学科引用速率来充实单一的被引速率,并按照各个二级指标的权重,计算出期刊的被引速率综合值。

8.3.1 总被引速率

总被引速率是指该刊当年论文和前一年论文在当年被引用总次数除以该刊当年和前一年发表的论文总数所得的值。这一计算方法是针对人文社科的学科特点在即年指数的基础上演化而来(详见第1章),目的是为了更加清晰地分辨各个期刊对热点的追踪能力。表8-10给出了按照2004—2006年中国文学期刊总被引速率三年平均值排序前27名的期刊,并进行了归一化处理,即以各期刊总被引速率三年平均值作为分子,平均值的最大值(《文学评论》0.1758)为分母,计算而得。

表8-10　　　　　　　　　2004—2006年中国文学期刊总被引速率

排序	期刊名称	2004年	2005年	2006年	三年平均	归一化值
1	文学评论	0.1381	0.1432	0.2462	0.1758	1
2	文艺争鸣	0.0898	0.1121	0.1808	0.1276	0.7258
3	中国现代文学研究丛刊	0.1094	0.0644	0.1799	0.1179	0.6706
4	中国比较文学	0.0719	0.0838	0.0936	0.0831	0.4727
5	当代作家评论	0.0676	0.0578	0.1080	0.0778	0.4425
6	文艺理论研究	0.0566	0.0671	0.1067	0.0768	0.4369
7	鲁迅研究月刊	0.0331	0.1212	0.0446	0.0663	0.3771
8	文学遗产	0.0996	0.0387	0.0504	0.0629	0.3578
9	文艺理论与批评	0.0233	0.0709	0.0855	0.0599	0.3407
10	红楼梦学刊	0.0664	0.0404	0.0658	0.0575	0.3271
11	南方文坛	0.0303	0.0468	0.0558	0.0443	0.2520
12	民族文学研究	0.0153	0.0640	0.0152	0.0315	0.1792
13	小说评论	0.0121	0.0357	0.0269	0.0249	0.1416
14	明清小说研究	0.0203	0.0142	0.0240	0.0195	0.1109
15	中国文学研究	0.0146	0.0140	0.0287	0.0191	0.1086
16	新文学史料	0.0085	0.0172	0.0245	0.0167	0.0950

续表

排序	期刊名称	2004年	2005年	2006年	三年平均	归一化值
17	书屋	0.0113	0.0255	0.0112	0.0160	0.0910
18	当代文坛	0.0135	0.0022	0.0248	0.0135	0.0768
19	文艺评论	0.0076	0.0074	0.0250	0.0133	0.0757
20	文学自由谈	0.0099	0.0175	0.0063	0.0112	0.0637
21	南京师范大学文学院学报	0.0188	0.0037	0.0077	0.0101	0.0575
22	理论与创作	0.0028	0.0025	0.0109	0.0054	0.0307
23	中国韵文学刊	0.0044	0.0038	0.0072	0.0051	0.0290
24	戏曲艺术	0.0038	0	0.0098	0.0045	0.0256
25	中文自学指导	0.0043	0	0.0090	0.0044	0.0250
26	名作欣赏	0.0016	0.0040	0.0021	0.0026	0.0148
27	作品与争鸣	0	0.0031	0.0033	0.0021	0.0119

表8-10中所列中国文学期刊三年平均总被引速率为0.0412，与性质相似的外国文学期刊三年平均总被引速率0.0278相比，可以看出，中国文学期刊表现出的对学科热点及学科前沿的追踪能力、利用程度更强。在外国文学期刊总被引速率中排名第1的《中国比较文学》在中国文学期刊中仅列第4，《文学评论》、《文艺争鸣》和《中国现代文学研究丛刊》的总被引速率都高于该刊。但是，表中所列的27种期刊中也有超过一半期刊总被引速率的三年平均值低于0.02。这些期刊中固然有总被引次数较低所导致的总被引速率偏低，如《名作欣赏》等，也不乏《明清小说研究》、《新文学史料》等CSSCI来源期刊，分析这类期刊发现，这类期刊以中国文学特定历史阶段的文学成果为研究对象，对期刊文献的利用率整体不高，在挖掘学术新观点时主要以历史文献为依据，因此，这一类型的期刊总被引速率偏低。

从2004—2006年各个期刊总被引速率的变化趋势来看，有8种期刊连续三年的总被引速率保持增长，其他期刊基本处于一种起伏向上的趋势。虽然速率整体值偏低，但是仔细观察不难发现：总被引次数不断增长的期刊，影响不断扩大，总被引速率也有相应提高，整体影响较弱的期刊，新发表的论文被关注程度也偏低。

8.3.2 其他期刊引用速率

其他期刊引用速率（简称：他刊引用速率）与期刊总被引速率相比，平衡了在期刊评价中由于不恰当的人为自引造成的来源期刊与非来源期刊之间的不平等性，能够更加客观、清晰地反映期刊对学科前沿的即时反应速度。表8-11给出了按照2004—2006年中国文学期刊他刊引用速率三年平均值排序前27名的期刊，并进行了归一化处理。

表 8-11　　　　　　　　2004—2006 年中国文学期刊他刊引用速率

排序	期刊名称	2004 年	2005 年	2006 年	三年平均	归一化值
1	文学评论	0.1141	0.1243	0.2338	0.1574	1
2	文艺争鸣	0.0419	0.0776	0.1014	0.0736	0.4676
3	文艺理论研究	0.0377	0.0671	0.0899	0.0649	0.4123
4	文艺理论与批评	0.0233	0.0709	0.0855	0.0599	0.3806
5	当代作家评论	0.0451	0.0456	0.0802	0.0570	0.3621
6	文学遗产	0.0637	0.0323	0.0386	0.0449	0.2853
7	中国比较文学	0.0539	0.0279	0.0351	0.0390	0.2478
8	中国现代文学研究丛刊	0.0313	0.0515	0.0216	0.0348	0.2211
9	南方文坛	0.0260	0.0298	0.0446	0.0335	0.2128
10	民族文学研究	0.0153	0.0640	0.0038	0.0277	0.1760
11	小说评论	0.0121	0.0357	0.0269	0.0249	0.1582
12	中国文学研究	0.0146	0.0140	0.0287	0.0191	0.1213
13	鲁迅研究月刊	0	0.0152	0.0376	0.0176	0.1118
14	书屋	0.0113	0.0255	0.0112	0.0160	0.1017
15	明清小说研究	0.0152	0.0047	0.0240	0.0146	0.0928
16	文艺评论	0.0076	0.0074	0.0250	0.0133	0.0845
17	文学自由谈	0.0099	0.0175	0.0063	0.0112	0.0712
18	南京师范大学文学院学报	0.0188	0.0037	0.0077	0.0101	0.0642
19	新文学史料	0	0.0129	0.0147	0.0092	0.0584
20	红楼梦学刊	0.0041	0.0074	0.0125	0.0080	0.0508
21	当代文坛	0.0090	0.0022	0.0114	0.0075	0.0476
22	理论与创作	0.0028	0.0025	0.0109	0.0054	0.0343
23	中国韵文学刊	0.0044	0.0038	0.0072	0.0051	0.0324
24	戏曲艺术	0.0038	0	0.0098	0.0045	0.0286
25	中文自学指导	0.0043	0	0.0090	0.0044	0.0280
26	名作欣赏	0.0016	0.0040	0.0021	0.0026	0.0165
27	作品与争鸣	0	0.0031	0.0033	0.0021	0.0133

表 8-11 中所列 27 种中国文学期刊三年的他刊引用速率平均值为 0.0276，高于性质相似的外国文学期刊三年他刊引用速率平均值 0.0180，与总被引速率所反映的整体状况相一致。

结合表 8-11 和表 8-10 不难发现：(1) 大多数期刊的他刊引用速率排序与总被引速率基本一致，上下浮动变化不甚明显；(2) 3 种期刊下滑明显：《红楼梦学刊》从总被引速率第 10 名下滑至第 20 名，《鲁迅研究月刊》从总被引速率第 7 名下滑至第 13 名，《中国现代文学研究丛刊》从总被引速率第 3 名下滑至第 8 名。究其原因：其一，这 3 种期刊所载论文领域相对狭窄，对中国文学其他领域的研究影响有限，期刊自引率也相对较高，故所发表论文被他刊关注的可能性也相对较低；其二，这 3 种期刊都是对中国文学历史上的特定文化现象进行研究，利用资源多以史料为主，对期刊的利用也相对有限。

从 2004—2006 年各个期刊的变化趋势来看，共有 10 种期刊在三年中保持连续增长，在这些期刊中表现最为突出的是《文艺争鸣》、《文艺理论与批评》，连续两年的增长幅度分别为 77.98% 和 33.98%、85.20% 和 30.67%。这一数据也反映出这两种期刊越来越得到其他期刊作者的关注。此外，由于红学研究在近年开始越来越受到关注，虽然《红楼梦学刊》三年的整体速率偏低，但是连续两年的增长也令人欣喜，分别为 80.4% 和 68.92%。

8.3.3 本学科论文引用速率

本学科论文引用速率（简称：学科引用速率）是反映中国文学期刊被中国文学论文作者及时利用的情况，这能反映出期刊在中国文学领域内的受关注程度。一般说来，期刊被中国文学研究领域关注程度高，其学科引用速率也越高，反之，期刊学科引用速率相对会低。表 8-12 给出了按照 2004—2006 年中国文学期刊学科引用速率三年平均值排序前 27 名的期刊，并进行了归一化处理，即以各期刊学科论文引用速率三年平均值作为分子，平均值的最大值（《文学评论》0.1517）为分母，计算而得。

表 8-12　　　　　　　　2004—2006 年中国文学期刊学科引用速率

排序	期刊名称	2004 年	2005 年	2006 年	三年平均	归一化值
1	文学评论	0.1111	0.1162	0.2277	0.1517	1
2	文艺争鸣	0.0778	0.1006	0.1753	0.1179	0.7772
3	中国现代文学研究丛刊	0.1094	0.0601	0.1763	0.1153	0.7601
4	当代作家评论	0.0648	0.0578	0.108	0.0769	0.5069
5	鲁迅研究月刊	0.0276	0.1212	0.0446	0.0645	0.4252
6	中国比较文学	0.018	0.0782	0.0819	0.0594	0.3916
7	文艺理论研究	0.0252	0.0549	0.0955	0.0585	0.3856
8	红楼梦学刊	0.0664	0.0368	0.0658	0.0563	0.3711
9	文艺理论与批评	0.0156	0.0709	0.0658	0.0508	0.3349

续表

排序	期刊名称	2004 年	2005 年	2006 年	三年平均	归一化值
10	南方文坛	0.026	0.0468	0.0558	0.0429	0.2828
11	文学遗产	0.0637	0.0323	0.0297	0.0419	0.2762
12	民族文学研究	0.0153	0.064	0.0152	0.0315	0.2076
13	小说评论	0.0121	0.0278	0.0231	0.0210	0.1384
14	明清小说研究	0.0152	0.0142	0.024	0.0178	0.1173
15	中国文学研究	0.0146	0.0093	0.0287	0.0175	0.1154
16	新文学史料	0.0043	0.0172	0.0196	0.0137	0.0903
17	文学自由谈	0.0099	0.0175	0.0063	0.0112	0.0738
18	文艺评论	0.0076	0.0037	0.0219	0.0111	0.0732
19	当代文坛	0.0113	0.0022	0.019	0.0108	0.0712
20	南京师范大学文学院学报	0.015	0	0.0077	0.0076	0.0501
21	理论与创作	0.0028	0.0025	0.0082	0.0045	0.0297
22	书屋	0.0019	0.0073	0.0037	0.0043	0.0283
23	戏曲艺术	0.0038	0	0.0049	0.0029	0.0191
24	作品与争鸣	0	0.0031	0.0033	0.0021	0.0138
25	蒲松龄研究	0	0.0061	0	0.0020	0.0132
25	名作欣赏	0.0016	0.003	0.0014	0.0020	0.0132
27	世界华文文学论坛	0	0.0055	0	0.0018	0.0119

从表 8-12 可以发现，中国文学期刊的学科引用速率三年平均值为 0.0383，与同类的外国文学期刊学科引用速率的三年平均值 0.0138 相比，中国文学期刊被中国文学论文引用的比例高于外国文学论文对本学科期刊的引用比例。而且中国文学期刊中《文学评论》、《文艺争鸣》和《中国现代文学研究丛刊》学科引用速率表现突出，这固然与这些期刊本身的影响力较强有关，更重要的是凸显了这些期刊较强的追踪学科热点、探索学科前沿的办刊方针。

结合表 8-10 的数据，我们发现：(1) 表中所列的期刊被中国文学论文引用的比例绝大多数在 80% 以上；(2) 横跨中国文学、外国文学两个学科的《中国比较文学》与横跨教育、戏曲等领域的期刊，被中国文学论文引用的速率占这些期刊总被引速率的 60%—70%；(3)《书屋》这一杂志的学科引用速率仅占总被引速率的 26.88%。分析这个期刊的被引情况，发现引用该刊的论文不仅来自中国文学研究领域，而且还涉及法学、政治学、教育学等多个学科。这主要是由于该刊着力向社会介绍国内外出版社中的精品力作，所介绍的刊物来自社会科学各个学科，因此，该刊涉及学科门类较为广泛,在中国文学研究领域内被关注程度相对较低。

从 2004—2006 年中国文学期刊学科引用速率的变化趋势来看,仅有 6 种期刊在三年中保持不断增长的趋势,《文艺理论研究》和《文艺争鸣》表现突出,连续两年的增长幅度分别为:117.86% 和 73.95%、29.31% 和 74.25。有 15 种期刊在三年中起伏不定,没有稳定的趋势。这也提醒中国文学期刊应提升自己把握中国文学研究热点领域的能力。

8.3.4 中国文学期刊被引速率综合分析

总被引速率、他刊引用速率和学科引用速率从不同的角度揭示了期刊的及时被引速度和期刊的受关注程度。我们将被引速率包含的三项二级指标分别赋予 25%、50% 和 25% 的权重(确定权重的解释详见第 1 章),并计算出中国文学期刊的被引速率综合值。表 8-13 按照归一、加权后的综合值给出了 2004—2006 年中国文学期刊被引速率综合值前 25 名的期刊。

表 8-13　　2004—2006 年中国文学期刊被引速率综合值

排序	期刊名称	总被引速率归一化值	他刊引用速率归一化值	学科引用速率归一化值	综合值
1	文学评论	1	1	1	1
2	文艺争鸣	0.7258	0.4676	0.7772	0.6096
3	中国现代文学研究丛刊	0.6706	0.2211	0.7601	0.4682
4	当代作家评论	0.4425	0.3621	0.5069	0.4184
5	文艺理论研究	0.4369	0.4123	0.3856	0.4118
6	文艺理论与批评	0.3407	0.3806	0.3349	0.3592
7	中国比较文学	0.4727	0.2478	0.3916	0.3400
8	文学遗产	0.3578	0.2853	0.2762	0.3012
9	鲁迅研究月刊	0.3771	0.1118	0.4252	0.2565
10	南方文坛	0.2520	0.2128	0.2828	0.2401
11	红楼梦学刊	0.3271	0.0508	0.3711	0.2000
12	民族文学研究	0.1792	0.1760	0.2076	0.1847
13	小说评论	0.1416	0.1582	0.1384	0.1491
14	中国文学研究	0.1086	0.1213	0.1154	0.1167
15	明清小说研究	0.1109	0.0928	0.1173	0.1035
16	书屋	0.0910	0.1017	0.0283	0.0807
17	文艺评论	0.0757	0.0845	0.0732	0.0795

续表

排序	期刊名称	总被引速率归一化值	他刊引用速率归一化值	学科引用速率归一化值	综合值
18	新文学史料	0.0950	0.0584	0.0903	0.0755
19	文学自由谈	0.0637	0.0712	0.0738	0.0700
20	当代文坛	0.0768	0.0476	0.0712	0.0608
21	南京师范大学文学院学报	0.0575	0.0642	0.0501	0.0590
22	理论与创作	0.0307	0.0343	0.0297	0.0323
23	戏曲艺术	0.0256	0.0286	0.0191	0.0255
24	名作欣赏	0.0148	0.0165	0.0132	0.0153
25	作品与争鸣	0.0119	0.0133	0.0138	0.0131

表 8-13 显示的期刊被引速率综合值位居前列 25 种中国文学期刊可以划分为四个层次：

（1）被引速率综合值高于 0.7 的期刊《文学评论》列为第一层次，该期刊以高出第二位的《文艺争鸣》近 0.4 而高居榜首；

（2）被引速率综合值在 0.7—0.3 之间的《文艺争鸣》、《中国现代文学研究丛刊》、《当代作家评论》、《文艺理论研究》等 7 种期刊组成第二层次；

（3）被引速率综合值在 0.3—0.1 之间的《鲁迅研究月刊》、《南方文坛》等 7 种期刊组成第三层次；

（4）被引速率综合值在 0.1 以下的 10 种期刊和未列入表中的中国文学期刊组成第四层次。

从整体上来看，中国文学期刊被引速率相对较低，突出的期刊较少，处于中下游的期刊数量较多。这也告诉我们，中国文学期刊在不断挖掘期刊优秀选题，以及提高择稿质量方面都有较大提升空间。

8.4 中国文学期刊影响因子分析

影响因子是用来评价期刊学术影响的重要指标，在评价期刊方面有着十分重要的意义。影响因子是一个相对统计量，可以公平地评价大期刊和小期刊由于载文量不同所带来的被引偏差，反映的是期刊的整体影响。但是，由于学科规模、发展速度不同，不同学科的期刊拥有不同的文献利用规律，本书对影响因子进行了修正（具体计算方法详见第 1 章），并且引入了一般影响因子、他引影响因子和学科影响因子，对其进行归一化处理用以衡量期刊的学术影响。

8.4.1 一般影响因子

一般影响因子实际上就是指某一时间段内（一般为两年）某一期刊论文的篇均被引次数。影响因子越大，相对来说影响力也越大，表明该期刊对其学科领域越具影响力，学术水平与整体质量越高。本书中修正的一般影响因子为：该刊前第 2、3 年发表论文在统计当年被引用的总次数与该刊前第 2、3 年发表论文总数之比。表 8-14 给出了按照 2004—2006 年中国文学期刊一般影响因子三年平均值排序前 29 名的期刊，并进行了归一化处理，即以各期刊一般影响因子三年平均值作为分子，平均值的最大值（《文学评论》0.2525）为分母，计算而得。

表 8-14　　　　　　　2004—2006 年中国文学期刊一般影响因子

排序	期刊名称	2004 年	2005 年	2006 年	三年平均	归一化值
1	文学评论	0.2476	0.2397	0.2703	0.2525	1
2	文学遗产	0.1881	0.175	0.1076	0.1569	0.6214
3	中国现代文学研究丛刊	0.2155	0.1277	0.1198	0.1543	0.6111
4	中国比较文学	0.0373	0.1549	0.2395	0.1439	0.5699
5	当代作家评论	0.1715	0.0918	0.0930	0.1188	0.4705
6	文艺争鸣	0.0917	0.0925	0.1497	0.1113	0.4408
7	红楼梦学刊	0.1222	0.0519	0.0539	0.0760	0.3010
8	文艺理论研究	0.0497	0.075	0.0943	0.0730	0.2891
9	明清小说研究	0.0741	0.0526	0.0761	0.0676	0.2677
10	南方文坛	0.0309	0.0818	0.0779	0.0635	0.2515
11	小说评论	0.0482	0.0442	0.0444	0.0456	0.1806
12	鲁迅研究月刊	0.0217	0.0478	0.0635	0.0443	0.1754
13	民族文学研究	0.0229	0.0351	0.0714	0.0431	0.1707
14	文艺理论与批评	0.0379	0.0247	0.0584	0.0403	0.1596
15	新文学史料	0.0413	0.0396	0.0255	0.0355	0.1406
16	南京师范大学文学院学报	0.0246	0.0261	0.0414	0.0307	0.1216
17	书屋	0.0113	0.0219	0.0432	0.0255	0.1010
18	当代文坛	0.0175	0.0404	0.0181	0.0253	0.1002
19	中国文学研究	0.0323	0.0168	0.0244	0.0245	0.0970
20	文艺评论	0.0140	0.0366	0.0191	0.0232	0.0919
21	理论与创作	0.0071	0.0281	0.0284	0.0212	0.0840

续表

排序	期刊名称	2004年	2005年	2006年	三年平均	归一化值
22	世界华文文学论坛	0.0149	0	0.0211	0.0120	0.0475
23	古典文学知识	0	0.0141	0.0071	0.0071	0.0281
24	名作欣赏	0.0049	0.0037	0.0112	0.0066	0.0261
25	杜甫研究学刊	0.0092	0	0.0086	0.0059	0.0234
26	郭沫若学刊	0	0	0.0157	0.0052	0.0206
27	语文学刊	0.0037	0.0076	0.0023	0.0045	0.0178
28	艺术广角	0.0056	0	0.0045	0.0034	0.0135
29	中文自学指导	0	0	0.0085	0.0028	0.0111

分析表 8-14 中所列的 29 种期刊的一般影响因子，可以发现：从整体来看，中国文学期刊中影响因子较高的期刊较少，三年影响因子的平均值在 0.1 以上的期刊仅有 6 种，在所列的 29 种期刊中仅占 20%，大部分期刊影响因子低于 0.1，影响力偏低。

比较中国文学和外国文学的期刊发现：中国文学 29 种期刊三年的一般影响因子平均值为 0.056，外国文学 12 种期刊三年的一般影响因子平均值为 0.0557，两个学科的差距不大。但是，由于两个学科的统计源期刊（CSSCI 来源期刊）数量有较大差距，相比之下，中国文学期刊的影响因子并不乐观。分析两个学科期刊的影响因子的分布情况，可以发现，我国中国文学、外国文学期刊影响因子较高的期刊数量相差不大，一般影响因子在 0.1 以上的期刊分别是 6 种和 5 种，但是外国文学期刊一般影响因子最高的期刊为《外国文学评论》（0.1537），与中国文学期刊一般影响因子排名第 1 的《文学评论》有较为明显的差距。我国中国文学的悠久的研究历史，深厚的研究底蕴，严谨的研究传统孕育了中国文学的优秀期刊。

将表中所列期刊的一般影响因子与这些期刊的总被引速率相关联，分析这些期刊的影响力在时间跨度上的分布，我们发现：仅有 7 种期刊的影响因子排序和总被引速率排序变化较为明显。(1)《鲁迅研究月刊》、《文艺理论与批评》、《文艺争鸣》和《中国文学研究》4 种期刊的一般影响因子排序相比较总被引速率排序有较明显的下滑，说明这 4 种期刊的新发表的论文被学界关注的可能性较时间久远的论文被关注的可能性大，或者说这些期刊发表的论文更注重学科热点。(2)《明清小说研究》、《南京师范大学文学院学报》和《文学遗产》3 种期刊的一般影响因子排序高于它们的总被引速率排序，说明这些期刊对学科基础研究较为注重，发表的论文时效性相对较低。

从 2004—2006 年各个期刊的变化趋势来看：仅有 8 种期刊保持连续的增长趋势。

三年一般影响因子平均值在 0.1 以上的 6 种期刊中《中国比较文学》和《文艺争鸣》连续两年保持增长；一般影响因子低于 0.1 的期刊三年中不断增长的期刊共有 6 种，说明中国文学期刊的整体学术影响也在不断得到提高。

8.4.2 他引影响因子

他引影响因子，是指在某一时段内，某期刊发表的论文被其他期刊引用的次数与该时段内该刊的发表论文总量之比。不言而喻，他引影响因子比起一般影响因子更能体现期刊受到关注的程度。本书中修正的他引影响因子为：该刊前第 2、3 年发表论文在统计当年被其他期刊引用的总次数与该刊前第 2、3 年发表论文总数之比。表 8-15 给出了按照 2004—2006 年中国文学期刊他引影响因子三年平均值排序前 29 名的期刊，并进行了归一化处理，即以各期刊他引影响因子三年平均值作为分子，平均值的最大值（《文学评论》0.2338）为分母，计算而得。

表 8-15　　　　　　　　2004—2006 年中国文学期刊他引影响因子

排序	期刊名称	2004 年	2005 年	2006 年	三年平均	归一化值
1	文学评论	0.2347	0.2145	0.2523	0.2338	1
2	文学遗产	0.1606	0.1500	0.0916	0.1341	0.5736
3	中国比较文学	0.0373	0.1338	0.1617	0.1109	0.4743
4	当代作家评论	0.1548	0.0854	0.0845	0.1082	0.4628
5	中国现代文学研究丛刊	0.1105	0.1011	0.0885	0.1000	0.4277
6	文艺争鸣	0.0873	0.0925	0.1138	0.0979	0.4187
7	文艺理论研究	0.0497	0.0625	0.0818	0.0647	0.2767
8	南方文坛	0.0206	0.0632	0.0779	0.0539	0.2305
9	明清小说研究	0.0582	0.0421	0.0558	0.0520	0.2224
10	小说评论	0.0482	0.0442	0.0444	0.0456	0.1950
11	文艺理论与批评	0.0379	0.0247	0.0584	0.0403	0.1724
12	新文学史料	0.0367	0.0308	0.0255	0.0310	0.1326
13	南京师范大学文学院学报	0.0246	0.0261	0.0414	0.0307	0.1313
14	民族文学研究	0.0171	0.0351	0.0357	0.0293	0.1253
15	书屋	0.0113	0.0219	0.0432	0.0255	0.1091
16	中国文学研究	0.0323	0.0168	0.0244	0.0245	0.1048
17	鲁迅研究月刊	0.0136	0.0253	0.0331	0.0240	0.1027
18	文艺评论	0.0140	0.0366	0.0191	0.0232	0.0992
19	当代文坛	0.0088	0.038	0.0181	0.0216	0.0924

续表

排序	期刊名称	2004年	2005年	2006年	三年平均	归一化值
20	理论与创作	0.0071	0.0281	0.0284	0.0212	0.0907
21	红楼梦学刊	0.0362	0.0216	0.0041	0.0206	0.0881
22	世界华文文学论坛	0.0149	0	0.0211	0.0120	0.0513
23	古典文学知识	0	0.0141	0.0071	0.0071	0.0304
24	名作欣赏	0.0049	0.0037	0.0112	0.0066	0.0282
25	杜甫研究学刊	0.0092	0	0.0086	0.0059	0.0252
26	郭沫若学刊	0	0	0.0157	0.0052	0.0222
27	语文学刊	0.0037	0.0076	0.0023	0.0045	0.0192
28	艺术广角	0.0056	0	0.0045	0.0034	0.0145
29	中文自学指导	0	0	0.0085	0.0028	0.0120

分析表 8-15 中所列的 29 种期刊的他引影响因子分布，从整体来看，中国文学期刊他引影响因子三年平均值在 0.1 以上的仅有 5 种，只占表中期刊总数的 17%，近半数的期刊他引影响因子低于 0.03，差距悬殊。《文学评论》以高出第 2 名近一倍而高居榜首。

比较中国文学期刊和同性质的外国文学期刊发现：中国文学 29 种期刊三年的他引影响因子平均值为 0.0462，外国文学 12 种期刊三年的他引影响因子平均值为 0.0417，两个学科的差距不大。分析两个学科期刊的他引影响因子较高的期刊数量，即三年他引影响因子平均值高于 0.1 或者近似等于 0.1 的期刊，中国文学期刊多达 6 种，外国文学期刊仅有 2 种，并且外国文学期刊他引影响因子最高的为《外国文学评论》（0.1071），与中国文学期刊他引影响因子排名第 1 的《文学评论》（0.2338）差距明显。

将表中所列期刊的他引影响因子与这些期刊的一般影响因子比较分析不难发现：《鲁迅研究月刊》和《红楼梦学刊》的排序变化明显，《鲁迅研究月刊》从第 12 名下滑至第 17 名，《红楼梦学刊》从第 7 名下滑至第 21 名。这两种期刊的特点非常明显，主要发表研究《红楼梦》及鲁迅文学的思想、艺术、版本、作者生平家世、文物资料的考证等方面的学术论文，研究范围明确，在特定的领域内影响斐然，因此，自引率相对较高，这使得这些期刊的他引影响因子排序下滑明显。

从 2004—2006 年各个期刊的变化趋势来看：有 8 种期刊保持连续的增长趋势。他引影响因子平均值在 0.1 以上的 5 种期刊中仅有《中国比较文学》连续两年保持增长，这与该刊的一般影响因子表现的趋势相一致；他引影响因子低于 0.1 但三年中不断增长的期刊共有 7 种，说明中国文学的期刊对其他期刊的学术影响呈整体上升的趋势。

8.4.3 学科影响因子

不同学科的研究领域有其不同的研究方法，同一学科的不同研究领域也有着不同的研究方法，因此不同学科、不同领域关注的研究论文、期刊都有所不同。本书引入学科影响因子，目的是为了量化期刊对本学科论文的影响力。表 8‐16 给出了按照 2004—2006 年中国文学期刊学科影响因子三年平均值排序前 29 名的期刊，并进行了归一化处理，即以各期刊学科影响因子三年平均值作为分子，平均值的最大值（《文学评论》0.2088）为分母，计算而得。

表 8‐16　　　　　　2004—2006 年中国文学期刊学科影响因子

排序	期刊名称	2004 年	2005 年	2006 年	三年平均	归一化值
1	文学评论	0.1865	0.2177	0.2222	0.2088	1
2	中国现代文学研究丛刊	0.2099	0.1277	0.1042	0.1473	0.7055
3	文学遗产	0.1514	0.13	0.0797	0.1204	0.5766
4	当代作家评论	0.1715	0.0759	0.0817	0.1097	0.5254
5	文艺争鸣	0.0830	0.0712	0.1407	0.0983	0.4708
6	中国比较文学	0	0.0775	0.2036	0.0937	0.4488
7	红楼梦学刊	0.1176	0.0476	0.0415	0.0689	0.3300
8	明清小说研究	0.0688	0.0526	0.0711	0.0642	0.3075
9	南方文坛	0.0241	0.0743	0.0736	0.0573	0.2744
10	文艺理论研究	0.0186	0.0625	0.0566	0.0459	0.2198
11	小说评论	0.0482	0.0442	0.0403	0.0442	0.2117
12	民族文学研究	0.0171	0.0351	0.0612	0.0378	0.1810
13	鲁迅研究月刊	0.0190	0.0337	0.0580	0.0369	0.1767
14	新文学史料	0.0229	0.0308	0.0170	0.0236	0.1130
15	当代文坛	0.0175	0.0333	0.0158	0.0222	0.1063
16	文艺评论	0.0140	0.0325	0.0191	0.0219	0.1049
17	文艺理论与批评	0.0189	0.0177	0.0272	0.0213	0.1020
18	中国文学研究	0.0258	0.0112	0.0244	0.0205	0.0982
19	理论与创作	0.0071	0.0175	0.0199	0.0148	0.0709
20	南京师范大学文学院学报	0.0148	0.0149	0.0075	0.0124	0.0594
21	书屋	0	0.0073	0.0113	0.0062	0.0297
22	杜甫研究学刊	0.0092	0	0.0086	0.0059	0.0283

续表

排序	期刊名称	2004 年	2005 年	2006 年	三年平均	归一化值
22	古典文学知识	0	0.0106	0.0071	0.0059	0.0283
24	世界华文文学论坛	0.0099	0	0.0053	0.0051	0.0244
25	文学自由谈	0.0073	0.0073	0	0.0049	0.0235
26	名作欣赏	0.0025	0.0037	0.008	0.0047	0.0225
27	艺术广角	0.0056	0	0.0045	0.0034	0.0163
28	戏曲艺术	0	0	0.0076	0.0025	0.0120
28	蒲松龄研究	0	0.0075	0	0.0025	0.0120

从表 8-16 中所列的 29 种期刊的学科影响因子的整体情况来看，少数期刊影响了中国文学领域的多数研究。学科影响因子近似等于 0.1 的期刊约有 6 种，占表中期刊总数的五分之一。

比较中国文学期刊和性质相似的外国文学期刊的学科影响因子：中国文学期刊学科影响因子三年平均值为 0.0437，外国文学期刊三年学科影响因子平均值为 0.0297。将学科影响因子与一般影响因子比较可得：中国文学期刊的学科影响比例在 78%，外国文学期刊的学科影响比例为 53.3%，中国文学期刊所发表的论文被本学科论文引用的比例高于外国文学期刊，这说明中国文学期刊专业化程度整体高于外国文学期刊。另一方面也说明了中国文学的学科交流、融会的程度较外国文学稍低。

结合表 8-14 的数据，我们发现：（1）表中所列的期刊中近三分之二的学术影响体现在中国文学的研究领域，即被中国文学论文引用的比例在 80% 以上；（2）《南京师范大学文学院学报》和《书屋》的学科影响因子占一般影响因子的比例分别为 40.39% 和 24.41%，这也说明这两种期刊在其他学科也有一定的影响。

8.4.4 中国文学期刊影响因子综合分析

本书采用他引影响因子和学科影响因子，科学地避免了一般影响因子可能带来的偏差，并且从不同的角度反映了期刊的学术影响。按照第 1 章的权重分配，一般影响因子和学科影响因子的权重赋予 25%，他引影响因子赋予 50% 权重。表 8-17 按照归一化、加权后给出了 2004—2006 年中国文学期刊影响因子综合值排名前 26 名的期刊。

表 8-17　　2004—2006 年中国文学期刊影响因子综合值

排序	期刊名称	一般影响因子归一化值	他引影响因子归一化值	学科影响因子归一化值	综合值
1	文学评论	1	1	1	1
2	文学遗产	0.6214	0.5736	0.5766	0.5863
3	中国现代文学研究丛刊	0.6111	0.4277	0.7055	0.5430
4	中国比较文学	0.5699	0.4743	0.4488	0.4918
5	当代作家评论	0.4705	0.4628	0.5254	0.4804
6	文艺争鸣	0.4408	0.4187	0.4708	0.4373
7	文艺理论研究	0.2891	0.2767	0.2198	0.2656
8	明清小说研究	0.2677	0.2224	0.3075	0.2550
9	南方文坛	0.2515	0.2305	0.2744	0.2467
10	红楼梦学刊	0.3010	0.0881	0.3300	0.2018
11	小说评论	0.1806	0.195	0.2117	0.1956
12	文艺理论与批评	0.1596	0.1724	0.102	0.1516
13	民族文学研究	0.1707	0.1253	0.181	0.1506
14	鲁迅研究月刊	0.1754	0.1027	0.1767	0.1394
15	新文学史料	0.1406	0.1326	0.1130	0.1297
16	南京师范大学文学院学报	0.1216	0.1313	0.0594	0.1109
17	中国文学研究	0.0970	0.1048	0.0982	0.1012
18	文艺评论	0.0919	0.0992	0.1049	0.0988
19	当代文坛	0.1002	0.0924	0.1063	0.0978
20	书屋	0.1010	0.1091	0.0297	0.0872
21	理论与创作	0.0840	0.0907	0.0709	0.0841
22	世界华文文学论坛	0.0475	0.0513	0.0244	0.0436
23	古典文学知识	0.0281	0.0304	0.0283	0.0293
24	名作欣赏	0.0261	0.0282	0.0225	0.0263
25	杜甫研究学刊	0.0234	0.0252	0.0283	0.0255
26	艺术广角	0.0135	0.0145	0.0163	0.0147

根据表 8-17 的影响因子综合值，中国文学期刊可分为四个层次：

影响因子综合值排名第 1 的《文学评论》遥遥领先，独占鳌头，属于第一层次。

影响因子综合值在 0.6—0.4 的五种期刊：《文学遗产》、《中国现代文学研究丛刊》、《中国比较文学》、《当代作家评论》和《文艺争鸣》组成第二层次，该层次的期刊在中国文学研究领域有较高的影响力,是中国文学学术期刊的重要组成部分。

影响因子综合值在0.3—0.1的期刊组成第三个层次,这些期刊对中国文学的研究有一定的影响,但是影响有限,努力的空间还很大。

影响因子综合值低于0.1的期刊和未列入表中的中国文学期刊组成第四层次,这些期刊的影响力还有待提高。

8.5 中国文学期刊被引广度分析

被引广度是从另一个角度来考察期刊影响力的指标,它是统计一种期刊被多少种期刊引用,进而分析该期刊对其他期刊的影响力。这虽然是通过期刊的引用来反映,但实际上体现的是引用该期刊的学者分布广度和学者群[①]。为了避免随机引用,本书的第1章已经给出了新的期刊被引广度的计算方法。表8-18给出了按照新的被引广度方法计算的2004—2006年中国文学期刊的被引广度。

表8-18　　　　　　　　　2004—2006年中国文学期刊被引广度

排序	期刊名称	2004年	2005年	2006年	三年平均	归一化值
1	文学评论	49.0	58.2	63.8	57.00	1
2	文学遗产	27.6	30.2	28.0	28.60	0.5018
3	文艺争鸣	16.6	21.0	24.0	20.53	0.3602
4	当代作家评论	16.4	17.0	22.4	18.60	0.3263
5	新文学史料	13.6	16.6	18.2	16.13	0.2830
6	中国现代文学研究丛刊	15.6	14.6	18.0	16.07	0.2819
7	文艺理论研究	9.6	15.6	18.4	14.53	0.2550
8	鲁迅研究月刊	7.8	9.8	15.4	11.00	0.1930
9	中国比较文学	5.8	11.2	12.8	9.93	0.1743
10	南方文坛	6.6	10.6	11.4	9.53	0.1673
11	文艺理论与批评	5.8	7.4	10.4	7.87	0.1380
12	明清小说研究	7.4	6.4	9.2	7.67	0.1345
13	小说评论	5.0	7.6	9.4	7.33	0.1287
14	书屋	4.0	8.0	9.6	7.20	0.1263
15	民族文学研究	4.6	6.8	5.8	5.73	0.1006

[①] 龚放、邓三鸿:"2000—2004年中国教育期刊影响力报告——基于CSSCI的统计分析",《教育研究》2006年第9期,第8—18页。

续表

排序	期刊名称	2004年	2005年	2006年	三年平均	归一化值
16	文艺评论	4.4	6.2	6.4	5.67	0.0994
17	当代文坛	5.0	5.4	6.4	5.60	0.0982
17	红楼梦学刊	4.8	3.8	8.2	5.60	0.0982
19	中国文学研究	4.6	4.0	5.6	4.73	0.0830
20	文学自由谈	3.6	4.8	4.2	4.20	0.0737
21	创造	2.8	3.4	3.2	3.13	0.0550
22	名作欣赏	2.4	3.6	3.2	3.07	0.0538
23	理论与创作	2.2	2.6	4.2	3.00	0.0526
24	南京师范大学文学院学报	2.0	1.6	3.6	2.40	0.0421
25	古典文学知识	2.0	1.8	1.6	1.80	0.0316
26	中国韵文学刊	1.2	1.2	2.8	1.73	0.0304
27	新世纪	0.8	2.2	1.6	1.53	0.0269
28	杜甫研究学刊	1.6	0.4	2.4	1.47	0.0257
28	上海文化	2.0	0.6	1.8	1.47	0.0257
30	艺术广角	0.8	1.0	2.2	1.33	0.0234
31	语文学刊	0.8	1.6	1.2	1.20	0.0211
32	中国文艺家	0.4	1.2	1.4	1.00	0.0175
32	作品与争鸣	1.4	1.2	0.4	1.00	0.0175
34	世界华文文学论坛	0.6	0.2	2.0	0.93	0.0164
35	中文自学指导	0.4	0.4	1.6	0.80	0.0140
35	上海戏剧	0.4	1.2	0.8	0.80	0.0140
35	四川戏剧	1.0	0.2	1.2	0.80	0.0140
35	蒲松龄研究	0.8	1.0	0.6	0.80	0.0140
35	戏曲艺术	0.4	1.6	0.4	0.80	0.0140
40	郭沫若学刊	0	0.4	1.6	0.67	0.0117
41	词刊	0.4	0	1.4	0.60	0.0105

被引广度在一定程度上反映了期刊论文的影响范围，是期刊被引指标中的辅助性指标。从表8-18显示的中国文学期刊的被引广度分析，中国文学期刊的被引广度差异显著，《文学评论》以三年平均广度57，高出第2名1倍多的广度，位居榜首，也有17种期刊广度小于2，差距悬殊。

从 2004—2006 年间各个期刊被引广度的变化趋势来看，表中所列的 41 种期刊中近一半的期刊在三年中都保持着上升的态势，仅有《古典文学知识》和《作品与争鸣》2 种期刊三年中呈下降的趋势。在学术发展蒸蒸日上的大环境下，这两种期刊被引广度的缩小，需要引起杂志社的警觉。

比较 CSSCI 的中国文学来源期刊与非来源期刊，我们发现，2004—2006 年来源期刊的平均被引广度为 0.27，非来源期刊的平均被引广度为 0.04。5 倍的差距使我们有理由相信，CSSCI 来源期刊在学术影响上较非来源期刊有着绝对的优势。

同表 8-7（期刊的他刊引用次数）相比，表 8-18 的广度排序与他引排序基本一致，由此我们也可以看出中国文学期刊的被引广度与期刊的绝对他引量存在正相关的线性关系。

8.6 中国文学期刊二次文献转载分析

了解一个学科的一个重要方面是研究这个学科领域中专业期刊的分布情况，这些期刊承载着一个学科的发展历程，构成一个学科的生存空间。品质突出、遴选条件严格的二次文献转载的全文文献是经过专家精心挑选和评估的。我国著名的 3 种二次文献期刊《新华文摘》、《中国社会科学文摘》和《复印报刊资料》所转载的文献形成了该学科研究领域中，具有一定学术水平的文献群和作者群。本节中通过考察二次文献的转载情况，我们可以基本了解中国文学研究领域中具有较高学术水平的期刊群。

8.6.1 《新华文摘》全文转载

由人民出版社主办的《新华文摘》创刊于 1979 年，主要展示政治、哲学、经济、历史、文学艺术、人物与回忆、文化、科技、读书与出版等方面的新成果、新观点、新信息，30 年来该文摘秉承了一贯的办刊方针，融思想性、学术性于一体，不仅以其信息量大、学科整合性强著称，更以其学术权威性和理论系统性见长。在促进思想解放和改革开放、增进学术成果交流、传播和积累民族文化等方面，发挥了不可替代的作用。[①]

表 8-19 给出了 2004—2006 年被《新华文摘》转载的所有中国文学期刊，并对三年平均值进行了归一化处理，即以各期刊被《新华文摘》转载的三年平均值作为分子，平均值的最大值（《文学评论》8.67）为分母，计算而得。

---

① 谢东、江惜春："基于检索统计系统的《新华文摘》引刊分析"，《情报科学》2007 年第 6 期，第 869—871 页。

表 8-19　　　2004—2006 年中国文学期刊被《新华文摘》全文转载统计

排序	期刊名称	2004 年（篇）	2005 年（篇）	2006 年（篇）	三年平均（篇）	归一化值
1	文学评论	8	7	11	8.67	1
2	文学遗产	1	1	7	3.00	0.3460
3	南方文坛	1	3	4	2.67	0.3076
4	文艺争鸣	3	3	1	2.33	0.2691
5	中国现代文学研究丛刊	0	0	6	2.00	0.2307
5	文艺理论与批评	3	1	2	2.00	0.2307
5	文艺理论研究	2	4	0	2.00	0.2307
8	当代作家评论	1	0	4	1.67	0.1922
9	红楼梦学刊	0	0	2	0.67	0.0769
9	上海文化	0	0	2	0.67	0.0769
9	文艺评论	0	1	1	0.67	0.0769
9	中国比较文学	0	1	1	0.67	0.0769
9	文学自由谈	1	0	1	0.67	0.0769
14	理论与创作	0	0	1	0.33	0.0384
14	南京师范大学文学院学报	0	0	1	0.33	0.0384
14	上海戏剧	0	0	1	0.33	0.0384
14	新文学史料	0	0	1	0.33	0.0384
14	中国京剧	0	0	1	0.33	0.0384
14	中国韵文学刊	0	0	1	0.33	0.0384
14	鲁迅研究月刊	0	1	0	0.33	0.0384
14	当代文坛	1	0	0	0.33	0.0384
14	书屋	1	0	0	0.33	0.0384

从表 8-19 我们看到，中国文学期刊在 2004—2006 年有 22 种期刊被《新华文摘》至少全文转载 1 篇。三年转载量在 9 篇以上的期刊仅有 2 种，三年转载量在 3—8 篇的期刊有 6 种，其他 14 种期刊在 2004—2006 年仅有 1—2 篇文章被《新华文摘》转载，这一分布情况反映了中国文学期刊被《新华文摘》关注的程度还不够。

被《新华文摘》转载的第 1 名是中国文学的顶尖期刊《文学评论》，该刊在 2004—2006 年被《新华文摘》分别转载 8、7、11 篇，在稳定发展的基础上，2006 年还出现了较大幅度的增长。在 2004—2006 年被《新华文摘》转载的数量增长幅度较大的期刊还有：《文学遗产》和《中国现代文学研究丛刊》，在 2004、2005 年平稳发展的情况下，2006 年均增长 6 篇，出现了飞跃式的增长，令人欣喜。

可以说，《新华文摘》对期刊的转载只是极少优质精品期刊的殊荣，在中国文学期刊中，普通学术期刊被《新华文摘》全文转载的概率非常低，要想得到《新华文摘》的青睐，还需进一步加强自身的稿件质量，掌握当前的学术热点。

8.6.2 《中国社会科学文摘》全文转载

《中国社会科学文摘》是择优推介哲学社会科学重要研究成果的文摘类期刊，其学术背景深厚，涵盖范围广泛。它强调学术品位，突出问题意识，倡导理论创新，兼及新知文趣。在广泛收集、严格筛选和着意梳理信息的基础上，它已形成集学术性、前瞻性、批判性、对策性为有机整体的办刊风格。《中国社会科学文摘》是了解哲学社会科学领域研究状况、学术水平和发展趋势的重要窗口。[①]

表 8-20 给出了 2004—2006 年被《中国社会科学文摘》转载的所有中国文学期刊，并对三年平均值进行了归一化处理，即以各期刊被《中国社会科学文摘》转载的三年平均值作为分子，平均值的最大值（《文学评论》5.67）为分母，计算而得。

表 8-20　　2004—2006 年中国文学期刊被《中国社会科学文摘》全文转载统计

排序	期刊名称	2004 年（篇）	2005 年（篇）	2006 年（篇）	三年平均（篇）	归一化值
1	文学评论	2	4	11	5.67	1
2	文艺争鸣	2	3	4	3.00	0.5291
3	当代作家评论	2	1	2	1.67	0.2945
4	南方文坛	1	1	2	1.33	0.2346
5	文学遗产	0	1	1	0.67	0.1182
5	鲁迅研究月刊	1	0	1	0.67	0.1182
7	南京师范大学文学院学报	0	0	1	0.33	0.0582
7	文艺评论	0	0	1	0.33	0.0582
7	红楼梦学刊	0	0	1	0.33	0.0582
7	上海文化	0	0	1	0.33	0.0582
7	理论与创作	1	0	0	0.33	0.0582
7	名作欣赏	1	0	0	0.33	0.0582
7	书屋	1	0	0	0.33	0.0582

---

① "《中国社会科学文摘》2008 年改刊敬告学术界"，《中国社会科学》2007 年第 4 期。

从表 8-20 可以看出，转载的整体情况较《新华文摘》更加偏低，中国文学期刊除《文学评论》和《文艺争鸣》以外，大部分中国文学期刊被《中国社会科学文摘》转载的次数较少，或者为 0。表中所列的期刊中有半数在 2004—2006 年仅被《中国社会科学文摘》转载过 1 篇。究其原因：《中国社会科学文摘》是力求综合反映对重大现实问题和理论问题有深刻见解的学术成果的文摘类期刊，该刊着力于刊登敏锐追踪对社会科学研究具有引导作用的前沿课题和热点问题，积极关注基于科学批判精神并在学术层面展开的争鸣与评论，精心提炼对学科建设和学术发展有所创新、有所突破的论著精华。① 因此，对于传统的人文科学（中国文学）期刊的摘录率较低的状况，也是可以理解的。

8.6.3 《复印报刊资料》全文转载

中国人民大学主办的《复印报刊资料》是突出文献的学术内涵，把分散在数千种报刊中质量较高的论文分门别类地集中起来，体现了学术研究的客观和公正。《复印报刊资料》文史类专题的刊物更是遵循探讨传统文化，关注当代中国；反映学界热点，追踪学术前沿；遵守学术规范，提倡学术创新；贯彻"双百"方针，捕捉争鸣焦点的编辑原则，力求为广大读者提供全面的学术信息，搭建相互交流的平台。

表 8-21 给出了 2004—2006 年被《复印报刊资料》转载的所有中国文学期刊，并对三年平均值进行了归一化处理，即以各期刊被《复印报刊资料》转载的三年平均值作为分子，平均值的最大值（《文学评论》51.67）为分母，计算而得。

表 8-21　　2004—2006 年中国文学期刊被《复印报刊资料》全文转载统计

排序	期刊名称	2004 年（篇）	2005 年（篇）	2006 年（篇）	三年平均（篇）	归一化值
1	文学评论	60	43	52	51.67	1
2	文学遗产	38	41	37	38.67	0.7484
3	文艺争鸣	32	31	24	29.00	0.5613
4	文艺理论研究	21	22	16	19.67	0.3807
5	当代作家评论	19	17	21	19.00	0.3677
6	南京师范大学文学院学报	24	15	15	18.00	0.3484
7	文艺理论与批评	11	21	20	17.33	0.3354
8	鲁迅研究月刊	12	16	14	14.00	0.2710
8	南方文坛	21	11	10	14.00	0.2710

---

① "《中国社会科学文摘》推介"，《学术界》2003 年第 5 期。

续表

排序	期刊名称	2004年（篇）	2005年（篇）	2006年（篇）	三年平均（篇）	归一化值
10	中国现代文学研究丛刊	12	0	22	11.33	0.2193
11	民族文学研究	5	13	15	11.00	0.2129
12	理论与创作	11	10	8	9.67	0.1871
13	书屋	19	0	6	8.33	0.1612
14	文艺评论	9	6	8	7.67	0.1484
15	当代文坛	5	3	12	6.67	0.1291
16	中文自学指导	0	11	6	5.67	0.1097
17	中国文学研究	9	4	3	5.33	0.1032
18	上海文化	0	0	15	5.00	0.0968
18	中国韵文学刊	7	2	6	5.00	0.0968
20	新文学史料	2	7	5	4.67	0.0904
21	艺术广角	3	6	4	4.33	0.0838
22	中国比较文学	6	4	2	4.00	0.0774
23	明清小说研究	1	0	7	2.67	0.0517
24	杜甫研究学刊	3	3	1	2.33	0.0451
25	郭沫若学刊	3	2	1	2.00	0.0387
25	中国京剧	4	1	1	2.00	0.0387
27	戏曲艺术	0	0	5	1.67	0.0323
28	红楼梦学刊	0	0	4	1.33	0.0257
28	语文学刊	2	0	2	1.33	0.0257
30	四川戏剧	0	2	1	1.00	0.0194
30	名作欣赏	2	0	1	1.00	0.0194
32	文学自由谈	1	0	1	0.67	0.0130
32	上海戏剧	0	2	0	0.67	0.0130
34	古典文学知识	0	0	1	0.33	0.0064
34	小说评论	0	0	1	0.33	0.0064
34	作品与争鸣	0	0	1	0.33	0.0064
34	语文新圃	0	0	1	0.33	0.0064
34	世界华文文学论坛	0	1	0	0.33	0.0064
34	新世纪	0	1	0	0.33	0.0064
34	蒲松龄研究	1	0	0	0.33	0.0064

从表 8‑21 可以看出，中国文学期刊在 2004—2006 年间共有 40 种期刊被《复印报刊资料》全文转载 987 篇论文。联系表 8‑19 和表 8‑20 可以看出，中国文学期刊被《复印报刊资料》转载的数量是《新华文摘》三年转载总量 92 篇的 10 倍，是《中国社会科学文摘》三年转载总量 46 篇的 21 倍。从整体看来，中国文学期刊被《复印报刊资料》转载的数量突出。这主要是因为《复印报刊资料》专门设有刊登中国文学论文的专辑，并且每个专辑下设不同领域的主题，专门刊载该领域论文。由此可以看出《复印报刊资料》转载论文的总量大，对评价中国文学期刊的二次文献转载来说，具有更为重要的意义。

从增长趋势来看，中国文学期刊中竟然只有一种期刊《民族文学研究》在 2004—2006 三年中连续保持增长态势，这与另外两种文摘期刊所呈现的态势迥然不同。

8.6.4 二次文献转载综合分析

以上三种文摘型期刊是目前人文社会科学界公认的高水平、综合性文摘刊物，这三种文摘型期刊对社会科学论文、期刊的评价、鉴定作用已得到广泛的承认。我们按照第 1 章中给出的权重对《新华文摘》、《中国社会科学文摘》和《复印报刊资料》转载数量的归一化值进行加权，得到中国文学期刊被二次文献期刊转载的综合值。表 8‑22 按照归一化、加权后给出了 2004—2006 年中国文学期刊二次文献转载综合值前 34 名的期刊。

表 8‑22　　　　　　　　2004—2006 年中国文学期刊二次文献转载综合值

排序	期刊名称	新华文摘归一化值	中国社会科学文摘归一化值	复印报刊资料归一化值	综合值
1	文学评论	1	1	1	1
2	文艺争鸣	0.2691	0.5291	0.5613	0.4185
3	文学遗产	0.3460	0.1182	0.7484	0.3468
4	南方文坛	0.3076	0.2346	0.2710	0.2747
5	当代作家评论	0.1922	0.2945	0.3677	0.2631
6	文艺理论研究	0.2307	0	0.3807	0.1800
7	文艺理论与批评	0.2307	0	0.3354	0.1709
8	中国现代文学研究丛刊	0.2307	0	0.2193	0.1477
9	鲁迅研究月刊	0.0384	0.1182	0.2710	0.1129
10	南京师范大学文学院学报	0.0384	0.0582	0.3484	0.1073
11	文艺评论	0.0769	0.0582	0.1484	0.0847
12	理论与创作	0.0384	0.0582	0.1871	0.0751

续表

排序	期刊名称	新华文摘归一化值	中国社会科学文摘归一化值	复印报刊资料归一化值	综合值
13	上海文化	0.0769	0.0582	0.0968	0.0743
14	书屋	0.0384	0.0582	0.1612	0.0699
15	红楼梦学刊	0.0769	0.0582	0.0257	0.0601
16	中国比较文学	0.0769	0	0.0774	0.0501
17	当代文坛	0.0384	0	0.1291	0.0431
18	民族文学研究	0	0	0.2129	0.0426
19	文学自由谈	0.0769	0	0.0130	0.0372
20	中国韵文学刊	0.0384	0	0.0968	0.0366
21	新文学史料	0.0384	0	0.0904	0.0354
22	中国京剧	0.0384	0	0.0387	0.0250
23	名作欣赏	0	0.0582	0.0194	0.0243
24	中文自学指导	0	0	0.1097	0.0219
25	中国文学研究	0	0	0.1032	0.0206
26	上海戏剧	0.0384	0	0.0130	0.0199
27	艺术广角	0	0	0.0838	0.0168
28	明清小说研究	0	0	0.0517	0.0103
29	杜甫研究学刊	0	0	0.0451	0.0090
30	郭沫若学刊	0	0	0.0387	0.0077
31	戏曲艺术	0	0	0.0323	0.0065
32	语文学刊	0	0	0.0257	0.0051
33	四川戏剧	0	0	0.0194	0.0039
34	古典文学知识	0	0	0.0064	0.0013
34	小说评论	0	0	0.0064	0.0013
34	作品与争鸣	0	0	0.0064	0.0013
34	语文新圃	0	0	0.0064	0.0013
34	世界华文文学论坛	0	0	0.0064	0.0013
34	新世纪	0	0	0.0064	0.0013
34	蒲松龄研究	0	0	0.0064	0.0013

综合研究《新华文摘》、《中国社会科学文摘》和《复印报刊资料》对中国文学期刊的转载情况，无论从转载的期刊的数量还是转载论文的数量来看，《复印报刊资

料》对中国文学期刊的转载均高于其他两个文摘期刊。

从表 8-22 中所列的各个期刊的二次文献转载综合值,可以清晰地将期刊划分为三个层次:

《文学评论》在中国文学期刊中被各个文摘转载的论文数量都远远超过其他期刊,毫无争议地位于第一层次;

二次文献转载综合值在 0.5—0.2 之间的《文艺争鸣》、《文学遗产》等期刊组成第二层次。这些期刊被三种文摘期刊均有转载,但是转载量有限;

二次文献转载综合值低于 0.2 的期刊组成第三层次,这些期刊上登载的论文被三种文摘期刊转载的数量较少,从二次文献转载的角度反映了这些期刊发表高水平论文的数量较少,需要引起这些期刊编辑部门的重视。

8.7 中国文学期刊 Web 即年下载率分析

随着互联网的飞速发展与普及以及网络信息技术、通信技术的日益更新,网络信息资源以其快速、便捷、高效、内容丰富的优点得到了众多学者的青睐,越来越多的网络信息资源出现在各种期刊的学术论文引用文献里,[①] 越来越多的作者更愿意选择通过网络来获取所需要的期刊文献。Web 即年下载率是指期刊在某一期刊全文数据库中当年出版并上网的论文在当年被全文下载的次数与该期刊当年出版并上网论文总数之比。表 8-23 中的数据由清华同方的《中国期刊全文数据库》提供,从当年论文全文下载利用的角度反映研究人员、读者通过数据库对期刊的关注、利用情况。

表 8-23   2004—2006 年中国文学期刊 Web 即年下载率

排序	期刊名称	2004 年	2005 年	2006 年	三年平均	归一化值
1	文学评论	39.0	44.2	77.4	53.53	1
2	红楼梦学刊	33.7	48.6	60.4	47.57	0.8887
3	中国现代文学研究丛刊	44.5	30.3	56.7	43.83	0.8188
4	文艺理论与批评	30.8	49.7	35.2	38.57	0.7205
5	名作欣赏	28.5	34.7	50.9	38.03	0.7104
6	文学遗产	24.0	32.2	57.3	37.83	0.7067
7	当代文坛	31.5	45.9	34.4	37.27	0.6962
8	文艺争鸣	16.3	41.7	51.3	36.43	0.6806

---

① 谭芳兰:"从 Web 引文看网络学术资源开发与利用",《图书馆学刊》2007 年第 5 期,第 110—112 页。

续表

排序	期刊名称	2004 年	2005 年	2006 年	三年平均	归一化值
9	文艺理论研究	19.8	36.6	49.8	35.40	0.6613
10	小说评论	34.0	34.6	36.9	35.17	0.6570
11	中国比较文学	24.2	37.5	43.0	34.90	0.6520
12	当代作家评论	20.2	26.9	52.3	33.13	0.6189
13	南方文坛	24.6	41.4	30.0	32.00	0.5978
14	理论与创作	21.2	35.7	28.7	28.53	0.5330
15	中国文学研究	18.5	22.9	41.8	27.73	0.5180
16	鲁迅研究月刊	21.7	24.1	33.4	26.40	0.4932
17	杜甫研究学刊	9.9	12.1	52.3	24.77	0.4627
18	语文学刊	19.1	18.2	33.0	23.43	0.4377
19	文艺评论	21.1	23.0	22.7	22.27	0.4160
20	明清小说研究	0.2	21.4	40.3	20.63	0.3854
21	南京师范大学文学院学报	7.7	11.6	38.1	19.13	0.3574
22	书屋	11.5	15.0	26.1	17.53	0.3275
23	蒲松龄研究	11.1	13.4	26.0	16.83	0.3144
24	四川戏剧	9.3	14.6	23.7	15.87	0.2965
25	民族文学研究	4.9	10.6	30.4	15.30	0.2858
26	世界华文文学论坛	7.2	9.8	25.3	14.10	0.2634
27	文学自由谈	11.0	13.0	15.8	13.27	0.2479
28	中国韵文学刊	5.1	9.8	24.3	13.07	0.2442
29	艺术广角	0.0	0.0	31.9	10.63	0.1986
30	法语学习	7.2	8.6	13.8	9.87	0.1844
31	戏曲艺术	8.0	6.8	14.1	9.63	0.1799
32	新文学史料	5.0	4.6	16.9	8.83	0.1650
33	创造	9.9	8.6	7.1	8.53	0.1593
34	郭沫若学刊	6.3	5.0	12.0	7.77	0.1452

由表 8-23 我们看到，各项指标均名列第 1 的《文学评论》在 Web 即年下载率指标上再次高居榜首。《红楼梦学刊》虽然在其他指标上表现居于中游，但是在 Web 即年下载率指标上异军突起，位居第 2。这一现象充分说明了，在我国专业的文学研究，或者普通的文学赏析活动中，《红楼梦学刊》占有非常重要的地位，其影响不可

小觑。

从 Web 即年下载率的整体情况来看，各个期刊表现较为平均，差距不甚明显，表现相对均衡、集中。这是因为在网络环境下查找文献时很多作者往往不是根据期刊的重要性和影响力去查找文章，而是偏重于从主题、关键词去查找文章，从搜索范围上保证了每一本期刊的相对平等性。所以 Web 即年下载率在期刊评价指标体系中具有很重要的意义。

从各个期刊 Web 即年下载率在 2004—2006 年的变化趋势来看，整体情况令人欣喜，表中所列的 34 种期刊中有 23 种期刊在三年中 Web 即年下载率都持续增长，比例高达 67.6%，这一增长趋势是其他指标所无法比拟的，这正是网络文献资源在人文学科的利用率飞速增长的最好的印证。

8.8　中国文学期刊评价指标综合分析

我们应用第 1 章中设定的各项一级指标，从七大方面对中国文学期刊进行了多角度的测评，各期刊之间既显示自身的特色，也突出表现了期刊之间的共性。为了更为清晰地展现中国文学期刊的学术规范和学术影响力，本节根据第 1 章设定的期刊评价体系计算了每一种期刊的学术影响综合值，进行综合分析。表 8-24 给出了 2004—2006 年中国文学期刊七大指标归一化值和综合值排名前 22 名的期刊。

表 8-24　　　　　　　　2004—2006 年中国文学期刊综合值运算表

排序	期刊名称	期刊学术规范×0.15	被引次数×0.1	被引速率×0.1	影响因子×0.3	被引广度×0.1	二次文献转载×0.1	Web下载×0.15	综合值 Σ
1	文学评论	0.8233	1	1	1	1	1	1	0.9735
2	文学遗产	0.83	0.4311	0.3012	0.5863	0.5018	0.3468	0.7067	0.5645
3	文艺争鸣	0.7451	0.3184	0.6096	0.4373	0.3602	0.4185	0.6806	0.5157
4	中国现代文学研究丛刊	0.6433	0.3103	0.4682	0.543	0.2819	0.1477	0.8188	0.5030
5	当代作家评论	0.3578	0.3153	0.4184	0.4804	0.3263	0.2631	0.6189	0.4229
6	文艺理论研究	0.773	0.1673	0.4118	0.2656	0.255	0.18	0.6613	0.3962
7	中国比较文学	0.5161	0.1411	0.34	0.4918	0.1743	0.0501	0.652	0.3933
8	红楼梦学刊	0.5936	0.1932	0.2	0.2018	0.0982	0.0601	0.8887	0.3380
9	南方文坛	0.3997	0.1239	0.2401	0.2467	0.1673	0.2747	0.5978	0.3042
10	文艺理论与批评	0.4671	0.094	0.3592	0.1516	0.138	0.1709	0.7205	0.2998
11	明清小说研究	0.6395	0.1119	0.1035	0.255	0.1345	0.0103	0.3854	0.2663

续表

排序	期刊名称	期刊学术规范×0.15	被引次数×0.1	被引速率×0.1	影响因子×0.3	被引广度×0.1	二次文献转载×0.1	Web下载×0.15	综合值 Σ
12	鲁迅研究月刊	0.4154	0.2019	0.2565	0.1394	0.193	0.1129	0.4932	0.2545
13	小说评论	0.2991	0.1031	0.1491	0.1956	0.1287	0.0013	0.657	0.2403
14	民族文学研究	0.6516	0.0859	0.1847	0.1506	0.1006	0.0426	0.2858	0.2272
15	中国文学研究	0.6083	0.058	0.1167	0.1012	0.083	0.0206	0.518	0.2271
16	南京师范大学文学院学报	0.6593	0.0264	0.059	0.1109	0.0421	0.1073	0.3574	0.2093
17	理论与创作	0.5139	0.036	0.0323	0.0841	0.0526	0.0751	0.533	0.2019
18	名作欣赏	0.4823	0.0364	0.0153	0.0263	0.0538	0.0243	0.7104	0.1998
19	当代文坛	0.2531	0.0754	0.0608	0.0978	0.0982	0.0431	0.6962	0.1995
20	文艺评论	0.3617	0.0734	0.0795	0.0988	0.0994	0.0847	0.416	0.1800
21	新文学史料	0.0665	0.2544	0.0755	0.1297	0.283	0.0354	0.165	0.1385
22	书屋	0.0475	0.0761	0.0807	0.0872	0.1263	0.0699	0.3275	0.1177

表8-24给出了2004—2006年中国文学期刊各个一级指标归一化值及按照各个一级指标不同的权重计算的综合值。根据表8-24的综合值，我们最终对中国文学期刊进行了学术影响层面的划分，共划分成四个层次：

其一，期刊指标综合值在1—0.7的范围内的《文学评论》以6项指标遥遥领先的优势毫无争议地居于第一层次，是当之无愧的中国文学权威期刊；

其二，期刊指标综合值在0.7—0.22之间的《文学遗产》等14种期刊组成中国文学的核心期刊群，这一层次的期刊虽然研究重点各有侧重，但是对中国文学的学术影响较强，在中国文学研究领域是中流砥柱。从整体上来看是中国文学各领域研究的综合性期刊，时间上横贯古今，学科上融汇文学批评与文学理论。正因为有这些期刊的存在，中国文学的发展才能在各个领域内均开花结果，枝繁叶茂；

其三，期刊指标综合值在0.22—0.19之间的《南京师范大学文学院学报》等4种期刊组成扩展核心期刊群；

其四，期刊指标综合值在0.19以下的期刊以及未进入研究视野的中国文学期刊组成一般学术期刊群。这一层次的期刊为中国文学的发展做出了自己的贡献，但是学术影响有待提高。

依据这一原则得到中国文学期刊的定量评价结果：

权威期刊：《文学评论》；

核心期刊：《文学遗产》、《文艺争鸣》、《中国现代文学研究丛刊》、《当代作家评论》、《文艺理论研究》、《中国比较文学》、《红楼梦学刊》、《南方文坛》、《文艺理论与批评》、《明清小说研究》、《鲁迅研究月刊》、《小说评论》、《民族文学研究》、《中国文学研究》；

扩展核心期刊：《南京师范大学文学院学报》、《理论与创作》、《名作欣赏》、《当代文坛》；

其他期刊均为一般性学术期刊。

第 9 章 外国文学

根据国家新闻出版总署 2005 年发布的我国期刊目录，我国目前公开发行的外国文学类期刊不到 20 种。CSSCI（2004—2006 年）每年均收录外国文学来源期刊 6 种，这些刊物三年共登载论文 1854 篇，引用文献 16405 篇次。本章主要根据这些期刊所显示的有关数据来探讨外国文学研究领域内的期刊学术影响力以及发展趋势。

需要说明的是，在对外国文学期刊的统计分析过程中，针对各指标，我们尽可能给出较多的期刊排名，但是考虑到有些期刊在被引用指标上的数据很低，所以在学术规范量化指标、Web 下载指标及最后的综合值指标中未将它们统计在内。因此，我们对各项指标中所列出的刊物数量将根据期刊实际数据差异进行选择讨论，对一些在某指标上数据很低的期刊并没有列入其中，全文扩展讨论了 14 种期刊，重点探讨 10 种期刊。

另外，《中国比较文学》是一种横跨中外文学的跨学科期刊，大量的中外文学的比较论文刊载其中，并且外国文学学科论文大量引用该刊。尽管该刊已在第 8 章中讨论过，但为了依据数据客观地讨论《中国比较文学》的具体情况，我们将该刊也列入外国文学进行讨论。

9.1 外国文学期刊学术规范量化指标分析

随着我国哲学社会科学事业的不断发展，学术交流越来越频繁，学术期刊越规范就越有利于学术信息的交流和知识的传递。例如，学术成果为了做到有理有据，通常会有大量的引用文献，标明作者所引用的文献或者注明观点的来源和出处，这既是对原作者的尊重，也是最基本的学术规范要求。在我们的指标体系中，期刊学术规范量化指标有一个重要的组成部分就是通过篇均引用文献数考察文章的参考文献和注释标注项目的准确性和完整性。再如，通过对期刊的学术规范量化指标中基金论文数量的分析，可以考察期刊对本专业领域内理论与实践研究前沿的追踪情况，以及期刊吸引高质量论文的能力。

本书讨论的学术规范量化指标由篇均引用文献数、基金论文比例、作者地区分布数和有作者机构文献比例组成。该指标的数据来源有 CSSCI 数据来源数据和引文数据、万方期刊数据库统计数据以及对印刷型期刊的统计查询得到。这些数据较为全面地反映了外国文学期刊的学术水平、编辑状况和科学交流程度。

9.1.1 篇均引用文献数

学术期刊论文的引用文献是否充分和正确,反映了作者对参考文献的查阅和使用情况,能体现论文的起点、深度和广度,从一个侧面体现了论文的水平。[①] 篇均引用文献较多的期刊说明在这些刊物上发表论文的学者比较注重吸收借鉴他人成果,论证过程严密,参考文献广泛。这些期刊坚持严肃、严谨的治学态度和研究方法,当然,我们也不能片面地以引用文献数来衡量每一篇文章的学术质量。譬如,一些开拓性、首创性的研究论文往往引用的文献数量比较少。但是,如果我们从宏观角度来考察期刊的学术规范和学术深度,其篇均引用文献数不失为一个很好的途径。

据统计,CSSCI(2004—2006年)的外国文学来源期刊的篇均引文为8.87篇,略高于我国人文社会科学的平均值8.20篇,在我国人文社会科学25个学科中处于中游水平。外国文学来源期刊的篇均引文数量与中国文学期刊的篇均引文数量8.44篇几乎持平,但远低于历史学(18.01篇),略高于哲学(8.19篇)。[②]

表9-1给出了按照2004—2006年外国文学期刊篇均引用文献数平均值排序前10名的期刊,并进行了归一化处理,归一化方法参见本书第1章。本表按照各期刊三年平均引用文献篇数从大到小排序。

表9-1　　　　　2004—2006年外国文学期刊篇均引用文献数统计

排序	期刊名称	2004年(篇数)	2005年(篇数)	2006年(篇数)	三年平均(篇数)	归一化值
1	外国文学	9.40	16.30	14.67	13.4567	1
2	外国文学评论	11.00	12.74	12.75	12.1633	0.9039
3	外国文学研究	8.94	8.65	9.09	8.8933	0.6609
4	国外文学	8.10	8.23	9.12	8.4833	0.6304
5	中国比较文学	8.53	6.76	9.00	8.0967	0.6017
6	当代外国文学	5.97	8.28	8.43	7.5600	0.5618
7	法国研究	5.82	6.75	8.04	6.8700	0.5105
8	世界华文文学论坛	3.29	3.03	5.70	4.0067	0.2977
9	俄罗斯文艺	3.35	5.13	3.51	3.9967	0.2970
10	世界文学	0.86	0.92	0.86	0.8800	0.0654

[①] 贾贤:"正确对待科技论文中参考文献的数量及权威性",《科技与出版》2005年第3期,第61页。

[②] 邓三鸿、金莹:"我国人文社会科学学术刊物的学科对比——基于CSSCI的分析",《东岳论丛》2008年第1期,第43—50页。

从表 9-1 可以看出，CSSCI 中的外国文学来源期刊的篇均引用文献数明显高于非来源期刊，排在前 6 位的均为 CSSCI 来源期刊。这从一个方面反映了 CSSCI 来源期刊的学术规范性、学术严谨性和学术研究深度。

具体分析表 9-1，我们发现：外国文学期刊的篇均引用文献平均数差距较大。在这 10 种外国文学期刊中，《外国文学》、《外国文学评论》、《外国文学研究》、《国外文学》、《当代外国文学》、《俄罗斯文艺》是 CSSCI 来源期刊（《中国比较文学》属于中国文学类来源期刊）。除去《俄罗斯文艺》，其他期刊三年的篇均引用文献数平均值都在 8 篇次以上，《外国文学》和《外国文学评论》更是达到 12 篇次以上。《俄罗斯文艺》篇均引用文献数约为 4 篇，远远低于其他来源期刊。

对于外国文学类的其他未曾进入过 CSSCI 的期刊，我们也进行了统计分析，表格中列出的《法国研究》、《世界华文文学论坛》是这类期刊中篇均引用文献较多的刊物，其他刊物均低于该刊，有些刊物基本没有参考引文。

分析外国文学期刊篇均引用文献数量的年度变化情况，各个期刊都呈现上升态势。如果我们简单地平均表 9-1 中各年度的篇均引用文献数，可以看出：这 10 种期刊的篇均引用文献数在逐年增加，2004 年为 6.5 篇，2005 年为 7.7 篇，2006 年则达到了 8.1 篇。这说明外国文学期刊在学术规范、学术严谨度等方面在不断加强，这对外国文学学术研究和期刊发展是一个好兆头。

9.1.2 基金论文比例

基金资助论文是指由国家各级政府部门、各类基金组织和企事业单位提供科研经费而产生的研究论文。[①] 它往往反映本专业领域内理论研究与实践前沿的热点问题、研究动态和最新的研究成果，是深受研究者们重视的信息源。[②] 基金论文比例即所载基金资助论文与该刊登载论文的全部数量之比。这一指标使可以从基金资助论文的角度透视期刊的学术水平和质量，并且可以了解期刊追踪当前外国文学理论与实践研究热点问题的能力，为外国文学研究者科研选题提供参考信息。

根据文献[③]的统计结果分析，我国人文社会科学各学科期刊在 2004—2006 年基金论文比例的平均水平为 16.11%，而外国文学期刊在 2004—2006 年的基金论文比例仅为 6.02%。在传统的文史哲研究中，外国文学的基金论文比例仅为哲学基金论文比例的（12.16%）一半，但高于历史学（5.71%）和中国文学（2.29%）的基

---

① 高凡、王惠翔："我国图书馆学情报学基金论文产出力调查研究与定量分析"，《图书情报工作》2004 年第 10 期，第 12—16 页。
② 相东升："《情报科学》2001—2005 年基金资助论文定量分析"，《情报科学》2006 年第 10 期，第 1501—1504 页。
③ 邓三鸿、金莹："我国人文社会科学学术刊物的学科对比——基于 CSSCI 的分析"，《东岳论丛》2008 年第 1 期，第 43—50 页。

金论文比例。

表9-2给出了按照2004—2006年外国文学期刊的基金论文比例平均值排序的前10名期刊。

表9-2　　　　　　　　2004—2006年外国文学期刊基金论文比例

排序	期刊名称	2004年	2005年	2006年	三年平均	归一化值
1	外国文学研究	0.08	0.10	0.42	0.2000	1
2	当代外国文学	0.01	0.03	0.51	0.1833	0.9165
3	国外文学	0.01	0.04	0.35	0.1333	0.6665
4	外国文学评论	0.04	0.02	0.06	0.0400	0.2000
5	外国文学	0.03	0.03	0.06	0.0400	0.2000
6	法国研究	0	0.05	0.01	0.0200	0.1000
7	中国比较文学	0.02	0	0.04	0.0200	0.1000
8	俄罗斯文艺	0	0.01	0.03	0.0133	0.0665
9	世界华文文学论坛	0	0	0.03	0.0100	0.0500
10	世界文学	0	0	0	0	0

分析表9-2可以看出，我国外国文学期刊的基金论文比例虽然三年的平均值并不高，但是这些刊物在近三年的发展迅猛。如果我们只是简单地对三年期刊论文基金比例进行平均的话，2004年和2005年分别仅有1.9%和2.8%，但2006年却猛增至15.1%。这说明了两点：一方面，基金资助对外国文学研究产生了越来越大的作用；另一方面说明我国外国文学作者越来越注重基金项目的争取，重视论文中基金项目的标注。同时也证实了基金项目对外国文学研究逐年加大投入[1]得到了回报。

有一点要说明的是，由于我们是对期刊进行评价，本表统计的基金论文比是根据外国文学期刊来统计的，一些发表在其他类期刊（如综合类期刊）上的外国文学论文并没有统计在内，因此这些数据和文献[2]有一定的差别。

分析CSSCI中6种外国文学来源期刊的三年的平均基金论文比例，CSSCI来源期刊的基金论文比远高于非来源期刊，尤其是《外国文学研究》、《当代外国文学》和《国外文学》这三种期刊，它们基金论文比不仅仅是在逐年增加，而且2006年均超过了35%，这说明这些刊物越来越重视吸纳发表各类基金论文，注重报道外国文学

---

[1] 苏新宁主编：《中国人文社会科学学术影响力报告》，中国社会科学出版社2007年版，第421页。

[2] 邓三鸿、金莹："我国人文社会科学学术刊物的学科对比——基于CSSCI的分析"，《东岳论丛》2008年第1期，第43—50页。

领域内最新研究成果,值得其他期刊学习和借鉴。与这三种基金论文比例较高的期刊相比,其他期刊在基金论文比这一指标上则不能令人满意,不仅比例很小,而且其趋势还飘忽不定,这需要我们的学者加强论文基金标注意识。

9.1.3 论文作者地区分布

一般来说,期刊论文作者地区分布越广,就说明该期刊对区域的学术影响面也越广,也能较全面地反映该学科领域的全国研究状况。期刊论文作者地区分布这一指标客观反映了全国外国文学研究队伍和研究力量的地区分布,并且为各个刊物编辑部门制定稿源发展规划提供了参考依据。虽然一些期刊带有明显的地方色彩,但也应考虑其作者的地域广泛性,只有这样才能扩大期刊的影响和全面反映研究概貌。按地区对外国文学登载的论文进行统计与分析不仅可能而且是必要的。

需要说明的是:论文作者的地区分布一方面与该刊登载论文的多寡有着密切的联系,另一方面与这些刊物是否规范,是否标注了作者机构和作者地区有关。本研究中的作者地区包括我国内地31个省、市、自治区和港、澳、台地区以及其他的国家和地区(其他国家和地区分布数以国家为单位计量)。表9-3给出了按照2004—2006年在外国文学期刊上发表论文的作者地区分布平均值排序的前10名期刊。

表9-3　　　　2004—2006年外国文学期刊论文作者地区分布

排序	期刊名称	2004年(地区数)	2005年(地区数)	2006年(地区数)	三年平均(地区数)	归一化值
1	当代外国文学	22	22	19	21.00	1
2	外国文学研究	21	20	20	20.33	0.9681
3	国外文学	19	22	19	20.00	0.9524
4	世界华文文学论坛	16	20	14	16.67	0.7938
5	外国文学	15	18	16	16.33	0.7776
6	外国文学评论	16	15	13	14.67	0.6986
6	中国比较文学	14	14	16	14.67	0.6986
8	法国研究	8	9	15	10.67	0.5081
9	世界文学	5	9	8	7.33	0.3490
10	俄罗斯文艺	1	1	9	3.67	0.1748

从表9-3的2004—2006年外国文学期刊的作者地区分布情况来看,外国文学期刊总体上影响面不大,平均作者分布地区不到15个。从期刊个体来看,表现参差不齐:《当代外国文学》和《外国文学研究》及《国外文学》组成第一层次,这3种

期刊的平均作者分布地区在20个以上。在这一层次中的《国外文学》虽然载文量较少，但仍有较大的作者群，说明该刊的稿源分布较广，影响范围较大。

《世界华文文学论坛》、《外国文学》、《外国文学评论》和《中国比较文学》的作者地区分布数居于中游，基本在15个左右。其中，非CSSCI来源期刊《世界华文文学论坛》在这一指标上表现突出，在载文量处于平均水平的前提下，作者地区分布排名第4，说明该刊的作者分布相对较广，当然这也与该刊的办刊宗旨、文章专栏及内容有着密切关系。

除此之外，《法国研究》和《俄罗斯文艺》的作者地区分布偏低，这与刊物本身研究范围较小有关，它们特定的研究群体以及突出的地区特色，限制了它们的作者面。另外，《俄罗斯文艺》在2004—2005年基本没有标注机构，使得其地区分布数极低，这提醒刊物在沿袭办刊传统的基础上，要加强刊物的规范性，以提高刊物的学术影响力。总之，在整个人文社会科学中，外国文学的研究群体还比较小，研究的区域还受到一定限制，造成期刊作者地区分布广度比较小，这有待于外国文学学术界的不懈努力。

9.1.4 有作者机构论文比例

在学术交流中，发表论文的作者机构信息具有以下功能：其一，作者保护知识产权的法律依据。由于作者信息中的著者姓名及其工作单位属著作权的范畴，且GB/T3179—92明文规定："在每篇文章的题名下方列出全部著者姓名及其工作单位。"[①]因此一旦出现著作权纠纷问题，它是作者维权的法律依据。其二，读者、作者学术交流的便捷途径。通过作者信息，读者可以了解作者的基本情况、研究领域及联系方式，从而方便他们进行学术交流与探讨。

从我国人文社会科学研究的整体情况来看，各学科在2004—2006年标注作者机构的论文比例平均水平为94.39%，外国文学类期刊在2004—2006年标注作者机构的论文比例仅为79.76%，低于我国人文社会科学的平均水平。在传统的文、史、哲研究中，外国文学类期刊标注了作者机构的论文比例低于历史学（94.08%）和哲学（93.10%），高于中国文学（70.69%）。可见，文学类刊物在标注作者机构信息方面有较大的提高空间。

从发展趋势上来看，我国人文社会科学各学科从2004—2006年各年标注作者机构的论文比例分别为93.68%、93.89%和95.61%，外国文学类期刊标注作者机构的论文比例在2004—2006年分别为80.28%、79.35%和79.66%。[②]通过比较，可以发现：我国人文社会科学标注作者机构的比例不断增高，但外国文学类期

---

① 国家标准GB/T3179—92科学技术期刊编排格式。
② 邓三鸿、金莹："我国人文社会科学学术刊物的学科对比——基于CSSCI的分析"，《东岳论丛》2008年第1期，第43—50页。

刊在2004—2006年并没有明显的增长，还略有下滑，这需要引起外国文学类期刊的重视。

表9-4给出了按照2004—2006年外国文学期刊标注作者机构论文比例平均值排序的前10名期刊。

表9-4　　　　2004—2006年外国文学期刊标注有作者机构的论文比例

排序	期刊名称	2004年	2005年	2006年	三年平均	归一化值
1	法国研究	1	1	0.9857	0.9952	1
2	外国文学研究	0.9653	0.9533	1	0.9729	0.9776
3	当代外国文学	0.9541	0.9612	1	0.9718	0.9765
4	中国比较文学	0.9200	0.9200	1	0.9467	0.9513
5	世界华文文学论坛	0.9271	0.9247	0.9239	0.9252	0.9297
6	国外文学	0.9274	0.9375	0.9082	0.9244	0.9289
7	外国文学	0.8353	0.8841	0.9077	0.8757	0.8799
8	外国文学评论	0.7500	0.7711	0.7126	0.7446	0.7482
9	俄罗斯文艺	0.0135	0.0122	0.2	0.0752	0.0756
10	世界文学	0.0373	0.0625	0.058	0.0526	0.0529

从表9-4我们可以发现：非CSSCI来源期刊《法国研究》、《世界华文文学论坛》在标注作者机构方面表现突出，说明这些刊物一直较注重刊物作者信息标注的规范性，在外国文学类刊物中最为突出，也说明徘徊在CSSCI来源期刊之外的期刊一直在不断努力提高本刊的各项指标。

从2004—2006年各年情况来看，外国文学刊物整体情况变化不大，除少数期刊有特殊的办刊习惯及传统，刊物整体标注机构比例各年几乎持平，这说明刊物规范性有待加强。《俄罗斯文艺》作为CSSCI来源期刊，该项指标排在最后，每年只有很少的文章标注作者机构，这与该刊的办刊风格和传统习惯有很大的关系。随着社会科学研究发展和整个学术氛围对学术规范的呼吁，也要提醒该刊与时俱进，保证刊物在各方面都遵循学术规范。

9.1.5　学术规范量化指标综合分析

以上对外国文学期刊学术规范量化的篇均引用文献数、基金论文比例、论文作者地区分布及有作者机构论文比例四项指标进行了统计分析。为了综合考虑外国文学期刊的学术规范量化指标，按照第1章的计算比例和公式，计算出外国文学期刊学术规范量化指标的综合值。其中，以上各项指标均占学术规范量化指标的25%。表

9-5按照归一化处理后的排序值给出了 2004—2006 年外国文学期刊学术规范量化指标前 10 名的期刊。

表 9-5　　　　　　　2004—2006 年外国文学期刊学术规范量化指标综合值

排序	期刊名称	篇均引文数归一化值	基金论文比归一化值	地区分布归一化值	有机构论文比归一化值	综合值
1	外国文学研究	0.6609	1	0.9681	0.9776	0.9017
2	当代外国文学	0.5618	0.9165	1	0.9765	0.8637
3	国外文学	0.6304	0.6665	0.9524	0.9289	0.7946
4	外国文学	1	0.2000	0.7776	0.8799	0.7144
5	外国文学评论	0.9039	0.2000	0.6986	0.7482	0.6377
6	中国比较文学	0.6017	0.1000	0.6986	0.9513	0.5879
7	法国研究	0.5105	0.1000	0.5081	1	0.5297
8	世界华文文学论坛	0.2977	0.0500	0.7938	0.9297	0.5178
9	俄罗斯文艺	0.2970	0.0665	0.1748	0.0756	0.1535
10	世界文学	0.0654	0	0.3490	0.0529	0.1168

从表 9-5 不难看出，外国文学期刊的学术规范量化指标综合值差距较大，这些数据确实能够体现一种期刊的学术规范水平。有些期刊虽然在外国文学研究领域有着非常大的影响，但在这些指标上尚有不足。如《外国文学评论》是外国文学研究领域公认的最有影响的期刊，但在这些指标上并非做得最好，如该刊在基金论文比、作者地区分布和有机构论文比等三项指标上均仅处于稍高于中游的位置上。因此，希望该刊能在这几项指标上上一个台阶，使刊物在各个方面表现出权威期刊的水准。

如果我们按学术规范量化指标综合值来给外国文学期刊划分学术规范化水平层次的话，那么可以把综合值位于 0.8 以上的两种期刊：《外国文学研究》和《当代外国文学》排在第一层次。但是这两种期刊并非各项指标都令人满意。例如，在篇均引文数量上，这两种刊物与《外国文学》和《外国文学评论》有一定差距。

第二层次可由《国外文学》、《外国文学》和《外国文学评论》等 6 种期刊组成，它们的综合值均在 0.8—0.5 之间。在这一层次中，各个期刊都有较为领先的指标，但也有排名靠后的指标。例如，《外国文学》在篇均引文数、标注机构论文比例都较为靠前，可是基金论文比归一化值仅为 0.2，虽然外国文学研究领域内的基金项目较少，但是期刊编辑部门增强挖掘高质量基金论文的能力应当加强。

第三层次：《俄罗斯文艺》和《世界文学》这两种期刊的各项学术规范量化指标得分都偏低，还有较大的提高空间。

根据表9-5的期刊学术规范量化指标综合值，外国文学期刊在学术规范方面，与其他学科期刊还存在一定差距，具有很大的上升空间。这提醒外国文学类期刊的编辑部门，应该针对自身的不足，不断提高期刊的学术规范度。

9.2 外国文学期刊被引次数分析

期刊被引次数分析是从期刊的学术影响角度评价期刊的基本指标之一。它是一个非常客观实际的评价指标，可用来衡量期刊自创刊以来的学术影响力，也可以在总体上直接反映期刊被科研工作者使用和重视的程度，更能反映该刊在学术研究和交流中所起的作用和所处的地位。我们将从期刊的总被引次数、他刊引用次数和学科论文引用次数来考察外国文学期刊的被引用情况。

9.2.1 总被引次数

总被引次数是指自创刊以来所登载的全部论文在统计当年被引用的总次数，它反映了期刊在科学研究中产生的总的学术影响。表9-6给出了按照2004—2006年外国文学期刊总被引次数平均值排序的前14名。

表9-6　　　　　2004—2006年外国文学期刊总被引次数

排序	期刊名称	2004年（篇次）	2005年（篇次）	2006年（篇次）	三年平均（篇次）	归一化值
1	外国文学研究	115	108	128	117.00	1
2	外国文学评论	102	97	118	105.67	0.9032
3	中国比较文学	29	82	104	71.67	0.6126
4	外国文学	40	55	73	56.00	0.4786
5	国外文学	26	38	57	40.33	0.3447
6	当代外国文学	20	23	52	31.67	0.2707
7	世界文学	28	36	21	28.33	0.2421
8	俄罗斯文艺	14	17	12	14.33	0.1225
9	外国文学动态	11	16	3	10.00	0.0855
10	外国文艺	5	6	11	7.33	0.0626
11	法国研究	8	2	8	6.00	0.0513
12	世界华文文学论坛	3	1	10	4.67	0.0399
13	文景	3	4	5	4.00	0.0342
14	世界文化	2	3	3	2.67	0.0228

对表 9-6 进行数据分析,从外国文学期刊在总被引次数上来看,差距很大,层次分明。例如,《外国文学研究》、《外国文学评论》两种期刊的三年平均总被引次数均超过了 100 次,它们的总被引次数占外国文学期刊总被引次数的 44.56%；而《外国文学动态》、《外国文艺》、《法国研究》等 6 种期刊的三年平均被引次数在 10 次左右或以下,6 种期刊的被引次数所占比例还不到 7%；另 6 种期刊居于 20—80 次之间,它们之间也反映出了明显的界限。

从增长趋势角度来看,2005 年被引次数增长幅度最大的是《中国比较文学》,2005 年被引次数比 2004 年增长了 53 篇次,涨幅为 182.76%；2006 年被引次数绝对数量增长最多的是《当代外国文学》,2006 年被引次数比 2005 年增长 29 篇次,涨幅为 126.09%。另外非来源期刊《世界华文文学论坛》和《法国研究》2006 年被引次数的增长幅度最大,分别为 900% 和 300%,这主要是由于这两种期刊 2005 年被引次数基数较低。在 2004—2006 年间,每年都有 10 种期刊保持着或多或少的增长态势,每年也有 3 或 4 种期刊被引次数保持不变,或者略有回落。

9.2.2 其他期刊引用次数

其他期刊引用次数(也称他刊引用次数)是指某论文发表后被该论文所刊载期刊以外的其他期刊引用的次数。采用期刊的他引次数进行期刊学术影响力的评价,在目前我国学界存在大量不正之风(如为了提高自己期刊的影响因子作大量自引,在 CSSCI 来源期刊中自引率超过 30% 的期刊每年有 100 种左右)的情况下,显得更加重要。也就是说,其他期刊引用次数比起期刊自引更能体现期刊受到关注的程度。表 9-7 按照他刊引用次数的多少,给出了按照 2004—2006 年外国文学期刊他刊引用次数平均值排序的前 14 名。

表 9-7　　　　2004—2006 年外国文学期刊他刊引用次数

排序	期刊名称	2004 年（篇次）	2005 年（篇次）	2006 年（篇次）	三年平均（篇次）	归一化值
1	外国文学评论	93	86	95	91.33	1
2	外国文学研究	51	59	91	67.00	0.7336
3	中国比较文学	25	51	76	50.67	0.5548
4	外国文学	31	44	56	43.67	0.4782
5	国外文学	25	37	56	39.33	0.4306
6	世界文学	28	36	21	28.33	0.3102
7	当代外国文学	18	17	32	22.33	0.2445

续表

排序	期刊名称	2004年（篇次）	2005年（篇次）	2006年（篇次）	三年平均（篇次）	归一化值
8	外国文学动态	11	16	3	10.00	0.1095
9	俄罗斯文艺	9	10	9	9.33	0.1022
10	外国文艺	5	6	11	7.33	0.0803
11	法国研究	8	2	8	6.00	0.0657
12	世界华文文学论坛	3	1	10	4.67	0.0511
13	文景	3	4	5	4.00	0.0438
14	世界文化	2	3	3	2.67	0.0292

需要说明的是：在表9-7所列的14种外国文学期刊中，7种刊物在2004—2006年未进入CSSCI来源期刊，故这7种刊物的总被引次数均为他引次数。结合表9-6和表9-7我们可以发现：7种CSSCI外国文学来源期刊（包括《中国比较文学》）在2004—2006年的总被引次数为1310篇次，他刊引用次数为971篇次，他引率为74.12%，来源期刊平均自引率为25.88%。可见外国文学期刊的自引率是非常高的，而美国的《社会科学引文索引》（SSCI）对自引率超过20%的期刊就拒绝收录。[①]究其原因：首先，这主要与外国文学的学科特点密切相关，自引率较高，表明该学科比较紧固、稳定，学科交叉渗透较少，该学科刊物的用稿有连续性，有自己成熟的学术风格和特点；其次，外国文学期刊大多学术领域是较为专业的研究领域，研究对象相对较窄，如《俄罗斯文艺》、《中国比较文学》，而我们对这些较为专业的研究领域的期刊收录很少，造成了外国文学期刊较高的自引率。当然，有些必要的合乎研究实际的自引也是应该的，应该实事求是地区分"合理自引"和"不当自引"，[②]这样才能提高引文的质量。

在CSSCI（2004—2006年）的外国文学来源期刊中，自引率最高的是《外国文学研究》（42.74%）。观察他引次数的绝对值可以发现，《外国文学评论》遥遥领先，而自引率最高的《外国文学研究》从总被引次数排名第1下落到第2，并且和第1名差距很大。其他在总被引次数和他刊引用次数的排名上有变化的期刊有：《世界文学》和《外国文学动态》均前进了一位，《当代外国文学》和《俄罗斯文艺》各后退一名。

---

① 岳卫平："ISI Web of Science（SCI，SSCI，A&HCI）的选刊标准和过程"，《在南京大学图书馆的报告》2007年第4期。
② 蒋悟生："中国科技期刊如何尽快与国际优秀科技期刊接轨"，《情报学杂志》2000年第5期，第82—85页。

从增长趋势角度来看，2005年他刊引用次数增长幅度最大的是《中国比较文学》，2005年他引次数比2004年增长26篇次，涨幅为104%；2006年他刊引用次数增长幅度最大的是《当代外国文学》，2006年他刊引用次数涨幅为88.24%。这一增长趋势与总被引次数的增长趋势完全吻合。研究2005年和2006年的增长幅度，我们发现，表9-7所列的14种外国文学期刊中仅有7种期刊保持连续增长的态势，另外的7种期刊在三年中有涨有落。这说明外国文学的整体被引情况比较稳定，但影响范围和力度都局限在一定范围内。

9.2.3 本学科论文引用次数

本学科论文引用次数（也称学科引用次数）是指特定学科（如外国文学）期刊被该学科论文所引用的次数。期刊的本学科引用次数反映了期刊在本学科的影响，同时也体现了期刊在本学科的使用率，以及在本学科领域内的学术影响力。表9-8给出了按照2004—2006年外国文学期刊学科引用次数的平均值排序的前14名。

表9-8　　　　　　　　　2004—2006年外国文学期刊学科引用次数

排序	期刊名称	2004年（篇次）	2005年（篇次）	2006年（篇次）	三年平均（篇次）	归一化值
1	外国文学研究	85	67	79	77.00	1
2	外国文学评论	64	59	76	66.33	0.8614
3	外国文学	20	33	43	32.00	0.4156
4	当代外国文学	16	16	44	25.33	0.3290
5	国外文学	15	19	29	21.00	0.2727
6	世界文学	13	21	14	16.00	0.2078
7	俄罗斯文艺	13	14	12	13.00	0.1688
8	外国文学动态	10	11	3	8.00	0.1039
9	中国比较文学	5	11	6	7.33	0.0952
10	外国文艺	3	4	8	5.00	0.0649
11	世界华文文学论坛	0	0	5	1.67	0.0217
12	法国研究	1	0	2	1.00	0.0130
13	世界文化	1	1	0	0.67	0.0087
14	文景	0	1	0	0.33	0.0043

从表9-8看出，14种外国文学期刊在2004—2006年共被外国文学论文引用672篇次，与总被引次数1499篇次相比，被本学科论文引用比例为44.83%，这说明外

国文学期刊不仅对本学科领域内的学术研究有着重要的作用,也是其他学科学术研究的重要参考。

结合表9-6外国文学期刊总被引次数,按照外国文学期刊的本学科论文引用比例可以将表9-8中所列的14种期刊归纳为三类期刊:第一类期刊三年的平均学科引用比例高于80%,由3种期刊组成,它们是《俄罗斯文艺》、《当代外国文学》和《外国文学动态》,学科引用比例分别为95.35%、80%和80%。较高的学科论文引用率表明这类期刊研究范畴比较专一,影响力主要集中在外国文学研究中的某一特定研究领域,学科渗透性、交叉性较低,对其他学科影响较小。

第二类期刊的本学科论文引用比例集中在52%到65.26%,由6种期刊组成,这一类期刊的本学科论文引用率平均水平为60.41%,体现了外国文学论文引用本学科期刊的主体情况,说明外国文学期刊对其他学科的研究也具有重要的作用。笔者以2006年《外国文学评论》的被引情况为例,分析了2006年CSSCI来源文献中引用《外国文学评论》其他学科,依次为:中国文学、哲学、语言学等。由此可见,外国文学期刊的学科影响力也渗透在中国文学等其他相关学科中。

其余期刊可以归入第三类,由本学科论文引用比例在35%以下的5种期刊构成,它们是:《世界华文文学论坛》、《世界文化》、《法国研究》、《中国比较文学》和《文景》。在这一类期刊中有被引数量较多的《中国比较文学》,但被外国文学论文引用的比例仅为10.23%,其大量的被引来自于中国文学,说明该刊虽然横跨两个学科,但更侧重于中国文学。其余4种期刊被引数量较少,发生被引的情况较为随机,也与这些刊物的办刊内容有较大关系,说明这些刊物对外国文学的研究影响较小。

9.2.4 外国文学期刊被引次数综合分析

期刊的被引次数表明该期刊所载论文在2004—2006年的CSSCI中被引用的总篇次,它表明期刊过去所刊载论文产生的影响。我们引入总被引次数、他刊引用次数和本学科引用次数组成的被引次数综合值,根据各被引次数与所反映的学术影响力的关系,将总被引次数和本学科引用次数的权重赋予25%,其他期刊引用次数赋予50%的权重,详细解释见本书第1章。表9-9按照经过归一化、加权后的综合值排序,给出了2004—2006年外国文学期刊被引次数综合值前14名的期刊。

表9-9 2004—2006年外国文学期刊被引次数综合值

排序	期刊名称	总被引次数归一化值	他刊引用次数归一化值	学科引用次数归一化值	综合值
1	外国文学评论	0.9032	1	0.8614	0.9412
2	外国文学研究	1	0.7336	1	0.8668

续表

排序	期刊名称	总被引次数归一化值	他刊引用次数归一化值	学科引用次数归一化值	综合值
3	外国文学	0.4786	0.4782	0.4156	0.4627
4	中国比较文学	0.6126	0.5548	0.0952	0.4544
5	国外文学	0.3447	0.4306	0.2727	0.3697
6	当代外国文学	0.2707	0.2445	0.3290	0.2722
7	世界文学	0.2421	0.3102	0.2078	0.2676
8	俄罗斯文艺	0.1225	0.1022	0.1688	0.1239
9	外国文学动态	0.0855	0.1095	0.1039	0.1021
10	外国文艺	0.0626	0.0803	0.0649	0.0720
11	法国研究	0.0513	0.0657	0.0130	0.0489
12	世界华文文学论坛	0.0399	0.0511	0.0217	0.0410
13	文景	0.0342	0.0438	0.0043	0.0315
14	世界文化	0.0228	0.0292	0.0087	0.0225

从表9-9的2004—2006年外国文学期刊被引次数综合值排序分布可以看出，这14种期刊的综合值差距很大，从0.0225到0.9412。如果按综合值来划分，我们可将其划分为三个层次。第一层次为综合值在0.8以上的《外国文学评论》和《外国文学研究》两种期刊。在这两种期刊中，特别需要一提的是《外国文学评论》，虽然该刊在总被引次数和本学科论文引用次数两项指标上均屈居第2，但它高居首位的他刊引用次数，使其综合值以0.9412排在首位。而《外国文学研究》由于较高的自引量，使得被引次数综合值屈居第2。

根据各期刊的被引次数综合值，我们把综合值位于0.8—0.2之间的《外国文学》、《中国比较文学》、《国外文学》、《当代外国文学》和《世界文学》5种期刊列为第二层次。其余综合值在0.08之间的期刊组成第三层次。

需要说明的是：被引次数的高低受到各方面因素的制约，比如创刊时间的长短、登载论文的多少、期刊办刊方向与学科热点是否一致等。因此，这一指标仅体现了期刊的一个方面的学术影响力。

9.3 外国文学期刊被引速率分析

被引速率可以用来表征期刊的"即时学术反应速率"，是指期刊论文被读者利用的速度或时差，它是衡量期刊出版后能否得到最快响应效果的重要指标。被引速率越高,说明期刊的论文被利用的速度越快,反映了期刊编辑部在组稿时把握住了本学科未来研究的发展方向和当前的研究热点,同时也说明了刊物的稿件滞留期短,期刊的出版发行及时。被引速率的大小是学术期刊质量和学术热点跟踪把握度的重要指标之一。本节将对外国文学期刊的总被引速率、他刊引用速率和本学科引用速率进行统计分析,有关相关概念的解释详见本书第1章。

9.3.1 总被引速率

总被引速率是指该刊当年论文和前一年论文在当年被引用总次数除以该刊当年和前一年发表的论文总数所得的值。这样能更清晰地在人文社会科学领域分辨各期刊对热点的跟踪和期刊对学术前沿的反应能力。[①] 表9-10给出了按照2004—2006年外国文学期刊总被引速率平均值排序的前13名。

表9-10 2004—2006年外国文学期刊总被引速率

排序	期刊名称	2004年	2005年	2006年	三年平均	归一化值
1	中国比较文学	0.0719	0.0838	0.0936	0.0831	1
2	外国文学评论	0.0774	0.0941	0.0751	0.0822	0.9892
3	外国文学研究	0.0714	0.0737	0.0481	0.0644	0.7750
4	外国文学	0.0361	0.0238	0.0575	0.0391	0.4705
5	国外文学	0.0419	0.0316	0.0219	0.0318	0.3827
6	当代外国文学	0.0145	0.0418	0.0380	0.0314	0.3779
7	俄罗斯文艺	0.0066	0.0063	0.0109	0.0079	0.0951
8	外国文学动态	0.0080	0.0081	0.0050	0.0070	0.0842
9	世界文学	0.0029	0.0072	0.0035	0.0045	0.0542
10	外国文艺	0.0065	0	0.0065	0.0043	0.0517
11	法国研究	0	0	0.0079	0.0026	0.0313
12	世界华文文学论坛	0	0.0053	0	0.0018	0.0217
13	世界文化	0	0	0.0028	0.0009	0.0108

由表9-10可以看出,整个外国文学期刊的总被引速率是比较低的,这和它的人文学科性质有很大关系。虽然各期刊的数字都不高,但是各期刊之间的差距还是很大。排在第1位的是具有更多中国文学属性的《中国比较文学》,它的总被引速率三年平均值为0.0831,紧随其后的是《外国文学评论》,其总被引速率三年平均

---

① 苏新宁:"构建人文社会科学期刊评价体系",《东岳论丛》2008年第1期,第35—42页。

值为 0.0822。总被引速率在 0.03—0.06 之间的期刊依次是《外国文学研究》、《外国文学》、《国外文学》和《当代外国文学》，这些期刊在总被引速率这个指标上居于中游。其余期刊的总被引速率几乎为零，需要引起这些杂志社的关注。尤其是《法国研究》、《世界华文文学论坛》和《世界文化》三年中有两年总被引速率为 0，说明关注这三种刊物的读者群较小，产生的被引速率也比较随机，亟待提高。

需要说明的是，总被引速率不仅与期刊载文的前沿性和实用性有关，而且与期刊出版周期有着密切的关系。出版频率较高的期刊及时被引的可能性高，《中国比较文学》和《外国文学评论》出版频率虽然都是季刊，但是这两种期刊以其论文的高质量、学术性和前沿性在出版频率以及载文量并不占优势的情况下，仍然遥遥领先，可见文学界学者对这两个刊物的关注度很高。

从增长趋势角度来看，2005 年总被引速率增长幅度最大的是《当代外国文学》，涨幅为 188.28%，《世界文学》以涨幅 148.28% 居于第 2 名；2006 年总被引速率涨幅最大的是《外国文学》，涨幅为 141.6%。从 2004—2006 年，三年间各个期刊的总被引速率的涨幅来看，只有《中国比较文学》保持着增长的趋势，其余期刊都有涨有落，《国外文学》连续两年被引速率持续下滑，需要引起该刊杂志社的重视。

9.3.2 其他期刊引用速率

其他期刊引用速率（也称他刊引用速率）是指该刊当年和前一年发表的论文在当年被其他期刊引用次数除以该刊当年发表的和前一年发表的论文总数得到的值。其他期刊引用速率与期刊总被引速率相比，去除了期刊自引的情况，能够更加客观、清晰地反映期刊对学者的影响力。表 9-11 给出了按照 2004—2006 年外国文学期刊他刊引用速率平均值排序的前 13 名。

表 9-11　　　　　　　　2004—2006 年外国文学期刊他刊引用速率

排序	期刊名称	2004 年	2005 年	2006 年	三年平均	归一化值
1	外国文学评论	0.0714	0.0824	0.0578	0.0705	1
2	中国比较文学	0.0539	0.0279	0.0351	0.0390	0.5532
3	国外文学	0.0419	0.0316	0.0219	0.0318	0.4511
4	外国文学	0.0281	0.0079	0.0487	0.0282	0.4000
5	外国文学研究	0.0247	0.0227	0.0160	0.0211	0.2993
6	当代外国文学	0.0145	0.0293	0.0127	0.0188	0.2667
7	俄罗斯文艺	0	0.0063	0.0109	0.0057	0.0809

续表

排序	期刊名称	2004年	2005年	2006年	三年平均	归一化值
8	外国文学动态	0.0080	0.0081	0	0.0054	0.0766
9	世界文学	0.0029	0.0072	0.0035	0.0045	0.0638
10	外国文艺	0.0065	0	0.0065	0.0043	0.0610
11	法国研究	0	0	0.0079	0.0026	0.0369
12	世界华文文学论坛	0	0.0053	0	0.0018	0.0255
13	世界文化	0	0	0.0028	0.0009	0.0128

从表9-11的2004—2006年外国文学期刊他刊引用速率的前13名分布可以看出：《外国文学评论》高出第2名约44.7%，在2004—2006年每年的他刊引用速率都高居榜首，毫无疑问地证明了自身极高的学术价值和学术影响力。《中国比较文学》的他刊引用速率虽然排名第2，但是与总被引速率相比有较明显的下降，说明该刊对近两年的文章有较高的自引率。另外，《国外文学》从总被引速率的第5名上升至第3名，《外国文学研究》从总被引速率的第3名下降至第5名。其他期刊的他刊引用速率都较低，共有6种刊物三年中至少有一年被引速率为零，说明这些期刊发表的文章被其他期刊关注和使用的速度亟待提高，刊发高质量的文章是解决这一问题的关键所在。

从各个期刊的发展趋势来看，《世界文学》和《当代外国文学》2005年的他刊引用速率较2004年增长幅度较大，分别为148.28%和102.07%，与期刊总被引速率涨幅情况基本一致。《外国文学》2006年的他刊引用速率较2005年发生了激增，增长幅度高达516.46%。分析2004—2006年三年间各个期刊的他刊引用速率的涨幅，均没有一种稳定的趋势。

9.3.3 本学科论文引用速率

本学科论文引用速率（也称学科引用速率）是一个表征外国文学类期刊被外国文学论文即时引用速率的指标。它主要描述期刊当年及前一年发表的论文在当年被引用的篇均被引率，即外国文学期刊被本学科论文引用的速率，能反映期刊对本学科热点论文和学界关注的问题的刊载情况。所以本学科论文引用速率也是评价期刊对本学科研究热点关注度的一个非常重要的指标。有关期刊的学科引用速率的计算公式参见本书第1章。表9-12给出了按照2004—2006年外国文学期刊学科引用速率平均值排序的前13名。

表 9-12　　　　　　　　　2004—2006 年外国文学期刊学科引用速率

排序	期刊名称	2004 年	2005 年	2006 年	三年平均	归一化值
1	外国文学评论	0.0536	0.0765	0.0520	0.0607	1
2	外国文学研究	0.0522	0.0482	0.0224	0.0409	0.6738
3	当代外国文学	0.0097	0.0377	0.0380	0.0285	0.4695
4	外国文学	0.0201	0.0159	0.0088	0.0149	0.2455
5	国外文学	0.0120	0.0127	0.0146	0.0131	0.2158
6	外国文学动态	0.0040	0.0040	0.0050	0.0043	0.0708
6	外国文艺	0.0065	0	0.0065	0.0043	0.0708
8	俄罗斯文艺	0.0066	0	0.0055	0.0040	0.0659
9	中国比较文学	0.0060	0	0.0058	0.0039	0.0643
10	世界文学	0.0029	0.0036	0.0035	0.0033	0.0544
11	世界华文文学论坛	0	0.0053	0	0.0018	0.0297
12	法国研究	0	0	0	0	0
12	世界文化	0	0	0	0	0

从学科引用速率来看，2006 年总体平均值为 0.0124，与 2004 年 13 种外国文学期刊的学科引用速率平均值 0.0133 基本持平。说明外国文学期刊被本学科论文引用的速度基本稳定，期刊反应速度略显缓慢，外国文学研究的新观点、新主题被大家所吸收的能力并没有随时间变化而显著增强，这与外国文学的学科成熟度有一定关系。由于外国文学学科较为成熟，故呈现出稳定的研究态势，反映出其被引速率的变化不太明显。

值得一提的是，其他指标排名靠前的《中国比较文学》在该项指标的排名下降至第 9 名，与《中国比较文学》在被引次数指标中的表现如出一辙。这主要是由于《中国比较文学》期刊的研究主题更趋向于中国文学的研究范畴。另外，《外国文学评论》继续保持领先，体现了该刊在外国文学研究领域的权威性。《外国文学研究》和《当代外国文学》的本学科论文引用速率排名较他刊引用速率的排名都上升了 3 个名次，说明这两种期刊与学科的结合非常紧密，但如果比较期刊总被引速率的排名，说明《外国文学研究》的自引比例相对较高。

9.3.4　外国文学期刊被引速率综合分析

被引速率反映了期刊论文被引用的速度。如果我们综合考察期刊的被引速率，则被引速率越高，说明期刊对学科领域的快速反应和对热点的跟踪能力越强。根据第 1 章对期刊被引速率综合值的计算方法，我们将期刊总被引速率和学科引用速率的权重赋予

25%，他刊引用速率赋予 50% 的权重，并设计了表 9-13。表 9-13 按照归一、加权后的综合值给出了 2004—2006 年外国文学期刊被引速率综合值排序前 13 名的期刊。

表 9-13   2004—2006 年外国文学期刊被引速率综合值

排序	期刊名称	总被引速率归一化值	他刊引用速率归一化值	学科引用速率归一化值	综合值
1	外国文学评论	0.9892	1	1	0.9973
2	中国比较文学	1	0.5532	0.0643	0.5427
3	外国文学研究	0.7750	0.2993	0.6738	0.5119
4	外国文学	0.4705	0.4000	0.2455	0.3790
5	国外文学	0.3827	0.4511	0.2158	0.3752
6	当代外国文学	0.3779	0.2667	0.4695	0.3452
7	俄罗斯文艺	0.0951	0.0809	0.0659	0.0807
8	外国文学动态	0.0842	0.0766	0.0708	0.0771
9	外国文艺	0.0517	0.0610	0.0708	0.0611
10	世界文学	0.0542	0.0638	0.0544	0.0591
11	法国研究	0.0313	0.0369	0	0.0263
12	世界华文文学论坛	0.0217	0.0255	0.0297	0.0256
13	世界文化	0.0108	0.0128	0	0.0091

从表 9-13 可以看出，外国文学期刊的被引速率值差距很大。如果我们根据被引速率的综合值对外国文学期刊划分层次，《外国文学评论》是当之无愧的领头羊，其综合值达到了 0.9973，当属第一层次；如果我们将被引速率综合值在 0.3—0.6 之间的期刊列为第二层次的话，那么有 5 种期刊可属于这一层次，即《中国比较文学》、《外国文学研究》、《外国文学》、《国外文学》和《当代外国文学》；其他期刊可归入第三层次。

9.4　外国文学期刊影响因子分析

目前国内外对期刊的评价大多通过总被引次数、影响因子、他引总引比、被引半衰期等指标来评估学术期刊的学术水平。在这些计量指标中影响因子是最为重要的一项指标，它反映了期刊论文获得的单位被引率，可以较为科学、公正地体现和评价期刊的学术影响力，现已成为学术界用来衡量期刊学术影响的一个重要的指标。一般来说，期刊的影响因子越大，表明该期刊在科学研究中的相对影响也就越大。

下面我们就从该指标的三个二级指标：一般影响因子、他引影响因子、学科影响因子来讨论外国文学期刊的影响因子。

9.4.1 一般影响因子

本书已根据人文社会科学的期刊论文发表现状对现行的影响因子的计算方法进行了修订，修订以后的影响因子可以更加科学地反映期刊近期的篇均学术影响，其影响因子的计算公式详见第 1 章。影响因子体现了期刊在科学研究领域里的相对影响度，一般来说，影响因子高的期刊其所载论文的整体质量也较高，该期刊在学界也具有较大的影响力。表 9 - 14 给出了按照 2004—2006 年外国文学期刊一般影响因子平均值排序的前 12 名期刊。

表 9 - 14　　　　　　　2004—2006 年外国文学期刊一般影响因子

排序	期刊名称	2004 年	2005 年	2006 年	三年平均	归一化值
1	外国文学评论	0.1212	0.1911	0.1488	0.1537	1
2	中国比较文学	0.0373	0.1549	0.2395	0.1439	0.9362
3	外国文学研究	0.1145	0.0923	0.1099	0.1056	0.6871
4	外国文学	0.0833	0.1232	0.0964	0.1010	0.6571
5	国外文学	0.0233	0.0491	0.0958	0.0561	0.3650
6	当代外国文学	0.0516	0.0500	0.0580	0.0532	0.3461
7	俄罗斯文艺	0.0120	0.0267	0.0197	0.0195	0.1269
8	法国研究	0	0	0.0361	0.0120	0.0781
8	世界华文文学论坛	0.0148	0	0.0212	0.0120	0.0781
10	世界文学	0.0030	0.0104	0	0.0045	0.0293
11	外国文艺	0.0052	0.0061	0	0.0038	0.0247
12	外国文学动态	0	0	0.0080	0.0027	0.0176

分析表 9 - 14，外国文学期刊的一般影响因子与其他学科相比，稍显偏低。从本身内部来看，也层次分明。名列首位的是《外国文学评论》，其三年平均一般影响因子达到 0.1537，紧随其后的是《中国比较文学》，其三年平均一般影响因子达到了 0.1439，这两个期刊在影响因子方面可以代表外国文学期刊的第一方队。其他期刊的一般影响因子与这两种期刊有较大的差距。我们可以把它们再分成两个方队：前一个方队是一般影响因子位于 0.14—0.05 之间的 4 种期刊，即《外国文学研究》、《外国文学》、《国外文学》和《当代外国文学》；剩余的期刊组成后一个方队。

详细分析一些具体的期刊，如《法国研究》这样专门以一国语言、文学、历史、哲学、政法、经济等为研究对象的综合性学术刊物，力图反映出该国当代社会文化面貌和学科进展，为传播该国文化，加强国际间文化教育的交流和合作，起到了一个桥梁和纽带的作用，虽然它们的影响因子略低于外国文学的纯粹学术研究刊物，但是其影响力也不容忽视。《外国文学动态》经常登载一些有关学术前沿的信息和资料，对学术研究具有十分重要的引导作用，但是其中的研究性长篇论文较少，所以它的影响因子居于第 12 位。

从外国文学期刊一般影响因子的增长趋势来看，2005 年一般影响因子增长幅度最大的是《中国比较文学》，涨幅高达为 315.28%，2006 年一般影响因子增长幅度最大的是《国外文学》，涨幅为 95.11%。在 2004—2006 年间，只有《中国比较文学》和《国外文学》两种期刊保持着一般影响因子持续增长的趋势。其他期刊的一般影响因子都有涨有落，不甚稳定。

9.4.2 他引影响因子

他引影响因子反映了一种期刊对其他期刊产生的学术影响，其影响因子的计算分子取自于其他期刊引用的数量。因此，该指标平衡了统计源期刊和非统计源期刊由于自引带来的不合理性。对于目前我国期刊界的许多不正之风（如，为了使期刊不被淘汰出 CSSCI，大量的人为自引）有很好的抑制作用。因此，他引影响因子更科学地反映了期刊的相对学术影响。表 9-15 给出了按照 2004—2006 年外国文学期刊他引影响因子平均值排序的前 12 名期刊。

表 9-15　　　　　　　　2004—2006 年外国文学期刊他引影响因子

排序	期刊名称	2004 年	2005 年	2006 年	三年平均	归一化值
1	外国文学评论	0.0788	0.1592	0.1071	0.1150	1
2	中国比较文学	0.0373	0.1338	0.1617	0.1109	0.9643
3	外国文学	0.0686	0.1043	0.0643	0.0791	0.6878
4	外国文学研究	0.0749	0.0492	0.0769	0.0670	0.5826
5	国外文学	0.0233	0.0491	0.0958	0.0561	0.4878
6	当代外国文学	0.0452	0.0375	0.0242	0.0356	0.3096
7	法国研究	0	0	0.0361	0.0120	0.1043
8	俄罗斯文艺	0.0080	0.0089	0.0132	0.0100	0.0870
9	世界华文文学论坛	0.0148	0	0	0.0049	0.0426
10	世界文学	0.0030	0.0104	0	0.0045	0.0391
11	外国文艺	0.0052	0.0061	0	0.0038	0.0330
12	外国文学动态	0	0	0.0080	0.0027	0.0235

从表 9-15 的 2004—2006 年外国文学期刊他引影响因子前 12 名分布可以看出，排在前两位的依然是《外国文学评论》和《中国比较文学》，这两种期刊的他引影响因子差距微小，几乎不分伯仲，但是从趋势上看，《中国比较文学》保持着更加稳定的增长趋势。

《外国文学》、《外国文学研究》、《国外文学》和《当代外国文学》组成第二方队。其中，除《国外文学》以外，《当代外国文学》在持续下降，另两种期刊也没有形成稳定的增长态势，这应该引起这 3 种期刊的重视。比较这 4 种期刊的他引影响因子和一般影响因子的排名顺序，其中只有《外国文学》和《外国文学研究》互换了位置，说明了《外国文学研究》的自引率相对较高。

《法国研究》、《俄罗斯文艺》等其他 6 种期刊的他引影响因子较低，其原因可能是：《俄罗斯文艺》和《法国研究》主要是针对某一区域文学与文化的研究，而来源期刊中涉及这些区域研究的杂志较少，势必影响了这些期刊被其他期刊引用的可能，所以在他引影响因子上难有理想的数据，当然这也是对小学科、狭窄研究领域的期刊不利的一项指标。

9.4.3 学科影响因子

学科影响因子反映的是一个学科期刊发表的论文在本学科学术群体的交流中被利用的状态，可以表现出期刊学科的广度（多学科）及其共性的程度，同时也可定量刻画出该学科发展变化的速度。[①] 利用逐年变化的学科影响因子，可以较好地反映学科发展状况，从而进一步得到学科发展的进程评价，[②] 了解学科发展高潮期和低谷期的动态状况。我们统计的学科影响因子主要是指与期刊同一学科的论文引用该刊的影响因子。表 9-16 给出了按照 2004—2006 年外国文学期刊学科影响因子平均值排序的前 12 名。

表 9-16　　　　　　　2004—2006 年外国文学期刊学科影响因子

排序	期刊名称	2004 年	2005 年	2006 年	三年平均	归一化值
1	外国文学评论	0.1030	0.1465	0.0893	0.1129	1
2	外国文学研究	0.0529	0.0585	0.0769	0.0628	0.5562
3	外国文学	0.0392	0.0569	0.0683	0.0548	0.4854
4	当代外国文学	0.0452	0.0313	0.0483	0.0416	0.3685
5	国外文学	0.0174	0.0307	0.0539	0.0340	0.3012

---

① 党亚茹："学科影响因子：我国各学科发展趋势评价"，《情报理论与实践》2001 年第 4 期，第 265—268 页。

② 谢新洲："电子信息源与网络检索"，北京图书馆出版社 1998 年版。

续表

排序	期刊名称	2004年	2005年	2006年	三年平均	归一化值
6	俄罗斯文艺	0.0120	0.0267	0.0197	0.0195	0.1727
7	中国比较文学	0.0149	0.0211	0.0120	0.0160	0.1417
8	世界华文文学论坛	0	0	0.0159	0.0053	0.0469
9	世界文学	0.0030	0.0104	0	0.0045	0.0399
10	外国文学动态	0	0	0.0080	0.0027	0.0239
11	外国文艺	0	0.0061	0	0.0020	0.0177
12	法国研究	0	0	0	0	0

从表9-16的2004—2006年外国文学期刊学科影响因子前12名分布可以看出，《外国文学评论》高居榜首远远高于其他学术期刊，证明了该刊在外国文学领域内的重要的学术地位，体现了某种程度上的对外国文学研究的影响力。《外国文学研究》的学科影响力居于第2位，从2004—2006年的发展趋势上来看，该刊的学科影响因子一直保持上升态势，2006年学科影响因子较2005年增长了近31.45%。保持较大增长幅度的还有《外国文学》和《国外文学》。《外国文学》、《当代外国文学》和《国外文学》学科影响因子比较接近，分列第3、4、5位。

9.4.4 外国文学期刊影响因子综合分析

影响因子是采用较为科学的手段定量评估期刊的相对学术影响的一种方法。更通俗地说，就是根据期刊上发表的论文，计算这些论文的篇均被引用率，来体现期刊的学术影响和社会效果，或者说是从学界对期刊所载论文的认可、利用程度来评估期刊的学术影响。本书根据人文社会科学期刊论文的被引用（年）峰值调整计算年代，移动计算年度，引入一般影响因子、他引影响因子和学科影响因子组成的影响因子综合值，从而达到了从不同的角度来反映期刊影响因子的目的。有关三种影响因子的权重分配如第1章所述：一般影响因子和学科影响因子的权重赋予25%，他引影响因子赋予50%权重。表9-17按照归一化、加权后给出了2004—2006年外国文学期刊影响因子综合值前12名的期刊。

表9-17　　　　　　　　2004—2006年外国文学期刊影响因子综合值

排序	期刊名称	一般影响因子归一化值	他引影响因子归一化值	学科影响因子归一化值	综合值
1	外国文学评论	1	1	1	1
2	中国比较文学	0.9362	0.9643	0.1417	0.7516

续表

排序	期刊名称	一般影响因子归一化值	他引影响因子归一化值	学科影响因子归一化值	综合值
3	外国文学	0.6571	0.6878	0.4854	0.6295
4	外国文学研究	0.6871	0.5826	0.5562	0.6021
5	国外文学	0.3650	0.4878	0.3012	0.4105
6	当代外国文学	0.3461	0.3096	0.3685	0.3335
7	俄罗斯文艺	0.1269	0.0870	0.1727	0.1184
8	法国研究	0.0781	0.1043	0	0.0717
9	世界华文文学论坛	0.0781	0.0426	0.0469	0.0526
10	世界文学	0.0293	0.0391	0.0399	0.0369
11	外国文艺	0.0247	0.0330	0.0177	0.0271
12	外国文学动态	0.0176	0.0235	0.0239	0.0221

用影响因子的综合指标值来分析期刊学术影响力削弱了单一影响因子对期刊评价产生的偏差，表 9-17 数据也完全证明了这一点。比如，虽然《中国比较文学》一般影响因子、他引影响因子与《外国文学评论》差距甚小，大大超过排名其后的期刊，但由于该刊与外国文学学科的紧密度不如其他期刊，使其影响因子的综合值拉大了和《外国文学评论》的差距，而与排在其后的几种期刊的综合值已非常接近。再如，他引影响因子的采用以及权重的加大，也使得非来源期刊和 CSSCI 来源期刊影响因子综合值的差距大大的缩小了，使两者基本处在同一个起跑线上接受评估，所以说用影响因子综合值来反映期刊学术影响力更加科学合理。

分析外国文学期刊影响因子综合值可以看出，综合值大小与学界对外国文学期刊学术影响力的公认度基本一致。因此，如果我们根据影响因子综合值将外国文学期刊划分层次的话：排在第 1 名的《外国文学评论》当属第一层次；综合值在 0.8—0.3 之间的《中国比较文学》、《外国文学》、《外国文学研究》、《国外文学》和《当代外国文学》等 5 种期刊应划为第二层次；其余期刊可归入外国文学期刊的第三层次。

9.5 外国文学期刊被引广度分析

期刊被引广度是指某种刊物被多少种其他期刊引用。引用的期刊数越多，该刊物的被引广度越大。外国文学期刊的被引广度显示了期刊的影响面，是体现学科领域里的认可程度的量化指标之一。考虑到每一种期刊引用文献数量的不同，其影响度也存在着差异，本书的第 1 章已经给出了新的期刊被引广度的计算方法，本章的期刊被引广度就采用这一新的计算方法。表9-18给出了2004—2006年外国文学期刊的被引广度。

表9-18　2004—2006年外国文学期刊被引广度

排序	期刊名称	2004年	2005年	2006年	三年平均	归一化值
1	外国文学评论	15.0	14.0	18.8	15.93	1
2	外国文学研究	10.6	12.2	18.0	13.60	0.8537
3	中国比较文学	5.8	11.2	12.8	9.93	0.6236
4	外国文学	6.8	7.2	11.4	8.47	0.5317
5	国外文学	5.0	6.8	10.0	7.27	0.4564
6	当代外国文学	3.0	3.8	5.6	4.13	0.2593
7	世界文学	2.8	3.0	2.0	2.60	0.1632
8	俄罗斯文艺	2.4	2.6	2.6	2.53	0.1588
9	外国文学动态	0.8	2.4	0.8	1.33	0.0835
10	法国研究	1.4	0.4	1.6	1.13	0.0709
11	世界华文文学论坛	0.6	0.2	2.0	0.93	0.0584
12	文景	0.6	0.8	1.0	0.80	0.0502
13	世界文化	0.2	0.6	0.6	0.47	0.0295
14	外国文艺	0.2	0.6	0.2	0.33	0.0207

从表9-18显示的外国文学期刊的被引广度分析，外国文学期刊的被引广度普遍不高，其原因主要为统计源中的外国文学期刊较少，只有7种（包括《中国比较文学》），再加上外国文学研究领域和其他学科的交叉渗透还不够，这是外国文学期刊被引广度小的主要原因。当然，其中平均被引广度超过7的外国文学期刊也有5种，说明这些期刊可能受到其他学科学者较多的关注，也可能是来自于综合性期刊上外国文学论文的引用。

分析个体期刊，《外国文学评论》平均被引广度接近16，这与该刊在前面几项指标中的地位是一致的，是外国文学期刊领域当之无愧的领头羊。《外国文学研究》以平均广度13.6位居第2，也充分体现了它在外国文学研究中的地位。《俄罗斯文艺》由于期刊内容涉及面较窄，其被引广度在CSSCI来源期刊中偏低。

对比表9-18和表9-9（论文被引次数综合值），它们的排序基本相同。由此我们也可以得出外国文学期刊的被引广度与期刊绝对被引量存在正相关性。从总体上来看，外国文学期刊的被引广度在逐年提高，由2004年的期刊平均被引广度的4.58，到2005年的5.37，2006年更是上升到7.18。这说明了外国文学期刊的影响

9.6 外国文学期刊二次文献转载分析

了解一个学科的一个重要方面是解释这个学科领域中专业期刊的分布情况，这些期刊承载着一个学科的发展历程，构成一个学科的生存空间。品质突出、遴选条件严格的二次文献转载的全文文献是经过专家精心挑选和评估的。我国著名的3种二次文献期刊《新华文摘》、《中国社会科学文摘》和《复印报刊资料》所转载的文献形成了该学科研究领域中，具有一定学术水平的文献群和作者群。由于外国文学期刊在《新华文摘》和《中国社会科学文摘》中的转载量很小，本节主要通过《复印报刊资料》的转载情况来了解中国文学研究领域中刊发具有较高学术水平的期刊群。

《复印报刊资料》是我国享有盛名的二次文献出版物，基本可以反映当前我国社会科学研究领域的热点和社会关注的问题，所选论文可以代表当前我国社科研究的普遍水平。[①]《复印报刊资料》收集了外国文学理论研究及中外外国文学研究事业方面的资料，收录报道发表在外国文学研究性专业期刊和其他报纸杂志上的、具有较高学术价值、观点新颖的研究论文。由于转载的文献是经过严格筛选的，所以我们通过对这些论文进行统计分析，可以得出我国外国文学期刊中发表高质量论文较多的期刊。表9-19给出了按照2004—2006年外国文学期刊被《复印报刊资料》转载归一化值排序的前11名。

表9-19　　　　2004—2006年外国文学期刊被《复印报刊资料》转载统计

排序	期刊名称	2004年（篇）	2005年（篇）	2006年（篇）	三年平均（篇）	归一化值
1	外国文学	26	29	18	24.33	1
2	外国文学评论	15	16	14	15.00	0.6165
3	外国文学研究	22	16	6	14.67	0.6030
4	当代外国文学	14	7	7	9.33	0.3835
5	俄罗斯文艺	5	4	5	4.67	0.1919
6	中国比较文学	6	4	2	4.00	0.1644
7	国外文学	0	0	10	3.33	0.1369
8	法国研究	0	2	2	1.33	0.0547

---

① 杨岭雪："《人大复印资料·图书馆学、信息科学、资料工作》全文转载情况分析"，《江苏图书馆学报》2002年第5期，第61—64页。

续表

排序	期刊名称	2004年（篇）	2005年（篇）	2006年（篇）	三年平均（篇）	归一化值
8	世界文学	0	2	2	1.33	0.0547
10	外国文学动态	0	3	0	1.00	0.0411
11	世界华文文学论坛	0	1	0	0.33	0.0136
11	世界文化	0	1	0	0.33	0.0136

如表9-19所示，《复印报刊资料》对于外国文学研究论文转载较多，三年共转载外国文学论文239篇。其中CSSCI的6种外国文学期刊与中国文学的来源期刊《中国比较文学》共转载226篇次，占《复印报刊资料》转载总量的94.56%，非来源期刊的被转载量仅有13篇，所占比例仅为5.44%。从这一指标来看：CSSCI来源期刊论文的质量普遍高于非来源期刊。在这些期刊中，《外国文学》以三年平均转载24.33篇而高居榜首，领先第2、第3名《外国文学评论》和《外国文学研究》三年平均值10篇左右。排在第4的是《当代外国文学》，其年平均为9.33篇，其他期刊的被转载数量均较低，有两种期刊三年从未被转载过。

9.7 外国文学期刊Web即年下载率分析

目前我国已有各种各样的期刊全文数据库。其中大型的期刊全文数据库有清华同方股份有限公司的《中国期刊全文数据库》、北京万方数据股份有限公司的《数字化期刊全文数据库》以及重庆维普资讯有限公司的《中文科技期刊全文数据库》。《中国期刊全文数据库》目前收录了国内公开出版的6 100种核心期刊及专业特色期刊的全文，收录年限从1994年至2008年，它实现了网上数据的每日更新，具有较强的时效性。[①] 表9-20中的数据由清华同方的《中国期刊全文数据库》提供，从当年论文全文下载利用的角度反应研究人员、读者通过数据库对期刊的关注、利用情况。

表9-20　　　2004—2006年外国文学期刊Web即年下载率

排序	期刊名称	2004年	2005年	2006年	三年平均	归一化值
1	外国文学研究	25.7	41.1	64.8	43.87	1
2	外国文学	34.2	30.3	55.0	39.83	0.9079

---

① 吕丽："高校图书馆期刊全文数据库利用率探析"，《现代情报》2004年第10期，第48—49、52页。

续表

排序	期刊名称	2004年	2005年	2006年	三年平均	归一化值
3	外国文学评论	24.3	31.8	58.1	38.07	0.8678
4	中国比较文学	24.2	37.5	43.0	34.90	0.7955
5	国外文学	22.6	31.5	45.7	33.27	0.7584
6	当代外国文学	17.0	19.7	36.1	24.27	0.5532
7	俄罗斯文艺	9.6	19.3	19.5	16.13	0.3677
8	世界华文文学论坛	7.2	9.8	25.3	14.10	0.3214
9	世界文化	13.8	11.0	12.5	12.43	0.2833
10	法国研究	3.2	7.4	21.8	10.80	0.2462
11	世界文学	—	—	—	—	—
11	外国文学动态	—	—	—	—	—
11	外国文艺	—	—	—	—	—
11	文景	—	—	—	—	—

从表9-20的2004—2006年外国文学期刊Web即年下载率排序分布可以看出，《外国文学研究》、《外国文学》在本身期刊论文质量较高的基础上，载文量较大，Web下载率排序靠前。《外国文学评论》、《中国比较文学》和《国外文学》在载文量不占优势的情况下，当年利用下载率也排名靠前，充分说明了研究者对这几种期刊的关注和利用程度很高。另外两种CSSCI来源期刊《当代外国文学》和《俄罗斯文艺》的Web下载率居于中游。可以看出，大量非来源期刊在这一指标与来源期刊有很大差别。CSSCI来源期刊受到学者的如此关注，再一次说明，CSSCI来源期刊所载论文的整体学术质量明显高于非来源期刊。

9.8 外国文学期刊评价指标综合分析

本书设计的人文社会科学期刊综合评价指标体系根据各指标项的学术影响程度分配了相应的权重（参见本书第1章），结合各项指标的权重以及期刊的排名，笔者给出了排名靠前的10种期刊的综合值与排名，详细数据参见表9-21。

表9-21　　　　　　　　　外国文学期刊综合值运算表

排序	期刊名称	期刊学术规范×0.15	被引次数×0.1	被引速率×0.1	影响因子×0.3	被引广度×0.1	二次文献转载×0.1	Web下载×0.15	综合值 Σ
1	外国文学评论	0.6377	0.9412	0.9973	1	1	0.6165	0.8678	0.8813

续表

排序	期刊名称	期刊学术规范×0.15	被引次数×0.1	被引速率×0.1	影响因子×0.3	被引广度×0.1	二次文献转载×0.1	Web下载×0.15	综合值Σ
2	外国文学研究	0.9017	0.8668	0.5119	0.6021	0.8537	0.6030	1	0.7494
3	外国文学	0.7144	0.4627	0.3790	0.6295	0.5317	1	0.9079	0.6695
4	中国比较文学	0.5879	0.4544	0.5427	0.7516	0.6236	0.1644	0.7955	0.6115
5	国外文学	0.7946	0.3697	0.3752	0.4105	0.4564	0.1369	0.7584	0.4899
6	当代外国文学	0.8637	0.2722	0.3452	0.3335	0.2593	0.3835	0.5532	0.4386
7	俄罗斯文艺	0.1535	0.1239	0.0807	0.1184	0.1588	0.1919	0.3677	0.1692
8	法国研究	0.5297	0.0489	0.0263	0.0717	0.0709	0.0547	0.2462	0.1580
9	世界华文文学论坛	0.5178	0.0410	0.0256	0.0526	0.0584	0.0136	0.3214	0.1555
10	世界文学	0.1168	0.2676	0.0591	0.0369	0.1632	0.0547	—	0.0919

从表9-21的2004—2006年外国文学期刊的各项指标排名分布来看，《外国文学评论》由于四项主要的指标为1或者近似等于1而名列首位。居于第2位的是《外国文学研究》，各项综合值与《外国文学评论》的差距为0.1319，该刊需要在影响因子和被引速率方面更加努力，但是该刊在Web下载方面排名第1，这与被引速率方面的排名不一致，究其原因，可能是虽然下载率较高，但是并未在学者研究参考中起到直接作用。《中国比较文学》横跨中国文学和外国文学两个学科，学科交叉力度比较大，但是从综合值来看，在外国文学领域内也有一定的影响力，这也对跨学科期刊的划分有所启发。《世界华文文学论坛》和《法国研究》这两个期刊是为数不多的进入视野的非来源期刊，说明这两种刊物在所研究的领域中具有一定的学术影响力，主要体现在学术规范量化指标和Web下载指标。需要说明的是：由于清华同方数据库未收录《世界文学》，我们将该项的权重赋予被引速率指标。

根据七大项指标的综合值，我们可以最终划分出外国文学期刊的学术等级，根据外国文学期刊的综合值状况，我们把外国文学权威学术期刊取值区间设为1—0.8，核心期刊取值区间为0.8—0.45，核心期刊扩展区为0.45—0.3，小于0.3或表中没有列入的外国文学期刊定位为一般性学术期刊。依据这一原则得到外国文学类期刊的定量评价结果：

权威期刊：《外国文学评论》；

核心期刊：《外国文学研究》、《外国文学》、《国外文学》；

扩展核心期刊：《当代外国文学》；

其他期刊均为一般性学术期刊。

说明：《中国比较文学》已列入中国文学核心期刊，故不在此重复列表。

第 10 章 语言学

根据新闻出版总署公布的数据和最新统计，我国语言学类学术期刊约 130 余种，良莠不齐，其中每年都有近一半期刊未被 CSSCI 来源文献引用，目前列入 CSSCI 统计范围的语言学期刊约有 60 种。2004—2005 年，CSSCI 收录语言学类来源期刊 19 种，2006 年收录 22 种（剔除了《语文建设》，增加了《汉语学习》、《外语教学》、《外语研究》、《外语与外语教学》）。三年间，CSSCI 语言学类来源期刊共收录来源文献 5305 篇，引用文献 59741 篇次。这些来源文献引用了中文人文社会科学各类学术期刊计 200 余种。为了研究的全面性和科学性，本章的研究对象是以 2004—2006 年在 CSSCI 中被引指标排在前 40 名的期刊。需要说明的是，列入 CSSCI 2008 年语言学来源期刊扩展版的《辞书研究》在 2007 年以前属于集刊，虽现已以期刊方式出版，但由于影响因子等数据不便计算，因此未列入讨论的 40 种期刊中。而由于该刊在业界也有一定影响，故在本节讨论中，我们会涉及该刊的部分重要数据。此外，《外语电化教育》为 CSSCI 教育学 2004—2006 年来源期刊，而自 2008 年起，转为语言学来源期刊。因此我们讨论的样本以语言学类学术期刊为主，这些期刊的被引数据，占了语言学（中文）期刊总被引频次的 95% 以上，基本能代表国内影响语言学研究的学术期刊。需要指出的是，以下各项数据来源于对 CSSCI 数据库、万方期刊数据库的统计数据、清华同方的 Web 即年下载数据以及对印刷型期刊的考察和中南财经政法大学图书馆提供的二次文献转载数据。

10.1 语言学期刊学术规范量化指标分析

学术期刊的规范性，从文字上体现为其所发表的论文语言简洁、可读性强、具有一定的学术价值，更重要的是要遵循国家和学界有关学术标准和规范，提高期刊中论文的学术含量。实现期刊规范化，对提高办刊质量，进而对读者阅读利用期刊论文，对科研部门统计、分析、评价期刊都有重要的意义。[①] 对期刊规范性进行考察的指标很多，为了简化考察过程和数据的可获得性，同时考虑到可以量化的角度，本

---

① 易明芳："学术期刊规范化与期刊评价"，《出版发行研究》2004 年第 7 期，第 71—73 页。

节应用期刊论文的篇均引用文献数、期刊基金论文占有比例、期刊作者地区分布以及期刊标注有作者机构的论文比例这4项指标作为评价期刊学术规范量化的指标,从而评价分析语言学期刊的规范化和学术含量。

10.1.1 篇均引用文献数

学术论文列出的引用文献应该是论文学术表达的重要组成部分。它不仅反映了对他人成果的尊重,也体现了学术成果自身的规范程度和学术含量。期刊篇均引用文献数就是考察期刊参考文献和引用文献数量多少的一项指标。虽然评价一篇论文的学术质量和学术含量不能绝对地用引用文献的多寡来衡量[①],但如果针对同一学科期刊进行篇均引文数量的比较,则在某种程度上反映了各期刊所刊载的文章的平均研究深度和是否遵守了学术规范。

从语言学学科来看,2004—2006年CSSCI语言学来源期刊的篇均引文(为12.11篇)高于人文社会科学(为8.20篇)的平均水平,仅低于历史学、心理学、法学、考古学等4个学科。[②] 表10-1给出了2004—2006年40种语言学期刊篇均引用文献数统计、三年平均引用文献篇数和归一化值(归一化值的计算方法参见本书第1章)。本表按照各期刊三年平均引用文献篇数从大到小排序。

表10-1   2004—2006年语言学期刊篇均引用文献数统计

排序	期刊名称	2004年(篇数)	2005年(篇数)	2006年(篇数)	三年平均(篇数)	归一化值
1	当代语言学	26.71	23.73	21.51	23.9833	1
2	现代外语	17.74	21.28	20.43	19.8167	0.8263
3	外语教学与研究	17.59	17.73	17.63	17.6500	0.7359
4	国外外语教学[③]	15.53	19.05	17.68	17.4200	0.7263
5	语言科学	15.45	19.70	12.99	16.0467	0.6691
6	外语教学	15.40	15.31	17.22	15.9767	0.6662
7	方言	17.81	16.61	13.18	15.8667	0.6616
8	世界汉语教学	15.14	12.85	18.40	15.4633	0.6448
9	外国语:上海外国语大学学报	13.53	16.66	16.04	15.4100	0.6425

---

① 贾贤:"正确对待科技论文中参考文献的数量及权威性",《科技与出版》2005年第3期,第61页。

② 邓三鸿、金莹:"我国人文社会科学学术刊物的学科对比——基于CSSCI的分析",《东岳论丛》2008年第1期,第43—50页。

③ 2008年1月1日起,《国外外语教学》改名为《外语教学理论与实践》,本文讨论仍采用原名《国外外语教学》。

续表

排序	期刊名称	2004年（篇数）	2005年（篇数）	2006年（篇数）	三年平均（篇数）	归一化值
10	语言教学与研究	15.29	12.70	16.44	14.8100	0.6175
11	外语界	13.89	13.70	16.06	14.5500	0.6067
12	外语学刊	13.99	14.65	14.28	14.3067	0.5965
13	中国语文	14.56	14.45	13.73	14.2467	0.5940
14	汉语学报	17.23	11.84	13.15	14.0733	0.5868
15	天津外国语学院学报	13.55	13.09	15.00	13.8800	0.5787
16	外语与外语教学	14.32	13.10	13.78	13.7333	0.5726
17	外语研究	11.97	13.42	13.37	12.9200	0.5387
18	外国语言文学	13.40	11.55	12.59	12.5133	0.5218
19	四川外语学院学报	11.99	12.41	12.85	12.4167	0.5177
20	解放军外国语学院学报	11.30	11.99	13.74	12.3433	0.5147
21	中国外语	10.85	12.36	13.09	12.1000	0.5045
22	山东外语教学	11.28	12.03	12.71	12.0067	0.5006
23	语文研究	9.58	12.24	13.29	11.7033	0.4880
24	汉语学习	8.32	12.50	12.45	11.0900	0.4624
25	西安外国语学院学报	11.05	10.45	11.53	11.0100	0.4591
26	外语电化教学	9.12	10.20	12.80	10.7067	0.4464
27	民族语文	9.22	8.97	12.24	10.1433	0.4229
28	中国翻译	9.46	8.56	11.48	9.8333	0.4100
29	语言研究	7.49	11.30	8.36	9.0500	0.3773
30	古汉语研究	8.04	9.97	7.67	8.5600	0.3569
31	暨南大学华文学院学报	8.63	7.90	9.09	8.5400	0.3561
32	北京第二外国语学院学报	8.17	7.70	8.47	8.1133	0.3383
32	上海翻译	7.23	8.11	8.99	8.1100	0.3382
34	中国科技翻译	7.04	8.37	8.05	7.8200	0.3261
35	云南师范大学学报（对外汉语教学与研究版）	5.46	10.93	6.67	7.6867	0.3205
36	语言文字应用	7.21	6.95	8.27	7.4767	0.3117
37	语言与翻译	6.45	6.21	6.05	6.2367	0.2600
38	修辞学习	4.74	4.76	5.05	4.8500	0.2022
39	中国俄语教学	4.82	4.98	3.97	4.5900	0.1914
40	语文建设	0.23	0.61	0.58	0.4733	0.0197

根据表 10-1 的数据显示，2004—2006 年，语言学期刊的篇均引文数为 11.94 篇。其中，曾入选 CSSCI 语言学类来源期刊的篇均引文数为 13 篇，①未曾入选语言学来源期刊篇均引文数为 10.5 篇。来源期刊在这一指标上高于非来源期刊，说明两者之间还是存在一定差距的。从以上数据可以看出，CSSCI 来源期刊大多排在前面，只有《语文建设》的数据比较低，此外，在篇均引文前 20 名的期刊中，还有 6 种非 CSSCI 来源期刊：2002 年创刊的《语言科学》、2004 年创刊的《汉语学报》，以及《天津外国语学院学报》、《外国语言文学》、《四川外语学院学报》、《解放军外国语学院学报》，可以看出，在 2004—2006 这三年中，它们都非常注意引文的规范性，这也为提高期刊的质量打下了基础，这 6 种期刊中，《语言科学》、《解放军外国语学院学报》成为 2008 年度 CSSCI 语言学来源期刊，《四川外语学院学报》进入相应的扩展版，这都是对其办刊质量不断提高的回报。

从年度变化上来看，语言学期刊的篇均引文数整体处于平稳上升状态。40 种期刊的篇均引文，从 2004 年的 11.52 篇，2005 年的 12.02 篇，发展到 2006 年的 12.27 篇。总体来看，语言学期刊的篇均引文比较稳定，但也有进步较大的期刊，如《汉语学习》、《外语电化教学》、《语文研究》等。从语言学期刊引用文献数量总的变化来看，语言学类期刊总体上比较重视文献的引用，强调学术引用的规范化。但个别期刊的某些论文存在没有引文的现象，比如《语文建设》，其发文量很大，但引文明显偏少，作为学术期刊，《语文建设》及排在后几位的期刊的引文数量还有待进一步的提高，期刊规范还要继续加强。

10.1.2 基金论文比例

正常情况下，基金的承担者都是各个学科的优秀学者，其发表的基金论文往往代表了某研究领域的新趋势、"制高点"。因此，基金论文具有比较高的学术价值。期刊登载的基金论文数量越多，则说明期刊吸收学科前沿高质量论文的能力强，学术水平较高。同时，基金论文的作者大都愿意把自己的最新科研成果投向科学界地位最高、影响最大、学术性最强的高水平期刊，以此扩大其论文的影响力和被引用率。正由于各学科领域基金资助的研究项目普遍具有方法先进、研究深入等特点，组织刊发基金论文已成为提高期刊学术水平行之有效的措施之一，基金论文比也就成为期刊质量评价的一个重要指标。②

---

① 与上页脚注②中的引用文献数量不一致，是因为本处是以 CSSCI 来源期刊刊名来计算的，也就是说即使这个期刊某些年份不是 CSSCI 来源期刊，但都把他作为来源期刊计算了。而上页脚注参考文献完全是直接用来源期刊计算的，当 2004—2006 年某些来源期刊某些年份不是来源期刊时，这些年份没有参与计算。

② 温晓平、王国辉、窦春蕊等："关于科技论文基金项目标注的思考"，《中国科学基金》2006 年第 6 期，第 353—355 页。

近几年，各类基金对语言学研究的资助也逐步增加。例如，国家社科基金对语言学研究的资助项目由 2001 年的 42 项增长到 2006 年的 100 项（不含后期资助项目）[①]，基金资助的成果最终体现在基金论文的发表数量上。从 CSSCI 的数据来看，2004 年语言学来源期刊的基金论文为 178 篇，而到了 2006 年，对应的数字为 418 篇，翻了一倍多。可以说，期刊刊载基金论文的比例越高，说明期刊所刊载的论文与学界所关注的研究领域、与国家所关心的现实问题更加密切相关。表 10-2 给出了 2004—2006 年语言学期刊基金论文比例、三年平均值和归一化值。本表按照三年平均值从大到小排序。

表 10-2　　　　　　　　　　2004—2006 年语言学期刊基金论文比例

排序	期刊名称	2004 年	2005 年	2006 年	三年平均	归一化值
1	外国语：上海外国语大学学报	0.23	0.36	0.49	0.3600	1
2	世界汉语教学	0.18	0.24	0.63	0.3500	0.9722
3	语文研究	0.08	0.22	0.63	0.3100	0.8611
4	外语学刊	0.16	0.18	0.53	0.2900	0.8056
5	外语教学与研究	0.19	0.16	0.51	0.2867	0.7964
6	方言	0.10	0.16	0.59	0.2833	0.7869
7	外语界	0.25	0.14	0.45	0.2800	0.7778
7	语言教学与研究	0.08	0.23	0.53	0.2800	0.7778
9	语言研究	0.19	0.27	0.29	0.2500	0.6944
10	中国语文	0.16	0.11	0.44	0.2367	0.6575
11	民族语文	0.10	0.13	0.44	0.2233	0.6203
12	语言科学	0.18	0.21	0.27	0.2200	0.6111
13	暨南大学华文学院学报	0.21	0.20	0.23	0.2133	0.5925
14	外语与外语教学	0.10	0.19	0.28	0.1900	0.5278
15	语言文字应用	0.16	0.12	0.28	0.1867	0.5186
16	外语教学	0.19	0.18	0.18	0.1833	0.5092
17	国外外语教学	0.14	0.17	0.23	0.1800	0.5000
18	汉语学报	0.12	0.18	0.22	0.1733	0.4814
19	当代语言学	0.12	0.27	0.08	0.1567	0.4353
20	现代外语	0.15	0.12	0.17	0.1467	0.4075

① http://www.npopss—cn.gov.cn/planning/yearxm.htm, 2008—7—24.

续表

排序	期刊名称	2004年	2005年	2006年	三年平均	归一化值
21	中国翻译	0.03	0.05	0.35	0.1433	0.3981
21	汉语学习	0.07	0.13	0.23	0.1433	0.3981
23	外语电化教学	0.11	0.07	0.24	0.1400	0.3889
24	外语研究	0.10	0.11	0.20	0.1367	0.3797
25	北京第二外国语学院学报	0.05	0.15	0.17	0.1233	0.3425
26	中国科技翻译	0.08	0.10	0.18	0.1200	0.3333
27	解放军外国语学院学报	0.06	0.10	0.19	0.1167	0.3242
27	四川外语学院学报	0.07	0.16	0.12	0.1167	0.3242
27	云南师范大学学报（对外汉语教学与研究版）	0.05	0.10	0.20	0.1167	0.3242
30	西安外国语学院学报	0.11	0.10	0.12	0.1100	0.3056
31	中国外语	0.09	0.05	0.16	0.1000	0.2778
32	中国俄语教学	0.02	0.14	0.13	0.0967	0.2686
33	山东外语教学	0.08	0.09	0.10	0.0900	0.2500
34	古汉语研究	0.04	0.03	0.18	0.0833	0.2314
35	天津外国语学院学报	0.03	0.07	0.14	0.0800	0.2222
36	外国语言文学	0.04	0.08	0.08	0.0667	0.1853
37	上海翻译		0.06	0.08	0.0600	0.1667
38	修辞学习	0.04	0.05	0.03	0.0400	0.1111
39	语言与翻译	0.04	0.01	0	0.0167	0.0464
40	语文建设	0	0	0.01	0.0033	0.0092

从表10-2可以看到，2004—2006年，语言学期刊的平均基金论文比为0.168，在本书讨论的各学科中属于中等。其中，曾经入选CSSCI语言学类来源期刊的所有期刊，其平均基金论文比为0.21，本章讨论的其余期刊的平均基金论文比为0.11，两者相差近一倍。说明非来源期刊整体的基金论文数量与语言学类来源期刊有较大差距。但是也有个别非来源期刊具有较高的基金论文比例，如《语言科学》、《暨南大学华文学院学报》的基金论文比分别位居12和13位，说明它们也能吸引大量高水平论文；而2004年创刊的《汉语学报》，其基金论文比表现也不俗，发展趋势很好。来源期刊《语文建设》基金论文比较低，近乎为0，这说明该刊的学术性可能不高或者不重视基金论文的标注。

从年度变化来看，语言学期刊的基金论文比基本处于上升的状态。其中CSSCI来源期刊《语文研究》的增幅最为明显，从 2004 年的 0.08 增长到 2006 年的 0.63。此外，《方言》、《语言教学与研究》、《世界汉语教学》、《中国翻译》等来源期刊，基金论文比的增长也很迅速，尤其是《中国翻译》，从 2004 年的 0.03 增长到 2006 年的 0.35，相对增长幅度最高。非来源期刊在三年中的变化不大，其中《云南师范大学学报（对外汉语教学与研究版）》、《天津外国语学院学报》、《解放军外国语学院学报》等期刊表现尚可。

根据三年基金论文比，语言学期刊可分为三个方阵。排名前 3 名的期刊，其基金论文比在 0.3 以上，居于第一方阵。此后的 4—13 名为第二方阵，三年平均基金论文比在 0.2 到 0.3 之间，排名相近的期刊间数量相差较小。最后的 27 种期刊为第三方阵，三年平均基金论文比较小，有个别期刊有些年度甚至没有一篇标注为基金论文，尽管基金论文比不是评价期刊学术性的关键指标，但仍然值得这些排名靠后的期刊予以更多的注意。

10.1.3 论文作者地区分布

期刊论文作者地区分布的广泛程度，反映了期刊在不同地区的影响力及受到不同地区作者关注的程度。本研究中的作者地区包括我国内地 31 个省市自治区、港、澳、台以及其他国家和地区（其他国家和地区分布数以国家为单位计量）。表 10-3 给出了 2004—2006 年 40 种语言学期刊论文作者地区分布数及三年平均值，并对平均值进行了归一化计算。本表按三年平均地区数从大到小排序。

表 10-3　　　　　　　　2004—2006 年语言学期刊论文作者地区分布

排序	期刊名称	2004 年（地区数）	2005 年（地区数）	2006 年（地区数）	三年平均（地区数）	归一化值
1	语文建设	28	28	27	27.67	1
2	中国翻译	23	27	29	26.33	0.9516
3	中国语文	26	21	24	23.67	0.8554
4	外语学刊	23	21	22	22.00	0.7951
4	西安外国语学院学报	22	21	23	22.00	0.7951
4	修辞学习	26	21	19	22.00	0.7951
7	山东外语教学	19	25	21	21.67	0.7832
7	外语与外语教学	24	19	22	21.67	0.7832
7	中国科技翻译	22	21	22	21.67	0.7832
10	四川外语学院学报	22	21	21	21.33	0.7709
10	语言研究	17	27	20	21.33	0.7709

续表

排序	期刊名称	2004年（地区数）	2005年（地区数）	2006年（地区数）	三年平均（地区数）	归一化值
12	外语教学	19	21	22	20.67	0.7470
13	北京第二外国语学院学报	21	19	21	20.33	0.7347
13	民族语文	21	21	19	20.33	0.7347
15	天津外国语学院学报	20	22	18	20.00	0.7228
16	语言文字应用	20	18	21	19.67	0.7109
17	古汉语研究	19	20	18	19.00	0.6867
17	解放军外国语学院学报	17	20	20	19.00	0.6867
17	外语电化教学	19	19	19	19.00	0.6867
17	语言科学	19	17	21	19.00	0.6867
21	外语教学与研究	19	17	19	18.33	0.6625
21	云南师范大学学报（对外汉语教学与研究版）	19	18	18	18.33	0.6625
23	外语界	19	21	14	18.00	0.6505
24	方言	16	17	20	17.67	0.6386
25	外语研究	15	18	19	17.33	0.6263
26	上海翻译	17	16	18	17.00	0.6144
26	现代外语	18	18	15	17.00	0.6144
28	当代语言学	20	13	17	16.67	0.6025
28	汉语学习	18	16	16	16.67	0.6025
30	语言教学与研究	14	16	19	16.33	0.5902
31	世界汉语教学	12	16	20	16.00	0.5782
31	外国语：上海外国语大学学报	17	16	15	16.00	0.5782
31	语文研究	17	16	15	16.00	0.5782
34	国外外语教学	16	16	15	15.67	0.5663
34	外国语言文学	15	15	17	15.67	0.5663
34	中国外语	11	17	19	15.67	0.5663
37	中国俄语教学	11	18	15	14.67	0.5302
38	汉语学报	9	15	17	13.67	0.4940
39	语言与翻译	13	12	11	12.00	0.4337
40	暨南大学华文学院学报	8	9	10	9.00	0.3253

从表 10-3 可以看到，同管理学等学科的期刊相比，语言学的期刊影响面稍小，而且，来源期刊和非来源期刊的差距也不大。在排名前 10 位和后 10 位的期刊中，来源期刊和非来源期刊都是各占 5 种，平分秋色。同时，语言学类期刊作者的地区分布差异较大。地区分布最广的期刊作者几乎遍及全国大部分地区（30 个左右的地区），分布最窄的期刊其作者仅局限于 10 个左右的地区，说明这些期刊对地区的影响面较小，而《中国外语》、《汉语学报》等期刊，可能是因为创刊时间短，影响力还没有完全拓展开来。另外，有些期刊的分布性表现不佳还可能是因为疏于作者机构的标注，如《暨南大学华文学院学报》，机构标注比例不高是造成其地区分布数据低的因素之一（见表 10-4）。

2004—2006 年，同其他学科类似，大部分语言学期刊的地区分布变化不大，像《语文建设》、《外语学刊》、《中国科技翻译》等期刊三年的地区分布基本保持不变，持续平稳发展；有些期刊，比如新生期刊《中国外语》、《汉语学报》及《世界汉语教学》、《方言》等，三年间的地区分布呈现逐渐扩大的趋势，说明其涉及的作者面越来越广。而从数据上看，作者地区分布呈一定下降趋势的期刊有《修辞学习》等，这是一些相反的例子，需要期刊主办机构引起警觉。

由于语言学研究的特性，语言学类期刊的作者影响面还不是很广，我们的期刊需要扩大作者群，真正在全国范围内繁荣我们的学术研究。

10.1.4 有作者机构论文比例

作者机构标注比例也是衡量期刊规范程度的重要指标之一。可以认为，论文的作者机构是学术论文的重要组成部分，它不仅方便了读者与作者之间的交流，也为学界了解各机构的研究实力和学术交流提供了信息。自 1998 年来，CSSCI 一直强调论文的作者机构标注，也得到了绝大多数期刊的响应，CSSCI 来源期刊作者机构的标注比例不断上升，标注比例由 1998 年的 83.2% 上升到 2006 年的 95.6%，期刊的规范程度不断提高，CSSCI 对人文社会科学学术期刊规范化起到了积极的作用。从学科的角度来看，2004—2006 年 CSSCI 语言学来源期刊的机构标注比为 96.5% 以上，略高于人文社会科学的平均比例（94.4%）。[①] 说明语言学期刊在这方面的规范性较好，但相对管理学、体育学、心理学等机构标注比例 99% 以上的学科而言，差距仍然明显。表 10-4 给出了 2004—2006 年语言学期刊标注有作者机构的论文比例及三年平均值，本表按照三年平均值从大到小排序。

---

① 邓三鸿、金莹："我国人文社会科学学术刊物的学科对比——基于 CSSCI 的分析"，《东岳论丛》2008 年第 1 期，第 43—50 页。

表 10-4　　2004—2006 年语言学期刊标注有作者机构的论文比例

排序	期刊名称	2004 年	2005 年	2006 年	三年平均	归一化值
1	国外外语教学	1	1	1	1	1
1	山东外语教学	1	1	1	1	1
1	天津外国语学院学报	1	1	1	1	1
1	外语教学	1	1	1	1	1
1	云南师范大学学报（对外汉语教学与研究版）	1	1	1	1	1
6	外语学刊	1	1	0.9925	0.9975	0.9975
7	中国外语	1	0.9897	1	0.9966	0.9966
8	四川外语学院学报	1	1	0.9884	0.9961	0.9961
9	外语教学与研究	1	0.9873	1	0.9958	0.9958
10	语言科学	1	0.9848	1	0.9949	0.9949
11	语言教学与研究	1	0.9844	1	0.9948	0.9948
12	西安外国语学院学报	0.9918	0.9917	1	0.9945	0.9945
13	语文研究	1	0.9831	1	0.9944	0.9944
14	汉语学报	1	1	0.9818	0.9939	0.9939
15	外语研究	1	0.9905	0.9909	0.9938	0.9938
16	解放军外国语学院学报	1	0.9739	1	0.9913	0.9913
17	北京第二外国语学院学报	0.9774	0.9927	1	0.9900	0.9900
18	外语与外语教学	0.9898	0.9799	1	0.9899	0.9899
19	语言文字应用	0.9909	0.9735	1	0.9881	0.9881
20	现代外语	0.9811	0.9828	1	0.9880	0.9880
21	中国语文	0.9630	1	1	0.9877	0.9877
22	中国科技翻译	1	0.9863	0.9726	0.9863	0.9863
23	语言研究	0.9677	0.9896	0.9817	0.9797	0.9797
24	外国语言文学	1	1	0.9344	0.9781	0.9781
25	中国俄语教学	0.9796	0.9655	0.9531	0.9661	0.9661
26	修辞学习	0.9816	0.9879	0.9267	0.9654	0.9654
27	外语电化教学	0.9455	0.9537	0.9889	0.9627	0.9627
28	语言与翻译	1	1	0.8800	0.9600	0.9600
29	当代语言学	0.9268	0.9730	0.9744	0.9581	0.9581
30	民族语文	0.9367	0.9620	0.9516	0.9501	0.9501

续表

排序	期刊名称	2004年	2005年	2006年	三年平均	归一化值
30	外语界	0.9494	0.9398	0.9610	0.9501	0.9501
32	外国语：上海外国语大学学报	0.9194	0.9661	0.9362	0.9406	0.9406
33	方言	0.8810	0.9804	0.9388	0.9334	0.9334
34	世界汉语教学	0.8824	0.9074	1	0.9299	0.9299
35	上海翻译	0.9524	1	0.8261	0.9262	0.9262
36	语文建设	0.9149	0.8709	0.9760	0.9206	0.9206
37	汉语学习	0.8318	0.9167	0.9872	0.9119	0.9119
38	古汉语研究	0.8333	0.9589	0.9390	0.9104	0.9104
39	中国翻译	0.8940	0.8542	0.9113	0.8865	0.8865
40	暨南大学华文学院学报	0.8837	0.8000	0.7358	0.8065	0.8065

从表10-4可以看出，语言学有作者机构论文比的数据还是比较乐观的，三年平均值达到95%的有30种期刊之多，而只有2种期刊的机构标注比例小于90%。根据SCI等国际期刊的录用规则，来源文献的信息中必须包括详细的作者机构信息，不重视机构标注的期刊必须进行改进，否则难以进入语言学主要学术期刊之列。

从2004—2006年三年变化来看，语言学各期刊有作者机构的论文比例基本呈上升趋势，《世界汉语教学》等上升明显，这说明语言学期刊规范程度不断提高。当然，也有个别期刊的趋势令人担忧，如《暨南大学华文学院学报》、《中国科技翻译》的机构标注比例逐年下降，《上海翻译》、《修辞学习》等期刊的机构标注情况波段起伏甚至呈现下降趋势，说明主办单位在这个问题上还没有足够重视。

10.1.5 语言学期刊学术规范量化指标综合分析

期刊学术规范量化指标在期刊评价中占有重要的位置，其主要反映期刊的规范程度和学术质量，包括期刊的篇均引用文献数、基金论文占有比例、作者地区分布以及标注有作者机构的论文比例这四项指标。根据第1章的说明，按照4项指标平均分配总指标比率，各占25%，得到期刊学术规范量化指标综合值。表10-5给出了2004—2006年语言学期刊学术规范量化各指标的归一化值和综合值。综合值计算方法为：将每一种期刊的学术规范量化指标的归一化值乘以0.25，然后求和计算得到各期刊的综合值。本表按照各期刊学术规范量化指标综合值从大到小排序。

表 10-5　　2004—2006 年语言学期刊学术规范量化指标综合值

排序	期刊名称	篇均引文数归一化值	基金论文比归一化值	地区分布归一化值	有机构论文比归一化值	综合值
1	外语学刊	0.5965	0.8056	0.7951	0.9975	0.7987
2	外语教学与研究	0.7359	0.7964	0.6625	0.9958	0.7977
3	外国语：上海外国语大学学报	0.6425	1	0.5782	0.9406	0.7903
4	世界汉语教学	0.6448	0.9722	0.5782	0.9299	0.7813
5	中国语文	0.5940	0.6575	0.8554	0.9877	0.7737
6	方言	0.6616	0.7869	0.6386	0.9334	0.7551
7	当代语言学	1	0.4353	0.6025	0.9581	0.7490
8	外语界	0.6067	0.7778	0.6505	0.9501	0.7463
9	语言教学与研究	0.6175	0.7778	0.5902	0.9948	0.7451
10	语言科学	0.6691	0.6111	0.6867	0.9949	0.7405
11	外语教学	0.6662	0.5092	0.7470	1	0.7306
12	语文研究	0.4880	0.8611	0.5782	0.9944	0.7304
13	外语与外语教学	0.5726	0.5278	0.7832	0.9899	0.7184
14	现代外语	0.8263	0.4075	0.6144	0.9880	0.7091
15	语言研究	0.3773	0.6944	0.7709	0.9797	0.7056
16	国外外语教学	0.7263	0.5000	0.5663	1	0.6982
17	民族语文	0.4229	0.6203	0.7347	0.9501	0.6820
18	中国翻译	0.4100	0.3981	0.9516	0.8865	0.6616
19	四川外语学院学报	0.5177	0.3242	0.7709	0.9961	0.6522
20	汉语学报	0.5868	0.4814	0.4940	0.9939	0.6390
21	西安外国语学院学报	0.4591	0.3056	0.7951	0.9945	0.6386
22	外语研究	0.5387	0.3797	0.6263	0.9938	0.6346
23	山东外语教学	0.5006	0.2500	0.7832	1	0.6335
24	语言文字应用	0.3117	0.5186	0.7109	0.9881	0.6323
25	天津外国语学院学报	0.5787	0.2222	0.7228	1	0.6309
26	解放军外国语学院学报	0.5147	0.3242	0.6867	0.9913	0.6292
27	外语电化教学	0.4464	0.3889	0.6867	0.9627	0.6212
28	中国科技翻译	0.3261	0.3333	0.7832	0.9863	0.6072
29	北京第二外国语学院学报	0.3383	0.3425	0.7347	0.9900	0.6014

续表

排序	期刊名称	篇均引文数归一化值	基金论文比归一化值	地区分布归一化值	有机构论文比归一化值	综合值
30	汉语学习	0.4624	0.3981	0.6025	0.9119	0.5937
31	中国外语	0.5045	0.2778	0.5663	0.9966	0.5863
32	云南师范大学学报（对外汉语教学与研究版）	0.3205	0.3242	0.6625	1	0.5768
33	外国语言文学	0.5218	0.1853	0.5663	0.9781	0.5629
34	古汉语研究	0.3569	0.2314	0.6867	0.9104	0.5464
35	暨南大学华文学院学报	0.3561	0.5925	0.3253	0.8065	0.5201
36	修辞学习	0.2022	0.1111	0.7951	0.9654	0.5185
37	上海翻译	0.3382	0.1667	0.6144	0.9262	0.5114
38	中国俄语教学	0.1914	0.2686	0.5302	0.9661	0.4891
39	语文建设	0.0197	0.0092	1	0.9206	0.4874
40	语言与翻译	0.2600	0.0464	0.4337	0.9600	0.4250

作为一个推广科学的学术期刊，不仅要考虑其学术水平，还要考虑其编辑水平、学术规范等方面，应该综合考虑各种因素，语言学各期刊在此方面也在不断努力。2007年召开的"首届中国语言学期刊主编论坛"也着重讨论了期刊质量与学术规范的关系[①]。从表10-5可以看出，在学术规范方面，CSSCI来源期刊的表现总体较好，排名前20名的期刊仅3种不是来源期刊。由于各期刊都存在一些不足，因此，学术规范的综合值差距不是很明显，综合值排名前二的《外语学刊》、《外语教学与研究》竟然没有一个分项位列第1。由于CSSCI在录用期刊时，已经考虑到期刊规范情况，因此，我们看到，表10-5中来源期刊的排序要靠前一些。但也有例外，如《语言科学》，其规范程度毫不逊色于语言学的来源期刊，已成为CSSCI 2008年度来源期刊，这也是对其办刊质量的肯定。在CSSCI的2004—2006年来源期刊中，《语文建设》、《中国俄语教学》、《古汉语研究》比较靠后，说明这几种期刊办刊质量相对在下降，希望引起这些期刊的重视。

从学术规范的综合指标来看，我们可以把以上40种期刊分成3个群体：前15位的期刊为第一集团，其综合指标在0.7以上；综合指标在0.7—0.6之间，即第16—29位为第二集团，其剩余的为第三集团，它们的学术规范存在明显不足，综合指标差强人意。

---

① http://lib.zscas.edu.cn/rwxy/shownews.asp?news_id=34, 2008—7—31.

根据表 10‑5 的期刊学术规范量化指标综合数据分析，除了机构标注比例的情况比较乐观之外，各期刊其余的指标差距较大，部分语言学期刊在学术规范上尚需进一步提高，各期刊可以针对自身的缺陷进行改进，而排在较后位置的 7、8 种期刊更应引起重视，需要为全面提升语言学类期刊的学术规范而进一步努力。

10.2　语言学期刊被引次数分析

期刊被引次数是期刊自创刊以来所刊载的全部论文被某年 CSSCI 来源期刊论文引用的次数。它是一个客观实用的评价指标，可用来衡量期刊的绝对学术影响，也可以在总体上直接反映期刊被学者使用和重视的程度，以及其在学术交流中所起的作用和所处的地位。[①] 期刊被引次数有下述 3 个下级指标构成：总被引次数、他刊引用次数和学科引用次数。

10.2.1　总被引次数

期刊的总被引次数体现了期刊自创刊以来的学术影响。表 10‑6 给出了 2004—2006 年语言学期刊总被引次数，并计算出了三年的平均值，最后进行了归一化处理。该指标的归一化值是由其最大的三年平均值（《中国语文》的 781.33）作除数得到。本表按照三年平均次数从大到小排序。

表 10‑6　　　　　　　　　2004—2006 年语言学期刊总被引次数

排序	期刊名称	2004 年（篇次）	2005 年（篇次）	2006 年（篇次）	三年平均（篇次）	归一化值
1	中国语文	721	761	862	781.33	1
2	外语教学与研究	433	400	552	461.67	0.5909
3	中国翻译	255	206	473	311.33	0.3985
4	方言	265	282	264	270.33	0.3460
5	外语界	199	252	342	264.33	0.3383
6	外国语：上海外国语大学学报	202	209	297	236.00	0.3020
7	语言教学与研究	187	161	330	226.00	0.2893
8	外语与外语教学	145	169	302	205.33	0.2628
9	现代外语	181	169	235	195.00	0.2496

[①]　王杨三："中文医学期刊被引频次的统计分析"，《医学情报工作》2004 年第 2 期，第 148—149 页。

续表

排序	期刊名称	2004年（篇次）	2005年（篇次）	2006年（篇次）	三年平均（篇次）	归一化值
10	世界汉语教学	165	149	263	192.33	0.2462
11	语言研究	161	160	198	173.00	0.2214
12	民族语文	194	127	194	171.67	0.2197
13	当代语言学	134	133	191	152.67	0.1954
14	汉语学习	114	116	193	141.00	0.1805
15	语言文字应用	115	130	162	135.67	0.1736
16	外语电化教学	89	104	159	117.33	0.1502
17	外语教学	61	89	199	116.33	0.1489
18	外语学刊	60	101	171	110.67	0.1416
19	解放军外国语学院学报	79	77	160	105.33	0.1348
20	语文研究	91	79	131	100.33	0.1284
21	古汉语研究	59	98	85	80.67	0.1032
22	语文建设	79	67	90	78.67	0.1007
23	四川外语学院学报	55	58	103	72.00	0.0922
24	外语研究	44	58	94	65.33	0.0836
25	北京第二外国语学院学报	49	58	72	59.67	0.0764
26	山东外语教学	27	33	77	45.67	0.0585
27	国外外语教学	51	25	42	39.33	0.0503
28	修辞学习	14	32	59	35.00	0.0448
29	西安外国语大学学报	20	29	55	34.67	0.0444
30	上海翻译	26	25	51	34.00	0.0435
30	中国外语	—*	22	46	34.00	0.0435
32	中国俄语教学	29	28	40	32.33	0.0414
33	外国语言文学	23	17	36	25.33	0.0324
34	语言科学	12	22	40	24.67	0.0316
35	中国科技翻译	10	17	33	20.00	0.0256
36	暨南大学华文学院学报	7	5	35	15.67	0.0201
37	云南师范大学学报（对外汉语教学与研究版）	5	8	30	14.33	0.0183
38	天津外国语学院学报	4	12	17	11.00	0.0141
39	语言与翻译	4	10	13	9.00	0.0115
40	汉语学报	—*	10	6	8.00	0.0102

* 《中国外语》、《汉语学报》2004年创刊，本表不计算其2004年数据，下同。

从表 10-6 可以看出，语言学期刊在总被引次数上差异明显，三年平均总被引次数最高的达 781 次，最低的不到 10 次，总被引次数分布基本符合布拉德福定律。语言学期刊中影响力较大的集中在少数几种，前 10 种期刊的被引次数之和占表中 40 种语言学期刊被引总次数的 60%。

《中国语文》三年平均总被引次数超过 780 次，明显高于其他期刊，表明该刊在语言学研究中的影响力较大。在前 20 种期刊中，CSSCI 来源期刊占据了绝大多数，其中《外语与外语教学》、《汉语学习》、《外语教学》2004 年尚不是 CSSCI 来源期刊，但进步很快，2006 年就成为来源期刊，而《解放军外国语学院学报》是排名前 20 中的非来源期刊，进步也很快，2008 年也已成为来源期刊。[①] 同时，我们也可以看到，在 2004—2006 年三年中，语言学期刊总被引次数总体呈逐年上升趋势，除了《民族语文》，前 20 种期刊的增长趋势都很明显，后面的期刊如《暨南大学华文学院学报》、《云南师范大学学报（对外汉语教学与研究版）》、《语言科学》增长幅度也很大，不在本章讨论的 40 种期刊之列的《辞书研究》，三年总被引次数依次为 25、28、92，进步也比较快。需要特别指出的是，来源期刊《中国俄语教学》、《国外外语教学》的总被引频次和发展趋势，都不是很乐观，究其原因，一个可能是这两种期刊为季刊，早期载文量不高，而主要原因可能还是该期刊的吸引力在下降。两个 2004 年创刊的期刊，表现不一，其中《中国外语》发展较好，而《汉语学报》则落在最后一位。

从总体上看，语言学期刊的总被引次数均有不同程度的增加，其绝对影响正逐年提高。但是，从总被引次数的增加幅度上看，各期刊之间存在很大差距，这说明语言学期刊在学术影响方面分化加剧，特别是排在后几位的期刊，要引起警觉，必须把全面提高本刊的学术质量和学术影响力放在首位，以提升本刊的学术生命力。当然，总被引次数仅仅是一个表象，它还受到期刊创刊时间的长短、载文量的多少等其他因素的影响，需要结合其他指标来综合考虑。

10.2.2 其他期刊引用次数

其他期刊引用次数（也称他刊引用次数）是为了平衡统计源期刊与非统计源期刊在被引统计中产生的"失重"，特别是有效地克服了有些来源期刊为了提高本刊被引次数而虚假自引带来的偏差。表 10-7 给出了 2004—2006 年语言学期刊他刊引用次数统计。其中包括各年度的他刊引用次数，三年平均值和归一化值。本表按照三年平均次数从大到小排序。

[①] 《解放军外国语学院学报》成为 CSSCI 2008 语言学来源期刊。

表 10-7 2004—2006 年语言学期刊他刊引用次数

排序	期刊名称	2004年（篇次）	2005年（篇次）	2006年（篇次）	三年平均（篇次）	归一化值
1	中国语文	593	621	765	659.67	1
2	外语教学与研究	395	364	514	424.33	0.6432
3	外国语：上海外国语大学学报	181	168	290	213.00	0.3229
4	中国翻译	136	118	381	211.67	0.3209
5	语言教学与研究	160	125	265	183.33	0.2779
6	外语与外语教学	145	169	223	179.00	0.2713
7	现代外语	163	138	220	173.67	0.2633
8	外语界	110	116	249	158.33	0.2400
9	方言	129	158	181	156.00	0.2365
10	语言研究	129	133	164	142.00	0.2153
11	当代语言学	118	110	168	132.00	0.2001
12	世界汉语教学	97	110	184	130.33	0.1976
13	汉语学习	114	116	145	125.00	0.1895
14	民族语文	123	82	133	112.67	0.1708
15	解放军外国语学院学报	79	77	160	105.33	0.1597
16	外语教学	61	89	154	101.33	0.1536
17	语言文字应用	80	75	117	90.67	0.1374
18	语文研究	74	62	110	82.00	0.1243
19	语文建设	67	60	90	72.33	0.1096
20	四川外语学院学报	55	58	103	72.00	0.1091
21	外语学刊	43	63	103	69.67	0.1056
22	外语研究	44	58	85	62.33	0.0945
23	古汉语研究	41	85	59	61.67	0.0935
24	北京第二外国语学院学报	49	58	72	59.67	0.0905
25	外语电化教学	41	39	80	53.33	0.0808
26	山东外语教学	27	33	77	45.67	0.0692
27	修辞学习	14	32	59	35.00	0.0531
28	西安外国语大学学报	20	29	55	34.67	0.0526
29	上海翻译	26	25	51	34.00	0.0515

续表

排序	期刊名称	2004年（篇次）	2005年（篇次）	2006年（篇次）	三年平均（篇次）	归一化值
29	中国外语	—	22	46	34.00	0.0515
31	国外外语教学	37	13	32	27.33	0.0414
32	外国语言文学	23	17	36	25.33	0.0384
33	语言科学	12	22	40	24.67	0.0374
34	中国科技翻译	10	17	33	20.00	0.0303
35	暨南大学华文学院学报（华文教学与研究）	7	5	35	15.67	0.0238
36	中国俄语教学	9	7	27	14.33	0.0217
36	云南师范大学学报（对外汉语教学与研究版）	5	8	30	14.33	0.0217
38	天津外国语学院学报	4	12	17	11.00	0.0167
39	语言与翻译	4	10	13	9.00	0.0136
40	汉语学报	—	10	6	8.00	0.0121

从表10-7可以看出，排除期刊自引后，语言学期刊他刊引用次数依旧符合布拉德福定律，前10种期刊的他刊引用数量之和与语言学期刊他刊引用总数的比例与总被引次数的比例几乎没有变化，但从语言学来源期刊的总体自引率接近20%这个数据来看，说明非语言学来源期刊的学术影响同语言学来源期刊相比，还存在不小的差距。

他刊引用主要针对来源期刊，因此，我们主要来看看来源期刊的自引情况。从排名来看，由于自引的缘故，《方言》从总被引排名第4降低到他引排名第9，《外语电化教学》从总被引排名第16降到他引排名第25，是排名下降幅度较大的两种期刊；而《外国语：上海外国语大学学报》则凭借不到10%的自引率，进入了他引次数排行的第3。从自引比例来看，来源期刊中，自引比例最高的是《中国俄语教学》和《外语电化教学》，都超过50%，即被引2次中至少有1次来自自身期刊。究其原因，应该是这几种期刊的研究领域所决定的，可供参考的文献和期刊有限。另外，《方言》、《外语界》等来源期刊的自引比例超过40%，尽管有研究领域的特殊原因，但也应引起警觉。

在来源期刊中，自引比例最低的是《外语研究》，尽管总被引次数不高，但自引率不到5%，自引率小于10%的期刊还有《外语教学与研究》、《外国语：上海外国语大学学报》、《语文建设》等。

10.2.3 本学科论文引用次数

本学科论文引用次数（也称学科引用次数）并不直接反映期刊质量，而主要用于体现对本学科的学术影响。由于 CSSCI 选择来源期刊是按学科进行的，所以考察期刊上本学科的论文引用的频次显得尤为重要。表 10‑8 给出了 2004—2006 年语言学期刊学科引用次数统计。与上表相同，也包括各期刊的年度学科引用次数、三年平均引用次数和归一化值。本表按照三年平均次数从大到小排序。

表 10‑8　　　　　　　2004—2006 年语言学期刊学科引用次数

排序	期刊名称	2004 年（篇次）	2005 年（篇次）	2006 年（篇次）	三年平均（篇次）	归一化值
1	中国语文	706	740	834	760.00	1
2	外语教学与研究	385	365	517	422.33	0.5557
3	中国翻译	232	191	423	282.00	0.3711
4	方言	261	281	263	268.33	0.3531
5	外语界	160	226	321	235.67	0.3101
6	语言教学与研究	184	157	318	219.67	0.2890
7	外国语：上海外国语大学学报	191	187	279	219.00	0.2882
8	世界汉语教学	162	147	257	188.67	0.2483
9	现代外语	173	163	226	187.33	0.2465
10	外语与外语教学	124	148	280	184.00	0.2421
11	语言研究	161	158	194	171.00	0.2250
12	民族语文	181	115	161	152.33	0.2004
13	当代语言学	131	131	179	147.00	0.1934
14	汉语学习	114	112	189	138.33	0.1820
15	语言文字应用	97	113	141	117.00	0.1539
16	外语教学	54	81	183	106.00	0.1395
17	外语学刊	56	92	163	103.67	0.1364
18	语文研究	87	79	126	97.33	0.1281
19	外语电化教学	52	82	138	90.67	0.1193
20	解放军外国语学院学报	61	65	138	88.00	0.1158
21	古汉语研究	57	93	81	77.00	0.1013

续表

排序	期刊名称	2004年（篇次）	2005年（篇次）	2006年（篇次）	三年平均（篇次）	归一化值
22	语文建设	59	58	78	65.00	0.0855
23	外语研究	39	51	85	58.33	0.0768
24	四川外语学院学报	24	33	77	44.67	0.0588
25	山东外语教学	20	28	71	39.67	0.0522
26	国外外语教学	41	25	40	35.33	0.0465
27	中国外语	—	21	46	33.50	0.0441
28	上海翻译	25	23	49	32.33	0.0425
29	中国俄语教学	29	25	37	30.33	0.0399
30	修辞学习	12	26	51	29.67	0.0390
31	西安外国语大学学报	9	26	47	27.33	0.0360
32	语言科学	10	19	39	22.67	0.0298
32	外国语言文学	19	15	34	22.67	0.0298
34	中国科技翻译	10	14	29	17.67	0.0233
35	暨南大学华文学院学报	7	5	32	14.67	0.0193
36	汉语学报	—	10	6	8.00	0.0105
37	天津外国语学院学报	4	5	14	7.67	0.0101
38	北京第二外国语学院学报	3	2	14	6.33	0.0083
39	语言与翻译	3	5	10	6.00	0.0079
40	云南师范大学学报（对外汉语教学与研究版）	2	1	8	3.67	0.0048

从表10-8可以看出，总体上语言学期刊在学科上的学术影响分布也基本符合布拉德福定律，排名前10位期刊的学科引用次数超过总数的62%。与总被引次数相比，这些期刊的总的学科引用比例在90%以上，说明语言学期刊的学术影响主要还是在语言学领域，对其他学科的影响较小。

在本学科论文引用次数上，三年平均值排在前10位的期刊与总被引次数排名相比没有变化，不过《外国语：上海外国语大学学报》和《语言教学与研究》交换了位置，《外语与外语教学》和《世界汉语教学》交换了位置。排在10名之后的期刊排序变化也不大，比较特殊的是《北京第二外国语学院学报》，总被引排在第25位，而学科被引排在第38位，这主要是因为《北京第二外国语学院学报》的学科引用率仅为10.6%，是40种期刊中学科引用率最低的。在分析其载文和被引情况后可以得知，该期刊为综合性学报，常刊登旅游、经济地理等方面的文章，并非单纯的语言学期刊。

在讨论的40种期刊中，《汉语学报》的学科引用率最高，为100%，表明其期刊主旨和录用论文的范围非常明确，但就目前来看，其被引次数不高，对学科的影响有限。在CSSCI来源期刊中，学科引用率最高的是《方言》，为99.3%；最低的是《外语电化教学》，为77.3%；整个语言学期刊的被本学科论文的引用率平均为93.2%。从三年的发展趋势来看，《外语界》是前10名期刊中越来越专注于语言学的期刊；而《外语电化教学》则是所有期刊中语言学专业化趋势最明显的期刊，其学科引用比例从58%发展到87%，这也是2008年CSSCI将该刊从教育学类调整到语言学类的主要原因。

10.2.4 语言学期刊被引次数综合分析

期刊被引次数是反映期刊长期学术影响的重要指标，它包括总被引次数、他刊引用次数和学科引用次数三项指标。根据第1章说明，3个指标的权重分配为25%，50%，25%。表10-9给出了2004—2006年语言学期刊被引次数各指标的归一化值和综合值。本表按照被引次数综合值从大到小排序。

表10-9　　　　　　　　2004—2006年语言学期刊被引次数综合值

排序	期刊名称	总被引次数归一化值	他刊引用次数归一化值	学科引用次数归一化值	综合值
1	中国语文	1	1	1	1
2	外语教学与研究	0.5909	0.6432	0.5557	0.6083
3	中国翻译	0.3985	0.3209	0.3711	0.3529
4	外国语：上海外国语大学学报	0.3020	0.3229	0.2882	0.3090
5	方言	0.3460	0.2365	0.3531	0.2930
6	语言教学与研究	0.2893	0.2779	0.2890	0.2835
7	外语界	0.3383	0.2400	0.3101	0.2821
8	外语与外语教学	0.2628	0.2713	0.2421	0.2619
9	现代外语	0.2496	0.2633	0.2465	0.2557
10	世界汉语教学	0.2462	0.1976	0.2483	0.2224
11	语言研究	0.2214	0.2153	0.2250	0.2193
12	当代语言学	0.1954	0.2001	0.1934	0.1973
13	民族语文	0.2197	0.1708	0.2004	0.1904

续表

排序	期刊名称	总被引次数归一化值	他刊引用次数归一化值	学科引用次数归一化值	综合值
14	汉语学习	0.1805	0.1895	0.1820	0.1854
15	语言文字应用	0.1736	0.1374	0.1539	0.1506
16	外语教学	0.1489	0.1536	0.1395	0.1489
17	解放军外国语学院学报	0.1348	0.1597	0.1158	0.1425
18	语文研究	0.1284	0.1243	0.1281	0.1263
19	外语学刊	0.1416	0.1056	0.1364	0.1223
20	外语电化教学	0.1502	0.0808	0.1193	0.1078
21	语文建设	0.1007	0.1096	0.0855	0.1014
22	古汉语研究	0.1032	0.0935	0.1013	0.0979
23	四川外语学院学报	0.0922	0.1091	0.0588	0.0923
24	外语研究	0.0836	0.0945	0.0768	0.0874
25	北京第二外国语学院学报	0.0764	0.0905	0.0083	0.0664
26	山东外语教学	0.0585	0.0692	0.0522	0.0623
27	中国外语	0.0435	0.0515	0.0441	0.0477
28	修辞学习	0.0448	0.0531	0.0390	0.0475
29	上海翻译	0.0435	0.0515	0.0425	0.0473
30	西安外国语大学学报	0.0444	0.0526	0.0360	0.0464
31	国外外语教学	0.0503	0.0414	0.0465	0.0449
32	外国语言文学	0.0324	0.0384	0.0298	0.0348
33	语言科学	0.0316	0.0374	0.0298	0.0341
34	中国俄语教学	0.0414	0.0217	0.0399	0.0312
35	中国科技翻译	0.0256	0.0303	0.0233	0.0274
36	暨南大学华文学院学报	0.0201	0.0238	0.0193	0.0218
37	云南师范大学学报（对外汉语教学与研究版）	0.0183	0.0217	0.0048	0.0166
38	天津外国语学院学报	0.0141	0.0167	0.0101	0.0144
39	语言与翻译	0.0115	0.0136	0.0079	0.0117
40	汉语学报	0.0102	0.0121	0.0105	0.0112

从表 10-9 可以看出，《中国语文》在被引数量的三个二级指标上都远远高于其他期刊，说明该刊在语言学领域的绝对权威性和学术影响力。此外，由于《中国语文》的强大影响力，其三项指标都位列第 1，导致排在第 4 以后的期刊综合指标都在 0.3 以下，这种一枝独秀的情况并不利于学科的发展，希望其他期刊能迎头赶上，创造百家争鸣的繁荣景象。

三项指标的详细比较分析已经在前面三节给出，这里值得一提的是，2004—2006 年《解放军外国语学院学报》在期刊被引的三项指标方面，逐步拉近与来源期刊的距离，说明其影响力正在不断加强。而作为来源期刊的《中国俄语教学》，其被引次数综合指标排倒数第 7，说明其影响力相对在下降。

这里需要加以说明的是，此 3 项指标使用的都是绝对数值，指标数值容易受期刊创刊时间的长短及期刊发行频率、每期的载文规模等诸多因素的影响。因此，以上数据只能表明各期刊的影响力，而不能直接用来描述期刊质量，因此还需要其他被引指标进行补充和综合。

10.3 语言学期刊被引速率分析

即年指数是表征期刊即时反应速率的指标，主要描述期刊当年发表的论文在当年被引用的情况。[①]此值越高，说明该刊论文对本学科领域的热点关注度较高，因此论文被引用的速度较快。但是，由于文章从撰写到发表有一定的时滞，往往在半年以上或者一年左右才得以发表。因此，即年指数作为评价指标已经不能体现它的原有含义。本系统对即年指数这个指标进行了改进，引入了期刊被引速率这个指标，详细参见第 1 章。期刊被引速率也被分为 3 个下级指标来分析：总被引速率、他刊引用速率和学科引用速率。

10.3.1 总被引速率

根据第 1 章给出的总被引速率的定义，期刊总被引速率是该刊当年论文和前一年论文在当年被引用总次数与该刊当年发表的和前一年发表的论文总数的比值。被引速率在普通即年指数的基础上进行扩展，更能科学地反映期刊对学科热点的关注程度和反应速度。表 10-10 给出了 2004—2006 年语言学期刊总被引速率、三年的平均值和归一化值。本表按照三年平均速率从大到小排序。

---

① 中国科技信息研究所、万方数据股份有限公司，《中国科技期刊引证报告（扩刊版）》，科学技术出版社 2007 年版，第 7 页。

表 10-10　　2004—2006 年语言学期刊总被引速率

排序	期刊名称	2004 年	2005 年	2006 年	三年平均	归一化值
1	外语教学与研究	0.2941	0.2485	0.3063	0.2830	1
2	外语界	0.2840	0.2716	0.2688	0.2748	0.9710
3	外国语：上海外国语大学学报	0.2406	0.2077	0.2545	0.2343	0.8279
4	当代语言学	0.1266	0.1923	0.3684	0.2291	0.8095
5	现代外语	0.3077	0.2232	0.1513	0.2274	0.8035
6	外语电化教学	0.1683	0.1651	0.2273	0.1869	0.6604
7	中国语文	0.1695	0.1799	0.1842	0.1779	0.6286
8	方言	0.1461	0.1250	0.2330	0.1680	0.5936
9	中国翻译	0.1953	0.1063	0.1869	0.1628	0.5753
10	中国外语	—	0.1692	0.1495	0.1594	0.5633
11	外语学刊	0.0825	0.0894	0.2394	0.1371	0.4845
12	世界汉语教学	0.1132	0.1681	0.0887	0.1233	0.4357
13	民族语文	0.1027	0.0788	0.1554	0.1123	0.3968
14	国外外语教学	0.1099	0.0769	0.1279	0.1049	0.3707
15	语言教学与研究	0.0560	0.0916	0.1615	0.1030	0.3640
16	外语与外语教学	0.0960	0.0960	0.0988	0.0969	0.3424
17	语言科学	0.0667	0.0606	0.0979	0.0751	0.2654
18	外语教学	0.0563	0.0688	0.0939	0.0730	0.2580
19	语言文字应用	0.0784	0.0351	0.0926	0.0687	0.2428
20	中国俄语教学	0.0762	0.0450	0.0635	0.0616	0.2177
21	汉语学习	0.0337	0.0552	0.0802	0.0564	0.1993
22	语言研究	0.0556	0.0681	0.0340	0.0526	0.1859
23	上海翻译	0.0385	0.0225	0.0914	0.0508	0.1795
24	汉语学报	—	0.0741	0.0273	0.0507	0.1792
25	语文研究	0.0317	0.0313	0.0847	0.0492	0.1739
26	解放军外国语学院学报	0.0446	0.0455	0.0462	0.0454	0.1604
27	外语研究	0.0435	0.0381	0.0279	0.0365	0.1290
28	暨南大学华文学院学报	0.0227	0.0323	0.0388	0.0313	0.1106
29	四川外语学院学报	0.0193	0.0289	0.0455	0.0312	0.1102
30	北京第二外国语学院学报	0.0379	0.0333	0.0189	0.0300	0.1060

续表

排序	期刊名称	2004年	2005年	2006年	三年平均	归一化值
31	古汉语研究	0.0244	0.0374	0.0194	0.0271	0.0958
32	西安外国语大学学报	0.0276	0.0247	0.0255	0.0259	0.0915
33	修辞学习	0.0096	0.0274	0.0286	0.0219	0.0774
34	中国科技翻译	0.0207	0.0137	0.0274	0.0206	0.0728
35	外国语言文学	0.0240	0	0.0351	0.0197	0.0696
36	山东外语教学	0.0057	0.0201	0.0318	0.0192	0.0678
37	天津外国语学院学报	0.0052	0.0106	0.0222	0.0127	0.0449
38	云南师范大学学报（对外汉语教学与研究版）	0.0155	0	0.0095	0.0083	0.0293
39	语文建设	0.0137	0.0064	0.0023	0.0075	0.0265
40	语言与翻译	0	0	0.0059	0.0020	0.0071

从表10-10可以看出，语言学期刊的总被引速率总体而言不太高，40种期刊的平均值不到0.1，其中来源期刊平均值0.125，非来源期刊平均值为0.047，这主要是因为语言学研究领域和时间的关系并不是十分密切，许多问题会是一个长期的研究课题，并不能像自然科学或纯社会科学那样以引用近期文章为主。从分布来看，语言学期刊三年平均总被引速率明显分为三个层次：第一层次为《外语教学与研究》等5种期刊，三年平均总被引速率在0.2以上；第二层次为排第6—15名的期刊，三年平均总被引速率在0.1—0.2之间；其余为第三层次，总被引速率在0.1以下。

排在前20名的期刊中，CSSCI来源期刊居多，但也有非来源期刊，如排第10位的《中国外语》、排第17位的《语言科学》，前者创刊时间不久，但在这个指标上，也能达到来源期刊的水准。而来源期刊中，《语文建设》、《古汉语研究》比较落后，位列倒数第2和第10位。

在前10位的期刊中，只有《当代语言学》的总被引速率稳步增加，其2006年单年的总被引速率位居第1，3年增长了近2倍；其他期刊中，《外语学刊》、《语言教学与研究》进步也很快，其余期刊的总被引速率时高时低，其中《中国翻译》震荡幅度最大。来源期刊中，《现代外语》的总被引速率下降比较快，《外语界》、《世界汉语教学》等期刊则稍有下滑，应该引起注意。另外，《外国语言文学》、《云南师范大学学报（对外汉语教学与研究版）》、《语言与翻译》等期刊均存在总被引速率为0的年份，说明其学术影响不稳定，还存在一定不足。

10.3.2 其他期刊引用速率

其他期刊引用速率（也称他刊引用速率）是指该刊当年论文和前一年论文在当

年被其他期刊引用的次数与该刊当年发表的和前一年发表的论文总数的比值。即将自引排除在外,为统计的公平性创造了一个良好的条件。表10-11给出了2004—2006年语言学期刊他刊引用速率统计。三年平均值由表中各年度数据进行平均计算得出,再用最大的平均值(《外语教学与研究》的0.2584)作分母求得每一种期刊该指标的归一化值。本表按照三年平均速率从大到小排序。

表10-11　　　　　　　　2004—2006年语言学期刊他刊引用速率

排序	期刊名称	2004年	2005年	2006年	三年平均	归一化值
1	外语教学与研究	0.2882	0.2182	0.2688	0.2584	1
2	现代外语	0.2308	0.2054	0.1261	0.1874	0.7252
3	外国语:上海外国语大学学报	0.1805	0.1615	0.2000	0.1807	0.6993
4	当代语言学	0.1013	0.1667	0.2500	0.1727	0.6683
5	中国外语	—	0.1692	0.1495	0.1594	0.6169
6	中国语文	0.1243	0.1534	0.1632	0.1470	0.5689
7	外语界	0.1358	0.1296	0.1563	0.1406	0.5441
8	语言教学与研究	0.0480	0.0840	0.1308	0.0876	0.3390
9	外语与外语教学	0.0960	0.0960	0.0593	0.0838	0.3243
10	中国翻译	0.0808	0.0250	0.1453	0.0837	0.3239
11	世界汉语教学	0.1038	0.0885	0.0565	0.0829	0.3208
12	方言	0.0787	0.0521	0.1165	0.0824	0.3189
13	语言科学	0.0667	0.0606	0.0979	0.0751	0.2906
14	外语电化教学	0.0792	0.0367	0.1010	0.0723	0.2798
15	国外外语教学	0.0769	0.0330	0.1047	0.0715	0.2767
16	民族语文	0.0479	0.0545	0.0878	0.0634	0.2454
17	外语教学	0.0563	0.0688	0.0614	0.0622	0.2407
18	外语学刊	0.0534	0.0610	0.0695	0.0613	0.2372
19	上海翻译	0.0385	0.0225	0.0914	0.0508	0.1966
20	汉语学报	—	0.0741	0.0273	0.0507	0.1962
21	汉语学习	0.0337	0.0552	0.0617	0.0502	0.1943
22	解放军外国语学院学报	0.0446	0.0455	0.0462	0.0454	0.1757
23	语言文字应用	0.0441	0.0263	0.0602	0.0435	0.1683
24	外语研究	0.0435	0.0381	0.0279	0.0365	0.1413

续表

排序	期刊名称	2004年	2005年	2006年	三年平均	归一化值
25	语言研究	0.0278	0.0524	0.0291	0.0364	0.1409
26	语文研究	0.0317	0.0078	0.0593	0.0329	0.1273
27	暨南大学华文学院学报	0.0227	0.0323	0.0388	0.0313	0.1211
28	四川外语学院学报	0.0193	0.0289	0.0455	0.0312	0.1207
29	北京第二外国语学院学报	0.0379	0.0333	0.0189	0.0300	0.1161
30	西安外国语大学学报	0.0276	0.0247	0.0255	0.0259	0.1002
31	古汉语研究	0.0146	0.0321	0.0194	0.0220	0.0851
32	修辞学习	0.0096	0.0274	0.0286	0.0219	0.0848
33	中国科技翻译	0.0207	0.0137	0.0274	0.0206	0.0797
34	外国语言文学	0.0240	0	0.0351	0.0197	0.0762
35	山东外语教学	0.0057	0.0201	0.0318	0.0192	0.0743
36	中国俄语教学	0.0190	0	0.0317	0.0169	0.0654
37	天津外国语学院学报	0.0052	0.0106	0.0222	0.0127	0.0491
38	云南师范大学学报（对外汉语教学与研究版）	0.0155	0	0.0095	0.0083	0.0321
39	语文建设	0.0030	0.0025	0.0023	0.0026	0.0101
40	语言与翻译	0	0	0.0059	0.0020	0.0077

从表10-11可以看出，排除了自引情况后，语言学期刊三年平均他引速率排名情况依旧呈现三个层次：首位的《外语教学与研究》仍然领先，作为唯一一个平均他引速率超过0.2的期刊，其领先优势有扩大的趋势，第2到第7位的他引速率在0.1—0.2，剩余的他引速率在0.1以下，其中来源期刊《语文建设》、《中国俄语教学》排名靠后。

从排名变化情况来看，变化比较明显的是《外语界》，它在表10-10中排第2，在本表中排第7，《外语电化教学》在表10-10中排列第6，但在本表中仅列第14，对比表10-7，可以得知可能是由于这2种期刊自引的比例较高而导致这一现象。另外，《现代外语》是排在前列的期刊中自引比例较低的，而《中国外语》是非来源期刊，没有自引，因此它们在本表中的排名有所前进。

而从发展趋势来看，他引速率占总被引速率比例下降相对较快的期刊有《外语学刊》、《当代语言学》，上升较明显的则有《中国翻译》、《语言研究》等期刊。①

---

① 《语文建设》是CSSCI年语言学2004—2005来源期刊，而非2006年来源期刊，因此2004年他引速率占总速率比例为22%，而2006年这个比例自然成为100%。

10.3.3 本学科论文引用速率

本学科论文引用速率（也称学科引用速率）是指该刊当年论文和前一年论文在当年被本学科论文引用的次数与该刊当年发表的和前一年发表的论文总数的比值。学科引用速率主要用来反映期刊在本学科的学术反应速度。表 10‑12 给出了 2004—2006 年语言学期刊学科引用速率统计。与上表相同，也包括各年度的学科引用速率、三年平均引用速率和归一化值。本表按照三年平均速率降序排列。

表 10‑12　　　　　　　2004—2006 年语言学期刊学科引用速率

排序	期刊名称	2004 年	2005 年	2006 年	三年平均	归一化值
1	外语教学与研究	0.2294	0.2242	0.2875	0.2470	1
2	外语界	0.2160	0.2407	0.2375	0.2314	0.9368
3	外国语：上海外国语大学学报	0.2406	0.1923	0.2455	0.2261	0.9154
4	当代语言学	0.1266	0.1795	0.3684	0.2248	0.9101
5	现代外语	0.2788	0.2143	0.1429	0.2120	0.8583
6	中国语文	0.1582	0.1799	0.1842	0.1741	0.7049
7	方言	0.1461	0.1250	0.2330	0.1680	0.6802
8	中国外语	—	0.1615	0.1495	0.1555	0.6296
9	外语电化教学	0.1188	0.1422	0.2020	0.1543	0.6247
10	中国翻译	0.1785	0.1031	0.1384	0.1400	0.5668
11	外语学刊	0.0777	0.0813	0.2317	0.1302	0.5271
12	世界汉语教学	0.0943	0.1681	0.0887	0.1170	0.4737
13	语言教学与研究	0.0480	0.0916	0.1538	0.0978	0.3960
14	民族语文	0.0890	0.0727	0.1284	0.0967	0.3915
15	国外外语教学	0.0879	0.0769	0.1163	0.0937	0.3794
16	外语与外语教学	0.0758	0.0833	0.0963	0.0851	0.3445
17	外语教学	0.0493	0.0688	0.0903	0.0695	0.2814
18	语言科学	0.0519	0.0606	0.0909	0.0678	0.2745
19	语言文字应用	0.0686	0.0351	0.0880	0.0639	0.2587
20	中国俄语教学	0.0762	0.0360	0.0556	0.0559	0.2263
21	汉语学习	0.0337	0.0524	0.0802	0.0554	0.2243
22	语言研究	0.0556	0.0681	0.0340	0.0526	0.2130
23	汉语学报	—	0.0741	0.0273	0.0507	0.2053

续表

排序	期刊名称	2004年	2005年	2006年	三年平均	归一化值
24	上海翻译	0.0385	0.0225	0.0860	0.0490	0.1984
25	语文研究	0.0238	0.0313	0.0847	0.0466	0.1887
26	解放军外国语学院学报	0.0414	0.0390	0.0396	0.0400	0.1619
27	外语研究	0.0435	0.0333	0.0279	0.0349	0.1413
28	古汉语研究	0.0244	0.0374	0.0194	0.0271	0.1097
29	西安外国语大学学报	0.0157	0.0247	0.0255	0.0220	0.0891
30	四川外语学院学报	0.0072	0.0237	0.0341	0.0217	0.0879
31	外国语言文学	0.0240	0	0.0351	0.0197	0.0798
32	暨南大学华文学院学报	0.0227	0.0323	0	0.0183	0.0741
32	中国科技翻译	0.0207	0.0137	0.0205	0.0183	0.0741
34	修辞学习	0.0096	0.0213	0.0222	0.0177	0.0717
35	山东外语教学	0.0057	0.0201	0.0255	0.0171	0.0692
36	天津外国语学院学报	0.0052	0.0053	0.0167	0.0091	0.0368
37	云南师范大学学报（对外汉语教学与研究版）	0.0104	0	0.0095	0.0066	0.0267
38	语言与翻译	0	0	0.0059	0.0020	0.0081
39	语文建设	0.0030	0	0.0011	0.0014	0.0057
40	北京第二外国语学院学报	0	0	0	0	0

从表 10-12 可以看出，在学科引用速率方面，语言学期刊分布层次并不明显，但可以按三年均值 0.2 以上、0.2—0.1 和 0.1 以下分成 3 个层次。总体而言，同总被引速率的排名相比变化不大，变化最大的是《北京第二外国语学院学报》，其学科引用速率为 0。排名由表 10-10 的第 30 位降到末尾，原因可能有二：一是语言学论文占该刊总发文的比例有限，二是该刊在语言学领域的影响力还有待提高。另外，《外语电化教育》由表 10-10 排第 6 下降到本表的第 9，是排在前 10 名的期刊中变化最大的期刊，非来源期刊《中国外语》则前进了 2 位，排名第 8。

从三年的发展趋势来看，排名前 20 名的期刊中，《外语电化教学》的学科引用速率占总被引速率的比例从 2004 年的 71% 上升到 2006 年的 89%，趋势比较明显；《外语与外语教学》、《外语教学与研究》等期刊也有类似趋势，表明这些期刊的影响更加向语言学集中；而《中国翻译》、《民族语文》等期刊的被引速率则有向其他学科渗透的趋势。排名靠后的期刊中，《四川外语学院学报》、《西安外国语大学学报》等期刊的影响也是逐渐向语言学集中，但这些排名靠后的期刊学科速率数值都偏小，比较其总体趋势意义不大。

10.3.4 语言学期刊被引速率综合分析

期刊被引速率是反映期刊学术影响速度的重要指标，它包括总被引速率、他刊引用速率和学科引用速率3项指标。表10-13给出了2004—2006年语言学期刊被引速率综合值计算。其方法与期刊被引次数综合值的计算完全相同，可以参见表10-9的解释。本表按照被引速率综合值从大到小排序。

表10-13　　　　　　　　2004—2006年语言学期刊被引速率综合值

排序	期刊名称	总被引速率归一化值	他刊引用速率归一化值	学科引用速率归一化值	综合值
1	外语教学与研究	1	1	1	1
2	外国语：上海外国语大学学报	0.8279	0.6993	0.9154	0.7855
3	现代外语	0.8035	0.7252	0.8583	0.7781
4	当代语言学	0.8095	0.6683	0.9101	0.7641
5	外语界	0.9710	0.5441	0.9368	0.7490
6	中国语文	0.6286	0.5689	0.7049	0.6178
7	中国外语	0.5633	0.6169	0.6296	0.6067
8	方言	0.5936	0.3189	0.6802	0.4779
9	外语电化教学	0.6604	0.2798	0.6247	0.4612
10	中国翻译	0.5753	0.3239	0.5668	0.4475
11	世界汉语教学	0.4357	0.3208	0.4737	0.3878
12	外语学刊	0.4845	0.2372	0.5271	0.3715
13	语言教学与研究	0.3640	0.3390	0.3960	0.3595
14	外语与外语教学	0.3424	0.3243	0.3445	0.3339
15	国外外语教学	0.3707	0.2767	0.3794	0.3259
16	民族语文	0.3968	0.2454	0.3915	0.3198
17	语言科学	0.2654	0.2906	0.2745	0.2803
18	外语教学	0.2580	0.2407	0.2814	0.2552
19	语言文字应用	0.2428	0.1683	0.2587	0.2095
20	汉语学习	0.1993	0.1943	0.2243	0.2031
21	汉语学报	0.1792	0.1962	0.2053	0.1942
22	上海翻译	0.1795	0.1966	0.1984	0.1928

续表

排序	期刊名称	总被引速率归一化值	他刊引用速率归一化值	学科引用速率归一化值	综合值
23	语言研究	0.1859	0.1409	0.2130	0.1702
24	解放军外国语学院学报	0.1604	0.1757	0.1619	0.1684
25	语文研究	0.1739	0.1273	0.1887	0.1543
26	中国俄语教学	0.2177	0.0654	0.2263	0.1437
27	外语研究	0.1290	0.1413	0.1413	0.1382
28	四川外语学院学报	0.1102	0.1207	0.0879	0.1099
29	暨南大学华文学院学报	0.1106	0.1211	0.0741	0.1067
30	西安外国语大学学报	0.0915	0.1002	0.0891	0.0953
31	古汉语研究	0.0958	0.0851	0.1097	0.0939
32	北京第二外国语学院学报	0.1060	0.1161	0	0.0846
33	修辞学习	0.0774	0.0848	0.0717	0.0797
34	中国科技翻译	0.0728	0.0797	0.0741	0.0766
35	外国语言文学	0.0696	0.0762	0.0798	0.0755
36	山东外语教学	0.0678	0.0743	0.0692	0.0714
37	天津外国语学院学报	0.0449	0.0491	0.0368	0.0450
38	云南师范大学学报（对外汉语教学与研究版）	0.0293	0.0321	0.0267	0.0301
39	语文建设	0.0265	0.0101	0.0057	0.0131
40	语言与翻译	0.0071	0.0077	0.0081	0.0077

从表 10-13 可以看出，在学术影响速度方面，语言学期刊分布成金字塔形分布：《外语教学与研究》由于 3 项下级指标都排第 1，其综合值遥遥领先。CSSCI 来源期刊的综合值基本在 0.8—0.1 之间，另外有 10 种期刊综合值在 0.1 以下。其中，来源期刊《语文建设》位居倒数第 2，同其他来源期刊的差距比较明显。此外，在前 20 种期刊中，有 2 个非来源期刊《中国外语》、《语言科学》，说明这两种期刊在此三年间的发展比较迅速。[①]

对比表 10-10，可以看出，《外语界》由于自引比例较高，排名由表 10-10 中的第 2 下降到本表第 5，《外语电化教育》从第 6 下降到第 9，正因为这两种期刊的排名下滑，凸显了其他期刊的进步，如《中国外语》，原本排第 10，现在排第 7；《现代

---

① 《中国外语》、《语言科学》两种刊物均成为 CSSCI 2008 年度语言学来源期刊。

外语》，原本排第 5，现在排第 3；而排名靠后的期刊中，《中国俄语教学》排名也是受自引的影响有所下降，希望这些期刊能够引起注意。

10.4 语言学期刊影响因子分析

期刊的被引总次数反映了期刊的绝对影响，而期刊的相对影响则是通过影响因子反映出来的。影响因子的实质是在一定的统计时间范围内期刊论文的平均被引用率。[①]一般来说，期刊影响因子越大，说明该期刊的论文平均学术影响也越大。因此，影响因子与期刊被引次数是一个很好的互补。与前两个指标一样，影响因子指标也被细分成了 3 个下级指标：一般影响因子、他引影响因子、学科影响因子。

10.4.1 一般影响因子

根据第 1 章的说明，本指标体系的影响因子的计算方法是该刊前第 2、3 年发表论文在统计当年被引用的总次数与该刊前第 2、3 年发表论文总数的比值。该指标反映了期刊的相对学术影响和重要程度。表 10-14 给出了 2004—2006 年语言学期刊一般影响因子和三年的平均值和归一化值。本表按照三年平均值从大到小排序。

表 10-14　　2004—2006 年语言学期刊一般影响因子

排序	期刊名称	2004 年	2005 年	2006 年	三年平均	归一化值
1	外语教学与研究	0.7844	0.6140	0.7647	0.7210	1
2	当代语言学	0.6667	0.5000	0.5570	0.5746	0.7969
3	现代外语	0.4889	0.4632	0.7404	0.5642	0.7825
4	外语界	0.4595	0.5307	0.6420	0.5441	0.7546
5	外国语：上海外国语大学学报	0.5113	0.4812	0.5414	0.5113	0.7092
6	中国语文	0.3608	0.5000	0.4520	0.4376	0.6069
7	中国外语	—	—	0.4242	0.4242	0.5883
8	世界汉语教学	0.4098	0.2885	0.4340	0.3774	0.5234
9	中国翻译	0.3029	0.2532	0.5219	0.3593	0.4983
10	方言	0.3626	0.3793	0.2584	0.3334	0.4624
11	外语电化教学	0.1750	0.2053	0.3911	0.2571	0.3566

---

① 刘勇："论用期刊影响因子评价论文作者的逻辑前提与局限性"，《编辑学报》2007 年第 2 期，第 152—153 页。

续表

排序	期刊名称	2004 年	2005 年	2006 年	三年平均	归一化值
12	语言教学与研究	0.2042	0.1985	0.3680	0.2569	0.3563
13	语言研究	0.2171	0.1890	0.2056	0.2039	0.2828
14	语言文字应用	0.2138	0.2086	0.1471	0.1898	0.2632
15	外语教学	0.0868	0.1489	0.3063	0.1807	0.2506
16	国外外语教学	0.2674	0.1059	0.1648	0.1794	0.2488
17	外语与外语教学	0.1244	0.1618	0.2399	0.1754	0.2433
18	语言科学	0.1500	0.1573	0.1778	0.1617	0.2243
19	外语学刊	0.1159	0.1860	0.1748	0.1589	0.2204
20	民族语文	0.0743	0.1691	0.1370	0.1268	0.1759
21	外语研究	0.1105	0.0945	0.1594	0.1215	0.1685
22	汉语学报	—	—	0.1154	0.1154	0.1601
23	解放军外国语学院学报	0.0982	0.0656	0.1688	0.1109	0.1538
24	语文研究	0.0650	0.0781	0.1825	0.1085	0.1505
25	汉语学习	0.0909	0.0880	0.1442	0.1077	0.1494
26	暨南大学华文学院学报	0.0396	0.0106	0.2614	0.1039	0.1441
27	古汉语研究	0.0469	0.1371	0.0829	0.0890	0.1234
28	北京第二外国语学院学报	0.0540	0.0947	0.0985	0.0824	0.1143
29	中国俄语教学	0.0645	0.0522	0.1238	0.0802	0.1112
30	四川外语学院学报	0.0744	0.0643	0.0940	0.0776	0.1076
31	外国语言文学	0.0684	0.0458	0.1040	0.0727	0.1008
32	上海翻译	0.0318	0.0566	0.0897	0.0594	0.0824
33	西安外国语大学学报	0.0105	0.0595	0.1063	0.0588	0.0816
34	山东外语教学	0.0441	0.0592	0.0686	0.0573	0.0795
35	中国科技翻译	0.0127	0.0403	0.0483	0.0338	0.0469
36	修辞学习	0.0054	0.0265	0.0639	0.0319	0.0442
37	语言与翻译	0.0106	0.0265	0.0286	0.0219	0.0304
38	天津外国语学院学报	0.0065	0.0291	0.0258	0.0205	0.0284
39	云南师范大学学报（对外汉语教学与研究版）	0	0.0098	0.0415	0.0171	0.0237
40	语文建设	0.0205	0.0131	0.0091	0.0142	0.0197

注：《中国外语》和《汉语学报》的创刊时间短，只有 2006 年的影响因子，故其平均值只计算一年，下同。

从表 10-14 可以看出，语言学期刊一般影响因子数值不高，只有 10 种期刊在 0.3 以上（《中国外语》、《汉语学报》由于创刊时间的问题，只有 2006 年的影响因子）。从分布上来看，排在前 20 名的基本是 CSSCI 来源期刊，非来源期刊中，有《中国外语》、《语言科学》排在前 20 位（《中国外语》由于创刊时间短只有 2006 年的影响因子，单年排第 9，均值暂且排在第 7 位）。同总被引次数（表 10-6）相比，原本排第 1 的《中国语文》下滑到第 6。其他期刊也有许多变化，如《当代语言学》、《现代外语》、《语言科学》《汉语学报》的排名前进不少。而《方言》、《外语与外语教学》、《汉语学习》、《民族语文》、《语文建设》的排名下降比较多，可能是这 5 种期刊的被引半衰期较长，也有可能是其载文量相对较高。如 2004 年的 CSSCI 来源期刊《语文建设》，总被引次数并不少，但近几年被引的文章少，而且载文量比一般期刊要多得多，因此其影响因子排名会落到最后，希望这些期刊能注意到这个问题并加以解决。

从发展趋势来看，大部分期刊的影响因子都在进步，这一方面是因为各期刊学术水平在提高，另一方面也是因为载文的规范性增加，篇均引文数在增长。进步比较明显的期刊有《现代外语》、《外语教学》、《中国翻译》、《语文研究》等。《修辞学习》、《西安外国语大学学报》、《暨南大学华文学院学报》等期刊进步很快，影响因子增长了数倍，但由于前两年的数值较低而没有进入前 20 名。数据出现下滑的期刊有《方言》、《国外外语教学》等，这些期刊需要引起重视，应该采取一定措施来防止继续下滑。

10.4.2 他引影响因子

他引影响因子是排除期刊自引后的影响因子，相对非来源期刊而言他引影响因子更加公正合理。表 10-15 给出了 2004—2006 年语言学期刊他引影响因子统计。三年平均值由各年度数据进行平均计算得出，各期刊他引影响因子的归一化值由该指标三年平均的最大值（《外语教学与研究》的 0.6561）作分母求得。本表按照三年平均值从大到小排序。

表 10-15　　　　　　　2004—2006 年语言学期刊他引影响因子

排序	期刊名称	2004 年	2005 年	2006 年	三年平均	归一化值
1	外语教学与研究	0.7186	0.5497	0.7000	0.6561	1
2	当代语言学	0.6500	0.3939	0.4557	0.4999	0.7619
3	现代外语	0.4333	0.3579	0.6635	0.4849	0.7391
4	外国语：上海外国语大学学报	0.4511	0.3759	0.5113	0.4461	0.6799
5	中国外语	—	—	0.4242	0.4242	0.6465

续表

排序	期刊名称	2004 年	2005 年	2006 年	三年平均	归一化值
6	中国语文	0.2474	0.4012	0.3672	0.3386	0.5161
7	外语界	0.2270	0.2123	0.4630	0.3008	0.4585
8	世界汉语教学	0.2213	0.2115	0.3208	0.2512	0.3829
9	中国翻译	0.1596	0.1494	0.4242	0.2444	0.3725
10	方言	0.2198	0.2069	0.2022	0.2096	0.3195
11	语言教学与研究	0.1761	0.1450	0.2640	0.1950	0.2972
12	语言研究	0.1860	0.1646	0.1444	0.1650	0.2515
13	语言科学	0.1500	0.1573	0.1778	0.1617	0.2465
14	外语教学	0.0868	0.1489	0.2359	0.1572	0.2396
15	外语与外语教学	0.1244	0.1618	0.1818	0.1560	0.2378
16	国外外语教学	0.1860	0.0941	0.1099	0.1300	0.1981
17	语言文字应用	0.1655	0.0798	0.1078	0.1177	0.1794
18	汉语学报	—	—	0.1154	0.1154	0.1759
19	外语电化教学	0.0813	0.0421	0.2178	0.1137	0.1733
20	外语研究	0.1105	0.0945	0.1304	0.1118	0.1704
21	解放军外国语学院学报	0.0982	0.0656	0.1688	0.1109	0.1690
22	外语学刊	0.0793	0.1105	0.1262	0.1053	0.1605
23	暨南大学华文学院学报	0.0396	0.0106	0.2614	0.1039	0.1584
24	汉语学习	0.0909	0.0880	0.1106	0.0965	0.1471
25	语文研究	0.0488	0.0625	0.1587	0.0900	0.1372
26	民族语文	0.0338	0.1176	0.1027	0.0847	0.1291
27	北京第二外国语学院学报	0.0540	0.0947	0.0985	0.0824	0.1256
28	四川外语学院学报	0.0744	0.0643	0.0940	0.0776	0.1183
29	外国语言文学	0.0684	0.0458	0.1040	0.0727	0.1108
30	古汉语研究	0.0329	0.0964	0.0537	0.0610	0.0930
31	上海翻译	0.0318	0.0566	0.0897	0.0594	0.0905
32	西安外国语大学学报	0.0105	0.0595	0.1063	0.0588	0.0896
33	山东外语教学	0.0441	0.0592	0.0686	0.0573	0.0873
34	中国俄语教学	0.0161	0.0149	0.0857	0.0389	0.0593
35	中国科技翻译	0.0127	0.0403	0.0483	0.0338	0.0515

续表

排序	期刊名称	2004年	2005年	2006年	三年平均	归一化值
36	修辞学习	0.0054	0.0265	0.0639	0.0319	0.0486
37	语言与翻译	0.0106	0.0265	0.0286	0.0219	0.0334
38	天津外国语学院学报	0.0065	0.0291	0.0258	0.0205	0.0312
39	云南师范大学学报（对外汉语教学与研究版）	0	0.0098	0.0415	0.0171	0.0261
40	语文建设	0.0145	0.0073	0.0091	0.0103	0.0157

从表10-15可以看出，排除自引情况后，语言学期刊他引影响因子排名前3位和后5位的期刊没有变化，《外语教学与研究》领先优势依然明显，而《语文建设》仍旧排在最后。除此之外，其他期刊的排位均有所变化：一般影响因子排第4的《外语界》，他引影响因子排第7，《外语电化教学》从第11下降到第19，《民族语文》、《中国俄语教学》等下降也较明显。究其原因，同表10-7一样，都是自引比例较高所致。而由于这些期刊排名下滑，《语言科学》、《汉语学报》、《中国外语》等期刊排名略有上升。

从2004—2006年度变化趋势来看，同样有一些现象值得注意：他引影响因子排名前20的期刊中，《外语界》它引影响因子占一般影响因子的比例从不到50%上升到72%，《中国翻译》从52.7%上升到81.3%，幅度最大。而《当代语言学》、《语言教学与研究》等期刊则有所退步，需要引起警觉。

10.4.3 学科影响因子

同学科被引次数、学科引用速率类似，通过学科影响因子的研究，可以分析期刊对本学科研究的影响，能够反映期刊所刊载的论文与本学科研究的相关程度。表10-16给出了2004—2006年语言学期刊学科影响因子统计。同样的，也包括各年度的学科影响因子、三年平均值和该指标的归一化值。本表按照三年平均值从大到小排序。

表10-16 　　　　2004—2006年语言学期刊学科影响因子

排序	期刊名称	2004年	2005年	2006年	三年平均	归一化值
1	外语教学与研究	0.6766	0.5731	0.7235	0.6577	1
2	当代语言学	0.6500	0.5000	0.5063	0.5521	0.8394
3	现代外语	0.4778	0.4316	0.7115	0.5403	0.8215
4	外语界	0.3946	0.4804	0.6049	0.4933	0.7500
5	外国语：上海外国语大学学报	0.4962	0.4361	0.5038	0.4787	0.7278

续表

排序	期刊名称	2004 年	2005 年	2006 年	三年平均	归一化值
6	中国语文	0.3505	0.5000	0.4520	0.4342	0.6602
7	中国外语	—	—	0.4242	0.4242	0.6450
8	世界汉语教学	0.4098	0.2885	0.4151	0.3711	0.5642
9	中国翻译	0.2834	0.2403	0.4747	0.3328	0.5060
10	方言	0.3626	0.3793	0.2472	0.3297	0.5013
11	语言教学与研究	0.1901	0.1908	0.3680	0.2496	0.3795
12	语言研究	0.2171	0.1890	0.1944	0.2002	0.3044
13	外语电化教学	0.0938	0.1526	0.3366	0.1943	0.2954
14	语言文字应用	0.1793	0.2086	0.1324	0.1734	0.2636
15	外语教学	0.0702	0.1374	0.2852	0.1643	0.2498
16	外语与外语教学	0.1060	0.1473	0.2197	0.1577	0.2398
17	国外外语教学	0.1977	0.1059	0.1648	0.1561	0.2373
18	外语学刊	0.1037	0.1744	0.1699	0.1493	0.2270
19	语言科学	0.1500	0.1236	0.1704	0.1480	0.2250
20	民族语文	0.0676	0.1691	0.1301	0.1223	0.1860
21	汉语学报	—	—	0.1154	0.1154	0.1755
22	汉语学习	0.0909	0.0880	0.1442	0.1077	0.1638
23	外语研究	0.0939	0.0796	0.1401	0.1045	0.1589
24	语文研究	0.0650	0.0781	0.1587	0.1006	0.1530
25	暨南大学华文学院学报	0.0396	0.0106	0.2500	0.1001	0.1522
26	解放军外国语学院学报	0.0655	0.0563	0.1529	0.0916	0.1393
27	古汉语研究	0.0469	0.1371	0.0829	0.0890	0.1353
28	中国俄语教学	0.0645	0.0448	0.1048	0.0714	0.1086
29	外国语言文学	0.0598	0.0458	0.1040	0.0699	0.1063
30	上海翻译	0.0255	0.0440	0.0769	0.0488	0.0742
31	西安外国语大学学报	0.0070	0.0483	0.0906	0.0486	0.0739
32	山东外语教学	0.0294	0.0503	0.0657	0.0485	0.0737
33	四川外语学院学报	0.0279	0.0270	0.0627	0.0392	0.0596
34	中国科技翻译	0.0127	0.0336	0.0414	0.0292	0.0444
35	修辞学习	0.0054	0.0265	0.0543	0.0287	0.0436
36	语言与翻译	0.0053	0.0159	0.0286	0.0166	0.0252

续表

排序	期刊名称	2004年	2005年	2006年	三年平均	归一化值
37	天津外国语学院学报	0.0065	0.0174	0.0155	0.0131	0.0199
38	北京第二外国语学院学报	0.0072	0.0035	0.0265	0.0124	0.0189
39	云南师范大学学报（对外汉语教学与研究版）	0	0.0033	0.0259	0.0097	0.0147
40	语文建设	0.0121	0.0058	0.0076	0.0085	0.0129

从表 10-16 可以看出，语言学期刊学科影响因子排名相对一般影响因子排名没有较大变化，前 20 名的期刊样本没有变化，前 10 名的次序则完全一样，这实际说明语言学期刊比较专一，对其他学科的影响不大。排名变化最大的是《北京第二外国语学院学报》，一般影响因子排第 28 位，而学科影响因子排倒数第 3 位，其原因在表 10-8 的讨论中有所涉及：该刊属于综合性期刊，语言学的论文比例不高。其他期刊的排名变化多在第 1—2 位。学科影响因子占一般影响因子比重最大的是非来源期刊《外国语言文学》和《暨南大学华文学院学报》，达 96%，最低的则是《北京第二外国语学院学报》，比重仅为 15%，主要是因为这两种期刊发表的论文研究领域比较特殊。从学科影响因子来比较表中期刊的学科影响比例，则 CSSCI 语言学来源期刊中《中国语文》的比重最高，为 99.2%，最低的是《语文建设》，为 59%，其次是《外语电化教学》，为 75.6%。

从 2004—2006 年三年学科影响因子变化情况来看，总的趋势和一般影响因子一样在增加。其中《外语电化教学》、《外语教学》、《暨南大学华文学院学报》等增长幅度较大，而《方言》、《当代语言学》等期刊则有一定程度退步。从学科影响因子占一般影响因子的比重变化来看，在排名靠前的期刊中，《国外外语教学》的影响向语言学倾斜的趋势最为明显，其学科影响因子占一般影响因子的比重从 74% 增加到 100%；其次有《外语电化教学》、《解放军外国语学院学报》等；反过来，影响力向其他学科拓展的期刊有《语言研究》、《语文研究》等，但这种趋势不是十分明显。

10.4.4 语言学期刊影响因子综合分析

在本评价体系中，与期刊被引次数和被引速率相同，期刊影响因子的 3 个下级指标权重分配为：一般影响因子（25%）、他引影响因子（50%）、学科影响因子（25%）。表 10-17 给出了 2004—2006 年语言学期刊影响因子综合值计算，其方法与期刊被引次数和被引速率相同。本表按照影响因子综合值从大到小排序。

表 10-17　　2004—2006 年语言学期刊影响因子综合值

排序	期刊名称	一般影响因子归一化值	他引影响因子归一化值	学科影响因子归一化值	综合值
1	外语教学与研究	1	1	1	1
2	当代语言学	0.7969	0.7619	0.8394	0.7900
3	现代外语	0.7825	0.7391	0.8215	0.7706
4	外国语：上海外国语大学学报	0.7092	0.6799	0.7278	0.6992
5	中国外语	0.5883	0.6465	0.6450	0.6316
6	外语界	0.7546	0.4585	0.7500	0.6054
7	中国语文	0.6069	0.5161	0.6602	0.5748
8	世界汉语教学	0.5234	0.3829	0.5642	0.4634
9	中国翻译	0.4983	0.3725	0.5060	0.4373
10	方言	0.4624	0.3195	0.5013	0.4007
11	语言教学与研究	0.3563	0.2972	0.3795	0.3326
12	语言研究	0.2828	0.2515	0.3044	0.2726
13	外语电化教学	0.3566	0.1733	0.2954	0.2497
14	外语教学	0.2506	0.2396	0.2498	0.2449
15	外语与外语教学	0.2433	0.2378	0.2398	0.2397
16	语言科学	0.2243	0.2465	0.2250	0.2356
17	语言文字应用	0.2632	0.1794	0.2636	0.2214
18	国外外语教学	0.2488	0.1981	0.2373	0.2206
19	外语学刊	0.2204	0.1605	0.2270	0.1921
20	汉语学报	0.1601	0.1759	0.1755	0.1719
21	外语研究	0.1685	0.1704	0.1589	0.1671
22	解放军外国语学院学报	0.1538	0.1690	0.1393	0.1578
23	民族语文	0.1759	0.1291	0.1860	0.1550
24	暨南大学华文学院学报	0.1441	0.1584	0.1522	0.1533
25	汉语学习	0.1494	0.1471	0.1638	0.1519
26	语文研究	0.1505	0.1372	0.1530	0.1445
27	古汉语研究	0.1234	0.0930	0.1353	0.1112
28	外国语言文学	0.1008	0.1108	0.1063	0.1072
29	四川外语学院学报	0.1076	0.1183	0.0596	0.1010

续表

排序	期刊名称	一般影响因子归一化值	他引影响因子归一化值	学科影响因子归一化值	综合值
30	北京第二外国语学院学报	0.1143	0.1256	0.0189	0.0961
31	中国俄语教学	0.1112	0.0593	0.1086	0.0846
32	上海翻译	0.0824	0.0905	0.0742	0.0844
33	西安外国语大学学报	0.0816	0.0896	0.0739	0.0837
34	山东外语教学	0.0795	0.0873	0.0737	0.0820
35	中国科技翻译	0.0469	0.0515	0.0444	0.0486
36	修辞学习	0.0442	0.0486	0.0436	0.0463
37	语言与翻译	0.0304	0.0334	0.0252	0.0306
38	天津外国语学院学报	0.0284	0.0312	0.0199	0.0277
39	云南师范大学学报（对外汉语教学与研究版）	0.0237	0.0261	0.0147	0.0227
40	语文建设	0.0197	0.0157	0.0129	0.0160

分析表 10-17 中语言学期刊影响因子综合值可以看出：学界公认的、学术影响较大的期刊依然排在前几位，尤其是排在第 1 的《外语教学与研究》，3 项分指标独占鳌头。从总的排列来看，CSSCI 来源期刊绝大多数在前面，但前 20 名中也有几个例外：《中国外语》作为新生期刊，一举名列第 5，表明其实力非凡，因此 2008 年成为 CSSCI 语言学来源期刊当属正常；除此之外，《语言科学》同样是 2008 年度 CSSCI 新进来源期刊，其影响影子综合值排名 16，发展趋势同样值得肯定。在 CSSCI 语言学来源期刊中，《语文建设》、《中国俄语教学》的位置比较靠后，有远离核心期刊的趋势，并分别于 2006 年、2008 年被排除在 CSSCI 语言学来源期刊之外。

如果我们根据影响因子来划分语言学期刊的层次的话，排在前 3 位的《外语教学与研究》等期刊可划入第一层次，其综合值位于 0.7 以上，；影响因子综合值在 0.7—0.2 之间的《外国语：上海外国语大学学报》等 15 种期刊可列入第二层次，其余的 22 种期刊可归入语言学期刊的第三层次。

10.5　语言学期刊被引广度分析

除了期刊被引次数、影响因子、被引速率以外，衡量期刊学术影响的还有一个重要指标，即期刊被引广度。它反映的是某种期刊相对其他期刊的影响力（更确切地说是对其他期刊的文章作者的影响力）。一般说来引用一种期刊的期刊种数越多，该期刊的被引广度就越大。本评价体系对期刊被引广度的计算参见本书第 1 章。表

10-18给出了2004—2006年语言学期刊被引广度、三年的平均值和各期刊的归一化值。本表按照三年平均广度从大到小排序。

表 10-18　　　　　　　　　2004—2006 年语言学期刊被引广度

排序	期刊名称	2004 年	2005 年	2006 年	三年平均	归一化值
1	中国语文	37.2	37.6	46.0	40.27	1
2	外语教学与研究	35.0	29.6	38.2	34.27	0.8510
3	中国翻译	20.4	16.0	34.4	23.60	0.5860
4	外国语：上海外国语大学学报	20.6	18.8	24.6	21.33	0.5297
5	外语与外语教学	16.2	20.0	27.2	21.13	0.5247
6	语言教学与研究	16.0	16.0	25.2	19.07	0.4736
7	外语界	14.8	17.6	21.8	18.07	0.4487
8	语言研究	16.0	18.2	19.6	17.93	0.4452
9	当代语言学	17.2	14.6	21.8	17.87	0.4438
10	现代外语	16.0	17.0	20.2	17.73	0.4403
11	方言	14.8	14.2	19.2	16.07	0.3991
12	语言文字应用	12.6	14.0	20.8	15.80	0.3924
13	解放军外国语学院学报	13.0	13.0	20.4	15.47	0.3842
14	汉语学习	11.0	14.0	19.8	14.93	0.3707
15	民族语文	13.2	12.0	17.8	14.33	0.3558
16	外语教学	9.2	13.2	19.8	14.07	0.3494
17	语文研究	12.0	11.0	16.6	13.20	0.3278
18	世界汉语教学	11.2	12.4	15.0	12.87	0.3196
19	语文建设	12.0	9.0	14.4	11.80	0.2930
20	四川外语学院学报	9.4	10.4	15.2	11.67	0.2898
21	外语学刊	8.0	11.6	14.2	11.27	0.2799
22	外语研究	7.8	9.6	14.4	10.60	0.2632
23	北京第二外国语学院学报	9.0	9.6	13.0	10.53	0.2615
24	古汉语研究	8.6	12.6	10.2	10.47	0.2600
25	外语电化教学	6.0	7.0	12.6	8.53	0.2118
26	山东外语教学	5.0	5.6	11.8	7.47	0.1855
27	修辞学习	2.8	6.2	10.4	6.47	0.1607

续表

排序	期刊名称	2004年	2005年	2006年	三年平均	归一化值
28	西安外国语大学学报	4.0	5.2	9.2	6.13	0.1522
29	中国外语	—	4.4	7.4	5.90	0.1465
30	国外外语教学	6.2	3.2	7.2	5.53	0.1373
31	外国语言文学	4.4	3.4	6.8	4.87	0.1209
32	语言科学	2.4	4.4	7.6	4.80	0.1192
33	上海翻译	3.4	3.6	7.0	4.67	0.1160
34	中国俄语教学	2.2	2.4	6.4	3.67	0.0911
35	中国科技翻译	2.0	3.4	5.4	3.60	0.0894
36	暨南大学华文学院学报	1.4	1.0	6.6	3.00	0.0745
37	云南师范大学学报（对外汉语教学与研究版）	0.6	1.6	6.0	2.73	0.0678
38	汉语学报	—	4.0	1.2	2.60	0.0646
39	天津外国语学院学报	0.8	2.4	3.4	2.20	0.0546
40	语言与翻译	0.8	2.0	2.6	1.80	0.0447

从表10-18可以看到，以上40种期刊的平均被引广度约为12.2，比经济学、管理学等学科的平均被引广度低，其中CSSCI语言学来源期刊的平均被引广度为16.8。排名前2的期刊《中国语文》、《外语教学与研究》，一个是总被引次数第1，一个是影响因子第1，表明它们的学术影响确实较其他期刊大，其他期刊的被引广度两两之间的差距不大。在来源期刊中，《中国俄语教学》的被引广度较低，排在第34位。而排在前20名的期刊中，《解放军外国语学院学报》、《四川外语学院学报》不是CSSCI来源期刊，这两种期刊有进入语言学核心期刊的趋势。[①]

2004—2006年间，语言学各期刊的被引广度基本呈现提高的趋势，总体平均值从10.6发展到15.5。来源期刊中，《中国翻译》、《外语教学》、《外语与外语教学》等增长幅度较快，而非来源期刊中，以《解放军外国语学院学报》、《修辞学习》等期刊的增长幅度稍稍领先，此外，《云南师范大学学报（对外汉语教学与研究版）》的被引广度从2004年的0.6发展到2006年的6.0，是所有期刊中相对增长最快的期刊。

如果我们从期刊的被引广度将语言学期刊划分层次，《中国语文》、《外语教学与研究》优势明显，可以列为语言学期刊第一层次；《中国翻译》等平均被引广度在10—25的22种期刊归入第二层次；余下的语言学期刊均归入第三层次。

---

① 《解放军外国语学院学报》成为2008年度CSSCI来源期刊，而《四川外语学院学报》进入相应的扩展版，参见http://cssci.nju.edu.cn/CSSCIlyqK1408.htm。

10.6 语言学期刊二次文献转载分析

二次文献转载指标是对我国几种重要的二次文献所转载的期刊论文数量的统计。二次文献的转载与否、转载率的高低也是国内外检验学术期刊学术质量的一项主要指标。语言学期刊的二次文献转载分析主要采用 3 种二次文献数据，即人民出版社主办的《新华文摘》、中国社会科学杂志社主办的《中国社会科学文摘》和中国人民大学主办的《复印报刊资料》。这 3 种具有一定的权威性，它们主要转载中国人文社会科学领域的重要研究成果，反映各学科领域学术动态和学术走向。因此，对二次文献转载指标的分析可以作为对其他指标的一个补充。

《新华文摘》是一种大型的综合性、学术性文摘，内容涉及政治、哲学、经济、历史、文学艺术、法学、社会学、教育学等多种人文社会科学学科，具有很高的学术性和权威性。[①]但《新华文摘》总的转载量不高，其中语言学文章很少见，只有个别期刊在 3 年中被《新华文摘》转载过 1—2 次，因此，《新华文摘》转载对于语言学期刊的筛选意义不大，在此我们不作讨论。而《中国社会科学文摘》同《新华文摘》类似，对语言学的文章转载也不多，因此，在本节中，主要讨论中国人民大学主办的《复印报刊资料》对语言学期刊的转载情况。

《复印报刊资料》是国内较具权威性的社会科学、人文科学专题文献资料库，其转载的期刊内容分为 100 多个专题系列，收集的范围和期刊论文数量较为广泛。因此，各期刊被《复印报刊资料》转载的可能性较前两种文摘更大，被转载的次数也更多。对于语言学期刊来说，《复印报刊资料》设立的"语言文字、文学、艺术、历史、地理、其他类"及"文化、教育、体育类"等都有转载大量语言学领域发表的优秀论文，无形中提高了语言学期刊的转载次数，[②]《语言科学》、《中国语文》等期刊更是其转载排行榜上的常客。[③]

表 10-19 给出了 2004—2006 年语言学期刊被《复印报刊资料》全文转载的统计数据。与上表相同，也包括各年度的转载次数、三年平均转载次数和该指标的归一化值。本表按照三年平均转载次数从大到小排序。

表 10-19　　2004—2006 年语言学期刊被《复印报刊资料》全文转载统计

排序	期刊名称	2004 年	2005 年	2006 年	三年平均	归一化值
1	语文建设	7	20	40	22.33	1
2	中国语文	17	19	16	17.33	0.7761

---

① http://www.peoplepress.net/rmweb/WebSite/Periodical/index.aspx, 2008—1—16.
② http://book.zlzx.org/seriesFirst.jsp, 2008—7—13.
③ http://www.zlzx.org/topten.jsp?id=170, 2008—7—31.

续表

排序	期刊名称	2004 年	2005 年	2006 年	三年平均	归一化值
3	语言研究	10	17	13	13.33	0.5970
4	语言科学	11	8	17	12.00	0.5374
5	当代语言学	10	5	16	10.33	0.4626
6	四川外语学院学报	16	4	10	10.00	0.4478
7	北京第二外国语学院学报	9	11	9	9.67	0.4330
8	古汉语研究	11	8	8	9.00	0.4030
9	汉语学报	2	12	11	8.33	0.3730
10	语言教学与研究	9	10	5	8.00	0.3583
10	民族语文	8	4	12	8.00	0.3583
12	世界汉语教学	11	7	4	7.33	0.3283
13	语文研究	6	10	5	7.00	0.3135
14	外语学刊	6	6	5	5.67	0.2539
15	外语教学与研究	4	7	5	5.33	0.2387
16	汉语学习	5	4	6	5.00	0.2239
17	语言文字应用	7	4	3	4.67	0.2091
18	外国语：上海外国语大学学报	3	6	4	4.33	0.1939
18	解放军外国语学院学报	5	4	4	4.33	0.1939
20	方言	5	3	4	4.00	0.1791
21	外语与外语教学	2	6	1	3.00	0.1343
22	云南师范大学学报（对外汉语教学与研究版）	1	6	0	2.33	0.1043
23	现代外语	1	4	1	2.00	0.0896
24	外语教学	0	5	0	1.67	0.0748
24	山东外语教学	3	1	1	1.67	0.0748
26	天津外国语学院学报	2	1	0	1.00	0.0448
27	语言与翻译	1	0	1	0.67	0.0300
27	修辞学习	1	1	0	0.67	0.0300
27	暨南大学华文学院学报	0	1	1	0.67	0.0300
30	外语研究	0	0	1	0.33	0.0148
30	外语电化教学	1	0	0	0.33	0.0148
32	中国科技翻译	0	0	0	0	0

续表

排序	期刊名称	2004 年	2005 年	2006 年	三年平均	归一化值
32	中国翻译	0	0	0	0	0
32	中国俄语教学	0	0	0	0	0
32	西安外国语大学学报	0	0	0	0	0
32	外语界	0	0	0	0	0
32	外国语言文学	0	0	0	0	0
32	上海翻译	0	0	0	0	0
32	国外外语教学	0	0	0	0	0
32	中国外语	0	0	0	0	0

从表 10-19 可以看到：在三年平均转载次数的排名上，《语文建设》、《中国语文》两刊的转载次数稍微领先，其后的《语言科学》进步也快，2006 年单年转载次数超过《中国语文》位列第 2；而排在后 10 位的期刊，几乎不被《复印报刊资料》转载。

从年度发展趋势来看，后 20 位的转载次数偏低，不作为主要讨论对象，而前 20 位的期刊中，排第 1 的《语文建设》发展很快，3 年增加了 33 篇，而《语言科学》、《当代语言学》、《汉语学报》等期刊的被转载次数在增加，《四川外语学院学报》、《世界汉语教学》等期刊被转载的次数下降得较明显。

对比表 10-17，我们可以看到语言学期刊转载排名同语言学影响因子的排名有非常大的变化：《语文建设》的影响因子排名位列倒数第 1，但其转载排名位居第 1；《四川外语学院学报》、《北京第二外国语学院学报》影响因子排名第 29、30，而转载排名为第 6、7。影响因子综合排第 1 的《外语教学与研究》，其转载仅排第 15，等等。由此看来，《复印报刊资料》在选择转载论文时主要注重论文的质量而并非期刊招牌，我们在评价期刊时，考虑这一指标，可以扶持一些总被引次数不高但经常有高质量论文的期刊。可以说，该指标相对其他被引指标是一个很好的补充。

10.7 语言学期刊 Web 即年下载率分析

随着网络的普及和各类期刊全文数据库的不断完善，越来越多的作者更愿意选择通过网络来获取所需要的期刊文献。Web 即年下载率是指期刊在某一期刊全文数据库中当年出版并上网的论文在当年被全文下载的次数与该期刊当年出版并上网论文总数之比。本章采用的 Web 即年下载率的数据来源于《中国学术期刊综合引证报告（2005—2007 版）》。表 10-20 给出了 2004—2006 年语言学期刊 Web 即年下载率、三年平均值和该指标的归一化值。本表按照三年平均值从大到小排序。

表 10-20　　2004—2006 年语言学期刊 Web 即年下载率

排序	期刊名称	2004 年	2005 年	2006 年	三年平均	归一化值
1	外语教学与研究	80.3	116.7	199.1	132.03	1
2	外语界	49.3	76.6	164.9	96.93	0.7342
3	外语与外语教学	56.4	68.5	138.3	87.73	0.6645
4	外国语：上海外国语大学学报	52.0	75.6	126.4	84.67	0.6413
5	现代外语	41.8	65.4	140.1	82.43	0.6243
6	外语教学	36.4	65.5	141.2	81.03	0.6137
7	世界汉语教学	34.7	60.4	122.0	72.37	0.5481
8	语言教学与研究	26.9	59.1	113.5	66.50	0.5037
9	外语学刊	37.3	50.0	110.1	65.80	0.4984
10	中国科技翻译	40.5	39.1	106.4	62.00	0.4696
11	汉语学习	36.3	53.3	88.7	59.43	0.4501
12	外语电化教学	21.7	40.8	112.3	58.27	0.4413
13	解放军外国语学院学报	37.8	50.2	80.1	56.03	0.4244
14	语言科学	—	—	55.4	55.40	0.4196
15	当代语言学	8.8	68.1	87.8	54.90	0.4158
16	上海翻译	36.9	42.8	74.4	51.37	0.3891
17	语言文字应用	29.0	38.6	80.6	49.40	0.3742
18	西安外国语大学学报	30.4	42.1	72.6	48.37	0.3664
19	国外外语教学	—	12.7	83.7	48.20	0.3651
20	外语研究	30.2	38.8	74.1	47.70	0.3613
21	天津外国语学院学报	33.4	37.7	71.3	47.47	0.3595
22	汉语学报	—	—	46.8	46.80	0.3545
23	山东外语教学	29.0	39.8	67.2	45.33	0.3433
24	北京第二外国语学院学报	28.8	39.3	60.0	42.70	0.3234
25	四川外语学院学报	26.8	32.2	68.6	42.53	0.3221
26	云南师范大学学报（对外汉语教学与研究版）	25.7	34.9	66.6	42.40	0.3211
27	方言	—	37.6	44.2	40.90	0.3098
28	语言研究	23.1	34.3	61.8	39.73	0.3009
29	外国语言文学	29.1	31.0	51.4	37.17	0.2815

续表

排序	期刊名称	2004 年	2005 年	2006 年	三年平均	归一化值
30	语文研究	20.2	32.4	50.9	34.50	0.2613
31	修辞学习	15.0	32.0	47.9	31.63	0.2396
32	古汉语研究	14.9	27.8	48.3	30.33	0.2297
33	语言与翻译	17.0	20.2	38.8	25.33	0.1919
34	暨南大学华文学院学报	12.2	15.3	39.3	22.27	0.1687
35	语文建设	12.4	18.8	27.9	19.70	0.1492
36	民族语文	10.3	18.7	26.5	18.50	0.1401
37	中国俄语教学	6.9	9.5	23.7	13.37	0.1013
38	中国翻译	10.1	—	—	10.10	0.0765
—	中国语文	—	—	—	—	—
—	中国外语	—	—	—	—	—

注：上表中"—"表示当年该刊的数据为空，不列入平均值的计算。

根据表 10-20，我们可以看出，语言学期刊 Web 即年下载率还是存在着差距，如排在首位的《外语教学与研究》平均每篇文章被下载 130 多次，而最少的期刊平均每篇论文仅被下载 10 余次。其他期刊的平均下载率从近 100 次到 13.37 次，中间比较连续。可以把排在前面的《外语教学与研究》以平均下载率超过 100 列为第一层次；而后的 15 种期刊，平均下载率超过 50 次，可以算第二层次；剩下来的为第三层次，需要说明的是，由于《中国语文》、《中国外语》两刊没有任何关于下载率的数据，无法评论，暂时放在表的最后。

从年度变化来看，语言学期刊的 Web 即年下载率总体上呈现上升的趋势。如 2004 年，没有 1 种期刊的下载率超过 100，而到了 2006 年，这个数字变为 11 个，而且最大值从 80 多到了 200 左右，翻了一倍多。这说明一方面各种数据库的普及，读者越来越重视通过网络来获取语言学论文资料，另一方面说明语言学的研究也在逐步发展，语言学期刊也在不断提升自身期刊的学术质量和学术影响。

另一方面，语言学期刊的整体下载率在不断增长，平均值从 2004 年的不到 30 次，发展到 2006 年的 81 次。就期刊而言，《当代语言学》进步很快，从 2004 年的不到 8.8 次，到 2006 年的 87.8 次，增长了 9 倍。而《外语电化教学》、《语言教学与研究》、《外语教学》、《现代外语》等增长速度也很迅速，但《中国翻译》、《中国俄语教学》、《民族语文》等排在后面的来源期刊下载率增长较慢，这些期刊需要引起注意，因为下载率往往会和被引次数关联起来，最终也会对影响因子等各种评价指标产生影响。当然，本表中的下载率受到期刊被 CNKI 收录的年限、电子版发布时间滞后等因素的影响。①

10.8 语言学期刊评价指标综合分析

以上利用本评价体系设立的七大期刊指标所涉及的 16 个指标对期刊进行了测定与分析，可以看出，从不同的角度分析，各期刊均显示出自己的特点。为了综合考虑每一语言学期刊的学术质量、学术规范和学术影响力，本节将根据本书第 1 章构建的评价体系计算方法对每一期刊计算其学术影响综合值，并进行综合分析。在指标权重分配方面，我们把期刊的学术影响放在最主要的地位，即期刊被引用情况，其权重总体占 60%，这其中又根据影响因子的重要性而给予最高的权重 30%，被引次数、被引速率、被引广度各占 10%；其次是期刊学术规范量化指标和 Web 即年下载率指标，考虑到这两个指标在反映期刊学术规范和利用率方面的贡献，均给予次高的权重，其权重均为 15%；对于二次文献转载指数，本体系给予了 10% 的权重，对于缺乏 Web 下载率的期刊，我们将这部分权重赋予被引速率，即被引速率的权重调整为 0.25。

表 10-21 给出了 2004—2006 年语言学期刊七大指标归一化值和综合值。综合值具体的计算方法是：将各指标的综合值分别乘以相应的权重，然后将各个结果相加得到各期刊最后的综合值。本表按照指标综合值从大到小排序。

表 10-21　　　　　　　　语言学期刊综合值运算表

排序	期刊名称	期刊学术规范×0.15	被引次数×0.1	被引速率×0.1	影响因子×0.3	被引广度×0.1	文献转载×0.1	Web 下载×0.15	综合值 Σ
1	外语教学与研究	0.7977	0.6083	1	1	0.8510	0.2387	1	0.8395
2	中国语文	0.7737	1	0.6178	0.5748	1	0.7761	—	0.7206
3	外国语：上海外国语大学学报	0.7903	0.3090	0.7855	0.6992	0.5297	0.1939	0.6413	0.6063
4	当代语言学	0.7490	0.1973	0.7641	0.7900	0.4438	0.4626	0.4158	0.5985
5	现代外语	0.7091	0.2557	0.7781	0.7706	0.4403	0.0896	0.6243	0.5876
6	外语界	0.7463	0.2821	0.7490	0.6054	0.4487	0	0.7342	0.5517
7	世界汉语教学	0.7813	0.2224	0.3878	0.4634	0.3196	0.3283	0.5481	0.4642
8	中国外语	0.5863	0.0477	0.6067	0.6316	0.1465	0	—	0.4485
9	语言教学与研究	0.7451	0.2835	0.3595	0.3326	0.4736	0.3583	0.5037	0.4346

---

① 唐雷："语言类核心期刊上网情况调查分析"，《鲁东大学学报（哲学社会科学版）》2007 年第 4 期，第 118—120 页。

续表

排序	期刊名称	期刊学术规范×0.15	被引次数×0.1	被引速率×0.1	影响因子×0.3	被引广度×0.1	文献转载×0.1	Web下载×0.15	综合值 ∑
10	方言	0.7551	0.2930	0.4779	0.4007	0.3991	0.1791	0.3098	0.4149
11	外语与外语教学	0.7184	0.2619	0.3339	0.2397	0.5247	0.1343	0.6645	0.4048
12	中国翻译	0.6616	0.3529	0.4475	0.4373	0.5860	0	0.0765	0.3805
13	语言研究	0.7056	0.2193	0.1702	0.2726	0.4452	0.5970	0.3009	0.3759
14	外语教学	0.7306	0.1489	0.2552	0.2449	0.3494	0.0748	0.6137	0.3579
15	外语学刊	0.7987	0.1223	0.3715	0.1921	0.2799	0.2539	0.4984	0.3550
16	语言科学	0.7405	0.0341	0.2803	0.2356	0.1192	0.5374	0.4196	0.3418
17	外语电化教学	0.6212	0.1078	0.4612	0.2497	0.2118	0.0148	0.4413	0.3138
18	语言文字应用	0.6323	0.1506	0.2095	0.2214	0.3924	0.2091	0.3742	0.3136
19	汉语学习	0.5937	0.1854	0.2031	0.1519	0.3707	0.2239	0.4501	0.3005
20	解放军外国语学院学报	0.6292	0.1425	0.1684	0.1578	0.3842	0.1939	0.4244	0.2943
21	民族语文	0.6820	0.1904	0.3198	0.1550	0.3558	0.3583	0.1401	0.2922
22	语文研究	0.7304	0.1263	0.1543	0.1445	0.3278	0.3135	0.2613	0.2843
23	国外外语教学	0.6982	0.0449	0.3259	0.2206	0.1373	0	0.3651	0.2765
24	四川外语学院学报	0.6522	0.0923	0.1099	0.1010	0.2898	0.4478	0.3221	0.2704
25	汉语学报	0.6390	0.0112	0.1942	0.1719	0.0646	0.3730	0.3545	0.2649
26	北京第二外国语学院学报	0.6014	0.0664	0.0846	0.0961	0.2615	0.4330	0.3234	0.2521
27	外语研究	0.6346	0.0874	0.1382	0.1671	0.2632	0.0148	0.3613	0.2499
28	语文建设	0.4874	0.1014	0.0131	0.0160	0.2930	1	0.1492	0.2410
29	古汉语研究	0.5464	0.0979	0.0939	0.1112	0.2600	0.4030	0.2297	0.2353
30	山东外语教学	0.6335	0.0623	0.0714	0.0820	0.1855	0.0748	0.3433	0.2105
31	西安外国语学院学报	0.6386	0.0464	0.0953	0.0837	0.1522	0	0.3664	0.2053
32	上海翻译	0.5114	0.0473	0.1928	0.0844	0.1160	0	0.3891	0.1960
33	中国科技翻译	0.6072	0.0274	0.0766	0.0486	0.0894	0	0.4696	0.1954
34	外国语言文学	0.5629	0.0348	0.0755	0.1072	0.1209	0	0.2815	0.1819

续表

排序	期刊名称	期刊学术规范×0.15	被引次数×0.1	被引速率×0.1	影响因子×0.3	被引广度×0.1	文献转载×0.1	Web下载×0.15	综合值 Σ
35	天津外国语学院学报	0.6309	0.0144	0.0450	0.0277	0.0546	0.0448	0.3595	0.1728
36	暨南大学华文学院学报	0.5201	0.0218	0.1067	0.1533	0.0745	0.0300	0.1687	0.1726
37	云南师范大学学报（对外汉语教学与研究版）	0.5768	0.0166	0.0301	0.0227	0.0678	0.1043	0.3211	0.1634
38	修辞学习	0.5185	0.0475	0.0797	0.0463	0.1607	0.0300	0.2396	0.1594
39	中国俄语教学	0.4891	0.0312	0.1437	0.0846	0.0911	0	0.1013	0.1405
40	语言与翻译	0.4250	0.0117	0.0077	0.0306	0.0447	0.0300	0.1919	0.1111

表10-21给出了本期刊评价体系对语言学期刊的最终排名，通过其数据可以看出：《外语教学与研究》的综合值领先于语言学类其他期刊，是语言学领域当之无愧的顶级期刊；《中国语文》也有两项指标排在第1位，多项指标名列前茅，而综合值排在第2位，表明其也有广泛的影响力；而排在最后几名的期刊以及一些尚未列入表中的期刊（因为这些期刊的各项指标数据和综合值更低），与前面的期刊相比，其综合学术影响尚存在一定差距。

从综合值来看，所有语言学期刊都或多或少存在一些不足，如：排在第1位的《外语教学与研究》，其3项指标第1，但文献转载方面的表现不足；《中国语文》的被引次数和被引广度领先很多，但影响因子不够高；《外国语：上海外国语大学学报》则是受到被引次数和转载率影响，等等。希望这些期刊能发现自身不足进行改进，以共同提高语言学研究的质量。

从排在前20名的期刊来看，绝大部分为CSSCI来源期刊，也有几种非来源期刊名列前20位：如《中国外语》（第8位）、《语言科学》（第16位）、《解放军外国语学院学报》（第20位），它们在2004—2006年都不是CSSCI来源期刊。我们看到，其综合指标并不逊于一些来源期刊，其学术价值和影响也在不断发展，因此，在CSSCI2008年度的来源期刊列表中出现这3种期刊，也证实了我们以上的评价有一定科学性。此外，《外语与外语教学》、《外语教学》、《汉语学习》这3种期刊2004年并非CSSCI来源期刊，但其质量提高也快，在2006年就成为CSSCI来源期刊。而原本是CSSCI来源期刊的《中国俄语教学》、《古汉语研究》、《外语研究》等，多项指标的表现均不佳，表明其影响力受到其他期刊的冲击出现下滑（2008年，这三种期刊均落入CSSCI扩展版）。而《语文建设》尽管二次文献转载的指标排第1，但影因子偏小，在 2006 年时就退出了 CSSCI 来源期刊的阵列。对照 2008 年度 CSSCI 的语言学来源期刊表（含扩展版），还有一种期刊值得注意：《暨南大学华文学院学报》，其影响因子的表现尚可，因而得以进入 CSSCI2008 年来源期刊的扩展版，而从本表排第 36 位的表现来看，该刊需要改进的地方还很多。

根据七大项指标的综合值，我们可以最终划分出语言学期刊的学术等级。根据语言学期刊的综合值状况，我们把语言学权威学术期刊取值区间设为 1—0.7，核心期刊取值区间为 0.7—0.3，核心期刊扩展区为 0.3—0.25，小于 0.25 或表中没有的语言学期刊定位为一般性学术期刊。依据这一原则得到语言学期刊的定量评价结果：

权威期刊：《外语教学与研究》、《中国语文》；

核心期刊：《外国语：上海外国语大学学报》、《当代语言学》、《现代外语》、《外语界》、《世界汉语教学》、《中国外语》、《语言教学与研究》、《方言》、《外语与外语教学》、《中国翻译》、《语言研究》、《外语教学》、《外语学刊》、《语言科学》、《外语电化教学》、《语言文字应用》、《汉语学习》；

扩展核心期刊：《解放军外国语学院学报》、《民族语文》、《语文研究》、《国外外语教学》、《四川外语学院学报》、《汉语学报》、《北京第二外国语学院学报》；

其他期刊均为一般性学术期刊。

语言是人类特有的宝贵财产，没有语言也就没有人类的文明，它不仅是人们交流思想、传递信息和表情达意的交际工具，还是人类思维的工具和积聚知识的工具，是人们认识世界、传授知识、发展科学、传播文化的必要条件。语言在人类社会生活中的重要性决定了语言学这门科学的重要性。[①] 语言学也是一门领先的科学，它的发展对人文社会科学和自然科学的发展都有重大意义。近几十年来语言学的迅速发展，已经引起了学术界的关注，语言学的思想和方法对哲学和其他学科都产生过极大的影响，推动着语言科学不断向前发展。[②] 为了促进语言学研究的健康发展，本章对国内语言学的重要学术期刊进行了多方位的讨论和评价，尽管统计查阅了大量数据，本章讨论的期刊以及角度也未能涵盖我国语言学学术期刊评价的全部内容，仅希望上述讨论能对各学术期刊在保持期刊专业领域特色和提高期刊影响因子之间寻求平衡时给予足够的信息和引导。

---

① 童之侠："现代语言学的发展历程与前景展望"，《现代传播》2002 年第 2 期，第 63—66 页。

② 张后尘："语言学研究与现代科学发展"，《中国外语》2008 年第 1 期，第 23—26 页。

第 11 章 艺术学

根据《中国学术期刊综合引证报告（2007 版）》的统计，① 我国艺术类学术期刊近 70 种，艺术院校的学报有 20 余种（大学学报/社科专业类/艺术院校），共计 90 余种。CSSCI（2004—2005）收录艺术类来源期刊 17 种，2006 年收录的期刊同为 17 种，但 2004—2005 年收录了《书法研究》，而 2006—2007 年由《民族艺术》将其替换。这些刊物在三年共登载论文 8868 篇。②

本章以 39 种学术期刊为研究对象，包括 CSSCI 在 2004—2006 年内的来源期刊 18 种和非来源期刊 21 种。在这 39 种期刊中艺术学类期刊 25 种，艺术院校学报 11 种。此外还有 3 种期刊也列入讨论名单：《文艺研究》（文学类）是以文学与艺术两个学科共同为研究对象的期刊，《中国音乐教育》（专业教育类）主要研究音乐教育，《浙江艺术职业学院学报》（成教职教院校（政经文类）学报）是一种艺术职业学院学报。在下面的讨论中将这 39 种期刊都归入艺术学期刊范畴。

11.1 艺术学期刊学术规范量化指标分析

改革开放以来，我国文化艺术事业飞速发展，艺术期刊作为艺术研究的载体和传播的工具，在人们的文化艺术生活中发挥着越来越重要的作用。但是一直以来，艺术学期刊由于其自身的特征，包括大量刊载艺术作品与艺术评论几乎没有引文的文章，艺术的独创性大于传承等，③ 在学术规范化方面与其他学科相比还稍显落后。

本节用 4 个学术规范量化指标：篇均引用文献数、基金论文比例、论文作者地区分布、标注有机构作者比例，进行学术规范化的探讨。通过学术规范化指标衡量期刊所载论文的整体质量，期刊所属学科的学科成熟度与学科特征，论文作者的学术习惯与规范化程度，期刊编辑部的规范化执行程度等。

---

① 万锦堃、薛芳渝等编：《中国学术期刊综合引证报告（2007 版）》光盘版·总第 6 卷。
② 中国社会科学研究评价中心．http://cssci.nju.edu.cn，2008—6—24。
③ 卢虎："艺术类学术期刊影响因子分析"，《湖南大众传媒职业技术学院学报》2007 年第 2 期，第 84—86 页。

11.1.1 篇均引用文献数

篇均引用文献数指期刊所载论文的引用文献总数与所载论文数之比值。篇均引用文献数是一个综合衡量论文引荐力、学科成熟度和作者、编辑部规范化程度的指标。一般说来，篇均引文越多，论文引荐力越大，学科越成熟，论文、期刊越规范。

从艺术学学科来看，根据统计，[①] 2004—2006 年 CSSCI 艺术学来源期刊的篇均引文为 4.68 篇，低于我国人文社会科学的平均值 8.20 篇，在我国人文社会科学 25 个学科中排名第 23。远远低于历史学篇均引文 18.01 篇，但高于后两个学科：统计学（2.83 篇）和新闻学与传播学（2.77 篇），可见艺术学期刊整体规范性有待加强。但是艺术学期刊大量刊载艺术作品（如美术作品、音乐作品、书法作品等）和艺术作品评论（如电影评论、电视评论、戏剧评论等）类文章，这些文章更强调创新与开拓型，张扬作者个性，因而往往没有引用文献。在艺术领域里创新性的东西总是好的，虽然不能仅仅拿引用文献多少来代表论文的质量，但任何一项研究都不是空中楼阁，需要借鉴他人或本人过去的成果，在论文中的借鉴就表现为引用，这是一个学术规范问题。从统计数据来看，艺术学研究在文献的引用方面与其他学科期刊还存在差距。

表 11-1 给出了 39 种艺术学期刊 2004—2006 各年的篇均引文，并计算三年平均值和归一化值（归一化值是由篇均引文平均值除以平均值中的最大值得到，以下归一化值均照此法）。

表 11-1　　　　　　　2004—2006 年艺术学期刊篇均引用文献数统计

排序	期刊名称	2004 年（篇数）	2005 年（篇数）	2006 年（篇数）	三年平均（篇数）	归一化值
1	书法研究	17.12	25.89	19.69	20.9000	1
2	齐鲁艺苑：山东艺术学院学报	5.32	18.11	14.70	12.7100	0.6081
3	中国音乐教育	9.94	12.55	12.60	11.6967	0.5596
4	民族艺术*	8.95	12.23	12.30	11.1586	0.5339
5	艺术百家	11.29	11.98	8.20	10.4900	0.5019
6	东方艺术	8.83	10.56	9.50	9.6300	0.4608
7	中国戏剧	7.53	12.43	8.20	9.3867	0.4491
8	艺术评论	6.76	8.83	9.10	8.2300	0.3938
9	戏剧艺术：上海戏剧学院学报*	7.86	8.19	7.30	7.7840	0.3724

---

① 邓三鸿、金莹："我国人文社会科学学术刊物的学科对比——基于 CSSCI 的分析"，《东岳论丛》2008 年第 2 期，第 43—50 页。

续表

排序	期刊名称	2004年（篇数）	2005年（篇数）	2006年（篇数）	三年平均（篇数）	归一化值
10	中国电视	6.85	8.54	7.90	7.7633	0.3715
11	星海音乐学院学报	6.58	7.46	9.00	7.6800	0.3675
12	钢琴艺术	0.29	9.34	12.66	7.4304	0.3555
13	美术观察	5.48	6.57	10.10	7.3833	0.3533
14	乐府新声：沈阳音乐学院学报	6.30	6.28	8.85	7.1433	0.3418
15	交响：西安音乐学院学报	6.63	6.57	7.88	7.0267	0.3362
16	黄钟：武汉音乐学院学报*	6.22	7.63	6.22	6.6916	0.3202
17	天津音乐学院学报：天籁	4.94	4.43	9.91	6.4276	0.3075
18	戏剧：中央戏剧学院学报*	4.38	7.74	7.13	6.4186	0.3071
19	音乐探索	4.03	8.18	6.21	6.1384	0.2937
20	文艺研究*	5.02	6.02	7.30	6.1121	0.2924
21	南京艺术学院学报（音乐与表演版）	4.86	6.61	6.60	6.0233	0.2882
22	浙江艺术职业学院学报	6.76	4.94	5.92	5.8725	0.2810
23	民族艺术研究	4.04	7.44	5.10	5.5267	0.2644
24	中央音乐学院学报*	3.64	5.74	4.90	4.7600	0.2278
25	美术研究	3.62	3.54	5.04	4.0649	0.1945
26	当代电影*	3.34	4.31	3.73	3.7927	0.1815
27	解放军艺术学院学报	2.96	3.56	4.32	3.6170	0.1731
28	音乐艺术*	3.39	3.25	2.30	2.9800	0.1426
29	北京电影学院学报*	3.26	2.78	2.07	2.7054	0.1294
30	艺术广角	2.14	2.75	2.89	2.5933	0.1241
31	中国音乐*	2.13	2.14	2.50	2.2567	0.1080
31	中国音乐学*	2.13	2.14	2.50	2.2567	0.1080
33	中国书法*	2.10	1.62	2.30	2.0067	0.0960
34	电影艺术*	1.76	1.89	2.17	1.9413	0.0929
35	音乐研究*	1.35	1.33	1.70	1.4600	0.0699
36	人民音乐*	1.21	0.91	1.36	1.1582	0.0554
37	新美术*	0.55	0.60	0.70	0.6167	0.0295
38	电视研究*	0.47	0.58	0.69	0.5796	0.0277
39	美术	0.47	0.68	0.50	0.5473	0.0262

注：表中有星号（*）者为CSSCI来源期刊。

从表 11-1 可以看出，CSSCI 中的艺术学来源期刊的篇均引文数低于非来源期刊，这一现象与其他学科相背，这不仅反映了评价艺术学论文的特殊性：篇均引文不能作为论文学术水平的唯一指标，也说明了艺术学期刊较偏爱独创性文章，艺术学期刊的学术规范性、学术严谨性和学术研究深度不高。

从整体上分析艺术学期刊篇均引用文献数量的年度变化情况，发现大多数期刊在 2005 年的篇均引文都要高于其他两年，而 2006 年又高于 2004 年。整体上艺术学期刊 2004 年篇均引文 4.8846 篇，2005 年 6.5728 篇，2006 年 6.4626 篇，出现先增后减的趋势，但增的趋势远大于减的趋势，所以艺术学期刊的篇均引文仍然在曲折的上升中。

图 11-1 以 2004—2006 年三年平均篇均引文数为据画出以上 39 种期刊的篇均引文柱状图。下面将根据该图分析期刊在篇均引用文献指标上的差距。

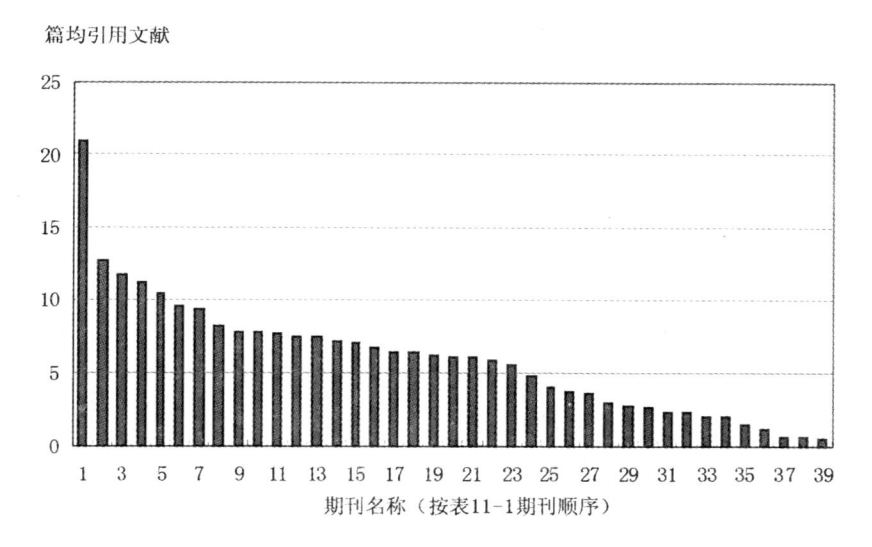

图 11-1　2004—2006 年艺术学期刊篇均引用文献数

结合表 11-1 与图 11-1，发现《书法研究》的篇均引文达到 20.9 篇，远远高于第 2 名《齐鲁艺苑》的 12.71 篇，其中《书法研究》主办单位是上海书画编辑部，它主要研究书法艺术的发生、发展、演变的规律，探寻书法在不同历史时期的特点和表现形式，结合当代创作理念，指导当代书法创作，配合当代艺术研究、学术争鸣、书法教育，培养书法理论人才。[①]可见在艺术学期刊中强调学术性研究的比注重创新性艺术作品的期刊篇均引文较高。

从学科类目角度来看，根据 CSSCI 对这些来源期刊的分类，艺术综合类几乎全部排在前列（第 2、4、5、6、8 名等）；专业教育类的《中国音乐教育》排名靠前（第

---

① http://www.magshow.com/www/conf/content_html/content_7937.html，2008-7-3.

3名）；其次是戏剧与影视中的戏剧（第7、9名）；艺术院校类基本排在中游（第11、14、15、16、17、18、21、24、27、28、29名）；文学类的《文艺研究》排在中游（第20名）；美术类期刊参差不齐（第1、13、25、37、39名）；最后是音乐类期刊，大多在中下游（第19、28、并列31、35、36名），而戏剧与影视中的影视大多排在下游（第26、34、38名）。因此可以做出这样的结论：艺术学类期刊的篇均引文在学科之间存在着显著的差异，艺术综合类、艺术教育类、戏剧类的期刊篇均引文较高，艺术院校类中等，美术类差距较大，而影视类、音乐与美术类最低。篇均引文的差异与期刊的选稿原则、偏好、办刊宗旨密切相关。越是学术理论性强的引文率越高，越是艺术欣赏性、创造性强的引文率越低。

11.1.2 基金论文比例

基金论文是指由国家各级政府部门、各类基金组织和企事业单位提供科研经费而产生的研究论文。[①] 代表着该研究领域内新动向、新趋势，具有较大的难度和较高的水准，受到研究人员的普遍关注与重视。[②] 基金资助项目的论文，反映了学术领域研究的新动向、新趋势和新成果，具有很高的学术价值。因此对一种期刊来说，刊载基金论文比重越大，期刊的学术质量越高，学术影响越大，对前沿成果的追踪越好。

从艺术学学科来看，根据统计，[③] 2004—2006年CSSCI艺术学来源期刊的基金论文比例为2.15%，居于我国人文社会科学25个学科的最后1名，远远低于我国人文社会科学的平均值16.11%篇，与人文社会科学中的第1名环境科学61.68%相差巨大。这说明我国各级政府、部门等对艺术学研究资助的科研经费严重不足，也可能是艺术学作者和期刊对基金论文的标注很不重视。

表11-2给出了艺术学类39种期刊2004—2006年的基金论文比例，并给出了平均值与归一化值。

表11-2　　　　　　2004—2006年艺术学期刊基金论文比例

排序	期刊名称	2004年	2005年	2006年	三年平均	归一化值
1	音乐艺术	0.03	0.04	0.39	0.1533	1
2	戏剧：中央戏剧学院学报	0.04	0.09	0.10	0.0767	0.5000

[①] 高凡、王惠翔："我国图书馆学情报学基金论文产出力调查研究与定量分析"，《图书情报工作》2004年第10期，第12—16页。

[②] 相东升："17种图书情报学期刊基金资助论文统计分析"，《情报杂志》2006年第1期，第143—145页。

[③] 邓三鸿、金莹："我国人文社会科学学术刊物的学科对比——基于CSSCI的分析"，《东岳论丛》2008年第2期，第43—50页。

续表

排序	期刊名称	2004 年	2005 年	2006 年	三年平均	归一化值
3	艺术百家	0.01	0.10	0.11	0.0733	0.4783
3	中央音乐学院学报	0.11	0.05	0.06	0.0733	0.4783
5	文艺研究	0.02	0.05	0.08	0.0500	0.3261
5	浙江艺术职业学院学报	0.03	0.03	0.09	0.0500	0.3261
7	天津音乐学院学报：天籁	0.01	0.02	0.10	0.0421	0.2826
8	民族艺术	0.03	0.04	0.05	0.0400	0.2609
9	交响：西安音乐学院学报	0.02	0.06	0.03	0.0367	0.2391
9	中国音乐	0.03	0.03	0.05	0.0367	0.2391
9	乐府新声：沈阳音乐学院学报	0.02	0.06	0.03	0.0367	0.2391
9	音乐研究	0.05	0.02	0.04	0.0367	0.2391
13	音乐探索	0.03	0.03	0.04	0.0333	0.2174
14	黄钟：武汉音乐学院学报	0.06	0.01	0.02	0.0300	0.1957
14	戏剧艺术：上海戏剧学院学报	0.03	0.03	0.03	0.0300	0.1957
16	中国音乐学	0.02	0.03	0.03	0.0267	0.1739
17	齐鲁艺苑：山东艺术学院学报	0.02	0.01	0.04	0.0233	0.1522
17	美术研究	0	0.01	0.06	0.0233	0.1522
19	星海音乐学院学报	0	0.03	0.03	0.0200	0.1304
20	民族艺术研究	0.04	0.01	0	0.0167	0.1087
21	电影艺术	0.01	0	0.03	0.0133	0.0870
21	钢琴艺术	0.01	0.01	0.02	0.0133	0.0870
23	当代电影	0	0.01	0.02	0.0100	0.0652
23	中国电视	0.01	0	0.02	0.0100	0.0652
23	中国戏剧	0.01	0.01	0.01	0.0100	0.0652
26	中国音乐教育	0	0	0.02	0.0067	0.0435
26	南京艺术学院学报（音乐与表演版）	0	0	0.02	0.0067	0.0435
26	中国书法	0	0.01	0.01	0.0067	0.0435
26	艺术评论	0	0.01	0.01	0.0067	0.0435
30	美术观察	0	0	0.01	0.0033	0.0217
30	北京电影学院学报	0	0	0.01	0.0033	0.0217

续表

排序	期刊名称	2004年	2005年	2006年	三年平均	归一化值
30	美术	0.01	0	0	0.0033	0.0217
30	人民音乐	0.01	0	0	0.0033	0.0217
30	艺术广角	0	0.01	0	0.0033	0.0217
35	东方艺术	0	0	0.01	0.0030	0.0198
36	电视研究	0	0	0	0	0
36	解放军艺术学院学报	0	0	0	0	0
36	书法研究	0	0	0	0	0
36	新美术	0	0	0	0	0

从整体上来看，2004—2006年间表11-2中艺术学期刊平均基金论文比分别为0.0169、0.0208和0.0403，三年平均为0.0260。虽然艺术学期刊的基金论文比例很低，但是这些刊物在2005、2006年发展迅猛，这说明了一方面国家各级政府部门等对艺术学科研的重视正在与日俱增，艺术学基金项目的成果逐年增加；另一方面，艺术学期刊对基金论文的标注也越来越重视与规范。

图11-2以三年平均基金论文比例为据画出的以上39种期刊基金论文比例图，根据这张图我们可以清楚地看到各期刊之间的差距。

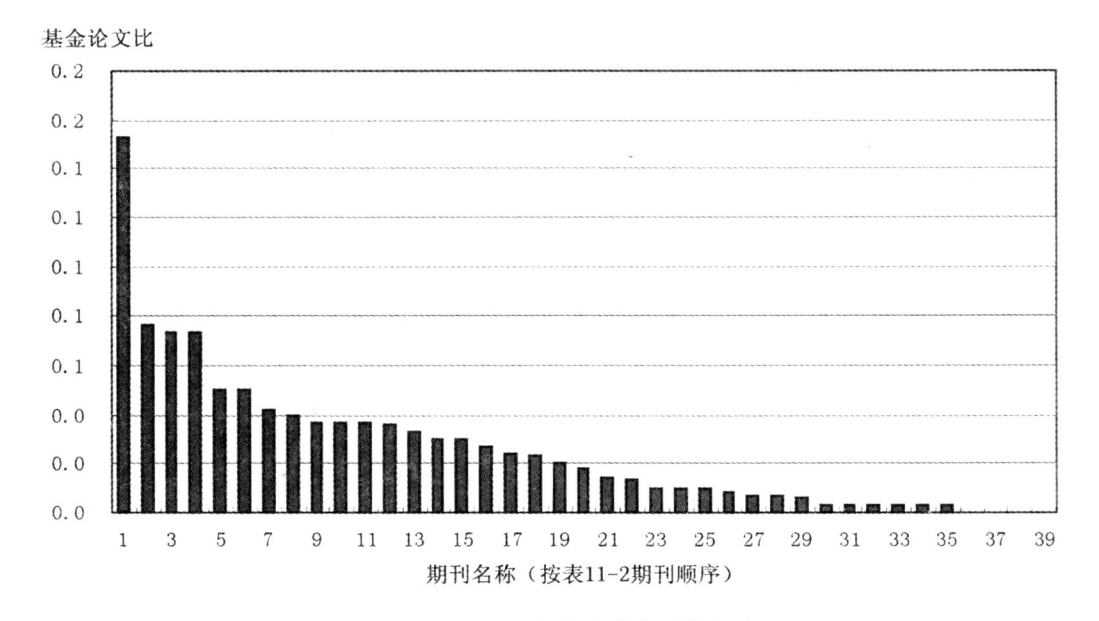

图11-2 2004—2006年艺术学期刊基金论文比

结合表 11-2 与图 11-2 可以看到，排在第 1 名的《音乐艺术》基金论文比远远高于其他期刊，其三年平均为 0.1533，是第 2 名的 2 倍。《音乐艺术》基金论文比例在 2006 年激增，它在 2004、2005 年只有 0.03、0.04，而 2006 年猛增到 0.39。后面的《戏剧：中央戏剧学院学报》、《艺术百家》和《中央音乐学院学报》位于第二层次，三年平均基金论文比在 0.08—0.07 之间，其中《戏剧》和《艺术百家》在 2005 年基金论文剧增，分别从 4% 到 9%，1% 到 10%。而《中央音乐学院学报》却在 2005 年基金论文比大幅度减少，从 11% 到 5%。说明前 3 种期刊在吸引基金论文方面很有成效，而《中央音乐学院学报》反而没有很好地留住优秀的基金论文，导致基金论文大幅度减少。

从增长趋势来讲，大部分期刊都在 2005 年或者 2006 年有一次大幅度的基金论文比增长。这说明艺术学大多数期刊越来越重视刊载各类基金论文，偏重对艺术学理论进行研究，追踪最新艺术动态，也验证了前面对整体基金论文比例的年度剧增变化。

虽然基金论文比增长较大，但是数量上仍非常少。39 种期刊中有 14 种期刊三年平均值不到 1%，有 20 种期刊存在年度基金论文比为 0，还有 4 种期刊三年全部为零。如此低的基金论文比例不得不引起这些期刊编辑部的高度重视，吸收基金论文，规范基金论文的标注，提高论文的理论研究质量和期刊的学术影响力是繁荣和发展艺术学期刊的重要途径。

11.1.3 论文作者地区分布

论文作者地区分布数是指期刊论文的作者的地区分布数量。用来显示期刊作者的地区覆盖大小和期刊的影响范围。一般说来，由于期刊的出版发行地区分布不均衡，造成期刊有一定的区域性，但是影响力大的期刊往往可以冲破地域的限制，作者分布于更多地区。论文作者地区分布以学术覆盖面为指标，不考虑覆盖集中程度。艺术学期刊论文作者地区分布从硬性的地区角度客观地反映了艺术学期刊文章作者的产地与研究力量分布程度。

需要说明的是，论文作者地区分布数不仅体现期刊影响广度，还受到期刊载文量与作者地区、机构标注规范化的影响。载文量越大，标注越规范的期刊，其作者地区分布数往往越多。在地区统计中，中国以省为单位，包括中国内地 31 个省市自治区和港、澳、台地区，其他国家和地区以国家为单位。表 11-3 给出了艺术学类 39 种期刊 2004—2006 年登载论文的作者的地区分布数，并进行了平均与归一化处理。

表 11-3　　　　　　　　2004—2006 年艺术学期刊论文作者地区分布

排序	期刊名称	2004 年（地区数）	2005 年（地区数）	2006 年（地区数）	三年平均（地区数）	归一化值
1	人民音乐	32	32	29	31.00	1
2	中国音乐教育	28	31	29	29.33	0.9461
3	美术	28	28	28	28.00	0.9032
3	美术观察	24	30	30	28.00	0.9032
5	中国音乐	24	28	29	27.00	0.8710
6	艺术百家	28	24	27	26.33	0.8495
7	电视研究	25	23	28	25.33	0.8172
8	文艺研究	23	23	26	24.00	0.7742
9	美术研究	21	24	22	22.33	0.7204
10	中国音乐学	20	21	22	21.00	0.6774
11	音乐研究	19	20	21	20.00	0.6452
12	中国书法	16	23	19	19.33	0.6237
13	交响：西安音乐学院学报	20	19	16	18.33	0.5914
14	齐鲁艺苑：山东艺术学院学报	20	17	17	18.00	0.5806
14	星海音乐学院学报	18	20	16	18.00	0.5806
16	东方艺术	17	25	11	17.67	0.5699
16	中国戏剧	12	25	16	17.67	0.5699
18	当代电影	16	18	18	17.33	0.5591
18	黄钟：武汉音乐学院学报	21	15	16	17.33	0.5591
18	民族艺术	17	17	18	17.33	0.5591
18	中央音乐学院学报	12	17	23	17.33	0.5591
22	乐府新声：沈阳音乐学院学报	18	18	15	17.00	0.5484
22	音乐探索	18	18	15	17.00	0.5484
24	天津音乐学院学报：天籁	21	15	14	16.67	0.5376
25	中国电视	2	19	26	15.67	0.5054
26	解放军艺术学院学报	15	15	15	15.00	0.4839

续表

排序	期刊名称	2004年（地区数）	2005年（地区数）	2006年（地区数）	三年平均（地区数）	归一化值
27	民族艺术研究	12	17	15	14.67	0.4731
28	南京艺术学院学报（音乐与表演版）	14	16	11	13.67	0.4409
29	音乐艺术	13	13	13	13.00	0.4194
30	戏剧：中央戏剧学院学报	10	12	16	12.67	0.4086
31	浙江艺术职业学院学报	6	17	12	11.67	0.3763
32	戏剧艺术：上海戏剧学院学报	10	10	13	11.00	0.3548
33	电影艺术	5	5	22	10.67	0.3441
34	北京电影学院学报	8	13	7	9.33	0.3011
35	艺术评论	2	7	12	7.00	0.2258
36	艺术广角	1	0	15	5.33	0.1720
37	钢琴艺术	3	2	2	2.33	0.0753
38	新美术	2	1	1	1.33	0.0430
39	书法研究	0	0	0	0	0

整体而言，2004—2006年间艺术学期刊平均作者地区分布数分别为15.41、17.38和17.56，呈现逐年递增趋势。三年平均为16.79，艺术学期刊论文的作者基本上都来自国内各省市自治区，国外作者很少，极少数期刊会有外国作者，且一种期刊也一年不超过3个外国作者。例如：《中国音乐教育》2004年作者地区分布数28个，没有外国作者；2005年地区分布数31个，其中有一个来自加拿大的作者；2006年29个地区包括2个国外地区美国和英国。这说明我国艺术学期刊的发行与传播能力主要局限于国内省市，离国际化办刊思想还相距甚远，希望各期刊编辑社努力开拓创新，走国际化路线，与各国学者互相交流探讨。

从期刊之间比较来看，艺术学期刊之间的作者地区分布情况差距很大。分布最广的期刊《人民音乐》三年平均31.00，几乎达到遍布中国的地步，而《书法研究》作者地区分布数为0，主要是因为《书法研究》没有标注作者机构。《新美术》、《钢琴艺术》作者地区分布数也只有1.33、2.33，指标极低，这样的期刊指标如此低，原因在于标注比例太少，学术规范性太差。图11-3给出了以上39种期刊的作者地区分布数柱状图。

作者地区分布数

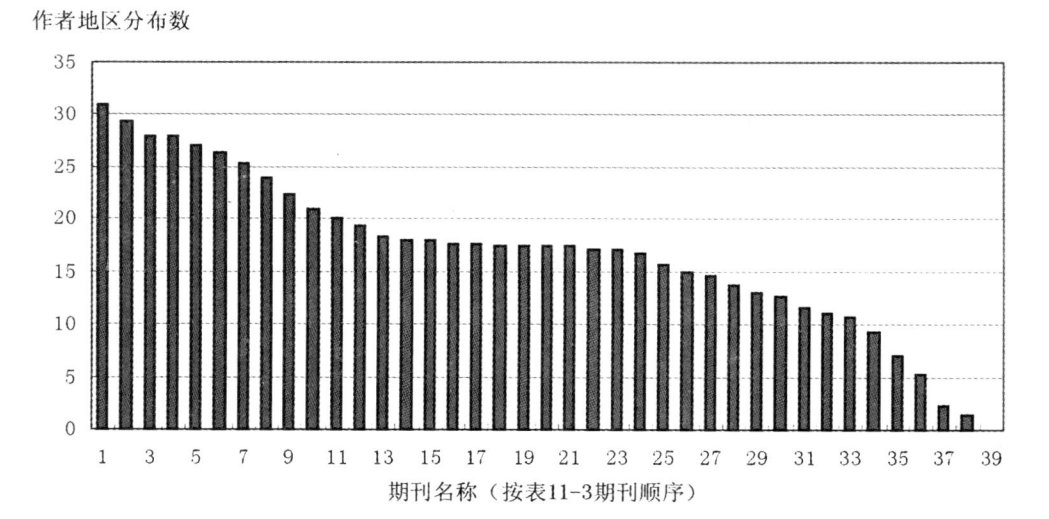

图 11-3 2004—2006 年艺术学期刊作者地区分布数

可以看到，艺术学期刊的地区分布大致呈现 h 型曲线，中间有超过三分之一的（16 种）期刊该项指标在 15—20 之间，且该段曲线接近水平，前面有 10 种期刊，后面有 13 种期刊分布相对分散。大致上就可以按照 10、16、13 将所有期刊分为 3 个层次。

第一层次期刊高于整体均值，期刊作者来源广泛、影响力较大、规范性较好，是艺术学领域作者分布指标表现良好的期刊，主要的任务是保持当前水平，并尽力吸引国外作者踊跃投稿。第二层次的期刊作者地区分布情况中等，需要找出问题所在，若是作者地区标记比例不高，就加强标记规范化；若是期刊作者来源有限，就冲破期刊地域限制，扩大期刊发行流通的地区，提高期刊影响力；若存在多方面因素，就综合治理，等等。第三层次的期刊指标低于平均值，这些期刊普遍存在的共同缺点就是作者机构标注比例不高，规范化程度不好，因此杂志社首先应提高规范化意识，提高期刊标注的完整性，其次再考虑增强期刊影响力。

11.1.4 有作者机构论文比例

作者机构是作者信息的重要组成部分，在学术交流与传递、文献信息检索及文献计量学等诸方面都具有重要的情报价值。南京农业大学图书馆研究馆员何建新、胡万方认为著者机构在情报交流、情报检索和文献计量学等方面有重要的价值。[①] 例如：著者机构有利于用户与著者之间双向信息交流，增加了检索入口、限定条件和结果翔实性，通过文献计量学分析可以反映一个国家或地区的科学研究状况、一个机构或部门的科学研究实力。不仅如此，标注有作者机构的论文能够更好地保护作

---

① 何建新、胡万方："论著者地址的情报价值"，《编辑学报》1999 年第 1 期，第 13—14 页。

从艺术学学科来看，根据统计①，2004—2006 年 CSSCI 艺术学来源期刊的作者机构标注比例三年平均 77.12%，低于我国人文社会科学期刊的平均值 94.39%，在我国人文社会科学 25 个学科中排名 23。这说明艺术学期刊总体上对作者机构的标注重视不够，希望今后期刊编辑部对论文格式、规范要有足够的重视。但是从发展趋势来看，艺术学期刊在 2004—2006 年各年标注作者机构的论文比例分别为 72.84%、76.77% 和 81.75%，而我国人文社会科学各学科 2004—2006 年各年平均值为 93.68%、93.89%、95.61%。比较而言，艺术学虽然标注比例低，但增长速度比人文社会科学平均值快。这是一个良好的发展趋势，希望继续加快规范化步伐。

表 11-4 给出了 2004—2006 年艺术学 39 种期刊标注作者机构论文比例，及其平均值和归一化值。

表 11-4　　　　2004—2006 艺术学期刊标注有作者机构的论文比例

排序	期刊名称	2004 年	2005 年	2006 年	三年平均	归一化值
1	音乐研究	1	1	1	1	1
2	星海音乐学院学报	1	0.9909	1	0.9970	0.9970
3	黄钟：武汉音乐学院学报	1	1	0.9889	0.9963	0.9963
4	中国音乐	0.9936	0.9949	1	0.9962	0.9962
5	电视研究	0.9895	0.9974	0.9974	0.9948	0.9948
6	艺术百家	0.9965	0.9948	0.9877	0.9930	0.9930
7	乐府新声：沈阳音乐学院学报	0.9905	1	0.9802	0.9902	0.9902
8	中国音乐学	0.9881	0.9875	0.9714	0.9823	0.9823
9	齐鲁艺苑：山东艺术学院学报	0.9910	0.9735	0.9640	0.9762	0.9762
10	解放军艺术学院学报	1	0.9756	0.9518	0.9758	0.9758
11	浙江艺术职业学院学报	0.9545	0.9722	1	0.9756	0.9756
12	音乐艺术	0.9683	0.9706	0.9538	0.9642	0.9642
13	文艺研究	0.9741	0.9633	0.9544	0.9639	0.9639
14	民族艺术研究	0.9571	0.9718	0.9595	0.9628	0.9628
15	天津音乐学院学报：天籁	0.9286	1	0.9231	0.9505	0.9505

---

① 邓三鸿、金莹："我国人文社会科学学术刊物的学科对比——基于 CSSCI 的分析"，《东岳论丛》2008 年第 2 期，第 43—50 页。

续表

排序	期刊名称	2004 年	2005 年	2006 年	三年平均	归一化值
16	当代电影	0.8962	0.9046	0.9409	0.9139	0.9139
17	南京艺术学院学报（音乐与表演版）	0.9811	0.8435	0.9043	0.9096	0.9096
18	人民音乐	0.8502	0.9224	0.9318	0.9015	0.9015
19	交响：西安音乐学院学报	0.9157	0.9048	0.8111	0.8772	0.8772
20	戏剧：中央戏剧学院学报	0.7636	0.8889	0.9667	0.8731	0.8731
21	中央音乐学院学报	0.8182	0.8947	0.8554	0.8561	0.8561
22	音乐探索	0.7632	0.9239	0.8587	0.8486	0.8486
23	北京电影学院学报	0.9053	0.8922	0.6961	0.8312	0.8312
24	美术研究	0.7905	0.8679	0.8039	0.8208	0.8208
25	戏剧艺术：上海戏剧学院学报	0.8000	0.8254	0.7536	0.7930	0.7930
26	中国音乐教育	0.6769	0.8209	0.7874	0.7617	0.7617
27	美术观察	0.7954	0.7828	0.6990	0.7590	0.7590
28	中国电视	0.0142	0.9880	0.9527	0.6516	0.6516
29	美术	0.7438	0.6814	0.4698	0.6317	0.6317
30	民族艺术	0.4627	0.4786	0.4058	0.4490	0.4490
31	东方艺术	0.4597	0.3356	0.1116	0.3023	0.3023
32	电影艺术	0.1364	0.1127	0.6329	0.2940	0.2940
33	艺术广角	0.0259	0	0.8333	0.2864	0.2864
34	中国书法	0.1667	0.2308	0.2993	0.2323	0.2323
35	中国戏剧	0.0882	0.2012	0.1374	0.1423	0.1423
36	艺术评论	0.0202	0.0599	0.1096	0.0632	0.0632
37	新美术	0.1507	0.0143	0.0101	0.0584	0.0584
38	钢琴艺术	0.0651	0.0239	0.0199	0.0363	0.0363
39	书法研究	0	0	0	0	0

分析表 11-4 中的数据，这 39 种期刊在 2004—2006 年各年平均作者机构标注比例为 0.6929、0.7280 和 0.7339，整体标注比例低，增长速度仍有待提高。从艺术学期刊之间比较来看，各期刊存在较大的差异，图 11-4 给出了以上期刊三年平均有机构标注比例的柱状图。

有作者机构论文比

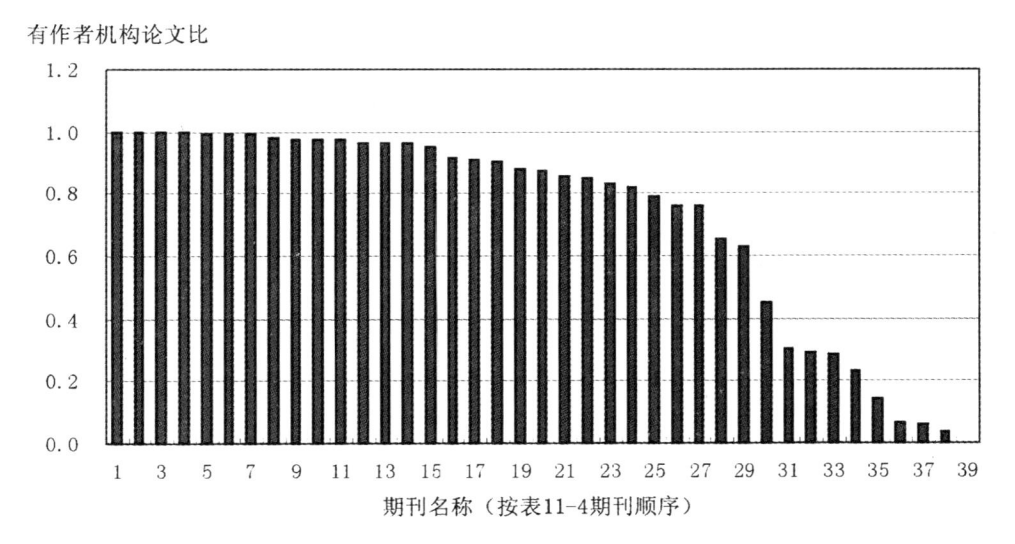

图 11-4 2004—2006 艺术学期刊标注有作者机构的论文比例

由图 11-4 可以看到，大多数期刊（24 种，接近三分之二）标引作者机构的比例在 0.8 以上，其中前 15 种标注比例在 0.95 以上。这 15 种期刊在作者机构规范化方面一直做得比较好，属于第一层次，只要继续保持警惕，减少疏忽就好。

第二层次，16 到 29 名共 14 种期刊，他们对作者机构标引有不同程度的疏漏，这部分期刊有的是因为自身办刊规则和习惯导致，如有些期刊规定本刊记者不标注。还有的像《中国电视》2004 年标注比例非常低，只有 0.0142，而在 2005 年已经认识到问题并做出了根本性变革，其 2005、2006 年标注比例为 0.9880、0.9527，取得了很好的成效。相反，还有的期刊由于内部管理疏忽标注比例反而每年下滑，如《美术》从 2004 年的 0.7438 一路下滑到 2006 年的 0.4698，要提醒这些期刊立即反省，注重作者机构的标注。

第三层次，最后的 10 种期刊 3 年平均标注比例不足 0.5，其中《书法研究》所有论文均没有标注作者机构。这些期刊基本是期刊自身制度有缺陷造成的，需要改变在标注作者机构方面自由随意的"传统"习惯，补充制度上的不足，使刊物各方面都遵守学术规范。

11.1.5 艺术学期刊学术规范量化指标综合分析

上面已经分别讨论了学术规范化的 4 个二级指标：篇均引文数、基金论文比、作者地区分布、标注有作者机构论文比，下面就将这四个指标合并成一个期刊学术规范量化综合指标。合并的方法是给 4 个二级指标的归一化值乘以各自指标对应权重，这里均为 25%，乘积相加即得。表 11-5 给出了 2004—2006 年艺术学 39 种期刊学术规范量化指标综合值排序表。

表 11-5 2004—2006 艺术学期刊学术规范量化指标综合值

排序	期刊名称	篇均引文数归一化值	基金论文比归一化值	地区分布归一化值	有机构论文比归一化值	综合值
1	艺术百家	0.5019	0.4783	0.8495	0.9930	0.7057
2	音乐艺术	0.1426	1	0.4194	0.9642	0.6315
3	文艺研究	0.2924	0.3261	0.7742	0.9639	0.5892
4	齐鲁艺苑：山东艺术学院学报	0.6081	0.1522	0.5806	0.9762	0.5793
5	中国音乐教育	0.5596	0.0435	0.9461	0.7617	0.5777
6	中国音乐	0.1080	0.2391	0.8710	0.9962	0.5536
7	中央音乐学院学报	0.2278	0.4783	0.5591	0.8561	0.5303
8	乐府新声：沈阳音乐学院学报	0.3418	0.2391	0.5484	0.9902	0.5299
9	戏剧：中央戏剧学院学报	0.3071	0.5000	0.4086	0.8731	0.5222
10	天津音乐学院学报：天籁	0.3075	0.2826	0.5376	0.9505	0.5198
11	星海音乐学院学报	0.3675	0.1304	0.5806	0.9970	0.5189
12	黄钟：武汉音乐学院学报	0.3202	0.1957	0.5591	0.9963	0.5178
13	交响：西安音乐学院学报	0.3362	0.2391	0.5914	0.8772	0.5110
14	美术观察	0.3533	0.0217	0.9032	0.7590	0.5095
15	人民音乐	0.0554	0.0217	1	0.9015	0.4947
16	浙江艺术职业学院学报	0.2810	0.3261	0.3763	0.9756	0.4898
17	音乐研究	0.0699	0.2391	0.6452	1	0.4886
18	中国音乐学	0.1080	0.1739	0.6774	0.9823	0.4854
19	音乐探索	0.2937	0.2174	0.5484	0.8486	0.4770
20	美术研究	0.1945	0.1522	0.7204	0.8208	0.4720
21	电视研究	0.0277	0	0.8172	0.9948	0.4599
22	民族艺术研究	0.2644	0.1087	0.4731	0.9628	0.4523
23	民族艺术	0.5339	0.2609	0.5591	0.4490	0.4507
24	当代电影	0.1815	0.0652	0.5591	0.9139	0.4299
25	戏剧艺术：上海戏剧学院学报	0.3724	0.1957	0.3548	0.7930	0.4290
26	南京艺术学院学报（音乐与表演版）	0.2882	0.0435	0.4409	0.9096	0.4205
27	解放军艺术学院学报	0.1731	0	0.4839	0.9758	0.4082
28	中国电视	0.3715	0.0652	0.5054	0.6516	0.3981

续表

排序	期刊名称	篇均引文数归一化值	基金论文比归一化值	地区分布归一化值	有机构论文比归一化值	综合值
29	美术	0.0262	0.0217	0.9032	0.6317	0.3957
30	东方艺术	0.4608	0.0198	0.5699	0.3023	0.3382
31	北京电影学院学报	0.1294	0.0217	0.3011	0.8312	0.3209
32	中国戏剧	0.4491	0.0652	0.5699	0.1423	0.3066
33	书法研究	1	0	0	0	0.2500
34	中国书法	0.0960	0.0435	0.6237	0.2323	0.2489
35	电影艺术	0.0929	0.0870	0.3441	0.2940	0.2045
36	艺术评论	0.3938	0.0435	0.2258	0.0632	0.1810
37	艺术广角	0.1241	0.0217	0.1720	0.2864	0.1511
38	钢琴艺术	0.3555	0.0870	0.0753	0.0363	0.1383
39	新美术	0.0295	0	0.0430	0.0584	0.0327

从表 11-5 可以看到，首先，艺术学 39 种期刊在学术规范量化指标上存在较大差距，综合值最高的 0.7057，最低的 0.0327，说明期刊之间有很大差距，需要互相取长补短。其次，没有哪一种期刊 4 项指标都很高，每种期刊都有自身的巨大缺陷，即使排名最好的《艺术百家》也存在 2 个指标：篇均引文数和基金论文比水平较低，排名最后的 4 个指标全部很低，所以艺术学整体综合值较低。

图 11-5 给出了艺术学期刊学术规范综合值柱状图。下面我们以该图为例讨论艺术学期刊学术规范状况。

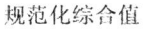

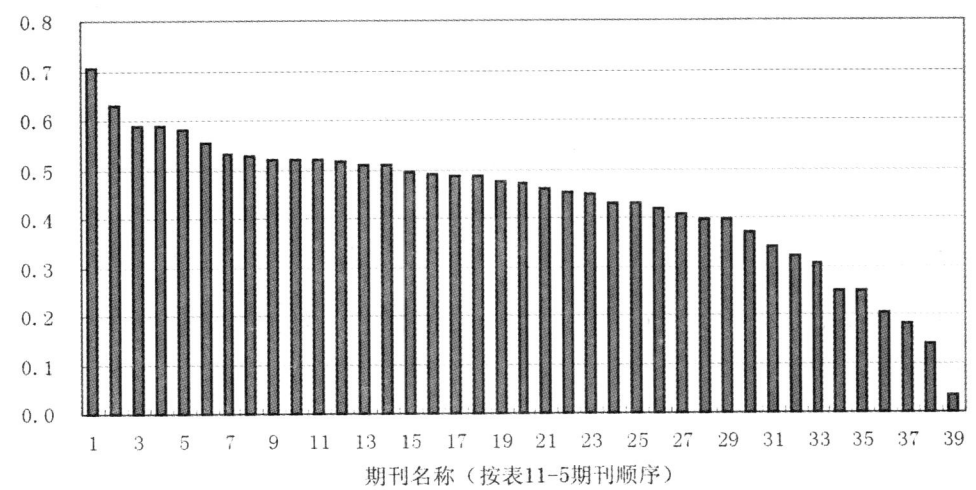

图 11-5 2004—2006 艺术学期刊学术规范量化指标综合值

由图 11-5 可以看到，综合值较高的期刊和综合值较低的期刊之间差距较明显，尤其第 1 名《艺术百家》(0.7057) 显著高于第 2 名《音乐艺术》(0.6315)，倒数第 1《新美术》(0.0327) 远远低于倒数第 2《钢琴艺术》(0.1383)，出现两极化。而排名中间的期刊之间差距则较小，介于 0.4—0.6 之间的有 25 种期刊。

通过对艺术学 39 种期刊学术规范量化指标的分析，可以看出，艺术学是一门学术规范程度较差的学科，不仅整体存在较大的问题，而且每种期刊有其各自的严重问题。虽然艺术学是一个崇尚思想自由、个性独立的学科，但仍然要在学术上遵循规范，只有坚持规范办刊才能更好地进行学术交流、权利保护、信息传递和价值（影响力）评价等工作，更快速有效地进行学科建设与发展。

11.2 艺术学期刊被引次数分析

期刊被引次数是指期刊自创刊以来所登载的全部论文的被引用的总次数，是从信息反馈的角度评价期刊的基本指标之一。它是一个非常客观实用的评价指标，可用来衡量期刊自创刊以来的学术影响力，也可以在总体上直接反映期刊被科研工作者的使用和重视的程度，以及其在科学发展和交流中所起的作用和所处的地位。[①]

在使用期刊被引次数时应该注意到，由于被引次数与期刊创刊年限和期刊大小（指载文的多少）有直接关系，期刊创刊越早、载文越多，其被引次数可能会越多，因此不能一概用被引次数大小来评价期刊的学术水平。其次，应注意期刊的非正常自引现象，所以他引次数和被引次数相比在评价学术水平中更有说服力。本小节在期刊被引次数评价中，使用了 3 个二级指标：期刊总被引次数、其他期刊引用次数和本学科论文引用次数。

11.2.1 总被引次数

这里讨论的期刊总被引次数，是指期刊自创刊以来所刊载的论文被引文索引（CSSCI）中收录的论文引用的总次数。这个指标与学术界一般意义上的总被引频次含义相同。

表 11-6 给出了 2004—2006 年艺术学 39 种期刊总被引次数，并计算了三年平均值和归一化值。表 11-6 中期刊列表根据归一化值由大到小排列。

[①] 李小萍等："影响因子和总被引频次在期刊评价中的作用"，《深圳中西医结合杂志》2006 年第 4 期，第 270—272 页。

表 11-6　　2004—2006 年艺术学期刊总被引次数

排序	期刊名称	2004 年（篇次）	2005 年（篇次）	2006 年（篇次）	三年平均（篇次）	归一化值
1	文艺研究	132	210	230	190.67	1
2	中国音乐学	116	184	157	152.33	0.7990
3	中央音乐学院学报	127	156	134	139.00	0.7290
4	音乐研究	112	164	137	137.67	0.7220
5	人民音乐	89	148	160	132.33	0.6941
6	中国音乐	83	152	123	119.33	0.6259
7	当代电影	78	105	141	108.00	0.5664
8	电影艺术	89	120	96	101.67	0.5332
9	黄钟：武汉音乐学院学报	86	92	64	80.67	0.4231
10	音乐艺术	59	71	68	66.00	0.3462
11	电视研究	41	37	74	50.67	0.2657
12	民族艺术	33	32	64	43.00	0.2255
13	交响：西安音乐学院学报	31	56	37	41.33	0.2168
14	戏剧艺术：上海戏剧学院学报	28	27	38	31.00	0.1626
15	中国书法	28	32	23	27.67	0.1451
16	音乐探索	7	30	33	23.33	0.1224
17	中国电视	12	19	38	23.00	0.1206
18	北京电影学院学报	16	25	22	21.00	0.1101
18	戏剧：中央戏剧学院学报	20	23	20	21.00	0.1101
20	民族艺术研究	6	27	27	20.00	0.1049
21	新美术	20	18	17	18.33	0.0962
22	中国音乐教育	11	28	13	17.33	0.0909
23	乐府新声：沈阳音乐学院学报	15	18	18	17.00	0.0892
24	书法研究	30	7	11	16.00	0.0839
25	星海音乐学院学报	10	18	16	14.67	0.0769
26	美术研究	7	14	22	14.33	0.0752
27	美术	8	10	21	13.00	0.0682
28	艺术百家	3	6	28	12.33	0.0647
29	中国戏剧	9	13	9	10.33	0.0542

续表

排序	期刊名称	2004年（篇次）	2005年（篇次）	2006年（篇次）	三年平均（篇次）	归一化值
30	美术观察	7	12	10	9.67	0.0507
31	天津音乐学院学报：天籁	4	10	12	8.67	0.0455
32	南京艺术学院学报（音乐与表演版）	4	2	18	8.00	0.0420
33	齐鲁艺苑：山东艺术学院学报	3	8	12	7.67	0.0402
33	艺术评论	0	5	18	7.67	0.0402
35	解放军艺术学院学报	2	5	13	6.67	0.0350
35	艺术广角	4	5	11	6.67	0.0350
37	钢琴艺术	3	4	12	6.33	0.0332
38	东方艺术	4	7	6	5.67	0.0297
38	浙江艺术职业学院学报	0	6	11	5.67	0.0297

对表11-6中的数据进行分析：整体来讲，39种期刊在2004—2006年间各年平均总被引次数分别为34.28次、48.87次和50.36次，总被引次数逐年增加，其中2005年比2004年的增长率达到42.56%。这说明随着国家对人文科学研究的重视，艺术学期刊的学术影响正在增强，艺术学研究的价值越来越得到显现。

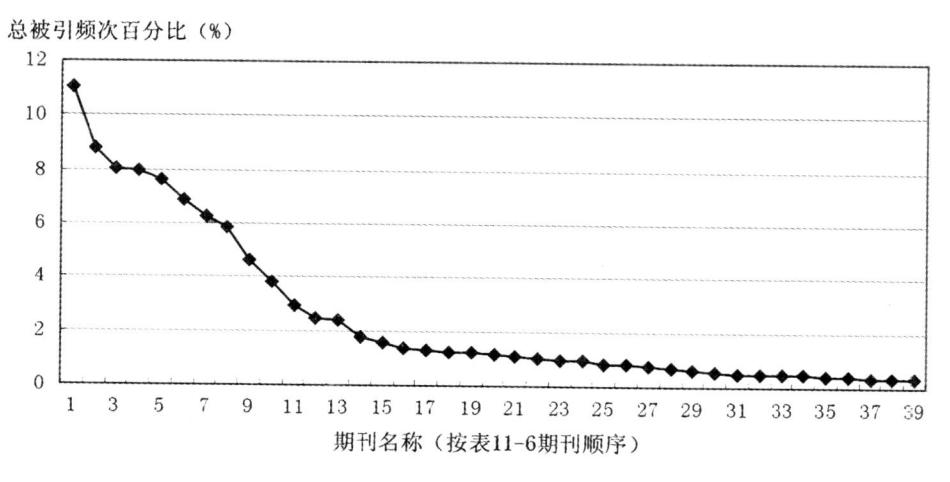

图11-6 2004—2006年艺术学期刊总被引次数分布图

横向比较表11-6中每种期刊总被引次数占艺术学期刊总被引次数的百分比。由于数据较多，图11-6按照表11-6中各期刊总被引比例从多到少的顺序描绘了一张曲线图。

从图 11-6 中可以看到，艺术学各期刊总被引次数差距较大，第一层次是《文艺研究》，它的被引次数遥遥领先其他期刊，三年平均总被引次数为 190.67，占艺术学期刊总被引次数的 10.99%。第二层次有 4 种期刊，从《中国音乐学》到《人民音乐》，三年平均总被引次数在 130—160 之间，总被引次数占总体比例在 7.6%—8.8% 之间。第三层次有 3 种期刊，从《中国音乐》、《当代电影》和《电影艺术》，三年平均总被引次数在 100—120 之间。第四层次包括 5 种期刊，三年平均总被引次数在 41—81 之间。第五层次包括 26 种期刊，占期刊总数的 2/3，三年平均总被引次数在 5—31 之间。

最后，我们根据 CSSCI 对这 39 种期刊的学科分类，包括大学学报类、教育类、文学类、戏剧与影视类、音乐、美术类、艺术综合类，从每类期刊的总被引次数合计与刊均总被引次数（等于该类总被引次数合计除以该类期刊种数）角度深入分析艺术学各类期刊的学术影响情况。表 11-7 给出了每类期刊种数、总被引次数与各类期刊平均被引次数。

表 11-7 2004—2006 年艺术学期刊总被引次数学科类目比较

期刊所属学科	文学	音乐	戏剧与影视	大学学报	教育	美术	艺术综合
期刊种数	1	6	6	12	1	6	7
总被引次数	190.67	571.33	324.67	429.67	17.33	99	103
刊均被引次数	190.67	95.22	54.11	35.81	17.33	16.5	14.71

由表 11-7 可见，在 39 种艺术学期刊中，属于文学领域的《文艺研究》这种期刊的总被引次数非常高，达到年平均 190.67 次，也说明这种期刊在所讨论的期刊中具有极高的学术影响，对于学者有很高的参考价值；其次音乐学 6 种期刊的平均总被引次数也很高，达到年平均 95.22 次，说明艺术学大类中，音乐学期刊有较大的学术影响，作者之间相互借鉴与交流性较好，学科发展较成熟；再次是戏剧与影视、大学学报类，居于中等偏下水平，还有很大提高空间，最后是教育、美术、艺术综合类，这 14 种期刊的整体平均影响力较小，尚处于落后状态。

11.2.2 其他期刊引用次数

其他期刊引用次数（也称他刊引用次数）是在总引用次数中排除了期刊自引部分的被引数量，体现了期刊与期刊之间的相互影响关系。表 11-8 给出了艺术学期刊 2004—2006 年他刊引用次数，按照三年平均他刊引用次数由多到少排列，并进行了归一化处理。

表 11-8　2004—2006 年艺术学期刊他刊引用次数

排序	期刊名称	2004 年（篇次）	2005 年（篇次）	2006 年（篇次）	三年平均（篇次）	归一化值
1	文艺研究	123	189	222	178.00	1
2	中央音乐学院学报	102	134	106	114.00	0.6404
3	音乐研究	76	147	114	112.33	0.6311
4	人民音乐	77	121	129	109.00	0.6124
5	中国音乐学	69	121	102	97.33	0.5468
6	电影艺术	66	99	86	83.67	0.4701
7	当代电影	60	71	80	70.33	0.3951
8	中国音乐	44	97	65	68.67	0.3858
9	音乐艺术	48	65	63	58.67	0.3296
10	黄钟：武汉音乐学院学报	57	58	44	53.00	0.2978
11	交响：西安音乐学院学报	31	56	37	41.33	0.2322
12	电视研究	34	28	61	41.00	0.2303
13	民族艺术	33	32	52	39.00	0.2191
14	音乐探索	7	30	33	23.33	0.1311
15	中国电视	12	19	38	23.00	0.1292
16	民族艺术研究	6	27	27	20.00	0.1124
17	戏剧艺术：上海戏剧学院学报	16	15	24	18.33	0.1030
18	北京电影学院学报	14	22	17	17.67	0.0993
19	中国音乐教育	11	28	13	17.33	0.0974
20	乐府新声：沈阳音乐学院学报	15	18	18	17.00	0.0955
21	戏剧：中央戏剧学院学报	15	13	18	15.33	0.0861
22	星海音乐学院学报	10	18	16	14.67	0.0824
23	美术研究	7	14	22	14.33	0.0805
24	美术	8	10	21	13.00	0.0730
25	艺术百家	3	6	28	12.33	0.0693
26	中国戏剧	9	13	9	10.33	0.0580
27	书法研究	12	7	11	10.00	0.0562

续表

排序	期刊名称	2004年（篇次）	2005年（篇次）	2006年（篇次）	三年平均（篇次）	归一化值
28	美术观察	7	12	10	9.67	0.0543
29	天津音乐学院学报：天籁	4	10	12	8.67	0.0487
30	南京艺术学院学报（音乐与表演版）	4	2	18	8.00	0.0449
31	齐鲁艺苑：山东艺术学院学报	3	8	12	7.67	0.0431
31	艺术评论	0	5	18	7.67	0.0431
33	新美术	11	2	9	7.33	0.0412
34	解放军艺术学院学报	2	5	13	6.67	0.0375
34	艺术广角	4	5	11	6.67	0.0375
36	钢琴艺术	3	4	12	6.33	0.0356
37	东方艺术	4	7	6	5.67	0.0319
37	浙江艺术职业学院学报	0	6	11	5.67	0.0319
37	中国书法	7	2	8	5.67	0.0319

对表11-8中的数据进行分析，首先从艺术学期刊内部角度来看，按照表11-8中的期刊名称顺序，以三年平均他刊引用次数占所有他刊引用次数的百分比为对象作出图11-7。

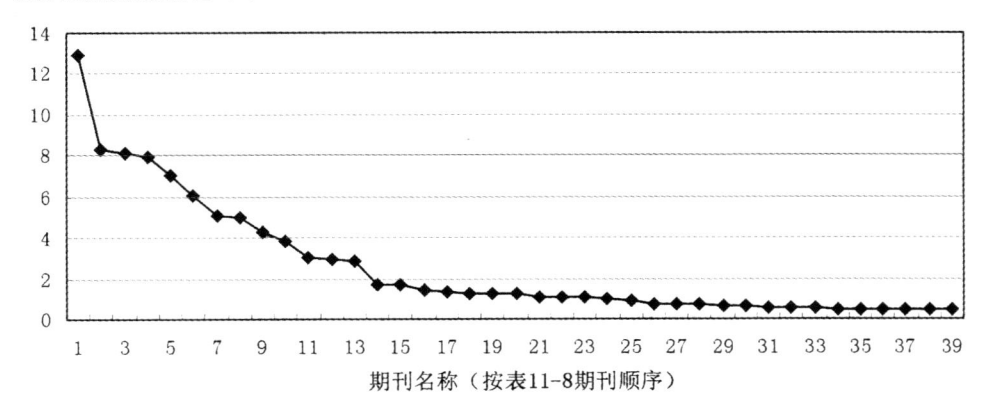

图11-7 2004—2006年艺术学期刊他刊引用次数分布图

在图 11-7 中有两个拐点，分别是第 2 名和第 14 名期刊，因此可以将他刊引用比例最高的《文艺研究》作为第一层次，它占艺术学他刊引用总次数之和的 12.92%，远远高于其他期刊。第二层次包括他刊引用次数排名 2 到 13 的 12 种期刊，该段曲线斜率（绝对值）较大，与他刊引用总次数总和的百分比从 8.27% 递减到 2.83%。第三层次是后面的 26 种期刊，该段曲线斜率（绝对值）较小，与他刊引用总次数之和的百分比从 1.69% 递减到 0.42%。

2004—2006 年间，艺术学 39 种期刊中，有 18 种曾选为 CSSCI 的来源期刊。其余 21 种为非来源期刊。对于非来源期刊，没有自引数据，因此非来源期刊在 CSSCI 数据库中的总引用次数与他刊引用次数一致。

利用 18 种 CSSCI 来源期刊的总引用次数与他刊引用次数，计算各种来源期刊的自引率。计算公式：

$$期刊自引率 = \frac{总被引次数 - 他刊引用次数}{总被引次数} \times 100\%$$

得表 11-9。

表 11-9　　　　　　　　　　2004—2006 年艺术学期刊自引率

排序	期刊名称	自引率（%）	总被引次数排名	他刊引用次数排名
1	中国书法	79.51	15	37
2	新美术	60.01	21	33
3	中国音乐	42.45	6	8
4	戏剧艺术：上海戏剧学院学报	40.87	14	17
5	书法研究	37.50	24	27
6	中国音乐学	36.11	2	5
7	当代电影	34.88	7	7
8	黄钟：武汉音乐学院学报	34.30	9	10
9	戏剧：中央戏剧学院学报	27.00	19	21
10	电视研究	19.08	11	12
11	音乐研究	18.41	4	3
12	中央音乐学院学报	17.99	3	2
13	电影艺术	17.70	8	6
14	人民音乐	17.63	5	4
15	北京电影学院学报	15.86	18	18
16	音乐艺术	11.11	10	9
17	民族艺术	9.30	12	13
18	文艺研究	6.64	1	1

在 CSSCI（2004—2006）的艺术学来源期刊中，自引率最高的是《中国书法》（79.51%），由于《中国书法》自引率非常高，导致其在总被引次数排名 15，而他刊引用次数跌落至 37 名，《中国书法》自引率高的最主要原因是，2005—2006 年间 CSSCI 的来源期刊中仅有这一种书法类来源期刊。其次是《新美术》自引率高达 60.01%，因此在他刊引用次数排名中下降 12 名，其高自引率的原因与《中国书法》相似。其他期刊自引率从 42.45% 至 6.64%，排名有的下降 3 名，有的上升 2 名。

值得一提的是《文艺研究》，它在总被引次数与他刊引用次数均排名第 1，而在 18 种来源期刊中自引率却最低，说明《文艺研究》确实是一种对学者，对其他期刊都具有极高参考价值的优秀期刊。

总体来说，艺术学 18 种 CSSCI 来源期刊的平均自引率为 29.24%，相对于其他学科（如宗教学、外国文学等）来说，自引率处于较高水平。对于期刊自引率的分析，可以从期刊与自己、期刊与其他期刊相对影响比重方面展现期刊的学术价值，自引率较高的期刊往往与其他期刊的关系较弱，他们关注的领域与其他期刊交叉重合少，学术研究相对封闭但自成体系，不过这样的期刊在其特定的学术领域竞争对手比较少。而自引率较低的期刊，往往与其相似的期刊较多，期刊之间交流密切，它们有更多的关注领域与其他期刊交叉，学术研究较为开放。

11.2.3 本学科论文引用次数

本学科论文引用次数（也称学科引用次数）将来源期刊的论文限定在某一学科内，如艺术学。统计总被引次数时，来源论文限于艺术学，从而反映期刊在艺术学领域的利用情况，对艺术学的学科影响力。表 11-10 是 2004—2006 年艺术学 39 种期刊被艺术学论文引用的情况，按照三年平均值由大到小排列，并进行归一化处理。

表 11-10　　　　　　2004—2006 年艺术学期刊学科引用次数

排序	期刊名称	2004 年（篇次）	2005 年（篇次）	2006 年（篇次）	三年平均（篇次）	归一化值
1	中国音乐学	112	167	143	140.67	1
2	中央音乐学院学报	121	152	125	132.67	0.9431
3	音乐研究	107	151	127	128.33	0.9123
4	人民音乐	87	133	146	122.00	0.8673
5	中国音乐	66	137	110	104.33	0.7417
6	黄钟：武汉音乐学院学报	82	85	60	75.67	0.5379
7	当代电影	38	69	93	66.67	0.4739
8	电影艺术	49	84	63	65.33	0.4644

续表

排序	期刊名称	2004年(篇次)	2005年(篇次)	2006年(篇次)	三年平均(篇次)	归一化值
9	音乐艺术	56	68	64	62.67	0.4455
10	交响：西安音乐学院学报	29	50	30	36.33	0.2583
11	民族艺术	20	28	49	32.33	0.2298
12	电视研究	22	25	35	27.33	0.1943
13	文艺研究	14	34	33	27.00	0.1919
14	中国书法	24	31	15	23.33	0.1658
15	音乐探索	6	27	30	21.00	0.1493
16	戏剧艺术：上海戏剧学院学报	16	19	25	20.00	0.1422
17	北京电影学院学报	10	18	18	15.33	0.1090
17	乐府新声：沈阳音乐学院学报	14	15	17	15.33	0.1090
19	中国音乐教育	6	23	11	13.33	0.0948
20	书法研究	28	4	7	13.00	0.0924
21	星海音乐学院学报	8	15	15	12.67	0.0901
22	新美术	10	16	11	12.33	0.0877
23	戏剧：中央戏剧学院学报	9	12	5	8.67	0.0616
23	民族艺术研究	1	16	9	8.67	0.0616
25	天津音乐学院学报：天籁	3	10	11	8.00	0.0569
26	南京艺术学院学报（音乐与表演版）	4	2	17	7.67	0.0545
27	中国电视	0	5	17	7.33	0.0521
28	美术研究	0	5	12	5.67	0.0403
29	钢琴艺术	3	4	9	5.33	0.0379
30	艺术评论	0	0	12	4.00	0.0284
30	浙江艺术职业学院学报	0	6	6	4.00	0.0284
32	美术	0	4	7	3.67	0.0261
32	艺术百家	2	0	9	3.67	0.0261
34	齐鲁艺苑：山东艺术学院学报	1	0	9	3.33	0.0237
35	中国戏剧	5	3	0	2.67	0.0190

续表

排序	期刊名称	2004年（篇次）	2005年（篇次）	2006年（篇次）	三年平均（篇次）	归一化值
36	解放军艺术学院学报	1	0	4	1.67	0.0119
37	东方艺术	0	2	2	1.33	0.0095
38	美术观察	1	1	1	1.00	0.0071
38	艺术广角	0	2	1	1.00	0.0071

对表 11-10 中的数据进行分析，从整体角度来看，39 种艺术学期刊在 2004—2006 年共被艺术学论文引用 3736 次，占总被引次数 5207 次的 71.75%。其中各年平均被本学科论文引用比例分别是 71.43%、74.66% 和 69.14%，没有明显的升降趋势。这说明艺术学期刊被学科内部引用与外部引用比大致比例为 7∶3。

从艺术学各期刊对本学科影响力所占比例角度来看，图 11-8 给出了各期刊学科引用次数占所有 39 种期刊学科引用次数的百分比曲线图。

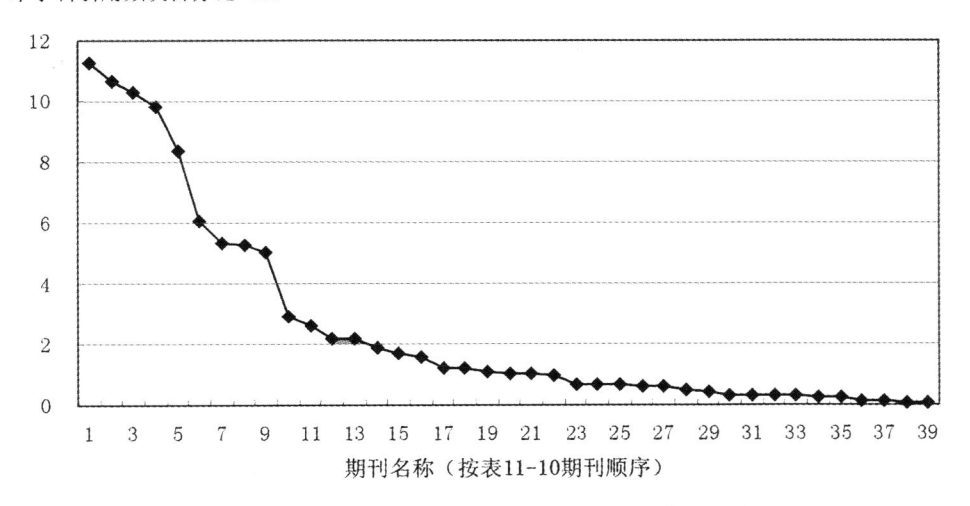

图 11-8　2004—2006 年艺术学期刊学科引用次数分布图

从图 11-8 中可以看到，根据 CSSCI 中艺术学各种期刊被本学科（艺术学）论文引用次数占期刊总体本学科引用次数的百分比，将这 39 种艺术学期刊分为 3 个层次，第一层次是所占比例较大的前 5 种期刊，《中国音乐学》、《中央音乐学院学报》、《音乐研究》、《人民音乐》、《中国音乐》，它们的本学科引用次数占艺术学 39 种期刊的学科引用次数比例在 8.38%—11.29% 之间，事实上这 5 种期刊中有 4 种（除《中央音乐学院学报》外）是音乐类的期刊，说明音乐类期刊在艺术学期刊中学科影响力最大，学术发展最成熟。第二层次包括 4 种期刊，包括 1 种音乐类，1 种学报类，2 种电影类期刊，它们的学科引用占整体的比例在 5.03%—6.08% 之间。其余的 30 种期刊属第三层次，它们的所占的比例在 0.08%—2.92% 之间。

其次，从学科引用次数占总被引次数比重角度来看（参见表 11-11），本学科引用比重最高的是《南京艺术学院学报（音乐与表演版）》，达到 95.83%，最低的是《美术观察》，10.34%，艺术学期刊的平均学科引用占总引用比重为 62.85%，这说明艺术学期刊不仅对本学科领域内的学术研究有着重要的作用，也对其他学科学术研究有一定影响。

表 11-11　　　　　2004—2006 年艺术学期刊本学科引用占总被引比重

排序	期刊名称	本学科引用比重（%）	总被引次数排名	本学科被引次数排名	排名变化
1	南京艺术学院学报（音乐与表演版）	95.83	32	26	6
2	中央音乐学院学报	95.44	3	2	1
3	音乐艺术	94.95	10	9	1
4	黄钟：武汉音乐学院学报	93.80	9	6	3
5	音乐研究	93.22	4	3	1
6	中国音乐学	92.34	2	1	1
7	天津音乐学院学报：天籁	92.31	31	25	6
8	人民音乐	92.19	5	4	1
9	乐府新声：沈阳音乐学院学报	90.20	23	17	6
10	音乐探索	90.00	16	15	1
11	交响：西安音乐学院学报	87.90	13	10	3
12	中国音乐	87.43	6	5	1
13	星海音乐学院学报	86.36	25	21	4
14	中国书法	84.34	15	14	1
15	钢琴艺术	84.21	37	29	8
16	书法研究	81.25	24	20	4
17	中国音乐教育	76.92	22	19	3
18	民族艺术	75.19	12	11	1
19	北京电影学院学报	73.02	18	17	1

续表

排序	期刊名称	本学科引用比重（%）	总被引次数排名	本学科被引次数排名	排名变化
20	浙江艺术职业学院学报	70.59	38	30	8
21	新美术	67.27	21	22	-1
22	戏剧艺术：上海戏剧学院学报	64.52	14	16	-2
23	电影艺术	64.26	8	8	0
24	当代电影	61.73	7	7	0
25	电视研究	53.95	11	12	-1
26	艺术评论	52.17	33	30	3
27	齐鲁艺苑：山东艺术学院学报	43.48	33	34	-1
28	民族艺术研究	43.33	20	23	-4
29	戏剧：中央戏剧学院学报	41.27	19	23	-4
30	美术研究	39.53	26	28	-2
31	中国电视	31.88	17	27	-10
32	艺术百家	29.73	28	32	-4
33	美术	28.21	27	32	-5
34	中国戏剧	25.81	29	35	-6
35	解放军艺术学院学报	25.00	35	36	-1
36	东方艺术	23.53	38	37	1
37	艺术广角	15.00	35	38	-3
38	文艺研究	14.16	1	13	-12
39	美术观察	10.34	30	38	-8

对表 11-11 数据进行分析，从期刊的学科引用排名与总被引排名的变化幅度来看，排名上升幅度最大为 8 名：分别为《钢琴艺术》和《浙江艺术职业学院学报》。这说明：相对而言，这些期刊艺术学学科的影响力大大高于其对整个学科的影响能力；但绝对而言，这两种期刊的学科引用排名为 29、30 名，排名靠后，相对其他期刊被引次数低，学科影响力小。排名增长幅度 4—6 名的 5 种期刊，在本学科引用排名中位于 18—26 之间，学科影响处于中游水平。

而排名下降幅度较大的有《文艺研究》、《中国电视》、《美术观察》等，其学科引用占总引用的比重较低，在10%—32%之间。说明这些期刊对于艺术学之外的其他学科有很大的影响，是其他学科学术研究（尤其是文学研究）较重要参考源。

从本学科引用比重来看，艺术学期刊本学科引用比重较低的期刊大多是学科引用排名较靠后的，从学科引用比重为52.17%的《艺术评论》到比重为10.34%的《美术观察》，它们在学科引用排名中均居于23名之后，只有《文艺研究》是特殊的，因为《文艺研究》是唯一的一种文学类期刊，它所刊载的文章偏重于文学，因此它大多是被文学性期刊所引用，但由于它总被引次数非常高，年平均被引190.67次，所以即使被艺术学期刊引用比重不大，但仍然对艺术学有相当大的影响，学科引用排名为13名。

11.2.4 艺术学期刊被引次数综合分析

上文分别对期刊被引次数中的总被引次数、他刊引用次数和学科引用次数3个指标进行了单独分析，下面按照第1章讨论的期刊被引次数综合分析权值，分别给上述3个指标的归一化值赋予0.25、0.5和0.25的权重，用归一化值乘以对应权重再相加所得到的综合值作为艺术学期刊被引次数综合值。表11-13给出了39种艺术学期刊2004—2006年被引次数综合值排序。

表11-12　　　　　2004—2006年艺术学期刊被引次数综合值

排序	期刊名称	总被引次数归一化值	他刊引用次数归一化值	学科引用次数归一化值	综合值
1	文艺研究	1	1	0.1919	0.7980
2	中央音乐学院学报	0.7290	0.6404	0.9431	0.7382
3	音乐研究	0.7220	0.6311	0.9123	0.7241
4	中国音乐学	0.7990	0.5468	1	0.7232
5	人民音乐	0.6941	0.6124	0.8673	0.6966
6	中国音乐	0.6259	0.3858	0.7417	0.5348
7	电影艺术	0.5332	0.4701	0.4644	0.4845
8	当代电影	0.5664	0.3951	0.4739	0.4576
9	黄钟：武汉音乐学院学报	0.4231	0.2978	0.5379	0.3892
10	音乐艺术	0.3462	0.3296	0.4455	0.3627
11	交响：西安音乐学院学报	0.2168	0.2322	0.2583	0.2349
12	电视研究	0.2657	0.2303	0.1943	0.2302
13	民族艺术	0.2255	0.2191	0.2298	0.2234
14	音乐探索	0.1224	0.1311	0.1493	0.1335

续表

排序	期刊名称	总被引次数归一化值	他刊引用次数归一化值	学科引用次数归一化值	综合值
15	戏剧艺术：上海戏剧学院学报	0.1626	0.1030	0.1422	0.1277
16	中国电视	0.1206	0.1292	0.0521	0.1078
17	北京电影学院学报	0.1101	0.0993	0.1090	0.1044
18	民族艺术研究	0.1049	0.1124	0.0616	0.0978
19	乐府新声：沈阳音乐学院学报	0.0892	0.0955	0.1090	0.0973
20	中国音乐教育	0.0909	0.0974	0.0948	0.0951
21	中国书法	0.1451	0.0319	0.1658	0.0937
22	戏剧：中央戏剧学院学报	0.1101	0.0861	0.0616	0.0860
23	星海音乐学院学报	0.0769	0.0824	0.0901	0.0830
24	书法研究	0.0839	0.0562	0.0924	0.0722
25	美术研究	0.0752	0.0805	0.0403	0.0691
26	新美术	0.0962	0.0412	0.0877	0.0666
27	美术	0.0682	0.0730	0.0261	0.0601
28	艺术百家	0.0647	0.0693	0.0261	0.0574
29	天津音乐学院学报：天籁	0.0455	0.0487	0.0569	0.0500
30	中国戏剧	0.0542	0.0580	0.0190	0.0473
31	南京艺术学院学报（音乐与表演版）	0.0420	0.0449	0.0545	0.0466
32	美术观察	0.0507	0.0543	0.0071	0.0416
33	艺术评论	0.0402	0.0431	0.0284	0.0387
34	齐鲁艺苑：山东艺术学院学报	0.0402	0.0431	0.0237	0.0375
35	钢琴艺术	0.0332	0.0356	0.0379	0.0356
36	解放军艺术学院学报	0.0350	0.0375	0.0119	0.0305
36	浙江艺术职业学院学报	0.0297	0.0319	0.0284	0.0305
38	艺术广角	0.0350	0.0375	0.0071	0.0293
39	东方艺术	0.0297	0.0319	0.0095	0.0258

为了便于观察，我们将这个期刊被引次数综合值再以柱状图（参见图11-9）的形式给出，横坐标按照表11-12中的期刊名称排序。

依据期刊被引次数综合指标，可将艺术学39种期刊分为4个层次。第一层次包括4种期刊，它们的综合指标在0.7以上。其中第1名《文艺研究》是文学类期刊，它的总被引次数与他刊引用次数非常高，在这两项指标上排名第1，但它的本学科引用次数较低（归一化值0.19，排名13），影响了它的综合值。这说明《文艺研究》这种期刊主要影响领域不仅仅在艺术学，在文学领域也具有较大的影响力；它之所以对艺术学有重大影响，源于它的学科综合性和学术研究重要性，是一种对文学、艺术学等多学科学术研究都具有较大影响的期刊。第2名《中央音乐学院学报》，它的3项指标都很高，排名分别是第3、第2、第2，说明在艺术学期刊中《中央音乐学院学报》是非常优秀的期刊，对艺术研究和学者都有很大的影响力。其后的《音乐研究》、《中国音乐学》都是十分优秀的学术期刊，它们在艺术学领域影响力极高，但由于相对《文艺研究》总引用次数存在差距，且又有相当的自引率（比《文艺研究》自引率高），所以其总被引次数和他刊引用次数指标相对其本学科引用指标偏低，影响了综合指标值。这3种期刊应该在总被引与他刊引用次数上赶超《文艺研究》，并继续保持其在艺术学学科的影响力。

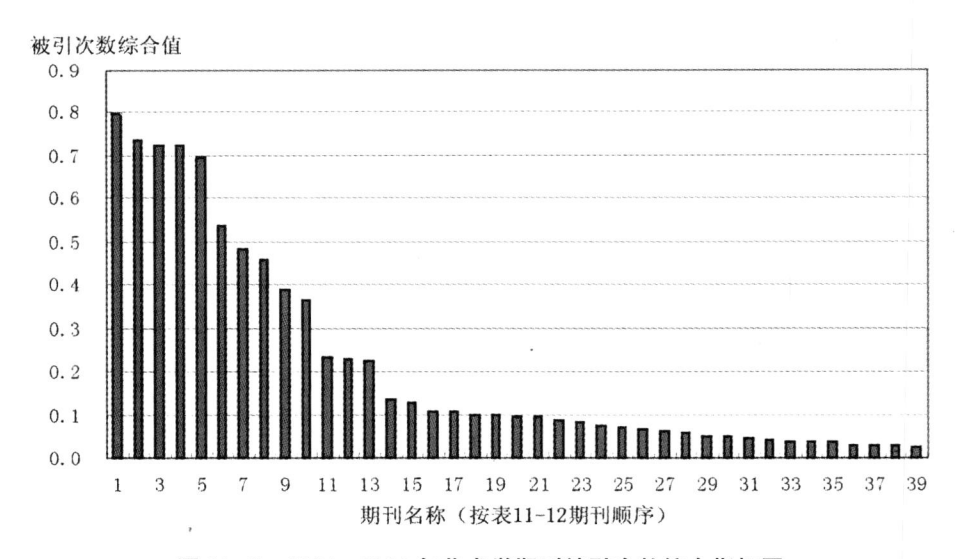

图 11-9　2004—2006年艺术学期刊被引次数综合指标图

第二层次包括6种期刊，其被引次数综合指标在0.7—0.35之间。从图中看，这一层次的期刊之间的差距较大，集中程度低。但是这6种期刊的各项指标都相对较为稳定，在三种单独的被引次数指标中的排名变化不大。

第三层次包括3种期刊，其被引次数综合指标在0.35—0.22之间，与前后两个层次都拉开一定距离。

第四层次包括26种期刊，其被引次数综合指标在0.02—0.15之间，它们的被引次数3个指标都偏低，导致综合值较低。

11.3 艺术学期刊被引速率分析

在分析期刊被引次数时没有考虑期刊的创刊时间长短和期刊年度载文量多少，仅仅从数据量的角度对期刊的影响力和学术价值进行分析。而期刊被引速率则考虑到期刊历史与规模因素，从速率的角度反映期刊的"及时学术反映速率"。它用期刊最近两年发表的论文被引用的比率，来体现期刊被学术界和学术研究工作者利用的速度，同时反映了期刊把握本学科热点和重点的程度。同样在期刊被引速率分析中，首先从总被引速率、其他期刊引用速率和本学科论文引用速率3个指标分别进行分析，再利用引论中的权重值计算指标综合值。

11.3.1 总被引速率

对应于总被引次数，总被引速率是将统计当年和前一年发表的论文在统计当年的总被引次数作为分子，除以这两年的发表论文总数所得。具体计算公式参见第1章。表11-13给出了2004—2006年艺术学39种期刊总被引速率排序情况。

表11-13　　　　　　　　2004—2006年艺术学期刊总被引速率

排序	期刊名称	2004年	2005年	2006年	三年平均	归一化值
1	音乐研究	0.1496	0.0630	0.1119	0.1082	1
2	中央音乐学院学报	0.1119	0.0423	0.1006	0.0849	0.7847
3	文艺研究	0.0844	0.0827	0.0647	0.0773	0.7144
4	当代电影	0.0275	0.0559	0.0949	0.0594	0.5490
5	中国音乐学	0.0333	0.0427	0.0811	0.0524	0.4843
6	电影艺术	0.0582	0.0448	0.0487	0.0506	0.4677
7	黄钟：武汉音乐学院学报	0.0698	0.0442	0.0324	0.0488	0.4510
8	民族艺术	0.0168	0.0246	0.0820	0.0411	0.3799
9	中国音乐	0.0387	0.0397	0.0426	0.0403	0.3725
10	音乐艺术	0.0244	0.0534	0.0301	0.0360	0.3327
11	戏剧艺术：上海戏剧学院学报	0	0.0451	0.0606	0.0352	0.3253
12	新美术	0.0571	0.0280	0.0118	0.0323	0.2985
13	电视研究	0.0132	0.0223	0.0435	0.0263	0.2431
14	中国书法	0.0347	0.0319	0.0093	0.0253	0.2338
15	人民音乐	0.0131	0.0346	0.0251	0.0243	0.2246

续表

排序	期刊名称	2004年	2005年	2006年	三年平均	归一化值
16	中国电视	0.0021	0.0261	0.0382	0.0221	0.2043
17	浙江艺术职业学院学报	0	0.0150	0.0511	0.0220	0.2033
18	民族艺术研究	0.0143	0.0286	0.0141	0.0190	0.1756
19	戏剧：中央戏剧学院学报	0.0278	0.0183	0.0088	0.0183	0.1691
20	音乐探索	0	0.0316	0.0191	0.0169	0.1562
21	北京电影学院学报	0.0162	0.0051	0.0245	0.0153	0.1414
22	天津音乐学院学报：天籁	0.0076	0.0078	0.0273	0.0142	0.1312
23	书法研究	0.0288	0.0102	0	0.0130	0.1201
24	交响：西安音乐学院学报	0.0241	0	0.0115	0.0119	0.1100
25	美术研究	0.0050	0.0144	0.0144	0.0113	0.1044
26	南京艺术学院学报（音乐与表演版）	0.0152	0	0.0102	0.0085	0.0786
27	解放军艺术学院学报	0.0061	0.0122	0.0065	0.0083	0.0767
28	星海音乐学院学报	0.0137	0	0.0094	0.0077	0.0712
29	中国戏剧	0.0062	0.0093	0.0015	0.0057	0.0527
30	中国音乐教育	0.0072	0.0075	0.0022	0.0056	0.0518
31	艺术评论	0	0.0038	0.0109	0.0049	0.0453
32	乐府新声：沈阳音乐学院学报	0	0	0.0108	0.0036	0.0333
33	齐鲁艺苑：山东艺术学院学报	0	0	0.0079	0.0026	0.0240
33	钢琴艺术	0.0038	0.0020	0.0020	0.0026	0.0240
35	艺术百家	0	0	0.0057	0.0019	0.0176
36	美术观察	0.0018	0.0009	0.0026	0.0018	0.0166
37	美术	0.0015	0	0.0014	0.0010	0.0092
38	东方艺术	0	0	0.0009	0.0003	0.0028
39	艺术广角	0	0	0	0	0

为了便于观察，可将上述总被引速率按照表 11-13 中期刊排名作出曲线图，见图 11-10。

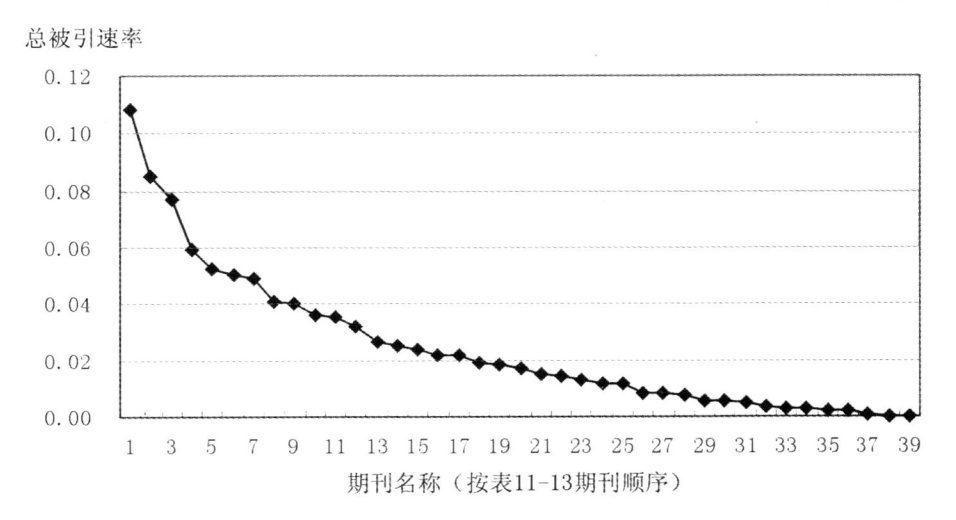

图 11-10 2004—2006 年艺术学期刊总被引速率指标图

结合表格 11—13 和图 11-10 可以看到,从整体上看,艺术学期刊 2004—2006 年总被引速率平均值为 0.0246,相对人文社会科学其他学科来说中等偏下。其中 2004—2006 各年的平均值分别为 0.0234、0.0217、0.0287,这三年的平均总被引速率变化趋势是先下降 0.0017,再上升 0.0070。虽然 2005 年略有下降,但总体来说是上升的,反映了艺术学期刊在这三年里的学术影响是增强的。

从期刊排名来看,总被引速率排名第 1 的《音乐研究》三年平均总被引速率 0.1082,其中 2004 年总被引速率最大,达到 0.1496,是表中数据的最高值。在上面的被引次数综合排名中《音乐研究》排列第 4 名,说明虽然从数量上《音乐研究》并不是最高的,但是它更具有即时影响力,它所刊载的论文具有前沿性,更关注学科热点。

其次,《中央音乐学院学报》、《文艺研究》位列第 2 名、第 3 名,三年平均总被引速率分别为 0.0849、0.0773。前 3 种期刊总被引速率在社会科学期刊里属于比较高的,说明这 3 种期刊对学术研究的热点把握得比较好,受到读者的重视。

后面的期刊总被引速率依次递减,相距不远,且不少期刊都有某年总被引速率为 0 的情况,说明这些期刊并不是一直受到关注,有时存在一些偶然性因素,这些期刊需要进行好好的策划与调整,紧紧抓住时代的脉搏,参与探讨学术核心话题,使其在广大读者心目中树立永恒的形象,获得较高的认知度和美誉度。

另外,《音乐研究》和《中央音乐学院学报》在 2004—2005 年总被引速率都有较大幅度的下降,而在 2005—2006 年又有较大幅度的上升。由于这两种被引最高的期刊在 2004—2006 年显著的先减后升的趋势,对艺术学期刊三年间变化趋势产生了很大影响。

11.3.2 其他期刊引用速率

与其他期刊引用次数对应，其他期刊引用速率（也称他刊引用速率）是分析排除了期刊自引后的被引速率指标。他刊引用速率均衡了 CSSCI 中来源期刊与非来源期刊可能会产生的引用速率不平等性。表 11-14 给出了艺术学 39 种期刊在 CSSCI（2004—2006 年）中的他刊引用速率，以及三年平均值和归一化值。

表 11-14 2004—2006 年艺术学期刊他刊引用速率

排序	期刊名称	2004 年	2005 年	2006 年	三年平均	归一化值
1	音乐研究	0.1102	0.0472	0.0769	0.0781	1
2	文艺研究	0.0686	0.0731	0.0568	0.0662	0.8476
3	中央音乐学院学报	0.0839	0.0282	0.0566	0.0562	0.7196
4	中国音乐学	0.0133	0.0427	0.0541	0.0367	0.4699
5	电影艺术	0.0304	0.0323	0.0414	0.0347	0.4443
6	当代电影	0.0229	0.0379	0.0424	0.0344	0.4405
7	民族艺术	0.0168	0.0246	0.0574	0.0329	0.4213
8	黄钟：武汉音乐学院学报	0.0465	0.0276	0.0216	0.0319	0.4085
9	音乐艺术	0.0163	0.0458	0.0226	0.0282	0.3611
10	中国电视	0.0021	0.0261	0.0382	0.0221	0.2830
11	浙江艺术职业学院学报	0	0.0150	0.0511	0.0220	0.2817
12	电视研究	0.0096	0.0171	0.0329	0.0199	0.2548
13	民族艺术研究	0.0143	0.0286	0.0141	0.0190	0.2433
14	中国音乐	0.0258	0.0198	0.0075	0.0177	0.2266
15	音乐探索	0	0.0316	0.0191	0.0169	0.2164
16	北京电影学院学报	0.0162	0.0051	0.0245	0.0153	0.1959
17	戏剧艺术：上海戏剧学院学报	0	0	0.0455	0.0152	0.1946
18	新美术	0.0429	0	0	0.0143	0.1831
19	天津音乐学院学报：天籁	0.0076	0.0078	0.0273	0.0142	0.1818
20	交响：西安音乐学院学报	0.0241	0	0.0115	0.0119	0.1524
21	美术研究	0.0050	0.0144	0.0144	0.0113	0.1447
22	人民音乐	0.0093	0.0122	0.0101	0.0105	0.1344
23	书法研究	0.0192	0.0102	0	0.0098	0.1255

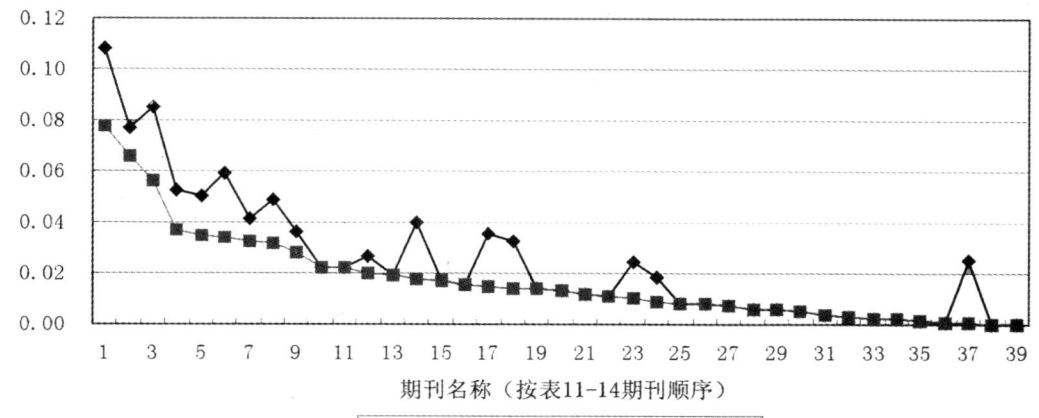

续表

排序	期刊名称	2004年	2005年	2006年	三年平均	归一化值
24	戏剧：中央戏剧学院学报	0.0185	0.0092	0	0.0092	0.1178
25	南京艺术学院学报（音乐与表演版）	0.0152	0	0.0102	0.0085	0.1088
26	解放军艺术学院学报	0.0061	0.0122	0.0065	0.0083	0.1063
27	星海音乐学院学报	0.0137	0	0.0094	0.0077	0.0986
28	中国戏剧	0.0062	0.0093	0.0015	0.0057	0.0730
29	中国音乐教育	0.0072	0.0075	0.0022	0.0056	0.0717
30	艺术评论	0	0.0038	0.0109	0.0049	0.0627
31	乐府新声：沈阳音乐学院学报	0	0	0.0108	0.0036	0.0461
32	齐鲁艺苑：山东艺术学院学报	0	0	0.0079	0.0026	0.0333
32	钢琴艺术	0.0038	0.0020	0.0020	0.0026	0.0333
34	艺术百家	0	0	0.0057	0.0019	0.0243
35	美术观察	0.0018	0.0009	0.0026	0.0018	0.0230
36	美术	0.0015	0	0.0014	0.0010	0.0128
37	中国书法	0.0022	0	0	0.0007	0.0090
38	东方艺术	0	0	0.0009	0.0003	0.0038
39	艺术广角	0	0	0	0	0

为了便于观察，图 11-11 按照表 11-14 中的期刊排名，给出了艺术学期刊他引速率曲线，和与其对应的期刊总被引速率曲线。

图 11-11 2004—2006 年艺术学期刊他刊引用速率曲线

由图 11-11 可见，从艺术学期刊的他刊引用速率角度看，排名前三的《音乐研究》、《文艺研究》、《中央音乐学院学报》远远高于其他期刊，他刊引用速率在 0.56—0.80 之间。其中，《音乐研究》无论是总被引速率，还是他刊引用速率都位居榜首。而《中央音乐学院学报》虽然总被引速率第 2，但由于自引速率较高，所以在他刊引用速率排名第 3；相反，《文艺研究》由于较低的自引速率，由总被引速率的第 3 上升到他刊引用速率的第 2。

实际上，图中两条曲线的垂直距离即对应为期刊的自引速率。因为自引情况只出现在 18 种 CSSCI 来源期刊。这 18 种来源期刊的平均自引速率是 0.0154，其中《音乐研究》自引速率最高，达到 0.03；《北京电影学院学报》是唯一自引速率为 0 的期刊。自引速率是导致他刊引用速率与总被引速率排名不一致的根本原因，自引速率大的，他刊引用速率排名下降得多，这 18 种期刊排名下降最多的是《中国书法》，它的被引速率数据均来自自引。

虽然被引速率是反映期刊即时反应速率的指标，但由于当前许多期刊存在着非正常引用现象，所以不能仅仅依靠总被引速率来评价期刊，而需要综合总被引与他刊引用速率之间的关系来更合理、更科学地作出结论。

11.3.3 本学科论文引用速率

本学科论文引用速率（也称学科引用速率）是指本学科论文引用本学科期刊的速率，反映了期刊在本学科的被关注程度，也体现了期刊关注本学科前沿及热点的程度，它是评价期刊学科引用速率的指标。本学科论文引用速率用期刊在当年及前一年发表论文被本学科论文引用的次数除以该刊在当年及前一年发文总量得到。

表 11-15 给出了艺术学 39 种期刊在 2004—2006 年的学科引用速率及三年的平均值，并对平均值进行了归一化处理，按平均值由大到小排序。

表 11-15　　　　　　　　2004—2006 年艺术学期刊学科引用速率

排序	期刊名称	2004 年	2005 年	2006 年	三年平均	归一化值
1	音乐研究	0.1417	0.0630	0.1119	0.1055	1
2	中央音乐学院学报	0.1119	0.0423	0.1006	0.0849	0.8047
3	黄钟：武汉音乐学院学报	0.0698	0.0442	0.0324	0.0488	0.4626
4	中国音乐学	0.0267	0.0366	0.0811	0.0481	0.4559
5	当代电影	0.0092	0.0399	0.0848	0.0446	0.4227
6	电影艺术	0.0456	0.0299	0.0414	0.0390	0.3697
7	民族艺术	0.0168	0.0246	0.0738	0.0384	0.3640
8	音乐艺术	0.0244	0.0534	0.0301	0.0360	0.3412

续表

排序	期刊名称	2004年	2005年	2006年	三年平均	归一化值
9	中国音乐	0.0290	0.0283	0.0401	0.0325	0.3081
10	戏剧艺术：上海戏剧学院学报	0	0.0451	0.0455	0.0302	0.2863
11	中国书法	0.0325	0.0319	0.0093	0.0246	0.2332
12	人民音乐	0.0131	0.0346	0.0251	0.0243	0.2303
13	新美术	0.0143	0.0280	0.0118	0.0180	0.1706
14	音乐探索	0	0.0316	0.0191	0.0169	0.1602
15	文艺研究	0.0158	0.0154	0.0110	0.0141	0.1336
16	电视研究	0.0072	0.0144	0.0198	0.0138	0.1308
17	书法研究	0.0288	0.0102	0	0.0130	0.1232
18	交响：西安音乐学院学报	0.0241	0	0.0115	0.0119	0.1128
19	天津音乐学院学报：天籁	0.0076	0.0078	0.0182	0.0112	0.1062
19	中国电视	0	0.0087	0.0248	0.0112	0.1062
21	北京电影学院学报	0.0108	0.0051	0.0147	0.0102	0.0967
22	浙江艺术职业学院学报	0	0.0150	0.0146	0.0099	0.0938
23	美术研究	0	0.0144	0.0144	0.0096	0.0910
24	戏剧：中央戏剧学院学报	0.0093	0.0092	0.0088	0.0091	0.0863
25	南京艺术学院学报（音乐与表演版）	0.0152	0	0.0102	0.0085	0.0806
26	星海音乐学院学报	0.0091	0	0.0094	0.0062	0.0588
27	中国音乐教育	0.0054	0.0056	0	0.0037	0.0351
28	乐府新声：沈阳音乐学院学报	0	0	0.0108	0.0036	0.0341
29	齐鲁艺苑：山东艺术学院学报	0	0	0.0079	0.0026	0.0246
29	钢琴艺术	0.0038	0.0020	0.0020	0.0026	0.0246
31	艺术评论	0	0	0.0063	0.0021	0.0199
31	中国戏剧	0.0062	0	0	0.0021	0.0199
33	解放军艺术学院学报	0.0061	0	0	0.0020	0.0190
34	艺术百家	0	0	0.0011	0.0004	0.0038
35	东方艺术	0	0	0.0009	0.0003	0.0028
36	美术	0	0	0	0	0
36	美术观察	0	0	0	0	0
36	民族艺术研究	0	0	0	0	0
36	艺术广角	0	0	0	0	0

对表 11-15 中的数据进行分析，2004—2006 年间整个艺术学期刊的本学科引用速率均值是 0.0190，相对于艺术学期刊的总被引速率均值 0.0249，占 76.31%。本学科引用比例较大。一方面说明，讨论的这 39 种期刊办刊领域大多专属于艺术学期刊，刊载的论文都是艺术学及其相关领域，像《文艺研究》这种文学、艺术兼顾的跨学科期刊不多。另一方面说明这些期刊的论文在较短的时间内更多的是被艺术学学者关注并利用。

从 2004—2006 三年的学科引用速率变化来看，2004 年总体平均值为 0.0176，2005 年为 0.0164，2006 年为 0.0229。2005 年先下降了 0.0012，2006 年又上升了 0.0065，总体是上升的。所以说，随着时间的推移，艺术学期刊被本学科内部关注的速度在增加，学者对艺术学研究热点和学科前沿的兴趣在增强。

为了便于从各种期刊各自得出学科引用速率大小与变化情况来进行分析，图 11-12 按照表 11-15 中的期刊顺序，将学科引用速率与其对应的总被引速率绘出两条曲线，进行对比。

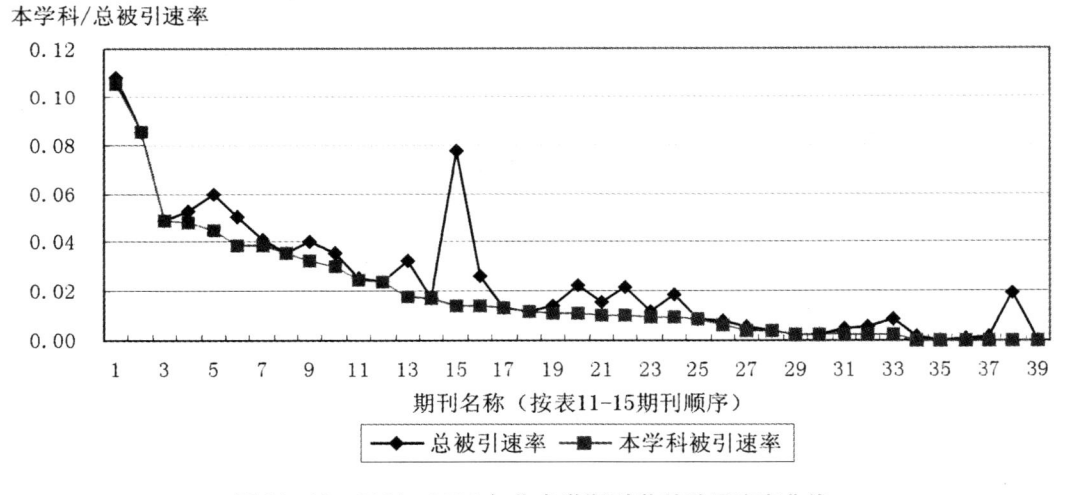

图 11-12　2004—2006 年艺术学期刊学科引用速率曲线

由图 11-12 可见，在艺术学 39 种期刊中有 12 种期刊的学科引用速率与总被引速率相等，包括《中央艺术学院学报》、《黄钟：武汉音乐学院学报》、《音乐艺术》等。而本学科引用速率排名第 15 的《文艺研究》，有很大比例的被引来自艺术学以外的论文，这是因为该期刊是文学、艺术兼顾的跨学科期刊，艺术只是其中的一部分，这样就造成较大差距。本学科引用排名第 36 的《民族艺术研究》，虽然总被引速率 0.0194，排名第 18，但是其本学科引用速率为 0，说明《民族艺术研究》可能更偏重于民族学研究。

11.3.4 艺术学期刊被引速率综合分析

与期刊被引次数综合分析类似，利用第1章讨论的期刊被引速率指标权重，给每种期刊的总被引速率、他刊引用速率和本学科论文引用速率的归一化值分别赋予0.25、0.5和0.25的权重，然后相加即得到被引速率综合值。根据这一数值从总体上来评价期刊被引用的及时性。表11‐16给出了39种艺术学期刊2004—2006年总被引速率、他刊引用速率和学科引用速率的归一化值，及由它们计算出来的被引速率综合值。

表11‐16 　　　　　　　　2004—2006年艺术学期刊被引速率综合值

排序	期刊名称	总被引速率归一化值	他刊引用速率归一化值	学科引用速率归一化值	综合值
1	音乐研究	1	1	1	1
2	文艺研究	0.7847	0.7196	0.8047	0.7572
3	中央音乐学院学报	0.7144	0.8476	0.1336	0.6358
4	中国音乐学	0.4843	0.4699	0.4559	0.4700
5	当代电影	0.5490	0.4405	0.4227	0.4632
6	黄钟：武汉音乐学院学报	0.4510	0.4085	0.4626	0.4327
7	电影艺术	0.4677	0.4443	0.3697	0.4315
8	民族艺术	0.3799	0.4213	0.3640	0.3966
9	电视研究	0.3327	0.3611	0.3412	0.3490
10	音乐艺术	0.3725	0.2266	0.3081	0.2835
11	中国音乐	0.3253	0.1946	0.2863	0.2502
12	中国电视	0.2431	0.2548	0.1308	0.2209
13	民族艺术研究	0.2043	0.2830	0.1062	0.2191
14	北京电影学院学报	0.2033	0.2817	0.0938	0.2151
15	浙江艺术职业学院学报	0.2985	0.1831	0.1706	0.2088
16	天津音乐学院学报：天籁	0.1562	0.2164	0.1602	0.1873
17	新美术	0.2246	0.1344	0.2303	0.1809
18	音乐探索	0.1756	0.2433	0	0.1656
19	美术研究	0.1414	0.1959	0.0967	0.1575
20	交响：西安音乐学院学报	0.1312	0.1818	0.1062	0.1503
21	书法研究	0.1100	0.1524	0.1128	0.1319

续表

排序	期刊名称	总被引速率归一化值	他刊引用速率归一化值	学科引用速率归一化值	综合值
22	戏剧：中央戏剧学院学报	0.1201	0.1255	0.1232	0.1236
23	人民音乐	0.1691	0.1178	0.0863	0.1228
24	戏剧艺术：上海戏剧学院学报	0.2338	0.0090	0.2332	0.1213
25	南京艺术学院学报（音乐与表演版）	0.1044	0.1447	0.0910	0.1212
26	解放军艺术学院学报	0.0786	0.1088	0.0806	0.0942
27	中国音乐教育	0.0712	0.0986	0.0588	0.0818
28	中国书法	0.0767	0.1063	0.0190	0.0771
29	中国戏剧	0.0518	0.0717	0.0351	0.0576
30	星海音乐学院学报	0.0527	0.0730	0.0199	0.0547
31	艺术评论	0.0453	0.0627	0.0199	0.0477
32	乐府新声：沈阳音乐学院学报	0.0333	0.0461	0.0341	0.0399
33	齐鲁艺苑：山东艺术学院学报	0.0240	0.0333	0.0246	0.0288
33	钢琴艺术	0.0240	0.0333	0.0246	0.0288
35	艺术百家	0.0176	0.0243	0.0038	0.0175
36	美术观察	0.0166	0.0230	0	0.0157
37	美术	0.0092	0.0128	0	0.0087
38	东方艺术	0.0028	0.0038	0.0028	0.0033
39	艺术广角	0	0	0	0

为了便于观察，再以图的形式给出期刊被引速率综合值，横坐标按照表11-16中的期刊名称排序。

分析被引速率综合值，可以看出，《音乐研究》是艺术学期刊被引速率的冠军，它的被引速率三项指标都排第1，因此综合值为1。其次按照综合值大小在0.8—0.6之间的分为第二层次，则包括《文艺研究》和《中央音乐学院学报》两种期刊。第三层次为综合值在0.5—0.3之间的6种期刊，后面的30种期刊综合值差异不大可归为一个层次，也可进一步细分。

被引速率综合值

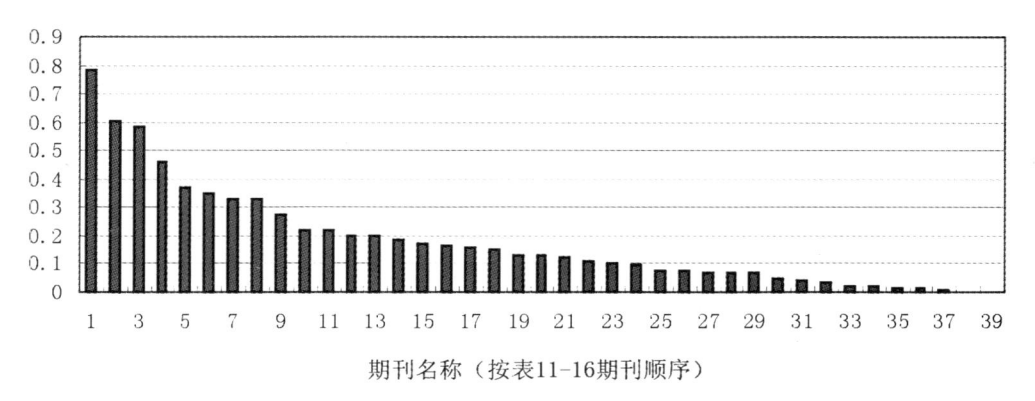

图 11-13　2004—2006 年艺术学期刊被引速率综合值

11.4　艺术学期刊影响因子分析

影响因子是一个相对统计量，因其在一定程度上消除了期刊因刊龄、出版周期、篇幅及发文量等因素所引起的被引用频次的偏差，已成为一项国际通用的期刊评价指标及科研成果评价指标。①在期刊评价中引入影响因子概念有着重要意义，因为期刊的被引频次受到许多因素的影响，不仅与该刊发表的论文在科学上的重要性和传播程度有关，而且还与该刊每年发表的论文数量有着直接的关系。一些历史悠久的期刊与创刊较晚的期刊相比，被引用的可能性要大得多。而影响因子的运用，可以消除由于载文量不同所造成的对期刊被引量的影响，使期刊被引频次这一绝对指标变成了相对指标，即期刊论文的平均被引率，可以对不同期刊的引用次数和质量进行比较，以说明其利用率在科学上的重要性。②但本书认为国际通用的影响因子计算方法需要修正，把被引期刊的统计年限由前两年推至前第 2、3 年，才能更适应我国人文社会科学期刊，计算效果更佳（见第 1 章）。

下面我们将在 CSSCI 统计数据的基础上，对 39 种艺术学期刊进行影响因子分析。和前面两个指标一样，影响因子也被细分成一般影响因子、他引影响因子和学科影响因子，3 个指标的意义可由前面类比推知。

---

①　邹志宏："浅谈科技期刊影响因子"，《中国航天医药杂志》2003 年第 4 期，第 78—81 页。
②　李小萍等："影响因子和总被引频次在期刊评价中的作用"，《深圳中西医结合杂志》2006 年第 4 期，第 270—272 页。

11.4.1 一般影响因子

一般影响因子类似于前面的总被引次数和总被引速率，不考虑来源文献与被引文献是否出自同一期刊，是否属于同一学科，只涉及总被引次数。它反映了近期发表的论文的平均学术影响，体现了期刊在科学研究领域的相对学术影响。表 11-17 给出了按照 2004—2006 年的一般影响因子平均值排序的艺术学 39 种期刊，并对平均值作了归一化处理。

表 11-17　　　　　　2004—2006 年艺术学期刊一般影响因子

排序	期刊名称	2004 年	2005 年	2006 年	三年平均	归一化值
1	中国音乐学	0.1176	0.1525	0.1667	0.1456	1
2	音乐研究	0.0699	0.1550	0.1575	0.1275	0.8757
3	中央音乐学院学报	0.1642	0.1151	0.0909	0.1234	0.8475
4	文艺研究	0.0870	0.1491	0.1161	0.1174	0.8063
5	黄钟：武汉音乐学院学报	0.1122	0.0934	0.0698	0.0918	0.6305
6	音乐艺术	0.0769	0.0410	0.0976	0.0718	0.4931
7	艺术评论	—	0.0952	0.0373	0.0663	0.4554
8	中国音乐	0.0493	0.0554	0.0645	0.0564	0.3874
9	民族艺术	0.0601	0.0400	0.0672	0.0558	0.3832
10	当代电影	0.0556	0.0286	0.0528	0.0457	0.3139
11	电影艺术	0.0239	0.0598	0.0532	0.0456	0.3132
12	民族艺术研究	0.0101	0.0207	0.1000	0.0436	0.2995
13	浙江艺术职业学院学报	—	0.0571	0.0294	0.0433	0.2974
14	戏剧艺术：上海戏剧学院学报	0.0500	0.0074	0.0576	0.0383	0.2630
15	戏剧：中央戏剧学院学报	0.0263	0.0446	0.0278	0.0329	0.2260
16	北京电影学院学报	0.0195	0.0568	0.0216	0.0326	0.2239
17	交响：西安音乐学院学报	0.0169	0.0663	0.0120	0.0317	0.2177
18	书法研究	0.0588	0.0192	0	0.0260	0.1786
19	音乐探索	0.0114	0.0166	0.0485	0.0255	0.1751
20	人民音乐	0.0168	0.0285	0.0299	0.0250	0.1717
21	南京艺术学院学报（音乐与表演版）	0	0.0114	0.0457	0.0190	0.1305
22	中国书法	0.0110	0.0216	0.0217	0.0181	0.1243

续表

排序	期刊名称	2004年	2005年	2006年	三年平均	归一化值
23	新美术	0.0164	0.0077	0.0286	0.0176	0.1207
24	中国电视	0.0157	0.0090	0.0231	0.0159	0.1094
25	天津音乐学院学报：天籁	0	0.0397	0.0076	0.0158	0.1083
26	电视研究	0.0167	0.0169	0.0120	0.0152	0.1044
27	解放军艺术学院学报	0.0057	0.0120	0.0244	0.0140	0.0964
28	乐府新声：沈阳音乐学院学报	0.0120	0.0109	0.0099	0.0109	0.0751
29	美术研究	0	0.0111	0.0151	0.0087	0.0600
30	艺术百家	0.0074	0	0.0186	0.0087	0.0595
31	星海音乐学院学报	0.0107	0.0089	0.0046	0.0081	0.0554
32	中国音乐教育	0.0112	0.0055	0.0072	0.0080	0.0547
33	齐鲁艺苑：山东艺术学院学报	0.0046	0.0135	0.0046	0.0076	0.0520
34	艺术广角	0.0056	0	0.0045	0.0034	0.0231
35	钢琴艺术	0	0.0018	0.0077	0.0032	0.0217
36	美术观察	0.0029	0.0045	0.0018	0.0031	0.0211
37	中国戏剧	0	0.0028	0.0016	0.0015	0.0101
38	美术	0	0.0015	0.0015	0.0010	0.0069
39	东方艺术	0.0023	0	0	0.0008	0.0053

分析表11-17中的数据，整体来看，艺术学39种期刊2004—2006年各年平均一般影响因子分别为0.0310、0.0380、0.0395，有逐年递增的趋势，2005年、2006年的年增长率达到27.01%和2.73%。说明2002—2003年发表的论文对2005的艺术研究影响力剧增，期刊论文的价值从这一年起大大增加了。但是艺术学期刊论文3年平均一般影响因子只有0.0366，在人文社会科学领域水平较低，远远低于经济学、图书情报和档案学、管理学、法学、社会学、新闻传播学、教育学等。[1] 这说明艺术学还是学术影响力比较小的学科，要想成为人文社会科学领域里的关键角色，它还有很大的提升空间，需要加快步伐，赶超其他学科的发展。

从艺术学各期刊内部来看，可以根据一般影响因子的大小，将这39种期刊划分为3个层次。图11-14给出了表中期刊三年平均一般影响因子大小的曲线图。

---

[1] 南京大学中国社会科学研究评价中心：" 《中文社会科学引文索引》来源期刊影响因子统计公报"，《南京大学学报》（哲学、人文科学、社会科学版）2005年第5期，第138—144页。

从图 11-14 可以看到，第一层次一般影响因子在 0.10—0.15 之间，包括 4 种期刊，其中位于首位的是《中国音乐学》，其 3 年平均影响因子达到 0.1456，紧随其后的是《音乐研究》、《中央音乐学报》、《文艺研究》，它们的影响因子在 0.11—0.13 之间。第二层次一般影响因子在 0.05—0.10 之间，包括第 5 到第 9 共 5 种期刊。第三层次是剩余的 30 种期刊，一般影响因子在 0—0.05 之间。这说明绝大多数期刊学术影响力非常有限，这一方面可能是艺术学期刊本身的原因，学术价值不大；另一方面可能是艺术学学科性质、研究习惯所决定，学者之间的相互借鉴较少；此外，艺术学学术规范不够，引用文献较少也成为一般影响因子低下的原因之一。

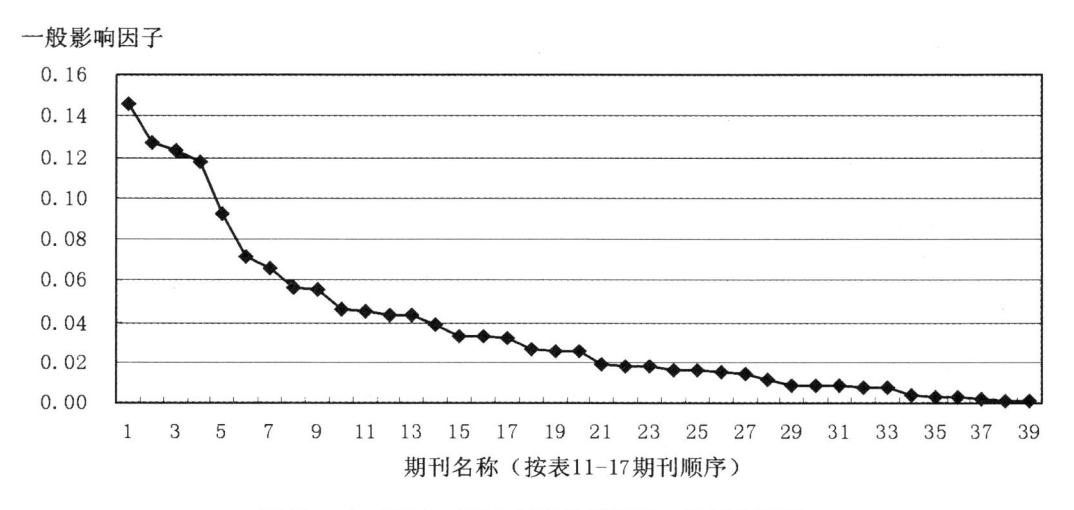

图 11-14　2004—2006 年艺术学期刊一般影响因子

从期刊所属学科将这 39 种期刊归类分析，表 11-18 给出了艺术学期刊 7 个子类的一般影响因子值。

表 11-18　　2004—2006 年艺术学期刊一般影响因子学科类目比较

期刊所属学科	文学	音乐	大学学报	戏剧与影视	艺术综合	美术	教育
期刊种数	1	6	12	6	7	6	1
影响因子均值	0.1174	0.0639	0.0413	0.0270	0.0266	0.0124	0.0080

由上表可以看到，在这 39 种艺术学期刊中，跨文学、艺术学科的《文艺研究》一般影响因子远远高于其他类别，一方面是由于文学类的影响因子比艺术学的大，另一方面学科交叉的期刊研究领域广，影响力大；其次是音乐学 6 种期刊、艺术院校大学学报 12 种期刊，其刊均影响因子分别为 0.0639 和 0.0413；戏剧与影视类、艺

术综合类平均一般影响因子相近；最后是美术类与教育类的《中国音乐教育》，一般影响因子最低。由此可见，音乐学在艺术学中发展最成熟，学术研究较深入，学者之间相互借鉴较多，文章的价值较大。以上 12 种大学学报中有 8 种是专业音乐学院的学报，所以这又从另一个角度说明音乐学发展较成熟。《中国音乐教育》主要研究中小学音乐课教学问题，大多是音乐教师教学过程中的一些想法和感受，研究并不够学术化，深入程度也不够，所以文章的被引率很低。此外戏剧与影视类、美术类期刊由于兼顾了作品评论类文章和理论研究类文章，作品评论类文章往往是作者的个人观点与看法，被其他人引用的频度很低，所以整体来说这两类文章的一般影响力很低。

11.4.2 他引影响因子

他引影响因子把期刊的引用范围限定为其他期刊，即排除了来源期刊的自引情况，所以能更客观、公正地反映期刊的实际影响力。表 11 - 19 给出了 39 种艺术学期刊 2004—2006 年的他引影响因子及三年的平均值，并对平均值进行归一化处理。表中数据按他引影响因子三年平均值从大到小排序。

表 11 - 19　　　　　　　　2004—2006 年艺术学期刊他引影响因子

排序	期刊名称	2004 年	2005 年	2006 年	三年平均	归一化值
1	文艺研究	0.0815	0.1274	0.1108	0.1066	1
2	中央音乐学院学报	0.1343	0.0935	0.0699	0.0992	0.9306
3	音乐研究	0.0490	0.1163	0.1181	0.0945	0.8865
4	中国音乐学	0.0490	0.1186	0.1133	0.0936	0.8780
5	艺术评论	—	0.0952	0.0373	0.0663	0.6220
6	音乐艺术	0.0615	0.0410	0.0813	0.0613	0.5750
7	黄钟：武汉音乐学院学报	0.1024	0.0440	0.0291	0.0585	0.5488
8	民族艺术	0.0601	0.0400	0.0588	0.0530	0.4972
9	民族艺术研究	0.0101	0.0207	0.1000	0.0436	0.4090
10	浙江艺术职业学院学报	—	0.0571	0.0294	0.0433	0.4062
11	电影艺术	0.0191	0.0478	0.0532	0.0400	0.3752
12	中国音乐	0.0314	0.0406	0.0355	0.0358	0.3358
13	当代电影	0.0423	0.0260	0.0275	0.0319	0.2992
14	交响：西安音乐学院学报	0.0169	0.0663	0.0120	0.0317	0.2974
15	北京电影学院学报	0.0195	0.0511	0.0162	0.0289	0.2711
16	音乐探索	0.0114	0.0166	0.0485	0.0255	0.2392

续表

排序	期刊名称	2004年	2005年	2006年	三年平均	归一化值
17	戏剧：中央戏剧学院学报	0.0263	0.0268	0.0185	0.0239	0.2242
18	戏剧艺术：上海戏剧学院学报	0.0143	0	0.0432	0.0192	0.1801
19	南京艺术学院学报（音乐与表演版）	0	0.0114	0.0457	0.0190	0.1782
20	人民音乐	0.0131	0.0196	0.0243	0.0190	0.1782
21	中国电视	0.0157	0.0090	0.0231	0.0159	0.1492
22	天津音乐学院学报：天籁	0	0.0397	0.0076	0.0158	0.1482
23	解放军艺术学院学报	0.0057	0.0120	0.0244	0.0140	0.1313
24	书法研究	0.0196	0.0192	0	0.0129	0.1210
25	新美术	0.0164	0.0077	0.0143	0.0128	0.1201
26	电视研究	0.0133	0.0112	0.0108	0.0118	0.1107
27	乐府新声：沈阳音乐学院学报	0.0120	0.0109	0.0099	0.0109	0.1023
28	美术研究	0	0.0111	0.0151	0.0087	0.0816
29	艺术百家	0.0074	0	0.0186	0.0087	0.0816
30	星海音乐学院学报	0.0107	0.0089	0.0046	0.0081	0.0760
31	中国音乐教育	0.0112	0.0055	0.0072	0.0080	0.0750
32	齐鲁艺苑：山东艺术学院学报	0.0046	0.0135	0.0046	0.0076	0.0713
33	中国书法	0.0066	0	0.0087	0.0051	0.0478
34	艺术广角	0.0056	0	0.0045	0.0034	0.0319
35	钢琴艺术	0	0.0018	0.0077	0.0032	0.0300
36	美术观察	0.0029	0.0045	0.0018	0.0031	0.0291
37	中国戏剧	0	0.0028	0.0016	0.0015	0.0141
38	美术	0	0.0015	0.0015	0.0010	0.0094
39	东方艺术	0.0023	0	0	0.0008	0.0075

注：此处由于平均值小数位数不足导致第19与20名、第28与29名期刊均值相等，实际排名应不同。

根据CSSCI中的数据，2004—2006年39种艺术学期刊他引影响因子平均值是0.0296。各年平均值分别为0.0237、0.0313和0.0318，总体他引影响因子逐年增加。分析艺术学39种期刊的他引影响因子与一般影响因子的关系，见图11-15。

他刊/一般影响因子

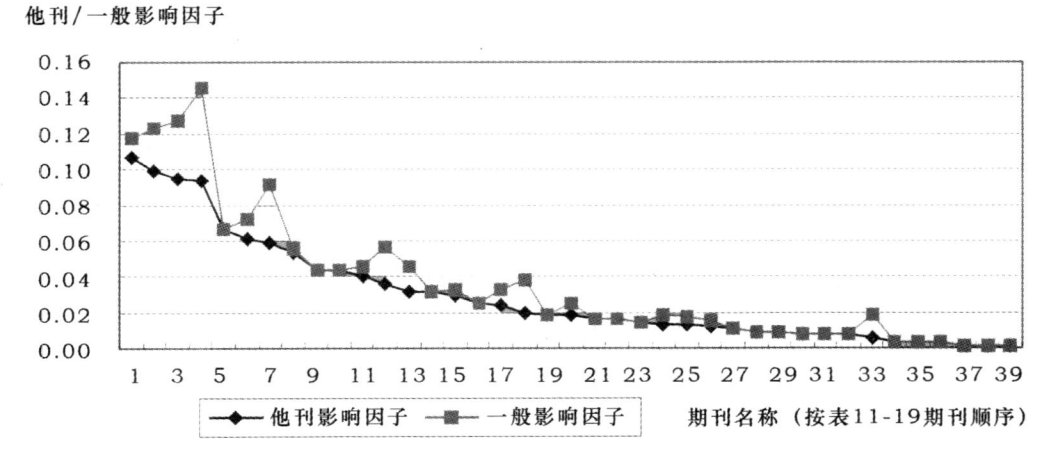

图 11-15　2004—2006 年艺术学期刊他引影响因子

由图 11-15 可见，在一般影响因子位于第一层次的前 4 种期刊，在他引影响因子中完全颠倒了次序，说明《中国音乐学》虽然一般影响因子最高，但由于自引部分占较大的份额，所以他引影响因子反而跌落至第 4 名。相反，《文艺研究》由于其自引比例少，他引影响因子值变化不大，一跃成为在他引影响因子排序中的首领。第 4 至 6 名的情况类似。在图中，凡是一般影响因子的位置比他引影响因子高很多的，都是自引率较高的期刊。

我们知道，在讨论的 39 种艺术学期刊中，只有 18 种期刊曾在 2004—2006 年度中被 CSSCI 收录为来源期刊，因此图 11-15 中，只有 18 个横坐标的两条线不重合。下面就给出这 18 个点 2004—2006 年平均自引（本刊内部引用）影响因子占一般影响因子的比重值，以及期刊的排名变化情况。

表 11-20　　　　　　　　2004—2006 年艺术学期刊自引影响因子比重表

排序	期刊名称	自引影响因子比重 %	一般影响因子排名	他引影响因子排名	排名变化
1	中国书法	0.7182	22	33	-11
2	戏剧艺术：上海戏剧学院学报	0.4987	14	18	-4
3	中国音乐	0.3652	8	12	-4
4	黄钟：武汉音乐学院学报	0.3627	5	7	-2
5	中国音乐学	0.3565	1	4	-3

续表

排序	期刊名称	自引影响因子比重%	一般影响因子排名	他引影响因子排名	排名变化
6	书法研究	0.3145	18	24	-6
7	当代电影	0.2998	10	13	-3
8	戏剧：中央戏剧学院学报	0.2736	15	17	-2
9	新美术	0.2727	23	25	-2
10	音乐研究	0.2596	2	3	-1
11	人民音乐	0.2400	20	20	0
12	电视研究	0.2237	26	26	0
13	中央音乐学院学报	0.1953	3	2	1
14	音乐艺术	0.1462	6	6	0
15	电影艺术	0.1206	11	11	0
16	北京电影学院学报	0.1135	16	15	1
17	文艺研究	0.0920	4	1	3
18	民族艺术	0.0502	9	8	1

可见，他引影响因子中排名第33的《中国书法》的自引影响因子所占比例最高，达到71.82%，也因此较其一般影响因子排名下降了11名之多。《戏剧艺术》自引影响因子比例接近50%，说明以上两种期刊的一般影响因子有大半或近一半来自自引。总体而言，这18种艺术学期刊的他引影响因子所占比例为74.48%。

11.4.3 学科影响因子

学科影响因子反映了期刊在本学科的地位和学术影响力。它将期刊一般影响因子中对本学科影响和对其他学科的影响区分出来，从而刻画出该学科发展状态和与其他学科的交流程度。一般来说，学科影响因子越大，该期刊的学科专业性越好；学科影响因子占一般影响因子比例越小，该学科期刊与其他学科的交流度越大。表11-21给出了按照2004—2006年艺术学期刊学科影响因子平均值排序的39种期刊。

表 11-21　　2004—2006 年艺术学期刊学科影响因子

排序	期刊名称	2004 年	2005 年	2006 年	三年平均	归一化值
1	中国音乐学	0.0980	0.1356	0.1400	0.1245	1
2	音乐研究	0.0699	0.1318	0.1575	0.1197	0.9614
3	中央音乐学院学报	0.1493	0.1151	0.0839	0.1161	0.9325
4	黄钟：武汉音乐学院学报	0.1122	0.0879	0.0698	0.0900	0.7229
5	音乐艺术	0.0692	0.0410	0.0813	0.0638	0.5124
6	中国音乐	0.0448	0.0443	0.0516	0.0469	0.3767
7	浙江艺术职业学院学报	—	0.0571	0.0294	0.0433	0.3478
8	民族艺术	0.0273	0.0400	0.0504	0.0392	0.3149
9	戏剧艺术：上海戏剧学院学报	0.0429	0.0074	0.0360	0.0288	0.2313
10	电影艺术	0.0048	0.0478	0.0304	0.0277	0.2225
11	当代电影	0.0265	0.0130	0.0321	0.0239	0.1920
12	人民音乐	0.0150	0.0267	0.0261	0.0226	0.1815
13	交响：西安音乐学院学报	0.0112	0.0442	0.0120	0.0225	0.1807
14	北京电影学院学报	0.0065	0.0398	0.0162	0.0208	0.1671
15	音乐探索	0.0057	0.0110	0.0424	0.0197	0.1582
16	书法研究	0.0588	0	0	0.0196	0.1574
17	南京艺术学院学报（音乐与表演版）	0	0.0114	0.0457	0.0190	0.1526
18	戏剧：中央戏剧学院学报	0.0175	0.0268	0.0093	0.0179	0.1438
19	文艺研究	0.0054	0.0244	0.0185	0.0161	0.1293
20	天津音乐学院学报：天籁	0	0.0397	0.0076	0.0158	0.1269
21	艺术评论	—	0	0.0299	0.0150	0.1205
22	中国书法	0.0066	0.0216	0.0130	0.0137	0.1100
23	乐府新声：沈阳音乐学院学报	0.0120	0.0055	0.0099	0.0091	0.0731
24	电视研究	0.0078	0.0101	0.0060	0.0080	0.0643
25	新美术	0	0	0.0214	0.0071	0.0570
26	星海音乐学院学报	0.0053	0.0089	0.0046	0.0063	0.0506
27	中国音乐教育	0.0056	0.0055	0.0072	0.0061	0.0490
28	民族艺术研究	0	0.0069	0.0071	0.0047	0.0378
29	解放军艺术学院学报	0	0	0.0122	0.0041	0.0329

续表

排序	期刊名称	2004年	2005年	2006年	三年平均	归一化值
30	艺术百家	0.0037	0	0.0062	0.0033	0.0265
31	钢琴艺术	0	0.0018	0.0057	0.0025	0.0201
32	中国电视	0	0.0023	0.0042	0.0022	0.0177
33	美术研究	0	0	0.0050	0.0017	0.0137
34	齐鲁艺苑：山东艺术学院学报	0.0046	0	0	0.0015	0.0120
35	东方艺术	0	0	0	0	0
35	美术	0	0	0	0	0
35	美术观察	0	0	0	0	0
35	艺术广角	0	0	0	0	0
35	中国戏剧	0	0	0	0	0

艺术学39种期刊平均学科影响因子为0.0252，学科影响因子占一般影响因子的比例为68.92%，相对于其他学科较低，说明艺术学期刊对其他学科有很大的影响力，艺术学与其他学科的交叉与交流程度很大。图11-16描绘了39种艺术学期刊学科影响因子占与一般影响因子的关系，按照表11-21中的期刊名称顺序。

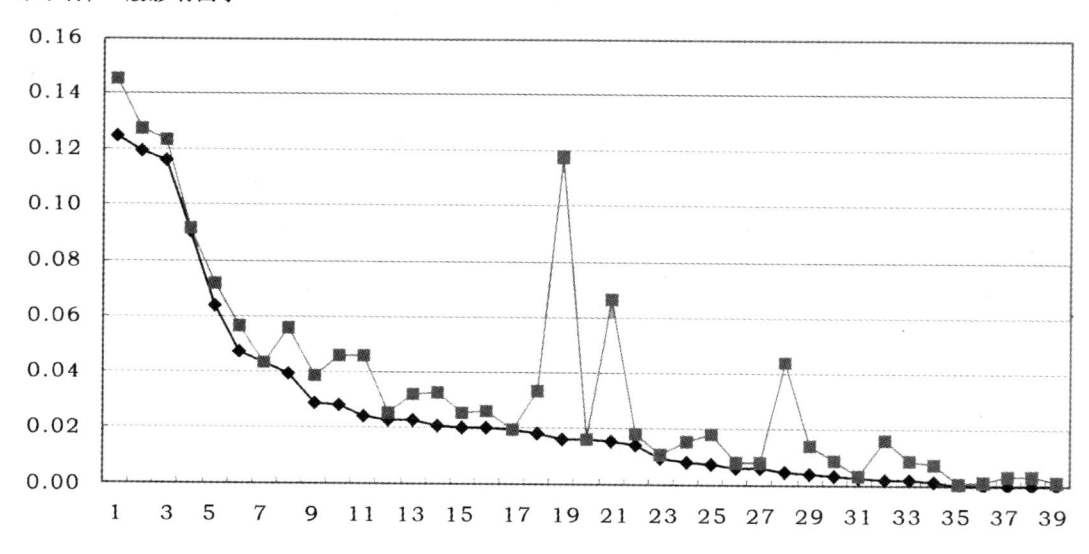

图11-16 2004—2006年艺术学期刊学科影响因子

可以看到，学科影响因子排名第 18 的《文艺研究》其学科影响因子与一般影响因子差距最大，《文艺研究》一般影响因子 0.1174，排名第 4，而学科影响因子 0.0161，仅占 13.72%，说明《文艺研究》的影响因子主要来源于非艺术学期刊。其次第 20 名《艺术评论》的非艺术学影响因子也很高。表 11-22 进一步给出了根据 2004—2006 年三年平均值计算的学科影响因子占一般影响因子的比例从大到小排序。

表 11-22　　2004—2006 年艺术学期刊学科影响因子占一般影响因子比例

排序	期刊名称	学科影响因子比率（%）	学科影响因子排名	一般影响因子排名	排名变化
1	南京艺术学院学报（音乐与表演版）	100.00	17	21	4
2	天津音乐学院学报：天籁	100.00	20	25	5
3	浙江艺术职业学院学报	100.00	7	13	6
4	黄钟：武汉音乐学院学报	98.04	4	5	1
5	中央音乐学院学报	94.08	3	3	0
6	音乐研究	93.88	2	2	0
7	人民音乐	90.40	12	20	8
8	音乐艺术	88.86	5	6	1
9	中国音乐学	85.51	1	1	0
10	乐府新声：沈阳音乐学院学报	83.49	23	28	5
11	中国音乐	83.16	6	8	2
12	钢琴艺术	78.13	31	35	4
13	星海音乐学院学报	77.78	26	31	5
14	音乐探索	77.25	15	19	4
15	中国音乐教育	76.25	27	32	5
16	中国书法	75.69	22	22	0
17	书法研究	75.38	16	18	2
18	戏剧艺术：上海戏剧学院学报	75.20	9	14	5
19	交响：西安音乐学院学报	70.98	13	17	4
20	民族艺术	70.25	8	9	1
21	北京电影学院学报	63.80	14	16	2
22	电影艺术	60.75	10	11	1

续表

排序	期刊名称	学科影响因子比率（%）	学科影响因子排名	一般影响因子排名	排名变化
23	戏剧：中央戏剧学院学报	54.41	18	15	-3
24	电视研究	52.63	24	26	2
25	当代电影	52.30	11	10	-1
26	新美术	40.34	25	23	-2
27	艺术百家	38.37	30	30	0
28	解放军艺术学院学报	29.29	29	27	-2
29	艺术评论	22.62	21	7	-14
30	齐鲁艺苑：山东艺术学院学报	20.00	34	33	-1
31	美术研究	19.54	33	29	-4
32	中国电视	13.84	32	24	-8
33	文艺研究	13.71	19	4	-15
34	民族艺术研究	10.78	28	12	-16
35	东方艺术	0	35	39	4
35	美术	0	35	38	3
35	美术观察	0	35	36	1
35	艺术广角	0	35	34	-1
35	中国戏剧	0	35	37	2

可以看到，学科影响因子所占比率最大为100%，最小为0。学科影响因子排名较其一般影响因子排名，下降最多的为《民族艺术研究》，下降16名，上升最多的为《人民音乐》，上升8名。以上数据说明艺术学期刊一般影响因子的成分比较复杂，跨学科影响情况比较明显，与其他学科的交流较好。

11.4.4 艺术学期刊影响因子综合分析

以上对一般影响因子、他引影响因子和学科影响因子这3个指标进行了分析，下面进一步将这三个指标合成为一个综合指标值，合成的方法是给这3个指标分别赋予0.25、0.5和0.25的权重，用各指标归一化值乘以对应的权重再相加就得到综合值。表11-23给出了39种艺术学期刊2004—2006年的影响因子综合值，按照综合值大小排序。

表 11-23　　　　　　　　　2004—2006 年艺术学期刊影响因子综合值

排序	期刊名称	一般影响因子归一化值	他引影响因子归一化值	学科影响因子归一化值	综合值
1	中国音乐学	1	0.8780	1	0.9390
2	中央音乐学院学报	0.8475	0.9306	0.9325	0.9103
3	音乐研究	0.8757	0.8865	0.9614	0.9025
4	文艺研究	0.8063	1	0.1293	0.7339
5	黄钟：武汉音乐学院学报	0.6305	0.5488	0.7229	0.6128
6	音乐艺术	0.4931	0.5750	0.5124	0.5389
7	艺术评论	0.4554	0.6220	0.1205	0.4550
8	民族艺术	0.3832	0.4972	0.3149	0.4231
9	浙江艺术职业学院学报	0.2974	0.4062	0.3478	0.3644
10	中国音乐	0.3874	0.3358	0.3767	0.3589
11	电影艺术	0.3132	0.3752	0.2225	0.3215
12	民族艺术研究	0.2995	0.4090	0.0378	0.2888
13	当代电影	0.3139	0.2992	0.1920	0.2761
14	交响：西安音乐学院学报	0.2177	0.2974	0.1807	0.2483
15	北京电影学院学报	0.2239	0.2711	0.1671	0.2333
16	戏剧艺术：上海戏剧学院学报	0.2630	0.1801	0.2313	0.2136
17	戏剧：中央戏剧学院学报	0.2260	0.2242	0.1438	0.2046
18	音乐探索	0.1751	0.2392	0.1582	0.2029
19	人民音乐	0.1717	0.1782	0.1815	0.1774
20	南京艺术学院学报（音乐与表演版）	0.1305	0.1782	0.1526	0.1599
21	书法研究	0.1786	0.1210	0.1574	0.1445
22	天津音乐学院学报：天籁	0.1083	0.1482	0.1269	0.1329
23	中国电视	0.1094	0.1492	0.0177	0.1064
24	新美术	0.1207	0.1201	0.0570	0.1045
25	解放军艺术学院学报	0.0964	0.1313	0.0329	0.0980
26	电视研究	0.1044	0.1107	0.0643	0.0975
27	乐府新声：沈阳音乐学院学报	0.0751	0.1023	0.0731	0.0882
28	中国书法	0.1243	0.0478	0.1100	0.0825

续表

排序	期刊名称	一般影响因子归一化值	他引影响因子归一化值	学科影响因子归一化值	综合值
29	星海音乐学院学报	0.0554	0.0760	0.0506	0.0645
30	中国音乐教育	0.0547	0.0750	0.0490	0.0634
31	艺术百家	0.0595	0.0816	0.0265	0.0623
32	美术研究	0.0600	0.0816	0.0137	0.0592
33	齐鲁艺苑：山东艺术学院学报	0.0520	0.0713	0.0120	0.0517
34	钢琴艺术	0.0217	0.0300	0.0201	0.0255
35	艺术广角	0.0231	0.0319	0	0.0217
36	美术观察	0.0211	0.0291	0	0.0198
37	中国戏剧	0.0101	0.0141	0	0.0096
38	美术	0.0069	0.0094	0	0.0064
39	东方艺术	0.0053	0.0075	0	0.0051

用3个影响因子计算的综合值来分析期刊的学术影响力，弥补了单一影响因子指标可能产生的对期刊评价的偏差，综合值考虑了更多的因素，更具有可靠性。

分析表11-23中数据，图11-17根据期刊影响因子综合值给出了艺术学39种期刊影响因子差异情况。

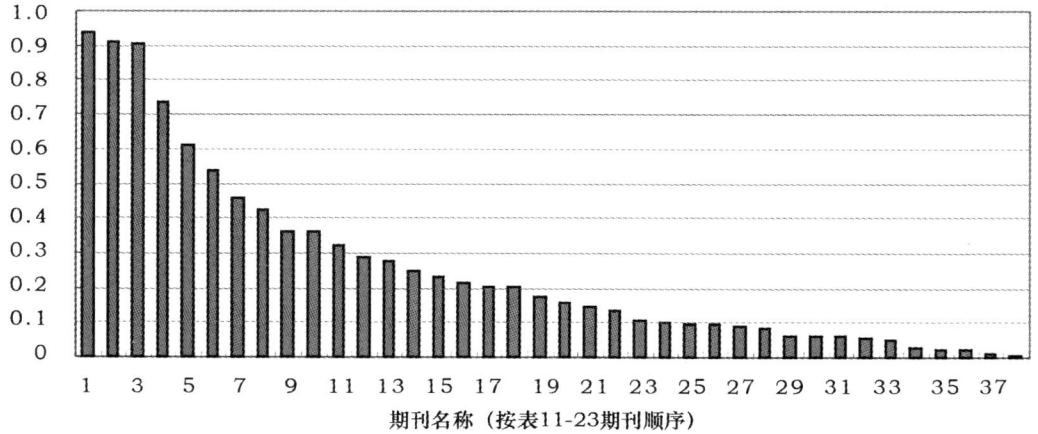

图11-17 2004—2006年艺术学期刊影响因子综合值

可以看到，39 种艺术学期刊影响因子综合值大致是连续变化的，只有第 4 名的期刊《文艺研究》与前 3 名和 35 名之后的期刊有较大差距。《文艺研究》在我们研究的 39 种艺术学期刊中一直处于一个比较特殊的地位，作为一种期刊，它有很高的被引频率，对整个学术研究有巨大影响；但是它的影响范围被艺术学和文学所分享。这样，我们根据影响因子综合值，可将艺术学期刊分为几个层次，第一层次包括前三种期刊《中国音乐学》、《音乐研究》、《中央音乐学院学报》，这三种期刊作为艺术学领域的领头军，一直在影响因子评价中处于优势地位。第二层次有《文艺研究》、《黄钟：武汉音乐学院学报》2 种期刊。《文艺研究》最明显的特征是学科影响因子较低，一般影响因子和他引影响因子都很高。后面的 35 种期刊可以看作一个层次，也可以再分为 0.6—0.4，0.4—0.2 和 0.2 以下共三个层次，这 35 种期刊影响因子综合值差距不大，逐步递减，没有显著的突变。

11.5 艺术学期刊被引广度分析

期刊被引广度是统计一种期刊被多少种期刊引用的指标，进而分析该期刊对其他期刊的影响力。它从期刊影响面角度研究期刊影响力的辐射范围，不考虑分布的聚集程度，只考虑分布的区域多少，实际上体现的是引用该期刊的学者分布广度和学者群。[①] 本书引论中对被引广度的计算方法进行了修正，修正后不仅体现了引用某种期刊的其他期刊种数，而且削弱了偶然引用带来的误差。被引广度的具体计算方法参见本书第 1 章。表 11 - 24 给出了 39 种艺术学期刊 2004—2006 年的期刊被引广度及三年平均值，并进行了归一化。

表 11 - 24　　　　　　2004—2006 年艺术学期刊被引广度

排序	期刊名称	2004 年	2005 年	2006 年	三年平均	归一化值
1	文艺研究	24.4	33.2	39.8	32.47	1
2	电影艺术	10.4	12.0	10.6	11.00	0.3388
3	当代电影	8.2	10.4	10.2	9.60	0.2957
4	人民音乐	7.4	9.2	10.2	8.93	0.2750
4	音乐研究	8.0	9.6	9.2	8.93	0.2750
4	中国音乐学	7.4	10.0	9.4	8.93	0.2750
7	中国音乐	7.0	8.8	9.2	8.33	0.2565

---

① 龚放、邓三鸿："2000 年—2004 年中国教育期刊影响力报告——基于 CSSCI 的统计分析"，《教育研究》2006 年第 9 期，第 8—18 页。

续表

排序	期刊名称	2004年	2005年	2006年	三年平均	归一化值
8	中央音乐学院学报	7.4	8.6	8.4	8.13	0.2504
9	电视研究	6.8	6.0	10.8	7.87	0.2424
10	民族艺术	5.6	5.2	11.4	7.40	0.2279
11	黄钟：武汉音乐学院学报	6.6	7.6	7.2	7.13	0.2196
11	音乐艺术	6.6	7.0	7.8	7.13	0.2196
13	中国戏剧	5.8	9.0	5.6	6.80	0.2094
14	交响：西安音乐学院学报	4.6	5.4	6.0	5.33	0.1642
15	中国电视	2.4	3.6	5.8	3.93	0.1210
16	民族艺术研究	1.2	4.0	6.0	3.73	0.1149
17	音乐探索	1.4	4.4	5.2	3.67	0.1130
18	戏剧：中央戏剧学院学报	3.8	3.4	3.6	3.60	0.1109
19	北京电影学院学报	2.6	3.8	3.8	3.40	0.1047
20	戏剧艺术：上海戏剧学院学报	4.2	4.0	0.8	3.00	0.0924
21	乐府新声：沈阳音乐学院学报	2.6	2.6	3.6	2.93	0.0902
22	星海音乐学院学报	2.0	2.8	3.6	2.80	0.0862
23	美术	1.6	2.0	4.0	2.53	0.0779
24	美术研究	1.2	2.8	3.4	2.47	0.0761
24	新美术	3.2	1.4	2.8	2.47	0.0761
24	艺术百家	0.6	1.2	5.6	2.47	0.0761
27	美术观察	2.0	2.4	2.4	2.27	0.0699
28	艺术评论	—	1.0	3.4	2.20	0.0678
28	中国音乐教育	2.2	2.6	1.8	2.20	0.0678
30	中国书法	2.4		2.6	2.13	0.0656
31	书法研究	2.6	1.4	2.2	2.07	0.0638
32	南京艺术学院学报（音乐与表演版）	0.6	1.4	3.6	1.87	0.0576
33	天津音乐学院学报：天籁	0.8	2.0	2.4	1.73	0.0533
34	浙江艺术职业学院学报	—	1.2	2.2	1.70	0.0524
35	齐鲁艺苑：山东艺术学院学报	0.6	1.6	2.0	1.40	0.0431
36	解放军艺术学院学报	0.4	1.0	2.6	1.33	0.0410
36	艺术广角	0.8	1.0	2.2	1.33	0.0410
38	钢琴艺术	0.6	0.8	2.2	1.20	0.0370
39	东方艺术	0.8	1.2	1.0	1.00	0.0308

分析表11-24中的数据,艺术学39种期刊2004—2006年平均被引广度是5.06,其中2004年被引广度为4.24,2005年上升到5.05,2006年继续上升到6.02,年平均上升0.89。说明2004—2006年艺术学期刊在被引广度上一直有很好的上升势头,期刊影响范围不断扩大,学科交叉与渗透能力不断增强。

从期刊被引广度比较看,图11-18给出了39种期刊3年平均被引广度的数据分布情况。

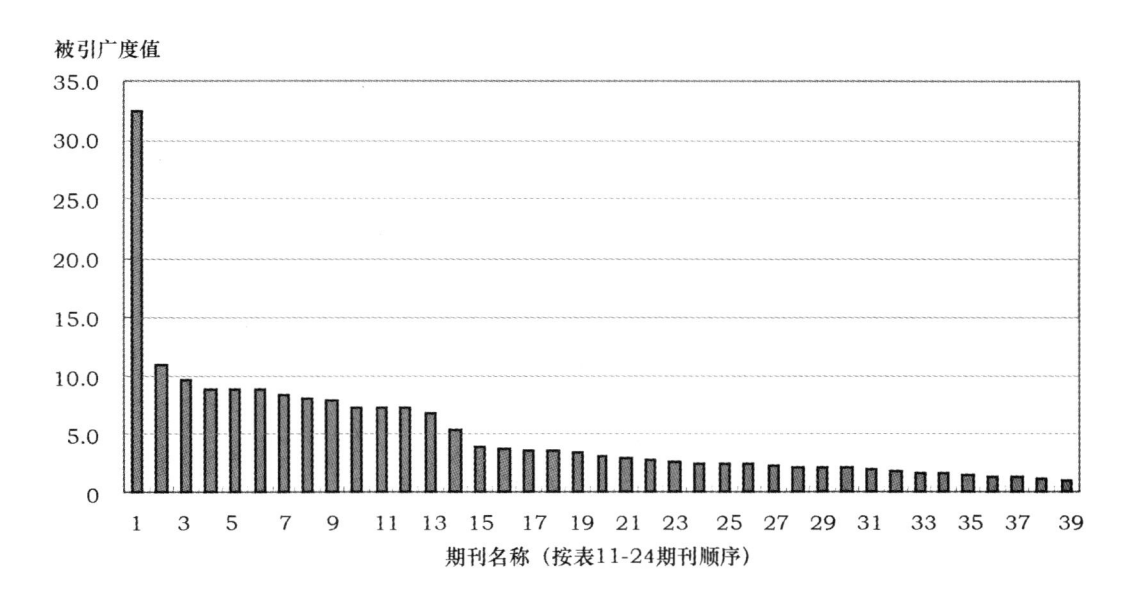

图11-18 2004—2006年艺术学期刊被引广度曲线

可以看到,《文艺研究》平均被引广度32.47,是第2名《电影艺术》(被引广度11)的近3倍,远远超过其他期刊。如果排除《文艺研究》这种期刊后再计算艺术学期刊平均被引广度,只有4.34,与原5.0624差了0.72。从这个角度来看,艺术学期刊整体被引广度平均值并没有反映出真实情况。《文艺研究》以被引广度绝对的悬殊独自分为第一层次,第二层次被引广度为5—11之间,包括13种期刊。第三层次被引广度小于5,包括25种期刊。总体来说,第二、第三层次中的期刊被引广度都不高,说明艺术学期刊的学科交叉渗透能力还比较弱。

在统计过程中,《文艺研究》这种期刊更加偏重于文学研究,因此在文学领域的影响力更强大,引用该期刊包括的学科较多,学科交流性强。与其他期刊形成强烈反差。

其他期刊被引广度低,且被引的来源期刊仅仅出现在艺术学、高校综合性学报、考古学等有限几个学科中,这种现象说明,艺术学期刊学术研究的领域较为狭窄,覆盖其他学科研究领域的能力差。但在现实中,艺术学涵盖面非常广泛,几乎任意一种学科都可以从艺术角度进行研究,所以艺术学期刊应该大力开发多学科研究课题，创造更多与其他学科交叉互动的机会。

11.6 艺术学期刊二次文献转载分析

目前我国人文社会科学界最具权威性、最有影响力的二次文献出版物包括人大《复印报刊资料》、《新华文摘》、《中国社会科学文摘》、《高等学校文科学术文摘》等，这些二次文献出版物注重学术性与系统性，汇集了人文社会科学领域在各个不同时期的最新研究成果，反映了其学术研究主流或动向，成为评价我国人文社会科学期刊质量、作者论文学术水平的尺度之一。[①] 同时二次文献转载这一指标也弥补了由于作者引用二次文献给原刊带来的被引数据损失。根据本书中确定的指标体系，艺术学期刊二次文献转载评价，主要讨论前两种二次文献的全文转载。

表 11-25 给出了艺术学 39 种期刊在 2004—2006 年被上述 2 种二次文献期刊全文转载的平均值和归一化值，并对《新华文摘》、《复印报刊资料》分别赋予 0.6、0.4 的权重，利用归一化值和对应的权重计算出了综合值。

表 11-25　　　　　2004—2006 年艺术学期刊二次文献转载综合值

排序	期刊名称	《新华文摘》转载 平均值（篇）	归一化值	《复印报刊资料》转载 平均值（篇）	归一化值	综合值
1	文艺研究	7.00	1	55.33	1	1
2	艺术评论	1.00	0.1429	13.67	0.2471	0.1846
3	当代电影	0.67	0.0957	14.00	0.2530	0.1586
4	美术观察	0.67	0.0957	3.33	0.0602	0.0815
5	解放军艺术学院学报	0.67	0.0957	2.67	0.0483	0.0767
5	人民音乐	0.67	0.0957	2.67	0.0483	0.0767
7	电影艺术	0	0	9.67	0.1748	0.0699
8	民族艺术	0	0	9.00	0.1627	0.0651
9	民族艺术研究	0	0	6.67	0.1205	0.0482
9	中国电视	0	0	6.67	0.1205	0.0482
11	音乐研究	0.33	0.0471	2.00	0.0361	0.0427
12	新美术	0	0	5.67	0.1025	0.0410

---

① 谭浩娟："从二次文献转摘量看法学学术期刊的学术质量"，《图书馆界》2005 年第 1 期，第 360—368 页。

续表

排序	期刊名称	《新华文摘》转载 平均值（篇）	归一化值	《复印报刊资料》转载 平均值（篇）	归一化值	综合值
13	北京电影学院学报	0	0	5.33	0.0963	0.0385
14	美术研究	0	0	4.67	0.0844	0.0338
15	艺术广角	0	0	4.33	0.0783	0.0313
16	美术	0.33	0.0471	0.33	0.0060	0.0307
17	戏剧艺术：上海戏剧学院学报	0	0	3.00	0.0542	0.0217
17	中国戏剧	0	0	3.00	0.0542	0.0217
17	中国音乐学	0	0	3.00	0.0542	0.0217
20	中央音乐学院学报	0	0	2.67	0.0483	0.0193
21	南京艺术学院学报（音乐与表演版）	0	0	2.33	0.0421	0.0168
22	齐鲁艺苑：山东艺术学院学报	0	0	1.67	0.0302	0.0121
23	戏剧·中央戏剧学院学报	0	0	1.33	0.0240	0.0096
23	中国音乐	0	0	1.33	0.0240	0.0096
23	中国音乐教育	0	0	1.33	0.0240	0.0096
26	电视研究	0	0	1.00	0.0181	0.0072
26	星海音乐学院学报	0	0	1.00	0.0181	0.0072
26	浙江艺术职业学院学报	0	0	1.00	0.0181	0.0072
26	中国书法	0	0	1.00	0.0181	0.0072
30	黄钟·武汉音乐学院学报	0	0	0.67	0.0121	0.0048
30	交响·西安音乐学院学报	0	0	0.67	0.0121	0.0048
30	天津音乐学院学报：天籁	0	0	0.67	0.0121	0.0048
30	艺术百家	0	0	0.67	0.0121	0.0048
30	音乐艺术	0	0	0.67	0.0121	0.0048
35	乐府新声·沈阳音乐学院学报	0	0	0.33	0.0060	0.0024
35	音乐探索	0	0	0.33	0.0060	0.0024
37	东方艺术	0	0	0	0	0
37	钢琴艺术	0	0	0	0	0
37	书法研究	0	0	0	0	0

分析表11-25，艺术学期刊2004—2006年平均每种期刊每年被《复印报刊资料》转载4.4533次，被《新华文摘》转载0.2908次，相对于人文社会科学其他学科来说，二次文献转载频次较低。

值得一提的是，《复印报刊资料》和《新华文摘》虽然都为二次文献，但其特征不同。《复印报刊资料》主要是对各学科资料进行汇编,目前拥有九大类100多种系列刊,刊种按学科和专题划分,每种系列刊单独定期出版,除了论文转载系列刊,还出版索引刊和文摘卡片系列以方便检索和查询。因此《复印报刊资料》的最大特征是专业性强、覆盖面广、信息量巨大、内容连贯有序。[①]《新华文摘》则是每期对每一学科的优秀论文进行选录,包括全文转载和摘要,由于《新华文摘》篇幅限制,选取的文章数量上、篇幅上受到很大约束,但是《新华文摘》的权威性最高,被誉为最具权威的二次文献。

从艺术学期刊内部比较来看,根据二次文献转载综合值做出上述39种期刊二次文献转载柱状图。见图11-19。

由图11-19可以看到,二次文献转载综合值最高的是《文艺研究》,该刊2004—2006年平均被《复印报刊资料》、《新华文摘》次数分别为55.33、7.00次。均居于艺术学期刊之首。排名第2的《艺术评论》综合值只有0.1846,远远低于《文艺研究》。这说明:第一,艺术学期刊论文的二次文献转载频次与人文社会科学整体上相比很低;第二,《复印报刊资料》转载文献数量较大,被其转载机会相对较多;第三,《文艺研究》期刊是跨文学、艺术两个学科的期刊,其转载率高很大程度上是因为文学论文转载率高,所以二次文献转载的文献各学科转载比重有区别,文学比重远远大于艺术学;最后,艺术学期刊论文研究动态和热点相对较少,学科发展较为缓慢。因此艺术学相关研究人员与学者应当认识到,当前艺术学需要及时更新热点,提高学术活跃度,增加学术论文的研究价值与影响力,快速发展艺术学学科。

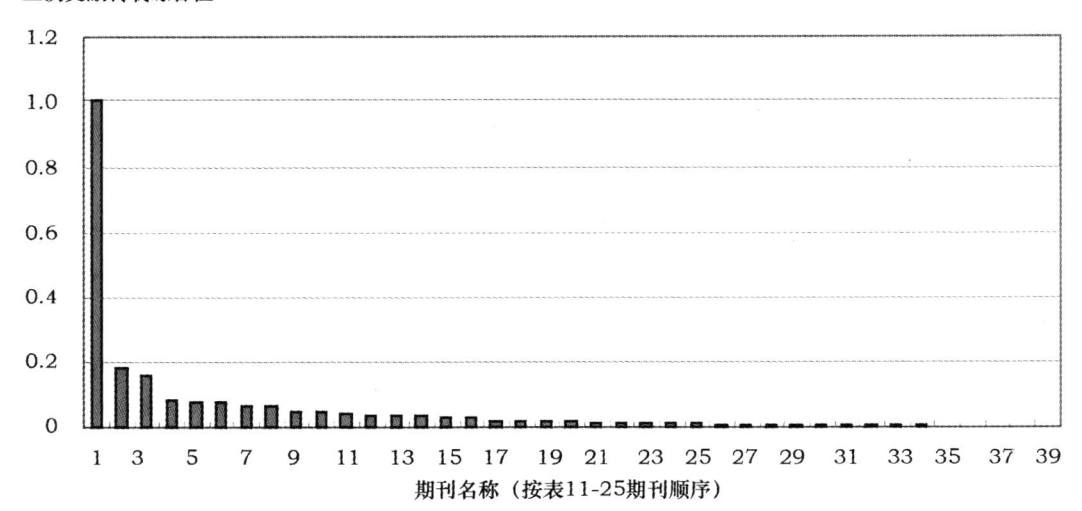

图11-19 2004—2006年艺术学期刊二次文献转载

[①] 张凤琴:"《人大复印资料》的特点和作用",《承德民族师专学报》2000年第4期,第64—66页。

11.7 艺术学期刊 Web 即年下载率分析

Web 即年下载率是指期刊在统计当年出版、上网并被全文下载的次数与当年出版并上网的文献数之比。[①] Web 即年下载率是研究期刊在网络环境下传播效率的一个新指标,网上下载频次相当于阅读量。论文从网上被下载,发挥了它的影响,体现了它的学术价值,是衡量论文学术水平的一个外部评价指标[②]。Web 即年下载率指标的设置给所有上网期刊提供了一个公平竞争的机会,用户一般不再通过查阅期刊来获得参考文献,而是通过篇名或主题检索来寻找有用信息,使得非核心刊物的论文被利用的程度大大提高。

但值得注意的是,由于 Web 即年下载率是统计期刊当年发表论文的总下载篇次除以该刊在同年发表论文的总数,用户下载的文献不一定是最终引用的文献,所以用 Web 下载率评价期刊影响力的能力仍然有限。

本章采用的 Web 即年下载率的数据来源于《中国学术期刊综合引证报告(2005—2007 版)》。由于《书法研究》和《中国书法》两种期刊没有进入 CSSCI,因此也没有 Web 即年下载率这一数据,所以本小节不讨论此两种期刊。表 11-26 给出了 37 种艺术学期刊 2004—2006 年 Web 即年下载率以及三年平均值,并在此基础上对平均值进行归一化处理。

表 11-26　　　　　　　　2004—2006 年艺术学期刊 Web 即年下载率

排序	期刊名称	2004 年	2005 年	2006 年	三年平均	归一化值
1	当代电影	22.0	35.6	72.5	43.37	1
2	电影艺术	22.5	34.5	51.3	36.10	0.8324
3	北京电影学院学报	26.5	26.9	48.0	33.80	0.7793
4	中央音乐学院学报	15.8	25.5	57.5	32.93	0.7593
5	中国音乐学	14.0	28.8	53.9	32.23	0.7431
6	艺术广角	21.1	29.4	42.5	31.00	0.7148
7	文艺研究	18.4	15.1	55.5	29.67	0.6841
8	音乐研究	16.7	16.3	45.0	26.00	0.5995
9	音乐艺术	30.7	21.8	22.4	24.97	0.5757

---

① http://www.chinatyxk.com/gb/qksj.asp?newsid=128.htm,2008—5—12.
② 陈梅云:"正确分析期刊评价指标提升地方社会学术期刊的学术影响力",《学术论坛》2000 年第 8 期,第 142—144 页。

续表

排序	期刊名称	2004 年	2005 年	2006 年	三年平均	归一化值
10	新美术	7.9	16.7	37.2	20.60	0.4750
11	人民音乐	8.5	21.3	29.4	19.73	0.4549
12	黄钟：武汉音乐学院学报	15.2	13.2	29.5	19.30	0.4450
13	中国音乐	6.2	17.9	33.0	19.03	0.4388
14	民族艺术	7.8	11.1	26.9	15.27	0.3521
14	艺术评论	10.7	18.3	16.8	15.27	0.3521
16	中国电视	8.8	9.1	27.3	15.07	0.3475
17	艺术百家	9.3	12.8	22.3	14.80	0.3412
18	中国音乐教育	6.6	11.4	25.8	14.60	0.3366
19	民族艺术研究	0.0	18.7	23.7	14.13	0.3258
20	齐鲁艺苑：山东艺术学院学报	7.1	11.7	21.6	13.47	0.3106
21	南京艺术学院学报（音乐与表演版）	4.9	12.5	22.7	13.37	0.3083
22	乐府新声：沈阳音乐学院学报	6.9	8.7	23.5	13.03	0.3004
23	戏剧艺术：上海戏剧学院学报	4.6	9.7	24.4	12.90	0.2974
24	交响：西安音乐学院学报	0	17.9	20.2	12.70	0.2928
25	天津音乐学院学报：天籁	7.7	10.4	19.7	12.60	0.2905
26	戏剧：中央戏剧学院学报	7.3	7.9	21.8	12.33	0.2843
27	音乐探索	9.3	11.8	15.1	12.07	0.2783
28	钢琴艺术	5.3	7.9	21.6	11.60	0.2675
29	美术研究	6.8	9.6	15.5	10.63	0.2451
29	解放军艺术学院学报	0	0	31.9	10.63	0.2451
31	星海音乐学院学报	3.0	8.3	19.7	10.33	0.2382
32	浙江艺术职业学院学报	4.6	9.5	13.0	9.03	0.2082
33	电视研究	3.9	5.2	12.0	7.03	0.1621
34	美术观察	2.8	4.2	9.8	5.60	0.1291
35	美术	3.4	4.7	5.9	4.67	0.1077
36	中国戏剧	1.6	3.7	6.5	3.93	0.0906
37	东方艺术	9.0	0	0	3.00	0.0692
38	书法研究	—	—	—	—	—
38	中国书法	—	—	—	—	—

注：《书法研究》和《中国书法》没有上网，所以没有 Web 下载数据，用"—"表示。

由表 11-26 中的数据可以看到，从艺术学学科整体角度看，2004—2006 年艺术学期刊各年平均 Web 下载率分别为 9.65、14.27 和 27.71，逐年增长趋势显著，增长幅度较大。说明随着网络检索与网上信息资源的不断发展，艺术学期刊的网络价值正在被越来越多地开发和利用，数字化期刊作为艺术学研究的一种信息来源，正发挥着越来越重要的作用。

从表中数据可以看到，艺术学有 Web 下载率数据的 37 种期刊可以按其下载率数值划分为 3 个层次，三年平均下载率在 30 以上的 6 种期刊为第一层次，其中下载率最高的是 3 种电影类期刊，说明电影类期刊文章在网上的关注度最高。其次是 2 种音乐类、2 种综合类期刊。第二层次包括第 7 到 16 名共 10 种期刊，包括 5 种音乐类期刊、1 种美术类期刊、2 种艺术综合类期刊。学报类期刊大多排名比较偏后，与戏剧、美术等一起位于第三层次。

由 Web 下载率单一指标可以知道期刊刊载文章的网络平均利用率，如果从期刊的载文量与 Web 下载率结合来看，则可以看到期刊整体网络利用程度。表 11-27 给出了 37 种期刊 2004—2006 年总下载频次及其排名，并注明期刊在下载率中的对应排名。

表 11-27　　　　　　　　2004—2006 年艺术学期刊 Web 下载总频次

排序	期刊名称	2004—2006 年总下载频次	总下载频次排名	下载率排名
1	当代电影	32742	1	1
2	文艺研究	25637	2	6
3	电影艺术	21985	3	2
4	艺术百家	17618	4	14
5	中国电视	13990	5	13
6	人民音乐	11929	6	19
7	美术观察	11767	7	33
8	中国音乐教育	11282	8	14
9	艺术评论	11265	9	24
10	中国音乐	10952	10	11
11	北京电影学院学报	10106	11	3
12	钢琴艺术	9207	12	27
13	中国音乐学	8671	13	5
14	中央音乐学院学报	7410	14	4

续表

排序	期刊名称	2004—2006年总下载频次	总下载频次排名	下载率排名
15	音乐研究	6111	15	7
16	新美术	6042	16	9
17	美术	5874	17	34
18	黄钟：武汉音乐学院学报	5583	18	10
19	齐鲁艺苑：山东艺术学院学报	5372	19	17
20	音乐艺术	5096	20	8
21	东方艺术	5086	21	36
22	中国戏剧	4601	22	35
23	南京艺术学院学报（音乐与表演版）	4424	23	18
24	乐府新声：沈阳音乐学院学报	3905	24	20
25	艺术广角	3785	25	29
26	美术研究	3596	26	28
27	民族艺术	3513	27	12
28	电视研究	3423	28	37
29	交响：西安音乐学院学报	3350	29	22
30	星海音乐学院学报	3276	30	31
31	民族艺术研究	3194	31	16
32	音乐探索	2911	32	26
33	戏剧艺术：上海戏剧学院学报	2700	33	21
34	解放军艺术学院学报	2531	34	29
35	天津音乐学院学报：天籁	2322	35	23
36	戏剧：中央戏剧学院学报	2129	36	25
37	浙江艺术职业学院学报	1834	37	32

通过总下载频次与下载率排名的比较可以将艺术学这些期刊分为几大类。第一类是两项排名均靠前的《当代电影》、《文艺研究》、《电影艺术》等期刊，不仅篇均网络利用率高，而且总下载量大，使得期刊整体网络影响力很大。第二类是《艺术百家》、《中国电视》、《人民音乐》、《美术观察》等期刊，虽然Web下载率不很高，但

由于其总下载量大，导致其期刊整体的影响力也很不错。第三类是Web下载率很高，但总下载量小的期刊，包括《音乐艺术》、《民族艺术》等，说明这些期刊载文少而精。第四类，是那些两项排名均靠后的期刊，包括《浙江艺术职业学院学报》、《解放军艺术学院学报》等，这些期刊与其他期刊相比，网上利用还存在一定差距，这些期刊的编辑部应当引起注意。

11.8 艺术学期刊评价指标综合分析

上文分别对期刊评价体系中的七大指标，进行了分析与讨论。最后，使用本书第1章构建的人文社会科学期刊综合评价体系来对艺术学期刊进行综合评价。按照综合评价体系中各指标的权重（具体参见本书第1章），给各指标的归一化值分别乘以对应的权重，再相加得到最终的期刊评价综合值。表11-28给出了39种艺术学期刊的综合值运算表。

表11-28 艺术学期刊综合值运算表

排序	期刊名称	期刊学术规范×0.15	被引次数×0.1	被引速率×0.1	影响因子×0.3	被引广度×0.1	二次文献转载×0.1	Web下载×0.15	综合值Σ
1	文艺研究	0.5892	0.7980	0.7572	0.7339	1	1	0.6841	0.7667
2	音乐研究	0.4886	0.7241	1	0.9025	0.2750	0.0427	0.5995	0.6381
3	中央音乐学院学报	0.5303	0.7382	0.6358	0.9103	0.2504	0.0193	0.7593	0.6309
4	中国音乐学	0.4854	0.7232	0.4700	0.9390	0.2750	0.0217	0.7431	0.6150
5	当代电影	0.4299	0.4576	0.4632	0.2761	0.2957	0.1586	1	0.4348
6	黄钟：武汉音乐学院学报	0.5178	0.3892	0.4327	0.6128	0.2196	0.0048	0.4450	0.4329
7	音乐艺术	0.6315	0.3627	0.2835	0.5389	0.2196	0.0048	0.5757	0.4298
8	电影艺术	0.2045	0.4845	0.4315	0.3215	0.3388	0.0699	0.8324	0.3845
9	中国音乐	0.5536	0.5348	0.2502	0.3589	0.2565	0.0096	0.4388	0.3616
10	民族艺术	0.4507	0.2234	0.3966	0.4231	0.2279	0.0651	0.3521	0.3387
11	人民音乐	0.4947	0.6966	0.1228	0.1774	0.2750	0.0767	0.4549	0.3128
12	北京电影学院学报	0.3209	0.1044	0.2151	0.2333	0.1047	0.0385	0.7793	0.2813
13	民族艺术研究	0.4523	0.0978	0.2191	0.2888	0.1149	0.0482	0.3258	0.2514
14	交响：西安音乐学院学报	0.5110	0.2349	0.1503	0.2483	0.1642	0.0048	0.2928	0.2505
15	艺术评论	0.1810	0.0387	0.0477	0.4550	0.0678	0.1846	0.3521	0.2503

续表

排序	期刊名称	期刊学术规范×0.15	被引次数×0.1	被引速率×0.1	影响因子×0.3	被引广度×0.1	二次文献转载×0.1	Web下载×0.15	综合值Σ
16	浙江艺术职业学院学报	0.4898	0.0305	0.2088	0.3644	0.0524	0.0072	0.2082	0.2439
17	戏剧：中央戏剧学院学报	0.5222	0.0860	0.1236	0.2046	0.1109	0.0217	0.2843	0.2166
18	音乐探索	0.4770	0.1335	0.1656	0.2029	0.1130	0.0024	0.2783	0.2156
19	戏剧艺术：上海戏剧学院学报	0.4290	0.1277	0.1213	0.2136	0.0924	0.0096	0.2974	0.2081
20	电视研究	0.4599	0.2302	0.349	0.0975	0.2424	0.0072	0.1621	0.2054
21	中国电视	0.3981	0.1078	0.2209	0.1064	0.1210	0.0482	0.3475	0.1936
22	艺术百家	0.7057	0.0574	0.0175	0.0623	0.0761	0.0048	0.3412	0.1913
23	天津音乐学院学报：天籁	0.5198	0.0500	0.1873	0.1329	0.0533	0.0048	0.2905	0.1910
24	中国音乐教育	0.5777	0.0951	0.0818	0.0634	0.0678	0.0096	0.3366	0.1816
25	南京艺术学院学报（音乐与表演版）	0.4205	0.0466	0.1212	0.1599	0.0576	0.0168	0.3083	0.1815
26	乐府新声：沈阳音乐学院学报	0.5299	0.0973	0.0399	0.0882	0.0902	0.0024	0.3004	0.1740
27	齐鲁艺苑：山东艺术学院学报	0.5793	0.0375	0.0288	0.0517	0.0431	0.0121	0.3106	0.1611
28	美术研究	0.4720	0.0691	0.1575	0.0592	0.0761	0.0338	0.2451	0.1590
29	星海音乐学院学报	0.5189	0.0830	0.0547	0.0645	0.0862	0.0072	0.2382	0.1560
30	解放军艺术学院学报	0.4082	0.0305	0.0942	0.0980	0.0410	0.0767	0.2451	0.1516
31	艺术广角	0.1511	0.0293	0	0.0217	0.0410	0.0313	0.7148	0.1466
32	新美术	0.0327	0.0666	0.1809	0.1045	0.0761	0.0410	0.4750	0.1440
33	书法研究	0.2500	0.0722	0.1319	0.1445	0.0638	0	—	0.1274
34	美术观察	0.5095	0.0416	0.0157	0.0198	0.0699	0.0815	0.1291	0.1226
35	中国书法	0.2489	0.0937	0.0771	0.0825	0.0656	0.0072	—	0.0980
36	中国戏剧	0.3066	0.0473	0.0576	0.0096	0.2094	0.0217	0.0906	0.0961
37	美术	0.3957	0.0601	0.0087	0.0064	0.0779	0.0307	0.1077	0.0952
38	钢琴艺术	0.1383	0.0356	0.0288	0.0255	0.0370	0	0.2675	0.0787
39	东方艺术	0.3382	0.0258	0.0033	0.0051	0.0308	0	0.0692	0.0686

需要说明的是,《中国书法》和《书法研究》由于缺少 Web 下载率指标数据,这两种期刊计算综合值时,将 Web 下载率指标的权重 0.15 分配给"被引速率",因此被引速率权重变为 0.25,最终得到艺术学 39 种期刊评价综合值。图 11-20 给出了这一综合值的柱状图。

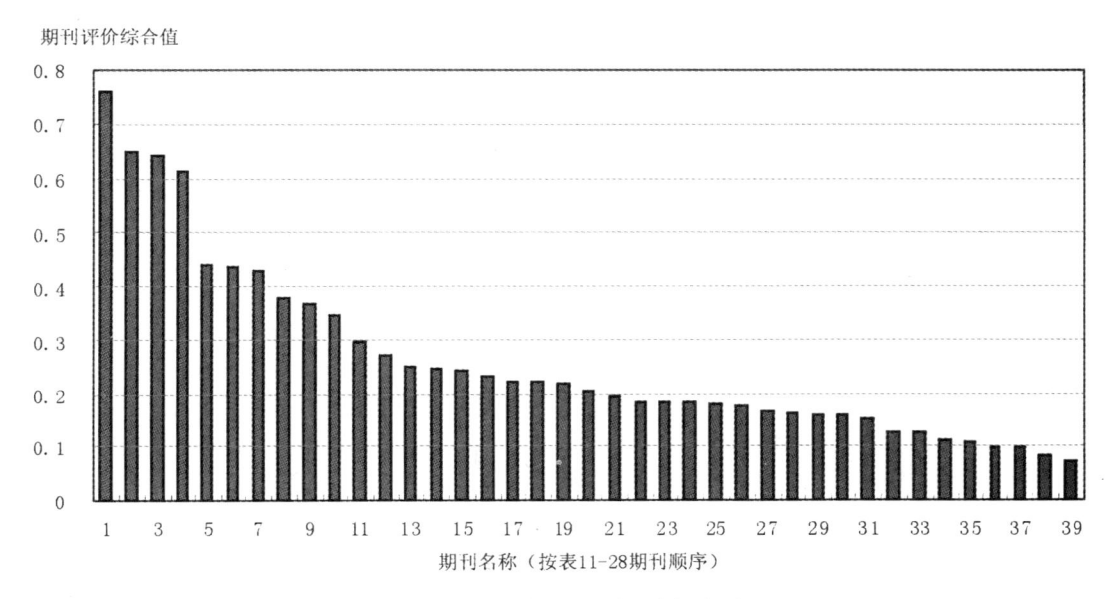

图 11-20　艺术学期刊评价综合值

从 2004—2006 年艺术学期刊的各项指标排名分布来看,《文艺研究》由于其各项指标均排名前列,所以最终以较高的综合素质取得艺术学期刊首席之位。《文艺研究》横跨文学和艺术两大学科,载文量较大,文章质量高,尤其是被引广度和二次全文转载指标优势显著,所以说它是一种对文学和艺术学研究具有深远影响的权威期刊。

排第 2—4 名的《音乐研究》、《中央音乐学院学报》、《中国音乐学》综合值差距很小,且它们都属于音乐学期刊,仔细分析这 3 种期刊各项指标发现,他们的各项指标具有很大的正相关性,具有的优势和存在的问题一致,存在的问题是规范化不高,被引广度较小,二次文献转载率很小;优势是其他指标值在艺术学期刊中表现较好,但其中被引次数与被引速率还有很大提升空间。

根据期刊评价综合值,可以划分出艺术学期刊的学术等级,权威期刊的综合值取值在 1.0—0.7 之间,只有《文艺研究》一种期刊;综合值在 0.7—0.28 定为核心期刊区,包括 11 种期刊;综合值在 0.28—0.25 定为核心期刊扩展区,包括 3 种期刊;其他期刊包括没有列入表中的艺术学期刊均为一般性学术期刊。依据这一原则得到艺术学期刊的定量评价结果:

权威期刊:《文艺研究》;

核心期刊：《音乐研究》、《中央音乐学院学报》、《中国音乐学》、《当代电影》、《黄钟：武汉音乐学院学报》、《音乐艺术》、《电影艺术》、《中国音乐》、《民族艺术》、《人民音乐》、《北京电影学院学报》；

扩展核心期刊：《民族艺术研究》、《交响：西安音乐学院学报》、《艺术评论》；

其他期刊均为一般性学术期刊。

第 12 章 管理学

根据新闻出版总署公布的数据和最新统计，我国管理学类学术期刊约 200 余种，良莠不齐。2004—2006 年，CSSCI 收录管理学类来源期刊 26 种（注：原来源期刊《战略与管理》2004 年因故停刊，实际 2005 年管理学来源刊数为 25 种），此期间，CSSCI 管理学类来源期刊共收录来源文献数 17652 篇，由于管理学研究的广泛性，这些来源文献引用了中文人文社会科学学术期刊 3858 种。为了研究的全面性和科学性，本章的研究对象是以 2004—2006 在 CSSCI 中被引指标排在前 70 名的期刊，样本以管理学类学术期刊为主，另外，还有一些期刊虽然不是纯管理学期刊，但它们在管理学研究中发挥着很大的作用。这些期刊包括经济学的部分期刊，如《改革》、《企业经济》，政治学类期刊《国家行政学院学报》、《江苏行政学院学报》，统计学期刊《统计与决策》（理论版）等。这 70 种期刊的被引数，占了管理学（中文）期刊总被引频次的 75% 以上，基本能代表国内影响管理学研究的学术期刊。需要指出的是，以下各项数据来源于对 CSSCI 数据库、万方期刊数据库的统计数据、清华同方的 Web 即年下载数据、中南财经政法大学的二次文献转载数据库以及对印刷型期刊的考察和部分文献转载。

12.1 管理学期刊学术规范量化指标分析

科技的进步，期刊的网络化、信息化要求期刊编排规范化，这样做一是信息科技和数字发展的需要，二是传播信息的需要，三是科研管理部门对期刊进行公平客观的评价及检索的需要，同时也是期刊走向世界的需要。学术期刊的规范性，从文字上体现为其所发表的论文语言简洁、可读性强，具有一定的学术价值，更重要的是要遵循国家和学界有关学术标准和规范，提高期刊中论文的学术含量。[①] 实现期刊规范化，对提高办刊质量，进而对读者阅读利用期刊论文，对科研部门统计、分析、评价期刊都有重要的意义。对期刊规范性进行考察的指标很多，为了简化考察过程和数据的可获得性，同时考虑到可以量化的角度，本节用期刊论文的篇均引用文献

[①] 易明芳："学术期刊规范化与期刊评价"，《出版发行研究》2004 年第 7 期，第 71—73 页。

数、期刊基金论文占有比例、期刊作者地区分布以及期刊标注有作者机构的论文比例这 4 项指标作为评价期刊学术规范量化的指标,从而评价管理学期刊规范化和学术含量。

12.1.1 篇均引用文献数

学术论文列出的引用文献应该是论文学术表达的重要组成部分,它不仅反映了对他人成果的尊重,也体现了学术成果自身的规范程度和学术含量。期刊篇均引用文献数就是考察期刊参考文献和引用文献数量多少的一项指标。虽然评价一篇论文的学术质量和学术含量不能绝对的用参考文献的多寡来衡量,但如果针对同一学科期刊进行篇均引文数量的比较,则在某种程度上反映了各期刊所刊载的文章的平均研究深度和是否遵守了学术规范。

从管理学学科来看,2004—2006 年 CSSCI 管理学来源期刊的篇均引文(为 8.58 篇)高于人文社会科学(为 8.20 篇)的平均水平,低于历史学、法学、考古学等学科。[①] 表 12-1 给出了 2004—2006 年 70 种管理学期刊篇均引用文献数统计以及三年平均引用文献篇数,并对各期刊进行了归一化处理。其中归一化值是以各期刊三年平均引用篇数作为分子,三年平均引用篇数的最大值为分母,计算而得。本数据中《管理科学学报》的平均引用篇数最大(20.9967 篇),作为分母,其归一化值为 1,其余期刊的归一化值均小于 1。本表按照各期刊三年平均引用文献篇数从大到小排序。

表 12-1　　　　　　　　2004—2006 年管理学期刊篇均引用文献数统计

排序	期刊名称	2004 年(篇数)	2005 年(篇数)	2006 年(篇数)	三年平均(篇数)	归一化值
1	管理科学学报	23.84	18.57	20.58	20.9967	1
2	上海行政学院学报	18.16	17.87	19.17	18.4000	0.8763
3	管理科学	13.45	18.47	19.49	17.1367	0.8162
4	管理学报	16.02	15.53	16.01	15.8533	0.7550
5	南开管理评论	12.68	14.52	19.88	15.6933	0.7474
6	管理评论	13.07	16.39	16.54	15.3333	0.7303
7	公共管理学报	11.87	14.48	18.28	14.8767	0.7085
8	管理世界	12.78	13.70	17.80	14.7600	0.7030
9	中国管理科学	13.62	14.66	14.97	14.4167	0.6866

---

① 邓三鸿、金莹:"我国人文社会科学学术刊物的学科对比——基于 CSSCI 的分析",《东岳论丛》2008 年第 1 期,第 43—50 页。

续表

排序	期刊名称	2004年（篇数）	2005年（篇数）	2006年（篇数）	三年平均（篇数）	归一化值
10	科研管理	12.32	14.06	15.86	14.0800	0.6706
11	外国经济与管理	7.01	16.85	16.96	13.6067	0.6480
12	预测	10.53	11.95	13.90	12.1267	0.5776
13	科学学研究	10.51	12.52	12.81	11.9467	0.5690
14	管理工程学报	10.13	11.74	12.58	11.4833	0.5469
15	中国软科学	9.66	11.52	12.92	11.3667	0.5414
16	系统工程理论与实践	10.10	10.98	12.75	11.2767	0.5371
17	研究与发展管理	10.28	10.20	12.63	11.0367	0.5256
18	系统工程	9.22	11.05	11.40	10.5567	0.5028
19	科学学与科学技术管理	8.14	8.82	10.15	9.0367	0.4304
20	改革	7.98	10.49	8.00	8.8233	0.4202
21	江苏行政学院学报	8.30	7.92	10.10	8.7733	0.4178
22	人类工效学	8.53	7.93	8.59	8.3500	0.3977
23	科学管理研究	7.06	7.69	10.18	8.3100	0.3958
24	商业经济与管理	5.37	8.98	10.18	8.1767	0.3894
25	软科学	7.21	8.25	9.00	8.1533	0.3883
26	湖北行政学院学报	7.44	7.78	7.47	7.5633	0.3602
27	运筹与管理	7.65	5.18	9.56	7.4633	0.3555
28	云南行政学院学报	6.37	7.43	8.17	7.3233	0.3488
29	福建行政学院福建经济管理干部学院学报	7.00	7.38	7.23	7.2033	0.3431
30	经济管理	6.59	7.35	7.63	7.1900	0.3424
31	科技管理研究	6.07	7.14	7.65	6.9533	0.3312
32	华东经济管理	4.77	6.33	9.55	6.8833	0.3278
33	林业资源管理	5.40	6.56	7.90	6.6200	0.3153
34	科技进步与对策	5.18	6.05	7.75	6.3267	0.3013
35	国土资源科技管理	4.74	6.25	7.66	6.2167	0.2961
36	广西经济管理干部学院学报	5.59	6.81	6.03	6.1433	0.2926
37	北京行政学院学报	6.16	6.10	5.21	5.8233	0.2773
38	管理现代化	5.77	5.86	5.74	5.7900	0.2758
39	中国科技论坛	4.68	6.41	6.20	5.7633	0.2745
40	经济体制改革	4.73	5.50	6.79	5.6733	0.2702
41	未来与发展	3.47	5.79	7.02	5.4267	0.2585
42	科技与管理	4.63	4.70	6.13	5.1533	0.2454
43	广东行政学院学报	4.74	4.95	4.81	4.8333	0.2302

续表

排序	期刊名称	2004年（篇数）	2005年（篇数）	2006年（篇数）	三年平均（篇数）	归一化值
44	上海管理科学	4.07	3.53	6.74	4.7800	0.2277
45	现代管理科学	3.78	4.77	5.15	4.5667	0.2175
46	江西行政学院学报	3.93	4.48	5.15	4.5200	0.2153
47	科学对社会的影响	3.02	6.55	3.71	4.4267	0.2108
48	改革与战略	3.59	4.01	5.03	4.2100	0.2005
49	中国行政管理	3.43	4.29	4.46	4.0600	0.1934
50	农业科技管理	2.95	4.37	4.45	3.9233	0.1869
51	企业经济	3.22	3.71	4.72	3.8833	0.1849
52	四川行政学院学报	2.83	3.72	4.42	3.6567	0.1742
53	中华医学科研管理杂志	3.31	3.73	3.90	3.6467	0.1737
54	中国人力资源开发	2.30	3.86	4.00	3.3867	0.1613
55	技术与创新管理	0	4.42	4.84	3.0867	0.1470
56	国家行政学院学报	3.22	2.24	3.28	2.9133	0.1388
57	中国科学基金	2.35	1.88	2.59	2.2733	0.1083
58	世界标准化与质量管理	0.49	0.81	3.06	1.4533	0.0692
59	统计与决策	0	1.40	1.92	1.1067	0.0527
60	云南科技管理	0.99	0.84	1.37	1.0667	0.0508
61	中国科技产业	1.22	0.63	0.54	0.7967	0.0379
62	企业管理	0.23	0.62	0.44	0.4300	0.0205
63	国有资产管理	0	0.03	0.04	0.0233	0.0011
64	宏观经济管理	0.04	0	0	0.0133	0.0006
65	中国党政干部论坛	0	0	0	0	0
65	中国改革	0	0	0	0	0
65	科学决策	0	0	0	0	0
65	中国人才	0	0	0	0	0
65	决策	0	0	0	0	0
65	企业改革与管理	0	0	0	0	0

根据表12-1的数据显示，2004—2006年，管理学期刊的篇均引文数为6.96篇。其中，CSSCI管理学类来源期刊的篇均引文数为8.58篇，非管理学来源期刊篇均引文数为5.09篇。说明来源期刊在这一指标上远高于非来源期刊，两者相差3.49篇。

从以上数据可以看出，CSSCI 来源刊大多排在前面，只有《宏观经济管理》的数据接近于 0，此外，在篇均引文数靠前的期刊中，还有 3 个非 CSSCI 来源期刊：2004 年创刊的《公共管理学报》和《管理学报》，以及《管理评论》，分别排在第 4、第 7 和第 6。可以看出，在 2004—2006 这三年中，它们都非常注意引文的规范性，这也为提高期刊的质量做好了准备，因此，当这 3 种期刊都成为 CSSCI 2008 年来源刊时，也就不足为奇了。此外，《系统工程理论与实践》、《系统工程》两种期刊的篇均引文数也比较靠前，但由于这两种期刊的办刊偏重于工程方面，没有入选 CSSCI 来源期刊。

从年度变化上来看，管理学期刊的篇均引文数整体处于上升状态。所有期刊的篇均引文：2004 年为 6.05 篇，2005 年为 6.98，2006 年为 7.84。从管理学期刊引用文献数量总的变化来看，管理学类期刊论文越来越重视文献的引用，更加强调学术引用的规范化。但有些期刊的某些论文存在没有引文的现象。比如《中国人才》、《中国改革》、《决策》等，这些期刊定位未必是纯学术期刊，但由于经常刊登一些热门的报道性及评论性文章而受到学界的关注。总体来看，管理学期刊的篇均引文数比较稳定，也有进步较大的期刊，如《世界标准化与质量管理》、《外国经济与管理》、《未来与发展》等期刊的上升幅度超过 100%。

12.1.2 基金论文比例

正常情况下，基金的承担者都是各个学科的优秀学者，其发表的基金论文往往代表了某研究领域的新趋势、"制高点"。因此，基金论文具有比较高的学术价值。期刊登载的基金论文数量越多，则说明期刊吸收前沿学科高质量论文的能力强，学术水平较高。同时，基金论文的作者大多愿意把自己的最新科研成果投向科学界地位最高、影响最大、学术性最强的高水平期刊，以此扩大其论文的学术影响。因此可以说"基金论文比"与期刊学术质量应该是呈正相关的关系。[1]

近几年，管理学的研究比较特殊，往往会融合自然科学和人文社会科学多个领域，在国家基金资助方面，管理学一般放在自然科学基金管理学部，但实际在自然科学基金和社会科学基金方面，都可见到有关管理学学科的资助项目，且各类基金对管理学研究的资助也逐步增加。例如，国家自然科学基金对管理学研究的资助项目由 2001 年的 199 项增长到 2006 年的 475 项，资助额度也从 2472 万增加到 8493 万[2]，基金资助的成果最终体现在基金论文的发表数量上。从 CSSCI 的数据来看，2004 年管理学来源期刊的基金论文为 1749 篇，而到了 2006 年，对应的数字为 2654

---

[1] 李晓红、于善清、胡春霞、孙培芹："科技期刊评价中应重视'基金论文比'的作用"，《科技管理研究》2005 年第 10 期，第 134—135 页。

[2] http://www.nsfc.gov.cn/nsfc/desktop/zzxmtj.aspx@tabindex=309&modelid=229.htm，2008—6—30.

篇，增长了52%。可以说，期刊刊载基金论文的比例越高，说明期刊所刊载的论文与学界所关注的研究领域、与国家所关心的现实问题更加密切相关。表12-2给出了2004—2006年管理学期刊基金论文比例及三年平均值，同样的也对平均值进行了归一化计算。本表按照三年平均比例从大到小排序。

表12-2　　　　　　　　2004—2006年管理学期刊基金论文比例

排序	期刊名称	2004年	2005年	2006年	三年平均	归一化值
1	管理科学学报	0.87	0.87	0.87	0.8700	1
2	系统工程理论与实践	0.74	0.78	0.82	0.7800	0.8966
3	中国管理科学	0.69	0.78	0.86	0.7767	0.8928
4	管理工程学报	0.68	0.68	0.82	0.7267	0.8353
5	管理学报	0.68	0.67	0.73	0.6933	0.7969
6	管理评论	0.52	0.81	0.72	0.6833	0.7854
7	系统工程	0.60	0.76	0.67	0.6767	0.7778
8	科研管理	0.54	0.67	0.69	0.6333	0.7279
9	预测	0.53	0.55	0.79	0.6233	0.7164
10	研究与发展管理	0.55	0.63	0.67	0.6167	0.7089
11	运筹与管理	0.52	0.52	0.66	0.5667	0.6514
11	软科学	0.48	0.55	0.67	0.5667	0.6514
13	科学学研究	0.42	0.51	0.76	0.5633	0.6475
14	中国软科学	0.43	0.46	0.63	0.5067	0.5824
15	管理科学	0.40	0.55	0.56	0.5033	0.5785
16	科学学与科学技术管理	0.37	0.45	0.66	0.4933	0.5670
17	科学管理研究	0.43	0.37	0.65	0.4833	0.5555
18	中国科技论坛	0.28	0.45	0.68	0.4700	0.5402
19	管理世界	0.34	0.40	0.57	0.4367	0.5020
20	南开管理评论	0.33	0.46	0.50	0.4300	0.4943
21	外国经济与管理	0.28	0.34	0.63	0.4167	0.4790
21	商业经济与管理	0.21	0.40	0.64	0.4167	0.4790
23	科技进步与对策	0.28	0.35	0.58	0.4033	0.4636
24	科技管理研究	0.26	0.33	0.44	0.3433	0.3946
25	人类工效学	0.29	0.30	0.31	0.3000	0.3448
26	公共管理学报	0.36	0.29	0.22	0.2900	0.3333

续表

排序	期刊名称	2004年	2005年	2006年	三年平均	归一化值
27	林业资源管理	0.24	0.28	0.34	0.2867	0.3295
28	国土资源科技管理	0.24	0.28	0.33	0.2833	0.3256
29	管理现代化	0.18	0.24	0.31	0.2433	0.2797
30	上海管理科学	0.12	0.21	0.38	0.2367	0.2721
31	经济管理	0.17	0.21	0.28	0.2200	0.2529
31	中国行政管理	0.12	0.11	0.43	0.2200	0.2529
33	改革	0.14	0.26	0.25	0.2167	0.2491
34	华东经济管理	0.13	0.19	0.30	0.2067	0.2376
35	未来与发展	0.08	0.10	0.43	0.2033	0.2337
36	统计与决策	0.09	0.18	0.31	0.1933	0.2222
37	科技与管理	0.14	0.18	0.24	0.1867	0.2146
37	经济体制改革	0.11	0.18	0.27	0.1867	0.2146
39	农业科技管理	0.20	0.15	0.19	0.1800	0.2069
40	江苏行政学院学报	0.07	0.13	0.19	0.1300	0.1494
41	福建行政学院福建经济管理干部学院学报	0.13	0.14	0.08	0.1167	0.1341
42	改革与战略	0.04	0.13	0.17	0.1133	0.1302
43	宏观经济管理	0	0	0.33	0.1100	0.1264
44	现代管理科学	0.03	0.12	0.17	0.1067	0.1226
45	广西经济管理干部学院学报	0.05	0.15	0.11	0.1033	0.1187
45	企业经济	0.07	0.11	0.13	0.1033	0.1187
47	江西行政学院学报	0.02	0.11	0.17	0.1000	0.1149
48	上海行政学院学报	0.09	0.10	0.10	0.0967	0.1111
48	湖北行政学院学报	0.08	0.10	0.11	0.0967	0.1111
50	北京行政学院学报	0.06	0.08	0.14	0.0933	0.1072
50	云南行政学院学报	0.03	0.09	0.16	0.0933	0.1072
52	中华医学科研管理杂志	0.05	0.10	0.12	0.0900	0.1034
53	国家行政学院学报	0.06	0.10	0.09	0.0833	0.0957
54	技术与创新管理	0.04	0.11	0.07	0.0733	0.0843
55	中国科学基金	0.10	0.05	0.04	0.0633	0.0728
55	科学对社会的影响	0.02	0.12	0.05	0.0633	0.0728

续表

排序	期刊名称	2004年	2005年	2006年	三年平均	归一化值
57	广东行政学院学报	0.02	0.09	0.07	0.0600	0.0690
57	世界标准化与质量管理	0.06	0.03	0.09	0.0600	0.0690
59	中国人力资源开发	0.02	0.05	0.03	0.0333	0.0383
59	中国科技产业	0.03	0.04	0.03	0.0333	0.0383
61	云南科技管理	0.02	0.02	0.04	0.0267	0.0307
62	四川行政学院学报	0.02	0.02	0.02	0.0200	0.0230
63	企业管理	0.02	0.01	0.02	0.0167	0.0192
64	国有资产管理	0.01	0.02	0	0.0100	0.0115
65	中国党政干部论坛	0	0.02	0	0.0067	0.0077
66	科学决策	0	0	0.01	0.0033	0.0038
66	决策	0.01	0	0	0.0033	0.0038
66	中国改革	0	0	0.01	0.0033	0.0038
69	中国人才	0	0	0	0	0
69	企业改革与管理	0	0	0	0	0

从表 12-2 可以看到，2004—2006 年，管理学期刊的平均基金论文比为 0.27，这个比例高于人文社会科学其他学科。其中，CSSCI 管理学类来源期刊的平均基金论文比为 0.44，本章讨论的管理学类非来源期刊的平均基金论文比为 0.20，两者相差 0.24。说明非来源期刊整体的基金论文数量与管理学类来源期刊有一定的差距。但是也有个别非来源期刊具有较高的基金论文比例，如《管理学报》创刊时间不长，但基金论文比居于排名的第 5 位，说明该刊创立时就重视基金论文的标注，非来源期刊《管理评论》的基金论文比也较高，说明它也能吸引大量高水平论文；来源期刊《中国人力资源开发》基金论文比较低，这说明该刊的学术性可能不高或者不重视基金论文的标注。不过我们也应注意到，有些基金项目指定了项目成果发布的期刊列表①，这种规定对于一般的学术期刊而言是一种发展障碍。

根据三年基金论文比，管理学期刊分为三个层次：基金论文比在 50% 以上的 15 种期刊可列入第一层次；此后的 16 至 47 名共 32 种期刊为第二层次，它们的三年平均基金论文比在 0.1—0.5 之间，排名相近的期刊间数量相差较小。剩余的期刊归入第三层次，三年平均基金论文比较小，基金论文比都在 10% 以下。有两种期刊甚至没有一篇标注为基金论文，尽管基金论文比不是评价期刊学术性的关键指标，但仍

---

① 重要学术期刊，http://www.amss.ac.cn/managesci/pointjournal.html，2008—7—17。

然值得这些排名靠后的期刊予以更多的注意。

从年度变化来看,管理学期刊的基金论文比基本处于上升的状态。其中 CSSCI 来源期刊《宏观经济管理》的增幅最为明显,从 2004、2005 年的 0 增长到 2006 年的 0.33。此外,《现代管理科学》、《未来与发展》、《中国行政管理》、《统计与决策》、《上海管理科学》、《商业经济与管理》等期刊的基金论文比增长都超过了 200%。分析排在最后 5 位的《中国人才》、《企业改革与管理》等期刊,三年的基金论文比近乎为 0。一方面可能是这些期刊缺乏对基金论文的重视,当然也主要是因为期刊的学术性不高,难以吸引相应的基金论文。另外,新生期刊《管理学报》平均基金论文比位居前 5,体现了该刊创刊之初就立足于学术性和规范化。

从以上分析看来,管理学期刊刊载的基金论文情况参差不齐。可以说,有些期刊整体学术规范和学术质量较高,基金论文比也较高,有些期刊偏向于报道性文章或缺乏对基金论文的重视,刊载的文章学术性不强。

12.1.3 论文作者地区分布

期刊论文作者地区分布的广泛程度,反映了期刊在不同地区的影响力及受到不同地区作者关注的程度。本研究中的作者地区包括我国大陆现有的 31 个省市自治区与港、澳、台以及国外的国家和地区(国外的地区分布数以国家为单位计量)。表 12-3 给出了 2004—2006 年 70 种管理学期刊论文作者地区分布数及三年平均值,并对平均值进行了归一化计算,并按三年平均地区数从大到小排序。

表 12-3　　　　　　　　2004—2006 年管理学期刊论文作者地区分布

排序	期刊名称	2004 年(地区数)	2005 年(地区数)	2006 年(地区数)	三年平均(地区数)	归一化值
1	管理世界	25	33	31	29.67	1
2	科技进步与对策	27	28	30	28.33	0.9548
3	科技管理研究	26	28	28	27.33	0.9211
3	中国党政干部论坛	31	23	28	27.33	0.9211
5	中国行政管理	24	27	30	27.00	0.9100
5	统计与决策	27	26	28	27.00	0.9100
5	中国软科学	26	28	27	27.00	0.9100
8	现代管理科学	25	24	28	25.67	0.8652
8	中国人才	22	27	28	25.67	0.8652
8	国家行政学院学报	25	27	25	25.67	0.8652
11	科学学与科学技术管理	26	27	23	25.33	0.8537

续表

排序	期刊名称	2004年（地区数）	2005年（地区数）	2006年（地区数）	三年平均（地区数）	归一化值
12	中国科技论坛	25	25	25	25.00	0.8426
12	经济管理	29	22	24	25.00	0.8426
14	农业科技管理	24	24	26	24.67	0.8315
14	科学学研究	24	25	25	24.67	0.8315
16	科技与管理	22	26	24	24.00	0.8089
17	改革与战略	19	24	27	23.33	0.7863
17	企业管理	22	23	25	23.33	0.7863
17	企业经济	22	24	24	23.33	0.7863
17	华东经济管理	22	25	23	23.33	0.7863
21	宏观经济管理	21	22	26	23.00	0.7752
21	未来与发展	20	24	25	23.00	0.7752
21	科学管理研究	22	24	23	23.00	0.7752
24	中国管理科学	22	21	25	22.67	0.7641
24	商业经济与管理	21	22	25	22.67	0.7641
24	系统工程理论与实践	21	24	23	22.67	0.7641
24	软科学	24	21	23	22.67	0.7641
28	国有资产管理	19	20	28	22.33	0.7526
28	中国人力资源开发	21	22	24	22.33	0.7526
28	中华医学科研管理杂志	21	22	24	22.33	0.7526
28	南开管理评论	26	19	22	22.33	0.7526
32	国土资源科技管理	19	23	24	22.00	0.7415
32	云南行政学院学报	22	20	24	22.00	0.7415
32	林业资源管理	20	23	23	22.00	0.7415
32	世界标准化与质量管理	23	21	22	22.00	0.7415
32	四川行政学院学报	21	23	22	22.00	0.7415
37	经济体制改革	21	20	24	21.67	0.7304
37	中国改革	18	24	23	21.67	0.7304
37	管理现代化	21	25	19	21.67	0.7304
40	中国科技产业	20	23	21	21.33	0.7189
40	改革	21	22	21	21.33	0.7189

续表

排序	期刊名称	2004年（地区数）	2005年（地区数）	2006年（地区数）	三年平均（地区数）	归一化值
42	运筹与管理	20	19	22	20.33	0.6852
42	科研管理	20	21	20	20.33	0.6852
44	北京行政学院学报	17	21	21	19.67	0.6630
45	管理科学学报	17	20	20	19.00	0.6404
45	广东行政学院学报	18	19	20	19.00	0.6404
47	管理科学	17	17	22	18.67	0.6293
47	系统工程	18	20	18	18.67	0.6293
49	管理学报	19	19	17	18.33	0.6178
50	研究与发展管理	15	19	20	18.00	0.6067
50	江西行政学院学报	21	20	13	18.00	0.6067
52	管理工程学报	15	18	20	17.67	0.5956
53	外国经济与管理	17	17	17	17.00	0.5730
54	预测	17	18	16	17.00	0.5730
55	技术与创新管理	10	16	23	16.33	0.5504
55	管理评论	17	17	15	16.33	0.5504
57	广西经济管理干部学院学报	14	16	17	15.67	0.5281
58	科学决策	12	12	22	15.33	0.5167
58	湖北行政学院学报	12	14	20	15.33	0.5167
60	公共管理学报	16	16	12	14.67	0.4944
61	人类工效学	14	14	15	14.33	0.4830
61	中国科学基金	18	12	13	14.33	0.4830
63	江苏行政学院学报	14	12	14	13.33	0.4493
64	云南科技管理	8	12	16	12.00	0.4044
64	决策	15	10	11	12.00	0.4044
66	福建行政学院福建经济管理干部学院学报	15	10	10	11.67	0.3933
67	上海行政学院学报	11	10	10	10.33	0.3482
68	上海管理科学	7	10	11	9.33	0.3145
69	科学对社会的影响	3	11	12	8.67	0.2922
69	企业改革与管理	15	4	7	8.67	0.2922

从表 12-3 可以看到，管理学类期刊作者的地区分布数差异较大。地区分布最广的期刊作者几乎遍及全国大部分地区（30 个左右的地区），分布最窄的期刊其作者仅局限于 10 个左右的地区，说明这些期刊对地区的影响面较小，反映了这些期刊的主办者在管理学界尚缺乏较大影响以及期刊具有明显地方色彩。如大部分的地区行政学院学报、《云南科技管理》、《上海管理科学》等期刊的作者群和读者群就具有明显的地域性和局限性，而《公共管理学报》、《管理学报》等基金论文比靠前的期刊，可能是因为创刊时间短，学术影响还没有完全拓展开。另外，有些期刊的分布性表现不佳还可能是因为疏于作者机构的标注，如《企业改革与管理》，机构标注比例不高是造成其地区分布数据低的主要因素（见表 12-4）。

2004—2006 年，同其他学科类似，大部分管理学期刊的地区分布变化不大，像《科技管理研究》、《中国软科学》、《科技进步与对策》等刊三年的地区分布基本保持不变；有些期刊，比如《国有资产管理》、《技术与创新管理》、《湖北行政学院学报》，三年间的地区分布呈现逐渐扩大的趋势，说明其涉及的作者面越来越广。而从数据上看，作者地区分布呈一定下降趋势的期刊有《经济管理》、《企业改革与管理》、《中国科学基金》等，这是一些相反的例子，值得期刊主办机构警觉。

总之，与其他学科比较，管理学类期刊的作者影响面还不是很广，我们的期刊需要扩大作者群，真正在全国范围内繁荣我们的学术研究。

12.1.4 有作者机构论文比例

作者机构标注比例也是衡量期刊规范程度的重要指标之一。可以认为，论文的作者机构是学术论文的重要组成部分，它不仅方便了读者与作者之间的交流，也为学界了解各机构的研究实力和学术交流提供了信息。自 1998 年来，CSSCI 一直强调论文的作者机构标注，也得到了绝大多数期刊的响应，CSSCI 来源期刊作者机构的标注比例不断上升，标注比例由 1998 年的 83.2% 上升到 2006 年的 95.6%，期刊的规范程度不断提高，CSSCI 对人文社会科学学术期刊规范化起到了积极的作用。从学科的角度来看，2004—2006 年 CSSCI 管理学来源期刊的机构标注比为 99% 以上，高于人文社会科学的平均比例（94.4%）[①]，说明管理学期刊在这方面的规范性较好。表 12-4 给出了 2004—2006 年管理学期刊标注有作者机构的论文比例及三年平均值，本表按照三年平均数从大到小排序。

[①] 邓三鸿、金莹：" 我国人文社会科学学术刊物的学科对比——基于 CSSCI 的分析"，《东岳论丛》2008 年第 2 期，第 43—50 页

表 12-4　　2004—2006 年管理学期刊标注有作者机构的论文比例

排序	期刊名称	2004 年	2005 年	2006 年	三年平均	归一化值
1	科研管理	1	1	1	1	1
1	管理科学学报	1	1	1	1	1
1	研究与发展管理	1	1	1	1	1
1	中国管理科学	1	1	1	1	1
1	管理工程学报	1	1	1	1	1
1	预测	1	1	1	1	1
1	科学管理研究	1	1	1	1	1
1	管理科学	1	1	1	1	1
1	系统工程	1	1	1	1	1
1	系统工程理论与实践	1	1	1	1	1
1	管理评论	1	1	1	1	1
1	商业经济与管理	1	1	1	1	1
1	管理现代化	1	1	1	1	1
1	北京行政学院学报	1	1	1	1	1
1	人类工效学	1	1	1	1	1
1	运筹与管理	1	1	1	1	1
1	中国科学基金	1	1	1	1	1
1	国土资源科技管理	1	1	1	1	1
1	现代管理科学	1	1	1	1	1
1	科技与管理	1	1	1	1	1
1	湖北行政学院学报	1	1	1	1	1
1	广东行政学院学报	1	1	1	1	1
1	广西经济管理干部学院学报	1	1	1	1	1
1	中华医学科研管理杂志	1	1	1	1	1
1	云南科技管理	1	1	1	1	1
1	农业科技管理	1	1	1	1	1
1	技术与创新管理	1	1	1	1	1
28	企业经济	0.9990	1	1	0.9997	0.9997
29	科技进步与对策	0.9986	1	1	0.9996	0.9996
30	软科学	1	1	0.9952	0.9984	0.9984

续表

排序	期刊名称	2004 年	2005 年	2006 年	三年平均	归一化值
31	华东经济管理	1	0.9922	1	0.9974	0.9974
32	科技管理研究	0.9934	0.9986	1	0.9973	0.9973
33	江西行政学院学报	0.9907	1	1	0.9969	0.9969
33	南开管理评论	1	1	0.9908	0.9969	0.9969
35	中国科技论坛	0.9953	1	0.9950	0.9968	0.9968
35	管理世界	1	0.9968	0.9936	0.9968	0.9968
37	上海管理科学	0.9931	1	0.9933	0.9955	0.9955
38	中国软科学	1	0.9901	0.9924	0.9942	0.9942
39	改革	1	0.9931	0.9889	0.9940	0.9940
40	公共管理学报	0.9818	1	1	0.9939	0.9939
41	福建行政学院福建经济管理干部学院学报	1	1	0.9815	0.9938	0.9938
42	科学学与科学技术管理	0.9860	0.9975	0.9975	0.9937	0.9937
43	世界标准化与质量管理	0.9779	1	1	0.9926	0.9926
44	经济体制改革	0.9923	0.9960	0.9881	0.9921	0.9921
45	上海行政学院学报	1	0.9875	0.9884	0.9920	0.9920
46	统计与决策	0.9959	0.9941	0.9850	0.9916	0.9916
47	林业资源管理	1	0.9739	1	0.9913	0.9913
48	外国经济与管理	0.9735	1	1	0.9912	0.9912
49	科学学研究	1	0.9873	0.9830	0.9901	0.9901
50	四川行政学院学报	0.9661	1	1	0.9887	0.9887
51	管理学报	0.9867	0.9786	0.9925	0.9859	0.9859
52	宏观经济管理	0.9757	0.9922	0.9836	0.9838	0.9838
53	云南行政学院学报	0.9550	0.9953	1	0.9834	0.9834
54	江苏行政学院学报	1	0.9489	1	0.9745	0.9745
55	中国党政干部论坛	1	0.9765	0.9468	0.9744	0.9744
56	中国人力资源开发	0.9610	1	0.9468	0.9693	0.9693
57	国家行政学院学报	0.9930	0.9608	0.9408	0.9649	0.9649
58	经济管理	0.9554	0.9722	0.9382	0.9553	0.9553
59	改革与战略	0.8774	0.9757	0.9907	0.9479	0.9479
60	未来与发展	0.8814	0.9626	0.9650	0.9363	0.9363

续表

排序	期刊名称	2004年	2005年	2006年	三年平均	归一化值
61	中国行政管理	0.8629	0.9467	0.9642	0.9246	0.9246
62	科学对社会的影响	0.8769	0.9063	0.9831	0.9221	0.9221
63	中国科技产业	1	1	0.6506	0.8835	0.8835
64	国有资产管理	0.8440	0.8784	0.8125	0.8450	0.8450
65	科学决策	0.3665	0.9299	0.6477	0.6480	0.6480
66	中国人才	0.5958	0.5378	0.7786	0.6374	0.6374
67	企业管理	0.4760	0.5577	0.6913	0.5750	0.5750
68	决策	0.6973	0.5408	0.4734	0.5705	0.5705
69	中国改革	0.3317	0.4565	0.6778	0.4887	0.4887
70	企业改革与管理	0.1332	0.0971	0.0988	0.1097	0.1097

从表12-4可以看出，管理学有作者机构论文比的数据还是比较乐观的，三年平均值达到100%的期刊有27种之多，而只有8种期刊的机构标注比例小于90%。其中《企业改革与管理》的机构标注比例明显偏低，根据SCI等国际期刊数据库的录用规则，来源文献的信息中必须包括详细的作者机构信息，像《企业改革与管理》这样不重视机构标注的期刊必须进行改进，否则难以进入管理学主要学术期刊之列。

从2004—2006年三年变化来看，管理学各期刊有作者机构论文比例基本呈上升趋势，《中国改革》等上升明显，这说明管理学期刊规范程度不断提高，当然，也有个别期刊的趋势令人担忧，如《改革》、《决策》，机构标注比例逐年下降，《科学决策》等期刊的机构标注情况波段起伏甚至呈现下降趋势，说明这些期刊的主办者在这个问题上还没有足够重视。

12.1.5 管理学期刊学术规范量化指标综合分析

期刊学术规范量化指标在期刊评价中占有重要的位置，其主要反映期刊的规范程度和学术质量，包括期刊的篇均引用文献数、基金论文占有比例、作者地区分布以及标注有作者机构的论文比例这4项指标。根据第1章的说明，按照4项指标平均分配总指标比率，各占25%，得到期刊学术规范量化指标综合值。表12-5给出了2004—2006年管理学期刊学术规范量化各指标的归一化值和综合值。综合值计算方法为：将每一种期刊的学术规范量化分指标的归一化值乘以0.25，然后求和计算得到各期刊的综合值。本表按照各期刊学术规范量化指标综合值从大到小排序。

表 12-5　2004—2006 年管理学期刊学术规范量化指标综合值

排序	期刊名称	篇均引文数归一化值	基金论文比归一化值	地区分布归一化值	有机构论文比归一化值	综合值
1	管理科学学报	1	1	0.6404	1	0.9101
2	中国管理科学	0.6866	0.8928	0.7641	1	0.8359
3	管理世界	0.7030	0.5020	1	0.9968	0.8005
4	系统工程理论与实践	0.5371	0.8966	0.7641	1	0.7995
5	管理学报	0.7550	0.7969	0.6178	0.9859	0.7889
6	科研管理	0.6706	0.7279	0.6852	1	0.7709
7	管理评论	0.7303	0.7854	0.5504	1	0.7665
8	科学学研究	0.5690	0.6475	0.8315	0.9901	0.7595
9	中国软科学	0.5414	0.5824	0.9100	0.9942	0.7570
10	管理科学	0.8162	0.5785	0.6293	1	0.7560
11	南开管理评论	0.7474	0.4943	0.7526	0.9969	0.7478
12	管理工程学报	0.5469	0.8353	0.5956	1	0.7445
13	系统工程	0.5028	0.7778	0.6293	1	0.7275
14	预测	0.5776	0.7164	0.5730	1	0.7168
15	科学学与科学技术管理	0.4304	0.5670	0.8537	0.9937	0.7112
16	研究与发展管理	0.5256	0.7089	0.6067	1	0.7103
17	软科学	0.3883	0.6514	0.7641	0.9984	0.7006
18	科学管理研究	0.3958	0.5555	0.7752	1	0.6816
19	科技进步与对策	0.3013	0.4636	0.9548	0.9996	0.6798
20	运筹与管理	0.3555	0.6514	0.6852	1	0.6730
21	外国经济与管理	0.6480	0.4790	0.5730	0.9912	0.6728
22	中国科技论坛	0.2745	0.5402	0.8426	0.9968	0.6635
23	科技管理研究	0.3312	0.3946	0.9211	0.9973	0.6611
24	商业经济与管理	0.3894	0.4790	0.7641	1	0.6581
25	公共管理学报	0.7085	0.3333	0.4944	0.9939	0.6325
26	经济管理	0.3424	0.2529	0.8426	0.9553	0.5983
27	改革	0.4202	0.2491	0.7189	0.9940	0.5956
28	林业资源管理	0.3153	0.3295	0.7415	0.9913	0.5944
29	国土资源科技管理	0.2961	0.3256	0.7415	1	0.5908

续表

排序	期刊名称	篇均引文数归一化值	基金论文比归一化值	地区分布归一化值	有机构论文比归一化值	综合值
30	华东经济管理	0.3278	0.2376	0.7863	0.9974	0.5873
31	上海行政学院学报	0.8763	0.1111	0.3482	0.9920	0.5819
32	管理现代化	0.2758	0.2797	0.7304	1	0.5715
33	中国行政管理	0.1934	0.2529	0.9100	0.9246	0.5702
34	科技与管理	0.2454	0.2146	0.8089	1	0.5672
35	人类工效学	0.3977	0.3448	0.4830	1	0.5564
36	农业科技管理	0.1869	0.2069	0.8315	1	0.5563
37	经济体制改革	0.2702	0.2146	0.7304	0.9921	0.5518
38	现代管理科学	0.2175	0.1226	0.8652	1	0.5513
39	未来与发展	0.2585	0.2337	0.7752	0.9363	0.5509
40	云南行政学院学报	0.3488	0.1072	0.7415	0.9834	0.5452
41	统计与决策	0.0527	0.2222	0.9100	0.9916	0.5441
42	企业经济	0.1849	0.1187	0.7863	0.9997	0.5224
43	改革与战略	0.2005	0.1302	0.7863	0.9479	0.5162
43	国家行政学院学报	0.1388	0.0957	0.8652	0.9649	0.5162
45	北京行政学院学报	0.2773	0.1072	0.6630	1	0.5119
46	中华医学科研管理杂志	0.1737	0.1034	0.7526	1	0.5074
47	江苏行政学院学报	0.4178	0.1494	0.4493	0.9745	0.4978
48	湖北行政学院学报	0.3602	0.1111	0.5167	1	0.4970
49	广东行政学院学报	0.2302	0.0690	0.6404	1	0.4849
49	广西经济管理干部学院学报	0.2926	0.1187	0.5281	1	0.4849
51	江西行政学院学报	0.2153	0.1149	0.6067	0.9969	0.4835
52	四川行政学院学报	0.1742	0.0230	0.7415	0.9887	0.4819
53	中国人力资源开发	0.1613	0.0383	0.7526	0.9693	0.4804
54	中国党政干部论坛	0	0.0077	0.9211	0.9744	0.4758
55	宏观经济管理	0.0006	0.1264	0.7752	0.9838	0.4715
56	世界标准化与质量管理	0.0692	0.0690	0.7415	0.9926	0.4681
57	福建行政学院福建经济管理干部学院学报	0.3431	0.1341	0.3933	0.9938	0.4661
58	上海管理科学	0.2277	0.2721	0.3145	0.9955	0.4525

续表

排序	期刊名称	篇均引文数归一化值	基金论文比归一化值	地区分布归一化值	有机构论文比归一化值	综合值
59	技术与创新管理	0.1470	0.0843	0.5504	1	0.4454
60	中国科技产业	0.0379	0.0383	0.7189	0.8835	0.4197
61	中国科学基金	0.1083	0.0728	0.4830	1	0.4160
62	国有资产管理	0.0011	0.0115	0.7526	0.8450	0.4026
63	中国人才	0	0	0.8652	0.6374	0.3757
64	科学对社会的影响	0.2108	0.0728	0.2922	0.9221	0.3745
65	云南科技管理	0.0508	0.0307	0.4044	1	0.3715
66	企业管理	0.0205	0.0192	0.7863	0.5750	0.3503
67	中国改革	0	0.0038	0.7304	0.4887	0.3057
68	科学决策	0	0.0038	0.5167	0.6480	0.2921
69	决策	0	0.0038	0.4044	0.5705	0.2447
70	企业改革与管理	0	0	0.2922	0.1097	0.1005

考察一种期刊的学术性和影响力，不仅要考虑其学术水平，还要考虑其编辑水平、学术规范等方面。从表12-5可以看出，作为管理学界的权威核心期刊的《管理科学学报》、《中国管理科学》、《管理世界》在学术规范方面也是佼佼者，尤其是《管理科学学报》由于有3项指标排第1（含并列），因此其学术规范综合指标独占鳌头。由于CSSCI在录用期刊时，已经考虑到期刊规范情况，因此，我们可以看到，表12-5中，来源期刊的排序要靠前一些。还有一些期刊2008年刚刚成为CSSCI来源期刊，其综合值也令人注目，如《管理学报》，作为管理学期刊中的新生力量，其规范程度毫不逊色于管理学的核心期刊。另外如《管理评论》，自其2002年更改办刊宗旨以来，影响力也节节攀升。同时，如《中国软科学》等管理学核心期刊，则或多或少存在一些弱项，致使其综合指标稍微靠后，在CSSCI的2004—2006来源刊中，《中国人力资源开发》、《宏观经济管理》比较靠后，说明这两种期刊的学术规范方面的指标尚需加强。

从学术规范的综合指标来看，我们可以把管理学期刊分成三个层次：前17位的期刊为第一层次，其综合指标值在0.7以上，这其中包含了《管理学报》、《管理评论》、《系统工程理论与实践》和《系统工程》4种非CSSCI来源期刊，但前两者2008年已成为来源期刊，而后两者主要原因是工科性质较强而被排除在社会科学引文索引之外；第18位到第62位为第二层次，其综合指标在0.7—0.4之间；剩余的为第三层次，它们的学术规范综合指标差强人意。

根据表 12-5 的期刊学术规范量化指标综合数据分析，除了机构标注比例的情况比较乐观之外，各期刊其余的指标差距较大，部分管理学期刊在学术规范上尚需进一步提高，各期刊可以针对自身的不足进行改进，而排在较后位置的 7—8 种期刊更应引起重视，需要为全面提升期刊的学术规范而进一步努力。

12.2 管理学期刊被引次数分析

期刊被引次数是期刊自创刊以来所刊载的全部论文被某年来源期刊论文引用的次数。它是一个客观实用的评价指标，可用来衡量期刊的绝对学术影响力，也可以在总体上直接反映期刊被学者使用和重视的程度，以及其在学术交流中所起的作用和所处的地位。[①] 期刊被引次数由下述 3 个下级指标构成：总被引次数、他刊引用次数和学科引用次数。

12.2.1 总被引次数

期刊的总被引次数体现了期刊自创刊以来的学术影响。表 12-6 给出了 2004—2006 年管理学期刊总被引次数，并计算出了三年的平均值，最后进行了归一化处理。该指标的归一化值是由其最大的三年平均值（《管理世界》的 1242.33）作除数得到。本表按照三年平均次数从大到小排序。

表 12-6　　　　　　　　2004—2006 年管理学期刊总被引次数

排序	期刊名称	2004 年（篇次）	2005 年（篇次）	2006 年（篇次）	三年平均（篇次）	归一化值
1	管理世界	948	1185	1594	1242.33	1
2	中国软科学	641	820	1070	843.67	0.6791
3	科研管理	406	569	712	562.33	0.4526
4	科学学与科学技术管理	319	407	578	434.67	0.3499
5	改革	290	370	534	398.00	0.3204
6	系统工程理论与实践	268	345	487	366.67	0.2951
7	科学学研究	252	362	477	363.67	0.2927
8	管理科学学报	297	346	435	359.33	0.2892
9	中国管理科学	200	419	441	353.33	0.2844

---

① 王杨三："中文医学期刊被引频次的统计分析"，《医学情报工作》2004 年第 2 期，第 148—149 页。

续表

排序	期刊名称	2004年（篇次）	2005年（篇次）	2006年（篇次）	三年平均（篇次）	归一化值
10	科技进步与对策	239	359	444	347.33	0.2796
11	中国行政管理	238	334	397	323.00	0.2600
12	南开管理评论	230	308	420	319.33	0.2570
13	外国经济与管理	234	299	397	310.00	0.2495
14	经济管理	265	235	283	261.00	0.2101
15	科学管理研究	166	220	271	219.00	0.1763
16	研究与发展管理	164	212	272	216.00	0.1739
17	管理工程学报	165	199	266	210.00	0.1690
18	预测	166	194	267	209.00	0.1682
19	中国科技论坛	133	216	255	201.33	0.1621
20	科技管理研究	92	150	271	171.00	0.1376
21	系统工程	113	161	228	167.33	0.1347
22	统计与决策	71	138	254	154.33	0.1242
23	经济体制改革	118	159	173	150.00	0.1207
24	商业经济与管理	105	146	154	135.00	0.1087
25	中国人力资源开发	87	102	184	124.33	0.1001
26	软科学	81	121	153	118.33	0.0952
27	管理科学	68	129	147	114.67	0.0923
28	企业经济	69	112	157	112.67	0.0907
29	国家行政学院学报	100	102	132	111.33	0.0896
30	华东经济管理	81	98	128	102.33	0.0824
31	现代管理科学	47	107	132	95.33	0.0767
32	管理评论	50	96	137	94.33	0.0759
33	中国改革	75	74	109	86.00	0.0692
34	企业管理	82	76	91	83.00	0.0668
35	中国党政干部论坛	51	79	117	82.33	0.0663
36	管理现代化	54	58	91	67.67	0.0545
37	中国科技产业	67	63	68	66.00	0.0531
37	宏观经济管理	47	54	97	66.00	0.0531
39	北京行政学院学报	49	59	72	60.00	0.0483

续表

排序	期刊名称	2004年（篇次）	2005年（篇次）	2006年（篇次）	三年平均（篇次）	归一化值
40	中国人才	45	43	88	58.67	0.0472
41	改革与战略	35	44	90	56.33	0.0453
42	科技与管理	33	52	82	55.67	0.0448
43	运筹与管理	24	63	72	53.00	0.0427
44	江苏行政学院学报	27	32	73	44.00	0.0354
45	决策	29	50	51	43.33	0.0349
46	云南行政学院学报	28	41	59	42.67	0.0343
47	企业改革与管理	35	38	53	42.00	0.0338
48	中国科学基金	40	39	36	38.33	0.0309
49	人类工效学	18	34	47	33.00	0.0266
50	世界标准化与质量管理	28	31	36	31.67	0.0255
51	科学决策	18	32	42	30.67	0.0247
52	上海管理科学	10	29	50	29.67	0.0239
53	科学对社会的影响	21	26	37	28.00	0.0225
54	国有资产管理	25	30	26	27.00	0.0217
55	国土资源科技管理	15	32	32	26.33	0.0212
56	上海行政学院学报	16	21	40	25.67	0.0207
57	管理学报	0	16	60	25.33	0.0204
58	广东行政学院学报	20	20	33	24.33	0.0196
59	未来与发展	20	18	29	22.33	0.0180
60	农业科技管理	13	22	27	20.67	0.0166
61	福建行政学院福建经济管理干部学院学报	18	21	18	19.00	0.0153
61	林业资源管理	15	21	21	19.00	0.0153
63	四川行政学院学报	9	23	22	18.00	0.0145
64	公共管理学报	2	17	31	16.67	0.0134
64	江西行政学院学报	12	13	25	16.67	0.0134
66	湖北行政学院学报	13	13	23	16.33	0.0131
66	技术与创新管理	15	15	19	16.33	0.0131
68	云南科技管理	15	12	15	14.00	0.0113
69	广西经济管理干部学院学报	18	8	9	11.67	0.0094
70	中华医学科研管理杂志	11	7	13	10.33	0.0083

从表 12-6 可以看出，管理学期刊在总被引次数上差异明显，三年平均总被引次数最高的达 1242 次，最低的才 10 余次，总被引次数分布基本符合布拉德福定律，在管理学中产生较大学术影响的期刊集中在少数，前 20% 的 14 种期刊的被引次数之和占表中 70 种管理学期刊总被引次数的 61.1%。

《管理世界》和《中国软科学》三年平均总被引次数超过 800，明显高于其他期刊，尤其是《管理世界》，三年平均值更是遥遥领先，说明这两种期刊在管理学期刊中影响力较大。在前 30 种期刊中，CSSCI 来源期刊占据了绝大多数。同时，我们也可以看到，在 2004—2006 年三年中，管理学期刊总被引次数总体上呈逐年上升趋势，除了《经济管理》，前 20 种期刊的增长趋势都很明显。排在稍后的期刊如《管理学报》、《公共管理学报》、《上海管理科学》等增长幅度也很大，需要特别指出的是，来源期刊《未来与发展》无论是总被引频次，还是发展趋势，都不是很乐观，因此在 2008 年 CSSCI 来源期刊中已不见其踪影。

从总体上看，管理学期刊的总被引总次数均有不同程度的增加，其绝对影响正逐年提高。但是，从总被引次数的增加幅度上看，各期刊之间存在很大差距，这说明管理学期刊在学术影响方面分化加剧，特别是排在后几位的期刊，要引起警觉，必须把全面提高本刊的学术质量和学术影响力放在首位，以提升本刊的学术生命力。当然，总被引数字仅仅是一个表象，它还受到期刊创刊时间的长短、载文量的多少等其他因素的影响，需要结合其他指标来综合考虑。

12.2.2　其他期刊引用次数

其他期刊引用次数（也称他刊引用次数）是为了平衡统计源期刊与非统计源期刊在被引统计中产生的"失重"，特别是有效地克服了来源期刊为了提高本刊被引次数而虚假自引带来的偏差。表 12-7 给出了 2004—2006 年管理学期刊他刊引用次数统计，其中包括各年度的他刊引用次数，三年平均值，并用最大的平均值（《管理世界》的 1161.33 次）作除数得到每一种期刊该指标的归一化值。本表按照三年平均次数从大到小排序。

表 12-7　　　　　　　　　2004—2006 年管理学期刊他刊引用次数

排序	期刊名称	2004 年（篇次）	2005 年（篇次）	2006 年（篇次）	三年平均（篇次）	归一化值
1	管理世界	907	1096	1481	1161.33	1
2	中国软科学	591	775	1022	796.00	0.6854
3	科研管理	358	496	665	506.33	0.4360
4	科学学与科学技术管理	253	350	501	368.00	0.3169
5	系统工程理论与实践	268	345	487	366.67	0.3157

第 12 章　管理学

续表

排序	期刊名称	2004 年（篇次）	2005 年（篇次）	2006 年（篇次）	三年平均（篇次）	归一化值
6	科学学研究	226	314	418	319.33	0.2750
7	改革	278	285	359	307.33	0.2646
8	外国经济与管理	228	288	386	300.67	0.2589
9	南开管理评论	214	278	350	280.67	0.2417
10	科技进步与对策	184	279	372	278.33	0.2397
11	中国行政管理	182	254	328	254.67	0.2193
12	管理科学学报	204	228	330	254.00	0.2187
13	经济管理	265	235	244	248.00	0.2135
14	预测	157	185	251	197.67	0.1702
15	管理工程学报	151	184	248	194.33	0.1673
16	科学管理研究	149	189	239	192.33	0.1656
17	中国管理科学	123	191	255	189.67	0.1633
18	研究与发展管理	126	173	237	178.67	0.1538
19	中国科技论坛	102	181	221	168.00	0.1447
20	系统工程	113	161	228	167.33	0.1441
21	经济体制改革	104	156	164	141.33	0.1217
22	统计与决策	70	110	210	130.00	0.1119
23	科技管理研究	76	103	200	126.33	0.1088
24	商业经济与管理	95	120	134	116.33	0.1002
25	软科学	80	114	148	114.00	0.0982
26	企业经济	69	112	157	112.67	0.0970
27	管理科学	65	120	143	109.33	0.0941
28	国家行政学院学报	96	100	128	108.00	0.0930
29	中国人力资源开发	87	102	134	107.67	0.0927
30	华东经济管理	81	98	128	102.33	0.0881
31	现代管理科学	47	107	132	95.33	0.0821
32	管理评论	50	96	137	94.33	0.0812
33	中国改革	75	74	109	86.00	0.0741
34	企业管理	82	76	91	83.00	0.0715
35	中国党政干部论坛	51	79	117	82.33	0.0709
36	中国科技产业	67	63	68	66.00	0.0568
36	宏观经济管理	47	54	97	66.00	0.0568
38	管理现代化	51	58	86	65.00	0.0560

续表

排序	期刊名称	2004年（篇次）	2005年（篇次）	2006年（篇次）	三年平均（篇次）	归一化值
39	中国人才	45	43	88	58.67	0.0505
40	北京行政学院学报	44	57	69	56.67	0.0488
41	改革与战略	35	44	90	56.33	0.0485
42	科技与管理	33	52	82	55.67	0.0479
43	运筹与管理	24	63	72	53.00	0.0456
44	江苏行政学院学报	27	32	73	44.00	0.0379
45	决策	29	50	51	43.33	0.0373
46	云南行政学院学报	28	41	59	42.67	0.0367
47	企业改革与管理	35	38	53	42.00	0.0362
48	中国科学基金	40	39	36	38.33	0.0330
49	人类工效学	18	34	47	33.00	0.0284
50	世界标准化与质量管理	28	31	36	31.67	0.0273
51	科学决策	18	32	42	30.67	0.0264
52	上海管理科学	10	29	50	29.67	0.0255
53	科学对社会的影响	21	26	36	27.67	0.0238
54	国有资产管理	25	30	26	27.00	0.0232
55	国土资源科技管理	15	32	32	26.33	0.0227
56	上海行政学院学报	16	21	40	25.67	0.0221
57	管理学报	0	16	60	25.33	0.0218
58	广东行政学院学报	20	20	33	24.33	0.0210
59	农业科技管理	13	22	27	20.67	0.0178
60	福建行政学院福建经济管理干部学院学报	18	21	18	19.00	0.0164
60	林业资源管理	15	21	21	19.00	0.0164
62	四川行政学院学报	9	23	22	18.00	0.0155
63	公共管理学报	2	17	31	16.67	0.0144
63	江西行政学院学报	12	13	25	16.67	0.0144
63	未来与发展	19	15	16	16.67	0.0144
66	湖北行政学院学报	13	13	23	16.33	0.0141
66	技术与创新管理	15	15	19	16.33	0.0141
68	云南科技管理	15	12	15	14.00	0.0121
69	广西经济管理干部学院学报	18	8	9	11.67	0.0100
70	中华医学科研管理杂志	11	7	13	10.33	0.0089

从表 12-7 可以看出，排除期刊自引后，管理学期刊他刊引用次数依旧符合布拉德福定律，前 14 种期刊的他刊引用数量之和与管理学期刊他刊引用总数之比为 59.3%。将表 12-7 与表 12-6 作比较，可以看出这些期刊对学界学者和期刊的学术影响深厚，各期刊本身的自引率也不高，如《管理世界》、《中国软科学》、《科研管理》这 3 种被引排在前 3 的期刊，其自引率都小于 10%。

他刊引用相对总被引的数据变化主要出自来源期刊，因此，我们主要来看看来源期刊的自引情况。在来源期刊中，自引比例最高的是《中国管理科学》，达 46.32%，尽管《中国管理科学》是管理学公认的核心期刊，其发表的文章有很大参考价值，但 46.32% 的比例也有些异常，值得主办机构注意。另外，《管理科学学报》、《科技管理研究》、《未来与发展》、《改革》、《中国行政管理》等来源期刊的自引比例都超过了 20%，也应引起警觉。

在来源期刊中，自引比例最低的是《宏观经济管理》，尽管总被引数不高，但自引率为 0，当然，这个数字和表 12-1 的数字一对比，也就不足为奇：《宏观经济管理》几乎不标注引文，自然就没有自引数据。自引率比较低的期刊还有《科学对社会的影响》、《国家行政学院学报》、《外国经济与管理》、《软科学》等。值得一提的是《外国经济与管理》，该刊在总被引超过 300 次的期刊中，其自引率最低，仅为 3.01%。

12.2.3 本学科论文引用次数

本学科论文引用次数（也称学科引用次数）并不直接反映期刊质量，而主要用于体现在本学科的学术影响。由于选择核心期刊是按学科进行的，所以考察核心期刊，本学科的论文引用的频次显得尤为重要。表 12-8 给出了 2004—2006 年管理学期刊学科引用次数统计。与上表相同，也包括各期刊的年度学科引用次数、三年平均引用次数和归一化值。本表按照三年平均次数从大到小排序。

表 12-8　　　　　　　　2004—2006 年管理学期刊学科引用次数

排序	期刊名称	2004 年（篇次）	2005 年（篇次）	2006 年（篇次）	三年平均（篇次）	归一化值
1	管理世界	315	431	495	413.67	1
2	科研管理	252	415	492	386.33	0.9339
3	中国软科学	273	340	450	354.33	0.8566
4	科学学与科学技术管理	172	239	381	264.00	0.6382
5	科学学研究	157	230	274	220.33	0.5326
6	中国行政管理	153	226	265	214.67	0.5189

续表

排序	期刊名称	2004年（篇次）	2005年（篇次）	2006年（篇次）	三年平均（篇次）	归一化值
7	管理科学学报	189	184	236	203.00	0.4907
8	南开管理评论	155	193	252	200.00	0.4835
9	中国管理科学	113	233	235	193.67	0.4682
10	科技进步与对策	106	197	232	178.33	0.4311
11	外国经济与管理	143	168	222	177.67	0.4295
12	经济管理	176	158	180	171.33	0.4142
13	系统工程理论与实践	104	161	203	156.00	0.3771
14	研究与发展管理	100	149	172	140.33	0.3392
15	科学管理研究	89	146	182	139.00	0.3360
16	管理工程学报	103	112	163	126.00	0.3046
17	中国科技论坛	80	132	132	114.67	0.2772
18	科技管理研究	57	104	158	106.33	0.2570
19	中国人力资源开发	67	77	150	98.00	0.2369
20	改革	75	103	115	97.67	0.2361
21	预测	43	68	101	70.67	0.1708
22	系统工程	45	74	85	68.00	0.1644
23	软科学	39	74	84	65.67	0.1587
24	管理科学	34	72	83	63.00	0.1523
25	企业经济	33	62	79	58.00	0.1402
26	企业管理	52	53	65	56.67	0.1370
27	国家行政学院学报	45	42	64	50.33	0.1217
28	经济体制改革	36	56	55	49.00	0.1185
29	现代管理科学	28	49	69	48.67	0.1177
30	统计与决策	19	44	78	47.00	0.1136
31	管理评论	27	45	66	46.00	0.1112
32	管理现代化	35	33	49	39.00	0.0943
32	中国人才	30	26	61	39.00	0.0943
34	商业经济与管理	29	33	53	38.33	0.0927
35	华东经济管理	34	30	45	36.33	0.0878
36	中国科技产业	36	32	37	35.00	0.0846
37	科技与管理	16	30	39	28.33	0.0685
38	企业改革与管理	20	20	38	26.00	0.0629
39	北京行政学院学报	25	20	26	23.67	0.0572
40	运筹与管理	11	21	31	21.00	0.0508

续表

排序	期刊名称	2004年(篇次)	2005年(篇次)	2006年(篇次)	三年平均(篇次)	归一化值
41	中国科学基金	20	16	18	18.00	0.0435
42	改革与战略	13	14	23	16.67	0.0403
43	中国改革	16	10	23	16.33	0.0395
43	上海管理科学	6	15	28	16.33	0.0395
45	管理学报	0	10	38	16.00	0.0387
45	人类工效学	10	13	25	16.00	0.0387
47	世界标准化与质量管理	5	18	21	14.67	0.0355
48	中国党政干部论坛	12	10	18	13.33	0.0322
49	决策	11	10	17	12.67	0.0306
50	云南行政学院学报	8	11	15	11.33	0.0274
51	国有资产管理	7	10	14	10.33	0.0250
52	科学决策	10	10	9	9.67	0.0234
53	公共管理学报	0	11	17	9.33	0.0226
53	技术与创新管理	6	10	12	9.33	0.0226
55	江苏行政学院学报	5	8	13	8.67	0.0210
55	宏观经济管理	5	5	16	8.67	0.0210
57	广东行政学院学报	8	7	10	8.33	0.0201
58	上海行政学院学报	8	8	8	8.00	0.0193
58	科学对社会的影响	8	7	9	8.00	0.0193
60	福建行政学院福建经济管理干部学院学报	6	6	9	7.00	0.0169
61	云南科技管理	6	7	7	6.67	0.0161
62	中华医学科研管理杂志	8	5	6	6.33	0.0153
63	未来与发展	4	5	8	5.67	0.0137
63	农业科技管理	2	8	7	5.67	0.0137
65	四川行政学院学报	5	5	6	5.33	0.0129
66	江西行政学院学报	4	2	5	3.67	0.0089
67	湖北行政学院学报	1	4	5	3.33	0.0080
68	广西经济管理干部学院学报	3	3	1	2.33	0.0056
69	国土资源科技管理	2	1	3	2.00	0.0048
70	林业资源管理	0	0	0	0	0

从表 12-8 可以看出，总体上管理学期刊在学科上的学术影响分布也基本符合布拉德福定律，排名前 14 种期刊的学科引用数量为总数的 63.6%。与总被引次数相比，管理学期刊的学科引用率为 48.4%，说明管理学期刊的影响不仅仅在管理学自身领域，对其他学科（如经济学、图书情报学等）也产生着很大影响。

在本学科论文引用次数上，三年平均值排在前三位的依旧是《管理世界》、《科研管理》和《中国软科学》，它们的三年平均值均超过 300 次。但与总被引次数的排序相比，《中国软科学》和《科研管理》交换了位置，主要是因为《科研管理》的学科被引率为 68.7%，是排在前 10 的期刊中，学科引用率最高的。《管理世界》尽管学科引用次数仍然位居第 1，但其领先优势已经缩小，该刊的学科引用率为 33.3%，也就是说有三分之二的被引来自其他学科。此外，来源期刊《未来与发展》的学科被引数仅为 5.67%，其学科影响力有很大不足。

在讨论的 70 种期刊中，《中国人力资源开发》的学科引用率最高，为 78.8%，表明该期刊主旨和录用论文的范围非常明确。其次为《科研管理》、《企业管理》、《中国人才》等。最低的为《林业资源管理》，学科引用率为 0，这主要是因为该刊尽管属于管理学范畴，但影响力主要还是在林业方面，在以人文社会科学为主的 CSSCI 管理学论文中没有引用也属正常，《国土资源科技管理》的情况也很类似。在来源期刊中《宏观经济管理》的学科引用率最低，为 13.1%，经分析，其引用更多出现在经济学中（详见第 13 章相关讨论）。

12.2.4　管理学期刊被引次数综合分析

期刊被引次数是反映期刊长期学术影响的重要指标，它包括总被引次数、他刊引用次数和学科引用次数 3 项指标。根据第 1 章说明，3 个指标的权重分配为 25%、50%、25%。表 12-9 给出了 2004—2006 年管理学期刊被引次数各指标的归一化值和综合值。综合值计算方法为：按照权重分配，将每一种期刊的总被引次数和学科引用次数的归一化值分别乘以 0.25，他刊引用次数乘以 0.5，然后将这 3 个结果相加得到各期刊的被引次数综合值。本表按照被引次数综合值从大到小排序。

表 12-9　　　　　　　　2004—2006 年管理学期刊被引次数综合值

排序	期刊名称	总被引次数归一化值	他引次数归一化值	学科引用次数归一化值	综合值
1	管理世界	1	1	1	1
2	中国软科学	0.6791	0.6854	0.8566	0.7266
3	科研管理	0.4526	0.4360	0.9339	0.5646
4	科学学与科学技术管理	0.3499	0.3169	0.6382	0.4055

第 12 章 管理学

续表

排序	期刊名称	总被引次数归一化值	他引次数归一化值	学科引用次数归一化值	综合值
5	科学学研究	0.2927	0.2750	0.5326	0.3438
6	系统工程理论与实践	0.2951	0.3157	0.3771	0.3259
7	南开管理评论	0.2570	0.2417	0.4835	0.3060
8	中国行政管理	0.2600	0.2193	0.5189	0.3044
9	管理科学学报	0.2892	0.2187	0.4907	0.3043
10	外国经济与管理	0.2495	0.2589	0.4295	0.2992
11	科技进步与对策	0.2796	0.2397	0.4311	0.2975
12	改革	0.3204	0.2646	0.2361	0.2714
13	中国管理科学	0.2844	0.1633	0.4682	0.2698
14	经济管理	0.2101	0.2135	0.4142	0.2628
15	科学管理研究	0.1763	0.1656	0.3360	0.2109
16	研究与发展管理	0.1739	0.1538	0.3392	0.2052
17	管理工程学报	0.1690	0.1673	0.3046	0.2021
18	中国科技论坛	0.1621	0.1447	0.2772	0.1822
19	预测	0.1682	0.1702	0.1708	0.1699
20	科技管理研究	0.1376	0.1088	0.2570	0.1531
21	系统工程	0.1347	0.1441	0.1644	0.1468
22	中国人力资源开发	0.1001	0.0927	0.2369	0.1306
23	经济体制改革	0.1207	0.1217	0.1185	0.1207
24	统计与决策	0.1242	0.1119	0.1136	0.1154
25	软科学	0.0952	0.0982	0.1587	0.1126
26	管理科学	0.0923	0.0941	0.1523	0.1082
27	企业经济	0.0907	0.0970	0.1402	0.1062
28	商业经济与管理	0.1087	0.1002	0.0927	0.1005
29	国家行政学院学报	0.0896	0.0930	0.1217	0.0993
30	现代管理科学	0.0767	0.0821	0.1177	0.0897
31	管理评论	0.0759	0.0812	0.1112	0.0874
32	企业管理	0.0668	0.0715	0.1370	0.0867
33	华东经济管理	0.0824	0.0881	0.0878	0.0866
34	管理现代化	0.0545	0.0560	0.0943	0.0652

续表

排序	期刊名称	总被引次数归一化值	他引次数归一化值	学科引用次数归一化值	综合值
35	中国改革	0.0692	0.0741	0.0395	0.0642
36	中国科技产业	0.0531	0.0568	0.0846	0.0628
37	中国人才	0.0472	0.0505	0.0943	0.0606
38	中国党政干部论坛	0.0663	0.0709	0.0322	0.0601
39	科技与管理	0.0448	0.0479	0.0685	0.0523
40	北京行政学院学报	0.0483	0.0488	0.0572	0.0508
41	宏观经济管理	0.0531	0.0568	0.0210	0.0469
42	运筹与管理	0.0427	0.0456	0.0508	0.0462
43	改革与战略	0.0453	0.0485	0.0403	0.0457
44	企业改革与管理	0.0338	0.0362	0.0629	0.0423
45	中国科学基金	0.0309	0.0330	0.0435	0.0351
46	决策	0.0349	0.0373	0.0306	0.0350
47	云南行政学院学报	0.0343	0.0367	0.0274	0.0338
48	江苏行政学院学报	0.0354	0.0379	0.0210	0.0331
49	人类工效学	0.0266	0.0284	0.0387	0.0305
50	世界标准化与质量管理	0.0255	0.0273	0.0355	0.0289
51	上海管理科学	0.0239	0.0255	0.0395	0.0286
52	管理学报	0.0204	0.0218	0.0387	0.0257
53	科学决策	0.0247	0.0264	0.0234	0.0252
54	国有资产管理	0.0217	0.0232	0.0250	0.0233
55	科学对社会的影响	0.0225	0.0238	0.0193	0.0224
56	上海行政学院学报	0.0207	0.0221	0.0193	0.0211
57	广东行政学院学报	0.0196	0.0210	0.0201	0.0204
58	国土资源科技管理	0.0212	0.0227	0.0048	0.0179
59	农业科技管理	0.0166	0.0178	0.0137	0.0165
60	福建行政学院福建经济管理干部学院学报	0.0153	0.0164	0.0169	0.0163
61	公共管理学报	0.0134	0.0144	0.0226	0.0162
62	技术与创新管理	0.0131	0.0141	0.0226	0.0160
63	未来与发展	0.0180	0.0144	0.0137	0.0151

续表

排序	期刊名称	总被引次数归一化值	他引次数归一化值	学科引用次数归一化值	综合值
64	四川行政学院学报	0.0145	0.0155	0.0129	0.0146
65	云南科技管理	0.0113	0.0121	0.0161	0.0129
66	江西行政学院学报	0.0134	0.0144	0.0089	0.0128
67	湖北行政学院学报	0.0131	0.0141	0.0080	0.0123
68	林业资源管理	0.0153	0.0164	0	0.0120
69	中华医学科研管理杂志	0.0083	0.0089	0.0153	0.0104
70	广西经济管理干部学院学报	0.0094	0.0100	0.0056	0.0088

从表12-9可以看出，《管理世界》、《中国软科学》和《科研管理》这3种期刊在被引数量这一指标上远远高于其他期刊，说明这3种期刊在管理学领域的绝对权威性和学术影响力。此外，由于《管理世界》的强大影响力，其3项指标都位列第1位，导致排在第4名以后期刊的综合指标快速下降，这种一枝独秀的情况并不利于学科的发展，希望其他期刊能迎头赶上，创造百花齐放的繁荣景象。

3项指标的详细比较分析已经在前面3节给出，这里值得一提的是，2004—2006年《现代管理科学》、《管理评论》、《华东经济管理》在期刊被引的3项指标方面，逐步拉近与来源期刊的距离，说明这3种期刊的影响力正在不断加强。而作为来源期刊的《未来与发展》，其被引次数综合指标排倒数第8，说明其影响力相对在下降。

这里需要加以说明的是，此3项指标使用的都是绝对数值，指标数值容易受期刊创刊时间的长短及期刊出版频率、每期的载文规模等诸多因素的影响，因此，以上数据只能表明各期刊的影响力，而不能直接用来描述期刊质量，因此还需要其他被引指标进行补充和综合。

12.3 管理学期刊被引速率分析

即年指数是表征期刊即时反应速率的指标，主要描述期刊当年发表的论文在当年被引用的情况。[①] 此值越高，说明该刊论文对本学科领域的热点关注度较高，论文被引用的速度较快。但是，由于文章从撰写到发表有一定的时滞，往往在半年以上或者一年左右才得以发表。因此，即年指数作为评价指标已经不能体现它的原有含义。本系统对即年指数这个指标进行了改进，引入了期刊被引速率这个指标，详细参见

---

① 中国科技信息研究所、万方数据股份有限公司：《中国科技期刊引证报告2007版（扩刊版）》，科学技术出版社2007年版，第7页。

第1章。期刊被引速率也被分为3个下级指标来分析：总被引速率、他刊引用速率和学科引用速率。

12.3.1 总被引速率

根据第1章给出的总被引速率的定义，期刊总被引速率是该刊当年论文和前一年论文在当年被引用总次数与该刊当年发表的和前一年发表的论文总数的比值。被引速率在普通即年指数的基础上进行扩展，更能科学地反映期刊对学科热点的关注程度和反应速度。表12－10给出了2004—2006年管理学期刊总被引速率和三年的平均值，然后取最大的平均值（《管理世界》的0.4782）作除数得到各期刊的总被引速率归一化值。本表按照三年平均速率从大到小排序。

表12－10　　　　　　　　2004—2006年管理学期刊总被引速率

排序	期刊名称	2004年	2005年	2006年	三年平均	归一化值
1	管理世界	0.4829	0.5099	0.4418	0.4782	1
2	改革	0.2609	0.2887	0.3712	0.3069	0.6418
3	科学学研究	0.2907	0.2624	0.3003	0.2845	0.5949
4	中国软科学	0.2156	0.2851	0.3427	0.2811	0.5878
5	中国管理科学	0.1496	0.4078	0.2795	0.2790	0.5834
6	南开管理评论	0.2582	0.2275	0.3423	0.2760	0.5772
7	管理科学学报	0.3727	0.2053	0.2466	0.2749	0.5749
8	科研管理	0.3196	0.2237	0.2781	0.2738	0.5726
9	外国经济与管理	0.1614	0.3134	0.2356	0.2368	0.4952
10	中国科技论坛	0.1314	0.1957	0.1600	0.1624	0.3396
11	科学学与科学技术管理	0.1333	0.1812	0.1625	0.1590	0.3325
12	研究与发展管理	0.1406	0.1498	0.1776	0.1560	0.3262
13	管理工程学报	0.1179	0.1694	0.1378	0.1417	0.2963
14	中国行政管理	0.1296	0.1501	0.1342	0.1380	0.2886
15	国家行政学院学报	0.1246	0.1453	0.1377	0.1359	0.2842
16	管理科学	0.0917	0.1566	0.1534	0.1339	0.2800
17	科学管理研究	0.1250	0.1257	0.1364	0.1290	0.2698
18	预测	0.1306	0.1038	0.1354	0.1233	0.2578
19	管理评论	0.0775	0.1155	0.1125	0.1018	0.2129
20	公共管理学报	0.0364	0.1532	0.1092	0.0996	0.2083

续表

排序	期刊名称	2004 年	2005 年	2006 年	三年平均	归一化值
21	商业经济与管理	0.0797	0.0963	0.1117	0.0959	0.2005
22	软科学	0.0909	0.0831	0.0759	0.0833	0.1742
23	经济管理	0.1104	0.0767	0.0608	0.0826	0.1727
24	经济体制改革	0.0875	0.0774	0.0717	0.0789	0.1650
25	管理现代化	0.0735	0.0556	0.0733	0.0675	0.1412
26	系统工程理论与实践	0.0654	0.0729	0.0617	0.0667	0.1395
27	江苏行政学院学报	0.0323	0.0491	0.1045	0.0620	0.1297
28	北京行政学院学报	0.0602	0.0588	0.0582	0.0591	0.1236
29	管理学报	0	0.0517	0.1204	0.0574	0.1200
30	宏观经济管理	0.0443	0.0537	0.0646	0.0542	0.1133
31	系统工程	0.0516	0.0474	0.0605	0.0532	0.1113
32	上海行政学院学报	0.0534	0.0588	0.0422	0.0515	0.1077
33	科技进步与对策	0.0299	0.0400	0.0697	0.0465	0.0972
34	中国党政干部论坛	0.0217	0.0310	0.0702	0.0414	0.0866
35	中国人力资源开发	0.0352	0.0382	0.0440	0.0391	0.0818
36	上海管理科学	0.0276	0.0484	0.0340	0.0367	0.0767
37	科技管理研究	0.0290	0.0261	0.0546	0.0366	0.0765
38	中国改革	0.0239	0.0243	0.0599	0.0360	0.0753
39	科学对社会的影响	0.0336	0.0522	0.0088	0.0315	0.0659
40	现代管理科学	0.0247	0.0311	0.0315	0.0291	0.0609
41	中国科学基金	0.0524	0.0119	0.0199	0.0281	0.0588
42	中国科技产业	0.0262	0.0251	0.0306	0.0273	0.0571
42	华东经济管理	0.0249	0.0201	0.0365	0.0272	0.0569
43	科技与管理	0.0250	0.0203	0.0288	0.0247	0.0517
45	运筹与管理	0.0194	0.0283	0.0262	0.0246	0.0514
46	企业管理	0.0241	0.0130	0.0336	0.0236	0.0494
47	云南行政学院学报	0.0201	0.0206	0.0291	0.0233	0.0487
48	统计与决策	0.0179	0.0177	0.0341	0.0232	0.0485
49	决策	0.0143	0.0269	0.0280	0.0231	0.0483
50	福建行政学院福建经济管理干部学院学报	0.0350	0.0282	0.0056	0.0229	0.0479

续表

排序	期刊名称	2004年	2005年	2006年	三年平均	归一化值
51	湖北行政学院学报	0.0162	0.0242	0.0240	0.0215	0.0450
52	广西经济管理干部学院学报	0.0338	0.0065	0.0197	0.0200	0.0418
53	广东行政学院学报	0.0142	0.0112	0.0300	0.0185	0.0387
54	国有资产管理	0.0224	0.0205	0.0121	0.0183	0.0383
55	江西行政学院学报	0.0194	0.0094	0.0238	0.0175	0.0366
56	国土资源科技管理	0.0119	0.0278	0.0101	0.0166	0.0347
57	世界标准化与质量管理	0.0214	0.0088	0.0177	0.0160	0.0335
58	未来与发展	0.0128	0.0177	0.0162	0.0156	0.0326
59	技术与创新管理	0.0081	0.0332	0.0056	0.0156	0.0326
60	四川行政学院学报	0.0059	0.0253	0.0141	0.0151	0.0316
61	企业经济	0.0089	0.0162	0.0200	0.0150	0.0314
62	科学决策	0.0063	0.0116	0.0228	0.0136	0.0284
63	改革与战略	0.0079	0.0155	0.0153	0.0129	0.0270
64	中国人才	0.0196	0.0103	0.0084	0.0128	0.0268
65	企业改革与管理	0.0122	0.0117	0.0090	0.0110	0.0230
66	林业资源管理	0.0048	0.0091	0.0159	0.0099	0.0207
67	农业科技管理	0.0044	0	0.0174	0.0073	0.0153
68	人类工效学	0	0.0054	0.0161	0.0072	0.0151
69	云南科技管理	0.0070	0.0032	0	0.0034	0.0071
70	中华医学科研管理杂志	0.0050	0.0040	0	0.0030	0.0063

从表12-10可以看出，管理学期刊三年平均总被引速率明显分为三个层次：第一层次为《管理世界》，三年平均总被引速率领先优势很明显，三年平均总被引速率接近0.5；第二层次为排第2到第9的期刊，三年平均总被引速率在0.2—0.4之间；其余为第三层次，总被引速率在0.2以下。

排在前30的期刊中，CSSCI来源期刊居多，但也有非来源刊，如排19、20位的《管理评论》、《公共管理学报》以及排在第29位的《管理学报》，说明在这个指标上，它们也能达到来源期刊的水准，因此在2008年这三种期刊进入CSSCI来源期刊也就不足为奇了。而来源期刊中，《未来与发展》仍然落后。

在前10名的期刊中，只有《改革》、《中国软科学》两种期刊的总被引速率稳步增加，其他期刊的总被引速率时高时低，其中《中国管理科学》震荡幅度最大。而来源期刊中,《经济管理》的总被引速率持续下降。《云南科技管理》、《中华医学科研管理杂志》、《人类工效学》、《农业科技管理》均存在被引速率为 0 的年份,一方面这些期刊部分内容可能偏向自然科学,另外一方面,也有可能是文章的影响周期较长。

12.3.2 其他期刊引用速率

其他期刊引用速率(也称他刊引用速率)是指该刊当年论文和前一年论文在当年被其他期刊引用的次数与该刊当年发表的和前一年发表的论文总数的比值。即将自引排除在外,为统计的公平性创造了一个良好的条件。表 12-11 给出了 2004—2006 年管理学期刊他刊引用速率统计。三年平均值由表中各年度数据进行平均计算得出,再用最大的平均值(《管理世界》的 0.4318)作分母求得每一种期刊该指标的归一化值。本表按照三年平均速率从大到小排序。

表 12-11　　　　　　　2004—2006 年管理学期刊他刊引用速率

排序	期刊名称	2004 年	2005 年	2006 年	三年平均	归一化值
1	管理世界	0.4522	0.4539	0.3892	0.4318	1
2	科研管理	0.2818	0.2138	0.2748	0.2568	0.5947
3	中国软科学	0.1896	0.2530	0.3093	0.2506	0.5804
4	科学学研究	0.2481	0.2163	0.2462	0.2369	0.5486
5	南开管理评论	0.2254	0.1845	0.2162	0.2087	0.4833
6	外国经济与管理	0.1435	0.2719	0.1971	0.2042	0.4729
7	管理科学学报	0.2547	0.1589	0.1712	0.1949	0.4514
8	改革	0.2292	0.1714	0.1634	0.1880	0.4354
9	管理工程学报	0.1135	0.1613	0.1260	0.1336	0.3094
10	科学学与科学技术管理	0.0984	0.1534	0.1414	0.1311	0.3036
11	国家行政学院学报	0.1103	0.1419	0.1311	0.1278	0.2960
12	研究与发展管理	0.1205	0.1174	0.1429	0.1269	0.2939
13	中国科技论坛	0.0935	0.1498	0.1250	0.1228	0.2844
14	管理科学	0.0830	0.1364	0.1420	0.1205	0.2791
15	预测	0.1171	0.0896	0.1094	0.1054	0.2441
16	管理评论	0.0775	0.1155	0.1125	0.1018	0.2358
17	公共管理学报	0.0364	0.1532	0.1092	0.0996	0.2307
18	中国行政管理	0.0864	0.1116	0.0975	0.0985	0.2281

续表

排序	期刊名称	2004年	2005年	2006年	三年平均	归一化值
19	中国管理科学	0.0693	0.1165	0.1077	0.0978	0.2265
20	科学管理研究	0.0978	0.0909	0.0909	0.0932	0.2158
21	商业经济与管理	0.0714	0.0765	0.0917	0.0799	0.1850
22	软科学	0.0878	0.0769	0.0732	0.0793	0.1836
23	经济体制改革	0.0741	0.0734	0.0657	0.0711	0.1647
24	系统工程理论与实践	0.0654	0.0729	0.0617	0.0667	0.1545
25	经济管理	0.0869	0.0660	0.0470	0.0666	0.1542
26	管理现代化	0.0735	0.0556	0.0690	0.0660	0.1528
27	江苏行政学院学报	0.0323	0.0491	0.1045	0.0620	0.1436
28	管理学报	0	0.0517	0.1204	0.0574	0.1329
29	宏观经济管理	0.0443	0.0537	0.0646	0.0542	0.1255
30	系统工程	0.0516	0.0474	0.0605	0.0532	0.1232
31	上海行政学院学报	0.0534	0.0588	0.0422	0.0515	0.1193
32	北京行政学院学报	0.0442	0.0549	0.0545	0.0512	0.1186
33	中国党政干部论坛	0.0217	0.0310	0.0702	0.0410	0.0950
34	上海管理科学	0.0276	0.0484	0.0340	0.0367	0.0850
35	中国改革	0.0236	0.0243	0.0599	0.0359	0.0831
36	中国人力资源开发	0.0352	0.0382	0.0319	0.0351	0.0813
37	科技进步与对策	0.0210	0.0271	0.0541	0.0341	0.0790
38	科学对社会的影响	0.0336	0.0522	0.0088	0.0315	0.0730
39	现代管理科学	0.0247	0.0311	0.0315	0.0291	0.0674
40	中国科学基金	0.0524	0.0119	0.0199	0.0281	0.0651
41	中国科技产业	0.0262	0.0251	0.0306	0.0273	0.0632
42	华东经济管理	0.0249	0.0201	0.0365	0.0272	0.0630
43	科技管理研究	0.0193	0.0165	0.0394	0.0251	0.0581
44	科技与管理	0.0250	0.0203	0.0288	0.0247	0.0572
45	运筹与管理	0.0194	0.0283	0.0262	0.0246	0.0570
46	企业管理	0.0241	0.0130	0.0336	0.0236	0.0547
47	云南行政学院学报	0.0201	0.0206	0.0291	0.0233	0.0540
48	决策	0.0143	0.0269	0.0280	0.0231	0.0535
49	福建行政学院福建经济管理干部学院学报	0.0350	0.0282	0.0056	0.0229	0.0530

续表

排序	期刊名称	2004年	2005年	2006年	三年平均	归一化值
50	湖北行政学院学报	0.0162	0.0242	0.0240	0.0215	0.0498
51	统计与决策	0.0173	0.0143	0.0295	0.0204	0.0472
52	广西经济管理干部学院学报	0.0338	0.0065	0.0197	0.0200	0.0463
53	广东行政学院学报	0.0142	0.0112	0.0300	0.0185	0.0428
54	国有资产管理	0.0224	0.0205	0.0121	0.0183	0.0424
55	江西行政学院学报	0.0194	0.0094	0.0238	0.0175	0.0405
56	国土资源科技管理	0.0119	0.0278	0.0101	0.0166	0.0384
57	世界标准化与质量管理	0.0214	0.0088	0.0177	0.0160	0.0371
58	技术与创新管理	0.0081	0.0332	0.0056	0.0156	0.0361
59	四川行政学院学报	0.0059	0.0253	0.0141	0.0151	0.0350
60	企业经济	0.0089	0.0162	0.0200	0.0150	0.0347
61	科学决策	0.0063	0.0116	0.0228	0.0136	0.0315
62	改革与战略	0.0079	0.0155	0.0153	0.0129	0.0299
63	中国人才	0.0196	0.0103	0.0084	0.0128	0.0296
64	企业改革与管理	0.0122	0.0117	0.0090	0.0110	0.0255
65	未来与发展	0.0085	0.0133	0.0097	0.0105	0.0243
66	林业资源管理	0.0048	0.0091	0.0159	0.0099	0.0229
67	农业科技管理	0.0044	0	0.0174	0.0073	0.0169
68	人类工效学	0	0.0054	0.0161	0.0072	0.0167
69	云南科技管理	0.0070	0.0032	0	0.0034	0.0079
70	中华医学科研管理杂志	0.0050	0.0040	0	0.0030	0.0069

从表 12-11 可以看出，排除了自引情况后，管理学期刊三年平均他引速率排名情况依旧呈现 3 个层次：首位的《管理世界》仍然无刊可及，第 2 到第 8 位的期刊他引速率在 0.2 左右，剩余的期刊他引速率在 0.15 以下。我们可以发现，《中国管理科学》在表 12-10 中排第 5，在本表中排第 19，《改革》在表 12-10 中排第 2，但在本表中仅列第 8，说明这两种期刊自引的比例较高；而《管理世界》和《科研管理》是排在前列的期刊中自引比例较低的。与他引次数数据类似，来源期刊《宏观经济管理》由于基本不标注引文，因此其他引速率和总被引速率是一样的。

而从发展趋势来看，他引速率占总速率比例下降相对较快的期刊有《科研管理》，自引比例从 2004 年的 12% 降到 2006 年的 1% 左右，《北京行政学院学报》、《科学学与科学技术管理》等也在逐渐进步。反过来，他引速率占总速率比例上升相对较快的期刊有《改革》、《南开管理评论》等期刊。

12.3.3 本学科论文引用速率

本学科论文引用速率（也称学科引用速率）是指该刊当年论文和前一年论文在当年被本学科论文引用的次数与该刊当年发表的和前一年发表的论文总数的比值。学科引用速率主要用来反映期刊在本学科的学术反应速度。表 12-12 给出了 2004—2006 年管理学期刊学科引用速率统计。与上表相同，也包括各年度的学科引用速率、三年平均引用速率和归一化值。本表按照三年平均速率从大到小序排列。

表 12-12　　　　　　　　　2004—2006 年管理学期刊学科引用速率

排序	期刊名称	2004 年	2005 年	2006 年	三年平均	归一化值
1	南开管理评论	0.2019	0.1416	0.1892	0.1776	1
2	科研管理	0.2302	0.1382	0.1589	0.1758	0.9899
3	科学学研究	0.1860	0.1560	0.1712	0.1711	0.9634
4	管理科学学报	0.2174	0.0927	0.1507	0.1536	0.8649
5	中国管理科学	0.0730	0.2298	0.1414	0.1481	0.8339
6	管理世界	0.1587	0.1628	0.1148	0.1454	0.8187
7	外国经济与管理	0.1126	0.1751	0.1202	0.1360	0.7658
8	中国软科学	0.0859	0.0991	0.1125	0.0992	0.5586
9	科学学与科学技术管理	0.0785	0.1135	0.0955	0.0958	0.5394
10	研究与发展管理	0.1004	0.1012	0.0811	0.0942	0.5304
11	中国科技论坛	0.0735	0.1087	0.0850	0.0891	0.5017
12	中国行政管理	0.0800	0.1023	0.0848	0.0890	0.5011
13	科学管理研究	0.0734	0.0936	0.0989	0.0886	0.4989
14	管理工程学报	0.0742	0.0887	0.0709	0.0779	0.4386
15	预测	0.0541	0.0708	0.0781	0.0677	0.3812
16	国家行政学院学报	0.0534	0.0608	0.0689	0.0610	0.3435
17	管理科学	0.0306	0.0707	0.0739	0.0584	0.3288
18	管理评论	0.0387	0.0677	0.0542	0.0535	0.3012
19	改革	0.0395	0.0563	0.0604	0.0521	0.2934
20	软科学	0.0596	0.0492	0.0461	0.0516	0.2905
21	公共管理学报	0	0.0991	0.0504	0.0498	0.2804
22	经济管理	0.0550	0.0371	0.0424	0.0448	0.2523

续表

排序	期刊名称	2004 年	2005 年	2006 年	三年平均	归一化值
23	管理现代化	0.0441	0.0324	0.0517	0.0427	0.2404
24	管理学报	0	0.0310	0.0803	0.0371	0.2089
25	系统工程理论与实践	0.0241	0.0383	0.0308	0.0311	0.1751
26	中国人力资源开发	0.0281	0.0241	0.0364	0.0295	0.1661
27	系统工程	0.0179	0.0237	0.0353	0.0256	0.1441
28	商业经济与管理	0.0165	0.0227	0.0372	0.0255	0.1436
29	科技进步与对策	0.0134	0.0245	0.0384	0.0254	0.1430
30	北京行政学院学报	0.0241	0.0235	0.0255	0.0244	0.1374
31	科技管理研究	0.0193	0.0126	0.0352	0.0224	0.1261
32	上海管理科学	0.0172	0.0346	0.0136	0.0218	0.1227
33	上海行政学院学报	0.0229	0.0261	0.0120	0.0203	0.1143
34	经济体制改革	0.0209	0.0119	0.0180	0.0169	0.0952
35	企业管理	0.0181	0.0097	0.0224	0.0167	0.0940
36	中国科学基金	0.0363	0	0.0120	0.0161	0.0907
37	现代管理科学	0.0132	0.0143	0.0166	0.0147	0.0828
38	科技与管理	0.0160	0.0085	0.0135	0.0127	0.0715
39	科学对社会的影响	0.0168	0.0174	0	0.0114	0.0642
40	华东经济管理	0.0111	0.0078	0.0138	0.0109	0.0614
41	江苏行政学院学报	0.0046	0.0189	0.0075	0.0103	0.0580
42	中国科技产业	0.0153	0.0058	0.0085	0.0099	0.0557
43	中国党政干部论坛	0.0062	0.0077	0.0143	0.0094	0.0529
44	技术与创新管理	0	0.0221	0.0056	0.0092	0.0518
45	中国人才	0.0159	0.0056	0.0050	0.0088	0.0495
46	广东行政学院学报	0.0107	0.0037	0.0112	0.0085	0.0479
47	运筹与管理	0.0111	0.0051	0.0079	0.0080	0.0450
48	统计与决策	0.0066	0.0060	0.0103	0.0076	0.0428
48	决策	0.0029	0.0060	0.0140	0.0076	0.0428
50	中国改革	0.0072	0.0014	0.0126	0.0071	0.0400
51	云南行政学院学报	0.0089	0.0092	0.0021	0.0067	0.0377
52	企业改革与管理	0.0073	0.0064	0.0056	0.0064	0.0360
53	企业经济	0.0033	0.0083	0.0072	0.0063	0.0355

续表

排序	期刊名称	2004年	2005年	2006年	三年平均	归一化值
54	世界标准化与质量管理	0.0024	0.0044	0.0111	0.0060	0.0338
55	国有资产管理	0.0045	0.0091	0.0020	0.0052	0.0293
56	宏观经济管理	0.0044	0.0022	0.0071	0.0046	0.0259
57	湖北行政学院学报	0	0.0081	0.0040	0.0040	0.0225
57	未来与发展	0	0.0089	0.0032	0.0040	0.0225
59	改革与战略	0.0023	0.0060	0.0032	0.0038	0.0214
59	四川行政学院学报	0.0030	0.0028	0.0056	0.0038	0.0214
61	科学决策	0.0032	0	0.0061	0.0031	0.0175
62	云南科技管理	0.0035	0.0032	0	0.0022	0.0124
63	人类工效学	0	0	0.0054	0.0018	0.0101
64	农业科技管理	0	0	0.0050	0.0017	0.0096
65	江西行政学院学报	0.0049	0	0	0.0016	0.0090
66	中华医学科研管理杂志	0	0.0040	0	0.0013	0.0073
67	福建行政学院福建经济管理干部学院学报	0	0	0.0035	0.0012	0.0068
68	国土资源科技管理	0	0	0	0	0
68	林业资源管理	0	0	0	0	0
68	广西经济管理干部学院学报	0	0	0	0	0

从表12-12可以看出，在学科论文引用速率方面，管理学期刊分布层次并不明显。基本可以按三年均值0.1分为两部分，但被引次数高的《管理世界》、《中国软科学》等，其学科引用速率排名有所降低，说明这些优秀期刊在其他学科同样有影响，或它们刊登的文章研究的可能是一些跨学科的热点内容；而《中国人力资源开发》、《企业管理》等期刊的管理学特征比较明显，本学科引用速率同总被引速率较为接近。

从三年的发展趋势来看，《研究与发展管理》的学科引用速率占总速率的比例从2004年71%下降到2006年的46%，学科扩散趋势比较明显，《南开管理评论》、《科研管理》等期刊也有类似情况。表明这些期刊的影响逐渐从管理学向其他学科渗透，而《经济管理》、《系统工程》等期刊的被引速率则在向管理学学科聚集。

12.3.4 管理学期刊被引速率综合分析

期刊被引速率是反映期刊学术影响速度的重要指标，它包括总被引速率、他刊引用速率和学科引用速率3项指标。与期刊被引次数类似，各指标的权重分配分别为25%、50%、25%。表12-13给出了2004—2006年管理学期刊被引速率综合值计算。其方法与期刊被引次数综合值的计算完全相同，可以参见表12-9的解释。本表按照被引速率综合值从大到小排序。

表 12-13　　2004—2006 年管理学期刊被引速率综合值

排序	期刊名称	总被引速率归一化值	他刊引用速率归一化值	学科引用速率归一化值	综合值
1	管理世界	1	1	0.8187	0.9547
2	科研管理	0.5726	0.5947	0.9899	0.6880
3	科学学研究	0.5949	0.5486	0.9634	0.6639
4	南开管理评论	0.5772	0.4833	1	0.6360
5	管理科学学报	0.5749	0.4514	0.8649	0.5857
6	中国软科学	0.5878	0.5804	0.5586	0.5768
7	外国经济与管理	0.4952	0.4729	0.7658	0.5517
8	中国管理科学	0.5834	0.2265	0.8339	0.4676
9	改革	0.6418	0.4354	0.2934	0.4515
10	科学学与科学技术管理	0.3325	0.3036	0.5394	0.3698
11	研究与发展管理	0.3262	0.2939	0.5304	0.3611
12	中国科技论坛	0.3396	0.2844	0.5017	0.3525
13	管理工程学报	0.2963	0.3094	0.4386	0.3384
14	中国行政管理	0.2886	0.2281	0.5011	0.3115
15	国家行政学院学报	0.2842	0.2960	0.3435	0.3049
16	科学管理研究	0.2698	0.2158	0.4989	0.3001
17	管理科学	0.2800	0.2791	0.3288	0.2918
18	预测	0.2578	0.2441	0.3812	0.2818
19	管理评论	0.2129	0.2358	0.3012	0.2464
20	公共管理学报	0.2083	0.2307	0.2804	0.2375
21	软科学	0.1742	0.1836	0.2905	0.2080
22	经济管理	0.1727	0.1542	0.2523	0.1834
23	商业经济与管理	0.2005	0.1850	0.1436	0.1785
24	管理现代化	0.1412	0.1528	0.2404	0.1718
25	系统工程理论与实践	0.1395	0.1545	0.1751	0.1559

续表

排序	期刊名称	总被引速率归一化值	他刊引用速率归一化值	学科引用速率归一化值	综合值
26	管理学报	0.1200	0.1329	0.2089	0.1487
27	经济体制改革	0.1650	0.1647	0.0952	0.1474
28	系统工程	0.1113	0.1232	0.1441	0.1255
29	北京行政学院学报	0.1236	0.1186	0.1374	0.1246
30	江苏行政学院学报	0.1297	0.1436	0.0580	0.1187
31	上海行政学院学报	0.1077	0.1193	0.1143	0.1152
32	中国人力资源开发	0.0818	0.0813	0.1661	0.1026
33	科技进步与对策	0.0972	0.0790	0.1430	0.0996
34	宏观经济管理	0.1133	0.1255	0.0259	0.0976
35	上海管理科学	0.0767	0.0850	0.1227	0.0924
36	中国党政干部论坛	0.0866	0.0950	0.0529	0.0824
37	科技管理研究	0.0765	0.0581	0.1261	0.0797
38	中国改革	0.0753	0.0831	0.0400	0.0704
39	中国科学基金	0.0588	0.0651	0.0907	0.0699
40	现代管理科学	0.0609	0.0674	0.0828	0.0696
41	科学对社会的影响	0.0659	0.0730	0.0642	0.0690
42	企业管理	0.0494	0.0547	0.0940	0.0632
43	华东经济管理	0.0569	0.0630	0.0614	0.0611
44	中国科技产业	0.0571	0.0632	0.0557	0.0598
45	科技与管理	0.0517	0.0572	0.0715	0.0594
46	运筹与管理	0.0514	0.0570	0.0450	0.0526
47	决策	0.0483	0.0535	0.0428	0.0495
48	云南行政学院学报	0.0487	0.0540	0.0377	0.0486
49	统计与决策	0.0485	0.0472	0.0428	0.0464
50	广东行政学院学报	0.0387	0.0428	0.0479	0.0431
51	湖北行政学院学报	0.0450	0.0498	0.0225	0.0418
52	福建行政学院福建经济管理干部学院学报	0.0479	0.0530	0.0068	0.0402
53	技术与创新管理	0.0326	0.0361	0.0518	0.0392
54	国有资产管理	0.0383	0.0424	0.0293	0.0381

续表

排序	期刊名称	总被引速率归一化值	他刊引用速率归一化值	学科引用速率归一化值	综合值
55	世界标准化与质量管理	0.0335	0.0371	0.0338	0.0354
56	企业经济	0.0314	0.0347	0.0355	0.0341
57	中国人才	0.0268	0.0296	0.0495	0.0339
58	广西经济管理干部学院学报	0.0418	0.0463	0	0.0336
59	江西行政学院学报	0.0366	0.0405	0.0090	0.0317
60	四川行政学院学报	0.0316	0.0350	0.0214	0.0308
61	国土资源科技管理	0.0347	0.0384	0	0.0279
62	企业改革与管理	0.0230	0.0255	0.0360	0.0275
63	科学决策	0.0284	0.0315	0.0175	0.0272
64	改革与战略	0.0270	0.0299	0.0214	0.0271
65	未来与发展	0.0326	0.0243	0.0225	0.0259
66	林业资源管理	0.0207	0.0229	0	0.0166
67	农业科技管理	0.0153	0.0169	0.0096	0.0147
67	人类工效学	0.0151	0.0167	0.0101	0.0147
69	云南科技管理	0.0071	0.0079	0.0124	0.0088
70	中华医学科研管理杂志	0.0063	0.0069	0.0073	0.0069

从表12-13可以看出，在学术影响速度方面，管理学期刊呈金字塔形分布：《管理世界》的综合值遥遥领先，CSSCI来源刊的综合值基本在0.1以上，另外近一半的期刊综合值在0.1以下。其中，来源期刊《未来与发展》位居65位，同其他来源刊的差距比较明显。此外，在前20种期刊中，有两个非来源刊《管理评论》、《公共管理学报》，说明这两种期刊在此三年间的发展比较迅速。

12.4 管理学期刊影响因子分析

期刊的总被引次数反映了期刊的绝对影响，而期刊的相对影响则是通过影响因子反映出来的。影响因子的实质是在一定的统计时间范围内期刊发表论文的平均被引用率。[1] 一般来说，期刊影响因子越大，说明该期刊的论文平均影响力和学术作用也越

---

[1] 刘勇："论用期刊影响因子评价论文作者的逻辑前提与局限性"，《编辑学报》2007年第2期，第152—153页。

大。因此，影响因子与期刊被引次数是一个很好的互补。与前两个指标一样，影响因子指标也被细分成了3个下级指标：一般影响因子、他引影响因子、学科影响因子。

12.4.1 一般影响因子

根据第一章的说明，本指标体系的影响因子的计算方法是该刊前第2、3年发表论文在统计当年被引用的总次数与该刊前第2、3年发表论文总数的比值。该指标反映了期刊的相对学术影响和重要程度。表12-14给出了2004—2006年管理学期刊一般影响因子和三年的平均值，最后用0.9652（即该指标最大的平均值）作分母去除每一种期刊这一指标的平均值，得到各期刊的一般影响因子的归一化值。本表按照三年平均值从大到小排序。

表12-14　　　　　　　　2004—2006年管理学期刊一般影响因子

排序	期刊名称	2004年	2005年	2006年	三年平均	归一化值
1	管理世界	0.8068	0.8959	1.1928	0.9652	1
2	管理科学学报	0.6684	0.6893	0.9876	0.7818	0.8100
3	科研管理	0.5720	0.6820	0.9553	0.7364	0.7630
4	中国管理科学	0.4670	0.7185	0.7445	0.6433	0.6665
5	南开管理评论	0.4831	0.7016	0.7183	0.6343	0.6572
6	科学学研究	0.4640	0.6117	0.7132	0.5963	0.6178
7	外国经济与管理	0.5708	0.5070	0.6188	0.5655	0.5859
8	中国软科学	0.4300	0.4872	0.6180	0.5117	0.5301
9	研究与发展管理	0.3876	0.4315	0.5261	0.4484	0.4646
10	改革	0.3147	0.4137	0.5850	0.4378	0.4536
11	管理工程学报	0.3902	0.3535	0.4192	0.3876	0.4016
12	公共管理学报	—	—	0.3273	0.3273	0.3391
13	预测	0.2353	0.3290	0.3649	0.3097	0.3209
14	科学管理研究	0.2421	0.2885	0.3342	0.2883	0.2987
15	科学学与科学技术管理	0.2338	0.2350	0.3537	0.2742	0.2841
16	管理科学	0.1602	0.2521	0.3362	0.2495	0.2585
17	中国行政管理	0.1775	0.2461	0.2608	0.2281	0.2363
18	系统工程	0.2185	0.2279	0.2018	0.2161	0.2239
19	中国科技论坛	0.0993	0.2287	0.2784	0.2021	0.2094
20	系统工程理论与实践	0.1396	0.2163	0.2496	0.2018	0.2091

续表

排序	期刊名称	2004 年	2005 年	2006 年	三年平均	归一化值
21	软科学	0.1122	0.2093	0.2476	0.1897	0.1965
22	科技管理研究	0.1410	0.1894	0.2124	0.1809	0.1874
23	管理评论	0.0484	0.1541	0.3099	0.1708	0.1770
24	国家行政学院学报	0.1938	0.1617	0.1530	0.1695	0.1756
25	管理学报	—	—	0.1600	0.1600	0.1658
26	商业经济与管理	0.1200	0.1780	0.1813	0.1598	0.1656
27	经济管理	0.1883	0.1467	0.1104	0.1485	0.1539
28	经济体制改革	0.0950	0.1374	0.1654	0.1326	0.1374
29	管理现代化	0.0991	0.1232	0.1618	0.1280	0.1326
30	江苏行政学院学报	0.1176	0.0904	0.1106	0.1062	0.1100
31	北京行政学院学报	0.0898	0.1064	0.1084	0.1015	0.1052
32	上海行政学院学报	0.0690	0.0435	0.1908	0.1011	0.1047
33	科技进步与对策	0.0707	0.1047	0.1152	0.0969	0.1004
34	人类工效学	0.0643	0.0789	0.1364	0.0932	0.0966
35	运筹与管理	0.0301	0.1111	0.1160	0.0857	0.0888
35	科学对社会的影响	0.0853	0.0625	0.1092	0.0857	0.0888
37	中国人力资源开发	0.0654	0.0589	0.1322	0.0855	0.0886
38	中国科学基金	0.0833	0.0700	0.0565	0.0699	0.0724
39	华东经济管理	0.0668	0.0715	0.0596	0.0660	0.0684
40	云南行政学院学报	0.0575	0.0645	0.0671	0.0630	0.0653
41	国土资源科技管理	0.0394	0.0727	0.0514	0.0545	0.0565
42	中国党政干部论坛	0.0507	0.0724	0.0387	0.0539	0.0558
43	现代管理科学	0.0347	0.0671	0.0585	0.0534	0.0553
44	福建行政学院福建经济管理干部学院学报	0.0570	0.0537	0.0490	0.0532	0.0551
45	中国科技产业	0.0480	0.0464	0.0633	0.0526	0.0545
46	科技与管理	0.0304	0.0559	0.0677	0.0513	0.0531
47	统计与决策	0.0288	0.0547	0.0579	0.0471	0.0488
48	湖北行政学院学报	0.0811	0.0299	0.0283	0.0464	0.0481
49	上海管理科学	0.0036	0.0466	0.0828	0.0443	0.0459
50	企业管理	0.0465	0.0411	0.0412	0.0429	0.0444

续表

排序	期刊名称	2004 年	2005 年	2006 年	三年平均	归一化值
51	广东行政学院学报	0.0289	0.0348	0.0641	0.0426	0.0441
52	江西行政学院学报	0.0183	0.0437	0.0631	0.0417	0.0432
53	宏观经济管理	0.0313	0.0316	0.0617	0.0415	0.0430
54	中国改革	0.0425	0.0339	0.0359	0.0374	0.0387
55	林业资源管理	0.0275	0.0459	0.0372	0.0369	0.0382
56	未来与发展	0.0450	0.0220	0.0426	0.0365	0.0378
57	改革与战略	0.0458	0.0240	0.0385	0.0361	0.0374
58	世界标准化与质量管理	0.0296	0.0405	0.0380	0.0360	0.0373
59	广西经济管理干部学院学报	0.0588	0.0168	0.0270	0.0342	0.0354
60	科学决策	0.0232	0.0425	0.0348	0.0335	0.0347
61	中国人才	0.0244	0.0191	0.0539	0.0325	0.0337
62	四川行政学院学报	0.0203	0.0380	0.0386	0.0323	0.0335
63	决策	0.0230	0.0323	0.0402	0.0318	0.0329
64	企业经济	0.0235	0.0306	0.0402	0.0315	0.0326
65	中华医学科研管理杂志	0.0274	0.0235	0.0396	0.0302	0.0313
66	云南科技管理	0.0273	0.0237	0.0317	0.0276	0.0286
67	企业改革与管理	0.0303	0.0203	0.0304	0.0270	0.0280
68	农业科技管理	0.0190	0.0227	0.0352	0.0256	0.0265
68	国有资产管理	0.0168	0.0308	0.0291	0.0256	0.0265
70	技术与创新管理	0.0313	0.0114	0.0325	0.0251	0.0260

注：《公共管理学报》和《管理学报》的创刊时间短，只有 2006 年的影响因子，故其平均值只计算一年，下同。

从表 12-14 可以看出，管理学期刊一般影响因子数值都不高，只有 13 种期刊在 0.3 以上。从分布上来看，排在前列的基本是 CSSCI 来源刊，同总被引次数相比，《管理科学学报》、《中国管理科学》的排名前进不少，说明这两种期刊的论文的单位影响力较高，而一些载文量较大的期刊在这一指标上的排名不甚理想。

从发展来看，大部分期刊的一般影响因子都在进步，这一方面是因为各期刊学术水平在发展，另外一方面也是因为载文的规范性增加，篇均引文数在增长。一般影响因子进步比较明显的期刊有《管理科学学报》、《改革》等，而数据出现下滑的期刊有《国家行政学院学报》、《经济管理》等，这些期刊需要引起重视，应该采取一定措施来防止下滑。

12.4.2 他引影响因子

他引影响因子是排除期刊自引后的影响因子，相对非来源期刊而言他引影响因子更加公正合理。表 12-15 给出了 2004—2006 年管理学期刊他引影响因子统计。三年平均值由各年度数据进行平均计算得出，各期刊他引影响因子的归一化值由该指标三年平均的最大值（《管理世界》的 0.9037）作分母求得。本表按照三年平均值从大到小排序。

表 12-15　　2004—2006 年管理学期刊他引影响因子

排序	期刊名称	2004 年	2005 年	2006 年	三年平均	归一化值
1	管理世界	0.7708	0.8397	1.1007	0.9037	1
2	科研管理	0.4945	0.5866	0.8729	0.6513	0.7207
3	南开管理评论	0.4638	0.6283	0.6197	0.5706	0.6314
4	外国经济与管理	0.5660	0.4977	0.6099	0.5579	0.6174
5	管理科学学报	0.4352	0.4223	0.7453	0.5343	0.5912
6	科学学研究	0.4324	0.5385	0.6124	0.5278	0.5840
7	中国软科学	0.3918	0.4642	0.5921	0.4827	0.5341
8	研究与发展管理	0.3014	0.3589	0.4578	0.3727	0.4124
9	中国管理科学	0.2944	0.3656	0.4453	0.3684	0.4077
10	改革	0.3068	0.3253	0.4545	0.3622	0.4008
11	管理工程学报	0.3463	0.3256	0.3887	0.3535	0.3912
12	公共管理学报	—	—	0.3273	0.3273	0.3622
13	预测	0.2235	0.3160	0.3469	0.2955	0.3270
14	科学管理研究	0.2341	0.2564	0.3152	0.2686	0.2972
15	管理科学	0.1553	0.2353	0.3275	0.2394	0.2649
16	科学学与科学技术管理	0.1908	0.2017	0.2989	0.2305	0.2551
17	系统工程	0.2185	0.2279	0.2018	0.2161	0.2391
18	系统工程理论与实践	0.1396	0.2163	0.2496	0.2018	0.2233
19	中国行政管理	0.1467	0.1836	0.2176	0.1826	0.2021
20	软科学	0.1122	0.1927	0.2382	0.1810	0.2003
21	中国科技论坛	0.0757	0.2024	0.2472	0.1751	0.1938
22	管理评论	0.0484	0.1541	0.3099	0.1708	0.1890
23	国家行政学院学报	0.1938	0.1617	0.1495	0.1683	0.1862

续表

排序	期刊名称	2004 年	2005 年	2006 年	三年平均	归一化值
24	管理学报	—	—	0.1600	0.1600	0.1770
25	商业经济与管理	0.1125	0.1571	0.1621	0.1439	0.1592
26	科技管理研究	0.1218	0.1237	0.1544	0.1333	0.1475
27	经济管理	0.1631	0.1331	0.0971	0.1311	0.1451
28	经济体制改革	0.0833	0.1355	0.1597	0.1262	0.1396
29	管理现代化	0.0943	0.1232	0.1569	0.1248	0.1381
30	江苏行政学院学报	0.1176	0.0904	0.1106	0.1062	0.1175
31	上海行政学院学报	0.0690	0.0435	0.1908	0.1011	0.1119
32	人类工效学	0.0643	0.0789	0.1364	0.0932	0.1031
33	运筹与管理	0.0301	0.1111	0.1160	0.0857	0.0948
33	科学对社会的影响	0.0853	0.0625	0.1092	0.0857	0.0948
35	科技进步与对策	0.0553	0.0844	0.0974	0.0790	0.0874
36	北京行政学院学报	0.0857	0.1021	0.0490	0.0789	0.0873
37	中国人力资源开发	0.0654	0.0589	0.0886	0.0710	0.0786
38	中国科学基金	0.0833	0.0700	0.0565	0.0699	0.0773
39	华东经济管理	0.0668	0.0715	0.0596	0.0660	0.0730
40	云南行政学院学报	0.0575	0.0645	0.0671	0.0630	0.0697
41	国土资源科技管理	0.0394	0.0727	0.0514	0.0545	0.0603
42	中国党政干部论坛	0.0507	0.0724	0.0387	0.0539	0.0596
43	现代管理科学	0.0347	0.0671	0.0585	0.0534	0.0591
44	福建行政学院福建经济管理干部学院学报	0.0570	0.0537	0.0490	0.0532	0.0589
45	中国科技产业	0.0480	0.0464	0.0633	0.0526	0.0582
46	科技与管理	0.0304	0.0559	0.0677	0.0513	0.0568
47	湖北行政学院学报	0.0811	0.0299	0.0283	0.0464	0.0513
48	上海管理科学	0.0036	0.0466	0.0828	0.0443	0.0490
49	企业管理	0.0465	0.0411	0.0412	0.0429	0.0475
50	广东行政学院学报	0.0289	0.0348	0.0641	0.0426	0.0471
51	江西行政学院学报	0.0183	0.0437	0.0631	0.0417	0.0461
52	宏观经济管理	0.0313	0.0316	0.0617	0.0415	0.0459
53	统计与决策	0.0288	0.0437	0.0442	0.0389	0.0430

续表

排序	期刊名称	2004年	2005年	2006年	三年平均	归一化值
54	中国改革	0.0425	0.0339	0.0359	0.0374	0.0414
55	林业资源管理	0.0275	0.0459	0.0372	0.0369	0.0408
56	改革与战略	0.0458	0.0240	0.0385	0.0361	0.0399
57	世界标准化与质量管理	0.0296	0.0405	0.0380	0.0360	0.0398
58	广西经济管理干部学院学报	0.0588	0.0168	0.0270	0.0342	0.0378
59	科学决策	0.0232	0.0425	0.0348	0.0335	0.0371
60	中国人才	0.0244	0.0191	0.0539	0.0325	0.0360
61	四川行政学院学报	0.0203	0.0380	0.0386	0.0323	0.0357
62	决策	0.0230	0.0323	0.0402	0.0318	0.0352
63	企业经济	0.0235	0.0306	0.0402	0.0314	0.0347
64	中华医学科研管理杂志	0.0274	0.0235	0.0396	0.0302	0.0334
65	未来与发展	0.0450	0.0176	0.0255	0.0294	0.0325
66	云南科技管理	0.0273	0.0237	0.0317	0.0276	0.0305
67	企业改革与管理	0.0303	0.0203	0.0304	0.0270	0.0299
68	国有资产管理	0.0168	0.0308	0.0291	0.0256	0.0283
68	农业科技管理	0.0190	0.0227	0.0352	0.0256	0.0283
70	技术与创新管理	0.0313	0.0114	0.0325	0.0251	0.0278

从表 12-15 可以看出，排除自引情况后，管理学期刊他引影响因子排名前 20 的期刊基本没有变化，《管理世界》仍然遥遥领先，说明管理学优秀期刊的他引与总被引一样领先。也有些期刊的顺序发生了些许变化：《中国管理科学》是一般影响因子前 20 名的期刊中，自引率最高的期刊，他引影响因子所占比例为 57.3%，其排名从一般影响因子的第 4 名下降到第 9 名；其次是《管理科学学报》，他引影响因子占一般影响因子的比例为 68.3%，名次从第 2 名下降到第 5 名。这方面表现最好的是《外国经济与管理》，从影响因子看，其自引率仅 1.4%；其次为《管理科学》、《预测》、《中国软科学》等期刊，其影响因子的自引率在 5% 左右。排在 20 名后的期刊中，来源期刊《管理现代化》的影响因子自引率也较低，为 2.5%。

从 2004—2006 年度变化趋势来看，同样有一些现象值得注意：《未来与发展》他引影响因子占一般影响因子的比例从 100% 下降到 60%，幅度最大，其次为《统计与决策》，从 100% 下降到 76%，其他来源期刊的变化较小，其中《管理科学学报》、《科技进步与对策》、《研究与发展管理》等期刊每年都有一些进步。

12.4.3 学科影响因子

同学科被引次数、学科引用速率类似，通过学科影响因子的研究，可以分析期刊对本学科研究的影响，能够反映期刊所刊载的论文与本学科研究的相关程度。表12-16给出了2004—2006年管理学期刊学科影响因子统计。同样的，也包括各年度的学科影响因子、三年平均值和该指标的归一化值。本表按照三年平均值从大到小排序。

表12-16　　2004—2006年管理学期刊学科影响因子

排序	期刊名称	2004年	2005年	2006年	三年平均	归一化值
1	科研管理	0.3506	0.5053	0.6735	0.5098	1
2	管理科学学报	0.4352	0.4223	0.5155	0.4577	0.8978
3	南开管理评论	0.3333	0.4503	0.4554	0.4130	0.8101
4	中国管理科学	0.2690	0.3824	0.4270	0.3595	0.7052
5	科学学研究	0.2748	0.3956	0.3876	0.3527	0.6918
6	管理世界	0.2822	0.3636	0.4061	0.3506	0.6877
7	外国经济与管理	0.3396	0.3178	0.3649	0.3408	0.6685
8	研究与发展管理	0.2536	0.3065	0.3534	0.3045	0.5973
9	管理工程学报	0.2585	0.2047	0.2664	0.2432	0.4770
10	中国软科学	0.1909	0.2078	0.2524	0.2170	0.4257
11	公共管理学报	—	—	0.2000	0.2000	0.3923
12	科学管理研究	0.1389	0.1859	0.2147	0.1798	0.3527
13	科学学与科学技术管理	0.1169	0.1335	0.2503	0.1669	0.3274
14	中国行政管理	0.1214	0.1738	0.1744	0.1565	0.3070
15	管理科学	0.0922	0.1555	0.2009	0.1495	0.2933
16	预测	0.0667	0.1255	0.2027	0.1316	0.2581
17	中国科技论坛	0.0686	0.1496	0.1425	0.1202	0.2358
18	科技管理研究	0.0897	0.1389	0.1178	0.1155	0.2266
19	改革	0.0797	0.1325	0.1265	0.1129	0.2215
20	软科学	0.0442	0.1329	0.1254	0.1008	0.1977
21	系统工程	0.0966	0.1213	0.0717	0.0965	0.1893
22	经济管理	0.1155	0.0966	0.0703	0.0941	0.1846
23	系统工程理论与实践	0.0578	0.1115	0.0981	0.0891	0.1748
24	管理学报	—	—	0.0867	0.0867	0.1701

续表

排序	期刊名称	2004 年	2005 年	2006 年	三年平均	归一化值
25	管理现代化	0.0755	0.0739	0.0833	0.0776	0.1522
26	管理评论	0.0282	0.0588	0.1444	0.0771	0.1512
27	国家行政学院学报	0.0853	0.0602	0.0819	0.0758	0.1487
28	中国人力资源开发	0.0510	0.0510	0.1125	0.0715	0.1403
29	人类工效学	0.0500	0.0461	0.0795	0.0585	0.1148
30	商业经济与管理	0.0375	0.0419	0.0687	0.0494	0.0969
31	北京行政学院学报	0.0490	0.0340	0.0562	0.0464	0.0910
32	科技进步与对策	0.0282	0.0506	0.0579	0.0456	0.0894
33	经济体制改革	0.0245	0.0548	0.0493	0.0429	0.0842
34	运筹与管理	0.0162	0.0423	0.0471	0.0352	0.0690
35	中国科学基金	0.0463	0.0247	0.0323	0.0344	0.0675
36	企业管理	0.0255	0.0298	0.0312	0.0288	0.0565
37	现代管理科学	0.0260	0.0289	0.0313	0.0287	0.0563
38	科技与管理	0.0122	0.0387	0.0339	0.0283	0.0555
39	中国科技产业	0.0233	0.0265	0.0349	0.0282	0.0553
40	上海行政学院学报	0.0345	0.0174	0.0229	0.0249	0.0488
41	华东经济管理	0.0295	0.0175	0.0194	0.0221	0.0434
42	中国人才	0.0141	0.0096	0.0417	0.0218	0.0428
43	福建行政学院福建经济管理干部学院学报	0.0253	0.0268	0.0129	0.0217	0.0426
44	科学对社会的影响	0.0233	0.0234	0.0168	0.0212	0.0416
45	技术与创新管理	0.0208	0.0076	0.0285	0.0190	0.0373
46	广东行政学院学报	0.0144	0.0174	0.0249	0.0189	0.0371
47	世界标准化与质量管理	0.0046	0.0253	0.0261	0.0187	0.0367
48	上海管理科学	0	0.0179	0.0345	0.0175	0.0343
49	江苏行政学院学报	0.0235	0.0057	0.0230	0.0174	0.0341
50	企业改革与管理	0.0159	0.0087	0.0243	0.0163	0.0320
51	云南行政学院学报	0.0133	0.0147	0.0201	0.0160	0.0314
51	企业经济	0.0081	0.0170	0.0229	0.0160	0.0314
53	中华医学科研管理杂志	0.0183	0.0141	0.0149	0.0158	0.0310
54	云南科技管理	0.0137	0.0136	0.0176	0.0150	0.0294

续表

排序	期刊名称	2004年	2005年	2006年	三年平均	归一化值
55	统计与决策	0.0055	0.0160	0.0203	0.0139	0.0273
56	改革与战略	0.0191	0.0100	0.0091	0.0127	0.0249
57	国有资产管理	0.0042	0.0088	0.0224	0.0118	0.0231
58	四川行政学院学报	0.0101	0.0117	0.0119	0.0112	0.0220
59	江西行政学院学报	0.0091	0.0097	0.0146	0.0111	0.0218
60	科学决策	0.0132	0.0098	0.0095	0.0108	0.0212
61	决策	0.0108	0.0067	0.0129	0.0101	0.0198
62	未来与发展	0.0135	0.0044	0.0085	0.0088	0.0173
63	湖北行政学院学报	0.0090	0.0085	0.0081	0.0085	0.0167
64	广西经济管理干部学院学报	0.0107	0.0056	0.0068	0.0077	0.0151
65	中国党政干部论坛	0.0084	0.0075	0.0062	0.0074	0.0145
66	宏观经济管理	0.0042	0.0023	0.0155	0.0073	0.0143
67	中国改革	0.0074	0.0035	0.0072	0.0060	0.0118
67	农业科技管理	0.0047	0.0045	0.0088	0.0060	0.0118
69	国土资源科技管理	0	0	0	0	0
69	林业资源管理	0	0	0	0	0

从表12-16可以看出，管理学期刊学科影响因子排名相对一般影响因子排名有较大变化。《科研管理》的学科影响因子超过了《管理世界》等期刊排在第1位，而《管理世界》从第1下降到了第6。学科影响因子占一般影响因子比重最大的是非来源期刊《技术与创新管理》，达76%；最低的则是《林业资源管理》、《国土资源科技管理》，比重为0；CSSCI管理学来源期刊中《中国人力资源开发》的比重最高，为83.6%，最低的是《宏观经济管理》，为15.1%。

从2004—2006年三年学科影响因子变化情况来看，总的趋势是在增加，其中《管理评论》、《国有资产管理》、《世界标准化与质量管理》、《预测》等进步的幅度较大；而《经济管理》等刊则有一定程度的退步。而从学科影响因子占一般影响因子的比重变化来看，《国有资产管理》的学术影响向管理学倾斜的趋势最为明显，其学科影响因子占一般影响因子的比重从25%增加到77%；其次，《预测》、《科学学与科学技术管理》、《技术与创新管理》都有较大幅度增长；相反，影响力向其他学科不断拓展比较明显的期刊有《上海行政学院学报》、《江西行政学院学报》、《中华医学科研管理杂志》等。

12.4.4 管理学期刊影响因子综合分析

在本评价体系中，与期刊被引次数和被引速率相同，期刊影响因子的3个下级指标权重分配为：一般影响因子（25%）、他引影响因子（50%）、学科影响因子（25%）。表12-17给出了2004—2006年管理学期刊影响因子综合值计算，其方法与期刊被引次数和被引速率相同。本表按照影响因子综合值从大到小排序。

表12-17　　　　　　　　2004—2006年管理学期刊影响因子综合值

排序	期刊名称	一般影响因子归一化值	他引影响因子归一化值	学科影响因子归一化值	影响因子综合值
1	管理世界	1	1	0.6877	0.9219
2	科研管理	0.7630	0.7207	1	0.8011
3	管理科学学报	0.8100	0.5912	0.8978	0.7226
4	南开管理评论	0.6572	0.6314	0.8101	0.6825
5	外国经济与管理	0.5859	0.6174	0.6685	0.6223
6	科学学研究	0.6178	0.5840	0.6918	0.6194
7	中国管理科学	0.6665	0.4077	0.7052	0.5468
8	中国软科学	0.5301	0.5341	0.4257	0.5060
9	研究与发展管理	0.4646	0.4124	0.5973	0.4717
10	管理工程学报	0.4016	0.3912	0.4770	0.4153
11	改革	0.4536	0.4008	0.2215	0.3692
12	公共管理学报	0.3391	0.3622	0.3923	0.3640
13	科学管理研究	0.2987	0.2972	0.3527	0.3115
14	预测	0.3209	0.3270	0.2581	0.3083
15	科学学与科学技术管理	0.2841	0.2551	0.3274	0.2804
16	管理科学	0.2585	0.2649	0.2933	0.2704
17	中国行政管理	0.2363	0.2021	0.3070	0.2369
18	系统工程	0.2239	0.2391	0.1893	0.2229
19	中国科技论坛	0.2094	0.1938	0.2358	0.2082
20	系统工程理论与实践	0.2091	0.2233	0.1748	0.2076
21	软科学	0.1965	0.2003	0.1977	0.1987
22	科技管理研究	0.1874	0.1475	0.2266	0.1773
23	管理评论	0.1770	0.1890	0.1512	0.1766

续表

排序	期刊名称	一般影响因子归一化值	他引影响因子归一化值	学科影响因子归一化值	影响因子综合值
24	国家行政学院学报	0.1756	0.1862	0.1487	0.1742
25	管理学报	0.1658	0.1770	0.1701	0.1725
26	经济管理	0.1539	0.1451	0.1846	0.1572
27	商业经济与管理	0.1656	0.1592	0.0969	0.1452
28	管理现代化	0.1326	0.1381	0.1522	0.1403
29	经济体制改革	0.1374	0.1396	0.0842	0.1252
30	人类工效学	0.0966	0.1031	0.1148	0.1044
31	中国人力资源开发	0.0886	0.0786	0.1403	0.0965
32	江苏行政学院学报	0.1100	0.1175	0.0341	0.0948
33	上海行政学院学报	0.1047	0.1119	0.0488	0.0943
34	北京行政学院学报	0.1052	0.0873	0.0910	0.0927
35	科技进步与对策	0.1004	0.0874	0.0894	0.0912
36	运筹与管理	0.0888	0.0948	0.0690	0.0869
37	科学对社会的影响	0.0888	0.0948	0.0416	0.0800
38	中国科学基金	0.0724	0.0773	0.0675	0.0736
39	华东经济管理	0.0684	0.0730	0.0434	0.0645
40	云南行政学院学报	0.0653	0.0697	0.0314	0.0590
41	现代管理科学	0.0553	0.0591	0.0563	0.0575
42	中国科技产业	0.0545	0.0582	0.0553	0.0566
43	科技与管理	0.0531	0.0568	0.0555	0.0556
44	福建行政学院福建经济管理干部学院学报	0.0551	0.0589	0.0426	0.0539
45	企业管理	0.0444	0.0475	0.0565	0.0490
46	中国党政干部论坛	0.0558	0.0596	0.0145	0.0474
47	上海管理科学	0.0459	0.0490	0.0343	0.0446
48	国土资源科技管理	0.0565	0.0603	0	0.0443
49	广东行政学院学报	0.0441	0.0471	0.0371	0.0439
50	湖北行政学院学报	0.0481	0.0513	0.0167	0.0419
51	统计与决策	0.0488	0.0430	0.0273	0.0405
52	江西行政学院学报	0.0432	0.0461	0.0218	0.0393

续表

排序	期刊名称	一般影响因子归一化值	他引影响因子归一化值	学科影响因子归一化值	影响因子综合值
53	世界标准化与质量管理	0.0373	0.0398	0.0367	0.0384
54	宏观经济管理	0.0430	0.0459	0.0143	0.0373
55	中国人才	0.0337	0.0360	0.0428	0.0371
56	改革与战略	0.0374	0.0399	0.0249	0.0355
57	企业经济	0.0326	0.0347	0.0314	0.0334
58	中国改革	0.0387	0.0414	0.0118	0.0333
59	科学决策	0.0347	0.0371	0.0212	0.0325
60	中华医学科研管理杂志	0.0313	0.0334	0.0310	0.0323
61	四川行政学院学报	0.0335	0.0357	0.0220	0.0317
62	广西经济管理干部学院学报	0.0354	0.0378	0.0151	0.0315
63	决策	0.0329	0.0352	0.0198	0.0308
64	未来与发展	0.0378	0.0325	0.0173	0.0300
65	企业改革与管理	0.0280	0.0299	0.0320	0.0300
66	林业资源管理	0.0382	0.0408	0	0.0300
67	云南科技管理	0.0286	0.0305	0.0294	0.0298
68	技术与创新管理	0.0260	0.0278	0.0373	0.0297
69	国有资产管理	0.0265	0.0283	0.0231	0.0266
70	农业科技管理	0.0265	0.0283	0.0118	0.0237

分析表 12-17 中管理学期刊影响因子综合值可以看出：学界公认的、学术影响较大的期刊依然排在前几位，尤其是排在第 1 的《管理世界》，有两项分指标独占鳌头；排在第 2 的《科研管理》则凭借着排在首位的学科影响因子而拉近了同《管理世界》的距离；从总的排列来看，CSSCI 来源期刊绝大多数在前面；《系统工程》、《系统工程理论与实践》由于其偏工程学科虽未被 CSSCI 收录，但其在管理学的学术影响不容怀疑，在这个表上排名比较靠前；此外，《管理评论》、《管理学报》则是新近挤进影响因子排行前列的期刊，其发展趋势值得注意，现已被收录进 CSSCI；而《国家行政学院学报》等几个行政学院学报是 CSSCI 政治学来源期刊，尽管其在管理学中的学科影响因子得分不高，但它们的一般影响因子和他引影响因子数据也能保证了其综合位置不至于很落后。在 CSSCI 管理学来源刊中，《未来与发展》、《宏观经济管理》的位置比较靠后，有远离核心期刊的趋势。

如果我们根据影响因子来划分管理学期刊的层次的话，排在前 3 位的《管理世界》等期刊可划入第一层次,其影响因子综合值为 0.7 以上;影响因子综合值在 0.7—0.1 之间的《中国管理科学》等 27 种期刊可列入第二层次,其余的 40 种期刊可归入管理学期刊的第三层次。

12.5 管理学期刊被引广度分析

除了期刊被引次数、影响因子、被引速率以外,衡量期刊学术影响的还有一个重要指标,即期刊被引广度。它反映的是某种期刊相对其他期刊的影响力(更确切地说对其他期刊的文章作者的影响力)。一般说来引用一种期刊的期刊种数越多,该期刊的被引广度就越大。本评价体系对期刊被引广度的计算方法参见本书第 1 章。表 12-18 给出了 2004—2006 年管理学期刊被引广度、三年的平均值和各期刊的归一化值。本表按照三年平均被引广度从大到小排序。

表 12-18　　　　　　　　2004—2006 年管理学期刊被引广度

排序	期刊名称	2004 年	2005 年	2006 年	三年平均	归一化值
1	管理世界	112.0	115.0	139.2	122.07	1
2	中国软科学	71.4	93.8	108.8	91.33	0.7482
3	改革	50.2	52.4	65.4	56.00	0.4588
4	外国经济与管理	41.0	46.8	58.0	48.60	0.3981
5	中国行政管理	34.6	44.6	60.6	46.60	0.3817
6	南开管理评论	34.8	44.4	53.2	44.13	0.3615
7	科研管理	35.4	38.8	54.4	42.87	0.3512
8	科学学与科学技术管理	32.6	37.2	49.0	39.60	0.3244
9	系统工程理论与实践	33.8	36.0	46.8	38.87	0.3184
10	科技进步与对策	29.6	38.2	45.4	37.73	0.3091
11	经济管理	36.8	33.8	39.4	36.67	0.3004
12	科学学研究	28.2	32.2	47.2	35.87	0.2938
13	管理科学学报	31.0	33.6	40.8	35.13	0.2878
14	预测	28.2	32.2	39.2	33.20	0.2720
15	中国管理科学	21.4	28.4	35.8	28.53	0.2337
16	管理工程学报	24.8	25.6	34.4	28.27	0.2316
17	经济体制改革	21.6	30.0	31.0	27.53	0.2255
18	科学管理研究	23.6	22.8	30.4	25.60	0.2097

续表

排序	期刊名称	2004年	2005年	2006年	三年平均	归一化值
19	统计与决策	12.8	22.2	40.8	25.27	0.2070
20	系统工程	21.0	26.4	28.2	25.20	0.2064
21	商业经济与管理	19.6	24.4	26.8	23.60	0.1933
22	中国科技论坛	16.2	21.6	28.8	22.20	0.1819
23	国家行政学院学报	19.6	19.6	25.8	21.67	0.1775
24	研究与发展管理	17.0	18.8	28.2	21.33	0.1747
25	企业经济	13.6	20.0	29.0	20.87	0.1710
25	管理科学	13.6	22.8	26.2	20.87	0.1710
27	科技管理研究	13.6	15.6	29.8	19.67	0.1611
28	软科学	15.2	19.4	24.0	19.53	0.1600
29	华东经济管理	15.6	18.6	24.2	19.47	0.1595
30	中国人力资源开发	16.6	17.8	22.4	18.93	0.1551
31	中国改革	15.0	14.8	24.8	18.20	0.1491
31	管理评论	10.0	19.2	25.4	18.20	0.1491
33	现代管理科学	9.4	18.6	24.2	17.40	0.1425
34	中国党政干部论坛	10.2	15.6	23.4	16.40	0.1343
35	企业管理	16.2	14.8	16.6	15.87	0.1300
36	管理现代化	10.8	11.6	17.2	13.20	0.1081
37	宏观经济管理	9.4	10.8	18.8	13.00	0.1065
38	北京行政学院学报	9.8	11.4	14.4	11.87	0.0972
39	中国人才	9.0	8.6	16.8	11.47	0.0940
39	中国科技产业	10.8	12.4	11.2	11.47	0.0940
41	改革与战略	7.0	8.6	17.6	11.07	0.0907
42	科技与管理	6.6	10.2	15.4	10.73	0.0879
43	运筹与管理	4.8	11.2	13.6	9.87	0.0809
44	江苏行政学院学报	5.4	6.4	14.6	8.80	0.0721
45	决策	5.8	10.0	10.2	8.67	0.0710
46	云南行政学院学报	5.6	8.0	11.6	8.40	0.0688
47	企业改革与管理	7.0	7.4	10.2	8.20	0.0672
48	管理学报	—	3.2	12.0	7.60	0.0623
49	中国科学基金	7.2	7.4	7.2	7.27	0.0596

续表

排序	期刊名称	2004年	2005年	2006年	三年平均	归一化值
50	人类工效学	3.6	6.4	8.8	6.27	0.0514
51	世界标准化与质量管理	5.6	6.2	6.6	6.13	0.0502
51	科学决策	3.6	6.4	8.4	6.13	0.0502
53	上海管理科学	2.0	5.8	10.0	5.93	0.0486
54	国有资产管理	5.0	6.0	5.2	5.40	0.0442
55	国土资源科技管理	3.0	6.4	6.4	5.27	0.0432
56	上海行政学院学报	3.2	4.2	8.0	5.13	0.0420
57	科学对社会的影响	3.6	4.6	6.8	5.00	0.0410
58	广东行政学院学报	3.6	4.0	6.6	4.73	0.0387
59	未来与发展	4.0	3.6	4.2	3.93	0.0322
59	农业科技管理	2.6	3.8	5.4	3.93	0.0322
61	福建行政学院福建经济管理干部学院学报	3.6	4.2	3.6	3.80	0.0311
62	四川行政学院学报	1.8	4.6	4.4	3.60	0.0295
63	中华医学科研管理杂志	2.4	3.4	4.8	3.53	0.0289
64	林业资源管理	3.0	3.4	3.6	3.33	0.0273
64	江西行政学院学报	2.4	2.6	5.0	3.33	0.0273
64	公共管理学报	0.4	3.4	6.2	3.33	0.0273
67	技术与创新管理	3.0	3.0	3.8	3.27	0.0268
67	湖北行政学院学报	2.6	2.6	4.6	3.27	0.0268
69	云南科技管理	3.0	2.4	3.0	2.80	0.0229
70	广西经济管理干部学院学报	3.6	1.6	1.8	2.33	0.0191

从表12-18可以看到，以上70种期刊的平均被引广度约为19.9，其中CSSCI管理学来源期刊的平均被引广度为42，在所有学科中是比较高的。其中，《管理世界》仍然是一骑绝尘，领先优势很明显，每年的被引广度均超过100；《中国软科学》经过3年的发展，被引广度也已达到100以上。这两种期刊的被引广度相对较高，与其他期刊差距较大，表明它们在其他学科领域的影响同样很显著。其他期刊相互之间的被引广度差距不大。在CSSCI的来源期刊中，《未来与发展》的被引广度较低，排在第59位；而排在前30名的期刊中，《系统工程理论与实践》、《系统工程》、《企业经济》、《华东经济管理》不是CSSCI来源期刊，前两种期刊不在CSSCI选刊范围，最后一种期刊则在2008年已进入CSSCI。

2004—2006年间,管理学各期刊的被引广度基本呈现上升趋势。来源期刊中,《统计与决策》、《科技管理研究》等增长幅度较快;非来源刊中,以《管理评论》、《上海管理科学》等期刊的增长幅度稍稍领先;而《经济管理》、《未来与发展》以及排在后面的其他期刊基本没有进步,需要引起注意。

如果我们从期刊的被引广度将管理学期刊划分层次,《管理世界》和《中国软科学》优势明显,可以列为管理学期刊第一层次;《改革》等平均被引广度在60—20之间的24种期刊归入第二层次;余下的管理学期刊均归入第三层次。

12.6 管理学期刊二次文献转载分析

二次文献转载指标是对我国几种重要的二次文献转载各期刊论文数量的统计。二次文献的转载与否、转载率的高低也是国内检验学术期刊质量好坏的一项主要指标。管理学期刊的二次文献转载分析主要采用3种二次文献数据,即人民出版社主办的《新华文摘》、中国社会科学杂志社主办的《中国社会科学文摘》和中国人民大学主办的《复印报刊资料》。这3种二次文献具有一定的权威性,它们主要转载中国人文社会科学领域的重要研究成果,反映各学科领域的学术动态和学术走向。因此,对二次文献转载指标的分析可以作为对其他指标的一个补充。

《新华文摘》是一种大型的综合性、学术性文摘,内容涉及政治、哲学、经济、历史、文学艺术、法学、社会学、教育学等多种人文社会科学学科,具有很高的学术性和权威性。[①] 但新华文摘总的转载量不高,其中管理学文章也很少,大量期刊在3年中只被新华文摘转载过1—2次,因此,新华文摘转载对于管理学期刊的筛选意义不大,在此我们不做讨论。而《中国社会科学文摘》同《新华文摘》类似,对管理学的文章转载也不高,因此,在本部分,主要讨论中国人民大学主办的《复印报刊资料》对管理学期刊的转载情况。

《复印报刊资料》是国内较具权威性的社会科学、人文科学专题文献资料库,其转载的期刊内容分为100多个专题系列,收集的范围和期刊论文数量较为广泛。因此,各期刊被《复印报刊资料》转载的可能性较前两种文摘更大,被转载的次数也更多。对于管理学期刊来说,《复印报刊资料》设立的"经济学与经济管理类"等转载了大量管理学领域发表的优秀论文,无形中提高了管理学期刊的转载的次数,[②]《管理世界》等期刊更是其转载排行榜上的常客。[③]

表12-19给出了2004—2006年管理学期刊被《复印报刊资料》全文转载的统计数据。与上表相同,也包括各年度的被转载次数、三年平均被转载次数和该指标的

---

① http://www.peoplepress.net/rmweb/WebSite/Periodical/index.aspx,2008—1—16.
② http://book.zlzx.org/seriesFirst.jsp,2008—7—13.
③ http://www.zlzx.org/topten.jsp?id=159,2008—7—13.

归一化值。本表按照三年平均被转载次数从大到小排序。

表 12-19　　2004—2006 年管理学期刊被《复印报刊资料》全文转载统计

排序	期刊名称	2004 年（篇）	2005 年（篇）	2006 年（篇）	三年平均（篇）	归一化值
1	管理世界	68	73	62	67.67	1
2	改革	25	69	70	54.67	0.8079
3	中国软科学	45	53	48	48.67	0.7192
4	科学学与科学技术管理	26	48	43	39.00	0.5763
5	江苏行政学院学报	25	56	33	38.00	0.5615
6	经济管理	34	19	51	34.67	0.5123
7	中国人力资源开发	24	46	28	32.67	0.4828
8	外国经济与管理	35	30	29	31.33	0.4630
9	中国党政干部论坛	39	22	32	31.00	0.4581
10	中国行政管理	35	28	25	29.33	0.4334
11	国家行政学院学报	27	29	30	28.67	0.4237
12	企业管理	11	37	33	27.00	0.3990
13	北京行政学院学报	29	30	21	26.67	0.3941
14	商业经济与管理	26	23	26	25.00	0.3694
15	统计与决策	14	29	31	24.67	0.3646
16	经济体制改革	21	21	23	21.67	0.3202
17	企业经济	11	25	26	20.67	0.3055
18	管理评论	27	10	20	19.00	0.2808
19	中国科技论坛	15	19	20	18.00	0.2660
20	云南行政学院学报	24	14	14	17.33	0.2561
21	南开管理评论	15	23	12	16.67	0.2463
21	科学学研究	12	16	22	16.67	0.2463
23	上海行政学院学报	25	16	6	15.67	0.2316
24	科技管理研究	13	16	17	15.33	0.2265
24	科技进步与对策	15	15	16	15.33	0.2265
26	华东经济管理	9	14	21	14.67	0.2168
27	科研管理	14	6	18	12.67	0.1872

续表

排序	期刊名称	2004年（篇）	2005年（篇）	2006年（篇）	三年平均（篇）	归一化值
28	预测	18	8	8	11.33	0.1674
28	管理科学	12	17	5	11.33	0.1674
28	广东行政学院学报	14	8	12	11.33	0.1674
28	企业改革与管理	10	13	11	11.33	0.1674
32	研究与发展管理	11	8	11	10.00	0.1478
33	中国科技产业	13	10	4	9.00	0.1330
33	湖北行政学院学报	13	13	1	9.00	0.1330
33	改革与战略	6	10	11	9.00	0.1330
36	科学管理研究	10	9	7	8.67	0.1281
37	四川行政学院学报	7	12	6	8.33	0.1231
37	中国改革	10	10	5	8.33	0.1231
39	现代管理科学	14	4	6	8.00	0.1182
40	公共管理学报	5	5	10	6.67	0.0986
40	管理现代化	4	9	7	6.67	0.0986
40	宏观经济管理	8	5	7	6.67	0.0986
43	软科学	10	0	9	6.33	0.0935
44	江西行政学院学报	9	3	6	6.00	0.0887
45	科技与管理	7	5	4	5.33	0.0788
46	上海管理科学	3	6	6	5.00	0.0739
46	未来与发展	2	3	10	5.00	0.0739
48	中国管理科学	4	9	1	4.67	0.0690
49	科学对社会的影响	6	5	2	4.33	0.0640
49	福建行政学院福建经济管理干部学院学报	8	5	0	4.33	0.0640
49	广西经济管理干部学院学报	1	9	3	4.33	0.0640
49	中国人才	6	4	3	4.33	0.0640
49	国有资产管理	7	3	3	4.33	0.0640
54	管理科学学报	6	2	2	3.33	0.0492
55	系统工程	0	6	3	3.00	0.0443
56	技术与创新管理	5	2	1	2.67	0.0395

续表

排序	期刊名称	2004年（篇）	2005年（篇）	2006年（篇）	三年平均（篇）	归一化值
57	决策	0	3	4	2.33	0.0344
58	管理学报	0	0	4	1.33	0.0197
59	农业科技管理	2	1	0	1.00	0.0148
60	运筹与管理	1	1	0	0.67	0.0099
60	世界标准化与质量管理	0	2	0	0.67	0.0099
62	管理工程学报	0	0	0	0	0
62	系统工程理论与实践	0	0	0	0	0
62	人类工效学	0	0	0	0	0
62	中国科学基金	0	0	0	0	0
62	国土资源科技管理	0	0	0	0	0
62	林业资源管理	0	0	0	0	0
62	科学决策	0	0	0	0	0
62	中华医学科研管理杂志	0	0	0	0	0
62	云南科技管理	0	0	0	0	0

从表12-19可以看到：在三年平均转载次数的排名上，《管理世界》、《改革》、《中国软科学》三刊的被转载次数明显领先，其中《改革》进步最快，2006年单年被转载次数超过《管理世界》位列第1，而排在60名以后的期刊，几乎没被《复印报刊资料》转载。

从年度发展趋势来看，《改革》、《统计与决策》、《企业经济》、《华东经济管理》等刊的被转载次数在增加，而《上海行政学院学报》、《中国改革》、《预测》等期刊被转载的次数下降较为明显。

对比表12-17，我们可以看到管理学期刊被转载次数排名相较于管理学期刊影响因子综合值的排名有较大变化：《改革》的影响因子综合值排名为第11，但其被转载次数排名为第2；《科研管理》的影响因子综合值排名为第2，而被转载次数排名下降为第27；《管理科学学报》的影响因子综合值排名为第3，而平均被转载次数为3.33，排在第54位；等等。由此看来，《复印报刊资料》在选择转载论文时主要注重论文的质量而并非期刊的质量，我们在评价期刊时，考虑这一指标可以扶持一些总被引次数不高、但经常有高质量论文的期刊。可以说，该指标相对其他被引指标是一个很好的补充。

12.7 管理学期刊 Web 即年下载率分析

随着网络的普及和各类期刊全文数据库的不断完善，越来越多的作者更愿意选择通过网络来获取所需要的期刊文献。Web 即年下载率是指期刊在某一期刊全文数据库中当年出版并上网的论文在当年被全文下载的次数与该期刊当年出版并上网论文总数之比。本章采用的 Web 即年下载率的数据来源于《中国学术期刊综合引证报告（2005—2007 版）》。表 12-20 给出了 2004—2006 年管理学期刊 Web 即年下载数据和三年平均值以及该指标的归一化值。本表按照三年平均值从大到小排序。

表 12-20　　2004—2006 年管理学期刊 Web 即年下载率

排序	期刊名称	2004 年	2005 年	2006 年	三年平均	归一化值
1	管理科学学报	103.4	73.0	168.3	114.90	1
2	中国软科学	69.9	68.7	205.1	114.57	0.9971
3	管理世界	102.0	115.3	—	108.65	0.9456
4	中国行政管理	92.8	139.6	87.8	106.73	0.9289
5	外国经济与管理	88.6	64.2	155.5	102.77	0.8944
6	科研管理	92.4	61.0	145.5	99.63	0.8671
7	管理工程学报	104.8	76.6	106.0	95.80	0.8338
8	南开管理评论	62.2	69.3	143.2	91.57	0.7970
9	管理学报	—	—	86.8	86.80	0.7554
10	系统工程理论与实践	72.3	49.2	134.6	85.37	0.7430
11	中国管理科学	72.4	60.1	122.8	85.10	0.7406
12	公共管理学报	—	46.3	110.0	78.15	0.6802
13	改革	76.8	—	—	76.80	0.6684
14	预测	65.0	62.6	95.8	74.47	0.6481
15	软科学	64.0	50.2	104.4	72.87	0.6342
16	管理科学	66.9	43.2	107.8	72.63	0.6321
17	管理现代化	70.2	44.1	99.1	71.13	0.6191
18	科学学研究	57.9	61.9	90.4	70.00	0.6092
19	科学学与科学技术管理	55.8	49.3	104.0	69.70	0.6066
20	管理评论	57.3	48.3	103.2	69.60	0.6057
21	商业经济与管理	51.0	41.3	106.0	66.10	0.5753

续表

排序	期刊名称	2004年	2005年	2006年	三年平均	归一化值
22	科学管理研究	49.5	45.0	103.2	65.90	0.5735
23	经济体制改革	51.5	45.9	98.4	65.27	0.5681
24	系统工程	58.1	45.4	87.3	63.60	0.5535
25	研究与发展管理	53.9	43.4	90.7	62.67	0.5454
26	统计与决策	49.9	51.7	84.1	61.90	0.5387
27	国家行政学院学报	56.7	56.3	72.0	61.67	0.5367
28	现代管理科学	56.3	44.4	81.0	60.57	0.5272
29	中国党政干部论坛	38.7	60.9	59.0	52.87	0.4601
30	中国科技论坛	37.6	33.9	81.9	51.13	0.4450
31	企业经济	35.2	36.9	78.0	50.03	0.4354
32	中国人力资源开发	50.0	—	—	50.00	0.4352
33	云南行政学院学报	34.0	36.9	75.6	48.83	0.4250
34	科技进步与对策	24.0	33.9	84.6	47.50	0.4134
35	北京行政学院学报	37.1	34.9	69.6	47.20	0.4108
36	宏观经济管理	51.6	37.2	51.6	46.80	0.4073
37	国土资源科技管理	39.9	28.8	67.9	45.53	0.3963
38	江西行政学院学报	61.1	33.8	40.7	45.20	0.3934
39	科技与管理	38.2	28.8	61.6	42.87	0.3731
40	上海行政学院学报	33.5	32.5	62.3	42.77	0.3722
41	企业改革与管理	39.3	48.0	39.9	42.40	0.3690
42	运筹与管理	36.7	29.6	60.8	42.37	0.3688
43	企业管理	37.0	35.6	51.8	41.47	0.3609
44	四川行政学院学报	26.6	37.5	58.7	40.93	0.3562
45	福建行政学院福建经济管理干部学院学报	44.7	26.9	47.9	39.83	0.3466
45	湖北行政学院学报	23.5	30.0	66.0	39.83	0.3466
47	华东经济管理	28.8	33.1	57.0	39.63	0.3449
48	广西经济管理干部学院学报	35.0	30.7	47.7	37.80	0.3290
49	上海管理科学	16.8	22.9	72.7	37.47	0.3261
50	改革与战略	23.9	22.3	57.5	34.57	0.3009
51	广东行政学院学报	27.1	30.9	45.5	34.50	0.3003
52	人类工效学	25.4	22.7	49.6	32.57	0.2835

续表

排序	期刊名称	2004年	2005年	2006年	三年平均	归一化值
53	未来与发展	—	—	32.0	32.00	0.2785
54	江苏行政学院学报	23.6	25.0	41.6	30.07	0.2617
55	中国改革	18.7	28.0	40.3	29.00	0.2524
55	技术与创新管理	21.1	18.1	47.8	29.00	0.2524
57	科技管理研究	12.2	25.3	48.7	28.73	0.2500
58	科学决策	26.4	25.0	34.1	28.50	0.2480
59	中国科技产业	32.3	22.4	29.9	28.20	0.2454
60	中国科学基金	21.7	19.0	38.5	26.40	0.2298
61	科学对社会的影响	17.0	19.4	40.5	25.63	0.2231
62	林业资源管理	19.8	17.7	30.3	22.60	0.1967
63	世界标准化与质量管理	16.3	21.7	27.8	21.93	0.1909
64	农业科技管理	6.6	19.4	27.7	17.90	0.1558
65	中国人才	20.6	13.2	17.0	16.93	0.1473
66	决策	22.3	9.8	16.2	16.10	0.1401
67	中华医学科研管理杂志	16.7	10.8	16.6	14.70	0.1279
68	云南科技管理	9.9	7.6	20.5	12.67	0.1103
—	经济管理	—	—	—	—	—
—	国有资产管理	—	—	—	—	—

注：上表中"—"表示当年该刊的数据为空，不列入平均值的计算。

根据表 12-20，我们可以看出，管理学期刊 Web 即年下载率的差距显著，平均下载率从 114.9 到 12.67。当然，排在前面的 5 个刊，平均下载率超过 100，形成第一层次；而后的 27 种期刊，平均下载率超过 50，为第二层次；剩下来的为第三层次。需要说明的是，由于《经济管理》、《国有资产管理》两刊没有任何关于下载率的数据，无法评论，暂时放在表的最后。

从年度变化来看，管理学期刊的 Web 即年下载率总体上呈现上升的趋势，如 2004 年，只有 3 个刊的下载率超过 100，而到了 2006 年，这个数字上升为 15，而且最大值从 100 左右到超过了 200，翻了一倍。这一方面说明各种数据库的普及，使读者越来越重视通过网络来获取管理学论文资料，另一方面也说明了管理学的研究逐渐繁荣，管理学期刊正在提升自身期刊的学术质量和学术影响上不断努力。

从年度变化来看，《中国软科学》起步很快，从前两年的不到 70，到 2006 年的 205，增长了近 2 倍；而《上海管理科学》、《科研管理》、《南开管理评论》、《科管理研究》、《科技进步与对策》等增长速度也很快；也有部分期刊三年来，下载率不增反减，如《中国科技产业》、《决策》、《中国人才》等，应引起这些期刊编辑部的重视，因为下载率往往会和被引次数关联起来，最终也会对影响因子等各种评价指标产生影响。

12.8 管理学期刊评价指标综合分析

以上利用本评价体系设立的七大期刊评价指标所涉及的 16 个指标对期刊进行了测定与分析。可以看出，从不同的角度分析，各期刊均显示出自己的特点。为了综合考虑每一管理学期刊的学术质量、学术规范和学术影响力，本节将根据本书第 1 章构建的评价体系计算方法对每一期刊计算其学术影响综合值，并进行综合分析。在指标权重分配方面，我们把期刊的学术影响放在最主要的地位，即期刊被引用情况，其权重总体占 60%，这其中又根据影响因子的重要性而给予最高的权重 30%，被引次数、被引速率、被引广度各占 10%；其次是期刊学术规范量化指标和 Web 即年下载率指标，考虑到这两个指标在反映期刊学术规范和利用率方面的贡献，均给予次高的权重，其权重均为 15%；对于二次文献转载指数，本体系给予了 10% 的权重，对于缺乏 Web 下载率的期刊，我们将这部分权重赋予被引速率，即被引速率的权重调整为 0.25。

表 12-21 给出了 2004—2006 年管理学期刊七大指标归一化值和综合值。综合值具体的计算方法是：将各指标的综合值分别乘以相应的权重，然后将各个结果相加得到各期刊最后的综合值。本表按照指标综合值从大到小排序。

表 12-21　　　　　　　　管理学期刊综合运算值列表

排序	刊名	期刊学术规范×0.15	被引次数×0.1	被引速率×0.1	影响因子×0.3	被引广度×0.1	二次文献转载×0.1	Web 下载×0.15	综合值 Σ
1	管理世界	0.8005	1	0.9547	0.9219	1	1	0.9456	0.9340
2	中国软科学	0.7570	0.7266	0.5768	0.5060	0.7482	0.7192	0.9971	0.6920
3	科研管理	0.7709	0.5646	0.6880	0.8011	0.3512	0.1872	0.8671	0.6651
4	管理科学学报	0.9101	0.3043	0.5857	0.7226	0.2878	0.0492	1	0.6260
5	外国经济与管理	0.6728	0.2992	0.5517	0.6223	0.3981	0.4630	0.8944	0.5930
6	南开管理评论	0.7478	0.3060	0.6360	0.6825	0.3615	0.2463	0.7970	0.5915
7	科学学研究	0.7595	0.3438	0.6639	0.6194	0.2938	0.2463	0.6092	0.5459
8	中国管理科学	0.8359	0.2698	0.4676	0.5468	0.2337	0.0690	0.7406	0.5045
9	改革	0.5956	0.2714	0.4515	0.3692	0.4588	0.8079	0.6684	0.4993

续表

排序	刊名	期刊学术规范×0.15	被引次数×0.1	被引速率×0.1	影响因子×0.3	被引广度×0.1	二次文献转载×0.1	Web下载×0.15	综合值Σ
10	科学学与科学技术管理	0.7112	0.4055	0.3698	0.2804	0.3244	0.5763	0.6066	0.4494
11	中国行政管理	0.5702	0.3044	0.3115	0.2369	0.3817	0.4334	0.9289	0.4390
12	管理工程学报	0.7445	0.2021	0.3384	0.4153	0.2316	0	0.8338	0.4385
13	研究与发展管理	0.7103	0.2052	0.3611	0.4717	0.1747	0.1478	0.5454	0.4187
14	预测	0.7168	0.1699	0.2818	0.3083	0.2720	0.1674	0.6481	0.3863
15	系统工程理论与实践	0.7995	0.3259	0.1559	0.2076	0.3184	0	0.7430	0.3737
16	科学管理研究	0.6816	0.2109	0.3001	0.3115	0.2097	0.1281	0.5735	0.3666
17	管理科学	0.7560	0.1082	0.2918	0.2704	0.1710	0.1674	0.6321	0.3632
18	公共管理学报	0.6325	0.0162	0.2375	0.3640	0.0273	0.0986	0.6802	0.3441
19	管理评论	0.7665	0.0874	0.2464	0.1766	0.1491	0.2808	0.6057	0.3352
20	中国科技论坛	0.6635	0.1822	0.3525	0.2082	0.1819	0.2660	0.4450	0.3270
21	软科学	0.7006	0.1126	0.2080	0.1987	0.1600	0.0935	0.6342	0.3172
22	商业经济与管理	0.6581	0.1005	0.1785	0.1452	0.1933	0.3694	0.5753	0.3127
23	系统工程	0.7275	0.1468	0.1255	0.2229	0.2064	0.0443	0.5535	0.3113
24	国家行政学院学报	0.5162	0.0993	0.3049	0.1742	0.1775	0.4237	0.5367	0.3107
25	管理学报	0.7889	0.0257	0.1487	0.1725	0.0623	0.0197	0.7554	0.3090
26	经济管理	0.5983	0.2628	0.1834	0.1572	0.3004	0.5123	—	0.2903
27	经济体制改革	0.5518	0.1207	0.1474	0.1252	0.2255	0.3202	0.5681	0.2869
28	科技进步与对策	0.6798	0.2975	0.0996	0.0912	0.3091	0.2265	0.4134	0.2846
29	管理现代化	0.5715	0.0652	0.1718	0.1403	0.1081	0.0986	0.6191	0.2651
30	中国人力资源开发	0.4804	0.1306	0.1026	0.0965	0.1551	0.4828	0.4352	0.2534
31	科技管理研究	0.6611	0.1531	0.0797	0.1773	0.1611	0.2265	0.2500	0.2519
32	统计与决策	0.5441	0.1154	0.0464	0.0405	0.2070	0.3646	0.5387	0.2479
33	北京行政学院学报	0.5119	0.0508	0.1246	0.0927	0.0972	0.3941	0.4108	0.2329
34	中国党政干部论坛	0.4758	0.0601	0.0824	0.0474	0.1343	0.4581	0.4601	0.2281
35	现代管理科学	0.5513	0.0897	0.0696	0.0575	0.1425	0.1182	0.5272	0.2210

续表

排序	刊名	期刊学术规范×0.15	被引次数×0.1	被引速率×0.1	影响因子×0.3	被引广度×0.1	二次文献转载×0.1	Web下载×0.15	综合值 Σ
36	江苏行政学院学报	0.4978	0.0331	0.1187	0.0948	0.0721	0.5615	0.2617	0.2209
37	企业经济	0.5224	0.1062	0.0341	0.0334	0.1710	0.3055	0.4354	0.2154
38	上海行政学院学报	0.5819	0.0211	0.1152	0.0943	0.0420	0.2316	0.3722	0.2124
39	华东经济管理	0.5873	0.0866	0.0611	0.0645	0.1595	0.2168	0.3449	0.2116
40	云南行政学院学报	0.5452	0.0338	0.0486	0.0590	0.0688	0.2561	0.4250	0.2040
41	运筹与管理	0.6730	0.0462	0.0526	0.0869	0.0809	0.0099	0.3688	0.2013
42	企业管理	0.3503	0.0867	0.0632	0.0490	0.1300	0.3990	0.3609	0.1893
43	科技与管理	0.5672	0.0523	0.0594	0.0556	0.0879	0.0788	0.3731	0.1856
44	宏观经济管理	0.4715	0.0469	0.0976	0.0373	0.1065	0.0986	0.4073	0.1780
45	国土资源科技管理	0.5908	0.0179	0.0279	0.0443	0.0432	0	0.3963	0.1703
46	人类工效学	0.5564	0.0305	0.0147	0.1044	0.0514	0	0.2835	0.1670
47	改革与战略	0.5162	0.0457	0.0271	0.0355	0.0907	0.1330	0.3009	0.1629
48	湖北行政学院学报	0.4970	0.0123	0.0418	0.0419	0.0268	0.1330	0.3466	0.1605
49	江西行政学院学报	0.4835	0.0128	0.0317	0.0393	0.0273	0.0887	0.3934	0.1594
50	广东行政学院学报	0.4849	0.0204	0.0431	0.0439	0.0387	0.1674	0.3003	0.1579
51	四川行政学院学报	0.4819	0.0146	0.0308	0.0317	0.0295	0.1231	0.3562	0.1550
52	上海管理科学	0.4525	0.0286	0.0924	0.0446	0.0486	0.0739	0.3261	0.1545
53	福建行政学院 福建经济管理干部学院学报	0.4661	0.0163	0.0402	0.0539	0.0311	0.0640	0.3466	0.1532
54	中国科技产业	0.4197	0.0628	0.0598	0.0566	0.0940	0.1330	0.2454	0.1517
55	未来与发展	0.5509	0.0151	0.0259	0.0300	0.0322	0.0739	0.2785	0.1481
56	广西经济管理干部学院学报	0.4849	0.0088	0.0336	0.0315	0.0191	0.0640	0.3290	0.1441
57	中国科学基金	0.4160	0.0351	0.0699	0.0736	0.0596	0	0.2298	0.1354

续表

排序	刊名	期刊学术规范×0.15	被引次数×0.1	被引速率×0.1	影响因子×0.3	被引广度×0.1	二次文献转载×0.1	Web下载×0.15	综合值Σ
58	中国改革	0.3057	0.0642	0.0704	0.0333	0.1491	0.1231	0.2524	0.1344
59	科学对社会的影响	0.3745	0.0224	0.0690	0.0800	0.0410	0.0640	0.2231	0.1333
59	林业资源管理	0.5944	0.0120	0.0166	0.0300	0.0273	0	0.1967	0.1333
61	技术与创新管理	0.4454	0.0160	0.0392	0.0297	0.0268	0.0395	0.2524	0.1257
62	世界标准化与质量管理	0.4681	0.0289	0.0354	0.0384	0.0502	0.0099	0.1909	0.1228
63	农业科技管理	0.5563	0.0165	0.0147	0.0237	0.0322	0.0148	0.1558	0.1217
64	中国人才	0.3757	0.0606	0.0339	0.0371	0.0940	0.0640	0.1473	0.1148
65	企业改革与管理	0.1005	0.0423	0.0275	0.0300	0.0672	0.1674	0.3690	0.1099
66	中华医学科研管理杂志	0.5074	0.0104	0.0069	0.0323	0.0289	0	0.1279	0.1096
67	科学决策	0.2921	0.0252	0.0272	0.0325	0.0502	0	0.2480	0.1010
68	国有资产管理	0.4026	0.0233	0.0381	0.0266	0.0442	0.0640	—	0.0910
69	决策	0.2447	0.0350	0.0495	0.0308	0.0710	0.0344	0.1401	0.0860
70	云南科技管理	0.3715	0.0129	0.0088	0.0298	0.0229	0	0.1103	0.0857

表 12-21 给出了本期刊评价体系对管理学期刊的最终排名。通过其数据可以看出：《管理世界》的综合值遥遥领先于管理学类其他期刊，是管理学领域当之无愧的顶极期刊，由于它多项指标的领先优势，导致其他期刊的综合值相对偏小；而排在最后几名的期刊以及一些尚未列入表中的期刊（因为这些期刊的各项指标数据和综合值更低），与前面的期刊相比，其综合学术影响尚存在很大差距。

从综合数值来看，一些管理学期刊在各项指标上的表现不均衡，都或多或少存在一些不足，如：排在第 2 位的《中国软科学》，其广度数据比较好，但影响因子的表现不足；《科研管理》的影响因子不错，但二次文献转载不够，等等。希望这些期刊能发现自身不足进行改进，以共同提高管理学研究的质量。

从排名前 30 位的期刊来看，绝大部分为 CSSCI 来源期刊（《改革》是 CSSCI 经济学来源期刊，《国家行政学院学报》是政治学来源期刊），非来源期刊中：排名 15 位和 23 位的《系统工程理论与实践》、《系统工程》由于偏向工程科学，尽管在管理学的影响很大，但一般不作为 CSSCI 筛选期刊，而《管理评论》、《管理学报》、《公共管理学报》在 2008 年已入选 CSSCI 来源期刊。因此，在 CSSCI 的 2008 年度的来源期刊列表中出现的这三种期刊，也证实了我们以上的评价的科学性。而原本是 CSSCI 来源期刊的《未来与发展》，其多项指标的表现均不佳，综合排名为第 55，表明其影响力受到其他期刊的冲击出现下滑（2008年，该刊落选CSSCI来源期刊）。

根据七大项指标的综合值，我们可以最终划分出管理学期刊的学术等级，根据管理学期刊的综合值状况，我们把管理学权威学术期刊取值区间设为1—0.7，核心期刊取值区间为0.7—0.25，核心期刊扩展区为0.25—0.17，小于0.17或表中没有的管理学期刊定位为一般性学术期刊。依据这一原则得到管理学期刊的定量评价结果：

权威期刊：《管理世界》；

核心期刊：《中国软科学》、《科研管理》、《管理科学学报》、《外国经济与管理》、《南开管理评论》《科学学研究》、《中国管理科学》、《科学学与科学技术管理》、《中国行政管理》、《管理工程学报》、《研究与发展管理》、《预测》、《系统工程理论与实践》、《科学管理研究》、《管理科学》、《公共管理学报》、《管理评论》、《中国科技论坛》、《软科学》、《商业经济与管理》、《系统工程》、《管理学报》、《经济管理》、《经济体制改革》、《科技进步与对策》、《管理现代化》、《中国人力资源开发》、《科技管理研究》；

扩展核心期刊：《现代管理科学》、《企业经济》、《华东经济管理》、《运筹与管理》、《企业管理》、《科技与管理》、《宏观经济管理》、《国土资源科技管理》；

其他期刊均为一般性学术期刊。

需要说明的是，在进行期刊学术等级划分时，一些跨学科的期刊我们根据主要领域进行了学科归类，如《改革》归入了经济学，《中国党政干部论坛》和所有行政学院学报归入了政治学，《统计与决策》归入统计学。

在中国，管理科学是一个迅速发展、综合交叉的学科，具有自然（工程）科学与社会科学的双重属性，反映在期刊上管理学期刊涉及的研究范围是比较宽泛的，本章讨论的期刊以及角度未必能涵盖我国管理学学术期刊评价的全部内容，仅希望上述讨论能对各学术期刊在保持期刊专业领域特色和提高期刊影响因子之间寻求平衡时给予足够的信息和指导。

第13章 经济学

经济学期刊是门类众多的人文社会科学期刊的一个重要分支，也是目前适应我国发展社会主义市场经济的要求，发展最快，时效最强，最具有前途的刊物。据不完全统计，全国已有3000余种人文社会科学期刊，其中经济学期刊占了相当大的份额。根据国家新闻出版总署公布的数据和最新统计，我国经济类学术期刊约450种左右。2004—2005年，CSSCI收录经济学类来源期刊69种，2006年为72种。2004—2006年，经济学类来源期刊共收录来源文献40028篇，这些来源文献引用的文献共283839篇次。本章主要以经济学类学术期刊为研究对象，并添加一些对经济学领域产生较大影响的其他学科和交叉学科期刊，通过各项指标的比较分析，来揭示经济学期刊的学术内涵，促进经济学研究的发展和繁荣。

13.1 经济学期刊学术规范量化指标分析

学术期刊的规范性，从文字上体现为其所发表的论文语言简洁、可读性强、具有一定的学术价值和学术含量，更重要的是要遵循国家和学界有关的学术标准和规范。实现期刊规范化，对提高办刊质量，进而对读者阅读利用期刊论文，对科研部门统计、分析、评价期刊都有重要的意义。本文不对经济学期刊外延方面的规范化进行描述分析，也不对学术期刊编辑出版方面标准规定的执行情况进行评述，主要是通过对引文索引的分析考察，基于可以量化的角度，采用期刊论文的篇均引用文献数、期刊基金论文占有比例、期刊论文作者地区分布以及期刊标注有作者机构的论文比例这四项指标作为评价期刊学术规范量化的指标，从而研究期刊规范化和学术含量。以下各项数据来源于CSSCI数据库、万方期刊数据库的统计数据，以及对印刷型期刊的考察。

13.1.1 篇均引用文献数

引用文献是论文学术表达的重要组成部分，它不仅反映了对他人成果的借鉴与尊重，也体现了学术成果自身的规范程度和学术含量，可以帮助读者对论文的研究发展过程有一个较为全面的理解，对读者获取和阅读相关文献有指引作用。期刊篇均引用文献就是考察学术期刊平均参考文献和引用文献数量多少的一项指标。虽然评价一篇论文的学术质量和学术含量不能绝对地用参考文献的多寡来衡量，但如果针对同一学科期刊进行篇均引文数量的比较，则在某种程度上反映了各期刊所刊载文章的平均研究深度和是否遵守了学术规范。

从经济学学科来看，2004—2006 年 CSSCI 经济学来源期刊的篇均引文为 6.86 篇，低于人文社会科学（8.2 篇）的平均水平。[①] 表 13-1 给出了 110 种经济学期刊 2004—2006 年的篇均引用文献数以及三年平均引用文献篇数，并对各期刊进行了归一化处理。归一化值是以各期刊三年平均引用文献篇数作为分子，三年平均引用文献篇数的最大值为分母，计算而得。其中《中国社会经济史研究》的平均引用文献篇数最多（30.86 篇）。表 13-1 按各期刊三年平均引用文献篇数从多到少排序。

表 13-1　　　　　　2004—2006 年经济学期刊篇均引用文献数统计

排序	期刊名称	2004 年（篇数）	2005 年（篇数）	2006 年（篇数）	三年平均（篇数）	归一化值
1	中国社会经济史研究	27.10	34.23	31.25	30.8600	1
2	中国经济史研究	17.11	28.52	26.33	23.9867	0.7773
3	中国农史	16.54	23.95	22.79	21.0933	0.6835
4	世界经济文汇	26.63	17.20	16.60	20.1433	0.6527
5	经济研究	18.25	16.71	23.85	19.6033	0.6352
6	经济科学	13.98	16.26	19.37	16.5367	0.5359
7	世界经济	15.16	16.53	17.90	16.5300	0.5356
8	南开经济研究	13.12	12.88	21.65	15.8833	0.5147
9	管理世界	12.78	13.70	17.80	14.7600	0.4783
10	经济评论	12.52	15.06	16.62	14.7333	0.4774
11	中国农村观察	11.63	16.11	13.78	13.8400	0.4485
12	财经研究	11.23	14.94	14.83	13.6667	0.4429
13	外国经济与管理	7.01	16.85	16.96	13.6067	0.4409
14	旅游科学	12.19	13.76	12.46	12.8033	0.4149
15	中国工业经济	11.86	12.36	13.34	12.5200	0.4057
16	产业经济研究	10.82	13.62	11.86	12.1000	0.3921
17	当代经济科学	10.84	12.34	12.93	12.0367	0.3900

---

① 邓三鸿、金莹：" 我国人文社会科学学术刊物的学科对比——基于 CSSCI 的分析"，《东岳论丛》2008 年第 1 期，第 43—50 页。

续表

排序	期刊名称	2004年（篇数）	2005年（篇数）	2006年（篇数）	三年平均（篇数）	归一化值
18	金融研究	9.35	12.03	12.97	11.4500	0.3710
19	数量经济技术经济研究	8.56	12.19	13.19	11.3133	0.3666
20	经济地理	9.32	11.18	13.25	11.2500	0.3645
21	旅游学刊	12.10	9.56	10.93	10.8633	0.3520
22	上海经济研究	9.84	10.48	11.04	10.4533	0.3387
23	地域研究与开发	9.07	10.20	11.16	10.1433	0.3287
24	上海财经大学学报	8.64	9.85	11.90	10.1300	0.3283
25	经济学动态	9.29	10.18	10.72	10.0633	0.3261
26	世界经济研究	7.98	10.74	11.40	10.0400	0.3253
27	财贸研究	7.31	10.41	12.11	9.9433	0.3222
28	财经理论与实践	9.34	9.55	10.22	9.7033	0.3144
29	会计研究	8.44	8.61	11.46	9.5033	0.3079
30	山西财经大学学报	7.62	9.08	11.50	9.4000	0.3046
31	财经问题研究	7.34	8.37	12.40	9.3700	0.3036
32	桂林旅游高等专科学校学报：旅游论坛	8.67	9.47	8.92	9.0200	0.2923
33	改革	7.89	10.49	8.00	8.7933	0.2849
34	财经科学	8.44	9.33	8.20	8.6567	0.2805
35	当代财经	8.26	8.02	9.42	8.5667	0.2776
36	金融论坛	8.05	8.80	8.10	8.3167	0.2695
37	中国农村经济	7.13	8.99	8.71	8.2767	0.2682
38	财贸经济	7.78	8.10	8.74	8.2067	0.2659
39	商业经济与管理	5.37	8.98	10.18	8.1767	0.2650
40	南方经济	3.81	4.37	16.25	8.1433	0.2639
41	审计研究	7.89	8.21	8.17	8.0900	0.2622
42	城市问题	6.79	8.01	9.31	8.0367	0.2604
43	城市发展研究	6.06	8.21	9.32	7.8633	0.2548
44	江西财经大学学报	6.94	7.45	9.17	7.8533	0.2545
45	广东金融学院学报	6.83	7.87	8.81	7.8367	0.2539
46	中国经济问题	7.63	6.87	8.92	7.8067	0.2530

续表

排序	期刊名称	2004年（篇数）	2005年（篇数）	2006年（篇数）	三年平均（篇数）	归一化值
47	经济学家	5.81	8.23	9.30	7.7800	0.2521
48	兰州商学院学报	6.95	8.01	8.15	7.7033	0.2496
49	财经论丛——浙江财经学院学报	6.43	8.72	7.95	7.7000	0.2495
50	经济经纬——河南财经学院学报	6.04	7.86	8.79	7.5633	0.2451
51	开发研究	6.65	7.10	7.88	7.2100	0.2336
52	经济管理	6.59	7.35	7.63	7.1900	0.2330
53	世界经济与政治论坛	5.26	8.27	7.91	7.1467	0.2316
54	经济问题探索	5.36	7.31	8.66	7.1100	0.2304
55	国外城市规划	6.34	8.16	6.67	7.0567	0.2287
56	证券市场导报	5.38	7.21	8.49	7.0267	0.2277
57	经济理论与经济管理	5.86	7.08	7.75	6.8967	0.2235
58	华东经济管理	4.77	6.33	9.55	6.8833	0.2230
59	审计与经济研究	5.94	6.92	7.23	6.6967	0.2170
60	国际贸易问题	5.20	6.75	7.84	6.5967	0.2138
61	农业技术经济	5.58	6.73	7.07	6.4600	0.2093
62	中南财经政法大学学报	5.86	6.19	7.23	6.4267	0.2083
63	国际经贸探索	5.67	6.27	7.13	6.3567	0.2060
64	生产力研究	5.35	6.32	6.81	6.1600	0.1996
65	现代财经——天津财经学院学报	5.25	6.16	7.05	6.1533	0.1994
66	当代经济研究	5.63	6.55	6.22	6.1333	0.1987
67	农业经济问题	5.11	6.30	6.59	6.0000	0.1944
68	经济社会体制比较	7.13	4.62	6.05	5.9333	0.1923
69	中央财经大学学报	4.96	5.70	6.79	5.8167	0.1885
70	国际金融研究	4.78	5.57	7.03	5.7933	0.1877
71	经济体制改革	4.73	5.50	6.79	5.6733	0.1838
72	国际商务——对外经济贸易大学学报	4.38	5.86	6.64	5.6267	0.1823
73	消费经济	4.06	6.22	5.85	5.3767	0.1742
74	亚太经济	3.88	6.24	5.90	5.3400	0.1730

续表

排序	期刊名称	2004年（篇数）	2005年（篇数）	2006年（篇数）	三年平均（篇数）	归一化值
75	经济与管理	4.60	5.44	5.79	5.2767	0.1710
76	统计研究	4.94	4.51	4.95	4.8000	0.1555
77	经济前沿	4.65	4.52	4.58	4.5833	0.1485
78	经济与管理研究	3.75	4.43	5.53	4.5700	0.1481
79	中国流通经济	4.94	4.14	4.38	4.4867	0.1454
80	生态经济	1.72	5.46	6.17	4.4500	0.1442
81	国际经济评论	4.42	6.09	2.13	4.2133	0.1365
82	农村经济	3.70	4.52	4.34	4.1867	0.1357
83	现代经济探讨	3.50	4.25	4.32	4.0233	0.1304
84	上海金融	2.75	3.30	4.33	3.4600	0.1121
85	经济纵横	2.47	3.38	4.47	3.4400	0.1115
86	经济问题	3.81	3.52	2.65	3.3267	0.1078
87	税务研究	2.68	3.25	3.43	3.1200	0.1011
88	统计与决策（理论版）	0.02	4.20	4.94	3.0533	0.0989
89	金融与经济	2.02	3.24	3.31	2.8567	0.0926
90	俄罗斯中亚东欧市场	2.51	3.41	2.62	2.8467	0.0922
91	调研世界	2.25	2.78	3.45	2.8267	0.0916
92	开放导报	2.48	2.78	2.47	2.5767	0.0835
93	保险研究	1.49	2.73	3.05	2.4233	0.0785
94	涉外税务	1.90	2.32	2.85	2.3567	0.0764
95	金融理论与实践	1.61	1.96	3.04	2.2033	0.0714
96	国际石油经济	1.93	1.90	2.11	1.9800	0.0642
97	新金融	0.76	2.78	1.72	1.7533	0.0568
98	价格理论与实践	1.18	1.39	1.39	1.3200	0.0428
99	中国国情国力	1.56	1.40	0.02	0.9933	0.0322
100	财政研究	0.85	1.21	0.87	0.9767	0.0316
101	经济研究参考	0.95	0.88	1.01	0.9467	0.0307
102	投资研究	0.31	1.59	0.88	0.9267	0.0300
103	农业经济	0.06	0.07	1.50	0.5433	0.0176
104	宏观经济研究	0.26	0.28	0.52	0.3533	0.0114

续表

排序	期刊名称	2004年（篇数）	2005年（篇数）	2006年（篇数）	三年平均（篇数）	归一化值
105	国际贸易	0.07	0.02	0.04	0.0433	0.0014
106	宏观经济管理	0.04	0	0	0.0133	0.0004
107	中国金融	0	0.01	0	0.0033	0.0001
108	国际经济合作	0	0	0	0	0
108	财经	0	0	0	0	0
108	中国改革	0	0	0	0	0

根据表13-1的数据显示，2004—2006年，经济学期刊的篇均引文数为7.57篇。CSSCI经济学类来源期刊的篇均引文数为8.49篇，[①] 经济学类非来源期刊的篇均引文数为5.33篇。来源期刊在这一指标上远高于非来源期刊，两者平均数相差3.16篇。这说明经济学类来源期刊的整体引用水平在经济学期刊中居于上游。排在前4位的主要是与史学有关的期刊和反映国外经济学研究成果的期刊，其篇均引文较多符合学科特点，排在第5位的则是经济学界公认的最具学术影响的期刊《经济研究》，体现了该期刊的学术深度和规范性，不愧为经济学界的最重要的学术阵地。

从年度变化上来看，经济学期刊的篇均引文数整体处于上升状态，表中数据显示，2004—2006年的年均篇均引文数分别为6.429、7.657、8.32，上升幅度接近30%。位居前8名的经济学期刊（除位居第4名的《世界经济文汇》外）的篇均引文数上升势头更加明显，平均增幅在40%左右，它们的篇均引文数基本稳定在20篇左右。位居第4名的《世界经济文汇》从2004年的26.63篇降至2006年的16.60篇，三年减少了近10篇，这与该刊2004年刊登了一批国外知名学者的论文有关。第9名以后的经济学期刊篇均引文数基本呈现逐年稳步增长的趋势，其中有几种期刊的增长幅度最为明显，如《南方经济》由2004年的3.81篇增长到2006年的16.25篇，增长了3.27倍。还有《财经问题研究》、《商业经济与管理》、《生态经济》等刊的增长趋势明显。但也有少数期刊略有下降。从经济学期刊引用文献数量总的变化来看，经济学类期刊越来越重视文献的引用，更加强调文献引用的规范化。

从整体上看，经济学期刊的篇均引文数量并不多，有些期刊的某些论文仍存在没

[①] 这里提到的经济学来源期刊的篇均引文为8.49篇，高于前面引用文献提到的经济学来源期刊的篇均引文6.86篇。这是因为《世界经济文汇》、《上海财经大学学报》等期刊某些年份不是CSSCI来源期刊，本页的数据为了便于比较，所以将这些期刊2004—2006年数据均计算在内。而这些期刊的篇均引文数均较高，所以本页经济学来源期刊的篇均引文数会高于前面引用文献的经济学的篇均引文。

有引文的现象。有些期刊可能由于研究领域的狭小或研究人员数量较少,而可以引用的前期成果本身就不多,因此导致篇均引文数量较少。比如《农业经济》、《国际贸易》、《宏观经济研究》等。但是,经济学作为一个前沿学科,其期刊论文的引文数量还有待进一步的提高,期刊规范还要继续加强。

13.1.2 基金论文比例

近几年,经济学研究有了较快发展,各类基金对经济学研究的资助也逐步增加。例如,国家社科基金对经济学(2006年的数据包含应用经济)研究的资助项目由1999年的169项增加到2006年的269项。基金资助的成果最终体现在基金论文的发表数量以及专著上。可以说,期刊刊载基金论文的比例越高,说明期刊所刊载的论文与学界所关注的研究领域、与国家所关心的现实问题越密切相关。表13-2给出了2004—2006年经济学期刊基金论文比例及三年平均值,同样也对平均值进行了归一化计算。表13-2按归一化值从大到小排序。

表13-2　　　　　　　　　2004—2006年经济学期刊基金论文比例

排序	期刊名称	2004年	2005年	2006年	三年平均	归一化值
1	地域研究与开发	0.46	0.56	0.71	0.5767	1
2	经济地理	0.53	0.56	0.61	0.5667	0.9827
3	经济研究	0.40	0.39	0.64	0.4767	0.8266
4	中国农村经济	0.35	0.45	0.61	0.4700	0.8150
5	管理世界	0.34	0.40	0.57	0.4367	0.7572
6	中国工业经济	0.33	0.37	0.59	0.4300	0.7456
7	财经论丛——浙江财经学院学报	0.24	0.31	0.72	0.4233	0.7340
8	财经研究	0.32	0.36	0.57	0.4167	0.7226
8	外国经济与管理	0.28	0.34	0.63	0.4167	0.7226
8	商业经济与管理	0.21	0.40	0.64	0.4167	0.7226
11	数量经济技术经济研究	0.27	0.34	0.61	0.4067	0.7052
12	财经理论与实践	0.33	0.35	0.48	0.3867	0.6705
13	中国农村观察	0.38	0.44	0.32	0.3800	0.6589
14	世界经济	0.31	0.36	0.46	0.3767	0.6532
15	农业经济问题	0.22	0.32	0.57	0.3700	0.6416
15	财贸研究	0.25	0.47	0.39	0.3700	0.6416
15	农业技术经济	0.28	0.39	0.44	0.3700	0.6416

续表

排序	期刊名称	2004 年	2005 年	2006 年	三年平均	归一化值
18	开发研究	0.29	0.41	0.39	0.3633	0.6300
19	会计研究	0.29	0.26	0.51	0.3533	0.6126
20	财贸经济	0.19	0.23	0.62	0.3467	0.6012
20	经济理论与经济管理	0.24	0.28	0.52	0.3467	0.6012
22	经济问题探索	0.11	0.40	0.51	0.3400	0.5896
23	财经问题研究	0.17	0.27	0.53	0.3233	0.5606
24	生态经济	0.07	0.29	0.60	0.3200	0.5549
25	经济科学	0.26	0.29	0.36	0.3033	0.5259
26	中国流通经济	0.18	0.18	0.53	0.2967	0.5145
27	经济与管理研究	0.17	0.20	0.51	0.2933	0.5086
28	现代财经——天津财经学院学报	0.16	0.16	0.54	0.2867	0.4971
29	当代经济科学	0.27	0.23	0.36	0.2867	0.4971
30	国际贸易问题	0.13	0.24	0.47	0.2800	0.4855
30	当代财经	0.14	0.23	0.47	0.2800	0.4855
32	经济纵横	0.12	0.18	0.51	0.2700	0.4682
33	统计与决策（理论版）	0.08	0.20	0.51	0.2633	0.4566
34	统计研究	0.20	0.22	0.36	0.2600	0.4508
35	产业经济研究	0.16	0.22	0.39	0.2567	0.4451
36	世界经济文汇	0.25	0.22	0.29	0.2533	0.4392
37	世界经济与政治论坛	0.11	0.16	0.47	0.2467	0.4278
38	旅游学刊	0.15	0.22	0.35	0.2400	0.4162
39	上海经济研究	0.13	0.23	0.35	0.2367	0.4104
39	南开经济研究	0.20	0.22	0.29	0.2367	0.4104
39	经济学家	0.07	0.11	0.53	0.2367	0.4104
42	财经科学	0.09	0.17	0.44	0.2333	0.4045
42	旅游科学	0.07	0.23	0.40	0.2333	0.4045
42	经济学动态	0.11	0.15	0.44	0.2333	0.4045
45	城市问题	0.08	0.23	0.36	0.2233	0.3872
45	国际金融研究	0.02	0.12	0.53	0.2233	0.3872
45	金融研究	0.21	0.23	0.23	0.2233	0.3872

续表

排序	期刊名称	2004年	2005年	2006年	三年平均	归一化值
48	城市发展研究	0.13	0.20	0.33	0.2200	0.3815
48	经济管理	0.17	0.21	0.28	0.2200	0.3815
48	当代经济研究	0.08	0.18	0.40	0.2200	0.3815
51	改革	0.14	0.26	0.25	0.2167	0.3758
52	中南财经政法大学学报	0.14	0.23	0.26	0.2100	0.3641
53	华东经济管理	0.13	0.19	0.30	0.2067	0.3584
54	国际经贸探索	0.10	0.20	0.31	0.2033	0.3525
54	金融论坛	0.08	0.11	0.42	0.2033	0.3525
56	经济评论	0.10	0.08	0.42	0.2000	0.3468
56	中央财经大学学报	0.09	0.13	0.38	0.2000	0.3468
58	经济经纬——河南财经学院学报	0.08	0.07	0.44	0.1967	0.3411
58	经济问题	0.10	0.14	0.35	0.1967	0.3411
60	农村经济	0.17	0.17	0.24	0.1933	0.3352
61	南方经济	0.05	0.05	0.47	0.1900	0.3295
61	山西财经大学学报	0.13	0.21	0.23	0.1900	0.3295
63	中国农史	0.19	0.24	0.13	0.1867	0.3237
63	经济体制改革	0.11	0.18	0.27	0.1867	0.3237
65	桂林旅游高等专科学校学报：旅游论坛	0.16	0.17	0.20	0.1767	0.3064
66	上海财经大学学报	0.03	0.23	0.26	0.1733	0.3005
66	生产力研究	0.14	0.17	0.21	0.1733	0.3005
66	上海金融	0.07	0.08	0.37	0.1733	0.3005
69	审计与经济研究	0.14	0.21	0.16	0.1700	0.2948
69	经济社会体制比较	0.16	0.15	0.20	0.1700	0.2948
71	现代经济探讨	0.14	0.20	0.16	0.1667	0.2891
71	证券市场导报	0.07	0.09	0.34	0.1667	0.2891
73	国际贸易	0.01	0.06	0.42	0.1633	0.2832
73	消费经济	0.10	0.16	0.23	0.1633	0.2832
75	审计研究	0.14	0.13	0.19	0.1533	0.2658
76	税务研究	0.02	0.05	0.38	0.1500	0.2601
77	世界经济研究	0.03	0.10	0.31	0.1467	0.2544

续表

排序	期刊名称	2004 年	2005 年	2006 年	三年平均	归一化值
77	中国经济问题	0.13	0.14	0.17	0.1467	0.2544
79	国际商务：对外经济贸易大学学报	0.06	0.14	0.20	0.1333	0.2311
80	中国国情国力	0.02	0.02	0.33	0.1233	0.2138
81	经济与管理	0.07	0.12	0.17	0.1200	0.2081
82	涉外税务	0.05	0.04	0.26	0.1167	0.2024
83	宏观经济管理	0	0	0.33	0.1100	0.1907
84	亚太经济	0.07	0.09	0.16	0.1067	0.1850
85	农业经济	0.05	0.09	0.17	0.1033	0.1791
86	江西财经大学学报	0.05	0.09	0.14	0.0933	0.1618
87	广东金融学院学报	0.10	0.10	0.07	0.0900	0.1561
88	兰州商学院学报	0.05	0.08	0.13	0.0867	0.1503
89	调研世界	0.01	0.06	0.16	0.0767	0.1330
90	金融与经济	0.07	0.05	0.08	0.0667	0.1157
91	财政研究	0.01	0.05	0.13	0.0633	0.1098
91	国外城市规划	0.07	0.05	0.07	0.0633	0.1098
93	价格理论与实践	0.04	0.04	0.08	0.0533	0.0924
94	经济前沿	0.04	0.06	0.04	0.0467	0.0810
95	中国经济史研究	0.03	0.04	0.07	0.0467	0.0810
95	俄罗斯中亚东欧市场	0.02	0.06	0.06	0.0467	0.0810
97	金融理论与实践	0.01	0.02	0.08	0.0367	0.0636
98	经济研究参考	0.02	0.05	0.03	0.0333	0.0577
99	中国社会经济史研究	0.05	0	0.04	0.0300	0.0520
99	开放导报	0.02	0.02	0.05	0.0300	0.0520
101	中国金融	0.03	0.02	0.03	0.0267	0.0463
102	国际经济合作	0.01	0.02	0.03	0.0200	0.0347
102	国际经济评论	0	0.06	0	0.0200	0.0347
102	宏观经济研究	0.03	0.02	0.01	0.0200	0.0347
102	保险研究	0.01	0.03	0.02	0.0200	0.0347
106	新金融	0.01	0.02	0.02	0.0167	0.0290
107	国际石油经济	0	0.01	0	0.0033	0.0057
107	中国改革	0	0	0.01	0.0033	0.0057
109	财经	0	0	0	0	0
109	投资研究	0	0	0	0	0

从表 13-2 可以看到，2004—2006 年，经济学期刊的平均基金论文比为 0.21。其中，CSSCI 经济学类来源期刊的平均基金论文比为 0.23，经济学类非来源期刊的平均基金论文比为 0.18，两者相差 0.05。说明经济学类来源期刊比非来源期刊的基金论文比例稍有一定的优势。值得注意的是，排在前两名的虽然是非经济学来源期刊，但它们是经济与地理的跨学科期刊，带有一些自然科学属性，排名前两位也不足为怪。部分来源期刊由于期刊本身的特殊性和研究对象的独特性，所刊载的基金论文相对较少，如《中国社会经济史研究》、《国际经济合作》、《宏观经济研究》和《保险研究》等。

根据三年基金论文比，经济学期刊可分为三个方阵。排名前 11 名的期刊以较大优势居于第一方阵，它们三年平均基金论文比在 0.4 以上。此后的 12 至 56 名为第二方阵，三年平均基金论文比在 0.2—0.4 之间，排名相近的期刊间数量相差较小。最后的 54 名为第三方阵，三年平均基金论文比在 0.2 以下，有的甚至没有一篇标注基金论文。

从年度变化来看，经济学期刊的基金论文比基本处于上升的状态，且增幅明显，三年平均增加了 1.4 倍。增长幅度最大的期刊是《国际贸易》、《国际金融研究》和《税务研究》，分别增长了 62.7 倍、20.6 倍和 14.8 倍。在前 40 名中，增加数量最大的是《生态经济》，从 2004 年的 0.0654 增加到 2006 年的 0.6022，增加了 8.2 倍。《宏观经济管理》、《国际经济评论》、《国际石油经济》和《中国改革》实现了基金论文比零的突破。

从以上分析来看，经济学期刊刊载的基金论文情况参差不齐。可以说，有些期刊整体学术规范和学术质量较高，基金论文比也较高，而有些期刊基金论文比率较低，说明这些期刊可能缺乏对基金论文标注的重视。

13.1.3 论文作者地区分布

期刊论文作者地区分布的广泛程度，反映了期刊对不同地区作者的影响和期刊受到作者关注的程度。本研究中的作者地区包括我国现有的 31 个省市自治区、港、澳、台以及国外的国家和地区（国外的地区分布数以国家为计量单位）。表 13-3 给出了 2004—2006 年经济学期刊论文作者地区分布数及三年平均值，并对平均值进行了归一化计算。表 13-3 按三年平均地区数从大到小排序。

表 13-3　　　　　　　　2004—2006 年经济学期刊论文作者地区分布

排序	期刊名称	2004 年（地区数）	2005 年（地区数）	2006 年（地区数）	三年平均（地区数）	归一化值
1	经济地理	30	32	31	31.00	1
2	税务研究	28	32	32	30.67	0.9892

续表

排序	期刊名称	2004年（地区数）	2005年（地区数）	2006年（地区数）	三年平均（地区数）	归一化值
3	生产力研究	28	31	32	30.33	0.9785
4	管理世界	25	33	31	29.67	0.9570
5	保险研究	26	30	32	29.33	0.9462
6	生态经济	21	30	35	28.67	0.9247
6	金融研究	28	28	30	28.67	0.9247
6	统计与决策（理论版）	30	29	27	28.67	0.9247
9	经济社会体制比较	28	27	30	28.33	0.9140
9	中国金融	32	25	28	28.33	0.9140
11	经济学动态	32	28	24	28.00	0.9032
12	财政研究	28	26	29	27.67	0.8925
12	经济问题	29	27	27	27.67	0.8925
14	数量经济技术经济研究	28	25	29	27.33	0.8817
14	农村经济	28	28	26	27.33	0.8817
16	宏观经济研究	23	25	33	27.00	0.8710
16	经济问题探索	26	27	28	27.00	0.8710
18	旅游学刊	23	26	31	26.67	0.8602
18	经济研究	24	28	28	26.67	0.8602
20	农业经济	27	26	26	26.33	0.8495
21	地域研究与开发	27	23	28	26.00	0.8387
21	中国农村经济	25	27	26	26.00	0.8387
21	经济与管理	26	26	26	26.00	0.8387
24	经济研究参考	26	25	26	25.67	0.8280
25	涉外税务	26	25	25	25.33	0.8172
25	开发研究	25	28	23	25.33	0.8172
27	城市发展研究	25	23	27	25.00	0.8065
27	经济管理	29	22	24	25.00	0.8065
29	经济纵横	24	26	24	24.67	0.7957
30	农业经济问题	24	23	26	24.33	0.7849
30	统计研究	25	23	25	24.33	0.7849
32	财经科学	23	25	24	24.00	0.7742

续表

排序	期刊名称	2004年（地区数）	2005年（地区数）	2006年（地区数）	三年平均（地区数）	归一化值
32	国际贸易问题	23	25	24	24.00	0.7742
32	当代财经	25	24	23	24.00	0.7742
35	财贸经济	23	23	25	23.67	0.7634
35	农业技术经济	23	23	25	23.67	0.7634
37	当代经济研究	23	22	25	23.33	0.7527
37	华东经济管理	22	25	23	23.33	0.7527
39	经济与管理研究	21	20	28	23.00	0.7419
39	宏观经济管理	21	22	26	23.00	0.7419
41	城市问题	21	21	26	22.67	0.7312
41	经济前沿	21	21	26	22.67	0.7312
41	经济理论与经济管理	21	22	25	22.67	0.7312
41	商业经济与管理	21	22	25	22.67	0.7312
41	调研世界	21	24	23	22.67	0.7312
41	会计研究	23	24	21	22.67	0.7312
47	中国流通经济	23	22	22	22.33	0.7204
47	新金融	23	23	21	22.33	0.7204
49	国际金融研究	20	24	22	22.00	0.7097
49	审计研究	24	20	22	22.00	0.7097
49	中国经济史研究	25	20	21	22.00	0.7097
52	现代财经——天津财经学院学报	19	22	24	21.67	0.6989
52	桂林旅游高等专科学校学报：旅游论坛	20	21	24	21.67	0.6989
52	经济体制改革	21	20	24	21.67	0.6989
52	中国改革	18	24	23	21.67	0.6989
52	价格理论与实践	21	21	23	21.67	0.6989
52	中央财经大学学报	21	22	22	21.67	0.6989
58	中国工业经济	19	22	23	21.33	0.6882
58	改革	21	22	21	21.33	0.6882
58	经济学家	21	22	21	21.33	0.6882
58	财经问题研究	24	22	18	21.33	0.6882

续表

排序	期刊名称	2004年（地区数）	2005年（地区数）	2006年（地区数）	三年平均（地区数）	归一化值
62	亚太经济	15	24	24	21.00	0.6774
62	中国国情国力	16	23	24	21.00	0.6774
62	经济经纬——河南财经学院学报	19	20	24	21.00	0.6774
65	国际经济合作	17	22	23	20.67	0.6667
65	消费经济	18	22	22	20.67	0.6667
65	审计与经济研究	19	21	22	20.67	0.6667
65	投资研究	21	20	21	20.67	0.6667
65	中国农史	22	19	21	20.67	0.6667
70	世界经济	20	20	21	20.33	0.6559
70	财经研究	22	19	20	20.33	0.6559
70	兰州商学院学报	20	22	19	20.33	0.6559
70	江西财经大学学报	22	20	19	20.33	0.6559
74	中国社会经济史研究	18	19	23	20.00	0.6452
74	经济评论	19	19	22	20.00	0.6452
76	金融与经济	15	21	23	19.67	0.6344
76	金融理论与实践	19	21	19	19.67	0.6344
78	现代经济探讨	17	20	21	19.33	0.6237
78	金融论坛	18	19	21	19.33	0.6237
78	国际商务——对外经济贸易大学学报	21	20	17	19.33	0.6237
81	上海金融	16	19	22	19.00	0.6129
81	当代经济科学	17	20	20	19.00	0.6129
81	世界经济研究	16	23	18	19.00	0.6129
81	山西财经大学学报	19	20	18	19.00	0.6129
85	财贸研究	18	21	17	18.67	0.6022
86	旅游科学	15	20	20	18.33	0.5914
87	经济科学	19	17	18	18.00	0.5806
88	上海经济研究	14	18	21	17.67	0.5699
88	世界经济与政治论坛	14	19	20	17.67	0.5699
88	证券市场导报	16	19	18	17.67	0.5699

续表

排序	期刊名称	2004年（地区数）	2005年（地区数）	2006年（地区数）	三年平均（地区数）	归一化值
91	国际贸易	13	15	24	17.33	0.5591
91	国际经贸探索	18	15	19	17.33	0.5591
91	南开经济研究	17	17	18	17.33	0.5591
94	南方经济	13	19	19	17.00	0.5484
94	财经理论与实践	17	16	18	17.00	0.5484
94	外国经济与管理	17	17	17	17.00	0.5484
97	开放导报	21	12	17	16.67	0.5376
98	国际石油经济	14	18	17	16.33	0.5269
99	广东金融学院学报	13	16	17	15.33	0.4946
99	财经论丛——浙江财经学院学报	15	15	16	15.33	0.4946
101	国际经济评论	14	13	17	14.67	0.4731
102	俄罗斯中亚东欧市场	15	16	12	13.67	0.4624
103	中南财经政法大学学报	8	12	22	14.00	0.4516
103	中国农村观察	15	15	12	14.00	0.4516
105	中国经济问题	14	14	12	13.33	0.4301
106	财经	10	13	16	13.00	0.4194
106	世界经济文汇	14	15	10	13.00	0.4194
106	上海财经大学学报	13	9	17	13.00	0.4194
109	产业经济研究	12	12	14	12.67	0.4086
110	国外城市规划	11	7	9	9.00	0.2903

从表13-3可以看到，经济学类期刊作者的地区分布差异较大。地区分布最广的期刊作者几乎遍及全国大部分地区（30个左右的地区），分布最窄的期刊其作者仅局限在10个左右的地区，说明这些刊物对地区的影响面较小，这种影响主要来自于期刊主办者在经济学界的影响力以及期刊本身明显的地方色彩。当然，作者的地区数量也与期刊本身载文有很大的关系，如《产业经济研究》、《世界经济文汇》等每年的载文量只有数十篇。

2004—2006年，大部分经济学期刊的地区分布变化不大，持续平稳；也有表现突出的期刊。比如《生态经济》，三年间的地区分布呈现逐渐扩大的趋势，从2004年排名第46位，一跃到2006年的排名第1，达到35个地区。另一个例子是

《中南财经政法大学学报》，从 2004 年的 8 个地区的排名倒数第 1，扩大到 2006 年的 22 个地区，增长了将近两倍，说明其涉及的作者面越来越广。但从数据上看有几个相反的例子，即作者地区分布呈下降趋势。虽然这个数字反映的可能不是全面的情况（期刊作者机构标注率低造成作者地区无法统计），但无论如何这是一个实际的数字，这种数字产生的原因和一些期刊的规范性有着极大的关系，应当引起高度重视。

总之，与其他学科相比，经济学期刊作者的影响面还是存在一定差距，还需要经济学期刊工作者进一步扩大作者群，在全国范围内繁荣经济学研究。

13.1.4 有作者机构论文比例

作者机构标注比例也是衡量期刊规范程度的重要指标之一。可以认为，作者机构是论文的重要组成部分之一，它不仅方便了读者与作者之间的交流，也为学界了解各机构的研究实力和进行学术交流提供了信息。自 1998 年来，CSSCI 来源期刊作者机构的标注比例不断上升，来源期刊的机构标注比例由 1998 年的 83.2% 上升到 2006 年的 95.6%，期刊的规范程度不断提高。CSSCI 对人文社会科学学术期刊规范化起到了积极的作用。从经济学的角度来看，2004—2006 年 CSSCI 经济学来源期刊的机构标注比为 96.32%，高于人文社会科学的平均比例（94.39%）。[①] 表 13-4 给出了 2004—2006 年经济学期刊标注有作者机构的论文比例及三年平均值，并对平均值进行了归一化计算。表 13-4 按三年平均数从大到小排序。

表 13-4　　2004—2006 年经济学期刊标注有作者机构的论文比例

排序	期刊名称	2004 年	2005 年	2006 年	三年平均	归一化值
1	财经科学	1	1	1	1	1
1	财经理论与实践	1	1	1	1	1
1	财经问题研究	1	1	1	1	1
1	财经研究	1	1	1	1	1
1	财贸研究	1	1	1	1	1
1	产业经济研究	1	1	1	1	1
1	当代经济科学	1	1	1	1	1
1	当代经济研究	1	1	1	1	1
1	地域研究与开发	1	1	1	1	1

---

① 邓三鸿、金莹："我国人文社会科学学术刊物的学科对比——基于 CSSCI 的分析"，《东岳论丛》2008 年第 1 期，第 43—50 页。

续表

排序	期刊名称	2004 年	2005 年	2006 年	三年平均	归一化值
1	广东金融学院学报	1	1	1	1	1
1	国际商务——对外经济贸易大学学报	1	1	1	1	1
1	经济评论	1	1	1	1	1
1	兰州商学院学报	1	1	1	1	1
1	旅游学刊	1	1	1	1	1
1	山西财经大学学报	1	1	1	1	1
1	商业经济与管理	1	1	1	1	1
1	上海财经大学学报	1	1	1	1	1
1	投资研究	1	1	1	1	1
1	消费经济	1	1	1	1	1
1	证券市场导报	1	1	1	1	1
1	中国农村观察	1	1	1	1	1
22	经济问题探索	0.9980	1	1	0.9993	0.9993
22	农村经济	1	0.9979	1	0.9993	0.9993
24	当代财经	0.9974	1	1	0.9991	0.9991
25	经济与管理研究	1	1	0.9957	0.9986	0.9986
26	现代财经——天津财经学院学报	1	0.9954	1	0.9985	0.9985
27	中国工业经济	0.9945	1	1	0.9982	0.9982
27	经济问题	1	0.9971	0.9974	0.9982	0.9982
27	城市问题	1	1	0.9946	0.9982	0.9982
30	经济研究	1	0.9938	1	0.9979	0.9979
31	中国农村经济	1	0.9926	1	0.9975	0.9975
32	华东经济管理	1	0.9922	1	0.9974	0.9974
33	南方经济	1	1	0.9920	0.9973	0.9973
34	世界经济	1	0.9914	1	0.9971	0.9971
34	现代经济探讨	1	0.9914	1	0.9971	0.9971
34	国际经贸探索	1	0.9912	1	0.9971	0.9971
37	金融研究	0.9950	0.9956	1	0.9969	0.9969
38	管理世界	1	0.9968	0.9936	0.9968	0.9968
38	审计研究	1	1	0.9903	0.9968	0.9968

续表

排序	期刊名称	2004年	2005年	2006年	三年平均	归一化值
40	经济理论与经济管理	0.9948	0.9948	1	0.9965	0.9965
41	财经论丛——浙江财经学院学报	0.9886	1	1	0.9962	0.9962
42	亚太经济	0.9940	0.9940	1	0.9960	0.9960
42	旅游科学	1	1	0.9880	0.9960	0.9960
44	经济地理	0.9950	0.9954	0.9959	0.9954	0.9954
45	中央财经大学学报	1	0.9904	0.9955	0.9953	0.9953
45	农业经济问题	0.9955	1	0.9904	0.9953	0.9953
47	世界经济与政治论坛	0.9920	0.9933	1	0.9951	0.9951
48	中国流通经济	1	0.9848	1	0.9949	0.9949
49	审计与经济研究	0.9903	1	0.9929	0.9944	0.9944
50	开发研究	1	0.9874	0.9952	0.9942	0.9942
51	改革	1	0.9931	0.9889	0.9940	0.9940
52	国际贸易	1	0.9930	0.9873	0.9934	0.9934
53	统计与决策（理论版）	0.9938	0.9960	0.9898	0.9932	0.9932
54	经济经纬——河南财经学院学报	1	0.9790	1	0.9930	0.9930
55	经济学家	1	0.9787	1	0.9929	0.9929
55	江西财经大学学报	1	0.9787	1	0.9929	0.9929
55	桂林旅游高等专科学校学报：旅游论坛	1	1	0.9787	0.9929	0.9929
58	经济体制改革	0.9922	0.9960	0.9881	0.9921	0.9921
59	外国经济与管理	0.9735	1	1	0.9912	0.9912
60	税务研究	0.9939	0.9892	0.9890	0.9907	0.9907
61	上海金融	0.9920	0.9962	0.9819	0.9900	0.9900
62	上海经济研究	0.9858	0.9943	0.9888	0.9896	0.9896
63	调研世界	0.9913	0.9766	1	0.9893	0.9893
64	经济学动态	0.9795	0.9881	1	0.9892	0.9892
64	农业技术经济	0.9897	0.9778	1	0.9892	0.9892
66	世界经济研究	0.9891	0.9831	0.9940	0.9888	0.9888
67	国际贸易问题	1	1	0.9659	0.9886	0.9886
68	生产力研究	0.9824	0.9918	0.9909	0.9884	0.9884

续表

排序	期刊名称	2004年	2005年	2006年	三年平均	归一化值
69	数量经济技术经济研究	0.9927	0.9765	0.9860	0.9851	0.9851
70	财政研究	0.9892	0.9746	0.9904	0.9848	0.9848
71	经济社会体制比较	1	0.9615	0.9927	0.9847	0.9847
72	宏观经济管理	0.9757	0.9922	0.9836	0.9838	0.9838
73	国外城市规划	1	1	0.9492	0.9831	0.9831
74	经济科学	1	0.9615	0.9863	0.9826	0.9826
74	南开经济研究	1	0.9912	0.9565	0.9826	0.9826
76	经济与管理	1	0.9541	0.9934	0.9825	0.9825
77	金融与经济	0.9686	1	0.9745	0.9810	0.9810
78	中南财经政法大学学报	1	0.9351	1	0.9784	0.9784
79	经济纵横	0.9909	0.9416	1	0.9775	0.9775
80	中国农史	0.9857	0.9848	0.9600	0.9769	0.9769
81	国际金融研究	0.9756	0.9747	0.9797	0.9767	0.9767
82	中国社会经济史研究	0.9655	0.9825	0.9818	0.9766	0.9766
83	会计研究	0.9754	0.9655	0.9880	0.9763	0.9763
84	涉外税务	0.9886	0.9679	0.9619	0.9728	0.9728
85	统计研究	0.9885	0.9556	0.9730	0.9723	0.9723
85	城市发展研究	0.9907	0.9722	0.9539	0.9723	0.9723
87	保险研究	0.9582	0.9868	0.9706	0.9719	0.9719
88	金融理论与实践	0.9125	1	1	0.9708	0.9708
89	财贸经济	0.9602	0.9582	0.9871	0.9685	0.9685
90	中国经济史研究	0.9468	0.9667	0.9915	0.9683	0.9683
91	宏观经济研究	0.9606	0.9538	0.9759	0.9634	0.9634
92	中国经济问题	1	0.8846	1	0.9615	0.9615
93	金融论坛	0.9915	0.9219	0.9627	0.9587	0.9587
94	经济管理	0.9554	0.9722	0.9382	0.9553	0.9553
95	国际经济评论	0.9639	1	0.8632	0.9423	0.9423
96	价格理论与实践	0.9227	0.9817	0.9175	0.9406	0.9406
97	新金融	1	0.9677	0.8386	0.9354	0.9354
98	农业经济	1	0.8095	0.9937	0.9344	0.9344
99	世界经济文汇	0.9750	0.7333	1	0.9028	0.9028

续表

排序	期刊名称	2004年	2005年	2006年	三年平均	归一化值
100	俄罗斯中亚东欧市场	0.8365	0.9603	0.8681	0.8883	0.8883
101	中国金融	0.8901	0.8138	0.8933	0.8657	0.8657
102	经济前沿	0.9952	0.8537	0.7309	0.8599	0.8599
103	国际石油经济	0.9157	0.9524	0.6835	0.8505	0.8505
104	国际经济合作	0.7037	0.7990	0.8010	0.7679	0.7679
105	开放导报	0.7874	0.6872	0.7269	0.7339	0.7339
106	生态经济	0.4000	0.7893	0.8427	0.6773	0.6773
107	财经	0.7087	0.7402	0.5487	0.6659	0.6659
108	中国改革	0.3317	0.4565	0.6778	0.4887	0.4887
109	中国国情国力	0.2738	0.4407	0.7126	0.4757	0.4757
110	经济研究参考	0.4347	0.4429	0.4394	0.4390	0.4390

从表13-4可以看出，经济学期刊作者机构标注比三年平均值达到100%的共有21种期刊，也就是说有将近五分之一的经济学期刊在此项指标上规范度高；两年标注比达到100%的有28种期刊，绝大部分期刊的标注比均在95%以上。根据SCI期刊等国际刊物的录用规则，来源文献的信息中必须包括详细的作者机构信息，而国内的经济学期刊还有少量的期刊机构标注比在90%以下，甚至不到50%，这些期刊必须进行改进。

从2004—2006年三年变化来看，经济学各期刊有作者机构的论文比例基本为稳定而略有上升，如表中2004年的平均机构标注比例为0.9565，2006年略有上升，其值为0.9614。说明经济学期刊在机构标注这一规范化方面基本处于较高而稳定的水平上。当然，另一方面也要看到排在末尾的十几种期刊虽然机构标注比例不断上升，但整体比例较低，其规范性亟待加强。

13.1.5 经济学期刊学术规范量化指标综合分析

期刊学术规范量化指标在期刊评价中占有重要的位置，其主要反映期刊的规范程度和学术质量，包括期刊论文的篇均引用文献数、期刊基金论文占有比例、期刊作者地区分布以及期刊标注有作者机构的论文比例这四项指标。按照这四项指标平均分配总指标比率，各占25%，得到期刊学术规范量化指标综合值。表13-5给出了2004—2006年经济学期刊学术规范量化各指标的归一化值和综合值。综合值计算方法为：将期刊的每一种学术规范量化指标的归一化值乘以0.25，然后求和计算得到各期刊的综合值。表13-5按各期刊学术规范量化指标综合值从大到小排序。

表 13 - 5　　　　　　　2004—2006 年经济学期刊学术规范量化指标综合值

排序	期刊名称	篇均引文数归一化值	基金论文比归一化值	地区分布归一化值	有机构论文比归一化值	综合值
1	经济地理	0.3645	0.9827	1	0.9954	0.8357
2	经济研究	0.6352	0.8266	0.8602	0.9979	0.8300
3	管理世界	0.4783	0.7572	0.9570	0.9968	0.7973
4	地域研究与开发	0.3287	1	0.8387	1	0.7919
5	数量经济技术经济研究	0.3666	0.7052	0.8817	0.9851	0.7347
6	中国农村经济	0.2682	0.8150	0.8387	0.9975	0.7299
7	世界经济	0.5356	0.6532	0.6559	0.9971	0.7105
8	中国工业经济	0.4057	0.7456	0.6882	0.9982	0.7094
9	财经研究	0.4429	0.7226	0.6559	1	0.7054
10	商业经济与管理	0.2650	0.7226	0.7312	1	0.6797
11	外国经济与管理	0.4409	0.7226	0.5484	0.9912	0.6758
12	经济问题探索	0.2304	0.5896	0.8710	0.9993	0.6726
13	金融研究	0.3710	0.3872	0.9247	0.9969	0.6700
14	开发研究	0.2336	0.6300	0.8172	0.9942	0.6688
15	中国社会经济史研究	1	0.0520	0.6452	0.9766	0.6685
16	中国农史	0.6835	0.3237	0.6667	0.9769	0.6627
17	旅游学刊	0.3520	0.4162	0.8602	1	0.6571
18	会计研究	0.3079	0.6126	0.7312	0.9763	0.6570
19	经济科学	0.5359	0.5259	0.5806	0.9826	0.6563
20	经济学动态	0.3261	0.4045	0.9032	0.9892	0.6558
21	农业经济问题	0.1944	0.6416	0.7849	0.9953	0.6541
22	农业技术经济	0.2093	0.6416	0.7634	0.9892	0.6509
23	财贸经济	0.2659	0.6012	0.7634	0.9685	0.6498
24	财贸研究	0.3222	0.6416	0.6022	1	0.6415
25	中国农村观察	0.4485	0.6589	0.4516	1	0.6398
26	财经问题研究	0.3036	0.5606	0.6882	1	0.6381
26	经济理论与经济管理	0.2235	0.6012	0.7312	0.9965	0.6381
28	当代财经	0.2776	0.4855	0.7742	0.9991	0.6341
28	中国经济史研究	0.7773	0.0810	0.7097	0.9683	0.6341
30	财经理论与实践	0.3144	0.6705	0.5484	1	0.6333

续表

排序	期刊名称	篇均引文数归一化值	基金论文比归一化值	地区分布归一化值	有机构论文比归一化值	综合值
31	当代经济科学	0.3900	0.4971	0.6129	1	0.6250
32	财经论丛——浙江财经学院学报	0.2495	0.7340	0.4946	0.9962	0.6186
33	统计与决策（理论版）	0.0989	0.4566	0.9247	0.9932	0.6184
34	经济评论	0.4774	0.3468	0.6452	1	0.6174
35	生产力研究	0.1996	0.3005	0.9785	0.9884	0.6168
36	南开经济研究	0.5147	0.4104	0.5591	0.9826	0.6167
37	国际贸易问题	0.2138	0.4855	0.7742	0.9886	0.6155
38	财经科学	0.2805	0.4045	0.7742	1	0.6148
39	城市发展研究	0.2548	0.3815	0.8065	0.9723	0.6038
40	世界经济文汇	0.6527	0.4392	0.4194	0.9028	0.6035
41	旅游科学	0.4149	0.4045	0.5914	0.9960	0.6017
42	经济与管理研究	0.1481	0.5086	0.7419	0.9986	0.5993
43	现代财经——天津财经学院学报	0.1994	0.4971	0.6989	0.9985	0.5985
44	经济社会体制比较	0.1923	0.2948	0.9140	0.9847	0.5965
45	城市问题	0.2604	0.3872	0.7312	0.9982	0.5943
46	经济管理	0.2330	0.3815	0.8065	0.9553	0.5941
47	中国流通经济	0.1454	0.5145	0.7204	0.9949	0.5938
48	统计研究	0.1555	0.4508	0.7849	0.9723	0.5909
49	经济纵横	0.1115	0.4682	0.7957	0.9775	0.5882
50	农村经济	0.1357	0.3352	0.8817	0.9993	0.5880
51	经济学家	0.2521	0.4104	0.6882	0.9929	0.5859
52	改革	0.2849	0.3758	0.6882	0.9940	0.5857
53	税务研究	0.1011	0.2601	0.9892	0.9907	0.5853
54	经济问题	0.1078	0.3411	0.8925	0.9982	0.5849
55	当代经济研究	0.1987	0.3815	0.7527	1	0.5832
56	华东经济管理	0.2230	0.3584	0.7527	0.9974	0.5829
57	上海经济研究	0.3387	0.4104	0.5699	0.9896	0.5772
58	生态经济	0.1442	0.5549	0.9247	0.6773	0.5753

续表

排序	期刊名称	篇均引文数归一化值	基金论文比归一化值	地区分布归一化值	有机构论文比归一化值	综合值
59	桂林旅游高等专科学校学报：旅游论坛	0.2923	0.3064	0.6989	0.9929	0.5726
60	国际金融研究	0.1877	0.3872	0.7097	0.9767	0.5653
61	经济经纬——河南财经学院学报	0.2451	0.3411	0.6774	0.9930	0.5642
62	山西财经大学学报	0.3046	0.3295	0.6129	1	0.5618
63	产业经济研究	0.3921	0.4451	0.4086	1	0.5615
64	审计研究	0.2622	0.2658	0.7097	0.9968	0.5586
65	中央财经大学学报	0.1885	0.3468	0.6989	0.9953	0.5574
66	世界经济与政治论坛	0.2316	0.4278	0.5699	0.9951	0.5561
67	金融论坛	0.2695	0.3525	0.6237	0.9587	0.5511
68	经济与管理	0.1710	0.2081	0.8387	0.9825	0.5501
69	经济体制改革	0.1838	0.3237	0.6989	0.9921	0.5496
70	世界经济研究	0.3253	0.2544	0.6129	0.9888	0.5454
71	审计与经济研究	0.2170	0.2948	0.6667	0.9944	0.5432
72	南方经济	0.2639	0.3295	0.5484	0.9973	0.5348
73	消费经济	0.1742	0.2832	0.6667	1	0.5310
74	国际经贸探索	0.2060	0.3525	0.5591	0.9971	0.5287
75	证券市场导报	0.2277	0.2891	0.5699	1	0.5217
76	涉外税务	0.0764	0.2024	0.8172	0.9728	0.5172
77	江西财经大学学报	0.2545	0.1618	0.6559	0.9929	0.5163
78	兰州商学院学报	0.2496	0.1503	0.6559	1	0.5140
79	上海财经大学学报	0.3283	0.3005	0.4194	1	0.5121
80	现代经济探讨	0.1304	0.2891	0.6237	0.9971	0.5101
81	亚太经济	0.1730	0.1850	0.6774	0.9960	0.5079
82	保险研究	0.0785	0.0347	0.9462	0.9719	0.5078
83	财政研究	0.0316	0.1098	0.8925	0.9848	0.5047
84	上海金融	0.1121	0.3005	0.6129	0.9900	0.5039
85	中南财经政法大学学报	0.2083	0.3641	0.4516	0.9784	0.5006
86	农业经济	0.0176	0.1791	0.8495	0.9344	0.4952
87	调研世界	0.0916	0.1330	0.7312	0.9893	0.4863

续表

排序	期刊名称	篇均引文数归一化值	基金论文比归一化值	地区分布归一化值	有机构论文比归一化值	综合值
88	宏观经济管理	0.0004	0.1907	0.7419	0.9838	0.4792
89	广东金融学院学报	0.2539	0.1561	0.4946	1	0.4762
90	中国经济问题	0.2530	0.2544	0.4301	0.9615	0.4748
91	宏观经济研究	0.0114	0.0347	0.8710	0.9634	0.4701
92	国际贸易	0.0014	0.2832	0.5591	0.9934	0.4593
93	中国金融	0.0001	0.0463	0.9140	0.8657	0.4565
94	金融与经济	0.0926	0.1157	0.6344	0.9810	0.4559
95	经济前沿	0.1485	0.0810	0.7312	0.8599	0.4552
96	价格理论与实践	0.0428	0.0924	0.6989	0.9406	0.4437
97	新金融	0.0568	0.0290	0.7203	0.9354	0.4354
98	金融理论与实践	0.0714	0.0636	0.6344	0.9708	0.4351
99	投资研究	0.0300	0	0.6667	1	0.4242
100	国外城市规划	0.2287	0.1098	0.2903	0.9831	0.4030
101	国际经济评论	0.1365	0.0347	0.4731	0.9423	0.3967
102	俄罗斯中亚东欧市场	0.0922	0.0810	0.4624	0.8883	0.3810
103	国际经济合作	0	0.0347	0.6667	0.7679	0.3673
104	国际石油经济	0.0642	0.0057	0.5269	0.8505	0.3618
105	开放导报	0.0835	0.0520	0.5376	0.7339	0.3518
106	中国国情国力	0.0322	0.2138	0.6774	0.4757	0.3498
107	经济研究参考	0.0307	0.0577	0.8280	0.4390	0.3389
108	中国改革	0	0.0057	0.6989	0.4887	0.2983
109	财经	0	0	0.4194	0.6659	0.2713

从表13-5可以看出，排名在前几位的期刊都是在学术规范方面整体上做的比较好的，特别是含有理科性质的期刊在学术规范上做的较好，如《经济地理》、《地域研究与开发》和《数量经济技术经济研究》均排在前5位，这也进一步证明了在学术规范上自然科学好于社会科学的观点。还有一些学术研究严谨、在学界有良好声誉的期刊，其学术规范性也很好，如《经济研究》、《管理世界》，它们分别排在第2、第3位。

可以认为，学术规范综合指标在0.7以上的9种期刊，可将它们归入学术规范等级的第一层次；综合值在0.7—0.5之间的77种期刊归入第二层次；其余24种期刊归属于第三层次。根据表13-5的期刊学术规范量化指标综合数据分析，经济学期刊总体上尚需进一步提高，尤其是排在较后位置的期刊应当引起重视，为全面提升经济学期刊的学术规范而进一步努力。

13.2 经济学期刊被引次数分析

期刊被引次数是期刊自创刊以来所刊载的论文被某年CSSCI来源期刊论文引用的次数。它是一个客观实用的评价指标，可用来衡量期刊的绝对学术影响力，也可以在总体上直接反映期刊被学者使用和重视的程度以及在学术交流中所起的作用和所处的地位。期刊被引次数分为三个下级指标：总被引次数、他刊引用次数和学科引用次数。

13.2.1 总被引次数

期刊的总被引次数体现了期刊的学术影响。对于经济学这样一个研究热点问题和焦点问题较多并倍受人们关注的学科来说，更具有重要的意义。表13-6给出了2004—2006年181种经济学期刊的总被引次数，并计算出了三年的平均值，最后进行了归一化处理。该指标的归一化值是由其最大的三年平均值（《经济研究》的3933.33）作除数得到。表13-6按三年平均次数从大到小排序。

表13-6　　　　　　　　2004—2006年经济学期刊总被引次数

排序	期刊名称	2004年（篇次）	2005年（篇次）	2006年（篇次）	三年平均（篇次）	归一化值
1	经济研究	3431	4056	4313	3933.33	1
2	管理世界	948	1185	1594	1242.33	0.3158
3	中国工业经济	790	989	1308	1029.00	0.2616
4	金融研究	797	890	1164	950.33	0.2416
5	会计研究	808	853	1025	895.33	0.2276
6	世界经济	597	753	950	766.67	0.1949
7	经济学动态	518	707	705	643.33	0.1636
8	旅游学刊	566	499	714	593.00	0.1508
9	中国农村经济	518	585	617	573.33	0.1458
10	经济地理	387	503	606	498.67	0.1268
11	数量经济技术经济研究	318	464	628	470.00	0.1195
12	农业经济问题	387	452	493	444.00	0.1129

续表

排序	期刊名称	2004年（篇次）	2005年（篇次）	2006年（篇次）	三年平均（篇次）	归一化值
13	财贸经济	330	437	478	415.00	0.1055
14	改革	290	370	534	398.00	0.1012
15	统计研究	270	356	512	379.33	0.0964
16	经济科学	303	348	435	362.00	0.0920
17	经济社会体制比较	323	345	374	347.33	0.0883
18	国际金融研究	259	356	346	320.33	0.0814
19	经济理论与经济管理	279	328	340	315.67	0.0803
19	财经研究	252	295	400	315.67	0.0803
21	外国经济与管理	234	299	397	310.00	0.0788
22	经济学家	261	317	332	303.33	0.0771
23	经济研究参考	218	277	412	302.33	0.0769
24	税务研究	215	293	350	286.00	0.0727
25	经济评论	281	311	263	285.00	0.0725
26	国际贸易问题	183	267	385	278.33	0.0708
27	商业研究	205	269	358	277.33	0.0705
28	当代财经	230	240	342	270.67	0.0688
29	财经问题研究	238	256	314	269.33	0.0685
30	经济管理	265	235	283	261.00	0.0664
31	经济师	212	220	320	250.67	0.0637
32	南开经济研究	192	241	317	250.00	0.0636
33	中国农村观察	185	253	276	238.00	0.0605
34	世界经济研究	136	243	321	233.33	0.0593
35	中国经济史研究	165	260	256	227.00	0.0577
36	国际经济评论	195	233	236	221.33	0.0563
37	财经科学	157	201	294	217.33	0.0553
38	地域研究与开发	207	179	248	211.33	0.0537
39	上海经济研究	179	217	216	204.00	0.0519
40	财经理论与实践	165	195	222	194.00	0.0493
41	宏观经济研究	147	185	224	185.33	0.0471
42	财政研究	152	171	209	177.33	0.0451

续表

排序	期刊名称	2004年（篇次）	2005年（篇次）	2006年（篇次）	三年平均（篇次）	归一化值
43	当代经济研究	136	193	200	176.33	0.0448
44	经济问题	138	172	212	174.00	0.0442
45	生产力研究	113	184	223	173.33	0.0441
46	经济问题探索	123	154	236	171.00	0.0435
47	当代经济科学	133	161	202	165.33	0.0420
48	审计研究	101	165	229	165.00	0.0419
49	涉外税务	133	186	158	159.00	0.0404
50	证券市场导报	120	174	176	156.67	0.0398
50	保险研究	105	175	190	156.67	0.0398
52	统计与决策	71	139	254	154.67	0.0393
53	国际贸易	136	162	162	153.33	0.0390
54	经济体制改革	118	159	173	150.00	0.0381
55	中国金融	113	137	190	146.67	0.0373
56	生态经济	110	141	179	143.33	0.0364
57	中国社会经济史研究	107	147	174	142.67	0.0363
58	经济纵横	96	137	192	141.67	0.0360
59	中央财经大学学报	102	147	172	140.33	0.0357
60	财经	119	133	167	139.67	0.0355
61	城市问题	98	108	206	137.33	0.0349
62	商业经济与管理	105	146	154	135.00	0.0343
63	中国土地科学	123	112	158	131.00	0.0333
64	经济论坛	76	117	190	127.67	0.0325
65	中国农史	79	148	149	125.33	0.0319
66	金融论坛	123	122	120	121.67	0.0309
67	世界经济文汇	75	108	163	115.33	0.0293
68	山西财经大学学报	103	80	160	114.33	0.0291
69	规划师	83	106	145	111.33	0.0283
70	农业技术经济	94	119	120	111.00	0.0282
71	国际经济合作	95	102	131	109.33	0.0278
71	上海金融	83	125	120	109.33	0.0278

续表

排序	期刊名称	2004年（篇次）	2005年（篇次）	2006年（篇次）	三年平均（篇次）	归一化值
73	桂林旅游高等专科学校学报：旅游论坛	66	96	147	103.00	0.0262
74	华东经济管理	81	98	128	102.33	0.0260
75	现代经济探讨	69	97	139	101.67	0.0258
75	农村经济	40	102	163	101.67	0.0258
77	中南财经政法大学学报	72	87	142	100.33	0.0255
77	国外城市规划	71	94	136	100.33	0.0255
79	经济经纬——河南财经学院学报	65	77	150	97.33	0.0247
80	南方经济	85	91	112	96.00	0.0244
81	城市发展研究	93	84	110	95.67	0.0243
82	现代管理科学	47	107	132	95.33	0.0242
83	现代财经——天津财经学院学报	65	78	123	88.67	0.0225
84	财经论丛——浙江财经学院学报	57	108	99	88.00	0.0224
85	中国经济问题	90	91	79	86.67	0.0220
85	林业经济	64	95	101	86.67	0.0220
87	调研世界	80	69	109	86.00	0.0219
87	中国改革	75	74	109	86.00	0.0219
89	消费经济	67	73	115	85.00	0.0216
90	经济与管理研究	58	77	115	83.33	0.0212
91	技术经济与管理研究	55	80	114	83.00	0.0211
92	中国流通经济	53	91	104	82.67	0.0210
93	国际经贸探索	63	82	98	81.00	0.0206
94	干旱区地理	55	77	106	79.33	0.0202
95	投资研究	93	68	71	77.33	0.0197
96	亚太经济	57	87	87	77.00	0.0196
97	农业经济	74	65	91	76.67	0.0195
98	开发研究	55	63	108	75.33	0.0192
99	现代城市研究	64	81	77	74.00	0.0188
100	世界经济与政治论坛	52	67	96	71.67	0.0182

续表

排序	期刊名称	2004年（篇次）	2005年（篇次）	2006年（篇次）	三年平均（篇次）	归一化值
101	商业时代	36	68	104	69.33	0.0176
102	世界地理研究	61	62	80	67.67	0.0172
102	江西财经大学学报	41	75	87	67.67	0.0172
104	旅游科学	59	47	96	67.33	0.0171
105	工业技术经济	39	57	104	66.67	0.0170
105	金融理论与实践	55	64	80	66.33	0.0169
107	中国土地	58	76	64	66.00	0.0168
107	宏观经济管理	47	54	97	66.00	0.0168
109	中国经贸导刊	44	64	88	65.33	0.0166
110	技术经济	42	67	82	63.67	0.0162
111	经济与管理	38	57	90	61.67	0.0157
112	价值工程	35	60	89	61.33	0.0156
113	财贸研究	33	53	94	60.00	0.0153
114	北京第二外国语学院学报	49	58	72	59.67	0.0152
115	税务与经济——长春税务学院学报	52	60	64	58.67	0.0149
116	中国国情国力	59	56	57	57.33	0.0146
117	改革与战略	35	44	90	56.33	0.0143
118	开放导报	44	58	65	55.67	0.0142
119	中国注册会计师	57	53	56	55.33	0.0141
120	东南亚纵横	42	44	75	53.67	0.0136
120	特区经济	23	42	96	53.67	0.0136
120	热带地理	41	56	63	53.33	0.0136
123	北方经贸	54	38	67	53.00	0.0135
123	运筹与管理	24	63	72	53.00	0.0135
125	价格理论与实践	28	46	84	52.67	0.0134
125	江苏商论	18	60	80	52.67	0.0134
127	东北财经大学学报	46	40	70	52.00	0.0132
128	资源开发与市场	33	49	71	51.00	0.0130
129	全球科技经济瞭望	58	2	92	50.67	0.0129

续表

排序	期刊名称	2004年（篇次）	2005年（篇次）	2006年（篇次）	三年平均（篇次）	归一化值
129	山地学报	41	64	47	50.67	0.0129
131	上海财经大学学报	29	60	58	49.00	0.0125
132	兰州商学院学报	32	44	69	48.33	0.0123
133	南京财经大学学报	36	51	55	47.33	0.0120
134	浙江经济	39	65	35	46.33	0.0118
135	贵州财经学院学报	41	49	48	46.00	0.0117
136	银行家	25	55	54	44.67	0.0114
136	中国卫生经济	22	30	82	44.67	0.0114
138	现代日本经济	32	34	66	44.00	0.0112
139	决策	29	50	51	43.33	0.0110
140	市场论坛	46	55	28	43.00	0.0109
140	审计与经济研究	30	48	51	43.00	0.0109
142	云南财经大学学报	35	60	32	42.33	0.0108
143	产业经济研究	22	39	65	42.00	0.0107
144	上海会计	44	40	41	41.67	0.0106
144	上海综合经济	36	53	36	41.67	0.0106
146	中国房地产	30	50	44	41.33	0.0105
147	国际石油经济	36	33	52	40.33	0.0103
148	国土与自然资源研究	38	36	46	40.00	0.0102
149	统计与信息论坛	31	41	44	38.67	0.0098
150	河北经贸大学学报	29	35	50	38.00	0.0097
150	山东经济	28	36	50	38.00	0.0097
152	中国投资	26	45	40	37.00	0.0094
153	对外经贸实务	28	46	36	36.67	0.0093
153	金融与经济	19	42	49	36.67	0.0093
155	经济前沿	19	41	49	36.33	0.0092
156	南方金融	16	33	58	35.67	0.0091
157	经济要参	42	39	25	35.33	0.0090
157	首都经济贸易大学学报	21	36	49	35.33	0.0090
159	小城镇建设	23	19	62	34.67	0.0088

续表

排序	期刊名称	2004年（篇次）	2005年（篇次）	2006年（篇次）	三年平均（篇次）	归一化值
160	经济导刊	28	32	43	34.33	0.0087
161	中国外汇	31	29	40	33.33	0.0085
162	城乡建设	32	35	31	32.67	0.0083
163	金融教学与研究	16	46	35	32.33	0.0082
164	经济界	26	31	39	32.00	0.0081
164	湖南商学院学报	26	27	42	31.67	0.0081
164	会计之友	21	28	46	31.67	0.0081
164	河南金融管理干部学院学报	17	35	43	31.67	0.0081
168	国际商务研究	20	34	39	31.00	0.0079
169	山东财政学院学报	27	36	29	30.67	0.0078
170	中国审计	27	27	37	30.33	0.0077
170	中国财政	20	37	34	30.33	0.0077
172	上海保险	21	32	37	30.00	0.0076
173	资源与人居环境	33	24	32	29.67	0.0075
173	广东商学院学报	16	29	44	29.67	0.0075
173	广东金融学院学报	30	31	27	29.33	0.0075
176	国际商务——对外经济贸易大学学报	22	20	44	28.67	0.0073
177	中国房地产金融	27	32	26	28.33	0.0072
177	城市开发	22	25	38	28.33	0.0072
177	俄罗斯中亚东欧市场	22	19	44	28.33	0.0072
180	中国货币市场	21	33	30	28.00	0.0071
180	武汉金融	21	29	34	28.00	0.0071

从表13-6可以看出，经济学期刊在总被引次数上差异明显，三年平均总被引次数最高的达3933.33次，最低的才28.00次，相差140多倍。总被引次数分布基本符合布拉德福定律。前40种期刊的被引次数之和占全部经济学期刊总被引次数的63.6%。《经济研究》三年平均总被引次数接近4000次，以绝对优势明显高于其他期刊，说明该刊在经济学期刊中的学术影响力很大。三年平均总被引次数超过200次的期刊有39种。

根据表13-6的数据，经济学期刊总被引次数呈逐年上升趋势，2004—2006年各年的平均被引次数分别为：126.43、156.33、192.84，年均增长 23% 左右，说明经济学期刊的影响度在不断扩大。总被引次数增加最多的《经济研究》达到 882 次，其次是《管理世界》和《中国工业经济》，分别增加 646 次和 518 次。但也有少数期刊的被引次数在下降，如《投资研究》、《市场论坛》、《经济评论》、《经济要参》等期刊三年平均被引减少了 20 次左右。

从总被引次数的增加幅度上看，前 40 种期刊中增幅达 50% 以上的期刊有 20 多种，增幅最大的是《世界经济研究》和《国际贸易问题》，分别达到 136% 和 110%，这说明经济学期刊的学术影响正在不断加强。特别是排在后 100 位的期刊，虽然绝对值还不是很大，但增幅明显，增幅达到 50% 以上的期刊有 78 种，增幅超过 100% 的有 44 种。说明这些期刊正在努力全面提高自身的学术质量和学术影响力，以提升自身的学术生命力。

13.2.2 其他期刊引用次数

其他期刊引用次数（也称他刊引用次数）是为了平衡来源期刊与非来源期刊指标的公平性，尤其对有些来源期刊为了提高被引次数而虚假自引有很好的抑制作用。表 13-7 给出了 2004—2006 年经济学期刊他刊引用次数统计。其中包括各年度的他刊引用次数，三年平均值，和平均值的归一化值。表 13-7 按三年平均次数从大到小排序。

表 13-7　　　　　　　　　2004—2006 年经济学期刊他刊引用次数

排序	期刊名称	2004 年（篇次）	2005 年（篇次）	2006 年（篇次）	三年平均（篇次）	归一化值
1	经济研究	3229	3804	4038	3690.33	1
2	管理世界	907	1096	1481	1161.33	0.3147
3	中国工业经济	696	834	1151	893.67	0.2422
4	金融研究	728	787	1018	844.33	0.2288
5	会计研究	605	673	820	699.33	0.1895
6	世界经济	496	643	852	663.67	0.1798
7	经济学动态	480	648	671	599.67	0.1625
8	中国农村经济	456	527	557	513.33	0.1391
9	数量经济技术经济研究	283	428	576	429.00	0.1162
10	旅游学刊	363	379	505	415.67	0.1126
11	经济地理	318	407	485	403.33	0.1093
12	财贸经济	302	403	444	383.00	0.1038
13	农业经济问题	343	382	416	380.33	0.1031

续表

排序	期刊名称	2004年（篇次）	2005年（篇次）	2006年（篇次）	三年平均（篇次）	归一化值
14	经济科学	291	331	417	346.33	0.0938
15	经济社会体制比较	316	340	370	342.00	0.0927
16	统计研究	232	317	448	332.33	0.0901
17	改革	278	285	359	307.33	0.0833
18	经济研究参考	218	277	412	302.33	0.0819
19	外国经济与管理	228	288	386	300.67	0.0815
20	财经研究	244	276	368	296.00	0.0802
20	国际金融研究	243	330	315	296.00	0.0802
22	经济学家	253	304	317	291.33	0.0789
22	经济理论与经济管理	249	304	320	291.00	0.0789
24	商业研究	205	269	358	277.33	0.0752
25	经济评论	241	276	245	254.00	0.0688
26	财经问题研究	218	247	296	253.67	0.0687
27	当代财经	209	231	312	250.67	0.0679
27	经济师	212	220	320	250.67	0.0679
29	经济管理	265	235	244	248.00	0.0672
30	南开经济研究	179	233	313	241.67	0.0655
31	中国农村观察	167	237	250	218.00	0.0591
32	国际经济评论	193	223	227	214.33	0.0581
33	国际贸易问题	149	185	298	210.67	0.0571
34	财经科学	153	193	279	208.33	0.0565
35	世界经济研究	122	206	271	199.67	0.0541
36	税务研究	139	194	250	194.33	0.0527
37	上海经济研究	167	202	195	188.00	0.0509
38	宏观经济研究	146	185	221	184.00	0.0499
39	中国经济史研究	146	189	180	171.67	0.0465
40	经济问题探索	123	154	236	171.00	0.0463
41	财政研究	146	160	206	170.67	0.0462
42	当代经济研究	125	175	187	162.33	0.0440
43	当代经济科学	124	158	193	158.33	0.0429

续表

排序	期刊名称	2004年（篇次）	2005年（篇次）	2006年（篇次）	三年平均（篇次）	归一化值
44	经济问题	119	150	204	157.67	0.0427
45	证券市场导报	120	174	154	149.33	0.0405
46	中国金融	113	137	190	146.67	0.0397
47	财经理论与实践	118	141	175	144.67	0.0392
48	生态经济	110	141	179	143.33	0.0388
49	经济体制改革	104	156	164	141.33	0.0383
50	地域研究与开发	108	120	192	140.00	0.0379
51	财经	119	133	167	139.67	0.0378
52	生产力研究	83	147	186	138.67	0.0376
53	经济纵横	92	134	178	134.67	0.0365
54	中央财经大学学报	99	144	159	134.00	0.0363
55	国际贸易	106	146	144	132.00	0.0358
56	统计与决策	70	111	213	131.33	0.0356
57	中国社会经济史研究	91	138	163	130.67	0.0354
58	经济论坛	76	117	190	127.67	0.0346
59	涉外税务	102	133	121	118.67	0.0322
60	商业经济与管理	95	120	134	116.33	0.0315
61	城市问题	98	108	138	114.67	0.0311
62	规划师	83	106	145	111.33	0.0302
63	国际经济合作	95	102	131	109.33	0.0296
64	世界经济文汇	64	96	163	107.67	0.0292
65	审计研究	53	112	156	107.00	0.0290
66	中国农史	59	127	127	104.33	0.0283
67	华东经济管理	81	98	128	102.33	0.0277
68	桂林旅游高等专科学校学报：旅游论坛	66	93	147	102.00	0.0276
69	农村经济	40	102	163	101.67	0.0276
69	现代经济探讨	69	97	139	101.67	0.0276
71	国外城市规划	71	94	136	100.33	0.0272
72	中南财经政法大学学报	71	85	138	98.00	0.0266

续表

排序	期刊名称	2004年（篇次）	2005年（篇次）	2006年（篇次）	三年平均（篇次）	归一化值
73	经济经纬——河南财经学院学报	65	77	150	97.33	0.0264
74	中国土地科学	86	93	110	96.33	0.0261
75	南方经济	85	91	112	96.00	0.0260
76	现代管理科学	47	107	132	95.33	0.0258
77	山西财经大学学报	103	80	102	95.00	0.0257
78	上海金融	66	106	101	91.00	0.0247
79	农业技术经济	70	100	100	90.00	0.0244
80	现代财经——天津财经学院学报	65	78	123	88.67	0.0240
81	财经论丛——浙江财经学院学报	57	108	99	88.00	0.0238
82	中国改革	75	74	109	86.00	0.0233
82	调研世界	80	69	109	86.00	0.0233
84	保险研究	69	76	104	83.00	0.0225
84	技术经济与管理研究	55	80	114	83.00	0.0225
86	城市发展研究	85	70	90	81.67	0.0221
87	经济与管理研究	58	72	113	81.00	0.0219
88	干旱区地理	55	77	106	79.33	0.0215
89	投资研究	92	68	70	76.67	0.0208
89	中国经济问题	76	84	70	76.67	0.0208
89	农业经济	74	65	91	76.67	0.0208
92	国际经贸探索	59	76	91	75.33	0.0204
93	金融论坛	72	71	80	74.33	0.0201
93	现代城市研究	64	81	77	74.00	0.0201
95	中国流通经济	40	80	93	71.00	0.0192
96	商业时代	36	68	104	69.33	0.0188
97	亚太经济	52	75	78	68.33	0.0185
98	江西财经大学学报	41	75	87	67.67	0.0183
98	世界地理研究	61	62	80	67.67	0.0183
98	林业经济	64	95	44	67.67	0.0183

续表

排序	期刊名称	2004年（篇次）	2005年（篇次）	2006年（篇次）	三年平均（篇次）	归一化值
101	旅游科学	59	47	96	67.33	0.0182
102	工业技术经济	39	57	104	66.67	0.0181
103	金融理论与实践	55	64	80	66.33	0.0180
104	宏观经济管理	47	54	97	66.00	0.0179
104	中国土地	58	76	64	66.00	0.0179
106	中国经贸导刊	44	64	88	65.33	0.0177
107	技术经济	42	67	82	63.67	0.0173
108	经济与管理	38	57	90	61.67	0.0167
109	价值工程	35	60	89	61.33	0.0166
110	开发研究	38	52	92	60.67	0.0164
111	财贸研究	33	53	94	60.00	0.0163
112	北京第二外国语学院学报	49	58	72	59.67	0.0162
113	世界经济与政治论坛	41	58	79	59.33	0.0161
114	税务与经济——长春税务学院学报	52	60	64	58.67	0.0159
115	消费经济	48	50	76	58.00	0.0157
116	中国国情国力	58	54	57	56.33	0.0153
116	改革与战略	35	44	90	56.33	0.0153
118	开放导报	44	58	65	55.67	0.0151
119	中国注册会计师	57	53	56	55.33	0.0150
120	特区经济	23	42	96	53.67	0.0145
120	东南亚纵横	42	44	75	53.67	0.0145
120	热带地理	41	56	63	53.33	0.0145
123	运筹与管理	24	63	72	53.00	0.0144
123	北方经贸	54	38	67	53.00	0.0144
125	价格理论与实践	28	46	84	52.67	0.0143
125	江苏商论	18	60	80	52.67	0.0143
127	东北财经大学学报	46	40	70	52.00	0.0141
128	资源开发与市场	33	49	71	51.00	0.0138
129	全球科技经济瞭望	58	2	92	50.67	0.0137

续表

排序	期刊名称	2004年（篇次）	2005年（篇次）	2006年（篇次）	三年平均（篇次）	归一化值
129	山地学报	41	64	47	50.67	0.0137
131	上海财经大学学报	29	59	58	48.67	0.0132
132	兰州商学院学报	32	44	69	48.33	0.0131
133	南京财经大学学报	36	51	55	47.33	0.0128
134	浙江经济	39	65	35	46.33	0.0126
135	贵州财经学院学报	41	49	48	46.00	0.0125
136	银行家	25	55	54	44.67	0.0121
136	中国卫生经济	22	30	82	44.67	0.0121
138	决策	29	50	51	43.33	0.0117
139	市场论坛	46	55	28	43.00	0.0117
139	审计与经济研究	30	48	51	43.00	0.0117
141	云南财经大学学报	35	60	32	42.33	0.0115
142	产业经济研究	22	39	65	42.00	0.0114
143	上海会计	44	40	41	41.67	0.0113
143	上海综合经济	36	53	36	41.67	0.0113
145	中国房地产	30	50	44	41.33	0.0112
146	国际石油经济	36	33	52	40.33	0.0109
147	国土与自然资源研究	38	36	46	40.00	0.0108
148	统计与信息论坛	31	41	44	38.67	0.0105
149	河北经贸大学学报	29	35	50	38.00	0.0103
149	山东经济	28	36	50	38.00	0.0103
151	中国投资	26	45	40	37.00	0.0100
152	对外经贸实务	28	46	36	36.67	0.0099
152	金融与经济	19	42	49	36.67	0.0099
154	经济前沿	19	41	49	36.33	0.0098
155	南方金融	16	33	58	35.67	0.0097
156	经济要参	42	39	25	35.33	0.0096
156	首都经济贸易大学学报	21	36	49	35.33	0.0096
158	小城镇建设	23	19	62	34.67	0.0094
159	经济导刊	28	32	43	34.33	0.0093

续表

排序	期刊名称	2004年(篇次)	2005年(篇次)	2006年(篇次)	三年平均(篇次)	归一化值
160	中国外汇	31	29	40	33.33	0.0090
161	城乡建设	32	35	31	32.67	0.0089
162	金融教学与研究	16	46	35	32.33	0.0088
163	经济界	26	31	39	32.00	0.0087
164	河南金融管理干部学院学报	17	35	43	31.67	0.0086
164	湖南商学院学报	26	27	42	31.67	0.0086
164	会计之友	21	28	46	31.67	0.0086
167	国际商务研究	20	34	39	31.00	0.0084
168	山东财政学院学报	27	36	29	30.67	0.0083
169	中国财政	20	37	34	30.33	0.0082
169	中国审计	27	27	37	30.33	0.0082
171	上海保险	21	32	37	30.00	0.0081
172	广东商学院学报	16	29	44	29.67	0.0080
172	现代日本经济	19	30	40	29.67	0.0080
172	资源与人居环境	33	24	32	29.67	0.0080
175	广东金融学院学报	30	31	27	29.33	0.0079
176	国际商务——对外经济贸易大学学报	22	20	44	28.67	0.0078
177	城市开发	22	25	38	28.33	0.0077
177	俄罗斯中亚东欧市场	22	19	44	28.33	0.0077
177	中国房地产金融	27	32	26	28.33	0.0077
180	武汉金融	21	29	34	28.00	0.0076
180	中国货币市场	21	33	30	28.00	0.0076

从表13-7可以看出，排除期刊自引后，经济学期刊他刊引用次数依旧符合布拉德福定律。他刊引用次数中前40位期刊被引次数之和占他刊引用总次数的62.8%，前40种期刊的平均自引率为10%，被引次数超过100次的期刊，其自引率也在10%左右。

与总被引次数相比，经济学期刊三年平均他引次数方面，排在前5位的依旧是《经济研究》、《管理世界》、《中国工业经济》、《金融研究》和《世界经济》，前40位基本没有变化，《地域研究与开发》和《财经理论与实践》由于自引率较高（分别为 33.8% 和 25.4%）而退出了前 40 名，取而代之的是《宏观经济研究》和《经济问题探索》。在他引次数增加值上，2004—2006 年经济学期刊他引次数增加最多的仍然是《经济研究》和《管理世界》（分别为 809 次和 574 次）；在三年平均值排在前 40 位的期刊中，2004—2006 年他引次数增加幅度最大的期刊有 3 种，它们分别是《世界经济研究》（122%）、《数量经济技术经济研究》（104%）和《国际贸易问题》（100%）。

与总被引次数相比，经济学期刊他引次数排名略有变化。从三年平均值比较可以看出，《旅游学刊》和《税务研究》有相对较多的被引次数是源于期刊自引，三年平均他引与总引比仅为 71.1% 和 68.0%，也就是说这两种期刊有 30% 左右的被引来自于自引。

13.2.3 本学科论文引用次数

本学科论文引用次数（也称学科引用次数）主要用于考察期刊在本学科的学术影响。表 13-8 给出了 2004—2006 年经济学论文引用经济学期刊的次数统计。与表 13-7 相同，也包括各期刊的年度学科引用次数、三年平均引用次数，并以最大的学科三年平均引用次数（《经济研究》的 2868.33）作分母计算出每一种期刊的学科引用次数的归一化值。表 13-8 按三年平均次数从大到小排序。

表 13-8　　　　　　2004—2006 年经济学期刊学科引用次数

排序	期刊名称	2004年（篇次）	2005年（篇次）	2006年（篇次）	三年平均（篇次）	归一化值
1	经济研究	2445	2952	3208	2868.33	1
2	金融研究	762	854	1122	912.67	0.3182
3	管理世界	604	740	1086	810.00	0.2824
4	世界经济	517	647	832	665.33	0.2320
5	会计研究	650	553	735	646.00	0.2252
6	中国工业经济	457	538	729	574.67	0.2004
7	旅游学刊	537	466	667	556.67	0.1941
8	中国农村经济	438	509	516	487.67	0.1700
9	经济学动态	376	516	515	469.00	0.1635
10	经济地理	321	395	450	388.67	0.1355
11	农业经济问题	332	404	410	382.00	0.1332
12	财贸经济	276	383	425	361.33	0.1260
13	数量经济技术经济研究	230	346	491	355.67	0.1240

续表

排序	期刊名称	2004年（篇次）	2005年（篇次）	2006年（篇次）	三年平均（篇次）	归一化值
14	国际金融研究	238	336	327	300.33	0.1047
15	统计研究	201	281	397	293.00	0.1022
16	经济科学	240	253	331	274.67	0.0958
17	改革	187	243	383	271.00	0.0945
18	税务研究	195	276	321	264.00	0.0920
19	财经研究	193	212	326	243.67	0.0850
20	国际贸易问题	138	218	329	228.33	0.0796
21	经济评论	221	242	200	221.00	0.0770
22	经济学家	178	237	240	218.33	0.0761
23	经济社会体制比较	207	216	219	214.00	0.0746
24	经济研究参考	157	193	276	208.67	0.0727
25	财经问题研究	176	187	247	203.33	0.0709
26	经济理论与经济管理	169	208	228	201.67	0.0703
27	南开经济研究	148	192	258	199.33	0.0695
28	世界经济研究	98	195	274	189.00	0.0659
29	当代财经	151	169	242	187.33	0.0653
30	国际经济评论	165	186	191	180.67	0.0630
31	中国农村观察	128	175	202	168.33	0.0587
32	地域研究与开发	174	132	184	163.33	0.0569
33	商业研究	110	150	213	157.67	0.0550
34	经济管理	265	103	95	154.33	0.0538
35	财政研究	137	149	176	154.00	0.0537
36	财经科学	107	132	207	148.67	0.0518
37	财经理论与实践	119	145	176	146.67	0.0511
38	上海经济研究	120	150	165	145.00	0.0506
39	涉外税务	113	178	139	143.33	0.0500
40	保险研究	93	169	167	143.00	0.0499
41	审计研究	88	130	199	139.00	0.0485
42	中国金融	108	132	176	138.67	0.0483
43	经济师	119	137	154	136.67	0.0476

续表

排序	期刊名称	2004年（篇次）	2005年（篇次）	2006年（篇次）	三年平均（篇次）	归一化值
44	宏观经济研究	107	128	164	133.00	0.0464
45	当代经济研究	97	144	144	128.33	0.0447
46	国际贸易	113	134	128	125.00	0.0436
47	当代经济科学	103	118	152	124.33	0.0433
48	外国经济与管理	92	117	155	121.33	0.0423
48	中国经济史研究	61	151	152	121.33	0.0423
50	证券市场导报	84	136	140	120.00	0.0418
51	经济问题	90	116	151	119.00	0.0415
52	金融论坛	117	118	118	117.67	0.0410
53	中国土地科学	105	101	141	115.67	0.0403
54	中央财经大学学报	80	122	142	114.67	0.0400
54	经济问题探索	79	97	168	114.67	0.0400
56	生态经济	110	95	134	113.00	0.0394
57	经济纵横	68	95	138	100.33	0.0350
58	上海金融	74	117	109	100.00	0.0349
59	世界经济文汇	64	93	139	98.67	0.0344
59	财经	119	69	108	98.67	0.0344
61	农业技术经济	86	101	105	97.33	0.0339
61	生产力研究	65	100	127	97.33	0.0339
63	商业经济与管理	70	111	103	94.67	0.0330
64	桂林旅游高等专科学校学报：旅游论坛	62	85	133	93.33	0.0325
65	统计与决策	37	84	158	93.00	0.0324
66	经济体制改革	73	94	105	90.67	0.0316
67	城市问题	69	65	120	84.67	0.0295
68	林业经济	58	89	91	79.33	0.0277
69	国际经济合作	59	76	93	76.00	0.0265
70	农村经济	31	73	114	72.67	0.0253
71	现代经济探讨	48	69	99	72.00	0.0251
72	消费经济	53	60	97	70.00	0.0244

续表

排序	期刊名称	2004年（篇次）	2005年（篇次）	2006年（篇次）	三年平均（篇次）	归一化值
73	经济论坛	39	64	100	67.67	0.0236
74	现代财经——天津财经学院学报	65	56	77	66.00	0.0230
75	调研世界	57	53	87	65.67	0.0229
76	山西财经大学学报	63	40	91	64.67	0.0225
77	城市发展研究	68	48	77	64.33	0.0224
77	中国经济问题	65	73	55	64.33	0.0224
77	旅游科学	57	45	91	64.33	0.0224
80	中南财经政法大学学报	48	54	90	64.00	0.0223
81	财经论丛——浙江财经学院学报	41	75	74	63.33	0.0221
82	农业经济	58	55	76	63.00	0.0220
82	南方经济	55	63	71	63.00	0.0220
82	经济经纬——河南财经学院学报	46	44	99	63.00	0.0220
85	国际经贸探索	47	56	85	62.67	0.0218
86	投资研究	77	52	56	61.67	0.0215
87	金融理论与实践	51	56	76	61.00	0.0213
88	亚太经济	45	67	65	59.00	0.0206
89	规划师	53	47	67	55.67	0.0194
90	开发研究	43	49	73	55.00	0.0192
91	中国土地	52	61	50	54.33	0.0189
92	宏观经济管理	36	45	72	51.00	0.0178
93	华东经济管理	37	53	62	50.67	0.0177
94	现代城市研究	51	47	53	50.33	0.0175
94	中国社会经济史研究	28	66	57	50.33	0.0175
96	中国农史	25	67	58	50.00	0.0174
97	税务与经济——长春税务学院学报	41	50	54	48.33	0.0168
98	经济与管理研究	30	45	69	48.00	0.0167
99	中国改革	39	43	60	47.33	0.0165
100	中国经贸导刊	25	45	67	45.67	0.0159

续表

排序	期刊名称	2004年（篇次）	2005年（篇次）	2006年（篇次）	三年平均（篇次）	归一化值
101	中国流通经济	30	46	60	45.33	0.0158
102	中国注册会计师	48	42	44	44.67	0.0156
103	世界地理研究	41	43	49	44.33	0.0155
104	资源开发与市场	28	43	61	44.00	0.0153
104	价格理论与实践	19	38	75	44.00	0.0153
106	北京第二外国语学院学报	36	45	50	43.67	0.0152
107	世界经济与政治论坛	32	42	53	42.33	0.0148
108	国外城市规划	35	38	53	42.00	0.0146
109	银行家	24	48	53	41.67	0.0145
109	商业时代	19	46	60	41.67	0.0145
111	热带地理	34	41	48	41.00	0.0143
112	开放导报	34	42	45	40.33	0.0141
113	财贸研究	18	30	71	39.67	0.0138
114	技术经济与管理研究	23	42	53	39.33	0.0137
115	现代管理科学	18	37	58	37.67	0.0131
116	中国房地产	25	47	37	36.33	0.0127
117	干旱区地理	26	39	43	36.00	0.0126
118	上海财经大学学报	27	40	40	35.67	0.0124
119	江西财经大学学报	23	42	41	35.33	0.0123
120	工业技术经济	18	31	55	34.67	0.0121
121	浙江经济	26	49	28	34.33	0.0120
121	南方金融	16	32	55	34.33	0.0120
123	特区经济	16	25	61	34.00	0.0119
124	北方经贸	35	23	41	33.00	0.0115
124	金融与经济	18	39	42	33.00	0.0115
124	产业经济研究	16	32	51	33.00	0.0115
127	中国国情国力	34	31	33	32.67	0.0114
128	南京财经大学学报	27	39	31	32.33	0.0113
128	审计与经济研究	21	35	41	32.33	0.0113
128	经济与管理	19	31	47	32.33	0.0113

续表

排序	期刊名称	2004年（篇次）	2005年（篇次）	2006年（篇次）	三年平均（篇次）	归一化值
131	东北财经大学学报	26	25	45	32.00	0.0112
132	江苏商论	7	35	53	31.67	0.0110
133	改革与战略	18	26	49	31.00	0.0108
134	贵州财经学院学报	27	30	35	30.67	0.0107
135	兰州商学院学报	15	26	49	30.00	0.0105
135	运筹与管理	11	41	38	30.00	0.0105
137	上海会计	34	27	27	29.33	0.0102
138	现代日本经济	25	21	41	29.00	0.0101
139	中国外汇	28	22	36	28.67	0.0100
140	国土与自然资源研究	27	27	30	28.00	0.0098
140	云南财经大学学报	20	39	25	28.00	0.0098
142	对外经贸实务	23	35	25	27.67	0.0096
143	上海综合经济	22	36	24	27.33	0.0095
143	中国货币市场	21	31	30	27.33	0.0095
143	中国财政	19	32	31	27.33	0.0095
143	技术经济	17	29	36	27.33	0.0095
147	中国卫生经济	13	25	42	26.67	0.0093
148	金融教学与研究	14	39	26	26.33	0.0092
148	经济前沿	12	31	36	26.33	0.0092
150	广东金融学院学报	28	26	24	26.00	0.0091
151	中国房地产金融	22	30	25	25.67	0.0089
152	武汉金融	19	27	30	25.33	0.0088
153	资源与人居环境	25	24	26	25.00	0.0087
153	市场论坛	23	33	19	25.00	0.0087
153	河南金融管理干部学院学报	12	26	37	25.00	0.0087
156	经济要参	29	26	19	24.67	0.0086
156	山地学报	15	32	27	24.67	0.0086
158	中国投资	18	29	26	24.33	0.0085
158	山东经济	17	22	34	24.33	0.0085
160	统计与信息论坛	23	24	25	24.00	0.0084

续表

排序	期刊名称	2004年（篇次）	2005年（篇次）	2006年（篇次）	三年平均（篇次）	归一化值
160	上海保险	19	23	30	24.00	0.0084
162	经济导刊	20	23	28	23.67	0.0083
163	河北经贸大学学报	19	22	28	23.00	0.0080
164	中国审计	20	20	28	22.67	0.0079
164	决策	17	28	23	22.67	0.0079
166	城市开发	19	14	32	21.67	0.0076
166	国际石油经济	16	20	29	21.67	0.0076
166	小城镇建设	16	8	41	21.67	0.0076
166	价值工程	13	17	35	21.67	0.0076
170	山东财政学院学报	17	28	19	21.33	0.0074
171	首都经济贸易大学学报	11	22	30	21.00	0.0073
171	国际商务研究	13	22	28	21.00	0.0073
173	经济界	19	23	19	20.33	0.0071
174	俄罗斯中亚东欧市场	16	17	27	20.00	0.0070
175	城乡建设	25	23	10	19.33	0.0067
175	广东商学院学报	13	26	19	19.33	0.0067
175	国际商务——对外经济贸易大学学报	11	16	31	19.33	0.0067
178	全球科技经济瞭望	17	0	40	19.00	0.0066
179	东南亚纵横	11	16	25	17.33	0.0060
180	湖南商学院学报	14	15	22	17.00	0.0059
181	会计之友	7	17	25	16.33	0.0057

从表13-8可以看出，总体上经济学期刊在经济学学科的学术影响分布也基本符合布拉德福定律。排名前40位的期刊的学科被引数量为总数的65.8%。与总被引次数相比，《经济研究》、《管理世界》、《商业研究》和《中国工业经济》等期刊减少幅度较大，这从一个角度也说明了这些期刊的研究成果的影响不仅仅在经济学研究领域，在其他学科也产生着一定影响。

与总被引次数相比，在学科论文引用次数上，三年平均值排在前10位的期刊有了一些变化，《数量经济技术经济研究》退出了前10名，《经济地理》进入了前10名。位次上也有了一些变化：《金融研究》、《世界经济》、《旅游学刊》分别上升了

2—3位，《管理世界》、《中国工业经济》、《经济学动态》分别后退了2—3个位次。从2004—2006年的变化情况来看，本学科论文引用次数增加值较多的为《经济研究》和《管理世界》，分别增加763次和482次，说明这两个期刊在经济学学科内的影响力不断加大；在前40位中，增加幅度最大的是《世界经济研究》和《国际贸易问题》，增幅达180%和138%。

13.2.4 经济学期刊被引次数综合分析

期刊被引次数是反映期刊长期学术影响的重要指标，它包括总被引次数、他刊引用次数和学科引用次数三项指标。本评价体系对三个指标的权重分配为25%，50%，25%。表13-9给出了2004—2006年经济学期刊被引次数各指标的归一化值和综合值。综合值计算方法为：按照权重分配，将每一种期刊的总被引次数和学科引用次数的归一化值分别乘以0.25，他刊引用次数的归一化值乘以0.5，然后将这三个结果相加得到各期刊的被引次数综合值。表13-9按被引次数综合值从大到小排序。

表13-9　　　　　　　　　2004—2006年经济学期刊被引次数综合值

排序	期刊名称	总被引次数归一化值	他刊引用次数归一化值	学科引用次数归一化值	综合值
1	经济研究	1	1	1	1
2	管理世界	0.3158	0.3147	0.2824	0.3069
3	金融研究	0.2416	0.2288	0.3182	0.2544
4	中国工业经济	0.2616	0.2422	0.2004	0.2366
5	会计研究	0.2276	0.1895	0.2252	0.2080
6	世界经济	0.1949	0.1798	0.2320	0.1966
7	经济学动态	0.1636	0.1625	0.1635	0.1630
8	中国农村经济	0.1458	0.1391	0.1700	0.1485
9	旅游学刊	0.1508	0.1126	0.1941	0.1425
10	经济地理	0.1268	0.1093	0.1355	0.1202
11	数量经济技术经济研究	0.1195	0.1162	0.1240	0.1190
12	农业经济问题	0.1129	0.1031	0.1332	0.1131
13	财贸经济	0.1055	0.1038	0.1260	0.1098
14	统计研究	0.0964	0.0901	0.1022	0.0947
15	经济科学	0.0920	0.0938	0.0958	0.0939
16	改革	0.1012	0.0833	0.0945	0.0906
17	经济社会体制比较	0.0883	0.0927	0.0746	0.0871

续表

排序	期刊名称	总被引次数归一化值	他刊引用次数归一化值	学科引用次数归一化值	综合值
18	国际金融研究	0.0814	0.0802	0.1047	0.0866
19	财经研究	0.0803	0.0802	0.0850	0.0814
20	经济研究参考	0.0769	0.0819	0.0727	0.0784
21	经济学家	0.0771	0.0789	0.0761	0.0778
22	经济理论与经济管理	0.0803	0.0789	0.0703	0.0771
23	经济评论	0.0725	0.0688	0.0770	0.0718
24	外国经济与管理	0.0788	0.0815	0.0423	0.0710
25	财经问题研究	0.0685	0.0687	0.0709	0.0692
26	商业研究	0.0705	0.0752	0.0550	0.0690
27	税务研究	0.0727	0.0527	0.0920	0.0675
27	当代财经	0.0688	0.0679	0.0653	0.0675
29	国际贸易问题	0.0708	0.0571	0.0796	0.0662
30	南开经济研究	0.0636	0.0655	0.0695	0.0660
31	经济管理	0.0664	0.0672	0.0538	0.0637
32	经济师	0.0637	0.0679	0.0476	0.0618
33	中国农村观察	0.0605	0.0591	0.0587	0.0594
34	国际经济评论	0.0563	0.0581	0.0630	0.0589
35	世界经济研究	0.0593	0.0541	0.0659	0.0584
36	财经科学	0.0553	0.0565	0.0518	0.0550
37	上海经济研究	0.0519	0.0509	0.0506	0.0511
38	宏观经济研究	0.0471	0.0499	0.0464	0.0483
38	中国经济史研究	0.0577	0.0465	0.0423	0.0483
40	财政研究	0.0451	0.0462	0.0537	0.0478
41	地域研究与开发	0.0537	0.0379	0.0569	0.0466
42	财经理论与实践	0.0493	0.0392	0.0511	0.0447
43	当代经济研究	0.0448	0.0440	0.0447	0.0444
44	经济问题探索	0.0435	0.0463	0.0400	0.0440
45	当代经济科学	0.0420	0.0429	0.0433	0.0428
45	经济问题	0.0442	0.0427	0.0415	0.0428
47	中国金融	0.0373	0.0397	0.0483	0.0413

续表

排序	期刊名称	总被引次数归一化值	他刊引用次数归一化值	学科引用次数归一化值	综合值
48	证券市场导报	0.0398	0.0405	0.0418	0.0407
49	涉外税务	0.0404	0.0322	0.0500	0.0387
50	国际贸易	0.0390	0.0358	0.0436	0.0386
51	生态经济	0.0364	0.0388	0.0394	0.0384
52	生产力研究	0.0441	0.0376	0.0339	0.0383
53	审计研究	0.0419	0.0290	0.0485	0.0371
53	中央财经大学学报	0.0357	0.0363	0.0400	0.0371
55	经济体制改革	0.0381	0.0383	0.0316	0.0366
56	财经	0.0355	0.0378	0.0344	0.0364
57	经济纵横	0.0360	0.0365	0.0350	0.0360
58	统计与决策	0.0393	0.0356	0.0324	0.0357
59	保险研究	0.0398	0.0225	0.0499	0.0337
60	商业经济与管理	0.0343	0.0315	0.0330	0.0326
61	城市问题	0.0349	0.0311	0.0295	0.0317
62	中国土地科学	0.0333	0.0261	0.0403	0.0315
63	经济论坛	0.0325	0.0346	0.0236	0.0313
64	中国社会经济史研究	0.0363	0.0354	0.0175	0.0312
65	世界经济文汇	0.0293	0.0292	0.0344	0.0305
66	桂林旅游高等专科学校学报：旅游论坛	0.0262	0.0276	0.0325	0.0285
67	国际经济合作	0.0278	0.0296	0.0265	0.0284
68	金融论坛	0.0309	0.0201	0.0410	0.0280
68	上海金融	0.0278	0.0247	0.0349	0.0280
70	农业技术经济	0.0282	0.0244	0.0339	0.0277
71	规划师	0.0283	0.0302	0.0194	0.0270
72	农村经济	0.0258	0.0276	0.0253	0.0266
73	现代经济探讨	0.0258	0.0276	0.0251	0.0265
74	中国农史	0.0319	0.0283	0.0174	0.0265
75	山西财经大学学报	0.0291	0.0257	0.0225	0.0258
76	中南财经政法大学学报	0.0255	0.0266	0.0223	0.0253

续表

排序	期刊名称	总被引次数归一化值	他刊引用次数归一化值	学科引用次数归一化值	综合值
77	经济经纬——河南财经学院学报	0.0247	0.0264	0.0220	0.0249
78	华东经济管理	0.0260	0.0277	0.0177	0.0248
79	南方经济	0.0244	0.0260	0.0220	0.0246
80	国外城市规划	0.0255	0.0272	0.0146	0.0236
81	现代财经——天津财经学院学报	0.0225	0.0240	0.0230	0.0234
82	财经论丛——浙江财经学院学报	0.0224	0.0238	0.0221	0.0230
83	调研世界	0.0219	0.0233	0.0229	0.0229
84	城市发展研究	0.0243	0.0221	0.0224	0.0227
85	现代管理科学	0.0242	0.0258	0.0131	0.0222
86	林业经济	0.0220	0.0183	0.0277	0.0216
87	中国经济问题	0.0220	0.0208	0.0224	0.0215
88	中国改革	0.0219	0.0233	0.0165	0.0213
89	农业经济	0.0195	0.0208	0.0220	0.0208
89	国际经贸探索	0.0206	0.0204	0.0218	0.0208
91	投资研究	0.0197	0.0208	0.0215	0.0207
92	经济与管理研究	0.0212	0.0219	0.0167	0.0204
93	技术经济与管理研究	0.0211	0.0225	0.0137	0.0200
94	消费经济	0.0216	0.0157	0.0244	0.0194
95	亚太经济	0.0196	0.0185	0.0206	0.0193
96	现代城市研究	0.0188	0.0201	0.0175	0.0191
97	旅游科学	0.0171	0.0182	0.0224	0.0190
97	干旱区地理	0.0202	0.0215	0.0126	0.0190
99	中国流通经济	0.0210	0.0192	0.0158	0.0188
100	金融理论与实践	0.0169	0.0180	0.0213	0.0186
101	中国土地	0.0168	0.0179	0.0189	0.0179
102	开发研究	0.0192	0.0164	0.0192	0.0178
103	宏观经济管理	0.0168	0.0179	0.0178	0.0176
104	商业时代	0.0176	0.0188	0.0145	0.0174

续表

排序	期刊名称	总被引次数归一化值	他刊引用次数归一化值	学科引用次数归一化值	综合值
105	世界地理研究	0.0172	0.0183	0.0155	0.0173
106	中国经贸导刊	0.0166	0.0177	0.0159	0.0170
107	江西财经大学学报	0.0172	0.0183	0.0123	0.0165
108	世界经济与政治论坛	0.0182	0.0161	0.0148	0.0163
108	工业技术经济	0.0170	0.0181	0.0121	0.0163
110	税务与经济——长春税务学院学报	0.0149	0.0159	0.0168	0.0159
111	北京第二外国语学院学报	0.0152	0.0162	0.0152	0.0157
112	财贸研究	0.0153	0.0163	0.0138	0.0154
113	经济与管理	0.0157	0.0167	0.0113	0.0151
113	技术经济	0.0162	0.0173	0.0095	0.0151
115	中国注册会计师	0.0141	0.0150	0.0156	0.0149
116	开放导报	0.0142	0.0151	0.0141	0.0146
117	价格理论与实践	0.0134	0.0143	0.0153	0.0143
118	热带地理	0.0136	0.0145	0.0143	0.0142
118	中国国情国力	0.0146	0.0153	0.0114	0.0142
120	价值工程	0.0156	0.0166	0.0076	0.0141
121	资源开发与市场	0.0130	0.0138	0.0153	0.0140
122	改革与战略	0.0143	0.0153	0.0108	0.0139
123	特区经济	0.0136	0.0145	0.0119	0.0136
124	北方经贸	0.0135	0.0144	0.0115	0.0135
125	江苏商论	0.0134	0.0143	0.0110	0.0133
126	东北财经大学学报	0.0132	0.0141	0.0112	0.0132
126	运筹与管理	0.0135	0.0144	0.0105	0.0132
128	上海财经大学学报	0.0125	0.0132	0.0124	0.0128
129	银行家	0.0114	0.0121	0.0145	0.0125
130	浙江经济	0.0118	0.0126	0.0120	0.0123
130	兰州商学院学报	0.0123	0.0131	0.0105	0.0123
132	南京财经大学学报	0.0120	0.0128	0.0113	0.0122
132	山地学报	0.0129	0.0137	0.0086	0.0122

续表

排序	期刊名称	总被引次数归一化值	他刊引用次数归一化值	学科引用次数归一化值	综合值
132	东南亚纵横	0.0136	0.0145	0.0060	0.0122
135	贵州财经学院学报	0.0117	0.0125	0.0107	0.0119
136	全球科技经济瞭望	0.0129	0.0137	0.0066	0.0117
137	中国房地产	0.0105	0.0112	0.0127	0.0114
137	审计与经济研究	0.0109	0.0117	0.0113	0.0114
139	产业经济研究	0.0107	0.0114	0.0115	0.0113
140	中国卫生经济	0.0114	0.0121	0.0093	0.0112
141	上海会计	0.0106	0.0113	0.0102	0.0109
141	云南财经大学学报	0.0108	0.0115	0.0098	0.0109
143	市场论坛	0.0109	0.0117	0.0087	0.0108
144	上海综合经济	0.0106	0.0113	0.0095	0.0107
145	决策	0.0110	0.0117	0.0079	0.0106
146	国土与自然资源研究	0.0102	0.0108	0.0098	0.0104
147	金融与经济	0.0093	0.0099	0.0115	0.0102
148	南方金融	0.0091	0.0097	0.0120	0.0101
149	国际石油经济	0.0103	0.0109	0.0076	0.0099
150	统计与信息论坛	0.0098	0.0105	0.0084	0.0098
151	对外经贸实务	0.0093	0.0099	0.0096	0.0097
151	山东经济	0.0097	0.0103	0.0085	0.0097
153	河北经贸大学学报	0.0097	0.0103	0.0080	0.0096
154	经济前沿	0.0092	0.0098	0.0092	0.0095
154	中国投资	0.0094	0.0100	0.0085	0.0095
156	现代日本经济	0.0112	0.0080	0.0101	0.0093
157	经济要参	0.0090	0.0096	0.0086	0.0092
158	中国外汇	0.0085	0.0090	0.0100	0.0091
159	经济导刊	0.0087	0.0093	0.0083	0.0089
159	首都经济贸易大学学报	0.0090	0.0096	0.0073	0.0089
161	金融教学与研究	0.0082	0.0088	0.0092	0.0088
161	小城镇建设	0.0088	0.0094	0.0076	0.0088
163	河南金融管理干部学院学报	0.0081	0.0086	0.0087	0.0085

续表

排序	期刊名称	总被引次数归一化值	他刊引用次数归一化值	学科引用次数归一化值	综合值
164	中国财政	0.0077	0.0082	0.0095	0.0084
165	经济界	0.0081	0.0087	0.0071	0.0082
165	城乡建设	0.0083	0.0089	0.0067	0.0082
167	广东金融学院学报	0.0075	0.0079	0.0091	0.0081
167	资源与人居环境	0.0075	0.0080	0.0087	0.0081
167	上海保险	0.0076	0.0081	0.0084	0.0081
170	中国货币市场	0.0071	0.0076	0.0095	0.0080
170	中国审计	0.0077	0.0082	0.0079	0.0080
170	山东财政学院学报	0.0078	0.0083	0.0074	0.0080
170	国际商务研究	0.0079	0.0084	0.0073	0.0080
174	中国房地产金融	0.0072	0.0077	0.0089	0.0079
175	武汉金融	0.0071	0.0076	0.0088	0.0078
175	湖南商学院学报	0.0081	0.0086	0.0059	0.0078
175	会计之友	0.0081	0.0086	0.0057	0.0078
178	城市开发	0.0072	0.0077	0.0076	0.0076
178	广东商学院学报	0.0075	0.0080	0.0067	0.0076
180	俄罗斯中亚东欧市场	0.0072	0.0077	0.0070	0.0074
180	国际商务——对外经济贸易大学学报	0.0073	0.0078	0.0067	0.0074

从表 13-9 可以看出，《经济研究》以被引数量三项指标的最高分雄踞第 1 位，远远高于其他期刊，说明该期刊在经济学领域的绝对权威性和学术影响力。《管理世界》、《中国工业经济》、《金融研究》等期刊也在不同的研究领域和不同学术层面发挥了很大的作用。

三项指标的详细比较分析已经在前面三节给出，这里值得一提的是，2004—2006 年《经济研究》在期刊长期学术影响三项指标方面，每项都有较大幅度增长，且位居前列，说明此期刊的影响力仍在不断提升。

需要加以说明的是，此三项指标使用的都是绝对数值，指标数值容易受期刊创刊时间及期刊规模等因素的影响，因此，其他被引指标相对被引用次数而言，将是一个很好的补充和综合。

13.3 经济学期刊被引速率分析

即年指数是表征期刊即时反应速率的指标,主要描述期刊当年发表的论文在当年被引用的情况。[①] 此值越高,说明该刊的论文对本学科领域的热点关注度较高,因此论文被引用的速度较快。但是,由于文章从撰写到发表有一定的时滞,往往在半年以上甚至一年,即年指数作为评价指标已经不能体现它的原有含义。因此,本评价体系对即年指数这个指标进行了改进,引入了期刊被引速率这个指标,详细参见第1章。期刊被引速率也被分为三个下级指标:总被引速率、他刊引用速率和学科引用速率。

13.3.1 总被引速率

根据第1章对总被引速率的定义,期刊总被引速率是该刊当年论文和前一年论文在当年被引用总次数与该刊当年发表的和前一年发表的论文总数的比值。被引速率在即年指数的基础上进行扩展,更科学地反映了期刊对学科热点的关注程度和反应速度。表13-10给出了2004—2006年经济学期刊总被引速率和三年的平均值,然后取最大的平均值(《经济研究》的1.9257)作除数得到各期刊的总被引速率归一化值。本表按三年平均速率从大到小排序。

表13-10　　　　　　　　2004—2006年经济学期刊总被引速率

排序	期刊名称	2004年	2005年	2006年	三年平均	归一化值
1	经济研究	1.7835	1.9969	1.9967	1.9257	1
2	中国工业经济	0.8512	0.7769	0.7273	0.7851	0.4077
3	世界经济	0.7462	0.5061	0.5667	0.6063	0.3148
4	金融研究	0.5293	0.4601	0.6035	0.5310	0.2757
5	中国农村经济	0.4716	0.5361	0.4928	0.5002	0.2597
6	会计研究	0.5447	0.4818	0.4560	0.4942	0.2566
7	国际经济评论	0.5152	0.4753	0.4828	0.4911	0.2550
8	管理世界	0.4829	0.5099	0.4418	0.4782	0.2483
9	中国农村观察	0.5304	0.4248	0.2906	0.4153	0.2157
10	旅游学刊	0.5043	0.3134	0.2494	0.3557	0.1847

---

① 中国科技信息研究所、万方数据股份有限公司:《中国科技期刊引证报告2007版(扩刊版)》,科学技术出版社2007年版,第7页。

续表

排序	期刊名称	2004 年	2005 年	2006 年	三年平均	归一化值
11	经济科学	0.3547	0.3394	0.3571	0.3504	0.1820
12	农业经济问题	0.3651	0.2940	0.3484	0.3358	0.1744
13	改革	0.2609	0.2887	0.3712	0.3069	0.1594
14	国际金融研究	0.2714	0.3018	0.3462	0.3065	0.1592
15	财贸经济	0.2895	0.3129	0.2797	0.2940	0.1527
16	经济学动态	0.2603	0.3348	0.2861	0.2937	0.1525
17	财经研究	0.2320	0.2800	0.3151	0.2757	0.1432
18	经济社会体制比较	0.3695	0.2222	0.2082	0.2666	0.1384
19	世界经济文汇	0.3797	0.1900	0.2188	0.2628	0.1365
20	经济学家	0.2257	0.2710	0.2768	0.2578	0.1339
21	世界经济研究	0.1715	0.2707	0.3256	0.2559	0.1329
22	中国经济史研究	0.0571	0.3297	0.3575	0.2481	0.1288
23	外国经济与管理	0.1614	0.3134	0.2356	0.2368	0.1230
24	国际贸易问题	0.1547	0.2289	0.2597	0.2144	0.1113
25	经济理论与经济管理	0.2058	0.2312	0.2027	0.2132	0.1107
26	审计研究	0.1905	0.1822	0.2464	0.2064	0.1072
27	中国农史	0.0963	0.2794	0.2270	0.2009	0.1043
28	中国社会经济史研究	0.0177	0.2261	0.3571	0.2003	0.1040
29	经济评论	0.2159	0.2168	0.1493	0.1940	0.1007
30	南开经济研究	0.2318	0.1522	0.1913	0.1918	0.0996
31	金融论坛	0.1624	0.2452	0.1502	0.1859	0.0965
32	统计研究	0.1194	0.1800	0.2439	0.1811	0.0940
33	财经科学	0.1682	0.1289	0.2205	0.1725	0.0896
34	中国经济问题	0.1888	0.1553	0.1709	0.1717	0.0892
35	财经理论与实践	0.1877	0.1738	0.1498	0.1704	0.0885
36	数量经济技术经济研究	0.1027	0.2305	0.1752	0.1695	0.0880
37	旅游科学	0.2427	0.0876	0.1506	0.1603	0.0832
38	国际贸易	0.1700	0.1767	0.1242	0.1570	0.0815
39	当代经济科学	0.1674	0.1048	0.1841	0.1521	0.0790
40	税务研究	0.1421	0.1497	0.1558	0.1492	0.0775

续表

排序	期刊名称	2004 年	2005 年	2006 年	三年平均	归一化值
41	财经论丛——浙江财经学院学报	0.1453	0.1604	0.1176	0.1411	0.0733
42	财经问题研究	0.1375	0.1298	0.1521	0.1398	0.0726
43	经济地理	0.1311	0.1391	0.1469	0.1390	0.0722
44	宏观经济研究	0.0889	0.1580	0.1630	0.1366	0.0709
45	农业技术经济	0.1217	0.1444	0.1337	0.1333	0.0692
46	山西财经大学学报	0.1059	0.0549	0.2315	0.1308	0.0679
47	中国土地科学	0.1586	0.0993	0.1259	0.1279	0.0664
48	产业经济研究	0.1613	0.1048	0.1128	0.1263	0.0656
49	当代经济研究	0.1103	0.1490	0.1141	0.1245	0.0647
50	地域研究与开发	0.1342	0.1091	0.1228	0.1220	0.0634
51	上海经济研究	0.1423	0.0949	0.1020	0.1131	0.0587
52	世界经济与政治论坛	0.0714	0.1200	0.1383	0.1099	0.0571
53	国际经贸探索	0.0940	0.1021	0.1250	0.1070	0.0556
54	上海财经大学学报	0.0638	0.1428	0.1049	0.1038	0.0539
55	当代财经	0.1093	0.0869	0.1064	0.1009	0.0524
56	城市问题	0.0833	0.0628	0.1466	0.0976	0.0507
57	商业经济与管理	0.0797	0.0963	0.1117	0.0959	0.0498
58	保险研究	0.0901	0.1151	0.0819	0.0957	0.0497
59	消费经济	0.0533	0.0799	0.1527	0.0953	0.0495
60	中央财经大学学报	0.0872	0.1127	0.0808	0.0936	0.0486
61	财政研究	0.1066	0.0921	0.0797	0.0928	0.0482
62	证券市场导报	0.0868	0.0923	0.0930	0.0907	0.0471
63	城市发展研究	0.1050	0.0749	0.0886	0.0895	0.0465
64	国际经济合作	0.0625	0.0925	0.0988	0.0846	0.0439
65	经济管理	0.1104	0.0767	0.0608	0.0826	0.0429
66	上海金融	0.0749	0.0921	0.0792	0.0821	0.0426
67	经济体制改革	0.0875	0.0774	0.0717	0.0789	0.0410
68	现代日本经济	0.0608	0.0539	0.1205	0.0784	0.0407
69	中国流通经济	0.0838	0.0773	0.0686	0.0766	0.0398
70	经济与管理研究	0.0759	0.0627	0.0899	0.0762	0.0396

续表

排序	期刊名称	2004年	2005年	2006年	三年平均	归一化值
71	经济问题	0.0859	0.0725	0.0698	0.0761	0.0395
72	调研世界	0.0677	0.0587	0.1012	0.0759	0.0394
73	经济纵横	0.0577	0.0785	0.0899	0.0754	0.0392
74	中南财经政法大学学报	0.0690	0.0677	0.0799	0.0722	0.0375
75	审计与经济研究	0.0529	0.0806	0.0769	0.0701	0.0364
76	涉外税务	0.0649	0.0846	0.0596	0.0697	0.0362
77	广东金融学院学报	0.0571	0.0400	0.1078	0.0683	0.0355
78	亚太经济	0.0665	0.0599	0.0718	0.0661	0.0343
79	经济研究参考	0.0369	0.0504	0.1098	0.0657	0.0341
80	开发研究	0.0492	0.0518	0.0869	0.0626	0.0325
81	国外城市规划	0.0758	0.0448	0.0667	0.0624	0.0324
81	现代经济探讨	0.0343	0.0654	0.0872	0.0623	0.0324
83	中国金融	0.0579	0.0539	0.0702	0.0607	0.0315
84	投资研究	0.0759	0.0211	0.0792	0.0587	0.0305
85	经济问题探索	0.0251	0.0568	0.0879	0.0566	0.0294
86	贵州财经学院学报	0.0588	0.0595	0.0489	0.0557	0.0289
86	中国发展	0.0263	0.0424	0.0984	0.0557	0.0289
88	南方经济	0.0599	0.0472	0.0573	0.0548	0.0285
89	宏观经济管理	0.0443	0.0537	0.0646	0.0542	0.0281
89	江西财经大学学报	0.0475	0.0472	0.0674	0.0540	0.0280
91	开放导报	0.0436	0.0645	0.0495	0.0525	0.0273
92	桂林旅游高等专科学校学报：旅游论坛	0.0278	0.0455	0.0833	0.0522	0.0271
93	现代财经——天津财经学院学报	0.0379	0.0452	0.0729	0.0520	0.0270
94	首都经济贸易大学学报	0.0297	0.0779	0.0468	0.0515	0.0267
94	上海行政学院学报	0.0534	0.0588	0.0422	0.0515	0.0267
96	国际石油经济	0.0445	0.0419	0.0674	0.0513	0.0266
97	经济经纬——河南财经学院学报	0.0331	0.0530	0.0673	0.0511	0.0265
97	科技与经济	0.0406	0.0417	0.0707	0.0510	0.0265
97	财贸研究	0.0306	0.0446	0.0778	0.0510	0.0265

第13章 经济学

续表

排序	期刊名称	2004年	2005年	2006年	三年平均	归一化值
100	税务与经济——长春税务学院学报	0.0357	0.0594	0.0567	0.0506	0.0263
101	国际技术经济研究	0.0769	0.0548	0.0132	0.0483	0.0251
102	生态经济	0.0207	0.0520	0.0707	0.0478	0.0248
103	农村经济	0.0265	0.0443	0.0647	0.0452	0.0235
104	国际商务——对外经济贸易大学学报	0.0140	0.0233	0.0979	0.0451	0.0234
105	中国国情国力	0.0534	0.0391	0.0358	0.0428	0.0222
106	河北经贸大学学报	0.0370	0.0242	0.0625	0.0412	0.0214
107	俄罗斯中亚东欧市场	0.0290	0.0281	0.0593	0.0388	0.0201
108	金融教学与研究	0.0125	0.0694	0.0324	0.0381	0.0198
109	新金融	0.0334	0.0306	0.0500	0.0380	0.0197
110	财经	0.0382	0.0390	0.0341	0.0371	0.0193
111	中国改革	0.0239	0.0243	0.0599	0.0360	0.0187
112	兰州商学院学报	0.0244	0.0086	0.0744	0.0358	0.0186
113	世界贸易组织动态与研究：上海对外贸易学院学报	0.0337	0.0456	0.0243	0.0345	0.0179
114	山东财政学院学报	0.0328	0.0340	0.0325	0.0331	0.0172
115	资源开发与市场	0.0388	0.0322	0.0280	0.0330	0.0171
116	金融理论与实践	0.0331	0.0252	0.0394	0.0326	0.0169
117	中共浙江省委党校学报	0.0109	0.0405	0.0448	0.0321	0.0167
118	现代城市研究	0.0376	0.0366	0.0180	0.0307	0.0159
119	经济界	0.0294	0.0240	0.0377	0.0304	0.0158
120	对外经贸实务	0.0256	0.0466	0.0182	0.0301	0.0156
120	北京第二外国语学院学报	0.0379	0.0333	0.0189	0.0300	0.0156
122	南京财经大学学报	0.0301	0.0344	0.0244	0.0296	0.0154
123	世界地理研究	0.0303	0.0074	0.0507	0.0295	0.0153
124	东北财经大学学报	0.0298	0.0180	0.0396	0.0291	0.0151
124	经济与管理	0.0211	0.0274	0.0387	0.0291	0.0151
126	岭南学刊	0.0236	0.0468	0.0135	0.0280	0.0145
127	西安财经学院学报	0.0104	0.0387	0.0330	0.0274	0.0142

续表

排序	期刊名称	2004 年	2005 年	2006 年	三年平均	归一化值
127	新疆财经学院学报	0.0061	0.0276	0.0483	0.0273	0.0142
129	华东经济管理	0.0249	0.0201	0.0365	0.0272	0.0141
130	农业经济	0.0337	0.0137	0.0335	0.0270	0.0140
131	统计与信息论坛	0.0207	0.0283	0.0310	0.0267	0.0139
132	西伯利亚研究	0.0179	0.0394	0.0221	0.0265	0.0138
133	经济前沿	0.0198	0.0265	0.0327	0.0263	0.0137
134	中国农业资源与区划	0.0111	0.0339	0.0324	0.0258	0.0134
135	广东商学院学报	0.0120	0.0212	0.0415	0.0249	0.0129
136	河南金融管理干部学院学报	0.0153	0.0278	0.0310	0.0247	0.0128
137	中国房地产金融	0.0303	0.0241	0.0184	0.0243	0.0126
138	银行家	0.0089	0.0253	0.0328	0.0223	0.0116

从表 13-10 可以看出，《经济研究》仍然以绝对优势雄踞榜首，三年平均数高出第 2 位 2.5 倍。经济学期刊三年平均总被引速率明显分为四个层次：第一层次为《经济研究》，三年平均总被引速率在 1.9 以上；第二层次为排在第 2—55 位的期刊，三年平均总被引速率在 0.8—0.1 之间；第三层次为排在第 56—99 位的期刊，三年平均总被引速率在 0.1—0.05 之间；其余为第四层次，三年平均总被引速率在 0.05 以下。

从总被引速率变化可以看出，2004—2006 年，《经济研究》、《改革》、《世界经济研究》、《中国经济史研究》、《中国社会经济史研究》、《中国农史》、《山西财经大学学报》、《上海财经大学学报》和《消费经济》等期刊总被引速率呈逐年增加趋势，增幅明显，说明这些期刊在反映学科热点方面不断加强；《中国工业经济》、《世界经济》、《会计研究》、《中国农村经济》和《世界经济文汇》等 50 种期刊总被引速率逐年下降，值得这些期刊警觉。此外，《中国社会经济史研究》的总被引速率呈异常增多现象，这主要受个别论文引用该刊 2004 年和 2005 年论文次数异常增加的影响，说明期刊某个年份的被引速率突然增高可能具有一定的偶然性。

13.3.2 其他期刊引用速率

其他期刊引用速率（也称他刊引用速率）是指该刊当年论文和前一年论文在当年被其他期刊引用的次数与该刊当年发表的和前一年发表的论文总数的比值。将自引排除在外，为来源期刊与非来源期刊统计的公平性提供了良好的条件。表 13-11 给出了 2004—2006 年经济学期刊他刊引用速率统计。三年平均值由表中各年度数据进行平均计算得出，再用最大的平均值（《经济研究》的 1.7276）作分母求得每一种期刊该指标的归一化值。表 13-11 按三年平均速率从大到小排序。

表 13-11　　2004—2006 年经济学期刊他刊引用速率

排序	期刊名称	2004 年	2005 年	2006 年	三年平均	归一化值
1	经济研究	1.5739	1.8385	1.7705	1.7276	1
2	中国工业经济	0.6696	0.5231	0.5602	0.5843	0.3382
3	世界经济	0.6174	0.4211	0.5042	0.5142	0.2976
4	国际经济评论	0.5030	0.4630	0.4368	0.4676	0.2707
5	金融研究	0.4468	0.3803	0.5120	0.4464	0.2584
6	中国农村经济	0.4013	0.4674	0.4529	0.4405	0.2550
7	管理世界	0.4522	0.4539	0.3892	0.4318	0.2499
8	中国农村观察	0.4609	0.3982	0.2650	0.3747	0.2169
9	会计研究	0.3919	0.3504	0.3093	0.3505	0.2029
10	经济科学	0.3372	0.3152	0.3312	0.3279	0.1898
11	农业经济问题	0.3209	0.2477	0.2697	0.2794	0.1617
12	国际金融研究	0.2486	0.2683	0.3109	0.2759	0.1597
13	财贸经济	0.2522	0.2812	0.2505	0.2613	0.1513
14	经济社会体制比较	0.3399	0.2179	0.2045	0.2541	0.1471
15	经济学动态	0.2237	0.2763	0.2605	0.2535	0.1467
16	财经研究	0.2257	0.2462	0.2508	0.2409	0.1394
16	经济学家	0.2132	0.2548	0.2546	0.2409	0.1394
18	世界经济文汇	0.3038	0.1600	0.2188	0.2275	0.1317
19	旅游学刊	0.2543	0.2276	0.1415	0.2078	0.1203
20	世界经济研究	0.1425	0.2182	0.2558	0.2055	0.1190
21	外国经济与管理	0.1435	0.2719	0.1971	0.2042	0.1182
22	中国社会经济史研究	0.0088	0.2261	0.3571	0.1973	0.1142
23	改革	0.2292	0.1714	0.1634	0.1880	0.1088
24	南开经济研究	0.2227	0.1435	0.1913	0.1858	0.1075
25	中国农史	0.0815	0.2574	0.2128	0.1839	0.1064
26	经济理论与经济管理	0.1530	0.1766	0.1784	0.1693	0.0980
27	经济评论	0.1905	0.1713	0.1418	0.1679	0.0972
28	国际贸易问题	0.1178	0.1655	0.1996	0.1610	0.0932
29	财经科学	0.1622	0.1146	0.2026	0.1598	0.0925

续表

排序	期刊名称	2004年	2005年	2006年	三年平均	归一化值
30	统计研究	0.0917	0.1575	0.2129	0.1540	0.0891
31	数量经济技术经济研究	0.0913	0.2078	0.1402	0.1464	0.0847
32	中国经济问题	0.1469	0.1366	0.1519	0.1451	0.0840
33	当代经济科学	0.1586	0.1004	0.1757	0.1449	0.0839
34	国际贸易	0.1367	0.1667	0.1144	0.1393	0.0806
35	财经论丛——浙江财经学院学报	0.1341	0.1604	0.1176	0.1374	0.0795
36	宏观经济研究	0.0865	0.1580	0.1603	0.1349	0.0781
37	审计研究	0.1058	0.1308	0.1643	0.1336	0.0773
38	山西财经大学学报	0.1059	0.0549	0.2315	0.1308	0.0757
39	产业经济研究	0.1613	0.1048	0.1128	0.1263	0.0731
40	财经问题研究	0.1096	0.1253	0.1392	0.1247	0.0722
41	农业技术经济	0.0899	0.1390	0.1105	0.1131	0.0655
42	经济地理	0.1028	0.1103	0.1231	0.1121	0.0649
43	当代经济研究	0.0949	0.1288	0.1068	0.1102	0.0638
44	旅游科学	0.0874	0.0876	0.1506	0.1085	0.0628
45	上海财经大学学报	0.0638	0.1428	0.1049	0.1038	0.0601
46	上海经济研究	0.1317	0.0823	0.0878	0.1006	0.0582
47	税务研究	0.0893	0.1035	0.1057	0.0995	0.0576
48	财经理论与实践	0.1144	0.0976	0.0856	0.0992	0.0574
49	国际经贸探索	0.0897	0.0936	0.1116	0.0983	0.0569
50	财政研究	0.1048	0.0921	0.0797	0.0922	0.0534
51	证券市场导报	0.0868	0.0923	0.0930	0.0907	0.0525
52	当代财经	0.0980	0.0828	0.0881	0.0896	0.0519
53	中央财经大学学报	0.0826	0.1103	0.0739	0.0889	0.0515
54	国际经济合作	0.0625	0.0925	0.0988	0.0846	0.0490
55	金融论坛	0.0892	0.0843	0.0769	0.0835	0.0483
56	商业经济与管理	0.0714	0.0765	0.0917	0.0799	0.0462
57	世界经济与政治论坛	0.0414	0.0945	0.0957	0.0772	0.0447
58	调研世界	0.0677	0.0587	0.1012	0.0759	0.0439
59	经济与管理研究	0.0759	0.0598	0.0878	0.0745	0.0431

续表

排序	期刊名称	2004年	2005年	2006年	三年平均	归一化值
60	中国土地科学	0.0897	0.0728	0.0559	0.0728	0.0421
61	经济体制改革	0.0741	0.0734	0.0657	0.0711	0.0412
62	审计与经济研究	0.0529	0.0806	0.0769	0.0701	0.0406
62	中南财经政法大学学报	0.0658	0.0677	0.0767	0.0701	0.0406
64	经济纵横	0.0529	0.0766	0.0789	0.0695	0.0402
65	城市问题	0.0833	0.0628	0.0619	0.0693	0.0401
66	广东金融学院学报	0.0571	0.0400	0.1078	0.0683	0.0395
67	经济管理	0.0869	0.0660	0.0470	0.0666	0.0386
68	经济研究参考	0.0369	0.0504	0.1098	0.0657	0.0380
69	城市发展研究	0.0850	0.0529	0.0554	0.0644	0.0373
70	上海金融	0.0518	0.0737	0.0669	0.0641	0.0371
71	地域研究与开发	0.0415	0.0649	0.0848	0.0637	0.0369
72	中国经济史研究	0.0514	0.0595	0.0773	0.0627	0.0363
73	经济问题	0.0636	0.0609	0.0629	0.0625	0.0362
74	国外城市规划	0.0758	0.0448	0.0667	0.0624	0.0361
74	现代经济探讨	0.0343	0.0654	0.0872	0.0623	0.0361
76	中国金融	0.0579	0.0539	0.0702	0.0607	0.0351
77	中国流通经济	0.0628	0.0599	0.0564	0.0597	0.0346
78	经济问题探索	0.0251	0.0568	0.0879	0.0566	0.0328
79	投资研究	0.0724	0.0211	0.0755	0.0563	0.0326
80	消费经济	0.0328	0.0521	0.0838	0.0562	0.0325
80	亚太经济	0.0601	0.0509	0.0575	0.0562	0.0325
82	贵州财经学院学报	0.0588	0.0595	0.0489	0.0557	0.0322
82	中国发展	0.0263	0.0424	0.0984	0.0557	0.0322
84	南方经济	0.0599	0.0472	0.0573	0.0548	0.0317
85	宏观经济管理	0.0443	0.0537	0.0646	0.0542	0.0314
86	江西财经大学学报	0.0475	0.0472	0.0674	0.0540	0.0313
87	开放导报	0.0436	0.0645	0.0495	0.0525	0.0304
88	桂林旅游高等专科学校学报：旅游论坛	0.0278	0.0455	0.0833	0.0522	0.0302
89	现代财经——天津财经学院学报	0.0379	0.0452	0.0729	0.0520	0.0301
90	首都经济贸易大学学报	0.0297	0.0779	0.0468	0.0515	0.0298

续表

排序	期刊名称	2004 年	2005 年	2006 年	三年平均	归一化值
90	上海行政学院学报	0.0534	0.0588	0.0422	0.0515	0.0298
92	国际石油经济	0.0445	0.0419	0.0674	0.0513	0.0297
93	经济经纬——河南财经学院学报	0.0331	0.0530	0.0673	0.0511	0.0296
94	科技与经济	0.0406	0.0417	0.0707	0.0510	0.0295
94	财贸研究	0.0306	0.0446	0.0778	0.0510	0.0295
96	税务与经济——长春税务学院学报	0.0357	0.0594	0.0567	0.0506	0.0293
97	涉外税务	0.0573	0.0484	0.0397	0.0485	0.0281
98	国际技术经济研究	0.0769	0.0548	0.0132	0.0483	0.0280
99	生态经济	0.0190	0.0520	0.0707	0.0472	0.0273
100	现代日本经济	0.0270	0.0479	0.0663	0.0471	0.0273
101	农村经济	0.0265	0.0443	0.0647	0.0452	0.0262
101	国际商务——对外经济贸易大学学报	0.0140	0.0233	0.0979	0.0451	0.0262
103	中国国情国力	0.0534	0.0391	0.0358	0.0428	0.0248
104	河北经贸大学学报	0.0370	0.0242	0.0625	0.0412	0.0238
105	开发研究	0.0219	0.0360	0.0646	0.0408	0.0236
106	保险研究	0.0515	0.0389	0.0292	0.0399	0.0231
107	俄罗斯中亚东欧市场	0.0290	0.0281	0.0593	0.0388	0.0225
108	金融教学与研究	0.0125	0.0694	0.0324	0.0381	0.0221
109	新金融	0.0334	0.0306	0.0500	0.0380	0.0220
110	财经	0.0382	0.0390	0.0341	0.0371	0.0215
111	中国改革	0.0239	0.0243	0.0599	0.0360	0.0208
112	兰州商学院学报	0.0244	0.0086	0.0744	0.0358	0.0207
113	世界贸易组织动态与研究：上海对外贸易学院学报	0.0337	0.0456	0.0243	0.0345	0.0200
114	山东财政学院学报	0.0328	0.0340	0.0325	0.0331	0.0192
115	资源开发与市场	0.0388	0.0322	0.0280	0.0330	0.0191
116	金融理论与实践	0.0331	0.0252	0.0394	0.0326	0.0189
117	中共浙江省委党校学报	0.0109	0.0405	0.0448	0.0321	0.0186
118	现代城市研究	0.0376	0.0366	0.0180	0.0307	0.0178

续表

排序	期刊名称	2004年	2005年	2006年	三年平均	归一化值
119	经济界	0.0294	0.0240	0.0377	0.0304	0.0176
120	对外经贸实务	0.0256	0.0466	0.0182	0.0301	0.0174
120	北京第二外国语学院学报	0.0379	0.0333	0.0189	0.0300	0.0174
122	南京财经大学学报	0.0301	0.0344	0.0244	0.0296	0.0171
123	世界地理研究	0.0303	0.0074	0.0507	0.0295	0.0171
124	东北财经大学学报	0.0298	0.0180	0.0396	0.0291	0.0168
125	经济与管理	0.0211	0.0274	0.0387	0.0291	0.0168
126	岭南学刊	0.0236	0.0468	0.0135	0.0280	0.0162
127	西安财经学院学报	0.0104	0.0387	0.0330	0.0274	0.0159
127	新疆财经学院学报	0.0061	0.0276	0.0483	0.0273	0.0158
129	华东经济管理	0.0249	0.0201	0.0365	0.0272	0.0157
130	农业经济	0.0337	0.0137	0.0335	0.0270	0.0156
131	统计与信息论坛	0.0207	0.0283	0.0310	0.0267	0.0155
132	西伯利亚研究	0.0179	0.0394	0.0221	0.0265	0.0153
133	经济前沿	0.0198	0.0265	0.0327	0.0263	0.0152
134	中国农业资源与区划	0.0111	0.0339	0.0324	0.0258	0.0149
135	广东商学院学报	0.0120	0.0212	0.0415	0.0249	0.0144
136	河南金融管理干部学院学报	0.0153	0.0278	0.0310	0.0247	0.0143
137	中国房地产金融	0.0303	0.0241	0.0184	0.0243	0.0141
138	银行家	0.0089	0.0253	0.0328	0.0223	0.0129

从表 13-11 可以看出，排除了自引情况后，经济学期刊三年平均他刊引用速率依旧呈现四个层次：第一层次为《经济研究》，他刊引用速率略低于总被引速率，仍然在 1.77 以上；第二层次由他刊引用速率在 0.6—0.1 之间的 45 种期刊组成；第三层次他刊引用速率在 0.1—0.05 之间，包括《税务研究》等 49 种期刊；第四层次他刊引用速率在 0.05 以下。

2004—2006 年经济学期刊他刊引用速率变化情况与总被引速率变化情况相似。

13.3.3 本学科论文引用速率

本学科论文引用速率（也称学科引用速率）是指该刊当年论文和前一年论文在当年被本学科论文引用的次数与该刊当年发表的和前一年发表的论文总数的比值。学科引用速率主要用来反映期刊在本学科的学术反应速度。表 13-12 给出了 2004—2006 年经济学期刊学科引用速率统计。与表 13‑11 相同，也包括各年度的学科引用速率、三年平均引用速率和该指标的归一化值。表 13‑12 按三年平均速率从大到小排序。

表 13‑12　　　　　　2004—2006 年经济学期刊学科引用速率

排序	期刊名称	2004 年	2005 年	2006 年	三年平均	归一化值
1	经济研究	1.3986	1.7205	1.6230	1.5807	1
2	世界经济	0.6894	0.4696	0.5292	0.5627	0.3560
3	金融研究	0.5213	0.4507	0.5795	0.5172	0.3272
4	中国工业经济	0.5089	0.4282	0.3931	0.4434	0.2805
5	国际经济评论	0.4545	0.4259	0.4138	0.4314	0.2729
6	中国农村经济	0.4080	0.4777	0.3841	0.4233	0.2678
7	会计研究	0.4640	0.3333	0.3200	0.3724	0.2356
8	旅游学刊	0.4741	0.3060	0.2326	0.3376	0.2136
9	管理世界	0.3214	0.3563	0.3296	0.3358	0.2124
10	中国农村观察	0.4174	0.3363	0.2308	0.3282	0.2076
11	国际金融研究	0.2657	0.2957	0.3301	0.2972	0.1880
12	农业经济问题	0.3093	0.2685	0.2983	0.2920	0.1847
13	经济科学	0.2733	0.2485	0.2987	0.2735	0.1730
14	财贸经济	0.2434	0.2791	0.2610	0.2612	0.1652
15	改革	0.1858	0.2277	0.3020	0.2385	0.1509
16	财经研究	0.1818	0.2369	0.2765	0.2317	0.1466
17	经济学动态	0.1933	0.2675	0.2169	0.2259	0.1429
18	世界经济研究	0.1346	0.2238	0.3081	0.2222	0.1406
19	世界经济文汇	0.3291	0.1800	0.1563	0.2218	0.1403
20	中国经济史研究	0.0286	0.2973	0.3188	0.2149	0.1360
21	经济学家	0.1693	0.2194	0.1845	0.1911	0.1209
22	国际贸易问题	0.1316	0.1954	0.2297	0.1856	0.1174
23	审计研究	0.1640	0.1589	0.2319	0.1849	0.1170
23	金融论坛	0.1592	0.2452	0.1502	0.1849	0.1170
25	经济评论	0.1905	0.2028	0.1194	0.1709	0.1081
25	中国社会经济史研究	0	0.2000	0.3125	0.1708	0.1081
27	经济社会体制比较	0.2414	0.1581	0.1115	0.1703	0.1077
28	旅游科学	0.2427	0.0876	0.1446	0.1583	0.1001

续表

排序	期刊名称	2004年	2005年	2006年	三年平均	归一化值
29	南开经济研究	0.1864	0.1391	0.1475	0.1577	0.0998
30	经济理论与经济管理	0.1214	0.1870	0.1595	0.1560	0.0987
31	统计研究	0.0889	0.1400	0.2129	0.1473	0.0932
32	数量经济技术经济研究	0.0770	0.1914	0.1659	0.1448	0.0916
33	税务研究	0.1322	0.1329	0.1436	0.1362	0.0862
34	中国经济问题	0.1399	0.1366	0.1266	0.1344	0.0850
35	财经科学	0.1231	0.0974	0.1641	0.1282	0.0811
36	中国农史	0.0207	0.1972	0.1633	0.1271	0.0804
37	财经理论与实践	0.1290	0.1220	0.1254	0.1255	0.0794
38	国际贸易	0.1533	0.1367	0.0784	0.1228	0.0777
39	中国土地科学	0.1517	0.0927	0.1189	0.1211	0.0766
40	财经问题研究	0.1096	0.1119	0.1366	0.1194	0.0755
41	农业技术经济	0.1164	0.1123	0.1279	0.1189	0.0752
42	当代经济科学	0.1322	0.0873	0.1339	0.1178	0.0745
43	财经论丛——浙江财经学院学报	0.1061	0.1283	0.1127	0.1157	0.0732
44	经济地理	0.1131	0.1127	0.1188	0.1149	0.0727
45	地域研究与开发	0.1086	0.0973	0.0906	0.0988	0.0625
46	宏观经济研究	0.0769	0.1086	0.1087	0.0981	0.0621
47	当代经济研究	0.0897	0.1237	0.0752	0.0962	0.0609
48	山西财经大学学报	0.0706	0.0318	0.1667	0.0897	0.0567
49	产业经济研究	0.1210	0.0645	0.0827	0.0894	0.0566
50	财政研究	0.1048	0.0866	0.0729	0.0881	0.0557
51	上海经济研究	0.1246	0.0601	0.0765	0.0871	0.0551
52	外国经济与管理	0.0493	0.1106	0.1010	0.0870	0.0550
53	保险研究	0.0754	0.1135	0.0708	0.0866	0.0548
54	国际经贸探索	0.0684	0.0851	0.1027	0.0854	0.0540
55	消费经济	0.0492	0.0660	0.1347	0.0833	0.0527
56	上海财经大学学报	0.0638	0.1278	0.0559	0.0825	0.0522
57	中央财经大学学报	0.0711	0.0983	0.0600	0.0765	0.0484
58	当代财经	0.0729	0.0703	0.0821	0.0751	0.0475

续表

排序	期刊名称	2004 年	2005 年	2006 年	三年平均	归一化值
59	上海金融	0.0691	0.0847	0.0687	0.0742	0.0469
60	世界经济与政治论坛	0.0564	0.0945	0.0709	0.0739	0.0468
61	证券市场导报	0.0689	0.0708	0.0731	0.0709	0.0449
62	城市问题	0.0583	0.0502	0.0912	0.0666	0.0421
63	商业经济与管理	0.0549	0.0708	0.0716	0.0658	0.0416
64	涉外税务	0.0630	0.0812	0.0530	0.0657	0.0416
65	国际经济合作	0.0475	0.0750	0.0699	0.0641	0.0406
66	广东金融学院学报	0.0524	0.0343	0.1018	0.0628	0.0397
67	调研世界	0.0502	0.0564	0.0815	0.0627	0.0397
68	经济纵横	0.0481	0.0636	0.0757	0.0625	0.0395
69	中国金融	0.0571	0.0516	0.0661	0.0583	0.0369
70	城市发展研究	0.0750	0.0352	0.0590	0.0564	0.0357
71	经济问题	0.0668	0.0449	0.0561	0.0559	0.0354
72	经济与管理研究	0.0422	0.0484	0.0707	0.0538	0.0340
73	审计与经济研究	0.0337	0.0565	0.0699	0.0534	0.0338
74	经济体制改革	0.0589	0.0536	0.0458	0.0528	0.0334
75	亚太经济	0.0601	0.0449	0.0517	0.0522	0.0330
76	经济管理	0.0992	0.0394	0.0160	0.0515	0.0326
77	中南财经政法大学学报	0.0502	0.0484	0.0543	0.0510	0.0323
78	开发研究	0.0464	0.0428	0.0601	0.0498	0.0315
79	经济研究参考	0.0264	0.0362	0.0824	0.0483	0.0306
80	桂林旅游高等专科学校学报：旅游论坛	0.0278	0.0455	0.0710	0.0481	0.0304
81	现代经济探讨	0.0222	0.0549	0.0629	0.0467	0.0295
82	现代日本经济	0.0473	0.0180	0.0723	0.0459	0.0290
83	投资研究	0.0552	0.0211	0.0604	0.0456	0.0288
83	中国流通经济	0.0524	0.0374	0.0466	0.0455	0.0288
85	宏观经济管理	0.0385	0.0444	0.0504	0.0444	0.0281
86	贵州财经学院学报	0.0392	0.0516	0.0376	0.0428	0.0271
87	税务与经济——长春税务学院学报	0.0250	0.0490	0.0500	0.0413	0.0261

续表

排序	期刊名称	2004 年	2005 年	2006 年	三年平均	归一化值
88	国际商务——对外经济贸易大学学报	0.0070	0.0233	0.0894	0.0399	0.0252
89	经济问题探索	0.0160	0.0389	0.0624	0.0391	0.0247
90	生态经济	0.0207	0.0362	0.0598	0.0389	0.0246
91	开放导报	0.0390	0.0461	0.0301	0.0384	0.0243
92	南方经济	0.0423	0.0337	0.0390	0.0383	0.0242
93	财贸研究	0.0214	0.0297	0.0593	0.0368	0.0233
94	新金融	0.0274	0.0306	0.0500	0.0360	0.0228
95	国外城市规划	0.0606	0.0090	0.0356	0.0351	0.0222
96	河北经贸大学学报	0.0324	0.0145	0.0577	0.0349	0.0221
97	国际技术经济研究	0.0615	0.0411	0	0.0342	0.0216
97	经济经纬——河南财经学院学报	0.0234	0.0300	0.0491	0.0342	0.0216
99	俄罗斯中亚东欧市场	0.0258	0.0281	0.0471	0.0337	0.0213
100	江西财经大学学报	0.0275	0.0367	0.0365	0.0336	0.0213
101	中国发展	0	0.0339	0.0656	0.0332	0.0210
102	现代财经——天津财经学院学报	0.0253	0.0262	0.0433	0.0316	0.0200
103	金融理论与实践	0.0331	0.0252	0.0358	0.0314	0.0199
104	资源开发与市场	0.0328	0.0322	0.0280	0.0310	0.0196
105	兰州商学院学报	0.0163	0.0086	0.0655	0.0301	0.0190
106	国际石油经济	0.0141	0.0240	0.0518	0.0300	0.0190
107	金融教学与研究	0.0125	0.0521	0.0252	0.0299	0.0189
108	农村经济	0.0212	0.0273	0.0396	0.0294	0.0186
108	首都经济贸易大学学报	0.0149	0.0519	0.0213	0.0294	0.0186
110	北京第二外国语学院学报	0.0340	0.0331	0.0188	0.0286	0.0181
111	山东财政学院学报	0.0255	0.0302	0.0285	0.0281	0.0178
112	中国国情国力	0.0313	0.0298	0.0226	0.0279	0.0177
113	南京财经大学学报	0.0268	0.0344	0.0213	0.0275	0.0174
114	对外经贸实务	0.0179	0.0420	0.0162	0.0254	0.0161
115	科技与经济	0.0203	0.0156	0.0354	0.0238	0.0151
116	农业经济	0.0253	0.0125	0.0303	0.0227	0.0144

续表

排序	期刊名称	2004 年	2005 年	2006 年	三年平均	归一化值
117	经济前沿	0.0154	0.0217	0.0304	0.0225	0.0142
118	河南金融管理干部学院学报	0.0115	0.0258	0.0288	0.0220	0.0139
118	财经	0.0225	0.0214	0.0220	0.0220	0.0139
120	中国房地产金融	0.0248	0.0241	0.0158	0.0216	0.0137
121	西安财经学院学报	0.0035	0.0352	0.0256	0.0214	0.0135
121	银行家	0.0080	0.0234	0.0328	0.0214	0.0135
123	世界贸易组织动态与研究：上海对外贸易学院学报	0.0236	0.0228	0.0162	0.0209	0.0132
124	中国改革	0.0131	0.0121	0.0349	0.0200	0.0127
125	现代城市研究	0.0318	0.0244	0.0030	0.0197	0.0125
126	经济界	0.0196	0.0205	0.0167	0.0189	0.0120
127	中国农业资源与区划	0.0111	0.0113	0.0324	0.0183	0.0116
128	西伯利亚研究	0.0119	0.0243	0.0183	0.0182	0.0115
129	经济与管理	0.0136	0.0149	0.0253	0.0179	0.0113
130	岭南学刊	0.0135	0.0301	0.0067	0.0168	0.0106
131	广东商学院学报	0.0080	0.0212	0.0207	0.0166	0.0105
132	东北财经大学学报	0.0119	0.0120	0.0244	0.0161	0.0102
132	新疆财经学院学报	0.0000	0.0138	0.0345	0.0161	0.0102
134	上海行政学院学报	0.0149	0.0186	0.0117	0.0151	0.0096
135	中共浙江省委党校学报	0.0073	0.0135	0.0241	0.0150	0.0095
135	世界地理研究	0.0303	0.0074	0.0072	0.0150	0.0095
137	统计与信息论坛	0.0166	0.0138	0.0135	0.0146	0.0092
138	华东经济管理	0.0125	0.0101	0.0207	0.0144	0.0091

从表 13-12 可以看出，经济学期刊在学科引用速率方面呈现出的特点与上述两个指标相似，没有太大的变化。

将学科引用速率与总被引速率作比较可以发现，那些学科相对较窄的期刊（如《中国土地科学》、《地域研究与开发》、《保险研究》和《涉外税务》等）在此项指标的排位上都有了较大幅度的上升，说明了这些期刊的学科性很强，文章有较高的研究专指度。这一指标的变化，使我们对各种指标评价期刊又有了进一步的认识，其他被引方面的指标对学科综合期刊有很大的优势，而学科引用指标则对小学科期刊有着更多的倾向性。因此，不同指标的综合运用对均衡各指标带来的评价偏差有极大的帮助。

13.3.4 经济学期刊被引速率综合分析

期刊被引速率是反映期刊学术影响速度的重要指标，它包括总被引速率、他刊引用速率和学科引用速率三项指标。与期刊被引次数类似，各指标的权重分别为25%，50%，25%。表13-13给出了2004—2006年经济学期刊被引速率综合值计算。其方法与期刊被引次数综合值的计算完全相同，可以参见表13-9前的解释。表13-13按被引速率综合值从大到小排序。

表13-13　　　　　　　2004—2006年经济学期刊被引速率综合值

排序	期刊名称	总被引速率归一化值	他刊引用速率归一化值	学科引用速率归一化值	综合值
1	经济研究	1	1	1	1
2	中国工业经济	0.4077	0.3382	0.2805	0.3412
3	世界经济	0.3148	0.2976	0.3560	0.3165
4	金融研究	0.2757	0.2584	0.3272	0.2799
5	国际经济评论	0.2550	0.2707	0.2729	0.2673
6	中国农村经济	0.2597	0.2550	0.2678	0.2594
7	管理世界	0.2483	0.2499	0.2124	0.2401
8	会计研究	0.2566	0.2029	0.2356	0.2245
9	中国农村观察	0.2157	0.2169	0.2076	0.2143
10	经济科学	0.1820	0.1898	0.1730	0.1837
11	农业经济问题	0.1744	0.1617	0.1847	0.1706
12	国际金融研究	0.1592	0.1597	0.1880	0.1667
13	旅游学刊	0.1847	0.1203	0.2136	0.1597
14	财贸经济	0.1527	0.1513	0.1652	0.1551
15	经济学动态	0.1525	0.1467	0.1429	0.1472
16	财经研究	0.1432	0.1394	0.1466	0.1422
17	世界经济文汇	0.1365	0.1317	0.1403	0.1351
17	经济社会体制比较	0.1384	0.1471	0.1077	0.1351
19	经济学家	0.1339	0.1394	0.1209	0.1334
20	改革	0.1594	0.1088	0.1509	0.1320

续表

排序	期刊名称	总被引速率归一化值	他刊引用速率归一化值	学科引用速率归一化值	综合值
21	世界经济研究	0.1329	0.1190	0.1406	0.1279
22	中国社会经济史研究	0.1040	0.1142	0.1081	0.1101
23	国际贸易问题	0.1113	0.0932	0.1174	0.1038
24	南开经济研究	0.0996	0.1075	0.0998	0.1036
24	外国经济与管理	0.1230	0.1182	0.0550	0.1036
26	经济理论与经济管理	0.1107	0.0980	0.0987	0.1014
27	经济评论	0.1007	0.0972	0.1081	0.1008
28	中国农史	0.1043	0.1064	0.0804	0.0994
29	审计研究	0.1072	0.0773	0.1170	0.0947
30	统计研究	0.0940	0.0891	0.0932	0.0914
31	财经科学	0.0896	0.0925	0.0811	0.0889
32	数量经济技术经济研究	0.0880	0.0847	0.0916	0.0873
33	中国经济问题	0.0892	0.0840	0.0850	0.0856
34	中国经济史研究	0.1288	0.0363	0.1360	0.0844
35	当代经济科学	0.0790	0.0839	0.0745	0.0803
36	国际贸易	0.0815	0.0806	0.0777	0.0801
37	金融论坛	0.0965	0.0483	0.1170	0.0775
38	旅游科学	0.0832	0.0628	0.1001	0.0772
39	财经论丛——浙江财经学院学报	0.0733	0.0795	0.0732	0.0764
40	财经问题研究	0.0726	0.0722	0.0755	0.0731
41	宏观经济研究	0.0709	0.0781	0.0621	0.0723
42	财经理论与实践	0.0885	0.0574	0.0794	0.0707
43	税务研究	0.0775	0.0576	0.0862	0.0697
44	山西财经大学学报	0.0679	0.0757	0.0567	0.0690
45	农业技术经济	0.0692	0.0655	0.0752	0.0689
46	经济地理	0.0722	0.0649	0.0727	0.0687
47	产业经济研究	0.0656	0.0731	0.0566	0.0671
48	当代经济研究	0.0647	0.0638	0.0609	0.0633
49	上海经济研究	0.0587	0.0582	0.0551	0.0576

续表

排序	期刊名称	总被引速率归一化值	他刊引用速率归一化值	学科引用速率归一化值	综合值
50	中国土地科学	0.0664	0.0421	0.0766	0.0568
51	上海财经大学学报	0.0539	0.0601	0.0522	0.0566
52	国际经贸探索	0.0556	0.0569	0.0540	0.0559
53	财政研究	0.0482	0.0534	0.0557	0.0527
54	当代财经	0.0524	0.0519	0.0475	0.0509
55	中央财经大学学报	0.0486	0.0515	0.0484	0.0500
56	地域研究与开发	0.0634	0.0369	0.0625	0.0499
57	证券市场导报	0.0471	0.0525	0.0449	0.0493
58	世界经济与政治论坛	0.0571	0.0447	0.0468	0.0483
59	商业经济与管理	0.0498	0.0462	0.0416	0.0460
60	国际经济合作	0.0439	0.0490	0.0406	0.0456
61	城市问题	0.0507	0.0401	0.0421	0.0433
62	消费经济	0.0495	0.0325	0.0527	0.0418
63	调研世界	0.0394	0.0439	0.0397	0.0417
64	上海金融	0.0426	0.0371	0.0469	0.0409
65	经济与管理研究	0.0396	0.0431	0.0340	0.0400
66	经济纵横	0.0392	0.0402	0.0395	0.0398
67	城市发展研究	0.0465	0.0373	0.0357	0.0392
67	经济体制改革	0.0410	0.0412	0.0334	0.0392
69	广东金融学院学报	0.0355	0.0395	0.0397	0.0386
70	经济管理	0.0429	0.0386	0.0326	0.0382
71	审计与经济研究	0.0364	0.0406	0.0338	0.0379
72	中南财经政法大学学报	0.0375	0.0406	0.0323	0.0378
73	保险研究	0.0497	0.0231	0.0548	0.0377
74	经济问题	0.0395	0.0362	0.0354	0.0368
75	经济研究参考	0.0341	0.0380	0.0306	0.0352
76	中国金融	0.0315	0.0351	0.0369	0.0347
77	中国流通经济	0.0398	0.0346	0.0288	0.0345
78	涉外税务	0.0362	0.0281	0.0416	0.0335

续表

排序	期刊名称	总被引速率归一化值	他刊引用速率归一化值	学科引用速率归一化值	综合值
78	现代经济探讨	0.0324	0.0361	0.0295	0.0335
80	亚太经济	0.0343	0.0325	0.0330	0.0331
81	国外城市规划	0.0324	0.0361	0.0222	0.0317
82	现代日本经济	0.0407	0.0273	0.0290	0.0311
82	投资研究	0.0305	0.0326	0.0288	0.0311
84	贵州财经学院学报	0.0289	0.0322	0.0271	0.0301
85	经济问题探索	0.0294	0.0328	0.0247	0.0299
86	宏观经济管理	0.0281	0.0314	0.0281	0.0298
87	桂林旅游高等专科学校学报：旅游论坛	0.0271	0.0302	0.0304	0.0295
88	南方经济	0.0285	0.0317	0.0242	0.0290
89	中国发展	0.0289	0.0322	0.0210	0.0286
90	开放导报	0.0273	0.0304	0.0243	0.0281
91	江西财经大学学报	0.0280	0.0313	0.0213	0.0280
92	开发研究	0.0325	0.0236	0.0315	0.0278
92	税务与经济——长春税务学院学报	0.0263	0.0293	0.0261	0.0278
94	财贸研究	0.0265	0.0295	0.0233	0.0272
95	经济经纬——河南财经学院学报	0.0265	0.0296	0.0216	0.0268
95	现代财经——天津财经学院学报	0.0270	0.0301	0.0200	0.0268
97	国际石油经济	0.0266	0.0297	0.0190	0.0263
98	首都经济贸易大学学报	0.0267	0.0298	0.0186	0.0262
99	生态经济	0.0248	0.0273	0.0246	0.0260
100	国际技术经济研究	0.0251	0.0280	0.0216	0.0257
101	国际商务——对外经济贸易大学学报	0.0234	0.0261	0.0252	0.0252
101	科技与经济	0.0265	0.0295	0.0151	0.0252
103	上海行政学院学报	0.0267	0.0298	0.0096	0.0240
104	农村经济	0.0235	0.0262	0.0186	0.0236
105	河北经贸大学学报	0.0214	0.0238	0.0221	0.0228

续表

排序	期刊名称	总被引速率归一化值	他刊引用速率归一化值	学科引用速率归一化值	综合值
106	中国国情国力	0.0222	0.0248	0.0177	0.0224
108	俄罗斯中亚东欧市场	0.0201	0.0225	0.0213	0.0216
108	新金融	0.0197	0.0220	0.0228	0.0216
109	金融教学与研究	0.0198	0.0221	0.0189	0.0207
110	兰州商学院学报	0.0186	0.0207	0.0190	0.0198
111	财经	0.0193	0.0215	0.0139	0.0191
112	金融理论与实践	0.0169	0.0189	0.0199	0.0187
112	资源开发与市场	0.0171	0.0191	0.0196	0.0187
114	山东财政学院学报	0.0172	0.0192	0.0178	0.0184
115	中国改革	0.0187	0.0208	0.0127	0.0183
116	世界贸易组织动态与研究：上海对外贸易学院学报	0.0179	0.0200	0.0132	0.0178
117	北京第二外国语学院学报	0.0156	0.0174	0.0181	0.0171
118	南京财经大学学报	0.0154	0.0171	0.0174	0.0168
119	对外经贸实务	0.0156	0.0174	0.0161	0.0166
120	现代城市研究	0.0159	0.0178	0.0125	0.0160
121	中共浙江省委党校学报	0.0167	0.0186	0.0095	0.0159
122	经济界	0.0158	0.0176	0.0120	0.0158
123	经济与管理	0.0151	0.0168	0.0113	0.0150
124	农业经济	0.0140	0.0156	0.0144	0.0149
124	西安财经学院学报	0.0142	0.0159	0.0135	0.0149
126	世界地理研究	0.0153	0.0171	0.0095	0.0148
127	东北财经大学学报	0.0151	0.0168	0.0102	0.0147
128	经济前沿	0.0137	0.0152	0.0142	0.0146
129	岭南学刊	0.0145	0.0162	0.0106	0.0144
130	新疆财经学院学报	0.0142	0.0158	0.0102	0.0140
130	西伯利亚研究	0.0138	0.0153	0.0115	0.0140
132	河南金融管理干部学院学报	0.0128	0.0143	0.0139	0.0138
133	中国农业资源与区划	0.0134	0.0149	0.0116	0.0137

续表

排序	期刊名称	总被引速率归一化值	他刊引用速率归一化值	学科引用速率归一化值	综合值
133	华东经济管理	0.0141	0.0157	0.0091	0.0137
135	中国房地产金融	0.0126	0.0141	0.0137	0.0136
136	统计与信息论坛	0.0139	0.0155	0.0092	0.0135
137	广东商学院学报	0.0129	0.0144	0.0105	0.0131
138	银行家	0.0116	0.0129	0.0135	0.0127

从表 13－13 可以看出，经济学期刊在被引速率这一指标上分布层次明显：《经济研究》位居第一层次，其综合值为 1；被引速率综合值在 0.4—0.05 之间的 54 种期刊为第二层次；综合值在 0.05—0.02 之间为第三层次；其余为第四层次。

在期刊被引速率方面，《经济研究》优势明显，被引速率中的三项指标均高居榜首，表明《经济研究》在学术影响速率方面是当之无愧的经济学期刊的领头羊，并显示出越来越大的强势。此外，《中国工业经济》和《世界经济》在学术影响速率方面也有着良好的表现。

13.4 经济学期刊影响因子分析

期刊的被引次数反映了期刊的绝对影响，而期刊的相对影响则是通过影响因子反映出来的。影响因子的实质是在一定的统计时间范围内期刊发表论文的平均被引用率。[①] 一般来说，期刊影响因子越大，说明该期刊的论文平均学术影响和助研作用也越大。因此，影响因子与期刊被引次数是一个很好的互补。与前两个指标一样，影响因子指标也被细分成了三个下级指标：一般影响因子、他引影响因子、学科影响因子。

13.4.1 一般影响因子

本评价体系的影响因子的计算方法是该刊前第 2、3 年发表论文在统计当年被引用的总次数与该刊前第 2、3 年发表论文总数的比值。它反映了期刊的相对影响和重要程度。表 13－14 给出了 2004—2006 年经济学期刊一般影响因子、三年的平均值和这一指标的归一化值。本表按三年平均值从大到小排序。

---

① 刘勇：“论用期刊影响因子评价论文作者的逻辑前提与局限性”，《编辑学报》2007 年第 2 期。

表 13-14　　　　　　　　　　2004—2006 年经济学期刊一般影响因子

排序	期刊名称	2004 年	2005 年	2006 年	三年平均	归一化值
1	经济研究	3.7911	3.9071	3.9244	3.8742	1
2	中国工业经济	1.2071	1.4519	1.5952	1.4181	0.3660
3	世界经济	0.8290	1.2153	1.4318	1.1587	0.2991
4	会计研究	1.1630	0.9893	1.1182	1.0902	0.2814
5	管理世界	0.8068	0.8959	1.1928	0.9652	0.2491
6	金融研究	0.9337	0.8930	1.0027	0.9431	0.2434
7	旅游学刊	0.9028	0.8398	0.9009	0.8812	0.2275
8	经济科学	0.6630	0.6667	0.8547	0.7281	0.1879
9	中国农村经济	0.6182	0.7072	0.7023	0.6759	0.1745
10	中国农村观察	0.4127	0.7179	0.8000	0.6435	0.1661
11	经济社会体制比较	0.6536	0.6915	0.4384	0.5945	0.1535
12	外国经济与管理	0.5708	0.5070	0.6188	0.5655	0.1460
13	世界经济文汇	0.2118	0.6477	0.7848	0.5481	0.1415
14	国际经济评论	0.4457	0.6168	0.5515	0.5380	0.1389
15	南开经济研究	0.3990	0.5333	0.5318	0.4880	0.1260
16	审计研究	0.2389	0.4601	0.6508	0.4499	0.1161
17	改革	0.3147	0.4137	0.5850	0.4378	0.1130
18	财经研究	0.4253	0.3831	0.4890	0.4325	0.1116
19	经济地理	0.3524	0.4164	0.5064	0.4251	0.1097
20	经济学动态	0.3830	0.4586	0.3775	0.4064	0.1049
21	农业经济问题	0.3030	0.4710	0.4233	0.3991	0.1030
22	经济理论与经济管理	0.4221	0.3792	0.3536	0.3850	0.0994
23	财贸经济	0.2989	0.3706	0.4561	0.3752	0.0968
24	统计研究	0.3492	0.3325	0.4361	0.3726	0.0962
25	国际金融研究	0.2427	0.4411	0.3543	0.3460	0.0893
26	经济评论	0.3333	0.4043	0.2921	0.3432	0.0886
27	产业经济研究	0.1818	0.4127	0.3871	0.3272	0.0845
28	世界经济研究	0.2207	0.3322	0.4116	0.3215	0.0830
29	地域研究与开发	0.3784	0.2700	0.3131	0.3205	0.0827
30	上海经济研究	0.3289	0.3887	0.2384	0.3187	0.0823
31	中国土地科学	0.2901	0.2791	0.3793	0.3162	0.0816

续表

排序	期刊名称	2004 年	2005 年	2006 年	三年平均	归一化值
32	经济学家	0.2524	0.2857	0.3699	0.3027	0.0781
33	财经科学	0.2145	0.2716	0.3063	0.2641	0.0682
34	数量经济技术经济研究	0.1538	0.2032	0.4308	0.2626	0.0678
35	当代经济科学	0.2400	0.2740	0.2599	0.2580	0.0666
36	中国经济史研究	0.2787	0.2917	0.1943	0.2549	0.0658
37	财经问题研究	0.2218	0.2327	0.2430	0.2325	0.0600
38	国际贸易问题	0.1690	0.1988	0.3141	0.2273	0.0587
39	财经理论与实践	0.1670	0.2324	0.2698	0.2231	0.0576
40	财经论丛——浙江财经学院学报	0.1154	0.2692	0.2737	0.2194	0.0566
41	国外城市规划	0.2238	0.2245	0.1919	0.2134	0.0551
42	宏观经济研究	0.2182	0.2068	0.2115	0.2122	0.0548
43	当代财经	0.2041	0.1744	0.2286	0.2024	0.0522
44	中国经济问题	0.2446	0.2015	0.1608	0.2023	0.0522
45	世界地理研究	0.2336	0.2030	0.1591	0.1986	0.0513
46	农业技术经济	0.1604	0.2077	0.2275	0.1985	0.0512
47	旅游科学	0.1942	0.0500	0.3398	0.1947	0.0503
48	国际贸易	0.1477	0.2131	0.2200	0.1936	0.0500
49	税务研究	0.1556	0.1923	0.2264	0.1914	0.0494
50	证券市场导报	0.1684	0.2404	0.1497	0.1862	0.0481
51	上海财经大学学报	0.1624	0.1575	0.2340	0.1846	0.0476
52	当代经济研究	0.1518	0.1591	0.2154	0.1754	0.0453
53	城市发展研究	0.1850	0.1675	0.1700	0.1742	0.0450
54	城市问题	0.1406	0.1284	0.2458	0.1716	0.0443
55	桂林旅游高等专科学校学报：旅游论坛	0.1288	0.1337	0.2381	0.1669	0.0431
56	中国社会经济史研究	0.1416	0.1463	0.2035	0.1638	0.0423
57	干旱区地理	0.2128	0.1497	0.1276	0.1634	0.0422
58	商业经济与管理	0.1200	0.1780	0.1813	0.1598	0.0412
59	财政研究	0.1300	0.1481	0.1820	0.1534	0.0396
60	中国农史	0.0887	0.1797	0.1778	0.1487	0.0384
61	经济管理	0.1883	0.1467	0.1104	0.1485	0.0383

续表

排序	期刊名称	2004年	2005年	2006年	三年平均	归一化值
62	金融论坛	0.1725	0.0980	0.1656	0.1454	0.0375
63	经济纵横	0.1103	0.1418	0.1755	0.1425	0.0368
64	中央财经大学学报	0.0889	0.1490	0.1812	0.1397	0.0361
65	经济与管理研究	0.1016	0.1463	0.1603	0.1361	0.0351
66	经济体制改革	0.0950	0.1374	0.1654	0.1326	0.0342
67	中南财经政法大学学报	0.0870	0.0887	0.2038	0.1265	0.0327
68	中国流通经济	0.0777	0.1552	0.1361	0.1230	0.0317
69	国际经贸探索	0.1133	0.1224	0.1325	0.1227	0.0317
70	经济问题	0.0867	0.1094	0.1606	0.1189	0.0307
71	亚太经济	0.0639	0.1326	0.1456	0.1140	0.0294
72	保险研究	0.0703	0.1199	0.1452	0.1118	0.0289
73	现代日本经济	0.1120	0.0692	0.1486	0.1099	0.0284
74	国际经济合作	0.0813	0.1100	0.1350	0.1088	0.0281
75	涉外税务	0.0819	0.1267	0.1031	0.1039	0.0268
76	国际技术经济研究	0.0847	0.0862	0.1385	0.1031	0.0266
76	消费经济	0.0852	0.0847	0.1393	0.1031	0.0266
78	热带地理	0.0769	0.1214	0.1059	0.1014	0.0262
79	上海行政学院学报	0.0690	0.0435	0.1908	0.1011	0.0261
80	现代财经——天津财经学院学报	0.0979	0.0668	0.1313	0.0987	0.0255
81	山西财经大学学报	0.0441	0.1193	0.1324	0.0986	0.0255
82	投资研究	0.1358	0.0858	0.0724	0.0980	0.0253
83	财贸研究	0.0459	0.0784	0.1651	0.0965	0.0249
84	现代城市研究	0.1164	0.0892	0.0809	0.0955	0.0247
85	中国发展	0	0.1681	0.1140	0.0940	0.0243
86	世界经济与政治论坛	0.0797	0.0687	0.1278	0.0921	0.0238
87	经济经纬——河南财经学院学报	0.0909	0.0546	0.1248	0.0901	0.0233
88	经济问题探索	0.0821	0.0788	0.1016	0.0875	0.0226
89	调研世界	0.0920	0.0733	0.0939	0.0864	0.0223
90	运筹与管理	0.0301	0.1111	0.1160	0.0857	0.0221
91	上海金融	0.0528	0.1041	0.0998	0.0856	0.0221

续表

排序	期刊名称	2004 年	2005 年	2006 年	三年平均	归一化值
92	现代经济探讨	0.0635	0.0718	0.1210	0.0854	0.0220
93	首都经济贸易大学学报	0.0546	0.0741	0.1238	0.0842	0.0217
94	北京第二外国语学院学报	0.0540	0.0947	0.0985	0.0824	0.0213
95	江西财经大学学报	0.0560	0.1082	0.0800	0.0814	0.0210
95	科技与经济	0.0483	0.0686	0.1269	0.0813	0.0210
96	国际商务研究	0.0682	0.0769	0.0984	0.0812	0.0210
98	开发研究	0.0530	0.0717	0.1066	0.0771	0.0199
99	贵州财经学院学报	0.0571	0.0858	0.0863	0.0764	0.0197
100	南方经济	0.0487	0.0827	0.0898	0.0737	0.0190
101	价值工程	0.0756	0.0814	0.0627	0.0732	0.0189
102	南京财经大学学报	0.0602	0.0679	0.0870	0.0717	0.0185
103	经济研究参考	0.0929	0.0501	0.0700	0.0710	0.0183
104	资源开发与市场	0.0251	0.0778	0.1075	0.0701	0.0181
105	规划师	0.0716	0.0653	0.0724	0.0698	0.0180
106	商业研究	0.0694	0.0747	0.0644	0.0695	0.0179
107	生产力研究	0.0681	0.0677	0.0660	0.0673	0.0174
108	山地学报	0.0658	0.0856	0.0495	0.0670	0.0173
109	农村经济	0.0201	0.0780	0.1019	0.0667	0.0172
110	华东经济管理	0.0668	0.0715	0.0596	0.0660	0.0170
111	云南财经大学学报	0.0561	0.0920	0.0461	0.0647	0.0167
112	统计与信息论坛	0.0634	0.0683	0.0621	0.0646	0.0167
113	东北财经大学学报	0.0695	0.0517	0.0685	0.0632	0.0163
114	审计与经济研究	0.0565	0.0558	0.0769	0.0631	0.0163
115	河北经贸大学学报	0.0539	0.0837	0.0509	0.0628	0.0162
116	中国土地	0.0771	0.0609	0.0494	0.0625	0.0161
117	天津商学院学报	0.0421	0.0686	0.0707	0.0605	0.0156
118	广东金融学院学报	0.0530	0.0772	0.0381	0.0561	0.0145
119	中国农业资源与区划	0.0741	0.0529	0.0333	0.0534	0.0138
120	国土与自然资源研究	0.0739	0.0490	0.0344	0.0524	0.0135
120	云南地理环境研究	0.0449	0.0674	0.0449	0.0524	0.0135
122	国土资源科技管理	0.0379	0.0687	0.0496	0.0521	0.0134

续表

排序	期刊名称	2004 年	2005 年	2006 年	三年平均	归一化值
122	兰州商学院学报	0.0336	0.0462	0.0759	0.0519	0.0134
124	农业经济	0.0612	0.0487	0.0435	0.0511	0.0132
124	生态经济	0.0703	0.0363	0.0466	0.0511	0.0132
126	经济界	0.0313	0.0561	0.0654	0.0509	0.0131
127	东南亚纵横	0.0255	0.0434	0.0832	0.0507	0.0131
128	山东财政学院学报	0.0484	0.0604	0.0401	0.0496	0.0128
129	内蒙古财经学院学报	0.0410	0.0459	0.0615	0.0495	0.0128
130	中国注册会计师	0.0517	0.0508	0.0399	0.0475	0.0123
131	统计与决策	0.0288	0.0547	0.0579	0.0471	0.0122
132	技术经济与管理研究	0.0348	0.0397	0.0663	0.0469	0.0121
133	广东商学院学报	0.0397	0.0198	0.0803	0.0466	0.0120
134	经济与管理	0.0337	0.0386	0.0669	0.0464	0.0120
135	金融教学与研究	0.0326	0.0650	0.0405	0.0460	0.0119
136	工业技术经济	0.0357	0.0350	0.0656	0.0454	0.0117
137	山东经济	0.0478	0.0265	0.0588	0.0444	0.0115
138	中国金融	0.0402	0.0418	0.0487	0.0436	0.0113
139	西安财经学院学报	0.0346	0.0550	0.0381	0.0426	0.0110
140	对外经贸实务	0.0317	0.0483	0.0460	0.0420	0.0108
141	宏观经济管理	0.0313	0.0316	0.0617	0.0415	0.0107
142	俄罗斯中亚东欧市场	0.0332	0.0256	0.0645	0.0411	0.0106
143	城市	0.0247	0.0640	0.0335	0.0407	0.0105
144	开放导报	0.0267	0.0341	0.0596	0.0401	0.0104
145	经济前沿	0.0178	0.0552	0.0463	0.0398	0.0103
146	价格理论与实践	0.0160	0.0433	0.0595	0.0396	0.0102
147	岭南学刊	0.0429	0.0203	0.0541	0.0391	0.0101
147	日本问题研究	0.0182	0.0252	0.0738	0.0391	0.0101
149	金融理论与实践	0.0369	0.0415	0.0379	0.0388	0.0100
150	福建地理	0.0347	0.0278	0.0526	0.0384	0.0099
151	国际商务——对外经济贸易大学学报	0.0508	0.0172	0.0456	0.0379	0.0098
152	林业资源管理	0.0275	0.0459	0.0372	0.0369	0.0095

续表

排序	期刊名称	2004 年	2005 年	2006 年	三年平均	归一化值
153	水利经济	0.0341	0.0123	0.0627	0.0364	0.0094
154	经济数学	0.0299	0.0388	0.0403	0.0363	0.0094
154	上海经济	0.0496	0.0380	0.0212	0.0363	0.0094
156	扬州大学税务学院学报	0.0473	0.0189	0.0390	0.0351	0.0091

从表 13-14 可以看出，经济学期刊一般影响因子在各学科期刊之间的比较中属于较高水平，原因是本书的统计源中，经济类期刊有 70 种左右，是其他学科的数倍到十数倍，再加上综合类期刊也有大量经济学类的文章，使得经济学类期刊具有较高的影响因子。经济学作为讨论热点和焦点较多的前沿学科，经济学期刊和论文的数量增长迅速，其影响因子也反映了经济学学者和研究人员较为注重经济学期刊的引用，尤其是以引用期刊近期成果为主。另外，在三年平均一般影响因子排序上，被引数量和被引速率较好的期刊也基本排在前列，如排在前 40 名的期刊前两个指标的综合值也基本排在前 40 名。

从年度变化来看，从 2004—2006 年，经济学期刊的年度平均影响因子在逐年上升，每年提高 12% 以上，有 72% 的期刊影响因子得到了提高。提高数量最大的是《世界经济》、《世界经济文汇》和《审计研究》，分别提高了 0.6028、0.5730、0.4119。有 30 种期刊的影响因子提高了一倍，提升幅度最大的是《农村经济》、《资源开发与市场》，分别提高了 400% 和 300% 以上。

13.4.2 他引影响因子

他引影响因子是排除期刊自引后的影响因子，相对非来源期刊而言，他引影响因子更能够说明期刊的学术影响。表 13-15 给出了 2004—2006 年经济学期刊他引影响因子统计。三年平均值由各年度数据进行平均计算得出，各期刊他引影响因子的归一化值由该指标最大的平均数（《经济研究》的 3.6230）作分母求得。表 13-15 按三年平均他引影响因子从大到小排序。

表 13-15　　　　　2004—2006 年经济学期刊他引影响因子

排序	期刊名称	2004 年	2005 年	2006 年	三年平均	归一化值
1	经济研究	3.5959	3.6580	3.6151	3.6230	1
2	中国工业经济	1.1230	1.3013	1.3869	1.2704	0.3506
3	世界经济	0.7000	1.0347	1.2841	1.0063	0.2778
4	管理世界	0.7708	0.8397	1.1007	0.9037	0.2494

续表

排序	期刊名称	2004年	2005年	2006年	三年平均	归一化值
5	会计研究	0.8593	0.7964	0.9135	0.8564	0.2364
6	金融研究	0.8776	0.7995	0.8777	0.8516	0.2351
7	经济科学	0.6522	0.6102	0.8081	0.6902	0.1905
8	旅游学刊	0.6019	0.6602	0.6336	0.6319	0.1744
9	中国农村经济	0.5485	0.6447	0.6421	0.6118	0.1689
10	中国农村观察	0.3730	0.6923	0.7391	0.6015	0.1660
11	经济社会体制比较	0.6536	0.6766	0.4286	0.5863	0.1618
12	外国经济与管理	0.5660	0.4977	0.6099	0.5579	0.1540
13	国际经济评论	0.4457	0.5689	0.5455	0.5200	0.1435
14	世界经济文汇	0.1941	0.5795	0.7848	0.5195	0.1434
15	南开经济研究	0.3695	0.5190	0.5182	0.4689	0.1294
16	财经研究	0.4100	0.3729	0.4671	0.4167	0.1150
17	经济学动态	0.3714	0.4345	0.3638	0.3899	0.1076
18	经济理论与经济管理	0.3970	0.3740	0.3377	0.3696	0.1020
19	改革	0.3068	0.3253	0.4545	0.3622	0.1000
20	经济地理	0.2865	0.3589	0.4139	0.3531	0.0975
21	财贸经济	0.2764	0.3487	0.4211	0.3487	0.0962
22	农业经济问题	0.2782	0.3854	0.3698	0.3445	0.0951
23	统计研究	0.3069	0.2992	0.3861	0.3307	0.0913
24	产业经济研究	0.1818	0.4127	0.3871	0.3272	0.0903
25	国际金融研究	0.2293	0.4192	0.3114	0.3200	0.0883
26	经济评论	0.2750	0.3678	0.2667	0.3032	0.0837
27	上海经济研究	0.3020	0.3710	0.2064	0.2931	0.0809
28	审计研究	0.1222	0.3313	0.4127	0.2887	0.0797
29	经济学家	0.2492	0.2603	0.3542	0.2879	0.0795
30	世界经济研究	0.2113	0.2752	0.3536	0.2800	0.0773
31	财经科学	0.2085	0.2657	0.2973	0.2572	0.0710
32	当代经济科学	0.2250	0.2740	0.2511	0.2500	0.0690
33	中国土地科学	0.2061	0.2326	0.2828	0.2405	0.0664
34	数量经济技术经济研究	0.1346	0.1922	0.3923	0.2397	0.0662
35	中国经济史研究	0.2623	0.2708	0.1657	0.2329	0.0643

续表

排序	期刊名称	2004 年	2005 年	2006 年	三年平均	归一化值
36	财经问题研究	0.2134	0.2268	0.2311	0.2238	0.0618
37	财经论丛——浙江财经学院学报	0.1154	0.2692	0.2737	0.2194	0.0606
38	国外城市规划	0.2238	0.2245	0.1919	0.2134	0.0589
39	宏观经济研究	0.2182	0.2068	0.2091	0.2114	0.0583
40	地域研究与开发	0.2054	0.1730	0.2236	0.2007	0.0554
41	世界地理研究	0.2336	0.2030	0.1591	0.1986	0.0548
42	旅游科学	0.1942	0.0500	0.3398	0.1947	0.0537
43	当代财经	0.1856	0.1669	0.2111	0.1879	0.0519
44	中国经济问题	0.2230	0.1866	0.1538	0.1878	0.0518
45	上海财经大学学报	0.1624	0.1575	0.2340	0.1846	0.0510
46	证券市场导报	0.1684	0.2404	0.1228	0.1772	0.0489
47	财经理论与实践	0.1327	0.1784	0.2082	0.1731	0.0478
48	国际贸易问题	0.1440	0.1316	0.2263	0.1673	0.0462
49	桂林旅游高等专科学校学报：旅游论坛	0.1288	0.1337	0.2381	0.1669	0.0461
50	当代经济研究	0.1398	0.1490	0.2051	0.1646	0.0454
51	国际贸易	0.1200	0.1821	0.1900	0.1640	0.0453
52	干旱区地理	0.2128	0.1497	0.1276	0.1634	0.0451
53	农业技术经济	0.1123	0.1749	0.1905	0.1592	0.0439
54	城市发展研究	0.1800	0.1361	0.1550	0.1570	0.0433
55	财政研究	0.1240	0.1327	0.1801	0.1456	0.0402
56	商业经济与管理	0.1125	0.1571	0.1621	0.1439	0.0397
57	中国社会经济史研究	0.1062	0.1301	0.1947	0.1437	0.0397
58	城市问题	0.1406	0.1284	0.1458	0.1383	0.0382
59	经济纵横	0.1103	0.1367	0.1611	0.1360	0.0375
60	中央财经大学学报	0.0864	0.1469	0.1697	0.1343	0.0371
61	税务研究	0.1037	0.1245	0.1669	0.1317	0.0364
62	经济管理	0.1631	0.1331	0.0971	0.1311	0.0362
63	经济与管理研究	0.1016	0.1301	0.1603	0.1307	0.0361
64	经济体制改革	0.0833	0.1355	0.1597	0.1262	0.0348
65	中国农史	0.0806	0.1641	0.1333	0.1260	0.0348

续表

排序	期刊名称	2004年	2005年	2006年	三年平均	归一化值
66	中南财经政法大学学报	0.0870	0.0856	0.1944	0.1223	0.0338
67	国际经贸探索	0.1094	0.1102	0.1282	0.1159	0.0320
68	经济问题	0.0797	0.0892	0.1574	0.1088	0.0300
68	国际经济合作	0.0813	0.1100	0.1350	0.1088	0.0300
70	亚太经济	0.0602	0.1290	0.1329	0.1074	0.0296
71	中国流通经济	0.0534	0.1448	0.1204	0.1062	0.0293
72	国际技术经济研究	0.0847	0.0862	0.1385	0.1031	0.0285
73	热带地理	0.0769	0.1214	0.1059	0.1014	0.0280
74	上海行政学院学报	0.0690	0.0435	0.1908	0.1011	0.0279
75	金融论坛	0.1022	0.0784	0.1178	0.0995	0.0275
76	现代财经——天津财经学院学报	0.0979	0.0668	0.1313	0.0987	0.0272
77	投资研究	0.1358	0.0858	0.0724	0.0980	0.0270
78	财贸研究	0.0459	0.0784	0.1651	0.0965	0.0266
79	现代城市研究	0.1164	0.0892	0.0809	0.0955	0.0264
80	中国发展	0	0.1681	0.1140	0.0940	0.0259
81	山西财经大学学报	0.0441	0.1193	0.1176	0.0937	0.0259
82	经济经纬——河南财经学院学报	0.0909	0.0546	0.1248	0.0901	0.0249
83	经济问题探索	0.0821	0.0788	0.1016	0.0875	0.0242
84	调研世界	0.0920	0.0733	0.0939	0.0864	0.0238
85	运筹与管理	0.0301	0.1111	0.1160	0.0857	0.0237
86	现代经济探讨	0.0635	0.0718	0.1210	0.0854	0.0236
87	首都经济贸易大学学报	0.0546	0.0741	0.1238	0.0842	0.0232
88	世界经济与政治论坛	0.0688	0.0653	0.1165	0.0835	0.0230
89	北京第二外国语学院学报	0.0540	0.0947	0.0985	0.0824	0.0227
90	江西财经大学学报	0.0560	0.1082	0.0800	0.0814	0.0225
91	科技与经济	0.0483	0.0686	0.1269	0.0813	0.0224
92	国际商务研究	0.0682	0.0769	0.0984	0.0812	0.0224
93	涉外税务	0.0603	0.0890	0.0897	0.0797	0.0220
94	消费经济	0.0667	0.0565	0.1066	0.0766	0.0211
95	贵州财经学院学报	0.0571	0.0858	0.0863	0.0764	0.0211

续表

排序	期刊名称	2004 年	2005 年	2006 年	三年平均	归一化值
96	南方经济	0.0487	0.0827	0.0898	0.0737	0.0203
97	现代日本经济	0.0720	0.0538	0.0946	0.0735	0.0203
98	价值工程	0.0756	0.0814	0.0627	0.0732	0.0202
99	上海金融	0.0472	0.0864	0.0845	0.0727	0.0201
100	南京财经大学学报	0.0602	0.0679	0.0870	0.0717	0.0198
101	经济研究参考	0.0929	0.0501	0.0700	0.0710	0.0196
102	资源开发与市场	0.0251	0.0778	0.1075	0.0701	0.0193
103	规划师	0.0716	0.0653	0.0724	0.0698	0.0193
104	商业研究	0.0694	0.0747	0.0644	0.0695	0.0192
105	保险研究	0.0542	0.0547	0.0956	0.0682	0.0188
106	山地学报	0.0658	0.0856	0.0495	0.0670	0.0185
107	农村经济	0.0201	0.0780	0.1019	0.0667	0.0184
108	开发研究	0.0417	0.0580	0.0984	0.0660	0.0182
108	华东经济管理	0.0668	0.0715	0.0596	0.0660	0.0182
110	云南财经大学学报	0.0561	0.0920	0.0461	0.0647	0.0179
111	统计与信息论坛	0.0634	0.0683	0.0621	0.0646	0.0178
112	东北财经大学学报	0.0695	0.0517	0.0685	0.0632	0.0174
113	审计与经济研究	0.0565	0.0558	0.0769	0.0631	0.0174
114	河北经贸大学学报	0.0539	0.0837	0.0509	0.0628	0.0173
115	天津商学院学报	0.0421	0.0686	0.0707	0.0605	0.0167
116	中国土地	0.0771	0.0539	0.0494	0.0601	0.0166
117	广东金融学院学报	0.0530	0.0772	0.0381	0.0561	0.0155
118	生产力研究	0.0589	0.0508	0.0542	0.0546	0.0151
119	中国农业资源与区划	0.0741	0.0529	0.0333	0.0534	0.0147
120	国土与自然资源研究	0.0739	0.0490	0.0344	0.0524	0.0145
120	云南地理环境研究	0.0449	0.0674	0.0449	0.0524	0.0145
122	国土资源科技管理	0.0379	0.0687	0.0496	0.0521	0.0144
123	兰州商学院学报	0.0336	0.0462	0.0759	0.0519	0.0143
124	农业经济	0.0612	0.0487	0.0435	0.0511	0.0141
124	生态经济	0.0703	0.0363	0.0466	0.0511	0.0141
126	经济界	0.0313	0.0561	0.0654	0.0509	0.0140

续表

排序	期刊名称	2004 年	2005 年	2006 年	三年平均	归一化值
126	东南亚纵横	0.0255	0.0434	0.0832	0.0507	0.0140
128	山东财政学院学报	0.0484	0.0604	0.0401	0.0496	0.0137
129	内蒙古财经学院学报	0.0410	0.0459	0.0615	0.0495	0.0137
130	中国注册会计师	0.0517	0.0508	0.0399	0.0475	0.0131
131	技术经济与管理研究	0.0348	0.0397	0.0663	0.0469	0.0129
132	广东商学院学报	0.0397	0.0198	0.0803	0.0466	0.0129
133	经济与管理	0.0337	0.0386	0.0669	0.0464	0.0128
134	金融教学与研究	0.0326	0.0650	0.0405	0.0460	0.0127
135	工业技术经济	0.0357	0.0350	0.0656	0.0454	0.0125
136	山东经济	0.0478	0.0265	0.0588	0.0444	0.0123
137	中国金融	0.0402	0.0418	0.0487	0.0436	0.0120
138	西安财经学院学报	0.0346	0.0550	0.0381	0.0426	0.0118
139	对外经贸实务	0.0317	0.0483	0.0460	0.0420	0.0116
140	宏观经济管理	0.0313	0.0316	0.0617	0.0415	0.0115
141	俄罗斯中亚东欧市场	0.0332	0.0256	0.0645	0.0411	0.0113
142	城市	0.0247	0.0640	0.0335	0.0407	0.0112
143	开放导报	0.0267	0.0341	0.0596	0.0401	0.0111
144	经济前沿	0.0178	0.0552	0.0463	0.0398	0.0110
145	价格理论与实践	0.0160	0.0433	0.0595	0.0396	0.0109
146	岭南学刊	0.0429	0.0203	0.0541	0.0391	0.0108
146	日本问题研究	0.0182	0.0252	0.0738	0.0391	0.0108
148	金融理论与实践	0.0369	0.0415	0.0379	0.0388	0.0107
149	福建地理	0.0347	0.0278	0.0526	0.0384	0.0106
150	国际商务——对外经济贸易大学学报	0.0508	0.0172	0.0456	0.0379	0.0105
151	林业资源管理	0.0275	0.0459	0.0372	0.0369	0.0102
152	水利经济	0.0341	0.0123	0.0627	0.0364	0.0100
153	经济数学	0.0299	0.0388	0.0403	0.0363	0.0100
153	上海经济	0.0496	0.0380	0.0212	0.0363	0.0100
155	扬州大学税务学院学报	0.0473	0.0189	0.0390	0.0351	0.0097
156	统计与决策	0.0288	0.0437	0.0323	0.0349	0.0096

从表 13-15 可以看出，排除自引情况后，经济学期刊他引影响因子与一般影响因子相比变化基本不大，说明经济学期刊的自引率不高。总体上三年平均他引影响因子排在前 20 位的期刊只有一种期刊退出前 20 位，即《审计研究》被《经济理论与经济管理》所取代。与一般影响因子比较，他引影响因子的排序有一些小幅变动，如《管理世界》与《会计研究》交换了位置，《经济科学》与《旅游学刊》变动了排序，等等。

从他引影响因子和一般影响因子对比可以发现，《审计研究》由于期刊学科覆盖面较窄，反映出自引率较高。在他引影响因子的名次上较一般影响因子的排序下降名次较多。

13.4.3 学科影响因子

通过学科影响因子的研究，可以分析期刊对本学科研究的影响，能够反映期刊所刊载的论文与本学科研究的相关程度。表 13-16 给出了 2004—2006 年经济学期刊学科影响因子统计。内容包括各年度的学科影响因子、三年平均影响因子以及该指标的归一化值。表 13-16 按三年平均学科影响因子从大到小排序。

表 13-16　　　　　　　　2004—2006 年经济学期刊学科影响因子

排序	期刊名称	2004 年	2005 年	2006 年	三年平均	归一化值
1	经济研究	2.8664	2.9814	3.0069	2.9516	1
2	世界经济	0.7226	1.0556	1.2538	1.0107	0.3424
3	金融研究	0.8750	0.8529	0.9734	0.9004	0.3051
4	旅游学刊	0.8611	0.7767	0.8534	0.8304	0.2813
5	会计研究	0.9778	0.6393	0.8184	0.8118	0.2750
6	中国工业经济	0.6796	0.8205	0.8839	0.7947	0.2692
7	管理世界	0.5066	0.5354	0.8163	0.6194	0.2099
8	中国农村经济	0.5303	0.5921	0.5786	0.5670	0.1921
9	经济科学	0.5435	0.4802	0.6163	0.5467	0.1852
10	世界经济文汇	0.1824	0.5227	0.7342	0.4798	0.1625
11	中国农村观察	0.2540	0.4957	0.6435	0.4644	0.1573
12	国际经济评论	0.3600	0.5090	0.4424	0.4371	0.1481
13	南开经济研究	0.3251	0.4429	0.4545	0.4075	0.1381
14	审计研究	0.2167	0.3374	0.5714	0.3752	0.1271
15	经济社会体制比较	0.4693	0.3930	0.2562	0.3728	0.1263
16	农业经济问题	0.2672	0.4131	0.3372	0.3392	0.1149

第 13 章 经济学

续表

排序	期刊名称	2004 年	2005 年	2006 年	三年平均	归一化值
17	经济地理	0.2865	0.3123	0.3599	0.3196	0.1083
18	财贸经济	0.2494	0.3136	0.3925	0.3185	0.1079
19	财经研究	0.3103	0.2576	0.3824	0.3168	0.1073
20	国际金融研究	0.1973	0.4110	0.3400	0.3161	0.1071
21	经济学动态	0.2901	0.3328	0.2953	0.3061	0.1037
22	统计研究	0.2646	0.2609	0.3472	0.2909	0.0986
23	改革	0.2311	0.2490	0.3874	0.2892	0.0980
24	经济评论	0.2694	0.3222	0.2286	0.2734	0.0926
25	中国土地科学	0.2366	0.2636	0.3034	0.2679	0.0908
26	产业经济研究	0.0909	0.3810	0.3065	0.2595	0.0879
27	世界经济研究	0.1502	0.2651	0.3483	0.2545	0.0862
28	地域研究与开发	0.3189	0.1772	0.2588	0.2516	0.0853
29	经济理论与经济管理	0.2814	0.2078	0.2375	0.2422	0.0821
30	上海经济研究	0.2215	0.2756	0.1993	0.2321	0.0786
31	经济学家	0.1853	0.2190	0.2884	0.2309	0.0782
32	外国经济与管理	0.2311	0.1860	0.2197	0.2123	0.0719
33	当代经济科学	0.2000	0.2212	0.2070	0.2094	0.0709
34	数量经济技术经济研究	0.1013	0.1444	0.3552	0.2003	0.0679
35	国际贸易问题	0.1053	0.1667	0.2771	0.1830	0.0620
36	财经科学	0.1390	0.1701	0.2282	0.1791	0.0607
37	税务研究	0.1352	0.1868	0.2149	0.1790	0.0606
38	旅游科学	0.1748	0.0500	0.3107	0.1785	0.0605
39	农业技术经济	0.1497	0.1749	0.2011	0.1752	0.0594
40	国际贸易	0.1138	0.1924	0.2000	0.1687	0.0572
41	财经问题研究	0.1548	0.1558	0.1912	0.1673	0.0567
42	财经理论与实践	0.1259	0.1595	0.2023	0.1626	0.0551
43	宏观经济研究	0.1610	0.1509	0.1490	0.1536	0.0521
44	财经论丛——浙江财经学院学报	0.0769	0.1923	0.1899	0.1530	0.0518
45	中国经济问题	0.1942	0.1567	0.0979	0.1496	0.0507
46	桂林旅游高等专科学校学报：旅游论坛	0.1104	0.1089	0.2143	0.1445	0.0490

续表

排序	期刊名称	2004年	2005年	2006年	三年平均	归一化值
47	上海财经大学学报	0.1441	0.1024	0.1844	0.1436	0.0487
48	金融论坛	0.1597	0.0896	0.1624	0.1372	0.0465
49	当代财经	0.1320	0.1203	0.1558	0.1360	0.0461
50	证券市场导报	0.1105	0.1780	0.1108	0.1331	0.0451
51	财政研究	0.1120	0.1308	0.1526	0.1318	0.0447
52	中国经济史研究	0.1230	0.1806	0.0914	0.1317	0.0446
53	城市发展研究	0.1350	0.1099	0.1400	0.1283	0.0435
54	当代经济研究	0.1084	0.1136	0.1590	0.1270	0.0430
55	世界地理研究	0.1460	0.1278	0.0909	0.1216	0.0412
56	中央财经大学学报	0.0667	0.1210	0.1514	0.1130	0.0383
57	城市问题	0.1094	0.0584	0.1708	0.1129	0.0382
58	商业经济与管理	0.0725	0.1414	0.1236	0.1125	0.0381
59	经济纵横	0.0752	0.0987	0.1322	0.1020	0.0346
60	保险研究	0.0663	0.1164	0.1232	0.1020	0.0345
61	涉外税务	0.0665	0.1216	0.0973	0.0951	0.0322
62	亚太经济	0.0564	0.1111	0.1108	0.0928	0.0314
63	国外城市规划	0.0979	0.0680	0.1010	0.0890	0.0301
64	国际经贸探索	0.0859	0.0571	0.1197	0.0876	0.0297
65	投资研究	0.1235	0.0709	0.0621	0.0855	0.0290
66	消费经济	0.0704	0.0726	0.1066	0.0832	0.0282
67	经济管理	0.1652	0.0486	0.0337	0.0825	0.0280
68	国际经济合作	0.0616	0.0880	0.0975	0.0824	0.0279
69	经济体制改革	0.0601	0.0840	0.1027	0.0823	0.0279
70	热带地理	0.0710	0.1098	0.0647	0.0818	0.0277
71	中南财经政法大学学报	0.0669	0.0520	0.1254	0.0814	0.0276
72	经济问题	0.0537	0.0741	0.1129	0.0802	0.0272
73	上海金融	0.0434	0.0982	0.0960	0.0792	0.0268
74	干旱区地理	0.0922	0.0884	0.0561	0.0789	0.0267
75	现代日本经济	0.0880	0.0462	0.0946	0.0763	0.0258
76	现代财经——天津财经学院学报	0.0722	0.0591	0.0934	0.0749	0.0254

续表

排序	期刊名称	2004 年	2005 年	2006 年	三年平均	归一化值
77	中国流通经济	0.0388	0.0759	0.0838	0.0662	0.0224
78	经济与管理研究	0.0547	0.0650	0.0759	0.0652	0.0221
79	现代城市研究	0.0991	0.0446	0.0491	0.0643	0.0218
80	资源开发与市场	0.0251	0.0689	0.0985	0.0642	0.0217
81	调研世界	0.0623	0.0499	0.0742	0.0621	0.0211
82	财贸研究	0.0245	0.0405	0.1193	0.0614	0.0208
83	经济经纬——河南财经学院学报	0.0634	0.0356	0.0819	0.0603	0.0204
84	现代经济探讨	0.0476	0.0447	0.0806	0.0576	0.0195
85	北京第二外国语学院学报	0.0326	0.0702	0.0679	0.0569	0.0193
86	经济问题探索	0.0556	0.0481	0.0662	0.0566	0.0192
87	农村经济	0.0182	0.0660	0.0847	0.0563	0.0191
88	开发研究	0.0379	0.0512	0.0792	0.0561	0.0190
89	国际技术经济研究	0.0508	0.0517	0.0615	0.0547	0.0185
90	世界经济与政治论坛	0.0326	0.0412	0.0865	0.0534	0.0181
91	中国土地	0.0718	0.0492	0.0386	0.0532	0.0180
92	中国发展	0	0.1062	0.0526	0.0529	0.0179
93	运筹与管理	0.0150	0.0752	0.0663	0.0522	0.0177
94	首都经济贸易大学学报	0.0252	0.0417	0.0842	0.0504	0.0171
95	经济研究参考	0.0679	0.0363	0.0465	0.0502	0.0170
96	南方经济	0.0353	0.0558	0.0563	0.0491	0.0166
97	江西财经大学学报	0.0336	0.0702	0.0425	0.0488	0.0165
98	审计与经济研究	0.0391	0.0512	0.0529	0.0477	0.0162
99	广东金融学院学报	0.0495	0.0618	0.0286	0.0466	0.0158
100	南京财经大学学报	0.0414	0.0536	0.0435	0.0462	0.0156
101	中国农业资源与区划	0.0602	0.0476	0.0278	0.0452	0.0153
102	贵州财经学院学报	0.0321	0.0410	0.0588	0.0440	0.0149
103	统计与信息论坛	0.0407	0.0411	0.0497	0.0438	0.0149
104	云南财经大学学报	0.0297	0.0630	0.0369	0.0432	0.0146
105	中国农史	0.0391	0.0414	0.0483	0.0429	0.0145
106	科技与经济	0.0276	0.0286	0.0711	0.0424	0.0144

续表

排序	期刊名称	2004 年	2005 年	2006 年	三年平均	归一化值
107	规划师	0.0542	0.0342	0.0384	0.0423	0.0143
108	农业经济	0.0524	0.0387	0.0351	0.0421	0.0143
109	山西财经大学学报	0.0280	0.0568	0.0412	0.0420	0.0142
109	国际商务研究	0	0.0495	0.0765	0.0420	0.0142
111	东北财经大学学报	0.0428	0.0345	0.0476	0.0416	0.0141
111	金融教学与研究	0.0326	0.0578	0.0343	0.0416	0.0141
113	中国金融	0.0376	0.0418	0.0434	0.0409	0.0139
114	河北经贸大学学报	0.0441	0.0493	0.0278	0.0404	0.0137
115	中国社会经济史研究	0.0354	0.0407	0.0442	0.0401	0.0136
116	商业研究	0.0369	0.0427	0.0388	0.0395	0.0134
117	国土资源科技管理	0.0332	0.0429	0.0420	0.0394	0.0133
118	内蒙古财经学院学报	0.0308	0.0367	0.0492	0.0389	0.0132
119	生产力研究	0.0335	0.0363	0.0430	0.0376	0.0127
120	天津商学院学报	0.0263	0.0441	0.0404	0.0369	0.0125
121	中国注册会计师	0.0417	0.0371	0.0300	0.0363	0.0123
122	金融理论与实践	0.0336	0.0354	0.0367	0.0352	0.0119
123	国土与自然资源研究	0.0493	0.0346	0.0212	0.0350	0.0119
123	华东经济管理	0.0322	0.0437	0.0291	0.0350	0.0119
125	生态经济	0.0505	0.0221	0.0310	0.0345	0.0117
126	山东财政学院学报	0.0282	0.0453	0.0219	0.0318	0.0108
127	价格理论与实践	0.0089	0.0329	0.0530	0.0316	0.0107
128	经济界	0.0256	0.0330	0.0359	0.0315	0.0107
129	宏观经济管理	0.0203	0.0297	0.0424	0.0308	0.0104
130	对外经贸实务	0.0291	0.0295	0.0332	0.0306	0.0104
131	兰州商学院学报	0.0129	0.0231	0.0542	0.0301	0.0102
132	云南地理环境研究	0.0112	0.0337	0.0449	0.0299	0.0101
133	开放导报	0.0185	0.0227	0.0482	0.0298	0.0101
134	山地学报	0.0263	0.0367	0.0248	0.0293	0.0099
135	林业资源管理	0.0138	0.0413	0.0326	0.0292	0.0099
136	上海行政学院学报	0.0100	0.0101	0.0672	0.0291	0.0099
137	福建地理	0.0278	0.0139	0.0451	0.0289	0.0098

续表

排序	期刊名称	2004年	2005年	2006年	三年平均	归一化值
138	统计与决策	0.0166	0.0352	0.0332	0.0283	0.0096
139	经济前沿	0.0099	0.0389	0.0352	0.0280	0.0095
140	西安财经学院学报	0.0242	0.0344	0.0242	0.0276	0.0094
141	城市	0.0185	0.0345	0.0293	0.0274	0.0093
142	东南亚纵横	0.0165	0.0184	0.0460	0.0270	0.0091
143	经济数学	0.0224	0.0233	0.0323	0.0260	0.0088
143	山东经济	0.0281	0.0159	0.0339	0.0260	0.0088
145	水利经济	0.0195	0.0082	0.0480	0.0252	0.0085
146	日本问题研究	0.0091	0.0167	0.0488	0.0249	0.0084
147	广东商学院学报	0.0317	0.0159	0.0241	0.0239	0.0081
148	俄罗斯中亚东欧市场	0.0199	0.0192	0.0323	0.0238	0.0081
149	技术经济与管理研究	0.0097	0.0288	0.0299	0.0228	0.0077
150	工业技术经济	0.0193	0.0148	0.0335	0.0225	0.0076
151	上海经济	0.0344	0.0152	0.0177	0.0224	0.0076
152	岭南学刊	0.0264	0.0135	0.0270	0.0223	0.0076
153	国际商务——对外经济贸易大学学报	0.0282	0.0172	0.0211	0.0222	0.0075
154	扬州大学税务学院学报	0.0203	0.0126	0.0325	0.0218	0.0074
155	价值工程	0.0172	0.0262	0.0209	0.0214	0.0073
156	经济与管理	0.0128	0.0172	0.0322	0.0207	0.0070

从表13-16可以看出，排除被其他学科论文引用次数后，经济学期刊学科影响因子排名相对一般影响因子有较大变化。在排名前45位的期刊中，《国外城市规划》在学科影响因子的排序上从第38位退至第63位，《世界地理研究》、《中国经济史研究》和《当代财经》也分别退至50位以后；《外国经济与管理》也从第12位退至第32位，三年平均值减少了0.35，说明这几种期刊所刊载的非经济学论文占据比重相对较大。而《金融研究》和《旅游学刊》分别由一般影响因子的第6、8名上升到第3、4名，说明这两种期刊与经济学研究领域相关性更为紧密。

从2004—2006年三年平均学科影响因子变化情况来看，2005年虽然有少数期刊学科影响因子较上年度有所提高，但绝大多数都出现明显下降，而2006年这些期刊学科影响因子都有所提高。

13.4.4 经济学期刊影响因子综合分析

在本评价体系中,与期刊被引次数和被引速率相同,期刊影响因子的三个下级指标权重分配为:一般影响因子(25%)、他引影响因子(50%)、学科影响因子(25%)。表13-17给出了2004—2006年经济学期刊影响因子综合值计算,其方法与期刊被引次数和被引速率相同。表13-17按影响因子综合值从大到小排序。

表13-17　　　　　　2004—2006年经济学期刊影响因子综合值

排序	期刊名称	一般影响因子归一化值	他引影响因子归一化值	学科影响因子归一化值	综合值
1	经济研究	1	1	1	1
2	中国工业经济	0.3660	0.3506	0.2692	0.3341
3	世界经济	0.2991	0.2778	0.3424	0.2993
4	会计研究	0.2814	0.2364	0.2750	0.2573
5	金融研究	0.2434	0.2351	0.3051	0.2547
6	管理世界	0.2491	0.2494	0.2099	0.2395
7	旅游学刊	0.2275	0.1744	0.2813	0.2144
8	经济科学	0.1879	0.1905	0.1852	0.1885
9	中国农村经济	0.1745	0.1689	0.1921	0.1761
10	中国农村观察	0.1661	0.1660	0.1573	0.1639
11	经济社会体制比较	0.1535	0.1618	0.1263	0.1509
12	世界经济文汇	0.1415	0.1434	0.1625	0.1477
13	国际经济评论	0.1389	0.1435	0.1481	0.1435
14	外国经济与管理	0.1460	0.1540	0.0719	0.1315
15	南开经济研究	0.1260	0.1294	0.1381	0.1307
16	财经研究	0.1116	0.1150	0.1073	0.1122
17	经济学动态	0.1049	0.1076	0.1037	0.1060
18	经济地理	0.1097	0.0975	0.1083	0.1033
19	改革	0.1130	0.1000	0.0980	0.1028
20	农业经济问题	0.1030	0.0951	0.1149	0.1020
21	审计研究	0.1161	0.0797	0.1271	0.1007
22	财贸经济	0.0968	0.0962	0.1079	0.0993
23	经济理论与经济管理	0.0994	0.1020	0.0821	0.0964

续表

排序	期刊名称	一般影响因子归一化值	他引影响因子归一化值	学科影响因子归一化值	综合值
24	统计研究	0.0962	0.0913	0.0986	0.0944
25	国际金融研究	0.0893	0.0883	0.1071	0.0933
26	产业经济研究	0.0845	0.0903	0.0879	0.0883
27	经济评论	0.0886	0.0837	0.0926	0.0872
28	世界经济研究	0.0830	0.0773	0.0862	0.0810
29	上海经济研究	0.0823	0.0809	0.0786	0.0807
30	经济学家	0.0781	0.0795	0.0782	0.0788
31	中国土地科学	0.0816	0.0664	0.0908	0.0763
32	地域研究与开发	0.0827	0.0554	0.0853	0.0697
33	当代经济科学	0.0666	0.0690	0.0709	0.0689
34	财经科学	0.0682	0.0710	0.0607	0.0677
35	数量经济技术经济研究	0.0678	0.0662	0.0679	0.0670
36	财经问题研究	0.0600	0.0618	0.0567	0.0601
37	中国经济史研究	0.0658	0.0643	0.0446	0.0598
38	财经论丛——浙江财经学院学报	0.0566	0.0606	0.0518	0.0574
39	宏观经济研究	0.0548	0.0583	0.0521	0.0559
40	旅游科学	0.0503	0.0537	0.0605	0.0546
41	国际贸易问题	0.0587	0.0462	0.0620	0.0533
42	财经理论与实践	0.0576	0.0478	0.0551	0.0521
43	中国经济问题	0.0522	0.0518	0.0507	0.0516
44	国外城市规划	0.0551	0.0589	0.0301	0.0508
45	当代财经	0.0522	0.0519	0.0461	0.0505
45	世界地理研究	0.0513	0.0548	0.0412	0.0505
47	农业技术经济	0.0512	0.0439	0.0594	0.0496
47	上海财经大学学报	0.0476	0.0510	0.0487	0.0496
49	国际贸易	0.0500	0.0453	0.0572	0.0495
50	证券市场导报	0.0481	0.0489	0.0451	0.0478
51	税务研究	0.0494	0.0364	0.0606	0.0457
52	当代经济研究	0.0453	0.0454	0.0430	0.0448

续表

排序	期刊名称	一般影响因子归一化值	他引影响因子归一化值	学科影响因子归一化值	综合值
53	城市发展研究	0.0450	0.0433	0.0435	0.0438
54	财政研究	0.0396	0.0402	0.0447	0.0412
55	干旱区地理	0.0422	0.0451	0.0267	0.0398
56	城市问题	0.0443	0.0382	0.0382	0.0397
56	商业经济与管理	0.0412	0.0397	0.0381	0.0397
58	中央财经大学学报	0.0361	0.0371	0.0383	0.0372
59	经济纵横	0.0368	0.0375	0.0346	0.0366
60	金融论坛	0.0375	0.0275	0.0465	0.0348
61	经济管理	0.0383	0.0362	0.0280	0.0347
62	中国社会经济史研究	0.0423	0.0397	0.0136	0.0338
63	经济体制改革	0.0342	0.0348	0.0279	0.0329
64	经济与管理研究	0.0351	0.0361	0.0221	0.0324
65	中南财经政法大学学报	0.0327	0.0338	0.0276	0.0320
66	国际经贸探索	0.0317	0.0320	0.0297	0.0314
67	亚太经济	0.0294	0.0296	0.0314	0.0300
68	经济问题	0.0307	0.0300	0.0272	0.0295
69	国际经济合作	0.0281	0.0300	0.0279	0.0290
70	中国农史	0.0384	0.0348	0.0145	0.0306
71	中国流通经济	0.0317	0.0293	0.0224	0.0282
72	热带地理	0.0262	0.0280	0.0277	0.0275
73	投资研究	0.0253	0.0270	0.0290	0.0271
74	现代财经——天津财经学院学报	0.0255	0.0272	0.0254	0.0263
75	涉外税务	0.0268	0.0220	0.0322	0.0258
76	国际技术经济研究	0.0266	0.0285	0.0185	0.0255
77	保险研究	0.0289	0.0188	0.0345	0.0253
78	现代城市研究	0.0247	0.0264	0.0218	0.0248
79	财贸研究	0.0249	0.0266	0.0208	0.0247
80	消费经济	0.0266	0.0211	0.0282	0.0243
81	现代日本经济	0.0284	0.0203	0.0258	0.0237

续表

排序	期刊名称	一般影响因子归一化值	他引影响因子归一化值	学科影响因子归一化值	综合值
82	中国发展	0.0243	0.0259	0.0179	0.0235
83	经济经纬——河南财经学院学报	0.0233	0.0249	0.0204	0.0234
84	上海行政学院学报	0.0261	0.0279	0.0099	0.0230
85	山西财经大学学报	0.0255	0.0259	0.0142	0.0229
86	调研世界	0.0223	0.0238	0.0211	0.0228
87	经济问题探索	0.0226	0.0242	0.0192	0.0226
88	上海金融	0.0221	0.0201	0.0268	0.0223
89	现代经济探讨	0.0220	0.0236	0.0195	0.0222
90	世界经济与政治论坛	0.0238	0.0230	0.0181	0.0220
91	运筹与管理	0.0221	0.0237	0.0177	0.0218
92	北京第二外国语学院学报	0.0213	0.0227	0.0193	0.0215
93	首都经济贸易大学学报	0.0217	0.0232	0.0171	0.0213
94	江西财经大学学报	0.0210	0.0225	0.0165	0.0206
95	科技与经济	0.0210	0.0224	0.0144	0.0201
96	国际商务研究	0.0210	0.0224	0.0142	0.0200
97	资源开发与市场	0.0181	0.0193	0.0217	0.0196
98	贵州财经学院学报	0.0197	0.0211	0.0149	0.0192
99	南方经济	0.0190	0.0203	0.0166	0.0191
100	开发研究	0.0199	0.0182	0.0190	0.0188
101	经济研究参考	0.0183	0.0196	0.0170	0.0186
102	南京财经大学学报	0.0185	0.0198	0.0156	0.0184
103	农村经济	0.0172	0.0184	0.0191	0.0183
104	规划师	0.0180	0.0193	0.0143	0.0177
105	商业研究	0.0179	0.0192	0.0134	0.0174
106	中国土地	0.0161	0.0166	0.0180	0.0168
106	审计与经济研究	0.0163	0.0174	0.0162	0.0168
106	云南财经大学学报	0.0167	0.0179	0.0146	0.0168
106	统计与信息论坛	0.0167	0.0178	0.0149	0.0168
110	价值工程	0.0189	0.0202	0.0073	0.0167

续表

排序	期刊名称	一般影响因子归一化值	他引影响因子归一化值	学科影响因子归一化值	综合值
111	东北财经大学学报	0.0163	0.0174	0.0141	0.0163
111	华东经济管理	0.0170	0.0182	0.0119	0.0163
113	河北经贸大学学报	0.0162	0.0173	0.0137	0.0161
113	山地学报	0.0173	0.0185	0.0099	0.0161
115	天津商学院学报	0.0156	0.0167	0.0125	0.0154
116	广东金融学院学报	0.0145	0.0155	0.0158	0.0153
117	生产力研究	0.0174	0.0151	0.0127	0.0151
118	中国农业资源与区划	0.0138	0.0147	0.0153	0.0146
119	农业经济	0.0132	0.0141	0.0143	0.0139
119	国土资源科技管理	0.0134	0.0144	0.0133	0.0139
121	国土与自然资源研究	0.0135	0.0145	0.0119	0.0136
122	内蒙古财经学院学报	0.0128	0.0137	0.0132	0.0134
123	生态经济	0.0132	0.0141	0.0117	0.0133
124	云南地理环境研究	0.0135	0.0145	0.0101	0.0132
125	兰州商学院学报	0.0134	0.0143	0.0102	0.0131
126	经济界	0.0131	0.0140	0.0107	0.0130
127	金融教学与研究	0.0119	0.0127	0.0141	0.0129
128	山东财政学院学报	0.0128	0.0137	0.0108	0.0128
129	中国注册会计师	0.0123	0.0131	0.0123	0.0127
130	东南亚纵横	0.0131	0.0140	0.0091	0.0126
131	中国金融	0.0113	0.0120	0.0139	0.0123
132	广东商学院学报	0.0120	0.0129	0.0081	0.0115
133	技术经济与管理研究	0.0121	0.0129	0.0077	0.0114
134	山东经济	0.0115	0.0123	0.0088	0.0112
134	经济与管理	0.0120	0.0128	0.0070	0.0112
136	对外经贸实务	0.0108	0.0116	0.0104	0.0111
136	工业技术经济	0.0117	0.0125	0.0076	0.0111
138	宏观经济管理	0.0107	0.0115	0.0104	0.0110
138	西安财经学院学报	0.0110	0.0118	0.0094	0.0110
140	金融理论与实践	0.0100	0.0107	0.0119	0.0108

续表

排序	期刊名称	一般影响因子归一化值	他引影响因子归一化值	学科影响因子归一化值	综合值
141	价格理论与实践	0.0102	0.0109	0.0107	0.0107
141	开放导报	0.0104	0.0111	0.0101	0.0107
143	城市	0.0105	0.0112	0.0093	0.0106
144	经济前沿	0.0103	0.0110	0.0095	0.0105
145	俄罗斯中亚东欧市场	0.0106	0.0113	0.0081	0.0103
145	统计与决策	0.0122	0.0096	0.0096	0.0103
147	福建地理	0.0099	0.0106	0.0098	0.0102
148	林业资源管理	0.0095	0.0102	0.0099	0.0100
148	日本问题研究	0.0101	0.0108	0.0084	0.0100
150	岭南学刊	0.0101	0.0108	0.0076	0.0098
151	经济数学	0.0094	0.0100	0.0088	0.0096
151	国际商务——对外经济贸易大学学报	0.0098	0.0105	0.0075	0.0096
153	水利经济	0.0094	0.0100	0.0085	0.0095
154	上海经济	0.0094	0.0100	0.0076	0.0093
155	扬州大学税务学院学报	0.0091	0.0097	0.0074	0.0090

分析表 13-17 中经济学期刊影响因子综合值可以看出，学界公认的、学术影响较大的期刊依然排在前几位，尤其是排在第 1 位的《经济研究》，三项指标均独占鳌头；排在第 2 位的《中国工业经济》除在学科影响因子上排列第 6 外，其他两项分指标均排在第 2 位；位居第 3 位的《世界经济》在学科影响因子上排列第 2，其他两项分指标均排在第 3 位。

如果我们根据影响因子综合值来划分经济学期刊的层次的话，排在第 1 位的《经济研究》可划入第一层次；影响因子综合值在 0.4—0.05 之间的 44 种期刊可列入第二层次；综合值在 0.05—0.02 之间的 51 种期刊可列入第三层次；其余经济学期刊可归入第四层次。影响因子综合指标反映出来的结果与前两项指标的排序结果非常接近。

13.5 经济学期刊被引广度分析

除了期刊被引次数、被引速率、影响因子以外，衡量期刊学术影响的还有一个重要指标,即期刊被引广度。它反映的是某种期刊相对其他期刊的影响力(更确切的说是对其他期刊的文章作者的影响力)。一般说来引用某种期刊的期刊种数越多,该期刊的被引广度就越大。本评价体系对期刊被引广度的计算参见本书第1章。表13-18给出了2004—2006年经济学期刊被引广度和三年的平均值,再以该指标最大的平均广度值(《经济研究》的172.73)作分母得到各期刊的归一化值。表13-18按三年平均被引广度从大到小排序。

表13-18　　　　　　　　　2004—2006年经济学期刊被引广度

排序	期刊名称	2004年	2005年	2006年	三年平均	归一化值
1	经济研究	162.6	164.2	191.4	172.73	1
2	管理世界	112.0	115.0	139.0	122.00	0.7063
3	中国工业经济	81.0	93.2	113.0	95.73	0.5542
4	经济学动态	76.8	87.2	99.4	87.80	0.5083
5	世界经济	67.4	82.2	95.0	81.53	0.4720
6	金融研究	69.2	77.2	89.8	78.73	0.4558
7	中国农村经济	64.2	67.6	77.2	69.67	0.4033
8	经济社会体制比较	57.0	61.2	70.8	63.00	0.3647
9	会计研究	54.2	62.4	71.8	62.80	0.3636
10	数量经济技术经济研究	46.0	59.8	74.4	60.07	0.3478
11	财贸经济	50.2	62.4	67.2	59.93	0.3470
12	农业经济问题	48.4	54.4	66.0	56.27	0.3258
13	改革	50.2	52.4	65.4	56.00	0.3242
14	经济科学	47.8	54.4	63.8	55.33	0.3203
15	经济理论与经济管理	48.8	54.4	59.0	53.93	0.3122
16	经济研究参考	41.6	49.2	67.0	52.60	0.3045
17	统计研究	40.0	50.0	67.4	52.47	0.3038
18	财经研究	45.6	47.8	61.6	51.67	0.2991
19	经济学家	45.6	53.0	54.2	50.93	0.2949
20	外国经济与管理	41.0	46.8	58.0	48.60	0.2814
21	经济评论	46.6	50.0	46.6	47.73	0.2763
22	当代财经	39.6	42.4	57.4	46.47	0.2690
23	财经问题研究	41.8	43.2	53.4	46.13	0.2671
24	商业研究	36.0	44.4	56.4	45.60	0.2640

续表

排序	期刊名称	2004年	2005年	2006年	三年平均	归一化值
25	国际金融研究	38.8	50.6	47.2	45.53	0.2636
26	经济师	35.4	40.0	56.6	44.00	0.2547
27	南开经济研究	33.6	41.2	56.6	43.80	0.2536
28	经济地理	33.0	39.0	48.0	40.00	0.2316
29	财经科学	29.6	37.2	53.0	39.93	0.2312
30	中国农村观察	28.8	41.0	47.0	38.93	0.2254
31	旅游学刊	33.4	34.4	43.8	37.20	0.2154
32	经济管理	36.8	33.8	39.4	36.67	0.2123
33	国际经济评论	33.0	38.4	38.4	36.60	0.2119
34	上海经济研究	32.0	39.8	37.8	36.53	0.2115
35	世界经济研究	24.2	36.2	47.6	36.00	0.2084
36	国际贸易问题	28.2	29.8	48.8	35.60	0.2061
37	宏观经济研究	27.6	34.8	42.6	35.00	0.2026
38	经济问题探索	22.6	29.8	43.4	31.93	0.1849
39	当代经济科学	25.4	30.2	37.8	31.13	0.1802
40	当代经济研究	25.0	31.2	36.0	30.73	0.1779
41	经济问题	23.2	28.6	39.2	30.33	0.1756
42	财政研究	26.8	25.4	34.2	28.80	0.1667
43	财经理论与实践	23.8	27.8	33.0	28.20	0.1633
44	经济体制改革	21.6	30.0	31.0	27.53	0.1594
45	生产力研究	17.2	27.6	36.2	27.00	0.1563
45	证券市场导报	22.2	29.4	29.4	27.00	0.1563
47	中国经济史研究	23.0	27.2	30.6	26.93	0.1559
48	中央财经大学学报	20.0	28.8	31.6	26.80	0.1552
49	财经	23.0	25.8	31.2	26.67	0.1544
50	经济纵横	18.4	26.8	34.0	26.40	0.1528
50	国际贸易	21.8	27.4	30.0	26.40	0.1528
52	税务研究	20.0	25.8	31.2	25.67	0.1486
53	统计与决策	12.8	22.2	40.8	25.27	0.1463
54	中国金融	20.6	21.4	33.0	25.00	0.1447
55	经济论坛	14.8	21.8	34.8	23.80	0.1378

续表

排序	期刊名称	2004年	2005年	2006年	三年平均	归一化值
56	商业经济与管理	19.6	24.4	26.8	23.60	0.1366
57	世界经济文汇	14.0	19.4	29.8	21.07	0.1220
58	国际经济合作	18.2	19.0	24.4	20.53	0.1189
59	生态经济	19.2	18.0	23.2	20.13	0.1165
60	地域研究与开发	15.8	20.0	24.2	20.00	0.1158
61	中南财经政法大学学报	14.4	17.0	28.2	19.87	0.1150
61	中国社会经济史研究	17.6	17.2	24.8	19.87	0.1150
61	城市问题	17.8	17.0	24.8	19.87	0.1150
64	现代经济探讨	13.6	18.0	27.6	19.73	0.1142
65	华东经济管理	15.6	18.6	24.2	19.47	0.1127
66	农村经济	8.0	19.0	31.0	19.33	0.1119
67	中国人力资源开发	16.6	17.8	22.4	18.93	0.1096
68	南方经济	17.0	18.0	21.0	18.67	0.1081
69	经济经纬——河南财经学院学报	13.0	15.2	27.6	18.60	0.1077
70	上海金融	14.0	20.6	20.2	18.27	0.1058
71	中国改革	15.0	14.8	24.8	18.20	0.1054
72	现代管理科学	9.4	18.6	24.2	17.40	0.1007
72	山西财经大学学报	16.4	14.8	21.0	17.40	0.1007
74	财经论丛——浙江财经学院学报	11.2	21.0	19.8	17.33	0.1003
75	审计研究	11.0	17.8	23.0	17.27	0.1000
76	涉外税务	15.6	18.4	16.6	16.87	0.0977
77	农业技术经济	13.4	18.8	17.4	16.53	0.0957
78	现代财经——天津财经学院学报	11.8	15.2	22.4	16.47	0.0954
78	中国土地科学	15.2	15.8	18.4	16.47	0.0954
80	保险研究	14.4	15.6	19.2	16.40	0.0949
81	中国经济问题	16.0	17.8	15.0	16.27	0.0942
82	经济与管理研究	11.2	15.2	22.2	16.20	0.0938
83	城市发展研究	17.2	14.2	17.0	16.13	0.0934
84	调研世界	14.0	13.0	20.6	15.87	0.0919

续表

排序	期刊名称	2004年	2005年	2006年	三年平均	归一化值
85	投资研究	18.6	13.6	14.0	15.40	0.0892
86	技术经济与管理研究	10.4	15.2	20.2	15.27	0.0884
87	中国农史	12.0	16.8	16.8	15.20	0.0880
88	金融论坛	14.2	14.6	16.6	15.13	0.0876
89	国际经贸探索	12.6	14.2	18.4	15.07	0.0872
90	农业经济	14.4	11.4	18.2	14.67	0.0849
91	中国流通经济	8.8	16.4	18.2	14.47	0.0838
91	亚太经济	11.4	16.0	16.0	14.47	0.0838
93	世界经济与政治论坛	9.6	13.0	17.4	13.33	0.0772
94	江西财经大学学报	8.2	15.0	16.2	13.13	0.0760
95	商业时代	7.2	11.8	20.2	13.07	0.0757
96	宏观经济管理	9.4	10.8	18.8	13.00	0.0753
97	中国经贸导刊	8.8	12.4	17.4	12.87	0.0745
98	规划师	10.6	11.8	16.0	12.80	0.0741
98	金融理论与实践	10.8	12.6	15.0	12.80	0.0741
100	工业技术经济	7.8	11.4	19.0	12.73	0.0737
100	开发研究	8.6	11.2	18.4	12.73	0.0737
102	现代城市研究	11.6	13.0	13.2	12.60	0.0729
103	消费经济	10.6	11.0	15.6	12.40	0.0718
104	世界地理研究	11.2	12.2	13.6	12.33	0.0714
105	桂林旅游高等专科学校学报：旅游论坛	9.6	12.6	14.6	12.27	0.0710
106	经济与管理	7.6	11.0	17.8	12.13	0.0702
107	技术经济	8.2	13.0	15.0	12.07	0.0699
108	财贸研究	6.6	10.6	18.8	12.00	0.0695
109	中国土地	9.6	14.2	11.2	11.67	0.0676
110	中国国情国力	11.6	11.2	11.4	11.40	0.0660
111	价值工程	7.0	10.6	16.2	11.27	0.0652
112	开放导报	8.8	11.6	13.0	11.13	0.0644
113	改革与战略	7.0	8.6	17.6	11.07	0.0641
114	税务与经济——长春税务学院学报	10.4	11.0	11.6	11.00	0.0637

续表

排序	期刊名称	2004年	2005年	2006年	三年平均	归一化值
115	特区经济	4.6	8.4	19.2	10.73	0.0621
115	国外城市规划	8.0	11.2	13.0	10.73	0.0621
117	北京第二外国语学院学报	9.0	9.6	13.0	10.53	0.0610
118	北方经贸	10.4	7.6	13.4	10.47	0.0606
118	江苏商论	3.6	11.8	16.0	10.47	0.0606
120	东北财经大学学报	9.2	7.8	14.0	10.33	0.0598
121	价格理论与实践	5.6	9.0	16.2	10.27	0.0595
122	运筹与管理	4.8	11.2	13.6	9.87	0.0571
123	中国劳动	7.4	8.2	13.6	9.73	0.0563
124	资源开发与市场	6.6	9.4	13.0	9.67	0.0560
125	上海财经大学学报	5.8	11.6	11.4	9.60	0.0556
126	热带地理	8.0	9.4	11.0	9.47	0.0548
127	南京财经大学学报	7.2	9.8	11.2	9.40	0.0544
128	中国物流与采购	6.8	9.8	11.4	9.33	0.0540
129	贵州财经学院学报	8.2	9.8	9.6	9.20	0.0533
130	浙江经济	7.8	12.6	7.0	9.13	0.0529
131	东南亚纵横	6.6	7.6	13.0	9.07	0.0525
132	中国注册会计师	9.6	7.8	9.6	9.00	0.0521
133	市场论坛	9.2	11.0	6.4	8.87	0.0514
134	旅游科学	7.6	7.2	11.4	8.73	0.0505
134	全球科技经济瞭望	9.4	0.4	16.4	8.73	0.0505
136	决策	5.8	10.0	10.2	8.67	0.0502
137	中国卫生经济	4.0	6.0	15.8	8.60	0.0498
137	银行家	5.0	11.0	9.8	8.60	0.0498
139	云南财经大学学报	7.0	12.0	6.4	8.47	0.0490
140	产业经济研究	4.4	7.8	13.0	8.40	0.0486
141	上海综合经济	7.2	10.6	7.2	8.33	0.0482
142	中国房地产	6.0	10.0	8.8	8.27	0.0479
143	理论导刊	4.4	7.0	13.2	8.20	0.0475
143	审计与经济研究	5.8	9.0	9.8	8.20	0.0475
143	干旱区地理	7.2	7.6	9.8	8.20	0.0475

续表

排序	期刊名称	2004年	2005年	2006年	三年平均	归一化值
146	兰州商学院学报	6.4	8.8	9.0	8.07	0.0467
146	科技与经济	5.8	6.6	11.8	8.07	0.0467
148	国际石油经济	7.2	6.6	10.2	8.00	0.0463
149	山地学报	7.2	9.0	7.4	7.87	0.0456
150	国土与自然资源研究	7.6	6.8	9.0	7.80	0.0452
150	上海会计	7.4	8.0	8.0	7.80	0.0452
152	山东经济	5.6	7.2	10.0	7.60	0.0440
152	林业经济	6.0	7.4	9.4	7.60	0.0440
152	前线	5.8	6.8	10.2	7.60	0.0440
152	中共福建省委党校学报	5.4	7.8	9.6	7.60	0.0440
156	河北经贸大学学报	5.8	7.0	9.8	7.53	0.0436
157	中国投资	5.2	9.0	8.0	7.40	0.0428
158	人民论坛	3.2	5.6	13.2	7.33	0.0424
158	金融与经济	3.8	8.4	9.8	7.33	0.0424
160	经济前沿	3.8	8.2	9.8	7.27	0.0421
161	统计与信息论坛	6.2	7.4	7.8	7.13	0.0413
162	首都经济贸易大学学报	4.2	7.2	9.8	7.07	0.0409
162	经济要参	8.4	7.8	5.0	7.07	0.0409
164	对外经贸实务	5.4	8.8	6.8	7.00	0.0405
165	经济导刊	5.6	6.4	8.6	6.87	0.0398
166	南方金融	3.2	6.2	10.8	6.73	0.0390
166	小城镇建设	4.6	3.8	11.8	6.73	0.0390
168	现代日本经济	4.8	6.8	8.4	6.67	0.0386
168	中国外汇	6.2	5.8	8.0	6.67	0.0386
170	理论探索	3.6	6.4	9.6	6.53	0.0378
171	金融教学与研究	3.2	9.2	7.0	6.47	0.0375
171	城乡建设	6.4	7.0	6.0	6.47	0.0375
173	经济界	5.2	6.2	7.8	6.40	0.0371
174	河南金融管理干部学院学报	3.4	7.0	8.6	6.33	0.0366
174	湖南商学院学报	5.2	5.4	8.4	6.33	0.0366
176	会计之友	4.2	5.4	9.0	6.20	0.0359

续表

排序	期刊名称	2004年	2005年	2006年	三年平均	归一化值
176	企业研究	4.0	7.4	7.2	6.20	0.0359
178	山东财政学院学报	5.4	7.2	5.8	6.13	0.0355
178	科学决策	3.6	6.4	8.4	6.13	0.0355
180	中华商标	4.6	6.0	7.6	6.07	0.0351
180	中国财政	4.0	7.4	6.8	6.07	0.0351
182	广东商学院学报	3.2	5.8	8.8	5.93	0.0343
182	资源与人居环境	6.6	4.8	6.4	5.93	0.0343
184	广东金融学院学报	6.0	6.2	5.4	5.87	0.0340
185	岭南学刊	6.0	5.0	6.4	5.80	0.0336
186	中共浙江省委党校学报	4.0	4.6	8.6	5.73	0.0332
187	内蒙古科技与经济	2.4	6.2	8.4	5.67	0.0328
187	武汉金融	4.2	5.8	7.0	5.67	0.0328
187	中国房地产金融	5.4	6.4	5.2	5.67	0.0328
190	城市开发	4.4	5.0	7.4	5.60	0.0324
191	卫生经济研究	2.0	3.4	11.2	5.53	0.0320
191	天津商学院学报	3.4	5.8	7.4	5.53	0.0320
193	中国货币市场	4.2	6.4	5.8	5.47	0.0317
193	西安财经学院学报	3.8	7.8	4.8	5.47	0.0317
195	中国审计	4.2	4.8	7.0	5.33	0.0309
195	浙江金融	4.0	5.6	6.4	5.33	0.0309
197	WTO经济导刊	3.2	4.0	8.6	5.27	0.0305
197	财会研究	4.4	5.0	6.4	5.27	0.0305
197	国际商务——对外经济贸易大学学报	4.4	4.0	7.4	5.27	0.0305
197	国土资源科技管理	3.0	6.4	6.4	5.27	0.0305
197	上海保险	4.2	5.6	6.0	5.27	0.0305

从表 13-18 可以看到，《经济研究》和《管理世界》以绝对的优势遥遥领先于其他期刊，它们的平均被引广度均在 100 以上，大大高于经济学类来源期刊数（约 72 种）[①]，说明这两种期刊不仅影响着本学科期刊，还影响着大量的综合性期刊和非

---

① 因为统计源期刊为 CSSCI 来源期刊，也就是说只有 72 种经济学期刊参与统计。

本学科期刊。《中国工业经济》、《经济学动态》、《世界经济》和《金融研究》的平均被引广度也在78以上，表明它们的学术影响超越了本学科。其他期刊的被引广度均不超过70，说明这些期刊的影响力多数还局限在经济学类期刊中。

2004—2006年间，经济学期刊的被引广度均有不同程度的提高，表13‑18中201种期刊的平均被引广度每年上升20%左右，说明经济学期刊正不断扩大其影响度。有44种期刊的被引广度提升了1倍，有60种期刊的被引广度数值增加了10以上，但也有12种期刊的被引广度出现了下降。

如果我们从期刊的被引广度这一角度将经济学期刊划分层次，平均被引广度在100以上的《经济研究》和《管理世界》列为经济学第一层次；平均被引广度在100—60之间的8种期刊归入第二层次；平均被引广度在60—20之间的50种期刊列入第三层次；余下的经济学期刊均归入第四层次。

13.6 经济学期刊二次文献转载分析

二次文献转载指标是我国几种重要的二次文献对各期刊中论文全文转载的数量统计。二次文献的转载与否、转载率的高低也是国内外检验学术期刊质量高低的一项主要指标。[①] 经济学期刊的二次文献转载分析主要采用三种二次文献数据，即人民出版社主办的《新华文摘》、中国社会科学杂志社主办的《中国社会科学文摘》和中国人民大学主办的《复印报刊资料》。这三种文献数据具有一定的权威性，它们主要转载中国人文社会科学领域的重要研究成果，反映各学科领域学术动态和学术走向。因此，对二次文献转载指标的分析可以作为对其他指标的一个补充。

13.6.1 《新华文摘》全文转载

《新华文摘》是一种大型的综合性、学术性文摘，内容涉及政治学、经济学、历史学、文学艺术、法学、社会学、教育学等多种人文社会科学学科，具有很高的学术性和权威性。[②] 因此，《新华文摘》全文转载经济学期刊论文的数量，可以作为评价期刊学术质量的指标之一。表13‑19给出了2004—2006年经济学期刊被《新华文摘》全文转载的统计数据，其中年度数据平均后得到三年平均值，再经过归一化计算，得到每一种期刊的归一化值。表13‑19按三年平均转载次数从大到小排序。

---

① 尹玉吉、毕红卫："关于提高学术期刊二次文献转载率"，《编辑之友》2000年第4期，第23页。

② http://www.peoplepress.net/rmweb/WebSite/Periodical/index.aspx，2008‑1‑16。

表 13-19　　2004—2006 年经济学期刊被《新华文摘》全文转载统计

排序	期刊名称	2004年（篇）	2005年（篇）	2006年（篇）	三年平均（篇）	归一化值
1	管理世界	5	6	11	7.33	1
2	经济研究	7	7	7	7.00	0.9550
3	经济学动态	4	6	10	6.67	0.9100
4	中国工业经济	5	4	9	6.00	0.8186
5	经济社会体制比较	5	3	3	3.67	0.5007
5	改革	1	2	8	3.67	0.5007
7	经济学家	2	4	4	3.33	0.4543
8	中国金融	1	3	5	3.00	0.4093
8	中国经济问题	3	3	3	3.00	0.4093
8	中国国情国力	0	3	6	3.00	0.4093
11	经济理论与经济管理	2	3	3	2.67	0.3643
11	经济管理	2	1	5	2.67	0.3643
11	国际经济评论	2	4	2	2.67	0.3643
14	经济研究参考	1	2	4	2.33	0.3179
14	财经科学	3	3	1	2.33	0.3179
14	当代经济研究	3	3	1	2.33	0.3179
14	国际贸易	5	1	1	2.33	0.3179
18	外国经济与管理	3	2	1	2.00	0.2729
18	财经问题研究	1	2	3	2.00	0.2729
18	上海经济研究	1	2	3	2.00	0.2729
18	开放导报	2	2	2	2.00	0.2729
22	世界经济	3	1	1	1.67	0.2278
22	财贸经济	3	2	0	1.67	0.2278
22	农业经济问题	0	2	3	1.67	0.2278
22	国际贸易问题	1	3	1	1.67	0.2278
22	宏观经济研究	2	1	2	1.67	0.2278
22	中国经济史研究	2	1	2	1.67	0.2278
22	中国改革	0	5	0	1.67	0.2278
29	经济科学	2	1	1	1.33	0.1814
29	江西财经大学学报	1	2	1	1.33	0.1814

续表

排序	期刊名称	2004年（篇）	2005年（篇）	2006年（篇）	三年平均（篇）	归一化值
29	世界经济与政治论坛	2	1	1	1.33	0.1814
32	中国农村经济	1	1	1	1.00	0.1364
32	当代财经	2	1	0	1.00	0.1364
32	南开经济研究	1	2	0	1.00	0.1364
32	财经	1	2	0	1.00	0.1364
32	国际经济合作	0	0	3	1.00	0.1364
32	城市发展研究	2	0	1	1.00	0.1364
32	经济与管理研究	0	1	2	1.00	0.1364
32	中国流通经济	0	1	2	1.00	0.1364
32	经济前沿	1	1	1	1.00	0.1364
41	财经研究	0	0	2	0.67	0.0914
41	国际金融研究	1	0	1	0.67	0.0914
41	经济评论	0	0	2	0.67	0.0914
41	经济问题探索	1	1	0	0.67	0.0914
41	经济纵横	1	0	1	0.67	0.0914
41	中央财经大学学报	0	0	2	0.67	0.0914
41	商业经济与管理	0	1	1	0.67	0.0914
41	中南财经政法大学学报	0	1	1	0.67	0.0914
41	现代财经——天津财经学院学报	1	0	1	0.67	0.0914
41	财贸研究	2	0	0	0.67	0.0914
41	价格理论与实践	0	1	1	0.67	0.0914
52	金融研究	0	0	1	0.33	0.0450
52	旅游学刊	0	1	0	0.33	0.0450
52	中国农村观察	1	0	0	0.33	0.0450
52	世界经济研究	0	1	0	0.33	0.0450
52	税务研究	0	0	1	0.33	0.0450
52	财政研究	0	1	0	0.33	0.0450
52	财经理论与实践	1	0	0	0.33	0.0450
52	华东经济管理	0	0	1	0.33	0.0450

续表

排序	期刊名称	2004年（篇）	2005年（篇）	2006年（篇）	三年平均（篇）	归一化值
52	现代经济探讨	0	0	1	0.33	0.0450
52	财经论丛——浙江财经学院学报	1	0	0	0.33	0.0450
52	保险研究	0	0	1	0.33	0.0450
52	宏观经济管理	1	0	0	0.33	0.0450
52	开发研究	0	0	1	0.33	0.0450

根据表13-19的数据显示，除了《管理世界》、《经济研究》、《经济学动态》和《中国工业经济》，经济学期刊被《新华文摘》全文转载的次数均比较少。2004—2006年仅有80种左右的经济学期刊被转载过，甚至有28种CSSCI来源期刊三年间均没有被转载过。

从年度变化上来看，前4名的期刊呈现被转载次数逐步增长的势头，这其中又以《管理世界》和《经济学动态》的增长最为明显。排名之后的期刊由于被转载次数较少而出现某年转载次数突然增加的偶然现象。

经济学期刊呈现的这种大部分期刊被转载较少而少数期刊被转载较多且年度增长较快的现象，是由于《新华文摘》每年摘收的论文数量较少，而且只摘收反映最新学术动态、与国家政治与政策紧密相关、社会与学界关注和质量较高的精品经济学论文，而这些论文又集中在少数质量较高的经济学期刊，因此造成大量经济学期刊鲜有转载。

13.6.2 《中国社会科学文摘》全文转载

《中国社会科学文摘》是择优推介人文社会科学重要研究成果的文摘。[①] 该文摘以转载社科类的精品论文为主，所以总体转载数量也比较少。表13-20给出了2004—2006年经济学期刊被《中国社会科学文摘》全文转载的统计数据，其中年度数据平均后得到三年平均值，再经过归一化计算，即用7.67（该指标最大的平均值）作分母去除每一种期刊这一指标的平均值得到各期刊这一指标的归一化值。表13-20按三年平均转载次数从大到小排序。

---

① http://ssic.cass.cn/magazine_4.htm, 2008-1-16.

表13-20　　2004—2006年经济学期刊被《中国社会科学文摘》全文转载统计

排序	期刊名称	2004年（篇）	2005年（篇）	2006年（篇）	三年平均（篇）	归一化值
1	经济研究	8	6	9	7.67	1
2	经济社会体制比较	4	8	5	5.67	0.7392
3	中国工业经济	3	3	5	3.67	0.4785
4	中国农村观察	4	3	3	3.33	0.4342
5	管理世界	4	1	2	2.33	0.3038
6	中国农村经济	1	2	2	1.67	0.2177
6	财贸经济	2	0	3	1.67	0.2177
6	改革	1	2	2	1.67	0.2177
6	财经论丛——浙江财经学院学报	2	2	1	1.67	0.2177
10	经济科学	1	1	2	1.33	0.1734
10	经济学家	1	1	2	1.33	0.1734
10	当代财经	1	1	2	1.33	0.1734
10	当代经济科学	0	2	2	1.33	0.1734
14	国际经济评论	1	2	0	1.00	0.1304
14	中国经济史研究	0	0	3	1.00	0.1304
14	中国国情国力	3	0	0	1.00	0.1304
17	经济学动态	1	0	1	0.67	0.0874
17	财经科学	0	2	0	0.67	0.0874
17	当代经济研究	1	0	1	0.67	0.0874
17	商业经济与管理	1	0	1	0.67	0.0874
17	中国农史	0	0	2	0.67	0.0874
17	中南财经政法大学学报	0	0	2	0.67	0.0874
17	经济经纬——河南财经学院学报	0	0	2	0.67	0.0874
17	中国改革	0	2	0	0.67	0.0874
17	江西财经大学学报	0	1	1	0.67	0.0874
17	世界经济与政治论坛	1	0	1	0.67	0.0874
27	金融研究	1	0	0	0.33	0.0430
27	数量经济技术经济研究	0	0	1	0.33	0.0430
27	农业经济问题	0	0	1	0.33	0.0430

续表

排序	期刊名称	2004年（篇）	2005年（篇）	2006年（篇）	三年平均（篇）	归一化值
27	统计研究	0	0	1	0.33	0.0430
27	财经研究	0	0	1	0.33	0.0430
27	财经问题研究	0	1	0	0.33	0.0430
27	世界经济研究	0	0	1	0.33	0.0430
27	宏观经济研究	0	0	1	0.33	0.0430
27	证券市场导报	0	0	1	0.33	0.0430
27	财经理论与实践	0	1	0	0.33	0.0430
27	国际贸易	0	0	1	0.33	0.0430
27	国际经济合作	0	0	1	0.33	0.0430
27	现代经济探讨	0	0	1	0.33	0.0430
27	国际经贸探索	0	0	1	0.33	0.0430
27	兰州商学院学报	0	0	1	0.33	0.0430
27	国际商务——对外经济贸易大学学报	0	0	1	0.33	0.0430
27	上海财经大学学报	0	0	1	0.33	0.0430

从表13-20可以看出，与《新华文摘》转载情况类似，经济学期刊除《经济研究》、《经济社会体制比较》和《中国工业经济》以外，大部分经济学期刊被《中国社会科学文摘》转载的次数较少，或者三年间从未被转载。从三年间转载数量的变化情况来看，只有《经济研究》呈现明显的增长，而其他期刊转载次数的变化存在一定的偶然性。

13.6.3 《复印报刊资料》全文转载

《复印报刊资料》是国内较具权威性的社会科学、人文科学专题文献资料库，其转载的内容涉及100多个专题，[①] 收集的范围和期刊论文数量较前两种文摘更为广泛。因此，各期刊被《复印报刊资料》转载的可能性较前两种文摘更大，被转载的次数也更多。对于经济学期刊来说，《复印报刊资料》设立的"经济学门类"20多个专题资料转载了大量经济学领域发表的优秀论文，无形中提高了经济学期刊的转载次数。表13-21给出了2004—2006年经济学期刊被《复印报刊资料》全文转

---

① http://www.lib.fzu.edu.cn/qkwx/zgxsqk5.asp, 2008-1-16.

载的统计数据。包括内容：各年度的转载次数、三年平均转载次数和该指标的归一化值。表13-21按三年平均转载次数从大到小排序。

表13-21　　　2004—2006年经济学期刊被《复印报刊资料》全文转载统计

排序	期刊名称	2004年（篇）	2005年（篇）	2006年（篇）	三年平均（篇）	归一化值
1	管理世界	68	73	62	67.67	1
2	中国工业经济	55	57	66	59.33	0.8768
3	经济学动态	52	58	60	56.67	0.8374
4	改革	25	69	70	54.67	0.8079
5	当代财经	67	37	55	53.00	0.7832
6	国际经济合作	125	13	4	47.33	0.6994
7	经济研究	42	37	59	46.00	0.6798
8	中国农村经济	40	52	39	43.67	0.6453
9	经济理论与经济管理	47	34	42	41.00	0.6059
10	财贸经济	42	45	26	37.67	0.5567
11	世界经济研究	43	33	35	37.00	0.5468
12	经济学家	38	40	27	35.00	0.5172
13	经济管理	34	19	51	34.67	0.5123
14	农业经济问题	45	33	21	33.00	0.4877
15	当代经济研究	37	30	29	32.00	0.4729
16	中南财经政法大学学报	25	37	33	31.67	0.4680
17	外国经济与管理	35	30	29	31.33	0.4630
18	财经问题研究	29	34	30	31.00	0.4581
19	财经科学	34	29	28	30.33	0.4482
20	国际贸易问题	28	27	35	30.00	0.4433
21	经济评论	29	23	36	29.33	0.4334
22	世界经济与政治论坛	25	38	23	28.67	0.4237
23	宏观经济研究	29	27	28	28.00	0.4138
24	审计与经济研究	23	24	36	27.67	0.4089
25	中央财经大学学报	19	29	32	26.67	0.3941
25	经济社会体制比较	26	24	30	26.67	0.3941
27	上海经济研究	21	20	38	26.33	0.3891

续表

排序	期刊名称	2004年（篇）	2005年（篇）	2006年（篇）	三年平均（篇）	归一化值
28	商业经济与管理	26	23	26	25.00	0.3694
29	统计与决策	14	29	31	24.67	0.3646
30	财经论丛——浙江财经学院学报	28	31	14	24.33	0.3595
30	世界经济	20	30	23	24.33	0.3595
32	财经理论与实践	26	23	23	24.00	0.3547
33	统计研究	25	25	21	23.67	0.3498
34	金融与经济	24	28	16	22.67	0.3350
34	经济经纬——河南财经学院学报	27	24	17	22.67	0.3350
34	现代财经——天津财经学院学报	30	19	19	22.67	0.3350
37	经济体制改革	21	21	23	21.67	0.3202
38	税务研究	15	27	22	21.33	0.3152
39	山西财经大学学报	22	22	18	20.67	0.3055
39	财经研究	25	19	18	20.67	0.3055
41	中国流通经济	19	17	23	19.67	0.2907
42	经济问题探索	21	22	14	19.00	0.2808
42	国际贸易	26	18	13	19.00	0.2808
44	经济地理	24	18	13	18.33	0.2709
45	国际经济评论	22	18	14	18.00	0.2660
45	中国国情国力	26	18	10	18.00	0.2660
45	财政研究	25	17	12	18.00	0.2660
45	中国金融	19	15	20	18.00	0.2660
49	当代经济科学	17	21	15	17.67	0.2611
49	国际金融研究	18	20	15	17.67	0.2611
51	金融理论与实践	6	22	24	17.33	0.2561
52	中国经济史研究	16	17	18	17.00	0.2512
52	旅游学刊	9	16	26	17.00	0.2512
52	财贸研究	14	14	23	17.00	0.2512
55	江西财经大学学报	15	17	18	16.67	0.2463

续表

排序	期刊名称	2004年（篇）	2005年（篇）	2006年（篇）	三年平均（篇）	归一化值
55	审计研究	12	16	22	16.67	0.2463
57	涉外税务	11	18	20	16.33	0.2413
58	保险研究	16	16	15	15.67	0.2316
58	现代经济探讨	12	9	26	15.67	0.2316
60	南开经济研究	13	18	15	15.33	0.2265
60	中国社会经济史研究	22	6	18	15.33	0.2265
62	华东经济管理	9	14	21	14.67	0.2168
62	经济问题	16	13	15	14.67	0.2168
62	经济与管理研究	1	13	30	14.67	0.2168
62	金融论坛	16	12	16	14.67	0.2168
62	开放导报	24	11	9	14.67	0.2168
67	中国经济问题	14	11	17	14.00	0.2069
68	俄罗斯中亚东欧市场	19	12	10	13.67	0.2020
69	经济科学	14	14	9	12.33	0.1822
70	中国农史	14	12	10	12.00	0.1773
70	经济与管理	8	12	16	12.00	0.1773
72	调研世界	11	17	7	11.67	0.1725
72	金融研究	0	14	21	11.67	0.1725
72	经济纵横	11	14	10	11.67	0.1725
72	南方经济	16	11	8	11.67	0.1725
76	地域研究与开发	12	9	13	11.33	0.1674
77	财经	1	20	12	11.00	0.1626
77	生产力研究	3	16	14	11.00	0.1626
77	会计研究	7	11	15	11.00	0.1626
77	国际经贸探索	18	7	8	11.00	0.1626
81	广东金融学院学报	1	15	16	10.67	0.1577
81	农业技术经济	6	14	12	10.67	0.1577
81	亚太经济	8	14	10	10.67	0.1577
84	国际商务——对外经济贸易大学学报	11	13	7	10.33	0.1527

续表

排序	期刊名称	2004年（篇）	2005年（篇）	2006年（篇）	三年平均（篇）	归一化值
85	农村经济	6	16	8	10.00	0.1478
85	兰州商学院学报	15	8	7	10.00	0.1478
87	消费经济	3	16	10	9.67	0.1429
88	桂林旅游高等专科学校学报：旅游论坛	10	8	9	9.00	0.1330
89	生态经济	4	7	14	8.33	0.1231
89	中国农村观察	10	5	10	8.33	0.1231
89	上海财经大学学报	7	7	11	8.33	0.1231
89	中国改革	10	10	5	8.33	0.1231
93	产业经济研究	8	12	4	8.00	0.1182
94	开发研究	0	12	11	7.67	0.1133
95	经济前沿	8	7	6	7.00	0.1034
95	上海金融	12	6	3	7.00	0.1034
97	经济研究参考	9	8	3	6.67	0.0986
97	宏观经济管理	8	5	7	6.67	0.0986
99	证券市场导报	1	4	13	6.00	0.0887
100	农业经济	1	13	3	5.67	0.0838
100	价格理论与实践	5	8	4	5.67	0.0838
102	城市问题	5	6	5	5.33	0.0788
103	投资研究	6	6	3	5.00	0.0739
103	数量经济技术经济研究	11	4	0	5.00	0.0739
105	世界经济文汇	6	5	3	4.67	0.0690
106	城市发展研究	4	3	6	4.33	0.0640
107	旅游科学	0	0	8	2.67	0.0395
108	国外城市规划	1	1	0	0.67	0.0099

从表13-21可以看到，在三年平均转载次数的排名上，居于第一层次（年均20篇以上）的前39种期刊转载次数占总数的61.4%，其中CSSCI来源期刊占据31席；居于第二层次的46种期刊三年平均转载次数在19—10次之间；其余期刊归入第三层次。

三年间，大部分经济学期刊被《复印报刊资料》转载的次数起伏不定，很多期刊还出现了转载次数减少的情况，其中尤以《国际经济合作》最为突出，从 2004 年被转载 125 次急剧下降到 2006 年的 4 次，三年下降了 96.8%。

由此分析，《复印报刊资料》对经济学期刊论文的转载面较广，数量较多，但是其在选择转载论文时仍十分注重论文的质量。对于质量较高的期刊来说，由于其刊登优秀的论文而使转载次数处于高位，对于质量较低的期刊来说，由于缺乏优秀的论文而使转载次数排名靠后，甚至没有被转载的情况。

13.6.4 二次文献转载综合分析

二次文献转载指标是期刊评价指标的重要补充。本评价体系按照期刊论文被这三种二次文献转载的难易程度进行权重分配，其占比例分别为：《新华文摘》（45%）、《中国社会科学文摘》（35%）、《复印报刊资料》（20%）。表 13-22 给出了 2004—2006 年经济学期刊二次文献转载各指标的归一化值和综合值。综合值计算方法参见本书第 1 章。表 13-22 按二次文献转载综合值从大到小排序。

表 13-22　　　　　　　2004—2006 年经济学期刊二次文献转载综合值

排序	期刊名称	新华文摘归一化值	中国社会科学文摘归一化值	复印报刊资料归一化值	综合值
1	经济研究	0.9550	1	0.6798	0.9157
2	管理世界	1	0.3038	1	0.7563
3	中国工业经济	0.8186	0.4785	0.8768	0.7112
4	经济学动态	0.9100	0.0874	0.8374	0.6076
5	经济社会体制比较	0.5007	0.7392	0.3941	0.5629
6	改革	0.5007	0.2177	0.8079	0.4631
7	经济学家	0.4543	0.1734	0.5172	0.3686
8	财贸经济	0.2278	0.2177	0.5567	0.2900
9	经济理论与经济管理	0.3643	0	0.6059	0.2851
10	中国国情国力	0.4093	0.1304	0.2660	0.2830
11	当代财经	0.1364	0.1734	0.7832	0.2787
12	当代经济研究	0.3179	0.0874	0.4729	0.2682
13	中国农村经济	0.1364	0.2177	0.6453	0.2666
14	经济管理	0.3643	0	0.5123	0.2664
15	财经科学	0.3179	0.0874	0.4482	0.2633
16	国际经济评论	0.3643	0.1304	0.2660	0.2628

续表

排序	期刊名称	新华文摘归一化值	中国社会科学文摘归一化值	复印报刊资料归一化值	综合值
17	中国金融	0.4093	0	0.2660	0.2374
18	财经问题研究	0.2729	0.0430	0.4581	0.2295
19	中国经济问题	0.4093	0	0.2069	0.2256
20	国际经济合作	0.1364	0.0430	0.6994	0.2163
21	外国经济与管理	0.2729	0	0.4630	0.2154
22	农业经济问题	0.2278	0.0430	0.4877	0.2151
23	国际贸易	0.3179	0.0430	0.2808	0.2143
24	上海经济研究	0.2729	0	0.3891	0.2006
25	宏观经济研究	0.2278	0.0430	0.4138	0.2003
26	中国经济史研究	0.2278	0.1304	0.2512	0.1984
27	世界经济与政治论坛	0.1814	0.0874	0.4237	0.1970
28	中国农村观察	0.0450	0.4342	0.1231	0.1968
29	国际贸易问题	0.2278	0	0.4433	0.1912
30	经济科学	0.1814	0.1734	0.1822	0.1788
31	世界经济	0.2278	0	0.3595	0.1744
32	财经论丛——浙江财经学院学报	0.0450	0.2177	0.3595	0.1683
33	开放导报	0.2729	0	0.2168	0.1662
34	中南财经政法大学学报	0.0914	0.0874	0.4680	0.1653
35	经济研究参考	0.3179	0	0.0986	0.1628
36	江西财经大学学报	0.1814	0.0874	0.2463	0.1615
37	中国改革	0.2278	0.0874	0.1231	0.1577
38	商业经济与管理	0.0914	0.0874	0.3694	0.1456
39	世界经济研究	0.0450	0.0430	0.5468	0.1447
40	经济评论	0.0914	0	0.4334	0.1278
41	中央财经大学学报	0.0914	0	0.3941	0.1200
42	中国流通经济	0.1364	0	0.2907	0.1195
43	财经研究	0.0914	0.0430	0.3055	0.1173
44	当代经济科学	0	0.1734	0.2611	0.1129
45	现代财经——天津财经学院学报	0.0914	0	0.3350	0.1081

第 13 章 经济学

续表

排序	期刊名称	新华文摘归一化值	中国社会科学文摘归一化值	复印报刊资料归一化值	综合值
46	南开经济研究	0.1364	0	0.2265	0.1067
47	财经理论与实践	0.0450	0.0430	0.3547	0.1062
48	经济与管理研究	0.1364	0	0.2168	0.1047
49	经济经纬——河南财经学院学报	0	0.0874	0.3350	0.0976
50	经济问题探索	0.0914	0	0.2808	0.0973
51	财经	0.1364	0	0.1626	0.0939
52	国际金融研究	0.0914	0	0.2611	0.0934
53	财贸研究	0.0914	0	0.2512	0.0914
54	统计研究	0	0.0430	0.3498	0.0850
55	税务研究	0.0450	0	0.3152	0.0833
56	经济前沿	0.1364	0	0.1034	0.0821
57	审计与经济研究	0	0	0.4089	0.0818
58	现代经济探讨	0.0450	0.0430	0.2316	0.0816
59	经济纵横	0.0914	0	0.1725	0.0756
60	城市发展研究	0.1364	0	0.0640	0.0742
61	财政研究	0.0450	0	0.2660	0.0735
62	统计与决策	0	0	0.3646	0.0729
63	旅游学刊	0.0450	0	0.2512	0.0705
64	金融研究	0.0450	0.0430	0.1725	0.0698
65	金融与经济	0	0	0.3350	0.0670
66	保险研究	0.0450	0	0.2316	0.0666
67	中国农史	0	0.0874	0.1773	0.0661
68	经济体制改革	0	0	0.3202	0.0640
69	华东经济管理	0.0450	0	0.2168	0.0636
70	山西财经大学学报	0	0	0.3055	0.0611
71	价格理论与实践	0.0914	0	0.0838	0.0579
72	经济地理	0	0	0.2709	0.0542
73	金融理论与实践	0	0	0.2561	0.0512
74	审计研究	0	0	0.2463	0.0493

续表

排序	期刊名称	新华文摘归一化值	中国社会科学文摘归一化值	复印报刊资料归一化值	综合值
75	涉外税务	0	0	0.2413	0.0483
76	国际经贸探索	0	0.0430	0.1626	0.0476
77	国际商务——对外经济贸易大学学报	0	0.0430	0.1527	0.0456
78	中国社会经济史研究	0	0	0.2265	0.0453
79	兰州商学院学报	0	0.0430	0.1478	0.0446
80	经济问题	0	0	0.2168	0.0434
80	金融论坛	0	0	0.2168	0.0434
82	开发研究	0.0450	0	0.1133	0.0429
83	俄罗斯中亚东欧市场	0	0	0.2020	0.0404
84	宏观经济管理	0.0450	0	0.0986	0.0400
85	上海财经大学学报	0	0.0430	0.1231	0.0397
86	经济与管理	0	0	0.1773	0.0355
87	调研世界	0	0	0.1725	0.0345
87	南方经济	0	0	0.1725	0.0345
89	地域研究与开发	0	0	0.1674	0.0335
90	证券市场导报	0	0.0430	0.0887	0.0328
91	生产力研究	0	0	0.1626	0.0325
91	会计研究	0	0	0.1626	0.0325
93	广东金融学院学报	0	0	0.1577	0.0315
93	农业技术经济	0	0	0.1577	0.0315
95	亚太经济	0	0	0.1577	0.0315
96	数量经济技术经济研究	0	0.0430	0.0739	0.0298
97	农村经济	0	0	0.1478	0.0296
98	消费经济	0	0	0.1429	0.0286
99	桂林旅游高等专科学校学报：旅游论坛	0	0	0.1330	0.0266
100	生态经济	0	0	0.1231	0.0246
101	产业经济研究	0	0	0.1182	0.0236
102	上海金融	0	0	0.1034	0.0207
103	农业经济	0	0	0.0838	0.0168

续表

排序	期刊名称	新华文摘归一化值	中国社会科学文摘归一化值	复印报刊资料归一化值	综合值
104	城市问题	0	0	0.0788	0.0158
105	投资研究	0	0	0.0739	0.0148
106	世界经济文汇	0	0	0.0690	0.0138
107	旅游科学	0	0	0.0395	0.0079
108	国外城市规划	0	0	0.0099	0.0020

从表 13-22 可以看到，从二次文献转载综合值上来看，《经济研究》虽只有一项第 1，另两项分别排名第 2 和第 7，但仍以最高分值占据排名的首位；《管理世界》以两项第 1 的优势位居第 2，综合值达到 0.7563；《中国工业经济》在三项指标中分别排在第 4、3、2 位置上，确保其综合值位居第三。这三种期刊的综合值均在 0.7 以上，我们可以将其归入二次文献转载指标的第一层次。第二层次可以设为综合值在 0.7—0.1 之间的期刊，共有《经济学动态》等 45 种期刊；其他期刊划为第三层次。

13.7 经济学期刊 Web 即年下载率分析

随着网络的普及和各类期刊全文数据库的不断完善，越来越多的作者选择通过网络来搜集所需要的期刊文献。Web 即年下载率是指期刊在某一期刊全文数据库中当年出版并上网的论文在当年被全文下载的次数与该期刊当年出版并上网论文总数之比。本章采用的 Web 即年下载率的数据来源于《中国学术期刊综合引证报告（2005—2007 版）》。表 13-23 给出了 2004—2006 年经济学期刊 Web 即年下载数据、三年平均值和归一化值。表 13-23 按三年平均值从大到小排序。

表 13-23　　　　　　　2004—2006 年经济学期刊 Web 即年下载率

排序	期刊名称	2004 年	2005 年	2006 年	三年平均	归一化值
1	金融研究	—	135.6	396.5	266.05	1
2	会计研究	198.9	185.7	391.5	258.70	0.9724
3	经济研究	—	124.1	298.4	211.25	0.7940
4	国际金融研究	135.4	87.8	216.9	146.70	0.5514
5	旅游学刊	87.9	120.3	225.2	144.47	0.5430
6	中国工业经济	106.1	100.7	204.4	137.07	0.5152
7	管理世界	102.0	115.3	—	108.65	0.4084

续表

排序	期刊名称	2004年	2005年	2006年	三年平均	归一化值
8	外国经济与管理	88.6	64.2	155.5	102.77	0.3863
9	中国农村观察	63.6	73.3	144.8	93.90	0.3529
10	保险研究	59.0	47.1	174.4	93.50	0.3514
11	统计研究	74.4	94.7	108.5	92.53	0.3478
12	经济科学	69.1	52.6	152.0	91.23	0.3429
13	中国农村经济	60.3	76.2	136.0	90.83	0.3414
14	经济地理	74.8	64.6	131.7	90.37	0.3397
15	当代经济科学	76.8	70.9	118.0	88.57	0.3329
16	农业经济问题	70.3	58.8	136.5	88.53	0.3328
17	数量经济技术经济研究	54.9	62.8	139.4	85.70	0.3221
18	经济学家	68.3	50.1	134.1	84.17	0.3164
19	中央财经大学学报	67.0	53.3	126.6	82.30	0.3093
20	财经研究	67.7	57.6	118.3	81.20	0.3052
21	中南财经政法大学学报	64.5	47.3	122.6	78.13	0.2937
22	改革	76.8	—	—	76.80	0.2887
23	国际经济评论	60.5	85.6	81.7	75.93	0.2854
24	宏观经济研究	72.2	96.1	58.3	75.53	0.2839
25	国际贸易问题	12.6	48.1	154.7	71.80	0.2699
26	财经理论与实践	66.3	44.1	104.9	71.77	0.2697
27	国外城市规划	65.0	54.8	95.2	71.63	0.2692
28	财经问题研究	63.3	46.6	102.3	70.73	0.2659
29	财贸经济	38.9	43.0	130.1	70.67	0.2656
30	经济社会体制比较	59.6	46.5	105.7	70.60	0.2654
31	审计研究	59.4	94.0	58.3	70.57	0.2652
32	经济理论与经济管理	7.2	85.1	117.4	69.90	0.2627
33	南开经济研究	48.7	39.0	115.9	67.87	0.2551
34	经济评论	40.3	52.3	110.6	67.73	0.2546
35	财经科学	36.0	50.2	113.3	66.50	0.2500
36	审计与经济研究	49.1	47.8	101.7	66.20	0.2488
37	商业经济与管理	51.0	41.3	106.0	66.10	0.2484
38	世界经济与政治论坛	52.7	52.6	91.3	65.53	0.2463

续表

排序	期刊名称	2004 年	2005 年	2006 年	三年平均	归一化值
39	经济体制改革	51.5	45.9	98.4	65.27	0.2453
40	世界经济文汇	60.7	31.7	99.7	64.03	0.2407
41	当代财经	53.4	41.9	96.3	63.87	0.2401
42	经济问题	48.4	47.7	91.8	62.63	0.2354
43	财经论丛——浙江财经学院学报	60.2	39.9	86.6	62.23	0.2339
44	经济纵横	45.7	51.0	89.5	62.07	0.2333
45	统计与决策	49.9	51.7	84.1	61.90	0.2327
46	产业经济研究	48.5	44.2	88.2	60.30	0.2266
47	世界经济	55.8	63.0	—	59.40	0.2233
48	中国流通经济	48.4	40.4	88.9	59.23	0.2226
49	国际经济合作	61.8	64.3	51.1	59.07	0.2220
50	世界经济研究	30.2	33.7	112.3	58.73	0.2208
51	中国金融	55.0	53.2	67.7	58.63	0.2204
52	农村经济	35.3	38.0	101.2	58.17	0.2186
53	金融论坛	60.5	41.1	71.7	57.77	0.2171
54	经济与管理研究	39.8	37.1	94.2	57.03	0.2144
55	经济经纬——河南财经学院学报	37.6	40.1	92.1	56.60	0.2127
56	城市问题	50.4	42.1	75.9	56.13	0.2110
57	经济问题探索	43.9	37.6	86.2	55.90	0.2101
58	当代经济研究	46.8	38.4	81.6	55.60	0.2090
59	财贸研究	29.7	43.8	90.8	54.77	0.2059
60	农业技术经济	39.0	31.9	93.1	54.67	0.2055
61	亚太经济	41.0	32.3	89.8	54.37	0.2043
62	国际经贸探索	38.2	32.5	90.2	53.63	0.2016
63	地域研究与开发	34.1	36.7	90.0	53.60	0.2015
64	上海经济研究	28.1	36.5	93.5	52.70	0.1981
65	旅游科学	17.7	47.3	92.8	52.60	0.1977
66	南方经济	33.8	34.0	88.9	52.23	0.1963
67	国际商务——对外经济贸易大学学报	—	25.2	76.0	50.60	0.1902

续表

排序	期刊名称	2004年	2005年	2006年	三年平均	归一化值
68	城市发展研究	42.5	40.9	66.6	50.00	0.1879
69	现代经济探讨	33.4	31.7	81.4	48.83	0.1835
70	金融理论与实践	40.5	33.3	71.7	48.50	0.1823
71	金融与经济	38.3	28.8	77.7	48.27	0.1814
72	桂林旅游高等专科学校学报：旅游论坛	34.2	35.1	74.9	48.07	0.1807
73	宏观经济管理	51.6	37.2	51.6	46.80	0.1759
74	生态经济	30.8	34.3	73.4	46.17	0.1735
75	证券市场导报	37.4	31.4	69.3	46.03	0.1730
76	上海金融	33.6	29.5	74.3	45.80	0.1721
77	农业经济	29.2	34.7	72.6	45.50	0.1710
78	税务研究	3.5	45.0	87.9	45.47	0.1709
79	现代财经——天津财经学院学报	34.7	35.2	65.3	45.07	0.1694
80	山西财经大学学报	39.8	41.0	52.6	44.47	0.1671
81	经济与管理	37.9	28.7	66.2	44.27	0.1664
82	国际贸易	—	22.6	57.6	40.10	0.1507
83	价格理论与实践	38.6	34.7	46.5	39.93	0.1501
84	华东经济管理	28.8	33.1	57.0	39.63	0.1490
85	经济研究参考	34.5	33.3	50.7	39.50	0.1485
86	调研世界	28.6	27.8	58.1	38.17	0.1435
87	生产力研究	32.3	30.2	49.4	37.30	0.1402
88	兰州商学院学报	27.1	25.0	57.8	36.63	0.1377
88	广东金融学院学报	18.0	28.4	63.5	36.63	0.1377
90	江西财经大学学报	29.4	27.2	52.3	36.30	0.1364
91	国际石油经济	25.2	25.9	54.3	35.13	0.1321
92	开发研究	21.4	27.4	56.0	34.93	0.1313
93	消费经济	23.4	35.2	45.6	34.73	0.1306
94	经济学动态	34.1	—	—	34.10	0.1282
95	中国改革	18.7	28.0	40.3	29.00	0.1090
96	开放导报	26.9	16.4	43.4	28.90	0.1086
97	经济前沿	8.4	18.4	50.2	25.67	0.0965

续表

排序	期刊名称	2004年	2005年	2006年	三年平均	归一化值
98	涉外税务	20.9	17.1	37.2	25.07	0.0942
99	俄罗斯中亚东欧市场	—	26.7	21.7	24.20	0.0910
100	中国农史	12.0	16.9	28.4	19.10	0.0718
101	中国社会经济史研究	11.9	15.5	24.8	17.40	0.0654

注：上表中"—"表示当年该刊的数据为空，不列入平均值的计算。

根据表13-23的数据显示，《金融研究》、《会计研究》和《经济研究》得到了许多学者的青睐，下载的文献最多，平均每篇文章当年被全文下载200多次，明显高于其他各期刊；平均每篇文章被下载100次以上的期刊有8种；50—100次的有60种；30—50次的有26种；20—30次的有5种，还有2种不到20次。

从年度变化来看，所有经济学期刊的Web即年下载率都呈现上升的趋势，而且上升幅度很大。这不仅说明读者越来越重视通过网络来获取经济学论文资料，也说明各经济学期刊正不断调整，努力提升自身的学术质量和学术影响。从增长的绝对数值上来看，《金融研究》、《会计研究》、《经济研究》、《旅游学刊》、《保险研究》2004—2006年的增长均超过了100，它们的发展速度较其他期刊更为迅速。由于学者从网络中获取论文大多借助关键词检索，那些被下载多的期刊也说明这些期刊的关键词比较规范，论文主题更贴近当前学者关注的问题。对于下载率较少的《中国农史》和《中国社会经济史研究》，主要由于期刊主题的狭窄性，研究人员相对较少，导致它们的被下载率明显少于其他期刊。

13.8 经济学期刊评价指标综合分析

以上利用本期刊评价体系设立的七大指标所涉及的18个分指标对经济学期刊进行了测定与分析。可以看出，从不同的角度分析，各期刊均显示出自己的特点。为了综合考虑每一种经济学期刊的学术质量、学术规范和学术影响力，本节将根据本书第1章构建的评价体系计算方法对每一种期刊计算其学术影响综合值，并进行综合分析。在指标权重分配方面，我们把期刊的学术影响放在最主要的地位，即期刊被引用情况，其权重总体占60%，这其中又根据影响因子的重要性而给予最高的权重30%，被引次数、被引速率、被引广度各占10%；其次是期刊学术规范量化指标和Web即年下载率指标，考虑到这两个指标在反映期刊学术质量和利用率方面的贡献，均给予次高的权重，其权重均为15%；对于二次文献转载指数，本评价体系给予了10%的权重。

表13-24给出了2004—2006年经济学期刊七大指标归一化值和综合值。综合值

具体的计算方法是：将各指标的综合值分别乘以相应的权重，然后将各个结果相加得到各期刊最后的综合值。表 13‑24 按指标综合值从大到小排序。

表 13‑24　　　　　　　　　　2004—2006 年经济学期刊综合值

排序	期刊名称	期刊学术规范×0.15	被引次数×0.1	被引速率×0.1	影响因子×0.3	被引广度×0.1	二次文献转载×0.1	Web 下载×0.15	综合值 Σ
1	经济研究	0.8300	1	1	1	1	0.9157	0.7940	0.9352
2	中国工业经济	0.7094	0.2366	0.3412	0.3341	0.5542	0.7112	0.5152	0.4682
3	管理世界	0.7973	0.3069	0.2401	0.2395	0.7067	0.7563	0.4084	0.4537
4	金融研究	0.6700	0.2544	0.2799	0.2547	0.4558	0.0698	1	0.4329
5	会计研究	0.6570	0.2080	0.2245	0.2573	0.3636	0.0325	0.9724	0.4045
6	世界经济	0.7105	0.1966	0.3165	0.2993	0.4720	0.1744	0.2233	0.3458
7	中国农村经济	0.7299	0.1485	0.2594	0.1761	0.4033	0.2666	0.3414	0.3213
8	旅游学刊	0.6571	0.1425	0.1597	0.2144	0.2154	0.0705	0.5430	0.3031
9	经济学动态	0.6558	0.1630	0.1472	0.1060	0.5083	0.6076	0.1282	0.2920
10	经济社会体制比较	0.5965	0.0871	0.1351	0.1509	0.3647	0.5629	0.2654	0.2895
11	经济科学	0.6563	0.0939	0.1837	0.1885	0.3203	0.1788	0.3429	0.2841
12	中国农村观察	0.6398	0.0594	0.2143	0.1639	0.2254	0.1968	0.3529	0.2677
13	外国经济与管理	0.6758	0.0710	0.1036	0.1315	0.2814	0.2154	0.3863	0.2659
14	改革	0.5857	0.0906	0.1320	0.1028	0.3242	0.4631	0.2887	0.2630
15	农业经济问题	0.6541	0.1131	0.1706	0.1020	0.3258	0.2151	0.3328	0.2611
16	财贸经济	0.6498	0.1098	0.1551	0.0993	0.3470	0.2900	0.2656	0.2573
17	国际金融研究	0.5653	0.0866	0.1667	0.0933	0.2636	0.0934	0.5514	0.2565
18	经济地理	0.8357	0.1202	0.0687	0.1033	0.2316	0.0542	0.3397	0.2548
19	财经研究	0.7054	0.0814	0.1422	0.1122	0.2991	0.1173	0.3052	0.2493
20	经济学家	0.5859	0.0778	0.1334	0.0788	0.2949	0.3686	0.3164	0.2465
21	经济理论与经济管理	0.6381	0.0771	0.1014	0.0964	0.3122	0.2851	0.2627	0.2416
22	数量经济技术经济研究	0.7347	0.1190	0.0873	0.0670	0.3478	0.0298	0.3221	0.2370
23	统计研究	0.5909	0.0947	0.0914	0.0944	0.3038	0.0850	0.3478	0.2266
24	国际经济评论	0.3967	0.0589	0.2673	0.1435	0.2119	0.2628	0.2854	0.2255
25	南开经济研究	0.6167	0.0660	0.1036	0.1307	0.2536	0.1067	0.2551	0.2230

续表

排序	期刊名称	期刊学术规范 ×0.15	被引次数 ×0.1	被引速率 ×0.1	影响因子 ×0.3	被引广度 ×0.1	二次文献转载 ×0.1	Web下载 ×0.15	综合值 Σ
26	财经问题研究	0.6381	0.0692	0.0731	0.0601	0.2671	0.2295	0.2659	0.2175
27	经济评论	0.6174	0.0718	0.1008	0.0872	0.2763	0.1278	0.2546	0.2146
28	财经科学	0.6148	0.0550	0.0889	0.0677	0.2312	0.2633	0.2500	0.2139
29	当代财经	0.6341	0.0675	0.0509	0.0505	0.2690	0.2787	0.2401	0.2129
30	当代经济科学	0.6250	0.0428	0.0803	0.0689	0.1802	0.1129	0.3329	0.2060
31	国际贸易问题	0.6155	0.0662	0.1038	0.0533	0.2061	0.1912	0.2699	0.2055
32	世界经济文汇	0.6035	0.0305	0.1351	0.1477	0.1220	0.0138	0.2407	0.2011
33	地域研究与开发	0.7919	0.0466	0.0499	0.0697	0.1158	0.0335	0.2015	0.1945
34	世界经济研究	0.5454	0.0584	0.1279	0.0810	0.2084	0.1447	0.2208	0.1932
35	上海经济研究	0.5772	0.0511	0.0576	0.0807	0.2115	0.2006	0.1981	0.1926
36	财经理论与实践	0.6333	0.0447	0.0707	0.0521	0.1633	0.1062	0.2697	0.1896
37	当代经济研究	0.5832	0.0444	0.0633	0.0448	0.1779	0.2682	0.2090	0.1877
38	商业经济与管理	0.6797	0.0326	0.0460	0.0397	0.1366	0.1456	0.2484	0.1872
39	宏观经济研究	0.4701	0.0483	0.0723	0.0559	0.2026	0.2003	0.2839	0.1822
40	财经论丛——浙江财经学院学报	0.6186	0.0230	0.0764	0.0574	0.1003	0.1683	0.2339	0.1819
40	审计研究	0.5586	0.0371	0.0947	0.1007	0.1000	0.0493	0.2652	0.1819
42	中央财经大学学报	0.5574	0.0371	0.0500	0.0372	0.1552	0.1200	0.3093	0.1774
43	经济问题探索	0.6726	0.0440	0.0299	0.0226	0.1849	0.0973	0.2101	0.1748
44	中国经济史研究	0.6341	0.0483	0.0844	0.0598	0.1559	0.1984	—	0.1744
45	农业技术经济	0.6509	0.0277	0.0689	0.0496	0.0957	0.0315	0.2055	0.1657
46	经济纵横	0.5882	0.0360	0.0398	0.0366	0.1528	0.0756	0.2333	0.1646
47	税务研究	0.5853	0.0675	0.0697	0.0457	0.1486	0.0833	0.1709	0.1641
48	经济管理	0.5941	0.0637	0.0382	0.0347	0.2123	0.2664	—	0.1633
49	中南财经政法大学学报	0.5006	0.0253	0.0378	0.0320	0.1150	0.1653	0.2937	0.1631
50	经济问题	0.5849	0.0428	0.0368	0.0295	0.1756	0.0434	0.2354	0.1618
51	世界经济与政治论坛	0.5561	0.0163	0.0483	0.0220	0.0772	0.1970	0.2463	0.1608
52	产业经济研究	0.5615	0.0113	0.0671	0.0883	0.0486	0.0236	0.2266	0.1598

续表

排序	期刊名称	期刊学术规范×0.15	被引次数×0.1	被引速率×0.1	影响因子×0.3	被引广度×0.1	二次文献转载×0.1	Web下载×0.15	综合值 Σ
52	保险研究	0.5078	0.0337	0.0377	0.0253	0.0949	0.0666	0.3514	0.1598
54	经济体制改革	0.5496	0.0366	0.0392	0.0329	0.1594	0.0640	0.2453	0.1590
55	经济与管理研究	0.5993	0.0204	0.0400	0.0324	0.0938	0.1047	0.2144	0.1577
56	统计与决策	0.6188	0.0357	0.0112	0.0103	0.1463	0.0729	0.2327	0.1574
57	中国流通经济	0.5938	0.0188	0.0345	0.0282	0.0838	0.1195	0.2226	0.1566
58	国际贸易	0.4593	0.0386	0.0801	0.0495	0.1528	0.2143	0.1507	0.1549
58	财贸研究	0.6415	0.0154	0.0272	0.0247	0.0695	0.0914	0.2059	0.1549
60	城市发展研究	0.6038	0.0227	0.0392	0.0438	0.0934	0.0742	0.1879	0.1548
61	城市问题	0.5943	0.0317	0.0433	0.0397	0.1150	0.0158	0.2110	0.1533
62	旅游科学	0.6017	0.0190	0.0772	0.0546	0.0505	0.0079	0.1977	0.1518
63	中国金融	0.4565	0.0413	0.0347	0.0123	0.1447	0.2374	0.2204	0.1510
64	中国社会经济史研究	0.6685	0.0312	0.1101	0.0338	0.1150	0.0453	0.0654	0.1504
65	金融论坛	0.5511	0.0280	0.0775	0.0348	0.0876	0.0434	0.2171	0.1493
65	经济经纬——河南财经学院学报	0.5642	0.0249	0.0268	0.0234	0.1077	0.0976	0.2127	0.1493
67	现代财经——天津财经学院学报	0.5985	0.0234	0.0268	0.0263	0.0954	0.1081	0.1694	0.1484
68	中国农史	0.6627	0.0265	0.0994	0.0306	0.0880	0.0661	0.0718	0.1474
69	证券市场导报	0.5217	0.0407	0.0493	0.0478	0.1563	0.0328	0.1730	0.1465
70	农村经济	0.5880	0.0266	0.0236	0.0183	0.1119	0.0296	0.2186	0.1457
71	桂林旅游高等专科学校学报：旅游论坛	0.5726	0.0285	0.0295	0.0461	0.0710	0.0266	0.1807	0.1424
72	中国经济问题	0.4748	0.0215	0.0856	0.0516	0.0942	0.2256	—	0.1422
73	生产力研究	0.6168	0.0383	0.0121	0.0151	0.1563	0.0325	0.1402	0.1420
74	开发研究	0.6688	0.0178	0.0278	0.0188	0.0737	0.0429	0.1313	0.1419
74	山西财经大学学报	0.5618	0.0258	0.0690	0.0229	0.1007	0.0611	0.1671	0.1419
76	审计与经济研究	0.5432	0.0114	0.0379	0.0168	0.0475	0.0818	0.2488	0.1417

续表

排序	期刊名称	期刊学术规范×0.15	被引次数×0.1	被引速率×0.1	影响因子×0.3	被引广度×0.1	二次文献转载×0.1	Web下载×0.15	综合值Σ
77	国际经贸探索	0.5287	0.0208	0.0559	0.0314	0.0872	0.0476	0.2016	0.1401
78	国际经济合作	0.3673	0.0284	0.0456	0.0290	0.1189	0.2163	0.2220	0.1380
79	生态经济	0.5753	0.0384	0.0260	0.0133	0.1165	0.0246	0.1735	0.1369
80	经济研究参考	0.3389	0.0784	0.0352	0.0186	0.3045	0.1628	0.1485	0.1368
81	现代经济探讨	0.5101	0.0265	0.0335	0.0222	0.1142	0.0816	0.1835	0.1363
82	华东经济管理	0.5829	0.0248	0.0137	0.0163	0.1127	0.0636	0.1490	0.1362
83	南方经济	0.5348	0.0246	0.0290	0.0191	0.1081	0.0345	0.1963	0.1350
84	亚太经济	0.5079	0.0193	0.0331	0.0300	0.0838	0.0315	0.2043	0.1326
85	江西财经大学学报	0.5163	0.0165	0.0280	0.0206	0.0760	0.1615	0.1364	0.1323
86	财政研究	0.5047	0.0478	0.0527	0.0412	0.1667	0.0735	—	0.1300
87	国外城市规划	0.4030	0.0236	0.0317	0.0508	0.0621	0.0020	0.2692	0.1280
88	上海金融	0.5039	0.0280	0.0409	0.0223	0.1058	0.0207	0.1721	0.1276
89	经济与管理	0.5501	0.0151	0.0150	0.0112	0.0702	0.0355	0.1664	0.1244
90	消费经济	0.5310	0.0194	0.0418	0.0243	0.0718	0.0286	0.1306	0.1227
91	涉外税务	0.5172	0.0387	0.0335	0.0258	0.0977	0.0483	0.0942	0.1213
92	调研世界	0.4863	0.0229	0.0417	0.0228	0.0919	0.0345	0.1435	0.1204
93	国际商务——对外经济贸易大学学报	0.5093	0.0074	0.0252	0.0096	0.0305	0.0456	0.1902	0.1187
94	农业经济	0.4952	0.0208	0.0149	0.0139	0.0849	0.0168	0.1710	0.1178
94	宏观经济管理	0.4792	0.0176	0.0298	0.0110	0.0753	0.0400	0.1759	0.1178
96	上海财经大学学报	0.5121	0.0128	0.0566	0.0496	0.0556	0.0397	—	0.1167
97	兰州商学院学报	0.5140	0.0123	0.0198	0.0131	0.0467	0.0446	0.1377	0.1140
98	金融理论与实践	0.4351	0.0186	0.0187	0.0108	0.0741	0.0512	0.1823	0.1121
99	广东金融学院学报	0.4762	0.0081	0.0386	0.0153	0.0340	0.0315	0.1377	0.1079
100	价格理论与实践	0.4437	0.0143	0.0100	0.0107	0.0595	0.0579	0.1501	0.1065
101	经济前沿	0.4552	0.0095	0.0146	0.0105	0.0421	0.0821	0.0965	0.1007
102	开放导报	0.3518	0.0146	0.0281	0.0107	0.0644	0.1662	0.1086	0.0996
103	投资研究	0.4242	0.0207	0.0311	0.0271	0.0892	0.0148	—	0.0920

续表

排序	期刊名称	期刊学术规范×0.15	被引次数×0.1	被引速率×0.1	影响因子×0.3	被引广度×0.1	二次文献转载×0.1	Web下载×0.15	综合值 Σ
104	俄罗斯中亚东欧市场	0.3810	0.0074	0.0216	0.0103	0.0282	0.0404	0.0910	0.0837

注：Web下载数值空缺的，该项的权重赋予被引速率指标。

表13-24给出了本评价体系对经济学期刊的最终排名，通过其数据可以看出：《经济研究》以综合值0.9345遥遥领先于经济学类其他期刊；而排在较后位置以及一些尚未列入表中的期刊（因为这些期刊的各项指标数据和综合值更低），与前面的期刊相比，其综合学术影响尚存在很大差距。

应该说，单项指标并不能反映一种期刊的全貌，那么经过加权综合计算后，我们就可以清楚地看到每一种期刊的整体水平。例如，《经济研究》的Web即年下载率指标并不特别突出，但由于其他指标均名列前茅，确保了该期刊的综合学术影响力排在首位；又如，《中国工业经济》绝大多数指标均排在前3位，保证了该刊综合指数稳定在第2位；同样，《管理世界》在三项指标上位于第2名，使其在反映综合影响力的指数中位居第3。排在第4位的《金融研究》在Web即年下载率指标中名列前茅，其他多数指标位于4—6名。当然，对于各项指标都处于中等偏下或处于最后几名的期刊，其综合值一定偏低，从而说明这些期刊的综合学术影响力的偏下。

我们将经济学期刊的学术影响综合值排序表与目前CSSCI的来源期刊作比较，综合指标排在前70位的只有6种期刊在2006年为非CSSCI来源期刊，而2008年这6种期刊有5种进入了CSSCI来源期刊，另一种进入了CSSCI的扩展版期刊。在2008年被CSSCI剔除出经济学来源期刊的9种期刊中，有8种期刊在本表的综合值排在73位以后，有的甚至根本就没有进入表中。而在综合值依然保留在前70名以内而被剔除出来源期刊的期刊是《保险研究》，而《保险研究》被从来源期刊中剔除后，就无一种保险类期刊了。这可以看出对目前的CSSCI选刊由于指标少，对小学科期刊客观上存在着一种排斥，而本体系中的学科引用、学术规范等指标则对高学术水平的小学科期刊起着很大的保护作用，《保险研究》之例就充分说明了这一点。

根据七大项指标的综合值，我们可以最终划分出经济学期刊的学术等级。根据经济学期刊的综合值状况，我们把经济学权威学术期刊取值区间设为1—0.7，核心期刊取值区间为0.7—0.15，核心期刊扩展区为0.15—0.12，小于0.12或表中没有的经济学期刊定位为一般性学术期刊。依据这一原则得到经济学期刊的定量评价结果：

权威期刊：《经济研究》；

核心期刊：《中国工业经济》、《金融研究》、《会计研究》、《世界经济》、《中国农村经济》、《旅游学刊》、《经济学动态》、《经济社会体制比较》、《经济科学》、

《中国农村观察》、《外国经济与管理》、《改革》、《农业经济问题》、《财贸经济》、《国际金融研究》、《经济地理》、《财经研究》、《经济学家》、《经济理论与经济管理》、《数量经济技术经济研究》、《国际经济评论》、《南开经济研究》、《财经问题研究》、《经济评论》、《财经科学》、《当代财经》、《当代经济科学》、《国际贸易问题》、《世界经济文汇》、《地域研究与开发》、《世界经济研究》、《上海经济研究》、《财经理论与实践》、《当代经济研究》、《宏观经济研究》、《财经论丛——浙江财经学院学报》、《审计研究》、《中央财经大学学报》、《经济问题探索》、《中国经济史研究》、《农业技术经济》、《经济纵横》、《税务研究》、《中南财经政法大学学报》、《经济问题》、《世界经济与政治论坛》、《产业经济研究》、《保险研究》、《经济与管理研究》、《中国流通经济》、《国际贸易》、《财贸研究》、《城市发展研究》、《城市问题》、《旅游科学》、《中国金融》、《中国社会经济史研究》；

扩展核心期刊：《金融论坛》、《经济经纬——河南财经学院学报》、《现代财经——天津财经学院学报》、《证券市场导报》、《农村经济》、《桂林旅游高等专科学校学报：旅游论坛》、《中国经济问题》、《生产力研究》、《开发研究》、《山西财经大学学报》、《审计与经济研究》、《国际经贸探索》、《国际经济合作》、《生态经济》、《经济研究参考》、《现代经济探讨》、《南方经济》、《亚太经济》、《江西财经大学学报》、《财政研究》、《国外城市规划》、《上海金融》、《经济与管理》、《消费经济》、《涉外税务》、《调研世界》；

其他期刊均为一般性学术期刊。

需要说明的是，我们在对经济学期刊讨论时，有些期刊属于跨学科期刊（如《管理世界》、《商业经济与管理》、《经济管理》、《经济体制改革》、《华东经济管理》、《中国农史》、《统计研究》、《统计与决策》等）也在经济学类讨论了，但在期刊划分学术等级时，没有在本学科讨论，而是在这些期刊的主流学科进行了讨论。

第 14 章　政治学

　　根据国家新闻出版总署公布的数据和最新统计,我国公开发行的政治学类学术期刊约 320 余种。2004—2006 年,CSSCI 收录政治学来源期刊 36 种(2004—2005 年)和 38 种(2006 年)。三年间,政治学来源期刊共收录来源文献 14852 篇,这些来源文献的引用文献共 94027 篇次。本章选取政治学期刊中百余种较为优秀的学术期刊为研究对象,通过多项指标数据的比较分析,来揭示政治学领域期刊的学术内涵和学术影响。

　　本章讨论的政治学期刊,内容主要涉及国际政治、国际关系(如《美国研究》、《欧洲研究》)、党建、党史、中国政治(如《中共党史研究》、《求是》)、马克思主义理论与科学社会主义(如《马克思主义研究》、《毛泽东邓小平理论研究》)、妇女青年研究(如《妇女研究论丛》、《青年研究》)以及政治学综合性期刊这几个方面,同时也包括一些其他学科但对政治学有较大影响的期刊(如《当代中国史研究》、《教学与研究》),也列入政治学期刊的讨论范畴。

　　需要说明的是,本章选取讨论的百余种政治学期刊,都是在各项指标排名中较为靠前的期刊。在实际的统计分析中,我们发现政治学期刊存在某段时期内多种期刊重名的现象,例如《理论学习》、《理论研究》等。虽然它们在被引各指标中的排名较为靠前,但是它们的数据是集合两种或多种同名期刊的数值,并且我们无法明确地区分出各期刊的数值,所以没有将它们列入讨论范围。此外,《学习月刊》和《共产党人》由于载文量数据难以获得,因此没有列入学术规范量化指标、被引速率、影响因子以及期刊指标综合值这几项指标里讨论。另外,《学校党建与思想教育》一刊两版,分为高教版和普教版,本章中讨论的《学校党建与思想教育》为高教版数据。

14.1　政治学期刊学术规范量化指标分析

　　学术期刊具有学术交流和信息传递的功能,作为一种学术传播的渠道,学术期刊在学术研究和学术发展中发挥的作用是有目共睹的。[①] 学术期刊在不断发展的同时,

---

　　① 武京闽:"学术期刊编辑规范需要完善和修改",《清华大学学报(哲学社会科学版)》2007 年第 6 期,第 21 页。

也要受到一定规则的制约，这种学术规范的制约有利于学术期刊形成良好的学术风气和编辑风气。比如，学术论文为了做到有理有据，需要标明引用文献的出处，表示对文献原作者的尊重、借鉴。再如，学术论文注明作者的详细信息，方便读者和学者之间的沟通和交流，也有利于科研部门的统计分析。本章主要从期刊论文的篇均引用文献数、期刊基金论文占有比例、期刊论文作者地区分布以及期刊标注有作者机构的论文比例这四个方面，分析政治学期刊的学术规范和学术含量的状况，以期客观地反映政治学期刊的编辑状况、学术规范程度和学术水平。

为了便于本章最后对期刊指标综合值排名的计算，我们选取在被引指标（四项被引指标占有超过50%的权重，详细见本章最后一节）中排名前150位左右的政治学期刊进行学术规范量化指标的统计，这样可以保证被统计的政治学期刊是在期刊指标综合值的排名中较为靠前的期刊。以下各节分别列出各指标前120名的期刊以及学术规范量化指标综合值前100名的期刊。统计数据主要来源于CSSCI数据库、万方期刊数据库的统计数据，以及对印刷型期刊的考察。

14.1.1 篇均引用文献数

学术论文的引用文献是作者为说明问题、引证论据等目的直接或间接引用他人的科研成果所做的必要标注，用来表明所引文献的所有者和出处。[1] 作者引用文献不仅为研究活动提供了可供参考的背景资料，也为作者论证自己的观点提供了理论支持。同时，引用文献也可以反映作者对该学科领域的研究深度和广度。因此，对整个期刊篇均引文的考察，可以研究期刊的学术规范和学术水平。这样可以避免许多作者对引用文献的轻视，以及编辑在审稿和编辑加工过程中对引用文献的忽视。[2]

根据统计，CSSCI（2004—2006年）的政治学来源期刊的篇均引文为6.3篇，居于人文社会科学的中下游水平，远低于排名第1的心理学（14.19篇），高于排名最后的新闻学与传播学（2.77篇）。

表14-1给出了2004—2006年政治学期刊篇均引用文献数统计以及三年平均引用文献篇数，并对各期刊进行了归一化处理。归一化值是以各期刊三年平均引用文献篇数作为分子，三年平均引用文献篇数的最大值为分母，计算而得。其中《美国研究》的平均引用文献篇数最大（22.1300篇），作为分母，其归一化值为1，其余期刊的归一化值均小于1。表14-1按各期刊三年平均引用文献篇数从多到少排序。

---

[1] 刘亚萍、张欣、李娟："编辑应重视参考文献的把关与核查"，《学报编辑论丛》2007年。
[2] 邓三鸿、金莹："我国人文社会科学学术刊物的学科对比——基于CSSCI的分析"，《东岳论丛》2008年第1期，第43—50页。

表 14-1　　2004—2006 年政治学期刊篇均引用文献数统计

排序	期刊名称	2004年（篇数）	2005年（篇数）	2006年（篇数）	三年平均（篇数）	归一化值
1	美国研究	20.27	21.95	24.17	22.1300	1
2	上海行政学院学报	18.16	17.87	19.17	18.4000	0.8315
3	国际政治研究	11.99	15.33	26.53	17.9500	0.8111
4	欧洲研究	16.77	16.33	18.84	17.3133	0.7823
5	国际论坛	14.48	15.28	17.96	15.9067	0.7188
6	党史研究与教学	13.91	17.93	15.75	15.8633	0.7168
7	世界经济与政治	10.67	14.52	20.12	15.1033	0.6825
8	南洋问题研究	13.25	14.84	16.49	14.8600	0.6715
9	东南亚研究	12.11	12.97	15.85	13.6433	0.6165
10	台湾研究集刊	12.52	11.57	16.04	13.3767	0.6045
11	政治学研究	13.07	11.75	13.88	12.9000	0.5829
12	国际观察	8.30	16.64	12.86	12.6000	0.5694
13	南亚研究季刊	8.64	13.43	14.02	12.0300	0.5436
14	中共党史研究	8.24	11.36	14.31	11.3033	0.5108
15	当代中国史研究	8.15	10.29	14.13	10.8567	0.4906
16	现代国际关系	10.38	9.85	10.68	10.3033	0.4656
17	德国研究	3.44	11.48	15.17	10.0300	0.4532
18	台湾研究	9.57	9.87	10.16	9.8667	0.4459
18	教学与研究	7.77	9.51	12.32	9.8667	0.4459
20	太平洋学报	11.90	8.21	9.36	9.8233	0.4439
21	青年研究	8.98	10.63	9.63	9.7467	0.4404
22	中共浙江省委党校学报	10.66	9.24	9.07	9.6567	0.4364
23	当代世界社会主义问题	9.07	9.04	10.72	9.6100	0.4343
24	拉丁美洲研究	4.61	9.27	14.48	9.4533	0.4272
25	当代亚太	7.59	9.93	10.80	9.4400	0.4266
26	东南亚	8.05	10.21	9.58	9.2800	0.4193
27	日本学论坛	7.58	7.45	11.72	8.9167	0.4029
28	东南亚纵横	11.65	6.92	7.94	8.8367	0.3993
29	江苏行政学院学报	8.30	7.92	10.10	8.7733	0.3964
30	阿拉伯世界研究	3.96	5.73	16.62	8.7700	0.3963

续表

排序	期刊名称	2004年（篇数）	2005年（篇数）	2006年（篇数）	三年平均（篇数）	归一化值
31	国际关系学院学报	8.53	8.31	9.04	8.6267	0.3898
32	俄罗斯研究	9.14	8.03	8.24	8.4700	0.3827
33	南亚研究	5.68	9.95	9.71	8.4467	0.3817
34	外交评论：外交学院学报	5.96	8.16	11.09	8.4033	0.3797
35	日本问题研究	7.23	8.02	9.04	8.0967	0.3659
36	西亚非洲	6.76	8.69	8.82	8.0900	0.3656
37	中华女子学院学报	7.46	8.05	8.62	8.0433	0.3635
38	日本研究	7.70	7.83	8.24	7.9233	0.3580
39	妇女研究论丛	8.21	6.47	8.91	7.8633	0.3553
40	湖北行政学院学报	7.44	7.78	7.47	7.5633	0.3418
41	中共宁波市委党校学报	4.84	9.26	8.43	7.5100	0.3394
42	中共中央党校学报	7.72	7.37	7.07	7.3867	0.3338
43	云南行政学院学报	6.37	7.43	8.17	7.3233	0.3309
44	甘肃理论学刊	5.91	6.88	9.14	7.3100	0.3303
45	福建行政学院福建经济管理干部学院学报	7.00	7.38	7.23	7.2033	0.3255
46	马克思主义研究	7.40	6.99	7.20	7.1967	0.3252
47	理论与改革	7.01	5.77	8.77	7.1833	0.3246
48	探索	6.69	7.23	7.58	7.1667	0.3238
49	东北亚论坛	6.29	6.94	8.07	7.1000	0.3208
50	俄罗斯中亚东欧研究	6.86	6.73	7.50	7.0300	0.3177
51	中共杭州市委党校学报	6.16	6.48	7.38	6.6733	0.3015
52	长白学刊	6.12	6.98	6.51	6.5367	0.2954
53	青年探索	4.24	6.81	7.83	6.2933	0.2844
53	毛泽东邓小平理论研究	5.72	6.74	6.42	6.2933	0.2844
55	行政与法	5.52	6.20	7.04	6.2533	0.2826
56	当代世界与社会主义	5.58	6.75	6.06	6.1300	0.2770
57	日本学刊	5.01	6.56	6.72	6.0967	0.2755
58	社会主义研究	3.80	7.04	7.04	5.9600	0.2693
59	中共济南市委党校学报	5.94	5.54	6.09	5.8567	0.2646

续表

排序	期刊名称	2004年（篇数）	2005年（篇数）	2006年（篇数）	三年平均（篇数）	归一化值
60	北京行政学院学报	6.16	6.10	5.21	5.8233	0.2631
61	高校理论战线	4.44	6.47	6.02	5.6433	0.2550
62	行政论坛	3.93	5.48	6.85	5.4200	0.2449
63	马克思主义与现实	6.76	4.88	4.52	5.3867	0.2434
64	甘肃行政学院学报	6.35	4.97	4.70	5.3400	0.2413
65	实事求是	4.12	6.93	4.93	5.3267	0.2407
66	理论导刊	4.02	5.36	5.98	5.1200	0.2314
67	八桂侨刊	4.55	4.41	6.29	5.0833	0.2297
68	中国特色社会主义研究	4.31	4.46	6.25	5.0067	0.2262
69	理论探讨	3.85	4.96	5.91	4.9067	0.2217
70	当代韩国	1.83	5.51	7.23	4.8567	0.2195
71	广东行政学院学报	4.74	4.95	4.81	4.8333	0.2184
72	求实	4.20	4.69	5.38	4.7567	0.2149
73	中共四川省委党校学报	4.26	4.61	5.34	4.7367	0.2140
74	探求	4.99	4.23	4.88	4.7000	0.2124
75	桂海论丛	4.36	4.54	5.08	4.6600	0.2106
76	长江论坛	2.84	3.59	7.40	4.6100	0.2083
77	中共福建省委党校学报	4.60	4.22	4.95	4.5900	0.2074
78	南京政治学院学报	4.48	4.11	5.00	4.5300	0.2047
79	江西行政学院学报	3.93	4.48	5.15	4.5200	0.2042
80	学习论坛	6.98	3.09	3.31	4.4600	0.2015
81	当代青年研究	4.44	4.13	4.65	4.4067	0.1991
82	岭南学刊	3.37	4.41	5.16	4.3133	0.1949
83	广西青年干部学院学报	3.29	3.87	5.00	4.0533	0.1832
84	理论学刊	3.38	3.91	4.58	3.9567	0.1788
85	党的文献	4.69	3.74	3.33	3.9200	0.1771
86	攀登	3.85	3.78	4.10	3.9100	0.1767
87	中国青年政治学院学报	3.60	3.89	4.17	3.8867	0.1756
88	国际问题研究	4.32	3.98	3.07	3.7900	0.1713
89	四川行政学院学报	2.83	3.72	4.42	3.6567	0.1652

续表

排序	期刊名称	2004年（篇数）	2005年（篇数）	2006年（篇数）	三年平均（篇数）	归一化值
90	中国劳动关系学院学报	2.70	3.58	4.24	3.5067	0.1585
91	山东行政学院山东省经济管理干部学院学报	3.33	3.76	3.36	3.4833	0.1574
92	湖湘论坛	3.36	3.34	3.58	3.4267	0.1548
93	长春市委党校学报	2.37	3.02	4.37	3.2533	0.1470
94	西安政治学院学报	3.03	3.58	3.13	3.2467	0.1467
95	新视野	3.01	3.08	3.61	3.2333	0.1461
96	宁夏党校学报	2.89	3.74	3.06	3.2300	0.1460
97	中央社会主义学院学报	3.35	3.62	2.67	3.2133	0.1452
98	成都行政学院学报	2.59	3.22	3.77	3.1933	0.1443
99	北京党史	2.18	3.04	4.22	3.1467	0.1422
100	科学社会主义	2.35	3.85	3.21	3.1367	0.1417
101	山东省青年管理干部学院学报	2.84	2.92	3.43	3.0633	0.1384
102	西伯利亚研究	3.44	2.20	3.25	2.9633	0.1339
103	辽宁行政学院学报	3.18	1.89	3.69	2.9200	0.1319
104	国家行政学院学报	3.22	2.24	3.28	2.9133	0.1316
105	俄罗斯中亚东欧市场	2.51	3.41	2.62	2.8467	0.1286
106	新东方	1.75	2.77	3.75	2.7567	0.1246
107	理论探索	1.45	2.63	4.09	2.7233	0.1231
108	唯实	3.07	1.87	2.87	2.6033	0.1176
109	中共云南省委党校学报	1.99	2.55	3.09	2.5433	0.1149
110	上海党史与党建	2.63	2.81	2.11	2.5167	0.1137
111	学校党建与思想教育	1.75	2.46	3.23	2.4800	0.1121
112	人大研究	1.98	2.19	3.17	2.4467	0.1106
113	中国青年研究	1.83	1.70	3.27	2.2667	0.1024
114	理论观察	1.43	2.13	3.17	2.2433	0.1014
115	和平与发展	1.66	2.67	1.70	2.0100	0.0908
116	中共山西省委党校学报	1.82	1.71	2.29	1.9400	0.0877
117	中共贵州省委党校学报	1.33	1.70	1.42	1.4833	0.0670

续表

排序	期刊名称	2004年（篇数）	2005年（篇数）	2006年（篇数）	三年平均（篇数）	归一化值
118	国外理论动态	1.39	1.15	1.54	1.3600	0.0615
119	哈尔滨市委党校学报	1.42	1.50	1.13	1.3500	0.0610
120	党政干部学刊	0.36	1.24	1.72	1.1067	0.0500

从表14-1可以看到，政治学来源期刊的排名分布十分不均。前20名期刊中，CSSCI来源期刊有16种，其中，政治学来源期刊14种，另外还有两种期刊《当代中国史研究》和《教学与研究》分别属于历史学和马克思主义的来源期刊。剩余的22种政治学来源期刊分布在第21名至第120名的期刊中。另外还有两种政治学来源期刊没有被列入表14-1中，分别是《理论前沿》（三年平均值0.5073）和《求是》（三年平均值0.0796）。可见，相当部分政治学来源期刊的篇均引文数量并不理想，甚至落后于非来源期刊（如《上海行政学院学报》[①]、《党史研究与教学》），需要进一步改进。

从年度变化来看，政治学期刊的篇均引文数基本处于稳定增长的状态。涨幅最为明显的5种期刊分别是《党政干部学刊》、《德国研究》、《阿拉伯世界研究》、《当代韩国》和《拉丁美洲研究》。前120名期刊中，仅有18种期刊的篇均引文数量有所下降，有85%的政治学期刊篇均引文数量都呈现上升的趋势，说明政治学期刊的引文数量有所增加，引文规范正不断加强。

从整体上看，政治学期刊的篇均引文数量相差较大。最高的《美国研究》达到22.1300篇，第120名的《党政干部学刊》仅有1.1067篇，两者相差近20倍之多。这仅仅还是对被引指标排名较为靠前的120种政治学期刊的统计。在实际的研究中，我们还发现有为数不少的政治学期刊的引文数量几乎为0。究其原因：一、期刊定位方面的原因。我们可以看到，国际政治和国际关系类政治学期刊的篇均引文数量明显高于党建、党史、中国政治类政治学期刊，前者的期刊以学术期刊为主，读者对象主要为广大的学术研究人员，而后者的期刊学术性不如前者，有些期刊掺杂了许多时事新闻，这些期刊的读者对象不仅是广大学者，还包括党政机关等部门的工作人员，所以它们的引文数量较少也是情有可原的，这也是政治学期刊的特殊之处。二、期刊规范方面的原因。有些政治学期刊引文缺乏规范性，引文格式混乱而导致产生许多无效引文。例如，引文在标注的时候缺少作者、文章名、出版社、发表时间（出版年）等中的一项或者几项，有些作者或者编辑为了节省版面，减少或者全

---

① 该刊2008年入选CSSCI来源期刊。

部删除引文。因此，对于像政治学这样一个情况比较复杂的学科来说，规范期刊引文也应该分段处理：学术性期刊应该积极规范引文格式，提高引文数量和质量；半学术性期刊应该做到提升其中学术性论文引文的数量和质量。

14.1.2 基金论文比例

基金资助的项目都是经过反复论证、多级评审筛选后确定的。因此，它们的研究成果及学术论文较一般的学术论文具有更高的学术价值和学术影响。我们可以用期刊基金论文比，即期刊所刊载的论文中含有基金资助论文所占的比例，来衡量期刊的学术质量和学术水平。

2004—2006 年政治学来源期刊的基金论文比仅为 5.71%，在 25 个人文社会科学学科中与历史学并列第 20 名，远小于环境科学（61.68%）、心理学（49.6%）等含有自然科学性质的社会科学学科，也小于哲学（12.16%）、马克思主义（7.64%）等人文科学学科。[①]

表 14-2 给出了 2004—2006 年政治学期刊基金论文比例及三年平均值，同样也对平均值进行了归一化计算。表 14-2 的归一化分母是三年平均的最大值，即《东北亚论坛》的 0.4233。表 14-2 按归一化值从大到小排序。

表 14-2　　　　　　2004—2006 年政治学期刊基金论文比例

排序	期刊名称	2004 年	2005 年	2006 年	三年平均	归一化值
1	东北亚论坛	0.22	0.38	0.67	0.4233	1
2	教学与研究	0.07	0.16	0.42	0.2167	0.5119
3	毛泽东邓小平理论研究	0.11	0.15	0.37	0.2100	0.4961
3	台湾研究集刊	0.02	0.09	0.52	0.2100	0.4961
5	当代世界与社会主义	0.08	0.07	0.45	0.2000	0.4725
6	社会主义研究	0.11	0.22	0.26	0.1967	0.4647
7	国际论坛	0	0.06	0.52	0.1933	0.4567
8	国际问题研究	0	0	0.53	0.1767	0.4174
8	东南亚研究	0.11	0.18	0.24	0.1767	0.4174
10	政治学研究	0.12	0.13	0.24	0.1633	0.3858
11	理论探讨	0.10	0.15	0.23	0.1600	0.3780
12	中国青年研究	0.01	0.05	0.38	0.1467	0.3466

[①] 邓三鸿、金莹："我国人文社会科学学术刊物的学科对比——基于 CSSCI 的分析"，《东岳论丛》2008 年第 1 期，第 43—50 页。

续表

排序	期刊名称	2004年	2005年	2006年	三年平均	归一化值
13	中共党史研究	0.02	0.06	0.33	0.1367	0.3229
14	青年研究	0.02	0.01	0.36	0.1300	0.3071
14	马克思主义与现实	0.02	0.02	0.35	0.1300	0.3071
14	长春市委党校学报	0.15	0.07	0.17	0.1300	0.3071
14	江苏行政学院学报	0.07	0.13	0.19	0.1300	0.3071
18	当代青年研究	0.05	0.01	0.32	0.1267	0.2993
19	探索	0.10	0.11	0.16	0.1233	0.2913
19	世界经济与政治	0.05	0.04	0.28	0.1233	0.2913
21	中共浙江省委党校学报	0.09	0.12	0.15	0.1200	0.2835
22	福建行政学院福建经济管理干部学院学报	0.13	0.14	0.08	0.1167	0.2757
23	长白学刊	0.10	0.08	0.16	0.1133	0.2677
23	求是	0	0	0.34	0.1133	0.2677
25	马克思主义研究	0.04	0.05	0.24	0.1100	0.2599
25	中华女子学院学报	0.06	0.10	0.17	0.1100	0.2599
27	妇女研究论丛	0.08	0.09	0.13	0.1000	0.2362
28	甘肃理论学刊	0.12	0.07	0.12	0.1033	0.2440
28	当代亚太	0	0	0.31	0.1033	0.2440
28	台湾研究	0.02	0.06	0.23	0.1033	0.2440
31	中共宁波市委党校学报	0.08	0.08	0.14	0.1000	0.2362
31	湖湘论坛	0.04	0.10	0.16	0.1000	0.2362
31	江西行政学院学报	0.02	0.11	0.17	0.1000	0.2362
31	中共福建省委党校学报	0.04	0.05	0.21	0.1000	0.2362
35	南洋问题研究	0.06	0.07	0.16	0.0967	0.2284
35	日本学论坛	0.09	0.06	0.14	0.0967	0.2284
35	上海行政学院学报	0.09	0.10	0.10	0.0967	0.2284
35	湖北行政学院学报	0.08	0.10	0.11	0.0967	0.2284
39	北京行政学院学报	0.06	0.08	0.14	0.0933	0.2204
39	学习论坛	0.13	0.08	0.07	0.0933	0.2204
39	云南行政学院学报	0.03	0.09	0.16	0.0933	0.2204
42	当代世界社会主义问题	0.09	0.10	0.07	0.0867	0.2048

续表

排序	期刊名称	2004年	2005年	2006年	三年平均	归一化值
42	行政与法	0.05	0.09	0.12	0.0867	0.2048
42	理论与改革	0.02	0.03	0.21	0.0867	0.2048
45	国家行政学院学报	0.06	0.10	0.09	0.0833	0.1968
45	桂海论丛	0.04	0.08	0.13	0.0833	0.1968
45	理论探索	0.03	0.09	0.13	0.0833	0.1968
45	南亚研究季刊	0.07	0.07	0.11	0.0833	0.1968
45	现代国际关系	0.01	0.02	0.22	0.0833	0.1968
50	国外理论动态	0	0	0.24	0.0800	0.1890
50	长江论坛	0.03	0.09	0.12	0.0800	0.1890
52	学校党建与思想教育	0.03	0.08	0.12	0.0767	0.1812
52	青年探索	0.02	0.08	0.13	0.0767	0.1812
54	理论导刊	0.03	0.06	0.13	0.0733	0.1732
55	俄罗斯研究	0.03	0.06	0.12	0.0700	0.1654
55	求实	0.05	0.11	0.05	0.0700	0.1654
57	中国青年政治学院学报	0.04	0.05	0.11	0.0667	0.1576
58	西亚非洲	0.03	0.04	0.11	0.0600	0.1417
59	广西青年干部学院学报	0	0.09	0.10	0.0633	0.1495
59	岭南学刊	0.02	0.05	0.12	0.0633	0.1495
59	太平洋学报	0.04	0.06	0.09	0.0633	0.1495
59	南亚研究	0	0.11	0.08	0.0633	0.1495
63	中共山西省委党校学报	0.04	0.07	0.07	0.0600	0.1417
63	广东行政学院学报	0.02	0.09	0.07	0.0600	0.1417
65	理论学刊	0.02	0.07	0.08	0.0567	0.1339
65	行政论坛	0.02	0.06	0.09	0.0567	0.1339
65	国际观察	0.04	0	0.13	0.0567	0.1339
68	美国研究	0.04	0.05	0.07	0.0533	0.1259
68	阿拉伯世界研究	0	0.02	0.14	0.0533	0.1259
68	唯实	0.03	0.03	0.10	0.0533	0.1259
68	中共中央党校学报	0.01	0.07	0.08	0.0533	0.1259
72	日本问题研究	0.05	0.05	0.05	0.0500	0.1181
72	中共济南市委党校学报	0.04	0.03	0.08	0.0500	0.1181

续表

排序	期刊名称	2004 年	2005 年	2006 年	三年平均	归一化值
74	科学社会主义	0.03	0.07	0.04	0.0467	0.1103
74	东南亚纵横	0.01	0.02	0.11	0.0467	0.1103
74	南京政治学院学报	0.03	0.06	0.05	0.0467	0.1103
74	中共杭州市委党校学报	0	0.04	0.10	0.0467	0.1103
74	当代中国史研究	0.04	0.03	0.07	0.0467	0.1103
74	俄罗斯中亚东欧市场	0.02	0.06	0.06	0.0467	0.1103
80	中共四川省委党校学报	0.02	0.04	0.07	0.0433	0.1023
81	成都行政学院学报	0.03	0.02	0.07	0.0400	0.0945
81	西伯利亚研究	0.01	0.03	0.08	0.0400	0.0945
81	新视野	0.02	0.04	0.06	0.0400	0.0945
84	宁夏党校学报	0.05	0.05	0.01	0.0367	0.0867
84	日本研究	0.01	0.08	0.02	0.0367	0.0867
86	甘肃行政学院学报	0	0.05	0.05	0.0333	0.0787
87	党史研究与教学	0.03	0.03	0.03	0.0300	0.0709
87	哈尔滨市委党校学报	0.01	0.03	0.05	0.0300	0.0709
87	俄罗斯中亚东欧研究	0.01	0.02	0.06	0.0300	0.0709
87	国际政治研究	0	0.03	0.06	0.0300	0.0709
91	新东方	0	0.05	0.03	0.0267	0.0631
92	欧洲研究	0.01	0.01	0.05	0.0233	0.0550
92	中国劳动关系学院学报	0.01	0.02	0.04	0.0233	0.0550
92	实事求是	0	0.06	0.01	0.0233	0.0550
92	外交评论：外交学院学报	0	0.04	0.03	0.0233	0.0550
96	拉丁美洲研究	0.01	0.03	0.02	0.0200	0.0472
96	理论观察	0.01	0.01	0.04	0.0200	0.0472
96	辽宁行政学院学报	0.01	0.02	0.03	0.0200	0.0472
96	山东行政学院山东省经济管理干部学院学报	0	0.02	0.04	0.0200	0.0472
96	四川行政学院学报	0.02	0.02	0.02	0.0200	0.0472
101	人大研究	0.01	0.01	0.03	0.0167	0.0395
101	山东省青年管理干部学院学报	0.01	0.01	0.03	0.0167	0.0395
101	高校理论战线	0	0.02	0.03	0.0167	0.0395

续表

排序	期刊名称	2004年	2005年	2006年	三年平均	归一化值
101	理论前沿	0.01	0.02	0.02	0.0167	0.0395
105	攀登	0	0.02	0.02	0.0133	0.0314
105	探求	0	0.01	0.03	0.0133	0.0314
105	西安政治学院学报	0	0	0.04	0.0133	0.0314
105	中央社会主义学院学报	0.01	0.02	0.01	0.0133	0.0314
105	群众	0.03	0.01	0	0.0133	0.0314
110	八桂侨刊	0	0.01	0.01	0.0067	0.0158
110	党政干部论坛	0	0	0.02	0.0067	0.0158
110	中国党政干部论坛	0	0.02	0	0.0067	0.0158
110	东南亚	0	0	0.02	0.0067	0.0158
110	当代韩国	0	0	0.02	0.0067	0.0158
110	党政干部学刊	0	0	0.02	0.0067	0.0158
110	德国研究	0.02	0	0	0.0067	0.0158
110	上海党史与党建	0.01	0.01	0	0.0067	0.0158
110	中国特色社会主义研究	0	0	0.02	0.0067	0.0158
119	中共云南省委党校学报	0	0	0.01	0.0033	0.0078
119	日本学刊	0	0	0.01	0.0033	0.0078

从表 14-2 可以看到，排名前 20 名的政治学期刊中大部分都是 CSSCI 来源期刊（除了《长春市委党校学报》第 14 名、《江苏行政学院学报》[①] 第 14 名和《探索》第 19 名），可见在基金论文比这项指标中，精品期刊主要为 CSSCI 来源期刊（包括政治学和马克思主义两大类来源期刊）。同时，我们也要看到《党的文献》与《和平与发展》这两种政治学来源期刊由于三年平均基金论文比的数值较低（均为 0），没能列入表 14-2 中，需要引起注意。

从各年变化来看，政治学期刊的基金论文比基本处于稳步上升的趋势。2004—2006 年，前 120 名政治学期刊中，88.3% 的政治学期刊的基金论文比有不同程度的增长，其中增幅达 20 倍以上的期刊有《中国青年研究》、《台湾研究集刊》和《现代国际关系》；还有 29 种政治学期刊实现了基金论文零的突破，比如《国际问题研究》，由 2004 年的 0 上升到 2006 年的 0.53，从增长的数值上看，该刊最为突出。这样的变化趋势主要有两方面的原因：其一，国家重视对政治学基金项目的投入，这

---

① 该刊 2008 年入选 CSSCI 来源期刊。

是增加基金项目的成果的动力,也是提高政治学期刊基金论文比的力量源泉;其二,政治学期刊不断提高自身的学术规范,注重吸纳有基金项目支持的论文,重视基金论文的标注,这也是增加基金论文比的有效动力。但是,我们也应看到,有少数政治学期刊的基金论文比有所下降,有的期刊出现逐年下降甚至退步为零的情况,比如《学习论坛》、《群众》。

从整体看来,政治学期刊的基金论文比差距明显。排名第 1 位的《东北亚论坛》,其三年平均基金论文比的数值达到 0.4233,几乎是第 2 名的 2 倍,而排名第 120 位的《日本学刊》三年平均值还不到 0.01。对于一些排名不够理想的政治学期刊来说,需要特别重视吸纳学术价值较高的基金论文,来提高期刊自身的学术规范和学术含量。

14.1.3 论文作者地区分布

期刊论文作者分布的地区数,反映了期刊影响面的大小。一般来说,作者的地区分布越广,期刊反映的学科研究的领域就越全面,期刊的影响度就越广泛。即使是一些具有地域特色的期刊,也应该考虑其研究的全面性和广泛性,扩大作者队伍。

本统计中的作者地区包括我国内地 31 个省市自治区和港、澳、台以及其他的国家和地区(其他国家和地区分布数以国家为单位计量)。表 14-3 给出了 2004—2006 年政治学期刊论文作者地区分布数及三年平均值,并对平均值进行了归一化计算。表 14-3 的归一化分母是三年平均的最大值,即《求是》的 32.00。表 14-3 按三年平均地区数从大到小排序。

表 14-3　　　　　2004—2006 年政治学期刊论文作者地区分布

排序	期刊名称	2004 年(地区数)	2005 年(地区数)	2006 年(地区数)	三年平均(地区数)	归一化值
1	求是	32	32	32	32.00	1
2	马克思主义与现实	27	27	37	30.33	0.9478
3	理论前沿	29	29	28	28.67	0.8959
3	党建研究	28	28	30	28.67	0.8959
5	国外理论动态	23	27	35	28.33	0.8853
6	中国监察	29	29	25	27.67	0.8647
6	中国民政	28	29	26	27.67	0.8647
8	行政与法	29	26	27	27.33	0.8541
8	中国党政干部论坛	31	23	28	27.33	0.8541
10	人民论坛	27	24	29	26.67	0.8334

续表

排序	期刊名称	2004年（地区数）	2005年（地区数）	2006年（地区数）	三年平均（地区数）	归一化值
11	中国青年研究	24	26	28	26.00	0.8125
12	国家行政学院学报	24	27	25	25.33	0.7916
13	社会主义研究	25	24	25	24.67	0.7709
13	中央社会主义学院学报	23	25	26	24.67	0.7709
15	科学社会主义	22	23	28	24.33	0.7603
16	理论探讨	23	24	25	24.00	0.7500
16	世界经济与政治	23	28	21	24.00	0.7500
16	人大研究	27	21	24	24.00	0.7500
19	理论学刊	22	26	23	23.67	0.7397
19	新东方	25	25	21	23.67	0.7397
19	行政论坛	24	23	24	23.67	0.7397
22	当代世界与社会主义	23	27	20	23.33	0.7291
22	理论观察	20	23	27	23.33	0.7291
22	理论探索	21	25	24	23.33	0.7291
22	探索	23	25	22	23.33	0.7291
26	长春市委党校学报	21	23	25	23.00	0.7188
27	学校党建与思想教育	20	23	25	22.67	0.7084
28	中国青年政治学院学报	22	23	22	22.33	0.6978
28	攀登	21	22	24	22.33	0.6978
28	学习论坛	20	23	24	22.33	0.6978
31	党政干部论坛	23	22	21	22.00	0.6875
31	理论与改革	22	21	23	22.00	0.6875
31	求实	21	23	22	22.00	0.6875
31	四川行政学院学报	21	23	22	22.00	0.6875
31	云南行政学院学报	22	20	24	22.00	0.6875
36	长白学刊	20	23	22	21.67	0.6772
36	广西青年干部学院学报	21	22	22	21.67	0.6772
36	宁夏党校学报	22	21	22	21.67	0.6772
36	中国妇运	25	23	17	21.67	0.6772
40	教学与研究	20	21	23	21.33	0.6666

续表

排序	期刊名称	2004年（地区数）	2005年（地区数）	2006年（地区数）	三年平均（地区数）	归一化值
40	中共云南省委党校学报	17	24	23	21.33	0.6666
40	中国劳动关系学院学报	21	22	21	21.33	0.6666
40	中华女子学院学报	20	24	20	21.33	0.6666
44	党政干部学刊	23	22	18	21.00	0.6563
44	中共山西省委党校学报	18	20	25	21.00	0.6563
46	妇女研究论丛	19	21	22	20.67	0.6459
46	中共党史研究	18	23	21	20.67	0.6459
46	中共中央党校学报	19	22	21	20.67	0.6459
46	党建	20	23	19	20.67	0.6459
46	理论导刊	19	22	21	20.67	0.6459
46	辽宁行政学院学报	12	21	29	20.67	0.6459
46	山东行政学院山东省经济管理干部学院学报	20	21	21	20.67	0.6459
53	马克思主义研究	18	16	27	20.33	0.6353
53	成都行政学院学报	20	21	20	20.33	0.6353
53	甘肃理论学刊	21	21	19	20.33	0.6353
53	南京政治学院学报	23	21	17	20.33	0.6353
57	当代青年研究	15	21	24	20.00	0.6250
57	高校理论战线	17	22	21	20.00	0.6250
57	中国特色社会主义研究	22	18	20	20.00	0.6250
57	山东省青年管理干部学院学报	18	22	20	20.00	0.6250
61	北京行政学院学报	17	21	21	19.67	0.6147
61	党政论坛	21	20	18	19.67	0.6147
63	当代亚太	18	19	20	19.00	0.5938
63	广东行政学院学报	18	19	20	19.00	0.5938
65	青年研究	19	18	19	18.67	0.5834
65	岭南学刊	17	19	20	18.67	0.5834
65	实事求是	16	19	21	18.67	0.5834
65	中共贵州省委党校学报	17	22	17	18.67	0.5834

续表

排序	期刊名称	2004年（地区数）	2005年（地区数）	2006年（地区数）	三年平均（地区数）	归一化值
69	政治学研究	17	20	18	18.33	0.5728
69	桂海论丛	19	16	20	18.33	0.5728
69	哈尔滨市委党校学报	18	18	19	18.33	0.5728
69	中共福建省委党校学报	19	16	20	18.33	0.5728
73	江西行政学院学报	21	20	13	18.00	0.5625
73	中共济南市委党校学报	19	17	18	18.00	0.5625
75	现代国际关系	13	23	17	17.67	0.5522
75	当代中国史研究	17	19	17	17.67	0.5522
75	东南亚纵横	17	17	19	17.67	0.5522
75	甘肃行政学院学报	16	19	18	17.67	0.5522
75	唯实	21	15	17	17.67	0.5522
80	青年探索	18	16	18	17.33	0.5416
81	西亚非洲	14	16	20	16.67	0.5209
81	党的文献	15	18	17	16.67	0.5209
81	中共四川省委党校学报	13	19	18	16.67	0.5209
84	太平洋学报	10	17	22	16.33	0.5103
85	俄罗斯研究	17	17	14	16.00	0.5000
85	上海党史与党建	15	14	19	16.00	0.5000
87	欧洲研究	12	15	20	15.67	0.4897
87	东北亚论坛	18	14	15	15.67	0.4897
87	西安政治学院学报	18	14	15	15.67	0.4897
90	新视野	16	15	15	15.33	0.4791
90	毛泽东邓小平理论研究	15	17	14	15.33	0.4791
90	长江论坛	10	16	20	15.33	0.4791
90	湖北行政学院学报	12	14	20	15.33	0.4791
94	国际论坛	13	14	18	15.00	0.4688
94	党史研究与教学	18	11	16	15.00	0.4688
96	俄罗斯中亚东欧研究	16	12	15	14.33	0.4478
96	俄罗斯中亚东欧市场	15	16	12	14.33	0.4478
96	探求	12	19	12	14.33	0.4478

续表

排序	期刊名称	2004年（地区数）	2005年（地区数）	2006年（地区数）	三年平均（地区数）	归一化值
99	南洋问题研究	10	13	18	13.67	0.4272
99	东南亚研究	13	13	15	13.67	0.4272
99	湖湘论坛	13	14	14	13.67	0.4272
99	前进	10	14	17	13.67	0.4272
99	群言	10	15	16	13.67	0.4272
99	中共宁波市委党校学报	12	13	16	13.67	0.4272
105	国际政治研究	16	12	12	13.33	0.4166
105	江苏行政学院学报	14	12	14	13.33	0.4166
107	国际关系学院学报	14	13	12	13.00	0.4063
108	国际问题研究	8	12	17	12.33	0.3853
108	日本学刊	15	10	12	12.33	0.3853
108	西伯利亚研究	12	13	12	12.33	0.3853
111	外交评论：外交学院学报	6	12	18	12.00	0.3750
111	领导之友	13	11	12	12.00	0.3750
113	八桂侨刊	10	9	16	11.67	0.3647
113	福建行政学院福建经济管理干部学院学报	15	10	10	11.67	0.3647
113	日本问题研究	12	12	11	11.67	0.3647
116	当代韩国	13	11	10	11.33	0.3541
116	江南论坛	14	9	11	11.33	0.3541
116	中共杭州市委党校学报	14	8	12	11.33	0.3541
119	台湾研究	14	12	7	11.00	0.3438
119	南亚研究季刊	12	9	12	11.00	0.3438

从表14-3可以看到，政治学期刊作者的地区分布差异较大。第1名与第119名的三年平均地区分布数相差达21个地区。即使是政治学来源期刊，其排名分布也参差不齐，还有4种政治学来源期刊因排名较后未能列入本表中，它们分别是《台湾研究集刊》（三年平均值10.67）、《国际观察》（三年平均值8.67）、《拉丁美洲研究》（三年平均值8.67）、《和平与发展》（三年平均值7），值得警惕。

从2004—2006年三年情况来看，大部分政治学期刊的地区分布比较稳定，偶有年份上下波动。也有一些政治学期刊的地区分布数呈现逐年上升的状态，其中最为显著的是《辽宁行政学院学报》，三年的增长达到了29个地区。《辽宁行政学院学报》是一个地方党政院校主办的综合性政治学期刊，这一类期刊的作者群往往集中在某个区域内，而在全国范围内的影响不是特别明显，但是该期刊的作者地区由12个增加到29个，说明其正积极扩大自身的作者队伍和在全国的知名度。同时我们也要看到，个别政治学期刊的作者地区分布有下降的趋势，需要引起这些期刊的警惕，查找原因，扩大作者群，如《中国妇运》，其地区分布的减少与其作者机构信息标注不规范有关。

从整体上看来，政治学期刊的地区分布呈现出学术性期刊比半学术性期刊具有更广的地区分布数，党建、党史、中国政治类期刊比国际政治、国际关系类期刊具有更广的地区分布，中央办期刊比地方办期刊具有更广的地区分布。由于政治学期刊的情况比较复杂，我们可以分析出影响政治学期刊地区分布的几个因素：一、期刊自身的学术质量。这是影响期刊地区分布最重要的因素，无论是什么类型的期刊，只有提高期刊论文的质量，才能吸引到更多的作者。二、期刊的规范性。刊物是否标注作者机构与地区分布的多少有很大关系，如《八桂侨刊》，由于作者机构信息的缺失，导致其地区分布数较少。三、期刊的载文量。载文量较多的期刊比载文量较少的期刊有更大可能性使作者地区分布更广，如排名靠前的《中国监察》年载文量在900篇左右。四、办刊的宗旨。从政治学期刊来看，党建、党史、中国政治类期刊具有广泛的作者队伍，其作者地区的分布数也较多，而国际政治、国际关系类的期刊由于研究方向的特殊性，作者队伍相对狭小，所以作者地区也相对集中。五、刊物的主办单位。这个因素的影响在政党院校学报中特别突出，《国家行政学院学报》和《中共中央党校学报》的作者地区分布广度高于许多地方党政院校校刊。

14.1.4 有作者机构论文比例

标注作者机构不仅是读者与作者之间的交流沟通的纽带，也为学界了解各机构的研究实力和学术交流提供了信息。根据国家的有关规定和SCI期刊的著录要求，每篇学术论文都应该注明详细的作者机构信息。但在对实物期刊的考察中，我们发现仍有不少期刊论文的作者机构缺乏规范性，机构信息缺失。因此，作者机构是学术论文中不可缺少的重要组成部分，有作者机构论文比例这个指标可以从一个方面反映出学术期刊的规范程度。

政治学来源期刊（2004—2006）标注作者机构论文比例的平均水平为94.35%，与人文社会科学的整体平均水平（94.39%）基本持平。但是，将政治学来源期刊的有作者机构的论文比例放入社会科学的各学科中来比较，其远低于最高的体育学（99.67%），仅仅高于社会科学综合类期刊（93.39%）、新闻学与传播学（81.83%）。可见，政治学来源期刊的作者机构信息仍需进一步规范。[1]

---

[1] 邓三鸿、金莹："我国人文社会科学学术刊物的学科对比——基于CSSCI的分析"，《东岳论丛》2008年第1期，第43—50页。

表 14-4 给出了 2004—2006 年政治学期刊标注有作者机构的论文比例及三年平均值，并对平均值进行了归一化计算。表 14-4 按三年平均数从大到小排序。

表 14-4　　　　2004—2006 年政治学期刊标注有作者机构的论文比例

排序	期刊名称	2004 年	2005 年	2006 年	三年平均	归一化值
1	北京行政学院学报	1	1	1	1	1
1	中共中央党校学报	1	1	1	1	1
1	青年研究	1	1	1	1	1
1	国际论坛	1	1	1	1	1
1	东北亚论坛	1	1	1	1	1
1	和平与发展	1	1	1	1	1
1	长春市委党校学报	1	1	1	1	1
1	党史研究与教学	1	1	1	1	1
1	广东行政学院学报	1	1	1	1	1
1	哈尔滨市委党校学报	1	1	1	1	1
1	湖北行政学院学报	1	1	1	1	1
1	湖湘论坛	1	1	1	1	1
1	理论与改革	1	1	1	1	1
1	辽宁行政学院学报	1	1	1	1	1
1	日本问题研究	1	1	1	1	1
1	日本学论坛	1	1	1	1	1
1	西安政治学院学报	1	1	1	1	1
1	行政论坛	1	1	1	1	1
1	中共福建省委党校学报	1	1	1	1	1
20	求实	1	1	0.9970	0.9990	0.9990
21	理论观察	1	1	0.9967	0.9989	0.9989
21	中共山西省委党校学报	1	1	0.9967	0.9989	0.9989
21	理论探讨	1	0.9966	1	0.9989	0.9989
24	中共云南省委党校学报	1	0.9957	1	0.9986	0.9986
25	长白学刊	1	1	0.9950	0.9983	0.9983
26	甘肃理论学刊	0.9944	1	1	0.9981	0.9981
27	广西青年干部学院学报	1	0.9938	1	0.9979	0.9979
27	宁夏党校学报	1	1	0.9938	0.9979	0.9979

排序	期刊名称	2004年	2005年	2006年	三年平均	归一化值
29	理论探索	0.9964	1	0.9967	0.9977	0.9977
30	探求	1	0.9921	1	0.9974	0.9974
31	江西行政学院学报	0.9907	1	1	0.9969	0.9969
31	南京政治学院学报	1	1	0.9907	0.9969	0.9969
31	山东行政学院山东省经济管理干部学院学报	0.9976	0.9931	1	0.9969	0.9969
34	教学与研究	0.9953	1	0.9944	0.9966	0.9966
35	桂海论丛	1	1	0.9891	0.9964	0.9964
36	行政与法	0.9945	0.9981	0.9961	0.9962	0.9962
37	现代国际关系	1	0.9877	1	0.9959	0.9959
37	学习论坛	0.9877	1	1	0.9959	0.9959
37	中国青年政治学院学报	0.9876	1	1	0.9959	0.9959
40	学校党建与思想教育	0.9872	1	1	0.9957	0.9957
40	新视野	0.9938	1	0.9935	0.9958	0.9958
42	国际观察	1	1	0.9857	0.9952	0.9952
43	中共宁波市委党校学报	0.9850	1	1	0.9950	0.9950
44	政治学研究	1	1	0.9848	0.9949	0.9949
44	中共杭州市委党校学报	0.9848	1	1	0.9949	0.9949
46	当代青年研究	1	0.9939	0.9903	0.9947	0.9947
47	台湾研究集刊	0.9836	1	1	0.9945	0.9945
48	理论学刊	0.9855	1	0.9962	0.9939	0.9939
49	福建行政学院福建经济管理干部学院学报	1	1	0.9815	0.9938	0.9938
50	理论导刊	1	0.9946	0.9845	0.9930	0.9930
51	中国劳动关系学院学报	0.9881	1	0.9897	0.9926	0.9926
52	攀登	1	1	0.9762	0.9921	0.9921
53	上海行政学院学报	1	0.9875	0.9884	0.9920	0.9920
54	毛泽东邓小平理论研究	1	0.9844	0.9894	0.9913	0.9913
54	马克思主义研究	0.9775	1	0.9961	0.9912	0.9912
56	国外理论动态	0.9733	1	1	0.9911	0.9911
56	东南亚研究	0.9732	1	1	0.9911	0.9911

续表

排序	期刊名称	2004 年	2005 年	2006 年	三年平均	归一化值
56	甘肃行政学院学报	0.9806	1	0.9926	0.9911	0.9911
59	探索	0.9960	0.9769	1	0.9910	0.9910
60	中国特色社会主义研究	0.9800	1	0.9918	0.9906	0.9906
61	实事求是	0.9742	1	0.9933	0.9892	0.9892
62	岭南学刊	0.9933	0.9933	0.9796	0.9887	0.9887
62	四川行政学院学报	0.9661	1	1	0.9887	0.9887
64	中共四川省委党校学报	1	0.9741	0.9912	0.9884	0.9884
65	西伯利亚研究	1	0.9913	0.9679	0.9864	0.9864
66	中共浙江省委党校学报	0.9797	1	0.9789	0.9862	0.9862
67	国际问题研究	0.9773	0.9767	1	0.9847	0.9847
68	云南行政学院学报	0.9550	0.9953	1	0.9834	0.9834
69	江苏行政学院学报	1	0.9489	1	0.9830	0.9830
70	成都行政学院学报	0.9681	0.9744	1	0.9808	0.9808
71	南亚研究季刊	0.9765	0.9759	0.9891	0.9805	0.9805
72	唯实	0.9874	0.9737	0.9787	0.9799	0.9799
73	中央社会主义学院学报	1	1	0.9392	0.9797	0.9797
74	党政干部论坛	1	1	0.9351	0.9784	0.9784
75	东南亚	1	1	0.9333	0.9778	0.9778
76	高校理论战线	0.9655	0.9708	0.9934	0.9766	0.9766
77	中共济南市委党校学报	0.9860	0.9737	0.9669	0.9755	0.9755
77	人大研究	0.9697	1	0.9567	0.9755	0.9755
79	上海党史与党建	1	1	0.9259	0.9753	0.9753
80	中国党政干部论坛	1	0.9765	0.9468	0.9744	0.9744
81	西亚非洲	0.9886	0.9556	0.9773	0.9738	0.9738
82	东南亚纵横	0.9865	1	0.9245	0.9703	0.9703
83	台湾研究	0.9385	0.9706	1	0.9697	0.9697
84	当代世界与社会主义	0.9688	0.9598	0.9775	0.9687	0.9687
85	当代世界社会主义问题	1	0.9184	0.9767	0.9650	0.9650
86	国家行政学院学报	0.9930	0.9608	0.9408	0.9649	0.9649
87	南洋问题研究	0.9412	1	0.9455	0.9622	0.9622
88	理论前沿	0.9769	0.9620	0.9902	0.9764	0.9764

续表

排序	期刊名称	2004 年	2005 年	2006 年	三年平均	归一化值
89	国际关系学院学报	0.9773	1	0.9057	0.9610	0.9610
90	中共党史研究	0.9406	0.9640	0.9626	0.9557	0.9557
91	俄罗斯研究	0.9206	0.9538	0.9853	0.9532	0.9532
92	长江论坛	0.9216	0.9327	1	0.9514	0.9514
93	外交评论：外交学院学报	0.9268	0.9610	0.9580	0.9486	0.9486
94	德国研究	1	1	0.8438	0.9479	0.9479
95	科学社会主义	0.9323	0.9205	0.9803	0.9444	0.9444
96	世界经济与政治	0.8969	1	0.9209	0.9393	0.9393
97	中华女子学院学报	0.9490	0.8966	0.9688	0.9381	0.9381
98	党政论坛	0.9078	0.9148	0.9898	0.9375	0.9375
99	党建研究	0.9886	1	0.8212	0.9366	0.9366
100	中国民政	0.9623	0.9711	0.9611	0.9648	0.9648
101	前进	1	1	0.8014	0.9338	0.9338
102	妇女研究论丛	0.9263	0.9400	0.9327	0.9330	0.9330
103	求是	0.9337	0.9241	0.9222	0.9267	0.9267
104	太平洋学报	0.8493	0.9580	0.9643	0.9239	0.9239
105	中国青年研究	0.8432	0.9610	0.9615	0.9219	0.9219
106	党政干部学刊	0.9647	0.9074	0.8923	0.9215	0.9215
107	当代亚太	0.9286	0.9024	0.9298	0.9203	0.9203
108	江南论坛	0.9162	0.9636	0.8636	0.9145	0.9145
109	美国研究	0.9111	0.8500	0.9756	0.9122	0.9122
110	南亚研究	0.8684	0.9730	0.8947	0.9120	0.9120
111	新东方	0.8079	0.9259	1	0.9113	0.9113
112	北京党史	0.9675	0.8810	0.8819	0.9101	0.9101
113	当代中国史研究	0.9099	0.8932	0.9238	0.9090	0.9090
114	马克思主义与现实	0.8661	0.8641	0.9714	0.9005	0.9005
115	欧洲研究	0.8481	0.8889	0.9605	0.8992	0.8992
116	山东省青年管理干部学院学报	1	1	0.6967	0.8989	0.8989
117	中国妇运	1	1	0.6738	0.8913	0.8913
118	当代韩国	0.9903	0.8495	0.8295	0.8898	0.8898

续表

排序	期刊名称	2004年	2005年	2006年	三年平均	归一化值
119	俄罗斯中亚东欧市场	0.8365	0.9603	0.8681	0.8883	0.8883
120	日本研究	0.9552	0.9429	0.7500	0.8827	0.8827

从表14-4可以看到，大部分政治学期刊的作者机构标注情况都比较理想，前120名政治学期刊中，有《北京行政学院学报》等19种期刊的作者机构标注率为100%，有95%的期刊作者机构标注率达到90%以上，说明这些政治学期刊在作者机构标注方面规范化程度比较高。但也有一些政治学来源期刊的有作者机构的论文比例还不够理想，如《国际政治研究》（0.8825）、《党的文献》（0.8344）、《日本学刊》（0.7835）、《拉丁美洲研究》（0.6344），没能进入前120名，需要继续努力。

从三年变化来看，大部分政治学期刊有作者机构的论文比例上下波动不大，这与这些期刊作者机构规范化程度比较高有一定关系。三年间，有作者机构的论文比例上升最为明显的期刊为《新东方》，从2004年的0.8079上升到2006年的1，基本实现了每篇论文都标有作者机构。而《山东省青年管理干部学院学报》和《中国妇运》有作者机构的论文比例下降比较明显，均由原来的100%下降至70%左右，需要引起警惕。

14.1.5 政治学期刊学术规范量化指标综合分析

期刊学术规范量化指标在对期刊规范化、期刊质量、期刊影响等方面起到了重要的评价作用，它包括期刊论文的篇均引用文献数、期刊基金论文占有比例、期刊作者地区分布以及期刊标注有作者机构的论文比例这四项指标。按照第1章所述，将这四项指标平均分配权重比率，各占25%，可以得到期刊学术规范量化指标综合值。表14-5给出了2004—2006年政治学期刊学术规范量化各指标的归一化值和综合值。综合值计算方法为：将每一种期刊的学术规范量化指标的归一化值各乘以0.25，然后求和计算得到各期刊的综合值。表14-5按各期刊学术规范量化指标综合值从大到小排序。

表14-5   2004—2006年政治学期刊学术规范量化指标综合值

排序	期刊名称	篇均引文数归一化值	基金论文比归一化值	地区分布归一化值	有机构论文比归一化值	综合值
1	东北亚论坛	0.3208	1	0.4897	1	0.7026
2	世界经济与政治	0.6825	0.2913	0.7500	0.9393	0.6658
3	国际论坛	0.7188	0.4567	0.4688	1	0.6611

第14章 政治学

续表

排序	期刊名称	篇均引文数归一化值	基金论文比归一化值	地区分布归一化值	有机构论文比归一化值	综合值
4	教学与研究	0.4459	0.5119	0.6666	0.9966	0.6553
5	政治学研究	0.5829	0.3858	0.5728	0.9949	0.6341
6	东南亚研究	0.6165	0.4174	0.4272	0.9911	0.6131
7	当代世界与社会主义	0.2770	0.4725	0.7291	0.9687	0.6118
8	中共党史研究	0.5108	0.3229	0.6459	0.9557	0.6088
9	台湾研究集刊	0.6045	0.4961	0.3334	0.9945	0.6071
10	马克思主义与现实	0.2434	0.3071	0.9478	0.9005	0.5997
11	上海行政学院学报	0.8315	0.2284	0.3125	0.9920	0.5911
12	美国研究	1	0.1259	0.3228	0.9122	0.5902
13	社会主义研究	0.2693	0.4647	0.7709	0.8507	0.5889
14	理论探讨	0.2217	0.3780	0.7500	0.9989	0.5872
15	行政与法	0.2826	0.2048	0.8541	0.9962	0.5844
16	探索	0.3238	0.2913	0.7291	0.9910	0.5838
17	青年研究	0.4404	0.3071	0.5834	1	0.5827
18	南洋问题研究	0.6715	0.2284	0.4272	0.9622	0.5723
19	党史研究与教学	0.7168	0.0709	0.4688	1	0.5641
20	毛泽东邓小平理论研究	0.2844	0.4961	0.4791	0.9913	0.5627
21	长白学刊	0.2954	0.2677	0.6772	0.9983	0.5597
22	中华女子学院学报	0.3635	0.2599	0.6666	0.9381	0.5570
23	欧洲研究	0.7823	0.0550	0.4897	0.8992	0.5566
24	云南行政学院学报	0.3309	0.2204	0.6875	0.9834	0.5556
25	理论与改革	0.3246	0.2048	0.6875	1	0.5542
26	马克思主义研究	0.3252	0.2599	0.6353	0.9912	0.5529
27	现代国际关系	0.4656	0.1968	0.5522	0.9959	0.5526
28	甘肃理论学刊	0.3303	0.2440	0.6353	0.9981	0.5519
29	求是	0.0036	0.2677	1	0.9267	0.5495
30	当代亚太	0.4266	0.2440	0.5938	0.9203	0.5462
31	中国青年研究	0.1024	0.3466	0.8125	0.9219	0.5459
32	国际政治研究	0.8111	0.0709	0.4166	0.8825	0.5453
33	长春市委党校学报	0.1470	0.3071	0.7188	1	0.5432

续表

排序	期刊名称	篇均引文数归一化值	基金论文比归一化值	地区分布归一化值	有机构论文比归一化值	综合值
34	妇女研究论丛	0.3553	0.2362	0.6459	0.9330	0.5426
35	国外理论动态	0.0615	0.1890	0.8853	0.9911	0.5317
36	行政论坛	0.2449	0.1339	0.7397	1	0.5296
37	当代青年研究	0.1991	0.2993	0.6250	0.9947	0.5295
38	学习论坛	0.2015	0.2204	0.6978	0.9959	0.5289
39	中共中央党校学报	0.3338	0.1259	0.6459	1	0.5264
40	江苏行政学院学报	0.3964	0.3071	0.4166	0.9830	0.5258
41	北京行政学院学报	0.2631	0.2204	0.6147	1	0.5246
42	国家行政学院学报	0.1316	0.1968	0.7916	0.9649	0.5212
43	求实	0.2149	0.1654	0.6875	0.9990	0.5167
44	南亚研究季刊	0.5436	0.1968	0.3438	0.9805	0.5162
45	当代中国史研究	0.4906	0.1103	0.5522	0.9090	0.5155
46	湖北行政学院学报	0.3418	0.2284	0.4791	1	0.5123
47	理论探索	0.1231	0.1968	0.7291	0.9977	0.5117
48	理论学刊	0.1788	0.1339	0.7397	0.9939	0.5116
49	理论导刊	0.2314	0.1732	0.6459	0.9930	0.5109
50	中共浙江省委党校学报	0.4364	0.2835	0.3334	0.9862	0.5099
51	东南亚纵横	0.3993	0.1103	0.5522	0.9703	0.5080
52	太平洋学报	0.4439	0.1495	0.5103	0.9239	0.5069
53	中国青年政治学院学报	0.1756	0.1576	0.6978	0.9959	0.5067
54	中共福建省委党校学报	0.2074	0.2362	0.5728	1	0.5041
55	广西青年干部学院学报	0.1832	0.1495	0.6772	0.9979	0.5020
56	台湾研究	0.4459	0.2440	0.3438	0.9697	0.5009
57	西亚非洲	0.3656	0.1417	0.5209	0.9738	0.5005
58	俄罗斯研究	0.3827	0.1654	0.5000	0.9532	0.5003
59	江西行政学院学报	0.2042	0.2362	0.5625	0.9969	0.5000
60	中共宁波市委党校学报	0.3394	0.2362	0.4272	0.9950	0.4995
61	学校党建与思想教育	0.1121	0.1812	0.7084	0.9957	0.4994
62	桂海论丛	0.2106	0.1968	0.5728	0.9964	0.4942
63	国际观察	0.5694	0.1339	0.2709	0.9952	0.4924

续表

排序	期刊名称	篇均引文数归一化值	基金论文比归一化值	地区分布归一化值	有机构论文比归一化值	综合值
64	福建行政学院福建经济管理干部学院学报	0.3255	0.2757	0.3647	0.9938	0.4899
65	国际问题研究	0.1713	0.4174	0.3853	0.9847	0.4897
66	科学社会主义	0.1417	0.1103	0.7603	0.9444	0.4892
67	广东行政学院学报	0.2184	0.1417	0.5938	1	0.4885
68	南京政治学院学报	0.2047	0.1103	0.6353	0.9969	0.4868
69	当代世界社会主义问题	0.4343	0.2048	0.3334	0.9650	0.4844
70	理论前沿	0.0229	0.0395	0.8959	0.9764	0.4837
71	中央社会主义学院学报	0.1452	0.0314	0.7709	0.9797	0.4818
72	中共济南市委党校学报	0.2646	0.1181	0.5625	0.9755	0.4802
73	岭南学刊	0.1949	0.1495	0.5834	0.9887	0.4791
74	日本学论坛	0.4029	0.2284	0.2813	1	0.4782
75	宁夏党校学报	0.1460	0.0867	0.6772	0.9979	0.4770
76	攀登	0.1767	0.0314	0.6978	0.9921	0.4745
77	高校理论战线	0.2550	0.0395	0.6250	0.9766	0.4740
78	四川行政学院学报	0.1652	0.0472	0.6875	0.9887	0.4722
79	中共山西省委党校学报	0.0877	0.1417	0.6563	0.9989	0.4712
80	青年探索	0.2844	0.1812	0.5416	0.8705	0.4694
81	理论观察	0.1014	0.0472	0.7291	0.9989	0.4692
82	人大研究	0.1106	0.0395	0.7500	0.9755	0.4689
83	中国劳动关系学院学报	0.1585	0.0550	0.6666	0.9926	0.4682
84	实事求是	0.2407	0.0550	0.5834	0.9892	0.4671
85	甘肃行政学院学报	0.2413	0.0787	0.5522	0.9911	0.4658
86	中国特色社会主义研究	0.2262	0.0158	0.6250	0.9906	0.4644
87	成都行政学院学报	0.1443	0.0945	0.6353	0.9808	0.4637
88	日本问题研究	0.3659	0.1181	0.3647	1	0.4622
89	山东行政学院山东省经济管理干部学院学报	0.1574	0.0472	0.6459	0.9969	0.4619
90	中国党政干部论坛	0	0.0158	0.8541	0.9744	0.4611
91	新东方	0.1246	0.0631	0.7397	0.9113	0.4597

续表

排序	期刊名称	篇均引文数归一化值	基金论文比归一化值	地区分布归一化值	有机构论文比归一化值	综合值
92	党建研究	0	0	0.8959	0.9366	0.4581
93	中国民政	0.0009	0	0.8647	0.9648	0.4576
94	长江论坛	0.2083	0.1890	0.4791	0.9514	0.4570
95	中共四川省委党校学报	0.2140	0.1023	0.5209	0.9884	0.4564
96	辽宁行政学院学报	0.1319	0.0472	0.6459	1	0.4563
97	湖湘论坛	0.1548	0.2362	0.4272	1	0.4546
98	中共云南省委党校学报	0.1149	0.0078	0.6666	0.9986	0.4470
99	唯实	0.1176	0.1259	0.5522	0.9799	0.4439
100	中共杭州市委党校学报	0.3015	0.1103	0.3541	0.9949	0.4402

从表 14-5 不难看出，政治学期刊在学术规范量化指标综合值上有一个共同的特点：没有一个期刊在四个指标上都表现突出。如排名第 1 位的《东北亚论坛》在基金论文比和有机构论文比这两个指标上比较突出，但是在篇均引文数这个指标上排名较后。再如，CSSCI 政治学来源期刊排名第 1 位的《世界经济与政治》在本指标中名列第 2 位，该刊的篇均引文、基金论文比和作者地区分布排名进入前 20 位，但是有作者机构论文比却处于中下游的位置。还有一些政治学来源期刊，都是学界具有较大影响力的期刊，但是在某个指标上都没能进入前 120 名，需要引起重视。

根据表 14-5 的数据分析，政治学期刊总体上亟待提高学术规范水平。对于来源期刊，各刊的编辑部门应该针对自身的不足，努力提高期刊的规范程度，使期刊在各方面都表现出核心期刊的水平。对于非来源期刊，更应该引起重视，良好的学术规范也是提高影响力的重要条件。

14.2 政治学期刊被引次数分析

期刊的总被引次数是期刊自创刊以来所登载的全部论文在统计当年被引用的总次数，它体现了期刊自创刊以来的学术影响。它是加菲尔德创立的引文分析法中的重要指标之一，可以反映某一种期刊在其学科领域内的绝对影响力，被引用的次数越大，表明该刊受重视的程度越高。[1] 以下就从总被引次数、其他期刊引用次数和本学

---

[1] 鞠秀芳："《科技进步与对策》被引、载文及作者的统计分析"，《科技进步与对策》2007 年第 5 期，第 149—151 页。

科论文引用次数这三个角度来考察政治学期刊的被引情况。本节分别列出各指标前 120 名（122 种）期刊以及被引次数综合值前 100 名的期刊，并进行讨论。

14.2.1 总被引次数

总被引次数反映了期刊在科学研究中产生的总的学术影响。表 14-6 给出了 2004—2006 年政治学期刊总被引次数，并计算出了三年的平均值，最后进行了归一化处理。该指标的归一化值是由其最大的三年平均值（《世界经济与政治》的 433.67）作除数得到。表 14-6 按三年平均次数从大到小排序。

表 14-6　　　　　　　　2004—2006 年政治学期刊总被引次数

排序	期刊名称	2004 年（篇次）	2005 年（篇次）	2006 年（篇次）	三年平均（篇次）	归一化值
1	世界经济与政治	417	391	493	433.67	1
2	求是	165	246	340	250.33	0.5772
3	拉丁美洲研究	38	113	439	196.67	0.4535
4	现代国际关系	166	152	203	173.67	0.4005
5	青年研究	164	114	226	168.00	0.3874
6	马克思主义与现实	110	144	203	152.33	0.3513
7	欧洲研究	134	146	173	151.00	0.3482
8	教学与研究	109	142	187	146.00	0.3367
9	政治学研究	128	135	152	138.33	0.3190
10	当代亚太	83	123	134	113.33	0.2613
11	国家行政学院学报	100	102	132	111.33	0.2567
12	中共党史研究	95	68	160	107.67	0.2483
13	美国研究	95	108	115	106.00	0.2444
14	理论前沿	86	89	112	95.67	0.2206
15	国外理论动态	62	98	113	91.00	0.2098
16	俄罗斯中亚东欧研究	89	89	87	88.33	0.2037
17	当代中国史研究	55	59	145	86.33	0.1991
18	当代世界与社会主义	68	80	110	86.00	0.1983
19	妇女研究论丛	54	74	129	85.67	0.1975
20	东北亚论坛	46	68	140	84.67	0.1952
21	中国党政干部论坛	51	79	117	82.33	0.1898

续表

排序	期刊名称	2004年（篇次）	2005年（篇次）	2006年（篇次）	三年平均（篇次）	归一化值
22	党的文献	52	64	120	78.67	0.1814
22	新视野	66	78	92	78.67	0.1814
24	西亚非洲	51	62	111	74.67	0.1722
25	东南亚研究	71	60	88	73.00	0.1683
26	理论与改革	59	72	84	71.67	0.1653
27	国际问题研究	72	78	61	70.33	0.1622
28	中国青年研究	49	57	99	68.33	0.1576
29	理论学刊	37	61	99	65.67	0.1514
30	求实	37	61	98	65.33	0.1506
30	日本学刊	57	76	63	65.33	0.1506
32	理论探讨	43	63	85	63.67	0.1468
33	毛泽东邓小平理论研究	33	59	95	62.33	0.1437
34	社会主义研究	37	51	97	61.67	0.1422
35	探索	48	59	77	61.33	0.1414
36	北京行政学院学报	49	59	72	60.00	0.1384
37	台湾研究集刊	50	51	76	59.00	0.1360
38	国际论坛	55	54	65	58.00	0.1337
39	行政与法	28	63	73	54.67	0.1261
40	东南亚纵横	42	44	75	53.67	0.1238
41	马克思主义研究	47	42	66	51.67	0.1191
42	高校理论战线	41	52	59	50.67	0.1168
43	台湾研究	57	55	39	50.33	0.1161
44	太平洋学报	46	49	52	49.00	0.1130
45	中国青年政治学院学报	41	38	67	48.67	0.1122
46	国际观察	44	44	53	47.00	0.1084
46	外交评论：外交学院学报	30	44	67	47.00	0.1084
48	南洋问题研究	37	32	68	45.67	0.1053
49	中共中央党校学报	29	43	63	45.00	0.1038
50	当代青年研究	38	39	56	44.33	0.1022
51	江苏行政学院学报	27	32	73	44.00	0.1015

续表

排序	期刊名称	2004年（篇次）	2005年（篇次）	2006年（篇次）	三年平均（篇次）	归一化值
52	云南行政学院学报	28	41	59	42.67	0.0984
53	理论导刊	22	35	67	41.33	0.0953
54	唯实	26	33	64	41.00	0.0945
55	中共福建省委党校学报	27	39	49	38.33	0.0884
56	国际政治研究	27	44	43	38.00	0.0876
56	前线	29	34	51	38.00	0.0876
56	中国特色社会主义研究	32	35	47	38.00	0.0876
59	南京政治学院学报	24	37	49	36.67	0.0846
59	人民论坛	16	28	66	36.67	0.0846
59	科学社会主义	20	39	51	36.67	0.0846
62	党史研究与教学	16	35	53	34.67	0.0799
63	长白学刊	28	24	46	32.67	0.0753
63	理论探索	18	32	48	32.67	0.0753
65	当代世界社会主义问题	16	28	44	29.33	0.0676
66	岭南学刊	30	25	32	29.00	0.0669
66	行政论坛	15	40	32	29.00	0.0669
68	中共浙江省委党校学报	20	23	43	28.67	0.0661
69	俄罗斯中亚东欧市场	22	19	44	28.33	0.0653
70	人大研究	18	30	34	27.33	0.0630
71	中华女子学院学报	19	23	39	27.00	0.0623
72	甘肃理论学刊	15	20	43	26.00	0.0600
73	上海行政学院学报	16	21	40	25.67	0.0592
74	当代世界	26	23	27	25.33	0.0584
74	德国研究	22	26	28	25.33	0.0584
74	中共杭州市委党校学报	18	25	33	25.33	0.0584
77	国际关系学院学报	16	26	33	25.00	0.0576
78	日本研究	20	32	22	24.67	0.0569
79	广东行政学院学报	20	20	33	24.33	0.0561
80	南亚研究季刊	20	23	29	24.00	0.0553
81	南亚研究	12	35	24	23.67	0.0546

续表

排序	期刊名称	2004年（篇次）	2005年（篇次）	2006年（篇次）	三年平均（篇次）	归一化值
82	东南亚	12	22	36	23.33	0.0538
83	百年潮	24	20	24	22.67	0.0523
84	湖湘论坛	19	24	24	22.33	0.0515
85	中国劳动关系学院学报	6	20	39	21.67	0.0500
86	青年探索	14	16	34	21.33	0.0492
87	阿拉伯世界研究	11	24	28	21.00	0.0484
88	俄罗斯研究	13	21	27	20.33	0.0469
88	桂海论丛	22	22	17	20.33	0.0469
90	学习论坛	11	17	32	20.00	0.0461
91	西安政治学院学报	21	19	17	19.00	0.0438
91	福建行政学院福建经济管理干部学院学报	18	21	18	19.00	0.0438
93	八桂侨刊	24	10	22	18.67	0.0431
93	党政干部论坛	10	14	32	18.67	0.0431
93	学校党建与思想教育	8	16	32	18.67	0.0431
96	四川行政学院学报	9	23	22	18.00	0.0415
97	新东方	13	17	23	17.67	0.0407
97	中国民政	7	29	17	17.67	0.0407
99	北京党史	15	13	24	17.33	0.0400
99	党建研究	13	15	24	17.33	0.0400
99	攀登	4	21	27	17.33	0.0400
102	江西行政学院学报	12	13	25	16.67	0.0384
103	湖北行政学院学报	13	13	23	16.33	0.0377
104	理论观察	15	14	19	16.00	0.0369
104	山东行政学院山东省经济管理干部学院学报	12	11	25	16.00	0.0369
104	党政干部学刊	8	20	20	16.00	0.0369
104	江南论坛	10	19	19	16.00	0.0369
108	创造	14	17	16	15.67	0.0361
109	山东省青年管理干部学院学报	8	14	24	15.33	0.0353

续表

排序	期刊名称	2004年（篇次）	2005年（篇次）	2006年（篇次）	三年平均（篇次）	归一化值
109	长春市委党校学报	9	10	27	15.33	0.0353
111	党政论坛	15	11	19	15.00	0.0346
111	日本问题研究	8	14	23	15.00	0.0346
111	探求	12	15	18	15.00	0.0346
111	中共宁波市委党校学报	5	19	21	15.00	0.0346
115	西伯利亚研究	9	22	12	14.33	0.0330
115	乡镇论坛	7	18	18	14.33	0.0330
115	学习月刊	0	14	29	14.33	0.0330
118	中央社会主义学院学报	9	11	21	13.67	0.0315
119	和平与发展	17	13	10	13.33	0.0307
120	长江论坛	9	14	15	12.67	0.0292
120	辽宁行政学院学报	7	11	20	12.67	0.0292
120	群言	8	11	19	12.67	0.0292

从表 14-6 可以看出，政治学期刊在总被引次数上差距明显。三年平均数超过 400 次的期刊有 1 种，100—400 次的期刊有 12 种，50—100 次的期刊有 30 种，其余 79 种期刊分布在 12—50 次之间。其中最为突出的《世界经济与政治》以三年平均被引 433.67 次位居榜首，高出第 2 位期刊 73 个百分点。并且，该刊各年的被引次数均遥遥领先，奠定了其在政治学期刊中龙头老大的地位。紧随其后的《求是》、《拉丁美洲研究》、《现代国际关系》、《青年研究》也以较高的被引次数在学界具有举足轻重的地位。

从三年被引次数的变化来看，政治学期刊呈现明显的被引次数逐年增长的趋势，由 2004 年的 4807 次，增长至 2006 年的 8418 次，涨幅为 75.1%。《拉丁美洲研究》和《求是》以三年增长 401 次和 175 次，位居被引次数增长的榜首。它们也是平均排名非常靠前的期刊，说明它们近年来在学界十分活跃，经常发表一些优秀的论文，具有很强的学术影响力。

整体上看来，前 50 名政治学期刊涉及多个研究领域：国际政治与国际关系有 20 种，综合性政治期刊 11 种，马克思主义、科学社会主义 8 种，党建、党史、中国政治 5 种，妇女、青年研究 4 种，其他 2 种。可以看到，国际政治、国际关系类政治学期刊占有很大的份额，达到 30%，说明这类期刊发表了不少优秀的论文，整体学术水平较高，在学界有较大的学术影响。

另外，由于期刊被引次数的多少可能受到期刊自引的影响而缺乏科学评价的效力，所以我们引入他引次数这个指标，来更好地评价期刊的绝对影响。

14.2.2 其他期刊引用次数

其他期刊引用次数（也称他刊引用次数）是某论文被刊载期刊以外的其他期刊引用的次数。采用他刊引用次数对期刊进行评价，可以杜绝来源期刊为了提高被引次数而虚假自引的可能，将来源期刊与非来源期刊放在同一个层次上进行评价，增加了评价的公平性。表14-7给出了2004—2006年政治学期刊他刊引用次数统计。其中包括各年度的他刊引用次数，然后进行计算得到平均值，最后用最大的平均值（《世界经济与政治》的328.33）作分母得到每一种期刊该指标的归一化值。表14-7按三年平均次数从大到小排序。

表14-7　　　　　　　2004—2006年政治学期刊他刊引用次数

排序	期刊名称	2004年（篇次）	2005年（篇次）	2006年（篇次）	三年平均（篇次）	归一化值
1	世界经济与政治	293	324	368	328.33	1
2	求是	165	245	339	249.67	0.7604
3	现代国际关系	153	135	179	155.67	0.4741
4	马克思主义与现实	101	137	195	144.33	0.4396
5	教学与研究	102	128	173	134.33	0.4091
6	欧洲研究	107	126	161	131.33	0.4000
7	青年研究	122	90	181	131.00	0.3990
8	政治学研究	116	129	141	128.67	0.3919
9	国家行政学院学报	96	100	128	108.00	0.3289
10	当代亚太	69	96	121	95.33	0.2903
11	美国研究	80	98	107	95.00	0.2893
12	理论前沿	83	89	109	93.67	0.2853
13	国外理论动态	57	98	111	88.67	0.2701
14	中共党史研究	87	55	123	88.33	0.2690
15	中国党政干部论坛	51	79	117	82.33	0.2508
16	新视野	62	78	89	76.33	0.2325
17	理论与改革	59	72	84	71.67	0.2183
18	当代世界与社会主义	57	58	96	70.33	0.2142
19	党的文献	45	57	106	69.33	0.2112

续表

排序	期刊名称	2004年（篇次）	2005年（篇次）	2006年（篇次）	三年平均（篇次）	归一化值
20	当代中国史研究	45	52	109	68.67	0.2091
21	俄罗斯中亚东欧研究	58	73	72	67.67	0.2061
22	国际问题研究	67	74	59	66.67	0.2031
23	妇女研究论丛	32	59	107	66.00	0.2010
24	理论学刊	37	61	99	65.67	0.2000
25	求实	37	61	98	65.33	0.1990
26	探索	48	59	77	61.33	0.1868
27	理论探讨	42	61	77	60.00	0.1827
28	社会主义研究	36	49	93	59.33	0.1807
29	日本学刊	49	70	53	57.33	0.1746
30	北京行政学院学报	44	57	69	56.67	0.1726
31	中国青年研究	34	48	87	56.33	0.1716
32	行政与法	28	63	73	54.67	0.1665
32	毛泽东邓小平理论研究	27	45	92	54.67	0.1665
34	国际论坛	54	48	60	54.00	0.1645
35	东南亚纵横	42	44	75	53.67	0.1635
36	东南亚研究	49	45	64	52.67	0.1604
37	东北亚论坛	36	56	65	52.33	0.1594
38	马克思主义研究	45	41	61	49.00	0.1492
39	国际观察	44	44	52	46.67	0.1421
40	太平洋学报	39	47	50	45.33	0.1381
40	中国青年政治学院学报	41	33	62	45.33	0.1381
42	江苏行政学院学报	27	32	73	44.00	0.1340
42	中共中央党校学报	27	42	63	44.00	0.1340
42	高校理论战线	40	38	54	44.00	0.1340
45	云南行政学院学报	28	41	59	42.67	0.1300
46	西亚非洲	29	40	58	42.33	0.1289
47	理论导刊	22	35	67	41.33	0.1259
48	唯实	26	33	64	41.00	0.1249
48	外交评论：外交学院学报	27	39	57	41.00	0.1249

续表

排序	期刊名称	2004年（篇次）	2005年（篇次）	2006年（篇次）	三年平均（篇次）	归一化值
50	当代青年研究	38	39	43	40.00	0.1218
51	南洋问题研究	25	29	62	38.67	0.1178
52	中共福建省委党校学报	27	39	49	38.33	0.1167
53	前线	29	34	51	38.00	0.1157
54	南京政治学院学报	24	37	49	36.67	0.1117
54	人民论坛	16	28	66	36.67	0.1117
56	中国特色社会主义研究	27	34	44	35.00	0.1066
57	党史研究与教学	16	35	53	34.67	0.1056
58	科学社会主义	20	34	48	34.00	0.1036
59	长白学刊	28	24	46	32.67	0.0995
59	理论探索	18	32	48	32.67	0.0995
61	国际政治研究	21	36	39	32.00	0.0975
62	台湾研究集刊	25	30	37	30.67	0.0934
63	岭南学刊	30	25	32	29.00	0.0883
63	行政论坛	15	40	32	29.00	0.0883
65	中共浙江省委党校学报	20	23	43	28.67	0.0873
66	俄罗斯中亚东欧市场	22	19	44	28.33	0.0863
67	当代世界社会主义问题	14	26	43	27.67	0.0843
68	人大研究	18	30	34	27.33	0.0832
69	中华女子学院学报	19	23	39	27.00	0.0822
70	拉丁美洲研究	21	29	30	26.67	0.0812
71	台湾研究	24	30	25	26.33	0.0802
72	甘肃理论学刊	15	20	43	26.00	0.0792
73	上海行政学院学报	16	21	40	25.67	0.0782
74	德国研究	22	26	28	25.33	0.0771
74	中共杭州市委党校学报	18	25	33	25.33	0.0771
74	当代世界	26	23	27	25.33	0.0771
77	国际关系学院学报	16	26	33	25.00	0.0761
78	日本研究	20	32	22	24.67	0.0751
79	广东行政学院学报	20	20	33	24.33	0.0741

续表

排序	期刊名称	2004年（篇次）	2005年（篇次）	2006年（篇次）	三年平均（篇次）	归一化值
80	南亚研究季刊	20	23	29	24.00	0.0731
81	东南亚	12	22	36	23.33	0.0711
82	湖湘论坛	19	24	24	22.33	0.0680
83	百年潮	24	18	24	22.00	0.0670
84	中国劳动关系学院学报	6	20	39	21.67	0.0660
85	青年探索	14	16	34	21.33	0.0650
86	阿拉伯世界研究	11	24	28	21.00	0.0640
87	桂海论丛	22	22	17	20.33	0.0619
88	学习论坛	11	17	32	20.00	0.0609
89	南亚研究	10	32	15	19.00	0.0579
89	西安政治学院学报	21	19	17	19.00	0.0579
89	福建行政学院福建经济管理干部学院学报	18	21	18	19.00	0.0579
92	八桂侨刊	24	10	22	18.67	0.0569
92	党政干部论坛	10	14	32	18.67	0.0569
92	学校党建与思想教育	8	16	32	18.67	0.0569
95	四川行政学院学报	9	23	22	18.00	0.0548
96	新东方	13	17	23	17.67	0.0538
96	中国民政	7	29	17	17.67	0.0538
98	北京党史	15	13	24	17.33	0.0528
98	党建研究	13	15	24	17.33	0.0528
98	攀登	4	21	27	17.33	0.0528
101	江西行政学院学报	12	13	25	16.67	0.0508
102	湖北行政学院学报	13	13	23	16.33	0.0497
103	山东行政学院山东省经济管理干部学院学报	12	11	25	16.00	0.0487
103	党政干部学刊	8	20	20	16.00	0.0487
103	江南论坛	10	19	19	16.00	0.0487
103	理论观察	15	14	19	16.00	0.0487
107	创造	14	17	16	15.67	0.0477

续表

排序	期刊名称	2004年（篇次）	2005年（篇次）	2006年（篇次）	三年平均（篇次）	归一化值
108	山东省青年管理干部学院学报	8	14	24	15.33	0.0467
108	长春市委党校学报	9	10	27	15.33	0.0467
110	党政论坛	15	11	19	15.00	0.0457
110	日本问题研究	8	14	23	15.00	0.0457
110	探求	12	15	18	15.00	0.0457
110	中共宁波市委党校学报	5	19	21	15.00	0.0457
114	西伯利亚研究	9	22	12	14.33	0.0436
114	乡镇论坛	7	18	18	14.33	0.0436
114	学习月刊	0	14	29	14.33	0.0436
117	中央社会主义学院学报	9	11	21	13.67	0.0416
118	俄罗斯研究	7	13	20	13.33	0.0406
118	和平与发展	17	13	10	13.33	0.0406
120	长江论坛	9	14	15	12.67	0.0386
120	辽宁行政学院学报	7	11	20	12.67	0.0386
120	群言	8	11	19	12.67	0.0386

由于自引情况只存在于来源期刊中，而非来源期刊全部为他引，所以表14-7与表14-6中次数的变化都集中于来源期刊中。从表14-7的数据可以看到，来源期刊由于其一贯的影响依然主要分布在排名的前列，但受到各刊自引情况差别的影响，名次与表14-6略有不同。《世界经济与政治》和《求是》以绝对的优势依然位列前两位，显示它们在学界的深厚影响。随后几位的期刊排名发生了些许变化，其中尤为突出的是，在总被引次数中排名第3位的《拉丁美洲研究》在表14-7中仅列第70位，该刊三年平均他引次数与总被引次数相差170次，自引率达到86.4%。而排名较后的非来源期刊排名基本保持不变。

我们注意到，政治学期刊中自引率较高的期刊主要集中在国际政治类期刊，如《拉丁美洲研究》、《台湾研究集刊》、《台湾研究》、《西亚非洲》、《东北亚论坛》，它们的自引率都在40%以上。这些期刊基本专注于世界某个区域的研究，涉及的学术领域是较为专业的研究领域，研究对象相对较窄，而政治学来源期刊对这些专业研究领域的期刊收录很少，这样造成了它们较高的自引率，这种高自引率还是情有可原的。但是，有一些期刊为了不正当的原因，人为提高期刊的被引次数，造成期刊大量自引，甚至还有的期刊为了避免引起过高的自引率，而和另一种期刊约定彼此互引，造成严重学术腐败行为，应该坚决杜绝。因此，我们应该清楚地认识到，合乎研究需要的自引可以有效地提高期刊的学术规范，表示对原作者研究成果的尊重，是值得提倡的，只有"合理自引"才能有效地提高期刊的学术质量和影响力。

从总体上来看，与其他学科相比，政治学期刊大部分期刊的自引率还是比较合理的，基本控制在20%以内。这不仅说明政治学的研究领域正在不断扩大，也反映出政治学期刊逐步走向多样化和规范化。

14.2.3 本学科论文引用次数

本学科论文引用次数（也称学科引用次数）是用来衡量期刊在本学科被利用程度的指标，它反映了期刊在本学科的学术影响。表14-8给出了2004—2006年政治学期刊本学科引用次数统计。与表14-7相同，也包括各期刊的年度学科引用次数、三年平均引用次数，并以最大的学科三年平均引用次数（《世界经济与政治》的271.67）作分母计算出每一种期刊的学科引用次数的归一化值。表14-8按三年平均次数从大到小排序。

表14-8 2004—2006年政治学期刊学科引用次数

排序	期刊名称	2004年（篇次）	2005年（篇次）	2006年（篇次）	三年平均（篇次）	归一化值
1	世界经济与政治	272	218	325	271.67	1
2	现代国际关系	121	93	146	120.00	0.4417
3	欧洲研究	92	100	119	103.67	0.3816
4	政治学研究	58	60	74	64.00	0.2356
5	美国研究	54	67	60	60.33	0.2221
6	当代世界与社会主义	48	56	64	56.00	0.2061
7	当代亚太	47	59	59	55.00	0.2025
8	求是	34	53	70	52.33	0.1926
9	国外理论动态	36	47	62	48.33	0.1779
10	国际问题研究	57	50	36	47.67	0.1755
11	俄罗斯中亚东欧研究	46	53	43	47.33	0.1742
12	西亚非洲	29	29	75	44.33	0.1632
13	中共党史研究	25	33	71	43.00	0.1583
14	马克思主义与现实	38	32	55	41.67	0.1534
15	国际论坛	35	39	39	37.67	0.1387
16	党的文献	18	26	65	36.33	0.1337

续表

排序	期刊名称	2004年（篇次）	2005年（篇次）	2006年（篇次）	三年平均（篇次）	归一化值
17	太平洋学报	34	35	31	33.33	0.1227
18	教学与研究	22	33	44	33.00	0.1215
19	当代中国史研究	15	22	60	32.33	0.1190
20	东南亚研究	33	25	35	31.00	0.1141
21	国际观察	28	27	33	29.33	0.1080
22	国际政治研究	24	30	33	29.00	0.1067
23	拉丁美洲研究	5	68	13	28.67	0.1055
24	外交评论：外交学院学报	14	20	43	25.67	0.0945
25	日本学刊	23	25	27	25.00	0.0920
26	理论前沿	22	26	23	23.67	0.0871
27	社会主义研究	12	16	42	23.33	0.0859
28	毛泽东邓小平理论研究	11	27	31	23.00	0.0847
29	青年研究	38	4	25	22.33	0.0822
30	东南亚纵横	25	19	21	21.67	0.0798
31	中国党政干部论坛	11	21	30	20.67	0.0761
32	当代世界	20	18	19	19.00	0.0699
33	当代世界社会主义问题	14	16	25	18.33	0.0675
34	东北亚论坛	13	11	26	16.67	0.0614
35	南洋问题研究	13	7	27	15.67	0.0577
35	科学社会主义	9	17	21	15.67	0.0577
37	台湾研究	13	18	13	14.67	0.0540
38	党史研究与教学	5	10	27	14.00	0.0515
39	探索	8	12	19	13.00	0.0479
39	马克思主义研究	12	15	12	13.00	0.0479
39	俄罗斯研究	9	18	12	13.00	0.0479
42	新视野	11	13	14	12.67	0.0466
42	高校理论战线	5	17	16	12.67	0.0466
44	阿拉伯世界研究	3	11	23	12.33	0.0454
45	云南行政学院学报	7	15	14	12.00	0.0442
45	前线	13	13	10	12.00	0.0442

续表

排序	期刊名称	2004年（篇次）	2005年（篇次）	2006年（篇次）	三年平均（篇次）	归一化值
47	中共中央党校学报	7	11	16	11.33	0.0417
47	唯实	4	13	17	11.33	0.0417
49	中国青年研究	14	4	15	11.00	0.0405
49	理论学刊	7	8	18	11.00	0.0405
51	妇女研究论丛	11	6	15	10.67	0.0393
51	求实	6	7	19	10.67	0.0393
51	理论探讨	3	14	15	10.67	0.0393
51	台湾研究集刊	8	5	19	10.67	0.0393
55	党建研究	6	8	15	9.67	0.0356
56	国际关系学院学报	4	10	14	9.33	0.0343
56	和平与发展	12	7	9	9.33	0.0343
58	北京行政学院学报	3	14	10	9.00	0.0331
59	中国青年政治学院学报	9	5	11	8.33	0.0307
59	百年潮	9	6	10	8.33	0.0307
61	国家行政学院学报	8	7	9	8.00	0.0294
61	中共福建省委党校学报	7	6	11	8.00	0.0294
61	国际展望	10	10	4	8.00	0.0294
64	理论与改革	3	9	11	7.67	0.0282
64	中国特色社会主义研究	6	10	7	7.67	0.0282
66	理论导刊	1	3	17	7.00	0.0258
66	南亚研究	8	8	5	7.00	0.0258
66	中央社会主义学院学报	6	7	8	7.00	0.0258
69	南京政治学院学报	7	5	8	6.67	0.0246
70	长白学刊	4	5	9	6.00	0.0221
70	南亚研究季刊	2	4	12	6.00	0.0221
70	东南亚	4	4	10	6.00	0.0221
73	俄罗斯中亚东欧市场	2	0	15	5.67	0.0209
73	北京党史	3	6	8	5.67	0.0209
75	上海党史与党建	3	4	9	5.33	0.0196
76	江苏行政学院学报	5	3	7	5.00	0.0184

续表

排序	期刊名称	2004年（篇次）	2005年（篇次）	2006年（篇次）	三年平均（篇次）	归一化值
76	学校党建与思想教育	2	4	9	5.00	0.0184
78	当代青年研究	5	3	6	4.67	0.0172
78	上海行政学院学报	0	2	12	4.67	0.0172
80	人民论坛	2	5	6	4.33	0.0159
80	理论探索	3	5	5	4.33	0.0159
80	人大研究	3	5	5	4.33	0.0159
80	党政干部学刊	2	9	2	4.33	0.0159
80	乡镇论坛	5	5	3	4.33	0.0159
85	甘肃理论学刊	2	2	8	4.00	0.0147
85	中共杭州市委党校学报	1	7	4	4.00	0.0147
85	攀登	1	3	8	4.00	0.0147
85	湖北行政学院学报	5	1	6	4.00	0.0147
85	探求	1	7	4	4.00	0.0147
85	中共宁波市委党校学报	1	4	7	4.00	0.0147
85	党建	1	7	4	4.00	0.0147
92	西安政治学院学报	4	5	2	3.67	0.0135
92	西伯利亚研究	0	9	2	3.67	0.0135
92	日本学论坛	5	4	2	3.67	0.0135
95	学习论坛	2	2	6	3.33	0.0123
95	党政论坛	1	4	5	3.33	0.0123
97	岭南学刊	4	2	3	3.00	0.0110
97	中共浙江省委党校学报	3	2	4	3.00	0.0110
97	党政干部论坛	2	1	6	3.00	0.0110
97	四川行政学院学报	0	5	4	3.00	0.0110
97	中共云南省委党校学报	0	3	6	3.00	0.0110
97	哈尔滨市委党校学报	0	4	5	3.00	0.0110
103	日本研究	0	5	3	2.67	0.0098
103	长春市委党校学报	4	1	3	2.67	0.0098
103	学习月刊	0	3	5	2.67	0.0098
103	共产党人	0	5	3	2.67	0.0098

第 14 章 政治学

续表

排序	期刊名称	2004年（篇次）	2005年（篇次）	2006年（篇次）	三年平均（篇次）	归一化值
103	前进	2	1	5	2.67	0.0098
108	行政与法	0	3	4	2.33	0.0086
108	德国研究	2	1	4	2.33	0.0086
108	湖湘论坛	1	4	2	2.33	0.0086
108	青年探索	3	0	4	2.33	0.0086
108	桂海论丛	1	4	2	2.33	0.0086
108	八桂侨刊	3	3	1	2.33	0.0086
108	实事求是	1	2	4	2.33	0.0086
115	中华女子学院学报	3	2	1	2.00	0.0074
115	山东省青年管理干部学院学报	1	1	4	2.00	0.0074
115	中国监察	2	2	2	2.00	0.0074
115	民主与科学	2	0	4	2.00	0.0074
115	领导之友	2	1	3	2.00	0.0074
120	行政论坛	0	4	1	1.67	0.0061
120	广东行政学院学报	1	1	3	1.67	0.0061
120	中国劳动关系学院学报	0	1	4	1.67	0.0061
120	新东方	0	4	1	1.67	0.0061
120	日本问题研究	0	2	3	1.67	0.0061
120	中共山西省委党校学报	0	2	3	1.67	0.0061

从表 14-8 可以看出，三年平均值排在第 1 位的依旧是《世界经济与政治》，三年平均值超过 250 篇次，且各年的学科引用次数也位居榜首。随后的《现代国际关系》和《欧洲研究》，三年平均值均超过 100 篇次，在本指标中也比较突出。从 2004—2006 年的变化情况来看，大部分政治学期刊的学科引用次数呈上升的趋势，其中《世界经济与政治》、《党的文献》、《西亚非洲》、《中共党史研究》、《当代中国史研究》2004—2006 年的增长数量超过了 40 篇次，说明它们在政治学学科内的学术影响力日益增加；也有部分期刊的下降比较明显，如《国际问题研究》，三年下降了 21 篇次。

将政治学期刊的学科引用次数与总被引次数进行比较，可以得到政治学期刊的学科引用率，以此可以分析政治学期刊在政治学研究中的集散程度。通过计算我们可以得到，表 14-8 分析的 125 种政治学期刊中，学科引用率达到 70% 以上的只有 4 种，50%—70% 的有 18 种，其余的期刊学科引用率低于 50%，这些期刊占到期刊总数的 82.4%。这说明大部分政治学期刊受到政治学高度开放化的影响，研究领域不断拓宽，研究方向趋于多样化，与其他人文社会学科日益渗透。像《国际政治研究》、《当代世界》、《国际展望》、《和平与发展》等学科引用率超过 70% 的期刊，在政治学领域具有较大的影响力。而大部分政治学期刊的影响已经渗透到多个学科领域中，如党史类政治学期刊，与历史学交叉渗透，在历史学领域也具有一定的影响。再如妇女青年研究类政治学期刊，与社会学有着密不可分的关系。在政治学期刊中，还有一类比较特殊的"群体"——党政院校的学报，这类期刊本身内容就比较丰富，涉及政治学、哲学、经济学、管理学、法学等多个学科，影响力也随之拓宽到这些领域。另外，由于学科分类的原因，本书单独分出了马克思主义一章进行讨论，将一些马克思主义和科学社会主义的研究列入马克思主义的范畴，无形中减少了这些期刊在政治学学科的影响。

14.2.4 政治学期刊被引次数综合分析

被引次数是通过论文被引用的绝对数量来评价期刊的被利用程度，在总体上直接反映期刊被学者使用和重视的程度以及在科学发展和文献交流中所发挥的作用。我们引入总被引用次数、其他期刊引用次数和本学科引用次数这三个指标组成政治学期刊被引用次数综合值。根据第 1 章的论述，给三个指标的权重分配为 25%，50%，25%。表 14-9 给出了 2004—2006 年政治学期刊被引次数各指标的归一化值和综合值。综合值计算方法为：按照权重分配，将每一种期刊的总被引次数和学科引用次数的归一化值分别乘以 0.25，他刊引用次数乘以 0.5，然后将这三个结果相加得到各期刊的被引次数综合值。表 14-9 按被引次数综合值从大到小排序。

表 14-9　　　　　　　　2004—2006 年政治学期刊被引次数综合值

排序	期刊名称	总被引次数归一化值	他刊引用次数归一化值	学科引用次数归一化值	综合值
1	世界经济与政治	1	1	1	1
2	求是	0.5772	0.7604	0.1926	0.5727
3	现代国际关系	0.4005	0.4741	0.4417	0.4476
4	欧洲研究	0.3482	0.4000	0.3816	0.3825
5	马克思主义与现实	0.3513	0.4396	0.1534	0.3460
6	政治学研究	0.3190	0.3919	0.2356	0.3346
7	教学与研究	0.3367	0.4091	0.1215	0.3191

续表

排序	期刊名称	总被引次数归一化值	他刊引用次数归一化值	学科引用次数归一化值	综合值
8	青年研究	0.3874	0.3990	0.0822	0.3169
9	美国研究	0.2444	0.2893	0.2221	0.2613
10	当代亚太	0.2613	0.2903	0.2025	0.2611
11	中共党史研究	0.2483	0.2690	0.1583	0.2362
12	国家行政学院学报	0.2567	0.3289	0.0294	0.2360
13	国外理论动态	0.2098	0.2701	0.1779	0.2320
14	理论前沿	0.2206	0.2853	0.0871	0.2196
15	当代世界与社会主义	0.1983	0.2142	0.2061	0.2082
16	俄罗斯中亚东欧研究	0.2037	0.2061	0.1742	0.1975
17	中国党政干部论坛	0.1898	0.2508	0.0761	0.1919
18	国际问题研究	0.1622	0.2031	0.1755	0.1860
19	党的文献	0.1814	0.2112	0.1337	0.1844
20	当代中国史研究	0.1991	0.2091	0.1190	0.1841
21	拉丁美洲研究	0.4535	0.0812	0.1055	0.1804
22	新视野	0.1814	0.2325	0.0466	0.1733
23	妇女研究论丛	0.1975	0.2010	0.0393	0.1597
24	理论与改革	0.1653	0.2183	0.0282	0.1575
25	东南亚研究	0.1683	0.1604	0.1141	0.1508
26	国际论坛	0.1337	0.1645	0.1387	0.1504
27	西亚非洲	0.1722	0.1289	0.1632	0.1483
28	理论学刊	0.1514	0.2000	0.0405	0.1480
28	日本学刊	0.1506	0.1746	0.0920	0.1480
30	社会主义研究	0.1422	0.1807	0.0859	0.1474
31	求实	0.1506	0.1990	0.0393	0.1470
32	东北亚论坛	0.1952	0.1594	0.0614	0.1439
33	探索	0.1414	0.1868	0.0479	0.1407
34	毛泽东邓小平理论研究	0.1437	0.1665	0.0847	0.1404
35	理论探讨	0.1468	0.1827	0.0393	0.1379
36	中国青年研究	0.1576	0.1716	0.0405	0.1353
37	东南亚纵横	0.1238	0.1635	0.0798	0.1327

续表

排序	期刊名称	总被引次数归一化值	他刊引用次数归一化值	学科引用次数归一化值	综合值
38	北京行政学院学报	0.1384	0.1726	0.0331	0.1292
39	太平洋学报	0.1130	0.1381	0.1227	0.1280
40	国际观察	0.1084	0.1421	0.1080	0.1252
41	行政与法	0.1261	0.1665	0.0086	0.1169
42	马克思主义研究	0.1191	0.1492	0.0479	0.1164
43	外交评论：外交学院学报	0.1084	0.1249	0.0945	0.1132
44	高校理论战线	0.1168	0.1340	0.0466	0.1079
45	中国青年政治学院学报	0.1122	0.1381	0.0307	0.1048
46	中共中央党校学报	0.1038	0.1340	0.0417	0.1034
47	云南行政学院学报	0.0984	0.1300	0.0442	0.1007
48	南洋问题研究	0.1053	0.1178	0.0577	0.0997
49	国际政治研究	0.0876	0.0975	0.1067	0.0973
50	江苏行政学院学报	0.1015	0.1340	0.0184	0.0970
51	唯实	0.0945	0.1249	0.0417	0.0965
52	理论导刊	0.0953	0.1259	0.0258	0.0932
53	前线	0.0876	0.1157	0.0442	0.0908
53	当代青年研究	0.1022	0.1218	0.0172	0.0908
55	台湾研究集刊	0.1360	0.0934	0.0393	0.0905
56	中共福建省委党校学报	0.0884	0.1167	0.0294	0.0878
57	科学社会主义	0.0846	0.1036	0.0577	0.0874
58	党史研究与教学	0.0799	0.1056	0.0515	0.0857
59	南京政治学院学报	0.0846	0.1117	0.0246	0.0832
60	台湾研究	0.1161	0.0802	0.0540	0.0826
61	中国特色社会主义研究	0.0876	0.1066	0.0282	0.0823
62	人民论坛	0.0846	0.1117	0.0159	0.0810
63	当代世界社会主义问题	0.0676	0.0843	0.0675	0.0759
64	长白学刊	0.0753	0.0995	0.0221	0.0741
65	理论探索	0.0753	0.0995	0.0159	0.0726
66	当代世界	0.0584	0.0771	0.0699	0.0706
67	俄罗斯中亚东欧市场	0.0653	0.0863	0.0209	0.0647

续表

排序	期刊名称	总被引次数归一化值	他刊引用次数归一化值	学科引用次数归一化值	综合值
68	岭南学刊	0.0669	0.0883	0.0110	0.0636
69	中共浙江省委党校学报	0.0661	0.0873	0.0110	0.0629
70	行政论坛	0.0669	0.0883	0.0061	0.0624
71	人大研究	0.0630	0.0832	0.0159	0.0613
72	国际关系学院学报	0.0576	0.0761	0.0343	0.0610
73	中华女子学院学报	0.0623	0.0822	0.0074	0.0585
74	甘肃理论学刊	0.0600	0.0792	0.0147	0.0583
75	上海行政学院学报	0.0592	0.0782	0.0172	0.0582
76	中共杭州市委党校学报	0.0584	0.0771	0.0147	0.0568
77	南亚研究季刊	0.0553	0.0731	0.0221	0.0559
78	阿拉伯世界研究	0.0484	0.0640	0.0454	0.0555
79	德国研究	0.0584	0.0771	0.0086	0.0553
80	东南亚	0.0538	0.0711	0.0221	0.0545
81	百年潮	0.0523	0.0670	0.0307	0.0543
82	日本研究	0.0569	0.0751	0.0098	0.0542
83	广东行政学院学报	0.0561	0.0741	0.0061	0.0526
84	南亚研究	0.0546	0.0579	0.0258	0.0491
85	湖湘论坛	0.0515	0.0680	0.0086	0.0490
86	中国劳动关系学院学报	0.0500	0.0660	0.0061	0.0470
86	青年探索	0.0492	0.0650	0.0086	0.0470
88	党建研究	0.0400	0.0528	0.0356	0.0453
89	学习论坛	0.0461	0.0609	0.0123	0.0451
90	桂海论丛	0.0469	0.0619	0.0086	0.0448
91	俄罗斯研究	0.0469	0.0406	0.0479	0.0440
92	学校党建与思想教育	0.0431	0.0569	0.0184	0.0438
93	西安政治学院学报	0.0438	0.0579	0.0135	0.0433
94	党政干部论坛	0.0431	0.0569	0.0110	0.0420
95	北京党史	0.0400	0.0528	0.0209	0.0416
96	八桂侨刊	0.0431	0.0569	0.0086	0.0414
97	四川行政学院学报	0.0415	0.0548	0.0110	0.0405

续表

排序	期刊名称	总被引次数归一化值	他刊引用次数归一化值	学科引用次数归一化值	综合值
98	福建行政学院福建经济管理干部学院学报	0.0438	0.0579	0.0012	0.0402
99	攀登	0.0400	0.0528	0.0147	0.0401
100	新东方	0.0407	0.0538	0.0061	0.0386

从表14-9的被引次数综合值可以看到，各期刊间的差距较大。我们可以将政治学期刊分为4个层次：综合值在0.6以上的《世界经济与政治》为第一层次，该刊在政治学领域有着举足轻重的绝对影响；0.2—0.6之间的14种期刊为第二层次，这些期刊具有较强的影响；0.1—0.2之间的32种期刊为第三层次，它们具有稍强的影响；0.1以下的53种期刊为第四层次，它们的影响稍弱。

《世界经济与政治》在被引次数综合值中的表现十分突出，在各项指标均排名第1，显示了其在政治学期刊中的绝对权威性和影响力。《求是》在总被引次数和他引次数这两项指标上比较突出，都位居第2，但是在本学科引次数上排名稍微落后，最后综合排名第2，该刊是中国政治领域的权威期刊。《现代国际关系》在总被引次数、他引次数和本学科引次数三项指标上分列4、3、2名，整体名次比较平均，最终排名第3，也是一个值得嘉许的期刊。

最后，需要特别说明一点，对于像政治学这样期刊种数比较多的学科来说，被引次数排名容易受到一些除学术影响和学术质量以外因素的影响：如创刊时间的长短、出版周期的长短和每期载文量的多少，再如某些期刊缺乏引文规范或者干脆不标注引文，等等，这些因素可能导致政治学期刊的排名明显上升或者下降。所以，对期刊影响的评价还需要其他一些指标的补充。

14.3 政治学期刊被引速率分析

即年指数是表征期刊"即时反应速率"的指标，其公认的确定方法是，利用期刊当年发表论文的被引次数与该刊当年发表的论文总数之比。即年指数可以衡量该期刊是否把握了学界的热点问题和学术前沿问题，是否被学界和读者及时关注。因此，也是评价期刊质量的重要指标之一。但是，由于文章从撰写到发表存在一定的时滞，本评价体系对即年指数这个指标进行了改进，引入了期刊被引速率来替代即年指数这一指标，将延展被引论文的时间范围扩展到当年和前一年，详细参见第1章。期刊被引速率也被分为三个下级指标来分析：总被引速率、他刊引用速率和学科引用速率。本节分别列出各指标前120名的期刊以及被引速率综合值前100名的期

14.3.1 总被引速率

总被引速率是期刊对热点的跟踪和期刊对学术前沿的反应能力的评价。表 14-10 给出了 2004—2006 年政治学期刊总被引速率和三年的平均值，然后取最大的平均值（《世界经济与政治》的 0.3680）作分母得到各期刊的总被引速率归一化值。表 14-10 按三年平均速率从大到小排序。

表 14-10　　　　　　　2004—2006 年政治学期刊总被引速率

排序	期刊名称	2004 年	2005 年	2006 年	三年平均	归一化值
1	世界经济与政治	0.3528	0.3490	0.4021	0.3680	1
2	拉丁美洲研究	0.0743	0.2602	0.4264	0.2536	0.6891
3	欧洲研究	0.1875	0.1988	0.2405	0.2089	0.5677
4	国际问题研究	0.2282	0.1943	0.1198	0.1808	0.4913
5	美国研究	0.1702	0.2247	0.1446	0.1798	0.4886
6	当代亚太	0.0952	0.1283	0.2116	0.1450	0.3940
7	现代国际关系	0.1450	0.1118	0.1636	0.1401	0.3807
8	国家行政学院学报	0.1246	0.1453	0.1377	0.1359	0.3693
9	当代中国史研究	0.0563	0.0886	0.2067	0.1172	0.3185
10	政治学研究	0.1172	0.1884	0.0441	0.1166	0.3168
11	马克思主义与现实	0.1452	0.1206	0.0785	0.1148	0.3120
12	俄罗斯中亚东欧研究	0.0880	0.1295	0.1215	0.1130	0.3071
13	青年研究	0.0950	0.0714	0.1697	0.1120	0.3043
14	台湾研究集刊	0.1304	0.1130	0.0865	0.1100	0.2989
15	南洋问题研究	0.1075	0.0472	0.1727	0.1091	0.2965
16	教学与研究	0.0543	0.0971	0.1671	0.1062	0.2886
17	日本学刊	0.0588	0.1711	0.0788	0.1029	0.2796
18	东北亚论坛	0.0389	0.0648	0.2028	0.1022	0.2777
19	国际观察	0.0872	0.0935	0.1185	0.0997	0.2709
20	国际政治研究	0.0886	0.0890	0.1197	0.0991	0.2693
21	台湾研究	0.1308	0.0977	0.0511	0.0932	0.2533
22	国际论坛	0.0655	0.1073	0.0988	0.0905	0.2459
23	中共中央党校学报	0.0588	0.1038	0.1019	0.0882	0.2397

续表

排序	期刊名称	2004年	2005年	2006年	三年平均	归一化值
24	求是	0.0736	0.0751	0.1123	0.0870	0.2364
25	东南亚研究	0.1250	0.0560	0.0752	0.0854	0.2321
26	中共党史研究	0.0783	0.0367	0.137	0.0840	0.2283
27	外交评论：外交学院学报	0.0427	0.0553	0.1515	0.0832	0.2261
28	国外理论动态	0.0892	0.0788	0.0729	0.0803	0.2182
29	马克思主义研究	0.0889	0.0400	0.0929	0.0739	0.2008
30	毛泽东邓小平理论研究	0.0339	0.0612	0.1207	0.0719	0.1954
31	当代世界与社会主义	0.0504	0.0849	0.0632	0.0662	0.1799
32	西亚非洲	0.0462	0.0543	0.0885	0.0630	0.1712
33	江苏行政学院学报	0.0323	0.0491	0.1045	0.0620	0.1685
34	新视野	0.0581	0.0710	0.0559	0.0617	0.1677
35	北京行政学院学报	0.0602	0.0588	0.0582	0.0591	0.1606
36	俄罗斯研究	0.0394	0.0687	0.0593	0.0558	0.1516
37	中国特色社会主义研究	0.0505	0.0418	0.0656	0.0526	0.1429
38	上海行政学院学报	0.0534	0.0588	0.0422	0.0515	0.1399
39	妇女研究论丛	0.0351	0.0404	0.0773	0.0509	0.1383
40	党的文献	0.0235	0.0217	0.0993	0.0482	0.1310
41	科学社会主义	0.0255	0.0563	0.0565	0.0461	0.1253
42	高校理论战线	0.0216	0.0504	0.0659	0.0460	0.1250
43	党史研究与教学	0	0.0643	0.064	0.0428	0.1163
44	太平洋学报	0.0420	0.0415	0.0423	0.0419	0.1139
45	社会主义研究	0.0219	0.0261	0.0756	0.0412	0.1120
46	中国党政干部论坛	0.0217	0.0310	0.0702	0.0410	0.1114
47	当代世界社会主义问题	0	0.0645	0.0543	0.0396	0.1076
48	东南亚纵横	0.0460	0.0413	0.0299	0.0391	0.1063
49	俄罗斯中亚东欧市场	0.0290	0.0281	0.0593	0.0388	0.1054
50	求实	0.0118	0.0482	0.0549	0.0383	0.1041
51	理论探讨	0.0121	0.0490	0.0493	0.0368	0.1000
52	理论与改革	0.0244	0.0385	0.0451	0.0360	0.0978
53	中国青年研究	0.0287	0.0161	0.0626	0.0358	0.0973
54	理论前沿	0.0362	0.0267	0.0443	0.0357	0.0970

续表

排序	期刊名称	2004年	2005年	2006年	三年平均	归一化值
55	国际关系学院学报	0.0309	0.0365	0.0381	0.0352	0.0957
56	中共浙江省委党校学报	0.0109	0.0405	0.0448	0.0321	0.0872
57	中国青年政治学院学报	0.0208	0.0299	0.0412	0.0306	0.0832
58	西安政治学院学报	0.0322	0.0246	0.0292	0.0287	0.0780
59	岭南学刊	0.0236	0.0468	0.0135	0.0280	0.0761
59	南亚研究	0.0580	0	0.0260	0.0280	0.0761
61	中华女子学院学报	0.0151	0.0234	0.0451	0.0279	0.0758
62	日本研究	0.0224	0.0219	0.0390	0.0278	0.0755
63	青年探索	0.0179	0.0310	0.0339	0.0276	0.0750
64	阿拉伯世界研究	0.0318	0.0245	0.0255	0.0273	0.0742
65	和平与发展	0.0300	0.0091	0.0424	0.0272	0.0739
66	西伯利亚研究	0.0179	0.0394	0.0221	0.0265	0.0720
67	中共杭州市委党校学报	0.0270	0.0314	0.0202	0.0262	0.0712
68	南亚研究季刊	0.0352	0.0298	0.0114	0.0255	0.0693
69	理论探索	0.0162	0.0265	0.0286	0.0238	0.0647
70	云南行政学院学报	0.0201	0.0206	0.0291	0.0233	0.0633
71	南京政治学院学报	0.0180	0.0271	0.0246	0.0232	0.0630
72	福建行政学院福建经济管理干部学院学报	0.0350	0.0282	0.0056	0.0229	0.0622
72	前线	0.0098	0.0180	0.0408	0.0229	0.0622
74	德国研究	0.0303	0.0096	0.0261	0.0220	0.0598
75	当代青年研究	0.0229	0.0174	0.0243	0.0215	0.0584
75	湖北行政学院学报	0.0162	0.0242	0.0240	0.0215	0.0584
77	当代世界	0.0251	0.0192	0.0191	0.0211	0.0573
78	甘肃理论学刊	0.0094	0.0112	0.0412	0.0206	0.0560
79	中共宁波市委党校学报	0.0038	0.0389	0.0189	0.0205	0.0557
80	理论学刊	0.0150	0.0242	0.0193	0.0195	0.0530
81	长白学刊	0.0250	0.0102	0.0223	0.0192	0.0522
81	探索	0.0097	0.0218	0.0261	0.0192	0.0522
83	人民论坛	0.0131	0.0133	0.0291	0.0185	0.0503
83	广东行政学院学报	0.0142	0.0112	0.0300	0.0185	0.0503

续表

排序	期刊名称	2004 年	2005 年	2006 年	三年平均	归一化值
85	理论导刊	0.0152	0.0135	0.0255	0.0181	0.0492
86	江西行政学院学报	0.0194	0.0094	0.0238	0.0175	0.0476
87	人大研究	0.0167	0.0211	0.0086	0.0155	0.0421
88	四川行政学院学报	0.0059	0.0253	0.0141	0.0151	0.0410
89	桂海论丛	0.0193	0.0055	0.0192	0.0147	0.0399
89	中共福建省委党校学报	0.0140	0.0098	0.0203	0.0147	0.0399
91	日本学论坛	0.0341	0.0093	0	0.0145	0.0394
92	行政与法	0.0107	0.0139	0.0181	0.0142	0.0386
93	探求	0.0123	0.0117	0.0163	0.0134	0.0364
94	中共四川省委党校学报	0	0.0126	0.0261	0.0129	0.0351
95	党建研究	0.0144	0.0157	0.0083	0.0128	0.0348
96	长江论坛	0.0195	0.0097	0.0086	0.0126	0.0342
97	长春市委党校学报	0.0156	0.0035	0.0178	0.0123	0.0334
98	民主与科学	0.0144	0.0158	0.0063	0.0122	0.0332
99	唯实	0.0112	0.0165	0.0086	0.0121	0.0329
100	学习论坛	0.0023	0.0154	0.0183	0.0120	0.0326
101	新东方	0.0091	0.0177	0.0079	0.0116	0.0315
102	行政论坛	0.0110	0.0122	0.0113	0.0115	0.0313
102	中国劳动关系学院学报	0	0.0056	0.0289	0.0115	0.0313
102	学校党建与思想教育	0.0095	0.0098	0.0151	0.0115	0.0313
105	群言	0.0129	0.0076	0.0128	0.0111	0.0302
106	党政干部论坛	0.0079	0.0080	0.0158	0.0106	0.0288
107	攀登	0	0.0164	0.0149	0.0104	0.0283
108	百年潮	0.0055	0.0082	0.0161	0.0099	0.0269
109	上海党史与党建	0.0162	0.0029	0.0097	0.0096	0.0261
109	湖湘论坛	0.0116	0.0105	0.0066	0.0096	0.0261
111	宁夏党校学报	0.0110	0.0072	0.0098	0.0093	0.0253
112	当代韩国	0.0053	0	0.0221	0.0091	0.0247
113	党政干部学刊	0.0062	0.0126	0.0081	0.0090	0.0245
114	中共山西省委党校学报	0.0028	0.0111	0.0126	0.0088	0.0239
115	日本问题研究	0.0082	0.0177	0	0.0086	0.0234

续表

排序	期刊名称	2004年	2005年	2006年	三年平均	归一化值
116	甘肃行政学院学报	0	0.0054	0.0201	0.0085	0.0231
117	哈尔滨市委党校学报	0.0080	0.0100	0.0069	0.0083	0.0226
118	山东行政学院山东省经济管理干部学院学报	0.0034	0.0099	0.0106	0.0080	0.0217
119	广西青年干部学院学报	0.0028	0.0088	0.0118	0.0078	0.0212
120	东南亚	0.0114	0.0116	0	0.0077	0.0209

由表 14-10 可以看出，政治学期刊的总被引速率普遍较低，最高的期刊三年平均值只有 0.3680，这与政治学期刊涉及的研究领域比较广泛，使得学科热点比较分散有较大关系。如果对前 120 位的政治学期刊进行划分，可以分为四个层次：第一层次为总被引速率在 0.2 以上的 3 种期刊，第二层次为 0.1—0.2 之间的 15 种期刊，第三层次为 0.05—0.1 之间的 21 种期刊，第四层次为 0.05 以下的 81 种期刊。根据以上的层次划分，我们可以明显地看到，排名靠前的期刊差距比较明显，排名渐后的期刊差距逐渐缩小。

2004—2006 年间，政治学各期刊总被引速率有涨有跌，与政治学期刊总被引次数逐年增长的情况形成对比，说明政治学期刊对新观点、新问题的研究以及热点话题的关注程度并没有随时间的变化而显著增强。《学习论坛》、《拉丁美洲研究》、《东北亚论坛》等期刊总被引速率增幅明显，说明这些期刊在反映学科热点方面不断加强；《党史研究与教学》、《当代世界社会主义问题》、《中国劳动关系学院学报》、《中共四川省委党校学报》、《甘肃行政学院学报》、《攀登》实现总被引速率零的突破，值得嘉许；《东南亚》、《日本学论坛》、《日本问题研究》、《福建行政学院福建经济管理干部学院学报》、《南亚研究季刊》、《台湾研究》等期刊总被引速率降幅较为明显，需要引起注意。

14.3.2 其他期刊引用速率

与他刊引用次数指标类似，其他期刊引用速率（也称他刊引用速率）也是为了排除来源期刊自引对统计结果的影响。表 14-11 给出了 2004—2006 年政治学期刊他刊引用速率统计。三年平均值由表中各年度数据进行平均计算得出，再用最大的平均值（《世界经济与政治》的 0.2459）作分母求得每一种期刊该指标的归一化值。表 14-11 按三年平均速率从大到小排序。

表 14-11　　　　2004—2006年政治学期刊他刊引用速率

排序	期刊名称	2004年	2005年	2006年	三年平均	归一化值
1	世界经济与政治	0.2440	0.2698	0.2238	0.2459	1
2	国际问题研究	0.2081	0.1771	0.1078	0.1643	0.6682
3	欧洲研究	0.1250	0.1553	0.2089	0.1631	0.6633
4	美国研究	0.1489	0.2022	0.1325	0.1612	0.6556
5	国家行政学院学报	0.1103	0.1419	0.1311	0.1278	0.5197
6	现代国际关系	0.1302	0.0846	0.1204	0.1117	0.4542
7	当代亚太	0.0733	0.0868	0.1743	0.1115	0.4534
8	马克思主义与现实	0.1369	0.1048	0.0716	0.1044	0.4246
9	当代中国史研究	0.0390	0.0844	0.1875	0.1036	0.4213
10	政治学研究	0.0966	0.1594	0.0441	0.1000	0.4067
11	国际观察	0.0872	0.0935	0.1185	0.0997	0.4054
12	教学与研究	0.0519	0.0874	0.1485	0.0959	0.3900
13	求是	0.0736	0.0743	0.1115	0.0865	0.3518
14	日本学刊	0.0523	0.1513	0.0545	0.0860	0.3497
15	南洋问题研究	0.0645	0.0377	0.1545	0.0856	0.3481
16	中共中央党校学报	0.0481	0.0984	0.1019	0.0828	0.3367
17	国际论坛	0.0655	0.0960	0.0814	0.0810	0.3294
18	国际政治研究	0.0696	0.0685	0.0986	0.0789	0.3209
19	俄罗斯中亚东欧研究	0.0463	0.1027	0.0841	0.0777	0.3160
20	国外理论动态	0.0732	0.0788	0.0729	0.0750	0.3050
21	外交评论：外交学院学报	0.0366	0.0452	0.1429	0.0749	0.3046
22	青年研究	0.0391	0.0476	0.1273	0.0713	0.2900
23	马克思主义研究	0.0889	0.0400	0.0847	0.0712	0.2895
24	毛泽东邓小平理论研究	0.0254	0.0459	0.1181	0.0631	0.2566
25	江苏行政学院学报	0.0323	0.0491	0.1045	0.0620	0.2521
26	中共党史研究	0.0691	0.0275	0.0822	0.0596	0.2424
27	新视野	0.0520	0.0710	0.0529	0.0586	0.2383
28	当代世界与社会主义	0.0451	0.0597	0.0546	0.0531	0.2159
29	上海行政学院学报	0.0534	0.0588	0.0422	0.0515	0.2094
30	北京行政学院学报	0.0442	0.0549	0.0545	0.0512	0.2082
31	东北亚论坛	0.0311	0.0445	0.0712	0.0489	0.1989

续表

排序	期刊名称	2004 年	2005 年	2006 年	三年平均	归一化值
32	台湾研究集刊	0.0435	0.0522	0.0481	0.0479	0.1948
33	东南亚研究	0.0550	0.0345	0.0487	0.0461	0.1875
34	中国特色社会主义研究	0.0370	0.0418	0.0579	0.0456	0.1854
35	党的文献	0.0188	0.0217	0.0919	0.0441	0.1793
36	台湾研究	0.0538	0.0526	0.0219	0.0428	0.1741
36	党史研究与教学	0	0.0643	0.0640	0.0428	0.1741
38	中国党政干部论坛	0.0217	0.0310	0.0702	0.0410	0.1667
39	高校理论战线	0.0216	0.0364	0.0629	0.0403	0.1639
40	东南亚纵横	0.0460	0.0413	0.0299	0.0391	0.1590
41	社会主义研究	0.0219	0.0241	0.0711	0.0390	0.1586
42	俄罗斯中亚东欧市场	0.0290	0.0281	0.0593	0.0388	0.1578
43	科学社会主义	0.0255	0.0423	0.0480	0.0386	0.1570
44	求实	0.0118	0.0482	0.0549	0.0383	0.1558
45	当代世界社会主义问题	0	0.0538	0.0543	0.0360	0.1464
45	理论与改革	0.0244	0.0385	0.0451	0.0360	0.1464
47	国际关系学院学报	0.0309	0.0365	0.0381	0.0352	0.1431
48	太平洋学报	0.0252	0.0415	0.0387	0.0351	0.1427
48	理论探讨	0.0121	0.0472	0.0461	0.0351	0.1427
50	理论前沿	0.0333	0.0267	0.0414	0.0338	0.1375
51	西亚非洲	0.0308	0.0380	0.0310	0.0333	0.1354
52	妇女研究论丛	0.0058	0.0303	0.0628	0.0330	0.1342
53	中共浙江省委党校学报	0.0109	0.0405	0.0448	0.0321	0.1305
54	中国青年研究	0.0215	0.0143	0.0525	0.0294	0.1196
55	西安政治学院学报	0.0322	0.0246	0.0292	0.0287	0.1167
56	岭南学刊	0.0236	0.0468	0.0135	0.0280	0.1139
57	中华女子学院学报	0.0151	0.0234	0.0451	0.0279	0.1135
58	俄罗斯研究	0.0157	0.0305	0.0370	0.0277	0.1126
59	日本研究	0.0224	0.0219	0.0390	0.0278	0.1131
60	青年探索	0.0179	0.0310	0.0339	0.0276	0.1122
61	阿拉伯世界研究	0.0318	0.0245	0.0255	0.0273	0.1110
62	和平与发展	0.0300	0.0091	0.0424	0.0272	0.1106

续表

排序	期刊名称	2004 年	2005 年	2006 年	三年平均	归一化值
63	西伯利亚研究	0.0179	0.0394	0.0221	0.0265	0.1078
64	中共杭州市委党校学报	0.0270	0.0314	0.0202	0.0262	0.1065
65	南亚研究季刊	0.0352	0.0298	0.0114	0.0255	0.1037
66	理论探索	0.0162	0.0265	0.0286	0.0238	0.0968
67	中国青年政治学院学报	0.0208	0.0179	0.0324	0.0237	0.0964
68	云南行政学院学报	0.0201	0.0206	0.0291	0.0233	0.0948
69	南京政治学院学报	0.0180	0.0271	0.0246	0.0232	0.0943
69	南亚研究	0.0435	0	0.0260	0.0232	0.0943
71	福建行政学院福建经济管理干部学院学报	0.0350	0.0282	0.0056	0.0229	0.0931
71	前线	0.0098	0.0180	0.0408	0.0229	0.0931
73	德国研究	0.0303	0.0096	0.0261	0.0220	0.0895
74	湖北行政学院学报	0.0162	0.0242	0.0240	0.0215	0.0874
75	拉丁美洲研究	0.0286	0.0306	0.0051	0.0214	0.0870
76	甘肃理论学刊	0.0094	0.0112	0.0412	0.0206	0.0838
77	中共宁波市委党校学报	0.0038	0.0389	0.0189	0.0205	0.0834
78	理论学刊	0.0150	0.0242	0.0193	0.0195	0.0793
79	长白学刊	0.0250	0.0102	0.0223	0.0192	0.0781
79	探索	0.0097	0.0218	0.0261	0.0192	0.0781
81	人民论坛	0.0131	0.0133	0.0291	0.0185	0.0752
81	广东行政学院学报	0.0142	0.0112	0.0300	0.0185	0.0752
83	理论导刊	0.0152	0.0135	0.0255	0.0181	0.0736
84	江西行政学院学报	0.0194	0.0094	0.0238	0.0175	0.0712
85	当代青年研究	0.0229	0.0174	0.0081	0.0161	0.0655
86	当代世界	0.0251	0.0192	0.0035	0.0159	0.0647
87	人大研究	0.0167	0.0211	0.0086	0.0155	0.0630
88	四川行政学院学报	0.0059	0.0253	0.0141	0.0151	0.0614
89	桂海论丛	0.0193	0.0055	0.0192	0.0147	0.0598
89	中共福建省委党校学报	0.0140	0.0098	0.0203	0.0147	0.0598
91	日本学论坛	0.0341	0.0093	0	0.0145	0.0590
92	行政与法	0.0107	0.0139	0.0181	0.0142	0.0577

续表

排序	期刊名称	2004 年	2005 年	2006 年	三年平均	归一化值
93	探求	0.0123	0.0117	0.0163	0.0134	0.0545
94	中共四川省委党校学报	0	0.0126	0.0261	0.0129	0.0525
95	党建研究	0.0144	0.0157	0.0083	0.0128	0.0521
96	长江论坛	0.0195	0.0097	0.0086	0.0126	0.0512
97	长春市委党校学报	0.0156	0.0035	0.0178	0.0123	0.0500
98	民主与科学	0.0144	0.0158	0.0063	0.0122	0.0496
99	唯实	0.0112	0.0165	0.0086	0.0121	0.0492
100	学习论坛	0.0023	0.0154	0.0183	0.0120	0.0488
101	新东方	0.0091	0.0177	0.0079	0.0116	0.0472
102	行政论坛	0.0110	0.0122	0.0113	0.0115	0.0468
102	中国劳动关系学院学报	0	0.0056	0.0289	0.0115	0.0468
102	学校党建与思想教育	0.0095	0.0098	0.0151	0.0115	0.0468
105	群言	0.0129	0.0076	0.0128	0.0111	0.0451
106	党政干部论坛	0.0079	0.0080	0.0158	0.0106	0.0431
107	攀登	0	0.0164	0.0149	0.0104	0.0423
108	百年潮	0.0055	0.0082	0.0161	0.0099	0.0403
109	上海党史与党建	0.0162	0.0029	0.0097	0.0096	0.0390
109	湖湘论坛	0.0116	0.0105	0.0066	0.0096	0.0390
111	宁夏党校学报	0.0110	0.0072	0.0098	0.0093	0.0378
112	当代韩国	0.0053	0	0.0221	0.0091	0.0370
113	党政干部学刊	0.0062	0.0126	0.0081	0.0090	0.0366
114	中共山西省委党校学报	0.0028	0.0111	0.0126	0.0088	0.0358
115	日本问题研究	0.0082	0.0177	0	0.0086	0.0350
116	甘肃行政学院学报	0	0.0054	0.0201	0.0085	0.0346
117	哈尔滨市委党校学报	0.0080	0.0100	0.0069	0.0083	0.0338
118	山东行政学院山东省经济管理干部学院学报	0.0034	0.0099	0.0106	0.0080	0.0325
119	广西青年干部学院学报	0.0028	0.0088	0.0118	0.0078	0.0317
120	东南亚	0.0114	0.0116	0	0.0077	0.0313

由表 14-11 可知，政治学期刊的他刊引用速率整体偏低，这与政治学期刊总被引速率偏低不无关系。从三年平均值来看，《世界经济与政治》依然十分突出，他刊引用速率高出第 2 名近 50%，在 2004—2006 年间每年均高居榜首，毫无疑问地证明了其在学界具有极高的学术影响力。此后的各政治学期刊的排名与表 14-10 发生了一些变化。通过表 14-10 与表 14-11 的比较分析发现，与其他期刊被引次数类似，自引率较高的期刊在他刊引用速率的排名总会相对落后，如在总被引速率中名列第 2 的《拉丁美洲研究》在本指标中仅位列第 75 名。

从各期刊的年度发展来看，各期刊的他刊引用速率与总被引速率类似，涨跌不定。《妇女研究论丛》和《学习论坛》的他刊引用速率增长幅度较大，分别为 982.8% 和 695.7%，前者有较快的增长势头与其不断减小的自引率有很大关系，后者与总被引速率涨幅情况保持一致。下降比较明显的期刊与总被引速率基本一致。

14.3.3 本学科论文引用速率

本学科论文引用速率（也称学科引用速率）是用来反映期刊被本学科论文引用的速率，可以用来评价期刊对本学科热点和前沿问题的关注程度。表 14-12 给出了 2004—2006 年政治学期刊学科引用速率统计。与表 14-11 相同，也包括各年度的学科引用速率、三年平均引用速率，并以最大的学科引用平均速率值（《世界经济与政治》的 0.2673）作分母得到每一种期刊该指标的归一化值。表 14-12 按三年平均速率从大到小排序。

表 14-12　　2004—2006 年政治学期刊学科引用速率

排序	期刊名称	2004 年	2005 年	2006 年	三年平均	归一化值
1	世界经济与政治	0.2573	0.2053	0.3392	0.2673	1
2	欧洲研究	0.1375	0.1739	0.1962	0.1692	0.6330
3	国际问题研究	0.2013	0.1257	0.0719	0.1330	0.4976
4	美国研究	0.1170	0.1685	0.0843	0.1233	0.4613
5	现代国际关系	0.1124	0.0755	0.1389	0.1089	0.4074
6	国际观察	0.0671	0.0863	0.1037	0.0857	0.3206
7	国际政治研究	0.0823	0.0753	0.0986	0.0854	0.3195
8	拉丁美洲研究	0.0057	0.1939	0.0203	0.0733	0.2742
9	国际论坛	0.0476	0.0791	0.0814	0.0694	0.2596
10	当代亚太	0.0549	0.0604	0.0913	0.0689	0.2578
11	日本学刊	0.0327	0.0921	0.0545	0.0598	0.2237
12	俄罗斯中亚东欧研究	0.0463	0.0670	0.0607	0.0580	0.2170

续表

排序	期刊名称	2004年	2005年	2006年	三年平均	归一化值
13	政治学研究	0.0621	0.0652	0.0294	0.0522	0.1953
14	东南亚研究	0.0800	0.0388	0.0354	0.0514	0.1923
15	国外理论动态	0.0669	0.0411	0.0350	0.0477	0.1785
16	南洋问题研究	0.0323	0.0283	0.0818	0.0475	0.1777
17	当代世界与社会主义	0.0371	0.0597	0.0431	0.0466	0.1743
18	俄罗斯研究	0.0315	0.0687	0.0296	0.0433	0.1620
19	外交评论：外交学院学报	0.0183	0.0201	0.0909	0.0431	0.1612
20	西亚非洲	0.0359	0.0272	0.0619	0.0417	0.1560
21	中共党史研究	0.0461	0.0138	0.0594	0.0398	0.1489
22	当代中国史研究	0.0173	0.0127	0.0769	0.0356	0.1332
23	教学与研究	0.0222	0.0243	0.0504	0.0323	0.1208
24	马克思主义与现实	0.0415	0.0254	0.0277	0.0315	0.1178
25	太平洋学报	0.0420	0.0276	0.0246	0.0314	0.1175
26	台湾研究	0.0308	0.0451	0.0146	0.0302	0.1130
27	东北亚论坛	0.0156	0.0162	0.0569	0.0296	0.1107
28	当代世界社会主义问题	0	0.0430	0.0435	0.0288	0.1077
29	党的文献	0.0094	0.0174	0.0551	0.0273	0.1021
30	毛泽东邓小平理论研究	0.0141	0.0204	0.0420	0.0255	0.0954
31	中共中央党校学报	0.0160	0.0273	0.0324	0.0252	0.0943
32	和平与发展	0.0200	0.0091	0.0424	0.0238	0.0890
33	求是	0.0192	0.0165	0.0291	0.0216	0.0808
34	东南亚纵横	0.0394	0.0218	0.0025	0.0212	0.0793
35	马克思主义研究	0.0278	0.0150	0.0191	0.0206	0.0771
36	南亚研究	0.0435	0	0.0130	0.0188	0.0703
37	国际关系学院学报	0.0123	0.0156	0.0238	0.0172	0.0643
37	社会主义研究	0.0060	0.0100	0.0356	0.0172	0.0643
39	当代世界	0.0228	0.0128	0.0122	0.0159	0.0595
39	科学社会主义	0.0146	0.0106	0.0226	0.0159	0.0595
41	高校理论战线	0.0135	0.0112	0.0210	0.0152	0.0569
42	青年研究	0.0112	0	0.0303	0.0138	0.0516
43	中国党政干部论坛	0.0046	0.0062	0.0265	0.0124	0.0464

续表

排序	期刊名称	2004年	2005年	2006年	三年平均	归一化值
44	新视野	0.0183	0.0123	0.0059	0.0122	0.0456
45	阿拉伯世界研究	0.0091	0.0049	0.0191	0.0110	0.0412
46	中国特色社会主义研究	0.0101	0.0070	0.0154	0.0108	0.0404
47	日本研究	0	0.0146	0.0130	0.0092	0.0344
48	台湾研究集刊	0	0.0174	0.0096	0.0090	0.0337
49	妇女研究论丛	0.0117	0.0051	0.0097	0.0088	0.0329
50	理论前沿	0.0108	0.0076	0.0067	0.0084	0.0314
51	国家行政学院学报	0.0036	0.0135	0.0066	0.0079	0.0296
52	理论探讨	0	0.0145	0.0066	0.0070	0.0262
53	日本学论坛	0.0114	0.0093	0	0.0069	0.0258
54	党建研究	0.0072	0.0098	0.0033	0.0068	0.0254
55	求实	0.0051	0.0058	0.0089	0.0066	0.0247
56	上海党史与党建	0.0065	0.0029	0.0097	0.0064	0.0239
56	北京行政学院学报	0	0.0118	0.0073	0.0064	0.0239
58	前线	0.0065	0.0049	0.0073	0.0062	0.0232
59	俄罗斯中亚东欧市场	0.0032	0	0.0148	0.0060	0.0224
60	中国青年政治学院学报	0.0089	0	0.0088	0.0059	0.0221
61	党史研究与教学	0	0	0.0174	0.0058	0.0217
62	中国青年研究	0.0054	0	0.0118	0.0057	0.0213
62	云南行政学院学报	0.0045	0	0.0125	0.0057	0.0213
64	四川行政学院学报	0	0.0084	0.0085	0.0056	0.0210
64	唯实	0.0032	0.0092	0.0043	0.0056	0.0210
66	西伯利亚研究	0	0.0148	0	0.0049	0.0183
67	长江论坛	0.0049	0.0049	0.0043	0.0047	0.0176
68	岭南学刊	0.0068	0	0.0068	0.0045	0.0168
69	西安政治学院学报	0.0064	0.0035	0.0032	0.0044	0.0165
70	上海行政学院学报	0	0.0065	0.0060	0.0042	0.0157
71	南亚研究季刊	0	0.0060	0.0057	0.0039	0.0146
71	中共福建省委党校学报	0.0040	0.0039	0.0037	0.0039	0.0146
73	党建	0	0.0084	0.0030	0.0038	0.0142
73	中共浙江省委党校学报	0.0037	0.0038	0.0038	0.0038	0.0142

续表

排序	期刊名称	2004年	2005年	2006年	三年平均	归一化值
75	探索	0.0058	0	0.0052	0.0037	0.0138
75	甘肃理论学刊	0	0	0.0110	0.0037	0.0138
77	长白学刊	0.0056	0.0026	0.0025	0.0036	0.0135
78	当代青年研究	0.0076	0	0.0027	0.0034	0.0127
78	国际展望	0.0066	0.0013	0.0024	0.0034	0.0127
80	青年探索	0.0072	0	0.0028	0.0033	0.0123
81	学校党建与思想教育	0.0016	0.0056	0.0025	0.0032	0.0120
81	党政干部学刊	0.0016	0.0079	0	0.0032	0.0120
83	理论与改革	0	0.0073	0.0018	0.0030	0.0112
84	新东方	0	0.0088	0	0.0029	0.0108
84	德国研究	0	0	0.0087	0.0029	0.0108
86	桂海论丛	0.0028	0.0028	0.0027	0.0028	0.0105
87	百年潮	0.0027	0	0.0054	0.0027	0.0101
87	湖北行政学院学报	0.0040	0	0.0040	0.0027	0.0101
87	中共山西省委党校学报	0	0.0044	0.0036	0.0027	0.0101
90	中共杭州市委党校学报	0	0.0039	0.0040	0.0026	0.0097
90	探求	0	0.0078	0	0.0026	0.0097
92	南京政治学院学报	0.0023	0	0.0049	0.0024	0.0090
92	哈尔滨市委党校学报	0	0.0025	0.0046	0.0024	0.0090
94	理论导刊	0.0017	0	0.0049	0.0022	0.0082
94	人民论坛	0.0015	0.0012	0.0038	0.0022	0.0082
96	前进	0.0024	0	0.0040	0.0021	0.0079
96	理论学刊	0.0013	0.0030	0.0019	0.0021	0.0079
98	人大研究	0.0019	0.0042	0	0.0020	0.0075
98	攀登	0	0.0023	0.0037	0.0020	0.0075
98	学习论坛	0.0023	0	0.0037	0.0020	0.0075
101	理论探索	0.0040	0.0017	0	0.0019	0.0071
102	江西行政学院学报	0	0	0.0048	0.0016	0.0060
102	中共云南省委党校学报	0	0.0047	0	0.0016	0.0060
104	山东省青年管理干部学院学报	0.0014	0	0.0032	0.0015	0.0056

续表

排序	期刊名称	2004 年	2005 年	2006 年	三年平均	归一化值
105	党政论坛	0	0.0023	0.0019	0.0014	0.0052
105	北京党史	0.0041	0	0	0.0014	0.0052
107	党政干部论坛	0	0	0.0040	0.0013	0.0049
107	实事求是	0	0.0039	0	0.0013	0.0049
107	长春市委党校学报	0.0039	0	0	0.0013	0.0049
107	中共宁波市委党校学报	0	0	0.0038	0.0013	0.0049
110	广东行政学院学报	0	0.0037	0	0.0012	0.0045
110	江苏行政学院学报	0	0	0.0037	0.0012	0.0045
110	中央社会主义学院学报	0	0	0.0036	0.0012	0.0045
110	宁夏党校学报	0	0.0036	0	0.0012	0.0045
115	民主与科学	0	0	0.0031	0.0010	0.0037
116	中国妇运	0	0.0027	0	0.0009	0.0034
117	行政论坛	0	0.0024	0	0.0008	0.0030
118	中国监察	0	0.0011	0.0011	0.0007	0.0026
118	湖湘论坛	0	0	0.0022	0.0007	0.0026
120	行政与法	0	0.0009	0.0010	0.0006	0.0022

从表 14-12 可以看到，受到总被引用速率偏低的影响，政治学期刊的学科引用速率依然偏低。《世界经济与政治》、《欧洲研究》、《国际问题研究》、《美国研究》、《现代国际关系》分列排名的前 5 名，而在总被引用速率中排名靠前的《拉丁美洲研究》和《当代亚太》在本表中却有所下降，这与两刊不到 50% 的本学科论文引用速率有很大关系，特别是《拉丁美洲研究》，刊登了不少经济学方面的文章，只有 14.6% 的政治学学科引用速率。此后政治学期刊的排名变化，也多与各期刊的本学科论文比例有一定的关系。

从年度变化来看，政治学期刊的学科引用速率也是涨跌不定。《社会主义研究》、《党的文献》、《中国党政干部论坛》涨幅比较明显，三年达到 4.5 倍以上。也有个别期刊下降明显，如《日本学论坛》、《人大研究》、《北京党史》、《长春市委党校学报》。需要特别指出的是，某些期刊总被引速率逐年增加而学科引用速率逐年减少，如《党政干部论坛》、《理论探讨》，说明它们关注的热点问题和最新研究方向逐渐对其他学科具有一定的借鉴和渗透作用，期刊的学科交叉性越来越明显。

14.3.4 政治学期刊被引速率综合分析

从以上总被引速率、他刊引用速率和学科引用速率三个角度的分析，我们可以看到，如果一个期刊有较高被引速率，那么它就有较高的学术活跃度。如果将三个指标结合起来分析，我们可以引入被引速率综合值。根据第1章对期刊被引速率综合值的计算方法，我们将期刊被引速率的三个下级指标权重分配为：总被引速率（25%）、他刊引用速率（50%）、学科引用速率（25%）。表14-13给出了2004—2006年政治学期刊被引速率综合值计算。其方法与期刊被引次数综合值的计算完全相同，可以参见表14-9前的解释。表14-13按被引速率综合值从大到小排序。

表14-13　　　　2004—2006年政治学期刊被引速率综合值

排序	期刊名称	总被引速率归一化值	他刊引用速率归一化值	学科引用速率归一化值	综合值
1	世界经济与政治	1	1	1	1
2	欧洲研究	0.5677	0.6633	0.6330	0.6318
3	国际问题研究	0.4913	0.6682	0.4976	0.5813
4	美国研究	0.4886	0.6556	0.4613	0.5653
5	现代国际关系	0.3807	0.4542	0.4074	0.4241
6	当代亚太	0.3940	0.4534	0.2578	0.3897
7	国家行政学院学报	0.3693	0.5197	0.0296	0.3596
8	国际观察	0.2709	0.4054	0.3206	0.3506
9	政治学研究	0.3168	0.4067	0.1953	0.3314
10	当代中国史研究	0.3185	0.4213	0.1332	0.3236
11	马克思主义与现实	0.3120	0.4246	0.1178	0.3198
12	国际政治研究	0.2693	0.3209	0.3195	0.3077
13	日本学刊	0.2796	0.3497	0.2237	0.3007
14	教学与研究	0.2886	0.3900	0.1208	0.2974
15	南洋问题研究	0.2965	0.3481	0.1777	0.2926
16	国际论坛	0.2459	0.3294	0.2596	0.2911
17	俄罗斯中亚东欧研究	0.3071	0.3160	0.2170	0.2890
18	拉丁美洲研究	0.6891	0.0870	0.2742	0.2843
19	求是	0.2364	0.3518	0.0808	0.2552
20	中共中央党校学报	0.2397	0.3367	0.0943	0.2519

续表

排序	期刊名称	总被引速率归一化值	他刊引用速率归一化值	学科引用速率归一化值	综合值
21	国外理论动态	0.2182	0.3050	0.1785	0.2517
22	外交评论：外交学院学报	0.2261	0.3046	0.1612	0.2491
23	青年研究	0.3043	0.2900	0.0516	0.2340
24	中共党史研究	0.2283	0.2424	0.1489	0.2155
25	马克思主义研究	0.2008	0.2895	0.0771	0.2142
26	毛泽东邓小平理论研究	0.1954	0.2566	0.0954	0.2010
27	东南亚研究	0.2321	0.1875	0.1923	0.1999
28	东北亚论坛	0.2777	0.1989	0.1107	0.1966
29	当代世界与社会主义	0.1799	0.2159	0.1743	0.1965
30	台湾研究集刊	0.2989	0.1948	0.0337	0.1806
31	台湾研究	0.2533	0.1741	0.1130	0.1786
32	新视野	0.1677	0.2383	0.0456	0.1725
33	江苏行政学院学报	0.1685	0.2521	0.0045	0.1693
34	北京行政学院学报	0.1606	0.2082	0.0239	0.1502
35	西亚非洲	0.1712	0.1354	0.1560	0.1495
36	党的文献	0.1310	0.1793	0.1021	0.1479
37	上海行政学院学报	0.1399	0.2094	0.0157	0.1436
38	中国特色社会主义研究	0.1429	0.1854	0.0404	0.1385
39	俄罗斯研究	0.1516	0.1126	0.1620	0.1347
40	太平洋学报	0.1139	0.1427	0.1175	0.1292
41	高校理论战线	0.1250	0.1639	0.0569	0.1274
42	当代世界社会主义问题	0.1076	0.1464	0.1077	0.1270
43	东南亚纵横	0.1063	0.1590	0.0793	0.1259
44	科学社会主义	0.1253	0.1570	0.0595	0.1247
45	社会主义研究	0.1120	0.1586	0.0643	0.1234
46	中国党政干部论坛	0.1114	0.1667	0.0464	0.1228
47	党史研究与教学	0.1163	0.1741	0.0217	0.1216
48	国际关系学院学报	0.0957	0.1431	0.0643	0.1116
49	俄罗斯中亚东欧市场	0.1054	0.1578	0.0224	0.1109
50	求实	0.1041	0.1558	0.0247	0.1101

续表

排序	期刊名称	总被引速率归一化值	他刊引用速率归一化值	学科引用速率归一化值	综合值
51	妇女研究论丛	0.1383	0.1342	0.0329	0.1099
52	理论探讨	0.1000	0.1427	0.0262	0.1029
53	理论前沿	0.0970	0.1375	0.0314	0.1009
54	理论与改革	0.0978	0.1464	0.0112	0.1005
55	和平与发展	0.0739	0.1106	0.0890	0.0960
56	中共浙江省委党校学报	0.0872	0.1305	0.0142	0.0906
57	中国青年研究	0.0973	0.1196	0.0213	0.0895
58	阿拉伯世界研究	0.0742	0.1110	0.0412	0.0844
59	日本研究	0.0755	0.1131	0.0344	0.0840
60	南亚研究	0.0761	0.0943	0.0703	0.0838
61	西安政治学院学报	0.0780	0.1167	0.0165	0.0820
62	岭南学刊	0.0761	0.1139	0.0168	0.0802
63	青年探索	0.0750	0.1122	0.0123	0.0779
64	西伯利亚研究	0.0720	0.1078	0.0183	0.0765
65	中华女子学院学报	0.0758	0.1135	0	0.0757
66	中国青年政治学院学报	0.0832	0.0964	0.0221	0.0745
67	中共杭州市委党校学报	0.0712	0.1065	0.0097	0.0735
68	南亚研究季刊	0.0693	0.1037	0.0146	0.0728
69	云南行政学院学报	0.0633	0.0948	0.0213	0.0686
70	前线	0.0622	0.0931	0.0232	0.0679
71	理论探索	0.0647	0.0968	0.0071	0.0664
72	南京政治学院学报	0.0630	0.0943	0.0090	0.0652
73	德国研究	0.0598	0.0895	0.0108	0.0624
74	福建行政学院福建经济管理干部学院学报	0.0622	0.0931	0	0.0621
75	当代世界	0.0573	0.0647	0.0595	0.0616
76	湖北行政学院学报	0.0584	0.0874	0.0101	0.0608
77	甘肃理论学刊	0.0560	0.0838	0.0138	0.0594
78	中共宁波市委党校学报	0.0557	0.0834	0.0049	0.0569
79	探索	0.0522	0.0781	0.0138	0.0556

续表

排序	期刊名称	总被引速率归一化值	他刊引用速率归一化值	学科引用速率归一化值	综合值
80	长白学刊	0.0522	0.0781	0.0135	0.0555
81	理论学刊	0.0530	0.0793	0.0079	0.0549
82	人民论坛	0.0503	0.0752	0.0082	0.0522
83	广东行政学院学报	0.0503	0.0752	0.0045	0.0513
84	理论导刊	0.0492	0.0736	0.0082	0.0512
85	当代青年研究	0.0584	0.0655	0.0127	0.0505
86	江西行政学院学报	0.0476	0.0712	0.0060	0.0490
87	四川行政学院学报	0.0410	0.0614	0.0210	0.0462
88	日本学论坛	0.0394	0.0590	0.0258	0.0458
89	人大研究	0.0421	0.0630	0.0075	0.0439
90	中共福建省委党校学报	0.0399	0.0598	0.0146	0.0435
91	桂海论丛	0.0399	0.0598	0.0105	0.0425
92	党建研究	0.0348	0.0521	0.0254	0.0411
93	行政与法	0.0386	0.0577	0.0022	0.0391
94	探求	0.0364	0.0545	0.0097	0.0388
95	长江论坛	0.0342	0.0512	0.0176	0.0386
96	唯实	0.0329	0.0492	0.0210	0.0381
97	中共四川省委党校学报	0.0351	0.0525	0	0.0350
98	长春市委党校学报	0.0334	0.0500	0.0049	0.0346
99	学习论坛	0.0326	0.0488	0.0075	0.0344
100	学校党建与思想教育	0.0313	0.0468	0.0120	0.0342

分析表 14-13，从学术活跃程度和学术影响速度来看，政治学期刊分布层次明显。《世界经济与政治》、《欧洲研究》位居第一层次，被引速率综合值在 0.6 以上；《国际问题研究》等 11 种期刊为第二层次，综合值在 0.3—0.6 之间；《教学与研究》等 41 种期刊为第三层次，综合值在 0.1—0.3 之间；其余 46 种期刊为第四层次，综合值在 0.1 以下。

在政治学期刊整体学术影响速度上，《世界经济与政治》优势突出，被引速率中的三项指标均位居第 1，表现其在学术影响速度方面的领先地位，在政治学期刊中总是能够迅速被读者关注和利用。《欧洲研究》、《国际问题研究》、《美国研究》也有着上乘的表现，各项指标的排名都比较靠前。在总被引速率表现突出的《拉丁美洲

《研究》由于受到自引率和本学科论文引用率的影响，在他引速率和本学科引用速率两项指标上有所落后，在本综合值中仅名列第 18 位。

14.4 政治学期刊影响因子分析

影响因子的概念是由加菲尔德 1972 年提出来的，由于它是一个相对统计量，所以可以公平地处理和评价各类期刊。[①] 期刊的影响因子反映在一定时期内期刊发表论文的平均被引用率。一般来说，期刊影响因子越大，说明该期刊的论文平均影响力和学术作用也越大。影响因子是国际上通行的期刊评价指标，在学术期刊综合评价体系中一般被赋予较大的权重，具有重要的学术评价作用。与前两个指标一样，影响因子指标也被细分成了三个下级指标：一般影响因子、他引影响因子、学科影响因子。本节分别列出各指标前 120 名的期刊以及影响因子综合值前 100 名的期刊，并进行讨论。

14.4.1 一般影响因子

通常意义上的影响因子是指某期刊前两年发表的论文在统计当年的被引用次数与该期刊在前两年内发表的论文总数之比。考察影响因子的目的是为了反映期刊的学术影响，应该是把期刊最能够表达自己学术影响的"时段"体现出来。[②] 因此，根据第 1 章人文社会科学期刊论文的引用峰值的讨论以及对即年指数的修订，我们对期刊影响因子也进行了修订。表 14-14 给出了 2004—2006 年政治学期刊一般影响因子和三年的平均值，最后用 0.4543（即该指标最大的平均值）作分母去除每一种期刊这一指标的平均值，从而得到各期刊的一般影响因子的归一化值。表 14-14 按三年平均影响因子从大到小排序。

表 14-14　　　　　　2004—2006 年政治学期刊一般影响因子

排序	期刊名称	2004 年	2005 年	2006 年	三年平均	归一化值
1	世界经济与政治	0.4624	0.4017	0.4987	0.4543	1
2	政治学研究	0.3644	0.2868	0.3655	0.3389	0.7460
3	美国研究	0.2581	0.2788	0.3830	0.3066	0.6749
4	马克思主义与现实	0.2341	0.3192	0.3154	0.2896	0.6375
5	欧洲研究	0.2590	0.2289	0.3375	0.2751	0.6055

[①] 郝春艳："浅谈影响期刊影响因子的因素"，《理论界》2007 年第 12 期，第 154—155 页。
[②] 苏新宁："构建人文社会科学期刊评价体系"，《东岳论丛》2008 年第 1 期，第 35—42 页。

续表

排序	期刊名称	2004年	2005年	2006年	三年平均	归一化值
6	现代国际关系	0.2310	0.1903	0.2337	0.2183	0.4805
7	青年研究	0.2194	0.1784	0.2402	0.2127	0.4682
8	国家行政学院学报	0.1938	0.1617	0.1530	0.1695	0.3731
9	当代亚太	0.1395	0.1948	0.1648	0.1664	0.3663
10	拉丁美洲研究	0.0628	0.1657	0.2686	0.1657	0.3647
11	国际论坛	0.2323	0.1195	0.1310	0.1609	0.3542
12	妇女研究论丛	0.1059	0.1484	0.2047	0.1530	0.3368
13	台湾研究集刊	0.1333	0.1316	0.1826	0.1492	0.3284
14	国际问题研究	0.1586	0.1449	0.1342	0.1459	0.3212
15	日本学刊	0.1374	0.1576	0.1111	0.1354	0.2980
16	东北亚论坛	0.1031	0.1039	0.1984	0.1351	0.2974
17	太平洋学报	0.1778	0.1047	0.1008	0.1278	0.2813
18	南洋问题研究	0.1031	0.0968	0.1398	0.1132	0.2492
19	俄罗斯中亚东欧研究	0.1310	0.1003	0.1065	0.1126	0.2479
20	东南亚研究	0.1209	0.1023	0.1100	0.1111	0.2446
21	当代世界与社会主义	0.1331	0.0879	0.1114	0.1108	0.2439
22	江苏行政学院学报	0.1176	0.0904	0.1106	0.1062	0.2338
23	台湾研究	0.1057	0.1520	0.0538	0.1038	0.2285
24	北京行政学院学报	0.0898	0.1064	0.1084	0.1015	0.2234
25	当代中国史研究	0.1148	0.0335	0.1558	0.1014	0.2232
26	上海行政学院学报	0.0690	0.0435	0.1908	0.1011	0.2225
27	中共党史研究	0.0934	0.0714	0.1336	0.0995	0.2190
28	教学与研究	0.1099	0.0868	0.0938	0.0968	0.2131
29	西亚非洲	0.0741	0.0611	0.1538	0.0963	0.2120
30	当代青年研究	0.0920	0.0774	0.1145	0.0946	0.2082
31	国际观察	0.0783	0.1139	0.0872	0.0931	0.2049
32	德国研究	0.0543	0.1132	0.1010	0.0895	0.1970
33	国外理论动态	0.0395	0.1053	0.1083	0.0844	0.1858
34	新视野	0.0785	0.0790	0.0856	0.0810	0.1783
35	中共中央党校学报	0.0311	0.0781	0.1123	0.0738	0.1624
36	南亚研究	0.0152	0.0896	0.1159	0.0736	0.1620

续表

排序	期刊名称	2004年	2005年	2006年	三年平均	归一化值
37	日本研究	0.0534	0.0985	0.0597	0.0705	0.1552
38	求是	0.0481	0.0812	0.0808	0.0700	0.1541
39	马克思主义研究	0.0682	0.0743	0.0667	0.0697	0.1534
40	当代世界社会主义问题	0.0283	0.0515	0.1250	0.0683	0.1503
41	国际政治研究	0.0618	0.0559	0.0823	0.0667	0.1468
42	毛泽东邓小平理论研究	0.0373	0.0747	0.0876	0.0665	0.1464
43	外交评论：外交学院学报	0.0362	0.0833	0.0793	0.0663	0.1459
44	党的文献	0.0459	0.0688	0.0798	0.0648	0.1426
45	南亚研究季刊	0.0536	0.0603	0.0775	0.0638	0.1404
46	云南行政学院学报	0.0575	0.0645	0.0671	0.0630	0.1387
47	中国特色社会主义研究	0.0492	0.0584	0.0774	0.0617	0.1358
48	和平与发展	0.0952	0.0729	0.0100	0.0594	0.1308
49	中国青年政治学院学报	0.0462	0.0529	0.0742	0.0578	0.1272
50	党史研究与教学	0.0327	0.0414	0.0976	0.0572	0.1259
51	中国党政干部论坛	0.0507	0.0724	0.0387	0.0539	0.1186
52	福建行政学院福建经济管理干部学院学报	0.0570	0.0537	0.0490	0.0532	0.1171
53	俄罗斯研究	0.0320	0.0556	0.0709	0.0528	0.1162
54	中共杭州市委党校学报	0.0500	0.0553	0.0502	0.0518	0.1140
55	东南亚纵横	0.0255	0.0434	0.0832	0.0507	0.1116
56	中国青年研究	0.0517	0.0529	0.0431	0.0492	0.1083
57	科学社会主义	0.0178	0.0512	0.0766	0.0485	0.1068
57	探索	0.0366	0.0491	0.0598	0.0485	0.1068
59	理论学刊	0.0278	0.0428	0.0702	0.0469	0.1032
60	湖北行政学院学报	0.0811	0.0299	0.0283	0.0464	0.1021
61	理论探讨	0.0421	0.0361	0.0566	0.0449	0.0988
62	高校理论战线	0.0382	0.0391	0.0539	0.0437	0.0962
63	广东行政学院学报	0.0289	0.0348	0.0641	0.0426	0.0938
64	求实	0.0407	0.0305	0.0558	0.0423	0.0931
65	江西行政学院学报	0.0183	0.0437	0.0631	0.0417	0.0918
66	俄罗斯中亚东欧市场	0.0332	0.0256	0.0645	0.0411	0.0905

续表

排序	期刊名称	2004年	2005年	2006年	三年平均	归一化值
67	理论与改革	0.0277	0.0387	0.0550	0.0405	0.0891
68	岭南学刊	0.0429	0.0203	0.0541	0.0391	0.0861
68	日本问题研究	0.0182	0.0252	0.0738	0.0391	0.0861
70	中共浙江省委党校学报	0.0346	0.0159	0.0623	0.0376	0.0828
71	中华女子学院学报	0.0435	0.0437	0.0251	0.0374	0.0823
72	唯实	0.0264	0.0274	0.0577	0.0372	0.0819
73	东南亚	0.0309	0.0106	0.0682	0.0366	0.0806
74	社会主义研究	0.0190	0.0376	0.0497	0.0354	0.0779
75	行政论坛	0.0239	0.0574	0.0220	0.0344	0.0757
76	国际关系学院学报	0.0368	0.0340	0.0309	0.0339	0.0746
77	理论前沿	0.0337	0.0368	0.0294	0.0333	0.0733
78	四川行政学院学报	0.0203	0.0380	0.0386	0.0323	0.0711
79	行政与法	0.0289	0.0394	0.0273	0.0319	0.0702
80	西伯利亚研究	0.0368	0.0389	0.0179	0.0312	0.0687
81	日本学论坛	0.0288	0.0286	0.0341	0.0305	0.0671
82	中共福建省委党校学报	0.0205	0.0334	0.0359	0.0299	0.0658
83	理论导刊	0.0114	0.0343	0.0406	0.0288	0.0634
84	中国劳动关系学院学报	0.0116	0.0314	0.0417	0.0282	0.0621
85	南京政治学院学报	0.0214	0.0310	0.0315	0.0280	0.0616
86	甘肃理论学刊	0.0115	0.0224	0.0470	0.0270	0.0594
87	理论探索	0.0172	0.0230	0.0404	0.0269	0.0592
88	中央社会主义学院学报	0.0126	0.0280	0.0372	0.0259	0.0570
89	长江论坛	0.0091	0.0288	0.0390	0.0256	0.0564
90	阿拉伯世界研究	0.0132	0.0219	0.0409	0.0253	0.0557
90	长白学刊	0.0230	0.0222	0.0306	0.0253	0.0557
92	青年探索	0.0049	0.0202	0.0430	0.0227	0.0500
93	百年潮	0.0311	0.0219	0.0137	0.0222	0.0489
94	宁夏党校学报	0.0194	0.0320	0.0147	0.0220	0.0484
95	人大研究	0.0090	0.0233	0.0335	0.0219	0.0482
96	长春市委党校学报	0.0126	0.0161	0.0352	0.0213	0.0469
97	探求	0.0125	0.0372	0.0123	0.0207	0.0456

续表

排序	期刊名称	2004年	2005年	2006年	三年平均	归一化值
98	桂海论丛	0.0191	0.0304	0.0110	0.0202	0.0445
99	中共宁波市委党校学报	0.0126	0.0162	0.0307	0.0198	0.0436
100	八桂侨刊	0.0405	0.0064	0.0123	0.0197	0.0434
101	学习论坛	0.0138	0.0122	0.0293	0.0184	0.0405
101	攀登	0	0.0277	0.0274	0.0184	0.0405
103	新东方	0.0264	0.0038	0.0243	0.0182	0.0401
104	党政论坛	0.0189	0.0134	0.0208	0.0177	0.0390
104	前线	0.0219	0.0148	0.0163	0.0177	0.0390
106	成都行政学院学报	0.0219	0.0150	0.0132	0.0167	0.0368
107	中共贵州省委党校学报	0.0130	0.0193	0.0161	0.0161	0.0354
108	中共山西省委党校学报	0.0087	0.0030	0.0364	0.0160	0.0352
108	中共四川省委党校学报	0	0.0183	0.0298	0.0160	0.0352
110	实事求是	0.0086	0.0027	0.0355	0.0156	0.0343
111	中共济南市委党校学报	0	0.0143	0.0309	0.0151	0.0332
112	中共云南省委党校学报	0.0151	0.0145	0.0155	0.0150	0.0330
113	当代韩国	0.0102	0.0291	0.0053	0.0149	0.0328
114	学校党建与思想教育	0.0023	0.0150	0.0270	0.0148	0.0326
115	湖湘论坛	0.0020	0.0166	0.0251	0.0146	0.0321
116	当代世界	0.0181	0.0164	0.0091	0.0145	0.0319
116	人民论坛	0.0051	0.0150	0.0233	0.0145	0.0319
118	西安政治学院学报	0.0237	0.0094	0.0096	0.0142	0.0313
119	党政干部论坛	0.0051	0.0106	0.0256	0.0138	0.0304
120	广西青年干部学院学报	0.0100	0.0085	0.0224	0.0136	0.0299

从表14-14可以看出，政治学期刊一般影响因子整体水平不高。影响因子最高的《世界经济与政治》，三年平均值为0.4543，而人文社会科学期刊中一般影响因子最高的《经济研究》三年平均达到3.8742。影响因子在0.3以上的期刊也只有3种，在0.1—0.3之间的期刊有23种，在0.05—0.1之间的期刊有29种，一半以上的期刊影响因子在0.05以下，共65种。即使这样，我们也不能否认《世界经济与政治》具有的卓越地位，结合表14-6、表14-10和表14-14，该刊无论就绝对影响还是被引速率或者相对影响，都在政治学期刊中处于首位。

根据 2004—2006 年的政治学期刊的影响因子分析，可以看出，大多数期刊的影响因子处于不稳定状态，如《政治学研究》三年的影响因子分别为 0.3644、0.2868、0.3655，呈现出一种波浪式的发展态势。但是也有少数期刊影响因子呈现出稳步上升趋势，如《美国研究》、《拉丁美洲研究》、《东北亚论坛》，特别是《攀登》、《中共四川省委党校学报》、《中共济南市委党校学报》，它们在 2004 年的影响因子还是 0，但是 2006 年已分别达到 0.0274、0.0298、0.0309。说明这些期刊正处于一个快速成长时期，其学术影响不断增强。

如果将一般影响因子与总被引次数结合起来，即对表 14-6 与表 14-14 作关联分析，我们看到，两者的排序差异比较明显，说明政治学期刊受到被引峰值和期刊载文量的影响比较明显，也就是说被引次数多的期刊，影响因子不一定高。最为明显的如《和平与发展》，在总被引次数的排名中仅列第 119 位，而在一般影响因子中排名第 48 位。再如《理论前沿》，在总被引次数的排名中名列第 14 位，而在一般影响因子中排名仅列第 77 位。另外，通过统计，一般影响因子排序前 50 名政治学期刊中，国际政治、国际关系类达到 24 种，约占 50%，比总被引次数中此类期刊多 4 种（具体参见本章 14.2.1 节），此类期刊在学界的影响不容小觑。

14.4.2 他引影响因子

用他引影响因子来评价期刊的学术影响可以避免我国现有期刊界的不正之风，比如一些期刊编辑为了提高自身的被引次数而鼓励作者发表文章时引用本刊文章。表 14-15 给出了 2004—2006 年政治学期刊他引影响因子统计。三年平均值由各年度数据进行平均计算得出，各期刊他引影响因子的归一化值由该指标最大的平均数（《世界经济与政治》的 0.3425）作分母求得。表 14-15 按三年平均影响因子从大到小排序。

表 14-15　　　　　2004—2006 年政治学期刊他引影响因子

排序	期刊名称	2004 年	2005 年	2006 年	三年平均	归一化值
1	世界经济与政治	0.3120	0.3362	0.3793	0.3425	1
2	政治学研究	0.3305	0.2791	0.3379	0.3158	0.9220
3	马克思主义与现实	0.2049	0.3146	0.3112	0.2769	0.8085
4	美国研究	0.2043	0.2308	0.3511	0.2621	0.7653
5	欧洲研究	0.2289	0.2108	0.3000	0.2466	0.7200
6	现代国际关系	0.2097	0.1752	0.2160	0.2003	0.5848
7	国家行政学院学报	0.1938	0.1617	0.1495	0.1683	0.4914
8	青年研究	0.1837	0.1243	0.1899	0.1660	0.4847

续表

排序	期刊名称	2004 年	2005 年	2006 年	三年平均	归一化值
9	国际论坛	0.2258	0.1006	0.1250	0.1505	0.4394
10	当代亚太	0.1240	0.1610	0.1575	0.1475	0.4307
11	国际问题研究	0.1448	0.1449	0.1342	0.1413	0.4126
12	日本学刊	0.1099	0.1515	0.0915	0.1176	0.3434
13	太平洋学报	0.1667	0.0930	0.0924	0.1174	0.3428
14	妇女研究论丛	0.0471	0.1161	0.1579	0.1070	0.3124
15	江苏行政学院学报	0.1176	0.0904	0.1106	0.1062	0.3101
16	上海行政学院学报	0.0690	0.0435	0.1908	0.1011	0.2952
17	北京行政学院学报	0.0857	0.1021	0.1084	0.0987	0.2882
18	南洋问题研究	0.0722	0.0968	0.1183	0.0958	0.2797
19	国际观察	0.0783	0.1139	0.0872	0.0931	0.2718
20	德国研究	0.0543	0.1132	0.1010	0.0895	0.2613
21	台湾研究集刊	0.0750	0.0965	0.0957	0.0891	0.2601
22	东北亚论坛	0.0825	0.0909	0.0934	0.0889	0.2596
23	当代青年研究	0.0920	0.0774	0.0916	0.0870	0.2540
24	东南亚研究	0.1099	0.0909	0.0600	0.0869	0.2537
25	当代世界与社会主义	0.1151	0.0576	0.0875	0.0867	0.2531
26	教学与研究	0.1044	0.0711	0.0840	0.0865	0.2526
27	俄罗斯中亚东欧研究	0.0863	0.0796	0.0880	0.0846	0.2470
28	国外理论动态	0.0395	0.1053	0.1019	0.0822	0.2400
29	中共党史研究	0.0739	0.0504	0.1198	0.0814	0.2377
30	新视野	0.0717	0.0790	0.0795	0.0767	0.2239
31	当代中国史研究	0.1038	0.0279	0.0909	0.0742	0.2166
32	中共中央党校学报	0.0311	0.0781	0.1123	0.0738	0.2155
33	日本研究	0.0534	0.0985	0.0597	0.0705	0.2058
34	求是	0.0481	0.0812	0.0808	0.0700	0.2044
35	南亚研究	0.0152	0.0896	0.1014	0.0687	0.2006
36	马克思主义研究	0.0625	0.0743	0.0667	0.0678	0.1980
37	当代世界社会主义问题	0.0283	0.0412	0.1250	0.0648	0.1892
38	南亚研究季刊	0.0536	0.0603	0.0775	0.0638	0.1863
39	云南行政学院学报	0.0575	0.0645	0.0671	0.0630	0.1839

续表

排序	期刊名称	2004 年	2005 年	2006 年	三年平均	归一化值
40	拉丁美洲研究	0.0366	0.0884	0.0629	0.0626	0.1828
41	毛泽东邓小平理论研究	0.0290	0.0676	0.0819	0.0595	0.1737
42	和平与发展	0.0952	0.0729	0.0100	0.0594	0.1734
43	中国特色社会主义研究	0.0455	0.0550	0.0774	0.0593	0.1731
44	党史研究与教学	0.0327	0.0414	0.0976	0.0572	0.1670
45	国际政治研究	0.0506	0.0447	0.0759	0.0571	0.1667
46	中国青年政治学院学报	0.0462	0.0501	0.0712	0.0558	0.1629
47	中国党政干部论坛	0.0507	0.0724	0.0387	0.0539	0.1574
48	外交评论：外交学院学报	0.0362	0.0694	0.0549	0.0535	0.1562
49	福建行政学院福建经济管理干部学院学报	0.0570	0.0537	0.0490	0.0532	0.1553
50	台湾研究	0.0325	0.0960	0.0308	0.0531	0.1550
51	党的文献	0.0459	0.0642	0.0469	0.0523	0.1527
52	中共杭州市委党校学报	0.0500	0.0553	0.0502	0.0518	0.1512
53	东南亚纵横	0.0255	0.0434	0.0832	0.0507	0.1480
54	科学社会主义	0.0178	0.0512	0.0766	0.0485	0.1416
54	探索	0.0366	0.0491	0.0598	0.0485	0.1416
56	理论学刊	0.0278	0.0428	0.0702	0.0469	0.1369
57	湖北行政学院学报	0.0811	0.0299	0.0283	0.0464	0.1355
58	广东行政学院学报	0.0289	0.0348	0.0641	0.0426	0.1244
59	求实	0.0407	0.0305	0.0558	0.0423	0.1235
60	江西行政学院学报	0.0183	0.0437	0.0631	0.0417	0.1218
61	俄罗斯中亚东欧市场	0.0332	0.0256	0.0645	0.0411	0.1200
62	理论探讨	0.0421	0.0339	0.0465	0.0408	0.1191
63	理论与改革	0.0277	0.0387	0.0550	0.0405	0.1182
64	俄罗斯研究	0.0160	0.0476	0.0551	0.0396	0.1156
65	西亚非洲	0.0453	0.0262	0.0462	0.0392	0.1145
66	中国青年研究	0.0374	0.0423	0.0377	0.0391	0.1142
66	岭南学刊	0.0429	0.0203	0.0541	0.0391	0.1142
66	日本问题研究	0.0182	0.0252	0.0738	0.0391	0.1142
69	中共浙江省委党校学报	0.0346	0.0159	0.0623	0.0376	0.1098

续表

排序	期刊名称	2004 年	2005 年	2006 年	三年平均	归一化值
70	中华女子学院学报	0.0435	0.0437	0.0251	0.0374	0.1092
71	唯实	0.0264	0.0274	0.0577	0.0372	0.1086
72	高校理论战线	0.0361	0.0322	0.0431	0.0371	0.1083
73	东南亚	0.0309	0.0106	0.0682	0.0366	0.1069
74	社会主义研究	0.0190	0.0376	0.0497	0.0354	0.1034
75	行政论坛	0.0239	0.0574	0.0220	0.0344	0.1004
76	国际关系学院学报	0.0368	0.0340	0.0309	0.0339	0.0990
77	理论前沿	0.0337	0.0368	0.0294	0.0333	0.0972
78	四川行政学院学报	0.0203	0.0380	0.0386	0.0323	0.0943
79	行政与法	0.0289	0.0394	0.0273	0.0319	0.0931
80	西伯利亚研究	0.0368	0.0389	0.0179	0.0312	0.0911
81	日本学论坛	0.0288	0.0286	0.0341	0.0305	0.0891
82	中共福建省委党校学报	0.0205	0.0334	0.0359	0.0299	0.0873
83	理论导刊	0.0114	0.0343	0.0406	0.0288	0.0841
84	中国劳动关系学院学报	0.0116	0.0314	0.0417	0.0282	0.0823
85	南京政治学院学报	0.0214	0.0310	0.0315	0.0280	0.0818
86	甘肃理论学刊	0.0115	0.0224	0.0470	0.0270	0.0788
87	理论探索	0.0172	0.0230	0.0404	0.0269	0.0785
88	中央社会主义学院学报	0.0126	0.0280	0.0372	0.0259	0.0756
89	长江论坛	0.0091	0.0288	0.0390	0.0256	0.0747
90	阿拉伯世界研究	0.0132	0.0219	0.0409	0.0253	0.0739
90	长白学刊	0.0230	0.0222	0.0306	0.0253	0.0739
92	青年探索	0.0049	0.0202	0.0430	0.0227	0.0663
93	宁夏党校学报	0.0194	0.0320	0.0147	0.0220	0.0642
94	人大研究	0.0090	0.0233	0.0335	0.0219	0.0639
95	长春市委党校学报	0.0126	0.0161	0.0352	0.0213	0.0622
96	探求	0.0125	0.0372	0.0123	0.0207	0.0604
97	百年潮	0.0311	0.0164	0.0137	0.0204	0.0596
98	桂海论丛	0.0191	0.0304	0.0110	0.0202	0.0590
99	中共宁波市委党校学报	0.0126	0.0162	0.0307	0.0198	0.0578
100	八桂侨刊	0.0405	0.0064	0.0123	0.0197	0.0575

续表

排序	期刊名称	2004年	2005年	2006年	三年平均	归一化值
101	学习论坛	0.0138	0.0122	0.0293	0.0184	0.0537
101	攀登	0	0.0277	0.0274	0.0184	0.0537
103	新东方	0.0264	0.0038	0.0243	0.0182	0.0531
104	党政论坛	0.0189	0.0134	0.0208	0.0177	0.0517
104	前线	0.0219	0.0148	0.0163	0.0177	0.0517
106	成都行政学院学报	0.0219	0.0150	0.0132	0.0167	0.0488
107	中共贵州省委党校学报	0.0130	0.0193	0.0161	0.0161	0.0470
108	中共山西省委党校学报	0.0087	0.0030	0.0364	0.0160	0.0467
108	中共四川省委党校学报	0	0.0183	0.0298	0.0160	0.0467
110	实事求是	0.0086	0.0027	0.0355	0.0156	0.0455
111	中共济南市委党校学报	0	0.0143	0.0309	0.0151	0.0441
112	中共云南省委党校学报	0.0151	0.0145	0.0155	0.0150	0.0438
113	当代韩国	0.0102	0.0291	0.0053	0.0149	0.0435
114	学校党建与思想教育	0.0023	0.0150	0.0270	0.0148	0.0432
115	湖湘论坛	0.0020	0.0166	0.0251	0.0146	0.0426
116	人民论坛	0.0051	0.0150	0.0233	0.0145	0.0423
116	当代世界	0.0181	0.0164	0.0091	0.0145	0.0423
118	西安政治学院学报	0.0237	0.0094	0.0096	0.0142	0.0415
119	党政干部论坛	0.0051	0.0106	0.0256	0.0138	0.0403
120	广西青年干部学院学报	0.0100	0.0085	0.0224	0.0136	0.0397

从表 14-15 可以看出，政治学期刊的他引影响因子依然较低。排第 1 名的《世界经济与政治》与排第 2 名的《政治学研究》之间的差距缩小，这与前者的自引率高于后者有很大关系。此后期刊排名的变化也与期刊的自引率有关。再次提到自引率最高的《拉丁美洲研究》，其排名的变化证实了这一点。

从年度发展趋势来看，各期刊的他引影响因之与一般影响因子相似，起伏不定。涨跌明显的期刊也与一般影响因子基本一致，主要集中在非来源期刊中。

14.4.3 学科影响因子

学科影响因子反映的是期刊在某个学科中被交流和利用情况，可以反映出期刊在本学科的学术影响力。表 14-16 给出了 2004—2006 年政治学期刊本学科影响因子统计。同样的，也包括各年度的学科影响因子、三年平均影响因子，并以学科影响因子最大的平均值（《世界经济与政治》的 0.2893）作分母得到各期刊该指标的归一化值。表 14-16 按三年平均学科影响因子从大到小排序。

表 14-16　　　　　　　2004—2006 年政治学期刊学科影响因子

排序	期刊名称	2004 年	2005 年	2006 年	三年平均	归一化值
1	世界经济与政治	0.2897	0.2308	0.3475	0.2893	1
2	美国研究	0.1720	0.2115	0.2234	0.2023	0.6993
3	政治学研究	0.2203	0.1860	0.1655	0.1906	0.6588
4	欧洲研究	0.1928	0.1024	0.2438	0.1797	0.6212
5	现代国际关系	0.1641	0.1178	0.1657	0.1492	0.5157
6	太平洋学报	0.1333	0.0930	0.0672	0.0978	0.3381
7	马克思主义与现实	0.1122	0.0845	0.0871	0.0946	0.3270
8	国际论坛	0.1484	0.0692	0.0595	0.0924	0.3194
9	国际问题研究	0.0966	0.0870	0.0872	0.0903	0.3121
10	当代亚太	0.0698	0.0899	0.0769	0.0789	0.2727
11	当代世界与社会主义	0.1043	0.0667	0.0531	0.0747	0.2582
12	西亚非洲	0.0453	0.0262	0.1179	0.0631	0.2181
13	俄罗斯中亚东欧研究	0.0714	0.0619	0.0556	0.0630	0.2178
14	国际政治研究	0.0562	0.0391	0.0759	0.0571	0.1974
15	东南亚研究	0.0495	0.0568	0.0600	0.0554	0.1915
16	国际观察	0.0482	0.0633	0.0470	0.0528	0.1825
17	日本学刊	0.0604	0.0485	0.0327	0.0472	0.1632
18	国外理论动态	0.0230	0.0592	0.0573	0.0465	0.1607
19	当代世界社会主义问题	0.0189	0.0309	0.0795	0.0431	0.1490
20	和平与发展	0.0667	0.0521	0.0100	0.0429	0.1483
21	台湾研究集刊	0.0583	0.0088	0.0609	0.0427	0.1476
22	俄罗斯研究	0.0240	0.0476	0.0472	0.0396	0.1369
23	拉丁美洲研究	0.0105	0.0718	0.0286	0.0370	0.1279
24	党的文献	0.0255	0.0367	0.0469	0.0364	0.1258
25	外交评论：外交学院学报	0.0145	0.0278	0.0549	0.0324	0.1120
26	党史研究与教学	0.0131	0.0207	0.0549	0.0296	0.1023
27	当代中国史研究	0.0273	0.0056	0.0519	0.0283	0.0978
28	南洋问题研究	0.0412	0.0108	0.0323	0.0281	0.0971

续表

排序	期刊名称	2004 年	2005 年	2006 年	三年平均	归一化值
29	毛泽东邓小平理论研究	0.0207	0.0391	0.0226	0.0275	0.0951
30	教学与研究	0.0247	0.0211	0.0247	0.0235	0.0812
31	南亚研究季刊	0.0089	0.0172	0.0423	0.0228	0.0788
32	中共党史研究	0.0156	0.0294	0.0230	0.0227	0.0785
33	江苏行政学院学报	0.0294	0.0169	0.0184	0.0216	0.0747
34	青年研究	0.0459	0.0054	0.0112	0.0208	0.0719
35	东北亚论坛	0.0206	0.0173	0.0233	0.0204	0.0705
35	上海行政学院学报	0	0	0.0611	0.0204	0.0705
37	中共中央党校学报	0.0155	0.0208	0.0214	0.0192	0.0664
38	科学社会主义	0.0089	0.0315	0.0146	0.0183	0.0633
39	阿拉伯世界研究	0.0066	0.0055	0.0409	0.0177	0.0612
40	台湾研究	0.0163	0.0080	0.0231	0.0158	0.0546
41	马克思主义研究	0.0114	0.0229	0.0111	0.0151	0.0522
42	湖北行政学院学报	0.0360	0.0043	0.0040	0.0148	0.0512
43	云南行政学院学报	0.0088	0.0264	0.0067	0.0140	0.0484
44	中国特色社会主义研究	0.0076	0.0275	0.0067	0.0139	0.0480
44	北京行政学院学报	0.0082	0.0255	0.0080	0.0139	0.0480
44	妇女研究论丛	0.0235	0.0065	0.0117	0.0139	0.0480
47	东南亚纵横	0.0091	0.0160	0.0153	0.0135	0.0467
48	社会主义研究	0.0082	0.0118	0.0179	0.0126	0.0436
49	求是	0.0046	0.0176	0.0152	0.0125	0.0432
50	俄罗斯中亚东欧市场	0.0030	0	0.0323	0.0118	0.0408
51	中央社会主义学院学报	0.0063	0.0120	0.0165	0.0116	0.0401
52	中国党政干部论坛	0.0118	0.0166	0.0062	0.0115	0.0398
53	探索	0.0037	0.0145	0.0154	0.0112	0.0387
53	中共杭州市委党校学报	0.0050	0.0170	0.0116	0.0112	0.0387
55	高校理论战线	0	0.0184	0.0135	0.0106	0.0366
56	中共宁波市委党校学报	0	0.0121	0.0192	0.0104	0.0359
57	唯实	0.0044	0.0120	0.0144	0.0103	0.0356
58	日本学论坛	0.0096	0.0095	0.0114	0.0102	0.0353
59	德国研究	0	0	0.0303	0.0101	0.0349

续表

排序	期刊名称	2004年	2005年	2006年	三年平均	归一化值
60	南亚研究	0	0.0299	0	0.0100	0.0346
61	国家行政学院学报	0.0116	0.0075	0.0107	0.0099	0.0342
61	理论前沿	0.0090	0.0129	0.0078	0.0099	0.0342
63	当代世界	0.0101	0.0123	0.0068	0.0097	0.0335
64	西伯利亚研究	0	0.0222	0.0060	0.0094	0.0325
65	当代青年研究	0.0061	0.0065	0.0153	0.0093	0.0321
65	新视野	0.0034	0.0122	0.0122	0.0093	0.0321
67	中国青年政治学院学报	0	0.0111	0.0148	0.0086	0.0297
67	国际关系学院学报	0	0.0136	0.0123	0.0086	0.0297
67	理论学刊	0.0070	0.0049	0.0138	0.0086	0.0297
70	百年潮	0.0113	0.0055	0.0082	0.0083	0.0287
70	理论与改革	0.0014	0.0072	0.0163	0.0083	0.0287
72	长春市委党校学报	0.0126	0.0040	0.0078	0.0081	0.0280
73	探求	0.0031	0.0186	0	0.0072	0.0249
74	东南亚	0.0206	0	0	0.0069	0.0239
75	南京政治学院学报	0.0071	0.0044	0.0068	0.0061	0.0211
76	前线	0.0087	0.0066	0.0016	0.0056	0.0194
76	中国青年研究	0.0115	0	0.0054	0.0056	0.0194
78	日本问题研究	0	0.0084	0.0082	0.0055	0.0190
78	中共福建省委党校学报	0.0046	0.0039	0.0080	0.0055	0.0190
80	攀登	0	0.0035	0.0124	0.0053	0.0183
81	求实	0.0061	0.0020	0.0068	0.0050	0.0173
82	学校党建与思想教育	0.0023	0	0.0111	0.0045	0.0156
83	上海党史与党建	0.0033	0	0.0097	0.0043	0.0149
84	理论导刊	0	0.0051	0.0068	0.0040	0.0138
85	中共浙江省委党校学报	0.0038	0	0.0073	0.0037	0.0128
86	哈尔滨市委党校学报	0	0.0053	0.0053	0.0035	0.0121
86	理论探讨	0	0.0045	0.0061	0.0035	0.0121
88	甘肃理论学刊	0.0038	0	0.0063	0.0034	0.0118
89	江西行政学院学报	0	0.0049	0.0049	0.0033	0.0114
90	中华女子学院学报	0.0048	0.0049	0	0.0032	0.0111

续表

排序	期刊名称	2004 年	2005 年	2006 年	三年平均	归一化值
91	党政干部学刊	0.0017	0.0045	0.0031	0.0031	0.0107
91	党政论坛	0.0024	0.0022	0.0046	0.0031	0.0107
91	学习论坛	0	0.0024	0.0068	0.0031	0.0107
94	理论探索	0	0.0051	0.0040	0.0030	0.0104
94	党建研究	0	0.0017	0.0072	0.0030	0.0104
94	广西青年干部学院学报	0.0033	0	0.0056	0.0030	0.0104
97	四川行政学院学报	0	0.0058	0.0030	0.0029	0.0100
97	实事求是	0.0029	0	0.0059	0.0029	0.0100
97	长白学刊	0.0019	0.0040	0.0028	0.0029	0.0100
100	人大研究	0.0022	0.0019	0.0037	0.0026	0.0090
100	党建	0.0015	0.0030	0.0033	0.0026	0.0090
102	湖湘论坛	0.0020	0.0037	0.0019	0.0025	0.0086
102	日本研究	0	0.0076	0	0.0025	0.0086
104	前进	0	0	0.0073	0.0024	0.0083
104	民主与科学	0	0	0.0072	0.0024	0.0083
106	中共济南市委党校学报	0	0.0036	0.0034	0.0023	0.0080
107	福建行政学院福建经济管理干部学院学报	0	0.0067	0	0.0022	0.0076
108	八桂侨刊	0	0.0064	0	0.0021	0.0073
109	人民论坛	0	0.0060	0	0.0020	0.0069
109	中国劳动关系学院学报	0	0.0029	0.0030	0.0020	0.0069
111	桂海论丛	0	0.0028	0.0028	0.0019	0.0066
112	中共云南省委党校学报	0	0.0029	0.0026	0.0018	0.0062
113	行政论坛	0	0.0048	0	0.0016	0.0055
113	中共贵州省委党校学报	0	0.0024	0.0023	0.0016	0.0055
115	群言	0	0.0020	0.0022	0.0014	0.0048
116	宁夏党校学报	0	0.0040	0	0.0013	0.0045
116	北京党史	0	0.0039	0	0.0013	0.0045
118	党政干部论坛	0.0017	0	0.0020	0.0012	0.0041
118	青年探索	0	0	0.0036	0.0012	0.0041
118	广东行政学院学报	0	0	0.0036	0.0012	0.0041

从表 14-16 可以看到，政治学期刊的学科影响因子依然偏低，学科影响因子最高的《世界经济与政治》三年平均也仅有 0.2893，远低于人文社会科学最高的《经济研究》(2.9516)。同时，大部分期刊的学科影响因子相对于一般影响因子，下降明显。如《广东行政学院学报》、《日本研究》、《福建行政学院福建经济管理干部学院学报》、《行政论坛》，下降幅度达到 95% 以上。这也证明了政治学期刊内容的多样化，与其他人文社会科学学科的高度渗透化。

从年度变化来看，与一般影响因子类似，大多数期刊的学科影响因子有涨有跌，如《欧洲研究》，三年分别为 0.1928、0.1024、0.2438。有少数期刊影响因子呈现出稳步上升趋势，如《当代世界社会主义问题》、《美国研究》，也有少部分期刊出现下跌趋势，如《国际论坛》、《太平洋学报》。

14.4.4 政治学期刊影响因子综合分析

期刊影响因子是统计期刊一段时间内期刊论文的平均被引率。影响因子用期刊论文的平均被引率揭示了学术思想传播的深度和广度，它使期刊学术质量的评价变得可以用量化的方法加以测度。[①] 我们讨论的影响因子包括一般影响因子、他引影响因子、学科影响因子三项指标，从不同的角度来评价期刊的学术质量。现在将它们分别赋予 25%，50%，25% 的权重，就组成了期刊影响因子综合值。表 14-17 给出了 2004—2006 年政治学期刊影响因子综合值计算，其方法与期刊被引次数和被引速率相同。计算后求和得到各期刊影响因子的综合值。表 14-17 按影响因子综合值从大到小排序。

表 14-17　　　　　　　　2004—2006 年政治学期刊影响因子综合值

排序	期刊名称	一般影响因子归一化值	他引影响因子归一化值	学科影响因子归一化值	综合值
1	世界经济与政治	1	1	1	1
2	政治学研究	0.7460	0.9220	0.6588	0.8122
3	美国研究	0.6749	0.7653	0.6993	0.7262
4	欧洲研究	0.6055	0.7200	0.6212	0.6667
5	马克思主义与现实	0.6375	0.8085	0.3270	0.6454
6	现代国际关系	0.4805	0.5848	0.5157	0.5415
7	国际论坛	0.3542	0.4394	0.3194	0.3881
8	青年研究	0.4682	0.4847	0.0719	0.3774

---

① 金碧辉、汪寿阳、任胜利等："论期刊影响因子与论文学术质量的关系"，《中国科技期刊研究》2000 年第 4 期，第 202 页。

续表

排序	期刊名称	一般影响因子归一化值	他引影响因子归一化值	学科影响因子归一化值	综合值
9	当代亚太	0.3663	0.4307	0.2727	0.3751
10	国际问题研究	0.3212	0.4126	0.3121	0.3646
11	国家行政学院学报	0.3731	0.4914	0.0342	0.3475
12	太平洋学报	0.2813	0.3428	0.3381	0.3263
13	日本学刊	0.2980	0.3434	0.1632	0.2870
14	妇女研究论丛	0.3368	0.3124	0.0480	0.2524
15	当代世界与社会主义	0.2439	0.2531	0.2582	0.2521
16	台湾研究集刊	0.3284	0.2601	0.1476	0.2491
17	俄罗斯中亚东欧研究	0.2479	0.2470	0.2178	0.2399
18	东南亚研究	0.2446	0.2537	0.1915	0.2359
19	国际观察	0.2049	0.2718	0.1825	0.2328
20	江苏行政学院学报	0.2338	0.3101	0.0747	0.2322
21	南洋问题研究	0.2492	0.2797	0.0971	0.2264
22	东北亚论坛	0.2974	0.2596	0.0705	0.2218
23	上海行政学院学报	0.2225	0.2952	0.0705	0.2209
24	拉丁美洲研究	0.3647	0.1828	0.1279	0.2146
25	北京行政学院学报	0.2234	0.2882	0.0480	0.2120
26	国外理论动态	0.1858	0.2400	0.1607	0.2066
27	教学与研究	0.2131	0.2526	0.0812	0.1999
28	中共党史研究	0.2190	0.2377	0.0785	0.1932
29	德国研究	0.1970	0.2613	0.0349	0.1886
29	当代中国史研究	0.2232	0.2166	0.0978	0.1886
31	当代青年研究	0.2082	0.2540	0.0321	0.1871
32	当代世界社会主义问题	0.1503	0.1892	0.1490	0.1694
32	国际政治研究	0.1468	0.1667	0.1974	0.1694
34	中共中央党校学报	0.1624	0.2155	0.0664	0.1650
35	西亚非洲	0.2120	0.1145	0.2181	0.1648
36	新视野	0.1783	0.2239	0.0321	0.1646
37	和平与发展	0.1308	0.1734	0.1483	0.1565
38	求是	0.1541	0.2044	0.0432	0.1515

续表

排序	期刊名称	一般影响因子归一化值	他引影响因子归一化值	学科影响因子归一化值	综合值
39	马克思主义研究	0.1534	0.1980	0.0522	0.1504
40	南亚研究	0.1620	0.2006	0.0346	0.1495
41	台湾研究	0.2285	0.1550	0.0546	0.1483
42	南亚研究季刊	0.1404	0.1863	0.0788	0.1480
43	毛泽东邓小平理论研究	0.1464	0.1737	0.0951	0.1472
44	日本研究	0.1552	0.2058	0.0086	0.1439
45	党的文献	0.1426	0.1527	0.1258	0.1435
46	外交评论：外交学院学报	0.1459	0.1562	0.1120	0.1426
47	党史研究与教学	0.1259	0.1670	0.1023	0.1406
48	云南行政学院学报	0.1387	0.1839	0.0484	0.1387
49	中国特色社会主义研究	0.1358	0.1731	0.0480	0.1325
50	俄罗斯研究	0.1162	0.1156	0.1369	0.1211
51	中国青年政治学院学报	0.1272	0.1629	0.0297	0.1207
52	中国党政干部论坛	0.1186	0.1574	0.0398	0.1183
53	中共杭州市委党校学报	0.1140	0.1512	0.0387	0.1138
54	东南亚纵横	0.1116	0.1480	0.0467	0.1136
55	科学社会主义	0.1068	0.1416	0.0633	0.1133
56	福建行政学院福建经济管理干部学院学报	0.1171	0.1553	0.0076	0.1088
57	探索	0.1068	0.1416	0.0387	0.1072
58	湖北行政学院学报	0.1021	0.1355	0.0512	0.1061
59	理论学刊	0.1032	0.1369	0.0297	0.1017
60	俄罗斯中亚东欧市场	0.0905	0.1200	0.0408	0.0928
61	求实	0.0931	0.1235	0.0173	0.0894
62	中国青年研究	0.1083	0.1142	0.0194	0.0890
63	理论与改革	0.0891	0.1182	0.0287	0.0886
64	高校理论战线	0.0962	0.1083	0.0366	0.0874
65	理论探讨	0.0988	0.1191	0.0121	0.0873
66	江西行政学院学报	0.0918	0.1218	0.0114	0.0867
66	广东行政学院学报	0.0938	0.1244	0.0041	0.0867
68	唯实	0.0819	0.1086	0.0356	0.0837

续表

排序	期刊名称	一般影响因子归一化值	他引影响因子归一化值	学科影响因子归一化值	综合值
69	日本问题研究	0.0861	0.1142	0.0190	0.0834
70	社会主义研究	0.0779	0.1034	0.0436	0.0821
71	岭南学刊	0.0861	0.1142	0.0038	0.0796
71	东南亚	0.0806	0.1069	0.0239	0.0796
73	中共浙江省委党校学报	0.0828	0.1098	0.0128	0.0788
74	中华女子学院学报	0.0823	0.1092	0.0111	0.0780
75	国际关系学院学报	0.0746	0.0990	0.0297	0.0756
76	理论前沿	0.0733	0.0972	0.0342	0.0755
77	西伯利亚研究	0.0687	0.0911	0.0325	0.0709
78	行政论坛	0.0757	0.1004	0.0055	0.0705
79	日本学论坛	0.0671	0.0891	0.0353	0.0702
80	四川行政学院学报	0.0711	0.0943	0.0100	0.0674
81	阿拉伯世界研究	0.0557	0.0739	0.0612	0.0662
82	中共福建省委党校学报	0.0658	0.0873	0.0190	0.0649
83	行政与法	0.0702	0.0931	0.0010	0.0644
84	中央社会主义学院学报	0.0570	0.0756	0.0401	0.0621
85	南京政治学院学报	0.0616	0.0818	0.0211	0.0616
86	理论导刊	0.0634	0.0841	0.0138	0.0614
87	中国劳动关系学院学报	0.0621	0.0823	0.0069	0.0584
88	甘肃理论学刊	0.0594	0.0788	0.0118	0.0572
89	理论探索	0.0592	0.0785	0.0104	0.0567
90	长白学刊	0.0557	0.0739	0.0100	0.0534
91	长江论坛	0.0564	0.0747	0	0.0515
92	长春市委党校学报	0.0469	0.0622	0.0280	0.0498
93	百年潮	0.0489	0.0596	0.0287	0.0492
94	中共宁波市委党校学报	0.0436	0.0578	0.0359	0.0488
95	探求	0.0456	0.0604	0.0249	0.0478
96	青年探索	0.0500	0.0663	0.0041	0.0467
97	人大研究	0.0482	0.0639	0.0090	0.0463
98	宁夏党校学报	0.0484	0.0642	0.0045	0.0453
99	桂海论丛	0.0445	0.0590	0.0066	0.0423
100	当代世界	0.0319	0.0423	0.0335	0.0375

影响因子是评价期刊质量最常用的指标。采用影响因子综合值来评价期刊，可以减少单一影响因子对期刊评价产生的偏差，而让他引影响因子占有较大的比重，更增加了综合值反映期刊学术影响力的客观性和科学性。如自引率最高的《拉丁美洲研究》一般影响因子排在第 10 位，他引影响因子却仅在第 40 位，综合排名第 24 位，这个名次反映了该刊的综合影响力。

根据表 14-17 的数据显示，《世界经济与政治》的优势毋庸置疑，名列第一，《政治学研究》、《美国研究》紧随其后，各项分指标的排名均名列前茅，也是十分优秀的期刊，我们可以将这三种归入第一层次，它们的综合值均在 0.7 以上；综合值在 0.25—0.7 之间的《欧洲研究》等 12 种期刊可列入第二层次；综合值在 0.15—0.25 之间的《台湾研究集刊》等 24 种期刊可列入第三层次；其余的 61 种期刊，综合值在 0.15 以下，归入第四层次。

14.5 政治学期刊被引广度分析

期刊被引广度是指期刊在某个年度被多少种期刊中的论文引用过，其引用该刊的期刊的数量即为该刊的被引广度，它反映的是某种期刊相对其他期刊的影响力。一般来说，引用一种期刊的期刊种数越多，期刊的被引广度就越大，期刊的影响面就越广。但是，某些年度被引只有 1—2 次的期刊，存在很大的被引偶然性，因此，我们对被引广度的计算方法进行了修订，详细参见第 1 章。表 14-18 给出了 2004—2006 年政治学期刊被引广度和三年的平均值，再以该指标最大的平均广度值（《世界经济与政治》的 49.00）作分母得到各期刊的归一化值。表 14-18 列出了排名前 120 种期刊，并按三年平均被引广度从大到小排序。

表 14-18 　　　　　　　2004—2006 年政治学期刊被引广度

排序	期刊名称	2004 年	2005 年	2006 年	三年平均	归一化值
1	世界经济与政治	43.4	49.0	54.6	49.00	1
2	求是	31.8	43.6	63.8	46.40	0.9469
3	马克思主义与现实	21.0	28.2	39.0	29.40	0.6000
4	教学与研究	21.2	26.0	35.8	27.67	0.5647
5	现代国际关系	25.4	25.0	30.6	27.00	0.5510
6	政治学研究	23.8	25.4	28.2	25.80	0.5265
7	欧洲研究	16.6	23.4	25.8	21.93	0.4476
8	国家行政学院学报	19.6	19.6	25.8	21.67	0.4422

续表

排序	期刊名称	2004年	2005年	2006年	三年平均	归一化值
9	青年研究	19.2	16.4	27.6	21.07	0.4300
10	美国研究	16.4	19.8	21.6	19.27	0.3933
11	当代亚太	14.4	18.8	23.2	18.80	0.3837
12	理论前沿	16.6	17.0	22.0	18.53	0.3782
13	中国党政干部论坛	10.2	15.6	23.4	16.40	0.3347
14	国外理论动态	11.4	16.4	20.2	16.00	0.3265
15	新视野	13.0	15.4	18.0	15.53	0.3169
16	中共党史研究	14.6	12.0	18.2	14.93	0.3047
17	当代世界与社会主义	11.8	12.4	20.0	14.73	0.3006
18	理论与改革	11.8	14.2	17.2	14.40	0.2939
19	国际问题研究	12.4	15.2	12.0	13.20	0.2694
20	理论学刊	7.4	12.0	19.8	13.07	0.2667
21	俄罗斯中亚东欧研究	12.2	12.2	14.2	12.87	0.2627
21	求实	7.4	12.0	19.2	12.87	0.2627
23	妇女研究论丛	7.2	12.8	18.4	12.80	0.2612
24	理论探讨	8.6	12.6	16.4	12.53	0.2557
25	探索	9.6	11.8	15.2	12.20	0.2490
26	日本学刊	10.2	14.0	11.6	11.93	0.2435
27	北京行政学院学报	9.8	11.4	14.4	11.87	0.2422
28	当代中国史研究	9.8	9.6	15.8	11.73	0.2394
29	党的文献	8.8	10.8	15.4	11.67	0.2382
30	东南亚研究	10.8	10.0	13.8	11.53	0.2353
31	毛泽东邓小平理论研究	6.4	10.0	17.6	11.33	0.2312
31	社会主义研究	7.4	9.4	17.2	11.33	0.2312
33	国际论坛	9.8	10.4	13.0	11.07	0.2259
34	行政与法	5.6	12.6	14.4	10.87	0.2218
35	东北亚论坛	8.2	12.0	12.2	10.80	0.2204
36	中国青年研究	7.2	9.8	14.2	10.40	0.2122
37	马克思主义研究	9.4	8.4	12.2	10.00	0.2041
38	高校理论战线	8.2	8.6	11.8	9.53	0.1945
39	中国青年政治学院学报	8.2	7.6	12.2	9.33	0.1904

续表

排序	期刊名称	2004年	2005年	2006年	三年平均	归一化值
40	太平洋学报	8.0	9.8	10.0	9.27	0.1892
41	国际观察	8.6	8.6	10.2	9.13	0.1863
42	东南亚纵横	6.6	7.6	13.0	9.07	0.1851
43	中共中央党校学报	5.8	8.4	12.6	8.93	0.1822
44	江苏行政学院学报	5.4	6.4	14.6	8.80	0.1796
45	外交评论：外交学院学报	6.0	8.8	11.2	8.67	0.1769
46	西亚非洲	6.8	9.0	10.0	8.60	0.1755
47	云南行政学院学报	5.6	8.0	11.6	8.40	0.1714
48	理论导刊	4.4	7.0	13.2	8.20	0.1673
48	唯实	5.2	6.6	12.8	8.20	0.1673
50	台湾研究集刊	7.0	7.8	9.4	8.07	0.1647
51	前线	5.8	6.8	10.2	7.60	0.1551
51	中共福建省委党校学报	5.4	7.8	9.6	7.60	0.1551
53	中国特色社会主义研究	6.4	6.8	9.4	7.53	0.1537
54	当代青年研究	7.2	6.6	8.4	7.40	0.1510
55	国际政治研究	5.2	8.2	8.6	7.33	0.1496
55	人民论坛	3.2	5.6	13.2	7.33	0.1496
57	南京政治学院学报	4.8	7.2	9.8	7.27	0.1484
57	科学社会主义	4.0	7.6	10.2	7.27	0.1484
57	南洋问题研究	5.8	5.6	10.4	7.27	0.1484
60	台湾研究	6.8	8.0	6.8	7.20	0.1469
61	理论探索	3.6	6.4	9.6	6.53	0.1333
61	长白学刊	5.6	4.8	9.2	6.53	0.1333
63	拉丁美洲研究	5.0	6.8	7.0	6.27	0.1280
64	党史研究与教学	3.2	6.6	8.4	6.07	0.1239
65	当代世界社会主义问题	3.2	5.6	8.8	5.87	0.1198
66	岭南学刊	6.0	5.0	6.4	5.80	0.1184
66	行政论坛	3.0	8.0	6.4	5.80	0.1184
68	中共浙江省委党校学报	4.0	4.6	8.6	5.73	0.1169
69	人大研究	3.6	5.8	6.8	5.40	0.1102
70	甘肃理论学刊	3.0	4.0	8.6	5.20	0.1061

续表

排序	期刊名称	2004年	2005年	2006年	三年平均	归一化值
71	上海行政学院学报	3.2	4.2	8.0	5.13	0.1047
72	中共杭州市委党校学报	3.6	5.0	6.6	5.07	0.1035
72	中华女子学院学报	3.0	4.6	7.6	5.07	0.1035
74	国际关系学院学报	3.2	5.2	6.6	5.00	0.1020
75	日本研究	4.0	6.4	4.4	4.93	0.1006
75	当代世界	4.8	4.6	5.4	4.93	0.1006
77	俄罗斯中亚东欧市场	3.4	3.8	7.4	4.87	0.0994
78	广东行政学院学报	3.6	4.0	6.6	4.73	0.0965
79	东南亚	2.4	4.4	7.2	4.67	0.0953
80	南亚研究季刊	4.0	4.6	5.2	4.60	0.0939
81	湖湘论坛	3.8	4.8	4.8	4.47	0.0912
82	百年潮	4.8	4.0	4.4	4.40	0.0898
82	德国研究	4.2	5.2	3.8	4.40	0.0898
84	中国劳动关系学院学报	1.2	4.0	7.8	4.33	0.0884
85	南亚研究	2.4	6.0	4.0	4.13	0.0843
85	青年探索	2.8	3.2	6.4	4.13	0.0843
87	桂海论丛	4.4	4.4	3.2	4.00	0.0816
88	学习论坛	2.2	3.4	6.2	3.93	0.0802
89	福建行政学院福建经济管理干部学院学报	3.6	4.2	3.6	3.80	0.0776
89	西安政治学院学报	4.2	3.8	3.4	3.80	0.0776
91	学校党建与思想教育	1.6	3.2	6.4	3.73	0.0761
91	党政干部论坛	2.0	2.8	6.4	3.73	0.0761
93	俄罗斯研究	2.4	3.6	5.0	3.67	0.0749
94	四川行政学院学报	1.8	4.6	4.4	3.60	0.0735
95	阿拉伯世界研究	2.2	4.8	3.6	3.53	0.0720
95	新东方	2.6	3.4	4.6	3.53	0.0720
97	中国民政	1.4	5.6	3.4	3.47	0.0708
97	北京党史	3.0	2.6	4.8	3.47	0.0708
97	党建研究	2.6	3.0	4.8	3.47	0.0708
100	江西行政学院学报	2.4	2.6	5.0	3.33	0.0680

续表

排序	期刊名称	2004年	2005年	2006年	三年平均	归一化值
101	八桂侨刊	4.0	2.0	3.8	3.27	0.0667
101	湖北行政学院学报	2.6	2.6	4.6	3.27	0.0667
101	攀登	0.8	4.2	4.8	3.27	0.0667
104	江南论坛	2.0	3.8	3.8	3.20	0.0653
104	理论观察	3.0	2.6	4.0	3.20	0.0653
104	山东行政学院山东省经济管理干部学院学报	2.4	2.2	5.0	3.20	0.0653
107	党政干部学刊	1.6	3.8	4.0	3.13	0.0639
107	创造	2.8	3.4	3.2	3.13	0.0639
109	长春市委党校学报	1.8	2.0	5.4	3.07	0.0627
109	山东省青年管理干部学院学报	1.6	2.8	4.8	3.07	0.0627
111	党政论坛	3.0	2.2	3.8	3.00	0.0612
111	日本问题研究	1.6	2.8	4.6	3.00	0.0612
111	探求	2.4	3.0	3.6	3.00	0.0612
114	中共宁波市委党校学报	1.0	3.8	4.0	2.93	0.0598
115	西伯利亚研究	1.8	4.4	2.4	2.87	0.0586
115	学习月刊	0	2.8	5.8	2.87	0.0586
117	中央社会主义学院学报	1.8	2.2	4.2	2.73	0.0557
118	和平与发展	3.4	2.6	2.0	2.67	0.0545
118	乡镇论坛	1.4	3.0	3.6	2.67	0.0545
120	中共贵州省委党校学报	2.4	2.4	3.0	2.60	0.0531

从表 14-18 可以看到，只有《世界经济与政治》和《求是》的被引广度超过 45，大于政治学来源期刊数，说明它们的影响已经超越了本学科，伸展到其他人文社会科学领域。大部分政治学期刊的影响广度并不理想，这与政治学期刊的开放性、与其他学科的高度渗透性不相符合。分析其原因：第一，本书中采用的被引广度是经过修正之后的被引广度，这大大降低了一些某年仅被引 1—2 次的期刊的被引广度；第二，修正后的被引广度与期刊被引次数有密切的关系，政治学期刊的总被引次数并不占优势，无形中降低了政治学期刊的被引广度；第三，政治学来源期刊具有较高的自引率，也影响了政治学来源期刊的被引广度。

2004—2006 年间，政治学期刊的被引广度基本呈现增长的趋势。其中，《求是》的增长最为明显，被引广度三年增加了 32；《马克思主义与现实》、《教学与研究》、《中国党政干部论坛》、《理论学刊》、《求实》、《世界经济与政治》、《毛泽东邓小平理论研究》、《妇女研究论丛》、《人民论坛》的增加也比较明显,达到10以上。说明政治学期刊正积极扩大影响度,改变影响覆盖面相对不足的现状。

14.6 政治学期刊二次文献转载分析

除了被引次数、被引速率、影响因子、影响广度这些指标以外,二次文献的转载与否、转载率的高低也是检验学术期刊质量和学术影响的重要指标。目前我国人文社会科学界最具权威性、最有影响力的二次文献包括《新华文摘》、《中国社会科学文摘》、《复印报刊资料》、《高等学校文科学术文摘》等,这些二次文献注重学术性与系统性,汇集了人文社会科学领域在各个不同时期的最新研究成果,反映了其学术研究主流或动向,成为评价我国人文社会科学期刊质量、论文学术水平的尺度之一。[①] 以下主要利用《新华文摘》、《中国社会科学文摘》、《复印报刊资料》对政治学期刊论文的转载数量来评价政治学期刊的学术影响。

14.6.1 《新华文摘》全文转载

由人民出版社主办的《新华文摘》主要涉及政治、哲学、经济、历史、文学艺术、人物与回忆、文化、科技、读书与出版等方面的新成果、新观点、新信息。由于《新华文摘》的学术性和权威性,在人文社科领域被认为是学术评价的重要工具,国内许多高校和科研单位都把成果被《新华文摘》转载和引用视为具有高学术水平的标志。[②] 对于期刊本身来说,可以通过《新华文摘》转载期刊论文数量的多少作为评价期刊学术水平的标准之一。表14-19给出了2004—2006年政治学期刊被《新华文摘》全文转载的统计数据,其中只列出了2004—2006年间被《新华文摘》转载的期刊。表14-19按三年平均转载次数从大到小排序。

表14-19　　　2004—2006年政治学期刊被《新华文摘》全文转载统计

排序	期刊名称	2004年（篇）	2005年（篇）	2006年（篇）	三年平均（篇）	归一化值
1	求是	6	10	12	9.33	1
2	教学与研究	1	8	9	6.00	0.6431
3	国家行政学院学报	0	2	12	4.67	0.5005

---

① 谭浩娟:"从二次文献转摘量看法学学术期刊的学术质量",《图书馆界》2005年第1期,第36页。

② 尹选波:"试论学术文摘类期刊的评价功能",《东疆学刊》2004年第3期,第109—112页。

续表

排序	期刊名称	2004年（篇）	2005年（篇）	2006年（篇）	三年平均（篇）	归一化值
4	马克思主义与现实	5	3	5	4.33	0.4641
5	理论前沿	3	4	5	4.00	0.4287
6	当代中国史研究	3	5	3	3.67	0.3934
6	政治学研究	4	3	4	3.67	0.3934
8	马克思主义研究	2	2	6	3.33	0.3569
9	当代世界与社会主义	5	0	4	3.00	0.3215
10	百年潮	2	0	6	2.67	0.2862
10	江苏行政学院学报	2	3	3	2.67	0.2862
12	党的文献	2	1	4	2.33	0.2497
12	理论探讨	1	0	6	2.33	0.2497
12	人民论坛	0	2	5	2.33	0.2497
12	上海行政学院学报	2	0	5	2.33	0.2497
12	世界经济与政治	3	2	2	2.33	0.2497
12	外交评论：外交学院学报	2	2	3	2.33	0.2497
12	中共党史研究	3	4	0	2.33	0.2497
12	中共中央党校学报	0	1	6	2.33	0.2497
20	欧洲研究	0	4	2	2.00	0.2144
20	中共浙江省委党校学报	0	0	6	2.00	0.2144
22	毛泽东邓小平理论研究	0	0	5	1.67	0.1790
22	中国党政干部论坛	3	0	2	1.67	0.1790
22	中国青年政治学院学报	0	0	5	1.67	0.1790
25	高校理论战线	0	1	3	1.33	0.1426
25	科学社会主义	0	0	4	1.33	0.1426
25	拉丁美洲研究	0	1	3	1.33	0.1426
25	理论学刊	0	1	3	1.33	0.1426
25	岭南学刊	0	0	4	1.33	0.1426
25	群言	0	3	1	1.33	0.1426
25	中共成都市委党校学报	0	0	4	1.33	0.1426
32	北京行政学院学报	1	2	0	1.00	0.1072
32	党史博采	0	3	0	1.00	0.1072

续表

排序	期刊名称	2004年（篇）	2005年（篇）	2006年（篇）	三年平均（篇）	归一化值
32	学习论坛	0	1	2	1.00	0.1072
32	云南行政学院学报	0	0	3	1.00	0.1072
36	长白学刊	0	1	1	0.67	0.0718
36	妇女研究论丛	0	1	1	0.67	0.0718
36	甘肃理论学刊	0	0	2	0.67	0.0718
36	国际问题研究	2	0	0	0.67	0.0718
36	理论探索	0	0	2	0.67	0.0718
36	前线	2	0	0	0.67	0.0718
36	西亚非洲	1	0	1	0.67	0.0718
36	新视野	0	0	2	0.67	0.0718
44	北京观察	0	0	1	0.33	0.0354
44	当代亚太	0	0	1	0.33	0.0354
44	党政干部论坛	0	0	1	0.33	0.0354
44	党政干部学刊	0	0	1	0.33	0.0354
44	甘肃行政学院学报	0	0	1	0.33	0.0354
44	共产党人	0	0	1	0.33	0.0354
44	共鸣	1	0	0	0.33	0.0354
44	国际政治研究	0	0	1	0.33	0.0354
44	国外理论动态	1	0	0	0.33	0.0354
44	湖北行政学院学报	0	0	1	0.33	0.0354
44	湖湘论坛	0	0	1	0.33	0.0354
44	理论导刊	0	0	1	0.33	0.0354
44	南京政治学院学报	0	0	1	0.33	0.0354
44	宁夏党校学报	0	0	1	0.33	0.0354
44	求实	0	0	1	0.33	0.0354
44	人大研究	1	0	0	0.33	0.0354
44	日本学刊	0	0	1	0.33	0.0354
44	日本学论坛	0	0	1	0.33	0.0354
44	日本研究	0	0	1	0.33	0.0354
44	社会主义研究	0	0	1	0.33	0.0354

续表

排序	期刊名称	2004年（篇）	2005年（篇）	2006年（篇）	三年平均（篇）	归一化值
44	思想政治工作研究	0	1	0	0.33	0.0354
44	探索	0	0	1	0.33	0.0354
44	天津行政学院学报	1	0	0	0.33	0.0354
44	唯实	0	1	0	0.33	0.0354
44	新长征	0	0	1	0.33	0.0354
44	行政论坛	0	0	1	0.33	0.0354
44	行政与法	0	0	1	0.33	0.0354
44	中共福建省委党校学报	0	0	1	0.33	0.0354
44	中共云南省委党校学报	0	0	1	0.33	0.0354
44	中国青年研究	0	0	1	0.33	0.0354
44	中国特色社会主义研究	0	0	1	0.33	0.0354
44	重庆社会主义学院学报	0	1	0	0.33	0.0354

根据表 14-19 的数据显示，被《新华文摘》转载的政治学期刊共有 75 种，约占政治学期刊总数的 20%，三年总被转载量约为 313 篇。从总体上看，《求是》的被转载量最为突出，年均达到 9 篇以上，这与该刊是中共中央主办的政策性学术刊物而《新华文摘》重点转载与国家政治和政策密切相关的精品论文有很大关系。

从年度变化来看，排名前 3 位的《求是》、《教学与研究》和《国家行政学院学报》有明显的被转载量上升趋势。排名 30 位以后的期刊呈现某个年份偶被转载的现象。这之间的期刊每年被转载量不太稳定，偶有年份突出。

政治学期刊呈现的这种少数期刊被转载较多而大部分期刊被转载较少的现象，与《新华文摘》专门收录学术精品以及注重收录与国家方针政策密切相关的论文有关。

14.6.2 《中国社会科学文摘》全文转载

《中国社会科学文摘》（简称《社科文摘》）是择优推介哲学社会科学重要研究成果的文摘类期刊。《社科文摘》由于出版周期长，论文转载量少，所以以转载哲学社科类的精品论文为主。因此，也可以用《社科文摘》转载期刊论文数量的多少，来评价期刊的学术质量的高低。表 14-20 给出了 2004—2006 年政治学期刊被《中国社会科学文摘》全文转载的统计数据，其中只列出了 2004—2006 年间被《社科文摘》转载的期刊。表 14-20 按三年平均转载次数从大到小排序。

表 14-20　2004—2006 年政治学期刊被《中国社会科学文摘》全文转载统计

排序	期刊名称	2004 年（篇）	2005 年（篇）	2006 年（篇）	三年平均（篇）	归一化值
1	世界经济与政治	2	3	8	4.33	1
2	江苏行政学院学报	1	7	3	3.67	0.8476
3	教学与研究	0	4	4	2.67	0.6166
4	马克思主义与现实	3	3	1	2.33	0.5381
4	中共浙江省委党校学报	4	1	2	2.33	0.5381
6	中共党史研究	4	2	0	2.00	0.4619
7	欧洲研究	0	2	3	1.67	0.3857
8	当代中国史研究	1	0	3	1.33	0.3072
8	东北亚论坛	0	2	2	1.33	0.3072
8	国外理论动态	1	1	2	1.33	0.3072
8	理论探讨	0	0	4	1.33	0.3072
8	马克思主义研究	0	1	3	1.33	0.3072
8	中共宁波市委党校学报	2	1	1	1.33	0.3072
14	俄罗斯中亚东欧研究	0	0	3	1.00	0.2309
14	美国研究	0	2	1	1.00	0.2309
14	现代国际关系	1	0	2	1.00	0.2309
14	中共成都市委党校学报	0	0	3	1.00	0.2309
14	中共中央党校学报	0	2	1	1.00	0.2309
19	当代世界与社会主义	0	0	2	0.67	0.1547
19	妇女研究论丛	0	0	2	0.67	0.1547
19	国际论坛	0	0	2	0.67	0.1547
19	外交评论：外交学院学报	0	0	2	0.67	0.1547
23	当代韩国	0	1	0	0.33	0.0762
23	党的文献	0	0	1	0.33	0.0762
23	国际问题研究	0	0	1	0.33	0.0762
23	国际政治研究	0	0	1	0.33	0.0762
23	理论前沿	0	0	1	0.33	0.0762
23	理论学刊	1	0	0	0.33	0.0762
23	理论学习与探索	0	1	0	0.33	0.0762

续表

排序	期刊名称	2004年（篇）	2005年（篇）	2006年（篇）	三年平均（篇）	归一化值
23	毛泽东邓小平理论研究	0	0	1	0.33	0.0762
23	南京政治学院学报	0	0	1	0.33	0.0762
23	南亚研究	0	0	1	0.33	0.0762
23	南洋问题研究	0	1	0	0.33	0.0762
23	群言	0	0	1	0.33	0.0762
23	日本学刊	0	0	1	0.33	0.0762
23	探索	0	0	1	0.33	0.0762
23	西亚非洲	0	0	1	0.33	0.0762
23	学习论坛	0	0	1	0.33	0.0762
23	中共杭州市委党校学报	1	0	0	0.33	0.0762
23	中国党政干部论坛	1	0	0	0.33	0.0762

从表14-20可以看到，被《中国社会科学文摘》转载的政治学期刊数量明显少于其他两种二次文献，只有40种，且期刊平均被转载量也明显少于其他两种二次文献，只有122篇。2004—2006年，只有《世界经济与政治》呈现明显的被转载量增长的势头，其余39种期刊各年被转载量十分不稳定，19名以后的期刊偶有年份被转载。政治学期刊存在的这种现象与14.6.1的原因类似。

14.6.3 《复印报刊资料》全文转载

中国人民大学出版的《复印报刊资料》汇集了全国公开发行的4000多种报刊中的人文科学和社会科学文献的精华，是我国目前规模最大、影响最广的复印资料库，多年来成为衡量人文社会科学期刊和论文学术影响的重要尺度之一。[①] 从收录的范围和数量上来看，《复印报刊资料》比前两种二次文献更为广泛，收录期刊的数量也更多。因此，被《复印报刊资料》转载的政治学期刊，无论是从数量上还是被转载的次数上，都远远高于前两种二次文献。表14-21给出了2004—2006年政治学期刊被中国人民大学《复印报刊资料》全文转载的统计数据，其中只列出了2004—2006年间被《复印报刊资料》转载过的期刊。表14-21按三年平均转载次数从大到小排序。

---

① 孔春苗："从《复印报刊资料》看中国档案学研究现状"，《档案与建设》2007年第6期，第7页。

表 14-21　2004—2006 年政治学期刊被《复印报刊资料》全文转载统计

排序	期刊名称	2004 年（篇）	2005 年（篇）	2006 年（篇）	三年平均（篇）	归一化值
1	教学与研究	68	87	82	79.00	1
2	求是	72	53	32	52.33	0.6624
3	世界经济与政治	45	48	42	45.00	0.5696
4	现代国际关系	47	32	51	43.33	0.5485
5	当代世界与社会主义	40	35	52	42.33	0.5358
6	毛泽东邓小平理论研究	26	45	45	38.67	0.4895
7	江苏行政学院学报	25	56	33	38.00	0.4810
7	马克思主义研究	24	29	61	38.00	0.4810
9	探索	32	33	45	36.67	0.4642
10	马克思主义与现实	30	43	31	34.67	0.4389
11	理论学刊	41	35	25	33.67	0.4262
12	求实	39	26	29	31.33	0.3966
13	中国党政干部论坛	39	22	32	31.00	0.3924
14	科学社会主义	25	26	41	30.67	0.3882
15	理论探讨	28	33	30	30.33	0.3839
16	理论与改革	35	23	28	28.67	0.3629
16	国家行政学院学报	27	29	30	28.67	0.3629
18	当代世界	31	29	22	27.33	0.3459
18	当代亚太	34	27	21	27.33	0.3459
20	北京行政学院学报	29	30	21	26.67	0.3376
20	国外理论动态	30	20	30	26.67	0.3376
22	高校理论战线	21	36	22	26.33	0.3333
23	新视野	31	28	17	25.33	0.3206
24	人民论坛	12	30	32	24.67	0.3123
25	理论前沿	26	27	20	24.33	0.3080
26	国际政治研究	15	21	36	24.00	0.3038
27	国际问题研究	28	26	17	23.67	0.2996
28	中共福建省委党校学报	36	15	19	23.33	0.2953
29	社会主义研究	25	24	18	22.33	0.2827
30	中共中央党校学报	24	19	23	22.00	0.2785

续表

排序	期刊名称	2004年（篇）	2005年（篇）	2006年（篇）	三年平均（篇）	归一化值
31	俄罗斯中亚东欧研究	20	25	19	21.33	0.2700
31	外交评论：外交学院学报	12	23	29	21.33	0.2700
31	中共浙江省委党校学报	20	21	23	21.33	0.2700
34	中国特色社会主义研究	17	27	17	20.33	0.2573
35	国际论坛	29	15	16	20.00	0.2532
36	党建研究	14	25	20	19.67	0.2490
37	学习论坛	12	23	23	19.33	0.2447
38	欧洲研究	24	17	16	19.00	0.2405
38	学校党建与思想教育	17	21	19	19.00	0.2405
38	少年儿童研究	9	27	21	19.00	0.2405
41	唯实	33	14	9	18.67	0.2363
41	中国青年政治学院学报	14	12	30	18.67	0.2363
43	东北亚论坛	19	17	18	18.00	0.2278
44	当代中国史研究	11	23	19	17.67	0.2237
44	国际观察	13	23	17	17.67	0.2237
46	云南行政学院学报	24	14	14	17.33	0.2194
46	中共云南省委党校学报	25	14	13	17.33	0.2194
46	中华女子学院学报	16	17	19	17.33	0.2194
49	南京政治学院学报	15	20	13	16.00	0.2025
49	西亚非洲	17	14	17	16.00	0.2025
51	上海行政学院学报	25	16	6	15.67	0.1984
52	党政干部论坛	19	18	9	15.33	0.1941
52	中共党史研究	24	22	0	15.33	0.1941
54	青年研究	7	23	15	15.00	0.1899
55	理论导刊	14	16	14	14.67	0.1857
55	前线	17	18	9	14.67	0.1857
55	上海党史与党建	14	13	17	14.67	0.1857
55	中共宁波市委党校学报	16	15	13	14.67	0.1857
59	长白学刊	17	16	10	14.33	0.1814
59	东南亚纵横	11	23	9	14.33	0.1814

续表

排序	期刊名称	2004年（篇）	2005年（篇）	2006年（篇）	三年平均（篇）	归一化值
61	妇女研究论丛	16	11	15	14.00	0.1772
61	人大研究	13	13	16	14.00	0.1772
61	中共天津市委党校学报	10	16	16	14.00	0.1772
61	中国监察	16	11	15	14.00	0.1772
65	德国研究	10	16	15	13.67	0.1730
65	俄罗斯中亚东欧市场	19	12	10	13.67	0.1730
65	岭南学刊	16	11	14	13.67	0.1730
68	党建	8	12	19	13.00	0.1646
68	俄罗斯研究	8	15	16	13.00	0.1646
68	甘肃理论学刊	14	15	10	13.00	0.1646
68	拉丁美洲研究	15	14	10	13.00	0.1646
68	中共济南市委党校学报	17	12	10	13.00	0.1646
73	党政论坛	14	13	11	12.67	0.1604
73	政治学研究	13	14	11	12.67	0.1604
75	湖湘论坛	18	13	6	12.33	0.1561
76	日本学刊	8	11	17	12.00	0.1519
76	中国青年研究	0	6	30	12.00	0.1519
78	当代世界社会主义问题	13	14	8	11.67	0.1477
78	中央社会主义学院学报	17	9	9	11.67	0.1477
80	党政干部学刊	11	17	6	11.33	0.1434
80	广东行政学院学报	14	8	12	11.33	0.1434
80	台湾研究集刊	12	7	15	11.33	0.1434
80	中共成都市委党校学报	3	6	25	11.33	0.1434
80	亚非纵横	11	12	11	11.33	0.1434
85	当代青年研究	7	8	18	11.00	0.1392
85	党的文献	11	7	15	11.00	0.1392
85	美国研究	12	8	13	11.00	0.1392
88	党史研究与教学	13	9	9	10.33	0.1308
88	攀登	13	11	7	10.33	0.1308
90	天津行政学院学报	14	10	6	10.00	0.1266

续表

排序	期刊名称	2004年（篇）	2005年（篇）	2006年（篇）	三年平均（篇）	归一化值
91	湖南行政学院学报	13	8	7	9.33	0.1181
92	湖北行政学院学报	13	13	1	9.00	0.1139
92	胜利油田党校学报	7	13	7	9.00	0.1139
92	中共石家庄市委党校学报	4	10	13	9.00	0.1139
95	和平与发展	13	5	8	8.67	0.1097
96	国际关系学院学报	8	9	8	8.33	0.1054
96	四川行政学院学报	7	12	6	8.33	0.1054
96	台湾研究	14	7	4	8.33	0.1054
96	行政与法	7	12	6	8.33	0.1054
96	中国工运	0	13	12	8.33	0.1054
101	日本研究	6	6	12	8.00	0.1013
101	探求	7	5	12	8.00	0.1013
103	学习与研究	0	7	16	7.67	0.0971
104	桂海论丛	9	6	7	7.33	0.0928
104	南洋问题研究	4	7	11	7.33	0.0928
104	中共四川省委党校学报	10	8	4	7.33	0.0928
107	工会论坛：山东省工会管理干部学院学报	8	8	5	7.00	0.0886
107	南亚研究	8	7	6	7.00	0.0886
107	行政论坛	8	6	7	7.00	0.0886
107	学习月刊	5	8	8	7.00	0.0886
107	中共杭州市委党校学报	6	8	7	7.00	0.0886
112	青少年研究	3	1	16	6.67	0.0844
112	新东方	5	11	4	6.67	0.0844
114	青年探索	2	1	16	6.33	0.0801
115	北京青年政治学院学报	6	3	9	6.00	0.0759
115	江西行政学院学报	9	3	6	6.00	0.0759
115	理论探索	5	6	7	6.00	0.0759
115	西安政治学院学报	9	6	3	6.00	0.0759
115	中共山西省委党校学报	10	4	4	6.00	0.0759

续表

排序	期刊名称	2004年（篇）	2005年（篇）	2006年（篇）	三年平均（篇）	归一化值
120	南亚研究季刊	5	7	5	5.67	0.0718
120	政策	8	5	4	5.67	0.0718
122	阿拉伯世界研究	9	0	7	5.33	0.0675
122	日本学论坛	2	6	8	5.33	0.0675
122	思想政治工作研究	5	6	5	5.33	0.0675
122	中国劳动关系学院学报	0	0	16	5.33	0.0675
126	理论建设	6	6	3	5.00	0.0633
126	新长征	7	6	2	5.00	0.0633
128	长江论坛	4	6	4	4.67	0.0591
128	宁夏党校学报	7	5	2	4.67	0.0591
128	实事求是	5	6	3	4.67	0.0591
128	学习导报	4	5	5	4.67	0.0591
132	北京党史	8	3	2	4.33	0.0548
132	哈尔滨市委党校学报	6	6	1	4.33	0.0548
132	工会理论研究：上海工会管理干部学院学报	3	10	0	4.33	0.0548
132	现代台湾研究	8	4	1	4.33	0.0548
132	福建行政学院福建经济管理干部学院学报	8	5	0	4.33	0.0548
137	江南论坛	0	6	6	4.00	0.0506
137	理论观察	2	5	5	4.00	0.0506
139	群言	3	6	2	3.67	0.0465
139	百年潮	5	4	2	3.67	0.0465
141	党的建设	0	4	6	3.33	0.0422
141	领导之友	5	4	1	3.33	0.0422
141	群众	5	2	3	3.33	0.0422
141	重庆社会主义学院学报	1	3	6	3.33	0.0422
145	党史博采	4	5	0	3.00	0.0380
145	东南亚研究	0	0	9	3.00	0.0380
145	国际展望	5	1	3	3.00	0.0380
145	理论与当代	3	3	3	3.00	0.0380

续表

排序	期刊名称	2004年（篇）	2005年（篇）	2006年（篇）	三年平均（篇）	归一化值
145	延边党校学报	2	4	3	3.00	0.0380
145	政工学刊	2	5	2	3.00	0.0380
145	中共青岛市委党校青岛行政学院学报	4	1	4	3.00	0.0380
152	福建理论学习	0	5	3	2.67	0.0338
152	广东青年干部学院学报	2	1	5	2.67	0.0338
152	广州社会主义学院学报	1	4	3	2.67	0.0338
152	理论研究	4	2	2	2.67	0.0338
156	党史博览	2	5	0	2.33	0.0295
156	广西青年干部学院学报	0	1	6	2.33	0.0295
156	河北青年管理干部学院学报	0	1	6	2.33	0.0295
156	山东省青年管理干部学院学报	4	0	3	2.33	0.0295
156	西伯利亚研究	0	1	6	2.33	0.0295
156	湘潮	5	1	1	2.33	0.0295
156	中国政协	1	5	1	2.33	0.0295
163	党史纵览	2	3	1	2.00	0.0253
163	东南亚	1	3	2	2.00	0.0253
163	福州党校学报	0	4	2	2.00	0.0253
163	河北省社会主义学院学报	1	2	3	2.00	0.0253
163	前进	2	3	1	2.00	0.0253
163	人权	2	2	2	2.00	0.0253
163	陕西省行政学院陕西省经济管理干部学院学报	2	0	4	2.00	0.0253
170	北京观察	1	0	4	1.67	0.0211
170	长春市委党校学报	0	4	1	1.67	0.0211
170	长沙民政职业技术学院学报	4	1	0	1.67	0.0211
170	党史文汇	1	3	1	1.67	0.0211
170	党史文苑	1	1	3	1.67	0.0211
170	党史纵横	3	1	1	1.67	0.0211

续表

排序	期刊名称	2004年（篇）	2005年（篇）	2006年（篇）	三年平均（篇）	归一化值
170	福建省社会主义学院学报	0	2	3	1.67	0.0211
170	甘肃行政学院学报	1	3	1	1.67	0.0211
170	理论导报	4	0	1	1.67	0.0211
170	民主与科学	1	1	3	1.67	0.0211
170	山西青年管理干部学院学报	0	0	5	1.67	0.0211
170	天津市工会管理干部学院学报	3	0	2	1.67	0.0211
170	中共贵州省委党校学报	1	4	0	1.67	0.0211
170	中共四川省委省级机关党校学报	3	1	1	1.67	0.0211
170	中国人大	1	4	0	1.67	0.0211
170	山东行政学院山东省经济管理干部学院学报	1	0	4	1.67	0.0211
186	大连干部学刊	0	1	3	1.33	0.0168
186	党史天地	2	1	1	1.33	0.0168
186	法国研究	0	2	2	1.33	0.0168
186	广东省社会主义学院学报	1	1	2	1.33	0.0168
186	湖北省社会主义学院学报	0	4	0	1.33	0.0168
186	民主	1	1	2	1.33	0.0168
186	日本问题研究	1	0	3	1.33	0.0168
186	天水行政学院学报	1	2	1	1.33	0.0168
186	中共桂林市委党校学报	2	1	1	1.33	0.0168
186	中共太原市委党校学报	1	2	1	1.33	0.0168
196	北京市工会干部学院学报	0	0	3	1.00	0.0127
196	国际公关	0	3	0	1.00	0.0127
196	理论学习与探索	0	1	2	1.00	0.0127
199	八桂侨刊	0	0	2	0.67	0.0085
199	成都行政学院学报	2	0	0	0.67	0.0085
199	工运研究	0	0	2	0.67	0.0085
199	求知	0	0	2	0.67	0.0085
199	陕西青年管理干部学院学报	1	0	1	0.67	0.0085

续表

排序	期刊名称	2004年（篇）	2005年（篇）	2006年（篇）	三年平均（篇）	归一化值
199	上海青年管理干部学院学报	0	0	2	0.67	0.0085
199	太平洋学报	1	0	1	0.67	0.0085
199	浙江青年专修学院学报	0	0	2	0.67	0.0085
199	政工导刊	0	1	1	0.67	0.0085
199	中国民政	0	0	2	0.67	0.0085
199	重庆行政	2	0	0	0.67	0.0085
210	共鸣	0	0	1	0.33	0.0042
210	广西党史	0	1	0	0.33	0.0042
210	广西社会主义学院学报	0	0	1	0.33	0.0042
210	黑龙江省社会主义学院学报	0	1	0	0.33	0.0042
210	江苏省社会主义学院学报	0	0	1	0.33	0.0042
210	辽宁行政学院学报	0	1	0	0.33	0.0042
210	青年与社会	1	0	0	0.33	0.0042
210	统一论坛	1	0	0	0.33	0.0042
210	团结	0	0	1	0.33	0.0042
210	中国妇运	0	1	0	0.33	0.0042
210	中华女子学院山东分院学报	1	0	0	0.33	0.0042

从表14-21可以看出，无论是从被转载期刊的数量上，还是被转载量上，《复印报刊资料》都高于前两种二次文献。政治学期刊共有220种期刊被《复印报刊资料》转载，被转载量达到6935篇。被转载量最多的《教学与研究》，三年平均值达到79篇。

三年间，大部分政治学期刊的被转载次数起伏不定。部分期刊增长比较明显，三年增长达到20篇以上的期刊有《马克思主义研究》、《中国青年研究》、《中共成都市委党校学报》、《国际政治研究》、《人民论坛》。个别期刊下降比较厉害，三年下降达到20篇以上的期刊有《求是》、《中共党史研究》、《唯实》，需要引起警惕。

整体上来看，由于《复印报刊资料》收录的论文数量较多，且政治学期刊数量较多，所以被转载的数量较多。但是，对于排名靠后和被转载量明显下降的政治学期刊来说，还是要引起重视，论文的质量就是期刊的生命，只有多刊登优秀的论文，才能提高期刊的知名度和被转载量。

14.6.4 二次文献转载综合分析

期刊论文被二次文献转载与否，转载数量的多少，是检验期刊学术水平的重要指标之一。我们将引入二次文献转载综合值这个指标对其进行讨论。按照期刊论文被这三种二次文献转载的难易程度进行权重分配，它们所占比例分别为：《新华文摘》45%、《中国社会科学文摘》35%、《复印报刊资料》20%。表14-22给出了2004—2006年政治学期刊二次文献转载各指标的归一化值和综合值。综合值计算方法为：按照权重分配，将每一种期刊被《新华文摘》转载次数的归一化值乘以0.45，被《中国社会科学文摘》转载次数的归一化值乘以0.35，被《复印报刊资料》转载次数的归一化值乘以0.2，然后将这三个结果相加得到各期刊的二次文献转载综合值。表14-22按二次文献转载综合值从大到小排序。

表14-22　　　　2004—2006年政治学期刊二次文献转载综合值

排序	期刊名称	新华文摘归一化值	中国社会科学文摘归一化值	复印报刊资料归一化值	综合值
1	教学与研究	0.6431	0.6166	1	0.7052
2	求是	1	0	0.6624	0.5825
3	世界经济与政治	0.2497	1	0.5696	0.5763
4	江苏行政学院学报	0.2862	0.8476	0.4810	0.5217
5	马克思主义与现实	0.4641	0.5381	0.4389	0.4850
6	马克思主义研究	0.3569	0.3072	0.4810	0.3643
7	中共浙江省委党校学报	0.2144	0.5381	0.2700	0.3388
8	当代中国史研究	0.3934	0.3072	0.2237	0.3293
9	中共党史研究	0.2497	0.4619	0.1941	0.3129
10	当代世界与社会主义	0.3215	0.1547	0.5358	0.3060
11	国家行政学院学报	0.5005	0	0.3629	0.2978
12	理论探讨	0.2497	0.3072	0.3839	0.2967
13	理论前沿	0.4287	0.0762	0.3080	0.2812
14	欧洲研究	0.2144	0.3857	0.2405	0.2796
15	中共中央党校学报	0.2497	0.2309	0.2785	0.2489
16	外交评论：外交学院学报	0.2497	0.1547	0.2700	0.2205
17	政治学研究	0.3934	0	0.1604	0.2091
18	毛泽东邓小平理论研究	0.1790	0.0762	0.4895	0.2051

第 14 章 政治学

续表

排序	期刊名称	新华文摘归一化值	中国社会科学文摘归一化值	复印报刊资料归一化值	综合值
19	国外理论动态	0.0354	0.3072	0.3376	0.1910
20	现代国际关系	0	0.2309	0.5485	0.1905
21	中国党政干部论坛	0.1790	0.0762	0.3924	0.1857
22	理论学刊	0.1426	0.0762	0.4262	0.1761
23	人民论坛	0.2497	0	0.3123	0.1748
24	中共成都市委党校学报	0.1426	0.2309	0.1434	0.1737
25	党的文献	0.2497	0.0762	0.1392	0.1669
26	东北亚论坛	0	0.3072	0.2278	0.1531
27	上海行政学院学报	0.2497	0	0.1984	0.1520
28	中共宁波市委党校学报	0	0.3072	0.1857	0.1447
29	科学社会主义	0.1426	0	0.3882	0.1418
30	百年潮	0.2862	0	0.0465	0.1381
31	探索	0.0354	0.0762	0.4642	0.1354
32	俄罗斯中亚东欧研究	0	0.2309	0.2700	0.1348
33	高校理论战线	0.1426	0	0.3333	0.1308
34	中国青年政治学院学报	0.1790	0	0.2363	0.1278
35	学习论坛	0.1072	0.0762	0.2447	0.1239
36	妇女研究论丛	0.0718	0.1547	0.1772	0.1219
37	国际问题研究	0.0718	0.0762	0.2996	0.1189
38	北京行政学院学报	0.1072	0	0.3376	0.1158
39	美国研究	0	0.2309	0.1392	0.1087
40	国际论坛	0	0.1547	0.2532	0.1048
41	国际政治研究	0.0354	0.0762	0.3038	0.1034
42	群言	0.1426	0.0762	0.0465	0.1001
43	西亚非洲	0.0718	0.0762	0.2025	0.0995
44	岭南学刊	0.1426	0	0.1730	0.0988
45	拉丁美洲研究	0.1426	0	0.1646	0.0971
46	新视野	0.0718	0	0.3206	0.0964
47	求实	0.0354	0	0.3966	0.0953
48	云南行政学院学报	0.1072	0	0.2194	0.0921

续表

排序	期刊名称	新华文摘归一化值	中国社会科学文摘归一化值	复印报刊资料归一化值	综合值
49	当代亚太	0.0354	0	0.3459	0.0851
50	南京政治学院学报	0.0354	0.0762	0.2025	0.0831
51	中共福建省委党校学报	0.0354	0	0.2953	0.0750
52	日本学刊	0.0354	0.0762	0.1519	0.0730
53	理论与改革	0	0	0.3629	0.0726
54	社会主义研究	0.0354	0	0.2827	0.0725
55	前线	0.0718	0	0.1857	0.0695
56	当代世界	0	0	0.3459	0.0692
57	长白学刊	0.0718	0	0.1814	0.0686
58	中国特色社会主义研究	0.0354	0	0.2573	0.0674
59	甘肃理论学刊	0.0718	0	0.1646	0.0652
60	唯实	0.0354	0	0.2363	0.0632
61	中共云南省委党校学报	0.0354	0	0.2194	0.0598
62	党史博采	0.1072	0	0.0380	0.0558
63	党政干部论坛	0.0354	0	0.1941	0.0548
64	理论导刊	0.0354	0	0.1857	0.0531
65	人大研究	0.0354	0	0.1772	0.0514
66	党建研究	0	0	0.2490	0.0498
67	少年儿童研究	0	0	0.2405	0.0481
67	学校党建与思想教育	0	0	0.2405	0.0481
69	理论探索	0.0718	0	0.0759	0.0475
70	湖湘论坛	0.0354	0	0.1561	0.0472
71	中国青年研究	0.0354	0	0.1519	0.0463
72	南洋问题研究	0	0.0762	0.0928	0.0452
73	国际观察	0	0	0.2237	0.0447
74	党政干部学刊	0.0354	0	0.1434	0.0446
75	南亚研究	0	0.0762	0.0886	0.0444
75	中共杭州市委党校学报	0	0.0762	0.0886	0.0444
77	中华女子学院学报	0	0	0.2194	0.0439
78	天津行政学院学报	0.0354	0	0.1266	0.0413

续表

排序	期刊名称	新华文摘归一化值	中国社会科学文摘归一化值	复印报刊资料归一化值	综合值
79	湖北行政学院学报	0.0354	0	0.1139	0.0387
80	青年研究	0	0	0.1899	0.0380
81	上海党史与党建	0	0	0.1857	0.0371
82	行政与法	0.0354	0	0.1054	0.0370
83	东南亚纵横	0	0	0.1814	0.0363
84	日本研究	0.0354	0	0.1013	0.0362
85	中共天津市委党校学报	0	0	0.1772	0.0354
85	中国监察	0	0	0.1772	0.0354
87	德国研究	0	0	0.1730	0.0346
87	俄罗斯中亚东欧市场	0	0	0.1730	0.0346
89	行政论坛	0.0354	0	0.0886	0.0337
90	党建	0	0	0.1646	0.0329
90	俄罗斯研究	0	0	0.1646	0.0329
90	中共济南市委党校学报	0	0	0.1646	0.0329
93	党政论坛	0	0	0.1604	0.0321
94	当代世界社会主义问题	0	0	0.1477	0.0295
94	中央社会主义学院学报	0	0	0.1477	0.0295
96	日本学论坛	0.0354	0	0.0675	0.0294
96	思想政治工作研究	0.0354	0	0.0675	0.0294
98	理论学习与探索	0	0.0762	0.0127	0.0292
99	广东行政学院学报	0	0	0.1434	0.0287
99	台湾研究集刊	0	0	0.1434	0.0287
99	亚非纵横	0	0	0.1434	0.0287
102	新长征	0.0354	0	0.0633	0.0286
103	当代青年研究	0	0	0.1392	0.0278
103	宁夏党校学报	0.0354	0	0.0591	0.0278
105	当代韩国	0	0.0762	0	0.0267
106	党史研究与教学	0	0	0.1308	0.0262
106	攀登	0	0	0.1308	0.0262
108	重庆社会主义学院学报	0.0354	0	0.0422	0.0244

续表

排序	期刊名称	新华文摘归一化值	中国社会科学文摘归一化值	复印报刊资料归一化值	综合值
109	湖南行政学院学报	0	0	0.1181	0.0236
110	胜利油田党校学报	0	0	0.1139	0.0228
110	中共石家庄市委党校学报	0	0	0.1139	0.0228
112	和平与发展	0	0	0.1097	0.0219
113	国际关系学院学报	0	0	0.1054	0.0211
113	四川行政学院学报	0	0	0.1054	0.0211
113	台湾研究	0	0	0.1054	0.0211
113	中国工运	0	0	0.1054	0.0211
117	探求	0	0	0.1013	0.0203
118	北京观察	0.0354	0	0.0211	0.0202
118	甘肃行政学院学报	0.0354	0	0.0211	0.0202
120	学习与研究	0	0	0.0971	0.0194
121	桂海论丛	0	0	0.0928	0.0186
121	中共四川省委党校学报	0	0	0.0928	0.0186
123	工会论坛：山东省工会管理干部学院学报	0	0	0.0886	0.0177
123	学习月刊	0	0	0.0886	0.0177
125	青少年研究	0	0	0.0844	0.0169
125	新东方	0	0	0.0844	0.0169
127	共鸣	0.0354	0	0.0042	0.0168
128	青年探索	0	0	0.0801	0.0160
129	共产党人	0.0354	0	0	0.0159
130	北京青年政治学院学报	0	0	0.0759	0.0152
130	江西行政学院学报	0	0	0.0759	0.0152
130	西安政治学院学报	0	0	0.0759	0.0152
130	中共山西省委党校学报	0	0	0.0759	0.0152
134	南亚研究季刊	0	0	0.0718	0.0144
134	政策	0	0	0.0718	0.0144
136	阿拉伯世界研究	0	0	0.0675	0.0135
136	中国劳动关系学院学报	0	0	0.0675	0.0135

续表

排序	期刊名称	新华文摘归一化值	中国社会科学文摘归一化值	复印报刊资料归一化值	综合值
138	理论建设	0	0	0.0633	0.0127
139	长江论坛	0	0	0.0591	0.0118
139	实事求是	0	0	0.0591	0.0118
139	学习导报	0	0	0.0591	0.0118
142	北京党史	0	0	0.0548	0.0110
142	福建行政学院福建经济管理干部学院学报	0	0	0.0548	0.0110
142	工会理论研究：上海工会管理干部学院学报	0	0	0.0548	0.0110
142	哈尔滨市委党校学报	0	0	0.0548	0.0110
142	现代台湾研究	0	0	0.0548	0.0110
147	江南论坛	0	0	0.0506	0.0101
147	理论观察	0	0	0.0506	0.0101
149	党的建设	0	0	0.0422	0.0084
149	领导之友	0	0	0.0422	0.0084
149	群众	0	0	0.0422	0.0084
152	东南亚研究	0	0	0.0380	0.0076
152	国际展望	0	0	0.0380	0.0076
152	理论与当代	0	0	0.0380	0.0076
152	延边党校学报	0	0	0.0380	0.0076
152	政工学刊	0	0	0.0380	0.0076
152	中共青岛市委党校青岛行政学院学报	0	0	0.0380	0.0076
158	福建理论学习	0	0	0.0338	0.0068
158	广东青年干部学院学报	0	0	0.0338	0.0068
158	广州社会主义学院学报	0	0	0.0338	0.0068
158	理论研究	0	0	0.0338	0.0068
162	党史博览	0	0	0.0295	0.0059
162	广西青年干部学院学报	0	0	0.0295	0.0059
162	河北青年管理干部学院学报	0	0	0.0295	0.0059
162	山东省青年管理干部学院学报	0	0	0.0295	0.0059

续表

排序	期刊名称	新华文摘归一化值	中国社会科学文摘归一化值	复印报刊资料归一化值	综合值
162	西伯利亚研究	0	0	0.0295	0.0059
162	湘潮	0	0	0.0295	0.0059
162	中国政协	0	0	0.0295	0.0059
169	党史纵览	0	0	0.0253	0.0051
169	东南亚	0	0	0.0253	0.0051
169	福州党校学报	0	0	0.0253	0.0051
169	河北省社会主义学院学报	0	0	0.0253	0.0051
169	前进	0	0	0.0253	0.0051
169	人权	0	0	0.0253	0.0051
169	陕西省行政学院陕西省经济管理干部学院学报	0	0	0.0253	0.0051
176	长春市委党校学报	0	0	0.0211	0.0042
176	长沙民政职业技术学院学报	0	0	0.0211	0.0042
176	党史文汇	0	0	0.0211	0.0042
176	党史文苑	0	0	0.0211	0.0042
176	党史纵横	0	0	0.0211	0.0042
176	福建省社会主义学院学报	0	0	0.0211	0.0042
176	理论导报	0	0	0.0211	0.0042
176	民主与科学	0	0	0.0211	0.0042
176	山东行政学院山东省经济管理干部学院学报	0	0	0.0211	0.0042
176	山西青年管理干部学院学报	0	0	0.0211	0.0042
176	天津市工会管理干部学院学报	0	0	0.0211	0.0042
176	中共贵州省委党校学报	0	0	0.0211	0.0042
176	中共四川省委省级机关党校学报	0	0	0.0211	0.0042
176	中国人大	0	0	0.0211	0.0042
190	大连干部学刊	0	0	0.0168	0.0034
190	党史天地	0	0	0.0168	0.0034
190	法国研究	0	0	0.0168	0.0034

续表

排序	期刊名称	新华文摘归一化值	中国社会科学文摘归一化值	复印报刊资料归一化值	综合值
190	广东省社会主义学院学报	0	0	0.0168	0.0034
190	湖北省社会主义学院学报	0	0	0.0168	0.0034
190	民主	0	0	0.0168	0.0034
190	日本问题研究	0	0	0.0168	0.0034
190	天水行政学院学报	0	0	0.0168	0.0034
190	中共桂林市委党校学报	0	0	0.0168	0.0034
190	中共太原市委党校学报	0	0	0.0168	0.0034
200	北京市工会干部学院学报	0	0	0.0127	0.0025
200	国际公关	0	0	0.0127	0.0025
202	八桂侨刊	0	0	0.0085	0.0017
202	成都行政学院学报	0	0	0.0085	0.0017
202	工运研究	0	0	0.0085	0.0017
202	求知	0	0	0.0085	0.0017
202	陕西青年管理干部学院学报	0	0	0.0085	0.0017
202	上海青年管理干部学院学报	0	0	0.0085	0.0017
202	太平洋学报	0	0	0.0085	0.0017
202	浙江青年专修学院学报	0	0	0.0085	0.0017
202	政工导刊	0	0	0.0085	0.0017
202	中国民政	0	0	0.0085	0.0017
202	重庆行政	0	0	0.0085	0.0017
213	广西党史	0	0	0.0042	0.0008
213	广西社会主义学院学报	0	0	0.0042	0.0008
213	黑龙江省社会主义学院学报	0	0	0.0042	0.0008
213	江苏省社会主义学院学报	0	0	0.0042	0.0008
213	辽宁行政学院学报	0	0	0.0042	0.0008
213	青年与社会	0	0	0.0042	0.0008
213	统一论坛	0	0	0.0042	0.0008
213	团结	0	0	0.0042	0.0008
213	中国妇运	0	0	0.0042	0.0008
213	中华女子学院山东分院学报	0	0	0.0042	0.0008

从表 14-22 可以看到，从二次文献转载综合值上来看，《教学与研究》以 0.7047 的优势占据排名的首位，其三项指标的排名均名列前茅。《求是》虽然在《中国社会科学文摘》上有所欠缺，但是在《新华文摘》和《复印报刊资料》的表现比较突出，名列第 2 位。在被引指标中排名第 1 位的《世界经济与政治》在本综合值中排名第 3 位，其在《中国社会科学文摘》和《复印报刊资料》的转载量上比较突出。

从二次文献转载的综合值来看，能同时被三种二次文献转载较多的期刊可以算得上是在本指标综合值中表现出色的期刊。还有一些政治学期刊，可能在某一项指标上略有欠缺，这与三种二次文献的转载标准存在差异性有一定的关系。

14.7 政治学期刊 Web 即年下载率分析

相对于传统的纸质文献，现在的学者更愿意使用方便快捷的网络版数据库来获取所需的文献信息。对网络数据库中期刊论文下载率的考察，可以反映学者们对数据库中期刊的关注和阅读频率。因此，我们引入 Web 即年下载率（详细参见第 1 章）这个指标，作为期刊评价指标的有效补充。

目前，我国影响力和综合利用率都很高的网络全文数据库主要有三家，分别是《中国期刊全文数据库》（CNKI）、《维普中文科技期刊全文数据库》（VIP）和《万方数据资源系统》（WD）。从收录的期刊论文总数和收录起始年份来看，以 CNKI 为最多、最早，收录的起始年份为 1915 年，至今收录量达 2600 万篇以上[1]，其中对许多刊物的收录能够回溯至创刊年。本节就选取 CNKI 的期刊全文数据库为样本，对政治学期刊的 Web 即年下载率进行讨论。表 14-23 给出了 2004—2006 年政治学期刊 Web 即年下载数据和三年平均值，这一指标各期刊的归一化值是以其三年平均值为分子、以最大的三年平均值（《世界经济与政治》的 80.60）为分母得到的。表 14-23 列出了排名前 120 名的期刊，并按三年平均值从大到小排序。

表 14-23 　　　　　　2004—2006 年政治学期刊 Web 即年下载率

排序	期刊名称	2004 年	2005 年	2006 年	三年平均	归一化值
1	世界经济与政治	64.2	58.2	119.4	80.60	1
2	国际问题研究	56.9	40.8	124.2	73.97	0.9177
3	中国特色社会主义研究	34.8	61.7	103.6	66.70	0.8275
4	中共中央党校学报	40.4	48.9	102.2	63.83	0.7919

---

[1] 根据中国知网的数据显示，截至 2008 年 5 月 5 日，中国期刊全文数据库共收录 26895832 篇论文。

续表

排序	期刊名称	2004年	2005年	2006年	三年平均	归一化值
5	国家行政学院学报	56.7	56.3	72.0	61.67	0.7651
6	美国研究	31.8	54.5	92.2	59.50	0.7382
7	国际政治研究	34.0	35.4	107.8	59.07	0.7329
8	教学与研究	50.8	38.9	84.1	57.93	0.7187
9	马克思主义与现实	34.8	59.3	79.4	57.83	0.7175
10	现代国际关系	31.0	34.3	101.3	55.53	0.6890
11	中国党政干部论坛	38.7	60.9	59.0	52.87	0.6560
12	理论探讨	34.2	38.9	83.3	52.13	0.6468
13	太平洋学报	35.5	32.9	87.6	52.00	0.6452
14	理论探索	45.1	35.0	74.5	51.53	0.6393
15	高校理论战线	47.8	32.7	73.7	51.40	0.6377
16	外交评论：外交学院学报	35.5	42.2	75.8	51.17	0.6349
17	马克思主义研究	27.2	42.1	81.8	50.37	0.6249
18	中国青年研究	33.5	52.7	62.3	49.50	0.6141
19	云南行政学院学报	34.0	36.9	75.6	48.83	0.6058
20	中共浙江省委党校学报	35.2	50.3	60.9	48.80	0.6055
21	理论导刊	35.2	39.5	71.3	48.67	0.6038
22	行政论坛	33.6	39.3	73.0	48.63	0.6033
23	青年研究	26.0	28.1	87.6	47.23	0.5860
24	北京行政学院学报	37.1	34.9	69.6	47.20	0.5856
25	行政与法	36.7	37.1	67.2	47.00	0.5831
26	当代世界与社会主义	32.6	44.3	62.4	46.43	0.5761
27	国际观察	30.4	38.0	70.5	46.30	0.5744
28	学校党建与思想教育	36.1	51.5	51.0	46.20	0.5732
29	理论与改革	33.7	37.2	67.4	46.10	0.5720
30	求实	43.9	33.6	60.2	45.90	0.5695
31	江西行政学院学报	61.1	33.8	40.7	45.20	0.5608
32	科学社会主义	33.1	37.2	65.0	45.10	0.5596
33	日本学刊	27.0	41.3	66.9	45.07	0.5592
34	社会主义研究	23.4	31.2	79.2	44.60	0.5533
35	毛泽东邓小平理论研究	27.4	29.0	77.3	44.57	0.5530

续表

排序	期刊名称	2004年	2005年	2006年	三年平均	归一化值
36	中共杭州市委党校学报	22.4	57.5	51.2	43.70	0.5422
36	当代亚太	34.6	35.4	61.1	43.70	0.5422
38	上海行政学院学报	33.5	32.5	62.3	42.77	0.5306
39	探索	25.8	27.0	75.3	42.70	0.5298
40	东北亚论坛	40.5	27.2	58.0	41.90	0.5199
41	理论学刊	32.0	35.1	58.2	41.77	0.5182
42	四川行政学院学报	26.6	37.5	58.7	40.93	0.5078
43	新视野	35.4	24.8	61.6	40.60	0.5037
44	中国青年政治学院学报	25.4	33.0	62.7	40.37	0.5009
45	福建行政学院福建经济管理干部学院学报	44.7	26.9	47.9	39.83	0.4942
45	湖北行政学院学报	23.5	30.0	66.0	39.83	0.4942
47	东南亚纵横	41.9	40.2	37.1	39.73	0.4929
48	求是	38.5	33.8	45.5	39.27	0.4872
49	妇女研究论丛	39.0	25.6	52.4	39.00	0.4839
50	国际论坛	39.9	22.0	54.9	38.93	0.4830
51	国际关系学院学报	31.8	32.7	51.0	38.50	0.4777
52	日本研究	50.7	26.1	38.4	38.40	0.4764
53	学习论坛	30.1	28.2	56.6	38.30	0.4752
54	理论前沿	34.7	34.8	44.4	37.97	0.4711
55	中共福建省委党校学报	23.0	25.4	64.7	37.70	0.4677
56	欧洲研究	21.0	29.0	62.0	37.33	0.4632
57	上海党史与党建	52.3	42.5	15.9	36.90	0.4578
58	湖湘论坛	45.1	24.2	39.5	36.27	0.4500
59	中共四川省委党校学报	19.7	27.9	61.1	36.23	0.4495
60	中共济南市委党校学报	21.6	32.9	52.5	35.67	0.4426
61	岭南学刊	29.9	21.6	53.0	34.83	0.4321
62	广西青年干部学院学报	23.3	33.8	46.6	34.57	0.4289
63	广东行政学院学报	27.1	30.9	45.5	34.50	0.4280
63	中共山西省委党校学报	24.8	31.4	47.3	34.50	0.4280
65	党政干部论坛	27.4	47.0	28.4	34.27	0.4252

续表

排序	期刊名称	2004年	2005年	2006年	三年平均	归一化值
66	山东省青年管理干部学院学报	22.4	27.5	51.6	33.83	0.4197
67	实事求是	23.1	28.0	50.0	33.70	0.4181
68	哈尔滨市委党校学报	35.7	27.4	37.1	33.40	0.4144
69	和平与发展	17.2	18.9	63.9	33.33	0.4135
70	俄罗斯中亚东欧研究	25.4	18.6	53.8	32.60	0.4045
71	甘肃理论学刊	27.1	25.4	45.1	32.53	0.4036
71	唯实	27.7	23.4	46.5	32.53	0.4036
73	当代青年研究	11.5	22.9	62.9	32.43	0.4024
74	中央社会主义学院学报	17.6	20.7	58.9	32.40	0.4020
75	山东行政学院山东省经济管理干部学院学报	27.5	30.6	38.8	32.30	0.4007
76	长白学刊	31.5	24.8	40.1	32.13	0.3986
77	当代世界社会主义问题	15.7	28.1	50.8	31.53	0.3912
78	中国劳动关系学院学报	—	15.6	47.0	31.30	0.3883
79	江苏行政学院学报	23.6	25.0	41.6	30.07	0.3731
80	成都行政学院学报	18.3	28.4	43.4	30.03	0.3726
81	前线	25.2	32.5	32.3	30.00	0.3722
82	国外理论动态	—	27.8	32.1	29.95	0.3716
83	探求	12.8	28.8	48.2	29.93	0.3713
84	桂海论丛	20.7	21.1	47.3	29.70	0.3685
85	当代中国史研究	14.3	23.6	50.8	29.57	0.3669
86	政治学研究	—	28.6	—	28.60	0.3548
87	辽宁行政学院学报	20.2	22.2	43.0	28.47	0.3532
88	中共云南省委党校学报	17.2	22.8	45.3	28.43	0.3527
89	长春市委党校学报	23.1	19.3	39.4	27.27	0.3383
90	长江论坛	18.9	22.4	40.2	27.17	0.3371
91	中华女子学院学报	9.6	25.7	45.6	26.97	0.3346
92	南亚研究季刊	19.4	11.6	49.6	26.87	0.3334
93	中共宁波市委党校学报	13.2	22.8	42.9	26.30	0.3263
94	南京政治学院学报	16.4	24.8	36.8	26.00	0.3226
95	党政论坛	25.4	26.1	25.7	25.73	0.3192

续表

排序	期刊名称	2004年	2005年	2006年	三年平均	归一化值
96	东南亚研究	17.5	23.1	35.3	25.30	0.3139
97	人大研究	22.0	32.7	20.9	25.20	0.3127
98	新东方	19.2	20.0	34.7	24.63	0.3056
99	学习月刊	14.2	33.1	26.3	24.53	0.3043
100	领导之友	26.1	18.3	28.5	24.30	0.3015
101	青年探索	6.4	26.4	39.9	24.23	0.3006
102	俄罗斯中亚东欧市场	—	26.7	21.7	24.20	0.3002
103	党政干部学刊	20.8	21.0	30.5	24.10	0.2990
104	江南论坛	20.6	30.6	21.0	24.07	0.2986
104	中共贵州省委党校学报	18.8	18.7	34.7	24.07	0.2986
106	前进	31.5	22.0	18.4	23.97	0.2974
107	拉丁美洲研究	25.0	18.0	26.6	23.20	0.2878
108	中共党史研究	0.7	11.2	56.7	22.87	0.2837
109	当代世界	19.0	13.7	33.8	22.17	0.2751
110	日本问题研究	4.2	21.6	39.3	21.70	0.2692
111	民主与科学	25.0	18.7	18.8	20.83	0.2584
112	台湾研究集刊	10.5	16.4	35.2	20.70	0.2568
113	党的文献	19.3	13.2	29.2	20.57	0.2552
114	西亚非洲	16.1	16.0	29.3	20.47	0.2540
114	理论观察	11.0	15.0	35.4	20.47	0.2540
116	攀登	16.9	16.4	28.0	20.43	0.2535
117	北京党史	28.0	16.0	17.1	20.37	0.2527
118	东南亚	25.7	13.7	21.6	20.33	0.2522
119	宁夏党校学报	9.0	18.3	32.9	20.07	0.2490
120	俄罗斯研究	10.0	14.4	32.6	19.00	0.2357

注：上表中"—"表示该刊该年的数据为空，不列入平均值的计算。

由表14-23我们看到，《世界经济与政治》以一贯的优势占据排名的首位，该刊不仅在被引次数、被引速率、影响因子和被引广度上独占鳌头，在Web即年下载率上再次名列前茅，说明该刊在学界具有举足轻重的地位，是学者们查找文献的重要期刊。但是一些研究主题相对狭小的期刊，如《拉丁美洲研究》、《西亚非洲》、《东南亚》、《俄罗斯研究》,由于相关研究人员较少,导致其排名较为靠后。

平均下载率在 50 以上的政治学期刊有 17 种,大部分期刊的下载率集中在 19—50 之间,政治学期刊表现出下载率分布比较均衡的特点。这不仅说明随着网络文献的迅速增长以及网络文献检索的便利性,广大学者越来越重视通过网络来获取政治学论文资料,而且也说明政治学期刊的关键词比较规范,论文主题也更贴近当前学者关注的问题,使得学者更容易搜集到相关文献。

从年度变化来看,政治学期刊的 Web 即年下载率基本呈现上升的趋势,其中上升幅度最为显著的期刊为《中共党史研究》,2006 年下载率是 2004 年的 80 倍。这说明各政治学期刊正不断努力提升自身的学术质量和学术影响。

14.8 政治学期刊评价指标综合分析

为了使读者清楚地了解政治学期刊的综合实力,我们可以利用期刊指标综合值来分析政治学期刊的学术规范、学术质量和学术影响力。本节根据本书第 1 章构建的评价体系,按照各指标项的学术影响程度分配了相应的权重,计算政治学期刊的综合值。表 14-24 给出了 2004—2006 年政治学排名靠前的 80 种期刊的七大指标归一化值和综合值。

表 14-24　　　　　　　　　政治学期刊综合值运算表

排序	期刊名称	学术规范 ×0.15	被引次数 ×0.1	被引速率 ×0.1	影响因子 ×0.3	被引广度 ×0.1	二次文献转载 ×0.1	Web 下载 ×0.15	综合值 Σ
1	世界经济与政治	0.6658	1	1	1	1	0.5763	1	0.9075
2	马克思主义与现实	0.5997	0.3460	0.3198	0.6454	0.6000	0.4850	0.7175	0.5663
3	美国研究	0.5902	0.2613	0.5653	0.7262	0.3933	0.1087	0.7382	0.5500
4	政治学研究	0.6341	0.3346	0.3314	0.8122	0.5265	0.2091	0.3548	0.5322
5	欧洲研究	0.5566	0.3825	0.6318	0.6667	0.4476	0.2796	0.4632	0.5271
6	现代国际关系	0.5526	0.4476	0.4241	0.5415	0.5510	0.1905	0.6890	0.5100
7	教学与研究	0.6553	0.3191	0.2974	0.1999	0.5647	0.7052	0.7187	0.4547
8	求是	0.5495	0.5727	0.2552	0.1515	0.9469	0.5825	0.4872	0.4367
9	国际问题研究	0.4897	0.1860	0.5813	0.3646	0.2694	0.1189	0.9177	0.4361
10	国家行政学院学报	0.5212	0.2360	0.3596	0.3475	0.4422	0.2978	0.7651	0.4308
11	青年研究	0.5827	0.3169	0.2340	0.3774	0.4300	0.0380	0.5860	0.3904
12	当代亚太	0.5462	0.2611	0.3897	0.3751	0.3837	0.0851	0.5422	0.3878

续表

排序	期刊名称	学术规范 ×0.15	被引次数 ×0.1	被引速率 ×0.1	影响因子 ×0.3	被引广度 ×0.1	二次文献转载 ×0.1	Web下载 ×0.15	综合值 Σ
13	国际论坛	0.6611	0.1504	0.2911	0.3881	0.2259	0.1048	0.4830	0.3653
14	当代世界与社会主义	0.6118	0.2082	0.1965	0.2521	0.3006	0.3060	0.5761	0.3549
15	中共中央党校学报	0.5264	0.1034	0.2519	0.1650	0.1822	0.2489	0.7919	0.3259
16	东北亚论坛	0.7026	0.1439	0.1966	0.2218	0.2204	0.1531	0.5199	0.3213
17	太平洋学报	0.5069	0.1280	0.1292	0.3263	0.1892	0.0017	0.6452	0.3155
18	马克思主义研究	0.5529	0.1164	0.2142	0.1504	0.2041	0.3643	0.6249	0.3117
19	国际政治研究	0.5453	0.0973	0.3077	0.1694	0.1496	0.1034	0.7329	0.3084
20	江苏行政学院学报	0.5258	0.0970	0.1693	0.2322	0.1796	0.5217	0.3731	0.3013
21	日本学刊	0.3630	0.1480	0.3007	0.2870	0.2435	0.0730	0.5592	0.3010
22	国际观察	0.4924	0.1252	0.3506	0.2328	0.1863	0.0447	0.5744	0.3005
23	中共党史研究	0.6088	0.2362	0.2155	0.1932	0.3047	0.3129	0.2837	0.2988
24	国外理论动态	0.5317	0.2320	0.2517	0.2066	0.3265	0.1910	0.3716	0.2976
25	当代中国史研究	0.5155	0.1841	0.3236	0.1886	0.2394	0.3293	0.3669	0.2966
26	妇女研究论丛	0.5426	0.1597	0.1099	0.2524	0.2612	0.1219	0.4839	0.2950
27	北京行政学院学报	0.5246	0.1292	0.1502	0.2120	0.2422	0.1158	0.5856	0.2939
28	理论探讨	0.5872	0.1379	0.1029	0.0873	0.2557	0.2967	0.6468	0.2906
29	毛泽东邓小平理论研究	0.5627	0.1404	0.2010	0.1472	0.2312	0.2051	0.5530	0.2893
30	中国党政干部论坛	0.4611	0.1919	0.1228	0.1183	0.3347	0.1857	0.6560	0.2866
31	上海行政学院学报	0.5911	0.0582	0.1436	0.2209	0.1047	0.1520	0.5306	0.2804
32	外交评论：外交学院学报	0.4396	0.1132	0.2491	0.1426	0.1769	0.2205	0.6349	0.2799
33	俄罗斯中亚东欧研究	0.3812	0.1975	0.2890	0.2399	0.2627	0.1348	0.4045	0.2782
34	中国特色社会主义研究	0.4644	0.0823	0.1385	0.1325	0.1537	0.0674	0.8275	0.2777
35	东南亚研究	0.6131	0.1508	0.1999	0.2359	0.2353	0.0076	0.3139	0.2692
36	新视野	0.4289	0.1733	0.1725	0.1646	0.3169	0.0964	0.5037	0.2652
37	理论前沿	0.4837	0.2196	0.1009	0.0755	0.3782	0.2812	0.4711	0.2639

续表

排序	期刊名称	学术规范 ×0.15	被引次数 ×0.1	被引速率 ×0.1	影响因子 ×0.3	被引广度 ×0.1	二次文献转载 ×0.1	Web下载 ×0.15	综合值 Σ
38	云南行政学院学报	0.5556	0.1007	0.0686	0.1387	0.1714	0.0921	0.6058	0.2591
39	理论与改革	0.5542	0.1575	0.1005	0.0886	0.2939	0.0726	0.5720	0.2580
40	探索	0.5838	0.1407	0.0556	0.1072	0.2490	0.1354	0.5298	0.2573
41	社会主义研究	0.5889	0.1474	0.1234	0.0821	0.2312	0.0725	0.5533	0.2534
42	中共浙江省委党校学报	0.5099	0.0629	0.0906	0.0788	0.1169	0.3388	0.6055	0.2519
43	求实	0.5167	0.1470	0.1101	0.0894	0.2627	0.0953	0.5695	0.2513
44	台湾研究集刊	0.6071	0.0905	0.1806	0.2491	0.1647	0.0287	0.2568	0.2508
45	理论学刊	0.5116	0.1480	0.0549	0.1017	0.2667	0.1761	0.5182	0.2496
46	高校理论战线	0.4740	0.1079	0.1274	0.0874	0.1945	0.1308	0.6377	0.2490
46	中国青年研究	0.5459	0.1353	0.0895	0.0890	0.2122	0.0463	0.6141	0.2490
48	南洋问题研究	0.5723	0.0997	0.2926	0.2264	0.1484	0.0452	0.2262	0.2463
49	科学社会主义	0.4892	0.0874	0.1247	0.1133	0.1484	0.1418	0.5596	0.2415
50	中国青年政治学院学报	0.5067	0.1048	0.0745	0.1207	0.1904	0.1278	0.5009	0.2371
51	行政与法	0.5844	0.1169	0.0391	0.0644	0.2218	0.0370	0.5831	0.2359
52	东南亚纵横	0.5080	0.1327	0.1259	0.1136	0.1851	0.0363	0.4929	0.2322
53	拉丁美洲研究	0.3449	0.1804	0.2843	0.2146	0.1280	0.0971	0.2878	0.2283
54	当代青年研究	0.5295	0.0908	0.0505	0.1871	0.1510	0.0278	0.4024	0.2279
55	理论导刊	0.5109	0.0932	0.0512	0.0614	0.1673	0.0531	0.6038	0.2221
56	理论探索	0.5117	0.0726	0.0664	0.0567	0.1333	0.0475	0.6393	0.2216
57	西亚非洲	0.5005	0.1483	0.1495	0.1648	0.1755	0.0995	0.2540	0.2199
58	当代世界社会主义问题	0.4844	0.0759	0.1270	0.1694	0.1198	0.0295	0.3912	0.2174
59	行政论坛	0.5296	0.0624	0.0320	0.0705	0.1184	0.0337	0.6033	0.2157
60	党的文献	0.3831	0.1844	0.1479	0.1435	0.2382	0.1669	0.2552	0.2125
61	中共杭州市委党校学报	0.4402	0.0568	0.0735	0.1138	0.1035	0.0444	0.5422	0.2093
62	日本研究	0.4152	0.0542	0.0840	0.1439	0.1006	0.0362	0.4764	0.2044
63	湖北行政学院学报	0.5123	0.0380	0.0608	0.1061	0.0667	0.0387	0.4942	0.2032

续表

排序	期刊名称	学术规范×0.15	被引次数×0.1	被引速率×0.1	影响因子×0.3	被引广度×0.1	二次文献转载×0.1	Web下载×0.15	综合值Σ
64	江西行政学院学报	0.5000	0.0359	0.0490	0.0867	0.0680	0.0152	0.5608	0.2019
65	中共福建省委党校学报	0.5041	0.0878	0.0435	0.0649	0.1551	0.0750	0.4677	0.2014
66	福建行政学院福建经济管理干部学院学报	0.4899	0.0402	0.0621	0.1088	0.0776	0.0110	0.4942	0.1993
67	岭南学刊	0.4791	0.0636	0.0802	0.0796	0.1184	0.0988	0.4321	0.1967
68	南亚研究季刊	0.5162	0.0559	0.0728	0.1480	0.0939	0.0144	0.3334	0.1955
69	长白学刊	0.5597	0.0741	0.0555	0.0534	0.1333	0.0686	0.3986	0.1929
70	学校党建与思想教育	0.4994	0.0438	0.0342	0.0337	0.0761	0.0481	0.5732	0.1912
71	学习论坛	0.5289	0.0451	0.0344	0.0397	0.0802	0.1239	0.4752	0.1909
72	党史研究与教学	0.5641	0.0857	0.1216	0.1406	0.1239	0.0262	0.1849	0.1903
73	国际关系学院学报	0.4393	0.0610	0.1116	0.0756	0.1020	0.0211	0.4777	0.1898
74	甘肃理论学刊	0.5519	0.0583	0.0594	0.0572	0.1061	0.0652	0.4036	0.1894
75	台湾研究	0.5009	0.0826	0.1786	0.1483	0.1469	0.0211	—	0.1893
76	唯实	0.4439	0.0965	0.0381	0.0837	0.1673	0.0632	0.4036	0.1887
77	广东行政学院学报	0.4885	0.0526	0.0513	0.0867	0.0965	0.0287	0.4280	0.1864
78	四川行政学院学报	0.4722	0.0405	0.0462	0.0674	0.0735	0.0211	0.5078	0.1854
79	中华女子学院学报	0.5570	0.0585	0.0757	0.0780	0.1035	0.0439	0.3346	0.1853
80	和平与发展	0.3274	0.0366	0.0960	0.1565	0.0545	0.0219	0.4135	0.1790

注：上表中"—"表示该刊的Web下载率没有数值，其权重将被分配入被引速率，即该刊的被引速率的权重为25%。

从表14-24给出的对政治学期刊的最终排名来看，《世界经济与政治》以综合值0.9075，高出第2名60.2%的优势，遥遥领先于其他政治学期刊；而排在最后的期刊以及一些因综合值更低尚未列入表中的期刊，与排名靠前的期刊相比，其综合学术水平仍存在比较大的差距。

通过加权综合计算，我们可以清楚地看到各政治学期刊的整体学术水平和学术影响：

（一）国际政治类期刊的领头羊《世界经济与政治》在四项被引指标和 Web 即年下载率几项指标中均位居榜首，在学术规范量化指标和文献转载中也表现不俗，最终名列综合值排名的第一，显示了其在学界举足轻重的地位和学术影响力。此类期刊在被引指标有较前的排名，显示了它们较强的学术质量和学术影响力。

（二）在马克思主义类期刊中名列第 1 的《马克思主义与现实》因在被引次数、影响因子、被引广度、文献转载中出色的表现，保证了其综合排名第 2。该类期刊在马克思主义一章中有详细的讨论，具体参见本书第 2 章。

（三）位居政治学综合类期刊第 1 名的《政治学研究》在占有比重最大的影响因子指标中有极为出色的表现，但 Web 即年下载率上的排名比较靠后，最终名列第 4。这类期刊常表现出对学科的长远影响，但对热点问题的反应还不够迅速。

（四）党建、党史、中国政治类期刊中的第 1 名《求是》凭借着在被引次数、被引广度和文献转载几项指标上的突出表现，最终名列第 8。此类期刊具有较大的影响力，但是在学术规范方面有所欠缺。

（五）在妇女、青年类期刊中排名第 1 的《青年研究》综合值排名显得有点落后，仅列第 11 位，与这类期刊数量不多，且与社会学联系紧密有一定关系。

（六）党政院校学报中《中共中央党校学报》名列第 1，综合值排名第 15 位。此类学报整体学术水平不占优势。

根据七项指标的综合值，我们可以最终划分出政治学期刊的学术等级，根据政治学期刊的综合值状况，我们把权威学术期刊取值区间设为 1—0.7，核心期刊取值区间为 0.7—0.24，核心期刊扩展区为 0.24—0.2，小于 0.2 和表中没有的政治学期刊定位为一般性学术期刊。依据这一原则得到政治学期刊的定量评价结果：

权威期刊：《世界经济与政治》；

核心期刊：《美国研究》、《政治学研究》、《欧洲研究》、《现代国际关系》、《求是》、《国际问题研究》、《国家行政学院学报》、《青年研究》、《当代亚太》、《国际论坛》、《中共中央党校学报》、《东北亚论坛》、《太平洋学报》、《国际政治研究》、《江苏行政学院学报》、《日本学刊》、《国际观察》、《中共党史研究》、《妇女研究论丛》、《北京行政学院学报》、《理论探讨》、《中国党政干部论坛》、《上海行政学院学报》、《外交评论：外交学院学报》、《俄罗斯中亚东欧研究》、《东南亚研究》、《新视野》、《云南行政学院学报》、《理论与改革》、《探索》、《中共浙江省委党校学报》、《求实》、《台湾研究集刊》、《理论学刊》、《中国青年研究》、《南洋问题研究》；

扩展核心期刊：《中国青年政治学院学报》、《行政与法》、《东南亚纵横》、《拉丁美洲研究》、《当代青年研究》、《理论导刊》、《理论探索》、《西亚非洲》、《行政论坛》、《党的文献》、《中共杭州市委党校学报》、《日本研究》、《湖北行政学院学报》、《江西行政学院学报》、《中共福建省委党校学报》；

其他期刊均为一般性学术期刊。

需要说明的是,《教学与研究》、《国外理论动态》、《毛泽东邓小平理论研究》、《理论前沿》、《高校理论战线》以及有关社会主义研究领域的期刊,我们归入了马克思主义类;《当代中国史研究》归入历史学。

第 15 章 法学

法学期刊是门类众多的人文社会科学期刊的一个重要分支，也是目前适应我国社会主义市场经济发展的要求，发展较快，讨论热点较多的刊物。据不完全统计，全国已有 2700 多种人文社会科学学术期刊，其中法学期刊占了相当大的份额。根据国家新闻出版总署公布的数据和最新统计，我国法学类学术期刊约 150 种左右。2004—2006 年，CSSCI 收录法学类来源期刊 21 种。2004—2006 年，法学类来源期刊共收录来源文献 8914 篇，这些来源文献引用的文献 119719 篇次。本章主要以法学类学术期刊为研究对象，通过各项指标的比较分析，来揭示法学期刊的学术内涵，促进法学研究的发展和繁荣。

15.1 法学期刊学术规范量化指标分析

学术期刊的规范性，从文字上体现为其所发表的论文语言简洁、可读性强、具有一定的学术价值，更重要的是要遵循国家和学界有关的学术标准和规范，提高期刊中论文的学术含量。实现期刊规范化，对提高办刊质量，进而对读者阅读利用期刊论文，对科研部门统计、分析、评价期刊都有重要的意义。本文不对法学期刊外延方面的规范化进行描述分析，也不对学术期刊编辑出版方面标准规定的执行情况进行评述，主要是通过对引文索引的分析考察，基于可以量化的角度，采用期刊论文的篇均引用文献数、期刊基金论文占有比例、期刊作者地区分布以及期刊标注有作者机构的论文比例这四项指标作为评价期刊学术规范量化的指标，从而研究期刊的规范化和学术含量。以下各项数据来源于 CSSCI 数据库、万方期刊数据库的统计数据以及印刷型期刊。

15.1.1 篇均引用文献数

引用文献是论文学术表达的重要组成部分，它不仅反映了对他人成果的借鉴与尊重，也体现了学术成果自身的规范程度和学术含量，可以帮助读者对论文的研究发展过程有一个较为全面的理解，对读者获取和阅读相关文献有指引作用。期刊篇均引用文献就是考察学术期刊论文平均引用文献数量多少的一项指标。虽然评价一篇论文的学术质量和学术含量不能绝对的用引用文献的多寡来衡量,但如果针对同一学科期刊进行篇均引文数量的比较,则在某种程度上可以反映各期刊所刊载文章的平均研究深度和学术规范度。

从法学学科来看,2004—2006 年 CSSCI 法学来源期刊的篇均引文(13.64 篇),高于人文社会科学的平均水平(8.2 篇),排在人文社会科学学科的第 3 位。[①] 表 15-1 给出了 44 种法学期刊 2004—2006 年的篇均引用文献数以及三年平均引用文献篇数,并对各期刊进行了归一化处理。其中归一化值是以各期刊三年平均引用文献篇数作为分子,三年平均引用文献篇数的最大值为分母计算而得。本数据中《中外法学》的平均引用文献篇数最大(29.5333 篇)。本表按各期刊三年平均引用文献篇数从大到小排序。

表 15-1　　　　　　2004—2006 年法学期刊篇均引用文献数统计

排序	期刊名称	2004 年（篇）	2005 年（篇）	2006 年（篇）	三年平均（篇）	归一化值
1	中外法学	27.73	31.45	29.42	29.5333	1
2	中国法学	16.61	22.83	34.13	24.5233	0.8304
3	法学研究	15.44	29.13	27.29	23.9533	0.8111
4	环球法律评论	23.62	21.19	25.85	23.5533	0.7975
5	法制与社会发展	29.76	19.24	18.92	22.6400	0.7666
6	法律科学	17.25	22.13	21.49	20.2900	0.6870
7	政法论坛	12.71	23.40	22.90	19.6700	0.6660
8	比较法研究	19.12	16.87	21.64	19.2100	0.6505
9	法学家	17.76	17.58	19.76	18.3667	0.6219
10	现代法学	16.07	18.14	18.34	17.5167	0.5931
11	法商研究	15.42	17.54	19.46	17.4733	0.5916
12	时代法学	12.56	17.55	21.53	17.2133	0.5828
13	法学论坛	18.33	15.93	16.38	16.8800	0.5716
14	西南政法大学学报	11.84	14.75	15.69	14.0933	0.4772
15	科技与法律	7.62	15.29	16.83	13.2467	0.4485
16	河南省政法管理干部学院学报	7.56	12.90	16.07	12.1767	0.4123
17	云南大学学报（法学版）	9.51	10.43	15.83	11.9233	0.4037
18	法学评论	1.69	11.49	22.53	11.9033	0.4030

---

① 邓三鸿、金莹:"我国人文社会科学学术刊物的学科对比——基于 CSSCI 的分析",《东岳论丛》2008 年第 1 期,第 43—50 页。

续表

排序	期刊名称	2004年（篇）	2005年（篇）	2006年（篇）	三年平均（篇）	归一化值
19	当代法学	10.82	11.68	12.97	11.8233	0.4003
20	行政法学研究	10.08	9.63	15.37	11.6933	0.3959
21	中国刑事法杂志	10.11	10.60	14.15	11.6200	0.3935
22	甘肃政法学院学报	10.12	11.79	12.33	11.4133	0.3865
23	国家检察官学院学报	12.06	9.61	11.85	11.1733	0.3783
24	法学	10.00	10.06	12.66	10.9067	0.3693
25	华东政法学院学报	10.34	10.90	10.76	10.6667	0.3612
26	河北法学	9.57	9.82	12.52	10.6367	0.3602
27	政法论丛	2.78	11.50	11.35	8.5433	0.2893
28	广西政法管理干部学院学报	7.87	8.62	8.83	8.4400	0.2858
29	政治与法律	5.47	8.12	10.85	8.1467	0.2758
30	法律适用	4.04	8.61	9.88	7.5100	0.2543
31	福建政法管理干部学院学报	6.50	7.83	7.91	7.4133	0.2510
32	知识产权	4.85	7.35	8.70	6.9667	0.2359
33	犯罪研究	0.32	10.65	8.70	6.5567	0.2220
34	黑龙江省政法管理干部学院学报	4.84	7.04	7.45	6.4433	0.2182
35	政法学刊	4.80	5.41	7.08	5.7633	0.1951
36	法学杂志	4.00	4.58	8.16	5.5800	0.1889
37	电子知识产权	4.29	4.43	6.37	5.0300	0.1703
38	北京政法职业学院学报	0.88	6.20	5.25	4.1100	0.1392
39	人民司法	1.47	5.77	4.56	3.9333	0.1332
40	中国版权	2.17	2.26	4.36	2.9300	0.0992
41	中国司法	2.37	3.01	3.32	2.9000	0.0982
42	人民检察	4.12	1.51	2.03	2.5533	0.0865
43	法律与生活	0	0	0	0	0
43	中国律师	0	0	0	0	0

根据表 15-1 的数据显示，2004—2006 年，表中法学期刊的篇均引文数为 11.75 篇，其中 CSSCI 法学类来源期刊的篇均引文数为 14.94 篇[1]，法学类非来源期刊的篇

---

[1] 这里的 CSSCI 来源期刊的篇均引用文献数高于前面注释中的篇均引用文献数，是因为前者完全计算的是实际来源期刊。也就是说，如果一种期刊 2004 年不是来源期刊，2005 年才进入来源期刊，则前者对 2004 年的数据不计入，而后者则计入。所以两个数据存在一些差异。

均引文数为 9.53 篇。来源期刊在这一指标上远高于非来源期刊，两者平均数相差 5.41 篇。这说明法学类来源期刊的整体引用文献水平在法学期刊中居于上游。排在前 10 位的除《环球法律评论》外①，其余 9 种均为来源期刊，体现了来源期刊的学术深度和规范性，它们不愧为法学界最重要的学术阵地。

从年度变化上来看，法学期刊的篇均引文数整体处于上升状态，表中数据显示，2004—2006 年的年均篇均引文数分别为 9.64、11.93 和 13.70，三年的上升幅度达到 42%。位居前 10 名的法学期刊中仅有 4 种的篇均引文数上升势头明显，上升幅度最高的是《中国法学》，涨幅 100%；其次是《政法论坛》，涨幅达 80%；排在前 10 位的法学期刊平均增幅在 30% 左右，它们的平均篇均引文数在 20 篇以上。位居第 5 名的《法制与社会发展》从 2004 年的 29.76 篇降至 2006 年的 18.92 篇，三年减少了近 11 篇。第 10 名以后的法学期刊篇均引文数基本呈现逐年稳步增长的趋势，其中有几种期刊的增长幅度最为明显，如《法学评论》由 2004 年的 1.69 篇增长到 2006 年的 22.53 篇，增长了 12.33 倍，该刊的排位也从 2004 年的第 39 位升至 2006 年的第 6 位。还有《科技与法律》、《河南省政法管理干部学院学报》、《政法论丛》和《河北法学》等刊的增长趋势也很明显。但也有少数期刊略有下降。从法学期刊引用文献数量总的变化来看，法学类期刊越来越重视文献的引用，重视学术引用的规范化。

从整体上看，法学期刊的篇均引文数量虽然较高，但仍有些期刊的篇均引用文献数较低，表中有 16 种期刊的篇均引用文献数低于 10 篇，其中低于 5 篇的有 5 种。这些期刊可能由于研究领域的狭小或研究人员数量较少，而可以引用的前期成果本身就不多，因此导致篇均引文数量较少。

15.1.2 基金论文比例

近几年，法学研究有了较快发展，各类基金对法学研究的资助也逐步增加。例如，国家社科基金对法学研究的资助项目由 1999 年的 27 项增长到 2006 年的 104 项。② 可以说，期刊刊载基金论文的比例越高，说明期刊所刊载的论文与学界所关注的研究领域、国家所关心的现实问题越密切相关。一般说来，基金项目已经过了专家评审，这些项目所发表的论文也具有较高的水平，从整体上来说，基金论文的学术水平应高于非基金论文。因此，期刊基金论文的比例越高，应该说该期刊的整体学术水平也较高。表 15-2 给出了 2004—2006 年法学期刊基金论文比例、三年平均值和归一化值。本表按归一化值从大到小排序。

---

① 《环球法律评论》2008 年已成为 CSSCI 来源期刊。
② 数据来自国家社科规划办网站。

表 15-2　　　　　　　　　　　　2004—2006 年法学期刊基金论文比例

排序	期刊名称	2004 年	2005 年	2006 年	三年平均	归一化值
1	法商研究	0.11	0.14	0.57	0.2733	1
2	现代法学	0.14	0.16	0.45	0.2500	0.9147
3	法制与社会发展	0.13	0.14	0.47	0.2467	0.9027
4	法学论坛	0.10	0.11	0.50	0.2367	0.8661
5	法律科学	0.07	0.19	0.38	0.2133	0.7805
6	河北法学	0.06	0.16	0.39	0.2033	0.7439
6	中国法学	0.06	0.11	0.44	0.2033	0.7439
8	政法论坛	0.08	0.16	0.36	0.2000	0.7318
9	比较法研究	0.09	0.09	0.40	0.1933	0.7073
10	北京政法职业学院学报	0.22	0.14	0.21	0.1900	0.6952
11	当代法学	0.16	0.20	0.19	0.1833	0.6707
11	法学研究	0.03	0.11	0.41	0.1833	0.6707
13	华东政法学院学报	0.01	0.09	0.42	0.1733	0.6341
14	甘肃政法学院学报	0.06	0.19	0.20	0.1500	0.5488
14	中外法学	0.12	0.10	0.23	0.1500	0.5488
16	政治与法律	0.01	0.01	0.41	0.1433	0.5243
17	法学	0.01	0	0.39	0.1333	0.4877
17	时代法学	0.09	0.13	0.18	0.1333	0.4877
19	知识产权	0.07	0.17	0.15	0.1300	0.4757
20	科技与法律	0.07	0.12	0.19	0.1267	0.4636
21	法学评论	0.01	0.11	0.23	0.1167	0.4270
22	环球法律评论	0.06	0.04	0.17	0.0900	0.3293
23	法学家	0.03	0.08	0.15	0.0867	0.3172
24	行政法学研究	0.02	0.06	0.17	0.0833	0.3048
25	西南政法大学学报	0.06	0.09	0.09	0.0800	0.2927
26	法学杂志	0.03	0.07	0.07	0.0567	0.2075
26	云南大学学报（法学版）	0.04	0.06	0.07	0.0567	0.2075
26	国家检察官学院学报	0.05	0.05	0.07	0.0567	0.2075
26	电子知识产权	0.03	0.03	0.11	0.0567	0.2075
30	政法论丛	0.02	0.07	0.07	0.0533	0.1950
30	河南省政法管理干部学院学报	0.02	0.02	0.12	0.0533	0.1950

续表

排序	期刊名称	2004年	2005年	2006年	三年平均	归一化值
32	中国版权	0.03	0.02	0.09	0.0467	0.1709
33	中国刑事法杂志	0.03	0.02	0.08	0.0433	0.1584
33	黑龙江省政法管理干部学院学报	0.03	0.02	0.08	0.0433	0.1584
35	政法学刊	0.01	0.03	0.08	0.0400	0.1464
36	广西政法管理干部学院学报	0	0.03	0.05	0.0267	0.0977
37	人民检察	0.02	0.01	0.02	0.0167	0.0611
38	犯罪研究	0	0.01	0.03	0.0133	0.0487
38	中国司法	0	0.01	0.03	0.0133	0.0487
40	福建政法管理干部学院学报	0	0	0.03	0.0100	0.0366
41	法律适用	0.01	0	0	0.0033	0.0121
42	人民司法	0	0	0	0	0
42	法律与生活	0	0	0	0	0
42	中国律师	0	0	0	0	0

从表15-2可以得出，2004—2006年，法学期刊的平均基金论文比为0.11。其中，CSSCI法学类来源期刊的平均基金论文比为0.16，法学类非来源期刊的平均基金论文比为0.071，两者相差1倍多。说明法学类来源期刊较非来源期刊在基金论文比例上有一定优势。值得注意的是，排在前3名的全部是来源期刊，前10名中有8个是来源期刊，而且大部分来源期刊都排名靠前。当然，也有个别来源期刊由于期刊本身的特殊性和研究对象的独特性，所刊载的基金论文相对较少，如《中国版权》和《中国刑事法杂志》等。

从年度变化来看，法学期刊的基金论文比基本处于上升的状态，且增幅明显，三年平均增加了1.2倍。增长幅度最大的期刊是《法学》、《华东政法学院学报》和《政治与法律》，分别增长了38倍、41倍和40倍。在前10名中，增加数量最大的是《法商研究》，从2004年的0.11增长到2006年的0.57。另外，《广西政法管理干部学院学报》、《中国司法》、《福建政法管理干部学院学报》和《人民司法》实现了基金论文比零的突破。

从以上分析来看，法学期刊刊载的基金论文情况参差不齐。可以说，基金论文比较高的期刊，其整体学术规范和学术影响也较大；那些基金论文比较低的期刊，其学术规范和学术影响也相对较低。因此这些期刊在加强提升学术水平的同时，也应注重基金论文的吸收。

15.1.3 论文作者地区分布

期刊论文作者地区分布的广泛程度，反映了期刊对不同地区作者的影响和期刊受到作者关注的程度。本统计中的作者地区包括我国内地31个省市自治区、港、澳、台以及其他国家和地区（其他国家和地区分布数以国家为计量单位）。表15‐3给出了2004—2006年法学期刊论文作者地区分布数、三年平均值和归一化值。

表15‐3　　　　　　2004—2006年法学期刊论文作者地区分布

排序	期刊名称	2004年（地区数）	2005年（地区数）	2006年（地区数）	三年平均（地区数）	归一化值
1	人民检察	30	26	28	28.00	1
1	中国司法	27	29	28	28.00	1
3	中国律师	27	29	26	27.33	0.9761
4	河北法学	27	28	26	27.00	0.9643
5	法学杂志	25	25	26	25.33	0.9046
6	法律适用	23	25	24	24.00	0.8571
7	中国刑事法杂志	23	24	24	23.67	0.8454
8	法学	19	27	22	22.67	0.8096
9	人民司法	23	20	24	22.33	0.7975
10	比较法研究	23	20	23	22.00	0.7857
10	法学家	21	24	21	22.00	0.7857
10	甘肃政法学院学报	19	23	24	22.00	0.7857
13	现代法学	22	22	21	21.67	0.7739
14	广西政法管理干部学院学报	21	21	21	21.00	0.7500
15	云南大学学报（法学版）	20	21	21	20.67	0.7382
16	当代法学	20	19	22	20.33	0.7261
16	黑龙江省政法管理干部学院学报	20	19	22	20.33	0.7261
18	法制与社会发展	19	22	19	20.00	0.7143
18	行政法学研究	16	20	24	20.00	0.7143
18	政法论坛	24	19	17	20.00	0.7143
21	法学论坛	21	20	18	19.67	0.7025
22	河南省政法管理干部学院学报	18	22	18	19.33	0.6904
22	西南政法大学学报	19	20	19	19.33	0.6904
22	政治与法律	17	20	21	19.33	0.6904

续表

排序	期刊名称	2004年（地区数）	2005年（地区数）	2006年（地区数）	三年平均（地区数）	归一化值
25	法学研究	21	19	17	19.00	0.6786
25	政法学刊	13	23	21	19.00	0.6786
27	电子知识产权	19	16	21	18.67	0.6668
27	法商研究	17	18	21	18.67	0.6668
27	知识产权	15	19	22	18.67	0.6668
27	中国版权	17	20	19	18.67	0.6668
31	法律科学	17	18	20	18.33	0.6546
32	法学评论	19	17	18	18.00	0.6429
33	华东政法学院学报	17	15	18	16.67	0.5954
33	科技与法律	17	17	16	16.67	0.5954
33	中国法学	18	17	15	16.67	0.5954
36	国家检察官学院学报	18	11	19	16.00	0.5714
37	时代法学	14	16	16	15.33	0.5475
38	政法论丛	13	17	15	15.00	0.5357
39	中外法学	17	13	14	14.67	0.5239
40	犯罪研究	14	14	14	14.00	0.5000
41	环球法律评论	10	16	14	13.33	0.4761
42	福建政法管理干部学院学报	13	12	12	12.33	0.4404
43	法律与生活	8	12	8	9.33	0.3332
44	北京政法职业学院学报	6	10	11	9.00	0.3214

从表15-3可以看到，法学类期刊作者的地区分布差异较大。地区分布最广的期刊作者涉及全国大部分地区（28个左右的地区），分布最窄的期刊其作者分布不到10个地区，说明后者对地区的影响面较小，这种影响主要来自期刊主办者在法学界的影响力以及期刊本身的明显地方色彩。当然，作者的地区分布数量也与期刊本身载文有很大的关系，如《环球法律评论》和《北京政法职业学院学报》等每年的载文量只有数十篇。

2004—2006年，大部分法学期刊的地区分布变化不大，持续平稳。作者地区分布数增幅最大的期刊是《北京政法职业学院学报》、《政法学刊》和《行政法学研究》，分别达到83.3%、61.5%和50%。从表中数字看，有12种期刊的作者地区分布数呈下降趋势，占表中期刊总数的27.3%。虽然这个数字反映的可能不是真实的情况（期刊作者机构标注率低造成作者地区无法统计），但无论如何这是一个实际的数字，这种数字产生的原因可能和一些期刊的规范性有着极大的关系，应当引起高度重视。

15.1.4 有作者机构论文比例

作者机构标注比例也是衡量期刊规范程度的重要指标之一。可以认为，作者机构是论文的重要组成部分，它不仅方便了读者与作者之间的交流，也为学界了解各机构的研究实力和进行学术交流提供了信息。自1998年以来，CSSCI来源期刊作者机构的标注比例不断上升，来源期刊的机构标注比例由1998年的83.2%上升到2006年的95.6%，期刊的规范程度不断提高。CSSCI对人文社会科学学术期刊规范化起到了积极的作用。从法学的角度来看，2004—2006年CSSCI法学来源期刊的机构标注比为98.46%，高于人文社会科学的平均比例（94.39%）。[①] 表15-4给出了2004—2006年法学期刊标注有作者机构的论文比例、三年平均值和归一化值。

表15-4　　　　　2004—2006年法学期刊标注有作者机构的论文比例

排序	期刊名称	2004年	2005年	2006年	三年平均	归一化值
1	北京政法职业学院学报	1	1	1	1	1
1	当代法学	1	1	1	1	1
1	法商研究	1	1	1	1	1
1	法制与社会发展	1	1	1	1	1
1	广西政法管理干部学院学报	1	1	1	1	1
1	黑龙江省政法管理干部学院学报	1	1	1	1	1
1	环球法律评论	1	1	1	1	1
1	科技与法律	1	1	1	1	1
1	人民检察	1	1	1	1	1
1	时代法学	1	1	1	1	1
1	西南政法大学学报	1	1	1	1	1
1	现代法学	1	1	1	1	1
1	云南大学学报（法学版）	1	1	1	1	1
14	河北法学	0.9979	1	1	0.9993	0.9993
15	河南省政法管理干部学院学报	0.9952	1	1	0.9984	0.9984

---

① 邓三鸿、金莹："我国人文社会科学学术刊物的学科对比——基于CSSCI的分析"，《东岳论丛》2008年第1期，第43—50页。

续表

排序	期刊名称	2004年	2005年	2006年	三年平均	归一化值
16	政法学刊	1	1	0.9937	0.9979	0.9979
17	法学家	0.9931	1	1	0.9977	0.9977
18	法学评论	0.9926	1	1	0.9975	0.9975
19	法学杂志	0.9949	1	0.9964	0.9971	0.9971
19	中国刑事法杂志	1	0.9914	1	0.9971	0.9971
21	政法论丛	1	1	0.9906	0.9969	0.9969
22	行政法学研究	1	1	0.9881	0.9960	0.9960
23	法学研究	1	0.9867	1	0.9956	0.9956
24	华东政法学院学报	1	1	0.9852	0.9951	0.9951
25	法律适用	0.9851	1	1	0.9950	0.9950
26	中国司法	0.9824	1	1	0.9941	0.9941
27	中外法学	0.9808	1	1	0.9936	0.9936
28	法律科学	1	0.9796	1	0.9932	0.9932
29	甘肃政法学院学报	1	1	0.9724	0.9908	0.9908
30	法学	0.9861	0.9916	0.9925	0.9901	0.9901
31	国家检察官学院学报	1	0.9701	1	0.9900	0.9900
32	中国法学	0.9776	0.9910	1	0.9895	0.9895
33	犯罪研究	0.9885	0.9889	0.9886	0.9887	0.9887
34	福建政法管理干部学院学报	1	1	0.9609	0.9870	0.9870
35	法学论坛	0.9926	1	0.9648	0.9858	0.9858
36	政法论坛	0.9800	0.9919	0.9741	0.9820	0.9820
37	政治与法律	0.9437	1	1	0.9812	0.9812
38	人民司法	0.9626	0.9869	0.9821	0.9772	0.9772
39	知识产权	0.9545	0.9176	0.9920	0.9547	0.9547
40	电子知识产权	0.9124	0.9681	0.9730	0.9512	0.9512
41	比较法研究	0.9551	0.9300	0.9231	0.9361	0.9361
42	中医版权	0.9256	0.8760	0.9231	0.9082	0.9082
43	中国律师	0.7292	0.8430	0.6718	0.7480	0.7480
44	法律与生活	0.0468	0.4520	0.1805	0.2264	0.2264

从表 15-4 可以看出，法学期刊作者机构标注比三年平均值达到 100% 的共有 13 种期刊，也就是说有将近三分之一的法学期刊在此项指标上规范度较高；两年标注比达到 100% 的有 17 种期刊，占总数的 39%，绝大部分期刊的标注比均在 95% 以上。根据 SCI 期刊等国际刊物的录用规则，来源文献的信息中必须包括详细的作者机构信息，而国内的法学期刊还有少量的机构标注比在 90% 以下，个别不到 50%，这些期刊必须加以改进。

从 2004—2006 年三年变化得出，法学各期刊有作者机构的论文比例基本为稳定而略有上升，如表中 2004 年的平均机构标注比例为 0.9608，2006 年略有上升，其值为 0.9648。说明法学期刊在机构标注这一规范化方面基本处于较高而稳定的水平上。当然，另一方面也要看到排在末尾的几种期刊三年来机构标注比例变化不大，甚至略有下降，其规范性亟待加强。

15.1.5 法学期刊学术规范量化指标综合分析

期刊学术规范量化指标在期刊评价中占有重要的位置，其主要反映期刊的规范程度和学术质量，本体系将期刊的篇均引用文献数、基金论文占有比例、作者地区分布以及标注有作者机构的论文比例四项指标平均分配权重，即各为 25%，得到期刊学术规范量化指标综合值。表 15-5 给出了 2004—2006 年法学期刊学术规范量化各指标的归一化值和综合值。综合值计算方法参见本书第 1 章。本表按各期刊学术规范量化指标综合值从大到小排序。

表 15-5   2004—2006 年法学期刊学术规范量化指标综合值

排序	期刊名称	篇均引文数归一化值	基金论文比归一化值	地区分布归一化值	有机构论文比归一化值	综合值
1	法制与社会发展	0.7666	0.9027	0.7143	1	0.8459
2	现代法学	0.5931	0.9147	0.7739	1	0.8204
3	法商研究	0.5916	1	0.6668	1	0.8146
4	中国法学	0.8304	0.7439	0.5954	0.9895	0.7898
5	法学研究	0.8111	0.6707	0.6786	0.9956	0.7890
6	法学论坛	0.5716	0.8661	0.7025	0.9858	0.7815
7	法律科学	0.6870	0.7805	0.6546	0.9932	0.7788
8	政法论坛	0.6660	0.7318	0.7143	0.9820	0.7735
9	比较法研究	0.6505	0.7073	0.7857	0.9361	0.7699
9	河北法学	0.3602	0.7439	0.9643	0.9993	0.7669
11	中外法学	1	0.5488	0.5239	0.9936	0.7666
12	当代法学	0.4003	0.6707	0.7261	1	0.6993

续表

排序	期刊名称	篇均引文数归一化值	基金论文比归一化值	地区分布归一化值	有机构论文比归一化值	综合值
13	法学家	0.6219	0.3172	0.7857	0.9977	0.6806
14	甘肃政法学院学报	0.3865	0.5488	0.7857	0.9908	0.6780
15	法学	0.3693	0.4877	0.8096	0.9901	0.6642
16	时代法学	0.5828	0.4877	0.5475	1	0.6545
17	环球法律评论	0.7975	0.3293	0.4761	1	0.6507
18	华东政法学院学报	0.3612	0.6341	0.5954	0.9951	0.6465
19	科技与法律	0.4485	0.4636	0.5954	1	0.6269
20	政治与法律	0.2758	0.5243	0.6904	0.9812	0.6179
21	法学评论	0.4030	0.4270	0.6429	0.9975	0.6176
22	西南政法大学学报	0.4772	0.2927	0.6904	1	0.6151
23	行政法学研究	0.3959	0.3048	0.7143	0.9960	0.6028
24	中国刑事法杂志	0.3935	0.1584	0.8454	0.9971	0.5986
25	云南大学学报（法学版）	0.4037	0.2075	0.7382	1	0.5874
26	知识产权	0.2359	0.4757	0.6668	0.9547	0.5833
27	法学杂志	0.1889	0.2075	0.9046	0.9971	0.5745
28	河南省政法管理干部学院学报	0.4123	0.1950	0.6904	0.9984	0.5740
29	北京政法职业学院学报	0.1392	0.6952	0.3214	1	0.5390
30	人民检察	0.0865	0.0611	1	1	0.5369
31	国家检察官学院学报	0.3783	0.2075	0.5714	0.9900	0.5368
32	中国司法	0.0982	0.0487	1	0.9941	0.5353
33	广西政法管理干部学院学报	0.2858	0.0977	0.7500	1	0.5334
34	法律适用	0.2543	0.0121	0.8571	0.9950	0.5296
35	黑龙江省政法管理干部学院学报	0.2182	0.1584	0.7261	1	0.5257
36	政法学刊	0.1951	0.1464	0.6786	0.9979	0.5045
37	政法论丛	0.2893	0.1950	0.5357	0.9969	0.5042
38	电子知识产权	0.1703	0.2075	0.6668	0.9512	0.4990

续表

排序	期刊名称	篇均引文数归一化值	基金论文比归一化值	地区分布归一化值	有机构论文比归一化值	综合值
39	人民司法	0.1332	0	0.7975	0.9772	0.4770
40	中国版权	0.0992	0.1709	0.6668	0.9082	0.4613
41	犯罪研究	0.2220	0.0487	0.5000	0.9887	0.4399
42	中国律师	0	0	0.9761	0.7480	0.4310
43	福建政法管理干部学院学报	0.2510	0.0366	0.4404	0.9870	0.4288
44	法律与生活	0	0	0.3332	0.2264	0.1399

从表15-5可以看出，排名在前20位的期刊绝大多数是CSSCI来源期刊或2008年进入来源期刊，表明CSSCI来源期刊在学术规范上做的是比较好的。

可以认为，学术规范综合指标在0.7以上的11种期刊，可将它们归入学术规范等级的一个层次，即第一层次；综合值在0.7—0.6之间的12种期刊归入第二层次；位于0.6—0.5之间的14种期刊归属于第三层次；其余期刊属于第四层次。可以看出，CSSCI来源期刊基本属于前两个层次，充分说明了来源期刊的学术规范明显好于非来源期刊。分析表15-5的期刊学术规范量化指标综合数据，法学期刊仍需要在多方面提高期刊的学术规范水平，尤其是排在较后位置的期刊更应当引起重视，为提升法学期刊的学术规范水平进一步努力。

15.2 法学期刊被引次数分析

期刊被引次数是期刊自创刊以来所刊载的论文被某年来源期刊论文引用的次数。它是一个客观实用的评价指标，可用来衡量期刊的绝对学术影响力，也在总体上反映了期刊被学者使用和重视的程度，以及在学术交流中所起的作用和所处的地位。本评价体系将期刊被引次数分为三个下级指标：总被引次数、他刊引用次数和学科引用次数。

15.2.1 总被引次数

总被引次数是指期刊在统计源中被引的总次数，本数据源主要来源于CSSCI，也就是说这里的总被引次数是指各期刊在CSSCI中的被引数据。对于法学这样一个研究热点问题和焦点问题较多并备受人们关注的学科来说，期刊的被引次数统计具有重要的意义。表15-6给出了2004—2006年45种法学期刊的总被引次数、三年平均值和归一化值。本表按三年平均值从大到小排序。

表 15-6　　　　　　　　　　2004—2006 年法学期刊总被引次数

排序	期刊名称	2004年（篇次）	2005年（篇次）	2006年（篇次）	三年平均（篇次）	归一化值
1	法学研究	664	637	753	684.67	1
2	中国法学	593	580	644	605.67	0.8846
3	法学	450	423	556	476.33	0.6957
4	政法论坛	299	312	449	353.33	0.5161
5	现代法学	311	284	379	324.67	0.4742
6	中外法学	281	326	324	310.33	0.4533
7	法学评论	286	285	323	298.00	0.4352
8	法律科学	274	263	340	292.33	0.4270
9	法商研究	253	245	371	289.67	0.4231
10	法制与社会发展	169	217	241	209.00	0.3053
11	环球法律评论	177	199	203	193.00	0.2819
12	比较法研究	152	172	204	176.00	0.2571
13	法学家	155	191	159	168.33	0.2459
14	知识产权	133	136	145	138.00	0.2016
15	法学杂志	91	121	178	130.00	0.1899
16	政治与法律	104	130	148	127.33	0.1860
17	河北法学	89	100	162	117.00	0.1709
18	人民检察	89	110	143	114.00	0.1665
19	中国刑事法杂志	102	81	133	105.33	0.1538
20	当代法学	98	98	117	104.33	0.1524
21	行政法学研究	88	104	119	103.67	0.1514
22	法学论坛	80	93	137	103.33	0.1509
23	法律适用	72	89	124	95.00	0.1388
24	人民司法	86	83	114	94.33	0.1378
25	电子知识产权	56	76	130	87.33	0.1276
26	中国版权	107	79	65	83.67	0.1222
27	华东政法学院学报	64	62	93	73.00	0.1066
28	河南省政法管理干部学院学报	51	62	102	71.67	0.1047

续表

排序	期刊名称	2004年（篇次）	2005年（篇次）	2006年（篇次）	三年平均（篇次）	归一化值
29	科技与法律	49	66	58	57.67	0.0842
29	中国律师	72	53	48	57.67	0.0842
31	国家检察官学院学报	38	46	72	52.00	0.0759
32	广西政法管理干部学院学报	22	34	53	36.33	0.0531
33	政法论丛	19	36	50	35.00	0.0511
34	时代法学	19	26	51	32.00	0.0467
35	甘肃政法学院学报	21	34	38	31.00	0.0453
36	中国监狱学刊	16	41	26	27.67	0.0404
37	中国司法	12	21	47	26.67	0.0390
38	云南大学学报（法学版）	9	20	39	22.67	0.0331
39	北京政法职业学院学报	16	20	16	17.33	0.0253
40	黑龙江省政法管理干部学院学报	14	11	26	17.00	0.0248
41	法律与生活	8	12	26	15.33	0.0224
41	西南政法大学学报	10	11	25	15.33	0.0224
43	福建政法管理干部学院学报	21	8	16	15.00	0.0219
44	政法学刊	12	12	20	14.67	0.0214
45	犯罪研究	7	15	12	11.33	0.0165

从表15-6可以看出，法学期刊在总被引次数上差异明显，三年平均总被引次数最高的达684.67次，最低的才11.33次，相差60多倍。总被引次数分布基本符合布拉德福定律。前10种期刊的被引次数之和占表中全部法学期刊总被引次数的59.93%。《法学研究》三年平均总被引次数接近700次，2006年达到了753次，以绝对优势明显领先于其他期刊，说明该刊在法学期刊中的学术影响力很大。三年平均总被引次数超过300次的期刊有6种，200—300次之间的期刊有4种，100—200次之间的期刊有12种。

根据表15-6中数据计算得出，法学期刊总被引次数呈逐年上升趋势，2004—2006年各年的平均总被引次数分别为：127.53、133.87、166.2，增长了30%，说明法学期刊的影响度在不断扩大。总被引次数增加最多的《政法论坛》达到150次，其次是《法商研究》、《法学》和《法学研究》，分别增加118次、106次和89次。但也有少数期刊的总被引次数在下降，如《中国版权》、《中国律师》和《福建政法管理干部学院学报》三年分别减少了42次、24次和5次。

从总被引次数的增加幅度上看，增幅达50%以上的期刊有21种，增幅超过100%的期刊有10种。增幅最大的是《云南大学学报（法学版）》和《中国司法》，分别增加了333.33%和291.67%，这说明法学期刊的学术影响正在不断加强。特别是排在后10位的期刊，虽然绝对值还不是很大，但增幅明显，增幅达到50%以上的期刊达8种，说明这些期刊正在努力全面提高自身的学术质量和学术影响力，以提升自身的学术生命力。

15.2.2 其他期刊引用次数

其他期刊引用次数（也称他刊引用次数）是为了平衡来源期刊与非来源期刊指标公平性，尤其对有些来源期刊为了提高被引次数而制造自引有很好的抑制作用。表15-7给出了2004—2006年法学期刊他刊引用次数统计。其中包括各年度的他刊引用次数、三年平均值和归一化值。本表按三年平均值从大到小排序。

表15-7　　　　2004—2006年法学期刊他刊引用次数

排序	期刊名称	2004年（篇次）	2005年（篇次）	2006年（篇次）	三年平均（篇次）	归一化值
1	法学研究	637	611	725	657.67	1
2	中国法学	556	548	611	571.67	0.8692
3	法学	412	393	522	442.33	0.6726
4	政法论坛	286	277	397	320.00	0.4866
5	现代法学	293	273	367	311.00	0.4729
6	中外法学	268	318	316	300.67	0.4572
7	法学评论	273	267	305	281.67	0.4283
8	法律科学	264	246	325	278.33	0.4232
9	法商研究	247	232	340	273.00	0.4151
10	法制与社会发展	158	204	220	194.00	0.2950
11	环球法律评论	177	199	203	193.00	0.2935
12	比较法研究	147	164	191	167.33	0.2544
13	法学家	129	137	129	131.67	0.2002
14	法学杂志	91	121	178	130.00	0.1977
15	政治与法律	102	128	143	124.33	0.1890
16	知识产权	116	122	130	122.67	0.1865
17	人民检察	89	110	143	114.00	0.1733
18	当代法学	98	98	117	104.33	0.1586

续表

排序	期刊名称	2004年（篇次）	2005年（篇次）	2006年（篇次）	三年平均（篇次）	归一化值
19	法学论坛	80	93	137	103.33	0.1571
20	河北法学	74	89	144	102.33	0.1556
21	法律适用	72	89	124	95.00	0.1444
21	人民司法	86	83	114	94.33	0.1434
23	中国刑事法杂志	88	63	110	87.00	0.1323
24	行政法学研究	62	88	101	83.67	0.1272
25	中国版权	99	74	57	76.67	0.1166
26	河南省政法管理干部学院学报	51	62	102	71.67	0.1090
27	电子知识产权	44	60	102	68.67	0.1044
28	华东政法学院学报	59	57	89	68.33	0.1039
29	科技与法律	49	66	58	57.67	0.0877
29	中国律师	72	53	48	57.67	0.0877
31	国家检察官学院学报	38	46	72	52.00	0.0791
32	广西政法管理干部学院学报	22	34	53	36.33	0.0552
33	政法论丛	19	36	50	35.00	0.0532
34	时代法学	19	26	51	32.00	0.0487
35	甘肃政法学院学报	19	33	35	29.00	0.0441
36	中国监狱学刊	16	41	26	27.67	0.0421
37	中国司法	12	21	47	26.67	0.0406
38	云南大学学报（法学版）	9	20	39	22.67	0.0345
39	北京政法职业学院学报	16	20	16	17.33	0.0264
40	黑龙江省政法管理干部学院学报	14	11	26	17.00	0.0258
41	法律与生活	8	12	26	15.33	0.0233
41	西南政法大学学报	10	11	25	15.33	0.0233
43	福建政法管理干部学院学报	21	8	16	15.00	0.0228
44	政法学刊	12	12	20	14.67	0.0223
45	犯罪研究	7	15	12	11.33	0.0172

从表15-7可以看出，排除期刊自引后，法学期刊的他刊引用次数依旧符合布拉德福定律。他刊引用次数中前10位期刊的被引次数之和依然占他刊引用总次数的

59.99%,前40种期刊的平均自引率在8%左右,被引次数超过100次的期刊,其自引率仅在5%左右。

与总被引次数相比,法学期刊三年平均他引次数上,排在前10位的没有变化,依旧是《法学研究》、《中国法学》、《法学》、《政法论坛》、《现代法学》、《中外法学》、《法学评论》、《法律科学》、《法商研究》和《法制与社会发展》。将表15-7的排序与表15-6比较,整体排序变化较小,但仍有少数几种期刊由于一定的自引率而名次下滑,如《知识产权》由于11.1%的自引率,从第14位退至第16位;《河北法学》由第17位下降到第20位,《中国刑事法杂志》由于17.5%的自引使其由第19名落到了第23名。另外,自引率最高的期刊是《法学家》(21.8%)、《电子知识产权》(21.4%)和《行政法学研究》(19.3%)。在他引次数增加值上,2004—2006年法学期刊他引次数增加最多的是《政法论坛》、《法学》和《法商研究》(分别为111次、110次和93次);在三年平均值排名前30名的期刊中,他引次数增加幅度最大的是《电子知识产权》(131.82%)、《河南省政法管理干部学院学报》(100%)和《法学杂志》(95.6%)。

15.2.3 本学科论文引用次数

本学科论文引用次数(也称学科引用次数)主要用于考察期刊在本学科的学术影响。表15-8给出了2004—2006年法学论文引用法学期刊的次数统计。与上表相同,也包括各期刊的年度学科引用次数、三年平均值和归一化值。本表按三年平均值从大到小排序。

表15-8　　　　　　　2004—2006年法学期刊的学科引用次数

排序	期刊名称	2004年(篇次)	2005年(篇次)	2006年(篇次)	三年平均(篇次)	归一化值
1	法学研究	452	418	450	440.00	1
2	中国法学	405	361	377	381.00	0.8659
3	法学	305	280	325	303.33	0.6894
4	政法论坛	218	208	274	233.33	0.5303
5	现代法学	214	187	231	210.67	0.4788
6	中外法学	197	193	177	189.00	0.4295
7	法律科学	195	169	201	188.33	0.4280
8	法商研究	175	153	234	187.33	0.4258
9	法学评论	188	167	169	174.67	0.3970
10	法制与社会发展	122	141	131	131.33	0.2985
11	法学家	111	135	104	116.67	0.2652

续表

排序	期刊名称	2004年（篇次）	2005年（篇次）	2006年（篇次）	三年平均（篇次）	归一化值
12	比较法研究	105	113	121	113.00	0.2568
13	环球法律评论	105	129	104	112.67	0.2561
14	人民检察	65	86	107	86.00	0.1955
15	法学杂志	54	75	117	82.00	0.1864
16	中国刑事法杂志	83	53	99	78.33	0.1780
17	政治与法律	60	72	82	71.33	0.1621
18	河北法学	59	53	87	66.33	0.1508
19	人民司法	56	64	78	66.00	0.1500
20	知识产权	53	66	67	62.00	0.1409
21	法学论坛	50	63	72	61.67	0.1402
22	行政法学研究	68	60	53	60.33	0.1371
23	法律适用	46	64	67	59.00	0.1341
24	当代法学	50	55	68	57.67	0.1311
25	河南省政法管理干部学院学报	30	42	66	46.00	0.1045
26	华东政法学院学报	43	37	49	43.00	0.0977
27	电子知识产权	21	33	72	42.00	0.0955
28	国家检察官学院学报	28	32	50	36.67	0.0833
29	中国版权	32	29	29	30.00	0.0682
30	中国律师	34	32	23	29.67	0.0674
31	中国监狱学刊	16	33	22	23.67	0.0538
32	科技与法律	18	26	23	22.33	0.0508
33	政法论丛	11	22	29	20.67	0.0470
34	甘肃政法学院学报	13	17	22	17.33	0.0394
35	时代法学	8	17	24	16.33	0.0371
36	中国司法	9	12	24	15.00	0.0341
37	广西政法管理干部学院学报	11	12	18	13.67	0.0311
38	云南大学学报（法学版）	5	13	14	10.67	0.0243
39	北京政法职业学院学报	11	10	9	10.00	0.0227
40	犯罪研究	6	14	4	8.00	0.0182
41	黑龙江省政法管理干部学院学报	1	8	11	6.67	0.0152

续表

排序	期刊名称	2004年（篇次）	2005年（篇次）	2006年（篇次）	三年平均（篇次）	归一化值
42	政法学刊	6	4	9	6.33	0.0144
43	福建政法管理干部学院学报	7	5	6	6.00	0.0136
44	西南政法大学学报	3	7	7	5.67	0.0129
45	法律与生活	0	5	8	4.33	0.0098

从表15-8可以看出，总体上法学期刊在法学学科的学术影响分布也基本符合布拉德福定律。排名前10种期刊的学科引用次数之和为总数的61.78%。与总被引次数相比，《法学研究》和《中国法学》等期刊减少幅度较大，这从一个角度也说明了这些期刊的研究成果的影响不仅仅在法学研究领域，在其他学科也产生着一定影响。

与表15-6相比，在学科引用次数上，三年平均值排在前10位的期刊没有变化，仅在位次上有一些调整：《法律科学》、《法商研究》、《法学评论》分别调换了位次。从2004—2006年的变化情况来看，在前30名中，增加幅度最大的是《电子知识产权》、《河南省政法管理干部学院学报》和《法学杂志》，增幅达242.86%、120%和116.67%。

15.2.4 法学期刊被引次数综合分析

期刊被引次数是反映期刊长期学术影响的重要指标，它包括总被引次数、他刊引用次数和学科引用次数三项指标。本评价体系对三个指标的权重分配为25%、50%和25%。表15-9给出了2004—2006年法学期刊被引次数各指标的归一化值和综合值。综合值计算方法参见本书第1章。本表按被引次数综合值从大到小排序。

表15-9　　　　　2004—2006年法学期刊被引次数综合值

排序	期刊名称	总被引次数归一化值	他刊引用次数归一化值	学科引用次数归一化值	综合值
1	法学研究	1	1	1	1
2	中国法学	0.8846	0.8692	0.8659	0.8722
3	法学	0.6957	0.6726	0.6894	0.6826
4	政法论坛	0.5161	0.4866	0.5303	0.5049
5	现代法学	0.4742	0.4729	0.4788	0.4747
6	中外法学	0.4533	0.4572	0.4295	0.4493
7	法律科学	0.4270	0.4232	0.4280	0.4254

续表

排序	期刊名称	总被引次数归一化值	他刊引用次数归一化值	学科引用次数归一化值	综合值
8	法学评论	0.4352	0.4283	0.3970	0.4222
9	法商研究	0.4231	0.4151	0.4258	0.4198
10	法制与社会发展	0.3053	0.2950	0.2985	0.2985
11	环球法律评论	0.2819	0.2935	0.2561	0.2813
12	比较法研究	0.2571	0.2544	0.2568	0.2557
13	法学家	0.2459	0.2002	0.2652	0.2279
14	法学杂志	0.1899	0.1977	0.1864	0.1929
15	政治与法律	0.1860	0.1890	0.1621	0.1815
16	知识产权	0.2016	0.1865	0.1409	0.1789
17	人民检察	0.1665	0.1733	0.1955	0.1772
18	河北法学	0.1709	0.1556	0.1508	0.1582
19	法学论坛	0.1509	0.1571	0.1402	0.1513
20	当代法学	0.1524	0.1586	0.1311	0.1502
21	中国刑事法杂志	0.1538	0.1323	0.1780	0.1491
22	人民司法	0.1378	0.1434	0.1500	0.1437
23	法律适用	0.1388	0.1444	0.1341	0.1404
24	行政法学研究	0.1514	0.1272	0.1371	0.1357
25	电子知识产权	0.1276	0.1044	0.0955	0.1080
26	河南省政法管理干部学院学报	0.1047	0.1090	0.1045	0.1068
27	中国版权	0.1222	0.1166	0.0682	0.1059
28	华东政法学院学报	0.1066	0.1039	0.0977	0.1030
29	中国律师	0.0842	0.0877	0.0674	0.0818
30	国家检察官学院学报	0.0759	0.0791	0.0833	0.0794
31	科技与法律	0.0842	0.0877	0.0508	0.0776
32	政法论丛	0.0511	0.0532	0.0470	0.0511
33	广西政法管理干部学院学报	0.0531	0.0552	0.0311	0.0487
34	时代法学	0.0467	0.0487	0.0371	0.0453
35	中国监狱学刊	0.0404	0.0421	0.0538	0.0446
36	甘肃政法学院学报	0.0453	0.0441	0.0394	0.0432
37	中国司法	0.0390	0.0406	0.0341	0.0386

续表

排序	期刊名称	总被引次数归一化值	他刊引用次数归一化值	学科引用次数归一化值	综合值
38	云南大学学报（法学版）	0.0331	0.0345	0.0243	0.0316
39	北京政法职业学院学报	0.0253	0.0264	0.0227	0.0252
40	黑龙江省政法管理干部学院学报	0.0248	0.0258	0.0152	0.0229
41	西南政法大学学报	0.0224	0.0233	0.0129	0.0205
42	福建政法管理干部学院学报	0.0219	0.0228	0.0136	0.0203
43	政法学刊	0.0214	0.0223	0.0144	0.0201
44	法律与生活	0.0224	0.0233	0.0098	0.0197
45	犯罪研究	0.0165	0.0172	0.0182	0.0173

从表 15-9 可以看出，《法学研究》以被引数量三项指标的满分雄踞第 1 位，远远高于其他期刊，说明该期刊在法学领域的绝对权威和学术影响。《中国法学》、《法学》和《政法论坛》等期刊也在本研究领域和不同学术层面发挥了很大的作用。如果我们按照被引次数综合值划分期刊层次，其综合值在 0.7—1 区间的两种期刊可为第一层次，即《法学研究》和《中国法学》；位于 0.2—0.7 区间的《法学》、《政法论坛》等 11 种期刊可归入第二层次；第三层次由位于 0.1—0.2 区间的 15 种期刊组成；其他期刊可归入第四层次。

需要加以说明的是，此三项指标使用的都是绝对数值，指标数值容易受期刊创刊时间及期刊规模等因素的影响，因此，其他被引指标相对被引次数而言，将是一个很好的补充和综合。

15.3 法学期刊被引速率分析

即年指数是表征期刊即时反应速率的指标，主要描述期刊当年发表的论文在当年被引用的情况。[①]此值越高，说明该刊的论文对本学科领域的热点关注度越高，因此论文被引用的速度越快。但是，由于文章从撰写到发表有一定的时滞，往往在半年以上甚至一年，即年指数作为评价指标已经不能体现它的原有含义。因此，本评价体系对即年指数这个指标进行了改进，引入了期刊被引速率这个指标，详细参见第 1 章。期刊被引速率也被分为三个下级指标来分析：总被引速率、他刊引用速率和学

---

① 中国科技信息研究所、万方数据股份有限公司：《中国科技期刊引证报告 2007 版（扩刊版）》，科学技术出版社 2007 年版，第 7 页。

科引用速率。

15.3.1 总被引速率

根据第 1 章对总被引速率的定义，期刊总被引速率是该刊当年论文和前一年论文在当年被引用总次数与该刊当年发表的和前一年发表的论文总数的比值。被引速率在即年指数的基础上进行扩展，更科学地反映了期刊对学科热点的关注程度和反应速度。表 15-10 给出了 2004—2006 年法学期刊总被引速率、三年的平均值和归一化值。本表按归一化值从大到小排序。

表 15-10　　　　　　　　2004—2006 年法学期刊总被引速率

排序	期刊名称	2004 年	2005 年	2006 年	三年平均	归一化值
1	法学研究	0.6587	0.7458	0.7051	0.7032	1
2	政法论坛	0.3356	0.3759	0.6833	0.4649	0.6611
3	中国法学	0.4349	0.3904	0.4369	0.4207	0.5983
4	中外法学	0.4100	0.3398	0.3704	0.3734	0.5310
5	法商研究	0.2783	0.2823	0.4186	0.3264	0.4642
6	法制与社会发展	0.3148	0.3789	0.2642	0.3193	0.4541
7	法律科学	0.2757	0.3302	0.2986	0.3015	0.4288
8	法学	0.2650	0.2841	0.2653	0.2715	0.3861
9	法学评论	0.2901	0.2166	0.2554	0.2540	0.3612
10	知识产权	0.2616	0.2759	0.1896	0.2424	0.3447
11	现代法学	0.1857	0.1982	0.3367	0.2402	0.3416
12	法学家	0.2022	0.2594	0.1667	0.2094	0.2978
13	比较法研究	0.2093	0.1526	0.2135	0.1918	0.2728
14	环球法律评论	0.2143	0.1894	0.1561	0.1866	0.2654
15	法学论坛	0.1266	0.0988	0.1250	0.1168	0.1661
16	法学杂志	0.0648	0.1073	0.1405	0.1042	0.1482
17	行政法学研究	0.0959	0.1183	0.0893	0.1012	0.1439
18	中国刑事法杂志	0.0890	0.0806	0.1156	0.0951	0.1352
19	当代法学	0.0482	0.1136	0.1229	0.0949	0.1350
20	政治与法律	0.0578	0.0691	0.1403	0.0891	0.1267
21	华东政法学院学报	0.0957	0.0330	0.1167	0.0818	0.1163
22	中国版权	0.0638	0.0630	0.0884	0.0717	0.1020

续表

排序	期刊名称	2004年	2005年	2006年	三年平均	归一化值
23	电子知识产权	0.0385	0.0543	0.1217	0.0715	0.1017
24	河南省政法管理干部学院学报	0.0417	0.0506	0.1162	0.0695	0.0988
25	国家检察官学院学报	0.0717	0.0540	0.0367	0.0541	0.0769
26	法律适用	0.0588	0.0340	0.0513	0.0480	0.0683
27	甘肃政法学院学报	0.0320	0.0370	0.0662	0.0451	0.0641
28	科技与法律	0.0273	0.0520	0.0455	0.0416	0.0592
29	政法论丛	0.0263	0.0403	0.0578	0.0415	0.0590
30	时代法学	0.0143	0.0429	0.0664	0.0412	0.0586
31	河北法学	0.0345	0.0363	0.0518	0.0409	0.0582
32	广西政法管理干部学院学报	0.0181	0.0284	0.0557	0.0341	0.0485
33	北京政法职业学院学报	0.0614	0.0240	0.0152	0.0335	0.0476
33	犯罪研究	0.0328	0.0565	0.0112	0.0335	0.0476
35	人民检察	0.0139	0.0307	0.0470	0.0305	0.0434
36	云南大学学报（法学版）	0.0120	0.0261	0.0362	0.0248	0.0353
37	西南政法大学学报	0.0098	0.0201	0.0233	0.0177	0.0252
38	人民司法	0.0216	0.0103	0.0194	0.0171	0.0243
39	中国司法	0.0080	0.0085	0.0198	0.0121	0.0172
40	福建政法管理干部学院学报	0.0297	0.0045	0	0.0114	0.0162
41	黑龙江省政法管理干部学院学报	0.0103	0.0038	0.0124	0.0088	0.0125
42	中国律师	0.0082	0.0077	0.0087	0.0082	0.0117
43	政法学刊	0.0132	0	0.0104	0.0079	0.0112
44	法律与生活	0.0009	0.0027	0.0034	0.0023	0.0033

从表15-10可以看出，《法学研究》仍然以绝对优势雄踞榜首，三年平均数是第2位的1.5倍。法学期刊三年平均总被引速率明显分为三个层次：第一层次为《法学研究》，三年平均总被引速率在0.7以上；第二层次为排位2—17的期刊，三年平均总被引速率在0.1—0.7之间；其余为第三层次，三年平均总被引速率在0.1以下。

从总被引速率变化可以看出，2004—2006年，表中期刊的平均总被引速率呈逐年上升趋势，三年数值分别为：0.1264、0.1302和0.1494，上升幅度接近20%。从个体期刊来看，上升幅度高的为：《时代法学》、《法律与生活》、《人民检察》、《电子知识产权》、《广西政法管理干部学院学报》、《云南大学学报（法学版）》，这些期刊均提高了两倍以上；还有《政法论坛》等9种期刊提高了一倍以上；但也有《法学论坛》、

《行政法学研究》等 15 种期刊表现出了下降趋势，应引起这些期刊的警觉。

15.3.2 其他期刊引用速率

其他期刊引用速率（也称他刊引用速率）是指该刊当年论文和前一年论文在当年被其他期刊引用的次数与该刊当年发表的和前一年发表的论文总数的比值。这样，将自引排除在外，为来源期刊与非来源期刊评价的公平性提供了良好的条件。表 15-11 给出了 2004—2006 年法学期刊他刊引用速率统计。表中数据包括：各年度他刊引用速率、三年平均值和归一化值。本表按归一化值从大到小排序。

表 15-11　　　　　　　　2004—2006 年法学期刊他刊引用速率

排序	期刊名称	2004 年	2005 年	2006 年	三年平均	归一化值
1	法学研究	0.6228	0.6667	0.6218	0.6371	1
2	中国法学	0.4126	0.3665	0.3981	0.3924	0.6159
3	政法论坛	0.3253	0.2701	0.5125	0.3693	0.5797
4	中外法学	0.4000	0.3398	0.3611	0.3670	0.5760
5	法商研究	0.2652	0.2581	0.3915	0.3049	0.4786
6	法制与社会发展	0.2824	0.3579	0.2311	0.2905	0.4560
7	法律科学	0.2757	0.2123	0.2851	0.2577	0.4045
8	法学评论	0.2672	0.2130	0.2302	0.2368	0.3717
9	现代法学	0.1804	0.1953	0.3197	0.2318	0.3638
10	知识产权	0.2035	0.2126	0.1469	0.1877	0.2946
11	环球法律评论	0.2143	0.1894	0.1561	0.1866	0.2929
12	比较法研究	0.2093	0.1421	0.1979	0.1831	0.2874
13	法学	0.1492	0.1498	0.1406	0.1465	0.2299
14	法学论坛	0.1266	0.0949	0.1215	0.1143	0.1794
15	法学杂志	0.0596	0.1052	0.1259	0.0969	0.1521
16	当代法学	0.0482	0.1136	0.1229	0.0949	0.1490
17	法学家	0.1124	0.0853	0.0799	0.0925	0.1452
18	行政法学研究	0.0822	0.1006	0.0833	0.0887	0.1392
19	政治与法律	0.0553	0.0691	0.1343	0.0862	0.1353
20	华东政法学院学报	0.0870	0.0236	0.1042	0.0716	0.1124
21	河南省政法管理干部学院学报	0.0417	0.0506	0.1162	0.0695	0.1091
22	中国刑事法杂志	0.0628	0.0521	0.0933	0.0694	0.1089
23	中国版权	0.0426	0.0472	0.0803	0.0567	0.0890

续表

排序	期刊名称	2004年	2005年	2006年	三年平均	归一化值
24	国家检察官学院学报	0.0717	0.0540	0.0367	0.0541	0.0849
25	法律适用	0.0588	0.0340	0.0513	0.0480	0.0753
26	科技与法律	0.0273	0.0520	0.0455	0.0416	0.0653
27	时代法学	0.0143	0.0429	0.0664	0.0412	0.0647
28	甘肃政法学院学报	0.0240	0.0370	0.0592	0.0401	0.0629
29	政法论丛	0.0263	0.0403	0.0533	0.0400	0.0628
30	电子知识产权	0.0205	0.0310	0.0608	0.0374	0.0587
31	河北法学	0.0285	0.0308	0.0436	0.0343	0.0538
32	北京政法职业学院学报	0.0614	0.0240	0.0152	0.0335	0.0526
32	犯罪研究	0.0328	0.0565	0.0112	0.0335	0.0526
34	广西政法管理干部学院学报	0.0181	0.0284	0.0532	0.0332	0.0521
35	人民检察	0.0139	0.0307	0.0470	0.0305	0.0479
36	云南大学学报（法学版）	0.0120	0.0261	0.0362	0.0248	0.0389
37	西南政法大学学报	0.0098	0.0201	0.0233	0.0177	0.0278
38	人民司法	0.0216	0.0103	0.0194	0.0171	0.0268
39	中国司法	0.0080	0.0085	0.0198	0.0121	0.0190
40	福建政法管理干部学院学报	0.0297	0.0045	0	0.0114	0.0179
41	黑龙江省政法管理干部学院学报	0.0103	0.0038	0.0124	0.0088	0.0138
42	中国律师	0.0082	0.0077	0.0087	0.0082	0.0129
43	政法学刊	0.0132	0	0.0104	0.0079	0.0124
44	法律与生活	0.0009	0.0027	0.0034	0.0023	0.0036

从表15－11可以看出，排除了自引情况后，法学期刊三年平均他刊引用速率依旧呈现三个层次：第一层次为《法学研究》，该刊以平均值0.6371而独占鳌头，并远远领先于其他期刊；如果我们把平均值位于0.1—0.4之间的期刊划为第二层次的话，则《中国法学》等13种期刊归属此层；位于第三层次的期刊有《法学杂志》等10种期刊，它们的三年平均值在0.05—0.1之间；余下的期刊均可视为他刊引用速率的第四层次。

比较表15－11和表15－10可以发现，法学期刊总被引速率中所包含的自引大约在15%左右。另外，2004—2006年法学期刊他引速率变化情况与总被引速率变化情况相似。

15.3.3 本学科论文引用速率

本学科论文引用速率（也称学科引用速率）是指该刊当年论文和前一年论文在当年被学科引用的次数与该刊当年发表的和前一年发表的论文总数的比值。学科引用速率主要用来反映期刊在本学科的学术反应速度。表 15‑12 给出了 2004—2006 年法学期刊学科引用速率统计。与上表相同，也包括各年度的学科引用速率、三年平均引用速率和该指标的归一化值。

表 15‑12 2004—2006 年法学期刊被本学科论文引用速率

排序	期刊名称	2004 年	2005 年	2006 年	三年平均	归一化值
1	法学研究	0.5269	0.5876	0.5769	0.5638	1
2	政法论坛	0.2941	0.3212	0.5208	0.3787	0.6717
3	中国法学	0.3457	0.2988	0.3495	0.3313	0.5876
4	中外法学	0.3300	0.2913	0.2407	0.2873	0.5096
5	法商研究	0.2304	0.2339	0.3101	0.2581	0.4578
6	法制与社会发展	0.2778	0.2947	0.1840	0.2522	0.4473
7	法律科学	0.2243	0.1792	0.2579	0.2205	0.3911
8	法学	0.2071	0.2137	0.1921	0.2043	0.3624
9	现代法学	0.1459	0.1568	0.2687	0.1905	0.3379
10	法学评论	0.2290	0.1733	0.1619	0.1881	0.3336
11	法学家	0.1648	0.2355	0.1354	0.1786	0.3168
12	知识产权	0.1628	0.2011	0.1185	0.1608	0.2852
13	环球法律评论	0.1518	0.1591	0.1272	0.1460	0.2590
14	比较法研究	0.1570	0.1316	0.1354	0.1413	0.2506
15	法学论坛	0.1048	0.0751	0.0868	0.0889	0.1577
16	法学杂志	0.0518	0.0773	0.1113	0.0801	0.1421
17	中国刑事法杂志	0.0785	0.0569	0.0978	0.0777	0.1378
18	当代法学	0.0292	0.0871	0.1058	0.0740	0.1313
19	华东政法学院学报	0.0696	0.0236	0.0917	0.0616	0.1093
20	行政法学研究	0.0890	0.0473	0.0417	0.0593	0.1052
21	政治与法律	0.0402	0.0358	0.1015	0.0592	0.1050
22	河南省政法管理干部学院学报	0.0343	0.0405	0.0892	0.0547	0.0970
23	电子知识产权	0.0231	0.0413	0.0979	0.0541	0.0960
24	国家检察官学院学报	0.0633	0.0432	0.0367	0.0477	0.0846

续表

排序	期刊名称	2004年	2005年	2006年	三年平均	归一化值
25	中国版权	0.0511	0.0354	0.0442	0.0436	0.0773
26	甘肃政法学院学报	0.0280	0.0296	0.0488	0.0355	0.0630
27	法律适用	0.0404	0.0255	0.0376	0.0345	0.0612
28	政法论丛	0.0226	0.0363	0.0444	0.0344	0.0610
29	科技与法律	0.0195	0.0400	0.0364	0.0320	0.0568
30	犯罪研究	0.0273	0.0565	0.0056	0.0298	0.0529
31	北京政法职业学院学报	0.0439	0.0240	0.0152	0.0277	0.0491
32	河北法学	0.0300	0.0242	0.0283	0.0275	0.0488
33	人民检察	0.0126	0.0258	0.0367	0.0250	0.0443
34	时代法学	0.0071	0.0286	0.0379	0.0245	0.0435
35	广西政法管理干部学院学报	0.0121	0.0087	0.0228	0.0145	0.0257
36	人民司法	0.0149	0.0059	0.0142	0.0117	0.0208
37	西南政法大学学报	0.0098	0.0134	0.0078	0.0103	0.0183
38	云南大学学报（法学版）	0.0040	0.0098	0.0164	0.0101	0.0179
39	福建政法管理干部学院学报	0.0198	0.0045	0	0.0081	0.0144
39	中国司法	0.0067	0.0043	0.0132	0.0081	0.0144
41	政法学刊	0.0132	0	0.0052	0.0061	0.0108
42	中国律师	0.0059	0.0052	0.0025	0.0045	0.0080
43	黑龙江省政法管理干部学院学报	0.0034	0.0019	0.0062	0.0038	0.0067
44	法律与生活	0	0.0009	0.0008	0.0006	0.0011

从表15-12可以看出，法学期刊在学科引用速率方面呈现出的特点与上述两个指标相似，没有很大的变化。

15.3.4 法学期刊被引速率综合分析

期刊被引速率是反映期刊学术影响速度的重要指标，它包括总被引速率、他刊引用速率和学科引用速率三项指标。与期刊被引次数类似，三项指标的权重分别为25%、50%和25%。表15-13给出了2004—2006年法学期刊被引速率综合值计算。其方法与期刊被引次数综合值的计算完全相同，可以参见表15-9的解释。本表按被引速率综合值从大到小排序。

表 15-13　　2004—2006 年法学期刊被引速率综合值

排序	期刊名称	总被引速率归一化值	他刊引用速率归一化值	学科引用速率归一化值	综合值
1	法学研究	1	1	1	1
2	政法论坛	0.6611	0.5797	0.6717	0.6231
3	中国法学	0.5983	0.6159	0.5876	0.6044
4	中外法学	0.5310	0.5760	0.5096	0.5482
5	法商研究	0.4642	0.4786	0.4578	0.4698
6	法制与社会发展	0.4541	0.4560	0.4473	0.4534
7	法律科学	0.4288	0.4045	0.3911	0.4072
8	法学评论	0.3612	0.3717	0.3336	0.3596
9	现代法学	0.3416	0.3638	0.3379	0.3518
10	知识产权	0.3447	0.2946	0.2852	0.3048
11	法学	0.3861	0.2299	0.3624	0.3021
12	环球法律评论	0.2654	0.2929	0.2590	0.2776
13	比较法研究	0.2728	0.2874	0.2506	0.2746
14	法学家	0.2978	0.1452	0.3168	0.2263
15	法学论坛	0.1661	0.1794	0.1577	0.1707
16	法学杂志	0.1482	0.1521	0.1421	0.1486
17	当代法学	0.1350	0.1490	0.1313	0.1411
18	行政法学研究	0.1439	0.1392	0.1052	0.1319
19	政治与法律	0.1267	0.1353	0.1050	0.1256
20	中国刑事法杂志	0.1352	0.1089	0.1378	0.1227
21	华东政法学院学报	0.1163	0.1124	0.1093	0.1126
22	河南省政法管理干部学院学报	0.0988	0.1091	0.0970	0.1035
23	中国版权	0.1020	0.0890	0.0773	0.0893
24	国家检察官学院学报	0.0769	0.0849	0.0846	0.0828
25	电子知识产权	0.1016	0.0587	0.0960	0.0788
26	法律适用	0.0683	0.0753	0.0612	0.0700
27	甘肃政法学院学报	0.0641	0.0629	0.0630	0.0632
28	科技与法律	0.0592	0.0653	0.0568	0.0617
29	政法论丛	0.0590	0.0628	0.0610	0.0614
30	时代法学	0.0585	0.0647	0.0435	0.0579

续表

排序	期刊名称	总被引速率归一化值	他刊引用速率归一化值	学科引用速率归一化值	综合值
31	河北法学	0.0581	0.0538	0.0488	0.0537
32	犯罪研究	0.0476	0.0526	0.0529	0.0514
33	北京政法职业学院学报	0.0476	0.0526	0.0491	0.0505
34	人民检察	0.0434	0.0479	0.0443	0.0459
35	广西政法管理干部学院学报	0.0485	0.0521	0.0257	0.0446
36	云南大学学报（法学版）	0.0353	0.0389	0.0179	0.0328
37	西南政法大学学报	0.0252	0.0278	0.0183	0.0248
38	人民司法	0.0243	0.0268	0.0208	0.0247
39	中国司法	0.0172	0.0190	0.0144	0.0174
40	福建政法管理干部学院学报	0.0162	0.0179	0.0144	0.0166
41	黑龙江省政法管理干部学院学报	0.0125	0.0138	0.0067	0.0117
41	政法学刊	0.0112	0.0124	0.0108	0.0117
43	中国律师	0.0117	0.0129	0.0080	0.0114
44	法律与生活	0.0033	0.0036	0.0011	0.0029

从表 15‐13 可以看出，法学期刊在被引速率这一指标上分布层次明显：《法学研究》以三项指标均高居榜首而位居第一层次，其被引速率综合值为 1；被引速率综合值在 0.1—0.7 之间的 21 种期刊为第二层次；其余为第三层次。

在期刊学术影响速率方面，《法学研究》优势明显，被引速率中的三项指标均遥遥领先于其他期刊，表明《法学研究》在学术影响速率方面是当之无愧的法学期刊的领头羊，并显示出越来越大的强势。此外，《政法论坛》、《中国法学》和《中外法学》在学术影响速率方面也都有着良好的表现。

15.4 法学期刊影响因子分析

期刊的被引次数反映了期刊的绝对影响，而期刊的相对影响则是通过影响因子反映出来的。影响因子的实质是在一定的统计时间范围内期刊发表论文的平均被引用率。[①]一般来说，期刊影响因子越大，说明该期刊的论文平均学术影响和助研作用也

---

① 刘勇："论用期刊影响因子评价论文作者的逻辑前提与局限性"，《编辑学报》2007 年第 2 期，第 152—153 页。

越大。因此，影响因子与期刊被引次数是一个很好的互补。与前两个指标一样，影响因子指标也被细分成了三个下级指标：一般影响因子、他引影响因子、学科影响因子。

15.4.1 一般影响因子

本评价体系的影响因子的计算方法是该刊前第2、3年发表论文在统计当年被引用的总次数与该刊前第2、3年发表论文总数的比值。它反映了期刊的相对影响和重要程度。表15-14给出了2004—2006年法学期刊一般影响因子、三年平均值和这一指标的归一化值。本表按三年平均值从大到小排序。

表15-14　　　　　　　　2004—2006年法学期刊一般影响因子

排序	期刊名称	2004年	2005年	2006年	三年平均	归一化值
1	法学研究	1.0342	0.8043	0.8144	0.8843	1
2	中外法学	0.6055	0.7030	0.5600	0.6228	0.7043
3	中国法学	0.6151	0.4735	0.5465	0.5450	0.6163
4	法律科学	0.3987	0.3652	0.2991	0.3543	0.4007
5	环球法律评论	0.3023	0.4016	0.3214	0.3418	0.3865
6	政法论坛	0.2595	0.3203	0.3702	0.3167	0.3581
7	法商研究	0.2915	0.2838	0.3609	0.3121	0.3529
8	法学	0.3140	0.1852	0.3519	0.2837	0.3208
9	法制与社会发展	0.2318	0.2510	0.3565	0.2798	0.3164
10	现代法学	0.3140	0.2425	0.2281	0.2615	0.2957
11	法学评论	0.2694	0.2646	0.2252	0.2531	0.2862
12	比较法研究	0.2212	0.2701	0.2674	0.2529	0.2860
13	知识产权	0.1630	0.2381	0.3140	0.2384	0.2696
14	法学家	0.2103	0.2026	0.2097	0.2075	0.2346
15	行政法学研究	0.2190	0.2047	0.1644	0.1960	0.2216
16	中国刑事法杂志	0.2183	0.1170	0.2094	0.1816	0.2054
17	法学论坛	0.1354	0.1556	0.2140	0.1683	0.1903
18	科技与法律	0.1005	0.1204	0.1172	0.1127	0.1274
19	中国版权	0.1736	0.0857	0.0596	0.1063	0.1202
20	政治与法律	0.1051	0.1228	0.0879	0.1053	0.1191
21	华东政法学院学报	0.1061	0.0870	0.1087	0.1006	0.1138
22	国家检察官学院学报	0.0598	0.0686	0.1013	0.0766	0.0866

续表

排序	期刊名称	2004年	2005年	2006年	三年平均	归一化值
23	北京政法职业学院学报	0.0583	0.0973	0.0702	0.0753	0.0852
24	电子知识产权	0.0481	0.0725	0.1026	0.0744	0.0841
25	法学杂志	0.0639	0.0573	0.1010	0.0741	0.0838
26	法律适用	0.0491	0.0783	0.0919	0.0731	0.0827
27	河南省政法管理干部学院学报	0.0570	0.0690	0.0613	0.0624	0.0706
28	当代法学	0.0811	0.0507	0.0497	0.0605	0.0684
29	河北法学	0.0372	0.0486	0.0660	0.0506	0.0572
30	人民司法	0.0450	0.0359	0.0663	0.0491	0.0555
31	政法论丛	0.0297	0.0345	0.0789	0.0477	0.0539
32	福建政法管理干部学院学报	0.0609	0.0207	0.0495	0.0437	0.0494
33	时代法学	0.0179	0.0181	0.0929	0.0430	0.0486
34	人民检察	0.0393	0.0252	0.0455	0.0367	0.0415
35	广西政法管理干部学院学报	0.0286	0.0263	0.0423	0.0324	0.0366
36	甘肃政法学院学报	0.0198	0.0441	0.0320	0.0320	0.0362
37	云南大学学报（法学版）	0	0.0289	0.0600	0.0296	0.0335
38	西南政法大学学报	0.0142	0.0137	0.0521	0.0267	0.0302
39	中国律师	0.0358	0.0237	0.0141	0.0245	0.0277
40	黑龙江省政法管理干部学院学报	0.0204	0.0112	0.0239	0.0185	0.0209
41	犯罪研究	0	0.0169	0.0273	0.0147	0.0166
42	中国司法	0.0028	0.0086	0.0320	0.0145	0.0164
43	政法学刊	0.0087	0.0165	0.0159	0.0137	0.0155
44	法律与生活	0.0089	0.0085	0.0124	0.0099	0.0112

从表15-14可以看出，法学作为讨论热点和焦点较多的前沿学科，法学期刊和论文的数量增长迅速，其影响因子也反映了法学学者和研究人员较为注重法学期刊的引用，尤其是以引用期刊近期成果为主。另外，在三年平均一般影响因子排序上，被引数量和被引速率较好的期刊也基本排在前列，如排在前10名的期刊前两个指标的综合值也基本排在前10名。

从年度变化来看，从2004—2006年，法学期刊的年度平均影响因子呈现出先降后升的状况，三年的平均影响因子分别为：0.1608、0.154和0.17，一些排名较后的期刊有了大幅度的上升，如《中国司法》、《时代法学》、《西南政法大学学报》等，均有10倍或数倍的增加。《云南大学学报（法学版）》和《犯罪研究》还实现了 0 的突破。但仍有 14 种期刊的一般影响因子出现了下降，应该引起这些期刊的警觉。

15.4.2 他引影响因子

他引影响因子是排除期刊自引后的影响因子，相对非来源期刊而言，他引影响因子更能够说明期刊的学术影响。表 15-15 给出了 2004—2006 年法学期刊他引影响因子统计。三年平均值由各年度数据进行平均计算得出，各期刊他引影响因子的归一化值由该指标最大的平均数（《法学研究》的 0.7942）作分母求得。本表按三年平均值从大到小排序。

表 15-15　　　　　　　　2004—2006 年法学期刊他引影响因子

排序	期刊名称	2004 年	2005 年	2006 年	三年平均	归一化值
1	法学研究	0.9384	0.6957	0.7485	0.7942	1
2	中外法学	0.5596	0.6931	0.5400	0.5976	0.7525
3	中国法学	0.5833	0.4394	0.5167	0.5131	0.6461
4	法律科学	0.3987	0.3427	0.2850	0.3421	0.4307
5	环球法律评论	0.3023	0.4016	0.3214	0.3418	0.4304
6	政法论坛	0.2405	0.3060	0.3426	0.2964	0.3732
7	法商研究	0.2915	0.2664	0.3130	0.2903	0.3655
8	法制与社会发展	0.2182	0.2357	0.3194	0.2578	0.3246
9	现代法学	0.2730	0.2365	0.2255	0.2450	0.3085
10	法学	0.2681	0.1505	0.3007	0.2398	0.3019
11	比较法研究	0.2019	0.2555	0.2500	0.2358	0.2969
12	法学评论	0.2472	0.2374	0.1985	0.2277	0.2867
13	知识产权	0.1630	0.2381	0.2616	0.2209	0.2781
14	法学家	0.1974	0.1724	0.1798	0.1832	0.2307
15	法学论坛	0.1198	0.1556	0.2052	0.1602	0.2017
16	中国刑事法杂志	0.1980	0.0851	0.1623	0.1485	0.1870
17	行政法学研究	0.1460	0.1417	0.1370	0.1416	0.1783
18	科技与法律	0.1005	0.1204	0.1133	0.1114	0.1403
19	政治与法律	0.1051	0.1198	0.0829	0.1026	0.1292
20	中国版权	0.1694	0.0816	0.0553	0.1021	0.1286
21	华东政法学院学报	0.0894	0.0725	0.1087	0.0902	0.1136
22	国家检察官学院学报	0.0598	0.0686	0.1013	0.0766	0.0964

续表

排序	期刊名称	2004年	2005年	2006年	三年平均	归一化值
23	北京政法职业学院学报	0.0583	0.0973	0.0702	0.0753	0.0948
24	法律适用	0.0509	0.0783	0.0919	0.0737	0.0928
25	法学杂志	0.0639	0.0547	0.0933	0.0706	0.0889
26	电子知识产权	0.0401	0.0632	0.1000	0.0678	0.0854
27	河南省政法管理干部学院学报	0.0570	0.0690	0.0613	0.0624	0.0786
28	当代法学	0.0811	0.0507	0.0497	0.0605	0.0762
29	人民司法	0.0450	0.0359	0.0663	0.0491	0.0618
30	政法论丛	0.0297	0.0345	0.0789	0.0477	0.0601
31	福建政法管理干部学院学报	0.0609	0.0207	0.0495	0.0437	0.0550
31	河北法学	0.0317	0.0423	0.0570	0.0437	0.0550
33	时代法学	0.0179	0.0181	0.0929	0.0430	0.0541
34	人民检察	0.0393	0.0252	0.0455	0.0367	0.0462
35	广西政法管理干部学院学报	0.0286	0.0263	0.0423	0.0324	0.0408
36	甘肃政法学院学报	0.0198	0.0441	0.0280	0.0306	0.0385
37	云南大学学报（法学版）	0	0.0289	0.0600	0.0296	0.0373
38	西南政法大学学报	0.0142	0.0137	0.0521	0.0267	0.0336
39	中国律师	0.0358	0.0237	0.0141	0.0245	0.0308
40	黑龙江省政法管理干部学院学报	0.0204	0.0112	0.0239	0.0185	0.0233
41	犯罪研究	0	0.0169	0.0273	0.0147	0.0185
42	中国司法	0.0028	0.0086	0.0320	0.0145	0.0183
43	政法学刊	0.0087	0.0165	0.0159	0.0137	0.0173
44	法律与生活	0.0089	0.0085	0.0124	0.0099	0.0125

从表15-15可以看出，排除自引情况后，法学期刊他引影响因子与一般影响因子相比变化不大，说明法学期刊的自引率不高。一般影响因子排在前10位的期刊，他引影响因子仍然处于前10位，但少数期刊出现名次微变，如《法学》从第8位退至第10位，《法制与社会发展》和《现代法学》均上升一位，分别升至第8、第9位。排在10名以后的期刊有6种期刊名次有所提前，它们是《比较法研究》、《法学论坛》、《政治与法律》、《法律适用》、《人民司法》和《政法论坛》，有5种期刊名次有一定后退，即《法学评论》、《行政法学研究》、《中国版权》、《电子知识产权》和《河北司法》，名次后退的期刊通常具有比较高的自引率，这些期刊应当注意控制本刊的自引率。

15.4.3 学科影响因子

通过学科影响因子的研究，可以分析期刊对本学科研究的影响，能够反映期刊所刊载的论文与本学科领域的相关程度。表 15-16 给出了 2004—2006 年法学期刊学科影响因子统计。内容包括各年度的学科影响因子、三年平均学科影响因子以及该指标的归一化值。本表按三年平均值从大到小排序。

表 15-16　　　　　　2004—2006 年法学期刊学科影响因子

排序	期刊名称	2004 年	2005 年	2006 年	三年平均	归一化值
1	法学研究	0.6096	0.5942	0.4371	0.5470	1
2	中外法学	0.4404	0.4653	0.3300	0.4119	0.7530
3	中国法学	0.4127	0.2955	0.3494	0.3525	0.6444
4	法律科学	0.2785	0.1798	0.1589	0.2057	0.3761
5	环球法律评论	0.1628	0.2520	0.1964	0.2037	0.3724
6	政法论坛	0.1756	0.1673	0.2180	0.1870	0.3419
7	法商研究	0.1794	0.1266	0.2348	0.1803	0.3296
8	法学	0.2077	0.1273	0.1893	0.1748	0.3196
9	比较法研究	0.1827	0.1679	0.1570	0.1692	0.3093
10	法制与社会发展	0.1500	0.1597	0.1944	0.1680	0.3071
11	现代法学	0.2048	0.1377	0.1379	0.1601	0.2927
12	法学评论	0.1624	0.1595	0.1221	0.1480	0.2706
13	中国刑事法杂志	0.1777	0.0745	0.1675	0.1399	0.2558
14	行政法学研究	0.1752	0.1575	0.0753	0.1360	0.2486
15	法学家	0.1416	0.1336	0.1199	0.1317	0.2408
16	法学论坛	0.0677	0.1067	0.0873	0.0872	0.1594
17	知识产权	0.0370	0.0612	0.1337	0.0773	0.1413
18	政治与法律	0.0543	0.0659	0.0553	0.0585	0.1069
19	华东政法学院学报	0.0726	0.0531	0.0304	0.0520	0.0951
20	国家检察官学院学报	0.0299	0.0505	0.0633	0.0479	0.0876
21	科技与法律	0.0478	0.0463	0.0391	0.0444	0.0812
22	北京政法职业学院学报	0.0417	0.0442	0.0439	0.0433	0.0792
23	法律适用	0.0291	0.0552	0.0441	0.0428	0.0782
24	人民司法	0.0291	0.0266	0.0431	0.0329	0.0601
25	河南省政法管理干部学院学报	0.0268	0.0374	0.0343	0.0328	0.0600
26	中国版权	0.0372	0.0327	0.0255	0.0318	0.0581

续表

排序	期刊名称	2004 年	2005 年	2006 年	三年平均	归一化值
27	法学杂志	0.0230	0.0208	0.0389	0.0276	0.0505
28	河北法学	0.0205	0.0211	0.0405	0.0274	0.0501
29	当代法学	0.0347	0.0190	0.0249	0.0262	0.0479
30	人民检察	0.0272	0.0196	0.0316	0.0261	0.0477
31	政法论丛	0.0169	0.0115	0.0451	0.0245	0.0448
32	电子知识产权	0.0160	0.0223	0.0308	0.0230	0.0420
33	云南大学学报（法学版）	0	0.0289	0.0240	0.0176	0.0322
34	时代法学	0.0090	0.0072	0.0357	0.0173	0.0316
35	广西政法管理干部学院学报	0.0159	0.0120	0.0161	0.0147	0.0269
36	福建政法管理干部学院学报	0.0102	0.0155	0.0149	0.0135	0.0247
37	中国律师	0.0164	0.0118	0.0059	0.0114	0.0208
38	黑龙江省政法管理干部学院学报	0.0127	0.0093	0.0120	0.0113	0.0207
39	甘肃政法学院学报	0.0079	0.0147	0.0080	0.0102	0.0186
40	西南政法大学学报	0.0028	0.0103	0.0163	0.0098	0.0179
41	中国司法	0.0019	0.0054	0.0147	0.0073	0.0133
42	犯罪研究	0	0.0113	0.0055	0.0056	0.0102
43	法律与生活	0	0.0043	0.0053	0.0032	0.0059
44	政法学刊	0.0029	0	0.0026	0.0018	0.0033

从表15-16可以看出，排除被其他学科论文引用次数后，法学期刊学科影响因子排名相对一般影响因子有较大变化。《知识产权》从13位退至学科影响因子排序第17位，《中国版权》和《科技与法律》也分别退至20位以后，说明这几种期刊不仅仅对本学科产生着学术影响，对其他学科也有着不小的影响，也体现了这些期刊的学科交叉性。而《华东政法学院学报》和《国家检察官学院学报》分别进入前20位，说明这两种期刊与法学研究领域相关性很紧密。

从2004—2006年三年平均学科影响因子变化情况来看，和上两种影响因子具有相同的情况，均为先降后升。但不同的是，2006年的平均值低于2004年的平均值，这一点也说明了，法学研究成果对其他学科的影响在逐渐加大。

15.4.4 法学期刊影响因子综合分析

在本评价体系中，与期刊被引次数和被引速率相同，期刊影响因子的三个下级指标权重分配为：一般影响因子25%、他引影响因子50%、学科影响因子25%。表

15-17给出了2004—2006年法学期刊影响因子综合值计算，其方法与期刊被引次数和被引速率相同。本表按影响因子综合值从大到小排序。

表15-17　　　　　　　　2004—2006年法学期刊影响因子综合值

排序	期刊名称	一般影响因子归一化值	他引影响因子归一化值	学科影响因子归一化值	综合值
1	法学研究	1	1	1	1
2	中外法学	0.7043	0.7525	0.7530	0.7406
3	中国法学	0.6163	0.6461	0.6444	0.6382
4	法律科学	0.4007	0.4307	0.3761	0.4096
5	环球法律评论	0.3865	0.4304	0.3724	0.4049
6	政法论坛	0.3581	0.3732	0.3419	0.3616
7	法商研究	0.3529	0.3655	0.3296	0.3534
8	法制与社会发展	0.3164	0.3246	0.3071	0.3182
9	法学	0.3208	0.3019	0.3196	0.3111
10	现代法学	0.2957	0.3085	0.2927	0.3014
11	比较法研究	0.2860	0.2969	0.3093	0.2973
12	法学评论	0.2862	0.2867	0.2706	0.2826
13	知识产权	0.2696	0.2781	0.1413	0.2418
14	法学家	0.2346	0.2307	0.2408	0.2342
15	中国刑事法杂志	0.2054	0.1870	0.2558	0.2088
16	行政法学研究	0.2216	0.1783	0.2486	0.2067
17	法学论坛	0.1903	0.2017	0.1594	0.1883
18	科技与法律	0.1274	0.1403	0.0812	0.1223
19	政治与法律	0.1191	0.1292	0.1069	0.1211
20	华东政法学院学报	0.1138	0.1136	0.0951	0.1090
21	中国版权	0.1202	0.1286	0.0581	0.1089
22	国家检察官学院学报	0.0866	0.0964	0.0876	0.0918
23	北京政法职业学院学报	0.0852	0.0948	0.0792	0.0885
24	法律适用	0.0827	0.0928	0.0782	0.0866
25	法学杂志	0.0838	0.0889	0.0505	0.0780
26	电子知识产权	0.0841	0.0854	0.0420	0.0742
27	河南省政法管理干部学院学报	0.0706	0.0786	0.0600	0.0720

续表

排序	期刊名称	一般影响因子归一化值	他引影响因子归一化值	学科影响因子归一化值	综合值
28	当代法学	0.0684	0.0762	0.0479	0.0672
29	人民司法	0.0555	0.0618	0.0601	0.0598
30	政法论丛	0.0539	0.0601	0.0448	0.0547
31	河北法学	0.0572	0.0550	0.0501	0.0543
32	时代法学	0.0486	0.0541	0.0316	0.0471
33	福建政法管理干部学院学报	0.0494	0.0550	0.0247	0.0460
34	人民检察	0.0415	0.0462	0.0477	0.0454
35	广西政法管理干部学院学报	0.0366	0.0408	0.0269	0.0363
36	云南大学学报（法学版）	0.0335	0.0373	0.0322	0.0351
37	甘肃政法学院学报	0.0362	0.0385	0.0186	0.0330
38	西南政法大学学报	0.0302	0.0336	0.0179	0.0288
39	中国律师	0.0277	0.0308	0.0208	0.0275
40	黑龙江省政法管理干部学院学报	0.0209	0.0233	0.0207	0.0221
41	中国司法	0.0164	0.0183	0.0133	0.0166
42	犯罪研究	0.0166	0.0185	0.0102	0.0160
43	政法学刊	0.0155	0.0173	0.0033	0.0134
44	法律与生活	0.0112	0.0125	0.0059	0.0105

分析表15－17中法学期刊影响因子综合值可以看出，学界公认的、学术影响较大的期刊依然排在前几位，尤其是排在第1的《法学研究》，三项指标均独占鳌头；排在第2的《中外法学》，三项分指标均排在第2位；位居第3的《中国法学》在三项分指标上均排在第3位。说明上述三种期刊在法学界的重要地位不可替代。

如果我们根据影响因子综合值来划分法学期刊的层次的话，影响因子综合值位于1—0.7的期刊当属第一层次，即《法学研究》和《中外法学》可归入第一层次；综合值在0.7—0.1之间的19种期刊可列入第二层次；综合值在0.1—0.05之间的10种期刊可列入第三层次；其余法学期刊可归入第四层次。影响因子综合指标反映出来的结果与前两项指标的排序结果非常接近。

15.5 法学期刊被引广度分析

除了期刊被引次数、被引速率、影响因子以外，衡量期刊学术影响的还有一个重要指标，即期刊被引广度。它反映的是某种期刊相对其他期刊的影响力（更确切的说是对其他期刊的文章作者的影响力）。一般说来引用一种期刊的期刊种数越多，该期刊的被引广度就越大。本评价体系对期刊被引广度的计算参见本书第1章。表15-18给出了2004—2006年法学期刊被引广度、三年的平均值和归一化值。本表按三年平均值从大到小排序。

表 15-18　　　　　　　　　2004—2006 年法学期刊被引广度

排序	期刊名称	2004 年	2005 年	2006 年	三年平均	归一化值
1	法学研究	57.2	61.6	71.4	63.40	1
2	中国法学	54.0	60.2	68.0	60.73	0.9579
3	法学	46.6	47.6	62.8	52.33	0.8254
4	法学评论	36.0	40.0	46.0	40.67	0.6415
5	中外法学	34.0	42.0	44.0	40.00	0.6309
6	现代法学	37.2	37.4	45.0	39.87	0.6289
6	政法论坛	32.8	37.2	49.6	39.87	0.6289
8	法律科学	32.4	34.4	44.6	37.07	0.5847
9	法制与社会发展	22.0	29.2	33.8	28.33	0.4468
10	法商研究	31.2	34.6	16.0	27.27	0.4301
11	比较法研究	21.6	26.0	30.0	25.87	0.4080
12	法学家	21.6	25.0	23.0	23.20	0.3659
13	政治与法律	18.0	21.6	23.6	21.07	0.3323
14	知识产权	19.8	21.8	21.2	20.93	0.3301
15	法学杂志	14.6	19.4	23.8	19.27	0.3039
16	环球法律评论	14.8	19.4	23.4	19.20	0.3028
16	法学论坛	15.4	17.8	24.4	19.20	0.3028
18	河北法学	14.2	17.2	25.8	19.07	0.3008
19	当代法学	16.0	18.2	20.8	18.33	0.2891
20	法律适用	15.8	15.4	22.8	18.00	0.2839
21	人民司法	16.0	14.8	20.0	16.93	0.2670
22	行政法学研究	12.0	16.0	20.0	16.00	0.2524
23	人民检察	12.6	14.6	19.4	15.53	0.2450
24	中国刑事法杂志	14.8	12.4	18.0	15.07	0.2377
25	华东政法学院学报	11.8	12.4	17.8	14.00	0.2208

续表

排序	期刊名称	2004年	2005年	2006年	三年平均	归一化值
26	电子知识产权	9.8	12.6	18.4	13.60	0.2145
27	河南省政法管理干部学院学报	9.6	11.0	17.2	12.60	0.1987
28	中国版权	15.0	13.0	9.4	12.47	0.1967
29	中国律师	15.4	9.8	9.2	11.47	0.1809
30	科技与法律	9.0	12.6	11.2	10.93	0.1724
31	国家检察官学院学报	7.6	8.4	12.6	9.53	0.1503
32	广西政法管理干部学院学报	4.4	6.8	11.0	7.40	0.1167
33	政法论丛	3.8	7.0	10.0	6.93	0.1093
34	甘肃政法学院学报	4.2	6.8	7.6	6.20	0.0978
34	时代法学	3.8	5.2	9.6	6.20	0.0978
36	中国司法	2.4	4.2	8.0	4.87	0.0768
37	云南大学学报（法学版）	1.8	4.0	7.8	4.53	0.0715
38	黑龙江省政法管理干部学院学报	2.8	2.2	5.2	3.40	0.0536
39	北京政法职业学院学报	3.2	3.6	3.0	3.27	0.0516
40	法律与生活	1.6	2.4	5.0	3.07	0.0484
40	西南政法大学学报	2.0	2.2	5.0	3.07	0.0484
40	中国监狱学刊	1.6	5.4	2.2	3.07	0.0484
43	福建政法管理干部学院学报	4.2	1.6	3.2	3.00	0.0473
44	政法学刊	2.4	2.4	4.0	2.93	0.0462
45	犯罪研究	1.4	2.6	2.4	2.13	0.0336

从表 15-18 可以看到，《法学研究》和《中国法学》以绝对的优势遥遥领先于其他期刊，他们的平均被引广度均在 60 以上，大大高于法学类来源期刊数（21种）[1]，说明这两种期刊不仅影响着本学科期刊，还影响着大量的综合性期刊和非本学科期刊。《法学》、《法学评论》、《中外法学》等 11 种期刊的平均被引广度也在 21以上，表明它们的学术影响超越了本学科。其他期刊的被引广度均不超过 21，说明这些期刊的影响力多数还局限在法学类期刊中。

2004—2006 年间，法学期刊的被引广度均有不同程度的提高，表 15-18 中 45 种期刊的平均被引广度逐年上升，2005 年上升 12.61%，2006 年上升 19.19%，三年上升了 34.22%，说明法学期刊正不断扩大其影响度。有 23 种期刊的被引广度提升了

---

[1] 因为统计源期刊为 CSSCI 来源期刊，也就是说只有 21 种法学期刊参与统计。

50%以上，其中，有 7 种期刊的被引广度提升了一倍以上，上升幅度最大的是《云南大学学报（法学版）》，提升了 3.33 倍。但也有 5 种期刊的被引广度出现了下降。

如果我们从期刊的被引广度这一角度将法学期刊划分层次，平均被引广度在 60 次以上的《法学研究》和《中国法学》列为法学期刊第一层次；平均被引广度在 20— 60 之间的 12 种期刊归入第二层次；余下的法学期刊均归入第三层次。

15.6　法学期刊二次文献转载分析

二次文献转载指标是我国几种重要的二次文献对各期刊中论文全文转载的数量统计。二次文献的转载与否、转载率的高低也是国内外检验学术期刊质量高低的一项主要指标。[①]法学期刊的二次文献转载分析主要采用三种二次文献数据，即人民出版社主办的《新华文摘》、中国社会科学杂志社主办的《中国社会科学文摘》和中国人民大学主办的《复印报刊资料》。这三种文献数据具有一定的权威性，它们主要转载中国人文社会科学领域的重要研究成果，反映各学科领域学术动态和学术走向。因此，对二次文献转载指标的分析可以作为对其他指标的一个补充。

15.6.1　《新华文摘》全文转载

《新华文摘》是一种大型的综合性、学术性文摘，内容涉及政治、法学、法、历史、文学艺术、法学、社会学、教育学等多种人文社会科学学科，具有一定的学术性和权威性。因此，《新华文摘》全文转载法学期刊论文数量，可以作为评价期刊学术质量的指标之一。表 15-19 给出了 2004—2006 年法学期刊被《新华文摘》全文转载的统计数据，其中：包括各期刊年度转载数据、三年平均值和归一化值。表 15-19 按三年平均值从大到小排序。

表 15-19　　　2004—2006 年法学期刊被《新华文摘》全文转载统计

排序	期刊名称	2004 年（篇）	2005 年（篇）	2006 年（篇）	三年平均（篇）	归一化值
1	政法论坛	5	2	4	3.67	1
2	法学	2	4	1	2.33	0.6349
3	法学研究	0	3	3	2.00	0.5450
3	中国法学	0	2	4	2.00	0.5450

---

① 尹玉吉、毕红卫："关于提高学术期刊二次文献转载率"，《编辑之友》2000 年第 4 期，第 23 页。

续表

排序	期刊名称	2004年（篇）	2005年（篇）	2006年（篇）	三年平均（篇）	归一化值
5	法学家	1	1	3	1.67	0.4550
6	法律科学	1	2	1	1.33	0.3624
6	法商研究	0	1	3	1.33	0.3624
6	法学评论	0	2	2	1.33	0.3624
6	华东政法学院学报	0	1	3	1.33	0.3624
10	环球法律评论	0	1	2	1.00	0.2725
10	现代法学	1	0	2	1.00	0.2725
12	当代法学	0	0	2	0.67	0.1826
12	法学论坛	1	1	0	0.67	0.1826
12	法学杂志	0	2	0	0.67	0.1826
12	政治与法律	0	0	2	0.67	0.1826
12	中国版权	0	2	0	0.67	0.1826
17	比较法研究	0	0	1	0.33	0.0899
17	电子知识产权	0	0	1	0.33	0.0899
17	法制与社会发展	0	0	1	0.33	0.0899
17	河北法学	0	0	1	0.33	0.0899
17	人民检察	0	0	1	0.33	0.0899
17	行政法学研究	0	0	1	0.33	0.0899
17	政法学刊	0	0	1	0.33	0.0899
17	知识产权	1	0	0	0.33	0.0899
17	中外法学	0	1	0	0.33	0.0899

注：本表仅列出被转载的期刊，其他未列期刊转载均为0，下同。

根据表15－19的数据显示，除了《政法论坛》、《法学》、《法学研究》、《中国法学》和《法学家》等刊外，法学期刊被《新华文摘》全文转载的次数均比较少。2004—2006年仅有25种左右的法学期刊被转载过，其中来源期刊占了19种，有2种CSSCI来源期刊三年间没有被转载过。

法学期刊呈现的这种被转载期刊较少、转载篇数也较少的现象，是由于《新华文摘》每年摘收的论文数量较少，而且只摘收反映最新学术动态、与国家政治、政策紧密相关、社会与学界关注和质量较高的精品法学论文，而这些论文又集中在少数质量较高的法学期刊，因此造成大量法学期刊鲜有转载。

15.6.2 中国社会科学文摘全文转载

《中国社会科学文摘》是择优推介人文社会科学重要研究成果的文摘。该文摘以转载社科类的精品论文为主，所以总体转载数量也比较少。表15-20给出了2004—2006年法学期刊被《中国社会科学文摘》全文转载的统计数据，其中年度数据平均后得到三年平均值，再经过归一化计算得到各期刊这一指标的归一化值。表15-20按三年平均值从大到小排序。

表15-20　2004—2006年法学期刊被《中国社会科学文摘》全文转载统计

排序	期刊名称	2004年（篇）	2005年（篇）	2006年（篇）	三年平均（篇）	归一化值
1	政法论坛	6	2	4	4.00	1
2	中外法学	3	2	5	3.33	0.8325
3	法学研究	3	2	3	2.67	0.6675
3	环球法律评论	0	5	3	2.67	0.6675
5	中国法学	2	3	2	2.33	0.5825
6	法商研究	0	3	3	2.00	0.5000
6	现代法学	0	3	3	2.00	0.5000
8	法律科学	1	3	1	1.67	0.4175
8	法学	0	3	2	1.67	0.4175
10	比较法研究	4	0	0	1.33	0.3325
10	法学家	1	1	2	1.33	0.3325
10	华东政法学院学报	0	1	3	1.33	0.3325
13	法律适用	0	0	3	1.00	0.2500
13	法学杂志	1	0	2	1.00	0.2500
15	当代法学	1	1	0	0.67	0.1675
15	法制与社会发展	1	1	0	0.67	0.1675
15	河北法学	0	0	2	0.67	0.1675
15	河南省政法管理干部学院学报	0	1	1	0.67	0.1675
15	政治与法律	1	0	1	0.67	0.1675
20	法学论坛	0	0	1	0.33	0.0825
20	甘肃政法学院学报	1	0	0	0.33	0.0825
20	科技与法律	1	0	0	0.33	0.0825
20	人民司法	0	0	1	0.33	0.0825

续表

排序	期刊名称	2004年（篇）	2005年（篇）	2006年（篇）	三年平均（篇）	归一化值
20	时代法学	0	0	1	0.33	0.0825
20	西南政法大学学报	0	0	1	0.33	0.0825
20	中国版权	0	0	1	0.33	0.0825

从表15-20可以看出，与《新华文摘》转载情况类似，法学期刊除《政法论坛》、《中外法学》、《法学研究》、《环球法律评论》和《中国法学》以外，大部分法学期刊被《中国社会科学文摘》转载的次数较少，或者三年间从未被转载。从三年间转载数量的变化情况来看，转载次数的变化也存在一定的偶然性。

15.6.3 《复印报刊资料》全文转载

《复印报刊资料》是国内较具权威性的社会科学、人文科学专题文献资料库，其转载的内容涉及100多个专题，收集的范围和期刊论文数量较前两种文摘更为广泛。因此，各期刊被《复印报刊资料》转载的可能性较前两种文摘更大，被转载的次数也更多。对于法学期刊来说，《复印报刊资料》设立的"法学门类"近10个专题资料转载了大量法学领域发表的优秀论文，无形中提高了法学期刊的转载次数。表15-21给出了2004—2006年法学期刊被《复印报刊资料》全文转载的统计数据。包括内容：各年度的转载次数、三年平均转载次数和该指标的归一化值。本表按三年平均值从大到小排序。

表15-21 2004—2006年法学期刊被《复印报刊资料》全文转载统计

排序	期刊名称	2004年（篇）	2005年（篇）	2006年（篇）	三年平均（篇）	归一化值
1	法学	46	55	61	54.00	1
2	法商研究	49	43	43	45.00	0.8333
3	法学家	46	49	36	43.67	0.8087
4	现代法学	43	43	36	40.67	0.7531
5	政法论坛	43	32	22	32.33	0.5987
6	法学评论	39	30	26	31.67	0.5865
7	法律科学	21	31	36	29.33	0.5431
8	河南省政法管理干部学院学报	27	31	22	26.67	0.4939
9	法律适用	31	25	17	24.33	0.4506
10	比较法研究	23	21	26	23.33	0.4320

续表

排序	期刊名称	2004年（篇）	2005年（篇）	2006年（篇）	三年平均（篇）	归一化值
11	当代法学	24	25	14	21.00	0.3889
11	河北法学	9	23	31	21.00	0.3889
13	法制与社会发展	19	23	18	20.00	0.3704
14	环球法律评论	16	14	27	19.00	0.3519
15	人民司法	14	16	17	15.67	0.2902
16	法学杂志	10	20	15	15.00	0.2778
16	政治与法律	11	23	11	15.00	0.2778
18	华东政法学院学报	11	13	19	14.33	0.2654
19	甘肃政法学院学报	7	16	19	14.00	0.2593
19	云南大学学报（法学版）	15	13	14	14.00	0.2593
21	法学论坛	10	18	11	13.00	0.2407
21	中外法学	14	9	16	13.00	0.2407
23	时代法学	5	18	15	12.67	0.2346
23	中国刑事法杂志	10	9	19	12.67	0.2346
25	国家检察官学院学报	11	7	17	11.67	0.2161
26	行政法学研究	10	8	9	9.00	0.1667
26	知识产权	8	4	15	9.00	0.1667
28	中国司法	11	2	11	8.00	0.1481
29	人民检察	6	11	6	7.67	0.1420
30	西南政法大学学报	8	6	8	7.33	0.1357
31	政法论丛	5	9	7	7.00	0.1296
32	法律与生活	0	19	0	6.33	0.1172
33	科技与法律	8	7	3	6.00	0.1111
33	中国律师	9	7	2	6.00	0.1111
35	广西政法管理干部学院学报	4	3	6	4.33	0.0802
36	中国监狱学刊	0	9	2	3.67	0.0680
37	政法学刊	5	1	4	3.33	0.0617
38	福建政法管理干部学院学报	2	3	3	2.67	0.0494
38	中国版权	3	4	1	2.67	0.0494
40	北京政法职业学院学报	4	2	1	2.33	0.0431
40	电子知识产权	0	3	4	2.33	0.0431

续表

排序	期刊名称	2004年（篇）	2005年（篇）	2006年（篇）	三年平均（篇）	归一化值
42	黑龙江省政法管理干部学院学报	1	1	3	1.67	0.0309
43	中国法学	2	2	0	1.33	0.0247
44	犯罪研究	1	0	1	0.67	0.0123
45	法学研究	0	0	0	0	0

从表 15-21 可以看到：在三年平均转载次数的排名上，居于第一方阵（年均 20 篇以上）的前 13 种期刊转载次数占总数的 62%，其中 CSSCI 来源期刊占据 9 席；居于第二方阵的 12 种期刊三年平均转载次数在 10—19 次之间；其余期刊归入第三方阵。

三年间，大部分法学期刊被《复印报刊资料》转载的次数起伏不定，很多期刊还出现了转载次数减少的情况。在表 15-21 所列 45 种期刊中，共有 15 种期刊出现转载次数减少的现象，占被转载期刊总数的三分之一。

由此分析，《复印报刊资料》对法学期刊论文的转载面较广，但是其在选择转载论文时仍十分注重论文的质量。对于质量较高的期刊来说，由于其刊登优秀的论文而使转载次数处于高位，对于质量较低的期刊来说，由于缺乏优秀的论文而使转载次数排名靠后，甚至没有被转载的情况。当然，个别学术影响很大的期刊在《复印报刊资料》上没有一篇文章被转载，可能存在其他原因。

15.6.4 二次文献转载综合分析

二次文献转载指标是期刊评价指标的重要补充。本评价体系按照期刊论文被这三种二次文献转载的难易程度进行权重分配，其占比例分别为：《新华文摘》（45%）、《中国社会科学文摘》（35%）、《复印报刊资料》（20%）。表 15-22 给出了 2004—2006 年法学期刊二次文献转载各指标的归一化值和综合值。综合值计算方法参见本书第 1 章。本表按二次文献转载综合值从大到小排序。

表 15-22　　　　2004—2006 年法学期刊二次文献转载综合值

排序	期刊名称	新华文摘归一化值	中国社会科学文摘归一化值	复印报刊资料归一化值	综合值
1	政法论坛	1	1	0.5987	0.9197
2	法学	0.6349	0.4175	1	0.6318
3	法学研究	0.5450	0.6675	—	0.6001
4	法商研究	0.3624	0.5000	0.8333	0.5047

第15章 法学

续表

排序	期刊名称	新华文摘归一化值	中国社会科学文摘归一化值	复印报刊资料归一化值	综合值
5	法学家	0.4550	0.3325	0.8087	0.4829
6	中国法学	0.5450	0.5825	0.0247	0.4541
7	现代法学	0.2725	0.5000	0.7531	0.4482
8	环球法律评论	0.2725	0.6675	0.3519	0.4266
9	法律科学	0.3624	0.4175	0.5431	0.4178
10	中外法学	0.0899	0.8325	0.2407	0.3800
11	华东政法学院学报	0.3624	0.3325	0.2654	0.3325
12	法学评论	0.3624	0	0.5865	0.2804
13	比较法研究	0.0899	0.3325	0.4320	0.2432
14	法学杂志	0.1826	0.2500	0.2778	0.2252
15	当代法学	0.1826	0.1675	0.3889	0.2186
16	政治与法律	0.1826	0.1675	0.2778	0.1964
17	法律适用	0	0.2500	0.4506	0.1776
18	河北法学	0.0899	0.1675	0.3889	0.1769
19	法制与社会发展	0.0899	0.1675	0.3704	0.1732
20	法学论坛	0.1826	0.0825	0.2407	0.1592
21	河南省政法管理干部学院学报	0	0.1675	0.4939	0.1574
22	中国版权	0.1826	0.0825	0.0494	0.1209
23	人民司法	0	0.0825	0.2902	0.0869
24	甘肃政法学院学报	0	0.0825	0.2593	0.0807
25	时代法学	0	0.0825	0.2346	0.0758
26	行政法学研究	0.0899	0	0.1667	0.0738
26	知识产权	0.0899	0	0.1667	0.0738
28	人民检察	0.0899	0	0.1420	0.0689
29	西南政法大学学报	0	0.0825	0.1357	0.0560
30	政法学刊	0.0899	0	0.0617	0.0528
31	云南大学学报（法学版）	0	0	0.2593	0.0519
32	科技与法律	0	0.0825	0.1111	0.0511
33	电子知识产权	0.0899	0	0.0431	0.0491
34	中国刑事法杂志	0	0	0.2346	0.0469

续表

排序	期刊名称	新华文摘归一化值	中国社会科学文摘归一化值	复印报刊资料归一化值	综合值
35	国家检察官学院学报	0	0	0.2161	0.0432
36	中国司法	0	0	0.1481	0.0296
37	政法论丛	0	0	0.1296	0.0259
38	法律与生活	0	0	0.1172	0.0234
39	中国律师	0	0	0.1111	0.0222
40	广西政法管理干部学院学报	0	0	0.0802	0.0160
41	中国监狱学刊	0	0	0.0680	0.0136
42	福建政法管理干部学院学报	0	0	0.0494	0.0099
43	北京政法职业学院学报	0	0	0.0431	0.0086
44	黑龙江省政法管理干部学院学报	0	0	0.0309	0.0062
45	犯罪研究	0	0	0.0123	0.0025

注：《法学研究》的计算权重只分配给两个指标，即《新华文摘》0.55，《中国社会科学文摘》0.45。

从表15-22可以看到，从二次文献转载综合值上来看，《政法论坛》以二项第1，另一项排名第5，以最高分值占据排名的首位；《法学》以一项第一的优势位居第2，分值达到0.6318；《法学研究》两项分别均为第3，综合值排在第3位，指标值为0.6001；《法商研究》在三项指标中以一项第2，两项第6，确保其综合值位居第4。如果根据二次文献转载综合值划分法学期刊方阵，则综合值位于0.9197的《政法论坛》属于第一方阵；综合值在0.7—0.1之间的21种期刊归入第二方阵；其他期刊划为第三方阵。

15.7 法学期刊Web即年下载率分析

随着网络的普及和各类期刊全文数据库的不断完善，越来越多的作者选择网络来搜集所需要的期刊文献。Web即年下载率是指期刊在某一期刊全文数据库中当年出版并上网的论文在当年被全文下载的次数与该期刊当年出版并上网论文总数之比。本章采用的Web即年下载率的数据来源于《中国学术期刊综合引证报告（2005—2007版）》。表15-23给出了2004—2006年法学期刊Web即年下载数据、三年平均值和归一化值。本表按三年平均值从大到小排序。

表 15-23　　　　　　　　2004—2006 年法学期刊 Web 即年下载率

排序	期刊名称	2004 年	2005 年	2006 年	三年平均	归一化值
1	法学研究	203.1	—	—	203.10	1
2	中国法学	123.0	—	—	123.00	0.6056
3	环球法律评论	109.8	84.2	124.8	106.27	0.5232
4	法学	100.0	78.0	128.9	102.30	0.5037
5	人民司法	42.2	145.4	—	93.80	0.4618
6	法学评论	85.1	67.1	114.3	88.83	0.4374
7	法商研究	61.7	74.8	129.5	88.67	0.4366
8	比较法研究	84.3	90.9	76.8	84.00	0.4136
9	现代法学	71.2	64.4	108.4	81.33	0.4004
10	行政法学研究	61.5	60.8	106.6	76.30	0.3757
11	法制与社会发展	59.9	54.4	94.0	69.43	0.3419
12	中国刑事法杂志	49.0	52.8	104.0	68.60	0.3378
13	政治与法律	43.0	54.3	107.0	68.10	0.3353
14	法学杂志	53.1	56.0	86.9	65.33	0.3217
15	法学论坛	59.8	51.6	81.3	64.23	0.3162
16	华东政法学院学报	48.2	59.5	72.9	60.20	0.2964
17	知识产权	51.7	41.8	76.6	56.70	0.2792
18	当代法学	36.8	51.8	74.2	54.27	0.2672
19	法律适用	40.1	39.6	79.2	52.97	0.2608
20	河北法学	40.0	36.7	69.4	48.70	0.2398
21	河南省政法管理干部学院学报	39.6	41.3	60.7	47.20	0.2324
22	政法论丛	40.9	41.9	55.6	46.13	0.2271
23	广西政法管理干部学院学报	40.7	31.8	59.1	43.87	0.2160
24	云南大学学报（法学版）	29.0	43.6	58.3	43.63	0.2148
25	科技与法律	36.2	32.1	62.3	43.53	0.2143
26	中外法学	43.3	—	—	43.30	0.2132
27	甘肃政法学院学报	33.2	37.2	58.4	42.93	0.2114
28	时代法学	34.4	35.6	52.8	40.93	0.2015
29	犯罪研究	—	32.6	45.5	39.05	0.1923
30	黑龙江省政法管理干部学院学报	29.6	28.9	58.3	38.93	0.1917
31	福建政法管理干部学院学报	28.7	26.8	50.2	35.23	0.1735

续表

排序	期刊名称	2004年	2005年	2006年	三年平均	归一化值
32	电子知识产权	21.0	26.6	50.9	32.83	0.1616
33	北京政法职业学院学报	20.1	28.7	49.1	32.63	0.1607
34	中国司法	37.1	29.5	31.1	32.57	0.1604
35	政法学刊	10.7	25.2	61.1	32.33	0.1592
36	中国律师	23.9	32.0	36.5	30.80	0.1516
37	西南政法大学学报	5.8	36.3	50.2	30.77	0.1515
38	人民检察	21.3	27.1	39.1	29.17	0.1436
39	国家检察官学院学报	28.6	—	—	28.60	0.1408
40	法律与生活	3.8	9.6	7.8	7.07	0.0348
41	中国监狱学刊	—	—	—	—	—
41	法律科学	—	—	—	—	—
41	法学家	—	—	—	—	—
41	政法论坛	—	—	—	—	—
41	中国版权	—	—	—	—	—

注：上表中"—"表示当年该刊的数据为空，不列入平均值的计算。

根据表 15-23 的数据显示：《法学研究》、《中国法学》、《环球法律评论》和《法学》得到了许多学者的青睐，下载的文献最多，平均每篇文章当年被全文下载 100 次以上，明显高于其他各期刊；平均每篇文章被下载 50—100 次的期刊有 15 种；40—50 次的有 9 种；30—40 次的有 9 种；20—30 次的有 2 种，还有 1 种不到 20 次。

从年度变化来看，除个别期刊外，所有法学期刊的 Web 即年下载率都呈现上升的趋势，而且上升幅度比较大。这不仅说明读者越来越重视通过网络来获取法学论文资料，也说明各法学期刊正不断调整，努力提升自身的学术质量和学术影响。从增长幅度上来看，有近 10 种期刊的增长幅度超过了 100%。由于学者从网络中获取论文大多借助关键词检索，那些被下载多的期刊也说明这些期刊的关键词比较规范，论文主题更贴近当前学者关注的问题。对于下载率较少的法学期刊，主要由于期刊主题的狭窄性，关键词的标引不当、研究人员相对较少，导致它们的被下载率明显少于其他期刊。

15.8 法学期刊评价指标综合分析

以上利用本期刊评价体系设立的七大指标所涉及的 18 个分指标对法学期刊进行

了测定与分析，可以看出，从不同的角度分析，各期刊均显示出自己的特点。为了综合考虑每一种法学期刊的学术质量、学术规范和学术影响力，本节将根据本书第1章构建的评价体系计算方法对每一种期刊计算其学术影响综合值，并进行综合分析。在指标权重分配方面，我们把期刊的学术影响放在最主要的地位，即期刊被引用情况，其权重总体占60%，这其中又根据影响因子的重要性而给予最高的权重30%，被引次数、被引速率、被引广度各占10%；其次是期刊学术规范量化指标和Web即年下载率指标，考虑到这两个指标在反映期刊学术质量和利用率方面的贡献，均给予次高的权重，其权重均为15%；对于二次文献转载指数，本评价体系给予了10%的权重。

表15-24给出了2004—2006年法学期刊七大指标归一化值和综合值。综合值具体的计算方法是：将各指标的综合值分别乘以相应的权重，然后将各个结果相加得到各期刊最后的综合值。本表按指标综合值从大到小排序。

表15-24　　　　　　　　　法学期刊综合值运算表

排序	期刊名称	学术规范 ×0.15	被引次数 ×0.1	被引速率 ×0.1	影响因子 ×0.3	被引广度 ×0.1	文献转载 ×0.1	Web下载 ×0.15	综合值 Σ
1	法学研究	0.7890	1	1	1	1	0.6001	1	0.9284
2	中国法学	0.7898	0.8722	0.6044	0.6382	0.9579	0.4541	0.6056	0.6896
3	政法论坛	0.7735	0.5049	0.6231	0.3616	0.6289	0.9197	—	0.5856
4	中外法学	0.7666	0.4493	0.5482	0.7406	0.6309	0.3800	0.2132	0.5700
5	法学	0.6642	0.6826	0.3021	0.3111	0.8254	0.6318	0.5037	0.5127
6	法律科学	0.7788	0.4254	0.4072	0.4096	0.5847	0.4178	—	0.4843
7	法商研究	0.8146	0.4198	0.4698	0.3534	0.4301	0.5047	0.4366	0.4761
8	现代法学	0.8204	0.4747	0.3518	0.3014	0.6289	0.4482	0.4004	0.4639
9	环球法律评论	0.6507	0.2813	0.2776	0.4049	0.3028	0.4266	0.5232	0.4264
10	法学评论	0.6176	0.4222	0.3596	0.2826	0.6415	0.2804	0.4374	0.4134
11	法制与社会发展	0.8459	0.2985	0.4534	0.3182	0.4468	0.1732	0.3419	0.4108
12	比较法研究	0.7699	0.2557	0.2746	0.2973	0.4080	0.2432	0.4136	0.3849
13	法学家	0.6806	0.2279	0.2263	0.2342	0.3659	0.4829	—	0.3366
14	法学论坛	0.7815	0.1513	0.1707	0.1883	0.3028	0.1592	0.3162	0.2995
15	知识产权	0.5833	0.1789	0.3048	0.2418	0.3301	0.0738	0.2792	0.2907
16	行政法学研究	0.6028	0.1357	0.1319	0.2067	0.2524	0.0738	0.3757	0.2682
17	政治与法律	0.6179	0.1815	0.1256	0.1211	0.3323	0.1964	0.3353	0.2629
18	中国刑事法杂志	0.5986	0.1491	0.1227	0.2088	0.2377	0.0469	0.3378	0.2587

续表

排序	期刊名称	学术规范 ×0.15	被引次数 ×0.1	被引速率 ×0.1	影响因子 ×0.3	被引广度 ×0.1	文献转载 ×0.1	Web下载 ×0.15	综合值 Σ
19	华东政法学院学报	0.6465	0.1030	0.1126	0.1090	0.2208	0.3325	0.2964	0.2510
20	当代法学	0.6993	0.1502	0.1411	0.0672	0.2891	0.2186	0.2672	0.2450
21	法学杂志	0.5745	0.1929	0.1486	0.0780	0.3039	0.2252	0.3217	0.2449
22	河北法学	0.7669	0.1582	0.0537	0.0543	0.3008	0.1769	0.2398	0.2363
23	法律适用	0.5296	0.1404	0.0700	0.0866	0.2839	0.1776	0.2608	0.2117
24	人民司法	0.4770	0.1437	0.0247	0.0598	0.2670	0.0869	0.4618	0.2110
25	河南省政法管理干部学院学报	0.5740	0.1068	0.1035	0.0720	0.1987	0.1574	0.2324	0.1992
25	科技与法律	0.6269	0.0776	0.0617	0.1223	0.1724	0.0511	0.2143	0.1992
27	甘肃政法学院学报	0.6780	0.0432	0.0632	0.0330	0.0978	0.0807	0.2114	0.1718
28	时代法学	0.6545	0.0453	0.0579	0.0471	0.0978	0.0758	0.2015	0.1702
29	人民检察	0.5369	0.1772	0.0459	0.0454	0.2450	0.0689	0.1436	0.1694
30	中国版权	0.4613	0.1059	0.0893	0.1089	0.1967	0.1209	—	0.1665
31	电子知识产权	0.4990	0.1080	0.0788	0.0742	0.2145	0.0491	0.1616	0.1664
32	国家检察官学院学报	0.5368	0.0794	0.0828	0.0918	0.1503	0.0432	0.1408	0.1648
33	政法论丛	0.5042	0.0511	0.0614	0.0547	0.1093	0.0259	0.2271	0.1509
34	云南大学学报（法学版）	0.5874	0.0316	0.0328	0.0351	0.0715	0.0519	0.2148	0.1496
35	广西政法管理干部学院学报	0.5334	0.0487	0.0446	0.0363	0.1167	0.0160	0.2160	0.1459
36	北京政法职业学院学报	0.5390	0.0252	0.0505	0.0885	0.0516	0.0086	0.1607	0.1451
37	中国司法	0.5353	0.0818	0.0114	0.0275	0.1809	0.0222	0.1516	0.1409
38	西南政法大学学报	0.6151	0.0205	0.0248	0.0288	0.0484	0.0560	0.1515	0.1386

续表

排序	期刊名称	学术规范×0.15	被引次数×0.1	被引速率×0.1	影响因子×0.3	被引广度×0.1	文献转载×0.1	Web下载×0.15	综合值 Σ
39	黑龙江省政法管理干部学院学报	0.5257	0.0229	0.0117	0.0221	0.0536	0.0062	0.1917	0.1237
40	政法学刊	0.5045	0.0201	0.0117	0.0134	0.0462	0.0528	0.1592	0.1167
41	福建政法管理干部学院学报	0.4288	0.0203	0.0166	0.0460	0.0473	0.0099	0.1735	0.1136
42	犯罪研究	0.4399	0.0173	0.0514	0.0160	0.0336	0.0025	0.1923	0.1101
43	中国律师	0.4310	0.0386	0.0174	0.0166	0.0768	0.0296	0.1604	0.1099
44	法律与生活	0.1399	0.0197	0.0029	0.0105	0.0484	0.0234	0.0348	0.0388

注：Web下载数值空缺的，该项的权重赋予被引速率指标。

表15-24给出了本评价体系对法学期刊的最终排名，通过其数据可以看出：《法学研究》以综合值0.9284遥遥领先于法学类其他期刊；而排在较后位置以及一些尚未列入表中的期刊（因为这些期刊的各项指标数据和综合值更低），与前面的期刊相比，其综合学术影响尚存在一定差距。

应该说，单项指标并不能反映一种期刊的全貌，那么经过加权综合计算后，我们就可以清楚地看到每一种期刊的整体水平。例如：《法学研究》的二次文献转载率指标并不特别突出，但由于其他指标均名列前茅，确保了该期刊的综合学术影响力排在首位；又如，《中国法学》绝大多数指标均排在前3位，保证了该刊综合值稳定在第2位；同样，《政法论坛》以一项第1和一项第2的优势，使其在反映综合影响力的指数中位居第3。当然，对于各项指标都处于中等偏下或处于最后几名的期刊，其综合值一定偏低，从而说明这些期刊的综合学术影响力的低下。

我们将法学期刊的学术影响综合值排序表与目前CSSCI的21种法学来源期刊作比较，综合指标排在前21位的期刊有4种在2004—2006年为非CSSCI来源期刊，但这4种在2007年遴选来源期刊时均进入了CSSCI的来源期刊行列，剔除出来源期刊的4种期刊《河北法学》、《甘肃政法学院学报》、《中国版权》和《电子知识产权》分别排在第22、第27、第30、第31名。

根据七大项指标的综合值，我们可以最终划分出法学期刊的学术等级，根据法学期刊的综合值状况，我们把法学权威学术期刊取值区间设为0.7以上，核心期刊取值区间为0.7—0.2，核心期刊扩展区为0.2—0.15，小于0.15或表中没有的法学期刊定位为一般性学术期刊。依据这一原则得到法学期刊的定量评价结果：

权威期刊：《法学研究》；

核心期刊：《中国法学》、《政法论坛》、《中外法学》、《法学》、《法律科学》、《法商研究》、《现代法学》、《环球法律评论》、《法学评论》、《法制与社会发展》、《比较法研究》、《法学家》、《法学论坛》、《知识产权》、《行政法学研究》、《政治与法律》、《中国刑事法杂志》、《华东政法学院学报》、《当代法学》、《法学杂志》、《河北法学》、《法律适用》、《人民司法》；

扩展核心期刊：《河南省政法管理干部学院学报》、《科技与法律》、《甘肃政法学院学报》、《时代法学》、《人民检察》、《中国版权》、《电子知识产权》、《国家检察官学院学报》、《政法论丛》；

其他期刊均为一般性学术期刊。

第 16 章 社会学

根据最新公开发行的中国人文与社会科学期刊目录统计，我国现有社会学类期刊约 60 余种，其中学术期刊 40 余种，约占期刊总数的三分之二；另有连续性出版物（以书代刊的图书）3 种，二次文献期刊 6 种。2004—2006 年三年间，CSSCI 收录社会学期刊 8—9 种①，收录社会学论文 6815 篇，年均 2271 篇左右。其中发表在社会学期刊上的论文 1209 篇，约占社会学论文总数的 18%。这反映出社会学论文的视角和内容相对比较宽阔，能够适应不同的尤其是综合性社科学术期刊；同时也反映出社会学专业期刊的相对稀缺性，也就是说中国许多社会学家的论文都因本学科期刊的匮乏，而不得不选择在综合性社科学术期刊上发表。

本章以 20 余种社会学学术期刊为研究对象，通过期刊载文中的学术规范量化指标、期刊被引指标、重要的二次文献全文转载的数量及网络期刊文献的即年下载率四大类指标的综合运用，最终来划分出社会学期刊的学术等级。

16.1 社会学期刊学术规范量化指标分析

学术期刊之所以区别于其他类别的刊物，总体上说最为根本的特点就在于它的独特的学术品位。其表现为两方面：一方面，它进行学术思想的积累与传递，促进人类文化的交流与发展，并对社会生产力产生直接或间接的推动作用；另一方面，它通过对客观真理和普遍价值的探求，提供一种科学的思维方式和研究方法，潜移默化地引领人类文明朝着共同趋向发展，并对研究者的价值追求产生有益的启迪。因此，学术期刊在总体内容上一般表现出创新性、科学性和应用性特征，同时还包括真实性、再现性、准确性、逻辑性、公正性等。我们通过对期刊的论文篇均引用文献数、基金论文占有比例、期刊作者地区分布及期刊标注有作者机构的论文比例这四项指标作为评价社会学期刊学术规范量化的指标，从而研究社会学期刊规范化和学术含量。以下各项数据来源于 CSSCI 数据库、万方期刊数据库的统计数据以及对印

---

① 中国社会科学研究评价中心. http://www.cssci.com.cn/CSSCIlyqk2004.htm；http://www.cssci.com.cn/documents/CSSCIlyqk2006.htm，2008-4-12。

刷型期刊的考察。

16.1.1 篇均引用文献数

论文参考文献的列出显示研究的继承性，是对他人成果的尊重，是吸取外部信息能力的表示，也是论文水平和质量的体现等[①]。所以，参考文献的列出在论文的撰写中是比较重要的。针对同一学科期刊进行篇均引文数量的比较，则在某种程度上反映了各期刊所刊载的论文的平均研究深度及是否遵循了学术规范。表16-1给出了2004—2006年社会学期刊篇均引用文献数统计以及三年平均引用文献篇数，并对各期刊的三年平均值进行了归一化处理，即各期刊三年平均引用文献篇数除以该指标最高值——《社会学研究》的平均引用文献篇数（30.4767篇）。本表按各期刊归一化值从大到小排序。

表16-1　　　　　2004—2006年社会学期刊篇均引用文献数统计

排序	期刊名称	2004年（篇数）	2005年（篇数）	2006年（篇数）	三年平均（篇数）	归一化值
1	社会学研究	27.20	33.30	30.93	30.4767	1
2	社会	6.74	32.55	24.23	21.1733	0.6947
3	中国人口·资源与环境	14.62	13.61	13.30	13.8433	0.4542
4	青年研究	8.98	10.63	9.63	9.7467	0.3198
5	中国人口科学	8.58	8.73	9.99	9.1000	0.2986
6	中国老年学杂志	8.31	8.16	8.59	8.3533	0.2741
7	南方人口	4.87	8.78	9.87	7.8400	0.2572
8	市场与人口分析	6.74	6.96	8.82	7.5067	0.2463
9	人口研究	7.69	5.54	8.74	7.3233	0.2403
10	人口学刊	7.45	5.49	8.31	7.0833	0.2324
11	西北人口	4.94	5.62	7.75	6.1033	0.2003
12	南京人口管理干部学院学报	5.98	5.49	6.39	5.9533	0.1953
13	医学与社会	5.16	6.11	6.24	5.8367	0.1915
14	人口与经济	5.66	4.93	6.73	5.7733	0.1894
15	青少年犯罪问题	5.12	4.44	5.97	5.1767	0.1699
16	中国卫生事业管理	2.80	4.20	3.85	3.6167	0.1187

---

① 朱大明："科技期刊论文参考文献引证效度指标初探"，《科学学研究》2008年第1期，第58—60页。

续表

排序	期刊名称	2004年（篇数）	2005年（篇数）	2006年（篇数）	三年平均（篇数）	归一化值
17	卫生经济研究	1.06	2.07	1.35	1.4933	0.0490
18	人口与计划生育	0	0.15	0	0.0500	0.0016
19	中国民政	0	0.01	0.04	0.0167	0.0005
20	社会福利	0.01	0	0	0.0033	0.0001
21	社会观察	0	0	0	0	0
21	中国社会保障	0	0	0	0	0
21	中国社会导刊	0	0	0	0	0

从表16-1中我们能够看出：2004—2006年，社会学期刊的篇均引文数分别为5.7篇、7.3篇和7.4篇，从2004年到2006年略有增长，涨幅为1.7篇。三年间的篇均引文数平均为6.8篇。其中，CSSCI社会学类来源期刊的篇均引文数为12.7篇，[1] 2004年到2006年分别为10.4篇、14篇和13.8篇。非来源刊的篇均引文数三年平均为3.0篇，不难看出非来源期刊与来源期刊之间的巨大差距。对比2004—2006年社会学来源期刊与其他人文社会学期刊的篇均引文数，我们可以了解到：CSSCI社会学来源期刊的篇均引文（10.79篇）超出人文社会科学期刊的平均水平（8.20篇）31%，仅低于历史学、心理学、法学、考古学、人文、经济地理和语言学六学科。[2]

从年度变化上来看，社会学期刊的篇均引文数整体处于稳定略有增加的状态。其中《社会》、《南方人口》、《社会学研究》和《西北人口》增长的幅度都超过了平均增长，最为抢眼的是《社会》，其涨幅达到17.5篇，较突出的是《南方人口》涨幅为5篇。《社会学研究》和《西北人口》的涨幅在2—3篇。《社会福利》和《中国人口·资源与环境》的篇均引文数则略有下降。

从整体上看，社会学期刊的篇均引文数量存在两极分化现象。《社会学研究》以平均30.5篇位居榜首；《社会》以21.17篇排名第2；《中国人口·资源与环境》、《青年研究》和《中国人口科学》三种期刊也接近或超过10篇。这是值得肯定的。但同时引起我们注意的是：13种期刊的篇均引文数低于平均值6.6篇，其中有6种期刊的篇均引文数量低于1篇，4种期刊存在没有引文的现象。分析其中原因：一是

---

[1] 这里提到的社会学来源期刊的篇均引文为12.7篇，高于后面提到的社会学来源期刊的篇均引文10.79篇，是由于两次计算时跨年度来源期刊的数量有所差异所致。

[2] 邓三鸿、金莹："我国人文社会科学学术刊物的学科对比——基于CSSCI的分析"，《东岳论丛》2008年第1期，第43—50页。

有些期刊面向该领域的一线工作者,刊发基层工作者的论文,如《卫生经济研究》;二是有些期刊是时政新闻类的,如《社会观察》和《中国社会学导刊》;三是有的期刊面向社会各级劳动者,旨在推进社会工作的某一方面,如《中国社会保障》、《中国民政》。所以,这些期刊篇均引文数量不高或没有引文也就在情理中。但是,社会学作为一门研究关于人类社会行为和社会结构并与多种学科交叉的学科,其部分学术期刊的引文数量应该有所增加,以不断提高期刊的规范性。

16.1.2 基金论文比例

近几年,社会学研究有了较快发展,各类基金对社会学研究的资助也在逐步增加。1999—2006年8年间国家社会科学基金对社会学和人口学资助项目逐年增长,例如,1999年除自筹外资助项目仅37项,到2006年则增加到80项,8年间增长一倍以上。随着基金资助的数量增多、力度加大,在社会学领域由基金资助完成的论文发表数量也在逐年上升。如果要论述社会学基金论文的平均影响力的话,我们可以将基金论文与非基金论文的被引率进行比较。2000—2004年CSSCI收录的社会学论文9287篇,其中非基金论文8479篇,这些非基金论文在CSSCI中的被引次数为5005,其平均被引率为0.59篇,而社会学基金论文的平均被引率为0.845篇。[①] 一般说来,期刊刊载基金论文的比例越高,说明期刊与学术界所关注的热点研究领域、国家所亟待解决的现实问题愈加密切。表16-2给出了2004—2006年社会学期刊基金论文比例及三年平均值,同样的也对平均值进行了归一化计算。归一化的分母是社会学期刊基金论文比三年平均的最大值,即《中国人口·资源与环境》的0.6067。本表按各期刊归一化值从大到小排序。

表16-2　　　　　　　　2004—2006年社会学期刊基金论文比例

排序	期刊名称	2004年	2005年	2006年	三年平均	归一化值
1	中国人口·资源与环境	0.61	0.63	0.58	0.6067	1
2	人口学刊	0.26	0.16	0.43	0.2833	0.4670
3	中国老年学杂志	0.27	0.25	0.26	0.2600	0.4285
4	社会	0.03	0.15	0.54	0.2400	0.3956
5	人口与经济	0.19	0.20	0.32	0.2367	0.3901
6	中国人口科学	0.22	0.30	0.16	0.2267	0.3737
7	社会学研究	0.14	0.26	0.27	0.2233	0.3681

---

① 苏新宁:《中国人文社会科学学术影响力报告(2000—2004)》,中国社会科学出版社2007年版。

续表

排序	期刊名称	2004 年	2005 年	2006 年	三年平均	归一化值
8	南方人口	0.13	0.15	0.31	0.1967	0.3242
9	南京人口管理干部学院学报	0.10	0.05	0.30	0.1500	0.2472
10	市场与人口分析	0.11	0.15	0.18	0.1467	0.2418
11	医学与社会	0.15	0.16	0.10	0.1367	0.2253
12	西北人口	0.08	0.13	0.19	0.1333	0.2197
13	青年研究	0.02	0.01	0.36	0.1300	0.2143
14	人口研究	0.08	0.09	0.19	0.1200	0.1978
15	中国卫生事业管理	0.05	0.10	0.11	0.0867	0.1429
16	青少年犯罪问题	0.01	0.01	0.11	0.0433	0.0714
17	卫生经济研究	0.01	0.02	0.08	0.0367	0.0605
18	人口与计划生育	0.02	0.02	0	0.0133	0.0219
19	社会福利	0	0	0	0	0
19	社会观察	0	0	0	0	0
19	中国民政	0	0	0	0	0
19	中国社会保障	0	0	0	0	0
19	中国社会导刊	0	0	0	0	0

从表 16-2 可以看到，2004—2006 年，社会学期刊的平均基金论文比为 0.14。其中，CSSCI 社会学来源期刊的平均基金论文比为 0.24，社会学中本文讨论的非来源期刊的平均基金论文比为 0.07，前者是后者的 4 倍。说明社会学中 CSSCI 来源期刊的整体的基金论文数量远高于非来源期刊。但是也有个别非来源期刊具有较高的基金论文比例，如《中国老年学杂志》以三年平均 0.26 排名第 3 位；来源期刊《青年研究》和《人口研究》基金论文比略低于社会学期刊的平均水平。另外，《社会学研究》在这一指标上却没有绝对优势，以三年平均 0.2233 排名第 7 位。

根据三年平均基金论文比，社会学期刊分为四个方阵。排名第 1 的《中国人口·资源与环境》以三年平均 0.6067 的绝对优势居于第一方阵，该期刊如此高的基金论文比主要与其偏重于资源与环境的办刊宗旨有很大关系。此后的 2—8 名为第二方阵，三年平均基金论文比在 0.28—0.20 之间，排名相近的期刊间数量相差较小。三年平均基金论文比在 0.15—0.12 的为第三方阵，最后的 9 名为第四方阵，三年平均基金论文比较小，有的甚至没有一篇标注为基金论文。这可能与期刊的规范性不高有关，一些期刊对论文的基金资助项目没有进行标注。

从年度变化来看，社会学期刊的基金论文比基本处于稳中略有上升的状态。从

2004 年的 0.1 上升到 2006 年的 0.19。其中《社会》和《青年研究》的涨幅最为明显，2006 年较 2004 年都增长了 17 倍。另外《青少年犯罪问题》和《卫生经济研究》三年间基金论文比也有较大幅度的增长。同时我们也看到，有《社会福利》等 5 种期刊的基金论文比为 0，产生上述情况可能与这些期刊的办刊特点有关。

以上分析表明，社会学期刊刊载的基金论文比例参差不齐。可以说，整体学术规范和学术质量较高的期刊，其基金论文比也相对较高；而有些期刊缺乏对基金论文的重视，刊载的论文学术性不强、期刊规范化程度低而导致基金论文比很低甚至为 0。

16.1.3 论文作者地区分布

对社会学期刊我们讨论其论文作者地区分布数，其目的是为了反映该学科期刊对不同地区作者的影响和各地区学者对期刊的关注程度，以了解社会学研究的全貌，这对社会学学科具有积极的意义。社会学论文的地区分布是广泛的，涉及我国现有的 31 个省、市、自治区，以及中国港、澳、台地区，另有少量论文来自于其他国家和地区（对于其他国家和地区分布数以国家为单位统计）。从 2000 年到 2004 年社会学论文的地区分布数看：其中北京作为我国政治文化中心以绝对优势占据第 1，上海、江苏、湖北和广东名列第 2 至第 5[①]。表 16-3 给出了 2004—2006 年社会学期刊论文作者地区分布数及三年平均值，并对平均值进行了归一化计算。归一化分母为三年平均的最大值，即《中国老年学杂志》的 29.33。本表按各期刊归一化值的从大到小排序。

表 16-3　　　　　　　　　2004—2006 年社会学期刊论文作者地区分布

排序	期刊名称	2004 年（地区数）	2005 年（地区数）	2006 年（地区数）	三年平均（地区数）	归一化值
1	中国老年学杂志	29	30	29	29.33	1
2	中国民政	29	29	27	28.33	0.9659
3	卫生经济研究	27	28	29	28.00	0.9547
4	中国卫生事业管理	27	27	26	26.67	0.9093
4	中国人口科学	25	27	28	26.67	0.9093
6	人口与计划生育	25	28	26	26.33	0.8977
7	社会福利	20	27	26	24.33	0.8295
8	人口与经济	22	23	26	23.67	0.8070
9	西北人口	23	23	24	23.33	0.7954
10	医学与社会	17	23	26	22.00	0.7501

---

① 苏新宁：《中国人文社会科学学术影响力报告（2000—2004）》，中国社会科学出版社 2007 年版。

续表

排序	期刊名称	2004年（地区数）	2005年（地区数）	2006年（地区数）	三年平均（地区数）	归一化值
11	人口研究	22	21	20	21.00	0.7160
12	社会观察	29	19	13	20.33	0.6931
13	市场与人口分析	22	20	15	19.00	0.6478
14	青年研究	19	18	19	18.67	0.6365
15	人口学刊	18	17	19	18.00	0.6137
16	中国人口·资源与环境	15	20	17	17.33	0.5909
17	社会	23	12	14	16.33	0.5568
18	青少年犯罪问题	16	18	13	15.67	0.5343
19	社会学研究	16	12	13	13.67	0.4661
19	南京人口管理干部学院学报	16	11	14	13.67	0.4661
21	南方人口	11	12	14	12.33	0.4204
22	中国社会保障	5	6	22	11.00	0.3750
23	中国社会导刊	3	9	13	8.33	0.2840

从表16-3可以看到，2004—2006年，社会学期刊的平均作者地区分布为20.17。其中，CSSCI社会学来源期刊的平均作者地区分布为18.67，社会学中的非来源期刊的作者地区分布为21.33，两者相差2.67。引起这一差异的重要原因是：非来源期刊有较大的载文量。例如《中国老年学杂志》三年的平均载文量达到800余篇，《中国民政》和《卫生经济研究》三年的平均载文量也在400篇左右。但是我们仍然需要呼吁三年平均作者地区分布数低于20的来源期刊，应该扩大作者群，毕竟我国地域辽阔，而社会学的研究应该全面反映我国各地区社会学研究、社会活动和社会发展的方方面面。

从年度变化来看，社会学期刊的作者地区分布基本处于稳定状态。从2004年的19.96到2006年的20.57。其中《医学与社会》的涨幅最为明显，从2004年到2006年增多了9个地区。《社会福利》和《人口与经济》的涨幅次之，分别增多6个地区和4个地区。同时我们也看到，有10家期刊的作者地区分布数三年呈下降趋势，最为严重的是《社会观察》、《市场与人口分析》和《社会》，其中《社会观察》产生这一现象的原因的可能是该期刊规范程度相对较低，有接近70%论文没有标注作者机构（参见表16-4）。

16.1.4 有作者机构论文比例

作者机构标注比例是衡量期刊规范程度的重要指标之一。我们认为,作者机构是论文的重要组成部分,它不仅是学术交流的需要,也是学术界了解各机构的研究状况的重要途径。自1998年以来,CSSCI来源期刊作者机构的标注比例不断上升,来源期刊的机构标注比例由1998年的83.2%上升到2006年的95.6%,说明期刊的规范程度不断提高。① CSSCI对人文社会科学学术期刊规范化起到了积极的作用。与其他学科相比,2004—2006年CSSCI社会学来源期刊的机构标注比为98.43%,高于人文社会科学的比例(94.39%)。② 表16-4给出了2004—2006年社会学期刊标注有作者机构的论文比例及三年平均值。

表16-4　　　　2004—2006年社会学期刊标注有作者机构的论文比例

排序	期刊名称	2004年	2005年	2006年	三年平均	归一化值
1	南京人口管理干部学院学报	1	1	1	1	1
1	人口学刊	1	1	1	1	1
1	市场与人口分析	1	1	1	1	1
1	西北人口	1	1	1	1	1
1	医学与社会	1	1	1	1	1
1	中国老年学杂志	1	1	1	1	1
1	青年研究	1	1	1	1	1
1	中国卫生事业管理	1	1	1	1	1
1	卫生经济研究	1	1	1	1	1
10	人口与经济	1	1	0.9921	0.9971	0.9971
11	社会	0.9821	1	1	0.9940	0.9940
12	中国人口科学	0.9812	1	1	0.9937	0.9937
13	南方人口	1	1	0.9721	0.9907	0.9907
14	人口与计划生育	0.9721	0.9911	0.9712	0.9780	0.9780
15	人口研究	0.9912	0.9414	0.9812	0.9710	0.9710
16	中国民政	0.9623	0.9711	0.9611	0.9647	0.9647
17	社会学研究	0.9611	0.9221	0.9241	0.9357	0.9357
18	青少年犯罪问题	0.9931	0.8911	0.9111	0.9317	0.9317

---

① 中国社会科学研究评价中心. http://cssci.nju.edu.cn,2008-1-28。
② 邓三鸿、金莹:"我国人文社会科学学术刊物的学科对比——基于CSSCI的分析",《东岳论丛》2008年第1期,第43—50页。

续表

排序	期刊名称	2004年	2005年	2006年	三年平均	归一化值
19	社会福利	0.1412	0.9312	0.9722	0.6813	0.6813
20	中国人口·资源与环境	0.3212	0.4013	0.3511	0.3577	0.3577
21	社会观察	0.3421	0.3213	0.2431	0.3020	0.3020
22	中国社会保障	0.0232	0.0311	0.2222	0.0920	0.0920
23	中国社会导刊	0.0121	0.0412	0.0914	0.0480	0.0480

从表16-4可以看出，有作者机构论文比三年平均值基本达到100%的有9种期刊，它们分别是《青年研究》、《人口学刊》、《市场与人口分析》、《西北人口》、《医学与社会》、《中国老年学杂志》、《南京人口管理干部学院学报》、《中国卫生事业管理》、《卫生经济研究》，这几种期刊在此项指标上规范度很高，所有论文都标注了作者机构。另有《人口与经济》、《社会》、《中国人口科学》和《南方人口》4种期刊的有机构论文比达到99%，具有较高的规范度。总的来说在这一指标上社会学学科有75%的期刊达到了90%以上，说明绝大多数期刊在机构标注这个方面做得比较好。但我们也必须看到，社会学学科有4种期刊标注作者机构的论文数不到发文量的一半。

从2004年至2006年三年变化来看，社会学各期刊有作者机构的论文比例基本呈稳中略有上升趋势，从2004年的0.81上升到2006年的0.85。这说明社会学各期刊规范程度在不断提高。其中《社会福利》上升最为明显，分别从2004年的0.1412上升到2006年的0.9722。

16.1.5 社会学期刊学术规范量化指标综合分析

期刊学术规范量化指标在期刊评价中占有重要的位置，其主要反映期刊的规范程度和学术质量，包括期刊的篇均引用文献数、期刊基金论文占有比例、期刊作者地区分布及期刊标注有作者机构的论文比例这四项指标。按照四项指标平均分配总指标比率的25%，得到期刊学术规范量化指标综合值。表16-5给出了2004—2006年社会学23种期刊学术规范量化指标的归一化值和综合值。

从表16-5可以看出，《社会学研究》、《中国老年学杂志》、《社会》、《中国人口科学》和《中国人口·资源与环境》5种期刊学术规范量化指标的综合水平相对较高，综合值都在0.6以上。这些期刊的共同特点是：在一个或两个指标上表现突出，在多个指标上表现上乘。但同时也应看到：没有一种期刊在四个指标上都有绝佳的表现，因此提高社会学期刊的整体学术规范化程度，是每一种社会学期刊的责任。

表 16-5　　　　　2004—2006 年社会学期刊学术规范量化指标综合值

排序	期刊名称	篇均引文数归一化值	基金论文比归一化值	地区分布归一化值	有机构论文比归一化值	综合值
1	社会学研究	1	0.3681	0.4661	0.9357	0.6925
2	中国老年学杂志	0.2741	0.4285	1	1	0.6757
3	社会	0.6947	0.3956	0.5568	0.9940	0.6603
4	中国人口科学	0.2986	0.3737	0.9093	0.9937	0.6438
5	中国人口·资源与环境	0.4542	1	0.5909	0.3577	0.6007
6	人口与经济	0.1894	0.3901	0.8070	0.9971	0.5959
7	人口学刊	0.2324	0.4670	0.6137	1	0.5783
8	西北人口	0.2003	0.2197	0.7954	1	0.5539
9	中国卫生事业管理	0.1187	0.1429	0.9093	1	0.5427
9	青年研究	0.3198	0.2143	0.6365	1	0.5427
11	医学与社会	0.1915	0.2253	0.7501	1	0.5417
12	市场与人口分析	0.2463	0.2418	0.6478	1	0.5340
13	人口研究	0.2403	0.1978	0.7160	0.9710	0.5313
14	卫生经济研究	0.0490	0.0605	0.9547	1	0.5161
15	南方人口	0.2572	0.3242	0.4204	0.9907	0.4981
16	中国民政	0.0005	0	0.9659	0.9647	0.4828
17	南京人口管理干部学院学报	0.1953	0.2472	0.4661	1	0.4772
18	人口与计划生育	0.0016	0.0219	0.8977	0.9780	0.4748
19	青少年犯罪问题	0.1699	0.0714	0.5343	0.9317	0.4268
20	社会福利	0.0001	0	0.8295	0.6813	0.3777
21	社会观察	0	0	0.6931	0.3020	0.2488
22	中国社会保障	0	0	0.3750	0.0920	0.1168
23	中国社会导刊	0	0	0.2840	0.0480	0.0830

根据表 16-5 的期刊学术规范量化指标综合数据分析，社会学类期刊总体上尚需进一步提高，尤其是排在较后位置的期刊应当引起重视，为全面提升社会学类期刊的学术规范而进一步努力。

16.2　社会学期刊被引次数分析

期刊的被引次数是衡量期刊自创刊以来的绝对学术影响力，表明了期刊过去所有刊载论文产生的学术影响。这一统计数据对人文社会科学而言是非常重要的，因为人文社会科学各学科的期刊半衰期差距很大，有的学科几年前的成果已经很少被引用了，而有的学科，数十年前的成果依然可能成为当前研究的重要参考对象。为了更精准的理解期刊被引次数的内涵，我们特设被引总次数、他刊引用次数及本学科论文引用次数，从三个不同角度描述期刊的绝对影响力。

16.2.1 总被引次数

社会学期刊的总被引次数体现了其在学术界的绝对影响力。表16-6给出了2004—2006年社会学期刊总被引次数，并对三年的平均值进行了归一化处理。归一化值是由最大的三年平均值《社会学研究》的660篇次作除数得到，本表按照归一化值从大到小排序。

表16-6　　　　　　　　　2004—2006年社会学期刊总被引次数

排序	期刊名称	2004年（篇次）	2005年（篇次）	2006年（篇次）	三年平均（篇次）	归一化值
1	社会学研究	498	610	872	660.00	1
2	人口研究	306	332	405	347.67	0.5268
3	中国人口·资源与环境	201	275	348	274.67	0.4162
4	中国人口科学	217	197	342	252.00	0.3818
5	人口与经济	163	181	245	196.33	0.2975
6	青年研究	164	114	226	168.00	0.2545
7	社会	79	76	147	100.67	0.1525
8	人口学刊	80	81	134	98.33	0.1490
9	市场与人口分析	57	79	109	81.67	0.1237
10	西北人口	35	46	44	41.67	0.0631
11	人口与计划生育	22	46	49	39.00	0.0591
12	南方人口	28	33	42	34.33	0.0520
13	卫生经济研究	10	17	57	28.00	0.0424
14	青少年犯罪问题	19	16	37	24.00	0.0364
15	南京人口管理干部学院学报	17	26	20	21.00	0.0318
16	中国社会保障	21	18	22	20.33	0.0308
17	社会福利	6	28	25	19.67	0.0298
18	中国民政	7	29	17	17.67	0.0268
18	中国老年学杂志	6	10	37	17.67	0.0268
20	中国卫生事业管理	6	8	34	16.00	0.0242

续表

排序	期刊名称	2004年（篇次）	2005年（篇次）	2006年（篇次）	三年平均（篇次）	归一化值
21	中国社会导刊	5	12	19	12.00	0.0182
22	社会观察	0	6	20	8.67	0.0131
23	医学与社会	3	6	16	8.33	0.0126
24	中国劳动保障	7	5	9	7.00	0.0106
25	长沙民政职业技术学院学报	2	7	11	6.67	0.0101
26	中国残疾人	7	2	10	6.33	0.0096

从表16-6可以看出，社会学期刊在总被引次数上差异明显，三年平均总被引次数最高的达660篇次，最低的才6.33篇次。在26种期刊中《社会学研究》以三年总被引次数1980篇次，平均660篇次独占鳌头；《人口研究》以三年总被引次数1043篇次，平均347.67篇次位居第2。前8种期刊以三年被引次数总和6883篇次占据了27种期刊三年总被引次数的83%。这8种期刊涉及：社会综合期刊2种、人口学5种、应用社会学1种。而余下的18种期刊虽然被引次数仅占总被引数量的17%，却涉及了社会学研究的诸多领域：如：人口学（4种）、社会保障（3种）、民政工作（2种）、特殊人群研究（2种）和医药卫生事业（4种）。

从三年年度变化来看，社会学期刊总被引次数总体上是以年均1.3倍增加的，2004年到2006年依次为1966篇次、2260篇次和3297篇次，说明社会学研究成果对学术界的辐射力正在逐年加强。其中增长的绝对数量最多的是《社会学研究》（374篇次）、《中国人口·资源与环境》（147篇次）、《中国人口科学》（125篇次）和《人口研究》（99篇次）。增长的相对涨幅最大的是《中国老年学杂志》、《卫生经济研究》、《中国卫生事业管理》和《社会福利》。

16.2.2 其他期刊引用次数

其他期刊引用次数（也称他刊引用次数）是为了平衡引文数据库中统计源期刊（来源期刊）和非统计源期刊（非来源期刊）之间在总被引指标中存在的不平等性，杜绝来源期刊为提高被引次数而虚假自引的可能，以体现评价的公平性。表16-7统计了2004—2006年社会学期刊他刊引用次数。同样进行了平均值的归一化处理。

从表16-7可以看出，期刊排除自引后，社会学期刊他刊引用次数的规律和趋势基本与期刊总被引次数相同。在排名上，仅有《南方人口》和《卫生经济研究》的排序进行了互换。社会学期刊中自引率最少的是《人口与经济》和《社会》均为6.3%；其次是《社会学研究》为8.8%。《市场与人口分析》、《南方人口》、《人口研究》和《青年研究》的自引率均超过了20%，其中《市场与人口分析》以26.1%的自引率排在这4种期刊之首。虽然受专业研究领域宽窄的影响，不同专业的期刊的自引率有所不同。但为了学术交流的广泛性我们提倡减少自引，或者说将自引控制在合理范围内。

表16-7　　　　　　　　2004—2006年社会学期刊他刊引用次数

排序	期刊名称	2004年（篇次）	2005年（篇次）	2006年（篇次）	三年平均（篇次）	归一化值
1	社会学研究	437	558	810	601.67	1
2	人口研究	212	256	326	264.67	0.4399
3	中国人口·资源与环境	153	221	304	226.00	0.3756
4	中国人口科学	194	169	307	223.33	0.3712
5	人口与经济	153	167	232	184.00	0.3058
6	青年研究	122	90	181	131.00	0.2177
7	社会	78	76	129	94.33	0.1568
8	人口学刊	71	78	111	86.67	0.1440
9	市场与人口分析	38	68	75	60.33	0.1003
10	西北人口	35	46	44	41.67	0.0693
11	人口与计划生育	22	46	49	39.00	0.0648
12	卫生经济研究	10	17	57	28.00	0.0465
13	南方人口	26	24	28	26.00	0.0432
14	青少年犯罪问题	19	16	37	24.00	0.0399
15	南京人口管理干部学院学报	17	26	20	21.00	0.0349
16	中国社会保障	21	18	22	20.33	0.0338
17	社会福利	6	28	25	19.67	0.0327
18	中国民政	7	29	17	17.67	0.0294
18	中国老年学杂志	6	10	37	17.67	0.0294
20	中国卫生事业管理	6	8	34	16.00	0.0266
21	中国社会导刊	5	12	19	12.00	0.0199
22	社会观察	0	6	20	8.67	0.0144
23	医学与社会	3	6	16	8.33	0.0139
24	中国劳动保障	7	5	9	7.00	0.0116
25	长沙民政职业技术学院学报	2	7	11	6.67	0.0111
26	中国残疾人	7	2	10	6.33	0.0105

16.2.3 本学科论文引用次数

为了对学术期刊影响的学科做深入的分析,我们特别设立了本学科引用的三个指标:本学科论文引用次数(也称学科引用次数)、本学科论文引用速率及学科影响因子。利用逐年变化的学科被引指标,可以较好地反映一个期刊在学科发展中的状况,从而进一步得到其在学科发展的进程评价[①]。社会学期刊的学科引用次数主要是考察其期刊在社会学学科内的学术影响。表 16-8 给出了 2004—2006 年社会学期刊学科引用次数及三年平均值。我们对表中三年的平均值进行了归一化计算,并以归一化值从大到小排序。

表 16-8　　　　　　　　2004—2006 年社会学期刊学科引用次数

排序	期刊名称	2004 年(篇次)	2005 年(篇次)	2006 年(篇次)	三年平均(篇次)	归一化值
1	社会学研究	283	320	452	351.67	1
2	人口研究	254	270	326	283.33	0.8057
3	中国人口科学	146	139	198	161.00	0.4578
4	人口与经济	110	106	141	119.00	0.3384
5	青年研究	45	66	105	72.00	0.2047
6	人口学刊	53	46	91	63.33	0.1801
7	市场与人口分析	41	48	81	56.67	0.1611
8	社会	42	42	70	51.33	0.1460
9	人口与计划生育	21	37	36	31.33	0.0891
10	南方人口	17	26	38	27.00	0.0768
11	西北人口	18	20	28	22.00	0.0626
12	南京人口管理干部学院学报	11	20	12	14.33	0.0408
13	卫生经济研究	7	7	27	13.67	0.0389
14	社会福利	3	19	10	10.67	0.0303
15	中国社会保障	9	6	12	9.00	0.0256
16	青少年犯罪问题	7	3	14	8.00	0.0227
17	中国民政	2	13	6	7.00	0.0199
18	中国人口·资源与环境	1	10	7	6.00	0.0171
19	中国社会导刊	3	4	10	5.67	0.0161

---

① 党亚茹:"学科影响因子:我国各学科发展趋势评价",《情报理论与实践》2001 年第 4 期,第 265—268 页。

续表

排序	期刊名称	2004年（篇次）	2005年（篇次）	2006年（篇次）	三年平均（篇次）	归一化值
19	中国卫生事业管理	0	2	15	5.67	0.0161
21	中国计划生育学杂志	0	4	11	5.00	0.0142
21	中国老年学杂志	1	2	12	5.00	0.0142
23	长沙民政职业技术学院学报	2	2	5	3.00	0.0085
24	中国劳动保障	3	1	1	1.67	0.0047
24	医学与社会	0	2	3	1.67	0.0047
24	中国残疾人	0	0	5	1.67	0.0047
27	社会观察	0	2	2	1.33	0.0038
28	社会工作	0	1	2	1.00	0.0028
29	劳动保障世界	1	0	0	0.33	0.0009
29	劳工世界	0	1	0	0.33	0.0009

从表16-8可以看出：社会学期刊学科引用次数总的呈上升趋势，三年以年均1.26倍增长，2006年相对2004年的涨幅为56.6%，说明社会学期刊的整体影响在不断扩大。另一方面，社会学期刊三年的学科引用次数占其总被引次数的52%，这说明社会学是一门开放性学科，在人类文明进步的今天该学科与其他学科相互交叉与渗透的特性十分明显。分析各刊的情况：《人口研究》、《人口与计划生育》、《南方人口》和《市场与人口分析》这4种人口学期刊的三年本学科论文引用次数占总被引次数的比例最高，分别在78.6%到81.5%之间，也就是说这几种期刊八成左右的被引来自于本学科论文，说明这些期刊所载论文与社会学领域十分紧密。另《市场与人口分析》、《南京人口管理干部学院学报》、《人口学刊》、《中国人口科学》、《人口与经济》、《社会福利》、《社会学研究》、《西北人口》、《社会》、《卫生经济研究》和《中国社会导刊》11种期刊的学科引用次数占总被引次数的比例超过社会学期刊平均值的47.3%，其余12种期刊的这一比例都低于平均值。三年学科引用次数与总被引次数比最低的是《中国人口·资源与环境》，为2.2%，这是因为该刊的论文多被环境学论文引用。再有《社会观察》、《医学与社会》、《中国劳动保障》、《中国残疾人》和《中国老年学杂志》这5种期刊的学科引用次数与总被引次数之比低于30%，产生这一现象的原因是：它们都是对多学科交叉领域的问题进行研究。《社会学研究》的学科引用次数与总被引次数之比为53.3%，这一数字力证了作为社会学研究的综合性权威期刊在对本学科研究贡献逐年加强的同时，也对其他学科有很强的借鉴作用。

从 2004 年到 2006 年的变化分析，30 种期刊中有 2 种期刊的本学科论文引用次数呈明显下降趋势，它们是《中国民政》和《中国劳动保障》；其他 28 种期刊基本呈上升趋势。涨幅较大的是《青年研究》、《社会学研究》、《市场与人口分析》、《人口学刊》和《卫生经济研究》。

16.2.4 社会学期刊被引次数综合分析

体现期刊在整个人文社会科学研究中影响的总被引次数、其他期刊引用次数及本学科论文引用次数从不同角度反映了期刊的学术影响力，它们之间具有着相互补充的作用。根据 3 种被引次数所占角色和作用，我们对他刊引次数赋予较高的权重 50%，其他两种总被引次数的权重各为 25%，对社会学期刊计算出它们的被引次数综合值，并从大到小排序给出了表 16-9。

表 16-9 　　　　　　2004—2006 年社会学期刊被引次数综合值

排序	期刊名称	被引总次数归一化值	他刊引用次数归一化值	学科引用次数归一化值	综合值
1	社会学研究	1	1	1	1
2	人口研究	0.5268	0.4399	0.8057	0.5531
3	中国人口科学	0.3818	0.3712	0.4578	0.3955
4	人口与经济	0.2975	0.3058	0.3384	0.3119
5	中国人口·资源与环境	0.4162	0.3756	0.0171	0.2961
6	青年研究	0.2545	0.2177	0.2047	0.2237
7	人口学刊	0.1490	0.1440	0.1801	0.1543
8	社会	0.1525	0.1568	0.1460	0.1530
9	市场与人口分析	0.1237	0.1003	0.1611	0.1214
10	人口与计划生育	0.0591	0.0648	0.0891	0.0695
11	西北人口	0.0631	0.0693	0.0626	0.0661
12	南方人口	0.0520	0.0432	0.0768	0.0538
13	卫生经济研究	0.0424	0.0465	0.0389	0.0436
14	南京人口管理干部学院学报	0.0318	0.0349	0.0408	0.0356
15	青少年犯罪问题	0.0364	0.0399	0.0227	0.0347
16	社会福利	0.0298	0.0327	0.0303	0.0314
17	中国社会保障	0.0308	0.0338	0.0256	0.0310
18	中国民政	0.0268	0.0294	0.0199	0.0264
19	中国老年学杂志	0.0268	0.0294	0.0142	0.0250

续表

排序	期刊名称	被引总次数归一化值	他刊引用次数归一化值	学科引用次数归一化值	综合值
20	中国卫生事业管理	0.0242	0.0266	0.0161	0.0234
21	中国社会导刊	0.0182	0.0199	0.0161	0.0185
22	社会观察	0.0131	0.0144	0.0038	0.0114
23	医学与社会	0.0126	0.0139	0.0047	0.0113
24	长沙民政职业技术学院学报	0.0101	0.0111	0.0085	0.0102
25	中国劳动保障	0.0106	0.0116	0.0047	0.0096
26	中国残疾人	0.0096	0.0105	0.0047	0.0088

表16-9的被引次数综合值体现了社会学期刊全面的学术影响力，其中《社会学研究》以超出第2名的综合值0.45的绝对优势成为本学科之首。《人口研究》则以超出第3名综合值0.16而排第2名。说明这两种期刊在社会学研究领域各自发挥着极其重要的作用。另外，《中国人口科学》、《中国人口·资源与环境》、《人口与经济》、《青年研究》和《社会》等7种期刊的综合值大于0.1，也反映了这些期刊在学术研究中起着不可忽视的作用。值得一提的是涉及医疗卫生事业的4种期刊的被引综合值之和达到0.1，说明民生问题在目前的社会学研究中占有一席之地。

16.3 社会学期刊被引速率分析

即年指标虽然很重要，但正如第1章所分析：即年指标达不到评价我国人文社会科学学术期刊学术传播速度的效果，因此有必要修正该指标为被引速率。被引速率是结合我国人文社会科学期刊流通速度较慢、出版时滞较长的具体国情设置的一项指标。它可测量期刊论文被利用的速度和期刊对学科发展过程中新问题的快速反应程度，即可表征学科的某些特征。同时，也是可以相对现实地反应期刊学术质量重要性的指标。期刊论文对本学科领域的热点关注度越高，论文被引用的速度就越快。期刊被引速率可分为三个下级指标来分析：总被引速率、他刊引用速率和学科引用速率。

16.3.1 总被引速率

根据本书第1章对给出的总被引速率的定义，期刊总被引速率是该刊当年论文和前一年论文在当年被引用总次数与该刊当年发表的和前一年发表的论文总数的比值。被引速率更科学地反映了期刊对学科热点的关注程度和反应速度。表16-10给出了

2004—2006年社会学各期刊总被引速率和三年的平均值,对各期刊的三年平均值做归一化计算,即除以三年最大的平均值(《社会学研究》的0.5783)。本表按归一化值从大到小排序。

表 16-10　　　　　　　　2004—2006 年社会学期刊总被引速率

排序	期刊名称	2004 年	2005 年	2006 年	三年平均	归一化值
1	社会学研究	0.4222	0.5694	0.7432	0.5783	1
2	人口研究	0.3594	0.5120	0.5519	0.4744	0.8203
3	中国人口科学	0.5194	0.3876	0.4667	0.4579	0.7918
4	人口与经济	0.2074	0.2626	0.2426	0.2375	0.4107
5	人口学刊	0.1373	0.1139	0.2089	0.1533	0.2651
6	市场与人口分析	0.1124	0.1237	0.2161	0.1507	0.2606
7	中国人口·资源与环境	0.0943	0.1727	0.1625	0.1432	0.2476
8	青年研究	0.0950	0.0958	0.1697	0.1202	0.2079
9	社会	0.0355	0.0455	0.2029	0.0946	0.1636
10	南方人口	0.0745	0.0690	0.1125	0.0853	0.1475
11	西北人口	0.0235	0.0315	0.0819	0.0456	0.0789
12	青少年犯罪问题	0.0166	0.0162	0.0418	0.0249	0.0431
13	南京人口管理干部学院学报	0.0311	0.0131	0.0189	0.0210	0.0363
14	人口与计划生育	0.0077	0.0218	0.0165	0.0153	0.0265
15	社会观察	0	0.0080	0.0205	0.0095	0.0164
16	中国社会保障	0.0097	0.0115	0.0035	0.0082	0.0142
17	中国卫生事业管理	0.0027	0.0029	0.0177	0.0078	0.0135
18	卫生经济研究	0	0.0050	0.0147	0.0066	0.0114
19	中国民政	0.0110	0.0061	0.0012	0.0061	0.0105
20	社会福利	0.0029	0.0073	0	0.0034	0.0059
21	中国社会导刊	0	0.0020	0.0051	0.0024	0.0042
22	中国老年学杂志	0.0008	0	0.0034	0.0014	0.0024

从表 16-10 可以看出,社会学期刊总被引速率整体偏低,除《社会学研究》大于 0.5 及《人口研究》和《中国人口科学》大于 0.4 以外其他期刊均没有超过 0.3,其中有 14 种期刊低于 0.1。

从年度变化上来看,社会学期刊整体年度平均总被引速率 2005 年较 2004 年增长了 0.01,2006 年较 2005 年又增长了 0.04。三年来总被引速率有显著提高的是《社会学研究》，增加了 0.3；《人口研究》、《社会》和《市场与人口分析》的总被引速率也有明显提高，增长高于 0.1；《青年研究》、《人口学刊》、《中国人口·资源与环境》和《西北人口》的总被引速率也有所提高，增长在 0.05 以上。《中国人口科学》、《南京人口管理干部学院学报》、《中国社会保障》和《社会福利》的总被引速率呈减少趋势，其中，《中国人口科学》最为明显，2004 年到 2006 年减少了 0.05。

16.3.2 其他期刊引用速率

其他期刊引用速率（也称他刊引用速率）表示该刊当年论文和前一年论文在当年被其他期刊引用的次数与该刊当年发表的和前一年发表的论文总数的比值。这样，将自引排除在外，为统计的公平性创造了一个良好的条件。表 16-11 给出了 2004—2006 年社会学期刊他刊引用速率统计及三年平均值，再用最大的平均值（《社会学研究》的 0.4868）作分母对每一种期刊的三年平均值做归一化计算。本表按照归一化值从大到小排序。

表 16-11　　　　　　　　2004—2006 年社会学期刊他刊引用速率

排序	期刊名称	2004 年	2005 年	2006 年	三年平均	归一化值
1	社会学研究	0.3111	0.5208	0.6284	0.4868	1
2	中国人口科学	0.5194	0.3876	0.4667	0.4579	0.9406
3	人口研究	0.2304	0.3445	0.4009	0.3253	0.6682
4	人口与经济	0.1915	0.2475	0.2376	0.2255	0.4633
5	中国人口·资源与环境	0.0943	0.1727	0.1625	0.1432	0.2942
6	人口学刊	0.1307	0.1139	0.1646	0.1364	0.2802
7	社会	0.0355	0.0455	0.1377	0.0729	0.1498
8	青年研究	0.0391	0.0476	0.1273	0.0713	0.1465
9	市场与人口分析	0.0473	0.0722	0.0804	0.0666	0.1369
10	南方人口	0.0745	0.0575	0.0375	0.0565	0.1161
11	西北人口	0.0235	0.0315	0.0819	0.0456	0.0937
12	青少年犯罪问题	0.0166	0.0162	0.0418	0.0249	0.0512
13	南京人口管理干部学院学报	0.0311	0.0131	0.0189	0.0210	0.0431
14	人口与计划生育	0.0077	0.0218	0.0165	0.0153	0.0314
15	社会观察	0	0.0080	0.0205	0.0095	0.0195

续表

排序	期刊名称	2004 年	2005 年	2006 年	三年平均	归一化值
16	中国社会保障	0.0097	0.0115	0.0035	0.0082	0.0168
17	中国卫生事业管理	0.0027	0.0029	0.0177	0.0078	0.0160
18	卫生经济研究	0	0.0050	0.0147	0.0066	0.0136
19	中国民政	0.0110	0.0061	0.0012	0.0061	0.0125
20	社会福利	0.0029	0.0073	0	0.0034	0.0070
21	中国社会导刊	0	0.0020	0.0051	0.0024	0.0049
22	中国老年学杂志	0.0008	0	0.0034	0.0014	0.0029

从表 16-11 可以看出，排除自引情况后，社会学期刊他刊引用速率与总被引速率具有相同的规律与趋势。与表 16-10 对比，《中国人口·资源与环境》和《社会》名次提前了 2 名，说明这两种期刊的论文对其他期刊影响速度较快。相比之下，《市场与人口分析》退后了 3 个名次。说明该刊的引用速率中的引用次数中本刊引用率较高，为 56%，这也是所有期刊中最高的。社会学期刊被引速率中的平均自引率为 21%。其中《人口与经济》、《人口学刊》和《社会学研究》的自引率低于平均水平，分别为 5%、11% 和 16%。

16.3.3 本学科论文引用速率

本学科论文引用速率（也称学科引用速率）是指在统计当年某刊当年和前一年发表论文被本学科论文引用的次数和与该刊当年发表的和前一年发表的论文数量之和的比值。学科引用速率主要用来反映某期刊在本学科的学术反应速度。表 16-12 给出了 2004—2006 年社会学期刊学科引用速率统计。与上表相同，也包括各年度的学科引用速率、三年平均引用速率，再用最大的平均值（《人口研究》的 0.4273）作分母对每一种期刊的三年平均值做归一化计算。并按照归一化值从大到小排序。

从表 16-12 可以看出，在学科引用速率方面，社会学期刊分布层次较为明显。《人口研究》因其 90.1% 的论文被本学科论文引用，因此其三年的学科引用速率位居第 1，《社会学研究》在前两种被引速率统计中位居第 1，但在学科引用速率中排到了第 2 位。分析其中原因：该刊中的 58% 的论文被社会学论文引用，42% 的论文被其他学科的论文引用，说明该期刊所载论文涉及的内容对其他学科的研究具有借鉴和渗透作用，反映了学科之间的交叉性，这将带来学科研究新的增长点。需要特别指出的是《青年研究》学科被引速率排名提前了 1 位，其被引数量的 87.4% 来自于本学科论文的引用，说明该刊在社会学研究中的不可忽略的地位。

表 16-12　　　　　　　　2004—2006 年社会学期刊学科引用速率

排序	期刊名称	2004 年	2005 年	2006 年	三年平均	归一化值
1	人口研究	0.3180	0.4498	0.5142	0.4273	1
2	社会学研究	0.2667	0.3403	0.3986	0.3352	0.7845
3	中国人口科学	0.3643	0.3178	0.3185	0.3336	0.7807
4	人口与经济	0.1383	0.1515	0.1881	0.1593	0.3728
5	市场与人口分析	0.1006	0.0928	0.1809	0.1248	0.2921
6	人口学刊	0.1176	0.0823	0.1582	0.1194	0.2794
7	青年研究	0.0899	0.0714	0.1091	0.0901	0.2109
8	南方人口	0.0426	0.0690	0.1125	0.0747	0.1748
9	社会	0.0133	0.0350	0.1014	0.0499	0.1168
10	西北人口	0.0141	0.0197	0.0647	0.0328	0.0768
11	人口与计划生育	0.0077	0.0189	0.0151	0.0139	0.0325
12	南京人口管理干部学院学报	0.0124	0.0065	0.0189	0.0126	0.0295
13	青少年犯罪问题	0.0083	0.0040	0.0167	0.0097	0.0227
14	卫生经济研究	0	0.0038	0.0110	0.0049	0.0115
15	中国卫生事业管理	0	0	0.0133	0.0044	0.0103
16	中国社会保障	0.0056	0.0051	0.0017	0.0041	0.0096
17	社会福利	0.0029	0.0073	0	0.0034	0.0080
18	中国人口·资源与环境	0	0.0056	0.0028	0.0028	0.0066
19	社会观察	0	0.0032	0.0013	0.0015	0.0035
20	中国民政	0	0.0012	0.0024	0.0012	0.0028
21	中国老年学杂志	0	0	0.0011	0.0004	0.0009
22	中国社会导刊	0	0	0.0007	0.0002	0.0005

将本学科论文引用速率与总被引速率比较后发现，那些学科研究方向较专的期刊，如：人口学的众多期刊、《社会福利》、《卫生经济研究》等，在此项指标的排位上都有了一定幅度的上升，说明了这些期刊的学科性很强，刊载的论文与社会学联系紧密。这一指标的引入，使我们对评价期刊有了进一步补充，其他被引指标对某学科的综合性期刊有很大的优势，而学科被引指标则对研究领域较专的学科期刊有着更多的倾向性。因此，该指标的运用对消除其他指标的评价偏差以及对全面评价期刊学术质量是很有意义的。

16.3.4 社会学期刊被引速率综合分析

期刊被引速率是反映期刊学术影响速度的重要指标,它包括总被引速率、他刊引用速率和学科引用速率三项指标。与期刊被引次数类似,各指标的权重分配分别为25%、50%和25%。表16-13给出了2004—2006年社会学期刊被引速率综合值计算。其方法与期刊被引次数综合值的计算完全相同,可以参见表16-9前的解释。本表按照被引速率综合值从大到小排序。

表16-13　　　　　2004—2006年社会学期刊被引速率综合值

排序	期刊名称	总被引速率归一化值	他刊被引速率归一化值	学科被引速率归一化值	综合值
1	社会学研究	1	1	0.7845	0.9461
2	中国人口科学	0.7918	0.9406	0.7807	0.8634
3	人口研究	0.8203	0.6682	1	0.7892
4	人口与经济	0.4107	0.4632	0.3728	0.4275
5	人口学刊	0.2651	0.2802	0.2794	0.2762
6	中国人口·资源与环境	0.2476	0.2942	0.0066	0.2107
7	市场与人口分析	0.2606	0.1368	0.2921	0.2066
8	青年研究	0.2079	0.1465	0.2109	0.1780
9	社会	0.1636	0.1498	0.1168	0.1450
10	南方人口	0.1475	0.1161	0.1748	0.1386
11	西北人口	0.0789	0.0937	0.0768	0.0858
12	青少年犯罪问题	0.0431	0.0512	0.0227	0.0421
13	南京人口管理干部学院学报	0.0363	0.0431	0.0295	0.0380
14	人口与计划生育	0.0265	0.0314	0.0325	0.0305
15	社会观察	0.0164	0.0195	0.0035	0.0147
16	中国社会保障	0.0142	0.0168	0.0096	0.0144
17	中国卫生事业管理	0.0135	0.0160	0.0103	0.0140
18	卫生经济研究	0.0114	0.0136	0.0115	0.0125
19	社会福利	0.0059	0.007	0.0080	0.0070
20	中国民政	0.0061	0.0049	0.0028	0.0047
21	中国社会导刊	0.0042	0.0049	0.0005	0.0036
22	中国老年学杂志	0.0024	0.0029	0.0009	0.0023

从表 16-13 可以看出，在学术影响扩展速度方面，社会学期刊分布层次明显，如果我们把综合值在 0.7 以上的期刊看作第一层次，那么《社会学研究》、《中国人口科学》和《人口研究》位居其中；综合值在 0.2—0.4 之间的《人口与经济》、《人口学刊》、《中国人口·资源与环境》、《市场与人口分析》可视为第二层次；《青年研究》、《社会》、《南方人口》为第三层次，它们的综合值在 0.1—0.2 之间；综合值在 0.1 以下的 13 种期刊为第四层次。

在期刊学术影响速度方面，《社会学研究》优势明显，总被引速率和他引速率两项指标位居第 1，在本学科引用速率指标方面 2004—2006 年也呈增加趋势，表明《社会学研究》在社会学期刊中学术热点扩散速度是遥遥领先的，并表现出成果越来越快被利用的态势。此外，《中国人口科学》和《人口研究》在学术影响速度方面也有着良好的表现，特别是《人口研究》的本学科论文引用速率表现上乘。

16.4 社会学期刊影响因子分析

影响因子是 1972 年尤金·加菲尔德博士为《现刊目次》选刊过程中补充单纯以被引次数标准来评判期刊所带来的不足，为了消除期刊办刊历史长短、刊载论文数量多少对于评价期刊的偏差而设立的。[①] 它的目的是从评价期刊中论文的篇均被引率的角度来评价期刊的学术质量。显然，一个期刊的影响因子越大，说明该期刊在学科发展和交流中的作用和影响力越大，其论文的学术水准也较高。但是，在不同时期、不同学术环境条件下，不同学科文献的"最大引文年限"是不可能相同的，而引文峰值出现的时间是计算"影响因子"统计年限选择的依据[②]，正是基于本文对影响因子的计算进行了修正。与前两个指标一样，影响因子指标也被细分成了三个下级指标：一般影响因子、他引影响因子和学科影响因子。

16.4.1 一般影响因子

本评价体系的影响因子的计算方法为该刊前第 2、3 年发表论文在统计当年被引用的总次数与该刊前第 2、3 年发表论文总数的比值。它反映了期刊的相对影响力。表 16-14 给出了 2004—2006 年社会学期刊一般影响因子和三年的平均值，用平均值的最大值对所有期刊的三年平均值做归一化计算。并按归一化值从大到小排序。

从表 16-14 可以看出，社会学期刊一般影响因子差异很大，影响因子最高的《社会学研究》，三年平均值在 1.0 以上。影响因子在 0.35—0.65 之间的期刊也只有 3 种，有 14 种期刊的影响因子在 0.1 以下。显而易见，《社会学研究》在篇均被引率

---

① Garfield E. The History and Meaning of the Journal Impact Factor. JAMA. 2006, 295：90—93.
② 何荣利、司天文："对现行中国期刊界计算影响因子年限的思考"，《中国科技期刊研究》2001 年第 5 期，第 362—363 页。

上远远高于本学科其他期刊，是当之无愧的社会学期刊领头羊，充分体现出该刊在社会学研究领域的权威地位。《中国人口科学》以 0.6459 排在第 2 位，反映了该刊在人口学研究领域的重要地位。由于 CSSCI 的社会学期刊大部分与人口研究有关，因此，排在前 10 名的多为与人口研究有关的期刊，作为以社会学综合研究为主的另一种期刊《社会》，超过许多人口学期刊而在前 10 名中占据一席，也体现了该刊在社会学研究领域所具有的学术影响。

表 16-14 2004—2006 年社会学期刊一般影响因子

排序	期刊名称	2004 年	2005 年	2006 年	三年平均	归一化值
1	社会学研究	1	0.9098	1.1481	1.0193	1
2	中国人口科学	0.5000	0.5693	0.8682	0.6459	0.6337
3	人口研究	0.3550	0.3571	0.5115	0.4079	0.4002
4	中国人口·资源与环境	0.3273	0.3255	0.4057	0.3529	0.3462
5	人口与经济	0.1630	0.1905	0.3085	0.2207	0.2165
6	青年研究	0.2194	0.1946	0.2402	0.2181	0.2140
7	人口学刊	0.1962	0.1569	0.2288	0.1939	0.1902
8	市场与人口分析	0.1429	0.1513	0.1302	0.1415	0.1388
9	南方人口	0.0722	0.0833	0.1809	0.1121	0.1100
10	社会	0.0827	0.0812	0.1042	0.0894	0.0877
11	西北人口	0.0884	0.0784	0.0657	0.0775	0.0760
12	南京人口管理干部学院学报	0.0109	0.0675	0.0435	0.0406	0.0398
13	青少年犯罪问题	0.0353	0.0336	0.0456	0.0382	0.0375
14	社会福利	0.0080	0.0447	0.0321	0.0283	0.0278
15	人口与计划生育	0.0169	0.0252	0.0354	0.0258	0.0253
16	卫生经济研究	0.0050	0.0090	0.0267	0.0136	0.0133
17	中国社会保障	0.0107	0.0054	0.0111	0.0091	0.0089
18	中国民政	0.0049	0.0072	0.0091	0.0071	0.0070
19	中国卫生事业管理	0.0025	0.0039	0.0095	0.0053	0.0052
20	社会观察	0	0.0065	0.0091	0.0052	0.0051
21	中国社会导刊	0.0016	0.0050	0.0017	0.0028	0.0027
22	中国老年学杂志	0	0	0.0066	0.0022	0.0022

从年度变化上来看，社会学期刊年度平均一般影响因子 2005 年较 2004 年有小幅度提高，增加 0.001，涨幅 1%，2006 年较前两年则有大幅度提高，涨幅为 34.5%。

三年来影响因子提升最快的是《中国人口科学》，增加 0.3682。《人口研究》、《社会学研究》、《人口与经济》和《南方人口》的影响因子也有一定提高，增加在 0.1—0.15 之间。《中国人口·资源与环境》、《南京人口管理干部学院学报》、《人口学刊》、《社会福利》、《卫生经济研究》、《社会》、《人口与计划生育》和《青少年犯罪问题》的影响因子稍有提高，增加数量为 0.01—0.07 之间。《中国老年学杂志》、《青年研究》、《中国民政》、《中国社会保障》和《中国社会导刊》的影响因子基本持平。另外，《市场与人口分析》和《西北人口》2004 年到 2006 年间影响因子有一定下降，分别减少 0.02 和 0.01。

16.4.2 他引影响因子

他引影响因子是排除期刊自引后的影响因子，相对引文数据库中的非来源期刊而言他引影响因子更加公正合理。同时，它也可以防止虚假自引带来的不合理因素。表 16-15 给出了 2004—2006 年社会学期刊他引影响因子年度值和三年的平均值，用最大平均值（《社会学研究》的 0.9330）进行归一化计算，并按归一化值从大到小排序。

表 16-15 2004—2006 年社会学期刊他引影响因子

排序	期刊名称	2004 年	2005 年	2006 年	三年平均	归一化值
1	社会学研究	0.9200	0.8271	1.0519	0.9330	1
2	中国人口科学	0.5000	0.5693	0.8527	0.6407	0.6867
3	中国人口·资源与环境	0.3237	0.3255	0.4057	0.3517	0.3770
4	人口研究	0.2450	0.2714	0.4101	0.3089	0.3311
5	人口与经济	0.1413	0.1693	0.2713	0.1940	0.2079
6	青年研究	0.1837	0.1243	0.1899	0.1660	0.1779
6	人口学刊	0.1582	0.1373	0.2026	0.1660	0.1779
8	市场与人口分析	0.1310	0.1382	0.1065	0.1252	0.1342
9	南方人口	0.0722	0.0521	0.1383	0.0875	0.0938
10	社会	0.0827	0.0812	0.0953	0.0864	0.0926
11	西北人口	0.0884	0.0784	0.0657	0.0775	0.0831
12	南京人口管理干部学院学报	0.0109	0.0675	0.0435	0.0406	0.0435
13	青少年犯罪问题	0.0353	0.0336	0.0456	0.0382	0.0409
14	社会福利	0.0080	0.0447	0.0321	0.0283	0.0303
15	人口与计划生育	0.0169	0.0252	0.0354	0.0258	0.0277
16	卫生经济研究	0.0050	0.0090	0.0267	0.0136	0.0146

续表

排序	期刊名称	2004 年	2005 年	2006 年	三年平均	归一化值
17	中国社会保障	0.0107	0.0054	0.0111	0.0091	0.0098
18	中国民政	0.0049	0.0072	0.0091	0.0071	0.0076
19	中国卫生事业管理	0.0025	0.0039	0.0095	0.0053	0.0057
20	社会观察	0	0.0065	0.0091	0.0052	0.0056
21	中国社会导刊	0.0016	0.0050	0.0017	0.0028	0.0030
22	中国老年学杂志	0	0	0.0066	0.0022	0.0024

从表 16-15 可以看出，排除自引情况后，社会学期刊他引影响因子与一般影响因子具有相同的规律与趋势。与表 16-14 对比，两表中仅《人口研究》和《中国人口·资源与环境》顺序发生了变化，其他期刊的顺序相同。这说明社会学期刊中用于计算影响因子有效引用中普遍以他引情况为主。《人口研究》在所有期刊中自引率最高，为 24%。《南方人口》和《青年研究》的自引率在 22%。其他期刊均没有超过 15%。其中自引率最低的是《中国人口·资源与环境》、《中国人口科学》和《社会》，分别为 0.34%、1% 和 3%。

16.4.3 学科影响因子

通过学科影响因子的研究，可以分析期刊对本学科研究的贡献，能够反映期刊所刊载的论文与本学科研究的相关程度。表 16-16 给出了 2004—2006 年社会学期刊学科影响因子统计。同样，也包括各年度的学科影响因子、三年平均影响因子，并以学科影响因子最大的平均值（《社会学研究》的 0.5344）作分母得到各期刊该指标的归一化值。并按归一化值从大到小排序。

表 16-16　　　　　　　　2004—2006 年社会学期刊学科影响因子

排序	期刊名称	2004 年	2005 年	2006 年	三年平均	归一化值
1	社会学研究	0.5667	0.4662	0.5704	0.5344	1
2	中国人口科学	0.3261	0.3723	0.4806	0.3930	0.7354
3	人口研究	0.2450	0.2905	0.4101	0.3152	0.5898
4	青年研究	0.1978	0.1784	0.1461	0.1741	0.3257
5	人口与经济	0.0924	0.0952	0.1330	0.1069	0.2000
6	人口学刊	0.0823	0.0784	0.1438	0.1015	0.1899
7	市场与人口分析	0.1012	0.0987	0.0769	0.0923	0.1727
8	南方人口	0.0309	0.0729	0.1702	0.0914	0.1710

续表

排序	期刊名称	2004年	2005年	2006年	三年平均	归一化值
9	社会	0.0414	0.0325	0.0510	0.0416	0.0778
10	西北人口	0.0340	0.0392	0.0376	0.0369	0.0690
11	社会福利	0.0053	0.0376	0.0262	0.0231	0.0432
12	南京人口管理干部学院学报	0.0055	0.0368	0.0248	0.0224	0.0419
13	人口与计划生育	0.0148	0.0168	0.0215	0.0177	0.0331
14	青少年犯罪问题	0.0096	0.0034	0.0166	0.0099	0.0185
15	中国人口·资源与环境	0.0036	0.0101	0.0114	0.0084	0.0157
16	卫生经济研究	0.0025	0.0038	0.0165	0.0076	0.0142
17	中国民政	0.0049	0.0048	0.0068	0.0055	0.0103
18	中国社会保障	0.0040	0.0013	0.0097	0.0050	0.0094
19	中国卫生事业管理	0.0013	0.0013	0.0041	0.0022	0.0041
20	社会观察	0	0	0.0023	0.0008	0.0015
21	中国社会导刊	0	0	0.0017	0.0006	0.0011
22	中国老年学杂志	0	0	0	0	0

从表16-16可以看出，社会学期刊学科影响因子排名相对一般影响因子有较大变化，名次提升最多的是《青年研究》、《社会福利》和《中国民政》3种期刊，均有2—3名的位次提升。名次下降最多的为《中国人口·资源与环境》。

从年度变化来看，社会学期刊年度学科影响因子与一般影响因子具有相同的规律与趋势。2004年到2006年分别为0.0804、0.0843和0.1073，涨幅达33%。其中《人口研究》、《中国人口科学》、《南方人口》年度学科影响因子上升幅度较大。相反，《市场与人口分析》、《青年研究》年度学科影响因子呈下降趋势。

总体来说，《青年研究》、《社会福利》、《南方人口》、《中国民政》和《人口研究》的本学科引用比例较高，其70%以上的论文被社会学引用，其中以《青年研究》最高，为82%。社会学综合性期刊《社会学研究》和《社会》的本学科引用率相对较低，在50%左右。《中国人口·资源与环境》和《中国老年学杂志》的本学科引用比例最低，其中《中国人口·资源与环境》为3%，《中国老年学杂志》为0。

16.4.4 社会学期刊影响因子综合分析

与期刊被引次数和被引速率相同，在本评价体系中，期刊影响因子的三个下级指标权重分配为：一般影响因子（25%）、他引影响因子（50%）、学科影响因子（25%）。表 16-17 给出了 2004—2006 年社会学期刊影响因子综合值计算，其方法与期刊被引次数和被引速率相同，计算后求和得到各期刊影响因子的综合值。表 16-17 按综合值从大到小排序。

表 16-17　　　　　　　　2004—2006 年社会学期刊影响因子综合值

排序	期刊名称	一般影响因子归一化值	他引影响因子归一化值	学科影响因子归一化值	综合值
1	社会学研究	1	1	1	1
2	中国人口科学	0.6337	0.6867	0.7354	0.6856
3	人口研究	0.4002	0.3311	0.5898	0.4131
4	中国人口·资源与环境	0.3462	0.3770	0.0157	0.2790
5	青年研究	0.2140	0.1779	0.3257	0.2239
6	人口与经济	0.2165	0.2079	0.2000	0.2081
7	人口学刊	0.1902	0.1779	0.1899	0.1840
8	市场与人口分析	0.1388	0.1342	0.1727	0.1450
9	南方人口	0.1100	0.0938	0.1710	0.1172
10	社会	0.0877	0.0926	0.0778	0.0877
11	西北人口	0.0760	0.0831	0.0690	0.0778
12	南京人口管理干部学院学报	0.0398	0.0435	0.0419	0.0422
13	青少年犯罪问题	0.0375	0.0409	0.0185	0.0345
14	社会福利	0.0278	0.0303	0.0432	0.0329
15	人口与计划生育	0.0253	0.0277	0.0331	0.0285
16	卫生经济研究	0.0133	0.0146	0.0142	0.0142
17	中国社会保障	0.0089	0.0098	0.0094	0.0095
18	中国民政	0.0070	0.0076	0.0103	0.0081
19	中国卫生事业管理	0.0052	0.0057	0.0041	0.0052
20	社会观察	0.0051	0.0056	0.0015	0.0045
21	中国社会导刊	0.0027	0.0030	0.0011	0.0025
22	中国老年学杂志	0.0022	0.0024	0	0.0018

分析表 16-17 中社会学期刊影响因子综合值可以看出，排在前 3 名的都是学术界公认的、学术影响力较大的社会学期刊。尤其是排在第 1 的《社会学研究》，其三

项分指标影响因子均排在第1;排在第2的《中国人口科学》的三项分指标均排在第2。《人口研究》以影响因子综合值0.4131排在第3。其余的社会学期刊与这3种期刊在影响因子综合值上有较大差距,说明它们的学术质量还有很大的上升空间。值得一提的是,《社会》在三项影响因子的表现上可圈可点,自从2005年该刊改版以来,其影响因子有了很大的提高,影响因子的综合排名位于第10位,而2000—2004年该刊在社会学期刊影响因子的排名仅排在第14位。[①]

16.5 社会学期刊被引广度分析

期刊被引广度说明了期刊所刊载的论文对其他期刊的影响程度,一般说来,一种期刊被不同的期刊引用越多,其影响度就越广。期刊被引广度指标可以比较出期刊的辐射度,期刊的被引频次是期刊总体实力的表现,影响因子是期刊所载论文总体质量的标志,在对学术期刊进行了这两项指标分析后,我们更加关注,在被引次数和影响因子的数值所体现出来期刊学术性影响是否存在不全面性?或者说其学术影响的广泛度是否被全面的展现。引入期刊被引广度指标,是实现上述评价目标的重要途径,同时在实践中也可有效地抑制虚假自引和交易互引对期刊评价的干扰。对期刊被引广度的计算参见本书第1章。表16-18给出了2004—2006年社会学期刊被引广度及三年的平均值,再对平均值进行归一化计算,并以归一化值从大到小排序。

表16-18 2004—2006年社会学期刊被引广度

排序	期刊名称	2004年	2005年	2006年	三年平均	归一化值
1	社会学研究	69.4	81.6	107.0	86.00	1
2	中国人口·资源与环境	27.4	36.4	47.8	37.20	0.4326
3	中国人口科学	26.4	25.2	39.4	30.33	0.3527
4	人口研究	24.8	23.4	31.8	26.67	0.3101
5	人口与经济	21.2	25.4	30.6	25.73	0.2992
6	青年研究	19.2	16.4	27.6	21.07	0.2450
7	社会	14.6	14.6	26.0	18.40	0.2140
8	人口学刊	11.6	15.4	18.0	15.00	0.1744
9	市场与人口分析	7.8	12.8	13.4	11.33	0.1317
10	西北人口	7.0	8.8	7.6	7.80	0.0907

---

① 苏新宁主编:《中国人文社会科学学术影响力报告(2002—2004)》,中国社会科学出版社2007年版,第532—533页。

续表

排序	期刊名称	2004年	2005年	2006年	三年平均	归一化值
11	人口与计划生育	3.6	6.2	9.2	6.33	0.0736
12	南方人口	5.6	5.8	6.6	6.00	0.0698
13	卫生经济研究	2.0	3.4	11.2	5.53	0.0643
14	青少年犯罪问题	3.8	3.2	7.4	4.80	0.0558
15	南京人口管理干部学院学报	3.2	5.2	4.0	4.13	0.0480
16	中国社会保障	4.2	3.6	4.4	4.07	0.0473
17	中国民政	1.4	5.2	3.4	3.47	0.0403
18	中国卫生事业管理	1.2	1.6	6.8	3.20	0.0372
18	中国老年学杂志	1.2	1.8	6.6	3.20	0.0372
20	社会福利	1.6	2.8	3.2	2.53	0.0294
21	中国社会导刊	1.0	2.4	3.8	2.40	0.0279
22	社会观察	0	1.2	3.8	1.67	0.0194
22	医学与社会	0.6	1.2	3.2	1.67	0.0194
24	长沙民政职业技术学院学报	1.4	1.0	2.2	1.53	0.0178
25	中国残疾人	0.4	1.4	2.0	1.27	0.0148
26	中国劳动保障	0	0.8	1.8	0.87	0.0101

从表16-18可以看到,三年平均被引广度超过社会学来源期刊数10的9种期刊中《社会学研究》一枝独秀,平均被引广度为86(2006年更是超过了100),大大高于社会学类的其他期刊。说明该刊不仅影响着本学科期刊,还影响着大量的综合性期刊和非本学科期刊。《中国人口·资源与环境》和《中国人口科学》平均被引广度在30—40种之间,《人口研究》、《人口与经济》和《青年研究》的平均被引广度在20—30种之间。《社会》等4种期刊的平均被引广度在10—20种之间。其他17种期刊的平均被引广度均不超过10,说明这些期刊的影响面较窄,多数还局限在社会学类期刊中。

2004—2006年间,社会学期刊的年度平均被引广度从2004年的10增加到2006年的16.5,增加1.6倍,说明社会学期刊三年间的整体被引广度有显著增加。其中《社会学研究》和《中国人口·资源与环境》的增长最为明显,分别增加了37.6和20.4;《中国人口科学》以增加13排第3,《社会》以增加11而居第4。《人口与经济》、《卫生经济研究》、《青年研究》和《人口研究》的三年被引广度增加高于社会学期刊的被引广度增加的平均值(6.4),而三年被引广度增加低于社会学期刊平均增加数(6.4)的期刊有17种,其中《人口与计划生育》、《中国卫生事业管理》和

《中国老年学杂志》以增加 5 而排在最前面。

16.6　社会学期刊二次文献转载分析

目前在我国人文社会科学研究中具有较大影响、并且收录较为全面且被学术界公认的综合性二次文献有四种：它们分别是人民出版社主办的《新华文摘》、中国社会科学杂志社主办的《中国社会科学文摘》、中国人民大学主办的《复印报刊资料》和上海师范大学主办的《高等学校文科学术文摘》。[①] 从这些文摘刊物对期刊全文转载数量的统计分析，可反映出各期刊对学科热点的跟踪。因此，期刊二次文献转载数量可以设立为对期刊影响度考察的指标，这一指标是从被学界关注度的角度来评价期刊的学术水平。另一方面，在引文数据库中每年都有千篇左右的参考文献标注为人大《复印报刊资料》，这些数据掩盖并造成了被转载期刊的其他被引指标的损失，所以二次文献转载指标的引入也是对被转载期刊的一个补偿。总之，采用二次文献转载是多维评价期刊的一个很有意义的指标。

16.6.1　《新华文摘》全文转载

《新华文摘》是一种大型的综合性、学术性文摘，内容涉及政治、哲学、经济、历史、文学艺术、法学、管理学和教育学等多种人文社会学科，其反映重要的学术动态和学术走向。因此，本体系将社会学期刊被《新华文摘》全文转载论文数量作为评价期刊学术质量的指标之一。《新华文摘》于 2004 年开始设社会学独立专栏，以全面反映社会学研究的最新成果和权威观点。表 16‐19 给出了 2004—2006 年社会学期刊被新华文摘全文转载的统计数据，对其三年平均值做归一化计算，并按归一化值从大到小排序。

表 16‐19　　　2004—2006 年社会学期刊被《新华文摘》全文转载统计

排序	期刊名称	2004 年（篇）	2005 年（篇）	2006 年（篇）	三年平均（篇）	归一化值
1	社会学研究	7	0	3	3.33	1
2	人口研究	0	3	1	1.33	0.3994
2	市场与人口分析	0	0	4	1.33	0.3994
4	社会	0	0	3	1.00	0.3003

---

① 谭浩娟：“从二次文献文摘量看法学学术期刊的学术质量”，《图书馆界》2005 年第 1 期，第 36—38 页。

续表

排序	期刊名称	2004年（篇）	2005年（篇）	2006年（篇）	三年平均（篇）	归一化值
5	中国人口科学	0	0	2	0.67	0.2012
5	中国人口·资源与环境	0	0	2	0.67	0.2012
7	社会观察	1	0	0	0.33	0.0991

注：未被《新华文摘》转载过的期刊本表未列入。

从表 16-19 可以看出，社会学期刊论文被《新华文摘》转载数量整体较少，三年共转摘 26 篇，2004—2006 年转载量分别为 8 篇、3 篇、15 篇。而且，整个社会学领域三年间被《新华文摘》转载的期刊也只有 7 种，而这 7 种期刊在 2004—2006 年的三年中都没有稳定的转载量。相对而言，《社会学研究》的转载数量最高，三年共计 10 篇。《市场与人口分析》和《社会》两种期刊在 2006 年被《新华文摘》全文转载的论文数量都实现了零的突破，且数量相对较多，希望这两家期刊能继续保持好的发展趋势。

16.6.2 《中国社会科学文摘》全文转载

《中国社会科学文摘》是了解社会科学领域研究状况和趋势的重要窗口，以择优推荐人文社会科学重要研究成果为宗旨。因其以转载社科类的精品论文为主，所以总体转载数量也比较少。表 16-20 给出了 2004—2006 年社会学期刊被《中国社会科学文摘》全文转载的统计数据，对数据的处理同表 16-19。

表 16-20　2004—2006 年社会学期刊被《中国社会科学文摘》全文转载统计

排序	期刊名称	2004年（篇）	2005年（篇）	2006年（篇）	三年平均（篇）	归一化值
1	社会学研究	8	12	11	10.33	1
2	中国人口科学	4	5	4	4.33	0.4192
3	社会	0	0	9	3.00	0.2904
4	人口研究	4	2	0	2.00	0.1936
5	市场与人口分析	0	0	1	0.33	0.0319
5	中国社会导刊	1	0	0	0.33	0.0319

注：未被《中国社会科学文摘》转载过的期刊本表未列入。

从表 16-20 可以看出，社会学期刊论文被《中国社会科学文摘》全文转载量较被《新华文摘》转载数量有所提升，三年共转载61篇。2004—2006年转载量分别为17篇、19篇、25篇。但整个社会学领域三年间被《中国社会科学文摘》转摘的期刊只有6种，在这6种期刊中，《社会学研究》每年有稳定的转载数量，占社会学期刊总转载量的50%而排名第1。《中国人口科学》以每年4—5篇转载量位居第2。《社会》在2006年被《中国社会科学文摘》转载了9篇，相对于其2006年《社会》的26篇载文量是不俗的成绩。

16.6.3 《复印报刊资料》全文转载

《复印报刊资料》是国内较具权威性的社会科学、人文科学专题文献资料库，其转载的内容涉及100多个专题，收集的范围和期刊论文数量较前两种文摘更为广泛。因此，各期刊被《复印报刊资料》转载的可能性较前两种文摘更大。表16-21给出了2004—2006年所有社会学期刊被《复印报刊资料》全文转载的统计数据。为了全面了解本学科期刊被《复印报刊资料》转载的情况，本表增加了《现代交际》、《劳动保障世界》和《四川劳动保障》这三种在前面的评价指标中没有讨论的期刊。与上表相同，也包括各年度的转载次数、三年平均转载次数，并以最大的平均转载数（《人口研究》的三年平均值27）作归一化的分母，得到各期的归一化值。并按归一化值从大到小排序。

表16-21 2004—2006年社会学期刊被复印报刊资料全文转载统计

排序	期刊名称	2004年（篇）	2005年（篇）	2006年（篇）	三年平均（篇）	归一化值
1	人口研究	31	28	22	27.00	1
2	中国人口·资源与环境	16	13	20	16.33	0.6048
3	青年研究	7	23	15	15.00	0.5556
4	人口与经济	15	13	15	14.33	0.5307
5	中国人口科学	14	13	12	13.00	0.4815
5	社会学研究	17	10	12	13.00	0.4815
5	市场与人口分析	15	8	16	13.00	0.4815
8	人口学刊	8	11	15	11.33	0.4196
9	中国社会保障	10	12	9	10.33	0.3826
10	社会观察	3	16	8	9.00	0.3333
11	现代交际	14	8	2	8.00	0.2963
12	西北人口	12	5	3	6.67	0.2470
13	人口与计划生育	10	4	5	6.33	0.2344

续表

排序	期刊名称	2004年（篇）	2005年（篇）	2006年（篇）	三年平均（篇）	归一化值
14	社会	0	0	12	4.00	0.1481
15	青少年犯罪问题	0	1	9	3.33	0.1233
16	南京人口管理干部学院学报	2	3	3	2.67	0.0989
17	社会工作	4	1	1	2.00	0.0741
18	长沙民政职业技术学院学报	4	1	0	1.67	0.0619
18	中国劳动保障	0	3	2	1.67	0.0619
20	医学与社会	1	0	3	1.33	0.0493
20	劳动保障世界	3	1	0	1.33	0.0493
22	中国社会导刊	0	1	2	1.00	0.0370
23	中国民政	0	0	2	0.67	0.0248
24	四川劳动保障	0	0	1	0.33	0.0122

从表16-21可以看出，社会学期刊被《复印报刊资料》全文转载量较前两种文摘数量有了大幅度的提升，三年共转摘550篇。2004—2006年转载量分别为186篇、175篇、189篇。整个社会学领域三年间被《复印报刊资料》转载的期刊共计24种。大大超过了前两种文摘转载社会学期刊的数量。《人口研究》以81篇的被转载量排在本学科期刊的第1位。《中国人口·资源与环境》、《青年研究》、《人口与经济》、《中国人口科学》、《社会学研究》和《市场与人口分析》共同构成本学科被《复印报刊资料》转载量的第二梯队，它们的转载量均在40篇左右。在24种期刊中2004年到2006年转载量有明显增加的是：《社会》、《青少年犯罪问题》和《青年研究》；而明显减少的是：《现代交际》、《人口研究》和《西北人口》。

16.6.4 二次文献转载综合分析

正如前文所述，著名二次文献转载指标是评价期刊的重要补充指标。在我们此次评价所使用的这三种二次文献转载期刊中，为了体现它们之间的差异，对其权重分配如下：《新华文摘》（45%）、《中国社会科学文摘》（35%）、《复印报刊资料》（20%），并以此比例及对应的二次文献归一化值计算每种期刊的二次文献综合值（计算公式参见本书第1章）。并按综合值从大到小排序。

表 16-22　　2004—2006 年社会学期刊二次文献转载综合值

排序	期刊名称	新华文摘归一化值	中国社会科学文摘归一化值	复印报刊资料归一化值	综合值
1	社会学研究	1	1	0.4815	0.8963
2	人口研究	0.3994	0.1936	1	0.4475
3	中国人口科学	0.2012	0.4192	0.4815	0.3336
4	市场与人口分析	0.3994	0.0319	0.4815	0.2872
5	社会	0.3003	0.2904	0.1481	0.2664
6	中国人口·资源与环境	0.2012	0	0.6048	0.2115
7	社会观察	0.0991	0	0.3333	0.1113
8	青年研究	0	0	0.5556	0.1111
9	人口与经济	0	0	0.5307	0.1061
10	人口学刊	0	0	0.4196	0.0839
11	中国社会保障	0	0	0.3826	0.0765
12	西北人口	0	0	0.2470	0.0494
13	人口与计划生育	0	0	0.2344	0.0469
14	青少年犯罪问题	0	0	0.1233	0.0247
15	南京人口管理干部学院学报	0	0	0.0989	0.0198
16	中国社会导刊	0	0.0319	0.0370	0.0186
17	社会工作	0	0	0.0741	0.0148
18	中国劳动保障	0	0	0.0619	0.0124
19	长沙民政职业技术学院学报	0	0	0.0619	0.0124
19	医学与社会	0	0	0.0493	0.0099
21	中国民政	0	0	0.0248	0.0050
22	中国卫生事业管理	0	0	0	0
22	中国老年学杂志	0	0	0	0
22	中国残疾人	0	0	0	0
22	卫生经济研究	0	0	0	0
22	南方人口	0	0	0	0

从表 16-22 可以看到，从二次文献转载综合值上来看，《社会学研究》以 0.8963 分超出《人口研究》0.44 的优势，占据排名的首位。《人口研究》排在第 2 位。在社会学领域里这两种期刊均在前面所述三种文摘转载中有较好的表现，《社会

学研究》在《新华文摘》和《中国社会科学文摘》转载最多，而《人口研究》在《复印报刊资料》的转载最多。综合值超过 0.1 的仅 9 种期刊，综合值大于 0.05 小于 0.1 的有两种期刊，综合值大于 0.01 而小于 0.05 的有 9 种期刊。还有 7 种期刊综合值不到 0.01 或为 0。作为 CSSCI 来源期刊的《南方人口》，三年来却没有在这三种文摘中被转载过，应该引起编辑部的重视。

总体看来，社会学期刊被权威二次文献转载量普遍较低。但值得一提的是：2006 年《社会》无论在《复印报刊资料》还是《新华文摘》和《中国社会科学文摘》中，其被转载量的表现都是可圈可点的。

16.7 社会学期刊 Web 即年下载率分析

Web 即年下载率是指期刊在某一期刊全文数据库中当年出版并上网的论文在当年被全文下载的次数与该期刊当年出版并上网论文总数之比。"Web 即年下载率"反映的是除传统的印刷版读者外，网络读者对期刊内容的兴趣或者关注程度，这是研究评价期刊在网络环境下传播效率的一个新的指标。引入该指标主要是从以下三个方面考虑：第一，该指标反映了期刊的阅读率，这是一个从完全不同于上述评价期刊的 17 个指标的角度来评价的；第二，该指标突破了刊物的界限，完全从论文质量的角度来凸显期刊的优劣；第三，该指标是对期刊及时性评价的一个很好的补充。我们采用的 Web 即年下载率的数据来源于《中国学术期刊综合引证报告（2005—2007 版）》。[①] 表 16-23 给出了 2004—2006 年社会学期刊 Web 即年下载率数据和三年平均值，并对其三年平均值做归一化处理。按归一化值从大到小排序。

表 16-23　　　　　　2004—2006 年社会学期刊 Web 即年下载率

排序	期刊名称	2004 年	2005 年	2006 年	三年平均	归一化值
1	社会学研究	186.9	108.1	248.3	181.10	1
2	中国人口科学	—	45.7	113.7	79.70	0.4401
3	中国人口·资源与环境	46.2	48.7	109.9	68.27	0.3770
4	人口研究	46.3	45.1	108.2	66.53	0.3674
5	人口与经济	58.5	43.6	96.1	66.07	0.3648
6	社会	14.2	66.2	89.9	56.77	0.3135
7	青年研究	26.0	28.1	87.6	47.23	0.2608
8	人口学刊	30.1	25.7	80.5	45.43	0.2509

① 万锦堃主编：《中国学术期刊综合引证报告（2005—2007 版）》，科学出版社 2005—2007 年版。

续表

排序	期刊名称	2004年	2005年	2006年	三年平均	归一化值
9	南京人口管理干部学院学报	21.6	23.5	60.4	35.17	0.1942
10	西北人口	24.9	19.7	57.6	34.07	0.1881
11	市场与人口分析	22.7	23.7	46.1	30.83	0.1702
12	医学与社会	22.2	28.8	31.6	27.53	0.1520
13	南方人口	4.5	31.8	43.8	26.70	0.1474
14	青少年犯罪问题	14.8	18.6	44.2	25.87	0.1428
15	长沙民政职业技术学院学报	29.3	15.2	31.4	25.30	0.1397
16	中国卫生事业管理	22.7	15.1	36.9	24.90	0.1375
17	社会观察	—	—	23.2	23.20	0.1281
18	卫生经济研究	17.4	22.6	26.2	22.07	0.1219
19	中国老年学杂志	21.3	16.6	27.1	21.67	0.1197
20	人口与计划生育	8.6	14.3	18.3	13.73	0.0758
21	中国社会导刊	—	6.5	19.4	12.95	0.0715
22	中国民政	6.8	11.3	16.9	11.67	0.0644
23	社会福利	7.0	5.6	3.6	5.40	0.0298
24	中国残疾人	—	4.4	5.8	5.10	0.0282
25	中国劳动保障	—	—	—	—	—
25	中国社会保障	—	—	—	—	—

注：表中"—"表示当年该刊的Web即年下载率为空，不列入平均值的计算。

从表16-23可以看出：《社会学研究》的Web即年下载率在整个社会学期刊中以三年平均181.1的绝对优势独占鳌头。说明《社会学研究》刊载的论文受到众多领域学者的强烈关注。这27种社会学期刊中，Web即年下载率三年平均在100—50的有6种；50—20的有13种；20—10的有四种，另有两种低于10；还有《中国劳动保障》和《中国社会保障》的Web即年下载率在《中国学术期刊综合引证报告（2005—2007版）》中没有记录。整体看来，社会学期刊的Web即年下载率差异巨大，《社会学研究》是最后1名期刊《中国残疾人》的35倍；Web即年下载率高于三年平均数39.1的期刊仅8种；有三分之一的期刊其Web即年下载率集中在30—20。

随着网络化进程的加速及全文数据库发展的日趋成熟，社会学期刊受学者关注度在逐年增强。从年度变化来看，年度平均Web即年下载率从2004年的31.6上升到2006年的59.4；从增长的绝对数值来看，《社会》、《中国人口·资源与环境》、《人口研究》、《青年研究》、《社会学研究》和《人口学刊》2004—2006年的增长均超过了50，其中《社会》增加最多，达到75.7；《南方人口》、《南京人口管理干部学院学报》、《人口与经济》、《西北人口》、《青少年犯罪问题》和《市场与人口分析》的涨幅也在20—40之间；《中国卫生事业管理》、《中国民政》等8种期刊其涨幅在20以下。只有《社会福利》2004—2006年的Web即年下载率呈下降趋势。

16.8 社会学期刊评价指标综合分析

为了综合考虑社会学期刊的学术规范、学术影响和学术质量，根据本书第1章构建的评价体系计算方法对每一种期刊计算其学术影响综合值。在指标权重分配方面，我们把反映期刊学术影响的指标放在最重要的地位，其权重总体占60%，其中考虑到影响因子的重要性而给予最高的权重30%，被引次数、被引速率、被引广度则各占10%；其次是期刊学术规范量化指标，其权重均为15%；反映期刊学术质量的Web即年下载和二次文献转载数，本评价体系分别给予了15%和10%的权重。表16-24给出了2004—2006年社会学期刊七大指标值和综合值。

表16-24　　　　　　　　　社会学期刊综合值运算表

排序	期刊名称	期刊学术规范 ×0.15	被引次数 ×0.1	被引速率 ×0.1	影响因子 ×0.3	被引广度 ×0.1	二次文献转载 ×0.1	Web下载 ×0.15	综合值 Σ
1	社会学研究	0.6925	1	0.9461	1	1	0.8963	1	0.9381
2	中国人口科学	0.6437	0.3955	0.8634	0.6856	0.3527	0.3336	0.4401	0.5628
3	人口研究	0.5313	0.5531	0.7892	0.4131	0.3101	0.4475	0.3674	0.4687
4	中国人口·资源与环境	0.6007	0.2961	0.2107	0.2790	0.4326	0.2115	0.3770	0.3454
5	人口与经济	0.5959	0.3119	0.4275	0.2081	0.2992	0.1061	0.3648	0.3210
6	青年研究	0.5427	0.2237	0.1780	0.2239	0.2450	0.1111	0.2608	0.2635
7	社会	0.6603	0.1530	0.1450	0.0877	0.2140	0.2664	0.3135	0.2502
8	人口学刊	0.5783	0.1543	0.2762	0.1840	0.1744	0.0839	0.2509	0.2485
9	市场与人口分析	0.5340	0.1214	0.2066	0.145	0.1317	0.2872	0.1702	0.2238
10	西北人口	0.5539	0.0661	0.0778	0.0779	0.0907	0.0494	0.1881	0.1631
11	南方人口	0.4981	0.0538	0.1386	0.1172	0.0698	0	0.1474	0.1582
12	南京人口管理干部学院学报	0.4772	0.0356	0.0380	0.0422	0.0481	0.0198	0.1942	0.1275
13	中国老年学杂志	0.6757	0.0250	0.0023	0.0018	0.0372	0	0.1197	0.1263
14	人口与计划生育	0.4748	0.0695	0.0305	0.0285	0.0736	0.0469	0.0758	0.1132

续表

排序	期刊名称	期刊学术规范 ×0.15	被引次数 ×0.1	被引速率 ×0.1	影响因子 ×0.3	被引广度 ×0.1	二次文献转载 ×0.1	Web下载 ×0.15	综合值 Σ
15	卫生经济研究	0.5161	0.0436	0.0125	0.0142	0.0643	0	0.1219	0.1120
16	青少年犯罪问题	0.4268	0.0347	0.0421	0.0345	0.0558	0.0247	0.1428	0.1115
17	中国卫生事业管理	0.5427	0.0234	0.0140	0.0052	0.0372	0	0.1375	0.1111
18	中国民政	0.4828	0.0264	0.0047	0.0081	0.0403	0.0050	0.0644	0.0922
19	社会福利	0.3777	0.0314	0.0070	0.0329	0.0295	0.0148	0.0298	0.0793
20	社会观察	0.2488	0.0114	0.0147	0.0045	0.0194	0.1113	0.1281	0.0736
21	中国社会保障	0.1168	0.0310	0.0144	0.0095	0.0473	0.0765	—	0.0419
22	中国社会导刊	0.0830	0.0185	0.0036	0.0025	0.0279	0.0186	0.0715	0.0308

通过分析表16-24数据可以看出：《社会学研究》的综合值为0.9379远远超过其他社会学期刊，无愧于社会学期刊的领头羊。并且该刊在社会学期刊中七项评价指标均表现超群，其中被引次数、影响因子、被引广度和Web即年下载四项指标达到了整个人文社会科学学术期刊的一流水平。人口学期刊的学术综合值整体较高，其中《中国人口科学》和《人口研究》分别是列入人口学二级学科10种期刊的首位和第2位。在应用社会学学科的5种期刊中《青年研究》的综合学术值最高。在两个社会福利学科的期刊中，《中国民政》综合值高于《社会福利》13个百分点。《卫生经济研究》属于卫生经济学学科，隶属经济学科，但我们从本学科论文引用的三个指标中不难发现它在社会学研究中有一定作用。另有反映社会时政与新闻的两种期刊《社会观察》和《中国社会导刊》，它们也因学术性相对较低而导致其综合值较低。

我们将社会学期刊的综合值排序与2008—2009年CSSCI的来源期刊比较，可以发现CSSCI的前4种社会学期刊排序与综合指标的排序基本一致，说明CSSCI精选的社会学类来源期刊都有一定合理性。但我们也必须看到，由于多项指标的综合，《社会》排序提升了两位、《西北人口》提升了一位，《人口学刊》、《市场与人口分析》和《南方人口》均退后了一位。说明期刊的学术质量应该有多方面指标评价，反之，不同的指标反映了期刊学术质量的不同侧面，较全面的指标可以全面衡量期刊的学术质量。

根据七大项指标的综合值，我们可以最终划分出社会学期刊的学术等级，根据社会学期刊的综合值状况，我们把社会学权威学术期刊取值区间设为1—0.7，核心期刊取值区间为0.7—0.2，核心期刊扩展区为0.2—0.15，小于0.15或表中没有的社会学期刊定位为一般性学术期刊。依据这一原则得到社会学期刊的定量评价结果：

权威期刊：《社会学研究》；

核心期刊：《中国人口科学》、《人口研究》、《中国人口·资源与环境》、《人口与经济》、《社会》、《人口学刊》、《市场与人口分析》；

扩展核心期刊：《西北人口》、《南方人口》；

其他期刊均为一般性学术期刊。

需要说明的是，《青年研究》是一个跨学科期刊，在进行期刊学术等级划分时，将其归入了政治学讨论。

在整个评价过程中发现社会学类期刊存在的问题主要有：第一，社会学期刊存在严重两极分化，这种分化现象在18个指标中都有所体现。20余种期刊中既有像《社会学研究》这样在整个人文社会学学术期刊中的顶级期刊，但也存在大量的学术质量不高的本专业期刊，整体参差不齐。第二，一些期刊学术规范化程度低、学术性不强。在现代学术研究中，规范化不单是一个制度和形式问题，它在相当程度上反映了学术理念、学术态度和学术精神。一个不重视学术规范的学术期刊，是不可能成为好期刊的。第三，社会学共有19个二级学科，但目前在这22种期刊中仅涉及6个二级学科研究方向，不到总体的三分之一。人口学类期刊所占比例过高，其他领域如应用社会学等缺乏专业性高水平的期刊。

第 17 章 教育学

根据国家新闻出版总署公布的期刊数据和最新统计,我国公开发行的教育学期刊有 630 种左右,排除教育学二次文献和普及读物,教育学学术期刊有 340 种左右,约占全国人文社会科学学术期刊的 12.55%。2004—2005 年间 CSSCI 收录了 30 种教育学期刊,2006 年淘汰了《高等理科教育》,新增了 5 种期刊《高教探索》、《现代大学教育》、《现代教育技术》、《现代远距离教育》、《中国远程教育》,共收录 34 种,详细目录参见 CSSCI 网站。[①] CSSCI 在 2004—2006 年三年间收录教育学论文 19314 篇,其中教育学期刊刊载的教育学论文 14627 篇。

本章对教育学期刊的学术影响讨论数据主要来自于:中文社会科学引文索引(CSSCI)所收录的教育学论文和教育学期刊、中南财经政法大学图书馆提供的二次文献转载数据、万方期刊数据库的统计数据以及中国学术期刊 Web 下载数据。通过这些数据,我们对教育学期刊的学术规范、学术影响力、被转载和阅读等方面进行了较为详细的论述,以此来分析教育学各期刊的学术水平和学术影响力。

与其他章节相同,我们对教育学期刊学术影响的考察指标主要有:从载文角度来考察的学术规范量化指标;从被引角度展现的被引次数、被引速率、影响因子和被引广度等学术影响力指标;反映期刊重要文献数量的二次文献全文转载指标;反映网络读者阅读、利用情况的 Web 全文下载率指标。

17.1 教育学期刊学术规范量化指标分析

期刊学术规范包括很广,有定性和定量之分、内容和形式之分,本书第 1 章给出的学术规范量化指标主要从形式上来考察期刊的学术含量,这也是一种切实可行的方法。可以用量化数据表示期刊学术规范的指标主要有:篇均引文量、基金论文比、作者地区分布广度以及作者机构标注率等。这些指标从不同角度反映了期刊的学术含量,可参见本书第 1 章的著述。我们将以 CSSCI 数据库、万方期刊数据库的统计数据对教育学期刊的上述四个方面进行实证考察,从而分析教育学各期刊的学术规范水平。

---

① http://cssci.nju.edu.cn/CSSCIyqk.htm, 2008 - 7 - 16.

17.1.1 篇均引用文献数

鲁迅曾经说过:"没有拿来的,人不能自成为新人,没有拿来的,文艺不能自成为新文艺。"同样,用在科学研究上也可以说,没有拿来的,就不可能有创新。而这种拿来在研究论文中就表现为引用。因此,期刊的篇均引用文献量的多少不仅体现了其学术规范的程度,也反映了期刊的学术含量的多寡。虽然,一篇文章的引文多少不能硬性地分辨其质量和学术含量的高低,但从整个期刊的角度来考察,则可以看出期刊的学术规范和学术含量。

表 17-1 给出了 2004—2006 年教育学期刊篇均引用文献量统计,并对各期刊三年平均引用文献篇数进行了归一化处理,其归一化值是以各期刊三年平均引用文献篇数为分子,三年平均引用文献篇数的最大值为分母计算而得。表 17-1 按各期刊三年平均引用文献篇数从大到小排序。

表 17-1　　　　2004—2006 年教育学期刊篇均引用文献数统计

排序	期刊名称	2004 年（篇数）	2005 年（篇数）	2006 年（篇数）	三年平均（篇数）	归一化值
1	华东师范大学学报（教科版）	18.81	14.85	17.35	17.0033	1
2	北京大学教育评论	8.51	16.98	19.74	15.0753	0.8866
3	中国特殊教育	11.46	11.47	11.50	11.4767	0.6750
4	教育学报	3.75	12.41	17.04	11.0667	0.6509
5	教育研究与实验	9.48	10.10	10.62	10.0681	0.5921
6	清华大学教育研究	2.81	11.01	13.86	9.2267	0.5426
7	比较教育研究	8.12	9.08	10.21	9.1367	0.5373
8	开放教育研究	7.71	10.16	9.23	9.0333	0.5313
9	高等教育研究	7.78	8.49	10.08	8.7833	0.5166
10	外国教育研究	7.82	8.60	9.64	8.6867	0.5109
11	教育研究	8.44	8.72	8.46	8.5400	0.5023
12	河北师范大学学报（教科版）	7.79	8.14	8.79	8.2400	0.4846
13	教师教育研究	7.25	8.66	8.51	8.1391	0.4787
14	现代大学教育	6.79	8.69	8.43	7.9700	0.4687
15	全球教育展望	6.47	8.04	8.99	7.8333	0.4607
16	外国中小学教育	9.03	6.60	7.60	7.7433	0.4554
17	教育科学	5.92	7.06	8.83	7.2700	0.4276
18	复旦教育论坛	6.23	7.23	7.90	7.1201	0.4187
19	教育理论与实践	6.69	7.12	7.33	7.0467	0.4144

续表

排序	期刊名称	2004年（篇数）	2005年（篇数）	2006年（篇数）	三年平均（篇数）	归一化值
20	教育与经济	6.70	6.57	6.52	6.5970	0.3880
21	湖南师范大学教育科学学报	6.07	6.46	7.13	6.5533	0.3854
22	电化教育研究	6.07	5.23	7.48	6.2583	0.3681
23	高等工程教育研究	3.82	6.11	7.46	5.7978	0.3410
24	课程·教材·教法	5.20	5.98	6.16	5.7791	0.3399
25	现代教育技术	5.39	5.61	6.30	5.7667	0.3391
26	大学教育科学	4.26	6.93	6.04	5.7433	0.3378
27	教育发展研究	6.90	4.77	5.10	5.5900	0.3288
28	教育与现代化	4.26	5.43	6.78	5.4900	0.3229
29	内蒙古师范大学学报（教科版）	4.61	5.51	6.22	5.4467	0.3203
30	安徽教育学院学报	4.43	5.30	6.53	5.4200	0.3188
31	学位与研究生教育	5.54	4.97	5.63	5.3800	0.3164
32	宁波大学学报（教科版）	5.02	5.54	5.56	5.3733	0.3160
33	远程教育杂志	4.07	5.94	6.00	5.3365	0.3139
34	四川教育学院学报	5.38	4.57	5.51	5.1533	0.3031
35	现代远程教育研究	4.15	5.34	5.66	5.0490	0.2969
36	教育科学研究	3.50	4.61	6.11	4.7400	0.2788
37	煤炭高等教育	3.50	4.76	5.13	4.4633	0.2625
38	现代远距离教育	3.30	4.95	5.10	4.4500	0.2617
39	教育探索	4.23	4.41	4.14	4.2600	0.2505
40	思想理论教育导刊	0.49	6.10	6.18	4.2564	0.2503
41	黑龙江高教研究	3.69	4.07	4.90	4.2200	0.2482
42	高等农业教育	3.46	4.22	4.89	4.1925	0.2466
43	沈阳教育学院学报	3.17	4.44	4.94	4.1817	0.2459
44	中国教育学刊	4.02	3.93	4.58	4.1767	0.2456
45	理工高教研究	4.41	3.67	4.03	4.0367	0.2374
46	中国电化教育	3.29	4.41	4.06	3.9192	0.2305
47	高教探索	0	5.49	6.17	3.8867	0.2286
48	高教发展与评估	2.96	3.74	4.92	3.8733	0.2278
49	辽宁教育研究	3.80	3.20	4.51	3.8367	0.2256

续表

排序	期刊名称	2004 年（篇数）	2005 年（篇数）	2006 年（篇数）	三年平均（篇数）	归一化值
50	教育评论	3.09	3.81	4.54	3.8133	0.2243
51	高等理科教育	3.31	3.36	4.42	3.6968	0.2174
52	中国高教研究	2.39	3.79	4.78	3.6532	0.2148
53	江苏高教	3.49	2.94	4.37	3.6006	0.2118
54	继续教育研究	2.46	3.73	4.22	3.4700	0.2041
55	国家教育行政学院学报	3.17	3.26	3.97	3.4681	0.2040
56	现代教育科学（高教研究）	3.77	2.82	3.62	3.4021	0.2001
57	教育信息化	3.34	3.18	3.36	3.2920	0.1936
58	职业技术教育	3.80	2.14	3.93	3.2900	0.1935
59	天津市教科院学报	2.68	2.96	4.09	3.2419	0.1907
60	徐州教育学院学报	2.37	3.50	3.59	3.1525	0.1854
61	江西教育科研	1.57	3.22	4.14	2.9758	0.1750
62	上海教育科研	2.90	3.10	2.76	2.9200	0.1717
63	中国远程教育	0	1.94	6.69	2.8767	0.1692
64	职教论坛	0.54	3.04	4.51	2.6971	0.1586
65	黑龙江教育学院学报	1.34	2.81	3.68	2.6100	0.1535
66	学前教育研究	0	3.16	4.63	2.5967	0.1527
67	世界教育信息	1.04	2.35	4.18	2.5236	0.1484
68	当代教育科学	2.33	2.68	2.17	2.3928	0.1407
69	成人教育	1.78	2.33	2.96	2.3581	0.1387
70	新教育	2.16	2.51	2.36	2.3433	0.1378
71	中小学教师培训	1.82	2.51	2.44	2.2576	0.1328
72	教育与职业	0.17	1.97	4.12	2.0872	0.1227
73	中国职业技术教育	1.70	1.79	2.61	2.0333	0.1196
74	现代中小学教育	1.06	2.46	2.53	2.0178	0.1187
75	石油教育	1.52	1.79	2.53	1.9443	0.1143
76	中国成人教育	0.21	1.93	3.29	1.8116	0.1065
77	高教论坛	1.67	1.54	2.07	1.7614	0.1036
78	中小学管理	2.27	0.86	1.54	1.5567	0.0916
79	中国大学教学	0.99	1.54	1.90	1.4757	0.0868
80	教育导刊	0.35	0.47	3.17	1.3306	0.0783

从表 17-1 可以看出，教育学期刊的篇均引用文献数还不是很高，文献①曾对 CSSCI 来源期刊各学科的篇均引文数量进行过统计，教育学来源期刊的篇均引文量明显偏低，2004—2006 年 CSSCI 教育学来源期刊的篇均引文量仅为 4.91 篇，还不到整个 CSSCI 来源期刊学科平均引用文献数（8.2 篇）的 60%，在 25 类期刊排序中位居 22。

虽然，教育学期刊整体篇均引用文献数还不高，但从年度变化上来看，教育学期刊的篇均引文数整体处于上升状态。表中的 80 种期刊的 2004 年的平均值为 4.198 篇，而 2005 年和 2006 年分别上升到 5.190 篇和 6.0378 篇，上升幅度分别为：23.6% 和 16.6%。这是一个可喜的现象，说明教育学期刊越来越重视文献的引用，在努力提高学术引用的规范化。

从单种期刊的篇均引用数的上升幅度来看，除 3 种期刊在 2004 年引用文献数为 0 而无法计算其上升比例外，2005 年上升超过 10 倍的有两种，即《思想理论教育导刊》和《教育与职业》；上升超过 1 倍的有 8 种；由于 2005 年的基数都有一定的增加，各期刊的上升幅度有所减缓，篇均引用文献数提高一倍以上的仅有 3 种，即《教育导刊》、《中国远程教育》和《教育与职业》。但需要提醒注意的是，有 9 种期刊在这三年中，篇均引文数量出现了下降，必须引起这些期刊的警觉。

17.1.2 基金论文比例

基金论文是指为完成基金项目发表在期刊上，并标注了基金项目资助的论文。基金论文比例是指期刊年刊载各类基金资助项目论文数与期刊年刊载论文总数的比例。一般来说，基金论文较为关注社会问题、跟踪学科热点，从学术质量方面来看，基金资助项目是经过学科专家严格评审遴选出来的，其成果有更大程度的创新性和学术性。因此，用基金论文比例来反映期刊学术水准不失为一项有效指标。表 17-2 给出了 2004—2006 年 80 种教育学期刊基金论文比例、三年平均值和归一化数据，并按归一化值从大到小排序。

表 17-2　　　　　2004—2006 年教育学期刊基金论文比例

排序	期刊名称	2004 年	2005 年	2006 年	三年平均	归一化值
1	华东师范大学学报（教科版）	0.48	0.38	0.39	0.4167	1
2	高等理科教育	0.37	0.30	0.40	0.3567	0.8560
3	教师教育研究	0.21	0.25	0.29	0.2500	0.6000
4	中国特殊教育	0.18	0.19	0.31	0.2267	0.5440

---

① 邓三鸿、金莹："我国人文社会科学学术刊物的学科对比——基于 CSSCI 的分析"，《东岳论丛》2008 年第 1 期，第 43—50 页。

续表

排序	期刊名称	2004年	2005年	2006年	三年平均	归一化值
5	教育与经济	0.20	0.21	0.24	0.2167	0.5200
6	教育研究	0.20	0.22	0.22	0.2133	0.5119
7	河北师范大学学报（教科版）	0.18	0.24	0.20	0.2067	0.4960
8	大学教育科学	0.16	0.19	0.23	0.1933	0.4639
9	高等工程教育研究	0.15	0.15	0.25	0.1833	0.4399
10	开放教育研究	0.14	0.22	0.17	0.1767	0.4240
10	高等农业教育	0.17	0.18	0.18	0.1767	0.4240
10	安徽教育学院学报	0.14	0.15	0.24	0.1767	0.4240
13	高教论坛	0.22	0.15	0.15	0.1733	0.4159
13	教育理论与实践	0.13	0.23	0.16	0.1733	0.4159
15	黑龙江高教研究	0.11	0.18	0.22	0.1700	0.4080
15	比较教育研究	0.17	0.17	0.17	0.1700	0.4080
15	电化教育研究	0.15	0.13	0.23	0.1700	0.4080
15	课程·教材·教法	0.17	0.17	0.17	0.1700	0.4080
19	湖南师范大学教育科学学报	0.14	0.19	0.16	0.1633	0.3919
19	高教探索	0.12	0.20	0.17	0.1633	0.3919
21	教育科学	0.11	0.17	0.20	0.1600	0.3840
21	全球教育展望	0.16	0.18	0.14	0.1600	0.3840
23	外国教育研究	0.12	0.18	0.15	0.1500	0.3600
23	教育与现代化	0.15	0.10	0.20	0.1500	0.3600
23	现代远距离教育	0.07	0.11	0.27	0.1500	0.3600
23	理工高教研究	0.12	0.14	0.19	0.1500	0.3600
23	现代大学教育	0.11	0.12	0.22	0.1500	0.3600
28	教育学报	0.07	0.13	0.23	0.1433	0.3439
29	中国电化教育	0.11	0.18	0.13	0.1400	0.3360
30	北京大学教育评论	0.08	0.12	0.19	0.1300	0.3120
30	教育发展研究	0.08	0.15	0.16	0.1300	0.3120
32	教育科学研究	0.05	0.20	0.13	0.1267	0.3041
32	职业技术教育	0.15	0.10	0.13	0.1267	0.3041
34	上海教育科研	0.12	0.12	0.13	0.1233	0.2959
35	教育探索	0.09	0.14	0.13	0.1200	0.2880

续表

排序	期刊名称	2004 年	2005 年	2006 年	三年平均	归一化值
36	辽宁教育研究	0.05	0.09	0.19	0.1100	0.2640
36	宁波大学学报（教科版）	0.06	0.10	0.17	0.1100	0.2640
38	高教发展与评估	0.01	0.13	0.17	0.1033	0.2479
39	远程教育杂志	0.04	0.09	0.17	0.1000	0.2400
39	煤炭高等教育	0.06	0.07	0.17	0.1000	0.2400
41	现代教育技术	0.07	0.11	0.11	0.0967	0.2321
42	高等教育研究	0.08	0.18	0.02	0.0933	0.2239
42	继续教育研究	0.09	0.10	0.09	0.0933	0.2239
42	复旦教育论坛	0.06	0.09	0.13	0.0933	0.2239
45	中国教育学刊	0.05	0.11	0.11	0.0900	0.2160
45	中国高等教育	0	0.01	0.26	0.0900	0.2160
47	清华大学教育研究	0.03	0.07	0.16	0.0867	0.2081
47	外国中小学教育	0.03	0.12	0.11	0.0867	0.2081
47	内蒙古师范大学学报（教科版）	0.05	0.09	0.12	0.0867	0.2081
50	职教论坛	0.03	0.09	0.13	0.0833	0.1999
50	成人教育	0.05	0.08	0.12	0.0833	0.1999
52	天津市教科院学报	0.10	0.05	0.09	0.0800	0.1920
53	现代教育科学（高教研究）	0.09	0.08	0.06	0.0767	0.1841
53	现代中小学教育	0.05	0.10	0.08	0.0767	0.1841
55	江苏高教	0	0.10	0.11	0.0700	0.1680
55	中国高教研究	0	0.08	0.13	0.0700	0.1680
57	教育与职业	0.02	0.06	0.12	0.0667	0.1601
58	江西教育科研	0.05	0.06	0.08	0.0633	0.1519
59	学前教育研究	0	0.01	0.16	0.0567	0.1361
59	思想理论教育导刊	0	0.09	0.08	0.0567	0.1361
61	学位与研究生教育	0	0.06	0.08	0.0467	0.1121
61	当代教育科学	0.05	0.05	0.04	0.0467	0.1121
63	国家教育行政学院学报	0.05	0.02	0.06	0.0433	0.1039
64	中国成人教育	0.02	0.03	0.07	0.0400	0.0960
64	现代远程教育研究	0.03	0.05	0.04	0.0400	0.0960
64	教育信息化	0	0.03	0.09	0.0400	0.0960

续表

排序	期刊名称	2004年	2005年	2006年	三年平均	归一化值
64	四川教育学院学报	0.02	0.05	0.05	0.0400	0.0960
68	黑龙江教育学院学报	0.01	0.03	0.06	0.0333	0.0799
68	中小学管理	0.03	0.04	0.03	0.0333	0.0799
70	当代教育论坛	0.04	0.02	0.03	0.0300	0.0720
71	中小学信息技术教育	0.01	0.05	0.02	0.0267	0.0641
71	中国职业技术教育	0	0.02	0.06	0.0267	0.0641
73	思想教育研究			0.05	0.0233	0.0559
74	世界教育信息	0.02	0.01	0.03	0.0200	0.0480
74	中小学教师培训	0.02	0.02	0.02	0.0200	0.0480
76	沈阳教育学院学报	0.01	0.02	0.02	0.0167	0.0401
76	教书育人	0.01	0.02	0.02	0.0167	0.0401
76	徐州教育学院学报	0	0.02	0.03	0.0167	0.0401
79	中国远程教育	0	0.02	0.02	0.0133	0.0319
79	信息技术教育	0.02	0.01	0.01	0.0133	0.0319

从表 17-2 可以看到，2004—2006 年，教育学期刊的基金论文三年平均比例为 11.19%，在整个人文社会科学期刊中居中游位置。[①] 其中，表 17-2 中 CSSCI 教育学来源期刊（以 2004—2006 年统计源）的平均基金论文比为 0.1461，非来源期刊的平均基金论文比为 0.0925，两者差距明显。说明在学科热点的跟踪和社会所关心的问题上，来源期刊较非来源期刊更为关注，或者说，高质量的稿源更加富足。当然也有一些非来源期刊具有较高的基金论文比例，如《高等理科教育》、《河北师范大学学报（教科版）》和《大学教育科学》均排在前 10 位。

从年度变化来看，教育学期刊的基金论文比在整体上处于上升的状态。表中 2004—2006 年的平均基金论文比分别为：8.5%、11.3% 和 13.4%，升幅达 62.9%。80% 以上期刊的基金论文比都呈上升趋势，其中上升幅度最大的期刊为《中国高等教育》，其幅度达 100 多倍。幅度达 10 数倍以上的期刊也有三种：《江苏高教》、《高教发展与评估》、《中国职业技术教育》。

从以上分析看来，教育学期刊刊载的基金论文情况参差不齐。《华东师范大学学报（教科版）》等 7 种期刊的三年平均基金论文比超过了 20%，但也有 20 种期刊的

[①] 邓三鸿、金莹："我国人文社会科学学术刊物的学科对比——基于 CSSCI 的分析"，《东岳论丛》2008 年第 1 期，第 43—50 页。

基金论文比不到5%。可以说，期刊整体学术规范和学术质量较高，基金论文比也较高，而有些期刊缺乏对基金论文的重视，刊载的文章学术性较弱。

17.1.3 论文作者地区分布

论文作者地区分布反映了期刊对不同地区作者的影响和期刊受到作者关注的程度。一般说来，期刊是面向整个学术领域的，不应受到地域的限制。因此，每一期刊应该能够尽可能涵盖各地区的作者，这样才能反映各地区的学术研究状况。对于人文社会科学来说，作者地区的覆盖面更为重要。表17‐3是2004—2006年教育学期刊论文作者地区的分布表。其中，作者地区的统计主要为，我国大陆的31个省市自治区和港、澳、台以及国外的国家和地区（国外的地区分布数以国家为计量单位）。表17‐3按三年平均地区数从大到小排序。

表17‐3　　　　　　2004—2006年教育学期刊论文作者地区分布

排序	期刊名称	2004年（地区数）	2005年（地区数）	2006年（地区数）	三年平均（地区数）	归一化值
1	教学与管理	31	29	32	30.67	1
2	教育信息化	29	30	31	30.00	0.9782
3	中国职业技术教育	31	29	29	29.67	0.9673
4	当代教育论坛	31	29	27	29.00	0.9455
4	教育探索	27	30	30	29.00	0.9455
4	教育与职业	31	28	28	29.00	0.9455
4	世界教育信息	29	35	23	29.00	0.9455
8	信息技术教育	32	27	25	28.00	0.9129
8	中国电化教育	30	28	26	28.00	0.9129
8	中国高等教育	28	25	31	28.00	0.9129
11	教书育人	26	28	29	27.67	0.9021
12	高等理科教育	27	25	29	27.00	0.8803
12	职教论坛	27	29	25	27.00	0.8803
12	中国大学教学	27	28	26	27.00	0.8803
12	中国远程教育	34	24	23	27.00	0.8803
16	内蒙古师范大学学报（教科版）	24	26	29	26.33	0.8586
17	电化教育研究	29	27	22	26.00	0.8477
17	职业技术教育	27	22	29	26.00	0.8477
17	中国大学生就业	23	27	28	26.00	0.8477

续表

排序	期刊名称	2004年（地区数）	2005年（地区数）	2006年（地区数）	三年平均（地区数）	归一化值
20	现代中小学教育	23	25	29	25.67	0.8369
20	中国成人教育	21	28	28	25.67	0.8369
22	湖南教育	26	23	27	25.33	0.8260
23	教育发展研究	29	22	24	25.00	0.8151
24	黑龙江高教研究	21	27	26	24.67	0.8043
24	思想教育研究	23	26	25	24.67	0.8043
26	成人教育	24	22	27	24.33	0.7934
26	基础教育参考	24	24	25	24.33	0.7934
26	现代远距离教育	23	24	26	24.33	0.7934
29	教育研究	27	23	22	24.00	0.7825
29	理工高教研究	24	22	26	24.00	0.7825
29	人民教育	26	21	25	24.00	0.7825
32	辽宁教育行政学院学报	21	23	27	23.67	0.7717
32	外国教育研究	25	24	22	23.67	0.7717
32	学前教育研究	22	25	24	23.67	0.7717
32	中国高教研究	23	24	24	23.67	0.7717
32	中国教育学刊	24	22	25	23.67	0.7717
37	比较教育研究	29	20	21	23.33	0.7608
37	教师教育研究	23	25	22	23.33	0.7608
37	课程·教材·教法	24	23	23	23.33	0.7608
37	思想理论教育导刊	24	23	23	23.33	0.7608
41	现代教育科学（高教研究）	22	24	23	23.00	0.7499
41	中小学管理	23	20	26	23.00	0.7499
43	高等教育研究	24	20	24	22.67	0.7391
43	国家教育行政学院学报	20	21	27	22.67	0.7391
43	教育科学	22	21	25	22.67	0.7391
43	煤炭高等教育	20	24	24	22.67	0.7391
43	四川教育学院学报	21	24	23	22.67	0.7391
43	现代教育技术	21	24	23	22.67	0.7391
43	学位与研究生教育	22	22	24	22.67	0.7391

续表

排序	期刊名称	2004年（地区数）	2005年（地区数）	2006年（地区数）	三年平均（地区数）	归一化值
43	中国教师	27	21	20	22.67	0.7391
43	中小学信息技术教育	24	22	22	22.67	0.7391
52	继续教育研究	19	23	25	22.33	0.7282
52	石油教育	20	24	23	22.33	0.7282
54	继续教育	22	21	23	22.00	0.7173
54	中小学教师培训	23	21	22	22.00	0.7173
56	辽宁教育研究	20	22	22	21.33	0.6956
56	全球教育展望	27	19	18	21.33	0.6956
56	中国特殊教育	24	19	21	21.33	0.6956
59	上海教育科研	21	22	20	21.00	0.6847
59	外国中小学教育	24	19	20	21.00	0.6847
59	现代大学教育	19	22	22	21.00	0.6847
62	江苏高教	20	20	22	20.67	0.6738
62	教育理论与实践	22	22	18	20.67	0.6738
62	教育评论	20	20	22	20.67	0.6738
65	教育科学研究	19	22	20	20.33	0.6630
65	开放教育研究	30	15	16	20.33	0.6630
67	黑龙江教育学院学报	14	21	25	20.00	0.6521
68	基础教育研究	17	21	21	19.67	0.6412
68	教育与经济	22	20	17	19.67	0.6412
68	现代远程教育研究	16	22	21	19.67	0.6412
71	高教发展与评估	20	17	21	19.33	0.6304
72	当代教育科学	19	18	20	19.00	0.6195
72	河北师范大学学报（教科版）	15	22	20	19.00	0.6195
74	高等农业教育	19	16	21	18.67	0.6086
74	高教探索	17	20	19	18.67	0.6086
76	高等工程教育研究	22	17	16	18.33	0.5978
76	中国研究生	20	17	18	18.33	0.5978
78	江西教育科研	14	17	23	18.00	0.5869
78	远程教育杂志	18	16	20	18.00	0.5869
80	教育学报	19	16	17	17.33	0.5652

表 17-3 向我们显示了教育学期刊的作者分布较广，各期刊的作者队伍也相对较为稳定。说明我国从事教育学研究的队伍庞大和地区覆盖面广，教育学期刊的作者几乎遍及我国大陆各省市。分析整个期刊的作者分布状况，排名前 10 位的期刊的作者地区几乎覆盖到我国每一个省市自治区，有些期刊还吸纳了许多国外学者。总体上说来，教育学各期刊的作者地区广度均相对稳定，各期刊均无较大的起伏。表中 80 种期刊的年平均值基本稳定在 23 左右。

一般来说，期刊作者地区广度与期刊的发文量有着一定关系，例如，表 17-3 中排名较前的期刊发文量都很大，基本上年发文量都在 400 篇以上，有的甚至上千篇；而作者地区分布较少的期刊，其年发文量多在 100 篇左右（如《教育学报》、《远程教育杂志》）；另外一些地区性期刊（如《江西教育科研》）、专类教育（如《中国研究生》）、专科教育（如《高等工程教育》）等期刊的作者也相对较窄。

17.1.4 有作者机构论文比例

有作者机构论文比例是指期刊标注了作者机构的论文占全部论文的比重。可以认为，作者的机构是论文的一部分，机构标注是期刊规范化的一个重要方面。这项工作直接关系到相关部门的文献统计、科研评价以及读者与作者之间的互动与交流。近年来，在南京大学中国社会科学研究评价中心的推动下，CSSCI 来源期刊作者机构的标注比例由 1998 年的 83.2% 已经上升到 2006 年的 95.61%。[1] 2004—2006 年 CSSCI 教育学来源期刊的机构标注比例的年算术平均值为 96.27%[2]，高于人文社会科学各学科的 2004—2006 年的平均值（94.39%）近 2 个百分点。

表 17-4 给出了 2004—2006 年教育学期刊标注有作者机构的论文比例、三年平均值及归一化值，并按归一化值从大到小排序。

表 17-4　　2004—2006 年教育学期刊标注有作者机构的论文比例

排序	期刊名称	2004 年	2005 年	2006 年	三年平均	归一化值
1	天津市教科院学报	1	1	1	1	1
1	湖南师范大学教育科学学报	1	1	1	1	1
1	继续教育研究	1	1	1	1	1
1	内蒙古师范大学学报（教科版）	1	1	1	1	1
1	徐州教育学院学报	1	1	1	1	1
1	教育科学	1	1	1	1	1

---

[1] 数据来自 CSSCI 数据库。
[2] 邓三鸿、金莹："我国人文社会科学学术刊物的学科对比——基于 CSSCI 的分析"，《东岳论丛》2008 年第 1 期，第 43—50 页。

续表

排序	期刊名称	2004年	2005年	2006年	三年平均	归一化值
1	教育研究与实验	1	1	1	1	1
1	教育与现代化	1	1	1	1	1
1	辽宁教育行政学院学报	1	1	1	1	1
1	宁波大学学报（教科版）	1	1	1	1	1
1	沈阳教育学院学报	1	1	1	1	1
1	外国教育研究	1	1	1	1	1
1	新教育	1	1	1	1	1
1	中小学教师培训	1	1	1	1	1
15	现代中小学教育	1	1	0.9970	0.9990	0.9990
15	学前教育研究	0.9970	1	1	0.9990	0.9990
17	黑龙江高教研究	1	1	0.9963	0.9988	0.9988
18	成人教育	0.9957	1	1	0.9986	0.9986
19	高等理科教育	1	0.9955	1	0.9985	0.9985
20	高教探索	1	1	0.9944	0.9981	0.9981
21	清华大学教育研究	0.9923	1	1	0.9974	0.9974
22	高等农业教育	0.9973	1	0.9942	0.9972	0.9972
23	黑龙江教育学院学报	0.9977	0.9934	1	0.9970	0.9970
24	理工高教研究	1	0.9939	0.9970	0.9969	0.9969
25	福建教育学院学报	1	0.9897	1	0.9966	0.9966
26	基础教育研究	1	1	0.9845	0.9948	0.9948
27	华东师范大学学报（教科版）	0.9831	1	1	0.9944	0.9944
28	现代大学教育	1	1	0.9799	0.9933	0.9933
29	中国特殊教育	0.9837	0.9957	1	0.9931	0.9931
30	高教论坛	1	1	0.9771	0.9924	0.9924
31	大学教育科学	0.9825	1	0.9934	0.9919	0.9919
32	安徽教育学院学报	1	0.9799	0.9955	0.9918	0.9918
33	上海教育科研	0.9766	1	0.9979	0.9915	0.9915
34	教师教育研究	1	0.9700	1	0.9900	0.9900
35	石油教育	0.9696	1	1	0.9899	0.9899
36	辽宁教育研究	0.9804	0.9875	1	0.9893	0.9893
37	中国高教研究	1	0.9889	0.9787	0.9892	0.9892

续表

排序	期刊名称	2004 年	2005 年	2006 年	三年平均	归一化值
38	教育探索	1	1	0.9673	0.9891	0.9891
39	教育学报	1	1	0.9651	0.9884	0.9884
40	河北师范大学学报（教科版）	0.9856	1	0.9759	0.9872	0.9872
41	当代教育科学	0.9985	0.9966	0.9649	0.9867	0.9867
42	高等工程教育研究	0.9608	1	0.9896	0.9835	0.9835
43	江苏高教	0.9834	0.9760	0.9889	0.9828	0.9828
44	煤炭高等教育	0.9492	0.9965	0.9965	0.9807	0.9807
45	全球教育展望	0.9731	0.9727	0.9952	0.9803	0.9803
46	现代远距离教育	0.9457	1	0.9937	0.9798	0.9798
47	远程教育杂志	1	0.9920	0.9470	0.9797	0.9797
48	北京大学教育评论	1	1	0.9375	0.9792	0.9792
49	教育与经济	0.9726	0.9701	0.9841	0.9756	0.9756
50	复旦教育论坛	1	1	0.9231	0.9744	0.9744
51	江西教育科研	1	1	0.9106	0.9702	0.9702
52	中小学管理	1	1	0.9070	0.9690	0.9690
53	中国教育学刊	1	0.9114	0.9930	0.9681	0.9681
54	外国中小学教育	0.9477	0.9640	0.9844	0.9654	0.9654
55	四川教育学院学报	0.8972	1	0.9979	0.9650	0.9650
55	教育科学研究	1	0.9457	0.9494	0.9650	0.9650
57	现代远程教育研究	1	1	0.8862	0.9621	0.9621
58	学位与研究生教育	0.9660	0.9256	0.9825	0.9580	0.9580
59	中国职业技术教育	0.9855	0.8926	0.9956	0.9579	0.9579
60	职教论坛	0.9805	0.9686	0.9168	0.9553	0.9553
61	教学与管理	0.9953	0.8703	1	0.9552	0.9552
62	继续教育	1	0.9507	0.9085	0.9530	0.9530
63	比较教育研究	1	0.8603	0.9955	0.9519	0.9519
64	教育发展研究	0.9769	0.8782	0.9826	0.9459	0.9459
65	中小学信息技术教育	0.9714	0.9889	0.8734	0.9446	0.9446
66	世界教育信息	0.9055	1	0.9280	0.9445	0.9445
67	现代教育技术	1	0.8369	0.9922	0.9430	0.9430
68	高等教育研究	1	0.8285	1	0.9428	0.9428

续表

排序	期刊名称	2004年	2005年	2006年	三年平均	归一化值
69	高教发展与评估	0.8148	1	1	0.9383	0.9383
70	课程·教材·教法	0.9821	0.8188	0.9870	0.9293	0.9293
71	中国大学教学	0.9191	0.9023	0.9623	0.9279	0.9279
72	电化教育研究	1	0.7786	0.9955	0.9247	0.9247
73	国家教育行政学院学报	0.9730	0.8419	0.9526	0.9225	0.9225
74	现代教育科学（高教研究）	0.9825	1	0.7613	0.9146	0.9146
75	基础教育参考	0.7917	0.9503	1	0.9140	0.9140
76	中国高等教育	0.9356	0.8502	0.9387	0.9081	0.9081
77	教育与职业	0.8686	1	0.8529	0.9072	0.9072
78	当代教育论坛	0.9845	0.7099	1	0.8981	0.8981
79	中国电化教育	0.7800	0.8925	1	0.8908	0.8908
80	思想教育研究	0.9700	0.8942	0.7500	0.8714	0.8714

由表17-4的数据分析，教育学期刊在标注作者机构方面做得较好，有14种期刊的三年作者的机构标注比例均在100%，有80%左右的期刊至少有一年的机构标注为100%。表明教育学期刊在机构标注这一规范化程度达到了较高的水平。当然也有一些期刊的作者机构标注尚有不足，有10余种期刊的机构标注比例还在人文社会科学平均比例之下，这对期刊的学术影响力和学术成果的交流都会产生一定的障碍。

17.1.5 教育学期刊学术规范量化指标综合分析

本体系讨论的期刊学术规范量化指标主要取自上述四项分指标，这四项指标从不同的角度反映了期刊的学术规范和学术含量。从整体考察期刊的学术规范量化指标，就需要对这四项指标进行综合运算。本评价体系对期刊学术规范量化指标的计算方法是：4项指标各占25%的权重，各期刊归一化值乘以各自的权重，然后相加得到期刊学术规范量化指标综合值。表17-5给出了2004—2006年教育学期刊学术规范量化指标的归一化值和综合值。表17-5按各期刊学术规范量化指标综合值从大到小排序。

表17-5　　　　2004—2006年教育学期刊学术规范量化指标综合值

排序	期刊名称	篇均引文数归一化值	基金论文比归一化值	地区分布归一化值	有机构论文比归一化值	综合值
1	华东师范大学学报（教科版）	1	1	0.4783	0.9944	0.8682
2	高等理科教育	0.2174	0.8560	0.8803	0.9985	0.7381

续表

排序	期刊名称	篇均引文数归一化值	基金论文比归一化值	地区分布归一化值	有机构论文比归一化值	综合值
3	中国特殊教育	0.6750	0.5440	0.6956	0.9931	0.7269
4	教师教育研究	0.4787	0.6000	0.7607	0.9900	0.7074
5	教育研究	0.5023	0.5119	0.7825	0.8651	0.6655
6	比较教育研究	0.5373	0.4080	0.7608	0.9519	0.6645
7	外国教育研究	0.5109	0.3600	0.7717	1	0.6607
8	河北师范大学学报（教科版）	0.4846	0.4960	0.6195	0.9872	0.6468
9	教育科学	0.4276	0.3840	0.7391	1	0.6377
10	电化教育研究	0.3681	0.4080	0.8477	0.9247	0.6371
10	教育学报	0.6509	0.3439	0.5652	0.9884	0.6371
12	教育与经济	0.3880	0.5200	0.6412	0.9756	0.6312
13	全球教育展望	0.4607	0.3840	0.6956	0.9803	0.6302
14	现代大学教育	0.4687	0.3600	0.6847	0.9933	0.6267
15	开放教育研究	0.5313	0.4240	0.6630	0.8853	0.6259
16	教育探索	0.2505	0.2880	0.9455	0.9891	0.6183
17	北京大学教育评论	0.8866	0.3120	0.2827	0.9792	0.6151
18	黑龙江高教研究	0.2482	0.4080	0.8044	0.9988	0.6149
19	课程·教材·教法	0.3399	0.4080	0.7608	0.9293	0.6095
20	高等教育研究	0.5166	0.2239	0.7391	0.9428	0.6056
21	教育发展研究	0.3288	0.3120	0.8151	0.9459	0.6005
22	现代远距离教育	0.2617	0.3600	0.7934	0.9798	0.5987
23	内蒙古师范大学学报（教科版）	0.3203	0.2081	0.8586	1	0.5968
24	理工高教研究	0.2374	0.3600	0.7825	0.9969	0.5942
25	中国电化教育	0.2305	0.3360	0.9129	0.8908	0.5926
26	高等工程教育研究	0.3410	0.4399	0.5978	0.9835	0.5906
27	湖南师范大学教育科学学报	0.3854	0.3919	0.5435	1	0.5802
28	外国中小学教育	0.4554	0.2081	0.6847	0.9654	0.5784
29	清华大学教育研究	0.5426	0.2081	0.5650	0.9974	0.5783

续表

排序	期刊名称	篇均引文数归一化值	基金论文比归一化值	地区分布归一化值	有机构论文比归一化值	综合值
30	教育理论与实践	0.4144	0.4159	0.6738	0.7905	0.5737
31	大学教育科学	0.3378	0.4639	0.4891	0.9919	0.5707
32	高等农业教育	0.2466	0.4240	0.6086	0.9972	0.5691
33	现代教育技术	0.3391	0.2321	0.7391	0.9430	0.5633
34	职业技术教育	0.1935	0.3041	0.8477	0.8871	0.5581
35	高教探索	0.2286	0.3919	0.6086	0.9981	0.5568
36	煤炭高等教育	0.2625	0.2400	0.7391	0.9807	0.5556
37	教育科学研究	0.2788	0.3041	0.6630	0.9650	0.5527
38	中国教育学刊	0.2456	0.2160	0.7718	0.9681	0.5504
39	职教论坛	0.1586	0.1999	0.8803	0.9553	0.5485
40	教育与现代化	0.3229	0.3600	0.4998	1	0.5457
41	辽宁教育研究	0.2256	0.2640	0.6956	0.9893	0.5436
42	教育研究与实验	0.5921	0.0240	0.5543	1	0.5426
43	安徽教育学院学报	0.3188	0.4240	0.4346	0.9918	0.5423
44	继续教育研究	0.2041	0.2239	0.7282	1	0.5391
45	中国高教研究	0.2148	0.1680	0.7718	0.9892	0.5360
45	上海教育科研	0.1717	0.2959	0.6847	0.9915	0.5360
47	现代中小学教育	0.1187	0.1841	0.8369	0.9990	0.5347
48	教育信息化	0.1936	0.0960	0.9782	0.8679	0.5339
48	教育与职业	0.1227	0.1601	0.9455	0.9072	0.5339
50	学位与研究生教育	0.3164	0.1121	0.7391	0.9580	0.5314
51	成人教育	0.1387	0.1920	0.7933	0.9986	0.5307
52	远程教育杂志	0.3139	0.2400	0.5869	0.9797	0.5301
53	中国职业技术教育	0.1196	0.0641	0.9674	0.9579	0.5273
54	复旦教育论坛	0.4187	0.2239	0.4891	0.9744	0.5265
55	四川教育学院学报	0.3031	0.0960	0.7391	0.9650	0.5258
56	世界教育信息	0.1484	0.0480	0.9455	0.9445	0.5216
57	宁波大学学报(教科版)	0.3160	0.2640	0.4998	1	0.5200
58	高教论坛	0.1036	0.4159	0.5543	0.9924	0.5166
59	学前教育研究	0.1527	0.1361	0.7717	0.9990	0.5149

续表

排序	期刊名称	篇均引文数归一化值	基金论文比归一化值	地区分布归一化值	有机构论文比归一化值	综合值
60	现代教育科学(高教研究)	0.2001	0.1841	0.7499	0.9146	0.5122
61	高教发展与评估	0.2278	0.2479	0.6304	0.9383	0.5111
62	中国高等教育	0.0053	0.2160	0.9129	0.9081	0.5106
63	江苏高教	0.2118	0.1680	0.6739	0.9828	0.5091
64	思想理论教育导刊	0.2503	0.1361	0.7607	0.8578	0.5012
65	现代远程教育研究	0.2969	0.0960	0.6412	0.9621	0.4991
66	教学与管理	0.0285	0.0079	1	0.9552	0.4979
67	国家教育行政学院学报	0.2040	0.1039	0.7391	0.9225	0.4924
68	天津市教科院学报	0.1907	0.1920	0.5650	1	0.4869
69	当代教育论坛	0.0307	0.0720	0.9455	0.8981	0.4866
70	中国大学教学	0.0868	0.0161	0.8803	0.9279	0.4778
71	中小学教师培训	0.1328	0.0480	0.7173	1	0.4745
72	中小学管理	0.0916	0.0799	0.7499	0.9690	0.4726
73	江西教育科研	0.1750	0.1519	0.5869	0.9702	0.4710
74	黑龙江教育学院学报	0.1535	0.0799	0.6521	0.9970	0.4706
75	思想教育研究	0.0708	0.0559	0.8043	0.9347	0.4664
76	当代教育科学	0.1407	0.1121	0.6195	0.9867	0.4648
77	石油教育	0.1143	0.0240	0.7282	0.9899	0.4641
78	辽宁教育行政学院学报	0.0510	0.0240	0.7717	1	0.4617
79	中国远程教育	0.1692	0.0319	0.8803	0.7366	0.4545
80	沈阳教育学院学报	0.2459	0.0401	0.5217	1	0.4519

表17-5为教育学期刊学术规范量化指标的前80名期刊。表中的期刊学术规范量化指标综合值呈均匀递减,没有四个指标都非常好或都很差的期刊。在综合指标值上CSSCI来源期刊整体上明显好于非来源期刊,有80%左右的来源期刊处在综合值的前30位,但也有少数来源期刊排在较后的位置,如《中国远程教育》排在倒数第2名,《中国高等教育》和《江苏高教》等期刊也排在60名以后。

如果我们根据综合指标值给教育学期刊划分学术规范与学术含量层次,那么可以把教育学期刊学术规范量化综合值划分为4个层次:综合值在1—0.7之间的期刊定位为第一层次,即《华东师范大学学报(教科版)》等4种期刊为第一层次;综合值在 0.7—0.6 的 17 种期刊归入第二层次；综合值在 0.6—0.5 的 43 种期刊划为第三层次；其他期刊为第四层次。

17.2 教育学期刊被引次数分析

期刊被引次数是指期刊自创刊以来所刊载的论文被某年来源期刊论文引用的次数。它是一个客观的评价指标，可以被用来评价期刊在一个学科领域的长期的、实际的学术影响，在总体上直接反映期刊被学者使用和重视的程度，及其在学术交流中所起的作用和所处的地位。期刊被引次数又被分为三个下级指标：总被引次数、其他期刊引用次数和本学科论文引用次数。

17.2.1 总被引次数

期刊的总被引次数体现了期刊的绝对学术影响。表 17-6 给出了 2004—2006 年教育学期刊总被引次数，并计算出了三年的平均值，最后进行了归一化处理。该指标的归一化值是由其最大的三年平均值（《教育研究》的 744）作除数得到。表 17-6 按三年平均次数从大到小排序。

表 17-6   2004—2006 年教育学期刊总被引次数

排序	期刊名称	2004 年（篇次）	2005 年（篇次）	2006 年（篇次）	三年平均（篇次）	归一化值
1	教育研究	634	748	850	744.00	1
2	高等教育研究	399	439	514	450.67	0.6057
3	电化教育研究	319	371	454	381.33	0.5125
4	中国电化教育	292	343	445	360.00	0.4839
5	教育发展研究	279	326	369	324.67	0.4364
6	比较教育研究	240	304	386	310.00	0.4167
7	中国特殊教育	257	315	315	295.67	0.3974
8	中国远程教育	151	170	487	269.33	0.3620
9	中国高等教育	235	244	274	251.00	0.3374
10	全球教育展望	222	240	250	237.33	0.3190
11	学位与研究生教育	243	223	206	224.00	0.3011
12	教育理论与实践	167	236	247	216.67	0.2912
13	课程·教材·教法	187	194	220	200.33	0.2693

续表

排序	期刊名称	2004年（篇次）	2005年（篇次）	2006年（篇次）	三年平均（篇次）	归一化值
14	清华大学教育研究	148	156	195	166.33	0.2236
15	中国高教研究	118	160	209	162.33	0.2182
16	外国教育研究	121	138	183	147.33	0.1980
17	华东师范大学学报（教科版）	126	125	188	146.33	0.1967
18	江苏高教	121	141	176	146.00	0.1962
19	教师教育研究	137	137	142	138.67	0.1864
20	中国教育学刊	94	125	140	119.67	0.1608
21	教育与经济	100	102	143	115.00	0.1546
22	北京大学教育评论	50	110	156	105.33	0.1416
23	开放教育研究	71	104	134	103.00	0.1384
24	人民教育	91	106	92	96.33	0.1295
25	现代大学教育	69	80	121	90.00	0.1210
26	高等工程教育研究	64	92	113	89.67	0.1205
27	教育研究与实验	88	85	85	86.00	0.1156
28	教育科学	61	76	111	82.67	0.1111
29	中国大学教学	57	68	111	78.67	0.1057
30	教育评论	58	75	89	74.00	0.0995
31	教育探索	46	64	103	71.00	0.0954
32	黑龙江高教研究	52	55	101	69.33	0.0932
33	上海教育科研	41	76	86	67.67	0.0909
34	当代教育科学	46	61	88	65.00	0.0874
35	现代教育技术	44	65	80	63.00	0.0847
36	教育信息化	49	55	83	62.33	0.0838
37	辽宁教育研究	34	50	99	61.00	0.0820
38	高教探索	43	37	93	57.67	0.0775
38	教育学报	42	57	74	57.67	0.0775
40	教育科学研究	44	58	57	53.00	0.0712
41	教学与管理	38	42	66	48.67	0.0654
42	复旦教育论坛	26	46	67	46.33	0.0623
43	现代教育科学（高教研究）	13	44	78	45.00	0.0605

续表

排序	期刊名称	2004年（篇次）	2005年（篇次）	2006年（篇次）	三年平均（篇次）	归一化值
44	高等理科教育	65	37	31	44.33	0.0596
45	宁波大学学报（教科版）	42	46	44	44.00	0.0591
46	理工高教研究	26	43	55	41.33	0.0556
47	职业技术教育	15	39	67	40.33	0.0542
48	思想理论教育导刊	21	37	61	39.67	0.0533
49	教育与职业	29	35	54	39.33	0.0529
50	河北师范大学学报（教科版）	26	40	48	38.00	0.0511
51	中小学管理	32	36	44	37.33	0.0502
52	中国成人教育	32	27	51	36.67	0.0493
53	高等农业教育	21	32	54	35.67	0.0479
54	江西教育科研	27	30	44	33.67	0.0453
55	外国中小学教育	27	26	47	33.33	0.0448
56	中国职业技术教育	18	30	51	33.00	0.0444
57	现代远距离教育	18	15	65	32.67	0.0439
58	国家教育行政学院学报	18	25	49	30.67	0.0412
59	当代教育论坛	9	20	58	29.00	0.0390
60	中小学信息技术教育	16	18	51	28.33	0.0381
61	煤炭高等教育	24	31	28	27.67	0.0372
62	大学教育科学	18	23	38	26.33	0.0354
63	湖南师范大学教育科学学报	9	24	44	25.67	0.0345
64	现代中小学教育	25	24	27	25.33	0.0341
64	职教论坛	22	24	30	25.33	0.0341
66	高教发展与评估	7	34	34	25.00	0.0336
67	学前教育研究	13	24	35	24.00	0.0323
67	中小学教师培训	16	21	35	24.00	0.0323
69	中国大学生就业	15	16	37	22.67	0.0305
70	基础教育参考	15	26	24	21.67	0.0291

续表

排序	期刊名称	2004年（篇次）	2005年（篇次）	2006年（篇次）	三年平均（篇次）	归一化值
71	天津市教科院学报	14	20	29	21.00	0.0282
71	远程教育杂志	7	17	39	21.00	0.0282
73	教书育人	13	10	39	20.67	0.0278
74	教育导刊	23	17	21	20.33	0.0273
74	四川教育学院学报	19	19	23	20.33	0.0273
76	思想教育研究	15	16	29	20.00	0.0269
77	内蒙古师范大学学报（教科版）	9	20	30	19.67	0.0264
77	世界教育信息	16	15	28	19.67	0.0264
79	高教论坛	10	19	26	18.33	0.0246
80	教育与现代化	12	21	20	17.67	0.0237

从表17-6可以看出，教育学期刊的被引总次数差异明显，三年平均总被引次数最高的达744次，最低的只有17.67次。三年平均总被引次数超过100次的有23种期刊：其中，300次以上的6种、200—300次之间的7种、100—200次之间的10种。余下的57种教育学期刊的三年平均总被引次数密集分布于100次以内。《教育研究》在表中的优势是相当明显的，其以高出第2名近300次的三年平均总被引次数位居榜首。第2—6名的《高等教育研究》、《电化教育研究》、《中国电化教育》、《教育发展研究》和《比较教育研究》三年平均总被引次数均超过300次，也明显高于其他期刊，这说明这6种期刊在教育学期刊中有很大的学术影响力。

分析表17-6的年度变化数据，教育学期刊总被引次数总体呈逐年上升趋势，2004—2006年这三个年度的年平均被引分别为80.76、96.25和124.63，相对2004年，2006年增长了54.3%，说明教育学期刊的总体影响度不断扩大。总被引次数增长最多的是《中国远程教育》，增加了336次，其次是《教育研究》增加了216次，增加100次以上的期刊还有5种，它们是《中国电化教育》、《比较教育研究》、《电化教育研究》、《高等教育研究》、《北京大学教育评论》。有近30种期刊在三年中被引次数增加了一倍以上，其中《当代教育论坛》最高，增长了5倍多；而在2004年被引100次以上的期刊只有《中国远程教育》增长了一倍以上。相比较，还有4种期刊的被引数量呈下降趋势。

17.2.2 其他期刊引用次数

其他期刊引用次数（也称他刊引用次数）是为了平衡来源期刊与非来源期刊的指标公平性，这一指标排除了来源期刊为了提高被引次数而盲目自引的可能。[①] 表 17-7 给出的是 2004—2006 年教育学期刊他刊引用次数统计。其中包括各年度的他刊引用次数，三年被引次数平均值和该指标的归一化值。表 17-7 按三年平均次数从大到小排序。

表 17-7　　　　　　2004—2006 年教育学期刊他刊引用次数

排序	期刊名称	2004 年（篇次）	2005 年（篇次）	2006 年（篇次）	三年平均（篇次）	归一化值
1	教育研究	574	612	731	639.00	1
2	高等教育研究	369	360	457	395.33	0.6187
3	教育发展研究	247	277	314	279.33	0.4371
4	比较教育研究	216	268	348	277.33	0.4340
5	中国电化教育	199	247	355	267.00	0.4178
6	中国高等教育	234	243	269	248.67	0.3891
7	电化教育研究	209	216	304	243.00	0.3803
8	中国远程教育	151	170	344	221.67	0.3469
9	全球教育展望	198	209	216	207.67	0.3250
10	教育理论与实践	145	213	222	193.33	0.3026
11	中国高教研究	118	160	209	162.33	0.2540
12	课程·教材·教法	143	156	176	158.33	0.2478
13	清华大学教育研究	136	132	185	151.00	0.2363
14	华东师范大学学报（教科版）	117	119	183	139.67	0.2186
15	外国教育研究	104	119	159	127.33	0.1993
16	江苏高教	95	116	140	117.00	0.1831
17	教师教育研究	105	104	124	111.00	0.1737
18	中国教育学刊	88	114	122	108.00	0.1690
19	北京大学教育评论	50	110	156	105.33	0.1648
20	学位与研究生教育	105	99	95	99.67	0.1560
21	人民教育	91	106	92	96.33	0.1508
22	教育与经济	65	89	122	92.00	0.1440

---

① 李建辉、王志魁、徐宏等："自引对科技期刊影响因子作用的量化研究"，《编辑学报》2007 年第 2 期，第 157 页。

续表

排序	期刊名称	2004年（篇次）	2005年（篇次）	2006年（篇次）	三年平均（篇次）	归一化值
23	现代大学教育	69	80	102	83.67	0.1309
24	教育科学	61	76	111	82.67	0.1294
25	教育研究与实验	77	75	75	75.67	0.1184
26	教育评论	58	75	89	74.00	0.1158
27	开放教育研究	54	64	102	73.33	0.1148
28	教育探索	46	64	103	71.00	0.1111
29	黑龙江高教研究	52	55	101	69.33	0.1085
30	中国大学教学	50	60	87	65.67	0.1028
31	当代教育科学	46	61	88	65.00	0.1017
32	现代教育技术	44	65	80	63.00	0.0986
33	辽宁教育研究	34	50	99	61.00	0.0955
34	上海教育科研	38	58	81	59.00	0.0923
35	教育学报	42	57	74	57.67	0.0902
36	高等工程教育研究	41	55	70	55.33	0.0866
37	高教探索	43	37	85	55.00	0.0861
38	教育科学研究	44	58	57	53.00	0.0829
39	教学与管理	38	42	66	48.67	0.0762
40	复旦教育论坛	26	46	67	46.33	0.0725
41	现代教育科学（高教研究）	13	44	78	45.00	0.0704
42	宁波大学学报（教科版）	42	46	44	44.00	0.0689
43	理工高教研究	26	43	55	41.33	0.0647
44	职业技术教育	15	39	67	40.33	0.0631
45	思想理论教育导刊	21	37	61	39.67	0.0621
46	教育与职业	29	35	54	39.33	0.0616
47	河北师范大学学报（教科版）	26	40	48	38.00	0.0595
48	中小学管理	32	36	44	37.33	0.0584
49	中国成人教育	32	27	51	36.67	0.0574
50	高等农业教育	21	32	54	35.67	0.0558
51	中国特殊教育	24	31	47	34.00	0.0532
52	江西教育科研	27	30	44	33.67	0.0527

续表

排序	期刊名称	2004年(篇次)	2005年(篇次)	2006年(篇次)	三年平均(篇次)	归一化值
53	中国职业技术教育	18	30	51	33.00	0.0516
54	国家教育行政学院学报	18	25	49	30.67	0.0480
55	当代教育论坛	9	20	58	29.00	0.0454
56	中小学信息技术教育	16	18	51	28.33	0.0443
57	煤炭高等教育	24	31	28	27.67	0.0433
58	大学教育科学	18	23	38	26.33	0.0412
59	湖南师范大学教育科学学报	9	24	44	25.67	0.0402
59	外国中小学教育	21	23	33	25.67	0.0402
61	现代中小学教育	25	24	27	25.33	0.0396
61	职教论坛	22	24	30	25.33	0.0396
63	高教发展与评估	7	34	34	25.00	0.0391
64	教育信息化	19	28	26	24.33	0.0381
65	学前教育研究	13	24	35	24.00	0.0376
65	中小学教师培训	16	21	35	24.00	0.0376
67	中国大学生就业	15	16	37	22.67	0.0355
68	高等理科教育	21	14	31	22.00	0.0344
69	基础教育参考	15	26	24	21.67	0.0339
70	天津市教科院学报	14	20	29	21.00	0.0329
70	现代远距离教育	18	15	30	21.00	0.0329
70	远程教育杂志	7	17	39	21.00	0.0329
73	教书育人	13	10	39	20.67	0.0323
74	教育导刊	23	17	21	20.33	0.0318
74	四川教育学院学报	19	19	23	20.33	0.0318
76	思想教育研究	15	16	29	20.00	0.0313
77	内蒙古师范大学学报（教科版）	9	20	30	19.67	0.0308
77	世界教育信息	16	15	28	19.67	0.0308
79	高教论坛	10	19	26	18.33	0.0287
80	教育与现代化	12	21	20	17.67	0.0276

从表17-7可以看出，教育学期刊在他刊引用次数上差异也较为明显，三年平均

他刊引用次数最高的达639次，最低的只有17.67次。他刊引用次数分布基本符合布拉德福定律，被引排在前19名的期刊他引数量占全部他引数量的61.9%。

与总被引次数相比，排名前6位的期刊基本没有发生变化，《教育研究》以他刊引用次数639次的优势仍位居榜首。表17-6中位于前20位的期刊中，在表17-7中只有《中国特殊教育》由于其较高比例的自引而跌落到第51名，其他期刊基本在前20位内变动。这说明教育学期刊绝大多数期刊的自引率能够保持在合理的自引范围之中。

从总体上看，2004—2006年教育学期刊他刊引用次数总体呈逐年上升趋势，三年的年均期刊他引次数分别为：67.05、79.29和105.5，可以看出，2006年较2005年增长的更快。与总被引次数相比，无论从增长数量和增长幅度来看，他引的期刊布局和总被引没有什么变化，增长数量排在前两位的依然是《中国远程教育》和《教育研究》，其他排在前面的期刊也基本没有什么变化，增长幅度也基本如此。

17.2.3 本学科论文引用次数

本学科论文引用次数（也称学科引用次数）是指期刊被统计源中指定学科论文所引用的次数，这个指标主要用于反映该期刊在指定学科的学术影响，详见第1章。表17-8给出了2004—2006年教育学期刊学科引用次数统计。与上表相同，也包括各期刊的年度学科引用次数、三年平均引用次数和学科引用次数的归一化值。表17-8按三年平均值从大到小排序。

表17-8　　　　　　　　2004—2006年教育学期刊学科引用次数

排序	期刊名称	2004年（篇次）	2005年（篇次）	2006年（篇次）	三年平均（篇次）	归一化值
1	教育研究	550	673	778	667.00	1
2	高等教育研究	360	395	464	406.33	0.6092
3	电化教育研究	302	350	430	360.67	0.5407
4	中国电化教育	270	322	427	339.67	0.5092
5	教育发展研究	255	293	336	294.67	0.4418
6	比较教育研究	226	286	348	286.67	0.4298
7	中国特殊教育	240	288	279	269.00	0.4033
8	中国远程教育	132	156	480	256.00	0.3838
9	全球教育展望	203	226	224	217.67	0.3263
10	中国高等教育	199	208	233	213.33	0.3198
11	学位与研究生教育	231	210	188	209.67	0.3143

续表

排序	期刊名称	2004年（篇次）	2005年（篇次）	2006年（篇次）	三年平均（篇次）	归一化值
12	教育理论与实践	150	205	223	192.67	0.2889
13	课程·教材·教法	168	177	196	180.33	0.2704
14	清华大学教育研究	131	135	162	142.67	0.2139
15	中国高教研究	103	135	175	137.67	0.2064
16	外国教育研究	117	123	161	133.67	0.2004
17	江苏高教	108	133	155	132.00	0.1979
18	教师教育研究	135	122	129	128.67	0.1929
19	华东师范大学学报（教科版）	100	99	149	116.00	0.1739
20	中国教育学刊	83	106	124	104.33	0.1564
21	教育与经济	84	83	125	97.33	0.1459
21	开放教育研究	68	97	127	97.33	0.1459
23	北京大学教育评论	49	97	140	95.33	0.1429
24	人民教育	86	97	89	90.67	0.1359
25	高等工程教育研究	58	78	102	79.33	0.1189
26	现代大学教育	65	72	98	78.33	0.1174
27	教育研究与实验	75	75	77	75.67	0.1134
28	教育科学	52	64	89	68.33	0.1024
29	教育评论	49	65	79	64.33	0.0965
29	中国大学教学	49	55	89	64.33	0.0965
31	现代教育技术	37	61	73	57.00	0.0855
32	上海教育科研	36	63	68	55.67	0.0835
33	当代教育科学	34	57	74	55.00	0.0825
33	黑龙江高教研究	38	44	83	55.00	0.0825
35	教育探索	40	43	80	54.33	0.0815
36	辽宁教育研究	24	43	88	51.67	0.0775
37	教育信息化	32	45	75	50.67	0.0760
38	教育学报	36	47	67	50.00	0.0750
39	高教探索	37	32	79	49.33	0.0740
40	教学与管理	35	38	61	44.67	0.0670
41	教育科学研究	36	47	46	43.00	0.0645

续表

排序	期刊名称	2004年（篇次）	2005年（篇次）	2006年（篇次）	三年平均（篇次）	归一化值
42	复旦教育论坛	23	44	58	41.67	0.0625
43	高等理科教育	60	34	26	40.00	0.0600
44	现代教育科学（高教研究）	10	39	60	36.33	0.0545
45	中小学管理	29	35	43	35.67	0.0535
46	理工高教研究	21	34	42	32.33	0.0485
47	外国中小学教育	26	26	42	31.33	0.0470
48	教育与职业	25	24	44	31.00	0.0465
49	现代远距离教育	12	13	61	28.67	0.0430
50	高等农业教育	16	26	41	27.67	0.0415
51	中小学信息技术教育	14	18	49	27.00	0.0405
51	江西教育科研	21	25	35	27.00	0.0405
53	国家教育行政学院学报	16	19	43	26.00	0.0390
54	河北师范大学学报（教科版）	16	32	28	25.33	0.0380
54	中国职业技术教育	12	23	41	25.33	0.0380
56	中国成人教育	25	16	34	25.00	0.0375
57	职业技术教育	15	0	58	24.33	0.0365
58	当代教育论坛	7	16	47	23.33	0.0350
58	现代中小学教育	23	22	25	23.33	0.0350
60	大学教育科学	17	19	33	23.00	0.0345
60	中小学教师培训	15	20	34	23.00	0.0345
62	煤炭高等教育	18	26	24	22.67	0.0340
63	宁波大学学报（教科版）	17	28	20	21.67	0.0325
64	职教论坛	16	23	25	21.33	0.0320
65	基础教育参考	15	25	22	20.67	0.0310
66	世界教育信息	16	14	27	19.00	0.0285
67	远程教育杂志	7	13	36	18.67	0.0280
68	中国大学生就业	10	13	29	17.33	0.0260
69	教书育人	12	7	31	16.67	0.0250
70	教育导刊	19	13	17	16.33	0.0245
70	天津市教科院学报	13	17	19	16.33	0.0245

续表

排序	期刊名称	2004年（篇次）	2005年（篇次）	2006年（篇次）	三年平均（篇次）	归一化值
72	学前教育研究	9	16	22	15.67	0.0235
73	湖南师范大学教育科学学报	4	14	27	15.00	0.0225
74	思想理论教育导刊	10	7	26	14.33	0.0215
75	高教论坛	9	15	15	13.00	0.0195
75	思想教育研究	14	8	17	13.00	0.0195
75	信息技术教育	6	7	26	13.00	0.0195
78	教育与现代化	9	15	12	12.00	0.0180
79	内蒙古师范大学学报（教科版）	5	10	18	11.00	0.0165
80	高教发展与评估	4	2	26	10.67	0.0160

从表17-8可以看出，教育学期刊在学科引用次数上差异较总被引次数和他刊引用次数更大，学科引用次数最高的达667次，最低的只有10.67次，学科引用次数分布也基本符合布拉德福定律，前19位期刊的学科引用次数之和占总的学科引用次数之和的66.7%。

与总被引次数相比，排名前6位的期刊基本没有发生变化，只是先后名次有些变化，《教育研究》仍以绝对优势排名第1位。

从总体上看，2004—2006年，教育学期刊学科引用次数总体也呈逐年上升趋势。但增加幅度较前两项指标而言，增速变缓，增幅只有28.3%，而前两项指标的增幅均在50%以上。这种增幅变缓也从另一个角度说明，教育学研究和其他学科交融度越来越高，教育学在其他学科的影响在逐步扩大。

17.2.4 教育学期刊被引次数综合分析

期刊被引次数是反映期刊长期学术影响的重要指标，它包括总被引次数、他刊引用次数和学科引用次数三项指标。这三个指标分别体现了期刊在整个人文社会科学中的客观影响、在学科内的影响和对其他期刊的影响，选择这三种被引次数主要考虑了它们之间可以相互补充。根据三种被引次数所占角色和作用，另外也考虑到有两种被引次数的计算含有自引的数据，这对非来源期刊来说明显存在不公平。因此，我们对他引次数赋予较高的比重，即50%，其他两个被引次数各占25%的比重。表17-9给出了2004—2006年教育学期刊被引次数各指标的归一化值和综合值。综合值计算方法为：按照权重分配，将每一种期刊的总被引次数和学科引用次数的归一化值分别乘以0.25，他刊引用次数归一化值乘以0.5，然后将这三个结果相加得到各期刊的被引次数综合值。表17-9按被引次数综合值从大到小排序。

表 17-9　　2004—2006年教育学期刊被引次数综合值

排序	期刊名称	总被引次数归一化值	他刊引用次数归一化值	学科引用次数归一化值	综合值
1	教育研究	1	1	1	1
2	高等教育研究	0.6057	0.6187	0.6092	0.6131
3	中国电化教育	0.4839	0.4178	0.5092	0.4572
4	电化教育研究	0.5125	0.3803	0.5407	0.4535
5	教育发展研究	0.4364	0.4371	0.4418	0.4381
6	比较教育研究	0.4167	0.4340	0.4298	0.4286
7	中国远程教育	0.3620	0.3469	0.3838	0.3599
8	中国高等教育	0.3374	0.3891	0.3198	0.3589
9	全球教育展望	0.3190	0.3250	0.3263	0.3238
10	教育理论与实践	0.2912	0.3026	0.2889	0.2963
11	课程·教材·教法	0.2693	0.2478	0.2704	0.2588
12	中国高教研究	0.2182	0.2540	0.2064	0.2332
13	学位与研究生教育	0.3011	0.1560	0.3143	0.2318
14	清华大学教育研究	0.2236	0.2363	0.2139	0.2275
15	中国特殊教育	0.3974	0.0532	0.4033	0.2268
16	华东师范大学学报（教科版）	0.1967	0.2186	0.1739	0.2020
17	外国教育研究	0.1980	0.1993	0.2004	0.1992
18	江苏高教	0.1962	0.1831	0.1979	0.1901
19	教师教育研究	0.1864	0.1737	0.1929	0.1817
20	中国教育学刊	0.1608	0.1690	0.1564	0.1638
21	北京大学教育评论	0.1416	0.1648	0.1429	0.1535
22	教育与经济	0.1546	0.1440	0.1459	0.1471
23	人民教育	0.1295	0.1508	0.1359	0.1417
24	开放教育研究	0.1384	0.1148	0.1459	0.1285
25	现代大学教育	0.1210	0.1309	0.1174	0.1251
26	教育科学	0.1111	0.1294	0.1024	0.1181
27	教育研究与实验	0.1156	0.1184	0.1134	0.1165
28	教育评论	0.0995	0.1158	0.0965	0.1069
29	高等工程教育研究	0.1205	0.0866	0.1189	0.1032
30	中国大学教学	0.1057	0.1028	0.0965	0.1019
31	教育探索	0.0954	0.1111	0.0815	0.0998

续表

排序	期刊名称	总被引次数归一化值	他刊引用次数归一化值	学科引用次数归一化值	综合值
32	黑龙江高教研究	0.0932	0.1085	0.0825	0.0982
33	当代教育科学	0.0874	0.1017	0.0825	0.0933
34	现代教育技术	0.0847	0.0986	0.0855	0.0918
35	上海教育科研	0.0909	0.0923	0.0835	0.0898
36	辽宁教育研究	0.0820	0.0955	0.0775	0.0876
37	教育学报	0.0775	0.0902	0.0750	0.0832
38	高教探索	0.0775	0.0861	0.0740	0.0809
39	教育科学研究	0.0712	0.0829	0.0645	0.0754
40	教学与管理	0.0654	0.0762	0.0670	0.0712
41	复旦教育论坛	0.0623	0.0725	0.0625	0.0674
42	现代教育科学（高教研究）	0.0605	0.0704	0.0545	0.0640
43	教育信息化	0.0838	0.0381	0.0760	0.0590
44	理工高教研究	0.0556	0.0647	0.0485	0.0584
45	宁波大学学报（教科版）	0.0591	0.0689	0.0324	0.0573
46	教育与职业	0.0529	0.0616	0.0465	0.0556
47	中小学管理	0.0502	0.0584	0.0535	0.0551
48	职业技术教育	0.0542	0.0631	0.0365	0.0542
49	河北师范大学学报（教科版）	0.0511	0.0595	0.0379	0.0520
50	中国成人教育	0.0493	0.0574	0.0375	0.0504
51	高等农业教育	0.0479	0.0558	0.0415	0.0503
52	思想理论教育导刊	0.0533	0.0621	0.0215	0.0497
53	江西教育科研	0.0453	0.0527	0.0405	0.0478
54	高等理科教育	0.0596	0.0344	0.0600	0.0471
55	中国职业技术教育	0.0444	0.0516	0.0380	0.0464
56	国家教育行政学院学报	0.0412	0.0480	0.0390	0.0440
57	外国中小学教育	0.0448	0.0402	0.0470	0.0430
58	中小学信息技术教育	0.0381	0.0443	0.0430	0.0418
59	当代教育论坛	0.0390	0.0454	0.0350	0.0412
60	煤炭高等教育	0.0372	0.0433	0.0340	0.0394
61	现代远距离教育	0.0439	0.0329	0.0430	0.0382

续表

排序	期刊名称	总被引次数归一化值	他刊引用次数归一化值	学科引用次数归一化值	综合值
62	大学教育科学	0.0354	0.0412	0.0345	0.0381
63	现代中小学教育	0.0341	0.0396	0.0350	0.0371
64	职教论坛	0.0341	0.0396	0.0320	0.0363
65	中小学教师培训	0.0323	0.0376	0.0345	0.0355
66	湖南师范大学教育科学学报	0.0345	0.0402	0.0225	0.0343
67	学前教育研究	0.0323	0.0376	0.0235	0.0327
68	基础教育参考	0.0291	0.0339	0.0310	0.0320
68	高教发展与评估	0.0336	0.0391	0.0160	0.0320
70	中国大学生就业	0.0305	0.0355	0.0260	0.0318
71	远程教育杂志	0.0282	0.0329	0.0280	0.0305
72	天津市教科院学报	0.0282	0.0329	0.0245	0.0296
73	教书育人	0.0278	0.0323	0.0250	0.0294
74	世界教育信息	0.0264	0.0308	0.0285	0.0291
75	教育导刊	0.0273	0.0318	0.0245	0.0289
76	思想教育研究	0.0269	0.0313	0.0195	0.0272
77	内蒙古师范大学学报（教科版）	0.0264	0.0308	0.0164	0.0261
78	四川教育学院学报	0.0273	0.0318	0.0110	0.0255
79	高教论坛	0.0246	0.0287	0.0195	0.0254
80	教育与现代化	0.0237	0.0276	0.0180	0.0243

从表17-9可以看出，《教育研究》以总被引次数、他引次数和学科引用次数三个指标均为1的优势在被引次数综合值中位居榜首，当属被引次数指标的第一层次期刊；排名第2的《高等教育研究》虽然较《教育研究》分值有一定差距，但较其他刊有明显的稳定优势，每项指标都位于第2位，可作为第二层次期刊的领头羊，其他属于第二层次的期刊有：《中国电化教育》、《电化教育研究》、《教育发展研究》、《比较教育研究》、《中国远程教育》、《中国高等教育》、《全球教育展望》和《教育理论与实践》等29种期刊，它们的分值在0.7—0.1之间；被引次数综合值在0.1—0.05之间的21种期刊可归入第三层次，余下的被引次数综合值在0.05以下的29种期刊归入第四层次。

这里需要加以说明的是，此三项指标使用的都是绝对数值，该指标数值容易受期刊创刊时间及期刊规模（出版频率和载文数量）等因素的影响，因此，其他的被引

17.3 教育学期刊被引速率分析

即年指数是表征期刊即时反应速率的指标，主要描述期刊当年发表的论文在当年被引用的情况。[①] 此值越高，说明该刊的论文对本学科领域的热点关注度越高，反映了期刊编辑部在组稿时把握住了本学科未来研究的发展方向和当前的研究热点。但是，随着人文社会科学的繁荣和发展，期刊编辑部收到的稿件普遍大量增加，使文章的发表有一定的时滞，有的甚至超过一年。因此，即年指数作为评价指标已经不能体现它的原有含义。因此，根据本书第1章通过延展被引论文的时间范围，将其扩展到前一年，即考察当年论文和前一年论文被引之和来对原即年指数进行修正，并定义为被引速率。与被引次数的分析相似，期刊被引速率也分为三个下级指标来分析：总被引速率、他刊引用速率和学科引用速率。

17.3.1 总被引速率

根据第1章对被引速率的定义，期刊被引速率是该刊当年论文和前一年论文在当年被引用的总次数与该刊当年发表的和前一年发表的论文总数的比值。表17-10给出了2004—2006年教育学期刊总被引速率和三年的平均值，然后取最大的平均值（《教育研究》的0.3310）作分母得到各期刊的总被引速率归一化值。表17-10按三年平均速率从大到小排序。

表 17-10　　　　　2004—2006 年教育学期刊总被引速率

排序	期刊名称	2004 年	2005 年	2006 年	三年平均	归一化值
1	教育研究	0.2606	0.3487	0.3838	0.3310	1
2	北京大学教育评论	0.3063	0.3856	0.2500	0.3140	0.9486
3	中国特殊教育	0.2646	0.1975	0.2174	0.2265	0.6843
4	高等教育研究	0.3042	0.1157	0.2588	0.2263	0.6837
5	电化教育研究	0.1834	0.2375	0.2371	0.2193	0.6625
6	开放教育研究	0.1416	0.1860	0.2008	0.1761	0.5320
7	教育与经济	0.1765	0.1357	0.1385	0.1502	0.4538

---

① 中国科技信息研究所、万方数据股份有限公司：《中国科技期刊引证报告 2007 版（扩刊版）》，科学技术出版社 2007 年版。

续表

排序	期刊名称	2004 年	2005 年	2006 年	三年平均	归一化值
8	教师教育研究	0.1492	0.1218	0.1759	0.1490	0.4502
9	清华大学教育研究	0.1822	0.1120	0.1351	0.1431	0.4323
10	中国电化教育	0.1239	0.1386	0.1594	0.1406	0.4248
11	学位与研究生教育	0.1896	0.1093	0.1149	0.1379	0.4166
12	华东师范大学学报（教科版）	0.0857	0.1171	0.1731	0.1253	0.3785
13	教育研究与实验	0.1504	0.1102	0.1104	0.1237	0.3737
14	课程·教材·教法	0.1465	0.0752	0.1111	0.1109	0.3350
15	中国远程教育	0.0586	0.0471	0.2164	0.1074	0.3245
16	全球教育展望	0.0913	0.1106	0.1142	0.1054	0.3184
17	比较教育研究	0.0866	0.0794	0.1208	0.0956	0.2888
18	教育学报	0.0233	0.0654	0.1977	0.0955	0.2885
19	教育发展研究	0.1168	0.0671	0.0829	0.0890	0.2689
20	复旦教育论坛	0.0798	0.0996	0.0612	0.0802	0.2423
21	教育理论与实践	0.1038	0.0710	0.0524	0.0757	0.2287
22	高等工程教育研究	0.0489	0.0751	0.0984	0.0742	0.2242
23	外国教育研究	0.0661	0.0606	0.0938	0.0735	0.2221
24	中国高等教育	0.0849	0.0631	0.0615	0.0698	0.2109
25	现代教育技术	0.0526	0.0703	0.0781	0.0670	0.2024
26	教育科学	0.0628	0.0773	0.0519	0.0640	0.1934
27	中国教育学刊	0.0524	0.0553	0.0575	0.0551	0.1665
28	中国大学教学	0.0419	0.0438	0.0785	0.0547	0.1653
29	现代大学教育	0.0580	0.0373	0.0598	0.0517	0.1562
30	江苏高教	0.0550	0.0488	0.0375	0.0471	0.1423
31	中国高教研究	0.0370	0.0399	0.0608	0.0459	0.1387
32	现代远距离教育	0.0096	0.0108	0.0971	0.0391	0.1181
33	思想理论教育导刊	0.0206	0.0362	0.0549	0.0373	0.1127
34	高教探索	0.0427	0.0097	0.0523	0.0349	0.1054
35	教育科学研究	0.0257	0.0353	0.0364	0.0324	0.0979
36	教育与现代化	0.0150	0.0556	0.0259	0.0322	0.0973
37	外国中小学教育	0.0292	0.0171	0.0487	0.0317	0.0958
38	国家教育行政学院学报	0.0295	0.0302	0.0316	0.0305	0.0921

续表

排序	期刊名称	2004 年	2005 年	2006 年	三年平均	归一化值
39	大学教育科学	0.0172	0.0265	0.0432	0.0290	0.0876
40	教育信息化	0.0200	0.0211	0.0444	0.0285	0.0861
41	高教发展与评估	0.0080	0.0191	0.0551	0.0274	0.0827
42	人民教育	0.0249	0.0257	0.0264	0.0257	0.0776
43	湖南师范大学教育科学学报	0.0115	0.0223	0.0408	0.0249	0.0752
44	现代远程教育研究	0.0155	0.0057	0.0524	0.0246	0.0743
45	远程教育杂志	0.0091	0.0292	0.0350	0.0244	0.0737
46	高等理科教育	0.0354	0.0211	0.0132	0.0232	0.0701
47	河北师范大学学报（教科版）	0.0266	0.0141	0.0257	0.0221	0.0668
48	上海教育科研	0.0222	0.0209	0.0211	0.0214	0.0647
49	中小学信息技术教育	0.0086	0.0086	0.0459	0.0210	0.0634
50	中国研究生	0.0190	0.0254	0.0103	0.0182	0.0550
51	当代教育科学	0.0136	0.0142	0.0232	0.0170	0.0514
52	高等农业教育	0.0067	0.0123	0.0286	0.0159	0.0480
53	中小学管理	0.0114	0.0197	0.0149	0.0153	0.0462
54	黑龙江高教研究	0.0128	0.0111	0.0218	0.0152	0.0459
54	教育评论	0.0164	0.0070	0.0221	0.0152	0.0459
56	辽宁教育研究	0.0093	0.0117	0.0223	0.0144	0.0435
57	教育探索	0.0106	0.0142	0.0179	0.0142	0.0429
58	理工高教研究	0.0104	0.0182	0.0138	0.0141	0.0426
59	中小学教师培训	0.0080	0.0198	0.0108	0.0129	0.0390
60	天津市教科院学报	0.0056	0.0026	0.0278	0.0120	0.0363
61	学前教育研究	0.0062	0.0137	0.0158	0.0119	0.0360
61	江西教育科研	0.0219	0.0038	0.0102	0.0119	0.0360
63	现代教育科学（高教研究）	0	0.0212	0.0121	0.0111	0.0335
64	世界教育信息	0.0099	0.0076	0.0156	0.0110	0.0332
65	宁波大学学报（教科版）	0.0108	0.0126	0.0075	0.0103	0.0311
66	思想教育研究	0.0025	0.0049	0.0199	0.0091	0.0275
67	内蒙古师范大学学报（教科版）	0.0088	0.0080	0.0089	0.0086	0.0260
68	信息技术教育	0.0038	0.0033	0.0177	0.0083	0.0251
69	煤炭高等教育	0.0069	0.0104	0.0071	0.0081	0.0245

续表

排序	期刊名称	2004年	2005年	2006年	三年平均	归一化值
70	高教论坛	0.0046	0.0080	0.0114	0.0080	0.0242
70	中国大学生就业	0.0068	0.0033	0.0138	0.0080	0.0242
72	基础教育参考	0	0.0103	0.0128	0.0077	0.0233
73	现代中小学教育	0.0082	0.0050	0.0095	0.0076	0.0230
74	中国职业技术教育	0.0018	0.0069	0.0101	0.0063	0.0190
75	当代教育论坛	0.0049	0.0050	0.0073	0.0057	0.0172
76	教育与职业	0.0046	0.0058	0.0060	0.0055	0.0166
77	安徽教育学院学报	0.0038	0.0099	0.0021	0.0053	0.0160
77	沈阳教育学院学报	0.0027	0.0026	0.0106	0.0053	0.0160
79	中国成人教育	0.0057	0.0026	0.0058	0.0047	0.0142
80	中国教师	0.0020	0.0032	0.0085	0.0046	0.0139

从表 17-10 可以看出，《教育研究》和《北京大学教育评论》以 0.3310 和 0.3140 的总被引速率位居第 1 位和第 2 位的位置，位居最后的只有 0.0046，可见教育学期刊的总被引速率相差之大，第 1 位和最后 1 位的三年平均总被引速率相差了 70 倍，归一化的分值也相差了 0.9861。另外，在 80 种教育学期刊中，有 80% 的期刊三年平均总被引速率都在 0.1 以下。

从总被引速率变化可以看出，2004—2006 年，增幅最大的是《现代远距离教育》，增加了 9.12 倍，其次是《教育学报》和《思想教育研究》，增加了 7 倍左右。增加 1 倍以上的期刊有 25 种，其中排名在 30 位以前的期刊仅有：《教育学报》、《中国远程教育》、《华东师范大学学报（教科版）》、《中国高等教育》4 种，大量的是来自于平均值排名较后的期刊，说明这些期刊具有很大的潜力，如果继续这种势头，将会进入较前的行列。有 21 种期刊的总被引速率出现了下降，其中排在前 10 名的期刊有 5 种出现了下降，11—20 名的期刊也有 5 种在下降，还有 4 种下降的期刊位于排序的第 21—30 之间。可见，教育学期刊的总被引速率的差距在逐渐减小。

17.3.2 其他期刊引用速率

其他期刊引用速率（也称他刊引用速率）由期刊当年论文和前一年论文在当年被其他期刊引用的次数与该刊当年发表的和前一年发表的论文总数的比值得到。同期刊他引次数的目标相同，将自引排除在外，为期刊统计的公平性创造了一个良好的条件。表 17-11 给出了 2004—2006 年教育学期刊他刊引用速率统计。三年平均值由表中各年度数据进行平均计算得出，再用最大的平均值（《北京大学教育评论》的 0.3140）作除数求得每一种期刊该指标的归一化值。表 17-11 按三年平均速率从大到小排序。

表 17-11　　　　　　　　　2004—2006 年教育学期刊他刊引用速率

排序	期刊名称	2004 年	2005 年	2006 年	三年平均	归一化值
1	北京大学教育评论	0.3063	0.3856	0.2500	0.3140	1
2	教育研究	0.2249	0.1933	0.2409	0.2197	0.6997
3	高等教育研究	0.2692	0.0895	0.2104	0.1897	0.6041
4	清华大学教育研究	0.1619	0.1079	0.1171	0.1290	0.4108
5	电化教育研究	0.0984	0.1178	0.1335	0.1166	0.3713
6	华东师范大学学报（教科版）	0.0762	0.1171	0.1538	0.1157	0.3685
7	教师教育研究	0.1215	0.0761	0.1457	0.1145	0.3646
8	教育与经济	0.0956	0.1071	0.1077	0.1035	0.3296
9	开放教育研究	0.0858	0.0868	0.1365	0.1031	0.3283
10	教育研究与实验	0.1128	0.0787	0.0974	0.0963	0.3067
11	教育学报	0.0233	0.0654	0.1977	0.0955	0.3041
12	中国远程教育	0.0586	0.0471	0.1570	0.0876	0.2790
13	中国电化教育	0.0741	0.0738	0.1035	0.0838	0.2669
14	比较教育研究	0.0701	0.0676	0.1134	0.0837	0.2666
15	课程·教材·教法	0.1023	0.0583	0.0852	0.0819	0.2608
16	复旦教育论坛	0.0798	0.0996	0.0612	0.0802	0.2554
17	全球教育展望	0.0804	0.0813	0.0746	0.0788	0.2510
18	教育发展研究	0.1024	0.0532	0.0634	0.0730	0.2325
19	中国高等教育	0.0849	0.0621	0.0597	0.0689	0.2194
20	现代教育技术	0.0526	0.0703	0.0781	0.0670	0.2134
21	教育理论与实践	0.0847	0.0678	0.0444	0.0657	0.2092
22	教育科学	0.0628	0.0773	0.0519	0.0640	0.2038
23	外国教育研究	0.0579	0.0429	0.0815	0.0608	0.1936
24	学位与研究生教育	0.0769	0.0475	0.0405	0.0550	0.1752
25	现代大学教育	0.0580	0.0373	0.0465	0.0472	0.1503
26	中国高教研究	0.0370	0.0399	0.0608	0.0459	0.1462
27	中国教育学刊	0.0437	0.0492	0.0395	0.0441	0.1404
28	中国大学教学	0.0364	0.0357	0.0568	0.0430	0.1369
29	思想理论教育导刊	0.0206	0.0362	0.0549	0.0373	0.1188

续表

排序	期刊名称	2004年	2005年	2006年	三年平均	归一化值
30	江苏高教	0.0395	0.0378	0.0289	0.0354	0.1127
31	高等工程教育研究	0.0228	0.0491	0.0337	0.0352	0.1121
32	教育科学研究	0.0257	0.0353	0.0364	0.0324	0.1032
33	高教探索	0.0427	0.0097	0.0441	0.0322	0.1025
33	教育与现代化	0.0150	0.0556	0.0259	0.0322	0.1025
35	国家教育行政学院学报	0.0295	0.0302	0.0316	0.0305	0.0971
36	大学教育科学	0.0172	0.0265	0.0432	0.0290	0.0924
37	人民教育	0.0249	0.0257	0.0264	0.0257	0.0818
38	湖南师范大学教育科学学报	0.0115	0.0223	0.0408	0.0249	0.0793
39	现代远程教育研究	0.0155	0.0057	0.0524	0.0246	0.0783
40	远程教育杂志	0.0091	0.0292	0.0350	0.0244	0.0777
41	外国中小学教育	0.0227	0.0171	0.0300	0.0233	0.0742
42	高教发展与评估	0.0080	0.0064	0.0551	0.0232	0.0739
43	河北师范大学学报（教科版）	0.0266	0.0141	0.0257	0.0221	0.0704
44	中国特殊教育	0.0167	0.0210	0.0261	0.0213	0.0678
45	中小学信息技术教育	0.0086	0.0086	0.0459	0.0210	0.0669
46	中国研究生	0.0190	0.0254	0.0103	0.0182	0.0580
47	当代教育科学	0.0136	0.0142	0.0232	0.0170	0.0541
48	高等农业教育	0.0067	0.0123	0.0286	0.0159	0.0506
49	上海教育科研	0.0178	0.0123	0.0169	0.0157	0.0500
50	现代远距离教育	0.0096	0.0108	0.0259	0.0154	0.0490
51	中小学管理	0.0114	0.0197	0.0149	0.0153	0.0487
52	黑龙江高教研究	0.0128	0.0111	0.0218	0.0152	0.0484
52	教育评论	0.0164	0.0070	0.0221	0.0152	0.0484
54	辽宁教育研究	0.0093	0.0117	0.0223	0.0144	0.0459
55	教育探索	0.0106	0.0142	0.0179	0.0142	0.0452
56	理工高教研究	0.0104	0.0182	0.0138	0.0141	0.0449
57	中小学教师培训	0.0080	0.0198	0.0108	0.0129	0.0411
58	天津市教科院学报	0.0056	0.0026	0.0278	0.0120	0.0382
59	学前教育研究	0.0062	0.0137	0.0158	0.0119	0.0379
59	江西教育科研	0.0219	0.0038	0.0102	0.0119	0.0379

续表

排序	期刊名称	2004年	2005年	2006年	三年平均	归一化值
61	现代教育科学（高教研究）	0	0.0212	0.0121	0.0111	0.0354
62	世界教育信息	0.0099	0.0076	0.0156	0.0110	0.0350
63	高等理科教育	0.0076	0.0117	0.0132	0.0108	0.0344
64	宁波大学学报（教科版）	0.0108	0.0126	0.0075	0.0115	0.0328
65	思想教育研究	0.0025	0.0049	0.0199	0.0091	0.0290
66	内蒙古师范大学学报（教科版）	0.0088	0.0080	0.0089	0.0086	0.0274
67	教育信息化	0.0073	0.0094	0.0085	0.0084	0.0268
68	信息技术教育	0.0038	0.0033	0.0177	0.0083	0.0264
69	高教论坛	0.0046	0.0080	0.0114	0.0080	0.0255
69	中国大学生就业	0.0068	0.0033	0.0138	0.0080	0.0255
71	基础教育参考	0	0.0103	0.0128	0.0077	0.0245
72	现代中小学教育	0.0082	0.0050	0.0095	0.0076	0.0242
73	煤炭高等教育	0.0069	0.0104	0.0053	0.0075	0.0239
74	中国职业技术教育	0.0018	0.0069	0.0101	0.0063	0.0201
75	当代教育论坛	0.0049	0.0050	0.0073	0.0057	0.0182
76	教育与职业	0.0046	0.0058	0.0060	0.0055	0.0175
77	安徽教育学院学报	0.0038	0.0099	0.0021	0.0053	0.0169
77	沈阳教育学院学报	0.0027	0.0026	0.0106	0.0053	0.0169
79	中国成人教育	0.0057	0.0026	0.0058	0.0047	0.0150
80	中国教师	0.0020	0.0032	0.0085	0.0046	0.0146

从表 17-11 可以看出，排除了自引情况后，《北京大学教育评论》由总被引速率排名的第 2 上升至他刊引用速率第 1 的位置。与教育学总被引速率相似，教育学他刊引用速率的前 80 位期刊的数值差距也很大，三年平均他刊引用速率大于 0.1 的有 9 种期刊，在 0.1 和 0.01 之间的有 55 种，余下的 16 种刊三年平均他刊引用速率在 0.01 以下。

从 2004—2006 年教育学期刊他刊引用速率变化情况看，除非来源期刊以外，来源期刊的他刊引用速率都有一定减少，排名也根据自引率的大小有一定升降。如作为非来源期刊的《北京大学教育评论》，由于不存在自引数据，所以从总被引速率的排名第 2 位越过《教育研究》而排在了第 1 位。名次下降最多的是《中国特殊教育》，从第 3 位下降到第 44 位。究其原因，与 CSSCI 的来源期刊中只有一种关于特殊教育的期刊有关。

17.3.3 本学科论文引用速率

本学科论文引用速率(也称学科引用速率)是指该刊当年论文和前一年论文在当年被本学科论文引用的次数与该刊当年发表的和前一年发表的论文总数的比值,用来反映期刊在本学科的学术反应速度。表 17‑12 给出了 2004—2006 年教育学期刊学科引用速率统计。与上表相同,也包括各年度的学科引用速率、三年平均引用速率和该指标的归一化值。表 17‑12 按三年平均速率从大到小排序。

表 17‑12　　　　　　2004—2006 年教育学期刊学科引用速率

排序	期刊名称	2004 年	2005 年	2006 年	三年平均	归一化值
1	教育研究	0.2094	0.3004	0.3220	0.2772	1
2	北京大学教育评论	0.2188	0.3203	0.1894	0.2428	0.8759
3	中国特殊教育	0.2591	0.1891	0.1935	0.2139	0.7716
4	电化教育研究	0.1678	0.2315	0.2251	0.2081	0.7507
5	开放教育研究	0.1330	0.1736	0.1807	0.1624	0.5859
6	高等教育研究	0.1958	0.0830	0.2030	0.1606	0.5794
7	教师教育研究	0.1436	0.1168	0.1508	0.1371	0.4946
8	中国电化教育	0.1213	0.1321	0.1567	0.1367	0.4931
9	学位与研究生教育	0.1566	0.0831	0.0946	0.1114	0.4019
10	清华大学教育研究	0.1579	0.0830	0.0766	0.1058	0.3817
11	中国远程教育	0.0463	0.0451	0.2150	0.1021	0.3683
12	全球教育展望	0.0848	0.1038	0.1096	0.0994	0.3586
13	课程·教材·教法	0.1302	0.0714	0.0944	0.0987	0.3561
14	教育与经济	0.1397	0.0643	0.0846	0.0962	0.3470
15	教育研究与实验	0.1203	0.0945	0.0714	0.0954	0.3442
16	华东师范大学学报(教科版)	0.0571	0.0721	0.1442	0.0911	0.3286
17	比较教育研究	0.0680	0.0693	0.1041	0.0805	0.2904
18	教育发展研究	0.0906	0.0593	0.0593	0.0697	0.2514
19	教育学报	0.0078	0.0467	0.1512	0.0685	0.2471
20	教育理论与实践	0.0902	0.0521	0.0460	0.0627	0.2262
21	复旦教育论坛	0.0494	0.0830	0.0531	0.0618	0.2229
22	外国教育研究	0.0551	0.0480	0.0790	0.0607	0.2190
23	现代教育技术	0.0439	0.0625	0.0669	0.0578	0.2085
24	高等工程教育研究	0.0358	0.0520	0.0803	0.0561	0.2024
25	教育科学	0.0493	0.0500	0.0444	0.0479	0.1728

续表

排序	期刊名称	2004年	2005年	2006年	三年平均	归一化值
26	中国教育学刊	0.0437	0.0451	0.0467	0.0451	0.1627
27	中国高等教育	0.0552	0.0345	0.0353	0.0417	0.1504
28	中国大学教学	0.0328	0.0308	0.0568	0.0401	0.1447
29	现代远距离教育	0.0096	0.0072	0.0874	0.0347	0.1252
30	现代大学教育	0.0377	0.0248	0.0399	0.0341	0.1230
31	江苏高教	0.0309	0.0362	0.0289	0.0320	0.1154
32	中国高教研究	0.0254	0.0280	0.0337	0.0290	0.1046
33	外国中小学教育	0.0292	0.0137	0.0412	0.0280	0.1010
34	教育科学研究	0.0214	0.0311	0.0222	0.0249	0.0898
35	教育信息化	0.0136	0.0141	0.0419	0.0232	0.0837
36	人民教育	0.0209	0.0227	0.0229	0.0222	0.0801
37	高教探索	0.0256	0.0065	0.0331	0.0217	0.0783
38	现代远程教育研究	0.0155	0	0.0480	0.0212	0.0765
39	上海教育科研	0.0207	0.0209	0.0180	0.0199	0.0718
40	中小学信息技术教育	0.0074	0.0074	0.0446	0.0198	0.0714
41	高等理科教育	0.0329	0.0164	0.0088	0.0194	0.0700
42	高教发展与评估	0.0080	0.0064	0.0433	0.0192	0.0693
43	大学教育科学	0.0086	0.0152	0.0332	0.0190	0.0685
44	远程教育杂志	0.0091	0.0167	0.0272	0.0177	0.0639
45	国家教育行政学院学报	0.0127	0.0220	0.0178	0.0175	0.0631
46	湖南师范大学教育科学学报	0.0029	0.0173	0.0306	0.0169	0.0610
47	中小学管理	0.0085	0.0180	0.0149	0.0138	0.0498
48	中国研究生	0.0095	0.0197	0.0103	0.0132	0.0476
49	教育与现代化	0.0150	0.0238	0	0.0129	0.0465
49	中小学教师培训	0.0080	0.0198	0.0108	0.0129	0.0465
51	当代教育科学	0.0104	0.0110	0.0168	0.0127	0.0458
52	河北师范大学学报（教科版）	0.0152	0.0035	0.0129	0.0105	0.0379
53	教育评论	0.0145	0.0070	0.0092	0.0103	0.0372
54	世界教育信息	0.0099	0.0057	0.0136	0.0097	0.0350
55	江西教育科研	0.0179	0.0038	0.0058	0.0092	0.0332
55	辽宁教育研究	0.0073	0.0085	0.0117	0.0092	0.0332

续表

排序	期刊名称	2004年	2005年	2006年	三年平均	归一化值
57	教育探索	0.0073	0.0075	0.0124	0.0091	0.0328
58	高等农业教育	0.0040	0.0055	0.0157	0.0084	0.0303
59	黑龙江高教研究	0.0036	0.0059	0.0150	0.0082	0.0296
60	信息技术教育	0.0038	0.0033	0.0168	0.0080	0.0289
61	现代教育科学（高教研究）	0	0.0112	0.0112	0.0075	0.0271
62	煤炭高等教育	0.0069	0.0086	0.0053	0.0069	0.0249
62	天津市教科院学报	0.0028	0.0026	0.0152	0.0069	0.0249
64	宁波大学学报（教科版）	0.0072	0.0072	0.0056	0.0067	0.0242
65	理工高教研究	0.0074	0.0076	0.0046	0.0065	0.0234
65	现代中小学教育	0.0082	0.0033	0.0079	0.0065	0.0234
67	基础教育参考	0	0.0090	0.0099	0.0063	0.0227
68	学前教育研究	0.0016	0.0069	0.0059	0.0048	0.0173
69	高教论坛	0.0031	0.0048	0.0057	0.0045	0.0162
70	内蒙古师范大学学报（教科版）	0.0050	0.0020	0.0060	0.0043	0.0155
71	中国职业技术教育	0	0.0046	0.0081	0.0042	0.0152
72	中国教师	0.0020	0.0016	0.0085	0.0040	0.0144
73	教学与管理	0.0030	0.0028	0.0053	0.0037	0.0133
74	当代教育论坛	0.0035	0.0023	0.0047	0.0035	0.0126
74	继续教育	0.0070	0.0018	0.0017	0.0035	0.0126
76	思想理论教育导刊	0.0017	0.0060	0.0023	0.0033	0.0119
77	教育与职业	0.0031	0.0031	0.0035	0.0032	0.0115
78	职教论坛	0.0030	0.0032	0.0028	0.0030	0.0108
79	思想教育研究	0	0	0.0088	0.0029	0.0105
80	职业技术教育	0.0028	0	0.0049	0.0026	0.0094

从表 17-12 可以看出，从学科引用速率的情况来看，《教育研究》又以三年平均学科引用速率 0.2772 回归第 1，《北京大学教育评论》以落后 0.03 的微弱差距名列第 2。与教育学期刊总被引速率和他刊引用速率相比，各刊之间的三年平均学科引用速率没有较大的跳跃，数值均匀递减，从名列第 1 的 0.2772 缓慢下降至最后的 0.0026。

从 2004—2006 年各年度学科引用速率的情况来看，有 56 种期刊呈增长趋势，增长幅度最大是《教育学报》，增幅达 18 倍，增幅达 1 倍以上的期刊有 20 种左右。有 24 种期刊呈下降趋势，还有 5 种期刊下降幅度达 50% 以上。

17.3.4 教育学期刊被引速率综合分析

期刊被引速率是反映期刊学术影响速度的重要指标，它包括总被引速率、他刊引用速率和学科引用速率三项指标。与期刊被引次数类似，各指标的权重分别为 25%、50% 和 25%。表 17-13 给出了 2004—2006 年教育学期刊被引速率综合值计算。其方法与期刊被引次数综合值的计算方法完全相同。表 17-13 按被引速率综合值从大到小排序。

表 17-13　　　　　　　2004—2006 年教育学期刊被引速率综合值

排序	期刊名称	总被引速率归一化值	他刊引用速率归一化值	学科引用速率归一化值	综合值
1	北京大学教育评论	0.9486	1	0.8759	0.9561
2	教育研究	1	0.6997	1	0.8499
3	高等教育研究	0.6837	0.6041	0.5794	0.6178
4	电化教育研究	0.6625	0.3713	0.7507	0.5390
5	开放教育研究	0.5320	0.3283	0.5859	0.4436
6	教师教育研究	0.4502	0.3646	0.4946	0.4185
7	清华大学教育研究	0.4323	0.4108	0.3817	0.4089
8	中国特殊教育	0.6843	0.0678	0.7716	0.3979
9	教育与经济	0.4538	0.3296	0.3470	0.3650
10	中国电化教育	0.4248	0.2669	0.4931	0.3629
11	华东师范大学学报（教科版）	0.3785	0.3685	0.3286	0.3610
12	教育研究与实验	0.3737	0.3067	0.3442	0.3328
13	中国远程教育	0.3245	0.2790	0.3683	0.3127
14	课程·教材·教法	0.3350	0.2608	0.3561	0.3032
15	全球教育展望	0.3184	0.2510	0.3586	0.2948
16	学位与研究生教育	0.4166	0.1752	0.4019	0.2922
17	教育学报	0.2885	0.3041	0.2471	0.2860
18	比较教育研究	0.2888	0.2666	0.2904	0.2781
19	教育发展研究	0.2689	0.2325	0.2514	0.2463
20	复旦教育论坛	0.2423	0.2554	0.2229	0.2440
21	教育理论与实践	0.2287	0.2092	0.2262	0.2183
22	现代教育技术	0.2024	0.2134	0.2085	0.2094

续表

排序	期刊名称	总被引速率归一化值	他刊引用速率归一化值	学科引用速率归一化值	综合值
23	外国教育研究	0.2221	0.1936	0.2190	0.2071
24	中国高等教育	0.2109	0.2194	0.1504	0.2000
25	教育科学	0.1934	0.2038	0.1728	0.1935
26	高等工程教育研究	0.2242	0.1121	0.2024	0.1627
27	中国教育学刊	0.1665	0.1404	0.1627	0.1525
28	中国大学教学	0.1653	0.1369	0.1447	0.1460
29	现代大学教育	0.1562	0.1503	0.1230	0.1450
30	中国高教研究	0.1387	0.1462	0.1046	0.1339
31	江苏高教	0.1423	0.1127	0.1154	0.1208
32	教育科学研究	0.0979	0.1032	0.0898	0.0985
33	高教探索	0.1054	0.1025	0.0783	0.0972
34	思想理论教育导刊	0.1127	0.1188	0.0119	0.0906
35	国家教育行政学院学报	0.0921	0.0971	0.0631	0.0874
36	教育与现代化	0.0973	0.1025	0.0465	0.0872
37	外国中小学教育	0.0958	0.0742	0.1010	0.0863
38	现代远距离教育	0.1181	0.0490	0.1252	0.0853
39	大学教育科学	0.0876	0.0924	0.0685	0.0852
40	人民教育	0.0776	0.0818	0.0801	0.0803
41	现代远程教育研究	0.0743	0.0783	0.0765	0.0769
42	高教发展与评估	0.0827	0.0739	0.0693	0.0749
43	湖南师范大学教育科学学报	0.0752	0.0793	0.0610	0.0737
44	远程教育杂志	0.0737	0.0777	0.0639	0.0733
45	中小学信息技术教育	0.0634	0.0669	0.0714	0.0672
46	河北师范大学学报（教科版）	0.0668	0.0704	0.0379	0.0614
47	上海教育科研	0.0647	0.0500	0.0718	0.0591
48	教育信息化	0.0861	0.0268	0.0837	0.0559
49	中国研究生	0.0550	0.0580	0.0476	0.0547
50	高等理科教育	0.0701	0.0344	0.0700	0.0522
51	当代教育科学	0.0514	0.0541	0.0458	0.0514
52	中小学管理	0.0462	0.0487	0.0498	0.0484

续表

排序	期刊名称	总被引速率归一化值	他刊引用速率归一化值	学科引用速率归一化值	综合值
53	教育评论	0.0459	0.0484	0.0372	0.0450
54	高等农业教育	0.0480	0.0506	0.0303	0.0449
55	黑龙江高教研究	0.0459	0.0484	0.0296	0.0431
56	辽宁教育研究	0.0435	0.0459	0.0332	0.0421
57	中小学教师培训	0.0390	0.0411	0.0465	0.0419
58	教育探索	0.0429	0.0452	0.0328	0.0415
59	理工高教研究	0.0426	0.0449	0.0234	0.0390
60	江西教育科研	0.0360	0.0379	0.0332	0.0363
61	世界教育信息	0.0332	0.0350	0.0350	0.0346
62	天津市教科院学报	0.0363	0.0382	0.0249	0.0344
63	现代教育科学（高教研究）	0.0335	0.0354	0.0271	0.0329
64	学前教育研究	0.0360	0.0379	0.0173	0.0323
65	宁波大学学报（教科版）	0.0311	0.0328	0.0242	0.0302
66	信息技术教育	0.0251	0.0264	0.0289	0.0267
67	煤炭高等教育	0.0245	0.0239	0.0249	0.0243
68	内蒙古师范大学学报（教科版）	0.0260	0.0274	0.0155	0.0241
69	思想教育研究	0.0275	0.0290	0.0105	0.0240
70	基础教育参考	0.0233	0.0245	0.0227	0.0238
71	现代中小学教育	0.0230	0.0242	0.0234	0.0237
72	高教论坛	0.0242	0.0255	0.0162	0.0229
73	中国大学生就业	0.0242	0.0255	0.0069	0.0205
74	中国职业技术教育	0.0190	0.0201	0.0152	0.0186
75	当代教育论坛	0.0172	0.0182	0.0126	0.0166
76	教育与职业	0.0166	0.0175	0.0115	0.0158
77	中国教师	0.0139	0.0146	0.0144	0.0144
78	沈阳教育学院学报	0.0160	0.0169	0.0061	0.0140
79	教学与管理	0.0127	0.0134	0.0133	0.0132
80	安徽教育学院学报	0.0160	0.0169	0.0022	0.0130

从表 17-13 可以看出，教育学期刊分布层次明显。如果我们按综合值将其划分

层次，第一层次可以定位在综合值 1.0—0.7 的区间，即《北京大学教育评论》和《教育研究》为第一层次期刊；第二层可定位于 0.7—0.1 之间，那么《高等教育研究》等 29 种期刊为第二层次；综合值在 0.1—0.05 的 20 种期刊可以归入第三层次；余下的被引速率综合值小于 0.05 的期刊归入第四层次。

在期刊被引速率方面，《教育研究》优势明显，在总被引速率和学科引用速率两项指标均位居第 1，在他刊引用速率指标方面 2006 年分值也呈增加趋势，但由于他引速率小于《北京大学教育评论》，按权重计算后以微弱的差距屈居第 2，因此虽然《教育研究》是教育学期刊无可争议的学术领头羊，但仍然具有很大的上升空间。

与被引次数综合值相比，第一层次增加了一种期刊，第三层次减少了 1 种期刊。大多数期刊的位次都发生了较大的变化。特别值得一提的是《北京大学教育评论》由被引次数综合值的第 21 名升至被引速率综合值的第 1 名，说明该期刊在把握教育学学科研究热点和研究的发展方向上做的较好，被引用的速率较快。

17.4 教育学期刊影响因子分析

影响因子在期刊的学术影响评价中是一个极有说服力的指标，期刊影响因子最早是由 E. 加菲尔德在 1972 年提出的。一般来说，期刊影响因子越大，说明该期刊的论文平均影响力和学术作用也越大。因此，影响因子与期刊被引次数是一个很好的互补。[①]根据本书第 1 章对影响因子的修订，即在计算时间上作了相应前推，从前两年推至到前第 2、3 年。与前两个指标一样，影响因子指标也被细分成了三个下级指标：一般影响因子、他引影响因子、学科影响因子。

17.4.1 一般影响因子

修订后的影响因子的计算方法是该刊前第 2、3 年发表论文在统计当年被引用的总次数与该刊前第 2、3 年发表论文总数的比值。表 17-14 给出了 2004—2006 年教育学期刊一般影响因子和三年的平均值以及各期刊一般影响因子的归一化值。表 17-14 按三年平均影响因子从大到小排序。

首先，在这里需要说明的是，表 17-14 中"—"表示该刊不能产生此数据，由于修正后的影响因子的计算要追溯到当年的前第 2、3 年的刊载论文总数，有些期刊还未创刊，早期年份的论文刊载总数缺失，故而这一年影响因子为空，计算平均值的时候只计算有实际值的年份，如《北京大学教育评论》、《基础教育参考》和《中国教师》2003 年创刊，2005 年的影响因子是用 2003 年的数据计算的，而 2004 年的

---

① 龚放、邓三鸿："2000—2004 年中国教育期刊影响力报告——基于 CSSCI 的统计分析"，《教育研究》2006 年第 9 期，第 8—18 页。

数据为空,故三年平均一般影响因子为2005年和2006年两年的平均值。《当代教育论坛》和《中国研究生》2002年创刊,2004年的影响因子是用2002年一年的数据计算的。

表17-14　　　　　　　　　2004—2006年教育学期刊一般影响因子

排序	期刊名称	2004年	2005年	2006年	三年平均	归一化值
1	北京大学教育评论	—	0.5733	0.7375	0.6554	1
2	教育研究	0.5089	0.5857	0.5568	0.5505	0.8399
3	高等教育研究	0.4920	0.6537	0.4580	0.5346	0.8157
4	中国特殊教育	0.3651	0.5495	0.4011	0.4385	0.6691
5	华东师范大学学报(教科版)	0.4457	0.2688	0.3810	0.3651	0.5571
6	教育与经济	0.2569	0.2977	0.3824	0.3123	0.4766
7	比较教育研究	0.3242	0.3234	0.2825	0.3100	0.4730
8	电化教育研究	0.2571	0.2586	0.3691	0.2950	0.4501
9	教师教育研究	0.3333	0.3103	0.1602	0.2680	0.4089
10	清华大学教育研究	0.2162	0.2589	0.2753	0.2501	0.3817
11	教育理论与实践	0.1930	0.2822	0.2650	0.2467	0.3765
12	学位与研究生教育	0.2877	0.2606	0.1868	0.2450	0.3739
13	中国电化教育	0.1707	0.1843	0.2835	0.2129	0.3248
14	外国教育研究	0.2311	0.1737	0.1873	0.1974	0.3011
15	教育研究与实验	0.2000	0.1920	0.1880	0.1933	0.2950
16	现代教育技术	0.2246	0.1658	0.1535	0.1813	0.2766
17	课程·教材·教法	0.1674	0.1825	0.1837	0.1779	0.2714
18	教育科学	0.1535	0.1385	0.2108	0.1676	0.2557
19	全球教育展望	0.2602	0.1448	0.0957	0.1669	0.2546
20	开放教育研究	0.1333	0.1522	0.2103	0.1653	0.2522
21	教育发展研究	0.1700	0.1632	0.1496	0.1609	0.2455
22	中国远程教育	0.1009	0.1070	0.2233	0.1437	0.2193
23	高教探索	0.1156	0.0922	0.1581	0.1220	0.1861
24	复旦教育论坛	0.0230	0.1522	0.1901	0.1218	0.1858
25	江苏高教	0.1041	0.0996	0.1323	0.1120	0.1709
26	中国高等教育	0.1215	0.1105	0.1019	0.1113	0.1698
27	现代大学教育	0.0982	0.1008	0.1333	0.1108	0.1690

续表

排序	期刊名称	2004年	2005年	2006年	三年平均	归一化值
28	中国教育学刊	0.1200	0.0902	0.1135	0.1079	0.1646
29	高等工程教育研究	0.0481	0.1097	0.1303	0.0960	0.1465
30	中国高教研究	0.0473	0.0833	0.1004	0.0770	0.1175
31	中国大学教学	0.0875	0.0567	0.0729	0.0724	0.1104
32	现代远距离教育	0.0494	0.0258	0.1244	0.0665	0.1015
33	河北师范大学学报（教科版）	0.0456	0.0732	0.0722	0.0637	0.0972
34	国家教育行政学院学报	0.0356	0.0500	0.1013	0.0623	0.0950
35	远程教育杂志	0.0246	0.0377	0.1091	0.0572	0.0872
36	教育与现代化	0.0329	0.0411	0.0902	0.0547	0.0835
37	大学教育科学	0.0287	0.0452	0.0690	0.0476	0.0727
38	高等理科教育	0.0706	0.0508	0.0177	0.0464	0.0707
39	外国中小学教育	0.0398	0.0378	0.0584	0.0453	0.0692
40	教育科学研究	0.0440	0.0440	0.0321	0.0401	0.0611
41	教育评论	0.0265	0.0351	0.0564	0.0393	0.0600
42	教育学报	0.0541	0.0620	0	0.0387	0.0590
43	湖南师范大学教育科学学报	0.0097	0.0485	0.0575	0.0386	0.0588
44	现代教育科学（高教研究）	0.0273	0.0382	0.0427	0.0361	0.0550
45	黑龙江高教研究	0.0299	0.0391	0.0383	0.0358	0.0546
46	现代远程教育研究	0.0143	0.0382	0.0543	0.0356	0.0543
47	人民教育	0.0347	0.0315	0.0398	0.0353	0.0539
48	宁波大学学报（教科版）	0.0327	0.0395	0.0269	0.0330	0.0504
49	上海教育科研	0.0145	0.0465	0.0340	0.0317	0.0483
50	理工高教研究	0.0213	0.0324	0.0385	0.0307	0.0469
51	教育探索	0.0199	0.0269	0.0383	0.0284	0.0433
52	高教发展与评估	0.0126	0.0473	0.0239	0.0280	0.0427
53	辽宁教育研究	0.0156	0.0251	0.0425	0.0277	0.0423
54	思想理论教育导刊	0.0132	0.0231	0.0378	0.0247	0.0377
55	教育信息化	0.0254	0.0262	0.0181	0.0232	0.0354
56	江西教育科研	0.0166	0.0255	0.0258	0.0227	0.0346
57	当代教育科学	0.0197	0.0217	0.0259	0.0224	0.0342
57	中国研究生	0.0133	0.0349	0.0190	0.0224	0.0342

续表

排序	期刊名称	2004年	2005年	2006年	三年平均	归一化值
59	高教论坛	0.0182	0.0190	0.0185	0.0186	0.0283
60	中小学管理	0.0122	0.0187	0.0227	0.0179	0.0273
61	高等农业教育	0.0134	0.0191	0.0201	0.0176	0.0268
62	煤炭高等教育	0.0198	0.0164	0.0154	0.0172	0.0263
63	天津市教科院学报	0.0064	0.0241	0.0194	0.0166	0.0254
64	中国教师	—	0.0202	0.012	0.0161	0.0246
64	现代中小学教育	0.0171	0.0163	0.0148	0.0161	0.0246
66	安徽教育学院学报	0.0090	0.0223	0.0152	0.0155	0.0237
66	学前教育研究	0.0151	0.0079	0.0234	0.0155	0.0237
68	思想教育研究	0.0084	0.0120	0.0253	0.0153	0.0233
69	中小学信息技术教育	0.0102	0.0174	0.0159	0.0145	0.0221
70	中小学教师培训	0.0124	0.0094	0.0208	0.0142	0.0217
71	中国大学生就业	0.0153	0.0192	0.0068	0.0138	0.0210
72	职业技术教育	0.0042	0.0145	0.0191	0.0126	0.0192
73	继续教育研究	0.0071	0.0134	0.0156	0.0120	0.0183
74	内蒙古师范大学学报（教科版）	0.0039	0.0137	0.0175	0.0117	0.0179
75	徐州教育学院学报	0.0097	0.0131	0.0120	0.0116	0.0176
76	世界教育信息	0.0066	0.0065	0.0197	0.0109	0.0167
77	基础教育参考	—	0.0111	0.0098	0.0104	0.0159
78	中国成人教育	0.0090	0.0095	0.0120	0.0102	0.0156
79	当代教育论坛	0.0028	0.0050	0.0191	0.0090	0.0137
80	教育与职业	0.0096	0.0074	0.0092	0.0087	0.0133

从表17-14可以看出，教育学期刊一般影响因子的差距较大，《北京大学教育评论》以0.6554的分值位于第1名，而表中排名最后2位的教育学期刊一般影响因子均没有达到0.01。《北京大学教育评论》、《教育研究》和《高等教育研究》以较为明显的优势名列一般影响因子的前3位，可划入第一层次（归一化值在0.1—0.7之间）；归一化值在0.7—0.1之间的29种期刊可归入第二层次；余下的期刊落入第三层次。

从2004—2006年一般影响因子变化的情况来看，教育学期刊的平均影响因子在逐年小幅上升，三年的平均值分别为：0.094、0.106和0.114。个体期刊上升幅度最大的是《复旦教育论坛》和《当代教育论坛》，分别增长了7.265倍和5.821倍。

有 25 种期刊的增长幅度超过了 1 倍，另有 22 种期刊出现了下降，有 5 种期刊的下降幅度超过了 50%。

17.4.2 他引影响因子

他引影响因子是排除期刊自引后的影响因子。表 17-15 给出了 2004—2006 年教育学期刊他引影响因子统计。三年平均值由各年度数据进行平均计算得出，各期刊他引影响因子的归一化值由该指标最大的平均数（《北京大学教育评论》的 0.6554）作分母求得。表 17-15 按三年平均影响因子从大到小排序。

表 17-15　　　　　　　　　　2004—2006 年教育学期刊他引影响因子

排序	期刊名称	2004 年	2005 年	2006 年	三年平均	归一化值
1	北京大学教育评论	—	0.5733	0.7375	0.6554	1
2	教育研究	0.4509	0.5056	0.5056	0.4873	0.7436
3	高等教育研究	0.4505	0.5442	0.4231	0.4726	0.7210
4	华东师范大学学报（教科版）	0.3913	0.2473	0.3714	0.3367	0.5137
5	比较教育研究	0.2966	0.2799	0.2412	0.2726	0.4159
6	教育与经济	0.1736	0.2595	0.3382	0.2571	0.3923
7	清华大学教育研究	0.2117	0.1830	0.2672	0.2207	0.3367
8	教育理论与实践	0.1716	0.2384	0.2350	0.2150	0.3280
9	教师教育研究	0.2459	0.2184	0.1381	0.2008	0.3064
10	电化教育研究	0.1752	0.1573	0.2617	0.1981	0.3023
11	现代教育技术	0.2246	0.1658	0.1535	0.1813	0.2766
12	外国教育研究	0.2072	0.1569	0.1680	0.1774	0.2706
13	教育科学	0.1535	0.1385	0.2108	0.1676	0.2557
14	中国电化教育	0.1183	0.1389	0.2299	0.1624	0.2477
15	全球教育展望	0.2245	0.1247	0.0826	0.1439	0.2196
16	课程・教材・教法	0.1302	0.1469	0.1535	0.1435	0.2190
17	教育研究与实验	0.1652	0.1440	0.1128	0.1407	0.2146
18	教育发展研究	0.1535	0.1360	0.1312	0.1402	0.2140
19	开放教育研究	0.1190	0.1043	0.1760	0.1331	0.2031
20	复旦教育论坛	0.0230	0.1522	0.1901	0.1218	0.1858
21	中国远程教育	0.1009	0.1070	0.1492	0.1190	0.1816
22	高教探索	0.1156	0.0922	0.1410	0.1163	0.1774
23	中国高等教育	0.1204	0.1105	0.1008	0.1106	0.1687

续表

排序	期刊名称	2004年	2005年	2006年	三年平均	归一化值
24	学位与研究生教育	0.1311	0.1075	0.0879	0.1088	0.1660
25	现代大学教育	0.0982	0.1008	0.1101	0.1031	0.1572
26	中国教育学刊	0.1200	0.0847	0.1026	0.1024	0.1563
27	江苏高教	0.0826	0.0801	0.1082	0.0903	0.1378
28	中国高教研究	0.0473	0.0833	0.1004	0.0770	0.1175
29	河北师范大学学报（教科版）	0.0456	0.0732	0.0722	0.0637	0.0972
30	中国大学教学	0.0808	0.0496	0.0583	0.0629	0.0960
31	国家教育行政学院学报	0.0356	0.0500	0.1013	0.0623	0.0950
32	高等工程教育研究	0.0241	0.0627	0.0879	0.0582	0.0889
33	远程教育杂志	0.0246	0.0377	0.1091	0.0572	0.0872
34	教育与现代化	0.0329	0.0411	0.0902	0.0547	0.0835
35	现代远距离教育	0.0494	0.0258	0.0718	0.0490	0.0747
36	大学教育科学	0.0287	0.0452	0.0690	0.0476	0.0727
37	中国特殊教育	0.0317	0.0385	0.0529	0.0410	0.0626
38	教育科学研究	0.0440	0.0440	0.0321	0.0401	0.0611
39	教育评论	0.0265	0.0351	0.0564	0.0393	0.0600
40	教育学报	0.0541	0.0620	0	0.0387	0.0590
41	湖南师范大学教育科学学报	0.0097	0.0485	0.0575	0.0386	0.0588
42	现代教育科学（高教研究）	0.0273	0.0382	0.0427	0.0361	0.0550
43	黑龙江高教研究	0.0299	0.0391	0.0383	0.0358	0.0546
44	现代远程教育研究	0.0143	0.0382	0.0543	0.0356	0.0543
45	外国中小学教育	0.0227	0.0378	0.0455	0.0353	0.0539
45	人民教育	0.0347	0.0315	0.0398	0.0353	0.0539
47	宁波大学学报（教科版）	0.0327	0.0395	0.0269	0.0330	0.0504
48	理工高教研究	0.0213	0.0324	0.0385	0.0307	0.0469
49	教育探索	0.0199	0.0269	0.0383	0.0284	0.0433
50	辽宁教育研究	0.0156	0.0251	0.0425	0.0277	0.0423
51	上海教育科研	0.0145	0.0344	0.0340	0.0276	0.0422
52	思想理论教育导刊	0.0132	0.0231	0.0378	0.0247	0.0377
53	江西教育科研	0.0166	0.0255	0.0258	0.0227	0.0346
54	当代教育科学	0.0197	0.0217	0.0259	0.0224	0.0342

续表

排序	期刊名称	2004年	2005年	2006年	三年平均	归一化值
54	中国研究生	0.0133	0.0349	0.0190	0.0224	0.0342
56	高等理科教育	0.0276	0.0134	0.0177	0.0196	0.0299
57	高教论坛	0.0182	0.0190	0.0185	0.0186	0.0283
58	中小学管理	0.0122	0.0187	0.0227	0.0179	0.0273
59	高等农业教育	0.0134	0.0191	0.0201	0.0176	0.0268
60	煤炭高等教育	0.0198	0.0164	0.0154	0.0172	0.0263
61	天津市教科院学报	0.0064	0.0241	0.0194	0.0166	0.0254
62	中国教师	—	0.0202	0.0120	0.0161	0.0246
62	现代中小学教育	0.0171	0.0163	0.0148	0.0161	0.0246
64	安徽教育学院学报	0.0090	0.0223	0.0152	0.0155	0.0237
64	学前教育研究	0.0151	0.0079	0.0234	0.0155	0.0237
66	思想教育研究	0.0084	0.0120	0.0253	0.0153	0.0233
67	中小学信息技术教育	0.0102	0.0174	0.0159	0.0145	0.0221
68	中小学教师培训	0.0124	0.0094	0.0208	0.0142	0.0217
69	中国大学生就业	0.0153	0.0192	0.0068	0.0138	0.0210
70	职业技术教育	0.0042	0.0145	0.0191	0.0126	0.0192
71	继续教育研究	0.0071	0.0134	0.0156	0.0120	0.0183
72	教育信息化	0.0120	0.0136	0.0100	0.0119	0.0181
73	内蒙古师范大学学报（教科版）	0.0039	0.0137	0.0175	0.0117	0.0179
74	徐州教育学院学报	0.0097	0.0131	0.0120	0.0116	0.0176
75	世界教育信息	0.0066	0.0065	0.0197	0.0109	0.0167
76	基础教育参考	—	0.0111	0.0098	0.0104	0.0159
77	中国成人教育	0.0090	0.0095	0.0120	0.0102	0.0156
78	当代教育论坛	0.0028	0.0050	0.0191	0.0090	0.0137
79	教育与职业	0.0096	0.0074	0.0092	0.0087	0.0133
80	职教论坛	0.0110	0.0038	0.0079	0.0076	0.0115

注：上表中"—"表示当年该刊的数据为空，不列入平均值的计算。

从表17-15可以看出，教育学期刊他引影响因子的差距较大，《北京大学教育评论》以0.6554的分值位于第1名，而最后3位的教育学期刊三年平均他引影响因子均没有达到0.01。这种较大的差异也可以看成是由教育学期刊学术水平、学术影响参差不齐造成的。

排除自引情况后，教育学期刊他引影响因子与一般影响因子相比除了前3名和第6名、第9名以外，其他期刊的名次都发生了变化。自引率越高，名次下降得就越多，反之，自引率越低名次上升就越多。例如，具有接近90%自引率的《中国特殊教育》，从一般影响因子的第4名下降到他引影响因子的第37名。在他引影响因子中下降名次较多的期刊还有《高等理科教育》（下降了18名）、《教育信息化》（下降了17名）、《学位与研究生教育》（下降了12名）。而70%以上的期刊名次得到了上升，但上升幅度都不大，上升名次最多为4个名次，共有3种期刊上升了4个名次，它们是《全球教育展望》、《复旦教育论坛》、《河北师范大学学报（教科版）》。

17.4.3 学科影响因子

通过学科影响因子的研究，可以分析期刊对本学科研究的影响，能够反映期刊所刊载的论文与本学科研究的相关程度。表17-16给出了2004—2006年教育学期刊学科影响因子统计。同样，表中内容包括各年度的学科影响因子、三年平均影响因子和该指标的归一化值。表17-16按三年平均影响因子从大到小排序。

表17-16　　　　　　　2004—2006年教育学期刊学科影响因子

排序	期刊名称	2004年	2005年	2006年	三年平均	归一化值
1	北京大学教育评论	—	0.4000	0.5500	0.4750	1
2	教育研究	0.3951	0.4655	0.4298	0.4301	0.9056
3	中国特殊教育	0.3413	0.5165	0.3565	0.4048	0.8521
4	高等教育研究	0.3195	0.4876	0.3252	0.3774	0.7946
5	电化教育研究	0.2400	0.2349	0.3468	0.2739	0.5766
6	华东师范大学学报（教科版）	0.3587	0.2043	0.2000	0.2543	0.5354
7	比较教育研究	0.2508	0.2473	0.2206	0.2396	0.5043
8	教师教育研究	0.2732	0.2471	0.1215	0.2140	0.4505
9	学位与研究生教育	0.2450	0.2248	0.1429	0.2042	0.4299
10	教育理论与实践	0.1609	0.2247	0.1913	0.1923	0.4048
11	教育与经济	0.1806	0.1374	0.2574	0.1918	0.4037
12	中国电化教育	0.1505	0.1641	0.2567	0.1905	0.4010
13	清华大学教育研究	0.1306	0.1696	0.1862	0.1622	0.3414
14	教育研究与实验	0.1739	0.1680	0.1429	0.1616	0.3402
15	现代教育技术	0.1667	0.1444	0.1491	0.1534	0.3229
16	外国教育研究	0.1673	0.1289	0.1515	0.1492	0.3142

续表

排序	期刊名称	2004年	2005年	2006年	三年平均	归一化值
17	开放教育研究	0.1143	0.1304	0.1803	0.1417	0.2982
18	全球教育展望	0.2143	0.1314	0.0761	0.1406	0.2960
19	课程·教材·教法	0.1256	0.1422	0.1465	0.1381	0.2907
20	中国远程教育	0.0879	0.0898	0.2130	0.1302	0.2741
21	教育发展研究	0.1320	0.1248	0.1089	0.1219	0.2567
22	教育科学	0.0990	0.0823	0.1031	0.0948	0.1996
23	复旦教育论坛	0.0230	0.1232	0.1217	0.0893	0.1880
24	现代大学教育	0.0833	0.0663	0.0841	0.0779	0.1640
25	中国教育学刊	0.0880	0.0546	0.0852	0.0759	0.1599
26	江苏高教	0.0718	0.0730	0.0825	0.0757	0.1595
27	高等工程教育研究	0.0447	0.0784	0.0879	0.0703	0.1481
28	高教探索	0.0754	0.0485	0.0556	0.0598	0.1259
29	中国高等教育	0.0664	0.0530	0.0488	0.0561	0.1181
30	现代远距离教育	0.0309	0.0194	0.1148	0.0550	0.1158
31	远程教育杂志	0.0246	0.0330	0.0955	0.0510	0.1074
32	中国高教研究	0.0306	0.0589	0.0560	0.0485	0.1021
33	河北师范大学学报（教科版）	0.0415	0.0407	0.0456	0.0426	0.0897
34	中国大学教学	0.0438	0.0426	0.0401	0.0421	0.0887
35	高等理科教育	0.0613	0.0481	0.0152	0.0416	0.0875
36	外国中小学教育	0.0398	0.0336	0.0487	0.0407	0.0857
37	国家教育行政学院学报	0.0119	0.0250	0.0717	0.0362	0.0762
38	大学教育科学	0.0287	0.0317	0.0474	0.0359	0.0756
39	教育与现代化	0.0263	0.0205	0.0526	0.0332	0.0698
40	教育学报	0.0439	0.0511	0	0.0317	0.0667
41	人民教育	0.0285	0.0271	0.0358	0.0305	0.0642
42	教育科学研究	0.0275	0.0335	0.0257	0.0289	0.0609
43	现代远程教育研究	0.0143	0.0229	0.0465	0.0279	0.0587
44	现代教育科学（高教研究）	0.0147	0.0255	0.0376	0.0259	0.0546
45	上海教育科研	0.0145	0.0344	0.0281	0.0257	0.0540
46	教育评论	0.0240	0.0207	0.0309	0.0252	0.0531
47	黑龙江高教研究	0.0232	0.0232	0.0155	0.0206	0.0434

第17章 教育学

续表

排序	期刊名称	2004年	2005年	2006年	三年平均	归一化值
48	湖南师范大学教育科学学报	0.0058	0.0261	0.0259	0.0193	0.0406
49	教育探索	0.0149	0.0152	0.0236	0.0179	0.0377
50	辽宁教育研究	0.0114	0.0191	0.0228	0.0178	0.0374
51	宁波大学学报（教科版）	0.0155	0.0188	0.0180	0.0174	0.0367
52	理工高教研究	0.0091	0.0206	0.0222	0.0173	0.0365
53	江西教育科研	0.0125	0.0176	0.0199	0.0167	0.0351
54	中小学管理	0.0081	0.0187	0.0227	0.0165	0.0348
54	当代教育科学	0.0092	0.0194	0.0207	0.0165	0.0348
56	中国教师	—	0.0202	0.012	0.0161	0.0339
57	教育信息化	0.0147	0.0188	0.0118	0.0151	0.0318
58	中小学信息技术教育	0.0102	0.0174	0.0159	0.0145	0.0305
59	天津市教科院学报	0.0064	0.0214	0.0139	0.0139	0.0292
60	现代中小学教育	0.0125	0.0098	0.0132	0.0118	0.0248
61	中小学教师培训	0.0093	0.0063	0.0160	0.0105	0.0222
61	中国研究生	0	0.0218	0.0095	0.0105	0.0222
63	高教论坛	0.0121	0.0127	0.0062	0.0103	0.0217
64	煤炭高等教育	0.0107	0.0082	0.0103	0.0097	0.0205
65	学前教育研究	0.0086	0.0059	0.0125	0.0090	0.0190
66	世界教育信息	0.0066	0.0043	0.0138	0.0082	0.0173
67	高等农业教育	0.0081	0.0096	0.0067	0.0081	0.0171
68	内蒙古师范大学学报（教科版）	0.0019	0.0069	0.0125	0.0071	0.0150
69	继续教育研究	0.0053	0.0057	0.0089	0.0066	0.0140
69	基础教育	0.0024	0.0022	0.0153	0.0066	0.0140
71	基础教育参考	—	0.0055	0.0065	0.0060	0.0127
72	当代教育论坛	0	0.0040	0.0127	0.0056	0.0117
73	中国大学生就业	0.0077	0.0038	0.0039	0.0051	0.0108
73	思想教育研究	0.0028	0.0024	0.0101	0.0051	0.0108
75	安徽教育学院学报	0.0054	0.0019	0.0076	0.0050	0.0104
76	新教育	0.0100	0.0044	0	0.0048	0.0101
76	教学与管理	0.0047	0.0031	0.0065	0.0048	0.0101
78	职教论坛	0.0063	0.0025	0.0054	0.0047	0.0100

续表

排序	期刊名称	2004年	2005年	2006年	三年平均	归一化值
78	教育与职业	0.0027	0.0063	0.0051	0.0047	0.0100
78	基础教育研究	0.0016	0	0.0123	0.0047	0.0100

注：上表中"—"表示当年该刊的数据为空，不列入平均值的计算。

从表17-16可以看出，《北京大学教育评论》和《教育研究》仍以较大优势位居第1和第2，原来在一般影响因子排名中居第3的《高等教育研究》在学科影响因子中位于第4，下降了一个名次，取而代之的是《中国特殊教育》。相对一般影响因子的排名，学科影响因子中有31种期刊的排名下降了，下降名次最多的期刊有：《安徽教育学院学报》（下降9名）、《高等农业教育》和《思想教育研究》（下降6名）、《教育与经济》、《教育评论》、《高教探索》和《湖南师范大学教育科学学报》（下降5名）。

17.4.4 教育学期刊影响因子综合分析

与期刊被引次数和被引速率相同，期刊影响因子的三个下级指标权重分配为：一般影响因子（25%）、他引影响因子（50%）、学科影响因子（25%）。表17-17给出了2004—2006年教育学期刊影响因子综合值计算，其方法与期刊被引次数和被引速率相同。计算后求和得到各期刊影响因子的综合值。表17-17按影响因子综合值从大到小排序。

表17-17　　　　2004—2006年教育学期刊影响因子综合值

排序	期刊名称	一般影响因子归一化值	他引影响因子归一化值	学科影响因子归一化值	综合值
1	北京大学教育评论	1	1	1	1
2	教育研究	0.8399	0.7436	0.9056	0.8082
3	高等教育研究	0.8157	0.7216	0.7946	0.7631
4	华东师范大学学报（教科版）	0.5571	0.5137	0.5354	0.5300
5	比较教育研究	0.4730	0.4159	0.5043	0.4523
6	教育与经济	0.4766	0.3923	0.4037	0.4162
7	中国特殊教育	0.6691	0.0626	0.8521	0.4116
8	电化教育研究	0.4501	0.3023	0.5766	0.4078
9	教师教育研究	0.4089	0.3064	0.4505	0.3680
10	教育理论与实践	0.3765	0.3280	0.4048	0.3593

续表

排序	期刊名称	一般影响因子归一化值	他引影响因子归一化值	学科影响因子归一化值	综合值
11	清华大学教育研究	0.3817	0.3367	0.3414	0.3491
12	中国电化教育	0.3248	0.2477	0.4010	0.3053
13	外国教育研究	0.3011	0.2706	0.3142	0.2891
14	现代教育技术	0.2766	0.2766	0.3229	0.2882
15	学位与研究生教育	0.3739	0.1660	0.4299	0.2840
16	教育研究与实验	0.2950	0.2146	0.3402	0.2661
17	课程·教材·教法	0.2714	0.2190	0.2907	0.2500
18	全球教育展望	0.2546	0.2196	0.2960	0.2475
19	教育科学	0.2557	0.2557	0.1996	0.2417
20	开放教育研究	0.2522	0.2031	0.2982	0.2392
21	教育发展研究	0.2455	0.2140	0.2567	0.2325
22	中国远程教育	0.2193	0.1816	0.2741	0.2141
23	复旦教育论坛	0.1858	0.1858	0.1880	0.1863
24	高教探索	0.1861	0.1774	0.1259	0.1667
25	现代大学教育	0.1690	0.1572	0.1640	0.1619
26	中国教育学刊	0.1646	0.1563	0.1599	0.1593
27	中国高等教育	0.1698	0.1687	0.1181	0.1563
28	江苏高教	0.1709	0.1378	0.1595	0.1515
29	高等工程教育研究	0.1465	0.0889	0.1481	0.1181
30	中国高教研究	0.1175	0.1175	0.1021	0.1137
31	中国大学教学	0.1104	0.0960	0.0887	0.0978
32	河北师范大学学报（教科版）	0.0972	0.0972	0.0897	0.0953
33	远程教育杂志	0.0872	0.0872	0.1074	0.0923
34	现代远距离教育	0.1015	0.0747	0.1158	0.0917
35	国家教育行政学院学报	0.0950	0.0950	0.0762	0.0903
36	教育与现代化	0.0835	0.0835	0.0698	0.0801
37	大学教育科学	0.0727	0.0727	0.0756	0.0734
38	外国中小学教育	0.0692	0.0539	0.0857	0.0657
39	教育科学研究	0.0611	0.0611	0.0609	0.0611
40	教育学报	0.0590	0.0590	0.0667	0.0610

续表

排序	期刊名称	一般影响因子归一化值	他引影响因子归一化值	学科影响因子归一化值	综合值
41	教育评论	0.0600	0.0600	0.0531	0.0583
42	人民教育	0.0539	0.0539	0.0642	0.0565
43	现代远程教育研究	0.0543	0.0543	0.0587	0.0554
44	现代教育科学（高教研究）	0.0550	0.0550	0.0546	0.0549
45	高等理科教育	0.0707	0.0299	0.0875	0.0545
46	湖南师范大学教育科学学报	0.0588	0.0588	0.0406	0.0543
47	黑龙江高教研究	0.0546	0.0546	0.0434	0.0518
48	宁波大学学报（教科版）	0.0504	0.0504	0.0367	0.0470
49	上海教育科研	0.0483	0.0422	0.0540	0.0467
50	理工高教研究	0.0469	0.0469	0.0365	0.0443
51	教育探索	0.0433	0.0433	0.0377	0.0419
52	辽宁教育研究	0.0423	0.0423	0.0374	0.0411
53	江西教育科研	0.0346	0.0346	0.0351	0.0347
54	当代教育科学	0.0342	0.0342	0.0348	0.0343
55	中国研究生	0.0342	0.0342	0.0222	0.0312
56	思想理论教育导刊	0.0377	0.0377	0.0065	0.0299
57	中小学管理	0.0273	0.0273	0.0348	0.0291
58	中国教师	0.0246	0.0246	0.0339	0.0269
59	高教论坛	0.0283	0.0283	0.0217	0.0267
60	天津市教科院学报	0.0254	0.0254	0.0292	0.0263
61	教育信息化	0.0354	0.0181	0.0318	0.0259
62	煤炭高等教育	0.0263	0.0263	0.0205	0.0248
63	现代中小学教育	0.0246	0.0246	0.0249	0.0246
64	高等农业教育	0.0268	0.0268	0.0171	0.0244
65	中小学信息技术教育	0.0221	0.0221	0.0305	0.0242
66	学前教育研究	0.0237	0.0237	0.0190	0.0225
67	中小学教师培训	0.0217	0.0217	0.0222	0.0218
68	安徽教育学院学报	0.0237	0.0237	0.0104	0.0203
69	思想教育研究	0.0233	0.0233	0.0108	0.0201
70	中国大学生就业	0.0210	0.0210	0.0108	0.0185

续表

排序	期刊名称	一般影响因子归一化值	他引影响因子归一化值	学科影响因子归一化值	综合值
71	继续教育研究	0.0183	0.0183	0.0140	0.0172
72	内蒙古师范大学学报（教科版）	0.0179	0.0179	0.0150	0.0171
73	世界教育信息	0.0167	0.0167	0.0173	0.0168
74	职业技术教育	0.0192	0.0192	0.0092	0.0167
75	基础教育参考	0.0159	0.0159	0.0127	0.0151
76	高教发展与评估	0.0427	0.0064	0.0022	0.0144
77	徐州教育学院学报	0.0176	0.0176	0.0028	0.0139
78	中国成人教育	0.0156	0.0156	0.0070	0.0134
79	当代教育论坛	0.0137	0.0137	0.0117	0.0132
80	教育与职业	0.0133	0.0133	0.0100	0.0125

从表 17-17 中我们可以看出，教育学期刊影响因子综合值差距很大，而且层次分明。如果我们根据影响因子综合值将教育学期刊划分层次的话，可以分成如下四个层次：第一层次为综合值在 1—0.7，即《北京大学教育评论》、《教育研究》、《高等教育研究》为教育学第一层次期刊；第二层次区间为 0.7—0.1，即《华东师范大学学报（教科版）》等 27 种期刊归入第二层次；0.1—0.05 为第三层次，即《中国大学教学》等 17 种期刊划分在第三层次；余下期刊均在第四层次。

17.5 教育学期刊被引广度分析

期刊被引广度反映的是某种期刊相对其他期刊的影响力，更确切地说是对其他期刊的文章作者的影响力。一般说来引用一种期刊的期刊种数越多，该期刊的被引广度就越大。本评价体系对期刊被引广度的具体计算参见本书第 1 章。表 17-18 给出了 2004—2006 年教育学期刊被引广度、三年的平均值和该指标的归一化值。表 17-18 按三年平均被引广度从大到小排序。

表 17-18　　　　　　　　2004—2006 年教育学期刊被引广度

排序	期刊名称	2004 年	2005 年	2006 年	三年平均	归一化值
1	教育研究	54.8	56.2	69.8	60.2667	1
2	高等教育研究	46.0	39.8	50.4	45.4000	0.7533
3	教育发展研究	35.6	37.8	47.6	40.3333	0.6692

续表

排序	期刊名称	2004年	2005年	2006年	三年平均	归一化值
4	比较教育研究	31.6	33.4	41.6	35.5333	0.5896
5	中国高等教育	31.8	31.2	39.8	34.2667	0.5686
6	教育理论与实践	23.4	33.4	34.6	30.4667	0.5055
7	全球教育展望	28.8	25.4	32.2	28.8000	0.4779
8	清华大学教育研究	22.2	22.2	33.4	25.9333	0.4303
9	课程·教材·教法	22.6	23.8	27.0	24.4667	0.4060
10	华东师范大学学报（教科版）	21.0	18.6	33.0	24.2000	0.4015
11	中国高教研究	18.4	20.8	32.4	23.8667	0.3960
12	外国教育研究	19.6	20.6	27.0	22.5333	0.3739
13	江苏高教	18.8	19.4	24.0	20.7333	0.3440
14	中国教育学刊	17.2	21.8	21.6	20.2000	0.3352
15	教师教育研究	18.8	19.2	21.8	19.9333	0.3308
16	电化教育研究	16.8	18.6	21.4	18.9333	0.3142
17	中国电化教育	14.2	17.6	22.0	17.9333	0.2976
18	教育与经济	13.4	17.2	21.6	17.4000	0.2887
19	北京大学教育评论	10.0	16.2	25.4	17.2000	0.2854
20	学位与研究生教育	16.8	16.6	17.2	16.8667	0.2799
21	教育科学	11.6	14.2	21.8	15.8667	0.2633
22	教育研究与实验	15.8	15.2	15.4	15.4667	0.2566
23	现代大学教育	12.4	12.8	19.0	14.7333	0.2445
24	人民教育	12.2	15.8	15.4	14.4667	0.2400
25	教育评论	11.2	14.2	17.2	14.2000	0.2356
26	教育探索	9.2	12.2	19.8	13.7333	0.2279
27	中国远程教育	12.8	13.6	14.4	13.6000	0.2257
28	黑龙江高教研究	10.2	10.6	18.4	13.0667	0.2168
29	中国大学教学	10.6	10.6	17.4	12.8667	0.2135
30	当代教育科学	9.0	11.8	16.2	12.3333	0.2046
31	上海教育科研	8.0	11.8	17.0	12.2667	0.2035
32	辽宁教育研究	6.8	9.6	19.0	11.8000	0.1958
33	高等工程教育研究	8.2	11.4	14.2	11.2667	0.1869
33	高教探索	8.6	7.4	17.8	11.2667	0.1869

续表

排序	期刊名称	2004年	2005年	2006年	三年平均	归一化值
35	教育科学研究	8.8	10.8	11.4	10.3333	0.1715
36	开放教育研究	8.6	9.6	11.8	10.0000	0.1659
37	教育信息化	4.8	11.2	13.2	9.7333	0.1615
38	教学与管理	7.6	8.4	12.4	9.4667	0.1571
39	现代教育科学（高教研究）	4.8	8.6	12.4	8.6000	0.1427
40	复旦教育论坛	5.2	8.2	12.0	8.4667	0.1405
41	理工高教研究	5.2	8.4	11.2	8.2667	0.1372
42	教育与职业	5.6	7.0	11.6	8.0667	0.1338
43	现代教育技术	6.6	7.6	9.6	7.9333	0.1316
44	中国成人教育	6.4	5.4	10.2	7.3333	0.1217
45	中国特殊教育	5.2	6.6	9.8	7.2000	0.1195
46	高等农业教育	4.2	6.4	10.8	7.1333	0.1184
46	思想理论教育导刊	4.2	6.8	10.4	7.1333	0.1184
48	中小学管理	6.4	6.6	7.6	6.8667	0.1139
49	河北师范大学学报（教科版）	5.2	8.0	7.0	6.7333	0.1117
49	教育学报	8.2	5.8	6.2	6.7333	0.1117
51	江西教育科研	5.2	5.8	8.8	6.6000	0.1095
52	国家教育行政学院学报	3.6	5.0	10.2	6.2667	0.1040
53	中国职业技术教育	3.6	5.2	9.6	6.1333	0.1018
54	职业技术教育	3.0	3.0	11.6	5.8667	0.0973
54	外国中小学教育	5.2	5.2	7.2	5.8667	0.0973
56	当代教育论坛	1.8	4.0	11.6	5.8000	0.0962
57	宁波大学学报（教科版）	7.6	9.2	0.4	5.7333	0.0951
58	煤炭高等教育	4.8	6.2	5.4	5.4667	0.0907
59	大学教育科学	3.6	4.6	7.4	5.2000	0.0863
60	中小学信息技术教育	3.2	4.2	8.0	5.1333	0.0852
61	现代中小学教育	5.0	4.8	5.4	5.0667	0.0841
61	湖南师范大学教育科学学报	1.8	4.6	8.8	5.0667	0.0841
63	高等理科教育	5.0	3.8	5.8	4.8667	0.0808
64	学前教育研究	2.6	4.4	7.0	4.6667	0.0774
64	中小学教师培训	3.2	4.2	6.6	4.6667	0.0774

续表

排序	期刊名称	2004年	2005年	2006年	三年平均	归一化值
66	职教论坛	4.4	3.4	5.8	4.5333	0.0752
67	基础教育参考	3.0	5.2	4.8	4.3333	0.0719
68	天津市教科院学报	2.8	4.0	6.0	4.2667	0.0708
68	现代远距离教育	3.6	3.0	6.2	4.2667	0.0708
68	中国大学生就业	3.0	3.2	6.6	4.2667	0.0708
71	教育导刊	4.6	3.4	4.2	4.0667	0.0675
71	四川教育学院学报	3.8	3.8	4.6	4.0667	0.0675
73	世界教育信息	3.2	3.0	5.6	3.9333	0.0653
74	远程教育杂志	1.4	3.4	6.8	3.8667	0.0642
75	思想教育研究	2.6	3.2	5.6	3.8000	0.0631
76	高教论坛	2.0	3.8	5.2	3.6667	0.0608
77	安徽教育学院学报	1.6	5.6	3.6	3.6000	0.0597
78	内蒙古师范大学学报（教科版）	1.8	4.0	4.8	3.5333	0.0586
79	教育与现代化	2.4	4.2	3.8	3.4667	0.0575
80	辽宁教育行政学院学报	2.0	4.0	4.0	3.3333	0.0553

从表17-18可以看到，《教育研究》以平均被引广度60以上而遥遥领先于其他期刊，比排名第2的《高等教育研究》高近15个广度值。也远高于CSSCI的教育学来源期刊数，说明《教育研究》的学术影响不仅仅限于教育学领域，其中的论文还大量地被其他学科的期刊或综合性期刊引用，说明该期刊的学术影响已经作用于其他学科。被引广度高于CSSCI来源期刊数（2004—2005年30种，2006年34种）的还有4种，即《高等教育研究》、《教育发展研究》、《比较教育研究》与《中国高等教育》，说明这些期刊的学术影响也都超出了教育学领域。

从年度变化情况来看，2004—2006年间，教育学期刊的年平均被引广度在不断增加，三年的平均被引广度分别为：10.4、11.77和15.62。可见，由于2006年CSSCI增加了教育学来源期刊后，被引广度的增加十分明显。数量增加最多的是《北京大学教育评论》（增加15.4）、《教育研究》（增加15）、《中国高等教育》（增加14）；增加比例最高的是《当代教育论坛》（增加5.44倍），增加1倍以上的期刊有28种。但也有4种期刊出现了下降，应当引起这些期刊的重视。

如果我们从期刊的被引广度角度将教育学期刊划分层次，《教育研究》和《高等教育研究》可以列为教育学第一层次期刊，其归一化值区间为1—0.7；归一化值位于0.7—0.2之间的《教育发展研究》、《比较教育研究》、《中国高等教育》等29种期刊归入第二层次；归一化值在 0.2—0.1 之间的 22 种期刊列入第三层次；余下的期刊均归入第四层次。

17.6 教育学期刊二次文献转载分析

二次文献转载指标是指我国几种重要的二次文献对各期刊中论文全文转载的数量的统计。与其他学科相同，教育学期刊的二次文献转载分析主要采用我国人文社会科学研究中具有较大影响、并且收录较为全面且被学术界公认的三种综合性二次文献，即人民出版社主办的《新华文摘》、中国社会科学杂志社主办的《中国社会科学文摘》和中国人民大学主办的《复印报刊资料》。它们主要转载中国人文社会科学领域的重要研究成果，反映各学科领域学术动态和学术走向。对这些文摘刊物中期刊论文全文转载数量的统计，可以从一个角度反映各期刊对学科热点的跟踪，对学术走向的关注程度，同时也反映出各期刊论文的学术质量和学术水平。

17.6.1 《新华文摘》全文转载分析

《新华文摘》是一种大型的综合性学术文摘，内容涉及政治、哲学、经济、历史、文学艺术、法学、社会学、教育学等多种人文社会科学学科，具有很高的学术性和权威性。表 17-19 给出了 2004—2006 年教育学期刊被《新华文摘》全文转载的统计数据，其中年度数据平均后得到三年平均值，再经过归一化计算得到每一种期刊这一指标的归一化值。表 17-19 按三年平均转载次数从大到小排序（三年间均未被转载的期刊不列入表中）。

表 17-19　　　　2004—2006 年教育学期刊被《新华文摘》全文转载统计

排序	期刊名称	2004 年（篇）	2005 年（篇）	2006 年（篇）	三年平均（篇）	归一化值
1	教育研究	8	2	14	8.00	1
2	高等教育研究	5	5	9	6.33	0.79
3	中国高等教育	1	7	7	5.00	0.63
4	人民教育	1	3	6	3.33	0.42
5	中国大学教学	1	4	4	3.00	0.38
5	教育科学研究	3	2	4	3.00	0.38
7	北京大学教育评论	0	4	4	2.67	0.33
8	国家教育行政学院学报	0	0	7	2.33	0.29
8	清华大学教育研究	2	0	5	2.33	0.29

续表

排序	期刊名称	2004年（篇）	2005年（篇）	2006年（篇）	三年平均（篇）	归一化值
10	课程·教材·教法	1	1	4	2.00	0.25
11	教育发展研究	0	2	3	1.67	0.21
12	高等工程教育研究	0	3	1	1.33	0.17
12	河北师范大学学报（教科版）	0	0	4	1.33	0.17
12	当代教育论坛	1	1	2	1.33	0.17
12	大学教育科学	0	0	4	1.33	0.17
16	华东师范大学学报（教科版）	2	0	1	1.00	0.13
16	教师教育研究	0	3	0	1.00	0.13
16	现代大学教育	1	1	1	1.00	0.13
16	教育学报	0	1	2	1.00	0.13
20	现代教育科学（高教研究）	1	0	1	0.67	0.08
20	比较教育研究	0	1	1	0.67	0.08
20	全球教育展望	1	0	1	0.67	0.08
20	教育理论与实践	0	0	2	0.67	0.08
20	中国高教研究	0	0	2	0.67	0.08
20	教育与经济	0	1	1	0.67	0.08
20	开放教育研究	0	1	1	0.67	0.08
20	复旦教育论坛	2	0	0	0.67	0.08
20	教育与职业	1	0	1	0.67	0.08
20	中国成人教育	2	0	0	0.67	0.08
20	思想理论教育导刊	0	1	1	0.67	0.08
20	湖南师范大学教育科学学报	0	0	2	0.67	0.08
32	外国教育研究	0	0	1	0.33	0.04
32	中国教育学刊	0	1	0	0.33	0.04
32	教育研究与实验	0	0	1	0.33	0.04
32	教育探索	0	0	1	0.33	0.04
32	当代教育科学	1	0	0	0.33	0.04
32	上海教育科研	0	1	0	0.33	0.04
32	高教探索	0	0	1	0.33	0.04
32	教学与管理	0	1	0	0.33	0.04

续表

排序	期刊名称	2004年（篇）	2005年（篇）	2006年（篇）	三年平均（篇）	归一化值
32	职业技术教育	0	0	1	0.33	0.04
32	现代远距离教育	0	0	1	0.33	0.04
32	基础教育参考	0	1	0	0.33	0.04
32	中国大学生就业	0	0	1	0.33	0.04
32	高教发展与评估	0	0	1	0.33	0.04
32	内蒙古师范大学学报（教科版）	0	0	1	0.33	0.04
32	中国教师	0	0	1	0.33	0.04
32	成人教育	0	0	1	0.33	0.04
32	基础教育	1	0	0	0.33	0.04

由表17-19可以看出，2004—2006年三年间曾被《新华文摘》转载的教育学期刊有48种。前3位的《教育研究》、《高等教育研究》、《中国高等教育》被《新华文摘》全文转载的次数较多，年均转载量超过5篇；年均被转载1篇以上的期刊有19种。

从年度变化上来看，2004—2006年教育学期刊被《新华文摘》转载量逐年上升：2004年为35篇，2005年为47篇，2006年为106篇，2006年较之2005年增长率更大，超过100%。这一方面说明《新华文摘》本身对于教育学论文的日趋重视，同时也表明教育学期刊所刊载的论文与国家、学界关注的问题越来越紧密，对于教育学最新学术动态把握较为准确。前10名的期刊呈现出增长的势头，尤以排序前3名的《教育研究》、《高等教育研究》、《中国高等教育》的增长最为明显。由于排名较后的教育学期刊转载量较小，故看似三年间变化趋势不明显，但有14种期刊在2006年有了转载量零的突破。

17.6.2 《中国社会科学文摘》全文转载分析

《中国社会科学文摘》是择优推介人文社会科学重要研究成果的文摘。该文摘以转载社科类的精品论文为主，所以总体转载数量比较少。表17-20给出了2004—2006年教育学期刊被《中国社会科学文摘》全文转载的统计数据，其中年度数据平均后得到三年平均值，再经过归一化计算得到这一指标的归一化值。表17-20按三年平均转载次数从大到小排序。

表17-20　2004—2006年教育学期刊被《中国社会科学文摘》全文转载统计

排序	期刊名称	2004年（篇）	2005年（篇）	2006年（篇）	三年平均（篇）	归一化值
1	北京大学教育评论	2	3	7	4.00	1
1	教育研究	4	5	3	4.00	1
3	比较教育研究	1	0	0	0.33	0.08
3	当代教育科学	1	0	0	0.33	0.08
3	当代教育论坛	1	0	0	0.33	0.08
3	清华大学教育研究	0	0	1	0.33	0.08
3	思想理论教育导刊	0	0	1	0.33	0.08
3	外国教育研究	1	0	0	0.33	0.08
3	中国大学教学	0	1	0	0.33	0.08

从表17-20可知，教育学期刊被《中国社会科学文摘》转载量较之《新华文摘》转载量产生较大幅度的减少，2004—2006年只有9种教育学期刊的论文曾被转载过，其余各刊各年转载次数均为0。且在这9种刊中，也只有《北京大学教育评论》、《教育研究》有相对较高的转载篇数，其余7种每年的转载篇次均为1或0。从三年间的转载量变化来看，除《北京大学教育评论》三年间的转载量逐年递增外，其余各刊均没有稳定的增长趋势。存在这些现象的原因与《中国社会科学文摘》主要转载社科类论文有关。

17.6.3 《复印报刊资料》全文转载分析

《复印报刊资料》是国内较具权威的社会科学、人文科学专题文献资料库，其转载的内容涉及100多个专题，是目前国内规模最大、影响最广的复印资料库。[①]《复印报刊资料》收集的范围和期刊论文数量较前两种文摘广泛得多。因此，各期刊被《复印报刊资料》转载的可能性较前两种文摘更大，被转载的次数也更多。表17-21给出了2004—2006年教育学期刊被《复印报刊资料》全文转载的统计数据。表中内容包括：各年度的转载篇数、三年平均转载篇数和该指标的归一化值。表17-21按三年平均转载次数从大到小排序。

---

① 牛芳、张颖："《档案学研究》被二次文献利用状况分析（1998—2002）"，《档案学研究》2004年第3期，第33页。

表 17-21　　2004—2006 年教育学期刊被《复印报刊资料》全文转载统计

排序	期刊名称	2004年（篇）	2005年（篇）	2006年（篇）	三年平均（篇）	归一化值
1	课程·教材·教法	77	66	62	68.33	1
2	教育研究	64	65	49	59.33	0.8683
3	教育发展研究	54	64	59	59.00	0.8635
4	当代教育科学	53	64	47	54.67	0.8000
5	教学与管理	47	53	48	49.33	0.7220
6	当代教育论坛	43	39	47	43.00	0.6293
7	比较教育研究	37	44	33	38.00	0.5561
8	中国教育学刊	32	39	40	37.00	0.5415
9	教育理论与实践	41	34	33	36.00	0.5269
10	现代中小学教育	28	39	39	35.33	0.5171
11	思想理论教育导刊	31	36	37	34.67	0.5073
12	全球教育展望	27	32	36	31.67	0.4634
13	上海教育科研	27	37	29	31.00	0.4537
14	教育科学研究	32	27	33	30.67	0.4488
15	北京大学教育评论	28	33	27	29.33	0.4293
15	人民教育	26	40	22	29.33	0.4293
17	外国教育研究	34	29	24	29.00	0.4244
18	教育导刊	22	39	22	27.67	0.4049
19	中小学管理	27	27	25	26.33	0.3854
20	清华大学教育研究	23	24	28	25.00	0.3659
21	教育研究与实验	19	20	33	24.00	0.3512
22	高等教育研究	27	26	15	22.67	0.3317
23	内蒙古师范大学学报（教科版）	9	21	30	20.00	0.2927
24	教育科学	17	17	23	19.00	0.2781
25	复旦教育论坛	22	22	11	18.33	0.2683
26	成人教育	20	14	18	17.33	0.2537
27	湖南教育	14	26	10	16.67	0.2439
28	江西教育科研	14	19	16	16.33	0.2390
29	现代大学教育	14	15	19	16.00	0.2342
29	中国教师	6	25	17	16.00	0.2342

续表

排序	期刊名称	2004年（篇）	2005年（篇）	2006年（篇）	三年平均（篇）	归一化值
29	福建教育学院学报	16	13	19	16.00	0.2342
32	江苏高教	20	18	8	15.33	0.2244
32	教育探索	13	23	10	15.33	0.2244
34	中国远程教育	17	13	15	15.00	0.2195
35	华东师范大学学报（教科版）	14	14	14	14.00	0.2049
36	教育与经济	21	9	11	13.67	0.2000
37	河北师范大学学报（教科版）	15	11	14	13.33	0.1951
37	湖南师范大学教育科学学报	20	7	13	13.33	0.1951
39	开放教育研究	11	14	14	13.00	0.1903
40	中国成人教育	11	10	17	12.67	0.1854
40	职教论坛	13	8	17	12.67	0.1854
40	思想教育研究	13	8	17	12.67	0.1854
43	教育评论	18	8	11	12.33	0.1805
44	中国电化教育	7	15	13	11.67	0.1707
44	教育学报	0	16	19	11.67	0.1707
46	基础教育参考	8	17	9	11.33	0.1659
46	继续教育研究	12	10	12	11.33	0.1659
48	高教探索	7	14	11	10.67	0.1561
48	外国中小学教育	0	18	14	10.67	0.1561
50	职业技术教育	0	16	15	10.33	0.1512
51	教师教育研究	11	9	10	10.00	0.1463
51	黑龙江高教研究	13	8	9	10.00	0.1463
51	宁波大学学报（教科版）	11	13	6	10.00	0.1463
51	中国职业技术教育	9	10	11	10.00	0.1463
51	基础教育研究	11	13	6	10.00	0.1463
56	中国高等教育	9	10	9	9.33	0.1366
57	教育与职业	10	8	9	9.00	0.1317
57	基础教育	9	15	3	9.00	0.1317
59	中国高教研究	10	8	8	8.67	0.1268
60	继续教育	7	9	9	8.33	0.1220

续表

排序	期刊名称	2004年（篇）	2005年（篇）	2006年（篇）	三年平均（篇）	归一化值
61	大学教育科学	2	6	15	7.67	0.1122
62	辽宁教育研究	5	4	13	7.33	0.1073
62	四川教育学院学报	10	6	6	7.33	0.1073
64	天津市教科院学报	3	8	10	7.00	0.1024
64	云南教育	5	13	3	7.00	0.1024
66	煤炭高等教育	9	6	5	6.67	0.0976
67	高等工程教育研究	4	6	7	5.67	0.0829
67	理工高教研究	7	6	4	5.67	0.0829
67	世界教育信息	0	10	7	5.67	0.0829
70	中小学教师培训	0	0	15	5.00	0.0732
70	远程教育杂志	5	8	2	5.00	0.0732
70	信息技术教育	6	5	4	5.00	0.0732
73	电化教育研究	3	8	3	4.67	0.0683
73	安徽教育学院学报	6	4	4	4.67	0.0683
75	中国大学教学	6	1	5	4.00	0.0585
76	现代远距离教育	5	2	3	3.33	0.0488
77	沈阳教育学院学报	0	4	5	3.00	0.0439
78	现代教育技术	4	2	1	2.33	0.0341
79	高教发展与评估	0	2	4	2.00	0.0293
79	教育与现代化	3	1	2	2.00	0.0293

从表17-21可以明显看出，教育学期刊被《复印报刊资料》的转载次数远高于《新华文摘》和《中国社会科学文摘》，至少有80种以上的期刊在三年间被《复印报刊资料》转载过。排名前4位的期刊年均被转载都超过了50篇，其后的19名期刊年均被转载均超过20篇，与前两种二次文献情况不同的是，即使是排名靠后的教育学期刊中，也有相对较高的平均转载篇数。

分析期刊被转载的情况可以发现，《复印报刊资料》中对教育学有多个专题期刊，所以，可以看出教育学各个专业领域都有转载较多的期刊，如《现代中小学教育》在本指标中排在第10位，而由于来源期刊中没有收录中小学教育方面的期刊，使这类期刊的被引指标排名很后，很难被收录进入CSSCI，实际上对许多小学科的发展无形中形成了一个障碍，同样的情况许多小学科期刊都面临这个问题。因此，《复印报刊资料》作为评价指标对 CSSCI 单纯从被引角度选择来源期刊是一个补充。

17.6.4 二次文献转载综合分析

重要的二次文献转载指标是期刊评价的重要指标之一。我们按照期刊论文被这三种二次文献转载的难易程度进行权重分配，其占比例分别为：《新华文摘》（45%）、《中国社会科学文摘》（35%）、《复印报刊资料》（20%）。表 17-22 给出了 2004—2006 年教育学期刊二次文献转载各指标的归一化值和综合值。表 17-22 按二次文献转载综合值从大到小排序。

表 17-22 2004—2006 年教育学期刊二次文献转载综合值

排序	期刊名称	新华文摘归一化值	中国社科文摘归一化值	复印报刊资料归一化值	综合值
1	教育研究	1	1	0.87	0.9740
2	北京大学教育评论	0.33	1	0.43	0.5845
3	高等教育研究	0.79	0	0.33	0.4215
4	中国大学教学	0.38	0.08	0.63	0.3250
5	国家教育行政学院学报	0.29	0.08	0.80	0.3185
6	课程·教材·教法	0.25	0	1	0.3125
7	中国高等教育	0.63	0	0.14	0.3115
8	人民教育	0.42	0	0.43	0.2750
9	教育发展研究	0.21	0	0.86	0.2665
10	教育科学研究	0.38	0	0.45	0.2610
11	清华大学教育研究	0.29	0	0.26	0.1825
12	当代教育论坛	0.17	0.08	0.37	0.1785
13	比较教育研究	0.08	0	0.56	0.1760
14	思想理论教育导刊	0.08	0.08	0.51	0.1660
15	教学与管理	0.04	0	0.72	0.1620
16	教育理论与实践	0.08	0	0.53	0.1420
17	外国教育研究	0.04	0.08	0.42	0.1300
18	全球教育展望	0.08	0	0.46	0.1280
19	中国教育学刊	0.04	0	0.54	0.1260
20	河北师范大学学报（教科版）	0.17	0	0.20	0.1165
21	教育与经济	0.08	0	0.40	0.1160
22	湖南师范大学教育科学学报	0.08	0	0.39	0.1140

第17章 教育学

续表

排序	期刊名称	新华文摘归一化值	中国社科文摘归一化值	复印报刊资料归一化值	综合值
23	上海教育科研	0.04	0	0.45	0.1080
24	现代大学教育	0.13	0	0.23	0.1045
25	现代中小学教育	0	0	0.52	0.1040
26	大学教育科学	0.17	0	0.11	0.0985
26	华东师范大学学报（教科版）	0.13	0	0.20	0.0985
28	高等工程教育研究	0.17	0	0.08	0.0925
28	教育学报	0.13	0	0.17	0.0925
30	复旦教育论坛	0.08	0	0.27	0.0900
31	教师教育研究	0.13	0	0.15	0.0885
32	教育研究与实验	0.04	0	0.35	0.0880
33	现代教育科学（高教研究）	0.08	0	0.25	0.0860
34	开放教育研究	0.08	0	0.20	0.0760
35	中国成人教育	0.08	0	0.19	0.0740
36	中国教师	0.04	0	0.23	0.0640
37	教育与职业	0.08	0	0.13	0.0620
37	教育探索	0.04	0	0.22	0.0620
37	中国高教研究	0.08	0	0.13	0.0620
40	当代教育科学	0.04	0.08	0.06	0.0580
40	内蒙古师范大学学报（教科版）	0.04	0	0.20	0.0580
40	中小学管理	0	0	0.29	0.0580
43	成人教育	0.04	0	0.19	0.0560
43	教育科学	0	0	0.28	0.0560
45	基础教育参考	0.04	0	0.17	0.0520
46	高教探索	0.04	0	0.16	0.0500
47	职业技术教育	0.04	0	0.15	0.0480
47	湖南教育	0	0	0.24	0.0480
47	江西教育科研	0	0	0.24	0.0480
50	福建教育学院学报	0	0	0.23	0.0460
51	基础教育	0.04	0	0.13	0.0440
51	江苏高教	0	0	0.22	0.0440

续表

排序	期刊名称	新华文摘归一化值	中国社科文摘归一化值	复印报刊资料归一化值	综合值
51	中国远程教育	0	0	0.22	0.0440
54	思想教育研究	0	0	0.19	0.0380
54	职教论坛	0	0	0.19	0.0380
56	教育评论	0	0	0.18	0.0360
57	中国电化教育	0	0	0.17	0.0340
57	继续教育研究	0	0	0.17	0.0340
59	外国中小学教育	0	0	0.16	0.0320
60	教育导刊	0	0	0.15	0.0300
60	黑龙江高教研究	0	0	0.15	0.0300
60	基础教育研究	0	0	0.15	0.0300
60	宁波大学学报（教科版）	0	0	0.15	0.0300
60	中国职业技术教育	0	0	0.15	0.0300
65	现代远距离教育	0.04	0	0.05	0.0280
66	高教发展与评估	0.04	0	0.03	0.0240
66	继续教育	0	0	0.12	0.0240
66	学位与研究生教育	0	0	0.12	0.0240
69	辽宁教育研究	0	0	0.11	0.0220
69	四川教育学院学报	0	0	0.11	0.0220
71	天津市教科院学报	0	0	0.10	0.0200
71	云南教育	0	0	0.10	0.0200
71	煤炭高等教育	0	0	0.10	0.0200
74	中国大学生就业	0.04	0	0	0.0180
75	理工高教研究	0	0	0.08	0.0160
75	世界教育信息	0	0	0.08	0.0160
75	现代远程教育研究	0	0	0.08	0.0160
78	信息技术教育	0	0	0.07	0.0140
78	远程教育杂志	0	0	0.07	0.0140
78	中小学教师培训	0	0	0.07	0.0140

从表 17-22 可以看出，《教育研究》以二次文献转载两项第 1、一项第 2 的优

势，稳居排名的首位，其二次文献转载综合值比第 2 名高出 0.4 左右。综合值在 0.1 以上的教育学期刊有 25 种。余下至 80 名的教育学期刊被三种二次文献转载量均较低，得到小于 0.1 的综合值。由之前的分析可知，教育学期刊被《复印报刊资料》转载最多，《新华文摘》次之，《中国社会科学文摘》最少。

综合二次文献的转载量指标：《教育研究》当之无愧地占据第一层次，综合指标值为 0.9740；第二层次的综合值设定为 0.7—0.1 之间，即《北京大学教育评论》等 24 种期刊归入第二层次；综合值位于 0.1—0.05 之间的 21 种期刊为第三层次；余下的教育学期刊可归入第四层次。

17.7 教育学期刊 Web 即年下载率分析

Web 即年下载率是指期刊在某一期刊全文数据库中当年出版并上网的论文在当年被全文下载的次数与该期刊当年出版并上网论文总数之比。该指标从当年论文全文下载利用的角度反映学者和相关人员通过数据库对期刊的关注、利用情况。我们采用的 Web 即年下载率的数据来源于《中国学术期刊综合引证报告（2005—2007 版）》。表 17-23 给出了 2004—2006 年教育学期刊 Web 即年下载率数据、三年平均值和归一化值。表 17-23 按三年平均值从大到小排序。

表 17-23   2004—2006 年教育学期刊 Web 即年下载率

排序	期刊名称	2004 年	2005 年	2006 年	三年平均	归一化值
1	高等教育研究	60.3	66.7	121.8	82.93	1
2	电化教育研究	56.6	54.8	118.5	76.63	0.9240
3	北京大学教育评论	72.2	57.9	79.2	69.77	0.8412
4	清华大学教育研究	44.9	50.1	103.5	66.17	0.7978
5	中国大学教学	50.6	72.9	57.5	60.33	0.7275
6	中国高等教育	56.1	43.9	77.8	59.27	0.7146
7	教师教育研究	41.8	39.9	89.7	57.13	0.6889
8	教育理论与实践	38.4	38.0	85.4	53.93	0.6503
9	高等工程教育研究	37.1	38.1	81.7	52.30	0.6306
10	江苏高教	42.5	39.1	74.3	51.97	0.6266
11	外国教育研究	44.2	37.4	72.5	51.37	0.6194
12	中国高教研究	34.9	37.5	81.4	51.25	0.6180
13	比较教育研究	32.8	40.7	76.8	50.10	0.6041
14	教育发展研究	56.0	48.6	45.5	50.03	0.6033

续表

排序	期刊名称	2004 年	2005 年	2006 年	三年平均	归一化值
15	教育与经济	30.9	31.7	86.4	49.67	0.5989
16	思想理论教育导刊	34.0	35.7	78.8	49.50	0.5969
17	教育学报	—	24.9	69.9	47.40	0.5715
18	课程·教材·教法	33.8	36.6	69.3	46.57	0.5615
19	教育研究与实验	—	29.8	62.8	46.30	0.5583
20	中国电化教育	57.1	47.4	33.5	46.00	0.5547
21	中国教育学刊	30.2	33.3	74.4	45.97	0.5543
22	教育科学	29.9	30.9	72.3	44.37	0.5350
23	思想教育研究	31.6	49.3	52.1	44.33	0.5346
24	高教探索	17.0	35.5	77.6	43.37	0.5229
25	黑龙江高教研究	26.3	33.1	64.3	41.23	0.4972
26	教育探索	23.1	29.6	70.3	41.00	0.4944
27	华东师范大学学报（教科版）	16.7	33.8	72.3	40.93	0.4936
28	现代大学教育	39.7	27.7	53.5	40.30	0.4859
29	辽宁教育研究	28.9	27.2	56.0	37.37	0.4506
30	外国中小学教育	—	25.8	46.6	36.20	0.4365
31	现代教育技术	36.6	22.0	49.9	36.17	0.4361
32	国家教育行政学院学报	30.2	26.7	47.3	34.73	0.4188
33	中国成人教育	28.9	26.6	47.4	34.30	0.4136
34	学前教育研究	20.8	26.6	55.1	34.17	0.4120
35	现代教育科学（高教研究）	22.7	23.5	56.1	34.10	0.4112
36	复旦教育论坛	19.8	29.3	51.4	33.50	0.4039
37	高教发展与评估	16.7	36.0	46.9	33.20	0.4003
38	中国远程教育	17.2	25.4	56.8	33.13	0.3995
39	当代教育科学	23.9	31.4	40.8	32.03	0.3863
40	江西教育科研	27.9	29.6	37.9	31.80	0.3834
41	教育评论	24.0	22.9	47.8	31.57	0.3806
42	教育科学研究	23.0	26.7	43.9	31.20	0.3762
43	高等理科教育	21.2	21.1	51.2	31.17	0.3758
44	大学教育科学	21.7	23.1	45.7	30.17	0.3637
45	教育与现代化	18.3	27.0	43.5	29.61	0.3570

第17章 教育学

续表

排序	期刊名称	2004年	2005年	2006年	三年平均	归一化值
46	当代教育论坛	29.8	28.9	30.1	29.60	0.3569
47	开放教育研究	24.3	16.6	47.1	29.33	0.3537
48	高等农业教育	23.6	20.6	43.3	29.17	0.3517
49	新教育	—	28.6	29.6	29.10	0.3509
50	现代远距离教育	11.1	18.0	58.0	29.03	0.3501
51	理工高教研究	19.9	20.6	44.9	28.47	0.3432
52	现代中小学教育	37.8	14.0	33.1	28.30	0.3412
53	教育与职业	14.5	32.0	36.2	27.57	0.3324
54	煤炭高等教育	21.2	20.2	40.9	27.43	0.3308
55	河北师范大学学报（教科版）	22.7	18.2	35.4	25.43	0.3067
56	中国特殊教育	5.7	15.3	55.1	25.37	0.3059
57	中小学信息技术教育	—	16.1	34.6	25.35	0.3057
58	天津市教科院学报	25.7	20.5	29.0	25.07	0.3023
59	中小学教师培训	20.5	23.6	30.0	24.70	0.2978
60	湖南师范大学教育科学学报	10.4	24.2	39.4	24.67	0.2974
61	中小学管理	21.3	26.0	26.6	24.63	0.2970
62	安徽教育学院学报	20.1	18.6	34.9	24.53	0.2958
63	人民教育	21.9	22.5	29.1	24.50	0.2954
64	内蒙古师范大学学报（教科版）	12.1	18.4	40.8	23.77	0.2866
65	黑龙江教育学院学报	9.3	14.2	47.3	23.60	0.2846
66	辽宁教育行政学院学报	19.2	22.2	29.2	23.53	0.2838
67	中国研究生	21.1	—	24.3	22.70	0.2737
68	四川教育学院学报	15.8	17.8	34.3	22.63	0.2729
69	教学与管理	19.8	25.1	22.7	22.53	0.2717
70	高教论坛	15.9	17.5	33.7	22.37	0.2697
71	中国教师	—	18.3	26.2	22.25	0.2683
72	远程教育杂志	18.7	13.6	33.8	22.03	0.2657
73	教育导刊	17.8	19.3	27.8	21.63	0.2609
74	现代远程教育研究	14.8	16.6	32.9	21.43	0.2584
75	中国职业技术教育	18.8	20.8	24.0	21.20	0.2556
76	宁波大学学报（教科版）	9.7	16.8	34.4	20.30	0.2448

续表

排序	期刊名称	2004年	2005年	2006年	三年平均	归一化值
77	中国大学生就业	—	13.2	27.2	20.20	0.2436
78	继续教育研究	13.1	15.1	30.1	19.43	0.2343
79	基础教育研究	25.0	12.7	18.9	18.87	0.2275
80	徐州教育学院学报	17.2	10.2	29.1	18.83	0.2271

注：上表中"—"表示当年该刊的数据为空，不列入平均值的计算。

由表 17-23 可以看出：《高等教育研究》被下载的文献最多，三年平均下载率为 82.93 次，名列第 1。教育学各期刊之间的三年平均 Web 下载率没有较大的断档，由最高的 82.93 一路缓慢下降至最后 1 位的《徐州教育学院学报》的 18.83。三年平均 Web 下载率 50 次以上的期刊有 14 种；50 次至 30 次之间的有 30 种；30 次至 20 次之间的有 33 种。

从 2004—2006 年教育学 Web 下载率年度变化来看，年平均下载率在逐年上升，尤其是 2006 年增加了 80.7%。除少数期刊外，几乎所有教育学期刊的 Web 即年下载率都呈现上升的趋势，即使少数期刊下降也只是小幅度的数值减少。从增长的数量看，《电化教育研究》、《高等教育研究》、《高教探索》增加最多，分别增加了 61.9、61.5 和 60.6。增加 30 次以上的就有 29 种，只有 4 种数量出现了减少。从增长幅度来看，《中国特殊教育》幅度最大，提高了将近 9 倍，有 41 种期刊提高了 1 倍。这说明读者通过网络途径获取教育学论文的数量逐年增多，同时也表明教育学期刊也在不断提高刊载论文的学术质量。

17.8 教育学期刊评价指标综合分析

上文所述的每一个评价指标均从不同的角度反映了期刊的学术影响力和学术质量，如果要分析期刊的整体学术影响力，就需要将这些指标综合起来考察。可以认为，用一两个指标来选择引文索引的来源期刊或评定核心期刊，易造成偏差。特别是目前学界的一些急功近利和浮躁的学风，使期刊杂志社不是着眼于期刊的全面质量，而是想方设法追逐某一两个指标，使期刊出现了畸形发展。因此，只有采取全面、多指标考察期刊学术质量和学术影响力，才能保证和引导期刊沿着健康的轨道发展。

如何用众多指标综合考察每一种期刊？本书第 1 章已经为我们构建了人文社会科学期刊的评价体系，该体系共涉及 20 个左右的指标，针对教育学期刊，我们从可获取性和有效性考虑，共选取了 7 大类 18 个指标构成了教育学期刊的评价体系。7 大类指标参见表 17-24，18 个下级指标参见本章上述对指标的讨论。然而问题是如何合理地对这些指标进行权重的分配。纵观影响因子、被引次数、被引速率、被引广度、学术规范、Web 即年下载率、二次文献转载量 7 项指标，考虑到影响因子在期刊评价中举足轻重的地位，本体系赋予了最高的权重（30%）；其次期刊学术规范量化指标和 Web 即年下载率指标，前者从期刊的主观角度反映了期刊的学术规范、学术质量和学术含量，后者则从读者阅读的角度反映了期刊的社会应用效应和潜在的学术促进力，因此，给这两个指标分配了 15% 的权重；其他 4 个指标均赋予了 10% 的权重。

表 17-24 列出了 2004—2006 年教育学期刊 7 大指标归一化值和综合值，并通过对这些已有数值的运算得到了教育学 80 种期刊的学术评价综合值。表 17-24 中的顺序按期刊综合值从大到小排序。

表 17-24　　　　　　　　　　教育学期刊综合值运算表

排序	期刊名称	期刊学术规范 ×0.15	被引次数 ×0.1	被引速率 ×0.1	影响因子 ×0.3	被引广度 ×0.1	二次文献转载 ×0.1	Web 下载 ×0.15	综合值 Σ
1	教育研究	0.6655	1	0.8499	0.8082	1	0.9740	—	0.8522
2	北京大学教育评论	0.6151	0.1535	0.9561	1	0.2854	0.5845	0.8412	0.7164
3	高等教育研究	0.6056	0.6131	0.6178	0.7631	0.7533	0.4215	1	0.7103
4	电化教育研究	0.6371	0.4535	0.5390	0.4078	0.3142	0.0137	0.9240	0.4885
5	比较教育研究	0.6645	0.4286	0.2781	0.4523	0.5896	0.1760	0.6041	0.4732
6	华东师范大学学报（教科版）	0.8682	0.1833	0.3610	0.5300	0.4015	0.0985	0.4936	0.4677
7	清华大学教育研究	0.5783	0.2275	0.4089	0.3491	0.4303	0.1825	0.7978	0.4361
8	教师教育研究	0.7074	0.1817	0.4185	0.3680	0.3308	0.0885	0.6889	0.4218
9	教育发展研究	0.6005	0.4381	0.2463	0.2325	0.6692	0.2665	0.6033	0.4123
10	教育理论与实践	0.5737	0.2963	0.2183	0.3593	0.5055	0.1420	0.6503	0.4076
11	教育与经济	0.6312	0.1471	0.3650	0.4162	0.2887	0.1160	0.5989	0.4011
12	中国电化教育	0.5926	0.4572	0.3629	0.3053	0.2976	0.0340	0.5547	0.3789
13	课程·教材·教法	0.6095	0.2588	0.3032	0.2500	0.4060	0.3125	0.5615	0.3787
14	中国高等教育	0.5106	0.3589	0.2000	0.1563	0.5686	0.3115	0.7146	0.3746
15	外国教育研究	0.6607	0.1992	0.2071	0.2891	0.3739	0.1300	0.6194	0.3698

续表

排序	期刊名称	期刊学术规范 ×0.15	被引次数 ×0.1	被引速率 ×0.1	影响因子 ×0.3	被引广度 ×0.1	二次文献转载 ×0.1	Web下载 ×0.15	综合值 Σ
16	中国特殊教育	0.7269	0.2268	0.3979	0.4116	0.1195	0.0015	0.3059	0.3530
17	全球教育展望	0.6302	0.3238	0.2948	0.2475	0.4779	0.1280	—	0.3354
18	教育研究与实验	0.5426	0.1165	0.3328	0.2661	0.2566	0.0880	0.5583	0.3244
19	教育科学	0.6377	0.1181	0.1935	0.2417	0.2633	0.0556	0.5350	0.3115
20	开放教育研究	0.6259	0.1285	0.4436	0.2392	0.1659	0.0760	0.3537	0.3001
21	学位与研究生教育	0.5314	0.2318	0.2922	0.2840	0.2799	0.0240	—	0.2915
22	中国教育学刊	0.5504	0.1638	0.1525	0.1593	0.3352	0.1260	0.5543	0.2912
23	中国高教研究	0.5360	0.2332	0.1339	0.1137	0.3960	0.0620	0.6180	0.2897
24	中国大学教学	0.4778	0.1019	0.1460	0.0978	0.2135	0.3250	0.7275	0.2888
25	中国远程教育	0.4545	0.3599	0.3127	0.2141	0.2257	0.0440	0.3995	0.2866
26	江苏高教	0.5091	0.1901	0.1208	0.1515	0.3440	0.0449	0.6266	0.2858
27	现代教育技术	0.5633	0.0918	0.2094	0.2882	0.1316	0.0068	0.4361	0.2803
28	现代大学教育	0.6267	0.1251	0.1450	0.1619	0.2445	0.1045	0.4859	0.2774
29	高等工程教育研究	0.5906	0.1032	0.1627	0.1181	0.1869	0.0925	0.6306	0.2731
30	教育学报	0.6371	0.0832	0.2860	0.0610	0.1117	0.0925	0.5715	0.2569
31	高教探索	0.5568	0.0809	0.0972	0.1667	0.1869	0.0500	0.5229	0.2535
32	复旦教育论坛	0.5265	0.0674	0.2440	0.1863	0.1405	0.0900	0.4039	0.2496
33	教育探索	0.6183	0.0998	0.0415	0.0419	0.2279	0.0620	0.4944	0.2226
34	黑龙江高教研究	0.6149	0.0982	0.0431	0.0518	0.2168	0.0300	0.4972	0.2212
35	国家教育行政学院学报	0.4924	0.0440	0.0874	0.0903	0.1040	0.3185	0.4188	0.2192
36	教育科学研究	0.5527	0.0754	0.0985	0.0611	0.1715	0.2610	0.3762	0.2183
37	思想理论教育导刊	0.5012	0.0497	0.0906	0.0299	0.1184	0.1660	0.5969	0.2162
38	河北师范大学学报(教科版)	0.6468	0.0520	0.0614	0.0953	0.1117	0.1165	0.3067	0.2058
39	高等理科教育	0.7381	0.0471	0.0522	0.0545	0.0808	0.0020	0.3758	0.2016

续表

排序	期刊名称	期刊学术规范 ×0.15	被引次数 ×0.1	被引速率 ×0.1	影响因子 ×0.3	被引广度 ×0.1	二次文献转载 ×0.1	Web下载 ×0.15	综合值 Σ
40	外国中小学教育	0.5784	0.0430	0.0863	0.0657	0.0973	0.0320	0.4365	0.1978
41	辽宁教育研究	0.5436	0.0876	0.0421	0.0411	0.1958	0.0220	0.4506	0.1962
42	大学教育科学	0.5707	0.0381	0.0852	0.0734	0.0863	0.0985	0.3637	0.1930
43	现代远距离教育	0.5987	0.0382	0.0853	0.0917	0.0708	0.0280	0.3501	0.1921
44	人民教育	0.3781	0.1417	0.0803	0.0565	0.2400	0.2750	0.2954	0.1917
45	现代教育科学（高教研究）	0.5122	0.0640	0.0329	0.0549	0.1427	0.0860	0.4112	0.1875
46	湖南师范大学教育科学学报	0.5942	0.0343	0.0737	0.0543	0.0841	0.1140	0.2974	0.1806
47	理工高教研究	0.5942	0.0584	0.0390	0.0443	0.1372	0.0160	0.3432	0.1790
48	当代教育科学	0.4648	0.0933	0.0514	0.0343	0.2046	0.0580	0.3863	0.1787
49	教育与现代化	0.5457	0.0243	0.0872	0.0801	0.0575	0.0059	0.3570	0.1769
50	上海教育科研	0.5360	0.0898	0.0591	0.0467	0.2035	0.1080	0.2251	0.1742
51	教育评论	0.3810	0.1069	0.0450	0.0583	0.2356	0.0360	0.3806	0.1741
52	思想教育研究	0.4664	0.0272	0.0240	0.0201	0.0631	0.0380	0.5346	0.1714
53	高等农业教育	0.5691	0.0503	0.0449	0.0244	0.1184	0.0073	0.3517	0.1675
54	中国成人教育	0.4979	0.0504	0.0130	0.0134	0.1217	0.0740	0.4136	0.1667
55	远程教育杂志	0.5301	0.0305	0.0733	0.0923	0.0642	0.0140	0.2657	0.1653
56	当代教育论坛	0.4866	0.0412	0.0166	0.0132	0.0962	0.1785	0.3569	0.1637
56	现代中小学教育	0.5347	0.0371	0.0237	0.0246	0.0841	0.1040	0.3412	0.1637
58	江西教育科研	0.4710	0.0478	0.0363	0.0347	0.1095	0.0480	0.3834	0.1627
59	教育与职业	0.5339	0.0556	0.0158	0.0125	0.1338	0.0620	0.3324	0.1604
60	学前教育研究	0.5149	0.0327	0.0323	0.0225	0.0774	0.0029	0.4120	0.1603
61	教学与管理	0.4979	0.0712	0.0132	0.0099	0.1571	0.1620	0.2717	0.1588
62	煤炭高等教育	0.5556	0.0394	0.0243	0.0248	0.0907	0.0200	0.3308	0.1578
63	高教发展与评估	0.5111	0.0320	0.0749	0.0144	0.0200	0.0240	0.4003	0.1561
64	内蒙古师范大学学报（教科版）	0.5968	0.0261	0.0241	0.0171	0.0586	0.0580	0.2866	0.1543
65	中小学管理	0.4726	0.0551	0.0484	0.0291	0.1139	0.0580	0.2970	0.1517

续表

排序	期刊名称	期刊学术规范 ×0.15	被引次数 ×0.1	被引速率 ×0.1	影响因子 ×0.3	被引广度 ×0.1	二次文献转载 ×0.1	Web下载 ×0.15	综合值 Σ
66	宁波大学学报（教科版）	0.5200	0.0573	0.0302	0.0470	0.0951	0.0300	0.2448	0.1501
67	现代远程教育研究	0.4991	0.0165	0.0769	0.0554	0.0365	0.0160	0.2584	0.1448
68	安徽教育学院学报	0.5423	0.0194	0.0130	0.0203	0.0597	0.0137	0.2958	0.1424
69	天津市教科院学报	0.4869	0.0296	0.0344	0.0263	0.0708	0.0200	0.3023	0.1418
70	中小学信息技术教育	0.4519	0.0424	0.0672	0.0242	0.0852	0.0132	0.3057	0.1417
71	职业技术教育	0.5581	0.0542	0.0122	0.0167	0.0973	0.0480	0.2101	0.1414
72	中国职业技术教育	0.5273	0.0464	0.0186	0.0107	0.1018	0.0300	0.2556	0.1403
73	中小学教师培训	0.4745	0.0355	0.0419	0.0218	0.0774	0.0140	0.2978	0.1393
74	高教论坛	0.5166	0.0254	0.0229	0.0267	0.0608	0.0015	0.2697	0.1370
75	职教论坛	0.5485	0.0363	0.0114	0.0112	0.0752	0.0380	0.2247	0.1354
76	四川教育学院学报	0.5258	0.0255	0.0083	0.0090	0.0675	0.0220	0.2729	0.1348
77	教育信息化	0.5339	0.0590	0.0559	0.0259	0.1615	0.0044	0.1218	0.1342
78	世界教育信息	0.5216	0.0291	0.0346	0.0168	0.0653	0.0160	0.2267	0.1318
79	继续教育研究	0.5391	0.0163	0.0116	0.0172	0.0398	0.0340	0.2343	0.1313
80	辽宁教育行政学院学报	0.4617	0.0204	0.0032	0.0052	0.0553	0.0059	0.2838	0.1219

注：《教育研究》、《全球教育展望》和《学位与研究生教育》的Web下载的权重0.15记入被引速率。

表17-24给出了本评价体系对教育学80种期刊的综合评价值。通过其数据可以看出：《教育研究》、《北京大学教育评论》和《高等教育研究》分别以综合值0.8522、0.7164和0.7103而遥遥领先于教育学其他期刊；综合值在0.25—0.7之间的期刊有28种；综合值在0.2—0.25之间的有8种期刊，综合值在0.2以下的期刊有41种。此外本学科一些尚未列入表中的期刊由于各项指标数据和综合值更低，这

里不做赘述。

如果我们根据上述测定的区间来评价教育学期刊的学术等级，则学术等级的评价综合值区间为：权威期刊1—0.8，核心期刊0.8—0.18，核心扩展区期刊0.18—0.16，小于0.16或列表中没有的教育学期刊为一般性学术期刊。依据这一原则得到教育学期刊的定量评价结果：

权威期刊：《教育研究》；

核心期刊：《北京大学教育评论》、《高等教育研究》、《电化教育研究》、《比较教育研究》、《华东师范大学学报（教科版）》、《清华大学教育研究》、《教师教育研究》、《教育发展研究》、《教育理论与实践》、《教育与经济》、《中国电化教育》、《课程·教材·教法》、《中国高等教育》、《外国教育研究》、《中国特殊教育》、《全球教育展望》、《教育研究与实验》、《教育科学》、《开放教育研究》、《学位与研究生教育》、《中国教育学刊》、《中国高教研究》、《中国大学教学》、《中国远程教育》、《江苏高教》、《现代教育技术》、《现代大学教育》、《高等工程教育研究》、《教育学报》、《高教探索》、《复旦教育论坛》、《教育探索》、《黑龙江高教研究》、《国家教育行政学院学报》、《教育科学研究》、《思想理论教育导刊》、《河北师范大学学报（教科版）》、《高等理科教育》、《外国中小学教育》、《辽宁教育研究》、《大学教育科学》、《现代远距离教育》、《人民教育》、《现代教育科学（高教研究）》、《湖南师范大学教育科学学报》；

扩展区核心期刊：《理工高教研究》、《当代教育科学》、《教育与现代化》、《上海教育科研》、《教育评论》、《思想教育研究》、《高等农业教育》、《中国成人教育》、《远程教育杂志》、《当代教育论坛》、《现代中小学教育》、《江西教育科研》、《教育与职业》、《学前教育研究》；

其他期刊均为一般性学术期刊。

第 18 章 心理学

根据国家新闻出版总署公布的数据和最新统计，我国心理学期刊有 10 余种。2004—2006 年，CSSCI 收录的心理学来源期刊始终保持在 7 种，他们是《心理学报》、《心理发展与教育》、《中国心理卫生杂志》、《心理学探新》、《心理科学》、《应用心理学》和《心理科学进展》。本章将以这 7 种 CSSCI 来源期刊为基础，同时又选择了其他几种各具办刊特色、各项指标位于较前位置的心理学非来源期刊作为补充，进而组成本章心理学期刊的分析主体。本章将从学术规范量化指标、期刊被引次数、期刊被引速率、期刊影响因子、期刊被引广度、二次文献转载、Web 即年下载率等多个角度，对这 10 余种心理学期刊的学术质量和学术影响力进行分析和比较，并给出排名居前的 11 种心理学期刊学术影响综合指标。我们希望，通过心理学期刊之间指标值的分析与比较，探求提高该学科期刊学术质量的途径。

本章的数据主要来源于：中文社会科学引文索引（CSSCI）的引用数据和其来源期刊的学术规范量化指标数据；万方数据股份公司的非 CSSCI 来源期刊的学术规范量化指标数据；中国学术期刊电子杂志社的 Web 下载数据；以及进行印刷型期刊查阅补充上述来源不能提供的数据。

18.1 心理学期刊学术规范量化指标分析

一般来说，用来评价期刊学术规范的定量指标有：期刊论文的篇均引用文献数、期刊作者地区分布、基金论文占有比例以及论文的作者机构标注比率等。通过对期刊这些数据的考察，我们就可以构建一个基本的期刊学术规范量化评价体系，而这些量化指标则直接的体现出了期刊在该学术领域内的研究深度和影响力大小。

对于心理学学科而言，它是一个具有大量自然科学属性的学科，其期刊也有着自然科学的印记。首先体现在期刊的学术规范上，在我们讨论的学术规范量化指标中，心理学期刊所有指标均处于人文社会科学期刊的前两位[①]，从本节给出的各期刊指标

---

① 邓三鸿、金莹："我国人文社会科学学术刊物的学科对比——基于 CSSCI 的分析"，《东岳论丛》2008 年第 1 期，第 43—50 页。

数据也体现了心理学绝大多期刊的规范性和严谨性。以下各项数据来源于 CSSCI 数据库、万方期刊数据库的统计数据，以及对印刷型期刊的考察。

18.1.1 篇均引用文献数

篇均引用文献数是指期刊中论文的平均引用文献数量，它是反映期刊学术规范、总体研究深度和学术含量的一项指标。引用文献是科学论文的一个重要组成部分，它反映了论文所研究领域的相关成果和前期研究成果，体现了研究的源流，表现了学术传承和发展。因此，篇均引用文献数可以作为我们考察期刊学术规范、研究深度的一项重要依据。

表 18-1 是 2004—2006 年 11 种心理学期刊篇均引用文献数量及三年的平均数，在进行了归一化处理后按从大到小顺序排序。

表 18-1　　　　2004—2006 年心理学期刊篇均引用文献数统计

排序	期刊名称	2004 年（篇数）	2005 年（篇数）	2006 年（篇数）	三年平均（篇数）	归一化值
1	心理科学进展	24.55	27.87	29.14	27.1867	1
2	心理学报	18.70	19.42	23.27	20.4633	0.7527
3	心理发展与教育	12.63	14.16	17.59	14.7933	0.5441
4	心理与行为研究	15.14	14.27	14.17	14.5267	0.5343
5	应用心理学	11.90	13.58	16.31	13.9300	0.5124
6	心理科学	11.24	12.7	13.22	12.3867	0.4556
7	中国临床心理学杂志	10.68	10.4	11.47	10.8500	0.3991
8	中国心理卫生杂志	9.64	9.44	11.22	10.1000	0.3715
9	心理学探新	9.60	9.99	10.66	10.0833	0.3709
10	中国健康心理学杂志	4.65	4.72	5.06	4.8100	0.1769
11	中小学心理健康教育	0	0	0	0	0

通过对表 18-1 的分析可以看出，心理学期刊的篇均引用文献数差距较大，最多的《心理科学进展》三年平均达到篇均引用文献 27 篇以上，《中国健康心理学杂志》则不到 5 篇，排除引文数量为 0 的《中小学心理健康教育》，最高和最低的期刊相差约 4.65 倍。我们对比了表中 2007 年底入选的 7 种 CSSCI 心理学来源期刊，[①]这些期刊

---

① 2008—2009 年 CSSCI 心理学来源期刊，http://www.cssci.com.cn/lyk/xl.htm，2008—6—16。

的篇均引用文献数量明显高于非来源期刊,计算这7种期刊的平均值,其篇均引用文献数的平均值为16.31,其他3个非来源期刊(不包括没有引用文献的《中小学心理健康教育》)的平均值为8.33,差距接近一倍。在篇均引用文献这一指标上,心理学期刊整体表现良好,两极分化不如其他学科严重,说明了无论是CSSCI来源期刊还是非来源期刊,在学术规范上都是较为注重的。

从年度变化来看,2004—2006年表中11种期刊的年平均篇均引文数分别为:11.70篇、12.41篇和13.83篇,整体上呈稳步上升的趋势。同时,各个期刊随着年份的推进,除了《心理与行为研究》期刊出现了一定程度的下降,其他期刊的篇均引用文献量都有不同程度的增加。例如,比较2004年,2006年《心理发展与教育》增加了39.3%,《应用心理学》增长了37.1%,《心理学报》增幅为24.4%,其他期刊也都有10%到20%的增长。这一增长数据反映了心理学期刊学术规范程度在篇均引用文献数这一指标上在不断加强,心理学研究的深度在进一步加深,展现了良好的学科发展趋势。而《心理与行为研究》在这一指标上连续3年出现了下降,应该引起期刊的足够重视。对于没有引用文献的《中小学心理健康教育》则需要加强期刊规范和学术规范。

18.1.2 基金论文比例

基金论文比即该刊所载基金资助论文数量与所刊载的全部论文数量之比。这一指标是从基金资助论文的角度进行分析,反映了期刊追踪当前研究领域热点问题的能力。一般来说,期刊的基金论文比例越高,越可能提供最新研究成果、最新研究动态;对于读者来说,这些期刊对当前的研究越有价值,越有可能受到学者的关注。表18-2给出了2004—2006年11种心理学期刊基金论文比例,经过计算得到三年平均值和归一化值,表格数据按归一化值从大到小排序。

表18-2　　　　　　　2004—2006年心理学期刊基金论文比例

排序	期刊名称	2004年	2005年	2006年	三年平均	归一化值
1	心理学报	0.79	0.77	0.85	0.8033	1
2	心理与行为研究	0.57	0.67	0.71	0.6500	0.8092
3	心理科学进展	0.58	0.67	0.62	0.6233	0.7759
4	心理发展与教育	0.58	0.63	0.65	0.6200	0.7718
5	心理科学	0.47	0.57	0.56	0.5333	0.6639
6	应用心理学	0.55	0.37	0.56	0.4933	0.6141
7	中国临床心理学杂志	0.33	0.43	0.40	0.3867	0.4814
8	中国心理卫生杂志	0.27	0.28	0.53	0.3600	0.4482

续表

排序	期刊名称	2004年	2005年	2006年	三年平均	归一化值
9	心理学探新	0.38	0.25	0.39	0.3400	0.4233
10	中国健康心理学杂志	0.16	0.18	0.11	0.1500	0.1867
11	中小学心理健康教育	0	0	0.29	0.0967	0.1204

根据文献①的统计结果分析，我国心理学期刊在2004—2006年基金论文比例的平均值为49.6%，在整个人文社会科学领域中排名第2。在2006年的数据统计中达到了53.94%，跃居人文社会科学各学科基金论文比的榜首，这一整体上的提升是与各个心理学期刊的努力分不开的。从总体上看，心理学期刊在基金论文比例指标上两年上升了21.3%，但相对2004年，2005年只上升了2.7%，而相对2005年，2006年则上升了18.1%。

纵观所有统计的心理学期刊，2004—2006年在基金论文比上都有不同程度的增长。增长幅度最大的是《中小学心理健康教育》，该刊在2004年和2005年为零，2006年实现了零的突破；其次增长幅度较大的是《中国心理卫生杂志》、《心理与行为研究》、《中国临床心理学杂志》和《心理科学》，他们分别增长了98%、24.6%、22.3%和19.4%，其他杂志的基金论文比虽然也有增长，但增幅多数在10%左右。需要指出的是，《中国健康心理学杂志》2004年的数值就不高，到2006年还出现了28.8%的下降，应引起该期刊的警觉。

对比表18-2中的期刊，CSSCI来源期刊的基金论文比例明显高于非来源期刊。2007年底公布的CSSCI的7种心理学来源期刊分别排在前7位，可见基金论文比例的高低和期刊的学术水平有着很大的正相关性。

18.1.3 论文作者地区分布

一般来说，期刊论文作者地区分布越广，说明期刊在该领域的学术影响面也越广，也就越能较全面的反映该学科领域的全国研究状况。表18-3是2004—2006年11种心理学期刊论文作者地区分布的统计数据，并包含有三年的平均值，经过对平均值归一化处理后，从大到小排序。

在对18—3表中的数据进行分析的时候，我们可以将这11种期刊分为三个方阵进行比较，就能较清晰的看出各个期刊的地区影响力大小。

---

① 邓三鸿、金莹："我国人文社会科学学术刊物的学科对比——基于CSSCI的分析"，《东岳论丛》2008年第1期，第43—50页。

表 18-3　　　　　　　2004—2006 年心理学期刊论文作者地区分布

排序	期刊名称	2004 年（地区数）	2005 年（地区数）	2006 年（地区数）	三年平均（地区数）	归一化值
1	中国心理卫生杂志	31	35	36	34.00	1
2	心理科学	31	31	33	31.67	0.9315
3	中小学心理健康教育	26	27	24	25.67	0.7550
4	中国健康心理学杂志	23	26	25	24.67	0.7256
5	中国临床心理学杂志	26	23	23	24.00	0.7059
6	心理学报	19	24	22	21.67	0.6374
7	心理发展与教育	20	21	23	21.33	0.6274
8	心理学探新	20	21	19	20.00	0.5882
9	心理与行为研究	18	18	20	18.67	0.5491
10	心理科学进展	16	20	19	18.33	0.5391
11	应用心理学	14	14	13	13.67	0.4021

首先，我们将《中国心理卫生杂志》和《心理科学》这两种期刊归为第一方阵：他们具有 30 个地区以上的稿件来源。其次，《中小学心理健康教育》、《中国健康心理学杂志》、《中国临床心理学杂志》、《心理学报》、《心理发展与教育》、《心理学探新》这几种期刊在地区影响力上处于中游水平，平均值在 20—30 之间。从这个方阵中我们不难看出，虽然《中小学心理健康教育》的基金论文比例值在所有统计期刊中是最低的，但是由于该期刊进行的研究是已经比较普及的中小学生心理问题研究，在所有的研究方向中具有最大的研究群体，所以在作者地区分布上具有一定的广度。最后一个方阵是《心理与行为研究》、《理科学进展》和《应用心理学》，这三种期刊的作者地区分布较低，地区数在 20 以下。

纵观各个期刊作者地区分布的三年变化，我们可以发现心理学期刊整体上处于一个比较稳定的状态，各个期刊都保持了相对稳定的水平。《中国心理卫生杂志》、《心理科学》、《心理发展与教育》、《心理与行为研究》等保持了一定的增长，而《中小学心理健康教育》、《中国健康心理学杂志》、《心理学报》、《心理学探新》、《心理科学进展》等几个期刊都围绕着 2005 年的数据发生了一定起伏，但变化不大。通过这些变化，我们可以发现无论是 CSSCI 来源期刊还是非来源期刊，心理学期刊的地区覆盖面都比较稳定，反映了学科整体影响力稳中有升的发展情况。

这里要特别指出，有些期刊的基金论文比例是很高的，但在作者地区覆盖面上却比较低。这是由于这些期刊本身的研究内容和方向的特殊性造成的。例如，《心理科学进展》在基金论文比例的数据中排名第 3，但作者地区分布数仅排名 10。这是由于《心理科学进展》在研究方向上较前沿，只有在一些心理学研究比较成熟的地区才有相应的稿件来源，一些研究比较薄弱的地区则没有稿件来源。《心理与行为研究》则因为研究的内容领域比较独特，所以稿件的来源地区数也受到了一定的影响。为了繁荣整个国家的心理学研究，杂志社可以对口采用一些薄弱地区的稿件，以促进这些地区心理学研究的发展，同时也扩大了期刊的地区影响力。

18.1.4 有作者机构论文比例

作者机构标注比例是衡量期刊规范程度的重要指标之一。一般而言，作者机构是论文的重要组成部分，它不仅方便了读者与作者之间的交流，也为学界了解各机构的研究实力和进行学术交流提供了信息。据中文社会科学引文索引数据库统计，CSSCI 来源期刊作者机构的标注比例由 1998 年的 83.2% 已经上升到 2006 年的 98.69%。心理学期刊 2004—2006 年 CSSCI 收录期刊中的作者机构标注比例是 99.66%，在整个人文社会学科中排名第 2，高于人文社会科学各学科的年算术平均值（94.39%）5.27 个百分点。[①]

表 18-4 给出了 2004—2006 年 11 种心理学期刊的有作者机构标注的论文比例统计数据，经过平均值计算和归一化处理，并根据三年平均值从大到小排序。

表 18-4　　2004—2006 年心理学期刊标注有作者机构的论文比例

排序	期刊名称	2004 年	2005 年	2006 年	三年平均	归一化值
1	心理科学进展	1	1	1	1	1
1	心理发展与教育	1	1	1	1	1
1	应用心理学	1	1	1	1	1
4	心理科学	0.9977	1	1	0.9992	0.9992
5	心理学报	1	1	0.9909	0.9970	0.9970
6	中国心理卫生杂志	0.9941	0.9936	0.9965	0.9947	0.9947
7	中国临床心理学杂志	0.9871	0.9944	0.9959	0.9925	0.9925
8	中小学心理健康教育	0.9921	0.9867	0.9894	0.9894	0.9894
9	中国健康心理学杂志	0.9810	0.9805	0.9803	0.9806	0.9806
10	心理学探新	0.9722	0.9726	0.9880	0.9776	0.9776
11	心理与行为研究	0.9365	0.9688	0.9322	0.9458	0.9458

---

① 邓三鸿、金莹："我国人文社会科学学术刊物的学科对比——基于 CSSCI 的分析"，《东岳论丛》2008 年第 1 期，第 43—50 页。

表18-4中的数据告诉我们，心理学期刊整体上在作者机构标注这一指标上相对于其他人文社会学科而言较为规范，平均值达到了94%以上。连续三年在作者机构标注比例上达到100%的期刊有三种，他们是《心理科学进展》、《心理发展与教育》和《应用心理学》，说明这三种期刊在此项指标上的学术规范程度达到了最高标准。排在4—5名的两种期刊，《心理科学》和《心理学报》分别有两年的作者机构标注比例达到100%，这两种期刊的其他年份标注的比例也非常的高，分别是0.9977和0.9909。排在最后两位的《心理与行为研究》、《心理学探新》，其三年平均值分别为0.9458和0.9776，与排在前面的期刊差距虽然不是很大，但也需要做些努力，消除无作者机构标注的论文。

从三年变化趋势上看，心理学期刊在作者机构标注这一指标上处于相对稳定的状态，个别期刊还略有提升，这说明了心理学期刊的学术规范程度在这一指标上一直保持在一个较高的水平，为心理学领域的学术交流和统计工作创造了良好的环境。

18.1.5 心理学期刊学术规范量化指标综合分析

期刊学术规范量化指标主要由期刊论文的篇均引用文献数、期刊基金论文比例、期刊论文作者地区分布以及期刊标注有作者机构的论文比例这四项分指标构成。它是学术期刊评价的重要标志，可以全面反映该期刊质量及其对所涉及学科的影响。本小节按照第1章的计算比例和公式，将以上四项指标各赋予25%的权值，计算出心理学期刊学术规范量化指标的综合值。表18-5给出了2004—2006年11种心理学期刊学术规范量化指标综合值的排序。

表18-5　　　　2004—2006年心理学期刊学术规范量化指标综合值

排序	期刊名称	篇均引文数归一化值	基金论文比归一化值	地区分布归一化值	有机构论文比归一化值	综合值
1	心理学报	0.7527	1	0.6374	0.9970	0.8468
2	心理科学进展	1	0.7759	0.5391	1	0.8288
3	心理科学	0.4556	0.6639	0.9315	0.9992	0.7626
4	心理发展与教育	0.5441	0.7718	0.6274	1	0.7358
5	心理与行为研究	0.5343	0.8092	0.5491	0.9458	0.7096
6	中国心理卫生杂志	0.3715	0.4482	1	0.9947	0.7036
7	中国临床心理学杂志	0.3991	0.4814	0.7059	0.9925	0.6447
8	应用心理学	0.5124	0.6141	0.4021	1	0.6322
9	心理学探新	0.3709	0.4233	0.5882	0.9776	0.5900
10	中国健康心理学杂志	0.1769	0.1867	0.7256	0.9806	0.5175
11	中小学心理健康教育	0	0.1204	0.7550	0.9894	0.4662

通过综合计算以上4项指标后，各心理学期刊的学术规范量化指标综合值出现了一些差距，从《心理学报》的0.8468到《中小学心理健康教育》的0.4662，最大值是最小值的1.82倍。

如果我们根据学术规范量化指标综合值划分心理学期刊规范化层次，可以将0.8以上的期刊《心理学报》和《心理科学进展》列为第一层次，这两种期刊的四项分指标都比较让人满意，其中，在基金论文比例上《心理学报》名列第1，而在篇均引文和有作者机构论文比指标上《心理科学进展》则排在首位；我们把综合值位于0.8—0.6之间的期刊归为第二层次，则《心理科学》等6种期刊属于该层次。这一层次的期刊都有较为良好的分指标，但也有排名靠后的分指标。例如，《中国心理卫生杂志》，该期刊在作者地区分布指标上是排名第1的，但由于篇均引文数和基金论文比排名落后导致了整体综合值的不理想。同样的《应用心理学》也是这样的情况。这些期刊在以后的编辑工作中，应该多注意期刊本身的平衡发展，充分重视学术规范的各项量化指标，这样才能保证期刊学术质量和学术规范程度的不断提升；剩余的期刊可以将它们归入第三层次。

18.2 心理学期刊被引次数分析

期刊被引次数是指一种期刊所刊载的论文被引文索引中来源期刊论文引用的次数。它是一个非常客观实际的评价指标，可用来衡量期刊自创刊以来的学术影响力，也可以反映该刊在学术研究和交流中所起的作用和所处的地位。下面我们将从期刊的总被引次数、他刊引用次数和学科论文引用次数这三个指标上来考察心理学各期刊的学术影响，进而考察各期刊的学术质量以及在学术交流中的作用。

18.2.1 总被引次数

总被引次数是指期刊自创刊以来所登载的全部论文在统计当年被引用的总次数，反映的是某期刊自创刊以来长期的学术影响。表18-6是2004—2006年11种心理学期刊总被引次数平均值，经过归一化后从大到小排序。

表18-6　　　　　　　　2004—2006年心理学期刊总被引次数

排序	期刊名称	2004年（篇次）	2005年（篇次）	2006年（篇次）	三年平均（篇次）	归一化值
1	心理科学	615	780	945	780.00	1
2	心理学报	523	613	778	638.00	0.8179
3	中国心理卫生杂志	338	419	375	377.33	0.4838

续表

排序	期刊名称	2004年（篇次）	2005年（篇次）	2006年（篇次）	三年平均（篇次）	归一化值
4	心理发展与教育	214	282	288	261.33	0.3350
4	心理科学进展	182	257	345	261.33	0.3350
6	中国临床心理学杂志	141	147	147	145.00	0.1859
7	应用心理学	38	83	98	73.00	0.0936
8	心理学探新	60	76	79	71.67	0.0919
9	中国健康心理学杂志	40	79	91	70.00	0.0897
10	心理与行为研究	15	22	55	30.67	0.0393
11	中小学心理健康教育	10	6	5	7.00	0.0090

从总体上看，大部分心理学期刊在总被引次数上逐年均有不同程度的增加，其学科的整体影响力正逐年提高。但是，从总被引次数的增加数量上看，各期刊之间存在较大差距。在2004—2006年期间，《心理科学》、《心理学报》、《心理科学进展》和《心理发展与教育》这4种期刊的总被引量增加明显，2006年相比2004年分别增加了330篇、255篇、163篇和74篇。从增幅上看，《心理与行为研究》、《应用心理学》和《中国健康心理学杂志》三个期刊增幅最大，分别达到了266.7%、157.9%和127.5%的增长。总被引次数除了与期刊的学术影响有关以外，更重要的是与期刊的创办时间与期刊规模、论文篇数有较大联系。

从三年的平均值看，《心理科学》和《心理学报》两种期刊的年均被引次数均超过600次，两者的总被引次数占全部期刊总被引次数的52.1%。尤其是《心理科学》，不但总被引次数三年均保持第1，而且保持着较高比率的年增幅。《中国心理卫生杂志》则出现了波动，2005—2006年出现了一定程度的下降，应该引起期刊的注意。而《心理科学进展》是一个值得我们关注的期刊，该期刊近三年的总被引次数增长迅速，2004—2005年增长了41.2%，2005—2006年又增长了34.2%。由于其本身论文学术质量的不断提高，该期刊的总被引次数在2006年已经超过了《心理发展与教育》，逐渐接近了《中国心理卫生杂志》375次的总被引数。根据这个增长的速度计算，该期刊在未来几年的发展将会是令人瞩目的。

18.2.2 其他期刊引用次数

期刊的自引是一个较为普遍的现象，有些期刊为了提高自身的总被引次数而制造自引。在进行期刊的学术评价的时候，为了使评价趋于公平，在构建的评价体系中引入了其他期刊引用次数（也称他刊引用次数）这一指标，可以在一定程度上抑制期刊虚假自引的现象，营造了公平的学术评价体系和环境。表 18-7 给出了 2004—2006 年 11 种心理学期刊的他刊引用次数，经过对三年平均值的计算和归一化处理，并按其值从大到小排序。

表 18-7　　2004—2006 年心理学期刊他刊引用次数

排序	期刊名称	2004 年（篇次）	2005 年（篇次）	2006 年（篇次）	三年平均（篇次）	归一化值
1	心理学报	446	518	652	538.67	1
2	心理科学	350	481	581	470.67	0.8738
3	心理发展与教育	193	238	231	220.67	0.4097
4	中国心理卫生杂志	130	230	182	180.67	0.3354
5	心理科学进展	118	160	221	166.33	0.3088
6	中国临床心理学杂志	141	147	147	145.00	0.2692
7	中国健康心理学杂志	40	79	91	70.00	0.1299
8	应用心理学	30	76	90	65.33	0.1213
9	心理学探新	54	69	71	64.67	0.1200
10	心理与行为研究	15	22	55	30.67	0.0569
11	中小学心理健康教育	10	6	5	7.00	0.0130

根据表 18-7，我们可以发现，2004—2006 年的心理学期刊的他刊引用次数总体上成稳步上升的趋势。与表 18-6 的总被引次数排序一样，《心理学报》和《心理科学》仍旧排在前两位，体现了这两个期刊在学界的广泛影响力。而与总被引排序不同的是，《心理发展与教育》和《中国心理卫生杂志》在位置上发生了交换，而《中国健康心理学杂志》则超越了《应用心理学》和《心理学探索》，排名直接从第 9 位上升到了第 7 位，上升的幅度最大。

从三年变化趋势上看，他刊引用次数增长较大的期刊仍旧集中在《心理科学》、《心理学报》和《心理科学进展》这三个在总被引次数指标上就表现良好的期刊上，分别增加了 231 篇、206 篇和 103 篇。《心理发展与教育》和《中国心理卫生杂志》则出现了一定程度上的波动，这两个期刊都在 2005 年出现了他刊引用次数的峰值后，在 2006 年出现了一定程度的下滑，尤其是《中国心理卫生杂志》，该刊 2005 年的他刊引用次数为 230 篇次，而 2006 年仅为 182 篇次，下滑了 20.9%，这与其自引比例较高有着密切联系的。该刊在 2005 年和 2006 年的自引率分别达到了 43.2% 和 51.5%。

通过比较表 18-6 和表 18-7 两个表的数据，我们很容易发现《中国临床心理学杂志》、《中国健康心理学杂志》、《心理与行为研究》和《中小学心理健康教育》这4种期刊由于在2004—2006年不是CSSCI来源期刊,所以其总被引次数等于他刊引用次数。而正是由于较高的自引率,《中国心理卫生杂志》和《心理学探析》两种期刊在2007年的CSSCI的来源期刊遴选中,因为他引影响因子较低而被淘汰出CSSCI来源期刊。

18.2.3 本学科论文引用次数

本学科论文引用次数(也称学科引用次数)是指该期刊载文在CSSCI中被本学科论文所引用的总次数,这是一个衡量该期刊在本学科领域内学术影响力大小的重要指标之一。表18-8给出了2004—2006年11种心理学期刊的学科引用次数,经过对三年数据的平均计算和归一化处理,按平均值从大到小排序。

表18-8　　　　　　2004—2006年心理学期刊学科引用次数

排序	期刊名称	2004年（篇次）	2005年（篇次）	2006年（篇次）	三年平均（篇次）	归一化值
1	心理科学	476	545	666	562.33	1
2	心理学报	406	458	587	483.67	0.8601
3	中国心理卫生杂志	282	290	169	247.00	0.4392
4	心理发展与教育	165	202	207	191.33	0.3402
5	心理科学进展	127	187	224	179.33	0.3189
6	中国临床心理学杂志	115	108	76	99.67	0.1772
7	心理学探新	46	51	51	49.33	0.0877
8	应用心理学	27	57	57	47.00	0.0836
9	中国健康心理学杂志	32	45	43	40.00	0.0711
10	心理与行为研究	12	19	45	25.33	0.0450
11	中小学心理健康教育	2	3	0	1.67	0.0030

从表18-8中我们发现,与总被引次数相比,2004—2006年心理学期刊的学科引用次数在整体的排名上基本无变化,只是《应用心理学》和《心理学探新》这两个期刊进行了前后位置的交换,这从另一个角度也说明了《应用心理学》相对于《心理学探新》,期刊的学科交叉性更为明显。

对表18-6、表18-8作分析可以发现,《心理与行为研究》的专业程度最高,本学科论文引用率达82.6%,而《中小学心理健康教育》的发散性和学科交叉更强,其被心理学论文引用的比例只有23.9%。有3种期刊的本学科论文引用比例在70%—80%，即《心理科学》、《心理学报》和《心理发展与教育》。其他期刊的本学科论文的引用率基本在60%—70%之间。

从各期刊三年的变化数据上看，更多的心理学期刊随年份的变化出现了起伏波动。除了《心理科学》、《心理学报》和《心理科学进展》仍保持着明显连续的增长外，其他的期刊均出现了不同程度的起伏，表现出了不稳定的发展状态，具体体现为增长幅度的减缓甚至倒退。例如，三年间《中国心理卫生杂志》和《中国临床心理学杂志》的学科引用次数分别下降了40.1%和33.9%，而《中小学心理健康教育》则出现了2006年无一本学科论文引用的情况，这些都要引起期刊编辑工作的重视。

18.2.4　心理学期刊被引次数综合分析

综合考察期刊的被引次数的目的，就是从不同的角度、均衡的看待期刊的被引次数。为了科学的体现这种均衡，本书第1章为被引次数指标的三个下级指标分配了权重，即总被引次数和本学科引用次数各赋25%权重，其他期刊引用次数赋予50%的权重。其综合值的计算方法为：用每种期刊各指标的归一化值分别乘以相应的权重，然后将这三项乘积求和得到各期刊的被引次数综合值。表18-9给出了2004—2006年11种心理学期刊被引次数综合值，并按综合值从大到小排序。

表18-9　　　　　2004—2006年心理学期刊被引次数综合值

排序	期刊名称	总被引次数归一化值	他刊引用次数归一化值	学科引用次数归一化值	综合值
1	心理科学	1	0.8738	1	0.9369
2	心理学报	0.8179	1	0.8601	0.9195
3	中国心理卫生杂志	0.4838	0.3354	0.4392	0.3985
4	心理发展与教育	0.3350	0.4097	0.3402	0.3737
5	心理科学进展	0.3350	0.3088	0.3189	0.3179
6	中国临床心理学杂志	0.1859	0.2692	0.1772	0.2254
7	中国健康心理学杂志	0.0897	0.1299	0.0711	0.1052
8	应用心理学	0.0936	0.1213	0.0836	0.1050
9	心理学探新	0.0919	0.1200	0.0877	0.1049
10	心理与行为研究	0.0393	0.0569	0.0450	0.0495
11	中小学心理健康教育	0.0090	0.0130	0.0030	0.0095

从表 18-9 中我们发现，这 11 种心理学期刊的被引次数综合值差距很大，从 0.9369 到 0.0095，最大值和最小值相差了 97.62 倍。正因为差距明显，我们可将这 11 种心理学期刊划分为三个清晰的层次：

第一层次为综合值在 0.9 以上的《心理科学》和《心理学报》两种期刊。这两种期刊在被引次数的所有指标中均排名前两位，前后排序也没有发生变化。这一数据反映了这两种期刊在心理学研究领域中的领军作用，并且有着较为深厚而广泛的学术影响。如果我们将综合值 0.9—0.1 之间的期刊归为第二层次，那么处于这一层次的期刊一共有 7 种，它们是心理学学科的主要研究阵地。处于该层次的心理学期刊在前面三项的子级指标中都有自己出色的一面，整体上都处于上升完善的阶段，具有很大的发展空间和潜力，是未来决定心理学学科发展走势的一个群体。剩余的两种期刊可以归入第三层次，这一层次的期刊在学术影响方面和上述期刊还存在不小的差距，需要迎头赶上。

但是，被引次数的高低受到的限制因素比较多，比如与创刊时间的长短、登载论文的多少、期刊办刊宗旨与学科研究方向等都有很大关系。因此，这一指标仅体现了期刊的一个方面的学术影响，不能仅仅依靠这一项指标来对期刊进行全面的评价，需要和其他被引指标综合考虑。

18.3 心理学期刊被引速率分析

被引速率是指期刊统计当年和前一年的发文在当年的被引量与当年和前一年发文总量的比值。被引速率体现了期刊中论文被引用的速度，一般用来衡量该期刊对本学科热点问题的关注程度，是评判该期刊是否处于学术前沿，是否被学界和读者及时关注的重要依据。通过对期刊被引速率进行分析，有助于我们了解期刊未来的学术竞争力。被引速率可分为总被引速率、他刊引用速率和学科引用速率三项分指标来进行讨论。

18.3.1 总被引速率

总被引速率与期刊论文的前沿性和学术性有着密切的关系，通过这个数据我们可以清晰的看到哪些期刊的前沿触角更敏感，哪些期刊更加关注学术领域研究热点。表 18-10 给出了 2004—2006 年 11 种心理学期刊总被引速率，并对三年平均值归一化后按照从大到小排序。

从表 18-10 我们可以清晰地看出，心理学期刊在该指标下的数据差异是比较明显的。最高的《心理学报》为 0.3567，而最低的《中小学心理健康教育》只有 0.0057，差距较大。即使和中间层相比，也差异明显，根据这种差异，我们可以将心理学期刊划分为四个层次：第一层次，平均值在 0.3 以上的期刊，只有《心理学报》1 种；第二层次为平均值在 0.3—0.1 之间的 3 种期刊，即《心理科学进展》、《心理发展与教育》和《心理科学》；第三层次为 0.1—0.05 之间的 4 种期刊；剩余期刊（包括未列入表中的）为第四层次。

表 18-10　　　　　　　　　　2004—2006 年心理学期刊总被引速率

排序	期刊名称	2004 年	2005 年	2006 年	三年平均	归一化值
1	心理学报	0.3156	0.3241	0.4305	0.3567	1
2	心理科学进展	0.1822	0.2035	0.1506	0.1787	0.5010
3	心理发展与教育	0.2105	0.1078	0.1398	0.1527	0.4281
4	心理科学	0.1267	0.1737	0.1540	0.1515	0.4247
5	心理与行为研究	0.1145	0.0236	0.1220	0.0867	0.2431
6	应用心理学	0.0408	0.1228	0.0565	0.0734	0.2058
7	中国心理卫生杂志	0.0450	0.0905	0.0732	0.0696	0.1951
8	中国临床心理学杂志	0.0657	0.0843	0.0567	0.0689	0.1932
9	心理学探新	0.0588	0.0483	0.0321	0.0464	0.1301
10	中国健康心理学杂志	0.0047	0.0313	0.0276	0.0212	0.0594
11	中小学心理健康教育	0.0072	0.0069	0.0029	0.0057	0.0160

从总体上看，各年度的平均总被引速率在缓慢增长着，2004—2006 年三年的总被引速率平均值分别为：0.1065、0.1106 和 0.1133。但从各个期刊三年的变化趋势来看，除了《心理学报》是连续稳定的增长外，其他期刊都出现了不同程度的波动，呈现出不规律性。而《中小学心理健康教育》的总被引速率几乎为 0，反映了该期刊非常缺乏追踪学科热点研究的能力和对前沿研究的敏锐触觉。很明显，该期刊的普及性大于学术性。

18.3.2　其他期刊引用速率

其他期刊引用速率（也称他刊引用速率）是指该刊当年和前一年发表的论文在统计当年被其他期刊引用次数除以该刊当年发表的和前一年发表的论文总数得到的值。其他期刊引用速率与期刊总被引速率相比，排除了期刊自引的情况，所以能够更加客观、清晰地反映期刊对其他期刊的影响和期刊间的扩散力。表 18-11 给出了 2004—2006 年 11 种心理学期刊的他刊引用速率以及三年的平均速率，经过归一化后按三年平均值从大到小排序。

表 18-11　　2004—2006 年心理学期刊他刊引用速率

排序	期刊名称	2004 年	2005 年	2006 年	三年平均	归一化值
1	心理学报	0.2311	0.2407	0.3229	0.2649	1
2	心理发展与教育	0.1880	0.1018	0.1129	0.1342	0.5066
3	心理科学进展	0.0847	0.0996	0.0888	0.0910	0.3435
4	心理与行为研究	0.1145	0.0236	0.1220	0.0867	0.3273
5	心理科学	0.0597	0.0991	0.0844	0.0810	0.3058
6	中国临床心理学杂志	0.0657	0.0843	0.0567	0.0689	0.2601
7	应用心理学	0.0204	0.0965	0.0565	0.0578	0.2182
8	中国心理卫生杂志	0.0202	0.0567	0.0466	0.0412	0.1555
9	心理学探新	0.0515	0.0414	0.0256	0.0395	0.1491
10	中国健康心理学杂志	0.0047	0.0193	0.0020	0.0086	0.0325
11	中小学心理健康教育	0.0072	0.0069	0.0029	0.0057	0.0215

从表 18-11 中我们可以发现，与心理学期刊总被引速率相比，2004—2006 年心理学期刊他刊引用速率的整体排名变化不大，但 CSSCI 来源期刊受到自引率的影响，有些期刊名次出现了下降。例如，《心理科学进展》的他刊引用速率值相对于其总被引速率值下降了 0.0877，降幅达到了 49.1%，而《心理发展与教育》则由于自引比重相对较小，相对于总被引速率下降的幅度只有 12.1%，导致这两个期刊排序位置进行了交换；《心理与行为研究》在 2004—2006 年为非来源期刊，其自引率为 0 而在名次上超过了自引率为 46.5% 的《心理科学》；同样的情况也使《中国临床心理学杂志》超过了《应用心理学》和《中国心理卫生杂志》。

从三年的变化趋势来看，除了《心理学报》还保持着持续的增长外（2006 年相对 2004 年增长 39.7%），其他期刊都出现了起伏波动，个别期刊下滑明显。《心理科学》、《应用心理学》、《心理科学进展》等几种期刊围绕各自 2005 年的他刊引用速率峰值出现了增减波动，但 2006 年的速率值相对于 2004 年都呈现了增长状态。而《心理发展与教育》、《心理学探新》、《中国健康心理学杂志》和《中小学心理健康教育》四种期刊则降幅明显，他刊引用速率值 2006 年相对于 2004 年分别下降了 39.9%、50.3%、57.4% 和 59.7%，说明了这些期刊对其他期刊的影响在逐渐减少。因此，需要提醒这些期刊，在控制自引比率的前提下，努力提高期刊的论文学术质量，扩大期刊的学术影响，进而遏制下降的趋势。

18.3.3　本学科论文引用速率

本学科论文引用速率（也称学科引用速率）是指该刊当年发表论文和前一年论

文在当年被本学科论文引用的次数与该刊当年发表的和前一年发表的论文总数的比值。学科引用速率主要用来反映期刊在本学科的学术反应速度，体现期刊在本学科的学术影响力。表 18‑12 给出了 2004—2006 年 11 种心理学期刊学科引用速率值，对其三年的数据求得平均值后，经过归一化处理从大到小排序。

表 18‑12 2004—2006 年心理学期刊学科引用速率

排序	期刊名称	2004 年	2005 年	2006 年	三年平均	归一化值
1	心理学报	0.2889	0.2824	0.3767	0.3160	1
2	心理科学进展	0.1398	0.1688	0.1120	0.1402	0.4437
3	心理科学	0.1060	0.1282	0.1161	0.1168	0.3696
4	心理发展与教育	0.1729	0.0659	0.1022	0.1137	0.3598
5	心理与行为研究	0.0916	0.0157	0.0976	0.0683	0.2161
6	应用心理学	0.0408	0.0877	0.0484	0.0590	0.1867
7	中国临床心理学杂志	0.0547	0.0602	0.0402	0.0517	0.1636
8	中国心理卫生杂志	0.0372	0.0629	0.0416	0.0472	0.1494
9	心理学探新	0.0588	0.0414	0.0192	0.0398	0.1259
10	中国健康心理学杂志	0.0047	0.0193	0.0197	0.0145	0.0459
11	中小学心理健康教育	0.0018	0.0017	0	0.0012	0.0038

通过对表 18‑12 的分析，心理学期刊的 2004—2006 年学科引用速率与总被引速率相比变化不大，仅仅是《心理发展和教育》和《心理科学》两个期刊的排序发生了变化，这一变化反映了《心理科学》相对《心理发展与教育》而言，研究内容更多的是面向心理学领域，而《心理发展与教育》则反映了其跨学科性和对其他学科的影响大于《心理科学》。经过计算，心理学期刊 2006 年的学科论文引用速率平均值是 0.0885，相比 2004 年的 0.0907 平均值，整体出现了 2.4% 的下降，这说明了心理学期刊学科反应速度在逐渐降低，这也许与近年来研究者越来越多，而期刊数量并没有增加，造成稿源积压而不能及时的引用最新发表的论文所致。

从三年的变化趋势上看，大部分的期刊都出现了增减波动，即使在各项指标上均保持稳定的《心理学报》也没例外（在学科引用速率上 2005 年与 2004 年相比出现了 2.2% 的下降，到 2006 年的时候才恢复了增长）。《心理发展与教育》和《心理学探新》是两个下降幅度较大的期刊，分别达到了 40.9% 和 67.3%，这说明了这两个期刊的学术反应速度在逐渐的变弱，且下降幅度较大，应该引起期刊编辑的足够重视。

18.3.4 心理学期刊被引速率综合分析

期刊被引速率是反映期刊学术影响速度的重要指标,可用总被引速率、他刊引用速率和学科引用速率三项分指标来综合反映期刊的被引速率。与期刊被引次数类似,本指标体系将各分指标的权重分配如下:25%、50%和25%。表18-13给出了2004—2006年11种心理学期刊被引速率综合值,期刊列表按综合值从大到小排序。

表18-13　　　　　　　　2004—2006年心理学期刊被引速率综合值

排序	期刊名称	总被引速率归一化值	他刊引用速率归一化值	学科引用速率归一化值	综合值
1	心理学报	1	1	1	1
2	心理发展与教育	0.4281	0.5066	0.3598	0.4503
3	心理科学进展	0.5010	0.3435	0.4437	0.4079
4	心理科学	0.4247	0.3058	0.3696	0.3515
5	心理与行为研究	0.2431	0.3273	0.2161	0.2785
6	中国临床心理学杂志	0.1932	0.2601	0.1636	0.2193
7	应用心理学	0.2058	0.2182	0.1867	0.2072
8	中国心理卫生杂志	0.1951	0.1555	0.1494	0.1639
9	心理学探新	0.1301	0.1491	0.1259	0.1386
10	中国健康心理学杂志	0.0594	0.0325	0.0459	0.0426
11	中小学心理健康教育	0.0160	0.0215	0.0038	0.0157

依据表18-13中的数据,我们可以将心理学期刊划分为三个明显的层次:《心理学报》位居第一层次,被引速率综合值在0.90以上。在期刊学术影响速率方面,该期刊优势明显,被引速率中的三项指标均位居第1,是当之无愧的心理学期刊领头羊,起到了学科领军期刊的作用;《心理发展与教育》、《心理科学进展》、《心理科学》、《心理与行为研究》、《中国临床心理学杂志》、《应用心理学》、《中国心理卫生杂志》、《心理学探新》为第二层次,综合值在0.5—0.1之间;《中国健康心理学杂志》、《中小学心理健康教育》为第三层次,综合值在0.1以下。

18.4　心理学期刊影响因子分析

期刊影响因子是指期刊在一定的期刊范围内、在指定年份中,期刊被引用的数量与该期刊刊载论文数量之比,影响因子的详细解释见本书第1章。一般情况下,影响因子越大,期刊在学科的发展和文献交流过程中的学术影响越大。和上述两个指标一样，我们将该指标也细分成了三个分指标：一般影响因子、他引影响因子、学科影响因子。

18.4.1 一般影响因子

表 18-14 给出了 2004—2006 年 11 种心理学期刊一般影响因子和三年的平均值，最后用该指标最大的平均值（《心理学报》0.7791）作分母去除每一种期刊这一指标的平均值，从而得到各期刊的一般影响因子的归一化值，列表按归一化值从大到小排序。

表 18-14　　　　　　　　2004—2006 年心理学期刊一般影响因子

排序	期刊名称	2004 年	2005 年	2006 年	三年平均	归一化值
1	心理学报	0.6488	0.7240	0.9644	0.7791	1
2	心理发展与教育	0.4250	0.6165	0.5789	0.5402	0.6933
3	心理科学进展	0.3284	0.5137	0.6229	0.4883	0.6267
4	心理科学	0.3139	0.3893	0.4397	0.3810	0.4890
5	心理与行为研究	—	0.2794	0.3053	0.2924	0.3753
6	心理学探新	0.2613	0.2203	0.2353	0.2390	0.3068
7	应用心理学	0.1325	0.2887	0.2551	0.2254	0.2893
8	中国心理卫生杂志	0.1784	0.2123	0.1845	0.1917	0.2461
9	中国临床心理学杂志	0.1660	0.1411	0.1423	0.1498	0.1923
10	中国健康心理学杂志	0.0346	0.0819	0.0744	0.0637	0.0818
11	中小学心理健康教育	0.0122	0	0.0036	0.0053	0.0068

注：由于《心理与行为研究》2003 年才公开发行，故 2004 年的影响因子无法计算，下同。

从表 18-14 中我们可以发现，心理学期刊的一般影响因子与人文社会科学其他学科相比是比较高的。从学科内部的期刊来看，层次分明。排在第 1 位的是《心理学报》，其三年平均影响因子达到了 0.7791，2006 年更是达到了 0.9644，平均年增幅达到了 24.3%。这说明该期刊在心理学学科领域有着重要的学术影响，并占据着心理学期刊的核心地位，是所有心理学研究者的必读之物。分布在 0.7—0.1 之间的期刊也在心理学领域发挥着很大作用，这一区间期刊有 8 种，较为突出的有《心理发展与教育》、《心理科学进展》、《心理科学》，他们的影响因子均在 0.38 以上。而《中国健康心理学杂志》和《中小学心理健康教育》由于受研究领域特殊性和研究内容深度的限制，其一般影响因子值相对较低。

从三年的变化趋势上看，心理学期刊的一般影响因子在 2004—2006 年间整体上处于上升阶段，2004—2006年各年度的平均值分别为0.2274、0.3152和0.3460，2006年较2004年提高了52.2%。分析个体期刊，增幅最大的三个期刊是《中国健康心理学杂志》115%，《应用心理学》92.5%和《心理科学进展》89.7%；《心理发展与教育》和《中国心理卫生杂志》出现了围绕2005年峰值的增减波动，但整体呈上升趋势；《心理学探新》、《中国临床心理学杂志》两种期刊则分别出现了2006年相对于2004年10%和14.3%的下降。

一般来说，被引数量和被引速率较好的期刊在一般影响因子的排序上也是不差的，排在前列的几个期刊就符合这个特征。例如，《心理发展与教育》和《心理科学进展》这两个期刊在一般影响因子的排序上就和前面几个表的排序相吻合，而《心理科学》在总被引次数上是名列前茅的，但由于载文量较大，被引速率指标不是很理想，所以它的一般影响因子数值也受到了一定的影响，其排名也下降到了第4的位置。

18.4.2 他引影响因子

他引影响因子是排除期刊自引后的影响因子，相对引文数据库中的非来源期刊而言他引影响因子更加公正合理，可以防止虚假自引带来的不合理因素。表18-15是2004—2006年11种心理学期刊他引影响因子年度值和三年的平均值，经过归一化处理后从大到小排序。

表18-15 2004—2006年心理学期刊他引影响因子

排序	期刊名称	2004年	2005年	2006年	三年平均	归一化值
1	心理学报	0.5512	0.5792	0.7733	0.6346	1
2	心理发展与教育	0.4000	0.5113	0.4436	0.4516	0.7116
3	心理科学进展	0.2463	0.3279	0.3856	0.3199	0.5041
4	心理与行为研究	—	0.2794	0.3053	0.2924	0.4608
5	心理科学	0.1748	0.2418	0.2631	0.2266	0.3571
6	应用心理学	0.1205	0.2887	0.2143	0.2078	0.3275
7	心理学探新	0.2162	0.1949	0.1912	0.2008	0.3164
8	中国临床心理学杂志	0.1660	0.1411	0.1423	0.1498	0.2361
9	中国心理卫生杂志	0.0446	0.1132	0.0930	0.0836	0.1317
10	中国健康心理学杂志	0.0346	0.0756	0.0628	0.0577	0.0909
11	中小学心理健康教育	0.0122	0	0.0036	0.0053	0.0084

从表18-15中可以发现，在排除了自引的情况后，心理学期刊的他引影响因子

排序与一般影响因子相比变化不大，说明心理学期刊中普遍以他刊引用为主。总体上三年平均他引影响因子排在前3位的依旧是《心理学报》、《心理发展与教育》和《心理科学进展》。《心理科学》、《心理学探新》和《中国心理卫生杂志》三种期刊由于自引比例较其他期刊略高，所以在他引影响因子排名上受到了一定的影响，排名均下降了1位。

18.4.3 学科影响因子

通过学科影响因子的研究，可以获得各个期刊对本学科领域的学术影响力，也能够反映出期刊所刊载的论文与本学科研究的相关程度。表18-16是2004—2006年11种心理学期刊本学科影响因子值，经过计算三年平均值和归一化处理，按归一化值从大到小排序。

表18-16 2004—2006年心理学期刊学科影响因子

排序	期刊名称	2004年	2005年	2006年	三年平均	归一化值
1	心理学报	0.5268	0.5701	0.7511	0.6160	1
2	心理发展与教育	0.3667	0.4812	0.4361	0.4280	0.6948
3	心理科学进展	0.2164	0.3770	0.4534	0.3490	0.5666
4	心理科学	0.2538	0.2873	0.3276	0.2896	0.4701
5	心理与行为研究	—	0.2500	0.2519	0.2510	0.4075
6	心理学探新	0.1982	0.1695	0.1765	0.1814	0.2945
7	应用心理学	0.1205	0.2165	0.1531	0.1633	0.2651
8	中国心理卫生杂志	0.1599	0.1525	0.0992	0.1372	0.2227
9	中国临床心理学杂志	0.1383	0.1129	0.0839	0.1117	0.1813
10	中国健康心理学杂志	0.0269	0.0504	0.0465	0.0413	0.0670
11	中小学心理健康教育	0.0020	0	0	0.0007	0.0011

通过分析表18-16我们可以发现，在排除了其他学科的引用后，心理学期刊的学科影响因子与一般影响因子的排序是完全一致的。从三年的变化趋势上看，排名前5的期刊都保持了一定程度的增长。其中增幅最大的是《心理科学进展》，2006年的学科影响因子平均值相对于2004年增长了109.5%；其他的《心理学报》、《心理发展与教育》、《心理科学》也分别实现了42.6%、18.9%和29.1%的增长。《中国心理卫生杂志》和《中国临床心理学杂志》则连续三年下降，降幅达38%和39.3%，需要引起这些期刊编辑部的重视。

18.4.4 心理学期刊影响因子综合分析

心理学期刊影响因子综合值的计算，其方法与期刊被引次数和被引速率相同。在将期刊影响因子的三个分指标：一般影响因子、他引影响因子、学科影响因子分别分配了25%、50%和25%的权重后，通过加权计算，我们得到了2004—2006年心理学期刊影响因子综合值，其表格按综合值从大到小排序。

表 18-17　　　　　　　　2004—2006年心理学期刊影响因子综合值

排序	期刊名称	一般影响因子归一化值	他引影响因子归一化值	学科影响因子归一化值	综合值
1	心理学报	1	1	1	1
2	心理发展与教育	0.6933	0.7116	0.6948	0.7028
3	心理科学进展	0.6267	0.5041	0.5666	0.5504
4	心理与行为研究	0.3753	0.4608	0.4075	0.4261
5	心理科学	0.4890	0.3571	0.4701	0.4183
6	心理学探新	0.3068	0.3164	0.2945	0.3085
7	应用心理学	0.2893	0.3275	0.2651	0.3024
8	中国临床心理学杂志	0.1923	0.2361	0.1813	0.2115
9	中国心理卫生杂志	0.2461	0.1317	0.2227	0.1831
10	中国健康心理学杂志	0.0818	0.0909	0.0670	0.0827
11	中小学心理健康教育	0.0068	0.0084	0.0011	0.0062

通过分析表18-17中影响因子综合值，我们可以将心理学期刊分为三个层次：第一层次位于1—0.7的期刊，主要有：《心理学报》和《心理发展与教育》，尤其是《心理学报》，它以非常明显的优势领先于其他期刊，在期刊影响因子三项分指标中均排名第1，是当之无愧的学科领军期刊，是心理学研究最重要的学术资源，在心理学领域具有最大的学术影响力；我们把综合值位于0.7—0.2的期刊列为第二层次，该层次中有《心理科学进展》等6种期刊。他们在心理学研究领域也有着较大的学术影响，基本都被CSSCI收录过；综合值在0.2以下的3种期刊我们将其归为第三层次，它们是《中国心理卫生杂志》、《中国健康心理学杂志》和《中小学心理健康教育》。

我们在利用期刊影响因子对期刊学术影响进行评价时也发现该指标具有一定的片面性，根据公式来看，小篇幅期刊（年载文量较少的期刊）具有明显的优势。因此，我们在进行期刊学术影响力评价时，应该将它与期刊被引次数等指标综合利用、相互补充以实现评价的全面性和公正性。

18.5 心理学期刊被引广度分析

除了上述指标外，衡量期刊学术影响的还有一个重要指标，即期刊被引广度。它反映了某期刊对其他期刊的学术影响力，特别是通过分析引用该刊的期刊类别可以得到相关学科的渗透和交融，并发现其他学科学者对该学科论文的关注程度。一般说来，一种期刊被不同的期刊引用的越多，其影响度就越广。本书对期刊被引广度的计算方法参见第1章，根据此方法，表18-18详细列出了2004—2006年心理学期刊被引广度和三年的平均值，并进一步计算出11种期刊归一化后的数值，表18-18的期刊列表按被引广度值从大到小降序排列。

表18-18　　　　　　　　2004—2006年心理学期刊被引广度

排序	期刊名称	2004年	2005年	2006年	三年平均	归一化值
1	心理科学	31.2	39.4	54.4	41.67	1
2	心理学报	24.8	31.0	42.4	32.73	0.7855
3	心理科学进展	19.8	23.0	35.2	26.00	0.6240
4	心理发展与教育	17.0	19.6	22.4	19.67	0.4720
5	中国心理卫生杂志	14.0	20.0	19.4	17.80	0.4272
6	心理学探新	9.6	12.2	13.0	11.60	0.2784
7	中国临床心理学杂志	8.8	13.4	11.8	11.33	0.2719
8	应用心理学	5.6	12.6	14.6	10.93	0.2623
9	中国健康心理学杂志	4.6	9.8	10.6	8.33	0.1999
10	心理与行为研究	2.6	4.4	8.2	5.07	0.1217
11	中小学心理健康教育	2.0	1.2	1.0	1.40	0.0336

从表18-18心理学期刊被引广度排名分布来看，11种期刊三年平均被引广度数值从1.4到41.67不等，相差较大，分布并不均匀。这一方面是由于CSSCI来源期刊和非来源期刊的差距，一方面跟各期刊收录文章范围有关，只关注专一领域的心理学期刊影响面会较窄，相反，涉及本学科和跨学科的综合类心理学期刊受到其他期刊的关注程度会更高。《心理科学》、《心理学报》和《心理科学进展》三年平均被引广度都超过25，远高于CSSCI收录的来源期刊数（7种），说明这三种期刊不仅影响着本学科期刊，还影响着很多综合性期刊和非本学科期刊，影响范围很广；被引广度超过8的《心理发展与教育》等6种期刊，其学术影响都超过了本学科；剩下两种期刊被引广度偏小，不超过6，说明这些期刊的影响面较窄，多数局限于心理学

期刊中。

从 2004 年到 2006 年，心理学各期刊被引广度基本呈逐年递增趋势，其中增长最快的依然是《心理科学》，增加了 23 种，《心理学报》和《心理科学进展》同样位居第 2、第 3，分别增长了 17 种和 15 种，需要特别指出的是《应用心理学》，增幅达到 9 种，位居第 4，说明该期刊在三年间影响面越来越大。

18.6　心理学期刊二次文献转载分析

目前在人文社会科学研究中具有较大影响、并且收录较为全面的二次文献期刊有三种：人民出版社主办的《新华文摘》、中国社会科学杂志社主办的《中国社会科学文摘》、中国人民大学主办的《复印报刊资料》，上述三种文摘刊物是被学界公认的综合性文摘刊物，具有一定的权威性。因为它们主要转载中国人文社会科学领域的重要研究成果，基本能反映各学科领域学术动态和学术走向，所以通过对这几种二次文献转载的数量统计，可以对心理学期刊从另一个角度进行学术期刊的评价分析，也是对上述其他指标的一个重要补充。由于前两种二次文献对心理学期刊转载量极少，故只采用《复印报刊资料》作为本学科期刊二次文献转载进行统计分析。

《复印报刊资料》是国内较具权威性的社会科学、人文科学专题文献资料库，其转载内容的专题有 100 多个，与其他文摘相比，收集的范围更广，摘收的期刊论文数量也更多。表 18-19 给出了 2004—2006 年心理学期刊被人大《复印报刊资料》全文转载的统计数据。内容包括 2004—2006 年度的转载次数、三年平均转载次数，并以最大的平均转载次数（《心理科学》的 30.67）作除数去除每一种期刊的平均转载次数，最后得到各期刊该指标的归一化值。本表按三年平均转载次数从大到小排列。

表 18-19　　　　2004—2006 年心理学期刊被《复印报刊资料》全文转载统计

排序	期刊名称	2004 年（篇）	2005 年（篇）	2006 年（篇）	三年平均（篇）	归一化值
1	心理科学	31	26	35	30.67	1
2	心理科学进展	28	25	26	26.33	0.8585
3	心理发展与教育	10	23	18	17.00	0.5543
4	心理与行为研究	14	18	12	14.67	0.4783
5	心理学报	14	0	20	11.33	0.3694
6	应用心理学	9	11	10	10.00	0.3261

续表

排序	期刊名称	2004年（篇）	2005年（篇）	2006年（篇）	三年平均（篇）	归一化值
7	心理学探新	10	8	6	8.00	0.2608
8	中国心理卫生杂志	3	0	6	3.00	0.0978
9	中小学心理健康教育	0	0	7	2.33	0.0760
10	中国临床心理学杂志	0	0	0	0	0
10	中国健康心理学杂志	0	0	0	0	0

从上表中可以明显看出，人大《复印报刊资料》对心理学各期刊的收录还是很全面的，而且摘录次数较多，特别是排名前两位的《心理科学》和《心理科学进展》，三年平均转载论文均达到25篇之上，这两种期刊刊登的文章涉及心理学各个领域，并能够反映国内外心理学的最新研究成果和最新进展。《心理科学进展》关注理论性、综述性论文，《心理科学》在注重理论建设和实验研究的同时，也加强对应用研究的重视，特别是心理学教学的研究，因此对于这样高质量的期刊，人大《复印报刊资料》转载较多。除此之外，三年平均转载论文超过8篇的心理学期刊有5种，其余4种期刊转载次数偏少或没有，排名靠后。

从表18-19中，我们还可以发现，三年间，不少心理学期刊被人大《复印报刊资料》转载的次数起伏不定，《心理学探新》还出现了转载次数逐年减少的情况。由此可见，人大《复印报刊资料》虽然相对于其他二次文献对心理学期刊有明显转载，但对于文章的筛选也是很严格的，转载论文时十分注重论文的质量。

总体来看，虽然二次文献反映了各期刊重要学术成果和学科研究热点，但各二次文献收录全文的方针和宗旨不一，不可能将所有重要学术成果都收录，所以出现《新华文摘》和《中国社会科学文摘》对心理学期刊论文转载极少的现象，人大《复印报刊资料》由于转载面较广，收录较多，帮助我们从另一个评价角度了解到心理学各期刊的发展水平。

18.7　心理学期刊Web即年下载率分析

Web即年下载率是指，期刊在某一期刊全文数据库中当年出版并上网的论文在当年被全文下载的次数与该期刊当年出版并上网论文总数之比[①]。从评价期刊来说，Web即年下载率相对其他指标更具合理性，因为作者是通过主题去查找文章，避免

---

① 苏新宁："构建人文社会科学期刊评价体系"，《东岳论丛》2008年第1期，第35—42页。

了读者对期刊的可获取性和主观认识上存在的偏差,保证了每一本期刊对读者而言,获取的机会是相等的。所以对这个指标的分析很有意义。我们采用的 Web 即年下载率的数据来源于《中国学术期刊综合引证报告(2005—2007 版)》。表 18‐20 给出了 2004—2006 年心理学期刊 Web 即年下载数据和三年平均值,以及对三年平均值做归一化处理后的结果按从大到小排列。

表 18‐20　　　　2004—2006 年心理学期刊 Web 即年下载率

排序	期刊名称	2004 年	2005 年	2006 年	三年平均	归一化值
1	心理学报	66.5	57.4	181.0	101.63	1
2	心理科学进展	68.4	52.6	144.3	88.43	0.8701
3	心理发展与教育	48.1	69.3	143.9	87.10	0.8570
4	心理科学	41.1	46.3	114.2	67.20	0.6612
5	心理学探新	30.3	43.9	79.3	51.17	0.5035
6	心理与行为研究	—	25.9	75.4	50.65	0.4984
7	中国心理卫生杂志	39.1	23.6	67.9	43.53	0.4283
8	应用心理学	23.6	31.5	72.9	42.67	0.4199
9	中国临床心理学杂志	28.6	24.3	58.6	37.17	0.3657
10	中国健康心理学杂志	3.6	20.5	40.1	21.40	0.2106
11	中小学心理健康教育	—	8.0	29.2	18.60	0.1830

注:上表中"—"表示当年该刊无此数据,不列入平均值的计算。

根据表 18‐20 的数据显示,有四种期刊的 Web 即年下载率三年平均达到 60 以上,其中,《心理学报》平均每篇文章当年被全文下载 100 多次,明显高于其他各期刊,《心理学报》作为反映我国心理学研究水平的主要窗口,不仅在中国心理学界享有很高的声誉,在国际上也有一定影响,所以得到众多读者的青睐;《心理学探新》等五种期刊 Web 即年下载率三年平均较为接近,基本都在 30—50 之间;《中国健康心理学杂志》和《中小学心理健康教育》排名较为靠后,读者关注度不高。

从 2004—2006 年度数据变化分析,心理学期刊 Web 即年下载率基本呈现上升趋势,尤其是 2005—2006 年,多数期刊增长接近原来的 3 倍,说明不仅读者越来越重视通过网络获取心理学论文资料,而且各心理学期刊也不断调整,努力提升自身的学术质量和学术影响。从增长的绝对数值上观察,2004—2006 年增长最快的依然是《心理学报》,达到平均每篇被下载 181 次,《心理发展与教育》增长也很快,2006 年比 2004 年多了 95 次,《心理科学进展》和《心理科学》不相上下,每篇增长均超过 70 次,发展速度较其他期刊更快。此外,涨幅在 30—50 之间的期刊有五种,《中小学心理健康教育》和《中国心理卫生杂志》则都低于30。这种区别一方面可能与各心理学期刊所使用关键词的规范程度有关，影响读者检索到的概率；另一方面是论文主题的不同，越贴近当前读者关注的问题被下载的可能性会越大。

18.8 心理学期刊评价指标综合分析

以上七大指标从不同角度分析了心理学各期刊的学术质量、学术规范和学术影响力。本节将根据本书第1章构建的评价体系计算方法进行期刊指标综合分析。在指标权重分配方面，我们把期刊的学术影响放在最主要的地位，即期刊被引用情况，其权重总体占60%，这其中又根据影响因子的重要性而给予最高的权重30%，被引次数、被引速率、被引广度各占10%；其次是期刊学术规范量化指标和Web即年下载率指标，考虑到这两个指标在反映期刊学术质量和利用率方面的贡献，均给予次高的权重，其权重均为15%；对于二次文献转载指数，本评价体系给予了10%的权重。结合各项指标的权重经计算，我们给出了排名靠前的11种期刊七大指标的归一化值和综合值，详细数据参见表18-21。

表18-21 心理学期刊综合值运算表

排序	期刊名称	期刊学术规范 ×0.15	被引次数 ×0.1	被引速率 ×0.1	影响因子 ×0.3	被引广度 ×0.1	二次文献转载 ×0.1	Web下载 ×0.15	综合值 Σ
1	心理学报	0.8468	0.9195	1	1	0.7855	0.3694	1	0.8845
2	心理科学	0.7626	0.9369	0.3515	0.4183	1	1	0.6612	0.6679
3	心理科学进展	0.8288	0.3179	0.4079	0.5504	0.6240	0.8585	0.8701	0.6408
4	心理发展与教育	0.7358	0.3737	0.4503	0.7028	0.4720	0.5543	0.8570	0.6348
5	心理与行为研究	0.7096	0.0495	0.2785	0.4261	0.1217	0.4783	0.4984	0.4018
6	应用心理学	0.6322	0.1050	0.2072	0.3024	0.2623	0.3261	0.4199	0.3386
7	心理学探新	0.5900	0.1049	0.1386	0.3085	0.2784	0.2608	0.5035	0.3348
8	中国心理卫生杂志	0.7036	0.3985	0.1639	0.1831	0.4272	0.0978	0.4283	0.3335
9	中国临床心理学杂志	0.6447	0.2254	0.2193	0.2115	0.2719	0	0.3657	0.2867
10	中国健康心理学杂志	0.5175	0.1052	0.0426	0.0827	0.1999	0	0.2106	0.1688
11	中小学心理健康教育	0.4662	0.0095	0.0157	0.0062	0.0336	0.0760	0.1830	0.1127

从表 18-21 的 2004—2006 年心理学期刊的各项指标排名分布来看,《心理学报》以 0.8845 的综合值遥遥领先于其他心理学期刊,在它的七项指标值中,五个排名第 1,两个第 2,只有一个二次文献转载排名较靠后,但这并不影响《心理学报》的整体排名。《心理科学》、《心理科学进展》和《心理发展与教育》也有不菲的成绩,综合值分别为 0.6679、0.6408 和 0.6348,指标值较为接近,其中《心理科学》在被引次数、被引广度和文献转载排名第 1,《心理科学进展》的 Web 即年下载率较高,说明其颇受网络用户的欢迎,《心理发展与教育》影响因子分值较高,仅次于《心理学报》。需要注意的是,《心理科学进展》和《心理发展与教育》的被引次数指标值与《心理学报》和《心理科学》相比差距较大,只有它们的三分之一左右,应当引起编辑的关注。其他一些心理学期刊,由于各项指标都处于中等或中等偏下,其综合值自然偏低,说明这些期刊的综合学术影响力还有待提高。还有一些尚未列入表中的期刊(因为这些期刊的各项指标数据和综合值更低),与前面的期刊相比,其综合学术影响尚存在一定差距。

根据七项指标的综合值,我们可以最终划分出心理学期刊的学术等级,根据心理学期刊的综合值状况,我们把心理学权威学术期刊取值区间设为 1—0.7,核心期刊取值区间为 0.7—0.6,核心期刊扩展区为 0.6—0.4,小于 0.4 或表中没有的心理学期刊为一般性学术期刊。依据这一原则得到心理学期刊的定量评价结果:

权威期刊:《心理学报》;

核心期刊:《心理科学》、《心理科学进展》、《心理发展与教育》;

扩展核心期刊:《心理与行为研究》;

其他期刊均为一般性学术期刊。

第 19 章 新闻学与传播学

新闻学与传播学期刊是新闻学与传播学学术知识和研究成果的重要传播载体，也是新闻学与传播学影响力的重要体现。根据最新公开发行的中国人文与社会科学期刊目录统计，我国现有新闻学与传播学类期刊约 70 余种。2004—2006 年三年间，CSSCI 收录新闻学与传播学期刊 15 种，收录了新闻学与传播学论文 10648 篇，年均 3549 篇左右。反映了新闻学与传播学论文的视角和内容相对比较宽阔，其发表的论文数相对较多。本章以 44 种新闻学与传播学学术期刊为研究对象，通过期刊载文中的学术含量指标、论文的引用指标、重要的二次文献全文转载的数量及网络期刊文献的即年下载率四大类指标的综合运用，最终来划分出新闻学与传播学期刊的学术等级。广告学在新闻传播研究领域是一个较新兴的学科，由于 CSSCI 的来源期刊中没有收录广告学领域的期刊，其所有指标值都处在较后的位置，同时我们也查阅了一些广告类期刊，其学术性和规范性普遍较弱，各项指标均很难进入前 44 名，所以在我们选出的 44 种期刊中，几乎没有广告学期刊进入。

19.1 新闻学与传播学期刊学术规范量化指标分析

学术期刊在学术、知识与思想的产生与传播体系中，具有不可或缺的重要地位，这决定了学术期刊与学术规范之间的内在逻辑关联。但是，一些非学术化因素对学术期刊的生存与发展造成了普遍的压力。学术刊物作为学术成果发表与传播的集散地，事实上掌控了学术权力，因此在学术规范与学风建设中，编辑应当格外珍惜这份权力，同时要建立健全学术期刊的同行专家评审机制。在推进学术规范方面，学术期刊负有重要责任。所以我们通过对期刊的论文篇均引用文献数、基金论文占有比例、期刊作者地区分布以及期刊标注有作者机构的论文比例这四项指标作为评价新闻学与传播学期刊学术规范量化的指标，从而研究新闻学与传播学期刊规范化和学术含量，希望对期刊的建设有所帮助。以下各项数据来源于 CSSCI 数据库、万方期刊数据库的统计数据以及对印刷型期刊的考察。

19.1.1 篇均引用文献数

论文的引用文献表示作者在写作时参考了他人的研究成果。所以引用文献的数量代表了作者借鉴他人成果的一种程度、广度，同时也从另一个角度反映了学术成果自身的规范程度和学术含量。但是我们不能用绝对引用文献量来评价一种期刊，而是对同一学科期刊进行篇均引文数量的比较。这样则在某种程度上反映了各期刊所刊载的文章的平均研究深度和是否遵守了学术规范。表 19-1 给出了 2004—2006 年新闻学与传播学期刊篇均引用文献数统计以及三年平均引用文献篇数，并对各期刊的三年平均值进行了归一化处理。即各期刊三年平均引用文献篇数除以最大值《新闻与传播研究》的平均引用文献篇数（14.22）。本表按各期刊归一化值从大到小排序。有许多期刊中的论文没有给出引用文献，所以本表只列出了我们根据被引数据选出的 44 种期刊中具有引用文献的 39 种期刊。

表 19-1　　2004—2006 年新闻学与传播学期刊篇均引用文献数统计

排序	期刊名称	2004 年（篇数）	2005 年（篇数）	2006 年（篇数）	三年平均（篇数）	归一化值
1	新闻与传播研究	10.69	13.66	18.31	14.2200	1
2	新闻大学	10.24	12.13	12.46	11.6100	0.8165
3	中国科技期刊研究	6.68	7.18	7.31	7.0567	0.4963
4	编辑学报	4.70	6.21	7.68	6.1967	0.4358
5	国际新闻界	5.76	4.86	5.73	5.4500	0.3833
6	出版科学	2.01	4.20	8.61	4.9400	0.3474
7	当代传播	3.36	4.46	5.52	4.4467	0.3127
8	现代传播	3.73	3.89	5.17	4.2633	0.2998
9	新闻界	2.63	3.65	4.02	3.4333	0.2414
10	书屋	3.86	2.85	2.07	2.9267	0.2058
11	编辑之友	2.63	2.29	3.31	2.7433	0.1929
12	新闻知识	1.33	2.39	2.75	2.1567	0.1517
13	声屏世界	1.25	2.32	2.20	1.9233	0.1353
14	新闻记者	1.64	1.94	1.99	1.8567	0.1306
15	出版发行研究	1.58	2.42	1.50	1.8333	0.1289
16	中国图书评论	0.91	1.24	2.96	1.7033	0.1198
17	科技与出版	1.57	1.62	1.49	1.5600	0.1097
18	中国编辑	0.84	0.76	2.96	1.5200	0.1069
19	出版史料	1.54	1.07	1.05	1.2200	0.0858
20	传媒观察	1.52	1.46	0.61	1.1967	0.0842
21	视听界	0.67	1.44	1.15	1.0867	0.0764

续表

排序	期刊名称	2004年（篇数）	2005年（篇数）	2006年（篇数）	三年平均（篇数）	归一化值
22	中国广播电视学刊	0.73	1.17	0.98	0.9600	0.0675
23	新闻爱好者	0.61	1.16	0.77	0.8467	0.0595
24	新闻传播	0.47	1.01	0.92	0.8000	0.0563
25	中国广播	0.61	0.77	0.40	0.5933	0.0417
26	编辑学刊	0.09	0.48	1.20	0.5900	0.0415
27	电视研究	0.47	0.58	0.69	0.5800	0.0408
28	青年记者	0.00	1.00	0.72	0.5733	0.0403
29	今传媒	0.00	0.35	1.34	0.5633	0.0396
30	大学出版	0.43	0.28	0.53	0.4133	0.0291
31	新闻战线	0.24	0.00	0.56	0.2667	0.0188
32	中国出版	0.23	0.21	0.30	0.2467	0.0173
33	中国记者	0.20	0.28	0.24	0.2400	0.0169
34	新闻与写作	0.09	0.25	0.28	0.2067	0.0145
35	出版广角	0.14	0.30	0.14	0.1933	0.0136
36	新闻前哨	0.26	0.00	0	0.0867	0.0061
37	新闻实践	0	0.04	0.06	0.0333	0.0023
38	电子出版	0.02	0	0	0.0067	0.0005
39	博览群书	0.01	0	0	0.0033	0.0002

从表19-1中看出，2004—2006年，新闻学与传播学期刊中具有引用文献期刊的篇均引文数分别为1.89篇和2.30篇和2.77篇。三年平均篇均引文数为2.32篇。从整体上看，新闻学与传播学期刊的篇均引文量普遍较低，有18种期刊的篇均引文少于1篇，如果计算上没有引文的期刊，其数量更多。说明我国新闻学与传播学期刊存在较严重的学术规范问题，即使是在新闻学与传播学的来源期刊中，三年平均也只有2.77篇，其篇均引用文献数是各学科期刊中最低的。[①]

新闻学与传播学期刊中仅有11种期刊三年间的篇均引文是在平均值（2.33篇）以上的，占28.2%。也就是说表中有71.8%的期刊篇均引文量都达不到平均水平，其中有6种是来源期刊。

---

① 邓三鸿、金莹："我国人文社会科学学术刊物的学科对比——基于CSSCI的分析"，《东岳论丛》2008年第1期，第43—50页。

但表 19-1 的数据也反映出新闻学与传播学期刊在引文数量方面出现好兆头。2004—2006 年，新闻学与传播学期刊的篇均引文数在不断上升，三年平均值分别是 1.89 篇、2.30 篇和 2.77 篇。虽然涨幅不大，但却说明了新闻学与传播学期刊在不断加强重视学术规范和尊重他人的学术成果。分析个体期刊涨幅，其中涨幅最大的是《新闻与传播研究》，2006 年的篇均引文量比 2004 年增加了 7.62 篇。其次是《出版科学》，增加了 6.60 篇。相应的也出现篇均引文量下降的情况，如《书屋》下降了 1.79 篇，还有 9 种期刊出现小幅下降。其他期刊基本在稳步增加。

从表 19-1 中我们发现，排名 1—8 的期刊均是来源期刊，这也说明了来源期刊在学术规范方面做的较非来源期刊要好。但有些来源期刊的篇均引文量排名较靠后，如《中国出版》、《编辑学刊》和《中国广播电视学刊》，排名已经在 20 以后。部分非来源期刊的篇均引文量却排名靠前，如《新闻界》和《书屋》，分别排在第 9 和第 10 名。

分析新闻学与传播学期刊篇均引文量普遍不高的原因主要来自两个方面：其一，作为一个新兴学科，期刊在学术规范、研究深度上正处在一个逐步完善和深入的过程，需要我们的学者和期刊共同努力，增强期刊学术意识和学术规范；其二，新闻学与传播学期刊具有一定的学科色彩，所载文章中大量的属于报道性和宣传性的文章，这些文章中鲜有引文，造成本学科期刊的篇均引用文献数普遍不高，尤其是新闻界人士，更缺乏文献的引用意识。这些都应当引起新闻学与传播学学界的高度重视。

19.1.2 基金论文比例

近几年，新闻学与传播学研究有了较快发展，各类基金对新闻学与传播学研究的资助也逐步增加。例如，国家社科基金对新闻学与传播学研究的资助项目由 1999 年的 10 项增长到 2006 年的 34 项。基金资助的成果最终体现在基金论文的发表数量上。可以说，期刊刊载基金论文的比例越高，说明期刊所刊载的论文与学界所关注的研究领域、与国家所关心的现实问题越密切相关。表 19-2 给出了 2004—2006 年新闻学与传播学具有标注基金论文的 26 种期刊及其三年平均值，同样的也对平均值进行了归一化计算。本表的归一化分母数是三年平均的最大值，即《编辑学报》的 0.1467。本表按归一化值从大到小排序。

表 19-2　　　　2004—2006 年新闻学与传播学期刊基金论文比例

排序	期刊名称	2004 年	2005 年	2006 年	三年平均	归一化值
1	编辑学报	0.11	0.13	0.20	0.1467	1
1	中国科技期刊研究	0.14	0.14	0.16	0.1467	1
3	新闻大学	0.02	0.09	0.11	0.0733	0.4997
4	新闻界	0.03	0.06	0.11	0.0667	0.4547

续表

排序	期刊名称	2004年	2005年	2006年	三年平均	归一化值
5	新闻与传播研究	0.03	0.05	0.08	0.0533	0.3633
6	当代传播	0.00	0.03	0.12	0.0500	0.3408
7	编辑之友	0.04	0.04	0.04	0.0400	0.2727
8	出版科学	0.01	0.02	0.08	0.0367	0.2502
8	国际新闻界	0.02	0.04	0.05	0.0367	0.2502
10	科技与出版	0.01	0.04	0.05	0.0333	0.2270
11	现代传播	0.01	0.03	0.05	0.0300	0.2045
12	新闻知识	0.02	0.03	0.02	0.0233	0.1588
13	出版发行研究	0.00	0.02	0.02	0.0133	0.0907
14	新闻记者	0.01	0.01	0.01	0.0100	0.0682
14	今传媒	0	0.01	0.02	0.0100	0.0682
16	大学出版	0	0	0.02	0.0067	0.0457
16	新闻爱好者	0	0.01	0.01	0.0067	0.0457
18	声屏世界	0	0.01	0	0.0033	0.0225
18	新闻战线	0	0.01	0	0.0033	0.0225
18	新闻传播	0.01	0	0	0.0033	0.0225
18	编辑学刊	0.01	0	0	0.0033	0.0225
22	中国广播电视学刊	0	0	0	0	0
22	视听界	0	0	0	0	0
22	出版广角	0	0	0	0	0
22	中国出版	0	0	0	0	0
22	青年记者	0	0	0	0	0

我们利用2008—2009年CSSCI来源期刊的新闻学与传播学类期刊目录，进行了来源期刊和非来源期刊的对比，来源期刊在三年间均有基金项目论文，非来源期刊只有10种左右的期刊标注有基金资助论文，而且比例很小。说明来源期刊的整体基金论文比都大于非来源期刊。但我们也看到两种例外：一是个别非来源期刊具有较高的基金论文比。如《当代传播》排名第6。三年平均值为0.05；《出版科学》排名第8，三年平均值为0.0367；二是个别来源期刊的基金论文比反而排名靠后，如《中国广播电视学刊》、《编辑学刊》和《中国出版》。

从年度变化比较：除个别情况外，新闻学与传播学期刊的基金论文比保持稳步上升的态势。从2004到2006年，表19-2中的基金论文比平均值从0.02上升到0.04。

整体增长了两倍左右。其中《出版科学》涨幅最大,部分期刊的基金论文从无到有。如果我们把统计拓展到所有新闻学与传播学期刊的话,新闻学与传播学期刊将有三分之二左右的期刊没有标注基金的论文,这可能与新闻类文章有关,即大多是新闻、报道或者是评论类型文章。

从三年平均基金论文比纵向比较:新闻学与传播学类期刊可分为四个方阵,第一方阵为排名并列第1的《编辑学报》和《中国科技期刊研究》,平均值均大于0.1,也就是说它们每10篇文章中至少有1篇来自于基金资助。第二方阵为3—15名的,平均值均介于0.1—0.01之间的期刊。其中有两种是非CSSCI来源期刊。第三方阵为16—21名、平均值介于0.01—0之间。其余非表19-2中的期刊属于第四方阵。

从以上的分析可以看出,新闻学与传播学期刊的基金论文比例参差不齐,但都呈稳中略有上升的趋势,反映了期刊对基金资助论文的重视和论文的基金项目标注意识的增强。同时我们也发现,由于新闻学与传播学学科的特点,期刊中理论研究论文比例相对其他学科的论文要少,而学科的快速发展需要有大量的理论研究,这样才能使学科的发展日趋完善。

19.1.3 论文作者地区分布

期刊论文作者地区分布的广泛程度,反映了期刊对不同地区作者的影响和期刊受到作者关注的程度。本研究中的作者地区包括我国现有的31个省市自治区、港、澳、台以及国外的国家和地区(国外的地区分布数以国家为计量单位)。表19-3给出了2004—2006年44种新闻学与传播学期刊的论文作者地区分布数及三年平均值,并对平均值进行了归一化计算。本表按三年平均地区数从大到小排序。

表19-3　　　　2004—2006年新闻学与传播学期刊论文作者地区分布

排序	期刊名称	2004年(地区数)	2005年(地区数)	2006年(地区数)	三年平均(地区数)	归一化值
1	中国广播电视学刊	30	31	29	30.00	1
2	现代传播	26	28	27	27.00	0.9000
2	中国科技期刊研究	26	28	27	27.00	0.9000
4	出版发行研究	27	23	27	25.67	0.8557
5	电视研究	25	23	28	25.33	0.8443
6	编辑之友	24	25	26	25.00	0.8333
7	编辑学报	24	22	26	24.00	0.8000
7	科技与出版	26	24	22	24.00	0.8000
9	新闻记者	20	26	25	23.67	0.7890
10	中国广播	19	26	25	23.33	0.7777

续表

排序	期刊名称	2004年（地区数）	2005年（地区数）	2006年（地区数）	三年平均（地区数）	归一化值
10	新闻战线	21	24	25	23.33	0.7777
12	新闻界	18	27	24	23.00	0.7667
12	中国记者	19	26	24	23.00	0.7667
14	当代传播	22	21	21	21.33	0.7110
15	青年记者	19	21	22	20.67	0.6890
16	编辑学刊	22	20	19	20.33	0.6777
16	新闻知识	14	22	25	20.33	0.6777
16	中国报业	18	21	22	20.33	0.6777
19	中国图书评论	23	12	25	20.00	0.6667
20	新闻传播	17	20	22	19.67	0.6557
21	国际新闻界	13	18	26	19.00	0.6333
21	声屏世界	17	19	21	19.00	0.6333
23	中国编辑	19	23	13	18.33	0.6110
24	新闻与传播研究	18	20	15	17.67	0.5890
25	今传媒	7	21	23	17.00	0.5667
26	新闻爱好者	14	20	16	16.67	0.5557
27	新闻大学	16	15	16	15.67	0.5223
27	新闻与写作	14	17	16	15.67	0.5223
29	传媒观察	14	18	14	15.33	0.5110
30	传媒	18	10	16	14.67	0.4890
30	视听界	14	17	13	14.67	0.4890
32	出版科学	12	15	13	13.33	0.4443
33	出版经济	10	22	7	13.00	0.4333
34	中国出版	27	4	7	12.67	0.4223
35	大学出版	11	11	14	12.00	0.4000
36	出版参考	7	7	20	11.33	0.3777
37	市场观察	5	10	18	11.00	0.3667
38	新闻实践	11	9	9	9.67	0.3223
39	新闻前哨	7	6	12	8.33	0.2777
40	电子出版	4	11	3	6.00	0.2000

续表

排序	期刊名称	2004年（地区数）	2005年（地区数）	2006年（地区数）	三年平均（地区数）	归一化值
41	博览群书	2	10	3	5.00	0.1667
41	出版史料	4	6	5	5.00	0.1667
43	出版广角	5	2	6	4.33	0.1443
44	书屋	0	0	0	0	0

从表19-3可以看到，2004—2006年，表中44种新闻学与传播学期刊的平均作者地区分布为17.33。其中，新闻学与传播学的CSSCI来源期刊的平均作者地区分布为21.76，非来源期刊的作者地区分布为15.07，两者相差6.69。

我们发现新闻学与传播学期刊的载文量很高，特别是非来源期刊，其中《出版参考》三年载文量就达到635篇。而《新闻前哨》、《新闻传播》、《声屏世界》和《中国记者》的三年载文量达到500余篇，《青年记者》、《新闻爱好者》、《新闻战线》和《新闻实践》三年载文量也都在400—500之间，载文量高，却没有带来作者地区分布数的增加。相反《出版参考》和《新闻前哨》三年平均作者地区分布数仅为11.33和8.33。远低于新闻学与传播学期刊的平均作者地区分布值。因此，我们呼吁平均作者地区分布数低于20的来源期刊，应该扩大作者群，对于地方所办的期刊不能仅局限于本地区的作者和文章，应该面向全国乃至世界各地区、各方面、各层次，只有这样才能全面的反映新闻学与传播学研究的进展情况。

从年度变化来看，新闻学与传播学期刊的作者地区分布数基本处于稳定上升的状态。2004—2006年整体期刊的作者地区分布数平均值分别为16.14、17.80和18.13。其中《今传媒》涨幅最明显，2006年相比2004年增加了16个地区，《国际新闻界》、《出版参考》和《市场观察》涨幅次之，比2004年增多13个地区。《新闻知识》增加了11个地区。我们可喜的看到，在这几种涨幅明显较大的期刊中，除《国际新闻界》是来源期刊外，其余均是非来源期刊。当然也有12家期刊的作者地区分布数三年呈下降趋势，其中下降最为严重的是《中国出版》，2006年比2004年减少了20个地区，其次是《中国编辑》和《科技与出版》，这些期刊多数没有标注作者机构，也从一个侧面上反映了该刊规范程度相对较低。

19.1.4 有作者机构论文比例

作者机构标注比例是衡量期刊规范程度的重要指标之一。我们认为，作者机构是论文的重要组成部分，它不仅是学术交流的需要，也是学术界了解各机构的研究状况的重要途径。自1998年来，CSSCI来源期刊作者机构的标注比例不断上升，来源期刊的机构标注比例由1998年的83.2%上升到2006年的95.6%，期刊的规范程度不断提高。CSSCI 对人文社会科学学术期刊规范化起到了积极的作用。与其他学科相比，2004—2006 年 CSSCI 新闻学与传播学来源期刊的机构标注比为 89%，低于人文社会科学的平均比例（94.4%）。表 19-4 给出了 2004—2006 年 44 种新闻学与传播学期刊标注有作者机构的论文比例及三年平均值，并按三年平均值从大到小排序。

表 19-4　2004—2006 年新闻学与传播学期刊标注有作者机构的论文比例

排序	期刊名称	2004 年	2005 年	2006 年	三年平均	归一化值
1	电视研究	0.99	1	1	0.9967	1
2	现代传播	0.98	1	1	0.9933	0.9966
3	中国科技期刊研究	0.99	0.99	0.99	0.9900	0.9933
3	编辑之友	0.98	0.99	1	0.9900	0.9933
3	新闻大学	1	0.98	0.99	0.9900	0.9933
6	新闻界	0.94	1	1	0.9800	0.9832
7	新闻与传播研究	0.95	1	0.98	0.9767	0.9799
7	编辑学报	0.93	1	1	0.9767	0.9799
7	新闻知识	0.93	1	1	0.9767	0.9799
10	视听界	0.99	0.91	1	0.9667	0.9699
11	国际新闻界	0.95	0.98	0.94	0.9567	0.9599
12	中国广播电视学刊	0.92	0.96	0.98	0.9533	0.9565
13	中国编辑	0.90	0.93	1	0.9433	0.9464
14	当代传播	0.99	0.83	1	0.9400	0.9431
15	新闻前哨	0.82	0.98	1	0.9333	0.9364
16	出版科学	0.89	0.96	0.94	0.9300	0.9331
17	大学出版	0.84	0.94	1	0.9267	0.9298
18	新闻传播	0.93	0.95	0.89	0.9233	0.9264
19	出版发行研究	0.89	0.92	0.90	0.9033	0.9063
20	声屏世界	0.92	0.88	0.90	0.9000	0.9030
21	中国广播	0.84	0.93	0.90	0.8900	0.8929
22	科技与出版	0.76	0.89	0.90	0.8500	0.8528
23	新闻与写作	0.50	1	1	0.8333	0.8361
24	新闻战线	0.68	0.83	0.89	0.8000	0.8026
25	中国记者	0.63	0.82	0.94	0.7967	0.7993
26	新闻记者	0.68	0.84	0.86	0.7933	0.7959

续表

排序	期刊名称	2004年	2005年	2006年	三年平均	归一化值
27	新闻爱好者	0.64	0.85	0.86	0.7833	0.7859
28	今传媒	0.33	0.97	1	0.7667	0.7692
29	新闻实践	0.78	0.81	0.63	0.7400	0.7425
30	青年记者	0.27	0.91	1	0.7267	0.7291
31	中国报业	0.77	0.61	0.76	0.7133	0.7157
32	编辑学刊	0.85	0.50	0.76	0.7033	0.7056
33	传媒	0.56	0.34	1	0.6333	0.6354
34	出版经济	0.15	0.56	0.54	0.4167	0.4181
35	中国图书评论	0.60	0.09	0.51	0.4000	0.4013
36	市场观察	0.43	0.38	0.36	0.3900	0.3913
37	传媒观察	0.33	0.36	0.44	0.3767	0.3779
38	中国出版	0.84	0.07	0.08	0.3300	0.3311
39	出版参考	0.24	0.39	0.13	0.2533	0.2541
40	电子出版	0.02	0.23	0.31	0.1867	0.1873
41	出版史料	0.05	0.07	0.09	0.0700	0.0702
42	出版广角	0.05	0.04	0.03	0.0400	0.0401
43	博览群书	0.03	0.04	0.02	0.0300	0.0301
44	书屋	0	0	0	0	0

注：《书屋》杂志通篇没有机构标注。

从表19-4可以看出，有作者机构论文比三年平均值达到99%以上的期刊有5种，它们分别是《电视研究》、《现代传播》、《中国科技期刊研究》、《编辑之友》和《新闻大学》，这几种期刊在此项指标上规范度很高。其中，《电视研究》是非来源期刊。另有《新闻界》、《新闻与传播研究》、《编辑学报》和《新闻知识》四种期刊的有机构论文比均超过了97%，其中，《新闻界》和《新闻知识》是非来源期刊。从新闻学与传播学期刊整体看，在有作者机构论文比这个指标上，来源期刊和非来源期刊差距较小，也反映了在这一指标来源期刊与非来源期刊没有明显的差别。另外，表中有24种期刊超过80%，也有11种期刊的有作者机构论文比低于0.5，也就是说这几种期刊标注作者机构的论文数不到发文量的一半。而《书屋》则是三年的标注均为0。

从2004年至2006年三年变化来看，新闻学与传播学大部分期刊有作者机构的论文比例基本呈上升趋势，从2004年的0.68上升到2006年的0.76。这说明新闻学与传播学各期刊规范程度在不断提高。其中上升幅度最大的是《青年记者》，从2004年的0.27上升到2006年的1；其次是《今传媒》，比例从2004年的0.33上升到2006年的1。

19.1.5 新闻学与传播学期刊学术规范量化指标综合分析

期刊学术规范量化指标在期刊评价中占有重要的位置，其主要反映期刊的规范程度和学术质量，包括期刊的篇均引用文献数、期刊基金论文占有比例、期刊作者地区分布以及期刊标注有作者机构的论文比例这四项指标。按照四项指标平均分配总指标比率，每项指标各占25%，得到期刊学术规范量化指标综合值。表19-5给出了2004—2006年新闻学与传播学期刊学术规范量化各指标的归一化值和综合值。综合值计算方法参见本书第1章。

表19-5　2004—2006年新闻学与传播学期刊学术规范量化指标综合值

排序	期刊名称	篇均引文数归一化值	基金论文比归一化值	地区分布归一化值	有机构论文比归一化值	综合值
1	中国科技期刊研究	0.4963	1	0.9000	0.9933	0.8474
2	编辑学报	0.4358	1	0.8000	0.9799	0.8039
3	新闻与传播研究	1	0.3633	0.5890	0.9799	0.7331
4	新闻大学	0.8165	0.4997	0.5223	0.9933	0.7080
5	新闻界	0.2414	0.4547	0.7667	0.9832	0.6115
6	现代传播	0.2998	0.2045	0.9000	0.9966	0.6002
7	当代传播	0.3127	0.3408	0.7110	0.9431	0.5769
8	编辑之友	0.1929	0.2727	0.8333	0.9933	0.5731
9	国际新闻界	0.3833	0.2502	0.6333	0.9599	0.5567
10	中国广播电视学刊	0.0675	0	1	0.9565	0.5060
11	科技与出版	0.1097	0.2270	0.8000	0.8528	0.4974
12	出版发行研究	0.1289	0.0907	0.8557	0.9063	0.4954
13	出版科学	0.3474	0.2502	0.4443	0.9331	0.4938
14	新闻知识	0.1517	0.1588	0.6777	0.9799	0.4920
15	电视研究	0.0408	0	0.8443	1	0.4713
16	新闻记者	0.1306	0.0682	0.7890	0.7959	0.4459
17	中国广播	0.0417	0	0.7777	0.8929	0.4281
18	声屏世界	0.1353	0.0225	0.6333	0.9030	0.4235

续表

排序	期刊名称	篇均引文数归一化值	基金论文比归一化值	地区分布归一化值	有机构论文比归一化值	综合值
19	中国编辑	0.1069	0	0.6110	0.9464	0.4161
20	新闻传播	0.0563	0.0225	0.6557	0.9264	0.4152
21	新闻战线	0.0188	0.0225	0.7777	0.8026	0.4054
22	中国记者	0.0169	0	0.7667	0.7993	0.3957
23	视听界	0.0764	0	0.4890	0.9699	0.3838
24	青年记者	0.0403	0	0.6890	0.7291	0.3645
25	编辑学刊	0.0415	0.0225	0.6777	0.7056	0.3618
26	新闻爱好者	0.0595	0.0457	0.5557	0.7859	0.3617
27	今传媒	0.0396	0.0682	0.5667	0.7692	0.3609
28	大学出版	0.0291	0.0457	0.4000	0.9298	0.3512
29	中国报业	0	0	0.6777	0.7157	0.3484
30	新闻与写作	0.0145	0	0.5223	0.8361	0.3432
31	新闻前哨	0.0061	0	0.2777	0.9364	0.3051
32	中国图书评论	0.1198	0	0.6667	0.4013	0.2970
33	传媒	0	0	0.4890	0.6354	0.2811
34	新闻实践	0.0023	0	0.3223	0.7425	0.2668
35	传媒观察	0.0842	0	0.5110	0.3779	0.2433
36	出版经济	0	0	0.4333	0.4181	0.2129
37	中国出版	0.0173	0	0.4223	0.3311	0.1927
38	市场观察	0	0	0.3667	0.3913	0.1895
39	出版参考	0	0	0.3777	0.2541	0.1580
40	电子出版	0.0005	0	0.2000	0.1873	0.0970
41	出版史料	0.0858	0	0.1667	0.0702	0.0807
42	书屋	0.2058	0	0	0	0.0515
43	出版广角	0.0136	0	0.1443	0.0401	0.0495
44	博览群书	0.0002	0	0.1667	0.0301	0.0493

从表19-5可以看出，在新闻学与传播学期刊领域，《中国科技期刊研究》、《编辑学报》、《新闻与传播研究》、《新闻大学》、《新闻界》和《现代传播》6种期刊学

术规范综合水平相对较高，综合值都在 0.6 以上。这些期刊的共同特点是：在一个以上指标表现突出；但同时也应该看到，没有一种期刊在四个指标上表现都好，如《中国科技期刊研究》的基金论文比、地区分布数和有机构论文比较高，但篇均引文数却较低。

19.2 新闻学与传播学期刊被引次数分析

期刊被引次数分析是从期刊的学术影响角度评价期刊的基本指标之一。它是一个客观实用的评价指标，可用来衡量期刊自创刊以来的绝对学术影响力，也反映了期刊在总体上被学者使用和重视的程度，以及其在学术交流中所起的作用和所处的地位。本章将从期刊的总被引次数、其他期刊引用次数和本学科论文引用次数来考察新闻学与传播学期刊的被引用情况。

19.2.1 总被引次数

总被引次数是指自期刊创刊以来所登载的全部论文在统计当年被引用的总次数，它反映的是期刊长期以来的学术影响。表 19-6 给出了按照 2004—2006 年新闻学与传播学期刊总被引次数，并计算出了三年的平均值，最后进行了归一化处理。本表按三年平均值从大到小排序。

表 19-6　　　　2004—2006 年新闻学与传播学期刊总被引次数

排序	期刊名称	2004 年（篇次）	2005 年（篇次）	2006 年（篇次）	三年平均（篇次）	归一化值
1	中国科技期刊研究	732	794	706	744.00	1
2	编辑学报	686	749	796	743.67	0.9996
3	现代传播	140	203	210	184.33	0.2478
4	新闻记者	145	172	137	151.33	0.2034
5	编辑之友	115	124	115	118.00	0.1586
6	新闻与传播研究	107	126	115	116.00	0.1559
7	国际新闻界	110	116	119	115.00	0.1546
8	科技与出版	100	104	106	103.33	0.1389
9	出版发行研究	93	94	105	97.33	0.1308
10	中国出版	94	85	109	96.00	0.1290
11	新闻大学	63	99	61	74.33	0.0999
12	中国广播电视学刊	39	64	99	67.33	0.0905

续表

排序	期刊名称	2004年(篇次)	2005年(篇次)	2006年(篇次)	三年平均(篇次)	归一化值
13	中国记者	57	56	74	62.33	0.0838
14	新闻战线	58	62	46	55.33	0.0744
15	当代传播	31	53	77	53.67	0.0721
16	电视研究	41	37	74	50.67	0.0681
17	编辑学刊	32	58	60	50.00	0.0672
18	新闻界	24	45	63	44.00	0.0591
19	出版科学	24	39	58	40.33	0.0542
20	传媒	41	27	50	39.33	0.0529
21	书屋	20	40	48	36.00	0.0484
22	出版广角	38	34	23	31.67	0.0426
23	传媒观察	11	24	36	23.67	0.0318
24	新闻知识	12	28	22	20.67	0.0278
24	中国编辑	9	24	29	20.67	0.0278
26	出版参考	17	20	21	19.33	0.0260
26	今传媒	16	9	33	19.33	0.0260
28	中国图书评论	8	23	26	19.00	0.0255
29	出版经济	6	25	22	17.67	0.0238
30	出版史料	11	13	23	15.67	0.0211
30	声屏世界	8	14	25	15.67	0.0211
32	新闻爱好者	6	19	20	15.00	0.0202
32	新闻与写作	8	18	19	15.00	0.0202
34	博览群书	14	15	15	14.67	0.0197
35	中国广播	4	7	32	14.33	0.0193
36	大学出版	10	9	21	13.33	0.0179
37	青年记者	3	5	25	11.00	0.0148
37	新闻前哨	3	14	16	11.00	0.0148
39	电子出版	9	12	7	9.33	0.0125
39	新闻实践	3	8	17	9.33	0.0125
41	市场观察	7	6	14	9.00	0.0121
41	视听界	5	4	18	9.00	0.0121
41	中国报业	8	9	10	9.00	0.0121
44	新闻传播	13	5	6	8.00	0.0108

从表 19-6 中可以看出，新闻学与传播学期刊在总被引次数上差异很大，层次明显。最大的达到 744.00 次，最低的才 8.00 次。新闻学与传播学期刊中影响力较大的期刊集中于少数几种期刊。从期刊被引次数百分比来看，前 10 种期刊的被引次数之和占表中 44 中期刊总被引次数的 72.75%。

《中国科技期刊研究》和《编辑学报》三年平均被引次数超过 700 次，它们的被引次数占表中期刊总被引次数的 43.83%，明显高于其他期刊，这说明它们在新闻学与传播学期刊中有较大的学术影响力。年平均被引次数在 90 次以上的期刊还有《现代传播》、《新闻记者》等 8 种期刊，它们的被引次数所占比例为 28.91%。其他的 34 种期刊的被引次数所占比例之和为 27.25%。

从增长趋势来看，2004—2006 年新闻学与传播学期刊总体被引次数正逐年增加。2005 年、2006 年增幅分别为 17.18% 和 6.16%。具体来看，表中排名前 10 的期刊中，《编辑学报》2004—2006 年被引次数增长 110，平均涨幅为 7.73%；《现代传播》增长 70，平均涨幅为 24.22%，显示出旺盛的学术生命力；排名靠后的期刊中，《中国广播》和《青年记者》等平均增幅超过 200%，这主要是由于这些期刊早些年的被引次数较低。除此以外，总被引次数处于中间位置的期刊，如《中国广播电视学刊》、《当代传播》等刊增长速度和增幅都不容忽视。在 2004—2006 年间，每年均有 10 种左右的期刊被引次数略有回落，其他的均保持或多或少的增长态势。

19.2.2 其他期刊引用次数

其他期刊引用次数（也称他刊引用次数）是为了平衡引文数据库中统计源期刊（来源期刊）和非统计源期刊（非来源期刊）之间在总被引指标中存在的不平等性。这一指标杜绝了来源期刊为了提高被引次数而虚假自引的可能，以体现评价的公平性而设置的。表 19-7 统计了 2004—2006 年前 44 名新闻学与传播学期刊的他刊引用次数。同样进行了平均值的归一化处理，表 19-7 是按归一化值从大到小排序。

表 19-7　　2004—2006 年新闻学与传播学期刊他刊引用次数

排序	期刊名称	2004 年（篇次）	2005 年（篇次）	2006 年（篇次）	三年平均（篇次）	归一化值
1	编辑学报	340	343	331	338.00	1
2	中国科技期刊研究	264	245	225	244.67	0.7239
3	现代传播	113	169	167	149.67	0.4428
4	新闻记者	97	126	122	115.00	0.3402
5	国际新闻界	104	106	104	104.67	0.3097
6	新闻与传播研究	89	112	104	101.67	0.3008

续表

排序	期刊名称	2004年（篇次）	2005年（篇次）	2006年（篇次）	三年平均（篇次）	归一化值
7	编辑之友	93	106	95	98.00	0.2899
8	中国出版	94	85	109	96.00	0.2840
9	科技与出版	77	82	78	79.00	0.2337
10	出版发行研究	68	72	90	76.67	0.2268
11	中国记者	57	56	74	62.33	0.1844
12	新闻战线	58	62	46	55.33	0.1637
13	当代传播	31	53	77	53.67	0.1588
14	中国广播电视学刊	30	48	82	53.33	0.1578
15	电视研究	41	37	74	50.67	0.1499
16	新闻大学	33	63	52	49.33	0.1460
17	编辑学刊	32	57	53	47.33	0.1400
18	出版科学	24	39	58	40.33	0.1193
19	传媒	41	27	50	39.33	0.1164
20	书屋	20	40	48	36.00	0.1065
21	出版广角	38	34	23	31.67	0.0937
22	新闻界	16	34	42	30.67	0.0907
23	传媒观察	11	24	36	23.67	0.0700
24	中国编辑	9	24	29	20.67	0.0612
24	新闻知识	12	28	22	20.67	0.0612
26	今传媒	16	9	33	19.33	0.0572
26	出版参考	17	20	21	19.33	0.0572
28	出版经济	6	25	22	17.67	0.0523
29	中国图书评论	7	20	25	17.33	0.0513
30	声屏世界	8	14	25	15.67	0.0464
30	出版史料	11	13	23	15.67	0.0464
32	新闻与写作	8	18	19	15.00	0.0444
32	新闻爱好者	6	19	20	15.00	0.0444
34	博览群书	14	15	15	14.67	0.0434
35	中国广播	4	7	32	14.33	0.0424
36	大学出版	10	9	21	13.33	0.0394

续表

排序	期刊名称	2004年（篇次）	2005年（篇次）	2006年（篇次）	三年平均（篇次）	归一化值
37	新闻前哨	3	14	16	11.00	0.0325
37	青年记者	3	5	25	11.00	0.0325
39	新闻实践	3	8	17	9.33	0.0276
39	电子出版	9	12	7	9.33	0.0276
41	中国报业	8	9	10	9.00	0.0266
41	视听界	5	4	18	9.00	0.0266
41	市场观察	7	6	14	9.00	0.0266
44	新闻传播	13	5	6	8.00	0.0237

需要说明的是：在表19-7中所列的44种新闻学与传播学期刊中，有29种刊物在2004—2006年未进入CSSCI来源期刊，故这29种刊物的总被引次数均为他刊引用次数。结合表19-6和表19-7我们可以发现：15种CSSCI新闻学与传播学来源期刊在2004—2006年的总被引次数为8171，他刊引用次数为4804篇次，他引率为58.79%，平均自引率为23.09%。可见新闻学与传播学期刊的自引现象不可忽视。

在CSSCI（2004—2006）的新闻学与传播学来源期刊中，自引率最高的两种刊是《中国科技期刊研究》和《编辑学报》，自引率分别达到了67.11%和54.55%。观察这两种刊的他引总数，可以发现这两种刊的他引总次数依然遥遥领先于其他来源期刊，在所有的来源期刊和非来源期刊中也位居前两名。他引总数和自引率高这一现象也说明《中国科技期刊研究》和《编辑学报》在新闻学与传播学期刊中长期处于重要的地位。值得一提的是，15种CSSCI来源刊中，《中国出版》的自引率最低，为0，他引总次数为288，排名第8，比总被引排名的第10名提高了2位。综合看来，在所有的来源刊和非来源刊中，总被引次数和他刊引用次数的排名有变化的期刊有30种，但变化幅度都不大。

从增长趋势角度看，2005年他刊引用次数增长最大的是《现代传播》，2005年他刊引用次数比2004年增长56篇次，涨幅为49.56%；2006年他刊引用次数增长最大的是《电视研究》，增长了36篇，涨幅为94.74%。

研究新闻学与传播学期刊的2004年和2006年的他引增长情况，我们可以发现：他引增长变化情况呈现"被引多者增长在减弱，被引少者增长在加强"的现象，例如，2005年他刊引用100次以上的期刊，在2006年均有不同程度的减少。2005年和2006年均有10种以上的期刊呈现减弱的趋势，他刊引用次数高的期刊衰减更加明显。比如，2005年和2006年他引绝对衰减次数最大的均为《中国科技期刊研究》，分别衰减 19 篇次和 20 篇次，衰减幅度分别为 7.20% 和 8.16%。

19.2.3 本学科论文引用次数

本学科论文引用次数（也称学科引用次数）是指特定学科（如新闻学与传播学）期刊被该学科论文所引用的次数。期刊的学科引用次数反映了期刊在本学科的影响，同时也体现了期刊在本学科的使用率，以及在本学科领域内的学术影响力。表 19-8 给出了 2004—2006 年新闻学与传播学期刊学科引用次数排在前 44 名的期刊。本表数据按归一化值从大到小排序。

从表 19-8 可以看出，44 种期刊在 2004—2006 年共被新闻学与传播学论文引用 6841 次，而总被引次数为 10182 次，被本学科论文引用（以下简称学科引）比例为 67.18%，这一方面说明新闻学与传播学期刊不仅对本学科领域内的学术研究有重要的作用，也对其他学科学术研究有重要的参考价值；另一方面，较低的学科引用率也表明新闻学与传播学的学科渗透性较强，学科交叉性较高。

表 19-8　　　　　　2004—2006 年新闻学与传播学期刊学科引用次数

排序	期刊名称	2004 年（篇次）	2005 年（篇次）	2006 年（篇次）	三年平均（篇次）	归一化值
1	编辑学报	650	612	512	591.33	1
2	中国科技期刊研究	646	654	177	492.33	0.8326
3	新闻记者	119	94	103	105.33	0.1781
4	现代传播	72	90	114	92.00	0.1556
5	编辑之友	109	101	56	88.67	0.1500
6	科技与出版	86	82	63	77.00	0.1302
7	国际新闻界	78	53	76	69.00	0.1167
8	中国出版	82	67	49	66.00	0.1116
9	出版发行研究	83	67	40	63.33	0.1071
10	新闻与传播研究	58	58	65	60.33	0.1020
11	新闻大学	46	54	45	48.33	0.0817
12	中国记者	51	37	53	47.00	0.0795
13	中国广播电视学刊	24	42	70	45.33	0.0767
14	新闻战线	48	47	25	40.00	0.0676
15	编辑学刊	29	41	34	34.67	0.0586
16	当代传播	27	32	36	31.57	0.0536

第19章　新闻学与传播学

续表

排序	期刊名称	2004年（篇次）	2005年（篇次）	2006年（篇次）	三年平均（篇次）	归一化值
17	新闻界	18	27	48	31.00	0.0524
18	传媒	32	16	39	29.00	0.0490
19	出版科学	23	24	35	27.33	0.0462
20	电视研究	21	18	35	24.67	0.0417
21	出版广角	38	25	9	24.00	0.0406
22	传媒观察	6	18	26	16.67	0.0282
23	中国编辑	9	23	15	15.67	0.0265
24	今传媒	15	6	23	14.67	0.0248
25	出版参考	13	12	16	13.67	0.0231
26	中国广播	3	7	28	12.67	0.0214
27	声屏世界	7	11	18	12.00	0.0203
28	新闻与写作	6	16	11	11.00	0.0186
29	大学出版	9	5	14	9.33	0.0158
30	青年记者	3	4	20	9.00	0.0152
30	新闻知识	7	10	10	9.00	0.0152
32	新闻爱好者	6	12	8	8.67	0.0147
33	新闻实践	2	6	15	7.67	0.0130
34	中国图书评论	5	11	6	7.33	0.0124
35	视听界	4	4	13	7.00	0.0118
35	中国报业	7	6	8	7.00	0.0118
37	新闻传播	10	5	2	5.67	0.0096
38	市场观察	0	11	5	5.33	0.0090
39	出版经济	0	0	15	5.00	0.0085
39	出版史料	5	5	5	5.00	0.0085
41	新闻前哨	2	6	4	4.00	0.0068
42	书屋	1	6	2	3.00	0.0051
43	电子出版	1	3	1	1.67	0.0028
44	博览群书	2	1	0	1.00	0.0017

结合表19-6新闻学与传播学期刊总被引次数，将期刊按照学科引用比率降序排列后绘制成折线图表，如图19-1所示，我们可以发现，这条折线整体非常平坦，说明新闻学与传播学期刊学科引用比例比较平均。按照折线图中显示的变化趋势，我们将44种期刊大致分为三个层次：第一层次的期刊三年的学科引用比率高于65.00%，由29种刊物组成，平均学科引用比率为73.36%。其中，《中国广播》、《新闻实践》、《青年记者》、《编辑学报》是学科引用比最高的四种新闻学与传播学期刊，分别为88.37%、82.14%、81.82%和79.52%。较高的学科引用比率表明了这类期刊研究范畴比较专一，影响力主要集中在新闻学与传播学研究的某一特定领域，学科渗透性，交叉性较低，对其他学科影响较小。

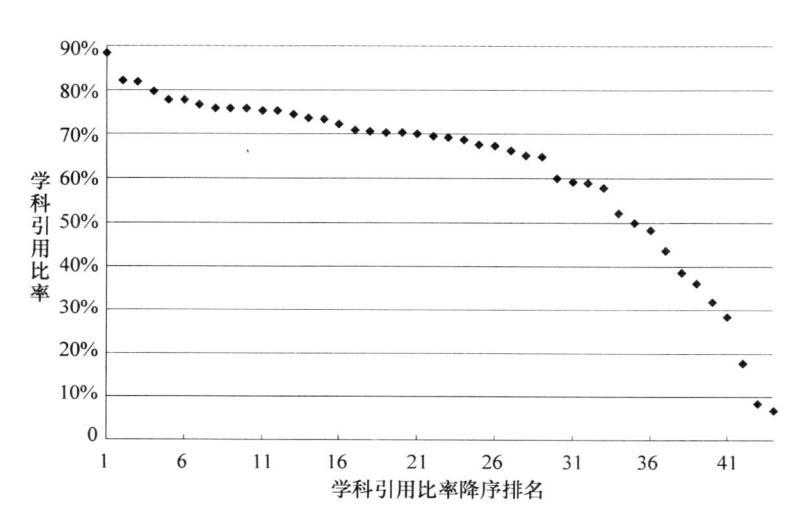

图19-1 新闻学与传播学期刊学科引用比率降序散点图示

第二层次的期刊三年的学科引用比率主要集中在30%—60%之间，由12种期刊组成，平均学科引用比为47.09%。其他的3种期刊组成第三层次，学科引用比率均在20%以下，分别为《电子出版》、《书屋》、《博览群书》，学科引用比率分别为17.86%、8.33%和6.82%。

在学科引用次数上，三年学科引用次数平均值排在前两名的依然是《编辑学报》和《中国科技期刊研究》，依次为591.33、492.33，说明这两种期刊的学科影响力长期领先于其他期刊。三年学科引用次数平均值高于100的还有《新闻记者》，为105.33。

从趋势角度来看，三年平均值呈现衰减的趋势：2004—2006年学科引用篇次分别为2463、2429和1949。2005年、2006年分别较上年衰减1.34%和19.68%。通过分析我们发现，2006年新闻学与传播学期刊学科引用次数跌落主要是受到《编辑学报》和《中国科技期刊研究》的影响，相比2006年的总减少次数479，两者分别较 2005 年减少 100 篇次和 477 篇次。

19.2.4 新闻学与传播学期刊被引次数综合分析

期刊被引次数是反映期刊长期学术影响的重要指标，它包括总被引次数、他刊引用次数和学科引用次数三项指标。三个指标的权重分配为 25%、50%、25%。表 19-9 给出了 2004—2006 年被引次数综合值排名前 44 种新闻学与传播学期刊。综合值计算方法为：按照权重分配，将每一种期刊的总被引次数和学科引用次数的归一化值分别乘以 0.25，他刊引用次数的归一化值乘以 0.5，然后将这三个结果相加得到各期刊的被引次数综合值。表 19-9 按被引次数综合值从大到小排序。

表 19-9 　　2004—2006 年新闻学与传播学期刊被引次数综合值

排序	期刊名称	总被引次数归一化值	他刊引用次数归一化值	学科引用次数归一化值	综合值
1	编辑学报	0.9996	1	1	0.9999
2	中国科技期刊研究	1	0.7239	0.8326	0.8201
3	现代传播	0.2478	0.4428	0.1556	0.3223
4	新闻记者	0.2034	0.3402	0.1781	0.2655
5	国际新闻界	0.1546	0.3097	0.1167	0.2227
6	编辑之友	0.1586	0.2899	0.1500	0.2221
7	新闻与传播研究	0.1559	0.3008	0.1020	0.2149
8	中国出版	0.1299	0.2860	0.1116	0.2034
9	科技与出版	0.1389	0.2337	0.1302	0.1841
10	出版发行研究	0.1308	0.2268	0.1071	0.1729
11	中国记者	0.0838	0.1844	0.0795	0.1330
12	中国广播电视学刊	0.0905	0.1578	0.0767	0.1207
13	新闻大学	0.0999	0.1460	0.0817	0.1184
14	新闻战线	0.0744	0.1637	0.0676	0.1174
15	当代传播	0.0721	0.1588	0.0536	0.1108
16	电视研究	0.0681	0.1499	0.0417	0.1024
17	编辑学刊	0.0672	0.1400	0.0586	0.1015
18	新闻界	0.0591	0.1302	0.0524	0.0930
19	出版科学	0.0542	0.1193	0.0462	0.0848
20	传媒	0.0529	0.1164	0.0490	0.0837
21	出版广角	0.0426	0.0937	0.0406	0.0677

续表

排序	期刊名称	总被引次数归一化值	他刊引用次数归一化值	学科引用次数归一化值	综合值
22	书屋	0.0484	0.1065	0.0051	0.0666
23	传媒观察	0.0318	0.0700	0.0282	0.0500
24	中国编辑	0.0278	0.0612	0.0265	0.0442
25	新闻知识	0.0278	0.0612	0.0152	0.0414
26	今传媒	0.0260	0.0572	0.0248	0.0413
27	出版参考	0.0260	0.0572	0.0231	0.0409
28	中国图书评论	0.0255	0.0513	0.0124	0.0351
29	出版经济	0.0238	0.0523	0.0085	0.0342
30	声屏世界	0.0211	0.0464	0.0203	0.0336
31	新闻与写作	0.0202	0.0444	0.0186	0.0319
32	中国广播	0.0193	0.0424	0.0214	0.0314
33	新闻爱好者	0.0202	0.0444	0.0147	0.0309
34	出版史料	0.0211	0.0464	0.0085	0.0306
35	大学出版	0.0179	0.0394	0.0158	0.0281
36	博览群书	0.0197	0.0434	0.0017	0.0271
37	青年记者	0.0148	0.0325	0.0152	0.0238
38	新闻前哨	0.0148	0.0325	0.0068	0.0217
39	新闻实践	0.0125	0.0276	0.0130	0.0202
40	视听界	0.0121	0.0266	0.0118	0.0193
40	中国报业	0.0121	0.0266	0.0118	0.0193
42	市场观察	0.0121	0.0266	0.0090	0.0186
43	电子出版	0.0125	0.0276	0.0028	0.0176
44	新闻传播	0.0108	0.0237	0.0096	0.0170

从表 19-9 的 2004—2006 年新闻学与传播学期刊被引次数综合值排序分布可以看出，这 44 种期刊的综合值差距很大，从 0.0170 到 0.9999。从综合值来看，新闻学与传播学期刊有明显的分层现象。

第一层次有两种期刊，《编辑学报》和《中国科技期刊研究》。两者的综合值均超过 0.8，其中《编辑学报》为 0.9999，远远领先于其他 43 种期刊。可见《编辑学报》和《中国科技期刊研究》在新闻学与传播学期刊中长期处于领先地位，对新闻学与传播学学科起着重要的作用。

根据各期刊的被引次数综合值，我们把综合值位于 0.4—0.1 之间的期刊划分在第二层次，包括《现代传播》、《新闻记者》、《国际新闻界》、《编辑学刊》等在内的 15 种期刊。其余的综合值在 0.1—0.01 之间的期刊组成第三层次。

需要说明的是：被引次数的高低受到各方面因素的制约，比如创刊时间的长短、登载论文的多少、期刊办刊方向与学科热点是否一致等。因此，这一指标仅体现了期刊的一个方面的学术影响力。

19.3 新闻学与传播学期刊被引速率分析

即年指数是表征期刊即时反应速率的指标，主要描述期刊当年发表的论文在当年被引用的情况。[①]此值越高，说明该刊的论文对本学科领域的热点关注度较高，因此论文被引用的速度较快。但是，由于文章从撰写到发表有一定的时滞，往往在半年以上甚至一年，即年指数作为评价指标已经不能体现它的原有含义。因此，本评价体系对即年指数这个指标进行了改进，引入了期刊被引速率这个指标，详细参见第 1 章。期刊被引速率也被分为三个下级指标来分析：总被引速率、他刊引用速率和学科引用速率。

19.3.1 总被引速率

总被引速率是指该刊当年发表论文和前一年论文在当年被引用总次数除以该刊当年和前一年发表的论文总数所得的值。这样能更清晰地在人文社会科学领域分辨各期刊对热点的跟踪和期刊对学术前沿的反应能力。[②] 表 19-10 给出了按照 2004—2006 年新闻学与传播学总被引速率平均值排在前 44 名的期刊，并按三年平均值从大到小排序。

表 19-10　　　　　2004—2006 年新闻学与传播学期刊总被引速率

排序	期刊名称	2004 年	2005 年	2006 年	三年平均	归一化值
1	编辑学报	0.4492	0.4617	0.4359	0.4489	1
2	中国科技期刊研究	0.4542	0.4666	0.3938	0.4382	0.9762
3	新闻与传播研究	0.2719	0.4297	0.2000	0.3005	0.6694
4	国际新闻界	0.2827	0.2228	0.1201	0.2085	0.4645

---

① 中国科技信息研究所、万方数据股份有限公司：《中国科技期刊引证报告 2007 版（扩刊版）》，科学技术出版社 2007 年版，第 7 页。

② 苏新宁："构建人文社会科学期刊评价体系"，《东岳论丛》2008 年第 1 期，第 35—42 页。

续表

排序	期刊名称	2004年	2005年	2006年	三年平均	归一化值
5	新闻大学	0.1910	0.2395	0.1322	0.1876	0.4179
6	现代传播	0.1054	0.1446	0.1591	0.1364	0.3039
7	编辑之友	0.1279	0.1020	0.1079	0.1126	0.2508
8	新闻记者	0.1088	0.1314	0.0844	0.1082	0.2410
9	科技与出版	0.0988	0.0673	0.0725	0.0795	0.1771
10	当代传播	0.0275	0.0416	0.0694	0.0462	0.1029
11	传媒	0.0276	0.0385	0.0706	0.0456	0.1016
12	出版发行研究	0.0461	0.0461	0.0436	0.0452	0.1007
13	编辑学刊	0.0067	0.0443	0.0804	0.0438	0.0976
14	中国广播电视学刊	0.0193	0.0448	0.0627	0.0423	0.0942
15	出版科学	0.0309	0.0410	0.0480	0.0400	0.0891
16	新闻界	0.0253	0.0408	0.0446	0.0369	0.0822
17	中国编辑	0.0242	0.0519	0.0257	0.0339	0.0755
18	中国出版	0.0455	0.0224	0.0315	0.0331	0.0737
19	中国记者	0.0360	0.0228	0.0363	0.0317	0.0706
20	大学出版	0.0216	0.0265	0.0376	0.0286	0.0637
21	电视研究	0.0132	0.0223	0.0435	0.0263	0.0586
22	传媒观察	0.0164	0.0341	0.0239	0.0248	0.0552
23	新闻战线	0.0236	0.0269	0.0167	0.0224	0.0499
24	新闻与写作	0.0100	0.0308	0.0204	0.0204	0.0454
25	今传媒	0.0101	0.0037	0.0356	0.0165	0.0368
26	书屋	0.0113	0.0255	0.0112	0.0160	0.0356
27	新闻知识	0.0111	0.0170	0.0113	0.0131	0.0292
28	出版经济	0.0080	0.0066	0.0244	0.0130	0.0290
29	出版广角	0.0161	0.0069	0.0108	0.0113	0.0252
30	中国广播	0.0050	0.0059	0.0223	0.0111	0.0247
31	市场观察	0.0115	0.0063	0.0145	0.0108	0.0241
32	视听界	0.0080	0.0078	0.0157	0.0105	0.0234
33	博览群书	0.0093	0.0157	0.0035	0.0095	0.0212
34	声屏世界	0.0031	0.0080	0.0158	0.0090	0.0200
35	中国报业	0.0056	0.0081	0.0118	0.0085	0.0189

续表

排序	期刊名称	2004年	2005年	2006年	三年平均	归一化值
36	新闻爱好者	0.0034	0.0097	0.0099	0.0077	0.0172
37	中国图书评论	0.0029	0.0098	0.0089	0.0072	0.0160
37	青年记者	0.0011	0.0036	0.0168	0.0072	0.0160
39	出版参考	0.0070	0.0069	0.0050	0.0063	0.0140
40	新闻实践	0.0011	0.0070	0.0081	0.0054	0.0120
40	出版史料	0.0038	0.0081	0.0042	0.0054	0.0120
42	新闻传播	0.0096	0.0019	0.0038	0.0051	0.0114
43	新闻前哨	0.0009	0.0017	0.0078	0.0035	0.0078
44	电子出版	0.0026	0	0.0041	0.0022	0.0049

从表19-10中我们发现，新闻学与传播学期刊的总被引速率均处于0.5以下，只有两种超过0.4，大约有35种期刊总被引速率处于0.05以下，约占表中新闻学与传播学期刊的79.5%。由此可见，新闻学与传播学期刊对学科热点的追踪能力和对学术前沿的反应能力集中在少数期刊中，大部分新闻学与传播学期刊有待加强。

根据新闻学与传播学期刊三年平均总被引速率值，我们可以将新闻学与传播学期刊分为4个层次。总被引速率在0.3以上的三种期刊处于第一层次，分别为：《编辑学报》，0.4489；《中国科技期刊研究》，0.4382；《新闻与传播研究》，0.3005。这三种期刊的总被引速率平均值均超过了0.3，远远高于所有期刊的总被引速率平均值0.062，其中《中国科技期刊研究》和《编辑学报》处于绝对领先的地位，每年的总被引速率基本上都在0.4以上。《新闻与传播研究》因其在2005年的值较高而被划分入第一层次。

总被引速率在0.3—0.05之间的期刊处于第二层次，包括《国际新闻界》、《新闻大学》、《现代传播》、《编辑之友》、《新闻记者》、《科技与出版》6种，其总被引速率均值约为0.14，高于0.062。

其余的35种期刊中总被引速率均在0.05以下，我们又将其划分为两个层次：其中在0.01以上的处于第三层次，低于0.01的期刊组成第四层次。

从总被引速率变化可以看出，2005年总被引速率增长幅度最大的是《编辑学刊》，涨幅为562.34%，需要说明的是该刊2006年继续快速增长，幅度为81.44%。2006年总被引速率增长幅度最大的是《今传媒》，为855.68%，考察其三年的总被引速率，发现该刊存在着暴涨暴跌的现象，可见期刊某个年份的被引速率突然增高可能具有一定的偶然性。

从发展角度来看，2004—2006年新闻学与传播学期刊总被引速率处于增长态势，

2005年最为明显。其中，2004—2006年三年间每年都处于增长态势的期刊有16种：《现代传播》、《当代传播》、《传媒》、《编辑学报》、《电视研究》、《中国广播》、《声屏世界》、《中国报业》、《新闻爱好者》、《中国图书评论》、《青年记者》、《出版参考》、《新闻实践》、《出版史料》、《新闻传播》、《新闻前哨》。值得注意的是，总被引速率均值排列前几名的期刊，大部分增长比较缓慢，部分存在滑落的现象，如《国际新闻界》等，需要引起此类期刊的警觉。

19.3.2 其他期刊引用速率

其他期刊引用速率（也称他刊引用速率）是指该刊当年和前一年发表的论文在当年被其他期刊引用次数除以该刊当年发表的和前一年发表的论文总数得到的值。他刊引用速率与期刊总被引速率相比，去除了期刊自引的情况，能够更加客观、清晰地反映期刊对学者的影响力。表19-11给出了按照2004—2006年新闻学与传播学他刊引用速率排在前44名的期刊，并按三年平均值从大到小排序。

表19-11　　　　2002—2006年新闻学与传播学期刊他刊引用速率

排序	期刊名称	2004年	2005年	2006年	三年平均	归一化值
1	新闻与传播研究	0.2368	0.3516	0.1826	0.2570	1
2	国际新闻界	0.2775	0.1881	0.0974	0.1877	0.7304
3	编辑学报	0.2203	0.1894	0.1492	0.1863	0.7249
4	中国科技期刊研究	0.1520	0.1321	0.1200	0.1347	0.5241
5	现代传播	0.0857	0.1129	0.1189	0.1058	0.4117
6	编辑之友	0.0918	0.0875	0.0875	0.0889	0.3459
7	新闻大学	0.0393	0.1078	0.1149	0.0873	0.3397
8	新闻记者	0.0688	0.0926	0.0693	0.0769	0.2992
9	科技与出版	0.0610	0.0404	0.0393	0.0469	0.1825
10	当代传播	0.0275	0.0416	0.0694	0.0462	0.1798
11	传媒	0.0276	0.0385	0.0706	0.0456	0.1774
12	出版科学	0.0309	0.0410	0.0480	0.0400	0.1556
13	编辑学刊	0.0067	0.0443	0.0675	0.0395	0.1537
14	中国编辑	0.0242	0.0519	0.0257	0.0339	0.1319
15	中国出版	0.0455	0.0210	0.0315	0.0327	0.1272
16	出版发行研究	0.0324	0.0301	0.0352	0.0326	0.1268
17	中国广播电视学刊	0.0133	0.0314	0.0506	0.0318	0.1237
18	中国记者	0.0360	0.0228	0.0363	0.0317	0.1233

第19章 新闻学与传播学

续表

排序	期刊名称	2004年	2005年	2006年	三年平均	归一化值
19	大学出版	0.0216	0.0265	0.0376	0.0286	0.1113
20	传媒观察	0.0148	0.0341	0.0239	0.0243	0.0946
21	新闻战线	0.0236	0.0269	0.0167	0.0224	0.0872
22	新闻界	0.0127	0.0257	0.0260	0.0215	0.0837
23	新闻与写作	0.0100	0.0308	0.0204	0.0204	0.0794
24	电视研究	0.0096	0.0171	0.0329	0.0199	0.0774
25	今传媒	0.0101	0.0037	0.0356	0.0165	0.0642
26	书屋	0.0113	0.0255	0.0112	0.0160	0.0623
27	新闻知识	0.0111	0.0170	0.0113	0.0131	0.0510
28	出版经济	0.0080	0.0066	0.0244	0.0130	0.0506
29	出版广角	0.0161	0.0069	0.0108	0.0113	0.0440
30	市场观察	0.0115	0.0063	0.0145	0.0108	0.0420
31	视听界	0.0080	0.0078	0.0157	0.0105	0.0409
32	博览群书	0.0093	0.0157	0.0035	0.0095	0.0370
33	声屏世界	0.0031	0.0080	0.0158	0.0090	0.0350
34	中国报业	0.0056	0.0081	0.0118	0.0085	0.0331
35	新闻爱好者	0.0034	0.0097	0.0099	0.0077	0.0300
36	青年记者	0.0011	0.0036	0.0168	0.0072	0.0280
37	中国广播	0.0017	0.0015	0.0164	0.0065	0.0253
38	出版参考	0.0070	0.0069	0.0050	0.0063	0.0245
39	新闻实践	0.0011	0.0070	0.0081	0.0054	0.0210
39	出版史料	0.0038	0.0081	0.0042	0.0054	0.0210
41	中国图书评论	0.0014	0.0056	0.0089	0.0053	0.0206
42	新闻传播	0.0096	0.0019	0.0038	0.0051	0.0198
43	新闻前哨	0.0009	0.0017	0.0078	0.0035	0.0136
44	电子出版	0.0026	0	0.0041	0.0022	0.0086

从表 19-11 可知，新闻学与传播学所有期刊的他刊引用速率都在 0.3 以下，平均引用速率为 0.04。有 8 种期刊的他刊引用速率在 0.3—0.07 之间，不到表中新闻学与传播学期刊总数的 19%；而有 36 种期刊的他刊引用速率都在 0.05 以下，占到了表中新闻学与传播学期刊总数的 80%，这和新闻学与传播学总被引速率表呈现的规律基本一致。

他刊引用速率的分层现象也和总被引速率类似，我们仍然将其分为 4 个层次。第一层有 3 种期刊：《新闻与传播研究》、《国际新闻界》、《编辑学报》。这三种期刊的他刊引用速率三年平均值分别为：0.2570、0.1877、0.1863，远高于平均值和其他期刊。比如：排名第 3 的《编辑学报》高出排名第 4 的期刊约 40%。需要说明的是，对比表 19-10 和表 19-11，我们发现处于第一层次的期刊略有变动，排名情况也有所更改，比如原本处于第二层次的《国际新闻界》进入第一层次，而《中国科技期刊研究》则从第 1 滑落至第 4 名。《编辑学报》和《新闻与传播研究》则仍然处于第一层次。

他刊引用速率值在 0.15—0.07 之间的期刊处于第二层次，主要有 5 种期刊：《中国科技期刊研究》、《现代传播》、《编辑之友》、《新闻大学》、《新闻记者》。

其余的 36 期刊中他刊引用速率均在 0.05 下，我们又将其划分为两个层次：其中在 0.01 以上的处于第 3 层次，低于 0.01 的期刊组成第 4 层次。

从趋势角度来看，2004—2006 年表中期刊的他刊引用速率平均值分别为：0.0386、0.0440、0.0416。可见，2005 年新闻学与传播学期刊他刊引用速率涨幅为 14.0%，2006 年较 2005 年略有回落，衰减比率为 6.4%，但相比 2004 年仍然保持着增长态势。2005 年增长幅度最大的是《编辑学刊》，涨幅为 562.34%，该刊在 2006 年也保持着强劲的增长势头。2006 年增长幅度最大的是《今传媒》，增幅为 855.68%，该刊在 2005 年出现过幅度较大的衰减。

2004—2006 年间一直处于增长态势的期刊约有 18 种，如：《现代传播》、《编辑学刊》、《中国广播电视学刊》、《声屏世界》、《新闻记者》等；而约有 6 种刊则一直处于衰减的趋势，且多集中在他刊引用速率值排名前 10 名的期刊中，如《国际新闻界》、《编辑学报》和《中国科技期刊研究》。其他的期刊则处于时增时减的状态，没有稳定的趋势。

19.3.3　本学科论文引用速率

本学科论文引用速率（也称学科引用速率）是指该刊当年论文和前一年论文在当年被本学科论文引用的次数与该刊当年发表的和前一年发表的论文总数的比值。学科引用速率主要用来反映某期刊在本学科的学术反应速度。表 19-12 给出了 2004—2006 年新闻学与传播学期刊学科引用速率统计，按三年平均速率从大到小排序。

表 19-12　　2002—2006 年新闻学与传播学期刊学科引用速率

排序	期刊名称	2004 年	2005 年	2006 年	三年平均	归一化值
1	编辑学报	0.4298	0.3872	0.3030	0.3733	1
2	中国科技期刊研究	0.4139	0.4031	0.0923	0.3031	0.8119
3	新闻与传播研究	0.2018	0.2578	0.1391	0.1996	0.5347
4	国际新闻界	0.2251	0.1238	0.0942	0.1477	0.3957
5	新闻大学	0.1573	0.1377	0.1034	0.1328	0.3557
6	编辑之友	0.1279	0.0845	0.0700	0.0941	0.2521
7	新闻记者	0.0913	0.0738	0.0730	0.0794	0.2127
8	现代传播	0.0589	0.0705	0.0905	0.0733	0.1964
9	科技与出版	0.0988	0.0561	0.0538	0.0696	0.1864
10	出版发行研究	0.0427	0.0390	0.0218	0.0345	0.0924
11	出版科学	0.0309	0.0341	0.0369	0.0340	0.0911
12	编辑学刊	0.0033	0.0348	0.0611	0.0331	0.0887
13	传媒	0.0224	0.0223	0.0530	0.0326	0.0873
14	中国编辑	0.0242	0.0492	0.0200	0.0311	0.0833
15	中国广播电视学刊	0.0085	0.0347	0.0440	0.0291	0.0780
16	中国出版	0.0428	0.0182	0.0201	0.0270	0.0723
17	当代传播	0.0220	0.0321	0.0263	0.0268	0.0718
18	新闻界	0.0190	0.0257	0.0347	0.0265	0.0710
19	中国记者	0.0350	0.0152	0.0275	0.0259	0.0694
20	大学出版	0.0216	0.0132	0.0226	0.0191	0.0512
21	新闻战线	0.0205	0.0217	0.0123	0.0182	0.0488
22	传媒观察	0.0082	0.0260	0.0171	0.0171	0.0458
23	新闻与写作	0.0060	0.0286	0.0113	0.0153	0.0410
24	今传媒	0.0101	0.0037	0.0271	0.0136	0.0364
25	电视研究	0.0060	0.0105	0.0198	0.0121	0.0324
26	出版广角	0.0161	0.0055	0.0108	0.0108	0.0289
27	中国广播	0.0050	0.0059	0.0211	0.0107	0.0287
28	视听界	0.0080	0.0078	0.0104	0.0087	0.0233
29	出版经济	0.0080	0	0.0152	0.0077	0.0206
30	声屏世界	0.0021	0.0070	0.0138	0.0076	0.0204
31	新闻知识	0.0083	0.0052	0.0075	0.0070	0.0188

续表

排序	期刊名称	2004年	2005年	2006年	三年平均	归一化值
32	青年记者	0.0011	0.0036	0.0149	0.0065	0.0174
33	中国报业	0.0037	0.0065	0.0089	0.0064	0.0171
34	出版参考	0.0070	0.0046	0.0042	0.0053	0.0142
34	新闻爱好者	0.0034	0.0065	0.0059	0.0053	0.0142
36	新闻实践	0.0011	0.0047	0.0081	0.0046	0.0123
37	市场观察	0.0016	0.0047	0.0043	0.0035	0.0094
37	新闻传播	0.0077	0.0019	0.0010	0.0035	0.0094
39	中国图书评论	0.0029	0.0042	0.0015	0.0029	0.0078
40	出版史料	0.0038	0	0.0042	0.0027	0.0072
41	博览群书	0.0013	0.0016	0.0035	0.0021	0.0056
42	新闻前哨	0.0009	0.0017	0.0026	0.0017	0.0046
43	电子出版	0	0	0.0041	0.0014	0.0038
44	书屋	0	0.0022	0	0.0007	0.0019

由表19-12可以看出，新闻学与传播学期刊学科引用速率方面呈现出和以上两个指标类似的规律，主要体现在：

仅有少数期刊具有较高的学科引用速率。观察表19-12，我们发现新闻学与传播学期刊的学科引用速率都低于0.4，所有期刊的三年平均速率为0.05。其中只有8种刊在0.4—0.07之间，约有35种期刊低于0.05，占到了全部新闻学与传播学期刊的80%，可见新闻学与传播学大部分期刊都需要加强对学科热点的追踪能力。

如果我们按照表中数据进行分层，依然可以分为四个层次，每个层次的期刊数量以及变化规律基本相同。第一层次的期刊学科引用速率均在0.2以上，包括《编辑学报》、《中国科技期刊研究》两种。第一层次的两种期刊在学科引用速率上明显领先于其他期刊。处于0.2—0.07之间的期刊组成第二层次，他们相对于第一层次对学科热点的追踪能力稍弱，包括《新闻与传播研究》、《国际新闻界》、《新闻大学》、《编辑之友》、《新闻记者》、《现代传播》、《科技与出版》在内的7种期刊。其余的期刊学科引用速率均在0.05以下，共有35种期刊，其中高于0.01的18种期刊组成第三层次，低于0.01的17种期刊组成了第四层次。

需要说明的是，学科引用速率排列顺序较前两个指标相比有所变动，但大部分为小幅变动。比如：学科引用速率属于第一层次的期刊和他刊引用速率第一层次相比，《编辑学报》等的顺序略有变动；小部分期刊排名发生了较大幅度的变动，比如，《书屋》的总被引速率和他刊引用速率均处于26名，但其学科引用速率却降至44

名。与之类似的还有《博览群书》。究其原因，我们发现这与《书屋》的学科性质有重要关系。《书屋》带有图书评论和文学性质，其论文被文学论文引用的概率较高，《博览群书》也是如此。

趋势情况依然存在学科引用速率较高的期刊趋势减缓或下降、而学科引用速率较小的期刊的增长较快的趋势。2004—2006年一直保持增长的期刊共有12种，大多集中在第三、第四层次，其中第四层次有8种期刊保持持续增长。第一、第二层次仅有《现代传播》保持着年均23.7%的增长速度，其他的8种期刊均有不同程度的滑落。

需要说明的是：从发展趋势角度来看，2004—2006年的年平均学科引用速率呈现衰减的趋势，分别为：0.0502、0.0472、0.0369。我们认为，这种衰减可能预示着新闻学与传播学科与其他学科的融合越来越多，不能一味地将其归结为期刊追踪学科前沿能力的衰弱。

19.3.4 新闻学与传播学期刊被引速率综合分析

被引速率反映了期刊论文被引用的速度。如果我们综合考察期刊的被引速率，则被引速率越高，说明期刊对学科领域的快速反应和对热点的跟踪能力越强。根据第1章对期刊被引速率综合值的计算方法，我们将期刊总被引速率和学科引用速率的权重各赋予25%，他刊引用速率赋予50%的权重，并设计了表19-13。表19-13按照归一、加权后的综合值给出了2004—2006年新闻学与传播学排在前44名的期刊，并按归一化值从大到小排序。

表19-13　　　　　2002—2006年新闻学与传播学期刊被引速率综合值

排序	期刊名称	总被引速率归一化值	他刊引用速率归一化值	学科引用速率归一化值	综合值
1	编辑学报	1	0.7249	1	0.8625
2	新闻与传播研究	0.6694	1	0.5347	0.8010
3	中国科技期刊研究	0.9762	0.5241	0.8119	0.7091
4	国际新闻界	0.4645	0.7304	0.3957	0.5803
5	新闻大学	0.4179	0.3397	0.3557	0.3633
6	现代传播	0.3039	0.4117	0.1964	0.3309
7	编辑之友	0.2508	0.3459	0.2521	0.2987
8	新闻记者	0.2410	0.2992	0.2127	0.2630
9	科技与出版	0.1771	0.1825	0.1864	0.1821
10	传媒	0.1016	0.1774	0.0873	0.1359
11	当代传播	0.1029	0.1798	0.0718	0.1336

续表

排序	期刊名称	总被引速率归一化值	他刊引用速率归一化值	学科引用速率归一化值	综合值
12	编辑学刊	0.0976	0.1537	0.0887	0.1234
13	出版科学	0.0891	0.1556	0.0911	0.1229
14	出版发行研究	0.1007	0.1268	0.0924	0.1117
15	中国编辑	0.0755	0.1319	0.0833	0.1057
16	中国广播电视学刊	0.0942	0.1237	0.0780	0.1049
17	中国出版	0.0737	0.1272	0.0723	0.1001
18	中国记者	0.0706	0.1233	0.0694	0.0967
19	大学出版	0.0637	0.1113	0.0512	0.0844
20	新闻界	0.0822	0.0837	0.0710	0.0802
21	传媒观察	0.0552	0.0946	0.0458	0.0726
22	新闻战线	0.0499	0.0872	0.0488	0.0683
23	电视研究	0.0586	0.0774	0.0324	0.0615
24	新闻与写作	0.0454	0.0794	0.0410	0.0613
25	今传媒	0.0368	0.0642	0.0364	0.0504
26	书屋	0.0356	0.0623	0.0019	0.0405
27	出版经济	0.0290	0.0506	0.0206	0.0377
28	新闻知识	0.0292	0.0510	0.0188	0.0375
29	出版广角	0.0252	0.0440	0.0289	0.0355
30	视听界	0.0234	0.0409	0.0233	0.0321
31	市场观察	0.0241	0.0420	0.0094	0.0294
32	声屏世界	0.0200	0.0350	0.0204	0.0276
33	中国广播	0.0247	0.0253	0.0287	0.0260
34	中国报业	0.0189	0.0331	0.0171	0.0256
35	博览群书	0.0212	0.0370	0.0056	0.0252
36	新闻爱好者	0.0172	0.0300	0.0142	0.0229
37	青年记者	0.0160	0.0280	0.0174	0.0224
38	出版参考	0.0140	0.0245	0.0142	0.0193
39	新闻实践	0.0120	0.0210	0.0123	0.0166
40	中国图书评论	0.0160	0.0206	0.0078	0.0163
41	出版史料	0.0120	0.0210	0.0072	0.0153

续表

排序	期刊名称	总被引速率归一化值	他刊引用速率归一化值	学科引用速率归一化值	综合值
42	新闻传播	0.0114	0.0198	0.0094	0.0151
43	新闻前哨	0.0078	0.0136	0.0046	0.0099
44	电子出版	0.0049	0.0086	0.0038	0.0065

从表 19-13 中，我们可以发现 44 种期刊被引速率的综合值相差较大，从 0.0065 到 0.8625，平均被引速率为 0.1449。

从综合值跨度上，我们可以发现排名前两位的期刊《编辑学报》、《新闻与传播研究》的被引速率明显高于其他期刊，其被引速率综合值均在 0.8 以上，远远高于平均值 0.1449，当之无愧地占据着第一集团的位置，它们三项指标均排在前 3 名。另外两种期刊：《中国科技期刊研究》和《国际新闻界》分别以 0.7091 和 0.5803 与其他期刊拉开了较大的距离。

在 44 种期刊中，约有 35 种期刊的被引速率在平均值 0.1449 之下，占到了全部期刊的 80%，这也再次证明了新闻学与传播学期刊的被引速率的差异之大，只有少数期刊的被引速率较高，大多数期刊需要加强其对学科热点的跟踪能力。

19.4 新闻学与传播学期刊影响因子分析

期刊的被引次数反映了期刊的绝对影响，而期刊的相对影响则是通过影响因子反映出来的。影响因子的实质是在一定的统计时间范围内期刊发表论文的平均被引用率。[①]一般来说，期刊影响因子越大，说明该期刊的论文平均影响力和学术作用也越大。因此，影响因子与期刊被引次数是一个很好的互补。与前两个指标一样，影响因子指标也被细分成了三个下级指标：一般影响因子、他引影响因子、学科影响因子。

19.4.1 一般影响因子

本书已根据人文社会科学的期刊论文发表现状对现行的影响因子的计算方法进行了修订，修订以后的影响因子可以更加科学地反映期刊近期的篇均学术影响，其影响因子的计算公式详见第 1 章，即该刊前第 2、3 年发表论文在统计当年被引用的总次数与该刊前第 2、3 年发表论文总数之比。影响因子体现了期刊在科学研究领域里

---

① 刘勇："论用期刊影响因子评价论文作者的逻辑前提与局限性"，《编辑学报》2007 年第 2 期，第 152—153 页。

的相对影响度，一般来说，影响因子高的期刊其所载论文的整体质量也较高，该期刊在学界也具有较大的影响力。表19-14给出了按照2004—2006年新闻学与传播学期刊一般影响因子平均值排在前44名期刊，按归一化值从大到小排序。

表19-14　　　　2004—2006年新闻学与传播学期刊一般影响因子

排序	期刊名称	2004年	2005年	2006年	三年平均	归一化值
1	编辑学报	0.8031	0.7530	0.6782	0.7448	1
2	中国科技期刊研究	0.6304	0.5756	0.4579	0.5546	0.7446
3	新闻与传播研究	0.2342	0.2474	0.1228	0.2015	0.2705
4	国际新闻界	0.1824	0.1694	0.0995	0.1504	0.2019
5	编辑之友	0.1111	0.1362	0.0885	0.1119	0.1502
6	现代传播	0.1098	0.1270	0.0821	0.1063	0.1427
7	科技与出版	0.0954	0.1034	0.1017	0.1002	0.1345
8	新闻大学	0.0509	0.1164	0.0562	0.0745	0.1000
9	出版科学	0.0464	0.0609	0.0962	0.0678	0.0910
10	出版发行研究	0.0597	0.0535	0.0597	0.0576	0.0773
11	新闻记者	0.0553	0.0517	0.0500	0.0523	0.0702
12	中国出版	0.0373	0.0534	0.0428	0.0445	0.0597
13	编辑学刊	0.0297	0.0623	0.0401	0.0440	0.0591
14	中国编辑	0.0500	0.0265	0.0544	0.0436	0.0585
15	当代传播	0.0232	0.0277	0.0440	0.0316	0.0424
16	书屋	0.0113	0.0219	0.0432	0.0255	0.0342
17	新闻界	0.0173	0.0231	0.0401	0.0268	0.0360
18	中国广播电视学刊	0.0134	0.0193	0.0339	0.0222	0.0298
19	新闻战线	0.0152	0.0277	0.0174	0.0201	0.0270
20	出版广角	0.0222	0.0280	0.0074	0.0192	0.0258
21	传媒	0.0189	0.0089	0.0259	0.0179	0.0240
22	出版经济	0.0021	0.0304	0.0159	0.0161	0.0216
23	中国记者	0.0155	0.0136	0.0170	0.0154	0.0207
24	电视研究	0.0167	0.0169	0.0120	0.0152	0.0204
25	传媒观察	0.0028	0.0046	0.0329	0.0134	0.0180
26	大学出版	0.0153	0	0.0216	0.0123	0.0165
27	中国图书评论	0.0033	0.0228	0.0101	0.0121	0.0162

续表

排序	期刊名称	2004 年	2005 年	2006 年	三年平均	归一化值
28	电子出版	0.0059	0.0164	0.0104	0.0109	0.0146
29	今传媒	0.0087	0.0054	0.0101	0.0081	0.0109
30	中国广播	0	0.0037	0.0202	0.0080	0.0107
31	新闻知识	0.0051	0.0109	0.0069	0.0076	0.0102
32	新闻与写作	0.0051	0.0056	0.0100	0.0069	0.0093
33	视听界	0.0019	0	0.0179	0.0066	0.0089
34	中国报业	0.0112	0.0039	0.0019	0.0057	0.0077
35	出版参考	0.0064	0.0048	0.0056	0.0056	0.0075
36	新闻爱好者	0.0036	0.0051	0.0078	0.0055	0.0074
37	博览群书	0.0026	0.0040	0.0093	0.0053	0.0071
38	声屏世界	0.0050	0.0047	0.0052	0.0050	0.0067
39	新闻前哨	0.0026	0.0092	0.0028	0.0049	0.0066
40	青年记者	0.0030	0.0012	0.0091	0.0044	0.0059
41	新闻实践	0	0.0011	0.0078	0.0030	0.0040
42	新闻传播	0.0032	0.0029	0.0019	0.0027	0.0036
43	市场观察	0	0	0.0016	0.0005	0.0007
44	出版史料	0	0	0	0	0

从表 19-14 中可以看到，被引数量和被引速率较好的期刊基本排在前列，比如《编辑学报》、《中国科技期刊研究》、《新闻与传播研究》、《国际新闻界》。排在前两名的是《编辑学报》、《中国科技期刊研究》，年平均一般影响因子分别为：0.7448、0.5546，远远高于其他期刊的一般影响因子，说明这两种期刊在新闻学与传播学界有较大的影响力。

其他期刊一般影响因子三年平均值基本都在 0.2 以下，其中大于 0.1 的还有《新闻与传播研究》、《国际新闻界》、《编辑之友》、《现代传播》、《科技与出版》五种期刊。剩下的 37 种期刊一般影响因子均小于 0.1，占全部选用新闻学与传播学期刊数量的 84.1%，可见大部分新闻学与传播学期刊的一般影响因子值偏低，也说明了少数的新闻学与传播学期刊具有较大的影响力，大部分新闻学与传播学期刊影响力较小，需要加强期刊建设。

从趋势来看，2005 年一般影响因子增长幅度较大的有《出版经济》、《中国图书评论》、《新闻前哨》、《电子出版》、《新闻大学》、《新闻知识》、《书屋》等期刊，增幅分别为：1376.17%、581.79%、262.13%、177.15%、128.57%、115.85%、

93.80%。2006年一般影响因子增幅较大的有《青年记者》、《传媒观察》、《新闻实践》、《中国广播》、《传媒》、《博览群书》、《书屋》，增幅分别为：681.82%、614.91%、600.78%、445.55%、191.13%、131.48%、97.26%。对比2005年和2006年增幅较大的期刊，发现仅有《书屋》保持着持续快速的增长，其他期刊处于"增减交替"的不稳定状态。考察所有期刊的增长情况，我们发现除《书屋》外，《出版科学》、《当代传播》、《新闻界》、《中国广播电视学刊》、《传媒观察》、《新闻与写作》、《新闻爱好者》、《博览群书》8种期刊也保持着每年或多或少的增长状态。需要引起警觉的是，2004—2006年间，排名前10的期刊中，仅有《出版科学》保持着增长，其他期刊有明显的下降趋势。

考察所有期刊每年的一般影响因子，我们发现《大学出版》、《中国广播》、《视听界》、《新闻实践》均出现过某年一般影响因子为0的情况，说明这些期刊的学术影响不稳定，受关注具有偶然性。而《出版史料》2004—2006年的一般影响因子均为0，需要引起该刊的警觉。

19.4.2 他引影响因子

他引影响因子反映了一种期刊对其他期刊产生的学术影响，其影响因子计算的分子取自于其他期刊引用的数量。同前面两个指标一样，他引影响因子平衡了统计源期刊和非统计源期刊由于自引带来的不合理性。对于目前我国期刊界许多不正之风（如，为了使期刊不被淘汰出CSSCI，大量的人为自引）有很好的抑制作用。因此，他引影响因子更科学地反映了期刊的相对学术影响。表19-15给出了按照2004—2006年新闻学与传播学他引影响因子平均值排在前44名的期刊，按归一化值从大到小排序。

表 19-15　　　　　　2004—2006 年新闻学与传播学期刊他引影响因子

排序	期刊名称	2004 年	2005 年	2006 年	三年平均	归一化值
1	编辑学报	0.3504	0.3477	0.2765	0.3249	1
2	中国科技期刊研究	0.2174	0.1807	0.1392	0.1791	0.5512
3	新闻与传播研究	0.1802	0.2165	0.0965	0.1644	0.5060
4	国际新闻界	0.1588	0.1639	0.0890	0.1372	0.4223
5	编辑之友	0.0867	0.1072	0.0820	0.0920	0.2832
6	现代传播	0.0854	0.1089	0.0714	0.0886	0.2727
7	科技与出版	0.0751	0.0978	0.0814	0.0848	0.2610
8	出版科学	0.0464	0.0609	0.0962	0.0678	0.2087

续表

排序	期刊名称	2004年	2005年	2006年	三年平均	归一化值
9	新闻大学	0.0370	0.0794	0.0449	0.0538	0.1656
10	出版发行研究	0.0466	0.0472	0.0512	0.0483	0.1487
11	中国出版	0.0373	0.0534	0.0428	0.0445	0.1370
12	中国编辑	0.0500	0.0265	0.0544	0.0436	0.1342
13	新闻记者	0.0378	0.0371	0.0488	0.0412	0.1268
14	编辑学刊	0.0297	0.0586	0.0334	0.0406	0.1250
15	当代传播	0.0232	0.0277	0.0440	0.0316	0.0973
16	书屋	0.0113	0.0219	0.0432	0.0255	0.0785
17	新闻界	0.0151	0.0185	0.0295	0.0210	0.0646
18	新闻战线	0.0152	0.0277	0.0174	0.0201	0.0619
19	出版广角	0.0222	0.0280	0.0074	0.0192	0.0591
19	中国广播电视学刊	0.0114	0.0159	0.0302	0.0192	0.0591
21	传媒	0.0189	0.0089	0.0259	0.0179	0.0551
22	出版经济	0.0021	0.0304	0.0159	0.0161	0.0496
23	中国记者	0.0155	0.0136	0.0170	0.0154	0.0474
24	传媒观察	0.0028	0.0046	0.0329	0.0134	0.0412
25	大学出版	0.0153	0	0.0216	0.0123	0.0379
26	中国图书评论	0.0033	0.0228	0.0101	0.0121	0.0372
27	电视研究	0.0133	0.0112	0.0108	0.0118	0.0363
28	电子出版	0.0059	0.0164	0.0104	0.0109	0.0335
29	今传媒	0.0087	0.0054	0.0101	0.0081	0.0249
30	新闻知识	0.0051	0.0109	0.0069	0.0076	0.0234
31	新闻与写作	0.0051	0.0056	0.0100	0.0069	0.0212
32	视听界	0.0019	0	0.0179	0.0066	0.0203
33	中国广播	0	0	0.0185	0.0062	0.0191
34	中国报业	0.0112	0.0039	0.0019	0.0057	0.0175
35	出版参考	0.0064	0.0048	0.0056	0.0056	0.0172
36	新闻爱好者	0.0036	0.0051	0.0078	0.0055	0.0169

续表

排序	期刊名称	2004 年	2005 年	2006 年	三年平均	归一化值
37	博览群书	0.0026	0.0040	0.0093	0.0053	0.0163
38	声屏世界	0.0050	0.0047	0.0052	0.0050	0.0154
39	新闻前哨	0.0026	0.0092	0.0028	0.0049	0.0151
40	青年记者	0.0030	0.0012	0.0091	0.0044	0.0135
41	新闻实践	0	0.0011	0.0078	0.0030	0.0092
42	新闻传播	0.0032	0.0029	0.0019	0.0027	0.0083
43	市场观察	0	0	0.0016	0.0005	0.0015
44	出版史料	0	0	0	0	0

对比表19-14和表19-15，从排名次序来看，基本相同，仅少数邻近的期刊之间顺序发生了调换，如排在第8、9名的《出版科学》和《新闻大学》顺序对调；《新闻记者》、《中国广播电视学刊》、《电视研究》、《中国广播》等刊排名略微改变带来邻近期刊排名变动。对比表19-14，部分期刊一般影响因子和他引影响因子的数值相差较大，我们认为这是由于这些期刊自引率偏高造成的。

考察新闻学与传播学期刊他引影响因子三年平均值，我们发现排在前列的有《编辑学报》、《中国科技期刊研究》、《新闻与传播研究》、《国际新闻界》4种期刊，均高于0.1。其中，《编辑学报》占据绝对领先的地位，为0.3249，高出第2名81.37%，而表中44种期刊的平均他引影响因子为0.04。其他40种期刊他引影响因子均在0.1以下，其中他引影响因子在0.1—0.04之间的期刊有10种，其他的30种期刊他引影响因子均在平均值0.04以下，占表中期刊的68.2%。

从增长趋势来看，2005年增长幅度在100%左右的期刊有8种刊，分别为：《新闻大学》、《书屋》、《出版经济》、《中国图书评论》、《电子出版》、《新闻知识》、《新闻前哨》、《编辑学刊》；2006年增长幅度在100%左右的期刊有7种，分别为：《中国编辑》、《书屋》、《传媒》、《传媒观察》、《博览群书》、《青年记者》、《新闻实践》。由此我们发现2004—2006年均保持大幅度增长的期刊仅有《书屋》，其他期刊均处于"增减交替"的不稳定状态。

考察所有期刊，我们发现在2004—2006年间保持持续增长势头的有10种期刊，其他期刊均处于"增减交替"或"持续衰减"的状态。这10种期刊是：《出版科学》、《出版发行研究》、《书屋》、《当代传播》、《新闻界》、《传媒观察》、《中国广播电视学刊》、《新闻与写作》、《新闻爱好者》、《博览群书》。

19.4.3 学科影响因子

学科影响因子反映的是期刊在本学科学术群体的交流中被利用的状态，可以表现出期刊学科的广度（多学科）及其共性的程度，同时也可定量刻画出该学科发展变化的速度[①]。利用逐年变化的学科影响因子，可以较好地反映学科发展状况，从而进一步得到学科发展的进程评价[②]，了解学科发展高潮期和低谷期的动态状况。我们统计的学科影响因子主要是指与期刊同一学科的论文引用该刊的影响因子。表 19-16 给出了 2004—2006 年按学科影响因子排在前 44 名的新闻学与传播学期刊，并按归一化值从大到小排序。

表 19-16　　　　　　2004—2006 年新闻学与传播学期刊学科影响因子

排序	期刊名称	2004 年	2005 年	2006 年	三年平均	归一化值
1	编辑学报	0.7647	0.6091	0.4428	0.6055	1
2	中国科技期刊研究	0.5587	0.4519	0.1136	0.3747	0.6188
3	新闻与传播研究	0.1081	0.1031	0.0789	0.0967	0.1597
4	国际新闻界	0.1235	0.0820	0.0681	0.0912	0.1506
5	编辑之友	0.1030	0.1130	0.0262	0.0807	0.1333
6	科技与出版	0.0780	0.0782	0.0494	0.0685	0.1131
7	现代传播	0.0528	0.0690	0.0357	0.0525	0.0867
8	新闻大学	0.0324	0.0688	0.0449	0.0487	0.0804
9	出版科学	0.0429	0.0358	0.0412	0.0400	0.0661
10	出版发行研究	0.0509	0.0331	0.0273	0.0371	0.0613
11	新闻记者	0.0432	0.0265	0.0313	0.0337	0.0557
12	中国编辑	0.0500	0.0265	0.0181	0.0315	0.0520
13	中国出版	0.0291	0.0419	0.0187	0.0299	0.0494
14	编辑学刊	0.0297	0.0403	0.0167	0.0289	0.0477
15	当代传播	0.0127	0.0185	0.0275	0.0196	0.0324
16	新闻界	0.0108	0.0139	0.0295	0.0181	0.0299
17	中国广播电视学刊	0.0103	0.0102	0.0278	0.0161	0.0266
18	出版广角	0.0222	0.0207	0.0037	0.0155	0.0256
19	传媒	0.0130	0.0051	0.0241	0.0141	0.0233
20	新闻战线	0.0152	0.0177	0.0082	0.0137	0.0226
21	中国记者	0.0126	0.0068	0.0120	0.0105	0.0173

---

① 党亚茹："学科影响因子：我国各学科发展趋势评价"，《情报理论与实践》2001 年第 4 期，第 265—268 页。

② 谢新洲：《电子信息源与网络检索》，北京图书馆出版社 1998 年版。

续表

排序	期刊名称	2004年	2005年	2006年	三年平均	归一化值
22	大学出版	0.0115	0	0.0162	0.0092	0.0152
22	传媒观察	0.0014	0.0015	0.0247	0.0092	0.0152
24	电视研究	0.0099	0.0097	0.0060	0.0085	0.0140
25	中国广播	0	0.0037	0.0151	0.0063	0.0104
26	中国图书评论	0.0017	0.0130	0.0029	0.0059	0.0097
27	今传媒	0.0087	0.0036	0.0051	0.0058	0.0096
28	中国报业	0.0112	0.0039	0.0019	0.0057	0.0094
29	出版经济	0	0	0.0159	0.0053	0.0088
30	新闻与写作	0.0051	0.0037	0.0060	0.0049	0.0081
31	视听界	0	0	0.0139	0.0046	0.0076
31	书屋	0	0.0090	0.0049	0.0046	0.0076
33	出版参考	0.0027	0.0041	0.0049	0.0039	0.0064
34	声屏世界	0.0050	0.0035	0.0021	0.0035	0.0058
35	青年记者	0.0030	0.0012	0.0057	0.0033	0.0055
36	新闻爱好者	0.0036	0.0026	0.0022	0.0028	0.0046
37	博览群书	0	0	0.0079	0.0026	0.0043
37	新闻实践	0	0.0011	0.0067	0.0026	0.0043
39	新闻传播	0.0021	0.0029	0.0010	0.0020	0.0033
40	新闻知识	0.0013	0.0014	0.0028	0.0018	0.0030
41	电子出版	0	0.0047	0	0.0016	0.0026
42	新闻前哨	0.0013	0.0031	0	0.0015	0.0025
43	市场观察	0	0	0.0016	0.0005	0.0008
44	出版史料	0	0	0	0	0

对比表19-14和表19-16，从排名次序看，其顺序大多相同，少数邻近期刊之间顺序发生了调换，变动较大的仅有《书屋》，由15名降至32名，其出现原因与表19-12的分析相同。

考察新闻学与传播学期刊学科影响因子的三年平均值，我们发现《编辑学报》和《中国科技期刊研究》远远领先于其他的期刊，分别为0.6055、0.3747，而其他的期刊三年平均学科影响因子均在0.1以下，且44种期刊的三年学科影响因子的平均值仅为0.03。这说明《编辑学报》和《中国科技期刊研究》在新闻学与传播学期刊中的学术地位很高，对整个学科产生着很大影响。

如果我们把学科影响因子排在最前的两种期刊列为这一指标第一层次期刊的话，那么处于0.1—0.03左右的期刊组成第二层次，共有12种期刊。年平均学科影响因子低于0.03的期刊组成第三层次，共有30种期刊，约占全部入选期刊的82%。

从2004—2006年学科影响因子变化情况来看，呈现以下规律：

其一，2005年和2006年每年约有一半的期刊保持增长态势，增长期刊数量略少于衰减期刊数量。2005年增长幅度最大的期刊是《中国图书评论》，增长幅度为679.19%；2006年增长幅度最大的是《传媒观察》，增长幅度为1508.55%。

其二，2004—2006年间均保持增长态势的期刊有8种期刊：《当代传播》、《新闻界》、《传媒观察》、《中国广播》、《出版经济》、《视听界》、《出版参考》、《新闻知识》。我们发现，这8种期刊均处于第三层次，即学科影响因子小于平均值0.03。与之相对照的是，第一层次的期刊和第二层次的期刊没有一种期刊保持持续增长，约有6种期刊持续衰退，其他期刊处于"增减交替"的不稳定状态之中，需要引起警觉。

需要指出的是，《大学出版》、《中国广播》、《书屋》等10种期刊均有一年或多年学科影响因子为0，说明这些期刊被本学科的读者重视具有一定的偶然性。

19.4.4 新闻学与传播学期刊影响因子综合分析

影响因子是采用较为科学的手段定量评估期刊的相对学术影响的一种方法。更通俗地说，就是根据期刊上发表的论文，通过这些论文的篇均被引用率来体现期刊的整体学术影响和社会效果，或者说是从学界对期刊所载论文的认可、利用程度来评估期刊的学术影响。本书根据人文社会科学期刊论文的被引用（年）峰值调整计算年代，移动计算年度，引入了影响因子的新算法，并借助这种新算法产生一般影响因子、他引影响因子和学科影响因子计算了期刊影响因子综合值，从而达到了从不同的角度来反映期刊影响因子的目的。有关三种影响因子的权重分配如第1章所述，表19-17按照归一化、加权后给出了2004—2006年新闻学与传播学期刊影响因子综合值前44名的期刊，本表按综合值从大到小排序。

表19-17　　　　2004—2006年新闻学与传播学期刊影响因子综合值

排序	期刊名称	一般影响因子归一化值	他引影响因子归一化值	学科影响因子归一化值	综合值
1	编辑学报	1	1	1	1
2	中国科技期刊研究	0.7446	0.5512	0.6188	0.6165
3	新闻与传播研究	0.2705	0.5060	0.1597	0.3606
4	国际新闻界	0.2019	0.4223	0.1506	0.2993

续表

排序	期刊名称	一般影响因子归一化值	他引影响因子归一化值	学科影响因子归一化值	综合值
5	编辑之友	0.1502	0.2832	0.1333	0.2125
6	现代传播	0.1427	0.2727	0.0867	0.1937
7	科技与出版	0.1345	0.2610	0.1131	0.1924
8	出版科学	0.0910	0.2087	0.0661	0.1436
9	新闻大学	0.1000	0.1656	0.0804	0.1279
10	出版发行研究	0.0773	0.1487	0.0613	0.1090
11	中国出版	0.0597	0.1370	0.0494	0.0958
12	新闻记者	0.0702	0.1268	0.0557	0.0949
13	中国编辑	0.0585	0.1342	0.0520	0.0947
14	编辑学刊	0.0591	0.1250	0.0477	0.0892
15	当代传播	0.0424	0.0973	0.0324	0.0674
16	书屋	0.0342	0.0785	0.0076	0.0497
17	新闻界	0.0360	0.0646	0.0299	0.0488
18	中国广播电视学刊	0.0298	0.0591	0.0266	0.0437
19	新闻战线	0.0270	0.0619	0.0226	0.0434
20	出版广角	0.0258	0.0591	0.0256	0.0424
21	传媒	0.0240	0.0551	0.0233	0.0394
22	中国记者	0.0207	0.0474	0.0173	0.0332
23	出版经济	0.0216	0.0496	0.0088	0.0324
24	传媒观察	0.0180	0.0412	0.0152	0.0289
25	大学出版	0.0165	0.0379	0.0152	0.0269
26	电视研究	0.0204	0.0363	0.0140	0.0268
27	中国图书评论	0.0162	0.0372	0.0097	0.0251
28	电子出版	0.0146	0.0335	0.0026	0.0211
29	今传媒	0.0109	0.0249	0.0096	0.0176
30	新闻知识	0.0102	0.0234	0.0030	0.0150
30	新闻与写作	0.0093	0.0212	0.0081	0.0150
32	中国广播	0.0107	0.0191	0.0104	0.0148
33	视听界	0.0089	0.0203	0.0076	0.0143
34	中国报业	0.0077	0.0175	0.0094	0.0130

续表

排序	期刊名称	一般影响因子归一化值	他引影响因子归一化值	学科影响因子归一化值	综合值
35	出版参考	0.0075	0.0172	0.0064	0.0121
36	新闻爱好者	0.0074	0.0169	0.0046	0.0115
37	博览群书	0.0071	0.0163	0.0043	0.0110
38	声屏世界	0.0067	0.0154	0.0058	0.0108
39	新闻前哨	0.0066	0.0151	0.0025	0.0098
40	青年记者	0.0059	0.0135	0.0055	0.0096
41	新闻实践	0.0040	0.0092	0.0043	0.0067
42	新闻传播	0.0036	0.0083	0.0033	0.0059
43	市场观察	0.0007	0.0015	0.0008	0.0011
44	出版史料	0	0	0	0

用影响因子的综合值来分析期刊学术影响力改善了单一影响因子对期刊评价可能出现的偏差；他引影响因子的采用以及权重的加大，也使得非来源期刊和CSSCI来源期刊影响因子综合值的差距大大的缩小了，使两者基本处在同一个起跑线上接受评估，所以说用影响因子综合值来反映期刊学术影响力更加科学合理。

分析表19-17中的数据我们发现：《编辑学报》以三项指标都独占鳌头而排名第1，排在第2的《中国科技期刊研究》每项指标均名列第2，这两种期刊的综合值远远高于其他期刊，处于第一层次，和其他期刊拉开了距离，是新闻学与传播学期刊中当之无愧的排头兵；综合值处于0.4—0.09之间的11种期刊组成第二层次，这一层次的期刊除了《中国编辑》以外，其他均为CSSCI来源期刊；综合值小于0.09的期刊组成第三层次，而排在前几位的多为CSSCI来源期刊。

19.5 新闻学与传播学期刊被引广度分析

除了期刊被引次数、影响因子、被引速率以外，衡量期刊学术影响的还有一个重要指标，即期刊被引广度。它反映的是某种期刊相对其他期刊的影响力（更确切地说是对其他期刊的文章作者的影响力）。一般说来引用一种期刊的期刊种数越多，该期刊的被引广度就越大。本评价体系对期刊影响广度的计算参见本书第1章。表19-18给出了2004—2006年新闻学与传播学期刊被引广度和三年平均值，并以最大的平均广度值（《现代传播》的18.47）作分母得到各期刊的归一化值。本表按三年平均被引广度从大到小排序。

表 19-18　　2004—2006 年新闻学与传播学期刊被引广度

排序	期刊名称	2004 年	2005 年	2006 年	三年平均	归一化值
1	现代传播	16.0	18.6	20.8	18.47	1
2	中国科技期刊研究	16.4	18.2	14.4	16.33	0.8841
3	国际新闻界	10.8	14.2	15.4	13.47	0.7293
4	新闻与传播研究	11.6	12.0	16.6	13.40	0.7255
5	新闻记者	12.0	12.2	14.8	13.00	0.7038
6	编辑学报	12.2	12.2	14.4	12.93	0.7001
7	中国出版	13.8	9.8	13.4	12.33	0.6676
8	出版发行研究	10.2	11.4	13.8	11.80	0.6389
9	编辑之友	10.0	10.6	10.6	10.40	0.5631
10	当代传播	6.2	9.4	12.8	9.47	0.5127
11	新闻战线	8.2	8.8	9.0	8.67	0.4694
12	新闻大学	6.6	10.4	8.6	8.53	0.4618
13	中国广播电视学刊	6.4	7.6	11.4	8.47	0.4586
14	电视研究	6.8	6.0	10.8	7.87	0.4261
14	中国记者	6.6	7.2	9.8	7.87	0.4261
16	编辑学刊	4.8	9.8	8.8	7.80	0.4223
17	科技与出版	8.0	6.2	8.0	7.40	0.4006
18	书屋	4.0	8.0	9.6	7.20	0.3898
19	传媒	7.4	5.4	8.2	7.00	0.3790
20	出版科学	4.2	7.0	8.2	6.47	0.3503
21	新闻界	4.0	6.4	8.4	6.27	0.3395
22	出版广角	6.4	6.4	4.0	5.60	0.3032
23	传媒观察	2.2	5.0	5.8	4.33	0.2344
24	新闻知识	2.4	5.0	4.4	3.93	0.2128
25	今传媒	3.2	1.8	6.6	3.87	0.2095
26	中国图书评论	1.6	4.6	5.2	3.80	0.2057
27	出版参考	3.4	3.8	4.0	3.73	0.2019
28	中国编辑	1.8	3.6	5.2	3.53	0.1911
29	出版经济	1.2	4.6	4.2	3.40	0.1841
30	新闻爱好者	1.2	3.8	4.0	3.00	0.1624
31	博览群书	2.6	3.2	3.0	2.93	0.1586

续表

排序	期刊名称	2004年	2005年	2006年	三年平均	归一化值
32	出版史料	2.2	2.6	3.8	2.87	0.1554
32	声屏世界	1.6	2.6	4.4	2.87	0.1554
34	新闻与写作	1.6	3.0	3.8	2.80	0.1516
35	大学出版	2.0	1.8	4.2	2.67	0.1446
36	新闻前哨	0.6	2.8	3.4	2.27	0.1229
37	青年记者	0.6	1.0	4.8	2.13	0.1153
38	电子出版	1.8	2.4	1.4	1.87	0.1012
38	新闻实践	0.6	1.6	3.4	1.87	0.1012
40	中国广播	0.8	1.2	3.4	1.80	0.0975
41	视听界	1.0	0.8	3.4	1.73	0.0937
41	中国报业	1.4	1.0	2.0	1.73	0.0937
43	新闻传播	2.6	1.0	1.2	1.60	0.0866
44	市场观察	1.0	1.2	1.8	1.33	0.0720

从表19-18中可以看出，被引广度大于新闻学与传播学来源期刊数（15种）的只有《现代传播》和《中国科技期刊研究》两种期刊，且新闻学与传播学所有期刊的平均被引广度为6.28，可见新闻学与传播学期刊被引广度普遍不高，这主要是因为新闻学与传播学科研究的领域和其他学科的交叉渗透不够，甚至在本学科内的新闻学、传播学、广播电视等二级学科之间的交叉渗透也很缺乏。

具体分析新闻学与传播学期刊的被引广度，我们发现其分布范围在19—1之间。仅有9种期刊被引广度在10以上，其余35种期刊被引广度均分布在10以下，占新闻学与传播学期刊数量的80%。说明大部分新闻学与传播学期刊的被引广度偏低，需要加强学科融合。

2004—2006年间，新闻学与传播学期刊的被引广度均有不同程度的提高。2004年表中期刊被引广度平均值为5.13，2005年提高到了6.18，2006年为7.52，平均增长为21.11%。其中，2005年增长幅度最大的是《出版经济》，增幅为300%，另有9种期刊增幅大于100%；2006年增长幅度最大的是《青年记者》，增幅为380%，另有6种期刊增幅大于100%。在所有期刊中，约有16种期刊保持每年增长的良好势头，其他期刊均处于"增减交替"的不稳定状态。总体上看，2004—2006年约有90%的期刊均呈现整体的增长趋势。

19.6 新闻学与传播学期刊二次文献转载分析

二次文献转载指标是对我国几种重要的二次文献全文转载期刊中论文数量的统计。二次文献的转载与否、转载率的高低也是检验学术期刊质量和影响的一项较重要的指标。新闻学与传播学期刊的二次文献转载分析主要采用三种二次文献数据，即人民出版社主办的《新华文摘》、中国社会科学杂志社主办的《中国社会科学文摘》和中国人民大学主办的《复印报刊资料》。这三种二次文献具有一定的权威性，它们主要转载我国人文社会科学领域的重要研究成果，反映各学科领域学术动态和学术走向。因此，对二次文献转载指标的分析可以作为对其他指标的一个补充。

19.6.1 《新华文摘》全文转载

《新华文摘》是一种大型的综合性、学术性文摘，内容涉及政治、哲学、经济、历史、文学艺术、法学、新闻学与传播学、教育学等多种人文社会科学学科，具有很高的学术性和权威性。因此，本体系将新闻学与传播学期刊被《新华文摘》全文转载论文数量作为评价期刊学术质量的指标之一。表 19-19 给出了 2004—2006 年新闻学与传播学期刊被《新华文摘》全文转载的统计数据，并对其三年平均值做归一化计算。

表 19-19　2004—2006 年新闻学与传播学期刊被《新华文摘》全文转载统计

排序	期刊名称	2004 年（篇次）	2005 年（篇次）	2006 年（篇次）	三年平均（篇次）	归一化值
1	中国图书评论	2	5	4	3.67	1
2	现代传播——中国传媒大学学报	2	3	5	3.33	0.9074
2	中国出版	0	4	6	3.33	0.9074
4	传媒	1	0	8	3.00	0.8174
5	国际新闻界	1	3	4	2.67	0.7275
5	中国编辑	1	2	5	2.67	0.7275
7	新闻记者	0	1	5	2.00	0.5450
8	出版广角	2	0	3	1.67	0.4550
8	新闻战线	1	1	3	1.67	0.4550
10	编辑之友	0	1	3	1.33	0.3624
10	出版史料	0	2	2	1.33	0.3624
10	当代传播	0	1	3	1.33	0.3624

第19章　新闻学与传播学

续表

排序	期刊名称	2004年（篇次）	2005年（篇次）	2006年（篇次）	三年平均（篇次）	归一化值
13	博览群书	1	0	2	1.00	0.2725
13	出版发行研究	0	0	3	1.00	0.2725
13	青年记者	0	0	3	1.00	0.2725
13	新闻与传播研究	1	1	1	1.00	0.2725
17	今传媒	0	0	2	0.67	0.1826
17	新闻与写作	0	0	2	0.67	0.1826
17	新闻界	0	0	2	0.67	0.1826
17	中国报业	0	0	2	0.67	0.1826
21	出版科学	0	0	1	0.33	0.0899
21	书屋	1	0	0	0.33	0.0899
21	新闻爱好者	0	0	1	0.33	0.0899
21	新闻传播	0	0	1	0.33	0.0899
21	编辑学刊	0	0	1	0.33	0.0899
21	新闻大学	0	0	1	0.33	0.0899
21	新闻知识	0	0	1	0.33	0.0899
21	中国广播电视学刊	0	0	1	0.33	0.0899
21	中国记者	0	0	1	0.33	0.0899

从表19-19可以看出，2004—2006年间，新闻学与传播学期刊被《新华文摘》转载共113篇，数量中等水平。2004年转载量为13篇，2005年转载量24篇，约是2004年的2倍，2006年76篇约是2004年的6倍。可见增长幅度较大。从整体来看，三年中均被《新华文摘》转载过的有6种。以《中国图书评论》的转载量为首，三年共计11篇，其次是《现代传播》、《中国出版》共计10篇，《国际新闻界》和《中国编辑》三年的转载量也有8篇。

虽然新闻学与传播学类期刊三年中曾被《新华文摘》转载的期刊共有29种，占本文所选的44种期刊的65.9%。但三年中仅有一年有论文被转载的期刊就有15种，转载数量均在3篇及以下。反映了转载的期刊种类虽然占整体的多半，但是转载的数量却不是太多。但是我们又看到不少期刊在2006年被《新华文摘》全文转载的论文数量都实现了零的突破，希望这些刊物能够继续保持。

19.6.2 《中国社会科学文摘》全文转载

《中国社会科学文摘》以择优推介人文社会科学重要研究成果为宗旨。其以转载社科类的精品论文为主，所以总体转载数量也比较少。2004—2006 年间总共只有三种期刊被转载过，总数量也只有 11 篇。因此，该二次文献的转载数据对评价新闻学与传播学期刊已没有特别的意义，所以，我们在讨论本学科的二次文献转载指标中，将忽略这一指标。

19.6.3 《复印报刊资料》全文转载

《复印报刊资料》是国内较具权威性的社会科学、人文科学专题文献资料库，其转载的内容涉及 100 多个专题，收集的范围和期刊论文数量较前两种文摘更为广泛。因此，各期刊被人大《复印报刊资料》转载的可能性较前两种二次文献机会更多。表 19-20 给出了 2004—2006 年所有新闻学与传播学期刊被人大《复印报刊资料》全文转载的统计数据。与上表相同，也包括各年度的转载次数、三年平均转载次数，并以最大的平均转载数（《中国出版》的三年平均值 24）作归一化的分母，得到各期的归一化值，并按归一化值的降序排列。

表 19-20 2004—2006 年新闻学与传播学期刊被《复印报刊资料》全文转载统计

排序	期刊名称	2004 年（篇次）	2005 年（篇次）	2006 年（篇次）	三年平均（篇次）	归一化值
1	中国出版	25	24	23	24.00	1
2	编辑之友	19	24	22	21.67	0.9029
2	出版发行研究	25	25	15	21.67	0.9029
4	新闻记者	22	20	19	20.33	0.8471
5	中国编辑	7	17	15	13.00	0.5417
6	现代传播	11	10	17	12.67	0.5279
7	国际新闻界	11	5	16	10.67	0.4446
7	中国记者	16	12	4	10.67	0.4446
9	传媒	11	14	6	10.33	0.4304
10	出版广角	15	6	9	10.00	0.4167
11	编辑学刊	9	8	11	9.33	0.3888
12	书屋	19	0	6	8.33	0.3471
13	中国报业	1	14	8	7.67	0.3196

第19章 新闻学与传播学

续表

排序	期刊名称	2004年（篇次）	2005年（篇次）	2006年（篇次）	三年平均（篇次）	归一化值
14	编辑学报	9	7	6	7.33	0.3054
15	博览群书	14	4	3	7.00	0.2917
15	新闻大学	7	8	6	7.00	0.2917
17	新闻界	3	8	8	6.33	0.2638
17	新闻与传播研究	3	4	12	6.33	0.2638
19	传媒观察	10	5	3	6.00	0.2500
19	市场观察	8	5	5	6.00	0.2500
21	大学出版	0	8	9	5.67	0.2363
21	当代传播	0	6	11	5.67	0.2363
23	青年记者	2	4	10	5.33	0.2221
23	新闻战线	10	3	3	5.33	0.2221
25	科技与出版	2	5	7	4.67	0.1946
26	视听界	0	0	12	4.00	0.1667
26	中国图书评论	5	0	7	4.00	0.1667
28	新闻前哨	5	1	3	3.00	0.1250
28	中国广播电视学刊	3	3	3	3.00	0.1250
30	新闻与写作	6	0	2	2.67	0.1113
31	出版科学	1	0	5	2.00	0.0833
32	新闻传播	3	0	2	1.67	0.0696
32	出版参考	2	3	0	1.67	0.0696
34	电视研究	0	0	3	1.00	0.0417
34	今传媒	0	0	3	1.00	0.0417
34	新闻爱好者	2	0	1	1.00	0.0417
37	现代广告	0	2	0	0.67	0.0279
38	声屏世界	0	0	1	0.33	0.0138
38	中国科技期刊研究	0	0	1	0.33	0.0138
38	新闻知识	0	1	0	0.33	0.0138

从表19-20可以看出，新闻学与传播学期刊被《复印报刊资料》全文转载量较前两种文摘数量有了大幅度的提升。2004—2006年转载量分别为286篇、256篇、

297篇,三年共转载839篇。在我们选择的44种期刊中,有40种期刊三年间被《复印报刊资料》转载过,大大超过了前两种文摘转载新闻学与传播学期刊的数量。

其中,《中国出版》以72篇的被转量排在本学科期刊的第1位。《编辑之友》、《出版发行研究》、《新闻记者》共同构成本学科被《复印报刊资料》转载量的第二梯队,它们的转载量均在60篇以上。第三梯队的是转载量在40—10篇的23种期刊。同时我们发现2004年到2006年转载量有明显增加的是:《中国报业》、《新闻与传播研究》、《视听界》、《大学出版》、《当代传播》、《青年记者》,其中不少期刊都是在2004年转载量仅为0的情况发展而来的;相对的,2004年到2006年转载量有明显减少的是《书屋》、《中国记者》、《博览群书》、《传媒观察》和《新闻战线》。

19.6.4 二次文献转载综合分析

二次文献转载指标是评价期刊的重要补充指标。在我们此次评价所使用的这两种二次文献转载期刊中,为了体现它们之间的差异,对其权重比例分配如下:《新华文摘》(60%)、人大《复印报刊资料》(40%),并以此比例及对应的二次文献归一化值计算每种期刊的二次文献综合值。计算公式可参考本书第1章。

表19-21 2004—2006年新闻学与传播学期刊二次文献转载综合值

排序	期刊名称	新华文摘转载归一化值	复印报刊资料转载归一化值	综合值
1	中国出版	0.9074	1	0.9444
2	现代传播	0.9074	0.5279	0.7556
3	中国图书评论	1	0.1667	0.6667
4	新闻记者	0.5450	0.8471	0.6658
5	传媒	0.8174	0.4304	0.6626
6	中国编辑	0.7275	0.5417	0.6532
7	国际新闻界	0.7275	0.4446	0.6143
8	编辑之友	0.3624	0.9029	0.5786
9	出版发行研究	0.2725	0.9029	0.5247
10	出版广角	0.4550	0.4167	0.4397
11	新闻战线	0.4550	0.2221	0.3618
12	当代传播	0.3624	0.2363	0.3120
13	博览群书	0.2725	0.2917	0.2802
14	新闻与传播研究	0.2725	0.2638	0.2690
15	青年记者	0.2725	0.2221	0.2523

续表

排序	期刊名称	新华文摘转载归一化值	复印报刊资料转载归一化值	综合值
16	中国报业	0.1826	0.3196	0.2374
17	中国记者	0.0899	0.4446	0.2318
18	出版史料	0.3624	0	0.2174
19	新闻界	0.1826	0.2638	0.2151
20	编辑学刊	0.0899	0.3888	0.2095
21	书屋	0.0899	0.3471	0.1928
22	新闻大学	0.0899	0.2917	0.1706
23	新闻与写作	0.1826	0.1113	0.1541
24	今传媒	0.1826	0.0417	0.1262
25	编辑学报	0	0.3054	0.1222
26	中国广播电视学刊	0.0899	0.1250	0.1039
27	传媒观察	0	0.2500	0.1000
27	市场观察	0	0.2500	0.1000
29	大学出版	0	0.2363	0.0945
30	出版科学	0.0899	0.0833	0.0873
31	新闻传播	0.0899	0.0696	0.0818
32	科技与出版	0	0.1946	0.0778
33	新闻爱好者	0.0899	0.0417	0.0706
34	视听界	0	0.1667	0.0667
35	新闻知识	0.0899	0.0138	0.0595
36	新闻前哨	0	0.1250	0.0500
37	出版参考	0	0.0696	0.0278
38	电视研究	0	0.0417	0.0167
39	声屏世界	0	0.0138	0.0055
39	中国科技期刊研究	0	0.0138	0.0055

从表 19-21 可以看到，从二次文献转载综合值上来看，《中国出版》以 0.9444 居于首位，其被《复印报刊资料》转载的最多，被《新华文摘》的转载也和《现代传播》并列于第 2 位。《现代传播》和《中国图书评论》的二次文献转载综合值分别排在第 2、3 位。《中国图书评论》被《新华文摘》转载数量居于首位。由此可见，

综合值排在前列的期刊至少有 1 项二级指标排在前列。

综合值超过 0.1 的有 28 种期刊，大于 0.05 而小于（包括等于）0.1 的有 8 种期刊，大于 0.01 而小于（包括等于）0.05 的有 2 种期刊。还有 6 种期刊综合值不到 0.01 或为 0。我们从表中看到，来源期刊中的《中国广播电视学刊》、《编辑学报》、《科技与出版》和《中国科技期刊研究》排名较后，特别是《编辑学报》、《科技与出版》和《中国科技期刊研究》，三年中，仅有被一种文摘转载过。《电子出版》、《新闻实践》、《出版经济》和《中国广播》三年来竟没有在这两种文摘中被转载过，这点应当引起一定的重视。

19.7 新闻学与传播学期刊 Web 即年下载率分析

随着网络的普及，用户越来越多的习惯网上阅览并下载论文，相对纸质的来说，从网络获取文献更加方便和快捷。Web 即年下载率是指期刊在某一期刊全文数据库中当年上网的论文在当年被全文下载的次数与该期刊当年出版并上网论文总数之比。"Web 即年下载率"这个指标是对研究用户对该期刊关注度的一项重要补充。避免了读者对期刊的可获取性和主观认识上存在的偏差，保证了每一本期刊相对读者而言，获取机会都是相等的。这是研究评价期刊在网络环境下传播效率的一个新的指标。我们采用的 Web 即年下载率的数据来源于《中国学术期刊综合引证报告（2005—2007 版）》。表 19-22 给出了 2004—2006 年新闻学与传播学期刊 Web 即年下载数据和三年平均值，并对其三年平均值做归一化处理。按归一化值从大到小排序。

表 19-22　　2004—2006 年新闻学与传播学期刊 Web 即年下载率

排序	期刊名称	2004 年	2005 年	2006 年	三年平均	归一化值
1	新闻与传播研究	29.9	39.0	107.0	58.63	1
2	国际新闻界	24.2	41.3	76.4	47.30	0.8068
3	现代传播	22.5	36.3	80.6	46.47	0.7926
4	新闻大学	7.2	26.4	71.1	34.90	0.5953
5	新闻界	20.6	29.2	38.5	29.43	0.5020
6	新闻记者	28.2	24.1	31.2	27.83	0.4747
7	当代传播	16.7	15.9	45.8	26.13	0.4457
8	中国出版	18.5	20.6	23.8	20.97	0.3577
9	编辑之友	18.5	15.5	28.5	20.83	0.3553
10	编辑学报	17.5	12.9	24.1	18.17	0.3099
11	中国图书评论	4.9	10.9	38.6	18.13	0.3092

续表

排序	期刊名称	2004年	2005年	2006年	三年平均	归一化值
12	博览群书	—	14.1	22.1	18.10	0.3087
12	出版发行研究	13.6	16.0	24.7	18.10	0.3087
14	书屋	11.5	15.0	26.1	17.53	0.2990
15	新闻知识	7.2	12.9	31.5	17.20	0.2934
16	中国广播电视学刊	7.5	13.7	27.3	16.17	0.2758
17	传媒观察	1.5	20.9	24.7	15.70	0.2678
18	科技与出版	16.2	11.1	17.9	15.07	0.2570
19	市场观察	11.0	12.3	20.1	14.47	0.2468
20	大学出版	15.1	8.8	19.3	14.40	0.2456
21	编辑学刊	11.7	12.8	18.5	14.33	0.2444
22	传媒	3.9	16.7	21.2	13.93	0.2376
23	视听界	11.5	10.5	18.9	13.63	0.2325
24	今传媒	—	11.3	15.7	13.50	0.2303
25	新闻与写作	9.1	10.3	19.4	12.93	0.2205
26	中国记者	1.3	7.0	30.0	12.77	0.2178
27	新闻爱好者	9.4	11.9	16.4	12.57	0.2144
28	声屏世界	8.7	12.9	16.0	12.53	0.2137
29	新闻实践	—	7.6	16.9	12.25	0.2089
30	新闻战线	7.3	11.7	16.8	11.93	0.2035
31	出版科学	4.9	8.9	21.6	11.80	0.2013
32	青年记者	—	5.0	17.1	11.05	0.1885
33	新闻前哨	5.0	8.1	17.5	10.20	0.1740
34	出版经济	8.6	7.2	—	7.90	0.1347
35	出版广角	—	—	7.2	7.20	0.1228
36	电视研究	3.9	5.2	12.0	7.03	0.1199
37	中国编辑	3.4	5.4	10.4	6.40	0.1092
38	出版参考	5.4	5.2	7.6	6.07	0.1035
39	出版史料	—	2.3	7.4	4.85	0.0827
40	电子出版	—	3.4	—	3.40	0.0580
—	新闻传播	—	—	—	—	—
—	中国报业	—	—	—	—	—
—	中国广播	—	—	—	—	—
—	中国科技期刊研究	—	—	—	—	—

注：表中"—"表示我们没有获得该刊的Web即年下载率，可能由于这些期刊当年没有上网，故不列入平均值的计算。

从表 19-22 可以看出：《新闻与传播研究》的 Web 即年下载率在整个新闻学与传播学期刊中以三年平均 58.63 的优势居于首位。反映了《新闻与传播研究》刊载论文在网络上的被关注度，该刊在此指标上列为第一方阵；排在第二方阵的是 Web 即年下载率三年平均在 50—20 之间的期刊，共有 8 种。占整体的 18.18%；第三方阵是 Web 即年下载率三年平均在为 20 以下的期刊，有 31 种期刊。占整体的 70.45%。大部分期刊的 Web 即年下载率集中在 10 左右。同时有 4 种期刊没有记录。

从横向角度看，新闻学与传播学期刊的 Web 即年下载率在 2004—2006 年基本呈现上升趋势，上升最快的为《中国记者》，2006 年的 Web 即年下载率是 2004 年的 23.08 倍；其次是《传媒观察》，16.47 倍；《新闻大学》、《中国图书评论》和《传媒》2006 年的 Web 即年下载率是 2004 年的 5—10 倍之间。其余期刊也都在原来的基础上有着很大程度的增加。

从纵向角度看，表中的 44 种期刊在 2006 年的平均 Web 即年下载率是 2004 年的 2 倍之多。可以看出，学者们对从网络获取期刊文献已逐渐成为主要手段之一，他们对网络资源的兴趣度或者说关注程度在不断提高，特别是 2006 年上升速度更快。Web 即年下载率值的增加也由于另外一种原因，那就是网络的不断普及和用户的增加。

19.8 新闻学与传播学期刊评价指标综合分析

以上利用本期刊评价体系设立的七大指标所涉及的 18 个指标对期刊进行了测定与分析，可以看出，从不同的角度分析，各期刊均显示出自己的特点。为了综合考虑新闻学与传播学每一种期刊的学术质量、学术规范和学术影响力，本节将根据本书第 1 章构建的评价体系计算方法对每一期刊计算其学术影响综合值，并进行综合分析。在指标权重分配方面，我们把期刊的学术影响放在最主要的地位，即期刊被引用情况，其权重总体占 60%，这其中又根据影响因子的重要性而给予最高的权重 30%，被引次数、被引速率、被引广度各占 10%；其次是期刊学术规范量化指标和 Web 即年下载率指标，考虑到这两个指标在反映期刊学术质量和利用率方面的贡献，均给予次高的权重，其权重均为 15%；对于二次文献转载指标，本评价体系给予了 10% 的权重。需要说明的是，对没有 Web 即年下载数据的期刊，我们将其该指标的权重分配给该刊的被引速率，也就是说，该刊的被引速率权重为 0.25。

表 19-23 给出了 2004—2006 年新闻学与传播学期刊七大指标归一化值和综合值。综合值具体的计算方法是：将各指标的综合值分别乘以相应的权重，然后将各个结果相加得到各期刊最后的综合值。本表按指标综合值从大到小排序。

表 19-23 新闻学与传播学期刊综合值运算表

排序	期刊名称	期刊学术规范 ×0.15	被引次数 ×0.1	被引速率 ×0.1	影响因子 ×0.3	被引广度 ×0.1	二次文献转载 ×0.1	Web下载 ×0.15	综合值 Σ
1	编辑学报	0.8039	0.9999	0.8625	1	0.7001	0.1222	0.3099	0.7355
2	中国科技期刊研究	0.8474	0.8201	0.7091	0.6165	0.8841	0.0055	—	0.6603
3	新闻与传播研究	0.7331	0.2149	0.8010	0.3606	0.7255	0.2690	1	0.5692
4	国际新闻界	0.5567	0.2226	0.5803	0.2993	0.7293	0.6143	0.8068	0.5090
5	现代传播	0.6002	0.3222	0.3309	0.1937	1	0.7556	0.7926	0.5079
6	编辑之友	0.5731	0.2221	0.2987	0.2125	0.5631	0.5786	0.3553	0.3693
7	新闻记者	0.4459	0.2655	0.2630	0.0949	0.7038	0.6658	0.4747	0.3564
8	新闻大学	0.7080	0.1184	0.3633	0.1279	0.4618	0.1706	0.5953	0.3453
9	中国出版	0.1927	0.2034	0.1001	0.0958	0.6676	0.9444	0.3577	0.3029
10	出版发行研究	0.4954	0.1729	0.1117	0.1090	0.6389	0.5247	0.3087	0.2981
11	当代传播	0.5769	0.1108	0.1336	0.0674	0.5127	0.3120	0.4457	0.2805
12	科技与出版	0.4974	0.1841	0.1821	0.1924	0.4006	0.0778	0.2570	0.2553
13	新闻界	0.6115	0.0930	0.0802	0.0488	0.3395	0.2151	0.5020	0.2544
14	传媒	0.2811	0.0837	0.1359	0.0394	0.3790	0.6626	0.2376	0.2157
15	出版科学	0.4938	0.0848	0.1229	0.1436	0.3503	0.0873	0.2013	0.2119
16	中国广播电视学刊	0.5060	0.1207	0.1049	0.0437	0.4586	0.1039	0.2758	0.2092
17	中国编辑	0.4161	0.0441	0.1057	0.0947	0.1911	0.6532	0.1092	0.2066
18	新闻战线	0.4054	0.1174	0.0683	0.0434	0.4694	0.3618	0.2035	0.2060
19	编辑学刊	0.3618	0.1015	0.1234	0.0892	0.4223	0.2095	0.2444	0.2034
20	中国图书评论	0.2970	0.0351	0.0163	0.0251	0.2057	0.6667	0.3092	0.1908
21	中国记者	0.3957	0.1330	0.0967	0.0332	0.4261	0.2318	0.2178	0.1907
22	电视研究	0.4713	0.1024	0.0615	0.0268	0.4261	0.0167	0.1199	0.1574
22	新闻知识	0.4920	0.0413	0.0375	0.0150	0.2128	0.0595	0.2934	0.1574
24	今传媒	0.3609	0.0413	0.0504	0.0176	0.2095	0.1262	0.2303	0.1367
25	书屋	0.0515	0.0666	0.0405	0.0497	0.3898	0.1928	0.2990	0.1365
26	大学出版	0.3512	0.0282	0.0844	0.0269	0.1446	0.0945	0.2456	0.1328
27	传媒观察	0.2433	0.0500	0.0726	0.0289	0.2344	0.1000	0.2678	0.1310
28	新闻与写作	0.3432	0.0319	0.0613	0.0150	0.1516	0.1541	0.2205	0.1289
29	青年记者	0.3646	0.0238	0.0224	0.0096	0.1153	0.2523	0.1885	0.1272
30	出版广角	0.0495	0.0676	0.0355	0.0424	0.3032	0.4397	0.1228	0.1232

续表

排序	期刊名称	期刊学术规范×0.15	被引次数×0.1	被引速率×0.1	影响因子×0.3	被引广度×0.1	二次文献转载×0.1	Web下载×0.15	综合值 Σ
31	声屏世界	0.4235	0.0335	0.0276	0.0108	0.1554	0.0055	0.2137	0.1210
32	新闻爱好者	0.3617	0.0309	0.0229	0.0115	0.1624	0.0706	0.2144	0.1185
33	视听界	0.3838	0.0193	0.0321	0.0143	0.0937	0.0667	0.2325	0.1179
34	博览群书	0.0493	0.0270	0.0252	0.0110	0.1586	0.2802	0.3087	0.1061
35	中国报业	0.3484	0.0193	0.0256	0.0130	0.0937	0.2374	—	0.0976
36	新闻前哨	0.3051	0.0217	0.0099	0.0098	0.1229	0.0500	0.1740	0.0953
37	中国广播	0.4281	0.0314	0.0260	0.0148	0.0975	0	—	0.0880
38	市场观察	0.1895	0.0186	0.0294	0.0011	0.0720	0.1000	0.2468	0.0878
39	出版经济	0.2129	0.0342	0.0377	0.0324	0.1841	0	0.1347	0.0875
40	新闻实践	0.2668	0.0202	0.0166	0.0067	0.1012	0	0.2089	0.0872
41	新闻传播	0.4152	0.0169	0.0153	0.0059	0.0866	0.0818	—	0.0864
42	出版参考	0.1580	0.0409	0.0193	0.0121	0.2019	0.0278	0.1035	0.0718
43	出版史料	0.0807	0.0306	0.0151	0	0.1554	0.2174	0.0827	0.0664
44	电子出版	0.0970	0.0176	0.0065	0.0211	0.1012	0	0.0580	0.0421

表19-23给出了本评价体系对新闻学与传播学期刊的最终排名。通过其数据可以看出：《编辑学报》以综合值0.7355领先于其他新闻学与传播学期刊，其被引速率、被引次数、影响因子指标都以1或接近1而名列首位。综合值排在前五的期刊为：《编辑学报》、《中国科技期刊研究》、《新闻与传播研究》、《国际新闻界》、《现代传播》。这5种期刊的综合值均在0.5以上，相比之下远远超过其他期刊，在本指标体系内，可以视做新闻学与传播学学科的领军期刊。不过值得注意的是，排在前两名的期刊《编辑学报》和《中国科技期刊研究》二次文献转载较其他期刊较低，虽然这个指标并未对其综合排名造成太大的影响，但这一反常现象需要引起相关期刊的重视；同时，《编辑学刊》的Web即年指标也较低，而排在第2名的《中国科技期刊研究》由于Web即年指标缺失，我们将该项的权重赋予被引速率指标。

应该说，单项指标并不能反映一种期刊的全貌，那么经过加权综合计算后，我们就可以清楚地看到每一种期刊的整体水平。如上文所提到的《编辑学报》二次文献转载和Web即年指标虽然稍低，但是由于其影响因子等多项指标名列前茅，确保了该期刊的综合学术影响力排在首位；又如，《新闻与传播研究》虽然被引指标不很理想，但由于Web即年指标高和学术规范、被引速率和被引广度等指标较高，综合值稳定在第3位。对于各项指标都处于中等偏下或处于最后几名的期刊，其综合值一定偏低，从而说明这些期刊的综合学术影响力的偏下。

我们将新闻学与传播学期刊的学术影响综合值排序表与目前 CSSCI 的来源期刊作比较，可以发现 CSSCI 的 15 种新闻学与传播学来源期刊有 13 种期刊排在综合值的前 15 位，另两种来源期刊：《编辑学刊》居于第 19 位，《中国广播电视学刊》居于第 16 位。这说明 CSSCI 精选的新闻学与传播学类来源期刊基本具有一定的合理性。但是我们也必须看到，由于多项指标的综合，两种非 CSSCI 来源期刊：《新闻界》、《传媒》分别排在第 13 位和第 14 位而越过一些来源期刊。

根据七大项指标的综合值，我们可以最终划分出新闻学与传播学期刊的学术等级，根据新闻学与传播学期刊的综合值状况，我们把新闻学与传播学权威学术期刊取值区间设为 1—0.7，核心期刊取值区间为 0.7—0.25，扩展核心期刊取值区间为 0.25—0.20，小于 0.20 或表中没有的新闻学与传播学学术期刊定位为一般性学术期刊。依据这一原则得到新闻学与传播学期刊的定量评价结果：

权威期刊：《编辑学报》；

核心期刊：《中国科技期刊研究》、《新闻与传播研究》、《国际新闻界》、《现代传播》、《编辑之友》、《新闻记者》、《新闻大学》、《中国出版》、《出版发行研究》、《当代传播》、《科技与出版》、《新闻界》；

扩展核心期刊：《传媒》、《出版科学》、《中国广播电视学刊》、《中国编辑》、《新闻战线》、《编辑学刊》；

其他期刊均为一般性学术期刊。

第 20 章 图书馆、情报与文献学

作为知识传播和成果报道主要载体的学术期刊的作用正得到日益充分的展现，从国家到具体研究机构的学术水平和创新能力在很大程度上通过学术期刊体现出来。因此，对学术期刊的评价也受到越来越多的关注。对学术期刊进行科学合理的综合评价，其结果在微观上会影响办刊思想以及科研人员的投稿选择，在宏观上会对学术研究的发展与交流产生重大影响。毫无疑问，对学术期刊进行综合评价具有十分重要的现实意义。

根据最新公开发行的中国人文社会科学期刊目录统计，我国现有图书馆、情报与文献学学术期刊约 70 余种。2004—2006 年 CSSCI 收录图书馆、情报与文献学期刊 18 种。[①] 三年间 CSSCI 收录图书馆、情报与文献学论文 14754 篇，而这些论文的引用文献数量为 111226 篇。本章主要基于这两大类数据对图书馆、情报与文献学期刊的学术规范、学术含量和被引用指标进行多维统计。其中学科引用的统计还涉及图书馆、情报与文献学论文对其他学科期刊和综合类期刊的引用数据。

本章以 2004—2006 年间在 CSSCI 数据库被引次数 15 次以上，即具有一定学术影响的图书馆、情报与文献学期刊为研究对象，以 CSSCI 数据库、中国期刊全文数据库、万方数据库以及印刷型期刊为数据源，统计相关指标，并通过对各项指标的研究分析，综合考察图书馆、情报与文献学期刊 2004—2006 年间的学术规范、学术质量、学术影响，使图书馆、情报与文献学界对本学科领域期刊有一个全面的了解。

20.1 图书馆、情报与文献学期刊学术规范量化指标分析

我们将期刊的论文篇均引用文献数、基金论文占有比例、期刊作者地区分布及期刊标注有作者机构的论文比例这四项指标作为评价期刊学术规范的量化指标，从而分析图书馆、情报与文献学期刊的规范化和学术含量。

---

① 中国社会科学研究评价中心．http://www.cssci.com.cn/lyqk.htm，2008-4-12。

20.1.1 图书馆、情报与文献学期刊篇均引用文献数

引用文献是学术论文不可缺少的重要组成部分。它的实质是反映论文与引用文献之间的学术关系。引用文献不仅使研究者跟踪和了解前期成果的学术渊源,以便对该成果寻根究底,而且可以反映学者对本学科或相关专业领域发展动态的把握能力和吸收相关信息的能力,体现出作者对该学科领域的研究深度和广度。因此,对整个期刊篇均引文量的分析,可以考察期刊的学术规范和学术水平。

根据统计,CSSCI(2004—2006)的图书馆、情报与文献学来源期刊的篇均引文量为7.6篇,居于人文社会科学的中下游水平,低于所有学科篇均引文数平均值(8.20)0.6篇,远低于排名第1的历史学(18.01)。[①]

表20-1给出了2004—2006年图书馆、情报与文献学期刊篇均引用文献数统计以及三年平均引用文献篇数,并对各期刊进行了归一化处理。归一化值以《情报学报》的平均篇均引用文献篇数(12.2367篇)作为分母,与其余期刊的平均篇均引用文献篇数相比而得。本表按归一化值的从大到小排序。

表20-1　　2004—2006年图书馆、情报与文献学期刊篇均引用文献数统计

排序	期刊名称	2004年（篇数）	2005年（篇数）	2006年（篇数）	三年平均（篇数）	归一化值
1	情报学报	9.71	14.08	12.92	12.2367	1
2	中国典籍与文化	2.16	12.99	16.66	10.6033	0.8665
3	古籍整理研究学刊	5.19	12.87	12.92	10.3267	0.8439
4	图书与情报	10.15	10.42	10.01	10.1933	0.8330
5	图书情报工作	9.03	9.20	10.13	9.4533	0.7725
6	情报科学	7.45	8.61	9.96	8.6733	0.7088
7	中国图书馆学报	7.61	9.04	9.05	8.5667	0.7001
8	图书情报知识	7.27	8.34	9.30	8.3033	0.6786
9	情报理论与实践	7.52	8.19	9.05	8.2533	0.6745
10	情报杂志	7.49	7.94	9.13	8.1867	0.6690
11	情报资料工作	7.29	8.14	8.83	8.0867	0.6609
12	大学图书馆学报	6.06	7.98	10.02	8.0200	0.6554
13	现代图书情报技术	7.14	8.06	8.31	7.8367	0.6404
14	图书馆论坛	7.48	7.33	8.11	7.6400	0.6244

---

① 邓三鸿、金莹:"我国人文社会科学学术刊物的学科对比——基于CSSCI的分析",《东岳论丛》2008年第1期,第43—50页。

续表

排序	期刊名称	2004年（篇数）	2005年（篇数）	2006年（篇数）	三年平均（篇数）	归一化值
15	图书馆	6.80	7.37	8.09	7.4200	0.6064
16	图书馆学研究	5.87	6.85	7.45	6.7233	0.5494
17	四川图书馆学报	6.60	6.66	6.68	6.6467	0.5432
18	图书馆建设	6.25	6.72	6.21	6.3933	0.5225
19	河北科技图苑	5.50	6.42	7.24	6.3867	0.5219
20	图书馆杂志	6.53	6.11	5.61	6.0833	0.4971
21	高校图书馆工作	5.14	6.49	6.61	6.0800	0.4969
22	图书馆理论与实践	5.63	6.03	6.52	6.0600	0.4952
23	图书馆界	6.80	5.43	5.47	5.9000	0.4822
24	现代情报	5.05	6.18	6.37	5.8667	0.4794
25	国家图书馆学刊	5.70	5.68	6.08	5.8200	0.4756
26	新世纪图书馆	5.59	6.10	5.57	5.7533	0.4702
27	河南图书馆学刊	5.72	5.58	5.87	5.7233	0.4677
28	图书馆工作与研究	5.97	5.58	5.56	5.7033	0.4661
29	江西图书馆学刊	5.41	5.36	5.88	5.5500	0.4536
30	图书馆学刊	4.92	5.01	6.18	5.3700	0.4388
31	数字图书馆论坛	—	3.20	7.33	5.2650	0.4303
32	山东图书馆季刊	4.94	5.21	5.52	5.2233	0.4269
33	晋图学刊	5.06	5.08	5.42	5.1867	0.4239
34	大学图书情报学刊	4.35	5.32	5.32	4.9967	0.4083
35	中华医学图书情报杂志	4.69	4.87	5.03	4.8633	0.3974
36	农业图书情报学刊	4.63	4.83	4.94	4.8000	0.3923
37	档案学通讯	3.50	4.84	5.83	4.7233	0.3860
38	情报探索	4.29	4.53	5.23	4.6833	0.3827
39	中国信息导报	2.64	3.45	5.27	3.7867	0.3095
39	档案学研究	3.72	3.55	4.09	3.7867	0.3095
41	科技情报开发与经济	1.70	2.40	3.40	2.5000	0.2043
42	浙江档案	1.00	2.67	2.57	2.0800	0.1700
43	山西档案	1.25	2.18	2.74	2.0567	0.1681
44	档案管理	0.52	1.73	2.64	1.6300	0.1332

续表

排序	期刊名称	2004年（篇数）	2005年（篇数）	2006年（篇数）	三年平均（篇数）	归一化值
45	档案与建设	1.12	1.16	1.97	1.4167	0.1158
46	档案时空	2.49	0.55	0.98	1.3400	0.1095
47	兰台世界	0.50	0.67	2.20	1.1233	0.0918
48	北京档案	0.81	1.25	1.28	1.1133	0.0910
49	档案	1.18	0.59	1.06	0.9433	0.0771
50	中国档案	0.85	0.44	0.71	0.6667	0.0545

从表20-1可以看出，前20名期刊中，CSSCI来源期刊共占有13席，其余的5种图书馆、情报与文献学来源期刊分布在第21名至第40名之间。来源期刊中，图书馆与情报学交叉学科期刊的篇均引文数最高（9.32篇），情报学期刊以平均篇均引文数8.88篇排名第2，图书馆学次之，为7.07篇，档案学的两种来源期刊的篇均引文数最低，平均为4.26篇。因此，除了图情交叉学科期刊和情报学期刊略高于整个人文社会科学CSSCI来源期刊篇均引文数8.20篇外，图书馆学期刊在篇均引文数上还有进一步提高的空间，特别是从事传统图书馆学研究的从业人员更应注重参考文献的标注。档案学因为其学科研究领域的特殊性不宜一概而论，但是随着档案学研究的范围拓宽和内容深入，以及档案学基础理论研究和应用理论与技术研究之间相互交错、相互转化的趋势日渐突出，必将使档案学研究逐步融入国际档案学的洪流之中[1]，这些都要求档案学研究的深化，因而提高体现研究深度的引用文献的规范化及篇均引文数也势在必然。

从年度变化来看，图书馆、情报与文献学期刊的篇均引文数基本处于稳定增长的状态。涨幅最为明显的5种期刊分别是《中国典籍与文化》、《古籍整理研究学刊》、《数字图书馆论坛》、《大学图书馆学报》和《情报学报》，它们的涨幅均超过3篇。50种期刊中，有9种期刊的篇均引文数量有所下降，其余41种期刊篇均引文数量都呈现上升的趋势，说明图书馆、情报与文献学期刊的引文数量有所增加，引文意识和规范不断加强。

从整体上看，图书馆、情报与文献学期刊的篇均引文数量相差较大。最高的《情报学报》达到12.24篇，而《中国档案》仅有0.667篇，两者相差近18倍之多。排在本表前10位的期刊以情报学和图情交叉期刊居多，共7种；而排在本表最后10位的期刊中档案学占了9种之多。

---

[1] 李财富、丁华东："档案学理论前沿与学科发展"，《档案管理》2006年第4期，第8—12页。

从学科角度来看这些期刊的平均篇均引文数,由于图书、情报与文献学涉及四个分支领域,它们分别是图书馆学(21种)、情报学(9种)、档案学(11种)和文献学(2种),其期刊平均篇均引文数分别为6.26篇、7.37篇、1.90篇和10.47篇。其中文献学类期刊的篇均引文数量明显高于图书馆学、情报学期刊,主要因为前者的期刊以古籍文献为主,内容涉及有关古代文献典籍整理和研究,传承了历史学的研究范式。而图书馆学、情报学则以面向应用的研究为主,特别是情报学与信息、计算机和网络技术的交叉融合,使得情报学期刊的平均引文数略高于图书馆学,而图情交叉7种期刊平均篇均引文数介于上述两者之间。四个分支领域中档案学期刊因不乏一手档案史料,以及包括各级档案馆的一线从业人员的实践工作的总结,所以这些期刊的引文数量较少也在情理之中,这也是档案学期刊的特殊之处。另外,在期刊规范方面,总体上图书馆、情报与文献学期刊引文较其他学科而言相对规范,但我们也应当看到存在的一些问题。例如,引文在标注的时候缺少作者、文章名、出版社、发表时间(出版年)等中的一项或者几项,有些作者或者编辑为了节省版面,减少或者全部删除引文。因此,对于像图书馆、情报与文献学这样一个自身学科历史相对不长、理论研究有待深化的面向应用的学科来说,提高引文数量和质量仍然是学科发展中需要重视的。

20.1.2 图书馆、情报与文献学期刊基金论文比例

一般说来,受到基金项目(一般指国家、省市级重大基金或国家重大项目)资助的论文多数都具有较高的学术水平。这是因为,基金项目是经过专家对申请课题的科学性、前沿性、应用性的严格评审和对课题申请者的学术资质、研究条件、项目管理等严格论证之后才得以立项的,所以基金论文往往代表了某研究领域的新趋势,是本领域的"制高点"。因此,期刊登载的基金论文数量越多,说明期刊吸收前沿学科高质量论文的能力越强。另一方面,基金论文的作者大都愿意把自己的新知识、新观点、新思想、新方法的最新科研成果投向本领域地位最高、影响最大、学术性最强的高水平期刊上,以此扩大其论文的影响力和被引用率。这两方面说明"基金论文比"与期刊学术质量应该是成正比的关系。[1]例如,在自然科学领域,我国学者在国际著名期刊 *Science* 和 *Nature* 上发表的论文中一半以上是受国家自然科学基金资助的,其被引率大大高于其他论文。[2]

2004—2006年图书馆、情报与文献学来源期刊的基金论文比为17.44%,在25个人文社会科学学科中排位第9名,远低于环境科学(61.68%)、心理学(49.6%)、管

---

[1] 李晓红、于善清、胡春霞等:"科技期刊评价中应重视'基金论文比'的作用",《科技管理研究》2005年第10期,第134—135页。

[2] 杜永莉、刘金玉、张晓燕:"全军医药卫生科技基金资助项目论文统计分析",《中华医学图书情报杂志》2002年第1期,第53—56页。

理学（37.14%）、体育学（31.42%）等含有自然科学性质的社会科学学科。①

表 20-2 给出了 2004—2006 年图书馆、情报与文献学期刊基金论文比例数据、三年平均值和归一化值。本表按归一化值从大到小排序。

表 20-2　　2004—2006 年图书馆、情报与文献学期刊基金论文比例

排序	期刊名称	2004 年	2005 年	2006 年	三年平均	归一化值
1	情报学报	0.48	0.51	0.61	0.5333	1
2	中国图书馆学报	0.47	0.42	0.52	0.4700	0.8813
3	情报杂志	0.20	0.32	0.44	0.3200	0.6000
4	情报理论与实践	0.19	0.24	0.37	0.2667	0.5001
5	情报科学	0.17	0.30	0.25	0.2400	0.4500
6	图书情报工作	0.18	0.25	0.21	0.2133	0.4000
7	图书情报知识	0.09	0.19	0.28	0.1867	0.3501
8	现代图书情报技术	0.12	0.18	0.27	0.1900	0.3563
9	档案学通讯	0.14	0.15	0.17	0.1533	0.2875
10	情报资料工作	0.13	0.14	0.18	0.1500	0.2813
11	档案学研究	0.09	0.09	0.20	0.1267	0.2376
12	现代情报	0.03	0.11	0.16	0.1000	0.1875
13	大学图书馆学报	0.06	0.07	0.13	0.0867	0.1626
14	图书馆工作与研究	0.04	0.10	0.11	0.0833	0.1562
15	图书馆理论与实践	0.03	0.10	0.11	0.0800	0.1500
16	图书馆论坛	0.05	0.09	0.09	0.0767	0.1438
17	图书馆学刊	0.04	0.06	0.10	0.0667	0.1251
18	高校图书馆工作	0.04	0.10	0.05	0.0633	0.1187
18	图书与情报	0.01	0.04	0.14	0.0633	0.1187
20	图书馆杂志	0.04	0.08	0.06	0.0600	0.1125
21	古籍整理研究学刊	0.03	0.08	0.07	0.0600	0.1125
22	新世纪图书馆	0.03	0.07	0.08	0.0600	0.1125
23	图书馆学研究	0.03	0.07	0.07	0.0567	0.1063
24	四川图书馆学报	0.04	0.06	0.07	0.0567	0.1063
25	图书馆界	0.04	0.04	0.08	0.0533	0.0999

---

① 邓三鸿、金莹："我国人文社会科学学术刊物的学科对比——基于 CSSCI 的分析"，《东岳论丛》2008 年第 1 期，第 43—50 页。

续表

排序	期刊名称	2004 年	2005 年	2006 年	三年平均	归一化值
26	山西档案	0.03	0.05	0.07	0.0500	0.0938
27	河南图书馆学刊	0.03	0.06	0.05	0.0467	0.0876
27	农业图书情报学刊	0.03	0.05	0.06	0.0467	0.0876
27	图书馆	0.02	0.07	0.05	0.0467	0.0876
30	国家图书馆学刊	0.02	0.04	0.07	0.0433	0.0812
31	晋图学刊	0.01	0.03	0.08	0.0400	0.0750
32	图书馆建设	0.03	0.03	0.06	0.0400	0.0750
33	河北科技图苑	0.03	0.02	0.06	0.0367	0.0688
34	江西图书馆学刊	0.02	0.04	0.04	0.0333	0.0624
35	中华医学图书情报杂志	0.02	0.02	0.05	0.0300	0.0563
35	档案管理	0	0.04	0.05	0.0300	0.0563
37	大学图书情报学刊	0.01	0.03	0.04	0.0267	0.0501
37	兰台世界	0.01	0.04	0.03	0.0267	0.0501
39	情报探索	0	0.03	0.04	0.0233	0.0437
40	数字图书馆论坛	—	0.01	0.04	0.0250	0.0469
41	科技情报开发与经济	0.01	0.02	0.03	0.0200	0.0375
41	档案	0.01	0.03	0.02	0.0200	0.0375
41	档案与建设	0.01	0.01	0.04	0.0200	0.0375
44	浙江档案	0.01	0.01	0.03	0.0167	0.0313
45	中国信息导报	0	0.02	0.02	0.0133	0.0249
45	中国典籍与文化	0	0.01	0.03	0.0133	0.0249
47	山东图书馆季刊	0	0.01	0.01	0.0067	0.0126
48	档案时空	0.01	0	0	0.0033	0.0062
48	中国档案	0	0.01	0	0.0033	0.0062
50	北京档案	0	0	0	0	0

从表 20-2 可以看到，排名前 16 位的图书馆、情报与文献学期刊中除《现代情报》外其余均为 CSSCI 来源期刊，可见在基金论文比这项指标中，该学科的 CSSCI 来源期刊占有不可替代的优势。同时，我们也要看到仍有 2 种来源期刊由于三年平均基金论文比的数值较低而排在 20 名之外，特别是《图书馆》需要引起注意。

从各年变化来看，图书馆、情报与文献学期刊的基金论文比呈明显上升的趋势。

2006年较2004年有85%的涨幅。50种图书馆、情报与文献学期刊中，94%的期刊基金论文比有不同程度的增长，其中增幅达3倍以上的期刊有《图书与情报》、《现代情报》、《图书馆理论与实践》、《图书馆工作与研究》和《图书情报知识》；还有6种期刊实现了基金论文零的突破，比如《档案管理》，由2004年的0上升到2006年的0.05。产生这样的变化趋势主要有两方面的原因：其一，国家逐步重视对图书馆、情报与文献学基金项目的投入，这是增加基金项目成果的动力，也是提高图书馆、情报与文献学期刊基金论文比的原动力；其二，图书馆、情报与文献学期刊不断提高自身的学术规范，注重吸纳有基金项目支持的论文，重视基金论文的标注，这也是提高基金论文比的有效动力。

从整体看来，图书馆、情报与文献学期刊的基金论文比差距明显。排名前两位的《情报学报》和《中国图书馆学报》，其三年平均基金论文比分别为0.53和0.47，在各自的研究领域优势明显。对于一些排名较后的期刊来说，需要重视吸纳学术价值较高的基金论文来提高期刊自身的学术规范和学术含量。

20.1.3 图书馆、情报与文献学期刊论文作者地区分布

对期刊的论文作者地区分布数的研究，目的是为了反映该学科期刊论文作者群分布的广泛程度，这也是反映期刊对学科领域研究状况影响大小的标志之一。该指标兼具广泛和集中的两面性，一方面考察期刊是否将其学术影响力辐射到全国图书馆学、情报学研究实力雄厚、研究单位人才优势明显的地区，同时也要衡量是否向薄弱地域扩展。即使是一些具有地域特色的期刊，也应该考虑其研究的全面性和广泛性，扩大作者队伍。

本统计中的作者地区包括我国内地31个省市自治区、港、澳、台以及其他国家和地区（其他国家和地区分布数以国家为单位计量）。表20-3给出了2004—2006年图书馆、情报与文献学期刊论文作者地区分布数、三年平均值和归一化值。本表按归一化值从大到小排序。

表20-3　2004—2006年图书馆、情报与文献学期刊论文作者地区分布

排序	期刊名称	2004年（地区数）	2005年（地区数）	2006年（地区数）	三年平均（地区数）	归一化值
1	情报杂志	29	31	30	30.00	1
1	农业图书情报学刊	31	30	29	30.00	1
1	科技情报开发与经济	30	30	30	30.00	1
4	图书情报工作	29	30	29	29.33	0.9777
5	现代情报	30	29	28	29.00	0.9667

续表

排序	期刊名称	2004年（地区数）	2005年（地区数）	2006年（地区数）	三年平均（地区数）	归一化值
6	图书馆论坛	27	29	29	28.33	0.9443
7	图书馆杂志	27	28	28	27.67	0.9223
8	图书馆理论与实践	29	26	27	27.33	0.9110
9	现代图书情报技术	25	27	27	26.33	0.8777
10	情报科学	25	26	27	26.00	0.8667
10	数字图书馆论坛	—	24	28	26.00	0.8667
10	图书馆建设	27	25	26	26.00	0.8667
10	中华医学图书情报杂志	26	26	26	26.00	0.8667
14	图书馆学研究	26	25	26	25.67	0.8557
15	中国档案	24	26	26	25.33	0.8443
16	大学图书情报学刊	25	25	25	25.00	0.8333
16	中国信息导报	22	27	26	25.00	0.8333
18	图书与情报	26	26	22	24.67	0.8223
19	情报资料工作	23	24	25	24.00	0.8000
19	图书情报知识	24	23	25	24.00	0.8000
21	图书馆工作与研究	21	24	26	23.67	0.7890
21	兰台世界	20	24	27	23.67	0.7890
21	图书馆学刊	21	23	27	23.67	0.7890
24	图书馆	24	21	25	23.33	0.7777
25	大学图书馆学报	23	21	24	22.67	0.7557
25	古籍整理研究学刊	24	20	24	22.67	0.7557
27	情报探索	17	23	27	22.33	0.7443
27	情报理论与实践	23	22	22	22.33	0.7443
27	江西图书馆学刊	20	25	22	22.33	0.7443
30	河南图书馆学刊	21	21	24	22.00	0.7333
31	中国图书馆学报	22	21	22	21.67	0.7223
32	档案学通讯	20	21	23	21.33	0.7110
32	四川图书馆学报	22	19	23	21.33	0.7110
34	档案学研究	22	21	20	21.00	0.7000
34	河北科技图苑	23	21	19	21.00	0.7000

续表

排序	期刊名称	2004年（地区数）	2005年（地区数）	2006年（地区数）	三年平均（地区数）	归一化值
34	新世纪图书馆	21	18	24	21.00	0.7000
37	情报学报	21	20	21	20.67	0.6890
38	晋图学刊	22	21	18	20.33	0.6777
39	高校图书馆工作	19	20	19	19.33	0.6443
39	山东图书馆季刊	17	20	21	19.33	0.6443
41	档案	17	18	19	18.00	0.6000
41	图书馆界	18	17	19	18.00	0.6000
43	国家图书馆学刊	15	20	17	17.33	0.5777
44	北京档案	16	17	17	16.67	0.5557
44	山西档案	14	19	17	16.67	0.5557
44	中国典籍与文化	16	17	17	16.67	0.5557
47	浙江档案	16	16	17	16.33	0.5443
48	档案管理	12	18	17	15.67	0.5223
49	档案与建设	12	15	17	14.67	0.4890
50	档案时空	12	12	11	11.67	0.3890

从表20-3可以看到，图书馆、情报与文献学期刊作者的地区分布差异较大。第1名与第50名的三年平均地区分布数相差达18个地区左右。即使是图书馆、情报与文献学来源期刊，其排名分布也是参差不齐，地区分布数从20至30不等。

从年度情况来看，整体来说图书馆、情报与文献学期刊的地区分布数是逐年上升的，绝对数量增加30%左右。62%的图书馆、情报与文献学期刊的地区分布稳定增加，20%的期刊随年份地区分布数有所减少。其中涨幅最为显著的是《情报探索》，三年增长了10个地区，突破20个地区达到将近30个地区，说明该期刊正积极扩大自身的作者队伍和在全国的知名度，这是值得肯定的。10种期刊的作者地区分布有下降的趋势，需要引起这些期刊的警惕，广开稿源，扩大不同地区的作者群。如《图书与情报》作为来源期刊，其地区分布数减少了4个，需引起该刊重视。

从整体上来看，图情交叉期刊比情报学、图书馆学、文献学和档案学具有更广的地区分布数，前三种分支研究领域的期刊平均地区分布数介于22.8—26.3之间。情报学期刊地区分布数明显高于图书馆学2.9个地区，文献学期刊比档案学期刊多1.4个地区，图书馆学期刊比文献学期刊多3个地区。由此我们可以分析出影响图书馆、情报与文献学期刊地区分布的几个因素：一是期刊自身的研究范畴。这是影响期刊地区分布最重要的因素，不同领域因为从业者的广泛性的差异，导致其地区分布数的不同。二是期刊的规范性。刊物是否标注作者机构与地区分布的多少有很大关系，如《档案时空》，由于作者机构信息的缺失，导致其地区分布数较少。三是期刊的载文量。在同一领域载文量较多的期刊作者地区分布更广，如排名靠前的《情报杂志》年载文量在600篇左右。四是一些在本学科中顶级的期刊其地区分布数仅20左右，如《中国图书馆学报》和《情报学报》，它们的排名都较后，说明地区分布数是具有两面性的指标。

20.1.4 图书馆、情报与文献学期刊有作者机构论文比例

作者机构标注比例是衡量期刊规范程度的重要指标之一。应该说，作者机构是论文的重要组成部分，它不仅是读者与作者学术交流的需要，也是学术界了解各机构的研究能力和影响的重要途径。

图书馆、情报与文献学来源期刊（2004—2006）标注作者机构论文比的平均水平为97.84%，高于人文社会科学的整体平均水平（94.39%）3个百分点。但是，若将其与社会科学中最高的体育学（99.67%）相比，还有一些差距，排名在25个学科中的第10位。[1]说明该学科期刊在作者机构标注规范性方面尚可。

表20-4给出了2004—2006年图书馆、情报与文献学期刊标注有作者机构的论文比例、三年平均值，并对平均值进行了归一化计算。本表按归一化值从大到小排序。

表20-4 2004—2006年图书馆、情报与文献学期刊标注有作者机构的论文比例

排序	期刊名称	2004年	2005年	2006年	三年平均	归一化值
1	情报科学	1	1	1	1	1
1	情报杂志	1	1	1	1	1
1	图书馆理论与实践	1	1	1	1	1
1	高校图书馆工作	1	1	1	1	1
1	中华医学图书情报杂志	1	1	1	1	1
1	晋图学刊	1	1	1	1	1
1	科技情报开发与经济	1	1	1	1	1
1	四川图书馆学报	1	1	1	1	1
1	图书馆界	1	1	1	1	1

---

[1] 邓三鸿、金莹："我国人文社会科学学术刊物的学科对比——基于CSSCI的分析"，《东岳论丛》2008年第1期，第43—50页。

续表

排序	期刊名称	2004 年	2005 年	2006 年	三年平均	归一化值
1	古籍整理研究学刊	1	1	1	1	1
11	现代情报	0.9992	1	1	0.9997	0.9997
12	情报探索	1	0.9971	1	0.9990	0.9990
13	图书馆	1	1	0.9955	0.9985	0.9985
14	大学图书情报学刊	1	1	0.9948	0.9983	0.9983
15	图书馆论坛	1	0.9941	1	0.9980	0.9980
15	图书情报工作	1	0.9977	0.9955	0.9977	0.9977
17	情报理论与实践	0.9921	1	1	0.9974	0.9974
17	情报学报	0.9934	1	1	0.9978	0.9978
17	图书馆工作与研究	0.9904	1	1	0.9968	0.9968
17	图书情报知识	0.9914	1	1	0.9971	0.9971
17	中国图书馆学报	0.9913	1	1	0.9971	0.9971
22	情报资料工作	1	0.9952	0.9951	0.9968	0.9968
23	图书馆学研究	0.9871	0.9991	1	0.9954	0.9954
24	现代图书情报技术	1	0.9891	0.9962	0.9951	0.9951
25	档案与建设	0.9772	0.9892	1	0.9888	0.9888
25	图书馆学刊	0.9771	0.9892	1	0.9888	0.9888
27	农业图书情报学刊	0.9834	0.9722	1	0.9852	0.9852
28	兰台世界	0.9452	0.9913	0.9951	0.9772	0.9772
29	图书与情报	0.9911	0.9941	0.9141	0.9664	0.9664
30	新世纪图书馆	0.9131	0.9521	1	0.9551	0.9551
31	档案学研究	0.9121	0.9531	0.9681	0.9444	0.9444
32	档案学通讯	0.9212	0.9321	0.9651	0.9395	0.9395
33	大学图书馆学报	0.8909	0.9383	0.9852	0.9381	0.9381
34	图书馆建设	0.9012	0.9232	0.9821	0.9355	0.9355
35	河南图书馆学刊	0.8911	0.9234	0.9612	0.9252	0.9252
36	图书馆杂志	0.9801	0.8881	0.8551	0.9078	0.9078
37	山东图书馆季刊	0.8621	0.9111	0.9512	0.9081	0.9081
38	国家图书馆学刊	0.8811	0.8923	0.9221	0.8985	0.8985
39	河北科技图苑	0.8423	0.8912	0.9523	0.8953	0.8953
40	中国典籍与文化	0.8451	0.8732	0.9232	0.8805	0.8805

续表

排序	期刊名称	2004年	2005年	2006年	三年平均	归一化值
41	档案管理	0.8921	0.8311	0.8632	0.8621	0.8621
41	江西图书馆学刊	0.8921	0.8311	0.8631	0.8621	0.8621
43	浙江档案	0.8111	0.8423	0.8611	0.8382	0.8382
44	中国信息导报	0.7432	0.8162	0.9411	0.8335	0.8335
45	档案	0.8851	0.6831	0.8311	0.7998	0.7998
46	山西档案	0.7812	0.7643	0.8211	0.7889	0.7889
47	数字图书馆论坛	—	0.5432	0.9961	0.7697	0.7697
48	中国档案	0.7311	0.7823	0.8211	0.7782	0.7782
49	北京档案	0.6331	0.6581	1	0.7637	0.7637
50	档案时空	0.3982	0.4121	0.6381	0.4828	0.4828

从表20-4可以看到，大部分图书馆、情报与文献学期刊的作者机构标注情况都比较理想，50种期刊中80%的期刊论文机构标注率在90%以上，《情报科学》等10种期刊论文的作者机构标注率为100%。说明这些图书馆、情报与文献学期刊在作者机构标注方面规范化程度很高。但也有一些地方性档案学期刊的机构标注率不足80%，需要加强论文作者信息提供的全面性。

从三年变化来看，大部分图书馆、情报与文献学期刊有作者机构论文比上下波动不大，这与这些期刊作者机构规范化程度比较高有一定关系。三年间，有作者机构论文比上升最为明显的期刊是《数字图书馆论坛》，从2005年创刊时的0.5432上升到2006年的0.9961，两年时间基本实现了每篇论文都标有作者机构。而《图书馆杂志》有作者机构论文比下降最为明显，由原来的98%下降至85%左右，需要引起警惕。

20.1.5 图书馆、情报与文献学期刊学术规范量化指标

期刊学术规范量化指标在对期刊规范化、期刊学术质量、期刊影响广泛性等方面起到了重要的评价作用，它包括期刊的篇均引用文献数、基金论文占有比例、作者地区分布以及标注有作者机构的论文比例这四项指标。由于很难分辨其中各指标的重要程度，所以本评价体系将这四项指标平均分配权重比，即各占25%，详细计算方式参见本书第1章。表20-5给出了2004—2006年图书馆、情报与文献学期刊学术规范量化各指标的归一化值和综合值。本表按各期刊学术规范量化指标综合值从大到小排序。

表 20-5　2004—2006 年图书馆、情报与文献学期刊学术规范量化指标综合值

排序	期刊名称	篇均引文数归一化值	基金论文比归一化值	地区分布归一化值	有机构论文比归一化值	综合值
1	情报学报	1	1	0.6890	0.9978	0.9217
2	中国图书馆学报	0.7001	0.8813	0.7223	0.9971	0.8252
3	情报杂志	0.6690	0.6000	1	1	0.8173
4	图书情报工作	0.7725	0.4000	0.9777	0.9977	0.7870
5	情报科学	0.7088	0.4500	0.8667	1	0.7564
6	情报理论与实践	0.6745	0.5001	0.7443	0.9974	0.7291
7	现代图书情报技术	0.6404	0.3563	0.8777	0.9951	0.7174
8	图书情报知识	0.6786	0.3501	0.8000	0.9971	0.7065
9	图书与情报	0.833	0.1187	0.8223	0.9664	0.6851
10	情报资料工作	0.6609	0.2813	0.8000	0.9968	0.6848
11	古籍整理研究学刊	0.8439	0.1125	0.7557	1	0.6780
12	图书馆论坛	0.6244	0.1438	0.9443	0.998	0.6776
13	现代情报	0.4794	0.1875	0.9667	0.9997	0.6583
14	图书馆理论与实践	0.4952	0.1500	0.9110	1	0.6391
15	大学图书馆学报	0.6554	0.1626	0.7557	0.9381	0.6280
16	图书馆学研究	0.5494	0.1063	0.8557	0.9954	0.6267
17	图书馆	0.6064	0.0876	0.7777	0.9985	0.6176
18	农业图书情报学刊	0.3923	0.0876	1	0.9852	0.6163
19	图书馆杂志	0.4971	0.1125	0.9223	0.9078	0.6099
20	图书馆工作与研究	0.4661	0.1562	0.7890	0.9968	0.6020
21	图书馆建设	0.5225	0.0750	0.8667	0.9355	0.5999
22	四川图书馆学报	0.5432	0.1063	0.7110	1	0.5901
23	图书馆学刊	0.4388	0.1251	0.7890	0.9888	0.5854
24	中国典籍与文化	0.8665	0.0249	0.5557	0.8805	0.5819
25	档案学通讯	0.3860	0.2875	0.7110	0.9395	0.5810
26	中华医学图书情报杂志	0.3974	0.0563	0.8667	1	0.5801
27	大学图书情报学刊	0.4083	0.0501	0.8333	0.9983	0.5725
28	高校图书馆工作	0.4969	0.1187	0.6443	1	0.5650
29	科技情报开发与经济	0.2043	0.0375	1	1	0.5605
30	新世纪图书馆	0.4702	0.1125	0.7000	0.9551	0.5595

续表

排序	期刊名称	篇均引文数归一化值	基金论文比归一化值	地区分布归一化值	有机构论文比归一化值	综合值
31	河南图书馆学刊	0.4677	0.0876	0.7333	0.9252	0.5535
32	档案学研究	0.3095	0.2376	0.7000	0.9444	0.5479
33	河北科技图苑	0.5219	0.0688	0.7000	0.8953	0.5465
34	图书馆界	0.4822	0.0999	0.6000	1	0.5455
35	晋图学刊	0.4239	0.0750	0.6777	1	0.5442
36	情报探索	0.3827	0.0437	0.7443	0.9990	0.5424
37	江西图书馆学刊	0.4536	0.0624	0.7443	0.8621	0.5306
38	数字图书馆论坛	0.4303	0.0469	0.8667	0.7697	0.5284
39	国家图书馆学刊	0.4756	0.0812	0.5777	0.8985	0.5083
40	中国信息导报	0.3095	0.0249	0.8333	0.8335	0.5003
41	山东图书馆季刊	0.4269	0.0126	0.6443	0.9081	0.4980
42	兰台世界	0.0918	0.0501	0.7890	0.9772	0.4770
43	中国档案	0.0545	0.0062	0.8443	0.7782	0.4208
44	档案与建设	0.1158	0.0375	0.4890	0.9888	0.4078
45	山西档案	0.1681	0.0938	0.5557	0.7889	0.4016
46	浙江档案	0.1700	0.0313	0.5443	0.8382	0.3960
47	档案管理	0.1332	0.0563	0.5223	0.8621	0.3935
48	档案	0.0771	0.0375	0.6000	0.7998	0.3786
49	北京档案	0.0910	0	0.5557	0.7637	0.3526
50	档案时空	0.1095	0.0062	0.3890	0.4828	0.2469

从表20-5不难看出，图书馆、情报与文献学期刊在学术规范量化指标综合值上没有一个期刊在四项指标上都表现突出。如排名第1的《情报学报》在基金论文比和篇均引文数这两个指标上比较突出，但是在地区分布数这个指标上排名居中。再如，《情报杂志》在有机构论文比和作者地区分布数两个指标均为1，但在篇均引文数和基金论文比表现稍显逊色。CSSCI的图书馆、情报与文献学来源期刊的学术规范量化指标综合值整体较高，表中前10名均为CSSCI来源期刊。另外，档案学期刊的学术规范量化指标综合值整体偏低，表中后10名中档案学期刊有9种之多。

根据表20-5的数据分析，图书馆、情报与文献学期刊总体上学术规范水平尚可，但是体现学术规范和研究深度的篇均引文数和基金论文比还有很大提升的空间，各刊的编辑部门应该针对自身的不足，努力提高期刊的规范程度，体现出学科研究的深度和广度。这对提高我国图书馆、情报与文献学研究的科学性和严肃性,无疑具有重要的意义。

20.2 图书馆、情报与文献学期刊被引次数分析

期刊被引次数是指期刊自创刊以来在统计当年被 CSSCI 来源期刊论文引用的总次数。它是从期刊的学术影响角度评价期刊的基本指标之一,可用来衡量期刊自创刊以来的绝对学术影响,进而直接反映学术期刊在学术领域中的贡献程度。为了更全面地考察期刊的这种绝对学术影响,在常用的总被引次数指标外,特增加了他刊引用次数和学科引用次数指标,本节主要就这三项分指标进行讨论。

20.2.1 总被引次数

期刊的总被引次数指期刊自创刊以来所刊载的全部论文在统计当年被统计源中来源期刊论文引用的总次数。它反映了期刊在科学研究中产生的总的学术影响,它是指期刊论文获得的总的客观响应,从一定程度上显示了期刊被使用和重视的程度。表 20-6 分别给出了 2004—2006 年图书馆、情报与文献学期刊各年度总被引次数、三年总被引平均数以及归一化值。本表按三年总被引平均数从大到小排序。

表 20-6　　　　　2004—2006 年图书馆、情报与文献学期刊总被引次数

排序	期刊名称	2004 年(篇次)	2005 年(篇次)	2006 年(篇次)	三年平均(篇次)	归一化值
1	中国图书馆学报	1229	1245	1103	1192.33	1
2	图书情报工作	1132	1041	908	1027.00	0.8613
3	图书馆论坛	789	832	906	842.33	0.7065
4	情报杂志	629	760	845	744.67	0.6246
5	大学图书馆学报	746	723	732	733.67	0.6153
6	情报学报	762	666	669	699.00	0.5862
7	情报科学	709	679	707	698.33	0.5857
8	图书馆	586	645	771	667.33	0.5597
9	情报理论与实践	552	552	548	550.67	0.4618
10	图书馆杂志	594	513	401	502.67	0.4216
11	现代图书情报技术	527	488	467	494.00	0.4143
12	图书馆建设	444	428	504	458.67	0.3847
13	图书情报知识	451	474	425	450.00	0.3774

续表

排序	期刊名称	2004年（篇次）	2005年（篇次）	2006年（篇次）	三年平均（篇次）	归一化值
14	情报资料工作	399	388	326	371.00	0.3112
15	图书馆理论与实践	376	327	351	351.33	0.2947
16	现代情报	252	366	409	342.33	0.2871
17	图书馆学研究	284	310	328	307.33	0.2578
18	图书馆工作与研究	296	273	336	301.67	0.2530
19	图书与情报	239	256	236	243.67	0.2044
20	四川图书馆学报	176	154	153	161.00	0.1350
21	图书馆学刊	144	156	176	158.67	0.1331
22	高校图书馆工作	127	166	171	154.67	0.1297
23	国家图书馆学刊	142	138	182	154.00	0.1292
24	新世纪图书馆	130	143	157	143.33	0.1202
25	中国信息导报	159	138	118	138.33	0.1160
26	档案学通讯	100	146	158	134.67	0.1129
27	科技情报开发与经济	69	108	224	133.67	0.1121
28	河南图书馆学刊	109	86	92	95.67	0.0802
29	大学图书情报学刊	83	78	93	84.67	0.0710
30	农业图书情报学刊	51	72	117	80.00	0.0671
31	山东图书馆季刊	57	75	78	70.00	0.0587
32	河北科技图苑	69	69	70	69.33	0.0581
33	情报探索	57	61	86	68.00	0.0570
34	晋图学刊	69	69	60	66.00	0.0554
35	中国档案	57	67	65	63.00	0.0528
36	中华医学图书情报杂志	48	75	62	61.67	0.0517
37	江西图书馆学刊	49	54	73	58.67	0.0492
38	档案学研究	55	59	58	57.33	0.0481
39	图书馆界	42	48	48	42.00	0.0352
40	档案与建设	22	27	39	29.33	0.0246
41	中国典籍与文化	18	30	36	28.00	0.0235
42	浙江档案	17	26	34	25.67	0.0215
43	北京档案	24	30	21	25.00	0.0210

续表

排序	期刊名称	2004年（篇次）	2005年（篇次）	2006年（篇次）	三年平均（篇次）	归一化值
43	数字图书馆论坛	—	4	46	25.00	0.0210
45	古籍整理研究学刊	14	24	35	24.33	0.0204
46	山西档案	15	22	22	19.67	0.0165
47	档案管理	12	10	27	16.33	0.0137
48	档案	14	12	9	11.67	0.0098
49	兰台世界	4	6	13	7.67	0.0064
50	档案时空	2	10	5	5.67	0.0048

从表 20-6 中数据可以看出，《中国图书馆学报》、《图书情报工作》、《图书馆论坛》、《情报杂志》、《大学图书馆学报》、《情报学报》、《情报科学》、《图书馆》等期刊的平均总被引次数较高，它们的平均总被引次数之和约占所有期刊平均总被引次数之和的一半。这体现了这些期刊在图书馆、情报学领域学术影响的广泛性与权威性。

比较各个分学科领域的被引数据，不难看出，总体上图书馆学平均总被引次数要高于情报学，而档案学领域平均总被引次数最高的《档案学通讯》在所有 50 种期刊中只列第 26 位。这也说明较之于图书馆学、情报学领域，档案学领域的期刊略显活力不足。

就图书馆学领域来看，《中国图书馆学报》、《图书馆论坛》、《大学图书馆学报》、《图书馆》等几种期刊的平均总被引次数较高；情报学领域中，《情报杂志》、《情报学报》、《情报科学》、《情报理论与实践》等也具有较高的平均总被引次数；《图书情报工作》则涉及图书馆学和情报学两个领域，其平均总被引次数位居 50 种期刊的第二位，体现出较高的学术影响；档案学领域中，《档案学通讯》、《中国档案》、《档案学研究》、《档案与建设》相对具有较高的平均总被引次数；古籍典藏领域的期刊相对较少，只有《中国典籍与文化》、《古籍整理研究学刊》两种，它们的总被引次数排名较后。

需要指出的是，虽然本部分的总被引次数从一定程度上反映了不同期刊的学术影响，但该指标与期刊的创办时间、期刊载文规模、期刊领域交叉性也有较大联系。

就三年总被引数据的变化来讲，三年所有期刊的平均总被引次数之和总体上呈现上升趋势（分别为 12931 次、13129 次和 13500 次），但反映在具体期刊上则并不尽然。比如《中国图书馆学报》、《图书情报工作》、《情报学报》、《现代图书情报技术》等期刊的平均总被引次数就略呈下降趋势，而《图书馆论坛》、《情报杂志》、

《图书馆》、《档案学通讯》则呈明显上升趋势。

20.2.2 其他期刊引用次数

其他期刊引用次数（也称他刊引用次数）指期刊所刊载的论文被统计源中其他期刊引用的次数（排除期刊的自引）。采用他刊引用次数对期刊进行评价，可以削弱某些来源期刊为了提高被引次数而虚假自引所带来的被引统计偏差。同时通过他刊引用次数可将来源期刊与非来源期刊放在同一个平台上进行评价，增加了评价的公平性。表 20-7 给出了 2004—2006 年图书馆、情报与文献学期刊他刊引用次数统计结果，包括各期刊在各年度的他刊引用次数、三年平均值以及归一化值。本表按三年他刊引用次数平均值从大到小排序。

表 20-7　　　　2004—2006 年图书馆、情报与文献学期刊他刊引用次数

排序	期刊名称	2004年（篇次）	2005年（篇次）	2006年（篇次）	三年平均（篇次）	归一化值
1	中国图书馆学报	1156	1157	1032	1115.00	1
2	图书情报工作	961	878	724	854.33	0.7662
3	大学图书馆学报	690	679	666	678.33	0.6084
4	情报学报	711	570	596	625.67	0.5611
5	情报科学	612	559	578	583.00	0.5229
6	情报杂志	377	546	580	501.00	0.4493
7	情报理论与实践	489	497	488	491.33	0.4407
8	图书馆建设	444	428	504	458.67	0.4114
9	图书馆杂志	524	446	364	444.67	0.3988
10	图书馆论坛	401	409	478	429.33	0.3850
11	图书馆	453	415	419	429.00	0.3848
12	图书情报知识	418	444	396	419.33	0.3761
13	现代图书情报技术	420	421	401	414.00	0.3713
14	现代情报	252	366	409	342.33	0.3070
15	情报资料工作	330	317	287	311.33	0.2792
16	图书馆学研究	284	310	328	307.33	0.2756
17	图书馆理论与实践	274	222	259	251.67	0.2257
18	图书馆工作与研究	191	227	284	234.00	0.2099
19	图书与情报	198	218	199	205.00	0.1839
20	四川图书馆学报	176	154	153	161.00	0.1444

续表

排序	期刊名称	2004年（篇次）	2005年（篇次）	2006年（篇次）	三年平均（篇次）	归一化值
21	图书馆学刊	144	156	176	158.67	0.1423
22	高校图书馆工作	127	166	171	154.67	0.1387
23	国家图书馆学刊	142	138	182	154.00	0.1381
24	新世纪图书馆	130	143	157	143.33	0.1285
25	科技情报开发与经济	69	108	224	133.67	0.1199
26	中国信息导报	144	120	118	127.33	0.1142
27	河南图书馆学刊	109	86	92	95.67	0.0858
28	大学图书情报学刊	83	78	93	84.67	0.0759
29	农业图书情报学刊	51	72	117	80.00	0.0717
30	山东图书馆季刊	57	75	78	70.00	0.0628
31	河北科技图苑	69	69	70	69.33	0.0622
32	情报探索	57	61	86	68.00	0.0610
33	晋图学刊	69	69	60	66.00	0.0592
34	档案学通讯	48	74	73	65.00	0.0583
35	中国档案	57	67	65	63.00	0.0565
36	中华医学图书情报杂志	48	75	62	61.67	0.0553
37	江西图书馆学刊	49	54	73	58.67	0.0526
38	图书馆界	42	48	48	42.00	0.0377
39	档案学研究	32	42	36	36.67	0.0329
40	档案与建设	22	27	39	29.33	0.0263
41	中国典籍与文化	18	30	36	28.00	0.0251
42	浙江档案	17	26	34	25.67	0.0230
43	北京档案	24	30	21	25.00	0.0224
43	数字图书馆论坛	—	4	46	25.00	0.0224
45	古籍整理研究学刊	14	24	35	24.33	0.0218
46	山西档案	15	22	22	19.67	0.0176
47	档案管理	12	10	27	16.33	0.0146
48	档案	14	12	9	11.67	0.0105
49	兰台世界	4	6	13	7.67	0.0069
50	档案时空	2	10	5	5.67	0.0051

从表 20-7 中可以看出,《中国图书馆学报》、《图书情报工作》在他刊引用次数指标上依然位居前两位。相比之下,《图书馆论坛》和《大学图书馆学报》在总被引次数方面分别排第 3 名和第 5 名,但因为《图书馆论坛》几近一半的引用为期刊自我引用,故在他刊引用次数的排名上下降了 7 位,排在第 10 名;与其相反,《大学图书馆学报》由于较低的自引率,名次跃升到第 3 位。这也充分说明了他刊引用次数对期刊评价标准有着举足轻重的影响和作用。

就情报学领域来讲,在总被引次数方面,《情报杂志》高于《情报学报》和《情报科学》,而在他刊引用次数方面,《情报学报》和《情报科学》则高得多,他刊引用比例(平均他刊引用次数除以平均总被引次数)分别为 89.9% 和 83.5%,而《情报杂志》仅为 67.28%,也就是说,《情报杂志》有近三分之一的引用发生在本期刊内部。

档案学领域的期刊在他刊引用次数方面的表现继续下滑,表现较好的《档案学通讯》和《中国档案》则分别位列第 34 名和第 35 名,《档案学研究》和《档案与建设》则分别位列第 39 名和第 40 名。

20.2.3 本学科论文引用次数

本学科论文引用次数(也称学科引用次数)是指期刊被统计源中本学科论文所引用的次数,这个指标主要用于反映该期刊在本学科的学术影响。表 20-8 给出了 2004—2006 年图书馆、情报与文献学类期刊在本学科中的引用次数统计,包括各期刊的年度学科引用次数、三年平均引用次数以及该指标的归一化值。此外,表 20-8 还给出了图书馆、情报与文献学期刊的本学科论文引用率,它是通过将每一种期刊的三年本学科总引用次数与三年总被引次数进行比较(相除)得到的,用于考察图书馆、情报与文献学期刊在学科研究中的集散程度。本表按三年本学科平均引用次数从大到小排序。

表 20-8　2004—2006 年图书馆、情报与文献学期刊学科引用次数

排序	期刊名称	2004 年(篇次)	2005 年(篇次)	2006 年(篇次)	三年平均(篇次)	归一化值	本学科引用率
1	中国图书馆学报	1160	1187	1019	1122.00	1	0.94
2	图书情报工作	1056	989	843	962.67	0.8580	0.94
3	图书馆论坛	771	804	868	814.33	0.7258	0.97
4	大学图书馆学报	728	700	691	706.33	0.6295	0.96
5	图书馆	564	633	747	648.00	0.5775	0.97
6	情报杂志	555	641	692	629.33	0.5609	0.85

续表

排序	期刊名称	2004年（篇次）	2005年（篇次）	2006年（篇次）	三年平均（篇次）	归一化值	本学科引用率
7	情报学报	669	602	563	611.33	0.5449	0.87
8	情报科学	619	571	569	586.33	0.5226	0.84
9	图书馆杂志	572	498	388	486.00	0.4332	0.97
10	情报理论与实践	470	478	471	473.00	0.4216	0.86
11	现代图书情报技术	502	478	420	466.67	0.4159	0.94
12	图书馆建设	434	417	479	443.33	0.3951	0.97
13	图书情报知识	418	437	390	415.00	0.3699	0.92
14	情报资料工作	368	356	293	339.00	0.3021	0.91
15	图书馆理论与实践	358	306	327	330.33	0.2944	0.94
16	现代情报	226	328	345	299.67	0.2671	0.88
17	图书馆工作与研究	288	266	321	291.67	0.2600	0.97
18	图书馆学研究	259	286	300	281.67	0.2510	0.92
19	图书与情报	228	243	205	225.33	0.2008	0.92
20	四川图书馆学报	175	150	146	157.00	0.1399	0.98
21	图书馆学刊	143	152	163	152.67	0.1361	0.96
22	高校图书馆工作	119	158	166	147.67	0.1316	0.95
23	国家图书馆学刊	133	124	173	143.33	0.1277	0.93
24	新世纪图书馆	123	133	150	135.33	0.1206	0.94
25	档案学通讯	96	139	151	128.67	0.1147	0.96
26	中国信息导报	123	96	79	99.33	0.0885	0.72
27	河南图书馆学刊	104	82	85	90.33	0.0805	0.68
27	科技情报开发与经济	52	71	148	90.33	0.0805	0.94
29	大学图书情报学刊	80	68	86	78.00	0.0695	0.92
30	农业图书情报学刊	43	64	96	67.67	0.0603	0.85
31	河北科技图苑	63	67	65	65.00	0.0579	0.94
32	山东图书馆季刊	52	70	71	64.33	0.0573	0.92
33	晋图学刊	66	68	57	63.67	0.0567	0.96
34	情报探索	52	53	75	60.00	0.0535	0.88
35	中国档案	54	63	55	57.33	0.0511	0.91
36	江西图书馆学刊	48	50	70	56.00	0.0499	0.95

续表

排序	期刊名称	2004年（篇次）	2005年（篇次）	2006年（篇次）	三年平均（篇次）	归一化值	本学科引用率
37	档案学研究	55	56	50	53.67	0.0478	0.94
38	中华医学图书情报杂志	39	64	53	52.00	0.0463	0.84
39	图书馆界	42	36	46	44.67	0.0398	0.98
40	档案与建设	21	24	37	27.33	0.0244	0.93
41	北京档案	21	28	19	22.67	0.0202	0.88
41	浙江档案	16	24	28	22.67	0.0202	0.91
43	数字图书馆论坛	—	4	36	20.00	0.0178	0.80
44	山西档案	11	20	22	17.67	0.0157	0.90
45	档案管理	9	9	25	14.33	0.0128	0.88
46	档案	13	8	8	9.67	0.0086	0.83
47	中国典籍与文化	7	7	13	9.00	0.0080	0.32
48	兰台世界	4	5	10	6.33	0.0056	0.83
49	档案时空	2	10	5	5.67	0.0051	1.00
50	古籍整理研究学刊	2	6	5	4.33	0.0039	0.18

表 20-8 中位列前 5 名的期刊的主要内容倾向于图书馆学领域（其中《图书情报工作》兼涉图书馆学和情报学两个学科），这说明《中国图书馆学报》、《图书情报工作》、《图书馆论坛》、《大学图书馆学报》、《图书馆》等期刊在学科内部尤其是图书馆学领域有着强大的影响力。

考察本学科引用率数据，可以在一定程度上看出，情报学领域的几种期刊（《情报杂志》、《情报科学》、《情报学报》、《情报理论与实践》等）较之于图书馆学领域的几种期刊（《中国图书馆学报》、《图书馆论坛》、《大学图书馆学报》等）对于其他学科有着更强的渗透力，将总被引次数减去本学科引用次数还可以得出各期刊的其他学科引用次数，统计表明，情报学领域期刊的其他学科引用次数指标总体明显高于图书馆学和档案学领域。

20.2.4 图书馆、情报与文献学被引次数综合分析

被引次数是通过论文被引用的绝对数量来评价期刊的被引用程度，在总体上直接反映期刊被学者使用和重视的程度以及在学科发展和文献交流中所发挥的作用。但不同期刊在总被引、他刊引用、本学科引用等被引次数上的表现和变化呈现出不同

的特征，因此，为综合评价每一种期刊的被引情况，这里引入被引次数综合值指标，它由总被引次数、其他期刊引用次数和本学科引用次数这三个指标加权得到。根据三种被引次数指标的客观性及它们在期刊评价中的角色和作用，同时考虑到总被引次数、本学科引用次数因含有自引成分而给非来源期刊带来不公平的问题，在实际加权时，对总被引次数、其他期刊引用次数和本学科引用次数三个指标的权重分配分别为25%、50%、25%。表20-9给出了2004—2006年图书馆、情报与文献学期刊被引次数各指标的归一化值和综合值。综合值的计算方法可参见本书第1章。本表按被引次数综合值从大到小排序。

表20-9　　2004—2006年图书馆、情报与文献学期刊被引次数综合值

排序	期刊名称	总被引次数归一化值	他刊引用次数归一化值	学科引用次数归一化值	综合值
1	中国图书馆学报	1	1	1	1
2	图书情报工作	0.8613	0.7662	0.8580	0.8129
3	大学图书馆学报	0.6153	0.6084	0.6295	0.6154
4	情报学报	0.5862	0.5611	0.5449	0.5633
5	图书馆论坛	0.7065	0.3850	0.7258	0.5506
6	情报科学	0.5857	0.5229	0.5226	0.5385
7	情报杂志	0.6246	0.4493	0.5609	0.5210
8	图书馆	0.5597	0.3848	0.5775	0.4767
9	情报理论与实践	0.4618	0.4407	0.4216	0.4412
10	图书馆杂志	0.4216	0.3988	0.4332	0.4131
11	图书馆建设	0.3847	0.4114	0.3951	0.4007
12	现代图书情报技术	0.4143	0.3713	0.4159	0.3932
13	图书情报知识	0.3774	0.3761	0.3699	0.3749
14	情报资料工作	0.3112	0.2792	0.3021	0.2929
15	现代情报	0.2871	0.3070	0.2671	0.2921
16	图书馆学研究	0.2578	0.2756	0.2510	0.2650
17	图书馆理论与实践	0.2947	0.2257	0.2944	0.2601
18	图书馆工作与研究	0.2530	0.2099	0.2600	0.2332
19	图书与情报	0.2044	0.1839	0.2008	0.1933
20	四川图书馆学报	0.1350	0.1444	0.1399	0.1409

续表

排序	期刊名称	总被引次数归一化值	他刊引用次数归一化值	学科引用次数归一化值	综合值
21	图书馆学刊	0.1331	0.1423	0.1361	0.1385
22	高校图书馆工作	0.1297	0.1387	0.1316	0.1347
23	国家图书馆学刊	0.1292	0.1381	0.1277	0.1333
24	新世纪图书馆	0.1202	0.1285	0.1206	0.1245
25	中国信息导报	0.1160	0.1142	0.0885	0.1082
26	科技情报开发与经济	0.1121	0.1199	0.0805	0.1081
27	档案学通讯	0.1129	0.0583	0.1147	0.0861
28	河南图书馆学刊	0.0802	0.0858	0.0805	0.0831
29	大学图书情报学刊	0.0710	0.0759	0.0695	0.0731
30	农业图书情报学刊	0.0671	0.0717	0.0603	0.0677
31	山东图书馆季刊	0.0587	0.0628	0.0573	0.0604
32	河北科技图苑	0.0581	0.0622	0.0579	0.0601
33	情报探索	0.0570	0.0610	0.0535	0.0581
34	晋图学刊	0.0554	0.0592	0.0567	0.0576
35	中国档案	0.0528	0.0565	0.0511	0.0542
36	中华医学图书情报杂志	0.0517	0.0553	0.0463	0.0522
37	江西图书馆学刊	0.0492	0.0526	0.0499	0.0511
38	档案学研究	0.0481	0.0329	0.0478	0.0404
39	图书馆界	0.0352	0.0377	0.0398	0.0376
40	档案与建设	0.0246	0.0263	0.0244	0.0254
41	浙江档案	0.0215	0.0230	0.0202	0.0219
42	北京档案	0.0210	0.0224	0.0202	0.0215
43	数字图书馆论坛	0.0210	0.0224	0.0178	0.0209
44	中国典籍与文化	0.0235	0.0251	0.0080	0.0204
45	古籍整理研究学刊	0.0204	0.0218	0.0039	0.0170
46	山西档案	0.0165	0.0176	0.0157	0.0169
47	档案管理	0.0137	0.0146	0.0128	0.0139
48	档案	0.0098	0.0105	0.0086	0.0099
49	兰台世界	0.0064	0.0069	0.0056	0.0065
50	档案时空	0.0048	0.0051	0.0051	0.0051

根据被引次数综合值，我们可以将图书馆、情报与文献学期刊简单地划分为四个层次：第一层次为被引次数综合值大于 0.7 的期刊，即《中国图书馆学报》、《图书情报工作》两种期刊组成。第二层次为被引次数综合值在 0.7—0.3 之间的期刊，主要有《大学图书馆学报》、《情报学报》等 11 种期刊。以上两个层次期刊代表了图书馆、情报与文献学领域期刊的较高水平，其中《中国图书馆学报》和《情报学报》分别代表了图书馆学和情报学的权威期刊，在学术研究和学科交流方面有着强大的影响力。第三层次为被引次数综合值在 0.3—0.1 之间的期刊，这里包括了图书馆学、情报学领域为数较多的一般性期刊。第四层次为所有被引次数综合值小于 0.1 的 24 种期刊，包括档案学领域的《档案学通讯》、《中国档案》、《档案学研究》和《档案与建设》等期刊，这些期刊的学术影响力相对较弱。

需要特别说明一点，被引次数的排名可能会受到一些除学术影响和学术质量以外的因素影响而导致评价的偏差，比如受创刊时间、出版周期、载文规模、编辑规范（如某些期刊缺乏引文规范或者干脆不标注引文）等。所以，对期刊影响的评价还应从其他方面进行补充。

20.3 图书馆、情报与文献学期刊被引速率分析

期刊即年指数（Immediacy Index）是表征期刊"即时反应速率"的指标，用以描述期刊当年发表的论文在同年被引用的情况。[①] 其公认的计算方法是：期刊当年发表论文的被引次数与该刊当年发表论文总数比，即指期刊发表论文在同年的篇均被引率。[②] 即年指数体现了期刊被引用的速度，可用于衡量期刊把握学界热点问题和学术前沿问题的能力，反映期刊被学界和读者及时关注和最快响应的程度。此值越高，说明期刊论文被引用或关注的速度较快，揭示出该刊论文对学科热点关注度较高。因此，即年指数是评价期刊学术影响和质量的重要指标之一。

然而，由于文章从撰写到发表存在一定的时滞，致使即年指数无法完全有效反映期刊的反应速率。因此，对指标体系进行适当改进，引入期刊被引速率来替代即年指数，即将被引论文的时间范围扩展到当年和前一年，以弥补当年发文时滞造成的即年指数无法有效体现影响力及时效应的缺陷。期刊被引速率又可以被分为 3 个下级指标来分析：总被引速率、他刊引用速率和学科引用速率。

20.3.1 总被引速率

根据本书第 1 章的定义，期刊的总被引速率为该刊当年和前一年发表的论文在当

---

① 中国科技信息研究所、万方数据股份有限公司：《中国科技期刊引证报告 2007 版（扩刊版）》，科学技术出版社 2007 年版。

② 朱献有：《中国科学计量指标：论文与引文统计》，中国科学院文献情报中心，1998 年。

年的被引用总次数与该刊统计当年和前一年发表的论文总数的比值。总被引速率是期刊对学科热点的跟踪能力和对学术前沿的反应速度的总体评价。表20－10给出了2004—2006年图书馆、情报与文献学50种期刊的总被引速率、3年平均值与各期刊总被引速率的归一化值。本表按三年平均速率从大到小排序。

表20－10　　2004—2006年图书馆、情报与文献学期刊总被引速率

排序	期刊名称	2004年	2005年	2006年	三年平均	归一化值
1	中国图书馆学报	1.0130	1.0173	0.7692	0.9332	1
2	大学图书馆学报	0.6972	0.5591	0.6528	0.6364	0.6819
3	情报学报	0.6360	0.5485	0.4682	0.5509	0.5903
4	图书馆	0.3760	0.5213	0.7023	0.5332	0.5714
5	图书情报知识	0.3027	0.3021	0.3548	0.3199	0.3428
6	图书情报工作	0.3722	0.2845	0.2344	0.2970	0.3183
7	情报理论与实践	0.2630	0.3181	0.2966	0.2926	0.3135
8	图书馆论坛	0.3019	0.2473	0.2664	0.2719	0.2913
9	图书馆工作与研究	0.3175	0.2637	0.2207	0.2673	0.2864
10	情报资料工作	0.2903	0.2604	0.2395	0.2634	0.2822
11	现代图书情报技术	0.3233	0.2379	0.2222	0.2612	0.2798
12	图书馆建设	0.2287	0.2431	0.2984	0.2568	0.2751
13	国家图书馆学刊	0.1954	0.2051	0.3490	0.2498	0.2677
14	图书馆杂志	0.2881	0.2177	0.1764	0.2274	0.2437
15	情报科学	0.2299	0.2017	0.1740	0.2019	0.2163
16	情报杂志	0.1758	0.1980	0.1795	0.1844	0.1976
17	图书与情报	0.1487	0.1829	0.1589	0.1635	0.1752
18	图书馆理论与实践	0.1745	0.1353	0.1469	0.1522	0.1631
19	档案学通讯	0.1048	0.1188	0.1585	0.1274	0.1365
20	四川图书馆学报	0.1174	0.0989	0.0885	0.1016	0.1089
21	图书馆学研究	0.1102	0.0975	0.0893	0.0990	0.1061
22	新世纪图书馆	0.0906	0.0898	0.1041	0.0948	0.1016
23	高校图书馆工作	0.0664	0.1079	0.1034	0.0926	0.0992
24	图书馆学刊	0.0923	0.0491	0.0761	0.0725	0.0777

续表

排序	期刊名称	2004年	2005年	2006年	三年平均	归一化值
25	中国信息导报	0.0790	0.0879	0.0499	0.0723	0.0774
26	图书馆界	0.0855	0.0658	0.0519	0.0678	0.0726
27	大学图书情报学刊	0.0743	0.0402	0.0587	0.0577	0.0619
28	河南图书馆学刊	0.0808	0.0537	0.0333	0.0559	0.0599
29	现代情报	0.0397	0.0596	0.0571	0.0521	0.0559
30	档案学研究	0.0654	0.0379	0.0495	0.0509	0.0546
30	数字图书馆论坛	—	0.0143	0.0876	0.0510	0.0546
32	情报探索	0.0692	0.0330	0.0412	0.0478	0.0512
33	晋图学刊	0.0460	0.0452	0.0261	0.0391	0.0419
34	河北科技图苑	0.0515	0.0301	0.0343	0.0387	0.0414
35	山东图书馆季刊	0.0358	0.0297	0.0448	0.0368	0.0394
36	江西图书馆学刊	0.0334	0.0351	0.0332	0.0339	0.0363
37	中华医学图书情报杂志	0.0218	0.0460	0.0286	0.0322	0.0345
38	农业图书情报学刊	0.0276	0.0253	0.0353	0.0294	0.0315
39	中国档案	0.0310	0.0198	0.0261	0.0256	0.0275
40	中国典籍与文化	0.0108	0.0311	0.0258	0.0226	0.0242
41	山西档案	0.0207	0.0172	0.0150	0.0176	0.0189
42	档案与建设	0.0137	0.0137	0.0212	0.0162	0.0173
43	档案管理	0.0167	0.0018	0.0193	0.0126	0.0135
44	北京档案	0.0092	0.0141	0.0120	0.0118	0.0126
45	科技情报开发与经济	0.0097	0.0076	0.0155	0.0109	0.0117
46	古籍整理研究学刊	0.0136	0.0087	0.0078	0.0100	0.0107
47	浙江档案	0.0040	0.0077	0.0128	0.0082	0.0088
48	档案	0.0159	0	0.0041	0.0067	0.0071
49	档案时空	0	0.0139	0.0024	0.0054	0.0058
50	兰台世界	0	0.0015	0.0033	0.0016	0.0017

从表20-10中可以发现，图书馆、情报与文献学类期刊的三年平均总被引速率差距较大，三年平均总被引速率最大期刊数值接近1，而排在后一半的期刊几乎

都不到 0.1，排名最后的 4 种期刊还不到 0.01。如果我们按照归一化值划分总被引次数的层次，大致可分为四个层次：第一层次为《中国图书馆学报》，其平均总被引速率在 1—0.7 之间，说明该刊具有很强的学科热点追踪能力和很快的学术前沿反应速度，在总被引速率上处于领先地位；第二层次包括《大学图书馆学报》、《情报学报》等 14 种期刊，它们的归一化值在 0.7—0.2 之间，这些期刊能够较快地反映学科研究热点；第三层次是归一化值在 0.2—0.1 之间的 7 种期刊，这一层次绝大多数属于 CSSCI 来源期刊；其余为第四层次，归一化值在 0.1 以下。平均总被引速率的排名基本上体现了该学科期刊被引速度的实际情况；排名靠前的期刊差距比较明显，排名渐后的期刊差距逐渐缩小；该学科热点问题的探讨基本上集中在前三个层次的期刊中；档案学和文献学期刊排名普遍靠后，基本上集中在第四层次，排名最前的《档案学通讯》仅排在第三层次的中间位置，表明档案学和文献学热点问题探讨的延时相对较长，期刊对学科前沿的反应相对平缓。

从时间变化角度分析，图书馆、情报与文献学领域各种期刊的总被引速率年度总体变化不大，有涨有跌，说明该领域期刊对新观点的探讨以及对热点话题的关注程度并没有随时间的变化而显著增强，各年度的层次划分基本保持稳定。三年升幅最大的期刊是《数字图书馆论坛》，增幅超过 5 倍；其次是《浙江档案》、《中国典籍与文化》、《兰台世界》，它们的上升幅度都超过了 1 倍。下降幅度较大的有：《档案》、《河南图书馆学刊》、《晋图学刊》、《古籍整理研究学刊》和《情报探索》，这些期刊的下降幅度都在 60% 以上。

一些总被引速率排名较前的期刊，其被引速率也出现了显著下滑，如《图书情报工作》、《图书馆工作与研究》、《情报学报》、《中国图书馆学报》、《情报资料工作》等期刊总被引速率逐年下降且降幅较为明显，需要引起警觉；而《图书馆》、《档案学通讯》、《浙江档案》等期刊总被引速率逐年递增且增幅明显，说明这些期刊日趋注重具有学科关注度和学术水平较高的论文，以不断强化其反映学科热点和学术前沿的能力；《档案时空》和《兰台世界》实现总被引速率零的突破，值得嘉许。值得注意的是，前两个层次期刊总被引速率之间的差距正在逐渐变小，表明对热点问题的研究趋于分散；前三个层次的期刊除少数存在较大增长外，大部分增长缓慢，半数以上期刊出现滑落现象。

20.3.2 其他期刊引用速率

其他期刊引用速率（也称他刊引用速率）是指期刊当年和前一年发表论文在当年被其他期刊引用的总次数与该刊当年和前一年发表论文总数的比值。表 20-11 给出了 2004—2006 年图书馆、情报与文献学 50 种期刊的他刊引用速率统计数据、三年平均值和归一化值。本表按归一化值从大到小排序。

表 20-11　　2004—2006 年图书馆、情报与文献学期刊他刊引用速率

排序	期刊名称	2004 年	2005 年	2006 年	三年平均	归一化值
1	中国图书馆学报	0.9316	0.9516	0.7028	0.8620	1
2	大学图书馆学报	0.6303	0.5090	0.5811	0.5735	0.6653
3	情报学报	0.5800	0.4979	0.4045	0.4941	0.5733
4	图书情报知识	0.2712	0.2727	0.3196	0.2879	0.3339
5	情报理论与实践	0.2438	0.2749	0.2651	0.2613	0.3031
6	图书馆建设	0.2287	0.2431	0.2984	0.2568	0.2979
7	国家图书馆学刊	0.1954	0.2051	0.3490	0.2498	0.2898
8	图书情报工作	0.3287	0.2397	0.1618	0.2434	0.2824
9	现代图书情报技术	0.2530	0.1963	0.1556	0.2016	0.2339
10	情报资料工作	0.2097	0.1923	0.1947	0.1989	0.2308
11	图书馆工作与研究	0.1587	0.1965	0.1689	0.1747	0.2027
12	情报科学	0.1997	0.1658	0.1363	0.1673	0.1941
13	图书馆杂志	0.1876	0.1645	0.1399	0.1640	0.1903
14	图书与情报	0.1341	0.1371	0.1016	0.1243	0.1442
15	图书馆	0.1332	0.1043	0.1250	0.1208	0.1402
16	情报杂志	0.1019	0.1372	0.0909	0.1100	0.1276
17	图书馆论坛	0.1213	0.0972	0.1075	0.1087	0.1261
18	四川图书馆学报	0.1174	0.0989	0.0885	0.1016	0.1179
19	图书馆学研究	0.1102	0.0975	0.0893	0.0990	0.1149
20	新世纪图书馆	0.0906	0.0898	0.1041	0.0948	0.1100
21	高校图书馆工作	0.0664	0.1079	0.1034	0.0926	0.1074
22	图书馆理论与实践	0.0940	0.0821	0.0975	0.0912	0.1058
23	图书馆学刊	0.0923	0.0491	0.0761	0.0725	0.0841
24	中国信息导报	0.0790	0.0879	0.0499	0.0723	0.0838
25	图书馆界	0.0855	0.0658	0.0519	0.0678	0.0786
26	档案学通讯	0.0539	0.0725	0.0634	0.0633	0.0734
27	大学图书情报学刊	0.0743	0.0402	0.0587	0.0577	0.0670
28	河南图书馆学刊	0.0808	0.0537	0.0333	0.0559	0.0649
29	现代情报	0.0397	0.0596	0.0571	0.0521	0.0605
30	数字图书馆论坛	—	0.0143	0.0876	0.0510	0.0591
31	情报探索	0.0692	0.0330	0.0412	0.0478	0.0555

续表

排序	期刊名称	2004年	2005年	2006年	三年平均	归一化值
32	晋图学刊	0.0460	0.0452	0.0261	0.0391	0.0453
33	河北科技图苑	0.0515	0.0301	0.0343	0.0387	0.0448
34	山东图书馆季刊	0.0358	0.0297	0.0448	0.0368	0.0426
35	江西图书馆学刊	0.0334	0.0351	0.0332	0.0339	0.0393
36	中华医学图书情报杂志	0.0218	0.0460	0.0286	0.0322	0.0373
37	农业图书情报学刊	0.0276	0.0253	0.0353	0.0294	0.0341
38	中国档案	0.0310	0.0198	0.0261	0.0256	0.0298
39	中国典籍与文化	0.0108	0.0311	0.0258	0.0226	0.0262
40	档案学研究	0.0280	0.0095	0.0297	0.0224	0.0260
41	山西档案	0.0207	0.0172	0.0150	0.0176	0.0205
42	档案与建设	0.0137	0.0137	0.0212	0.0162	0.0188
43	档案管理	0.0167	0.0018	0.0193	0.0126	0.0146
44	北京档案	0.0092	0.0141	0.0120	0.0118	0.0137
45	科技情报开发与经济	0.0097	0.0076	0.0155	0.0109	0.0127
46	古籍整理研究学刊	0.0136	0.0087	0.0078	0.0100	0.0116
47	浙江档案	0.0040	0.0077	0.0128	0.0082	0.0095
48	档案	0.0159	0	0.0041	0.0067	0.0078
49	档案时空	0	0.0139	0.0024	0.0054	0.0063
50	兰台世界	0	0.0015	0.0033	0.0016	0.0019

通过对表 20‑10 与表 20‑11 的比较分析，可以发现自引率较高的期刊在他刊引用速率的排名相对落后，有的期刊由于自引率较高而在本指标的排名中出现下滑，如总被引速率中列第 4 位的《图书馆》，在本指标排名中仅列 15 位，类似的还有《图书情报工作》、《图书馆论坛》、《图书馆工作与研究》、《图书馆理论与实践》、《档案学通讯》等，其他期刊的位次都有不同程度提升或保持在原有位置。

从年度发展趋势来看，各期刊的他引速率与总被引速率的变化规律除个别刊物外大致相同。其中有 23 种期刊的他刊引用速率呈上升趋势，增长最为明显的是《浙江档案》，不仅逐年递增，而且增幅达到了 220%，《档案时空》和《兰台世界》则在 2005 年实现了零的突破，与总被引速率的变化一致；另外 27 种期刊总体呈下降趋势，除了《档案》完全滑落外，降幅最大的《河南图书馆学刊》，达到了 58.79%；自引率较高的《图书馆》的他刊引用速率则完全背离了总被引速率的发展规律；此外，作为该学科他刊引用速率排头兵的《中国图书馆学报》，在 2006 年也出现了较大的滑坡。需要引起警觉的是，在该分指标中前三个层次的期刊普遍出现了下滑趋势，一方面说明学科的学术活跃性出现了低迷，学科发展在一定程度上遇到了障碍；另一方面也说明了原本集中在某些学术水平较高的期刊中的学科热点和前沿研究目前正趋于分散。

20.3.3 本学科论文引用速率

本学科论文引用速率（也称学科引用速率）是指期刊当年和前一年发表论文在当年被本学科论文引用的总次数与该刊当年和前一年发表论文总数的比值。该分指标排除了期刊对其他学科研究的影响部分，更加明确地反映期刊在本学科的学术反应速度，可用于评价期刊对本学科热点和前沿问题的关注程度。表20‑12给出了2004—2006年图书馆、情报与文献学50种期刊学科引用速率的年度统计值、三年平均值以及归一化值。本表按三年平均速率从大到小排序。

表20‑12　　　　2004—2006年图书馆、情报与文献学期刊学科引用速率

排序	期刊名称	2004年	2005年	2006年	三年平均	归一化值
1	中国图书馆学报	0.9870	1.0035	0.7063	0.8989	1
2	大学图书馆学报	0.6761	0.5376	0.5962	0.6033	0.6712
3	图书馆	0.3681	0.5166	0.6977	0.5275	0.5868
4	情报学报	0.5640	0.4979	0.4091	0.4903	0.5455
5	图书情报知识	0.2712	0.2781	0.3402	0.2965	0.3298
6	图书情报工作	0.3553	0.2700	0.2176	0.2810	0.3126
7	图书馆论坛	0.2968	0.2419	0.2551	0.2646	0.2944
8	情报理论与实践	0.2356	0.2884	0.2598	0.2613	0.2907
9	图书馆工作与研究	0.3042	0.2562	0.2117	0.2574	0.2863
10	图书馆建设	0.2216	0.2373	0.2826	0.2472	0.2750
11	现代图书情报技术	0.3133	0.2329	0.1926	0.2463	0.2740
12	情报资料工作	0.2613	0.2485	0.2263	0.2454	0.2730
13	国家图书馆学刊	0.1897	0.1923	0.3423	0.2414	0.2686
14	图书馆杂志	0.2747	0.2113	0.1720	0.2193	0.2440
15	情报科学	0.2060	0.1683	0.1350	0.1698	0.1889
16	情报杂志	0.1549	0.1598	0.1505	0.1550	0.1725
17	图书与情报	0.1429	0.1771	0.1276	0.1492	0.1660
18	图书馆理论与实践	0.1628	0.1261	0.1349	0.1413	0.1572
19	档案学通讯	0.1018	0.1101	0.1499	0.1206	0.1342

续表

排序	期刊名称	2004年	2005年	2006年	三年平均	归一化值
20	四川图书馆学报	0.1141	0.0952	0.0885	0.0993	0.1104
21	新世纪图书馆	0.0906	0.0836	0.1009	0.0917	0.1020
22	图书馆学研究	0.1050	0.0871	0.0813	0.0911	0.1014
23	高校图书馆工作	0.0597	0.1079	0.0981	0.0886	0.0986
24	图书馆学刊	0.0923	0.0475	0.0698	0.0699	0.0778
25	图书馆界	0.0855	0.0592	0.0519	0.0656	0.0729
26	大学图书情报学刊	0.0743	0.0327	0.0563	0.0544	0.0606
27	河南图书馆学刊	0.0780	0.0537	0.0310	0.0542	0.0603
27	中国信息导报	0.0636	0.0634	0.0356	0.0542	0.0603
29	档案学研究	0.0654	0.0379	0.0446	0.0493	0.0548
30	现代情报	0.0349	0.0559	0.0459	0.0455	0.0507
31	情报探索	0.0615	0.0330	0.0368	0.0438	0.0487
32	数字图书馆论坛	—	0.0143	0.0705	0.0424	0.0472
33	晋图学刊	0.0460	0.0452	0.0261	0.0391	0.0435
34	河北科技图苑	0.0464	0.0301	0.0343	0.0369	0.0411
35	山东图书馆季刊	0.0331	0.0297	0.0448	0.0358	0.0399
36	江西图书馆学刊	0.0334	0.0310	0.0293	0.0312	0.0347
37	中华医学图书情报杂志	0.0194	0.0358	0.0208	0.0254	0.0282
37	农业图书情报学刊	0.0237	0.0213	0.0310	0.0253	0.0282
39	中国档案	0.0294	0.0154	0.0235	0.0228	0.0253
40	山西档案	0.0166	0.0172	0.0150	0.0163	0.0181
41	档案与建设	0.0137	0.0119	0.0193	0.0150	0.0167
42	北京档案	0.0092	0.0121	0.0120	0.0111	0.0124
43	档案管理	0.0105	0.0018	0.0193	0.0105	0.0117
44	浙江档案	0.0027	0.0077	0.0128	0.0077	0.0086
45	科技情报开发与经济	0.0072	0.0045	0.0111	0.0076	0.0085
46	档案	0.0159	0	0.0041	0.0067	0.0074
47	档案时空	0	0.0139	0.0024	0.0054	0.0060
48	中国典籍与文化	0.0054	0.0062	0	0.0039	0.0043
49	兰台世界	0	0.0008	0.0022	0.0010	0.0011
50	古籍整理研究学刊	0	0	0	0	0

由表 20-12 可以看出，图书馆、情报与文献学期刊学科引用速率各层次之间的界限比较清晰，呈现出了与上述两个分指标类似的规律。《中国图书馆学报》、《大学图书馆学报》、《图书馆》和《情报学报》占据了排名的前 4 位，优势明显。除了《档案学通讯》，其他档案学期刊的平均学科引用速率均在 0.05 以下。

表 20-12 的期刊排名与表 20-10 基本相同，只是前后相邻的几种刊物略有交替。差别比较明显的是《中国典籍与文化》、《古籍整理研究学刊》以及《中国信息导报》，这 3 种期刊的排名均有所下降，这与它们较低的本学科引用率具有很大的关系。《中国典籍与文化》和《古籍整理研究学刊》为文献学类期刊，刊登有大量的古籍、文学、历史和语言类研究文章，所以，对这两种期刊的引用许多来自这些学科，使之被图书馆、情报与文献学学科论文引用的比例也相对受到了一些影响。

从总体发展趋势而言，依然存在学科引用速率较高的期刊发展趋势减缓或下降，而学科引用速率较低的期刊则增长较快。在排名居前的 4 种期刊中，仅有《图书馆》保持持续增长，而且这种增长主要源于自引速率的迅速增加；所有期刊年度平均学科引用速率分别为 0.1465、0.1362、0.1345，呈现持续下降趋势，预示着当前学科与其他学科的交流和融合将会持续增加，学术活动将更为活跃，不能单纯地将其归结为期刊追踪学科前沿能力在逐渐衰弱。

从各刊的年度变化来看，图书馆、情报与文献学期刊学科引用速率涨跌不定。《浙江档案》、《图书馆》、《档案管理》和《国家图书馆学刊》涨幅比较明显，三年达到 80% 以上；《档案时空》和《兰台世界》实现了零的突破；《中国典籍与文化》、《档案》和《河南图书馆学刊》则出现了 50% 以上的跌幅；《古籍整理研究学刊》的学科引用速率始终为零，由于该刊所载论文的内容限制，短期内很难为图书馆、情报与文献学学科论文所引用；大部分期刊学科引用速率的发展趋势与总被引速率一致，但也存在两者呈现相反的发展态势：有的期刊总被引速率升高，而学科引用速率降低，表明它们关注的热点问题和最新研究方向开始对其他学科具有一定的借鉴和渗透作用，而这些交叉性或边缘性的热点研究往往可能带来学术创新，这类期刊的学科交叉性越来越明显，如《中国典籍与文化》、《图书与情报》等。

20.3.4 被引速率综合分析

基于以上从总被引速率、他刊引用速率和学科引用速率三个角度的分析，可以得出结论：具有较高被引速率的期刊一般具有较高的学术活跃度，其中他刊引用速率相对于其他两个分指标具有更合理、更明确的指示性。结合考虑三项分指标，引入被引速率综合值，在减弱各分指标片面性和评价偏差的同时，突出相对重要的影响因素，能够更加科学准确地反映实际情况。

根据本书第 1 章给出的被引速率综合值的计算方法，将相对重要的他刊引用速率的权重设置为50%，总被引速率和学科引用速率均设置为25%，将三项分指标归一化值的加权值之和作为期刊被引速率综合值。一般来说，综合值越高，期刊对学科发展的反应速度越快，对学科热点的跟踪能力越强。表20-13给出了2004—2006年图书馆、情报与文献学50种期刊被引速率分指标归一化值和综合值，并按被引速率综合值从大到小排序。

表20-13　2004—2006年图书馆、情报与文献学期刊被引速率综合值

排序	期刊名称	总被引速率归一化值	他刊引用速率归一化值	学科引用速率归一化值	综合值
1	中国图书馆学报	1	1	1	1
2	大学图书馆学报	0.6819	0.6653	0.6712	0.6709
3	情报学报	0.5903	0.5733	0.5455	0.5706
4	图书馆	0.5714	0.1402	0.5868	0.3597
5	图书情报知识	0.3428	0.3339	0.3298	0.3351
6	情报理论与实践	0.3135	0.3031	0.2907	0.3026
7	图书情报工作	0.3183	0.2824	0.3126	0.2989
8	图书馆建设	0.2751	0.2979	0.2750	0.2865
9	国家图书馆学刊	0.2677	0.2898	0.2686	0.2790
10	现代图书情报技术	0.2798	0.2339	0.2740	0.2554
11	情报资料工作	0.2822	0.2308	0.2730	0.2542
12	图书馆工作与研究	0.2864	0.2027	0.2863	0.2445
13	图书馆论坛	0.2913	0.1261	0.2944	0.2095
14	图书馆杂志	0.2437	0.1903	0.2440	0.2171
15	情报科学	0.2163	0.1941	0.1889	0.1984
16	情报杂志	0.1976	0.1276	0.1725	0.1563
17	图书与情报	0.1752	0.1442	0.1660	0.1574
18	图书馆理论与实践	0.1631	0.1058	0.1572	0.1330
19	档案学通讯	0.1365	0.0734	0.1342	0.1044
20	四川图书馆学报	0.1089	0.1179	0.1104	0.1138
21	图书馆学研究	0.1061	0.1149	0.1014	0.1093
22	新世纪图书馆	0.1016	0.1100	0.1020	0.1059
23	高校图书馆工作	0.0992	0.1074	0.0986	0.1032
24	图书馆学刊	0.0777	0.0841	0.0778	0.0809

续表

排序	期刊名称	总被引速率归一化值	他刊引用速率归一化值	学科引用速率归一化值	综合值
25	中国信息导报	0.0774	0.0838	0.0603	0.0763
26	图书馆界	0.0726	0.0786	0.0729	0.0757
27	大学图书情报学刊	0.0619	0.0670	0.0606	0.0641
28	河南图书馆学刊	0.0599	0.0649	0.0603	0.0625
29	现代情报	0.0559	0.0605	0.0507	0.0569
30	数字图书馆论坛	0.0546	0.0591	0.0472	0.0550
31	情报探索	0.0512	0.0555	0.0487	0.0527
32	档案学研究	0.0546	0.0260	0.0548	0.0404
33	晋图学刊	0.0419	0.0453	0.0435	0.0440
34	河北科技图苑	0.0414	0.0448	0.0411	0.0430
35	山东图书馆季刊	0.0394	0.0426	0.0399	0.0411
36	江西图书馆学刊	0.0363	0.0393	0.0347	0.0374
37	中华医学图书情报杂志	0.0345	0.0373	0.0282	0.0343
38	农业图书情报学刊	0.0315	0.0341	0.0282	0.0320
39	中国档案	0.0275	0.0298	0.0253	0.0281
40	山西档案	0.0189	0.0205	0.0181	0.0195
41	中国典籍与文化	0.0242	0.0262	0.0043	0.0202
42	档案与建设	0.0173	0.0188	0.0167	0.0179
43	档案管理	0.0135	0.0146	0.0117	0.0136
44	北京档案	0.0126	0.0137	0.0124	0.0131
45	科技情报开发与经济	0.0117	0.0127	0.0085	0.0114
46	浙江档案	0.0088	0.0095	0.0086	0.0091
47	古籍整理研究学刊	0.0107	0.0116	0	0.0085
48	档案	0.0071	0.0078	0.0074	0.0075
49	档案时空	0.0058	0.0063	0.0060	0.0061
50	兰台世界	0.0017	0.0019	0.0011	0.0017

考察表 20-13，我们认为从整体学术活跃程度和学术影响速度来看，图书馆、情报与文献学领域期刊被引速率综合值跨度较大（从 0.0017 到 1），而且层次清晰。《中国图书馆学报》优势突出，被引速率中的三项分指标均位居第一，表现出其在学

术响应速度方面的绝对领先地位；第二层次包括《大学图书馆学报》和《情报学报》，被引速率综合值在 0.7—0.4 之间，与其他期刊也拉开了较大的差距；第三层次综合值在 0.4—0.1 之间，共有 20 种期刊，大部分为该学科的核心期刊，其中在总被引速率和学科引用速率上表现都很突出的《图书馆》，由于受到自引率的影响，在他刊引用速率上有较大的落后，导致其综合值滑落到第三层次；其余 27 种期刊组成第四层次，综合值在 0.1 以下，其中《古籍整理研究学刊》由于受本学科论文引用速率的影响，从总被引速率和他引速率中排名 41 位滑落到 47 位。

计算表 20-13 中所有期刊被引速率综合值的平均值为 0.1483，其中 33 种期刊被引速率综合值在均值之下，占期刊总数的 66%，说明大多数期刊表达学科热点和学术前沿的力度不够，需要加强它们对学科热点的追踪能力和敏感度。

20.4 图书馆、情报与文献学期刊影响因子分析

引文索引的创始人加菲尔德（Eugene Garfield）早在 1955 年提出将期刊影响因子（Impact Factor，IF）作为期刊评价指标，[①] 用于反映期刊对学科发展的相对影响。影响因子的实质是在一定的统计时间范围内期刊发表论文的平均被引用率，[②] 表明了期刊获得的客观响应，是反映期刊重要性和影响力的宏观测度，能够体现期刊在科学研究领域中的相对影响度。影响因子是国际上通行的期刊评价指标，具有重要的学术评价作用。在本指标体系中，影响因子指标被细分成了三项下级指标：一般影响因子、他引影响因子和学科影响因子。

20.4.1 一般影响因子

通常意义上的影响因子是指期刊前两年发表的论文在统计当年的被引用次数与该刊前两年发表的论文总数之比。之所以采用期刊前两年论文的被引情况，是因为该时段是论文引用高峰期，最能体现期刊的学术影响。然而，由于人文社会科学期刊论文引用年度峰值的前移，本评价体系已对期刊影响因子进行了修正（参见本书第 1 章），即采用期刊前第 2、3 年发表的论文在统计当年被引用的总次数与该刊前第 2、3 年发表论文总数的比值作为一般影响因子量化指标。表 20-14 给出了 2004—2006 年图书馆、情报与文献学 50 种期刊的一般影响因子、三年平均值和归一化值，并按一般影响因子平均值从大到小排序。

---

① E. Garfield, "Citation Indexes to Science: A New Dimension in Documentation through Association of Ideas", *Science*, 1955, 122: 108—111.

② 刘勇："论用期刊影响因子评价论文作者的逻辑前提与局限性"，《编辑学报》2007 年第 2 期，第 152—153 页。

表 20-14　2004—2006 年图书馆、情报与文献学期刊一般影响因子

排序	期刊名称	2004 年	2005 年	2006 年	三年平均	归一化值
1	中国图书馆学报	1.6962	1.6535	1.1824	1.5107	1
2	情报学报	1.2163	1.0154	1.1400	1.1239	0.7440
3	大学图书馆学报	1.1623	1.1727	0.9648	1.0999	0.7281
4	图书馆论坛	0.7192	0.6445	0.5084	0.6240	0.4131
5	图书情报工作	0.7597	0.6107	0.4424	0.6043	0.4000
6	情报理论与实践	0.6718	0.5863	0.5507	0.6029	0.3991
7	现代图书情报技术	0.6812	0.6016	0.4558	0.5795	0.3836
8	图书馆	0.6243	0.5105	0.5274	0.5541	0.3668
9	情报资料工作	0.6955	0.5828	0.3613	0.5465	0.3618
10	图书情报知识	0.6557	0.5767	0.3656	0.5327	0.3526
11	情报科学	0.3981	0.3694	0.4133	0.3936	0.2606
12	图书馆工作与研究	0.3363	0.2882	0.4021	0.3422	0.2265
13	图书馆杂志	0.4105	0.3555	0.2496	0.3385	0.2241
14	图书馆建设	0.3100	0.3275	0.3528	0.3301	0.2185
15	图书与情报	0.4920	0.2529	0.2391	0.3280	0.2171
16	国家图书馆学刊	0.2880	0.3277	0.3563	0.3240	0.2145
17	图书馆理论与实践	0.4042	0.2896	0.2399	0.3112	0.2060
18	情报杂志	0.2815	0.3090	0.3291	0.3065	0.2029
19	图书馆学研究	0.3242	0.2850	0.1982	0.2691	0.1781
20	四川图书馆学报	0.3632	0.2083	0.2081	0.2599	0.1720
21	新世纪图书馆	0.1684	0.2639	0.2136	0.2153	0.1425
22	高校图书馆工作	0.1487	0.1737	0.1748	0.1657	0.1097
23	档案学通讯	0.0970	0.1375	0.2126	0.1490	0.0986
24	图书馆学刊	0.1357	0.1423	0.1363	0.1381	0.0914
25	大学图书情报学刊	0.1460	0.1278	0.1022	0.1253	0.0830
26	情报探索	0.1093	0.1684	0.0962	0.1246	0.0825
27	中国信息导报	0.1243	0.0969	0.1098	0.1103	0.0730
28	河南图书馆学刊	0.1222	0.1013	0.1003	0.1079	0.0714
29	档案学研究	0.0798	0.1239	0.1121	0.1053	0.0697
30	晋图学刊	0.1050	0.1049	0.0859	0.0986	0.0653
31	现代情报	0.1026	0.0883	0.1038	0.0982	0.0650

续表

排序	期刊名称	2004 年	2005 年	2006 年	三年平均	归一化值
32	图书馆界	0.0788	0.0864	0.0987	0.0880	0.0582
33	江西图书馆学刊	0.0682	0.0810	0.0883	0.0792	0.0524
34	山东图书馆季刊	0.0655	0.0667	0.0937	0.0753	0.0498
35	数字图书馆论坛	—	0	0.1471	0.0736	0.0487
36	中华医学图书情报杂志	0.0554	0.0682	0.0898	0.0712	0.0471
37	河北科技图苑	0.0648	0.0874	0.0593	0.0705	0.0467
38	农业图书情报学刊	0.0345	0.0760	0.0592	0.0566	0.0375
39	中国档案	0.0182	0.0396	0.0425	0.0334	0.0221
40	山西档案	0.0132	0.0294	0.0332	0.0253	0.0167
41	古籍整理研究学刊	0.0226	0.0254	0.0181	0.0220	0.0146
42	北京档案	0.0148	0.0236	0.0202	0.0195	0.0129
42	科技情报开发与经济	0.0215	0.0192	0.0178	0.0195	0.0129
44	中国典籍与文化	0.0052	0.0204	0.0324	0.0193	0.0128
45	浙江档案	0.0113	0.0154	0.0226	0.0164	0.0109
46	档案与建设	0.0115	0.0181	0.0188	0.0161	0.0107
47	档案管理	0.0021	0.0062	0.0126	0.0069	0.0046
48	档案	0.0092	0.0067	0.0040	0.0066	0.0044
49	档案时空	0	0.0033	0.0059	0.0031	0.0020
50	兰台世界	0.0022	0.0025	0.0025	0.0024	0.0016

从表 20-14 中可以看到，图书馆、情报与文献学期刊一般影响因子整体水平较高，说明了期刊论文仍然是该学科的主要学术资源，这是由于图书馆、情报与文献学是新兴学科，当前正处于高速发展、逐步完善体系的阶段，因此期刊作为知识更新较快的平台，其反映近期成果的论文往往成为重点引用的对象。表中有 3 种期刊（《中国图书馆学报》、《情报学报》和《大学图书馆学报》）一般影响因子的三年平均值超过了 1，并且与其他期刊拉开了距离，说明这 3 种期刊在本学科具有较大的学术影响。平均影响因子在 0.7—0.3 之间有 15 种期刊，在 0.3—0.1 之间有 11 种，其余 21 种在 0.1 以下。

在表 20-14 中，排在前列的均是情报学类、图书馆学类或者是图情学综合类的期刊，排名最前的档案学类期刊为《档案学通讯》，位列第 23 位，一般影响因子均值在 0.1 以上的只有两种档案学类期刊，反映出当前档案学的研究范围相对独立，与图情学研究存在较大的差异，相互引用的机会不多，同时由于研究范围相对狭小导致论文数量下降，供引用的选择也相对减少。

根据 2004—2006 年图书馆、情报与文献学期刊一般影响因子的年度变化分析：有 17 种期刊处于稳步上升的趋势，典型的如《图书馆建设》、《情报杂志》、《档案学通讯》等，说明这些期刊正处于一个快速成长时期，刊载论文质量的提高使得其学术影响不断增强；另外有 17 种期刊的一般影响因子处于不断下滑趋势，如《中国图书馆学报》、《图书馆论坛》、《图书情报工作》、《情报资料工作》等，说明这些期刊的学术权威性开始受到挑战，这与该学科热点和前沿研究由集中转向分散具有一定关系；有 15 种期刊的一般影响因子处于不稳定状态，呈现出波浪式的发展态势；此外 2005 年正式发行的《数字图书馆论坛》在 2006 年实现了一般影响因子零的突破。从总体上来看，排名前列的期刊多出现一般影响因子持续下滑的态势，相反排名靠后的期刊则普遍上升，反映出该学科期刊的学术影响逐渐趋于均衡。

结合一般影响因子与总被引次数进行分析，可以看到，两者排序基本一致，一般差别在 2—5 位之间。然而其中也存在前后排名相差甚大的情况，这些期刊受载文量的影响比较明显。如《情报杂志》，总被引次数排名第 4 位，而一般影响因子仅列第 18 位，类似的还有《现代情报》、《科技情报开发与经济》和《档案与建设》等；也有的期刊如《数字图书馆论坛》，总被引次数较低，仅列 43 位，而一般影响因子则上升至 35 位，这是由于该刊于 2005 年才创刊所致。类似的还有《图书馆界》、《图书馆工作与研究》和《情报探索》等。

20.4.2　他引影响因子

期刊论文的大量自引能够显著提高本刊的一般影响因子，人为造成指标虚高。因此本书评价指标采用他引影响因子作为一个分指标，用于排除期刊自引带来的数据噪声，反映一种期刊对其他期刊产生的学术影响，消除一般影响因子中的不合理和不公平因素，对目前我国期刊界存在的为过度追求较高一般影响因子而人为增加期刊自引的不正之风具有一定的抑制作用。表 20-15 给出了 2004—2006 年图书馆、情报与文献学 50 种期刊各年度的他引影响因子的量化值、三年平均值和归一化值，按三年平均他引影响因子从大到小排序。

表 20-15　　2004—2006 年图书馆、情报与文献学期刊他引影响因子

排序	期刊名称	2004 年	2005 年	2006 年	三年平均	归一化值
1	中国图书馆学报	1.5904	1.5314	1.0814	1.4011	1
2	大学图书馆学报	1.0877	1.1043	0.8732	1.0217	0.7293
3	情报学报	1.1469	0.8731	0.9880	1.0027	0.7156
4	情报理论与实践	0.5913	0.5238	0.4904	0.5352	0.3820

续表

排序	期刊名称	2004年	2005年	2006年	三年平均	归一化值
5	图书情报工作	0.6547	0.5051	0.3666	0.5088	0.3631
6	图书情报知识	0.6078	0.5492	0.3366	0.4978	0.3553
7	现代图书情报技术	0.5422	0.5303	0.4116	0.4947	0.3531
8	情报资料工作	0.5881	0.4939	0.3355	0.4725	0.3372
9	情报科学	0.3377	0.3129	0.3405	0.3303	0.2358
10	图书馆建设	0.3100	0.3275	0.3528	0.3301	0.2356
11	国家图书馆学刊	0.2880	0.3277	0.3563	0.3240	0.2313
12	图书馆论坛	0.3442	0.3101	0.2310	0.2951	0.2106
13	图书与情报	0.4439	0.2184	0.2099	0.2907	0.2075
14	图书馆杂志	0.3610	0.2828	0.2044	0.2827	0.2018
15	图书馆学研究	0.3242	0.2850	0.1982	0.2691	0.1921
16	四川图书馆学报	0.3632	0.2083	0.2081	0.2599	0.1855
17	图书馆工作与研究	0.2173	0.2206	0.2963	0.2447	0.1747
18	图书馆	0.3249	0.2053	0.1540	0.2281	0.1628
19	新世纪图书馆	0.1684	0.2639	0.2136	0.2153	0.1537
20	情报杂志	0.1697	0.2254	0.2432	0.2127	0.1518
21	图书馆理论与实践	0.2804	0.1641	0.1510	0.1985	0.1417
22	高校图书馆工作	0.1487	0.1737	0.1748	0.1657	0.1183
23	图书馆学刊	0.1357	0.1423	0.1363	0.1381	0.0986
24	大学图书情报学刊	0.1460	0.1278	0.1022	0.1253	0.0894
25	情报探索	0.1093	0.1684	0.0962	0.1246	0.0889
26	中国信息导报	0.1243	0.0969	0.1098	0.1103	0.0788
27	河南图书馆学刊	0.1222	0.1013	0.1003	0.1079	0.0770
28	晋图学刊	0.1050	0.1049	0.0859	0.0986	0.0704
29	现代情报	0.1026	0.0883	0.1038	0.0982	0.0701
30	图书馆界	0.0788	0.0864	0.0987	0.0880	0.0628
31	江西图书馆学刊	0.0682	0.0810	0.0883	0.0792	0.0565
32	山东图书馆季刊	0.0655	0.0667	0.0937	0.0753	0.0537
33	档案学通讯	0.0485	0.0625	0.1108	0.0739	0.0528
34	数字图书馆论坛	—	0	0.1471	0.0736	0.0525
35	档案学研究	0.0504	0.0929	0.0748	0.0727	0.0519

续表

排序	期刊名称	2004 年	2005 年	2006 年	三年平均	归一化值
36	中华医学图书情报杂志	0.0554	0.0682	0.0898	0.0712	0.0508
37	河北科技图苑	0.0648	0.0874	0.0593	0.0705	0.0503
38	农业图书情报学刊	0.0345	0.0760	0.0592	0.0566	0.0404
39	中国档案	0.0182	0.0396	0.0425	0.0334	0.0239
40	山西档案	0.0132	0.0294	0.0332	0.0253	0.0180
41	古籍整理研究学刊	0.0226	0.0254	0.0181	0.0220	0.0157
42	北京档案	0.0148	0.0236	0.0202	0.0195	0.0139
42	科技情报开发与经济	0.0215	0.0192	0.0178	0.0195	0.0139
44	中国典籍与文化	0.0052	0.0204	0.0324	0.0193	0.0138
45	浙江档案	0.0113	0.0154	0.0226	0.0164	0.0117
46	档案与建设	0.0115	0.0181	0.0188	0.0161	0.0115
47	档案管理	0.0021	0.0062	0.0126	0.0069	0.0049
48	档案	0.0092	0.0067	0.0040	0.0066	0.0047
49	档案时空	0	0.0033	0.0059	0.0031	0.0022
50	兰台世界	0.0022	0.0025	0.0025	0.0024	0.0017

基于表 20-15 所示，图书馆、情报与文献学期刊的他引影响因子依然较高。三年平均值超过 1 的共有 3 种期刊，组成了第一层次，其中《中国图书馆学报》依然占据绝对领先的位置；第二层次则由他引影响因子均值在 1—0.2 的 17 种学科核心期刊组成，前两个层次差距相当明显，排名第一层次末位的《情报学报》高出排名第二层次首位的《情报理论与实践》达 87.35% 之多；第三层次为均值在 0.2—0.06 的 17 种期刊组成，其余 13 种期刊的他引影响因子三年平均值均在 0.06 以下。

对比表 20-15 和表 20-14，不难发现从总体上看两者的排名基本一致，仅少数邻近的期刊之间位次发生了调换，例如排名第 2、第 3 位的《情报学报》和《大学图书馆学报》发生了对调，说明前者自引率高于后者；而部分期刊排名的下滑也导致了总体排名出现了略微的变动，如《图书馆论坛》、《图书馆》、《图书馆工作和研究》、《档案学通讯》、《档案学研究》等，此类期刊的他引影响因子和一般影响因子相差甚大，主要由于它们学科覆盖面狭窄，导致自引率偏高。

从年度发展趋势来看，各期刊的他引影响因子与一般影响因子基本相似。有 15 种期刊发展趋势起伏不定，18 种期刊处于稳步上升的状态，另有 17 种期刊不断滑落。2004—2006 年间增长幅度最大的是《中国典籍与文化》，达到 523%；降幅最大的则是《档案》，下滑了 56.52%。另外，《数字图书馆论坛》由于在

2005年创刊,因此2004年和2005年的他引影响因子均为零;而《档案时空》在2004年他引影响因子为零,此后有所改进。总的来说,排名靠后的期刊增长势头较好,特别是其中的档案类刊物,而一些传统的优质期刊则表现出了较为明显的下滑趋势。

20.4.3 学科影响因子

学科影响因子是指期刊前2、3年发表的论文在统计当年被本学科论文引用的总次数与该刊前2、3年发表论文总数的比值,描述的是期刊在本学科学术群体交流中被利用的情况,能够进一步反映期刊所载论文与本学科研究的相关程度。从各期刊学科影响因子的纵向比较中可以反映出期刊在本学科内的学术影响力,而从期刊各年度学科影响因子的横向比较中则能够清晰地刻画出学科发展变化的状况,[①] 可以作为评价学科发展进程的重要因素。表20-16给出了2004—2006年图书馆、情报与文献学50种期刊学科影响因子的统计情况。

表20-16 2004—2006年图书馆、情报与文献学期刊学科影响因子

排序	期刊名称	2004年	2005年	2006年	三年平均	归一化值
1	中国图书馆学报	1.6109	1.5809	1.0814	1.4244	1
2	大学图书馆学报	1.1331	1.1295	0.9437	1.0688	0.7503
3	情报学报	1.0694	0.9308	0.9480	0.9827	0.6899
4	图书馆论坛	0.7047	0.6218	0.4890	0.6052	0.4249
5	图书情报工作	0.7079	0.5760	0.4059	0.5633	0.3954
6	现代图书情报技术	0.6431	0.5752	0.4016	0.5400	0.3791
7	图书馆	0.5876	0.5026	0.5091	0.5331	0.3743
8	情报理论与实践	0.5635	0.4940	0.4712	0.5096	0.3578
9	情报资料工作	0.6657	0.5368	0.3161	0.5062	0.3554
10	图书情报知识	0.6317	0.5400	0.3293	0.5004	0.3513
11	图书馆工作与研究	0.3333	0.2824	0.3889	0.3349	0.2351
12	情报科学	0.3495	0.3105	0.3379	0.3326	0.2335
13	图书馆杂志	0.3994	0.3478	0.2362	0.3278	0.2301
14	图书馆建设	0.3037	0.3205	0.3387	0.3209	0.2253
15	国家图书馆学刊	0.2826	0.3164	0.3563	0.3184	0.2236

---

① 党亚茹:"学科影响因子:我国各学科发展趋势评价",《情报理论与实践》2001年第4期,第265—268、310页。

续表

排序	期刊名称	2004年	2005年	2006年	三年平均	归一化值
16	图书与情报	0.4706	0.2490	0.2099	0.3098	0.2175
17	图书馆理论与实践	0.3855	0.2664	0.2248	0.2923	0.2052
18	情报杂志	0.2517	0.2676	0.2640	0.2611	0.1833
19	四川图书馆学报	0.3632	0.2083	0.1946	0.2554	0.1793
20	图书馆学研究	0.2854	0.2636	0.1811	0.2434	0.1709
21	新世纪图书馆	0.1650	0.2500	0.2071	0.2074	0.1456
22	高校图书馆工作	0.1410	0.1573	0.1726	0.1570	0.1102
23	档案学通讯	0.0909	0.1313	0.2066	0.1429	0.1003
24	图书馆学刊	0.1357	0.1382	0.1231	0.1323	0.0929
25	大学图书情报学刊	0.1423	0.1214	0.0929	0.1189	0.0835
26	情报探索	0.1093	0.1429	0.0808	0.1110	0.0779
27	河南图书馆学刊	0.1156	0.0987	0.0975	0.1039	0.0730
28	档案学研究	0.0798	0.1150	0.0981	0.0977	0.0686
29	晋图学刊	0.1008	0.1049	0.0798	0.0952	0.0668
30	现代情报	0.0932	0.0781	0.0901	0.0871	0.0612
31	图书馆界	0.0788	0.0802	0.0921	0.0837	0.0588
32	中国信息导报	0.0924	0.0709	0.0732	0.0788	0.0553
33	江西图书馆学刊	0.0682	0.0748	0.0883	0.0771	0.0541
34	山东图书馆季刊	0.0592	0.0642	0.0826	0.0687	0.0482
35	河北科技图苑	0.0579	0.0874	0.0567	0.0673	0.0473
36	中华医学图书情报杂志	0.0452	0.0612	0.0777	0.0613	0.0431
37	农业图书情报学刊	0.0296	0.0737	0.0500	0.0511	0.0359
38	数字图书馆论坛	—	0	0.0882	0.0441	0.0310
39	中国档案	0.0182	0.0382	0.0327	0.0297	0.0208
40	山西档案	0.0099	0.0221	0.0332	0.0217	0.0152
41	北京档案	0.0134	0.0219	0.0165	0.0173	0.0121
42	档案与建设	0.0115	0.0166	0.0188	0.0156	0.0110
43	浙江档案	0.0113	0.0129	0.0186	0.0143	0.0100
44	科技情报开发与经济	0.0168	0.0146	0.0106	0.0140	0.0098
45	档案	0.0061	0.0067	0.0040	0.0056	0.0039
45	档案管理	0.0021	0.0041	0.0105	0.0056	0.0039

续表

排序	期刊名称	2004年	2005年	2006年	三年平均	归一化值
47	中国典籍与文化	0.0052	0	0.0054	0.0035	0.0025
48	档案时空	0	0.0033	0.0059	0.0031	0.0022
49	兰台世界	0.0022	0.0025	0.0025	0.0024	0.0017
50	古籍整理研究学刊	0	0	0	0	0

从表20-16可以看出，《中国图书馆学报》、《大学图书馆学报》和《情报学报》依然占据排名前3位，且远远领先于其他期刊，说明这三种期刊在本学科具有很高的学术地位，是重要的学术资源。

比较表20-16和表20-14，我们发现档案学类期刊的学科影响因子与一般影响因子较为接近，这一方面说明档案学期刊的专业性较强；另一方面也说明了档案学期刊的相对封闭性。相比之下，图书馆学、情报学、文献学三个二级学科的这两个影响因子的差异稍大，尤其是属于文献学的两种期刊：《古籍整理研究学刊》和《中国典籍与文化》。

从2004—2006年学科影响因子变化情况来看，呈现出与一般影响因子大致相同的发展规律，当然也存在一些例外的情况。例如《情报科学》的一般影响因子变化，从总体而言呈上升趋势，而其学科影响因子则呈下滑状态，反映出该刊一般影响因子的上升要归功于其他学科论文的引用，类似的还有《图书馆学刊》和《现代情报》等；《中国典籍与文化》的学科影响因子符合一般影响因子的上升趋势，但是上升幅度却存在明显差异，其学科影响因子增长幅度极小，而一般影响因子的上升幅度达到了523%，说明该刊的学科交叉性高，其成果逐渐在向其他学科渗透。

20.4.4 影响因子综合分析

影响因子是利用期刊所载论文的篇均被引率来定量评估期刊整体学术影响和社会效果的一种科学的测评指标,[①] 能够比较准确、合理地反映刊载论文被学界认可的程度和期刊传播学术思想的广度。本章在传统算法基础上，根据论文被引用峰值时间适当调整计算年度，引入新的影响因子算法，并将其扩展到一般影响因子、他引影响因子和学科影响因子量化值的计算中，达到从不同角度评价期刊学术影响和学术质量的目的。类似被引速率综合值，本指标赋予他引影响因子50%的权重，另外两项分指标权重均为25%。表20-17给出了2004—2006年图书馆、情报与文献学50种期刊的影响因子综合值排序。

---

① 赵宪章、邓三鸿："2000—2004年中国文学期刊影响力报告"，《东南大学学报（哲学社会科学版）》2006年第2期，第102—108页。

表20-17　2004—2006年图书馆、情报与文献学期刊影响因子综合值

排序	期刊名称	一般影响因子归一化值	他引影响因子归一化值	学科影响因子归一化值	综合值
1	中国图书馆学报	1	1	1	1
2	大学图书馆学报	0.7281	0.7293	0.7503	0.7343
3	情报学报	0.7440	0.7156	0.6899	0.7163
4	图书情报工作	0.4000	0.3631	0.3954	0.3804
5	情报理论与实践	0.3991	0.3820	0.3578	0.3802
6	现代图书情报技术	0.3836	0.3531	0.3791	0.3672
7	图书情报知识	0.3526	0.3553	0.3513	0.3536
8	情报资料工作	0.3618	0.3372	0.3554	0.3479
9	图书馆论坛	0.4131	0.2106	0.4249	0.3148
10	图书馆	0.3668	0.1628	0.3743	0.2667
11	情报科学	0.2606	0.2358	0.2335	0.2414
12	图书馆建设	0.2185	0.2356	0.2253	0.2288
13	国家图书馆学刊	0.2145	0.2313	0.2236	0.2252
14	图书馆杂志	0.2241	0.2018	0.2301	0.2145
15	图书与情报	0.2171	0.2075	0.2175	0.2124
16	图书馆工作与研究	0.2265	0.1747	0.2351	0.2028
17	图书馆学研究	0.1781	0.1921	0.1709	0.1833
18	四川图书馆学报	0.1720	0.1855	0.1793	0.1806
19	图书馆理论与实践	0.2060	0.1417	0.2052	0.1737
20	情报杂志	0.2029	0.1518	0.1833	0.1725
21	新世纪图书馆	0.1425	0.1537	0.1456	0.1489
22	高校图书馆工作	0.1097	0.1183	0.1102	0.1141
23	图书馆学刊	0.0914	0.0986	0.0929	0.0954
24	大学图书情报学刊	0.0830	0.0894	0.0835	0.0863
25	情报探索	0.0825	0.0889	0.0779	0.0846
26	档案学通讯	0.0986	0.0528	0.1003	0.0761
27	河南图书馆学刊	0.0714	0.0770	0.0730	0.0746
28	中国信息导报	0.0730	0.0788	0.0553	0.0715
29	晋图学刊	0.0653	0.0704	0.0668	0.0682
30	现代情报	0.0650	0.0701	0.0612	0.0666

续表

排序	期刊名称	一般影响因子归一化值	他引影响因子归一化值	学科影响因子归一化值	综合值
31	图书馆界	0.0582	0.0628	0.0588	0.0607
32	档案学研究	0.0697	0.0519	0.0686	0.0605
33	江西图书馆学刊	0.0524	0.0565	0.0541	0.0549
34	山东图书馆季刊	0.0498	0.0537	0.0482	0.0514
35	河北科技图苑	0.0467	0.0503	0.0473	0.0487
36	中华医学图书情报杂志	0.0471	0.0508	0.0431	0.0480
37	数字图书馆论坛	0.0487	0.0525	0.0310	0.0462
38	农业图书情报学刊	0.0375	0.0404	0.0359	0.0386
39	中国档案	0.0221	0.0239	0.0208	0.0227
40	山西档案	0.0167	0.0180	0.0152	0.0170
41	北京档案	0.0129	0.0139	0.0121	0.0132
42	科技情报开发与经济	0.0129	0.0139	0.0098	0.0126
43	古籍整理研究学刊	0.0146	0.0157	0	0.0115
44	档案与建设	0.0107	0.0115	0.0110	0.0112
45	浙江档案	0.0109	0.0117	0.0100	0.0111
46	中国典籍与文化	0.0128	0.0138	0.0025	0.0107
47	档案管理	0.0046	0.0049	0.0039	0.0046
48	档案	0.0044	0.0047	0.0039	0.0044
49	档案时空	0.0020	0.0022	0.0022	0.0022
50	兰台世界	0.0016	0.0017	0.0017	0.0017

基于表20-17的数据分析，可以看出《中国图书馆学报》的优势毋庸置疑，3项分指标均独占鳌头，《大学图书馆学报》和《情报学报》紧随其后，各项分指标的排名均名列前茅。如果我们根据影响因子综合值来划分图书馆、情报与文献学期刊的层次，则前三名期刊应为第一层次，它们的综合值均在0.7以上，并以较大的优势领先于其后的期刊；综合值在0.7—0.2之间的13种期刊可列入第二层次，这些期刊均是图书馆、情报与文献学领域中学术水平较高、学术影响力较大、能够反映学科研究热点和理论前沿的学术期刊，这些期刊都是CSSCI来源期刊（《图书馆建设》、《国家图书馆学刊》是2008年新增的CSSCI来源期刊）；综合值在0.2—0.05之间的《图书馆学研究》等18种期刊可列入第三层次，档案学类排名最前的《档案学通讯》也在这一层次；其余16种期刊，综合值在0.05以下，归入第四层次，主要由档案学

和文献学类期刊组成,由于在统计源中这两类期刊较少,使得其影响因子普遍很低。

20.5 图书馆、情报与文献学期刊被引广度分析

期刊被引广度是指期刊在统计年度被多少种期刊中的论文引用过,其引用该刊的期刊数量即为该刊的被引广度。被引广度说明了期刊所刊载的论文对其他期刊的影响程度。一般来说,一种期刊被不同的期刊引用得越多,其影响度就越广。当然这里存在着被引用次数与引用刊数的比例问题,例如被 10 种刊各引用 1 次与被 10 种刊各引用 5 次所反映的影响力是不同的。仅仅以引用期刊种数为期刊被引广度,无疑有失偏颇。因此本书第 1 章给出了期刊被引广度的计算方法。表 20-18 给出了图书馆、情报与文献学期刊 2004—2006 年各年度的被引广度值、三年被引广度平均值以及归一化值,并按归一化值从大到小排序。

表 20-18　　　　2004—2006 年图书馆、情报与文献学期刊被引广度

排序	期刊名称	2004 年	2005 年	2006 年	三年平均	归一化值
1	情报科学	27.2	30.0	33.8	30.33	1
2	情报学报	28.8	26.4	33.8	29.67	0.9780
3	情报杂志	24.4	28.0	33.0	28.47	0.9385
4	中国图书馆学报	26.6	26.0	27.4	26.67	0.8791
5	图书情报工作	25.4	24.4	25.2	25.00	0.8242
6	情报理论与实践	23.8	23.8	25.2	24.27	0.8000
7	现代情报	19.2	26.2	25.8	23.73	0.7824
8	图书情报知识	23.4	22.4	21.6	22.47	0.7407
9	图书馆论坛	22.2	21.2	22.0	21.80	0.7187
10	现代图书情报技术	20.4	20.6	23.0	21.33	0.7033
11	情报资料工作	21.8	19.8	21.0	20.87	0.6879
12	图书馆建设	21.2	19.0	20.4	20.20	0.6659
13	大学图书馆学报	20.0	18.8	21.6	20.13	0.6637
14	图书馆杂志	19.4	19.2	19.2	19.27	0.6352
15	图书馆	21.8	16.6	17.8	18.73	0.6176
16	图书馆学研究	18.2	19.6	18.2	18.67	0.6154
17	图书馆理论与实践	18.0	17.2	18.8	18.00	0.5934
18	科技情报开发与经济	10.8	15.8	26.6	17.73	0.5846
19	图书与情报	16.0	18.4	18.4	17.60	0.5802

续表

排序	期刊名称	2004年	2005年	2006年	三年平均	归一化值
20	国家图书馆学刊	16.2	15.8	18.0	16.67	0.5495
21	图书馆工作与研究	15.2	16.0	17.2	16.13	0.5319
22	中国信息导报	15.8	17.0	15.2	16.00	0.5275
23	高校图书馆工作	12.8	18.6	16.4	15.93	0.5253
24	四川图书馆学报	16.0	15.6	15.4	15.67	0.5165
24	新世纪图书馆	15.0	16.6	15.4	15.67	0.5165
26	图书馆学刊	14.0	14.4	16.0	14.80	0.4879
27	河南图书馆学刊	14.8	11.4	12.2	12.80	0.4220
28	农业图书情报学刊	9.0	12.2	15.0	12.07	0.3978
29	大学图书情报学刊	11.4	11.4	11.2	11.33	0.3736
30	河北科技图苑	10.8	9.0	11.2	10.33	0.3407
31	山东图书馆季刊	8.6	10.0	11.4	10.00	0.3297
32	晋图学刊	10.8	9.6	9.2	9.87	0.3253
33	情报探索	8.6	9.0	11.4	9.67	0.3187
34	中华医学图书情报杂志	8.2	10.8	9.8	9.60	0.3165
35	江西图书馆学刊	7.4	8.6	10.0	8.67	0.2857
36	档案学通讯	7.0	8.0	9.6	8.20	0.2703
37	图书馆界	6.8	6.4	7.6	6.93	0.2286
38	中国档案	5.4	4.0	7.4	5.60	0.1846
39	档案学研究	5.0	5.0	6.0	5.33	0.1758
40	古籍整理研究学刊	2.8	4.8	7.0	4.87	0.1604
41	中国典籍与文化	3.0	4.8	6.2	4.67	0.1538
42	数字图书馆论坛	—	0.6	7.8	4.20	0.1385
43	浙江档案	2.8	3.8	4.8	3.80	0.1253
44	档案与建设	2.8	3.0	4.4	3.40	0.1121
45	北京档案	3.8	3.4	2.8	3.33	0.1099
46	档案管理	2.2	1.8	3.6	2.53	0.0835
47	档案	2.8	2.4	1.4	2.20	0.0725
48	山西档案	2.0	2.2	2.2	2.13	0.0703
49	兰台世界	0.8	1.2	2.6	1.53	0.0505
50	档案时空	0.4	2.0	1.0	1.13	0.0374

总体来说，以《情报科学》、《情报学报》、《情报杂志》为代表的情报学领域的几种期刊在被引广度指标上的表现优于以《中国图书馆学报》、《图书馆论坛》、《大学图书馆学报》等为代表的图书馆学领域的期刊。而档案学期刊的被引广度则与上述两类期刊有非常明显的差距，除了《档案学通讯》（被引广度：8.2）和《档案学研究》（被引广度：5.6）稍高一些外，其他档案学期刊的被引广度值均不超过4。

排在被引广度前17名的期刊被引广度值均大于18，超过了该学科来源期刊的数量，说明这些期刊所刊载的论文不仅影响着本学科期刊，对其他学科期刊也产生着影响，体现出一定的学科影响力和辐射能力。被引广度指标排在最后15名的期刊多属档案学领域，这一定程度上是由于档案学领域来源期刊数量有限，且该领域期刊的被引用更多为本学科内部引用而产生的结果。

从三年的数据变化来看，表中期刊的整体年度平均值呈缓慢增长，三年的平均值分别为：13.28、13.46、14.84，可见三年仅增长了10%左右。从期刊个体来看，增长幅度最大的是《数字图书馆论坛》，增长了12倍；增长1倍以上的期刊有：《兰台世界》、《古籍整理研究学刊》、《科技情报开发与经济》、《中国典籍与文化》等。有36种期刊的被引广度得到了增加，但其中只有17种期刊是在逐年增加的，另19种期刊三年间呈起伏增长状态；剩余的14种期刊三年间更是不增反降。

如果我们根据被引广度值为图书馆、情报与文献学期刊划分层次的话，归一化值在1—0.7的期刊可属第一层次；归一化值在0.7—0.6的期刊归入第二层次；归一化值在0.6—0.3的期刊为第三层次；归一化值在0.3以下的期刊为第四层次。因此，《情报科学》等10种期刊为被引广度的第一层次期刊；《情报资料工作》等6种期刊为第二层次；《图书馆理论与实践》等18种期刊为第三层次；其余16种期刊为第四层次。

20.6　图书馆、情报与文献学期刊二次文献转载分析

二次文献转载指标是指对我国几种重要的二次文献对各期刊中论文全文转载的数量进行统计。本章讨论的二次文献期刊为我国最重要的三大文摘：人民出版社主办的《新华文摘》、中国社会科学杂志社主办的《中国社会科学文摘》和中国人民大学主办的《复印报刊资料》。这三大文摘期刊是受到学界公认的综合性文摘刊物，具有一定的权威性。它们主要转载中国人文社会科学领域的重要研究成果，反映当前我国社会科学研究领域的热点和社会关注的问题及各学科领域学术动态和学术走向。由于被这些二次文献转载的论文均需经过严格筛选，因此期刊所刊载论文转载率的高低从一个侧面反映了被转载文献的学术性及其社会效应。由于本学科论文和期刊极少被《新华文摘》和《中国社会科学文摘》转载，故本章仅就该学科期刊在中国人民大学主办的《复印报刊资料》中的转载情况进行分析。

《复印报刊资料》是我国人文社会科学出版领域学术影响广泛、规模最大的二次文献资料库，其浩瀚的文献库使得各期刊被《复印报刊资料》转载的可能性更大，被转载的次数也更多，用于评估期刊也更具有可比性。

表20-19给出了2004—2006年图书馆、情报与文献学期刊被《复印报刊资料》全文转载的统计数据，其中各年度数据平均后得到三年平均值，再进行归一化处理得到各期刊该指标的归一化值，本表按归一化值从大到小排序。

表20-19 2004—2006年图书馆、情报与文献学期刊被《复印报刊资料》全文转载统计

排序	期刊名称	2004年（篇）	2005年（篇）	2006年（篇）	三年平均（篇）	归一化值
1	图书情报工作	40	43	42	41.67	1
2	中国图书馆学报	39	39	34	37.33	0.8958
3	图书馆杂志	32	29	28	29.67	0.7120
4	现代图书情报技术	25	29	26	26.67	0.6400
5	情报资料工作	23	24	28	25.00	0.6000
6	情报科学	29	19	23	23.67	0.5680
7	图书情报知识	25	22	23	23.33	0.5599
8	情报理论与实践	27	23	19	23.00	0.5520
9	大学图书馆学报	25	15	22	20.67	0.4960
10	情报学报	25	14	15	18.00	0.4320
11	档案学通讯	19	16	15	16.67	0.4000
12	图书馆	17	13	12	14.00	0.3360
13	中国档案	17	13	7	12.33	0.2959
14	图书馆论坛	11	14	8	11.00	0.2640
14	档案学研究	12	15	6	11.00	0.2640
16	图书馆建设	13	9	10	10.67	0.2561
16	科技情报开发与经济	2	11	19	10.67	0.2561
18	图书与情报	7	9	14	10.00	0.2400
19	档案管理	8	7	14	9.67	0.2321
20	档案与建设	9	11	6	8.67	0.2081
21	图书馆学研究	11	8	6	8.33	0.1999
21	浙江档案	7	13	5	8.33	0.1999
23	情报杂志	6	6	9	7.00	0.1680

续表

排序	期刊名称	2004年（篇）	2005年（篇）	2006年（篇）	三年平均（篇）	归一化值
24	兰台世界	2	7	11	6.67	0.1601
24	国家图书馆学刊	4	8	8	6.67	0.1601
26	现代情报	6	5	7	6.00	0.1440
27	北京档案	3	6	7	5.33	0.1279
28	中国典籍与文化	7	4	3	4.67	0.1121
28	新世纪图书馆	7	5	2	4.67	0.1121
30	数字图书馆论坛	—	0	9	4.50	0.1080
31	古籍整理研究学刊	6	0	6	4.00	0.0960
31	机电兵船档案	6	6	0	4.00	0.0960
33	湖北档案	0	2	9	3.67	0.0881
33	山西档案	6	0	5	3.67	0.0881
33	图书馆理论与实践	3	7	1	3.67	0.0881
36	图书馆工作与研究	3	4	2	3.00	0.0720
37	档案时空	4	2	2	2.67	0.0641
37	河南图书馆学刊	4	2	2	2.67	0.0641
39	山东图书馆季刊	3	1	1	1.67	0.0401
40	高校图书馆工作	2	0	2	1.33	0.0319
41	档案	1	1	1	1.00	0.0240
41	江西图书馆学刊	2	0	1	1.00	0.0240
41	图书馆学刊	1	1	1	1.00	0.0240
41	四川图书馆学报	0	2	1	1.00	0.0240
41	晋图学刊	1	2	0	1.00	0.0240
46	山东档案	2	0	0	0.67	0.0161
46	档案天地	1	0	1	0.67	0.0161
46	情报探索	1	0	1	0.67	0.0161
46	四川档案	1	0	1	0.67	0.0161
46	图书馆界	1	0	1	0.67	0.0161
51	陕西档案	1	0	0	0.33	0.0079
51	河北科技图苑	0	0	1	0.33	0.0079

表 20-19 统计表明,《图书情报工作》以年均转载 41.67 篇的数据遥居榜首,20—40 篇之间的期刊有 8 种,10—20 篇的期刊有 9 种,余下的 34 种期刊的年均转载均不足 10 篇,其中有 12 种期刊年均转载为 1 篇或以下。

从图书馆、情报与文献学期刊被《复印报刊资料》全文转载的数据看,被转载数排名在前 10 位的均为情报学和图书馆学的期刊,这也与前面期刊学术规范量化指标及影响因子综合分析的结果基本吻合,说明该学科内部各二级学科发展不太均衡,档案学、文献学研究需要更进一步地深入和拓展。

如果我们将被《复印报刊资料》转载篇数达 30 以上的期刊列为第一层次,那么《图书情报工作》、《中国图书馆学报》应入此层;转载篇数在 30—10 之间的《图书馆杂志》、《现代图书情报技术》、《情报资料工作》、《情报科学》、《图书情报知识》、《情报理论与实践》、《大学图书馆学报》、《情报学报》、《档案学通讯》、《图书馆》、《中国档案》、《图书馆论坛》、《档案学研究》、《图书馆建设》、《科技情报开发与经济》、《图书与情报》为第二层次;转载篇数在 10 以下的期刊列入第三层次。

20.7　图书馆、情报与文献学期刊 Web 即年下载率分析

Web 即年下载率是指期刊在某一期刊全文数据库中当年出版并上网的论文在当年被全文下载的次数与该期刊当年出版并上网论文总数之比,即期刊当年出版并上网的所有论文被全文下载的平均次数。本章采用的 Web 即年下载率的数据来源于《中国学术期刊综合引证报告(2005—2007 版)》。表 20-20 给出了 2004—2006 年图书馆、情报与文献学期刊 Web 即年下载率、三年平均值和归一化值。

表 20-20　2004—2006 年图书馆、情报与文献学期刊 Web 即年下载率

排序	期刊名称	2004 年（篇）	2005 年（篇）	2006 年（篇）	三年平均（篇）	归一化值
1	情报学报	86.5	39.4	57.2	61.03	1
2	情报科学	40.0	33.9	88.2	54.03	0.8853
3	大学图书馆学报	46.9	27.2	87.0	53.70	0.8799
4	情报杂志	40.6	33.3	80.7	51.53	0.8443
5	情报理论与实践	46.6	34.8	70.9	50.77	0.8319
6	现代图书情报技术	30.5	22.9	66.3	39.90	0.6538
7	图书情报知识	25.0	23.2	71.1	39.77	0.6516
8	图书馆论坛	24.0	24.2	46.9	31.70	0.5194
9	中国信息导报	34.9	19.2	39.9	31.33	0.5134
10	图书馆理论与实践	24.6	20.5	47.5	30.87	0.5058

续表

排序	期刊名称	2004年（篇）	2005年（篇）	2006年（篇）	三年平均（篇）	归一化值
11	现代情报	26.6	20.5	44.3	30.47	0.4993
12	图书馆	20.5	21.5	47.9	29.97	0.4911
13	图书馆工作与研究	27.4	17.9	44.5	29.93	0.4904
14	国家图书馆学刊	22.4	29.4	30.7	27.50	0.4506
15	图书馆建设	23.7	19.5	39.2	27.47	0.4501
16	图书馆学研究	19.9	17.9	39.2	25.67	0.4206
17	中华医学图书情报杂志	24.2	22.4	29.9	25.50	0.4178
18	情报探索	11.4	20.9	39.0	23.77	0.3895
19	四川图书馆学报	20.3	18.3	32.3	23.63	0.3872
20	科技情报开发与经济	18.7	17.3	34.2	23.40	0.3834
21	大学图书情报学刊	19.4	15.1	35.4	23.30	0.3818
22	高校图书馆工作	19.9	18.2	29.8	22.63	0.3708
23	图书馆学刊	18.8	14.9	33.6	22.43	0.3675
24	档案学通讯	18.1	13.9	31.2	21.07	0.3452
25	江西图书馆学刊	14.5	14.0	34.1	20.87	0.3420
26	新世纪图书馆	14.5	20.6	29.6	20.23	0.3315
27	晋图学刊	18.2	13.2	27.1	19.50	0.3195
28	农业图书情报学刊	13.2	14.5	30.0	19.23	0.3151
29	图书与情报	14.5	15.3	27.2	19.00	0.3113
30	档案学研究	15.2	11.7	25.6	17.50	0.2867
31	河南图书馆学刊	19.3	10.4	22.4	17.37	0.2846
32	图书馆界	12.4	14.4	20.7	15.83	0.2594
33	古籍整理研究学刊	7.8	12.4	26.8	15.67	0.2568
34	河北科技图苑	12.7	10.3	19.2	14.07	0.2305
35	山东图书馆季刊	7.5	11.6	19.7	12.93	0.2119
36	兰台世界	6.7	9.8	21.7	12.73	0.2086
37	浙江档案	12.5	9.9	15.3	12.57	0.2060
38	中国档案	10.9	11.1	12.2	11.40	0.1868
39	中国典籍与文化	7.8	8.8	17.2	11.27	0.1847
40	图书馆杂志	—	—	10.7	10.70	0.1753
41	北京档案	8.5	8.8	11.3	9.53	0.1562

续表

排序	期刊名称	2004年(篇)	2005年(篇)	2006年(篇)	三年平均(篇)	归一化值
42	档案时空	9.2	8.0	9.9	9.03	0.1480
43	山西档案	7.8	7.4	11.5	8.90	0.1458
44	档案与建设	8.0	6.4	8.6	7.67	0.1257
45	档案管理	8.1	6.0	8.8	7.63	0.1250
46	档案天地	7.7	5.7	9.2	7.53	0.1234
47	四川档案	5.5	4.7	11.7	7.30	0.1196
48	山东档案	7.5	6.8	6.6	6.97	0.1142
49	档案	4.5	6.1	9.7	6.77	0.1109
50	陕西档案	—	4.6	7.8	6.20	0.1016
51	湖北档案	3.1	4.5	4.9	4.17	0.0683
—	情报资料工作	—	—	—	—	—
—	数字图书馆论坛	—	—	—	—	—
—	图书情报工作	—	—	—	—	—
—	中国图书馆学报	—	—	—	—	—

注：表中"—"表示当年该刊的Web即年下载率为空，不列入平均值的计算。

表20-20的数据显示：年平均每篇文章被下载50次以上的期刊有《情报学报》、《情报科学》、《大学图书馆学报》、《情报杂志》、《情报理论与实践》5种；50—30次的有6种；30—20次的有15种；其余25种均在20次以下。

从年度变化来看，2004—2006年三个年度的期刊平均下载率分别为19.36、16.07、31.89，总体呈起伏上升，而且是大幅上升。这表明本学科学者近年来非常重视网络学术资源的获取。由表20-20可以看出，2005年只有16种期刊Web即年下载率为上升，其他35种期刊都出现了不同层次的下降；2006年几乎所有的期刊Web即年下载率都获得了提升，仅1种期刊微弱下降。

从增长的绝对数值看，2006年与2004年相比较，下载率处于第1位的《情报学报》虽然平均每篇文章当年被全文下载60余次，但2006年平均每篇文章下载次数比2004年平均每篇文章下载次数居然下降了29.3次，应予重视；而《情报科学》(48.2)、《大学图书馆学报》(40.1)、《情报杂志》(40.1)、《图书情报知识》(46.1) 2006年比2004年的增幅篇均超过了40次，说明这些期刊近年来的发展速度较为迅速；从网络中获取学术资源大多借助关键词检索，因此也说明下载次数多的期刊的关键词标引比较规范，论文主题贴近当前学者关注的热点和前沿。绝对增长值大于10的27种期刊中，档案学、文献学类期刊只有《档案学通讯》(13.1)、《档案学研究》（10.4）、《古籍整理研究学刊》（19）3 种，前两种期刊为 CSSCI 来源期刊，从中可以看出《古籍整理研究学刊》近年来较好的发展态势。

20.8　图书馆、情报与文献学期刊评价指标综合分析

为了综合考虑图书馆、情报与文献学期刊的学术规范、学术影响和学术质量，根据本书第 1 章构建的评价体系计算方法对每一期刊计算其学术影响综合值。在指标权重分配方面，我们把反映期刊学术影响的指标放在最重要的地位，其权重总体占 60%，其中考虑到影响因子的重要性而给予最高的权重 30%，被引次数、被引速率、被引广度则各占 10%；其次是期刊学术规范量化指标，其权重均为 15%；反映期刊学术质量的 Web 即年下载率和二次文献转载数，分别给予了 15% 和 10% 的权重。表 20-21 给出了 2004—2006 年图书馆、情报与文献学期刊七大指标归一化值和综合值。

表 20-21　　　　图书馆、情报与文献学期刊综合值运算表

排序	期刊名称	期刊学术规范 ×0.15	被引次数 ×0.1	被引速率 ×0.1	影响因子 ×0.3	被引广度 ×0.1	二次文献转载 ×0.1	Web 下载 ×0.15	综合值 Σ
1	中国图书馆学报	0.8252	1	1	1	0.8791	0.8958	—	0.9513
2	情报学报	0.9217	0.5633	0.5706	0.7163	0.9780	0.4320	1	0.7575
3	大学图书馆学报	0.6280	0.6154	0.6709	0.7343	0.6637	0.4960	0.8799	0.6911
4	图书情报工作	0.7870	0.8129	0.2989	0.3804	0.8242	1	—	0.5706
5	情报理论与实践	0.7291	0.4412	0.3026	0.3802	0.8000	0.5520	0.8319	0.5578
6	情报科学	0.7564	0.5385	0.1984	0.2414	1	0.5680	0.8853	0.5492
7	现代图书情报技术	0.7174	0.3932	0.2554	0.3672	0.7033	0.6400	0.6538	0.5150
8	图书情报知识	0.7065	0.3749	0.3351	0.3536	0.7407	0.5599	0.6516	0.5109
9	情报杂志	0.8173	0.5210	0.1563	0.1725	0.9385	0.1680	0.8443	0.4794
10	图书馆论坛	0.6776	0.5506	0.2095	0.3148	0.7187	0.2640	0.5194	0.4483
11	情报资料工作	0.6848	0.2929	0.2542	0.3479	0.6879	0.6000	—	0.4287
12	图书馆	0.6176	0.4767	0.3597	0.2667	0.6176	0.3360	0.4911	0.4253
13	图书馆建设	0.5999	0.4007	0.2865	0.2288	0.6659	0.2561	0.4501	0.3871
14	图书馆杂志	0.6099	0.4131	0.2171	0.2145	0.6352	0.7120	0.1753	0.3799
15	图书馆工作与研究	0.6020	0.2332	0.2445	0.2028	0.5319	0.072	0.4904	0.3329
16	图书馆理论与实践	0.6391	0.2601	0.1330	0.1737	0.5934	0.0881	0.5058	0.3313
17	图书馆学研究	0.6267	0.2650	0.1093	0.1833	0.6154	0.1999	0.4206	0.3310
18	图书与情报	0.6851	0.1933	0.1574	0.2124	0.5802	0.2400	0.3113	0.3303

续表

排序	期刊名称	期刊学术规范 ×0.15	被引次数 ×0.1	被引速率 ×0.1	影响因子 ×0.3	被引广度 ×0.1	二次文献转载 ×0.1	Web下载 ×0.15	综合值 Σ
19	国家图书馆学刊	0.5083	0.1333	0.2790	0.2252	0.5495	0.1601	0.4506	0.3236
20	现代情报	0.6583	0.2921	0.0569	0.0666	0.7824	0.1440	0.4993	0.3212
21	四川图书馆学报	0.5901	0.1409	0.1138	0.1806	0.5165	0.0240	0.3872	0.2803
22	新世纪图书馆	0.5595	0.1245	0.1059	0.1489	0.5165	0.1121	0.3315	0.2642
23	高校图书馆工作	0.5650	0.1347	0.1032	0.1141	0.5253	0.0319	0.3708	0.2541
24	档案学通讯	0.5810	0.0861	0.1044	0.0761	0.2703	0.4000	0.3452	0.2478
25	图书馆学刊	0.5854	0.1385	0.0809	0.0954	0.4879	0.0240	0.3675	0.2447
25	中国信息导报	0.5003	0.1082	0.0763	0.0715	0.5275	0	0.5134	0.2447
27	科技情报开发与经济	0.5605	0.1081	0.0114	0.0126	0.5846	0.2561	0.3834	0.2414
28	大学图书情报学刊	0.5725	0.0731	0.0641	0.0863	0.3736	0	0.3818	0.2201
29	河南图书馆学刊	0.5535	0.0831	0.0625	0.0746	0.4220	0.0641	0.2846	0.2113
30	情报探索	0.5424	0.0581	0.0527	0.0846	0.3187	0.0161	0.3895	0.2097
31	中华医学图书情报杂志	0.5801	0.0522	0.0343	0.0480	0.3165	0	0.4178	0.2044
32	农业图书情报学刊	0.6163	0.0677	0.0320	0.0386	0.3978	0	0.3151	0.2010
33	档案学研究	0.5479	0.0404	0.0404	0.0605	0.1758	0.2640	0.2867	0.1954
34	晋图学刊	0.5442	0.0576	0.0440	0.0682	0.3253	0.0240	0.3195	0.1951
35	江西图书馆学刊	0.5306	0.0511	0.0374	0.0549	0.2857	0.0240	0.3420	0.1872
36	河北科技图苑	0.5465	0.0601	0.0430	0.0487	0.3407	0.0079	0.2305	0.1763
37	图书馆界	0.5455	0.0376	0.0757	0.0607	0.2286	0.0161	0.2594	0.1747
38	古籍整理研究学刊	0.6780	0.0170	0.0085	0.0115	0.1604	0.0960	0.2568	0.1719
39	山东图书馆季刊	0.4980	0.0604	0.0411	0.0514	0.3297	0.0401	0.2119	0.1690
40	中国档案	0.4208	0.0542	0.0281	0.0227	0.1846	0.2959	0.1868	0.1542
41	中国典籍与文化	0.5819	0.0204	0.0202	0.0107	0.1538	0.1121	0.1847	0.1489
42	数字图书馆论坛	0.5284	0.0209	0.0550	0.0462	0.1385	0.1080	—	0.1336
43	浙江档案	0.3960	0.0219	0.0091	0.0111	0.1253	0.1999	0.2060	0.1293
44	兰台世界	0.4770	0.0065	0.0017	0.0017	0.0505	0.1601	0.2086	0.1252
45	档案与建设	0.4078	0.0254	0.0179	0.0112	0.1121	0.2081	0.1257	0.1197
46	档案管理	0.3935	0.0139	0.0136	0.0046	0.0835	0.2321	0.1250	0.1135

续表

排序	期刊名称	期刊学术规范 ×0.15	被引次数 ×0.1	被引速率 ×0.1	影响因子 ×0.3	被引广度 ×0.1	二次文献转载 ×0.1	Web下载 ×0.15	综合值 Σ
47	北京档案	0.3526	0.0215	0.0131	0.0132	0.1099	0.1279	0.1562	0.1075
48	山西档案	0.4016	0.0169	0.0195	0.0170	0.0703	0.0881	0.1458	0.1067
49	档案	0.3786	0.0099	0.0075	0.0044	0.0725	0.0240	0.1109	0.0861
50	档案时空	0.2469	0.0051	0.0061	0.0022	0.0374	0.0641	0.1480	0.0712

表20-21给出了图书馆、情报与文献学50种期刊的学术影响力最终评价结果。通过其数据可以看出：《中国图书馆学报》和《情报学报》分别以综合值0.9513和0.7575领先于本学科其他期刊；综合值在0.7—0.4之间的期刊共有10种；综合值在0.4—0.2之间的期刊共有20种；综合值在0.2以下的期刊共计18种。

我们将图书馆、情报与文献学期刊的综合值排序与2008—2009年CSSCI该学科的来源期刊比较，可以发现除《情报学报》和《大学图书馆学报》两刊的名次互换外，CSSCI的前5种图书馆、情报与文献学期刊排序与综合指标的前5种排序基本一致。说明两种评价体系在评价图书馆、情报与文献学期刊时虽然接近，但综合指标评价期刊使我们能够更加精确地分析期刊，如在图书情报领域，学者公认的是《情报学报》较《大学图书馆学报》学术质量更高和学术影响更大，而CSSCI的排名中却发生了颠倒。同样，由于多项指标的综合，《情报科学》和《情报杂志》提升了数位，《图书馆》、《图书馆建设》均退后了数位。说明期刊的学术质量应该有多方面指标的评价。反之，不同的指标反映了期刊学术质量的不同侧面，比较全面的指标可以全面衡量期刊的学术质量。

根据七大指标的评价综合值，可以比较明确地划分出图书馆、情报与文献学类期刊的学术等级，学术等级的评价综合值区间为：权威期刊1—0.7，核心期刊0.7—0.4，扩展核心期刊0.4—0.35，小于0.35或列表中没有的图书馆、情报与文献学类期刊为一般性学术期刊。依据这一原则得到图书馆、情报与文献学类期刊的学术性定量评价结果：

权威期刊：《中国图书馆学报》、《情报学报》；

核心期刊：《大学图书馆学报》、《图书情报工作》、《情报理论与实践》、《情报科学》、《现代图书情报技术》、《图书情报知识》、《情报杂志》、《图书馆论坛》、《情报资料工作》、《图书馆》、《档案学通讯》；[①]

---

① 《档案学通讯》的综合指标值虽然没有达到核心期刊的综合值区间，但作为科学的考虑期刊学科布局，本体系将该刊列入核心期刊区。

扩展核心期刊：《图书馆建设》、《图书馆杂志》、《档案学研究》、《古籍整理研究学刊》；①

其他期刊均为一般性学术期刊。

---

① 《档案学研究》和《古籍整理研究学刊》的入选理由同《档案学通讯》。

第 21 章 体育学

体育学作为一级学科，发端于 19 世纪末的维新运动时期，其研究领域在很长的一段历史时期内属于教育学理论范畴。进入 20 世纪中期，随着体育理论研究的深入，体育学也从最初的以教育中的体育为研究对象，向着包括人文、社会等学科的方向发展，是研究体育科学体系及其发展方向的一门学科。因此，体育学不仅仅与体育教育科学有着紧密的关系，而且与体育人文科学也有着密切的关系。体育有其本体功能和社会功能，体育对社会的发展也有着重要的作用。[①] 体育学被列入国家社会科学一级学科后研究成果显著，根据新闻出版总署 2005 年公开发行的期刊目录统计，我国公开发行的体育学类期刊 110 余种，排除通俗类、二次文献、非汉语期刊外，体育学学术期刊近 50 种。

根据 CSSCI 的期刊收录原则，2004—2006 年 CSSCI 收录体育学期刊 9 种，其中 2006 年以前为 7 种，分别为《体育科学》、《上海体育学院学报》、《武汉体育学院学报》、《天津体育学院学报》、《北京体育大学学报》、《成都体育学院学报》、《体育与科学》，2006 年新增《中国体育科技》和《体育学刊》为来源期刊。本章以体育类学术期刊为研究对象，利用计量统计方法对体育学领域的期刊论文研究成果进行分析评价，通过各项指标的比较分析来揭示体育学期刊的学术内涵和繁荣体育研究，是对以往定性评价方法的有力补充，希望可以促使体育学学术研究评价更加客观、科学，促进体育学期刊发展，推动体育学学术交流。本章主要以《中文社会科学引文索引》（CSSCI）统计出的期刊被引数据、中南财经政法大学图书馆建立的二次文献转载数据、中国学术期刊杂志社建立在 CNKI 的 Web 即年下载率数据以及对期刊实物的手工查证所获得的数据为主要来源，分析讨论主要的体育学学术期刊。

21.1 体育学期刊学术规范量化指标分析

学术期刊的规范性首先体现在遵循国家和学界有关的学术标准和规范，也从文字

---

① 李艳翎等："体育社会评价指标体系的研制"，《北京体育大学学报》2004 年第 12 期，第 12—13 页。

上体现为所发表论文的语言简洁、可读性强,并且具有一定的学术价值。我们采用期刊论文的篇均引用文献数、期刊基金论文占有比例、期刊作者地区分布以及期刊标注有作者机构的论文比例这四项指标作为本指标的子指标。以下各项数据来源于 CSSCI 数据库、万方期刊数据库的统计数据以及对印刷型期刊的考察。

21.1.1 篇均引用文献数

在现代日新月异的学科发展中,任何研究都是建筑在前人或他人研究基础之上的,是进一步的深入和发展,论文中的引用文献体现着作者的学术规范和学术深度,同时也体现着对别人成果的尊重。虽然评价一篇论文的学术质量和学术含量不能绝对的用引用文献的多寡来衡量,但如果针对同一学科期刊进行篇均引文数量的比较,还是可以在某种程度上反映各期刊所刊载文章的平均研究深度以及学术规范的程度。

从体育学学科来看,2004—2006 年 CSSCI 体育学来源期刊的篇均引文(9.23篇)高于人文社会科学平均水平(8.20篇)[①],通过实际研读分析可以发现这与体育学不同领域的专业性有很大关系,期刊论文作者对于本领域有关成果的借鉴分析也多体现在引用文献上。表 21-1 给出了 2004—2006 年体育学 21 种期刊篇均引用文献数统计以及三年平均引用文献篇数,并对各期刊进行了归一化处理,其中归一化值是以各期刊三年平均引用文献篇数作为分子,以表中三年平均引用文献篇数的最大值为分母计算而得。本数据中以平均引用文献篇数最大的《体育科学》15.6333 篇作为分母,其归一化值为 1,其余期刊的归一化值均小于 1。本表按各期刊三年平均引用文献篇数从大到小排序。

表 21-1 　　　　2004—2006 年体育学期刊篇均引用文献数统计

排序	期刊名称	2004 年（篇数）	2005 年（篇数）	2006 年（篇数）	三年平均（篇数）	归一化值
1	体育科学	11.91	15.86	19.13	15.6333	1
2	中国体育科技	10.97	11.35	12.18	11.5000	0.7356
3	体育学刊	11.23	9.63	10.14	10.3333	0.6610
4	沈阳体育学院学报	9.49	10.23	10.06	9.9267	0.6350
5	天津体育学院学报	8.01	10.46	10.12	9.5300	0.6096
6	山东体育学院学报	8.98	8.60	9.05	8.8767	0.5678

---

① 邓三鸿、金莹:"我国人文社会科学学术刊物的学科对比——基于 CSSCI 的分析",《东岳论丛》2008 年第 1 期,第 43—50 页。

续表

排序	期刊名称	2004年（篇数）	2005年（篇数）	2006年（篇数）	三年平均（篇数）	归一化值
7	首都体育学院学报	9.29	7.52	9.46	8.7567	0.5601
8	西安体育学院学报	7.90	8.98	9.15	8.6767	0.5550
9	体育科研	8.05	9.06	8.86	8.6567	0.5537
10	广州体育学院学报	8.37	8.55	8.76	8.5600	0.5475
11	北京体育大学学报	7.38	8.07	8.60	8.0167	0.5128
12	四川体育科学	5.63	8.02	9.73	7.7933	0.4985
13	体育与科学	6.97	7.56	7.50	7.3433	0.4697
14	上海体育学院学报	5.70	6.68	9.51	7.2967	0.4667
15	成都体育学院学报	6.42	7.24	7.17	6.9433	0.4441
16	体育文化导刊	6.47	7.48	6.02	6.6567	0.4258
17	浙江体育科学	6.27	6.28	7.06	6.5367	0.4181
18	武汉体育学院学报	4.47	7.11	7.92	6.5000	0.4158
19	湖北体育科技	5.68	6.09	6.42	6.0633	0.3878
20	山东体育科技	5.40	4.65	6.26	5.4367	0.3478
21	体育科学研究	4.83	5.06	5.67	5.1867	0.3318

根据表 21-1 的数据显示，2004—2006 年，体育学期刊的篇均引文数为 8.30 篇。CSSCI 体育类来源期刊的篇均引文数为 9.23 篇，排在所有学科来源期刊的较高水平。体育类非来源期刊的篇均引文数为 7.60 篇，来源期刊在这一指标上高于非来源期刊，这说明体育类期刊的整体引用水平优于非来源期刊，也反映了来源期刊在学术规范和研究深度上高于非来源期刊。其中作为最重要的体育学期刊《体育科学》在本指标上也是遥遥领先，而作为来源期刊的《北京体育大学学报》、《体育与科学》、《上海体育学院学报》、《成都体育学院学报》、《武汉体育学院学报》5 种期刊排在了表中的 10 名以外，应该引起一定的重视。而《武汉体育学院学报》2004 年篇均引文数 4.47 也是最低数值，虽然在 2005 年、2006 年有所攀升，但还明显偏低。

从年度变化上来看，体育学期刊的篇均引文数呈整体缓慢上升趋势，年上升幅度在 6%—8%。但个体期刊的升幅与其排名并无直接关联，以位居前 6 名的体育学期刊的篇均引文数为例，第 1 名、第 2 名上升态势较为明显，第 3 名、第 4 名年度变化有所下降，第 5 名、第 6 名年度变化又有所上升，排名靠后的期刊一般有 1 篇左右的缓慢增幅。年度变化中值得关注的是排第 1 名的《体育科学》，从 11.91 篇增至

19.13 篇，增加了 7.22 篇，增幅惊人，同样值得关注的是《上海体育学院学报》从 5.7 篇增至 9.51 篇，增加了 3.81 篇；《武汉体育学院学报》从 4.47 篇增至 7.92 篇，增加了 3.45 篇。

21.1.2 基金论文比例

一般而言，基金资助项目多为领域所关注的学科热点和前沿研究课题，因此得到基金资助的论文应该较非基金资助论文从整体上来说具有更高的学术价值和应用价值，期刊刊载基金论文的比例越高，该期刊的整体质量也相对较高，且影响相对较大。近几年，体育研究有了较快发展，各类基金对体育研究的资助也逐步增加。例如，国家社科基金项目体育学项目申报、立项数量和资助力度逐年增长，为体育科学的发展和繁荣提供了良好条件，对我国体育科学研究水平的提高起到重大的推动作用。[①] 国家社科基金对体育学研究的资助项目由 1999 年的 10 项增长到 2006 年的 42 项[②]，2007 年和 2008 年又分别增至 46 项和 55 项，在 2008 奥运年的国家社科基金年度项目评审中又增立了 7 项关于奥运研究的课题。与此同时，国家体育总局也以多种基金形式大力资助体育学领域的各种研究项目。项目资助的增加已反映在基金资助论文的大幅度增加。表 21-2 给出了 2004—2006 年体育学期刊基金论文比例、三年平均值和该指标的归一化值。本表按归一化值从大到小排序。

表 21-2　　　　　　　2004—2006 年体育学期刊基金论文比例

排序	期刊名称	2004 年	2005 年	2006 年	三年平均	归一化值
1	上海体育学院学报	0.52	0.58	0.72	0.6067	1
2	体育科学	0.41	0.44	0.49	0.4467	0.7363
3	天津体育学院学报	0.29	0.35	0.40	0.3467	0.5715
4	西安体育学院学报	0.27	0.32	0.34	0.3100	0.5110
5	体育科研	0.25	0.34	0.29	0.2933	0.4834
6	北京体育大学学报	0.29	0.29	0.29	0.2900	0.4780
6	武汉体育学院学报	0.17	0.33	0.37	0.2900	0.4780
8	山东体育学院学报	0.28	0.26	0.29	0.2767	0.4561
9	体育学刊	0.22	0.27	0.33	0.2733	0.4505
10	中国体育科技	0.09	0.29	0.35	0.2433	0.4010

---

① 徐元君："对 1997—2003 年国家社科基金体育学研究项目申报立项状况的统计分析——兼论我国体育社会科学研究热点及发展方向"，《体育与科学》2004 年第 4 期，第 39—42 页。

② 夏伟峰："国家社会科学基金 10 年资助体育学项目统计与研究"，《广州体育学院学报》2007 年第 4 期，第 86—90 页。

续表

排序	期刊名称	2004年	2005年	2006年	三年平均	归一化值
11	成都体育学院学报	0.16	0.17	0.28	0.2033	0.3351
12	广州体育学院学报	0.11	0.18	0.24	0.1767	0.2912
13	首都体育学院学报	0.19	0.14	0.17	0.1667	0.2748
14	浙江体育科学	0.10	0.14	0.21	0.1500	0.2472
15	体育科学研究	0.16	0.08	0.12	0.1200	0.1978
16	山东体育科技	0.14	0.05	0.13	0.1067	0.1759
17	体育与科学	0.10	0.09	0.12	0.1033	0.1703
18	沈阳体育学院学报	0.07	0.11	0.12	0.1000	0.1648
19	体育文化导刊	0.05	0.11	0.12	0.0933	0.1538
20	湖北体育科技	0.06	0.06	0.08	0.0667	0.1099
21	四川体育科学	0.01	0.06	0.05	0.0400	0.0659

从表21-2可以看到，2004—2006年，体育学期刊的平均基金论文比为0.2240。其中，CSSCI体育类来源期刊的平均基金论文比为0.31，体育类非来源期刊的平均基金论文比为0.16，前者比后者高近一倍，说明非来源期刊整体的基金论文数量与体育类来源期刊还存在一定差距。但是也有个别非来源期刊具有较高的基金论文比例，如《西安体育学院学报》和《体育科研》分别居于排名的第4、第5位，达到了来源期刊的平均基金论文比例。《上海体育学院学报》以0.6067的基金论文比例一枝独秀，而《四川体育科学》、《湖北体育科技》等期刊由于区域或期刊本身的定位问题，所刊载基金论文相对较少。

从年度变化来看，体育学期刊的基金论文比整体上处于上升状态，年增长幅度在18%以上，这也和国家、地方的基金项目对体育学的支持分不开。比较个体期刊，增长幅度参差不齐，从2004年到2006年增长幅度最大的期刊是《四川体育科学》，不过其基数太低，不具说明性；其次就是《中国体育科技》，增长了近3倍；增长了1倍以上的包括《武汉体育学院学报》和《广州体育学院学报》，增长了1.18倍左右，《浙江体育科学》增长了1.1倍，《体育文化导刊》增长了1.4倍。绝大多数期刊的基金论文比都有增长，部分期刊有细微波动，只有《北京体育大学学报》出现了零增长，《体育科学研究》、《首都体育学院学报》和《山东体育科技》出现了负增长。

21.1.3 论文作者地区分布

期刊论文作者地区分布的广泛程度，反映了期刊对不同地区作者的影响和期刊受到作者关注的程度。本研究中的作者地区包括我国内地的31个省市自治区、港、澳、台以及其他国家和地区（其他国家和地区分布数以国家为计量单位）。表21-3给出了2004—2006年体育学期刊论文作者地区分布数及三年平均值，并对平均值进行了归一化计算。本表按三年平均地区数从大到小排序。

表21-3　　2004—2006年体育学期刊论文作者地区分布

排序	期刊名称	2004年（地区数）	2005年（地区数）	2006年（地区数）	三年平均（地区数）	归一化值
1	体育科学	34	31	28	31.00	1
2	北京体育大学学报	30	31	30	30.33	0.9784
3	武汉体育学院学报	24	27	29	26.67	0.8603
4	体育文化导刊	25	25	27	25.67	0.8281
5	西安体育学院学报	25	25	26	25.33	0.8171
6	体育学刊	24	26	25	25.00	0.8065
7	中国体育科技	24	22	28	24.67	0.7958
7	成都体育学院学报	24	24	26	24.67	0.7958
7	天津体育学院学报	24	25	25	24.67	0.7958
7	首都体育学院学报	24	25	25	24.67	0.7958
11	沈阳体育学院学报	25	24	24	24.33	0.7848
12	体育与科学	21	22	26	23.00	0.7419
13	广州体育学院学报	21	20	23	21.33	0.6881
13	四川体育科学	24	19	21	21.33	0.6881
15	湖北体育科技	20	20	23	21.00	0.6774
16	山东体育学院学报	19	21	22	20.67	0.6668
17	上海体育学院学报	19	21	21	20.33	0.6558
18	体育科研	20	21	19	20.00	0.6452
19	浙江体育科学	20	16	19	18.33	0.5913
20	体育科学研究	19	19	15	17.67	0.5700
21	山东体育科技	16	16	17	16.33	0.5268

从表21-3可以看到，体育类期刊作者的地区分布差异较大。地区分布最广的期刊作者几乎遍及全国大部分地区（30个左右的地区），分布最窄的期刊其作者仅为前者的一半左右，说明这些刊物对地区的影响面较小，这种影响主要来自期刊主办者在体育界的影响力以及期刊本身的明显地方色彩。当然，作者地区的分布也与期刊规范化程度（如机构的标注比例）、期刊的载文数量有一定的关系。

从 2004—2006 年各年数据来看，大部分体育学期刊的地区分布变化不大，绝大多数期刊三年的地区分布基本保持不变，持续平稳。与其他学科比较，体育学期刊的作者影响面还是比较广的，这与体育研究本身的属性也有一定联系。

21.1.4 有作者机构论文比例

作者机构标注比例也是衡量期刊规范程度的重要指标之一。学术期刊具有学术交流的性质，学者需要通过作者的个人信息（包括机构信息）开展学术交流活动，通过对作者机构的统计分析也能够了解各机构的学术状况。CSSCI 来源期刊作者机构的标注比例不断上升，来源期刊的机构标注比例由 1998 年的 83.2% 上升到 2006 年的 95.6%，期刊的规范程度不断提高。从体育学学科的角度来看，2004—2006 年 CSSCI 体育学来源期刊的机构标注比为 99.5%，远高于人文社会科学的平均比例（94.4%）。[1]表 21-4 给出了 2004—2006 年体育学期刊标注有作者机构的论文比例及三年平均值和归一化值。本表按三年平均数从大到小排序。

表 21-4　　　　2004—2006 年体育学期刊标注有作者机构的论文比例

排序	期刊名称	2004 年	2005 年	2006 年	三年平均	归一化值
1	体育与科学	1	1	1	1	1
1	北京体育大学学报	1	1	1	1	1
1	上海体育学院学报	1	1	1	1	1
1	武汉体育学院学报	1	1	1	1	1
1	体育学刊	1	1	1	1	1
1	天津体育学院学报	1	1	1	1	1
1	广州体育学院学报	1	1	1	1	1
1	浙江体育科学	1	1	1	1	1
1	山东体育学院学报	1	1	1	1	1
1	沈阳体育学院学报	1	1	1	1	1
1	首都体育学院学报	1	1	1	1	1
1	体育科学研究	1	1	1	1	1
1	山东体育科技	1	1	1	1	1
1	四川体育科学	1	1	1	1	1
1	湖北体育科技	1	1	1	1	1

---

[1] 邓三鸿、金莹："我国人文社会科学学术刊物的学科对比——基于 CSSCI 的分析"，《东岳论丛》2008 年第 1 期，第 43—50 页。

续表

排序	期刊名称	2004年	2005年	2006年	三年平均	归一化值
16	成都体育学院学报	1	0.9953	1	0.9984	0.9984
17	中国体育科技	0.9934	1	1	0.9978	0.9978
18	西安体育学院学报	1	1	0.9761	0.9920	0.9920
19	体育文化导刊	0.9666	1	1	0.9889	0.9889
20	体育科学	1	0.9773	0.9309	0.9694	0.9694
21	体育科研	1	0.9308	0.8144	0.9151	0.9151

从表 21-4 可以看出，作者机构标注比三年平均值达到 100% 的就有 15 种期刊，而其余期刊也保持 91% 以上的有作者机构论文比例值，说明了体育学期刊在作者机构标注方面的严格规范，只有极少数文章缺少作者的机构标注。从 2004 年至 2006 年三年变化来看，体育学期刊有作者机构的论文比例变化不大，偶有变化也仅是微量波动。

21.1.5 体育学期刊学术规范量化指标综合分析

期刊学术规范量化指标在期刊评价中占有重要的位置，主要反映期刊的规范程度和学术质量。其主要指标包括：期刊的篇均引用文献数、期刊基金论文比例、作者地区分布以及期刊标注有作者机构的论文比例。按照本书第 1 章给出的权重分配方法，四个指标各占 25%。表 21-5 给出了 2004—2006 年体育学期刊学术规范量化指标的归一化值和综合值。综合值计算方法为：将每一种期刊的学术规范量化指标的归一化值乘以 0.25，然后求和计算得到各期刊的综合值。本表按各期刊学术规范量化指标综合值从大到小排序。

表 21-5　　2004—2006 年体育学期刊学术规范量化指标综合值

排序	期刊名称	篇均引文数归一化值	基金论文比归一化值	地区分布归一化值	有机构论文比归一化值	综合值
1	体育科学	1	0.7363	1	0.9694	0.9264
2	上海体育学院学报	0.4667	1	0.6558	1	0.7806
3	天津体育学院学报	0.6096	0.5715	0.7958	1	0.7442
4	北京体育大学学报	0.5128	0.4780	0.9784	1	0.7423
5	中国体育科技	0.7356	0.4010	0.7958	0.9978	0.7326
6	体育学刊	0.6610	0.4505	0.8065	1	0.7295
7	西安体育学院学报	0.5550	0.5110	0.8171	0.9920	0.7188

续表

排序	期刊名称	篇均引文数归一化值	基金论文比归一化值	地区分布归一化值	有机构论文比归一化值	综合值
8	武汉体育学院学报	0.4158	0.4780	0.8603	1	0.6885
9	山东体育学院学报	0.5678	0.4561	0.6668	1	0.6727
10	首都体育学院学报	0.5601	0.2748	0.7958	1	0.6577
11	体育科研	0.5537	0.4834	0.6452	0.9151	0.6494
12	沈阳体育学院学报	0.6350	0.1648	0.7848	1	0.6462
13	成都体育学院学报	0.4441	0.3351	0.7958	0.9984	0.6434
14	广州体育学院学报	0.5475	0.2912	0.6881	1	0.6317
15	体育文化导刊	0.4258	0.1538	0.8281	0.9889	0.5992
16	体育与科学	0.4697	0.1703	0.7419	1	0.5955
17	浙江体育科学	0.4181	0.2472	0.5913	1	0.5642
18	四川体育科学	0.4985	0.0659	0.6881	1	0.5631
19	湖北体育科技	0.3878	0.1099	0.6774	1	0.5438
20	体育科学研究	0.3318	0.1978	0.5700	1	0.5249
21	山东体育科技	0.3478	0.1759	0.5268	1	0.5126

从表 21-5 可以看出，就综合排名而言，《体育科学》以 0.9264 遥遥领先于其他期刊；就单一排名而言，《体育科学》在篇均引文数和地区分布排名第 1，《上海体育学院学报》在基金论文比上排名第 1，也由于本项指标的突出表现，《上海体育学院学报》在期刊学术规范量化指标综合值上排在了第 2 位。分析综合指标值和单一指标值可以发现基金论文比在此表中相对比较关键，学术规范量化指标排名最后 10 位的期刊在基金论文比排名中也排在最后 11 位中，而有机构论文比的排名则基本没有对本表中的学术规范量化指标排名产生影响。根据表 21-5 的期刊学术规范量化指标综合数据分析，体育学期刊在学术规范方面整体上做得较好，但排在较后位置的几种期刊还是应当引起重视，为进一步提升体育学期刊的学术规范而努力。

21.2 体育学期刊被引次数分析

期刊被引次数是指一种期刊所刊载的论文被引文索引中来源期刊论文引用的次数，涉及总被引次数、他刊引用次数和学科引用次数等指标。期刊总被引次数不受其被引用论文年代的限制，反映的是某期刊自创刊以来长期的学术影响；为了平衡统计源期刊（来源期刊）和非统计源期刊（非来源期刊）之间在期刊总被引指标中存在的不平等性，他引数量统计可视为是很好的调节和平衡；再加之期刊在引文索引中被本学科论文所引用的总次数，这三个分指标构成了体育学期刊被引次数指标。作为一种客观实用的评价指标，被引次数可用来衡量期刊学术影响力的一个方面，也可以在总体上直接反映期刊被学者使用和重视的程度，以及其在学术交流中所起的作用和所处的地位。

21.2.1 总被引次数

总被引次数体现了期刊的客观学术影响，反映了期刊学术影响的深度和广度。表21-6给出了2004—2006年体育学期刊总被引次数、三年平均值和该指标的归一化值。本表按三年平均次数从大到小排序。

表21-6　　　　　　　　2004—2006年体育学期刊总被引次数

排序	期刊名称	2004年（篇次）	2005年（篇次）	2006年（篇次）	三年平均（篇次）	归一化值
1	体育科学	683	698	867	749.33	1
2	北京体育大学学报	371	497	695	521.00	0.6953
3	中国体育科技	364	324	507	398.33	0.5316
4	武汉体育学院学报	220	330	487	345.67	0.4613
5	体育与科学	271	266	303	280.00	0.3737
6	体育学刊	169	260	339	256.00	0.3416
7	成都体育学院学报	201	235	299	245.00	0.3270
8	上海体育学院学报	156	220	334	236.67	0.3158
9	天津体育学院学报	131	194	249	191.33	0.2553
10	体育文化导刊	148	203	213	188.00	0.2509
11	西安体育学院学报	144	172	206	174.00	0.2322
12	广州体育学院学报	98	128	171	132.33	0.1766
13	山东体育学院学报	74	90	124	96.00	0.1281
14	沈阳体育学院学报	63	85	134	94.00	0.1254
15	首都体育学院学报	75	77	99	83.67	0.1117
16	中国学校体育	70	73	88	77.00	0.1028
17	浙江体育科学	70	65	92	75.67	0.1010
18	体育科研	49	60	95	68.00	0.0907
19	田径	100	48	45	64.33	0.0859
20	湖北体育科技	34	70	72	58.67	0.0783

续表

排序	期刊名称	2004年(篇次)	2005年(篇次)	2006年(篇次)	三年平均(篇次)	归一化值
21	四川体育科学	31	78	59	56.00	0.0747
22	山东体育科技	33	42	65	46.67	0.0623
23	安徽体育科技	17	29	58	34.67	0.0463
24	福建体育科技	28	35	39	34.00	0.0454
25	体育成人教育学刊	19	33	40	30.67	0.0409
26	体育科学研究	14	26	36	25.33	0.0338

从表21-6可以看出，体育学期刊在总被引次数上差异明显，三年平均总被引次数最高的达749.33次，最低的才25次，前者是后者的30倍。其总被引次数分布基本符合布拉德福定律，前8种期刊的平均被引次数之和3032占本表所列26种体育学期刊总被引次数4562.34的66.5%。《体育科学》三年平均总被引次数约750次，以高出第2名《北京体育大学学报》43.8%的比例遥遥领先于众多体育学期刊。

从总体上看，体育学期刊总被引次数呈逐年上升趋势，这三年的刊均被引次数分别为46.58、55.629、73.28，增长幅度达57.32%。几乎所有体育学期刊的总被引次数均有不同程度的增加，说明体育学期刊的学术影响正逐年提高。值得注意的是，《田径》出现了本表中唯一的被引数量的递减趋势，应该引起该刊编辑部的重视。

21.2.2 其他期刊引用次数

其他期刊引用次数（也称他刊引用次数）是为了平衡来源期刊与非来源期刊之间出现的被引偏差，也可以减轻有些来源期刊为了提高被引次数而虚假自引带来的被引数量指标的"失重"。表21-7给出了2004—2006年体育学期刊他刊引用次数统计。其中包括各年度的他刊引用次数、三年平均值和该指标的归一化值。本表按三年平均次数从大到小排序。

表21-7　　　　2004—2006年体育学期刊他刊引用次数

排序	期刊名称	2004年(篇次)	2005年(篇次)	2006年(篇次)	三年平均(篇次)	归一化值
1	体育科学	474	572	701	582.33	1
2	中国体育科技	364	324	413	367.00	0.6302
3	北京体育大学学报	201	261	430	297.33	0.5106

续表

排序	期刊名称	2004年（篇次）	2005年（篇次）	2006年（篇次）	三年平均（篇次）	归一化值
4	体育学刊	169	260	240	223.00	0.3829
5	体育与科学	198	200	244	214.00	0.3675
6	成都体育学院学报	160	188	230	192.67	0.3309
7	体育文化导刊	148	203	213	188.00	0.3228
8	武汉体育学院学报	132	172	229	177.67	0.3051
9	上海体育学院学报	125	169	236	176.67	0.3034
10	西安体育学院学报	144	172	206	174.00	0.2988
11	天津体育学院学报	115	154	202	157.00	0.2696
12	广州体育学院学报	98	128	171	132.33	0.2272
13	山东体育学院学报	74	90	124	96.00	0.1649
14	沈阳体育学院学报	63	85	134	94.00	0.1614
15	首都体育学院学报	75	77	99	83.67	0.1437
16	中国学校体育	70	73	88	77.00	0.1322
17	浙江体育科学	70	65	92	75.67	0.1299
18	体育科研	49	60	95	68.00	0.1168
19	田径	100	48	45	64.33	0.1105
20	湖北体育科技	34	70	72	58.67	0.1008
21	四川体育科学	31	78	59	56.00	0.0962
22	山东体育科技	33	42	65	46.67	0.0801
23	安徽体育科技	17	29	58	34.67	0.0595
24	福建体育科技	28	35	39	34.00	0.0584
25	体育成人教育学刊	19	33	40	30.67	0.0527
26	体育科学研究	12	24	33	23.00	0.0395

从表21-7可以看出，排除期刊自引后，与总被引次数类似，体育学期刊他刊引用次数依旧符合布拉德福定律。体育学期刊三年平均他引次数《体育科学》依然占据首位。与表21-6比较，自引率较高的期刊排名出现了下滑，如《武汉体育学院学报》和《北京体育大学学报》的自引率均超过了40%，其名次相对总被引的排名分别下降了4名和1名。从整体平均角度来看，期刊自引比例约占18.37%，体育学期刊的此项指数明显偏高，应引起体育学来源期刊的重视。

21.2.3 本学科论文引用次数

本学科论文引用次数（也称学科引用次数）主要用于考察期刊在本学科的学术影响。表 21-8 给出了 2004—2006 年体育学期刊学科引用次数统计。与上表相同，也包括各期刊的年度学科引用次数、三年平均引用次数和该指标的归一化值。本表按三年平均次数从大到小排序。

表 21-8　　　　　2004—2006 年体育学期刊学科引用次数

排序	期刊名称	2004 年（篇次）	2005 年（篇次）	2006 年（篇次）	三年平均（篇次）	归一化值
1	体育科学	669	687	849	735.00	1
2	北京体育大学学报	362	487	685	511.33	0.6957
3	中国体育科技	363	321	500	394.67	0.5370
4	武汉体育学院学报	216	326	477	339.67	0.4621
5	体育与科学	269	255	296	273.33	0.3719
6	体育学刊	167	257	327	250.33	0.3406
7	成都体育学院学报	199	232	288	239.67	0.3261
8	上海体育学院学报	155	218	329	234.00	0.3184
9	天津体育学院学报	129	194	246	189.67	0.2581
10	体育文化导刊	138	193	207	179.33	0.2440
11	西安体育学院学报	139	167	196	167.33	0.2277
12	广州体育学院学报	93	124	165	127.33	0.1732
13	山东体育学院学报	70	89	124	94.33	0.1283
14	沈阳体育学院学报	63	84	130	92.33	0.1256
15	首都体育学院学报	72	74	95	80.33	0.1093
16	中国学校体育	68	72	84	74.67	0.1016
17	浙江体育科学	70	63	89	74.00	0.1007
18	体育科研	49	60	92	67.00	0.0912
19	田径	100	48	45	64.33	0.0875
20	湖北体育科技	34	70	69	57.67	0.0785
21	四川体育科学	31	77	51	53.00	0.0721
22	山东体育科技	32	41	64	45.67	0.0621
23	安徽体育科技	16	29	57	34.00	0.0463
24	福建体育科技	28	34	39	33.67	0.0458
25	体育成人教育学刊	19	32	39	30.00	0.0408
26	体育科学研究	14	26	34	24.67	0.0336

从表21-8可以看出，总体上体育学期刊在体育学科的学术影响分布也基本符合布拉德福定律。排在前8名的期刊学科被引次数为总数的66.66%。与总被引次数相比，体育学期刊减少幅度较小，这从一个角度也说明了体育学研究的专业性，同时也说明体育学期刊的学术影响主要还是在体育学学科内。

在学科引用次数上，三年平均值排在前两位的依旧是《体育科学》和《北京体育大学学报》，分别为735次和511.33次，3至8位为《中国体育科技》、《武汉体育学院学报》、《体育与科学》、《体育学刊》、《成都体育学院学报》和《上海体育学院学报》。

21.2.4 体育学期刊被引次数综合分析

期刊被引次数是反映期刊长期学术影响的指标之一，它包括总被引次数、他刊引用次数和学科引用次数三项指标。为了获得期刊被引次数的综合值，我们将为三个下级指标分配权重：总被引次数和学科引用次数均分配25%的权重；他刊引用次数分配50%的权重。表21-9给出了2004—2006年体育学期刊被引次数各指标的归一化值和综合值。本表按被引次数综合值从大到小排序。

表21-9　　　　　　　　2004—2006年体育学期刊被引次数综合值

排序	期刊名称	总被引次数归一化值	他刊引用次数归一化值	学科引用次数归一化值	综合值
1	体育科学	1	1	1	1
2	北京体育大学学报	0.6953	0.5106	0.6957	0.6031
3	中国体育科技	0.5316	0.6302	0.5370	0.5823
4	武汉体育学院学报	0.4613	0.3051	0.4621	0.3834
5	体育与科学	0.3737	0.3675	0.3719	0.3702
6	体育学刊	0.3416	0.3829	0.3406	0.3620
7	成都体育学院学报	0.3270	0.3309	0.3261	0.3287
8	上海体育学院学报	0.3158	0.3034	0.3184	0.3103
9	体育文化导刊	0.2509	0.3228	0.2440	0.2851
10	西安体育学院学报	0.2322	0.2988	0.2277	0.2644
11	天津体育学院学报	0.2553	0.2696	0.2581	0.2632
12	广州体育学院学报	0.1766	0.2272	0.1732	0.2011
13	山东体育学院学报	0.1281	0.1649	0.1283	0.1466
14	沈阳体育学院学报	0.1254	0.1614	0.1256	0.1435
15	首都体育学院学报	0.1117	0.1437	0.1093	0.1271

续表

排序	期刊名称	总被引次数归一化值	他刊引用次数归一化值	学科引用次数归一化值	综合值
16	中国学校体育	0.1028	0.1322	0.1016	0.1172
17	浙江体育科学	0.1010	0.1299	0.1007	0.1154
18	体育科研	0.0907	0.1168	0.0912	0.1039
19	田径	0.0859	0.1105	0.0875	0.0986
20	湖北体育科技	0.0783	0.1008	0.0785	0.0896
21	四川体育科学	0.0747	0.0962	0.0721	0.0848
22	山东体育科技	0.0623	0.0801	0.0621	0.0712
23	安徽体育科技	0.0463	0.0595	0.0463	0.0529
24	福建体育科技	0.0454	0.0584	0.0458	0.0520
25	体育成人教育学刊	0.0409	0.0527	0.0408	0.0468
26	体育科学研究	0.0338	0.0395	0.0336	0.0366

从表 21-9 可以看出，《体育科学》在所有被引次数指标上均排名第 1，说明了此刊在体育学领域具有相当的权威性和学术影响力；《北京体育大学学报》在总被引和本学科被引两个指标上排名第 2，取得了期刊被引次数综合值第 2 的位置；《中国体育科技》在他刊引用次数排名第 2，取得了期刊被引次数综合值第 3 的位置；此 3 种期刊在被引数量这一指标上远高于其他期刊，被引次数综合值高于 0.5，显示了它们在体育学研究领域的独到性和体育学学术交流方面的作用。

这里需要说明的是，此三项指标使用的都是绝对数值，指标数值容易受期刊创刊时间及期刊规模等因素的影响，对于创刊年代不长的期刊、规模（载文）较小（少）的期刊存在着明显劣势，因此，其他的期刊被引指标相对被引次数而言，将是一个很好的补充和综合。

21.3 体育学期刊被引速率分析

即年指数是表征期刊即时反应速率的指标，主要描述期刊当年发表的论文在当年被引用的情况。[①]这一指标主要用来体现期刊文章被引用的速度，可以衡量期刊对本学科热点问题的关注程度，是否处于学术前沿，是否被学界和读者及时关注等。但

---

① 中国科技信息研究所、万方数据股份有限公司：《中国科技期刊引证报告 2007 版（扩刊版）》，科学技术出版社 2007 年版，第 7 页。

由于人文社会科学的文章从撰写到发表需要一年左右的时间,这对于多数期刊来说难以获得即年指数。因此,本书第 1 章将即年指数进行了修订并重新命名为被引速率。期刊被引速率分为三个下级指标:总被引速率、他刊引用速率和学科引用速率。

21.3.1 总被引速率

根据第 1 章对总被引速率的定义,期刊总被引速率是该刊在统计当年论文和前一年论文在统计当年被引用总次数与该刊统计当年发表的和前一年发表的论文总数的比值。总被引速率更科学、更实际地反映了期刊对学科热点的关注程度和反应速度。表 21-10 给出了 2004—2006 年体育学期刊总被引速率、三年的平均值和总被引速率的归一化值。本表按三年平均速率从大到小排序。

表 21-10   2004—2006 年体育学期刊总被引速率

排序	期刊名称	2004 年	2005 年	2006 年	三年平均	归一化值
1	体育科学	0.1615	0.1713	0.3012	0.2113	1
2	体育与科学	0.2450	0.2163	0.1655	0.2089	0.9886
3	上海体育学院学报	0.0620	0.1207	0.2332	0.1386	0.6559
4	武汉体育学院学报	0.0739	0.1079	0.2224	0.1347	0.6375
5	中国体育科技	0.1324	0.0698	0.1706	0.1243	0.5883
6	成都体育学院学报	0.1134	0.1122	0.1021	0.1092	0.5168
7	北京体育大学学报	0.0658	0.1119	0.1068	0.0948	0.4487
8	体育学刊	0.0782	0.0664	0.1365	0.0937	0.4434
9	天津体育学院学报	0.0502	0.0675	0.0899	0.0692	0.3275
10	西安体育学院学报	0.0222	0.0676	0.0594	0.0497	0.2352
11	体育文化导刊	0.0378	0.0307	0.0720	0.0468	0.2215
12	广州体育学院学报	0.0355	0.0375	0.0529	0.0420	0.1988
13	体育科研	0.0247	0.0368	0.0613	0.0409	0.1936
14	山东体育学院学报	0.0448	0.0250	0.0505	0.0401	0.1898
15	沈阳体育学院学报	0.0246	0.0388	0.0344	0.0326	0.1543
16	首都体育学院学报	0.0203	0.0310	0.0340	0.0284	0.1344
17	田径	0.0140	0.0116	0.0264	0.0173	0.0819
18	体育成人教育学刊	0.0181	0.0147	0.0137	0.0155	0.0734
19	浙江体育科学	0.0062	0.0145	0.0231	0.0146	0.0691
20	湖北体育科技	0	0.0137	0.0222	0.0120	0.0568
21	安徽体育科技	0.0075	0.0079	0.0187	0.0114	0.0540

续表

排序	期刊名称	2004年	2005年	2006年	三年平均	归一化值
22	山东体育科技	0.0138	0.0128	0.0067	0.0111	0.0525
23	体育科学研究	0.0093	0.0093	0.0135	0.0107	0.0506
24	中国学校体育	0.0102	0.0170	0.0010	0.0094	0.0445
25	四川体育科学	0.0022	0.0170	0.0083	0.0092	0.0435

从表 21-10 可以看出，体育学期刊三年平均总被引速率明显分为几个层次：第一层次为《体育科学》和《体育与科学》，三年平均总被引速率在 0.20 以上；第二层次为《上海体育学院学报》、《武汉体育学院学报》、《中国体育科技》、《成都体育学院学报》、《北京体育大学学报》和《体育学刊》，三年平均总被引速率在 0.10 左右；其余为第三层次，三年平均总被引速率在 0.07 以下。

从总被引速率的年度变化可以看出，2004—2006 年体育学期刊的年平均总被引速率在逐年增长，三年平均总被引速率分别为：0.0509、0.0572、0.0811。可以看出 2005 年和 2006 年分别增长了 12.38% 和 41.78%，可见体育学期刊对学科的热点跟踪和学界关注的问题越来越重视。对于个体期刊而言，除了《湖北体育科技》（2004 年被引速率为 0）外，上升幅度最大的是排名最后的《四川体育科学》，提高了 2.77 倍，《上海体育学院学报》和《浙江体育科学》也都提高了 2.7 倍以上。提高了 1—2 倍的期刊还有《武汉体育学院学报》、《西安体育学院学报》、《安徽体育科技》和《体育科研》。但也有 4 种期刊总被引速率出现了下降。

21.3.2 其他期刊引用速率

其他期刊引用速率（也称他刊引用速率）是指该刊在统计当年论文和前一年论文在统计当年被其他期刊引用的次数与该刊在统计当年发表的和前一年发表的论文总数的比值。表 21-11 给出了 2004—2006 年体育学期刊他刊引用速率、三年平均值和该指标的归一化值。本表按三年平均速率从大到小排序。

表 21-11　　　　2004—2006 年体育学期刊他刊引用速率

排序	期刊名称	2004年	2005年	2006年	三年平均	归一化值
1	体育科学	0.1173	0.1363	0.2108	0.1548	1
2	中国体育科技	0.1324	0.0698	0.1173	0.1065	0.6880
3	体育与科学	0.1040	0.0922	0.0655	0.0872	0.5633
4	上海体育学院学报	0.0479	0.0931	0.0919	0.0776	0.5013
5	体育学刊	0.0782	0.0664	0.0731	0.0726	0.4690

续表

排序	期刊名称	2004 年	2005 年	2006 年	三年平均	归一化值
6	成都体育学院学报	0.0698	0.0638	0.0546	0.0627	0.4050
7	西安体育学院学报	0.0222	0.0676	0.0594	0.0497	0.3211
8	北京体育大学学报	0.0370	0.0496	0.0622	0.0496	0.3204
9	体育文化导刊	0.0378	0.0307	0.0720	0.0468	0.3023
9	天津体育学院学报	0.0425	0.0399	0.0580	0.0468	0.3023
11	广州体育学院学报	0.0355	0.0375	0.0529	0.0420	0.2713
12	体育科研	0.0247	0.0368	0.0613	0.0409	0.2642
13	山东体育学院学报	0.0448	0.0250	0.0505	0.0401	0.2590
14	武汉体育学院学报	0.0287	0.0364	0.0527	0.0393	0.2539
15	沈阳体育学院学报	0.0246	0.0388	0.0344	0.0326	0.2106
16	首都体育学院学报	0.0203	0.0310	0.0340	0.0284	0.1835
17	田径	0.0140	0.0116	0.0264	0.0173	0.1118
18	体育成人教育学刊	0.0181	0.0147	0.0137	0.0155	0.1001
19	浙江体育科学	0.0062	0.0145	0.0231	0.0146	0.0943
20	湖北体育科技	0	0.0137	0.0222	0.0120	0.0775
21	安徽体育科技	0.0075	0.0079	0.0187	0.0114	0.0736
22	山东体育科技	0.0138	0.0128	0.0067	0.0111	0.0717
23	中国学校体育	0.0102	0.0170	0.0010	0.0094	0.0607
24	四川体育科学	0.0022	0.0170	0.0083	0.0092	0.0594
24	体育科学研究	0.0047	0.0093	0.0135	0.0092	0.0594

从 21-11 可以看出，排除了自引情况后，期刊被引速率的排序较表 21-10 有了一些变化：《中国体育科技》从第 5 名越过三种期刊而位居第 2 名；《武汉体育学院学报》则从第 4 名下跌到第 14 名；其他排在 3—13 名的期刊中，也都根据自引率的大小出现了名次下降和上升。

如果根据体育学期刊三年平均他刊引用速率划分层次，则可分为三个层次：第一层次为《体育科学》和《中国体育科技》，他刊引用速率在 0.1 以上；第二层次为他引速率在 0.1—0.045 区间的期刊，即《体育与科学》等 8 种期刊；余下的期刊归属于第三层次。

21.3.3 本学科论文引用速率

本学科论文引用速率（也称学科引用速率）是指该刊在统计当年论文和前一年

论文在统计当年被本学科论文引用的次数与该刊在统计当年发表的和前一年发表的论文总数的比值。学科引用速率主要用来反映期刊在本学科的学术反应速度。表21-12 给出了 2004—2006 年体育学期刊学科引用速率统计。与上表相同，包括内容为：各年度的学科引用速率、三年平均引用速率和该指标的归一化值。表 21-12 按三年平均学科引用速率从大到小排序。

表 21-12　　　　　　　　　　2004—2006 年体育学期刊学科引用速率

排序	期刊名称	2004 年	2005 年	2006 年	三年平均	归一化值
1	体育科学	0.1593	0.1657	0.2952	0.2067	1
2	体育与科学	0.2450	0.2021	0.1655	0.2042	0.9879
3	上海体育学院学报	0.0620	0.1207	0.2332	0.1386	0.6705
4	武汉体育学院学报	0.0711	0.1066	0.2198	0.1325	0.6410
5	中国体育科技	0.1324	0.0698	0.1684	0.1235	0.5975
6	成都体育学院学报	0.1076	0.1122	0.1021	0.1073	0.5191
7	北京体育大学学报	0.0658	0.1095	0.1044	0.0932	0.4509
8	体育学刊	0.0746	0.0646	0.1269	0.0887	0.4291
9	天津体育学院学报	0.0502	0.0675	0.0870	0.0682	0.3299
10	西安体育学院学报	0.0194	0.0652	0.0570	0.0472	0.2284
11	体育文化导刊	0.0323	0.0270	0.0720	0.0438	0.2119
12	广州体育学院学报	0.0355	0.0353	0.0529	0.0412	0.1993
13	体育科研	0.0247	0.0368	0.0613	0.0409	0.1979
14	山东体育学院学报	0.0414	0.0250	0.0505	0.0390	0.1887
15	沈阳体育学院学报	0.0246	0.0373	0.0344	0.0321	0.1553
16	首都体育学院学报	0.0203	0.0288	0.0340	0.0277	0.1340
17	田径	0.0140	0.0116	0.0264	0.0173	0.0837
18	体育成人教育学刊	0.0181	0.0147	0.0137	0.0155	0.0750
19	浙江体育科学	0.0062	0.0145	0.0202	0.0136	0.0658
20	湖北体育科技	0	0.0137	0.0222	0.0120	0.0581
21	安徽体育科技	0.0075	0.0079	0.0187	0.0114	0.0552
22	体育科学研究	0.0093	0.0093	0.0135	0.0107	0.0518
23	山东体育科技	0.0138	0.0128	0.0033	0.0100	0.0484
24	中国学校体育	0.0102	0.0170	0.0010	0.0094	0.0455
25	四川体育科学	0.0022	0.0170	0.0055	0.0082	0.0397

从表 21-12 可以看出，体育学期刊在本学科论文引用速率的排序与总被引速率的排序基本一致，只有《体育科学研究》和《山东体育科技》互换了位置。这从一个角度又说明了，虽然体育学研究常常引入其他学科的成果（如医学、心理学、力学等），但向其他学科的渗透能力还较弱，自然也就反映出体育学期刊的本学科引用比例较高的现状。

21.3.4 体育学期刊被引速率综合分析

期刊被引速率是反映期刊学术反应速度的重要指标，包括总被引速率、他刊引用速率和学科引用速率三项指标。与期刊被引次数类似，各指标的权重分别为 25%、50%、25%。表 21-13 给出了 2004—2006 年体育学期刊被引速率综合值计算。其方法与期刊被引次数综合值的计算完全相同，可参见本书第 1 章的解释。本表按被引速率综合值从大到小排序。

表 21-13　　2004—2006 年体育学期刊被引速率综合值

排序	期刊名称	总被引速率归一化值	他刊引用速率归一化值	学科引用速率归一化值	综合值
1	体育科学	1	1	1	1
2	体育与科学	0.9886	0.5633	0.9879	0.7758
3	中国体育科技	0.5883	0.6880	0.5975	0.6405
4	上海体育学院学报	0.6559	0.5013	0.6705	0.5823
5	成都体育学院学报	0.5168	0.4050	0.5191	0.4615
6	体育学刊	0.4434	0.4690	0.4291	0.4526
7	武汉体育学院学报	0.6375	0.2539	0.6410	0.4466
8	北京体育大学学报	0.4487	0.3204	0.4509	0.3851
9	天津体育学院学报	0.3275	0.3023	0.3299	0.3155
10	西安体育学院学报	0.2352	0.3211	0.2284	0.2765
11	体育文化导刊	0.2215	0.3023	0.2119	0.2595
12	广州体育学院学报	0.1988	0.2713	0.1993	0.2352
13	体育科研	0.1936	0.2642	0.1979	0.2300
14	山东体育学院学报	0.1898	0.2590	0.1887	0.2241
15	沈阳体育学院学报	0.1543	0.2106	0.1553	0.1827
16	首都体育学院学报	0.1344	0.1835	0.1340	0.1589
17	田径	0.0819	0.1118	0.0837	0.0973
18	体育成人教育学刊	0.0734	0.1001	0.0750	0.0872

续表

排序	期刊名称	总被引速率归一化值	他刊引用速率归一化值	学科引用速率归一化值	综合值
19	浙江体育科学	0.0691	0.0943	0.0658	0.0809
20	湖北体育科技	0.0568	0.0775	0.0581	0.0675
21	安徽体育科技	0.0540	0.0736	0.0552	0.0641
22	山东体育科技	0.0525	0.0717	0.0484	0.0611
23	体育科学研究	0.0506	0.0594	0.0518	0.0553
24	中国学校体育	0.0445	0.0607	0.0455	0.0529
25	四川体育科学	0.0435	0.0594	0.0397	0.0505

从表 21-13 的综合值反映出：各期刊之间的综合值差距很大，最高值为 1，最低值仅为 0.0505，前者是后者的近 20 倍。这种差距使体育学期刊的被引速率层次体现得更加明显。《体育科学》一枝独秀，被引速率综合值为 1，也就是说其在总被引速率、其他期刊引用速率、本学科论文引用速率这 3 个指标上均排名第一，表明《体育科学》在学术影响速率方面是当之无愧的体育学期刊的领头羊，并显示出越来越大的强势。《体育与科学》有两项指标排在第 2 位、一项第 3 位，也体现了较强的对体育学研究热点和学界关心问题的跟踪能力。因此，这两种期刊可以划分在第一层次；第二层次可以定位在综合值为 0.7—0.25 这个区间，《中国体育科技》等 9 种期刊可归入这一层次；余下的期刊为第三层次。

21.4 体育学期刊影响因子分析

期刊影响因子最早是由 E. 加菲尔德在 1955 年提出的，[1] 它是指期刊论文获得的客观响应，反映期刊重要性的宏观测度，被用来计算期刊在一个学科领域的学术影响。为了全面考察期刊的影响因子，我们设计了三个下级指标：一般影响因子、他引影响因子、学科影响因子。

考虑到人文社科领域的引用峰值等因素，本书将期刊影响因子的计算时间从前两年推至前第 2、3 年，确保能有 70% 以上期刊的引用峰值在被引速率和影响因子计算的年度内，具体定义及计算公式参见第 1 章。一般情况下，影响因子越大，可以认为该期刊在科学发展与交流过程中的作用和相对学术影响也越大。当然影响因子也具有一定的片面性，可以和期刊总被引次数等指标来共同评价期刊。

---

[1] Garfield, E., Citation indexes to science: a new dimension in documentation through association of ideas, *Science*, 1955, 122: 108-11.

21.4.1 一般影响因子

本评价体系的一般影响因子的计算方法是该刊前第 2、3 年发表论文在统计当年被引用的总次数与该刊前第 2、3 年发表论文总数的比值。它反映了期刊的相对影响和重要程度。表 21-14 给出了 2004—2006 年体育学期刊年度一般影响因子、三年的平均值和该指标的归一化值。本表按三年平均一般影响因子从大到小排序。

表 21-14   2004—2006 年体育学期刊一般影响因子

排序	期刊名称	2004 年	2005 年	2006 年	三年平均	归一化值
1	体育科学	0.4715	0.3661	0.4978	0.4451	1
2	上海体育学院学报	0.3094	0.2483	0.3296	0.2958	0.6646
3	中国体育科技	0.3156	0.2000	0.3701	0.2952	0.6632
4	体育与科学	0.3027	0.2422	0.3121	0.2857	0.6419
5	北京体育大学学报	0.2865	0.2577	0.2898	0.2780	0.6246
6	成都体育学院学报	0.1908	0.2101	0.2558	0.2189	0.4918
7	天津体育学院学报	0.1739	0.2279	0.2471	0.2163	0.4860
8	体育学刊	0.1250	0.1976	0.2504	0.1910	0.4291
9	西安体育学院学报	0.1561	0.1799	0.2250	0.1870	0.4201
10	武汉体育学院学报	0.1091	0.1449	0.1819	0.1453	0.3264
11	体育科研	0.0933	0.1090	0.1413	0.1145	0.2572
12	体育文化导刊	0.1113	0.1112	0.1168	0.1131	0.2541
13	首都体育学院学报	0.1283	0.0842	0.0988	0.1038	0.2332
14	山东体育学院学报	0.0703	0.0972	0.1172	0.0949	0.2132
15	广州体育学院学报	0.0829	0.0818	0.1085	0.0911	0.2047
16	沈阳体育学院学报	0.0515	0.0590	0.1107	0.0737	0.1656
17	浙江体育科学	0.0607	0.0792	0.0774	0.0724	0.1627
18	山东体育科技	0.0435	0.0400	0.0761	0.0532	0.1195
19	湖北体育科技	0.0329	0.0571	0.0440	0.0447	0.1004
20	体育科学研究	0.0363	0.0457	0.0465	0.0428	0.0962
21	四川体育科学	0.0217	0.0689	0.0327	0.0411	0.0923
22	中国体育教练员	0.0502	0.0296	0.0345	0.0381	0.0856
23	福建体育科技	0.0327	0.0299	0.0285	0.0304	0.0683
24	安徽体育科技	0.0150	0.0299	0.0452	0.0300	0.0674
25	山西师大体育学院学报	0.0160	0.0182	0.0503	0.0282	0.0634

续表

排序	期刊名称	2004年	2005年	2006年	三年平均	归一化值
26	体育科技	0.0224	0.0356	0.0208	0.0263	0.0591
27	体育成人教育学刊	0.0091	0.0246	0.0402	0.0246	0.0553
28	中国学校体育	0.0259	0.0203	0.0273	0.0245	0.0550
29	河北体育学院学报	0.0145	0.0205	0.0367	0.0239	0.0537
29	中国排球	0.0397	0.0319	0	0.0239	0.0537

从表 21-14 可以看出，体育学期刊的一般影响因子普遍较低，最高的《体育科学》，三年平均也只有 0.4451，而且 2005 年的平均影响因子还出现了下降，在这一年有一半体育学期刊的影响因子在减少。2006 年与 2005 年相比，体育学期刊的一般影响因子全面提升，只有 5 种期刊的一般影响因子出现了下降。上升幅度最大的期刊是《体育成人教育学刊》，因其基数较小增幅达 3.4 倍，此外增长了 1 倍以上的还包括排名第 8 位的《体育学刊》，排名第 16 位的《沈阳体育学院学报》，以及排名较后的《安徽体育科技》、《山西师大体育学院学报》、《河北体育学院学报》。

从表 21-14 的期刊排序可以看出，2004—2006 年的 9 种 CSSCI 来源期刊位于前 10 位，只有 1 种非来源期刊名列第 9 位，而这种期刊于 2008 年也被增进了 CSSCI 来源期刊。可见，来源期刊最大的优势主要还是在影响因子上的表现。

21.4.2 他引影响因子

他引影响因子是排除期刊自引后的影响因子，相对非来源期刊而言他引影响因子对期刊的评价更加公正合理。表 21-15 给出了 2004—2006 年体育学期刊他引影响因子统计。表中包括项目：各年度他引影响因子、三年平均影响因子和该指标的归一化值。本表按三年平均影响因子从大到小排序。

表 21-15　　　　　　　2004—2006 年体育学期刊他引影响因子

排序	期刊名称	2004年	2005年	2006年	三年平均	归一化值
1	体育科学	0.3201	0.2952	0.4159	0.3437	1
2	中国体育科技	0.3156	0.2000	0.3137	0.2764	0.8042
3	体育与科学	0.2463	0.1957	0.2584	0.2335	0.6794
4	上海体育学院学报	0.2376	0.1623	0.2254	0.2084	0.6063
5	西安体育学院学报	0.1561	0.1799	0.2250	0.1870	0.5441
6	成都体育学院学报	0.1474	0.1805	0.2093	0.1791	0.5211
7	天津体育学院学报	0.1498	0.1628	0.2046	0.1724	0.5016

续表

排序	期刊名称	2004年	2005年	2006年	三年平均	归一化值
8	体育学刊	0.1250	0.1976	0.1776	0.1567	0.4850
9	北京体育大学学报	0.1608	0.1396	0.1809	0.1604	0.4667
10	体育科研	0.0933	0.1090	0.1413	0.1145	0.3331
11	体育文化导刊	0.1113	0.1112	0.1168	0.1131	0.3291
12	首都体育学院学报	0.1283	0.0842	0.0988	0.1038	0.3020
13	山东体育学院学报	0.0703	0.0972	0.1172	0.0949	0.2761
14	广州体育学院学报	0.0829	0.0818	0.1085	0.0911	0.2651
15	武汉体育学院学报	0.0678	0.0764	0.1081	0.0841	0.2447
16	沈阳体育学院学报	0.0515	0.0590	0.1107	0.0737	0.2144
17	浙江体育科学	0.0607	0.0792	0.0774	0.0724	0.2106
18	山东体育科技	0.0435	0.0400	0.0761	0.0532	0.1548
19	湖北体育科技	0.0329	0.0571	0.0440	0.0447	0.1301
20	四川体育科学	0.0217	0.0689	0.0327	0.0411	0.1196
21	中国体育教练员	0.0502	0.0296	0.0345	0.0381	0.1109
22	体育科学研究	0.0311	0.0355	0.0465	0.0377	0.1097
23	福建体育科技	0.0327	0.0299	0.0285	0.0304	0.0884
24	安徽体育科技	0.0150	0.0299	0.0452	0.0300	0.0873
25	山西师大体育学院学报	0.0160	0.0182	0.0503	0.0282	0.0820
26	体育科技	0.0224	0.0356	0.0208	0.0263	0.0765
27	体育成人教育学刊	0.0091	0.0246	0.0402	0.0246	0.0716
28	中国学校体育	0.0259	0.0203	0.0273	0.0245	0.0713
29	河北体育学院学报	0.0145	0.0205	0.0367	0.0239	0.0695
29	中国排球	0.0397	0.0319	0	0.0239	0.0695

从表 21-15 可以看出，排除自引情况后，体育学期刊他引影响因子与一般影响因子相比有了一些变化，对排名靠前一些期刊进行分析，发现有些期刊的排名有较大的变动。例如：《中国体育科技》、《体育与科学》、《西安体育学院学报》等 8 种期刊的名次均获得了提升，特别是《西安体育学院学报》上升了 4 个名次。但也由于某些期刊自引率较高，在他引影响因子的排名中出现了下降，如《上海体育学院学报》从一般影响因子的第 2 名滑至他引影响因子的第 4 名，《北京体育大学学报》从第 5 名滑至第 9 名，《武汉体育学院学报》更是从第 10 名跌落至第 15 名。说明这三种期刊的自引率较高，应当引起编辑部的重视。

21.4.3 学科影响因子

通过学科影响因子的研究，可以分析期刊对本学科研究的影响，能够反映期刊所刊载的论文与本学科研究的相关程度。表 21-16 给出了 2004—2006 年体育学期刊学科影响因子统计，也包括三年平均影响因子和该指标的归一化值。本表按三年平均学科影响因子从大到小排序。

表 21-16　　2004—2006 年体育学期刊学科影响因子

排序	期刊名称	2004 年	2005 年	2006 年	三年平均	归一化值
1	体育科学	0.4591	0.3570	0.4867	0.4343	1
2	中国体育科技	0.3156	0.2000	0.3676	0.2944	0.6779
3	上海体育学院学报	0.3039	0.2417	0.3211	0.2889	0.6652
4	体育与科学	0.2997	0.2329	0.3054	0.2793	0.6431
5	北京体育大学学报	0.2791	0.2515	0.2867	0.2724	0.6272
6	成都体育学院学报	0.1908	0.2071	0.2500	0.2160	0.4974
7	天津体育学院学报	0.1739	0.2279	0.2394	0.2137	0.4921
8	体育学刊	0.1250	0.1958	0.2487	0.1898	0.4370
9	西安体育学院学报	0.1532	0.1738	0.2111	0.1794	0.4131
10	武汉体育学院学报	0.1091	0.1423	0.1765	0.1426	0.3283
11	体育科研	0.0933	0.1090	0.1378	0.1134	0.2611
12	体育文化导刊	0.1049	0.1100	0.1123	0.1091	0.2512
13	首都体育学院学报	0.1283	0.0774	0.0930	0.0996	0.2293
14	山东体育学院学报	0.0664	0.0972	0.1172	0.0936	0.2155
15	广州体育学院学报	0.0714	0.0755	0.1026	0.0832	0.1916
16	沈阳体育学院学报	0.0515	0.0590	0.1072	0.0726	0.1672
17	浙江体育科学	0.0607	0.0717	0.0743	0.0689	0.1586
18	山东体育科技	0.0435	0.0400	0.0761	0.0532	0.1225
19	湖北体育科技	0.0329	0.0571	0.0418	0.0439	0.1011
20	体育科学研究	0.0363	0.0457	0.0419	0.0413	0.0951
21	中国体育教练员	0.0502	0.0296	0.0345	0.0381	0.0877
22	四川体育科学	0.0217	0.0659	0.0261	0.0379	0.0873
23	福建体育科技	0.0327	0.0261	0.0285	0.0291	0.0670
24	安徽体育科技	0.0120	0.0299	0.0427	0.0282	0.0649
25	山西师大体育学院学报	0.0160	0.0182	0.0473	0.0272	0.0626

续表

排序	期刊名称	2004年	2005年	2006年	三年平均	归一化值
26	体育科技	0.0224	0.0356	0.0208	0.0263	0.0606
27	体育成人教育学刊	0.0091	0.0246	0.0382	0.0240	0.0553
28	中国排球	0.0397	0.0319	0	0.0239	0.0550
29	河北体育学院学报	0.0145	0.0205	0.0336	0.0229	0.0527
30	中国学校体育	0.0237	0.0203	0.0239	0.0226	0.0520

从表21-16可以看出，排除被其他学科论文的引用次数后，《体育科学》以三年平均0.4343的学科影响因子排名第一，三年平均值在0.1以上的期刊有12种，涵盖了CSSCI体育学源刊。与一般影响因子的排序相比，两者完全一致，这一方面说明体育学期刊的专业化程度及聚合力都比较高，另一方面也说明了体育学和其他学科的融合还不够。我们分析了体育学论文引用文献的主题，涉及医学、心理、教育、社会等多个学科，但从这些学科的论文引文中则鲜有体育学类的引文。因此，体育学期刊要走出体育学，还要靠体育学学者的努力。

从2004—2006年发展来看，2005年学科影响因子较之2004年小幅下降了1.96%，而2006年则有较大提升，增幅为24.97%，这一方面体现了我国体育学研究事业的厚积薄发，也从另外一个层面反映了绝大多数体育学学术期刊在学科影响因子方面的努力，特别是排名前几位的期刊，已经成为体育学研究领域的重要交流载体。

21.4.4 体育学期刊影响因子综合分析

在本评价体系中，与期刊被引次数和被引速率相同，期刊影响因子的三个下级指标权重分配为：一般影响因子25%、他引影响因子50%、学科影响因子25%。表21-17给出了2004—2006年体育学期刊影响因子的综合值，其方法与期刊被引次数和被引速率相同。本表按影响因子综合值从大到小排序。

表21-17　　　　　2004—2006年体育学期刊影响因子综合值

排序	期刊名称	一般影响因子归一化值	他引影响因子归一化值	学科影响因子归一化值	综合值
1	体育科学	1	1	1	1
2	中国体育科技	0.6632	0.8042	0.6779	0.7374
3	体育与科学	0.6419	0.6794	0.6431	0.6610
4	上海体育学院学报	0.6646	0.6063	0.6652	0.6356
5	北京体育大学学报	0.6246	0.4667	0.6272	0.5463

续表

排序	期刊名称	一般影响因子归一化值	他引影响因子归一化值	学科影响因子归一化值	综合值
6	成都体育学院学报	0.4918	0.5211	0.4974	0.5079
7	天津体育学院学报	0.4860	0.5016	0.4921	0.4953
8	西安体育学院学报	0.4201	0.5441	0.4131	0.4804
9	体育学刊	0.4291	0.4850	0.4370	0.4590
10	体育科研	0.2572	0.3331	0.2611	0.2961
11	体育文化导刊	0.2541	0.3291	0.2512	0.2909
12	武汉体育学院学报	0.3264	0.2447	0.3283	0.2860
13	首都体育学院学报	0.2332	0.3020	0.2293	0.2666
14	山东体育学院学报	0.2132	0.2761	0.2155	0.2452
15	广州体育学院学报	0.2047	0.2651	0.1916	0.2316
16	沈阳体育学院学报	0.1656	0.2144	0.1672	0.1904
17	浙江体育科学	0.1627	0.2106	0.1586	0.1856
18	山东体育科技	0.1195	0.1548	0.1225	0.1379
19	湖北体育科技	0.1004	0.1301	0.1011	0.1154
20	四川体育科学	0.0923	0.1196	0.0873	0.1047
21	体育科学研究	0.0962	0.1097	0.0951	0.1027
22	中国体育教练员	0.0856	0.1109	0.0877	0.0988
23	福建体育科技	0.0683	0.0884	0.0670	0.0780
24	安徽体育科技	0.0674	0.0873	0.0649	0.0767
25	山西师大体育学院学报	0.0634	0.0820	0.0626	0.0725
26	体育科技	0.0591	0.0765	0.0606	0.0682
27	体育成人教育学刊	0.0553	0.0716	0.0553	0.0635
28	中国学校体育	0.0550	0.0713	0.0520	0.0624
29	中国排球	0.0537	0.0695	0.0550	0.0619
30	河北体育学院学报	0.0537	0.0695	0.0527	0.0614

分析表 21-17 中体育学期刊影响因子综合值可以看出，学界公认的、学术影响较大的期刊依然排在前几位，尤其是排在第 1 位的《体育科学》，三项指标都独占鳌头；排在第 2 位的《中国体育科技》在一般影响因子上排第 3 位，而在其他两项分指标上均排在第 2 位；《体育与科学》和《上海体育学院学报》紧接其后，难分伯仲。

如果我们根据影响因子来划分体育学期刊的层次,那么,综合值在 1—0.7 之间的期刊可划入第一层次,即《体育科学》和《中国体育科技》归入这一层次;影响因子综合值在 0.7—0.4 之间的《体育与科学》等 7 种期刊可列入第二层次;其余体育学期刊可归入第三层次。影响因子综合指标反映出来的结果还是与被引次数和被引速率的结果有不小的变化,更说明不同的指标反映的是期刊不同的侧面。

21.5 体育学期刊被引广度分析

期刊被引广度是指期刊在某个年度被多少种期刊中的论文引用过,其引用该刊的期刊的数量即为该刊的被引广度。被引广度说明了期刊所刊载的论文对其他期刊的影响程度(更确切地说是对其他期刊的文章作者的影响力),一般说来一种期刊被不同的期刊引用的越多,其影响度就越广。本评价体系对期刊被引广度的计算参见本书第 1 章。表 21-18 给出了 2004—2006 年体育学期刊被引广度、三年平均值和归一化值。本表按三年平均被引广度从大到小排序。

表 21-18　　　　　　　　　　2004—2006 年体育学期刊被引广度

排序	期刊名称	2004 年	2005 年	2006 年	三年平均	归一化值
1	体育科学	11.8	10.0	15.2	12.33	1
2	体育文化导刊	11.0	9.8	12.0	10.93	0.8865
3	北京体育大学学报	9.0	9.6	13.6	10.73	0.8702
4	体育与科学	8.4	10.2	12.0	10.20	0.8273
5	体育学刊	8.0	8.4	13.2	9.87	0.8005
6	武汉体育学院学报	8.2	9.2	11.6	9.67	0.7843
7	西安体育学院学报	7.6	9.0	11.6	9.40	0.7624
8	中国体育科技	8.0	8.0	11.0	9.00	0.7299
9	成都体育学院学报	7.6	8.4	10.6	8.87	0.7194
10	广州体育学院学报	8.2	7.6	10.6	8.80	0.7137
11	上海体育学院学报	7.2	7.6	10.4	8.40	0.6813
12	天津体育学院学报	7.8	7.4	9.8	8.33	0.6756
13	首都体育学院学报	6.8	7.0	10.2	8.00	0.6488
13	山东体育学院学报	7.8	6.4	9.8	8.00	0.6488
15	沈阳体育学院学报	6.4	6.8	9.6	7.60	0.6164
16	浙江体育科学	5.8	6.6	10.0	7.47	0.6058
17	中国学校体育	6.8	6.4	8.6	7.27	0.5896

续表

排序	期刊名称	2004 年	2005 年	2006 年	三年平均	归一化值
18	体育科研	5.2	5.8	9.0	6.67	0.5410
19	四川体育科学	4.2	6.2	9.2	6.53	0.5296
20	湖北体育科技	4.6	6.0	8.8	6.47	0.5247
21	山东体育科技	4.8	5.6	8.6	6.33	0.5134
22	田径	5.6	5.6	3.8	5.00	0.4055
23	福建体育科技	3.2	4.8	6.2	4.73	0.3836
24	安徽体育科技	3.4	3.4	6.8	4.53	0.3674
25	体育科学研究	2.6	4.2	6.4	4.40	0.3569
25	哈尔滨体育学院学报	4.0	4.8	4.4	4.40	0.3569
27	体育科技	3.4	4.4	4.4	4.07	0.3301
28	体育成人教育学刊	2.8	4.2	4.8	3.93	0.3187

从表 21-18 可以看到，《体育科学》同样以一定的优势领先于其他期刊，被引广度在 10 以上的还包括《体育文化导刊》、《北京体育大学学报》、《体育与科学》，由于 CSSCI 体育学来源期刊只有 9 种，说明这些期刊不仅影响着本学科期刊，还影响着一些综合性期刊和非本学科期刊。分析排在前两位的《体育科学》和《体育文化导刊》，它们被引较广的因素又不尽相同，前者部分论文涉及体育经济、运动医学等交叉领域，后者则是因"文化"这一概念的泛化而造成了一些他刊引用。其后被引广度 6—10 名之间的期刊分布较为连续和均匀，这些期刊的影响力多数还局限在体育学类期刊中。

2004—2006 年间，体育学期刊的年均被引广度在逐年提高，特别是 2006 年提高幅度较大，2004—2006 年的平均广度分别如下：6.44、6.91、9.36，仅 2006 年就提升了 35.46%。比较个体期刊，其中，上升幅度最大的是《体育科学研究》，提高了 1.46 倍，《四川体育科学》也提高了 1.19 倍，上升 50% 的期刊还有《北京体育大学学报》、《体育学刊》、《西安体育学院学报》、《首都体育学院学报》、《沈阳体育学院学报》、《浙江体育科学》、《体育科研》、《湖北体育科技》、《山东体育科技》、《福建体育科技》、《安徽体育科技》、《体育成人教育学刊》等。可见，增幅较大的期刊多数都是起点较低的期刊，这也说明体育学期刊在被引广度上的差距在逐渐缩小。

21.6 体育学期刊二次文献转载分析

二次文献转载指标是指我国几种重要的二次文献对各期刊中论文全文转载数量的

统计。二次文献的转载与否、转载率的高低也是国内外检验学术期刊质量高低的一项主要指标。① 学界公认的综合性文摘刊物具有一定的权威性，它们主要摘转中国人文社会科学领域的重要研究成果，反映各学科领域学术动态和学术走向，应该说这些文摘刊物中对期刊全文转载数量的统计，从一个角度反映了各期刊对学科热点的跟踪，对学术走向的关注程度。

体育学期刊的二次文献转载分析主要采用两种二次文献数据，即人民出版社主办的《新华文摘》和中国人民大学主办的《复印报刊资料》。其他二次文献对体育学论文鲜有转载，故本节只分析《新华文摘》和《复印报刊资料》对体育学期刊的文献转载状况。

21.6.1 《新华文摘》全文转载

《新华文摘》是一种大型的综合性、学术性文摘，内容涉及政治、体育、经济、历史、文学艺术、法学、社会学、教育学等多种人文社会科学学科，具有很高的学术性和权威性。②因此，《新华文摘》全文转载体育学期刊论文数量，可以作为评价期刊学术质量的指标之一。表21-19给出了2004—2006年体育学期刊被《新华文摘》全文转载的统计数据，本表按三年平均转载次数从大到小排序。

表21-19 2004—2006年体育学期刊被《新华文摘》全文转载统计

排序	期刊名称	2004年（篇）	2005年（篇）	2006年（篇）	三年平均（篇）	归一化值
1	体育文化导刊	0	0	2	0.67	1
1	武汉体育学院学报	0	0	2	0.67	1
3	山东体育学院学报	0	0	1	0.33	0.4925
3	西安体育学院学报	0	0	1	0.33	0.4925
3	北京体育大学学报	1	0	0	0.33	0.4925

根据表21-19的数据显示，体育学期刊被《新华文摘》全文转载的次数比较少，三年间总共只有5种期刊被转载过，也只转载过7篇文章。其中，《体育文化导刊》和《武汉体育学院学报》分别被《新华文摘》全文转载了2次，《山东体育学院学报》、《西安体育学院学报》、《北京体育大学学报》各被转载了1次，这7次转载记录中有6次集中在2006年，这反映了体育学期刊被全文转载的可喜变化。

---

① 尹玉吉、毕红卫："关于提高学术期刊二次文献转载率"，《编辑之友》2000年第4期，第23页。

② http://www.peoplepress.net/rmweb/WebSite/Periodical/index.aspx，2008-1-16.

21.6.2 《复印报刊资料》全文转载

《复印报刊资料》是国内较具权威性的社会科学、人文科学专题文献资料库,其转载的内容涉及100多个专题[①],因此各期刊被《复印报刊资料》转载的可能性较大一些,被转载的次数也多一些。表21-20给出了2004—2006年体育学期刊被《复印报刊资料》全文转载的统计数据。与上表相同,也包括各年度的转载次数、三年平均转载次数和归一化值。本表按三年平均转载次数从大到小排序。

表21-20　　2004—2006年体育学期刊被《复印报刊资料》全文转载统计

排序	期刊名称	2004年（篇）	2005年（篇）	2006年（篇）	三年平均（篇）	归一化值
1	体育文化导刊	27	13	16	18.67	1
2	体育科学	13	18	13	14.67	0.7858
2	北京体育大学学报	18	16	10	14.67	0.7858
4	上海体育学院学报	6	18	16	13.33	0.7140
5	武汉体育学院学报	8	11	15	11.33	0.6069
6	体育学刊	11	10	10	10.33	0.5533
7	广州体育学院学报	13	7	6	8.67	0.4644
8	体育与科学	12	10	3	8.33	0.4462
9	西安体育学院学报	8	7	9	8.00	0.4285
10	山东体育学院学报	6	6	10	7.33	0.3926
11	成都体育学院学报	12	9	0	7.00	0.3749
12	天津体育学院学报	5	1	12	6.00	0.3214
12	中国体育科技	9	5	4	6.00	0.3214
14	沈阳体育学院学报	3	4	9	5.33	0.2855
15	首都体育学院学报	2	5	7	4.67	0.2501
16	体育科研	0	6	6	4.00	0.2142
17	体育成人教育学刊	2	4	4	3.33	0.1784
18	体育教学	3	4	2	3.00	0.1607
19	中国学校体育	0	0	4	1.33	0.0712
19	山西师大体育学院学报	1	0	3	1.33	0.0712

① http://www.lib.fzu.edu.cn/qkwx/zgxsqk5.asp,2008-1-16.

续表

排序	期刊名称	2004年（篇）	2005年（篇）	2006年（篇）	三年平均（篇）	归一化值
19	吉林体育学院学报	2	0	2	1.33	0.0712
19	福建体育科技	3	0	1	1.33	0.0712
19	体育科学研究	1	3	0	1.33	0.0712
24	山东体育科技	0	0	3	1.00	0.0536
25	体育科技	2	0	0	0.67	0.0359
26	哈尔滨体育学院学报	1	0	0	0.33	0.0177
26	河北体育学院学报	1	0	0	0.33	0.0177

从表 21-20 可以看到：体育学期刊在《复印报刊资料》上的转载差距很大，一是不少期刊的一些年份没有的文章被《复印报刊资料》转载过；二是最多者一年被转载过 20 多篇，而少的只有 1 篇。在三年平均转载次数的排名上，《体育文化导刊》以 18.67 篇排在第 1 位，但该刊从 2004 年以后呈下降趋势，2006 年的优势已经不存在或者说不很明显。

三年间，大部分体育学期刊被《复印报刊资料》转载的次数起伏不定，增幅较大的是《上海体育学院学报》和《武汉体育学院学报》，转载次数减少较多的是《体育文化导刊》和《成都体育学院学报》，多达 10 余次的降幅应该引起足够的重视。

21.6.3 二次文献转载综合分析

二次文献转载指标是期刊评价指标的重要补充。本评价体系按照期刊论文被这两种二次文献转载的难易程度进行权重分配，其占比例分别为：《新华文摘》（60%）、《复印报刊资料》（40%）。表 21-21 给出了 2004—2006 年体育学期刊二次文献转载各指标的归一化值和综合值。本表按二次文献转载综合值从大到小排序。

表 21-21　　　　2004—2006 年体育学期刊二次文献转载综合值

排序	期刊名称	新华文摘归一化值	复印报刊资料归一化值	综合值
1	体育文化导刊	1	1	1
2	武汉体育学院学报	1	0.6069	0.8428
3	北京体育大学学报	0.4925	0.7858	0.6098
4	西安体育学院学报	0.4925	0.4285	0.4669
5	山东体育学院学报	0.4925	0.3926	0.4525

第 21 章 体育学

续表

排序	期刊名称	新华文摘归一化值	复印报刊资料归一化值	综合值
6	体育科学	0	0.7858	0.3143
7	上海体育学院学报	0	0.7140	0.2856
8	体育学刊	0	0.5533	0.2213
9	广州体育学院学报	0	0.4644	0.1858
10	体育与科学	0	0.4462	0.1785
11	成都体育学院学报	0	0.3749	0.1500
12	天津体育学院学报	0	0.3214	0.1286
12	中国体育科技	0	0.3214	0.1286
14	沈阳体育学院学报	0	0.2855	0.1142
15	首都体育学院学报	0	0.2501	0.1000
16	体育科研	0	0.2142	0.0857
17	体育成人教育学刊	0	0.1784	0.0714
18	体育教学	0	0.1607	0.0643
19	中国学校体育	0	0.0712	0.0285
19	山西师大体育学院学报	0	0.0712	0.0285
19	吉林体育学院学报	0	0.0712	0.0285
19	福建体育科技	0	0.0712	0.0285
19	体育科学研究	0	0.0712	0.0285
24	山东体育科技	0	0.0536	0.0214
25	体育科技	0	0.0359	0.0144
26	哈尔滨体育学院学报	0	0.0177	0.0071
26	河北体育学院学报	0	0.0177	0.0071

从表 21-21 中二次文献转载综合值上来看，《体育文化导刊》以综合值最高位居榜首，《武汉体育学院学报》以 0.8428 排名第 2，其后超过 0.4 的几种期刊，分别是《北京体育大学学报》、《西安体育学院学报》和《山东体育学院学报》，其他的期刊就更加低了，包括在前述指标中体现出比较强专业性的《体育科学》。其主要原因在于这些期刊在某项指标上表现很弱，如排名后面的一些期刊在《新华文摘》二次文献转载这一指标上分值基本为 0，这也导致了综合值较低。

21.7 体育学期刊Web即年下载率分析

随着网络的普及和各类期刊全文数据库的不断完善，越来越多的学者更愿意选择通过网络来搜集所需要的期刊文献。Web即年下载率是指期刊在某一期刊全文数据库中当年出版并上网的论文在当年被全文下载的次数与该期刊当年出版并上网论文总数之比。因为读者不是根据自己掌握和了解的有限期刊去找文章，而是从主题去查文章，避免了读者对期刊的可获取性和主观认识上存在的偏差，保证了每一种期刊相对读者而言，获取机会都是相等的。所以从评价期刊来说，Web即年下载率有着重要意义和合理性。

本节采用的Web即年下载率的数据来源于《中国学术期刊综合引证报告（2005—2007版）》。表21-22给出了2004—2006年体育学期刊Web即年下载数据、三年平均值和归一化值。本表按三年平均值从大到小排序。

表21-22   2004—2006年体育学期刊Web即年下载率

排序	期刊名称	2004年	2005年	2006年	三年平均	归一化值
1	体育科学	—	54.2	124.5	89.35	1
2	体育与科学	41.1	49.8	101.6	64.17	0.7182
3	中国体育科技	65.5	36.3	76.4	59.40	0.6648
4	北京体育大学学报	42.6	53.5	73.7	56.60	0.6335
5	上海体育学院学报	32.5	42.7	86.2	53.80	0.6021
6	成都体育学院学报	33.1	34.2	85.2	50.83	0.5689
7	武汉体育学院学报	31.9	39.9	76.1	49.30	0.5518
8	体育学刊	34.9	40.3	69.5	48.23	0.5398
9	体育文化导刊	19.0	29.9	78.1	42.33	0.4738
10	天津体育学院学报	32.7	37.2	56.8	42.23	0.4726
11	广州体育学院学报	20.8	31.2	71.4	41.13	0.4603
12	西安体育学院学报	27.1	36.4	58.5	40.67	0.4552
13	浙江体育科学	25.7	30.9	59.0	38.53	0.4312
14	体育科研	39.1	24.5	35.8	33.13	0.3708
15	山东体育学院学报	24.0	24.6	49.2	32.60	0.3649
16	沈阳体育学院学报	18.2	23.9	52.5	31.53	0.3529

续表

排序	期刊名称	2004 年	2005 年	2006 年	三年平均	归一化值
17	首都体育学院学报	19.3	27.8	42.0	29.70	0.3324
18	山西师大体育学院学报	16.6	26.6	43.0	28.73	0.3215
19	四川体育科学	18.9	24.9	41.4	28.40	0.3179
20	体育科学研究	13.2	24.1	47.3	28.20	0.3156
21	山东体育科技	14.4	19.0	46.6	26.67	0.2985
22	湖北体育科技	8.4	27.1	39.7	25.07	0.2806

注：上表中"—"表示当年该刊的数据为空，不列入平均值的计算。

根据表 21-22 的数据显示：《体育科学》得到了许多学者的青睐，下载的文献最多，平均每篇文章当年被全文下载接近 90 次，明显高于其他各期刊。平均每篇文章被下载 40 次以上的期刊有 12 种，其中 80 次以上的有 1 种（《体育科学》）；60—80 次的有 1 种（《体育与科学》）；50—60 次的 4 种（《中国体育科技》、《北京体育大学学报》、《上海体育学院学报》、《成都体育学院学报》）；40—50 次的 6 种；其余的为 40 次以下。

从年度变化来看，几乎所有体育学期刊的 Web 即年下载率都呈现上升的趋势。这不仅说明读者越来越重视通过网络来获取体育论文资料，也说明各体育学期刊正不断调整，努力提升自身的学术质量和学术影响。从增长的绝对数值上来看，《体育科学》有 70 余次的增幅，《体育与科学》有 60 余次的增幅，2004—2006 年的增长超过 50 次的还有《上海体育学院学报》、《成都体育学院学报》、《体育文化导刊》、《广州体育学院学报》4 种期刊。由于学者从网络中获取论文大多借助关键词检索，那些被下载多的期刊也说明这些期刊的关键词比较规范，论文主题更贴近当前学者关注的问题。

21.8 体育学期刊评价指标综合分析

以上利用本期刊评价体系设立的七大指标所涉及的 17 个指标对体育学期刊进行了测定与分析，可以看出，从不同的角度分析，各期刊均显示出自己的特点。为了综合考虑每一体育学期刊的学术质量、学术规范和学术影响力，本节将根据本书第 1 章构建的评价体系计算方法对每一期刊计算其学术影响综合值，并进行综合分析。

表 21-23 给出了 2004—2006 年体育学期刊七大指标归一化值和综合值。综合值具体的计算方法是：将各指标的综合值分别乘以相应的权重，然后将各个结果相加得到各期刊最后的综合值。本表按指标综合值从大到小排序。

表 21-23　2004—2006 年体育学期刊综合值运算表

排序	期刊名称	期刊学术规范 ×0.15	被引次数 ×0.1	被引速率 ×0.1	影响因子 ×0.3	被引广度 ×0.1	文献转载 ×0.1	Web 下载 ×0.15	综合值 Σ
1	体育科学	0.9264	1	1	1	1	0.3143	1	0.9204
2	中国体育科技	0.7326	0.5823	0.6405	0.7374	0.7299	0.1286	0.6648	0.6390
3	北京体育大学学报	0.7423	0.6031	0.3851	0.5463	0.8702	0.6098	0.6335	0.6171
4	体育与科学	0.5955	0.3702	0.7758	0.6610	0.8273	0.1785	0.7182	0.6105
5	上海体育学院学报	0.7806	0.3103	0.5823	0.6356	0.6813	0.2856	0.6021	0.5840
6	武汉体育学院学报	0.6885	0.3834	0.4466	0.2860	0.7843	0.8428	0.5518	0.5176
7	体育学刊	0.7295	0.3620	0.4526	0.4590	0.8005	0.2213	0.5398	0.5117
8	成都体育学院学报	0.6434	0.3287	0.4615	0.5079	0.7194	0.1500	0.5689	0.5002
9	西安体育学院学报	0.7188	0.2644	0.2765	0.4804	0.7624	0.4669	0.4552	0.4972
10	体育文化导刊	0.5992	0.2851	0.2595	0.2909	0.8865	1	0.4738	0.4913
11	天津体育学院学报	0.7442	0.2632	0.3155	0.4953	0.6756	0.1286	0.4726	0.4694
12	山东体育学院学报	0.6727	0.1466	0.2241	0.2452	0.6488	0.4525	0.3649	0.3764
13	广州体育学院学报	0.6317	0.2011	0.2352	0.2316	0.7137	0.1858	0.4603	0.3669
14	体育科研	0.6494	0.1039	0.2300	0.2961	0.5410	0.0857	0.3708	0.3379
15	首都体育学院学报	0.6577	0.1271	0.1589	0.2666	0.6488	0.1000	0.3324	0.3320
16	沈阳体育学院学报	0.6462	0.1435	0.1827	0.1904	0.6164	0.1142	0.3529	0.3127
17	浙江体育科学	0.5642	0.1154	0.0809	0.1856	0.6058	0	0.4312	0.2852
18	四川体育科学	0.5631	0.0848	0.0505	0.1047	0.5296	0	0.3179	0.2301
19	山东体育科技	0.5126	0.0712	0.0611	0.1379	0.5134	0.0214	0.2985	0.2297
20	湖北体育科技	0.5438	0.0896	0.0675	0.1154	0.5247	0	0.2806	0.2265
21	体育科学研究	0.5249	0.0366	0.0553	0.1027	0.3569	0.0285	0.3156	0.2046

CSSCI 来源期刊（2006—2007）收录了 9 种体育学期刊，分别是《体育科学》、《中国体育科技》、《北京体育大学学报》、《体育与科学》、《上海体育学院学报》、《武汉体育学院学报》、《体育学刊》、《成都体育学院学报》、《天津体育学院学报》，这 9 种期刊排在期刊评价指标综合值的前 11 位，说明 CSSCI 精选的体育类来源期刊具有相当的合理性。同时我们可以注意一下排在体育学期刊指标综合值第 9 位的《西安体育学院学报》和第 10 位的《体育文化导刊》，前者在期刊学术规范量化、被引广度等指标上有一定的竞争力，这说明了该刊提升学术化的一些努力；而后者在

期刊学术规范量化指标上得分最低，但在被引广度上仅次于《体育科学》，属于优劣势都很明显的刊物。

根据七大项指标的综合值，我们可以划分出体育学期刊的学术等级。根据体育学期刊的综合值状况，我们把体育学权威学术期刊取值区间设为1—0.7，核心期刊取值区间为0.7—0.48，核心期刊扩展区间为0.48—0.35，小于0.35或表中没有的体育学期刊定位为一般性学术期刊。依据这一原则得到体育学期刊的定量评价结果：

权威期刊：《体育科学》；

核心期刊：《中国体育科技》、《北京体育大学学报》、《体育与科学》、《上海体育学院学报》、《武汉体育学院学报》、《体育学刊》、《成都体育学院学报》、《西安体育学院学报》、《体育文化导刊》；

扩展核心期刊：《天津体育学院学报》、《山东体育学院学报》、《广州体育学院学报》；

其他期刊均为一般性学术期刊。

通过对体育学期刊学术等级的划分，我们可以看到，这个等级和CSSCI来源期刊有一定的差别，其一，虽然《体育文化导刊》非CSSCI来源期刊，但综合值越过了属于CSSCI来源期刊的《天津体育学院学报》而居第10位，这说明采用多指标比较能够体现期刊的学术规范和综合影响，弥补了CSSCI仅用两个指标选刊的缺陷，因为《体育文化导刊》在体育学领域确实具有很高的影响力；其二，前11名内的期刊和CSSCI选刊名次发生了很大变化，这些变化恰恰是由于多评价指标产生的效果。

第 22 章 统 计 学

根据最新公开发行的中国人文社会科学期刊目录统计，我国统计学学术期刊有十余种。2004—2006 年 CSSCI 收录统计学来源期刊 4 种，[①] 分别是《统计研究》、《数理统计与管理》、《中国统计》和《统计与决策》。此期间统计学类来源期刊共收录来源文献数 995 篇，平均每年 332 篇。

本章以 10 种统计学学术期刊为研究对象，通过期刊载文中的学术规范量化指标、期刊被引次数指标、被引速率指标、影响因子、被引广度指标、重要的二次文献全文转载的指标、Web 即年下载率等指标的综合分析，最终探讨出统计学期刊的学术影响以及发展趋势。

22.1 统计学期刊学术规范量化指标分析

学术期刊的特点就在于它的独特的学术品位，它在总体内容上一般表现出创新性、科学性和应用性特征，同时还包括真实性、再现性、准确性、逻辑性、公正性等。实现期刊规范化，对提高办刊质量，进而对读者阅读利用期刊论文，对科研部门统计、分析、评价期刊都有重要的意义。通过对引文索引的分析考察，基于可以量化的角度，我们通过对期刊的论文篇均引用文献数、基金论文占有比例、作者地区分布以及标注有作者机构的论文比例这四项指标作为评价统计学期刊学术规范量化的指标，从而研究统计学期刊的规范化和学术含量。以下各项数据来源于 CSSCI 数据库、万方期刊数据库，以及对印刷型期刊的考察。这些数据较为全面地反映了统计学期刊的学术水平、编辑状况和科学交流程度。

22.1.1 篇均引用文献数

学术期刊论文的引用文献是否充分和正确，反映了作者对参考文献的查阅和使用情况，能体现论文的起点、深度和广度，从一个侧面体现了论文的水平。[②] 引用文献

[①] http://cssci.nju.edu.cn/cssci_qk.htm，2008-6-27.
[②] 贾贤："正确对待科技论文中参考文献的数量及权威性"，《科技与出版》2005 年第 3 期，第 61 页。

是论文学术表达的重要组成部分，它不仅反映了对他人成果的借鉴与尊重，也体现了学术成果自身的规范程度和学术含量。期刊篇均引用文献数就是考察期刊参考文献和引用文献数量多少的一项指标。虽然评价一篇论文的学术质量和学术含量不能绝对的用参考文献的多寡来衡量，比如，一些开拓性、首创性的研究论文往往引用的文献数量比较少。但如果针对同一学科期刊进行篇均引文数量的比较，则在某种程度上反映了该学科各期刊所刊载文章的平均研究深度和遵守学术规范的程度。

表 22-1 给出了 2004—2006 年 10 种统计学期刊篇均引用文献数统计以及三年平均篇均引用文献篇数，并对三年平均篇均引用文献数进行了归一化处理，即由其最大的三年平均值（《应用概率统计》的 10.5933）作除数得到。本表按三年平均篇均引用文献数降序排列。

表 22-1　　　　　　　　2004—2006 年统计学期刊篇均引用文献数统计

排序	期刊名称	2004 年（篇数）	2005 年（篇数）	2006 年（篇数）	三年平均（篇数）	归一化值
1	应用概率统计	11.41	9.35	11.02	10.5933	1
2	数理统计与管理	6.17	6.59	8.48	7.0800	0.6683
3	统计与信息论坛	5.20	6.28	6.27	5.9167	0.5585
4	统计研究	4.94	4.51	4.95	4.8000	0.4531
5	统计与决策（理论版）	0.02	4.20	4.94	3.0533	0.2882
6	统计教育	3.09	0.01	2.93	2.0100	0.1897
7	浙江统计	0.38	1.34	1.45	1.0567	0.0998
8	中国统计	0.01	0.43	0.57	0.3367	0.0318
9	统计与咨询	0	0.80	0	0.2667	0.0252
10	内蒙古统计	0	0	0.01	0.0033	0.0003

根据表 22-1 的数据显示，2004—2006 年，统计学期刊的篇均引文数为 3.512 篇。CSSCI 统计学类来源期刊的篇均引文数为 3.818 篇，排在所有学科来源期刊的下游水平。统计学类非来源期刊的篇均引文数为 3.308 篇。来源期刊在这一指标上略高于非来源期刊，两者平均数相差 0.51 篇。这说明统计学类来源期刊的整体引用水平在统计学期刊中居于上游。作为统计学界公认的最具学术影响的期刊《统计研究》本指标的数据并不突出，仅居第 4 位，这与该期刊载有大量原创研究成果有关。

从年度变化上来看，统计学期刊的篇均引文数整体处于上升状态。位居前 4 名的统计学期刊的篇均引文数上升较缓或比较稳定，第 5—8 名的统计学期刊篇均引文数基本呈现逐年增长的趋势，其中《统计与决策（理论版）》的增长最为明显，由

2004年的0.02篇增长到2006年的4.94篇。但也有少数期刊略有下降。从统计学期刊引用文献数量总的变化来看，统计学类期刊越来越重视文献的引用，更加强调学术引用的规范化。

从整体上看，统计学期刊的篇均引文数量并不多，有些期刊的某些论文仍存在没有引文的现象。因此，从篇均引用文献数量可以看出，统计学还是一个新兴的学科，其期刊的学术规范还有待加强，学者的研究习惯需要改进，需要把学术规范作为统计学领域的一个重要问题来抓，以促进统计学研究的繁荣和发展。

22.1.2 基金论文比例

基金资助论文是指由国家各级政府部门、各类基金组织和企事业单位提供科研经费而产生的研究论文。[①] 近几年，统计学研究有了较快发展，各类基金对统计学研究的资助也逐步增加。一般说来，期刊所刊载的论文与学界所关注的研究领域、与国家所关心的现实问题越密切相关，期刊刊载基金论文的比例越高，期刊的质量与学术性也相对较高。

表22-2给出了2004—2006年10种统计学期刊的基金论文比例数，并计算出了三年平均值，最后进行了归一化处理。本表按三年平均基金论文比从大到小排序。

表22-2   2004—2006年统计学期刊基金论文比例

排序	期刊名称	2004年	2005年	2006年	三年平均	归一化值
1	应用概率统计	0.30	0.75	0.69	0.5800	1
2	数理统计与管理	0.32	0.34	0.35	0.3367	0.5805
3	统计与决策（理论版）	0.08	0.20	0.51	0.2633	0.4540
4	统计研究	0.20	0.22	0.36	0.2600	0.4483
5	统计与信息论坛	0.17	0.15	0.21	0.1767	0.3047
6	中国统计	0	0.00	0.25	0.0833	0.1436
7	统计教育	0.02	0.01	0.07	0.0333	0.0574
8	浙江统计	0	0.02	0.05	0.0233	0.0402
8	统计与咨询	0.03	0.02	0.02	0.0233	0.0402
10	内蒙古统计	0	0	0	0	0

从表22-2可以看到，2004—2006年，统计学期刊的平均基金论文比为17.8%。

---

① 高凡、王惠翔："我国图书馆学情报学基金论文产出力调查研究与定量分析"，《图书情报工作》2004年第10期，第12—16页。

其中,CSSCI统计学类来源期刊的平均基金论文比为23.6%,统计学类非来源期刊的平均基金论文比为13.94%,两者相差近10个百分点。说明统计学类非来源期刊整体的基金论文比例与来源期刊还是有一定的差距的。但表中呈现的是,排在第1位和第7位的却是非CSSCI来源期刊《应用概率统计》和《统计教育》,这说明了非来源期刊在基金论文比这一数据上出现了两极分化,而来源期刊相对均衡。

根据三年基金论文比,统计学期刊可分为三个方阵。排名第1的《应用概率统计》以绝对的优势居于第一方阵,三年平均基金论文比例在0.58。此后的2—6名为第二方阵,三年平均基金论文比在0.08—0.34之间,期刊之间差距较小。最后的4名为第三方阵,三年平均基金论文比较小,有的甚至没有一篇标注基金论文。这可能与期刊忽视论文的基金标注有关。

从年度变化来看,统计学期刊的基金论文比基本处于上升的状态。其中《统计与决策(理论版)》的增幅最为明显,从2004年的0.08增长到2006年的0.51,增长了5.4倍。《浙江统计》和《中国统计》实现了基金论文比零的突破。

从以上分析看来,统计学期刊刊载的基金论文情况参差不齐。可以说,有些期刊整体学术规范和学术质量较高,基金论文比也较高,而有些期刊缺乏对基金论文的重视,刊载的文章学术性不强。

22.1.3 论文作者地区分布

期刊论文作者地区分布的广泛程度,体现了期刊对不同地区作者的影响和期刊受到作者关注的程度。一般来说,期刊论文作者地区分布越广,说明该期刊对区域的学术影响面也越大,也能较全面地反映该学科领域的全国研究状况。需要说明的是:论文作者的地区分布一方面与该刊登载论文的多寡有着密切的联系,另一方面与这些刊物是否规范、是否标注了作者机构和作者地区有关。本研究中的作者地区包括我国现有的31个省市自治区、港、澳、台以及其他国家和地区(其他国家和地区分布数以国家为计量单位)。

表22-3给出了2004—2006年10种统计学期刊论文作者地区分布数及三年平均值,并对平均值进行了归一化处理。该指标的归一化值是由其最大的三年平均值《中国统计》的29.67作除数得到。本表按三年平均地区分布数从大到小排序。

表22-3 2004—2006年统计学期刊论文作者地区分布

排序	期刊名称	2004年(地区数)	2005年(地区数)	2006年(地区数)	三年平均(地区数)	归一化值
1	中国统计	31	30	28	29.67	1
2	统计与决策(理论版)	30	29	27	28.67	0.9663
3	统计教育	24	26	26	25.33	0.8537

续表

排序	期刊名称	2004年（地区数）	2005年（地区数）	2006年（地区数）	三年平均（地区数）	归一化值
4	数理统计与管理	25	26	24	25.00	0.8426
5	统计研究	25	23	25	24.33	0.8200
6	统计与信息论坛	19	19	21	19.67	0.6630
7	统计与咨询	3	21	24	16.00	0.5393
8	内蒙古统计	13	20	9	14.00	0.4719
8	应用概率统计	11	18	13	14.00	0.4719
10	浙江统计	7	11	4	7.33	0.2471

从表22-3可以看到，2004—2006年，统计学期刊的平均作者地区分布为20.4，其中，CSSCI统计学来源期刊的平均作者地区分布为21.92，统计学中的非来源期刊的作者地区分布为16.055，两者相差5.865。引起这一差异告诉我们这样一个信息：CSSCI来源期刊对作者有着巨大的吸引力，其作者群分布较广。地区分布最广的期刊作者几乎遍及全国大部分地区，说明这些刊物对地区的学术影响面和对作者的吸引力较大；分布最窄的期刊其作者仅局限在几个地区，说明这种刊物对地区的影响面较小，这种影响主要来自期刊主办者在统计学界的学术影响力以及期刊本身的明显地方色彩。

2004—2006年，大部分统计学期刊的地区分布变化不大，前6种期刊三年的地区分布数基本保持不变，持续平稳；但从数据上看有两个相反的例子，即《内蒙古统计》和《浙江统计》，2006年作者地区分布迅速下降，它们特定的研究群体以及突出的地区特色，使得作者地区分布偏低，这两种期刊应该在扩大作者群上下工夫。

22.1.4 有作者机构论文比例

作者机构标注比例也是衡量期刊规范程度的重要指标之一。可以认为，论文的作者机构是其重要组成部分，它不仅方便了读者与作者之间的交流，也为学界了解各机构的研究实力和进行学术评价提供了信息。自1998年来，CSSCI来源期刊作者机构的标注比例不断上升，来源期刊的机构标注比例由1998年的83.2%上升到2006年的95.6%，期刊的规范程度不断提高。CSSCI对人文社会科学学术期刊规范化起到了积极的作用。从统计学学科的角度来看，2004—2006年CSSCI统计学来源期刊的机构标注比为96.95%，高于同时期人文社会科学期刊的平均比例（94.39%）。[①]

---

① 邓三鸿、金莹："我国人文社会科学学术刊物的学科对比——基于CSSCI的分析"，《东岳论丛》2008年第1期，第43—50页。

表 22-4 给出了 2004—2006 年 10 种统计学期刊标注有作者机构的论文比例及三年平均值,并对平均值进行了归一化计算。该指标的归一化值是由其最大的三年平均值《内蒙古统计》的 1 作除数得到。本表按三年平均数从大到小排序。

表 22-4   2004—2006 年统计学期刊标注有作者机构的论文比例

排序	期刊名称	2004 年	2005 年	2006 年	三年平均	归一化值
1	内蒙古统计	1	1	1	1	1
2	统计与决策(理论版)	0.9938	0.9960	0.9898	0.9932	0.9932
2	统计与信息论坛	1	0.9943	0.9841	0.9928	0.9928
4	数理统计与管理	0.9892	0.9847	1	0.9913	0.9913
5	浙江统计	0.9889	0.9789	0.9876	0.9851	0.9851
6	统计研究	0.9885	0.9556	0.973	0.9724	0.9724
7	中国统计	0.9302	0.9199	0.8859	0.9120	0.9120
8	应用概率统计	0.7756	0.9010	0.9349	0.8705	0.8705
9	统计教育	0.9762	0.5531	0.9807	0.8367	0.8367
10	统计与咨询	0.1094	0.9989	0.9417	0.6833	0.6833

从表 22-4 可以看出:作者机构标注比三年平均值达到 97% 以上的有 6 种期刊,说明这几种期刊在此项指标上规范度比较高,只有极少数论文没有标注作者机构;有 3 种期刊机构标注比在 80%—92% 之间,说明这些期刊在机构标注方面做得也比较好;排在第 10 名的《统计与咨询》比较独特,2004 年期刊机构标注比为 11%,经过整改和规范化管理,2005 年、2006 年该刊机构标注比也基本上做到了绝大多数论文标注有作者机构。

从发展趋势上来看,我国人文社会科学各学科从 2004—2006 年 CSSCI 来源期刊各年标注作者机构的论文比例分别为 93.68%、93.89% 和 95.61%,统计学来源期刊标注作者机构的论文比例在 2004—2006 年的比例分别为 97.74%、96.85% 和 96.27%,呈基本稳定状态。这说明 CSSCI 统计学来源期刊在作者机构标注比例虽然高于人文社会科学平均值,但已停滞在某一数值周围,从年度变化上看,2006 年的人文社会科学平均数已逼近统计学。但我们应当看到,表中的非来源期刊在这三年中的作者机构标注方面做得越来越好,甚至在 2006 年超过了来源期刊,它们三年间的平均标注比例为:80.67%、90.5%、97.33%。这种趋势一定会带动整个统计学期刊机构标注比例的上升。

22.1.5 统计学期刊学术规范量化指标综合分析

期刊学术规范量化指标在期刊评价中占有重要的位置,其主要反映期刊的规范程度和学术质量，包括期刊论文的篇均引用文献数、基金论文占有比例、作者地区分布以及标注有作者机构的论文比例这四项指标。按照四项指标平均分配总指标权重，各占25%，得到期刊学术规范量化指标综合值。

表22-5给出了2004—2006年10种统计学期刊学术规范量化各指标的归一化值和综合值。综合值计算方法为：将每一种期刊的学术规范量化指标的归一化值乘以0.25，然后求和计算得到各期刊的综合值。本表按三年各期刊学术规范量化指标综合值从大到小排序。

表22-5　　2004—2006年统计学期刊学术规范量化指标综合值

排序	期刊名称	篇均引文数归一化值	基金论文比归一化值	地区分布归一化值	有机构论文比归一化值	综合值
1	应用概率统计	1	1	0.4719	0.8705	0.8356
2	数理统计与管理	0.6683	0.5805	0.8426	0.9913	0.7707
3	统计与决策（理论版）	0.2882	0.4540	0.9663	0.9932	0.6754
4	统计研究	0.4531	0.4483	0.8200	0.9724	0.6735
5	统计与信息论坛	0.5585	0.3047	0.6630	0.9928	0.6298
6	中国统计	0.0318	0.1436	1	0.9120	0.5219
7	统计教育	0.1897	0.0547	0.8537	0.8367	0.4837
8	内蒙古统计	0.0003	0	0.4719	1	0.3681
9	浙江统计	0.0997	0.0402	0.2471	0.9851	0.3430
10	统计与咨询	0.0252	0.0402	0.5393	0.6833	0.3220

从表22-5可以看出，《应用概率统计》与《数理统计与管理》这两种带有自然科学属性的期刊其学术规范量化指标综合值明显高于其他期刊，这一点也与学术界所公认的"自然科学在学术规范方面明显好于社会科学"相符合。这两种期刊的学术规范量化综合值均在0.70以上。其中，《应用概率统计》在篇均引文数、基金论文比这两个指标上都位居前列，《数理统计与管理》每项指标都排在较前的位置。其后的5种期刊的学术规范量化指标综合值相近，同时在某一指标或者多个指标上表现较好，比如《中国统计》在作者地区分布指标排在第1位。根据表22-5的统计学期刊学术规范量化指标综合数据分析看到：没有一种期刊在四项指标上有突出的表现，因此提高统计学期刊的整体学术规范化程度，是每一种统计学期刊的责任，尤其是排在较后位置的几种期刊应当引起重视，为全面提升统计学期刊的学术规范而进一步努力。

22.2 统计学期刊被引次数分析

期刊被引次数是指期刊自创刊以来所刊载的全部论文被某年 CSSCI 来源期刊论文引用的次数。期刊被引次数分析是从期刊的学术影响角度评价期刊的基本指标之一。它是一个非常客观实际的评价指标，可用来衡量期刊的绝对学术影响力，也可以在总体上直接反映期刊被科研工作者使用和重视的程度，以及该刊在学术研究和交流中所起的作用和所处的地位。我们将从期刊的总被引次数、他刊引用次数和学科论文引用次数这三项指标来考察统计学期刊的被引用情况。

22.2.1 总被引次数

期刊的总被引次数体现了期刊自创刊以来的学术影响。表 22-6 给出了 2004—2006 年 10 种统计学期刊总被引次数，并计算出了三年的平均值，最后进行了归一化处理。该指标的归一化值是由其最大的三年平均值《统计研究》的 379.33 作除数得到。本表按三年平均被引次数从大到小排序。

表 22-6   2004—2006 年统计学期刊总被引次数

排序	期刊名称	2004年（篇次）	2005年（篇次）	2006年（篇次）	三年平均（篇次）	归一化值
1	统计研究	270	356	512	379.33	1
2	统计与决策（理论版）	71	139	254	154.67	0.4077
3	数理统计与管理	64	91	102	85.67	0.2258
4	中国统计	45	79	80	68.00	0.1793
5	统计与信息论坛	31	41	44	38.67	0.1019
6	浙江统计	10	16	25	17.00	0.0448
7	统计教育	10	13	15	12.67	0.0334
8	应用概率统计	10	8	7	8.33	0.0220
9	统计与咨询	2	4	8	4.67	0.0123
10	内蒙古统计	5	3	3	3.67	0.0097

从表 22-6 可以看出，统计学期刊在总被引次数上差异明显，三年平均总被引次数最高的达 379.33 篇次，最低的才 3.67 篇次，总被引次数分布基本符合布拉德福定律。在这 10 种期刊中，《统计研究》以三年总被引次数 1138 篇次，平均 379.33 篇次占统计学期刊总被引次数的 49%，位居第 1；《统计与决策（理论版）》以三年总

被引次数464篇次，平均154.67篇次占统计学期刊总被引次数的20%，位居第2。

从表中三年的统计数据看，统计学期刊中影响力较大的期刊集中在少数几个期刊，前4种期刊的三年平均总被引次数之和（687.67篇次）占全部统计学期刊总被引次数（773.01篇次）的89%，其余期刊的三年平均总被引次数之和（85.34篇次）占全部统计学期刊总被引次数的11%。这三年统计学期刊总被引数以每年40%的速率递增，依次为2004年518篇次、2005年751篇次、2006年1050篇次，统计学期刊对学术界的影响正逐年增强。其中《统计与决策（理论版）》2006年总被引次数（254篇次）是2004年总被引次数（71篇次）的3.6倍，前4种期刊中的另外3种期刊总被引次数2006年度较2004年度也都增长2倍左右，增长幅度明显。

从总体上看，统计学期刊的总被引次数呈增加趋势，但是，从总被引次数的增加幅度上看，各期刊之间存在一定差距，这说明统计学期刊在学术影响方面分化加剧，特别是少数几种期刊如《应用概率统计》和《内蒙古统计》被引总数呈递减趋势，应引起警觉并总结原因，要把全面提高自身的学术质量和学术影响力放在首位，以确保自身的学术生命力。

22.2.2　其他期刊引用次数

其他期刊引用次数（也称他刊引用次数）是指某期刊所刊载的论文被其他期刊论文引用的次数。他刊引用次数是为了平衡引文数据库中统计源期刊（来源期刊）和非统计源期刊（非来源期刊）之间在总被引指标中存在的不平等性状况所设，以防止由于某些来源期刊为了提高被引次数而虚假自引造成的被引数据失真的现象，从而体现被引统计的公平性。表22-7给出了2004—2006年统计学10种期刊的他刊引用次数和三年平均值，并对各期刊的平均值进行了归一化处理。本表按三年平均他引次数从大到小排序。

表22-7　　　　　2004—2006年统计学期刊他刊引用次数

排序	期刊名称	2004年（篇次）	2005年（篇次）	2006年（篇次）	三年平均（篇次）	归一化值
1	统计研究	232	317	448	332.33	1
2	统计与决策（理论版）	70	111	213	131.33	0.3952
3	中国统计	45	75	63	61.00	0.1836
4	数理统计与管理	50	61	67	59.33	0.1785
5	统计与信息论坛	31	41	44	38.67	0.1164
6	浙江统计	10	16	25	17.00	0.0512
7	统计教育	10	13	15	12.67	0.0381

续表

排序	期刊名称	2004年（篇次）	2005年（篇次）	2006年（篇次）	三年平均（篇次）	归一化值
8	应用概率统计	10	8	7	8.33	0.0251
9	统计与咨询	2	4	8	4.67	0.0141
10	内蒙古统计	5	3	3	3.67	0.0110

从表22-7可以看出，期刊排除自引后，统计学期刊他刊引用次数的规律和趋势基本与期刊总被引次数相同，期刊他引数依旧符合布拉德福定律。在排名上，由于《数理统计与管理》高达30.74%的自引率而下降一个位置，而由仅有10.29%自引率的《中国统计》取而代之。结合表22-6的数据，统计学期刊中前4种期刊他引数（583.99篇次）占全部10种期刊他引数（669.33篇次）的87%，比总被引次数少2%。从个体期刊看，前4种期刊他引数也比总被引数略少（平均自引率为17.13%），后6种期刊均为非CSSCI来源期刊，因此，这些期刊不存在自引，所以排名和数量没有变化。

22.2.3 本学科论文引用次数

本学科论文引用次数（也称学科引用次数）主要是考察统计学期刊在本学科的被引用情况以及在本学科领域内的学术影响力。表22-8给出了2004—2006年统计学期刊学科引用次数及三年平均值。然后用最大的平均值《统计研究》的30.67作除数得到每一种期刊该指标的归一化值，并对表中10种期刊按归一化值从大到小排序。

表22-8　　　　　　　　2004—2006年统计学期刊学科引用次数

排序	期刊名称	2004年（篇次）	2005年（篇次）	2006年（篇次）	三年平均（篇次）	归一化值
1	统计研究	27	32	33	30.67	1
2	中国统计	12	5	14	10.33	0.3368
3	数理统计与管理	14	7	1	7.33	0.2390
4	统计与决策（理论版）	5	3	9	5.67	0.1849
5	统计教育	3	2	4	3.00	0.0978
6	统计与信息论坛	2	3	2	2.33	0.0760
7	应用概率统计	5	0	1	2.00	0.0652
8	浙江统计	3	0	0	1.00	0.0326
9	内蒙古统计	1	0	0	0.33	0.0108
9	统计与咨询	0	0	1	0.33	0.0108

从表 22-8 可以看出，统计学期刊在统计学学科的学术影响分布也基本符合布拉德福定律。引用次数总体上呈平稳趋势。从表中可以看出统计学期刊中前 4 种期刊的三年平均学科引用次数（54 篇次）占 10 种期刊的学科引用次数（62.99 篇次）的 86%，与期刊总被引次数相比其数量有很大减少，从这方面也说明了这些期刊的研究成果的影响不仅仅在统计学研究领域，在其他学科也产生着很大影响。

从本学科论文引用次数三年平均值上看：与前面两个指标相比《中国统计》排位上升 2 位；虽然《统计与决策（理论版）》2006 年学科引用次数有很大提高，说明这种期刊在统计学学科的影响力逐渐增强，但由于该刊 2005 年和 2004 年的数据不很理想，因此排位下降 2 位；《数理统计与管理》学科引用次数三年减幅非常明显，说明这个期刊的论文被其他学科论文大量引用，表明了该期刊在人文社会科学其他学科中发挥着很大的作用。

22.2.4 统计学期刊被引次数综合分析

期刊被引次数是反映期刊长期学术影响的重要指标，它包括总被引次数、他刊引用次数和学科引用次数三项指标。这三项指标从不同角度反映了期刊的学术影响力，它们之间具有相互补充的作用。本书构建的指标体系将这三项指标的权重分配为 25%、50% 和 25%，根据这一计算方法，我们设计了表 22-9 对统计学 10 种期刊计算出它们的归一化值和总被引次数综合值。综合值计算方法为：按照权重分配，将每一种期刊的总被引次数和学科引用次数的归一化值分别乘以 0.25，他刊引用次数乘以 0.5，然后将这三个结果相加得到各期刊的被引次数综合值。

表 22-9   2004—2006 年统计学期刊被引次数综合值

排序	期刊名称	总被引次数归一化值	他刊引用次数归一化值	学科引用次数归一化值	综合值
1	统计研究	1	1	1	1
2	统计与决策（理论版）	0.4077	0.3952	0.1849	0.3458
3	中国统计	0.1793	0.1836	0.3368	0.2208
4	数理统计与管理	0.2258	0.1785	0.2390	0.2055
5	统计与信息论坛	0.1019	0.1164	0.0760	0.1027
6	统计教育	0.0334	0.0381	0.0978	0.0519
7	浙江统计	0.0448	0.0512	0.0326	0.0450
8	应用概率统计	0.0220	0.0251	0.0652	0.0344
9	统计与咨询	0.0123	0.0141	0.0108	0.0128
10	内蒙古统计	0.0097	0.0110	0.0108	0.0106

表 22-9 的被引次数综合值体现了统计学期刊在被引方面的学术影响力，其中《统计研究》的指标值远高于其他期刊，以超出第 2 位的综合值 0.65 的绝对优势成为本学科的第 1 位，说明其在统计学领域的绝对权威性和学术影响力。《统计与决策（理论版）》次之，《中国统计》和《数理统计与管理》这两种期刊学术影响力相当。表中的后 6 种期刊只有《统计与信息论坛》的综合值在 0.1 左右，其他都在 0.06 以下，这些期刊在统计学领域同样也发挥着自己应有的作用。

期刊的总被引次数、其他期刊引用次数、学科引用次数三项指标的详细比较分析已经在前面三节给出，这里值得一提的是，2004—2006 年《统计研究》在期刊长期学术影响三项指标方面，每项都有较大幅度增长，说明此期刊的影响力仍在不断提升。

这里需要加以说明的是，此三项指标使用的都是绝对数值，指标数值容易受期刊创刊时间及期刊规模等因素的影响，因此，其他的期刊被引指标相对被引次数而言，将是一个很好的补充和综合。

22.3　统计学期刊被引速率分析

即年指数是表征期刊即时反应速率的指标，主要描述期刊当年发表的论文在当年被引用的情况。[①] 此值越高，说明该刊的论文对本学科领域的热点关注度较高，因此论文被引用的速度较快。但是，由于文章从撰写到发表有一定的时滞，往往在半年以上甚至一年，即年指数难以达到评价我国人文社会科学学术期刊学术传播速度的效果，已经不能体现它的原有含义。因此，本评价体系对即年指数这项指标进行了改进，引入了期刊被引速率这个指标（参见本书第 1 章）。被引速率是结合我国人文社会科学期刊稿件积压、出版时滞较长的具体国情设置的一项指标。它可测度期刊论文被利用的速度和期刊对学科发展过程中新的科学问题的快速反应程度，即可表征学科的某些特征。期刊被引速率也被分为三个下级指标来分析：总被引速率、其他期刊引用速率和本学科论文引用速率。

22.3.1　总被引速率

根据第 1 章对总被引速率的定义，期刊总被引速率是该刊当年论文和前一年论文在当年被引用总次数与该刊当年发表的和前一年发表的论文总数的比值。被引速率在即年指数的基础上进行扩展，更科学地反映了期刊对学科热点的关注程度和反应速度。表 22-10 给出了 2004—2006 年统计学期刊总被引速率和三年平均值，然后取

---

① 中国科技信息研究所、万方数据股份有限公司：《中国科技期刊引证报告 2007 版（扩刊版）》，科学技术出版社 2007 年版，第 7 页。

最大的平均值《统计研究》的 0.1836 作除数得到各期刊的总被引速率归一化值。表 20‑10 按三年平均总被引速率从大到小排序。

表 22‑10 　　　　　　　　2004—2006 年统计学期刊总被引速率

排序	期刊名称	2004 年	2005 年	2006 年	三年平均	归一化值
1	统计研究	0.1243	0.1805	0.2461	0.1836	1
2	数理统计与管理	0.0291	0.0573	0.0739	0.0534	0.2908
3	中国统计	0.0216	0.0410	0.0400	0.0342	0.1863
4	统计与信息论坛	0.0207	0.0283	0.0310	0.0267	0.1454
5	统计与决策（理论版）	0.0179	0.0183	0.0373	0.0245	0.1334
6	统计教育	0.0095	0.0196	0.0108	0.0133	0.0724
7	应用概率统计	0.0164	0.0200	0	0.0121	0.0659
8	浙江统计	0.0036	0.0068	0.0102	0.0069	0.0376
9	统计与咨询	0.0027	0	0.0051	0.0026	0.0142
10	内蒙古统计	0.0049	0	0	0.0016	0.0087

从表 22‑10 可以看出，统计学期刊的总被引速率整体偏低，各期刊的本指标值相差悬殊，明显分为三个层次，《统计研究》平均总被引速率 0.1836 排在第 1 位，属于第一层次；《数理统计与管理》等 4 种期刊的平均总被引速率在 0.18—0.02 之间，为第二层次；后 5 种期刊平均总被引速率远小于 0.02，为第三层次。这和统计学的学科特性有很大关系，说明关注这 5 种刊物的读者群相对较小，产生的被引速率也比较随机，需要提高。

从总被引速率的年度变化可以看出，2004—2006 年，统计学期刊的总被引速率整体呈增长趋势，说明这些期刊在反映学科前沿和学科热点方面不断加强，但是《应用概率统计》、《内蒙古统计》等期刊的总被引速率逐年下降趋势明显，这两种刊物在栏目设置和关心科学研究热点方面需要加强。

22.3.2 其他期刊引用速率

其他期刊引用速率（也称他刊引用速率）是指该刊当年论文和前一年论文在当年被其他期刊引用的次数与该刊当年发表的和前一年发表的论文总数的比值。这样，将自引排除在外，能够更加客观、清晰地反映期刊对学界的影响力，为来源期刊与非来源期刊统计的公平性构建了良好的环境。表 22‑11 给出了 2004—2006 年统计学期刊他刊引用速率统计。三年平均值由表中各年度数据进行平均计算得出，再用最大的平均值《统计研究》的 0.1560 作分母求得每一种期刊的归一化值。本表按三年平均他刊引用速率从大到小排序。

表 22-11　　　　　　　　　2004—2006 年统计学期刊他刊引用速率

排序	期刊名称	2004 年	2005 年	2006 年	三年平均	归一化值
1	统计研究	0.0954	0.1579	0.2148	0.1560	1
2	数理统计与管理	0.0174	0.0308	0.0467	0.0316	0.2026
3	中国统计	0.0216	0.0387	0.0267	0.0290	0.1859
4	统计与信息论坛	0.0207	0.0283	0.0310	0.0267	0.1712
5	统计与决策（理论版）	0.0173	0.0148	0.0323	0.0215	0.1378
6	统计教育	0.0095	0.0196	0.0108	0.0133	0.0853
7	应用概率统计	0.0164	0.0200	0	0.0121	0.0776
8	浙江统计	0.0036	0.0068	0.0102	0.0069	0.0442
9	统计与咨询	0.0027	0	0.0051	0.0026	0.0167
10	内蒙古统计	0.0049	0	0	0.0016	0.0103

从表 22-11 可以看出，排除了自引情况后，统计学期刊三年平均他引速率的数值更加偏低，各期刊的指标值也相差悬殊，呈现三个层次：平均他引速率在 0.1 以上的期刊只有《统计研究》，数值为 0.1560，位处第一层次；0.1—0.02 之间有 4 种期刊，即《数理统计与管理》、《中国统计》、《统计与信息论坛》和《统计与决策（理论版）》，为第二层次；剩余 5 种期刊的平均他引率在 0.02 以下，可归入第三层次。整个分层结果与总被引速率相比，未出现变化。

从他刊引用速率的年度变化可以看出，2004—2006 年，统计学期刊的他刊引用速率整体呈增长趋势，说明这些期刊在反映学科前沿和学科热点方面不断加强，但同样是《应用概率统计》、《内蒙古统计》等期刊的他刊引用速率逐年下降趋势明显，与上一指标反映的情况相当，再一次说明这些期刊发表的文章被其他期刊关注和使用的速度亟待提高，刊发高质量的文章是解决这一问题的关键所在。《中国统计》该指标虽然整体上升，但 2006 年较 2005 年有一些下降，应引起警觉。

22.3.3　本学科论文引用速率

本学科论文引用速率（也称学科引用速率）是指该刊当年论文和前一年论文在当年被本学科论文引用的次数与该刊当年发表的和前一年发表的论文总数的比值。学科引用速率主要用来反映期刊对本学科热点和学界关注的问题的反应速度。表 22-12 给出了 2004—2006 年统计学期刊学科引用速率统计。包括各年度的学科引用速率、三年平均引用速率，并以最大的学科引用平均速率值《统计研究》的 0.0128 作除数去除每一种期刊的平均速率,最后得到各期刊该指标的归一化值。表 22-12 按三年平均学科引用速率从大到小排序。

表 22-12　　　　　　　　2004—2006 年统计学期刊学科引用速率

排序	期刊名称	2004 年	2005 年	2006 年	三年平均	归一化值
1	统计研究	0.0173	0.0100	0.0112	0.0128	1
2	中国统计	0.0036	0.0034	0.0073	0.0048	0.3750
3	统计教育	0.0048	0.0033	0.0022	0.0034	0.2656
4	应用概率统计	0.0082	0	0	0.0027	0.2109
5	数理统计与管理	0.0058	0	0	0.0019	0.1484
6	浙江统计	0.0036	0	0	0.0012	0.0938
6	统计与信息论坛	0	0.0035	0	0.0012	0.0938
8	统计与决策(理论版)	0.0006	0.0004	0.0009	0.0006	0.0469
9	内蒙古统计	0.0016	0	0	0.0005	0.0391
10	统计与咨询	0	0	0	0	0

从表 22-12 可以看出,统计学期刊本学科论文引用速率整体偏低,除《统计研究》为 0.0128 位居第 1 外,其他 9 种刊物该速率均未超过 0.005。但这 9 种期刊呈现出的特点与以上两项指标相比有所变化:《中国统计》、《统计教育》、《应用概率统计》、《浙江统计》、《内蒙古统计》排位上升,《数理统计与管理》、《统计与信息论坛》、《统计与决策(理论版)》、《统计与咨询》排位下降。将本学科论文引用速率与他刊引用速率作比较可以发现,本指标引起的排位上升,说明了这些期刊的学科性很强,文章有较高的研究专指度。我们查阅了那些相对总被引速率下降较多的期刊,它们的论文在经济学、管理学得到了大量的引用,说明这些期刊的跨学科性质明显。

表 22-12 可以看出这 10 种期刊 2004—2006 年学科引用速率除《中国统计》、《统计与决策(理论版)》略有上升外整体呈下降趋势,这也反映出统计学期刊被本学科论文引用速度越来越缓慢,学科前沿性论点为学者所吸收的能力并没有随时间变化而显著增强。

22.3.4　统计学期刊被引速率综合分析

期刊被引速率是反映期刊学术影响速度的重要指标,它包括总被引速率、他刊引用速率和学科引用速率三项指标。与期刊被引次数类似,各下级指标的权重分别为 25%、50% 和 25%。表 22-13 给出了 2004—2006 年统计学期刊被引速率综合值计算。其方法与期刊被引次数综合值的计算完全相同,可以参见表 22-9 前的解释。本表按期刊被引速率综合从大到小序排序。

表22-13　　　　　　　　2004—2006年统计学期刊被引速率综合值

排序	期刊名称	总被引速率归一化值	他刊引用速率归一化值	学科引用速率归一化值	综合值
1	统计研究	1	1	1	1
2	中国统计	0.1863	0.1859	0.375	0.2333
3	数理统计与管理	0.2908	0.2026	0.1484	0.2111
4	统计与信息论坛	0.1454	0.1712	0.0938	0.1454
5	统计教育	0.0724	0.0853	0.2656	0.1272
6	统计与决策（理论版）	0.1334	0.1378	0.0469	0.1140
7	应用概率统计	0.0659	0.0776	0.2109	0.1080
8	浙江统计	0.0376	0.0442	0.0938	0.0550
9	内蒙古统计	0.0087	0.0103	0.0391	0.0171
10	统计与咨询	0.0142	0.0167	0	0.0119

从表22-13可以看出，统计学期刊分布层次十分明显：《统计研究》以三项指标均位居第1，远远超出其他期刊而牢牢占据榜首的位置，该刊在被引速率这一指标上无可争辩地属于第一层次；如果我们把被引速率综合值位于0.3—0.1之间的期刊划分在第二层次的话，那么，《中国统计》、《数理统计与管理》、《统计与信息论坛》、《统计教育》、《统计与决策（理论版）》、《应用概率统计》6种期刊归于此层次；剩余的3种期刊的综合值均在0.1以下，可以全部划分到第三层次。

在期刊学术影响速率方面，《统计研究》优势明显，被引速率中的三项指标均位居第1，该刊在2004—2006年总被引速率和他刊引用速率呈增加趋势，本学科引用速率相对稳定，表明《统计研究》在学术影响速率方面是当之无愧的统计学期刊的领头羊，并显示出越来越大的强势。此外，《中国统计》和《数理统计与管理》在学术影响速率方面也有着良好的表现，是第二层次期刊的排头兵。

与期刊被引次数综合值相比，《统计与决策（理论版）》位序下降，《统计与信息论坛》位序上升，这两种刊物应针对各自的问题总结原因，使刊物整体水平保持稳定提升。

22.4　统计学期刊影响因子分析

影响因子是1972年尤金·加菲尔德博士为《现刊目次》选刊过程中补充单纯以

被引次数标准来评判期刊所带来的不足,为了消除期刊办刊历史长短、刊载论文数量多少对于评价期刊的偏差而设立的。期刊的总被引次数反映了期刊的绝对影响,而期刊的相对影响则是通过影响因子反映出来的。影响因子的实质是在一定的统计时间范围内期刊发表论文的平均被引用率。[①] 期刊影响因子的主要目的是从评价期刊的篇均被引率的角度来评价期刊的学术质量。一般来说,期刊影响因子越大,说明该期刊的论文平均学术影响和学术价值也越大,其论文的学术水准也较高。因此,影响因子与期刊被引次数是一个很好的互补。与前两项指标一样,影响因子指标也被细分成三个下级指标:一般影响因子、他引影响因子、学科影响因子。

22.4.1 一般影响因子

本评价体系的一般影响因子的计算方法是该刊前第2、3年发表论文在统计当年被引用的总次数与该刊前第2、3年发表论文总数的比值。它反映了期刊的相对影响和重要程度。表22-14给出了2004—2006年统计学期刊一般影响因子和三年平均值,最后用0.3881(即该指标最大的平均值)去除每一种期刊这一指标的平均值,从而得到各期刊的一般影响因子的归一化值。本表按三年平均一般影响因子从大到小排序。

表22-14　　　　　　　　2004—2006年统计学期刊一般影响因子

排序	期刊名称	2004年	2005年	2006年	三年平均	归一化值
1	统计研究	0.3657	0.3448	0.4538	0.3881	1
2	数理统计与管理	0.1227	0.1258	0.1919	0.1468	0.3783
3	统计与信息论坛	0.0634	0.0683	0.0621	0.0646	0.1665
4	统计与决策(理论版)	0.0288	0.0547	0.0579	0.0471	0.1214
5	中国统计	0.0177	0.0284	0.0311	0.0257	0.0662
6	统计教育	0.0133	0.0193	0.0286	0.0204	0.0526
7	应用概率统计	0.0080	0.0080	0.0246	0.0135	0.0348
8	浙江统计	0.0053	0.0123	0.0144	0.0106	0.0273
9	统计与咨询	0.0029	0.0082	0.0081	0.0064	0.0165
10	内蒙古统计	0.0042	0	0.0033	0.0025	0.0064

从表22-14可以看出,统计学期刊一般影响因子相对较低,基本在0.4以下。

[①] 刘勇:"论用期刊影响因子评价论文作者的逻辑前提与局限性",《编辑学报》2007年第2期,第152—153页。

主要原因是，CSSCI 来源期刊中的统计学期刊数量不多，所以统计源中统计学类论文也不会很多，导致期刊论文的被引数量不多。因此，造成统计学期刊影响因子普遍较低，但就统计学期刊内部相互比较影响因子还是有意义的。

在三年平均一般影响因子排序上，被引数量和被引速率较好的期刊也基本排在前列，如一般影响因子排在前 5 名的《统计研究》、《数理统计与管理》、《统计与信息论坛》、《统计与决策（理论版）》、《中国统计》，在被引数量指标上也排在前 5 名。分析 2004—2006 年变化情况，大多数期刊一般影响因子变化不显著，但《应用概率统计》在 2006 年影响因子提升很快，较前两年增长了 2 倍多，是否为偶然因素有待进一步分析。

22.4.2 他引影响因子

他引影响因子反映了一种期刊对其他期刊产生的学术影响，其影响因子的计算分子取自于其他期刊引用该刊前第 2、3 年论文的篇次。他引影响因子是排除期刊自引后的影响因子，相对非来源期刊而言他引影响因子对期刊的评价更加公正合理。同时，它也可以防止虚假自引带来的不合理因素。表 22-15 给出了 2004—2006 年统计学期刊他引影响因子统计。三年平均值由各年度数据平均计算得出，各期刊他引影响因子的归一化值由该指标最大的平均值《统计研究》的 0.2821 去除每一期刊的这一指标的平均值得出。本表按三年平均他引影响因子从大到小排序。

表 22-15　　　　　　　　2004—2006 年统计学期刊他引影响因子

排序	期刊名称	2004 年	2005 年	2006 年	三年平均	归一化值
1	统计研究	0.3213	0.3103	0.2148	0.2821	1
2	数理统计与管理	0.0920	0.0629	0.0467	0.0672	0.2382
3	统计与信息论坛	0.0634	0.0683	0.0621	0.0646	0.2290
4	统计与决策（理论版）	0.0288	0.0437	0.0323	0.0349	0.1237
5	中国统计	0.0177	0.0259	0.0267	0.0234	0.0829
6	统计教育	0.0133	0.0193	0.0286	0.0204	0.0723
7	应用概率统计	0.0080	0.0080	0.0246	0.0135	0.0479
8	浙江统计	0.0053	0.0123	0.0144	0.0107	0.0379
9	统计与咨询	0.0029	0.0082	0.0081	0.0064	0.0227
10	内蒙古统计	0.0042	0	0.0033	0.0025	0.0089

从表 22-15 可以看出，排除自引后，统计学期刊他引影响因子与一般影响因子相比具有相同的规律与趋势，说明统计学期刊中用于计算影响因子的有效引用中普遍以他

引情况为主。总体上三年平均他引影响因子排在前5位的依旧是《统计研究》、《数理统计与管理》、《统计与信息论坛》、《统计与决策（理论版）》、《中国统计》。

从表22-15的2004—2006年统计学期刊他引影响因子前5名分布可以看出，排在最前面的依然是《统计研究》，而且遥遥领先于其他期刊。另4种期刊的他引影响因子差距微小，但是从趋势上看，这5种期刊他引情况稳定中有所下降，应该引起期刊警觉。剩下的5种期刊他引影响因子较低，其原因可能是：统计学研究来源期刊中涉及这一领域的杂志较少，势必影响了这些期刊被其他期刊引用的可能，所以在他引影响因子上难有理想的数据，当然这也是对于小学科、狭窄研究领域的期刊不利的一项指标。

22.4.3 学科影响因子

学科影响因子反映的是一个学科期刊发表的论文在本学科学术群体的交流中篇均被引的情况，可以表现出期刊学科的广度（多学科）及其共性的程度，同时也可定量刻画出该学科发展变化的速度。[①] 通过学科影响因子的研究，可以分析期刊对本学科研究的影响，能够反映期刊所刊载的论文与本学科研究的相关程度。表22-16给出了2004—2006年统计学期刊学科影响因子统计。同样的，也包括各年度的学科影响因子、三年平均影响因子，并以学科影响因子最大的平均值《统计研究》的0.0280去除各期刊学科影响因子平均值得到该指标的归一化值。本表按三年平均学科影响因子从大到小排序。

表22-16   2004—2006年统计学期刊学科影响因子

排序	期刊名称	2004年	2005年	2006年	三年平均	归一化值
1	统计研究	0.0376	0.0292	0.0173	0.0280	1
2	数理统计与管理	0.0349	0.0126	0	0.0158	0.5643
3	中国统计	0.0084	0.0025	0.0036	0.0048	0.1714
4	统计与信息论坛	0.0069	0.0036	0.0034	0.0046	0.1643
5	统计教育	0	0.0039	0.0095	0.0045	0.1607
6	应用概率统计	0.0082	0	0	0.0027	0.0964
7	统计与决策（理论版）	0.0024	0	0.0018	0.0014	0.0500
8	内蒙古统计	0	0	0	0	0
8	统计与咨询	0	0	0	0	0
8	浙江统计	0	0	0	0	0

---

① 党亚茹："学科影响因子——我国各学科发展趋势评价"，《情报理论与实践》2001年第4期，第265—268页。

从表 22-16 可以看出，排除被其他学科论文引用次数后，统计学期刊学科影响因子排名相对一般影响因子有较大变化，《统计与信息论坛》、《统计与决策（理论版）》和《浙江统计》分别从一般影响因子的第 3、第 4、第 8 名退至学科影响因子的第 4、第 7、第 10 位，三年平均值分别减少 0.06、0.0457 和 0.01，说明这三种期刊所刊载的非统计学论文占据比重相对较大。而《中国统计》、《统计教育》和《应用概率统计》分别由第 5、第 6、第 7 名上升到第 3、第 5、第 6 名，说明这三种期刊与统计研究领域的相关性更为紧密。

从 2004—2006 年三年平均学科影响因子变化情况来看，只有《统计教育》的学科影响因子 2006 年度较 2004 年度有所提高，绝大多数都出现了明显下降。出现这一现象主要是因为统计学与经济学学科相互交叉的影响，统计学期刊的部分论文被分类为经济学科论文。

22.4.4 统计学期刊影响因子综合分析

影响因子是采用较为科学的手段定量评估期刊的相对学术影响的一种方法。通俗地说，就是根据期刊上发表的论文，并计算这些论文的篇均被引用率，来体现期刊的学术影响和学术价值，或者说是从学界对期刊所载论文的认可、利用程度来评估期刊的学术影响。在本评价体系中，与期刊被引次数和被引速率相同，期刊影响因子的三个下级指标权重分配为：一般影响因子 25%、他引影响因子 50%、学科影响因子 25%。表 22-17 给出了 2004—2006 年统计学期刊影响因子综合值计算，其方法与期刊被引次数和被引速率相同，求和得到各期刊影响因子的综合值。本表按影响因子综合值从大到小排序。

表 22-17　　　　　　　　2004—2006 年统计学期刊影响因子综合值

排序	期刊名称	一般影响因子归一化值	他引影响因子归一化值	学科影响因子归一化值	综合值
1	统计研究	1	1	1	1
2	数理统计与管理	0.3783	0.2382	0.5643	0.3548
3	统计与信息论坛	0.1665	0.2290	0.1643	0.1972
4	统计与决策（理论版）	0.1214	0.1237	0.0500	0.1047
5	中国统计	0.0662	0.0829	0.1714	0.1009
6	统计教育	0.0526	0.0723	0.1607	0.0895
7	应用概率统计	0.0348	0.0479	0.0964	0.0568
8	浙江统计	0.0273	0.0379	0	0.0258
9	统计与咨询	0.0165	0.0227	0	0.0155
10	内蒙古统计	0.0064	0.0089	0	0.0061

用影响因子的综合指标值来分析期刊学术影响力削弱了单一影响因子对期刊评价产生的偏差。分析表22-17中统计学期刊影响因子综合值可以看出，学界公认的、学术影响较大的期刊依然排在前几位，尤其是排在第1的《统计研究》和排在第2的《数理统计与管理》，三项指标均排在前两位。

如果我们根据影响因子综合值来划分统计学期刊层次的话，排在首位的《统计研究》可划入第一层次；《数理统计与管理》以其综合值0.3548而属于第二层次；影响因子综合值在0.2—0.1的《统计与信息论坛》等3种期刊可列入第三层次；其余5种可归入第四层次。影响因子综合指标反映出来的结果与前两项指标结果非常接近。

22.5 统计学期刊被引广度分析

期刊被引广度反映的是某种期刊相对其他期刊的影响力（更确切地说是对其他期刊的文章作者的影响力）。期刊被引广度指标可以比较出期刊影响力的辐射度，期刊的被引频次是期刊总体实力的表现，影响因子是期刊所载论文总体质量的标志，在对学术期刊进行了这两项指标分析后，我们更加关注，在被引次数和影响因子的数值所体现出来的期刊学术影响是否存在不全面性或者说期刊的学术影响的广泛度是否全面地展现。一般说来期刊的被引频次是期刊总体实力的表现，引用一种期刊的期刊种数越多，该期刊的被引广度就越大，其扩散度就越广。引入期刊被引广度指标，是实现上述评价目标的重要方面，同时在实践中也可有效地抑制恶意自引和交易互引对期刊评价的干扰。

表22-18给出了2004—2006年统计学期刊被引广度和三年平均值，再以该指标最大的平均广度值《统计研究》的52.47去除各期刊的三年平均被引广度得到各期刊的归一化值。本表按三年平均被引广度从大到小排序。

表22-18　　　　　　　　2004—2006年统计学期刊被引广度

排序	期刊名称	2004年	2005年	2006年	三年平均	归一化值
1	统计研究	40.0	50.0	67.4	52.47	1
2	统计与决策（理论版）	12.8	22.2	40.8	25.27	0.4816
3	中国统计	8.2	15.0	13.6	12.27	0.2338
4	数理统计与管理	10.8	12.0	12.2	11.67	0.2224
5	统计与信息论坛	6.2	7.4	7.8	7.13	0.1359
6	浙江统计	2.0	3.2	5.0	3.40	0.0648

续表

排序	期刊名称	2004年	2005年	2006年	三年平均	归一化值
7	统计教育	2.0	2.6	3.0	2.53	0.0482
8	应用概率统计	2.0	1.6	1.4	1.67	0.0318
9	统计与咨询	0.4	0.8	1.6	0.93	0.0177
10	内蒙古统计	1.0	0.6	0.6	0.73	0.0139

从表22-18可以看出，《统计研究》以绝对的优势领先于其他期刊，它的平均被引广度在52以上，大大高于CSSCI统计学类来源期刊数，说明该期刊不仅影响着本学科期刊，还影响着大量的综合性期刊和非本学科期刊。《统计与决策（理论版）》、《中国统计》和《数理统计与管理》的平均被引广度也在11—26之间，表明它们的学术影响超越了本学科。还有6种期刊的被引广度均不超过10甚至更低，说明这些期刊的影响力还局限在统计学类期刊中。如果我们给这些期刊划分层次，那么可以分别将它们分为高、中、低三个不同层次。

对比表22-18和表22-9（论文被引次数综合值），可以发现它们的排序基本相同。由此我们得出统计学期刊的被引广度与期刊绝对被引量存在正相关性。2004—2006年间，统计学期刊的平均被引广度从2004年的8.5增加到2006年的15.3，增加80%。其中《统计与决策（理论版）》增长了2.19倍，最为明显。《浙江统计》次之，增长了1.5倍。说明统计学期刊三年间的整体被引广度是显著增加的，也说明了统计学研究在不断地与其他学科相互渗透的现状。

22.6 统计学期刊二次文献转载分析

二次文献转载指标是我国几种重要的二次文献对各期刊中论文全文转载的数量统计。二次文献的转载与否、转载率的高低也是国内外检验学术期刊质量高低的一项主要指标。[①] 目前在我国人文社会科学研究中具有较大影响、收录较为全面，并且被学术界公认的综合性二次文献有四种：《新华文摘》、《中国社会科学文摘》、《复印报刊资料》、《高等学校文科学术文摘》。应该说这些文摘刊物中对期刊全文转载数量的统计，从一个角度反映了各期刊对学科热点的跟踪，即对学术走向的关注程度。因此，某一期刊二次文献转载数量可以设立为对期刊学术质量考察的指标，这一指标是从被学界专注度的角度来评价期刊的学术水平。另一方面，在引文数据库中每年都有千篇左右的参考文献标注为《复印报刊资料》，这些数据使被转载期刊的其他被引指标造成了损失，所以这一指标的引入也是对被转载期刊的一个补偿。总之，

[①] 尹玉吉、毕红卫："关于提高学术期刊二次文献转载率"，《编辑之友》2000年第4期，第23页。

采用二次文献转载是多维评价期刊的一个很有意义的指标。

我们通过对这些论文进行统计分析,可以得出我国统计学期刊中发表高质量论文较多的期刊。

因统计学科除《统计研究》2006年被《中国社会科学文摘》摘录一篇外其他均没有被《中国社会科学文摘》和《新华文摘》转载,因此这里我们只能分析其被《复印报刊资料》全文转载的情况。

《复印报刊资料》是国内较具权威性的社会科学、人文科学专题文献资料库,其转载的内容涉及100多个专题,收集的范围和期刊论文数量较《新华文摘》、《中国社会科学文摘》更为广泛。因此,各期刊被《复印报刊资料》转载的可能性比这两种文摘更大,被转载的次数也更多。[①]

表22-19给出了按照2004—2006年统计学期刊被《复印报刊资料》全文转载的统计数据,根据年度数据得出三年平均值,以转载量最多的《统计决策(理论版)》的24.67去除每种期刊的三年平均值,最后得到每一种期刊这一指标的归一化值,并从大到小排序。

表22-19　　2004—2006年统计学期刊被《复印报刊资料》全文转载统计

排序	期刊名称	2004年（篇次）	2005年（篇次）	2006年（篇次）	三年平均（篇次）	归一化值
1	统计与决策（理论版）	14	29	31	24.67	1
2	统计研究	25	25	21	23.67	0.9595
3	数理统计与管理	9	5	4	6.00	0.2432
4	中国统计	6	8	3	5.67	0.2298
5	应用概率统计	6	0	1	2.33	0.0944
6	浙江统计	0	4	1	1.67	0.0677

从表22-19可以看到,在三年平均转载次数的排名上,《统计与决策(理论版)》、《统计研究》以高出第3名近3倍的优势,牢牢占据前两位;《数理统计与管理》、《中国统计》居于第二方阵,三年平均次数在5次左右;之后的两种期刊可列为第三方阵,三年平均次数在2次左右。

三年间,只有6种统计学期刊被《复印报刊资料》转载过,除了前两名期刊以外,其他4种期刊的转载次数起伏不定,除《统计与决策(理论版)》外,其他期刊的转载次数都在减少。

---

① http://www.lib.fzu.edu.cn/qkwx/zgxsqk5.asp, 2008-1-16.

由此分析，人大《复印报刊资料》对统计学期刊论文的转载面较窄，数量较少，但是其在选择转载论文时仍十分注重论文的质量。对于质量较高的期刊来说，由于其刊登优秀的论文而使转载次数处于高位，而对于质量较低的期刊来说，其缺乏优秀的论文而使转载次数排名靠后，甚至不被转载。

22.7 统计学期刊 Web 即年下载率分析

目前我国已有各种各样的期刊全文数据库，其中大型的期刊全文数据库有清华同方的《中国期刊全文数据库》、重庆维普的《中文科技期刊全文数据库》和万方数据的《中国数字化期刊群》。《中国期刊全文数据库》目前收录了国内公开出版的 7000 多种核心期刊及专业特色期刊的全文，收录年限从 1994 年至 2008 年，它实现了网上数据的每日更新，具有较强的时效性。[①] 随着网络的普及和各类期刊全文数据库的不断完善，越来越多的作者更愿意选择通过网络来搜集所需要的期刊文献。Web 即年下载率是指期刊在某一期刊全文数据库中当年出版并上网的论文在当年被全文下载的次数与该期刊当年出版并上网论文总数之比。Web 即年下载率反映的是学者对期刊内容的关注程度，这是研究评价期刊在网络环境下传播效率的一个新的指标。引入该指标我们主要从以下三个方面考虑：第一，该指标反映了期刊的被阅读率；第二，该指标突破了刊物的界限，完全从论文质量的角度来凸显期刊的优劣；第三，该指标是对期刊及时性评价的一个很好的补充。这里采用的 Web 即年下载率的数据来源于《中国学术期刊综合引证报告（2005—2007 版）》。

表 22 - 20 给出了 2004—2006 年统计学 10 种期刊 Web 即年下载数据和三年平均值，最后进行了归一化处理。这一指标各期刊的归一化值是其三年平均值除以最大的三年平均值《统计研究》的 92.53 得到的。本表按三年平均值从大到小排序。

表 22 - 20　　　　　　　2004—2006 年统计学期刊 Web 即年下载率

排序	期刊名称	2004 年	2005 年	2006 年	三年平均	归一化值
1	统计研究	74.4	94.7	108.5	92.53	1
2	数理统计与管理	64.1	50.0	90.1	68.07	0.7357
3	统计与决策（理论版）	49.9	51.7	84.1	61.90	0.6690
4	统计与信息论坛	47.3	28.6	64.3	46.73	0.5050

---

① 吕丽："高校图书馆期刊全文数据库利用率探析"，《现代情报》2004 年第 10 期，第 49—50 页。

续表

排序	期刊名称	2004年	2005年	2006年	三年平均	归一化值
5	统计与咨询	10.1	16.5	71.9	32.83	0.3548
6	浙江统计	29.5	34.2	26.1	29.93	0.3235
7	统计教育	11.9	21.8	47.3	27.00	0.2918
8	中国统计	22.6	25.8	27.4	25.27	0.2731
9	应用概率统计	16.5	13.8	40.3	23.53	0.2543
10	内蒙古统计	8.5	14.5	21.3	14.77	0.1596

根据表22-20的数据显示：《统计研究》得到了许多学者的关注，下载率最高，平均每篇文章被全文下载92次以上，明显高于其他各期刊；《数理统计与管理》、《统计与决策（理论版）》平均每篇文章被下载60次以上；其余7种期刊平均每篇文章被下载50—14次之间。

从年度变化来看，统计学期刊的Web即年下载率基本呈现上升的趋势。这说明读者越来越重视通过网络来获取统计学论文资料，更加说明了统计学期刊正不断调整，努力提升自身的学术质量和学术影响。从增长幅度上来看，《统计与咨询》2004—2006年的增长超过了6倍，说明它的发展速度较其他期刊更为迅速。由于学者从网络中获取论文大多借助关键词检索，那些被下载多的期刊也说明这些期刊的关键词比较规范，论文主题更贴近当前学者关注的问题。对于下载率较少的《内蒙古统计》，主要由于期刊主题的狭窄性，研究人员相对较少，导致其被下载率明显少于其他期刊。

22.8 统计学期刊评价指标综合分析

以上利用期刊评价体系设立的七大指标所涉及的16个指标对统计学期刊进行的测定与分析可以看出，各期刊均显示出自己的特点。为了综合考虑每一统计学期刊的学术质量、学术规范和学术影响力，本节将根据本书第1章构建的评价体系计算方法对每一期刊计算其学术影响综合值，并进行综合分析。在指标权重分配方面，我们把期刊的学术影响放在最主要的地位，即期刊被引用情况，其权重总体占60%，这其中又根据影响因子的重要性而给予最高的权重30%，被引次数、被引速率、被引广度各占10%；其次是期刊学术规范量化指标和Web即年下载率指标，考虑到这两项指标在反映期刊学术质量和利用率方面的贡献，均给予次高的权重，其权重均为15%；对于二次文献转载指数，本评价体系给予了10%的权重。

表22-21给出了2004—2006年统计学10种期刊七大指标归一化值和综合值。综合值具体的计算方法是：将各指标的综合值分别乘以相应的权重，然后将各个结

果相加得到各期刊最后的综合值。本表按指标综合值从大到小排序。

表 22 - 21 2004—2006 年统计学期刊综合运算值列表

排序	期刊名称	期刊学术规范 ×0.15	被引次数 ×0.1	被引速率 ×0.1	影响因子 ×0.3	被引广度 ×0.1	二次文献转载 ×0.1	Web 下载 ×0.15	综合值 Σ
1	统计研究	0.6735	1	1	1	1	0.9595	1	0.9470
2	统计与决策（理论版）	0.6754	0.3458	0.1140	0.1047	0.4816	1	0.6690	0.4272
3	数理统计与管理	0.7707	0.2055	0.2111	0.3548	0.2224	0.2423	0.7357	0.4205
4	统计与信息论坛	0.6298	0.1027	0.1454	0.1972	0.1359	0	0.5050	0.2678
5	中国统计	0.5219	0.2208	0.2333	0.1009	0.2338	0.2298	0.2731	0.2413
6	应用概率统计	0.8356	0.0344	0.1080	0.0568	0.0318	0.0946	0.2543	0.2074
7	统计教育	0.4837	0.0519	0.1272	0.0895	0.0482	0	0.2918	0.1659
8	浙江统计	0.3430	0.0450	0.0550	0.0258	0.0648	0.0676	0.3235	0.1310
9	统计与咨询	0.3220	0.0128	0.0119	0.0155	0.0177	0	0.3548	0.1104
10	内蒙古统计	0.3681	0.0106	0.0181	0.0061	0.0139	0	0.1596	0.0852

表 22 - 21 给出了本评价体系对统计学期刊的最终排名。通过其数据可以看出：《统计研究》以综合值 0.9470 遥遥领先于统计学其他期刊；《统计与决策（理论版）》、《数理统计与管理》以综合值 0.42 以上的成绩排在第 2、第 3 名的位置；《统计与信息论坛》、《中国统计》、《应用概率统计》这 3 种期刊综合值在 0.3—0.2 之间，排在第 4—6 名；《统计教育》《浙江统计》、《统计与咨询》、《内蒙古统计》综合值均在 0.2 以下，排在最后 4 名。

应该说，单项指标只反映了期刊的某一个方面，那么经过加权综合计算后，我们就可以清楚地看到每一种期刊的整体水平。例如，《统计研究》的学术规范量化指标并不理想，但由于其他指标均名列前茅，确保了该期刊的综合学术影响力排在首位；又如，《统计与决策》的文献转载指标排在首位同时其他指标也排在前列，保证了该期刊综合指数排在第 2 位；同样，《数理统计与管理》由于在占有比重较大的被引指标方面基本位于第 2—4 名，使其反映综合影响力的综合值位于第 3。当然，对于各项指标都处于中等偏下或处于最后几名的期刊，其综合值一定偏低，从而说明这些期刊的综合学术影响力偏下。

我们将统计学期刊的学术影响综合值排序表与目前 CSSCI 的来源期刊作比较，可以发现与 2008 年 CSSCI 的 4 种统计学来源期刊排在综合指标前 4 位的期刊《统计研究》、《数理统计与管理》、《统计与决策（理论版）》、《统计与信息论坛》只在位次上略有不同，这是因为CSSCI选刊时只用了两个指标，即期刊的他引影响因子和期刊的总被引次数，说明CSSCI精选的统计学类来源期刊基本具有一定的合理性。

依据上述排序可以划分统计学期刊的学术层次：

权威期刊：《统计研究》；

核心期刊：《统计与决策（理论版）》、《数理统计与管理》；

扩展核心期刊：《统计与信息论坛》；

其他期刊为一般学术性期刊。

第 23 章 人文社会科学综合期刊

人文社会科学综合类期刊是反映多学科学术研究成果的期刊，一般覆盖文、史、哲、经、法等传统学科，有些还涉及新兴学科和某些专业领域。综合类期刊具有跨学科优势，在解决尖锐复杂的现实问题过程中，可以展现自身的理论空间和学术视野，这一点与专业类期刊有所不同。另外，人文社会科学综合类期刊多为各社会科学院和各省社科联主办，论文征集面不仅局限于各高校及各研究机构，这又与由各高校主办的学报有所不同。

根据新闻出版总署公布的数据和最新统计，我国人文社会科学综合类学术期刊（不包括高校学报）约100多种，约占人文社会科学学术期刊总数（2770余种）的3.7%。2004—2006年三年间，CSSCI收录人文社会科学综合类期刊从39种（2004—2005年）增加到45种（2006年），共收录论文30133篇，引用文献284669篇次。本章以90种人文社会科学综合类期刊为研究对象，以CSSCI数据库、万方数据库以及纸质期刊实物为数据源，通过对相关统计指标分析，探讨2004—2006年我国人文社会科学综合类期刊学术状况及其发展变化。

23.1 人文社会科学综合类期刊学术规范量化指标分析

随着我国人文社会科学事业的发展，跨学科学术交流越来越频繁，审核学术研究成果是否符合学术规范、衡量期刊论文是否达到发表水平，是当前面临的重要问题。学术期刊在整个学术体系中占有重要位置，是学术成果发表的主要渠道，通过提高学术期刊质量，可以增进学术规范意识，进而促进、繁荣我国人文社会科学学术研究。我们以期刊论文篇均引用文献数、基金论文占有比例、作者地区分布以及标注有作者机构的论文比例这四项指标作为评价期刊学术规范量化的指标，基于量化角度分析研究人文社会科学综合类期刊的规范化及其学术含量。以下各项数据来源于CSSCI数据库、万方期刊数据库的统计数据，以及对实物期刊的考察。

23.1.1 篇均引用文献数

引用文献是学术论文的一个重要组成部分，它体现了文献之间的学术关联。通过引用文献，读者可以追踪了解某项研究的前期成果，进而衡量其研究成果的学术含量。通常引用文献数量多寡在一定程度上反映了论文作者研究的深度和广度，从一个侧面体现了作者对前人研究的借鉴和吸收。当然，我们应该说明的是对于一些创新性研究，引用文献的数量往往比较少。但是，从宏观角度来看，对某一学科领域内期刊的篇均引文统计可以反映各期刊所刊载文章的平均研究深度以及其是否遵守学术规范。

根据统计，CSSCI（2004—2006 年）人文社会科学综合类期刊的篇均引文数为 9.41 篇，高于我国人文社会科学领域平均篇均引文数（8.20 篇），在我国人文社会科学 25 个学科中居于中上游。[①] 但与历史学期刊的篇均引文数（18.01 篇）相比，人文社会科学综合类期刊还有不小的差距。表 23-1 列出 2004—2006 年间我国人文社会科学综合类 90 种期刊的篇均引文数及三年平均引文数，并进行了归一化处理。[②] 本表统计数据按照三年平均引文数从大到小排序。

表 23-1　　2004—2006 年人文社会科学综合类期刊篇均引用文献数统计

排序	期刊名称	2004 年（篇数）	2005 年（篇数）	2006 年（篇数）	三年平均（篇数）	归一化值
1	中国社会科学	23.68	33.36	28.86	28.6333	1
2	开放时代	13.96	16.17	22.37	17.5000	0.6112
3	中国文化研究	13.71	12.55	21.14	15.8000	0.5518
4	文史哲	13.71	14.10	16.40	14.7367	0.5147
5	浙江社会科学	12.29	12.75	15.49	13.5100	0.4718
6	社会科学研究	10.94	13.15	13.20	12.4300	0.4341
7	社会科学	9.76	11.02	16.36	12.3800	0.4324
8	人文杂志	11.47	12.40	13.05	12.3067	0.4298
9	学术月刊	12.11	12.65	11.86	12.2067	0.4263
10	西藏研究（汉文版）	12.22	12.24	11.80	12.0867	0.4221
11	浙江学刊	11.26	11.88	12.96	12.0333	0.4203
12	江海学刊	11.55	12.24	12.06	11.9500	0.4173
13	南京社会科学	11.42	11.70	11.88	11.6667	0.4075
14	江苏社会科学	10.24	11.78	12.40	11.4733	0.4007

[①] 邓三鸿、金莹："我国人文社会科学学术刊物的学科对比——基于 CSSCI 的分析"，《东岳论丛》2008 年第 1 期，第 43—50 页。

[②] 归一化方法参见本书第 1 章。

续表

排序	期刊名称	2004年（篇数）	2005年（篇数）	2006年（篇数）	三年平均（篇数）	归一化值
15	中国社会科学院研究生院学报	10.56	12.64	9.74	10.9800	0.3835
16	社会科学战线	10.41	10.72	10.57	10.5667	0.3690
17	学术研究	8.92	11.65	11.02	10.5300	0.3678
18	云南社会科学	9.17	10.11	11.48	10.2533	0.3581
19	殷都学刊	9.68	9.35	11.17	10.0667	0.3516
20	学海	7.80	10.12	12.27	10.0633	0.3515
21	甘肃社会科学	9.68	10.12	10.20	10.0000	0.3492
22	中华文化论坛	7.96	10.24	11.75	9.9833	0.3487
23	江淮论坛	9.08	9.88	10.65	9.8700	0.3447
24	北方论丛	8.22	10.04	11.00	9.7533	0.3406
25	东南学术	7.00	10.18	11.97	9.7167	0.3393
26	天津社会科学	8.78	10.24	8.72	9.2467	0.3229
27	宁夏社会科学	9.49	9.79	8.42	9.2333	0.3225
28	齐鲁学刊	8.69	9.29	9.68	9.2200	0.3220
29	学术探索	7.82	9.30	10.41	9.1767	0.3205
30	广东社会科学	8.05	9.33	9.85	9.0767	0.3170
31	国外社会科学	7.48	9.09	10.59	9.0533	0.3162
32	晋阳学刊	7.76	9.38	9.50	8.8800	0.3101
33	内蒙古社会科学（汉文版）	8.14	8.64	9.52	8.7667	0.3062
34	学术界	8.69	7.34	9.59	8.5400	0.2983
35	天府新论	7.56	8.15	9.83	8.5133	0.2973
36	阴山学刊	6.23	9.12	9.64	8.3300	0.2909
37	北京社会科学	7.43	8.91	8.37	8.2367	0.2877
38	河北学刊	7.98	9.60	6.98	8.1867	0.2859
39	求索	6.85	8.33	9.28	8.1533	0.2847
40	兰州学刊	6.07	7.94	10.33	8.1133	0.2834
41	江西社会科学	6.95	8.59	8.68	8.0733	0.2820
42	江南社会学院学报	6.71	8.31	9.10	8.0400	0.2808
43	福建论坛（人文社会科学版）	6.62	9.03	8.16	7.9367	0.2772
44	唐都学刊	7.00	7.72	8.97	7.8967	0.2758

续表

排序	期刊名称	2004年（篇数）	2005年（篇数）	2006年（篇数）	三年平均（篇数）	归一化值
45	重庆社会科学	4.69	9.05	9.30	7.6800	0.2682
46	理论与现代化	7.56	7.13	8.15	7.6133	0.2659
47	中州学刊	7.21	7.24	8.38	7.6100	0.2658
48	社会科学家	6.54	7.80	8.15	7.4967	0.2618
49	学术论坛	6.53	7.12	8.70	7.4500	0.2602
50	东岳论丛	6.55	7.97	7.65	7.3900	0.2581
51	江汉论坛	6.31	7.69	8.16	7.3867	0.2580
52	世界经济与政治论坛	5.26	8.27	7.91	7.1467	0.2496
53	东疆学刊	5.46	6.34	9.12	6.9733	0.2435
54	贵州社会科学	6.05	7.09	7.60	6.9133	0.2414
55	青海社会科学	7.28	6.41	6.99	6.8933	0.2407
56	科学·经济·社会	6.02	6.52	8.09	6.8767	0.2402
57	社会科学辑刊	5.87	7.53	7.22	6.8733	0.2400
58	广西社会科学	5.49	6.40	7.06	6.3167	0.2206
59	新疆社会科学	4.76	4.97	8.76	6.1633	0.2153
60	山东社会科学	5.61	6.89	5.91	6.1367	0.2143
61	理论月刊	4.98	5.94	7.29	6.0700	0.2120
62	云梦学刊	5.36	6.07	6.63	6.0200	0.2102
63	学习与探索	4.37	5.69	7.23	5.7633	0.2013
64	高校理论战线	4.44	6.47	6.02	5.6433	0.1971
65	天中学刊	4.96	5.10	6.50	5.5200	0.1928
66	前沿	4.44	5.15	5.73	5.1067	0.1783
67	湖南社会科学	4.75	4.75	5.50	5.0000	0.1746
68	河南社会科学	3.93	4.90	5.82	4.8833	0.1705
69	社科纵横	4.39	4.71	5.11	4.7367	0.1654
70	新疆社科论坛（汉文版）	2.65	4.95	5.70	4.4333	0.1548
71	科学对社会的影响	3.02	6.55	3.71	4.4267	0.1546
72	学术交流	3.27	4.01	5.53	4.2700	0.1491
73	湖北社会科学	2.78	4.57	5.40	4.2500	0.1484
74	探索与争鸣	0	5.80	6.57	4.1233	0.1440

续表

排序	期刊名称	2004年（篇数）	2005年（篇数）	2006年（篇数）	三年平均（篇数）	归一化值
75	中山大学学报论丛	3.97	3.95	4.15	4.0233	0.1405
76	山西高等学校社会科学学报	3.56	3.58	3.98	3.7067	0.1295
77	黑龙江社会科学	2.66	2.63	5.11	3.4667	0.1211
78	学习与实践①	0	0	8.40	2.8000	0.0978
79	理论界	1.63	2.36	3.98	2.6567	0.0928
80	黑河学刊	1.86	2.68	3.04	2.5267	0.0882
81	南方论刊	0.58	1.08	1.86	1.1733	0.0410
82	今日中国论坛	3.14	0.01	0	1.0500	0.0367
83	读书	0.81	0.96	1.26	1.0100	0.0353
84	大庆社会科学	0	0	0.17	0.0567	0.0020
84	百年潮	0	0	0	0	0
84	当代贵州	0	0	0	0	0
84	观察与思考	0	0	0	0	0
84	国土绿化	0	0	0	0	0
84	统计信息	0	0	0	0	0
84	中国西藏	0	0	0	0	0

分析表23-1，我们发现：人文社会科学综合类期刊篇均引文数跨度较大，篇均引用文献数最多的《中国社会科学》达到了28.63篇，远高于其他期刊。而少数期刊如《当代贵州》、《观察与思考》、《国土绿化》等刊无引用文献，这些期刊必须加强对引用文献的重视，提高期刊的学术规范性。

同时，我们还注意到：CSSCI来源刊篇均引文数（9.41篇）明显高于非来源刊篇均引文数（5.98篇），人文社会科学综合类期刊篇均引文排前10名的均为CSSCI来源刊。这反映出CSSCI在选刊时就注重期刊的学术规范性、学术严谨性和学术研究深度。

从三个年度变化来看，我国人文社会科学综合类期刊对引用文献的重视程度在逐步增加，篇均引文年均增长在10%以上：2004年篇均引用文献数为6.55篇，2005年增至7.64篇，2006年更是达到8.43篇。其中，CSSCI来源刊增长情况：2004年篇均引用文献数为8.55篇，2005年增至9.60篇，2006年达到10.08篇。非来源刊

---

① 《学习与实践》2006年改版，第2期开始标注引文。

增长情况：2004 年篇均引用文献数为 5.03 篇，2005 年增至 6.14 篇，2006 年达到 6.79 篇。以上统计数据反映出，我国人文社会科学综合类期刊篇均引文数整体处于上升阶段，各期刊越来越重视引用文献，强调期刊的学术规范性。

23.1.2 基金论文比例

基金论文是指由国家教育部、各级政府、各类基金组织或企事业单位资助而完成的论文。基金项目一般围绕当前研究领域内热点问题或急需解决问题展开，发表的基金论文则代表了当前领域内研究动向和发展趋势，具有较高的学术价值。通过基金论文，研究人员可以了解、掌握该研究领域内最新的研究动态，追踪最新研究热点。因此，期刊的基金论文比例很大程度上反映了期刊的学术水平和社会影响力。表 23-2 为 2004—2006 年间我国人文社会科学综合类期刊的基金论文所占比例情况，按三年平均值从大到小排序，并进行了归一化处理。

表 23-2　　2004—2006 年人文社会科学综合类期刊基金论文比例

排序	期刊名称	2004 年	2005 年	2006 年	三年平均	归一化值
1	世界经济与政治论坛	0.11	0.16	0.47	0.2467	1
2	中国社会科学	0.18	0.22	0.32	0.2400	0.9728
3	科学·经济·社会	0.01	0.18	0.34	0.1767	0.7163
3	社会科学家	0.10	0.17	0.26	0.1767	0.7163
5	唐都学刊	0.13	0.17	0.19	0.1633	0.6619
5	浙江社会科学	0.11	0.17	0.21	0.1633	0.6619
7	学术论坛	0.13	0.15	0.20	0.1600	0.6486
7	文史哲	0.13	0.19	0.16	0.1600	0.6486
9	江苏社会科学	0.11	0.17	0.19	0.1567	0.6352
10	浙江学刊	0.11	0.14	0.21	0.1533	0.6214
11	学海	5.08	0.18	0.18	0.1467	0.5946
12	江海学刊	0.10	0.13	0.20	0.1433	0.5809
13	云南社会科学	0.07	0.16	0.18	0.1367	0.5541
13	学术交流	0.09	0.14	0.18	0.1367	0.5541
13	北方论丛	0.06	0.08	0.27	0.1367	0.5541
13	社会科学研究	0.08	0.13	0.20	0.1367	0.5541
17	学习与探索	0.04	0.14	0.20	0.1267	0.5136
17	甘肃社会科学	0.13	0.09	0.16	0.1267	0.5136
19	宁夏社会科学	0.09	0.13	0.15	0.1233	0.4998

续表

排序	期刊名称	2004年	2005年	2006年	三年平均	归一化值
19	东南学术	0.10	0.12	0.15	0.1233	0.4998
19	北京社会科学	0.15	0.09	0.13	0.1233	0.4998
22	南京社会科学	0.12	0.13	0.11	0.1200	0.4864
22	学术研究	0.07	0.12	0.17	0.1200	0.4864
22	湖北社会科学	0.07	0.14	0.15	0.1200	0.4864
22	江西社会科学	0.08	0.12	0.16	0.1200	0.4864
22	求索	0.06	0.12	0.18	0.1200	0.4864
27	黑龙江社会科学	0.08	0.13	0.14	0.1167	0.4730
27	云梦学刊	0.10	0.09	0.16	0.1167	0.4730
27	中州学刊	0.08	0.08	0.19	0.1167	0.4730
30	社会科学战线	0.09	0.10	0.15	0.1133	0.4593
31	社会科学	0.09	0.08	0.16	0.1100	0.4459
32	内蒙古社会科学（汉文版）	0.07	0.09	0.16	0.1067	0.4325
32	江淮论坛	0.07	0.11	0.14	0.1067	0.4325
34	新疆社会科学	0.07	0.12	0.12	0.1033	0.4187
35	社会科学辑刊	0.06	0.14	0.10	0.1000	0.4054
35	天津社会科学	0.05	0.03	0.22	0.1000	0.4054
37	重庆社会科学	0.09	0.11	0.09	0.0967	0.3920
37	广西社会科学	0.06	0.08	0.15	0.0967	0.3920
37	学术界	0.10	0.10	0.09	0.0967	0.3920
40	江汉论坛	0.09	0.08	0.11	0.0933	0.3782
41	天中学刊	0.05	0.08	0.14	0.0900	0.3648
41	东疆学刊	0.06	0.05	0.16	0.0900	0.3648
43	天府新论	0.06	0.09	0.11	0.0867	0.3514
43	理论月刊	0.05	0.09	0.12	0.0867	0.3514
43	理论与现代化	0.05	0.05	0.16	0.0867	0.3514
46	东岳论丛	0.07	0.08	0.10	0.0833	0.3377
46	中华文化论坛	0.02	0.13	0.10	0.0833	0.3377
48	晋阳学刊	0.04	0.08	0.12	0.0800	0.3243
48	齐鲁学刊	0.07	0.11	0.06	0.0800	0.3243
48	学术探索	0.06	0.03	0.15	0.0800	0.3243

续表

排序	期刊名称	2004年	2005年	2006年	三年平均	归一化值
51	湖南社会科学	0	0.07	0.16	0.0767	0.3109
51	贵州社会科学	0.02	0.06	0.15	0.0767	0.3109
53	阴山学刊	0.05	0.09	0.08	0.0733	0.2971
53	河南社会科学	0.01	0.07	0.14	0.0733	0.2971
55	中国文化研究	0.04	0.05	0.11	0.0667	0.2704
55	广东社会科学	0.04	0.05	0.11	0.0667	0.2704
57	科学对社会的影响	0.02	0.12	0.05	0.0633	0.2567
58	山东社会科学	0.05	0.07	0.07	0.0633	0.2566
58	山西高等学校社会科学学报	0.05	0.07	0.07	0.0633	0.2566
60	河北学刊	0.01	0.03	0.14	0.0600	0.2432
60	中国社会科学院研究生院学报	0.03	0.05	0.10	0.0600	0.2432
60	开放时代	0.05	0.06	0.07	0.0600	0.2432
60	福建论坛（人文社会科学版）	0.03	0.02	0.13	0.0600	0.2432
60	中山大学学报论丛	0.06	0.06	0.06	0.0600	0.2432
60	社科纵横	0.06	0.05	0.07	0.0600	0.2432
66	学术月刊	0.07	0.05	0.05	0.0567	0.2298
66	学习与实践	0.01	0.02	0.14	0.0567	0.2298
66	兰州学刊	0.04	0.05	0.08	0.0567	0.2298
69	青海社会科学	0.02	0.05	0.09	0.0533	0.2161
70	国外社会科学	0.07	0.02	0.06	0.0500	0.2027
70	江南社会学院学报	0.02	0.01	0.12	0.0500	0.2027
70	西藏研究（汉文版）	0	0.04	0.11	0.0500	0.2027
73	新疆社科论坛（汉文版）	0.02	0.04	0.07	0.0433	0.1755
74	殷都学刊	0.03	0.03	0.06	0.0400	0.1621
75	前沿	0.03	0.03	0.04	0.0333	0.1350
76	人文杂志	0.04	0.02	0.02	0.0267	0.1082
76	探索与争鸣	0.01	0.02	0.05	0.0267	0.1082
78	高校理论战线	0	0.02	0.03	0.0167	0.0677
79	理论界	0	0.01	0.03	0.0133	0.0539
80	黑河学刊	0	0	0.02	0.0067	0.0272
81	今日中国论坛	0	0.02	0	0.0067	0.0270

续表

排序	期刊名称	2004年	2005年	2006年	三年平均	归一化值
82	南方论刊	0	0	0.01	0.0033	0.0134
83	百年潮	0	0	0	0	0
83	大庆社会科学	0	0	0	0	0
83	当代贵州	0	0	0	0	0
83	读书	0	0	0	0	0
83	观察与思考	0	0	0	0	0
83	国土绿化	0	0	0	0	0
83	统计信息	0	0	0	0	0
83	中国西藏	0	0	0	0	0

由表23-2统计数据我们可以得出：2004—2006年我国人文社会科学综合类期刊平均基金论文比为8.60%。其中，CSSCI来源刊平均基金论文比为10.93%[1]，非来源刊平均基金论文比为6.59%。与人文社会科学总平均基金论文比例16.11%相比，综合类期刊平均基金论文比还有不小的差距，在我国人文社会科学25个学科中处于中下游。因此，我国人文社会科学综合类期刊应更加重视基金论文，努力提高自身学术水平，扩大学术影响力。

看到不足的同时，我们还应该注意到：2004—2006年间，我国人文社会科学综合类期刊基金论文比有了很大提高，由2004年的5.58%上升到2006年的12.23%，涨幅达119.18%。部分期刊涨幅尤为明显，如《科学·经济·社会》由2004年的1%增至2006年的34%。这一方面反映出我国各基金资助组织加强了对人文社会科学项目的支持，另一方面也反映出我国人文社会科学各综合类期刊对基金资助项目的重视程度在不断提高。

从基金论文比的分布情况来看，目前我国人文社会科学综合类期刊基金论文比例参差不齐。排名前5位的期刊均为CSSCI来源刊，首位的《中国社会科学》三年平均基金论文比为23.94%，高出我国人文社会科学平均基金论文比例6.8个百分点。而排在末位的《大庆社会科学》、《当代贵州》、《国土绿化》、《读书》、《观察与思考》等期刊的基金论文比为0。这反映出我国人文社会科学综合类期刊整体办刊水平还有待进一步提高，部分期刊学术规范度仍需加强。

---

[1] 邓三鸿、金莹："我国人文社会科学学术刊物的学科对比——基于CSSCI的分析"，《东岳论丛》2008年第1期，第43—50页。

23.1.3 论文作者地区分布

论文作者地区分布数反映了期刊的区域影响力,通常期刊论文作者的地区分布数越大,说明期刊学术影响力越大,受到读者关注程度越高。同时,我们也应注意到少数期刊具有明显的地方特色,其作者地区分布数较小。我们研究的作者地区包括我国内地31个省市自治区和港、澳、台以及其他国家和地区(其他国家和地区分布数以国家为单位计量)。表23-3给出了2004—2006年我国人文社会科学综合类期刊论文作者地区分布数及三年平均值,并按三年平均地区数从大到小排序,同时对平均值进行了归一化计算。本表的归一化分母数是三年平均的最大值,即《求索》的27.33。

表23-3　　2004—2006年人文社会科学综合类期刊论文作者地区分布

排序	期刊名称	2004年（地区数）	2005年（地区数）	2006年（地区数）	三年平均（地区数）	归一化值
1	求索	23	30	29	27.33	1
1	社科纵横	23	29	30	27.33	1
3	广西社会科学	27	28	25	26.67	0.9759
4	学术研究	28	28	23	26.33	0.9634
5	社会科学辑刊	24	25	27	25.33	0.9268
5	社会科学战线	24	24	28	25.33	0.9268
7	甘肃社会科学	25	24	26	25.00	0.9147
7	江汉论坛	22	27	26	25.00	0.9147
7	内蒙古社会科学（汉文版）	24	25	26	25.00	0.9147
7	社会科学家	25	25	25	25.00	0.9147
11	湖北社会科学	21	27	26	24.67	0.9027
11	江苏社会科学	27	23	24	24.67	0.9027
11	兰州学刊	22	27	25	24.67	0.9027
11	理论界	21	25	28	24.67	0.9027
11	前沿	23	25	26	24.67	0.9027
11	学术月刊	22	22	30	24.67	0.9027
17	山西高等学校社会科学学报	24	23	25	24.00	0.8782
17	文史哲	24	25	23	24.00	0.8782
17	中州学刊	23	24	25	24.00	0.8782
20	理论月刊	22	24	25	23.67	0.8661
21	河北学刊	22	23	25	23.33	0.8536

续表

排序	期刊名称	2004年（地区数）	2005年（地区数）	2006年（地区数）	三年平均（地区数）	归一化值
21	中山大学学报论丛	23	23	24	23.33	0.8536
23	广东社会科学	22	24	23	23.00	0.8416
24	江海学刊	23	21	24	22.67	0.8295
24	学术界	21	20	27	22.67	0.8295
24	学术论坛	20	24	24	22.67	0.8295
27	江西社会科学	21	20	26	22.33	0.8171
27	人文杂志	23	22	22	22.33	0.8171
27	社会科学	18	23	26	22.33	0.8171
27	学习与探索	19	20	28	22.33	0.8171
31	贵州社会科学	21	23	22	22.00	0.8050
31	学海	18	23	25	22.00	0.8050
31	浙江学刊	22	22	22	22.00	0.8050
34	北方论丛	21	21	23	21.67	0.7929
34	宁夏社会科学	20	24	21	21.67	0.7929
34	学术交流	21	21	23	21.67	0.7929
34	中国社会科学	22	22	21	21.67	0.7929
38	江淮论坛	22	21	21	21.33	0.7805
38	青海社会科学	17	23	24	21.33	0.7805
38	社会科学研究	22	20	22	21.33	0.7805
38	学术探索	19	23	22	21.33	0.7805
38	中国文化研究	19	21	24	21.33	0.7805
43	东岳论丛	20	22	21	21.00	0.7684
43	国外社会科学	25	16	22	21.00	0.7684
45	齐鲁学刊	20	20	23	21.00	0.7684
46	今日中国论坛	18	19	25	20.67	0.7563
46	天津社会科学	18	21	23	20.67	0.7563
48	天府新论	21	19	21	20.33	0.7439
48	重庆社会科学	19	20	22	20.33	0.7439
50	阴山学刊	19	18	23	20.00	0.7318
50	高校理论战线	17	22	21	20.00	0.7318

续表

排序	期刊名称	2004年（地区数）	2005年（地区数）	2006年（地区数）	三年平均（地区数）	归一化值
52	河南社会科学	18	20	21	19.67	0.7197
52	黑河学刊	17	19	23	19.67	0.7197
52	天中学刊	20	19	20	19.67	0.7197
52	云南社会科学	19	20	20	19.67	0.7197
52	中国社会科学院研究生院学报	15	21	23	19.67	0.7197
57	科学·经济·社会	20	19	19	19.33	0.7073
57	唐都学刊	20	20	18	19.33	0.7073
59	福建论坛（人文社会科学版）	17	20	20	19.00	0.6952
59	黑龙江社会科学	19	14	24	19.00	0.6952
61	晋阳学刊	16	20	20	18.67	0.6831
61	云梦学刊	18	18	20	18.67	0.6831
61	浙江社会科学	18	20	18	18.67	0.6831
64	南京社会科学	17	17	21	18.33	0.6707
64	山东社会科学	15	21	19	18.33	0.6707
66	开放时代	21	15	18	18.00	0.6586
67	世界经济与政治论坛	14	19	20	17.67	0.6465
67	探索与争鸣	18	18	17	17.67	0.6465
69	中华文化论坛	14	18	20	17.33	0.6341
70	新疆社会科学	14	16	19	16.33	0.5975
71	理论与现代化	11	15	21	15.67	0.5734
72	新疆社科论坛（汉文版）	11	17	18	15.33	0.5609
73	国土绿化	9	19	17	15.00	0.5488
73	江南社会学院学报	12	13	20	15.00	0.5488
75	殷都学刊	13	14	16	14.33	0.5243
76	东南学术	13	10	19	14.00	0.5123
77	东疆学刊	13	14	14	13.67	0.5002
77	湖南社会科学	10	14	17	13.67	0.5002
77	南方论刊	6	19	16	13.67	0.5002
80	北京社会科学	10	12	14	12.00	0.4391
81	西藏研究（汉文版）	10	11	14	11.67	0.4270

续表

排序	期刊名称	2004年（地区数）	2005年（地区数）	2006年（地区数）	三年平均（地区数）	归一化值
82	当代贵州	16	10	7	11.00	0.4025
82	学习与实践	5	9	19	11.00	0.4025
84	科学对社会的影响	8	11	12	10.33	0.3781
85	大庆社会科学	6	6	6	6.00	0.2195
86	读书	2	3	8	4.33	0.1584
87	观察与思考	4	4	4	4.00	0.1464
88	统计信息	4	3	2	3.00	0.1098
89	百年潮	3	3	2	2.67	0.0977
90	中国西藏	2	2	2	2.00	0.0732

从表23-3中，我们可以统计出我国人文社会科学综合类期刊2004—2006年三年平均论文作者地区分布数为19.29，其中CSSCI来源刊三年间平均论文作者地区分布数为20.81，非来源刊平均地区分布数为18.02。这表明，非来源刊在作者地区覆盖面上与CSSCI来源刊还有一定差距。

从地区分布数据上来看，我国人文社会科学综合类期刊地区分布数在15以上的占总体比例的82.22%（74种），这表明综合类期刊覆盖地区比较广，学术影响力较大。同时，我们也发现少数期刊地区分布数较小，《读书》、《观察与思考》、《统计信息》、《百年潮》、《中国西藏》这5种期刊平均地区分布数不足5。结合有作者机构论文比例情况，我们注意到《百年潮》、《读书》、《中国西藏》这3种期刊有作者机构论文比例均不足3%，说明其地区分布数较小的原因很大一部分是由于未标引论文作者机构，因此这些期刊的学术规范性有待加强。

23.1.4 有作者机构论文比例

作者机构是论文的重要组成部分，也是衡量论文规范性的重要指标之一。通过作者机构标注，读者可以获取作者基本信息及联系方式，促进学术交流。同时借助作者机构标注分析，我们可以获得某个学科各研究机构的学术情况。2004—2006年，我国人文社会科学综合类期刊平均作者机构标注比例为91.30%，其中CSSCI来源刊平均作者标注比例为93.39%，非来源刊平均作者标注比例为89.34%。表23-4给出了按照2004—2006年我国人文社会科学综合类期刊标注作者机构论文比例平均值从大到小排序的90种期刊，并作了归一化处理。

表 23-4　2004—2006 年人文社会科学综合类期刊标注有作者机构的论文比例

排序	期刊名称	2004 年	2005 年	2006 年	三年平均	归一化值
1	东南学术	1	1	1	1	1
1	广西社会科学	1	1	1	1	1
1	黑河学刊	1	1	1	1	1
1	江南社会学院学报	1	1	1	1	1
1	科学·经济·社会	1	1	1	1	1
1	南京社会科学	1	1	1	1	1
1	山西高等学校社会科学学报	1	1	1	1	1
1	社会科学	1	1	1	1	1
1	天府新论	1	1	1	1	1
1	天中学刊	1	1	1	1	1
1	学术论坛	1	1	1	1	1
1	中国社会科学院研究生院学报	1	1	1	1	1
13	湖南社会科学	1	0.9973	1	0.9991	0.9991
14	社科纵横	1	0.9972	0.9990	0.9987	0.9987
15	求索	0.9991	0.9988	0.9978	0.9986	0.9986
16	北方论丛	1	0.9955	1	0.9985	0.9985
16	兰州学刊	0.9954	1	1	0.9985	0.9985
18	社会科学研究	0.9953	1	1	0.9984	0.9984
18	宁夏社会科学	1	0.9952	1	0.9984	0.9984
18	中山大学学报论丛	0.9981	0.9984	0.9986	0.9984	0.9984
21	福建论坛（人文社会科学版）	0.9911	1	1	0.9970	0.9970
22	云南社会科学	0.9901	1	1	0.9967	0.9967
22	齐鲁学刊	0.9902	1	1	0.9967	0.9967
24	学习与探索	0.9957	0.9970	0.9972	0.9966	0.9966
24	前沿	0.9974	0.9989	0.9936	0.9966	0.9966
26	贵州社会科学	0.9896	1	1	0.9965	0.9965
27	甘肃社会科学	0.9916	1	0.9976	0.9964	0.9964
28	理论月刊	0.9987	0.9917	0.9985	0.9963	0.9963
29	学术探索	1	0.9943	0.9941	0.9961	0.9961
30	东疆学刊	1	0.9880	1	0.9960	0.9960
31	文史哲	0.9940	0.9938	1	0.9959	0.9959

续表

排序	期刊名称	2004年	2005年	2006年	三年平均	归一化值
32	青海社会科学	0.9918	0.9959	1	0.9959	0.9959
33	浙江学刊	0.9957	0.9959	0.9954	0.9957	0.9957
34	学术交流	1	1	0.9869	0.9956	0.9956
34	湖北社会科学	0.9924	1	0.9945	0.9956	0.9956
36	人文杂志	0.9856	1	1	0.9952	0.9952
37	世界经济与政治论坛	0.9920	0.9933	1	0.9951	0.9951
38	河北学刊	0.9928	0.9921	1	0.9950	0.9950
39	社会科学家	0.9928	0.9944	0.9970	0.9947	0.9947
40	河南社会科学	1	0.9895	0.9936	0.9944	0.9944
41	中州学刊	0.9874	0.9974	0.9977	0.9942	0.9942
42	唐都学刊	1	0.9956	0.9865	0.9940	0.9940
43	学术界	0.9899	0.9918	1	0.9939	0.9939
44	内蒙古社会科学（汉文版）	0.9900	0.9897	1	0.9932	0.9932
45	西藏研究（汉文版）	0.9744	1	1	0.9915	0.9915
46	山东社会科学	0.9873	0.9933	0.9924	0.9910	0.9910
47	晋阳学刊	1	1	0.9704	0.9901	0.9901
48	黑龙江社会科学	1	0.9653	0.9940	0.9864	0.9864
48	江西社会科学	0.9591	1	1	0.9864	0.9864
50	殷都学刊	1	0.9697	0.9892	0.9863	0.9863
51	北京社会科学	0.9789	0.9890	0.9832	0.9837	0.9837
51	学术研究	0.9812	0.9758	0.9941	0.9837	0.9837
53	浙江社会科学	0.9879	0.9688	0.9916	0.9828	0.9828
54	中华文化论坛	0.9856	0.9606	1	0.9821	0.9821
55	东岳论丛	0.9961	0.9714	0.9741	0.9805	0.9805
56	江汉论坛	0.9853	0.9866	0.9659	0.9793	0.9793
57	阴山学刊	0.9884	0.9748	0.9737	0.9790	0.9790
58	云梦学刊	1	0.9603	0.9754	0.9786	0.9786
59	高校理论战线	0.9655	0.9708	0.9934	0.9766	0.9766
60	江淮论坛	0.9843	0.9750	0.9690	0.9761	0.9761
61	天津社会科学	0.9833	0.9598	0.9832	0.9754	0.9754
62	新疆社会科学	0.9672	0.9573	0.9925	0.9723	0.9723

续表

排序	期刊名称	2004年	2005年	2006年	三年平均	归一化值
63	大庆社会科学	0.9433	0.9721	0.9868	0.9674	0.9674
64	开放时代	0.9405	0.9792	0.9706	0.9634	0.9634
65	社会科学辑刊	0.8953	0.9963	0.9966	0.9627	0.9627
66	江苏社会科学	0.9410	0.9705	0.9665	0.9593	0.9593
67	理论与现代化	0.8730	1	1	0.9577	0.9577
68	学术月刊	0.9583	0.9336	0.9708	0.9542	0.9542
69	探索与争鸣	0.9443	0.9800	0.9354	0.9532	0.9532
70	中国文化研究	0.9239	0.9462	0.963	0.9444	0.9444
71	理论界	0.8469	0.9802	0.9973	0.9415	0.9415
72	中国社会科学	0.9590	1	0.8598	0.9396	0.9396
73	广东社会科学	0.9091	0.9393	0.9623	0.9369	0.9369
74	科学对社会的影响	0.8769	0.9063	0.9831	0.9221	0.9221
75	新疆社科论坛（汉文版）	0.9118	0.9058	0.9438	0.9205	0.9205
76	南方论刊	0.8027	0.9894	0.9583	0.9168	0.9168
77	社会科学战线	0.7522	0.9903	1	0.9142	0.9142
78	学习与实践	0.8314	0.7956	0.9939	0.8736	0.8736
79	国外社会科学	0.9835	0.7870	0.8378	0.8694	0.8694
80	重庆社会科学	0.6250	0.9824	0.9792	0.8622	0.8622
81	学海	0.8043	0.8046	0.9119	0.8403	0.8403
82	江海学刊	0.8127	0.8208	0.8500	0.8278	0.8278
83	今日中国论坛	0.6756	0.7104	0.6408	0.6756	0.6756
84	当代贵州	1	0.6814	0.2881	0.6565	0.6565
85	统计信息	0.6128	0.3121	0.2586	0.3945	0.3945
86	观察与思考	0.3036	0.5144	0.1114	0.3098	0.3098
87	国土绿化	0.0332	0.0919	0.1341	0.0864	0.0864
88	百年潮	0.0108	0.0167	0.0372	0.0216	0.0216
89	中国西藏	0.0153	0.0290	0.0175	0.0206	0.0206
90	读书	0.0161	0.0100	0.0125	0.0129	0.0129

从表23-4中，我们可以看到我国人文社会科学综合类期刊中，有一半（46种）期刊论文机构标注比例在99%以上，其中12种期刊论文机构标注比例为100%，这

些期刊在作者机构标注方面体现出相当高的学术规范性。同时，我们也注意到，少数期刊论文机构标注比例低于10%，如《国土绿化》、《百年潮》、《中国西藏》、《读书》。还有一些期刊2004—2006年间论文机构标引比例有明显下降，如《当代贵州》由2004年的100%下降为2006年的28.81%，《统计信息》由2004年的61.28%下降为2006年的25.86%。以上期刊应更加注重论文的学术规范性，努力提高自身的学术水平。

从CSSCI统计数据来看，2004—2006年CSSCI来源期刊平均论文机构标注比例为94.39%，其中综合类来源期刊平均论文机构标注比例略低于人文社会科学的比例（低1个百分点）。由表23-4我们得出CSSCI综合类非来源刊2004—2006年平均论文机构标注比例为89.32%，这说明非来源刊与来源刊相比，学术规范性还有待改进。

从2004—2006年各年情况来看，我国人文社会科学综合类期刊CSSCI来源刊论文机构标注比例逐年上升，由2004年的91.72%上升为2006年的95.90%；非来源刊论文机构标注比例则呈现波折，2004年为90.18%，2005年上升至91.00%，2006年下滑至86.84%。以上数据表明，非来源期刊与来源刊有一定差距，应该更加重视机构标注，提高其学术水平。

23.1.5　人文社会科学综合类期刊学术规范量化指标综合分析

以上对我国人文社会科学综合类期刊篇均引用文献数、基金论文占有比例、作者地区分布以及标注有作者机构的论文比例四项指标作了统计分析。为得出我国人文社会科学综合类期刊学术规范量化指标综合值，我们将以上四个指标归一化值各分配25%权重后求和。表23-5即为求和后的统计结果，各期刊按学术规范量化指标综合值从大到小排序。

表23-5　2004—2006年人文社会科学综合类期刊学术规范量化指标综合值

排序	期刊名称	篇均引文数归一化值	基金论文比归一化值	地区分布归一化值	有机构论文比归一化值	综合值
1	中国社会科学	1	0.9728	0.7929	0.9396	0.9263
2	文史哲	0.5147	0.6486	0.8782	0.9959	0.7594
3	江苏社会科学	0.4007	0.6352	0.9027	0.9593	0.7245
4	世界经济与政治论坛	0.2496	1	0.6465	0.9951	0.7228
5	社会科学家	0.2618	0.7163	0.9147	0.9947	0.7219
6	浙江学刊	0.4203	0.6214	0.8050	0.9957	0.7106
7	学术研究	0.3678	0.4864	0.9634	0.9837	0.7003

续表

排序	期刊名称	篇均引文数归一化值	基金论文比归一化值	地区分布归一化值	有机构论文比归一化值	综合值
8	浙江社会科学	0.4718	0.6619	0.6831	0.9828	0.6999
9	甘肃社会科学	0.3492	0.5136	0.9147	0.9964	0.6935
10	求索	0.2847	0.4864	1	0.9986	0.6924
11	社会科学研究	0.4341	0.5541	0.7805	0.9984	0.6918
12	学术论坛	0.2602	0.6486	0.8295	1	0.6846
13	社会科学	0.4324	0.4459	0.8171	1	0.6739
14	北方论丛	0.3406	0.5541	0.7929	0.9985	0.6715
15	社会科学战线	0.3690	0.4593	0.9268	0.9142	0.6673
16	科学·经济·社会	0.2402	0.7163	0.7073	1	0.6660
17	江海学刊	0.4173	0.5809	0.8295	0.8278	0.6639
18	内蒙古社会科学（汉文版）	0.3062	0.4325	0.9147	0.9932	0.6617
19	唐都学刊	0.2758	0.6619	0.7073	0.9940	0.6598
20	云南社会科学	0.3581	0.5541	0.7197	0.9967	0.6572
21	宁夏社会科学	0.3225	0.4998	0.7929	0.9984	0.6534
22	中州学刊	0.2658	0.4730	0.8782	0.9942	0.6528
23	学海	0.3515	0.5946	0.8050	0.8403	0.6479
24	广西社会科学	0.2206	0.3920	0.9759	1	0.6471
25	江西社会科学	0.2820	0.4864	0.8171	0.9864	0.6430
26	南京社会科学	0.4075	0.4864	0.6707	1	0.6412
27	中国文化研究	0.5518	0.2704	0.7805	0.9444	0.6368
28	社会科学辑刊	0.2400	0.4054	0.9268	0.9627	0.6337
29	江淮论坛	0.3447	0.4325	0.7805	0.9761	0.6335
30	湖北社会科学	0.1484	0.4864	0.9027	0.9956	0.6333
31	江汉论坛	0.2580	0.3782	0.9147	0.9793	0.6326
32	学习与探索	0.2013	0.5136	0.8171	0.9966	0.6322
33	学术界	0.2983	0.3920	0.8295	0.9939	0.6284
34	学术月刊	0.4263	0.2298	0.9027	0.9542	0.6283
35	学术交流	0.1491	0.5541	0.7929	0.9956	0.6229
36	开放时代	0.6112	0.2432	0.6586	0.9634	0.6191
37	天津社会科学	0.3229	0.4054	0.7563	0.9754	0.6150

续表

排序	期刊名称	篇均引文数归一化值	基金论文比归一化值	地区分布归一化值	有机构论文比归一化值	综合值
38	理论月刊	0.2120	0.3514	0.8661	0.9963	0.6065
39	学术探索	0.3205	0.3243	0.7805	0.9961	0.6054
40	兰州学刊	0.2834	0.2298	0.9027	0.9985	0.6036
41	齐鲁学刊	0.3220	0.3243	0.7684	0.9967	0.6029
42	社科纵横	0.1654	0.2432	1	0.9987	0.6018
43	天府新论	0.2973	0.3514	0.7439	1	0.5982
44	河北学刊	0.2859	0.2432	0.8536	0.9950	0.5944
45	广东社会科学	0.3170	0.2704	0.8416	0.9369	0.5915
46	贵州社会科学	0.2414	0.3109	0.8050	0.9965	0.5885
47	东南学术	0.3393	0.4998	0.5123	1	0.5879
48	人文杂志	0.4298	0.1082	0.8171	0.9952	0.5876
49	中国社会科学院研究生院学报	0.3835	0.2432	0.7197	1	0.5866
50	云梦学刊	0.2102	0.4730	0.6831	0.9786	0.5862
50	东岳论丛	0.2581	0.3377	0.7684	0.9805	0.5862
52	晋阳学刊	0.3101	0.3243	0.6831	0.9901	0.5769
53	中华文化论坛	0.3487	0.3377	0.6341	0.9821	0.5757
54	阴山学刊	0.2909	0.2971	0.7318	0.9790	0.5747
55	天中学刊	0.1928	0.3648	0.7197	1	0.5693
56	黑龙江社会科学	0.1211	0.4730	0.6952	0.9864	0.5689
57	重庆社会科学	0.2682	0.3920	0.7439	0.8622	0.5666
58	山西高等学校社会科学学报	0.1295	0.2566	0.8782	1	0.5661
59	中山大学学报论丛	0.1405	0.2432	0.8536	0.9984	0.5589
60	青海社会科学	0.2407	0.2161	0.7805	0.9959	0.5583
61	福建论坛(人文社会科学版)	0.2772	0.2432	0.6952	0.9970	0.5532
61	前沿	0.1783	0.1350	0.9027	0.9966	0.5532
63	北京社会科学	0.2877	0.4998	0.4391	0.9837	0.5526
64	新疆社会科学	0.2153	0.4187	0.5975	0.9723	0.5510
65	河南社会科学	0.1705	0.2971	0.7197	0.9944	0.5454

续表

排序	期刊名称	篇均引文数归一化值	基金论文比归一化值	地区分布归一化值	有机构论文比归一化值	综合值
66	国外社会科学	0.3162	0.2027	0.7684	0.8694	0.5392
67	理论与现代化	0.2659	0.3514	0.5734	0.9577	0.5371
68	山东社会科学	0.2143	0.2566	0.6707	0.9910	0.5332
69	东疆学刊	0.2435	0.3648	0.5002	0.9960	0.5261
70	西藏研究（汉文版）	0.4221	0.2027	0.4270	0.9915	0.5108
71	江南社会学院学报	0.2808	0.2027	0.5488	1	0.5081
72	殷都学刊	0.3516	0.1621	0.5243	0.9863	0.5061
73	理论界	0.0928	0.0539	0.9027	0.9415	0.4977
74	湖南社会科学	0.1746	0.3109	0.5002	0.9991	0.4962
75	高校理论战线	0.1971	0.0677	0.7318	0.9766	0.4933
76	探索与争鸣	0.1440	0.1082	0.6465	0.9532	0.4630
77	黑河学刊	0.0882	0.0272	0.7197	1	0.4588
78	新疆社科论坛（汉文版）	0.1548	0.1755	0.5609	0.9205	0.4529
79	科学对社会的影响	0.1546	0.2567	0.3781	0.9221	0.4279
80	学习与实践	0.0978	0.2298	0.4025	0.8736	0.4009
81	今日中国论坛	0.0367	0.0270	0.7563	0.6756	0.3739
82	南方论刊	0.0410	0.0134	0.5002	0.9168	0.3679
83	大庆社会科学	0.0020	0	0.2195	0.9674	0.2972
84	当代贵州	0	0	0.4025	0.6565	0.2648
85	国土绿化	0	0	0.5488	0.0864	0.1588
86	统计信息	0	0	0.1098	0.3945	0.1261
87	观察与思考	0	0	0.1464	0.3098	0.1141
88	读书	0.0353	0	0.1584	0.0129	0.0517
89	百年潮	0	0	0.0977	0.0216	0.0298
90	中国西藏	0	0	0.0732	0.0206	0.0235

从表23-5中可以看出，居首位的《中国社会科学》学术规范量化指标的综合水平较高，与第2名的《文史哲》相比，有不小的优势，这反映出《中国社会科学》确实是我国人文社会科学综合类期刊中公认的最有学术影响的期刊。但我们也同时注意到，在地区分布数和论文机构标注比例这两项指标上，《中国社会科学》只居于中上游水平，还有一定的提高空间。而居于末位的《读书》、《百年潮》、《中国西

藏》等期刊与《中国社会科学》相比，还有相当大的差距，应针对自身不足，加强对期刊规范度要求。

从整体上来说，我国人文社会科学综合类期刊学术规范化水平参差不齐，各主要指标跨度较大，如篇均引文数和基金论文比例跨度均为0—1之间。这就说明，人文社会科学综合类期刊还应进一步加强学术规范化，特别是排名靠后的期刊应当引起重视，为繁荣我国人文社会科学事业作出努力。

23.2　人文社会科学综合类期刊被引次数分析

期刊的学术影响力很大程度上体现在期刊的被引次数。被引次数是从学术影响角度评价期刊的重要指标，可以反映出期刊在学术领域被参阅和被重视的程度。

但不少期刊存在着不当自引的现象，这就使得被引次数这一指标对学术影响力的反映大打折扣，因此，我们引入他刊引用的指标，将其与总被引指标结合起来分析。进行加权综合分析时，两者的比重分别为35%、65%。这样，由于某些期刊自引过高造成总被引高的情况就得以抵消和修正。

23.2.1　总被引次数

总被引次数是指某期刊在统计源期刊论文中被引用的总频次，不受发文年的限制，因此，该指标体现了期刊自创刊以来的学术影响。一般情况下，研究者重视程度高的期刊总被引频次也高；创刊时间长的期刊被引频次也会相对较高；载文量大的期刊被引频次也会较高。

我们对CSSCI的引文数据进行统计，数据见表23-6。我们统计了人文社会科学综合期刊2004—2006年的总被引次数，计算出三年平均值并根据其从大到小排序，同时计算出平均值的归一化值。归一化值即以排在第1的《中国社会科学》的三年平均值为分母，各期刊的平均值为分子计算而得。

表23-6　　　　2004—2006年人文社会科学综合类期刊总被引次数

排序	期刊名称	2004年（篇次）	2005年（篇次）	2006年（篇次）	三年平均（篇次）	归一化值
1	中国社会科学	1163	1458	1791	1470.67	1
2	读书	409	467	474	450.00	0.3060
3	学术月刊	227	327	347	300.33	0.2042
4	社会科学战线	242	294	357	297.67	0.2024
5	学术研究	185	253	342	260.00	0.1768

续表

排序	期刊名称	2004年(篇次)	2005年(篇次)	2006年(篇次)	三年平均(篇次)	归一化值
6	江海学刊	194	242	307	247.67	0.1684
7	浙江社会科学	177	242	303	240.57	0.1636
8	国外社会科学	213	247	249	236.33	0.1607
9	江苏社会科学	157	218	273	216.00	0.1469
10	天津社会科学	173	174	283	210.00	0.1428
11	社会科学研究	161	191	237	196.33	0.1335
12	社会科学	121	190	277	196.00	0.1333
13	浙江学刊	137	187	225	183.00	0.1244
14	求索	107	166	275	182.67	0.1242
15	文史哲	149	181	213	181.00	0.1231
16	江汉论坛	123	184	234	180.33	0.1226
17	南京社会科学	120	158	224	167.33	0.1138
18	江西社会科学	107	150	212	156.33	0.1063
19	学习与探索	107	139	194	146.67	0.0997
20	人文杂志	112	139	175	142.00	0.0966
21	中州学刊	91	122	207	140.00	0.0952
22	学术界	110	147	145	134.00	0.0911
23	河北学刊	111	135	147	131.00	0.0891
24	社会科学辑刊	98	110	138	115.33	0.0784
25	宁夏社会科学	119	92	133	114.67	0.0780
26	开放时代	63	111	154	109.33	0.0743
27	甘肃社会科学	64	97	159	106.67	0.0725
28	学海	69	109	123	100.33	0.0682
29	学术交流	67	108	125	100.00	0.0680
30	学术论坛	67	84	134	95.00	0.0646
31	齐鲁学刊	76	83	125	94.67	0.0644
32	社会科学家	65	82	131	92.67	0.0630
33	云南社会科学	59	92	118	89.67	0.0610
34	东南学术	50	79	136	88.33	0.0601
35	广东社会科学	54	97	112	87.67	0.0596

续表

排序	期刊名称	2004年（篇次）	2005年（篇次）	2006年（篇次）	三年平均（篇次）	归一化值
36	东岳论丛	64	96	100	86.67	0.0589
36	广西社会科学	52	88	120	86.67	0.0589
38	山东社会科学	55	73	114	80.67	0.0549
39	中国社会科学院研究生院学报	70	66	104	80.00	0.0544
40	福建论坛（人文社会科学版）	28	75	133	78.67	0.0535
41	内蒙古社会科学（汉文版）	64	72	95	77.00	0.0524
41	西藏研究（汉文版）	64	81	86	77.00	0.0524
43	湖北社会科学	39	59	122	73.33	0.0499
44	世界经济与政治论坛	52	67	96	71.67	0.0487
45	探索与争鸣	57	62	94	71.00	0.0483
46	北京社会科学	61	64	84	69.67	0.0474
47	北方论丛	51	43	103	65.67	0.0447
47	理论月刊	35	66	96	65.67	0.0447
49	兰州学刊	41	55	90	62.00	0.0422
50	晋阳学刊	47	53	85	61.67	0.0419
51	湖南社会科学	29	64	81	58.00	0.0394
52	中国文化研究	57	48	68	57.67	0.0392
53	青海社会科学	49	52	67	56.00	0.0381
54	前沿	42	35	83	53.33	0.0363
55	学术探索	29	56	74	53.00	0.0360
56	高校理论战线	41	52	59	50.67	0.0345
57	江淮论坛	46	54	48	49.33	0.0335
58	河南社会科学	21	41	84	48.67	0.0331
59	天府新论	35	36	69	46.67	0.0317
60	新疆社会科学	31	43	59	44.33	0.0301
61	贵州社会科学	30	35	67	44.00	0.0299
62	山西高等学校社会科学学报	29	38	54	40.33	0.0274
63	黑龙江社会科学	31	26	42	33.00	0.0224
64	中山大学学报论丛	20	26	52	32.67	0.0222
65	理论界	19	24	54	32.33	0.0220

续表

排序	期刊名称	2004年（篇次）	2005年（篇次）	2006年（篇次）	三年平均（篇次）	归一化值
66	科学·经济·社会	23	34	30	29.00	0.0197
66	社科纵横	15	26	46	29.00	0.0197
66	云梦学刊	17	30	40	29.00	0.0197
69	理论与现代化	19	24	43	28.67	0.0195
70	中华文化论坛	19	21	45	28.33	0.0193
71	科学对社会的影响	21	26	37	28.00	0.0190
72	唐都学刊	17	26	36	26.33	0.0179
72	殷都学刊	29	21	29	26.33	0.0179
74	今日中国论坛	16	29	25	23.33	0.0159
75	百年潮	24	20	24	22.67	0.0154
76	东疆学刊	6	5	36	15.67	0.0107
77	天中学刊	7	10	23	13.33	0.0091
77	阴山学刊	7	18	15	13.33	0.0091
79	中国西藏	9	8	21	12.67	0.0086
80	重庆社会科学	0	6	24	10.00	0.0068
81	江南社会学院学报	6	11	11	9.33	0.0063
82	新疆社科论坛（汉文版）	6	4	16	8.67	0.0059
83	黑河学刊	10	8	6	8.00	0.0054
84	学习与实践	8	3	9	6.67	0.0045
85	观察与思考	5	6	8	6.33	0.0043
86	当代贵州	1	7	5	4.33	0.0029
87	大庆社会科学	2	1	5	2.67	0.0018
88	统计信息	2	3	2	2.33	0.0016
89	国土绿化	1	1	2	1.33	0.0009
89	南方论刊	1	1	2	1.33	0.0009

从表23-6中可以看出，综合类社科期刊在总被引次数指标上差异非常明显，三年平均总被引次数最高的竟达1470.67篇次，而最低的仅1.33篇次。其中，排第1名的《中国社会科学》比排第2名的《读书》高出1020.67次，足以看出它在综合类社科期刊中的绝对领先地位。而排第2名的《读书》也比第3、第4名的期刊高出

50%。从第 3 名开始，平均次数开始平稳减少。

从三个年度变化来看，人文社会科学综合类期刊总体上呈上升态势，这说明人文社会科学综合类期刊的学术辐射力正在逐年加强。其中增长最多的前 6 种期刊依次是《中国社会科学》、《求索》、《学术研究》、《社会科学》、《浙江社会科学》和《学术月刊》，而增长率最高的是《东疆学刊》，达 500%。另外，《当代贵州》、《福建论坛（人文社会科学版）》、《河南社会科学》、《天中学刊》、《湖北社会科学》、《社科纵横》增长率均超过 200%。但我们也看到有个别期刊出现下降的情况。下降的期刊有必要改善办刊思路，以提升其学术影响力。

23.2.2 其他期刊引用次数

总被引次数按照引用来源又可分为自引和他引。自引是由被引期刊本身刊登的论文引用而产生的；他引则是由被引期刊以外的其他期刊论文引用而产生。其他期刊引用次数（也称他刊引用次数）往往可以反映出被引期刊对其他期刊的学术影响力。在总被引次数的指标之外，增加他刊引用次数，目的是避免目前期刊界存在的个别期刊通过不当的自引来提高被引次数所产生的虚假学术影响，同时又可保证来源刊和非来源刊之间的公平。

本书中被引数据均来源于 CSSCI 数据库，作为非来源刊，在本统计数据中也就不存在自引，其总被引数即他引次数。因此，下面有关分析主要针对来源刊。

表 23-7　　　　2004—2006 年人文社会科学综合类期刊他刊引用次数

排序	期刊名称	2004 年（篇次）	2005 年（篇次）	2006 年（篇次）	三年平均（篇次）	归一化值
1	中国社会科学	1047	1417	1747	1403.67	1
2	读书	376	462	451	429.67	0.3061
3	社会科学战线	232	273	336	280.33	0.1997
4	学术月刊	210	293	324	275.67	0.1964
5	学术研究	165	238	324	242.33	0.1726
6	江海学刊	178	231	299	236.00	0.1681
7	国外社会科学	176	242	246	221.33	0.1577
8	浙江社会科学	170	211	275	218.67	0.1558
9	天津社会科学	165	168	279	204.00	0.1453
10	江苏社会科学	138	201	262	200.33	0.1427
11	社会科学	109	177	263	183.00	0.1304
12	社会科学研究	146	175	220	180.33	0.1285
13	文史哲	149	175	201	175.00	0.1247

续表

排序	期刊名称	2004年（篇次）	2005年（篇次）	2006年（篇次）	三年平均（篇次）	归一化值
14	浙江学刊	132	172	216	173.33	0.1235
15	江汉论坛	116	170	227	171.00	0.1218
16	南京社会科学	108	141	210	153.00	0.1090
17	江西社会科学	91	150	198	146.33	0.1042
18	学习与探索	100	136	176	137.33	0.0978
19	人文杂志	106	134	170	136.67	0.0974
20	求索	98	127	177	134.00	0.0955
21	中州学刊	87	109	188	128.00	0.0912
22	学术界	96	132	135	121.00	0.0862
23	河北学刊	102	117	142	120.33	0.0857
24	社会科学辑刊	94	109	136	113.00	0.0805
25	学术交流	67	108	125	100.00	0.0712
26	甘肃社会科学	56	97	145	99.33	0.0708
27	开放时代	44	103	145	97.33	0.0693
28	宁夏社会科学	111	76	97	94.67	0.0674
29	学术论坛	58	84	134	92.00	0.0655
30	学海	57	99	119	91.67	0.0653
31	齐鲁学刊	76	83	103	87.33	0.0622
32	社会科学家	62	73	123	86.00	0.0613
33	东岳论丛	55	96	100	83.67	0.0596
34	广东社会科学	49	92	107	82.67	0.0589
35	东南学术	42	79	126	82.33	0.0587
35	广西社会科学	39	88	120	82.33	0.0587
35	云南社会科学	57	83	107	82.33	0.0587
38	山东社会科学	48	73	114	78.33	0.0558
39	中国社会科学院研究生院学报	61	65	102	76.00	0.0541
40	福建论坛（人文社会科学版）	28	75	121	74.67	0.0532
41	内蒙古社会科学（汉文版）	61	66	91	72.67	0.0518
42	湖北社会科学	31	59	122	70.67	0.0503
43	探索与争鸣	52	62	93	69.00	0.0492

第 23 章 人文社会科学综合期刊　　1171

续表

排序	期刊名称	2004年（篇次）	2005年（篇次）	2006年（篇次）	三年平均（篇次）	归一化值
44	北方论丛	46	43	103	64.00	0.0456
44	理论月刊	30	66	96	64.00	0.0456
46	北京社会科学	55	60	76	63.67	0.0454
47	西藏研究（汉文版）	61	63	63	62.33	0.0444
48	晋阳学刊	44	53	85	60.67	0.0432
49	世界经济与政治论坛	41	58	79	59.33	0.0423
50	兰州学刊	32	55	90	59.00	0.0420
51	湖南社会科学	29	64	81	58.00	0.0413
52	中国文化研究	57	46	66	56.33	0.0401
53	青海社会科学	45	52	63	53.33	0.0380
54	前沿	42	35	83	53.33	0.0380
55	学术探索	29	56	74	53.00	0.0378
56	河南社会科学	21	41	84	48.67	0.0347
57	天府新论	35	36	69	46.67	0.0332
58	江淮论坛	39	52	47	46.00	0.0328
59	高校理论战线	40	38	54	44.00	0.0313
60	贵州社会科学	28	32	64	41.33	0.0294
61	新疆社会科学	28	43	51	40.67	0.0290
62	山西高等学校社会科学学报	29	38	54	40.33	0.0287
63	中山大学学报论丛	20	26	52	32.67	0.0233
64	理论界	18	24	54	32.00	0.0228
65	黑龙江社会科学	22	26	42	30.00	0.0214
66	社科纵横	15	26	46	29.00	0.0207
66	云梦学刊	17	30	40	29.00	0.0207
68	理论与现代化	19	24	43	28.67	0.0204
69	中华文化论坛	19	21	45	28.33	0.0202
70	科学对社会的影响	21	26	36	27.67	0.0197
71	殷都学刊	29	21	29	26.33	0.0188
71	唐都学刊	17	26	36	26.33	0.0188
73	科学·经济·社会	20	28	27	25.00	0.0178

续表

排序	期刊名称	2004年（篇次）	2005年（篇次）	2006年（篇次）	三年平均（篇次）	归一化值
74	今日中国论坛	14	29	25	22.67	0.0162
75	百年潮	24	18	24	22.00	0.0157
76	东疆学刊	6	5	36	15.67	0.0112
77	天中学刊	7	10	23	13.33	0.0095
77	阴山学刊	7	18	15	13.33	0.0095
79	中国西藏	9	8	21	12.67	0.0090
80	重庆社会科学	0	6	24	10.00	0.0071
81	江南社会学院学报	6	11	11	9.33	0.0066
82	新疆社科论坛（汉文版）	6	4	15	8.33	0.0059
83	黑河学刊	10	8	6	8.00	0.0057
84	学习与实践	8	3	9	6.67	0.0048
85	观察与思考	5	6	8	6.33	0.0045
86	当代贵州	1	7	5	4.33	0.0031
87	大庆社会科学	2	1	5	2.67	0.0019
88	统计信息	2	3	2	2.33	0.0017
89	国土绿化	1	1	2	1.33	0.0009
89	南方论刊	1	1	2	1.33	0.0009

由表23-7可以看出，与总被引次数类似，综合类社科期刊他刊引用次数两极分化现象相当严重，排名第1的期刊与排名靠后的期刊数据相差很大。从数据分布上看，他刊引用次数呈现出金字塔形状：他刊引用次数在300次之上、200—300次、100—200次、100次以下的分别为2种期刊、8种期刊、15种期刊、65种期刊，底层期刊占据了人文社会科学综合类期刊的72.22%，是一个很大的群体。这反映了综合类社科期刊呈现总体学术影响不高、少数期刊影响突出的形势。

我们将CSSCI来源期刊（这里指2004—2006年曾经入选CSSCI的46种刊物）的三年平均被引数量减去他引部分，再除以三年平均被引，算出自引比率。见表23-8。其中，各期刊按照自引比率由低到高排序。

表 23-8　　2004—2006 年综合类社科期刊（来源刊）自引比率表

排序	期刊名称	三年平均被引	三年平均他引	自引率(%)
1	科学对社会的影响	28.00	27.67	1.18
2	社会科学辑刊	115.33	113.00	2.02
3	天津社会科学	210.00	204.00	2.86
4	百年潮	22.67	22.00	2.96
5	文史哲	181.00	175.00	3.31
6	人文杂志	142.00	136.67	3.75
7	读书	450.00	429.67	4.52
8	中国社会科学	1470.67	1403.67	4.56
9	江海学刊	247.67	236.00	4.71
10	青海社会科学	56.00	53.33	4.77
11	中国社会科学院研究生院学报	80.00	76.00	5.00
12	福建论坛（人文社会科学版）	78.67	74.67	5.08
13	江汉论坛	180.33	171.00	5.17
14	浙江学刊	183.00	173.33	5.28
15	内蒙古社会科学（汉文版）	77.00	72.67	5.62
16	广东社会科学	87.67	82.67	5.70
17	社会科学战线	297.67	280.33	5.83
18	贵州社会科学	44.00	41.33	6.07
19	国外社会科学	236.33	221.33	6.35
20	学习与探索	146.67	137.33	6.37
21	江西社会科学	156.33	146.33	6.40
22	社会科学	196.00	183.00	6.63
23	江淮论坛	49.33	46.00	6.75
24	东南学术	88.33	82.33	6.79
25	学术研究	260.00	242.33	6.80
26	甘肃社会科学	106.67	99.33	6.88
27	社会科学家	92.67	86.00	7.20
28	江苏社会科学	216.00	200.33	7.25
29	河北学刊	131.00	120.33	8.15
29	社会科学研究	196.33	180.33	8.15
31	云南社会科学	89.67	82.33	8.19

续表

排序	期刊名称	三年平均被引	三年平均他引	自引率(%)
32	学术月刊	300.33	275.67	8.21
33	新疆社会科学	44.33	40.67	8.26
34	南京社会科学	167.33	153.00	8.56
35	中州学刊	140.00	128.00	8.57
36	北京社会科学	69.67	63.67	8.61
37	学海	100.33	91.67	8.63
38	浙江社会科学	240.67	218.67	9.14
39	学术界	134.00	121.00	9.70
40	开放时代	109.33	97.33	10.98
41	科学·经济·社会	29.00	25.00	13.79
42	世界经济与政治论坛	71.67	59.33	17.22
43	宁夏社会科学	114.67	94.67	17.44
44	西藏研究（汉文版）	77.00	62.33	19.05
45	中国文化研究	57.67	56.33	23.20
46	求索	182.67	134.00	26.64

由表23-8我们可以看到，综合类社科期刊来源刊中85%的期刊自引率在10%以下，这就说明，综合类社科期刊的自引率普遍不高，由总被引反映出来的学术影响力还是非常可信的。

另外我们也看出，总被引和他引排在前列的期刊，它们的自引率也普遍很低。特别是《中国社会科学》和《读书》两种期刊，其自引比率分别只有4.5%左右。由此可见，在一般情况下学术影响力越大的期刊，其自引比例通常较小。

当然，我们也看到有一些自引率偏高的期刊，其自引率甚至在25%以上，使得其总被引数值对学术影响力的反映大打折扣。

23.2.3 人文社会科学综合类期刊被引次数综合分析

总被引和他引这两项指标均揭示了期刊的学术影响力以及受学界重视的程度，我们有必要将两者综合考虑。如前文所述，我们将归一化值按35%与65%权重进行加权（确定权重的详细解释见本书第1章），从而揭示出期刊被引的综合类情况。表23-9为人文社会科学综合类期刊被引次数综合值排序。

表 23-9　2004—2006 年人文社会科学综合类期刊被引次数综合值

排序	期刊名称	总被引次数归一化值	他刊引用次数归一化值	综合值
1	中国社会科学	1	1	1
2	读书	0.3060	0.3061	0.3061
3	社会科学战线	0.2024	0.1997	0.2006
4	学术月刊	0.2042	0.1964	0.1991
5	学术研究	0.1768	0.1726	0.1741
6	江海学刊	0.1684	0.1681	0.1682
7	国外社会科学	0.1607	0.1577	0.1588
8	浙江社会科学	0.1636	0.1558	0.1585
9	天津社会科学	0.1428	0.1453	0.1444
10	江苏社会科学	0.1469	0.1427	0.1442
11	社会科学	0.1333	0.1304	0.1314
12	社会科学研究	0.1335	0.1285	0.1303
13	文史哲	0.1231	0.1247	0.1241
14	浙江学刊	0.1244	0.1235	0.1238
15	江汉论坛	0.1226	0.1218	0.1221
16	南京社会科学	0.1138	0.1090	0.1107
17	求索	0.1242	0.0955	0.1055
18	江西社会科学	0.1063	0.1042	0.1049
19	学习与探索	0.0997	0.0978	0.0985
20	人文杂志	0.0966	0.0974	0.0971
21	中州学刊	0.0952	0.0912	0.0926
22	学术界	0.0911	0.0862	0.0879
23	河北学刊	0.0891	0.0857	0.0869
24	社会科学辑刊	0.0784	0.0805	0.0798
25	甘肃社会科学	0.0725	0.0708	0.0714
26	宁夏社会科学	0.0780	0.0674	0.0711
27	开放时代	0.0743	0.0693	0.0711
28	学术交流	0.0680	0.0712	0.0701
29	学海	0.0682	0.0653	0.0663
30	学术论坛	0.0646	0.0655	0.0652

续表

排序	期刊名称	总被引次数归一化值	他刊引用次数归一化值	综合值
31	齐鲁学刊	0.0644	0.0622	0.0630
32	社会科学家	0.0630	0.0613	0.0619
33	云南社会科学	0.0610	0.0587	0.0595
34	东岳论丛	0.0589	0.0596	0.0594
35	东南学术	0.0601	0.0587	0.0592
36	广东社会科学	0.0596	0.0589	0.0591
37	广西社会科学	0.0589	0.0587	0.0588
38	山东社会科学	0.0549	0.0558	0.0555
39	中国社会科学院研究生院学报	0.0544	0.0541	0.0542
40	福建论坛（人文社会科学版）	0.0535	0.0532	0.0533
41	内蒙古社会科学（汉文版）	0.0524	0.0518	0.0520
42	湖北社会科学	0.0499	0.0503	0.0502
43	探索与争鸣	0.0483	0.0492	0.0489
44	西藏研究（汉文版）	0.0524	0.0444	0.0472
45	北京社会科学	0.0474	0.0454	0.0461
46	北方论丛	0.0447	0.0456	0.0453
46	理论月刊	0.0447	0.0456	0.0453
48	世界经济与政治论坛	0.0487	0.0423	0.0445
49	晋阳学刊	0.0419	0.0432	0.0427
50	兰州学刊	0.0422	0.0420	0.0421
51	湖南社会科学	0.0394	0.0413	0.0406
52	中国文化研究	0.0392	0.0401	0.0398
53	青海社会科学	0.0381	0.0380	0.0380
54	前沿	0.0363	0.0380	0.0374
55	学术探索	0.0360	0.0378	0.0372
56	河南社会科学	0.0331	0.0347	0.0341
57	江淮论坛	0.0335	0.0328	0.0330
58	天府新论	0.0317	0.0332	0.0327
59	高校理论战线	0.0345	0.0313	0.0324
60	贵州社会科学	0.0299	0.0294	0.0296

续表

排序	期刊名称	总被引次数归一化值	他刊引用次数归一化值	综合值
61	新疆社会科学	0.0301	0.0290	0.0294
62	山西高等学校社会科学学报	0.0274	0.0287	0.0282
63	中山大学学报论丛	0.0222	0.0233	0.0229
64	理论界	0.0220	0.0228	0.0225
65	黑龙江社会科学	0.0224	0.0214	0.0218
66	社科纵横	0.0197	0.0207	0.0204
66	云梦学刊	0.0197	0.0207	0.0204
68	理论与现代化	0.0195	0.0204	0.0201
69	中华文化论坛	0.0193	0.0202	0.0199
70	科学对社会的影响	0.0190	0.0197	0.0195
71	唐都学刊	0.0179	0.0188	0.0185
71	殷都学刊	0.0179	0.0188	0.0185
71	科学·经济·社会	0.0197	0.0178	0.0185
74	今日中国论坛	0.0159	0.0162	0.0160
75	百年潮	0.0154	0.0157	0.0156
76	东疆学刊	0.0107	0.0112	0.0110
77	天中学刊	0.0091	0.0095	0.0094
77	阴山学刊	0.0091	0.0095	0.0094
79	中国西藏	0.0086	0.0090	0.0089
80	重庆社会科学	0.0068	0.0071	0.0070
81	江南社会学院学报	0.0063	0.0066	0.0065
82	新疆社科论坛（汉文版）	0.0059	0.0059	0.0059
83	黑河学刊	0.0054	0.0057	0.0056
84	学习与实践	0.0045	0.0048	0.0047
85	观察与思考	0.0043	0.0045	0.0044
86	当代贵州	0.0029	0.0031	0.0030
87	大庆社会科学	0.0018	0.0019	0.0019
88	统计信息	0.0016	0.0017	0.0017
89	国土绿化	0.0009	0.0009	0.0009
89	南方论刊	0.0009	0.0009	0.0009

分析表23-9，人文社会科学综合类期刊被引情况呈现两极分化。排在首位的《中国社会科学》的被引综合值高达1；居于后两位的《读书》、《社会科学战线》只有0.3和0.2左右；排第4—18名的《学术月刊》等15种期刊的被引次数综合值则在0.2—0.1之间。72种期刊的综合值不超过0.1，占总数的80%。

表23-9还显示，人文社会科学综合类期刊的总被引次数归一化值、他引次数归一化值表现较为一致，且这样的状况占据了人文社会科学综合类期刊的主体，这和人文社会科学综合类期刊的整体他引率高密切相关。

23.3 人文社会科学综合类期刊被引速率分析

被引次数从量的角度反映了人文社会科学综合类期刊被引现状，为了从引用速度的角度来评估人文社会科学综合类期刊的影响力，我们引入了被引速率的指标。本节中的被引速率是针对人文社会科学的学科特点在即年指数的基础上演化而来的（详见第1章），此项指标可测度期刊论文被利用的速度以及期刊对学科发展过程中新的科学问题的快速反应程度，并可表征期刊对学术热点的反应速度。具体公式参见本书第1章。

23.3.1 总被引速率

本书所指总被引速率是指该刊当年论文和前一年论文在当年被引用总次数与该刊当年和前一年发表的论文总数的比值。它反映了人文社会科学综合类期刊对学术热点的跟踪和对学术前沿的反应速度。表23-10给出了2004—2006年人文社会科学综合类期刊的总被引速率排名，并对其归一化处理。本表按三年平均速率从大到小排序。

表23-10　　　　2004—2006年人文社会科学综合类期刊总被引速率

排序	期刊名称	2004年	2005年	2006年	三年平均	归一化值
1	中国社会科学	0.9871	1.1171	1.2222	1.1088	1
2	读书	0.1694	0.1623	0.1645	0.1654	0.1492
3	开放时代	0.1071	0.1500	0.1768	0.1446	0.1304
4	国外社会科学	0.1631	0.1004	0.1507	0.1381	0.1245
5	学术月刊	0.0875	0.1364	0.1496	0.1245	0.1123
6	浙江社会科学	0.1242	0.1193	0.1134	0.1190	0.1073
7	世界经济与政治论坛	0.0714	0.1200	0.1383	0.1099	0.0991
8	天津社会科学	0.0568	0.0876	0.1841	0.1095	0.0988
9	社会科学研究	0.0915	0.0785	0.1302	0.1001	0.0903

续表

排序	期刊名称	2004年	2005年	2006年	三年平均	归一化值
10	社会科学	0.0849	0.0730	0.1257	0.0945	0.0852
11	浙江学刊	0.0674	0.1042	0.1058	0.0925	0.0834
12	文史哲	0.0576	0.0976	0.1192	0.0915	0.0825
13	南京社会科学	0.0694	0.0935	0.1073	0.0901	0.0813
14	人文杂志	0.0684	0.0982	0.1006	0.0891	0.0804
15	河北学刊	0.0890	0.0979	0.0774	0.0881	0.0795
16	江海学刊	0.0813	0.0659	0.1150	0.0874	0.0788
17	学术研究	0.0526	0.0697	0.1214	0.0812	0.0732
18	东南学术	0.0415	0.0554	0.1205	0.0725	0.0654
19	江苏社会科学	0.0570	0.0769	0.0815	0.0718	0.0648
20	社会科学战线	0.0649	0.0550	0.0870	0.0690	0.0622
21	学术界	0.0718	0.0677	0.0637	0.0677	0.0611
22	北京社会科学	0.0300	0.0699	0.0905	0.0635	0.0573
23	学习与探索	0.0340	0.0736	0.0806	0.0627	0.0565
24	云南社会科学	0.0459	0.0718	0.0560	0.0579	0.0522
25	社会科学辑刊	0.0478	0.0691	0.0515	0.0561	0.0506
26	内蒙古社会科学（汉文版）	0.0371	0.0530	0.0761	0.0554	0.0500
27	东疆学刊	0	0	0.1607	0.0536	0.0483
28	学海	0.0316	0.0554	0.0717	0.0529	0.0477
29	中国社会科学院研究生院学报	0.0502	0.0208	0.0873	0.0528	0.0476
30	宁夏社会科学	0.0491	0.0264	0.0814	0.0523	0.0472
31	中州学刊	0.0323	0.0429	0.0691	0.0481	0.0434
32	中国文化研究	0.0462	0.0486	0.0460	0.0469	0.0423
33	探索与争鸣	0.0362	0.0335	0.0702	0.0466	0.0422
34	高校理论战线	0.0216	0.0504	0.0659	0.0460	0.0415
35	广东社会科学	0.0314	0.0349	0.0704	0.0456	0.0411
36	齐鲁学刊	0.0195	0.0335	0.0803	0.0444	0.0400
36	江汉论坛	0.0375	0.0379	0.0575	0.0443	0.0400
38	求索	0.0233	0.0372	0.0695	0.0433	0.0391
39	甘肃社会科学	0.0360	0.0262	0.0562	0.0395	0.0356
40	天府新论	0.0478	0.0336	0.0363	0.0392	0.0354

续表

排序	期刊名称	2004年	2005年	2006年	三年平均	归一化值
41	北方论丛	0.0099	0.0098	0.0968	0.0388	0.0350
42	社会科学家	0.0257	0.0396	0.0480	0.0378	0.0341
43	东岳论丛	0.0220	0.0504	0.0407	0.0377	0.0340
44	西藏研究（汉文版）	0.0411	0.0510	0.0200	0.0374	0.0337
45	理论与现代化	0.0289	0.0354	0.0459	0.0367	0.0331
46	山东社会科学	0.0202	0.0380	0.0462	0.0348	0.0314
47	学术探索	0.0158	0.0338	0.0493	0.0330	0.0298
48	科学对社会的影响	0.0336	0.0522	0.0088	0.0315	0.0284
49	学术论坛	0.0330	0.0242	0.0366	0.0313	0.0282
50	福建论坛（人文社会科学版）	0	0.0508	0.0403	0.0304	0.0274
51	晋阳学刊	0.0100	0.0267	0.0541	0.0303	0.0273
52	新疆社会科学	0.0086	0.0084	0.0720	0.0297	0.0268
53	科学·经济·社会	0.0265	0.0335	0.0259	0.0286	0.0258
54	江西社会科学	0.0175	0.0276	0.0372	0.0274	0.0247
55	学术交流	0.0218	0.0298	0.0215	0.0244	0.0220
56	河南社会科学	0.0080	0.0176	0.0468	0.0241	0.0217
57	湖南社会科学	0.0176	0.0199	0.0326	0.0234	0.0211
58	江南社会学院学报	0.0254	0.0159	0.0286	0.0233	0.0210
59	云梦学刊	0.0062	0.0286	0.0285	0.0211	0.0190
60	广西社会科学	0.0110	0.0233	0.0246	0.0196	0.0177
60	唐都学刊	0.0149	0.0195	0.0245	0.0196	0.0177
62	青海社会科学	0.0205	0.0123	0.0243	0.0190	0.0171
63	江淮论坛	0.0105	0.0256	0.0188	0.0183	0.0165
64	中华文化论坛	0.0107	0.0150	0.0279	0.0179	0.0161
65	贵州社会科学	0.0054	0.0170	0.0306	0.0177	0.0160
66	今日中国论坛	0.0241	0.0129	0.0101	0.0157	0.0142
67	湖北社会科学	0.0085	0.0125	0.0255	0.0155	0.0140
68	殷都学刊	0.0098	0.0151	0.0156	0.0135	0.0122
69	中国西藏	0.0118	0.0074	0.0198	0.0130	0.0117
70	黑龙江社会科学	0.0101	0.0077	0.0186	0.0121	0.0109
71	兰州学刊	0.0098	0.0100	0.0152	0.0117	0.0106

续表

排序	期刊名称	2004年	2005年	2006年	三年平均	归一化值
72	前沿	0.0117	0.0067	0.0148	0.0111	0.0100
73	理论月刊	0.0074	0.0103	0.0152	0.0110	0.0099
74	重庆社会科学	0	0.0103	0.0222	0.0108	0.0097
75	山西高等学校社会科学学报	0.0075	0.0125	0.0101	0.0100	0.0090
76	百年潮	0.0054	0.0082	0.0161	0.0099	0.0089
77	阴山学刊	0.0031	0.0121	0.0129	0.0094	0.0084
78	天中学刊	0.0016	0.0018	0.0143	0.0059	0.0053
79	社科纵横	0.0025	0.0058	0.0087	0.0057	0.0051
80	中山大学学报论丛	0.0010	0.0069	0.0081	0.0053	0.0048
81	理论界	0.0031	0.0032	0.0093	0.0052	0.0047
82	统计信息	0.0021	0.0035	0.0065	0.0040	0.0036
83	黑河学刊	0.0037	0.0038	0.0035	0.0037	0.0033
84	学习与实践	0.0026	0	0.0059	0.0028	0.0025
85	观察与思考	0.0014	0.0021	0.0043	0.0026	0.0023
86	当代贵州	0	0.0047	0.0016	0.0021	0.0019
87	新疆社科论坛（汉文版）	0.0023	0	0.0028	0.0017	0.0015
88	南方论刊	0	0	0.0024	0.0008	0.0007
89	北京社会科学	0	0	0.0021	0.0007	0.0006
90	国土绿化	0	0	0	0	0

由表23-10可知，人文社会科学综合类期刊的总被引速率在2004—2006年的平均值仅为0.0549，与哲学类期刊的0.7240（参见本书第3章）相比，两者还是存在一定差距的。因此，从整体来说人文社会科学综合类期刊在追踪学术前沿、把握科研热点上还有待加强。

从年度变化看，整个人文社会科学综合类期刊的平均总被引速率一直是在稳步上升的。2004年的平均总被引速率为0.0433，到2005年跃升至0.0523，2006年则达到了0.0692，共上升了59.82%。其中涨势最为明显的是《北方论丛》，该刊在三年间的总被引速率分别为0.0099、0.0098、0.0968，涨幅位居所有期刊之首，达9倍之多。《新疆社会科学》以及《天中学刊》的增长虽然也较为明显，有着8倍左右的涨幅，但它们的总被引次数处于较低水平，还需加强刊载论文的前沿性和实用性，并缩短出版周期，保证论文与科研的实时性。其余大部分期刊的总被引速率也都处于增长的态势，虽然有个别期刊出现了下滑的趋势，但幅度也是极小的。

在这些期刊中,《中国社会科学》三年平均的总被引速率远远超过同类其他期刊,达到了 1.1088,比第 2 名《读书》的 0.1654 多出近 6 倍。这说明《中国社会科学》代表了我国人文社会科学综合类期刊的最高学术水平,能够反映我国人文社会科学领域最新和最重要的学术研究成果。

23.3.2 其他期刊引用速率

其他期刊引用速率(也称他刊引用速率)表示该刊当年论文和前一年论文在当年被其他期刊引用的次数与该刊当年发表的和前一年发表的论文总数的比值。这样,将自引排除在外,为来源期刊与非来源期刊统计的公平性创造了一个良好的条件。表 23-11 给出了 2004—2006 年人文社会科学综合类期刊他刊引用速率的详细状况。

表 23-11　　　　2004—2006 年人文社会科学综合类期刊他刊引用速率

排序	期刊名称	2004 年	2005 年	2006 年	三年平均	归一化值
1	中国社会科学	0.9440	1.0676	1.1836	1.0651	1
2	读书	0.1628	0.1557	0.1323	0.1503	0.1411
3	国外社会科学	0.1588	0.0917	0.1507	0.1337	0.1255
4	开放时代	0.1071	0.1167	0.1402	0.1213	0.1139
5	天津社会科学	0.0540	0.0847	0.1813	0.1067	0.1002
6	学术月刊	0.0825	0.0909	0.1250	0.0995	0.0934
7	浙江社会科学	0.0973	0.0895	0.0992	0.0953	0.0895
8	人文杂志	0.0684	0.0930	0.1006	0.0873	0.0820
9	社会科学	0.0780	0.0664	0.1100	0.0848	0.0796
10	文史哲	0.0490	0.0915	0.1093	0.0833	0.0782
11	社会科学研究	0.0618	0.0673	0.1192	0.0828	0.0777
12	江海学刊	0.0754	0.0623	0.1095	0.0824	0.0774
13	南京社会科学	0.0646	0.0767	0.1032	0.0815	0.0765
14	浙江学刊	0.0589	0.0813	0.0972	0.0791	0.0743
15	世界经济与政治论坛	0.0414	0.0945	0.0957	0.0772	0.0725
16	学术研究	0.0474	0.0640	0.1079	0.0731	0.0686
17	东南学术	0.0415	0.0554	0.1042	0.0670	0.0629
18	江苏社会科学	0.0491	0.0733	0.0741	0.0655	0.0615
19	河北学刊	0.0401	0.0791	0.0758	0.0650	0.0610
20	社会科学战线	0.0606	0.0456	0.0775	0.0612	0.0575

续表

排序	期刊名称	2004年	2005年	2006年	三年平均	归一化值
21	学习与探索	0.0340	0.0718	0.0705	0.0588	0.0552
22	北京社会科学	0.0300	0.0699	0.0714	0.0571	0.0536
23	学术界	0.0602	0.0519	0.0579	0.0567	0.0532
24	社会科学辑刊	0.0440	0.0691	0.0480	0.0537	0.0504
25	东疆学刊	0	0	0.1607	0.0536	0.0503
26	内蒙古社会科学（汉文版）	0.0318	0.0480	0.0761	0.0520	0.0488
27	中国社会科学院研究生院学报	0.0430	0.0208	0.0873	0.0504	0.0473
28	云南社会科学	0.0378	0.0641	0.0427	0.0482	0.0453
29	学海	0.0268	0.0443	0.0717	0.0476	0.0447
30	探索与争鸣	0.0362	0.0335	0.0702	0.0466	0.0438
31	中国文化研究	0.0462	0.0432	0.0402	0.0432	0.0406
32	中州学刊	0.0255	0.0386	0.0605	0.0415	0.0390
33	广东社会科学	0.0262	0.0299	0.0681	0.0414	0.0389
34	江汉论坛	0.0331	0.0335	0.0564	0.0410	0.0385
35	高校理论战线	0.0216	0.0364	0.0629	0.0403	0.0378
36	天府新论	0.0478	0.0336	0.0363	0.0392	0.0368
37	北方论丛	0.0099	0.0098	0.0968	0.0388	0.0364
38	甘肃社会科学	0.0360	0.0262	0.0513	0.0378	0.0355
39	东岳论丛	0.0220	0.0504	0.0407	0.0377	0.0354
40	理论与现代化	0.0289	0.0354	0.0459	0.0367	0.0345
41	齐鲁学刊	0.0195	0.0335	0.0535	0.0355	0.0333
42	山东社会科学	0.0202	0.0380	0.0462	0.0348	0.0327
43	学术探索	0.0158	0.0338	0.0493	0.0330	0.0310
44	社会科学家	0.0218	0.0333	0.0422	0.0324	0.0304
45	科学对社会的影响	0.0336	0.0522	0.0088	0.0315	0.0296
46	学术论坛	0.0330	0.0242	0.0366	0.0313	0.0294
47	福建论坛（人文社会科学版）	0	0.0508	0.0403	0.0304	0.0285
48	晋阳学刊	0.0100	0.0267	0.0541	0.0303	0.0284
49	江西社会科学	0.0175	0.0276	0.0324	0.0258	0.0242
50	学术交流	0.0218	0.0298	0.0215	0.0244	0.0229
51	河南社会科学	0.0080	0.0176	0.0468	0.0241	0.0226

续表

排序	期刊名称	2004年	2005年	2006年	三年平均	归一化值
52	湖南社会科学	0.0176	0.0199	0.0326	0.0234	0.0220
53	江南社会学院学报	0.0254	0.0159	0.0286	0.0233	0.0219
54	新疆社会科学	0.0086	0.0084	0.0520	0.0230	0.0216
55	宁夏社会科学	0.0145	0.0185	0.0339	0.0223	0.0209
56	科学·经济·社会	0.0265	0.0191	0.0207	0.0221	0.0207
56	西藏研究（汉文版）	0.0342	0.0255	0.0067	0.0221	0.0207
58	云梦学刊	0.0062	0.0286	0.0285	0.0211	0.0198
59	广西社会科学	0.0110	0.0233	0.0246	0.0196	0.0184
59	唐都学刊	0.0149	0.0195	0.0245	0.0196	0.0184
61	青海社会科学	0.0205	0.0123	0.0223	0.0184	0.0173
62	中华文化论坛	0.0107	0.0150	0.0279	0.0179	0.0168
63	求索	0.0132	0.0196	0.0203	0.0177	0.0166
64	江淮论坛	0.0105	0.0230	0.0188	0.0174	0.0163
65	今日中国论坛	0.0241	0.0129	0.0101	0.0157	0.0147
66	湖北社会科学	0.0085	0.0125	0.0255	0.0155	0.0146
67	贵州社会科学	0.0027	0.0149	0.0270	0.0149	0.0140
68	殷都学刊	0.0098	0.0151	0.0156	0.0135	0.0127
69	中国西藏	0.0118	0.0074	0.0198	0.0130	0.0122
70	黑龙江社会科学	0.0101	0.0077	0.0186	0.0121	0.0114
71	兰州学刊	0.0098	0.0100	0.0152	0.0117	0.0110
72	理论月刊	0.0074	0.0103	0.0152	0.0110	0.0103
73	前沿	0.0117	0.0067	0.0143	0.0109	0.0102
74	重庆社会科学	0	0.0103	0.0222	0.0108	0.0101
75	山西高等学校社会科学学报	0.0075	0.0125	0.0093	0.0098	0.0092
76	阴山学刊	0	0.0121	0.0129	0.0083	0.0078
77	百年潮	0.0055	0.0082	0.0055	0.0064	0.0060
78	天中学刊	0.0016	0.0018	0.0143	0.0059	0.0055
79	社科纵横	0.0025	0.0058	0.0087	0.0057	0.0054
80	中山大学学报论丛	0.0010	0.0069	0.0081	0.0053	0.0050
81	理论界	0.0031	0.0032	0.0093	0.0052	0.0049
82	统计信息	0.0021	0.0035	0.0065	0.0040	0.0038

续表

排序	期刊名称	2004 年	2005 年	2006 年	三年平均	归一化值
83	黑河学刊	0.0037	0.0038	0.0035	0.0037	0.0035
84	学习与实践	0.0026	0	0.0059	0.0028	0.0026
85	观察与思考	0.0014	0.0021	0.0043	0.0026	0.0024
86	当代贵州	0	0.0047	0.0016	0.0021	0.0020
87	南方论刊	0	0	0.0024	0.0008	0.0008
87	新疆社科论坛（汉文版）	0.0023	0	0	0.0008	0.0008
89	大庆社会科学	0	0	0.0021	0.0007	0.0007
90	国土绿化	0	0	0	0	0

由表 23-11 可知，2004—2006 年间，人文社会科学综合类期刊的他刊引用速率平均值为 0.0498，与总被引速率的 0.0549 相比差别并不大。虽然他刊引用速率平均值也属于较低水平，但和总被引速率指标相比，人文社会科学综合类期刊在他刊引用速率指标上与其他人文社科类专业期刊的差距略小。这是因为人文社会科学综合类期刊的他引率要优于其他学科，表明人文社会科学综合类期刊相比其他学科对他刊的学术影响更为直接和迅速。

与总被引速率相一致，人文社会科学综合类期刊的他刊引用速率表现出了稳步增长的势头。他引速率由 2004 年的 0.0392 增至 2005 年、2006 年的 0.0472、0.0629，增幅达 60.46%。

23.3.3 人文社会科学综合类期刊被引速率综合分析

总被引速率和他刊引用速率的指标从不同角度揭示了期刊对科研热点的跟踪能力、对学术前沿的反应能力及期刊的影响力与受重视程度。我们将两者综合考虑，将归一化之后的指标按 35% 与 65% 权重进行加权（确定权重的详细解释见本书第 1 章），从而揭示出期刊的综合引用速率状况。表 23-12 为人文社会科学综合类期刊被引速率综合值排序。

表 23-12　2004—2006 年人文社会科学综合类期刊被引速率综合值

排序	期刊名称	总被引速率归一化值	他刊引用速率归一化值	综合值
1	中国社会科学	1	1	1
2	读书	0.1492	0.1411	0.1439
3	国外社会科学	0.1245	0.1255	0.1252

续表

排序	期刊名称	总被引速率归一化值	他刊引用速率归一化值	综合值
4	开放时代	0.1304	0.1139	0.1197
5	学术月刊	0.1123	0.0934	0.1000
6	天津社会科学	0.0988	0.1002	0.0997
7	浙江社会科学	0.1073	0.0895	0.0957
8	社会科学研究	0.0903	0.0777	0.0821
9	世界经济与政治论坛	0.0991	0.0725	0.0818
10	社会科学	0.0852	0.0796	0.0816
11	人文杂志	0.0804	0.0820	0.0814
12	文史哲	0.0825	0.0782	0.0797
13	南京社会科学	0.0813	0.0765	0.0782
14	江海学刊	0.0788	0.0774	0.0779
15	浙江学刊	0.0834	0.0743	0.0775
16	学术研究	0.0732	0.0686	0.0702
17	河北学刊	0.0795	0.0610	0.0675
18	东南学术	0.0654	0.0629	0.0638
19	江苏社会科学	0.0648	0.0615	0.0627
20	社会科学战线	0.0622	0.0575	0.0591
21	学术界	0.0611	0.0532	0.0560
22	学习与探索	0.0565	0.0552	0.0557
23	社会科学辑刊	0.0506	0.0504	0.0505
24	东疆学刊	0.0483	0.0503	0.0496
25	内蒙古社会科学（汉文版）	0.0500	0.0488	0.0492
26	云南社会科学	0.0522	0.0453	0.0477
27	中国社会科学院研究生院学报	0.0476	0.0473	0.0474
28	学海	0.0477	0.0447	0.0458
29	探索与争鸣	0.0422	0.0438	0.0432
30	中国文化研究	0.0423	0.0406	0.0412
31	中州学刊	0.0434	0.0390	0.0405
32	广东社会科学	0.0411	0.0389	0.0397
33	高校理论战线	0.0415	0.0378	0.0391

续表

排序	期刊名称	总被引速率归一化值	他刊引用速率归一化值	综合值
34	天府新论	0.0354	0.0368	0.0363
35	北方论丛	0.0350	0.0364	0.0359
36	齐鲁学刊	0.0400	0.0333	0.0356
37	江汉论坛	0.0300	0.0385	0.0355
37	甘肃社会科学	0.0356	0.0355	0.0355
39	北京社会科学	0.0006	0.0536	0.0351
40	东岳论丛	0.0340	0.0354	0.0349
41	理论与现代化	0.0331	0.0345	0.0340
42	山东社会科学	0.0314	0.0327	0.0322
43	社会科学家	0.0341	0.0304	0.0317
44	学术探索	0.0298	0.0310	0.0306
45	宁夏社会科学	0.0472	0.0209	0.0301
46	科学对社会的影响	0.0284	0.0296	0.0292
47	学术论坛	0.0282	0.0294	0.0290
48	福建论坛（人文社会科学版）	0.0274	0.0285	0.0281
49	晋阳学刊	0.0273	0.0284	0.0280
50	西藏研究（汉文版）	0.0337	0.0207	0.0253
51	求索	0.0391	0.0166	0.0245
52	江西社会科学	0.0247	0.0242	0.0244
53	新疆社会科学	0.0268	0.0216	0.0234
54	学术交流	0.0220	0.0229	0.0226
55	科学·经济·社会	0.0258	0.0207	0.0225
56	河南社会科学	0.0217	0.0226	0.0223
57	湖南社会科学	0.0211	0.0220	0.0217
58	江南社会学院学报	0.0210	0.0219	0.0216
59	北京社会科学	0.0573	0.0007	0.0205
60	云梦学刊	0.0190	0.0198	0.0195
61	广西社会科学	0.0177	0.0184	0.0182
61	唐都学刊	0.0177	0.0184	0.0182
63	青海社会科学	0.0171	0.0173	0.0172

续表

排序	期刊名称	总被引速率归一化值	他刊引用速率归一化值	综合值
64	中华文化论坛	0.0161	0.0168	0.0166
65	江淮论坛	0.0165	0.0163	0.0164
66	今日中国论坛	0.0142	0.0147	0.0145
67	湖北社会科学	0.0140	0.0146	0.0144
68	贵州社会科学	0.0116	0.0140	0.0132
69	殷都学刊	0.0122	0.0127	0.0125
70	中国西藏	0.0117	0.0122	0.0120
71	黑龙江社会科学	0.0109	0.0114	0.0112
72	兰州学刊	0.0106	0.0110	0.0109
73	理论月刊	0.0099	0.0103	0.0102
74	前沿	0.0100	0.0102	0.0101
75	重庆社会科学	0.0097	0.0101	0.0100
76	山西高等学校社会科学学报	0.0090	0.0092	0.0091
77	阴山学刊	0.0084	0.0078	0.0080
78	百年潮	0.0089	0.0060	0.0070
79	天中学刊	0.0053	0.0055	0.0054
80	社科纵横	0.0051	0.0054	0.0053
81	中山大学学报论丛	0.0048	0.0050	0.0049
82	理论界	0.0047	0.0049	0.0048
83	统计信息	0.0036	0.0038	0.0037
84	黑河学刊	0.0033	0.0035	0.0034
85	学习与实践	0.0025	0.0026	0.0026
86	观察与思考	0.0023	0.0024	0.0024
87	当代贵州	0.0019	0.0020	0.0020
88	新疆社科论坛（汉文版）	0.0015	0.0008	0.0010
89	南方论刊	0.0007	0.0008	0.0008
90	国土绿化	0	0	0

表23-12显示，人文社会科学综合类期刊在总被引速率以及他刊引用速率上整体水平较低，跨度较大。在90种期刊中，有80种期刊的被引速率综合值低于0.08,

占人文社会科学综合类期刊的88.89%，这也表现出了人文社会科学综合类期刊"全而散"的状态。各人文社会科学综合类期刊应紧抓本刊的优势方向，打造自己的特色栏目，从而紧追学科前沿，提高自己的被引速率。

另外，大部分人文社会科学综合类期刊的总被引速率归一化值和他引速率归一化值表现基本一致，这和人文社会科学综合类期刊的整体高他引率不无关系。

综合分析，人文社会科学综合类期刊虽然有《中国社会科学》这样高被引速率的期刊，但同类的其他期刊与其差距太大，导致整体水平较低。各期刊应加强刊载论文的前沿性和实用性，并缩短出版周期，保证论文与科研的实时性，这样才能提高自身的被引速率。

23.4 人文社会科学综合类期刊影响因子分析

总被引次数反映了期刊的绝对学术影响力，被引速率则反映了期刊的学术影响速度，为了更全面地考察人文社会科学综合类期刊，我们利用影响因子来反映期刊的相对影响力。影响因子是评估期刊的一项重要指标，它反映了期刊的论文篇均被引率。一般情况下，影响因子越大，可以认为该期刊在科学发展和交流过程中起的作用和产生的学术影响也越大。与前两个指标一样，影响因子指标也被细分成两个下级指标：一般影响因子、他引影响因子。本章节中的影响因子亦针对当今人文社会科学的特点进行了修正，具体公式详见第1章。

23.4.1 一般影响因子

本书设计的一般影响因子是指期刊在统计年的前第2、3年发表论文在统计当年被引用的总次数与该刊前第2、3年发表论文总数之比。它反映了期刊论文获得的篇均被引率，体现了期刊在科学研究领域里的相对影响度。一般来说，影响因子高的期刊其所载论文的整体质量也较高，该期刊在学界的影响也较大。表23-13给出了2004—2006年人文社会科学综合类期刊的一般影响因子排名，并对其进行了归一化处理。

表23-13　2004—2006年人文社会科学综合类期刊一般影响因子

排序	期刊名称	2004年	2005年	2006年	三年平均	归一化值
1	中国社会科学	1.5571	1.8409	1.8233	1.7404	1
2	国外社会科学	0.2375	0.2197	0.2275	0.2282	0.1311
3	学术月刊	0.1542	0.2275	0.1775	0.1864	0.1071
4	江苏社会科学	0.1542	0.1914	0.1886	0.1781	0.1023

续表

排序	期刊名称	2004 年	2005 年	2006 年	三年平均	归一化值
5	浙江社会科学	0.1432	0.1656	0.1946	0.1678	0.0964
6	江海学刊	0.1460	0.1846	0.1310	0.1539	0.0884
7	天津社会科学	0.1429	0.1265	0.1875	0.1523	0.0875
8	读书	0.1407	0.1664	0.1478	0.1516	0.0871
9	南京社会科学	0.1244	0.1445	0.1675	0.1455	0.0836
10	开放时代	0.0824	0.1527	0.1888	0.1413	0.0812
11	社会科学	0.0616	0.1475	0.2087	0.1393	0.0800
12	文史哲	0.1075	0.1317	0.1527	0.1306	0.0750
13	社会科学研究	0.1075	0.1444	0.1213	0.1244	0.0715
14	东南学术	0.0824	0.1345	0.1557	0.1242	0.0714
15	北京社会科学	0.0845	0.1163	0.1550	0.1186	0.0681
16	浙江学刊	0.0944	0.1053	0.1453	0.1150	0.0661
17	学术界	0.1403	0.0986	0.0903	0.1097	0.0630
18	学术研究	0.0973	0.1099	0.1038	0.1037	0.0596
19	中国社会科学院研究生院学报	0.0963	0.0925	0.1039	0.0976	0.0561
20	内蒙古社会科学（汉文版）	0.0417	0.0482	0.0955	0.0618	0.0557
21	西藏研究（汉文版）	0.0588	0.1079	0.1233	0.0967	0.0556
22	社会科学战线	0.0756	0.1055	0.1068	0.0960	0.0552
23	人文杂志	0.0638	0.0927	0.1237	0.0934	0.0537
24	世界经济与政治论坛	0.0797	0.0687	0.1278	0.0921	0.0529
25	宁夏社会科学	0.1144	0.0708	0.0867	0.0906	0.0521
26	中国文化研究	0.0791	0.0941	0.0983	0.0905	0.0520
27	科学对社会的影响	0.0853	0.0625	0.1092	0.0857	0.0492
28	云南社会科学	0.0729	0.0847	0.0892	0.0823	0.0473
29	河北学刊	0.0516	0.0806	0.1117	0.0813	0.0467
30	科学·经济·社会	0.0719	0.1046	0.0635	0.0800	0.0460
31	学习与探索	0.0710	0.0677	0.0975	0.0787	0.0452
32	中州学刊	0.0531	0.0558	0.1105	0.0731	0.0420
33	社会科学家	0.0511	0.0620	0.1030	0.0720	0.0414
34	学术论坛	0.0511	0.0674	0.0948	0.0711	0.0409
35	甘肃社会科学	0.0363	0.0769	0.0939	0.0690	0.0396

续表

排序	期刊名称	2004 年	2005 年	2006 年	三年平均	归一化值
36	学海	0.0505	0.0841	0.0681	0.0676	0.0388
37	今日中国论坛	0.0614	0.0909	0.0482	0.0668	0.0384
38	江汉论坛	0.0583	0.0595	0.0772	0.0650	0.0373
39	福建论坛（人文社会科学版）	0	0.0691	0.0538	0.0410	0.0369
40	广东社会科学	0.0392	0.0734	0.0733	0.0620	0.0356
41	社会科学辑刊	0.0659	0.0497	0.0631	0.0596	0.0342
42	齐鲁学刊	0.0571	0.0503	0.0561	0.0545	0.0313
43	东岳论丛	0.0349	0.0462	0.0798	0.0536	0.0308
44	求索	0.0577	0.0444	0.0543	0.0521	0.0299
45	探索与争鸣	0.0300	0.0568	0.0507	0.0458	0.0263
46	山东社会科学	0.0442	0.0366	0.0548	0.0452	0.0260
47	学术交流	0.0226	0.0555	0.0550	0.0444	0.0255
48	高校理论战线	0.0382	0.0391	0.0539	0.0437	0.0251
49	新疆社会科学	0.0419	0.0326	0.0474	0.0406	0.0233
49	湖南社会科学	0.0245	0.0480	0.0490	0.0405	0.0233
51	天府新论	0.0119	0.0356	0.0674	0.0383	0.0220
52	黑龙江社会科学	0.0471	0.0291	0.0379	0.0380	0.0218
53	兰州学刊	0.0451	0.0300	0.0382	0.0378	0.0217
54	学术探索	0.0278	0.0375	0.0460	0.0371	0.0213
55	广西社会科学	0.0322	0.0397	0.0376	0.0365	0.0210
56	贵州社会科学	0.0353	0.0209	0.0488	0.0350	0.0201
57	江西社会科学	0.0260	0.0338	0.0437	0.0345	0.0198
58	江淮论坛	0.0412	0.0291	0.0316	0.0340	0.0195
59	中华文化论坛	0.0313	0.0247	0.0429	0.0330	0.0190
60	青海社会科学	0.0252	0.0183	0.0523	0.0319	0.0183
61	江南社会学院学报	0.0254	0.0424	0.0254	0.0311	0.0179
62	理论月刊	0.0250	0.0301	0.0343	0.0298	0.0171
63	晋阳学刊	0.0256	0.0245	0.0375	0.0292	0.0168
64	湖北社会科学	0.0194	0.0230	0.0408	0.0277	0.0159
64	理论与现代化	0.0220	0.0280	0.0331	0.0277	0.0159
66	殷都学刊	0.0276	0.0190	0.0341	0.0269	0.0155

续表

排序	期刊名称	2004年	2005年	2006年	三年平均	归一化值
67	唐都学刊	0.0103	0.0194	0.0199	0.0165	0.0149
68	河南社会科学	0.0108	0.0245	0.0402	0.0252	0.0145
69	北方论丛	0.0135	0.0262	0.0347	0.0248	0.0142
70	前沿	0.0282	0.0147	0.0270	0.0233	0.0134
71	百年潮	0.0311	0.0219	0.0137	0.0222	0.0128
72	阴山学刊	0.0050	0.0095	0.0280	0.0142	0.0128
73	云梦学刊	0.0123	0.0161	0.0329	0.0204	0.0117
74	山西高等学校社会科学学报	0.0138	0.0122	0.0201	0.0154	0.0088
75	中国西藏	0.0075	0.0121	0.0196	0.0131	0.0075
76	中山大学学报论丛	0.0113	0.0098	0.0147	0.0119	0.0068
77	新疆社科论坛（汉文版）	0.0066	0.0025	0.0232	0.0108	0.0062
78	社科纵横	0.0042	0.0125	0.0150	0.0106	0.0061
79	理论界	0.0075	0.0106	0.0125	0.0102	0.0059
80	东疆学刊	0.0042	0.0114	0.0123	0.0093	0.0053
81	天中学刊	0.0062	0.0079	0.0129	0.0090	0.0052
82	学习与实践	0.0125	0	0.0105	0.0077	0.0044
83	重庆社会科学	0	0.0038	0.0184	0.0074	0.0043
84	黑河学刊	0.0088	0.0076	0.0056	0.0073	0.0042
85	统计信息	0.0046	0.0022	0.0042	0.0037	0.0033
86	观察与思考	0.0045	0.0021	0.0014	0.0027	0.0016
87	大庆社会科学	0.0038	0	0.0020	0.0019	0.0011
88	当代贵州	0	0.0020	0.0031	0.0017	0.0010
89	国土绿化	0	0.0007	0.0015	0.0007	0.0004
90	南方论刊	0	0.0017	0	0.0006	0.0003

由表23-13看到，各人文社会科学综合类期刊的一般影响因子差距很大，影响因子最高的为《中国社会科学》，达到了1.7407，而位居末位的《南方论刊》仅为0.0006，仅为《中国社会科学》的0.34‰。不仅如此，《中国社会科学》比第2名的《国外社会科学》还要高出6倍之多，反映了《中国社会科学》在人文社会科学综合类期刊中的绝对权威地位。

另外，人文社会科学综合类期刊的一般影响因子总体水平偏低：90种期刊中只有《中国社会科学》的影响因子平均值大于1.0，而低于0.1的期刊则达到了72种，占人文社会科学综合类期刊的80.00%；从总体看，人文社会科学综合类期刊2004—2006年的一般影响因子平均值为0.0800，与其他人文社会科学类专业期刊相比偏低。

在表23-13中，非CSSCI来源刊（这里指2004—2006年从未入选CSSCI的期刊）的44种综合类期刊其一般影响因子仅为0.0252，远低于CSSCI来源刊（这里指2004—2006年曾经入选CSSCI的46种刊物）的0.1326，这从一个侧面反映了CSSCI非来源刊在学术质量和学术影响力方面与来源刊相比还有很大距离，非来源刊要想跻身CSSCI来源刊之列，必须要在论文质量上多下工夫，切实增强自身的学术质量和影响。从另一方面来看，纵观2004—2006年，我们可以发现，不论是来源刊还是非来源刊，人文社会科学综合类期刊的学术影响力都在逐步加强，以每年15%左右的速度增长着。2004年总体的一般影响因子平均值仅为0.0679，到2005年达到0.0809，到2006年上升到了0.0913，三年间涨幅为34.46%。在这些期刊中增幅最为明显的是《天府新论》，达4.7倍之多，但其总被引次数过少，影响力增长有限。《阴山学刊》以4.6倍的增幅次之，表现也是比较突出的。此外，不容忽视的是有15种期刊的影响力呈现出了下降的趋势，这一定程度上减缓了整体水平增长的速度。

23.4.2 他引影响因子

他引影响因子是排除期刊自引后的影响因子，反映了一种期刊对其他期刊产生的学术影响。由于我们的引用数据主要来自于CSSCI数据库，加入他引影响因子对非来源期刊而言更加公平合理。因此，该指标平衡了统计源期刊和非统计源期刊带来的不合理性，对于目前我国期刊界许多不正之风（如为了使期刊不被淘汰出CSSCI，大量的人为自引）亦有很好的抑制作用。

表23-14　　2004—2006年人文社会科学综合类期刊他引影响因子

排序	期刊名称	2004年	2005年	2006年	三年平均	归一化值
1	中国社会科学	1.5251	1.7818	1.7543	1.6871	1
2	国外社会科学	0.2341	0.2098	0.2189	0.2209	0.1309
3	学术月刊	0.1413	0.2117	0.1700	0.1743	0.1033
4	江苏社会科学	0.1432	0.1734	0.1827	0.1664	0.0986
5	读书	0.1407	0.1649	0.1445	0.1500	0.0889
6	浙江社会科学	0.1318	0.1416	0.1760	0.1498	0.0888
7	江海学刊	0.1420	0.1784	0.1250	0.1485	0.0880
8	天津社会科学	0.1429	0.1147	0.1818	0.1465	0.0868

续表

排序	期刊名称	2004年	2005年	2006年	三年平均	归一化值
9	南京社会科学	0.1174	0.1398	0.1531	0.1368	0.0811
10	开放时代	0.0735	0.1527	0.1786	0.1349	0.0800
11	社会科学	0.0616	0.1405	0.2018	0.1346	0.0798
12	文史哲	0.1010	0.1261	0.1499	0.1257	0.0745
13	东南学术	0.0824	0.1345	0.1453	0.1207	0.0715
14	社会科学研究	0.0987	0.1244	0.1144	0.1125	0.0667
15	浙江学刊	0.0923	0.0968	0.1411	0.1101	0.0653
16	北京社会科学	0.0798	0.1023	0.1350	0.1057	0.0627
17	学术界	0.1269	0.0865	0.0833	0.0989	0.0586
18	学术研究	0.0909	0.1000	0.1013	0.0974	0.0577
19	中国社会科学院研究生院学报	0.0872	0.0881	0.0968	0.0907	0.0538
20	社会科学战线	0.0691	0.1025	0.0996	0.0904	0.0536
21	人文杂志	0.0638	0.0899	0.1132	0.0890	0.0528
22	科学对社会的影响	0.0853	0.0625	0.1092	0.0857	0.0508
23	中国文化研究	0.0791	0.0882	0.0867	0.0847	0.0502
24	世界经济与政治论坛	0.0688	0.0653	0.1165	0.0835	0.0495
25	河北学刊	0.0516	0.0749	0.1082	0.0782	0.0464
26	云南社会科学	0.0648	0.0746	0.0838	0.0744	0.0441
27	学习与探索	0.0656	0.0652	0.0907	0.0738	0.0437
28	宁夏社会科学	0.0915	0.0590	0.0694	0.0733	0.0434
29	科学·经济·社会	0.0654	0.0915	0.0582	0.0717	0.0425
30	学术论坛	0.0511	0.0674	0.0948	0.0711	0.0421
31	社会科学家	0.0511	0.0593	0.0990	0.0698	0.0414
32	西藏研究（汉文版）	0.0294	0.0863	0.0890	0.0682	0.0404
33	今日中国论坛	0.0614	0.0909	0.0482	0.0668	0.0396
34	学海	0.0488	0.0818	0.0681	0.0662	0.0392
35	中州学刊	0.0458	0.0489	0.0969	0.0639	0.0379
36	甘肃社会科学	0.0363	0.0769	0.0782	0.0638	0.0378
37	江汉论坛	0.0551	0.0541	0.0739	0.0610	0.0362
38	内蒙古社会科学（汉文版）	0.0387	0.0425	0.0955	0.0589	0.0349

续表

排序	期刊名称	2004年	2005年	2006年	三年平均	归一化值
39	广东社会科学	0.0366	0.0709	0.0681	0.0585	0.0347
40	社会科学辑刊	0.0614	0.0475	0.0631	0.0573	0.0340
41	东岳论丛	0.0349	0.0462	0.0798	0.0536	0.0318
42	齐鲁学刊	0.0571	0.0503	0.0488	0.0521	0.0309
43	求索	0.0490	0.0408	0.0486	0.0461	0.0273
44	探索与争鸣	0.0300	0.0568	0.0489	0.0452	0.0268
45	山东社会科学	0.0442	0.0366	0.0548	0.0452	0.0268
46	学术交流	0.0226	0.0555	0.0541	0.0441	0.0261
47	福建论坛（人文社会科学版）	0	0.0691	0.0538	0.0410	0.0243
48	湖南社会科学	0.0245	0.0480	0.0490	0.0405	0.0240
49	天府新论	0.0119	0.0356	0.0674	0.0383	0.0227
50	黑龙江社会科学	0.0471	0.0291	0.0379	0.0380	0.0225
51	兰州学刊	0.0451	0.0300	0.0382	0.0378	0.0224
52	学术探索	0.0278	0.0375	0.0460	0.0371	0.0220
52	高校理论战线	0.0361	0.0322	0.0431	0.0371	0.0220
54	广西社会科学	0.0322	0.0397	0.0376	0.0365	0.0216
55	新疆社会科学	0.0419	0.0326	0.0345	0.0363	0.0215
56	江西社会科学	0.0260	0.0338	0.0414	0.0337	0.0200
57	贵州社会科学	0.0353	0.0149	0.0488	0.0330	0.0196
58	中华文化论坛	0.0313	0.0247	0.0429	0.0330	0.0196
59	江淮论坛	0.0378	0.0291	0.0316	0.0328	0.0194
60	江南社会学院学报	0.0254	0.0424	0.0254	0.0311	0.0184
61	青海社会科学	0.0252	0.0183	0.0477	0.0304	0.0180
62	理论月刊	0.0250	0.0301	0.0343	0.0298	0.0177
63	晋阳学刊	0.0256	0.0245	0.0375	0.0292	0.0173
64	湖北社会科学	0.0194	0.0230	0.0408	0.0277	0.0164
64	理论与现代化	0.0220	0.0280	0.0331	0.0277	0.0164
66	殷都学刊	0.0276	0.0190	0.0341	0.0269	0.0159
67	河南社会科学	0.0108	0.0245	0.0402	0.0252	0.0149
68	北方论丛	0.0135	0.0262	0.0347	0.0248	0.0147
69	前沿	0.0282	0.0147	0.0270	0.0233	0.0138

续表

排序	期刊名称	2004年	2005年	2006年	三年平均	归一化值
70	云梦学刊	0.0123	0.0161	0.0329	0.0204	0.0121
71	百年潮	0.0311	0.0163	0.0135	0.0203	0.0120
72	唐都学刊	0.0103	0.0194	0.0199	0.0165	0.0098
73	山西高等学校社会科学学报	0.0138	0.0122	0.0201	0.0154	0.0091
74	阴山学刊	0.0050	0.0095	0.0280	0.0142	0.0084
75	中国西藏	0.0075	0.0121	0.0196	0.0131	0.0078
76	中山大学学报论丛	0.0113	0.0098	0.0147	0.0119	0.0071
77	新疆社科论坛（汉文版）	0.0066	0.0025	0.0232	0.0108	0.0064
78	社科纵横	0.0042	0.0125	0.0150	0.0106	0.0063
79	理论界	0.0075	0.0106	0.0125	0.0102	0.0060
80	东疆学刊	0.0042	0.0114	0.0123	0.0093	0.0055
81	天中学刊	0.0062	0.0079	0.0129	0.0090	0.0053
82	学习与实践	0.0125	0	0.0105	0.0077	0.0046
83	重庆社会科学	0	0.0038	0.0184	0.0074	0.0044
84	黑河学刊	0.0088	0.0076	0.0056	0.0073	0.0043
85	统计信息	0.0046	0.0022	0.0042	0.0037	0.0022
86	观察与思考	0.0045	0.0021	0.0014	0.0027	0.0016
87	大庆社会科学	0.0038	0	0.0020	0.0019	0.0011
88	当代贵州	0	0.0020	0.0031	0.0017	0.0010
89	国土绿化	0	0.0007	0.0015	0.0007	0.0004
89	南方论刊	0	0.0017	0	0.0006	0.0004

由表23-14可知，人文社会科学综合类期刊的他引影响因子总体水平较低，2004—2006三年的平均值仅为0.0762；从他引影响因子的绝对值看，人文社会科学综合类期刊中他引影响因子高于0.1的期刊只有16种，仅占总体的17.78%，与其他人文社科类专业期刊相比所占比重偏低。

从增长趋势看，人文社会科学综合类期刊的他引影响因子在2004—2006年的总体平均水平分别为0.0649、0.0769和0.0866，年增长率分别为18.49%和12.61%。人文社会科学综合类期刊对其他期刊的学术影响呈逐年增大趋势。

23.4.3 人文社会科学综合类期刊影响因子综合分析

一般影响因子和他引影响因子的指标从不同角度揭示了期刊的相对影响，我们将两者综合考虑，把归一化之后的指标按35%与65%权重进行加权（确定权重的详细解释见本书第1章），从而全面揭示出期刊的综合影响状况。表23-15为人文社会科学综合类期刊影响因子综合值排序。

表23-15　　　2004—2006年人文社会科学综合类期刊影响因子综合值

排序	期刊名称	一般影响因子归一化值	他引影响因子归一化值	综合值
1	中国社会科学	1	1	1
2	国外社会科学	0.1311	0.1309	0.1310
3	学术月刊	0.1071	0.1033	0.1046
4	江苏社会科学	0.1023	0.0986	0.0999
5	浙江社会科学	0.0964	0.0888	0.0915
6	读书	0.0871	0.0889	0.0883
7	江海学刊	0.0884	0.0880	0.0881
8	天津社会科学	0.0875	0.0868	0.0870
9	南京社会科学	0.0836	0.0811	0.0820
10	开放时代	0.0812	0.0800	0.0804
11	社会科学	0.0800	0.0798	0.0799
12	文史哲	0.0750	0.0745	0.0747
13	东南学术	0.0714	0.0715	0.0715
14	社会科学研究	0.0715	0.0667	0.0684
15	浙江学刊	0.0661	0.0653	0.0656
16	北京社会科学	0.0681	0.0627	0.0646
17	学术界	0.0630	0.0586	0.0601
18	学术研究	0.0596	0.0577	0.0584
19	中国社会科学院研究生院学报	0.0561	0.0538	0.0546
20	社会科学战线	0.0552	0.0536	0.0542
21	人文杂志	0.0537	0.0528	0.0531
22	中国文化研究	0.0520	0.0502	0.0508
23	世界经济与政治论坛	0.0529	0.0495	0.0507
24	科学对社会的影响	0.0492	0.0508	0.0502
25	河北学刊	0.0467	0.0464	0.0465
26	宁夏社会科学	0.0521	0.0434	0.0464

续表

排序	期刊名称	一般影响因子归一化值	他引影响因子归一化值	综合值
27	西藏研究（汉文版）	0.0556	0.0404	0.0457
28	云南社会科学	0.0473	0.0441	0.0452
29	学习与探索	0.0452	0.0437	0.0442
30	科学·经济·社会	0.0460	0.0425	0.0437
31	内蒙古社会科学（汉文版）	0.0557	0.0349	0.0422
32	学术论坛	0.0409	0.0421	0.0417
33	社会科学家	0.0414	0.0414	0.0414
34	中州学刊	0.0420	0.0379	0.0393
35	今日中国论坛	0.0384	0.0396	0.0392
36	学海	0.0388	0.0392	0.0391
37	甘肃社会科学	0.0396	0.0378	0.0384
38	江汉论坛	0.0373	0.0362	0.0366
39	广东社会科学	0.0356	0.0347	0.0350
40	社会科学辑刊	0.0342	0.0340	0.0341
41	东岳论丛	0.0308	0.0318	0.0315
42	齐鲁学刊	0.0313	0.0309	0.0310
43	福建论坛（人文社会科学版）	0.0369	0.0243	0.0287
44	求索	0.0299	0.0273	0.0282
45	探索与争鸣	0.0263	0.0268	0.0266
46	山东社会科学	0.0260	0.0268	0.0265
47	学术交流	0.0255	0.0261	0.0259
48	湖南社会科学	0.0233	0.0240	0.0238
49	高校理论战线	0.0251	0.0220	0.0231
50	天府新论	0.0220	0.0227	0.0225
51	黑龙江社会科学	0.0218	0.0225	0.0223
52	兰州学刊	0.0217	0.0224	0.0222
53	新疆社会科学	0.0233	0.0215	0.0221
54	学术探索	0.0213	0.0220	0.0218
55	广西社会科学	0.0210	0.0216	0.0214
56	江西社会科学	0.0198	0.0200	0.0199

续表

排序	期刊名称	一般影响因子归一化值	他引影响因子归一化值	综合值
57	贵州社会科学	0.0201	0.0196	0.0198
58	中华文化论坛	0.0190	0.0196	0.0194
58	江淮论坛	0.0195	0.0194	0.0194
60	江南社会学院学报	0.0179	0.0184	0.0182
61	青海社会科学	0.0183	0.0180	0.0181
62	理论月刊	0.0171	0.0177	0.0175
63	晋阳学刊	0.0168	0.0173	0.0171
64	理论与现代化	0.0159	0.0164	0.0162
64	湖北社会科学	0.0159	0.0164	0.0162
66	殷都学刊	0.0155	0.0159	0.0158
67	河南社会科学	0.0145	0.0149	0.0148
68	北方论丛	0.0142	0.0147	0.0145
69	前沿	0.0134	0.0138	0.0137
70	百年潮	0.0128	0.0120	0.0123
71	云梦学刊	0.0117	0.0121	0.0120
72	唐都学刊	0.0149	0.0098	0.0116
73	阴山学刊	0.0128	0.0084	0.0099
74	山西高等学校社会科学学报	0.0088	0.0091	0.0090
75	中国西藏	0.0075	0.0078	0.0077
76	中山大学学报论丛	0.0068	0.0071	0.0070
77	新疆社科论坛（汉文版）	0.0062	0.0064	0.0063
78	社科纵横	0.0061	0.0063	0.0062
79	理论界	0.0059	0.0060	0.0060
80	东疆学刊	0.0053	0.0055	0.0054
81	天中学刊	0.0052	0.0053	0.0053
82	学习与实践	0.0044	0.0046	0.0045
83	重庆社会科学	0.0043	0.0044	0.0044
84	黑河学刊	0.0042	0.0043	0.0043
85	统计信息	0.0033	0.0022	0.0026
86	观察与思考	0.0016	0.0016	0.0016

续表

排序	期刊名称	一般影响因子归一化值	他引影响因子归一化值	综合值
87	大庆社会科学	0.0011	0.0011	0.0011
88	当代贵州	0.0010	0.0010	0.0010
89	南方论刊	0.0003	0.0004	0.0004
89	国土绿化	0.0004	0.0004	0.0004

表 23-15 显示，第一，《中国社会科学》在一般影响因子、他引影响因子以及影响因子综合值均名列第1，且比位居第2的《国外社会科学》高出6倍之多，从期刊的相对影响力来看，《中国社会科学》作为人文社会科学综合类期刊的领头羊当之无愧。

第二，与《中国社会科学》如此高的影响因子相比，其他人文社会科学综合类期刊的影响因子总体水平要低得多，一般影响因子与他引影响因子归一化值均低于 0.1 的期刊占据了主体地位，达到了 96.7%。

第三，影响因子作为评估期刊的一项重要指标，是 CSSCI 评选来源刊的主要指标之一。表 23-15 显示，本书中的人文社会科学综合类期刊经过修正后的影响因子排名和普通影响因子在期刊的排序，从总体来看存在一致性，各个来源刊的排序变化很小：在 CSSCI 来源刊（这里指 2004—2006 年曾经入选 CSSCI 的 46 种刊物）的 46 种人文社会科学综合类期刊中，前 26 种期刊依然位列前 26 名，但亦有 17 种期刊落到了 30 名之外，其中，《南方论刊》影响因子综合值甚至排到了最后；相比较来源刊，不少非来源刊在此指标下，表现良好，如《西藏研究（汉文版）》排序位居第 27 名，表现良好，这不得不引起我们的深思。

第四，各人文社会科学综合类期刊在一般影响因子、他引影响因子两个指标上的表现基本一致，对同一期刊而言，一般影响因子很高的期刊，其他引影响因子也高。

23.5 人文社会科学综合类期刊被引广度分析

期刊被引广度是指期刊被多少种其他期刊引用，它是除了期刊被引次数、影响因子、被引速率以外，衡量期刊学术影响的又一个重要指标。它反映了某种期刊对其他刊物的影响覆盖面。一般来说，引用一种期刊的期刊种数越多，该期刊的被引广度就越大。考虑到期刊被某个刊物引用论文数量的不同，对其影响程度也不相同，本章中的被引广度在传统被引广度的基础上进行了修正，即根据期刊被某一种刊物引用论文数的不同赋予不同的权重，进而综合考虑期刊的被引广度（详见第 1 章）。表 23-16 给出了 2004—2006 年人文社会科学综合类期刊的被引广度以及三年的平均值，并进行了归一化处理。

表 23-16　　2004—2006 年人文社会科学综合类期刊被引广度

排序	期刊名称	2004 年	2005 年	2006 年	三年平均	归一化值
1	中国社会科学	166.6	196.4	224.0	195.67	1
2	读书	72.4	85.0	81.4	79.60	0.4068
3	社会科学战线	47.8	54.8	64.8	55.80	0.2852
4	学术月刊	44.0	55.2	61.4	53.53	0.2736
5	学术研究	36.2	47.0	62.4	48.53	0.2480
6	江海学刊	38.4	45.2	56.4	46.67	0.2385
7	浙江社会科学	35.6	41.8	55.2	44.20	0.2259
8	江苏社会科学	31.6	39.6	52.6	41.27	0.2109
9	天津社会科学	34.2	34.6	54.0	40.93	0.2092
10	社会科学	25.0	37.4	54.4	38.93	0.1990
11	社会科学研究	29.4	36.2	45.4	37.00	0.1891
12	浙江学刊	27.8	32.8	42.8	34.47	0.1762
13	文史哲	29.2	34.6	39.4	34.40	0.1758
14	江汉论坛	25.6	32.8	44.4	34.27	0.1751
15	国外社会科学	28.4	32.6	36.2	32.40	0.1656
16	南京社会科学	25.0	28.6	41.0	31.53	0.1611
17	江西社会科学	20.8	29.6	40.2	30.20	0.1543
18	学习与探索	22.4	27.6	36.2	28.73	0.1468
19	人文杂志	22.2	27.0	34.8	28.00	0.1431
20	求索	17.8	26.4	35.6	26.60	0.1359
21	中州学刊	19.2	22.6	37.6	26.47	0.1353
22	学术界	22.8	25.0	28.0	25.27	0.1291
23	社会科学辑刊	20.8	21.0	27.4	23.07	0.1179
24	河北学刊	17.0	23.0	28.4	22.80	0.1165
25	开放时代	13.0	21.0	29.0	21.00	0.1073
26	甘肃社会科学	12.0	19.0	29.4	20.13	0.1029
27	学术交流	13.4	21.6	25.0	20.00	0.1022
28	学海	14.6	20.0	24.6	19.73	0.1008
29	学术论坛	13.4	16.8	26.0	18.73	0.0957

续表

排序	期刊名称	2004年	2005年	2006年	三年平均	归一化值
30	齐鲁学刊	15.0	16.6	21.2	17.60	0.0899
31	广东社会科学	11.4	19.0	21.8	17.40	0.0889
32	广西社会科学	10.4	17.6	23.8	17.27	0.0883
33	云南社会科学	12.8	17.2	21.4	17.13	0.0875
34	社会科学家	13.0	14.8	23.2	17.00	0.0869
35	东岳论丛	12.8	18.6	18.2	16.53	0.0845
36	东南学术	9.6	15.6	23.4	16.20	0.0828
36	中国社会科学院研究生院学报	14.8	13.0	20.8	16.20	0.0828
38	福建论坛（人文社会科学版）	4.2	17.0	27.0	16.07	0.0821
39	山东社会科学	11.0	14.6	22.4	16.00	0.0818
40	内蒙古社会科学（汉文版）	12.4	14.2	20.0	15.53	0.0794
41	宁夏社会科学	13.4	15.0	16.4	14.93	0.0763
42	湖北社会科学	7.6	11.8	24.2	14.53	0.0743
43	探索与争鸣	11.4	12.2	18.8	14.13	0.0722
44	北京社会科学	12.6	12.0	16.0	13.53	0.0691
45	世界经济与政治论坛	9.6	13.0	17.4	13.33	0.0681
46	理论月刊	7.0	13.2	19.2	13.13	0.0671
47	兰州学刊	8.0	11.0	17.8	12.27	0.0627
48	北方论丛	10.2	8.6	16.6	11.80	0.0603
49	晋阳学刊	9.4	9.2	16.4	11.67	0.0596
50	湖南社会科学	5.8	12.8	16.2	11.60	0.0593
51	中国文化研究	11.2	9.4	13.2	11.27	0.0576
52	青海社会科学	9.8	10.2	12.8	10.93	0.0559
53	学术探索	6.6	11.0	14.8	10.80	0.0552
54	前沿	8.4	7.0	16.0	10.47	0.0535
55	河南社会科学	4.2	8.2	16.8	9.73	0.0497
56	高校理论战线	8.2	8.6	11.8	9.53	0.0487
56	江淮论坛	9.0	10.4	9.2	9.53	0.0487
58	天府新论	7.0	7.2	13.8	9.33	0.0477
59	贵州社会科学	6.4	6.8	13.4	8.87	0.0453
60	西藏研究（汉文版）	7.0	7.8	11.2	8.67	0.0443

续表

排序	期刊名称	2004 年	2005 年	2006 年	三年平均	归一化值
61	新疆社会科学	5.8	8.0	11.0	8.27	0.0423
62	山西高等学校社会科学学报	5.8	7.6	10.6	8.00	0.0409
63	黑龙江社会科学	6.2	5.2	8.4	6.60	0.0337
64	理论界	3.6	4.6	11.4	6.53	0.0334
65	中山大学学报论丛	4.0	5.0	9.4	6.13	0.0313
66	科学·经济·社会	4.8	6.6	6.0	5.80	0.0296
66	社科纵横	3.0	5.2	9.2	5.80	0.0296
68	理论与现代化	3.8	4.8	8.6	5.73	0.0293
69	云梦学刊	3.4	6.0	7.6	5.67	0.0290
69	中华文化论坛	3.8	4.2	9.0	5.67	0.0290
71	殷都学刊	5.8	4.2	5.6	5.20	0.0266
72	科学对社会的影响	3.6	4.6	6.8	5.00	0.0256
73	唐都学刊	3.4	4.2	7.0	4.87	0.0249
74	今日中国论坛	3.2	5.8	5.0	4.67	0.0238
75	百年潮	4.8	4.0	4.4	4.40	0.0225
76	天中学刊	1.4	2.0	5.0	2.80	0.0143
77	阴山学刊	0.4	3.6	3.6	2.53	0.0129
78	中国西藏	1.8	1.6	3.2	2.20	0.0112
79	东疆学刊	1.2	1.0	4.0	2.07	0.0106
80	重庆社会科学	0.0	1.2	4.8	2.00	0.0102
81	江南社会学院学报	1.2	2.2	2.2	1.87	0.0096
82	新疆社科论坛（汉文版）	1.2	0.8	3.0	1.67	0.0085
83	黑河学刊	2.0	1.6	1.2	1.60	0.0082
84	观察与思考	1.4	1.2	1.6	1.40	0.0072
85	学习与实践	1.6	0.6	1.8	1.33	0.0068
86	统计信息	0.4	0.6	1.8	0.93	0.0048
87	当代贵州	0.2	1.4	1.0	0.87	0.0044
88	大庆社会科学	0.4	0.2	1.0	0.53	0.0027
89	国土绿化	0.2	0.2	0.4	0.27	0.0014
89	南方论刊	0.2	0.2	0.4	0.27	0.0014

由表 23‑16 可以看出，人文社会科学综合类期刊的被引广度从总体来看并不高，除了极少数期刊的被引广度较高外，大多数期刊的被引广度值不超过 20。被引广度值在 10 以内的期刊占了相当一部分。经过计算，平均被引广度值为 18.71。可以看出，人文社会科学综合类期刊对其他刊物的影响覆盖面偏小。人文社会科学综合类期刊具有学科跨度大、内容涉猎丰富的特点，按常理，理应有可观的被引广度。然而我们引入了修正过的被引广度（即把被引用的次数作为一个因素加进来），由于人文社会科学综合类期刊与某一具体学科的联系比较松散，在被引用时往往表现为低频次的随机引用，因而通过加权处理后，人文社会科学综合类期刊的被引广度水平就偏低。因此，人文社会科学综合类期刊最好发展一些专栏，借此跟其些特定学科建立密切的联系，形成自己的专长，从而提升影响力。

另外，我们还可以看出，被引广度的排名跟被引次数综合值的排名大体相似，因此一般被引广度与被引次数呈正相关。与被引次数相似，被引广度也大体呈现上升趋势，2004 年平均被引广度为 14.50，2005 年为 17.97，到 2006 年升至 23.65，这说明人文社会科学综合类期刊的学术影响力和影响范围在逐年明显地上升，这是一个好兆头。

23.6 人文社会科学综合类期刊二次文献转载分析

一般可以用两种形式来说明学术论文的影响，一种是转载；一种是引用。为了更全面地评估期刊的影响，我们同时采用期刊的被引状况和二次文献全文转载指标来评价期刊的学术影响。期刊的二次文献转载分析主要采用三种二次文献数据，即人民出版社主办的《新华文摘》、中国社会科学杂志社主办的《中国社会科学文摘》以及中国人民大学主办的《复印报刊资料》。这三种文摘刊物是受到学界公认的综合性文摘刊物，具有一定的权威性，荟萃了当今中国社会科学的精华。它们收录和转载中国人文社会科学领域的重要研究成果，所收录转载的文章往往具有学术价值高、课题新颖、与当前热点联系紧密的特点，反映各学科领域学术动态和学术走向。

23.6.1 《新华文摘》全文转载

《新华文摘》是一种大型的综合性、学术性文摘，内容涉及政治、哲学、经济、历史、文学艺术、人物与回忆、文化、科技、读书与出版等方面的新成果、新观点、新资料、新信息，以其思想性、权威性、学术性、资料性、可读性，在期刊界独树一帜。表 23‑17 给出了 2004—2006 年人文社会科学综合类期刊被《新华文摘》全文转载的 65 种期刊的统计数据（因为三年间只有 65 种综合类期刊被《新华文摘》转载过），其中年度数据平均后得到三年平均值，再进行归一化处理，最后得到每一种期刊这一指标的归一化值。表 23‑17 按三年平均转载次数从大到小排序。

表 23-17　2004—2006 年人文社会科学综合类期刊被《新华文摘》全文转载统计

排序	期刊名称	2004年（篇）	2005年（篇）	2006年（篇）	三年平均（篇）	归一化值
1	中国社会科学	10	13	20	14.33	1
2	学术月刊	0	7	27	11.33	0.7906
3	文史哲	11	9	10	10.00	0.6978
4	河北学刊	8	7	14	9.67	0.6748
5	学习与探索	5	7	16	9.33	0.6511
5	中州学刊	6	3	19	9.33	0.6511
7	学术研究	9	6	12	9.00	0.6281
8	社会科学战线	7	0	17	8.00	0.5583
9	江汉论坛	4	6	13	7.67	0.5352
10	山东社会科学	5	7	10	7.33	0.5115
10	学术界	8	6	8	7.33	0.5115
12	读书	4	9	6	6.33	0.4417
13	天津社会科学	5	2	11	6.00	0.4187
14	东岳论丛	3	5	7	5.00	0.3489
14	江海学刊	6	1	8	5.00	0.3489
16	人文杂志	3	2	9	4.67	0.3259
17	江西社会科学	1	5	7	4.33	0.3022
18	百年潮	2	4	6	4.00	0.2791
18	河南社会科学	2	3	7	4.00	0.2791
18	江苏社会科学	1	4	7	4.00	0.2791
18	社会科学辑刊	3	0	9	4.00	0.2791
18	浙江学刊	4	3	5	4.00	0.2791
18	齐鲁学刊	3	0	9	4.00	0.2791
24	东南学术	4	3	4	3.67	0.2561
24	甘肃社会科学	1	4	6	3.67	0.2561
24	广东社会科学	1	3	7	3.67	0.2561
24	社会科学	5	1	5	3.67	0.2561
24	浙江社会科学	0	3	8	3.67	0.2561
29	探索与争鸣	1	4	5	3.33	0.2324
29	学海	0	5	5	3.33	0.2324

续表

排序	期刊名称	2004年（篇）	2005年（篇）	2006年（篇）	三年平均（篇）	归一化值
31	福建论坛（人文社会科学版）	3	0	6	3.00	0.2094
31	湖南社会科学	1	2	6	3.00	0.2094
33	社会科学研究	0	3	5	2.67	0.1863
33	学术交流	2	2	4	2.67	0.1863
35	湖北社会科学	1	1	4	2.00	0.1396
35	南京社会科学	0	1	5	2.00	0.1396
37	国外社会科学	3	2	0	1.67	0.1165
37	江淮论坛	1	0	4	1.67	0.1165
39	世界经济与政治论坛	2	1	1	1.33	0.0928
39	北方论丛	0	0	4	1.33	0.0928
39	高校理论战线	0	1	3	1.33	0.0928
39	黑龙江社会科学	0	2	2	1.33	0.0928
39	求索	0	0	4	1.33	0.0928
39	天府新论	0	0	4	1.33	0.0928
39	云梦学刊	0	4	0	1.33	0.0928
39	中国社会科学院研究生院学报	1	1	2	1.33	0.0928
47	今日中国论坛	0	0	3	1.00	0.0698
47	开放时代	0	1	2	1.00	0.0698
47	社会科学家	1	0	2	1.00	0.0698
47	学术论坛	0	0	3	1.00	0.0698
47	学术探索	0	1	2	1.00	0.0698
47	中国文化研究	1	1	1	1.00	0.0698
53	北京社会科学	0	0	2	0.67	0.0468
53	晋阳学刊	0	1	1	0.67	0.0468
53	科学对社会的影响	1	1	0	0.67	0.0468
53	前沿	0	0	2	0.67	0.0468
53	学习与实践	0	0	2	0.67	0.0468
53	云南社会科学	1	0	1	0.67	0.0468
53	重庆社会科学	0	0	2	0.67	0.0468
60	东疆学刊	0	0	1	0.33	0.0230

第 23 章 人文社会科学综合期刊　　1207

续表

排序	期刊名称	2004 年（篇）	2005 年（篇）	2006 年（篇）	三年平均（篇）	归一化值
60	广西社会科学	0	0	1	0.33	0.0230
60	理论月刊	0	0	1	0.33	0.0230
60	内蒙古社会科学（汉文版）	0	0	1	0.33	0.0230
60	青海社会科学	0	1	0	0.33	0.0230
60	山西高等学校社会科学学报	0	0	1	0.33	0.0230

从表 23-17 我们可以看到，人文社会科学综合类期刊 2004—2006 年三年平均转载 10 次以上的期刊有 3 种，年均转载 5—10 次的期刊有 12 种，年均转载 1—5 次的有 37 种期刊，所选列的综合性期刊年均转载不到 1 次的有 38 种。从平均转载数量上明显可以看出，人文社会科学综合类期刊中少数期刊（如《中国社会科学》）被《新华文摘》全文转载次数多，但综合类期刊总体被转载次数不高。其中《中国社会科学》以年平均被转载 14.33 篇而高居首位，这样高的转载数在整个期刊界也属少见，体现出了此期刊的优秀与突出，反映了期刊内容具有相当高的学术水准。2004—2006 年有 65 种人文社会科学综合类期刊被《新华文摘》转载过，相对其他人文社会科学学科期刊而言，数量较多，这是因为综合性期刊内容包含广泛，相对其他学科的期刊，更易发表新观点、新的研究成果。

从年度变化上来看，大多数高转载率期刊被转载次数都呈现逐年递增的趋势，居于首位的《中国社会科学》三年来不但每年都保持较高的转载率，而且每年的被转载数量都在增加；排第 2 位的《学术月刊》更是由 2004 年的 0 篇激增至 2006 年的 27 篇，这种变化也说明了《学术月刊》对学术热点的关注在逐年提高。而转载率不高的期刊其转载数年度变化很不稳定，有较大的随机性。这种现象与《新华文摘》收录文章的特点有关，《新华文摘》只摘收反映最新学术动态、与国家政治和政策紧密相关、社会与学界关注和质量较高的精品文章，大多数综合性期刊并不能保证每年都有相当数量的精品文章发表。

23.6.2 《中国社会科学文摘》全文转载

《中国社会科学文摘》是择优推介人文社会科学重要研究成果的文摘类期刊，其学术背景深厚，涵盖范围广泛。此文摘期刊强调学术品位，突出问题意识，倡导理论创新，兼及新知趣味，力求综合反映对重大现实问题和理论问题有深刻见解的学术成果，敏锐追踪对社会科学研究具有引导作用的前沿课题和热点问题，积极关注基于科学批判精神并在学术层面展开的争鸣与评论，精心提炼对学科建设和学术发展有所创新、有所突破的论著精华。相对于《新华文摘》，《中国社会科学文摘》更关注具有引导作用的前沿课题和热点问题，并且基于科学批判精神，在学术层面展开的争鸣与评论。表23-18 给出了2004—2006 年48 种人文社会科学综合类期刊被《中国社会科学文摘》全文转载的统计数据（三年间只有48 种期刊被转载过），其中年度数据平均后得到三年平均值，再经过归一化处理得到各期刊这一指标的归一化值。表23-18 按三年平均转载次数从大到小排序。

表23-18 2004—2006 年人文社会科学综合类期刊被《中国社会科学文摘》全文转载统计

排序	期刊名称	2004 年（篇）	2005 年（篇）	2006 年（篇）	三年平均（篇）	归一化值
1	浙江学刊	11	11	13	11.67	1
2	河北学刊	7	10	17	11.33	0.9714
3	江海学刊	8	5	12	8.33	0.7143
3	文史哲	5	7	13	8.33	0.7143
5	学术月刊	0	4	20	8.00	0.6857
6	学术研究	4	11	7	7.33	0.6286
7	天津社会科学	5	8	8	7.00	0.6000
8	山东社会科学	5	7	5	5.67	0.4857
9	学术界	10	3	3	5.33	0.4571
10	社会科学研究	4	2	9	5.00	0.4286
10	社会科学战线	5	0	10	5.00	0.4286
12	社会科学	3	3	8	4.67	0.4000
13	广东社会科学	1	5	7	4.33	0.3714
13	人文杂志	4	6	3	4.33	0.3714
15	读书	4	3	5	4.00	0.3429
16	开放时代	3	3	5	3.67	0.3143
16	浙江社会科学	3	5	3	3.67	0.3143
16	中州学刊	3	1	7	3.67	0.3143
19	东岳论丛	3	4	3	3.33	0.2857
19	江苏社会科学	3	3	4	3.33	0.2857
19	学海	1	2	7	3.33	0.2857
19	中国社会科学	6	2	2	3.33	0.2857
23	江汉论坛	0	1	7	2.67	0.2286

续表

排序	期刊名称	2004年（篇）	2005年（篇）	2006年（篇）	三年平均（篇）	归一化值
24	东南学术	2	3	1	2.00	0.1714
24	社会科学辑刊	2	2	2	2.00	0.1714
26	福建论坛（人文社会科学版）	1	0	4	1.67	0.1429
26	学习与探索	2	1	2	1.67	0.1429
28	甘肃社会科学	2	1	1	1.33	0.1143
28	河南社会科学	0	0	4	1.33	0.1143
28	江西社会科学	2	1	1	1.33	0.1143
28	求索	0	0	4	1.33	0.1143
32	南京社会科学	0	0	3	1.00	0.0857
32	学术交流	0	2	1	1.00	0.0857
34	世界经济与政治论坛	1	0	1	0.67	0.0571
34	北方论丛	0	0	2	0.67	0.0571
34	广西社会科学	0	0	2	0.67	0.0571
34	湖北社会科学	1	0	1	0.67	0.0571
34	唐都学刊	1	0	1	0.67	0.0571
34	学术论坛	1	0	1	0.67	0.0571
34	云梦学刊	0	2	0	0.67	0.0571
34	云南社会科学	0	2	0	0.67	0.0571
42	黑龙江社会科学	0	0	1	0.33	0.0286
42	湖南社会科学	0	0	1	0.33	0.0286
42	江淮论坛	0	0	1	0.33	0.0286
42	今日中国论坛	0	0	1	0.33	0.0286
42	社会科学家	0	0	1	0.33	0.0286
42	中国社会科学院研究生院学报	0	0	1	0.33	0.0286
42	中国文化研究	1	0	0	0.33	0.0286

从表23-18我们可以看到，人文社会科学综合类期刊2004—2006年计有48种期刊被《中国社会科学文摘》全文转载。其中三年平均转载10次以上的2种：《浙江学刊》、《河北学刊》；年平均转载5—10次的期刊9种；年平均转载1—5次的期刊23种；年平均转载1次以下56种，其中三年未被转载过的综合性期刊多达42种。转载数量的分布呈现出上小下大的金字塔形，塔尖为《浙江学刊》（转载次数为11.67）和《河北学刊》（转载次数为11.33），塔底为年平均转载不到1次的56种期刊。

从三个年度变化上来看，大多数期刊都是有涨有落，变化不稳定，只有塔尖的《浙江学刊》和《河北学刊》稳中有升，体现了两种期刊内容具有较高的学术价值，并且每年都有所提高。这两种期刊的高转载率也与《中国社会科学文摘》的转载特点相符。

从表23-18中可知，2004—2006年期间本章所选90种人文社会科学综合类期刊中53.33%的期刊被《中国社会科学文摘》转载过，尽管转载比例较高，却低于《新华文摘》的72.22%。从转载的绝对次数看，人文社会科学综合类期刊被《中国社会科学文摘》转载的次数亦低于《新华文摘》，如被《中国社会科学文摘》转载最多的《浙江学刊》年均转载次数为11.67次，而被《新华文摘》转载最多的《中国社会科学》则多达14.33次。这是因为，《中国社会科学文摘》办刊年代稍短，发行量少，因而从转载论文数量上看，不仅转载人文社会科学综合类期刊的论文少，对整个人文社会科学学科的转载论文数相对《新华文摘》也都偏低。从期刊的转载数量排名上来看，《新华文摘》和《中国社会科学文摘》所收录文章并没有表现出较大关联，究其原因，《新华文摘》和《中国社会科学文摘》两者转载的倾向性不同，《新华文摘》注重论文的新颖性，要求观点新、资料新、信息新，而《中国社会科学文摘》在强调新颖性之外还强调论文要具有批判性，更加注重学术性。

23.6.3 《复印报刊资料》全文转载

《复印报刊资料》是国内较具权威性的社会科学、人文科学专题文献资料库，其转载的内容涉及100多个专题，是国内外了解中国人文社会科学研究最新成果及近期政治、经济、文化状况的最集中、最权威、最精华的人文社会科学资料库之一。其内容关注当代中国，反映学界热点，追踪学术前沿，遵守学术规范，提倡学术创新。《复印报刊资料》收录范围涉及教育类、文史类、经济类、政治类、哲学类，转载论文数量与前两种转摘刊物相比明显偏多。表23-19给出了2004—2006年人文社会科学综合类期刊被《复印报刊资料》全文转载的统计数据。与表23-18相同，也包括各年度的转载次数、三年平均转载次数，经过归一化处理得到各期刊该指标的归一化值。本表按三年平均转载次数从大到小排序。

表 23-19　2004—2006 年人文社会科学综合类期刊被《复印报刊资料》全文转载统计

排序	期刊名称	2004年（篇）	2005年（篇）	2006年（篇）	三年平均（篇）	归一化值
1	学术研究	84	90	82	85.33	1
2	河北学刊	89	71	65	75.00	0.8789
3	江海学刊	82	67	71	73.33	0.8594
4	学术月刊	0	76	135	70.33	0.8242
5	中国社会科学	76	61	57	64.67	0.7579
6	江西社会科学	61	60	62	61.00	0.7149
7	浙江学刊	72	58	50	60.00	0.7032
8	江苏社会科学	69	52	54	58.33	0.6836
9	社会科学	51	60	62	57.67	0.6758
10	江汉论坛	56	56	56	56.00	0.6563
11	社会科学研究	43	58	58	53.00	0.6211
12	文史哲	61	53	40	51.33	0.6015
13	南京社会科学	45	51	52	49.33	0.5781
14	中州学刊	24	61	62	49.00	0.5742
15	学术界	83	32	29	48.00	0.5625
16	人文杂志	58	42	38	46.00	0.5391
17	社会科学战线	41	43	45	43.00	0.5039
18	山东社会科学	41	33	52	42.00	0.4922
19	求索	44	40	41	41.67	0.4883
20	学习与探索	30	45	49	41.33	0.4844
21	浙江社会科学	45	44	32	40.33	0.4726
22	天津社会科学	42	37	39	39.33	0.4609
23	甘肃社会科学	35	32	47	38.00	0.4453
24	河南社会科学	41	33	34	36.00	0.4219
25	广东社会科学	39	31	37	35.67	0.4180
26	学术论坛	28	37	39	34.67	0.4063
27	福建论坛（人文社会科学版）	24	34	43	33.67	0.3946
28	学海	30	37	27	31.33	0.3672
29	理论月刊	30	33	30	31.00	0.3633

续表

排序	期刊名称	2004年(篇)	2005年(篇)	2006年(篇)	三年平均(篇)	归一化值
30	湖北社会科学	31	28	33	30.67	0.3594
31	东岳论丛	29	32	30	30.33	0.3554
32	世界经济与政治论坛	25	38	23	28.67	0.3360
33	东南学术	22	33	26	27.00	0.3164
33	学术交流	35	25	21	27.00	0.3164
35	湖南社会科学	28	31	21	26.67	0.3126
36	高校理论战线	21	36	22	26.33	0.3086
37	齐鲁学刊	27	31	18	25.33	0.2968
38	中国社会科学院研究生院学报	22	24	27	24.33	0.2851
39	国外社会科学	24	25	23	24.00	0.2813
39	社会科学辑刊	31	19	22	24.00	0.2813
41	学术探索	27	28	13	22.67	0.2657
42	探索与争鸣	20	23	22	21.67	0.2540
43	开放时代	20	17	24	20.33	0.2383
44	前沿	15	19	23	19.00	0.2227
45	兰州学刊	12	13	30	18.33	0.2148
46	江淮论坛	20	18	14	17.33	0.2031
46	重庆社会科学	3	24	25	17.33	0.2031
48	北方论丛	18	11	18	15.67	0.1836
49	云梦学刊	15	16	14	15.00	0.1758
50	广西社会科学	15	16	13	14.67	0.1719
50	天府新论	22	15	7	14.67	0.1719
52	理论与现代化	12	16	15	14.33	0.1679
53	云南社会科学	15	12	15	14.00	0.1641
54	北京社会科学	14	13	12	13.00	0.1523
55	社会科学家	13	10	16	13.00	0.1523
56	宁夏社会科学	14	8	16	12.67	0.1485
57	内蒙古社会科学（汉文版）	14	10	13	12.33	0.1445
58	晋阳学刊	5	19	12	12.00	0.1406
59	黑龙江社会科学	12	7	16	11.67	0.1368

续表

排序	期刊名称	2004年（篇）	2005年（篇）	2006年（篇）	三年平均（篇）	归一化值
60	读书	8	11	15	11.33	0.1328
61	贵州社会科学	12	10	11	11.00	0.1289
62	理论界	1	18	13	10.67	0.1250
63	唐都学刊	13	11	6	10.00	0.1172
63	学习与实践	1	2	27	10.00	0.1172
65	青海社会科学	14	6	8	9.33	0.1093
66	山西高等学校社会科学学报	14	6	7	9.00	0.1055
66	中国文化研究	11	9	7	9.00	0.1055
68	东疆学刊	12	7	4	7.67	0.0899
68	新疆社会科学	9	7	7	7.67	0.0899
70	中华文化论坛	7	5	9	7.00	0.0820
71	社科纵横	4	5	11	6.67	0.0782
72	西藏研究（汉文版）	4	9	6	6.33	0.0742
73	科学·经济·社会	4	8	6	6.00	0.0703
74	阴山学刊	8	7	0	5.00	0.0586
75	江南社会学院学报	6	5	3	4.67	0.0547
76	科学对社会的影响	6	5	2	4.33	0.0507
76	天中学刊	1	9	3	4.33	0.0507
76	殷都学刊	7	5	1	4.33	0.0507
79	百年潮	5	4	2	3.67	0.0430
80	今日中国论坛	0	3	6	3.00	0.0352
80	新疆社科论坛（汉文版）	4	3	2	3.00	0.0352
82	观察与思考	1	3	2	2.00	0.0234
82	黑河学刊	2	3	1	2.00	0.0234
82	南方论刊	3	2	1	2.00	0.0234
85	当代贵州	1	0	0	0.33	0.0039

表 23-19 显示，人文社会科学综合类期刊在 2004—2006 年间共有 85 种期刊被《复印报刊资料》全文转载，被转载期刊在所选人文社会科学综合类期刊中所占比例高达 94.44%，其中三年平均转载量超过 50 次的有 12 种期刊，居首位的《学术研究》三年平均转载量更是高达 85.33。《复印报刊资料》和《新华文摘》、《中国社会

科学文摘》两种转载刊物相比，转载期刊数和转载文章量明显要多，这是因为《复印报刊资料》走的是产品化、市场化的道路，所收集的学科范围和期刊论文数量都较前两种文摘刊物更为广泛。

根据表 23-19，从三个年度被转载篇数的增长趋势来看，整体呈现出稳定状态，大多数期刊尽管有升有降，但并没有呈现显著的变化，这种趋势反映出优秀期刊依然保持优势地位，而排名靠后的期刊其质量在三年来也没有大的改观。少数期刊有超常提升，《学术月刊》在 2004 年被转载文章数为 0，但 2005 年、2006 年被转载文章数猛增至 76 篇、135 篇，结合《学术月刊》在《新华文摘》（2004 年、2005 年、2006 年被转载文章数分别为 0 篇、7 篇、27 篇）和《中国社会科学文摘》（2004 年、2005 年、2006 年被转载文章数分别为 0 篇、4 篇、20 篇）被转载文章数看，也是逐年有较大增长，从这种变化我们可以看出《学术月刊》近几年在其学术质量上进步很大，发表的文章学术含量逐年提高，期刊本身也越来越受到学术界的重视。

23.6.4 二次文献转载综合分析

《新华文摘》、《中国社会科学文摘》以及《复印报刊资料》是目前人文社会科学界公认的综合性文摘刊物，从一个侧面反映了被转载期刊对学科热点的跟踪，对学术走向的关注程度以及所产生的影响，具有一定的权威性。但这三种刊物的选稿标准各有侧重，它们从不同标准出发收录和转载中国人文社会科学领域的研究成果。因此，需要综合这些文摘刊物转载各期刊的论文数量才可以衡量和评价期刊的真实影响。我们使用的评价体系按照期刊论文被这三种二次文献转载的难易程度进行权重分配，其所占比例分别为：《新华文摘》（45%）、《中国社会科学文摘》（35%）、人大《复印报刊资料》（20%）。表 23-20 给出了 2004—2006 年人文社会科学综合类期刊二次文献转载各指标的归一化值和综合值。综合值计算方法为：按照权重分配，将每一种期刊被《新华文摘》转载次数的归一化值乘以 0.45，被《中国社会科学文摘》转载次数的归一化值乘以 0.35，被人大《复印报刊资料》转载次数的归一化值乘以 0.2，然后将这三个结果相加得到各期刊的二次文献转载综合值。本表按二次文献转载综合值从大到小排序。

表 23-20　　2004—2006 年人文社会科学综合类期刊二次文献转载综合值

排序	期刊名称	新华文摘归一化值	中国社会科学文摘归一化值	复印报刊资料归一化值	综合值
1	河北学刊	0.6748	0.9714	0.8789	0.8194
2	学术月刊	0.7906	0.6857	0.8242	0.7606
3	学术研究	0.6281	0.6286	1	0.7027

续表

排序	期刊名称	新华文摘归一化值	中国社会科学文摘归一化值	复印报刊资料归一化值	综合值
4	中国社会科学	1	0.2857	0.7579	0.7016
5	文史哲	0.6978	0.7143	0.6015	0.6843
6	浙江学刊	0.2791	1	0.7032	0.6162
7	江海学刊	0.3489	0.7143	0.8594	0.5789
8	中州学刊	0.6511	0.3143	0.5742	0.5178
9	学术界	0.5115	0.4571	0.5625	0.5027
10	社会科学战线	0.5583	0.4286	0.5039	0.5020
11	山东社会科学	0.5115	0.4857	0.4922	0.4986
12	天津社会科学	0.4187	0.6000	0.4609	0.4906
13	江汉论坛	0.5352	0.2286	0.6563	0.4521
14	学习与探索	0.6511	0.1429	0.4844	0.4399
15	社会科学	0.2561	0.4000	0.6758	0.3904
16	人文杂志	0.3259	0.3714	0.5391	0.3845
17	江苏社会科学	0.2791	0.2857	0.6836	0.3623
18	社会科学研究	0.1863	0.4286	0.6211	0.3581
19	读书	0.4417	0.3429	0.1328	0.3453
20	广东社会科学	0.2561	0.3714	0.4180	0.3288
21	东岳论丛	0.3489	0.2857	0.3554	0.3281
22	浙江社会科学	0.2561	0.3143	0.4726	0.3198
23	江西社会科学	0.3022	0.1143	0.7149	0.3190
24	学海	0.2324	0.2857	0.3672	0.2780
25	河南社会科学	0.2791	0.1143	0.4219	0.2500
26	甘肃社会科学	0.2561	0.1143	0.4453	0.2443
27	社会科学辑刊	0.2791	0.1714	0.2813	0.2418
28	东南学术	0.2561	0.1714	0.3164	0.2385
29	福建论坛（人文社会科学版）	0.2094	0.1429	0.3946	0.2232
30	南京社会科学	0.1396	0.0857	0.5781	0.2084
31	开放时代	0.0698	0.3143	0.2383	0.1891
32	齐鲁学刊	0.2791	0	0.2968	0.1850
33	求索	0.0928	0.1143	0.4883	0.1794

续表

排序	期刊名称	新华文摘归一化值	中国社会科学文摘归一化值	复印报刊资料归一化值	综合值
34	学术交流	0.1863	0.0857	0.3164	0.1771
35	湖南社会科学	0.2094	0.0286	0.3126	0.1668
36	探索与争鸣	0.2324	0	0.2540	0.1554
37	湖北社会科学	0.1396	0.0571	0.3594	0.1547
38	百年潮	0.2791	0	0.0430	0.1342
39	学术论坛	0.0698	0.0571	0.4063	0.1327
40	世界经济与政治论坛	0.0928	0.0571	0.3360	0.1289
41	中国社会科学院研究生院学报	0.0928	0.0286	0.2851	0.1088
42	国外社会科学	0.1165	0	0.2813	0.1087
43	高校理论战线	0.0928	0	0.3086	0.1035
44	江淮论坛	0.1165	0.0286	0.2031	0.1031
45	北方论丛	0.0928	0.0571	0.1836	0.0985
46	云梦学刊	0.0928	0.0571	0.1758	0.0969
47	学术探索	0.0698	0	0.2657	0.0846
48	理论月刊	0.0230	0	0.3633	0.0830
49	黑龙江社会科学	0.0928	0.0286	0.1368	0.0791
50	天府新论	0.0928	0	0.1719	0.0761
51	云南社会科学	0.0468	0.0571	0.1641	0.0739
52	社会科学家	0.0698	0.0286	0.1523	0.0719
53	前沿	0.0468	0	0.2227	0.0656
54	广西社会科学	0.0230	0.0571	0.1719	0.0647
55	中国文化研究	0.0698	0.0286	0.1055	0.0625
56	重庆社会科学	0.0466	0	0.2031	0.0616
57	北京社会科学	0.0468	0	0.1523	0.0515
58	晋阳学刊	0.0468	0	0.1406	0.0492
59	今日中国论坛	0.0698	0.0286	0.0352	0.0485
60	学习与实践	0.0468	0	0.1172	0.0445
61	唐都学刊	0	0.0571	0.1172	0.0434
62	兰州学刊	0	0	0.2148	0.0430
63	内蒙古社会科学（汉文版）	0.0230	0	0.1445	0.0393

续表

排序	期刊名称	新华文摘归一化值	中国社会科学文摘归一化值	复印报刊资料归一化值	综合值
64	理论与现代化	0	0	0.1679	0.0336
65	青海社会科学	0.0230	0	0.1093	0.0322
66	山西高等学校社会科学学报	0.0230	0	0.1055	0.0315
67	科学对社会的影响	0.0468	0	0.0507	0.0312
68	宁夏社会科学	0	0	0.1485	0.0297
69	东疆学刊	0.0230	0	0.0899	0.0283
70	贵州社会科学	0	0	0.1289	0.0258
71	理论界	0	0	0.1250	0.0250
72	新疆社会科学	0	0	0.0899	0.0180
73	中华文化论坛	0	0	0.0820	0.0164
74	社科纵横	0	0	0.0782	0.0156
75	西藏研究（汉文版）	0	0	0.0742	0.0148
76	科学·经济·社会	0	0	0.0703	0.0141
77	阴山学刊	0	0	0.0586	0.0117
78	江南社会学院学报	0	0	0.0547	0.0109
79	天中学刊	0	0	0.0507	0.0101
79	殷都学刊	0	0	0.0507	0.0101
81	新疆社科论坛（汉文版）	0	0	0.0352	0.0070
82	观察与思考	0	0	0.0234	0.0047
82	黑河学刊	0	0	0.0234	0.0047
82	南方论刊	0	0	0.0234	0.0047
85	当代贵州	0	0	0.0039	0.0008
86	大庆社会科学	0	0	0	0
86	国土绿化	0	0	0	0
86	统计信息	0	0	0	0
86	中国西藏	0	0	0	0
86	中山大学学报论丛	0	0	0	0

从表 23-20 中二次文献转载综合值上来看，并没有达到满分的期刊，占据排名首位的《河北学刊》其综合值仅达到 0.8194。从总体综合值变化来看，由高到低变

化平缓，各排名相近的期刊综合值差距不大，这种现象的出现有其必然原因。作为具体的某一人文社会科学综合类期刊来讲，被《新华文摘》、《中国社会科学文摘》以及《复印报刊资料》转载的差距较大，即被某一文摘杂志转载归一化值很高的综合性期刊，而其他转载指标可能较低的情况，体现了三种转载刊物选稿标准和关注点的差异性。这种差异性也使得综合性期刊很难达到相对的明显优势。不过这也为期刊改进提供了努力方向，各期刊可发挥优势、弥补缺陷，争取在多方面提高自己的优势。

23.7 人文社会科学综合类期刊 Web 即年下载率分析

随着网络的普及和各类期刊全文数据库服务的不断完善，越来越多的学者倾向于通过网络来获取需要的文献资料。Web 即年下载率是被统计期刊当年出版、上网并在当年被全文下载的次数与当年出版并上网的论文数之比。该指标可以用来测度上网期刊的即年扩散速率，在网络文献日益重要的今天是研究期刊在网络环境下传播效率的一个重要指标。Web 即年下载率相对其他指标更具合理性，因为用户是从主题或关键词去查文章，避免了期刊可获取性的影响和用户对期刊主观认识上存在的偏差，保证了每一本期刊相对用户而言，被获取机会都是相等的。表 23‐21 给出了 2004—2006 年人文社会科学综合类期刊 Web 即年下载数据、三年平均值以及归一化值。本表按三年平均值从大到小排序。

表 23‐21　　2004—2006 年人文社会科学综合类期刊 Web 即年下载率

排序	期刊名称	2004 年	2005 年	2006 年	三年平均	归一化值
1	中国社会科学	135.9	111.5	225.8	157.73	1
2	读书	56.6	64.5	76.7	65.93	0.4180
3	世界经济与政治论坛	52.7	52.6	91.3	65.53	0.4155
4	学习与实践	—	43.0	63.5	53.25	0.3376
5	社会科学研究	38.4	40.1	80.1	52.87	0.3352
6	江苏社会科学	50.1	41.0	66.0	52.37	0.3320
7	高校理论战线	47.8	32.7	73.7	51.40	0.3259
8	学术交流	34.0	34.7	82.2	50.30	0.3189
9	南京社会科学	35.4	44.4	67.5	49.10	0.3113
10	学术研究	33.9	41.7	67.4	47.67	0.3022
11	天津社会科学	33.9	50.3	58.3	47.50	0.3011
12	社会科学辑刊	36.6	30.2	68.0	44.93	0.2849

续表

排序	期刊名称	2004年	2005年	2006年	三年平均	归一化值
13	学习与探索	25.1	41.4	65.9	44.13	0.2798
14	云南社会科学	27.0	33.1	71.9	44.00	0.2790
15	国外社会科学	38.8	43.6	48.1	43.50	0.2758
16	浙江社会科学	32.6	36.7	61.1	43.47	0.2756
17	文史哲	30.9	29.6	68.2	42.90	0.2720
18	社会科学战线	27.8	40.1	60.7	42.87	0.2718
19	江海学刊	30.2	35.7	62.3	42.73	0.2709
20	中州学刊	26.3	31.3	70.4	42.67	0.2705
21	今日中国论坛	54.9	—	30.3	42.60	0.2701
22	社会科学	21.9	38.7	61.7	40.77	0.2585
23	社会科学家	38.3	35.2	48.5	40.67	0.2578
24	甘肃社会科学	27.3	29.1	64.5	40.30	0.2555
25	浙江学刊	34.4	33.1	53.2	40.23	0.2551
26	东南学术	25.2	42.2	52.0	39.80	0.2523
27	山东社会科学	32.5	32.3	52.1	38.97	0.2471
28	江西社会科学	24.2	28.7	63.6	38.83	0.2462
29	江汉论坛	24.8	31.4	59.1	38.43	0.2436
30	理论与现代化	32.8	30.1	51.2	38.03	0.2411
30	学术月刊	14.2	31.7	68.2	38.03	0.2411
32	东岳论丛	25.7	37.9	49.9	37.83	0.2398
33	学海	29.1	34.0	49.9	37.67	0.2388
34	学术论坛	30.1	28.2	54.2	37.50	0.2377
35	内蒙古社会科学（汉文版）	26.6	27.8	57.7	37.37	0.2369
36	人文杂志	29.6	28.1	53.2	36.97	0.2344
37	前沿	28.3	30.2	51.8	36.77	0.2331
38	湖南社会科学	29.8	40.6	37.4	35.93	0.2278
39	求索	27.0	31.6	49.2	35.93	0.2278
40	湖北社会科学	34.2	28.8	44.6	35.87	0.2274
41	学术探索	27.3	25.9	53.5	35.57	0.2255
42	探索与争鸣	24.5	30.2	50.1	34.93	0.2215
43	重庆社会科学	—	25.6	43.2	34.40	0.2181

续表

排序	期刊名称	2004年	2005年	2006年	三年平均	归一化值
44	开放时代	15.2	30.1	55.2	33.50	0.2124
45	中国社会科学院研究生院学报	25.1	21.1	53.6	33.27	0.2109
46	兰州学刊	24.0	27.0	48.0	33.00	0.2092
47	科学·经济·社会	19.6	30.3	48.2	32.70	0.2073
47	广西社会科学	27.4	25.9	44.8	32.70	0.2073
49	学术界	19.6	23.6	53.2	32.13	0.2037
50	北京社会科学	33.9	19.2	42.6	31.90	0.2022
51	山西高等学校社会科学学报	24.1	23.2	48.2	31.83	0.2018
52	河北学刊	23.1	25.9	44.9	31.30	0.1984
53	天府新论	17.7	26.0	49.9	31.20	0.1978
54	江淮论坛	23.8	21.7	47.6	31.03	0.1967
55	齐鲁学刊	19.8	22.7	50.1	30.87	0.1957
56	黑龙江社会科学	18.4	23.9	49.7	30.67	0.1944
57	江南社会学院学报	9.6	19.9	62.0	30.50	0.1934
58	贵州社会科学	18.4	24.6	47.7	30.23	0.1917
59	河南社会科学	22.0	24.7	41.3	29.33	0.1860
60	福建论坛（人文社会科学版）	20.6	21.2	43.9	28.57	0.1811
61	晋阳学刊	22.3	19.1	44.1	28.50	0.1807
62	广东社会科学	15.5	24.0	45.9	28.47	0.1805
62	中国文化研究	18.4	22.3	44.7	28.47	0.1805
64	理论月刊	14.1	24.4	46.6	28.37	0.1799
65	理论界	14.3	22.9	46.3	27.83	0.1764
66	北方论丛	17.9	25.0	39.9	27.60	0.1750
67	宁夏社会科学	22.3	19.4	38.7	26.80	0.1699
68	青海社会科学	20.6	21.2	37.4	26.40	0.1674
69	唐都学刊	18.4	20.9	39.6	26.30	0.1667
70	社科纵横	13.5	18.8	45.8	26.03	0.1650
71	科学对社会的影响	17.0	19.4	40.5	25.63	0.1625
72	南方论刊	—	—	24.9	24.90	0.1579
73	阴山学刊	13.6	19.7	40.8	24.70	0.1566
74	新疆社会科学	13.3	21.9	38.8	24.67	0.1564

续表

排序	期刊名称	2004年	2005年	2006年	三年平均	归一化值
74	中山大学学报论丛	4.2	21.2	48.6	24.67	0.1564
76	中华文化论坛	15.0	22.0	36.7	24.57	0.1558
77	云梦学刊	14.7	21.0	37.3	24.33	0.1543
78	黑河学刊	13.8	16.5	41.3	23.87	0.1513
79	天中学刊	17.2	19.4	34.4	23.67	0.1501
80	新疆社科论坛（汉文版）	7.5	17.1	41.0	21.87	0.1387
81	东疆学刊	15.6	14.9	33.8	21.43	0.1359
82	殷都学刊	8.7	16.1	33.8	19.53	0.1238
83	统计信息	—	19.4	13.3	16.35	0.1037
84	大庆社会科学	9.9	11.8	20.4	14.03	0.0889
85	西藏研究（汉文版）	3.6	12.1	18.1	11.27	0.0715
86	百年潮	—	—	8.9	8.90	0.0564
87	当代贵州	4.2	5.7	8.0	5.97	0.0378
88	国土绿化	5.3	6.0	5.8	5.70	0.0361
89	中国西藏	2.1	2.8	6.1	3.67	0.0233
90	观察与思考	—	—	—	—	—

注：上表中"—"表示当年该刊的数据为空，不列入平均值的计算。

从表23-21中可以看出，Web即年下载率排名中，《中国社会科学》以年平均157.73的下载率位居榜首，遥遥领先于排名其后的《读书》、《世界经济》与《政治论坛》。除去第1名的《中国社会科学》，其他所选的人文社会科学综合类期刊的即年下载率变化比较平缓，前后差距不是很明显。其中，Web即年下载率60以上的有3种期刊，60—50之间的期刊有5种，50—40之间的期刊有17种，40—30之间的期刊有33种，30—20之间的期刊有23种，20以下的期刊有9种。大多数期刊的Web即年下载率处于20—50之间，Web即年下载率的分布表现得相对集中、均衡。这是因为在网络环境下查找文献时很多学者往往不是根据期刊的重要性和影响力去查找文章，而是利用主题或是关键词去查找文章，这种查找方式从搜索范围上保证了每一种期刊的相对平等性，这也体现了Web即年下载率在期刊评价指标体系中具有很重要的意义。

表23-21显示，从年度变化来看，大多数人文社会科学综合类期刊（占77.78%）的2005年Web即年下载率高于2004年的Web即年下载率，除个别期刊外（仅2种），所有期刊2006年的Web即年下载率高于2005年的Web即年下载率。

从增长的绝对数值上来看，2004—2005 年的变化还比较平缓，但 2005 年后大多数期刊（占 83.33%）以超过 10 篇次的速度递增。依靠网络获取研究所需的文献，这一方式显示了强劲的增长势头，这也充分说明了广大的人文社会科学学者紧跟时代发展步伐，越来越重视并善于通过网络方式来获取文献资料。网络文献以其易获取性、检索便利性正在受到学者的青睐，同时也越来越显出它在学术研究中的独特魅力。Web 即年下载率的逐年递增也说明了各人文社会科学综合类期刊正不断调整自身发展，努力提升期刊的学术质量和学术影响。

23.8 人文社会科学综合类期刊评价指标综合分析

本章我们应用第 1 章中设定的七大指标从 16 个方面对人文社会科学综合类期刊进行了多角度的测评。为了更为全面地考察每种人文社会科学综合类期刊的学术规范和学术影响力，我们在本章根据第 1 章设定的期刊评价指标体系计算方法对每一人文社会科学综合类期刊计算其学术影响综合值，根据各期刊的学术影响综合值进行综合分析。

表 23-22 给出了 2004—2006 年人文社会科学综合类期刊七大指标归一化值和综合值。综合值的具体计算方法：将各指标的综合值分别乘以相应的权重，然后将各个结果相加得到单个期刊最后的综合值。本表按指标综合值从大到小排序。

表 23-22　　　　　　　　　人文社会科学综合类期刊综合值运算表

排序	期刊名称	期刊学术规范 ×0.15	被引次数 ×0.1	被引速率 ×0.1	影响因子 ×0.3	被引广度 ×0.1	二次文献转载 ×0.1	Web 下载 ×0.15	综合值 Σ
1	中国社会科学	0.9263	1	1	1	1	0.7016	1	0.9591
2	学术月刊	0.6283	0.1991	0.1000	0.1046	0.2736	0.7606	0.2411	0.2951
3	学术研究	0.7003	0.1741	0.0702	0.0584	0.2480	0.7027	0.3022	0.2874
4	文史哲	0.7594	0.1241	0.0797	0.0747	0.1758	0.6843	0.2720	0.2835
5	江海学刊	0.6639	0.1682	0.0779	0.0881	0.2385	0.5789	0.2709	0.2730
6	江苏社会科学	0.7245	0.1442	0.0627	0.0999	0.2109	0.3623	0.3320	0.2665
7	浙江学刊	0.7106	0.1238	0.0775	0.0656	0.1762	0.6162	0.2551	0.2639
8	社会科学战线	0.6673	0.2006	0.0591	0.0542	0.2852	0.5020	0.2718	0.2618
9	天津社会科学	0.6150	0.1444	0.0997	0.0870	0.2092	0.4906	0.3011	0.2579
10	浙江社会科学	0.6999	0.1585	0.0957	0.0915	0.2259	0.3198	0.2756	0.2538

续表

排序	期刊名称	期刊学术规范 ×0.15	被引次数 ×0.1	被引速率 ×0.1	影响因子 ×0.3	被引广度 ×0.1	二次文献转载 ×0.1	Web下载 ×0.15	综合值 Σ
11	社会科学研究	0.6918	0.1303	0.0821	0.0684	0.1891	0.3581	0.3352	0.2505
12	社会科学	0.6739	0.1314	0.0816	0.0799	0.1990	0.3904	0.2585	0.2441
13	河北学刊	0.5944	0.0869	0.0675	0.0465	0.1165	0.8194	0.1984	0.2419
14	中州学刊	0.6528	0.0926	0.0405	0.0393	0.1353	0.5178	0.2705	0.2289
15	学习与探索	0.6322	0.0985	0.0557	0.0442	0.1468	0.4399	0.2798	0.2242
16	南京社会科学	0.6412	0.1107	0.0782	0.0820	0.1611	0.2084	0.3113	0.2233
17	江汉论坛	0.6326	0.1221	0.0355	0.0366	0.1751	0.4521	0.2436	0.2209
18	学术界	0.6284	0.0879	0.0560	0.0601	0.1291	0.5027	0.2037	0.2204
19	世界经济与政治论坛	0.7228	0.0445	0.0818	0.0507	0.0681	0.1289	0.4155	0.2183
20	国外社会科学	0.5392	0.1588	0.1252	0.1310	0.1656	0.1087	0.2758	0.2174
21	读书	0.0517	0.3061	0.1439	0.0883	0.4068	0.3453	0.4180	0.2172
22	人文杂志	0.5876	0.0971	0.0814	0.0531	0.1431	0.3845	0.2344	0.2098
23	江西社会科学	0.6430	0.1049	0.0244	0.0199	0.1543	0.3190	0.2462	0.1996
24	甘肃社会科学	0.6935	0.0714	0.0355	0.0384	0.1029	0.2443	0.2555	0.1993
25	开放时代	0.6191	0.0711	0.1197	0.0804	0.1073	0.1891	0.2124	0.1976
26	社会科学辑刊	0.6337	0.0798	0.0505	0.0341	0.1179	0.2418	0.2849	0.1970
27	学海	0.6479	0.0663	0.0458	0.0391	0.1008	0.2780	0.2388	0.1938
28	东南学术	0.5879	0.0592	0.0638	0.0715	0.0828	0.2385	0.2523	0.1919
29	山东社会科学	0.5332	0.0555	0.0322	0.0265	0.0818	0.4986	0.2471	0.1918
30	求索	0.6924	0.1055	0.0245	0.0282	0.1359	0.1794	0.2278	0.1910
31	学术交流	0.6229	0.0701	0.0226	0.0259	0.1022	0.1771	0.3189	0.1862
32	社会科学家	0.7219	0.0619	0.0317	0.0414	0.0869	0.0719	0.2578	0.1846
33	东岳论丛	0.5862	0.0594	0.0349	0.0315	0.0845	0.3281	0.2398	0.1840
34	学术论坛	0.6846	0.0652	0.0290	0.0417	0.0957	0.1327	0.2377	0.1831
35	云南社会科学	0.6572	0.0595	0.0477	0.0452	0.0875	0.0739	0.2790	0.1809
36	广东社会科学	0.5915	0.0591	0.0397	0.0350	0.0889	0.3288	0.1805	0.1780
37	内蒙古社会科学（汉文版）	0.6617	0.0520	0.0492	0.0422	0.0794	0.0393	0.2369	0.1694
38	齐鲁学刊	0.6029	0.0630	0.0356	0.0310	0.0899	0.1850	0.1957	0.1664

续表

排序	期刊名称	期刊学术规范 ×0.15	被引次数 ×0.1	被引速率 ×0.1	影响因子 ×0.3	被引广度 ×0.1	二次文献转载 ×0.1	Web下载 ×0.15	综合值 Σ
39	中国社会科学院研究生院学报	0.5866	0.0542	0.0474	0.0546	0.0828	0.1088	0.2109	0.1653
40	湖北社会科学	0.6333	0.0502	0.0144	0.0162	0.0743	0.1547	0.2274	0.1633
41	宁夏社会科学	0.6534	0.0711	0.0301	0.0464	0.0763	0.0297	0.1699	0.1581
42	中国文化研究	0.6368	0.0398	0.0412	0.0508	0.0576	0.0625	0.1805	0.1579
43	广西社会科学	0.6471	0.0588	0.0182	0.0214	0.0883	0.0647	0.2073	0.1576
44	福建论坛（人文社会科学版）	0.5532	0.0533	0.0281	0.0287	0.0821	0.2232	0.1811	0.1574
45	北方论丛	0.6715	0.0453	0.0359	0.0145	0.0603	0.0985	0.1750	0.1553
46	北京社会科学	0.5526	0.0461	0.0351	0.0646	0.0691	0.0515	0.2022	0.1528
47	科学·经济·社会	0.6660	0.0185	0.0225	0.0437	0.0296	0.0141	0.2073	0.1526
48	高校理论战线	0.4933	0.0324	0.0391	0.0231	0.0487	0.1035	0.3259	0.1522
49	学术探索	0.6054	0.0372	0.0306	0.0218	0.0552	0.0846	0.2255	0.1519
50	江淮论坛	0.6335	0.0330	0.0164	0.0194	0.0487	0.1031	0.1967	0.1505
51	河南社会科学	0.5454	0.0341	0.0223	0.0148	0.0497	0.2500	0.1860	0.1498
52	天府新论	0.5982	0.0327	0.0363	0.0225	0.0477	0.0761	0.1978	0.1454
53	湖南社会科学	0.4962	0.0406	0.0217	0.0238	0.0593	0.1668	0.2278	0.1446
54	兰州学刊	0.6036	0.0421	0.0109	0.0222	0.0627	0.0430	0.2092	0.1445
55	理论月刊	0.6065	0.0453	0.0102	0.0175	0.0671	0.0830	0.1799	0.1438
56	探索与争鸣	0.4630	0.0489	0.0432	0.0266	0.0722	0.1554	0.2215	0.1426
57	前沿	0.5532	0.0374	0.0101	0.0137	0.0535	0.0656	0.2331	0.1387
58	唐都学刊	0.6598	0.0185	0.0182	0.0116	0.0249	0.0434	0.1667	0.1380
59	晋阳学刊	0.5769	0.0427	0.0280	0.0171	0.0596	0.0492	0.1807	0.1367
60	黑龙江社会科学	0.5689	0.0218	0.0112	0.0223	0.0337	0.0791	0.1944	0.1358
61	贵州社会科学	0.5885	0.0296	0.0132	0.0198	0.0453	0.0258	0.1917	0.1344
62	理论与现代化	0.5371	0.0201	0.0340	0.0162	0.0293	0.0336	0.2411	0.1333
63	云梦学刊	0.5862	0.0204	0.0195	0.0120	0.0290	0.0969	0.1543	0.1313
64	山西高等学校社会科学学报	0.5661	0.0282	0.0091	0.0090	0.0409	0.0315	0.2018	0.1289
65	青海社会科学	0.5583	0.0380	0.0172	0.0181	0.0559	0.0322	0.1674	0.1286

续表

排序	期刊名称	期刊学术规范 ×0.15	被引次数 ×0.1	被引速率 ×0.1	影响因子 ×0.3	被引广度 ×0.1	二次文献转载 ×0.1	Web下载 ×0.15	综合值 Σ
66	重庆社会科学	0.5666	0.0070	0.0100	0.0044	0.0102	0.0616	0.2181	0.1279
67	新疆社会科学	0.5510	0.0294	0.0234	0.0221	0.0423	0.0180	0.1564	0.1241
68	社科纵横	0.6018	0.0204	0.0053	0.0062	0.0296	0.0156	0.1650	0.1240
69	中华文化论坛	0.5757	0.0199	0.0166	0.0194	0.0290	0.0164	0.1558	0.1237
70	今日中国论坛	0.3739	0.0160	0.0145	0.0392	0.0238	0.0485	0.2701	0.1186
71	学习与实践	0.4009	0.0047	0.0026	0.0045	0.0068	0.0445	0.3376	0.1180
72	阴山学刊	0.5747	0.0094	0.0080	0.0099	0.0129	0.0117	0.1566	0.1169
73	江南社会学院学报	0.5081	0.0065	0.0216	0.0182	0.0096	0.0109	0.1934	0.1155
74	中山大学学报论丛	0.5589	0.0229	0.0049	0.0070	0.0313	0	0.1564	0.1153
75	西藏研究(汉文版)	0.5108	0.0472	0.0253	0.0457	0.0443	0.0148	0.0715	0.1142
75	科学对社会的影响	0.4279	0.0195	0.0292	0.0502	0.0256	0.0312	0.1625	0.1142
77	天中学刊	0.5693	0.0094	0.0054	0.0053	0.0143	0.0101	0.1501	0.1134
78	理论界	0.4977	0.0225	0.0048	0.0060	0.0334	0.0250	0.1764	0.1115
79	东疆学刊	0.5261	0.0110	0.0496	0.0054	0.0106	0.0283	0.1359	0.1109
80	殷都学刊	0.5061	0.0185	0.0125	0.0158	0.0266	0.0101	0.1238	0.1060
81	黑河学刊	0.4588	0.0056	0.0034	0.0043	0.0082	0.0047	0.1513	0.0950
82	新疆社科论坛（汉文版）	0.4529	0.0059	0.0010	0.0063	0.0085	0.0070	0.1387	0.0929
83	南方论刊	0.3679	0.0009	0.0008	0.0004	0.0014	0.0047	0.1579	0.0798
84	大庆社会科学	0.2972	0.0019	0.0205	0.0011	0.0027	0	0.0889	0.0608
85	当代贵州	0.2648	0.0030	0.0020	0.0010	0.0044	0.0008	0.0378	0.0467
86	统计信息	0.1261	0.0017	0.0037	0.0026	0.0048	0	0.1037	0.0363
87	百年潮	0.0298	0.0156	0.0070	0.0123	0.0225	0.1342	0.0564	0.0346
88	国土绿化	0.1588	0.0009	0	0.0004	0.0014	0	0.0361	0.0296
89	观察与思考	0.1141	0.0044	0.0024	0.0016	0.0072	0.0047	—	0.0195
90	中国西藏	0.0235	0.0089	0.0120	0.0077	0.0112	0	0.0233	0.0125

人文社会科学综合类期刊是我国人文社科领域学术期刊的重要组成部分，利用本期刊评价体系设立的七大指标所涉及的16个指标对表23-22中的期刊进行了综合值

计算与分析，可以看出，从不同的角度分析，各期刊能够显示出自己的特点。

表23-22显示，在参与统计的90种期刊中，位居首位的《中国社会科学》的各大指标均表现突出，期刊综合值（高达0.9591）遥遥领先于其后的《学术月刊》（综合值为0.2951）；但从总体水平来看，人文社会科学综合类期刊的质量水平较为平均，期刊间差距并不显著，参与评价的90种期刊综合值大多（87.78%的期刊）位于0.3—0.1之间。

从表23-22的2004—2006年人文社会科学综合类期刊的各项指标排名分布来看，《中国社会科学》由于七项归一化指标中有五项为1，一项近似等于1而名列首位，并且其综合值远高于其他同类的各期刊，表现出一枝独秀，当之无愧为综合性期刊中的权威期刊。居于第2位的是《学术月刊》，各项综合值与《中国社会科学》的差距高达0.664，该刊尽管也很优秀，但在被引次数、被引速率、被引广度、Web即年下载率等四项指标上与《中国社会科学》有明显差距，排名在后的其他期刊也同样存在这种问题。究其原因，《中国社会科学》依靠其高质量的学术论文和强大的学术影响力，受到广大学者的青睐，学者们在学术研究中大量借鉴和参考《中国社会科学》发表的研究成果。其他期刊要想缩小与《中国社会科学》的差距，需要在被引次数、被引速率、被引广度、Web即年下载率等四项指标上更加努力。其他期刊除了要提高本刊的学术质量，还要积极扩大本期刊的学术影响力，使得学者在学术研究中能够给予本期刊较多的关注，期刊所刊载的文章能在学者的研究参考中起到直接的影响作用。

人文社会科学综合类期刊与其他人文社会科学专业学术期刊相比，在七大指标的测评中只有二次文献转载次数和被引广度总体水平表现突出，而其他的指标不论是影响因子、被引次数或是规范化程度与其他人文社会科学专业学术期刊相比只能处于中游或是中游偏下水平，体现出综合性期刊的"全、散、小、弱"的状况。面对国内外期刊发展态势及人文社会科学类专业学术期刊的强力冲击，综合性期刊正面临生存与发展的考验。目前大多数期刊评价指标体系偏重于期刊的"学术质量"，对期刊文章的影响力和规范化程度有较高的要求，这一要求使得综合性期刊优势不再，不利因素却日益凸显。因此，人文社会科学综合类期刊的办刊者在探索办刊新理念和新出路的同时，不但要注重提高期刊文章的学术含量，更要注重综合性期刊的影响力扩展，改变综合性期刊"全、散"的现状，发挥综合性期刊的传统优势，使综合性期刊在激烈的市场环境中更具竞争力。

根据表23-22的七大项指标的综合值，我们最终可以把所选的90种人文社会科学综合类期刊分成不同梯队等级，期刊综合值在1—0.7为人文社会科学综合类期刊中的权威期刊，综合值取值区间位于0.7—0.15的为核心期刊；综合值取值区间位于0.15—0.13的期刊为扩展核心期刊；综合值小于0.13的综合性期刊和未列入表中的综合性期刊定位为一般性学术期刊。依据这一原则得到人文社会科学综合类期刊的定量评价结果：

权威期刊：《中国社会科学》；

核心期刊：《学术月刊》、《学术研究》、《文史哲》、《江海学刊》、《江苏社会科学》、《浙江学刊》、《社会科学战线》、《天津社会科学》、《浙江社会科学》、《社会科学研究》、《社会科学》、《河北学刊》、《中州学刊》、《学习与探索》、《南京社会科学》、《江汉论坛》、《学术界》、《国外社会科学》、《读书》、《人文杂志》、《江西社会科学》、《甘肃社会科学》、《开放时代》、《社会科学辑刊》、《学海》、《东南学术》、《山东社会科学》、《求索》、《学术交流》、《社会科学家》、《东岳论丛》、《学术论坛》、《云南社会科学》、《广东社会科学》、《内蒙古社会科学（汉文版）》、《中国社会科学院研究生院学报》、《湖北社会科学》、《宁夏社会科学》、《中国文化研究》、《广西社会科学》、《福建论坛（人文社会科学版）》、《北方论丛》、《北京社会科学》、《科学·经济·社会》、《学术探索》、《江淮论坛》；

扩展核心期刊：《河南社会科学》、《天府新论》、《湖南社会科学》、《兰州学刊》、《理论月刊》、《探索与争鸣》、《前沿》、《唐都学刊》、《晋阳学刊》、《黑龙江社会科学》、《贵州社会科学》、《理论与现代化》、《云梦学刊》；

其他期刊均为一般性学术期刊。

需要说明的是，在划分期刊学科时，我们将《世界经济与政治》归入了政治学讨论，《齐鲁学刊》归入了高校学报讨论，《高校理论战线》归入马克思主义类讨论。

第 24 章　高校人文社会科学综合性学报

高校学报是我们国家高层次的学术期刊，是以学术论文、研究报告、学术书评为主要内容的刊物，其任务是：公布科研成果、传播科技信息和促进科技成果转化为生产力[①]。作为期刊的特殊领域，经过多年的发展，高校学报已经具备了以下特点，即学术性、内向性和综合性，并且数量多，覆盖面广，承担了大量学术成果的刊发和推介的任务。高校人文社会科学综合性学报更是如此。这些特性决定了高校人文社会科学综合性学报不论在学术含量上还是学术影响力上都与专业类社科期刊不尽相同。

根据 2005 年公开发行的人文、社会科学期刊目录统计，我国的高校人文社科综合性学报合计约 430 余种，占人文、社科学术期刊总数（2770 余种）的 16% 左右，在人文社科 25 类期刊中，仅次于经济学（445 种）而居第 2。在 2004—2006 年间，CSSCI 收录高校人文社科综合性学报从 35 种（2004—2005 年）增加到 51 种（2006 年），共收录论文 18230 篇，引用文献 277779 篇。本章以 2004—2006 年间在 CSSCI 数据库被引达 10 次以上，即具有一定学术影响的高校人文社科综合性学报期刊为研究对象，以 CSSCI 数据库、万方数据库以及纸质期刊实物为数据源，统计相关指标，并通过对各项指标的研究分析，探讨高校人文社科综合性学报 2004—2006 年期间的学术状况、学术影响力及其发展变化。

需要说明的是，体育类、艺术类、语言类、财经类、民族类高校的学报本书已经放在相应的学科进行讨论，自然科学类、工科类、医学类、农林类学报不属于社科学报，因而均不在本章讨论范围之内。

24.1　高校人文社科综合性学报学术规范量化指标分析

期刊的篇均引用文献数、作者地区分布情况、基金论文占有比例、作者机构标注比例和本机构论文比例反映了期刊的学术含量、学术规范性、区域影响能力。期刊学术规范性的高低一方面反映了该刊治学是否严谨，同时也便于学术界开展学术交流，扩大期刊的学术影响力。本节在讨论高校人文社科综合性学报的学术规范性时，

---

① 国家科委、新闻出版署：《科学技术期刊管理办法》，1991 年。

从期刊的篇均引用文献数、期刊作者地区分布、基金论文占有比例、本机构论文比例以及作者机构标注比例入手，对 CSSCI 数据库、万方期刊数据库以及期刊实物反映出来的数据进行统计，将指标进行量化，从而反映该领域内期刊所载论文质量、学术规范情况以及期刊的区域影响力等学术规范化情况。

24.1.1 篇均引用文献数

引用文献是作为学术论文必不可少的组成部分，篇均引用文献数是反映期刊学术规范性的重要指标。论文引用的文献一方面反映了学术研究的继承性和关联性，揭示了论文的科学依据；另一方面，论文多是对前人研究的继续和拓展，是对某一领域的创新性研究成果或论证性研究成果的展示，在论文中标注出处，也是对他人研究成果的尊重。因此，对一篇完整的学术论文来说，全面标注引用文献从一个侧面反映了作者的学术规范和科研水平；而对一个期刊而言，期刊的篇均引用文献数则反映了该刊对引文的重视程度，以及期刊的学术规范性。由统计知，CSSCI（2004—2006 年）高校人文社科综合性学报来源刊的篇均引文为 10.72 篇，虽然与历史学的 18.01 篇相去甚远，却高于我国人文社会科学期刊篇均引文的平均值 8.20 篇，在我国人文社会科学 25 个学科中处于中上游水平[①]。表 24-1 列出了参加统计的 217 种期刊的篇均引用文献数以及三年的平均，并对各期刊进行了归一化处理。

表 24-1　　2004—2006 年高校人文社科综合性学报篇均引用文献数统计

排序	期刊名称	2004 年（篇数）	2005 年（篇数）	2006 年（篇数）	三年平均（篇数）	归一化值
1	南京大学学报（哲学·人文科学·社会科学版）	13.83	16.57	15.43	15.2767	1
2	四川大学学报（哲学社会科学版）	13.14	15.77	16.45	15.1200	0.9897
3	清华大学学报（哲学社会科学版）	9.01	13.85	22.26	15.0400	0.9845
4	四川师范大学学报（社会科学版）	14.03	14.38	16.45	14.9533	0.9788
5	厦门大学学报（哲学社会科学版）	13.34	15.59	14.77	14.5667	0.9535
6	复旦学报（社会科学版）	13.44	15.83	14.08	14.4500	0.9459
7	同济大学学报（社会科学版）	8.90	16.07	15.97	13.6467	0.8933
8	中山大学学报（社会科学版）	13.01	13.67	14.06	13.5800	0.8889
9	南开学报（哲学社会科学版）	13.52	13.98	12.89	13.4633	0.8813
10	华东师范大学学报（哲学社会科学版）	14.67	12.44	12.98	13.3633	0.8748

---

① 邓三鸿、金莹："我国人文社会科学学术刊物的学科对比——基于 CSSCI 的分析"，《东岳论丛》2008 年第 1 期，第 43—50 页。

续表

排序	期刊名称	2004年（篇数）	2005年（篇数）	2006年（篇数）	三年平均（篇数）	归一化值
11	北京师范大学学报（社会科学版）	12.38	13.54	14.02	13.3133	0.8715
12	西北师大学报（社会科学版）	11.94	15.06	12.70	13.2333	0.8662
13	湖南大学学报（社会科学版）	11.57	13.15	14.97	13.2300	0.8660
14	兰州大学学报（社会科学版）	12.55	12.77	12.99	12.7700	0.8359
15	东方论坛：青岛大学学报	11.78	12.66	13.58	12.6733	0.8296
16	华中师范大学学报（人文社会科学版）	10.78	13.00	13.79	12.5233	0.8198
17	陕西师范大学学报（哲学社会科学版）	10.43	11.75	14.36	12.1800	0.7973
18	浙江大学学报（人文社会科学版）	11.21	11.80	13.02	12.0100	0.7862
19	北京大学学报（哲学社会科学版）	11.85	9.99	12.64	11.4933	0.7523
20	云南大学学报（社会科学版）	10.54	9.85	13.96	11.4500	0.7495
21	思想战线	10.60	12.16	11.18	11.3133	0.7406
22	上海师范大学学报（哲学社会科学版）	9.42	11.80	12.52	11.2467	0.7362
23	山东大学学报（哲学社会科学版）	7.90	12.01	13.65	11.1867	0.7323
24	首都师范大学学报（社会科学版）	10.29	10.98	12.28	11.1833	0.7321
25	安徽师范大学学报（人文社会科学版）	10.59	11.34	11.22	11.0500	0.7233
26	南京师大学报（社会科学版）	9.84	11.61	11.65	11.0333	0.7222
27	吉林大学社会科学学报	10.65	9.96	12.44	11.0167	0.7211
28	重庆工商大学学报（社会科学版）	5.98	8.56	18.31	10.9500	0.7168
29	上海交通大学学报（哲学社会科学版）	11.45	9.79	11.49	10.9100	0.7142
30	西南大学学报（人文社会科学版）	10.61	10.61	11.46	10.8933	0.7131
31	暨南学报（哲学社会科学版）	10.47	11.28	10.69	10.8133	0.7078
32	西安交通大学学报（社会科学版）	8.92	11.44	11.78	10.7133	0.7013
33	华南农业大学学报（社会科学版）	9.97	11.34	10.52	10.6100	0.6945
34	北京科技大学学报（社会科学版）	9.19	10.76	11.65	10.5333	0.6895
35	汕头大学学报（人文社会科学版）	9.87	10.03	11.02	10.3067	0.6747
36	海南师范学院学报（社会科学版）	7.75	11.70	10.97	10.1400	0.6638
37	烟台大学学报（哲学社会科学版）	8.44	9.76	12.17	10.1233	0.6627
38	安徽大学学报（哲学社会科学版）	8.75	10.17	10.92	9.9467	0.6511
39	山西大学学报（哲学社会科学版）	8.96	10.16	10.57	9.8967	0.6478
40	广西师范大学学报（哲学社会科学版）	9.78	9.39	10.33	9.8333	0.6437

续表

排序	期刊名称	2004年（篇数）	2005年（篇数）	2006年（篇数）	三年平均（篇数）	归一化值
41	华南师范大学学报（社会科学版）	9.42	10.10	9.47	9.6633	0.6326
42	华东理工大学学报（社会科学版）	8.87	9.48	10.63	9.6600	0.6323
43	中国海洋大学学报（社会科学版）	9.18	8.36	11.14	9.5600	0.6258
44	江西师范大学学报（哲学社会科学版）	8.48	9.24	10.87	9.5300	0.6238
45	河北师范大学学报（哲学社会科学版）	9.36	9.74	9.47	9.5233	0.6234
46	新疆师范大学学报（哲学社会科学版）	6.86	8.40	13.25	9.5033	0.6221
47	中国地质大学学报（社会科学版）	8.71	10.61	9.14	9.4867	0.6210
48	湘潭大学学报（哲学社会科学版）	7.91	9.36	10.97	9.4133	0.6162
49	华侨大学学报（哲学社会科学版）	7.85	9.35	10.95	9.3833	0.6142
50	鲁东大学学报（哲学社会科学版）	9.19	8.54	10.39	9.3733	0.6136
51	贵州师范大学学报（社会科学版）	8.06	9.64	10.37	9.3567	0.6125
52	海南大学学报（人文社会科学版）	7.70	9.70	10.66	9.3533	0.6123
53	中国矿业大学学报（社会科学版）	7.71	10.52	9.79	9.3400	0.6114
54	中国人民大学学报	8.39	9.04	10.48	9.3033	0.6090
55	南京农业大学学报（社会科学版）	8.18	9.81	9.90	9.2967	0.6086
56	新疆大学学报（哲学·人文社会科学版）	9.13	9.26	9.42	9.2700	0.6068
57	山东师范大学学报（人文社会科学版）	8.04	8.85	10.85	9.2467	0.6053
58	齐鲁学刊	8.69	9.29	9.68	9.2200	0.6035
59	河北大学学报（哲学社会科学版）	8.69	9.64	9.25	9.1933	0.6018
60	贵州大学学报（社会科学版）	8.31	9.00	10.26	9.1900	0.6016
61	北京航空航天大学学报（社会科学版）	9.98	8.46	8.94	9.1267	0.5974
61	中国人民公安大学学报（社会科学版）	8.59	8.66	10.13	9.1267	0.5974
63	徐州师范大学学报（哲学社会科学版）	7.23	9.46	10.67	9.1200	0.5970
64	南都学坛：南阳师范学院人文社会科学学报	8.30	9.55	9.46	9.1033	0.5959
65	广州大学学报（社会科学版）	8.61	9.80	8.87	9.0933	0.5952
66	西华师范大学学报（哲学社会科学版）	9.14	8.81	9.24	9.0633	0.5933
67	北京林业大学学报（社会科学版）	10.07	7.13	9.94	9.0467	0.5922
68	东北师大学报（哲学社会科学版）	7.84	9.23	10.06	9.0433	0.5920
69	苏州大学学报（哲学社会科学版）	6.98	9.95	10.13	9.0200	0.5904
69	大连理工大学学报（社会科学版）	8.08	9.64	9.34	9.0200	0.5904

续表

排序	期刊名称	2004年（篇数）	2005年（篇数）	2006年（篇数）	三年平均（篇数）	归一化值
71	湖南师范大学社会科学学报	8.42	9.61	9.01	9.0133	0.5900
72	杭州师范学院学报（社会科学版）	7.51	8.84	10.57	8.9733	0.5874
73	吉首大学学报（社会科学版）	8.53	8.30	9.93	8.9200	0.5839
74	淮阴师范学院学报（哲学社会科学版）	8.27	9.91	8.51	8.8967	0.5824
75	华中科技大学学报（社会科学版）	7.50	7.69	11.25	8.8133	0.5769
76	内蒙古大学学报（人文·社会科学版）	8.90	9.22	8.31	8.8100	0.5767
77	青岛大学师范学院学报	6.72	9.89	9.73	8.7800	0.5747
78	西藏大学学报	6.47	7.95	11.87	8.7633	0.5736
79	西安电子科技大学学报（社会科学版）	8.52	8.61	9.13	8.7533	0.5730
80	东南大学学报（哲学社会科学版）	7.38	9.14	9.73	8.7500	0.5728
81	中南大学学报（社会科学版）	8.74	9.29	8.13	8.7200	0.5708
82	长沙理工大学学报（社会科学版）	8.46	9.03	8.57	8.6867	0.5686
83	天津大学学报（社会科学版）	8.61	8.79	8.64	8.6800	0.5682
84	哈尔滨工业大学学报（社会科学版）	8.71	8.51	8.51	8.5767	0.5614
85	重庆师范大学学报（哲学社会科学版）	7.10	8.15	10.47	8.5733	0.5612
86	燕山大学学报（哲学社会科学版）	7.54	6.89	11.06	8.4967	0.5562
87	求是学刊	7.86	8.62	8.90	8.4600	0.5538
88	宁夏大学学报（人文社会科学版）	6.68	9.15	9.33	8.3867	0.5490
89	福建师范大学学报（哲学社会科学版）	5.23	6.27	13.53	8.3433	0.5461
90	山西师大学报（社会科学版）	6.28	9.04	9.54	8.2867	0.5424
91	江苏大学学报（社会科学版）	8.00	7.94	8.76	8.2333	0.5389
92	南华大学学报（社会科学版）	6.40	10.53	7.63	8.1867	0.5359
93	北京工业大学学报（社会科学版）	7.84	8.00	8.64	8.1600	0.5341
94	延边大学学报（社会科学版）	6.61	9.40	8.21	8.0733	0.5285
95	武汉大学学报（哲学社会科学版）	7.84	7.66	8.61	8.0367	0.5261
96	河南大学学报（社会科学版）	5.84	7.43	10.81	8.0267	0.5254
97	湖南科技大学学报（社会科学版）	5.92	8.80	9.35	8.0233	0.5252
98	浙江师范大学学报（社会科学版）	6.66	7.62	9.77	8.0167	0.5248
98	北京理工大学学报（社会科学版）	8.08	8.02	7.95	8.0167	0.5248
100	河海大学学报（哲学社会科学版）	7.35	8.05	8.56	7.9867	0.5228

续表

排序	期刊名称	2004年（篇数）	2005年（篇数）	2006年（篇数）	三年平均（篇数）	归一化值
101	济南大学学报（社会科学版）	7.47	8.85	7.62	7.9800	0.5224
102	南通大学学报（社会科学版）	5.65	9.40	8.78	7.9433	0.5200
103	南昌大学学报（人文社会科学版）	7.14	7.94	8.74	7.9400	0.5197
104	河南科技大学学报（社会科学版）	6.85	7.70	9.26	7.9367	0.5195
105	云南师范大学学报（哲学社会科学版）	8.36	7.35	8.06	7.9233	0.5187
106	南京晓庄学院学报	4.67	7.22	11.66	7.8500	0.5139
107	中国石油大学学报（社会科学版）	7.17	7.72	8.61	7.8333	0.5128
107	天津师范大学学报（社会科学版）	6.73	7.00	9.77	7.8333	0.5128
109	西北大学学报（哲学社会科学版）	6.90	8.48	8.08	7.8200	0.5119
110	北京交通大学学报（社会科学版）	7.13	6.96	9.31	7.8000	0.5106
111	福州大学学报（哲学社会科学版）	6.81	7.14	9.43	7.7933	0.5101
112	聊城大学学报（社会科学版）	7.41	7.40	8.38	7.7300	0.5060
113	武汉大学学报（人文科学版）	7.23	7.61	8.04	7.6267	0.4992
114	郑州大学学报（哲学社会科学版）	7.23	7.16	8.44	7.6100	0.4981
115	华南理工大学学报（社会科学版）	6.37	7.63	8.76	7.5867	0.4966
116	南京工业大学学报（社会科学版）	6.98	7.53	7.95	7.4867	0.4901
117	太原理工大学学报（社会科学版）	7.28	7.36	7.81	7.4833	0.4899
118	内蒙古师范大学学报（哲学社会科学版）	7.52	8.52	6.22	7.4200	0.4857
119	北京邮电大学学报（社会科学版）	5.49	7.60	8.90	7.3300	0.4798
120	苏州科技学院学报（社会科学版）	6.55	6.88	8.31	7.2467	0.4744
121	山东农业大学学报（社会科学版）	6.09	7.74	7.85	7.2267	0.4731
122	青岛科技大学学报（社会科学版）	5.78	6.93	8.96	7.2233	0.4728
123	乐山师范学院学报	7.03	7.63	6.99	7.2167	0.4724
124	重庆大学学报（社会科学版）	7.15	9.14	5.29	7.1933	0.4709
125	辽宁大学学报（哲学社会科学版）	4.81	7.86	8.88	7.1833	0.4702
126	南阳师范学院学报	8.33	6.42	6.68	7.1433	0.4676
127	上海大学学报（社会科学版）	6.90	6.78	7.73	7.1367	0.4672
128	三峡大学学报（人文社会科学版）	5.78	7.55	8.07	7.1333	0.4669
129	湖州师范学院学报	7.85	6.24	7.27	7.1200	0.4661
130	深圳大学学报（人文社会科学版）	5.57	7.68	8.10	7.1167	0.4659

续表

排序	期刊名称	2004年（篇数）	2005年（篇数）	2006年（篇数）	三年平均（篇数）	归一化值
131	山东科技大学学报（社会科学版）	4.98	7.35	8.97	7.1000	0.4648
132	上饶师范学院学报	6.36	6.48	8.44	7.0933	0.4643
133	湛江师范学院学报	5.93	6.19	9.14	7.0867	0.4639
134	衡阳师范学院学报	6.63	7.09	7.42	7.0467	0.4613
134	延安大学学报（社会科学版）	6.22	7.14	7.78	7.0467	0.4613
136	辽宁师范大学学报（社会科学版）	5.56	7.73	7.80	7.0300	0.4602
137	湖北师范学院学报（哲学社会科学版）	6.90	6.69	7.47	7.0200	0.4595
138	淮北煤炭师范学院学报（哲学社会科学版）	6.57	7.32	7.01	6.9667	0.4560
139	西北农林科技大学学报（社会科学版）	6.52	7.02	7.29	6.9433	0.4545
140	武汉理工大学学报（社会科学版）	6.38	6.54	7.67	6.8633	0.4493
141	重庆邮电大学学报（社会科学版）	5.44	7.72	7.39	6.8500	0.4484
142	宁波大学学报（人文科学版）	5.28	6.93	8.30	6.8367	0.4475
143	华北电力大学学报（社会科学版）	5.25	7.32	7.92	6.8300	0.4471
144	湖南文理学院学报（社会科学版）	5.81	5.93	8.69	6.8100	0.4458
145	温州师范学院学报	6.08	6.73	7.61	6.8067	0.4456
146	宝鸡文理学院学报（社会科学版）	5.49	7.60	7.29	6.7933	0.4447
147	泉州师范学院学报	5.83	6.47	8.02	6.7733	0.4434
148	江南大学学报（人文科学版）	6.49	6.05	7.47	6.6700	0.4366
149	湖南工程学院学报（社会科学版）	5.64	7.43	6.92	6.6633	0.4362
150	哈尔滨学院学报	6.48	6.60	6.82	6.6333	0.4342
151	信阳师范学院学报（哲学社会科学版）	5.65	6.66	7.52	6.6100	0.4327
152	东北大学学报（社会科学版）	5.78	6.38	7.55	6.5700	0.4301
153	北京工商大学学报（社会科学版）	5.61	6.78	7.25	6.5467	0.4285
154	沈阳师范大学学报（社会科学版）	6.21	5.64	7.67	6.5067	0.4259
155	许昌学院学报	5.88	6.51	7.09	6.4933	0.4250
156	浙江树人大学学报	5.35	7.02	6.94	6.4367	0.4213
157	西北工业大学学报（社会科学版）	6.25	5.93	6.96	6.3800	0.4176
158	曲靖师范学院学报	5.59	6.69	6.79	6.3567	0.4161
159	电子科技大学学报（社科版）	5.70	6.42	6.90	6.3400	0.4150
160	绍兴文理学院学报（社科版）	5.73	6.76	6.51	6.3333	0.4146

续表

排序	期刊名称	2004年（篇数）	2005年（篇数）	2006年（篇数）	三年平均（篇数）	归一化值
161	佛山科学技术学院学报（社会科学版）	6.14	5.86	6.94	6.3133	0.4133
162	天水师范学院学报	5.69	6.28	6.96	6.3100	0.4130
163	嘉兴学院学报	6.53	5.66	6.67	6.2867	0.4115
163	商丘师范学院学报	5.24	6.78	6.84	6.2867	0.4115
163	盐城师范学院学报（人文社会科学版）	5.68	5.88	7.30	6.2867	0.4115
166	西南交通大学学报（社会科学版）	6.84	2.11	9.75	6.2333	0.4080
167	泰山学院学报	5.95	6.11	6.59	6.2167	0.4069
168	河南师范大学学报（哲学社会科学版）	6.38	5.99	6.25	6.2067	0.4063
169	山东理工大学学报（社会科学版）	5.72	5.78	7.04	6.1800	0.4045
170	广西大学学报（哲学社会科学版）	4.24	7.02	7.20	6.1533	0.4028
171	吉林师范大学学报（人文社会科学版）	5.20	6.30	6.93	6.1433	0.4021
172	嘉应学院学报	4.43	6.69	7.17	6.0967	0.3991
173	长江大学学报（社会科学版）	6.51	5.76	5.94	6.0700	0.3973
174	华中农业大学学报（社会科学版）	5.08	6.41	6.70	6.0633	0.3969
175	福建农林大学学报（社会科学版）	5.71	5.74	6.56	6.0033	0.3930
176	长春师范学院学报（人文社会科学版）	5.61	6.27	6.04	5.9733	0.3910
177	扬州大学学报（人文社会科学版）	4.56	5.29	8.03	5.9600	0.3901
178	广播电视大学学报（哲学社会科学版）	5.23	6.42	6.22	5.9567	0.3899
178	郑州航空工业管理学院学报	3.84	6.90	7.13	5.9567	0.3899
180	河南教育学院学报（哲学社会科学版）	5.11	6.50	6.23	5.9467	0.3893
181	安庆师范学院学报（社会科学版）	5.25	5.74	6.84	5.9433	0.3890
182	南京航空航天大学学报（社会科学版）	4.86	6.00	6.56	5.8067	0.3801
183	固原师专学报	5.02	5.85	6.19	5.6867	0.3722
184	龙岩学院学报	4.99	6.11	5.80	5.6333	0.3688
185	怀化学院学报	4.59	6.28	5.98	5.6167	0.3677
186	合肥工业大学学报（社会科学版）	5.26	5.34	6.15	5.5833	0.3655
187	西安石油大学学报（社会科学版）	4.77	5.50	6.41	5.5600	0.3640
188	韶关学院学报	4.83	5.60	6.20	5.5433	0.3629
189	华北水利水电学院学报（社科版）	3.60	5.48	7.49	5.5233	0.3616
190	齐齐哈尔大学学报（哲学社会科学版）	4.30	5.88	6.33	5.5033	0.3602

续表

排序	期刊名称	2004年（篇数）	2005年（篇数）	2006年（篇数）	三年平均（篇数）	归一化值
191	郑州航空工业管理学院学报（社会科学版）	4.97	5.35	5.94	5.4200	0.3548
192	重庆工商大学学报（西部论坛）	5.38	5.38	5.47	5.4100	0.3541
193	皖西学院学报	4.16	5.61	6.29	5.3533	0.3504
194	浙江万里学院学报	4.00	6.19	5.80	5.3300	0.3489
195	赣南师范学院学报	3.63	5.64	6.67	5.3133	0.3478
196	江西农业大学学报（社会科学版）	4.78	5.56	5.58	5.3067	0.3474
197	湖南农业大学学报（社会科学版）	4.76	4.92	6.19	5.2900	0.3463
198	黄冈师范学院学报	4.93	5.28	5.48	5.2300	0.3424
199	洛阳师范学院学报	4.16	5.93	5.52	5.2033	0.3406
200	太原师范学院学报（社会科学版）	4.66	4.80	6.10	5.1867	0.3395
201	青海师范大学学报（哲学社会科学版）	4.35	5.28	5.85	5.1600	0.3378
202	湘潭师范学院学报（社会科学版）	5.33	4.62	5.29	5.0800	0.3325
203	渤海大学学报（哲学社会科学版）	4.73	4.95	5.51	5.0633	0.3314
204	南京体育学院学报（社会科学版）	4.43	5.56	5.19	5.0600	0.3312
205	中国农业大学学报（社会科学版）	6.55	7.70	0.71	4.9867	0.3264
206	湖北大学学报（哲学社会科学版）	4.71	5.24	4.89	4.9467	0.3238
207	辽宁工程技术大学学报（社会科学版）	4.37	4.62	4.84	4.6100	0.3018
208	咸宁学院学报	4.48	4.29	5.05	4.6067	0.3015
209	江苏教育学院学报（社会科学版）	3.93	4.25	5.14	4.4400	0.2906
210	南京理工大学学报（社会科学版）	2.81	3.83	6.59	4.4100	0.2887
211	安徽工业大学学报（社会科学版）	2.79	4.18	5.20	4.0567	0.2655
212	佳木斯大学社会科学学报	3.63	4.04	4.21	3.9600	0.2592
213	武汉科技大学学报（社会科学版）	3.91	0.01	6.54	3.4867	0.2282
214	安徽农业大学学报（社会科学版）	3.81	5.53	0.87	3.4033	0.2228
215	沈阳农业大学学报（社会科学版）	2.36	3.77	4.02	3.3833	0.2215
216	哈尔滨商业大学学报（社会科学版）	1.95	3.60	4.29	3.2800	0.2147
217	成都大学学报（社会科学版）	2.16	2.60	5.04	3.2667	0.2138

分析表 24-1 我们发现：从总体来看，高校人文社科综合性学报作为我国高层次的学术期刊，具有相当的学术严谨性，篇均引用文献不少于 3 篇，与其他人文社科类期刊相比，高校人文社科综合性学报群体学术规范性较强。

从篇均引文的分布情况来看，高校人文社科综合性学报呈现出中间大，两头小的状况，即高篇均引用和低篇均引用的期刊只占据了很小的比例，68.2%的期刊篇均引用文献数位于中间值，在6—11篇之间。

高校人文社科综合性学报的篇均引用文献数三年平均值差距较大，篇均引用文献数最多的为《南京大学学报（哲学·人文科学·社会科学版）》，达到了15.28篇，而位居末位的《成都大学学报（社会科学版）》只有3.27篇，仅为《南京大学学报（哲学·人文科学·社会科学版）》的21%。

在表24-1中，高校人文社科综合性学报中有166种学报未曾进入CSSCI（2004—2006年），其篇均引用文献数仅为7.24篇，远低于CSSCI来源刊的10.72篇，这从一个侧面反映了CSSCI非来源刊在学术规范性和学术严谨性上和CSSCI来源刊相比还有很大距离，非来源刊要想跻身CSSCI来源刊之列，必须要进一步加强对论文参考文献的重视，提高自身的学术规范。

纵观2004—2006年，我们还可以发现，不论是来源刊还是非来源刊，高校人文社科综合性学报对引用文献的重视程度都在逐步加强中，以每年10%左右的速度增长着：2004年平均引用文献仅为7.17篇，2005年已经达到8.1篇，到2006年甚至达到了8.89篇。由此可见，高校人文社科综合性学报的篇均引用文献数正处于整体上升阶段，其科学性和论文撰写的规范性有明显提高。

24.1.2 基金论文比例

基金项目，一般都是经过各科学基金组织严格审查才批准的科研项目，只有那些达到较高研究水平，在当前处于科研前沿的课题和作者群体，才能得到基金资助。因此，基金论文往往反映了学术领域内理论研究与实践前沿的热点问题，基金论文的占有比例从很大程度上反映了期刊的学术质量和社会影响。统计数据显示，我国高校人文社科综合性学报在2004—2006年间的发文有14.79%受基金项目赞助，与人文社会科学类期刊的平均水平16.11%相比略低。表24-2为2004—2006年间高校人文社科综合性学报的基金论文所占比例情况。

表24-2　　　2004—2006年高校人文社科综合性学报基金论文比例

排序	期刊名称	2004年	2005年	2006年	三年平均	归一化值
1	东北师大学报（哲学社会科学版）	0.45	0.39	0.46	0.4333	1
2	浙江大学学报（人文社会科学版）	0.25	0.45	0.57	0.4233	0.9769
3	天津大学学报（社会科学版）	0.59	0.31	0.33	0.4100	0.9462
4	安徽师范大学学报（人文社会科学版）	0.49	0.33	0.39	0.4033	0.9308
5	华中师范大学学报（人文社会科学版）	0.38	0.38	0.43	0.3967	0.9155

续表

排序	期刊名称	2004年	2005年	2006年	三年平均	归一化值
6	兰州大学学报（社会科学版）	0.36	0.37	0.40	0.3767	0.8694
6	吉林大学社会科学学报	0.27	0.38	0.48	0.3767	0.8694
8	中山大学学报（社会科学版）	0.33	0.41	0.37	0.3700	0.8539
9	西北大学学报（哲学社会科学版）	0.33	0.34	0.41	0.3600	0.8308
10	扬州大学学报（人文社会科学版）	0.27	0.28	0.45	0.3333	0.7692
11	南京农业大学学报（社会科学版）	0.30	0.25	0.40	0.3167	0.7309
12	衡阳师范学院学报	0.24	0.31	0.38	0.3100	0.7154
13	重庆大学学报（社会科学版）	0.20	0.25	0.46	0.3033	0.7000
14	华东师范大学学报（哲学社会科学版）	0.33	0.27	0.30	0.3000	0.6924
15	华南农业大学学报（社会科学版）	0.27	0.25	0.37	0.2967	0.6847
16	中国地质大学学报（社会科学版）	0	0.48	0.38	0.2867	0.6617
17	大连理工大学学报（社会科学版）	0.27	0.26	0.32	0.2833	0.6538
18	复旦学报（社会科学版）	0.20	0.30	0.31	0.2700	0.6231
18	西安交通大学学报（社会科学版）	0.22	0.29	0.30	0.2700	0.6231
18	厦门大学学报（哲学社会科学版）	0.26	0.30	0.25	0.2700	0.6231
21	南开学报（哲学社会科学版）	0.19	0.31	0.30	0.2667	0.6155
21	湖南大学学报（社会科学版）	0.16	0.30	0.34	0.2667	0.6155
23	北京师范大学学报（社会科学版）	0.16	0.36	0.27	0.2633	0.6077
23	湖南科技大学学报（社会科学版）	0.07	0.34	0.38	0.2633	0.6077
23	湖南农业大学学报（社会科学版）	0.12	0.20	0.47	0.2633	0.6077
26	东南大学学报（哲学社会科学版）	0.22	0.23	0.31	0.2533	0.5846
27	西北师大学报（社会科学版）	0.16	0.25	0.34	0.2500	0.5770
27	北京交通大学学报（社会科学版）	0.21	0.26	0.28	0.2500	0.5770
27	电子科技大学学报（社科版）	0.12	0.12	0.51	0.2500	0.5770
27	泉州师范学院学报	0.28	0.24	0.23	0.2500	0.5770
31	赣南师范学院学报	0.14	0.28	0.32	0.2467	0.5694
31	西北农林科技大学学报（社会科学版）	0.20	0.28	0.26	0.2467	0.5694
31	湛江师范学院学报	0.22	0.21	0.31	0.2467	0.5694
34	南京大学学报（哲学·人文科学·社会科学版）	0.14	0.14	0.44	0.2400	0.5539
34	中国人民大学学报	0.15	0.25	0.32	0.2400	0.5539
36	暨南学报（哲学社会科学版）	0.23	0.22	0.26	0.2367	0.5463

续表

排序	期刊名称	2004年	2005年	2006年	三年平均	归一化值
37	哈尔滨工业大学学报（社会科学版）	0.14	0.20	0.35	0.2300	0.5308
38	陕西师范大学学报（哲学社会科学版）	0.15	0.33	0.20	0.2267	0.5232
38	长沙理工大学学报（社会科学版）	0.15	0.31	0.22	0.2267	0.5232
38	广西师范大学学报（哲学社会科学版）	0.18	0.24	0.26	0.2267	0.5232
41	南京晓庄学院学报	0.23	0.17	0.27	0.2233	0.5153
41	中国农业大学学报（社会科学版）	0.18	0.18	0.31	0.2233	0.5153
43	信阳师范学院学报（哲学社会科学版）	0.20	0.19	0.25	0.2133	0.4923
44	南京师大学报（社会科学版）	0.18	0.22	0.23	0.2100	0.4847
45	北京航空航天大学学报（社会科学版）	0.18	0.22	0.22	0.2067	0.4770
45	贵州师范大学学报（社会科学版）	0.08	0.22	0.32	0.2067	0.4770
47	湖南师范大学社会科学学报	0.13	0.22	0.26	0.2033	0.4692
47	黄冈师范学院学报	0.14	0.24	0.23	0.2033	0.4692
47	曲靖师范学院学报	0.24	0.16	0.21	0.2033	0.4692
47	上饶师范学院学报	0.29	0.16	0.16	0.2033	0.4692
51	四川大学学报（哲学社会科学版）	0.14	0.16	0.30	0.2000	0.4616
51	北京工业大学学报（社会科学版）	0.14	0.21	0.25	0.2000	0.4616
53	天津师范大学学报（社会科学版）	0.20	0.12	0.27	0.1967	0.4540
53	内蒙古师范大学学报（哲学社会科学版）	0.26	0.22	0.11	0.1967	0.4540
55	西南大学学报（人文社会科学版）	0.17	0.19	0.22	0.1933	0.4461
55	新疆大学学报（哲学·人文社会科学版）	0.09	0.25	0.24	0.1933	0.4461
57	东北大学学报（社会科学版）	0.22	0.16	0.19	0.1900	0.4385
57	四川师范大学学报（社会科学版）	0.18	0.16	0.23	0.1900	0.4385
59	北京理工大学学报（社会科学版）	0.18	0.17	0.21	0.1867	0.4309
59	太原理工大学学报（社会科学版）	0.15	0.18	0.23	0.1867	0.4309
61	北京林业大学学报（社会科学版）	0.20	0	0.35	0.1833	0.4230
61	南昌大学学报（人文社会科学版）	0.14	0.22	0.19	0.1833	0.4230
61	山西师大学报（社会科学版）	0.17	0.20	0.18	0.1833	0.4230
64	吉首大学学报（社会科学版）	0.15	0.15	0.23	0.1767	0.4078
65	郑州航空工业管理学院学报	0.09	0.18	0.25	0.1733	0.4000
66	安徽大学学报（哲学社会科学版）	0.11	0.16	0.24	0.1700	0.3923
66	哈尔滨商业大学学报（社会科学版）	0.15	0.16	0.20	0.1700	0.3923

续表

排序	期刊名称	2004年	2005年	2006年	三年平均	归一化值
66	华侨大学学报（哲学社会科学版）	0.09	0.26	0.16	0.1700	0.3923
69	合肥工业大学学报（社会科学版）	0.15	0.16	0.19	0.1667	0.3847
69	西安电子科技大学学报（社会科学版）	0.07	0.18	0.25	0.1667	0.3847
69	西安石油大学学报（社会科学版）	0.14	0.19	0.17	0.1667	0.3847
69	首都师范大学学报（社会科学版）	0.12	0.19	0.19	0.1667	0.3847
69	云南师范大学学报（哲学社会科学版）	0.08	0.20	0.22	0.1667	0.3847
74	淮阴师范学院学报（哲学社会科学版）	0	0.22	0.27	0.1533	0.3769
74	中国矿业大学学报（社会科学版）	0.12	0.15	0.22	0.1633	0.3769
76	河北师范大学学报（哲学社会科学版）	0.14	0.17	0.17	0.1600	0.3693
76	北京工商大学学报（社会科学版）	0.11	0.14	0.23	0.1600	0.3693
76	福建农林大学学报（社会科学版）	0.12	0.16	0.20	0.1600	0.3693
76	武汉大学学报（哲学社会科学版）	0.14	0.10	0.24	0.1600	0.3693
76	福州大学学报（哲学社会科学版）	0.05	0.20	0.23	0.1600	0.3693
81	湖州师范学院学报	0.13	0.15	0.19	0.1567	0.3616
81	思想战线	0.14	0.11	0.22	0.1567	0.3616
81	华南理工大学学报（社会科学版）	0	0.25	0.22	0.1567	0.3616
84	宝鸡文理学院学报（社会科学版）	0.14	0.13	0.19	0.1533	0.3538
84	广西大学学报（哲学社会科学版）	0.04	0.23	0.19	0.1533	0.3538
84	青岛科技大学学报（社会科学版）	0.10	0.18	0.18	0.1533	0.3538
84	华南师范大学学报（社会科学版）	0.15	0.16	0.15	0.1533	0.3538
88	商丘师范学院学报	0.13	0.17	0.15	0.1500	0.3462
88	武汉科技大学学报（社会科学版）	0.08	0.20	0.17	0.1500	0.3462
88	河北大学学报（哲学社会科学版）	0.14	0.14	0.17	0.1500	0.3462
91	山西大学学报（哲学社会科学版）	0.08	0.14	0.22	0.1467	0.3386
91	华中农业大学学报（社会科学版）	0.15	0.13	0.16	0.1467	0.3386
91	南通大学学报（社会科学版）	0.08	0.14	0.22	0.1467	0.3386
91	辽宁师范大学学报（社会科学版）	0.10	0.16	0.18	0.1467	0.3386
95	杭州师范学院学报（社会科学版）	0.10	0.14	0.19	0.1433	0.3307
96	南京工业大学学报（社会科学版）	0.07	0.18	0.17	0.1400	0.3231
96	武汉理工大学学报（社会科学版）	0.10	0.17	0.15	0.1400	0.3231
98	宁夏大学学报（人文社会科学版）	0.16	0.13	0.12	0.1367	0.3155

续表

排序	期刊名称	2004年	2005年	2006年	三年平均	归一化值
98	嘉兴学院学报	0.13	0.14	0.14	0.1367	0.3155
100	福建师范大学学报（哲学社会科学版）	0.08	0.12	0.20	0.1333	0.3076
100	江苏教育学院学报（社会科学版）	0.14	0.15	0.11	0.1333	0.3076
100	乐山师范学院学报	0.15	0.14	0.11	0.1333	0.3076
100	皖西学院学报	0.13	0.10	0.17	0.1333	0.3076
100	徐州师范大学学报（哲学社会科学版）	0.09	0.15	0.16	0.1333	0.3076
100	许昌学院学报	0.12	0.11	0.17	0.1333	0.3076
100	深圳大学学报（人文社会科学版）	0.14	0.06	0.20	0.1333	0.3076
100	北京大学学报（哲学社会科学版）	0.11	0.12	0.17	0.1333	0.3076
108	山东大学学报（哲学社会科学版）	0.08	0.16	0.15	0.1300	0.3000
108	嘉应学院学报	0.14	0.11	0.14	0.1300	0.3000
108	江西师范大学学报（哲学社会科学版）	0.10	0.13	0.16	0.1300	0.3000
108	同济大学学报（社会科学版）	0.16	0.12	0.11	0.1300	0.3000
108	中国人民公安大学学报（社会科学版）	0.07	0.13	0.19	0.1300	0.3000
113	宁波大学学报（人文科学版）	0.04	0.13	0.21	0.1267	0.2924
114	广州大学学报（社会科学版）	0	0.17	0.20	0.1233	0.2846
114	中南大学学报（社会科学版）	0.09	0	0.28	0.1233	0.2846
114	汕头大学学报（人文社会科学版）	0.14	0.14	0.09	0.1233	0.2846
117	上海交通大学学报（哲学社会科学版）	0.05	0.08	0.23	0.1200	0.2769
117	北京科技大学学报（社会科学版）	0.10	0.11	0.15	0.1200	0.2769
117	固原师专学报	0.08	0.12	0.16	0.1200	0.2769
117	辽宁大学学报（哲学社会科学版）	0.01	0.15	0.20	0.1200	0.2769
117	苏州大学学报（哲学社会科学版）	0.05	0.13	0.18	0.1200	0.2769
122	湘潭大学学报（哲学社会科学版）	0	0	0.35	0.1167	0.2693
122	郑州大学学报（哲学社会科学版）	0.07	0.12	0.16	0.1167	0.2693
122	怀化学院学报	0.07	0.16	0.12	0.1167	0.2693
122	西藏大学学报	0.07	0.04	0.24	0.1167	0.2693
122	西华师范大学学报（哲学社会科学版）	0.09	0.13	0.13	0.1167	0.2693
122	内蒙古大学学报（人文·社会科学版）	0.16	0.10	0.09	0.1167	0.2693
128	求是学刊	0.01	0.10	0.23	0.1133	0.2615
128	南阳师范学院学报	0.10	0.12	0.12	0.1133	0.2615

续表

排序	期刊名称	2004年	2005年	2006年	三年平均	归一化值
130	南华大学学报（社会科学版）	0.10	0.11	0.12	0.1100	0.2539
130	南京体育学院学报（社会科学版）	0.05	0.11	0.17	0.1100	0.2539
130	中国海洋大学学报（社会科学版）	0.05	0.11	0.17	0.1100	0.2539
130	贵州大学学报（社会科学版）	0.11	0.06	0.16	0.1100	0.2539
130	重庆邮电大学学报（社会科学版）	0.09	0.09	0.15	0.1100	0.2539
135	淮北煤炭师范学院学报（哲学社会科学版）	0.08	0.11	0.13	0.1067	0.2462
135	盐城师范学院学报（人文社会科学版）	0.11	0.05	0.16	0.1067	0.2462
137	海南大学学报（人文社会科学版）	0.07	0.10	0.14	0.1033	0.2384
137	烟台大学学报（哲学社会科学版）	0.04	0.07	0.20	0.1033	0.2384
137	三峡大学学报（人文社会科学版）	0.05	0.13	0.13	0.1033	0.2384
137	韶关学院学报	0.08	0.12	0.11	0.1033	0.2384
141	安庆师范学院学报（社会科学版）	0.05	0.08	0.17	0.1000	0.2308
141	哈尔滨学院学报	0.11	0.10	0.09	0.1000	0.2308
141	延安大学学报（社会科学版）	0.08	0.09	0.13	0.1000	0.2308
144	佛山科学技术学院学报（社会科学版）	0.07	0.07	0.15	0.0967	0.2232
144	山东科技大学学报（社会科学版）	0.07	0.04	0.18	0.0967	0.2232
144	上海师范大学学报（哲学社会科学版）	0.05	0.05	0.19	0.0967	0.2232
144	河南科技大学学报（社会科学版）	0.10	0.08	0.11	0.0967	0.2232
144	温州师范学院学报	0.09	0.12	0.08	0.0967	0.2232
149	南京航空航天大学学报（社会科学版）	0.06	0.05	0.17	0.0933	0.2153
149	浙江树人大学学报	0.06	0.09	0.13	0.0933	0.2153
151	渤海大学学报（哲学社会科学版）	0.02	0.10	0.15	0.0900	0.2077
151	湖北大学学报（哲学社会科学版）	0.05	0.10	0.12	0.0900	0.2077
151	绍兴文理学院学报	0.08	0.11	0.08	0.0900	0.2077
154	吉林师范大学学报（人文社会科学版）	0.06	0.10	0.10	0.0867	0.2001
154	泰山学院学报	0.05	0.09	0.12	0.0867	0.2001
154	天水师范学院学报	0.07	0.10	0.09	0.0867	0.2001
154	咸宁学院学报	0.09	0.09	0.08	0.0867	0.2001
154	郑州航空工业管理学院学报（社会科学版）	0.02	0.12	0.12	0.0867	0.2001
154	山东农业大学学报（社会科学版）	0.01	0	0.25	0.0867	0.2001
160	长江大学学报（社会科学版）	0.07	0.07	0.11	0.0833	0.1922

续表

排序	期刊名称	2004年	2005年	2006年	三年平均	归一化值
160	河南大学学报（社会科学版）	0.05	0.12	0.08	0.0833	0.1922
160	河南师范大学学报（哲学社会科学版）	0.06	0.09	0.10	0.0833	0.1922
160	华北电力大学学报（社会科学版）	0.03	0.11	0.11	0.0833	0.1922
160	龙岩学院学报	0.05	0.10	0.10	0.0833	0.1922
160	云南大学学报（社会科学版）	0.10	0.06	0.09	0.0833	0.1922
160	湖南文理学院学报（社会科学版）	0.01	0	0.24	0.0833	0.1922
167	武汉大学学报（人文科学版）	0.08	0.09	0.07	0.0800	0.1846
167	东方论坛：青岛大学学报	0.03	0.07	0.14	0.0800	0.1846
167	清华大学学报（哲学社会科学版）	0.04	0.10	0.10	0.0800	0.1846
167	齐鲁学刊	0.07	0.11	0.06	0.0800	0.1846
171	河海大学学报（哲学社会科学版）	0.14	0	0.09	0.0767	0.1770
171	江西农业大学学报（社会科学版）	0	0	0.23	0.0767	0.1770
171	长春师范学院学报（人文社会科学版）	0.04	0.04	0.15	0.0767	0.1770
174	湖南工程学院学报（社会科学版）	0	0.06	0.16	0.0733	0.1692
174	西南交通大学学报（社会科学版）	0	0.11	0.11	0.0733	0.1692
174	沈阳师范大学学报（社会科学版）	0.05	0.06	0.11	0.0733	0.1692
174	浙江万里学院学报	0.07	0.06	0.09	0.0733	0.1692
174	中国石油大学学报（社会科学版）	0.04	0.06	0.12	0.0733	0.1692
179	山东师范大学学报（人文社会科学版）	0.10	0	0.11	0.0700	0.1616
179	湖北师范学院学报（哲学社会科学版）	0.08	0.07	0.06	0.0700	0.1616
179	鲁东大学学报（哲学社会科学版）	0.05	0.06	0.10	0.0700	0.1616
179	江苏大学学报（社会科学版）	0	0	0.21	0.0700	0.1616
179	上海大学学报（社会科学版）	0.01	0.09	0.11	0.0700	0.1616
184	苏州科技学院学报（社会科学版）	0	0	0.20	0.0667	0.1539
184	济南大学学报（社会科学版）	0.03	0	0.17	0.0667	0.1539
184	辽宁工程技术大学学报（社会科学版）	0.01	0.11	0.08	0.0667	0.1539
184	沈阳农业大学学报（社会科学版）	0.07	0.07	0.06	0.0667	0.1539
188	华中科技大学学报（社会科学版）	0	0	0.19	0.0633	0.1461
188	洛阳师范学院学报	0.05	0.06	0.08	0.0633	0.1461
188	新疆师范大学学报（哲学社会科学版）	0.02	0.10	0.07	0.0633	0.1461
191	山东理工大学学报（社会科学版）	0.02	0.06	0.10	0.0600	0.1385

续表

排序	期刊名称	2004年	2005年	2006年	三年平均	归一化值
191	重庆师范大学学报（哲学社会科学版）	0.01	0.04	0.13	0.0600	0.1385
193	重庆工商大学学报（西部论坛）	0	0	0.17	0.0567	0.1309
193	华北水利水电学院学报（社科版）	0.02	0.05	0.10	0.0567	0.1309
193	北京邮电大学学报（社会科学版）	0	0.06	0.11	0.0567	0.1309
196	华东理工大学学报（社会科学版）	0	0	0.16	0.0533	0.1230
197	齐齐哈尔大学学报（哲学社会科学版）	0.02	0.06	0.07	0.0500	0.1154
197	燕山大学学报（哲学社会科学版）	0.02	0	0.13	0.0500	0.1154
199	南京理工大学学报（社会科学版）	0	0	0.14	0.0467	0.1078
199	延边大学学报（社会科学版）	0.01	0.08	0.05	0.0467	0.1078
199	南都学坛：南阳师范学院人文社会科学学报	0.04	0.04	0.06	0.0467	0.1078
199	聊城大学学报（社会科学版）	0.02	0	0.12	0.0467	0.1078
203	浙江师范大学学报（社会科学版）	0	0	0.13	0.0433	0.0999
203	青海师范大学学报（哲学社会科学版）	0.04	0.05	0.04	0.0433	0.0999
205	安徽工业大学学报（社会科学版）	0	0	0.12	0.0400	0.0923
205	湘潭师范学院学报（社会科学版）	0	0	0.12	0.0400	0.0923
205	安徽农业大学学报（社会科学版）	0.03	0	0.09	0.0400	0.0923
208	青岛大学师范学院学报	0.03	0.04	0.04	0.0367	0.0847
208	江南大学学报（人文社会科学版）	0	0	0.11	0.0367	0.0847
208	海南师范学院学报（社会科学版）	0	0	0.11	0.0367	0.0847
211	广播电视大学学报（哲学社会科学版）	0.04	0.05	0.01	0.0333	0.0769
212	西北工业大学学报（社会科学版）	0.01	0	0.08	0.0300	0.0692
213	太原师范学院学报（社会科学版）	0	0	0.08	0.0267	0.0616
213	重庆工商大学学报（社会科学版）	0	0	0.08	0.0267	0.0616
215	河南教育学院学报（哲学社会科学版）	0	0	0.07	0.0233	0.0538
215	成都大学学报（社会科学版）	0.01	0.03	0.03	0.0233	0.0538
217	佳木斯大学社会科学学报	0	0	0.06	0.0200	0.0462

通过表24-2我们可以看到：首先，高校人文社科综合性学报基金论文比已经从2004年的10.92%增加到2006年的19.42%，涨幅达77.84%。这是因为一方面国家及各省市在2003年以来加强了对社科项目的支持，基金论文的发文量显著增长；另

一方面,各高校人文社科综合性学报近几年来致力突破自身的困境,努力提高自身的学术质量,因而对基金论文的吸引力有所提高。

其次,虽然各高校人文社科综合性学报都在努力提高自身的学术质量,努力吸收各种基金项目论文,三年来该指标也是处于上升阶段,但整体水平依然偏低,有65.44%的高校人文社科综合性学报基金项目论文比低于人文社会科学类期刊的平均水平。因此,高校人文社科综合性学报要想成为真正高层次的学术期刊还有很长一段路要走。

再次,高校人文社科综合性学报的基金论文占有比例参差不齐,跨距非常大。排在前列的四种期刊——《东北师大学报(哲学社会科学版)》、《浙江大学学报(人文社会科学版)》、《天津大学学报(社会科学版)》和《安徽师范大学学报(人文社会科学版)》的基金论文比平均超过了40%,高出中国人文社会科学期刊基金论文比平均值的一倍多;而排在末尾的74种期刊,三年的基金论文比平均值连10%都不到,与平均线相去甚远。

最后,为了分析高校人文社科综合性学报基金论文比的影响因素,我们将期刊的基金论文比和该刊的一般影响因子相关联之后发现:总体上看,基金论文比高的高校人文社科综合性学报往往影响因子也较高,但基金论文比例的大小不能完全决定其影响因子的大小,也有少数学报影响因子很高,但基金论文比并不是很高,如《北京大学学报(哲学社会科学版)》。因此,高校人文社科综合性学报要想提高自身的基金论文比例,增强自身的学术质量、扩大学术影响力方是正道。

24.1.3 论文作者地区分布

作为学术信息传播的重要载体,促进学术交流、展现科研成果是学术性期刊的基本任务,高校人文社科综合性学报作为反映本校教学科研成果为主的综合性学术理论刊物[①]更是如此。期刊论文作者的区域分布情况,可以从一个侧面反映期刊在促进学术交流、展现科研成果方面所作的努力以及对不同地区的学术影响和受学者关注的程度,因此我们对2004—2006年期间在高校人文社科综合性学报上刊登论文的作者地区分布进行统计,以期揭示高校人文社科综合性学报在这几年的区域影响状况。

需要说明的是,我们在统计高校人文社科综合性学报的地区分布时国内作者的地区以省、直辖市、自治区为基本单位,国外作者地区则以国别为基本单位,同时这些数据的获得是在论文作者标注了自身机构及地区的基础上获得的,这一指标也从另一侧面反映了期刊的规范程度。表24-3为2004—2006年期间在高校人文社科综合性学报上刊登论文的作者地区分布数。

---

① 教育部:《关于办好高等学校哲学社会科学学报的意见》,1978年。

表 24-3　　2004—2006 年高校人文社科综合性学报论文作者地区分布

排序	期刊名称	2004 年（地区数）	2005 年（地区数）	2006 年（地区数）	三年平均（地区数）	归一化值
1	海南师范学院学报（社会科学版）	29	23	27	26.33	1
2	西北师大学报（社会科学版）	25	23	29	25.67	0.9749
2	齐齐哈尔大学学报（哲学社会科学版）	24	26	27	25.67	0.9749
4	洛阳师范学院学报	25	24	27	25.33	0.9620
5	商丘师范学院学报	25	23	26	24.67	0.9370
6	哈尔滨学院学报	24	24	25	24.33	0.9240
7	重庆工商大学学报（西部论坛）	24	25	23	24.00	0.9115
8	许昌学院学报	24	22	25	23.67	0.8990
9	重庆邮电大学学报（社会科学版）	22	24	24	23.33	0.8861
10	乐山师范学院学报	20	23	26	23.00	0.8735
10	河南师范大学学报（哲学社会科学版）	21	24	24	23.00	0.8735
12	郑州航空工业管理学院学报（社会科学版）	21	21	26	22.67	0.8610
12	西南大学学报（人文社会科学版）	21	23	24	22.67	0.8610
12	山西师大学报（社会科学版）	19	23	26	22.67	0.8610
12	宁夏大学学报（人文社会科学版）	24	21	23	22.67	0.8610
12	辽宁师范大学学报（社会科学版）	24	22	22	22.67	0.8610
17	太原师范学院学报（社会科学版）	22	20	25	22.33	0.8481
17	南阳师范学院学报	22	22	23	22.33	0.8481
19	重庆工商大学学报（社会科学版）	20	23	23	22.00	0.8355
19	郑州大学学报（哲学社会科学版）	20	22	24	22.00	0.8355
19	思想战线	21	26	19	22.00	0.8355
19	佳木斯大学社会科学学报	22	21	23	22.00	0.8355
19	长春师范学院学报（人文社会科学版）	21	25	20	22.00	0.8355
24	青海师范大学学报（哲学社会科学版）	21	22	22	21.67	0.8230
25	南都学坛：南阳师范学院人文社会科学学报	21	22	21	21.33	0.8101
25	聊城大学学报（社会科学版）	22	22	20	21.33	0.8101
25	华中师范大学学报（人文社会科学版）	16	23	25	21.33	0.8101
25	安徽工业大学学报（社会科学版）	22	21	21	21.33	0.8101
25	安徽大学学报（哲学社会科学版）	19	20	25	21.33	0.8101
30	齐鲁学刊	20	20	23	21.00	0.7976

续表

排序	期刊名称	2004年(地区数)	2005年(地区数)	2006年(地区数)	三年平均(地区数)	归一化值
30	贵州师范大学学报（社会科学版）	19	21	23	21.00	0.7976
32	求是学刊	20	21	21	20.67	0.7850
32	江南大学学报（人文社会科学版）	21	19	22	20.67	0.7850
32	淮北煤炭师范学院学报（哲学社会科学版）	19	23	20	20.67	0.7850
32	广播电视大学学报（哲学社会科学版）	21	21	20	20.67	0.7850
32	宝鸡文理学院学报（社会科学版）	17	24	21	20.67	0.7850
37	重庆大学学报（社会科学版）	22	21	18	20.33	0.7721
37	中国人民公安大学学报（社会科学版）	19	22	20	20.33	0.7721
37	淮阴师范学院学报（哲学社会科学版）	22	20	19	20.33	0.7721
40	山西大学学报（哲学社会科学版）	19	20	21	20.00	0.7596
40	河南科技大学学报（社会科学版）	18	20	22	20.00	0.7596
40	河南大学学报（社会科学版）	19	20	21	20.00	0.7596
40	固原师专学报	18	22	20	20.00	0.7596
44	西南交通大学学报（社会科学版）	19	19	21	19.67	0.7471
44	沈阳师范大学学报（社会科学版）	18	20	21	19.67	0.7471
44	韶关学院学报	21	21	17	19.67	0.7471
44	内蒙古师范大学学报（哲学社会科学版）	15	15	29	19.67	0.7471
44	辽宁工程技术大学学报（社会科学版）	17	19	23	19.67	0.7471
44	华中科技大学学报（社会科学版）	21	16	22	19.67	0.7471
44	华北电力大学学报（社会科学版）	17	20	22	19.67	0.7471
44	长江大学学报（社会科学版）	20	20	19	19.67	0.7471
52	上饶师范学院学报	19	20	19	19.33	0.7341
52	兰州大学学报（社会科学版）	14	22	22	19.33	0.7341
52	渤海大学学报（哲学社会科学版）	16	20	22	19.33	0.7341
52	北京工业大学学报（社会科学版）	18	19	21	19.33	0.7341
52	北京工商大学学报（社会科学版）	17	18	23	19.33	0.7341
57	郑州航空工业管理学院学报	20	18	19	19.00	0.7216
57	延安大学学报（社会科学版）	18	18	21	19.00	0.7216
57	新疆大学学报（哲学·人文社会科学版）	17	18	22	19.00	0.7216
57	山东农业大学学报（社会科学版）	18	20	19	19.00	0.7216

续表

排序	期刊名称	2004年(地区数)	2005年(地区数)	2006年(地区数)	三年平均(地区数)	归一化值
57	山东科技大学学报（社会科学版）	19	20	18	19.00	0.7216
57	南京体育学院学报（社会科学版）	21	19	17	19.00	0.7216
57	怀化学院学报	17	15	25	19.00	0.7216
57	河北大学学报（哲学社会科学版）	20	20	17	19.00	0.7216
57	东南大学学报（哲学社会科学版）	20	17	20	19.00	0.7216
66	徐州师范大学学报（哲学社会科学版）	22	18	16	18.67	0.7091
66	西北农林科技大学学报（社会科学版）	17	20	19	18.67	0.7091
66	武汉理工大学学报（社会科学版）	19	20	17	18.67	0.7091
66	天水师范学院学报	19	17	20	18.67	0.7091
66	哈尔滨商业大学学报（社会科学版）	18	15	23	18.67	0.7091
71	浙江万里学院学报	17	21	17	18.33	0.6962
71	首都师范大学学报（社会科学版）	16	17	22	18.33	0.6962
71	曲靖师范学院学报	18	18	19	18.33	0.6962
71	吉首大学学报（社会科学版）	19	15	21	18.33	0.6962
71	海南大学学报（人文社会科学版）	15	18	22	18.33	0.6962
71	贵州大学学报（社会科学版）	21	19	15	18.33	0.6962
71	北京理工大学学报（社会科学版）	16	18	21	18.33	0.6962
71	北京科技大学学报（社会科学版）	17	20	18	18.33	0.6962
71	北京大学学报（哲学社会科学版）	11	24	20	18.33	0.6962
80	中国石油大学学报（社会科学版）	19	18	17	18.00	0.6836
80	中国人民大学学报	18	16	20	18.00	0.6836
80	西华师范大学学报（哲学社会科学版）	17	18	19	18.00	0.6836
80	泰山学院学报	15	17	22	18.00	0.6836
80	内蒙古大学学报（人文·社会科学版）	18	20	16	18.00	0.6836
80	江西师范大学学报（哲学社会科学版）	16	20	18	18.00	0.6836
80	华南师范大学学报（社会科学版）	13	21	20	18.00	0.6836
80	湖州师范学院学报	13	21	20	18.00	0.6836
80	东方论坛：青岛大学学报	18	17	19	18.00	0.6836
89	中国矿业大学学报（社会科学版）	15	19	19	17.67	0.6711
89	湛江师范学院学报	18	15	20	17.67	0.6711

续表

排序	期刊名称	2004年(地区数)	2005年(地区数)	2006年(地区数)	三年平均(地区数)	归一化值
89	云南师范大学学报（哲学社会科学版）	17	15	21	17.67	0.6711
89	信阳师范学院学报（哲学社会科学版）	17	20	16	17.67	0.6711
89	新疆师范大学学报（哲学社会科学版）	16	19	18	17.67	0.6711
89	湘潭大学学报（哲学社会科学版）	17	18	18	17.67	0.6711
89	皖西学院学报	18	16	19	17.67	0.6711
89	太原理工大学学报（社会科学版）	17	19	17	17.67	0.6711
89	南京师大学报（社会科学版）	18	18	17	17.67	0.6711
89	河南教育学院学报（哲学社会科学版）	18	18	17	17.67	0.6711
89	河北师范大学学报（哲学社会科学版）	18	18	17	17.67	0.6711
89	广西大学学报（哲学社会科学版）	16	18	19	17.67	0.6711
101	沈阳农业大学学报（社会科学版）	12	19	21	17.33	0.6582
101	绍兴文理学院学报（社科版）	16	17	19	17.33	0.6582
101	吉林大学社会科学学报	12	22	18	17.33	0.6582
101	赣南师范学院学报	16	18	18	17.33	0.6582
101	安庆师范学院学报（社会科学版）	15	17	20	17.33	0.6582
106	山东师范大学学报（人文社会科学版）	20	17	14	17.00	0.6457
106	清华大学学报（哲学社会科学版）	18	14	19	17.00	0.6457
106	南开学报（哲学社会科学版）	16	16	19	17.00	0.6457
106	华南农业大学学报（社会科学版）	18	16	17	17.00	0.6457
106	广州大学学报（社会科学版）	16	17	18	17.00	0.6457
106	安徽农业大学学报（社会科学版）	15	18	18	17.00	0.6457
112	苏州科技学院学报（社会科学版）	15	16	19	16.67	0.6331
112	陕西师范大学学报（哲学社会科学版）	14	17	19	16.67	0.6331
112	南京大学学报（哲学·人文科学·社会科学）	13	22	15	16.67	0.6331
112	江西农业大学学报（社会科学版）	14	18	18	16.67	0.6331
112	电子科技大学学报（社科版）	19	15	16	16.67	0.6331
112	成都大学学报（社会科学版）	15	17	18	16.67	0.6331
112	安徽师范大学学报（人文社会科学版）	20	16	14	16.67	0.6331
119	中国农业大学学报（社会科学版）	15	16	18	16.33	0.6202
119	中国地质大学学报（社会科学版）	14	16	19	16.33	0.6202

续表

排序	期刊名称	2004年(地区数)	2005年(地区数)	2006年(地区数)	三年平均(地区数)	归一化值
119	湘潭师范学院学报（社会科学版）	16	18	15	16.33	0.6202
119	温州师范学院学报	15	20	14	16.33	0.6202
119	南华大学学报（社会科学版）	12	17	20	16.33	0.6202
119	龙岩学院学报	18	17	14	16.33	0.6202
119	嘉应学院学报	18	13	18	16.33	0.6202
119	暨南学报（哲学社会科学版）	12	18	19	16.33	0.6202
119	华中农业大学学报（社会科学版）	13	16	20	16.33	0.6202
119	衡阳师范学院学报	17	14	18	16.33	0.6202
119	合肥工业大学学报（社会科学版）	15	16	18	16.33	0.6202
119	佛山科学技术学院学报（社会科学版）	17	17	15	16.33	0.6202
131	西北大学学报（哲学社会科学版）	14	16	18	16.00	0.6077
131	武汉大学学报（人文科学版）	15	17	16	16.00	0.6077
131	四川师范大学学报（社会科学版）	16	15	17	16.00	0.6077
131	汕头大学学报（人文社会科学版）	17	17	14	16.00	0.6077
131	江苏教育学院学报（社会科学版）	13	19	16	16.00	0.6077
131	哈尔滨工业大学学报（社会科学版）	13	16	19	16.00	0.6077
131	北京航空航天大学学报（社会科学版）	15	13	20	16.00	0.6077
138	深圳大学学报（人文社会科学版）	12	18	17	15.67	0.5951
138	嘉兴学院学报	17	16	14	15.67	0.5951
138	湖南师范大学社会科学学报	16	16	15	15.67	0.5951
138	湖南科技大学学报（社会科学版）	17	15	15	15.67	0.5951
142	中南大学学报（社会科学版）	13	17	16	15.33	0.5822
142	浙江树人大学学报	15	15	16	15.33	0.5822
142	四川大学学报（哲学社会科学版）	16	15	15	15.33	0.5822
142	青岛科技大学学报（社会科学版）	16	15	15	15.33	0.5822
142	南通大学学报（社会科学版）	17	14	15	15.33	0.5822
142	南昌大学学报（人文社会科学版）	18	14	14	15.33	0.5822
142	鲁东大学学报（哲学社会科学版）	16	14	16	15.33	0.5822
142	辽宁大学学报（哲学社会科学版）	12	17	17	15.33	0.5822
142	吉林师范大学学报（人文社会科学版）	16	17	13	15.33	0.5822

续表

排序	期刊名称	2004年(地区数)	2005年(地区数)	2006年(地区数)	三年平均(地区数)	归一化值
142	湖南工程学院学报（社会科学版）	13	17	16	15.33	0.5822
142	广西师范大学学报（哲学社会科学版）	15	15	16	15.33	0.5822
142	东北师大学报（哲学社会科学版）	13	14	19	15.33	0.5822
154	中国海洋大学学报（社会科学版）	16	16	13	15.00	0.5697
154	延边大学学报（社会科学版）	15	16	14	15.00	0.5697
154	武汉科技大学学报（社会科学版）	8	18	19	15.00	0.5697
154	济南大学学报（社会科学版）	14	14	17	15.00	0.5697
154	黄冈师范学院学报	13	16	16	15.00	0.5697
154	湖北师范学院学报（哲学社会科学版）	15	17	13	15.00	0.5697
154	湖北大学学报（哲学社会科学版）	14	12	19	15.00	0.5697
161	烟台大学学报（哲学社会科学版）	13	19	12	14.67	0.5572
161	厦门大学学报（哲学社会科学版）	13	18	13	14.67	0.5572
161	山东理工大学学报（社会科学版）	12	15	17	14.67	0.5572
161	三峡大学学报（人文社会科学版）	16	13	15	14.67	0.5572
161	华北水利水电学院学报（社科版）	15	14	15	14.67	0.5572
161	湖南大学学报（社会科学版）	17	12	15	14.67	0.5572
161	北京邮电大学学报（社会科学版）	13	17	14	14.67	0.5572
168	武汉大学学报（哲学社会科学版）	15	13	15	14.33	0.5442
168	天津师范大学学报（社会科学版）	15	14	14	14.33	0.5442
168	湖南文理学院学报（社会科学版）	12	14	17	14.33	0.5442
171	上海交通大学学报（哲学社会科学版）	15	15	12	14.00	0.5317
171	华东师范大学学报（哲学社会科学版）	13	13	16	14.00	0.5317
173	浙江大学学报（人文社会科学版）	15	12	14	13.67	0.5192
173	宁波大学学报（人文科学版）	17	12	12	13.67	0.5192
173	南京理工大学学报（社会科学版）	10	14	17	13.67	0.5192
173	华东理工大学学报（社会科学版）	13	14	14	13.67	0.5192
173	河海大学学报（哲学社会科学版）	13	15	13	13.67	0.5192
178	西北工业大学学报（社会科学版）	16	11	13	13.33	0.5063
178	苏州大学学报（哲学社会科学版）	12	14	14	13.33	0.5063
178	福建师范大学学报（哲学社会科学版）	13	13	14	13.33	0.5063

续表

排序	期刊名称	2004年(地区数)	2005年(地区数)	2006年(地区数)	三年平均(地区数)	归一化值
178	北京师范大学学报（社会科学版）	15	15	10	13.33	0.5063
182	盐城师范学院学报（人文社会科学版）	10	14	15	13.00	0.4937
182	西安电子科技大学学报（社会科学版）	13	12	14	13.00	0.4937
182	上海大学学报（社会科学版）	12	9	18	13.00	0.4937
182	山东大学学报（哲学社会科学版）	8	11	20	13.00	0.4937
182	江苏大学学报（社会科学版）	13	15	11	13.00	0.4937
187	燕山大学学报（哲学社会科学版）	16	8	14	12.67	0.4812
187	北京林业大学学报（社会科学版）	8	13	17	12.67	0.4812
189	中山大学学报（社会科学版）	5	10	22	12.33	0.4683
189	湖南农业大学学报（社会科学版）	10	13	14	12.33	0.4683
191	重庆师范大学学报（哲学社会科学版）	13	11	12	12.00	0.4558
191	咸宁学院学报	13	10	13	12.00	0.4558
191	南京航空航天大学学报（社会科学版）	11	9	16	12.00	0.4558
191	华侨大学学报（哲学社会科学版）	14	12	10	12.00	0.4558
191	杭州师范学院学报（社会科学版）	13	10	13	12.00	0.4558
191	复旦学报（社会科学版）	15	12	9	12.00	0.4558
191	大连理工大学学报（社会科学版）	12	12	12	12.00	0.4558
198	扬州大学学报（人文社会科学版）	11	11	13	11.67	0.4432
198	西藏大学学报	14	10	11	11.67	0.4432
198	东北大学学报（社会科学版）	11	14	10	11.67	0.4432
198	长沙理工大学学报（社会科学版）	13	10	12	11.67	0.4432
202	西安石油大学学报（社会科学版）	11	11	12	11.33	0.4303
202	西安交通大学学报（社会科学版）	10	11	13	11.33	0.4303
204	同济大学学报（社会科学版）	12	10	11	11.00	0.4178
205	上海师范大学学报（哲学社会科学版）	6	11	15	10.67	0.4052
205	南京工业大学学报（社会科学版）	10	9	13	10.67	0.4052
207	浙江师范大学学报（社会科学版）	9	10	12	10.33	0.3923
208	云南大学学报（社会科学版）	12	10	8	10.00	0.3798
209	青岛大学师范学院学报	8	8	13	9.67	0.3673
210	南京晓庄学院学报	7	9	11	9.00	0.3418

续表

排序	期刊名称	2004年（地区数）	2005年（地区数）	2006年（地区数）	三年平均（地区数）	归一化值
210	华南理工大学学报（社会科学版）	7	9	11	9.00	0.3418
212	北京交通大学学报（社会科学版）	10	9	7	8.67	0.3293
213	南京农业大学学报（社会科学版）	7	8	8	7.67	0.2913
213	福州大学学报（哲学社会科学版）	8	8	7	7.67	0.2913
215	天津大学学报（社会科学版）	5	7	7	6.33	0.2404
216	福建农林大学学报（社会科学版）	4	7	3	4.67	0.1774
217	泉州师范学院学报	2	6	5	4.33	0.1645

分析表 24-3 我们可以发现，虽然高校人文社科综合性学报最初的定位是反映本校教学科研成果，但是在多年的学术推广以及交流活动中高校人文社科综合性学报在作者地区分布上逐渐呈现出两极分化的趋势：部分期刊勇于突破传统，积极开辟稿源，打开校门面向全国，其区域影响涵盖了全国的 20 个以上省市，这样的期刊占据了高校人文社科综合性学报的 20.28%；而少数期刊其区域影响力不足全国的 10 个省市，这些期刊分别是《青岛大学师范学院学报》、《南京晓庄学院学报》、《华南理工大学学报（社会科学版）》、《北京交通大学学报（社会科学版）》、《南京农业大学学报（社会科学版）》、《福州大学学报（哲学社会科学版）》、《天津大学学报（社会科学版）》、《福建农林大学学报（社会科学版）》、《泉州师范学院学报》。仔细翻阅这些期刊在 2004—2006 年间的发文情况，其学报所在机构发文比例呈现出偏高的状态，本机构发文所占比率平均值达到了 69.54%，因此，这部分期刊依然保留了"学术自留地"的特色，用稿主要采用校内稿件。

在统计中我们也发现，高校人文社科综合性学报的地区分布广度和该刊的学术影响并无较为明显的关系，比如，地区分布数排在首位的《海南师范学院学报》，其影响因子的排名在第 183 名；再如，地区分布狭窄的期刊《南京农业大学学报（社会科学版）》，其地区分布数仅为 7，位列倒数第 5 名，但影响因子则排名位于第 17 名。由此我们可以看出，学术影响力弱的高校人文社科综合性学报在致力于提高自身综合影响力时，不单要广辟稿源，扩大区域影响力，还需要注意多吸收高学术含量的稿件，双管齐下，逐步提升自身的学术影响；而对于那些学术影响力较强的高校人文社科综合性学报则可以在保证优质稿源的同时，开辟新的稿件源地，进一步扩大自己在全国的影响范围，以期受到更多学者的关注，为国内人文社科的学术交流作出更大的贡献。

24.1.4 有作者机构论文比例

论文的作者信息，包括作者姓名及其所在机构是学术论文不可分割的一部分。它直接关系到学术交流是否可以顺利进行，并和个人的科研状况统计以及地区、机构的科研状况统计的准确性密切相关。目前很多学术期刊在作者信息的标注上还存在不规范的问题，主要表现在作者单位的标注信息不够全面，除了前面所提到的影响之外，对期刊而言，它还表现在直接损伤了期刊的学术严谨性。我们把2004—2006年间高校人文社科综合性学报上标注有作者机构信息的文章比例进行了统计，以期揭示在此指标上的高校人文社科综合性学报的特性。表24-4为其详细情况。（注：1表示100%的文章标有机构）

表24-4　2004—2006年高校人文社科综合性学报标注有作者机构的论文比例

排序	期刊名称	2004年	2005年	2006年	三年平均	归一化值
1	哈尔滨工业大学学报（社会科学版）	1	1	1	1	1
1	湖北大学学报（哲学社会科学版）	1	1	1	1	1
1	湖南科技大学学报（社会科学版）	1	1	1	1	1
1	郑州大学学报（哲学社会科学版）	1	1	1	1	1
1	兰州大学学报（社会科学版）	1	1	1	1	1
1	中山大学学报（社会科学版）	1	1	1	1	1
1	华南师范大学学报（社会科学版）	1	1	1	1	1
1	东北师大学报（哲学社会科学版）	1	1	1	1	1
1	南京师大学报（社会科学版）	1	1	1	1	1
1	内蒙古大学学报（人文·社会科学版）	1	1	1	1	1
1	湖南师范大学社会科学学报	1	1	1	1	1
1	商丘师范学院学报	1	1	1	1	1
1	郑州航空工业管理学院学报（社会科学版）	1	1	1	1	1
1	哈尔滨学院学报	1	1	1	1	1
1	许昌学院学报	1	1	1	1	1
1	太原师范学院学报（社会科学版）	1	1	1	1	1
1	重庆工商大学学报（社会科学版）	1	1	1	1	1
1	海南大学学报（人文社会科学版）	1	1	1	1	1
1	辽宁师范大学学报（社会科学版）	1	1	1	1	1
1	青海师范大学学报（哲学社会科学版）	1	1	1	1	1
1	新疆大学学报（哲学·人文社会科学版）	1	1	1	1	1
1	云南师范大学学报（哲学社会科学版）	1	1	1	1	1

第24章 高校人文社会科学综合性学报

续表

排序	期刊名称	2004年	2005年	2006年	三年平均	归一化值
1	北京工业大学学报（社会科学版）	1	1	1	1	1
1	北京理工大学学报（社会科学版）	1	1	1	1	1
1	吉首大学学报（社会科学版）	1	1	1	1	1
1	沈阳师范大学学报（社会科学版）	1	1	1	1	1
1	西南交通大学学报（社会科学版）	1	1	1	1	1
1	延安大学学报（社会科学版）	1	1	1	1	1
1	东南大学学报（哲学社会科学版）	1	1	1	1	1
1	北京航空航天大学学报（社会科学版）	1	1	1	1	1
1	长春师范学院学报（人文社会科学版）	1	1	1	1	1
1	固原师专学报	1	1	1	1	1
1	华中农业大学学报（社会科学版）	1	1	1	1	1
1	淮北煤炭师范学院学报（哲学社会科学版）	1	1	1	1	1
1	中国人民公安大学学报（社会科学版）	1	1	1	1	1
1	淮阴师范学院学报（哲学社会科学版）	1	1	1	1	1
1	曲靖师范学院学报	1	1	1	1	1
1	山东农业大学学报（社会科学版）	1	1	1	1	1
1	上饶师范学院学报	1	1	1	1	1
1	武汉科技大学学报（社会科学版）	1	1	1	1	1
1	西华师范大学学报（哲学社会科学版）	1	1	1	1	1
1	中国地质大学学报（社会科学版）	1	1	1	1	1
1	中国矿业大学学报（社会科学版）	1	1	1	1	1
1	郑州航空工业管理学院学报	1	1	1	1	1
1	安徽农业大学学报（社会科学版）	1	1	1	1	1
1	北京科技大学学报（社会科学版）	1	1	1	1	1
1	赣南师范学院学报	1	1	1	1	1
1	广州大学学报（社会科学版）	1	1	1	1	1
1	合肥工业大学学报（社会科学版）	1	1	1	1	1
1	江西师范大学学报（哲学社会科学版）	1	1	1	1	1
1	湘潭大学学报（哲学社会科学版）	1	1	1	1	1
1	济南大学学报（社会科学版）	1	1	1	1	1

续表

排序	期刊名称	2004年	2005年	2006年	三年平均	归一化值
1	辽宁大学学报（哲学社会科学版）	1	1	1	1	1
1	南京体育学院学报（社会科学版）	1	1	1	1	1
1	太原理工大学学报（社会科学版）	1	1	1	1	1
1	武汉理工大学学报（社会科学版）	1	1	1	1	1
1	浙江万里学院学报	1	1	1	1	1
1	湖南工程学院学报（社会科学版）	1	1	1	1	1
1	南京航空航天大学学报（社会科学版）	1	1	1	1	1
1	中南大学学报（社会科学版）	1	1	1	1	1
1	信阳师范学院学报（哲学社会科学版）	1	1	1	1	1
1	江苏教育学院学报（社会科学版）	1	1	1	1	1
1	佛山科学技术学院学报（社会科学版）	1	1	1	1	1
1	贵州大学学报（社会科学版）	1	1	1	1	1
1	华北水利水电学院学报（社科版）	1	1	1	1	1
1	南通大学学报（社会科学版）	1	1	1	1	1
1	青岛科技大学学报（社会科学版）	1	1	1	1	1
1	徐州师范大学学报（哲学社会科学版）	1	1	1	1	1
1	盐城师范学院学报（人文社会科学版）	1	1	1	1	1
1	福建师范大学学报（哲学社会科学版）	1	1	1	1	1
1	汕头大学学报（人文社会科学版）	1	1	1	1	1
1	苏州大学学报（哲学社会科学版）	1	1	1	1	1
1	温州师范学院学报	1	1	1	1	1
1	西安电子科技大学学报（社会科学版）	1	1	1	1	1
1	延边大学学报（社会科学版）	1	1	1	1	1
1	燕山大学学报（哲学社会科学版）	1	1	1	1	1
1	河海大学学报（哲学社会科学版）	1	1	1	1	1
1	湖北师范学院学报（哲学社会科学版）	1	1	1	1	1
1	吉林师范大学学报（人文社会科学版）	1	1	1	1	1
1	青岛大学师范学院学报	1	1	1	1	1
1	西北工业大学学报（社会科学版）	1	1	1	1	1
1	咸宁学院学报	1	1	1	1	1
1	长沙理工大学学报（社会科学版）	1	1	1	1	1

续表

排序	期刊名称	2004年	2005年	2006年	三年平均	归一化值
1	大连理工大学学报（社会科学版）	1	1	1	1	1
1	烟台大学学报（哲学社会科学版）	1	1	1	1	1
1	重庆师范大学学报（哲学社会科学版）	1	1	1	1	1
1	华南理工大学学报（社会科学版）	1	1	1	1	1
1	东北大学学报（社会科学版）	1	1	1	1	1
1	华侨大学学报（哲学社会科学版）	1	1	1	1	1
1	云南大学学报（社会科学版）	1	1	1	1	1
1	北京交通大学学报（社会科学版）	1	1	1	1	1
1	天津大学学报（社会科学版）	1	1	1	1	1
1	福建农林大学学报（社会科学版）	1	1	1	1	1
1	佳木斯大学社会科学学报	1	1	1	1	1
1	内蒙古师范大学学报（哲学社会科学版）	1	1	1	1	1
1	苏州科技学院学报（社会科学版）	1	1	1	1	1
1	西藏大学学报	1	1	1	1	1
1	华中师范大学学报（人文社会科学版）	1	1	1	1	1
1	重庆工商大学学报（西部论坛）	1	1	1	1	1
1	广西大学学报（哲学社会科学版）	1	1	1	1	1
101	南阳师范学院学报	0.9976	1	1	0.9992	0.9992
102	安徽工业大学学报（社会科学版）	1	0.9974	1	0.9991	0.9991
103	重庆邮电大学学报（社会科学版）	1	0.9966	1	0.9989	0.9989
104	湘潭师范学院学报（社会科学版）	0.9965	1	1	0.9988	0.9988
104	聊城大学学报（社会科学版）	1	0.9963	1	0.9988	0.9988
106	皖西学院学报	1	1	0.9962	0.9987	0.9987
106	怀化学院学报	1	0.9961	1	0.9987	0.9987
108	宁夏大学学报（人文社会科学版）	1	1	0.9955	0.9985	0.9985
108	长江大学学报（社会科学版）	1	0.9954	1	0.9985	0.9985
110	湖南文理学院学报（社会科学版）	1	1	0.9953	0.9984	0.9984
110	南华大学学报（社会科学版）	1	1	0.9952	0.9984	0.9984
112	沈阳农业大学学报（社会科学版）	1	0.9950	1	0.9983	0.9983
112	西北农林科技大学学报（社会科学版）	0.9949	1	1	0.9983	0.9983
114	江南大学学报（人文社会科学版）	1	1	0.9947	0.9982	0.9982

续表

排序	期刊名称	2004年	2005年	2006年	三年平均	归一化值
114	南都学坛：南阳师范学院人文社会科学学报	0.9945	1	1	0.9982	0.9982
116	绍兴文理学院学报（社科版）	0.9941	1	1	0.9980	0.9980
116	浙江师范大学学报（社会科学版）	0.9939	1	1	0.9980	0.9980
118	贵州师范大学学报（社会科学版）	0.9937	1	1	0.9979	0.9979
119	深圳大学学报（人文社会科学版）	1	0.9930	1	0.9977	0.9977
120	暨南学报（哲学社会科学版）	1	0.9928	1	0.9976	0.9976
120	河南大学学报（社会科学版）	0.9927	1	1	0.9976	0.9976
122	嘉兴学院学报	1	0.9912	1	0.9971	0.9971
123	渤海大学学报（哲学社会科学版）	1	1	0.9911	0.9970	0.9970
124	扬州大学学报（人文社会科学版）	1	0.9908	1	0.9969	0.9969
125	洛阳师范学院学报	0.9935	0.9970	1	0.9968	0.9968
125	厦门大学学报（哲学社会科学版）	0.9904	1	1	0.9968	0.9968
127	安庆师范学院学报（社会科学版）	1	1	0.9902	0.9967	0.9967
127	宁波大学学报（人文科学版）	1	0.9901	1	0.9967	0.9967
127	齐鲁学刊	0.9902	1	1	0.9967	0.9967
130	河北大学学报（哲学社会科学版）	0.9894	1	1	0.9965	0.9965
131	安徽大学学报（哲学社会科学版）	1	0.9948	0.9945	0.9964	0.9964
132	泰山学院学报	1	0.9946	0.9944	0.9963	0.9963
133	山东理工大学学报（社会科学版）	1	1	0.9884	0.9961	0.9961
133	成都大学学报（社会科学版）	0.9931	0.9951	1	0.9961	0.9961
135	黄冈师范学院学报	1	0.9875	1	0.9958	0.9958
136	上海交通大学学报（哲学社会科学版）	1	1	0.9872	0.9957	0.9957
136	中国石油大学学报（社会科学版）	1	0.9872	1	0.9957	0.9957
136	吉林大学社会科学学报	1	0.9870	1	0.9957	0.9957
139	宝鸡文理学院学报（社会科学版）	1	0.9935	0.9934	0.9956	0.9956
140	安徽师范大学学报（人文社会科学版）	1	0.9931	0.9931	0.9954	0.9954
140	新疆师范大学学报（哲学社会科学版）	0.9861	1	1	0.9954	0.9954
142	中国海洋大学学报（社会科学版）	0.9932	0.9924	1	0.9952	0.9952
142	山东师范大学学报（人文社会科学版）	0.9903	0.9953	1	0.9952	0.9952
142	西安交通大学学报（社会科学版）	1	0.9855	1	0.9952	0.9952
145	北京林业大学学报（社会科学版）	1	0.9853	1	0.9951	0.9951

续表

排序	期刊名称	2004年	2005年	2006年	三年平均	归一化值
146	北京师范大学学报（社会科学版）	1	0.9845	1	0.9948	0.9948
146	乐山师范学院学报	1	0.9844	1	0.9948	0.9948
147	韶关学院学报	0.9863	0.9977	1	0.9947	0.9947
148	重庆大学学报（社会科学版）	0.9822	1	1	0.9941	0.9941
150	泉州师范学院学报	0.9937	0.9941	0.9939	0.9939	0.9939
151	西北师大学报（社会科学版）	0.9813	1	1	0.9938	0.9938
151	河南师范大学学报（哲学社会科学版）	1	1	0.9813	0.9938	0.9938
153	求是学刊	1	0.9783	1	0.9928	0.9928
154	杭州师范学院学报（社会科学版）	0.9853	0.9929	1	0.9927	0.9927
155	华北电力大学学报（社会科学版）	1	1	0.9773	0.9924	0.9924
155	同济大学学报（社会科学版）	0.9771	1	1	0.9924	0.9924
155	衡阳师范学院学报	1	0.9882	0.9889	0.9924	0.9924
158	南京理工大学学报（社会科学版）	1	0.9766	1	0.9922	0.9922
159	中国农业大学学报（社会科学版）	1	0.9762	1	0.9921	0.9921
160	西北大学学报（哲学社会科学版）	0.9792	1	0.9959	0.9917	0.9917
161	西南大学学报（文科版）	1	0.9741	1	0.9914	0.9914
162	西安石油大学学报（社会科学版）	0.9873	0.9867	1	0.9913	0.9913
163	南京农业大学学报（社会科学版）	0.9737	1	1	0.9912	0.9912
164	上海大学学报（社会科学版）	1	1	0.9724	0.9908	0.9908
165	山东科技大学学报（社会科学版）	0.9808	0.9915	1	0.9907	0.9907
165	南昌大学学报（人文社会科学版）	1	0.9900	0.9800	0.9900	0.9900
165	山西大学学报（哲学社会科学版）	0.9760	0.9939	1	0.9900	0.9900
168	首都师范大学学报（社会科学版）	0.9921	0.9850	0.9928	0.9900	0.9900
169	华东理工大学学报（社会科学版）	0.9798	1	0.9896	0.9898	0.9898
170	清华大学学报（哲学社会科学版）	1	0.9892	0.9800	0.9897	0.9897
170	北京工商大学学报（社会科学版）	0.9765	0.9926	1	0.9897	0.9897
172	广播电视大学学报（哲学社会科学版）	1	0.9669	1	0.9890	0.9890
173	天津师范大学学报（社会科学版）	0.9886	1	0.9778	0.9888	0.9888
174	湛江师范学院学报	0.9660	1	1	0.9887	0.9887
175	河北师范大学学报（哲学社会科学版）	0.9659	1	1	0.9886	0.9886
175	浙江树人大学学报	0.9659	1	1	0.9886	0.9886

续表

排序	期刊名称	2004年	2005年	2006年	三年平均	归一化值
176	中国人民大学学报	0.9931	0.9854	0.9858	0.9881	0.9881
178	南京晓庄学院学报	0.9896	0.9867	0.9877	0.9880	0.9880
179	江西农业大学学报（社会科学版）	0.9624	1	1	0.9875	0.9875
180	武汉大学学报（哲学社会科学版）	0.9804	0.9936	0.9871	0.9870	0.9870
181	武汉大学学报（人文科学版）	1	0.9865	0.9742	0.9869	0.9869
182	哈尔滨商业大学学报（社会科学版）	1	1	0.9588	0.9863	0.9863
182	湖南农业大学学报（社会科学版）	1	1	0.9588	0.9863	0.9863
183	河南教育学院学报（哲学社会科学版）	1	0.9691	0.9871	0.9854	0.9854
183	河南科技大学学报（社会科学版）	0.9561	1	1	0.9854	0.9854
185	广西师范大学学报（哲学社会科学版）	0.9850	0.9851	0.9856	0.9852	0.9852
185	福州大学学报（哲学社会科学版）	1	0.9670	0.9886	0.9852	0.9852
187	鲁东大学学报（哲学社会科学版）	0.9852	0.9695	1	0.9849	0.9849
188	四川大学学报（哲学社会科学版）	0.9542	1	1	0.9847	0.9847
189	天水师范学院学报	0.9769	0.9747	1	0.9838	0.9838
190	华东师范大学学报（哲学社会科学版）	0.9798	0.9714	1	0.9837	0.9837
191	山东大学学报（哲学社会科学版）	1	1	0.9470	0.9823	0.9823
192	四川师范大学学报（社会科学版）	0.9790	0.9658	1	0.9816	0.9816
193	华南农业大学学报（社会科学版）	0.9902	1	0.9537	0.9813	0.9813
195	江苏大学学报（社会科学版）	0.9712	0.9810	0.9905	0.9809	0.9809
196	思想战线	1	0.9936	0.9424	0.9787	0.9787
197	三峡大学学报（人文科学版）	0.9819	0.9753	0.9766	0.9779	0.9779
198	上海师范大学学报（哲学社会科学版）	0.9860	0.9467	1	0.9776	0.9776
199	湖州师范学院学报	0.9953	1	0.9276	0.9743	0.9743
200	南开学报（哲学社会科学版）	1	0.9709	0.9504	0.9738	0.9738
201	海南师范学院学报（社会科学版）	0.9806	0.9662	0.9608	0.9692	0.9692
202	复旦学报（社会科学版）	0.9391	0.9680	0.9908	0.9660	0.9660
203	电子科技大学学报（社科版）	1	0.8930	1	0.9643	0.9643
204	东方论坛：青岛大学学报	0.8924	1	1	0.9641	0.9641
205	南京工业大学学报（社会科学版）	0.9773	0.9540	0.9540	0.9618	0.9618
206	嘉应学院学报	0.9455	1	0.9319	0.9591	0.9591
207	华中科技大学学报（社会科学版）	0.9868	0.9474	0.9362	0.9568	0.9568

续表

排序	期刊名称	2004年	2005年	2006年	三年平均	归一化值
207	湖南大学学报（社会科学版）	0.9510	0.9688	0.9506	0.9568	0.9568
209	山西师大学报（社会科学版）	0.9358	0.9659	0.9662	0.9560	0.9560
210	南京大学学报(哲学·人文科学·社会科学版)	1	1	0.8500	0.9500	0.9500
211	辽宁工程技术大学学报（社会科学版）	1	1	0.8421	0.9474	0.9474
212	北京邮电大学学报（社会科学版）	0.9125	0.9000	1	0.9375	0.9375
213	浙江大学学报（人文社会科学版）	0.8301	0.9412	1	0.9238	0.9238
214	陕西师范大学学报（哲学社会科学版）	0.8354	0.9291	1	0.9215	0.9215
215	北京大学学报（哲学社会科学版）	0.8425	0.9182	0.9549	0.9052	0.9052
216	齐齐哈尔大学学报（哲学社会科学版）	0.8742	0.8626	0.8917	0.8762	0.8762
217	龙岩学院学报	0.5888	1	1	0.8629	0.8629

纵观表24-4我们可以看到，高校人文社科综合性学报在此指标上表现相当出色，接近一半的学报（100种）在三年期间标注机构的论文占全年发表的学术论文的100%，还有63种仅在个别年份有不到1%的文章没有标注机构，这在整个人文社科类期刊界是相当罕见的。剩下的54种期刊虽然有作者机构的论文比不足100%，但也表现出了相当高的水准，三年的平均值达到了98%左右，远高于人文社科类学术期刊的整体水平94.39%，这和学报的"综合性学术期刊"定位是分不开的。细翻各高校人文社科综合性学报的稿约，均可见"来稿一律……要求依次写明：题目、作者姓名、作者单位……"的字样，学报的学术严谨性在此可见一斑。

在本机构发文比如此之高的高校人文社科综合性学报群体之中，也存在部分期刊表现的不尽如人意，这些期刊是《齐齐哈尔大学学报（哲学社会科学版）》、《龙岩学院学报》，这两种期刊的标注作者机构的论文比例均不足90%，低于人文社科类学术期刊的平均水平，在编排的严谨上还有待提高。

24.1.5 本机构论文比例

1978年教育部在《关于办好高等学校哲学社会科学学报的意见》中明确指出："高等学校学报是以反映本校教学科研成果为主的综合性学术理论刊物。"正是基于权威机构的这一界定，多年来许多高校学报作为高校主要传媒形式和高校教学科研成果的载体，始终秉持着立足本校、充分展示本校教学和科研成果的办刊宗旨，发挥了其特有的为教学和科研服务的作用。然而，也是基于权威机构的这一界定，给编辑人员、作者，抑或是一些高校决策人员的思想烙上了学报"以内稿为主，少登或尽量不登外稿"的印迹，从而给高校学报的发展设置了一些人为障碍，这不但使学报本身失去了部分优质稿件，而且影响了校内外高水平作者的投稿积极性，使得学报进入了校内一般水平和较低水平论文的恶性循环状态，降低了学报的学术质量。针对这一情况，2003年的教育部高校哲学社会科学名刊工程指出：通过国家（包括新闻出版总署、教育部和主办单位）的支持和期刊内部的改革，培育出5—10种国内一流、国际知名的社科学报，逐步改变目前高校社科学报"全、散、小、弱"的状况，实现"专、特、大、强"的目标[①]。针对这一形势，很多高校学报逐渐打破用稿限制，对内稿外稿一视同仁。表24-5列出了高校人文社科综合性学报在2004—2006年间稿源的校内外分布情况。[注意：因为该指标以本机构发文比例大、小来反映高校学报的作者扩散程度，所以该表的归一化计算方法与其他表格不同，归一化计算分母为0.87，即1—0.13（本机构论文比三年平均最小值），分子是"1减去该期刊的本机构论文比"。]本表计算出的归一化值越大，表明该期刊非本机构作者比例越大，作者扩散程度越广。

表24-5　　　　2004—2006年高校人文社科综合性学报本机构论文比例

排序	期刊名称	2004年	2005年	2006年	三年平均	归一化值
1	齐鲁学刊	0.15	0.13	0.11	0.13	1
2	郑州航空工业管理学院学报	0.13	0.23	0.05	0.14	0.9885
2	哈尔滨学院学报	0.17	0.16	0.10	0.14	0.9885
4	南京体育学院学报（社会科学版）	0.15	0.15	0.17	0.16	0.9655
4	西安电子科技大学学报（社会科学版）	0.22	0.17	0.10	0.16	0.9655
4	中国地质大学学报（社会科学版）	0.19	0.12	0.18	0.16	0.9655
7	河南师范大学学报（哲学社会科学版）	0.15	0.18	0.21	0.18	0.9425
7	固原师专学报	0.31	0.19	0.04	0.18	0.9425
7	郑州航空工业管理学院学报（社会科学版）	0.19	0.20	0.16	0.18	0.9425
10	河南教育学院学报（哲学社会科学版）	0.18	0.14	0.30	0.21	0.9080
10	南都学坛：南阳师范学院人文社会科学学报	0.19	0.2	0.25	0.21	0.9080
12	广播电视大学学报（哲学社会科学版）	0.23	0.24	0.18	0.22	0.8966
12	河南科技大学学报（社会科学版）	0.24	0.17	0.25	0.22	0.8966
12	东方论坛：青岛大学学报	0.25	0.24	0.17	0.22	0.8966
12	海南师范学院学报（社会科学版）	0.20	0.15	0.32	0.22	0.8966
16	中国矿业大学学报（社会科学版）	0.22	0.23	0.24	0.23	0.8851
16	求是学刊	0.18	0.26	0.26	0.23	0.8851
16	江苏教育学院学报（社会科学版）	0.22	0.25	0.23	0.23	0.8851

---

① 《中国教育报》，2004年2月25日。

续表

排序	期刊名称	2004年	2005年	2006年	三年平均	归一化值
19	山东科技大学学报（社会科学版）	0.23	0.27	0.21	0.24	0.8736
20	重庆邮电大学学报（社会科学版）	0.40	0.20	0.15	0.25	0.8621
21	海南大学学报（人文社会科学版）	0.26	0.28	0.26	0.27	0.8391
22	洛阳师范学院学报	0.25	0.31	0.27	0.28	0.8276
22	齐齐哈尔大学学报（哲学社会科学版）	0.29	0.30	0.26	0.28	0.8276
24	信阳师范学院学报（哲学社会科学版）	0.27	0.29	0.31	0.29	0.8161
24	许昌学院学报	0.30	0.28	0.29	0.29	0.8161
24	安徽农业大学学报（社会科学版）	0.16	0.23	0.49	0.29	0.8161
27	淮北煤炭师范学院学报（哲学社会科学版）	0.30	0.29	0.31	0.30	0.8046
27	太原师范学院学报（社会科学版）	0.31	0.35	0.24	0.30	0.8046
27	北京林业大学学报（社会科学版）	0.35	0.31	0.25	0.30	0.8046
30	郑州大学学报（哲学社会科学版）	0.32	0.30	0.31	0.31	0.7931
30	商丘师范学院学报	0.32	0.29	0.32	0.31	0.7931
32	辽宁师范大学学报（社会科学版）	0.35	0.29	0.33	0.32	0.7816
32	南通大学学报（社会科学版）	0.14	0.50	0.33	0.32	0.7816
34	江西师范大学学报（哲学社会科学版）	0.27	0.40	0.31	0.33	0.7701
34	南阳师范学院学报	0.36	0.33	0.30	0.33	0.7701
34	乐山师范学院学报	0.37	0.37	0.26	0.33	0.7701
34	青海师范大学学报（哲学社会科学版）	0.25	0.35	0.40	0.33	0.7701
38	杭州师范学院学报（社会科学版）	0.36	0.30	0.35	0.34	0.7586
38	西北农林科技大学学报（社会科学版）	0.40	0.43	0.19	0.34	0.7586
38	烟台大学学报（哲学社会科学版）	0.41	0.27	0.35	0.34	0.7586
38	长春师范学院学报（人文社会科学版）	0.30	0.23	0.50	0.34	0.7586
42	淮阴师范学院学报（哲学社会科学版）	0.33	0.33	0.38	0.35	0.7471
42	安徽大学学报（哲学社会科学版）	0.40	0.34	0.32	0.35	0.7471
42	湖南科技大学学报（社会科学版）	0.31	0.33	0.42	0.35	0.7471
42	皖西学院学报	0.32	0.40	0.34	0.35	0.7471
46	山东农业大学学报（社会科学版）	0.41	0.39	0.27	0.36	0.7356
46	青岛大学师范学院学报	0.50	0.27	0.30	0.36	0.7356
46	龙岩学院学报	0.01	0.53	0.55	0.36	0.7356
49	思想战线	0.41	0.28	0.41	0.37	0.7241

续表

排序	期刊名称	2004年	2005年	2006年	三年平均	归一化值
49	宝鸡文理学院学报（社会科学版）	0.38	0.34	0.38	0.37	0.7241
49	湖南工程学院学报（社会科学版）	0.42	0.35	0.33	0.37	0.7241
49	绍兴文理学院学报（社科版）	0.54	0.21	0.35	0.37	0.7241
49	汕头大学学报（人文社会科学版）	0.34	0.39	0.37	0.37	0.7241
49	北京科技大学学报（社会科学版）	0.26	0.49	0.36	0.37	0.7241
49	湘潭师范学院学报（社会科学版）	0.39	0.38	0.34	0.37	0.7241
49	安庆师范学院学报（社会科学版）	0.37	0.36	0.39	0.37	0.7241
57	西南交通大学学报（社会科学版）	0.39	0.43	0.32	0.38	0.7126
57	青岛科技大学学报（社会科学版）	0.39	0.34	0.42	0.38	0.7126
57	北京航空航天大学学报（社会科学版）	0.40	0.43	0.32	0.38	0.7126
60	长江大学学报（社会科学版）	0.44	0.47	0.25	0.39	0.7011
60	华北水利水电学院学报（社科版）	0.52	0.34	0.30	0.39	0.7011
60	重庆工商大学学报（西部论坛）	0.26	0.55	0.35	0.39	0.7011
60	天津师范大学学报（社会科学版）	0.40	0.36	0.41	0.39	0.7011
60	辽宁工程技术大学学报（社会科学版）	0.47	0.36	0.34	0.39	0.7011
60	哈尔滨工业大学学报（社会科学版）	0.40	0.31	0.47	0.39	0.7011
66	西北师大学报（社会科学版）	0.43	0.35	0.41	0.40	0.6897
66	宁夏大学学报（人文社会科学版）	0.45	0.49	0.26	0.40	0.6897
66	兰州大学学报（社会科学版）	0.48	0.36	0.36	0.40	0.6897
66	河海大学学报（哲学社会科学版）	0.49	0.36	0.35	0.40	0.6897
66	西华师范大学学报（哲学社会科学版）	0.34	0.47	0.39	0.40	0.6897
71	华北电力大学学报（社会科学版）	0.48	0.39	0.35	0.41	0.6782
71	江西农业大学学报（社会科学版）	0.41	0.35	0.46	0.41	0.6782
71	贵州师范大学学报（社会科学版）	0.43	0.40	0.40	0.41	0.6782
71	山西师大学报（社会科学版）	0.95	0.15	0.13	0.41	0.6782
71	南京工业大学学报（社会科学版）	0.44	0.45	0.34	0.41	0.6782
71	佳木斯大学社会科学学报	0.40	0.44	0.40	0.41	0.6782
77	新疆师范大学学报（哲学社会科学版）	0.43	0.41	0.41	0.42	0.6667
77	重庆工商大学学报（社会科学版）	0.53	0.41	0.31	0.42	0.6667
77	湖南文理学院学报（社会科学版）	0.41	0.42	0.43	0.42	0.6667
77	徐州师范大学学报（哲学社会科学版）	0.43	0.43	0.41	0.42	0.6667

续表

排序	期刊名称	2004年	2005年	2006年	三年平均	归一化值
81	重庆大学学报（社会科学版）	0.42	0.42	0.44	0.43	0.6552
81	湖南农业大学学报（社会科学版）	0.43	0.46	0.4	0.43	0.6552
81	吉首大学学报（社会科学版）	0.36	0.37	0.57	0.43	0.6552
81	河北师范大学学报（哲学社会科学版）	0.41	0.47	0.42	0.43	0.6552
81	贵州大学学报（社会科学版）	0.44	0.43	0.43	0.43	0.6552
86	河南大学学报（社会科学版）	0.49	0.46	0.37	0.44	0.6437
86	西南大学学报（人文社会科学版）	0.60	0.37	0.35	0.44	0.6437
86	成都大学学报（社会科学版）	0.37	0.46	0.49	0.44	0.6437
86	武汉科技大学学报（社会科学版）	0.58	0.43	0.31	0.44	0.6437
86	佛山科学技术学院学报（社会科学版）	0.48	0.39	0.46	0.44	0.6437
91	长沙理工大学学报（社会科学版）	0.28	0.57	0.49	0.45	0.6322
91	鲁东大学学报（哲学社会科学版）	0.47	0.53	0.34	0.45	0.6322
91	湘潭大学学报（哲学社会科学版）	0.49	0.54	0.32	0.45	0.6322
91	哈尔滨商业大学学报（社会科学版）	0.51	0.50	0.34	0.45	0.6322
91	怀化学院学报	0.39	0.39	0.58	0.45	0.6322
91	江南大学学报（人文社会科学版）	0.48	0.49	0.39	0.45	0.6322
97	南华大学学报（社会科学版）	0.47	0.49	0.41	0.46	0.6207
97	辽宁大学学报（哲学社会科学版）	0.53	0.43	0.41	0.46	0.6207
97	山西大学学报（哲学社会科学版）	0.52	0.45	0.40	0.46	0.6207
97	吉林师范大学学报（人文社会科学版）	0.42	0.52	0.45	0.46	0.6207
97	湖北大学学报（哲学社会科学版）	0.49	0.45	0.45	0.46	0.6207
97	南京航空航天大学学报（社会科学版）	0.49	0.48	0.42	0.46	0.6207
103	华中师范大学学报（人文社会科学版）	0.56	0.42	0.42	0.47	0.6092
103	中南大学学报（社会科学版）	0.51	0.51	0.38	0.47	0.6092
103	温州师范学院学报	0.67	0.62	0.11	0.47	0.6092
103	西安石油大学学报（社会科学版）	0.48	0.47	0.46	0.47	0.6092
103	北京工业大学学报（社会科学版）	0.41	0.66	0.34	0.47	0.6092
103	新疆大学学报（哲学·人文社会科学版）	0.30	0.72	0.39	0.47	0.6092
109	浙江树人大学学报	0.46	0.55	0.42	0.48	0.5977
109	江苏大学学报（社会科学版）	0.48	0.53	0.42	0.48	0.5977
109	内蒙古大学学报（人文·社会科学版）	0.53	0.47	0.43	0.48	0.5977

续表

排序	期刊名称	2004年	2005年	2006年	三年平均	归一化值
109	华中科技大学学报（社会科学版）	0.48	0.51	0.44	0.48	0.5977
109	南京理工大学学报（社会科学版）	0.57	0.45	0.41	0.48	0.5977
109	延安大学学报（社会科学版）	0.49	0.46	0.49	0.48	0.5977
109	河北大学学报（哲学社会科学版）	0.43	0.45	0.57	0.48	0.5977
116	安徽工业大学学报（社会科学版）	0.50	0.47	0.49	0.49	0.5862
116	华侨大学学报（哲学社会科学版）	0.49	0.46	0.51	0.49	0.5862
116	南昌大学学报（人文社会科学版）	0.51	0.52	0.43	0.49	0.5862
116	湖州师范学院学报	0.54	0.51	0.41	0.49	0.5862
116	北京工商大学学报（社会科学版）	0.48	0.41	0.58	0.49	0.5862
116	西北工业大学学报（社会科学版）	0.45	0.52	0.50	0.49	0.5862
116	济南大学学报（社会科学版）	0.48	0.43	0.56	0.49	0.5862
116	渤海大学学报（哲学社会科学版）	0.50	0.48	0.49	0.49	0.5862
116	山东师范大学学报（人文社会科学版）	0.45	0.46	0.56	0.49	0.5862
116	苏州科技学院学报（社会科学版）	0.54	0.46	0.48	0.49	0.5862
116	南京师大学报（社会科学版）	0.55	0.44	0.49	0.49	0.5862
127	云南师范大学学报（哲学社会科学版）	0.51	0.52	0.47	0.50	0.5747
127	山东理工大学学报（社会科学版）	0.52	0.50	0.49	0.50	0.5747
127	南京大学学报(哲学·人文科学·社会科学版)	0.63	0.46	0.42	0.50	0.5747
130	中国人民公安大学学报（社会科学版）	0.51	0.47	0.54	0.51	0.5632
130	中国农业大学学报（社会科学版）	0.61	0.40	0.51	0.51	0.5632
130	上饶师范学院学报	0.51	0.50	0.52	0.51	0.5632
130	盐城师范学院学报（人文社会科学版）	0.48	0.54	0.52	0.51	0.5632
134	聊城大学学报（社会科学版）	0.42	0.53	0.6	0.52	0.5517
134	沈阳师范大学学报（社会科学版）	0.5	0.52	0.53	0.52	0.5517
134	华中农业大学学报（社会科学版）	0.43	0.67	0.45	0.52	0.5517
134	扬州大学学报（人文社会科学版）	0.59	0.5	0.48	0.52	0.5517
138	西北大学学报（哲学社会科学版）	0.61	0.48	0.49	0.53	0.5402
138	中国石油大学学报（社会科学版）	0.50	0.52	0.56	0.53	0.5402
138	延边大学学报（社会科学版）	0.65	0.47	0.48	0.53	0.5402
141	北京邮电大学学报（社会科学版）	0.54	0.41	0.66	0.54	0.5287
141	泰山学院学报	0.51	0.51	0.59	0.54	0.5287

续表

排序	期刊名称	2004年	2005年	2006年	三年平均	归一化值
141	太原理工大学学报（社会科学版）	0.63	0.59	0.39	0.54	0.5287
141	深圳大学学报（人文社会科学版）	0.55	0.56	0.50	0.54	0.5287
141	武汉理工大学学报（社会科学版）	0.49	0.63	0.49	0.54	0.5287
141	陕西师范大学学报（哲学社会科学版）	0.49	0.51	0.62	0.54	0.5287
141	苏州大学学报（哲学社会科学版）	0.56	0.47	0.59	0.54	0.5287
141	沈阳农业大学学报（社会科学版）	0.55	0.65	0.42	0.54	0.5287
141	嘉应学院学报	0.49	0.61	0.53	0.54	0.5287
141	首都师范大学学报（社会科学版）	0.60	0.58	0.45	0.54	0.5287
151	天水师范学院学报	0.56	0.54	0.54	0.55	0.5172
151	宁波大学学报（人文科学版）	0.46	0.58	0.61	0.55	0.5172
151	韶关学院学报	0.56	0.56	0.54	0.55	0.5172
151	合肥工业大学学报（社会科学版）	0.48	0.56	0.62	0.55	0.5172
155	大连理工大学学报（社会科学版）	0.62	0.52	0.55	0.56	0.5057
156	广西师范大学学报（哲学社会科学版）	0.65	0.60	0.45	0.57	0.4943
156	电子科技大学学报（社科版）	0.68	0.52	0.50	0.57	0.4943
156	广州大学学报（社会科学版）	0.65	0.51	0.54	0.57	0.4943
156	安徽师范大学学报（人文社会科学版）	0.59	0.58	0.54	0.57	0.4943
160	四川师范大学学报（社会科学版）	0.52	0.75	0.47	0.58	0.4828
160	华东理工大学学报（社会科学版）	0.59	0.62	0.53	0.58	0.4828
160	燕山大学学报（哲学社会科学版）	0.47	0.65	0.63	0.58	0.4828
163	南京晓庄学院学报	0.61	0.57	0.58	0.59	0.4713
163	上海交通大学学报（哲学社会科学版）	0.46	0.57	0.74	0.59	0.4713
165	湛江师范学院学报	0.64	0.63	0.52	0.60	0.4598
165	湖北师范学院学报（哲学社会科学版）	0.56	0.58	0.65	0.60	0.4598
165	中国人民大学学报	0.63	0.60	0.57	0.60	0.4598
165	衡阳师范学院学报	0.61	0.60	0.6	0.60	0.4598
165	咸宁学院学报	0.59	0.57	0.65	0.60	0.4598
170	内蒙古师范大学学报（哲学社会科学版）	0.78	0.54	0.50	0.61	0.4483
170	同济大学学报（社会科学版）	0.66	0.56	0.60	0.61	0.4483
170	华东师范大学学报（哲学社会科学版）	0.71	0.67	0.45	0.61	0.4483
173	吉林大学社会科学学报	0.60	0.63	0.62	0.62	0.4368

续表

排序	期刊名称	2004年	2005年	2006年	三年平均	归一化值
174	东北师大学报（哲学社会科学版）	0.65	0.61	0.62	0.63	0.4253
174	浙江万里学院学报	0.70	0.60	0.60	0.63	0.4253
176	福州大学学报（哲学社会科学版）	0.58	0.64	0.69	0.64	0.4138
176	湖南大学学报（社会科学版）	0.58	0.66	0.67	0.64	0.4138
176	广西大学学报（哲学社会科学版）	0.60	0.69	0.63	0.64	0.4138
176	湖南师范大学社会科学学报	0.72	0.62	0.59	0.64	0.4138
176	上海大学学报（社会科学版）	0.76	0.74	0.43	0.64	0.4138
181	华南农业大学学报（社会科学版）	0.47	0.53	0.94	0.65	0.4023
181	西藏大学学报	0.47	0.6	0.87	0.65	0.4023
181	南开学报（哲学社会科学版）	0.74	0.63	0.57	0.65	0.4023
181	曲靖师范学院学报	0.72	0.61	0.62	0.65	0.4023
185	中国海洋大学学报（社会科学版）	0.60	0.63	0.74	0.66	0.3908
185	武汉大学学报（人文科学版）	0.64	0.70	0.63	0.66	0.3908
185	武汉大学学报（哲学社会科学版）	0.66	0.65	0.66	0.66	0.3908
185	西安交通大学学报（社会科学版）	0.71	0.58	0.68	0.66	0.3908
189	华南师范大学学报（社会科学版）	0.74	0.58	0.69	0.67	0.3793
189	北京大学学报（哲学社会科学版）	0.95	0.47	0.59	0.67	0.3793
189	北京理工大学学报（社会科学版）	0.90	0.53	0.58	0.67	0.3793
192	赣南师范学院学报	0.65	0.70	0.71	0.69	0.3563
192	上海师范大学学报（哲学社会科学版）	0.80	0.65	0.62	0.69	0.3563
192	黄冈师范学院学报	0.65	0.54	0.89	0.69	0.3563
195	暨南学报（哲学社会科学版）	0.83	0.66	0.61	0.70	0.3448
195	浙江师范大学学报（社会科学版）	0.70	0.77	0.63	0.70	0.3448
197	浙江大学学报（人文社会科学版）	0.63	0.71	0.82	0.72	0.3218
197	重庆师范大学学报（哲学社会科学版）	0.76	0.69	0.71	0.72	0.3218
197	山东大学学报（哲学社会科学版）	0.81	0.71	0.64	0.72	0.3218
200	天津大学学报（社会科学版）	0.85	0.68	0.65	0.73	0.3103
200	福建农林大学学报（社会科学版）	0.74	0.72	0.73	0.73	0.3103
200	东南大学学报（哲学社会科学版）	0.45	0.76	0.99	0.73	0.3103
203	复旦学报（社会科学版）	0.66	0.72	0.83	0.74	0.2989
203	云南大学学报（社会科学版）	0.72	0.81	0.69	0.74	0.2989

续表

排序	期刊名称	2004年	2005年	2006年	三年平均	归一化值
203	东北大学学报（社会科学版）	0.81	0.74	0.68	0.74	0.2989
206	福建师范大学学报（哲学社会科学版）	0.72	0.8	0.72	0.75	0.2874
206	嘉兴学院学报	0.70	0.79	0.75	0.75	0.2874
206	四川大学学报（哲学社会科学版）	0.76	0.71	0.77	0.75	0.2874
206	三峡大学学报（人文社会科学版）	0.60	0.85	0.80	0.75	0.2874
210	华南理工大学学报（社会科学版）	0.64	0.69	0.94	0.76	0.2759
211	南京农业大学学报（社会科学版）	0.80	0.74	0.76	0.77	0.2644
211	清华大学学报（哲学社会科学版）	0.93	0.82	0.57	0.77	0.2644
213	中山大学学报（社会科学版）	0.95	0.74	0.67	0.79	0.2414
213	厦门大学学报（哲学社会科学版）	0.80	0.76	0.81	0.79	0.2414
213	北京师范大学学报（社会科学版）	0.80	0.74	0.84	0.79	0.2414
216	北京交通大学学报（社会科学版）	0.76	0.77	0.94	0.82	0.2069
217	泉州师范学院学报	0.92	0.86	0.85	0.88	0.1379

从表24-5可以看出，在2004—2006年间大多高校人文社科综合性学报本机构发文比例在逐渐降低，其中，123种期刊2005年的本机构发文比低于2004年的本机构发文比，115个期刊2006年本机构发文比低于2005年本机构发文比，总体水平亦由2004年的49.08%降至2005年的47.63%以及2006年的46.61%。由此可以看出，2004—2006年间大多学报都在顺应时代潮流，积极改变办刊方式，开放稿源，努力提高自身的稿件质量，以增强自身竞争力。

在本机构发文指标上，我们将CSSCI来源期刊和非来源刊进行比较，两者相比无明显差距。在该指标的排名上，来源刊的分布呈现出分散状态，既有本机构论文比例较高的《厦门大学学报（哲学社会科学版）》，也有外稿比例较高的《齐鲁学刊》。但也呈现出了一定的规律性：CSSCI来源期刊中本机构发文比高的多为知名综合性院校，本机构发文比低的大多为地方院校。究其原因，知名院校拥有雄厚的学术力量，具有很高的科研水平，仅仅依靠本校的学者群体，该校学报就可获得高水平的论文，因此争取外稿的压力偏小，用稿主要以内稿为主，本机构发文比居高不下，从而成为该校展示教学和科研成果的窗口。相比较而言，不知名的地方院校大多科研力量偏弱，学术竞争力偏低，该校学报要想增强自身的稿件质量，提高期刊的学术影响力，仅仅依靠本校的内稿远远不能达到这个目标，必须寻求外校的高水平稿源，从而呈现出本机构发文比偏低的状况。

纵观高校人文社科综合性学报的本机构发文情况，50 种（占 22.94%）期刊本机构发文比高于60%，140 种（占 64.52%）期刊本机构发文比介于60%与30%之间，仅27 种（占 12.44%）期刊本机构发文比低于30%。由此可知，我国的高校人文社科综合性学报从整体上看依然是面向校内，为本校的教学和科研提高服务，只有部分期刊敢于打破传统的用稿格局，能够初步做到广辟稿源，质量至上。因此，我国的人文社科综合性学报在打开校门上还只是跨出了小小的一步，距离"开放办刊"还有一段距离。这需要我们的学报编辑以及高校学者进一步开放思维，放眼整体期刊界，建立开放的办刊体系。

24.1.6 高校人文社科综合性学报学术规范量化指标综合分析

篇均引用文献数、基金论文比例、论文作者地区分布、有作者机构论文比例、本机构论文比例五个指标从不同的角度反映了高校人文社科综合性学报的学术规范化程度，为了更全面的分析高校人文社科综合性学报的学术规范情况，我们参照第1章的计算比例和公式分别赋予这五个指标20%的权重，并对他们的归一化值进行加权，得到期刊学术规范量化指标的综合值，从而获得一个高校人文社科综合性学报的学术规范量化指标的全面排名，详见表 24-6。

表 24-6　2004—2006 年高校人文社科综合性学报学术规范量化指标综合值

排序	期刊名称	篇均引文数归一化值	基金论文比归一化值	地区分布归一化值	有机构论文比归一化值	本机构论文比归一化值	综合值
1	华中师范大学学报（人文社会科学版）	0.8198	0.9155	0.8101	1	0.6092	0.8309
2	兰州大学学报（社会科学版）	0.8359	0.8694	0.7341	1	0.6897	0.8258
3	西北师大学报（社会科学版）	0.8662	0.5770	0.9749	0.9938	0.6897	0.8203
4	中国地质大学学报（社会科学版）	0.6210	0.6617	0.6202	1	0.9655	0.7737
5	安徽师范大学学报（人文社会科学版）	0.7233	0.9308	0.6331	0.9954	0.4943	0.7554
6	南京大学学报（哲学·人文科学·社会科学版）	1	0.5539	0.6331	0.9500	0.5747	0.7423
7	吉林大学社会科学学报	0.7211	0.8694	0.6582	0.9957	0.4368	0.7362
8	西南大学学报（人文社会科学版）	0.7131	0.4461	0.8610	0.9914	0.6437	0.7311
9	思想战线	0.7406	0.3616	0.8355	0.9787	0.7241	0.7281
10	海南师范学院学报（社会科学版）	0.6638	0.0847	1	0.9692	0.8966	0.7229
11	东北师大学报（哲学社会科学版）	0.5920	1	0.5822	1	0.4253	0.7199
12	安徽大学学报（哲学社会科学版）	0.6511	0.3923	0.8101	0.9964	0.7471	0.7194

续表

排序	期刊名称	篇均引文数归一化值	基金论文比归一化值	地区分布归一化值	有机构论文比归一化值	本机构论文比归一化值	综合值
13	重庆大学学报（社会科学版）	0.4709	0.7000	0.7721	0.9941	0.6552	0.7185
14	齐鲁学刊	0.6035	0.1846	0.7976	0.9967	1	0.7165
15	哈尔滨学院学报	0.4342	0.2308	0.9240	1	0.9885	0.7155
16	贵州师范大学学报（社会科学版）	0.6125	0.4770	0.7976	0.9979	0.6782	0.7126
17	东方论坛：青岛大学学报	0.8296	0.1846	0.6836	0.9641	0.8966	0.7117
18	中国矿业大学学报（社会科学版）	0.6114	0.3769	0.6711	1	0.8851	0.7089
19	华东师范大学学报（哲学社会科学版）	0.8748	0.6924	0.5317	0.9837	0.4483	0.7062
20	浙江大学学报（人文社会科学版）	0.7862	0.9769	0.5192	0.9238	0.3218	0.7056
21	南开学报（哲学社会科学版）	0.8813	0.6155	0.6457	0.9738	0.4023	0.7037
22	郑州航空工业管理学院学报	0.3899	0.4000	0.7216	1	0.9885	0.7000
23	西北农林科技大学学报（社会科学版）	0.4545	0.5694	0.7091	0.9983	0.7586	0.6980
24	四川师范大学学报（社会科学版）	0.9788	0.4385	0.6077	0.9816	0.4828	0.6979
25	商丘师范学院学报	0.4115	0.3462	0.9370	1	0.7931	0.6976
26	西北大学学报（哲学社会科学版）	0.5119	0.8308	0.6077	0.9917	0.5402	0.6965
27	淮阴师范学院学报（哲学社会科学版）	0.5824	0.3769	0.7721	1	0.7471	0.6957
28	求是学刊	0.5538	0.2615	0.7850	0.9928	0.8851	0.6956
29	湖南科技大学学报（社会科学版）	0.5252	0.6077	0.5951	1	0.7471	0.6950
30	南京师大学报（社会科学版）	0.7222	0.4847	0.6711	1	0.5862	0.6928
31	山西师大学报（社会科学版）	0.5424	0.4230	0.8610	0.9560	0.6782	0.6921
32	中山大学学报（社会科学版）	0.8889	0.8539	0.4683	1	0.2414	0.6905
33	重庆邮电大学学报（社会科学版）	0.4484	0.2539	0.8861	0.9989	0.8621	0.6899
34	许昌学院学报	0.4250	0.3076	0.8990	1	0.8161	0.6895
35	辽宁师范大学学报（社会科学版）	0.4602	0.3386	0.8610	1	0.7816	0.6883
36	南都学坛：南阳师范学院人文社会科学学报	0.5959	0.1078	0.8101	0.9982	0.9080	0.6840
37	乐山师范学院学报	0.4724	0.3076	0.8735	0.9948	0.7701	0.6837
38	西安电子科技大学学报（社会科学版）	0.5730	0.3847	0.4937	1	0.9655	0.6834
39	宁夏大学学报（人文社会科学版）	0.5490	0.3155	0.8610	0.9985	0.6897	0.6827
40	信阳师范学院学报（哲学社会科学版）	0.4327	0.4923	0.6711	1	0.8161	0.6824

续表

排序	期刊名称	篇均引文数归一化值	基金论文比归一化值	地区分布归一化值	有机构论文比归一化值	本机构论文比归一化值	综合值
41	湖南大学学报（社会科学版）	0.8660	0.6155	0.5572	0.9568	0.4138	0.6819
42	华南农业大学学报（社会科学版）	0.6945	0.6847	0.6457	0.9813	0.4023	0.6817
42	河南师范大学学报（哲学社会科学版）	0.4063	0.1922	0.8735	0.9938	0.9425	0.6817
44	陕西师范大学学报（哲学社会科学版）	0.7973	0.5232	0.6331	0.9215	0.5287	0.6808
45	哈尔滨工业大学学报（社会科学版）	0.5614	0.5308	0.6077	1	0.7011	0.6802
46	郑州大学学报（哲学社会科学版）	0.4981	0.2693	0.8355	1	0.7931	0.6792
47	北京航空航天大学学报（社会科学版）	0.5974	0.4770	0.6077	1	0.7126	0.6789
48	北京科技大学学报（社会科学版）	0.6895	0.2769	0.6962	1	0.7241	0.6773
49	海南大学学报（人文社会科学版）	0.6123	0.2384	0.6962	1	0.8391	0.6772
50	河南科技大学学报（社会科学版）	0.5195	0.2232	0.7596	0.9854	0.8966	0.6769
51	新疆大学学报（哲学·人文社会科学版）	0.6068	0.4461	0.7216	1	0.6092	0.6767
52	江西师范大学学报（哲学社会科学版）	0.6238	0.3000	0.6836	1	0.7701	0.6755
53	厦门大学学报（哲学社会科学版）	0.9535	0.6231	0.5572	0.9968	0.2414	0.6744
54	郑州航空工业管理学院学报（社会科学版）	0.3548	0.2001	0.8610	1	0.9425	0.6717
55	山西大学学报（哲学社会科学版）	0.6478	0.3386	0.7596	0.9900	0.6207	0.6713
56	固原师专学报	0.3722	0.2769	0.7596	1	0.9425	0.6702
57	南阳师范学院学报	0.4676	0.2615	0.8481	0.9992	0.7701	0.6693
58	吉首大学学报（社会科学版）	0.5839	0.4078	0.6962	1	0.6552	0.6686
59	北京工业大学学报（社会科学版）	0.5341	0.4616	0.7341	1	0.6092	0.6678
60	首都师范大学学报（社会科学版）	0.7321	0.3847	0.6962	0.9900	0.5287	0.6663
61	河北师范大学学报（哲学社会科学版）	0.6234	0.3693	0.6711	0.9886	0.6552	0.6615
62	四川大学学报（哲学社会科学版）	0.9897	0.4616	0.5822	0.9847	0.2874	0.6611
63	宝鸡文理学院学报（社会科学版）	0.4447	0.3538	0.7850	0.9956	0.7241	0.6606
64	北京林业大学学报（社会科学版）	0.5922	0.4230	0.4812	0.9951	0.8046	0.6592
65	中国人民大学学报	0.6090	0.5539	0.6836	0.9881	0.4598	0.6589
66	淮北煤炭师范学院学报（哲学社会科学版）	0.4560	0.2462	0.7850	1	0.8046	0.6584
67	汕头大学学报（人文社会科学版）	0.6747	0.2846	0.6077	1	0.7241	0.6582

续表

排序	期刊名称	篇均引文数归一化值	基金论文比归一化值	地区分布归一化值	有机构论文比归一化值	本机构论文比归一化值	综合值
68	复旦学报（社会科学版）	0.9459	0.6231	0.4558	0.9660	0.2989	0.6579
69	重庆工商大学学报（社会科学版）	0.7168	0.0616	0.8355	1	0.6667	0.6561
69	徐州师范大学学报（哲学社会科学版）	0.5970	0.3076	0.7091	1	0.6667	0.6561
71	山东科技大学学报（社会科学版）	0.4648	0.2232	0.7216	0.9907	0.8736	0.6548
72	洛阳师范学院学报	0.3406	0.1461	0.9620	0.9968	0.8276	0.6546
73	南京体育学院学报（社会科学版）	0.3312	0.2539	0.7216	1	0.9655	0.6544
74	河北大学学报（哲学社会科学版）	0.6018	0.3462	0.7216	0.9965	0.5977	0.6528
75	衡阳师范学院学报	0.4613	0.7154	0.6202	0.9924	0.4598	0.6498
76	西华师范大学学报（哲学社会科学版）	0.5933	0.2693	0.6836	1	0.6897	0.6472
77	中国人民公安大学学报（社会科学版）	0.5974	0.3000	0.7721	1	0.5632	0.6465
78	上饶师范学院学报	0.4643	0.4692	0.7341	1	0.5632	0.6462
79	广西师范大学学报（哲学社会科学版）	0.6437	0.5232	0.5822	0.9852	0.4943	0.6457
80	南通大学学报（社会科学版）	0.5200	0.3386	0.5822	1	0.7816	0.6445
81	北京师范大学学报（社会科学版）	0.8715	0.6077	0.5063	0.9948	0.2414	0.6443
82	烟台大学学报（哲学社会科学版）	0.6627	0.2384	0.5572	1	0.7586	0.6434
83	暨南学报（哲学社会科学版）	0.7078	0.5463	0.6202	0.9976	0.3448	0.6433
84	贵州大学学报（社会科学版）	0.6016	0.2539	0.6962	1	0.6552	0.6414
85	大连理工大学学报（社会科学版）	0.5904	0.6538	0.4558	1	0.5057	0.6411
86	天津师范大学学报（社会科学版）	0.5128	0.4540	0.5442	0.9888	0.7011	0.6402
87	东南大学学报（哲学社会科学版）	0.5728	0.5846	0.7216	1	0.3103	0.6379
88	湘潭大学学报（哲学社会科学版）	0.6162	0.2693	0.6711	1	0.6322	0.6378
89	长沙理工大学学报（社会科学版）	0.5686	0.5232	0.4432	1	0.6322	0.6334
90	长春师范学院学报（人文社会科学版）	0.3910	0.1770	0.8355	1	0.7586	0.6324
91	齐齐哈尔大学学报（哲学社会科学版）	0.3602	0.1154	0.9749	0.8762	0.8276	0.6309
92	湛江师范学院学报	0.4639	0.5694	0.6711	0.9887	0.4598	0.6306
93	扬州大学学报（人文社会科学版）	0.3901	0.7692	0.4432	0.9969	0.5517	0.6302
94	云南师范大学学报（哲学社会科学版）	0.5187	0.3847	0.6711	1	0.5747	0.6298
95	西安交通大学学报（社会科学版）	0.7013	0.6231	0.4303	0.9952	0.3908	0.6281
96	广播电视大学学报（哲学社会科学版）	0.3899	0.0769	0.7850	0.9890	0.8966	0.6275

续表

排序	期刊名称	篇均引文数归一化值	基金论文比归一化值	地区分布归一化值	有机构论文比归一化值	本机构论文比归一化值	综合值
97	内蒙古师范大学学报（哲学社会科学版）	0.4857	0.4540	0.7471	1	0.4483	0.6270
98	山东农业大学学报（社会科学版）	0.4731	0.2001	0.7216	1	0.7356	0.6261
99	内蒙古大学学报（人文·社会科学版）	0.5767	0.2693	0.6836	1	0.5977	0.6255
100	杭州师范学院学报（社会科学版）	0.5874	0.3307	0.4558	0.9927	0.7586	0.6250
101	青岛科技大学学报（社会科学版）	0.4728	0.3538	0.5822	1	0.7126	0.6243
102	太原理工大学学报（社会科学版）	0.4899	0.4309	0.6711	1	0.5287	0.6241
103	河南大学学报（社会科学版）	0.5254	0.1922	0.7596	0.9976	0.6437	0.6237
104	北京工商大学学报（社会科学版）	0.4285	0.3693	0.7341	0.9897	0.5862	0.6216
105	新疆师范大学学报（哲学社会科学版）	0.6221	0.1461	0.6711	0.9954	0.6667	0.6203
106	南昌大学学报（人文社会科学版）	0.5197	0.4230	0.5822	0.9900	0.5862	0.6202
107	重庆工商大学学报（西部论坛）	0.3541	0.1309	0.9115	1	0.7011	0.6195
108	江苏教育学院学报（社会科学版）	0.2906	0.3076	0.6077	1	0.8851	0.6182
109	电子科技大学学报（社科版）	0.4150	0.5770	0.6331	0.9643	0.4943	0.6167
110	皖西学院学报	0.3504	0.3076	0.6711	0.9987	0.7471	0.6150
111	湖州师范学院学报	0.4661	0.3616	0.6836	0.9743	0.5862	0.6144
112	清华大学学报（哲学社会科学版）	0.9845	0.1846	0.6457	0.9897	0.2644	0.6138
113	湖南师范大学社会科学学报	0.5900	0.4692	0.5951	1	0.4138	0.6136
114	天津大学学报（社会科学版）	0.5682	0.9462	0.2404	1	0.3103	0.6130
115	湖南农业大学学报（社会科学版）	0.3463	0.6077	0.4683	0.9863	0.6552	0.6128
116	华北电力大学学报（社会科学版）	0.4471	0.1922	0.7471	0.9924	0.6782	0.6114
117	太原师范学院学报（社会科学版）	0.3395	0.0616	0.8481	1	0.8046	0.6108
118	同济大学学报（社会科学版）	0.8933	0.3000	0.4178	0.9924	0.4483	0.6104
119	华南师范大学学报（社会科学版）	0.6326	0.3538	0.6836	1	0.3793	0.6099
120	华侨大学学报（哲学社会科学版）	0.6142	0.3923	0.4558	1	0.5862	0.6097
121	中南大学学报（社会科学版）	0.5708	0.2846	0.5822	1	0.6092	0.6094
122	北京大学学报（哲学社会科学版）	0.7523	0.3076	0.6962	0.9052	0.3793	0.6081
123	西南交通大学学报（社会科学版）	0.4080	0.1692	0.7471	1	0.7126	0.6074
124	长江大学学报（社会科学版）	0.3973	0.1922	0.7471	0.9985	0.7011	0.6072

续表

排序	期刊名称	篇均引文数归一化值	基金论文比归一化值	地区分布归一化值	有机构论文比归一化值	本机构论文比归一化值	综合值
125	北京理工大学学报（社会科学版）	0.5248	0.4309	0.6962	1	0.3793	0.6062
125	青海师范大学学报（哲学社会科学版）	0.3378	0.0999	0.8230	1	0.7701	0.6062
127	南华大学学报（社会科学版）	0.5359	0.2539	0.6202	0.9984	0.6207	0.6058
128	华中科技大学学报（社会科学版）	0.5769	0.1461	0.7471	0.9568	0.5977	0.6049
129	广州大学学报（社会科学版）	0.5952	0.2846	0.6457	1	0.4943	0.6040
130	中国农业大学学报（社会科学版）	0.3264	0.5153	0.6202	0.9921	0.5632	0.6034
131	延安大学学报（社会科学版）	0.4613	0.2308	0.7216	1	0.5977	0.6023
132	武汉理工大学学报（社会科学版）	0.4493	0.3231	0.7091	1	0.5287	0.6020
133	河南教育学院学报（哲学社会科学版）	0.3893	0.0538	0.6711	0.9854	0.9080	0.6015
134	绍兴文理学院学报（社科版）	0.4146	0.2077	0.6582	0.9980	0.7241	0.6005
135	安庆师范学院学报（社会科学版）	0.3890	0.2308	0.6582	0.9967	0.7241	0.5998
136	山东师范大学学报（人文社会科学版）	0.6053	0.1616	0.6457	0.9952	0.5862	0.5988
137	上海交通大学学报（哲学社会科学版）	0.7142	0.2769	0.5317	0.9957	0.4713	0.5980
138	怀化学院学报	0.3677	0.2693	0.7216	0.9987	0.6322	0.5979
139	曲靖师范学院学报	0.4161	0.4692	0.6962	1	0.4023	0.5968
140	鲁东大学学报（哲学社会科学版）	0.6136	0.1616	0.5822	0.9849	0.6322	0.5949
140	聊城大学学报（社会科学版）	0.5060	0.1078	0.8101	0.9988	0.5517	0.5949
142	辽宁大学学报（哲学社会科学版）	0.4702	0.2769	0.5822	1	0.6207	0.5900
143	江南大学学报（人文社会科学版）	0.4366	0.0847	0.7850	0.9982	0.6322	0.5873
144	哈尔滨商业大学学报（社会科学版）	0.2147	0.3923	0.7091	0.9863	0.6322	0.5869
145	赣南师范学院学报	0.3478	0.5694	0.6582	1	0.3563	0.5863
146	湖南工程学院学报（社会科学版）	0.4362	0.1692	0.5822	1	0.7241	0.5823
147	河海大学学报（哲学社会科学版）	0.5228	0.1770	0.5192	1	0.6897	0.5817
148	华中农业大学学报（社会科学版）	0.3969	0.3386	0.6202	1	0.5517	0.5815
149	苏州大学学报（哲学社会科学版）	0.5904	0.2769	0.5063	1	0.5287	0.5805
150	中国石油大学学报（社会科学版）	0.5128	0.1692	0.6836	0.9957	0.5402	0.5803
151	佛山科学技术学院学报（社会科学版）	0.4133	0.2232	0.6202	1	0.6437	0.5801
152	温州师范学院学报	0.4456	0.2232	0.6202	1	0.6092	0.5796
153	深圳大学学报（人文社会科学版）	0.4659	0.3076	0.5951	0.9977	0.5287	0.5790

续表

排序	期刊名称	篇均引文数归一化值	基金论文比归一化值	地区分布归一化值	有机构论文比归一化值	本机构论文比归一化值	综合值
154	沈阳师范大学学报（社会科学版）	0.4259	0.1692	0.7471	1	0.5517	0.5788
155	合肥工业大学学报（社会科学版）	0.3655	0.3847	0.6202	1	0.5172	0.5775
156	南京农业大学学报（社会科学版）	0.6086	0.7309	0.2913	0.9912	0.2644	0.5773
157	韶关学院学报	0.3629	0.2384	0.7471	0.9947	0.5172	0.5721
158	南京工业大学学报（社会科学版）	0.4901	0.3231	0.4052	0.9618	0.6782	0.5717
159	渤海大学学报（哲学社会科学版）	0.3314	0.2077	0.7341	0.9970	0.5862	0.5713
160	辽宁工程技术大学学报（社会科学版）	0.3018	0.1539	0.7471	0.9474	0.7011	0.5703
161	苏州科技学院学报（社会科学版）	0.4744	0.1539	0.6331	1	0.5862	0.5695
162	湖南文理学院学报（社会科学版）	0.4458	0.1922	0.5442	0.9984	0.6667	0.5695
163	广西大学学报（哲学社会科学版）	0.4028	0.3538	0.6711	1	0.4138	0.5683
164	中国海洋大学学报（社会科学版）	0.6258	0.2539	0.5697	0.9952	0.3908	0.5671
165	济南大学学报（社会科学版）	0.5224	0.1539	0.5697	1	0.5862	0.5664
166	南京晓庄学院学报	0.5139	0.5153	0.3418	0.9880	0.4713	0.5661
167	山东大学学报（哲学社会科学版）	0.7323	0.3000	0.4937	0.9823	0.3218	0.5660
168	天水师范学院学报	0.4130	0.2001	0.7091	0.9838	0.5172	0.5646
168	江西农业大学学报（社会科学版）	0.3474	0.1770	0.6331	0.9875	0.6782	0.5646
170	佳木斯大学社会科学学报	0.2592	0.0462	0.8355	1	0.6782	0.5638
171	武汉大学学报（哲学社会科学版）	0.5261	0.3693	0.5442	0.9870	0.3908	0.5635
172	泰山学院学报	0.4069	0.2001	0.6836	0.9963	0.5287	0.5631
173	嘉应学院学报	0.3991	0.3000	0.6202	0.9591	0.5287	0.5614
174	浙江树人大学学报	0.4213	0.2153	0.5822	0.9886	0.5977	0.5610
174	吉林师范大学学报（人文社会科学版）	0.4021	0.2001	0.5822	1	0.6207	0.5610
176	武汉科技大学学报（社会科学版）	0.2282	0.3462	0.5697	1	0.6437	0.5576
177	龙岩学院学报	0.3688	0.1922	0.6202	0.8629	0.7356	0.5559
177	西安石油大学学报（社会科学版）	0.3640	0.3847	0.4303	0.9913	0.6092	0.5559
179	安徽农业大学学报（社会科学版）	0.2228	0.0923	0.6457	1	0.8161	0.5554
180	宁波大学学报（人文科学版）	0.4475	0.2924	0.5192	0.9967	0.5172	0.5546
180	江苏大学学报（社会科学版）	0.5389	0.1616	0.4937	0.9809	0.5977	0.5546
182	湘潭师范学院学报（社会科学版）	0.3325	0.0923	0.6202	0.9988	0.7241	0.5536

续表

排序	期刊名称	篇均引文数归一化值	基金论文比归一化值	地区分布归一化值	有机构论文比归一化值	本机构论文比归一化值	综合值
183	青岛大学师范学院学报	0.5747	0.0847	0.3673	1	0.7356	0.5525
184	安徽工业大学学报（社会科学版）	0.2655	0.0923	0.8101	0.9991	0.5862	0.5506
185	华北水利水电学院学报（社科版）	0.3616	0.1309	0.5572	1	0.7011	0.5502
186	华东理工大学学报（社会科学版）	0.6323	0.1230	0.5192	0.9898	0.4828	0.5494
187	延边大学学报（社会科学版）	0.5285	0.1078	0.5697	1	0.5402	0.5492
188	黄冈师范学院学报	0.3424	0.4692	0.5697	0.9958	0.3563	0.5467
189	湖北大学学报（哲学社会科学版）	0.3238	0.2077	0.5697	1	0.6207	0.5444
190	盐城师范学院学报（人文社会科学版）	0.4115	0.2462	0.4937	1	0.5632	0.5429
191	上海师范大学学报（哲学社会科学版）	0.7362	0.2232	0.4052	0.9776	0.3563	0.5397
192	西藏大学学报	0.5736	0.2693	0.4432	1	0.4023	0.5377
193	南京航空航天大学学报（社会科学版）	0.3801	0.2153	0.4558	1	0.6207	0.5344
194	山东理工大学学报（社会科学版）	0.4045	0.1385	0.5572	0.9961	0.5747	0.5342
195	武汉大学学报（人文科学版）	0.4992	0.1846	0.6077	0.9869	0.3908	0.5338
196	湖北师范学院学报（哲学社会科学版）	0.4595	0.1616	0.5697	1	0.4598	0.5301
197	福建师范大学学报（哲学社会科学版）	0.5461	0.3076	0.5063	1	0.2874	0.5295
198	浙江万里学院学报	0.3489	0.1692	0.6962	1	0.4253	0.5279
199	燕山大学学报（哲学社会科学版）	0.5562	0.1154	0.4812	1	0.4828	0.5271
200	北京邮电大学学报（社会科学版）	0.4798	0.1309	0.5572	0.9375	0.5287	0.5268
201	北京交通大学学报（社会科学版）	0.5106	0.5770	0.3293	1	0.2069	0.5248
202	云南大学学报（社会科学版）	0.7495	0.1922	0.3798	1	0.2989	0.5241
203	东北大学学报（社会科学版）	0.4301	0.4385	0.4432	1	0.2989	0.5221
204	嘉兴学院学报	0.4115	0.3155	0.5951	0.9971	0.2874	0.5213
205	西北工业大学学报（社会科学版）	0.4176	0.0692	0.5063	1	0.5862	0.5159
206	福州大学学报（哲学社会科学版）	0.5101	0.3693	0.2913	0.9852	0.4138	0.5139
207	沈阳农业大学学报（社会科学版）	0.2215	0.1539	0.6582	0.9983	0.5287	0.5121
208	成都大学学报（社会科学版）	0.2138	0.0538	0.6331	0.9961	0.6437	0.5081
209	三峡大学学报（人文社会科学版）	0.4669	0.2384	0.5572	0.9779	0.2874	0.5056
210	上海大学学报（社会科学版）	0.4672	0.1616	0.4937	0.9908	0.4138	0.5054
211	南京理工大学学报（社会科学版）	0.2887	0.1078	0.5192	0.9922	0.5977	0.5011

续表

排序	期刊名称	篇均引文数归一化值	基金论文比归一化值	地区分布归一化值	有机构论文比归一化值	本机构论文比归一化值	综合值
212	重庆师范大学学报（哲学社会科学版）	0.5612	0.1385	0.4558	1	0.3218	0.4955
213	华南理工大学学报（社会科学版）	0.4966	0.3616	0.3418	1	0.2759	0.4952
214	咸宁学院学报	0.3015	0.2001	0.4558	1	0.4598	0.4834
215	浙江师范大学学报（社会科学版）	0.5248	0.0999	0.3923	0.9980	0.3448	0.4720
216	泉州师范学院学报	0.4434	0.5770	0.1645	0.9939	0.1379	0.4633
217	福建农林大学学报（社会科学版）	0.3930	0.3693	0.1774	1	0.3103	0.4500

表24-6显示：第一，各高校人文社科综合性学报在篇均引用文献数、基金论文比、作者地区分布数、有作者机构论文比、本机构论文比几个指标上的表现差距很大，对同一学报而言，某一学术规范指标很高的学报，其他指标亦有很低的情况，且这样的状况呈现出普遍的态势。因此，各高校人文社科综合性学报应针对自身状况，采取措施，在各个指标上齐头并进，努力提高自己的学术规范化程度。

第二，在单个学术规范指标上高校人文社科综合性学报的指标值从1横跨到0.1，显示出分布不均、两极分化的趋势，篇均引用文献数指标尤其如此。我们将各个指标加权后，综合值的分布明显均衡、集中，指标值居于0.83—0.45之间，且其中87%学报的学术规范量化指标综合值集中在0.7—0.5之间，占据了高校人文社科综合性学报的主体地位，和其他社科类专业期刊相比表现得更为齐整。

综合以上分析，高校人文社科综合性学报在篇均引用文献数、基金论文比、作者地区分布数上略低于我国人文社会科学类期刊的平均水平，但在有机构论文比上表现突出，远高于人文社科类其他专业期刊，位居首位。因此，我国的高校人文社科综合性学报要想真正成为"学术性综合期刊"在提高学术规范性上还有很长的路要走。

24.2 高校人文社科综合性学报被引次数分析

期刊被引次数是从期刊的学术影响角度评价期刊的基本指标之一，可用来衡量期刊自创刊以来的学术影响力，进而直接反映期刊在学术领域被使用和重视的程度。为了更为全面的考察期刊的学术影响，我们在常用的总被引指标外，增加了他刊引用的指标，并将两者按35%、65%的比重进行加权综合分析，从而部分抵消了某些期刊由于自引过高而造成总被引高的情况。

24.2.1 总被引次数

总被引次数是指某个期刊在统计源期刊中被引用的总频次,该指标体现了期刊自创刊以来的学术影响。一般来讲,学者重视程度高的期刊其总被引频次也较高;创刊时间长的期刊总被引频次相对会高;载文量大的期刊也会有较高的总被引频次。我们对 CSSCI 的引文数据进行统计,被引次数在 10 次(包括)以上的高校人文社科综合性学报仅为 217 种,有一半以上的学报被引不足 10 次,甚至部分期刊被引接近 0 次。因此,从总体上看,高校人文社科综合性学报具有期刊总数多、学术影响分布不均衡的特点。表 24-7 给出了 2004—2006 年间高校人文社科综合性学报的总被引次数,并对三年的总被引次数进行了平均,最后进行归一化处理。

表 24-7　　　　2004—2006 年高校人文社科综合性学报总被引次数

排序	期刊名称	2004 年(篇次)	2005 年(篇次)	2006 年(篇次)	三年平均(篇次)	归一化值
1	北京大学学报(哲学社会科学版)	296	351	489	378.67	1
2	北京师范大学学报(社会科学版)	234	271	345	283.33	0.7482
3	中国人民大学学报	229	257	294	260.00	0.6866
4	复旦学报(社会科学版)	168	251	325	248.00	0.6549
5	中山大学学报(社会科学版)	144	184	240	189.33	0.5000
6	南京大学学报(哲学·人文科学·社会科学版)	152	163	250	188.33	0.4973
7	厦门大学学报(哲学社会科学版)	126	186	210	174.00	0.4595
8	吉林大学社会科学学报	100	168	251	173.00	0.4569
9	华中师范大学学报(人文社会科学版)	135	153	229	172.33	0.4551
10	南开学报(哲学社会科学版)	145	139	222	168.67	0.4454
11	浙江大学学报(人文社会科学版)	102	174	191	155.67	0.4111
12	西南大学学报(人文社会科学版)	110	154	199	154.33	0.4076
13	东北师大学报(哲学社会科学版)	118	131	211	153.33	0.4049
14	南京师大学报(社会科学版)	109	157	188	151.33	0.3996
15	郑州大学学报(哲学社会科学版)	126	138	164	142.67	0.3768
16	思想战线	85	141	195	140.33	0.3706
17	西北大学学报(哲学社会科学版)	103	139	161	134.33	0.3547
18	四川大学学报(哲学社会科学版)	130	128	144	134.00	0.3539
19	武汉大学学报(人文科学版)	112	131	145	129.33	0.3415
20	陕西师范大学学报(哲学社会科学版)	90	146	151	129.00	0.3407
21	西北师大学报(社会科学版)	63	108	194	121.67	0.3213

续表

排序	期刊名称	2004年（篇次）	2005年（篇次）	2006年（篇次）	三年平均（篇次）	归一化值
22	清华大学学报（哲学社会科学版）	93	94	140	109.00	0.2878
23	湘潭大学学报（哲学社会科学版）	51	114	149	104.67	0.2764
24	求是学刊	90	87	133	103.33	0.2729
25	华东师范大学学报（哲学社会科学版）	72	90	146	102.67	0.2711
26	河南师范大学学报（哲学社会科学版）	43	104	155	100.67	0.2659
27	山西大学学报（哲学社会科学版）	85	97	117	99.67	0.2632
28	河北大学学报（哲学社会科学版）	83	66	147	98.67	0.2606
29	兰州大学学报（社会科学版）	58	93	140	97.00	0.2562
30	齐鲁学刊	76	83	125	94.67	0.2500
31	首都师范大学学报（社会科学版）	70	76	130	92.00	0.2430
32	武汉大学学报（哲学社会科学版）	74	82	109	88.33	0.2333
33	暨南学报（哲学社会科学版）	69	80	112	87.00	0.2298
34	河南大学学报（社会科学版）	72	67	114	84.33	0.2227
35	湖南师范大学社会科学学报	62	80	107	83.00	0.2192
36	湖北大学学报（哲学社会科学版）	77	69	89	78.33	0.2069
37	安徽大学学报（哲学社会科学版）	62	81	88	77.00	0.2033
38	华南师范大学学报（社会科学版）	60	70	97	75.67	0.1998
39	山东大学学报（哲学社会科学版）	49	69	106	74.67	0.1972
40	重庆大学学报（社会科学版）	62	82	75	73.00	0.1928
41	南京体育学院学报（社会科学版）	49	72	97	72.67	0.1919
42	湖南大学学报（社会科学版）	20	58	131	69.67	0.1840
42	宁夏大学学报（人文社会科学版）	77	54	78	69.67	0.1840
44	西安交通大学学报（社会科学版）	46	61	101	69.33	0.1831
45	四川师范大学学报（社会科学版）	59	57	83	66.33	0.1752
46	福建师范大学学报（哲学社会科学版）	42	64	90	65.33	0.1725
47	北京工商大学学报（社会科学版）	54	54	79	62.33	0.1646
48	华中科技大学学报（社会科学版）	37	50	95	60.67	0.1602
49	苏州大学学报（哲学社会科学版）	49	59	71	59.67	0.1576
50	山东师范大学学报（人文社会科学版）	13	68	94	58.33	0.1540
51	安徽师范大学学报（人文社会科学版）	24	72	78	58.00	0.1532

续表

排序	期刊名称	2004年（篇次）	2005年（篇次）	2006年（篇次）	三年平均（篇次）	归一化值
52	上海师范大学学报（哲学社会科学版）	38	56	79	57.67	0.1523
52	天津师范大学学报（社会科学版）	47	51	75	57.67	0.1523
54	深圳大学学报（人文社会科学版）	41	56	71	56.00	0.1479
55	内蒙古大学学报（人文·社会科学版）	70	42	54	55.33	0.1461
56	辽宁大学学报（哲学社会科学版）	52	36	68	52.00	0.1373
57	武汉理工大学学报（社会科学版）	39	71	44	51.33	0.1356
58	东南大学学报（哲学社会科学版）	30	49	74	51.00	0.1347
58	山西师大学报（社会科学版）	35	52	66	51.00	0.1347
60	同济大学学报（社会科学版）	28	41	75	48.00	0.1268
60	杭州师范学院学报（社会科学版）	50	53	41	48.00	0.1268
62	云南师范大学学报（哲学社会科学版）	28	37	78	47.67	0.1259
63	新疆大学学报（哲学·人文社会科学版）	32	42	65	46.33	0.1223
63	辽宁师范大学学报（社会科学版）	28	38	73	46.33	0.1223
65	上海大学学报（社会科学版）	39	38	61	46.00	0.1215
66	电子科技大学学报（社科版）	66	39	30	45.00	0.1188
67	上海交通大学学报（哲学社会科学版）	35	40	56	43.67	0.1153
68	徐州师范大学学报（哲学社会科学版）	28	40	62	43.33	0.1144
69	河北师范大学学报（哲学社会科学版）	24	42	63	43.00	0.1136
70	广西师范大学学报（哲学社会科学版）	29	40	59	42.67	0.1127
70	贵州师范大学学报（社会科学版）	28	40	60	42.67	0.1127
72	北京理工大学学报（社会科学版）	25	48	54	42.33	0.1118
73	天津大学学报（社会科学版）	28	36	59	41.00	0.1083
74	南昌大学学报（人文社会科学版）	23	38	58	39.67	0.1048
75	江西师范大学学报（哲学社会科学版）	39	40	36	38.33	0.1012
76	广西大学学报（哲学社会科学版）	37	31	45	37.67	0.0995
77	福州大学学报（哲学社会科学版）	29	22	60	37.00	0.0977
77	西北农林科技大学学报（社会科学版）	21	33	57	37.00	0.0977
79	扬州大学学报（人文社会科学版）	17	50	43	36.67	0.0968
79	重庆工商大学学报（西部论坛）	34	27	49	36.67	0.0968
81	浙江师范大学学报（社会科学版）	15	37	57	36.33	0.0959

续表

排序	期刊名称	2004年(篇次)	2005年(篇次)	2006年(篇次)	三年平均(篇次)	归一化值
81	烟台大学学报（哲学社会科学版）	24	28	57	36.33	0.0959
83	东方论坛：青岛大学学报	16	35	57	36.00	0.0951
83	中国地质大学学报（社会科学版）	12	40	56	36.00	0.0951
85	中国人民公安大学学报（社会科学版）	22	42	42	35.33	0.0933
86	东北大学学报（社会科学版）	28	37	39	34.67	0.0916
87	广州大学学报（社会科学版）	15	29	53	32.33	0.0854
87	汕头大学学报（人文社会科学版）	18	31	48	32.33	0.0854
89	济南大学学报（社会科学版）	15	43	36	31.33	0.0827
90	华侨大学学报（哲学社会科学版）	34	23	36	31.00	0.0819
91	南京农业大学学报（社会科学版）	25	27	39	30.33	0.0801
91	南都学坛：南阳师范学院人文社会科学学报	11	38	42	30.33	0.0801
93	中国农业大学学报（社会科学版）	17	32	41	30.00	0.0792
93	新疆师范大学学报（哲学社会科学版）	19	29	42	30.00	0.0792
93	哈尔滨学院学报	26	33	31	30.00	0.0792
96	中国矿业大学学报（社会科学版）	19	34	36	29.67	0.0784
97	湘潭师范学院学报（社会科学版）	16	33	39	29.33	0.0775
98	青海师范大学学报（哲学社会科学版）	18	20	48	28.67	0.0757
99	延安大学学报（社会科学版）	25	23	34	27.33	0.0722
99	吉首大学学报（社会科学版）	30	28	24	27.33	0.0722
101	重庆师范大学学报（哲学社会科学版）	28	19	33	26.67	0.0704
101	西华师范大学学报（哲学社会科学版）	1	42	37	26.67	0.0704
101	哈尔滨工业大学学报（社会科学版）	16	27	37	26.67	0.0704
101	湖南科技大学学报（社会科学版）	14	19	47	26.67	0.0704
105	大连理工大学学报（社会科学版）	15	28	36	26.33	0.0695
105	沈阳师范大学学报（社会科学版）	2	30	47	26.33	0.0695
107	中国石油大学学报（社会科学版）	18	26	34	26.00	0.0687
107	洛阳师范学院学报	15	33	30	26.00	0.0687
109	合肥工业大学学报（社会科学版）	20	27	30	25.67	0.0678
110	西南交通大学学报（社会科学版）	5	34	36	25.00	0.0660
111	信阳师范学院学报（哲学社会科学版）	15	22	37	24.67	0.0651

第24章 高校人文社会科学综合性学报

续表

排序	期刊名称	2004年（篇次）	2005年（篇次）	2006年（篇次）	三年平均（篇次）	归一化值
112	河海大学学报（哲学社会科学版）	11	23	39	24.33	0.0643
112	固原师专学报	27	21	25	24.33	0.0643
112	西安电子科技大学学报（社会科学版）	17	24	32	24.33	0.0643
115	北京科技大学学报（社会科学版）	22	22	28	24.00	0.0634
115	海南大学学报（人文社会科学版）	20	29	23	24.00	0.0634
117	内蒙古师范大学学报（哲学社会科学版）	20	18	33	23.67	0.0625
118	淮阴师范学院学报（哲学社会科学版）	16	21	33	23.33	0.0616
118	江苏教育学院学报（社会科学版）	18	24	28	23.33	0.0616
120	哈尔滨商业大学学报（社会科学版）	13	23	33	23.00	0.0607
121	中南大学学报（社会科学版）	7	13	48	22.67	0.0599
122	华南理工大学学报（社会科学版）	19	19	29	22.33	0.0590
123	山东理工大学学报（社会科学版）	4	35	26	21.67	0.0572
123	齐齐哈尔大学学报（哲学社会科学版）	15	15	35	21.67	0.0572
125	贵州大学学报（社会科学版）	20	22	21	21.00	0.0555
125	鲁东大学学报（哲学社会科学版）	9	27	27	21.00	0.0555
125	北京航空航天大学学报（社会科学版）	15	21	27	21.00	0.0555
128	绍兴文理学院学报（社科版）	13	18	31	20.67	0.0546
128	韶关学院学报	17	14	31	20.67	0.0546
128	江苏大学学报（社会科学版）	10	27	25	20.67	0.0546
128	南京理工大学学报（社会科学版）	13	18	31	20.67	0.0546
128	长沙理工大学学报（社会科学版）	11	20	31	20.67	0.0546
128	重庆工商大学学报（社会科学版）	6	21	35	20.67	0.0546
128	安庆师范学院学报（社会科学版）	12	18	32	20.67	0.0546
128	海南师范学院学报（社会科学版）	9	18	35	20.67	0.0546
136	赣南师范学院学报	15	18	26	19.67	0.0519
136	中国海洋大学学报（社会科学版）	2	26	31	19.67	0.0519
136	华南农业大学学报（社会科学版）	7	17	35	19.67	0.0519
136	成都大学学报（社会科学版）	15	19	25	19.67	0.0519
140	延边大学学报（社会科学版）	15	20	23	19.33	0.0510
140	许昌学院学报	11	18	29	19.33	0.0510

续表

排序	期刊名称	2004年（篇次）	2005年（篇次）	2006年（篇次）	三年平均（篇次）	归一化值
142	聊城大学学报（社会科学版）	9	23	25	19.00	0.0502
142	渤海大学学报（哲学社会科学版）	16	20	21	19.00	0.0502
144	佛山科学技术学院学报（社会科学版）	19	21	14	18.00	0.0475
144	山东科技大学学报（社会科学版）	12	19	23	18.00	0.0475
146	南通大学学报（社会科学版）	14	15	24	17.67	0.0467
147	南华大学学报（社会科学版）	10	18	24	17.33	0.0458
147	佳木斯大学社会科学学报	11	22	19	17.33	0.0458
147	重庆邮电大学学报（社会科学版）	9	21	22	17.33	0.0458
150	嘉兴学院学报	14	11	26	17.00	0.0449
150	云南大学学报（社会科学版）	14	16	21	17.00	0.0449
150	长江大学学报（社会科学版）	21	6	24	17.00	0.0449
153	北京工业大学学报（社会科学版）	10	18	21	16.33	0.0431
153	吉林师范大学学报（人文社会科学版）	3	16	30	16.33	0.0431
153	武汉科技大学学报（社会科学版）	22	2	25	16.33	0.0431
153	湖南农业大学学报（社会科学版）	10	17	22	16.33	0.0431
153	辽宁工程技术大学学报（社会科学版）	12	16	21	16.33	0.0431
153	南阳师范学院学报	3	14	32	16.33	0.0431
159	湛江师范学院学报	8	17	23	16.00	0.0423
160	华中农业大学学报（社会科学版）	13	17	17	15.67	0.0414
160	淮北煤炭师范学院学报（哲学社会科学版）	4	17	26	15.67	0.0414
162	北京林业大学学报（社会科学版）	10	17	19	15.33	0.0405
162	北京交通大学学报（社会科学版）	4	18	24	15.33	0.0405
164	三峡大学学报（人文社会科学版）	12	19	14	15.00	0.0396
164	宁波大学学报（人文科学版）	10	15	20	15.00	0.0396
164	湖州师范学院学报	7	13	25	15.00	0.0396
164	南京航空航天大学学报（社会科学版）	15	16	14	15.00	0.0396
168	上饶师范学院学报	9	12	23	14.67	0.0387
168	西北工业大学学报（社会科学版）	6	14	24	14.67	0.0387
168	江南大学学报（人文社会科学版）	7	19	18	14.67	0.0387
168	山东农业大学学报（社会科学版）	13	15	16	14.67	0.0387

续表

排序	期刊名称	2004年（篇次）	2005年（篇次）	2006年（篇次）	三年平均（篇次）	归一化值
168	安徽农业大学学报（社会科学版）	11	12	21	14.67	0.0387
173	泰山学院学报	16	7	19	14.00	0.0370
173	南京工业大学学报（社会科学版）	11	14	17	14.00	0.0370
173	青岛科技大学学报（社会科学版）	14	13	15	14.00	0.0370
173	河南教育学院学报（哲学社会科学版）	13	17	12	14.00	0.0370
177	苏州科技学院学报（社会科学版）	4	11	26	13.67	0.0361
177	怀化学院学报	11	18	12	13.67	0.0361
177	华北电力大学学报（社会科学版）	9	13	19	13.67	0.0361
180	衡阳师范学院学报	17	15	8	13.33	0.0352
180	华东理工大学学报（社会科学版）	4	14	22	13.33	0.0352
180	乐山师范学院学报	5	10	25	13.33	0.0352
180	广播电视大学学报（哲学社会科学版）	10	14	16	13.33	0.0352
184	湖北师范学院学报（哲学社会科学版）	7	12	20	13.00	0.0343
184	商丘师范学院学报	6	13	20	13.00	0.0343
186	福建农林大学学报（社会科学版）	5	12	21	12.67	0.0335
186	曲靖师范学院学报	9	15	14	12.67	0.0335
186	嘉应学院学报	18	2	18	12.67	0.0335
186	北京邮电大学学报（社会科学版）	12	14	12	12.67	0.0335
186	浙江树人大学学报	8	11	19	12.67	0.0335
186	太原师范学院学报（社会科学版）	9	13	16	12.67	0.0335
186	郑州航空工业管理学院学报	8	12	18	12.67	0.0335
193	西藏大学学报	5	14	17	12.00	0.0317
193	浙江万里学院学报	7	11	18	12.00	0.0317
193	咸宁学院学报	8	10	18	12.00	0.0317
193	沈阳农业大学学报（社会科学版）	3	15	18	12.00	0.0317
193	华北水利水电学院学报（社科版）	6	17	13	12.00	0.0317
193	龙岩学院学报	7	10	19	12.00	0.0317
193	皖西学院学报	9	19	8	12.00	0.0317
193	长春师范学院学报（人文社会科学版）	7	10	19	12.00	0.0317
193	河南科技大学学报（社会科学版）	1	9	26	12.00	0.0317

续表

排序	期刊名称	2004年（篇次）	2005年（篇次）	2006年（篇次）	三年平均（篇次）	归一化值
202	安徽工业大学学报（社会科学版）	3	10	22	11.67	0.0308
202	湖南文理学院学报（社会科学版）	1	9	25	11.67	0.0308
204	泉州师范学院学报	6	13	15	11.33	0.0299
204	湖南工程学院学报（社会科学版）	5	5	24	11.33	0.0299
206	燕山大学学报（哲学社会科学版）	11	10	12	11.00	0.0290
206	南京晓庄学院学报	5	9	19	11.00	0.0290
206	盐城师范学院学报（人文社会科学版）	1	15	17	11.00	0.0290
206	西安石油大学学报（社会科学版）	0	12	21	11.00	0.0290
206	宝鸡文理学院学报（社会科学版）	5	14	14	11.00	0.0290
211	黄冈师范学院学报	9	13	10	10.67	0.0282
211	天水师范学院学报	5	5	22	10.67	0.0282
211	太原理工大学学报（社会科学版）	9	9	14	10.67	0.0282
211	温州师范学院学报	14	4	14	10.67	0.0282
211	江西农业大学学报（社会科学版）	2	14	16	10.67	0.0282
211	青岛大学师范学院学报	7	11	14	10.67	0.0282
217	郑州航空工业管理学院学报（社会科学版）	8	8	14	10.00	0.0264

由表 24-7 可以看到，高校人文社科综合性学报的总被引次数总体水平偏低，2004—2006 年三年的平均值仅为 46.82 次，远低于哲学类期刊的 113.26 次（参见本书第 3 章）。

高校人文社科综合性学报总被引次数整体水平参差不齐、差距大，期刊排名变化激烈，但位居前列的期刊相对稳定。三年中位居前两名的期刊均为《北京大学学报（哲学社会科学版）》与《北京师范大学学报（社会科学版）》；排在第 3 的《中国人民大学学报》则连续两年蝉联季军，仅在 2006 年略有下降，位居第 4。其中被引用最为广泛的是《北京大学学报（哲学社会科学版）》，该刊连续三年的总被引次数均遥遥领先，比排名第二的《北京师范大学学报（社会科学版）》平均高出 33.65 个百分点，且和《北京师范大学学报（社会科学版）》的总被引差距呈现出逐步拉大的趋势（2004 年两者相差 26.50%，2005 年相差 29.52%，2006 年两者差距达到 41.74%）。作为高校人文社科综合性期刊的排头兵，《北京大学学报（哲学社会科学版）》当之无愧。与总被引数排名位于前列的学报相比，总被引次数排名靠后的期刊随着排名的后移,期刊与期刊之间的被引次数差距逐步减小,呈现出分布由稀疏趋于密集,排名由稳定趋于变动的趋势。究其原因,总被引次数高的学报大多办刊时间久远,在多年的摸索探讨中逐渐自成一体,行成了自己的办刊特色,在学术领域占有一席之地,因而每年的学术影响可以保持在一个相对稳定的水平,另外,这些学报不论是单篇论文的被引用次数,还是被引用论文的篇数,均呈现出双高的模式,想再有突破比较困难,因此相对稳定。而被引次数较低的刊,有的办刊年代短,刊登的文章总数少,出现的高质量被引用的文章也相对少;有的刊虽然创办较早,但办刊模式落后,对知名作者的吸引力小,导致其发表的论文学术质量相对较低,被其他学者引用的次数(不论是被引用论文的篇数还是单篇论文被引用的次数)很低,加上排名靠后的期刊分布密集,差距很小,因此这些学报不论是被引用论文篇数还是单篇文章被引用次数只要略有提高,排名状况则会发生较大变动。由此可见,学术影响低的期刊可从重点吸收几篇好的学术论文入手,迅速提升自己的总被引排名,从而提高自己的吸引力,进而逐步扩大自己的学术影响力。

在统计高校人文社科综合性学报总被引数时发现,217 种高校人文社科综合性学报在 2004—2006 年间总计被引用 30480 次,而其中的 17802 次(58.41%)被引属于 51 种 CSSCI 来源刊(23.50%),即 23.50% 的期刊的学术影响覆盖了整个高校人文社科综合性期刊的 58.41%,呈现出高度集中的趋势。由此可见,CSSCI 来源刊在总被引次数上和非来源刊相比占据绝对的优势,非来源刊要想跻身来源刊还需继续加强论文的学术质量,扩大自身的学术影响。

24.2.2 其他期刊引用次数

上述高校人文社科综合性学报总被引数从引用来源角度区分,可以分成自引及他引。自引是由被引期刊本身刊登的论文引用而产生的;他引则是由被引期刊以外的其他期刊论文引用而产生。期刊的他刊引用状况,往往可以反映出被引期刊对其他期刊的学术影响能力。在总被引次数的指标之外,增加他刊引用次数,目的是避免目前期刊界存在的个别期刊通过不恰当的自引来提高被引次数而产生的虚假学术影响。在本书中,期刊总引用次数以及其他期刊引用次数(也称他刊引用次数)的数值均由 CSSCI 数据库提供,在表 24-7 所列的 2004—2006 年被引用的 217 种高校人文社科综合性学报中,有 166 种期刊为 CSSCI 非来源刊。在 2004—2006 年中这些期刊刊登的部分学术质量高的论文被 CSSCI 来源刊论文所引用,作为非来源刊本身不存在自引,故这 166 种刊物,总被引次数即他刊引用次数。因此,在本小节讨论期刊他引这个指标时我们主要针对 CSSCI 来源刊进行分析。表 24-8 列出了高校人文社科综合性学报他刊引用次数。

表 24-8　2004—2006 年高校人文社科综合性学报他刊引用次数

排序	期刊名称	2004 年（篇次）	2005 年（篇次）	2006 年（篇次）	三年平均（篇次）	归一化值
1	北京大学学报（哲学社会科学版）	285	347	432	354.67	1
2	北京师范大学学报（社会科学版）	234	271	297	267.33	0.7537
3	中国人民大学学报	223	250	281	251.33	0.7086
4	复旦学报（社会科学版）	165	243	310	239.33	0.6748
5	南京大学学报（哲学·人文科学·社会科学版）	144	162	217	174.33	0.4915
6	中山大学学报（社会科学版）	136	172	197	168.33	0.4746
7	吉林大学社会科学学报	84	154	240	159.33	0.4492
8	厦门大学学报（哲学社会科学版）	107	170	189	155.33	0.4380
9	南开学报（哲学社会科学版）	148	132	180	153.33	0.4323
10	华中师范大学学报（人文社会科学版）	116	146	183	148.33	0.4182
11	浙江大学学报（人文科学版）	93	155	189	145.67	0.4107
12	南京师大学报（社会科学版）	95	144	166	135.00	0.3806
13	武汉大学学报（人文科学版）	112	131	145	129.33	0.3646
14	郑州大学学报（哲学社会科学版）	100	119	153	124.00	0.3496
15	西南大学学报（人文社会科学版）	85	118	160	121.00	0.3412
16	思想战线	74	109	168	117.00	0.3299
17	西北师大学报（社会科学版）	63	108	178	116.33	0.3280
18	四川大学学报（哲学社会科学版）	105	110	115	110.00	0.3101
19	清华大学学报（哲学社会科学版）	91	93	137	107.00	0.3017
20	东北师大学报（哲学社会科学版）	81	86	148	105.00	0.2960
21	湘潭大学学报（哲学社会科学版）	51	114	149	104.67	0.2951
22	西北大学学报（哲学社会科学版）	73	109	124	102.00	0.2876
23	河南师范大学学报（哲学社会科学版）	43	104	155	100.67	0.2838
24	求是学刊	89	85	123	99.00	0.2791
24	陕西师范大学学报（哲学社会科学版）	57	117	123	99.00	0.2791
26	华东师范大学学报（哲学社会科学版）	67	82	117	88.67	0.2500
27	兰州大学学报（社会科学版）	53	85	127	88.33	0.2490
27	武汉大学学报（哲学社会科学版）	74	82	109	88.33	0.2490
29	齐鲁学刊	76	83	103	87.33	0.2462
30	首都师范大学学报（社会科学版）	70	76	114	86.67	0.2444

第24章 高校人文社会科学综合性学报

续表

排序	期刊名称	2004年（篇次）	2005年（篇次）	2006年（篇次）	三年平均（篇次）	归一化值
31	河南大学学报（社会科学版）	72	67	114	84.33	0.2378
32	暨南学报（哲学社会科学版）	69	77	100	82.00	0.2312
33	山西大学学报（哲学社会科学版）	66	72	100	79.33	0.2237
34	湖北大学学报（哲学社会科学版）	77	69	89	78.33	0.2209
35	湖南师范大学社会科学学报	57	75	93	75.00	0.2115
36	重庆大学学报（社会科学版）	62	82	75	73.00	0.2058
37	南京体育学院学报（社会科学版）	49	72	97	72.67	0.2049
38	山东大学学报（哲学社会科学版）	49	69	96	71.33	0.2011
39	湖南大学学报（社会科学版）	20	58	131	69.67	0.1964
40	西安交通大学学报（社会科学版）	46	61	101	69.33	0.1955
41	安徽大学学报（哲学社会科学版）	58	75	74	69.00	0.1945
42	华南师范大学学报（社会科学版）	49	66	88	67.67	0.1908
43	福建师范大学学报（哲学社会科学版）	42	64	81	62.33	0.1757
44	北京工商大学学报（社会科学版）	54	54	75	61.00	0.1720
45	苏州大学学报（哲学社会科学版）	49	59	71	59.67	0.1682
46	山东师范大学学报（人文社会科学版）	13	68	94	58.33	0.1645
47	安徽师范大学学报（人文社会科学版）	24	72	78	58.00	0.1635
48	华中科技大学学报（社会科学版）	37	50	83	56.67	0.1598
49	河北大学学报（哲学社会科学版）	51	53	60	54.67	0.1541
50	宁夏大学学报（人文社会科学版）	65	39	55	53.00	0.1494
51	辽宁大学学报（哲学社会科学版）	52	36	68	52.00	0.1466
52	深圳大学学报（人文社会科学版）	36	55	64	51.67	0.1457
53	武汉理工大学学报（社会科学版）	39	71	44	51.33	0.1447
54	东南大学学报（哲学社会科学版）	30	49	74	51.00	0.1438
54	山西师大学报（社会科学版）	35	52	66	51.00	0.1438
56	四川师范大学学报（社会科学版）	45	47	59	50.33	0.1419
57	内蒙古大学学报（人文·社会科学版）	63	37	50	50.00	0.1410
58	上海师范大学学报（哲学社会科学版）	38	56	53	49.00	0.1382
59	杭州师范学院学报（社会科学版）	50	53	41	48.00	0.1353
59	同济大学学报（社会科学版）	28	41	75	48.00	0.1353

续表

排序	期刊名称	2004年（篇次）	2005年（篇次）	2006年（篇次）	三年平均（篇次）	归一化值
61	天津师范大学学报（社会科学版）	47	51	44	47.33	0.1334
62	辽宁师范大学学报（社会科学版）	28	38	73	46.33	0.1306
62	新疆大学学报（哲学·人文社会科学版）	32	42	65	46.33	0.1306
64	电子科技大学学报（社科版）	66	39	30	45.00	0.1269
65	上海大学学报（社会科学版）	36	36	60	44.00	0.1241
66	徐州师范大学学报（哲学社会科学版）	28	40	62	43.33	0.1222
67	河北师范大学学报（哲学社会科学版）	24	42	63	43.00	0.1212
68	广西师范大学学报（哲学社会科学版）	29	40	59	42.67	0.1203
68	贵州师范大学学报（社会科学版）	28	40	60	42.67	0.1203
70	北京理工大学学报（社会科学版）	25	48	54	42.33	0.1194
71	云南师范大学学报（哲学社会科学版）	28	37	59	41.33	0.1165
72	天津大学学报（社会科学版）	28	36	59	41.00	0.1156
73	南昌大学学报（人文社会科学版）	23	38	58	39.67	0.1119
74	上海交通大学学报（哲学社会科学版）	35	40	41	38.67	0.1090
75	江西师范大学学报（哲学社会科学版）	39	40	36	38.33	0.1081
76	广西大学学报（哲学社会科学版）	37	31	45	37.67	0.1062
77	西北农林科技大学学报（社会科学版）	21	33	57	37.00	0.1043
78	扬州大学学报（人文社会科学版）	17	50	43	36.67	0.1034
78	重庆工商大学学报（西部论坛）	34	27	49	36.67	0.1034
80	福州大学学报（哲学社会科学版）	29	22	58	36.33	0.1024
80	烟台大学学报（哲学社会科学版）	24	28	57	36.33	0.1024
80	浙江师范大学学报（社会科学版）	15	37	57	36.33	0.1024
83	东方论坛：青岛大学学报	16	35	57	36.00	0.1015
83	中国地质大学学报（社会科学版）	12	40	56	36.00	0.1015
85	中国人民公安大学学报（社会科学版）	22	42	42	35.33	0.0996
86	东北大学学报（社会科学版）	28	37	39	34.67	0.0978
87	广州大学学报（社会科学版）	15	29	53	32.33	0.0912
87	汕头大学学报（人文社会科学版）	18	31	48	32.33	0.0912
89	济南大学学报（社会科学版）	15	43	36	31.33	0.0883
90	华侨大学学报（哲学社会科学版）	34	23	36	31.00	0.0874

续表

排序	期刊名称	2004年（篇次）	2005年（篇次）	2006年（篇次）	三年平均（篇次）	归一化值
91	南京农业大学学报（社会科学版）	25	27	39	30.33	0.0855
91	南都学坛：南阳师范学院人文社会科学学报	11	38	42	30.33	0.0855
93	中国农业大学学报（社会科学版）	17	32	41	30.00	0.0846
93	哈尔滨学院学报	26	33	31	30.00	0.0846
93	新疆师范大学学报（哲学社会科学版）	19	29	42	30.00	0.0846
96	中国矿业大学学报（社会科学版）	19	34	36	29.67	0.0837
97	湘潭师范学院学报（社会科学版）	16	33	39	29.33	0.0827
98	青海师范大学学报（哲学社会科学版）	18	20	48	28.67	0.0808
99	延安大学学报（社会科学版）	25	23	34	27.33	0.0771
99	吉首大学学报（社会科学版）	30	28	24	27.33	0.0771
101	哈尔滨工业大学学报（社会科学版）	16	27	37	26.67	0.0752
101	湖南科技大学学报（社会科学版）	14	19	47	26.67	0.0752
101	西华师范大学学报（哲学社会科学版）	1	42	37	26.67	0.0752
101	重庆师范大学学报（哲学社会科学版）	28	19	33	26.67	0.0752
105	大连理工大学学报（社会科学版）	15	28	36	26.33	0.0742
105	沈阳师范大学学报（社会科学版）	2	30	47	26.33	0.0742
107	中国石油大学学报（社会科学版）	18	26	34	26.00	0.0733
107	洛阳师范学院学报	15	33	30	26.00	0.0733
109	合肥工业大学学报（社会科学版）	20	27	30	25.67	0.0724
110	西南交通大学学报（社会科学版）	5	34	36	25.00	0.0705
111	信阳师范学院学报（哲学社会科学版）	15	22	37	24.67	0.0696
112	西安电子科技大学学报（社会科学版）	17	24	32	24.33	0.0686
112	固原师专学报	27	21	25	24.33	0.0686
112	河海大学学报（哲学社会科学版）	11	23	39	24.33	0.0686
115	北京科技大学学报（社会科学版）	22	22	28	24.00	0.0677
116	内蒙古师范大学学报（哲学社会科学版）	20	18	33	23.67	0.0667
117	海南大学学报（人文社会科学版）	20	29	21	23.33	0.0658
117	江苏教育学院学报（社会科学版）	18	24	28	23.33	0.0658
117	淮阴师范学院学报（哲学社会科学版）	16	21	33	23.33	0.0658
120	哈尔滨商业大学学报（社会科学版）	13	23	33	23.00	0.0648

续表

排序	期刊名称	2004年（篇次）	2005年（篇次）	2006年（篇次）	三年平均（篇次）	归一化值
121	中南大学学报（社会科学版）	7	13	48	22.67	0.0639
122	华南理工大学学报（社会科学版）	19	19	29	22.33	0.0630
123	山东理工大学学报（社会科学版）	4	35	26	21.67	0.0611
123	齐齐哈尔大学学报（哲学社会科学版）	15	15	35	21.67	0.0611
125	北京航空航天大学学报（社会科学版）	15	21	27	21.00	0.0592
125	鲁东大学学报（哲学社会科学版）	9	27	27	21.00	0.0592
125	贵州大学学报（社会科学版）	20	22	21	21.00	0.0592
128	绍兴文理学院学报（社科版）	13	18	31	20.67	0.0583
128	江苏大学学报（社会科学版）	10	27	25	20.67	0.0583
128	南京理工大学学报（社会科学版）	13	18	31	20.67	0.0583
128	安庆师范学院学报（社会科学版）	12	18	32	20.67	0.0583
128	长沙理工大学学报（社会科学版）	11	20	31	20.67	0.0583
128	韶关学院学报	17	14	31	20.67	0.0583
128	海南师范学院学报（社会科学版）	9	18	35	20.67	0.0583
128	重庆工商大学学报（社会科学版）	6	21	35	20.67	0.0583
136	赣南师范学院学报	15	18	26	19.67	0.0555
136	华南农业大学学报（社会科学版）	7	17	35	19.67	0.0555
136	成都大学学报（社会科学版）	15	19	25	19.67	0.0555
136	中国海洋大学学报（社会科学版）	2	26	31	19.67	0.0555
140	许昌学院学报	11	18	29	19.33	0.0545
140	延边大学学报（社会科学版）	15	20	23	19.33	0.0545
142	聊城大学学报（社会科学版）	9	23	25	19.00	0.0536
142	渤海大学学报（哲学社会科学版）	16	20	21	19.00	0.0536
144	佛山科学技术学院学报（社会科学版）	19	21	14	18.00	0.0508
144	山东科技大学学报（社会科学版）	12	19	23	18.00	0.0508
146	南通大学学报（社会科学版）	14	15	24	17.67	0.0498
147	南华大学学报（社会科学版）	10	18	24	17.33	0.0489
147	佳木斯大学社会科学学报	11	22	19	17.33	0.0489
147	重庆邮电大学学报（社会科学版）	9	21	22	17.33	0.0489
150	嘉兴学院学报	14	11	26	17.00	0.0479

续表

排序	期刊名称	2004年（篇次）	2005年（篇次）	2006年（篇次）	三年平均（篇次）	归一化值
150	云南大学学报（社会科学版）	14	16	21	17.00	0.0479
150	长江大学学报（社会科学版）	21	6	24	17.00	0.0479
153	北京工业大学学报（社会科学版）	10	18	21	16.33	0.0460
153	武汉科技大学学报（社会科学版）	22	2	25	16.33	0.0460
153	湖南农业大学学报（社会科学版）	10	17	22	16.33	0.0460
153	辽宁工程技术大学学报（社会科学版）	12	16	21	16.33	0.0460
153	南阳师范学院学报	3	14	32	16.33	0.0460
153	吉林师范大学学报（人文社会科学版）	3	16	30	16.33	0.0460
159	湛江师范学院学报	8	17	23	16.00	0.0451
160	华中农业大学学报（社会科学版）	13	17	17	15.67	0.0442
160	淮北煤炭师范学院学报（哲学社会科学版）	4	17	26	15.67	0.0442
162	北京林业大学学报（社会科学版）	10	17	19	15.33	0.0432
162	北京交通大学学报（社会科学版）	4	18	24	15.33	0.0432
164	三峡大学学报（人文社会科学版）	12	19	14	15.00	0.0423
164	宁波大学学报（人文科学版）	10	15	20	15.00	0.0423
164	湖州师范学院学报	7	13	25	15.00	0.0423
164	南京航空航天大学学报（社会科学版）	15	16	14	15.00	0.0423
168	上饶师范学院学报	9	12	23	14.67	0.0414
168	西北工业大学学报（社会科学版）	6	14	24	14.67	0.0414
168	江南大学学报（人文社会科学版）	7	19	18	14.67	0.0414
168	山东农业大学学报（社会科学版）	13	15	16	14.67	0.0414
168	安徽农业大学学报（社会科学版）	11	12	21	14.67	0.0414
173	河南教育学院学报（哲学社会科学版）	13	17	12	14.00	0.0395
173	泰山学院学报	16	7	19	14.00	0.0395
173	南京工业大学学报（社会科学版）	11	14	17	14.00	0.0395
173	青岛科技大学学报（社会科学版）	14	13	15	14.00	0.0395
177	怀化学院学报	11	18	12	13.67	0.0385
177	华北电力大学学报（社会科学版）	9	13	19	13.67	0.0385
177	苏州科技学院学报（社会科学版）	4	11	26	13.67	0.0385
180	衡阳师范学院学报	17	15	8	13.33	0.0376

续表

排序	期刊名称	2004年（篇次）	2005年（篇次）	2006年（篇次）	三年平均（篇次）	归一化值
180	乐山师范学院学报	5	10	25	13.33	0.0376
180	广播电视大学学报（哲学社会科学版）	10	14	16	13.33	0.0376
180	华东理工大学学报（社会科学版）	4	14	22	13.33	0.0376
184	湖北师范学院学报（哲学社会科学版）	7	12	20	13.00	0.0367
184	商丘师范学院学报	6	13	20	13.00	0.0367
186	福建农林大学学报（社会科学版）	5	12	21	12.67	0.0357
186	曲靖师范学院学报	9	15	14	12.67	0.0357
186	北京邮电大学学报（社会科学版）	12	14	12	12.67	0.0357
186	浙江树人大学学报	8	11	19	12.67	0.0357
186	太原师范学院学报（社会科学版）	9	13	16	12.67	0.0357
186	郑州航空工业管理学院学报	8	12	18	12.67	0.0357
186	嘉应学院学报	18	2	18	12.67	0.0357
193	西藏大学学报	5	14	17	12.00	0.0338
193	浙江万里学院学报	7	11	18	12.00	0.0338
193	咸宁学院学报	8	10	18	12.00	0.0338
193	皖西学院学报	9	19	8	12.00	0.0338
193	长春师范学院学报（人文社会科学版）	7	10	19	12.00	0.0338
193	沈阳农业大学学报（社会科学版）	3	15	18	12.00	0.0338
193	华北水利水电学院学报（社科版）	6	17	13	12.00	0.0338
193	河南科技大学学报（社会科学版）	1	9	26	12.00	0.0338
193	龙岩学院学报	7	10	19	12.00	0.0338
202	安徽工业大学学报（社会科学版）	3	10	22	11.67	0.0329
202	湖南文理学院学报（社会科学版）	1	9	25	11.67	0.0329
204	湖南工程学院学报（社会科学版）	5	5	24	11.33	0.0319
204	泉州师范学院学报	6	13	15	11.33	0.0319
206	盐城师范学院学报（人文社会科学版）	1	15	17	11.00	0.0310
206	西安石油大学学报（社会科学版）	0	12	21	11.00	0.0310
206	宝鸡文理学院学报（社会科学版）	5	14	14	11.00	0.0310
206	燕山大学学报（哲学社会科学版）	11	10	12	11.00	0.0310
206	南京晓庄学院学报	5	9	19	11.00	0.0310

续表

排序	期刊名称	2004年（篇次）	2005年（篇次）	2006年（篇次）	三年平均（篇次）	归一化值
211	太原理工大学学报（社会科学版）	9	9	14	10.67	0.0301
211	温州师范学院学报	14	4	14	10.67	0.0301
211	江西农业大学学报（社会科学版）	2	14	16	10.67	0.0301
211	黄冈师范学院学报	9	13	10	10.67	0.0301
211	天水师范学院学报	5	5	22	10.67	0.0301
211	青岛大学师范学院学报	7	11	14	10.67	0.0301
217	郑州航空工业管理学院学报（社会科学版）	8	8	14	10.00	0.0282

分析表24-8可知，高校人文社科综合性学报的他刊引用次数两极分化严重，位居首位的《北京大学学报（哲学社会科学版）》三年的他引平均值达到了354.67次，而排名倒数的7种期刊他引平均值不足11次，近似于《北京大学学报（哲学社会科学版）》的3%；从分布形状上看，高校人文社科综合性学报的他刊引用次数呈现出尖尖的金字塔形状：他引次数在300次之上、200—300次、100—200次、50—100次、50次以下的分别为1种学报、3种学报、19种学报、34种学报、160种学报，底层占据了高校人文社科综合性学报的73.73%，是一个很大的群体，反映了这一群体总体学术影响偏低。

结合表24-7以及表24-8我们可以发现51种来源刊在2004—2006年间总计被引用17802次，其他期刊引用计15904次数，他刊引用率达89.34%，反映了高校人文社科综合性学报的办刊质量和较强的学术影响力。E.加菲尔德曾指出，人文社科类期刊的正常的自引率应在20%以下；也有人做过统计：美国学术性较强的专业类社科期刊自引率1980—1984年为11.11%，他引率为88.88%[①]。高校人文社科综合性学报作为综合性学术期刊，他引率比专业学术期刊高出很多。分析其原因，不外乎以下因素：专业类社科期刊往往定位在某一学科的某一方向，刊载的论文以及使用的引用文献多为该学科或相关学科的研究动态、科研理论等。因此，在同一期刊上发文的学者互相引用的概率比较高；相比之下，而高校人文社科综合性学报自诞生以来就以"全"为其特征，几乎每一家学报都包括了人文社会科学的全部或大部分学科，引用的文献更是包罗万象，各个学科的各个期刊都在引用范围之列，因此，自引的概率偏低。虽然如此，在高校人文社科综合性学报他引率较高的良好情势下，也存在少数CSSCI来源期刊自引偏高的情况，比如《东北师大学报（哲学社会科学

---

① 骆柳宁："《广西民族学院学报（哲社版）》自引分析"，《广西民族学院学报（哲学社会科学版）》2003年第9期，第149—152页。

版)》自引率达到了 31.52%，由总被引次数的第 13 名下滑到他刊引用次数的第 20 名;《河北大学学报（哲学社会科学版)》自引率甚至达到了 44.59%，由 28 名下滑到第 49 名。

在关联表 24-7 以及表 24-8 的过程中，我们发现高校人文社科综合性学报的总被引次数和他刊引用次数在总体分布形状以及增长趋势上都呈现出了惊人的相似性，学报的高他引率为此提供了很好的诠释。

24.2.3 高校人文社科综合性学报被引次数综合分析

总被引和他引的指标从不同角度揭示了期刊的影响力及受重视程度，我们将两者综合考虑，将归一之后的指标按 35% 与 65% 权重进行加权（确定权重的详细解释见本书第 1 章），从而揭示出期刊被引的综合情况。表 24-9 为高校人文社科综合性学报被引次数综合值排序。

表 24-9　　　2004—2006 年高校人文社科综合性学报被引次数综合值

排序	期刊名称	总被引次数归一化值	他刊引用次数归一化值	综合值
1	北京大学学报（哲学社会科学版）	1	1	1
2	北京师范大学学报（社会科学版）	0.7482	0.7537	0.7518
3	中国人民大学学报	0.6866	0.7086	0.7009
4	复旦学报（社会科学版）	0.6549	0.6748	0.6678
5	南京大学学报（哲学·人文科学·社会科学版）	0.4973	0.4915	0.4935
6	中山大学学报（社会科学版）	0.5000	0.4746	0.4835
7	吉林大学社会科学学报	0.4569	0.4492	0.4519
8	厦门大学学报（哲学社会科学版）	0.4595	0.4380	0.4455
9	南开学报（哲学社会科学版）	0.4454	0.4323	0.4369
10	华中师范大学学报（人文社会科学版）	0.4551	0.4182	0.4311
11	浙江大学学报（人文社会科学版）	0.4111	0.4107	0.4108
12	南京师大学报（社会科学版）	0.3996	0.3806	0.3873
13	西南大学学报（人文社会科学版）	0.4076	0.3412	0.3644
14	郑州大学学报（哲学社会科学版）	0.3768	0.3496	0.3591
15	武汉大学学报（人文科学版）	0.3415	0.3646	0.3565
16	思想战线	0.3706	0.3299	0.3441
17	东北师大学报（哲学社会科学版）	0.4049	0.2960	0.3341
18	西北师大学报（社会科学版）	0.3213	0.3280	0.3257

续表

排序	期刊名称	总被引次数归一化值	他刊引用次数归一化值	综合值
19	四川大学学报（哲学社会科学版）	0.3539	0.3101	0.3254
20	西北大学学报（哲学社会科学版）	0.3547	0.2876	0.3111
21	陕西师范大学学报（哲学社会科学版）	0.3407	0.2791	0.3067
22	清华大学学报（哲学社会科学版）	0.2878	0.3017	0.2968
23	湘潭大学学报（哲学社会科学版）	0.2764	0.2951	0.2886
24	河南师范大学学报（哲学社会科学版）	0.2659	0.2838	0.2775
25	求是学刊	0.2729	0.2791	0.2769
26	华东师范大学学报（哲学社会科学版）	0.2711	0.2500	0.2574
27	兰州大学学报（社会科学版）	0.2562	0.2490	0.2515
28	齐鲁学刊	0.2500	0.2462	0.2475
29	首都师范大学学报（社会科学版）	0.2430	0.2444	0.2439
30	武汉大学学报（哲学社会科学版）	0.2333	0.2490	0.2435
31	山西大学学报（哲学社会科学版）	0.2632	0.2237	0.2375
32	河南大学学报（社会科学版）	0.2227	0.2378	0.2325
33	暨南学报（哲学社会科学版）	0.2298	0.2312	0.2307
34	湖北大学学报（哲学社会科学版）	0.2069	0.2209	0.2160
35	湖南师范大学社会科学学报	0.2192	0.2115	0.2142
36	重庆大学学报（社会科学版）	0.1928	0.2058	0.2013
37	南京体育学院学报（社会科学版）	0.1919	0.2049	0.2004
38	山东大学学报（哲学社会科学版）	0.1972	0.2011	0.1997
39	安徽大学学报（哲学社会科学版）	0.2033	0.1945	0.1976
40	华南师范大学学报（社会科学版）	0.1998	0.1908	0.1940
41	湖南大学学报（社会科学版）	0.1840	0.1964	0.1921
42	河北大学学报（哲学社会科学版）	0.2606	0.1541	0.1914
43	西安交通大学学报（社会科学版）	0.1831	0.1955	0.1912
44	福建师范大学学报（哲学社会科学版）	0.1725	0.1757	0.1746
45	北京工商大学学报（社会科学版）	0.1646	0.1720	0.1694
46	苏州大学学报（哲学社会科学版）	0.1576	0.1682	0.1645
47	宁夏大学学报（人文社会科学版）	0.1840	0.1494	0.1615
48	山东师范大学学报（人文社会科学版）	0.1540	0.1645	0.1608

续表

排序	期刊名称	总被引次数归一化值	他刊引用次数归一化值	综合值
49	华中科技大学学报（社会科学版）	0.1602	0.1598	0.1599
49	安徽师范大学学报（人文社会科学版）	0.1532	0.1635	0.1599
51	四川师范大学学报（社会科学版）	0.1752	0.1419	0.1536
52	深圳大学学报（人文社会科学版）	0.1479	0.1457	0.1465
53	辽宁大学学报（哲学社会科学版）	0.1373	0.1466	0.1433
54	上海师范大学学报（哲学社会科学版）	0.1523	0.1382	0.1431
55	内蒙古大学学报（人文·社会科学版）	0.1461	0.1410	0.1428
56	武汉理工大学学报（社会科学版）	0.1356	0.1447	0.1415
57	山西师大学报（社会科学版）	0.1347	0.1438	0.1406
57	东南大学学报（哲学社会科学版）	0.1347	0.1438	0.1406
59	天津师范大学学报（社会科学版）	0.1523	0.1334	0.1400
60	同济大学学报（社会科学版）	0.1268	0.1353	0.1323
60	杭州师范学院学报（社会科学版）	0.1268	0.1353	0.1323
62	新疆大学学报（哲学·人文社会科学版）	0.1223	0.1306	0.1277
62	辽宁师范大学学报（社会科学版）	0.1223	0.1306	0.1277
64	电子科技大学学报（社科版）	0.1188	0.1269	0.1241
65	上海大学学报（社会科学版）	0.1215	0.1241	0.1232
66	云南师范大学学报（哲学社会科学版）	0.1259	0.1165	0.1198
67	徐州师范大学学报（哲学社会科学版）	0.1144	0.1222	0.1195
68	河北师范大学学报（哲学社会科学版）	0.1136	0.1212	0.1185
69	贵州师范大学学报（社会科学版）	0.1127	0.1203	0.1176
69	广西师范大学学报（哲学社会科学版）	0.1127	0.1203	0.1176
71	北京理工大学学报（社会科学版）	0.1118	0.1194	0.1167
72	天津大学学报（社会科学版）	0.1083	0.1156	0.1130
73	上海交通大学学报（哲学社会科学版）	0.1153	0.1090	0.1112
74	南昌大学学报（人文社会科学版）	0.1048	0.1119	0.1094
75	江西师范大学学报（哲学社会科学版）	0.1012	0.1081	0.1057
76	广西大学学报（哲学社会科学版）	0.0995	0.1062	0.1039
77	西北农林科技大学学报（社会科学版）	0.0977	0.1043	0.1020
78	重庆工商大学学报（西部论坛）	0.0968	0.1034	0.1011

续表

排序	期刊名称	总被引次数归一化值	他刊引用次数归一化值	综合值
78	扬州大学学报（人文社会科学版）	0.0968	0.1034	0.1011
80	福州大学学报（哲学社会科学版）	0.0977	0.1024	0.1008
81	浙江师范大学学报（社会科学版）	0.0959	0.1024	0.1001
81	烟台大学学报（哲学社会科学版）	0.0959	0.1024	0.1001
83	中国地质大学学报（社会科学版）	0.0951	0.1015	0.0993
83	东方论坛：青岛大学学报	0.0951	0.1015	0.0993
85	中国人民公安大学学报（社会科学版）	0.0933	0.0996	0.0974
86	东北大学学报（社会科学版）	0.0916	0.0978	0.0956
87	汕头大学学报（人文社会科学版）	0.0854	0.0912	0.0892
87	广州大学学报（社会科学版）	0.0854	0.0912	0.0892
89	济南大学学报（社会科学版）	0.0827	0.0883	0.0863
90	华侨大学学报（哲学社会科学版）	0.0819	0.0874	0.0855
91	南京农业大学学报（社会科学版）	0.0801	0.0855	0.0836
91	南都学坛：南阳师范学院人文社会科学学报	0.0801	0.0855	0.0836
93	中国农业大学学报（社会科学版）	0.0792	0.0846	0.0827
93	新疆师范大学学报（哲学社会科学版）	0.0792	0.0846	0.0827
93	哈尔滨学院学报	0.0792	0.0846	0.0827
96	中国矿业大学学报（社会科学版）	0.0784	0.0837	0.0818
97	湘潭师范学院学报（社会科学版）	0.0775	0.0827	0.0809
98	青海师范大学学报（哲学社会科学版）	0.0757	0.0808	0.0790
99	延安大学学报（社会科学版）	0.0722	0.0771	0.0754
99	吉首大学学报（社会科学版）	0.0722	0.0771	0.0754
101	重庆师范大学学报（哲学社会科学版）	0.0704	0.0752	0.0735
101	西华师范大学学报（哲学社会科学版）	0.0704	0.0752	0.0735
101	湖南科技大学学报（社会科学版）	0.0704	0.0752	0.0735
101	哈尔滨工业大学学报（社会科学版）	0.0704	0.0752	0.0735
105	沈阳师范大学学报（社会科学版）	0.0695	0.0742	0.0726
105	大连理工大学学报（社会科学版）	0.0695	0.0742	0.0726
107	中国石油大学学报（社会科学版）	0.0687	0.0733	0.0717
107	洛阳师范学院学报	0.0687	0.0733	0.0717

续表

排序	期刊名称	总被引次数归一化值	他刊引用次数归一化值	综合值
109	合肥工业大学学报（社会科学版）	0.0678	0.0724	0.0708
110	西南交通大学学报（社会科学版）	0.0660	0.0705	0.0689
111	信阳师范学院学报（哲学社会科学版）	0.0651	0.0696	0.0680
112	西安电子科技大学学报（社会科学版）	0.0643	0.0686	0.0671
112	河海大学学报（哲学社会科学版）	0.0643	0.0686	0.0671
112	固原师专学报	0.0643	0.0686	0.0671
115	北京科技大学学报（社会科学版）	0.0634	0.0677	0.0662
116	内蒙古师范大学学报（哲学社会科学版）	0.0625	0.0667	0.0652
117	海南大学学报（人文社会科学版）	0.0634	0.0658	0.0650
118	江苏教育学院学报（社会科学版）	0.0616	0.0658	0.0643
118	淮阴师范学院学报（哲学社会科学版）	0.0616	0.0658	0.0643
120	哈尔滨商业大学学报（社会科学版）	0.0607	0.0648	0.0634
121	中南大学学报（社会科学版）	0.0599	0.0639	0.0625
122	华南理工大学学报（社会科学版）	0.0590	0.0630	0.0616
123	山东理工大学学报（社会科学版）	0.0572	0.0611	0.0597
123	齐齐哈尔大学学报（哲学社会科学版）	0.0572	0.0611	0.0597
125	鲁东大学学报（哲学社会科学版）	0.0555	0.0592	0.0579
125	贵州大学学报（社会科学版）	0.0555	0.0592	0.0579
125	北京航空航天大学学报（社会科学版）	0.0555	0.0592	0.0579
128	重庆工商大学学报（社会科学版）	0.0546	0.0583	0.0570
128	绍兴文理学院学报（社科版）	0.0546	0.0583	0.0570
128	韶关学院学报	0.0546	0.0583	0.0570
128	南京理工大学学报（社会科学版）	0.0546	0.0583	0.0570
128	江苏大学学报（社会科学版）	0.0546	0.0583	0.0570
128	海南师范学院学报（社会科学版）	0.0546	0.0583	0.0570
128	长沙理工大学学报（社会科学版）	0.0546	0.0583	0.0570
128	安庆师范学院学报（社会科学版）	0.0546	0.0583	0.0570
136	中国海洋大学学报（社会科学版）	0.0519	0.0555	0.0542
136	华南农业大学学报（社会科学版）	0.0519	0.0555	0.0542
136	赣南师范学院学报	0.0519	0.0555	0.0542

续表

排序	期刊名称	总被引次数归一化值	他刊引用次数归一化值	综合值
136	成都大学学报（社会科学版）	0.0519	0.0555	0.0542
140	延边大学学报（社会科学版）	0.0510	0.0545	0.0533
140	许昌学院学报	0.0510	0.0545	0.0533
142	聊城大学学报（社会科学版）	0.0502	0.0536	0.0524
142	渤海大学学报（哲学社会科学版）	0.0502	0.0536	0.0524
144	山东科技大学学报（社会科学版）	0.0475	0.0508	0.0496
144	佛山科学技术学院学报（社会科学版）	0.0475	0.0508	0.0496
146	南通大学学报（社会科学版）	0.0467	0.0498	0.0487
147	重庆邮电大学学报（社会科学版）	0.0458	0.0489	0.0478
147	南华大学学报（社会科学版）	0.0458	0.0489	0.0478
147	佳木斯大学社会科学学报	0.0458	0.0489	0.0478
150	云南大学学报（社会科学版）	0.0449	0.0479	0.0469
150	嘉兴学院学报	0.0449	0.0479	0.0469
150	长江大学学报（社会科学版）	0.0449	0.0479	0.0469
153	武汉科技大学学报（社会科学版）	0.0431	0.0460	0.0450
153	南阳师范学院学报	0.0431	0.0460	0.0450
153	辽宁工程技术大学学报（社会科学版）	0.0431	0.0460	0.0450
153	吉林师范大学学报（人文社会科学版）	0.0431	0.0460	0.0450
153	湖南农业大学学报（社会科学版）	0.0431	0.0460	0.0450
153	北京工业大学学报（社会科学版）	0.0431	0.0460	0.0450
159	湛江师范学院学报	0.0423	0.0451	0.0441
160	淮北煤炭师范学院学报（哲学社会科学版）	0.0414	0.0442	0.0432
160	华中农业大学学报（社会科学版）	0.0414	0.0442	0.0432
162	北京林业大学学报（社会科学版）	0.0405	0.0432	0.0423
162	北京交通大学学报（社会科学版）	0.0405	0.0432	0.0423
164	三峡大学学报（人文社会科学版）	0.0396	0.0423	0.0414
164	宁波大学学报（人文科学版）	0.0396	0.0423	0.0414
164	南京航空航天大学学报（社会科学版）	0.0396	0.0423	0.0414
164	湖州师范学院学报	0.0396	0.0423	0.0414
168	西北工业大学学报（社会科学版）	0.0387	0.0414	0.0405

续表

排序	期刊名称	总被引次数归一化值	他刊引用次数归一化值	综合值
168	上饶师范学院学报	0.0387	0.0414	0.0405
168	山东农业大学学报（社会科学版）	0.0387	0.0414	0.0405
168	江南大学学报（人文社会科学版）	0.0387	0.0414	0.0405
168	安徽农业大学学报（社会科学版）	0.0387	0.0414	0.0405
173	泰山学院学报	0.0370	0.0395	0.0386
173	青岛科技大学学报（社会科学版）	0.0370	0.0395	0.0386
173	南京工业大学学报（社会科学版）	0.0370	0.0395	0.0386
173	河南教育学院学报（哲学社会科学版）	0.0370	0.0395	0.0386
177	苏州科技学院学报（社会科学版）	0.0361	0.0385	0.0377
177	怀化学院学报	0.0361	0.0385	0.0377
177	华北电力大学学报（社会科学版）	0.0361	0.0385	0.0377
180	乐山师范学院学报	0.0352	0.0376	0.0368
180	华东理工大学学报（社会科学版）	0.0352	0.0376	0.0368
180	衡阳师范学院学报	0.0352	0.0376	0.0368
180	广播电视大学学报（哲学社会科学版）	0.0352	0.0376	0.0368
184	商丘师范学院学报	0.0343	0.0367	0.0359
184	湖北师范学院学报（哲学社会科学版）	0.0343	0.0367	0.0359
186	郑州航空工业管理学院学报	0.0335	0.0357	0.0349
186	浙江树人大学学报	0.0335	0.0357	0.0349
186	太原师范学院学报（社会科学版）	0.0335	0.0357	0.0349
186	曲靖师范学院学报	0.0335	0.0357	0.0349
186	嘉应学院学报	0.0335	0.0357	0.0349
186	福建农林大学学报（社会科学版）	0.0335	0.0357	0.0349
186	北京邮电大学学报（社会科学版）	0.0335	0.0357	0.0349
193	浙江万里学院学报	0.0317	0.0338	0.0331
193	咸宁学院学报	0.0317	0.0338	0.0331
193	西藏大学学报	0.0317	0.0338	0.0331
193	皖西学院学报	0.0317	0.0338	0.0331
193	沈阳农业大学学报（社会科学版）	0.0317	0.0338	0.0331
193	龙岩学院学报	0.0317	0.0338	0.0331

续表

排序	期刊名称	总被引次数归一化值	他刊引用次数归一化值	综合值
193	华北水利水电学院学报（社科版）	0.0317	0.0338	0.0331
193	河南科技大学学报（社会科学版）	0.0317	0.0338	0.0331
193	长春师范学院学报（人文社会科学版）	0.0317	0.0338	0.0331
202	湖南文理学院学报（社会科学版）	0.0308	0.0329	0.0322
202	安徽工业大学学报（社会科学版）	0.0308	0.0329	0.0322
204	泉州师范学院学报	0.0299	0.0319	0.0312
204	湖南工程学院学报（社会科学版）	0.0299	0.0319	0.0312
206	燕山大学学报（哲学社会科学版）	0.0290	0.0310	0.0303
206	盐城师范学院学报（人文社会科学版）	0.0290	0.0310	0.0303
206	西安石油大学学报（社会科学版）	0.0290	0.0310	0.0303
206	南京晓庄学院学报	0.0290	0.0310	0.0303
206	宝鸡文理学院学报（社会科学版）	0.0290	0.0310	0.0303
211	温州师范学院学报	0.0282	0.0301	0.0294
211	天水师范学院学报	0.0282	0.0301	0.0294
211	太原理工大学学报（社会科学版）	0.0282	0.0301	0.0294
211	青岛大学师范学院学报	0.0282	0.0301	0.0294
211	江西农业大学学报（社会科学版）	0.0282	0.0301	0.0294
211	黄冈师范学院学报	0.0282	0.0301	0.0294
217	郑州航空工业管理学院学报（社会科学版）	0.0264	0.0282	0.0276

分析表24-9可以看出，高校人文社科综合性学报的被引总体水平偏低，65.44%的学报总被引次数以及他引次数不足35次；而被引次数高的学报不仅总数少，而且层次分明。排在首位的《北京大学学报（哲学社会科学版）》的被引综合值高达1；居于2—4位的《北京师范大学学报（社会科学版）》、《中国人民大学学报》、《复旦学报（社会科学版）》只有0.7左右；排第5—11名的《南京大学学报（哲学·人文科学·社会科学版）》等7种期刊的被引次数综合值则在0.5—0.4之间，在0.4—0.3之间的有10种期刊，0.3—0.2之间的也只有16种；0.2—0.1之间积聚了较多的期刊，总计45种，其他135种期刊均不超过0.1。

表24-9还显示，高校人文社科综合性学报的总被引次数归一化值、他引次数归一化值表现较为一致，且这样的状况占据了高校人文社科综合性学报的主体，这和高校人文社科综合性学报的整体高他引率不无关系。

24.3 高校人文社科综合性学报被引速率分析

被引次数从量的角度反映了高校人文社科综合性学报的现状，为了从引用速度的角度来评估高校人文社科综合性学报，我们引入了被引速率的指标。本章节中的被引速率是针对人文社科的学科特点在即年指数的基础上演化而来的（详见第 1 章），此项指标可测度期刊论文被利用的速度和期刊对学科发展过程中新的科学问题的快速反应程度，并可表征期刊对学术热点的反应速度。具体公式参见本书第 1 章。

24.3.1 总被引速率

本书所指总被引速率是指该刊在统计当年论文和前一年论文在当年被引用总次数与该刊当年和前一年发表的论文总数的比值。它反映了高校人文社科综合性学报对学术热点的跟踪和对前沿的反应能力。表 24-10 给出了 2004—2006 年高校人文社科综合性学报的总被引速率排名，并对其进行归一处理。

表 24-10　2004—2006 年高校人文社科综合性学报总被引速率

排序	期刊名称	2004 年	2005 年	2006 年	三年平均	归一化值
1	中国人民大学学报	0.2361	0.2021	0.1720	0.2034	1
2	北京大学学报（哲学社会科学版）	0.1778	0.2158	0.1946	0.1961	0.9641
3	南京大学学报（哲学·人文科学·社会科学版）	0.1270	0.1760	0.2532	0.1854	0.9115
4	南开学报（哲学社会科学版）	0.1221	0.1705	0.2402	0.1776	0.8732
5	北京师范大学学报（社会科学版）	0.0965	0.1623	0.2046	0.1545	0.7596
6	复旦学报（社会科学版）	0.0812	0.1240	0.2510	0.1521	0.7478
7	中山大学学报（社会科学版）	0.0926	0.1484	0.1722	0.1377	0.6770
8	东北师大学报（哲学社会科学版）	0.0965	0.1066	0.2097	0.1376	0.6765
9	吉林大学社会科学学报	0.0741	0.1319	0.1939	0.1333	0.6554
10	厦门大学学报（哲学社会科学版）	0.0784	0.1553	0.1225	0.1187	0.5836
11	四川大学学报（哲学社会科学版）	0.1259	0.1123	0.1174	0.1185	0.5826
12	华中师范大学学报（人文社会科学版）	0.0657	0.0717	0.1831	0.1068	0.5251
13	清华大学学报（哲学社会科学版）	0.1376	0.0674	0.1117	0.1056	0.5192
14	求是学刊	0.0899	0.0725	0.1463	0.1029	0.5059
15	陕西师范大学学报（哲学社会科学版）	0.1064	0.1115	0.0760	0.0980	0.4818
16	西北师大学报（社会科学版）	0.0234	0.0691	0.1841	0.0922	0.4533
16	浙江大学学报（人文社会科学版）	0.0741	0.0778	0.1246	0.0922	0.4533

续表

排序	期刊名称	2004 年	2005 年	2006 年	三年平均	归一化值
18	思想战线	0.0388	0.1033	0.1194	0.0872	0.4287
19	西南大学学报（人文社会科学版）	0.0612	0.1033	0.0923	0.0856	0.4208
20	西安交通大学学报（社会科学版）	0.0584	0.1087	0.0769	0.0813	0.3997
21	南京师大学报（社会科学版）	0.0707	0.0825	0.0901	0.0811	0.3987
22	山西大学学报（哲学社会科学版）	0.0725	0.0629	0.0901	0.0752	0.3697
23	南京农业大学学报（社会科学版）	0.0882	0.0690	0.0638	0.0737	0.3623
24	西北大学学报（哲学社会科学版）	0.0657	0.0934	0.0614	0.0735	0.3614
25	河北大学学报（哲学社会科学版）	0.0340	0.0492	0.1273	0.0702	0.3451
26	武汉大学学报（哲学社会科学版）	0.0906	0.0518	0.0643	0.0689	0.3387
27	郑州大学学报（哲学社会科学版）	0.0790	0.0652	0.0620	0.0687	0.3378
28	湖南大学学报（社会科学版）	0.0174	0.0590	0.1226	0.0663	0.3260
29	华东师范大学学报（哲学社会科学版）	0.0476	0.0829	0.0643	0.0649	0.3191
30	上海交通大学学报（哲学社会科学版）	0.0349	0.0488	0.1069	0.0635	0.3122
31	天津师范大学学报（社会科学版）	0.0345	0.0568	0.0899	0.0604	0.2970
32	兰州大学学报（社会科学版）	0.0316	0.0481	0.0948	0.0582	0.2861
33	湘潭大学学报（哲学社会科学版）	0.0168	0.0587	0.0923	0.0559	0.2748
34	暨南学报（哲学社会科学版）	0.0473	0.0369	0.0796	0.0546	0.2684
35	山东大学学报（哲学社会科学版）	0.0159	0.0536	0.0927	0.0541	0.2660
36	河南师范大学学报（哲学社会科学版）	0.0124	0.0602	0.0791	0.0506	0.2488
37	中国农业大学学报（社会科学版）	0.0244	0.0405	0.0854	0.0501	0.2463
38	首都师范大学学报（社会科学版）	0.0494	0.0385	0.0551	0.0477	0.2345
39	华中科技大学学报（社会科学版）	0.0181	0.0292	0.0918	0.0464	0.2281
40	同济大学学报（社会科学版）	0.0446	0.0287	0.0655	0.0463	0.2276
41	北京工商大学学报（社会科学版）	0.0350	0.0524	0.0500	0.0458	0.2252
42	杭州师范学院学报（社会科学版）	0.0255	0.0485	0.0604	0.0448	0.2203
43	齐鲁学刊	0.0195	0.0335	0.0803	0.0444	0.2183
44	湖南师范大学社会科学学报	0.0369	0.0402	0.0554	0.0442	0.2173
45	烟台大学学报（哲学社会科学版）	0.0282	0.0227	0.0814	0.0441	0.2168
46	华南农业大学学报（社会科学版）	0.0329	0.0476	0.0463	0.0423	0.2080
47	中国地质大学学报（社会科学版）	0.0154	0.0565	0.0539	0.0419	0.2060
48	华南师范大学学报（社会科学版）	0.0385	0.0275	0.0577	0.0412	0.2026

续表

排序	期刊名称	2004年	2005年	2006年	三年平均	归一化值
49	宁夏大学学报（人文社会科学版）	0.0602	0.0239	0.0384	0.0408	0.2006
50	深圳大学学报（人文社会科学版）	0.0397	0.0414	0.0393	0.0401	0.1971
51	东南大学学报（哲学社会科学版）	0.0231	0.0346	0.0523	0.0367	0.1804
52	福建师范大学学报（哲学社会科学版）	0.0213	0.0427	0.0449	0.0363	0.1785
53	苏州大学学报（哲学社会科学版）	0.0264	0.0376	0.0440	0.0360	0.1770
54	广西师范大学学报（哲学社会科学版）	0.0078	0.0551	0.0432	0.0354	0.1740
55	中国人民公安大学学报（社会科学版）	0.0172	0.0402	0.0471	0.0348	0.1711
56	安徽大学学报（哲学社会科学版）	0.0202	0.0411	0.0429	0.0347	0.1706
57	重庆大学学报（社会科学版）	0.0234	0.0468	0.0329	0.0344	0.1691
58	云南大学学报（社会科学版）	0.0429	0.0290	0.0294	0.0338	0.1662
59	安徽师范大学学报（人文社会科学版）	0.0037	0.0320	0.0621	0.0326	0.1603
60	湖南科技大学学报（社会科学版）	0.0027	0.0326	0.0621	0.0325	0.1598
61	武汉大学学报（人文科学版）	0.0175	0.0301	0.0492	0.0323	0.1588
62	天津大学学报（社会科学版）	0.0284	0.0207	0.0457	0.0316	0.1554
62	中南大学学报（社会科学版）	0.0198	0.0260	0.0491	0.0316	0.1554
64	东北大学学报（社会科学版）	0.0308	0.0379	0.0250	0.0312	0.1534
65	四川师范大学学报（社会科学版）	0.0319	0.0201	0.0408	0.0309	0.1519
66	湖北大学学报（哲学社会科学版）	0.0351	0.0161	0.0405	0.0306	0.1504
67	大连理工大学学报（社会科学版）	0.0123	0.0305	0.0488	0.0305	0.1500
67	武汉理工大学学报（社会科学版）	0.0239	0.0496	0.0179	0.0305	0.1500
69	辽宁大学学报（哲学社会科学版）	0.0340	0.0252	0.0265	0.0286	0.1406
70	北京航空航天大学学报（社会科学版）	0.0294	0.0216	0.0338	0.0283	0.1391
71	福州大学学报（哲学社会科学版）	0.0115	0.0056	0.0670	0.0280	0.1377
71	云南师范大学学报（哲学社会科学版）	0.0166	0.0294	0.0381	0.0280	0.1377
73	北京交通大学学报（社会科学版）	0.0216	0.0227	0.0385	0.0276	0.1357
74	内蒙古大学学报（人文·社会科学版）	0.0297	0	0.0523	0.0273	0.1342
75	江苏大学学报（社会科学版）	0.0180	0.0290	0.0333	0.0268	0.1318
76	贵州师范大学学报（社会科学版）	0.0125	0.0319	0.0357	0.0267	0.1313
77	海南大学学报（人文社会科学版）	0.0227	0.0287	0.0283	0.0266	0.1308
78	上海师范大学学报（哲学社会科学版）	0.0255	0.0205	0.0336	0.0265	0.1303
79	西北农林科技大学学报（社会科学版）	0.0194	0.0259	0.0338	0.0264	0.1298

续表

排序	期刊名称	2004年	2005年	2006年	三年平均	归一化值
80	山西师大学报（社会科学版）	0.0138	0.0287	0.0364	0.0263	0.1293
81	北京理工大学学报（社会科学版）	0.0059	0.0299	0.0427	0.0262	0.1288
82	内蒙古师范大学学报（哲学社会科学版）	0.0137	0.0272	0.0375	0.0261	0.1283
83	河南大学学报（社会科学版）	0.0227	0.0204	0.0332	0.0254	0.1249
84	北京林业大学学报（社会科学版）	0.0143	0.0373	0.0231	0.0249	0.1224
85	江西师范大学学报（哲学社会科学版）	0.0211	0.0293	0.0228	0.0244	0.1200
86	西南交通大学学报（社会科学版）	0.0067	0.0398	0.0254	0.0240	0.1180
87	汕头大学学报（人文社会科学版）	0.0244	0.0044	0.0426	0.0238	0.1170
88	浙江师范大学学报（社会科学版）	0.0180	0.0159	0.0372	0.0237	0.1165
89	苏州科技学院学报（社会科学版）	0.0142	0.0324	0.0191	0.0219	0.1077
90	中国海洋大学学报（社会科学版）	0.0070	0.0394	0.0187	0.0217	0.1067
91	山东师范大学学报（人文社会科学版）	0.0173	0.0220	0.0248	0.0214	0.1052
92	青岛科技大学学报（社会科学版）	0.0237	0.0151	0.0249	0.0212	0.1042
92	西藏大学学报	0	0.0405	0.0231	0.0212	0.1042
92	新疆大学学报（哲学·人文社会科学版）	0	0.0133	0.0503	0.0212	0.1042
95	广州大学学报（社会科学版）	0.0099	0.0281	0.0253	0.0211	0.1037
96	中国矿业大学学报（社会科学版）	0.0269	0.0120	0.0242	0.0210	0.1032
97	郑州航空工业管理学院学报	0.0062	0.0395	0.0158	0.0205	0.1008
98	华侨大学学报（哲学社会科学版）	0.0180	0.0123	0.0309	0.0204	0.1003
99	河北师范大学学报（哲学社会科学版）	0.0059	0.0156	0.0390	0.0202	0.0993
100	扬州大学学报（人文社会科学版）	0.0139	0.0276	0.0178	0.0198	0.0973
101	上海大学学报（社会科学版）	0.0116	0.0081	0.0395	0.0197	0.0969
102	电子科技大学学报（社科版）	0.0330	0.0132	0.0123	0.0195	0.0959
103	广西大学学报（哲学社会科学版）	0.0269	0.0194	0.0120	0.0194	0.0954
104	武汉科技大学学报（社会科学版）	0.0047	0.0369	0.0159	0.0192	0.0944
105	湖南农业大学学报（社会科学版）	0.0134	0.0237	0.0195	0.0189	0.0929
106	青海师范大学学报（哲学社会科学版）	0.0024	0.0228	0.0312	0.0188	0.0924
107	新疆师范大学学报（哲学社会科学版）	0.0077	0.0135	0.0345	0.0186	0.0914
108	长沙理工大学学报（社会科学版）	0.0136	0.0183	0.0229	0.0183	0.0900
109	南都学坛：南阳师范学院人文社会科学学报	0.0077	0.0162	0.0308	0.0182	0.0895
109	山东农业大学学报（社会科学版）	0.0169	0.0091	0.0287	0.0182	0.0895

续表

排序	期刊名称	2004 年	2005 年	2006 年	三年平均	归一化值
111	吉首大学学报（社会科学版）	0.0197	0.0164	0.0175	0.0179	0.0880
112	华南理工大学学报（社会科学版）	0.0209	0.0092	0.0231	0.0177	0.0870
113	浙江树人大学学报	0.0208	0.0125	0.0191	0.0175	0.0860
114	东方论坛：青岛大学学报	0.0034	0.0174	0.0315	0.0174	0.0855
115	哈尔滨工业大学学报（社会科学版）	0.0156	0.0064	0.0299	0.0173	0.0851
115	中国石油大学学报（社会科学版）	0.0174	0.0247	0.0097	0.0173	0.0851
117	南昌大学学报（人文社会科学版）	0.0053	0.0101	0.0354	0.0169	0.0831
117	山东理工大学学报（社会科学版）	0	0.0357	0.0151	0.0169	0.0831
119	辽宁师范大学学报（社会科学版）	0.0160	0.0156	0.0181	0.0166	0.0816
120	徐州师范大学学报（哲学社会科学版）	0.0060	0.0170	0.0266	0.0165	0.0811
121	福建农林大学学报（社会科学版）	0.0096	0.0100	0.0296	0.0164	0.0806
122	重庆工商大学学报（社会科学版）	0.0089	0.0353	0.0042	0.0161	0.0792
123	合肥工业大学学报（社会科学版）	0.0063	0.0284	0.0127	0.0158	0.0777
124	济南大学学报（社会科学版）	0.0125	0.0170	0.0174	0.0156	0.0767
125	哈尔滨商业大学学报（社会科学版）	0.0116	0.0179	0.0164	0.0153	0.0752
125	华东理工大学学报（社会科学版）	0.0155	0.0203	0.0100	0.0153	0.0752
125	南通大学学报（社会科学版）	0.0166	0.0143	0.0150	0.0153	0.0752
128	淮阴师范学院学报（哲学社会科学版）	0.0061	0.0216	0.0180	0.0152	0.0747
129	北京邮电大学学报（社会科学版）	0.0131	0.0250	0.0069	0.0150	0.0737
130	北京科技大学学报（社会科学版）	0.0194	0.0109	0.0142	0.0148	0.0728
131	北京工业大学学报（社会科学版）	0	0.0186	0.0250	0.0145	0.0713
132	山东科技大学学报（社会科学版）	0.0138	0.0226	0.0047	0.0137	0.0674
133	河南科技大学学报（社会科学版）	0.0044	0.0178	0.0180	0.0134	0.0659
133	南京体育学院学报（社会科学版）	0.0145	0.0105	0.0153	0.0134	0.0659
135	江南大学学报（人文社会科学版）	0.0083	0.0183	0.0132	0.0133	0.0654
135	南华大学学报（社会科学版）	0.0118	0.0087	0.0193	0.0133	0.0654
137	西安电子科技大学学报（社会科学版）	0.0093	0.0132	0.0168	0.0131	0.0644
138	湖南工程学院学报（社会科学版）	0.0132	0	0.0249	0.0127	0.0624
139	海南师范学院学报（社会科学版）	0.0077	0.0024	0.0267	0.0123	0.0605
140	西安石油大学学报（社会科学版）	0.0169	0.0064	0.0134	0.0122	0.0600
141	许昌学院学报	0.0130	0.0120	0.0111	0.0120	0.0590

续表

排序	期刊名称	2004年	2005年	2006年	三年平均	归一化值
142	固原师专学报	0.0053	0.0130	0.0175	0.0119	0.0585
143	华中农业大学学报（社会科学版）	0.0126	0.0087	0.0135	0.0116	0.0570
143	三峡大学学报（人文社会科学版）	0.0063	0.0156	0.0129	0.0116	0.0570
145	广播电视大学学报（哲学社会科学版）	0.0035	0.0205	0.0101	0.0114	0.0560
145	河海大学学报（哲学社会科学版）	0.0044	0.0146	0.0151	0.0114	0.0560
145	吉林师范大学学报（人文社会科学版）	0.0070	0.0199	0.0072	0.0114	0.0560
145	南京工业大学学报（社会科学版）	0.0164	0.0117	0.0060	0.0114	0.0560
149	江西农业大学学报（社会科学版）	0.0051	0.0144	0.0144	0.0113	0.0556
149	信阳师范学院学报（哲学社会科学版）	0.0102	0.0105	0.0132	0.0113	0.0556
151	嘉兴学院学报	0.0090	0.0066	0.0178	0.0111	0.0546
151	重庆师范大学学报（哲学社会科学版）	0	0.0151	0.0182	0.0111	0.0546
153	辽宁工程技术大学学报（社会科学版）	0.0099	0.0144	0.0057	0.0100	0.0492
154	河南教育学院学报（哲学社会科学版）	0.0055	0.0132	0.0109	0.0099	0.0487
154	湖南文理学院学报（社会科学版）	0.0025	0.0188	0.0083	0.0099	0.0487
154	南阳师范学院学报	0.0024	0.0084	0.0190	0.0099	0.0487
157	太原理工大学学报（社会科学版）	0.0183	0	0.0105	0.0096	0.0472
158	沈阳师范大学学报（社会科学版）	0.0058	0.0134	0.0094	0.0095	0.0467
158	太原师范学院学报（社会科学版）	0.0119	0.0053	0.0112	0.0095	0.0467
160	鲁东大学学报（哲学社会科学版）	0.0081	0.0038	0.0156	0.0092	0.0452
160	重庆工商大学学报（西部论坛）	0.0055	0.0050	0.0170	0.0092	0.0452
162	曲靖师范学院学报	0.0098	0.0100	0.0075	0.0091	0.0447
163	延安大学学报（社会科学版）	0.0080	0.0080	0.0109	0.0090	0.0442
164	上饶师范学院学报	0.0059	0.0087	0.0118	0.0088	0.0433
165	青岛大学师范学院学报	0.0050	0.0050	0.0162	0.0087	0.0428
165	宁波大学学报（人文版）	0	0.0126	0.0136	0.0087	0.0428
167	湘潭师范学院学报（社会科学版）	0.0097	0.0061	0.0098	0.0085	0.0418
168	衡阳师范学院学报	0.0067	0.0041	0.0138	0.0082	0.0403
169	华北电力大学学报（社会科学版）	0.0046	0.0084	0.0114	0.0081	0.0398
169	南京理工大学学报（社会科学版）	0.0083	0.0039	0.0120	0.0081	0.0398
171	燕山大学学报（哲学社会科学版）	0.0120	0.0121	0	0.0080	0.0393
172	聊城大学学报（社会科学版）	0.0024	0.0123	0.0091	0.0079	0.0388

续表

排序	期刊名称	2004年	2005年	2006年	三年平均	归一化值
172	西北工业大学学报（社会科学版）	0	0.0046	0.0190	0.0079	0.0388
174	安庆师范学院学报（社会科学版）	0.0040	0.0083	0.0112	0.0078	0.0383
175	贵州大学学报（社会科学版）	0.0167	0.0065	0	0.0077	0.0379
176	南京晓庄学院学报	0.0048	0.0080	0.0101	0.0076	0.0374
177	佛山科学技术学院学报（社会科学版）	0.0042	0.0144	0.0036	0.0074	0.0364
178	湛江师范学院学报	0.0077	0.0071	0.0070	0.0073	0.0359
179	重庆邮电大学学报（社会科学版）	0.0044	0.0090	0.0082	0.0072	0.0354
180	成都大学学报（社会科学版）	0.0063	0.0050	0.0101	0.0071	0.0349
181	渤海大学学报（哲学社会科学版）	0.0022	0.0089	0.0089	0.0067	0.0329
182	安徽农业大学学报（社会科学版）	0.0046	0.0067	0.0085	0.0066	0.0324
182	西华师范大学学报（哲学社会科学版）	0.0021	0.0108	0.0069	0.0066	0.0324
184	绍兴文理学院学报（社科版）	0.0066	0.0054	0.0075	0.0065	0.0320
184	沈阳农业大学学报（社会科学版）	0	0.0148	0.0046	0.0065	0.0320
184	温州师范学院学报	0.0123	0	0.0072	0.0065	0.0320
187	宝鸡文理学院学报（社会科学版）	0	0.0094	0.0098	0.0064	0.0315
187	哈尔滨学院学报	0.0045	0.0085	0.0061	0.0064	0.0315
189	长江大学学报（社会科学版）	0.0095	0	0.0094	0.0063	0.0310
189	南京航空航天大学学报（社会科学版）	0.0189	0	0	0.0063	0.0310
191	湖北师范学院学报（哲学社会科学版）	0.0063	0.0050	0.0068	0.0060	0.0295
192	淮北煤炭师范学院学报（哲学社会科学版）	0.0072	0.0054	0.0052	0.0059	0.0290
193	商丘师范学院学报	0.0013	0.0066	0.0096	0.0058	0.0285
193	盐城师范学院学报（人文社会科学版）	0	0.0075	0.0099	0.0058	0.0285
195	怀化学院学报	0.0038	0.0092	0.0040	0.0057	0.0280
195	江苏教育学院学报（社会科学版）	0.0089	0.0021	0.0062	0.0057	0.0280
197	韶关学院学报	0.0037	0.0057	0.0074	0.0056	0.0275
198	华北水利水电学院学报（社科版）	0	0.0129	0.0036	0.0055	0.0270
199	延边大学学报（社会科学版）	0.0050	0	0.0113	0.0054	0.0265
200	湖州师范学院学报	0.0024	0.0046	0.0090	0.0053	0.0261
201	安徽工业大学学报（社会科学版）	0	0.0065	0.0091	0.0052	0.0256
202	天水师范学院学报	0.0023	0	0.0129	0.0051	0.0251
203	泉州师范学院学报	0	0.0061	0.0090	0.0050	0.0246

续表

排序	期刊名称	2004年	2005年	2006年	三年平均	归一化值
204	齐齐哈尔大学学报（哲学社会科学版）	0.0031	0.0065	0.0045	0.0047	0.0231
205	洛阳师范学院学报	0.0033	0.0016	0.0090	0.0046	0.0226
205	浙江万里学院学报	0.0022	0.0038	0.0079	0.0046	0.0226
207	赣南师范学院学报	0.0055	0.0080	0	0.0045	0.0221
208	龙岩学院学报	0.0031	0.0031	0.0069	0.0044	0.0216
209	咸宁学院学报	0.0016	0.0028	0.0063	0.0036	0.0177
209	郑州航空工业管理学院学报（社会科学版）	0	0.0059	0.0050	0.0036	0.0177
211	嘉应学院学报	0.0051	0.0024	0.0026	0.0034	0.0167
212	黄冈师范学院学报	0.0032	0.0032	0.0032	0.0032	0.0157
213	长春师范学院学报（人文社会科学版）	0.0014	0.0018	0.0062	0.0031	0.0152
214	泰山学院学报	0.0056	0.0027	0	0.0028	0.0138
214	皖西学院学报	0.0017	0.0050	0.0018	0.0028	0.0138
216	佳木斯大学社会科学学报	0.0012	0.0043	0.0023	0.0026	0.0128
216	乐山师范学院学报	0	0.0045	0.0033	0.0026	0.0128

由表24-10可知，高校人文社科综合性学报的总被引速率水平偏低，2004—2006年的平均值仅为0.0314，这就意味着在高校人文社科综合性学报当年和前一年发表的论文中只有3.14%的比例为当年论文引用，而哲学类期刊在三年间的平均值为7.24%（参见本书第3章），两者相比差距显著，因此，从整体来说高校人文社科综合性学报在追踪学术前沿、把握科研热点上还有待加强。

然而，在此期间很多高校人文社科综合性学报已经意识到了自身的不足，在2004—2006年间其总被引速率不断提升，涨势喜人：2004年度总被引速率平均值仅为0.0231，到2005年跃升到0.0306，2006年度则达到0.04，共上涨了68个百分点。其中，涨势最为明显的是《湖南科技大学学报（社会科学版）》，该刊在三年间的总被引速率分别为0.0027、0.0326、0.0621，涨幅位居所有学报之首，增长值达22倍之多。相比较而言，部分学报的总被引速率则连年下滑，需要引起重视，它们依次为：《湛江师范学院学报》、《淮北煤炭师范学院学报（哲学社会科学版）》、《郑州大学学报（哲学社会科学版）》、《电子科技大学学报（社科版）》、《许昌学院学报》、《南京农业大学学报（社会科学版）》、《中国人民大学学报》、《广西大学学报（哲学社会科学版）》、《南京工业大学学报（社会科学版）》、《贵州大学学报（社会科学版）》、《泰山学院学报》。以上学报须尽快加强刊载论文的前沿性和实用性，并缩短出版周期，保证论文与科研的实时性。

我们将表 24-7 和表 24-10 相关联发现，从数值上看，高校人文社科综合性学报的总被引次数和总被引速率虽不完全一致，但两者之间存在很大的相关性，总被引次数高的学报其总被引速率往往也高。由此我们推断，受学者关注程度高的学报往往与前沿性、热点性强的论文关系更为密切。从分布状况看，高校人文社科综合性学报在总被引次数上的分布两极分化明显，位居首位的《北京大学学报（哲学社会科学版）》的总被引次数为 378.67，接近位居末位的《乐山师范学院学报》的 38 倍；而高校人文社科综合性学报在总被引速率上的分布两极分化则更为严重，位居首位的《中国人民大学学报》的平均总被引速率为 0.2034，超过位居末位的《乐山师范学院学报》77 倍。分析学报总被引速率较低的原因：其一，作为综合性期刊，被单个学术领域的关注度不够；其二，期刊的选题分散，对各学科热点的把握不够；其三，各学科学者对自己最早提出的理论、观点、方法等更愿意发表在本学科的专业期刊上。

24.3.2 其他期刊引用速率

和被引次数引入他刊引用的指标相似，我们在期刊的总被引速率之外增加了其他期刊引用速率（也称他刊引用速率），一方面可以抵消用不恰当的人为自引提高引用速率而产生的虚假情况，另一方面也可以均衡来源期刊和非来源期刊间存在的被引的不平等性。在本小节中，他刊引用速率中采用的当年论文以及前一年论文在当年被引用总次数的数据依然由 CSSCI 数据库提供，其中的 166 种非 CSSCI 来源期刊不存在自引状况，因此，这些期刊的他刊引用速率与总被引速率相等。表 24-11 为 2004—2006 年间高校人文社科综合性学报的他刊引用速率的详细状况。

表 24-11　　2004—2006 年高校人文社科综合性学报他刊引用速率

排序	期刊名称	2004 年	2005 年	2006 年	三年平均	归一化值
1	中国人民大学学报	0.2257	0.1950	0.1649	0.1952	1
2	北京大学学报（哲学社会科学版）	0.1704	0.2089	0.1879	0.1891	0.9688
3	南开学报（哲学社会科学版）	0.1174	0.1613	0.2358	0.1715	0.8786
4	北京师范大学学报（社会科学版）	0.0965	0.1623	0.2046	0.1545	0.7915
5	南京大学学报（哲学·人文科学·社会科学版）	0.1189	0.1717	0.1674	0.1527	0.7823
6	复旦学报（社会科学版）	0.0812	0.1160	0.2428	0.1467	0.7515
7	吉林大学社会科学学报	0.0535	0.1282	0.1837	0.1218	0.6240
8	中山大学学报（社会科学版）	0.0889	0.1166	0.1392	0.1149	0.5886
9	厦门大学学报（哲学社会科学版）	0.0588	0.1505	0.1176	0.1090	0.5584
10	清华大学学报（哲学社会科学版）	0.1376	0.0674	0.1066	0.1039	0.5323

续表

排序	期刊名称	2004年	2005年	2006年	三年平均	归一化值
11	求是学刊	0.0899	0.0688	0.1395	0.0994	0.5092
12	四川大学学报（哲学社会科学版）	0.0952	0.0807	0.1061	0.0940	0.4816
13	华中师范大学学报（人文社会科学版）	0.0450	0.0651	0.1627	0.0909	0.4657
14	西北师大学报（社会科学版）	0.0234	0.0691	0.1556	0.0827	0.4237
15	浙江大学学报（人文社会科学版）	0.0593	0.0634	0.1130	0.0786	0.4027
16	南京师大学报（社会科学版）	0.0671	0.0698	0.0871	0.0747	0.3827
17	南京农业大学学报（社会科学版）	0.0882	0.0690	0.0638	0.0737	0.3776
18	东北大学报（哲学社会科学版）	0.0386	0.0564	0.1237	0.0729	0.3735
19	西安交通大学学报（社会科学版）	0.0584	0.1087	0.0414	0.0695	0.3560
20	武汉大学学报（哲学社会科学版）	0.0906	0.0518	0.0643	0.0689	0.3530
21	思想战线	0.0360	0.0638	0.1032	0.0677	0.3468
22	湖南大学学报（社会科学版）	0.0174	0.0590	0.1226	0.0663	0.3397
23	陕西师范大学学报（哲学社会科学版）	0.0532	0.0852	0.0600	0.0661	0.3386
24	天津师范大学学报（社会科学版）	0.0345	0.0568	0.0899	0.0604	0.3094
25	西南大学学报（人文社会科学版）	0.0431	0.0593	0.0766	0.0597	0.3058
26	上海交通大学学报（哲学社会科学版）	0.0349	0.0488	0.0943	0.0593	0.3038
27	湘潭大学学报（哲学社会科学版）	0.0168	0.0587	0.0923	0.0559	0.2864
28	华东师范大学学报（哲学社会科学版）	0.0333	0.0634	0.0643	0.0537	0.2751
29	山西大学学报（哲学社会科学版）	0.0453	0.0359	0.0751	0.0521	0.2669
30	河南师范大学学报（哲学社会科学版）	0.0124	0.0602	0.0791	0.0506	0.2592
31	中国农业大学学报（社会科学版）	0.0244	0.0405	0.0854	0.0501	0.2567
32	山东大学学报（哲学社会科学版）	0.0159	0.0536	0.0762	0.0486	0.2490
33	兰州大学学报（社会科学版）	0.0285	0.0385	0.0784	0.0485	0.2485
34	首都师范大学学报（社会科学版）	0.0494	0.0385	0.0515	0.0465	0.2382
35	同济大学学报（社会科学版）	0.0446	0.0287	0.0655	0.0463	0.2372
36	郑州大学学报（哲学社会科学版）	0.0374	0.0453	0.0534	0.0454	0.2326
37	杭州师范学院学报（社会科学版）	0.0255	0.0485	0.0604	0.0448	0.2295
38	北京工商大学学报（社会科学版）	0.0350	0.0524	0.0464	0.0446	0.2285
39	烟台大学学报（哲学社会科学版）	0.0282	0.0227	0.0814	0.0441	0.2259
40	暨南学报（哲学社会科学版）	0.0473	0.0369	0.0478	0.0440	0.2254
41	西北大学学报（哲学社会科学版）	0.0268	0.0488	0.0551	0.0436	0.2234

续表

排序	期刊名称	2004 年	2005 年	2006 年	三年平均	归一化值
42	华南农业大学学报（社会科学版）	0.0329	0.0476	0.0463	0.0423	0.2167
43	中国地质大学学报（社会科学版）	0.0154	0.0565	0.0539	0.0419	0.2147
44	华中科技大学学报（社会科学版）	0.0181	0.0292	0.0714	0.0396	0.2029
45	湖南师范大学社会科学学报	0.0338	0.0341	0.0431	0.0370	0.1895
46	苏州大学学报（哲学社会科学版）	0.0264	0.0376	0.0440	0.0360	0.1844
47	东南大学学报（哲学社会科学版）	0.0231	0.0346	0.0492	0.0356	0.1824
48	齐鲁学刊	0.0195	0.0335	0.0535	0.0355	0.1819
49	广西师范大学学报（哲学社会科学版）	0.0078	0.0551	0.0432	0.0354	0.1814
50	中国人民公安大学学报（社会科学版）	0.0172	0.0402	0.0471	0.0348	0.1783
51	深圳大学学报（人文社会科学版）	0.0298	0.0414	0.0328	0.0347	0.1778
52	重庆大学学报（社会科学版）	0.0234	0.0468	0.0329	0.0344	0.1762
53	云南大学学报（社会科学版）	0.0429	0.0290	0.0294	0.0338	0.1732
54	福建师范大学学报（哲学社会科学版）	0.0213	0.0427	0.0365	0.0335	0.1716
55	安徽师范大学学报（人文社会科学版）	0.0037	0.0320	0.0621	0.0326	0.1670
56	湖南科技大学学报（社会科学版）	0.0027	0.0326	0.0621	0.0325	0.1665
57	武汉大学学报（人文科学版）	0.0175	0.0301	0.0492	0.0323	0.1655
58	中南大学学报（社会科学版）	0.0198	0.0260	0.0491	0.0316	0.1619
58	天津大学学报（社会科学版）	0.0284	0.0207	0.0457	0.0316	0.1619
60	东北大学学报（社会科学版）	0.0308	0.0379	0.0250	0.0312	0.1598
61	湖北大学学报（哲学社会科学版）	0.0351	0.0161	0.0405	0.0306	0.1568
62	大连理工大学学报（社会科学版）	0.0123	0.0305	0.0488	0.0305	0.1563
62	武汉理工大学学报（社会科学版）	0.0239	0.0496	0.0179	0.0305	0.1563
64	安徽大学学报（哲学社会科学版）	0.0202	0.0384	0.0322	0.0303	0.1552
65	华南师范大学学报（社会科学版）	0.0178	0.0248	0.0467	0.0298	0.1527
66	辽宁大学学报（哲学社会科学版）	0.0340	0.0252	0.0265	0.0286	0.1465
67	北京航空航天大学学报（社会科学版）	0.0294	0.0216	0.0338	0.0283	0.1450
68	福州大学学报（哲学社会科学版）	0.0115	0.0056	0.0670	0.0280	0.1434
69	北京交通大学学报（社会科学版）	0.0216	0.0227	0.0385	0.0276	0.1414
70	江苏大学学报（社会科学版）	0.0180	0.0290	0.0333	0.0268	0.1373
71	贵州师范大学学报（社会科学版）	0.0125	0.0319	0.0357	0.0267	0.1368
71	宁夏大学学报（人文社会科学版）	0.0430	0.0106	0.0264	0.0267	0.1368

续表

排序	期刊名称	2004年	2005年	2006年	三年平均	归一化值
73	西北农林科技大学学报（社会科学版）	0.0194	0.0259	0.0338	0.0264	0.1352
74	山西师大学报（社会科学版）	0.0138	0.0287	0.0364	0.0263	0.1347
75	北京理工大学学报（社会科学版）	0.0059	0.0299	0.0427	0.0262	0.1342
75	内蒙古大学学报（人文·社会科学版）	0.0297	0	0.0488	0.0262	0.1342
77	内蒙古师范大学学报（哲学社会科学版）	0.0137	0.0272	0.0375	0.0261	0.1337
78	河南大学学报（社会科学版）	0.0227	0.0204	0.0332	0.0254	0.1301
79	上海师范大学学报（哲学社会科学版）	0.0255	0.0205	0.0299	0.0253	0.1296
80	海南大学学报（人文社会科学版）	0.0227	0.0287	0.0236	0.0250	0.1281
81	北京林业大学学报（社会科学版）	0.0143	0.0373	0.0231	0.0249	0.1276
82	江西师范大学学报（哲学社会科学版）	0.0211	0.0293	0.0228	0.0244	0.1250
83	西南交通大学学报（社会科学版）	0.0067	0.0398	0.0254	0.0240	0.1230
84	汕头大学学报（人文社会科学版）	0.0244	0.0044	0.0426	0.0238	0.1219
85	浙江师范大学学报（社会科学版）	0.0180	0.0159	0.0372	0.0237	0.1214
86	云南师范大学学报（哲学社会科学版）	0.0166	0.0294	0.0205	0.0222	0.1137
87	苏州科技学院学报（社会科学版）	0.0142	0.0324	0.0191	0.0219	0.1122
88	四川师范大学学报（社会科学版）	0.0248	0.0101	0.0306	0.0218	0.1117
89	中国海洋大学学报（社会科学版）	0.0070	0.0394	0.0187	0.0217	0.1112
90	山东师范大学学报（人文社会科学版）	0.0173	0.0220	0.0248	0.0214	0.1096
91	青岛科技大学学报（社会科学版）	0.0237	0.0151	0.0249	0.0212	0.1086
91	西藏大学学报	0	0.0405	0.0231	0.0212	0.1086
91	新疆大学学报（哲学·人文社会科学版）	0	0.0133	0.0503	0.0212	0.1086
94	广州大学学报（社会科学版）	0.0099	0.0281	0.0253	0.0211	0.1081
95	中国矿业大学学报（社会科学版）	0.0269	0.0120	0.0242	0.0210	0.1076
96	河北大学学报（哲学社会科学版）	0.0093	0.0207	0.0318	0.0206	0.1055
97	郑州航空工业管理学院学报	0.0062	0.0395	0.0158	0.0205	0.1050
98	华侨大学学报（哲学社会科学版）	0.0180	0.0123	0.0309	0.0204	0.1045
99	河北师范大学学报（哲学社会科学版）	0.0059	0.0156	0.0390	0.0202	0.1035
100	扬州大学学报（人文社会科学版）	0.0139	0.0276	0.0178	0.0198	0.1014
101	电子科技大学学报（社科版）	0.0330	0.0132	0.0123	0.0195	0.0999
102	广西大学学报（哲学社会科学版）	0.0269	0.0194	0.0120	0.0194	0.0994
103	武汉科技大学学报（社会科学版）	0.0047	0.0369	0.0159	0.0192	0.0984

续表

排序	期刊名称	2004年	2005年	2006年	三年平均	归一化值
104	湖南农业大学学报（社会科学版）	0.0134	0.0237	0.0195	0.0189	0.0968
105	青海师范大学学报（哲学社会科学版）	0.0024	0.0228	0.0312	0.0188	0.0963
106	上海大学学报（社会科学版）	0.0116	0.0081	0.0362	0.0186	0.0953
106	新疆师范大学学报（哲学社会科学版）	0.0077	0.0135	0.0345	0.0186	0.0953
108	长沙理工大学学报（社会科学版）	0.0136	0.0183	0.0229	0.0183	0.0938
109	南都学坛：南阳师范学院人文社会科学学报	0.0077	0.0162	0.0308	0.0182	0.0932
109	山东农业大学学报（社会科学版）	0.0169	0.0091	0.0287	0.0182	0.0932
111	吉首大学学报（社会科学版）	0.0197	0.0164	0.0175	0.0179	0.0917
112	华南理工大学学报（社会科学版）	0.0209	0.0092	0.0231	0.0177	0.0907
113	浙江树人大学学报	0.0208	0.0125	0.0191	0.0175	0.0897
114	东方论坛：青岛大学学报	0.0034	0.0174	0.0315	0.0174	0.0891
115	哈尔滨工业大学学报（社会科学版）	0.0156	0.0064	0.0299	0.0173	0.0886
115	中国石油大学学报（社会科学版）	0.0174	0.0247	0.0097	0.0173	0.0886
117	山东理工大学学报（社会科学版）	0	0.0357	0.0151	0.0169	0.0866
117	南昌大学学报（人文社会科学版）	0.0053	0.0101	0.0354	0.0169	0.0866
119	辽宁师范大学学报（社会科学版）	0.0160	0.0156	0.0181	0.0166	0.0850
120	徐州师范大学学报（哲学社会科学版）	0.0060	0.0170	0.0266	0.0165	0.0845
121	福建农林大学学报（社会科学版）	0.0096	0.0100	0.0296	0.0164	0.0840
122	重庆工商大学学报（社会科学版）	0.0089	0.0353	0.0042	0.0161	0.0825
123	合肥工业大学学报（社会科学版）	0.0063	0.0284	0.0127	0.0158	0.0809
124	济南大学学报（社会科学版）	0.0125	0.0170	0.0174	0.0156	0.0799
125	哈尔滨商业大学学报（社会科学版）	0.0116	0.0179	0.0164	0.0153	0.0784
125	南通大学学报（社会科学版）	0.0166	0.0143	0.0150	0.0153	0.0784
125	华东理工大学学报（社会科学版）	0.0155	0.0203	0.0100	0.0153	0.0784
128	淮阴师范学院学报（哲学社会科学版）	0.0061	0.0216	0.0180	0.0152	0.0779
129	北京邮电大学学报（社会科学版）	0.0131	0.0250	0.0069	0.0150	0.0768
130	北京科技大学学报（社会科学版）	0.0194	0.0109	0.0142	0.0148	0.0758
131	北京工业大学学报（社会科学版）	0	0.0186	0.0250	0.0145	0.0743
132	山东科技大学学报（社会科学版）	0.0138	0.0226	0.0047	0.0137	0.0702
133	南京体育学院学报（社会科学版）	0.0145	0.0105	0.0153	0.0134	0.0686
133	河南科技大学学报（社会科学版）	0.0044	0.0178	0.0180	0.0134	0.0686

续表

排序	期刊名称	2004年	2005年	2006年	三年平均	归一化值
135	江南大学学报（人文社会科学版）	0.0083	0.0183	0.0132	0.0133	0.0681
135	南华大学学报（社会科学版）	0.0118	0.0087	0.0193	0.0133	0.0681
137	西安电子科技大学学报（社会科学版）	0.0093	0.0132	0.0168	0.0131	0.0671
138	湖南工程学院学报（社会科学版）	0.0132	0	0.0249	0.0127	0.0651
139	海南师范学院学报（社会科学版）	0.0077	0.0024	0.0267	0.0123	0.0630
140	西安石油大学学报（社会科学版）	0.0169	0.0064	0.0134	0.0122	0.0625
141	许昌学院学报	0.0130	0.0120	0.0111	0.0120	0.0615
142	固原师专学报	0.0053	0.0130	0.0175	0.0119	0.0610
143	华中农业大学学报（社会科学版）	0.0126	0.0087	0.0135	0.0116	0.0594
143	三峡大学学报（人文社会科学版）	0.0063	0.0156	0.0129	0.0116	0.0594
145	广播电视大学学报（哲学社会科学版）	0.0035	0.0205	0.0101	0.0114	0.0584
145	河海大学学报（哲学社会科学版）	0.0044	0.0146	0.0151	0.0114	0.0584
145	吉林师范大学学报（人文社会科学版）	0.0070	0.0199	0.0072	0.0114	0.0584
145	南京工业大学学报（社会科学版）	0.0164	0.0117	0.0060	0.0114	0.0584
149	江西农业大学学报	0.0051	0.0144	0.0144	0.0113	0.0579
149	信阳师范学院学报（哲学社会科学版）	0.0102	0.0105	0.0132	0.0113	0.0579
151	嘉兴学院学报	0.0090	0.0066	0.0178	0.0111	0.0569
151	重庆师范大学学报（哲学社会科学版）	0	0.0151	0.0182	0.0111	0.0569
153	辽宁工程技术大学学报（社会科学版）	0.0099	0.0144	0.0057	0.0100	0.0512
154	南阳师范学院学报	0.0024	0.0084	0.0190	0.0099	0.0507
154	河南教育学院学报（哲学社会科学版）	0.0055	0.0132	0.0109	0.0099	0.0507
154	湖南文理学院学报（社会科学版）	0.0025	0.0188	0.0083	0.0099	0.0507
157	太原理工大学学报（社会科学版）	0.0183	0	0.0105	0.0096	0.0492
158	沈阳师范大学学报（社会科学版）	0.0058	0.0134	0.0094	0.0095	0.0487
158	太原师范学院学报（社会科学版）	0.0119	0.0053	0.0112	0.0095	0.0487
160	重庆工商大学学报（西部论坛）	0.0055	0.0050	0.0170	0.0092	0.0471
160	鲁东大学学报（哲学社会科学版）	0.0081	0.0038	0.0156	0.0092	0.0471
162	曲靖师范学院学报	0.0098	0.0100	0.0075	0.0091	0.0466
163	延安大学学报（社会科学版）	0.0080	0.0080	0.0109	0.0090	0.0461
164	上饶师范学院学报	0.0059	0.0087	0.0118	0.0088	0.0451
165	青岛大学师范学院学报	0.0050	0.0050	0.0162	0.0087	0.0446

续表

排序	期刊名称	2004年	2005年	2006年	三年平均	归一化值
165	宁波大学学报（人文科学版）	0	0.0126	0.0136	0.0087	0.0446
167	湘潭师范学院学报（社会科学版）	0.0097	0.0061	0.0098	0.0085	0.0435
168	衡阳师范学院学报	0.0067	0.0041	0.0138	0.0082	0.0420
169	华北电力大学学报（社会科学版）	0.0046	0.0084	0.0114	0.0081	0.0415
169	南京理工大学学报（社会科学版）	0.0083	0.0039	0.0120	0.0081	0.0415
171	燕山大学学报（哲学社会科学版）	0.0120	0.0121	0	0.0080	0.0410
172	聊城大学学报（社会科学版）	0.0024	0.0123	0.0091	0.0079	0.0405
172	西北工业大学学报（社会科学版）	0	0.0046	0.0190	0.0079	0.0405
174	安庆师范学院学报（社会科学版）	0.0040	0.0083	0.0112	0.0078	0.0400
175	贵州大学学报（社会科学版）	0.0167	0.0065	0	0.0077	0.0394
176	南京晓庄学院学报	0.0048	0.0080	0.0101	0.0076	0.0389
177	佛山科学技术学院学报（社会科学版）	0.0042	0.0144	0.0036	0.0074	0.0379
178	湛江师范学院学报	0.0077	0.0071	0.0070	0.0073	0.0374
179	重庆邮电大学学报（社会科学版）	0.0044	0.0090	0.0082	0.0072	0.0369
180	成都大学学报（社会科学版）	0.0063	0.0050	0.0101	0.0071	0.0364
181	渤海大学学报（哲学社会科学版）	0.0022	0.0089	0.0089	0.0067	0.0343
182	安徽农业大学学报（社会科学版）	0.0046	0.0067	0.0085	0.0066	0.0338
182	西华师范大学学报（哲学社会科学版）	0.0021	0.0108	0.0069	0.0066	0.0338
184	绍兴文理学院学报（社科版）	0.0066	0.0054	0.0075	0.0065	0.0333
184	温州师范学院学报	0.0123	0	0.0072	0.0065	0.0333
184	沈阳农业大学学报（社会科学版）	0	0.0148	0.0046	0.0065	0.0333
187	宝鸡文理学院学报（社会科学版）	0	0.0094	0.0098	0.0064	0.0328
187	哈尔滨学院学报	0.0045	0.0085	0.0061	0.0064	0.0328
189	长江大学学报（社会科学版）	0.0095	0	0.0094	0.0063	0.0323
189	南京航空航天大学学报（社会科学版）	0.0189	0	0	0.0063	0.0323
191	湖北师范学院学报（哲学社会科学版）	0.0063	0.0050	0.0068	0.0060	0.0307
192	淮北煤炭师范学院学报（哲学社会科学版）	0.0072	0.0054	0.0052	0.0059	0.0302
193	商丘师范学院学报	0.0013	0.0066	0.0096	0.0058	0.0297
193	盐城师范学院学报（人文社会科学版）	0	0.0075	0.0099	0.0058	0.0297
195	江苏教育学院学报（社会科学版）	0.0089	0.0021	0.0062	0.0057	0.0292
195	怀化学院学报	0.0038	0.0092	0.0040	0.0057	0.0292

续表

排序	期刊名称	2004年	2005年	2006年	三年平均	归一化值
197	韶关学院学报	0.0037	0.0057	0.0074	0.0056	0.0287
198	华北水利水电学院学报（社科版）	0	0.0129	0.0036	0.0055	0.0282
199	延边大学学报（社会科学版）	0.0050	0	0.0113	0.0054	0.0277
200	湖州师范学院学报	0.0024	0.0046	0.0090	0.0053	0.0272
201	安徽工业大学学报（社会科学版）	0	0.0065	0.0091	0.0052	0.0266
202	天水师范学院学报	0.0023	0	0.0129	0.0051	0.0261
203	泉州师范学院学报	0	0.0061	0.0090	0.0050	0.0256
204	齐齐哈尔大学学报（哲学社会科学版）	0.0031	0.0065	0.0045	0.0047	0.0241
205	浙江万里学院学报	0.0022	0.0038	0.0079	0.0046	0.0236
205	洛阳师范学院学报	0.0033	0.0016	0.0090	0.0046	0.0236
207	赣南师范学院学报	0.0055	0.0080	0	0.0045	0.0231
208	龙岩学院学报	0.0031	0.0031	0.0069	0.0044	0.0225
209	郑州航空工业管理学院学报（社会科学版）	0	0.0059	0.0050	0.0036	0.0184
209	咸宁学院学报	0.0016	0.0028	0.0063	0.0036	0.0184
211	嘉应学院学报	0.0051	0.0024	0.0026	0.0034	0.0174
212	黄冈师范学院学报	0.0032	0.0032	0.0032	0.0032	0.0164
213	长春师范学院学报（人文社会科学版）	0.0014	0.0018	0.0062	0.0031	0.0159
214	皖西学院学报	0.0017	0.0050	0.0018	0.0028	0.0143
214	泰山学院学报	0.0056	0.0027	0	0.0028	0.0143
216	佳木斯大学社会科学学报	0.0012	0.0043	0.0023	0.0026	0.0133
216	乐山师范学院学报	0	0.0045	0.0033	0.0026	0.0133

由表 24-11 可知，2004—2006 年间，高校人文社科综合性学报的他刊引用速率平均值为 0.0287，这就意味着在高校人文社科综合性学报当年和前一年发表的论文中仅有 2.87% 的比例在当年被其他期刊的论文所引用，这和高校人文社科综合性学报的总引用速率偏低不无关系。但和总被引速率指标相比，高校人文社科综合性学报在他刊引用速率指标上与其他人文社科类专业期刊的距离略有缩短。分析其原因，当年引用高校人文社科综合性学报在当年及前一年发表的论文有 84.89% 为他刊所引用，因此他引率表现较好，从而呈现出高校人文社科综合性学报相比其他学科对他刊的学术影响更为直接，更为迅速的状态。

在总被引速率连续增长以及高他引率的大好形势之下，高校人文社科综合性学报的他刊引用速率亦呈现出接连增长的喜人局面，他引速率由 2004 年的 0.0208 增长到

2005年、2006年的0.0284、0.0370,增幅达77.37%。

24.3.3 高校人文社科综合性学报引用速率综合值

总被引速率和他刊引用速率的指标从不同角度揭示了期刊对科研热点的跟踪能力、对学术前沿的反应能力,及期刊的影响力与受重视程度。我们将两者综合考虑,将归一之后的指标按35%与65%权重进行加权(确定权重的详细解释见本书第1章),从而揭示出期刊的综合引用速率状况。表24-12为高校人文性社科综合性学报被引速率综合值排序。

表24-12 2004—2006年高校人文社科综合性学报被引速率综合值

排序	期刊名称	总被引速率归一化值	他刊引用速率归一化值	综合值
1	中国人民大学学报	1	1	1
2	北京大学学报(哲学社会科学版)	0.9641	0.9688	0.9672
3	南开学报(哲学社会科学版)	0.8732	0.8786	0.8767
4	南京大学学报(哲学·人文科学·社会科学版)	0.9115	0.7823	0.8275
5	北京师范大学学报(社会科学版)	0.7596	0.7915	0.7803
6	复旦学报(社会科学版)	0.7478	0.7515	0.7502
7	吉林大学社会科学学报	0.6554	0.6240	0.6350
8	中山大学学报(社会科学版)	0.6770	0.5886	0.6195
9	厦门大学学报(哲学社会科学版)	0.5836	0.5584	0.5672
10	清华大学学报(哲学社会科学版)	0.5192	0.5323	0.5277
11	四川大学学报(哲学社会科学版)	0.5826	0.4816	0.5170
12	求是学刊	0.5059	0.5092	0.5080
13	华中师范大学学报(人文社会科学版)	0.5251	0.4658	0.4866
14	东北师大学报(哲学社会科学版)	0.6765	0.3735	0.4796
15	思想战线	0.4287	0.4816	0.4631
16	西北师大学报(社会科学版)	0.4533	0.4237	0.4341
17	浙江大学学报(人文社会科学版)	0.4533	0.4027	0.4204
18	西南交通大学学报(社会科学版)	0.1180	0.5582	0.4041
19	陕西师范大学学报(哲学社会科学版)	0.4818	0.3386	0.3887
20	南京师大学报(社会科学版)	0.3987	0.3827	0.3883
21	南京农业大学学报(社会科学版)	0.3623	0.3776	0.3722
22	西安交通大学学报(社会科学版)	0.3997	0.3560	0.3713

续表

排序	期刊名称	总被引速率归一化值	他刊引用速率归一化值	综合值
23	武汉大学学报（哲学社会科学版）	0.3387	0.3530	0.3480
24	西南大学学报（人文社会科学版）	0.4208	0.3058	0.3461
25	湖南大学学报（社会科学版）	0.3260	0.3398	0.3350
26	西北农林科技大学学报（社会科学版）	0.1298	0.4237	0.3208
27	首都师范大学学报（社会科学版）	0.2345	0.3467	0.3074
28	上海交通大学学报（哲学社会科学版）	0.3122	0.3038	0.3067
29	天津师范大学学报（社会科学版）	0.2970	0.3094	0.3051
30	山西大学学报（哲学社会科学版）	0.3697	0.2669	0.3029
31	华东师范大学学报（哲学社会科学版）	0.3191	0.2751	0.2905
32	武汉大学学报（人文科学版）	0.1588	0.3530	0.2850
33	湘潭大学学报（哲学社会科学版）	0.2748	0.2864	0.2823
34	湛江师范学院学报	0.0359	0.4025	0.2742
35	西北大学学报（哲学社会科学版）	0.3614	0.2234	0.2717
36	郑州大学学报（哲学社会科学版）	0.3378	0.2326	0.2694
37	山西师大学报（社会科学版）	0.1293	0.3388	0.2655
38	兰州大学学报（社会科学版）	0.2861	0.2485	0.2617
39	河南师范大学学报（哲学社会科学版）	0.2488	0.2592	0.2556
40	天津大学学报（社会科学版）	0.1554	0.3094	0.2555
41	山东大学学报（哲学社会科学版）	0.2660	0.2490	0.2550
42	西安电子科技大学学报（社会科学版）	0.0644	0.3560	0.2539
43	中国农业大学学报（社会科学版）	0.2463	0.2567	0.2531
44	暨南学报（哲学社会科学版）	0.2684	0.2254	0.2405
45	同济大学学报（社会科学版）	0.2276	0.2372	0.2338
46	上海大学学报（社会科学版）	0.0969	0.3040	0.2315
47	北京工商大学学报（社会科学版）	0.2252	0.2285	0.2273
48	杭州师范学院学报（社会科学版）	0.2203	0.2295	0.2263
49	烟台大学学报（哲学社会科学版）	0.2168	0.2259	0.2227
50	华南农业大学学报（社会科学版）	0.2080	0.2167	0.2137
51	华中科技大学学报（社会科学版）	0.2281	0.2029	0.2117
51	中国地质大学学报（社会科学版）	0.2060	0.2147	0.2117

续表

排序	期刊名称	总被引速率归一化值	他刊引用速率归一化值	综合值
53	山东师范大学学报（人文社会科学版）	0.1052	0.2669	0.2103
54	西华师范大学学报（哲学社会科学版）	0.0324	0.3057	0.2100
55	湖南师范大学社会科学学报	0.2173	0.1895	0.1992
56	齐鲁学刊	0.2183	0.1819	0.1946
57	咸宁学院学报	0.0177	0.2865	0.1924
58	河北大学学报（哲学社会科学版）	0.3451	0.1055	0.1894
59	深圳大学学报（人文社会科学版）	0.1971	0.1778	0.1846
60	苏州大学学报（哲学社会科学版）	0.1770	0.1844	0.1818
60	东南大学学报（哲学社会科学版）	0.1804	0.1825	0.1818
62	广西师范大学学报（哲学社会科学版）	0.1740	0.1814	0.1788
63	中国人民公安大学学报（社会科学版）	0.1711	0.1784	0.1758
64	福建师范大学学报（哲学社会科学版）	0.1785	0.1716	0.1740
65	重庆大学学报（社会科学版）	0.1691	0.1762	0.1737
66	四川师范大学学报（社会科学版）	0.1519	0.1844	0.1730
67	沈阳师范大学学报（社会科学版）	0.0467	0.2380	0.1710
68	云南大学学报（社会科学版）	0.1662	0.1732	0.1708
69	华南师范大学学报（社会科学版）	0.2026	0.1527	0.1702
70	许昌学院学报	0.0590	0.2259	0.1675
71	西安石油大学学报（社会科学版）	0.0600	0.2232	0.1661
72	安徽师范大学学报（人文社会科学版）	0.1603	0.1670	0.1647
73	湖南科技大学学报（社会科学版）	0.1598	0.1665	0.1642
74	天水师范学院学报	0.0251	0.2370	0.1628
75	安徽大学学报（哲学社会科学版）	0.1706	0.1552	0.1606
76	中南大学学报（社会科学版）	0.1554	0.1621	0.1598
77	宁夏大学学报（人文社会科学版）	0.2006	0.1368	0.1591
78	浙江万里学院学报	0.0226	0.2324	0.1590
79	东北大学学报（社会科学版）	0.1534	0.1600	0.1577
80	湖北大学学报（哲学社会科学版）	0.1504	0.1568	0.1546
81	大连理工大学学报（社会科学版）	0.1500	0.1564	0.1542
82	武汉理工大学学报（社会科学版）	0.1500	0.1563	0.1541

续表

排序	期刊名称	总被引速率归一化值	他刊引用速率归一化值	综合值
83	扬州大学学报（人文社会科学版）	0.0973	0.1730	0.1465
84	郑州航空工业管理学院学报（社会科学版）	0.0177	0.2148	0.1458
85	辽宁大学学报（哲学社会科学版）	0.1406	0.1465	0.1444
86	北京航空航天大学学报（社会科学版）	0.1391	0.1450	0.1429
87	福州大学学报（哲学社会科学版）	0.1377	0.1436	0.1415
88	北京交通大学学报（社会科学版）	0.1357	0.1414	0.1394
89	江苏大学学报（社会科学版）	0.1318	0.1373	0.1354
90	贵州师范大学学报（社会科学版）	0.1313	0.1368	0.1349
91	武汉科技大学学报（社会科学版）	0.0944	0.1561	0.1345
92	内蒙古大学学报（人文·社会科学版）	0.1342	0.1342	0.1342
93	北京理工大学学报（社会科学版）	0.1288	0.1342	0.1323
94	内蒙古师范大学学报（哲学社会科学版）	0.1283	0.1339	0.1319
95	上海师范大学学报（哲学社会科学版）	0.1303	0.1296	0.1298
96	海南大学学报（人文社会科学版）	0.1308	0.1281	0.1290
97	河南大学学报（社会科学版）	0.1249	0.1303	0.1284
98	绍兴文理学院学报（社科版）	0.0320	0.1776	0.1266
99	北京林业大学学报（社会科学版）	0.1224	0.1276	0.1258
100	江西师范大学学报（哲学社会科学版）	0.1200	0.1250	0.1233
101	云南师范大学学报（哲学社会科学版）	0.1377	0.1137	0.1221
102	汕头大学学报（人文社会科学版）	0.1170	0.1219	0.1202
103	浙江师范大学学报（社会科学版）	0.1165	0.1214	0.1197
104	温州师范学院学报	0.0320	0.1653	0.1186
105	苏州科技学院学报（社会科学版）	0.1077	0.1122	0.1106
106	泰山学院学报	0.0138	0.1619	0.1101
107	中国海洋大学学报（社会科学版）	0.1067	0.1112	0.1096
108	青岛科技大学学报（社会科学版）	0.1042	0.1088	0.1072
109	西藏大学学报	0.1042	0.1086	0.1071
109	新疆大学学报（哲学·人文社会科学版）	0.1042	0.1086	0.1071
111	广州大学学报（社会科学版）	0.1037	0.1081	0.1066
112	中国矿业大学学报（社会科学版）	0.1032	0.1078	0.1062

续表

排序	期刊名称	总被引速率归一化值	他刊引用速率归一化值	综合值
113	郑州航空工业管理学院学报	0.1008	0.1050	0.1035
114	华侨大学学报（哲学社会科学版）	0.1003	0.1045	0.1030
115	河北师范大学学报（哲学社会科学版）	0.0993	0.1035	0.1020
116	西北工业大学学报（社会科学版）	0.0388	0.1351	0.1014
117	电子科技大学学报（社科版）	0.0959	0.0999	0.0985
118	广西大学学报（哲学社会科学版）	0.0954	0.0996	0.0981
119	湖南农业大学学报（社会科学版）	0.0929	0.0968	0.0954
120	青海师范大学学报（哲学社会科学版）	0.0924	0.0963	0.0949
121	新疆师范大学学报（哲学社会科学版）	0.0914	0.0953	0.0939
122	长沙理工大学学报（社会科学版）	0.0900	0.0938	0.0925
123	南都学坛：南阳师范学院人文社会科学学报	0.0895	0.0934	0.0920
123	山东农业大学学报（社会科学版）	0.0895	0.0934	0.0920
125	吉首大学学报（社会科学版）	0.0880	0.0917	0.0904
126	华南理工大学学报（社会科学版）	0.0870	0.0908	0.0895
127	浙江树人大学学报	0.0860	0.0897	0.0884
128	东方论坛：青岛大学学报	0.0855	0.0893	0.0880
129	哈尔滨工业大学学报（社会科学版）	0.0851	0.0886	0.0874
129	中国石油大学学报（社会科学版）	0.0851	0.0886	0.0874
131	南昌大学学报（人文社会科学版）	0.0831	0.0867	0.0854
131	山东理工大学学报（社会科学版）	0.0831	0.0867	0.0854
133	湘潭师范学院学报（社会科学版）	0.0418	0.1086	0.0852
134	辽宁师范大学学报（社会科学版）	0.0816	0.0850	0.0838
135	徐州师范大学学报（哲学社会科学版）	0.0811	0.0845	0.0833
136	福建农林大学学报（社会科学版）	0.0806	0.0840	0.0828
137	重庆工商大学学报（社会科学版）	0.0792	0.0827	0.0815
138	合肥工业大学学报（社会科学版）	0.0777	0.0809	0.0798
139	燕山大学学报（哲学社会科学版）	0.0393	0.1013	0.0796
140	济南大学学报（社会科学版）	0.0767	0.0801	0.0789
141	哈尔滨商业大学学报（社会科学版）	0.0752	0.0784	0.0773
141	南通大学学报（社会科学版）	0.0752	0.0784	0.0773

续表

排序	期刊名称	总被引速率归一化值	他刊引用速率归一化值	综合值
143	华东理工大学学报（社会科学版）	0.0752	0.0784	0.0773
144	淮阴师范学院学报（哲学社会科学版）	0.0747	0.0780	0.0768
145	北京邮电大学学报（社会科学版）	0.0737	0.0768	0.0757
146	北京科技大学学报（社会科学版）	0.0728	0.0760	0.0749
147	信阳师范学院学报（哲学社会科学版）	0.0556	0.0847	0.0745
148	北京工业大学学报（社会科学版）	0.0713	0.0745	0.0734
149	商丘师范学院学报	0.0285	0.0955	0.0721
150	山东科技大学学报（社会科学版）	0.0674	0.0702	0.0692
151	南京体育学院学报（社会科学版）	0.0659	0.0688	0.0678
152	河南科技大学学报（社会科学版）	0.0659	0.0686	0.0677
153	江南大学学报（人文社会科学版）	0.0654	0.0681	0.0672
153	南华大学学报（社会科学版）	0.0654	0.0681	0.0672
155	湖南工程学院学报（社会科学版）	0.0624	0.0651	0.0642
156	海南师范学院学报（社会科学版）	0.0605	0.0630	0.0621
157	固原师专学报	0.0585	0.0611	0.0602
158	华中农业大学学报（社会科学版）	0.0570	0.0594	0.0586
158	三峡大学学报（人文社会科学版）	0.0570	0.0594	0.0586
160	广播电视大学学报（哲学社会科学版）	0.0560	0.0584	0.0576
160	河海大学学报（哲学社会科学版）	0.0560	0.0584	0.0576
160	吉林师范大学学报（人文社会科学版）	0.0560	0.0584	0.0576
160	南京工业大学学报（社会科学版）	0.0560	0.0584	0.0576
164	江西农业大学学报（社会科学版）	0.0556	0.0579	0.0571
165	嘉兴学院学报	0.0546	0.0570	0.0562
166	重庆师范大学学报（哲学社会科学版）	0.0546	0.0569	0.0561
167	辽宁工程技术大学学报（社会科学版）	0.0492	0.0512	0.0505
168	南阳师范学院学报	0.0487	0.0509	0.0501
169	河南教育学院学报（哲学社会科学版）	0.0487	0.0507	0.0500
169	湖南文理学院学报（社会科学版）	0.0487	0.0507	0.0500
171	太原理工大学学报（社会科学版）	0.0472	0.0492	0.0485
172	太原师范学院学报（社会科学版）	0.0467	0.0487	0.0480

续表

排序	期刊名称	总被引速率归一化值	他刊引用速率归一化值	综合值
173	鲁东大学学报（哲学社会科学版）	0.0452	0.0471	0.0464
173	重庆工商大学学报（西部论坛）	0.0452	0.0471	0.0464
175	曲靖师范学院学报	0.0447	0.0466	0.0459
176	延安大学学报（社会科学版）	0.0442	0.0461	0.0454
177	上饶师范学院学报	0.0433	0.0451	0.0445
178	宁波大学学报（人文科学版）	0.0428	0.0447	0.0440
178	青岛大学师范学院学报	0.0428	0.0447	0.0440
180	沈阳农业大学学报（社会科学版）	0.0320	0.0488	0.0429
181	衡阳师范学院学报	0.0403	0.0420	0.0414
182	华北电力大学学报（社会科学版）	0.0398	0.0417	0.0410
183	南京理工大学学报（社会科学版）	0.0398	0.0415	0.0409
184	聊城大学学报（社会科学版）	0.0388	0.0406	0.0400
185	安庆师范学院学报（社会科学版）	0.0383	0.0401	0.0395
186	贵州大学学报（社会科学版）	0.0379	0.0396	0.0390
187	南京晓庄学院学报	0.0374	0.0391	0.0385
188	佛山科学技术学院学报（社会科学版）	0.0364	0.0379	0.0374
189	盐城师范学院学报（人文社会科学版）	0.0285	0.0412	0.0368
190	重庆邮电大学学报（社会科学版）	0.0354	0.0369	0.0364
191	成都大学学报（社会科学版）	0.0349	0.0365	0.0359
192	渤海大学学报（哲学社会科学版）	0.0329	0.0343	0.0338
193	安徽农业大学学报（社会科学版）	0.0324	0.0338	0.0333
194	哈尔滨学院学报	0.0315	0.0328	0.0323
194	宝鸡文理学院学报（社会科学版）	0.0315	0.0328	0.0323
196	长江大学学报（社会科学版）	0.0310	0.0323	0.0318
196	南京航空航天大学学报（社会科学版）	0.0310	0.0323	0.0318
198	韶关学院学报	0.0275	0.0333	0.0313
199	湖北师范学院学报（哲学社会科学版）	0.0295	0.0309	0.0304
200	淮北煤炭师范学院学报（哲学社会科学版）	0.0290	0.0304	0.0299
201	江苏教育学院学报（社会科学版）	0.0280	0.0294	0.0289
202	怀化学院学报	0.0280	0.0292	0.0288
203	延边大学学报（社会科学版）	0.0265	0.0297	0.0286

续表

排序	期刊名称	总被引速率归一化值	他刊引用速率归一化值	综合值
204	华北水利水电学院学报（社科版）	0.0270	0.0282	0.0278
205	湖州师范学院学报	0.0261	0.0273	0.0269
206	皖西学院学报	0.0138	0.0333	0.0265
207	安徽工业大学学报（社会科学版）	0.0256	0.0266	0.0263
208	泉州师范学院学报	0.0246	0.0258	0.0254
209	齐齐哈尔大学学报（哲学社会科学版）	0.0231	0.0241	0.0238
210	洛阳师范学院学报	0.0226	0.0237	0.0233
211	赣南师范学院学报	0.0221	0.0231	0.0228
212	龙岩学院学报	0.0216	0.0225	0.0222
213	嘉应学院学报	0.0167	0.0174	0.0172
214	黄冈师范学院学报	0.0157	0.0164	0.0162
215	长春师范学院学报（人文社会科学版）	0.0152	0.0161	0.0158
216	佳木斯大学社会科学学报	0.0128	0.0133	0.0131
216	乐山师范学院学报	0.0128	0.0133	0.0131

表24-12显示，高校人文社科综合性学报在总被引速率以及他刊引用速率上整体水平偏低，而且整体分布参差不齐，跨度较大。高校人文社科综合性学报应尽快改变学科"全、散"的状态，紧抓本校的重点学科，打造自己的特色栏目，从而紧追学科前沿，提高自己的引用速率。

其次，高校人文社科综合性学报的总被引速率归一化值、他引速率归一化值表现基本一致，且这样的状况占据了高校人文社科综合性学报的主体，这和高校人文社科综合性学报的整体高他引率不无关系。

综合以上分析，高校人文社科综合性学报在引用速率指标上虽然有个别学报表现突出，但总体水平偏低，高校人文社科综合性学报应尽快改变自身学科大而全的状态，依靠本校的重点学科，紧追学科前沿，多刊登反映科研热点的文章，提高自己的被引速率。

24.4 高校人文社科综合性学报影响因子分析

总被引次数反映了期刊的绝对学术影响力，被引速率则反映了期刊的学术影响速度，为了更全面的考察高校人文社科综合性学报，我们利用影响因子来反映期刊的相对影响力。影响因子是评估期刊的一项重要指标，它反映了期刊的论文篇均被引率。一般情况下，影响因子越大，可以认为该期刊在科学发展和交流过程中起的作用和产生的学术影响也越大。与前两个指标一样，影响因子指标也被细分成了两个下级指标：一般影响因子、他引影响因子。本章节中的影响因子亦针对当今人文社科的特点进行了修正，具体公式详见第 1 章。

24.4.1 一般影响因子

本书设计的一般影响因子是指期刊在统计年的前第 2、3 年发表论文在统计当年被引用的总次数与该刊前第 2、3 年发表论文总数之比。它反映了期刊论文获得的篇均被引率，体现了期刊在科学研究领域里的相对影响度，一般来说，影响因子高的期刊其所载论文的整体质量也较高，该期刊在学界的影响也较大。表 24-13 给出了 2004—2006 年高校人文社科综合性学报的一般影响因子排名，并对其进行了归一处理。

表 24-13　　2004—2006 年高校人文社科综合性学报一般影响因子

排序	期刊名称	2004 年	2005 年	2006 年	三年平均	归一化值
1	中国人民大学学报	0.3086	0.4125	0.3889	0.3700	1
2	北京大学学报（哲学社会科学版）	0.1933	0.2441	0.3815	0.2730	0.7378
3	北京师范大学学报（社会科学版）	0.2227	0.2053	0.2896	0.2392	0.6465
4	厦门大学学报（哲学社会科学版）	0.1960	0.2336	0.2451	0.2249	0.6078
5	复旦学报（社会科学版）	0.1381	0.1673	0.3504	0.2186	0.5908
6	吉林大学社会科学学报	0.1570	0.1787	0.3086	0.2148	0.5805
7	清华大学学报（哲学社会科学版）	0.1981	0.1888	0.2328	0.2066	0.5584
8	南开学报（哲学社会科学版）	0.1712	0.2137	0.2300	0.2050	0.5541
9	中山大学学报（社会科学版）	0.1880	0.1728	0.2519	0.2042	0.5519
10	西安交通大学学报（社会科学版）	0.1207	0.1646	0.3066	0.1973	0.5332
11	武汉大学学报（哲学社会科学版）	0.1774	0.1857	0.2148	0.1926	0.5205
12	浙江大学学报（人文社会科学版）	0.1386	0.2316	0.1852	0.1851	0.5003
13	南京大学学报（哲学·人文科学·社会科学版）	0.1762	0.1400	0.2377	0.1846	0.4989
14	南京师大学报（社会科学版）	0.1111	0.2086	0.1731	0.1643	0.4441
15	华中师范大学学报（人文社会科学版）	0.1174	0.1661	0.1972	0.1602	0.4330
16	东北师大学报（哲学社会科学版）	0.1179	0.1405	0.1853	0.1479	0.3997
17	南京农业大学学报（社会科学版）	0.1111	0.1417	0.1765	0.1431	0.3868
18	陕西师范大学学报（哲学社会科学版）	0.1128	0.1446	0.1596	0.1390	0.3757

续表

排序	期刊名称	2004年	2005年	2006年	三年平均	归一化值
19	华东师范大学学报（哲学社会科学版）	0.0762	0.1244	0.2000	0.1335	0.3608
20	四川大学学报（哲学社会科学版）	0.1445	0.1264	0.1190	0.1300	0.3514
21	河北大学学报（哲学社会科学版）	0.1794	0.0700	0.1389	0.1294	0.3497
22	思想战线	0.1010	0.1126	0.1717	0.1284	0.3470
23	上海交通大学学报（哲学社会科学版）	0.0850	0.1022	0.1453	0.1108	0.2995
24	北京工商大学学报（社会科学版）	0.1194	0.1027	0.1051	0.1091	0.2949
25	湖南大学学报（社会科学版）	0.0443	0.0900	0.1812	0.1052	0.2843
26	北京林业大学学报（社会科学版）	0.1356	0.0923	0.0857	0.1045	0.2824
27	西南大学学报（人文社会科学版）	0.0851	0.0897	0.1338	0.1029	0.2781
28	暨南学报（哲学社会科学版）	0.1036	0.0965	0.1055	0.1019	0.2754
29	天津大学学报（社会科学版）	0.0726	0.0909	0.1364	0.1000	0.2703
30	山西大学学报（哲学社会科学版）	0.0708	0.1006	0.1269	0.0994	0.2686
31	华南农业大学学报（社会科学版）	0.0645	0.0864	0.1447	0.0985	0.2662
32	求是学刊	0.0846	0.1082	0.1011	0.0980	0.2649
33	郑州大学学报（哲学社会科学版）	0.1000	0.0998	0.0936	0.0978	0.2643
34	西北大学学报（哲学社会科学版）	0.0987	0.0769	0.1168	0.0975	0.2635
35	北京交通大学学报（社会科学版）	0.0286	0.1402	0.1223	0.0970	0.2622
36	云南大学学报（社会科学版）	0.0968	0.1078	0.0857	0.0968	0.2616
37	首都师范大学学报（社会科学版）	0.0992	0.0787	0.1103	0.0961	0.2597
38	重庆大学学报（社会科学版）	0.1282	0.0841	0.0721	0.0948	0.2562
39	西北师范大学学报（社会科学版）	0.0752	0.0698	0.1345	0.0932	0.2519
40	同济大学学报（社会科学版）	0.0815	0.0696	0.1227	0.0913	0.2468
41	山东大学学报（哲学社会科学版）	0.0643	0.0757	0.1247	0.0882	0.2384
42	福建师范大学学报（哲学社会科学版）	0.0821	0.0660	0.1159	0.0880	0.2378
43	武汉理工大学学报（社会科学版）	0.0935	0.1108	0.0584	0.0876	0.2368
44	福州大学学报（哲学社会科学版）	0.0779	0.0249	0.1552	0.0860	0.2324
45	华侨大学学报（哲学社会科学版）	0.1860	0.0174	0.0539	0.0858	0.2319
46	湘潭大学学报（哲学社会科学版）	0.0256	0.0867	0.1405	0.0843	0.2278
47	大连理工大学学报（社会科学版）	0.0794	0.0839	0.0859	0.0831	0.2246
48	中国地质大学学报（社会科学版）	0.0510	0.0814	0.1115	0.0813	0.2197
49	东南大学学报（哲学社会科学版）	0.0588	0.0957	0.0891	0.0812	0.2195

续表

排序	期刊名称	2004年	2005年	2006年	三年平均	归一化值
50	北京理工大学学报（社会科学版）	0.0636	0.0903	0.0826	0.0788	0.2130
51	兰州大学学报（社会科学版）	0.0414	0.0647	0.1297	0.0786	0.2124
52	天津师范大学学报（社会科学版）	0.0565	0.0756	0.0977	0.0766	0.2070
52	华中科技大学学报（社会科学版）	0.0862	0.0471	0.0964	0.0766	0.2070
54	安徽师范大学学报（人文社会科学版）	0.0593	0.1028	0.0662	0.0761	0.2057
54	北京工业大学学报（社会科学版）	0.0730	0.0843	0.0710	0.0761	0.2057
56	湖南师范大学社会科学学报	0.0462	0.0878	0.0923	0.0754	0.2038
57	济南大学学报（社会科学版）	0.0474	0.1073	0.0667	0.0738	0.1995
58	东北大学学报（社会科学版）	0.0708	0.0843	0.0651	0.0734	0.1984
59	电子科技大学学报（社科版）	0.1061	0.0560	0.0566	0.0729	0.1970
60	华南师范大学学报（社会科学版）	0.0424	0.0836	0.0888	0.0716	0.1935
61	中国农业大学学报（社会科学版）	0.0514	0.0654	0.0915	0.0694	0.1876
62	宁夏大学学报（人文社会科学版）	0.0874	0.0623	0.0573	0.0690	0.1865
63	安徽大学学报（哲学社会科学版）	0.0671	0.0669	0.0692	0.0677	0.1830
64	北京航空航天大学学报（社会科学版）	0.0446	0.0800	0.0662	0.0636	0.1719
65	深圳大学学报（人文社会科学版）	0.0488	0.0526	0.0861	0.0625	0.1689
66	四川师范大学学报（社会科学版）	0.0748	0.0379	0.0745	0.0624	0.1686
67	海南大学学报（人文社会科学版）	0.1053	0.0409	0.0341	0.0601	0.1624
67	烟台大学学报（哲学社会科学版）	0.0506	0.0562	0.0734	0.0601	0.1624
69	上海大学学报（社会科学版）	0.0604	0.0338	0.0853	0.0598	0.1616
69	河南师范大学学报（哲学社会科学版）	0.0195	0.0607	0.0991	0.0598	0.1616
71	华南理工大学学报（社会科学版）	0.0698	0.0357	0.0733	0.0596	0.1611
72	上海师范大学学报（哲学社会科学版）	0.0385	0.0442	0.0949	0.0592	0.1600
73	杭州师范学院学报（社会科学版）	0.0657	0.0517	0.0582	0.0585	0.1581
74	东方论坛：青岛大学学报	0.0263	0.0659	0.0822	0.0581	0.1570
75	南京工业大学学报（社会科学版）	0.0632	0.0632	0.0437	0.0567	0.1532
75	北京邮电大学学报（社会科学版）	0.0732	0.0511	0.0458	0.0567	0.1532
77	扬州大学学报（人文社会科学版）	0.0455	0.0780	0.0463	0.0566	0.1530
77	西安电子科技大学学报（社会科学版）	0.0455	0.0591	0.0651	0.0566	0.1530
79	齐鲁学刊	0.0571	0.0503	0.0561	0.0545	0.1473
80	河南大学学报（社会科学版）	0.0667	0.0427	0.0530	0.0541	0.1462

续表

排序	期刊名称	2004 年	2005 年	2006 年	三年平均	归一化值
81	内蒙古大学学报（人文·社会科学版）	0.0328	0.0549	0.0706	0.0528	0.1427
82	西北农林科技大学学报（社会科学版）	0.0346	0.0556	0.0680	0.0527	0.1424
83	北京科技大学学报（社会科学版）	0.0606	0.0641	0.0323	0.0523	0.1414
84	武汉大学学报（人文科学版）	0.0403	0.0381	0.0772	0.0519	0.1403
85	重庆工商大学学报（西部论坛）	0.0437	0.0402	0.0716	0.0518	0.1400
85	南京航空航天大学学报（社会科学版）	0.0452	0.0788	0.0314	0.0518	0.1400
87	苏州大学学报（哲学社会科学版）	0.0324	0.0511	0.0693	0.0509	0.1376
88	山东科技大学学报（社会科学版）	0.0248	0.0531	0.0691	0.0490	0.1324
89	湖北大学学报（哲学社会科学版）	0.0475	0.0520	0.0468	0.0488	0.1319
90	山西师大学报（社会科学版）	0.0260	0.0593	0.0596	0.0483	0.1305
91	中国矿业大学学报（社会科学版）	0.0219	0.0664	0.0539	0.0474	0.1281
92	中南大学学报（社会科学版）	0.0325	0.0127	0.0963	0.0472	0.1276
93	西南交通大学学报（社会科学版）	0.0100	0.0541	0.0772	0.0471	0.1273
94	延安大学学报（社会科学版）	0.0882	0.0155	0.0374	0.0470	0.1270
95	贵州师范大学学报（社会科学版）	0.0251	0.0520	0.0623	0.0465	0.1257
96	南京体育学院学报（社会科学版）	0.0358	0.0485	0.0548	0.0464	0.1254
97	汕头大学学报（人文科学版）	0.0185	0.0652	0.0537	0.0458	0.1238
98	河海大学学报（哲学社会科学版）	0.0469	0.0452	0.0441	0.0454	0.1227
99	中国人民公安大学学报（社会科学版）	0.0294	0.0432	0.0546	0.0424	0.1146
100	江苏大学学报（社会科学版）	0.0243	0.0620	0.0405	0.0423	0.1143
101	湖南科技大学学报（社会科学版）	0.0559	0.0169	0.0531	0.0420	0.1135
102	华东理工大学学报（社会科学版）	0.0053	0.0372	0.0829	0.0418	0.1130
103	山东师范大学学报（人文社会科学版）	0.0152	0.0506	0.0568	0.0409	0.1105
104	广西师范大学学报（哲学社会科学版）	0.0369	0.0303	0.0510	0.0394	0.1065
105	山东理工大学学报（社会科学版）	0.0072	0.0536	0.0571	0.0393	0.1062
106	武汉科技大学学报（社会科学版）	0.0276	0.0321	0.0566	0.0388	0.1049
106	新疆大学学报（哲学·人文社会科学版）	0.0225	0.0367	0.0571	0.0388	0.1049
108	西安石油大学学报（社会科学版）	0.0169	0.0366	0.0621	0.0385	0.1041
108	燕山大学学报（哲学社会科学版）	0.0429	0.0364	0.0361	0.0385	0.1041
110	西北工业大学学报（社会科学版）	0.0123	0.0386	0.0631	0.0380	0.1027
111	广西大学学报（哲学社会科学版）	0.0409	0.0313	0.0404	0.0375	0.1014

续表

排序	期刊名称	2004年	2005年	2006年	三年平均	归一化值
112	南昌大学学报（人文社会科学版）	0.0185	0.0329	0.0608	0.0374	0.1011
113	华北电力大学学报（社会科学版）	0.0526	0.0224	0.0324	0.0358	0.0968
114	云南师范大学学报（哲学社会科学版）	0.0215	0.0243	0.0608	0.0355	0.0959
114	内蒙古师范大学学报（哲学社会科学版）	0.0252	0.0265	0.0548	0.0355	0.0959
114	山东农业大学学报（社会科学版）	0.0470	0.0255	0.0339	0.0355	0.0959
117	福建农林大学学报（社会科学版）	0.0153	0.0329	0.0577	0.0353	0.0954
118	中国石油大学学报（社会科学版）	0.0135	0.0304	0.0609	0.0349	0.0943
119	哈尔滨工业大学学报（社会科学版）	0.0223	0.0349	0.0469	0.0347	0.0938
120	广州大学学报（社会科学版）	0.0180	0.0223	0.0616	0.0340	0.0919
120	江西师范大学学报（哲学社会科学版）	0.0294	0.0362	0.0363	0.0340	0.0919
122	佛山科学技术学院学报（社会科学版）	0.0655	0.0215	0.0125	0.0332	0.0897
123	贵州大学学报（社会科学版）	0.0352	0.0435	0.0201	0.0329	0.0889
124	沈阳师范大学学报（社会科学版）	0.0215	0.0219	0.0549	0.0328	0.0886
125	中国海洋大学学报（社会科学版）	0.0036	0.0385	0.0559	0.0327	0.0884
126	南华大学学报（社会科学版）	0.0300	0.0519	0.0157	0.0325	0.0878
127	河北师范大学学报（哲学社会科学版）	0.0142	0.0355	0.0475	0.0324	0.0876
128	太原理工大学学报（社会科学版）	0.0209	0.0339	0.0413	0.0320	0.0865
129	吉首大学学报（社会科学版）	0.0441	0.0135	0.0345	0.0307	0.0830
130	辽宁师范大学学报（社会科学版）	0.0168	0.0222	0.0525	0.0305	0.0824
131	湖南工程学院学报（社会科学版）	0.0106	0.0228	0.0570	0.0301	0.0814
132	南都学坛：南阳师范学院人文社会科学学报	0.0185	0.0324	0.0387	0.0299	0.0808
133	青岛科技大学学报（社会科学版）	0.0216	0.0426	0.0237	0.0293	0.0792
134	温州师范学院学报	0.0037	0.0717	0.0123	0.0292	0.0789
135	哈尔滨商业大学学报（社会科学版）	0.0172	0.0319	0.0368	0.0286	0.0773
135	浙江师范大学学报（社会科学版）	0.0176	0.0352	0.0330	0.0286	0.0773
137	南京理工大学学报（社会科学版）	0.0194	0.0207	0.0455	0.0285	0.0770
138	华中农业大学学报（社会科学版）	0.0151	0.0407	0.0294	0.0284	0.0768
139	郑州航空工业管理学院学报	0.0248	0.0270	0.0312	0.0277	0.0749
140	苏州科技学院学报（社会科学版）	0.0180	0.0080	0.0532	0.0264	0.0714
141	合肥工业大学学报（社会科学版）	0.0352	0.0164	0.0273	0.0263	0.0711
142	鲁东大学学报（哲学社会科学版）	0.0133	0.0398	0.0244	0.0258	0.0697

第24章　高校人文社会科学综合性学报

续表

排序	期刊名称	2004年	2005年	2006年	三年平均	归一化值
142	延边大学学报（社会科学版）	0.0198	0.0179	0.0396	0.0258	0.0697
144	南通大学学报（社会科学版）	0.0245	0.0248	0.0266	0.0253	0.0684
145	辽宁大学学报（哲学社会科学版）	0.0200	0.0174	0.0368	0.0247	0.0668
146	固原师专学报	0.0417	0.0103	0.0214	0.0245	0.0662
146	新疆师范大学学报（哲学社会科学版）	0.0146	0.0280	0.0308	0.0245	0.0662
148	江西农业大学学报（社会科学版）	0.0276	0.0229	0.0203	0.0236	0.0638
149	成都大学学报（社会科学版）	0.0248	0.0223	0.0219	0.0230	0.0622
150	徐州师范大学学报（哲学社会科学版）	0.0281	0.0162	0.0241	0.0228	0.0616
150	浙江万里学院学报	0.0172	0.0245	0.0266	0.0228	0.0616
152	聊城大学学报（社会科学版）	0.0200	0.0272	0.0196	0.0223	0.0603
153	华北水利水电学院学报（社科版）	0.0185	0.0266	0.0208	0.0220	0.0595
154	浙江树人大学学报	0.0090	0.0180	0.0382	0.0217	0.0586
155	洛阳师范学院学报	0.0288	0.0211	0.0147	0.0215	0.0581
155	沈阳农业大学学报（社会科学版）	0.0073	0.0246	0.0325	0.0215	0.0581
157	重庆师范大学学报（哲学社会科学版）	0.0314	0.0054	0.0275	0.0214	0.0578
158	绍兴文理学院学报（社科版）	0.0267	0.0094	0.0278	0.0213	0.0576
159	重庆邮电大学学报（社会科学版）	0.0080	0.0261	0.0285	0.0209	0.0565
160	湘潭师范学院学报（社会科学版）	0.0145	0.0177	0.0291	0.0204	0.0551
161	湖南农业大学学报（社会科学版）	0.0127	0.0202	0.0268	0.0199	0.0538
161	长沙理工大学学报（社会科学版）	0.0034	0.0292	0.0271	0.0199	0.0538
163	广播电视大学学报（哲学社会科学版）	0.0138	0.0204	0.0248	0.0197	0.0532
164	江苏教育学院学报（社会科学版）	0.0168	0.0239	0.0178	0.0195	0.0527
164	青岛大学师范学院学报	0.0190	0.0245	0.0149	0.0195	0.0527
166	嘉兴学院学报	0.0228	0.0146	0.0203	0.0192	0.0519
167	宁波大学学报（人文科学版）	0.0147	0.0120	0.0293	0.0187	0.0505
168	江南大学学报（人文社会科学版）	0.0124	0.0211	0.0222	0.0186	0.0503
169	河南科技大学学报（社会科学版）	0.0046	0.0186	0.0310	0.0181	0.0489
170	三峡大学学报（人文社会科学版）	0.0151	0.0254	0.0125	0.0177	0.0478
171	淮阴师范学院学报（哲学社会科学版）	0.0085	0.0164	0.0276	0.0175	0.0473
172	辽宁工程技术大学学报（社会科学版）	0.0131	0.0129	0.0258	0.0173	0.0468
173	湖北师范学院学报（哲学社会科学版）	0.0038	0.0221	0.0251	0.0170	0.0459

续表

排序	期刊名称	2004年	2005年	2006年	三年平均	归一化值
174	西华师范大学学报（哲学社会科学版）	0.0151	0.0187	0.0170	0.0169	0.0457
175	哈尔滨学院学报	0.0187	0.0181	0.0134	0.0167	0.0451
175	西藏大学学报	0.0230	0.0127	0.0143	0.0167	0.0451
177	湛江师范学院学报	0.0133	0.0079	0.0281	0.0164	0.0443
178	皖西学院学报	0.0164	0.0221	0.0104	0.0163	0.0441
179	泉州师范学院学报	0.0094	0.0198	0.0190	0.0161	0.0435
180	宝鸡文理学院学报（社会科学版）	0.0200	0.0081	0.0195	0.0159	0.0430
181	青海师范大学学报（哲学社会科学版）	0.0145	0.0107	0.0215	0.0156	0.0422
182	信阳师范学院学报（哲学社会科学版）	0.0105	0.0099	0.0254	0.0153	0.0414
183	海南师范学院学报（社会科学版）	0.0086	0.0139	0.0232	0.0152	0.0411
184	齐齐哈尔大学学报（哲学社会科学版）	0.0246	0.0070	0.0138	0.0151	0.0408
185	泰山学院学报	0.0124	0.0049	0.0278	0.0150	0.0405
186	上饶师范学院学报	0.0063	0.0090	0.0295	0.0149	0.0403
187	许昌学院学报	0.0069	0.0181	0.0195	0.0148	0.0400
188	安庆师范学院学报（社会科学版）	0.0087	0.0039	0.0316	0.0147	0.0397
189	湖南文理学院学报（社会科学版）	0.0129	0.0046	0.0252	0.0142	0.0384
190	郑州航空工业管理学院学报（社会科学版）	0.0052	0.0228	0.0141	0.0140	0.0378
191	重庆工商大学学报（社会科学版）	0.0023	0.0074	0.0321	0.0139	0.0376
192	南京晓庄学院学报	0.0084	0.0132	0.0191	0.0136	0.0368
193	赣南师范学院学报	0.0123	0.0134	0.0146	0.0134	0.0362
194	湖州师范学院学报	0.0073	0.0158	0.0167	0.0133	0.0359
195	安徽农业大学学报（社会科学版）	0.0097	0.0087	0.0209	0.0131	0.0354
195	渤海大学学报（哲学社会科学版）	0.0121	0.0120	0.0151	0.0131	0.0354
197	长江大学学报（社会科学版）	0.0143	0.0064	0.0166	0.0124	0.0335
198	乐山师范学院学报	0.0116	0.0068	0.0185	0.0123	0.0332
199	曲靖师范学院学报	0.0078	0.0117	0.0171	0.0122	0.0330
199	长春师范学院学报（人文社会科学版）	0.0145	0.0124	0.0096	0.0122	0.0330
201	衡阳师范学院学报	0.0137	0.0113	0.0112	0.0121	0.0327
202	黄冈师范学院学报	0.0137	0.0089	0.0128	0.0118	0.0319
203	淮北煤炭师范学院学报（哲学社会科学版）	0.0110	0.0065	0.0161	0.0112	0.0303
204	天水师范学院学报	0.0052	0.0046	0.0225	0.0108	0.0292

续表

排序	期刊名称	2004年	2005年	2006年	三年平均	归一化值
205	佳木斯大学社会科学学报	0.0081	0.0136	0.0105	0.0107	0.0289
206	吉林师范大学学报（人文社会科学版）	0.0080	0.0024	0.0211	0.0105	0.0284
207	南阳师范学院学报	0.0048	0.0080	0.0180	0.0103	0.0278
208	怀化学院学报	0.0090	0.0132	0.0076	0.0099	0.0268
209	韶关学院学报	0.0111	0.0071	0.0112	0.0098	0.0265
209	太原师范学院学报（社会科学版）	0.0097	0.0077	0.0119	0.0098	0.0265
211	咸宁学院学报	0.0101	0.0073	0.0096	0.0090	0.0243
212	安徽工业大学学报（社会科学版）	0.0055	0.0056	0.0143	0.0085	0.0230
213	嘉应学院学报	0.0173	0.0026	0.0026	0.0075	0.0203
214	盐城师范学院学报（人文社会科学版）	0	0.0166	0.0037	0.0068	0.0184
215	龙岩学院学报	0.0066	0.0049	0.0078	0.0064	0.0173
216	河南教育学院学报（哲学社会科学版）	0.0023	0.0076	0.0055	0.0051	0.0138
217	商丘师范学院学报	0.0061	0.0055	0.0027	0.0048	0.0130

由表 24-13 可以看到，各高校人文社科综合性学报的一般影响因子差距很大，影响因子最高的为《中国人民大学学报》，达到了 0.37，而位居末尾的《商丘师范学院学报》仅为 0.0048，是《中国人民大学学报》的 1.3%。

其次，高校人文社科综合性学报的一般影响因子总体水平偏低：217 种期刊中只有《中国人民大学学报》的影响因子平均值大于 0.3，而低于 0.1 的期刊则达到了 187 种，占高校人文社科综合性学报的 86.17%；从总体看，高校人文社科综合性学报 2004—2006 年的一般影响因子平均值仅为 0.0562，与其他人文社科类专业期刊相比偏低。

在表 24-13 中，非 CSSCI 来源刊的 166 种学报其一般影响因子仅为 0.033，远低于 CSSCI 来源刊的 0.1214，这从一个侧面反映了 CSSCI 非来源刊在学术质量和学术影响力方面与来源刊相比还有很大距离，非来源刊要想跻身 CSSCI 来源刊之列，必须要在稿件质量上多下工夫，切实增强自身的学术质量和影响。从另一方面来看，纵观 2004—2006 年，我们可以发现，不论是来源刊还是非来源刊，高校人文社科综合性学报的学术影响力都在逐步加强，以每年 30% 左右的速度增长着：2004 年学报总体的一般影响因子平均值仅为 0.041，2005 年已经达到 0.0536，2006 年甚至达到了 0.0687，三年间涨幅高达 67.56%。在这些学报中值得一提的是《华东理工大学学报（社会科学版）》，该刊在 2004—2006 年间一般影响因子连年增长，增幅达 14 倍之多，表现相当突出。由此我们断言，高校人文社科综合性学报的影响因子正在处于整体上升阶段，其学术性和前沿性有明显提高。

我们把表24-13与反映学报总被引次数的表24-7进行关联，数据显示，高校人文社科综合性学报的总被引次数与一般影响因子具有一定的相关性，即总被引次数高的学报，一般影响因子的排名往往也靠前。但总被引次数并不能决定影响因子。如在总被引次数中排名第1—3名的分别为《北京大学学报（哲学社会科学版）》、《北京师范大学学报（社会科学版）》、《中国人民大学学报》，而在一般影响因子中排前三名的学报则分别为《中国人民大学学报》、《北京大学学报（哲学社会科学版）》、《北京师范大学学报（社会科学版）》，排序发生了变化。分析其原因，影响因子除了与被引次数相关外，还与期刊的被引用（年）峰值相关，影响因子高的学报如《中国人民大学学报》，往往在统计年代附近在学术界表现活跃，而影响因子名次下降的学报如《北京大学学报（哲学社会科学版）》虽然被引总次数远高于《中国人民大学学报》，但其在统计年前两三年的论文被引相对较少，被引用的论文大多为三年前发表的文章，因而一般影响因子的排名有一定下降。对影响因子产生影响的另一因素则是期刊的载文量，很多期刊，虽然被引绝对次数高，但载文量偏大，导致影响因子一般。

24.4.2 他引影响因子

他引影响因子是排除期刊自引后的影响因子，反映了一种期刊对其他期刊产生的学术影响。由于我们的引用数据主要来自于CSSCI数据库，加入他引影响因子对非来源期刊而言更加公平合理。因此，该指标平衡了统计源期刊和非统计源期刊带来的不合理性，对于目前我国期刊界许多不正之风（如，为了使期刊不被淘汰出CSSCI，大量的人为自引）亦有很好的抑制作用。

表24-14　　　　　2004—2006年高校人文社科综合性学报他引影响因子

排序	期刊名称	2004年	2005年	2006年	三年平均	归一化值
1	中国人民大学学报	0.3045	0.3930	0.3715	0.3563	1
2	北京大学学报（哲学社会科学版）	0.1833	0.2441	0.3778	0.2684	0.7533
3	北京师范大学学报（社会科学版）	0.2227	0.2053	0.2780	0.2353	0.6604
4	复旦学报（社会科学版）	0.1381	0.1633	0.3462	0.2159	0.6060
5	厦门大学学报（哲学社会科学版）	0.1859	0.1963	0.2255	0.2026	0.5686
6	清华大学学报（哲学社会科学版）	0.1887	0.1888	0.2275	0.2017	0.5661
7	西安交通大学学报（社会科学版）	0.1207	0.1646	0.3066	0.1973	0.5537
8	吉林大学社会科学学报	0.1300	0.1532	0.3004	0.1945	0.5459
9	南开学报（哲学社会科学版）	0.1486	0.2009	0.2300	0.1932	0.5422

续表

排序	期刊名称	2004年	2005年	2006年	三年平均	归一化值
10	武汉大学学报（哲学社会科学版）	0.1774	0.1857	0.2148	0.1926	0.5406
11	中山大学学报（社会科学版）	0.1667	0.1646	0.2111	0.1808	0.5074
12	南京大学学报（哲学·人文科学·社会科学版）	0.1639	0.1400	0.2254	0.1764	0.4951
13	浙江大学学报（人文社会科学版）	0.1254	0.2096	0.1519	0.1623	0.4555
14	华中师范大学学报（人文社会科学版）	0.0973	0.1590	0.1903	0.1489	0.4179
15	南京农业大学学报（社会科学版）	0.1111	0.1417	0.1765	0.1431	0.4016
15	南京师大学报（社会科学版）	0.0938	0.1835	0.1519	0.1431	0.4016
17	华东师范大学学报（哲学社会科学版）	0.0762	0.1198	0.1857	0.1272	0.3570
18	四川大学学报（哲学社会科学版）	0.1141	0.1155	0.1054	0.1117	0.3135
19	北京工商大学学报（社会科学版）	0.1194	0.1027	0.1012	0.1078	0.3026
20	湖南大学学报（社会科学版）	0.0443	0.0900	0.1812	0.1052	0.2953
21	北京林业大学学报（社会科学版）	0.1356	0.0923	0.0857	0.1045	0.2933
22	陕西师范大学学报（哲学社会科学版）	0.0677	0.1074	0.1312	0.1021	0.2866
23	思想战线	0.0631	0.0890	0.1524	0.1015	0.2849
24	上海交通大学学报（哲学社会科学版）	0.0850	0.1022	0.1163	0.1012	0.2840
25	天津大学学报（社会科学版）	0.0726	0.0909	0.1364	0.1000	0.2807
26	华南农业大学学报（社会科学版）	0.0645	0.0864	0.1447	0.0985	0.2765
27	北京交通大学学报（社会科学版）	0.0286	0.1402	0.1223	0.0970	0.2722
28	云南大学学报（社会科学版）	0.0968	0.1078	0.0857	0.0968	0.2717
29	暨南学报（哲学社会科学版）	0.1036	0.0921	0.0909	0.0955	0.2680
29	求是学刊	0.0808	0.1082	0.0974	0.0955	0.2680
31	重庆大学学报（社会科学版）	0.1282	0.0841	0.0721	0.0948	0.2661
32	首都师范大学学报（社会科学版）	0.0992	0.0787	0.1027	0.0935	0.2624
33	西北师大学报（社会科学版）	0.0752	0.0698	0.1345	0.0932	0.2616
34	同济大学学报（社会科学版）	0.0815	0.0696	0.1227	0.0913	0.2562
35	郑州大学学报（哲学社会科学版）	0.0897	0.0887	0.0894	0.0893	0.2506
36	武汉理工大学学报（社会科学版）	0.0935	0.1108	0.0584	0.0876	0.2459
37	山东大学学报（哲学社会科学版）	0.0643	0.0757	0.1194	0.0865	0.2428
38	华侨大学学报（哲学社会科学版）	0.1860	0.0174	0.0539	0.0858	0.2408
39	东北师大学报（哲学社会科学版）	0.0699	0.0661	0.1197	0.0852	0.2391
40	山西大学学报（哲学社会科学版）	0.0554	0.0755	0.1239	0.0849	0.2383

续表

排序	期刊名称	2004年	2005年	2006年	三年平均	归一化值
41	湘潭大学学报（哲学社会科学版）	0.0256	0.0867	0.1405	0.0843	0.2366
42	福州大学学报（哲学社会科学版）	0.0779	0.0249	0.1494	0.0841	0.2360
43	福建师范大学学报（哲学社会科学版）	0.0821	0.0660	0.1037	0.0839	0.2355
44	大连理工大学学报（社会科学版）	0.0794	0.0839	0.0859	0.0831	0.2332
45	西北大学学报（哲学社会科学版）	0.0822	0.0710	0.0925	0.0819	0.2299
46	中国地质大学学报（社会科学版）	0.0510	0.0814	0.1115	0.0813	0.2282
47	东南大学学报（哲学社会科学版）	0.0588	0.0957	0.0825	0.0790	0.2217
48	北京理工大学学报（社会科学版）	0.0636	0.0903	0.0826	0.0788	0.2212
49	西南大学学报（人文社会科学版）	0.0567	0.0762	0.1020	0.0783	0.2198
50	河北大学学报（哲学社会科学版）	0.1121	0.0658	0.0525	0.0768	0.2155
51	天津师范大学学报（社会科学版）	0.0565	0.0756	0.0977	0.0766	0.2150
52	安徽师范大学学报（人文社会科学版）	0.0593	0.1028	0.0662	0.0761	0.2136
52	北京工业大学学报（社会科学版）	0.0730	0.0843	0.0710	0.0761	0.2136
54	华中科技大学学报（社会科学版）	0.0862	0.0471	0.0934	0.0756	0.2122
55	兰州大学学报（社会科学版）	0.0387	0.0588	0.1266	0.0747	0.2097
56	济南大学学报（社会科学版）	0.0474	0.1073	0.0667	0.0738	0.2071
57	东北大学学报（社会科学版）	0.0708	0.0843	0.0651	0.0734	0.2060
58	电子科技大学学报（社科版）	0.1061	0.0560	0.0566	0.0729	0.2046
59	中国农业大学学报（社会科学版）	0.0514	0.0654	0.0915	0.0694	0.1948
60	湖南师范大学社会科学学报	0.0400	0.0846	0.0769	0.0672	0.1886
61	华南师范大学学报（社会科学版）	0.0394	0.0743	0.0828	0.0655	0.1838
62	北京航空航天大学学报（社会科学版）	0.0446	0.0800	0.0662	0.0636	0.1785
63	安徽大学学报（哲学社会科学版）	0.0610	0.0640	0.0634	0.0628	0.1763
64	宁夏大学学报（人文社会科学版）	0.0874	0.0510	0.0458	0.0614	0.1723
65	海南大学学报（人文社会科学版）	0.1053	0.0409	0.0341	0.0601	0.1687
65	烟台大学学报（哲学社会科学版）	0.0506	0.0562	0.0734	0.0601	0.1687
67	河南师范大学学报（哲学社会科学版）	0.0195	0.0607	0.0991	0.0598	0.1678
68	华南理工大学学报（社会科学版）	0.0698	0.0357	0.0733	0.0596	0.1673
69	杭州师范学院学报（社会科学版）	0.0657	0.0517	0.0582	0.0585	0.1642
70	东方论坛：青岛大学学报	0.0263	0.0659	0.0822	0.0581	0.1631
71	深圳大学学报（人文社会科学版）	0.0418	0.0491	0.0795	0.0568	0.1594

续表

排序	期刊名称	2004年	2005年	2006年	三年平均	归一化值
72	南京工业大学学报（社会科学版）	0.0632	0.0632	0.0437	0.0567	0.1591
72	北京邮电大学学报（社会科学版）	0.0732	0.0511	0.0458	0.0567	0.1591
74	扬州大学学报（人文社会科学版）	0.0455	0.0780	0.0463	0.0566	0.1589
74	西安电子科技大学学报（社会科学版）	0.0455	0.0591	0.0651	0.0566	0.1589
76	上海大学学报（社会科学版）	0.0528	0.0338	0.0814	0.0560	0.1572
77	上海师范大学学报（哲学社会科学版）	0.0385	0.0442	0.0839	0.0555	0.1558
78	河南大学学报（社会科学版）	0.0667	0.0427	0.0530	0.0541	0.1518
79	西北农林科技大学学报（社会科学版）	0.0346	0.0556	0.0680	0.0527	0.1479
80	北京科技大学学报（社会科学版）	0.0606	0.0641	0.0323	0.0523	0.1468
81	齐鲁学刊	0.0571	0.0503	0.0488	0.0521	0.1462
82	武汉大学学报（人文科学版）	0.0403	0.0381	0.0772	0.0519	0.1457
83	重庆工商大学学报（西部论坛）	0.0437	0.0402	0.0716	0.0518	0.1454
83	南京航空航天大学学报（社会科学版）	0.0452	0.0788	0.0314	0.0518	0.1454
85	内蒙古大学学报（人文·社会科学版）	0.0328	0.0488	0.0706	0.0507	0.1423
86	苏州大学学报（哲学社会科学版）	0.0324	0.0511	0.0660	0.0498	0.1398
87	山东科技大学学报（社会科学版）	0.0248	0.0531	0.0691	0.0490	0.1375
88	湖北大学学报（哲学社会科学版）	0.0475	0.0520	0.0468	0.0488	0.1370
89	山西师大学报（社会科学版）	0.0260	0.0593	0.0596	0.0483	0.1356
90	中国矿业大学学报（社会科学版）	0.0219	0.0664	0.0539	0.0474	0.1330
91	中南大学学报（社会科学版）	0.0325	0.0127	0.0963	0.0472	0.1325
92	西南交通大学学报（社会科学版）	0.0100	0.0541	0.0772	0.0471	0.1322
93	延安大学学报（社会科学版）	0.0882	0.0155	0.0374	0.0470	0.1319
94	贵州师范大学学报（社会科学版）	0.0251	0.0520	0.0623	0.0465	0.1305
95	南京体育学院学报（社会科学版）	0.0358	0.0485	0.0548	0.0464	0.1302
96	汕头大学学报（人文社会科学版）	0.0185	0.0652	0.0537	0.0458	0.1285
97	河海大学学报（哲学社会科学版）	0.0469	0.0452	0.0441	0.0454	0.1274
98	中国人民公安大学学报（社会科学版）	0.0294	0.0432	0.0546	0.0424	0.1190
99	江苏大学学报（社会科学版）	0.0243	0.0620	0.0405	0.0423	0.1187
100	湖南科技大学学报（社会科学版）	0.0559	0.0169	0.0531	0.0420	0.1179
101	华东理工大学学报（社会科学版）	0.0053	0.0372	0.0829	0.0418	0.1173
102	山东师范大学学报（人文社会科学版）	0.0152	0.0506	0.0568	0.0409	0.1148

续表

排序	期刊名称	2004 年	2005 年	2006 年	三年平均	归一化值
103	广西师范大学学报（哲学社会科学版）	0.0369	0.0303	0.0510	0.0394	0.1106
104	山东理工大学学报（社会科学版）	0.0072	0.0536	0.0571	0.0393	0.1103
105	四川师范大学学报（社会科学版）	0.0433	0.0310	0.0426	0.0390	0.1095
106	武汉科技大学学报（社会科学版）	0.0276	0.0321	0.0566	0.0388	0.1089
106	新疆大学学报（哲学·人文社会科学版）	0.0225	0.0367	0.0571	0.0388	0.1089
108	西安石油大学学报（社会科学版）	0.0169	0.0366	0.0621	0.0385	0.1081
108	燕山大学学报（哲学社会科学版）	0.0429	0.0364	0.0361	0.0385	0.1081
110	西北工业大学学报（社会科学版）	0.0123	0.0386	0.0631	0.0380	0.1067
111	广西大学学报（哲学社会科学版）	0.0409	0.0313	0.0404	0.0375	0.1052
112	南昌大学学报（人文社会科学版）	0.0185	0.0329	0.0608	0.0374	0.1050
113	华北电力大学学报（社会科学版）	0.0526	0.0224	0.0324	0.0358	0.1005
114	内蒙古师范大学学报（哲学社会科学版）	0.0252	0.0265	0.0548	0.0355	0.0996
114	山东农业大学学报（社会科学版）	0.0470	0.0255	0.0339	0.0355	0.0996
116	福建农林大学学报（社会科学版）	0.0153	0.0329	0.0577	0.0353	0.0991
117	中国石油大学学报（社会科学版）	0.0135	0.0304	0.0609	0.0349	0.0980
118	哈尔滨工业大学学报（社会科学版）	0.0223	0.0349	0.0469	0.0347	0.0974
119	广州大学学报（社会科学版）	0.0180	0.0223	0.0616	0.0340	0.0954
119	江西师范大学学报（哲学社会科学版）	0.0294	0.0362	0.0363	0.0340	0.0954
121	云南师范大学学报（哲学社会科学版）	0.0215	0.0243	0.0552	0.0337	0.0946
122	佛山科学技术学院学报（社会科学版）	0.0655	0.0215	0.0125	0.0332	0.0932
123	贵州大学学报（社会科学版）	0.0352	0.0435	0.0201	0.0329	0.0923
124	沈阳师范大学学报（社会科学版）	0.0215	0.0219	0.0549	0.0328	0.0921
125	中国海洋大学学报（社会科学版）	0.0036	0.0385	0.0559	0.0327	0.0918
126	南华大学学报（社会科学版）	0.0300	0.0519	0.0157	0.0325	0.0912
127	河北师范大学学报（哲学社会科学版）	0.0142	0.0355	0.0475	0.0324	0.0909
128	太原理工大学学报（社会科学版）	0.0209	0.0339	0.0413	0.0320	0.0898
129	吉首大学学报（社会科学版）	0.0441	0.0135	0.0345	0.0307	0.0862
130	辽宁师范大学学报（社会科学版）	0.0168	0.0222	0.0525	0.0305	0.0856
131	湖南工程学院学报（社会科学版）	0.0106	0.0228	0.0570	0.0301	0.0845
132	南都学坛：南阳师范学院人文社会科学学报	0.0185	0.0324	0.0387	0.0299	0.0839
133	青岛科技大学学报（社会科学版）	0.0216	0.0426	0.0237	0.0293	0.0822

续表

排序	期刊名称	2004 年	2005 年	2006 年	三年平均	归一化值
134	温州师范学院学报	0.0037	0.0717	0.0123	0.0292	0.0820
135	哈尔滨商业大学学报（社会科学版）	0.0172	0.0319	0.0368	0.0286	0.0803
135	浙江师范大学学报（社会科学版）	0.0176	0.0352	0.0330	0.0286	0.0803
137	南京理工大学学报（社会科学版）	0.0194	0.0207	0.0455	0.0285	0.0800
138	华中农业大学学报（社会科学版）	0.0151	0.0407	0.0294	0.0284	0.0797
139	郑州航空工业管理学院学报	0.0248	0.0270	0.0312	0.0277	0.0777
140	苏州科技学院学报（社会科学版）	0.0180	0.0080	0.0532	0.0264	0.0741
141	合肥工业大学学报（社会科学版）	0.0352	0.0164	0.0273	0.0263	0.0738
142	鲁东大学学报（哲学社会科学版）	0.0133	0.0398	0.0244	0.0258	0.0724
142	延边大学学报（社会科学版）	0.0198	0.0179	0.0396	0.0258	0.0724
144	南通大学学报（社会科学版）	0.0245	0.0248	0.0266	0.0253	0.0710
145	辽宁大学学报（哲学社会科学版）	0.0200	0.0174	0.0368	0.0247	0.0693
146	固原师专学报	0.0417	0.0103	0.0214	0.0245	0.0688
146	新疆师范大学学报（哲学社会科学版）	0.0146	0.0280	0.0308	0.0245	0.0688
148	江西农业大学学报（社会科学版）	0.0276	0.0229	0.0203	0.0236	0.0662
149	成都大学学报（社会科学版）	0.0248	0.0223	0.0219	0.0230	0.0646
150	徐州师范大学学报（哲学社会科学版）	0.0281	0.0162	0.0241	0.0228	0.0640
150	浙江万里学院学报	0.0172	0.0245	0.0266	0.0228	0.0640
152	聊城大学学报（社会科学版）	0.0200	0.0272	0.0196	0.0223	0.0626
153	浙江树人大学学报	0.0090	0.0180	0.0382	0.0217	0.0609
154	洛阳师范学院学报	0.0288	0.0211	0.0147	0.0215	0.0603
154	沈阳农业大学学报（社会科学版）	0.0073	0.0246	0.0325	0.0215	0.0603
156	重庆师范大学学报（哲学社会科学版）	0.0314	0.0054	0.0275	0.0214	0.0601
157	绍兴文理学院学报（社科版）	0.0267	0.0094	0.0278	0.0213	0.0598
158	华北水利水电学院学报（社科版）	0.0185	0.0266	0.0175	0.0209	0.0587
159	湘潭师范学院学报（社会科学版）	0.0145	0.0177	0.0291	0.0204	0.0573
160	重庆邮电大学学报（社会科学版）	0.0080	0.0239	0.0285	0.0201	0.0564
161	湖南农业大学学报（社会科学版）	0.0127	0.0202	0.0268	0.0199	0.0559
161	长沙理工大学学报（社会科学版）	0.0034	0.0292	0.0271	0.0199	0.0559
163	广播电视大学学报（哲学社会科学版）	0.0138	0.0204	0.0248	0.0197	0.0553
164	江苏教育学院学报（社会科学版）	0.0168	0.0239	0.0178	0.0195	0.0547

续表

排序	期刊名称	2004年	2005年	2006年	三年平均	归一化值
164	青岛大学师范学院学报	0.0190	0.0245	0.0149	0.0195	0.0547
166	嘉兴学院学报	0.0228	0.0146	0.0203	0.0192	0.0539
167	宁波大学学报（人文科学版）	0.0147	0.0120	0.0293	0.0187	0.0525
168	江南大学学报（人文社会科学版）	0.0124	0.0211	0.0222	0.0186	0.0522
169	河南科技大学学报（社会科学版）	0.0046	0.0186	0.0310	0.0181	0.0508
170	三峡大学学报（人文社会科学版）	0.0151	0.0254	0.0125	0.0177	0.0497
171	淮阴师范学院学报（哲学社会科学版）	0.0085	0.0164	0.0276	0.0175	0.0491
172	辽宁工程技术大学学报（社会科学版）	0.0131	0.0129	0.0258	0.0173	0.0486
173	湖北师范学院学报（哲学社会科学版）	0.0038	0.0221	0.0251	0.0170	0.0477
174	西华师范大学学报（哲学社会科学版）	0.0151	0.0187	0.0170	0.0169	0.0474
175	哈尔滨学院学报	0.0187	0.0181	0.0134	0.0167	0.0469
175	西藏大学学报	0.0230	0.0127	0.0143	0.0167	0.0469
177	湛江师范学院学报	0.0133	0.0079	0.0281	0.0164	0.0460
178	皖西学院学报	0.0164	0.0221	0.0104	0.0163	0.0457
179	泉州师范学院学报	0.0094	0.0198	0.0190	0.0161	0.0452
180	宝鸡文理学院学报（社会科学版）	0.0200	0.0081	0.0195	0.0159	0.0446
181	青海师范大学学报（哲学社会科学版）	0.0145	0.0107	0.0215	0.0156	0.0438
182	信阳师范学院学报（哲学社会科学版）	0.0105	0.0099	0.0254	0.0153	0.0429
183	海南师范学院学报（社会科学版）	0.0086	0.0139	0.0232	0.0152	0.0427
184	齐齐哈尔大学学报（哲学社会科学版）	0.0246	0.0070	0.0138	0.0151	0.0424
185	泰山学院学报	0.0124	0.0049	0.0278	0.0150	0.0421
186	上饶师范学院学报	0.0063	0.0090	0.0295	0.0149	0.0418
187	许昌学院学报	0.0069	0.0181	0.0195	0.0148	0.0415
188	安庆师范学院学报（社会科学版）	0.0087	0.0039	0.0316	0.0147	0.0413
189	湖南文理学院学报（社会科学版）	0.0129	0.0046	0.0252	0.0142	0.0399
190	重庆工商大学学报（社会科学版）	0.0023	0.0074	0.0321	0.0139	0.0390
191	南京晓庄学院学报	0.0084	0.0132	0.0191	0.0136	0.0382
192	赣南师范学院学报	0.0123	0.0134	0.0146	0.0134	0.0376
193	湖州师范学院学报	0.0073	0.0158	0.0167	0.0133	0.0373
194	安徽农业大学学报（社会科学版）	0.0097	0.0087	0.0209	0.0131	0.0368
194	渤海大学学报（哲学社会科学版）	0.0121	0.0120	0.0151	0.0131	0.0368

续表

排序	期刊名称	2004 年	2005 年	2006 年	三年平均	归一化值
196	长江大学学报（社会科学版）	0.0143	0.0064	0.0166	0.0124	0.0348
197	乐山师范学院学报	0.0116	0.0068	0.0185	0.0123	0.0345
198	曲靖师范学院学报	0.0078	0.0117	0.0171	0.0122	0.0342
199	衡阳师范学院学报	0.0137	0.0113	0.0112	0.0121	0.0340
199	长春师范学院学报（人文社会科学版）	0.0145	0.0124	0.0093	0.0121	0.0340
201	黄冈师范学院学报	0.0137	0.0089	0.0128	0.0118	0.0331
202	淮北煤炭师范学院学报（哲学社会科学版）	0.0110	0.0065	0.0161	0.0112	0.0314
203	天水师范学院学报	0.0052	0.0046	0.0225	0.0108	0.0303
204	佳木斯大学社会科学学报	0.0081	0.0136	0.0105	0.0107	0.0300
205	吉林师范大学学报（人文社会科学版）	0.0080	0.0024	0.0211	0.0105	0.0295
206	南阳师范学院学报	0.0048	0.0080	0.0180	0.0103	0.0289
207	郑州航空工业管理学院学报（社会科学版）	0.0052	0.0114	0.0141	0.0102	0.0286
208	怀化学院学报	0.0090	0.0132	0.0076	0.0099	0.0278
209	韶关学院学报	0.0111	0.0071	0.0112	0.0098	0.0275
209	太原师范学院学报（社会科学版）	0.0097	0.0077	0.0119	0.0098	0.0275
211	咸宁学院学报	0.0101	0.0073	0.0096	0.0090	0.0253
212	安徽工业大学学报（社会科学版）	0.0055	0.0056	0.0143	0.0085	0.0239
213	嘉应学院学报	0.0173	0.0026	0.0026	0.0075	0.0210
214	盐城师范学院学报（人文社会科学版）	0	0.0166	0.0037	0.0068	0.0191
215	龙岩学院学报	0.0066	0.0049	0.0078	0.0064	0.0180
216	河南教育学院学报（哲学社会科学版）	0.0023	0.0076	0.0055	0.0051	0.0143
217	商丘师范学院学报	0.0061	0.0055	0.0027	0.0048	0.0135

由表 24-14 可知，高校人文社科综合性学报的他引影响因子总体水平较低，2004—2006 年三年的平均值仅为 0.0545；从他引影响因子的绝对值看，高校人文社科综合性学报中他引影响因子高于 0.1 的期刊只有 24 种，仅占学报总体的 11%，与其他人文社科类专业期刊相比所占比重偏低。

从增长趋势看，高校人文社科综合性学报的他引影响因子在 2004、2005、2006 年的总体平均水平分别为 0.0452、0.0520、0.0661，年增长量分别为 15% 和 27%。高校人文社科综合性学报对其他期刊的学术影响呈逐年增大趋势。

24.4.3 高校人文社科综合性学报影响因子综合分析

一般影响因子和他引影响因子的指标从不同角度揭示了期刊的相对影响，我们将两者综合考虑，将归一化之后的指标按35%与65%权重进行加权（确定权重的详细解释见本书第1章），从而全面揭示出期刊的综合影响状况。表24-15为高校人文性社科综合性学报影响因子综合值排序。

表24-15　2004—2006年高校人文社科综合性学报影响因子综合值

排序	期刊名称	一般影响因子归一化值	他引影响因子归一化值	综合值
1	中国人民大学学报	1	1	1
2	北京大学学报（哲学社会科学版）	0.7378	0.7533	0.7479
3	北京师范大学学报（社会科学版）	0.6465	0.6604	0.6555
4	复旦学报（社会科学版）	0.5908	0.6060	0.6007
5	厦门大学学报（哲学社会科学版）	0.6078	0.5686	0.5823
6	清华大学学报（哲学社会科学版）	0.5584	0.5661	0.5634
7	吉林大学社会科学学报	0.5805	0.5459	0.5580
8	西安交通大学学报（社会科学版）	0.5332	0.5537	0.5465
9	南开学报（哲学社会科学版）	0.5541	0.5422	0.5464
10	武汉大学学报（哲学社会科学版）	0.5205	0.5406	0.5336
11	中山大学学报（社会科学版）	0.5519	0.5074	0.5230
12	南京大学学报（哲学·人文科学·社会科学版）	0.4989	0.4951	0.4964
13	浙江大学学报（人文社会科学版）	0.5003	0.4555	0.4712
14	华中师范大学学报（人文社会科学版）	0.4330	0.4179	0.4232
15	南京师大学报（社会科学版）	0.4441	0.4016	0.4165
16	南京农业大学学报（社会科学版）	0.3868	0.4016	0.3964
17	华东师范大学学报（哲学社会科学版）	0.3608	0.3570	0.3583
18	四川大学学报（哲学社会科学版）	0.3514	0.3135	0.3268
19	陕西师范大学学报（哲学社会科学版）	0.3757	0.2866	0.3178
20	思想战线	0.3470	0.2849	0.3066
21	北京工商大学学报（社会科学版）	0.2949	0.3026	0.2999
22	东北师大学报（哲学社会科学版）	0.3997	0.2391	0.2953
23	湖南大学学报（社会科学版）	0.2843	0.2953	0.2915
24	北京林业大学学报（社会科学版）	0.2824	0.2933	0.2895

续表

排序	期刊名称	一般影响因子归一化值	他引影响因子归一化值	综合值
25	上海交通大学学报（哲学社会科学版）	0.2995	0.2840	0.2894
26	天津大学学报（社会科学版）	0.2703	0.2807	0.2771
27	华南农业大学学报（社会科学版）	0.2662	0.2765	0.2729
28	暨南学报（哲学社会科学版）	0.2754	0.2680	0.2706
29	北京交通大学学报（社会科学版）	0.2622	0.2722	0.2687
30	云南大学学报（社会科学版）	0.2616	0.2717	0.2682
31	求是学刊	0.2649	0.2680	0.2669
32	重庆大学学报（社会科学版）	0.2562	0.2661	0.2626
33	河北大学学报（哲学社会科学版）	0.3497	0.2155	0.2625
34	首都师范大学学报（社会科学版）	0.2597	0.2624	0.2615
35	西北师大学报（社会科学版）	0.2519	0.2616	0.2582
36	郑州大学学报（哲学社会科学版）	0.2643	0.2506	0.2554
37	同济大学学报（社会科学版）	0.2468	0.2562	0.2529
38	山西大学学报（哲学社会科学版）	0.2686	0.2383	0.2489
39	武汉理工大学学报（社会科学版）	0.2368	0.2459	0.2427
40	西北大学学报（哲学社会科学版）	0.2635	0.2299	0.2417
41	山东大学学报（哲学社会科学版）	0.2384	0.2428	0.2413
42	西南大学学报（人文社会科学版）	0.2781	0.2198	0.2402
43	华侨大学学报（哲学社会科学版）	0.2319	0.2408	0.2377
44	福建师范大学学报（哲学社会科学版）	0.2378	0.2355	0.2363
45	福州大学学报（哲学社会科学版）	0.2324	0.2360	0.2347
46	湘潭大学学报（哲学社会科学版）	0.2278	0.2366	0.2335
47	大连理工大学学报（社会科学版）	0.2246	0.2332	0.2302
48	中国地质大学学报（社会科学版）	0.2197	0.2282	0.2252
49	东南大学学报（哲学社会科学版）	0.2195	0.2217	0.2209
50	北京理工大学学报（社会科学版）	0.2130	0.2212	0.2183
51	天津师范大学学报（社会科学版）	0.2070	0.2150	0.2122
52	安徽师范大学学报（人文社会科学版）	0.2057	0.2136	0.2108
52	北京工业大学学报（社会科学版）	0.2057	0.2136	0.2108
54	兰州大学学报（社会科学版）	0.2124	0.2097	0.2106

续表

排序	期刊名称	一般影响因子归一化值	他引影响因子归一化值	综合值
55	华中科技大学学报（社会科学版）	0.2070	0.2122	0.2104
56	济南大学学报（社会科学版）	0.1995	0.2071	0.2044
57	东北大学学报（社会科学版）	0.1984	0.2060	0.2033
58	电子科技大学学报（社科版）	0.1970	0.2046	0.2019
59	湖南师范大学社会科学学报	0.2038	0.1886	0.1939
60	中国农业大学学报（社会科学版）	0.1876	0.1948	0.1923
61	华南师范大学学报（社会科学版）	0.1935	0.1838	0.1872
62	安徽大学学报（哲学社会科学版）	0.1830	0.1763	0.1786
63	宁夏大学学报（人文社会科学版）	0.1865	0.1723	0.1773
64	北京航空航天大学学报（社会科学版）	0.1719	0.1785	0.1762
65	海南大学学报（人文社会科学版）	0.1624	0.1687	0.1665
65	烟台大学学报（哲学社会科学版）	0.1624	0.1687	0.1665
67	河南师范大学学报（哲学社会科学版）	0.1616	0.1678	0.1656
68	华南理工大学学报（社会科学版）	0.1611	0.1673	0.1651
69	深圳大学学报（人文社会科学版）	0.1689	0.1594	0.1627
70	杭州师范学院学报（社会科学版）	0.1581	0.1642	0.1621
71	东方论坛：青岛大学学报	0.1570	0.1631	0.1610
72	上海大学学报（社会科学版）	0.1616	0.1572	0.1587
73	上海师范大学学报（哲学社会科学版）	0.1600	0.1558	0.1573
74	北京邮电大学学报（社会科学版）	0.1532	0.1591	0.1570
74	南京工业大学学报（社会科学版）	0.1532	0.1591	0.1570
76	西安电子科技大学学报（社会科学版）	0.1530	0.1589	0.1568
76	扬州大学学报（人文社会科学版）	0.1530	0.1589	0.1568
78	河南大学学报（社会科学版）	0.1462	0.1518	0.1498
79	齐鲁学刊	0.1473	0.1462	0.1466
80	西北农林科技大学学报（社会科学版）	0.1424	0.1479	0.1460
81	北京科技大学学报（社会科学版）	0.1414	0.1468	0.1449
82	武汉大学学报（人文科学版）	0.1403	0.1457	0.1438
83	南京航空航天大学学报（社会科学版）	0.1400	0.1454	0.1435
83	重庆工商大学学报（西部论坛）	0.1400	0.1454	0.1435

第24章 高校人文社会科学综合性学报

续表

排序	期刊名称	一般影响因子归一化值	他引影响因子归一化值	综合值
85	内蒙古大学学报（人文·社会科学版）	0.1427	0.1423	0.1424
86	苏州大学学报（哲学社会科学版）	0.1376	0.1398	0.1390
87	山东科技大学学报（社会科学版）	0.1324	0.1375	0.1357
88	湖北大学学报（哲学社会科学版）	0.1319	0.1370	0.1352
89	山西师大学报（社会科学版）	0.1305	0.1356	0.1338
90	中国矿业大学学报（社会科学版）	0.1281	0.1330	0.1313
91	中南大学学报（社会科学版）	0.1276	0.1325	0.1308
92	西南交通大学学报（社会科学版）	0.1273	0.1322	0.1305
93	四川师范大学学报（社会科学版）	0.1686	0.1095	0.1302
93	延安大学学报（社会科学版）	0.1270	0.1319	0.1302
95	贵州师范大学学报（社会科学版）	0.1257	0.1305	0.1288
96	南京体育学院学报（社会科学版）	0.1254	0.1302	0.1285
97	汕头大学学报（人文社会科学版）	0.1238	0.1285	0.1269
98	河海大学学报（哲学社会科学版）	0.1227	0.1274	0.1258
99	中国人民公安大学学报（社会科学版）	0.1146	0.1190	0.1175
100	江苏大学学报（社会科学版）	0.1143	0.1187	0.1172
101	湖南科技大学学报（社会科学版）	0.1135	0.1179	0.1164
102	华东理工大学学报（社会科学版）	0.1130	0.1173	0.1158
103	山东师范大学学报（人文社会科学版）	0.1105	0.1148	0.1133
104	广西师范大学学报（哲学社会科学版）	0.1065	0.1106	0.1092
105	山东理工大学学报（社会科学版）	0.1062	0.1103	0.1089
106	武汉科技大学学报（社会科学版）	0.1049	0.1089	0.1075
106	新疆大学学报（哲学·人文社会科学版）	0.1049	0.1089	0.1075
108	西安石油大学学报（社会科学版）	0.1041	0.1081	0.1067
108	燕山大学学报（哲学社会科学版）	0.1041	0.1081	0.1067
110	西北工业大学学报（社会科学版）	0.1027	0.1067	0.1053
111	广西大学学报（哲学社会科学版）	0.1014	0.1052	0.1039
112	南昌大学学报（人文社会科学版）	0.1011	0.1050	0.1036
113	华北电力大学学报（社会科学版）	0.0968	0.1005	0.0992
114	内蒙古师范大学学报（哲学社会科学版）	0.0959	0.0996	0.0983

续表

排序	期刊名称	一般影响因子归一化值	他引影响因子归一化值	综合值
114	山东农业大学学报（社会科学版）	0.0959	0.0996	0.0983
116	福建农林大学学报（社会科学版）	0.0954	0.0991	0.0978
117	中国石油大学学报（社会科学版）	0.0943	0.0980	0.0967
118	哈尔滨工业大学学报（社会科学版）	0.0938	0.0974	0.0961
119	云南师范大学学报（哲学社会科学版）	0.0959	0.0946	0.0951
120	广州大学学报（社会科学版）	0.0919	0.0954	0.0942
120	江西师范大学学报（哲学社会科学版）	0.0919	0.0954	0.0942
122	佛山科学技术学院学报（社会科学版）	0.0897	0.0932	0.0920
123	贵州大学学报（社会科学版）	0.0889	0.0923	0.0911
124	沈阳师范大学学报（社会科学版）	0.0886	0.0921	0.0909
125	中国海洋大学学报（社会科学版）	0.0884	0.0918	0.0906
126	南华大学学报（社会科学版）	0.0878	0.0912	0.0900
127	河北师范大学学报（哲学社会科学版）	0.0876	0.0909	0.0897
128	太原理工大学学报（社会科学版）	0.0865	0.0898	0.0886
129	吉首大学学报（社会科学版）	0.0830	0.0862	0.0851
130	辽宁师范大学学报（社会科学版）	0.0824	0.0856	0.0845
131	湖南工程学院学报（社会科学版）	0.0814	0.0845	0.0834
132	南都学坛：南阳师范学院人文社会科学学报	0.0808	0.0839	0.0828
133	青岛科技大学学报（社会科学版）	0.0792	0.0822	0.0812
134	温州师范学院学报	0.0789	0.0820	0.0809
135	哈尔滨商业大学学报（社会科学版）	0.0773	0.0803	0.0793
135	浙江师范大学学报（社会科学版）	0.0773	0.0803	0.0793
137	南京理工大学学报（社会科学版）	0.0770	0.0800	0.0790
138	华中农业大学学报（社会科学版）	0.0768	0.0797	0.0787
139	郑州航空工业管理学院学报	0.0749	0.0777	0.0767
140	苏州科技学院学报（社会科学版）	0.0714	0.0741	0.0732
141	合肥工业大学学报（社会科学版）	0.0711	0.0738	0.0729
142	鲁东大学学报（哲学社会科学版）	0.0697	0.0724	0.0715
142	延边大学学报（社会科学版）	0.0697	0.0724	0.0715
144	南通大学学报（社会科学版）	0.0684	0.0710	0.0701

续表

排序	期刊名称	一般影响因子归一化值	他引影响因子归一化值	综合值
145	辽宁大学学报（哲学社会科学版）	0.0668	0.0693	0.0684
146	固原师专学报	0.0662	0.0688	0.0679
146	新疆师范大学学报（哲学社会科学版）	0.0662	0.0688	0.0679
148	江西农业大学学报（社会科学版）	0.0638	0.0662	0.0654
149	成都大学学报（社会科学版）	0.0622	0.0646	0.0638
150	徐州师范大学学报（哲学社会科学版）	0.0616	0.0640	0.0632
150	浙江万里学院学报	0.0616	0.0640	0.0632
152	聊城大学学报（社会科学版）	0.0603	0.0626	0.0618
153	浙江树人大学学报	0.0586	0.0609	0.0601
154	洛阳师范学院学报	0.0581	0.0603	0.0595
154	沈阳农业大学学报（社会科学版）	0.0581	0.0603	0.0595
156	重庆师范大学学报（哲学社会科学版）	0.0578	0.0601	0.0593
157	绍兴文理学院学报（社科版）	0.0576	0.0598	0.0590
157	华北水利水电学院学报（社科版）	0.0595	0.0587	0.0590
159	湘潭师范学院学报（社会科学版）	0.0551	0.0573	0.0565
160	重庆邮电大学学报（社会科学版）	0.0565	0.0564	0.0564
161	长沙理工大学学报（社会科学版）	0.0538	0.0559	0.0552
161	湖南农业大学学报（社会科学版）	0.0538	0.0559	0.0552
163	广播电视大学学报（哲学社会科学版）	0.0532	0.0553	0.0546
164	江苏教育学院学报（社会科学版）	0.0527	0.0547	0.0540
164	青岛大学师范学院学报	0.0527	0.0547	0.0540
166	嘉兴学院学报	0.0519	0.0539	0.0532
167	宁波大学学报（人文科学版）	0.0505	0.0525	0.0518
168	江南大学学报（人文社会科学版）	0.0503	0.0522	0.0515
169	河南科技大学学报（社会科学版）	0.0489	0.0508	0.0501
170	三峡大学学报（人文社会科学版）	0.0478	0.0497	0.0490
171	淮阴师范学院学报（哲学社会科学版）	0.0473	0.0491	0.0485
172	辽宁工程技术大学学报（社会科学版）	0.0468	0.0486	0.0480
173	湖北师范学院学报（哲学社会科学版）	0.0459	0.0477	0.0471
174	西华师范大学学报（哲学社会科学版）	0.0457	0.0474	0.0468

续表

排序	期刊名称	一般影响因子归一化值	他引影响因子归一化值	综合值
175	哈尔滨学院学报	0.0451	0.0469	0.0463
175	西藏大学学报	0.0451	0.0469	0.0463
177	湛江师范学院学报	0.0443	0.0460	0.0454
178	皖西学院学报	0.0441	0.0457	0.0451
179	泉州师范学院学报	0.0435	0.0452	0.0446
180	宝鸡文理学院学报（社会科学版）	0.0430	0.0446	0.0440
181	青海师范大学学报（哲学社会科学版）	0.0422	0.0438	0.0432
182	信阳师范学院学报（哲学社会科学版）	0.0414	0.0429	0.0424
183	海南师范学院学报（社会科学版）	0.0411	0.0427	0.0421
184	齐齐哈尔大学学报（哲学社会科学版）	0.0408	0.0424	0.0418
185	泰山学院学报	0.0405	0.0421	0.0415
186	上饶师范学院学报	0.0403	0.0418	0.0413
187	许昌学院学报	0.0400	0.0415	0.0410
188	安庆师范学院学报（社会科学版）	0.0397	0.0413	0.0407
189	湖南文理学院学报（社会科学版）	0.0384	0.0399	0.0394
190	重庆工商大学学报（社会科学版）	0.0376	0.0390	0.0385
191	南京晓庄学院学报	0.0368	0.0382	0.0377
192	赣南师范学院学报	0.0362	0.0376	0.0371
193	湖州师范学院学报	0.0359	0.0373	0.0368
194	安徽农业大学学报（社会科学版）	0.0354	0.0368	0.0363
194	渤海大学学报（哲学社会科学版）	0.0354	0.0368	0.0363
196	长江大学学报（社会科学版）	0.0335	0.0348	0.0343
197	乐山师范学院学报	0.0332	0.0345	0.0340
198	曲靖师范学院学报	0.0330	0.0342	0.0338
199	长春师范学院学报（人文社会科学版）	0.0330	0.0340	0.0337
200	衡阳师范学院学报	0.0327	0.0340	0.0335
201	黄冈师范学院学报	0.0319	0.0331	0.0327
202	郑州航空工业管理学院学报（社会科学版）	0.0378	0.0286	0.0318
203	淮北煤炭师范学院学报（哲学社会科学版）	0.0303	0.0314	0.0310
204	天水师范学院学报	0.0292	0.0303	0.0299

续表

排序	期刊名称	一般影响因子归一化值	他引影响因子归一化值	综合值
205	佳木斯大学社会科学学报	0.0289	0.0300	0.0296
206	吉林师范大学学报（人文社会科学版）	0.0284	0.0295	0.0291
207	南阳师范学院学报	0.0278	0.0289	0.0285
208	怀化学院学报	0.0268	0.0278	0.0275
209	韶关学院学报	0.0265	0.0275	0.0272
209	太原师范学院学报（社会科学版）	0.0265	0.0275	0.0272
211	咸宁学院学报	0.0243	0.0253	0.0250
212	安徽工业大学学报（社会科学版）	0.0230	0.0239	0.0236
213	嘉应学院学报	0.0203	0.0210	0.0208
214	盐城师范学院学报（人文社会科学版）	0.0184	0.0191	0.0189
215	龙岩学院学报	0.0173	0.0180	0.0178
216	河南教育学院学报（哲学社会科学版）	0.0138	0.0143	0.0141
217	商丘师范学院学报	0.0130	0.0135	0.0133

表24-15显示，第一，《中国人民大学学报》在一般影响因子和他引影响因子以及影响因子综合值均列第1名，且比位居第2名的《北京大学学报》高出近30个百分点，从期刊的相对影响力来看，《中国人民大学学报》作为高校人文社科综合性学报的排头兵当之无愧。

第二，与《中国人民大学学报》的高影响力相比，高校人文社科综合性学报的影响因子总体水平要低得多，一般影响因子与他引影响因子均低于0.1的学报占据了主体地位，达到了52.53%。

第三，影响因子作为评估期刊的一项重要指标，是CSSCI评选来源刊的主要指标之一。表24-15显示，本书中的高校人文社科综合性学报经过修正后的影响因子排名和普通影响因子在期刊的排序上从总体上来看存在一致性，但亦有不少期刊排序发生了较大变动：在CSSCI来源刊的51种高校人文社科综合性学报中，有15种学报依然位列前15名，但亦有15种期刊落到了51名之外，其中，《武汉大学学报（人文科学版）》影响因子综合值甚至排到了第82名；相比较来源刊，不少非来源刊在此指标下，表现良好，如《南京农业大学学报（社会科学版）》排序位列第16名，表现良好，这不得不引起我们的深思。

最后，各高校人文社科综合性学报在一般影响因子、他引影响因子两个指标上的表现基本一致，对同一学报而言，一般影响因子很高的学报，其他引影响因子也高。

24.5 高校人文社科综合性学报被引广度分析

期刊被引广度是指期刊被多少种其他刊物引用，它是除了期刊被引次数、影响因子、被引速率以外，衡量期刊学术影响的另一个重要指标。它反映了某种期刊对其他刊物的影响覆盖面。一般说来引用一种期刊的刊物种数越多，该期刊的被引广度就越大。考虑到期刊被某个刊物引用论文数量的不同，对其影响程度也不相同，本章中的被引广度在传统被引广度的基础上进行了修正，即根据期刊被某一种刊物引用论文数的不同赋予不同的权重，进而综合考虑期刊的被引广度（详见第1章）。表24-16给出了2004—2006年高校人文社科综合性学报的被引广度以及三年的平均值，并进行了归一处理。

表24-16　　2004—2006年高校人文社科综合性学报被引广度

排序	期刊名称	2004年	2005年	2006年	三年平均	归一化值
1	北京大学学报（哲学社会科学版）	56.6	68.6	85.2	70.13	1
2	北京师范大学学报（社会科学版）	45.2	50.6	56.6	50.80	0.7244
3	中国人民大学学报	43.6	48.6	54.4	48.87	0.6968
4	复旦学报（社会科学版）	32.8	48.8	57.6	46.40	0.6616
5	中山大学学报（社会科学版）	27.6	35.0	40.2	34.27	0.4887
6	南京大学学报（哲学·人文科学·社会科学版）	29.2	30.2	41.6	33.67	0.4801
7	武汉大学学报（人文科学版）	36.4	30.8	32.8	33.33	0.4753
8	厦门大学学报（哲学社会科学版）	22.4	34.6	38.8	31.93	0.4553
9	吉林大学社会科学学报	17.6	29.2	46.6	31.13	0.4439
10	南开学报（哲学社会科学版）	28.8	27.0	35.8	30.53	0.4353
11	浙江大学学报（人文社会科学版）	19.6	31.6	38.8	30.00	0.4278
12	华中师范大学学报（人文社会科学版）	23.8	29.2	36.8	29.93	0.4268
13	南京师大学报（社会科学版）	20.0	28.8	35.0	27.93	0.3983
14	郑州大学学报（哲学社会科学版）	21.0	24.4	31.6	25.67	0.3660
15	西南大学学报（人文社会科学版）	15.8	23.2	30.6	23.20	0.3308
16	思想战线	15.4	22.0	31.4	22.93	0.3270
17	四川大学学报（哲学社会科学版）	21.8	22.6	23.8	22.73	0.3241
18	清华大学学报（哲学社会科学版）	18.6	18.6	26.8	21.33	0.3041
19	东北师大学报（哲学社会科学版）	17.0	18.0	28.2	21.07	0.3004
20	西北大学学报（哲学社会科学版）	15.2	22.2	25.4	20.93	0.2984

续表

排序	期刊名称	2004 年	2005 年	2006 年	三年平均	归一化值
21	西北师大学报（社会科学版）	12.2	20.6	29.4	20.73	0.2956
22	陕西师范大学学报（哲学社会科学版）	12.2	22.6	24.8	19.87	0.2833
23	求是学刊	17.0	16.8	25.2	19.67	0.2805
24	湘潭大学学报（哲学社会科学版）	10.2	19.4	28.8	19.47	0.2776
25	华东师范大学学报（哲学社会科学版）	14.4	17.2	24.2	18.60	0.2652
26	兰州大学学报（社会科学版）	11.6	17.8	25.2	18.20	0.2595
27	河南师范大学学报（哲学社会科学版）	8.6	17.4	26.8	17.60	0.2510
27	齐鲁学刊	15.0	16.6	21.2	17.60	0.2510
29	首都师范大学学报（社会科学版）	14.0	14.8	23.0	17.27	0.2463
30	暨南学报（哲学社会科学版）	13.8	16.0	21.0	16.93	0.2414
31	山西大学学报（哲学社会科学版）	14.2	15.2	20.8	16.73	0.2386
32	河南大学学报（社会科学版）	14.2	13.4	21.4	16.33	0.2329
33	湖南师范大学社会科学学报	12.4	15.8	19.6	15.93	0.2271
34	湖北大学学报（哲学社会科学版）	15.4	13.8	17.0	15.40	0.2196
35	山东大学学报（哲学社会科学版）	9.8	13.8	20.2	14.60	0.2082
36	重庆大学学报（社会科学版）	12.4	16.4	14.8	14.53	0.2072
37	华南师范大学学报（社会科学版）	10.8	14.0	18.6	14.47	0.2063
38	安徽大学学报（哲学社会科学版）	12.2	14.6	15.6	14.13	0.2015
39	西安交通大学学报（社会科学版）	9.2	12.2	18.6	13.33	0.1901
40	福建师范大学学报（哲学社会科学版）	8.4	12.6	17.2	12.73	0.1815
41	湖南大学学报（社会科学版）	4.0	11.6	20.8	12.13	0.1730
42	北京工商大学学报（社会科学版）	10.8	10.8	14.6	12.07	0.1721
43	河北大学学报（哲学社会科学版）	11.2	11.4	13.0	11.87	0.1693
44	苏州大学学报（哲学社会科学版）	9.8	11.6	13.8	11.73	0.1673
44	华中科技大学学报（社会科学版）	7.4	10.0	17.8	11.73	0.1673
46	深圳大学学报（人文社会科学版）	8.2	11.2	13.8	11.07	0.1578
47	四川师范大学学报（社会科学版）	10.0	10.2	12.8	11.00	0.1569
48	山东师范大学学报（人文社会科学版）	2.6	13.4	16.6	10.87	0.1550
49	杭州师范学院学报（社会科学版）	10.0	10.4	12.0	10.80	0.1540
50	武汉大学学报（哲学社会科学版）	0.8	12.6	18.8	10.73	0.1530
51	东南大学学报（哲学社会科学版）	6.0	9.8	15.8	10.53	0.1501

续表

排序	期刊名称	2004年	2005年	2006年	三年平均	归一化值
52	安徽师范大学学报（人文社会科学版）	4.4	13.4	13.0	10.27	0.1464
53	上海师范大学学报（哲学社会科学版）	7.6	11.2	11.6	10.13	0.1444
54	山西师大学报（社会科学版）	7.0	10.4	12.6	10.00	0.1426
55	武汉理工大学学报（社会科学版）	7.2	13.8	8.8	9.93	0.1416
56	宁夏大学学报（人文社会科学版）	9.0	8.6	10.6	9.40	0.1340
56	天津师范大学学报（社会科学版）	9.2	10.2	8.8	9.40	0.1340
58	上海大学学报（社会科学版）	7.8	7.6	12.2	9.20	0.1312
58	同济大学学报（社会科学版）	5.6	8.2	13.8	9.20	0.1312
60	辽宁师范大学学报（社会科学版）	5.6	7.6	14.2	9.13	0.1302
61	云南师范大学学报（哲学社会科学版）	5.6	7.4	13.0	8.67	0.1236
61	徐州师范大学学报（哲学社会科学版）	5.6	8.0	12.4	8.67	0.1236
63	北京理工大学学报（社会科学版）	5.0	9.6	10.8	8.47	0.1208
64	河北师范大学学报（哲学社会科学版）	4.8	8.2	11.8	8.27	0.1179
64	贵州师范大学学报（社会科学版）	5.0	8.0	11.8	8.27	0.1179
66	天津大学学报（社会科学版）	5.6	7.2	11.8	8.20	0.1169
66	广西师范大学学报（哲学社会科学版）	5.8	7.8	11.0	8.20	0.1169
66	辽宁大学学报（哲学社会科学版）	10.2	7.2	7.2	8.20	0.1169
69	上海交通大学学报（哲学社会科学版）	7.0	8.0	9.2	8.07	0.1151
70	南京体育学院学报（社会科学版）	6.2	6.0	10.8	7.67	0.1094
71	新疆大学学报（哲学·人文社会科学版）	5.8	6.8	10.2	7.60	0.1084
71	江西师范大学学报（哲学社会科学版）	7.6	8.0	7.2	7.60	0.1084
73	广西大学学报（哲学社会科学版）	7.4	6.2	9.0	7.53	0.1074
74	扬州大学学报（人文社会科学版）	3.4	10.0	9.0	7.47	0.1065
75	重庆工商大学学报（西部论坛）	6.8	5.4	9.8	7.33	0.1045
76	西北农林科技大学学报（社会科学版）	4.0	6.4	11.4	7.27	0.1037
77	中国人民公安大学学报（社会科学版）	4.2	6.8	10.6	7.20	0.1027
77	烟台大学学报（哲学社会科学版）	4.8	5.6	11.2	7.20	0.1027
77	中国地质大学学报（社会科学版）	2.4	8.0	11.2	7.20	0.1027
80	浙江师范大学学报（社会科学版）	3.0	7.4	11.0	7.13	0.1017
80	东方论坛：青岛大学学报	3.2	7.0	11.2	7.13	0.1017
82	广州大学学报（社会科学版）	3.0	5.6	12.6	7.07	0.1008

续表

排序	期刊名称	2004年	2005年	2006年	三年平均	归一化值
83	东北大学学报（社会科学版）	5.6	7.4	7.8	6.93	0.0988
84	内蒙古大学学报（人文·社会科学版）	13.2	3.0	4.0	6.73	0.0960
85	电子科技大学学报（社科版）	5.6	7.8	6.0	6.47	0.0923
86	汕头大学学报（人文社会科学版）	3.6	6.2	9.2	6.33	0.0903
87	南京农业大学学报（社会科学版）	5.0	5.4	7.6	6.00	0.0856
87	中国农业大学学报（社会科学版）	3.4	6.4	8.2	6.00	0.0856
87	济南大学学报（社会科学版）	3.0	7.8	7.2	6.00	0.0856
87	新疆师范大学学报（哲学社会科学版）	3.8	5.8	8.4	6.00	0.0856
91	中国矿业大学学报（社会科学版）	3.8	6.8	7.0	5.87	0.0837
91	哈尔滨学院学报	5.0	6.4	6.2	5.87	0.0837
93	福州大学学报（哲学社会科学版）	5.8	4.4	7.2	5.80	0.0827
93	南昌大学学报（人文社会科学版）	4.6	7.6	5.2	5.80	0.0827
93	湘潭师范学院学报（社会科学版）	3.2	6.4	7.8	5.80	0.0827
96	华侨大学学报（哲学社会科学版）	6.8	4.6	5.6	5.67	0.0808
97	延安大学学报（社会科学版）	5.0	4.6	6.8	5.47	0.0780
98	吉首大学学报（社会科学版）	6.0	5.4	4.6	5.33	0.0760
99	大连理工大学学报（社会科学版）	3.0	5.6	7.2	5.27	0.0751
100	中国石油大学学报（社会科学版）	3.6	5.2	6.8	5.20	0.0741
100	哈尔滨工业大学学报（社会科学版）	3.2	5.2	7.2	5.20	0.0741
100	洛阳师范学院学报	3.0	6.6	6.0	5.20	0.0741
103	合肥工业大学学报（社会科学版）	4.0	5.4	6.0	5.13	0.0731
104	西南交通大学学报（社会科学版）	1.0	6.8	7.4	5.07	0.0723
105	南都学坛：南阳师范学院人文社会科学学报	2.2	6.6	6.2	5.00	0.0713
106	沈阳师范大学学报（社会科学版）	0.4	6.0	8.4	4.93	0.0703
106	信阳师范学院学报（哲学社会科学版）	3.0	4.4	7.4	4.93	0.0703
108	西安电子科技大学学报（社会科学版）	3.4	4.8	6.4	4.87	0.0694
109	湖南科技大学学报（社会科学版）	2.2	3.8	8.4	4.80	0.0684
109	海南大学学报（人文社会科学版）	4.0	5.8	4.6	4.80	0.0684
111	北京科技大学学报（社会科学版）	4.2	4.4	5.6	4.73	0.0674
112	西华师范大学学报（哲学社会科学版）	0.2	8.2	5.4	4.60	0.0656
112	江苏教育学院学报（社会科学版）	3.6	4.8	5.4	4.60	0.0656

续表

排序	期刊名称	2004年	2005年	2006年	三年平均	归一化值
114	哈尔滨商业大学学报（社会科学版）	2.6	4.6	6.4	4.53	0.0646
114	青海师范大学学报（哲学社会科学版）	3.6	4.0	6.0	4.53	0.0646
116	中南大学学报（社会科学版）	1.4	2.6	9.4	4.47	0.0637
117	华南理工大学学报（社会科学版）	3.8	3.8	5.6	4.40	0.0627
118	山东理工大学学报（社会科学版）	0.8	7.0	5.2	4.33	0.0617
119	北京航空航天大学学报（社会科学版）	3.0	4.2	5.4	4.20	0.0599
120	绍兴文理学院学报（社科版）	2.6	3.6	6.2	4.13	0.0589
120	河海大学学报（哲学社会科学版）	2.0	4.0	6.4	4.13	0.0589
122	赣南师范学院学报	3.0	3.6	5.6	4.07	0.0580
122	江苏大学学报（社会科学版）	2.0	5.2	5.0	4.07	0.0580
124	贵州大学学报（社会科学版）	4.0	4.4	3.6	4.00	0.0570
124	南京理工大学学报（社会科学版）	2.6	3.6	5.8	4.00	0.0570
124	安庆师范学院学报（社会科学版）	2.4	3.6	6.0	4.00	0.0570
124	郑州航空工业管理学院学报	1.6	4.0	6.4	4.00	0.0570
128	华南农业大学学报（社会科学版）	1.4	3.4	7.0	3.93	0.0560
129	许昌学院学报	2.2	3.6	5.8	3.87	0.0552
130	延边大学学报（社会科学版）	3.0	4.0	4.4	3.80	0.0542
130	长沙理工大学学报（社会科学版）	2.2	4.0	5.2	3.80	0.0542
130	鲁东大学学报（哲学社会科学版）	1.8	5.4	4.2	3.80	0.0542
130	佛山科学技术学院学报（社会科学版）	3.8	4.2	3.4	3.80	0.0542
130	淮阴师范学院学报（哲学社会科学版）	3.2	4.2	4.0	3.80	0.0542
135	聊城大学学报（社会科学版）	1.8	4.6	4.8	3.73	0.0532
135	武汉科技大学学报（社会科学版）	1.6	4.6	5.0	3.73	0.0532
137	内蒙古师范大学学报（哲学社会科学版）	4.0	0.6	6.4	3.67	0.0523
138	嘉兴学院学报	2.8	2.0	6.0	3.60	0.0513
138	中国海洋大学学报（社会科学版）	0.4	5.2	5.2	3.60	0.0513
138	齐齐哈尔大学学报（哲学社会科学版）	3.0	3.0	4.8	3.60	0.0513
141	山东科技大学学报（社会科学版）	2.4	3.8	4.6	3.60	0.0513
142	重庆师范大学学报（哲学社会科学版）	3.4	3.8	3.4	3.53	0.0503
142	韶关学院学报	3.4	2.8	4.4	3.53	0.0503
142	固原师专学报	3.0	4.0	3.6	3.53	0.0503

续表

排序	期刊名称	2004年	2005年	2006年	三年平均	归一化值
145	南华大学学报（社会科学版）	2.0	3.6	4.6	3.40	0.0485
145	南通大学学报（社会科学版）	2.8	3.0	4.4	3.40	0.0485
147	佳木斯大学社会科学学报	2.2	4.4	3.4	3.33	0.0475
147	重庆邮电大学学报（社会科学版）	1.8	4.2	4.0	3.33	0.0475
147	海南师范学院学报（社会科学版）	1.8	3.6	4.6	3.33	0.0475
150	北京工业大学学报（社会科学版）	2.0	3.6	4.2	3.27	0.0466
150	湖南农业大学学报（社会科学版）	2.0	3.4	4.4	3.27	0.0466
150	辽宁工程技术大学学报（社会科学版）	2.4	3.2	4.2	3.27	0.0466
153	云南大学学报（社会科学版）	2.2	3.0	4.2	3.13	0.0446
153	华中农业大学学报（社会科学版）	2.6	3.4	3.4	3.13	0.0446
153	重庆工商大学学报（西部论坛）	1.2	4.2	4.0	3.13	0.0446
156	渤海大学学报（哲学社会科学版）	3.2	4.0	2.0	3.07	0.0438
157	三峡大学学报（人文社会科学版）	2.4	3.8	2.8	3.00	0.0428
157	湖州师范学院学报	1.4	2.6	5.0	3.00	0.0428
159	北京林业大学学报（社会科学版）	2.0	3.2	3.6	2.93	0.0418
159	衡阳师范学院学报	0.6	3.0	5.2	2.93	0.0418
159	上饶师范学院学报	1.8	2.4	4.6	2.93	0.0418
159	西北工业大学学报（社会科学版）	1.2	2.8	4.8	2.93	0.0418
159	南京航空航天大学学报（社会科学版）	3.0	3.2	2.6	2.93	0.0418
159	江南大学学报（人文社会科学版）	1.4	3.8	3.6	2.93	0.0418
159	山东农业大学学报（社会科学版）	2.6	3.0	3.2	2.93	0.0418
166	安徽农业大学学报（社会科学版）	2.2	2.4	3.8	2.80	0.0399
167	北京交通大学学报（社会科学版）	0.8	2.6	4.8	2.73	0.0389
167	泰山学院学报	3.2	1.4	3.6	2.73	0.0389
167	怀化学院学报	2.2	3.6	2.4	2.73	0.0389
167	华北电力大学学报（社会科学版）	1.8	2.6	3.8	2.73	0.0389
167	河南教育学院学报（哲学社会科学版）	2.6	3.2	2.4	2.73	0.0389
172	湖北师范学院学报（哲学社会科学版）	1.4	2.4	4.2	2.67	0.0381
172	乐山师范学院学报	1.0	2.0	5.0	2.67	0.0381
172	广播电视大学学报（哲学社会科学版）	2.0	2.8	3.2	2.67	0.0381
175	湛江师范学院学报	1.6	3.4	2.8	2.60	0.0371

续表

排序	期刊名称	2004年	2005年	2006年	三年平均	归一化值
175	西安石油大学学报（社会科学版）	1.2	2.4	4.2	2.60	0.0371
175	南京工业大学学报（社会科学版）	2.2	2.8	2.8	2.60	0.0371
175	商丘师范学院学报	1.2	2.6	4.0	2.60	0.0371
179	福建农林大学学报（社会科学版）	1.0	2.4	4.2	2.53	0.0361
179	曲靖师范学院学报	1.8	3.0	2.8	2.53	0.0361
179	华东理工大学学报（社会科学版）	0.8	2.8	4.0	2.53	0.0361
179	北京邮电大学学报（社会科学版）	2.4	2.8	2.4	2.53	0.0361
179	浙江树人大学学报	1.6	2.2	3.8	2.53	0.0361
179	淮北煤炭师范学院学报（哲学社会科学版）	0.8	3.4	3.4	2.53	0.0361
185	吉林师范大学学报（人文社会科学版）	0.6	3.2	3.6	2.47	0.0352
185	太原师范学院学报（社会科学版）	1.8	2.4	3.2	2.47	0.0352
187	西藏大学学报	1.0	2.8	3.4	2.40	0.0342
187	浙江万里学院学报	1.4	2.2	3.6	2.40	0.0342
187	咸宁学院学报	1.6	2.0	3.6	2.40	0.0342
187	沈阳农业大学学报（社会科学版）	0.6	3.0	3.6	2.40	0.0342
187	皖西学院学报	1.8	3.8	1.6	2.40	0.0342
192	宁波大学学报（人文科学版）	0.0	3.0	4.0	2.33	0.0332
192	苏州科技学院学报（社会科学版）	0.8	2.2	4.0	2.33	0.0332
192	安徽工业大学学报（社会科学版）	0.6	2.0	4.4	2.33	0.0332
192	华北水利水电学院学报（社科版）	1.2	3.4	2.4	2.33	0.0332
192	长江大学学报（社会科学版）	4.0	1.2	1.8	2.33	0.0332
192	河南科技大学学报（社会科学版）	0.2	1.8	5.0	2.33	0.0332
198	青岛科技大学学报（社会科学版）	1.2	2.6	3.0	2.27	0.0324
198	湖南工程学院学报（社会科学版）	1.0	1.0	4.8	2.27	0.0324
200	燕山大学学报（哲学社会科学版）	2.2	2.0	2.4	2.20	0.0314
200	盐城师范学院学报（人文社会科学版）	0.2	3.0	3.4	2.20	0.0314
200	宝鸡文理学院学报（社会科学版）	1.0	2.8	2.8	2.20	0.0314
203	太原理工大学学报（社会科学版）	1.8	1.8	2.8	2.13	0.0304
203	江西农业大学学报（社会科学版）	0.4	2.8	3.2	2.13	0.0304
203	青岛大学师范学院学报	1.4	2.2	2.8	2.13	0.0304
206	天水师范学院学报	1.0	1.0	4.2	2.07	0.0295

续表

排序	期刊名称	2004 年	2005 年	2006 年	三年平均	归一化值
206	成都大学学报（社会科学版）	2.2	3.8	0.2	2.07	0.0295
208	黄冈师范学院学报	1.8	2.4	1.8	2.00	0.0285
208	南京晓庄学院学报	1.0	1.8	3.2	2.00	0.0285
210	龙岩学院学报	1.4	2.0	2.4	1.93	0.0275
211	郑州航空工业管理学院学报（社会科学版）	0.4	1.6	2.8	1.60	0.0228
212	嘉应学院学报	3.6	0.4	0.6	1.53	0.0218
213	湖南文理学院学报（社会科学版）	0.2	1.8	2.4	1.47	0.0210
213	长春师范学院学报（人文社会科学版）	1.4	2.0	1.0	1.47	0.0210
215	泉州师范学院学报	1.2	2.6	0.4	1.40	0.0200
216	温州师范学院学报	2.8	0.8	0.2	1.27	0.0181
217	南阳师范学院学报	0.6	2.6	0.2	1.13	0.0161

表 24-16 显示，高校人文社科综合性学报从总体来看对其他刊物的影响覆盖面偏小，被引广度值总体水平低，年平均水平仅为 8.49。分析其原因，当今的高校人文社科综合性学报依然以学科的"全"为主要特征，引用它的期刊必然学科跨度大、种数多，从这个角度讲高校人文社科综合性学报的被引广度应该大；但另一方面，本书中采用的被引广度是经过修正之后的被引广度，除了和引用期刊的种数有关外，还和被其他期刊引用的次数相关，由于高校人文社科综合性学报与某一具体学科的联系松散，在被其他刊物引用时更多的表现为低频次的随即引用，因而两者加权处理后，高校人文社科综合性学报被引广度水平就偏低。因此，高校人文社科综合性学报要想切实提高自己的影响覆盖面，应依靠所属院校的学科特长，打造自己的特色专栏，从而切实提高自己对具体学科的影响力。

关联表 24-16 和表 24-9（论文被引次数综合值），我们发现高校人文社科综合性学报被引广度与学报绝对被引量相关性大，与学报被引次数的排名接近。从增长趋势看，高校人文社科综合性学报在被引广度的增长趋势上亦和被引次数的趋势一致，由 2004 年的学报平均被引广度的 6.25，增长到 2005 年的 8.46，2006 年更是上升到 10.74，增长趋势明显，对其他期刊的影响覆盖面逐渐增大。

24.6 高校人文社科综合性学报二次文献转载分析

学术论文的影响，一般来讲有两种表现形式：一种是转摘；一种是引用。为了更全面地评估期刊的影响，本书在采用期刊的被引状况来评价期刊学术影响的同时，还利用二次文献全文转载指标来进一步评价期刊的影响。现在我国比较重要的学术类转摘刊物有《新华文摘》、《中国社会科学文摘》、中国人民大学的《复印报刊资料》以及《高等学校文科学术文摘》（下文简称《高校文摘》）。这些二次文献荟萃了当今中国社会科学的精华，被其收录转载的文章往往具有学术价值高、课题新颖、与当前热点联系紧密的特点，基本可以反映当前我国社会科学研究领域的热点和社会关注的问题。

24.6.1 《新华文摘》全文转载

《新华文摘》是一种大型的综合性、学术性文摘，内容涉及政治、哲学、经济、历史、文学艺术、法学、社会学、教育学等多种人文社会科学学科，转载的文章往往具有观点新、资料新、信息新的特点。表24-17给出了2004—2006年高校人文社科综合性学报被《新华文摘》全文转载的统计数据（三年间从未被转载的期刊未列入表内）。

表24-17　2004—2006年高校人文社科综合性学报被《新华文摘》全文转载统计

排序	期刊名称	2004年（篇）	2005年（篇）	2006年（篇）	三年平均（篇）	归一化值
1	中国人民大学学报	15	8	16	13.00	1
2	北京师范大学学报（社会科学版）	6	11	14	10.33	0.7946
3	北京大学学报（哲学社会科学版）	3	6	16	8.33	0.6408
4	郑州大学学报（哲学社会科学版）	6	0	17	7.67	0.5900
5	湖南师范大学社会科学学报	0	2	19	7.00	0.5385
5	华中师范大学学报（人文社会科学版）	1	3	17	7.00	0.5385
7	吉林大学社会科学学报	5	10	4	6.33	0.4869
7	求是学刊	3	8	8	6.33	0.4869
9	河南大学学报（社会科学版）	4	0	12	5.33	0.4100
10	清华大学学报（哲学社会科学版）	1	1	13	5.00	0.3846
11	南开学报（哲学社会科学版）	3	1	10	4.67	0.3592
12	厦门大学学报（哲学社会科学版）	3	3	7	4.33	0.3331
13	齐鲁学刊	3	0	9	4.00	0.3077
14	南京大学学报（哲学·人文科学·社会科学版）	5	1	5	3.67	0.2823
14	陕西师范大学学报（哲学社会科学版）	0	2	9	3.67	0.2823
14	浙江大学学报（人文社会科学版）	2	0	9	3.67	0.2823

续表

排序	期刊名称	2004年（篇）	2005年（篇）	2006年（篇）	三年平均（篇）	归一化值
17	复旦学报（社会科学版）	1	3	6	3.33	0.2562
17	中山大学学报（社会科学版）	0	6	4	3.33	0.2562
19	湖南科技大学学报（社会科学版）	0	0	9	3.00	0.2308
19	上海师范大学学报（哲学社会科学版）	0	2	7	3.00	0.2308
19	思想战线	0	4	5	3.00	0.2308
22	东北师大学报（哲学社会科学版）	2	3	3	2.67	0.2054
22	烟台大学学报（哲学社会科学版）	0	0	8	2.67	0.2054
24	山西师大学报（社会科学版）	2	0	5	2.33	0.1792
25	湖南大学学报（社会科学版）	0	2	4	2.00	0.1538
25	南都学坛：南阳师范学院人文社会科学学报	1	0	5	2.00	0.1538
25	武汉大学学报（人文科学版）	4	2	0	2.00	0.1538
25	西北大学报（社会科学版）	0	1	5	2.00	0.1538
25	湘潭大学学报（哲学社会科学版）	0	0	6	2.00	0.1538
30	广州大学学报（社会科学版）	0	0	5	1.67	0.1285
31	东南大学学报（哲学社会科学版）	1	1	2	1.33	0.1023
31	河北大学学报（哲学社会科学版）	0	1	3	1.33	0.1023
31	华东师范大学学报（哲学社会科学版）	0	1	3	1.33	0.1023
31	吉首大学学报（社会科学版）	0	0	4	1.33	0.1023
31	南通大学学报（社会科学版）	0	0	4	1.33	0.1023
31	山东大学学报（哲学社会科学版）	1	1	2	1.33	0.1023
31	四川大学学报（哲学社会科学版）	2	0	2	1.33	0.1023
31	苏州大学学报（哲学社会科学版）	0	0	4	1.33	0.1023
31	天津师范大学学报（社会科学版）	0	0	4	1.33	0.1023
31	武汉大学学报（哲学社会科学版）	0	0	4	1.33	0.1023
31	西北大学学报（哲学社会科学版）	0	0	4	1.33	0.1023
42	北京工商大学学报（社会科学版）	1	1	1	1.00	0.0769
42	福建师范大学学报（哲学社会科学版）	1	1	1	1.00	0.0769
42	杭州师范学院学报（社会科学版）	0	0	3	1.00	0.0769
42	湖南文理学院学报（社会科学版）	1	0	2	1.00	0.0769
42	华南师范大学学报（社会科学版）	0	1	2	1.00	0.0769

续表

排序	期刊名称	2004年（篇）	2005年（篇）	2006年（篇）	三年平均（篇）	归一化值
42	南阳师范学院学报	0	2	1	1.00	0.0769
42	天津大学学报（社会科学版）	0	2	1	1.00	0.0769
49	安徽大学学报（哲学社会科学版）	0	1	1	0.67	0.0515
49	安庆师范学院学报（社会科学版）	0	0	2	0.67	0.0515
49	东北大学学报（社会科学版）	0	0	2	0.67	0.0515
49	河北师范大学学报（哲学社会科学版）	1	0	1	0.67	0.0515
49	华中科技大学学报（社会科学版）	0	0	2	0.67	0.0515
49	兰州大学学报（社会科学版）	0	0	2	0.67	0.0515
49	辽宁大学学报（哲学社会科学版）	0	0	2	0.67	0.0515
49	洛阳师范学院学报	1	0	1	0.67	0.0515
49	南京师大学报（社会科学版）	2	0	0	0.67	0.0515
49	山西大学学报（哲学社会科学版）	0	2	0	0.67	0.0515
49	汕头大学学报（人文社会科学版）	0	0	2	0.67	0.0515
49	上海大学学报（社会科学版）	1	0	1	0.67	0.0515
49	深圳大学学报（人文社会科学版）	2	0	0	0.67	0.0515
49	同济大学学报（社会科学版）	0	1	1	0.67	0.0515
49	云南师范大学学报（哲学社会科学版）	0	0	2	0.67	0.0515
49	郑州航空工业管理学院学报	0	0	2	0.67	0.0515
49	中国海洋大学学报（社会科学版）	0	0	2	0.67	0.0515
66	安徽师范大学学报（人文社会科学版）	0	0	1	0.33	0.0254
66	宝鸡文理学院学报（社会科学版）	0	0	1	0.33	0.0254
66	北京科技大学学报（社会科学版）	0	0	1	0.33	0.0254
66	东方论坛：青岛大学学报	0	1	0	0.33	0.0254
66	广西师范大学学报（哲学社会科学版）	1	0	0	0.33	0.0254
66	海南大学学报（人文社会科学版）	0	0	1	0.33	0.0254
66	海南师范学院学报（社会科学版）	0	0	1	0.33	0.0254
66	河南师范大学学报（哲学社会科学版）	0	0	1	0.33	0.0254
66	衡阳师范学院学报	0	0	1	0.33	0.0254
66	湖北大学学报（哲学社会科学版）	0	1	0	0.33	0.0254
66	暨南学报（哲学社会科学版）	0	1	0	0.33	0.0254

续表

排序	期刊名称	2004年（篇）	2005年（篇）	2006年（篇）	三年平均（篇）	归一化值
66	江苏大学学报（社会科学版）	0	0	1	0.33	0.0254
66	辽宁师范大学学报（社会科学版）	0	0	1	0.33	0.0254
66	南昌大学学报（人文社会科学版）	0	0	1	0.33	0.0254
66	南京理工大学学报（社会科学版）	0	0	1	0.33	0.0254
66	宁夏大学学报（人文社会科学版）	0	0	1	0.33	0.0254
66	青岛大学师范学院学报	0	0	1	0.33	0.0254
66	山东理工大学学报（社会科学版）	0	0	1	0.33	0.0254
66	山东师范大学学报（人文社会科学版）	0	0	1	0.33	0.0254
66	商丘师范学院学报	0	0	1	0.33	0.0254
66	韶关学院学报	0	0	1	0.33	0.0254
66	沈阳师范大学学报（社会科学版）	0	1	0	0.33	0.0254
66	首都师范大学学报（社会科学版）	0	0	1	0.33	0.0254
66	太原师范学院学报（社会科学版）	0	0	1	0.33	0.0254
66	温州师范学院学报	0	0	1	0.33	0.0254
66	西安交通大学学报（社会科学版）	0	0	1	0.33	0.0254
66	新疆大学学报（哲学·人文社会科学版）	0	0	1	0.33	0.0254
66	新疆师范大学学报（哲学社会科学版）	0	0	1	0.33	0.0254
66	扬州大学学报（人文社会科学版）	0	0	1	0.33	0.0254
66	中国人民公安大学学报（社会科学版）	0	1	0	0.33	0.0254
66	中南大学学报（社会科学版）	0	0	1	0.33	0.0254

从表24-17我们可以看到，高校人文社科综合性学报2004—2006年有96种期刊被《新华文摘》全文转载。三年平均转载8次以上的3种，年均转载5—8次的学报7种，年均转载1—5次的有38种学报，年均转载不到一次的期刊54种，呈现出上面小，下面大的金字塔形状。位于金字塔尖的是《中国人民大学学报》、《北京师范大学学报（社会科学版）》、《北京大学学报（哲学社会科学版）》，这三种学报三年中平均每年被《新华文摘》收录13、10.33、8.33篇，其中《北京师范大学学报（社会科学版）》、《北京大学学报（哲学社会科学版）》还表现出明显的增长趋势。这样的转载率不单在高校人文社科综合性学报中，即使在整个人文社科期刊界都是相当优秀、突出的，体现出这三种期刊的高学术质量，以及刊载论文的强前沿性、新颖性。

位于金字塔中间部分的为高校人文社科综合性学报的中坚力量。这些学报三年间被《新华文摘》年均转载1篇以上，和塔尖的学报相比具有数量多，发展不稳定的特点，如部分学报可能某年被收录0篇，次年却被收录12篇（《河南大学学报（社会科学版）》），表现出很强的随机性。

在高校人文社科综合性学报中年均转载1篇以下的学报占据了金字塔的底层，这些期刊数目众多，达到了169种，其中121种期刊三年间从未被《新华文摘》转载过，但这样的0转载率和本书中的其他人文社科类专业期刊相比并不显高，主要是由于《新华文摘》对期刊的转载只是极少优质精品期刊的特权，在全国众多的人文社科期刊中，普通学术期刊被《新华文摘》全文转载的概率非常低，要想进入《新华文摘》，还需进一步加强自身的稿件质量，掌握当前的学术热点。

从整体看，高校人文社科综合性学报被《新华文摘》转载的期刊比例达到44.23%，和其他人文社科类专业期刊相比处于中游水平，除了学报中刊登的部分文章学术质量高，能够紧握科研前沿外，还因学报具有涵盖学科广的特点，因而被《新华文摘》收录的概率高。

24.6.2 《中国社会科学文摘》全文转载

《中国社会科学文摘》是择优推介人文社会科学重要研究成果的文摘类期刊，它涵盖的学科范围广泛，强调学术品位，突出问题意识，倡导理论创新，兼及新知趣味。与《新华文摘》相比表现在更关注具有引导作用的前沿课题和热点问题，以及基于科学批判精神而在学术层面展开的争鸣与评论。表24-18是2004—2006年间高校人文社科综合性学报被《中国社会科学文摘》全文转载的统计情况（三年间从未被转载的期刊未列入表内）。

表24-18　2004—2006年高校人文社科综合性学报被《中国社会科学文摘》全文转载统计

排序	期刊名称	2004年（篇）	2005年（篇）	2006年（篇）	三年平均（篇）	归一化值
1	清华大学学报（哲学社会科学版）	0	3	22	8.33	1
2	吉林大学社会科学学报	9	4	10	7.67	0.9208
3	求是学刊	4	6	11	7.00	0.8403
4	北京师范大学学报（社会科学版）	3	11	5	6.33	0.7599
5	北京大学学报（哲学社会科学版）	0	7	10	5.67	0.6807
5	华中师范大学学报（人文社会科学版）	4	3	10	5.67	0.6807
5	南京大学学报（哲学·人文科学·社会科学版）	4	3	10	5.67	0.6807

续表

排序	期刊名称	2004年（篇）	2005年（篇）	2006年（篇）	三年平均（篇）	归一化值
8	浙江大学学报（人文社会科学版）	3	2	11	5.33	0.6399
9	中国人民大学学报	4	4	7	5.00	0.6002
10	陕西师范大学学报（哲学社会科学版）	2	0	10	4.00	0.4802
10	厦门大学学报（哲学社会科学版）	5	4	3	4.00	0.4802
12	思想战线	2	5	4	3.67	0.4406
13	湖南师范大学社会科学学报	0	2	7	3.00	0.3601
14	南开学报（哲学社会科学版）	3	1	4	2.67	0.3205
15	复旦学报（社会科学版）	2	3	2	2.33	0.2797
16	华东师范大学学报（哲学社会科学版）	0	3	2	1.67	0.2005
16	吉首大学学报（社会科学版）	1	0	4	1.67	0.2005
16	上海交通大学学报（哲学社会科学版）	0	2	3	1.67	0.2005
16	四川大学学报（哲学社会科学版）	1	2	2	1.67	0.2005
16	烟台大学学报（哲学社会科学版）	0	2	3	1.67	0.2005
16	郑州航空工业管理学院学报	1	2	2	1.67	0.2005
22	河南大学学报（社会科学版）	1	0	3	1.33	0.1597
22	华南师范大学学报（社会科学版）	0	1	3	1.33	0.1597
22	南京师大学报（社会科学版）	3	1	0	1.33	0.1597
22	山东大学学报（哲学社会科学版）	1	2	1	1.33	0.1597
22	上海师范大学学报（哲学社会科学版）	0	1	3	1.33	0.1597
22	四川师范大学学报（社会科学版）	0	0	4	1.33	0.1597
22	西安交通大学学报（社会科学版）	1	2	1	1.33	0.1597
22	湘潭大学学报（哲学社会科学版）	0	1	3	1.33	0.1597
22	中山大学学报（社会科学版）	0	3	1	1.33	0.1597
31	福建师范大学学报（哲学社会科学版）	1	1	1	1.00	0.1200
31	广州大学学报（社会科学版）	0	0	3	1.00	0.1200
31	上海大学学报（社会科学版）	0	0	3	1.00	0.1200
31	同济大学学报（社会科学版）	0	1	2	1.00	0.1200
31	武汉大学学报（人文科学版）	2	1	0	1.00	0.1200
31	西北大学学报（哲学社会科学版）	0	2	1	1.00	0.1200
31	云南师范大学学报（哲学社会科学版）	0	0	3	1.00	0.1200

续表

排序	期刊名称	2004年（篇）	2005年（篇）	2006年（篇）	三年平均（篇）	归一化值
38	安徽师范大学学报（人文社会科学版）	1	0	1	0.67	0.0804
38	安庆师范学院学报（社会科学版）	1	1	0	0.67	0.0804
38	东方论坛：青岛大学学报	0	1	1	0.67	0.0804
38	河北大学学报（哲学社会科学版）	0	2	0	0.67	0.0804
38	湖南科技大学学报（社会科学版）	0	0	2	0.67	0.0804
38	苏州大学学报（哲学社会科学版）	1	1	0	0.67	0.0804
38	武汉大学学报（哲学社会科学版）	0	0	2	0.67	0.0804
38	西北师大学报（社会科学版）	1	0	1	0.67	0.0804
38	郑州大学学报（哲学社会科学版）	1	1	0	0.67	0.0804
47	安徽大学学报（哲学社会科学版）	1	0	0	0.33	0.0396
47	北京科技大学学报（社会科学版）	0	0	1	0.33	0.0396
47	渤海大学学报（哲学社会科学版）	0	0	1	0.33	0.0396
47	广西师范大学学报（哲学社会科学版）	0	0	1	0.33	0.0396
47	杭州师范学院学报（社会科学版）	0	0	1	0.33	0.0396
47	河海大学学报（哲学社会科学版）	1	0	0	0.33	0.0396
47	河南教育学院学报（哲学社会科学版）	0	0	1	0.33	0.0396
47	河南师范大学学报（哲学社会科学版）	0	0	1	0.33	0.0396
47	湖北大学学报（哲学社会科学版）	0	1	0	0.33	0.0396
47	华南理工大学学报（社会科学版）	1	0	0	0.33	0.0396
47	华侨大学学报（哲学社会科学版）	0	0	1	0.33	0.0396
47	吉林师范大学学报（人文社会科学版）	0	0	1	0.33	0.0396
47	济南大学学报（社会科学版）	0	0	1	0.33	0.0396
47	洛阳师范学院学报	1	0	0	0.33	0.0396
47	南昌大学学报（人文社会科学版）	0	0	1	0.33	0.0396
47	南都学坛：南阳师范学院人文社会科学学报	0	0	1	0.33	0.0396
47	青岛科技大学学报（社会科学版）	0	0	1	0.33	0.0396
47	山东理工大学学报（社会科学版）	1	0	0	0.33	0.0396
47	太原师范学院学报（社会科学版）	0	0	1	0.33	0.0396
47	泰山学院学报	1	0	0	0.33	0.0396
47	浙江师范大学学报（社会科学版）	0	0	1	0.33	0.0396
47	浙江树人大学学报	0	1	0	0.33	0.0396

由表 24-18 可以看出，高校人文社科综合性学报 2004—2006 年计有 68 种期刊被《中国社会科学文摘》全文转载，其中三年平均转载 8 次以上的 1 种，年均转载 5—8 次的 8 种，年均转载 1—5 次的 28 种，年均转载不到 1 次的期刊 31 种，依然呈现出上大下小的金字塔形。从增长趋势来看，大多学报在三年中的转载次数有涨有落，趋势不明显。

对比表 24-18 和表 24-17 我们发现，2004—2006 年间高校人文社科综合性学报中 31.34% 的期刊被《中国社会科学文摘》转载过，低于《新华文摘》的 44.24%；从转载的绝对次数看高校人文社科综合性学报被《中国社会科学文摘》转载的次数亦低于《新华文摘》，如被《中国社会科学文摘》转载最多的《清华大学学报（哲学社会科学版）》年均转载次数仅为 8.33 次，而被《新华文摘》转载最多的《中国人民大学学报》则多达 13 次。这是因为，《中国社会科学文摘》办刊年代稍短，发行量少。因而，在转载论文数量上看，不仅转载高校人文社科综合性学报的论文少，对整个人文社科学科的转载论文数相对《新华文摘》都偏低。从表 24-18 和表 24-17 的关联情况看，二者无明显相关，被《新华文摘》转载次数多的学报，被《中国社会科学文摘》转载的次数不一定高，这是因为《新华文摘》和《中国社会科学文摘》二者转载的倾向性不同，《新华文摘》注重论文的新颖性，要求观点新、资料新、信息新，而《中国社会科学文摘》在强调新颖性之外还强调论文要具有批判性，更加注重学术性。

24.6.3 《复印报刊资料》全文转载

由中国人民大学书报资料中心编辑的《复印报刊资料》是国内社会科学、人文科学方面较有权威的专题文献数据库，文献收录范围涉及教育类、文史类、经济类、政治类、哲学类，转载论文数量与前两种转摘刊物相比偏高。表 24-19 是 2004—2006 年间高校人文社科综合性学报被《复印报刊资料》全文转载的统计情况。

表 24-19　　2004—2006 年高校人文社科综合性学报被《复印报刊资料》全文转载统计

排序	期刊名称	2004 年（篇）	2005 年（篇）	2006 年（篇）	三年平均（篇）	归一化值
1	河南师范大学学报（哲学社会科学版）	48	55	57	53.33	1
2	中国人民大学学报	64	43	52	53.00	0.9938
3	北京师范大学学报（社会科学版）	54	44	42	46.67	0.8751
4	北京大学学报（哲学社会科学版）	41	58	36	45.00	0.8438
5	复旦学报（社会科学版）	41	50	43	44.67	0.8376
6	郑州大学学报（哲学社会科学版）	56	41	36	44.33	0.8312

续表

排序	期刊名称	2004年（篇）	2005年（篇）	2006年（篇）	三年平均（篇）	归一化值
7	南京大学学报（哲学·人文科学·社会科学版）	47	49	34	43.33	0.8125
8	湖南科技大学学报（社会科学版）	27	47	33	35.67	0.6689
9	南开学报（哲学社会科学版）	29	36	41	35.33	0.6625
10	清华大学学报（哲学社会科学版）	18	36	46	33.33	0.6250
11	吉林大学社会科学学报	35	36	26	32.33	0.6062
11	浙江大学学报（人文社会科学版）	30	30	37	32.33	0.6062
13	求是学刊	31	26	39	32.00	0.6000
14	湖南师范大学社会科学学报	37	37	20	31.33	0.5875
14	西北师大学报（社会科学版）	24	36	34	31.33	0.5875
16	武汉大学学报（人文科学版）	45	46	0	30.33	0.5687
17	华中师范大学学报（人文社会科学版）	32	28	27	29.00	0.5438
17	厦门大学学报（哲学社会科学版）	32	26	29	29.00	0.5438
19	山东大学学报（哲学社会科学版）	19	36	31	28.67	0.5376
20	上海师范大学学报（哲学社会科学版）	18	27	40	28.33	0.5312
21	四川大学学报（哲学社会科学版）	39	24	19	27.33	0.5125
22	华南师范大学学报（社会科学版）	25	25	28	26.00	0.4875
23	齐鲁学刊	27	31	18	25.33	0.4750
24	东北师大学报（哲学社会科学版）	23	26	25	24.67	0.4626
24	湘潭大学学报（哲学社会科学版）	22	19	33	24.67	0.4626
26	首都师范大学学报（社会科学版）	32	26	15	24.33	0.4562
27	华东师范大学学报（哲学社会科学版）	24	21	21	22.00	0.4125
28	西南大学学报（人文社会科学版）	0	33	29	20.67	0.3876
29	安徽大学学报（哲学社会科学版）	18	22	20	20.00	0.3750
29	吉首大学学报（社会科学版）	17	17	26	20.00	0.3750
29	暨南学报（哲学社会科学版）	22	21	17	20.00	0.3750
32	安徽师范大学学报（人文社会科学版）	20	15	24	19.67	0.3688
32	西北大学学报（哲学社会科学版）	14	27	18	19.67	0.3688
32	中山大学学报（社会科学版）	34	24	1	19.67	0.3688
35	杭州师范学院学报（社会科学版）	24	18	16	19.33	0.3625
35	南京师大学报（社会科学版）	32	26	0	19.33	0.3625

续表

排序	期刊名称	2004年（篇）	2005年（篇）	2006年（篇）	三年平均（篇）	归一化值
37	河南大学学报（社会科学版）	26	0	30	18.67	0.3501
37	思想战线	25	17	14	18.67	0.3501
39	华中科技大学学报（社会科学版）	21	20	14	18.33	0.3437
39	南阳师范学院学报	10	16	29	18.33	0.3437
41	北京工商大学学报（社会科学版）	16	16	21	17.67	0.3313
41	同济大学学报（社会科学版）	10	24	19	17.67	0.3313
43	东南大学学报（哲学社会科学版）	22	19	11	17.33	0.3250
43	辽宁大学学报（哲学社会科学版）	17	15	20	17.33	0.3250
43	天津师范大学学报（社会科学版）	19	16	17	17.33	0.3250
46	湖北大学学报（哲学社会科学版）	19	21	11	17.00	0.3188
46	湖南大学学报（社会科学版）	16	16	19	17.00	0.3188
46	深圳大学学报（人文社会科学版）	22	0	29	17.00	0.3188
46	武汉大学学报（哲学社会科学版）	0	0	51	17.00	0.3188
50	河北大学学报（哲学社会科学版）	15	13	22	16.67	0.3126
50	山西大学学报（哲学社会科学版）	20	11	19	16.67	0.3126
50	中南大学学报（社会科学版）	19	16	15	16.67	0.3126
53	东方论坛：青岛大学学报	20	17	11	16.00	0.3000
53	兰州大学学报（社会科学版）	18	18	12	16.00	0.3000
53	南昌大学学报（人文社会科学版）	20	19	9	16.00	0.3000
56	广西师范大学学报（哲学社会科学版）	21	7	19	15.67	0.2938
56	河北师范大学学报（哲学社会科学版）	10	29	8	15.67	0.2938
56	江西师范大学学报（哲学社会科学版）	16	10	21	15.67	0.2938
56	南都学坛：南阳师范学院人文社会科学学报	19	14	14	15.67	0.2938
60	广州大学学报（社会科学版）	12	16	18	15.33	0.2875
61	湖南文理学院学报（社会科学版）	16	18	11	15.00	0.2813
61	山东师范大学学报（人文社会科学版）	20	15	10	15.00	0.2813
63	陕西师范大学学报（哲学社会科学版）	15	0	29	14.67	0.2751
63	苏州大学学报（哲学社会科学版）	16	9	19	14.67	0.2751
65	四川师范大学学报（社会科学版）	12	18	13	14.33	0.2687
65	烟台大学学报（哲学社会科学版）	16	12	15	14.33	0.2687

续表

排序	期刊名称	2004年（篇）	2005年（篇）	2006年（篇）	三年平均（篇）	归一化值
67	福建师范大学学报（哲学社会科学版）	13	13	16	14.00	0.2625
67	山东理工大学学报（社会科学版）	17	13	12	14.00	0.2625
69	内蒙古大学学报（人文·社会科学版）	19	14	8	13.67	0.2563
69	上海大学学报（社会科学版）	8	12	21	13.67	0.2563
69	上海交通大学学报（哲学社会科学版）	10	13	18	13.67	0.2563
72	贵州师范大学学报（社会科学版）	18	11	11	13.33	0.2500
73	西安电子科技大学学报（社会科学版）	13	10	16	13.00	0.2438
74	东北大学学报（社会科学版）	13	14	10	12.33	0.2312
74	山西师大学报（社会科学版）	8	15	14	12.33	0.2312
74	重庆工商大学学报（西部论坛）	14	15	8	12.33	0.2312
77	武汉理工大学学报（社会科学版）	15	13	8	12.00	0.2250
77	徐州师范大学学报（哲学社会科学版）	22	14	0	12.00	0.2250
79	衡阳师范学院学报	11	10	14	11.67	0.2188
79	江苏大学学报（社会科学版）	10	13	12	11.67	0.2188
79	中国海洋大学学报（社会科学版）	7	16	12	11.67	0.2188
82	广西大学学报（哲学社会科学版）	9	16	9	11.33	0.2125
82	华南理工大学学报（社会科学版）	18	7	9	11.33	0.2125
84	海南师范学院学报（社会科学版）	12	10	10	10.67	0.2001
84	扬州大学学报（人文社会科学版）	9	9	14	10.67	0.2001
84	重庆大学学报（社会科学版）	16	8	8	10.67	0.2001
87	华南农业大学学报（社会科学版）	6	12	13	10.33	0.1937
87	汕头大学学报（人文社会科学版）	10	12	9	10.33	0.1937
89	淮阴师范学院学报（哲学社会科学版）	17	12	1	10.00	0.1875
89	聊城大学学报（社会科学版）	13	12	5	10.00	0.1875
89	山东科技大学学报（社会科学版）	13	7	10	10.00	0.1875
89	郑州航空工业管理学院学报	4	10	16	10.00	0.1875
93	新疆师范大学学报（哲学社会科学版）	10	7	11	9.33	0.1749
94	沈阳师范大学学报（社会科学版）	9	10	8	9.00	0.1688
94	中国地质大学学报（社会科学版）	9	12	6	9.00	0.1688
96	佳木斯大学社会科学学报	2	21	3	8.67	0.1626

续表

排序	期刊名称	2004年（篇）	2005年（篇）	2006年（篇）	三年平均（篇）	归一化值
96	新疆大学学报（哲学·人文社会科学版）	6	9	11	8.67	0.1626
96	重庆师范大学学报（哲学社会科学版）	7	13	6	8.67	0.1626
99	北京邮电大学学报（社会科学版）	1	10	14	8.33	0.1562
99	济南大学学报（社会科学版）	7	11	7	8.33	0.1562
99	信阳师范学院学报（哲学社会科学版）	10	8	7	8.33	0.1562
99	浙江师范大学学报（社会科学版）	6	9	10	8.33	0.1562
103	长沙理工大学学报（社会科学版）	6	13	5	8.00	0.1500
103	贵州大学学报（社会科学版）	9	6	9	8.00	0.1500
103	吉林师范大学学报（人文社会科学版）	10	7	7	8.00	0.1500
103	内蒙古师范大学学报（哲学社会科学版）	12	8	4	8.00	0.1500
107	安庆师范学院学报（社会科学版）	6	10	7	7.67	0.1438
107	哈尔滨商业大学学报（社会科学版）	10	6	7	7.67	0.1438
107	绍兴文理学院学报（社科版）	10	4	9	7.67	0.1438
110	宁波大学学报（人文科学版）	7	11	4	7.33	0.1374
110	西北农林科技大学学报（社会科学版）	5	13	4	7.33	0.1374
110	西南交通大学学报（社会科学版）	7	8	7	7.33	0.1374
113	云南师范大学学报（哲学社会科学版）	7	0	14	7.00	0.1313
113	浙江树人大学学报	5	4	12	7.00	0.1313
113	中国人民公安大学学报（社会科学版）	7	11	3	7.00	0.1313
113	重庆邮电大学学报（社会科学版）	9	10	2	7.00	0.1313
117	北京工业大学学报（社会科学版）	4	10	6	6.67	0.1251
117	北京理工大学学报（社会科学版）	6	9	5	6.67	0.1251
117	宁夏大学学报（人文社会科学版）	9	4	7	6.67	0.1251
117	天津大学学报（社会科学版）	8	3	9	6.67	0.1251
117	西安交通大学学报（社会科学版）	7	6	7	6.67	0.1251
117	中国矿业大学学报（社会科学版）	8	7	5	6.67	0.1251
123	佛山科学技术学院学报（社会科学版）	7	8	4	6.33	0.1187
123	哈尔滨工业大学学报（社会科学版）	6	2	11	6.33	0.1187
123	淮北煤炭师范学院学报（哲学社会科学版）	4	7	8	6.33	0.1187
123	南京农业大学学报（社会科学版）	3	10	6	6.33	0.1187

续表

排序	期刊名称	2004年（篇）	2005年（篇）	2006年（篇）	三年平均（篇）	归一化值
123	三峡大学学报（人文社会科学版）	3	6	10	6.33	0.1187
123	苏州科技学院学报（社会科学版）	9	4	6	6.33	0.1187
123	中国农业大学学报（社会科学版）	4	6	9	6.33	0.1187
130	河南科技大学学报（社会科学版）	5	5	8	6.00	0.1125
130	湖北师范学院学报（哲学社会科学版）	5	9	4	6.00	0.1125
130	南京晓庄学院学报	2	8	8	6.00	0.1125
130	青岛科技大学学报（社会科学版）	9	6	3	6.00	0.1125
130	湘潭师范学院学报（社会科学版）	11	2	5	6.00	0.1125
130	重庆工商大学学报（社会科学版）	13	2	3	6.00	0.1125
136	宝鸡文理学院学报（社会科学版）	5	7	5	5.67	0.1063
136	华东理工大学学报（社会科学版）	0	8	9	5.67	0.1063
136	辽宁师范大学学报	7	3	7	5.67	0.1063
139	北京交通大学学报（社会科学版）	11	1	4	5.33	0.0999
139	北京科技大学学报（社会科学版）	6	7	3	5.33	0.0999
139	华北电力大学学报（社会科学版）	4	4	8	5.33	0.0999
139	华侨大学学报（哲学社会科学版）	6	7	3	5.33	0.0999
139	嘉兴学院学报	3	9	4	5.33	0.0999
139	江南大学学报（人文社会科学版）	4	5	7	5.33	0.0999
139	上饶师范学院学报	4	9	3	5.33	0.0999
139	延边大学学报（社会科学版）	6	6	4	5.33	0.0999
139	盐城师范学院学报（人文社会科学版）	6	3	7	5.33	0.0999
148	海南大学学报（人文社会科学版）	6	1	8	5.00	0.0938
148	湖南农业大学学报（社会科学版）	1	9	5	5.00	0.0938
148	华中农业大学学报（社会科学版）	5	5	5	5.00	0.0938
148	江苏教育学院学报（社会科学版）	4	5	6	5.00	0.0938
148	辽宁工程技术大学学报（社会科学版）	5	4	6	5.00	0.0938
148	南通大学学报（社会科学版）	0	0	15	5.00	0.0938
154	渤海大学学报（哲学社会科学版）	2	7	5	4.67	0.0876
154	湖州师范学院学报	2	9	3	4.67	0.0876
154	南华大学学报（社会科学版）	4	6	4	4.67	0.0876

续表

排序	期刊名称	2004年（篇）	2005年（篇）	2006年（篇）	三年平均（篇）	归一化值
154	青岛大学师范学院学报	4	6	4	4.67	0.0876
154	泰山学院学报	6	4	4	4.67	0.0876
154	燕山大学学报（哲学社会科学版）	5	4	5	4.67	0.0876
160	大连理工大学学报（社会科学版）	4	6	3	4.33	0.0812
160	福州大学学报（哲学社会科学版）	5	5	3	4.33	0.0812
160	赣南师范学院学报	4	5	4	4.33	0.0812
160	哈尔滨学院学报	2	8	3	4.33	0.0812
160	延安大学学报（社会科学版）	3	2	8	4.33	0.0812
160	浙江万里学院学报	5	8	0	4.33	0.0812
166	黄冈师范学院学报	7	3	2	4.00	0.0750
166	南京理工大学学报（社会科学版）	3	5	4	4.00	0.0750
166	青海师范大学学报（哲学社会科学版）	7	3	2	4.00	0.0750
166	太原理工大学学报（社会科学版）	6	1	5	4.00	0.0750
166	许昌学院学报	4	3	5	4.00	0.0750
166	湛江师范学院学报	5	6	1	4.00	0.0750
172	北京航空航天大学学报（社会科学版）	4	5	2	3.67	0.0688
172	南京体育学院学报（社会科学版）	6	5	0	3.67	0.0688
172	天水师范学院学报	6	3	2	3.67	0.0688
175	安徽农业大学学报（社会科学版）	4	3	3	3.33	0.0624
175	曲靖师范学院学报	4	3	3	3.33	0.0624
175	泉州师范学院学报	6	2	2	3.33	0.0624
175	山东农业大学学报（社会科学版）	4	3	3	3.33	0.0624
175	韶关学院学报	3	5	2	3.33	0.0624
175	太原师范学院学报（社会科学版）	0	5	5	3.33	0.0624
181	合肥工业大学学报（社会科学版）	4	1	4	3.00	0.0563
181	河南教育学院学报（哲学社会科学版）	1	5	3	3.00	0.0563
181	怀化学院学报	7	0	2	3.00	0.0563
181	温州师范学院学报	5	3	1	3.00	0.0563
181	西藏大学学报	4	3	2	3.00	0.0563
181	咸宁学院学报	5	2	2	3.00	0.0563

续表

排序	期刊名称	2004年（篇）	2005年（篇）	2006年（篇）	三年平均（篇）	归一化值
187	长春师范学院学报（人文社会科学版）	2	2	4	2.67	0.0501
187	福建农林大学学报（社会科学版）	2	4	2	2.67	0.0501
187	南京航空航天大学学报（社会科学版）	1	7	0	2.67	0.0501
187	商丘师范学院学报	4	3	1	2.67	0.0501
187	西安石油大学学报（社会科学版）	6	1	1	2.67	0.0501
192	安徽工业大学学报（社会科学版）	4	1	2	2.33	0.0437
192	长江大学学报（社会科学版）	2	0	5	2.33	0.0437
192	成都大学学报（社会科学版）	3	1	3	2.33	0.0437
192	广播电视大学学报（哲学社会科学版）	3	3	1	2.33	0.0437
192	江西农业大学学报（社会科学版）	3	3	1	2.33	0.0437
192	龙岩学院学报	1	2	4	2.33	0.0437
192	皖西学院学报	5	1	1	2.33	0.0437
192	西华师范大学学报（哲学社会科学版）	5	1	1	2.33	0.0437
192	中国石油大学学报（社会科学版）	0	0	7	2.33	0.0437
201	河海大学学报（哲学社会科学版）	3	1	2	2.00	0.0375
201	华北水利水电学院学报（社科版）	4	1	1	2.00	0.0375
201	乐山师范学院学报	2	1	3	2.00	0.0375
201	洛阳师范学院学报	2	2	2	2.00	0.0375
205	固原师专学报	2	0	3	1.67	0.0313
205	武汉科技大学学报（社会科学版）	0	1	4	1.67	0.0313
207	北京林业大学学报（社会科学版）	0	4	0	1.33	0.0249
207	电子科技大学学报（社科版）	1	2	1	1.33	0.0249
207	湖南工程学院学报（社会科学版）	4	0	0	1.33	0.0249
207	齐齐哈尔大学学报（哲学社会科学版）	3	1	0	1.33	0.0249
211	嘉应学院学报	0	2	1	1.00	0.0188
211	南京工业大学学报（社会科学版）	1	1	1	1.00	0.0188
211	鲁东大学学报（哲学社会科学版）	0	3	0	1.00	0.0188
214	西北工业大学学报（社会科学版）	0	0	1	0.33	0.0062
215	沈阳农业大学学报（社会科学版）	0	0	0	0	0
215	云南大学学报（社会科学版）	0	0	0	0	0
215	郑州航空工业管理学院学报（社会科学版）	0	0	0	0	0

由表 24-19 可以看出，高校人文社科综合性学报在 2004—2006 年间共有 214 种期刊被《复印报刊资料》全文转载，除了极少数的学报之外［《沈阳农业大学学报（社会科学版）》、《云南大学学报（人文社会科学版）》、《郑州航空工业管理学院学报（社会科学版）》］，绝大多数学报都被《复印报刊资料》转载过，转载期刊比例高达 98.62%，和《新华文摘》和《中国社会科学文摘》相比，转载期刊明显偏多；从转载量看，高校人文社科综合性学报被《复印报刊资料》转载的论文达 7376 篇，远高于《新华文摘》的 535 篇和《中国社会科学文摘》的 356 篇。这是因为《复印报刊资料》走的是产品化、市场化的道路，不论是收集的学科范围和期刊论文数量都较前两种文摘刊物更为广泛。从增长趋势来看，大多高校人文社科综合性学报在三年中被《复印报刊资料》转载的篇数呈降低趋势，217 种期刊在 2004—2006 年间转载平均篇数分别为 11.6175 篇、11.5668 篇、11.1060 篇，从而呈现出整体逐渐下降的水平。

24.6.4 《高等学校文科学术文摘》全文转载

《高等学校文科学术文摘》（简称《高校文摘》）是由上海师范大学主办的文摘杂志，该刊主要从全国上千种高校文科学报上选摘介绍具有新观点、新材料、新研究方法的文章以及近期高校较重大的学术活动，主要反映高校的科学研究成果，也注重论文的学术价值。表 24-20 是 2004—2006 年间高校人文社科综合性学报被《高等学校文科学术文摘》转载的统计情况。

表 24-20　　　　　2004—2006 年高校人文社科综合性学报被
《高等学校文科学术文摘》转载统计

排序	期刊名称	2004 年（篇）	2005 年（篇）	2006 年（篇）	三年平均（篇）	归一化值
1	南京大学学报（哲学·人文科学·社会科学版）	7	14	21	14.00	1
2	北京大学学报（哲学社会科学版）	9	11	16	12.00	0.8571
3	南开学报（哲学社会科学版）	7	8	17	10.67	0.7619
4	北京师范大学学报（社会科学版）	9	1	19	9.67	0.6905
4	复旦学报（社会科学版）	1	11	17	9.67	0.6905
4	厦门大学学报（哲学社会科学版）	8	4	17	9.67	0.6905
7	吉林大学社会科学学报	4	6	13	7.67	0.5476
7	陕西师范大学学报（哲学社会科学版）	6	0	17	7.67	0.5476
9	华中师范大学学报（人文社会科学版）	0	5	17	7.33	0.5238

续表

排序	期刊名称	2004年（篇）	2005年（篇）	2006年（篇）	三年平均（篇）	归一化值
10	上海交通大学学报（哲学社会科学版）	3	1	17	7.00	0.5000
11	湖南师范大学社会科学学报	0	5	15	6.67	0.4762
12	湖南科技大学学报（社会科学版）	1	0	17	6.00	0.4286
12	上海师范大学学报（哲学社会科学版）	0	3	15	6.00	0.4286
12	思想战线	4	1	13	6.00	0.4286
12	西安交通大学学报（社会科学版）	3	1	14	6.00	0.4286
16	河南大学学报（社会科学版）	2	0	15	5.67	0.4048
16	浙江大学学报（人文社会科学版）	2	2	13	5.67	0.4048
16	中国人民大学学报	5	4	8	5.67	0.4048
19	求是学刊	2	4	10	5.33	0.3810
20	上海大学学报（社会科学版）	1	0	13	4.67	0.3333
20	中山大学学报（社会科学版）	1	5	8	4.67	0.3333
22	东北师大学报（哲学社会科学版）	2	3	8	4.33	0.3095
22	华东师范大学学报（哲学社会科学版）	2	5	6	4.33	0.3095
22	清华大学学报（哲学社会科学版）	0	2	11	4.33	0.3095
22	四川大学学报（哲学社会科学版）	6	2	5	4.33	0.3095
22	武汉大学学报（哲学社会科学版）	0	0	13	4.33	0.3095
27	南通大学学报（社会科学版）	0	0	12	4.00	0.2857
28	河南师范大学学报（哲学社会科学版）	0	0	10	3.33	0.2381
28	南昌大学学报（人文社会科学版）	0	2	8	3.33	0.2381
28	山西师大学报（社会科学版）	0	0	10	3.33	0.2381
28	深圳大学学报（人文社会科学版）	1	0	9	3.33	0.2381
32	淮阴师范学院学报（哲学社会科学版）	0	0	9	3.00	0.2143
33	福建师范大学学报（哲学社会科学版）	3	0	5	2.67	0.1905
33	湖南文理学院学报（社会科学版）	1	1	6	2.67	0.1905
33	南都学坛：南阳师范学院人文社会科学学报	0	1	7	2.67	0.1905
33	齐鲁学刊	1	2	5	2.67	0.1905
33	西北师大学报（社会科学版）	1	1	6	2.67	0.1905
38	武汉大学学报（人文科学版）	4	3	0	2.33	0.1667
38	郑州大学学报（哲学社会科学版）	1	0	6	2.33	0.1667

续表

排序	期刊名称	2004年（篇）	2005年（篇）	2006年（篇）	三年平均（篇）	归一化值
40	广州大学学报（社会科学版）	0	0	6	2.00	0.1429
40	华南师范大学学报（社会科学版）	0	0	6	2.00	0.1429
40	吉首大学学报（社会科学版）	2	1	3	2.00	0.1429
40	济南大学学报（社会科学版）	1	1	4	2.00	0.1429
40	暨南学报（哲学社会科学版）	0	1	5	2.00	0.1429
40	南阳师范学院学报	0	0	6	2.00	0.1429
40	上饶师范学院学报	0	0	6	2.00	0.1429
40	首都师范大学学报（社会科学版）	2	0	4	2.00	0.1429
40	天津师范大学学报（社会科学版）	0	2	4	2.00	0.1429
40	云南师范大学学报（哲学社会科学版）	0	0	6	2.00	0.1429
50	海南师范学院学报（社会科学版）	0	1	4	1.67	0.1190
50	辽宁大学学报（哲学社会科学版）	0	2	3	1.67	0.1190
50	辽宁师范大学学报（社会科学版）	0	0	5	1.67	0.1190
50	三峡大学学报（人文社会科学版）	1	1	3	1.67	0.1190
50	山东大学学报（哲学社会科学版）	1	0	4	1.67	0.1190
50	信阳师范学院学报（哲学社会科学版）	0	0	5	1.67	0.1190
50	郑州航空工业管理学院学报	0	0	5	1.67	0.1190
57	安徽大学学报（哲学社会科学版）	0	1	3	1.33	0.0952
57	湖南大学学报（社会科学版）	0	0	4	1.33	0.0952
57	内蒙古大学学报（人文·社会科学版）	0	0	4	1.33	0.0952
57	南京师大学报（社会科学版）	3	1	0	1.33	0.0952
57	山东师范大学学报（人文社会科学版）	0	0	4	1.33	0.0952
57	湘潭大学学报（哲学社会科学版）	0	1	3	1.33	0.0952
63	安徽师范大学学报（人文社会科学版）	1	0	2	1.00	0.0714
63	东北大学学报（社会科学版）	0	0	3	1.00	0.0714
63	宁夏大学学报（人文社会科学版）	0	0	3	1.00	0.0714
63	山西大学学报（哲学社会科学版）	0	0	3	1.00	0.0714
63	汕头大学学报（人文社会科学版）	0	0	3	1.00	0.0714
63	四川师范大学学报（社会科学版）	1	1	1	1.00	0.0714
63	苏州大学学报（哲学社会科学版）	1	0	2	1.00	0.0714

续表

排序	期刊名称	2004年（篇）	2005年（篇）	2006年（篇）	三年平均（篇）	归一化值
63	西北大学学报（哲学社会科学版）	0	0	3	1.00	0.0714
63	新疆大学学报（哲学·人文社会科学版）	0	0	3	1.00	0.0714
63	烟台大学学报（哲学社会科学版）	0	1	2	1.00	0.0714
73	宝鸡文理学院学报（社会科学版）	0	0	2	0.67	0.0476
73	北京工商大学学报（社会科学版）	0	0	2	0.67	0.0476
73	东方论坛：青岛大学学报	1	0	1	0.67	0.0476
73	广西大学学报（哲学社会科学版）	0	0	2	0.67	0.0476
73	贵州师范大学学报（社会科学版）	0	1	1	0.67	0.0476
73	哈尔滨工业大学学报（社会科学版）	0	0	2	0.67	0.0476
73	哈尔滨学院学报	0	0	2	0.67	0.0476
73	杭州师范学院学报（社会科学版）	0	1	1	0.67	0.0476
73	河北师范大学学报（哲学社会科学版）	0	0	2	0.67	0.0476
73	衡阳师范学院学报	0	0	2	0.67	0.0476
73	曲靖师范学院学报	0	0	2	0.67	0.0476
73	沈阳师范大学学报（社会科学版）	0	0	2	0.67	0.0476
73	太原师范学院学报（社会科学版）	0	0	2	0.67	0.0476
73	同济大学学报（社会科学版）	0	0	2	0.67	0.0476
73	扬州大学学报（人文社会科学版）	0	1	1	0.67	0.0476
88	北京理工大学学报（社会科学版）	0	1	0	0.33	0.0238
88	长春师范学院学报（人文社会科学版）	0	0	1	0.33	0.0238
88	大连理工大学学报（社会科学版）	0	0	1	0.33	0.0238
88	福州大学学报（哲学社会科学版）	0	0	1	0.33	0.0238
88	固原师专学报	0	1	0	0.33	0.0238
88	海南大学学报（人文社会科学版）	1	0	0	0.33	0.0238
88	河南教育学院学报（哲学社会科学版）	0	0	1	0.33	0.0238
88	湖州师范学院学报	0	0	1	0.33	0.0238
88	华中科技大学学报（社会科学版）	0	0	1	0.33	0.0238
88	怀化学院学报	1	0	0	0.33	0.0238
88	黄冈师范学院学报	0	0	1	0.33	0.0238
88	嘉兴学院学报	0	0	1	0.33	0.0238

续表

排序	期刊名称	2004年（篇）	2005年（篇）	2006年（篇）	三年平均（篇）	归一化值
88	江南大学学报（人文社会科学版）	0	0	1	0.33	0.0238
88	江苏大学学报（社会科学版）	0	0	1	0.33	0.0238
88	江西师范大学学报（哲学社会科学版）	0	1	0	0.33	0.0238
88	内蒙古师范大学学报（哲学社会科学版）	0	0	1	0.33	0.0238
88	南京理工大学学报（社会科学版）	0	0	1	0.33	0.0238
88	南京农业大学学报（社会科学版）	0	0	1	0.33	0.0238
88	南京晓庄学院学报	0	0	1	0.33	0.0238
88	宁波大学学报（人文科学版）	0	0	1	0.33	0.0238
88	山东科技大学学报（社会科学版）	0	0	1	0.33	0.0238
88	山东理工大学学报（社会科学版）	1	0	0	0.33	0.0238
88	沈阳农业大学学报（社会科学版）	0	0	1	0.33	0.0238
88	天津大学学报（社会科学版）	0	0	1	0.33	0.0238
88	天水师范学院学报	0	0	1	0.33	0.0238
88	西安电子科技大学学报（社会科学版）	0	0	1	0.33	0.0238
88	西北农林科技大学学报（社会科学版）	0	0	1	0.33	0.0238
88	西藏大学学报	0	0	1	0.33	0.0238
88	新疆师范大学学报（哲学社会科学版）	0	0	1	0.33	0.0238
88	许昌学院学报	0	0	1	0.33	0.0238
88	湛江师范学院学报	0	1	0	0.33	0.0238
88	浙江师范大学学报（社会科学版）	0	0	1	0.33	0.0238
88	中国地质大学学报（社会科学版）	0	0	1	0.33	0.0238
88	中国海洋大学学报（社会科学版）	0	1	0	0.33	0.0238
88	中国矿业大学学报（社会科学版）	0	0	1	0.33	0.0238
88	重庆大学学报（社会科学版）	0	0	1	0.33	0.0238
88	重庆师范大学学报（哲学社会科学版）	0	0	1	0.33	0.0238

由表24-20可以看出，高校人文社科综合性学报在2004—2006年间共有124种被《全国高校文科学术文摘》全文转载，所占比率达到57.14%，低于人大《复印报刊资料》，但高于《新华文摘》和《中国社会科学文摘》。从转载数量来看，高校人文社科综合性学报三年间共被《高等学校文科学术文摘》全文转载869次，亦低

于人大《复印报刊资料》的转载量，但高于《新华文摘》和《中国社会科学文摘》的转载量；从增长趋势来看，大多学报在 2004—2006 年间被《高等学校文科学术文摘》的转载次数逐渐增长，年均转载次数由 0.92 次增长到 1.05 和 5.04，增长幅度达 548%，增长趋势明显。

24.6.5 高校人文社科综合性学报二次文献转载综合分析

《新华文摘》、《中国社会科学文摘》、《复印报刊资料》以及《高等学校文科学术文摘》四种文摘刊物是目前人文社科学界公认的综合性文摘刊物，被其转载的期刊从一个侧面反映了被转载期刊对学科热点的跟踪，对学术走向的关注程度以及所产生的影响，具有一定的权威性。但这四种刊物的选稿标准各有侧重，它们从不同标准出发摘转中国人文社会科学领域的研究成果。因此，需要综合这些文摘刊物转载各期刊的数量方可以衡量期刊的真实影响。我们按照第 1 章中给出的权重对《新华文摘》、《中国社会科学文摘》、《复印报刊资料》以及《高等学校文科学术文摘》的转载数量的归一化值进行加权，得到一个综合值，以便从二次文献转载率方面提示各高校人文社科综合性学报的学术影响力。表 24-21 为 2004—2006 年间高校人文社科综合性学报被《新华文摘》、《中国社会科学文摘》、《复印报刊资料》以及《高等学校文科学术文摘》四种文摘刊物的转载归一化值及其转载综合值。

表 24-21　2004—2006 年高校人文社科综合性学报二次文献转载综合值

排序	期刊名称	新华文摘归一化值	中国社会科学文摘归一化值	复印报刊资料归一化值	高校文摘归一化值	综合值
1	北京师范大学学报（社会科学版）	0.7946	0.7599	0.8751	0.6905	0.7593
2	北京大学学报（哲学社会科学版）	0.6408	0.6807	0.8438	0.8571	0.7448
3	中国人民大学学报	1	0.6002	0.9938	0.4048	0.7111
4	南京大学学报（哲学·人文科学·社会科学版）	0.2823	0.6807	0.8125	1	0.6662
5	吉林大学社会科学学报	0.4869	0.9208	0.6062	0.5476	0.6069
6	华中师范大学学报（人文社会科学版）	0.5385	0.6807	0.5438	0.5238	0.5623
7	求是学刊	0.4869	0.8403	0.6000	0.3810	0.5318
8	南开学报（哲学社会科学版）	0.3592	0.3205	0.6625	0.7619	0.5227
9	厦门大学学报（哲学社会科学版）	0.3331	0.4802	0.5438	0.6905	0.5087
10	清华大学学报（哲学社会科学版）	0.3846	1	0.6250	0.3095	0.5054
11	湖南师范大学社会科学学报	0.5385	0.3601	0.5875	0.4762	0.4859

续表

排序	期刊名称	新华文摘归一化值	中国社会科学文摘归一化值	复印报刊资料归一化值	高校文摘归一化值	综合值
12	复旦学报（社会科学版）	0.2562	0.2797	0.8376	0.6905	0.4710
13	浙江大学学报（人文社会科学版）	0.2823	0.6399	0.6062	0.4048	0.4291
14	陕西师范大学学报（哲学社会科学版）	0.2823	0.4802	0.2751	0.5476	0.4140
15	郑州大学学报（哲学社会科学版）	0.5900	0.0804	0.8312	0.1667	0.3640
16	思想战线	0.2308	0.4406	0.3501	0.4286	0.3539
17	河南大学学报（社会科学版）	0.4100	0.1597	0.3501	0.4048	0.3521
18	上海师范大学学报（哲学社会科学版）	0.2308	0.1597	0.5312	0.4286	0.3159
19	湖南科技大学学报（社会科学版）	0.2308	0.0804	0.6689	0.4286	0.3138
20	中山大学学报（社会科学版）	0.2562	0.1597	0.3688	0.3333	0.2751
21	上海交通大学学报（哲学社会科学版）	0	0.2005	0.2563	0.5000	0.2407
22	四川大学学报（哲学社会科学版）	0.1023	0.2005	0.5125	0.3095	0.2355
23	东北师大学报（哲学社会科学版）	0.2054	0	0.4626	0.3095	0.2265
24	华东师范大学学报（哲学社会科学版）	0.1023	0.2005	0.4125	0.3095	0.2255
25	齐鲁学刊	0.3077	0	0.4750	0.1905	0.2219
26	西安交通大学学报（社会科学版）	0.0254	0.1597	0.1251	0.4286	0.2034
27	河南师范大学学报（哲学社会科学版）	0.0254	0.0396	1	0.2381	0.2001
28	西北师大学报（社会科学版）	0.1538	0.0804	0.5875	0.1905	0.1953
29	武汉大学学报（人文版）	0.1538	0.1200	0.5687	0.1667	0.1930
30	武汉大学学报（哲学社会科学版）	0.1023	0.0804	0.3188	0.3095	0.1921
31	上海大学学报（社会科学版）	0.0515	0.1200	0.2563	0.3333	0.1843
32	山西师大学报（社会科学版）	0.1792	0	0.2312	0.2381	0.1692
33	湘潭大学学报（哲学社会科学版）	0.1538	0.1597	0.4626	0.0952	0.1654
34	烟台大学学报（哲学社会科学版）	0.2054	0.2005	0.2687	0.0714	0.1639
35	吉首大学学报（社会科学版）	0.1023	0.2005	0.3750	0.1429	0.1634
36	山东大学学报（哲学社会科学版）	0.1023	0.1597	0.5376	0.1190	0.1632
37	南都学坛：南阳师范学院人文社会科学学报	0.1538	0.0396	0.2938	0.1905	0.1578
38	华南师范大学学报（社会科学版）	0.0769	0.1597	0.4875	0.1429	0.1576
39	广州大学学报（社会科学版）	0.1285	0.1200	0.2875	0.1429	0.1477

续表

排序	期刊名称	新华文摘归一化值	中国社会科学文摘归一化值	复印报刊资料归一化值	高校文摘归一化值	综合值
40	南通大学学报（社会科学版）	0.1023	0	0.0938	0.2857	0.1452
41	福建师范大学学报（哲学社会科学版）	0.0769	0.1200	0.2625	0.1905	0.1438
42	深圳大学学报（人文社会科学版）	0.0515	0	0.3188	0.2381	0.1332
43	南昌大学学报（人文社会科学版）	0.0254	0.0396	0.3000	0.2381	0.1301
44	湖南文理学院学报（社会科学版）	0.0769	0	0.2813	0.1905	0.1217
44	西北大学学报（哲学社会科学版）	0.1023	0.1200	0.3688	0.0714	0.1217
46	南京师大学报（社会科学版）	0.0515	0.1597	0.3625	0.0952	0.1195
47	湖南大学学报（社会科学版）	0.1538	0	0.3188	0.0952	0.1190
48	郑州航空工业管理学院学报	0.0515	0.2005	0.1875	0.1190	0.1185
49	天津师范大学学报（社会科学版）	0.1023	0	0.3250	0.1429	0.1183
50	南阳师范学院学报	0.0769	0	0.3437	0.1429	0.1113
51	云南师范大学学报（哲学社会科学版）	0.0515	0.1200	0.1313	0.1429	0.1052
52	首都师范大学学报（社会科学版）	0.0254	0	0.4562	0.1429	0.1045
53	苏州大学学报（哲学社会科学版）	0.1023	0.0804	0.2751	0.0714	0.1044
54	安徽大学学报（哲学社会科学版）	0.0515	0.0396	0.3750	0.0952	0.0968
55	暨南学报（哲学社会科学版）	0.0254	0	0.3750	0.1429	0.0964
56	淮阴师范学院学报（哲学社会科学版）	0	0	0.1875	0.2143	0.0938
57	辽宁大学学报（哲学社会科学版）	0.0515	0	0.3250	0.1190	0.0922
58	同济大学学报（社会科学版）	0.0515	0.1200	0.3313	0.0476	0.0918
59	杭州师范学院学报（社会科学版）	0.0769	0.0396	0.3625	0.0476	0.0877
60	安徽师范大学学报（人文社会科学版）	0.0254	0.0804	0.3688	0.0714	0.0868
61	四川师范大学学报（社会科学版）	0	0.1597	0.2687	0.0714	0.0838
62	河北大学学报（哲学社会科学版）	0.1023	0.0804	0.3126	0	0.0831
63	北京工商大学学报（社会科学版）	0.0769	0	0.3313	0.0476	0.0767
64	山西大学学报（哲学社会科学版）	0.0515	0	0.3126	0.0714	0.0743
65	济南大学学报（社会科学版）	0	0.0396	0.1562	0.1429	0.0736
66	东方论坛：青岛大学学报	0.0254	0.0804	0.3000	0.0476	0.0716
67	海南师范学院学报（社会科学版）	0.0254	0	0.2001	0.1190	0.0706

续表

排序	期刊名称	新华文摘归一化值	中国社会科学文摘归一化值	复印报刊资料归一化值	高校文摘归一化值	综合值
68	山东师范大学学报（人文社会科学版）	0.0254	0	0.2813	0.0952	0.0703
69	东南大学学报（哲学社会科学版）	0.1023	0	0.3250	0	0.0683
70	东北大学学报（社会科学版）	0.0515	0	0.2312	0.0714	0.0661
71	河北师范大学学报（哲学社会科学版）	0.0515	0	0.2938	0.0476	0.0641
72	汕头大学学报（人文社会科学版）	0.0515	0	0.1937	0.0714	0.0624
73	辽宁师范大学学报（社会科学版）	0.0254	0	0.1063	0.1190	0.0612
74	华中科技大学学报（社会科学版）	0.0515	0	0.3437	0.0238	0.0607
75	上饶师范学院学报	0	0	0.0999	0.1429	0.0600
76	内蒙古大学学报（人文·社会科学版）	0	0	0.2563	0.0952	0.0590
77	信阳师范学院学报（哲学社会科学版）	0	0	0.1562	0.1190	0.0573
78	三峡大学学报（人文社会科学版）	0	0	0.1187	0.1190	0.0535
79	山东理工大学学报（社会科学版）	0.0254	0.0396	0.2625	0.0238	0.0514
80	新疆大学学报（哲学·人文社会科学版）	0.0254	0	0.1626	0.0714	0.0501
81	湖北大学学报（哲学社会科学版）	0.0254	0.0396	0.3188	0	0.0487
82	安庆师范学院学报（社会科学版）	0.0515	0.0804	0.1438	0	0.0485
83	中国海洋大学学报（社会科学版）	0.0515	0	0.2188	0.0238	0.0482
84	兰州大学学报（社会科学版）	0.0515	0	0.3000	0	0.0480
85	天津大学学报（社会科学版）	0.0769	0	0.1251	0.0238	0.0478
86	衡阳师范学院学报	0.0254	0	0.2188	0.0476	0.0474
87	宁夏大学学报（人文社会科学版）	0.0254	0	0.1251	0.0714	0.0464
88	广西师范大学学报（哲学社会科学版）	0.0254	0.0396	0.2938	0	0.0462
89	扬州大学学报（人文社会科学版）	0.0254	0	0.2001	0.0476	0.0456
90	沈阳师范大学学报（社会科学版）	0.0254	0	0.1688	0.0476	0.0424
91	贵州师范大学学报（社会科学版）	0	0	0.2500	0.0476	0.0417
92	中南大学学报（社会科学版）	0.0254	0	0.3126	0	0.0402
93	太原师范学院学报（社会科学版）	0.0254	0.0396	0.0624	0.0476	0.0397
94	江苏大学学报（社会科学版）	0.0254	0	0.2188	0.0238	0.0391
95	西南大学学报（人文社会科学版）	0	0	0.3876	0	0.0388

续表

排序	期刊名称	新华文摘归一化值	中国社会科学文摘归一化值	复印报刊资料归一化值	高校文摘归一化值	综合值
96	广西大学学报（哲学社会科学版）	0	0	0.2125	0.0476	0.0379
97	江西师范大学学报（哲学社会科学版）	0	0	0.2938	0.0238	0.0377
98	宝鸡文理学院学报（社会科学版）	0.0254	0	0.1063	0.0476	0.0362
99	新疆师范大学学报（哲学社会科学版）	0.0254	0	0.1749	0.0238	0.0347
100	西安电子科技大学学报（社会科学版）	0	0	0.2438	0.0238	0.0327
101	浙江师范大学学报（社会科学版）	0	0.0396	0.1562	0.0238	0.0319
102	洛阳师范学院学报	0.0515	0.0396	0.0375	0	0.0297
103	华南理工大学学报（社会科学版）	0	0.0396	0.2125	0	0.0292
104	哈尔滨工业大学学报（社会科学版）	0	0	0.1187	0.0476	0.0285
105	重庆大学学报（社会科学版）	0	0	0.2001	0.0238	0.0283
106	山东科技大学学报（社会科学版）	0	0	0.1875	0.0238	0.0271
107	北京科技大学学报（社会科学版）	0.0254	0.0396	0.0999	0	0.0268
108	海南大学学报（人文社会科学版）	0.0254	0	0.0938	0.0238	0.0266
109	中国地质大学学报（社会科学版）	0	0	0.1688	0.0238	0.0252
110	哈尔滨学院学报	0	0	0.0812	0.0476	0.0248
111	南京理工大学学报（社会科学版）	0.0254	0	0.0750	0.0238	0.0247
112	重庆师范大学学报（哲学社会科学版）	0	0	0.1626	0.0238	0.0246
113	内蒙古师范大学学报（哲学社会科学版）	0	0	0.1500	0.0238	0.0233
114	重庆工商大学学报（西部论坛）	0	0	0.2312	0	0.0231
115	吉林师范大学学报（人文社会科学版）	0	0.0396	0.1500	0	0.0229
116	曲靖师范学院学报	0	0	0.0624	0.0476	0.0229
117	武汉理工大学学报（社会科学版）	0	0	0.2250	0	0.0225
117	徐州师范大学学报（哲学社会科学版）	0	0	0.2250	0	0.0225
119	宁波大学学报（人文科学版）	0	0	0.1374	0.0238	0.0221
119	西北农林科技大学学报（社会科学版）	0	0	0.1374	0.0238	0.0221
121	中国人民公安大学学报（社会科学版）	0.0254	0	0.1313	0	0.0220
122	河南教育学院学报（哲学社会科学版）	0	0.0396	0.0563	0.0238	0.0219
123	浙江树人大学学报	0	0.0396	0.1313	0	0.0211

续表

排序	期刊名称	新华文摘归一化值	中国社会科学文摘归一化值	复印报刊资料归一化值	高校文摘归一化值	综合值
124	北京理工大学学报（社会科学版）	0	0	0.1251	0.0238	0.0208
124	中国矿业大学学报（社会科学版）	0	0	0.1251	0.0238	0.0208
126	南京农业大学学报（社会科学版）	0	0	0.1187	0.0238	0.0202
127	南京晓庄学院学报	0	0	0.1125	0.0238	0.0196
128	华南农业大学学报（社会科学版）	0	0	0.1937	0	0.0194
129	青岛科技大学学报（社会科学版）	0	0.0396	0.1125	0	0.0192
130	聊城大学学报（社会科学版）	0	0	0.1875	0	0.0188
131	嘉兴学院学报	0	0	0.0999	0.0238	0.0183
131	江南大学学报（人文社会科学版）	0	0	0.0999	0.0238	0.0183
133	华侨大学学报（哲学社会科学版）	0	0.0396	0.0999	0	0.0179
134	青岛大学师范学院学报	0.0254	0	0.0876	0	0.0177
135	湖州师范学院学报	0	0	0.0876	0.0238	0.0171
136	渤海大学学报（哲学社会科学版）	0	0.0396	0.0876	0	0.0167
136	泰山学院学报	0	0.0396	0.0876	0	0.0167
138	大连理工大学学报（社会科学版）	0	0	0.0812	0.0238	0.0165
138	福州大学学报（哲学社会科学版）	0	0	0.0812	0.0238	0.0165
140	佳木斯大学社会科学学报	0	0	0.1626	0	0.0163
141	黄冈师范学院学报	0	0	0.0750	0.0238	0.0158
141	许昌学院学报	0	0	0.0750	0.0238	0.0158
141	湛江师范学院学报	0	0	0.0750	0.0238	0.0158
144	北京邮电大学学报（社会科学版）	0	0	0.1562	0	0.0156
145	天水师范学院学报	0	0	0.0688	0.0238	0.0152
146	韶关学院学报	0.0254	0	0.0624	0	0.0151
147	长沙理工大学学报（社会科学版）	0	0	0.1500	0	0.0150
147	贵州大学学报（社会科学版）	0	0	0.1500	0	0.0150
149	温州师范学院学报	0.0254	0	0.0563	0	0.0145
150	哈尔滨商业大学学报（社会科学版）	0	0	0.1438	0	0.0144
150	绍兴文理学院学报（社科版）	0	0	0.1438	0	0.0144

续表

排序	期刊名称	新华文摘归一化值	中国社会科学文摘归一化值	复印报刊资料归一化值	高校文摘归一化值	综合值
152	怀化学院学报	0	0	0.0563	0.0238	0.0140
152	西藏大学学报	0	0	0.0563	0.0238	0.0140
154	商丘师范学院学报	0.0254	0	0.0501	0	0.0139
155	西南交通大学学报（社会科学版）	0	0	0.1374	0	0.0137
156	长春师范学院学报（人文社会科学版）	0	0	0.0501	0.0238	0.0133
157	重庆邮电大学学报（社会科学版）	0	0	0.1313	0	0.0131
158	北京工业大学学报（社会科学版）	0	0	0.1251	0	0.0125
159	佛山科学技术学院学报（社会科学版）	0	0	0.1187	0	0.0119
159	淮北煤炭师范学院学报（哲学社会科学版）	0	0	0.1187	0	0.0119
159	苏州科技学院学报（社会科学版）	0	0	0.1187	0	0.0119
159	中国农业大学学报（社会科学版）	0	0	0.1187	0	0.0119
163	河海大学学报（哲学社会科学版）	0	0.0396	0.0375	0	0.0117
164	固原师专学报	0	0	0.0313	0.0238	0.0115
165	河南科技大学学报（社会科学版）	0	0	0.1125	0	0.0113
165	湖北师范学院学报（哲学社会科学版）	0	0	0.1125	0	0.0113
165	湘潭师范学院学报（社会科学版）	0	0	0.1125	0	0.0113
165	重庆工商大学学报（社会科学版）	0	0	0.1125	0	0.0113
169	华东理工大学学报（社会科学版）	0	0	0.1063	0	0.0106
170	北京交通大学学报（社会科学版）	0	0	0.0999	0	0.0100
170	华北电力大学学报（社会科学版）	0	0	0.0999	0	0.0100
170	延边大学学报（社会科学版）	0	0	0.0999	0	0.0100
170	盐城师范学院学报（人文社会科学版）	0	0	0.0999	0	0.0100
174	湖南农业大学学报（社会科学版）	0	0	0.0938	0	0.0094
174	华中农业大学学报（社会科学版）	0	0	0.0938	0	0.0094
174	江苏教育学院学报（社会科学版）	0	0	0.0938	0	0.0094
174	辽宁工程技术大学学报（社会科学版）	0	0	0.0938	0	0.0094
178	南华大学学报（社会科学版）	0	0	0.0876	0	0.0088
178	燕山大学学报（哲学社会科学版）	0	0	0.0876	0	0.0088

续表

排序	期刊名称	新华文摘归一化值	中国社会科学文摘归一化值	复印报刊资料归一化值	高校文摘归一化值	综合值
180	沈阳农业大学学报（社会科学版）	0	0	0	0.0238	0.0083
181	赣南师范学院学报	0	0	0.0812	0	0.0081
181	延安大学学报（社会科学版）	0	0	0.0812	0	0.0081
181	浙江万里学院学报	0	0	0.0812	0	0.0081
184	青海师范大学学报（哲学社会科学版）	0	0	0.0750	0	0.0075
184	太原理工大学学报（社会科学版）	0	0	0.0750	0	0.0075
186	北京航空航天大学学报（社会科学版）	0	0	0.0688	0	0.0069
186	南京体育学院学报（社会科学版）	0	0	0.0688	0	0.0069
188	安徽农业大学学报（社会科学版）	0	0	0.0624	0	0.0062
188	泉州师范学院学报	0	0	0.0624	0	0.0062
188	山东农业大学学报（社会科学版）	0	0	0.0624	0	0.0062
191	合肥工业大学学报（社会科学版）	0	0	0.0563	0	0.0056
191	咸宁学院学报	0	0	0.0563	0	0.0056
193	福建农林大学学报（社会科学版）	0	0	0.0501	0	0.0050
193	南京航空航天大学学报（社会科学版）	0	0	0.0501	0	0.0050
193	西安石油大学学报（社会科学版）	0	0	0.0501	0	0.0050
196	安徽工业大学学报（社会科学版）	0	0	0.0437	0	0.0044
196	长江大学学报（社会科学版）	0	0	0.0437	0	0.0044
196	成都大学学报（社会科学版）	0	0	0.0437	0	0.0044
196	广播电视大学学报（哲学社会科学版）	0	0	0.0437	0	0.0044
196	江西农业大学学报（社会科学版）	0	0	0.0437	0	0.0044
196	龙岩学院学报	0	0	0.0437	0	0.0044
196	皖西学院学报	0	0	0.0437	0	0.0044
196	西华师范大学学报（哲学社会科学版）	0	0	0.0437	0	0.0044
196	中国石油大学学报（社会科学版）	0	0	0.0437	0	0.0044
205	华北水利水电学院学报（社科版）	0	0	0.0375	0	0.0038
205	乐山师范学院学报	0	0	0.0375	0	0.0038
207	武汉科技大学学报（社会科学版）	0	0	0.0313	0	0.0031

续表

排序	期刊名称	新华文摘归一化值	中国社会科学文摘归一化值	复印报刊资料归一化值	高校文摘归一化值	综合值
208	北京林业大学学报（社会科学版）	0	0	0.0249	0	0.0025
208	电子科技大学学报（社科版）	0	0	0.0249	0	0.0025
208	湖南工程学院学报（社会科学版）	0	0	0.0249	0	0.0025
208	齐齐哈尔大学学报（哲学社会科学版）	0	0	0.0249	0	0.0025
212	嘉应学院学报	0	0	0.0188	0	0.0019
212	南京工业大学学报（社会科学版）	0	0	0.0188	0	0.0019
212	鲁东大学学报（哲学社会科学版）	0	0	0.0188	0	0.0019
215	西北工业大学学报（社会科学版）	0	0	0.0062	0	0.0006
216	云南大学学报（社会科学版）	0	0	0	0	0
216	郑州航空工业管理学院学报（社会科学版）	0	0	0	0	0

综合表 24-17 至表 24-21：首先，不论从转载的期刊总数还是转载论文数量考察，《复印报刊资料》对高校人文社科综合性学报的转载均高于其他三个文摘杂志，《高校文摘》及《新华文摘》次之，《中国社会科学文摘》最后。其次，作为具体的某一高校人文社科综合性学报来讲，被《新华文摘》、《中国社会科学文摘》以及《高校文摘》转载的差距很大，即被某一文摘杂志转载归一化值很高的学报，其他转载指标亦有很低的情况，体现了四种刊物选稿标准的差异性。因此，在引文指标上出现的某一学报占绝对优势的状况，在转载指标上不再出现。如二次文献转载综合指标排在第 1 名的《北京师范大学学报（社会科学版）》，其单项转载指标归一化值均只有 0.7946、0.7599、0.8751、0.6905，无明显优势。

24.7 高校人文社科综合性学报 Web 即年下载率分析

Web 即年下载率指被统计期刊当年出版并在当年被全文下载的次数与当年出版并上网的文献数之比。该指标可以用来测度上网期刊的即年扩散速率，在网络文献日益重要的今天是研究期刊在网络环境下传播效率的一个重要指标。表 24-22 是 2004—2006 年间高校人文社科综合性学报的 Web 即年下载率统计情况及其三年平均值、归一化值。

表 24-22　2004—2006 年高校人文社科综合性学报 Web 即年下载率

排序	期刊名称	2004年	2005年	2006年	三年平均	归一化值
1	中国人民大学学报	52.4	54.6	122.6	76.53	1
2	武汉大学学报（哲学社会科学版）	44.2	44.1	91.3	59.87	0.7823
3	浙江大学学报（人文社会科学版）	30.6	41.3	101.6	57.83	0.7557
4	北京工商大学学报（社会科学版）	50.7	41.8	80.5	57.67	0.7536
5	北京师范大学学报（社会科学版）	44.3	46.3	79.8	56.80	0.7422
6	中山大学学报（社会科学版）	42.0	43.4	78.3	54.57	0.7131
7	北京大学学报（哲学社会科学版）	57.8	41.4	60.2	53.13	0.6942
8	吉林大学社会科学学报	41.6	37.1	80.0	52.90	0.6912
9	南京大学学报（哲学·人文科学·社会科学版）	46.4	38.2	63.5	49.37	0.6451
10	求是学刊	37.7	36.7	72.6	49.00	0.6403
11	南京师大学报（社会科学版）	28.7	38.0	78.8	48.50	0.6337
12	厦门大学学报（哲学社会科学版）	41.4	40.8	60.7	47.63	0.6224
12	东北大学学报（社会科学版）	33.7	44.0	65.2	47.63	0.6224
14	华中师范大学学报（人文社会科学版）	24.4	37.1	73.9	45.30	0.5919
15	郑州航空工业管理学院学报	38.0	34.7	60.6	44.43	0.5806
16	清华大学学报（哲学社会科学版）	36.1	27.2	67.6	43.63	0.5701
16	兰州大学学报（社会科学版）	26.4	30.6	73.9	43.63	0.5701
18	复旦学报（社会科学版）	33.1	30.5	65.9	43.17	0.5641
19	哈尔滨商业大学学报（社会科学版）	34.1	29.9	65.2	43.07	0.5628
20	中国农业大学学报（社会科学版）	21.6	32.2	75.1	42.97	0.5615
21	中国海洋大学学报（社会科学版）	33.8	30.6	62.4	42.27	0.5523
22	四川大学学报（哲学社会科学版）	30.5	30.0	65.4	41.97	0.5484
23	南开学报（哲学社会科学版）	29.3	31.3	65.0	41.87	0.5471
24	思想战线	31.2	38.8	55.1	41.70	0.5449
25	东北师大学报（哲学社会科学版）	25.1	27.6	70.4	41.03	0.5361
26	西北农林科技大学学报（社会科学版）	30.7	28.9	63.1	40.90	0.5344
27	山东大学学报（哲学社会科学版）	24.6	30.8	66.7	40.70	0.5318
28	郑州大学学报（哲学社会科学版）	22.6	30.0	68.1	40.23	0.5257
29	西南交通大学学报（社会科学版）	31.1	32.3	55.2	39.53	0.5165
30	四川师范大学学报（社会科学版）	24.7	31.6	60.4	38.90	0.5083
31	湘潭大学学报（哲学社会科学版）	17.2	30.1	67.9	38.40	0.5018

续表

排序	期刊名称	2004 年	2005 年	2006 年	三年平均	归一化值
32	华东师范大学学报（哲学社会科学版）	26.1	24.0	63.4	37.83	0.4943
33	西南大学学报（人文社会科学版）	24.2	31.1	58.1	37.80	0.4939
34	湖南师范大学社会科学学报	26.3	27.6	58.9	37.60	0.4913
35	大连理工大学学报（社会科学版）	26.2	30.8	54.9	37.30	0.4874
36	北京交通大学学报（社会科学版）	26.9	26.4	57.1	36.80	0.4809
37	郑州航空工业管理学院学报（社会科学版）	16.4	28.7	65.1	36.73	0.4799
37	南京农业大学学报（社会科学版）	27.6	26.2	56.4	36.73	0.4799
39	烟台大学学报（哲学社会科学版）	11.1	35.1	62.2	36.13	0.4721
40	南昌大学学报（人文社会科学版）	19.6	29.6	59.1	36.10	0.4717
41	上海交通大学学报（哲学社会科学版）	22.9	21.1	63.8	35.93	0.4695
42	西安交通大学学报（社会科学版）	25.5	22.5	59.7	35.90	0.4691
42	华南农业大学学报（社会科学版）	38.6	25.1	44.0	35.90	0.4691
44	中国地质大学学报（社会科学版）	28.3	26.5	52.8	35.87	0.4687
45	北京科技大学学报（社会科学版）	23.6	24.3	58.6	35.50	0.4639
46	重庆大学学报（社会科学版）	24.9	29.1	51.9	35.30	0.4613
46	天津大学学报（社会科学版）	23.1	29.0	53.8	35.30	0.4613
46	北京工业大学学报（社会科学版）	22.8	29.1	54.0	35.30	0.4613
49	武汉大学学报（人文科学版）	23.1	36.0	46.7	35.27	0.4609
50	山西大学学报（哲学社会科学版）	29.8	28.6	46.9	35.10	0.4586
51	山东科技大学学报（社会科学版）	28.1	30.8	45.5	34.80	0.4547
52	深圳大学学报（人文社会科学版）	13.6	25.5	65.2	34.77	0.4543
53	北京理工大学学报（社会科学版）	29.5	22.3	52.4	34.73	0.4538
54	河海大学学报（哲学社会科学版）	21.9	26.0	55.7	34.53	0.4512
55	西安石油大学学报（社会科学版）	22.3	32.9	48.3	34.50	0.4508
56	同济大学学报（社会科学版）	33.9	25.5	43.7	34.37	0.4491
57	暨南学报（哲学社会科学版）	29.8	35.6	37.1	34.17	0.4465
58	中国人民公安大学学报（社会科学版）	0	29.3	72.8	34.03	0.4447
58	山东理工大学学报（社会科学版）	16.1	29.7	56.3	34.03	0.4447
60	华北电力大学学报（社会科学版）	27.7	24.7	48.6	33.67	0.4400
60	湖北大学学报（哲学社会科学版）	29.0	23.6	48.4	33.67	0.4400
62	内蒙古大学学报（人文·社会科学版）	24.2	23.6	52.8	33.53	0.4381

续表

排序	期刊名称	2004年	2005年	2006年	三年平均	归一化值
63	云南大学学报（社会科学版）	21.2	28.0	51.0	33.40	0.4364
63	福州大学学报（哲学社会科学版）	35.8	23.8	40.6	33.40	0.4364
65	辽宁师范大学学报（社会科学版）	22.2	22.0	55.8	33.33	0.4355
66	中国石油大学学报（社会科学版）	22.2	27.0	50.6	33.27	0.4347
66	山东师范大学学报（人文社会科学版）	22.8	25.4	51.6	33.27	0.4347
66	华中科技大学学报（社会科学版）	30.1	27.0	42.7	33.27	0.4347
69	哈尔滨工业大学学报（社会科学版）	17.4	27.3	54.8	33.17	0.4334
70	陕西师范大学学报（哲学社会科学版）	13.3	21.0	64.7	33.00	0.4312
71	辽宁工程技术大学学报（社会科学版）	22.9	28.9	46.9	32.90	0.4299
72	天津师范大学学报（社会科学版）	19.0	21.2	58.2	32.80	0.4286
73	重庆工商大学学报（社会科学版）	20.1	24.2	53.9	32.73	0.4277
73	重庆工商大学学报（西部论坛）	20.1	24.2	53.9	32.73	0.4277
75	西北师大学报（社会科学版）	21.1	30.1	46.4	32.53	0.4251
76	青岛科技大学学报（社会科学版）	22.2	26.1	49.1	32.47	0.4243
77	南京航空航天大学学报（社会科学版）	18.4	28.0	50.8	32.40	0.4234
78	安徽大学学报（哲学社会科学版）	26.9	24.1	46.0	32.33	0.4224
79	宁夏大学学报（人文社会科学版）	19.2	25.1	52.6	32.30	0.4221
80	山西师大学报（社会科学版）	25.2	26.3	45.0	32.17	0.4204
81	燕山大学学报（哲学社会科学版）	16.8	24.7	54.8	32.10	0.4194
82	福建师范大学学报（哲学社会科学版）	20.5	20.2	55.4	32.03	0.4185
83	华南理工大学学报（社会科学版）	23.4	27.9	44.5	31.93	0.4172
84	浙江师范大学学报（社会科学版）	19.6	26.3	49.8	31.90	0.4168
84	江西农业大学学报（社会科学版）	19.4	25.2	51.1	31.90	0.4168
86	渤海大学学报（哲学社会科学版）	16.3	23.9	55.2	31.80	0.4155
87	湘潭师范学院学报（社会科学版）	25.1	25.1	44.9	31.70	0.4142
88	武汉理工大学学报（社会科学版）	15.6	26.2	53.2	31.67	0.4138
89	海南大学学报（人文社会科学版）	17.2	28.5	49.0	31.57	0.4125
89	齐鲁学刊	19.4	25.2	50.1	31.57	0.4125
91	华南师范大学学报（社会科学版）	23.0	32.9	38.7	31.53	0.4120
92	华东理工大学学报（社会科学版）	26.5	20.6	47.2	31.43	0.4107
93	浙江万里学院学报	18.1	27.8	48.2	31.37	0.4099

续表

排序	期刊名称	2004年	2005年	2006年	三年平均	归一化值
94	江苏大学学报（社会科学版）	16.3	24.9	52.5	31.23	0.4081
95	上海大学学报（社会科学版）	28.0	22.0	43.1	31.03	0.4055
96	北京航空航天大学学报（社会科学版）	28.5	25.4	38.8	30.90	0.4038
97	西安电子科技大学学报（社会科学版）	21.5	25.1	45.9	30.83	0.4028
98	东南大学学报（哲学社会科学版）	28.4	21.1	42.9	30.80	0.4025
99	信阳师范学院学报（哲学社会科学版）	23.1	24.6	44.5	30.73	0.4015
100	福建农林大学学报（社会科学版）	29.5	22.8	39.5	30.60	0.3998
101	扬州大学学报（人文社会科学版）	18.0	24.1	48.6	30.23	0.3950
102	河南师范大学学报（哲学社会科学版）	16.2	21.3	53.0	30.17	0.3942
103	湖南农业大学学报（社会科学版）	24.2	22.7	42.6	29.83	0.3898
104	浙江树人大学学报	21.7	22.3	45.2	29.73	0.3885
105	合肥工业大学学报（社会科学版）	19.2	24.4	45.2	29.60	0.3868
106	青海师范大学学报（哲学社会科学版）	22.1	20.7	45.3	29.37	0.3838
106	济南大学学报（社会科学版）	23.1	21.8	43.2	29.37	0.3838
108	湖南科技大学学报（社会科学版）	22.0	22.6	43.4	29.33	0.3832
109	湖南大学学报（社会科学版）	26.0	20.5	41.4	29.30	0.3829
110	西北大学学报（哲学社会科学版）	21.3	17.5	48.8	29.20	0.3815
111	沈阳师范大学学报（社会科学版）	22.9	18.8	45.6	29.10	0.3802
112	电子科技大学学报（社科版）	24.3	19.7	43.2	29.07	0.3799
113	嘉兴学院学报	20.2	27.3	39.6	29.03	0.3793
113	贵州师范大学学报（社会科学版）	20.4	23.4	43.3	29.03	0.3793
115	吉首大学学报（社会科学版）	22.2	18.1	46.6	28.97	0.3785
116	中南大学学报（社会科学版）	22.3	24.0	40.2	28.83	0.3767
117	云南师范大学学报（哲学社会科学版）	21.5	22.1	42.4	28.67	0.3746
118	佛山科学技术学院学报（社会科学版）	22.3	17.1	46.3	28.57	0.3733
119	北京邮电大学学报（社会科学版）	26.5	16.8	42.1	28.47	0.3720
120	太原理工大学学报（社会科学版）	18.7	24.2	42.4	28.43	0.3715
121	中国矿业大学学报（社会科学版）	12.0	25.2	47.7	28.30	0.3698
122	南华大学学报（社会科学版）	19.6	22.1	42.9	28.20	0.3685
123	河南大学学报（社会科学版）	17.0	16.4	51.1	28.17	0.3681
123	广西师范大学学报（哲学社会科学版）	16.9	25.3	42.3	28.17	0.3681

续表

排序	期刊名称	2004年	2005年	2006年	三年平均	归一化值
123	安徽农业大学学报（社会科学版）	25.1	17.1	42.3	28.17	0.3681
126	广州大学学报（社会科学版）	16.7	23.0	44.4	28.03	0.3663
127	辽宁大学学报（哲学社会科学版）	22.5	19.0	42.5	28.00	0.3659
128	杭州师范学院学报（社会科学版）	17.8	26.1	39.3	27.73	0.3623
129	重庆邮电大学学报（社会科学版）	15.6	29.3	38.1	27.67	0.3616
130	首都师范大学学报（社会科学版）	20.0	18.9	43.8	27.57	0.3603
131	江南大学学报（人文社会科学版）	16.5	19.6	46.3	27.47	0.3589
132	西北工业大学学报（社会科学版）	16.6	21.3	44.2	27.37	0.3576
133	西华师范大学学报（哲学社会科学版）	18.9	19.6	43.3	27.27	0.3563
133	苏州大学学报（哲学社会科学版）	20.2	21.1	40.5	27.27	0.3563
135	齐齐哈尔大学学报（哲学社会科学版）	15.4	22.8	43.4	27.20	0.3554
135	江西师范大学学报（哲学社会科学版）	16.4	20.2	45.0	27.20	0.3554
135	长沙理工大学学报（社会科学版）	18.3	23.7	39.6	27.20	0.3554
138	淮阴师范学院学报（哲学社会科学版）	19.6	26.1	34.9	26.87	0.3511
139	河北大学学报（哲学社会科学版）	12.5	20.5	47.1	26.70	0.3489
140	武汉科技大学学报（社会科学版）	16.6	26.4	36.8	26.60	0.3476
141	河北师范大学学报（哲学社会科学版）	21.4	21.9	36.4	26.57	0.3472
142	太原师范学院学报（社会科学版）	13.1	24.2	42.3	26.53	0.3467
143	延安大学学报（社会科学版）	15.5	20.5	43.0	26.33	0.3440
143	南京体育学院学报（社会科学版）	12.6	20.7	45.7	26.33	0.3440
145	成都大学学报（社会科学版）	23.7	18.8	35.5	26.00	0.3397
146	三峡大学学报（人文社会科学版）	15.2	24.8	37.9	25.97	0.3393
147	南都学坛：南阳师范学院人文社会科学学报	16.5	21.6	39.5	25.87	0.3380
148	河南科技大学学报（社会科学版）	13.9	20.9	42.4	25.73	0.3362
149	广西大学学报（哲学社会科学版）	15.4	20.2	41.3	25.63	0.3349
150	盐城师范学院学报（人文社会科学版）	15.9	22.7	38.1	25.57	0.3341
151	湖南工程学院学报（社会科学版）	8.6	17.9	50.0	25.50	0.3332
152	安徽师范大学学报（人文社会科学版）	16.8	22.6	36.9	25.43	0.3323
153	哈尔滨学院学报	15.2	22.0	38.9	25.37	0.3315
154	南京理工大学学报（社会科学版）	18.7	20.3	36.2	25.07	0.3276
155	南京工业大学学报（社会科学版）	14.4	18.6	42.1	25.03	0.3271

续表

排序	期刊名称	2004 年	2005 年	2006 年	三年平均	归一化值
155	华北水利水电学院学报（社科版）	15.0	17.3	42.8	25.03	0.3271
157	许昌学院学报	18.6	17.9	38.5	25.00	0.3267
158	贵州大学学报（社会科学版）	11.0	25.0	38.9	24.97	0.3263
159	安徽工业大学学报（社会科学版）	15.9	17.8	39.4	24.37	0.3184
160	新疆大学学报（哲学·人文社会科学版）	6.5	20.4	46.0	24.30	0.3175
161	湛江师范学院学报	13.4	22.8	36.6	24.27	0.3171
161	湖北师范学院学报（哲学社会科学版）	12.9	20.6	39.3	24.27	0.3171
163	山东农业大学学报（社会科学版）	7.6	15.6	48.9	24.03	0.3140
164	泰山学院学报	14.4	20.1	37.5	24.00	0.3136
165	徐州师范大学学报（哲学社会科学版）	9.6	22.0	40.0	23.87	0.3119
166	韶关学院学报	16.0	21.4	34.0	23.80	0.3110
167	乐山师范学院学报	23.2	15.9	32.2	23.77	0.3106
167	华中农业大学学报（社会科学版）	9.8	20.0	41.5	23.77	0.3106
169	佳木斯大学社会科学学报	17.4	16.2	37.1	23.57	0.3080
170	上海师范大学学报（哲学社会科学版）	15.8	18.2	36.0	23.33	0.3048
171	苏州科技学院学报（社会科学版）	12.5	18.4	38.7	23.20	0.3031
172	聊城大学学报（社会科学版）	12.1	21.7	35.7	23.17	0.3028
173	赣南师范学院学报	13.8	23.3	32.0	23.03	0.3009
174	绍兴文理学院学报（社科版）	12.9	19.1	36.6	22.87	0.2988
175	洛阳师范学院学报	13.9	14.9	39.3	22.70	0.2966
176	宁波大学学报（人文科学版）	8.2	20.8	38.8	22.60	0.2953
177	天水师范学院学报	15.3	15.1	37.3	22.57	0.2949
177	青岛大学师范学院学报	17.2	18.1	32.4	22.57	0.2949
179	内蒙古师范大学学报（哲学社会科学版）	10.2	19.0	37.8	22.33	0.2918
180	吉林师范大学学报（人文社会科学版）	15.6	14.0	36.9	22.17	0.2897
181	南京晓庄学院学报	17.2	17.9	31.2	22.10	0.2888
182	宝鸡文理学院学报（社会科学版）	15.2	15.9	34.4	21.83	0.2852
183	南阳师范学院学报	12.0	19.0	33.5	21.50	0.2809
184	安庆师范学院学报（社会科学版）	12.7	18.0	33.3	21.33	0.2787
185	江苏教育学院学报（社会科学版）	12.2	17.2	34.0	21.13	0.2761
186	嘉应学院学报	15.0	15.9	32.0	20.97	0.2740

续表

排序	期刊名称	2004 年	2005 年	2006 年	三年平均	归一化值
187	湖南文理学院学报（社会科学版）	10.8	15.2	36.5	20.83	0.2722
188	皖西学院学报	7.1	19.6	35.7	20.80	0.2718
189	淮北煤炭师范学院学报（哲学社会科学版）	12.2	19.7	30.1	20.67	0.2701
190	北京林业大学学报（社会科学版）	13.8	16.1	31.9	20.60	0.2692
191	南通大学学报（社会科学版）	9.9	14.0	37.6	20.50	0.2679
192	温州师范学院学报	17.8	15.5	27.8	20.37	0.2662
193	商丘师范学院学报	14.1	17.1	29.8	20.33	0.2656
194	广播电视大学学报（哲学社会科学版）	14.3	17.6	28.9	20.27	0.2649
195	长春师范学院学报（人文社会科学版）	4.6	15.4	40.4	20.13	0.2630
196	沈阳农业大学学报（社会科学版）	4.8	13.6	41.8	20.07	0.2623
197	华侨大学学报（哲学社会科学版）	10.5	18.6	31.0	20.03	0.2617
198	新疆师范大学学报（哲学社会科学版）	8.8	19.9	31.0	19.90	0.2600
198	河南教育学院学报（哲学社会科学版）	10.5	17.7	31.5	19.90	0.2600
200	延边大学学报（社会科学版）	5.3	23.4	29.9	19.53	0.2552
201	上饶师范学院学报	11.9	15.6	30.5	19.33	0.2526
201	汕头大学学报（人文社会科学版）	14.6	16.6	26.8	19.33	0.2526
203	曲靖师范学院学报	12.2	14.7	30.2	19.03	0.2487
204	鲁东大学学报（哲学社会科学版）	0	21.3	35.1	18.80	0.2457
204	龙岩学院学报	12.0	13.0	31.4	18.80	0.2457
206	海南师范学院学报（社会科学版）	8.4	20.3	27.5	18.73	0.2447
206	东方论坛：青岛大学学报	12.2	15.1	28.9	18.73	0.2447
208	长江大学学报（社会科学版）	6.7	19.9	29.5	18.70	0.2443
209	衡阳师范学院学报	14.1	12.0	29.7	18.60	0.2430
210	重庆师范大学学报（哲学社会科学版）	10.2	19.3	25.6	18.37	0.2400
211	黄冈师范学院学报	7.8	15.0	31.5	18.10	0.2365
212	咸宁学院学报	9.9	14.9	28.3	17.70	0.2313
213	怀化学院学报	12.4	14.2	24.0	16.87	0.2204
214	固原师专学报	9.5	11.7	27.1	16.10	0.2104
215	湖州师范学院学报	5.0	16.1	26.3	15.80	0.2065
216	泉州师范学院学报	4.3	14.0	22.9	13.73	0.1794
217	西藏大学学报	4.8	7.8	23.4	12.00	0.1568

由表 24-22 我们可以看到，首先，在引用次数、引用速率、影响因子指标上名列第 1 位的《中国人民大学学报》的 Web 即年下载率再次名列前茅，且和名列第 2 位的《武汉大学学报（哲学社会科学版）》差距显著。

其次，与其他指标两极分化明显的状况相比，高校人文社科综合性学报中 90%以上的 Web 即年下载率处于 20—60 之间，Web 即年下载率的分布表现得明显集中、均衡。这是因为在网络环境下查找文献时很多作者往往不是根据期刊的重要性和影响力去查找文章，而是偏重于从主题、关键词去查找文章，从搜索范围上保证了每一种期刊的相对平等性。所以 Web 即年下载率在期刊评价指标体系中具有很重要的意义。

再次，从年度变化来看，72.8% 的高校人文社会科学综合性学报在 2005 年的 Web 即年下载率高于 2004 年的 Web 即年下载率，100% 的高校人文社会科学综合性学报在 2006 年的 Web 即年下载率高于 2005 年的 Web 即年下载率，网络文献的使用显示出了大范围的增长，这充分说明了广大的人文社科学者正在越来越重视通过网络来获取文献资料，网络文献以其易获取性、检索便利性越来越显出它的独特魅力。

24.8 高校人文社科综合性学报评价指标综合分析

本章我们应用第 1 章中设定的七大指标从十七个方面对高校人文社科综合性学报进行了多角度的测评，各学报均显示出了自身的特色。为了更为全面的考察每一高校人文社科综合性学报的学术规范和学术影响力，本章根据第 1 章设定的期刊评价指标体系计算方法计算每一学报学术影响综合值，从而进行综合分析。表 24-23 给出了 2004—2006 年高校人文社科综合性学报的七大指标归一化值和综合值。根据表 24-23 的七大项指标的综合值，我们最终可以把 217 种高校人文社科综合性学报分成不同梯队等级，综合值位于 0.8—0.75 取值区间的为高校人文社科综合性学报的权威学术期刊，分别为《中国人民大学学报》与《北京大学学报（哲学社会科学版）》；取值区间位于 0.75—0.3 的为核心期刊，计 38 种学报；取值区间位于 0.3—0.2 的学报为核心扩展期刊，计 84 种学报，小于 0.2 的学报定位为一般性学术期刊，和本节中未参加统计的 219 种学报一起共计 312 种学报。

高校人文社科综合性学报作为我国人文社科领域学术期刊的重要组成部分，在创刊初期即定位为"综合性理论学术刊物"，在多年的发展中，逐渐呈现出总数多、学术影响力发展两极分化的状况。在参与统计的 217 种期刊中，竞争力强的学报如《中国人民大学学报》、《北京大学学报（哲学社会科学版）》、《北京师范大学学报（社会科学版）》各大指标均表现突出；但从总体水平来看，低水平的学报占据了学报的主体地位。高校人文社科综合性学报与其他人文社会科学专业学术期刊相比，在七大指标的测评中只有一类指标——学术规范量化的总体水平表现突出,而其他的指标(不论是影响因子或是二次文献转载率等)与其他人文社科类专业学术期刊相比只能处于中游或是中游偏下水平。高校人文社科综合性学报依然处于"全、散、小、弱"的状况。面对国内外期刊发展态势及人文社科类专业学术期刊的强力冲击,高校学报正面临生存与发展的考验。又因目前大多数期刊评价指标体系由注重"编校质量"转而偏重"学术质量",这一"转型",使高校学报优势不显,而劣势却日益凸显。因而,高校学报的办刊人在探索办刊新理念和新出路的同时,既要注重提高高校学报的学术含量,更要注重它的影响力扩展。

表 24-23　　　　　　　高校人文社科综合性学报综合值运算表

排序	期刊名称	期刊学术规范×0.15	被引次数×0.1	被引速率×0.1	影响因子×0.3	被引广度×0.1	二次文献转载×0.1	Web下载×0.15	综合值 Σ
1	中国人民大学学报	0.6589	0.7009	1	1	0.6968	0.7111	1	0.8597
2	北京大学学报(哲学社会科学版)	0.6081	1	0.9672	0.7479	1	0.7448	0.6942	0.7909
3	北京师范大学学报(社会科学版)	0.6443	0.7518	0.7803	0.6555	0.7244	0.7593	0.7422	0.7062
4	复旦学报(社会科学版)	0.6579	0.6678	0.7502	0.6007	0.6616	0.471	0.5641	0.6186
5	南京大学学报(哲学·人文科学·社会科学版)	0.7423	0.4935	0.8275	0.4964	0.4801	0.6662	0.6451	0.6038
6	吉林大学社会科学学报	0.7362	0.4519	0.635	0.558	0.4439	0.6069	0.6912	0.5953
7	南开学报(哲学社会科学版)	0.7037	0.4369	0.8767	0.5464	0.4353	0.5227	0.5471	0.5787
8	厦门大学学报(哲学社会科学版)	0.6744	0.4455	0.5672	0.5823	0.4553	0.5087	0.6224	0.5669

续表

排序	期刊名称	期刊学术规范×0.15	被引次数×0.1	被引速率×0.1	影响因子×0.3	被引广度×0.1	二次文献转载×0.1	Web下载×0.15	综合值Σ
9	中山大学学报（社会科学版）	0.6905	0.4835	0.6195	0.523	0.4887	0.2751	0.7131	0.5541
10	华中师范大学学报（人文社会科学版）	0.8309	0.4311	0.4866	0.4232	0.4268	0.5623	0.5919	0.5311
11	浙江大学学报（人文社会科学版）	0.7056	0.4108	0.4204	0.4712	0.4278	0.4291	0.7557	0.5294
12	清华大学学报（哲学社会科学版）	0.6138	0.2968	0.5277	0.5634	0.3041	0.5054	0.5701	0.5100
13	武汉大学学报（哲学社会科学版）	0.5635	0.2435	0.3480	0.5336	0.153	0.1921	0.7823	0.4556
14	南京师大学报（社会科学版）	0.6928	0.3873	0.3883	0.4165	0.3983	0.1195	0.6337	0.4533
15	求是学刊	0.6956	0.2769	0.5080	0.2669	0.2805	0.5318	0.6403	0.4402
16	思想战线	0.7281	0.3441	0.4631	0.3066	0.327	0.3539	0.5449	0.4317
17	西安交通大学学报（社会科学版）	0.6281	0.1912	0.3713	0.5465	0.1901	0.2034	0.4691	0.4241
18	四川大学学报（哲学社会科学版）	0.6611	0.3254	0.517	0.3268	0.3241	0.2355	0.5484	0.4197
19	东北师大学报（哲学社会科学版）	0.7199	0.3341	0.4796	0.2953	0.3004	0.2265	0.5361	0.4111
20	陕西师范大学学报（哲学社会科学版）	0.6808	0.3007	0.3887	0.3178	0.2833	0.4140	0.4312	0.4008

续表

排序	期刊名称	期刊学术规范 ×0.15	被引次数 ×0.1	被引速率 ×0.1	影响因子 ×0.3	被引广度 ×0.1	二次文献转载 ×0.1	Web下载 ×0.15	综合值 Σ
21	郑州大学学报（哲学社会科学版）	0.6792	0.3591	0.2694	0.2554	0.3660	0.3640	0.5257	0.3932
22	华东师范大学学报（哲学社会科学版）	0.7062	0.2574	0.2905	0.3583	0.2652	0.2255	0.4943	0.3914
23	西北师大学报（社会科学版）	0.8203	0.3257	0.4341	0.2582	0.2956	0.1953	0.4251	0.3893
24	西南大学学报（人文社会科学版）	0.7311	0.3644	0.3461	0.2402	0.3308	0.0388	0.4939	0.3638
25	北京工商大学学报（社会科学版）	0.6216	0.1694	0.2273	0.2999	0.1721	0.0767	0.7536	0.3608
26	兰州大学学报（社会科学版）	0.8258	0.2515	0.2617	0.2106	0.2595	0.0480	0.5701	0.3546
27	湘潭大学学报（哲学社会科学版）	0.6378	0.2886	0.2823	0.2335	0.2776	0.1654	0.5018	0.3424
28	湖南师范大学社会科学学报	0.6136	0.2142	0.1992	0.1939	0.2271	0.4859	0.4913	0.3365
29	西北大学学报（哲学社会科学版）	0.6965	0.3111	0.2717	0.2417	0.2984	0.1217	0.3815	0.3345
30	南京农业大学学报（社会科学版）	0.5773	0.0836	0.3722	0.3964	0.0856	0.0202	0.4799	0.3337
31	山西大学学报（哲学社会科学版）	0.6713	0.2375	0.3029	0.2489	0.2386	0.0743	0.4586	0.3295

续表

排序	期刊名称	期刊学术规范 ×0.15	被引次数 ×0.1	被引速率 ×0.1	影响因子 ×0.3	被引广度 ×0.1	二次文献转载 ×0.1	Web下载 ×0.15	综合值 Σ
32	湖南大学学报（社会科学版）	0.6819	0.1921	0.3350	0.2915	0.1730	0.1190	0.3829	0.3291
33	暨南学报（哲学社会科学版）	0.6433	0.2307	0.2405	0.2706	0.2414	0.0964	0.4465	0.3256
34	上海交通大学学报（哲学社会科学版）	0.5980	0.1112	0.3067	0.2894	0.1151	0.2407	0.4695	0.3243
35	武汉大学学报（人文科学版）	0.5338	0.3565	0.2850	0.1438	0.4753	0.1930	0.4609	0.3233
36	首都师范大学学报（社会科学版）	0.6663	0.2439	0.3074	0.2615	0.2463	0.1045	0.3603	0.3227
37	山东大学学报（哲学社会科学版）	0.5660	0.1997	0.2550	0.2413	0.2082	0.1632	0.5318	0.3197
38	重庆大学学报（社会科学版）	0.7185	0.2013	0.1737	0.2626	0.2072	0.0283	0.4613	0.3168
39	河南师范大学学报（哲学社会科学版）	0.6817	0.2775	0.2556	0.1656	0.2510	0.2001	0.3942	0.3095
40	齐鲁学刊	0.7165	0.2475	0.1946	0.1466	0.2510	0.2219	0.4125	0.3048
41	中国地质大学学报（社会科学版）	0.7737	0.0993	0.2117	0.2252	0.1027	0.0252	0.4687	0.2978
42	天津大学学报（社会科学版）	0.6130	0.1130	0.2555	0.2771	0.1169	0.0478	0.4613	0.2976
43	天津师范大学学报（社会科学版）	0.6402	0.1400	0.3051	0.2122	0.1340	0.1183	0.4286	0.2937
43	同济大学学报（社会科学版）	0.6104	0.1323	0.2338	0.2529	0.1312	0.0918	0.4491	0.2937

续表

排序	期刊名称	期刊学术规范 ×0.15	被引次数 ×0.1	被引速率 ×0.1	影响因子 ×0.3	被引广度 ×0.1	二次文献转载 ×0.1	Web下载 ×0.15	综合值 Σ
45	河北大学学报（哲学社会科学版）	0.6528	0.1914	0.1894	0.2625	0.1693	0.0831	0.3489	0.2923
46	安徽大学学报（哲学社会科学版）	0.7194	0.1976	0.1606	0.1786	0.2015	0.0968	0.4224	0.2905
47	华南农业大学学报（社会科学版）	0.6817	0.0542	0.2137	0.2729	0.0560	0.0194	0.4691	0.2888
48	河南大学学报（社会科学版）	0.6237	0.2325	0.1284	0.1498	0.2329	0.3521	0.3681	0.2883
49	西北农林科技大学学报（社会科学版）	0.6980	0.1020	0.3208	0.1460	0.1037	0.0221	0.5344	0.2835
50	华南师范大学学报（社会科学版）	0.6099	0.1940	0.1702	0.1872	0.2063	0.1576	0.412	0.2823
51	安徽师范大学学报（人文社会科学版）	0.7554	0.1599	0.1647	0.2108	0.1464	0.0868	0.3323	0.2822
52	福建师范大学学报（哲学社会科学版）	0.5295	0.1746	0.1740	0.2363	0.1815	0.1438	0.4185	0.2805
53	华中科技大学学报（社会科学版）	0.6049	0.1599	0.2117	0.2104	0.1673	0.0607	0.4347	0.2790
54	山西师大学报（社会科学版）	0.6921	0.1406	0.2655	0.1338	0.1426	0.1692	0.4204	0.2788
55	四川师范大学学报（社会科学版）	0.6979	0.1536	0.1730	0.1302	0.1569	0.0838	0.5083	0.2767

续表

排序	期刊名称	期刊学术规范 ×0.15	被引次数 ×0.1	被引速率 ×0.1	影响因子 ×0.3	被引广度 ×0.1	二次文献转载 ×0.1	Web下载 ×0.15	综合值 Σ
56	东南大学学报（哲学社会科学版）	0.6379	0.1406	0.1818	0.2209	0.1501	0.0683	0.4025	0.2764
57	烟台大学学报（哲学社会科学版）	0.6434	0.1001	0.2227	0.1665	0.1027	0.1639	0.4721	0.2762
58	中国农业大学学报（社会科学版）	0.6034	0.0827	0.2531	0.1923	0.0856	0.0119	0.5615	0.2758
59	东北大学学报（社会科学版）	0.5221	0.0956	0.1577	0.2033	0.0988	0.0661	0.6224	0.2745
60	武汉理工大学学报（社会科学版）	0.6020	0.1415	0.1541	0.2427	0.1416	0.0225	0.4138	0.2712
61	大连理工大学学报（社会科学版）	0.6411	0.0726	0.1542	0.2302	0.0751	0.0165	0.4874	0.2702
62	宁夏大学学报（人文社会科学版）	0.6827	0.1615	0.1591	0.1773	0.134	0.0464	0.4221	0.2690
63	深圳大学学报（人文社会科学版）	0.5790	0.1465	0.1846	0.1627	0.1578	0.1332	0.4543	0.2660
64	西南交通大学学报（社会科学版）	0.6074	0.0689	0.4041	0.1305	0.0723	0.0137	0.5165	0.2636
64	北京理工大学学报（社会科学版）	0.6062	0.1167	0.1323	0.2183	0.1208	0.0208	0.4538	0.2636
66	湖南科技大学学报（社会科学版）	0.6950	0.0735	0.1642	0.1164	0.0684	0.3138	0.3832	0.2586

续表

排序	期刊名称	期刊学术规范 ×0.15	被引次数 ×0.1	被引速率 ×0.1	影响因子 ×0.3	被引广度 ×0.1	二次文献转载 ×0.1	Web下载 ×0.15	综合值 Σ
67	杭州师范学院学报（社会科学版）	0.6250	0.1323	0.2263	0.1621	0.1540	0.0877	0.3623	0.2568
68	北京交通大学学报（社会科学版）	0.5248	0.0423	0.1394	0.2687	0.0389	0.0100	0.4809	0.2545
69	西安电子科技大学学报（社会科学版）	0.6834	0.0671	0.2539	0.1568	0.0694	0.0327	0.4028	0.2523
70	湖北大学学报（哲学社会科学版）	0.5444	0.2160	0.1546	0.1352	0.2196	0.0487	0.4400	0.2521
71	上海大学学报（社会科学版）	0.5054	0.1232	0.2315	0.1587	0.1312	0.1843	0.4055	0.2513
72	云南大学学报（社会科学版）	0.5241	0.0469	0.1708	0.2682	0.0446	0	0.4364	0.2508
73	北京工业大学学报（社会科学版）	0.6678	0.0450	0.0734	0.2108	0.0466	0.0125	0.4613	0.2504
74	山东师范大学学报（人文社会科学版）	0.5988	0.1608	0.2103	0.1133	0.1550	0.0703	0.4347	0.2487
75	北京林业大学学报（社会科学版）	0.6592	0.0423	0.1258	0.2895	0.0418	0.0025	0.2692	0.2474
76	上海师范大学学报（哲学社会科学版）	0.5397	0.1431	0.1298	0.1573	0.1444	0.3159	0.3048	0.2472
77	福州大学学报（哲学社会科学版）	0.5139	0.1008	0.1415	0.2347	0.0827	0.0165	0.4364	0.2471

续表

排序	期刊名称	期刊学术规范 ×0.15	被引次数 ×0.1	被引速率 ×0.1	影响因子 ×0.3	被引广度 ×0.1	二次文献转载 ×0.1	Web下载 ×0.15	综合值 Σ
78	郑州航空工业管理学院学报	0.7000	0.0349	0.1035	0.0767	0.0570	0.1185	0.5806	0.2465
79	内蒙古大学学报（人文·社会科学版）	0.6255	0.1428	0.1342	0.1424	0.0960	0.0590	0.4381	0.2455
80	苏州大学学报（哲学社会科学版）	0.5805	0.1645	0.1818	0.139	0.1673	0.1044	0.3563	0.2440
81	贵州师范大学学报（社会科学版）	0.7126	0.1176	0.1349	0.1288	0.1179	0.0417	0.3793	0.2436
82	海南大学学报（人文社会科学版）	0.6772	0.0650	0.1290	0.1665	0.0684	0.0266	0.4125	0.2423
83	北京航空航天大学学报（社会科学版）	0.6789	0.0579	0.1429	0.1762	0.0599	0.0069	0.4038	0.2420
84	电子科技大学学报（社科版）	0.6167	0.1241	0.0985	0.2019	0.0923	0.0025	0.3799	0.2418
85	扬州大学学报（人文社会科学版）	0.6302	0.1011	0.1465	0.1568	0.1065	0.0456	0.3950	0.2408
86	中国人民公安大学学报（社会科学版）	0.6465	0.0974	0.1758	0.1175	0.1027	0.0220	0.4447	0.2387
87	北京科技大学学报（社会科学版）	0.6773	0.0662	0.0749	0.1449	0.0674	0.0268	0.4639	0.2382
88	济南大学学报（社会科学版）	0.5664	0.0863	0.0789	0.2044	0.0856	0.0736	0.3838	0.2363

续表

排序	期刊名称	期刊学术规范 ×0.15	被引次数 ×0.1	被引速率 ×0.1	影响因子 ×0.3	被引广度 ×0.1	二次文献转载 ×0.1	Web下载 ×0.15	综合值 Σ
89	南昌大学学报（人文社会科学版）	0.6202	0.1094	0.0854	0.1036	0.0827	0.1301	0.4717	0.2356
90	辽宁师范大学学报（社会科学版）	0.6883	0.1277	0.0838	0.0845	0.1302	0.0612	0.4355	0.2342
91	广西师范大学学报（哲学社会科学版）	0.6457	0.1176	0.1788	0.1092	0.1169	0.0462	0.3681	0.2308
92	华侨大学学报（哲学社会科学版）	0.6097	0.0855	0.1030	0.2377	0.0808	0.0179	0.2617	0.2307
93	中国矿业大学学报（社会科学版）	0.7089	0.0818	0.1062	0.1313	0.0837	0.0208	0.3698	0.2304
94	东方论坛：青岛大学学报	0.7117	0.0993	0.0880	0.161	0.1017	0.0716	0.2447	0.2278
95	重庆工商大学学报（西部论坛）	0.6195	0.1011	0.0464	0.1435	0.1045	0.0231	0.4277	0.2276
96	山东科技大学学报（社会科学版）	0.6548	0.0496	0.0692	0.1357	0.0513	0.0271	0.4547	0.2269
97	南京体育学院学报（社会科学版）	0.6544	0.2004	0.0678	0.1285	0.1094	0.0069	0.3440	0.2268
98	云南师范大学学报（哲学社会科学版）	0.6298	0.1198	0.1221	0.0951	0.1236	0.1052	0.3746	0.2263
99	吉首大学学报（社会科学版）	0.6686	0.0754	0.0904	0.0851	0.0760	0.1634	0.3785	0.2231

续表

排序	期刊名称	期刊学术规范×0.15	被引次数×0.1	被引速率×0.1	影响因子×0.3	被引广度×0.1	二次文献转载×0.1	Web下载×0.15	综合值 Σ
100	哈尔滨工业大学学报（社会科学版）	0.6802	0.0735	0.0874	0.0961	0.0741	0.0285	0.4334	0.2222
101	中国海洋大学学报（社会科学版）	0.5671	0.0542	0.1096	0.0906	0.0513	0.0482	0.5523	0.2214
102	新疆大学学报（哲学·人文社会科学版）	0.6767	0.1277	0.1071	0.1075	0.1084	0.0501	0.3175	0.2207
103	江西师范大学学报（哲学社会科学版）	0.6755	0.1057	0.1233	0.0942	0.1084	0.0377	0.3554	0.2204
104	中南大学学报（社会科学版）	0.6094	0.0625	0.1598	0.1308	0.0637	0.0402	0.3767	0.2198
105	南都学坛：南阳师范学院人文社会科学学报	0.6840	0.0836	0.0920	0.0828	0.0713	0.1578	0.3380	0.2186
106	河北师范大学学报（哲学社会科学版）	0.6615	0.1185	0.1020	0.0897	0.1179	0.0641	0.3472	0.2185
107	广州大学学报（社会科学版）	0.6040	0.0892	0.1066	0.0942	0.1008	0.1477	0.3663	0.2182
107	哈尔滨商业大学学报（社会科学版）	0.5869	0.0634	0.0773	0.0793	0.0646	0.0144	0.5628	0.2182
109	辽宁大学学报（哲学社会科学版）	0.5900	0.1433	0.1444	0.0684	0.1169	0.0922	0.3659	0.2136
110	河海大学学报（哲学社会科学版）	0.5817	0.0671	0.0576	0.1258	0.0589	0.0117	0.4512	0.2122

续表

排序	期刊名称	期刊学术规范 ×0.15	被引次数 ×0.1	被引速率 ×0.1	影响因子 ×0.3	被引广度 ×0.1	二次文献转载 ×0.1	Web下载 ×0.15	综合值 Σ
111	汕头大学学报（人文社会科学版）	0.6582	0.0892	0.1202	0.1269	0.0903	0.0624	0.2526	0.2109
112	华南理工大学学报（社会科学版）	0.4952	0.0616	0.0895	0.1651	0.0627	0.0292	0.4172	0.2107
113	江苏大学学报（社会科学版）	0.5546	0.0570	0.1354	0.1172	0.0580	0.0391	0.4081	0.2085
114	西安石油大学学报（社会科学版）	0.5559	0.0303	0.1661	0.1067	0.0371	0.0050	0.4508	0.2069
115	沈阳师范大学学报（社会科学版）	0.5788	0.0726	0.1710	0.0909	0.0703	0.0424	0.3802	0.2068
116	山东理工大学学报（社会科学版）	0.5342	0.0597	0.0854	0.1089	0.0617	0.0514	0.4447	0.2053
117	中国石油大学学报（社会科学版）	0.5803	0.0717	0.0874	0.0967	0.0741	0.0044	0.4347	0.2050
118	信阳师范学院学报（哲学社会科学版）	0.6824	0.0680	0.0745	0.0424	0.0703	0.0573	0.4015	0.2023
119	郑州航空工业管理学院学报（社会科学版）	0.6717	0.0276	0.1458	0.0318	0.0228	0	0.4799	0.2019
120	延安大学学报（社会科学版）	0.6023	0.0754	0.0454	0.1302	0.0780	0.0081	0.3440	0.2017
121	青岛科技大学学报（社会科学版）	0.6243	0.0386	0.1072	0.0812	0.0324	0.0192	0.4243	0.2014

续表

排序	期刊名称	期刊学术规范 ×0.15	被引次数 ×0.1	被引速率 ×0.1	影响因子 ×0.3	被引广度 ×0.1	二次文献转载 ×0.1	Web下载 ×0.15	综合值 Σ
121	广西大学学报（哲学社会科学版）	0.5683	0.1039	0.0981	0.1039	0.1074	0.0379	0.3349	0.2014
123	淮阴师范学院学报（哲学社会科学版）	0.6957	0.0643	0.0768	0.0485	0.0542	0.0938	0.3511	0.2005
124	华北电力大学学报（社会科学版）	0.6114	0.0377	0.0410	0.0992	0.0389	0.0100	0.4400	0.2002
125	西华师范大学学报（哲学社会科学版）	0.6472	0.0735	0.2100	0.0468	0.0656	0.0044	0.3563	0.1999
126	徐州师范大学学报（哲学社会科学版）	0.6561	0.1195	0.0833	0.0632	0.1236	0.0225	0.3119	0.1991
127	南京航空航天大学学报（社会科学版）	0.5344	0.0414	0.0318	0.1435	0.0418	0.0050	0.4234	0.1987
128	北京邮电大学学报（社会科学版）	0.5268	0.0349	0.0757	0.1570	0.0361	0.0156	0.3720	0.1982
129	南京工业大学学报（社会科学版）	0.5717	0.0386	0.0576	0.1570	0.0371	0.0019	0.3271	0.1954
130	华东理工大学学报（社会科学版）	0.5494	0.0368	0.0773	0.1158	0.0361	0.0106	0.4107	0.1948
131	内蒙古师范大学学报（哲学社会科学版）	0.6270	0.0652	0.1319	0.0983	0.0523	0.0233	0.2918	0.1946

续表

排序	期刊名称	期刊学术规范 ×0.15	被引次数 ×0.1	被引速率 ×0.1	影响因子 ×0.3	被引广度 ×0.1	二次文献转载 ×0.1	Web下载 ×0.15	综合值 Σ
132	许昌学院学报	0.6895	0.0533	0.1675	0.0410	0.0552	0.0158	0.3267	0.1939
133	重庆工商大学学报（社会科学版）	0.6561	0.0570	0.0815	0.0385	0.0446	0.0113	0.4277	0.1936
134	哈尔滨学院学报	0.7155	0.0827	0.0323	0.0463	0.0837	0.0248	0.3315	0.1933
135	湛江师范学院学报	0.6306	0.0441	0.2742	0.0454	0.0371	0.0158	0.3171	0.1929
136	浙江师范大学学报（社会科学版）	0.4720	0.1001	0.1197	0.0793	0.1017	0.0319	0.4168	0.1925
137	武汉科技大学学报（社会科学版）	0.5576	0.0450	0.1345	0.1075	0.0532	0.0031	0.3476	0.1916
138	南华大学学报（社会科学版）	0.6058	0.0478	0.0672	0.0900	0.0485	0.0088	0.3685	0.1904
139	南通大学学报（社会科学版）	0.6445	0.0487	0.0773	0.0701	0.0485	0.1452	0.2679	0.1899
140	合肥工业大学学报（社会科学版）	0.5775	0.0708	0.0798	0.0729	0.0731	0.0056	0.3868	0.1894
140	贵州大学学报（社会科学版）	0.6414	0.0579	0.0390	0.0911	0.0570	0.0150	0.3263	0.1894
142	重庆邮电大学学报（社会科学版）	0.6899	0.0478	0.0364	0.0564	0.0475	0.0131	0.3616	0.1891
143	燕山大学学报（哲学社会科学版）	0.5271	0.0303	0.0796	0.1067	0.0314	0.0088	0.4194	0.1890
144	山东农业大学学报（社会科学版）	0.6261	0.0405	0.0920	0.0983	0.0418	0.0062	0.3140	0.1886

续表

排序	期刊名称	期刊学术规范 ×0.15	被引次数 ×0.1	被引速率 ×0.1	影响因子 ×0.3	被引广度 ×0.1	二次文献转载 ×0.1	Web下载 ×0.15	综合值 Σ
145	湘潭师范学院学报（社会科学版）	0.5536	0.0809	0.0852	0.0565	0.0827	0.0113	0.4142	0.1881
146	太原理工大学学报（社会科学版）	0.6241	0.0294	0.0485	0.0886	0.0304	0.0075	0.3715	0.1875
147	长沙理工大学学报（社会科学版）	0.6334	0.0570	0.0925	0.0552	0.0542	0.0150	0.3554	0.1868
148	湖南农业大学学报（社会科学版）	0.6128	0.0450	0.0954	0.0552	0.0466	0.0094	0.3898	0.1866
149	青海师范大学学报（哲学社会科学版）	0.6062	0.0790	0.0949	0.0432	0.0646	0.0075	0.3838	0.1861
150	佛山科学技术学院学报（社会科学版）	0.5801	0.0496	0.0374	0.092	0.0542	0.0119	0.3733	0.1859
151	浙江万里学院学报	0.5279	0.0331	0.1590	0.0632	0.0342	0.0081	0.4099	0.1831
152	新疆师范大学学报（哲学社会科学版）	0.6203	0.0827	0.0939	0.0679	0.0856	0.0347	0.2600	0.1821
153	河南科技大学学报（社会科学版）	0.6769	0.0331	0.0677	0.0501	0.0332	0.0113	0.3362	0.1815
153	海南师范学院学报（社会科学版）	0.7229	0.0570	0.0621	0.0421	0.0475	0.0706	0.2447	0.1815
155	西北工业大学学报（社会科学版）	0.5159	0.0405	0.1014	0.1053	0.0418	0.0006	0.3576	0.1810

续表

排序	期刊名称	期刊学术规范×0.15	被引次数×0.1	被引速率×0.1	影响因子×0.3	被引广度×0.1	二次文献转载×0.1	Web下载×0.15	综合值 Σ
156	洛阳师范学院学报	0.6546	0.0717	0.0233	0.0595	0.0741	0.0297	0.2966	0.1804
157	辽宁工程技术大学学报（社会科学版）	0.5703	0.0450	0.0505	0.048	0.0466	0.0094	0.4299	0.1796
158	江西农业大学学报（社会科学版）	0.5646	0.0294	0.0571	0.0654	0.0304	0.0044	0.4168	0.1790
159	浙江树人大学学报	0.5610	0.0349	0.0884	0.0601	0.0361	0.0211	0.3885	0.1785
160	绍兴文理学院学报（社科版）	0.6005	0.0570	0.1266	0.059	0.0589	0.0144	0.2988	0.1783
161	湖南工程学院学报（社会科学版）	0.5823	0.0312	0.0642	0.0834	0.0324	0.0025	0.3332	0.1754
162	齐齐哈尔大学学报（哲学社会科学版）	0.6309	0.0597	0.0238	0.0418	0.0513	0.0025	0.3554	0.1742
162	江南大学学报（人文社会科学版）	0.5873	0.0405	0.0672	0.0515	0.0418	0.0183	0.3589	0.1742
164	渤海大学学报（哲学社会科学版）	0.5713	0.0524	0.0338	0.0363	0.0438	0.0167	0.4155	0.1736
165	南阳师范学院学报	0.6693	0.0450	0.0501	0.0285	0.0161	0.1113	0.2809	0.1733
166	华中农业大学学报（社会科学版）	0.5815	0.0432	0.0586	0.0787	0.0446	0.0094	0.3106	0.1730
167	福建农林大学学报（社会科学版）	0.4500	0.0349	0.0828	0.0978	0.0361	0.0050	0.3998	0.1727

续表

排序	期刊名称	期刊学术规范 ×0.15	被引次数 ×0.1	被引速率 ×0.1	影响因子 ×0.3	被引广度 ×0.1	二次文献转载 ×0.1	Web下载 ×0.15	综合值 Σ
168	苏州科技学院学报（社会科学版）	0.5695	0.0377	0.1106	0.0732	0.0332	0.0119	0.3031	0.1722
169	固原师专学报	0.6702	0.0671	0.0602	0.0679	0.0503	0.0115	0.2104	0.1714
170	聊城大学学报（社会科学版）	0.5949	0.0524	0.0400	0.0618	0.0532	0.0188	0.3028	0.1696
171	温州师范学院学报	0.5796	0.0294	0.1186	0.0809	0.0181	0.0145	0.2662	0.1692
172	乐山师范学院学报	0.6837	0.0368	0.0131	0.0340	0.0381	0.0038	0.3106	0.1685
173	嘉兴学院学报	0.5213	0.0469	0.0562	0.0532	0.0513	0.0183	0.3793	0.1683
174	宝鸡文理学院学报（社会科学版）	0.6606	0.0303	0.0323	0.0440	0.0314	0.0362	0.2852	0.1681
175	太原师范学院学报（社会科学版）	0.6108	0.0349	0.0480	0.0272	0.0352	0.0397	0.3467	0.1676
176	江苏教育学院学报（社会科学版）	0.6182	0.0643	0.0289	0.0540	0.0656	0.0094	0.2761	0.1672
177	南京理工大学学报（社会科学版）	0.5011	0.0570	0.0409	0.0790	0.0570	0.0247	0.3276	0.1660
178	上饶师范学院学报	0.6462	0.0405	0.0445	0.0413	0.0418	0.0600	0.2526	0.1659
179	泰山学院学报	0.5631	0.0386	0.1101	0.0415	0.0389	0.0167	0.3136	0.1644
179	商丘师范学院学报	0.6976	0.0359	0.0721	0.0133	0.0371	0.0139	0.2656	0.1644
181	安庆师范学院学报（社会科学版）	0.5998	0.0570	0.0395	0.0407	0.0570	0.0485	0.2787	0.1642

续表

排序	期刊名称	期刊学术规范 ×0.15	被引次数 ×0.1	被引速率 ×0.1	影响因子 ×0.3	被引广度 ×0.1	二次文献转载 ×0.1	Web下载 ×0.15	综合值 Σ
182	广播电视大学学报（哲学社会科学版）	0.6275	0.0368	0.0576	0.0546	0.0381	0.0044	0.2649	0.1639
183	鲁东大学学报（哲学社会科学版）	0.5949	0.0579	0.0464	0.0715	0.0542	0.0019	0.2457	0.1636
184	天水师范学院学报	0.5646	0.0294	0.1628	0.0299	0.0295	0.0152	0.2949	0.1616
185	安徽农业大学学报（社会科学版）	0.5554	0.0405	0.0333	0.0363	0.0399	0.0062	0.3681	0.1614
186	三峡大学学报（人文社会科学版）	0.5056	0.0414	0.0586	0.0490	0.0428	0.0535	0.3393	0.1611
187	衡阳师范学院学报	0.6498	0.0368	0.0414	0.0335	0.0418	0.0474	0.2430	0.1607
187	淮北煤炭师范学院学报（哲学社会科学版）	0.6584	0.0432	0.0299	0.031	0.0361	0.0119	0.2701	0.1607
189	湖南文理学院学报（社会科学版）	0.5695	0.0322	0.0500	0.0394	0.0210	0.1217	0.2722	0.1606
190	华北水利水电学院学报（社科版）	0.5502	0.0331	0.0278	0.059	0.0332	0.0038	0.3271	0.1591
191	成都大学学报（社会科学版）	0.5081	0.0542	0.0359	0.0638	0.0295	0.0044	0.3397	0.1587
192	赣南师范学院学报	0.5863	0.0542	0.0228	0.0371	0.058	0.0081	0.3009	0.1585
193	宁波大学学报（人文科学版）	0.5546	0.0414	0.0440	0.0518	0.0332	0.0221	0.2953	0.1571

续表

排序	期刊名称	期刊学术规范 ×0.15	被引次数 ×0.1	被引速率 ×0.1	影响因子 ×0.3	被引广度 ×0.1	二次文献转载 ×0.1	Web下载 ×0.15	综合值 Σ
194	延边大学学报（社会科学版）	0.5492	0.0533	0.0286	0.0715	0.0542	0.0100	0.2552	0.1567
195	皖西学院学报	0.6150	0.0331	0.0265	0.0451	0.0342	0.0044	0.2718	0.1564
196	韶关学院学报	0.5721	0.0570	0.0313	0.0272	0.0503	0.0151	0.3110	0.1560
197	青岛大学师范学院学报	0.5525	0.0294	0.0440	0.0540	0.0304	0.0177	0.2949	0.1555
198	湖北师范学院学报（哲学社会科学版）	0.5301	0.0359	0.0304	0.0471	0.0381	0.0113	0.3171	0.1528
199	长春师范学院学报（人文社会科学版）	0.6324	0.0331	0.0158	0.0337	0.0210	0.0133	0.2630	0.1527
200	吉林师范大学学报（人文社会科学版）	0.5610	0.0450	0.0576	0.0291	0.0352	0.0229	0.2897	0.1524
201	佳木斯大学社会科学学报	0.5638	0.0478	0.0131	0.0296	0.0475	0.0163	0.3080	0.1521
202	南京晓庄学院学报	0.5661	0.0303	0.0385	0.0377	0.0285	0.0196	0.2888	0.1512
203	曲靖师范学院学报	0.5968	0.0349	0.0459	0.0338	0.0361	0.0229	0.2487	0.1509
204	长江大学学报（社会科学版）	0.6072	0.0469	0.0318	0.0343	0.0332	0.0044	0.2443	0.1496
205	重庆师范大学学报（哲学社会科学版）	0.4955	0.0735	0.0561	0.0593	0.0503	0.0246	0.2400	0.1486
206	河南教育学院学报（哲学社会科学版）	0.6015	0.0386	0.0500	0.0141	0.0389	0.0219	0.2600	0.1484
207	盐城师范学院学报（人文社会科学版）	0.5429	0.0303	0.0368	0.0189	0.0314	0.0100	0.3341	0.1481

续表

排序	期刊名称	期刊学术规范 ×0.15	被引次数 ×0.1	被引速率 ×0.1	影响因子 ×0.3	被引广度 ×0.1	二次文献转载 ×0.1	Web下载 ×0.15	综合值 Σ
208	安徽工业大学学报（社会科学版）	0.5506	0.0322	0.0263	0.0236	0.0332	0.0044	0.3184	0.1470
208	湖州师范学院学报	0.6144	0.0414	0.0269	0.0368	0.0428	0.0171	0.2065	0.1470
210	沈阳农业大学学报（社会科学版）	0.5121	0.0331	0.0429	0.0595	0.0342	0.0083	0.2623	0.1459
211	怀化学院学报	0.5979	0.0377	0.0288	0.0275	0.0389	0.0140	0.2204	0.1429
212	咸宁学院学报	0.4834	0.0331	0.1924	0.025	0.0342	0.0056	0.2313	0.1412
213	嘉应学院学报	0.5614	0.0349	0.0172	0.0208	0.0218	0.0019	0.2740	0.1391
214	西藏大学学报	0.5377	0.0331	0.1071	0.0463	0.0342	0.0140	0.1568	0.1369
215	黄冈师范学院学报	0.5467	0.0294	0.0162	0.0327	0.0285	0.0158	0.2365	0.1363
216	龙岩学院学报	0.5559	0.0331	0.0222	0.0178	0.0275	0.0044	0.2457	0.1343
217	泉州师范学院学报	0.4633	0.0312	0.0254	0.0446	0.0200	0.0062	0.1794	0.1181

根据七大指标的评价综合值，可以比较明确地划分出高校文科综合学报学术等级，学术等级的评价综合值区间为：权威期刊1—0.75，核心期刊0.75—0.27，核心扩展期刊0.27—0.24，小于0.24或列表中没有的高校文科综合学报为一般性学术期刊。依据这一原则得到高校文科综合学报的定量评价结果：

权威期刊：《中国人民大学学报》、《北京大学学报（哲学社会科学版）》；

核心期刊：《北京师范大学学报（社会科学版）》、《复旦学报（社会科学版）》、《南京大学学报（哲学·人文科学·社会科学版）》、《吉林大学社会科学学报》、《南开学报（哲学社会科学版）》、《厦门大学学报（哲学社会科学版）》、《中山大学学报（社会科学版）》、《华中师范大学学报（人文社会科学版）》、《浙江大学学报（人文社会科学版）》、《清华大学学报（哲学社会科学版）》、《武汉大学学报（哲学社会科学版）》、《南京师大学报（社会科学版）》、《求是学刊》、《思想战线》、《西安交通大学学报（社会科学版）》、《四川大学学报（哲学社会科学版）》、《东北师大学报

（哲学社会科学版）》、《陕西师范大学学报（哲学社会科学版）》、《郑州大学学报（哲学社会科学版）》、《华东师范大学学报（哲学社会科学版）》、《西北师大学报（社会科学版）》、《西南大学学报（人文社会科学版）》、《北京工商大学学报（社会科学版）》、《兰州大学学报（社会科学版）》、《湘潭大学学报（哲学社会科学版）》、《湖南师范大学社会科学学报》、《西北大学学报（哲学社会科学版）》、《南京农业大学学报（社会科学版）》、《山西大学学报（哲学社会科学版）》、《湖南大学学报（社会科学版）》、《暨南学报（哲学社会科学版）》、《上海交通大学学报（哲学社会科学版）》、《武汉大学学报（人文科学版）》、《首都师范大学学报（社会科学版）》、《山东大学学报（哲学社会科学版）》、《重庆大学学报（社会科学版）》、《河南师范大学学报（哲学社会科学版）》、《齐鲁学刊》、《中国地质大学学报（社会科学版）》、《天津大学学报（社会科学版）》、《天津师范大学学报（社会科学版）》、《同济大学学报（社会科学版）》、《河北大学学报（哲学社会科学版）》、《安徽大学学报（哲学社会版）》、《华南农业大学学报（社会科学版）》、《河南大学学报（社会科学版）》、《西北农林科技大学学报（社会科学版）》、《华南师范大学学报（社会科学版）》、《安徽师范大学学报（人文社会科学版）》、《福建师范大学学报（哲学社会科学版）》、《华中科技大学学报（社会科学版）》、《山西师大学报（社会科学版）》、《四川师范大学学报（社会科学版）》、《东南大学学报（哲学社会科学版）》、《烟台大学学报（哲学社会科学版）》、《中国农业大学学报（社会科学版）》、《东北大学学报（社会科学版）》、《武汉理工大学学报（社会科学版）》、《大连理工大学学报（社会科学版）》；

扩展核心期刊：《宁夏大学学报（人文社会科学版）》、《深圳大学学报（人文社会科学版）》、《西南交通大学学报（社会科学版）》、《北京理工大学学报（社会科学版）》、《湖南科技大学学报（社会科学版）》、《杭州师范学院学报（社会科学版）》、《北京交通大学学报（社会科学版）》、《西安电子科技大学学报（社会科学版）》、《湖北大学学报（哲学社会科学版）》、《上海大学学报（社会科学版）》、《云南大学学报（社会科学版）》、《北京工业大学学报（社会科学版）》、《山东师范大学学报（人文社会科学版）》、《北京林业大学学报（社会科学版）》、《上海师范大学学报（哲学社会科学版）》、《福州大学学报（哲学社会科学版）》、《郑州航空工业管理学院学报》、《内蒙古大学学报（人文·社会科学版）》、《苏州大学学报（哲学社会科学版）》、《贵州师范大学学报（社会科学版）》、《海南大学学报（人文社会科学版）》、《北京航空航天大学学报（社会科学版）》、《电子科技大学学报（社科版）》、《扬州大学学报（人文社会科学版）》；

其他期刊均为一般性学术期刊。

附 录

根据本书构建的人文社会科学期刊评价体系，本附录给出了我国人文社会科学期刊的学术等级划分。等级划分主要根据期刊综合值按学科将人文社会科学期刊划分为四个学术等级：权威期刊、核心期刊、扩展核心期刊和一般性学术期刊。我们对期刊学术等级的划分主要依据以下基准：权威期刊的综合值一般均在0.7以上，数量控制在各学科只有1—2种；核心期刊的综合值根据各学科的情况进行浮动，大致根据各学科期刊数量兼顾综合值进行调整，各学科核心期刊数量基本控制在该学科期刊数量的15%左右，对于期刊较少的学科，这个比例有所增加，期刊较多的学科比例有所减少；扩展核心期刊的数量控制在该学科期刊的5%—8%左右，具体操作时也根据各学科期刊总数量作适当调整；剩余的期刊均列为一般性学术期刊。

具体划分结果：权威期刊（30种）约占我国人文社会科学期刊总数的1%；核心期刊（423种）约占15%左右；扩展核心期刊（168种）约占6%。这三类期刊共计621种，约占整个人文社会科学期刊总数的22%。有一点要进行说明的是，对于跨学科期刊，虽然在书中可能放在多章同时讨论，但进行期刊学术等级划分时，每一期刊仅归入一个学科，归入原则以期刊的办刊宗旨和该期刊论文的学科偏重来决定。

如下三个附录将分别给出权威期刊、核心期刊和扩展核心期刊。

附录1 权威期刊

序号	期刊名称	主办机构	学科
1	马克思主义与现实	中共中央编译局	马克思主义
2	教学与研究	中国人民大学	马克思主义
3	哲学研究	中国社会科学院	哲学
4	自然辩证法研究	中国自然辩证法研究会	哲学
5	世界宗教研究	中国社会科学院	宗教学
6	历史研究	中国社会科学院	历史学

续表

序号	期刊名称	主办机构	学　科
7	近代史研究	中国社会科学院	历史学
8	考古学报	中国社会科学院	考古学
9	文物	文物出版社	考古学
10	民族研究	中国社会科学院	民族学
11	文学评论	中国社会科学院	中国文学
12	外国文学评论	中国社会科学院	外国文学
13	外语教学与研究	北京外国语大学	语言学
14	中国语文	中国文字改革研究委员会 中国社会科学院语言研究所	语言学
15	文艺研究	中国艺术研究院	艺术学
16	管理世界	中华人民共和国国务院发展研究中心	管理学
17	经济研究	中国社会科学院	经济学
18	世界经济与政治	中国社会科学院	政治学
19	法学研究	中国社会科学院	法学
20	社会学研究	中国社会科学院	社会学
21	教育研究	中央教育科学研究所	教育学
22	心理学报	中国心理学会 中国科学院心理研究所	心理学
23	编辑学报	中国科学技术期刊编辑学会	新闻学
24	中国图书馆学报	中国图书馆学会 北京图书馆	图书馆、情报与文献学
25	情报学报	中国科学技术情报学会 中国科技信息研究所	图书馆、情报与文献学
26	体育科学	中国体育科学学会	体育学
27	统计研究	国家统计局	统计学
28	中国社会科学	中国社会科学院	社会科学综合期刊
29	中国人民大学学报	中国人民大学	高校人文社会科学综合性学报
30	北京大学学报（哲学社会科学版）	北京大学	高校人文社会科学综合性学报

附录2 核心期刊

马克思主义

马克思主义研究	毛泽东邓小平理论研究
当代世界与社会主义	国外理论动态

哲　学

世界哲学	科学技术与辩证法
哲学动态	中国哲学史
自然辩证法通讯	

宗教学

宗教学研究

历史学

史学月刊	史学集刊
中国史研究	当代中国史研究
史学理论研究	中国历史地理论丛
世界历史	中国边疆史地研究
清史研究	历史教学
史林	民国档案
中国农史	安徽史学
抗日战争研究	历史档案

考古学

考古	华夏考古
考古与文物	敦煌研究

民族学

西南民族大学学报（人文社科版）	中央民族大学学报（人文社会科学版）
广西民族大学学报（哲学社会科学版）	西北民族研究
中南民族大学学报（人文社会科学版）	中国藏学
世界民族	云南民族大学学报（哲学社会科学版）
广西民族研究	回族研究

中国文学

文学遗产	文艺理论与批评
文艺争鸣	南方文坛
中国现代文学研究丛刊	明清小说研究
当代作家评论	鲁迅研究月刊
文艺理论研究	小说评论
中国比较文学	民族文学研究
红楼梦学刊	中国文学研究

外国文学

外国文学研究	国外文学
外国文学	

语言学

外国语：上海外国语大学学报	中国翻译
当代语言学	语言研究
现代外语	外语教学
外语界	外语学刊
世界汉语教学	语言科学
中国外语	外语电化教学
语言教学与研究	语言文字应用
方言	汉语学习
外语与外语教学	

艺术学

音乐研究	电影艺术
中央音乐学院学报	中国音乐
中国音乐学	民族艺术
当代电影	人民音乐
黄钟：武汉音乐学院学报	北京电影学院学报
音乐艺术	

管理学

中国软科学	科研管理

管理科学学报	公共管理学报
外国经济与管理	管理评论
南开管理评论	中国科技论坛
科学学研究	软科学
中国管理科学	商业经济与管理
科学学与科学技术管理	系统工程
中国行政管理	管理学报
管理工程学报	经济管理
研究与发展管理	经济体制改革
预测	科技进步与对策
系统工程理论与实践	管理现代化
科学管理研究	中国人力资源开发
管理科学	科技管理研究

经济学

中国工业经济	国际经济评论
金融研究	南开经济研究
会计研究	财经问题研究
世界经济	经济评论
中国农村经济	财经科学
旅游学刊	当代财经
经济学动态	当代经济科学
经济社会体制比较	国际贸易问题
经济科学	世界经济文汇
中国农村观察	地域研究与开发
外国经济与管理	世界经济研究
改革	上海经济研究
农业经济问题	财经理论与实践
财贸经济	当代经济研究
国际金融研究	宏观经济研究
经济地理	财经论丛——浙江财经学院学报
财经研究	审计研究
经济学家	中央财经大学学报
经济理论与经济管理	经济问题探索
数量经济技术经济研究	中国经济史研究

农业技术经济	中国流通经济
经济纵横	国际贸易
税务研究	财贸研究
中南财经政法大学学报	城市发展研究
经济问题	城市问题
世界经济与政治论坛	旅游科学
产业经济研究	中国金融
保险研究	中国社会经济史研究
经济与管理研究	

政治学

美国研究	妇女研究论丛
政治学研究	北京行政学院学报
欧洲研究	理论探讨
现代国际关系	中国党政干部论坛
求是	上海行政学院学报
国际问题研究	外交评论：外交学院学报
国家行政学院学报	俄罗斯中亚东欧研究
青年研究	东南亚研究
当代亚太	新视野
国际论坛	云南行政学院学报
中共中央党校学报	理论与改革
东北亚论坛	探索
太平洋学报	中共浙江省委党校学报
国际政治研究	求实
江苏行政学院学报	台湾研究集刊
日本学刊	理论学刊
国际观察	中国青年研究
中共党史研究	南洋问题研究

法　学

中国法学	法律科学
政法论坛	法商研究
中外法学	现代法学
法学	环球法律评论

法学评论　　　　　　　　　　　中国刑事法杂志
法制与社会发展　　　　　　　　华东政法学院学报
比较法研究　　　　　　　　　　当代法学
法学家　　　　　　　　　　　　法学杂志
法学论坛　　　　　　　　　　　河北法学
知识产权　　　　　　　　　　　法律适用
行政法学研究　　　　　　　　　人民司法
政治与法律

社会学

中国人口科学　　　　　　　　　社会
人口研究　　　　　　　　　　　人口学刊
中国人口·资源与环境　　　　　市场与人口分析
人口与经济

教育学

北京大学教育评论　　　　　　　学位与研究生教育
高等教育研究　　　　　　　　　中国教育学刊
电化教育研究　　　　　　　　　中国高教研究
比较教育研究　　　　　　　　　中国大学教学
华东师范大学学报（教科版）　　中国远程教育
清华大学教育研究　　　　　　　江苏高教
教师教育研究　　　　　　　　　现代教育技术
教育发展研究　　　　　　　　　现代大学教育
教育理论与实践　　　　　　　　高等工程教育研究
教育与经济　　　　　　　　　　教育学报
中国电化教育　　　　　　　　　高教探索
课程·教材·教法　　　　　　　复旦教育论坛
中国高等教育　　　　　　　　　教育探索
外国教育研究　　　　　　　　　黑龙江高教研究
中国特殊教育　　　　　　　　　国家教育行政学院学报
全球教育展望　　　　　　　　　教育科学研究
教育研究与实验　　　　　　　　思想理论教育导刊
教育科学　　　　　　　　　　　河北师范大学学报（教科版）
开放教育研究　　　　　　　　　高等理科教育

外国中小学教育　　　　　　　　　　人民教育
辽宁教育研究　　　　　　　　　　　现代教育科学（高教研究）
大学教育科学　　　　　　　　　　　湖南师范大学教育科学学报
现代远距离教育

心理学

心理科学　　　　　　　　　　　　　心理发展与教育
心理科学进展

新闻学与传播学

中国科技期刊研究　　　　　　　　　新闻大学
新闻与传播研究　　　　　　　　　　中国出版
国际新闻界　　　　　　　　　　　　出版发行研究
现代传播　　　　　　　　　　　　　当代传播
编辑之友　　　　　　　　　　　　　科技与出版
新闻记者　　　　　　　　　　　　　新闻界

图书馆、情报与文献学

大学图书馆学报　　　　　　　　　　情报杂志
图书情报工作　　　　　　　　　　　图书馆论坛
情报理论与实践　　　　　　　　　　情报资料工作
情报科学　　　　　　　　　　　　　图书馆
现代图书情报技术　　　　　　　　　档案学通讯
图书情报知识

体育学

中国体育科技　　　　　　　　　　　体育学刊
北京体育大学学报　　　　　　　　　成都体育学院学报
体育与科学　　　　　　　　　　　　西安体育学院学报
上海体育学院学报　　　　　　　　　体育文化导刊
武汉体育学院学报

统计学

统计与决策（理论版）　　　　　　　数理统计与管理

社会科学综合期刊

学术月刊	社会科学辑刊
学术研究	学海
文史哲	东南学术
江海学刊	山东社会科学
江苏社会科学	求索
浙江学刊	学术交流
社会科学战线	社会科学家
天津社会科学	东岳论丛
浙江社会科学	学术论坛
社会科学研究	云南社会科学
社会科学	广东社会科学
河北学刊	内蒙古社会科学（汉文版）
中州学刊	中国社会科学院研究生院学报
学习与探索	湖北社会科学
南京社会科学	宁夏社会科学
江汉论坛	中国文化研究
学术界	广西社会科学
国外社会科学	福建论坛（人文社会科学版）
读书	北方论丛
人文杂志	北京社会科学
江西社会科学	科学·经济·社会
甘肃社会科学	学术探索
开放时代	江淮论坛

高校人文社会科学综合性学报

北京师范大学学报（社会科学版）	华中师范大学学报（人文社会科学版）
复旦学报（社会科学版）	浙江大学学报（人文社会科学版）
南京大学学报（哲学·人文科学·社会科学版）	清华大学学报（哲学社会科学版）
	武汉大学学报（哲学社会科学版）
吉林大学社会科学学报	南京师大学报（社会科学版）
南开学报（哲学社会科学版）	求是学刊
厦门大学学报（哲学社会科学版）	思想战线
中山大学学报（社会科学版）	西安交通大学学报（社会科学版）

四川大学学报（哲学社会科学版）	齐鲁学刊
东北师大学报（哲学社会科学版）	中国地质大学学报（社会科学版）
陕西师范大学学报(哲学社会科学版)	天津大学学报（社会科学版）
郑州大学学报（哲学社会科学版）	天津师范大学学报（社会科学版）
华东师范大学学报(哲学社会科学版)	同济大学学报（社会科学版）
西北师大学报（社会科学版）	河北大学学报（哲学社会科学版）
西南大学学报（人文社会科学版）	安徽大学学报（哲学社会科学版）
北京工商大学学报（社会科学版）	华南农业大学学报（社会科学版）
兰州大学学报（社会科学版）	河南大学学报（社会科学版）
湘潭大学学报（哲学社会科学版）	西北农林科技大学学报(社会科学版)
湖南师范大学社会科学学报	华南师范大学学报（社会科学版）
西北大学学报（哲学社会科学版）	安徽师范大学学报(人文社会科学版)
南京农业大学学报（社会科学版）	福建师范大学学报(哲学社会科学版)
山西大学学报（哲学社会科学版）	华中科技大学学报（社会科学版）
湖南大学学报（社会科学版）	山西师大学报（社会科学版）
暨南学报（哲学社会科学版）	四川师范大学学报（社会科学版）
上海交通大学学报(哲学社会科学版)	东南大学学报（哲学社会科学版）
武汉大学学报（人文科学版）	烟台大学学报（哲学社会科学版）
首都师范大学学报（社会科学版）	中国农业大学学报（社会科学版）
山东大学学报（哲学社会科学版）	东北大学学报（社会科学版）
重庆大学学报（社会科学版）	武汉理工大学学报（社会科学版）
河南师范大学学报(哲学社会科学版)	大连理工大学学报（社会科学版）

附录3　扩展核心期刊

马克思主义

中国特色社会主义研究	科学社会主义
理论前沿	高校理论战线
社会主义研究	

哲　学

系统科学学报	伦理学研究
道德与文明	周易研究
现代哲学	

宗教学

中国宗教　　　　　　　　　　　　　　　中国道教

历史学

华侨华人历史研究　　　　　　　　　　　史学史研究
西域研究　　　　　　　　　　　　　　　历史教学问题
自然科学史研究　　　　　　　　　　　　文献

考古学

故宫博物院院刊　　　　　　　　　　　　中原文物

民族学

贵州民族研究　　　　　　　　　　　　　民族教育研究
西北第二民族学院学报　　　　　　　　　西北民族大学学报（哲学社会科学版）
黑龙江民族丛刊　　　　　　　　　　　　民俗研究

中国文学

南京师范大学文学院学报　　　　　　　　名作欣赏
理论与创作　　　　　　　　　　　　　　当代文坛

外国文学

当代外国文学

语言学

解放军外国语学院学报　　　　　　　　　四川外语学院学报
民族语文　　　　　　　　　　　　　　　汉语学报
语文研究　　　　　　　　　　　　　　　北京第二外国语学院学报
国外外语教学

艺术学

民族艺术研究　　　　　　　　　　　　　艺术评论
交响：西安音乐学院学报

管理学

现代管理科学	企业管理
企业经济	科技与管理
华东经济管理	宏观经济管理
运筹与管理	国土资源科技管理

经济学

金融论坛	生态经济
经济经纬——河南财经学院学报	经济研究参考
现代财经——天津财经学院学报	现代经济探讨
证券市场导报	南方经济
农村经济	亚太经济
桂林旅游高等专科学校学报:旅游论坛	江西财经大学学报
中国经济问题	财政研究
生产力研究	国外城市规划
开发研究	上海金融
山西财经大学学报	经济与管理
审计与经济研究	消费经济
国际经贸探索	涉外税务
国际经济合作	调研世界

政治学

中国青年政治学院学报	行政论坛
行政与法	党的文献
东南亚纵横	中共杭州市委党校学报
拉丁美洲研究	日本研究
当代青年研究	湖北行政学院学报
理论导刊	江西行政学院学报
理论探索	中共福建省委党校学报
西亚非洲	

法学

河南省政法管理干部学院学报	甘肃政法学院学报
科技与法律	时代法学

人民检察 国家检察官学院学报
中国版权 政法论丛
电子知识产权

社会学

西北人口 南方人口

教育学

理工高教研究 中国成人教育
当代教育科学 远程教育杂志
教育与现代化 当代教育论坛
上海教育科研 现代中小学教育
教育评论 江西教育科研
思想教育研究 教育与职业
高等农业教育 学前教育研究

心理学

心理与行为研究

新闻学与传播学

传媒 中国编辑
出版科学 新闻战线
中国广播电视学刊 编辑学刊

图书馆、情报与文献学

图书馆建设 档案学研究
图书馆杂志 古籍整理研究学刊

体育学

天津体育学院学报 广州体育学院学报
山东体育学院学报

统计学

统计与信息论坛

社会科学综合期刊

河南社会科学	唐都学刊
天府新论	晋阳学刊
湖南社会科学	黑龙江社会科学
兰州学刊	贵州社会科学
理论月刊	理论与现代化
探索与争鸣	云梦学刊
前沿	

高校人文社会科学综合性学报

宁夏大学学报（人文社会科学版）	山东师范大学学报（人文社会科学版）
深圳大学学报（人文社会科学版）	北京林业大学学报（社会科学版）
西南交通大学学报（社会科学版）	上海师范大学学报（哲学社会科学版）
北京理工大学学报（社会科学版）	福州大学学报（哲学社会科学版）
湖南科技大学学报（社会科学版）	郑州航空工业管理学院学报
杭州师范学院学报（社会科学版）	内蒙古大学学报（人文·社会科学版）
北京交通大学学报（社会科学版）	苏州大学学报（哲学社会科学版）
西安电子科技大学学报（社会科学版）	贵州师范大学学报（社会科学版）
湖北大学学报（哲学社会科学版）	海南大学学报（人文社会科学版）
上海大学学报（社会科学版）	北京航空航天大学学报（社会科学版）
云南大学学报（社会科学版）	电子科技大学学报（社科版）
北京工业大学学报（社会科学版）	扬州大学学报（人文社会科学版）